D1930579

Volkswirtschaftslehre

Paul Krugman/Robin Wells

Volkswirtschaftslehre

3., überarbeitete Auflage

übersetzt von
Marco Herrmann
Klaus Dieter John (†)
Sarah Lisanne John

2023
Schäffer-Poeschel Verlag Stuttgart

Dozenten finden Materialien zu diesem Lehrbuch unter
www.sp-dozenten.de (Registrierung erforderlich).

Gedruckt auf chlorfrei gebleichtem, säurefreiem und alterungsbeständigem Papier

Bibliografische Information der Deutschen Nationalbibliothek
Die Deutsche Nationalbibliothek verzeichnet diese Publikation in der Deutschen Nationalbibliografie; detaillierte bibliografische Daten sind im Internet über http://dnb.d-nb.de abrufbar.

Print ISBN	978-3-7910-5704-0	Bestell-Nr. 20412-0003
Print EPUB	978-3-7910-5705-7	Bestell-Nr. 20412-0101
Print EPDF	978-3-7910-5706-4	Bestell-Nr. 20412-0151

Dieses Werk einschließlich aller seiner Teile ist urheberrechtlich geschützt.
Jede Verwendung außerhalb der engen Grenzen des Urheberrechtsgesetzes ist ohne Zustimmung des Verlages unzulässig und strafbar. Das gilt insbesondere für Vervielfältigungen, Übersetzungen, Mikroverfilmungen und die Einspeicherung und Verarbeitung in elektronischen Systemen.

Economics 6e
First published in the United States by Worth Publishers
Copyright © 2021, 2018, 2015, 2013 by Worth Publishers
All rigths reserved.

Titel der Originalausgabe »ECONOMICS 6E« von Paul Krugman und Robin Wells, veröffentlicht 2021 in den USA von Worth Publishers, New York
© 2021 Worth Publishers
© der deutschen Übersetzung 2023 Schäffer-Poeschel Verlag für Wirtschaft · Steuern · Recht GmbH

www.schaeffer-poeschel.de
service@schaeffer-poeschel.de

Umschlagentwurf: Goldener Westen, Berlin
Umschlaggestaltung: Kienle gestaltet, Stuttgart (Bildnachweis: Shutterstock)
Layout: Ingrid Gnoth | GD 90, Buchenbach
Redaktion: Bernd Marquard, Stuttgart
Satz: Claudia Wild, Konstanz
Druck und Bindung: Appl, Wemding

Printed in Germany
Juli 2023

Schäffer-Poeschel Verlag Stuttgart
Ein Tochterunternehmen der Haufe Group SE

Die Autoren

Paul Krugman ist Wirtschafts-Nobelpreisträger des Jahres 2008 und ist seit Juni 2015 Mitglied der Fakultät des Graduate Center der City University of New York (CUNY). Seit 2014 ist er mit dem LIS assoziiert, einer Forschungseinrichtung in Luxemburg, die weltweit Einkommensungleichheit erfasst und analysiert. Zuvor lehrte Krugman 14 Jahre an der Princeton Universty. Den BA erwarb Krugman in Yale und seinen Doktortitel am MIT (Massachusetts Institute of Technology). Er lehrte in Yale, Stanford und am MIT. Paul Krugman ist Kolumnist der New York Times und hat mehrere Bücher für ein ökonomisch nicht vorgebildetes Publikum geschrieben.

Robin Wells war Lehrbeauftragte und Forscherin im Fach Wirtschaftswissenschaften an der Universität Princeton. Den BA erwarb sie an der Universität Chicago, ihren Doktortitel in Berkeley an der University of California. Danach arbeitete sie als Postdoc am MIT. Sie unterrichtete an der Universität von Michigan, der Universität von Southampton (Vereinigtes Königreich), in Stanford und am MIT.

Die Übersetzer

Dr. **Marco Herrmann** hat an der Freien Universität Berlin Volkswirtschaftslehre studiert und am Institut für Empirische Wirtschaftsforschung der Universität Leipzig promoviert. Er ist heute bei der ECC – European Commodity Clearing AG im Bereich Clearing Strategy tatig.

Professor Dr. **Klaus Dieter John** (†) war seit 1992 Professor für Volkswirtschaftslehre an der Technischen Universität Chemnitz. Er promovierte mit einer Arbeit über die Zusammenhänge von Beschäftigung, Inflation und Einkommensverteilung. Klaus Dieter John habilitierte sich zum Thema »Optimale Entwicklungspfade für Ökonomie und Umwelt«.

Sarah Lisanne John hat an den Universitäten Tübingen und Heidelberg Volkswirtschaftlehre und Europastudien studiert. Sie arbeitet seit 2016 bei der Deutschen Bundesbank.

Vorwort

Als die zweite Auflage der deutschen Ausgabe des weltweit erfolgreichen Standardlehrbuches »Economics« von Paul Krugman und Robin Wells im Jahr 2017 erschien, verlief die gesamtwirtschaftliche Entwicklung in Europa und in vielen Teilen der Welt in einem ruhigen Fahrwasser. Mittlerweile sind einige Jahre vergangen und stürmischere Zeiten angebrochen. Die wirtschaftliche Erholung nach dem Konjunktureinbruch infolge der Covid-19-Pandemie dauerte nur kurz. Seit Monaten haben Wirtschaft und Gesellschaft mit einer Inflation zu kämpfen, deren Ausmaß und Dauer in der Geschichte der Bundesrepublik Deutschland einmalig sind. Die Gefahr einer Stagflation, die bereits in den 1970er-Jahren die gesamtwirtschaftliche Entwicklung über Jahre bremste, ist nicht von der Hand zu weisen. Hoffnung macht, dass die Ökonomen heute viel mehr über die Ursachen, Zusammenhänge und Auswege wissen als noch vor fünfzig Jahren und damit der Politik notwendige Orientierung geben können. Gleichzeitig schreitet die Digitalisierung unseres Lebens immer weiter voran und eröffnet ungeahnte Möglichkeiten, schafft aber auch neue Herausforderungen.

In der nun vorliegenden dritten Auflage der deutschen Ausgabe von »Economics« nehmen wir auf diese aktuellen Entwicklungen immer wieder Bezug. Aber auch weitere wichtige ökonomische und gesellschaftliche Themen wie der Aufstieg der Gig-Economy, die Notwendigkeit eines nachhaltigen Wirtschaftswachstums oder die Marktmacht der IT-Giganten finden Berücksichtigung, sei es im Text oder in den Rubriken »Wissenschaft und Praxis«, »Länder im Vergleich« sowie »Unternehmen in Aktion«. »Denkfallen!« und »Vertiefungen« sollen weiterhin zum Nachdenken anregen.

Die neue Auflage bildet die inhaltlichen und strukturellen Änderungen der sechsten Auflage der US-amerikanischen Vorlage ab. Dabei wird weiterhin der Ansatz verfolgt, das US-amerikanische Lehrbuch nicht einfach Wort für Wort ins Deutsche zu übersetzen, sondern den US-amerikanischen Fokus durch eine europäische und deutsche Perspektive zu erweitern. Aus den 34 Kapiteln der zweiten Auflage sind in der dritten Auflage 33 Kapitel geworden. Das Kapitel 32 »Krisen und Konsequenzen« der zweiten Auflage gibt es in seiner bisherigen Form nicht mehr. Die Inhalte aus diesem Kapitel sind aber nicht komplett verloren gegangen, sondern haben ihren berechtigten Platz an anderen Stellen im Lehrbuch gefunden.

Wer nach der Lektüre des Lehrbuches das Bedürfnis verspürt, die behandelten Theorien und Modelle anhand von praxisnahen Aufgaben zu festigen und zu vertiefen, dem sei das zugehörige Arbeitsbuch empfohlen, das parallel zum Lehrbuch nun in seiner zweiten Auflage erscheint und für alle 33 Kapitel leichte und schwerere Fragen ausführlich beantwortet (Marco Herrmann: Arbeitsbuch Volkswirtschaftslehre, 2. Auflage, 2023, ISBN 978-3-7910-5707-1).

Ich danke dem Verlag für die angenehme Zusammenarbeit. Ein besonderer Dank gilt wie immer Herrn Dipl.-Volksw. Bernd Marquard, der in bewährter Weise mit Kompetenz, Akribie, Begeisterung und unermüdlichem Einsatz entscheidend zum Gelingen der neuen Auflage beigetragen hat.

Marco Herrmann
Leipzig, im November 2022

Inhaltsübersicht

VIII Mikroökonomik und staatliche Politik

Positive wie negative Externalitäten führen zu Marktversagen. Mögliche Lösungen zur Internalisierung negativer Externalitäten sind privater Handel nach Coase, Emissionssteuern und handelbare Emissionsrechte. Positive Externalitäten sind Technologie-Spillover und Netzwerkexternalitäten. Die ökonomische Analyse des Klimawandels liefert zusätzliche Argumente für den Kampf gegen den Klimawandel.
Güter lassen sich nach Ausschließbarkeit und Rivalität im Konsum einteilen in private und öffentliche Güter, Klub- und Allmendegüter. Es wird geklärt, welche Güter vom Markt effizient bereitgestellt werden können und welche nicht.

Ein Überblick über den Wohlfahrtsstaat in den USA und seine philosophischen Begründungen. Das Problem der Armut ist mit der Einkommensungleichheit verknüpft. Die Grundzüge wesentlicher Wohlfahrtsprogramme werden erläutert.

IX Faktormärkte und Risiko

Die Einkommensverteilung lässt sich durch die Grenzproduktivitätstheorie erklären. Ursachen für beobachtbare Lohnunterschiede sind Bildung, Diskriminierung und Marktmacht.
Die Arbeitsangebotskurve und ihr Verlauf werden mithilfe von Indifferenzkurven begründet.
Risikoaversion kann die Existenz von Versicherungsmärkten erklären. Vorteile und Grenzen der Risikodiversifikation sowie die Rolle privater Information, adverser Selektion und von Moral Hazard für Märkte werden analysiert.

X Einführung in die Makroökonomik

Die wichtigsten makroökonomischen Themen sind Konjunkturzyklus, Beschäftigung/Arbeitslosigkeit, langfristiges Wirtschaftswachstum, Inflation/Deflation und offene Volkswirtschaft.
Warum und wie werden die makroökonomischen Daten Bruttoinlandsprodukt, Verbraucherpreisindex und BIP-Deflator erhoben?

Messung der Arbeitslosigkeit und der Arbeitslosenquote. Arbeitslosigkeit zeigt sich in verschiedenen Formen. Eine gewisse Arbeitslosigkeit ist unvermeidbar. Warum ist Inflation ein Problem?

XI Die Volkswirtschaft auf lange Sicht: Wachstum

Die Produktivität ist der Schlüssel für das Wachstum. Ursachen für Internationale Wachstumsunterschiede werden erklärt.
Der Kreditmarkt ist der Mittler zwischen Kreditnehmern und -gebern.
Das Finanzsystem mit verschiedenen Finanzaktiva und Finanzintermediären erfüllt drei Aufgaben. An Finanzmärkten können starke Schwankungen auftreten.

Inhaltsverzeichnis

XIII Stabilisierungspolitik

XIV Ereignisse und Ideen

XV Die offene Volkswirtschaft

Zentrale Kapitel und optionale Kapitel

Zentrale Kapitel		Optionale Kapitel	
1	Grundlagen		
2	Ökonomische Modelle: Zielkonflikte und Handel		Anhang zu 2: Grafische Darstellungen in der Volkswirtschaftslehre
3	Angebot und Nachfrage		
4	Konsumentenrente und Produzentenrente		
5	Preisvorschriften und Mengenbeschränkungen: Der Markt schlägt zurück		
6	Elastizität		
7	Steuern		
8	Internationaler Handel		
9	Die Entscheidungsfindung von Personen und Unternehmen		Anhang zu 9: Entscheidungen, bei denen Zeit eine Rolle spielt: Der Barwert
10	Der rationale Verbraucher		Anhang zu 10: Konsumentenpräferenzen und Konsumentscheidung
11	Hinter der Angebotskurve: Inputs und Kosten		
12	Vollständige Konkurrenz und die Angebotskurve		
13	Monopol		
14	Oligopole		
15	Monopolistische Konkurrenz		
16	Externalitäten		
17	Öffentliche Güter und Allmendegüter		
		18	Die Ökonomie des Wohlfahrtsstaates
		19	Faktormärkte und Einkommensverteilung
			Anhang zu 19: Indifferenzkurvenanalyse des Arbeitsangebotes
		20	Unsicherheit, Risiko und private Informationen
21	Makroökonomik: Ein Überblick		
22	BIP und Inflation: Die quantitative Erfassung des makroökonomischen Geschehens		
23	Arbeitslosigkeit und Inflation		
24	Das langfristige Wachstum		
25	Sparen, Investitionsausgaben und das Finanzsystem		
26	Einnahmen und Ausgaben		Anhang zu 26: Die mathematische Herleitung des Multiplikators
27	Gesamtwirtschaftliches Angebot und gesamtwirtschaftliche Nachfrage		
28	Fiskalpolitik		Anhang zu 28: Steuern und der Multiplikator
29	Geld, Banken und Zentralbanken		
30	Geldpolitik		Anhang zu 30: Die zwei Modelle zur Erklärung des Zinssatzes zusammenführen
31	Inflation, Desinflation und Deflation		
		32	Makroökonomik: Ereignisse und Ideen
33	Die Makroökonomik der offenen Volkswirtschaft		

Hinweise für den Benutzer

Jedes Kapitel dieses Buches wird durch verschiedene Elemente strukturiert.
Sie helfen Ihnen, die vorgestellten ökonomischen Ideen und Sachverhalte besser zu verstehen.

Lernziele

Die Lernziele vermitteln Ihnen eine erste Orientierung über die Inhalte des Kapitels. Die zentralen ökonomischen Ideen und Ziele des Kapitels lassen sich schnell erfassen.

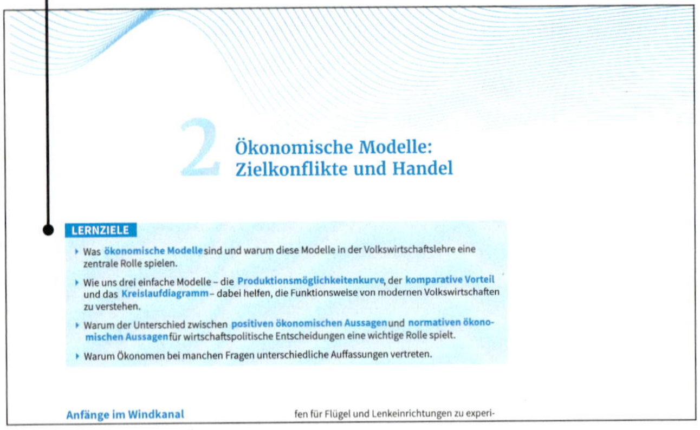

2 Ökonomische Modelle: Zielkonflikte und Handel

LERNZIELE

- Was **ökonomische Modelle** sind und warum diese Modelle in der Volkswirtschaftslehre eine zentrale Rolle spielen.
- Wie uns drei einfache Modelle – die **Produktionsmöglichkeitenkurve**, der **komparative Vorteil** und das **Kreislaufdiagramm** – dabei helfen, die Funktionsweise von modernen Volkswirtschaften zu verstehen.
- Warum der Unterschied zwischen **positiven ökonomischen Aussagen** und **normativen ökonomischen Aussagen** für wirtschaftspolitische Entscheidungen eine wichtige Rolle spielt.
- Warum Ökonomen bei manchen Fragen unterschiedliche Auffassungen vertreten.

Anfänge im Windkanal

fen für Flügel und Lenkeinrichtungen zu experi-

Marginalien

Jeder ökonomische Schlüsselbegriff wird nicht nur im Text, sondern noch einmal am Rand definiert. Das erleichtert Ihnen Lernen und Wiederholen. Zusätzlich finden Sie am Kapitelende unter »Schlüsselbegriffe« alle Marginalien des Kapitels.

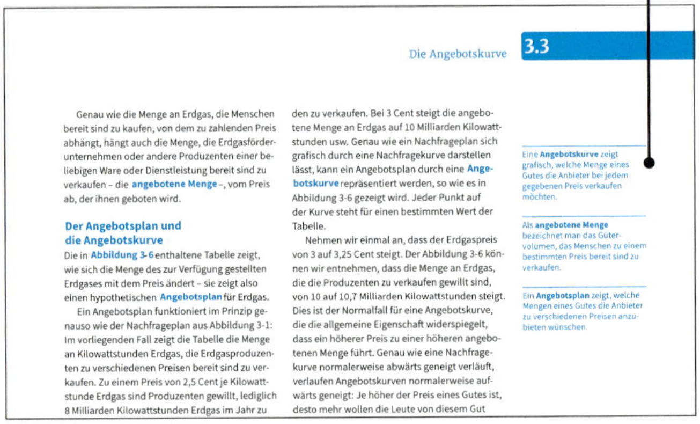

Die Angebotskurve 3.3

Genau wie die Menge an Erdgas, die Menschen bereit sind zu kaufen, von dem zu zahlenden Preis abhängt, hängt auch die Menge, die Erdgasförderunternehmen oder andere Produzenten einer beliebigen Ware oder Dienstleistung bereit sind zu verkaufen – die **angebotene Menge** –, vom Preis ab, der ihnen geboten wird.

Der Angebotsplan und die Angebotskurve

Die in **Abbildung 3-6** enthaltene Tabelle zeigt, wie sich die Menge des zur Verfügung gestellten Erdgases mit dem Preis ändert – sie zeigt also einen hypothetischen **Angebotsplan** für Erdgas.

Ein Angebotsplan funktioniert im Prinzip genauso wie der Nachfrageplan aus Abbildung 3-1: Im vorliegenden Fall zeigt die Tabelle die Menge an Kilowattstunden Erdgas, die Erdgasproduzenten zu verschiedenen Preisen bereit sind zu verkaufen. Zu einem Preis von 2,5 Cent je Kilowattstunde Erdgas sind Produzenten gewillt, lediglich 8 Milliarden Kilowattstunden Erdgas im Jahr zu verkaufen. Bei 3 Cent steigt die angebotene Menge an Erdgas auf 10 Milliarden Kilowattstunden usw. Genau wie ein Nachfrageplan sich grafisch durch eine Nachfragekurve darstellen lässt, kann ein Angebotsplan durch eine **Angebotskurve** repräsentiert werden, so wie es in Abbildung 3-6 gezeigt wird. Jeder Punkt auf der Kurve steht für einen bestimmten Wert der Tabelle.

Nehmen wir einmal an, dass der Erdgaspreis von 3 auf 3,25 Cent steigt. Der Abbildung 3-6 können wir entnehmen, dass die Menge an Erdgas, die die Produzenten zu verkaufen gewillt sind, von 10 auf 10,7 Milliarden Kilowattstunden steigt. Dies ist der Normalfall für eine Angebotskurve, die die allgemeine Eigenschaft widerspiegelt, dass ein höherer Preis zu einer höheren angebotenen Menge führt. Genau wie eine Nachfragekurve normalerweise abwärts geneigt verläuft, verlaufen Angebotskurven normalerweise aufwärts geneigt: Je höher der Preis eines Gutes ist, desto mehr wollen die Leute von diesem Gut

Eine **Angebotskurve** zeigt grafisch, welche Menge eines Gutes die Anbieter bei jedem gegebenen Preis verkaufen möchten.

Als **angebotene Menge** bezeichnet man das Gütervolumen, das Menschen zu einem bestimmten Preis bereit sind zu verkaufen.

Ein **Angebotsplan** zeigt, welche Mengen eines Gutes die Anbieter zu verschiedenen Preisen anzubieten wünschen.

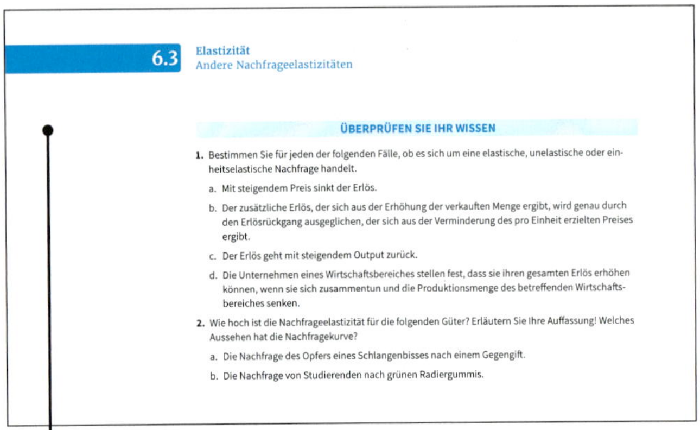

6.3 Elastizität
Andere Nachfrageelastizitäten

ÜBERPRÜFEN SIE IHR WISSEN

1. Bestimmen Sie für jeden der folgenden Fälle, ob es sich um eine elastische, unelastische oder einheitselastische Nachfrage handelt.
   a. Mit steigendem Preis sinkt der Erlös.
   b. Der zusätzliche Erlös, der sich aus der Erhöhung der verkauften Menge ergibt, wird genau durch den Erlösrückgang ausgeglichen, der sich aus der Verminderung des pro Einheit erzielten Preises ergibt.
   c. Der Erlös geht mit steigendem Output zurück.
   d. Die Unternehmen eines Wirtschaftsbereiches stellen fest, dass sie ihren gesamten Erlös erhöhen können, wenn sie sich zusammentun und die Produktionsmenge des betreffenden Wirtschaftsbereiches senken.
2. Wie hoch ist die Nachfrageelastizität für die folgenden Güter? Erläutern Sie Ihre Auffassung! Welches Aussehen hat die Nachfragekurve?
   a. Die Nachfrage des Opfers eines Schlangenbisses nach einem Gegengift.
   b. Die Nachfrage von Studierenden nach grünen Radiergummis.

Überprüfen Sie Ihr Wissen

Die Fragen dieses Elements zeigen Ihnen, ob Sie das soeben im Abschnitt Gelesene verstanden haben. Zur Überprüfung der Antworten reicht die Lektüre des Textes. Sind Sie noch unsicher, sollten Sie zurückblättern, bevor Sie weiterlesen.

Zusammenfassung 4

Unternehmen in Aktion: Ticketpreise bei Beyoncé und Jay-Z

Beyoncé und Jay-Z sind das It-Paar der Musikbranche. Das Vermögen des Ehepaares wird mittlerweile auf mehr als 1,8 Milliarden Dollar geschätzt. Einen Großteil dieses Vermögens haben die beiden Künstler durch Konzerttourneen verdient. Allein ihre Konzerttournee »On the Run II Tour« im Jahr 2018 spielte 253 Millionen Dollar ein. Fast 2,2 Millionen Tickets wurden verkauft. Bereits die »On the Run Tour« im Jahr 2014 sorgte für Einnahmen von über 100 Millionen Dollar.

Für Branchenexperten sind die Zahlen nicht überraschend. Bis zum Jahr 2022 hatten die beiden Künstler weit mehr als 200 Millionen Platten verkauft und 52 Grammys gewonnen. Und das hat natürlich Auswirkungen auf die Ticketpreise. Nach Schätzungen der Ticketplattform TicketIQ lag der Weiterverkaufspreis für ein Ticket der »On the Run II Tour« bei Online-Ticketbörsen im Durchschnitt bei 403 Dollar.

Aber trotz der hohen Nachfrage nach Tickets haben Beyoncé und Jay-Z deutlich weniger als 403 Dollar für ein Ticket bekommen. So lagen z. B. die Ticketpreise des Konzertveranstalters Live Nation für das Konzert im MetLife Stadium in New Jersey zwischen 25 Dollar und 380 Dollar. Wer das Glück hatte, ein Ticket zu einem niedrigen Preis zu ergattern, konnte mit einem Weiterverkauf des Tickets auf einer der vielen Online-Ticketbörsen gutes Geld verdienen. Aber vielleicht ist das ja auch der Weg von Beyoncé und Jay-Z, um mit ihren Fans nicht nur ihre Musik, sondern auch ihr Vermögen zu teilen.

Unternehmen in Aktion

Am Ende jedes Kapitels finden Sie eine kurze Studie, die einen zentralen Inhalt des Kapitels anhand von Entscheidungen oder wirtschaftlichen Problemen eines Unternehmens illustriert.

Wissenschaft und Praxis

Jedes Kapitel enthält mehrere Fallstudien, das sind kurze instruktive Anwendungen des im Text besprochenen ökonomischen Konzepts. Beispielsweise wird in Kapitel 6 anhand von Studiengebühren das Konzept der Preiselastizität illustriert.

6.2 Elastizität
Interpretation der Preiselastizität der Nachfrage

WISSENSCHAFT UND PRAXIS

Die Preiselastizität des Studiums

Die Studiengebühren in den Vereinigten Staaten werden immer höher. In der letzten 15 Jahren sind Studiengebühren jedes Jahr um 5 bis 6 Prozentpunkte stärker angestiegen als die allgemeinen Lebenshaltungskosten. Hochschulen und Politiker fragen sich, ob die wachsenden Studiengebühren junge Menschen davon abhalten ein Studium aufzunehmen. Und wenn ja, in welchem Ausmaß?
In den Vereinigten Staaten wird zwischen zwei Arten weiterführender Ausbildung (nach Abschluss der Highschool) unterschieden. Auf der einen Seite gibt es sogenannte »Community Colleges« oder »Two-Year Colleges«, die zweijährige Studiengänge anbieten. Diese Studiengänge sind praxisbezogen; sie umfassen Praktika und Kooperationen. Sie führen nicht zu einem Universitätsabschluss. Auf der anderen Seite gibt es Universitäten, die vierjährige Stu-

dite generell positiv auf die Zahl der Immatrikulationen auswirken, so ist der messbare Effekt eher gering. Bei einer Preiselastizität der Nachfrage von 0,33 führt eine dreiprozentige Erhöhung bei Stipendien zu einem Anstieg der Zahl der Immatrikulationen in Höhe von 1 Prozent. Und mit einer Preiselastizität der Nachfrage von 0,12 bewirkt ein dreiprozentiger Anstieg bei Studienkrediten lediglich einen Anstieg bei den Immatrikulationen von 0,36 Prozent.
Diese Zahlen belegen, dass selbst höhere Studienbeihilfen rückläufige Immatrikulationen als Folge höherer Studiengebühren nicht verhindern können. Für Studierende sind also nicht nur die »Netto-Studiengebühren« relevant (die Höhe der Studiengebühren abzüglich der finanziellen Unterstützung), sondern auch die Frage, wie sich die Studiengebühren zusammensetzen. Studierende bevorzugen die Option »niedrige Studiengebühren« gegenüber der Option »höhere Studiengebühren und höhere finan-

Länder im Vergleich

Ökonomische Fragen sind oft auch von länderübergreifendem Interesse. Der internationale Aspekt steht bei diesen Ländervergleichen im Mittelpunkt.

Die Produktionsfunktion 11.1

LÄNDER IM VERGLEICH

Erträge beim Weizenanbau im weltweiten Vergleich

Die Erträge beim Weizenanbau weisen weltweit beträchtliche Unterschiede auf. In der Abbildung ist der Unterschied zwischen der Europäischen Union und den Vereinigten Staaten besonders auffällig, zwei wohlhabende Volkswirtschaften mit einem vergleichbaren technologischen Niveau. Der Grund für den Unterschied liegt in einer unterschiedlichen Landwirtschaftspolitik. In den Vereinigten Staaten erhalten Landwirte Zahlungen vom Staat zur Ein-

kommensstützung, in der Europäischen Union werden Landwirte durch Mindestpreise gestützt. Da die Landwirte in Europa höhere Preise als die US-amerikanischen Landwirte für ihre Produktion erhalten, setzen die europäischen Landwirte mehr Inputs in der Produktion ein und erzielen dadurch höhere Erträge.
Interessanterweise führen ausländische Hilfen in armen Volkswirtschaften wie Algerien oder Äthiopien zu einem Rückgang der Ernteerträge. Diese Hilfen der reichen Volkswirtschaften kommen oft in Form von Nahrungsmittellieferungen, die die Preise vor Ort unter Druck setzen und damit der Landwirtschaft in diesen Ländern schaden. Wohlfahrtsorganisationen wie OXFAM fordern daher die wohlhabenden Volkswirtschaften dazu auf, ihre Nahrungsmittelüberschüsse nicht in die ärmeren Länder zu exportieren, sondern den Auf-

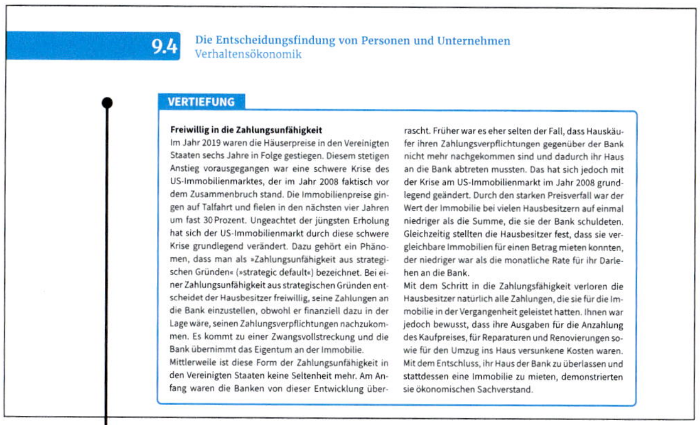
9.4 Die Entscheidungsfindung von Personen und Unternehmen
Verhaltensökonomik

VERTIEFUNG

Freiwillig in die Zahlungsunfähigkeit

Im Jahr 2019 waren die Häuserpreise in den Vereinigten Staaten sechs Jahre in Folge gestiegen. Diesem stetigen Anstieg vorausgegangen war eine schwere Krise des US-Immobilienmarktes, der im Jahr 2008 faktisch vor dem Zusammenbruch stand. Die Immobilienpreise gingen auf Talfahrt und fielen in den nächsten vier Jahren um fast 30 Prozent. Ungeachtet der jüngsten Erholung hat sich der US-Immobilienmarkt durch diese schwere Krise grundlegend verändert. Dazu gehört ein Phänomen, dass man als »Zahlungsunfähigkeit aus strategischen Gründen« (»strategic default«) bezeichnet. Bei einer Zahlungsunfähigkeit aus strategischen Gründen entscheidet der Hausbesitzer freiwillig, seine Zahlungen an die Bank einzustellen, obwohl er finanziell dazu in der Lage wäre, seinen Zahlungsverpflichtungen nachzukommen. Es kommt zu einer Zwangsvollstreckung und die Bank übernimmt das Eigentum an der Immobilie.
Mittlerweile ist diese Form der Zahlungsunfähigkeit in den Vereinigten Staaten keine Seltenheit mehr. Am Anfang waren die Banken von dieser Entwicklung überrascht. Früher war es eher selten der Fall, dass Hauskäufer ihren Zahlungsverpflichtungen gegenüber der Bank nicht mehr nachgekommen sind und dadurch ihr Haus an die Bank abtreten mussten. Das hat sich jedoch mit der Krise am US-Immobilienmarkt im Jahr 2008 grundlegend geändert. Durch den starken Preisverfall war der Wert der Immobilie bei vielen Hausbesitzern auf einmal niedriger als die Summe, die sie der Bank schuldeten. Gleichzeitig stellten die Hausbesitzer fest, dass sie vergleichbare Immobilien für einen Betrag mieten konnten, der niedriger war als die monatliche Rate für ihr Darlehen an die Bank.
Mit dem Schritt in die Zahlungsfähigkeit verloren die Hausbesitzer natürlich alle Zahlungen, die sie für die Immobilie in der Vergangenheit geleistet hatten. Ihnen war jedoch bewusst, dass ihre Ausgaben für die Anzahlung des Kaufpreises, für Reparaturen und Renovierungen sowie für den Umzug ins Haus versunkene Kosten waren. Mit dem Entschluss, ihr Haus der Bank zu überlassen und stattdessen eine Immobilie zu mieten, demonstrierten sie ökonomischen Sachverstand.

Vertiefung

Ökonomie, die ach so trockene Wissenschaft, macht auch Spaß. Ökonomische Konzepte werden in unerwarteter oder überraschender Weise auf Beispiele aus der Praxis angewendet.

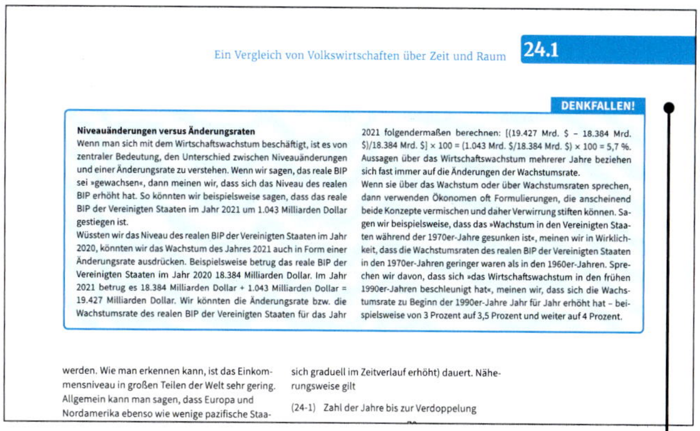
Ein Vergleich von Volkswirtschaften über Zeit und Raum 24.1

DENKFALLEN!

Niveauänderungen versus Änderungsraten

Wenn man sich mit dem Wirtschaftswachstum beschäftigt, ist es von zentraler Bedeutung, den Unterschied zwischen Niveauänderungen und einer Änderungsrate zu verstehen. Wenn wir sagen, das reale BIP sei »gewachsen«, dann meinen wir, dass sich das Niveau des realen BIP erhöht hat. So könnten wir beispielsweise sagen, dass das reale BIP der Vereinigten Staaten im Jahr 2021 um 1.043 Milliarden Dollar gestiegen ist.
Wüssten wir das Niveau des realen BIP der Vereinigten Staaten im Jahr 2020, könnten wir das Wachstum des Jahres 2021 auch in Form einer Änderungsrate ausdrücken. Beispielsweise betrug das reale BIP der Vereinigten Staaten im Jahr 2020 18.384 Milliarden Dollar. Im Jahr 2021 betrug es 18.384 Milliarden Dollar + 1.043 Milliarden Dollar = 19.427 Milliarden Dollar. Wir könnten die Änderungsrate bzw. die Wachstumsrate des realen BIP der Vereinigten Staaten für das Jahr 2021 folgendermaßen berechnen: [(19.427 Mrd. \$ − 18.384 Mrd. \$)/18.384 Mrd. \$] × 100 = (1.043 Mrd. \$/18.384 Mrd. \$) × 100 = 5,7 %. Aussagen über das Wirtschaftswachstum mehrerer Jahre beziehen sich fast immer auf die Änderungen der Wachstumsrate.
Wenn sie über das Wachstum oder über Wachstumsraten sprechen, dann verwenden Ökonomen oft Formulierungen, die anscheinend beide Konzepte vermischen und daher Verwirrung stiften können. Sagen wir beispielsweise, dass das »Wachstum in den Vereinigten Staaten während der 1970er-Jahre gesunken ist«, meinen wir in Wirklichkeit, dass die Wachstumsraten des realen BIP der Vereinigten Staaten in den 1970er-Jahren geringer waren als in den 1960er-Jahren. Sprechen wir davon, dass sich »das Wirtschaftswachstum in den frühen 1990er-Jahren beschleunigt hat«, meinen wir, dass sich die Wachstumsrate zu Beginn der 1990er-Jahre Jahr für Jahr erhöht hat – beispielsweise von 3 Prozent auf 3,5 Prozent und weiter auf 4 Prozent.

werden. Wie man erkennen kann, ist das Einkommensniveau in großen Teilen der Welt sehr gering. Allgemein kann man sagen, dass Europa und Nordamerika ebenso wie wenige pazifische Staa-

sich graduell im Zeitverlauf erhöht) dauert. Näherungsweise gilt

(24-1) Zahl der Jahre bis zur Verdoppelung

Denkfallen

Einige ökonomische Konzepte werden leicht missverstanden. Diese Rubrik enthält Hinweise, wie Sie Fehler vermeiden können, beispielsweise herausfinden können, was mit »steigenden Wechselkursen« gemeint ist.

Abkürzungen für ökonomische Fachbegriffe

Abkürzung	englischer Begriff	deutscher Begriff	Kapitel
a	individual household autonomous consumer spending	autonome Konsumausgaben eines einzelnen Haushalts	26
A	aggregate autonomous consumer spending	autonome Konsumausgaben	26
AD	aggregate demand	gesamtwirtschaftliche Nachfrage	27
AE	planned aggregate spending	gesamtwirtschaftliche Ausgaben	26
AFC	average fixed cost	durchschnittliche Fixkosten	11
AS	aggregate supply	gesamtwirtschaftliches Angebot	27
ATC	average total cost	durchschnittliche Gesamtkosten, Durchschnittskosten	11
AVC	average variable cost	durchschnittliche variable Kosten	11
BG	budget line	Budgetgerade	10
BIP	gross domestic product (GDP)	reales Bruttoinlandsprodukt, Gesamteinkommen	22
c	individual household consumer spending	Konsumausgaben eines einzelnen Haushalts	26
C	spending by consumers	Konsumausgaben	25
cf	consumption function	Konsumfunktion eines Haushalts	26
CF	aggregate consumption function	gesamtwirtschaftliche Konsumfunktion	26
CPI	consumer price index	Verbraucherpreisindex	22
D	demand	Nachfrage	12
E	equilibrium	Gleichgewicht	12
FC	fixed cost	fixe Kosten	11
G	government purchases of goods and services	staatliche Güterkäufe (Waren und Dienstleistungen)	25
GDP	gross domestic product	reales Bruttoinlandsprodukt, Gesamteinkommen	22
I	investment spending	Investitionsausgaben	25
IM	spending on imports	Wert der Importe, Importe	22
LRAS	long-run aggregate supply	langfristiges gesamtwirtschaftliches Angebot	27
LRATC	long-run average total cost	langfristige durchschnittliche Gesamtkosten	11
LRPC	long-run Phillips curve	langfristige Phillips-Kurve	23
LRS	long-run industry supply	langfristiges Marktangebot	12
M	nominal quantity of money	nominale Geldmenge	30
M/P	real quantity of money	reale Geldmenge	30
MB	marginal benefit	Grenzvorteil	9
MC	marginal cost	Grenzkosten	11
MD	money demand	Geldnachfrage	30
MPC	marginal propensity to consume	marginale Konsumneigung	26

Abkürzung	englischer Begriff	deutscher Begriff	Kapitel
MPL	marginal product of labor	Grenzprodukt der Arbeit	11
MPS	marginal propensity to save	marginale Sparneigung	26
MR	marginal revenue	Grenzerlös	12
MS	money supply	Geldangebot	30
MSB	marginal social benefit	gesellschaftlicher Grenznutzen	16
MSC	marginal social cost	gesellschaftliche Grenzkosten	16
MU	marginal utility	Grenznutzen	10
NCI	net capital inflow	Nettokapitalzufluss	25
P	price	Preis, Preisniveau	12
PMK	production possibility frontier	Produktionsmöglichkeitenkurve	2
Q	quantity	Menge	11
r	interest rate	Zinssatz	9
S	short-run industry supply	(kurzfristiges) Angebot	12
S	savings	Sparen	25
SRAS	short-run aggregate supply	kurzfristiges gesamtwirtschaftliches Angebot	27
SRPC	short-run Phillips curve	kurzfristige Phillips-Kurve	21
T	taxes	Steuerzahlungen	25
TC	total cost	Gesamtkosten	11
TP	total product	Gesamtprodukt	11
TR	total revenue	Gesamterlös	12
TR	government transfers	staatliche Transferzahlungen	25
U	utility	Nutzen	20
V	velocity of money	Umlaufgeschwindigkeit des Geldes	30
VC	variable cost	variable Kosten	11
VPI	consumer price index	Verbraucherpreisindex	22
VMPL	value of the marginal product of labor	Wertgrenzprodukt der Arbeit	19
W	wage rate	Lohnsatz	23
X	value of exports	Wert der Exporte, Exporte	25
XR	exchange rate	Wechselkurs	33
Y	real gross domestic product	reales Bruttoinlandsprodukt (BIP)	22
yd	individual household current disposable income	verfügbares Einkommen eines einzelnen Haushalts	26
YD	aggregate current disposable income (disposable income)	gesamtwirtschaftliches verfügbares Einkommen (verfügbares Einkommen)	26

Einführung: Leben in einer Volkswirtschaft

Die größte Metropolregion der Welt

London, New York und Tokio haben etwas gemeinsam: Die Städte sind große Metropolen, riesige Ballungsräume, die sich über weite Gebiete erstrecken, mit vielen Millionen Einwohnern. Die weltweit größte Metropolregion ist allerdings weitgehend unbekannt. Es handelt sich dabei um das Perlflussdelta, gelegen am südchinesischen Meer. Das Perlflussdelta erstreckt sich über eine Fläche so groß wie das Bundesland Thüringen. Man schätzt, dass mittlerweile mehr als 100 Millionen Menschen in dieser Region leben. Eine Fahrt durch das Perlflussdelta gleicht einer endlosen Abfolge von Fabriken, Bürotürmen und Wohngebäudekomplexen.

Aber was machen all die Menschen im Perlflussdelta? Ein großer Teil von ihnen arbeitet in Fabriken, die Dinge für den Weltmarkt herstellen, darunter vor allem Bauteile für elektronische Geräte wie Smartphones, Tablets und Computer. Tatsächlich enthält fast jedes Smartphone, fast jedes Tablet und fast jeder Computer auf der Welt ein Bauteil, das aus dem Perlflussdelta stammt. Aber die Einwohner dieser Metropolregion produzieren nicht nur viele Dinge, sie konsumieren auch viele Dinge. Auch wenn die Einkommen der Menschen im Perlflussdelta im Vergleich zum Einkommensniveau in den hoch entwickelten Volkswirtschaften eher niedrig sind, gibt es in der Region eine riesige Zahl an Einzelhändlern, angefangen von kleinen Tante-Emma-Läden bis hin zu großen Kaufhäusern für Luxusgüter.

Vor gar nicht allzu langer Zeit war weder vom Perlflussdelta noch vom wirtschaftlichen Aufschwung etwas zu sehen. Noch bis zum Beginn der 1980er-Jahre mussten in China 800 Millionen Menschen mit weniger als 1,90 Dollar pro Tag auskommen. Die Menschen in China hatten gerade einmal genug zu essen und ein Dach über dem Kopf, und der Lebensstandard war nicht viel höher als vor hundert Jahren. Von 1958 bis 1961 führte eine verfehlte Wirtschaftspolitik der chinesischen Führung sogar zu einer landesweiten Hungersnot, die Millionen Menschen das Leben kostete.

Doch seit Beginn der 1980er-Jahre hat sich das Durchschnittseinkommen mehr als verzwanzigfacht. Die Armutsquote (das war zum damaligen Zeitpunkt der Anteil der Menschen, die mit weniger als 1,90 Dollar am Tag auskommen mussten) sank von 88 Prozent im Jahr 1981 auf unter 1 Prozent Mitte der 2010er-Jahre. Der Aufstieg des Perlflussdeltas ist ein Beispiel für diesen unglaublichen ökonomischen Erfolg, der in den letzten Jahrzehnten Hunderte Millionen Menschen aus der Armut befreit hat. Einen derartigen wirtschaftlichen Aufschwung hatte es zuvor noch nie gegeben.

Zumindest vergleichbare Entwicklungen hat es in der Vergangenheit allerdings schon gegeben. So kam es in Großbritannien im Zuge der industriellen Revolution von 1840 bis 1910 zu einem deutlichen Anstieg des Lebensstandards der Menschen. Auch die Vereinigten Staaten schafften zu Beginn des 20. Jahrhunderts einen bemerkenswerten wirtschaftlichen Aufschwung, der den Grundstein für den ökonomischen Wohlstand des Landes legte.

Was kann uns die Volkswirtschaftslehre über all das sagen? Wie sich zeigen wird: eine ganze Menge. Diese großen Entwicklungen, die das Leben von Hunderten Millionen Menschen verändert haben, führen zu einer Reihe von sehr wichtige Fragen, auf die uns die Volkswirtschaftslehre Antworten liefern kann. Zu diesen Fragen gehören:

- Wie funktioniert unsere Volkswirtschaft? Wie schafft es eine Volkswirtschaft, die Menschen mit Waren und Dienstleistungen (Gütern) zu versorgen?
- Wann und warum geht eine Volkswirtschaft in die falsche Richtung und verleitet Menschen zu einem Verhalten, das nicht im Interesse der Gesellschaft liegt?
- Warum gibt es ein Auf und Ab in der gesamtwirtschaftlichen Entwicklung? Warum durchlebt eine Volkswirtschaft manchmal »schlechte Zeiten«?

- Warum überwiegt auf lange Sicht das Auf und nicht das Ab? Warum werden Volkwirtschaften wie China, die Vereinigten Staaten und auch die Bundesrepublik Deutschland im Laufe der Zeit immer wohlhabender?

Wir wollen im Folgenden einen genaueren Blick auf diese Fragen werfen und einen kurzen Überblick darüber verschaffen, was wir in diesem Buch lernen können.

Die unsichtbare Hand

Die riesige Metropolregion im Perlflussdelta gibt es noch nicht lange. Zu Beginn der 1980er-Jahre war das Gebiet ökonomisch rückständig. Das Zentrum Shenzhen war nicht viel mehr als ein kleines und armes Fischerdorf. Wie konnte diese rückständige Region zur größten elektronischen Werkbank der Welt werden und so viel Wohlstand schaffen?

Eine **Marktwirtschaft** ist eine Volkswirtschaft, in der die Entscheidungen über Produktion und Konsum von den einzelnen Produzenten und Konsumenten getroffen werden.

Als **Volkswirtschaft** bezeichnet man das System zur Koordination der produktiven Aktivitäten einer Gesellschaft.

Als **Volkswirtschaftslehre** bezeichnet man die wissenschaftliche Analyse von Volkswirtschaften, die sich mit der Produktion, der Verteilung und dem Konsum der Waren und Dienstleistungen beschäftigt.

Um den Wohlstand zu erreichen, den wir in unseren hoch entwickelten Volkswirtschaften genießen können und den die Menschen im Perlflussdelta anstreben, ist ein gut funktionierendes System zur Koordinierung der Aktivitäten vonnöten, mit denen die gewünschten Waren und Dienstleistungen produziert und zu den Menschen gebracht werden, die diese Waren und Dienstleistungen haben möchten. Dieses System ist es, das wir meinen, wenn wir über die **Volkswirtschaft** sprechen. Als **Volkswirtschaftslehre** bezeichnen wir die Lehre von der Volkswirtschaft, die sich mit der Produktion, der Verteilung und dem Konsum der Waren und Dienstleistungen beschäftigt.

Der Erfolg einer Volkswirtschaft zeigt sich daran, in welchem Ausmaß sie Waren und Dienstleistungen bereitstellen kann. Wie wir bereits wissen, hat es die chinesische Volkswirtschaft geschafft, in den letzten vierzig Jahren den Menschen im Land, aber auch dem Rest der Welt immer mehr Waren und Dienstleistungen zu liefern. So gesehen hat die chinesische Volkswirtschaft einiges richtig gemacht, und man würde vielleicht den Verantwortlichen für diesen Erfolg gern gratulieren. Das wäre allerdings schwierig. Denn es sind nicht einzelne Personen, die für diesen Erfolg verantwortlich sind.

In den 1970er-Jahren, bevor das Perlflussdelta seinen wirtschaftlichen Aufschwung begann, war China eine *Planwirtschaft*. In einer Planwirtschaft trifft eine zentrale staatliche Institution die Entscheidungen darüber, welche Unternehmen was produzieren und welche Waren und Dienstleistungen an die Konsumenten geliefert werden. Erfahrungen haben gezeigt, dass planwirtschaftliche Systeme nicht wirklich gut funktionieren. In den Planwirtschaften Chinas, der ehemaligen Sowjetunion und anderen ehemaligen Ostblockstaaten konnten Unternehmen regelmäßig bestimmte Dinge einfach nicht produzieren, weil ihnen wichtige Rohstoffe fehlten. Manchmal konnten sie zwar produzieren, fanden dann aber niemanden, der ihre Produkte kaufen wollte. Auf der anderen Seite war es für die Konsumenten oft unmöglich, die für sie notwendigen Produkte kaufen zu können. Sichtbares Zeichen hierfür waren die langen Warteschlangen vor den Geschäften.

Im Jahr 1978 hatte die chinesische Führung schließlich erkannt, dass die Planwirtschaft nicht funktionierte und leitete eine Transformation der Volkswirtschaft hin zu einer **Marktwirtschaft** ein. In einer Marktwirtschaft sind Produktion und Konsum das Ergebnis dezentralisierter Entscheidungen von vielen Unternehmen (Produzenten) und Individuen (Konsumenten). Die Vereinigten Staaten, die Bundesrepublik Deutschland und fast alle anderen Volkswirtschaften weltweit haben eine Marktwirtschaft. Auch in China gibt es mittlerweile niemanden mehr, der den Unternehmen sagt, was sie produzieren und wohin sie es liefern sollen. Jeder einzelne Produzent produziert genau das, was nach seiner Einschätzung am profitabelsten ist. Und jeder Konsument kauft genau das, was seinen Wünschen entspricht. Allerdings greift die chinesische Führung immer noch deutlich stärker in die Volkswirtschaft ein, als das in anderen Volkswirtschaften der Fall ist.

Wenn man die Funktionsweise einer Marktwirtschaft noch nie studiert hat, könnte man die Befürchtung haben, dass das Ganze ziemlich chaotisch ablaufen muss. Schließlich ist niemand verantwortlich. Marktwirtschaften sind jedoch in der Lage, selbst extrem komplexe Aktivitäten zu koordinieren und die Konsumenten zuverlässig mit den Waren und Dienstleistungen zu versorgen, die sie wünschen. Wenn man es genau nimmt, vertrauen die Menschen ohne zu zögern sogar ihr Leben dem Marktsystem an: Die Einwohner jeder größeren Stadt würden innerhalb von wenigen Tagen verhungern, wenn die ungeplanten und dennoch in gewisser Weise geordneten Aktionen von Tausenden von Unternehmen sie nicht mit einem stetigen Fluss an Lebensmitteln versorgen würden. Zur Überraschung des Betrachters funktioniert das ungeplante »Chaos« einer Marktwirtschaft viel besser als die »Vorgaben« einer Planwirtwirtschaft. Aus diesem Grund gibt es mit Ausnahme von Kuba und Nordkorea in jedem Land der Welt mittlerweile eine Marktwirtschaft.

Einer der Gründerväter der Volkswirtschaftslehre, der schottische Ökonom Adam Smith, schrieb 1776 in einem berühmten Abschnitt seines Buches *The Wealth of Nations*, dass die Individuen mit der Verfolgung ihrer eigenen Interessen oft dazu beitragen, den Interessen der Gesellschaft insgesamt zu dienen. Über einen Geschäftsmann, dessen Streben nach Gewinn die gesamte Gesellschaft reicher macht, schrieb Smith: »Er verfolgt nur seinen eigenen Vorteil, und er wird dabei, wie es auch in vielen anderen Fällen geschieht, von einer unsichtbaren Hand geführt, etwas zu befördern, das kein Element seines Strebens war.« Seit dieser Zeit verwenden Ökonomen den Begriff der **unsichtbaren Hand**, um die Art und Weise zu beschreiben, wie eine Marktwirtschaft die Kraft des Egoismus in einen Vorteil für die Gesellschaft transformiert.

Der Bereich der Volkswirtschaftslehre, der sich damit beschäftigt, wie Individuen ihre Entscheidungen treffen und wie diese Entscheidungen miteinander vereinbar sind, wird als **Mikroökonomik** bezeichnet. Ein zentrales Thema der Mikroökonomik ist die Gültigkeit der Einsicht von Adam Smith: Individuen, die ihre eigenen Interessen verfolgen, befördern oft die Interessen der gesamten Gesellschaft.

Wenn wir also wissen wollen, wie es eine Volkswirtschaft schafft, Menschen mit Gütern zu versorgen, müssen wir uns näher damit beschäftigen, wie die unsichtbare Hand in Marktwirtschaften aus den Entscheidungen des Einzelnen ein Ergebnis zum Vorteil der gesamten Gesellschaft formt. Allerdings wirkt die unsichtbare Hand nicht in jedem Fall zum Positiven. Es ist daher wichtig zu wissen, wann und warum das individuelle Interessen des Einzelnen zu einem Verhalten führt, das nicht im Interesse der Gesellschaft liegt.

Kosten und Nutzen

In vielerlei Hinsicht hat sich das Leben der Menschen im Perlflussdelta in den letzten Jahrzehnten verbessert. Zwei Dinge sind allerdings deutlich schlechter geworden: die Verkehrslage und die Luftqualität. Zur Hauptverkehrszeit kommt man auf den Straßen im Perlflussdelta vielleicht mit einer Durchschnittsgeschwindigkeit von maximal 20 Kilometern pro Stunde voran. Und die Luftverschmutzung nimmt fast das gesamte Jahr über gesundheitsschädliche Ausmaße an.

Aber warum sind diese Problem ein Beleg für das Scheitern der unsichtbaren Hand? Betrachten wir dazu beispielhaft das Verkehrsaufkommen.

Kommt es im Straßenverkehr zu hohem Verkehrsaufkommen oder Staus, bürdet jeder Fahrer allen anderen Fahrern, welche die betreffende Straße benutzen, Kosten auf. Er steht ihnen – wortwörtlich – im Weg (und die anderen stehen ihm im Weg). Diese Kosten können erheblich sein: Nach einer Untersuchung führt ein Pkw-Fahrer an einem Wochentag in Manhattan zu einer Verzögerung von 3 Stunden für alle Pkw-Fahrer und verursacht Kosten in Höhe von 160 Dollar. Bei der Entscheidung, ob sie mit ihrem eigenen Pkw fahren sollen oder nicht, gibt es für Pendler aber keinen Anreiz, diese Kosten, die sie anderen auferlegen, in ihre Entscheidung einzubeziehen.

Verkehrsstaus sind ein spezifisches Beispiel für einen deutlich breiteren Problemkreis: In bestimmten Fällen ist das Verfolgen der eigenen Interessen nicht auch gleichzeitig im Interesse der Gesellschaft insgesamt, sondern führt im Gegenteil zu einer Schlechterstellung der gesamten Gesellschaft. Tritt dieser Fall auf, spricht man von **Marktversagen**. Ein weiteres wichtiges Beispiel für Marktversagen ist das Problem der Luftverschmutzung, das im Perlflussdelta nur allzu deutlich zutage tritt. Andere Beispiele sind die Wasserverschmutzung sowie die Übernutzung natürlicher Ressourcen wie Fisch- und Waldbestände.

Es gibt aber auch eine gute Nachricht: Sie werden in diesem Buch lernen, wie man mithilfe von ökonomischen Analysen diese Fälle von Marktversagen diagnostizieren kann. Darüber hinaus lassen sich mithilfe der ökonomischen Analyse auch Lösungen für die beschriebenen Probleme entwickeln.

Der Begriff der **unsichtbaren Hand** umschreibt, wie die Verfolgung der Einzelinteressen durch die Individuen zu guten Ergebnissen für die Gesellschaft insgesamt führen kann.

Als **Mikroökonomik** bezeichnet man den Bereich der Volkswirtschaftslehre, der sich damit beschäftigt, wie Menschen Entscheidungen treffen und wie diese Entscheidungen zusammenwirken.

Führt die Verfolgung der Einzelinteressen zu einer Schlechterstellung der Gesellschaft insgesamt, liegt **Marktversagen** vor.

Gute Zeiten – schlechte Zeiten

China hat sich in den letzten 40 Jahren zu einer Wirtschaftsmacht entwickelt. Mittlerweile konkurriert das Land sogar mit den Vereinigten Staaten um den Titel größte Volkswirtschaft der Welt und hat eine derart große Bedeutung für die Weltwirtschaft, dass eine Abschwächung der gesamtwirtschaftlichen Entwicklung im Land weltweit Besorgnis hervorruft. Das war beispielsweise zu Beginn der 2020er-Jahre der Fall, als China aufgrund der Covid-19-Pandemie nur noch eingeschränkt in der Lage war, andere Volkswirtschaften mit notwendigen Rohstoffen und Bauteilen zu beliefern.

Phasen einer Abschwächung der gesamtwirtschaftlichen Entwicklung treten in modernen Volkswirtschaften regelmäßig auf. Die gesamtwirtschaftliche Entwicklung verläuft nicht stetig, vielmehr treten Schwankungen auf, also eine Folge von Auf und Abs. Gesamtwirtschaftliche Abwärtsbewegungen bezeichnet man als **Rezession**. In der Bundesrepublik Deutschland kam es vom Ende des Zweiten Weltkrieges bis zum Beginn der 2020er-Jahre in den Jahren 1967, 1975, 1982, 1993, 2002/2003, 2009 und 2020 zu einer Rezession. Während einer Rezession gehen Hunderttausende von Arbeitsplätzen verloren.

Als **Rezession** bezeichnet man eine Verschlechterung der gesamtwirtschaftlichen Lage.

Wie das Marktversagen scheinen Rezessionen eine letztlich vielleicht nicht völlig vermeidbare Eigenschaft von Marktwirtschaften zu sein. Genau wie beim Marktversagen liefert die ökonomische Analyse für dieses Problem aber doch zumindest einige Lösungsvorschläge, die zu einer Verbesserung beitragen können. Die Untersuchung von Rezessionen gehört zu den Hauptaufgaben eines Teilgebietes der Volkswirtschaftslehre, das als **Makroökonomik** bezeichnet wird. Befasst man sich mit der Makroökonomik näher, dann kann man sehen, wie Ökonomen Rezessionen erklären und wie Wirtschaftspolitik eingesetzt werden kann, um die Schäden zu minimieren, die aus den gesamtwirtschaftlichen Schwankungen resultieren.

Als **Makroökonomik** bezeichnet man den Zweig der Volkswirtschaftslehre, der sich mit der gesamtwirtschaftlichen Entwicklung beschäftigt, und zwar insbesondere mit den zu beobachtenden Auf- und Abschwungphasen.

Trotz der gelegentlich auftretenden Rezessionen verzeichnen fast alle entwickelten Volkswirtschaften vergleichsweise deutlich längere Phasen, in denen es aufwärts geht.

Vorwärts und aufwärts

Die durchschnittliche Lebensstandard der Menschen im Perlflussdelta ist seit Beginn der 1980er-Jahre stark angestiegen, liegt aber immer noch deutlich unter dem Lebensstandard in den Vereinigten Staaten, in der Bundesrepublik Deutschland und anderen hoch entwickelten Volkswirtschaften. Allerdings ging es den Menschen bei uns nicht immer so gut. Zu Beginn des 20. Jahrhunderts lebten in den Industrieländern die meisten Menschen unter Bedingungen, die wir heute als extreme Armut bezeichnen würden. Weniger als zehn Prozent der Haushalte verfügten über Toiletten mit Wasserspülung, weniger als acht Prozent hatten eine Zentralheizung und kaum zwei Prozent verfügten über Elektrizität. So gut wie niemand besaß ein Auto, von Waschmaschine oder Kühlschrank ganz zu schweigen. Im 20. Jahrhundert hat kam es zu einem bemerkenswerten Anstieg des Lebensstandards der Menschen, der uns den großen Wohlstand gebracht hat, an dem wir uns heute erfreuen können.

Diese Vergleiche zeigen, wie stark sich unser Leben durch das **Wirtschaftswachstum** verändert hat, die wachsende Fähigkeit einer Volkswirtschaft, Waren und Dienstleistungen zu produzieren. Aber warum wachsen Volkswirtschaften? Und warum ist in bestimmten Volkswirtschaften und zu bestimmten Zeiten ein stärkeres Wachstum zu verzeichnen als sonst? Das sind ganz zentrale Fragen der Volkswirtschaftslehre, weil Wirtschaftswachstum als etwas Positives angesehen wird und viele Länder gern ein höheres Wachstum hätten. Aber Wirtschaftswachstum hat seinen Preis.

Unter **Wirtschaftswachstum** versteht man die wachsende Fähigkeit einer Volkswirtschaft, Waren und Dienstleistungen zu produzieren, die zu einem höheren Lebensstandard der Menschen führt.

Auch wenn die meisten Menschen vom Wirtschaftswachstum profitieren, gehen auch mit dem Wirtschaftswachstum Gewinner und Verlierer einher. Aufstrebende Branchen verdrängen angestammte Branchen. Neue technologische Entwicklungen machen Bewährtes überflüssig. So hat z. B. der wirtschaftliche Aufschwung im Perlflussdelta dazu geführt, dass viele Menschen ihr Land verlassen mussten und damit ihre Existenzgrundlage verloren, um Platz für neue Fabriken, Bürotürme oder Straßen zu machen.

Auch die Umwelt gehörte in der Vergangenheit oft zu den Verlierern des Wirtschaftswachstums, wenn der steigende Lebensstandard nicht im Einklang mit dem Schutz der Umwelt stand. Aber das Bewusstsein für ein *nachhaltiges langfristiges*

Wirtschaftswachstum, das auch zukünftigen Generationen zugutekommt, ist in den letzten Jahrzehnten stetig gewachsen. Der Volkswirtschaftslehre kommt dabei eine besondere Aufgabe zu, da Umweltverschmutzung und -zerstörung in vielen Fällen eine Folge von Marktversagen sind.

Auf zu Entdeckungen

Wir hoffen, wir haben Sie davon überzeugt, dass hinter dem normalen Geschäftsleben, sei es im Perlflussdelta oder irgendwo anders auf der Welt, viele interessante Aspekte und Fragen stecken, über die es sich nachzudenken lohnt. In diesem Buch wollen wir die Antworten erläutern, die Ökonomen auf diese Fragen geben. Sie sollten von diesem Buch aber nicht eine Auflistung von fertigen Antworten erwarten. Es erhebt vielmehr den Anspruch, eine Einführung in die Volkswirtschaftslehre zu sein und Ihnen zu zeigen, wie man mit den Fragen umgehen kann, die wir gerade besprochen haben. Schon der große britische Ökonom Alfred Marshall (1842–1924) erkannte, dass die Aufgabe der Volkswirtschaftslehre nicht darin liegt, Wahrheiten zu liefern, sondern dabei hilft, Wahrheiten zu erkennen.

Also legen wir los.

SCHLÜSSELBEGRIFFE

- Volkswirtschaft
- Volkswirtschaftslehre
- Marktwirtschaft
- unsichtbare Hand
- Mikroökonomik
- Marktversagen
- Rezession
- Makroökonomik
- Wirtschaftswachstum

1 Grundlagen

LERNZIELE

- Welche vier Prinzipien ökonomische Entscheidungen lenken.
- Welche vier Prinzipien steuern, wie individuelle Entscheidungen interagieren.
- Welche drei Prinzipien gesamtwirtschaftliche Interaktionen erklären.

Eine gemeinsame Basis

In der Vergangenheit waren es vor allem junge Menschen in wohlhabenden westlichen Volkswirtschaften, die Zugang zu einer Ausbildung an einer Hochschule oder Universität hatten. In den letzten Jahren aber ist die Zahl der Studierenden in aufstrebenden Volkswirtschaften wie China und Indien rasant angestiegen. Mittlerweile gibt es in China bereits mehr Studierende als in den Vereinigten Staaten.

Die Studierenden entscheiden sich für unterschiedliche Fächer. Viele von ihnen studieren Volkswirtschaftslehre – in China vielleicht an der Shanghai University of Finance and Economics, in Indien an der University of Mumbai, in Deutschland an der Freien Universität Berlin (FU) oder in den Vereinigten Staaten an der Stanford University. Zwischen all diesen Ländern gibt es beträchtliche Unterschiede in der politischen und ökonomischen Entwicklung. Aber bedeutet das auch, dass die Volkswirtschaftslehre in jedem Land eine andere ist?

Diese Frage lässt sich nicht mit einem klaren »Ja« oder »Nein« beantworten. Die unterschiedlichen Umstände haben natürlich einen Einfluss auf das, was Studierende und Fachleute lernen und wissen müssen. Aus diesem Grund gibt es unterschiedliche Ausgaben für dieses Lehrbuch. Die deutsche Ausgabe beschäftigt sich stärker mit den Gegebenheiten in Deutschland und im Euroraum.

Ein großer Teil des Lehrbuches vermittelt jedoch grundlegendes ökonomisches Wissen. Dieses Wissen basiert auf einfachen Prinzipien, die allgemeingültig sind und sich auf viele unterschiedliche Fragestellungen unabhängig vom jeweiligen Kontext anwenden lassen.

Einige Prinzipien beziehen sich auf das *Entscheidungsverhalten der Individuen*. Schließlich geht es in der Volkswirtschaftslehre zuallererst um die Entscheidungen, die Menschen treffen. Wollen Sie Geld sparen und fahren mit dem Bus oder kaufen Sie sich ein Auto? Behalten Sie Ihr altes Smartphone oder legen Sie sich ein neues zu? Trainieren Sie in Ihrer Freizeit oder spielen Sie Computerspiele? Diese Entscheidungen erfordern eine Auswahl aus einer begrenzten Anzahl von Alternativen – begrenzt deswegen, weil niemand all das haben kann, was er sich wünscht. In letzter Konsequenz berührt jede ökonomische Fragestellung das Entscheidungsverhalten von Individuen.

Um zu verstehen, wie eine Volkswirtschaft funktioniert, reicht es natürlich nicht aus nur zu wissen, wie jeder Einzelne seine Entscheidungen trifft. Schließlich ist keiner von uns Robinson Crusoe, der allein auf seiner Insel lebt. Vielmehr müssen wir unsere Entscheidungen in einem Umfeld treffen, das durch die Entscheidungen anderer geprägt ist. Wir werden daher in diesem Kapitel vier grundlegende Prinzipien kennenlernen, die das Entscheidungsverhalten von Individuen lenken.

In einer modernen Volkswirtschaft werden selbst die einfachsten Entscheidungen, die man trifft – etwa die Frage, was man zum Frühstück isst – durch die Entscheidungen Tausender anderer Leute beeinflusst: vom Obstbauern in Südtirol, der eine Zutat für Ihr Müsli liefert, oder vom Bäcker um die Ecke, bei dem Sie die Brötchen kaufen.

Weil jeder von uns in einer Marktwirtschaft von so vielen anderen abhängt, die ihrerseits von uns abhängen, beeinflussen sich unsere Entscheidungen wechselseitig. Und obwohl es in der Volkswirtschaftslehre grundsätzlich immer um individuelle Entscheidungen geht, müssen wir auch das *Zusammenwirken dieser Entscheidungen* verstehen, um das Verhalten der Marktwirtschaft insgesamt begreifen zu können. Aus diesem Grund werden wir uns mit vier wichtigen Prinzipien beschäftigen, die die Interaktionen von individuellen Entscheidungen steuern.

Viele wichtige Fragestellungen lassen sich durch einen Blick auf die Märkte für einzelne Güter beantworten (wie beispielsweise der Markt für Weizen). Die Volkswirtschaft als Ganzes besteht wiederum aus vielen dieser Märkte, die sich gegenseitig beeinflussen. Dadurch kommt es in der gesamtwirtschaftlichen Entwicklung zu einem fortlaufenden Auf und Ab. Um die Interaktionen auf der gesamtwirtschaftlichen Ebene besser zu verstehen, werden wir drei weitere wesentliche Prinzipien kennenlernen.

Die insgesamt 11 Prinzipien in diesem Kapitel bilden die Basis jeder ökonomischen Analyse und sind in der Volkswirtschaftslehre allgemein akzeptiert. Sie gelten ebenso in Schanghai und Mumbai wie in Berlin oder Stanford.

1.1 Die individuelle Entscheidung steht im Mittelpunkt der Volkswirtschaftslehre

Die **individuelle Entscheidung** ist die Entscheidung eines Individuums darüber, was es tun will und was es nicht tun will.

Jeder ökonomische Sachverhalt umfasst im Kern eine **individuelle Entscheidung**, die Entscheidung eines Individuums darüber, was es tun will und was es *nicht* tun will. Man könnte sogar noch weiter gehen und sagen, dass es sich nicht um eine ökonomische Frage handelt, wenn es nicht um Entscheidungsfindung geht.

Stellen Sie sich vor, Sie besuchen einen großen Online-Shop. Dort gibt es Abertausende von verschiedenen Produkten und es ist extrem unwahrscheinlich, dass Sie oder irgendjemand sonst es sich leisten könnte, alles zu kaufen, was man gerne hätte. Ganz abgesehen davon ist vermutlich auch der Raum in Ihrem Zimmer oder Ihrer Wohnung begrenzt. Kaufen Sie sich also ein weiteres Bücherregal oder einen kleinen Kühlschrank? Vor dem Hintergrund der Begrenzungen, die sich aus Ihrem Budget und dem verfügbaren Wohnraum ergeben, müssen Sie sich entscheiden, welches Produkt Sie kaufen und welches nicht.

Auch der Umstand, dass diese beiden Produkte überhaupt im Online-Shop vorhanden sind, impliziert Entscheidungen: Der verantwortliche Manager des Online-Shops hat sich entschieden, den Artikel in sein Programm aufzunehmen, und der Hersteller des Produktes hat sich entschieden, es zu produzieren. Jede ökonomische Aktivität umfasst daher das Treffen von individuellen Entscheidungen.

Die ökonomische Theorie der individuellen Entscheidung basiert auf vier Prinzipien, die in **Tabelle 1-1** zusammengefasst sind. Wir wollen im Folgenden diese Prinzipien etwas genauer betrachten.

Tab. 1-1

Prinzipien, die den ökonomischen Entscheidungen von Individuen zugrunde liegen

1. Die Menschen müssen Entscheidungen treffen, weil es knappe Ressourcen gibt.
2. Die wahren Kosten einer Sache werden durch ihre Opportunitätskosten wiedergegeben – die Dinge, auf die man verzichten muss, um die Sache zu bekommen.
3. »Wie viel« ist eine Entscheidung, die sich durch eine Grenzbetrachtung ergibt.
4. Menschen reagieren auf Anreize und nutzen Möglichkeiten, um sich zu verbessern.

Prinzip 1: Die Menschen müssen Entscheidungen treffen, weil es knappe Ressourcen gibt

Man kann nicht immer alles bekommen, was man sich wünscht. Jeder wünscht sich ein schönes Haus in bester Lage (und am besten gleich die Hilfe, die einem das Haus sauber hält), zwei oder drei Luxusautos, dann noch recht häufig Ferien in noblen Hotels. Aber selbst in reichen Ländern, wie den Vereinigten Staaten, Deutschland oder Schweden, können sich nur wenige Familien die Erfüllung all dieser Wünsche leisten. Daher müssen wir fast immer Wahlentscheidungen treffen: Leisten wir uns einen Urlaub in Übersee oder kaufen wir uns ein neues Auto? Geben wir uns mit einem kleinen Grundstück für unser Haus zufrieden oder nehmen wir eine längere Fahrt zum Arbeitsplatz in Kauf, um in einem Vorort zu leben, in dem das Grundstück billiger ist?

Ein begrenztes Einkommen ist nicht das Einzige, was die Leute darin beschränkt, alles zu haben, was sie sich wünschen. Auch Zeit ist knapp: Jeder Tag hat nur 24 Stunden. Und weil die Zeit, die wir haben, begrenzt ist, impliziert die Entscheidung, Zeit für eine Aktivität zu verwenden, gleichzeitig die Entscheidung, diese Zeit nicht für eine andere Aktivität zu nutzen: Entscheiden Sie sich dafür, den Abend mit Prüfungsvorbereitungen zu verbringen, dann verzichten Sie gleichzeitig auf eine alternative Aktivität, beispielsweise einen Abend im Kino. Es ist sogar so, dass viele Leute sich so durch die Zeitknappheit beschränkt sehen, dass sie bereit sind, Geld gegen Zeit zu tauschen. So ist es beispielsweise teurer, sich eine Fertigmahlzeit zu kaufen, als sich die entsprechenden Zutaten zu besorgen und das Essen selbst zu kochen. Die Kunden sind aber bereit, den höheren Preis zu bezahlen, weil sie damit Zeit einsparen können. (Vielleicht haben sie aber auch keine Lust zu kochen.)

Dies bringt uns zu unserem ersten Prinzip individueller Entscheidungen:

Individuen müssen Entscheidungen treffen, weil Ressourcen knapp sind.

Als **Ressource** bezeichnen wir alles, was zur Produktion von irgendetwas anderem verwendet werden kann. Zu den Ressourcen einer Volkswirtschaft gehören etwa Land, Arbeit (die verfügbare Zeit der Arbeitskräfte), Kapital (Maschinen, Gebäude und andere produzierte Vermögenswerte) und Humankapital (das Ausbildungsniveau und die Fähigkeiten der Arbeitskräfte). Eine Ressource ist **knapp**, wenn die Menge der verfügbaren Ressourcen nicht groß genug ist, um alles herzustellen, was gewünscht wird. Die meisten Ressourcen sind knapp. Zu den knappen Ressourcen gehören etwa die sogenannten natürlichen Ressourcen, also Ressourcen der natürlichen physischen Umwelt wie beispielsweise Mineralien, Holz und Erdöl. Auch die sogenannten Humanressourcen (Arbeit, Fähigkeiten und Intelligenz) sind in der Regel knapp. Darüber hinaus sind in einer wachsenden Weltwirtschaft mit schnell zunehmender Bevölkerung mittlerweile sogar saubere Luft und sauberes Wasser knapp geworden.

Ressourcen sind **knapp** – die verfügbare Menge ist nicht groß genug, um alles herzustellen zu können.

Genau wie Individuen Wahlentscheidungen treffen müssen, zwingt die Knappheit der Ressourcen auch die Gesellschaft insgesamt zu solchen Entscheidungen. Eine Möglichkeit für eine Gesellschaft, solche Entscheidungen zu treffen, ist ganz einfach, sie aus vielen individuellen Entscheidungen resultieren zu lassen. Diese Art von gesellschaftlicher Entscheidungsfindung spielt gewöhnlich in Marktwirtschaften eine zentrale Rolle. Betrachtet man beispielsweise Deutschland, so steht den Deutschen insgesamt nur eine bestimmte Zahl von Stunden pro Woche zur Verfügung. Wie viele dieser Stunden werden sie damit verbringen, im Supermarkt nach günstigen Zutaten für ihr Essen zu suchen, statt sich mit Fertiggerichten zu begnügen oder ins Restaurant zu gehen? Die Antwort auf diese Frage ergibt sich aus der Summe der Einzelentscheidungen: Jedes einzelne der Millionen Individuen unserer Volkswirtschaft trifft diese Entscheidung für sich und die Gesamtentscheidung ergibt sich ganz einfach als Summe dieser individuellen Entscheidungen.

Prinzip 2: Die wahren Kosten einer Sache werden durch ihre Opportunitätskosten wiedergegeben – die Dinge, auf die man verzichten muss, um die Sache zu bekommen

Nehmen wir einmal an, Sie verbringen ein Auslandssemester an einer Universität in den Vereinigten Staaten. Nehmen wir weiter an, dass Sie neben dem Pflichtprogramm noch die Möglichkeit haben, ein Wahlfach zu belegen. Von den

Als **Ressource** bezeichnet man alles, was genutzt werden kann, um irgendetwas anderes zu produzieren.

infrage kommenden Fächern sind Sie an zweien besonders interessiert: Geschichte der US-amerikanischen Volkswirtschaft und Außenwirtschaftsbeziehungen der Vereinigten Staaten. Zwischen diesen beiden Fächern müssen Sie sich entscheiden.

Nehmen wir an, Sie entscheiden sich für Geschichte der US-amerikanischen Volkswirtschaft. Was sind die Kosten dieser Entscheidung? Die Kosten ergeben sich aus dem Umstand, dass Sie nun die Außenwirtschaftsvorlesung nicht belegen können. Ökonomen bezeichnen diese Art von Kosten – dass Sie auf etwas verzichten müssen, um das zu erhalten, was Sie sich wünschen – als **Opportunitätskosten** dieser Sache. Dies bringt uns zu unserem zweiten Prinzip individueller Entscheidungen:

Die wahren Kosten einer Sache bestehen in ihren **Opportunitätskosten** – dem, worauf man verzichten muss, um die Sache zu bekommen.

Die wahren Kosten einer Sache entsprechen den Opportunitätskosten dieser Sache, also dem, worauf Sie verzichten müssen, um diese Sache zu bekommen.

Die Opportunitätskosten der Vorlesung über die Geschichte der US-amerikanischen Volkswirtschaft bestehen also in dem entgangenen Vergnügen, das Sie an der Außenwirtschaftsvorlesung gehabt hatten.

Das Konzept der Opportunitätskosten ist zentral für das Verständnis der individuellen Entscheidungshandlung, weil letztlich alle Kosten Opportunitätskosten sind. Kritiker behaupten manchmal, dass sich Ökonomen nur mit Kosten und Nutzen beschäftigen, die in Euro und Cent gemessen werden können. Das stimmt aber nicht. Die ökonomische Analyse beschäftigt sich häufig mit Fällen, wie in unserem Beispiel mit den Vorlesungen, wo für das Belegen eines Wahlfaches keine gesonderten Studiengebühren erhoben werden – wo es also keine direkten monetären Kosten gibt. Gleichwohl ist das Wahlfach, das man belegt, mit Opportunitätskosten verbunden, weil man auf das Belegen des anderen Kurses verzichten muss.

Vielleicht glauben Sie jetzt, dass Opportunitätskosten Zusatzkosten sind, also Kosten, die zusätzlich zu den monetären Kosten einer Sache entstehen. Nehmen wir einmal an, das Belegen einer zusätzlichen Veranstaltung würde an Ihrer Gastuniversität 750 Dollar kosten. Nun gibt es also monetäre Kosten für das Belegen des Kurses in Wirtschaftsgeschichte. Sind die Opportunitätskosten für das Belegen dieses Kurses etwas anderes als diese monetären Kosten?

Um diese Frage zu beantworten, wollen wir zwei Fälle betrachten. Nehmen wir zunächst einmal an, dass die Außenwirtschaftsvorlesung ebenfalls mit Gebühren in Höhe von 750 Dollar verbunden wäre. In diesem Fall müssten Sie die 750 Dollar bezahlen, ganz gleich, welche Vorlesung Sie belegen. Das, was Sie aufgeben, um Wirtschaftsgeschichte hören zu können, ist also immer noch die Außenwirtschaftsvorlesung – und sonst nichts. Die 750 Dollar müssten Sie ja in jedem Fall bezahlen. Nehmen wir jetzt aber einmal an, für die Außenwirtschaftsvorlesung würden keine Studiengebühren erhoben. In diesem Fall ergibt sich das, was Sie für das Belegen der Wirtschaftsgeschichtsvorlesung aufgeben würden, aus Ihrem Verzicht auf die Außenwirtschaftsvorlesung *plus* dem, was Sie sich sonst für die 750 Dollar gekauft hätten.

Wie immer man es betrachtet: Die realen Kosten der Veranstaltung, die Sie vorziehen, ergeben sich aus dem, was Sie dafür aufgeben müssen. Wenn Sie die Menge der Wahlmöglichkeiten erweitern – ob Sie ein Wahlfach belegen oder nicht, ob sie dieses Semester abschließen oder nicht, ob Sie ihr Studium aufgeben oder nicht –, werden Sie feststellen, dass letztlich *alle* Kosten Opportunitätskosten sind.

Manchmal ist der Geldbetrag, den man für irgendetwas bezahlen muss, ein guter Indikator für die Opportunitätskosten dieser Sache. Häufig ist das aber auch nicht so. Ein für Sie vermutlich sehr wichtiges Beispiel, wie schlecht monetäre Kosten die Opportunitätskosten beschreiben, sind die Kosten Ihres Studiums. Die Wohnheimmiete und Studiengebühren gehören für die meisten Studierenden zu den größeren Geldausgaben, die sie haben. Aber selbst dann, wenn Sie im Wohnheim umsonst wohnen könnten und keine Studiengebühren bezahlen müssten, ist das Studium für Sie eine teure Angelegenheit. Warum? Die meisten Studierenden würden, wären sie nicht an der Universität, einer Erwerbsarbeit nachgehen. Mit dem Besuch der Hochschule verzichten Studierende folglich auf das Einkommen, das sie mit der Erwerbsarbeit erzielt hätten. Die Opportunitätskosten eines Studiums ergeben sich also aus Wohnheimmiete und Studiengebühren *zuzüglich* des entgangenen Einkommens aus der Erwerbsarbeit, der man aufgrund des Studiums nicht nachgehen kann.

Es ist leicht einzusehen, dass die Opportunitätskosten eines Hochschulstudiums für Menschen besonders hoch sind, die in ihrer Studienzeit ein sehr hohes Erwerbseinkommen hätten erzielen können. Das erklärt, warum prominente Sportler, Medienstars, aber auch Studierende, die bereits während ihres Studiums ein Unternehmen aufbauen, häufig die Hochschule verlassen, bevor sie einen Abschluss gemacht haben.

Prinzip 3: »Wie viel« ist eine Entscheidung, die sich durch eine Grenzbetrachtung ergibt

Einige wichtige Entscheidungen implizieren eine »Entweder-oder«-Wahl. Dies gilt etwa für die Entscheidung, ob man nach dem Abitur ein Hochschulstudium aufnehmen möchte oder sich gleich eine Arbeit sucht. Analoges gilt, wenn man sich entscheidet, entweder Volkswirtschaftslehre oder irgendein anderes Fach zu studieren. Andere wichtige Entscheidungen implizieren dagegen eine »Wie viel«-Wahl. Nehmen wir einmal an, Sie haben in diesem Semester sowohl eine Vorlesung zur Unternehmensbesteuerung als auch eine Vorlesung zur Empirischen Wirtschaftsforschung belegt. Die Prüfungen stehen bevor und Sie müssen sich entscheiden, wie viel Zeit Sie für die Klausurvorbereitung in beiden Fächern verwenden wollen. Geht es um das Verstehen von »Wie viel«-Entscheidungen, kann die Volkswirtschaftslehre eine wichtige Einsicht liefern: »Wie viel« ist eine Entscheidung, die aus einer *Grenzbetrachtung* resultiert.

Nehmen wir an, Sie haben sowohl Unternehmensbesteuerung als auch Empirische Wirtschaftsforschung belegt. Nehmen wir weiter an, dass Sie später Steuerberater werden möchten. In diesem Fall zählt die Note, die Sie im Fach Steuern erzielen, mehr als die Note in Empirischer Wirtschaftsforschung. Folgt daraus, dass Sie Ihre gesamte Vorbereitungszeit für Steuern verwenden und völlig unvorbereitet in die andere Klausur gehen sollten? Vermutlich nicht. Auch wenn Ihnen die Note der Steuerklausur viel wichtiger erscheint, wäre es wohl sinnvoll, das Fach Empirische Wirtschaftsforschung nicht völlig zu vernachlässigen.

Ein größerer Zeitaufwand für Empirische Wirtschaftsforschung impliziert einen Nutzen (eine bessere erwartete Note in diesem Fach), sie impliziert aber auch Kosten. (Sie hätten die Zeit für irgendetwas anderes verwenden können – etwa für die Vorbereitung der Steuerklausur, um dort eine bessere Note zu erzielen.) Folglich ist Ihre Entscheidung mit einer Abwägung verbunden, einem **Trade-off** (Zielkonflikt), dem Vergleich von Kosten und Nutzen.

Mit dem englischen Begriff **Trade-off** bezeichnet man eine Austauschbeziehung, also zum Beispiel die Abwägung von Kosten und Nutzen einer Entscheidung.

Wie entscheidet man diese Art von »Wie viel«-Fragen? Die nächstliegende Antwort ist die, dass man diese Entscheidungen im Zeitverlauf Schritt für Schritt trifft, indem man sich die Frage stellt, wie man die nächste Stunde nutzen sollte. Nehmen wir an, dass beide Prüfungen am selben Tag sind und dass Sie den Vorabend damit verbringen, noch einmal Ihre Vorlesungsunterlagen für beide Veranstaltungen durchzugehen. Um 18.00 Uhr entscheiden Sie, dass es vernünftig ist, für jede der beiden Veranstaltungen wenigstens eine Stunde Vorbereitungszeit zu verwenden. Um 20.00 Uhr entscheiden Sie, dass Sie für beide Kurse jeweils eine weitere Stunde zum Lernen brauchen. Um 22.00 Uhr werden Sie allmählich müde und sagen sich, dass es vernünftig ist, nur noch eine Stunde zu lernen, damit Sie am nächsten Tag ausgeschlafen sind. Für welche Vorlesung wollen Sie diese Stunde verwenden – Steuern oder Empirische Wirtschaftsforschung? Wenn Sie später Steuerberater werden wollen, wird es vermutlich Steuern sein, wenn Sie später bei einem Wirtschaftsforschungsinstitut arbeiten wollen, wird es wahrscheinlich Empirische Wirtschaftsforschung sein.

Beachten Sie, wie Sie Ihre Entscheidung bezüglich der Aufteilung Ihrer Zeit getroffen haben: Zu jedem Zeitpunkt ist die Frage, ob Sie für das jeweilige Fach *eine* zusätzliche Stunde verwenden sollten oder nicht. Bei der Entscheidung, ob Sie eine zusätzliche Stunde für Steuern verwenden sollen, wägen Sie die damit verbundenen Kosten (eine Stunde weniger Zeit für die Vorbereitung der anderen Klausur oder eine Stunde weniger Schlaf) gegen den Nutzen ab (eine wahrscheinlich bessere Note in der Steuerklausur). Solange der Vorteil einer zusätzlichen Stunde für die Vorbereitung der Steuerklausur die Kosten überwiegt, sollten Sie sich für diese zusätzliche Stunde entscheiden.

Entscheidungen dieser Art – wie verwende ich meine nächste Stunde, wie verwende ich meinen

Entscheidungen darüber, ob man eine bestimmte Aktivität noch ein bisschen ausdehnt oder sie etwas einschränkt, bezeichnet man als **Marginalentscheidungen**. Die Untersuchung solcher Entscheidungssituationen bezeichnet man als **Marginalanalyse.**

Als **Anreiz** bezeichnet man einen Vorteil, den Menschen realisieren können, wenn sie ihr Verhalten ändern.

nächsten Euro usw. – sind **Marginalentscheidungen**. Dies bringt uns zu unserem dritten Prinzip individueller Entscheidungen:

»Wie viel«-Entscheidungen müssen durch eine Abwägung (Trade-off) an der Grenze getroffen werden – durch den Vergleich von Kosten und Nutzen von ein klein bisschen mehr oder ein klein bisschen weniger.

Die Analyse solcher Entscheidungen bezeichnet man als **Marginalanalyse**.

Viele Fragen, denen wir uns in der Volkswirtschaftslehre gegenübersehen, aber auch viele Fragen, auf die wir im realen Leben stoßen, haben mit Marginalanalyse zu tun: Wie viele Arbeiter sollte ich in meinem Betrieb einstellen? Bei welchem Kilometerstand sollte ich bei meinem Auto einen Ölwechsel machen? Wie groß ist die akzeptable Rate von Nebenwirkungen bei einem neuen Medikament? Die Marginalanalyse spielt in der Volkswirtschaftslehre deswegen eine zentrale Rolle, weil sie der Schlüssel bei der Entscheidung ist, »wie viel« man von einer bestimmten Aktivität tun sollte.

Prinzip 4: Menschen reagieren auf Anreize und nutzen Möglichkeiten, um sich zu verbessern

Eines Tages hörten die Autoren dieses Buches morgens im Radio einen heißen Tipp, wie man billig in Manhattan parken kann. Die Parkhäuser in der Gegend um Wall Street verlangten bis zu 30 Dollar pro Tag. Dem Nachrichtensprecher zufolge hatten einige Leute aber eine günstigere Möglichkeit gefunden: Anstatt ihr Auto im Parkhaus abzustellen, ließen sie sich bei der Firma Jiffy Lube, einem Autoservice, einen Ölwechsel machen, der nur 19,95 Dollar kostete. Das Auto konnte den ganzen Tag in der Werkstatt bleiben.

Das ist eine tolle Geschichte, die sich aber leider als falsch herausstellte – tatsächlich gibt es überhaupt keine Filiale von Jiffy Lube in Manhattan. Gäbe es aber eine Filiale, dann würde diese Filiale jede Menge Ölwechsel durchführen. Warum? Wenn Menschen Gelegenheiten geboten werden, sich besser zu stellen, dann werden sie diese Gelegenheit normalerweise auch nutzen. Wenn sie die Gelegenheit hätten, ihr Auto den ganzen Tag für 19,95 Dollar zu parken statt für 30 Dollar, dann würden sie das tun.

In diesem Beispiel würden Ökonomen davon sprechen, dass Menschen auf **Anreize** reagieren – einer Möglichkeit, sich besser zu stellen. Wir können nun das vierte Prinzip individueller Entscheidungen formulieren:

Menschen reagieren auf Anreize und nutzen die Möglichkeiten, die sie haben, um sich besser zu stellen.

Versucht man zu prognostizieren, wie Individuen sich in bestimmten wirtschaftlichen Situationen verhalten, kann man getrost darauf wetten, dass sie Möglichkeiten nutzen werden, bei denen sie sich besser stellen. Darüber hinaus werden die Akteure ihr Verhalten immer weiter fortsetzen, bis die Möglichkeiten vollständig ausgeschöpft sind.

Wenn es also in Manhattan tatsächlich eine Jiffy-Lube-Werkstatt gäbe und der Ölwechsel dort tatsächlich eine billige Möglichkeit wäre, das Auto zu parken, können wir mit großer Sicherheit vorhersagen, dass es für Ölwechsel innerhalb kürzester Zeit eine lange Warteliste geben würde.

Wir können noch einen Schritt weitergehen: Das Prinzip, dass Menschen Gelegenheiten nutzen, um sich zu verbessern, ist die Basis für jede ökonomische Vorhersage des individuellen Verhaltens.

In der Regel stehen Ökonomen jedem Versuch skeptisch gegenüber, das Verhalten von Menschen zu ändern, *ohne* ihre Anreize zu ändern. So wäre beispielsweise der Versuch, den Straßenverkehr in einer Großstadt zu reduzieren, ohne den Menschen einen Anreiz dafür zu geben, das Auto stehen zu lassen (z. B. durch eine finanzielle Belohnung), oder aber eine Gebühr für die Straßenbenutzung einzuführen, mit großer Wahrscheinlichkeit nicht von Erfolg gekrönt. In gleicher Weise wäre der Versuch, Unternehmen freiwillig zu einer Senkung der Umweltverschmutzung zu bewegen, kaum erfolgreich. Würde man den Unternehmen dagegen eine finanzielle Belohnung für eine Emissionsverringerung geben, wäre der Erfolg wahrscheinlicher, da sich dadurch die Anreize für die Unternehmen ändern.

Haben wir damit alle Grundlagen für unsere ökonomischen Überlegungen zusammen? Noch nicht ganz, weil die wirklich interessanten Dinge in der Volkswirtschaft nicht das Ergebnis rein individueller Entscheidungen sind, sondern sich vielmehr erst aus dem *Zusammenwirken* der individuellen Entscheidungen ergeben.

WISSENSCHAFT UND PRAXIS

Chinas Ein-Kind-Politik hat zu Millionen von einsamen Junggesellen geführt

China ist (noch) das bevölkerungsreichste Land der Welt. Es wird geschätzt, dass im Jahr 2022 rund 1,457 Milliarden Menschen in China lebten. Ganz richtig: Rund eine Milliarde und vierhundertsiebenundfünfzig Millionen Menschen. Dennoch wird es für junge Männer immer schwieriger und teurer, eine Braut zu finden.

Bis in die 1970er-Jahre hinein war China ein sehr armes Land mit einer rasant wachsenden Bevölkerung. Aus Sorge, die schnell wachsende Bevölkerung nicht ausreichend versorgen zu können, führte die Regierung des Landes im Jahr 1978 die »Ein-Kind-Politik« ein. Dadurch wurde den meisten Familien die Geburt von mehr als einem Kind untersagt. Gleichzeitig wurden Sanktionen für die Familien eingeführt, die gegen diese Auflage verstießen. Infolgedessen sank die durchschnittliche Geburtenzahl je Frau in China bis zum Jahr 2016 auf 1,6 Kinder (im Jahr 1978 lag die Zahl noch bei über 5 Kindern).

Die Ein-Kind-Politik hatte jedoch eine unglückliche und unbeabsichtigte Konsequenz für das Gleichgewicht zwischen den Geschlechtern in der Bevölkerung. China war lange Zeit sehr ländlich geprägt. Für die körperlich schwere Arbeit auf den Feldern wünschten sich die Familien eher Söhne als Töchter. Außerdem kümmerten sich nach der Tradition die Söhne und nicht die Töchter um die älter werdenden Eltern. Durch die Ein-Kind-Politik stiegen damit für viele Familien in China die Kosten für eine Tochter. Da die Familien als einziges Kind einen Sohn bevorzugten, gab es viele sogenannte »ungewollte Mädchen«, von denen einige zur Adoption im Ausland freigegeben wurden. Viele jedoch »verschwanden« schlicht während ihrer ersten Lebensjahre, beispielsweise indem sie in Waisenhäusern oder sogar auf der Straße ausgesetzt wurden. Der Ökonom und Nobelpreisträger Amartya Sen schätzt, dass es in Asien zwischen 45 und 100 Millionen »verschwundener Frauen« geben könnte.

Über einen Zeitraum von mehr als 20 Jahren hat es in China mehr Jungen als Mädchen gegeben. Mittlerweile gibt es 34 Millionen mehr Männer als Frauen im Land. Das sind rund 40 Prozent der gesamten Bevölkerung in der Bundesrepublik Deutschland. Diese Männer werden keine Frau finden.

Im Jahr 2018 kamen in der Altersgruppe von 15 bis 29 Jahren auf 100 Frauen 112 Männer. Für das Jahr 2050 werden auf 100 Frauen sogar 190 Männer erwartet. Damit werden die Auswirkungen der Ein-Kind-Politik, die von der chinesischen Regierung im Oktober 2015 offiziell für beendet erklärt wurde, noch jahrzehntelang spürbar sein.

In Anbetracht dieser Lage versuchen mittlerweile einige chinesische Männer ihr Glück bei der Suche nach einer Partnerin im Ausland, insbesondere in Nachbarländern wie Vietnam, Laos und Kambodscha, in denen das Gleichgewicht zwischen den Geschlechtern nicht gestört ist.

Kurzzusammenfassung

- Jede Form von ökonomischem Handeln impliziert **individuelle Entscheidungen**.
- Menschen müssen Entscheidungen treffen, weil **Ressourcen knapp** sind.
- Die Kosten einer Sache ergeben sich aus dem, was man aufgeben muss, um sie zu bekommen – alle Kosten sind **Opportunitätskosten**. Monetäre Kosten sind manchmal ein guter Indikator für Opportunitätskosten, aber nicht immer.
- Bei vielen Entscheidungen geht es nicht darum, *ob* etwas getan wird, sondern *wie viel*. »Wie viel«-Entscheidungen sind mit einem **Trade-off** verbunden, einer Abwägung von Kosten und Nutzen einer Entscheidung. Die Untersuchung derartiger **Marginalentscheidungen** wird als **Marginalanalyse** bezeichnet.
- Weil Menschen Möglichkeiten nutzen, um ihre Situation zu verbessern, können **Anreize** das Verhalten von Menschen ändern.

ÜBERPRÜFEN SIE IHR WISSEN

1. Erläutern Sie, auf welche Weise jede der folgenden Situationen eines der vier Prinzipien der individuellen Entscheidung illustriert.
   a. Sie haben in einem Restaurant zu Abend gegessen und im Menüpreis ist das Dessertbüfett enthalten, von dem Sie sich so oft und so viel nehmen dürfen, wie Sie wollen. Sie stehen bereits zum dritten Mal davor und fühlen sich eigentlich schon ziemlich satt. Obwohl es Sie kein zusätzliches Geld kosten würde, verzichten Sie auf ein weiteres Stück Sahnetorte, greifen aber beim Schokoladenkuchen noch einmal zu.
   b. Selbst wenn es auf der Welt mehr Ressourcen gäbe, würde immer noch Knappheit bestehen.
   c. Verschiedene wissenschaftliche Mitarbeiter leiten Übungsgruppen zur Vorlesung »Einführung in die Volkswirtschaftslehre«. Einige der Mitarbeiter gelten bei den Studierenden als besonders gut, besitzen also eine hohe Reputation, während andere als weniger gut eingeschätzt werden. Die Übungsgruppen, die von den Mitarbeitern mit der hohen Reputation geleitet werden, sind schnell voll, während in den anderen Übungsgruppen etliche Plätze leer bleiben.
   d. Um zu entscheiden, wie viele Stunden Sport Sie pro Woche treiben sollten, vergleichen Sie den gesundheitlichen Nutzen einer zusätzlichen Stunde Sport mit den Auswirkungen, die sich aus der Verringerung Ihrer Lernzeit um eine Stunde ergeben.
2. Mit Ihrem gegenwärtigen Job bei der Schlaukopf-Unternehmensberatung verdienen Sie 45.000 Euro pro Jahr. Sie denken über ein Jobangebot der Geistreich GmbH nach, bei der Sie 50.000 Euro pro Jahr verdienen könnten. Welche der folgenden Punkte sind Opportunitätskosten, wenn Sie das Jobangebot der Geistreich GmbH annehmen?
   a. Die zusätzliche Zeit, die Sie für die Fahrt zu der neuen Arbeitsstelle benötigen.
   b. Die 45.000 Euro Einkommen aus Ihrem alten Arbeitsverhältnis.
   c. Das größere Büro, das Sie bei der Geistreich GmbH bekommen.

1.2 Interaktion: Wie Volkswirtschaften funktionieren

Eine Volkswirtschaft ist ein System zur Koordination der produktiven Aktivitäten vieler Menschen. In einer Marktwirtschaft, einer Wirtschaft also, wie der, in der wir leben, erfolgt diese Koordination ohne Koordinator: Jedes Individuum trifft seine eigenen Entscheidungen.

Diese Entscheidungen sind jedoch keineswegs unabhängig voneinander: Die Gelegenheiten eines jeden Individuums und damit auch seine Entscheidungen hängen in hohem Maße von den Entscheidungen anderer Leute ab. Um also zu verstehen, wie eine Marktwirtschaft funktioniert, müssen wir die wechselseitige Abhängigkeit der Entscheidungen, die **Interaktion**, genauer untersuchen.

Die **Interaktion** zwischen Entscheidungen – meine Entscheidungen beeinflussen Ihre Entscheidungen und umgekehrt – kennzeichnet die meisten ökonomischen Situationen. Das Ergebnis dieser Wechselbeziehungen unterscheidet sich häufig von dem, was Individuen ursprünglich wollten.

Betrachtet man die ökonomische Interaktion näher, erkennt man schnell, dass das Endergebnis individueller Entscheidungen sich deutlich von dem unterscheiden kann, was die einzelnen Individuen eigentlich beabsichtigen.

So haben beispielsweise die Landwirte während der vergangenen 100 Jahre bereitwillig neue Anbaumethoden und verbessertes Saatgut eingesetzt, mit denen sie ihre Kosten vermindern und ihre Erträge erhöhen konnten. Offenkundig liegt es im Interesse eines jeden Landwirts, technologisch auf dem neuesten Stand zu sein. Im Ergebnis hat der Versuch der einzelnen Landwirte, ihr Einkommen zu erhöhen, dazu geführt, dass viele Landwirte ihren Betrieb aufgeben mussten. Weil

Tab. 1-2

Der Wechselbeziehung von individuellen Entscheidungen zugrunde liegende Prinzipien

5. Handel führt zu Vorteilen.
6. Märkte bewegen sich zum Gleichgewicht.
7. Ressourcen sollten so effizient wie möglich genutzt werden, um die Ziele der Gesellschaft zu erreichen.
8. Märkte sorgen in der Regel für Effizienz. Falls Märkte keine effizienten Lösungen hervorbringen, kann staatliches Eingreifen die gesellschaftliche Wohlfahrt verbessern.

die Landwirte so erfolgreich damit waren, ihre Erträge zu erhöhen, standen die Preise für Landwirtschaftsprodukte unter ständigem Druck. Die sinkenden Preise führten bei vielen Landwirten zu einem Rückgang der Einkommen und machten damit für immer weniger Leute das Führen eines landwirtschaftlichen Betriebes attraktiv. Während also ein einzelner Landwirt, der eine ertragreichere Getreidesorte anbaut, sich besser stellt, kann die Gruppe der Landwirte insgesamt schlechter gestellt sein, wenn alle diese ertragreichere Sorte anpflanzen.

Es gibt vier ökonomische Prinzipien, die unter die Überschrift »Interaktion« fallen. Diese Prinzipien sind in **Tabelle 1-2** zusammengefasst. Im Folgenden wollen wir sie näher betrachten.

Prinzip 5: Handel führt zu Vorteilen

Warum gibt es Wechselwirkungen zwischen den individuellen Entscheidungen? Eine Familie könnte natürlich versuchen, alle Dinge, die sie braucht, selbst zu produzieren – sie müsste ihr eigenes Gemüse anbauen, sich selbst Kleidung nähen, für ihre Unterhaltung sorgen und ihre eigenen volkswirtschaftlichen Lehrbücher schreiben. Dies zu versuchen, wäre aber wohl sehr schwierig.

Der Schlüssel zu einem höheren Lebensstandard für alle liegt im **Handel**. Arbeitsteilung und Handel bedeuten, dass die Menschen die verschiedenen Aufgaben unter sich aufteilen und jeder ein Gut anbietet, das er mit anderen Menschen, die andere Güter produzieren, tauschen kann.

Wir haben eine gemeinsame Volkswirtschaft und nicht viele einzelne Selbstversorger, weil die Arbeitsteilung mit **Handelsgewinnen** verbunden ist. Durch Arbeitsteilung und Handel können zwei Menschen (oder auch über acht Milliarden) mehr von allen Dingen bekommen, als wenn jeder versuchen würde, sich selbst zu versorgen. Dies führt uns zu unserem fünften Prinzip:

Handel führt zu Vorteilen.

Handelsgewinne entstehen durch eine Arbeitsteilung, die von den Ökonomen als **Spezialisierung** bezeichnet wird. Verschiedene Personen beteiligen sich an verschiedenen Aufgaben und spezialisieren sich auf die Aufgaben, die sie besonders gut meistern können.

Die Vorteile der Spezialisierung und die daraus resultierenden Handelsgewinne waren der Ausgangspunkt für das im Jahr 1776 von Adam Smith veröffentlichte Buch *The Wealth of Nations*, das viele als Grundstein der Volkswirtschaftslehre betrachten. Am Anfang seines Buches beschreibt Smith eine Fabrik des 18. Jahrhunderts, die Stecknadeln produziert. Anstatt dass jeder der zehn Arbeiter eine Stecknadel von Anfang bis Ende fertigt, spezialisieren sie sich jeweils auf einen Herstellungsschritt:

»Ein Mann zieht den Draht aus, ein anderer richtet ihn, ein dritter schneidet ihn, ein vierter spitzt ihn an, ein fünfter öffnet das andere Ende, damit dort der Kopf befestigt werden kann; die Herstellung des Kopfes erfordert zwei oder drei verschiedene Tätigkeiten; das Befestigen ist ein spezieller Schritt, ebenso das Weißfärben; sogar das Abhacken ist eine eigene Tätigkeit; und das wichtige Geschäft der Herstellung von Stecknadeln ist auf diese Weise in ungefähr 18 verschiedene Schritte unterteilt … Diese 10 Personen können daher miteinander mehr als 48.000 Stecknadeln pro Tag herstellen. Würden sie jeder für sich und unabhängig voneinander arbeiten und wäre keiner von ihnen speziell für diese Produktion ausgebildet, könnten sie sicherlich nicht mehr als 20, vielleicht noch nicht mal eine einzige Stecknadel pro Tag anfertigen. …«

Dasselbe Prinzip greift, wenn wir uns ansehen, wie Menschen Aufgaben untereinander aufteilen und in einer Volkswirtschaft Handel miteinander treiben. *Die Volkswirtschaft insgesamt kann eine höhere Produktionsleistung erbringen, wenn sich Menschen auf bestimmte Aufgaben spezialisieren und mit anderen Handel treiben.*

Es gibt **Handelsgewinne**: Menschen können durch Handel mehr von dem erhalten, was sie wünschen, als wenn sie versuchen würden, autark zu leben. Diese Zunahme der Produktion beruht auf **Spezialisierung**: Jede Person spezialisiert sich auf die Aufgabe, die sie besonders gut erledigen kann.

In einer Marktwirtschaft befassen sich Individuen mit **Handel**: Sie liefern Waren und Dienstleistungen an andere und erhalten dafür im Gegenzug selbst Waren und Dienstleistungen.

Diese Spezialisierungsvorteile sind der Grund, warum ein einzelner Mensch sich typischerweise für eine spezifische Karriere entscheidet. Es braucht viele Jahre und große Erfahrung, um Arzt zu werden; es braucht auch viele Jahre des Lernens und der Erfahrung, um Pilot zu werden. Viele Ärzte könnten durchaus das Potenzial haben, exzellente Piloten zu werden und umgekehrt. Aber es ist eher unwahrscheinlich, dass irgendjemand, der beschlossen hat, beide Karrieren zu verfolgen, ein genauso guter Pilot oder genauso guter Arzt wäre, wie jemand, der sich von Anfang an dazu entschlossen hat, sich in einem dieser Felder zu spezialisieren. Es ist daher für alle vorteilhaft, dass Individuen sich bei ihrer Berufswahl spezialisieren.

Eine ökonomische Situation befindet sich im **Gleichgewicht**, wenn Menschen durch andere Handlungen nicht besser gestellt werden können.

Es sind die Märkte, die es einem Arzt oder Piloten erlauben, sich in seinem eigenen Fachgebiet zu spezialisieren. Weil Märkte für den Lufttransport und Märkte für die Leistungen von Ärzten existieren, kann ein Arzt sicher sein, dass er einen Flug finden wird, genau wie ein Pilot sicher sein kann, dass er einen Arzt finden wird. Solange Individuen wissen, dass sie die von ihnen gewünschten Waren und Dienstleistungen im Markt finden können, werden sie bereit sein, sich nicht selbst zu versorgen, sondern sich zu spezialisieren. Warum können aber die Leute darauf vertrauen, dass die Märkte liefern, was sie wünschen? Die Antwort auf diese Frage führt uns zum zweiten Prinzip des wirtschaftlichen Zusammenwirkens.

Prinzip 6: Märkte bewegen sich zum Gleichgewicht

Es ist später Nachmittag und Hauptgeschäftszeit im Supermarkt. Vor den Kassen gibt es lange Schlangen. Auf einmal wird eine vorher geschlossene Kasse geöffnet. Was passiert?

Das erste, was geschieht, ist natürlich ein Ansturm auf diese Kasse. Nach kurzer Zeit aber kehrt wieder Ruhe ein. Die Käufer haben sich wieder so angestellt, dass die Schlange an der neu geöffneten Kasse ungefähr die gleiche Länge hat wie alle anderen Schlangen.

Warum können wir das so sicher sagen? Wir wissen von unserem vierten Prinzip, der individuellen Entscheidung, dass Menschen Gelegenheiten nutzen, bei denen sie sich besser stellen. Die Wartenden werden daher zu der neu geöffneten Kasse stürmen, um nicht so lange anstehen zu müssen. Dieser Ansturm auf die neu geöffnete Kasse wird sich legen, sobald die Kunden ihre Situation durch das Wechseln der Schlange nicht mehr verbessern können, also dann, wenn die Gelegenheiten für eine Verbesserung vollständig ausgeschöpft sind.

Eine solche Geschichte über die Schlangen an der Kasse eines Supermarktes scheint auf den ersten Blick wenig mit den Interaktionen der Menschen zu tun zu haben, sie illustriert aber ein wichtiges Prinzip. Eine Situation, in der sich die Einzelnen durch eine Änderung ihres Verhaltens nicht mehr besser stellen können, also die Situation, in der alle Kassenschlangen dieselbe Länge haben, ist das, was Ökonomen als **Gleichgewicht** bezeichnen. Eine ökonomische Situation ist im Gleichgewicht, wenn kein Individuum sich durch eine Änderung seines Verhaltens verbessern kann.

Denken Sie noch mal an die Legende des Jiffy-Lube-Autoservices, in der es hieß, dass es billiger wäre, sein Auto dort zum Ölwechsel abzugeben, als für das Parken zu bezahlen. Hätte es diese Möglichkeit tatsächlich gegeben und müssten die Leute tatsächlich 30 Dollar für das Parken im Parkhaus bezahlen, dann wäre diese Situation *kein* Gleichgewicht.

Und dies sollte für uns ein eindeutiger Hinweis sein, dass diese Geschichte nicht wahr sein konnte. Wäre sie es gewesen, hätten die Menschen die Möglichkeit des billigen Parkens genutzt, genauso wie sie die Möglichkeiten nutzen, an der Kassenschlange Zeit zu sparen. Mit ihrem Tun hätten sie gleichzeitig diese günstige Gelegenheit eliminiert! Entweder wäre es sehr schwierig geworden, einen Termin für einen Ölwechsel zu bekommen, oder der Preis des Ölwechsels wäre bis zu dem Punkt gestiegen, bei dem der Ölwechsel keine attraktive Option mehr gewesen wäre (es sei denn, Sie hätten den Ölwechsel tatsächlich benötigt). Dies führt uns zu unserem sechsten Prinzip:

Da Menschen auf Anreize reagieren, bewegen sich Märkte in Richtung Gleichgewicht.

Wie wir sehen werden, gelangen Märkte normalerweise durch Preisänderungen ins Gleichgewicht. Die Preise steigen oder fallen so lange, bis für die Individuen keine Gelegenheiten mehr übrig bleiben, bei denen sie sich besser stellen können.

Das Gleichgewichtskonzept ist für das Verstehen von ökonomischen Interaktionen außerordentlich hilfreich, weil es eine Möglichkeit darstellt, von den manchmal sehr komplexen Details ökonomischer Interaktionen zu abstrahieren. Um zu verstehen, was geschieht, wenn im Supermarkt eine Kasse neu geöffnet wird, brauchen wir uns keine Gedanken darüber zu machen, wie sich die Käufer genau umordnen, wer vor wem steht, welche Kasse gerade geöffnet worden ist usw. Das Einzige, was wir wissen müssen: Immer dann, wenn es zu einer Änderung kommt, bewegt sich die Situation wieder zu einem Gleichgewicht.

Die Tatsache, dass sich Märkte zum Gleichgewicht bewegen, begründet, warum wir uns darauf verlassen können, dass Märkte in einer vorhersehbaren Weise funktionieren. Daher können wir uns auch darauf verlassen, dass uns Märkte mit den für uns lebensnotwendigen Gütern versorgen. So können beispielsweise die Bewohner großer Städte sicher sein, dass die Regale in den Supermärkten immer gefüllt sein werden. Würden einige Lebensmittelhändler *nicht* die Waren bereitstellen, entstünde eine ansehnliche Gewinnmöglichkeit für jeden Händler, der die Waren liefern würde. Ähnlich wie im Supermarkt vor der neu geöffneten Kasse käme es zu einem Ansturm auf jene Händler, die gerne die gefragten Waren liefern würden. Auf diese Weise garantiert der Markt die Sicherstellung der Lebensmittelversorgung der Stadtbewohner. Dies wiederum, und damit ist die Verbindung zu dem vorhergehenden Prinzip hergestellt, erlaubt den Stadtbewohnern, Stadtbewohner zu sein, d. h. sich auf Arbeiten zu spezialisieren, die in der Stadt erledigt werden, und nicht als Bauern zu arbeiten, die auf dem Land ihre eigenen Nahrungsmittel anbauen.

Eine Marktwirtschaft ermöglicht den Menschen auch, Vorteile aus dem Handel zu ziehen. Aber wie können wir einschätzen, wie gut eine solche Volkswirtschaft funktioniert? Das folgende Prinzip liefert uns einen Standard, um die Leistungsfähigkeit einer Volkswirtschaft abzuschätzen.

Prinzip 7: Ressourcen sollten so effizient wie möglich genutzt werden, um die Ziele der Gesellschaft zu erreichen

Nehmen wir einmal an, Sie besuchen eine Vorlesung, die in einem Hörsaal stattfindet, der für die Zahl der Studierenden viel zu klein ist. Viele Studierende sind gezwungen zu stehen oder auf dem Boden zu sitzen, obwohl direkt nebenan hinreichend große Hörsäle leer stehen. Sie würden völlig zu Recht sagen, dass dies keine Art und Weise ist, eine Uni zu organisieren. Ökonomen würden die Situation als eine *ineffiziente* Nutzung von Ressourcen beschreiben.

Wenn aber eine ineffiziente Nutzung von Ressourcen unerwünscht ist, was bedeutet es dann, Ressourcen *effizient* zu nutzen? Vielleicht stellen Sie sich vor, dass die effiziente Nutzung von Ressourcen etwas mit Geld zu tun hat, vielleicht, dass sie in Euro und Cent gemessen wird. In der Volkswirtschaftslehre, wie auch sonst im Leben, ist Geld aber nur ein Mittel für andere Zwecke. Das Maß, um das es den Ökonomen wirklich geht, ist nicht Geld, sondern das Glück oder die Wohlfahrt der Menschen. Ökonomen sprechen dann von einer effizienten Nutzung der Ressourcen einer Volkswirtschaft, wenn diese so genutzt werden, dass alle Möglichkeiten zur Besserstellung der Menschen auch vollständig ausgeschöpft werden. Anders gesagt: Eine Volkswirtschaft ist dann **effizient**, wenn sie alle Möglichkeiten nutzt, um Menschen besser zu stellen, ohne dass andere Menschen schlechter gestellt werden.

Eine ökonomische Situation heißt **effizient**, wenn alle Möglichkeiten genutzt wurden, Menschen besser zu stellen, ohne dass andere schlechter gestellt werden.

In unserem obigen Hörsaalbeispiel gibt es offenkundig einen einfachen Weg, alle besser zu stellen. Die Verlegung der Vorlesung in einen größeren Raum würde alle Vorlesungsteilnehmer besser stellen, ohne dass dadurch irgendjemand anderes geschädigt würde. Die Zuordnung der Vorlesung zu dem kleinen Hörsaal stellt eine ineffiziente Nutzung der Universitätsressourcen dar, während die Zuweisung eines größeren Hörsaals die Ressourcen der Universität effizient genutzt hätte.

Wenn eine Volkswirtschaft effizient ist, dann produziert sie den maximal möglichen Handelsgewinn vor dem Hintergrund der gegebenen Ressourcen. Warum? Weil es keine Möglichkeit gibt, die Nutzung der Ressourcen so umzuordnen, dass jedermann bessergestellt wird. Wenn eine Volkswirtschaft effizient ist, dann kann eine Person durch Umordnung der Ressourcen *nur dann* bessergestellt werden, indem irgendjemand anderes schlechtergestellt wird. Für unser Hörsaal-Beispiel gilt: Wären bereits alle größeren Hörsäle besetzt, hätte die Universität die Hörsäle effizient zugeordnet. Sie und Ihre Mitstudierenden hätten nämlich nur dann durch den Umzug in einen größeren Hörsaal bessergestellt werden können, wenn die Studierenden aus dem größeren Hörsaal durch den Umzug in einen kleineren Hörsaal schlechtergestellt worden wären. Wir können nun unser siebtes Prinzip formulieren:

Ressourcen sollten so effizient wie möglich genutzt werden, um die Ziele der Gesellschaft zu erreichen.

Sollten Wirtschaftspolitiker sich ganz darauf konzentrieren, ökonomische Effizienz zu erreichen? Ganz so einfach ist es nicht, denn Effizienz ist nicht das einzige Kriterium zur Bewertung einer Volkswirtschaft. Für die meisten Menschen spielt auch **Gerechtigkeit** eine große Rolle. Und typischerweise gibt es einen Zielkonflikt (Trade-off) zwischen Gerechtigkeit und Effizienz: Maßnahmen zur Förderung der Gerechtigkeit führen häufig zu einer Verringerung der Effizienz und umgekehrt.

Gerechtigkeit bedeutet, dass jeder seinen fairen Anteil erhält. Weil man darüber streiten kann, was »fair« bedeutet, handelt es sich bei Gerechtigkeit nicht um ein gleichermaßen wohldefiniertes Konzept wie bei Effizienz.

Um das Spannungsverhältnis zwischen Effizienz und Gerechtigkeit besser verstehen zu können, wollen wir das Beispiel eines Parkhauses betrachten, das, sagen wir, zu einer Oper oder einem Theater gehört. Behinderte Menschen haben oft große Schwierigkeiten mit dem Laufen, sodass es nur fair erscheint, für sie spezielle Parkplätze zu reservieren, die besonders nahe am Ausgang liegen. Wenn Sie selbst schon einmal in einem solchen Parkhaus waren, ist Ihnen vielleicht bereits aufgefallen, dass mit der Einrichtung von Behinderten-Parkplätzen ein gewisses Maß an Ineffizienz verbunden ist. Um nämlich sicherzustellen, dass es zu jeder Zeit eine angemessene Anzahl von freien Parkplätzen für Behinderte gibt, werden die Parkplätze typischerweise so geplant, dass unter normalen Umständen die Zahl der Parkplätze größer ist als die Zahl der Behinderten, die einen Parkplatz brauchen. Im Ergebnis bleibt damit wertvoller Parkraum ungenutzt. (Und die Versuchung für nicht behinderte Menschen, diesen Parkraum zu nutzen, ist so groß, dass sie durch die Gefahr, einen Strafzettel zu kassieren, abgeschreckt werden müssen.) Es gibt somit einen Konflikt zwischen *Gerechtigkeit* (fairere Bedingungen für Behinderte zu schaffen) und *Effizienz* (sicherzustellen, dass alle Möglichkeiten, Menschen besser zu stellen, vollständig ausgeschöpft werden, indem günstig gelegene Parkplätze niemals ungenutzt bleiben).

Wie weit Politiker dabei gehen sollten, Gerechtigkeit zulasten von Effizienz zu fördern, ist eine außerordentlich schwierige Frage, die ins Zentrum des politischen Prozesses weist. Insofern ist es eine Frage, die Ökonomen nicht beantworten können. Was für Ökonomen jedoch zentral ist, ist stets danach zu streben, die Ressourcen einer Volkswirtschaft so effizient wie möglich bei der Verfolgung der gesellschaftlichen Ziele zu nutzen, welche Ziele dies auch immer sein mögen.

Prinzip 8: Märkte sorgen in der Regel für Effizienz. Falls Märkte keine effizienten Lösungen hervorbringen, kann staatliches Eingreifen die gesellschaftliche Wohlfahrt verbessern.

Kein Referat und keine Abteilung der Bundesregierung sind damit beauftragt, die ökonomische Effizienz in unserer Marktwirtschaft sicherzustellen. Wir haben keine Beamten, die durch die Lande ziehen und dafür sorgen, dass Gehirnchirurgen nicht Felder pflügen, dass Rinderzüchter in Schleswig-Holstein nicht Wein anbauen, dass Strandgrundstücke nicht als Schrottplätze verwendet werden und dass Hochschulen nicht wertvollen Hörsaalraum verschwenden. Die Regierung muss die Effizienz nicht sicherstellen, weil in den meisten Fällen die unsichtbare Hand dies erledigt.

Anders ausgedrückt: Die Anreize, die in einer Marktwirtschaft eingebaut sind, sorgen normalerweise für eine gute Verwendung der Ressourcen, sodass Möglichkeiten, Menschen besser zu stellen, nicht verschwendet werden. Wäre eine Hochschule dafür bekannt, Studierende in zu kleine Hörsäle zu stopfen, während große Hörsäle leer stehen, würden vermutlich die Zahl der Studierenden zurückgehen und damit die Arbeitsplätze der Universitätsverwaltung gefährden. Der »Markt« für Studierende würde in einer Art und Weise reagieren, die der Hochschulverwaltung Anreize gibt, die Hochschule effizient zu führen.

Eine genauere Erklärung dafür, warum Märkte für gewöhnlich eine vernünftige Ressourcennutzung sicherstellen, muss warten, bis wir uns mit den Einzelheiten der Funktionsweise von Märkten beschäftigt haben. Letztlich liegt dies aber daran, dass in einer Marktwirtschaft, in der die Individuen sich frei entscheiden können, was sie konsumieren und was sie produzieren wollen, die Möglichkeiten für wechselseitige Verbesserungen auch genutzt werden. Gibt es einen Weg, einige Menschen besser zu stellen, werden die Menschen normalerweise in der Lage sein, den sich hieraus ergebenden Vorteil auch zu nutzen. Und genau das ist es ja, was Effizienz definiert: Alle Möglichkeiten, die Gesamtsituation zu verbessern, wurden genutzt. Daraus ergibt sich der erste Teil unseres achten Prinzips:

Da Menschen die Vorteile durch den Handel nutzen, sorgen Märkte für gewöhnlich für Effizienz.

Es gibt allerdings Ausnahmen von dem Grundsatz, dass Märkte für Effizienz sorgen. Tritt *Marktversagen* auf, dann führt das Verfolgen der eigenen Interessen im Markt zu einer Verschlechterung der gesellschaftlichen Situation insgesamt – das Marktergebnis ist ineffizient.

WISSENSCHAFT UND PRAXIS

Alles beim Alten

In Städten mit einer hohen Bevölkerungsdichte wie z. B. New York besitzen nur wenige Menschen ein eigenes Auto. Die meisten New Yorker nutzen entweder die U-Bahn, den Bus oder Taxis oder gehen einfach zu Fuß, um an ihr Ziel zu kommen. Allerdings haben all diese »Fortbewegungsmöglichkeiten« ihre Nachteile. Die U-Bahn verspätet sich oft, der Bus ist langsam, Taxis sind teuer und zu Fuß gehen macht bei schlechtem Wetter nicht wirklich Spaß.
Durch die Gründung von Uber, einem Online-Dienst, der Beförderungen vermittelt, hat sich die Situation grundlegend geändert. Besonders in großen Städten wie New York ist Uber äußerst beliebt geworden. Man konnte sich einfach in ein Auto setzen und schneller als sonst an sein Ziel bringen lassen. Im Jahr 2018 gab es bei Uber bereits mehr als 65.000 registrierte Fahrzeuge für die Stadt New York, die im Durchschnitt jeden Tag rund 400.000 Fahrten gemacht haben. Immer weniger New Yorker nutzten die öffentlichen Verkehrsmittel.
Die wachsende Popularität von Uber hat aber auch seine Schattenseiten. Durch die vielen zusätzlichen Fahrzeuge auf den Straßen gibt es deutlich mehr Staus. Nach einer Studie aus dem Jahr 2018 hat das Verkehrsaufkommen in neun großen US-amerikanischen Metropolregionen (Boston, Chicago, Los Angeles, Miami, New York, Philadelphia, San Francisco, Seattle und Washington, D. C.) um 160 Prozent zugenommen. Die Stadt New York ist an manchen Tagen durch Staus nahezu lahmgelegt, die Fahrzeiten haben sich im Durchschnitt fast verdoppelt.
Für Verkehrsplaner kommt diese Entwicklung nicht überraschend. Staus und lange Fahrzeiten haben sogar dazu geführt, dass viele Pendler mittlerweile wieder verstärkt Verkehrsmittel wie U-Bahn oder Bus nutzen oder einfach zu Fuß gehen. Und die Fahrzeiten haben sich auf dem Niveau von vor dem Markteintritt von Uber eingependelt. Es scheint, als ob sich ein neues Gleichgewicht eingestellt hat, bei dem die Fahrzeiten für alle Verkehrsmittel letztlich unverändert geblieben sind. Verkehrsexperten verweisen in diesem Zusammenhang auf das »Fundamentale Gesetz der Straßenverstopfung« (*Fundamental Law of Traffic Congestion*). Wenn eine Stadt mehr Straßen baut, führt das zu mehr Verkehr und (zunächst) zu kürzeren Fahrzeiten. Das Verkehrsaufkommen steigt dann aber so lange an, bis ein neues Gleichgewicht erreicht ist, in dem sich die Fahrzeit im Großen und Ganzen wieder auf ihrem Ausgangsniveau eingependelt hat. Letztlich spielt es keine Rolle, ob das höhere Verkehrsaufkommen durch neue Straßen oder eine neue Beförderungsmöglichkeit entsteht. Am Ende gibt es ein neues Gleichgewicht, in dem sich die Fahrzeiten nicht verändert haben.
Für diejenigen, die mit dem Markteintritt von Uber die Hoffnung auf einfachere und schnellere Fahrten verbunden hatten, ist das Ergebnis natürlich enttäuschend. Gleichzeitig verdeutlicht es aber auf anschauliche Weise die Notwendigkeit, in Gleichgewichten zu denken.

Rufen wir uns in diesem Zusammenhang noch einmal das Marktversagen in Erinnerung, das durch Staus verursacht wird: Ein Pendler hat bei seiner Fahrt zur Arbeit keinen Anreiz, die Kosten zu berücksichtigen, die er anderen Fahrern mit seinem Beitrag zur Erhöhung der Verkehrsdichte auferlegt. In dieser Situation gibt es verschiedene Möglichkeiten zu reagieren: So könnte man beispielsweise an Straßennutzungsgebühren, die Subvention von öffentlichen Verkehrsmitteln oder die Besteuerung von Treibstoff denken. All diese Maßnahmen wirken durch eine Veränderung der Anreizstruktur, der sich potenzielle Fahrer gegenübersehen. Sie motivieren sie dazu, weniger mit dem eigenen Pkw zu fahren und stattdessen alternative Transportmittel zu benutzen. Darüber hinaus weisen sie eine andere Gemeinsamkeit auf: Jede dieser Maßnahmen basiert auf einem Eingriff des Staates in den Markt. Das bringt uns zum zweiten Teil unseres achten Prinzips:

Wenn Märkte nicht für Effizienz sorgen, können staatliche Eingriffe die gesellschaftliche Wohlfahrt erhöhen.

Wenn auf Märkten etwas schiefläuft, kann ein angemessener wirtschaftspolitischer Eingriff des Staates manchmal die Gesellschaft näher zu einem effizienten Marktergebnis führen, indem der Staat die Art und Weise der Nutzung der gesellschaftlichen Ressourcen ändert. Blendet man das Auftreten von Marktversagen jedoch zunächst einmal aus, dann gilt generell, dass Märkte einen ausgesprochen guten Weg darstellen, eine Volkswirtschaft zu organisieren.

Kurzzusammenfassung

- Ein Charakteristikum der meisten ökonomischen Situationen ist die **Interaktion** von individuellen Entscheidungen, wobei das Endergebnis sich recht deutlich von dem unterscheiden kann, was ursprünglich gewollt wurde. In einer Marktwirtschaft treten diese Interaktionen in der Form von **Handel** zwischen Individuen auf.
- Individuen interagieren miteinander, weil es **Handelsgewinne** gibt. Handelsgewinne treten als Folge von **Spezialisierung** auf.
- Ökonomische Systeme bewegen sich normalerweise in Richtung **Gleichgewicht**.
- So weit wie möglich sollten Ressourcen **effizient** genutzt werden, um die Ziele einer Gesellschaft zu erreichen. Effizienz ist jedoch nicht das einzige Kriterium, um eine Volkswirtschaft zu beurteilen. **Gerechtigkeit** erscheint ebenfalls erstrebenswert und häufig gibt es einen Zielkonflikt (Trade-off) zwischen Gerechtigkeit und Effizienz.
- Bis auf einige wohldefinierte Ausnahmen führen Märkte normalerweise zu effizienten Ergebnissen. Falls Märkte versagen und nicht zu einer effizienten Lösung führen, kann eine Intervention des Staates die Wohlfahrt einer Gesellschaft verbessern.

ÜBERPRÜFEN SIE IHR WISSEN

1. Erläutern Sie, wie jede der im Folgenden beschriebenen Situationen eines der fünf Prinzipien der Interaktion illustriert.

a. Die Fachschaft einer wirtschaftswissenschaftlichen Fakultät organisiert ein Schwarzes Brett, auf dem Studierende Nachhilfe in Fächern anbieten können, in denen sie besonders gut sind (zum Beispiel Mathematik), und im Gegenzug dafür Nachhilfe erhalten, in denen sie schlecht sind (zum Beispiel Buchführung).

b. Stadtparlament und Kommunalverwaltung führen eine Regelung ein, die von Diskotheken und Kneipen, die sich in der Nähe von Wohngebieten befinden, die Einhaltung bestimmter Lärmobergrenzen verlangt.

c. Eine Stadt beschließt, unterausgelastete und über die Stadt verstreute kleine Krankenhäuser zu schließen und die frei werdenden Mittel dem Zentralkrankenhaus zur Verfügung zu stellen.

d. Beim Handel mit gebrauchten Büchern im Internet erzielen verschiedene Exemplare eines bestimmten Lehrbuchs, die ungefähr das gleiche Maß an Gebrauchsspuren aufweisen, in etwa denselben Preis.

2. Welche der folgenden Situationen beschreibt ein Gleichgewicht? Welche nicht? Erläutern Sie Ihre Antwort.

a. Gegenüber der Mensa einer Universität gibt es eine Reihe von Restaurants, in denen besseres und billigeres Essen serviert wird als in der Mensa. Die große Mehrheit der Studierenden nimmt ihre Mahlzeiten weiterhin in der Mensa ein.

b. Momentan fahren Sie mit der U-Bahn zur Arbeit. Der Bus ist zwar billiger, aber die Fahrt dauert länger. Um Zeit zu sparen, sind Sie bereit, den höheren Fahrpreis für die U-Bahn zu bezahlen.

1.3 Gesamtwirtschaftliche Interaktion

In ihrer Entwicklung durchlebt eine Volkswirtschaft Höhen und Tiefen. So geriet z. B. die US-amerikanische Volkswirtschaft im Jahr 2007 in eine tiefe Rezession. Millionen Menschen verloren ihren Arbeitsplatz oder mussten Lohneinbußen hinnehmen. Erst im Frühjahr 2014, also sieben Jahre später, hatte die Beschäftigung wieder ihr Vorkrisenniveau erreicht. Und die Löhne hatten sich sogar erst im Jahr 2016 wieder erholt.

Die Entwicklung einer Volkswirtschaft gleicht einem Weg zum Gebirgsgipfel. Bis zum Gipfel geht es nicht stetig bergauf. Auf dem Weg dorthin gibt es Anstiege und Täler, ein Auf und Ab, bis man irgendwann sein Ziel erreicht hat.

Auch in einer Volkswirtschaft gibt es kurzfristig ein Auf und Ab. Gute Zeiten (Erholungen) wechseln sich mit schlechten Zeiten (Rezessionen) ab, und dieser Zyklus dauert in der Regel sieben bis zehn Jahre. Langfristig betrachtet, also über einen Zeitraum von zehn Jahren und mehr, wächst eine Volkswirtschaft Stück für Stück. Eine grafische Abbildung der Menge an Waren und Dienstleistungen, die eine Volkswirtschaft produziert, würde eine Linie zeigen, die stark an eine Fahrt durchs Gebirge erinnert: viele kleine Auf und Ab, die insgesamt zu einer Aufwärtsbewegung führen.

Um zu verstehen, warum sich eine Volkswirtschaft durch eine Abfolge von Rezessionen und Erholungen bewegt und dabei gleichzeitig ein langfristiges Wachstum erreicht, müssen wir uns mit den gesamtwirtschaftlichen Interaktionen beschäftigen. Es gibt drei ökonomische Prinzipien, die uns dabei helfen, ein tieferes Verständnis für das große Ganze zu entwickeln. **Tabelle 1-3** fasst diese Prinzipien zusammen.

Prinzip 9: Die Ausgaben des einen sind die Einnahmen des anderen

Zwischen 2005 und 2011 brach der Wohnungsbau in den Vereinigten Staaten um mehr als 60 Prozent ein, da es für Bauträger zunehmend schwerer wurde, Verkäufe zu tätigen. Zunächst beschränkte sich der Einbruch auf die Bauwirtschaft. Im Laufe der Zeit weitete sich der Abschwung aber auf beinahe jeden Teil der Volkswirtschaft aus und die Konsumausgaben gingen in der gesamten Volkswirtschaft zurück.

Aber warum führte ein Rückgang im Wohnungsbau dazu, dass die Läden in den Einkaufszentren leer bleiben? Schließlich kaufen Familien

Tab. 1-3

Die Prinzipien gesamtwirtschaftlicher Interaktion

9. Die Ausgaben des einen sind die Einnahmen des anderen.
10. Die Ausgaben einer Volkswirtschaft passen nicht immer zu der Gütermenge, die eine Volkswirtschaft produzieren kann. Der Staat ist jedoch in der Lage, die gesamtwirtschaftlichen Ausgaben zu beeinflussen.
11. Ein höheres Produktionspotenzial führt im Laufe der Zeit zu einem Wachstum der Volkswirtschaft.

und nicht Bauunternehmer und Handwerker in Einkaufszentren ein.

Die Antwort lautet, dass die geringeren Ausgaben im Baugewerbe zu niedrigeren Einkommen in der gesamten Volkswirtschaft führten. Menschen, die entweder direkt im Baugewerbe angestellt waren und Waren und Dienstleistungen produzierten, die von Bauunternehmen benötigt werden (wie beispielsweise Wandbauplatten), oder die in der Produktion von Waren und Dienstleistungen angestellt waren, die von neuen Hausbesitzern in Anspruch genommen werden (wie beispielsweise neue Möbel oder Malerarbeiten), verloren entweder ihre Anstellung oder waren dazu gezwungen, Lohneinbußen in Kauf zu nehmen. Und wenn das Einkommen sinkt, fallen auch die Konsumausgaben. Dieses Beispiel beschreibt das neunte Prinzip:

Mit dem Begriff **Güter** werden alle (stofflichen) Waren und Dienstleistungen zusammengefasst.

Die Ausgaben des einen sind die Einnahmen des anderen.

In einer Marktwirtschaft verdienen die Menschen ihr Brot, indem sie anderen Leuten Dinge und auch ihre eigene Arbeitskraft verkaufen. Wenn eine Gruppe in der Volkswirtschaft aus irgendeinem Grund beschließt, mehr Geld auszugeben, wird das Einkommen anderer Gruppen steigen.

Da die Ausgaben des einen die Einnahmen des anderen sind, löst eine Änderung des Ausgabeverhaltens eine Kettenreaktion aus, die zumeist Auswirkungen auf die gesamte Volkswirtschaft hat. So führt ein Rückgang der Investitionsausgaben zu niedrigeren Haushaltseinkommen. Die Haushalte reagieren darauf, indem sie ihre Konsumausgaben senken; dadurch sinken erneut die Einkommen und so weiter. Diese Rückwirkungen spielen eine wichtige Rolle für das Verständnis von Rezessionen und wirtschaftlichen Erholungen.

Prinzip 10: Die Ausgaben einer Volkswirtschaft passen nicht immer zu der Gütermenge, die eine Volkswirtschaft produzieren kann. Der Staat ist jedoch in der Lage, die gesamtwirtschaftlichen Ausgaben zu beeinflussen

Die Wirtschaftskrise 2020, die durch die Covid-19-Pandemie ausgelöst wurde, weckte Erinnerungen an die 1930er-Jahre, als es in vielen Volkswirtschaften zu einer schweren und lang anhaltenden Wirtschaftskrise kam. Diese Wirtschaftskrise wird auch als *Weltwirtschaftskrise* bezeichnet. Während der Weltwirtschaftskrise und auch während der Wirtschaftskrise 2020 kam es aufgrund eines Einbruchs der Konsumausgaben der Haushalte und der Investitionsausgaben der Unternehmen zu einem starken Rückgang der gesamtwirtschaftlichen Ausgaben, der zu hoher Arbeitslosigkeit führte.

Ökonomen zogen aus der Weltwirtschaftskrise die Erkenntnis, dass die gesamtwirtschaftlichen Ausgaben nicht immer zu der Menge an **Gütern** (als Oberbegriff für stoffliche Waren und Dienstleistungen) passen, die eine Volkswirtschaft produzieren kann. In den 1930er-Jahren fielen die Ausgaben deutlich hinter dem zurück, was nötig gewesen wäre, um das Beschäftigungsniveau in der Volkswirtschaft aufrechtzuerhalten. Die Folge war eine schwere Rezession. Das Gleiche passierte in der Wirtschaftskrise 2020.

Es ist ebenso möglich, dass die gesamtwirtschaftlichen Ausgaben zu hoch sind. In diesem Fall kommt es zu *Inflation*, einem Anstieg der Preise in der gesamten Volkswirtschaft. Dieser Preisanstieg tritt auf, wenn die nachgefragte Menge an Waren und Dienstleistungen das Angebot übersteigt. Dann heben die Produzenten die Preise an und finden dennoch Käufer.

Der Staat verfügt jedoch über Instrumente, um die Höhe der gesamtwirtschaftlichen Ausgaben zu beeinflussen. Das führt uns zu unserem zehnten Prinzip:

Die gesamtwirtschaftlichen Ausgaben passen nicht immer zu der Gütermenge, die eine Volkswirtschaft produzieren kann. Der Staat ist jedoch in der Lage, die gesamtwirtschaftlichen Ausgaben zu beeinflussen.

Zum einen tätigt der Staat selbst viele Ausgaben, beispielsweise für militärische Ausrüstung, für Bildung oder für das Gesundheitswesen, und kann darüber entscheiden, in diesen Bereichen mehr oder weniger auszugeben. Gleichzeitig kann der Staat bestimmen, in welchem Ausmaß Steuern erhoben werden. Das hat wiederum Einfluss darauf, wie viel Einkommen Haushalten und Unternehmen für eigene Ausgaben übrig bleibt. Und durch die Steuerung der Geldmenge kann auch die Zentralbank die gesamtwirtschaftlichen Ausgaben beeinflussen. Staatsausgaben, Steuern und die Steuerung der Geldmenge sind wichtige Werkzeuge der *makroökonomischen Politik*.

In modernen Volkswirtschaften werden diese makroökonomischen Werkzeuge eingesetzt, um die gesamtwirtschaftlichen Ausgaben so zu steuern, dass es weder zu Rezessionen noch zu Inflation kommt. Diese Bemühungen sind nicht immer erfolgreich. Es gibt weiterhin Rezessionen und auch Phasen von Inflation. Dennoch kann der Staat durch den Einsatz von makroökonomischen Werkzeugen wie z. B. während der Finanz- und Wirtschaftskrise 2007–2009 und während der Wirtschaftskrise 2020 mit dazu beitragen, den Rückgang der gesamtwirtschaftlichen Ausgaben zu begrenzen und damit die gesamtwirtschaftliche Entwicklung zu stabilisieren.

Prinzip 11: Ein höheres Produktionspotenzial führt im Laufe der Zeit zu einem Wachstum der Volkswirtschaft

Unsere Volkswirtschaft ist nicht mehr die Gleiche wie vor zwanzig Jahren. Und vor einem Jahrhundert sah unsere Volkswirtschaft noch ganz anders aus. Die Veränderungen entstehen durch *Wirtschaftswachstum*, die Erhöhung des Lebensstandards im Laufe der Zeit. Durch Wirtschaftswachstum sind die Vereinigten Staaten, die Bundesrepublik Deutschland und viele andere Volkswirtschaften in den letzten Jahrzehnten immer wohlhabender geworden. Wie bei einer Fahrt hoch auf einen Gebirgsgipfel ist der Weg dieser Volkswirtschaften trotz eines Auf und Ab aufwärts gerichtet.

Verantwortlich für das Wirtschaftswachstum sind neue Technologien und mehr Ressourcen für die Produktion (Maschinen, Arbeitskräfte, Land). Dadurch steigt das *Produktionspotenzial* einer Volkswirtschaft, also die Menge an Waren und Dienstleistungen, die eine Volkswirtschaft maximal produzieren kann, was zu einem höheren Lebensstandard für die Menschen führt. Ende des 19. Jahrhunderts waren knapp 50 Prozent aller Arbeitskräfte in Deutschland in der Landwirtschaft beschäftigt. Mittlerweile sind es weniger als 2 Prozent. Die Mechanisierung und der Einsatz neuer Produktionsverfahren in der Landwirtschaft haben dazu geführt, dass ein Landwirt heute 135 Menschen ernähren kann. Um 1900 konnte ein Landwirt mit seiner Produktion dagegen nur 4 Menschen versorgen. Damit stehen in der Volkswirtschaft mehr Arbeitskräfte für die Produktion anderer Güter zur Verfügung und das Produktionspotenzial ist gestiegen: Die Landwirte in Deutschland produzieren eine deutlich größere Menge an Nahrungsmitteln als früher und die Menschen in Deutschland können insgesamt viel mehr konsumieren als früher.

Damit haben wir unser elftes und letztes Prinzip eingeführt:

Ein höheres Produktionspotenzial führt im Laufe der Zeit zu einem Wachstum der Volkswirtschaft.

Auch wenn die meisten Menschen vom Wirtschaftswachstum profitieren, sind die Vorteile aus dem höheren Lebensstandard in der Volkswirtschaft kurzfristig ungleich verteilt. Ein höheres Produktionspotenzial bringt *Gewinner* und *Verlierer* hervor.

So haben z. B. technologische Neuerungen im Bereich der Energiegewinnung und -erzeugung den Energiesektor in den letzten zwanzig Jahren grundlegend verändert. Durch neue Fördertechnologien (Fracking) sind riesige Erdöl- und Erdgasvorkommen erschlossen worden, und Strom wird mit erneuerbaren Energien wie Wind und Sonne erzeugt. Von den erneuerbaren Energieträgern profitieren gleichermaßen die Volkswirtschaft und die Umwelt. Aber es gibt auch Verlierer. Es wird immer weniger Kohle zur Stromproduktion benötigt. Die Kohleförderung geht Stück für Stück zurück und in den Förderregionen kommt es zum Abbau von Arbeitsplätzen und zu Arbeitslosigkeit.

Allerdings müssen Verlierer nicht notwendigerweise für immer Verlierer bleiben. In unserem vierten ökonomischen Prinzip haben wir gelernt, dass Menschen üblicherweise auf Anreize reagieren und Möglichkeiten nutzen, um sich zu verbessern. Das bedeutet, dass die Menschen in Kohleabbauregionen, die arbeitslos geworden sind, in anderen Regionen und Branchen eine neue Beschäftigung finden können. Aber dieser Schritt kommt nicht für jeden infrage. Und der Prozess wird auch nicht von heute auf morgen vonstattengehen. Hier kommt unser achtes Prinzip ins Spiel: Staatliches Engreifen kann die gesellschaftliche Wohlfahrt verbessern. Durch Hilfsprogramme kann der Staat den Betroffenen Unterstützung gewähren.

Wirtschaftswachstum geht mit fundamentalen ökonomischen und gesellschaftlichen Änderungen einher. Dieser Wandel führt immer wieder zu Fragen und Diskussionen, heute wie vor über 250 Jahren, als sich Adam Smith in seinem grundlegenden Werk *The Wealth of Nations* mit Fragen der Gerechtigkeit, der Rolle des Staates und angemessenen wirtschaftspolitischen Maßnahmen beschäftigte.

Kurzzusammenfassung

- In einer Marktwirtschaft entsprechen die Ausgaben des einen den Einnahmen eines anderen. Veränderungen im Ausgabeverhalten haben deshalb Rückwirkungen, die sich auf die ganze Volkswirtschaft ausbreiten können.
- Die Ausgaben einer Volkswirtschaft passen nicht immer zu der Menge an **Gütern** (Waren und Dienstleistungen), die eine Volkswirtschaft produzieren kann. Wenn die gesamtwirtschaftlichen Ausgaben zu niedrig sind, resultiert dies in einer Rezession. Zu hohe Ausgaben hingegen verursachen Inflation.
- Der Staat setzt makroökonomische Steuerungswerkzeuge ein, um die gesamtwirtschaftlichen Ausgaben so zu beeinflussen, dass Rezessionen und Inflation so gut wie möglich vermieden werden können.
- Trotz eines Auf und Ab der gesamtwirtschaftlichen Entwicklung führt ein höheres Produktionspotenzial langfristig zu einem Wachstum der Volkswirtschaft. Kurzfristig gibt es dabei Gewinner und Verlierer.

ÜBERPRÜFEN SIE IHR WISSEN

Erklären Sie, wie jedes der folgenden Beispiele eines der drei Prinzipien gesamtwirtschaftlicher Interaktion veranschaulicht:

a. Die Preise für Solaranlagen sind in den letzten 40 Jahren um fast 99 Prozent gesunken. Es wird erwartet, dass die Preise auch in Zukunft weiter fallen werden.

b. Das Weiße Haus drängte den US-Kongress Anfang des Jahres 2009 – in einer Zeit als die Beschäftigung stark einbrach und die Arbeitslosigkeit schnell zunahm –, zeitlich begrenzte Ausgabenerhöhungen und Steuerkürzungen zu verabschieden.

c. Ölkonzerne investieren massiv in Projekte, die darauf ausgerichtet sind, Erdöl aus den »Ölsandvorkommen« Kanadas zu fördern. In Edmonton, Alberta, einer Stadt, die unweit von Ölsandvorkommen liegt, florieren Restaurants und andere Privatkundengeschäfte.

Unternehmen in Aktion: Wie Priceline die Reisebranche revolutionierte

Wenn man vor vielen Jahren Aktien der Priceline Group gekauft hat, dann kann man ganz zufrieden sein. Zwischen 2012 und 2022 ist der Aktienkurs des Unternehmens, das mittlerweile unter dem Namen Booking Holdings Inc. firmiert, um fast 400 Prozent gestiegen und damit deutlich stärker als der Kurs anderer Aktien. Das Unternehmen Booking Holdings Inc. betreibt verschiedene Online-Plattformen für Reisesuchmaschinen und -buchungen. Zu den bekanntesten Plattformen gehören *Booking.com* und *KAYAK*.

Nach einer derart erfolgreichen Entwicklung sah es im Jahr 2002 allerdings nicht aus. Zu dieser Zeit war Priceline in so großen finanziellen Schwierigkeiten, dass viele Beobachter Zweifel daran hatten, ob das Unternehmen überhaupt überleben würde. Von 1999 bis 2002 war die Bewertung von Priceline am Aktienmarkt von 9 Milliarden Dollar auf nur noch 425 Millionen Dollar gesunken. Aber warum lief es für Priceline erst so schlecht und dann so gut?

Als das Unternehmen im Jahr 1998 gegründet wurde (als Priceline.com), waren die Kapitalgeber beeindruckt vom Geschäftsmodell, mit dem die Reisebranche im Internetzeitalter revolutioniert werden sollte. Vorher wurden Reisen in der Regel über Reisbüros gebucht. Für Kunden gab es nur wenige Informationen über alternative Reisemöglichkeiten und Unterkünfte, Preisvergleiche waren schwierig. Aufgrund der hohen Preise entschieden sich wenige Kunden für lange Flugreisen.

Der Erfolg von Priceline beruhte auf der Fähigkeit, für die Kunden und das Unternehmen selbst gewinnbringende Optionen zu finden. Das Unternehmen hatte erkannt, dass es Kosten verursacht, wenn ein Flug nicht ganz ausgebucht ist oder ein Hotel noch freie Betten hat – nämlich die Einnahmen, die hätten generiert werden können, wenn der Sitz im Flugzeug oder das Hotelbett genutzt worden wäre. Die Innovation von Priceline bestand darin, die freien Kapazitäten der Fluggesellschaften und Hotels mit den Reisewünschen der Kunden zusammenbringen.

Und das funktionierte folgendermaßen: Die Kunden gaben den Preis an, den sie für eine bestimmte Reise oder ein bestimmtes Hotelzimmer zu zahlen bereit waren. Priceline zeigte ihnen dann eine Liste mit Fluglinien und Hotels an, die bereit waren, diesen Preis zu akzeptieren. In der Regel sinkt der Preis, je näher das Reisedatum rückt. Sicherlich gibt es Reisende, die gerne die Sicherheit eines lange im Voraus gebuchten Fluges oder Hotels haben wollen und dafür bereit sind, einen höheren Preis zu bezahlen. Aber für viele Reisende ist es in Ordnung, nicht den gewünschten Flug oder das bevorzugte Hotel buchen zu können, dafür allerdings dann einen niedrigeren Preis zu bezahlen.

Indem Priceline Fluggesellschaften und Hotels mit freien Kapazitäten und Reisende zusammenbrachte, hatten alle etwas davon. Auch Priceline selbst profitierte, da das Unternehmen eine kleine Vermittlungsprovision für jede über die Plattform getätigte Buchung erhob.

Dennoch stand das Unternehmen im Jahr 2002 kurz vor der Pleite. Nach den Terroranschlägen des 11. September 2001 in den USA verzichteten viele Leute schlichtweg aufs Fliegen. Viele Flugzeuge standen ungenutzt auf dem Rollfeld und die Fluggesellschaften verloren etliche Milliarden Dollar. Als einige Fluggesellschaften Insolvenz anmelden mussten, verabschiedete der US-Kongress ein Hilfspaket im Umfang von 15 Milliarden Dollar, das eine entscheidende Rolle für die Stabilisierung der Luftfahrtbranche spielte.

Das Hilfspaket der US-Regierung markierte auch für Priceline einen Wendepunkt. Das Unternehmen konnte sich stabilisieren und auf den Erfolgspfad zurückkehren.

Als mit Expedia und Orbitz zwei neue Unternehmen in den Markt drängten, reagierte Priceline sofort und konzentrierte sich fortan vor allem auf Hotelbuchungen und auf den europäischen Markt. Hier war die Online-Reisebranche noch verhältnismäßig klein. Das große Netzwerk des Unternehmens war insbesondere auf dem europäischen Hotelmarkt sehr wertvoll, da es dort im Vergleich zum US-Markt mit seinen großen landesweiten Hotelketten deutlich mehr kleinere Hotels gibt. Diese Anstrengungen zahlten sich aus und im Jahr 2003 konnte Priceline.com in die Gewinnzone zurückkehren.

Im Verlauf der nächsten Jahre expandierte das Unternehmen und erwarb die Reiseportale Booking.com und KAYAK, die Autovermietungsplattform rentalcars.com, die Hotelbuchungsplattform agoda.com sowie die Restaurantbuchungsplattform OpenTable. Aus Priceline.com wurde die Priceline Group und schließlich die Booking Holdings Inc. mit einem Umsatz von fast 11 Milliarden Dollar im Jahr 2021.

FRAGE

Erklären Sie, wie jedes der elf ökonomischen Prinzipien in dieser Fallstudie veranschaulicht wird.

Zusammenfassung

1. Jede ökonomische Analyse basiert auf einer Reihe grundlegender Prinzipien. Diese Prinzipien beziehen sich auf drei Ebenen der ökonomischen Aktivität. Erstens müssen wir verstehen, wie Individuen ihre Entscheidungen treffen. Zweitens müssen wir verstehen, wie diese Entscheidungen zusammenwirken. Und drittens müssen wir verstehen, wie die Volkswirtschaft als Ganzes funktioniert.
2. Jeder muss sich entscheiden, was er tun will und was er *nicht* tun will. Die **individuelle Entscheidung** ist die Basis der Volkswirtschaftslehre – wenn Entscheidungen keine Rolle spielen, dann geht es nicht um Volkswirtschaftslehre.
3. Die Ursache dafür, dass Entscheidungen getroffen werden müssen, besteht in **knappen Ressourcen**. (Als Ressourcen bezeichnen Ökonomen alles, was dazu verwendet werden kann, irgendetwas zu produzieren.) Die Entscheidungsmöglichkeiten der Individuen werden durch Geld und Zeit begrenzt. Volkswirtschaften werden durch das Angebot an menschlichen und natürlichen Ressourcen beschränkt.
4. Weil wir unter begrenzten Alternativen auswählen müssen, bestehen die wahren Kosten einer Sache in dem, was man dafür aufgeben muss – in diesem Sinne sind alle Kosten **Opportunitätskosten**.
5. Viele ökonomische Entscheidungen beziehen sich nicht auf die Frage »ob«, sondern auf die Frage »wie viel« – wie viel man für ein bestimmtes Gut ausgeben sollte, wie viel man produzieren sollte usw. Derartige Entscheidungen müssen durch eine Abwägung **(Trade-off)** *an der Grenze* getroffen werden – durch den Vergleich von Kosten und Nutzen von ein klein bisschen mehr oder ein klein bisschen weniger. Entscheidungen dieses Typs werden als **Marginalentscheidungen** bezeichnet. Die Untersuchung von Marginalentscheidungen bezeichnet man als **Marginalanalyse**, die eine zentrale Rolle in der Volkswirtschaftslehre spielt.
6. Zu überlegen, wie Menschen ihre Entscheidungen treffen *sollten*, ist eine gute Methode, um ihr tatsächliches Verhalten zu verstehen. Üblicherweise reagieren die Menschen auf **Anreize** und nutzen die Möglichkeiten, die sie haben, um sich besser zu stellen. Ändern sich diese Möglichkeiten, so ändert sich auch das Verhalten.
7. Entscheidungen des einen hängen von den Entscheidungen des anderen ab und umgekehrt. Diese **Interaktion** ist für das Verstehen von ökonomischen Entscheidungen ebenfalls von zentraler Bedeutung. Wenn Individuen interagieren, kann das Endergebnis anders aussehen als das, was ursprünglich von jedem gewollt wurde.
8. Die Menschen interagieren, weil es **Handelsgewinne** gibt: Durch die Teilnahme am **Handel** von Waren und Dienstleistungen können alle Mitglieder der Gesellschaft ihre Position verbessern. Handel kann deswegen zu Gewinnen führen, weil dadurch die Vorteile der **Spezialisierung** genutzt werden können, also die Vorteile, die sich ergeben, weil Individuen sich auf das spezialisieren, was sie besonders gut können.
9. Volkswirtschaften bewegen sich normalerweise in Richtung **Gleichgewicht** – eine Situation, in der sich kein Individuum durch eine andere Entscheidung oder andere Aktion besser stellen kann.
10. Eine Volkswirtschaft ist **effizient**, wenn alle Möglichkeiten genutzt wurden, jemanden besser zu stellen, ohne andere schlechter zu stellen. Ressourcen sollten so effizient wie möglich genutzt werden, um die Ziele der Gesellschaft zu erreichen. Bei der Beurteilung einer Volkswirtschaft ist Effizienz jedoch nicht der einzige Gesichtspunkt: **Gerechtigkeit**

(oder Fairness) ist ebenfalls wünschenswert. Leider besteht häufig ein Zielkonflikt zwischen Gerechtigkeit und Effizienz.

11. Bis auf einige wohldefinierte Ausnahmen führen Märkte normalerweise zu Effizienz. Wenn Märkte versagen und keine effizienten Ergebnisse erzielen, dann kann das Eingreifen des Staates die Wohlfahrt der Gesellschaft verbessern.

12. Um ein Einkommen zu erzielen, verkaufen die Menschen in einer Marktwirtschaft Waren und Dienstleistungen einschließlich ihrer eigenen Arbeitskraft. Die Ausgaben des einen sind deshalb gleichzeitig die Einnahmen des anderen. Das führt dazu, dass sich Veränderungen des Ausgabeverhaltens auf die gesamte Volkswirtschaft auswirken können.

13. Die Ausgaben einer Volkswirtschaft passen nicht immer zu der Menge an **Gütern** (Waren und Dienstleistungen), die eine Volkswirtschaft produzieren kann. Wird weniger ausgegeben als produziert werden kann, führt dies zu einer Rezession. Zu hohe Ausgaben erzeugen Inflation.

14. Der Staat kann die gesamtwirtschaftlichen Ausgaben beeinflussen und versucht, durch eine Steuerung der Ausgaben die Volkswirtschaft weder in eine Inflation noch in eine Rezession abgleiten zu lassen.

SCHLÜSSELBEGRIFFE

- individuelle Entscheidung
- Ressource
- knapp
- Opportunitätskosten
- Trade-off
- Marginalentscheidung
- Marginalanalyse
- Anreiz
- Interaktion
- Handel
- Handelsgewinne
- Spezialisierung
- Gleichgewicht
- effizient
- Gerechtigkeit
- Güter

2 Ökonomische Modelle: Zielkonflikte und Handel

LERNZIELE

- Was **ökonomische Modelle** sind und warum diese Modelle in der Volkswirtschaftslehre eine zentrale Rolle spielen.
- Wie uns drei einfache Modelle – die **Produktionsmöglichkeitenkurve**, der **komparative Vorteil** und das **Kreislaufdiagramm** – dabei helfen, die Funktionsweise von modernen Volkswirtschaften zu verstehen.
- Warum der Unterschied zwischen **positiven ökonomischen Aussagen** und **normativen ökonomischen Aussagen** für wirtschaftspolitische Entscheidungen eine wichtige Rolle spielt.
- Warum Ökonomen bei manchen Fragen unterschiedliche Auffassungen vertreten.

Anfänge im Windkanal

Die Boeing 787, auch bekannt als »Dreamliner«, gilt als aerodynamische Revolution. Neu entwickelte Triebwerke, ein verringertes Gewicht (durch Leichtbauweise mit Verbundwerkstoffen) und eine bessere Aerodynamik sollen den Kerosinverbrauch des Dreamliners im Vergleich zu anderen Flugzeugen deutlich senken, größere Fenster und eine höhere Luftfeuchtigkeit den Flugkomfort für die Passagiere spürbar erhöhen.

Um sicherzustellen, dass der Dreamliner ausreichend leicht und aerodynamisch ist, musste er sich über 15.000 Teststunden im Windkanal stellen. Diese Tests zogen ausgetüftelte Änderungen im Design nach sich, sodass die Leistung des Passagierflugzeugs in Sachen Kerosinverbrauch und Schadstoffausstoß stetig verbessert werden konnte.

Im Vergleich zum erfolgreichen Jungfernflug des ersten motorisierten Flugzeugs, des »Wright Flyers«, im Jahr 1903 in North Carolina demonstrierte der erste Flug des Dreamliners einen gewaltigen Fortschritt. Dennoch haben die Ingenieure von Boeing (und alle anderen Flugzeugbauer) den Erfindern des Wright Flyers, Wilbur und Orville Wright, eine ganze Menge zu verdanken.

Was die Gebrüder Wright zu wahren Visionären machte, war ihr Windkanal, eine Anlage, die es ihnen erlaubte, mit vielen verschiedenen Entwürfen für Flügel und Lenkeinrichtungen zu experimentieren. Aus den Experimenten in einem Windkanal in einer Transportkiste gewannen sie das Wissen, das ihnen später das Fliegen mit Fluggeräten ermöglichte, die schwerer als Luft waren.

Natürlich hat weder ein Miniaturflugzeug in einer Kiste noch ein Miniaturmodell des Dreamliners in Boeings hochmodernem transsonischen Windkanal viel mit einem richtigen Flugzeug im Flug zu tun. Dennoch sind beide sehr hilfreiche Modelle eines sich durch die Luft bewegenden Flugzeugs – eine vereinfachte Darstellung eines realen Objektes, die für die Beantwortung zentraler Fragen genutzt werden kann, etwa für die Frage, wie viel Auftrieb ein bestimmtes Tragflächenprofil bei einer gegebenen Geschwindigkeit erzeugt.

Ein kleines Modell eines neuen Flugzeuges in einem Windkanal zu testen, ist zudem sehr viel billiger und auch sicherer, als das neue Flugzeug sofort zu bauen und dann zu schauen, ob es fliegt. Modelle finden nicht nur beim Flugzeugbau Anwendung. Modelle spielen in fast allen Wissenschaftsbereichen eine fundamentale Rolle. Und das gilt auch und insbesondere für die Volkswirtschaftslehre.

Man könnte sogar sagen, dass die ökonomische Theorie hauptsächlich aus einer Sammlung von Modellen besteht, einer Reihe von vereinfachten Darstellungen der ökonomischen Wirklichkeit, die uns erlaubt, eine ganze Vielfalt von ökonomischen Sachverhalten zu verstehen.

In diesem Kapitel werden wir drei ökonomische Modelle betrachten, die einerseits aus sich selbst heraus sehr wichtig sind und uns andererseits zeigen können, warum Modelle so hilfreich sind. Am Ende dieses Kapitels werden wir noch einen Blick darauf werfen, wie Ökonomen Modelle in ihrer Forschungsarbeit verwenden.

2.1 Modelle in der Volkswirtschaftslehre: Einige wichtige Beispiele

Ein **Modell** ist eine vereinfachte Abbildung der Wirklichkeit, mit der wir versuchen, die Realität besser zu verstehen.

Ein **Modell** ist jede vereinfachte Darstellung der Realität, die verwendet wird, um reale Situationen besser verstehen zu können. Aber wie entwickeln wir eine vereinfachte Darstellung der ökonomischen Realität?

Eine Möglichkeit – sie ist das ökonomische Äquivalent eines Windkanals – wäre es, eine reale, aber vereinfachte Volkswirtschaft zu finden oder zu konstruieren. Schauen wir dazu z. B. auf Ökonomen, die sich für die Auswirkungen eines höheren Mindestlohns auf eine Volkswirtschaft interessieren. Dafür kann man natürlich nicht einfach in einem Experiment landesweit den Mindestlohn erhöhen und dann abwarten, was passiert. Stattdessen werden Ökonomen kleinere Regionen suchen, in denen der Mindestlohn schon erhöht wurde, die Auswirkungen dieser Mindestlohnerhöhung analysieren und diese Ergebnisse anschließend auf die gesamte Volkswirtschaft übertragen.

Eine andere Möglichkeit besteht in der Simulation einer Volkswirtschaft auf einem Computer. So werden beispielsweise von Regierungsbehörden *Steuermodelle* – große Computerprogramme – verwendet, um die Auswirkungen von ins Auge gefassten Steueränderungen auf verschiedene ökonomische Gruppen zu beurteilen.

Modelle sind deswegen so wichtig, weil sie es den Forschern erlauben, isoliert die Wirkungen einer bestimmten Änderung zu analysieren. Anders ausgedrückt, Modelle erlauben uns, alles andere konstant zu halten und zu untersuchen, wie eine bestimmte Änderung sich auf das Gesamtergebnis auswirkt. Die Annahme einer Konstanz aller anderen relevanten Faktoren bezeichnet man als **Ceteris-paribus-Annahme**. Sie ist eine zentrale Annahme bei der Betrachtung ökonomischer Modelle.

Die **Ceteris-paribus-Annahme** bedeutet, dass mit Ausnahme der untersuchten Größe alle anderen Faktoren unverändert bleiben.

Allerdings findet man nicht immer eine maßstabsgerecht verkleinerte Version der gesamten Volkswirtschaft, und ein Computerprogramm ist nur so gut wie die Daten, die es verwendet. Für viele Zwecke ist die einfachste und effektivste Form der Modellierung das *Gedankenexperiment*. Bei einem Gedankenexperiment handelt es sich um die vereinfachte hypothetische Version einer realen Situation.

In Kapitel 1 haben wir das Gleichgewichtskonzept am Beispiel von wartenden Kunden in einem Supermarkt illustriert, die sich neu anstellen, wenn eine zusätzliche Kasse geöffnet wird. Obwohl wir nicht darauf hingewiesen haben, war dies ein Beispiel für ein einfaches Modell: Wir haben einen imaginären Supermarkt betrachtet, dabei von vielen Details abstrahiert (z. B. was die Kunden kaufen) und mithilfe unserer Überlegung »Was wäre, wenn«-Fragen beantwortet, etwa »Was wäre, wenn eine zusätzliche Kasse geöffnet wird?«.

Wie dieses Beispiel zeigt, ist es oft möglich, ein nützliches ökonomisches Modell mit einfachen Worten zu beschreiben und zu analysieren. Da in der Volkswirtschaftslehre jedoch häufig quantitative Größen eine zentrale Rolle spielen (Produktpreise, Produktmengen, Zahl der Beschäftigten eines Unternehmens u. v. m.), ist es oft sehr hilfreich, sich der Mathematik zu bedienen, um Sachverhalte präziser beschreiben und analysieren zu können. Ein numerisches Beispiel, etwa eine einfache Gleichung oder ein Graph, kann den Schlüssel zum Verstehen eines ökonomischen Konzepts bilden.

Ein gutes ökonomisches Modell kann, in welcher Form auch immer, eine unschätzbare Verständnishilfe sein. Am überzeugendsten lässt sich diese Behauptung durch die Betrachtung einiger einfacher, aber wichtiger ökonomischer Modelle belegen.

- Als erstes wollen wir uns die *Produktionsmöglichkeitenkurve* anschauen, ein Modell, das Ökonomen hilft, über die Wahlmöglichkeiten nachzudenken, denen sich jede Volkswirtschaft gegenübersieht.
- Danach werden wir uns dem *komparativen Vorteil* zuwenden, einem Modell, das Handelsgewinne erklärt, und zwar sowohl beim Handel zwischen Individuen als auch beim Handel zwischen Ländern.
- Schließlich werden wir noch das *Kreislaufmodell* betrachten, das Ökonomen hilft, die Geld- und Güterströme zu analysieren, die in der Volkswirtschaft insgesamt stattfinden.

Bei der Diskussion dieser Modelle werden wir ausführlichen Gebrauch von grafischen Darstellungen machen, mit denen wir mathematische Beziehungen veranschaulichen. Solche grafischen Darstellungen werden für den Rest des Buches eine ganz wesentliche Rolle spielen. Wenn Sie mit der grafischen Darstellung von Funktionen vertraut sind, dürfte Ihnen der formale Aspekt der nachfolgenden Überlegungen keine Schwierigkeiten bereiten. Sollten Sie sich jedoch unsicher fühlen, dann wäre es gut, wenn Sie jetzt den Anhang zu diesem Kapitel durcharbeiten würden, in dem Sie eine kurze Einführung in die Verwendung von Graphen in der Volkswirtschaftslehre finden.

Ein Trade-off: Die Produktionsmöglichkeitenkurve

Unser erstes in Kapitel 1 eingeführtes Prinzip besagte, dass Ressourcen knapp sind und daher jede Volkswirtschaft, ganz gleich, ob sie aus Millionen von Menschen oder einer einzigen Person besteht, sich abzuwägenden Alternativen (Trade-offs) gegenübersieht. Ganz gleich, wie wenig der Boeing Dreamliner wiegt, ganz gleich, wie effizient am Fließband von Boeing gearbeitet wird – der Bau eines Dreamliners erfordert immer die Verwendung von Ressourcen, die dann nicht mehr für die Produktion von anderen Dingen eingesetzt werden können.

Um über Trade-offs nachzudenken, denen sich jede Volkswirtschaft gegenübersieht, verwenden Ökonomen häufig ein Modell, das als **Produktionsmöglichkeitenkurve** bekannt ist. Hinter diesem Modell steht die Idee, dass wir einen Trade-off besser verstehen lernen, wenn wir eine vereinfachte Volkswirtschaft betrachten, die nur zwei Güter produziert. Diese Vereinfachung erlaubt es uns, die zur Wahl stehenden Möglichkeiten grafisch darzustellen.

Nehmen wir für einen Moment an, dass die Vereinigten Staaten eine Volkswirtschaft mit einem einzigen Unternehmen wären. Boeing wäre der einzige Arbeitgeber des Landes und Flugzeuge wären das einzige Gut, das produziert wird. Es gäbe jedoch immer noch die Möglichkeit zu entscheiden, welcher Flugzeugtyp gebaut werden soll – zum Beispiel entweder Dreamliner oder Kleinflugzeuge. **Abbildung 2-1** zeigt die hypothetische Produktionsmöglichkeitenkurve, die den Trade-off darstellt, dem sich diese Volkswirtschaft gegenübersehen würde. Die im Diagramm gezeigte Kurve beschreibt die maximale Anzahl an Kleinflugzeugen, die Boeing jedes Jahr bauen kann, unter der Annahme einer *gegebenen* Menge an Dreamlinern, die pro Jahr gebaut werden, und umgekehrt. Die Produktionsmöglichkeitenkurve beantwortet also Fragen der Form: »Welches ist die maximale Zahl an Kleinflugzeugen, die Boeing pro Jahr bauen kann, wenn es in diesem Jahr gleichzeitig 9 (oder 15 oder 30) Dreamliner produziert?«

Es besteht ein fundamentaler Unterschied zwischen den Punkten, die *innerhalb* der oder *auf* der Produktionsmöglichkeitenkurve liegen (hellblaue Fläche), und denen *außerhalb* der Kurve. Liegt ein Punkt innerhalb der oder auf der Kurve, dann ist er erreichbar. Dies gilt beispielsweise für den mit *C* bezeichneten Punkt, bei dem Boeing 20 Kleinflugzeuge und 9 Dreamliner pro Jahr produziert. Schließlich zeigt uns die Grenze, dass Boeing bei einer jährlichen Produktion von 20 Kleinflugzeugen gleichzeitig maximal 15 Dreamliner bauen könnte – die Produktion von 9 Dreamlinern ist demnach zweifelsohne möglich.

Ein Produktionspunkt außerhalb der Grenze hingegen lässt sich nicht erreichen. Dies gilt etwa für den mit *D* bezeichneten Punkt, bei dem Boeing – rein hypothetisch – 40 Kleinflugzeuge und 30 Dreamliner produziert. Dieser Punkt ist insofern hypothetisch, weil Boeing entweder 40 Kleinflugzeuge und keine Dreamliner *oder* 30 Dreamliner und keine Kleinflugzeuge produzieren könnte. Beides zusammen ist jedoch nicht möglich.

Die **Produktionsmöglichkeitenkurve** illustriert die Abwägungsmöglichkeiten bzw. Abwägungsnotwendigkeiten einer Volkswirtschaft, die nur zwei Güter produziert. Sie zeigt für jede gegebene Menge des einen Gutes, wie viel von dem anderen Gut maximal produziert werden kann.

Abb. 2-1

Die Produktionsmöglichkeitenkurve

Die Produktionsmöglichkeitenkurve illustriert die Abwägungsmöglichkeiten bzw. den Trade-off, denen bzw. dem sich eine Volkswirtschaft gegenübersieht, die zwei Güter produziert. Sie zeigt für jede gegebene Menge eines Gutes die maximale Menge des anderen Gutes, die produziert werden kann. Im vorliegenden Fall hängt die maximale Anzahl Dreamliner, die produziert werden kann, von der Anzahl der Kleinflugzeuge ab, die produziert wird und umgekehrt. Die erreichbare Produktion wird durch die Fläche innerhalb und auf der Kurve dargestellt. Produktionspunkt *C* ist erreichbar, aber nicht effizient. Die Punkte *A* und *B* sind erreichbar und effizient. Punkt *D* ist nicht erreichbar

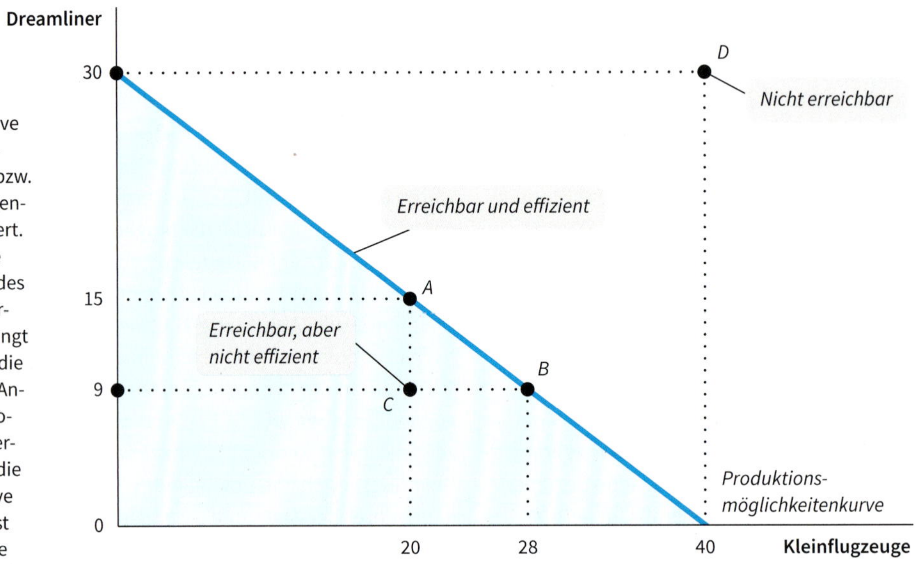

In Abbildung 2-1 schneidet die Produktionsmöglichkeitenkurve die waagerechte Achse bei 40 Kleinflugzeugen. Würde Boeing also all seine Produktionskapazitäten für Kleinflugzeuge aufwenden, könnte es 40 Kleinflugzeuge pro Jahr anfertigen, aber keine Dreamliner. Die Produktionsmöglichkeitenkurve schneidet die senkrechte Achse bei 30 Dreamlinern. Würde Boeing seine gesamten Ressourcen für die Produktion von Dreamlinern verwenden, könnte es 30 Dreamliner pro Jahr anfertigen, aber keine Kleinflugzeuge.

Die Abbildung zeigt auch weniger extreme Wahlmöglichkeiten. Beschließt Boeing beispielsweise dieses Jahr, 20 Kleinflugzeuge zu produzieren, können höchstens 15 Dreamliner gebaut werden. Diese Produktionskombination wird durch Punkt *A* beschrieben. Würden die Manager von Boeing entscheiden, 28 Kleinflugzeuge anfertigen zu lassen, könnten höchstens 9 Dreamliner produziert werden, wie Punkt *B* zeigt.

Das Denken in den Kategorien der Produktionsmöglichkeitenkurve vereinfacht die Komplexität der Wirklichkeit. Reale Volkswirtschaften produzieren Millionen von verschiedenen Gütern. Selbst Boeing kann mehr als zwei unterschiedliche Flugzeugtypen bauen. Dennoch ist es wichtig zu verstehen, dass uns selbst ein derart einfaches Modell wichtige Erkenntnisse über das Funktionieren der realen Welt vermittelt. Mit der Vereinfachung der Realität erlaubt uns die Produktionsmöglichkeitenkurve jedoch, einige Aspekte der Realität besser zu verstehen, als wir es ohne dieses Modell könnten: Effizienz, Opportunitätskosten und Wirtschaftswachstum.

Effizienz. Zunächst einmal ist die Produktionsmöglichkeitenkurve ein guter Weg, um das allgemeine ökonomische Konzept der Effizienz zu illustrieren. In Kapitel 1 hatten wir gelernt, dass eine Volkswirtschaft dann effizient ist, wenn alle Möglichkeiten genutzt werden, niemand also besser gestellt werden kann, ohne dass andere schlechter gestellt werden. Insbesondere gehört zur Effizienz, dass keine Produktionsmöglichkeiten ausgelassen werden, es also keinen Weg gibt, von einem Gut mehr zu produzieren, ohne von anderen Gütern weniger zu produzieren.

Solange sich das Unternehmen Boeing auf seiner Produktionsmöglichkeitenkurve befindet, ist die Produktion effizient. In Punkt *A* sind die 15 Dreamliner, die produziert werden, das Maximum, das Boeing erreichen kann, unter der Annahme, dass sich das Unternehmen für die Produktion von 20 Kleinflugzeugen entschieden hat. In Punkt *B* sind die 9 produzierten Dreamliner das erreichbare Maximum unter der Annahme einer gegebenen Entscheidung, 28 Kleinflugzeuge anzufertigen. In analoger Weise lassen sich alle anderen Punkte auf der Produktionsmöglichkeitenkurve interpretieren.

Nehmen wir einmal an, dass sich Boeing aus irgendeinem Grund in Punkt *C* befindet, wo das Unternehmen 20 Kleinflugzeuge und 9 Dreamliner produziert. In diesem Fall würde Boeing nicht effizient arbeiten; es wäre *ineffizient*: Es könnte von beiden Flugzeugtypen mehr produzieren.

Auch wenn wir ein Beispiel verwendet haben, das die Produktionsentscheidungen einer Volkswirtschaft mit nur einem Unternehmen und zwei Gütern illustriert, um die Konzepte Effizienz und Ineffizienz zu erklären, gelten diese Konzepte auch für die reale Volkswirtschaft, in der es viele Unternehmen gibt und viele Güter produziert werden. Wenn die Volkswirtschaft als Ganzes nicht mehr von einem Gut produzieren könnte, ohne gleichzeitig weniger eines anderen Gutes zu produzieren – das heißt, wenn sich die Volkswirtschaft auf der Produktionsmöglichkeitenkurve befindet –, dann können wir sagen, dass die Volkswirtschaft *effizient in der Produktion* ist.

Wenn die Volkswirtschaft jedoch mehr eines Gutes produzieren könnte, ohne weniger eines anderen Gutes zu produzieren – typischerweise könnte in diesem Fall mehr von allem produziert werden –, dann ist sie ineffizient in der Produktion. So ist beispielsweise eine Volkswirtschaft, in der viele Individuen unfreiwillig arbeitslos sind, in der Produktion eindeutig ineffizient. Und das ist schlecht, da die Volkswirtschaft eine größere Menge nützlicher Waren und Dienstleistungen produzieren könnte.

Obwohl die Produktionsmöglichkeitenkurve hilfreich ist, um zu verdeutlichen, was es bedeutet, wenn eine Volkswirtschaft effizient produziert, ist es wichtig zu verstehen, dass Produktionseffizienz lediglich ein *Teil* dessen ist, was für die Effizienz der gesamten Volkswirtschaft notwendig ist. Effizienz setzt auch voraus, dass die Ressourcen einer Volkswirtschaft so verteilt werden, dass die Konsumenten so gut wie möglich gestellt sind. Wenn eine Volkswirtschaft in diesem Zustand ist, sagen wir, dass sie *effizient in der Allokation* ist.

Um zu verstehen, wieso Allokationseffizienz genauso wichtig wie Produktionseffizienz ist, beachten Sie, dass sowohl Punkt *A* als auch Punkt *B* in Abbildung 2-1 Situationen veranschaulichen, in denen die Volkswirtschaft produktionseffizient ist, da sie in keinem Fall mehr von dem einen Gut produzieren kann, ohne weniger von dem anderen zu produzieren. Es ist aber möglich, dass diese beiden Situationen aus gesellschaftlicher Sicht nicht gleichermaßen erstrebenswert sind. Nehmen wir an, dass die Gesellschaft es vorzieht, mehr Kleinflugzeuge, aber weniger Dreamliner zu haben als in Punkt *A*. Sagen wir, sie hätte lieber 28 Kleinflugzeuge und 9 Dreamliner, was Punkt *B* entsprechen würde. In diesem Fall wäre Punkt *A* aus gesamtwirtschaftlicher Sicht allokationsineffizient, da Boeing lieber in Punkt *B* als in Punkt *A* produzieren sollte.

Dieses Beispiel verdeutlicht, dass gesamtwirtschaftliche Effizienz sowohl Produktionseffizienz als auch Allokationseffizienz voraussetzt: Um effizient zu sein, muss eine Volkswirtschaft so viel wie möglich eines jeden Gutes produzieren – unter der Annahme einer gegebenen Entscheidung über die Produktion anderer Güter – und muss diejenige Güterkombination produzieren, die die Bevölkerung konsumieren möchte. Auch müssen die Güter die richtigen Personen erreichen: Eine Volkswirtschaft, in der Kleinflugzeuge an internationale Fluggesellschaften oder Dreamliner an Regionalfluggesellschaften, die kleine, ländliche Flughäfen ansteuern, geliefert werden, ist ebenfalls ineffizient.

In der realen Welt sind Planwirtschaften, wie beispielsweise die frühere Sowjetunion, für ihre Allokations*ineffizienz* bekannt. So war es üblich, dass die Konsumartikel, die nur von wenigen Menschen nachgefragt wurden, in den Läden vorrätig waren, während es an grundlegenden Waren wie Seife oder Toilettenpapier mangelte.

Opportunitätskosten. Die Produktionsmöglichkeitenkurve ist auch insofern hilfreich, als dass sie uns an das fundamentale Konzept der *Opportunitätskosten* erinnert. Sie zeigt uns nämlich, dass die wahren Kosten eines Gutes nicht einfach in dem Geldbetrag bestehen, den wir dafür bezahlen müssen, sondern neben Geld auch alles andere umfassen, was aufgegeben werden muss, um das Gut zu erhalten.

Würde Boeing seine Produktion von Punkt *A* zu Punkt *B* verschieben, könnte es acht weitere Kleinflugzeuge, aber sechs Dreamliner weniger produzieren. Die Opportunitätskosten der Produktion von acht Kleinflugzeugen bestehen also in den sechs Dreamlinern, deren Produktion aufgegeben werden muss. Wenn acht zusätzliche Kleinflugzeuge Opportunitätskosten in Höhe von sechs Dreamlinern aufweisen, dann betragen die Opportunitätskosten für ein Kleinflugzeug 6/8 = 3/4 Dreamliner.

Sind die Opportunitätskosten eines zusätzlichen Kleinflugzeuges, gemessen in Dreamlinern, immer gleich hoch, unabhängig davon, wie viele Kleinflugzeuge und Dreamliner derzeit produziert werden? Im Beispiel, das in Abbildung 2-1 veranschaulicht wird, lautet die Antwort *ja*. Wenn Boeing die Kleinflugzeugproduktion von 28 auf 40 anhebt, fällt die Zahl der produzierten Dreamliner von neun auf null. Boeings Opportunitätskosten für jedes zusätzliche Kleinflugzeug beträgt also 9/12 = 3/4 eines Dreamliners. Die Opportunitätskosten eines zusätzlichen Kleinflugzeugs sind in diesem Beispiel also genauso hoch wie in dem Fall, dass Boeing statt 20 Kleinflugzeugen 28 produziert.

Dass die Opportunitätskosten eines Kleinflugzeuges, gemessen in Dreamlinern, in diesem Beispiel immer gleich hoch sind, liegt in einer der Annahmen begründet, die wir getroffen haben. Diese Annahme spiegelt sich in der grafischen Form der Produktionsmöglichkeitenkurve in Abbildung 2-1 wider. Wenn wir nämlich annehmen, dass die Opportunitätskosten einer zusätzlichen Einheit eines Gutes unabhängig von der Mengenkombination der produzierten Güter unverändert bleiben, ist die Produktionsmöglichkeitenkurve eine gerade Linie.

Wie Sie möglicherweise bereits vermutet haben, entspricht die Steigung einer geradlinigen Produktionsmöglichkeitenkurve den Opportunitätskosten. Genauer gesagt entspricht sie den Opportunitätskosten des auf der waagerechten Achse abgebildeten Gutes gemessen in Einheiten des an der senkrechten Achse abgebildeten Gutes. In Abbildung 2-1 hat die Produktionsmöglichkeitenkurve eine *konstante Steigung* von –3/4. Demzufolge entstehen Boeing für die Produktion eines zusätzlichen Kleinflugzeugs *konstante Opportunitätskosten* in Höhe von 3/4 eines Dreamliners. (Wie die Steigung einer geraden Linie berechnet werden kann, wird im Anhang zu diesem Kapitel noch einmal besprochen.) Dieses Beispiel beschreibt den einfachsten Fall. Das Modell der Produktionsmöglichkeitenkurve kann aber auch für die Betrachtung von Situationen zurate gezogen werden, in denen sich die Opportunitätskosten ändern, wenn sich die Kombination der produzierten Güter ändert.

Abbildung 2-2 veranschaulicht eine andere Annahme: Boeing verzeichnet *steigende Opportunitätskosten*. In diesem Fall steigen die Kosten der Produktion eines zusätzlichen Kleinflugzeugs (gemessen in der Menge an Dreamlinern, die deswegen nicht produziert werden konnte) mit der Menge an produzierten Kleinflugzeugen an. Umgekehrt gilt das gleiche: Je mehr Dreamliner Boeing produziert, desto teurer wird es (gemessen in der Produktionsmenge von Kleinflugzeugen, auf die verzichtet werden muss), einen zusätzlichen Dreamliner zu produzieren. Um beispielsweise die Produktion von Kleinflugzeugen von null auf zwanzig auszuweiten, muss Boeing auf die Produktion von fünf Dreamlinern verzichten. Das heißt, die Opportunitätskosten dieser zwanzig Kleinflugzeuge betragen fünf Dreamliner. Aber um die Kleinflugzeugproduktion auf vierzig auszuweiten, also um zwanzig weitere Kleinflugzeuge zu produzieren, muss es auf die Produktion von 25 weiteren Dreamlinern verzichten. Die Opportunitätskosten sind also deutlich höher. Wie wir in Abbildung 2-2 sehen können, ist die Produktionsmöglichkeitenkurve mit steigenden statt konstanten Opportunitätskosten eine nach außen gebogene Kurve statt einer geraden Linie.

Obwohl es oft nützlich ist, mit der einfachen Annahme einer geradlinigen Produktionsmöglichkeitenkurve zu arbeiten, gehen Ökonomen davon aus, dass die Opportunitätskosten in der Realität üblicherweise ansteigen. Das ist deswegen so, weil eine Volkswirtschaft dann, wenn von einem bestimmten Gut nur eine kleine Menge produziert

Abb. 2-2

Steigende Opportunitätskosten

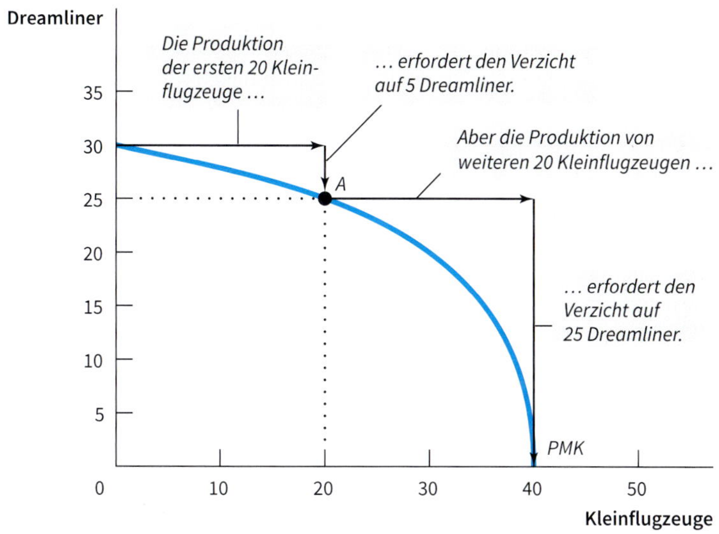

Die nach außen gewölbte Gestalt der Produktionsmöglichkeitenkurve reflektiert steigende Opportunitätskosten. Für unser Beispiel gilt Folgendes: Um die ersten 20 Kleinflugzeuge zu produzieren, muss Boeing auf 5 Dreamliner verzichten. Um jedoch weitere 20 Kleinflugzeuge zu produzieren, muss Boeing jetzt sogar auf weitere 25 Dreamliner verzichten.

wird, Ressourcen einsetzen kann, die sich für die Produktion dieses Gutes besonders gut eignen. Baut beispielsweise eine Volkswirtschaft nur eine kleine Menge von Mais an, dann wird der Anbau dort erfolgen, wo Boden und Klima für das Gedeihen von Mais geeignet sind und sich weniger gut für andere Getreidesorten eignen, wie z. B. Weizen. Der Anbau von Mais ist so mit einem vergleichsweise geringen Verzicht auf potenzielle Weizenproduktion verbunden. Wird in dieser Volkswirtschaft jedoch sehr viel Mais produziert, dann muss auch Land verwendet werden, das für den Maisanbau nur bedingt taugt und vielleicht sehr gut für Weizen geeignet wäre. Die zusätzliche Maisproduktion impliziert daher einen relativ großen Verzicht auf die Erzeugung von Weizen.

Anders ausgedrückt, je mehr von einem Gut produziert wird, desto höher sind üblicherweise die Opportunitätskosten, da die Ressourcen, die sich für die Produktion dieses Gutes besonders gut eignen, mit der Zeit aufgebraucht werden und stattdessen weniger geeignete Ressourcen eingesetzt werden müssen.

Wirtschaftswachstum. Schließlich hilft uns die Produktionsmöglichkeitenkurve auch zu verstehen, was es bedeutet, wenn wir über Wirtschaftswachstum sprechen. Wir haben das Konzept des Wirtschaftswachstums in der Einleitung eingeführt. Dort haben wir Wachstum *als die Zunahme der Fähigkeit einer Volkswirtschaft zur Produktion von Waren und Dienstleistungen* definiert. Wie wir gesehen haben, kommt es in einer Volkswirtschaft zu Wirtschaftswachstum. Wie können wir aber tatsächlich sicher sein, dass eine Volkswirtschaft gewachsen ist? Natürlich produziert etwa die deutsche Volkswirtschaft heute von vielen Dingen sehr viel mehr als vor 100 Jahren. Andererseits produziert sie aber von anderen Dingen auch deutlich weniger, etwa Pferdekutschen. Tatsächlich ist also die Produktion vieler Güter gesunken. Wie können wir also mit Sicherheit sagen, dass die Volkswirtschaft insgesamt gewachsen ist?

Die Antwort auf diese Frage zeigt **Abbildung 2-3**. Für die beiden dort abgebildeten hypothetischen Produktionsmöglichkeitenkurven gilt wieder die Annahme, dass jedes Individuum, das Teil dieser Volkswirtschaft ist, bei Boeing arbeitet und folglich nur zwei Güter produziert werden, Dreamliner und Kleinflugzeuge. Beachten Sie, wie die beiden Kurven ineinander verschachtelt sind: Die als »Ursprüngliche *PMK*« bezeichnete Kurve liegt vollständig innerhalb der als »Neue *PMK*« bezeichneten Kurve. Damit wird grafisch veranschaulicht, was wir unter Wirtschaftswachstum verstehen: Wirtschaftswachstum bedeutet eine *Erweiterung der Produktionsmöglichkeiten der Volkswirtschaft*, d. h. es *kann* von allem mehr produziert werden.

Wenn die Volkswirtschaft beispielsweise zunächst im Punkt *A* produziert (25 Dreamliner und 20 Kleinflugzeuge), dann bedeutet Wirtschaftswachstum, dass sie sich zu Punkt *E* (30 Dreamliner und 25 Kleinflugzeuge) bewegen könnte. *E* liegt außerhalb der ursprünglichen Grenze. Im Modell der Produktionsmöglichkeitenkurve schlägt sich Wachstum also als Verschiebung der Kurve nach außen nieder.

Produktionsfaktoren sind Ressourcen, die für die Produktion von Waren und Dienstleistungen verwendet werden.

Was können die Gründe für eine Verschiebung der Produktionsmöglichkeitenkurve nach außen sein? Es gibt im Grunde zwei Quellen wirtschaftlichen Wachstums. Die eine Quelle ist eine Zunahme der in der Volkswirtschaft verfügbaren Menge an **Produktionsfaktoren**, den Ressourcen, die für die Produktion von Waren und Dienstleistungen verwendet werden. Ökonomen benutzen den Ausdruck *Produktionsfaktoren* normalerweise, um eine Ressource zu beschreiben, die in der Produktion nicht verbraucht wird. So verwendeten beispielsweise in der traditionellen Flugzeugherstellung die Arbeitskräfte Nietmaschinen, um bei der Konstruktion des Flugzeugrumpfes Metallplatten miteinander zu verbinden. Die Arbeitskräfte und die Nietmaschinen sind Produktionsfaktoren, die Nieten und Metallplatten jedoch nicht. Denn sobald ein Flugzeugrumpf her-

Abb. 2-3

Wirtschaftswachstum

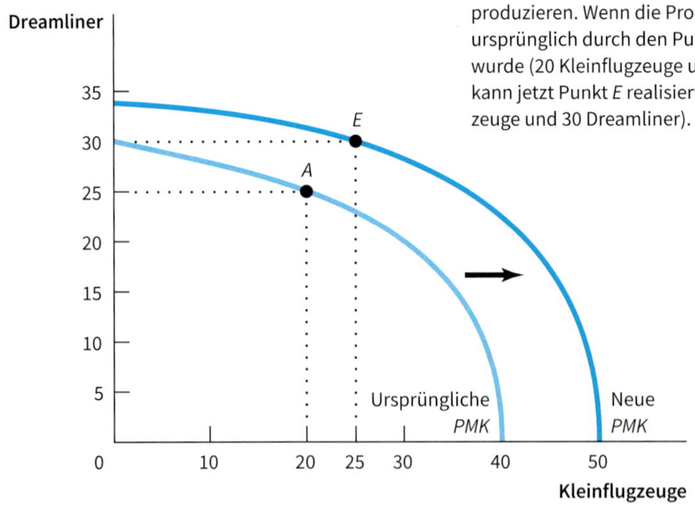

Wirtschaftswachstum führt zu einer Verschiebung der Produktionsmöglichkeitenkurve nach außen, weil die Produktionsmöglichkeiten zunehmen. Die Volkswirtschaft kann nunmehr von allem mehr produzieren. Wenn die Produktion beispielsweise ursprünglich durch den Punkt *A* charakterisiert wurde (20 Kleinflugzeuge und 25 Dreamliner), kann jetzt Punkt *E* realisiert werden (25 Kleinflugzeuge und 30 Dreamliner).

gestellt wurde, konnten die Arbeitskräfte und die Nietmaschinen für die Produktion eines weiteren Flugzeugrumpfes eingesetzt werden; die Metallplatten und Nieten, die für den ersten Flugzeugrumpf gebraucht wurden, konnten jedoch nicht noch einmal verwendet werden.

Wenn man breit abgrenzt, dann kann man als wichtigste Produktionsfaktoren Arbeit, Land, Kapital und Humankapital unterscheiden. Arbeit ist die Tätigkeit von Menschen; Land ist eine Ressource, die von der Natur bereitgestellt wird; Kapital bezieht sich auf »produzierte« Ressourcen wie Maschinen und Gebäude; Humankapital schließlich bezieht sich auf den Ausbildungsstand und die Fähigkeiten der Arbeitskräfte, wodurch deren Produktivität bestimmt wird. Es sollte klar sein, dass es sich bei den genannten Größen tatsächlich um Kategorien handelt und nicht um einzelne Faktoren – Land in der norddeutschen Tiefebene unterscheidet sich recht deutlich von Land in den Bayerischen Alpen.

Um zu verstehen, wie ein Anstieg der Produktionsfaktoren Wirtschaftswachstum generieren kann, betrachten wir das folgende Beispiel: Nehmen wir einmal an, dass Boeing eine zusätzliche Konstruktionshalle baut, die es dem Unternehmen ermöglicht, die jährlich produzierte Menge an Flugzeugen zu steigern, egal ob Kleinflugzeuge, Dreamliner oder beide Flugzeugtypen. Die neue Konstruktionshalle ist ein Produktionsfaktor, eine Ressource, die Boeing dafür verwenden kann, die jährliche Produktionsmenge auszuweiten. Wir können an dieser Stelle nicht sagen, wie viele zusätzliche Flugzeuge der verschiedenen Typen Boeing bauen wird – dies ist eine Entscheidung der Geschäftsleitung, die unter anderem von der Nachfrage der Kunden abhängig ist. Wir können aber festhalten, dass sich Boeings Produktionsmöglichkeitenkurve nach außen verschoben hat, da es nun mehr Kleinflugzeuge produzieren kann, ohne die Zahl der produzierten Dreamliner zurückzufahren, oder es mehr Dreamliner produzieren kann, ohne die Menge der gefertigten Kleinflugzeuge zu reduzieren.

Die zweite Quelle wirtschaftlichen Wachstums ist eine verbesserte **Technologie**, die Verbesserung technischer Möglichkeiten in der Produktion von Waren und Dienstleistungen. Bevor der Boeing Dreamliner entwickelt wurde, wurden Verbundwerkstoffe bereits für einige Flugzeugteile verwendet. Die Flugzeugingenieure bei Boeing stellten jedoch fest, dass zusätzliche Vorteile entstehen könnten, wenn das komplette Flugzeug aus Verbundwerkstoffen hergestellt wird. Es wäre im Vergleich zu einem traditionell hergestellten Flugzeug leichter und widerstandsfähiger und hätte bessere aerodynamische Eigenschaften. Es hätte deshalb auch eine größere Reichweite, könnte mehr Menschen transportieren, würde weniger Kraftstoff verbrauchen und es könnte außerdem einen höheren Kabinendruck aufrechterhalten. Gewissermaßen ist Boeings Erfindung – ein vollständig aus Verbundwerkstoffen hergestelltes Flugzeug – also eine Möglichkeit, mit jeder möglichen gegebenen Menge an Ressourcen mehr zu produzieren. Dies entspricht einer Verschiebung der Produktionsmöglichkeitenkurve nach außen.

Da die verbesserte Flugzeugtechnologie die Produktionsmöglichkeitenkurve nach außen verschoben hat, kann in der gesamten Volkswirtschaft, also nicht nur in der Luftfahrtindustrie, von jedem Gut mehr produziert werden. Im Laufe der vergangenen 30 Jahre haben die größten technologischen Verbesserungen in der Informationstechnologie stattgefunden und nicht in der Bau- oder Lebensmittelindustrie. Dennoch kaufen US-Amerikaner größere Häuser und essen öfter in Restaurants, als sie es früher getan haben – das Wirtschaftswachstum hat dies ermöglicht.

Die Produktionsmöglichkeitenkurve ist ein stark vereinfachtes Modell einer Volkswirtschaft. Sie lehrt uns gleichwohl wichtige Lektionen über die Funktionsweise von Volkswirtschaften im realen Leben. Sie gibt uns einen ersten klaren Eindruck von einem Schlüsselelement des ökonomischen Effizienzbegriffs, sie illustriert das Konzept der Opportunitätskosten und sie verdeutlicht, worum es bei ökonomischem Wachstum überhaupt geht.

Komparative Vorteile und Handelsgewinne

Wir haben bei den grundlegenden ökonomischen Prinzipien in Kapitel 1 gelernt, dass der Handel zwischen zwei Seiten zu einem beiderseitigen Vorteil führen kann. Dieser Vorteil resultiert daraus, dass sich beide Seiten durch den Handel auf die Produktion von unterschiedlichen Güter spezialisieren können und dann diese Güter unter-

Unter **Technologie** verstehen wir die technischen Möglichkeiten, die zur Produktion von Waren und Dienstleistungen zur Verfügung stehen.

einander tauschen. Wie genau dieser Handel zustande kommt und welche Vorteile sich daraus für beide Seiten ergeben, wollen wir mithilfe eines weiteren wichtigen ökonomischen Modells veranschaulichen, dem *Modell des komparativen Vorteils*.

Eine der wichtigsten Erkenntnisse der gesamten Volkswirtschaftslehre besteht darin, dass es Handelsgewinne gibt: Es ist sinnvoll, sich auf die Produktion der Güter zu spezialisieren, die man besonders gut herstellen kann, und von anderen die Güter zu kaufen, in deren Produktion man weniger gut ist. Diese Aussage würde auch stimmen, selbst wenn man alles selbst produzieren könnte: Selbst wenn eine brillante Gehirnchirurgin ihren tropfenden Wasserhahn selbst reparieren *könnte*, wäre es für sie vermutlich eine klügere Entscheidung, einen professionellen Klempner zu beauftragen.

Wie können wir Handelsgewinne in einem Modell darstellen? Bleiben wir bei unserem Flugzeugbeispiel und stellen uns noch einmal vor, dass die Vereinigten Staaten eine Volkswirtschaft mit nur mit einem Unternehmen sind, in der jeder für Boeing arbeitet und Flugzeuge hergestellt. Außerdem wollen wir annehmen, dass die Vereinigten Staaten mit Brasilien handeln können. Auch in Brasilien gibt es nur ein Unternehmen, für das jeder arbeitet. Dieses Unternehmen ist der Flugzeugbauer Embraer, der tatsächlich ein erfolgreicher Hersteller kleinerer Passagierflugzeuge ist. (Flugzeuge von Embraer werden hauptsächlich für Kurz- und Mittelstreckenflüge genutzt).

In unserem Beispiel sind die einzigen beiden Güter, die produziert werden, Groß- und Kleinflugzeuge. Beide Länder könnten beide Flugzeugtypen anfertigen. Wir werden jedoch in einem Augenblick feststellen, dass beide davon profitieren können, unterschiedliche Produkte herzustellen und miteinander in Handel zu treten. Im Beispiel sei aus Gründen der Einfachheit wieder angenommen, dass die Produktionsmöglichkeitenkurve geradlinig ist. Diagramm (a) in **Abbildung 2-4** zeigt die Produktionsmöglichkeiten der Vereinigten Staaten. Die Produktionsmöglichkeitenkurve ähnelt jener in Abbildung 2-1. Das Dia-

Abb. 2-4

Die Produktionsmöglichkeiten der beiden Länder

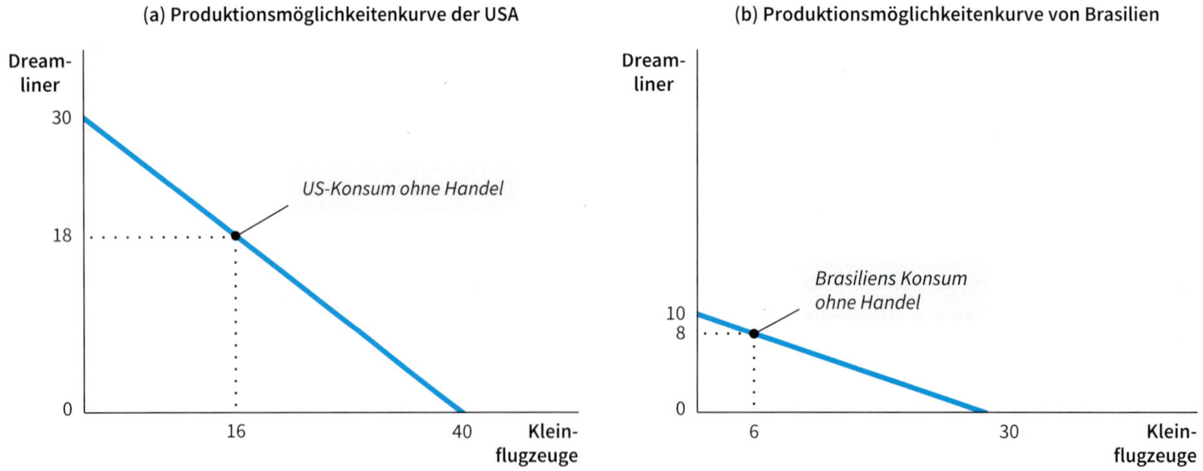

Im vorliegenden Fall haben beide Länder konstante Opportunitätskosten der Produktion von Kleinflugzeugen und somit eine lineare Produktionsmöglichkeitenkurve: Für die USA hat jedes Kleinflugzeug Opportunitätskosten in Höhe eines dreiviertel Großflugzeugs. Für Brasilien hat jedes Kleinflugzeug Opportunitätskosten in Höhe eines drittel Großflugzeugs.

gramm besagt, dass die Vereinigten Staaten 40 Kleinflugzeuge herstellen könnten, wenn sie auf die Produktion von Großflugzeugen verzichten würden. Wenn keine Kleinflugzeuge produziert würden, könnten 30 Großflugzeuge angefertigt werden. Erinnern Sie sich, dass daraus folgt, dass der Anstieg der US-amerikanischen Produktionsmöglichkeitenkurve –3/4 beträgt: Ihre Opportunitätskosten für ein Kleinflugzeug betragen 3/4 eines Großflugzeugs.

Diagramm (b) in Abbildung 2-4 stellt die Produktionsmöglichkeiten Brasiliens dar. Wie im Fall der Vereinigten Staaten ist auch Brasiliens Produktionsmöglichkeitenkurve eine Gerade, was konstante Opportunitätskosten impliziert. Brasiliens Produktionsmöglichkeitenkurve hat eine konstante Steigung von –1/3. Brasilien ist in jeder Hinsicht weniger produktiv als die USA: Es können höchstens 30 Kleinflugzeuge oder 10 Großflugzeuge angefertigt werden. Relativ betrachtet ist Brasilien in der Herstellung von Kleinflugzeugen jedoch besser als die USA. Für jedes produzierte Kleinflugzeug müssen sie auf 3/4 eines Großflugzeuges verzichten, während für Brasilien die Opportunitätskosten lediglich bei 1/3 eines Großflugzeuges liegen. **Tabelle 2-1** fasst die Opportunitätskosten der beiden Länder zusammen.

Tab. 2-1

Opportunitätskosten der Vereinigten Staaten und Brasilien

	Opportunitätskosten	
	Vereinigte Staaten	**Brasilien**
Ein Kleinflugzeug	3/4 Großflugzeug	1/3 Großflugzeug
Ein Großflugzeug	4/3 Kleinflugzeuge	3 Kleinflugzeuge

Die USA und Brasilien könnten sich dazu entschließen, ihre eigenen Groß- und Kleinflugzeuge zu produzieren, nicht miteinander zu handeln und lediglich das zu konsumieren, was im eigenen Land hergestellt wurde. (Ein Land »konsumiert« ein Flugzeug, wenn es sich um das Eigentum eines Inländers handelt.) Nehmen wir einmal an, dass sie so beginnen und die Konsumentscheidungen treffen, die in Abbildung 2-4 gezeigt werden. Ohne Handel produzieren und konsumieren die USA 16 Kleinflugzeuge und 18 Großflugzeuge pro Jahr, während Brasilien 6 Kleinflugzeuge und 8 Großflugzeuge produziert und konsumiert.

Ist dies die beste Lösung? Nein. Vor dem Hintergrund der Tatsache, dass die beiden Produzenten – und deswegen die beiden Länder – unterschiedliche Opportunitätskosten haben, können sie einen Weg finden, der sie beide besser stellt.

Tabelle 2-2 zeigt, wie das funktioniert: Die USA spezialisieren sich auf die Produktion von Großflugzeugen, fertigen jährlich 30 dieser Flugzeuge an und verkaufen davon 10 an Brasilien. Gleichzeitig spezialisiert sich Brasilien auf die Produktion von Kleinflugzeugen, stellt jährlich 30 dieser Flugzeuge her und verkauft davon 20 an die USA. Das Resultat wird in **Abbildung 2-5** gezeigt. Die USA konsumieren nun sowohl mehr Kleinflugzeuge als auch mehr Großflugzeuge im Vergleich zu vorher: Statt 16 Klein- und 18 Großflugzeugen konsumieren sie nun 20 Klein- und 20 Großflugzeuge. Brasilien konsumiert ebenfalls mehr; statt 6 Klein- und 8 Großflugzeugen sind es nun 10 Klein- und 10 Großflugzeuge. Tabelle 2-2 zeigt

Tab. 2-2

Handelsgewinne Brasiliens und der Vereinigten Staaten

	Ohne Handel		Mit Handel		Handelsgewinne
	Produktion	**Konsum**	**Produktion**	**Konsum**	
Vereinigte Staaten					
Kleinflugzeug	16	16	0	20	+4
Großflugzeug	18	18	30	20	+2
Brasilien					
Kleinflugzeug	6	6	30	10	+4
Großflugzeug	8	8	0	10	+2

Abb. 2-5

Komparativer Vorteil und Handelsgewinne

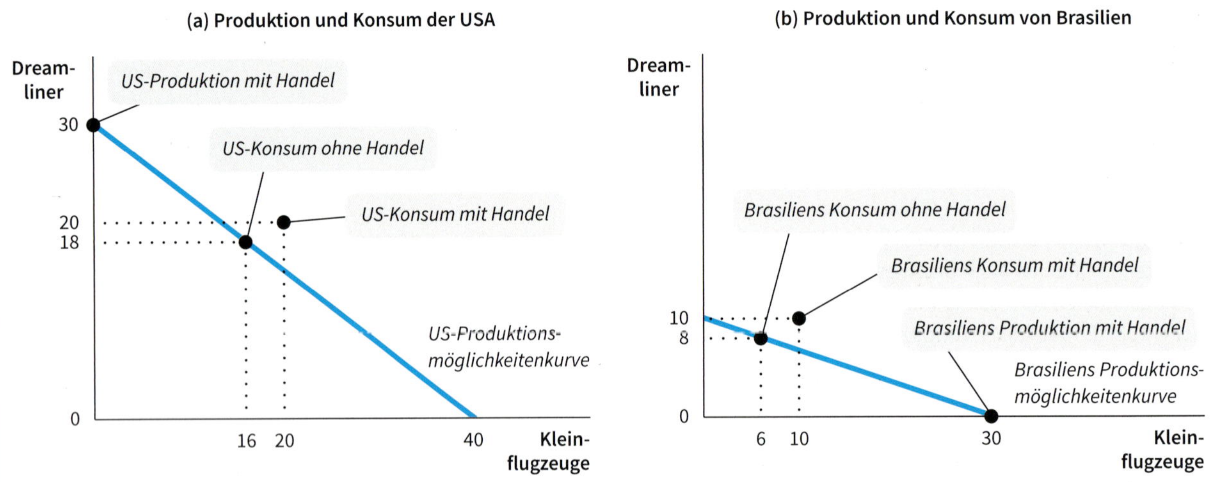

Durch Spezialisierung und Handel können sowohl die Vereinigten Staaten als auch Brasilien von beiden Gütern mehr produzieren und konsumieren. Die Vereinigten Staaten spezialisieren sich auf die Produktion von Dreamlinern, wo sie einen komparativen Vorteil haben, und Brasilen, das einen *absoluten* Nachteil bei der Produktion beider Flugzeuge hat, aber über einen *komparativen* Vorteil bei der Produktion von Kleinflugzeugen verfügt, spezialisiert sich auf die Produktion von Kleinflugzeugen. Im Ergebnis können beide Länder von beiden Gütern mehr konsumieren, als wenn sie keinen Handel treiben würden.

ferner, dass sowohl die USA als auch Brasilien von dem Handel profitieren, da sie von beiden Flugzeugtypen mehr konsumieren, als es ohne den Handel möglich gewesen wäre.

Beide Länder stellen sich besser, wenn sie sich auf das spezialisieren, was sie jeweils besser können, und miteinander Handel treiben. Für die USA ist es günstig, sich auf die Produktion von Großflugzeugen zu spezialisieren, weil ihre Opportunitätskosten eines Großflugzeuges kleiner sind als die Brasiliens: 4/3 < 3. Analog ist es für Brasilien sinnvoll, sich auf die Produktion von Kleinflugzeugen zu spezialisieren, da die Opportunitätskosten eines Kleinflugzeuges geringer sind als im Fall der USA: 1/3 < 3/4.

Man spricht in diesem Fall davon, dass die USA einen komparativen Vorteil in der Produktion von Großflugzeugen und Brasilien einen komparativen Vorteil bei der Produktion von Kleinflugzeugen hat. Ein Land hat einen **komparativen Vorteil** bei der Produktion eines Gutes, wenn die Opportunitätskosten der Produktion dieses Gutes für das betreffende Land geringer sind als für andere Länder. Dasselbe Konzept gilt auch für Unternehmen und Individuen: Ein Unternehmen oder ein Individuum hat einen komparativen Vorteil bei der Produktion eines Gutes, wenn die Opportunitätskosten der Produktion dieses Gutes für das betreffende Unternehmen oder Individuum geringer sind als für andere.

Ein Land verfügt über einen **komparativen Vorteil** bei der Produktion eines Gutes, wenn die Opportunitätskosten für die Produktion des Gutes für dieses Land geringer sind als für andere Länder.

Eine kurze Klarstellung: Vielleicht haben Sie sich die Frage gestellt, wieso die USA 10 Großflugzeuge an Brasilien abgegeben und im Gegenzug 20 Kleinflugzeuge erhalten haben. Wieso ist keine andere Vereinbarung zustande gekommen, beispielsweise, dass 10 Großflugzeuge für 12 Kleinflugzeuge gehandelt werden? Die Antwort auf diese Frage besteht aus zwei Teilen. Zum einen könnte es tatsächlich andere Handelsverträge geben, mit denen die USA und Brasilien einverstanden wären. Zum anderen gibt es einige Vertragsabschlüsse, die wir mit

Sicherheit ausschließen können, wie zum Beispiel der Handel von 10 Großflugzeugen für 10 Kleinflugzeuge.

Um zu verstehen, wieso das so ist, schauen Sie sich noch einmal Tabelle 2-1 an und betrachten zunächst die USA. Ohne den Handel mit Brasilien würden die US-amerikanischen Opportunitätskosten eines Kleinflugzeuges 3/4 eines Großflugzeuges betragen. Daraus folgt, dass die USA keinen Handel eingehen würden, der sie dazu zwingt, mehr als 3/4 eines Großflugzeuges für ein Kleinflugzeug aufzugeben. Der Handel von 10 Großflugzeugen für 12 Kleinflugzeuge würde verlangen, dass die USA Opportunitätskosten in Höhe von 10/12 = 5/6 eines Großflugzeuges für ein Kleinflugzeug zahlen müssten. Da 5/6 > 3/4, würden die USA diesen Handel nicht eingehen. Analog dazu würde Brasilien keinen Handel annehmen, der weniger als 1/3 eines Großflugzeuges für ein Kleinflugzeug mit sich bringt.

Es ist also festzuhalten, dass die USA und Brasilien nur dann zum Handel bereit sind, wenn der »Preis« des Gutes, das jedes Land durch den Handel erhält, niedriger ist als die Opportunitätskosten der Eigenproduktion. Dies ist eine allgemeine Aussage, die immer dann gilt, wenn zwei Parteien (Länder, Unternehmen oder Individuen) freiwillig miteinander handeln.

Das Beispiel mit der Flugzeugproduktion in den USA und in Brasilien vereinfacht die Realität offenkundig stark. Sie erlaubt uns aber sehr wichtige Einsichten, die auch auf die reale Volkswirtschaft anwendbar sind.

Zunächst illustriert das Modell in sehr deutlicher Weise die durch Handel möglichen Gewinne: Wenn die beiden Länder sich auf Spezialisierung und gegenseitige Versorgung mit Gütern einigen können, dann können sie mehr produzieren und konsumieren. Sie sind daher beide besser dran, als wenn sie versuchen würden, sich jeweils selbst zu versorgen.

Außerdem weist dieses Modell auf einen sehr wichtigen Punkt hin, der bei der Diskussion von Problemen realer Volkswirtschaften häufig übersehen wird: Jedes Land hat einen komparativen Vorteil bei der Produktion irgendeines Gutes. Dies gilt auch für Unternehmen und Individuen: **Jeder hat in einem Bereich einen komparativen Vorteil und in einem anderen Bereich einen komparativen Nachteil**.

Es ist entscheidend, dass es in unserem Beispiel keine Rolle spielt (vermutlich anders als im realen Leben), ob US-amerikanische Arbeiter bei der Produktion von Kleinflugzeugen genauso gut wie oder sogar besser sind als brasilianische Arbeiter. Nehmen wir einmal an, dass die USA eigentlich in jedem Bereich der Flugzeugproduktion besser sind als Brasilien. In diesem Fall würden wir sagen, dass die Vereinigten Staaten einen **absoluten Vorteil** sowohl bei der Produktion von Großflugzeugen als auch bei der Produktion von Kleinflugzeugen haben: Innerhalb einer Stunde kann ein US-amerikanischer Arbeiter mehr eines Groß- oder Kleinflugzeuges produzieren als ein brasilianischer Arbeiter. Man könnte daher versucht sein zu glauben, dass die USA aus dem Handel mit dem weniger produktiven Brasilien überhaupt keine Vorteile ziehen kann.

Wie wir jedoch gerade gesehen haben, können die USA trotzdem vom Handel mit Brasilien profi-

Ein Land verfügt über einen **absoluten Vorteil** bei der Produktion eines Gutes, wenn das Land mit jeder Arbeitskraft mehr von diesem Gut produzieren kann als andere Länder. Wenn ein Land über einen absoluten Vorteil verfügt, heißt das nicht, dass es notwendigerweise auch einen komparativen Vorteil hat.

DENKFALLEN!

Komparative Vorteile falsch verstehen

Studierenden passiert es, Fachgelehrten passiert es und Politikern passiert es Tag und Nacht: Sie verwechseln *komparative Vorteile* und *absolute Vorteile*. In den 1980er-Jahren sah es so aus, als ob die Volkswirtschaft der Vereinigten Staaten deutlich hinter der japanischen zurückbleiben würde. Oft war zu hören oder zu lesen, dass die Vereinigten Staaten ihre Produktivität steigern müssen, damit sie auch weiterhin bei bestimmten Gütern einen komparativen Vorteil gegenüber Japan hätten.

Tatsächlich war gemeint, dass die Vereinigten Staaten in keinem Bereich mehr einen *absoluten Vorteil* haben würden, dass also Japan in absehbarer Zeit jedes Produkt besser herstellen könnte als die USA. (Spätestens in den 1990er-Jahren erwies sich dies als falsch – aber darum geht es hier nicht.) Dahinter stand die Befürchtung, dass die Vereinigten Staaten in diesem Fall keinen Nutzen mehr aus einem Handel mit Japan ziehen könnten.

Aber genau wie Brasilien in unserem Beispiel einen Nutzen aus dem Handel mit den Vereinigten Staaten zieht (und umgekehrt) – obwohl die Vereinigten Staaten in der Produktion von Klein- *und* Großflugzeugen besser sind als Brasilien –, können im wirklichen Leben auch Volkswirtschaften Handelsvorteile erzielen, selbst wenn sie in allen Branchen weniger produktiv sind als die Länder, mit denen sie Handel treiben.

tieren. Die Basis für den wechselseitigen Gewinn ist eben nicht der *absolute*, sondern der *komparative* Vorteil. Es spielt keine Rolle, ob Brasilien mehr Ressourcen für die Produktion eines Kleinflugzeuges verbraucht als Brasilien. Für den Handel ist entscheidend, dass die Opportunitätskosten eines Kleinflugzeuges in Brasilien niedriger sind als in den USA. Obwohl Brasilien auch bei der Fertigung von Kleinflugzeugen einen absoluten Nachteil hat, verfügt es hier über einen komparativen Vorteil. Gleichzeitig haben die USA, die ihre Ressourcen bei der Herstellung von Großflugzeugen am produktivsten einsetzen können, einen komparativen *Nachteil* bei der Herstellung von Kleinflugzeugen.

Komparative Vorteile und internationaler Handel in der Realität

Wenn Sie sich beim Einkaufen das Etikett eines Produktes anschauen, dann stehen die Chancen nicht schlecht, dass dieses Produkt nicht in Deutschland, sondern in einem anderen Land hergestellt wurde – in China, in Japan, in Frankreich oder in den USA. Auf der anderen Seite verkauft die deutsche Industrie einen großen Teil ihrer Produktion ins Ausland (dies gilt insbesondere für Kraftfahrzeuge, Maschinenbauprodukte oder Erzeugnisse der chemischen Industrie).

Soll man diesen internationalen Austausch von Waren und Dienstleistungen nun begrüßen oder ist er Grund zur Besorgnis? Politiker und die öf-

LÄNDER IM VERGLEICH

Pyjamarepubliken

Im April 2013 sorgte eine entsetzliche Katastrophe für weltweite Schlagzeilen: In Bangladesch stürzte ein Gebäude ein, das fünf Bekleidungsfabriken beherbergte, und begrub über eintausend Beschäftigte unter sich. Die Aufmerksamkeit konzentrierte sich schnell auf die in diesen Fabriken herrschenden prekären Arbeitsbedingungen sowie auf die Vielzahl an Verstößen gegen Bauvorschriften und Sicherheitsvorkehrungen (auch gegen jene, die durch das bangladeschische Gesetz vorgeschrieben sind), die es erst möglich gemacht haben, dass diese Tragödie geschehen konnte.

Während dieses Ereignis einen gerechtfertigten Aufschrei auslöste, machte es auch den bemerkenswerten Aufstieg der Bekleidungsindustrie in Bangladesch deutlich, die sich zu einem bedeutenden Akteur auf dem Weltmarkt (nur China exportiert noch mehr Kleidung) und zu einer bitter notwendigen Einkommens- und Beschäftigungsquelle in dem von Armut geprägten Land entwickelt hatte. Die Bekleidungsindustrie in Bangladesch zeichnet sich gar nicht mal durch eine besonders hohe Produktivität aus. Tatsächlich legen jüngste Schätzungen der Unternehmensberatung McKinsey nahe, dass die Produktivität der Branche um 25 Prozent unter dem Niveau in China liegt. Es ist vielmehr so, dass Bangladesch in anderen Industrien eine noch geringere Produktivität aufweist und deshalb in der Bekleidungsindustrie einen komparativen Vorteil hat. Dies ist für arme Länder symptomatisch, die in den ersten Phasen des wirtschaftlichen Wachstums sehr stark von Bekleidungsexporten abhängig sind. Ein Amtsträger aus einem dieser Länder witzelte einst: »Wir sind keine Bananenrepublik – wir sind eine Pyjamarepublik.«

Die Abbildung zeigt das Pro-Kopf-Einkommen einiger dieser »Pyjamarepubliken« (das Gesamteinkommen des Landes geteilt durch die Bevölkerungsgröße) gegenüber dem Anteil an den Gesamtexporten, der auf Bekleidung entfällt. Das Pro-Kopf-Einkommen wird als Anteil am US-amerikanischen Bruttoinlandsprodukt gemessen, um einen Eindruck davon zu vermitteln, *wie* arm diese Länder sind. Wie man sehen kann, sind sie wirklich sehr arm – und je ärmer sie sind, desto abhängiger sind sie von Bekleidungsexporten.
Fest steht aber auch, dass es nicht notwendigerweise schlecht ist, auf Bekleidungsexporte angewiesen zu sein. Denn obwohl in Bangladesch noch immer bitterste Armut herrscht, sind die Einkommen mittlerweile 4,5-mal so groß wie vor zwanzig Jahren, als das Land seinen Aufstieg zum Bekleidungsexporteur begann. (Sehen Sie sich auch die Rubrik »Wissenschaft und Praxis« zu Bangladesch an.)

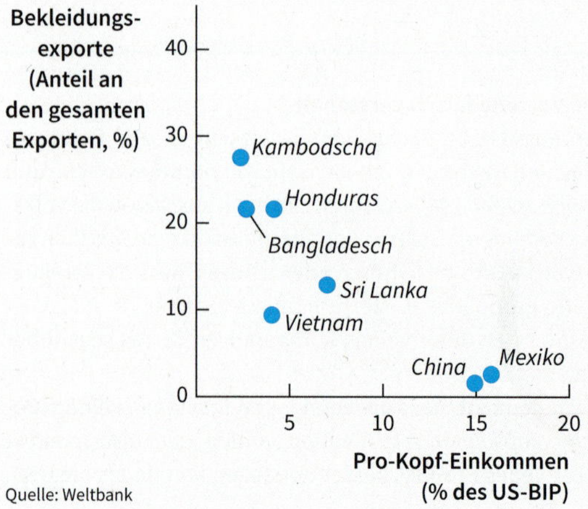

Quelle: Weltbank

fentliche Meinung stellen den Wunsch nach internationalem Handel oft infrage. Es wird gesagt, dass es besser wäre, wenn die Produkte im eigenen Land hergestellt würden, anstatt sie im Ausland zu kaufen. Unternehmen und ganze Branchen rund um die Welt verlangen Schutz vor ausländischer Konkurrenz: Japanische Landwirte versuchen, den Import von US-amerikanischem Reis zu verhindern, US-amerikanische Stahlarbeiter möchten keine Stahlimporte aus Europa. Diese Forderungen werden häufig durch die öffentliche Meinung unterstützt.

Ökonomen sehen den internationalen Handel dagegen in einem sehr positiven Licht. Warum? Weil sie ihn unter dem Aspekt des komparativen Vorteils betrachten.

Wie wir aus dem Beispiel der US-amerikanischen Großflugzeuge und der brasilianischen Kleinflugzeuge gelernt haben, profitieren beide Länder vom internationalen Handel. Jedes Land kann mehr konsumieren, als es möglich gewesen wäre, wenn es sich nicht auf den Handel eingelassen und sich stattdessen selbst versorgt hätte. Zudem sind die gegenseitigen Gewinne nicht davon abhängig, dass jedes Land bei der Produktion eines bestimmten Gutes besser ist als andere Länder. Selbst wenn in einem Land die Leistung pro Arbeitskraft in beiden Branchen höher wäre, wenn also ein Land in beiden Branchen einen absoluten Vorteil hätte, würde es immer noch Handelsgewinne geben. In der Rubrik »Länder im Vergleich«, die sich mit den Produktionsstrukturen in der Bekleidungsindustrie beschäftigt, wird dieser Punkt verdeutlicht.

Transaktionen: Das Kreislaufdiagramm

Die Modelle einer Volkswirtschaft, die wir uns bislang angesehen haben und die nur ein einziges Unternehmen umfassten, stellen eine starke Vereinfachung dar. Wir haben auch die Handelsbeziehungen zwischen den USA und Brasilien stark vereinfacht, indem wir angenommen haben, dass sie nur die einfachsten ökonomischen Transaktionen betreiben, den **Naturaltausch**, bei dem Individuen direkt ein Gut, über das sie selbst verfügen, gegen ein anderes tauschen, das sie benötigen.

In einer modernen Volkswirtschaft ist der einfache Naturaltausch die absolute Ausnahme: Normalerweise veräußern die Menschen Waren oder Dienstleistungen gegen Geld – bunt bedrucktes Papier ohne inneren Wert – und sie tauschen diese bunten Papierscheine gegen die Güter, die sie benötigen. Sie verkaufen also bestimmte Waren und Dienstleistungen und kaufen andere Waren und Dienstleistungen.

Die Käufe und Verkäufe in einer Volkswirtschaft umfassen eine Unmenge verschiedener Dinge. Die deutsche Volkswirtschaft ist eine enorm komplexe Angelegenheit mit rund 45 Millionen Arbeitskräften, die von Hunderttausenden von Unternehmen beschäftigt werden und Millionen von unterschiedlichen Gütern produzieren. Dennoch kann man einige sehr wichtige Dinge über solch komplexe Volkswirtschaften lernen, wenn man das in **Abbildung 2-6** gezeigte einfache Modell zurate zieht. Was wir dort sehen, wird als **Kreislaufdiagramm** bezeichnet. Dieses Diagramm stellt die Transaktionen einer Volkswirtschaft durch zwei Arten von Strömen dar, die im Kreis fließen: Ströme physischer Größen, wie Waren, Dienstleistungen, Arbeit oder Rohstoffe, in eine Richtung und Geldströme, mit denen diese physischen Größen bezahlt werden, in die entgegengesetzte Richtung. In Abbildung 2-6 sind die physischen Ströme grau, die Geldströme blau gezeichnet.

Unsere Abbildung zeigt ein sehr stark vereinfachtes Kreislaufdiagramm. In diesem Diagramm wird eine Volkswirtschaft mit nur zwei Arten von »Bewohnern« modelliert, nämlich **Haushalten** und **Unternehmen**. Ein Haushalt besteht aus einem Individuum oder einer Gruppe von Menschen (normalerweise, nicht jedoch notwendigerweise eine Familie), die ihr Einkommen teilen. Ein Unternehmen ist eine Organisation, die Waren und Dienstleistungen für den Verkauf produziert und Mitglieder der Haushalte beschäftigt.

Wie man aus Abbildung 2-6 erkennen kann, existieren in diesem Modell der Volkswirtschaft zwei Arten von Märkten. Auf der einen Seite (in unserer Darstellung links) gibt es **Gütermärkte**, auf denen die Haushalte die Waren und Dienstleistungen kaufen, die sie von den Unternehmen möchten. Daraus ergibt sich ein Strom von Waren und Dienstleistungen zu den Haushalten und ein in umgekehrter Richtung fließender Strom von Geld zu den Unternehmen.

Auf der gegenüberliegenden Seite sind die **Faktormärkte** dargestellt. Auf Faktormärkten er-

Das **Kreislaufdiagramm** ist ein Modell zur Darstellung der Transaktionen einer Volkswirtschaft mithilfe von Strömen in einem Kreislauf.

Ein **Haushalt** ist eine Person oder eine Gruppe von Personen, die ihr Einkommen gemeinsam verwendet. Ein **Unternehmen** ist eine Organisation, die Güter produziert mit dem Ziel, diese zu verkaufen.

Unternehmen verkaufen Güter, die sie produziert haben, auf **Gütermärkten** an Haushalte. Unternehmen kaufen die Ressourcen, die sie für die Produktion benötigen (Produktionsfaktoren), auf **Faktormärkten**.

Handel findet in Form von **Naturaltausch** statt, wenn Menschen Güter, die sie besitzen, direkt gegen Güter tauschen, die sie gerne hätten.

Abb. 2-6

Das Kreislaufdiagramm

Dieses Modell stellt die Geld- und Güterströme einer Volkswirtschaft dar. Auf dem Gütermarkt kaufen Haushalte Waren und Dienstleistungen von den Unternehmen, wodurch ein Geldstrom zu den Unternehmen und ein Güterstrom zu den Haushalten erzeugt werden. Die Unternehmen kaufen auf den Faktormärkten Produktionsfaktoren von den Haushalten. Über diesen Kanal fließt das Geld zurück zu den Haushalten.

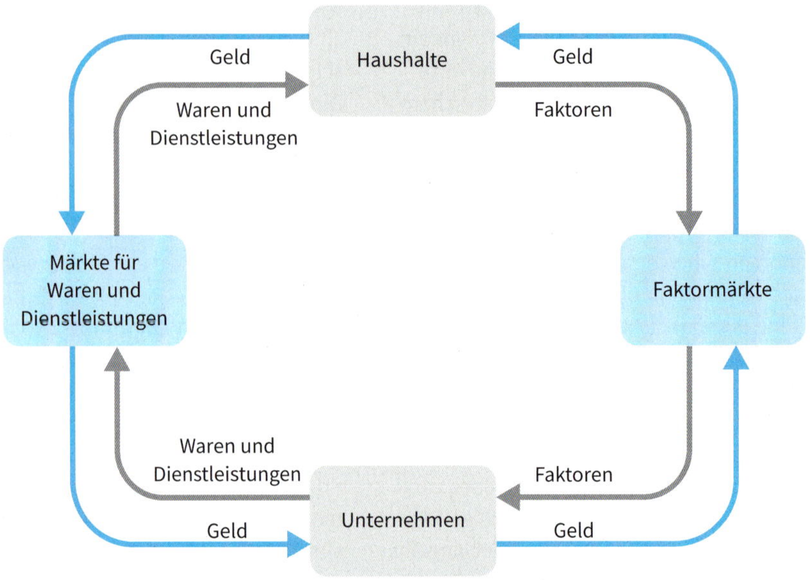

werben Unternehmen die Ressourcen, die sie für die Herstellung von Waren und Dienstleistungen benötigen. Erinnern Sie sich, dass wir als wichtigste Produktionsfaktoren Arbeit, Land, Kapital und Humankapital notiert haben.

Der Faktormarkt, den die meisten von uns am besten kennen, ist der *Arbeitsmarkt*, auf dem die Arbeitskräfte ihre Arbeitszeit gegen Geld verkaufen. Wir können uns Haushalte aber auch so vorstellen, dass sie neben ihrer Arbeit auch als Eigentümer der anderen Produktionsfaktoren diese an die Unternehmen verkaufen. Kauft beispielsweise ein Unternehmen (physisches) Kapital in Form von Maschinen, dann fließt die Bezahlung für die Maschinen letztlich den Haushalten zu, denen das Unternehmen gehört, das die Maschinen herstellt.

Wir werden später noch genauer beleuchten, dass die Faktormärkte letzten Endes maßgeblich für die **Einkommensverteilung** einer Volkswirtschaft sind. Die Einkommensverteilung drückt aus, wie das Gesamteinkommen, das in einer Volkswirtschaft generiert wird, zwischen niedriger und höher qualifizierten Arbeitskräften und den Eigentümern von Kapital und Land verteilt ist.

Die **Einkommensverteilung** einer Volkswirtschaft beschreibt, wie das Gesamteinkommen, das in einer Volkswirtschaft generiert wird, zwischen den Eigentümern der verschiedenen Produktionsfaktoren verteilt ist.

In welchem Sinne ist Abbildung 2-6 ein Modell? Anders ausgedrückt: In welchem Sinne handelt es sich um eine *vereinfachte* Darstellung der Realität? Nun, es werden eine ganze Reihe von Komplikationen der Wirklichkeit ausgeblendet. Schauen wir uns ein paar Beispiele an:

- In der Realität ist die Unterscheidung zwischen Unternehmen und Haushalten nicht immer ohne Weiteres erkennbar. Betrachten wir ein kleines Familienunternehmen – einen Bauernhof, ein Einzelhandelsgeschäft oder ein kleines Hotel. Handelt es sich um ein Unternehmen oder einen Haushalt? Ein detaillierteres Bild würde einen separaten Kasten für Familienunternehmen ausweisen.
- Viele Verkäufe von Unternehmen gehen nicht an Haushalte, sondern an andere Unternehmen. So verkaufen beispielsweise Stahlunternehmen ihre Produkte hauptsächlich an andere Unternehmen, wie etwa Automobil-

WISSENSCHAFT UND PRAXIS

Reiches Land, armes Land

Ziehen Sie einmal Ihre Kleider aus (natürlich zur rechten Zeit, am rechten Ort) und werfen Sie einen Blick auf die Etiketten, die Ihnen verraten, wo sie produziert wurden. Sie können mit einiger Sicherheit darauf wetten, dass viele, wenn nicht die meisten Ihrer Kleidungsstücke im Ausland produziert worden sind, in einem Land, das viel ärmer ist als Deutschland – etwa in Honduras, Bangladesch oder in Pakistan.

Warum sind diese Länder so viel ärmer als wir? Der unmittelbare Grund besteht darin, dass ihre Volkswirtschaften eine sehr viel geringere Produktivität aufweisen. Die Unternehmen in diesen Ländern sind einfach nicht in der Lage, mit einer gegebenen Ressourcenmenge genauso viel zu produzieren wie die Vereinigten Staaten, Deutschland oder andere reiche Länder. Warum Länder sich in ihrer Produktivität so stark unterscheiden, ist eine sehr schwierige Frage – eine der zentralen Fragen, mit denen sich Ökonomen beschäftigen. Wie auch immer: Dass diese Unterschiede bestehen, ist ein Faktum.

Wenn die Volkswirtschaften dieser Länder aber eine so viel geringere Produktivität im Vergleich zu uns aufweisen, wie können sie dann einen so großen Teil unserer Kleidung produzieren? Warum produzieren wir diese Textilien nicht selbst?

Die Antwort lautet »komparativer Vorteil«. Fast jeder Industriezweig in Bangladesch ist weniger produktiv als die entsprechende Branche in den Vereinigten Staaten oder Deutschland. Die Produktivitätsunterschiede zwischen reichen und armen Ländern variieren jedoch stark über die einzelnen Güterzweige. Bei der Produktion von hochwertigen und komplexen technischen Gütern, wie etwa im Flugzeug-, Maschinen- oder Fahrzeugbau, ist dieser Unterschied sehr groß. Bei der Produktion einfacher Güter wie Textilien ist der Produktivitätsunterschied eher klein. Von daher entspricht die Position Bangladeschs in Bezug auf die Produktion von Kleidung der Position von Embraer in Bezug auf die Produktion von Kleinflugzeugen: Embraer ist bei der Fertigung dieses Flugzeugtyps nicht so gut wie Boeing, aber das Unternehmen macht seine Sache *vergleichsweise* gut.

Der zentrale Punkt der vorstehenden Überlegungen ist folgender: Obwohl Bangladesch im Vergleich zu entwickelten Industrieländern wie Deutschland in fast allen Bereichen absolute Nachteile aufweist, hat es einen komparativen Vorteil bei der Textilproduktion. Dies bedeutet, dass sowohl Deutschland als auch Bangladesch insgesamt mehr konsumieren können, wenn sie sich auf die Produktion unterschiedlicher Dinge spezialisieren: Bangladesch versorgt uns mit Kleidung und Deutschland versorgt Bangladesch mit Textilmaschinen.

hersteller, nicht jedoch an Haushalte. Ein detaillierteres Bild würde daher diese Geld- und Güterströme innerhalb des Unternehmenssektors ausweisen.

- Unsere Darstellung enthält auch nicht den Staat, der in der Realität dem Kreislauf große Geldbeträge in Form von Steuern entzieht und gleichzeitig wieder Geld in Form von Ausgaben in den Kreislauf zurückführt.

Abbildung 2-6 zeichnet also in keiner Weise ein vollständiges Bild – weder von allen Arten von »Einwohnern« einer realen Volkswirtschaft noch von allen Geld- und Güterströmen, die zwischen diesen Einwohnern fließen.

Trotz seiner Einfachheit ist das Kreislaufdiagramm, wie jedes gute ökonomische Modell, sehr hilfreich, wenn man über das Wirtschaftsgeschehen nachdenkt.

Kurzzusammenfassung

- Die meisten ökonomischen **Modelle** sind Gedankenexperimente oder vereinfachte Darstellungen der Wirklichkeit, die auf der **Ceteris-paribus-Annahme** beruhen.
- Ein wichtiges ökonomisches Modell ist die **Produktionsmöglichkeitenkurve**, mit der man die Konzepte Effizienz, Opportunitätskosten und Wirtschaftswachstum veranschaulichen kann.
- Es gibt zwei Quellen für Wirtschaftswachstum: (1) eine Zunahme der verfügbaren Menge an **Produktionsfaktoren** und (2) verbesserte **Technologie**.
- Das Konzept des **komparativen Vorteils** ist ein Modell, das die Ursprünge von Handelsgewinnen erklärt, oft aber mit **absolutem Vorteil** verwechselt wird. Jede Person und jedes Land hat in irgendeinem Bereich einen komparativen Vorteil, was zum Entstehen von Handelsgewinnen führt.
- In den einfachsten Formen von Volkswirtschaften erfolgt der Tausch als **Naturaltausch** und nicht wie in modernen Volkswirtschaften mithilfe von Geld. Das **Kreislaufdiagramm** ist ein Modell zur Darstellung der Transaktionen innerhalb einer Volkswirtschaft in Form von Strömen von Gütern, Produktionsfaktoren und Geld zwischen **Haushalten** und **Unternehmen**. Diese Transaktionen finden auf **Gütermärkten** und **Faktormärkten** statt. Letztendlich sind die Faktormärkte für die **Einkommensverteilung** einer Volkswirtschaft maßgeblich.

ÜBERPRÜFEN SIE IHR WISSEN

1. Richtig oder falsch? Erläutern Sie Ihre Antwort.

a. Eine Zunahme der für Boeing verfügbaren Ressourcen zur Produktion von Dreamlinern und Kleinflugzeugen lässt die Produktionsmöglichkeitenkurve des Unternehmens unverändert.

b. Eine technologische Änderung, die es Boeing für jede gegebene Menge von Dreamlinern erlaubt, mehr Kleinflugzeuge zu bauen, führt zu einer Änderung der Produktionsmöglichkeitenkurve des Unternehmens.

c. Die Produktionsmöglichkeitenkurve ist nützlich, weil sie zeigt, wie viel eine Ökonomie von einem Gut aufgeben muss, um mehr von einem anderen Gut zu erhalten, unabhängig davon, ob die Ressourcen effizient genutzt werden.

2. In Italien kann ein Auto mit acht Manntagen und eine Waschmaschine mit drei Manntagen hergestellt werden. In Deutschland kann ein Auto mit sechs Manntagen und eine Waschmaschine mit zwei Manntagen produziert werden.

a. Welches Land hat einen absoluten Vorteil bei der Produktion von Automobilen bzw. bei der Produktion von Waschmaschinen?

b. Welches Land hat einen komparativen Vorteil bei der Produktion von Waschmaschinen bzw. bei der Produktion von Automobilen?

c. Welche Art der Spezialisierung führt zu den größten Gewinnen, wenn die beiden Länder miteinander Handel treiben?

3. Erklären Sie auf Grundlage der Daten aus Tabelle 2-1, wieso die USA und Brasilien zum Handel von 10 Großflugzeugen für 15 Kleinflugzeuge bereit sind.

4. Verwenden Sie das Kreislaufdiagramm, um zu erklären, wie eine Zunahme der Geldausgaben der Haushalte zu einem Anstieg der Zahl der Arbeitsplätze in einer Volkswirtschaft führt. Beschreiben Sie mit Ihren eigenen Worten, welche Vorhersage das Kreislaufmodell macht.

2.2 Die Verwendung von Modellen

In der ökonomischen Theorie geht es, wie wir jetzt gelernt haben, hauptsächlich um die Konstruktion von Modellen. Diese Modelle beruhen auf einer Reihe von grundlegenden Prinzipien, zu denen anschließend einige spezifische Annahmen hinzugefügt werden, die es dem Modellbauer erlauben, das Modell und seine Grundsätze auf eine bestimmte Situation anzuwenden. Aber wofür werden diese Modelle tatsächlich *verwendet*?

Positive versus normative Theorie

Stellen Sie sich vor, Sie sind ökonomischer Berater des Verkehrsministers. Für welche Arten von Fragen könnte der Verkehrsminister Ihren Rat suchen? Nun, drei für den Verkehrsminister interessante Fragen könnten folgende sein:

1. Wie hoch werden die Einnahmen aus der Lkw-Maut im kommenden Jahr sein?
2. Um wie viel würden die Einnahmen ansteigen, wenn die Lkw-Maut um 50 Prozent erhöht würde?
3. Sollte die Lkw-Maut erhöht werden, wenn man bedenkt, dass diese Erhöhung einerseits zu einem Rückgang des Verkehrsaufkommens und damit der Luftverschmutzung führen würde, gleichzeitig sich aber die finanzielle Belastung für die Spediteure erhöhen würde?

Es gibt einen großen Unterschied zwischen den ersten beiden Fragen und der dritten. Bei den beiden ersten Fragen geht es um Fakten. Ihre Prognose für das Mautaufkommen des nächsten Jahres wird sich als richtig oder falsch erweisen, wenn die tatsächlichen Zahlen bekannt sind. Ihre Vorhersage zu den Auswirkungen einer Erhöhung der Maut lässt sich etwas schwieriger überprüfen, weil das Ergebnis neben der Mauthöhe auch von anderen Faktoren bestimmt wird, und es problematisch sein könnte, die einzelnen Ursachen für eine Änderung des Mautaufkommens auseinanderzuhalten. Im Prinzip gibt es trotzdem nur eine einzige richtige Antwort.

Auf die Frage, ob die Maut erhöht werden sollte, gibt es jedoch keine »richtige« Antwort: Zwei Personen, die sich hinsichtlich der Wirkungen einer höheren Maut einig sind, könnten trotzdem unterschiedlicher Auffassung sein, ob die Erhöhung der Maut eine gute Idee ist. So wären beispielsweise für jemanden, der in der Nähe einer Autobahn wohnt, aber selbst kein Spediteur ist, der Lärm wichtig und auch die Luftverschmutzung, nicht aber die aus der Maut resultierenden Kosten. Ein Spediteur, der abseits der Autobahn wohnt, würde vermutlich umgekehrte Prioritäten setzen.

Dieses Beispiel beleuchtet einen zentralen Unterschied zwischen zwei Rollen, welche die ökonomische Analyse spielen kann. Eine ökonomische Analyse, die versucht, Fragen darüber zu beantworten, wie die Welt funktioniert, und die zu definitiv richtigen oder falschen Antworten führt, wird als **positive Ökonomik** bezeichnet. Im Gegensatz dazu bezeichnet man eine Analyse, die darauf gerichtet ist, Fragen danach zu beantworten, wie die Welt funktionieren *sollte*, als **normative Ökonomik**. Anders formuliert: Bei der positiven Ökonomik geht es um Beschreibung, bei der normativen Ökonomik um Vorschläge. Die Volkswirtschaftslehre beschäftigt sich im Wesentlichen mit positiver Ökonomik.

Als **positive Ökonomik** wird der Teil der Volkswirtschaftslehre bezeichnet, der die Volkswirtschaft so beschreibt, wie sie tatsächlich ist. Demgegenüber macht die **normative Ökonomik** Vorschläge, wie die Volkswirtschaft sein sollte.

Modelle spielen in praktisch allen Bereichen der positiven Ökonomik eine zentrale Rolle. Wie wir bereits erfahren haben, nutzen fast alle Regierungen dieser Welt Computermodelle, um die Auswirkungen von vorgeschlagenen Steueränderungen zu untersuchen.

Es ist erwähnenswert, dass es zwischen der ersten und zweiten imaginären Frage des Verkehrsministers einen subtilen, aber wichtigen Unterschied gibt. Bei Frage eins geht es um eine einfache Vorhersage bezüglich der Erlöse des kommenden Jahres, also um eine **Prognose**. Frage zwei hingegen ist eine Frage vom »Was wäre, wenn«-Typ: Wie würde sich das Aufkommen ändern, wenn die Lkw-Maut höher wäre? Ökonomen werden häufig bei beiden Arten von Fragen zurate gezogen, Modelle sind aber besonders hilfreich, um zu »Was wäre, wenn«-Fragen Stellung zu nehmen.

Eine **Prognose** ist eine Vorausschätzung künftiger Ereignisse.

Die Antworten auf solche Fragen dienen oft als Leitlinie für die Politik. Trotzdem sind es immer noch positive, keine normativen Antworten. Sie sagen uns, was geschehen wird, wenn die Politik eine bestimmte Maßnahme ergreift. Sie sagen uns aber nicht, ob dieses Ergebnis gut oder schlecht ist.

Nehmen wir einmal an, aus dem verwendeten ökonomischen Modell lässt sich folgendes Ergebnis ableiten: Die vom Verkehrsminister ins Auge gefasste Erhöhung der Maut führt zu einem Anstieg der Bodenwerte von Grundstücken, die in der Nähe von Autobahnen liegen, gleichzeitig aber auch zu einer erheblichen Belastung der Spediteure. Ist die fragliche Mauterhöhung nun ein guter oder ein schlechter Vorschlag? Offensichtlich hängt die Antwort davon ab, wen man fragt. Eigentümer von in der Nähe von Autobahnen gelegenen Grundstücken werden die Erhöhung vermutlich unterstützen. Die Spediteure, deren Lastwagen die Autobahn benutzen, werden das aber wohl ganz anders sehen. Bei der Einschätzung, ob die geplante Maßnahme gut ist oder schlecht, geht es um ein Werturteil. Werturteile lassen sich nicht objektiv begründen.

Dennoch geben Ökonomen der Politik häufig Ratschläge. Sie bewegen sich damit im normativen Bereich. Wie kann das sein, wenn es vielleicht keine »richtige« Antwort gibt?

Nun, zum einen sind Ökonomen auch Bürger und haben damit ihre Meinung. Darüber hinaus, und das ist der wichtigere Punkt, kann die ökonomische Analyse in vielen Fällen zeigen, dass bestimmte Politikvarianten ganz klar besser sind als andere, und zwar unabhängig von subjektiven Meinungen.

Nehmen wir einmal an, dass eine bestimmte Politik A jeden in der Gesellschaft besser stellt als eine andere Politik B – oder zumindest einige Menschen besser stellt, ohne andere schlechter zu stellen. In diesem Fall ist A eindeutig effizienter als B. Es geht hierbei nicht um ein Werturteil: Wir sprechen darüber, wie man ein Ziel am besten erreichen kann, nicht über das Ziel selbst.

Beispielsweise kann es ein Ziel der Politik sein, Familien, die ein niedriges Einkommen beziehen, mit ausreichend Wohnraum zu versorgen. Zur Erreichung dieses Ziels sind zwei Ansätze denkbar: Mietpreiskontrollen, mit denen die Höhe der Miete begrenzt wird, die Vermieter fordern dürfen, und Mietbeihilfen, mit denen den Familien zusätzliche Mittel für die Zahlung von Mieten zur Verfügung gestellt werden. Nahezu alle Ökonomen sind sich einig, dass Mietbeihilfen die effizientere Politikvariante darstellen. Aus diesem Grund befürwortet die große Mehrheit der Ökonomen, unabhängig von ihrer persönlichen politischen Meinung, Mietbeihilfen im Vergleich zu Mietpreiskontrollen.

Wenn Politikmaßnahmen wie in unserem Beispiel in eine eindeutige Reihenfolge gebracht werden können, dann sind sich Ökonomen im Allgemeinen einig. Es ist jedoch kein Geheimnis, dass Ökonomen häufig unterschiedlicher Meinung sind. Warum ist das so?

Wann und warum sich Ökonomen uneinig sind

Ökonomen eilt der Ruf voraus, dass sie sehr unterschiedliche Auffassungen vertreten und sich gern miteinander streiten. Woher kommt dieser Ruf? Nun, einerseits neigen die Medien dazu, die tatsächlich bestehenden Meinungsunterschiede massiv zu übertreiben. Wenn sich praktisch alle Ökonomen hinsichtlich einer bestimmten Sache einig sind, etwa die Überzeugung, dass Mietpreiskontrollen zu Wohnraumknappheit führen werden, halten Presse, Funk und Fernsehen dies vermutlich für nicht besonders erwähnenswert. Über Bereiche, in denen ein weitgehender Konsens besteht, wird also kaum berichtet. Gibt es jedoch Fragen, bei denen bekannte Ökonomen unterschiedliche Seiten vertreten, ob beispielsweise eine Steuersenkung die Volkswirtschaft ankurbeln würde, ist dies für die Medien viel interessanter. Daher werden in der Öffentlichkeit eher die Bereiche wahrgenommen, in denen zwischen Ökonomen Auffassungsunterschiede bestehen, als die großen Bereiche, in denen weitgehender Konsens besteht.

Weiter ist an die unvermeidbare Verbindung zwischen Volkswirtschaftslehre und Politik zu denken. Es gibt eine Menge von Fragen, bei denen mächtige Interessengruppen sehr genau wissen, welche Meinungen sie hören möchten. Sie haben daher einen Anreiz, Ökonomen zu finden und zu fördern, die ihre Meinung unterstützen, wodurch diese Ökonomen einen Bekanntheitsgrad erreichen, der nicht deckungsgleich ist mit der Unterstützung, die sie von ihren Fachkollegen erhalten.

Obwohl also der Eindruck von Uneinigkeit unter Ökonomen tatsächlich übertrieben ist, bleibt es natürlich richtig, dass Ökonomen tatsächlich in Bezug auf wichtige Fragestellungen unterschiedlicher Auffassung sind. So gibt es beispielsweise in Deutschland sehr unterschiedliche Bewertungen der Körperschaftsteuer oder der Erbschaftsteuer. In den Vereinigten Staaten sprechen sich beispielsweise einige bekannte Ökonomen nachdrücklich für eine Substitution der Einkommensteuer durch eine Mehrwertsteuer aus. Andere gleichermaßen angesehene Ökonomen vertreten die gegenteilige Auffassung. In Europa, wo in den meisten Ländern die Einnahmen aus der Mehrwertsteuer einen erheblichen Anteil am gesamten Steueraufkommen haben, wird dieser Punkt fast gar nicht diskutiert. Woher kommen diese unterschiedlichen Auffassungen?

Ein wichtiger Grund für Meinungsverschiedenheiten sind unterschiedliche Werte. Wie in jeder anderen Gruppe von Individuen können bei Wertfragen auch sehr vernünftige Menschen völlig unterschiedliche Meinungen vertreten. Im Vergleich zur Einkommensteuer belastet eine Mehrwertsteuer typischerweise die ärmeren Bevölkerungsschichten stärker. Ein Ökonom, der einer Gesellschaft mit größerer Einkommensgleichheit einen hohen Eigenwert zumisst, wird sich tendenziell eher gegen eine Mehrwertsteuer aussprechen. Ein Ökonom, der Einkommensunterschiede für weniger problematisch hält, wird gegen eine Mehrwertsteuer vermutlich weniger Einwände vorbringen.

Ein zweiter wichtiger Grund für Auffassungsunterschiede liegt in der ökonomischen Modellie-

WISSENSCHAFT UND PRAXIS

Wo Ökonomen einer Meinung sind

»Volkswirtschaftslehre ist das einzige Fach, in dem zwei Forscher den Nobelpreis bekommen, weil sie das genaue Gegenteil herausgefunden haben.« Das ist einer von vielen Witzen über Ökonomen. Aber sind Ökonomen tatsächlich oft unterschiedlicher Meinung? Nach einer Umfrage der Booth School of Business (Universität Chicago) sieht das anders aus. Die Booth School hat dazu eine repräsentative Gruppe aus 51 hoch angesehenen Ökonomen zusammengestellt, die aus einer Vielzahl von Regionen stammen, verschiedene Denkschulen vertreten und unterschiedliche Parteizugehörigkeiten vorweisen. Die Ökonomen werden regelmäßig zu aktuellen politischen Themen befragt. Oft handelt es sich um Themen, an denen sich die Geister der Politiker oder der Öffentlichkeit scheiden.

Was können wir aus dieser Umfrage lernen? Wir können daraus lernen, dass unter den Ökonomen mehr Übereinstimmung herrscht, als man weithin annehmen würde, selbst was vermeintlich kontroverse Themen betrifft. So teilen 85 Prozent der Gruppe die Auffassung, dass die meisten US-Amerikaner vom Handel der Vereinigten Staaten mit China profitieren. Gleichzeitig ist ein fast genauso großer Teil des Panels davon überzeugt, dass Beschäftigte in US-amerikanischen Branchen, die im Wettbewerb mit China stehen (wie z. B. die Textilindustrie), durch den Handel mit China Nachteile in Kauf nehmen müssen. Beim Thema Mieten widersprachen 82 Prozent der Gruppe der These, dass eine Mietpreisvorschrift die Menge an qualitativ hochwertigem, aber bezahlbarem Wohnraum erhöhen würde.

Beim Thema Handel mit China stimmte die Gruppe mit überwältigender Mehrheit für eine Position, die man im Politikbetrieb der Vereinigten Staaten dem »linken« Lager zuschreibt. Beim Thema Mieten dagegen vertrat die Gruppe eine Position, die man dem »rechten« Lager zurechnen würde.

Gab es auch Bereiche, in denen die Ökonomen erhebliche Meinungsunterschiede haben? Ja, aber diese Themenbereiche umfassten oft wirtschaftspolitische Strategien, die bislang noch nicht in der Praxis umgesetzt wurden. So gab es beispielsweise bei der Frage, ob die neuen geldpolitischen Ansätze der US-amerikanischen Zentralbank Federal Reserve Bank zur Ankurbelung der gesamtwirtschaftlichen Entwicklung tatsächlich die erhoffte Wirkung zeigen, ein klares Unentschieden.

Noch überraschender als die relativ geringe Uneinigkeit unter den Ökonomen ist vielleicht die Tatsache, wie wenig die Uneinigkeit von ideologischen Mustern geprägt ist. Natürlich unterscheiden sich die Positionen von Ökonomen aus dem »linken« Lager von den Positionen von Ökonomen aus dem »rechten« Lager. Diese Unterschiede sind jedoch bei Weitem nicht so groß wie in der öffentlichen Diskussion.

Sicherlich sind Ökonomen bei einigen Themen (vor allem bei gesamtwirtschaftlichen Fragestellungen) nicht einer Meinung. Bei vielen Themen gibt es jedoch einen Konsens.

rung. Die Schlussfolgerungen von Ökonomen basieren auf Modellen, also auf vereinfachten Abbildungen der Realität. Zwei Ökonomen können aus guten Gründen unterschiedlicher Auffassung darüber sein, welche Vereinfachungen angemessen sind. Werden unterschiedliche Modelle zur Analyse eines Sachverhalts verwendet, ist es kaum verwunderlich, dass sich unterschiedliche Schlussfolgerungen ergeben können.

Nehmen wir einmal an, die Regierung der Vereinigten Staaten überlegt, ob sie eine Mehrwertsteuer einführen soll. Ökonom A könnte sich auf ein Modell beziehen, bei dem die Verwaltungskosten eines Steuersystems im Vordergrund stehen, also die Kosten für den Aufbau des Steuersystems, Kosten der Steuererhebung, der Kontrolle usw. Dieser Ökonom könnte dann auf die bekanntermaßen hohen Verwaltungskosten eines Mehrwertsteuersystems hinweisen und sich gegen eine entsprechende Änderung aussprechen. Ökonom B könnte jedoch der Auffassung sein, dass den Verwaltungskosten kein zu großes Augenmerk geschenkt werden sollte und man sich stattdessen darauf konzentrieren sollte, wie sich die vorgeschlagene Änderung im Steuersystem auf das Sparverhalten auswirkt. Dieser Ökonom könnte sich dann auf Studien beziehen, die auf einen durch die Mehrwertsteuer bedingten Anstieg des Sparens hinweisen, was unter Wachstumsgesichtspunkten erwünscht sein könnte.

Weil beide Ökonomen unterschiedliche Modelle verwendet haben, also unterschiedliche vereinfachende Annahmen getroffen haben, gelangen sie zu unterschiedlichen Schlussfolgerungen. Der eine würde dann in der Öffentlichkeit als Gegner, der andere als Befürworter einer Mehrwertsteuer erscheinen.

Kurzzusammenfassung

- Ökonomen betreiben überwiegend **positive Ökonomik**, in der das Funktionieren der Volkswirtschaft analysiert wird und wo es, jedenfalls prinzipiell, richtige oder falsche Antworten gibt und **Prognosen** eine wichtige Rolle spielen. In der **normativen Ökonomik**, in der Vorschläge gemacht werden, wie die Dinge aussehen sollten, gibt es meist keine richtigen oder falschen Antworten, sondern nur Werturteile.
- Meinungsunterschiede zwischen Ökonomen basieren im Wesentlichen auf zwei Faktoren. Erstens gibt es häufig Uneinigkeiten bei der Frage, welche Vereinfachungen getroffen werden sollten, um die Volkswirtschaft zu modellieren. Zweitens sind sich Ökonomen häufig, wie alle anderen Menschen auch, über Werturteile uneinig.

ÜBERPRÜFEN SIE IHR WISSEN

1. Welche der folgenden Aussagen ist eine positive Aussage? Welche ist eine normative Aussage?

   a. Die Gesellschaft sollte durch geeignete Maßnahmen gesundheitsgefährdende Verhaltensweisen von Individuen verhindern.

   b. Individuen, die sich gesundheitsgefährdend verhalten, verursachen über eine stärkere Inanspruchnahme von Leistungen des Gesundheitssystems höhere Kosten für die Gesellschaft.

2. Richtig oder falsch? Erläutern Sie Ihre Antwort.

   a. Politikvorschlag A und Politikvorschlag B versuchen dasselbe gesellschaftliche Ziel zu erreichen. Politikvorschlag A führt jedoch zu einer sehr viel weniger effizienten Nutzung der Ressourcen als Politikvorschlag B. Daher werden sich Ökonomen wahrscheinlich eher für Politikvorschlag B aussprechen.

   b. Wenn zwei Ökonomen über eine bestimmte Politikmaßnahme unterschiedlicher Meinung sind, dann liegt das normalerweise daran, dass einer von ihnen einen Denkfehler gemacht hat.

Unternehmen in Aktion: Effizienz, Opportunitätskosten und das Prinzip der »schlanken Produktion«

Im Januar 2020 erlebte die Boeing 777X, eine Verbesserung des beliebten Modells 777, ihren Jungfernflug. Bei der Produktion der Boeing 777X greift der Flugzeughersteller auf modernste Fertigungstechnologien (z. B. Einsatz von Robotern) zurück und kombiniert diese mit dem bereits erfolgreich praktizierten Konzept der *Lean Production* (»schlanke Produktion«).

Als Vorreiter in Sachen Lean Production gilt das japanische Unternehmen Toyota. Das Prinzip basiert darauf, dass die Einzelteile für die Produktion erst dann in die Fabrik geliefert werden, wenn sie benötigt werden. Auf diese Weise lässt sich sowohl die Lagerhaltung (für die Einzelteile) als auch die benötigte Fabrikfläche reduzieren. Um das Konzept der Lean Production auf den Flugzeugbau zu übertragen, sicherte sich Boeing die Dienste einiger Top-Ingenieure von Toyota.

Boeing führte Lean Production im Jahr 1999 für die Fertigung der Boeing 737 ein. Durch ständige Weiterentwicklungen konnte das Unternehmen bis zum Jahr 2005 die Produktionszeit einer Boeing 737 um 50 Prozent senken und die Lagerhaltung um 60 Prozent reduzieren. Durch ein kontinuierlich laufendes Fließband, das die Flugzeuge in gleichbleibender Geschwindigkeit von einem Montageteam zum nächsten transportiert, mussten die Arbeitskräfte nicht mehr durch die Fabrikhalle laufen. Auch die mitunter zeitintensive Suche nach den richtigen Werkzeugen oder Einzelteilen wurde dadurch vermieden.

Toyota hat mit seinem Konzept der Lean Production die Produktionsprozesse weltweit revolutioniert. Im Wesentlichen geht es dabei um Organisation und Kommunikation. Arbeitskräfte und Material werden so eingesetzt, dass ein reibungsloser Arbeitsablauf garantiert werden kann. Bei der Lean Production werden die Produktionsprozesse außerdem so gestaltet, dass man in der Lage ist, schnell auf Kundenwünsche zu reagieren (wenn also z. B. mehr SUVs und weniger Kleinwagen nachgefragt werden).

Toyotas Methoden waren so erfolgreich, dass sie die Automobilbranche weltweit verändert und die einst so erfolgreichen US-amerikanischen Automobilhersteller stark unter Druck gesetzt haben. Bis in die 1980er-Jahre hinein dominierten die »Großen Drei« – Chrysler, Ford und General Motors – den US-Markt. Fahrzeuge ausländischer Produzenten wurden kaum gekauft. Im Verlauf der 1980er-Jahre wurde Toyota in den Vereinigten Staaten jedoch immer beliebter, da das Unternehmen qualitativ hochwertige Autos zu vergleichsweise niedrigen Preisen verkaufte. Letztlich forderten die »Großen Drei« die US-amerikanische Regierung auf, den US-Markt durch eine Verkaufsbegrenzung für japanische Autos zu schützen. Als Reaktion darauf errichtete Toyota im Laufe der Zeit mehrere Fabriken in den Vereinigten Staaten. Auch dort wurde das Konzept der Lean Production umgesetzt und verbreitete sich so in der gesamten US-amerikanischen Industrie.

FRAGEN

1. Welche Opportunitätskosten entstehen, wenn ein Arbeiter von Aufgabe zu Aufgabe oder auf der Suche nach Werkzeugen und Bauteilen durch die Werkshalle laufen muss?
2. Erläutern Sie, wie Lean Production die Allokationseffizienz einer Volkswirtschaft verbessern kann.
3. Bevor Lean Production erfunden wurde, verkaufte Japan vor allem Unterhaltungselektronik an die Vereinigten Staaten. Wie haben die Neuerungen der Lean Production Japans komparativen Vorteil gegenüber den Vereinigten Staaten verändert?
4. Inwiefern hat Ihrer Meinung nach die Produktionsverlagerung bei Toyota von Japan in die Vereinigten Staaten den komparativen Vorteil Japans gegenüber den Vereinigten Staaten in der Automobilproduktion verändert?

Zusammenfassung

1. Die Volkswirtschaftslehre basiert auf **Modellen**, also auf Gedankenexperimenten bzw. vereinfachten Versionen der Realität, bei denen häufig mathematische Werkzeuge verwendet werden. Eine große Rolle bei der ökonomischen Modellbetrachtung spielt die **Ceteris-paribus-Annahme**, nach der sich nur eine Größe ändert, während alle anderen Einflussfaktoren konstant bleiben. Mit dieser Annahme ist es möglich, eine beobachtete Änderung einer abhängigen Größe auf eine einzelne Ursache (den sich ändernden Faktor) zurückzuführen.
2. Ein einfaches, aber wichtiges ökonomisches Modell ist die **Produktionsmöglichkeitenkurve**. Dieses Modell veranschaulicht drei grundlegende Konzept der Volkswirtschaftslehre: (1) *Opportunitätskosten* (wie viel weniger von einem Gut produziert werden kann, wenn von einem anderen Gut mehr produziert wird), (2) *Effizienz* (eine Volkswirtschaft produziert effizient, wenn sie auf der Produktionsmöglichkeitenkurve produziert, und eine Volkswirtschaft teilt Ressourcen effizient zu, wenn sie die Güter produziert, die die Menschen konsumieren wollen) und (3) *Wirtschaftswachstum* (führt zu einer Verschiebung der Produktionsmöglichkeitenkurve nach außen). Es gibt zwei wesentliche Quellen wirtschaftlichen Wachstums: Eine Zunahme der **Produktionsfaktoren** – das sind Ressourcen wie Land, Arbeit, Kapital oder Humankapital, die in der Produktion nicht verbraucht werden – und verbesserte **Technologie**.
3. Ebenfalls sehr wichtig ist das Modell des **komparativen Vorteils**, mit dem erklärt werden kann, warum der Handel zwischen Personen und Ländern zu Vorteilen für beide Seiten führt. Jede Seite hat irgendwo einen komparativen Vorteil – irgendeine Ware oder Dienstleistung, bei deren Produktion eine Seite geringere Opportunitätskosten hat als sonst irgendjemand. Häufig wird der komparative Vorteil mit einem **absoluten Vorteil** verwechselt, der Fähigkeit also, ein bestimmtes Gut besser als irgendjemand sonst produzieren zu können. Dieses Missverständnis führt zu der falschen Schlussfolgerung, dass es keine Gewinne aus dem Handel zwischen Personen oder Ländern gibt.
4. In den einfachsten Volkswirtschaften erfolgt ein **Naturaltausch** – der Tausch Gut gegen Gut – und nicht ein Tausch gegen Geld, wie in entwickelten Volkswirtschaften. Das **Kreislaufdiagramm** ist ein Modell, das Transaktionen innerhalb einer Volkswirtschaft als Ströme von Waren, Dienstleistungen und Geld zwischen **Haushalten** und **Unternehmen** darstellt. Diese Transaktionen erfolgen auf **Gütermärkten** und **Faktormärkten**. Faktormärkte sind Märkte, auf denen Produktionsfaktoren gehandelt werden, wie beispielsweise Arbeit. Das Kreislaufmodell ist sehr nützlich, um zu verstehen, wie Ausgaben, Produktion, Beschäftigung, Einkommen und Wachstum in einer Volkswirtschaft zusammenhängen. Letztendlich sind die Faktormärkte für die **Einkommensverteilung** der Volkswirtschaft ausschlaggebend. Sie bestimmen also, wie das Gesamteinkommen der Volkswirtschaft auf die Eigentümer der Produktionsfaktoren verteilt ist.
5. Ökonomen verwenden Modelle sowohl im Bereich der **positiven Ökonomik** als auch im Bereich der **normativen Ökonomik**. Positive Ökonomik beschreibt, wie Volkswirtschaften tatsächlich funktionieren; normative Ökonomik macht Vorschläge, wie eine Volkswirtschaft funktionieren sollte. Zur positiven Ökonomik gehört häufig die Erstellung von **Prognosen**. Ökonomen können – zumindest prinzipiell – die richtigen Antworten auf positive Fragen bestimmen, nicht aber die Antworten auf normative Fragen, weil diese mit Werturteilen verbunden sind. In einer ganz spezifischen Situation kann die Volkswirtschaftslehre auch die richtige Antwort auf eine normative Frage bestimmen, dann nämlich, wenn verschiedene Politikvorschläge, mit denen ein bestimmtes Ziel erreicht werden soll, eindeutig hinsichtlich ihrer Effizienz geordnet werden können.
6. Es gibt zwei Hauptursachen, warum Ökonomen unterschiedlicher Meinung sind. Erstens kann Uneinigkeit hinsichtlich der Frage bestehen, welche Vereinfachungen in einem Modell getroffen werden sollten. Zweitens kann Uneinigkeit – wie bei jedem anderen auch – im Hinblick auf Wertefragen bestehen.

SCHLÜSSELBEGRIFFE

- Modell
- Ceteris-paribus-Annahme
- Produktionsmöglichkeitenkurve
- Produktionsfaktor
- Technologie
- komparativer Vorteil
- absoluter Vorteil
- Naturaltausch
- Kreislaufdiagramm
- Haushalt
- Unternehmen
- Gütermärkte
- Faktormärkte
- Einkommensverteilung
- positive Ökonomik
- normative Ökonomik
- Prognose

Anhang zu 2

Grafische Darstellungen in der Volkswirtschaftslehre

Worum geht es?

Ganz gleich, ob Sie sich über ökonomische Zusammenhänge in der Wirtschaftspresse, im Internet oder in Ihrem ökonomischen Lehrbuch informieren, Sie werden dort viele grafische Darstellungen sehen. Eine Visualisierung der Zusammenhänge erleichtert das Verständnis verbaler Beschreibungen, quantitativer Informationen oder von Ideen ungemein. In der Volkswirtschaftslehre wird von einer solchen Visualisierung durch grafische Darstellungen in großem Umfang Gebrauch gemacht. Um die diskutierten Zusammenhänge vollständig verstehen zu können, muss man mit der Art und Weise vertraut sein, wie diese visuellen Informationen zu interpretieren sind. Dieser Anhang erklärt, wie die in der Volkswirtschaftslehre gebräuchlichen grafischen Darstellungen zustande kommen und wie sie zu interpretieren sind.

2A.1 Grafische Darstellungen, Variablen und ökonomische Modelle

Ein Grund, sich für ein Hochschulstudium zu entscheiden, ist der, dass ein Hochschulabschluss den Zugang zu höher bezahlten Arbeitsplätzen erleichtert. Weiterführende akademische Grade, wie z. B. ein Master- oder Doktortitel, führen im Durchschnitt zu noch höheren Einkommen. Würden Sie einen Artikel über den Zusammenhang zwischen Bildungsabschluss und Einkommen lesen, wäre es gut möglich, dass zu diesem Artikel auch eine grafische Darstellung gehören würde, die die Einkommenshöhe für Arbeitnehmer mit unterschiedlichen Ausbildungsgängen zeigt. Und diese Grafik würde die Vorstellung illustrieren, dass im Allgemeinen eine höhere Ausbildung mit einem höheren Einkommen verbunden ist.

Allgemeiner formuliert: Die grafische Darstellung beschreibt den Zusammenhang zwischen zwei ökonomischen Variablen. Eine **Variable** ist eine Größe, die mehr als einen Wert annehmen kann, wie beispielsweise die Zahl der Ausbildungsjahre einer Person, den Preis einer Flasche Mineralwasser oder das Einkommen eines Haushalts.

Wie Sie in diesem Kapitel gelernt haben, beruht die ökonomische Analyse ganz wesentlich auf *Modellen*, also vereinfachten Beschreibungen realer Situationen. Die meisten ökonomischen Modelle beschreiben den Zusammenhang zwischen zwei Variablen, wobei andere Variablen, die diese Beziehung beeinflussen könnten, vereinfachend als konstant angenommen werden.

So könnte beispielsweise ein ökonomisches Modell den Zusammenhang zwischen dem Preis einer Flasche Mineralwasser und der Zahl von Mineralwasserflaschen beschreiben, die Konsumenten kaufen werden. Dabei wird angenommen, dass alle anderen Größen konstant bleiben, die Einfluss auf die Nachfrage der Konsumenten nach Mineralwasser haben könnten. Ein solches Modell

Eine Größe, die verschiedene Werte annehmen kann, wird als **Variable** bezeichnet.

kann auch rein mathematisch oder verbal beschrieben werden, eine Illustration des Zusammenhangs durch eine grafische Darstellung erleichtert das Verständnis jedoch sehr. Im nächsten Abschnitt werden wir uns etwas genauer damit beschäftigen, wie derartige grafische Darstellungen zur Beschreibung von ökonomischen Modellen konstruiert und interpretiert werden.

2A.2 Grundlagen der grafischen Darstellung

Die meisten der in der Volkswirtschaftslehre verwendeten grafischen Darstellungen basieren auf einem Gitter um zwei senkrecht aufeinanderstehende Achsen, an denen die Werte der beiden Variablen abgetragen werden. Wir wollen uns daher zunächst kurz mit der Konstruktion dieses Gitternetzes beschäftigen und dann überlegen, wie man in diesem Netz den Zusammenhang zwischen Variablen darstellen kann.

Zweidimensionale grafische Darstellungen

Abbildung 2A-1 zeigt eine typische zweidimensionale grafische Darstellung. Sie illustriert die Daten der zugehörigen Tabelle. Diese zeigt die Außentemperatur und die Zahl der Flaschen mit Erfrischungsgetränken, die ein Getränkeverkäufer bei einem Fußballspiel im Stadion im Durchschnitt verkaufen kann. Die erste Spalte zeigt die Werte der Außentemperatur (die erste Variable)

Abb. 2A-1

Punkte in ein Koordinatensystem eintragen

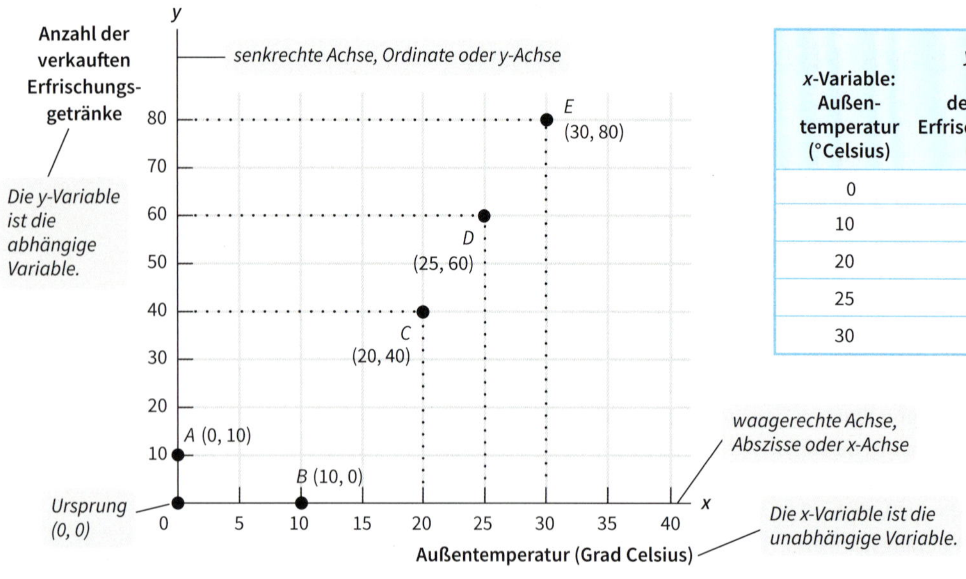

x-Variable: Außentemperatur (°Celsius)	y-Variable: Anzahl der verkauften Erfrischungsgetränke (Flaschen)	Punkt
0	10	*A*
10	0	*B*
20	40	*C*
25	60	*D*
30	80	*E*

Die Außentemperatur (die unabhängige Variable) wird an der waagerechten Achse abgetragen. Die Zahl der verkauften Erfrischungsgetränke (die abhängige Variable) wird an der senkrechten Achse abgetragen. Jede der fünf Kombinationen von Temperatur und Anzahl verkaufter Erfrischungsgetränke wird durch einen Punkt repräsentiert: *A*, *B*, *C*, *D* und *E*. Jeder Punkt in der Abbildung ist eindeutig durch ein Wertepaar beschrieben. So entspricht beispielsweise Punkt *C* dem Wertepaar (20, 40), also einer Außentemperatur von 20 °C (der Wert der *x*-Variable) und 40 verkauften Erfrischungsgetränken (der Wert der *y*-Variable).

und die zweite Spalte zeigt die Anzahl der verkauften Erfrischungsgetränke (die zweite Variable). In der Tabelle sind insgesamt fünf Paare gezeigt, die in der dritten Spalte mit den Buchstaben *A* bis *E* bezeichnet werden.

Wenden wir uns nun der grafischen Darstellung dieser Daten zu. Üblicherweise bezeichnet man bei einer zweidimensionalen grafischen Darstellung eine Variable als *x*-Variable und die andere als *y*-Variable. In unserem Fall ist die Außentemperatur die *x*-Variable und die Zahl der verkauften Erfrischungsgetränke die *y*-Variable. Die durchgezogene waagerechte Linie in der Grafik wird als **waagerechte Achse**, als **x-Achse** oder **Abszisse** bezeichnet. Die Werte der *x*-Variablen (Außentemperatur) werden entlang dieser Achse gemessen. Analog wird die durchgezogene senkrechte Linie in der Grafik als **senkrechte Achse**, **y-Achse** oder **Ordinate** bezeichnet. Die Werte der *y*-Variablen (Zahl der verkauften Erfrischungsgetränke) werden entlang dieser Achse gemessen.

Im **Ursprung**, dem Punkt, in dem sich die beiden Achsen schneiden, haben beide Variablen den Wert null. Bewegt man sich vom Ursprung entlang der *x*-Achse nach rechts, sind die Werte der *x*-Variablen positiv und nehmen zu. Bewegt man sich im Ursprung entlang der *y*-Achse nach oben, sind die Werte der *y*-Variable positiv und nehmen zu.

Man kann jeden der fünf Punkte *A* bis *E* in dieser Grafik zeichnerisch darstellen, indem man das entsprechende Zahlenpaar verwendet – die Werte, die die *x*-Variable und die *y*-Variable für einen gegebenen Punkt annehmen. In Abbildung 2A-1 nimmt beispielsweise im Punkt *C* die *x*-Variable den Wert 20 und die *y*-Variable den Wert 40 an. Man konstruiert den Punkt *C* durch das Zeichnen einer Senkrechten über dem Wert 20 auf der *x*-Achse und einer Waagerechten beim Wert 40 auf der *y*-Achse. Wir schreiben Punkt *C* als (20, 40). Wir schreiben den Ursprung als (0, 0).

Ein Blick auf die Punkte *A* und *B* in Abbildung 2A-1 zeigt, dass dann, wenn eine der Variablen für einen Punkt den Wert null annimmt, der das Wertepaar repräsentierende Punkt auf einer der Achsen liegt. Hat *x* den Wert null, dann liegt der zugehörige Punkt (wie bei *A*) auf der senkrechten Achse. Hat *y* den Wert null, dann liegt der Punkt (wie bei *B*) auf der waagerechten Achse.

Die meisten grafischen Darstellungen, die Beziehungen zwischen zwei ökonomischen Variablen beschreiben, geben eine **kausale Beziehung** wieder, eine Beziehung also, in der der Wert, den eine Variable annimmt, direkt den Wert beeinflusst oder bestimmt, den die andere Variable annimmt. In einer solchen kausalen Beziehung wird die verursachende Variable als **unabhängige Variable**, die von ihr bestimmte Variable als **abhängige Variable** bezeichnet. In unserem Beispiel mit den Erfrischungsgetränken ist die Außentemperatur die unabhängige Variable. Diese beeinflusst die Zahl der verkauften Erfrischungsgetränke, die in diesem Fall die abhängige Variable ist.

Es ist üblich, die unabhängige Variable an der waagerechten Achse und die abhängige Variable an der senkrechten Achse abzutragen. Abbildung 2A-1 folgt dieser Verfahrensweise: Die unabhängige Variable (Außentemperatur) ist an der waagerechten Achse und die abhängige Variable (Zahl der verkauften Erfrischungsgetränke) ist an der senkrechten Achse abgetragen. Eine wichtige Ausnahme von diesem üblichen Vorgehen sind grafische Darstellungen, die die ökonomische Beziehung zwischen dem Preis eines Produktes und der Menge dieses Produktes zeigen: Obwohl der Preis im Allgemeinen die unabhängige Variable ist, die die Menge bestimmt, wird der Preis in fast allen Darstellungen an der senkrechten Achse abgetragen.

Kurven

Diagramm (a) von **Abbildung 2A-2** zeigt nochmals dieselben Informationen wie Abbildung 2A-1, wobei jetzt allerdings durch die Punkte *B*, *C*, *D* und *E* eine Linie gezogen ist. Solch eine Linie in einem Koordinatensystem bezeichnet man als **Kurve**, unabhängig davon, ob es sich um eine Gerade handelt oder eine Linie mit gekrümmtem Verlauf. Ist die Kurve, die die Beziehung zwischen zwei Variablen zeigt, eine Gerade, dann besteht zwischen den Variablen eine **lineare Beziehung**. Ist diese Kurve keine Gerade, dann besteht eine **nichtlineare Beziehung** zwischen den Variablen.

Ein Punkt auf einer Kurve beschreibt den Wert der *y*-Variablen für einen bestimmten Wert der *x*-Variablen. So zeigt beispielsweise Punkt *D*, dass bei einer Außentemperatur von 25 Grad ein Getränkeverkäufer damit rechnen kann, dass er 60 Flaschen verkaufen kann. Die Form und Richtung einer Kurve zeigen die grundsätzliche Bezie-

Zwischen zwei Variablen besteht eine **kausale Beziehung,** wenn der Wert, den eine Variable annimmt, direkt den Wert beeinflusst oder bestimmt, den die andere Variable annimmt. In einer kausalen Beziehung wird die verursachende Variable als **unabhängige Variable**, die verursachte Variable als **abhängige Variable** bezeichnet.

Die Linie, an der die Werte der x-Variable gemessen werden, wird als **waagerechte Achse,** als **x-Achse** oder **Abszisse** bezeichnet. Die Linie, an der die Werte der y-Variable abgetragen werden, wird als **senkrechte Achse**, **y-Achse** oder **Ordinate** bezeichnet. Der Punkt, wo sich die Achsen im Diagramm schneiden, wird **Ursprung** genannt.

Eine **Kurve** ist eine Linie, die in einem Diagramm eine Beziehung zwischen zwei Variablen beschreibt. Es kann sich um eine gerade Linie oder eine gekrümmte Linie handeln. Ist die Kurve eine Gerade, dann besteht zwischen den Variablen eine **lineare Beziehung**. Ist die Kurve keine Gerade, dann besteht zwischen den Variablen eine **nichtlineare Beziehung**.

Abb. 2A-2

Kurven zeichnen

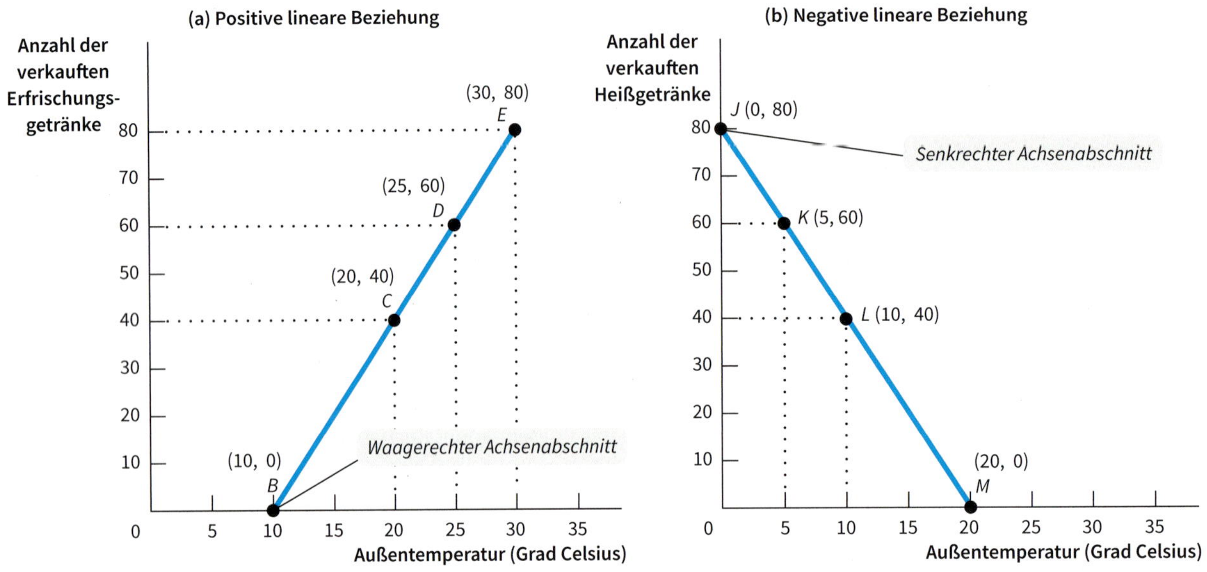

Die Kurve in Diagramm (a) illustriert die Beziehung zwischen zwei Variablen, der Außentemperatur und der Zahl der verkauften Erfrischungsgetränke. Die beiden Variablen weisen eine positive lineare Beziehung auf: positiv, weil die Kurve aufwärts verläuft, und linear, weil es sich um eine Gerade handelt. Die Kurve impliziert, dass eine Zunahme von *x* (Außentemperatur) zu einer Zunahme von y (Zahl der verkauften Erfrischungsgetränke) führt. Bei der Kurve in Diagramm (b) handelt es sich ebenfalls um eine Gerade, die aber abwärts geneigt ist. Die beiden hier gezeigten Variablen, Außentemperatur und Anzahl der verkauften heißen Getränke, weisen eine negative lineare Beziehung auf: Eine Zunahme von *x* (Außentemperatur) führt zu einer Abnahme von *y* (Anzahl der verkauften heißen Getränke). Die Kurve in Diagramm (a) weist in Punkt *B* einen Abszissenschnittpunkt auf. Die Kurve in Diagramm (b) weist bei Punkt *J* einen Ordinatenschnittpunkt und bei Punkt *M* einen Abszissenschnittpunkt auf.

Zwei Variablen haben eine **negative Beziehung**, wenn eine Zunahme der einen Variablen mit einer Abnahme der anderen Variablen einhergeht. Diese Beziehung wird durch eine Kurve illustriert, die von links oben nach rechts unten verläuft.

Zwei Variablen weisen eine **positive Beziehung** auf, wenn die Zunahme der einen Variablen mit der Zunahme der anderen Variablen in Verbindung steht. Eine solche Beziehung wird durch eine Kurve charakterisiert, die von links unten nach rechts oben verläuft.

hung zwischen den beiden Variablen. Der aufwärts gerichtete Verlauf der Kurve in Diagramm (a) von Abbildung 2A-2 weist darauf hin, dass ein Getränkeverkäufer von einer Zunahme seiner Erlöse bei höheren Außentemperaturen ausgehen kann.

Hängen Variablen in dieser Weise voneinander ab, nimmt also eine Variable zu, wenn auch die andere Variable größer wird, dann spricht man von einer **positiven Beziehung**. Eine positive Beziehung drückt sich in einer Kurve aus, die von links unten nach rechts oben verläuft. Weil unsere Kurve in Diagramm (a) von Abbildung 2A-2 als Gerade verläuft, kann man den Zusammenhang zwischen Temperatur und Zahl der verkauften Erfrischungsgetränke als positive lineare Beziehung charakterisieren.

Ist die Zunahme einer Variablen mit der Abnahme einer anderen Variablen verbunden, dann weisen diese beiden Variablen eine **negative Beziehung** auf. Eine solche negative Beziehung zwischen zwei Variablen wird in einem Diagramm durch eine Kurve illustriert, die abwärts geneigt von links oben nach rechts unten verläuft (vgl. Diagramm (b) von Abbildung 2A-2). Weil die dort gezeigte Kurve linear verläuft, kann man die Beziehung zwischen den beiden Variablen als negative lineare Beziehung charakterisieren. Als Beispiel für eine solche negative lineare Beziehung kann man sich die Außentemperatur und die Zahl der heißen Getränke vorstellen, die bei einem Fußballspiel verkauft werden.

Kehren wir noch einmal für einen Augenblick zu der in Diagramm (a) von Abbildung 2A-2 gezeigten Kurve zurück. Man kann erkennen, dass sie im Punkt *B* auf die waagerechte Achse trifft. Dieser Punkt, der als **Abszissenschnittpunkt** bezeichnet wird, zeigt, welchen Wert die *x*-Variable annimmt, wenn der Wert der *y*-Variablen gleich null ist. In Diagramm (b) von Abbildung 2A-2 trifft die Kurve im Punkt *J* auf die senkrechte Achse. Dieser Punkt, der als **Ordinatenschnittpunkt** bezeichnet wird, zeigt, welchen Wert die *y*-Variable annimmt, wenn der Wert der *x*-Variablen gleich null ist.

Der **Ordinatenschnittpunkt** einer Kurve ist der Punkt, bei dem sie die Ordinate schneidet. Der Schnittpunkt zeigt den Wert der *y*-Variablen, wenn der Wert der *x*-Variablen null ist.

Der **Abszissenschnittpunkt** einer Kurve ist der Punkt, bei dem diese die Abszisse schneidet. Der Schnittpunkt gibt den Wert der *x*-Variablen an, wenn der Wert der *y*-Variablen null ist.

2A.3 Ein Schlüsselkonzept: Die Steigung einer Kurve

Die **Steigung** einer Kurve ist ein Maß für ihre Steilheit und zeigt, wie stark die *y*-Variable auf eine Änderung der *x*-Variable reagiert. In unserem Beispiel mit der Außentemperatur und der Zahl der verkauften Erfrischungsgetränke würde uns die Steigung der Kurve zeigen, wie viele zusätzliche Erfrischungsgetränke voraussichtlich verkauft werden können, wenn die Temperatur um ein Grad steigt. Diese Interpretation macht deutlich, dass die Steigung einer Kurve relevante Informationen enthält. Selbst ohne bestimmte Zahlenwerte für *x* und *y* können wir durch Betrachtung der Steigung einer Kurve an verschiedenen Punkten wichtige Informationen über die Beziehung der beiden Variablen ableiten.

Die **Steigung** einer Kurve ist ein Maß für ihre Steilheit. Die Steigung wird gemessen durch das Verhältnis der Änderung der *y*-Variablen zwischen zwei Punkten und der Änderung der *x*-Variablen zwischen denselben beiden Punkten.

Die Steigung einer linearen Kurve

Die Steigung einer linearen Kurve (ihre Steilheit) misst man, indem man zwei Punkte auf der Geraden betrachtet und die Änderung in *y*-Richtung zwischen diesen beiden Punkten durch die Änderung in *x*-Richtung zwischen denselben beiden Punkten dividiert. Als Formel kann man dies folgendermaßen aufschreiben:

$$\frac{\text{Änderung von } y}{\text{Änderung von } x} = \frac{\Delta y}{\Delta x} = \text{Steigung}$$

In dieser Formel steht das Symbol Δ (der griechische Großbuchstabe Delta) für »Änderung von«. Nimmt eine Variable zu, dann ist die Änderung dieser Variablen positiv; nimmt eine Variable ab, dann ist die Änderung dieser Variablen negativ.

Die Steigung einer Kurve ist positiv, wenn die Änderung der *y*-Variablen das gleiche Vorzeichen hat wie die Änderung der *x*-Variablen. (Wenn zwei Zahlen dasselbe Vorzeichen haben, dann ist der Quotient aus diesen beiden Zahlen positiv.) Die Kurve in Diagramm (a) von Abbildung 2A-2 weist eine positive Steigung auf: Entlang dieser Kurve nehmen sowohl die *y*-Variable als auch die *x*-Variable zu. Die Steigung einer Kurve ist negativ, wenn die *y*-Änderung und die *x*-Änderung unterschiedliche Vorzeichen aufweisen. (Wenn zwei Zahlen unterschiedliche Vorzeichen aufweisen, ist der Quotient dieser beiden Zahlen negativ.) Die Kurve in Diagramm (b) von Abbildung 2A-2 weist eine negative Steigung auf: Entlang der Kurve geht eine Zunahme der *x*-Variablen mit einer Abnahme der *y*-Variablen einher.

Abbildung 2A-3 illustriert, wie man die Steigung einer Geraden berechnet. Schauen wir uns zunächst Diagramm (a) an. Von Punkt *A* nach Punkt *B* ändert sich der Wert der *y*-Variablen von 25 auf 20 und der Wert der *x*-Variablen ändert sich von 10 auf 20. Die Steigung der Geraden zwischen diesen beiden Punkten beträgt daher:

$$\frac{\text{Änderung von } y}{\text{Änderung von } x} = \frac{\Delta y}{\Delta x} = \frac{-5}{10} = -\frac{1}{2} = -0{,}5$$

Weil eine Gerade in allen Punkten die gleiche Steilheit aufweist, ist die Steigung einer Geraden an allen Punkten gleich. Anders ausgedrückt: Eine Gerade weist eine konstante Steigung auf. Dies lässt sich leicht nachprüfen, indem man die Steigung der in Diagramm (b) von Abbildung 2A-3 gezeigten Geraden zwischen den Punkten *A* und *B* sowie zwischen den Punkten *C* und *D* berechnet.

Zwischen *A* und *B*: $\frac{\Delta y}{\Delta x} = \frac{10}{2} = 5$

Zwischen *C* und *D*: $\frac{\Delta y}{\Delta x} = \frac{20}{4} = 5$

Abb. 2A-3

Steigungen berechnen

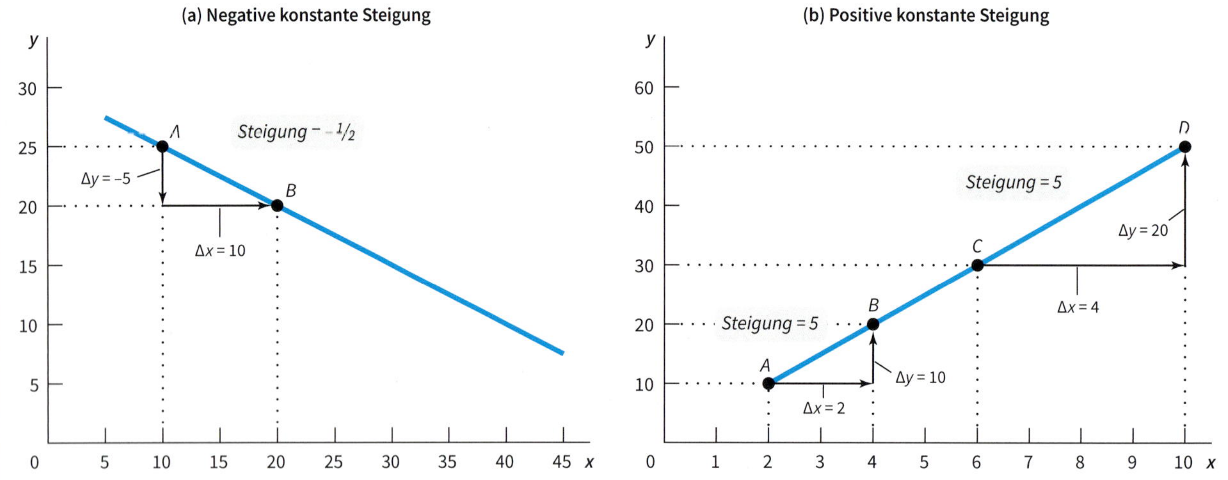

In beiden Teilen werden lineare Kurven gezeigt. Zwischen den Punkten *A* und *B* auf der Kurve in Diagramm (a) beträgt die Änderung von $y = -5$ und die Änderung von x beträgt 10. Die Steigung von *A* nach *B* beträgt daher $\Delta y/\Delta x = -5/10 = -1/2 = -0{,}5$. Hierbei weist das Minuszeichen auf die negative Steigung der Kurve hin. In Diagramm (b) weist die Kurve von A nach B eine Steigung von $\Delta y/\Delta x = 10/2 = 5$ auf.

Die Steigung von *C* nach *D* beträgt $\Delta y/\Delta x = 20/4 = 5$. Die Steigung ist positiv, was bedeutet, dass die Kurve nach rechts oben verläuft. Ferner ist die Steigung zwischen *A* und *B* die gleiche wie zwischen *C* und *D*. Daher handelt es sich um eine lineare Kurve. Die Steigung einer linearen Kurve ist konstant: Unabhängig davon, wo man sie berechnet, hat sie denselben Wert.

Waagerechte und senkrechte Kurven und ihre Steigungen

Verläuft eine Kurve waagerecht, dann ändert sich entlang dieser Kurve der Wert von *y* niemals – er ist konstant. Überall auf dieser Kurve ist die Änderung von *y* gleich null. Teilt man die Zahl Null durch irgendeine andere Zahl, ist das Ergebnis null. Daher ist, unabhängig vom Wert der Änderung von *x*, die Steigung einer waagerechten Kurve immer null.

Verläuft eine Kurve senkrecht, dann ändert sich entlang dieser Kurve der Wert von *x* niemals – er ist konstant. Überall auf dieser Kurve ist die Änderung von *x* gleich null. Daher ist die Steigung einer senkrechten Linie ein Quotient, in dessen Nenner null steht. Ein Quotient, bei dem im Nenner null steht, hat den Wert unendlich – eine unendlich große Zahl. Die Steigung einer senkrechten Kurve ist daher unendlich.

Eine senkrechte oder waagerechte Kurve weist eine besondere Implikation auf: *x*-Variable und *y*-Variable sind unabhängig voneinander. Zwei Variablen sind dann voneinander unabhängig, wenn eine Änderung der einen Variablen (der unabhängigen Variablen) keine Auswirkungen auf die andere Variable (die abhängige Variable) hat. Um es noch etwas anders zu formulieren: Zwei Variablen hängen dann nicht voneinander ab, wenn die abhängige Variable konstant ist, ganz gleich welchen Wert die unabhängige Variable annimmt. Wenn, entsprechend der üblichen Notation, die *y*-Variable die abhängige Variable ist, dann verläuft die entsprechende Kurve waagerecht. Wird die abhängige Variable an der *x*-Achse abgetragen, dann verläuft die Kurve senkrecht.

Eine **nichtlineare Kurve** ist eine Kurve, bei der die Steigung nicht überall gleich ist.

Die Steigung einer nichtlinearen Kurve

Eine **nichtlineare Kurve** ist eine Kurve, deren Steigung sich bei einer Bewegung entlang dieser Kurve ändert. Die Diagramme (a), (b), (c) und (d) der **Abbildung 2A-4** zeigen verschiedene nichtlineare Kurven. Diagramm (a) und (b) zeigen nicht-

Abb. 2A-4

Nichtlineare Kurven

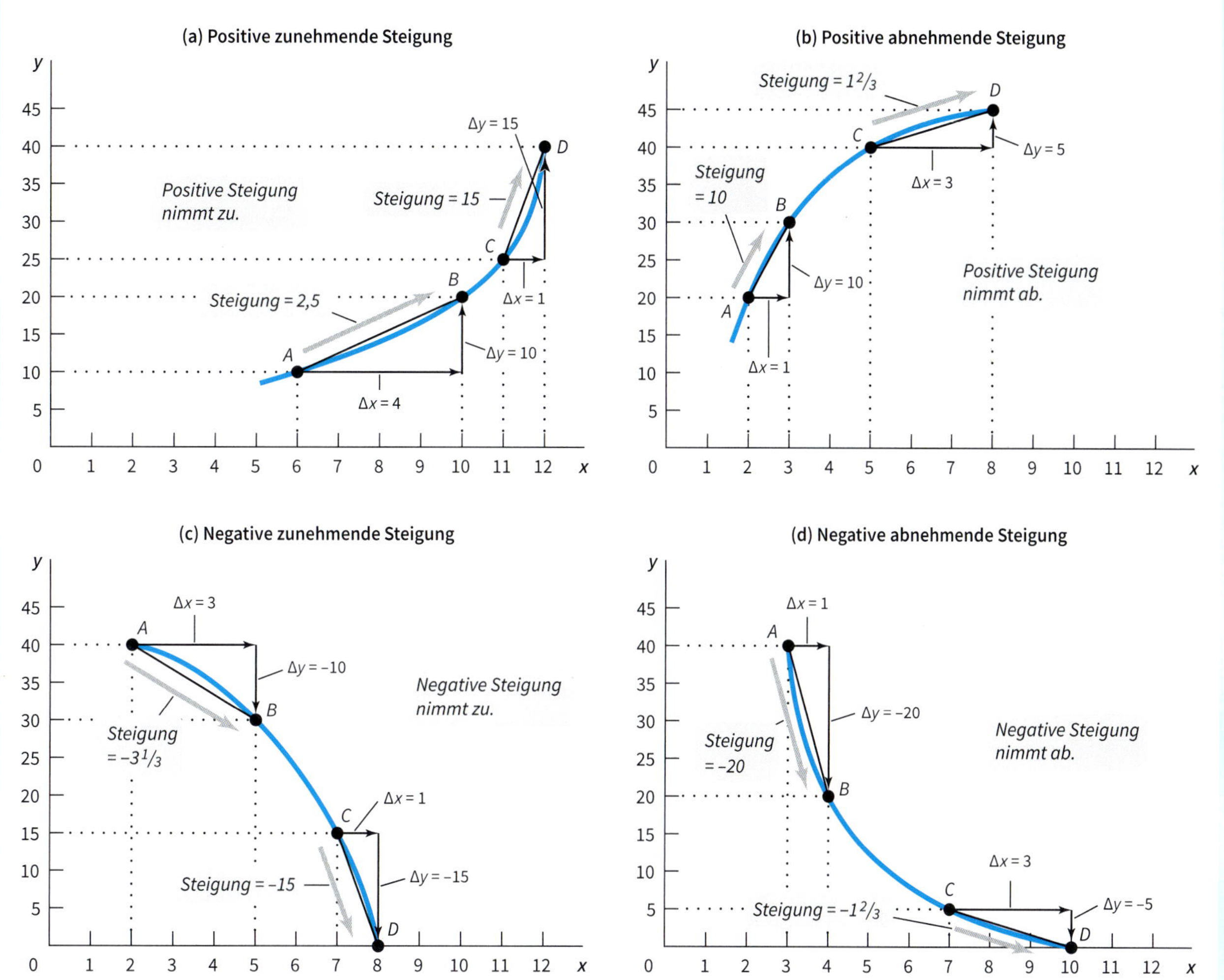

In Diagramm (a) beträgt die Steigung der Kurve zwischen *A* und *B* $\Delta y/\Delta x = 10/4 = 2{,}5$ und zwischen *C* und *D* $\Delta y/\Delta x = 15/1 = 15$. Wir haben es mit einer positiven und zunehmenden Steigung zu tun – sie wird steiler, wenn man sich nach rechts bewegt. In Diagramm (b) beträgt die Steigung der Kurve zwischen *A* und *B* $\Delta y/\Delta x = 10/1 = 10$ und zwischen *C* und *D* $\Delta y/\Delta x = 5/3 = 1\,2/3$. Wir haben es mit einer positiven und abnehmenden Steigung zu tun – wenn man sich nach rechts bewegt, wird sie flacher. In Diagramm (c) beträgt die Steigung zwischen *A* und *B* $\Delta y/\Delta x = -10/3 = -3\,1/3$ und zwischen *C* und *D* $\Delta y/\Delta x = -15/1 = -15$. Wir haben es mit einer negativen und zunehmenden Steigung zu tun – wenn wir uns nach rechts bewegen, wird sie steiler. In Diagramm (d) beträgt die Steigung zwischen *A* und *B* $\Delta y/\Delta x = -20/1 = -20$ und zwischen *C* und *D* $\Delta y/\Delta x = -5/3 = -1\,2/3$. Wir haben es mit einer negativen und abnehmenden Steigung zu tun – wenn wir uns nach rechts bewegen, wird sie flacher. In jedem dieser Fälle wurde die Steigung mithilfe der Bogenmethode berechnet, also durch das Zeichnen einer Geraden, die zwei Punkte entlang einer Kurve verbindet. Die durchschnittliche Steigung zwischen diesen beiden Punkten ist gleich der Steigung der Geraden zwischen diesen beiden Punkten.

lineare Kurven, deren Steigungen sich bei einer Bewegung entlang der Kurven ändern, wobei die Steigung allerdings immer positiv bleibt. Beide Kurven sind aufwärts geneigt, aber die Kurve in Diagramm (a) verläuft immer steiler, während die Kurve in Diagramm (b) immer flacher wird.

Eine Kurve, die wie in Diagramm (a) nach oben verläuft und immer steiler wird, weist eine *zunehmende positive* Steigung auf. Eine Kurve, die aufwärts verläuft, aber, wie in Diagramm (b) gezeigt, immer flacher wird, weist eine *abnehmende positive* Steigung auf.

Berechnen wir die Steigung entlang dieser nichtlinearen Kurven, erhalten wir an verschiedenen Punkten verschiedene Werte für die Steigung. Das Aussehen der Kurve wird dadurch bestimmt, wie sich die Steigung entlang der Kurve ändert. So ist beispielsweise in Diagramm (a) von Abbildung 2A-4 die Steigung der Kurve eine positive Zahl, die bei einer Bewegung von links nach rechts ständig zunimmt. Die Steigung der in Diagramm (b) gezeigten Kurve ist dagegen eine positive Zahl, die ständig abnimmt.

Die Steigungen der Kurven in den Diagrammen (c) und (d) sind negative Zahlen. Ökonomen drücken negative Zahlen häufig in ihren **absoluten Werten** aus. Der absolute Wert einer negativen Zahl ist, vereinfacht gesagt, die negative Zahl ohne das Minuszeichen. Es ist allgemein üblich, den absoluten Wert einer Zahl durch zwei parallele Striche zu kennzeichnen, die die Zahl einschließen. Beispielsweise schreibt man den absoluten Wert von –4 als $|-4| = 4$.

Der **absolute Wert** einer negativen Zahl ist der Wert dieser Zahl ohne das Minuszeichen.

In Diagramm (c) nimmt der absolute Wert der Steigung bei einer Bewegung von links nach rechts ständig zu. Die Kurve hat daher eine *zunehmende negative* Steigung. In Diagramm (d) nimmt der absolute Wert der Steigung bei einer Bewegung entlang der Kurve ständig ab. Diese Kurve weist daher eine *abnehmende negative* Steigung auf.

Die Berechnung der Steigung einer nichtlinearen Kurve

Wie wir gerade gesehen haben, hängt der Wert der Steigung bei einer nichtlinearen Kurve davon ab, wo wir uns auf dieser Kurve befinden. Wie berechnet man dann die Steigung einer nichtlinearen Kurve? Wir werden im Folgenden zwei Methoden kennenlernen: die *Bogenmethode* und die *Punktmethode*.

Die Bogenmethode zur Berechnung der Steigung. Ein Bogen einer Kurve ist ein Stück oder Segment dieser Kurve. So zeigt beispielsweise Diagramm (a) von Abbildung 2A-4 einen Bogen, der aus dem Segment zwischen den Punkten *A* und *B* besteht. Zur Berechnung der Steigung einer nichtlinearen Kurve unter Verwendung der Bogenmethode zieht man eine Gerade zwischen den beiden Endpunkten des Bogens. Die Steigung dieser Geraden ist ein Maß für die durchschnittliche Steigung der Kurve zwischen diesen beiden Endpunkten. Aus Diagramm (a) von Abbildung 2A-4 kann man Folgendes erkennen: Die zwischen den Punkten *A* und *B* gezeichnete Gerade läuft in x-Richtung von dem Wert 6 bis zum Wert 10 (d. h. $\Delta x = 4$) und in y-Richtung vom Wert 10 bis zum Wert 20 (d. h. $\Delta y = 10$). Die Steigung der die Punkte *A* und *B* verbindenden Geraden ist daher

$$\frac{\Delta y}{\Delta x} = \frac{10}{4} = 2{,}5.$$

Die durchschnittliche Steigung der Kurve zwischen den Punkten *A* und *B* beträgt daher 2,5.

Nun betrachten wir auf derselben Kurve den Bogen zwischen den Punkten *C* und *D*. Eine durch diese beiden Punkte gezogene Gerade nimmt in x-Richtung von 11 auf 12 zu ($\Delta x = 1$) und in y-Richtung von 25 auf 40 ($\Delta y = 15$). Die durchschnittliche Steigung zwischen den Punkten *C* und *D* beträgt also:

$$\frac{\Delta y}{\Delta x} = \frac{15}{1} = 15.$$

Die durchschnittliche Steigung zwischen den Punkten *C* und *D* ist somit größer als die durchschnittliche Steigung zwischen den Punkten *A* und *B*. Diese Berechnungen bestätigen also, was wir bereits beobachtet haben: Diese aufwärts geneigte Kurve wird steiler, wenn wir uns von links nach rechts bewegen, und weist daher eine zunehmende positive Steigung auf.

Die Punktmethode zur Berechnung der Steigung. Die Punktmethode berechnet die Steigung einer nichtlinearen Kurve in einem bestimmten Punkt dieser Kurve. **Abbildung 2A-5** illustriert die Berechnung der Steigung im Punkt *B* der dort gezeigten Kurve. Zunächst zeichnen wir eine Gerade, welche die Kurve im Punkt *B* berührt. Eine solche Gerade wird als **Tangente** oder

Eine **Tangente** ist eine Gerade, die eine nichtlineare Kurve in einem bestimmten Punkt eben berührt. Die Steigung der Tangenten ist gleich der Steigung der nichtlinearen Kurve in diesem Punkt.

Abb. 2A-5

Berechnung der Steigung unter Verwendung der Punktmethode

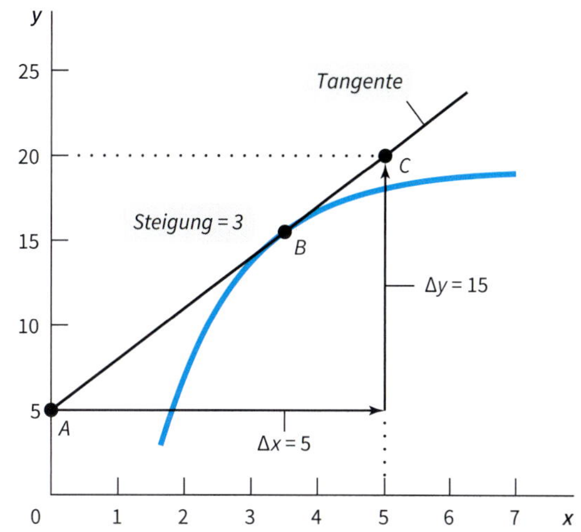

Hier haben wir eine Tangente gezeichnet, eine Linie, welche die Kurve in Punkt *B* gerade berührt. Die Steigung dieser Linie ist identisch mit der Steigung der Kurve in Punkt *B*. Die Steigung der Tangente, zwischen *A* und *C* gemessen, beträgt $\Delta y/\Delta x = 15/5 = 3$.

Berührende bezeichnet. Es ist wichtig, zu verstehen, dass eine Tangente die Kurve nur in einem Punkt berühren, nicht aber schneiden darf. Die Steigung dieser Tangente ist gleich der Steigung der nichtlinearen Kurve im Punkt *B*.

Aus Abbildung 2A-5 kann man erkennen, wie man die Steigung der Tangente berechnet: Von Punkt *A* nach Punkt *C* haben wir eine Änderung von *y* um 15 Einheiten und von *x* um 5 Einheiten. Die Steigung der Tangente ist daher:

$$\frac{\Delta y}{\Delta x} = \frac{15}{5} = 3.$$

Entsprechend der Punktmethode ist die Steigung der Kurve im Punkt *B* daher ebenfalls 3.

An dieser Stelle liegt die Frage auf der Hand, wovon wir die Wahl der Methode (Bogenmethode oder Punktmethode) zur Berechnung der Steigung einer nichtlinearen Kurve abhängig machen sollten. Die Antwort lautet: Es hängt davon ab, wie die Kurve aussieht und über welche Daten wir für die Konstruktion der Kurve verfügen. Man verwendet normalerweise die Bogenmethode, wenn nicht genügend Informationen vorhanden sind, um eine glatte Kurve zeichnen zu können. Wäre es beispielsweise so, dass wir in Diagramm (a) von Abbildung 2A-4 nur die Daten haben, die durch die Punkte *A*, *C* und *D* repräsentiert werden, nicht aber über die Daten verfügen, die der Punkt *B* oder irgendein anderer Punkt auf der Kurve repräsentiert, dann können wir die Punktmethode nicht zur Berechnung der Steigung in Punkt *B* verwenden. In diesem Fall müsste man die Bogenmethode verwenden, um die Steigung der Kurve in diesem Gebiet näherungsweise durch eine Gerade zwischen den Punkten *A* und *C* zu berechnen. Verfügt man jedoch über genügend Daten, um die Kurve so wie in Diagramm (a) von Abbildung 2A-4 zeichnen zu können, dann kann man die Punktmethode zur Berechnung der Steigung in Punkt *B* verwenden. (Die Punktmethode lässt sich dann natürlich auch auf jeden anderen Punkt der Kurve anwenden.)

Maximum und Minimum

Die Steigung einer nichtlinearen Kurve kann sich von positiv nach negativ ändern oder umgekehrt. Ändert sich die Steigung einer Kurve von positiv nach negativ, liegt an der Stelle des Übergangs ein *Maximum* der Kurve vor. Ändert sich die Steigung einer Kurve von negativ nach positiv, liegt an dieser Stelle ein *Minimum* vor.

Diagramm (a) von **Abbildung 2A-6** zeigt eine Kurve, deren Steigung sich von positiv nach nega-

Abb. 2A-6

Maximum und Minimum

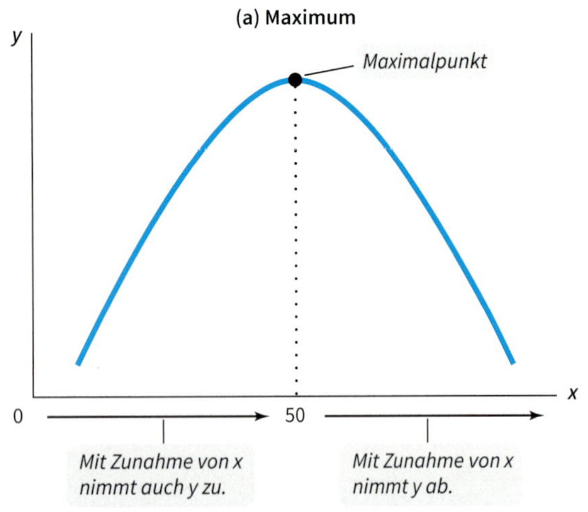

Diagramm (a) zeigt eine Kurve, die ein Maximum aufweist. Dieses liegt dort, wo sich die Steigung der Kurve von positiv nach negativ ändert. Diagramm (b) zeigt eine Kurve, die ein Minimum aufweist. Das Minimum liegt dort, wo sich die Steigung der Kurve von negativ nach positiv ändert.

Eine nichtlineare Kurve kann ein **Maximum** aufweisen. Das Maximum ist der höchste Punkt auf dieser Kurve. Im Maximum ändert sich die Steigung der Kurve von positiv nach negativ.

Eine nichtlineare Kurve kann ein **Minimum** aufweisen. Das Minimum ist der niedrigste Punkt auf dieser Kurve. Im Minimum ändert sich die Steigung der Kurve von negativ nach positiv.

tiv ändert, wenn man sich von links nach rechts bewegt. Für Werte von *x* zwischen 0 und 50 ist die Steigung der Kurve positiv. Dort, wo $x = 50$ ist, erreicht die Kurve ihren höchsten Punkt, den größten Wert, den *y* entlang der Kurve annimmt. Dieser Punkt wird **Maximum** der Kurve genannt. Wenn *x* größer wird als 50, bewegt sich die Kurve abwärts – die Steigung wird negativ. Viele in der Volkswirtschaftslehre wichtige Kurven weisen eine solche hügelartige Gestalt auf, wie etwa die Kurve, die zeigt, wie sich der Gewinn eines Unternehmens mit zunehmender Produktion ändert.

Die in Diagramm (b) von Abbildung 2A-6 gezeigte Kurve hat dagegen eine u-förmige Gestalt: Sie hat eine Steigung, die sich von negativ nach positiv ändert. An der Stelle $x = 50$ erreicht diese Kurve ihren niedrigsten Punkt, den kleinsten Wert von *y* im gezeigten Bereich. Dieser Punkt wird als **Minimum** der Kurve bezeichnet. In der Volkswirtschaftslehre weisen verschiedene Kurven eine solche u-förmige Gestalt auf, so etwa die Kurve, die zeigt, wie sich die Stückkosten von Unternehmen ändern, wenn deren Output steigt.

Berechnung der Fläche unterhalb oder oberhalb einer Kurve

Es ist ganz nützlich, wenn man die Größe der Fläche unterhalb oder oberhalb einer Kurve berechnen kann. Aus Gründen der Einfachheit werden wir nur die Fläche unter- oder oberhalb einer Geraden berechnen.

Wie groß ist die blaue Fläche unterhalb der Geraden in Diagramm (a) von **Abbildung 2A-7**? Nehmen Sie zunächst zur Kenntnis, dass diese Fläche die Form eines rechtwinkligen Dreiecks hat. Ein rechtwinkliges Dreieck ist ein Dreieck, bei dem zwei Seiten einen rechten Winkel bilden. Wir werden eine dieser Seiten als Höhe des Dreiecks und die andere Seite als die Grundseite des Dreiecks bezeichnen. In unserem Beispiel spielt es keine Rolle, welche der beiden Seiten wir als Grundseite und welche wir als Höhe bezeichnen.

Es ist einfach, die Fläche des rechtwinkligen Dreiecks zu berechnen: Multiplizieren Sie die Höhe des Dreiecks mit der Grundseite des Dreiecks und teilen Sie das Ergebnis durch 2. Die Höhe des Dreiecks in Diagramm (a) von Abbildung 2A-7 ist

Abb. 2 A-7

Berechnung der Fläche unterhalb oder oberhalb einer Geraden

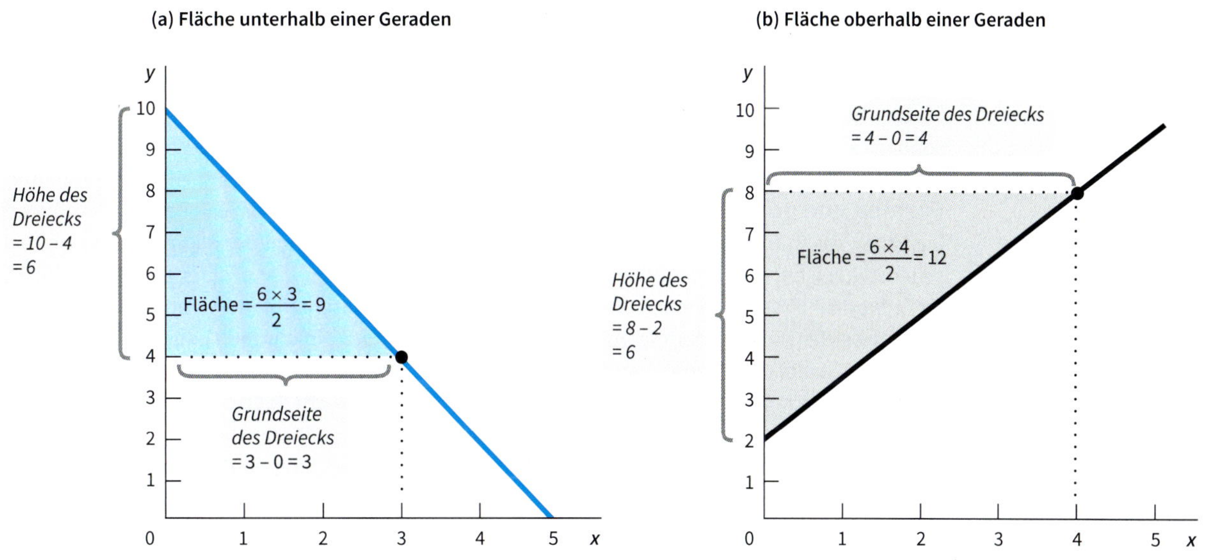

Die Fläche unterhalb oder oberhalb einer Geraden bildet ein rechtwinkliges Dreieck. Die Fläche eines rechtwinkligen Dreiecks wird berechnet, indem man die Höhe des rechtwinkligen Dreiecks mit seiner Grundseite multipliziert und das Ergebnis durch 2 teilt. In Diagramm (a) beträgt die Fläche (6 × 3)/2 = 9. In Diagramm (b) beträgt die Fläche (6 × 4)/2 = 12.

10 – 4 = 6. Die Basis des Dreiecks beträgt 3 – 0 = 3. Die Fläche des Dreiecks ist also:

$$\frac{(6 \times 3)}{2} = 9.$$

Wie sieht es mit der grauen Fläche oberhalb der Geraden in Diagramm (b) von Abbildung 2A-7 aus? Um die Fläche dieses rechtwinkligen Dreiecks zu berechnen, können wir die gleiche Formel verwenden. Die Höhe des Dreiecks ist 8 – 2 = 6 und die Grundseite des Dreiecks ist 4 – 0 = 4. Die Fläche dieses Dreiecks ist also:

$$\frac{(6 \times 4)}{2} = 12.$$

2A.4 Diagramme zur Darstellung quantitativer Informationen

Diagramme können auch dazu verwendet werden, Daten zusammenzufassen und darzustellen, ohne dass ihnen eine spezifische kausale Beziehung zugrunde liegen muss. Diagramme, die einfach quantitative Informationen darstellen, werden als *quantitative Diagramme* bezeichnet.

Wir wollen uns hier mit vier verschiedenen Arten von quantitativen Diagrammen beschäftigen: *Zeitreihendiagramme*, *Streudiagramme*, *Tortendiagramme und Balken-/Säulendiagramme*. Diese Diagrammtypen sind in der Praxis sehr gebräuchlich, um empirische Daten für verschiedene ökonomische Größen darzustellen, weil sie dem Betrachter helfen, bestimmte Muster oder Trends leichter zu erkennen. Wie wir aber auch sehen werden, muss man aufpassen, damit man die Diagramme nicht falsch interpretiert und nicht gerechtfertigte Schlussfolgerungen daraus ableitet. Man muss sich also nicht nur des Nutzens und der Vorteile quantitativer Diagramme bewusst sein, sondern auch ihrer Grenzen und Schwächen.

Formen von quantitativen Diagrammen

Sie haben bestimmt schon häufig Diagramme gesehen, die zeigen, wie sich ökonomische Größen im Zeitverlauf ändern. Bei einem **Zeitreihendiagramm** werden aufeinanderfolgende Datumsangaben (z. B. Jahre oder Monate) an der waagerechten Achse abgetragen und die Werte, welche die betrachtete Variable in den einzelnen Zeitpunkten annimmt, an der senkrechten Achse. So stellt beispielsweise **Abbildung 2A-8** die Arbeitslosenquote in Deutschland von 1950 bis 2021 dar. Die einzelnen Datenpunkte repräsentieren für jedes Jahr die Höhe der Arbeitslosenquote. Sie sind jeweils mit einer Linie verbunden, um die trendmäßige Entwicklung der Arbeitslosenquote über den betrachteten Zeitraum deutlicher hervorzuheben.

Bei einem **Zeitreihendiagramm** werden an der Abszisse Zeitpunkte oder Zeitabschnitte abgetragen. An der Ordinate stehen die Beobachtungswerte, die eine Variable zu diesen Zeitpunkten angenommen hat.

Abbildung 2A-9 zeigt ein weiteres quantitatives Diagramm. Dort werden für 185 Länder das Bruttoinlandsprodukt (BIP) je Einwohner und die CO_2-Emissionen je Einwohner jeweils für das Jahr 2019 dargestellt. Das BIP je Einwohner, auch als Pro-Kopf-Einkommen bezeichnet, kann als Maß für den Lebensstandard eines Landes betrachtet werden. Die CO_2-Emissionen je Einwohner spiegeln das Ausmaß der Klima- und Umweltbelastung in jedem Land wider. Jeder einzelne Datenpunkt beschreibt die Kombination von Pro-Kopf-Einkommen und CO_2-Emissionen je Einwohner für ein bestimmtes Land.

Rechts oberhalb der Geraden liegende Punkte, die Kombinationen von hohem Lebensstandard und hohen Emissionen zeigen, repräsentieren ökonomisch hoch entwickelte Volkswirtschaften, wie z. B. die Vereinigten Staaten (das Land mit den höchsten CO_2-Emissionen je Einwohner ist Katar). Die links unter der Gerade liegenden Punkte, die

Abb. 2A-8

Zeitreihendiagramm

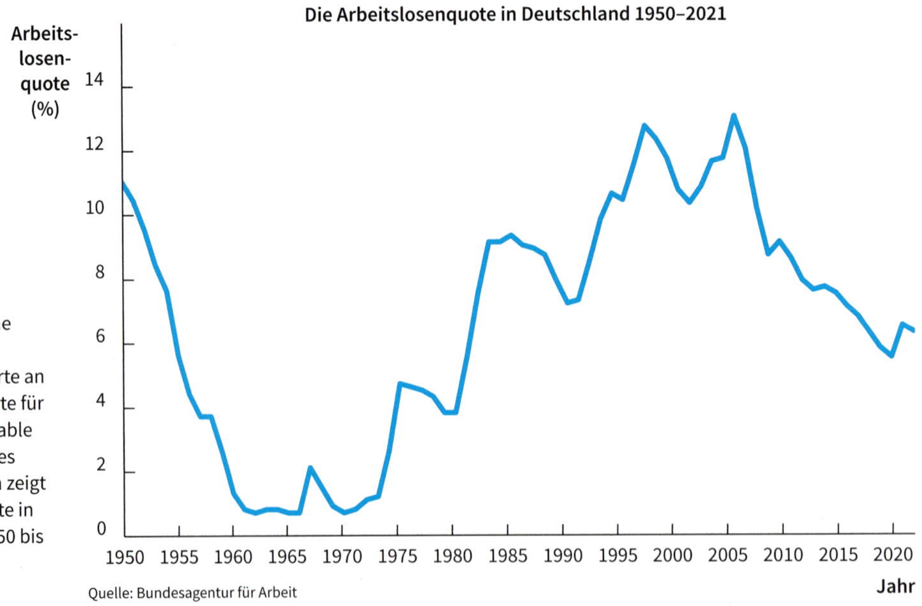

Zeitreihendiagramme zeigen aufeinanderfolgende Datumswerte an der *x*-Achse und Werte für eine bestimmte Variable an der *y*-Achse. Dieses Zeitreihendiagramm zeigt die Arbeitslosenquote in Deutschland von 1950 bis 2021.

Abb. 2A-9

Streudiagramm

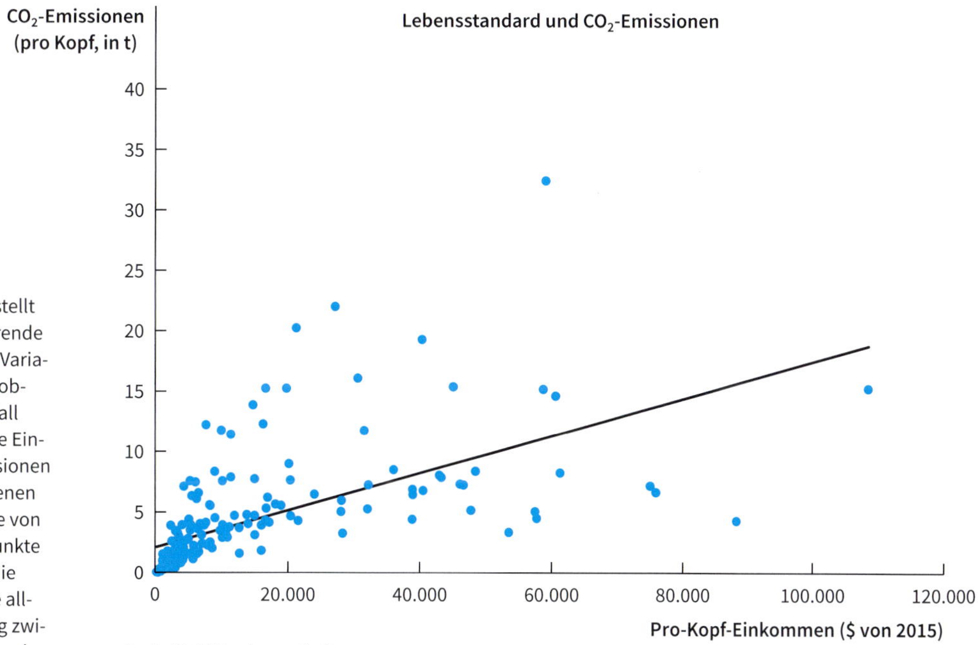

Quelle: World Development Indicators

In einem Streudiagramm stellt jeder Punkt korrespondierende Werte einer x- und einer y-Variablen für eine gegebene Beobachtung dar. In unserem Fall zeigt jeder Punkt das BIP je Einwohner und die CO_2-Emissionen je Einwohner eines gegebenen Landes für eine Stichprobe von 185 Ländern. Die an die Punkte angepasste Gerade stellt die beste Annäherung für eine allgemeine lineare Beziehung zwischen den beiden Variablen dar.

Kombinationen von niedrigem Lebensstandard und geringen CO_2-Emissionen zeigen, repräsentieren ökonomisch wenig entwickelte Volkswirtschaften, wie z. B. Afghanistan oder Burundi.

Das in den Punkten erkennbare Muster weist auf eine positive Beziehung zwischen dem Lebensstandard und den CO_2-Emissionen je Einwohner hin. Im Allgemeinen verursachen Menschen in Ländern mit einem höheren Lebensstandard mehr CO_2-Emissionen als Menschen in Ländern mit einem niedrigen Lebensstandard.

Der gerade diskutierte Diagrammtyp wird als **Streudiagramm** bezeichnet, ein Diagramm, in dem jeder Punkt mit einer bestimmten, beobachteten Ausprägung der *x*- und der *y*-Variablen korrespondiert. Fast immer werden Streudiagramme durch eine Kurve ergänzt, die an die streuenden Punkte angepasst wird. Grob gesagt wird diese Kurve so gezeichnet, dass sie die allgemeine Beziehung zwischen den beiden beobachteten Variablen möglichst gut annähert. Im einfachsten Fall wird man als Grundmuster für eine solche Anpassungskurve die Form einer Geraden wählen. In Abbildung 2A-9 wurde diese einfache Form verwendet. Man kann erkennen, dass die Anpassungsgerade mit positiver Steigung verläuft und damit eine positive Beziehung zwischen den beiden betrachteten Variablen anzeigt. Streudiagramme werden meist verwendet, um zu zeigen, welche allgemeine Beziehung sich aus einer Datenmenge ableiten lässt.

Ein **Tortendiagramm** zeigt die Anteile, die einzelne Komponenten an einer Gesamtmenge haben. Meist werden diese Anteile als Prozentsätze ausgedrückt. So zeigt beispielsweise **Abbildung 2A-10** ein Tortendiagramm für die verschiedenen Einnahmequellen des deutschen Staatshaushalts im Jahr 2021, wobei die einzelnen Anteile als Prozentsätze der Gesamteinnahmen dargestellt werden. Wie man erkennen kann, beträgt der Anteil der Einnahmen der Lohn- und Einkommensteuer 39,4 Prozent der staatlichen Ge-

Ein **Tortendiagramm** zeigt, wie eine Gesamtgröße in ihre Komponenten unterteilt wird, wobei üblicherweise Prozentsätze angegeben werden.

Ein **Streudiagramm** stellt zwei Variablen gegenüber. Ein Datenpunkt zeigt die gemeinsame Ausprägung von *x*- und *y*-Variable. Oft passt man dem Punktmuster eine Kurve an, welche die generelle Tendenz zeigt.

Abb. 2A-10

Tortendiagramm

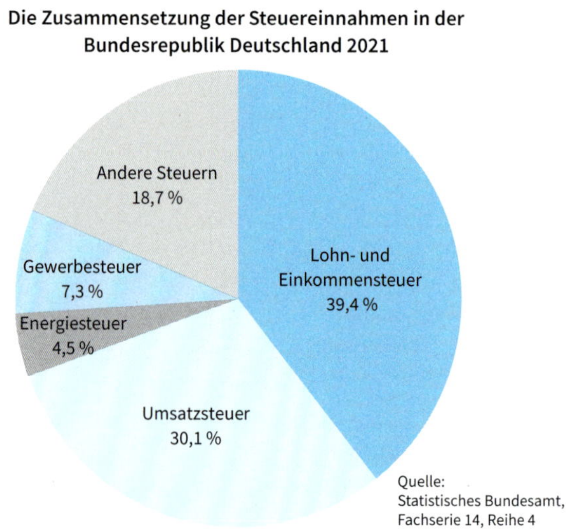

Ein Tortendiagramm zeigt die Prozentsätze einer Gesamtmenge, die verschiedenen Komponenten zugeordnet werden kann. Das hier dargestellte Tortendiagramm zeigt die prozentualen Anteile verschiedener Einnahmequellen an den Gesamteinnahmen des Staates (Bund, Länder und Gemeinden) in Deutschland.

Abb. 2A-11

Balkendiagramm

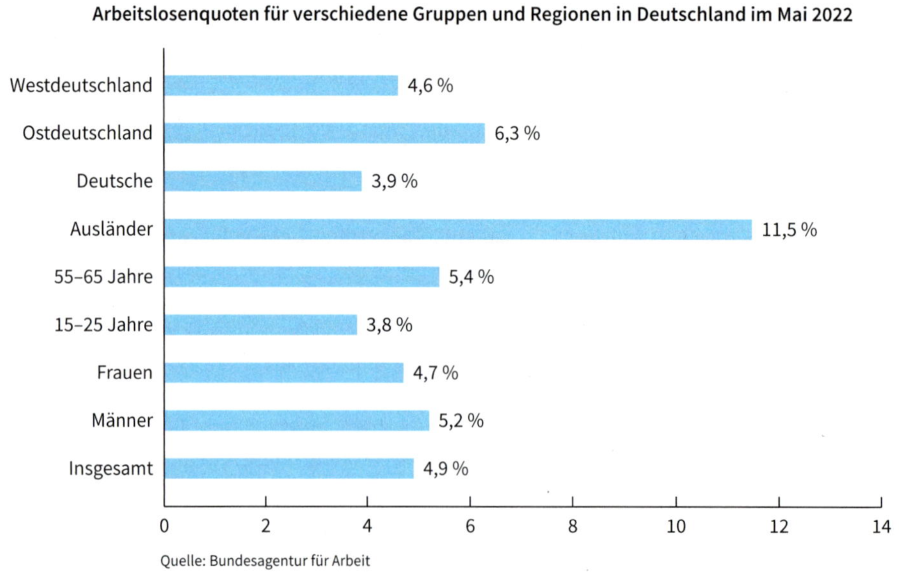

Ein Balkendiagramm misst eine Variable unter Verwendung von Balken verschiedener Höhe oder Länge. Dieses Balkendiagramm zeigt die Arbeitslosenquoten für verschiedene Gruppen und Regionen in Deutschland im Mai 2022.

samteinnahmen. Die Einnahmen aus der Umsatzsteuer machen einen Anteil von 30,1 Prozent aus.

Balkendiagramme verwenden Balken verschiedener Höhe oder Länge, um die Werte einer Variablen anzuzeigen. In dem in **Abbildung 2A-11** gezeigten Balkendiagramm repräsentiert die Länge der Balken die Arbeitslosenquote für verschiedene Gruppen und Regionen in Deutschland im Mai 2022. So betrug beispielsweise die Arbeitslosenquote bei Frauen 4,7 Prozent und bei Männern 5,2 Prozent. Häufig notiert man die genauen Werte der jeweiligen Variablen, so wie in Abbildung 2A-11, am Ende des Balkens. Auch ohne die genauen Werte gibt der Vergleich der Länge oder Höhe der Balken wichtige Hinweise auf die relative Größe der verschiedenen Werte einer Variablen. Wenn die »Balken« nicht von der y-Achse, sondern von der x-Achse ausgehen, bezeichnet man das Diagramm als Säulendiagramm.

Probleme bei der Interpretation quantitativer Diagramme

Wir haben zu Beginn dieses Anhangs herausgestellt, dass die Visualisierung mithilfe von Diagrammen es oft viel leichter macht, ökonomische Ideen oder Daten zu verstehen. Diagramme können aber (absichtlich oder unabsichtlich) auch derart konstruiert werden, dass sie den Leser in die Irre führen und zu unzutreffenden Schlussfolgerungen verleiten. In den folgenden Abschnitten sollen daher einige Punkte angesprochen werden, die man bei der Interpretation von Diagrammen berücksichtigen sollte.

Konstruktionsmerkmale. Bevor man irgendwelche Schlussfolgerungen aus einem quantitativen Diagramm ableitet, sollte man seine Aufmerksamkeit zunächst einmal auf die Skalierung der an den Achsen dargestellten Größen richten. Wie wir oben gesehen haben, werden bei quantitativen Diagrammen die Achsen in gleichmäßige Abstände unterteilt. Verbirgt sich hinter den einzelnen Teilabschnitten jeweils nur ein kleiner Zuwachs im Wert der Variablen, führt dies optisch zu einer Übertreibung von Änderungen der betreffenden Größe. Verbergen sich hinter den Teilabschnitten aber große Änderungen der Variablen, dann kommt es tendenziell zu einer optischen Untertreibung der aufgezeichneten Änderungen.

Die bei der Erstellung eines Diagramms gewählte Skalierung kann daher die Interpretation der im Diagramm gezeigten Variablenänderungen beeinflussen – möglicherweise auch in unerwünschter Weise.

Wir wollen das Gesagte mit einem Beispiel verdeutlichen. **Abbildung 2A-12** zeigt die Arbeitslosenquote in Deutschland für die Jahre 1983–1987 unter Verwendung einer 0,1-Prozent-Skala. Man kann sehen, dass die Arbeitslosenquote von 9,3 Prozent im Jahr 1985 auf 8,9 Prozent im Jahr 1987 sinkt. In der gezeigten Darstellung sieht dieser 0,4-prozentige Rückgang der Arbeitslosenquote riesig aus und könnte die Wirtschaftspolitik zu dem Schluss verleiten, dass es sich um ein bedeutsames Geschehen handelt. Wenn Sie aber noch einmal zurückblättern und sich Abbildung 2A-8 anschauen, in der die Entwicklung der

Ein **Balkendiagramm** verwendet Balken unterschiedlicher Höhe oder Länge, um die relativen Größen verschiedener Beobachtungen einer Variablen zu zeigen.

Abb. 2A-12

Interpretation von Diagrammen: Auswirkungen geänderter Skalierung

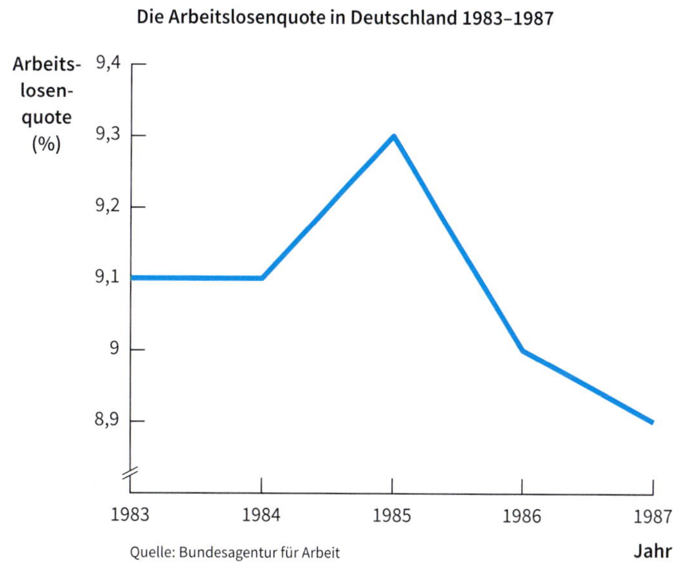

In dieser Abbildung werden die Daten für den Zeitraum 1983 bis 1987 gezeigt, die schon in Abbildung 2A-8 dargestellt wurden. Allerdings wurden hier Schritte von 0,1 Prozent gewählt und nicht Schritte von 2 Prozent wie in Abbildung 2A-8. Diese Änderung der Skalierung hat zur Folge, dass die Veränderung der Arbeitslosenquote im Zeitraum 1983–1987 in dieser Abbildung viel größer wirkt als in Abbildung 2A-8.

Arbeitslosenquote in Deutschland von 1950 bis 2021 gezeigt wird, dann werden Sie erkennen, dass diese Schlussfolgerung falsch wäre. Abbildung 2A-8 umfasst auch die Daten, die in Abbildung 2A-12 gezeigt werden, aber basierend auf einer Zwei-Prozent-Skala und nicht auf einer 0,1-Prozent-Skala. Aus dieser Darstellung kann man erkennen, dass der 0,4-prozentige Rückgang der Arbeitslosigkeit zwischen 1985 und 1987 in Wirklichkeit eher unbedeutend war, zumindest, wenn man ihn beispielsweise mit dem Rückgang der Arbeitslosigkeit während der Jahre 2005 bis 2019 in Beziehung setzt. Wie der Vergleich zwischen Abbildung 2A-12 und 2A-8 zeigt, kann man zu sehr unterschiedlichen, möglicherweise sogar fehlerhaften Schlüssen gelangen, wenn man bei der Interpretation von derartigen Diagrammen die Skalierung der Variablen nicht sorgfältig berücksichtigt.

Neben der Wahl des Maßstabs spielt bei der Konstruktion eines Diagramms auch eine Rolle, ob ein Teil der Achsen **abgeschnitten** wurde. Damit ist gemeint, dass ein Teil des Wertebereichs nicht dargestellt wird. Normalerweise wird dies auf der betreffenden Achse durch zwei Schrägstriche (//) in der Nähe des Ursprungs kenntlich gemacht. In Abbildung 2A-12 wurde die senkrechte Achse abgeschnitten – der Wertebereich von 0 bis 8,8 wurde weggelassen. Um darauf hinzuweisen, wird die Achse durch zwei Schrägstriche unterbrochen. Mit dem Abschneiden spart man Platz und kann einen größeren Maßstab wählen. Im Ergebnis erscheinen Änderungen einer Variablen, die in einem Diagramm mit abgeschnittener Achse gezeigt werden, größer als in einem Diagramm, das die betreffende Achse nicht abschneidet und einen kleineren Maßstab verwendet.

Eine Achse ist **abgeschnitten**, wenn ein oder mehrere Wertebereiche auf dieser Achse vernachlässigt werden.

Eine **unberücksichtigte Variable** ist eine unbeobachtete Größe, die durch ihren Einfluss auf andere Variablen fälschlich den Eindruck einer direkten kausalen Beziehung zwischen diesen Variablen hervorruft.

Man muss auch sorgfältig darauf achten, was genau eine grafische Darstellung zeigt. Wenden wir uns noch einmal Abbildung 2A-11 zu. Es ist wichtig zu erkennen, dass in dieser Abbildung die prozentualen und nicht die zahlenmäßigen Anteile der Arbeitslosigkeit gezeigt werden.

In dieser Abbildung ist die Arbeitslosenquote für Ausländer am höchsten. Verwechselt man zahlenmäßige und prozentuale Anteile, würde man fälschlicherweise folgern, dass die meisten Arbeitslosen Ausländer sind. In Wirklichkeit waren im Mai 2022 rund 696.945 Ausländer in Deutschland arbeitslos gemeldet, aber rund 1,56 Millionen Deutsche. Obwohl der prozentuale Anteil der Arbeitslosigkeit bei den Erwerbspersonen ausländischer Herkunft sehr viel höher war als bei den Deutschen, fiel aufgrund der unterschiedlichen Basis der zahlenmäßige Anteil der Arbeitslosigkeit bei den Erwerbspersonen ausländischer Herkunft geringer aus als bei den deutschen Erwerbspersonen.

Unberücksichtigte Variablen. Wenn in einem Streudiagramm zwei Variablen tendenziell positiv oder negativ miteinander verbunden sind, könnte man auf den ersten Blick eine ursächliche Beziehung zwischen diesen beiden Größen vermuten. Beziehungen zwischen zwei Variablen sind jedoch nicht immer auf direkte Ursache und Wirkung zurückzuführen. Es ist auch gut möglich, dass die beobachtete Beziehung zwischen zwei Variablen auf der *nicht beobachteten* Wirkung einer dritten Variablen auf jede der beiden anderen Größen beruht.

Eine nicht beobachtete Variable, die durch ihren Einfluss auf andere Variablen den fälschlichen Eindruck einer direkten ursächlichen Beziehung zwischen diesen Variablen hervorruft, wird als **unberücksichtigte Variable** bezeichnet. Betrachten wir ein Beispiel: Wenn es im Winter in einer bestimmten Woche zu starken Schneefällen kommt, dann kaufen die Leute typischerweise mehr Schneeschieber. Die Schneefälle werden die Leute aber auch veranlassen, mehr Streusalz zu kaufen. Lässt man den Einfluss der Schneefälle unberücksichtigt und trägt einfach die Zahl der verkauften Schneeschieber gegen die Zahl der verkauften Säcke mit Streusalz auf, dann würde man ein Streudiagramm mit einem von links unten nach rechts oben verlaufenden Punktmuster erhalten. Ein solches Muster zeigt eine positive Beziehung zwischen der Zahl der verkauften Schneeschieber und der verkauften Menge an Streusalz an.

Dies als kausale Beziehung zwischen den beiden Variablen zu interpretieren, wäre jedoch falsch. Eine größere Zahl verkaufter Schneeschieber ist nicht ursächlich für eine große Menge an verkauftem Streusalz oder umgekehrt. Vielmehr bewegen sich diese beiden Variablen in die gleiche Richtung, weil sie beide durch eine dritte ursächliche Variable beeinflusst werden, den Schneefall in einer Woche, die in unserem Fall die unberücksichtigte Variable darstellt. Bevor man also annimmt, dass das in einem Streudiagramm zu beobachtende Muster eine Ursache-Wirkungs-Beziehung impliziert, ist es wichtig sich zu fragen, ob das Muster nicht vielleicht stattdessen das Ergebnis einer unberücksichtigten Variable ist. Oder, um es auf den Punkt zu bringen: Korrelation ist nicht dasselbe wie Verursachung.

Umgekehrte Kausalität. Auch dann, wenn man sich sicher ist, dass es keine unberücksichtigte Variable gibt und dass eine kausale Beziehung zwischen den gezeigten Variablen besteht, muss man vorsichtig bleiben. Leicht passiert einem der Fehler, den man als **vertauschte Kausalität** bezeichnet. Dieser Fehler entsteht durch die falsche Zuordnung von abhängiger und unabhängiger Variable, wenn man also die wahre Richtung der Kausalität zwischen zwei Variablen vertauscht.

Stellen wir uns als Beispiel ein Streudiagramm vor, auf dessen einer Achse die Durchschnittsnoten von 20 Ihrer Kommilitonen abgetragen werden und auf dessen anderer Achse die Zahl der Arbeitsstunden steht, die jeder für Studium und Prüfungsvorbereitung aufgebracht hat. Eine Gerade, die man an die so entstandene Punktfolge anpasst, wird vermutlich eine positive Steigung aufweisen, d. h. eine positive Beziehung zwischen Durchschnittsnote und Zahl der Arbeitsstunden zeigen. Vernünftigerweise werden wir die Zahl der geleisteten Arbeitsstunden als unabhängige Variable und die Durchschnittsnote als abhängige Variable betrachten. Im Prinzip könnte man aber auch dem Fehler der vertauschten Kausalität erliegen: Man könnte folgern, dass gute Durchschnittsnoten einen Studierenden dazu bringen, seinen Arbeitseinsatz auszudehnen, wohingegen schlechte Durchschnittsnoten einen Studierenden veranlassen könnten, weniger zu arbeiten.

Die Bedeutung unserer vorstehenden Überlegungen zur richtigen bzw. falschen Interpretation von grafischen Darstellungen ist nicht rein akademischer Natur. Im »wirklichen Leben« werden sowohl in der Politik als auch in der Wirtschaft Entscheidungen oft mit einer Interpretation von grafischen Darstellungen begründet, wie wir sie gerade besprochen haben. Eine problematische Art der Darstellung, unberücksichtigte Variablen und vertauschte Kausalität können zu drastischen und sehr nachteiligen Konsequenzen führen.

Der Fehler **vertauschte Kausalität** entsteht, wenn die wahre Ursache-Wirkungs-Richtung zwischen zwei Variablen vertauscht wird.

SCHLÜSSELBEGRIFFE

- Variable
- waagerechte Achse, x-Achse, Abszisse
- senkrechte Achse, y-Achse, Ordinate
- kausale Beziehung
- unabhängige Variable
- abhängige Variable
- Kurve
- lineare Beziehung
- nichtlineare Beziehung
- positive Beziehung
- negative Beziehung
- Abszissenschnittpunkt
- Ordinatenschnittpunkt
- Steigung
- nichtlineare Kurve
- absoluter Wert
- Tangente
- Maximum
- Minimum
- Zeitreihendiagramm
- Streudiagramm
- Tortendiagramm
- Balkendiagramm
- abgeschnitten
- unberücksichtigte Variable
- vertauschte Kausalität

3 Angebot und Nachfrage

LERNZIELE

- Was ein **Wettbewerbsmarkt** ist.
- Was mit **Nachfragekurve** und was mit **Angebotskurve** gemeint ist.
- Wie Angebots- und Nachfragekurven den **Gleichgewichtspreis** und die **Gleichgewichtsmenge** auf einem Markt bestimmen.
- Wie der Preis den Markt im Fall eines **Überschusses** oder einer **Knappheit** wieder ins Gleichgewicht bringt.

Ein Auf und Ab beim Erdgas

Fast ein Jahrzehnt lang glich die wirtschaftliche Entwicklung in Karnes County einer Achterbahnfahrt. Von 2010 bis 2018 erlebte der Landkreis im US-Bundesstaat Texas, unter dem es zwei große Erdöl- und Erdgaslagerstätten gibt, einen Aufschwung, dann einen Abschwung und dann wieder eine Erholung. Und all das hatte mit der Einführung des Hydraulic Fracturing oder kurz Fracking zu tun.

Von 2010 bis 2015 erlebte Karnes County zunächst einen steilen Aufschwung und dann eine rasante Talfahrt, als der Preis für Erdgas durch den Einsatz von Fracking von 8 Dollar je 1.000 Kubikfuß (das entspricht rund 30 Euro je MWh) auf 2 Dollar fiel. *Fracking* ist eine Methode zur Gewinnung von Erdgas aus Lagerstätten, die sich in mehreren Hundert Metern Tiefe zwischen Schiefergesteinsschichten befinden. Um das Erdgas freizusetzen, wird ein starker Strahl eines Gemisches aus Wasser und Chemikalien genutzt. Fast ein Jahrhundert lang wurden große Erdgaslagerstätten in diesen Schiefergesteinsformationen in den Vereinigten Staaten nicht erschlossen, da die notwendigen Bohrungen zu schwierig gewesen wären.

Im Laufe der Zeit wurden dann neue Bohrtechnologien entwickelt, die es ermöglichten, auch diese tief liegenden Vorkommen zu erreichen. Der ausschlaggebende Punkt für Energieunternehmen, in diese neue Abbautechnologie zu investieren, war jedoch ein kräftiger Anstieg des Erdgaspreises, der sich zwischen 2002 und 2006 vervierfacht hatte. Dafür waren zwei Faktoren verantwortlich: die Nachfrage nach Erdgas und das Angebot an Erdgas.

Kommen wir zunächst zur Nachfrageseite. Im Jahr 2002 befand sich die US-amerikanische Volkswirtschaft in einer Rezession. Die Wirtschaftstätigkeit war gering, viele Menschen verloren ihren Job, sodass Haushalte und Unternehmen gleichermaßen ihren Energieverbrauch senkten. Um Geld zu sparen, drehten z. B. Hausbesitzer im Winter den Temperaturregler ihrer Heizung nach unten. Bis zum Jahr 2006 aber hatte sich die US-amerikanische Volkswirtschaft wieder gut erholt und der Erdgasverbrauch stieg wieder an.

Und dann gibt es noch die Angebotsseite. Im Jahr 2005 wurde die US-amerikanische Golfküste, zum damaligen Zeitpunkt das Zentrum der Erdgasförderung in den Vereinigten Staaten, vom Hurrikan Katrina verwüstet. Während also die Nachfrage nach Erdgas bis zum Jahr 2006 erheblich anstieg, ging das Angebot an Erdgas infolge der zerstörten Förderanlagen im Golf von Mexiko zurück. Der Preis für Erdgas erreichte einen Höchststand von 14 Dollar (je 1.000 Kubikfuß), nach einem Preis von rund 2 Dollar (je 1.000 Kubikfuß) im Jahr 2002.

Im Jahr 2013 aber war der Preis für Erdgas wieder auf 2 Dollar (je 1.000 Kubikfuß) gefallen. Dieses Mal war jedoch nicht eine lahmende Wirtschaft der Grund, sondern die Auswirkungen der Fracking-Technologie. Von 2010 bis 2012 hatte sich die Förderung von Erdgas aus Schiefervorkommen in den Vereinigten Staaten nahezu verdoppelt. Im Jahr 2018 stiegen die Vereinigten Staaten sogar zum größten Erdgasproduzenten der Welt auf und exportierten große Mengen an Erdgas ins Ausland.

Trotz dieser starken Angebotsausweitung lag der Preis für Erdgas im Jahr 2018 bei rund 3,15 Dollar (je 1.000 Kubikfuß) und damit deutlich über seinem Tiefststand von knapp unter 2 Dollar. Neben dem Angebot hatte sich auch die Nachfrage nach Erdgas spürbar erhöht. Stromerzeugungsanlagen stellten von Kohle auf Erdgas um und fragten mehr Erdgas nach. Hausbesitzer wechselten von Heizöl auf Erdgas und fragten mehr Erdgas nach. Außerdem stiegen die Erdgasexporte aus den Vereinigten Staaten nach Europa an, da Erdgas deutlicher billiger als alternative Energieträger war.

Die Vorteile durch den Erdgasboom – die Schaffung Zehntausender neuer Arbeitsplätze, ein robuster wirtschaftlicher Aufschwung in Karnes County ab 2016 und geringere Energiekosten für diejenigen, die vorher Kohle und Erdöl genutzt haben – werden jedoch von starken Vorbehalten und hitzigen Diskussionen über die ökologischen Auswirkungen des Frackings begleitet. Obgleich die Umstellung auf Erdgas bei Haushalten und Unternehmen einen deutlichen ökologischen Nutzen mit sich bringt (bei der Verbrennung von Erdgas entstehen weniger schädliche Emissionen als bei der Verbrennung von anderen, umweltschädlicheren fossilen Brennstoffen wie Erdöl und Kohle), hat das Fracking für neue Umweltbedenken gesorgt. Eine Sorge betrifft die mögliche Kontamination des Grundwassers in den Fördergebieten mit den beim Fracking verwendeten Chemikalien. Andere Bedenken haben damit zu tun, dass billiges Erdgas womöglich die Abhängigkeit von fossilen Brennstoffen verlängert und den Ausbau von erneuerbaren Energiequellen wie Solarenergie und Windkraft bremst. (Es gibt allerdings auch Stimmen, die die Auffassung vertreten, dass Erdgas den Ausbau der erneuerbaren Energien unterstützt, wenn Erdgas immer dann zum Einsatz kommt, wenn der Wind nicht weht oder die Sonne nicht scheint.)

Doch kehren wir zu unserem eigentlichen Thema zurück: das Angebot an Erdgas und die Nachfrage nach Erdgas. Was meinen wir überhaupt mit *Angebot* und *Nachfrage*? Viele Menschen verwenden die Begriffe Angebot und Nachfrage als allgemeine Schlagworte für »das Wirken der Marktkräfte«. Für Ökonomen hat das Konzept von Angebot und Nachfrage jedoch eine präzise Bedeutung. Es ist ein Modell zur Beschreibung des Marktgeschehens, das extrem nützlich für das Verständnis vieler, wenn auch nicht aller Marktprozesse ist.

In diesem Kapitel werden wir die einzelnen Elemente des Angebots-Nachfrage-Modells darlegen, sie zusammenfügen und anschließend zeigen, wie dieses Modell verwendet werden kann, um das Geschehen auf Märkten zu verstehen.

3.1 Angebot und Nachfrage: Modell eines Wettbewerbsmarktes

Wenn es auf einem Markt für ein bestimmtes Gut viele Käufer und Verkäufer gibt, dann bezeichnet man diesen Markt als **wettbewerblichen Markt** oder **Wettbewerbsmarkt**.

Erdgasanbieter und ihre Kunden bilden einen Markt – eine Gruppe von Verkäufern und Käufern, die Waren und Dienstleistungen gegen Bezahlung tauschen. In diesem Kapitel werden wir uns auf eine spezifische Marktform konzentrieren, die als wettbewerblicher Markt bezeichnet wird. Als **wettbewerblicher Markt** oder **Wettbewerbsmarkt** wird ein Markt bezeichnet, auf dem es viele Käufer und Verkäufer derselben Ware oder Dienstleistung gibt.

Ein wettbewerblicher Markt wird durch eine zentrale, konstituierende Eigenschaft charakterisiert: Das Verhalten eines einzelnen Marktteilnehmers hat keine wahrnehmbare Wirkung auf den Preis, zu dem die Ware bzw. Dienstleistung gehandelt wird. Es ist jedoch wichtig, sich klarzumachen, dass dies nicht für jeden Markt eine genaue Beschreibung ist. Beispielsweise ist es *keine* genaue Beschreibung des Marktes für colahaltige Getränke. Das liegt daran, dass Coca-Cola und Pepsi einen so großen Anteil an der Gesamtmenge der verkauften colahaltigen Getränke haben, dass sie den Preis, zu dem colahaltige Getränke ge- und verkauft werden, durchaus beeinflussen können. Für den Erdgasmarkt hingegen ist die Beschreibung des Marktes zutreffend. Der Weltmarkt für Erdgas ist so groß, dass sogar das größte US-amerikanische Förderunternehmen Exxon Mobil einen so geringen Anteil des Gesamterlöses produziert, dass es den Preis, zu dem Erdgas gehandelt wird, nicht beeinflussen kann.

Es ist nicht ganz einfach zu erklären, wodurch sich wettbewerbliche Märkte von anderen Märkten unterscheiden, solange wir nicht gesehen haben, wie ein wettbewerblicher Markt funktioniert. Wir sollten dieses Problem daher zunächst im Kopf behalten – wir kommen auf diese Fragestellung am Ende dieses Kapitels zurück. Für den Augenblick halten wir einfach fest, dass sich ein wettbewerblicher Markt leichter modellieren lässt als andere Marktformen. Beim Schreiben von Klausuren ist es eine gute Strategie, mit der Beantwortung der einfacheren Fragen zu beginnen. In diesem Buch wollen wir es genauso halten. Daher schauen wir uns zunächst wettbewerbliche Märkte an.

Die Funktionsweise eines wettbewerblichen Marktes wird ziemlich gut durch ein Modell beschrieben, das als **Angebots-Nachfrage-Modell** bekannt ist. Und weil in der Realität viele Märkte tatsächlich wettbewerblich sind, weist das Angebots-Nachfrage-Modell auch große praktische Relevanz auf.

Das **Angebots-Nachfrage-Modell** beschreibt, wie ein Wettbewerbsmarkt funktioniert.

Das Modell besteht aus fünf zentralen Elementen:

- der *Nachfragekurve*;
- der *Angebotskurve*;
- den Größen, die eine Verschiebung der Nachfragekurve hervorrufen, und den Größen, die eine Verschiebung der Angebotskurve hervorrufen;
- dem *Marktgleichgewicht*, das sowohl den *Gleichgewichtspreis* als auch die *Gleichgewichtsmenge* umfasst;
- der Änderung des Marktgleichgewichts bei einer Verschiebung von Angebots- oder Nachfragekurve.

Im Folgenden werden wir uns mit diesen Elementen näher beschäftigen, um das Angebots-Nachfrage-Modell zu verstehen.

3.2 Die Nachfragekurve

Wie viel Erdgas fragen US-amerikanische Verbraucher wohl in einem Jahr nach? Auf den ersten Blick könnte man an eine einfache Antwort glauben: Man muss lediglich die innerhalb eines Jahres von Haushalten und Unternehmen verbrauchten Mengen an Erdgas zusammenaddieren. Aber das wird für die Beantwortung der Frage nicht genügen, da die Nachfrage nach Erdgas von der Höhe des Erdgaspreises abhängig ist.

Wenn die Erdgaspreise wie zwischen 2006 und 2013 in den USA fallen, werden die Konsumenten auf die niedrigeren Preise üblicherweise durch einen höheren Verbrauch von Erdgas reagieren. Sie werden beispielsweise in ihren Häusern den Temperaturregler hochdrehen, um es im Winter wärmer zu haben, oder sie werden ihr Fahrzeug auf Erdgasantrieb umstellen. Im Allgemeinen hängt die nachgefragte Menge an Erdgas oder jeder anderen Ware oder Dienstleistung vom Preis ab. Je höher der Preis, desto weniger werden die Leute von dieser Ware oder Dienstleistung kaufen wollen. Je niedriger der Preis, desto mehr Einheiten möchten Menschen von diesem Gut kaufen.

Die Antwort auf die Frage »Wie viele Einheiten Erdgas wollen Verbraucher kaufen?« hängt also von der Höhe des Preises einer Erdgaseinheit ab. Wenn man noch nicht weiß, wie hoch der Preis tatsächlich ist, kann man zunächst in einer Tabelle notieren, wie viele Erdgaseinheiten Menschen zu verschiedenen Preisen kaufen möchten.

Eine solche Tabelle wird als *Nachfrageplan* bezeichnet. Dieser Nachfrageplan kann verwendet werden, um die *Nachfragekurve* zu konstruieren, die eines der zentralen Elemente des Angebots-Nachfrage-Modells darstellt.

Ein **Nachfrageplan** zeigt, welche Mengen eines Gutes die Konsumenten zu verschiedenen Preisen zu kaufen wünschen.

Die **nachgefragte Menge** gibt für einen bestimmten Preis an, welche Menge eines Gutes die Konsumenten kaufen möchten.

Eine **Nachfragekurve** ist die grafische Darstellung des Nachfrageplans. Sie zeigt für jeden Preis, welche Menge eines Gutes die Konsumenten kaufen möchten.

Der Nachfrageplan und die Nachfragekurve

Ein **Nachfrageplan** ist eine Tabelle, die zeigt, wie viel von einem Gut die Konsumenten zu verschiedenen Preisen kaufen wollen. Im rechten Teil von **Abbildung 3-1** zeigen wir einen hypothetischen Nachfrageplan für Erdgas. Die hypothetische Erdgasnachfrage wird in Kilowattstunden (kWh) angegeben. Hypothetisch bedeutet, dass keine realen Daten über die Erdgasnachfrage verwendet werden.

Der Tabelle zufolge fragen die Verbraucher innerhalb eines Jahres 10 Milliarden Kilowattstunden Erdgas nach, wenn der Erdgaspreis 3 Cent je Kilowattstunde beträgt. Wenn der Preis 3,25 Cent beträgt, werden nur noch 8,9 Milliarden Kilowattstunden Erdgas nachgefragt, während ein Preis von 2,75 Cent eine Nachfrage von 11,5 Milliarden Kilowattstunden Erdgas produziert. Je höher der Preis, desto weniger Erdgas wünschen die Menschen zu verbrauchen. Wenn also der Preis steigt, sinkt die **nachgefragte Menge** an Erdgas. Die nachgefragte Menge gibt für einen bestimmten Preis an, welche Menge eines Gutes die Konsumenten kaufen möchten.

Die Kurve in Abbildung 3-1 stellt die in der Tabelle enthaltenen Informationen grafisch dar. (Im Anhang zu Kapitel 2 können Sie die Diskussion grafischer Abbildungen noch einmal nachlesen.) Die senkrechte Achse zeigt den Preis einer Kilowattstunde Erdgas und die waagerechte Achse zeigt die Menge nachgefragten Erdgases in Milliarden Kilowattstunden. Jeder Punkt auf der Kurve korrespondiert mit einer Zeile der Tabelle. Die die Punkte verbindende Kurve wird als **Nachfragekurve** bezeichnet. Eine Nachfragekurve ist die grafische Darstellung des Nachfrageplans, also eine andere Möglichkeit, um zu zeigen, welche

Abb. 3-1

Nachfrageplan und Nachfragekurve

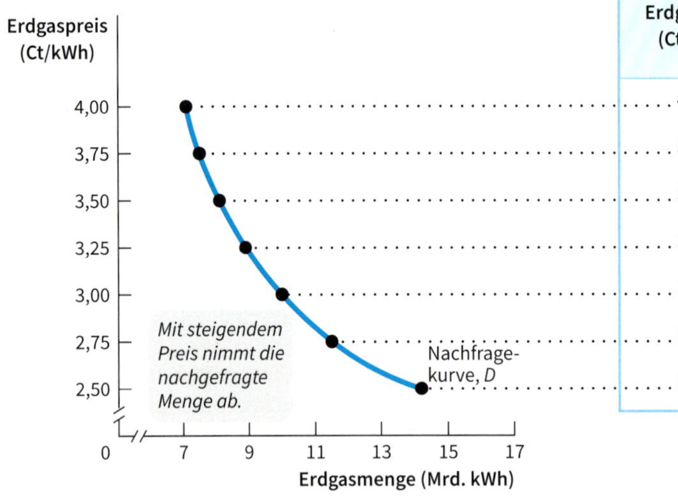

Nachfrageplan für Erdgas	
Erdgaspreis (Ct/kWh)	**Nachgefragte Menge an Erdgas (Mrd. kWh)**
4,00	7,1
3,75	7,5
3,50	8,1
3,25	8,9
3,00	10,0
2,75	11,5
2,50	14,2

Wenn man den Nachfrageplan für Erdgas grafisch darstellt, erhält man die zugehörige Nachfragekurve, die zeigt, welche Menge Erdgas die Konsumenten bei jedem gegebenen Preis zu kaufen wünschen. Nachfragekurve und Nachfrageplan spiegeln das Gesetz der Nachfrage wider: Mit steigendem Preis sinkt die nachgefragte Menge. Analog führt ein Preisrückgang zu einem Anstieg der nachgefragten Menge. Daher verläuft die Nachfragekurve fallend, von links oben nach rechts unten.

Menge eines Gutes die Konsumenten bei jedem gegebenen Preis kaufen möchten.

Beachten Sie, dass die in Abbildung 3-1 gezeigte Nachfragekurve abwärts geneigt verläuft. Dies spiegelt die allgemeine Eigenschaft wider, dass ein höherer Preis die Zahl der Menschen vermindert, die bereit sind, ein Gut zu kaufen. Schauen wir uns noch einmal das konkrete Beispiel der Nachfragekurve in Abbildung 3-1 an: Wenn der Preis fällt, bewegen wir uns auf der Nachfragekurve nach unten und die nachgefragte Menge steigt. Wenn der Preis steigt, bewegen wir uns auf der Nachfragekurve nach oben und die nachgefragte Menge fällt. In der Realität verlaufen Nachfragekurven mit wenigen, sehr spezifischen Ausnahmen so gut wie immer abwärts. Bei den Ausnahmen handelt es sich um Güter, die als »Giffen-Güter« bezeichnet werden. Ökonomen gehen jedoch davon aus, dass Giffen-Güter außerordentlich selten sind. Wir wollen sie daher zunächst ignorieren. Für den generellen Fall können wir Folgendes festhalten: Die Eigenschaft, dass ein höherer Preis für ein Gut *ceteris paribus* dazu führt, dass die Menschen eine kleinere Menge dieses Gutes nachfragen, ist so verlässlich, dass Ökonomen sie sogar als »Gesetz« bezeichnen – das **Gesetz der Nachfrage**.

Das **Gesetz der Nachfrage** besagt, dass ceteris paribus ein höherer Preis zu einer geringeren nachgefragten Menge führt.

Verschiebungen der Nachfragekurve

Obwohl die Erdgaspreise im Jahr 2006 über dem Niveau von 2002 lagen, war der US-Erdgasverbrauch im Jahr 2006 höher. Wie lässt sich diese Beobachtung erklären, wo wir doch gerade das Gesetz der Nachfrage eingeführt haben, das besagt, dass ein höherer Preis, *ceteris paribus*, die nachgefragte Menge reduziert?

Entscheidend ist die Formulierung *ceteris paribus*. In diesem Fall waren die sonstigen Umstände nicht gleich: Die US-amerikanische Volkswirtschaft hatte sich zwischen 2002 und 2006 derart verändert, dass bei jedem gegebenen Preis die nachgefragte Menge Erdgas höher war als zuvor. Die Volkswirtschaft war im Jahr 2006 deutlich stärker als 2002. **Abbildung 3-2** illustriert dieses

Abb. 3-2

Ein Anstieg der Nachfrage

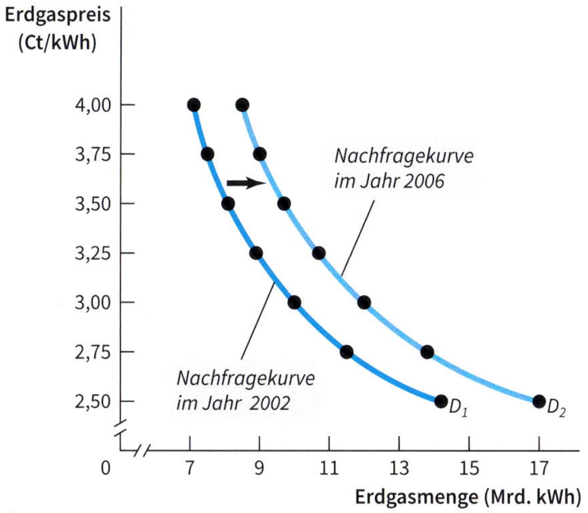

Nachfragepläne für Erdgas		
Erdgaspreis (Ct/kWh)	Nachgefragte Menge an Erdgas (Mrd. kWh) 2002	2006
4,00	7,1	8,5
3,75	7,5	9,0
3,50	8,1	9,7
3,25	8,9	10,7
3,00	10,0	12,0
2,75	11,5	13,8
2,50	14,2	17,0

Eine starke Konjunktur ist ein Faktor, der en Anstieg der Nachfrage nach Erdgas hervorruft – eine Erhöhung der nachgefragten Menge bei jedem gegebenen Preis. Dies wird durch die beiden Nachfragepläne – der eine zeigt die Nachfrage im Jahr 2002, als die Wirtschaft schwach war, der andere die Nachfrage im Jahr 2006, als die Wirtschaft stark war – und ihre korrespondierenden Nachfragekurven repräsentiert. Ein Anstieg der Nachfrage verschiebt die Nachfragekurve nach rechts.

Zu einer **Verschiebung der Nachfragekurve** kommt es, wenn sich bei jedem gegebenen Preis die nachgefragte Menge ändert. Diese Nachfrageänderung impliziert eine Verlagerung der ursprünglichen Nachfragekurve zu einer neuen Position.

Ändert sich der Preis eines Gutes, dann ändert sich die nachgefragte Menge, und es kommt zu einer **Bewegung entlang der Nachfragekurve**.

Phänomen anhand der Nachfragepläne und der Nachfragekurve für Erdgas. (Wie zuvor sind die Zahlen in Abbildung 3-2 rein hypothetisch.)

Die Tabelle in Abbildung 3-2 zeigt zwei Nachfragepläne. Der erste beschreibt den Nachfrageplan für das Jahr 2002 – es ist also derselbe wie in Abbildung 3-1. Der zweite Nachfrageplan ist für das Jahr 2006. Aufgrund der Stärkung der Volkswirtschaft zwischen 2002 und 2006 lässt er für jeden Preis eine größere nachgefragte Menge erkennen. Für jeden Preis, der im Jahr 2006 galt, wurde also mehr Erdgas nachgefragt als für den gleichen Preis im Jahr 2002. So erhöhte sich beispielsweise die Erdgasmenge, die Konsumenten zu einem Preis von 3 Cent je Kilowattstunde nachfragten, von 10 auf 12 Milliarden Kilowattstunden; die Nachfrage bei einem gültigen Preis von 3,25 Cent stieg von 8,9 auf 10,7 Milliarden Kilowattstunden usw.

Die gesamtwirtschaftlichen Veränderungen zwischen 2002 und 2006 haben einen *neuen* Nachfrageplan erzeugt, einen, bei dem bei jedem gegebenen Preis die nachgefragte Menge größer ist als im ursprünglichen Nachfrageplan. Die in den Nachfrageplänen enthaltenen Informationen werden durch die beiden Kurven von Abbildung 3-2 grafisch veranschaulicht. Wie man erkennen kann, korrespondiert eine neue Nachfragekurve (D_2) mit dem neuen Nachfrageplan für das Jahr 2006. Die neue Nachfragekurve liegt rechts von der Nachfragekurve (D_1), die für das Jahr 2002 galt. Diese **Verschiebung der Nachfragekurve** zeigt bei jedem gegebenen Preis die Änderung der nachgefragten Menge, die sich aus einer Änderung der Lage der ursprünglichen Nachfragekurve D_1 an ihren neuen Ort D_2 ergibt.

Es ist extrem wichtig, zwischen einer derartigen Verschiebung der Nachfragekurve und einer **Bewegung entlang einer Nachfragekurve** zu unterscheiden. Bewegungen entlang einer gegebenen Nachfragekurve resultieren aus einer Änderung des Preises des betreffenden Gutes. **Abbildung 3-3** illustriert den Unterschied. Die Bewegung von Punkt *A* nach Punkt *B* ist eine Bewegung entlang der Nachfragekurve: Die nachgefragte Menge erhöht sich aufgrund eines Preisrückgangs, wenn man sich auf der Kurve D_1 nach unten bewegt. In der Abbildung führt ein Rückgang des Erdgaspreises von 3,5 Cent auf 3 Cent je Kilowattstunde zu einem Anstieg der nachge-

Abb. 3-3

Bewegung entlang der Nachfragekurve versus Verschiebung der Nachfragekurve

Die Zunahme der nachgefragten Menge, die sich aus dem Übergang von Punkt *A* nach Punkt *B* ergibt, reflektiert eine Bewegung entlang der Nachfragekurve: Die Nachfrageerhöhung ist das Ergebnis eines Rückgangs des Preises des betreffenden Gutes. Die Erhöhung der nachgefragten Menge, die sich aus dem Übergang von Punkt *A* nach Punkt *C* ergibt, reflektiert eine Verschiebung der Nachfragekurve: Sie ist das Ergebnis einer Nachfrageerhöhung bei jedem gegebenen Preis.

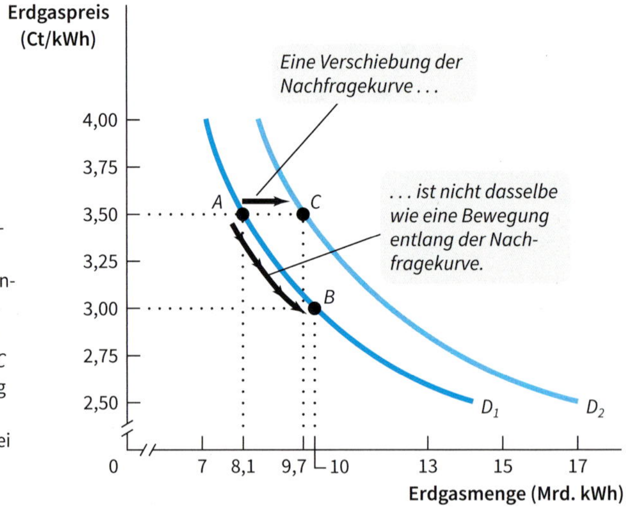

LÄNDER IM VERGLEICH

Mehr zahlen, weniger tanken

Um das Gesetz der Nachfrage praktisch zu veranschaulichen, betrachten Sie, wie sich der Benzinverbrauch verändert, je nachdem welchen Preis die Verbraucher an der Zapfsäule zahlen müssen. Aufgrund hoher Steuern sind Benzin und Diesel in den meisten europäischen und vielen ostasiatischen Ländern mehr als doppelt so teuer wie in den Vereinigten Staaten. Das Gesetz der Nachfrage sagt voraus, dass Europäer weniger Sprit kaufen sollten als US-Amerikaner – und das ist auch tatsächlich so. Sie können anhand der Abbildung sehen, dass der Pro-Kopf-Verbrauch in Europa weniger als halb so groß ist wie in den Vereinigten Staaten. Das liegt vor allem daran, dass Europäer kleinere Autos mit besserer Verbrauchsleistung fahren.

Wenn der Preis auch nicht der einzige Faktor ist, der den Spritverbrauch beeinflusst, so ist er sicherlich der wichtigste Grund für den Unterschied zwischen dem europäischen und dem US-amerikanischen Pro-Kopf-Spritverbrauch.

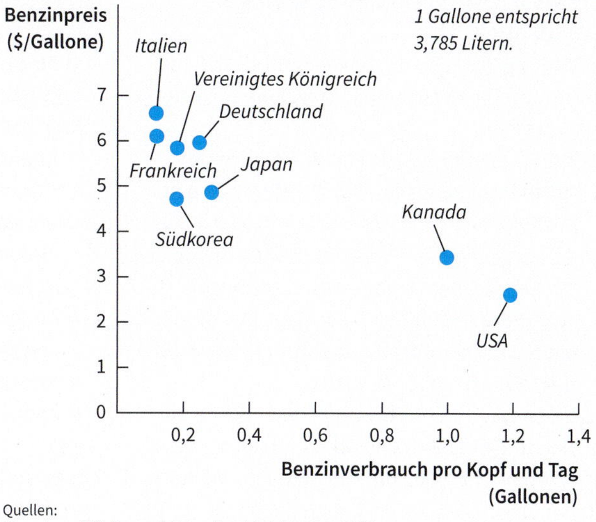

Quellen:
Bloomberg, U.S. Energy Information Administration, 2018

fragten Menge von 8,1 Mrd. auf 10 Milliarden Kilowattstunden jährlich. Die nachgefragte Menge kann aber auch bei unverändertem Preis steigen, wenn es zu einem *Anstieg der Nachfrage* kommt – zu einer Rechtsverschiebung der Nachfragekurve. Dies wird in Abbildung 3-3 durch die Verschiebung der Nachfragekurve von D_1 nach D_2 illustriert. Halten wir den Preis gedanklich bei 3,5 Cent pro Kilowattstunde konstant, nimmt die nachgefragte Menge von 8,1 Milliarden Kilowattstunden im Punkt *A* auf D_1 auf 9,7 Milliarden Kilowattstunden im Punkt *C* auf D_2 zu.

DENKFALLEN!

Nachfrage versus nachgefragte Menge

Wenn Ökonomen von einem »Anstieg der Nachfrage« sprechen, meinen sie eine Verschiebung der Nachfragekurve nach rechts, und wenn sie von einem »Rückgang der Nachfrage« sprechen, so meinen sie eine Verschiebung der Nachfragekurve nach links. Jedenfalls meinen sie das, wenn sie ihre Worte sorgsam wählen.

Im normalen Sprachgebrauch verwenden die meisten Leute, also auch Ökonomen, den Begriff *Nachfrage* eher locker. Ein Ökonom könnte beispielsweise sagen, dass sich die »Nachfrage nach Flugreisen in den letzten 20 Jahren verdoppelt hat, unter anderem aufgrund fallender Flugpreise« – er meint damit aber, dass sich die *nachgefragte Menge* verdoppelt hat.

Im Rahmen einer gewöhnlichen Unterhaltung ist es in Ordnung, ein wenig nachlässig zu sein. Wenn man jedoch eine ökonomische Analyse durchführt, ist es wichtig, zwischen Änderungen der nachgefragten Menge (Bewegung entlang der Nachfragekurve) und Verschiebungen der Nachfragekurve zu unterscheiden. Abbildung 3-3 veranschaulicht diesen Unterschied. Es passiert manchmal, dass Studierende etwas wie das Folgende schreiben und sich dabei im Kreis drehen: »Wenn die Nachfrage zunimmt, steigt der Preis, was wiederum zu einem Rückgang der Nachfrage führt und den Preis nach unten drückt …«

Wenn man klar unterscheidet zwischen Änderungen der *Nachfrage*, also Verschiebungen der Nachfragekurve, und Änderungen der *nachgefragten Menge*, also Bewegungen entlang der Nachfragekurve, kann man einige Verwirrung vermeiden.

Wenn Ökonomen sagen »Die Nachfrage nach *X* hat zugenommen« oder »Die Nachfrage nach *Y* hat abgenommen«, dann meinen sie, dass sich die Nachfragekurve für *X* oder *Y* verschoben hat – *nicht*, dass die nachgefragte Menge gestiegen oder gesunken ist, weil es zu einer Änderung des Preises kam.

Ursachen für Verschiebungen der Nachfragekurve

Abbildung 3-4 zeigt die beiden grundsätzlichen Richtungen, in die sich Nachfragekurven verschieben können.

1. Wenn Ökonomen von einem »Anstieg der Nachfrage« sprechen, dann meinen sie eine *Rechtsverschiebung* der Nachfragekurve: Bei jedem gegebenen Preis fragen die Konsumenten eine größere Menge des Gutes nach als zuvor. In der Abbildung 3-4 schlägt sich dies in einer Verschiebung der ursprünglichen Nachfragekurve D_1 nach D_2 nieder.
2. Wenn Ökonomen von einem »Rückgang der Nachfrage« sprechen, dann meinen sie eine *Linksverschiebung* der Nachfragekurve: Bei jedem gegebenen Preis fragen die Konsumenten eine kleinere Menge des Gutes nach als zuvor. Dies zeigt sich in Abbildung 3-4 in einer Verschiebung der ursprünglichen Nachfragekurve D_1 nach links zu D_3.

Was ist aber die Ursache für die Verschiebung der Nachfragekurve? Wie bereits erwähnt ist in unserem Beispiel der Grund für die Verschiebung der Nachfragekurve der Aufschwung der US-amerikanischen Volkswirtschaft zwischen 2002 und 2006. Es gibt natürlich auch noch andere Gründe, die die Nachfragekurve nach Erdgas verschieben könnten. Stellen Sie sich beispielsweise vor, dass der Heizölpreis steigt. Dies würde dazu führen, dass einige Verbraucher, die bisher ihre Häuser und Büros im Winter mit Öl beheizten, stattdessen zu Erdgas wechseln und damit die Erdgasnachfrage ankurbeln.

Ökonomen gehen davon aus, dass grundsätzlich fünf Faktoren zu einer Verschiebung der Nachfragekurve für ein Gut führen:

- Änderungen der Preise von Gütern, die in Beziehung zu dem betrachteten Gut stehen;
- Änderungen des Einkommens;
- Änderungen von Geschmack und Präferenzen;
- Änderungen von Erwartungen und
- Änderungen der Zahl der Konsumenten.

Auch wenn dies keine alles umfassende Liste ist, enthält sie doch die fünf wichtigsten Faktoren für die Verschiebung von Nachfragekurven. Als wir weiter oben davon sprachen, dass *ceteris paribus* mit steigendem Preis die nachgefragte Menge nach einem Gut zurückgeht, dann bezog sich dieses ceteris paribus darauf, dass Faktoren, die zu einer Verschiebung der Nachfrage-

Abb. 3-4

Verschiebungen der Nachfragekurve

Jedes Ereignis, das bei gegebenem Preis einen Anstieg der Nachfrage hervorruft, führt zu einer Verschiebung der Nachfragekurve nach rechts. Jedes Ereignis, das bei gegebenem Preis einen Rückgang der Nachfrage hervorruft, führt zu einer Verschiebung der Nachfragekurve nach links.

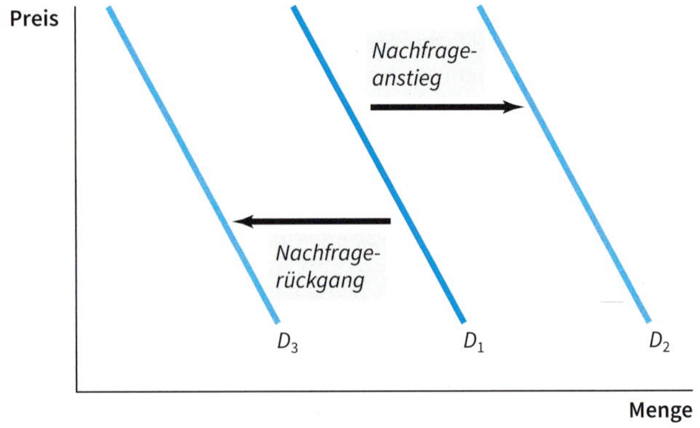

kurve führen, unverändert bleiben. Lassen Sie uns nun einen genaueren Blick darauf werfen, wie diese Faktoren die Nachfragekurve verschieben.

Preisänderungen von verwandten Gütern. Bei Heizöl handelt es sich aus ökonomischer Sicht um ein *Substitut* für Erdgas. Ein Paar von Gütern bezeichnet man als **Substitute**, wenn ein Rückgang des Preises für das eine Gut (Heizöl) Konsumenten dazu veranlasst, weniger Bereitschaft zum Kauf des anderen Gutes (Erdgas) zu zeigen. Substitute sind normalerweise Güter, die in bestimmter Weise eine ähnliche Funktion erfüllen: Kaffee und Tee, Muffins und Donuts, Zugfahren und Fliegen.

Ein Preisrückgang des alternativen Gutes veranlasst einige Konsumenten, dieses *anstatt* des ursprünglichen Gutes zu kaufen, wodurch sich in der grafischen Interpretation die Nachfragekurve für das ursprüngliche Gut nach links verschiebt.

Manchmal führt der Preisrückgang für ein Gut aber auch dazu, dass die Konsumenten *mehr* von dem anderen Gut zu kaufen wünschen. Solche Güter bezeichnet man als **Komplementärgüter**. Komplementärgüter sind solche Güter, die in bestimmter Weise gemeinsam konsumiert werden: Smartphones und Apps, Cappuccino und Kekse, Autos und Kraftstoff. Da Konsumenten komplementäre Güterpaare gleichzeitig konsumieren wollen, wird eine Preisänderung des betrachteten Gutes auch die Nachfrage für das Komplementärgut beeinflussen. Sinkt der Preis eines Komplementärgutes, dann nimmt bei jedem gegebenen Preis die Nachfrage nach dem betrachteten Gut zu und die Nachfragekurve verschiebt sich nach rechts. Umgekehrt verhält es sich bei einem Preisanstieg eines Komplementärgutes. Als der US-Benzinpreis zwischen 2009 und 2011 von rund 0,79 Dollar auf rund 1,05 Dollar stieg, fiel die Nachfrage nach Fahrzeugen mit hohem Benzinverbrauch.

Einkommensänderungen. Wieso verursachte das wirtschaftlich starke Jahr 2006 im Vergleich zum eher schwachen Jahr 2002 einen Anstieg der Nachfrage nach Erdgas? Aufgrund der besseren Wirtschaftslage verfügten die US-Amerikaner über ein höheres Einkommen. Mit steigendem Einkommen nimmt im Normalfall bei jedem gegebenen Preis die Wahrscheinlichkeit zu, dass dieses Gut gekauft wird. Erhöht sich beispielsweise das Einkommen einer Familie, vergrößert sich die Wahrscheinlichkeit, dass sie ihr Haus im Winter stärker beheizen.

Darüber hinaus ist die Nachfrage nach Erdgas als wichtigste Brennstoffquelle in Stromerzeugungsanlagen eng mit der Nachfrage nach anderen Waren und Dienstleistungen verknüpft. So müssen Unternehmen Strom verbrauchen, um Haushalten Waren und Dienstleistungen anbieten zu können. Wenn die Wirtschaft also stark ist und die Haushaltseinkommen hoch sind, werden Unternehmen mehr Strom und indirekt auch mehr Erdgas verbrauchen.

Warum sprechen wir von »den meisten Gütern« und nicht von »allen Gütern«? Die meisten Güter sind **normale Güter** – die Nachfrage nach ihnen nimmt zu, wenn das Haushaltseinkommen steigt. Es gibt jedoch auch Güter, bei denen die Nachfrage fällt, wenn das Einkommen steigt.Güter, deren Nachfrage fällt, wenn das Einkommen steigt, werden als **inferiore Güter** bezeichnet. Bei einem inferioren Gut handelt es sich normalerweise um ein Gut, das als weniger wünschenswert gesehen wird als teurere Alternativen – wie beispielsweise eine Busfahrt im Vergleich zu einer Taxifahrt. Wenn Menschen es sich leisten können, kaufen sie nicht mehr das inferiore Gut, sondern fragen die bevorzugte, teurere Alternative nach. Wenn ein Gut inferior ist, führt eine Einkommenszunahme zu einer Linksverschiebung der Nachfragekurve. Ein Einkommensrückgang führt, wie nicht anders zu erwarten, zu einer Rechtsverschiebung der Nachfragekurve.

Ein Beispiel für die Unterscheidung zwischen normalen und inferioren Gütern schlug in der Wirtschaftspresse hohe Wellen: die Besuche in Casual Dining-Restaurants, einer vor allem in den Vereinigten Staaten verbreiteten Form von Mittelklasse-Restaurants (z. B. Applebee's und Olive Garden), im Vergleich zu Besuchen bei Fast-Food-Ketten (z. B. McDonald's und Burger King). Sobald das Einkommen von US-Amerikanern steigt, tendieren sie dazu, öfter in Casual-Dining-Restaurants essen zu gehen. Ein Teil dieses Anstiegs von Restaurantbesuchen geht zulasten von Fast-Food-Ketten, da Menschen, wenn sie sich ein etwas vornehmeres Essen leisten können, seltener zu McDonald's gehen. Während das Essen in Mittelklasse-Restau-

Man bezeichnet zwei Güter als **Substitute**, falls ein Rückgang des Preises des einen Gutes die Nachfrager veranlasst, weniger von dem anderen Gut kaufen zu wollen.

Falls ein Anstieg des Einkommens die Nachfrage nach einem Gut erhöht – das ist der Normalfall –, dann bezeichnen wir dieses Gut als **normales Gut** oder superiores Gut.

Falls ein Anstieg des Einkommens die Nachfrage nach einem Gut vermindert, sprechen wir von einem **inferioren Gut**.

Man bezeichnet zwei Güter als **Komplementärgüter**, wenn ein Rückgang des Preises des einen Gutes die Nachfrager veranlasst, mehr von dem anderen Gut kaufen zu wollen.

rants also ein normales Gut ist, scheint der Konsum von Fast Food ein inferiores Gut zu sein.

Präferenzänderungen. Warum wollen die Menschen das, was sie wollen? Glücklicherweise brauchen wir diese Frage nicht zu beantworten. Wir müssen nur akzeptieren, dass Menschen bestimmte Präferenzen oder Vorlieben haben, die ihre Entscheidung für den Konsum bestimmter Güter beeinflussen und dass diese Präferenzen sich ändern können. Üblicherweise werden Nachfrageänderungen, die auf Moden, Meinungen, kulturellen Verschiebungen usw. beruhen, unter Änderungen von *Geschmack* oder *Präferenzen* zusammengefasst.

Zum Beispiel trugen früher sowohl in Europa als auch in Amerika Männer Hüte, wenn sie das Haus verließen. Bis etwa zum Zweiten Weltkrieg galt ein Mann nur als korrekt gekleidet, wenn er zu seinem Anzug auch einen entsprechenden Hut trug. Nach dem Zweiten Weltkrieg änderte sich das. Die GIs, die nach Hause zurückkehrten, legten sich einen informelleren Stil zu – möglicherweise hatten sie von den rigiden Vorschriften in der Armee genug. Die Nachfragekurve für Hüte verschob sich nach links und reflektierte damit den Rückgang in der Hutnachfrage.

Charakteristisch für solche Präferenzänderungen ist, dass Ökonomen nur wenig zu ihnen sagen können und sie daher meist als gegeben annehmen. Wenn sich die Präferenzen zugunsten eines Gutes ändern, möchten bei jedem gegebenen Preis mehr Menschen dieses Gut kaufen, die Nachfragekurve verschiebt sich also nach rechts. Ändern sich die Präferenzen zuungunsten eines Gutes, möchten bei jedem gegebenen Preis weniger Menschen das Gut kaufen, die Nachfragekurve verschiebt sich also nach links.

Erwartungsänderungen. Wenn Konsumenten wenigstens teilweise über den Zeitpunkt eines Kaufs entscheiden können, wird die gegenwärtige Nachfrage nach einem Gut zumeist von Erwartungen über den zukünftigen Preis dieses Gutes beeinflusst. Es gibt einige kluge Kunden, die beispielsweise auf den Saisonausverkauf warten und Weihnachtsgeschenke für das kommende Fest bereits während des nachweihnachtlichen Ausverkaufes besorgen. In diesem Fall sorgt die Erwartung eines niedrigeren Preises in der Zukunft für einen Rückgang der Nachfrage zum gegenwärtigen Zeitpunkt. Analog führt ein erwarteter zukünftiger Preisanstieg zu einer höheren aktuellen Nachfrage.

Schauen wir uns noch einmal unser Erdgasbeispiel an: Der Rückgang des Erdgaspreises, der in den letzten Jahren zu beobachten war, regte weitaus mehr Konsumenten dazu an, von anderen Brennstoffen auf Erdgas umzusteigen, als im Jahr 2002, als der Erdgaspreis auf ein ähnliches Niveau sank. Wieso sind die Konsumenten heutzutage eher gewillt auf Erdgas umzusteigen? Nun, im Jahr 2002 erwarteten die Verbraucher nicht, dass der Preisrückgang von Dauer sein würde und hatten damit auch recht.

Im Jahr 2002 fiel der Erdgaspreis aufgrund der schwachen Wirtschaftslage. Die Situation änderte sich, als die Volkswirtschaft im Jahr 2006 einen enormen Aufschwung erlebte und der Erdgaspreis dramatisch anstieg. Im Gegensatz dazu gehen Verbraucher davon aus, dass der neuerliche Rückgang des Erdgaspreises nicht nur temporärer Natur sein wird. Der niedrigere Preis wurde durch eine dauerhafte Veränderung hervorgerufen: Heutzutage ist es möglich, deutlich größere Erdgaslagerstätten anzuzapfen.

Erwartete Änderungen des zukünftigen Einkommens können ebenfalls zu Nachfrageänderungen führen: Rechnet man für die Zukunft mit einem Anstieg des Einkommens, dann wird man sich heute tendenziell eher verschulden und bestimmte Güter verstärkt nachfragen. Erwartet man für die Zukunft einen Rückgang des Einkommens, dann wird man heute eher sparen und die Nachfrage nach einigen Gütern verringern.

Änderungen der Zahl der Konsumenten. Ein weiterer Faktor, der zu Nachfrageänderungen führen kann, ist die Zahl der Konsumenten einer Ware oder Dienstleistung. Zum Beispiel wird anhaltendes Bevölkerungswachstum auf lange Sicht die Erdgasnachfrage steigen lassen, da mehr Häuser und Büroräume im Winter beheizt und im Sommer abgekühlt werden müssen.

Lassen Sie uns ein neues Konzept vorstellen: die **individuelle Nachfragekurve**, die den Zusammenhang zwischen der nachgefragten Menge und dem Preis für einen einzelnen Konsumenten abbildet. Nehmen wir einmal an, dass Familie Schmidt Erdgas für die Beheizung und Klimatisie-

Die **individuelle Nachfragekurve** bildet den Zusammenhang zwischen der nachgefragten Menge und dem Preis für einen einzelnen Konsumenten ab.

rung ihres Hauses nutzt. Diagramm (a) in **Abbildung 3-5** zeigt, wie viele Kilowattstunden Erdgas die Familie bei jedem gegebenen Preis kaufen wird. Die individuelle Nachfragekurve für Familie Schmidt ist mit $D_{Schmidt}$ bezeichnet.

Die *Marktnachfragekurve* stellt dar, wie die Gesamtnachfrage, d. h. die Summe aller individuellen Nachfragen, vom Marktpreis abhängig ist. (Wenn von der Nachfragekurve gesprochen wird, meinen Ökonomen in den allermeisten Fällen die Marktnachfragekurve.) Die Marktnachfragekurve ergibt sich aus der *waagerechten Addition* der individuellen Nachfragekurven aller Konsumenten, die Teil dieses bestimmten Marktes sind.

Um zu verstehen, was wir mit dem Begriff *waagerechte Addition* meinen, nehmen wir für einen Moment an, dass es auf dem Erdgasmarkt lediglich zwei Verbraucher gibt, nämlich Familie Schmidt und Familie Müller. Familie Müller fragt Erdgas nach, da sie ein erdgasbetriebenes Auto besitzt. Ihre individuelle Nachfragekurve ist in Diagramm (b) abgebildet und mit $D_{Müller}$ bezeichnet. Diagramm (c) zeigt die Marktnachfragekurve. Bei jedem gegebenen Preis entspricht die auf dem Markt nachgefragte Menge der Summe der Mengen, die von Familie Schmidt und Familie Müller nachgefragt werden. Bei einem Preis von 5 Cent je Kilowattstunde, zum Beispiel, fragt Familie Schmidt 30.000 Kilowattstunden Erdgas pro Jahr und Familie Müller 20.000 Kilowattstunden Erdgas pro Jahr nach. Wie man auch an der Marktnachfragekurve, D_{Markt}, ablesen kann, beträgt die jährlich vom Markt nachgefragte Menge 50.000 Kilowattstunden Erdgas.

Es ist offensichtlich, dass die vom Markt nachgefragte Menge größer ist, wenn außer der Familie Schmidt auch die Familie Müller Erdgasverbraucher ist. Die bei jedem gegebenen Preis nach-

Abb. 3-5

Individuelle Nachfragekurven und die Marktnachfragekurve

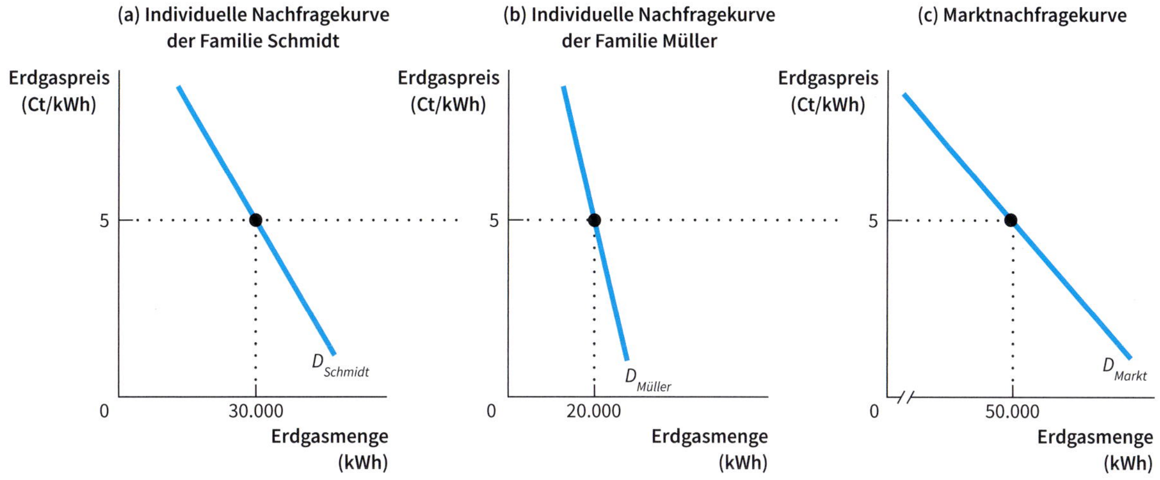

Die Familie Schmidt und die Familie Müller sind die beiden einzigen Konsumenten von Erdgas am Erdgasmarkt. Das Diagramm (a) zeigt die individuelle Nachfragekurve der Familie Schmidt: die Kilowattstunden Erdgas, die sie bei jedem gegebenen Preis kaufen wollen. Diagramm (b) zeigt die Nachfragekurve der Familie Müller. Wenn Familie Schmidt und Familie Müller die beiden einzigen Nachfrager von Erdgas sind, dann zeigt das Diagramm (c) die *Marktnachfragekurve* für Erdgas: die nachgefragte Menge Erdgas, die alle Konsumenten bei jedem gegebenen Preis kaufen wollen. Die Marktnachfragekurve ergibt sich aus der *waagerechten Addition* aller individuellen Nachfragekurven aller Konsumenten. In diesem Fall ist die am Markt nachgefragte Menge gleich der Summe der von den Familien Schmidt und Müller nachgefragten Mengen.

Tab. 3-1

Faktoren, die die Nachfrage beeinflussen

Wenn das passiert, …		… steigt die Nachfrage	Aber wenn das passiert, …		… sinkt die Nachfrage
Wenn der Preis eines Substitutes steigt, …	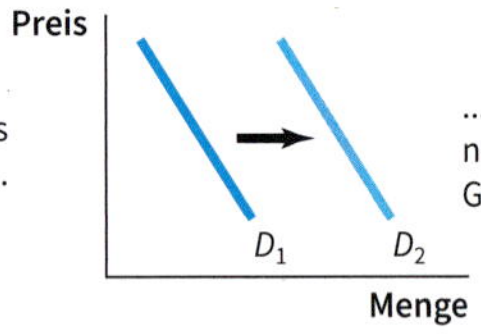	... steigt die Nachfrage nach dem ursprünglichen Gut.	Wenn der Preis eines Substitutes fällt, …	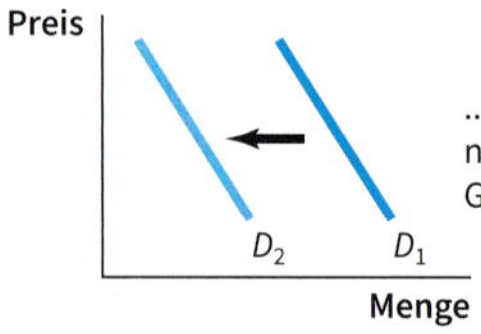	... sinkt die Nachfrage nach dem ursprünglichen Gut.
Wenn der Preis eines komplementären Gutes sinkt, …	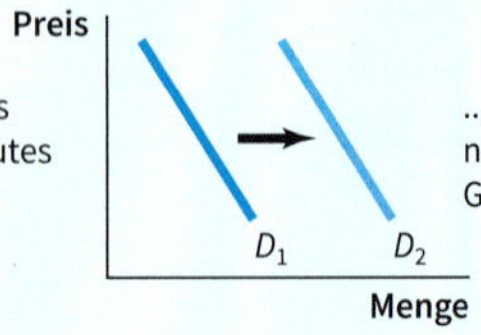	... steigt die Nachfrage nach dem ursprünglichen Gut.	Wenn der Preis eines komplementären Gutes steigt, …	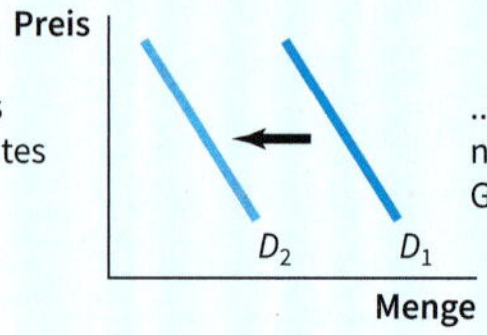	... sinkt die Nachfrage nach dem ursprünglichen Gut.
Wenn das Einkommen steigt, …	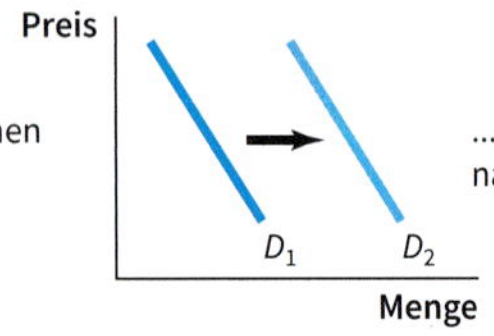	... steigt die Nachfrage nach normalen Gütern.	Wenn das Einkommen sinkt, …	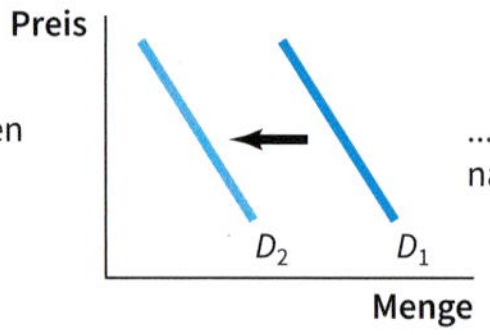	... sinkt die Nachfrage nach normalen Gütern.
Wenn das Einkommen sinkt, …	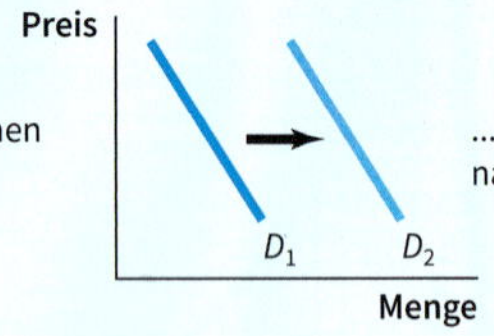	... steigt die Nachfrage nach inferioren Gütern.	Wenn das Einkommen steigt, …	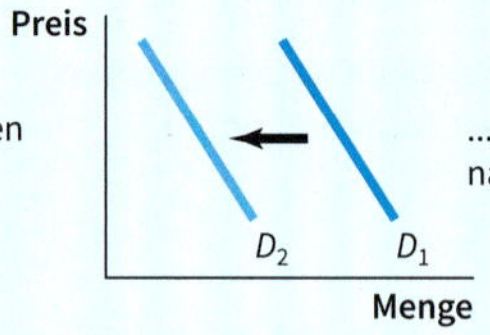	... sinkt die Nachfrage nach inferioren Gütern.
Wenn die Präferenzen für ein Gut stärker werden, …	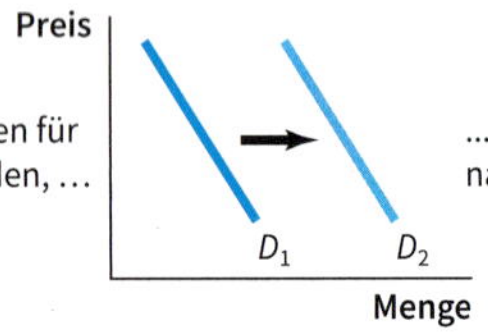	... steigt die Nachfrage nach diesem Gut.	Wenn die Präferenzen für ein Gut schwächer werden, …	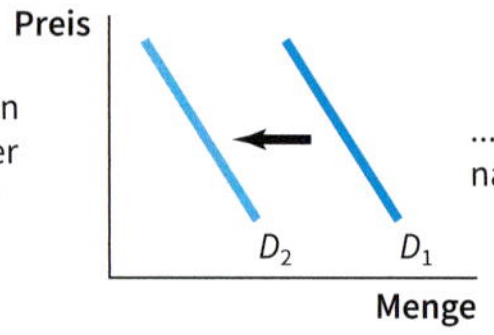	... sinkt die Nachfrage nach diesem Gut.
Wenn erwartet wird, dass der zukünftige Preis des Gutes steigt, …	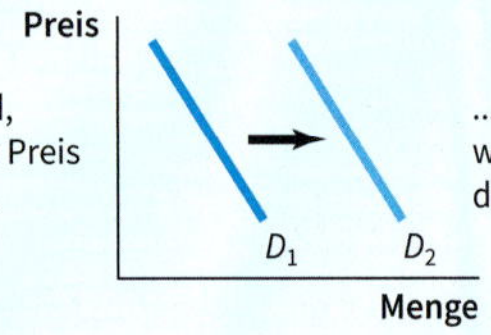	... steigt die gegenwärtige Nachfrage nach diesem Gut.	Wenn erwartet wird, dass der zukünftige Preis des Gutes fällt, …	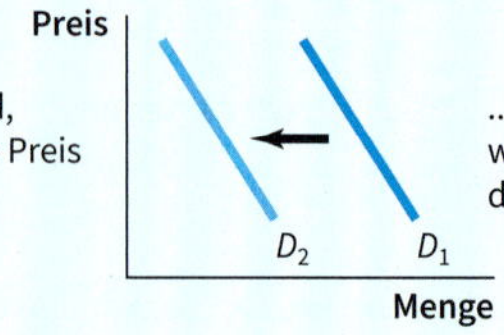	... sinkt die gegenwärtige Nachfrage nach diesem Gut.
Wenn die Anzahl der Nachfrager steigt, …	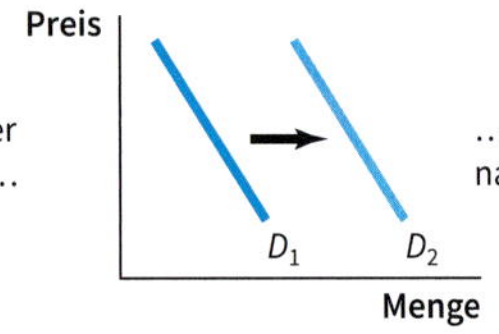	... steigt die Marktnachfrage.	Wenn die Anzahl der Nachfrager sinkt, …	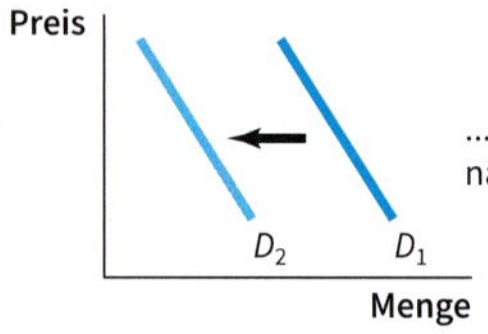	... sinkt die Marktnachfrage nach einem Gut.

gefragte Menge wäre noch größer, wenn wir noch einen dritten, vierten usw. Verbraucher dazurechnen würden. Ein Anstieg der Zahl der Verbraucher führt demnach zu einem Anstieg der Nachfrage.

Eine Zusammenfassung der Faktoren, die zu einer Verschiebung der Nachfrage führen, findet sich in **Tabelle 3-1**.

WISSENSCHAFT UND PRAXIS

Eine Maut gegen hohes Verkehrsaufkommen

Alle Großstädte haben Probleme mit dem Verkehr. Daher versuchen viele Kommunen, die Autofahrer davon abzuhalten, in das überfüllte Stadtzentrum zu fahren. Stellen wir uns eine Autofahrt in das Stadtzentrum als Gut vor, das Menschen konsumieren, dann können wir unsere Überlegungen zur Nachfrage verwenden, um verkehrsbeschränkende Maßnahmen zu analysieren.
Eine sehr häufig anzutreffende Strategie besteht darin, die Nachfrage nach Autofahrten zu verringern, indem die Preise von Substitutionsgütern gesenkt werden. So werden in vielen Ballungsräumen Bus und Bahn subventioniert. Man hofft, auf diese Weise die Pendler aus ihren Autos zu locken.
Eine alternative Strategie ist die Erhöhung des Preises von Komplementärgütern: In den Vereinigten Staaten erheben einige größere Städte sehr hohe Steuern auf private Parkhäuser, um so die Einnahmen zu erhöhen und gleichzeitig die Menschen davon abzuhalten, in die Stadt zu fahren. In Deutschland sind aus den gleichen Gründen in den letzten 30 Jahren die Parkgebühren in den Innenstädten erheblich gestiegen, die Zahl der kostenlosen Parkplätze ist drastisch vermindert worden und gleichzeitig wurde die Überwachung des ruhenden Verkehrs drastisch verschärft.
Nur wenige Großstädte, darunter Singapur, London, Oslo, Stockholm und Mailand, haben sich für einen politisch umstrittenen direkten Ansatz entschieden: die Verminderung des Verkehrsaufkommens durch höhere Kosten für das Autofahren. In diesen Städten wird für bestimmte Tageszeiten eine Maut (Gebühr) für Autofahrten in der Innenstadt erhoben (*Congestion Pricing*). Automatische Kameras, die die Nummernschilder fotografieren, überwachen alle Fahrzeuge, die in die Innenstadt fahren.
In London liegen die Kosten für die Maut derzeit bei 11,50 Pfund (ca. 13,40 Euro). Wer nicht bezahlt und erwischt wird, muss eine Strafe von 130 Pfund (ca. 150 Euro) bezahlen.
Es überrascht nicht, dass Studien die Wirksamkeit einer Maut bei der Verringerung des Verkehrsaufkommens in Innenstädten bestätigen. In den 1990er-Jahren wies London im europäischen Vergleich eine der schlechtesten Verkehrssituationen auf. Die Einführung der Maut im Jahr 2003 führte zu einem sofortigen Rückgang des innerstädtischen Verkehrsaufkommens um 15 Prozent. Im 2018, also fünfzehn Jahre später, lag das Verkehrsaufkommen in London immer noch um 25 Prozent unter dem Niveau von Ende der 1990er-Jahre. Außerdem wurden alternative Verkehrsmittel wie der öffentliche Nahverkehr, Fahrräder oder Mitfahrgelegenheiten häufiger genutzt. Zwischen 2001 und 2011 stieg die Zahl der Fahrradfahrten in London um 79 Prozent und die Busnutzung erhöhte sich um 30 Prozent.
Weniger Verkehr in den Innenstädten führt nicht nur zu weniger Staus, sondern auch zu weniger Unfällen und einer höheren Lebensqualität für die Anwohner. In Stockholm ist der Verkehr nach der Einführung einer Innenstadtmaut um mehr als 20 Prozent gesunken, die Wegezeiten haben sich fast halbiert und die Luftqualität hat sich spürbar verbessert. Nach einer Studie aus dem Jahr 2018 ist durch die Einführung der Maut die Zahl von gefährlichen Asthmaanfällen bei Kindern in Stockholm deutlich zurückgegangen.
Auch in den Vereinigten Staaten hat das Thema Innenstadtmaut in der öffentlichen Diskussion immer mehr Aufmerksamkeit bekommen. Nach derzeitigem Stand soll in New York Ende 2023 eine Maut für die Innenstadt mit Preisen zwischen 8 Dollar (Pkw) und 21 Dollar (Lkw) eingeführt werden.

Kurzzusammenfassung

- Das **Angebots-Nachfrage-Modell** ist das Modell eines **Wettbewerbsmarktes**, also eines Marktes, auf dem es viele Anbieter und Nachfrager einer bestimmten Ware oder Dienstleistung gibt.
- Der **Nachfrageplan** zeigt, wie die **nachgefragte Menge** auf Preisänderungen reagiert. Diese Beziehung wird durch die **Nachfragekurve** illustriert.
- Das **Gesetz der Nachfrage** besagt, dass Nachfragekurven normalerweise abwärts geneigt verlaufen, ein höherer Preis also die nachgefragte Menge vermindert.
- Wenn Ökonomen über einen Anstieg oder einen Rückgang der Nachfrage sprechen, dann meinen sie meistens **Verschiebungen der Nachfragekurve**. Ein Nachfrageanstieg führt zu einer Rechtsverschiebung: Bei jedem gegebenen Preis steigt die nachgefragte Menge. Ein Nachfragerückgang führt zu einer Linksverschiebung: Bei jedem gegebenen Preis sinkt die nachgefragte Menge. Eine Preisänderung führt zu einer **Bewegung entlang der Nachfragekurve** und zu einer Änderung der nachgefragten Menge.
- Die fünf wichtigsten Ursachen für eine Verschiebung der Nachfragekurve sind Änderungen
  1. des Preises eines verwandten Gutes, also von **Substituten** oder **Komplementärgütern**,
  2. des Einkommens: Bei einem höheren Einkommen steigt die Nachfrage nach **normalen Gütern**, während die Nachfrage nach **inferioren Gütern** sinkt,
  3. der Präferenzen,
  4. der Erwartungen und
  5. der Zahl der Konsumenten.
- Die Marktnachfragekurve ergibt sich aus der waagerechten Addition der **individuellen Nachfragekurven** aller auf diesem Markt agierenden Konsumenten.

ÜBERPRÜFEN SIE IHR WISSEN

Erläutern Sie, ob jedes der folgenden Ereignisse (i) eine *Verschiebung* der Nachfragekurve oder (ii) eine *Bewegung* entlang der Nachfragekurve darstellt.

a. Ein Geschäftsinhaber stellt fest, dass seine Kunden an regnerischen Tagen bereit sind, mehr für Schirme zu bezahlen.

b. Als die Telefongesellschaft XYZ Telekom an Wochenenden ihre Tarife senkt, nimmt das Volumen an Gesprächen, die an Wochenenden geführt werden, drastisch zu.

c. In der Woche des Valentinstags kaufen die Menschen mehr langstielige Rosen, obwohl die Preise höher sind als zu anderen Zeiten des Jahres.

d. Der scharfe Anstieg der Benzinpreise veranlasst viele Pendler, sich an Fahrgemeinschaften zu beteiligen, um ihre Ausgaben für Benzin zu verringern.

3.3 Die Angebotskurve

Einige Erdgasvorkommen sind leichter anzuzapfen als andere. Vor der Verbreitung des Frackings beschränkten sich Erdgasförderunternehmen auf leicht erreichbare Lagerstätten. Wie viel Erdgas sie mit bereits vorhandenen Bohrungen fördern, mit welchem Aufwand sie nach neuen Vorkommen suchen und ob sie neue Löcher bohren würden, war davon abhängig, welchen Preis sie für das Erdgas erwarten konnten. Je höher der erwartete Preis, desto intensiver würden sie bereits erschlossene Erdgasvorkommen nutzen und nach neuen Vorkommen bohren.

Genau wie die Menge an Erdgas, die Menschen bereit sind zu kaufen, von dem zu zahlenden Preis abhängt, hängt auch die Menge, die Erdgasförderunternehmen oder andere Produzenten einer beliebigen Ware oder Dienstleistung bereit sind zu verkaufen – die **angebotene Menge** –, vom Preis ab, der ihnen geboten wird.

Der Angebotsplan und die Angebotskurve

Die in **Abbildung 3-6** enthaltene Tabelle zeigt, wie sich die Menge des zur Verfügung gestellten Erdgases mit dem Preis ändert – sie zeigt also einen hypothetischen **Angebotsplan** für Erdgas.

Ein Angebotsplan funktioniert im Prinzip genauso wie der Nachfrageplan aus Abbildung 3-1: Im vorliegenden Fall zeigt die Tabelle die Menge an Kilowattstunden Erdgas, die Erdgasproduzenten zu verschiedenen Preisen bereit sind zu verkaufen. Zu einem Preis von 2,5 Cent je Kilowattstunde Erdgas sind Produzenten gewillt, lediglich 8 Milliarden Kilowattstunden Erdgas im Jahr zu verkaufen. Bei 2,75 Cent je Kilowattstunde Erdgas sind sie dazu bereit, 9,1 Milliarden Kilowattstunden zu verkaufen. Bei 3 Cent steigt die angebotene Menge an Erdgas auf 10 Milliarden Kilowattstunden usw. Genau wie ein Nachfrageplan sich grafisch durch eine Nachfragekurve darstellen lässt, kann ein Angebotsplan durch eine **Angebotskurve** repräsentiert werden, so wie es in Abbildung 3-6 gezeigt wird. Jeder Punkt auf der Kurve steht für einen bestimmten Wert der Tabelle.

Nehmen wir einmal an, dass der Erdgaspreis von 3 auf 3,25 Cent steigt. Der Abbildung 3-6 können wir entnehmen, dass die Menge an Erdgas, die die Produzenten zu verkaufen gewillt sind, von 10 auf 10,7 Milliarden Kilowattstunden steigt. Dies ist der Normalfall für eine Angebotskurve, die die allgemeine Eigenschaft widerspiegelt, dass ein höherer Preis zu einer höheren angebotenen Menge führt. Genau wie eine Nachfragekurve normalerweise abwärts geneigt verläuft, verlaufen Angebotskurven normalerweise aufwärts geneigt: Je höher der Preis eines Gutes ist, desto mehr wollen die Leute von diesem Gut verkaufen.

Eine **Angebotskurve** zeigt grafisch, welche Menge eines Gutes die Anbieter bei jedem gegebenen Preis verkaufen möchten.

Als **angebotene Menge** bezeichnet man das Gütervolumen, das Menschen zu einem bestimmten Preis bereit sind zu verkaufen.

Ein **Angebotsplan** zeigt, welche Mengen eines Gutes die Anbieter zu verschiedenen Preisen anzubieten wünschen.

Abb. 3-6

Angebotsplan und Angebotskurve

Der Angebotsplan für Erdgas ergibt in grafischer Darstellung eine entsprechende Angebotskurve, die zeigt, welche Menge eines Gutes Produzenten bei jedem gegebenen Preis verkaufen wollen. Angebotskurve und Angebotsplan spiegeln die Tatsache wider, dass die Angebotskurve aufwärts geneigt verläuft: Die angebotene Menge steigt, wenn der Preis steigt.

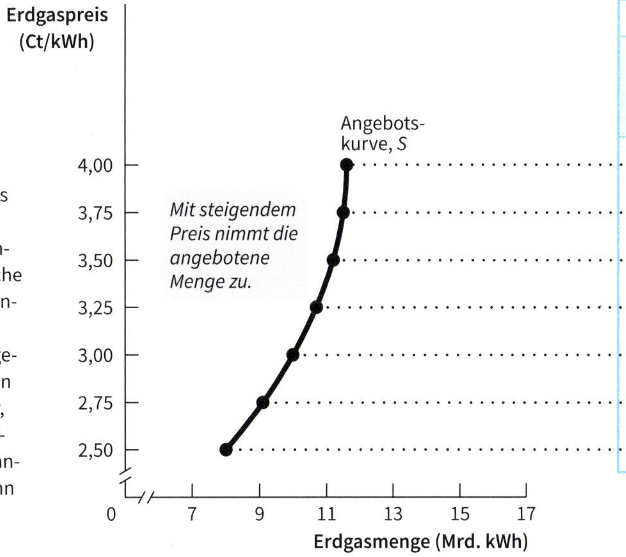

Angebotsplan für Erdgas

Erdgaspreis (Ct/kWh)	Angebotene Menge an Erdgas (Mrd. kWh)
4,00	11,6
3,75	11,5
3,50	11,2
3,25	10,7
3,00	10,0
2,75	9,1
2,50	8,0

Verschiebungen der Angebotskurve

Eine Änderung des Preises des betrachteten Gutes führt zu einer Änderung der angebotenen Menge und einer **Bewegung entlang der Angebotskurve**.

Ändert sich bei jedem gegebenen Preis die angebotene Menge eines Gutes, dann kommt es zu einer **Verschiebung der Angebotskurve**. Die Angebotskurve verlagert ihre Position.

Wie wir in der Einleitung bereits beschrieben haben, führten technologische Verbesserungen im Bereich der Erdgasförderung zu einem immensen Anstieg der Produktion von Erdgas in den Vereinigten Staaten. **Abbildung 3-7** veranschaulicht diese Entwicklungen mithilfe des Angebotsplans und der Angebotskurve. Die Tabelle in Abbildung 3-7 zeigt zwei Angebotspläne. Der Plan, der vor der Implementierung der verbesserten Erdgasfördermethoden gültig war, stimmt mit dem aus Abbildung 3-6 überein. Der zweite Angebotsplan zeigt das Angebot an Erdgas, *nachdem* die verbesserte Technologie eingeführt wurde.

Und genau wie eine Änderung im Nachfrageplan zu einer Verschiebung der Nachfragekurve führt, führt eine Änderung im Angebotsplan zu einer **Verschiebung der Angebotskurve** – einer Änderung der zu jedem Preis angebotenen Menge. Dies wird in Abbildung 3-7 durch die Verschiebung der vor der Einführung der neuen Fördermethode gültigen Angebotskurve (S_1) in ihre neue Position nach der Einführung (S_2) illustriert. Man beachte, dass S_2 rechts von S_1 liegt, was die Beobachtung widerspiegelt, dass sich die angebotene Menge bei jedem gegebenen Preis erhöht hat.

Wie bei der Analyse der Nachfrage ist es äußerst wichtig, sorgfältig zwischen Verschiebungen der Angebotskurve und **Bewegungen entlang der Angebotskurve** zu unterscheiden. Bewegungen entlang der Angebotskurve beschreiben Änderungen der angebotenen Menge, die aus einer Änderung des Preises resultieren. Wir können diesen Unterschied in **Abbildung 3-8** erkennen. Die Bewegung von Punkt *A* nach Punkt *B* ist eine Bewegung entlang der Angebotskurve: Die angebotene Menge steigt entlang S_1 aufgrund eines Preisanstiegs. In unserer Abbildung führt ein Anstieg des Preises von 3 auf 3,5 Cent zu einem Anstieg der angebotenen Menge von 10 auf 11,2 Milliarden Kilowattstunden Erdgas. Die angebotene Menge kann aber auch zunehmen, wenn der Preis unverändert bleibt. Dies ist dann der Fall, wenn sich das Angebot insgesamt ausweitet, wenn sich also die Angebotskurve nach rechts

Abb. 3-7

Ein Anstieg des Angebotes

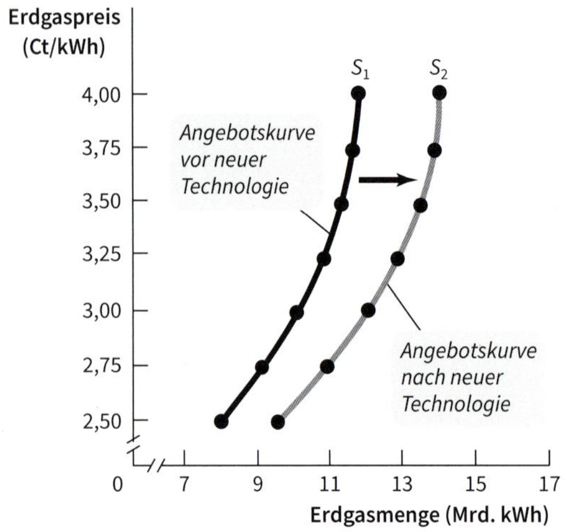

Angebotspläne für Erdgas

Erdgaspreis (Ct/kWh)	Angebotene Menge an Erdgas (Mrd. kWh): Vor neuer Technologie	Angebotene Menge an Erdgas (Mrd. kWh): Nach neuer Technologie
4,00	11,6	13,9
3,75	11,5	13,8
3,50	11,2	13,4
3,25	10,7	12,8
3,00	10,0	12,0
2,75	9,1	10,9
2,50	8,0	9,6

Die Einführung neuer Fördertechniken für Erdgas führt zu einem Anstieg des Angebotes, also einer Zunahme der zu jedem Preis angebotenen Menge. Dieser Vorgang wird durch die beiden Angebotspläne – der eine zeigt das Angebot vor Einführung der neuen Techniken, der andere zeigt das Angebot nach der Einführung der neuen Techniken – und ihre korrespondierenden Angebotskurven widergespiegelt. Der Anstieg des Angebotes verschiebt die Angebotskurve nach rechts.

Abb. 3-8

Bewegung entlang der Angebotskurve versus Verschiebung der Angebotskurve

Bewegt man sich von Punkt *A* nach Punkt *B*, kommt es zu einem Anstieg der angebotenen Menge. Dieser Anstieg spiegelt eine Bewegung entlang der Angebotskurve wider: Er ist das Ergebnis eines Preisanstiegs des betrachteten Gutes. Bewegt man sich von Punkt *A* nach Punkt *C*, kommt es ebenfalls zu einem Anstieg der angebotenen Menge, der aber eine Verschiebung der Angebotskurve widerspiegelt: Er ist das Ergebnis eines Angebotsanstiegs bei jedem gegebenen Preis.

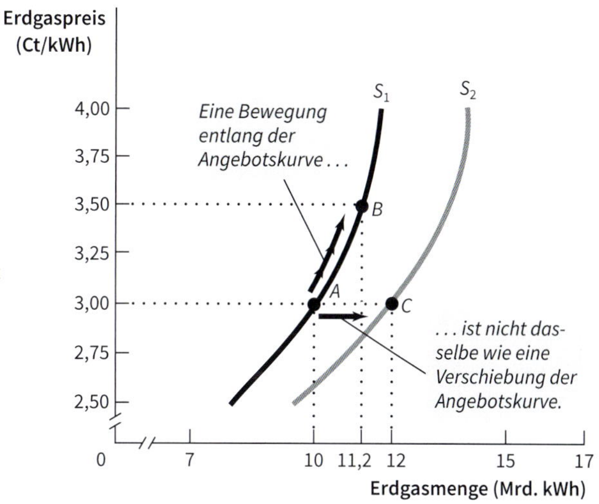

verschiebt. In Abbildung 3-8 wird dieser Zusammenhang durch die Rechtsverschiebung der Angebotskurve von S_1 nach S_2 illustriert. Bei einem gegebenen Preis von 3 Cent steigt die angebotene Menge von 10 Milliarden Kilowattstunden Erdgas in Punkt *A* (Kurve S_1) auf 12 Milliarden Kilowattstunden in Punkt *C* (Kurve S_2).

Ursachen für Verschiebungen der Angebotskurve

Abbildung 3-9 illustriert die beiden Richtungen, in die sich die Angebotskurve verschieben kann. Wenn Ökonomen von einem »Anstieg des Angebotes« sprechen, dann meinen sie eine *Rechtsverschiebung* der Angebotskurve: Bei jedem gegebe-

Abb. 3-9

Verschiebungen der Angebotskurve

Jedes Ereignis, das bei gegebenen Preisen zu einer Erhöhung des Angebotes führt, verschiebt die Angebotskurve nach rechts. Jedes Ereignis, das bei gegebenen Preisen zu einer Verringerung des Angebotes führt, verschiebt die Angebotskurve nach links.

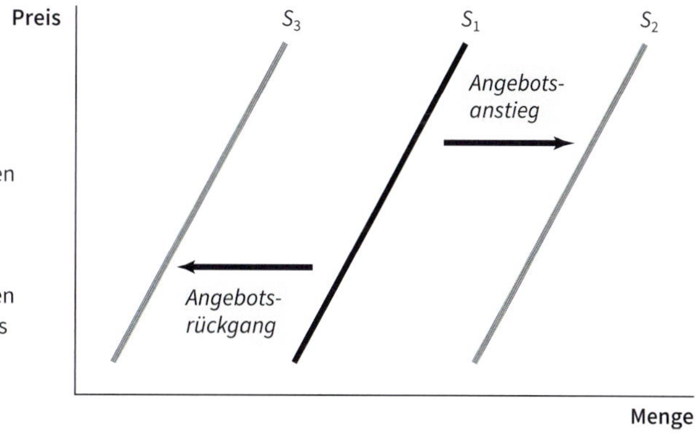

nen Preis wird eine höhere Menge des Gutes angeboten als zuvor. Dies zeigt sich in Abbildung 3-9 als Verschiebung der ursprünglichen Angebotskurve S_1 nach rechts zur Kurve S_2. Sprechen Ökonomen von einem »Rückgang des Angebotes«, dann meinen sie eine *Linksverschiebung* der Angebotskurve: Bei jedem gegebenen Preis wird nun eine kleinere Menge des Gutes angeboten als zuvor. In Abbildung 3-9 schlägt sich dies in der Linksverschiebung von S_1 nach S_3 nieder.

Ökonomen gehen davon aus, dass Verschiebungen von Angebotskurven hauptsächlich auf fünf Faktoren zurückzuführen sind (obwohl es wie im Fall der Nachfrage auch noch andere mögliche Ursachen geben kann):

- Änderungen der Inputpreise,
- Änderungen der Preise von verwandten Gütern,
- Änderungen der Technologie,
- Änderungen der Erwartungen und
- Änderungen der Zahl der Produzenten.

Änderungen der Inputpreise. Um Output produzieren zu können, benötigt man Inputs – um beispielsweise Vanilleeis herstellen zu können, benötigt man Vanilleschoten, Sahne, Zucker usw. Als **Input** bezeichnet man jedes Gut, das zur Produktion eines anderen Gutes verwendet wird. Inputs haben Preise – genau wie Outputs. Eine Zunahme der Inputpreise verteuert die Herstellung des Endproduktes aus Sicht derjenigen, die das Gut produzieren und verkaufen. Die Verkäufer sind daher bei jedem gegebenen Preis tendenziell weniger bereit, das Gut anzubieten. Die Angebotskurve verschiebt sich folglich nach links. Das heißt, das Angebot geht zurück. Brennstoff beispielsweise ist einer der Hauptkostenfaktoren für Fluggesellschaften. Als der Ölpreis in den Jahren 2007 und 2008 stark anstieg, mussten viele Fluggesellschaften ihr Flugangebot reduzieren und einige mussten das Geschäft sogar ganz aufgeben.

Als **Input** bezeichnet man ein Gut, das zur Produktion eines anderen Gutes verwendet wird.

Ganz analog verringert ein Rückgang des Preises eines Inputs die Herstellungskosten des Endproduktes aus Sicht der Verkäufer. Sie sind bei jedem gegebenen Preis tendenziell eher bereit, das Gut anzubieten, was sich in einer Rechtsverschiebung der Angebotskurve niederschlägt. Das heißt, das Angebot steigt.

Preisänderungen von verwandten Gütern. Ein einzelner Hersteller produziert oft mehrere unterschiedliche Güter statt eines einzigen Produktes. Eine Ölraffinerie beispielsweise produziert aus Rohöl nicht nur Benzin, sondern auch Heizöl und andere Produkte, die auf dem gleichen Rohmaterial basieren. Wenn ein Hersteller unterschiedliche Produkte verkauft, hängt die Menge eines beliebigen Gutes, die er bei jedem gegebenen Preis zu verkaufen bereit ist, von den Preisen der anderen, ebenfalls produzierten Güter ab.

Dieser Effekt kann in beide Richtungen wirken. Eine Ölraffinerie wird bei jedem gegebenen Preis weniger Benzin anbieten, wenn der Heizölpreis steigt, und die Angebotskurve für Benzin verschiebt sich nach rechts. Das heißt, dass für Ölraffinerien Benzin und andere koproduzierte Ölprodukte *Substitute in der Produktion* sind.

Im Gegensatz dazu können andere Güter aufgrund der Eigenschaften des Produktionsprozesses *Komplementärgüter in der Produktion* sein. Erdgasproduzenten beispielsweise stellen oft fest, dass bei der Förderung von Erdgas Öl als Nebenprodukt entsteht. Je höher der Preis ist, zu dem ein Förderunternehmen das Öl verkaufen kann, desto eher ist es gewillt, Erdgasbohrungen vorzunehmen und desto mehr Erdgas wird es auch bei jedem gegebenen Preis anbieten. Anders formuliert führt ein höherer Ölpreis dazu, dass bei jedem gegebenen Preis mehr Erdgas angeboten wird, da Öl und Erdgas gleichzeitig gefördert werden können. Öl stellt also ein Komplementärgut in der Produktion von Erdgas dar. Umgekehrt gilt auch, dass Erdgas ein Komplementärgut in der Produktion von Öl ist.

Änderungen der Technologie. Wie in der Einleitung verdeutlicht wurde, beeinflussen Änderungen der Technologie die Angebotskurve. Durch technologische Verbesserungen können Produzenten weniger Geld für Inputs (in diesem Fall Bohrgeräte, Arbeit, Grundstückskäufe usw.) ausgeben und dennoch den gleichen Output produzieren. Wird eine bessere Technologie verfügbar, die zu einer Reduktion der Produktionskosten führt, nimmt das Angebot zu und die Angebotskurve verschiebt sich nach rechts.

Erdgasproduzenten konnten aufgrund der besseren Technologien ihren Output in weniger als zwei Jahren mehr als verdoppeln. Technologie ist außerdem der Hauptgrund dafür, dass Erdgas vergleichsweise günstig geblieben ist, obwohl die Nachfrage gestiegen ist.

Änderungen der Erwartungen. Genau wie Erwartungsänderungen die Nachfragekurve verschieben können, können sie auch die Angebotskurve verschieben. Wenn Anbieter eines Gutes Einfluss auf den Zeitpunkt des Verkaufs haben, können Änderungen des erwarteten zukünftigen Preises eines Gutes dazu führen, dass Anbieter zum jetzigen Zeitpunkt mehr oder weniger des Gutes anbieten.

Betrachten Sie beispielsweise die Tatsache, dass Benzin und andere Erdölerzeugnisse oft eine ganze Weile in den Ölraffinerien gelagert werden, bevor sie an die Konsumenten verkauft werden. Tatsächlich ist Lagerhaltung im Normalfall ein Bestandteil von Unternehmensstrategien. Da die Nachfrage nach Benzin im Sommer besonders hoch ist, halten Ölraffinerien üblicherweise einen Teil des im Frühjahr hergestellten Benzins für den Sommerverkauf zurück. Analog dazu wird üblicherweise ein Teil des im Herbst hergestellten Heizöls für den Winterverkauf gelagert, da die Nachfrage nach Heizöl im Winter besonders hoch ist.

Es muss jedes Mal die Entscheidung getroffen werden, ob man das Produkt zum jetzigen Zeitpunkt verkauft oder ob man es für den späteren Verkauf lagert. Für welchen Weg sich Produzenten entscheiden, hängt vom Vergleich des jetzigen Preises mit dem erwarteten zukünftigen Preis ab.

An diesem Beispiel zeigt sich, wie Erwartungen das Angebot beeinflussen können: Die Erwartung, dass der Preis eines Gutes in Zukunft höher sein wird, verringert jetzt schon das Angebot. Die Erwartung, dass der Preis eines Gutes in Zukunft niedriger sein wird, ruft jetzt schon einen Anstieg des Angebotes hervor.

Änderungen der Zahl der Produzenten. Genau wie Änderungen der Zahl der Konsumenten die Nachfragekurve beeinflussen, wirken sich Änderungen der Zahl der Produzenten auf die Angebotskurve aus. Betrachten wir die **individuelle Angebotskurve**, die in Diagramm (a) in **Abbildung 3-10** dargestellt ist. Die individuelle Angebotskurve beschreibt für einen einzelnen

Die **individuelle Angebotskurve** beschreibt für einen einzelnen Produzenten den Zusammenhang zwischen der angebotenen Menge und dem Preis.

Abb. 3-10

Individuelle Angebotskurven und Marktangebotskurve

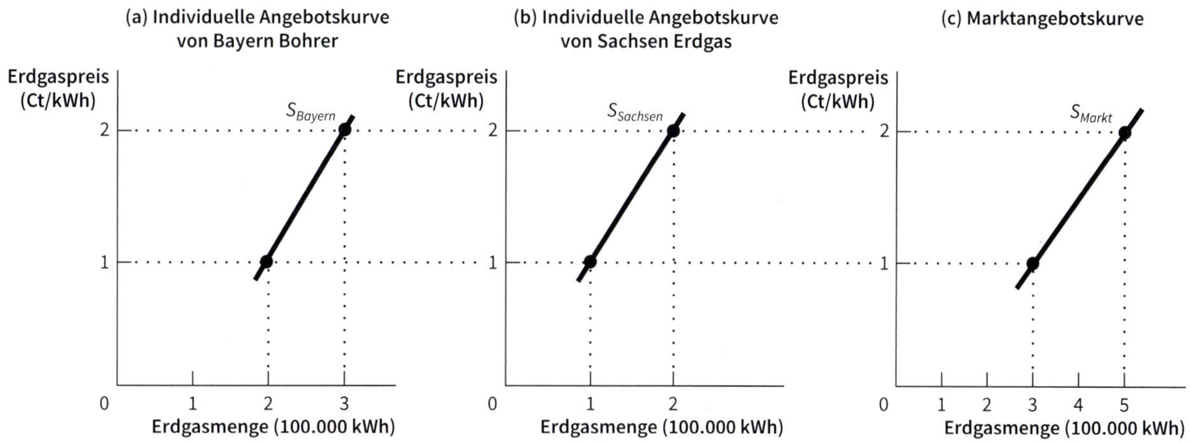

Diagramm (a) zeigt die individuelle Angebotskurve von Bayern Bohrer, S_{Bayern}, also die bei jedem gegebenen Preis angebotene Menge. Diagramm (b) zeigt die individuelle Angebotskurve von Sachsen Erdgas, $S_{Sachsen}$. Diagramm (c) zeigt die Marktangebotskurve, die die von allen Produzenten bei jedem gegebenen Preis angebotene Menge an Erdgas darstellt. Die Marktangebotskurve ist die waagerechte Summe der individuellen Angebotskurven aller Produzenten.

Produzenten den Zusammenhang zwischen der angebotenen Menge und dem Preis. Nehmen wir einmal an, dass Bayern Bohrer ein Erdgasproduzent ist und dass Diagramm (a) in Abbildung 3-10 die Menge an Kilowattstunden Erdgas darstellt, die er im Jahr bei jedem gegebenen Preis zu verkaufen bereit ist. S_{Bayern} ist dann die individuelle Angebotskurve des Erdgasproduzenten.

Die *Marktangebotskurve* zeigt, wie die angebotene Gesamtmenge, die von allen einzelnen Produzenten zusammengenommen hergestellt wird, vom Marktpreis des Gutes abhängt. Genau wie die Marktnachfragekurve sich aus der waagerechten

Tab. 3-2

Faktoren, die das Angebot beeinflussen

Wenn das passiert, …	… steigt das Angebot	Aber wenn das passiert, …	… sinkt das Angebot
Wenn der Preis eines Inputs sinkt, …	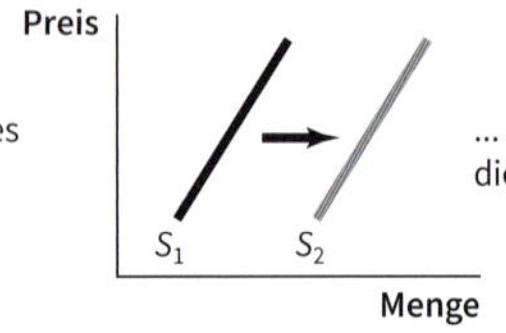 … steigt das Angebot dieses Gutes.	Wenn der Preis eines Inputs steigt, …	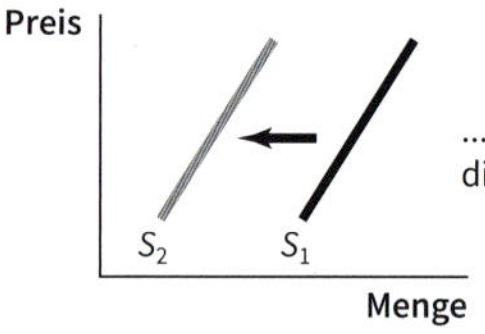 … sinkt das Angebot dieses Gutes.
Wenn der Preis eines Substitutes in der Produktion sinkt, …	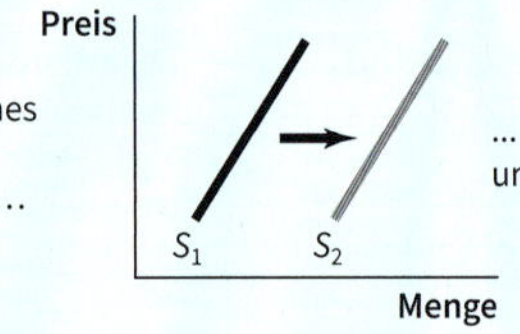 … steigt das Angebot des ursprünglichen Gutes.	Wenn der Preis eines Substitutes in der Produktion steigt, …	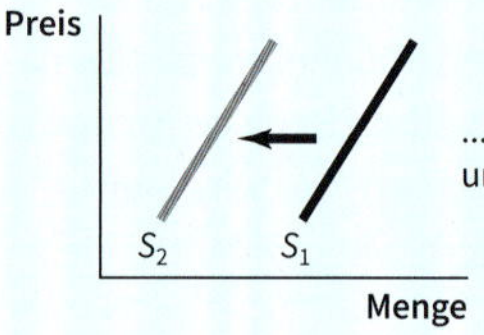 … sinkt das Angebot des ursprünglichen Gutes.
Wenn der Preis eines Komplementärgutes in der Produktion steigt, …	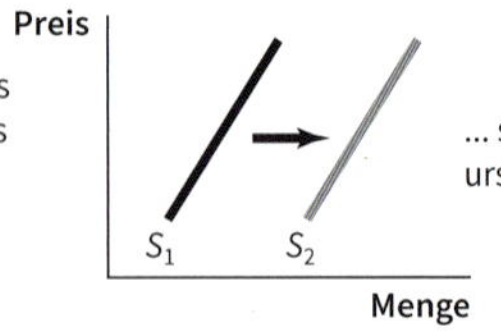 … steigt das Angebot des ursprünglichen Gutes.	Wenn der Preis eines Komplementärgutes in der Produktion sinkt, …	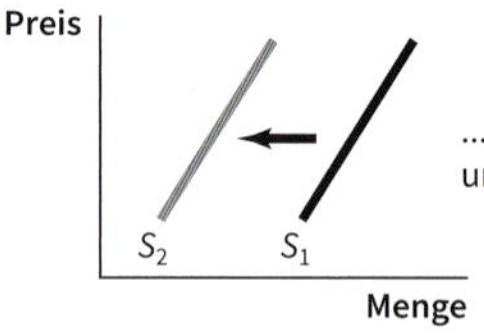 … sinkt das Angebot des ursprünglichen Gutes.
Wenn das Gut mit einer besseren Technologie produziert wird, …	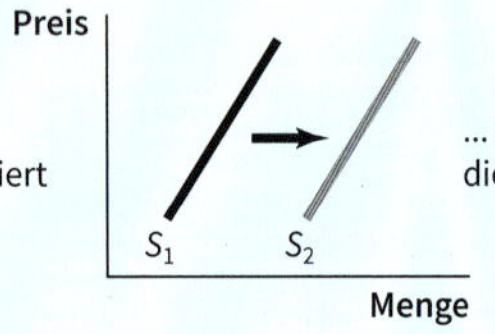 … steigt das Angebot dieses Gutes.	Wenn die beste Technologie, die für die Produktion eines Gutes genutzt wird, nicht mehr verfügbar ist, …	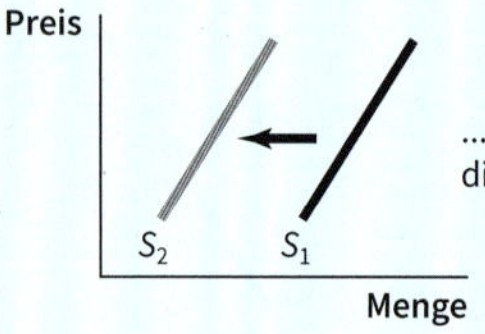 … sinkt das Angebot dieses Gutes.
Wenn erwartet wird, dass der zukünftige Preis des Gutes sinkt, …	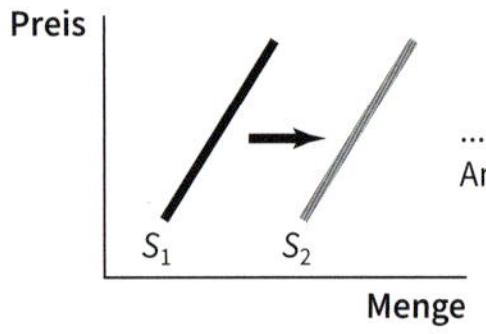 … steigt das gegenwärtige Angebot dieses Gutes.	Wenn erwartet wird, dass der zukünftige Preis des Gutes steigt, …	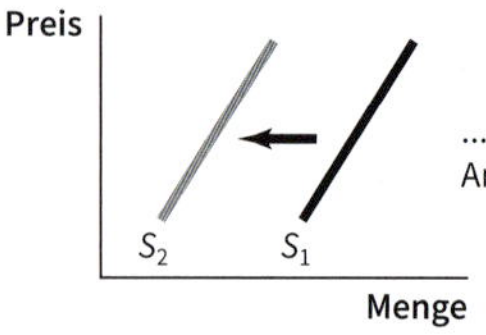 … sinkt das gegenwärtige Angebot dieses Gutes.
Wenn die Zahl der Produzenten zunimmt, …	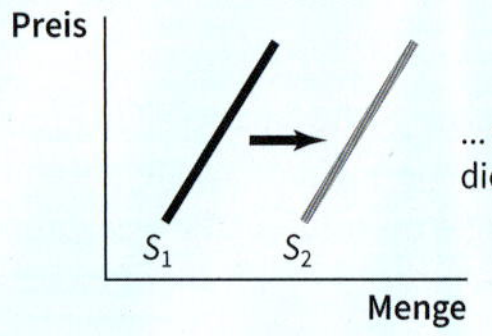 … steigt das Marktangebot dieses Gutes.	Wenn die Zahl der Produzenten abnimmt, …	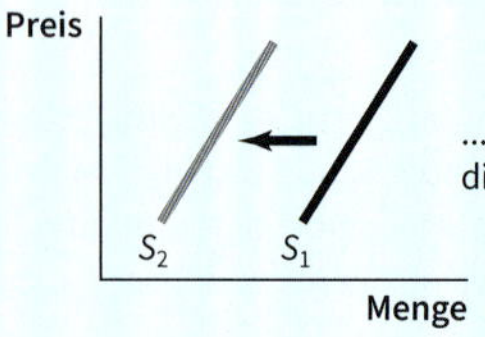 … sinkt das Marktangebot dieses Gutes.

Addition aller individuellen Nachfragekurven ergibt (Konsumentenseite), ergibt sich die Marktangebotskurve aus der waagerechten Addition aller individuellen Angebotskurven (Produzentenseite). Nehmen wir zunächst einmal an, dass es lediglich zwei Erdgasproduzenten gibt, nämlich Bayern Bohrer und Sachsen Erdgas. Die individuelle Angebotskurve von Sachsen Erdgas ist in Diagramm (b) dargestellt. Diagramm (c) zeigt die Marktangebotskurve. Die auf dem Markt angebotene Menge entspricht bei jedem gegebenen Preis der Summe der von Bayern Bohrer und Sachsen Erdgas angebotenen Mengen. Zu einem Preis von 2 Cent je Kilowattstunde Erdgas, zum Beispiel, bietet Bayern Bohrer 200.000 Kilowattstunden Erdgas pro Jahr und Sachsen Erdgas 100.000 Kilowattstunden Erdgas pro Jahr an. Die insgesamt auf dem Markt angebotene Menge beträgt dementsprechend 300.000 Kilowattstunden Erdgas.

Es ist offensichtlich, dass die Gesamtmenge an Erdgas, die auf dem Markt angeboten wird, bei jedem gegebenen Preis größer ist, wenn nicht nur Bayern Bohrer, sondern auch Sachsen Erdgas als Anbieter auftritt. Die bei jedem gegebenen Preis angebotene Menge wäre noch größer, wenn wir noch einen dritten, vierten usw. Produzenten hinzufügen würden. Ein Anstieg der Zahl der Produzenten führt also zu einem größeren Angebot und einer Rechtsverschiebung der Angebotskurve.

Einen Überblick über die Faktoren, die das Angebot verändern, finden Sie in **Tabelle 3-2**.

WISSENSCHAFT UND PRAXIS

Sinkende Kosten von Solarmodulen

In den letzten 40 Jahren sind die Kosten für Solarmodule um unglaubliche 99 Prozent gefallen. Durch diesen enormen Kostenrückgang ist die Stromerzeugung mit Solarenergie mittlerweile wettbewerbsfähig gegenüber der herkömmlichen Kohleverstromung geworden. Und das sieht man auch, wie die vielen Solarparks in den Vereinigten Staaten und Europa zeigen.
Die Kosten für Solarmodule sollen sogar noch weiter sinken. Nach einer Studie des National Renewable Energy Laboratory werden die Kosten von 2019 bis zum Jahr 2050 um bis zu 60 Prozent zurückgehen. Durch technologische Neuerungen sind sogar noch größere Kostensenkungen möglich.
Für den enormen Kostenrückgang gibt es zwei Erklärungen. Zum einen spielt die Technologie natürlich eine wichtige Rolle. In den letzten Jahrzehnten haben Ingenieure neue und immer effizientere Wege gefunden, um Sonnenstrahlen in nutzbare Energie umzuwandeln. Durch die neue Technologien konnten Hersteller von Solarmodulen ihre Produktionskosten senken und das Angebot an Solarmodulen vergrößern, sodass sich die Angebotskurve nach rechts verschoben hat.
Der zweite Grund für die sinkenden Kosten lag in einem Preisanstieg bei einem wichtigen Input der Produktion: Polysilicon. Der Preisanstieg bei Polysilicon hatte massive Auswirkungen auf die Zahl der Solarmodul-Produzenten.
Bis zum Jahr 2008 waren Solarmodule vergleichsweise teuer. Und auch wenn der Markt für Solarmodule stetig wuchs, war er immer noch klein. Im Jahr 2008 kletterte dann der Preis für Polysilicon, neben Halbleiterchips der wichtigste Input für die Produktion von Solarmodulen, auf 475 Dollar je Kilogramm. Vier Jahre vorher hatte der Preis noch bei 30 Dollar je Kilogramm gelegen. Ursache für diesen rasanten Preisanstieg von fast 1.500 Prozent war die steigende Nachfrage nach Solarmodulen und Halbleiterchips, die auch zu einer wachsenden Nachfrage nach Polysilicon führte. Da aber gleichzeitig das Angebot an Polysilicon begrenzt war, kam es zu einer Preisexplosion bei diesem Input, die die Angebotskurve für Solarmodule nach links verschob.
Zunächst bewirkte der Preisschub bei Polysilicon natürlich auch einen höheren Preis bei Solarmodulen. Gleichzeitig führte das hohe Preisniveau bei Polysilicon aber dazu, dass neue Produzenten in den Markt eintraten, wodurch es zu einem deutlich höheren Angebot (und einer Verschiebung der Angebotskurve für Polysilicon nach rechts kam. Bis zum Jahr 2014 sank der Preis für Polysilicon auf unter 16 Dollar je Kilogramm). Durch diesen Preisrückgang wurde die Produktion von Solarmodulen letztendlich deutlich billiger und die Absatzzahlen schnellten in die Höhe.
In den letzten Jahren lag der Anteil von Solarstromanlagen an der neu installierten Leistung zur Stromerzeugung in den Vereinigten Staaten bei deutlich über 20 Prozent, Tendenz steigend.

Kurzzusammenfassung

- Der **Angebotsplan** zeigt, in welcher Weise die **angebotene Menge** vom Preis abhängt. Die Beziehung zwischen den beiden Größen wird durch die **Angebotskurve** illustriert.
- Angebotskurven verlaufen normalerweise mit positiver Steigung: Bei einem höheren Preis sind die Anbieter bereit, eine größere Menge des Gutes zu verkaufen.
- Eine Preisänderung führt zu einer **Bewegung entlang der Angebotskurve** und einer Änderung der angebotenen Menge.
- Wenn Ökonomen von einem Anstieg oder einem Rückgang des Angebotes sprechen, dann meinen sie üblicherweise **Verschiebungen der Angebotskurve**, nicht Änderungen der angebotenen Menge. Ein Angebotsanstieg impliziert eine Rechtsverschiebung der Angebotskurve: Die angebotene Menge nimmt bei jedem gegebenen Preis zu. Ein Angebotsrückgang impliziert eine Linksverschiebung der Angebotskurve: Die angebotene Menge geht bei jedem gegebenen Preis zurück.
- Die fünf wichtigsten Ursachen für Verschiebungen der Angebotskurve sind Änderungen von
  1. Preise von **Inputs**,
  2. Preisen verwandter Güter, also von Substituten oder Komplementärgütern in der Produktion,
  3. Technologie,
  4. Erwartungen und
  5. der Zahl der Produzenten.
- Die Marktangebotskurve ergibt sich aus der waagerechten Addition der **individuellen Angebotskurven** aller Produzenten im Markt.

ÜBERPRÜFEN SIE IHR WISSEN

Erläutern Sie, ob jedes der folgenden Ereignisse (i) eine Verschiebung der Angebotskurve oder (ii) eine Bewegung entlang der Angebotskurve darstellt.

a. Eine größere Zahl von Eigenheimbesitzern wollte ihre Häuser während eines Immobilienbooms zum Verkauf anbieten, der einen Anstieg der Häuserpreise verursacht.

b. Viele Erdbeerproduzenten eröffnen während der Erntesaison vorübergehend Stände an den Straßen, obwohl die Preise zu dieser Zeit gewöhnlich sehr niedrig sind.

c. Unmittelbar nachdem die Sommerferien vorüber sind und das neue Schuljahr beginnt, müssen Fast-Food-Ketten ihre Löhne erhöhen, um Arbeitskräfte anzuziehen.

d. Viele Handwerker ziehen, angelockt durch höhere Löhne, vorübergehend in eine Gegend, die durch eine Überschwemmung verwüstet worden ist.

e. Weil es aufgrund neuer Technologien möglich geworden ist, größere Kreuzfahrtschiffe zu bauen (die je Passagier billiger betrieben werden können), haben die Anbieter von Kreuzfahrten mehr Kabinen zu niedrigeren Preisen angeboten als je zuvor.

3.4 Angebot, Nachfrage und Gleichgewicht

Wir haben nun die ersten drei Schlüsselelemente des Angebots-Nachfrage-Modells behandelt: die Angebotskurve, die Nachfragekurve und die Faktoren, welche die jeweilige Kurve verschieben. Der nächste Schritt besteht darin, diese Elemente zusammenzubringen, um zu zeigen, wie sie zur Bestimmung des tatsächlichen Preises verwendet werden können, zu dem ein Gut ge- und verkauft wird.

Wodurch wird der Preis bestimmt, zu dem ein Gut ge- und verkauft wird? In Kapitel 1 haben wir das allgemeine Prinzip kennengelernt, *dass sich Märkte zum Gleichgewicht bewegen*. Das Marktgleichgewicht war dadurch charakterisiert, dass sich kein Individuum durch eine andere Handlung besser stellen könnte. Im Fall eines Wettbewerbsmarktes können wir dies präzisieren: Ein Wettbewerbsmarkt befindet sich im Gleichgewicht, wenn der Preis ein Niveau erreicht hat, bei dem die nachgefragte Menge exakt der angebotenen Menge eines Gutes entspricht. Bei diesem Preis kann sich kein einzelner Verkäufer dadurch besser stellen, dass er entweder mehr oder weniger von seinem Gut anbietet. Kein individueller Käufer kann sich dadurch besser stellen, dass er bereit ist, mehr oder weniger von dem betreffenden Gut nachzufragen.

Der Preis, der die angebotene und die nachgefragte Menge zur Übereinstimmung bringt, wird als **Gleichgewichtspreis** bezeichnet. Die Menge, die zu diesem Preis gekauft und verkauft wird, heißt **Gleichgewichtsmenge**. Der Gleichgewichtspreis wird auch als markträumender Preis bezeichnet: Es ist der Preis, der »den Markt räumt«, indem er sicherstellt, dass jeder Käufer, der bereit ist diesen Preis zu bezahlen, einen Verkäufer finden kann, der bereit ist zu diesem Preis zu verkaufen (und umgekehrt).

Wie bestimmen wir also den Gleichgewichtspreis und die Gleichgewichtsmenge?

Die Bestimmung von Gleichgewichtspreis und Gleichgewichtsmenge

Der einfachste Weg zur Bestimmung von Gleichgewichtspreis und Gleichgewichtsmenge auf einem Markt besteht darin, die Angebots- und die Nachfragekurve in ein und dasselbe Diagramm einzutragen. Weil die Angebotskurve bei jedem gegebenen Preis die angebotene Menge zeigt und weil die Nachfragekurve bei jedem gegebenen Preis die nachgefragte Menge zeigt, muss der Preis, bei dem sich beide Kurven schneiden, der Gleichgewichtspreis sein: Es ist der Preis, bei dem die angebotene und die nachgefragte Menge übereinstimmen.

Abbildung 3-11 kombiniert die Nachfragekurve aus Abbildung 3-1 und die Angebotskurve aus Abbildung 3-6. Sie *schneiden* sich im Punkt *E*, der das Gleichgewicht auf diesem Markt widerspiegelt. Im vorliegenden Fall beträgt der Gleichgewichtspreis 3 Cent je Kilowattstunde Erdgas und die Gleichgewichtsmenge beträgt 10 Milliarden Kilowattstunden Erdgas.

Wir müssen uns vergewissern, dass Punkt *E* zu unserer Definition des Gleichgewichts passt. Bei einem Preis von 3 Cent je Kilowattstunde Erdgas

Ein Wettbewerbsmarkt befindet sich im Gleichgewicht, wenn der Preis eines Gutes auf einem Niveau angelangt ist, bei dem nachgefragte Menge und angebotene Menge übereinstimmen. Diesen Preis bezeichnet man als **Gleichgewichtspreis** bzw. markträumenden Preis. Die Menge des Gutes, die zu diesem Preis gekauft und verkauft wird, bezeichnet man als **Gleichgewichtsmenge**.

Abb. 3-11

Marktgleichgewicht

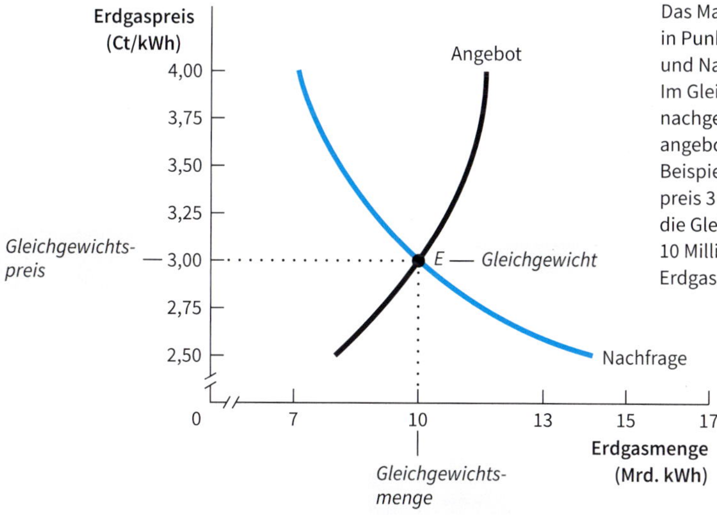

Das Marktgleichgewicht liegt in Punkt *E*, wo sich Angebotskurve und Nachfragekurve schneiden. Im Gleichgewicht entspricht die nachgefragte Menge genau der angebotenen Menge. In unserem Beispiel beträgt der Gleichgewichtspreis 3 Cent je Kilowattstunde und die Gleichgewichtsmenge beträgt 10 Milliarden Kilowattstunden Erdgas.

sind Erdgasproduzenten bereit, 10 Milliarden Kilowattstunden Erdgas pro Jahr zu verkaufen, und Erdgasverbraucher sind bereit, 10 Milliarden Kilowattstunden Erdgas zu kaufen. Bei einem Preis von 3 Cent je Kilowattstunde Erdgas ist die angebotene Menge an Erdgas also genauso groß wie die nachgefragte Menge. Man beachte, dass der Markt bei jedem anderen Preis nicht geräumt wäre: Nicht jeder Käufer würde auch einen Verkäufer finden oder umgekehrt. Anders ausgedrückt: Wäre der Preis höher als 3 Cent je Kilowattstunde Erdgas, würde die angebotene Menge die nachgefragte Menge übersteigen. Wäre der Preis geringer als 3 Cent je Kilowattstunde Erdgas, würde die nachgefragte Menge die angebotene übersteigen.

Das Modell für Angebot und Nachfrage sagt also voraus, dass bei den Angebots- und Nachfragekurven, die in Abbildung 3-11 gezeigt werden, 10 Milliarden Kilowattstunden Erdgas den Besitzer wechseln würden, und zwar zu einem Preis von 3 Cent je Kilowattstunde.

Wie können wir aber sicher sein, dass der Markt tatsächlich zu diesem Gleichgewichtspreis gelangt? Um diese Frage beantworten zu können, wollen wir uns zunächst mit drei einfacheren Fragen beschäftigen:

1. Warum finden auf einem Markt alle Verkäufe und Käufe zum selben Preis statt?
2. Warum sinkt der Marktpreis, falls er oberhalb des Gleichgewichtspreises ist?
3. Warum steigt der Marktpreis, falls er unterhalb des Gleichgewichtspreises liegt?

1. Warum finden auf einem Markt alle Verkäufe und Käufe zum selben Preis statt?

Es gibt einige Märkte, auf denen dasselbe Gut in Abhängigkeit davon, wer Verkäufer oder wer Käufer ist, zu verschiedenen Preisen verkauft wird. Haben Sie zum Beispiel irgendwann einmal ein Souvenir in einer »Touristenfalle« gekauft und dann denselben Gegenstand irgendwo anders im Ausverkauf (möglicherweise sogar im nächsten Geschäft) zu einem sehr viel niedrigeren Preis gesehen? Weil Touristen in der Regel nicht wissen, welche Läden die besten Angebote offerieren und auch nicht die Zeit haben, um alle Preise zu vergleichen, können Verkäufer in Tourismusgebieten für dasselbe Gut unterschiedliche Preise verlangen.

Aber auf jedem Markt, auf dem sich Käufer und Verkäufer bereits seit einiger Zeit orientiert haben, tendieren Käufe und Verkäufe zu einem einheitlichen Preis, sodass wir ohne schlechtes Gewissen von *dem Marktpreis* sprechen können. Warum es diese Tendenz gibt, lässt sich leicht verstehen. Nehmen wir einmal an, ein Verkäufer nennt einem potenziellen Käufer einen Preis, der merklich über dem liegt, was andere Leute bezahlen – und der Käufer weiß dies. Offenkundig wäre der Käufer besser dran, wenn er woanders kaufen würde – es sei denn, der Verkäufer bietet ihm ein besseres Geschäft an. Umgekehrt wird ein Verkäufer nicht bereit sein, sein Gut zu einem Preis zu verkaufen, der deutlich unter dem Betrag liegt, von dem er weiß, dass ihn die meisten anderen Käufer bezahlen. Für ihn wäre es offensichtlich besser, auf Kunden zu warten, die einen akzeptableren Preis bieten. Auf jedem Markt, der schon eine Weile existiert und auf dem sich die Dinge eingespielt haben, erhalten daher alle Verkäufer und zahlen alle Käufer in etwa denselben Preis. Dieser Preis ist es, den wir als *Marktpreis* bezeichnen.

2. Warum sinkt der Marktpreis, falls er oberhalb des Gleichgewichtspreises liegt?

Nehmen wir einmal an, dass die Angebots- und Nachfragekurve so verlaufen, wie in Abbildung 3-11 gezeigt, dass aber der Marktpreis oberhalb des Gleichgewichtsniveaus von 3 Cent je Kilowattstunde Erdgas liegt, also zum Beispiel bei 3,5 Cent. Diese Situation wird in **Abbildung 3-12** illustriert. Warum kann der Preis sich nicht auf diesem Niveau halten?

Wie Abbildung 3-12 zeigt, wären bei einem Preis von 3,5 Cent mehr Kilowattstunden Erdgas verfügbar als Verbraucher kaufen möchten: 11,2 Milliarden Kilowattstunden gegen 8,1 Milliarden. Die Differenz von 3,1 Milliarden Kilowattstunden ist der **Überschuss** – auch als *Überschussangebot* bezeichnet – an Erdgas bei einem Preis von 3,5 Cent je Kilowattstunde.

Dieser Überschuss bedeutet, dass einige der Erdgasproduzenten enttäuscht werden: Sie können niemanden finden, der das Erdgas kauft, was sie verkaufen möchten. Der Überschuss schafft daher für diese potenziellen Verkäufer einen An-

Falls für ein bestimmtes Gut die angebotene Menge die nachgefragte Menge übersteigt, liegt ein **Überschuss** vor. Überschüsse treten auf, wenn der Preis oberhalb des Gleichgewichtsniveaus liegt.

Abb. 3-12

Ein Preis oberhalb des Gleichgewichtsniveaus führt zu einem Überschuss

Der Marktpreis von 3,5 Cent liegt oberhalb des Gleichgewichtspreises von 2,5 Cent. Dies führt zu einem Überschuss: Bei einem Preis von 3,50 Cent pro Kilowattstunde Erdgas würden die Anbieter gerne 11,2 Milliarden Kilowattstunden verkaufen, die Nachfrager sind aber nur bereit, 8,1 Milliarden Kilowattstunden zu kaufen. Daher gibt es einen Überschuss von 3,1 Milliarden Kilowattstunden Erdgas. Dieser Überschuss wird den Preis nach unten drücken, bis er den Gleichgewichtswert von 3,0 Cent pro Kilowattstunde erreicht hat.

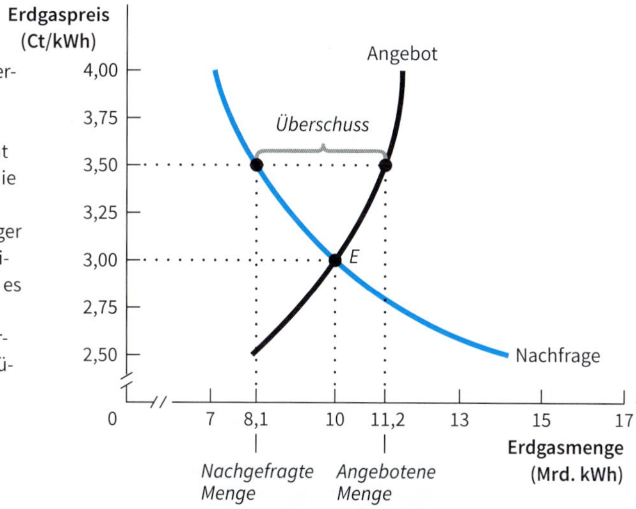

reiz, einen niedrigeren Preis zu setzen, um so das Geschäft von anderen Verkäufern auf sich zu ziehen. Im Ergebnis drücken diese reduzierten Preisofferten den am Markt herrschenden Preis nach unten, bis er das Gleichgewichtsniveau erreicht hat. Der Preis eines Gutes wird daher immer fallen, wenn es einen Überschuss gibt, also immer dann, wenn der Preis oberhalb seines Gleichgewichtsniveaus liegt.

3. Warum steigt der Marktpreis, falls er unterhalb des Gleichgewichtspreises liegt?

Nun sei angenommen, dass der Preis unterhalb seines Gleichgewichtsniveaus liegt, sagen wir bei 2,75 Cent je Kilowattstunde Erdgas, so wie in **Abbildung 3-13** gezeigt. In diesem Fall übersteigt die nachgefragte Menge (11,5 Milliarden Kilowattstunden) die angebotene Menge (9,1 Milliarden Kilowattstunden), was impliziert, dass es potenzielle Käufer gibt, die kein Erdgas auftreiben können: Es liegt eine **Knappheit** bzw. eine *Überschussnachfrage* von 2,4 Milliarden Kilowattstunden Erdgas vor.

Wenn eine solche Knappheit besteht, dann werden potenzielle Käufer enttäuscht, nämlich die Menschen, die Erdgas kaufen möchten, aber keine Verkäufer finden können, die zum laufenden Preis bereit wären, Erdgas zu verkaufen. In einer solchen Situation werden Käufer bereit sein, einen höheren als den gegenwärtigen Preis zu offerieren und Verkäufer werden feststellen, dass sie einen höheren Preis verlangen und durchsetzen können. Im Ergebnis führt dies zu einem Anstieg des gegenwärtig herrschenden Preises.

Dieses »Heraufbieten« von Preisen tritt immer dann auf, wenn am Markt eine Knappheit besteht. Und eine Knappheit tritt immer dann auf, wenn der Preis unterhalb seines Gleichgewichtsniveaus liegt. Befindet sich der Preis unterhalb des Gleichgewichtsniveaus, kommt es daher immer zu Preissteigerungen.

Gleichgewicht

Wir haben nun gesehen, dass ein Markt zu einem einzigen Preis tendiert. Der Marktpreis sinkt, falls er oberhalb des Gleichgewichtsniveaus liegt, er steigt, wenn er sich unterhalb dieses Niveaus befindet. Der Marktpreis bewegt sich daher immer in Richtung des Gleichgewichtspreises, bei dem es weder einen Überschuss noch eine Knappheit gibt.

Von einer **Knappheit** sprechen wir, falls für ein bestimmtes Gut die nachgefragte Menge die angebotene Menge übersteigt. Knappheiten treten auf, wenn der Preis unterhalb des Gleichgewichtsniveaus liegt.

Abb. 3-13

Ein Preis unterhalb des Gleichgewichtsniveaus führt zu einer Knappheit

Der Marktpreis von 2,75 Cent pro Kilowattstunde Erdgas liegt unterhalb des Gleichgewichtsniveaus von 3,0 Cent. Dies führt zu einer Knappheit: Die Nachfrager möchten 11,5 Milliarden Kilowattstunden Erdgas kaufen, es werden aber nur 9,1 Milliarden Kilowattstunden zum Verkauf angeboten, sodass es eine Knappheit von 2,4 Milliarden Kilowattstunden gibt. Diese Knappheit wird den Preis nach oben drücken, bis der Gleichgewichtswert von 3,0 Cent pro Kilowattstunde Erdgas erreicht ist.

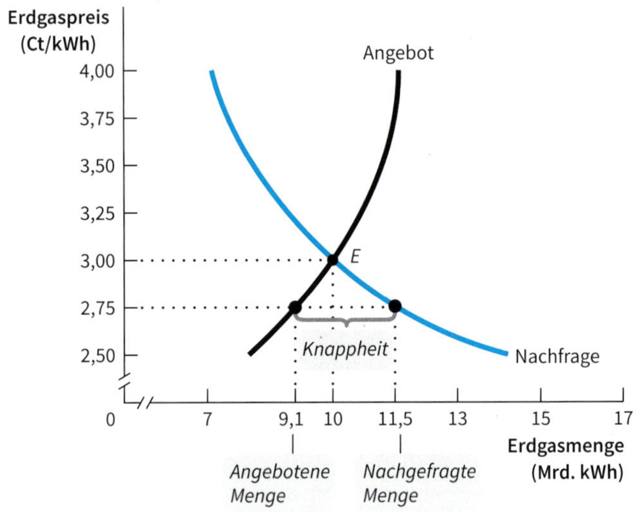

WISSENSCHAFT UND PRAXIS

Ein Ticket um jeden Preis

Im Marktgleichgewicht werden, in der Theorie, alle gleichbehandelt. Der Gleichgewichtspreis ist für alle gleich. Das bedeutet, dass alle Käufer den gleichen Preis – den Gleichgewichtspreis – bezahlen und alle Verkäufer den gleichen Preis bekommen.

Zum Markt für Konzerttickets scheint diese Aussage allerdings nicht ganz zu passen. Es gibt einen Preis, den man für das Ticket beim Konzertveranstalter bezahlt, und dann gibt es einen anderen Preis (in der Regel deutlich höher), den man für das gleiche Ticket im Internet bezahlt. Dort verkaufen Personen Tickets weiter, die schon welche haben. So kostete z. B. ein Ticket für den Besuch eines Konzertes von Billie Eilish in Philadelphia im März 2020 für den gleichen Platz 149,50 Dollar beim Konzertveranstalter und 348,00 Dollar auf der Online-Ticketplattform StubHub.com.

Das mag auf den ersten Blick verwirrend sein. Denkt man aber an Opportunitätskosten und Präferenzen, lassen sich diese Preisunterschiede durchaus erklären. Wenn man ein Ticket für eine Großveranstaltung bei einem Konzertveranstalter kaufen möchte, bedeutet das in der Regel ein langes Warten in einer (digitalen) Warteschlange, bis man endlich sein Ticket in den Warenkorb legen und bezahlen kann. Für diejenigen, die ihr Ticket lieber bei einer Online-Ticketplattform kaufen, sind dieser Aufwand und die damit verbundenen Opportunitätskosten einfach zu hoch. Außerdem kann es bei angesagten Konzerten auch schnell passieren, dass die Tickets beim Konzertveranstalter ausverkauft sind, bevor man in der digitalen Warteschlange an der Reihe ist. Dann werden diejenigen, die unbedingt auf das Konzert gehen wollen, bereit sein, das Ticket zu einem deutlich höheren Preis bei einer Online-Ticketplattform zu kaufen.

Ein Preisvergleich zwischen verschiedenen Online-Ticketplattformen zeigt, dass sich diese Märkte tatsächlich zum Gleichgewicht bewegen. So kostete z. B. ein Platz in Section 105, Reihe 12 bei StubHub 278,80 Dollar, während man für ein Ticket bei SeatGeek für einen Platz ganz in der Nähe 278,00 Dollar bezahlen musste. Und in einem Wettbewerbsmarkt werden nach dem Angebots-Nachfrage-Modell gleiche Güter zu einem (annähernd) gleichen Preis verkauft.

Durch den Online-Handel bewegen sich die Märkte sogar noch schneller zum Gleichgewicht, da das Internet die Aufgabe des Preisvergleiches mit übernimmt. So vergleicht die Webseite SeatGeek die Preise von mehr als 100 Tickethändlern, sodass die Käufer sofort den besten Preis sehen können. Tickets zu günstigen Preisen werden schnell verkauft, Tickets zu höheren Preisen bleiben liegen.

Und während bei weniger nachgefragten Konzerten die Tickets auf einer Ticketplattform sogar günstiger zu bekommen sind als beim Konzertveranstalter, können die Ticketpreise für besondere ▸

Events regelrecht explodieren. So kostete z. B. ein Ticket für das entscheidende Spiel um die US-amerikanische Basketballmeisterschaft der NBA im Juni 2019 im Durchschnitt 3.300 Dollar. Ein Fan hat sogar fast 70.000 Dollar für zwei Plätze am Spielfeldrand bezahlt.

Das Angebots-Nachfrage-Modell ist also nicht nur ein theoretisches Konzept. Wenn Sie selbst erfahren wollen, wie ein Wettbewerbsmarkt funktioniert, dann versuchen Sie einmal, Tickets für ein DFB-Pokalfinale zu kaufen.

Kurzzusammenfassung

- In einem Wettbewerbsmarkt bewegt sich der Preis zum **Gleichgewichtspreis** bzw. markträumenden Preis, wo angebotene und nachgefragte Menge übereinstimmen. Die zu diesem Preis gehörende Menge bezeichnen wir als **Gleichgewichtsmenge**.
- Sämtliche Käufe und Verkäufe auf einem Markt erfolgen zum selben Preis. Liegt der Preis oberhalb des Gleichgewichtsniveaus, dann kommt es zu einem **Überschuss**, der den Preis nach unten drückt. Liegt der Preis unterhalb seines Gleichgewichtsniveaus, dann kommt es zu einer **Knappheit**, was den Preis nach oben treibt.

ÜBERPRÜFEN SIE IHR WISSEN

Nachfolgend stellen wir drei Situationen vor, in denen sich der Markt jeweils zunächst im Gleichgewicht befinden soll. Dann treten Störungen auf. Geben Sie für jede dieser Störungen an, ob beim ursprünglichen Gleichgewichtspreis nun ein Überschuss oder eine Knappheit besteht. Welche Auswirkungen hat dies auf die Entwicklung des Gleichgewichtspreises?

a. Das Jahr 2018 bescherte den kalifornischen Winzern extrem gute Witterungsbedingungen, sodass die Weinlese außerordentlich ertragreich war.

b. Nach einem Hurrikan müssen die Hoteliers in Florida häufig feststellen, dass viele Leute ihre geplanten Ferienaufenthalte stornieren mit der Konsequenz, dass viele Hotelzimmer leer stehen.

c. Nach einem schweren Schneesturm wollen viele Leute bei ihrem örtlichen Garten- und Forstgerätehändler gebrauchte Schneefräsen kaufen.

3.5 Änderungen von Angebot und Nachfrage

Der immense Rückgang der Erdgaspreise in den Jahren 2006 bis 2013 mag für Verbraucher überraschend gewesen sein – für Anbieter war das Gegenteil der Fall. Die Erdgasproduzenten wussten, dass die Fortschritte auf dem Gebiet der Fördertechnologien den Zugang zu riesigen Erdgasvorkommen ermöglicht hatten, deren Förderung bis dahin zu teuer gewesen war. Es ist nicht schwer vorherzusagen, dass eine Ausweitung des Angebotes den Gleichgewichtspreis fallen lässt.

Die Einführung verbesserter Fördertechnologien ist ein Beispiel für Situationen, in denen sich die Angebotskurve eines Gutes verschiebt, während die Nachfrage unverändert bleibt. Es gibt etliche solcher Situationen. Es gibt auch Fälle, in denen sich die Nachfragekurve verschiebt, die Angebotskurve aber nicht. So erhöht beispielsweise ein medizinisches Gutachten, in dem positive Gesundheitswirkungen von Schokolade bescheinigt werden, zwar die Nachfrage nach Schokolade, hat aber keinen Einfluss auf das Angebot. Diese Beispiele weisen darauf hin, dass ökonomisch relevante Ereignisse oft entweder die Angebotskurve oder die Nachfragekurve verschieben, jedoch nicht beide gleichzeitig. Es erscheint daher sinnvoll, beide Fälle zunächst einmal getrennt näher zu betrachten.

3.5 Angebot und Nachfrage
Änderungen von Angebot und Nachfrage

Wir haben uns bereits klargemacht, dass eine Verschiebung von Angebots- oder Nachfragekurve den Gleichgewichtspreis und die Gleichgewichtsmenge ändert. Im Folgenden wollen wir uns damit beschäftigen, wie sich die Verschiebung einer Kurve genau auf Gleichgewichtspreis und Gleichgewichtsmenge auswirkt.

Verschiebung der Nachfragekurve

Heizöl und Erdgas sind Substitute. Wenn der Heizölpreis steigt, nimmt die Nachfrage nach Erdgas zu, und wenn der Heizölpreis sinkt, dann nimmt die Nachfrage nach Erdgas ab. Wie aber beeinflusst der Heizölpreis den *Markt* für Erdgas?

Abbildung 3-14 zeigt die Wirkung einer Erhöhung des Heizölpreises auf den Erdgasmarkt. Der Anstieg des Heizölpreises erhöht die Nachfrage nach Erdgas. Punkt E_1 zeigt das Gleichgewicht, das zur ursprünglichen Nachfragekurve gehört, wobei P_1 den Gleichgewichtspreis und Q_1 die gebzw. verkaufte Gleichgewichtsmenge bezeichnet. Ein Anstieg der Nachfrage schlägt sich in einer *Rechtsverschiebung* der Nachfragekurve von D_1 nach D_2 nieder. Beim ursprünglichen Marktpreis P_1 ist der Markt nun nicht länger im Gleichgewicht: Weil die nachgefragte Menge zu diesem Preis die angebotene Menge übersteigt, liegt nunmehr eine Knappheit vor. Der Erdgaspreis steigt daher und führt zu einer Zunahme der angebotenen Menge, was in Abbildung 3-14 einer *Aufwärtsbewegung entlang der gegebenen Angebotskurve* entspricht. Ein neues Gleichgewicht ergibt sich in Punkt E_2 mit dem höheren Gleichgewichtspreis P_2 und der höheren Gleichgewichtsmenge Q_2. Die geschilderte Abfolge spiegelt ein allgemeines Prinzip wider: *Wenn die Nachfrage nach einem Gut steigt, erhöhen sich sowohl der Gleichgewichtspreis als auch die Gleichgewichtsmenge des betreffenden Gutes.*

Was würde im umgekehrten Fall passieren, wenn also der Heizölpreis sinkt? Ein Rückgang des Heizölpreises vermindert die Nachfrage nach Erdgas und verschiebt damit die Nachfragekurve nach *links*. Beim ursprünglichen Preis besteht nun ein Überschuss, weil die angebotene Menge größer ist als die nachgefragte. Der Preis sinkt und führt zu einem Rückgang der angebotenen Menge. Es kommt zu einer Bewegung hin zu einem niedrigeren Gleichgewichtspreis und einer niedrigeren Gleichgewichts-

Abb. 3-14

Gleichgewicht und Verschiebung der Nachfragekurve

Das ursprüngliche Gleichgewicht im Markt für Erdgas liegt bei E_1, also dort, wo sich Angebotskurve und ursprüngliche Nachfragekurve D_1 schneiden. Eine Zunahme des Heizölpreises (Heizöl ist ein Substitut für Erdgas) verschiebt die Nachfragekurve nach rechts zu D_2. Beim ursprünglichen Preis P_1 liegt nun eine Knappheit vor, sodass sowohl Preis als auch angebotene Menge steigen. Es kommt zu einer Bewegung entlang der Angebotskurve. Das neue Gleichgewicht wird in E_2 bei einem höheren Gleichgewichtspreis P_2 und einer höheren Gleichgewichtsmenge Q_2 erreicht. Bei einem Anstieg der Nachfrage nach einem Gut nehmen sowohl Gleichgewichtspreis als auch Gleichgewichtsmenge zu.

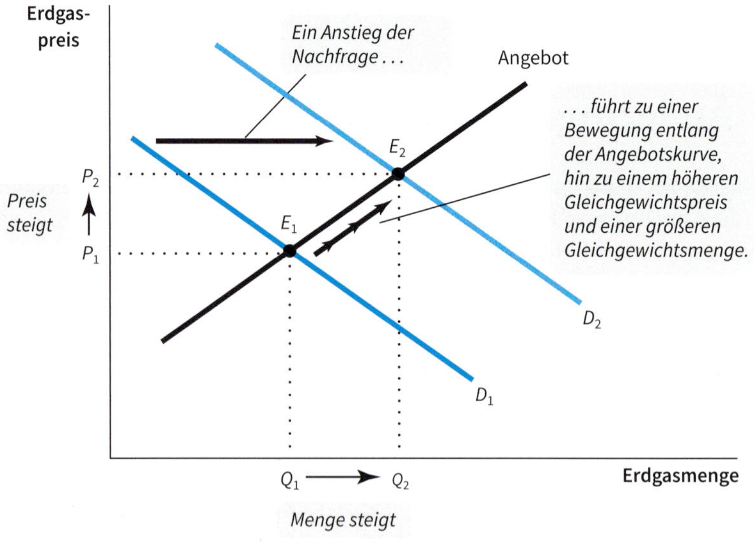

menge. Es gibt ein weiteres allgemeines Prinzip: *Wenn die Nachfrage nach einem Gut sinkt, gehen sowohl der Gleichgewichtspreis als auch die Gleichgewichtsmenge des betreffenden Gutes zurück.*

Die Reaktion eines Marktes auf eine Änderung der Nachfrage lässt sich folgendermaßen zusammenfassen: *Ein Anstieg der Nachfrage führt sowohl zu einem Anstieg des Gleichgewichtspreises als auch zu einem Anstieg der Gleichgewichtsmenge. Ein Rückgang der Nachfrage führt sowohl zu einem Rückgang des Gleichgewichtspreises als auch zu einem Rückgang der Gleichgewichtsmenge.*

Verschiebung der Angebotskurve

In der Realität ist es einfacher, Änderungen des Angebotes vorherzusagen als Änderungen der Nachfrage. Das Angebot wird in erster Linie durch physische Faktoren berührt, wie etwa die Verfügbarkeit von Inputs. Diese physischen Faktoren lassen sich leichter erfassen als Geschmack und Präferenzen, die sich auf die Nachfrage auswirken. Was wir kennen, sind die *Wirkungen* von Verschiebungen der Angebotskurve.

Wie bereits im Eingangsbeispiel erwähnt, stieg das Erdgasangebot seit 2006 aufgrund der Weiterentwicklung der Fördertechnologien deutlich. **Abbildung 3-15** illustriert die Auswirkungen einer solchen Veränderung auf das Marktgleichgewicht. Das ursprüngliche Gleichgewicht wird durch den Punkt E_1 beschrieben, den Schnittpunkt zwischen der ursprünglichen Angebotskurve S_1 und der Nachfragekurve. Dieses Gleichgewicht ist mit einem Gleichgewichtspreis P_1 und einer Gleichgewichtsmenge Q_1 verbunden. Als Folge der technischen Änderung steigt das Angebot und S_1 verschiebt sich nach *rechts* zu S_2. Beim ursprünglichen Preis P_1 existiert nun ein Überschuss an Erdgas und der Markt ist nicht länger im Gleichgewicht. Der Überschuss führt zu einem Preisrückgang und induziert eine Erhöhung der nachgefragten Menge, also eine Abwärtsbewegung entlang der Nachfragekurve. Das neue Gleichgewicht liegt jetzt bei E_2. Der Gleichgewichtspreis beträgt P_2 und die Gleichgewichtsmenge Q_2. Im neuen Gleichgewicht E_2 ist der Preis niedriger und die Menge höher als in der Ausgangssituation. Diese Beobachtung können wir in folgendem allgemeinen Prinzip darstellen: *Ein*

Abb. 3-15

Gleichgewicht und Verschiebung der Angebotskurve

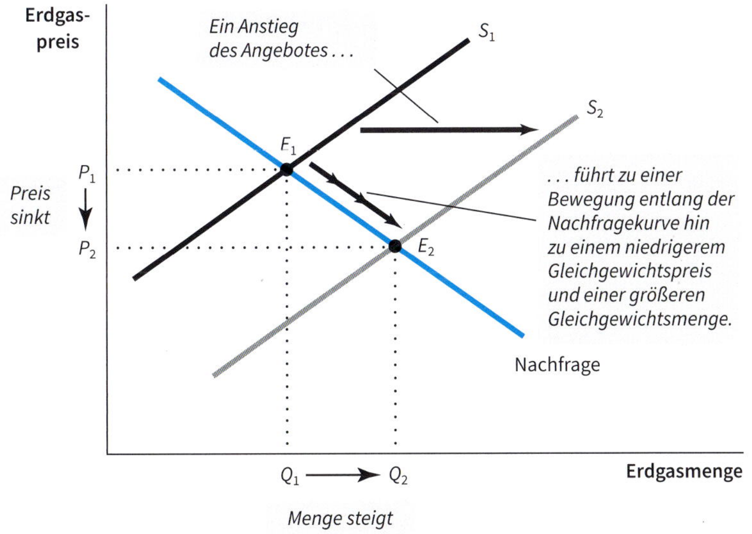

Das ursprüngliche Gleichgewicht am Markt für Erdgas liegt bei E_1, im Schnittpunkt von Nachfragekurve und ursprünglicher Angebotskurve S_1. Aufgrund einer technologischen Änderung steigt das Angebot an Erdgas, was zu einer Rechtsverschiebung der Angebotskurve nach S_2 führt. Beim ursprünglichen Preis P_1 liegt nun ein Überschuss vor. Der Preis sinkt und die nachgefragte Menge steigt. Wir haben es mit einer Bewegung entlang der gegebenen Nachfragekurve zu tun. Das neue Gleichgewicht wird im Punkt E_2 bei einem geringeren Gleichgewichtspreis P_2 und einer höheren Gleichgewichtsmenge Q_2 erreicht. Kommt es zu einem Angebotsanstieg, verringert sich der Gleichgewichtspreis dieses Gutes, während die Gleichgewichtsmenge steigt.

DENKFALLEN!

Welche Kurve ist es eigentlich?
Wenn sich der Preis irgendeines Gutes ändert, dann ist dies normalerweise auf eine Änderung des Angebotes oder eine Änderung der Nachfrage zurückzuführen. Auf den ersten Blick ist aber nicht klar, welche der beiden Kurven sich verschoben hat. Ein nützlicher Hinweis ergibt sich aus der Richtung der Mengenänderung. Falls sich die verkaufte Menge in *dieselbe* Richtung ändert wie der Preis, wenn also beispielsweise sowohl der Preis als auch die Menge steigen, dann lässt dies eine Verschiebung der Nachfragekurve vermuten. Ändern sich Preis und Menge in *gegensätzliche* Richtungen, dann ist dafür wahrscheinlich eine Verschiebung der Angebotskurve verantwortlich.

Anstieg des Angebotes führt zu einem Rückgang des Gleichgewichtspreises und einem Anstieg der Gleichgewichtsmenge.

Was geschieht auf dem Markt, wenn das Angebot sinkt? Ein Rückgang des Angebotes führt zu einer *Linksverschiebung* der Angebotskurve. Beim ursprünglichen Preis kommt es nunmehr zu einer Knappheit. Diese Knappheit führt zu einem Anstieg des Preises und induziert einen Rückgang der nachgefragten Menge. Als Beispiel für eine derartige Entwicklung können wir auf die Ereignisse verweisen, die auf dem Erdgasmarkt aufgrund der Zerstörung von Bohrinseln und Erdgasfördereinrichtungen im Golf von Mexiko durch den Hurrikan Katrina im Jahr 2005 zu verzeichnen waren. Auch für diesen Fall können wir ein allgemeines Prinzip formulieren: *Ein Rückgang des Angebotes führt zu einer Erhöhung des Gleichgewichtspreises und einer Senkung der Gleichgewichtsmenge.*

Wie ein Markt auf Änderungen des Angebotes reagiert, können wir also folgendermaßen zusammenfassen: *Ein Anstieg des Angebotes führt zu einem Rückgang des Gleichgewichtspreises und einem Anstieg der Gleichgewichtsmenge. Ein Rückgang des Angebotes führt zu einem Anstieg des Gleichgewichtspreises und zu einer Verminderung der Gleichgewichtsmenge.*

Simultane Verschiebungen von Angebots- und Nachfragekurve

Schließlich kann es auch passieren, dass Ereignisse auftreten, die *sowohl* die Nachfragekurve *als auch* die Angebotskurve verschieben. Das ist nicht ungewöhnlich, da es aufgrund der sich ständig ändernden Wirtschaftslage im realen Leben recht häufig zu Verschiebungen der Angebots- und Nachfragekurven kommt.

Abbildung 3-16 illustriert zwei Beispiele simultaner Verschiebungen. In beiden Teilen der Abbildung zeigen wir einen Anstieg des Angebotes, die sich in einer Rechtsverschiebung der Angebotskurve von S_1 nach S_2 niederschlägt. Dies könnte beispielsweise die Einführung einer verbesserten Fördertechnologie bewirken. Man beachte, dass die Rechtsverschiebung in Diagramm (a) vergleichsweise größer ist als die in Diagramm (b). Wir können davon ausgehen, dass Diagramm (a) eine kleine technologische Verbesserung darstellt, während Diagramm (b) einen enormen technischen Fortschritt darstellt.

Beide Diagramme zeigen auch einen Rückgang der Nachfrage, was sich in einer Linksverschiebung der Nachfragekurve von D_1 nach D_2 niederschlägt. Man beachte dabei, dass die Linksverschiebung in Diagramm (b) vergleichsweise größer ist als die Linksverschiebung in Diagramm (a). Wir können annehmen, dass Diagramm (a) die Auswirkungen einer schweren Krise auf die Nachfrage widerspiegelt, während Diagramm (b) die Auswirkungen eines milden Winters darstellt.

Mit der Bewegung des Gleichgewichts von Punkt E_1 nach Punkt E_2 nimmt in beiden Fällen der Gleichgewichtspreis von P_1 auf P_2 ab. Welche Auswirkungen ergeben sich aber auf die Gleichgewichtsmenge, also die Menge an Erdgas, die tatsächlich ge- und verkauft wird? In Diagramm (a) ist der Rückgang der Nachfrage deutlich größer als der Anstieg des Angebotes, weswegen sich die Gleichgewichtsmenge im Ergebnis verringert. In Diagramm (b) ist der Anstieg des Angebotes deutlich größer als der Rückgang der Nachfrage, weswegen im Ergebnis die Gleichgewichtsmenge steigt. Wenn also die Nachfrage sinkt und das Angebot steigt, dann kann sich die tatsächlich gehandelte Menge in beide Richtungen bewegen. Wohin sie sich bewegt, hängt davon ab, *um wie viel* sich Nachfrage- und Angebotskurve verschoben haben.

Allgemein gilt also: Wenn Angebots- und Nachfragekurve sich in entgegengesetzte Richtungen

Abb. 3-16

Simultane Verschiebungen von Nachfrage- und Angebotskurve

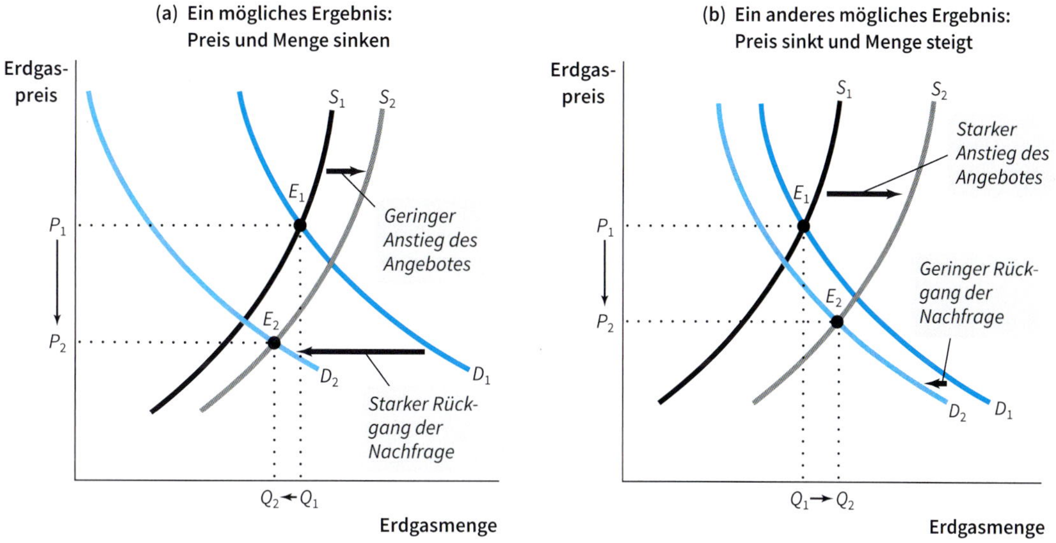

In Diagramm (a) wird eine simultane Verschiebung der Nachfragekurve nach links und der Angebotskurve nach rechts gezeigt. In dieser Darstellung ist der Rückgang der Nachfrage relativ stärker als der Anstieg des Angebotes, sodass sowohl Gleichgewichtspreis als auch Gleichgewichtsmenge sinken. In Diagramm (b) wird eine simultane Verschiebung der Nachfragekurve nach links und der Angebotskurve nach rechts gezeigt. In dieser Darstellung ist der Anstieg des Angebotes relativ stärker als der Rückgang der Nachfrage, sodass der Gleichgewichtspreis sinkt und die Gleichgewichtsmenge steigt.

verschieben, lässt sich der endgültige Effekt auf die ge- bzw. verkaufte Menge nicht vorhersagen. Wir können aber Folgendes festhalten: Die Kurve, die sich stärker verschiebt als die andere Kurve, wird auch einen größeren Einfluss auf die ge- bzw. verkaufte Menge haben. Damit können wir folgende Vorhersagen bezüglich des Ergebnisses einer Verschiebung von Angebots- und Nachfragekurve in gegensätzliche Richtungen machen:

- Wenn die Nachfrage sinkt und das Angebot steigt, nimmt der Preis ab, aber die Mengenänderung ist nicht eindeutig.
- Wenn die Nachfrage steigt und das Angebot sinkt, nimmt der Preis zu, aber die Mengenänderung ist nicht eindeutig.

Nehmen wir jetzt aber einmal an, dass sich Nachfrage- und Angebotskurve in dieselbe Richtung verschieben. Genau das passierte in den Vereinigten Staaten, deren Volkswirtschaft sich nach Finanz- und Wirtschaftskrise 2007–2009 allmählich erholte und deshalb sowohl einen Anstieg der Nachfrage als auch des Angebotes verzeichnen konnte. Können wir zuverlässig vorhersagen, wie sich Preis und Menge ändern? In diesem Fall steht fest, wie sich die ge- bzw. verkaufte Menge ändert, die Änderung des Preises lässt sich jedoch nicht eindeutig bestimmen. Bei einer Verschiebung von Angebots- und Nachfragekurve in dieselbe Richtung treten die beiden folgenden Möglichkeiten auf:

- Wenn sowohl Nachfrage als auch Angebot steigen, erhöht sich die Gleichgewichtsmenge, die Änderung des Preises lässt sich jedoch nicht eindeutig bestimmen.
- Wenn sowohl Nachfrage als auch Angebot sinken, nimmt die Gleichgewichtsmenge ab, aber die Änderung des Gleichgewichtspreises lässt sich nicht eindeutig bestimmen.

VERTIEFUNG

Wettbewerbsmärkte – und was es sonst noch gibt

Zu Beginn dieses Kapitels haben wir definiert, was ein Wettbewerbsmarkt ist, und erläutert, dass unser Angebots-Nachfrage-Konzept ein Modell des Wettbewerbsmarktes darstellt. Wir haben uns dort aber an der Frage vorbeigemogelt, warum es eine Rolle spielt, ob ein Markt wettbewerblich strukturiert ist oder nicht. Nachdem wir nun gesehen haben, wie unser Angebots-Nachfrage-Modell funktioniert, wollen wir uns dieser Frage kurz zuwenden.

Um zu verstehen, warum sich Wettbewerbsmärkte von anderen Märkten unterscheiden, wollen wir die Probleme vergleichen, denen sich zwei Individuen gegenübersehen: Ein Landwirt steht vor der Entscheidung, ob er mehr Weizen anbauen soll. Der Vorstandsvorsitzende eines großen Aluminiumerzeugers steht vor der Entscheidung, ob seine Firma mehr Aluminium produzieren soll.

Für den Landwirt stellt sich die einfache Frage, ob der zusätzlich erzeugte Weizen zu einem Preis verkauft werden kann, der hoch genug ist, um die zusätzlichen Produktionskosten zu rechtfertigen. Er braucht sich keine Gedanken darüber zu machen, ob seine zusätzliche Produktion den Preis des Weizens beeinflusst, dessen Anbau er bereits vorher geplant hatte. Das ist darauf zurückzuführen, dass der Markt für Weizen in unserer Vorstellung ein Wettbewerbsmarkt ist. Es gibt Tausende von Landwirten, die Weizen anbauen, und daher wird die Entscheidung eines einzelnen Landwirtes nur einen vernachlässigbaren Einfluss auf den Marktpreis haben.

Für den Vorstandsvorsitzenden des Aluminiumkonzerns liegt die Sache nicht ganz so einfach, weil der Aluminiummarkt *kein* Wettbewerbsmarkt ist. Dort gibt es nur einige wenige Anbieter und jedem dieser Teilnehmer ist sehr wohl bewusst, dass seine Aktionen eine messbare Auswirkung auf den Marktpreis haben. Dieser Umstand macht die Entscheidungen, die Produzenten treffen müssen, erheblich komplizierter. Der Vorstandsvorsitzende kann die Entscheidung, ob mehr Aluminium produziert werden soll, nicht einfach dadurch herbeiführen, dass die Frage beantwortet wird, ob die zusätzliche Produktion mehr Erlöse einbringt als sie Kosten verursacht. Das Unternehmen muss auch berücksichtigen, ob die zusätzliche Aluminiumproduktion den Marktpreis drückt und damit die Gewinne reduziert.

Liegt ein Wettbewerbsmarkt vor, können die Individuen ihre Entscheidung aufgrund weniger komplizierter Überlegungen treffen, als wenn es sich nicht um einen Wettbewerbsmarkt handelt. Dies wiederum bedeutet, dass es für Ökonomen einfacher ist, ein Modell für einen Wettbewerbsmarkt zu entwickeln als für einen nicht wettbewerblichen Markt.

Das Gesagte könnte Sie jetzt zu dem Schluss verleiten, dass die ökonomische Analyse nur wenig über nicht wettbewerbliche Märkte zu sagen hat. Das Gegenteil ist jedoch der Fall. Ökonomen können tatsächlich sehr wichtige Einsichten über die Funktionsweise anderer Marktarten vermitteln. Für diese Einsichten benötigt man jedoch andere Modelle. Im nächsten Kapitel wollen wir uns zunächst darauf konzentrieren, was wir aus dem hier entwickelten Angebots-Nachfrage-Modell über Wettbewerbsmärkte lernen können.

WISSENSCHAFT UND PRAXIS

Teure Avocados

Als Liz Garrison im Supermarkt auf den Preis für ein kleines Netz mit Avocados schaute, war sie schockiert. Normalerweise hatte sie dafür immer 2,50 Dollar bezahlt, jetzt waren es auf einmal 6,50 Dollar. Für Branchenanalysten war dieser Preissprung keine Überraschung. Schließlich hatte der Preis für Avocados den höchsten Stand der letzten zehn Jahre erreicht. Für diese Preisentwicklung gibt es einen einfachen Grund: Der Markt für Avocados hatte auf Angebot und Nachfrage reagiert.

Zunächst einmal war der Appetit der US-Amerikaner auf Avocados immer weiter gewachsen. Ob für Guacamole, für Avocado-Toast oder für Avocado-Smoothies: Es wurden immer mehr Avocados gekauft. Im Jahr 2018 konsumierte jeder US-Amerikaner im Durchschnitt knapp 3,5 Kilogramm Avocados. Im Jahr 1989 waren es nur 0,5 Kilogramm. Gleichzeitig stieg auch in Europa und in China die Nachfrage nach Avocados. Der Anstieg der Nachfrage in den Vereinigten Staaten, Europa und China führte zu einer Rechtsverschiebung der Nachfragekurve.

Und auch auf der Angebotsseite war einiges passiert. Im Jahr 2019 gab es nach einer schweren Hitzewelle in Kalifornien die schlechteste Avocado-Ernte seit 10 Jahren. Der Ernteertrag lag um 50 Prozent unter der Ernte des Vorjahres. In zwei weiteren wichtigen Anbaugebieten (Peru und Südafrika) waren ebenfalls deutlich geringere Ernteerträge zu verzeichnen. Durch den Angebotsrückgang verschob sich die Angebotskurve nach links.

Kommt es gleichzeitig zu einem Nachfrageanstieg und zu einem Angebotsrückgang, dann führt das unweigerlich zu einem starken Preisanstieg. Das ist die ökonomische Logik des Marktes. Und solange es nicht zum einem Nachfragerückgang und/oder zu einem Angebotsanstieg kommt, wird sich der Preis nicht nachhaltig ändern.

Kurzzusammenfassung

- Änderungen von Gleichgewichtspreis und Gleichgewichtsmenge auf einem Markt resultieren aus Verschiebungen der Angebotskurve, der Nachfragekurve oder beider Kurven.
- Ein Nachfrageanstieg – eine Rechtsverschiebung der Nachfragekurve – führt zu einer Zunahme sowohl des Gleichgewichtspreises als auch der Gleichgewichtsmenge. Ein Nachfragerückgang – eine Linksverschiebung der Nachfragekurve – drückt sowohl den Gleichgewichtspreis als auch die Gleichgewichtsmenge nach unten.
- Ein Angebotsanstieg senkt den Gleichgewichtspreis, erhöht aber die Gleichgewichtsmenge. Ein Angebotsrückgang erhöht den Gleichgewichtspreis, verringert aber die Gleichgewichtsmenge.
- Veränderungen des Marktgleichgewichts beruhen häufig auf Verschiebungen sowohl der Angebots- als auch der Nachfragekurve. Falls sich beide Kurven in dieselbe Richtung verschieben, dann ist die Mengenänderung vorhersagbar, nicht aber die Preisänderung. Verschieben sich beide Kurven in entgegengesetzte Richtungen, dann ist die Preisänderung vorhersagbar, nicht aber die Mengenänderung. Kommt es zu simultanen Verschiebungen von Angebots- und Nachfragekurve, dann hat die Kurve, die sich stärker verschiebt, eine größere Wirkung auf die Preis- und Mengenänderung.

ÜBERPRÜFEN SIE IHR WISSEN

1. Bestimmen Sie für jedes der folgenden Beispiele (i) den Markt, um den es geht; (ii) ob eine Verschiebung der Nachfrage- oder der Angebotskurve auftrat, die Richtung der Verschiebung und die Ursache der Verschiebung sowie (iii) die Wirkung der Verschiebung auf Gleichgewichtspreis und Gleichgewichtsmenge.

a. Als der Benzinpreis in den Vereinigten Staaten fiel, kauften sich mehr Leute größere Autos.

b. Durch technologische Innovationen sind die Kosten für das Recycling von gebrauchtem Papier gesunken. Im Zuge dieser Entwicklung wird mehr von dem Papier verbraucht, das aus Recyclingmaterial hergestellt worden ist.

c. Netflix senkt seine Preise und die örtlichen Kinos stellen fest, dass eine größere Zahl ihrer Plätze leer bleibt.

2. Chiphersteller kündigen regelmäßig die Einführung neuer Prozessoren an, die schneller sind als ihre Vorgänger. Als Reaktion darauf geht die Nachfrage nach Computern zurück, die ältere Prozessoren verwenden, weil die Konsumenten ihre Käufe in Antizipation von Rechnern mit neuen Prozessoren zurückstellen. Gleichzeitig erhöhen Computerhersteller die Produktion von Rechnern mit älteren Prozessoren, um ihre Vorräte an solchen Prozessoren abzubauen.

Zeichnen Sie zwei Diagramme des Marktes für die Computer mit den älteren Prozessoren:

a. Stellen Sie im ersten Diagramm die Situation dar, dass die Gleichgewichtsmenge als Reaktion auf diese Ereignisse sinkt.

b. Stellen Sie im zweiten Diagramm die Situation dar, dass die Gleichgewichtsmenge steigt. Wie reagiert in jedem der beiden Diagramme der Gleichgewichtspreis?

Unternehmen in Aktion: Angebot und Nachfrage bei Uber

Im Jahr 2009 gründeten die zwei Jungunternehmer Garrett Camp und Travis Kalanick das Unternehmen Uber. Wie viele andere US-Amerikaner hatten sich die beiden (zu) oft darüber geärgert, kein Taxi zu bekommen, wenn sie eines brauchten. In dicht besiedelten Städten wie New York ist es oft sehr leicht, ein freies Taxi zu finden. Man muss sich lediglich an den Straßenrand stellen, seinen Arm ausstrecken und für gewöhnlich wird man schon nach kurzer Zeit von einem freien Taxi aufgegabelt. Bereits bevor man in das Auto einsteigt, weiß man ungefähr, welchen Preis man für die Fahrt zum gewünschten Ziel zahlen muss, da die Gebühren durch die städtischen Behörden festgelegt und bekanntgemacht werden.

Aber manchmal gibt es auch Situationen, in denen es schwer ist, ein Taxi zu erwischen. An Regentagen oder während des Berufsverkehrs kann es ganz schön lange dauern, bis man endlich ein freies Taxi gefunden hat. Und während man auf ein freies Taxi wartet, werden einem wahrscheinlich immer wieder leere Taxis auffallen, die an einem vorbeifahren. Diese Fahrer haben ihren Arbeitstag schon hinter sich und sind auf dem Weg nach Hause oder zurück zur Zentrale. An bestimmten Tagen, wenn z. B. ein Schneesturm über die Stadt fegt oder in der Silvesternacht, ist es sogar schlichtweg unmöglich, ein Taxi zu erwischen.

Um dieses Problem zu lösen, wurde Uber gegründet. Mithilfe einer Smartphone-App bringt Uber Leute, die eine Fahrgelegenheit suchen, mit Fahrern zusammen, die ein Auto haben. Die App registriert die Fahrer, setzt die Fahrpreise fest und bucht den Fahrpreis automatisch von einer registrierten Kreditkarte des Fahrgastes ab. 25 Prozent des Fahrpreises gehen an Uber, den Rest bekommt der Fahrer. Im Jahr 2019 war Uber bereits in über 600 Städten in 65 Ländern aktiv und hat 11,3 Milliarden Fahrten vermittelt.

Studien zeigen, dass Fahrten bei Uber zu normalen Zeiten im Großen und Ganzen genauso viel oder sogar weniger als bei einem normalen Taxi-Unternehmen kosten. Außerhalb der normalen Zeiten können die Preise bei Uber allerdings beträchtlich schwanken. Wenn mehr Leute eine Fahrgelegenheit suchen, als es freie Fahrgelegenheiten gibt, erhöht Uber den Fahrpreis so lange, bis jeder, der bereit ist, diesen Preis zu zahlen, eine Fahrgelegenheit findet. So mussten z. B. Fahrgäste während eines Schneesturms in der Silvesternacht das 9- bis 10-Fache des normalen Preises bezahlen. Verärgert über diese hohen Preise warfen einige Kunden dem Unternehmen Preistreiberei vor.

Nach Angaben der Gründer ist der von Uber verwendete Algorithmus jedoch so programmiert, dass so wenige Menschen wie möglich ohne Fahrgelegenheit übrig bleiben. Uber besitzt keine eigenen Fahrzeuge und beschäftigt auch keine eigenen Fahrer. Uber-Gründer Kalanick verweist darauf, dass höhere Preise notwendig sind, damit die Fahrer Fahrgelegenheiten anbieten, vor allem zu besonderen Zeiten.

Da mittlerweile immer mehr Fahrer bei Uber registriert sind, muss jeder einzelne Fahrer immer länger fahren, um ein ausreichendes Einkommen erzielen. In Städten wie San Diego, in denen es nur einen begrenzten Taxi-Service gibt, haben sich daher Fahrer von Uber zusammengeschlossen, um während der Stoßzeiten wie z. B. Samstagabend ganz bewusst Pausen einzulegen. Durch diese Pausen steigt der Preis für eine Fahrt, und dann stehen die Fahrer wieder für eine Fahrt zur Verfügung. Die Fahrer wissen also ganz genau, wie Angebot und Nachfrage funktionieren.

FRAGEN

1. Wie lässt sich der Umstand erklären, dass es vor der Gründung von Uber bei gutem Wetter normalerweise genügend Taxis für jeden gab, der eine Fahrgelegenheit suchte, während eines Schneesturms normalerweise aber nicht?
2. Über welchen Preismechanismus löst Uber das Problem? Bleiben dadurch wirklich so wenige Menschen wie möglich ohne Fahrgelegenheit?
3. Zeigen Sie mithilfe eines Angebots-Nachfrage-Diagramms, warum der Preis für eine Fahrt durch abgestimmte Pausenzeiten der Fahrer steigt. Warum wird eine solche Strategie in großen Städten wie New York mit einer großen Taxiflotte eher nicht funktionieren?

Zusammenfassung

1. Das **Angebots-Nachfrage-Modell** illustriert, wie ein **Wettbewerbsmarkt** funktioniert, ein Markt, auf dem viele Käufer und Verkäufer zusammentreffen.
2. Der **Nachfrageplan** zeigt zu jedem Preis die **nachgefragte Menge**. Er wird grafisch durch die **Nachfragekurve** dargestellt. Das **Gesetz der Nachfrage** besagt, dass Nachfragekurven abwärts geneigt verlaufen. Das bedeutet, je höher der Preis für ein Gut ist, desto kleiner ist ceteris paribus die nachgefragte Menge.
3. Wenn sich der Preis ändert, kommt es zu einer **Bewegung entlang einer gegebenen Nachfragekurve**, was mit einer entsprechenden Änderung der nachgefragten Menge verbunden ist. Wenn Ökonomen von einer steigenden oder sinkenden Nachfrage sprechen, meinen sie gewöhnlich **Verschiebungen der Nachfragekurve**, also eine Änderung der nachgefragten Menge bei jedem gegebenen Preis. Ein Anstieg der Nachfrage verschiebt die Nachfragekurve nach rechts. Ein Rückgang der Nachfrage ruft eine Linksverschiebung hervor.
4. Es gibt fünf Hauptursachen für Verschiebungen der Nachfragekurve:
   - Preisänderungen von Gütern, die mit dem betrachteten Gut in einer Beziehung stehen, wie etwa **Substitute** oder **Komplementärgüter**.
   - Eine Einkommensänderung: Bei höherem Einkommen steigt die Nachfrage nach **normalen Gütern**, während die Nachfrage nach **inferioren Gütern** sinkt.
   - Eine Änderung der Präferenzen.
   - Eine Änderung der Erwartungen.
   - Eine Änderung der Zahl der Konsumenten.
5. Die Marktnachfragekurve eines Gutes ergibt sich aus der waagerechten Addition **der individuellen Nachfragekurven** aller Konsumenten, die Teil dieses Marktes sind.
6. Der **Angebotsplan** zeigt bei jedem gegebenen Preis die **angebotene Menge**. Er wird grafisch durch die **Angebotskurve** dargestellt. Angebotskurven verlaufen normalerweise aufwärts geneigt.
7. Wenn sich der Preis ändert, kommt es zu einer **Bewegung entlang der Angebotskurve** und damit zu einer entsprechenden Änderung der angebotenen Menge. Wenn Ökonomen über einen Anstieg oder einen Rückgang des Angebotes sprechen, dann meinen sie gewöhnlich **Verschiebungen der Angebotskurve**, also eine Änderung der angebotenen Menge bei jedem gegebenen Preis. Ein Anstieg des Angebotes verschiebt die Angebotskurve nach rechts. Ein Rückgang des Angebotes ruft eine Linksverschiebung hervor.
8. Es gibt fünf Hauptursachen für Verschiebungen der Angebotskurve:
   - Eine Änderung der Preise von **Inputs**.
   - Preisänderungen von Preisen verwandter Güter, also von Substituten oder Komplementärgütern in der Produktion.
   - Eine Änderung der Technologie.
   - Eine Änderung der Erwartungen.
   - Eine Änderung der Zahl der Produzenten.

SCHLÜSSELBEGRIFFE

- Wettbewerbsmarkt
- Angebots-Nachfrage-Modell
- Nachfrageplan
- nachgefragte Menge
- Nachfragekurve
- Gesetz der Nachfrage
- Verschiebung der Nachfragekurve
- Bewegung entlang der Nachfragekurve
- Substitute
- Komplementärgüter
- normales Gut
- inferiores Gut
- individuelle Nachfragekurve
- angebotene Menge
- Angebotsplan
- Angebotskurve
- Verschiebung der Angebotskurve
- Bewegung entlang der Angebotskurve
- Input
- individuelle Angebotskurve
- Gleichgewichtspreis
- Gleichgewichtsmenge
- Überschuss
- Knappheit

9. Die Marktangebotskurve eines Gutes ergibt sich aus der waagerechten Addition der **individuellen Angebotskurven** aller Produzenten, die Teil dieses Marktes sind.
10. Das Angebots-Nachfrage-Modell beruht auf dem Prinzip, dass sich der Marktpreis zum **Gleichgewichtspreis** hin bewegt. Der Gleichgewichtspreis, auch als markträumender Preis bezeichnet, ist der Preis, bei dem nachgefragte und angebotene Menge übereinstimmen. Diese Menge ist die **Gleichgewichtsmenge**. Liegt der Marktpreis oberhalb des markträumenden Niveaus, dann gibt es einen **Überschuss**, der den Preis nach unten drückt. Liegt der Preis unterhalb des markträumenden Niveaus, dann liegt eine **Knappheit** vor, die den Preis nach oben treibt.
11. Ein Anstieg der Nachfrage erhöht sowohl den Gleichgewichtspreis als auch die Gleichgewichtsmenge. Ein Nachfragerückgang hat genau den gegenteiligen Effekt. Ein Anstieg des Angebotes vermindert den Gleichgewichtspreis und erhöht die Gleichgewichtsmenge. Ein Rückgang des Angebotes hat genau den gegenteiligen Effekt.
12. Verschiebungen von Nachfrage- und Angebotskurve können simultan auftreten. Verschieben sie sich in unterschiedliche Richtungen, dann ist zwar die Preisänderung vorhersehbar, nicht aber die Mengenänderung. Verschieben sie sich in dieselbe Richtung, dann ist zwar die Mengenänderung vorhersehbar, nicht aber die Preisänderung. Allgemein gilt, dass die Kurve, die sich stärker verschiebt, auch eine größere Wirkung auf die Änderungen von Preis und Menge hat.

4 Konsumentenrente und Produzentenrente

LERNZIELE

- Was man unter **Konsumentenrente** versteht.
- Was man unter der **Produzentenrente** versteht.
- Was man unter der **Gesamtrente** versteht und warum man mithilfe der Gesamtrente die Gewinne durch den Handel in einem Markt veranschaulichen kann.
- Welche Bedeutung **Eigentumsrechte** und Preise als ökonomische Signale für ein möglichst reibungsloses Funktionieren eines Marktes haben.
- Warum es in einigen Fällen Marktversagen gibt und warum dadurch ein **ineffizientes** Marktergebnis zustande kommt.

Das Geschäft mit Lehrbüchern

Auch wenn Sie gerade erst am Anfang Ihres Studiums der Volkswirtschaftslehre stehen, so haben Sie mit Blick auf Ihre Lehrbücher bereits einige ökonomische Entscheidungen getroffen (dieses Lehrbuch eingeschlossen). Wahrscheinlich hatten Sie mehrere Optionen. Sie konnten sich ein E-Book kaufen, ein Druckexemplar der neuesten Auflage oder ein gebrauchtes Exemplar. Aber vielleicht haben Sie sich das Buch auch nur aus der Universitätsbibliothek ausgeliehen. Nach einer Umfrage von Campusbooks.com bevorzugt ein Großteil der Studierenden immer noch Druckexemplare der Lehrbücher. 67 Prozent der Befragten hatten sich ein gebrauchtes Exemplar gekauft, 25 Prozent ein neues Exemplar.

Da sich viele Studierende für gebrauchte Lehrbücher entscheiden, gibt es in den Vereinigten Staaten einen großen Markt für gebrauchte Lehrbücher. Und auf jedem Markt treffen Menschen Entscheidungen. Studierende, die Druckexemplare besitzen, werden am Ende des Semesters überlegen, was sie mit den Büchern machen. Sie müssen entscheiden, ob ihnen das Geld, das sie mit dem Verkauf ihrer gebrauchten Bücher verdienen können, mehr wert ist, als die Bücher zu behalten. Und Studierende, die den entsprechenden Kurs im nächsten Semester belegen, müssen sich entscheiden, ob es für sie besser ist, sich für wenig Geld ein gebrauchtes Exemplar zulegen, ein Exemplar aus der Bibliothek auszuleihen oder sogar ein neues Druckexemplar oder ein E-Book zu kaufen.

Sowohl die Studierenden, die ihre gebrauchten Lehrbücher verkaufen, als auch diejenigen, die diese Bücher kaufen, haben offenkundig einen Vorteil durch die Existenz eines Marktes für gebrauchte Lehrbücher. Können wir die Vorteile quantifizieren, die die Käufer und Verkäufer aus diesen Transaktionen erzielen? Können wir die Frage beantworten: »Wie groß ist der Vorteil, den Käufer und Verkäufer von Lehrbüchern durch die Existenz des Marktes für gebrauchte Bücher erzielen?«

Die Antwort lautet: Ja, im Prinzip ist das möglich. In diesem Kapitel werden wir erfahren, wie man die Vorteile messen kann, die sich aus der Möglichkeit ergeben, ein Gut kaufen zu können. Diese Vorteile bezeichnet man als *Konsumentenrente*. Und wir werden auch erfahren, dass es eine korrespondierende Größe gibt, die *Produzentenrente*, die die Vorteile der Verkäufer aus der Möglichkeit zum Verkauf eines Gutes abbildet.

Beide Konzepte, Konsumentenrente und Produzentenrente, sind bei der Analyse einer Vielzahl ökonomischer Sachverhalte außerordentlich nützlich. Mit ihrer Hilfe können wir berechnen, wie groß die Vorteile sind, die Produzenten und Verbraucher aus der Existenz eines Marktes erzielen. Wir können damit außerdem berechnen, wie diese Vorteile (Wohlfahrtsgewinne) von Konsumenten und Produzenten durch Veränderungen von Marktpreisen tangiert wird. Diese Berechnungen spielen bei der Bewertung vieler wirtschaftspolitischer Maßnahmen eine entscheidende Rolle.

Aber welche Informationen benötigen wir, um Konsumentenrente und Produzentenrente berechnen zu können? Die überraschende Antwort lautet: Alles, was wir brauchen, sind die Nachfrage- und die Angebotskurve für ein Gut. Das Angebots-Nachfrage-Modell veranschaulicht also nicht nur die Funktionsweise eines Wettbewerbsmarktes, sondern kann uns auch zeigen, in welchem Umfang Konsumenten und Produzenten von der Teilnahme an einem Markt profitieren.

In einem ersten Schritt wollen wir daher der Frage nachgehen, wie Konsumentenrente und Produzentenrente aus der Nachfrage- und der Angebotskurve abgeleitet werden können. Danach wollen wir uns damit beschäftigen, wie diese Konzepte auf ökonomische Fragestellungen angewendet werden können.

4.1 Konsumentenrente und Nachfragekurve

Der Markt für gebrauchte Lehrbücher ist in den Vereinigten Staaten mittlerweile wirtschaftlich durchaus relevant geworden, geht es doch um mehrere Milliarden Dollar jährlich. Vor allem aber ist er für uns eigentlich ein ganz guter Startpunkt, um die beiden Konzepte »Konsumentenrente« und »Produzentenrente« zu entwickeln. Wir werden auf die Konzepte »Konsumentenrente« und »Produzentenrente« zurückgreifen, um zu verstehen, wie genau Käufer und Verkäufer von einem Wettbewerbsmarkt profitieren können und wie groß dieser Gewinn ist. Darüber hinaus spielen beide Konzepte eine große Rolle bei der Analyse dessen, was passiert, wenn Wettbewerbsmärkte nicht gut funktionieren oder wenn in den Markt eingegriffen wird.

Die **Zahlungsbereitschaft** eines Konsumenten für ein Gut ist der maximale Preis, zu dem er bereit wäre, das Gut zu kaufen.

Wir wollen uns also mit dem Markt für gebrauchte Lehrbücher beschäftigen und beginnen mit den Käufern. Zur Vereinfachung wollen wir davon ausgehen, dass alle Transaktionen über die Universitätsbuchhandlung laufen. Wie wir sofort sehen werden, liegt der zentrale Punkt darin, dass die Nachfragekurve aus den Präferenzen der Käufer abgeleitet wird und dass diese Präferenzen gleichzeitig bestimmen, wie groß der Ertrag der Möglichkeit ist, gebrauchte Bücher zu kaufen.

Zahlungsbereitschaft und Nachfragekurve

Ein gebrauchtes Gut ist nicht genauso gut wie ein neues Buch – es hat möglicherweise Eselsohren und Kaffeeflecken, auf einzelnen Seiten haben sich der oder die Vorbesitzer durch Markierungen und Eintragungen verewigt und vielleicht ist es auch nicht auf dem allerneuesten Stand. Wie sehr das einen Studierenden stört, hängt von dessen eigenen Präferenzen ab. Einige potenzielle Käufer würden es vorziehen, das gebrauchte Buch auch dann zu kaufen, wenn es nur ein bisschen billiger ist als ein neues. Andere hingegen würden das gebrauchte Buch nur kaufen, wenn es deutlich billiger ist. Wir wollen die **Zahlungsbereitschaft** eines potenziellen Käufers definieren als den maximalen Preis, den er bereit wäre, für das Gut zu bezahlen, in unserem Fall für ein gebrauchtes Lehrbuch. Ein Individuum würde dieses Buch nicht kaufen, wenn es mehr kostet, wäre aber gerne bereit, es für einen niedrigeren Preis zu nehmen. Ist der Preis gerade gleich der individuellen Zahlungsbereitschaft, dann ist der potenzielle Käufer indifferent zwischen Kauf und Nichtkauf.

Die Tabelle in **Abbildung 4-1** zeigt fünf potenzielle Käufer eines gebrauchten Buches, dessen Neupreis bei 100 Euro liegt. Die Käufer werden in absteigender Folge ihrer Zahlungsbereitschaft aufgeführt. Das eine Extrem ist Amelie, die bereit wäre, ein gebrauchtes Buch zu kaufen, selbst wenn der Preis bei 59 Euro liegt. Bei Bastian ist die Bereitschaft, ein gebrauchtes Buch zu verwenden, nicht ganz so ausgeprägt, und er würde nur dann eins kaufen, wenn der Preis 45 Euro oder weniger beträgt. Claudia ist lediglich bereit, 35 Euro zu bezahlen, Doro nur 25 Euro. Und Erik, der sich kaum für den Kauf eines gebrauchten Buches begeistern kann, würde nur dann eins kaufen, wenn es nicht mehr als 10 Euro kostet.

Abb. 4-1

Die Nachfragekurve für gebrauchte Lehrbücher

Weil wir lediglich fünf potenzielle Verbraucher berücksichtigen, verläuft die Nachfragekurve treppenförmig. Jede Stufe repräsentiert einen Verbraucher. Die Höhe der einzelnen Stufen beschreibt jeweils die Zahlungsbereitschaft des betreffenden Verbrauchers, also den maximalen Preis, zu dem jeder unserer Studierenden gerade noch bereit ist, ein gebrauchtes Lehrbuch zu kaufen. Amelie hat mit 59 Euro die höchste Zahlungsbereitschaft, Bastian mit 45 Euro die nächsthöchste usw. bis hinunter zu Erik, der mit 10 Euro die niedrigste Zahlungsbereitschaft aufweist. Bei einem Preis von 59 Euro beträgt die nachgefragte Menge genau 1 (Amelie). Bei einem Preis von 45 Euro beträgt die nachgefragte Menge 2 (Amelie und Bastian) usw., bis wir bei einem Preis von 10 Euro angekommen sind, bei dem alle fünf Studierenden bereit sind, ein gebrauchtes Buch zu kaufen.

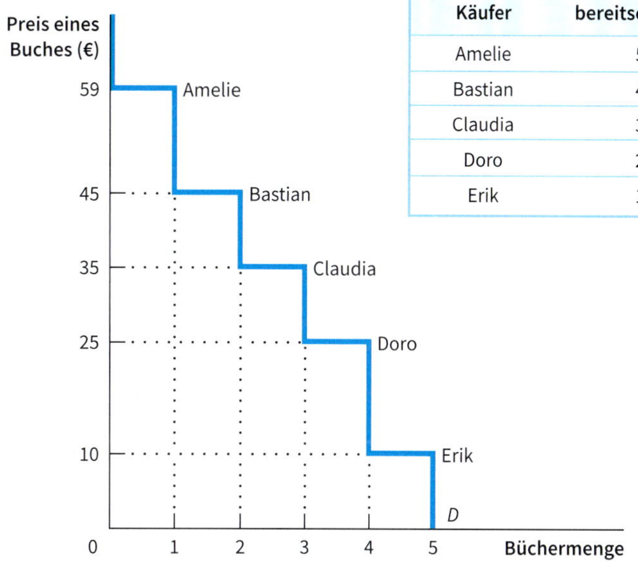

Möglicher Käufer	Zahlungsbereitschaft (€)
Amelie	59
Bastian	45
Claudia	35
Doro	25
Erik	10

Wie viele dieser fünf Studierenden werden sich tatsächlich ein gebrauchtes Buch kaufen? Das hängt natürlich vom Preis ab. Wenn der Preis eines gebrauchten Buches bei 55 Euro liegt, dann kauft lediglich Amelie eins. Liegt der Preis bei 40 Euro, dann werden Amelie und Bastian ein gebrauchtes Buch kaufen usw. Die in der Tabelle enthaltenen Informationen über die Zahlungsbereitschaft definieren also gleichzeitig den Nachfrageplan für gebrauchte Lehrbücher.

Wir können diesen Nachfrageplan verwenden, um die Marktnachfragekurve abzuleiten, die in Abbildung 4-1 gezeigt wird. Weil wir lediglich eine kleine Zahl von Verbrauchern betrachten, sieht diese Kurve auf den ersten Blick nicht genauso aus wie die glatten Nachfragekurven aus früheren Kapiteln, wo sich Hunderte oder Tausende Verbraucher auf den Märkten bewegten. Die jetzt gezeigte Nachfragekurve ist stufenförmig, weist also alternierend waagerechte und senkrechte Abschnitte auf. Jeder waagerechte Abschnitt – jeder Sprung – korrespondiert mit der Zahlungsbereitschaft eines potenziellen Käufers. Wir werden jedoch gleich sehen, dass es für die Analyse der Konsumentenrente unerheblich ist, ob die Nachfragekurve treppenförmig verläuft, wie in Abbildung 4-1, oder glatt (wie in den Fällen mit vielen Nachfragern).

Zahlungsbereitschaft und Konsumentenrente

Nehmen wir an, dass die Universitätsbuchhandlung gebrauchte Lehrbücher zu einem Preis von 30 Euro verkauft. In diesem Fall werden Amelie, Bastian und Claudia Bücher kaufen. Haben sie einen Vorteil durch ihre Käufe und wenn ja, wie groß ist dieser?

Die Antwort, die auch in **Tabelle 4-1** gezeigt wird, lautet, dass jeder Studierende, der ein Buch kauft, einen Nettovorteil erzielt, dass dieser Nettovorteil aber zwischen den Studierenden differiert.

Amelie wäre bereit gewesen, 59 Euro zu bezahlen. Ihr Nettogewinn beträgt daher 59 Euro – 30 Euro = 29 Euro. Bastian wäre bereit gewesen, 45 Euro zu bezahlen. Daher beträgt sein Nettovorteil 45 Euro – 30 Euro = 15 Euro. Claudia wäre bereit

Tab. 4-1

Konsumentenrente bei einem Preis von 30 Euro für ein gebrauchtes Lehrbuch

Möglicher Käufer	Zahlungsbereitschaft (€)	Gezahlter Preis (€)	Individuelle Konsumentenrente = Zahlungsbereitschaft – gezahlter Preis (€)
Amelie	59	30	29
Bastian	45	30	15
Claudia	35	30	5
Doro	25	–	–
Erki	10	–	–
	gesamte Konsumentenrente		**49**

Die **gesamte Konsumentenrente** ist die Summe der individuellen Konsumentenrenten aller Käufer eines bestimmten Gutes. Ökonomen verwenden den Begriff **Konsumentenrente** häufig sowohl für die individuelle als auch für die gesamte Konsumentenrente.

gewesen, 35 Euro zu bezahlen. Ihr Nettovorteil beträgt daher 35 Euro – 30 Euro = 5 Euro. Doro und Erik sind nicht bereit, zu einem Preis von 30 Euro ein gebrauchtes Buch zu kaufen, weswegen sie weder einen Vor- noch einen Nachteil haben.

Den Nettovorteil, den ein Käufer aus dem Kauf eines Gutes erzielt, bezeichnet man als die **individuelle Konsumentenrente** dieses Käufers. Wir erkennen an unserem Beispiel, dass jeder Käufer eines Gutes eine individuelle Konsumentenrente erzielt.

Die Summe der individuellen Konsumentenrenten aller Käufer eines Gutes wird als die **gesamte Konsumentenrente** des betreffenden Marktes bezeichnet. In Tabelle 4-1 ergibt sich die gesamte Konsumentenrente aus der Summe der individuellen Renten, die von Amelie, Bastian und Claudia erzielt wurden: 29 Euro + 15 Euro + 5 Euro = 49 Euro.

Häufig bezieht sich der Begriff **Konsumentenrente** sowohl auf die individuelle als auch auf die gesamte Konsumentenrente. Wir werden uns dieser Praxis anschließen, wobei stets aus dem Kontext deutlich hervorgeht, ob wir uns auf die individuelle oder auf die gesamte Konsumentenrente beziehen.

Die gesamte Konsumentenrente lässt sich grafisch darstellen. **Abbildung 4-2** wiederholt die Nachfragekurve aus Abbildung 4-1. Jede Stufe der Nachfragekurve ist ein Buch breit und repräsentiert einen Nachfrager. So hat beispielsweise die Stufe von Amelie eine Höhe von 59 Euro, was ihre

Abb. 4-2

Die Konsumentenrente auf dem Markt für gebrauchte Lehrbücher

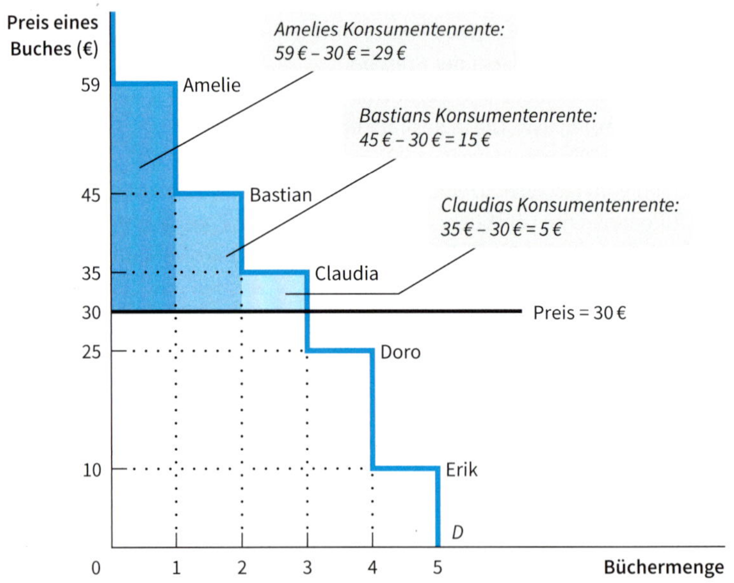

Zu einem Preis von 30 Euro kaufen Amelie, Bastian und Claudia jeweils ein Buch, Doro und Erik jedoch nicht. Amelie, Bastian und Claudia fallen individuelle Konsumentenrenten in Höhe der Differenz zwischen ihrer Zahlungsbereitschaft und dem Marktpreis zu. Diese werden durch die Flächen der Rechtecke beschrieben. Sowohl Doro als auch Erik haben eine Zahlungsbereitschaft, die kleiner ist als 30 Euro, weswegen sie nicht bereit sind, ein Buch auf diesem Markt zu kaufen. Sie erhalten daher eine Konsumentenrente in Höhe von null. Die gesamte Konsumentenrente ergibt sich aus der gesamten Fläche. Sie entspricht der Summe der individuellen Konsumentenrenten von Amelie, Bastian und Claudia (29 Euro + 15 Euro + 5 Euro = 49 Euro).

Zahlungsbereitschaft ausdrückt. Diese Stufe bildet die obere Kante eines Rechtecks, dessen untere Kante durch den Preis beschrieben wird, den sie tatsächlich bezahlt, nämlich 30 Euro. Die Fläche dieses Rechtecks, (59 Euro – 30 Euro) × 1 = 29 Euro, zeigt ihre individuelle Konsumentenrente aus dem Kauf eines Buches zu 30 Euro. Die individuelle Konsumentenrente, die Amelie erhält, wird also durch die *Fläche des dunkelblauen Rechtecks* in Abbildung 4-2 beschrieben.

Neben Amelie werden auch Bastian und Claudia Bücher kaufen, wenn der Preis bei 30 Euro liegt. Ähnlich wie Amelie haben auch sie einen Vorteil von ihren Käufen, obwohl dieser nicht ganz so groß ist, weil sie jeweils eine geringere Zahlungsbereitschaft haben. Abbildung 4-2 zeigt auch die Konsumentenrenten, die Bastian und Claudia zufallen. Wieder kann die Höhe dieser Konsumentenrenten durch die Flächen der entsprechenden Rechtecke gemessen werden. Doro und Erik fällt keine Konsumentenrente zu, weil sie zum Preis von 30 Euro keine Bücher kaufen.

Die gesamte Konsumentenrente, die in diesem Markt erzielt wird, ergibt sich einfach als Summe der individuellen Konsumentenrenten, die Amelie, Bastian und Claudia zufallen. Die gesamte Konsumentenrente entspricht also der addierten Fläche der drei Rechtecke, also der gesamten blauen Fläche in Abbildung 4-2. Anders ausgedrückt: Die gesamte Konsumentenrente ergibt sich als Fläche, die unterhalb der Nachfragekurve, aber oberhalb des Marktpreises liegt.

Diese Beobachtung lässt sich verallgemeinern: *Die gesamte Konsumentenrente, die sich durch die Käufe eines Gutes zu einem bestimmten Preis ergibt, entspricht der Fläche unterhalb der Nachfragekurve, aber oberhalb des Preises.* Diese Aussage gilt unabhängig davon, wie viele Verbraucher auf dem Markt agieren.

Wenn wir uns mit großen Märkten beschäftigen, ist diese Form der grafischen Darstellung außerordentlich hilfreich. Schauen wir uns beispielsweise die Verkäufe von iPhones an Millionen von potenziellen Käufern an. Jeder potenzielle Käufer hat einen maximalen Preis, den er bereit ist zu bezahlen. Wenn so viele potenzielle Käufer existieren, dann wird die Nachfragekurve einen glatten Verlauf haben, so wie er in **Abbildung 4-3** gezeigt ist.

Abb. 4-3

Konsumentenrente

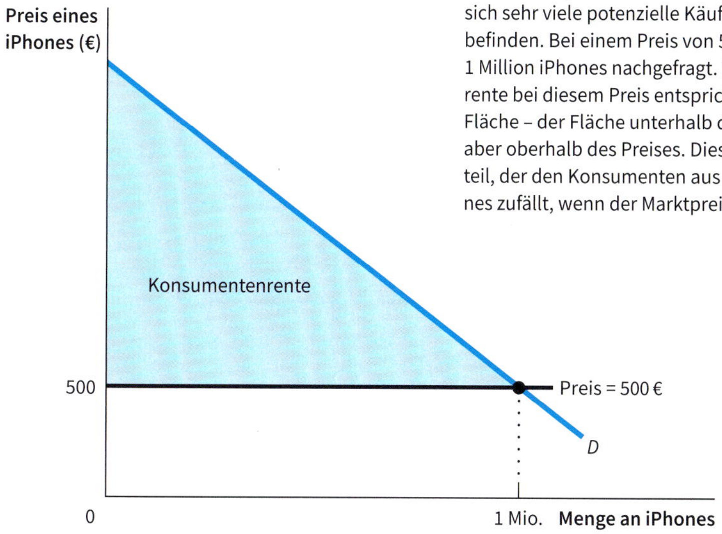

Die Nachfragekurve für iPhones verläuft glatt, weil sich sehr viele potenzielle Käufer auf dem Markt befinden. Bei einem Preis von 500 Euro werden 1 Million iPhones nachgefragt. Die Konsumentenrente bei diesem Preis entspricht der blauen Fläche – der Fläche unterhalb der Nachfragekurve, aber oberhalb des Preises. Dies ist der Gesamtvorteil, der den Konsumenten aus dem Kauf von iPhones zufällt, wenn der Marktpreis 500 Euro beträgt.

Nehmen Sie an, dass bei einem Preis von 500 Euro insgesamt eine Million iPhones gekauft werden. Wie hoch ist der Vorteil, den die Verbraucher aus der Möglichkeit ziehen, diese eine Million iPhones kaufen zu können? Wir könnten die Frage dadurch beantworten, dass wir für jeden einzelnen Käufer die Konsumentenrente berechnen und dann die sich ergebenden Beträge aufaddieren. Es ist jedoch viel einfacher, sich auf Abbildung 4-3 zu beziehen und auf die Beobachtung zurückzugreifen, dass die gesamte Konsumentenrente der blauen Fläche entspricht. Genau wie in unserem oben betrachteten Beispiel entspricht die Konsumentenrente der Fläche unterhalb der Nachfragekurve, aber oberhalb des Preises. (Wenn Sie noch einmal rekapitulieren möchten, wie die Fläche eines Dreiecks berechnet wird, können Sie zum Anhang von Kapitel 2 zurückblättern.)

Wie sich Preisänderungen auf die Konsumentenrente auswirken

Oft ist es wichtig zu wissen, wie sich die Konsumentenrente *ändert,* wenn sich der Preis ändert. So könnte es uns beispielsweise interessieren, wie stark Konsumenten von einer Flut in Baumwollanbaugebieten in Pakistan betroffen sind, die die Preise für Baumwolle erhöht. Wir könnten uns auch dafür interessieren, wie groß der Vorteil für die Verbraucher ist, wenn die Einführung von Aquakulturen den Lachspreis senkt. Den gleichen Ansatz, mit dem wir die Konsumentenrente abgeleitet haben, können wir auch verwenden, um die Frage zu beantworten, wie sich Preisänderungen auf die Verbraucher auswirken. Wenden wir uns noch einmal dem Markt für gebrauchte Lehrbücher zu. Wir wollen annehmen, dass die Buchhandlung beschließt, gebrauchte Lehrbücher für 20 Euro anstelle von 30 Euro zu verkaufen. Wie stark wird sich die Konsumentenrente erhöhen?

Abb. 4-4

Konsumentenrente und ein Rückgang des Preises für gebrauchte Lehrbücher

Der Anstieg der Konsumentenrente, der durch einen Preisrückgang von 30 Euro auf 20 Euro hervorgerufen wird, besteht aus zwei Teilen. Der erste Teil wird durch das dunkelblaue Rechteck beschrieben: Für jede Person, die auch zum ursprünglichen Preis von 30 Euro gekauft hätte – Amelie, Bastian und Claudia – ergibt sich ein Anstieg der Konsumentenrente in Höhe des Preisrückgangs von 10 Euro. Die Fläche des dunkelblauen Rechtecks entspricht also einem Wert von 3 × 10 Euro = 30 Euro. Der zweite Teil wird durch das hellblaue Rechteck charakterisiert. Dieses beschreibt den Anstieg der Konsumentenrente für die Verbraucher, die zum ursprünglichen Preis von 30 Euro nicht gekauft hätten, die aber zum neuen Preis von 20 Euro bereit sind, den Kauf zu tätigen. In unserem Beispiel betrifft das lediglich Doro. Doros Zahlungsbereitschaft beträgt 25 Euro, sodass sie nun eine Konsumentenrente von 5 Euro erhält. Der gesamte Anstieg der Konsumentenrente beträgt dann 3 × 10 Euro + 5 Euro = 35 Euro, was genau der Summe der gerasterten Flächen entspricht. In analoger Weise würde ein Anstieg des Preises von 20 Euro auf 30 Euro zu einer Verringerung der Konsumentenrente um den Betrag der Summe der blauen Flächen führen.

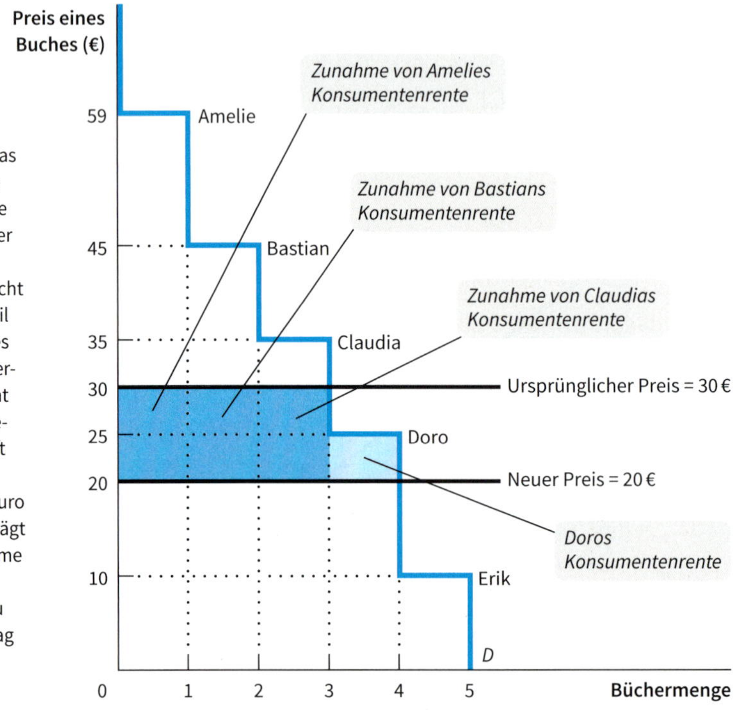

Die Antwort auf diese Frage wird in **Abbildung 4-4** illustriert. Wie aus der Zeichnung deutlich wird, besteht die Zunahme der Konsumentenrente aus zwei Teilen. Der erste Teil, in der Abbildung dunkelblau, ergibt sich aus der Verbesserung derjenigen, welche die Bücher auch zu dem höheren Preis gekauft hätten. Jeder der Studierenden, die das Buch auch für 30 Euro erworben hätten – Amelie, Bastian und Claudia – bezahlt jetzt 10 Euro weniger und verbessert damit seine Konsumentenrente durch den Rückgang des Preises um 10 Euro auf 20 Euro. Die dunkelblaue Fläche spiegelt daher die Erhöhung der Konsumentenrente dieser drei Käufer um 10 Euro × 3 = 30 Euro wider. Der zweite Teil, in der Abbildung hellblau, besteht aus der Verbesserung derjenigen, die für 30 Euro kein Buch gekauft hätten, aber bereit sind, dafür mehr als 20 Euro zu bezahlen. In unserem Beispiel gilt das für Doro, die nicht bereit ist, ein gebrauchtes Buch für 30 Euro oder mehr zu kaufen, aber bei 20 Euro den Kauf tätigt. Sie verbessert sich um 5 Euro, nämlich der Differenz zwischen seiner Zahlungsbereitschaft von 25 Euro und dem neuen Preis von 20 Euro. Die hellblaue Fläche spiegelt also einen weiteren Anstieg der Konsumentenrente (um 5 Euro) wider. Der gesamte Anstieg der Konsumentenrente ergibt sich als Summe der blauen Flächen – in unserem Beispiel 35 Euro. Völlig analog würde ein Anstieg des Preises von 20 Euro auf 30 Euro die Konsumentenrente um genau diese Summe der blauen Flächen verringern.

Abbildung 4-4 illustriert, dass beim Preisrückgang eines Gutes die Fläche unterhalb der Nachfragekurve, aber oberhalb des Preises zunimmt. Diese Fläche entspricht, wie wir gesehen haben, der gesamten Konsumentenrente. **Abbildung 4-5** zeigt das gleiche Ergebnis für den Fall einer glatt verlaufenden Nachfragekurve, also etwa für unser Beispiel der Nachfrage nach iPhones. In Abbildung 4-5 wird angenommen, dass der Preis eines iPhones von 2.000 Euro auf 500 Euro sinkt, was zu einem Anstieg der nachgefragten Menge von 200.000 auf eine Million Einheiten führt.

Genau wie in unserem Beispiel mit den gebrauchten Lehrbüchern können wir den Anstieg der Konsumentenrente in zwei Flächen aufteilen.

1. Das dunkelblaue Rechteck in Abbildung 4-5 korrespondiert mit der dunkelblauen Fläche in Abbildung 4-4: Sie gibt die Verbesserung für die 200.000 Menschen wieder, die selbst bei dem höheren Preis von 2.000 Euro ein iPhone gekauft hätten. Infolge der Preissenkung erhält jedes Individuum eine zusätzliche Konsumentenrente in Höhe von 1.500 Euro.
2. Das hellblaue Dreieck in Abbildung 4-5 korrespondiert mit der hellblauen Fläche in Abbildung 4-4: Es spiegelt die Verbesserung der Menschen wider, die zu dem höheren Preis nicht gekauft hätten, bei einem Preis von 500 Dollar aber kaufen wollen. Das hellblaue Dreieck umfasst beispielsweise die Verbesserung

Abb. 4-5

Ein Preisrückgang erhöht die Konsumentenrente

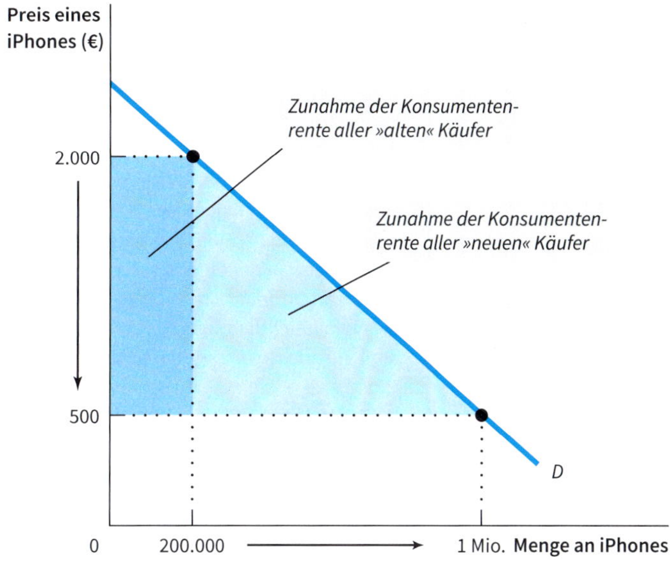

Ein Preisrückgang bei iPhones von 2.000 Euro auf 500 Euro führt zu einem Anstieg der Nachfrage und zu einer Erhöhung der Konsumentenrente. Die gesamte Änderung der Konsumentenrente wird durch die Summe der beiden blauen Flächen wiedergegeben: die Gesamtfläche unterhalb der Nachfragekurve, aber zwischen altem und neuen Preis. Die dunkelblaue Fläche repräsentiert hier die Zunahme der Rente, die den 200.000 Konsumenten zufällt, die auch zum ursprünglichen Preis von 2.000 Euro ein iPhone gekauft hätten. Für jedes Individuum dieser Gruppe ergibt sich ein Anstieg der Konsumentenrente um 1.500 Euro. Die hellblaue Fläche gibt den Anstieg der Konsumentenrente für diejenigen Verbraucher wieder, die bereit sind, für ein iPhone mindestens 500 Euro, aber weniger als 2.000 Euro zu bezahlen. In analoger Weise führt ein Preisanstieg beim iPhone von 500 Euro auf 2.000 Euro zu einer Abnahme der Konsumentenrente in Höhe der Summe der beiden blauen Flächen.

VERTIEFUNG

Es geht um Leben und Tod

Im Jahr 2018 sind im Durchschnitt jeden Tag 20 US-Amerikaner gestorben, weil es nicht genügend Organe zur Transplantation gab. Im Jahr 2019 standen mehr als 113.000 US-Amerikaner auf der Warteliste.

Da die Zahl derer, die ein neues Organ brauchen, die Verfügbarkeit von Spenderorganen bei Weitem übertrifft, stellt sich die Frage, wie die zur Verfügung stehenden Organe am besten verteilt werden. Einen Markt herzustellen ist nicht möglich. Und aus nachvollziehbaren Gründen ist es auch in den Vereinigten Staaten verboten, menschliche Körperteile zu verkaufen. Die Aufgabe, für solche Situationen ein Regelwerk zu schaffen, ist in den Vereinigten Staaten der gemeinnützigen Organisation United Network for Organ Sharing (UNOS) zugefallen.

Als UNOS beschloss, die Regelungen umzuformulieren, gemäß denen die Zuteilung von Spenderorganen an Transplantatempfänger erfolgt, standen insbesondere Nierentransplantationen im Fokus, die häufigste Art von Organtransplantationen. Nach den bis dahin geltenden Richtlinien hätte die am längsten auf der Warteliste stehende Person die gespendete Niere empfangen. Nach diesem System wäre eine Spenderniere also einem 75-Jährigen zugeteilt werden, der bereits seit zwei Jahren auf die Niere wartete, und nicht einer 25-jährigen Patientin, die voraussichtlich länger leben und länger von dem Spenderorgan profitieren würde.

Um dieses Problem anzugehen, implementierte UNOS im Jahr 2013 neue Leitlinien, denen ein Konzept mit dem Namen »Nettoüberlebensgewinn« zugrunde liegt. Nieren werden entsprechend ihrer »Haltbarkeit« in eine Reihenfolge gebracht; analog werden die Patienten gemäß ihrer erwarteten Überlebensdauer nach Erhalt einer Spenderniere sortiert. Den neuen Richtlinien folgend erhält der Patient das Spenderorgan, dem die Transplantation voraussichtlich die längste Überlebensdauer schenkt. Anders ausgedrückt kann man sagen, dass eine Niere, die vermutlich noch mehrere Jahrzehnte funktionstüchtig ist, einer relativ jungen Person zugeteilt wird, während ältere Transplantatempfänger Nieren erhalten, deren erwartete Funktionsfähigkeit weniger Jahre beträgt.

Was hat das nun alles mit der Konsumentenrente zu tun? Wie Sie vielleicht schon geahnt haben, ist das Konzept des »Nettoüberlebensgewinns« der individuellen Konsumentenrente sehr ähnlich: Man könnte von der individuellen Konsumentenrente sprechen, die durch den Empfang einer Spenderniere geschaffen wird. UNOS hat also ein System entworfen, das Spendernieren den Empfängern mit der größten individuellen Konsumentenrente zuteilt. Auf diese Weise versuchen die Richtlinien die gesamte Konsumentenrente, die sich aus der Menge der zur Transplantation verfügbaren Nieren generieren lässt, zu maximieren. Was das Ergebnis betrifft, so funktioniert das Nierenzuteilungssystem unter den neuen UNOS-Richtlinien so ähnlich wie ein Wettbewerbsmarkt, aber ohne den Kauf und Verkauf von Nieren.

einer Person, die bereit gewesen wäre, ein iPhone für 1.000 Euro zu kaufen. Für dieses Individuum fällt eine Konsumentenrente in Höhe von 500 Euro an, wenn es das iPhone für nur 500 Euro kaufen kann.

Genau wie in dem Lehrbuchbeispiel ergibt sich die gesamte Erhöhung der Konsumentenrente als Summe der blauen Flächen.

Welche Folgen hätte es, wenn der Preis eines Gutes steigen und nicht fallen würde? Wir könnten in diesem Fall unsere Analyse einfach in der umgekehrten Richtung durchführen. Nehmen wir einmal an, dass sich der Preis eines iPhones aus irgendeinem Grund von 500 Euro auf 2.000 Euro erhöht. Dies würde zu einem Rückgang der Konsumentenrente in Höhe der gesamten blauen Fläche in Abbildung 4-5 führen. Dieser Rückgang besteht aus zwei Teilen.

1. Das dunkelblaue Rechteck spiegelt die Einbußen der Konsumenten wider, die selbst zum Preis von 2.000 Euro noch ein iPhone kaufen würden.
2. Das hellblaue Dreieck spiegelt die Einbußen der Konsumenten wider, die bei dem höheren Preis beschließen, kein iPhone zu kaufen.

WISSENSCHAFT UND PRAXIS

Ist Facebook wirklich kostenlos?

Im Jahr 2021 hat Facebook Umsätze in Höhe von fast 118 Milliarden Dollar erzielt, obwohl das soziale Netzwerk von seinen Nutzern keine Gebühren verlangt. Wie kommen dann diese hohen Erlöse zustande?

Obwohl Facebook zu den IT-Giganten zählt, verdient die Plattform ihr Geld auf herkömmliche Weise: durch den Verkauf von Werbung. Unternehmen zahlen Facebook Geld dafür, dass sie auf den Seiten der Nutzer Werbung schalten dürfen. Zusätzlich sammelt Facebook persönliche Daten der Nutzer – Wohnort, Alter, Geschlecht, Merkmale des Userprofils –, die es den werbetreibenden Unternehmen ermöglichen, ihre Werbeangebote denjenigen Nutzern zu unterbreiten, die sich am meisten für die beworbenen Produkte interessieren.

Facebook verlangt von den Nutzern der Plattform kein Nutzungsentgelt, der Zugang zu Facebook ist also kostenlos. Dennoch gibt es letztlich einen Preis, der für die Nutzung bezahlt werden muss. Die Nutzer leisten keine Geldzahlung, sondern müssen Facebook Kontrolle über ihre persönlichen Daten gewähren. Das kann bei den Nutzern zu Ablenkung und auch zu Verärgerung führen, da die zielgerichtete Werbung darauf aus ist, Einfluss auf Kaufentscheidungen zu nehmen. Der eigentliche Preis für die Nutzung von Facebook besteht also in den Unannehmlichkeiten, die man durch den Verlust der Kontrolle über persönliche Daten hinnehmen muss.

Die einzelnen Nutzer nehmen diese Belastung unterschiedlich stark wahr. Um eine Vorstellung davon zu bekommen, welchen Preis die Menschen für die Nutzung von Facebook letztlich bereit wären zu zahlen, kann man die Nutzer fragen, welchen Geldbetrag sie für eine werbefreie Version von Facebook zahlen würden. Eine Umfrage unter US-amerikanischen Nutzern von Facebook hat ergeben, dass 63 Prozent der Nutzer gar nicht bereit wären, für eine werbefreie Version von Facebook zu bezahlen. Zu einer Zahlung bereit wären nur 22 Prozent der Nutzer. 15 Prozent der Nutzer waren sich in dieser Frage nicht sicher. Für die übergroße Mehrheit derjenigen Nutzer, die nicht bereit wären, für Facebook zu bezahlen (63 Prozent), liegen die Kosten für die Nutzung von Facebook (das Sammeln von Daten und die Werbung) demnach bei fast null.

Für die meisten Nutzer ist der Zugang zu Facebook damit wirklich umsonst, für eine Minderheit dagegen nicht.

Kurzzusammenfassung

- Die Nachfragekurve für ein Gut wird durch die **Zahlungsbereitschaft** der einzelnen potenziellen Konsumenten bestimmt.
- Die **individuelle Konsumentenrente** ist der Nettovorteil, den ein einzelner Konsument aus dem Kauf eines Gutes erhält.
- Die **gesamte Konsumentenrente** in einem Markt entspricht der Fläche unterhalb der Nachfragekurve, aber oberhalb des Preises.
- Der Rückgang des Preises eines Gutes erhöht die **Konsumentenrente** über zwei Kanäle: den Vorteil der Konsumenten, die das Gut auch zum ursprünglichen Preis gekauft hätten und den Vorteil der Konsumenten, die erst bei dem niedrigeren Preis bereit sind, das Gut zu erwerben. Der Anstieg des Preises eines Gutes verringert die Konsumentenrente in analoger Weise.

ÜBERPRÜFEN SIE IHR WISSEN

Wir betrachten den Markt für Peperoni mit Käsefüllung. Es gibt zwei Konsumenten, Caspar und Josie, deren Zahlungsbereitschaft für jede Peperoni die Tabelle beschreibt. Verwenden Sie die Tabelle, um (i) den Nachfrageplan für Peperoni für die Preise zwischen null Euro und 0,90 Euro (jeweils in 10 Cent-Schritten) aufzustellen und (ii) die gesamte Konsumentenrente zu ermitteln, wenn der Preis bei 0,40 Euro pro Peperoni liegt.

Menge an Peperoni	Caspars Zahlungsbereitschaft (€)	Josies Zahlungsbereitschaft (€)
1. Peperoni	0,90	0,80
2. Peperoni	0,70	0,60
3. Peperoni	0,50	0,40
4. Peperoni	0,30	0,30

4.2 Produzentenrente und Angebotskurve

Genau wie die Käufer eines Gutes bereit gewesen wären, einen höheren Preis zu entrichten, als sie ihn tatsächlich bezahlt haben, wären auch die Verkäufer bereit gewesen, das Gut zu einem niedrigeren Preis zu verkaufen, als sie ihn tatsächlich erhalten haben. Wir können daher eine Analyse der Produzentenrente und der Angebotskurve durchführen, die weitestgehend parallel zu unseren Überlegungen bezüglich Konsumentenrente und Nachfragekurve verläuft.

Kosten und Produzentenrente

Schauen wir uns einmal eine Gruppe von Studierenden an, die potenzielle Verkäufer von gebrauchten Lehrbüchern sind. Weil sie unterschiedliche Präferenzen haben, unterscheiden sich die verschiedenen potenziellen Verkäufer in Hinblick auf den Preis, zu dem sie bereit wären, ihre Bücher zu verkaufen. Die zu **Abbildung 4-6** gehörende Tabelle zeigt die Preise, zu denen eine Reihe von verschiedenen Studierenden bereit wäre zu verkaufen. Andreas ist bereit, das Buch zu verkaufen, solange er dafür mindestens 5 Euro bekommt. Bettina wird erst verkaufen, wenn sie mindestens 15 Euro erhält, Carl erst, wenn er 25 Euro bekommt, Dana möchte mindestens einen Preis von 35 Euro erzielen und Engelbert verkauft nicht unter 45 Euro.

Der niedrigste Preis, zu dem ein potenzieller Verkäufer bereit ist zu verkaufen, wird im ökonomischen Sprachgebrauch als **Kosten** des Verkäufers bezeichnet. Die Kosten von Andreas betragen daher 5 Euro, die von Bettina 15 Euro usw.

Die **Kosten** eines potenziellen Verkäufers sind gleich dem niedrigsten Preis, zu dem er bereit wäre, ein bestimmtes Gut zu verkaufen.

Die Verwendung des Begriffs *Kosten* mag im Zusammenhang mit dem Verkauf von gebrauchten Lehrbüchern seltsam erscheinen, weil man mit diesem Begriff normalerweise die monetären Kosten der Produktion eines Gutes verbindet. Die Studierenden müssen die Bücher schließlich nicht herstellen, sodass einem Studierenden, der sein Buch zum Verkauf anbietet, keinerlei Kosten zu entstehen scheinen. Oder etwa doch?

Bei genauerer Betrachtung wird schnell klar, dass tatsächlich Kosten entstehen. Wenn ein Studierender ein Buch verkauft, dann steht es nicht mehr in seiner eigenen Bibliothek. Der Verkauf eines Lehrbuches verursacht folglich *Opportunitätskosten*, selbst wenn sein Besitzer den Kurs abgeschlossen hat, für den er es brauchte. An dieser Stelle sei noch einmal an ein grundlegendes Prinzip der Volkswirtschaftslehre erinnert: Das wahre Maß für die Kosten irgendeiner Aktivität sind immer die Opportunitätskosten – die realen Kosten eines Gutes bestehen in dem, was man für den Erwerb dieses Gutes aufgeben muss.

Es ist daher nur konsequent, wenn wir den geringsten Preis, zu dem jemand bereit ist, ein Gut zu verkaufen, als die »Kosten« bezeichnen, die mit diesem Verkauf verbunden sind. Das ist auch dann vernünftig, wenn kein Geld ausgegeben werden musste, um das Gut zum Verkauf bereitzustellen. In den meisten realen Märkten sind

Abb. 4-6

Die Angebotskurve für gebrauchte Lehrbücher

Die Angebotskurve beschreibt die Kosten der Verkäufer (der niedrigste Preis, zu dem ein potenzieller Verkäufer bereit ist, das Gut zu verkaufen) und die zu diesem Preis angebotene Menge. Jeder der fünf Studierenden hat ein Buch, das er verkaufen kann. Für jeden gelten unterschiedliche Kosten, die aus der Tabelle ersichtlich sind. Zu einem Preis von 5 Euro beträgt die angebotene Menge 1 (Andreas), bei 15 Euro beträgt sie 2 (Andreas und Bettina) usw., bis ein Preis von 45 Euro erreicht ist, bei dem alle fünf Studierenden bereit sind, ihr Buch zu verkaufen.

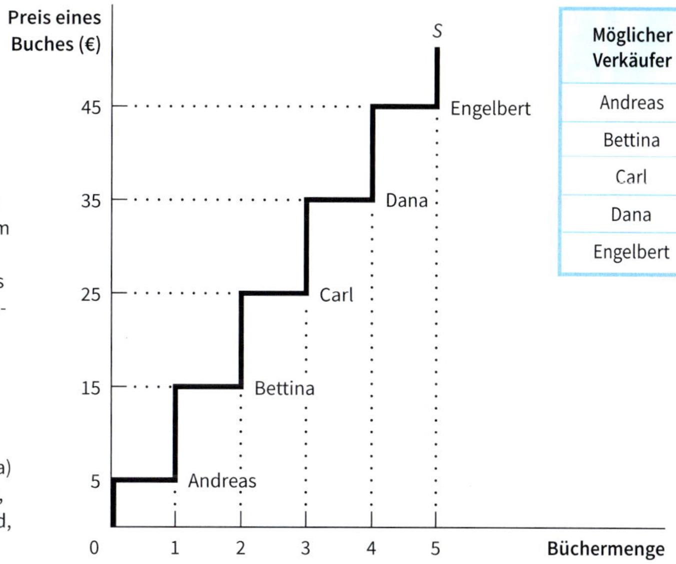

Möglicher Verkäufer	Kosten (€)
Andreas	5
Bettina	15
Carl	25
Dana	35
Engelbert	45

die Verkäufer natürlich meistens auch diejenigen, die ein Gut produzieren und daher tatsächlich auch Geld ausgeben müssen, um das Gut zum Verkauf bereitzustellen. In diesem Fall umfassen die Bereitstellungskosten monetäre Kosten, sie können aber auch andere Opportunitätskosten enthalten.

Wir wollen uns jetzt wieder unserem Beispiel zuwenden und annehmen, dass Andreas sein Buch für 30 Euro verkauft. Offenkundig hat er einen Vorteil von dieser Transaktion: Er wäre auch bereit gewesen, zu einem Preis von lediglich fünf Euro zu verkaufen und hat daher eine Verbesserung um 25 Euro erfahren. Diese Verbesserung, die Differenz zwischen dem Preis, den er tatsächlich erzielt, und seinen Kosten, also dem geringsten Preis, zu dem er gerade noch bereit gewesen wäre zu verkaufen, wird als **individuelle Produzentenrente** bezeichnet.

Genauso wie wir die Nachfragekurve aus den Zahlungsbereitschaften verschiedener Konsumenten abgeleitet haben, können wir die Angebotskurve aus den Kosten verschiedener Produzenten gewinnen. Die treppenförmige Kurve in Abbildung 4-6 zeigt die Angebotskurve, die durch die in der Tabelle gezeigten Kosten impliziert wird. Bei einem niedrigeren Preis als 5 Euro ist kein Studierender bereit zu verkaufen. Bei einem Preis zwischen 5 und 15 Euro ist lediglich Andreas bereit, sein Buch zu verkaufen. Bei entsprechend höheren Marktpreisen treten dann auch die übrigen Studierenden als Verkäufer auf.

Wie im Fall der Konsumentenrente können wir die individuellen Produzentenrenten addieren, um die **gesamte Produzentenrente** zu berechnen, mit der sich die gesamte Wohlfahrtsverbesserung aller im Markt auftretenden Verkäufer beschreiben lässt. In der Volkswirtschaftslehre wird der Begriff **Produzentenrente** sowohl für die individuelle als auch für die gesamte Produzentenrente verwendet. **Tabelle 4-2** zeigt den sich für jeden Studierenden ergebenden Nettovorteil, wenn gebrauchte Lehrbücher zu einem Preis von 30 Euro am Markt verkauft werden können: 25 Euro für Andreas, 15 Euro für Bettina und 5 Euro für Carl. Die gesamte Produzentenrente beträgt dann: 25 Euro + 15 Euro + 5 Euro = 45 Euro.

Die **gesamte Produzentenrente** auf einem Markt ist die Summe der individuellen Produzentenrenten aller Verkäufer eines bestimmten Gutes. Ökonomen verwenden den Begriff **Produzentenrente** sowohl für die individuelle als auch für die gesamte Produzentenrente.

Die **individuelle Produzentenrente** ist der Nettovorteil, der einem Verkäufer durch den Verkauf eines Gutes entsteht. Sie ist gleich der Differenz zwischen dem erhaltenen Preis und den Kosten des Verkäufers.

Tab. 4-2

Produzentenrente bei einem Preis von 30 Euro für ein gebrauchtes Lehrbuch

Möglicher Verkäufer	Kosten (€)	Erzielter Preis (€)	Individuelle Produzentenrente = erzielter Preis – Kosten (€)
Andreas	5	30	25
Bettina	15	30	15
Carl	25	30	5
Dana	35	–	–
Engelbert	45	–	–
	gesamte Produzentenrente		**45**

Wie bei der Konsumentenrente lässt sich die Produzentenrente derjenigen, die Bücher verkauft haben, grafisch darstellen. **Abbildung 4-7** zeigt noch einmal die Angebotskurve aus Abbildung 4-6. Jede Stufe in dieser Angebotskurve hat eine Breite von einem Buch und beschreibt einen Verkäufer. Die Höhe der Stufe von Andreas beträgt 5 Euro und gibt seine Kosten wieder. Der waagerechte Teil dieser Stufe bildet gleichzeitig die untere Kante eines Rechtecks, dessen obere Kante durch den tatsächlich für das Buch erzielten Preis von 30 Euro gebildet wird. Die Fläche des Rechtecks – (30 Euro – 5 Euro) × 1 = 25 Euro – beschreibt seine Produzentenrente. Die Produzentenrente, die Andreas durch den Verkauf seines Buches erzielen kann, entspricht also der *dunkelgrauen Fläche* in Abbildung 4-7.

Wir wollen annehmen, dass die Universitätsbuchhandlung bereit ist, alle gebrauchten Exemplare des betrachteten Lehrbuches zu einem Preis von 30 Euro zu kaufen. Dann würden neben Andreas auch Bettina und Carl bereit sein, ihre Bücher zu verkaufen. Auch sie würden durch ihre Verkäufe Vorteile erzielen, wenn auch nicht im Umfang von Andreas, weil sie höhere Kosten haben. Andreas verbessert sich, wie wir gesehen haben, um 25 Euro. Bettina stellt sich nur um einen kleineren Betrag besser: Weil ihre Kosten bei 15 Euro liegen, beträgt ihr Wohlfahrtsgewinn lediglich 15 Euro. Carl verbessert sich um noch weniger, nämlich nur um 5 Euro.

Abb. 4-7

Produzentenrente auf dem Markt für gebrauchte Lehrbücher

Zu einem Preis von 30 Euro verkaufen Andreas, Bettina und Carl jeweils ein Buch, während Dana und Engelbert ihre Bücher behalten. Andreas, Bettina und Carl erzielen individuelle Produzentenrenten, die sich als Differenz aus dem erzielten Preis und ihren Kosten ergeben. In der Abbildung werden diese Renten durch die grauen Flächen illustriert. Dana und Engelbert haben jeweils Kosten, die oberhalb des Preises von 30 Euro liegen. Sie sind deshalb nicht bereit, ihre Bücher zu verkaufen und können folglich keine Produzentenrente erzielen. Die gesamte Produzentenrente entspricht der gesamten grauen Fläche, also der Summe der Produzentenrenten von Andreas, Bettina und Carl (25 Euro + 15 Euro + 5 Euro = 45 Euro).

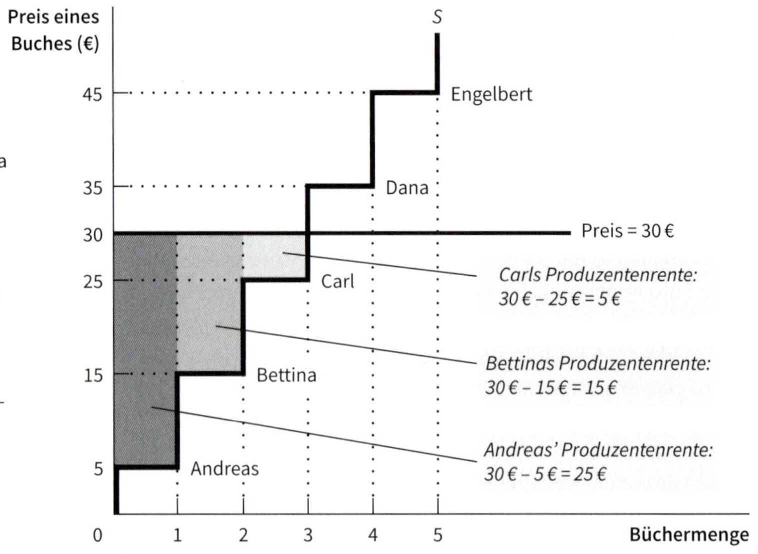

Abb. 4-8

Produzentenrente

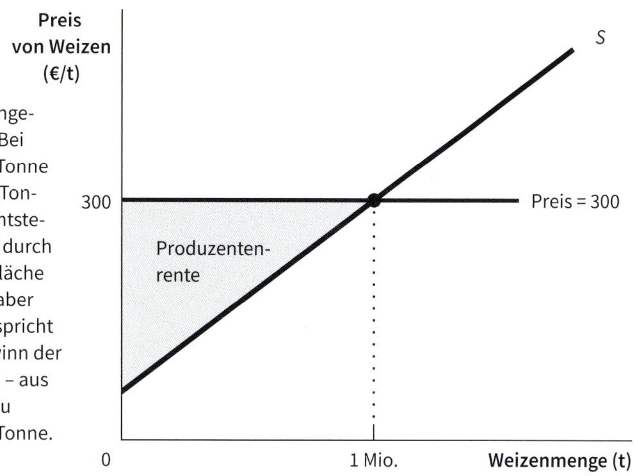

In dieser Abbildung wird die Angebotskurve für Weizen gezeigt. Bei einem Preis von 300 Euro pro Tonne bieten die Landwirte 1 Million Tonnen an. Die bei diesem Preis entstehende Produzentenrente wird durch die graue Fläche gezeigt: die Fläche oberhalb der Angebotskurve, aber unterhalb des Preises. Sie entspricht dem gesamten Wohlfahrtsgewinn der Produzenten – in unserem Fall – aus dem Verkauf ihres Produktes zu einem Preis von 300 Euro pro Tonne.

Wie bei der Konsumentenrente gibt es eine allgemeine Regel zur Bestimmung der gesamten Produzentenrente, die sich aus den Verkäufen eines Gutes ergibt: *Die gesamte Produzentenrente aus dem Verkauf eines Gutes zu einem gegebenen Preis entspricht der Fläche oberhalb der Angebotskurve, aber unterhalb dieses Preises.*

Diese Regel gilt für Beispiele wie in Abbildung 4-7, wo nur eine kleine Zahl von Produzenten auftritt und sich eine treppenförmige Angebotskurve ergibt. Sie gilt aber auch für realistischere Fälle, in denen viele Produzenten auftreten und die Angebotskurve mehr oder weniger glatt verläuft.

Betrachten wir als Beispiel das Angebot an Weizen. **Abbildung 4-8** zeigt, wie die Produzentenrente vom Preis pro Tonne abhängt. Geht man davon aus, dass, wie in der Abbildung angenommen, der Preis bei 300 Euro pro Tonne liegt und die Landwirte 1 Million Tonnen Weizen anbieten, wie groß ist dann der Vorteil, den die Landwirte aus dem Verkauf erzielen? Ihre Produzentenrente ist gleich der grauen Fläche in dieser Abbildung, nämlich der Fläche oberhalb der Angebotskurve, aber unterhalb des Preises von 300 Euro je Tonne.

Änderungen der Produzentenrente

Steigt der Preis eines Gutes, ergibt sich für die Produzenten dieses Gutes ein Anstieg ihrer Produzentenrente. Allerdings fällt diese Erhöhung für die einzelnen Produzenten unterschiedlich aus. Einige Produzenten hätten das Gut auch zum ursprünglichen Preis produziert. Ihnen fällt der gesamte Preisanstieg für jede von ihnen angebotene Einheit zu. Andere Produzenten treten erst aufgrund des gestiegenen Preises in den Markt ein. Ihnen fällt lediglich die Differenz zwischen dem neuen Preis und ihren Kosten zu.

Abbildung 4-9 ist das Gegenstück zu Abbildung 4-5. Sie zeigt die Auswirkungen eines Anstiegs des Weizenpreises von 300 Euro auf 400 Euro je Tonne auf die Produzentenrente. Der Anstieg der Produzentenrente entspricht der gesamten grauen Fläche, die sich aus zwei Teilen zusammensetzt. Der erste Teil ist das dunkelgraue Rechteck, das die Verbesserung der Landwirte beschreibt, die auch zu dem ursprünglichen Preis von 300 Euro angeboten hätten. Der zweite Teil ist das hellgraue Dreieck, das die Verbesserung der Landwirte beschreibt, die zum ursprünglichen Preis nicht bereit gewesen wären, Weizen zu verkaufen, durch den höheren Preis von 400 Euro nun aber als Verkäufer auftreten.

Abb. 4-9

Ein Preisanstieg erhöht die Produzentenrente

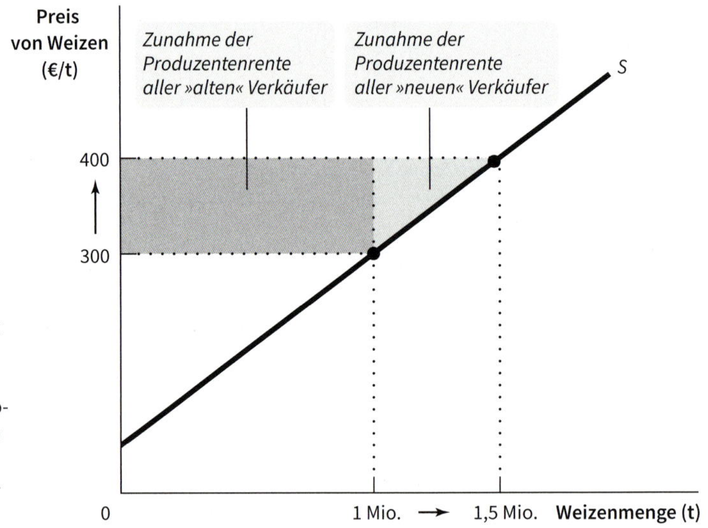

Ein Preisanstieg für Weizen von 300 Euro auf 400 Euro pro Tonne führt zu einer Zunahme der angebotenen Menge und erhöht die Produzentenrente. Die Änderung der gesamten Produzentenrente wird durch die Summe der grauen Flächen beschrieben: die Gesamtfläche oberhalb der Angebotskurve, aber zwischen altem und neuem Preis. Die dunkelgraue Fläche repräsentiert die Verbesserung der Landwirte, die 1 Million Tonnen zum ursprünglichen Preis von 300 Euro angeboten hätten. Jeder von ihnen erfährt eine Erhöhung der Produzentenrente um 100 Euro für jede dieser Tonnen. Die hellgraue Fläche gibt den durch die Landwirte erzielten Anstieg der Produzentenrente wieder, die aufgrund des höheren Preises zusätzliche 500.000 Tonnen anbieten. Analog würde ein Rückgang des Weizenpreises eine Verminderung der Produzentenrente in Höhe der Summe der grauen Flächen hervorrufen.

Würde der Preis von 400 Euro auf 300 Euro pro Tonne sinken, wäre alles umgekehrt. Die gesamte graue Fläche würde nunmehr den Rückgang der Produzentenrente beschreiben. Dieser Rückgang würde aus zwei Teilen bestehen. Der erste Teil ergibt sich für die Landwirte, die auch zum Preis von 300 Euro noch Weizen anbieten würden (dunkelgraue Fläche). Der zweite Teil ergibt sich aus den Wohlfahrtsverlusten der Landwirte, die wegen des niedrigeren Preises beschließen, keinen Weizen mehr anzubieten (das hellgraue Dreieck).

Kurzzusammenfassung

- Die Angebotskurve eines Gutes wird durch die **Kosten** jedes einzelnen potenziellen Verkäufers bestimmt.
- Die Differenz zwischen Preis und Kosten bezeichnet man als die **individuelle Produzentenrente** des Verkäufers.
- Die **gesamte Produzentenrente** entspricht der Fläche oberhalb der Angebotskurve, aber unterhalb des Preises.
- Steigt der Preis eines Gutes, ergibt sich eine Erhöhung der **Produzentenrente**, die aus zwei Komponenten besteht: der Verbesserung derjenigen, die das Gut selbst zum ursprünglichen, niedrigeren Preis angeboten hätten und der Verbesserung derjenigen, die durch den höheren Preis dazu veranlasst werden, das Gut anzubieten. Der Preisrückgang eines Gutes führt ganz ähnlich zu einem Sinken der Produzentenrente.

WISSENSCHAFT UND PRAXIS

Gute und schlechte Zeiten in der Landwirtschaft

Der Preis für landwirtschaftliche Nutzfläche im US-Bundesstaat Iowa reagiert sehr empfindlich auf Veränderungen der weltwirtschaftlichen Lage, und hier vor allem auf Änderungen von Nachfrage und Angebot nach Nahrungsmitteln. Von 2000 bis 2013 kam es zu einem spektakulären Preisanstieg von knapp 4.600 Dollar je Hektar auf über 21.500 Dollar je Hektar.

Abbildung 4-10 zeigt die Preisentwicklung von landwirtschaftlicher Nutzfläche im US-Bundesstaat Iowa für den Zeitraum 1974–2021. Die Ursachen für den unglaublichen Preisanstieg sind kein Geheimnis. Es waren die hohen Preise für landwirtschaftliche Produkte wie Mais, Weizen und Soja, die dafür verantwortlich waren. Im Zeitraum von 2009 bis 2013 stieg der Preis für Mais um 75 Prozent, für Soja um 45 Prozent und für Weizen um 40 Prozent.

Der Preisanstieg spiegelte aber auch Verschiebungen im weltwirtschaftlichen Umfeld wider. Die gestiegene Nachfrage nach Nahrungsmitteln in aufstrebenden Volkswirtschaften wie China und Indien hat auch die Preise für Nahrungsmittel in Iowa steigen lassen. In den Jahren 2012 und 2013 haben schlechte Ernten in nahrungsmittelproduzierenden Ländern wie Australien den Preisanstieg weiter verstärkt.

Nach 2013 begann der Preis für landwirtschaftliche Nutzfläche zu sinken und lag zu Beginn des Jahres 2019 nur noch bei rund 16.800 Dollar je Hektar. Das entspricht einem Preisrückgang von 22 Prozent. Auch hier zeigt sich der Einfluss der Nahrungsmittelpreise. Der verstärkte Anbau von Mais, Weizen und Sojabohnen nicht nur in den Vereinigten Staaten, sondern weltweit führte zu einem Preisrückgang. Verstärkt wurde dieser Preisrückgang durch die Handelsstreitigkeiten zwischen den Vereinigten Staaten und China, die (vorübergehende) Beschränkungen bei den Exporten von landwirtschaftlichen Produkten aus den Vereinigten Staaten nach China nach sich zogen.

Im Jahr 2021 erreichte der Preis für landwirtschaftliche Nutzfläche in Iowa mit über 24.000 Dollar je Hektar einen neuen Höchststand. Neben höheren Ernteerträgen und einem begrenzten Angebot an Flächen waren für den Preissprung auch in diesem Fall steigende Preise für landwirtschaftliche Produkte verantwortlich.

Jemand, der in Iowa landwirtschaftliche Nutzfläche kauft, bezahlt demnach auch die Produzentenrente, die mit dieser Fläche generiert werden kann. Höhere Preise für Mais, Soja und Weizen vergrößern die Produzentenrente der Landwirte und steigern den Wert der landwirtschaftlichen Nutzfläche. Niedrigere Preise bewirken das Gegenteil.

Abb. 4-10 : Der Preis von Ackerland in Iowa, 1974–2021

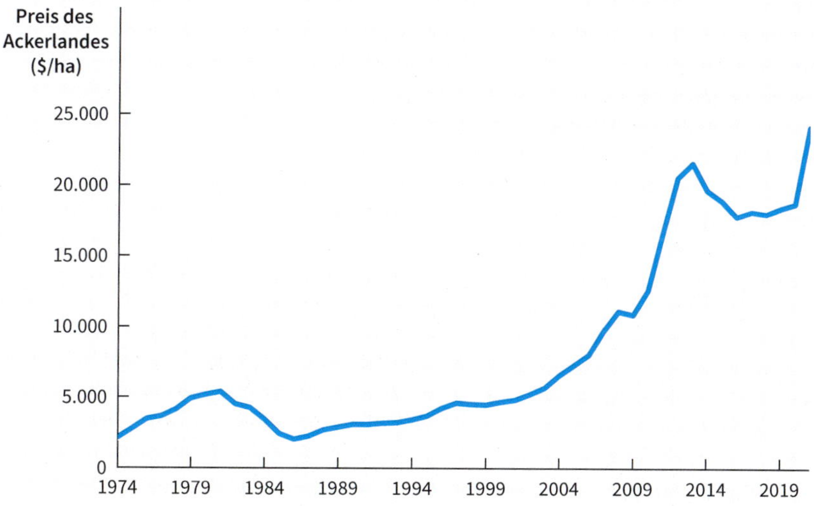

Quelle: Iowa State University Iowa Land Value Survey, 2021

ÜBERPRÜFEN SIE IHR WISSEN

Wir betrachten den Markt für Peperoni mit Käsefüllung. Es gibt zwei Produzenten, Karla und Jana. Ihre Kosten für die Herstellung einer Peperoni sind in der beigefügten Tabelle angegeben. Verwenden Sie diese Tabelle, um (i) den Angebotsplan für Peperoni bei Preisen von 0 Euro, 0,10 Euro usw. bis 0,90 Euro aufzustellen und (ii) die gesamte Konsumentenrente für den Fall zu berechnen, dass der Preis bei 0,70 Euro je Peperoni liegt.

Menge an Peperoni	Karlas Kosten (€)	Janas Kosten (€)
1. Peperoni	0,10	0,30
2. Peperoni	0,10	0,50
3. Peperoni	0,40	0,70
4. Peperoni	0,60	0,90

4.3 Konsumentenrente, Produzentenrente und Handelsgewinne

Eines der elf ökonomischen Prinzipien besagt, dass Märkte ein bemerkenswert effektiver Weg sind, um ökonomische Aktivitäten zu organisieren: Sie stellen im Allgemeinen die Gesellschaft so gut, wie es bei gegebenen Ressourcen überhaupt nur möglich ist. Die Konzepte »Konsumentenrente« und »Produzentenrente« können uns helfen, besser zu verstehen, warum das so ist.

Handelsgewinne

Wenden wir uns noch einmal dem Markt für gebrauchte Lehrbücher zu. Wir wollen nun aber einen sehr viel größeren Markt betrachten, sagen wir, den einer großen öffentlichen Universität, auf dem es viele potenzielle Käufer und Verkäufer gibt. Wir wollen die sich neu immatrikulierenden Studierenden, die ja die potenziellen Käufer dieser Bücher sind, nach ihrer Zahlungsbereitschaft ordnen, sodass der neue Studierende mit der höchsten Zahlungsbereitschaft der potenzielle Käufer Nummer 1 ist, der Studierende mit der nächsthöheren Zahlungsbereitschaft der potenzielle Käufer Nummer 2 usw. Wir können dann ihre Zahlungsbereitschaft verwenden, um eine Nachfragekurve wie die in **Abbildung 4-11** abzuleiten. In ähnlicher Weise können wir die Studierenden, die sich exmatrikulieren und daher potenzielle Verkäufer der Bücher sind, nach ihren Kosten ordnen. Dabei beginnen wir mit dem Studierenden mit den niedrigsten Kosten, dann kommt der Studierende mit den nächsthöheren Kosten usw., sodass wir eine Angebotskurve ableiten können wie die in Abbildung 4-11 gezeigte.

So wie wir die Kurven gezeichnet haben, erreicht der Markt sein Gleichgewicht bei einem Preis von 30 Euro pro Buch und 1.000 Büchern, die zu diesem Preis ge- und verkauft werden. Die beiden Dreiecke zeigen die Konsumentenrente (blau) und die Produzentenrente (grau), die durch diesen Markt erzeugt werden. Die Summe aus Konsumenten- und Produzentenrente wird als **Gesamtrente** bezeichnet, die auf einem Markt generiert wird.

Die **Gesamtrente** eines Marktes spiegelt den gesamten Nettovorteil wider, den die Konsumenten und die Produzenten aus dem Handel auf dem Markt ziehen. Die Gesamtrente ergibt sich aus der Summe von Konsumentenrente und Produzentenrente.

Das bemerkenswerte bei diesem Diagramm ist, dass sowohl Konsumenten als auch Produzenten gewinnen. Sowohl Konsumenten als auch Produzenten stellen sich besser, weil es einen Markt für dieses Gut gibt. Dies sollte uns jedoch nicht wirklich überraschen, weil dieses Phänomen lediglich ein anderes ökonomisches Grundprinzip illustriert, nämlich, dass Handel zu Gewinnen führt. Diese Handelsgewinne sind die Ursache dafür, dass sich alle, die an einer Marktwirtschaft teilnehmen, besser stellen, als wenn sie versuchen würden, völlig autark zu leben.

Abb. 4-11

Gesamtrente eines Marktes

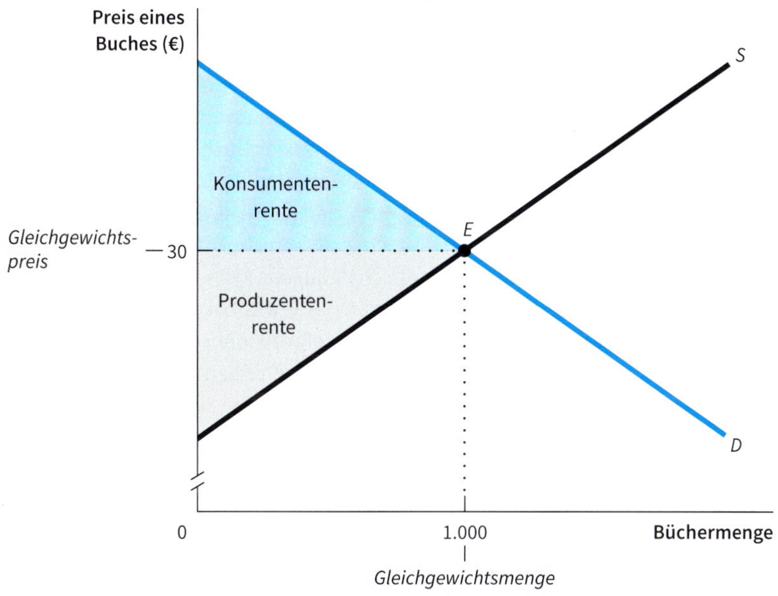

Auf dem Markt für gebrauchte Lehrbücher liegen der Gleichgewichtspreis bei 30 Euro und die Gleichgewichtsmenge bei 1.000 Büchern. Die Konsumentenrente wird durch die blaue Fläche beschrieben, die Fläche unterhalb der Nachfragekurve, aber oberhalb des Preises. Die Produzentenrente wird durch die graue Fläche beschrieben, die Fläche oberhalb der Angebotskurve, aber unterhalb des Preises. Die Summe aus blauer und grauer Fläche entspricht der gesamten Rente des Marktes, dem Gesamtnutzen der Gesellschaft aus der Produktion und Konsumtion des Gutes.

Sind wir aber auch so gut dran, wie es nur irgendwie geht? Dies führt uns auf die Frage nach der Effizienz von Märkten.

Die Effizienz von Märkten

Mithilfe der Analyse von Konsumenten- und Produzentenrente können wir besser verstehen, wieso Märkte normalerweise effizient sind. Dies lässt sich leichter nachvollziehen, wenn wir die Tatsache bedenken, dass das Marktgleichgewicht lediglich *eine* Möglichkeit von vielen ist, die bestimmt, wer ein Gut kauft und wer es verkauft.

Erinnern Sie sich beispielsweise an das Beispiel der Nierentransplantationen, das wir bereits weiter oben in der Rubrik »Vertiefung« besprochen haben. In diesem Beispiel muss die Entscheidung getroffen werden, wer eine Spenderniere bekommt. Da es sich um menschliche Organe handelt, ist es in diesem Fall nicht möglich, den Markt entscheiden zu lassen. Stattdessen wurden früher in den Vereinigten Staaten die Nieren entsprechend der Position des Patienten auf der Warteliste verteilt – eine äußerst ineffiziente Methode. Inzwischen hat das United Network for Organ Sharing (UNOS) das veraltete System durch ein neues ersetzt, das auf dem »Nettoüberlebensgewinn« basiert. Das Konzept des Nettoüberlebensgewinns erinnert einen stark an das der Konsumentenrente, und obwohl es nicht in einem Marktsystem stattfindet, so reproduziert es doch die Effizienz eines Marktes.

Um unser Verständnis darüber zu vertiefen, warum Märkte normalerweise so gut funktionieren, stellen Sie sich ein Gremium vor, das die Aufgabe hat, zu entscheiden, wer ein gebrauchtes Buch kaufen und wer eines verkaufen soll, um eine Situation zu schaffen, die eine Verbesserung gegenüber dem Marktgleichgewicht darstellt. Das Ziel dieses Gremiums ist es, das Marktergebnis zu umgehen und eine andere Lösung zu finden, die eine höhere Gesamtrente generiert.

Wir wollen drei Möglichkeiten betrachten, mit denen man versuchen könnte, die Gesamtrente zu erhöhen.

1. Reallokation des Konsums zwischen den Konsumenten

2. Reallokation der Verkäufe zwischen den Anbietern
3. Änderungen in der gehandelten Menge

Reallokation des Konsums zwischen den Konsumenten. Das Gremium könnte versuchen, die Gesamtrente dadurch zu erhöhen, dass die Bücher anderen Konsumenten zugeordnet werden. **Abbildung 4-12** zeigt, warum die Reallokation der Konsummenge des betrachteten Gutes zwischen den Verbrauchern die gesamte Rente verringert. Die Punkte *A* und *B* zeigen die Positionen von zwei potenziellen Käufern eines gebrauchten Lehrbuches, Anna und Bruno, auf der Nachfragekurve. Wie wir aus der Abbildung erkennen können, ist Anna bereit, 35 Euro für ein Buch zu bezahlen. Bruno hingegen würde nur dann ein gebrauchtes Lehrbuch kaufen, wenn es 25 Euro oder weniger kostet. Weil der Gleichgewichtspreis bei 30 Euro liegt, kauft Anna das Buch und Bruno nicht.

Nun wollen wir prüfen, wie sich eine Reallokation des Konsums auswirkt. Eine solche Reallokation würde bedeuten, dass wir jemandem ein Buch wegnehmen müssen, der es zum Gleichgewichtspreis von 30 Euro gekauft hätte (so wie Anna) und es jemandem geben müssten, der es zu diesem Preis *nicht* gekauft hätte (so wie Bruno). Weil Anna das Buch mit 35 Euro bewertet, Bruno aber lediglich mit 25 Euro, würde diese Änderung die gesamte Konsumentenrente um 35 Euro – 25 Euro = 10 Euro verringern. Dieses Ergebnis hängt ausdrücklich nicht davon ab, welche zwei Studierenden wir uns heraussuchen. Jeder Studierende, der das Buch im Gleichgewicht kauft, hat eine Zahlungsbereitschaft, die *größer* ist als 30 Euro, und jeder Studierende, der das Buch im Gleichgewicht nicht kauft, weist eine Zahlungsbereitschaft auf, die *kleiner* ist als 30 Euro. Eine Reallokation des Gutes zwischen den Verbrauchern bedeutet folglich immer, dass wir einem Studierenden das Buch wegnehmen, der es höher bewertet, und es einem Studierenden geben, der es niedriger bewertet, was notwendigerweise eine Verringerung der Konsumentenrente impliziert.

Reallokation der Verkäufe zwischen den Anbietern. Das Gremium könnte versuchen, die Gesamtrente dadurch zu erhöhen, dass andere Leute die Bücher verkaufen. Das heißt, dass einige Anbieter, die im Marktgleichgewicht ihre Bü-

Abb. 4-12

Eine Reallokation des Konsums verringert die Konsumentenrente

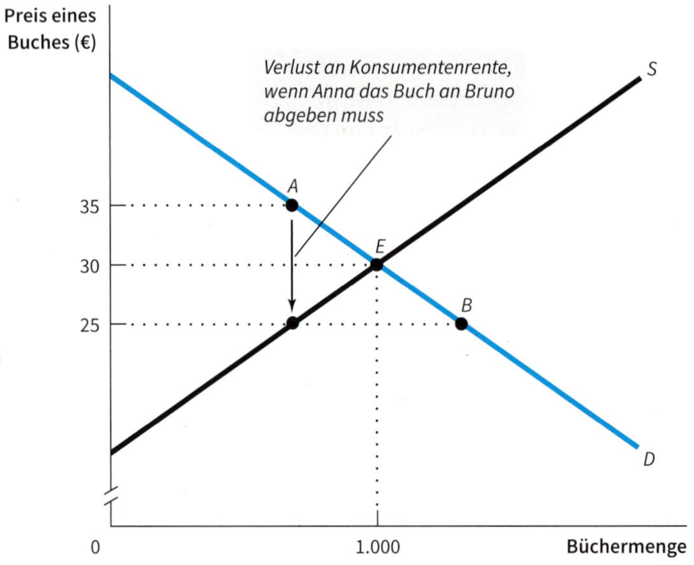

Anna (Punkt *A*) hat eine Zahlungsbereitschaft von 35 Euro. Bruno (Punkt *B*) hat eine Zahlungsbereitschaft von nur 25 Euro. Beim Gleichgewichtspreis von 30 Euro kauft Anna ein Buch, nicht aber Bruno. Arrangieren wir den Konsum um, indem wir Anna ein Buch wegnehmen und es Bruno geben, sinkt die Konsumentenrente um 10 Euro. Daher sinkt auch die Gesamtrente um 10 Euro.

Abb. 4-13

Eine Reallokation der Verkäufe verringert die Produzentenrente

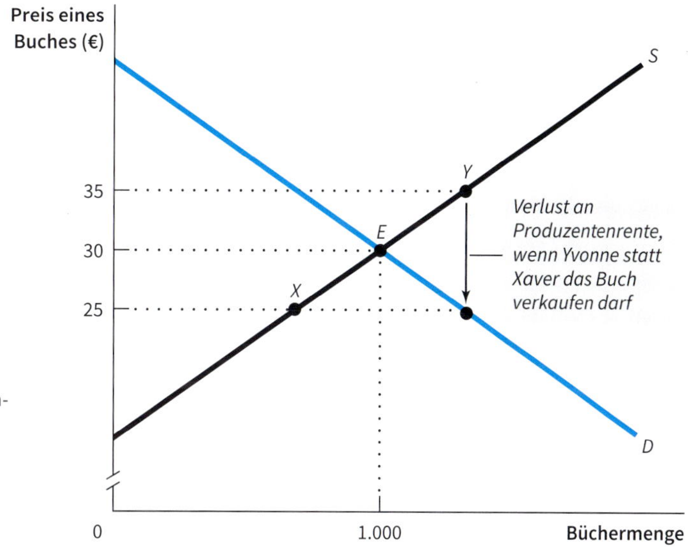

Yvonne (Punkt *Y*) hat Kosten in Höhe von 35 Euro. Ihre Kosten sind somit 10 Euro höher als die von Xaver (Punkt *X*), dessen Kosten 25 Euro betragen. Beim Gleichgewichtspreis von 30 Euro verkauft Xaver ein Buch, nicht aber Yvonne. Arrangieren wir die Verkäufe um, indem wir Xaver daran hindern, sein Buch zu verkaufen, und Yvonne überreden, ihr Buch zu verkaufen, sinkt die Produzentenrente um 10 Euro. Somit sinkt auch die Gesamtrente um 10 Euro.

cher verkauft hätten, dies nicht mehr tun können. Stattdessen werden andere, die ihre Bücher im Marktgleichgewicht nicht verkauft hätten, dazu gezwungen, Bücher zu verkaufen.

Abbildung 4-13 zeigt, warum eine Reallokation der Verkäufe die gesamte Rente verringert. Die Punkte *X* und *Y* zeigen die Positionen von zwei potenziellen Verkäufern, Xaver und Yvonne, auf der Angebotskurve. Xaver entstehen durch den Verkauf des Buches Kosten in Höhe von 25 Euro und Yvonne entstehen Kosten von 35 Euro. Beim Gleichgewichtspreis von 30 Euro würde Xaver sein Buch verkaufen, Yvonne jedoch nicht. Nehmen wir eine Reallokation der Verkäufe vor, indem wir Xaver dazu zwingen, sein Buch zu behalten und Yvonne dazu zwingen, ihres zu verkaufen, würde sich die gesamte Produzentenrente um 35 Euro – 25 Euro = 10 Euro verringern. Auch hier spielt es keine Rolle, welche zwei Studierenden wir wählen. Jeder Studierende, der im Gleichgewicht ein Buch verkauft, hat geringere Kosten als jeder Studierende, der nicht verkauft. Eine Reallokation der Verkäufe zwischen den Anbietern erhöht notwendigerweise die gesamten Kosten und die Produzentenrente sinkt. Das Marktgleichgewicht generiert also die höchstmögliche Produzentenrente: Es stellt sicher, dass diejenigen ihre Bücher verkaufen, die das Recht, sie zu veräußern, am höchsten bewerten.

Änderungen in der gehandelten Menge. Das Gremium könnte versuchen, die Gesamtrente entweder durch Erhöhung oder Verringerung der Anzahl der verkauften Bücher zu erhöhen. **Abbildung 4-14** zeigt alle vier Studierenden: die potenziellen Käufer, Anna und Bruno, und die potenziellen Verkäufer, Yvonne und Xaver. Um die Zahl der Verkäufe zu verringern, müssten wir jemanden wie Xaver, der sein Buch im Gleichgewicht verkauft hätte, daran hindern, diesen Verkauf auszuführen. Dieses Buch würde dann jemandem wie Anna, die bereit gewesen wäre, es im Gleichgewicht zu kaufen, nicht zur Verfügung stehen. Wie wir jedoch gesehen haben, wäre Anna bereit gewesen, 35 Euro zu bezahlen, während Xavers Kosten lediglich 25 Euro betragen hätten. Die Verhinderung dieses Kaufs würde folglich die Gesamtrente um 35 Euro – 25 Euro = 10 Euro verringern. Wiederum hängt dieses Resultat nicht davon ab, welche Studierenden wir uns heraus-

Abb. 4-14

Eine Mengenänderung verringert die Gesamtrente

Falls Xaver (Punkt *X*) daran gehindert würde, sein Buch an jemanden wie Anna (Punkt *A*) zu verkaufen, würde die Gesamtrente um 10 Euro sinken. Dieser Betrag ergibt sich als Differenz zwischen Annas Zahlungsbereitschaft (35 Euro) und Xavers Kosten (25 Euro). Dies bedeutet, dass die Gesamtrente sinkt, falls weniger als 1.000 Bücher – die Gleichgewichtsmenge – gehandelt werden. Würde Yvonne (Punkt *Y*) überredet werden, ihr Buch an jemanden wie Bruno (Punkt *B*) zu verkaufen, würde die Gesamtrente ebenfalls um 10 Euro sinken, nämlich um die Differenz zwischen Yvonnes Kosten (35 Euro) und Brunos Zahlungsbereitschaft (25 Euro). Dies bedeutet, dass die Gesamtrente sinkt, falls mehr als 1.000 Bücher gehandelt werden. Diese beiden Beispiele zeigen, dass im Marktgleichgewicht alle wechselseitig vorteilhaften Transaktionen durchgeführt werden – und auch nur diese.

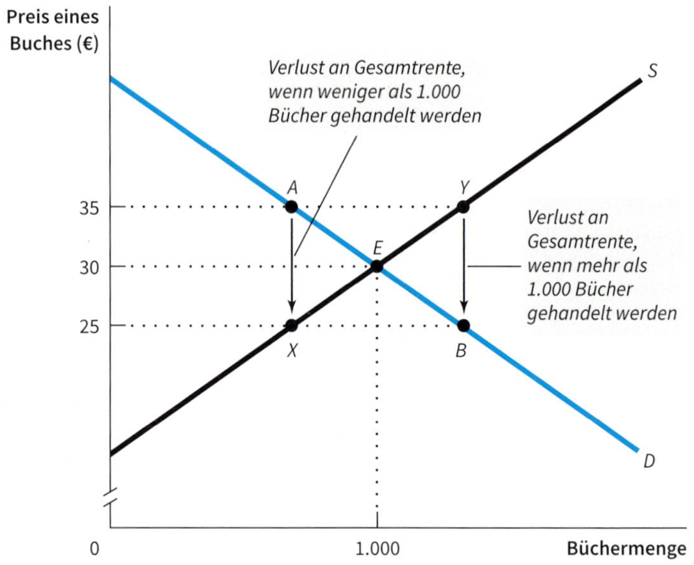

suchen: Jeder Studierende, der das Buch im Gleichgewicht verkauft hätte, hat Kosten, die *kleiner* sind als 30 Euro. Jeder Studierende, der das Buch im Gleichgewicht gekauft hätte, wäre bereit, *mehr* zu bezahlen als 30 Euro. Die Verhinderung eines Verkaufs, der im Gleichgewicht stattgefunden hätte, verringert also die Gesamtrente.

Würde man umgekehrt nun versuchen, den Umfang der Verkäufe über den Gleichgewichtswert zu treiben, müsste man jemanden wie Yvonne, die ihr Buch im Gleichgewicht nicht verkauft hätte, dazu zwingen, es zu verkaufen, und jemanden wie Bruno, der es im Gleichgewicht nicht gekauft hätte, dazu zwingen, es zu kaufen. Weil die Kosten von Yvonne bei 35 Euro liegen, Bruno aber nur bereit wäre, maximal 25 Euro zu bezahlen, würde dadurch die Gesamtrente um 10 Euro verringert. Natürlich hängt es auch hier nicht davon ab, welche zwei Studierenden wir betrachten: Jeder, der im Gleichgewicht nicht bereit gewesen wäre, das Buch zu kaufen, hat eine Zahlungsbereitschaft von weniger als 30 Euro, und jeder, der nicht bereit gewesen wäre, es zu verkaufen, hat Kosten von mehr als 30 Euro.

Der wesentlichste Punkt, den man sich merken sollte, ist: Es gibt keine Möglichkeit mehr, die Handelsgewinne zu steigern, sobald sich das Marktgleichgewicht eingestellt hat. Jedes andere Ergebnis schmälert die gesamte Rente. Unsere Ergebnisse lassen sich durch die Aussage zusammenfassen, dass ein effizienter Markt vier wichtige Funktionen realisiert:

1. Er ordnet den Konsum des Gutes denjenigen potenziellen Käufern zu, die es am höchsten bewerten, was sich daran zeigt, dass sie die höchste Zahlungsbereitschaft aufweisen.
2. Er ordnet die Verkäufe denjenigen potenziellen Verkäufern zu, die das Recht zum Verkauf des Gutes am höchsten bewerten, wie daraus ersichtlich ist, dass sie die niedrigsten Kosten haben.
3. Er stellt sicher, dass jeder Konsument, der einen Kauf tätigt, das Gut höher bewertet als jeder Verkäufer, der einen Verkauf tätigt. Alle Transaktionen, die im Gleichgewicht durchgeführt werden, sind daher wechselseitig vorteilhaft.
4. Er stellt sicher, dass jeder potenzielle Käufer, der keinen Kauf tätigt, das Gut geringer bewer-

tet als jeder potenzielle Verkäufer, der keinen Verkauf tätigt. Daher unterbleiben keine Transaktionen, die von wechselseitigem Vorteil gewesen wären.

Aus diesen vier Funktionen folgt, dass *die Gesamtrente sinkt, wann immer Güter anders verteilt werden als im Marktgleichgewicht.*

Es gibt jedoch drei Einschränkungen. Erstens: Ein Markt ist auch dann, wenn er effizient ist, nicht zwangsläufig *gerecht*. Tatsächlich steht Effizienz oft im Widerspruch zu Gerechtigkeit. Darüber werden wir als nächstes sprechen.

Die zweite Einschränkung liegt darin, dass Märkte manchmal *versagen*. Wie wir in Kapitel 1 erfahren haben, können Märkte unter bestimmten Voraussetzungen daran scheitern, ein effizientes Ergebnis zu erreichen. Wenn dies der Fall ist, generieren Märkte nicht länger die größtmögliche Gesamtrente.

Drittens, selbst wenn das Marktgleichgewicht die Gesamtrente maximiert, bedeutet das nicht notwendigerweise, dass es das beste Ergebnis für jeden *einzelnen* Konsumenten und Anbieter ist. Ceteris paribus würde jeder Käufer lieber einen niedrigeren Preis zahlen und jeder Verkäufer lieber einen höheren Preis erzielen. Wenn also die Regierung in den Markt eingreift – sie senkt beispielsweise den Preis unter den Gleichgewichtspreis und stellt damit die Konsumenten zufriedener oder sie erhöht den Preis über den Gleichgewichtspreis und macht damit die Produzenten glücklich –, wäre das Ergebnis nicht mehr effizient. Obwohl einige Leute glücklicher wären, wäre die Gesamtrente niedriger als zuvor.

Gerechtigkeit und Effizienz

Für viele Patienten, die eine Spenderniere benötigten, war die Ankündigung der neuen UNOS-Richtlinien nicht erfreulich. Es ist nicht überraschend, dass diejenigen, die schon seit Jahren auf eine Transplantation warteten, die neuen Richtlinien, in denen jüngere Menschen den Vorrang enthalten, ungerecht fanden. Die Richtlinien warfen außerdem weitere Gerechtigkeitsfragen auf: Warum ist der Wohnort der potenziellen Trans-

WISSENSCHAFT UND PRAXIS

Bitte sehr, Ihre Schlüssel!

»Das Unternehmen Airbnb war eigentlich das Ergebnis einer Rechenaufgabe«, sagte der Mitbegründer Joe Gebbia. »Wir hatten unsere Jobs gekündigt, um Unternehmer zu werden, aber dann erhöhte unser Vermieter die Miete weit über unsere finanziellen Möglichkeiten hinaus. Und so mussten wir eine Lösung für dieses mathematische Problem finden. Zufälligerweise sollte am kommenden Wochenende eine Design-Konferenz in San Francisco stattfinden und alle Hotels in der Stadt waren ausgebucht. Da kam uns der zündende Einfall: Wir hatten noch freien Platz in unserer Wohnung. So entstand die Idee des modernen Bed and Breakfast.«

Die aus der Not geborene Idee entwickelte sich zu einem Unternehmen, das mittlerweile die weltweit größte Anlaufstelle bei der Suche nach einer Unterkunft ist. Bis zum Jahr 2019 haben rund 500 Millionen Menschen den Marktplatz von Airbnb genutzt, um eine Unterkunft zu finden. Im Durchschnitt übernachten jeden Tag mehr als 2 Millionen Menschen in einer Unterkunft, die sie über Airbnb gebucht haben. Auf der Website sind mittlerweile mehr als 6 Millionen Unterkünfte auf der ganzen Welt zu finden, darunter 4.000 Schlösser und 2.400 Baumhäuser.

Airbnb ist der bekannteste und erfolgreichste Vertreter der sogenannten »Sharing Economy«. Darunter versteht man Unternehmen, die eine Plattform anbieten, über die Menschen Güter miteinander teilen können. Es gibt noch viele weitere Beispiele: Plattformen wie BlablaCar oder MiFaz vermitteln Mitfahrgelegenheiten. Die App Ampido erleichtert die gemeinsame Nutzung von Parkplätzen. Über Ahoy Berlin kann man Büroräume miteinander teilen, über gearo Film- und Fotoequipment. Die Plattform frents.com ermöglicht es, dass Alltagsgüter vom Faschingskostüm bis zur Bohrmaschine von Nachbarn oder Mitgliedern des sozialen Netzwerks mitbenutzt werden können.

Was ist der Ansporn für die gemeinschaftliche Nutzung von Gütern? Es ist weniger ein aufkeimender Altruismus, sondern vor allem der finanzielle Gewinn. Wenn es ungenutzte Ressourcen gibt, wieso sollte aus ihnen kein Geld gemacht werden, indem man sie an andere Menschen vermietet? Judith Chevalier, Ökonomin an der Yale School of Management, verweist darauf, dass die Unternehmen der Sharing Economy es ermöglichen, aus Gütern, die einfach nur herumliegen, noch etwas Wert herauszuholen. Die Betrachtung der eigenen Besitztümer unter wirtschaftlichen Aspekten führt zu einer effizienteren Nutzung dieser Ressourcen. Und die Menschen denken genauer darüber nach, was sie wie konsumieren wollen.

plantatempfänger auf Amerika beschränkt? Warum werden auch jüngere Menschen berücksichtigt, die aber unter anderen chronischen Krankheiten leiden? Warum wird nicht denen der Vorrang gegeben, die sich für die Gesellschaft verdient gemacht haben? Und so weiter ...

Der springende Punkt ist, dass Effizienz meint, *wie bestimmte Ziele erreicht werden und nicht welche Ziele gesteckt werden sollen.* UNOS entschied sich beispielsweise für das Ziel, die Lebensdauer der Transplantatempfänger zu maximieren. Manch anderer hätte sich vielleicht für ein anderes Ziel entschieden – und Effizienz entscheidet nicht darüber, welches Ziel das bessere ist. *Effizienz befasst sich damit, wie ein Ziel am besten erreicht werden kann, wenn es einmal festgelegt wurde.* In Fall von UNOS konnte das Ziel am besten durch das Konzept des »Nettoüberlebensgewinns« erreicht werden.

Man lässt sich schnell dazu hinreißen, zu glauben, dass Märkte immer Recht haben und dass Wirtschaftspolitik, die die Effizienz beeinträchtigt, schlecht ist. Aber das wäre eine fehlgeleitete Schlussfolgerung, da Gerechtigkeit in der Gesellschaft durchaus eine große Rolle spielt.

In vielen Fällen gibt es einen Trade-off zwischen Gerechtigkeit und Effizienz: Eine Politik, die Gerechtigkeit fördert, geht oft mit einer verringerten Effizienz einher und eine Politik, die Effizienz fördert, führt oft zu weniger Gerechtigkeit. Es ist wichtig, sich klarzumachen, dass eine gesellschaftliche Entscheidung, im Streben nach mehr Gerechtigkeit auf etwas Effizienz zu verzichten, durchaus berechtigt ist. Es ist außerdem wichtig zu verstehen, dass es keine allgemein akzeptierte Definition von *Gerechtigkeit* oder *Fairness* gibt.

Kurzzusammenfassung

- Die Vorteile, die aus dem Handel auf einem Markt resultieren, lassen sich durch die **Gesamtrente** messen.
- Märkte sind normalerweise effizient. Wir können dies zeigen, indem wir überlegen, was mit der Gesamtrente passiert, wenn wir vom Gleichgewicht ausgehen und Käufe bzw. Verkäufe neu arrangieren oder die getauschte Menge ändern. Jedes vom Marktgleichgewicht abweichende Ergebnis reduziert die Gesamtrente, was impliziert, dass das Marktgleichgewicht effizient ist.
- Da für eine Gesellschaft Gerechtigkeit wichtig ist, sind Regierungseingriffe in den Markt, die zwar die Effizienz verringern, aber Gerechtigkeit erhöhen, gerechtfertigt.

ÜBERPRÜFEN SIE IHR WISSEN

1. Finden Sie unter Verwendung der Tabellen aus »Überprüfen Sie Ihr Wissen« am Ende der Abschnitte 4.1 und 4.2 den Gleichgewichtspreis und die Gleichgewichtsmenge für den Markt für Peperoni mit Käsefüllung. Wie groß ist die Gesamtrente im Gleichgewicht und wem fällt sie zu?
2. Zeigen Sie, wie jede der drei folgenden Aktionen die Gesamtrente vermindert:
   a. Josie konsumiert eine Schote weniger und Caspar eine Schote mehr als im Marktgleichgewicht.
   b. Karla produziert eine Schote weniger und Jana eine Schote mehr als im Marktgleichgewicht.
   c. Josie konsumiert eine Schote weniger und Karla produziert eine Schote weniger als im Marktgleichgewicht.
3. Nehmen Sie an, dass UNOS entschieden hat, die Richtlinien für die Allokation von Spendernieren erneut anzupassen. Nun ist nicht mehr allein das Konzept des »Nettoüberlebensvorteils« ausschlaggebend, sondern auch die bevorzugte Behandlung von Patienten mit kleinen Kindern. Wenn in diesem Fall die »Gesamtrente« als gesamte Lebensdauer der Transplantatempfänger definiert wird, wird dann die neue Richtlinie die Gesamtrente erhöhen, verringern oder unverändert lassen? Wie könnte die neue Richtlinie gerechtfertigt werden?

4.4 Eine Marktwirtschaft

Wie wir bereits gesehen haben, werden Produktions- und Konsumentscheidungen in einer Marktwirtschaft auf dem Markt getroffen. Tatsächlich ist es so, dass die Wirtschaft als Ganzes aus vielen *miteinander verbunden Märkten* besteht. Um zu verstehen wie Märkte funktionieren, haben wir uns bisher auf die Analyse eines einzelnen Marktes konzentriert – den Markt für gebrauchte Bücher. In der Realität treffen Konsumenten und Produzenten ihre Entscheidungen nicht auf isolierten Märkten. So wird beispielsweise die Entscheidung eines Studierenden auf dem Markt für gebrauchte Bücher davon beeinflusst, wie viel Zinsen er auf seinen Studienkredit zahlen muss. Das heißt, die Entscheidung auf dem Markt für gebrauchte Bücher wird davon beeinflusst, was gerade auf dem Geldmarkt passiert.

Wir wissen, dass ein effizientes Marktgleichgewicht die gesamte Rente maximiert, also die Gewinne für Käufer und Verkäufer auf diesem Markt. Gibt es für die gesamte Volkswirtschaft, die aus einer riesigen Menge an Einzelmärkten besteht, ein ähnliches Ergebnis? Die Antwort lautet ja, aber mit einigen Einschränkungen.

Wenn jeder einzelne Markt in einer Volkswirtschaft die Gesamtrente maximiert, so ist die Volkswirtschaft im Ganzen effizient. Dieses Fazit ist wichtig: So wie es auf einem einzelnen Markt, der bereits effizient ist, nicht möglich ist, jemanden besser zu stellen ohne einen anderen schlechter zu stellen, so gilt das auch, wenn jeder einzelne Markt einer Ökonomie effizient ist. Es ist jedoch wichtig, sich klarzumachen, dass es sich hierbei um ein *theoretisches* Resultat handelt. Es ist geradezu unmöglich, eine Volkswirtschaft zu finden, in der wirklich jeder Markt effizient ist.

Wir wollen zunächst einen Blick auf die Gründe werfen, warum es Märkte schaffen, so vieles richtig zu machen. Sobald wir ein Verständnis dafür bekommen haben, werden wir kurz betrachten, wieso Märkte manchmal danebenliegen können.

Warum Märkte so gut funktionieren

Ökonomen können und haben viel dazu gesagt, warum Märkte eine effiziente Methode darstellen, eine Volkswirtschaft zu organisieren. Letztlich beruht aber die Effektivität von Märkten im Wesentlichen auf zwei Eigenschaften, die ein gut funktionierender Markt aufweist: *Eigentumsrechte* und die Rolle von Preisen als *ökonomische Signale.*

Eigentumsrechte. Mit **Eigentumsrechten** meinen wir ein System, in dem Dinge mit Wert – seien es Ressourcen, seien es Güter – spezifische Eigentümer aufweisen, die über diese Dinge nach ihrem Willen verfügen können. Eigentumsrechte sind es, die wechselseitig vorteilhafte Transaktionen im Markt für gebrauchte Lehrbücher – und in jedem anderen Markt – möglich machen.

Eigentumsrechte sind die Rechte der Inhaber von Dingen mit Wert, seien es Ressourcen oder seien es Güter, über die Verwendung dieser Dinge nach eigenem Willen zu entscheiden.

Um zu verstehen, warum Eigentumsrechte so wichtig sind, stellen wir uns einfach vor, die Studierenden hätten keine vollständigen Eigentumsrechte über ihre Lehrbücher – wir nehmen an, dass es ihnen nicht erlaubt ist, die Bücher nach Semesterende weiterzuverkaufen. Diese Beschränkung der Eigentumsrechte würde wechselseitig vorteilhafte Transaktionen verhindern. Einige Studierende würden auf Lehrbüchern sitzen bleiben, die sie nicht nochmals lesen wollen und die sie viel lieber gegen bares Geld verkaufen würden. Andere Studierende wären gezwungen, den Preis für nagelneue Bücher zu bezahlen, obwohl sie glücklicher wären, leicht ramponierte Exemplare zu einem niedrigeren Preis zu bekommen.

Ökonomische Signale. Wohl definierte Eigentumsrechte erlauben es Individuen, sich an wechselseitig vorteilhaftem Handel zu beteiligen. Die zweite notwendige Eigenschaft von gut funktionierenden Märkten – ökonomische Signale – sagen den Individuen, *welche* Transaktionen wechselseitig vorteilhaft sind. Ein **ökonomisches Signal** ist jede Information, die Menschen hilft, bessere ökonomische Entscheidungen zu treffen. In der Realität gibt es Tausende von Signalen, die von Marktteilnehmern beachtet werden. So sagen beispielsweise Wirtschaftsforscher, dass das Verkaufsvolumen von Pappkartons ein guter Frühindikator für Änderungen der Industrieproduktion ist: Kaufen die Unternehmen große Mengen an Pappkartons und anderen Verpackungsmaterials, kann man sicher sein, dass sie bald ihre Produktion erhöhen werden.

Ein **ökonomisches Signal** ist jede Form von Information, die Menschen hilft, bessere ökonomische Entscheidungen zu treffen.

Ein Markt oder eine Volkswirtschaft ist **ineffizient**, wenn es ungenutzte Möglichkeiten gibt, einige Menschen könnten besser gestellt werden, ohne jemand anderen schlechter zu stellen.

Marktversagen tritt auf, wenn ein Markt nicht effizient ist.

Preise sind jedoch bei Weitem die wichtigsten Signale in einer Marktwirtschaft, weil sie essenzielle Informationen über die Kosten anderer Menschen und deren Zahlungsbereitschaft vermitteln. Liegt der Gleichgewichtspreis für gebrauchte Lehrbücher bei 30 Euro, informiert dieses Signal jeden darüber, dass es Konsumenten gibt, die bereit sind, 30 Euro und mehr zu bezahlen, und dass es Produzenten gibt, deren Kosten bei 30 Euro oder weniger liegen. Das Signal, das vom Marktpreis ausgeht, stellt sicher, dass die Gesamtrente maximiert wird, weil es den Marktteilnehmern sagt, ob sie Bücher kaufen oder verkaufen sollen.

Jeder potenzielle Verkäufer, dessen Kosten weniger als oder 30 Euro betragen, erfährt durch den Marktpreis, dass es eine gute Idee ist, sein Buch zu verkaufen; wenn die Kosten über 30 Euro betragen, ist es klüger, das Buch zu behalten. Gleichermaßen weiß aufgrund des Marktpreises ein Konsument, der bereit ist, 30 Euro oder mehr zu bezahlen, dass es eine gute Idee ist, ein Buch zu kaufen; ist er nicht dazu bereit 30 Euro zu bezahlen, ist es besser, kein Buch zu kaufen.

Dieses Beispiel zeigt, dass der Marktpreis den Konsumenten mit einer Zahlungsbereitschaft, die dem Marktpreis entspricht oder höher ist, »signalisiert«, dass sie das Gut kaufen sollten. Ebenso zeigt er den Produzenten, deren Kosten dem Marktpreis entsprechen oder geringer sind, an, dass sie das Gut verkaufen sollten. Und da im Gleichgewicht das Angebot der Nachfrage entspricht, werden alle potenziellen Konsumenten potenzielle Verkäufer finden.

Bisweilen erfüllen Marktpreise ihre Funktion als ökonomische Signale nicht. Manchmal sind Preise kein Indikator für die Attraktivität eines Gutes. Wenn über die Qualität eines Gutes Unsicherheit herrscht, ist der Preis allein nicht notwendigerweise ein guter Indikator für den Wert des Gutes. So kann man beispielsweise nicht allein vom Preis ableiten, ob ein Gebrauchtwagen gut oder ein Problemauto ist. Ein sehr bekanntes ökonomisches Problem zu diesem Themenfeld ist das sogenannte *Lemons-Problem*, das George Akerlof in seinem Aufsatz *»The Market for Lemons: Quality Uncertainty and the Market Mechanism«* erläutert und in dem es um einen Markt geht, auf dem Preise ihre Rolle als ökonomische Signale nicht erfüllen.

Aber Vorsicht!

Wir haben gesehen, dass Märkte eine erstaunlich effiziente Methode sind, um ökonomische Aktivitäten zu organisieren. Wir haben aber auch festgestellt, dass Märkte manchmal danebenliegen können. In Kapitel 1 haben wir das zunächst am zweiten Teil unseres achten Prinzips gesehen: »*Wenn Märkte nicht für Effizienz sorgen, können staatliche Eingriffe die gesellschaftliche Wohlfahrt erhöhen*«.

Wenn Märkte **ineffizient** sind, gibt es ungenutzte Möglichkeiten, also Wege, Produktion oder Konsum so zu verändern, dass einige Menschen besser gestellt werden, ohne jemand anderen schlechter zu stellen. Anders formuliert kann man sagen, dass es Handelsgewinne gibt, die nicht realisiert werden: Die Gesamtrente könnte erhöht werden. Und wenn ein Markt oder mehrere Märkte ineffizient sind, ist auch die Volkswirtschaft ineffizient, in die sie eingebettet sind.

Märkte können aus einer Reihe von Gründen nicht zu effizienten Lösungen führen. Zu den wichtigsten Gründen gehören fehlende Eigentumsrechte und falsche ökonomische Signale durch Preise. Ist ein Markt nicht effizient, liegt sogenanntes **Marktversagen** vor. Wir werden in späteren Kapiteln verschiedene Ursachen für *Marktversagen* im Detail betrachten. An dieser Stelle wollen wir nur einen kurzen Blick auf die drei wichtigsten Gründe werfen, warum Märkte in der Realität manchmal nicht zu effizienten Lösungen führen.

1. *Marktmacht:* Märkte können versagen, wenn ein Unternehmen eigenständig den Marktpreis erhöhen kann (Marktmacht). In diesem Fall ist die Annahme, auf der unsere Angebots- und Nachfrageanalyse basiert, dass kein einzelner Käufer oder Verkäufer einen merklichen Einfluss auf den Marktpreis hat, nicht länger gültig. Wie wir in Kapitel 13 erfahren werden, führt Marktmacht zu Ineffizienzen, weil das Unternehmen den Marktpreis erhöht, um seine Gewinne zu vergrößern, und dadurch wechselseitig vorteilhafte Transaktionen verhindert.
2. *Externalitäten:* Märkte können aufgrund von Externalitäten versagen. Externalitäten entstehen, wenn die Handlungen von Marktteilnehmern Auswirkungen auf die Wohlfahrt von anderen haben. Das bekannteste Beispiel für eine Externalität ist die Umweltverschmutzung. Da der Marktpreis die negativen Auswirkungen

der Umweltverschmutzung auf andere nicht berücksichtigt, kommt es zu einem ineffizienten Marktergebnis. Wir werden in Kapitel 16 mehr über Externalitäten erfahren und sehen, welche Möglichkeiten die Gesellschaft hat, um mit Externalitäten umzugehen.

3. *Öffentliche Güter, Allmendegüter und private Informationen:* Märkte können für einige Güter versagen, weil diese Güter aufgrund ihrer ureigenen Natur nicht für die effiziente Bereitstellung durch Märkte geeignet sind. Das gilt für *öffentliche Güter* wie z. B. die Landesverteidigung. Da die Landesverteidigung von Menschen nicht gekauft oder verkauft werden kann, ist der Markt nicht in der Lage, die effiziente Menge an Landesverteidigung bereitzustellen. Das gilt auch für *Allmendegüter* wie die Fischbestände in unseren Meeren. Hier versagen die Märkte, weil es unzureichende Eigentumsrechte gibt. Märkte können auch dann

WISSENSCHAFT UND PRAXIS

Ein großer Sprung – zurück

Von allen Ländern der Welt verbindet man China am ehesten mit freien Märkten. Die Einkaufsmöglichkeiten sind schier grenzenlos. Angefangen mit den riesigen Straßenmärkten in Schanghai über die belebten Märkte für Exportgüter in Guangzhou, auf denen von Brillen bis zu Elektronik alles zu finden ist, bis hin zur der riesigen Einkaufsmall in Shenzhen, wo man maßgeschneiderte Anzüge kaufen kann, aber auch gefälschte Markenhandtaschen.

Aber es ist noch gar nicht so lange her, da gab es in China fast überhaupt keine Märkte. Bis in die 1980er-Jahre hinein war China zu großen Teilen eine *Planwirtschaft*, in der die Konsum- und Produktionsentscheidungen von einem zentralen Planer und nicht von den Märkten getroffen wurden. Russland (das zuvor Teil der UdSSR war), viele andere osteuropäische Staaten und einige Länder in Südostasien waren früher auch Planwirtschaften. In Ländern wie Indien oder Brasilien waren wichtige Wirtschaftszweige ebenfalls unter zentraler Planung.

Planwirtschaften sind für ihre Ineffizienz bekannt, und das womöglich erstaunlichste Beispiel dafür ist der sogenannte »Große Sprung nach vorn«. Dabei handelte es sich um einen ambitionierten Wirtschaftsplan, den der politische Führer Mao Zedong in den späten 1950er-Jahren in China initiierte. Ziel war es, die Industrialisierung des Landes zu beschleunigen. Eines der wichtigsten Elemente dieses Plans war die Verlagerung der Produktion von der Stadt aufs Land: Bauerndörfer sollten nun Güter der Schwerindustrie wie z. B. Stahl produzieren. Unglücklicherweise ging der Plan nicht auf.

Der Abzug der Bauern von ihrer ursprünglichen Aufgabe führte zu einem starken Rückgang der Nahrungsmittelproduktion. Gleichzeitig ging auch die Industrieproduktion zurück, da die Rohmaterialien für Stahl (wie Kohle und Eisenerz) bei mangelhaft ausgestatteten und unerfahrenen ländlichen Produzenten statt in den urbanen Produktionsbetrieben landeten. Kurz gesagt verursachte der »Große Sprung nach vorn« in China einen Rückgang der Produktion in allen Bereichen. Da China bereits zuvor ein sehr armes Land war, waren die Auswirkungen katastrophal. Die folgende Hungersnot dezimierte die chinesische Bevölkerung Schätzungen zufolge um rund 30 Millionen Menschen.

Chinas Übergang zu einem marktwirtschaftlichen System hat das Land auf einen starken Wachstumspfad gebracht, steigende Einkommen und das Entstehen einer Mittelschicht ermöglicht. Einige Aspekte der zentralen Planung bestehen jedoch immer noch, insbesondere was die Allokation von Finanzkapital und das Management von Staatsunternehmen betrifft. Da gibt es auch weiterhin planwirtschaftliche Ineffizienzen. Gleichzeitig hat der Übergang zur Marktwirtschaft zu einer gravierenden Umweltverschmutzung im Land geführt, ein Ergebnis von Marktversagen. Viele Ökonomen vertreten die Auffassung, dass diese Ineffizienzen angegangen werden müssen, wenn China sein starkes Wirtschaftswachstum aufrechterhalten und die Hoffnungen der Menschen im eigenen Land auf Wohlstand auf nachhaltige Weise erfüllen will.

versagen, wenn einige Menschen über Information über die Güter verfügen, die andere nicht haben, wie beispielsweise im Markt für Gebrauchtwagen. Wir werden in den Kapiteln 17 und 20 erfahren, wie die Gesellschaft mit diesen Situationen umgehen kann.

Trotz dieser Einschränkungen ist es außerordentlich bemerkenswert, wie gut Märkte bei der Maximierung von Handelsgewinnen funktionieren.

Kurzzusammenfassung

- In einer Marktwirtschaft sind die einzelnen Märkte miteinander verbunden. Wenn jeder einzelne Markt einer Ökonomie eine effiziente Lösung hervorbringt, ist die Volkswirtschaft als Ganzes effizient. In der realen Welt ist es jedoch geradezu sicher, dass einige Märkte keine effiziente Lösung erzielen.
- Ein System von **Eigentumsrechten** und das Wirken von Preisen als **ökonomische Signale** sind zwei Schlüsselfaktoren, die es einem Wettbewerbsmarkt ermöglichen, eine effiziente Lösung zu erzielen. In Fällen, in denen Eigentumsrechte mangelhaft verteilt sind oder Preise verfälschte ökonomische Signale geben, können Märkte jedoch versagen.
- Unter bestimmten Bedingungen tritt **Marktversagen** auf, und der Markt führt zu einem **ineffizienten** Ergebnis, da mögliche Handelsgewinne nicht realisiert werden. Die drei wichtigsten Gründe für Marktversagen sind Marktmacht, Externalitäten und Güter, die aufgrund ihrer ureigenen Natur nicht für die effiziente Bereitstellung durch Märkte geeignet sind.

ÜBERPRÜFEN SIE IHR WISSEN

1. In einigen Ländern, die über viele natürliche Ressourcen wie Öl verfügen, grenzt das Gesetz die Nutzung des Landes über der Erdoberfläche von der Nutzung des Landes unter der Erdoberfläche ab (Letzteres fällt unter das sogenannte »Abbaurecht«). Jemand der sowohl Grundstücksrechte als auch Abbaurechte hat, kann diese beiden Rechte getrennt voneinander verkaufen. Erklären Sie, wie diese Aufteilung von Eigentumsrechten die Effizienz im Vergleich zu einer Situation erhöht, in der die beiden Rechte immer gemeinsam verkauft werden müssen.
2. Nehmen Sie einmal an, dass der Gleichgewichtspreis auf dem Markt für gebrauchte Bücher 30 Euro beträgt, aber fälschlicherweise mit 300 Euro angegeben wird. Wie beeinflusst das die Effizienz des Marktes? Erklären Sie genau.
3. Was stimmt an der folgenden Aussage nicht: »Märkte sind immer die beste Methode, um ökonomische Aktivitäten zu organisieren. Jegliche Politik, die in den Markt eingreift, reduziert die Wohlfahrt der Gesellschaft.«

Unternehmen in Aktion: Ticketpreise bei Beyoncé und Jay-Z

Beyoncé und Jay-Z sind das It-Paar der Musikbranche. Das Vermögen des Ehepaares wird mittlerweile auf mehr als 1,8 Milliarden Dollar geschätzt. Einen Großteil dieses Vermögens haben die beiden Künstler durch Konzerttourneen verdient. Allein ihre Konzerttournee »On the Run II Tour« im Jahr 2018 spielte 253 Millionen Dollar ein. Fast 2,2 Millionen Tickets wurden verkauft. Bereits die »On the Run Tour« im Jahr 2014 sorgte für Einnahmen von über 100 Millionen Dollar.

Für Branchenexperten sind die Zahlen nicht überraschend. Bis zum Jahr 2022 hatten die beiden Künstler weit mehr als 200 Millionen Platten verkauft und 52 Grammys gewonnen. Und das hat natürlich Auswirkungen auf die Ticketpreise. Nach Schätzungen der Ticketplattform TicketIQ lag der Weiterverkaufspreis für ein Ticket der »On the Run II Tour« bei Online-Ticketbörsen im Durchschnitt bei 403 Dollar.

Aber trotz der hohen Nachfrage nach Tickets haben Beyoncé und Jay-Z deutlich weniger als 403 Dollar für ein Ticket bekommen. So lagen z. B. die Ticketpreise des Konzertveranstalters Live Nation für das Konzert im MetLife Stadium in New Jersey zwischen 25 Dollar und 380 Dollar. Wer das Glück hatte, ein Ticket zu einem niedrigen Preis zu ergattern, konnte mit einem Weiterverkauf des Tickets auf einer der vielen Online-Ticketbörsen gutes Geld verdienen. Aber vielleicht ist das ja auch der Weg von Beyoncé und Jay-Z, um mit ihren Fans nicht nur ihre Musik, sondern auch ihr Vermögen zu teilen.

FRAGEN

1. Analysieren Sie mithilfe der Konzepte von Konsumentenrente und Produzentenrente den Austausch zwischen Beyoncé und Jay-Z und den Fans, wenn es keine Möglichkeiten zum Weiterverkauf der Tickets gibt. (Wir wollen also annehmen, dass jeder sein Ticket direkt beim Konzertveranstalter kauft und dann zum Konzert geht.) Nutzen Sie zur Veranschaulichung Ihrer Ausführungen ein Diagramm.
2. Erläutern Sie mithilfe des Diagramms aus Frage 1, welche Auswirkungen die Existenz von Weiterverkäufern auf die Allokation von Konsumentenrente und Produzentenrente zwischen Beyoncé und Jay-Z und ihren Fans hat.

Zusammenfassung

1. Die Nachfragekurve wird durch die **Zahlungsbereitschaft** der einzelnen Verbraucher bestimmt. Ist der Preis kleiner oder gleich der Zahlungsbereitschaft, dann kauft der potenzielle Konsument das Gut. Die Differenz zwischen Preis und Zahlungsbereitschaft stellt für den Konsumenten einen Nettovorteil dar, der als **individuelle Konsumentenrente** bezeichnet wird.
2. Die **gesamte Konsumentenrente** auf einem Markt ergibt sich aus der Summe aller individuellen Konsumentenrenten, die auf diesem Markt realisiert werden. Die gesamte Konsumentenrente entspricht der Fläche oberhalb des Preises bis zur Nachfragekurve. Ein Preisanstieg des betrachteten Gutes vermindert die Konsumentenrente, ein Rückgang des Preises erhöht sie. Der Begriff **Konsumentenrente** wird häufig sowohl für die individuelle als auch für die gesamte Konsumentenrente verwendet.
3. Die **Kosten** jedes potenziellen Produzenten und damit der niedrigste Preis, zu dem er bereit ist, eine Einheit des Gutes anzubieten, bestimmen die Angebotskurve. Liegt der Preis eines Gutes oberhalb der Kosten, führt ein Ver-

SCHLÜSSELBEGRIFFE

- Zahlungsbereitschaft
- individuelle Konsumentenrente
- gesamte Konsumentenrente
- Konsumentenrente
- Kosten
- individuelle Produzentenrente
- gesamte Produzentenrente
- Produzentenrente
- Gesamtrente
- Eigentumsrechte
- ökonomisches Signal
- ineffizient
- Marktversagen

kauf zu einem Nettovorteil für den Produzenten, der als **individuelle Produzentenrente** bezeichnet wird.

4. Die **gesamte Produzentenrente** ergibt sich aus der Summe der individuellen Produzentenrenten. Die gesamte Produzentenrente entspricht der Fläche unterhalb des Preises bis zur Angebotskurve. Eine Preiserhöhung des betrachteten Gutes erhöht die Produzentenrente, eine Preissenkung vermindert sie.
   Der Begriff **Produzentenrente** wird häufig sowohl für die individuelle als auch für die gesamte Produzentenrente verwendet.
5. Die **Gesamtrente** ergibt sich als Summe aus Konsumenten- und Produzentenrente. Die Gesamtrente entspricht dem gesamten Wohlfahrtsgewinn der Gesellschaft aus Produktion und Konsum eines Gutes.
6. Normalerweise sind Märkte effizient und realisieren die maximale Gesamtrente. Jede andere mögliche Kombination von gekaufter und verkaufter Menge reduziert die Gesamtrente. Für die Gesellschaft spielt jedoch auch die Gerechtigkeit eine Rolle. Regierungseingriffe in den Markt, die zwar die Effizienz verringern, aber Gerechtigkeit erhöhen, können aus Sicht der Gesellschaft deshalb gerechtfertigt sein.
7. Eine Volkswirtschaft, in der jeder einzelne Markt eine effiziente Lösung hervorbringt, ist auch als Ganzes effizient. In der Realität ist es jedoch geradezu unmöglich, diese Situation zu erreichen. Entscheidend für eine effizientes Marktergebnis auf Wettbewerbsmärkten sind **Eigentumsrechte** und das Wirken von Preisen als **ökonomische Signale**. Unter bestimmten Bedingungen tritt **Marktversagen** auf, und der Markt führt zu einem **ineffizienten** Ergebnis. Die drei wichtigsten Gründe für Marktversagen sind Marktmacht, Externalitäten und Güter, die aufgrund ihrer ureigenen Natur nicht für die effiziente Bereitstellung durch Märkte geeignet sind.

5 Preisvorschriften und Mengenbeschränkungen: Der Markt schlägt zurück

LERNZIELE

- Was man unter Markteingriffen versteht und warum **Preisvorschriften** und **Mengenbeschränkungen** die beiden wichtigsten Formen von Markteingriffen sind.
- Warum Preisvorschriften und Mengenbeschränkungen zu **Nettowohlfahrtsverlusten** führen.
- Wer von Markteingriffen profitiert und wer durch Markteingriffe benachteiligt wird.
- Warum Ökonomen Versuchen, in Märkte einzugreifen, häufig skeptisch gegenüberstehen. Und warum der Staat in Märkte eingreift, obwohl es dadurch zu Wohlfahrtsverlusten für die Gesellschaft kommt.

Eine Geschichte aus der Bronx

Stephanie Kirnon machte sich Sorgen. Wie sollte sie als Vermieterin 29.000 Dollar aufbringen, um das undichte Dach ihres Wohnhauses in der Bronx, einem Stadtbezirk von New York, zu reparieren? Gloribel Castillo dagegen, die ganz in der Nähe in einer Mietwohnung lebte, war erleichtert, da sie sich von nun an keine Sorgen mehr darüber machen musste, ob sie ihre Miete bezahlen kann.

Was war passiert? Die Regelungen zum Mieterschutz waren angepasst worden. Durch diese Regelungen dürfen Mieterhöhungen oder Kündigungen nur mit Zustimmung einer städtischen Behörde durchgeführt werden. Im Jahr 2019 hat der US-Bundesstaat New York die Regelungen zum Mieterschutz verschärft, sodass es für Vermieter deutlich schwieriger wurde, eine Zustimmung durch die Behörde zu bekommen. Gleichzeitig untersagten die neuen Regelungen, Wohnungen mit einer Mietpreisvorschrift in den unregulierten Wohnungsmarkt zu überführen. Auf dem freien Wohnungsmarkt können Vermieter für ihre Wohnungen deutlich höhere Miete erzielen.

Mieterverbände, die sich für die neuen Regelungen stark gemacht hatten, zeigten sich zufrieden. Viele ihrer Mitglieder stammen aus der Arbeiterklasse, so wie Gloribel Castillo, die als Reinigungskraft in einem Hotel in zwei Schichten hintereinander arbeitet, um ihre Miete bezahlen zu können. Die Bronx war über Jahrzehnte die Heimat der Arbeiterklasse und der Niedrigverdiener. Aber auch vor der Bronx machte die *Gentrifizierung* nicht halt. Nach Sanierungen und Umbauten zogen immer mehr Besserverdienende in den Bezirk und verdrängten die dort ansässigen Menschen. Die Mieten begannen zu steigen. Vor der Einführung der neuen Regelungen zum Mieterschutz fanden Vermieter immer wieder Möglichkeiten, um Mieten für Wohnungen mit einer Mietpreisvorschrift zu erhöhen oder den Mietern in diesen Wohnungen zu kündigen.

Auch die Vermieter am freien Wohnungsmarkt profitierten von den neuen Regelungen zum Mieterschutz. Da es nun nicht mehr möglich war, Wohnungen mit einer Mietpreisvorschrift in den freien Wohnungsmarkt zu überführen, war das Angebot an Wohnungen auf dem freien Wohnungsmarkt begrenzt. Das würde dazu führen, dass die Mieten für diese Wohnungen ansteigen. Die Eigentümer von Wohnungen mit einer Mietpreisvorschrift wie Stephanie Kirnon hatten dagegen Probleme. Durch die strengeren Regelungen wurde es für die Vermieter schwerer, die notwendigen Renovierungs- und Instandhaltungsmaßnahmen zu finanzieren und ihren Hypothekenzahlungen nachzukommen.

In den 1970er-Jahren gab es schon einmal strenge Regelungen zum Mieterschutz. Das führte damals dazu, dass die Eigentümer viele Häuser einfach leer stehen und verfallen ließen, da mögliche Mieteinnahmen die Kosten der Eigentümer nicht hätten decken können. In dieser Zeit stürzte die Bronx regelrecht ab. Bewohnbare Wohnungen wurden knapp, die Kriminalität stieg an und fand in den leer stehenden Häusern ausreichend Platz. Ob sich die Bronx diesmal wieder zum Alptraum für die Mieter entwickelt oder vielleicht doch zu einem Paradies, bleibt abzuwarten.

Mietpreisvorschriften sind eine Form eines *Markteingriffes* – eine wirtschaftspolitische Maßnahme, mit der der Staat versucht, sich gegen die Marktkräfte von Angebot und Nachfrage durchzusetzen. In diesem Fall geht es um Angebot und Nachfrage nach Mietwohnungen in der Bronx. Mietpreisvorschriften wurden während des Zweiten Weltkrieges in vielen großen US-amerikanischen Städten eingeführt, um die Mieter zu schützen. Die Probleme, die mit Mietpreisvorschriften einhergehen, haben jedoch dazu geführt, dass die meisten Städte diese Regelungen wieder abgeschafft haben. Eine Ausnahme bilden San Francisco und New York. Aber auch in diesen beiden Städten gelten die Mietpreisvorschriften nur für einen kleinen Teil der Mietwohnungen.

Wir werden in diesem Kapitel lernen, dass der Staat manchmal in einen Markt eingreift und einen Preis oder eine Menge festlegt, der oder die vom Marktgleichgewicht abweicht. Aber wenn der Staat versucht, sich über Angebot und Nachfrage hinwegzusetzen, dann schlägt der Markt in vorhersehbarer Weise zurück. Die Entwicklungen auf dem Wohnungsmarkt in der Bronx zeigen auf anschauliche Weise, was passiert, wenn die Logik des Marktes außer Kraft gesetzt werden soll: Ein Markteingriff in Form einer Mietpreisvorschrift hält zwar die Miete für Mietwohnungen unter dem Gleichgewichtsniveau, aber verursacht dadurch Knappheit und viele andere schwerwiegende Probleme. Und wie immer gibt es dadurch Gewinner und Verlierer.

Auch wenn Markteingriffe Gewinner und Verlierer hervorbringen, werden wir lernen, dass die Gesellschaft als Ganzes stets auf der Verliererseite ist. Aus diesem Grund stehen Ökonomen, von wenigen Ausnahmen abgesehen, Markteingriffen prinzipiell ablehnend gegenüber.

5.1 Warum der Staat Preisvorschriften einführt

In Kapitel 3 haben wir gelernt, dass sich ein Markt zum Gleichgewicht hinbewegt, der Marktpreis sich also auf ein Niveau bewegt, bei dem die angebotene Menge mit der nachgefragten Menge übereinstimmt. Dieser Gleichgewichtspreis muss jedoch nicht notwendigerweise Käufern oder Verkäufern gefallen.

Letztlich würden Käufer immer vorziehen, für ein Gut weniger zu bezahlen, wenn sie es nur könnten. Manchmal können sie auf starke moralische oder politische Argumente verweisen, warum sie geringere Preise entrichten sollten. Wie wäre es beispielsweise zu beurteilen, wenn das Angebots-und-Nachfrage-Gleichgewicht für Wohnungen in einer größeren Stadt zu Mieten führt, die sich ein durchschnittlicher Arbeitnehmer einfach nicht leisten kann? In diesem Fall könnte sich der Staat sehr wohl unter starken Druck gesetzt sehen, die Mieten zu begrenzen, die von den Wohnungseigentümern verlangt werden können.

Auf der anderen Seite würden Verkäufer sicherlich immer gerne mehr Geld für die Waren erhalten, die sie verkaufen. In einigen Fällen können auch sie starke moralische oder politische Argumente vortragen, warum sie höhere Preise erhalten sollten. Betrachten wir als Beispiel den Arbeitsmarkt. Der Lohnsatz ist der Preis für eine Stunde Arbeit. Wie wäre es zu beurteilen, wenn das Gleichgewicht zwischen Angebot und Nachfrage für weniger qualifizierte Arbeitnehmer zu Lohnsätzen führt, die unterhalb der Armutsgrenze liegen? Auch in diesem Fall könnte sich der Staat unter starken Druck gesetzt sehen, von den Arbeitgebern zu verlangen, Lohnsätze zu bezahlen, die nicht unterhalb eines bestimmten Mindestlohnsatzes liegen dürfen.

Mit anderen Worten: Es gibt eine ganze Anzahl von Fällen, in denen sich der Staat zu einer Intervention in Märkte gedrängt sieht. Interveniert der Staat mit dem Ziel, die Preise zu regulieren, dann spricht man von Preiskontrollen oder **Preisvor-**

schriften. Preisvorschriften führen entweder zu einer Preisobergrenze, einem **Höchstpreis**, oder zu einer Preisuntergrenze, einem **Mindestpreis**.

Allerdings ist es nicht einfach, einem Markt zu sagen, was er zu tun hat. Wenn der Staat versucht, Preise gesetzlich festzulegen, kommt es zu bekannten und gleichermaßen unerwünschten Nebenwirkungen. Dabei spielt es keine Rolle, ob die Preise durch eine Höchstpreisvorschrift niedrig oder durch eine Mindestpreisvorschrift hoch gehalten werden sollen.

In diesem Zusammenhang gibt es allerdings zwei wichtige Einschränkungen. Zunächst einmal unterstellen wir, dass die betrachteten Märkte vor Einführung der Preisvorschriften ein effizientes Marktergebnis generierten. Allerdings kann es auf Märkten auch zu Ineffizienzen kommen, wenn beispielsweise der Markt von einem Monopolisten dominiert wird, der als alleiniger Verkäufer den Marktpreis beeinflussen kann. Wenn Märkte ineffizient sind, verursachen Preisvorschriften nicht notwendigerweise Probleme und können Märkte sogar einer effizienten Lösung näherbringen.

Außerdem können Preisvorschriften durch den Staat als Reaktion auf Knappheiten bei Naturkatastrophen oder humanitären Katastrophen mit Blick auf Gerechtigkeitsaspekte und die gesellschaftliche Wohlfahrt gerechtfertigt sein. So hätten z. B. während der Covid-19-Pandemie Engpässe an Beatmungsgeräten für schwer Erkrankte dazu geführt, dass der Preis der Geräte auf dem freien Markt in die Höhe geschnellt wäre. Dann hätten sich nur die Wohlhabenden ein Beatmungsgerät leisten können. Aus diesem Grund hat der Staat eingegriffen und Beatmungsgeräte nach Bedürftigkeit zugeteilt und auf diese Weise eine deutlich gerechtere Aufteilung durchgesetzt.

Bei **Preisvorschriften** handelt es sich um gesetzliche Beschränkungen, wie hoch ein Marktpreis steigen darf bzw. wie tief er sinken darf. Preisvorschriften können in zwei Formen auftreten: als **Höchstpreis** und als **Mindestpreis**. Der Höchstpreis bildet die Obergrenze für den Preis, den ein Anbieter nehmen darf. Der Mindestpreis bildet die Untergrenze für den Preis, den ein Käufer zahlen muss.

5.2 Höchstpreisvorschriften

Abgesehen von Mietpreisvorschriften gibt es heute in den Vereinigten Staaten kaum noch Höchstpreisvorschriften. Zu früheren Zeiten waren diese jedoch weitverbreitet. Höchstpreise werden typischerweise in krisenhaften Situationen eingeführt, in Kriegen, bei Missernten oder Naturkatastrophen, weil derartige Ereignisse oft zu plötzlichen Preisanstiegen führen, von denen viele Menschen benachteiligt werden, während einige wenige riesige Gewinne erzielen. Die Regierung der Vereinigten Staaten belegte während des Zweiten Weltkrieges viele Preise mit Höchstpreisvorschriften: Der Krieg führte zu einer drastischen Zunahme der Nachfrage nach Rohstoffen, wie zum Beispiel Aluminium und Stahl, und die Preiskontrollen verhinderten, dass diejenigen, die Zugang zu diesen Rohstoffen hatten, enorme Gewinne erzielen konnten. Im Jahr 1973 wurden Preisvorschriften für Öl eingeführt, als ein Embargo der arabischen Erdöl exportierenden Länder und die damit verbundenen Preissteigerungen erwarten ließen, dass für die US-amerikanischen Ölfirmen riesige Gewinne entstehen würden. Nach dem Hurrikan Sandy, als die Gasknappheit eine hemmungslose Preistreiberei ermöglichte, wurden im Jahr 2012 in den Bundesstaaten New York und New Jersey wieder Preisvorschriften eingeführt.

Die Mietpreisvorschriften in New York sind, wie wir bereits wissen, ein Vermächtnis des Zweiten Weltkrieges: Sie wurden eingeführt, weil der Krieg zu einem starken Wirtschaftsaufschwung führte, der die Nachfrage nach Wohnungen zu einer Zeit erhöhte, als Arbeit und Rohstoffe, die eigentlich für den Wohnungsbau benötigt worden wären, stattdessen eingesetzt wurden, um den Krieg zu gewinnen. Obwohl die meisten Preisvorschriften kurz nach Ende des Krieges aufgehoben wurden, blieben die Mietpreisvorschriften in New York bestehen. Sie wurden schrittweise auch auf Gebäude ausgedehnt, die vorher davon nicht betroffen waren, was zu einigen recht merkwürdigen Situationen führte.

So kann man etwa eine kleine Einzimmerwohnung in Manhattan relativ kurzfristig mieten – wenn man willens und in der Lage ist, mehrere Tausend Dollar pro Monat zu bezahlen und in einer nicht besonders guten Wohngegend zu leben. Andere Leute bezahlen jedoch nur einen Bruchteil dieses Preises für eine vergleichbare Wohnung, und wieder andere bezahlen diesen

Preis für eine sehr viel größere Wohnung in besserer Lage.

Das New Yorker System von Mietpreisvorschriften produziert also für einige Mieter echte Schnäppchen. Sieht man hiervon jedoch einmal ab, was sind dann die weiteren Konsequenzen eines solchen Systems? Um diese Frage zu beantworten, wenden wir uns dem in Kapitel 3 entwickelten Angebots-Nachfrage-Modell zu.

Modellierung eines Höchstpreises

Um zu verstehen, was schiefgehen kann, wenn eine Regierung Höchstpreisvorschriften auf einem wettbewerblichen Markt erlässt, wollen wir **Abbildung 5-1** betrachten. Bei dieser Abbildung handelt es sich um ein vereinfachtes Modell des Wohnungsmarktes von New York. Aus Vereinfachungsgründen stellen wir uns vor, dass alle Wohnungen identisch sind. Auf einem Markt ohne staatliche Eingriffe würden diese Wohnungen daher zum selben Preis vermietet werden.

Die zu dieser Abbildung gehörende Tabelle zeigt die Nachfrage- und Angebotspläne. Die sich daraus ergebenden Nachfrage- und Angebotskurven sind neben der Tabelle eingezeichnet. Die Menge an Wohnungen ist an der waagerechten Achse abgetragen, und die Monatsmiete je Wohnung ist an der senkrechten Achse abgetragen. Man kann erkennen, dass das Gleichgewicht auf einem unregulierten Markt bei Punkt *E* liegen würde: Jeden Monat würden 2 Millionen Wohnungen zum Preis von je 1.000 Euro vermietet werden.

Nun sei angenommen, dass die Regierung eine Höchstpreisvorschrift einführt, mit der die Miete auf einen Preis unterhalb des Gleichgewichts beschränkt wird. Nehmen wir an, dass Wohnungen für nicht mehr als 800 Euro vermietet werden dürfen.

Abbildung 5-2 zeigt die Wirkungen dieser Höchstpreisvorschrift, die in unserem Diagramm durch die waagerechte Linie bei 800 Euro dargestellt wird. Bei dieser erzwungenen Miete von 800 Euro haben die Wohnungseigentümer einen geringeren Anreiz, Wohnungen anzubieten. Sie werden daher nicht bereit sein, so viele Wohnungen anzubieten, wie sie es beim

Abb. 5-1

Der unregulierte Wohnungsmarkt

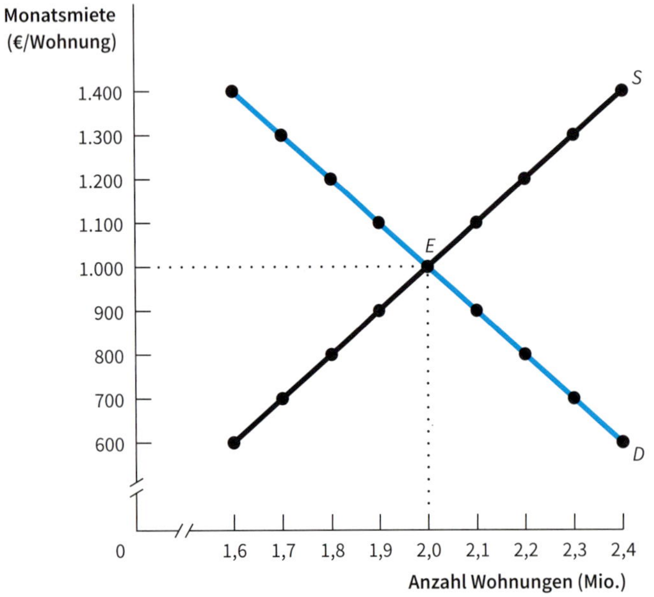

Monatsmiete (€/Wohnung)	Anzahl Wohnungen (Mio.)	
	Nachgefragte Menge	Angebotene Menge
1.400	1,6	2,4
1.300	1,7	2,3
1.200	1,8	2,2
1.100	1,9	2,1
1.000	2,0	2,0
900	2,1	1,9
800	2,2	1,8
700	2,3	1,7
600	2,4	1,6

Ohne staatliche Eingriffe erreicht der Wohnungsmarkt sein Gleichgewicht im Punkt *E* bei einer Miete von 1.000 Euro pro Monat und 2 Millionen vermieteten Wohnungen.

Gleichgewichtspreis von 1.000 Euro getan hätten. Sie werden Punkt *A* auf der Angebotskurve wählen und nur 1,8 Millionen Wohnungen zur Vermietung anbieten, also 200.000 weniger als in einer Situation ohne Regulierung. Gleichzeitig möchten zum Preis von 800 Euro aber auch mehr Menschen eine Wohnung mieten als zum Gleichgewichtspreis von 1.000 Euro. Wie durch Punkt *B* auf der Nachfragekurve illustriert wird, steigt die Nachfrage nach Wohnungen bei einer Monatsmiete von 800 Euro auf 2,2 Millionen. Die Nachfrage ist jetzt also um 200.000 Wohnungen größer als in der Situation ohne staatliche Regierung und übersteigt die zum Preis von 800 Euro tatsächlich verfügbare Anzahl von Wohnungen um 400.000 Einheiten. Es gibt jetzt folglich eine anhaltende Knappheit im Wohnungsmarkt: Durch den durch die Regulierung erzwungenen Preis möchten die Menschen 400.000 Wohnungen mehr mieten als auf dem Markt angeboten werden.

Generieren Höchstpreisvorschriften immer Knappheiten? Nein. Wird ein Höchstpreis oberhalb des Gleichgewichtspreises festgelegt, dann hat er keinerlei Auswirkungen. Nehmen wir beispielsweise an, dass die gleichgewichtige Monatsmiete bei 1.000 Euro liegt und die Regierung einen Höchstpreis von 1.200 Euro vorschreibt. Wer sollte diesen Höchstpreis beachten? Im vorliegenden Fall hätte die Höchstpreisvorschrift keine *bindende* Wirkung, sie legt dem Marktverhalten keine Schranken auf und wird keine Auswirkungen haben.

Warum eine Höchstpreisvorschrift zu Ineffizienzen führt

Die in Abbildung 5-2 gezeigte Knappheit an Wohnraum ist nicht nur ärgerlich, wie jede Knappheit, die durch Preisvorschriften hervorgerufen wird, sie ist für die Wirtschaft auch schädlich, weil sie zu *Ineffizienzen* führt. Anders ausgedrückt, bleiben mögliche Handelsgewinne unrealisiert.

Mietobergrenzen führen wie jede Form von Höchstpreisvorschriften über mindestens vier Wege zu Ineffizienzen.

1. Mietpreisvorschriften senken die Menge die vermieteten Wohnungen unter das effiziente Niveau.

Abb. 5-2

Die Auswirkungen eines Höchstpreises

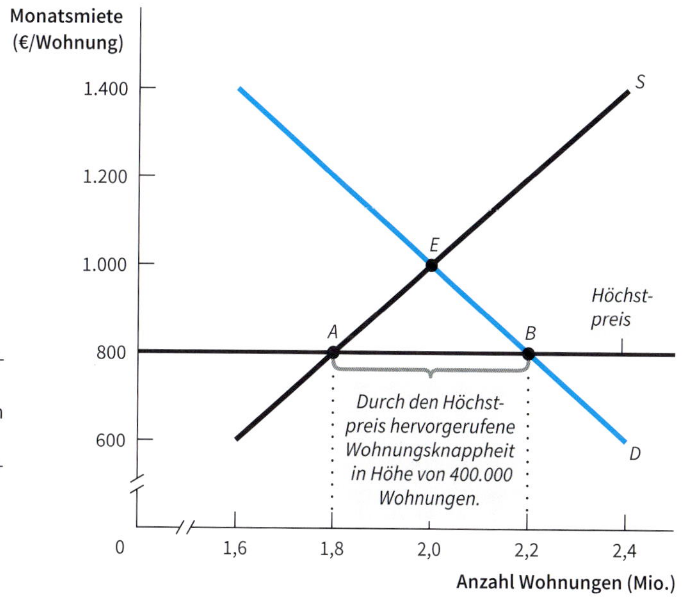

Die dunkle, waagerecht verlaufende Linie beschreibt die von der Regierung erlassene Höchstpreisvorschrift für Mieten in einer Höhe von 800 Euro pro Monat. Dieser Höchstpreis verringert die angebotene Menge an Wohnungen auf 1,8 Millionen (Punkt *A*) und erhöht die nachgefragte Menge auf 2,2 Millionen (Punkt *B*). Durch die Regulierung wird also eine dauerhafte Knappheit von 400.000 Einheiten hervorgerufen: 400.000 Menschen, die zum gesetzlichen Preis von 800 Euro Wohnungen mieten möchten, aber keine finden.

Abb. 5-3

Ein Höchstpreis führt zu einer ineffizient niedrigen Menge

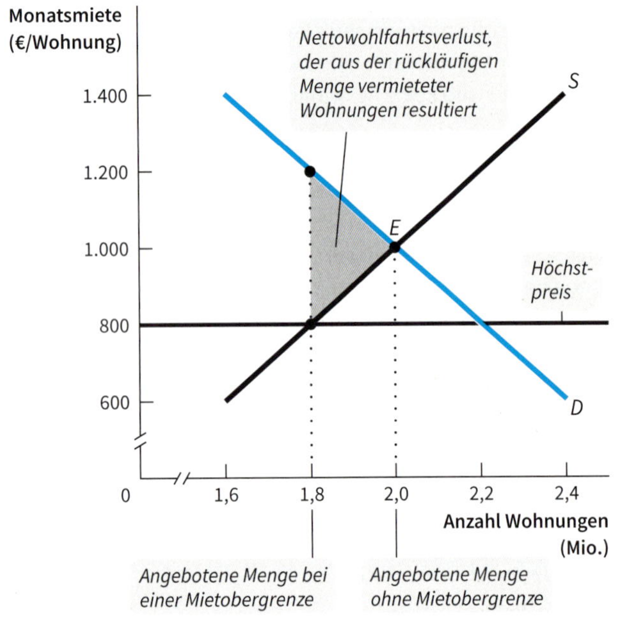

Eine Höchstpreisvorschrift verursacht einen Rückgang der angebotenen Menge, sodass die angebotene Menge unterhalb der Gleichgewichtsmenge liegt. Dadurch entsteht ein Nettowohlfahrtsverlust. Die Fläche des grauen Dreiecks entspricht dem Gesamtwohlfahrtsverlust, der aufgrund der ineffizient niedrigen ge- und verkauften Menge entsteht.

Unter dem **Nettowohlfahrtsverlust** versteht man den Verlust an Konsumenten- und Produzentenrente, der durch eine Aktion oder eine Politik hervorgerufen wird, die die Transaktionsmenge unter die effiziente Menge des Marktgleichgewichts senkt.

2. Mietpreisvorschriften führen in der Regel zu einer ineffizienten Allokation der angebotenen Wohnungen auf die infrage kommenden Mieter.
3. Mietpreisvorschriften führen zur Verschwendung von Zeit und Ressourcen durch die Suche nach Wohnungen.
4. Mietpreisvorschriften führen dazu, dass die angebotenen Wohnungen eine ineffizient niedrige Qualität haben.

Über diese Ineffizienzen hinaus setzen Höchstpreisvorschriften auch einen Anreiz für illegales Verhalten, weil die Leute versuchen werden, die Vorschriften zu umgehen. Wir wollen die genannten Punkte im Folgenden näher betrachten.

Ineffizient niedrige Menge. In Kapitel 4 haben wir gelernt, dass das Marktgleichgewicht eines effizienten Marktes zur »richtigen« Kaufs- und Verkaufsmenge eines Gutes führt, also zu der Menge, die die Summe aus Konsumenten- und Produzentenmenge maximiert. Da Mietobergrenzen die Anzahl der angebotenen Wohnungen reduzieren, reduzieren sie auch die Anzahl der vermieteten Wohnungen.

Abbildung 5-3 zeigt die Implikationen für die Gesamtrente. Rufen wir uns noch einmal in Erinnerung, dass die Gesamtrente der Summe der Fläche über der Angebotskurve und der Fläche unter der Nachfragekurve entspricht. Wenn eine Mietobergrenze lediglich den Effekt hätte, dass die Menge verfügbarer Wohnungen sinkt, würde sie eine Reduktion der Gesamtrente in Höhe der dreieckigen Fläche in der Abbildung verursachen.

Die durch das Dreieck dargestellte Fläche hat in der Volkswirtschaftslehre einen konkreten Namen: **Nettowohlfahrtsverlust**. Unter dem Nettowohlfahrtsverlust versteht man den Verlust an Konsumenten- und Produzentenrente, der dadurch hervorgerufen wird, dass einige Transaktionen aufgrund des Markteingriffes nicht mehr stattfinden. In unserem Beispiel entspricht der Nettowohlfahrtsverlust dem Verlust an Konsumenten- und Produzentenrente, der dadurch hervorgerufen wird, dass einige Wohnungen aufgrund der Mietobergrenze nicht mehr vermietet werden. Dieser Verlust betrifft sowohl die enttäuschten Mieter als auch die frustrierten Wohnungseigentümer. Ökonomen nennen Dreiecke wie das in Abbildung 5-3 gezeigte *Nettowohlfahrtsverlust-Dreiecke.*

Der Nettowohlfahrtsverlust ist ein Schlüsselkonzept der Volkswirtschaftslehre, auf das wir immer dann treffen werden, wenn eine Maßnahme oder politische Richtlinie zu einer Reduktion der getauschten Menge unter die Gleichgewichtsmenge führt. Es ist wichtig zu verstehen, dass der Nettowohlfahrtsverlust einen *gesellschaftlichen Verlust* bedeutet, dass es also ein Rückgang der Gesamtrente ist und somit niemandem nützt. Es ist nicht dasselbe wie ein Verlust an Rente, der einer einzelnen Person schadet und aus dem eine andere Person Gewinn zieht. Ein Ökonom würde das als einen *Transfer* von Rente von einer Person zur anderen bezeichnen. Im nächsten Abschnitt »Gewinner, Verlierer und Mietpreisvorschriften«

werden wir sehen, wie eine Preisvorschrift sowohl zu einem Nettowohlfahrtsverlust als auch zu einem Rententransfer zwischen Mietern und Wohnungseigentümern führt.

Der Nettowohlfahrtsverlust ist nicht die einzige Form der Ineffizienz, die durch eine Preisvorschrift verursacht werden kann. Die durch Mietobergrenzen hervorgerufenen Ineffizienzen gehen über eine Reduktion der verfügbaren Wohnungen hinaus. Die zusätzlichen Ineffizienzen – ineffiziente Allokation, Verschwendung von Ressourcen und ineffizient niedrige Qualität – führen zu einem Rentenverlust, der den Nettowohlfahrtsverlust übersteigt.

Ineffiziente Allokation. Mietobergrenzen führen nicht nur dazu, dass es generell zu wenig verfügbare Wohnungen gibt. Sie können auch zu einer ineffizienten Allokation der verfügbaren Wohnungen führen: Menschen, die dringend ein Dach über dem Kopf brauchen, finden womöglich keine Wohnung, während manche Wohnungen von Menschen bewohnt werden, die sie weniger dringend benötigen. In dem in Abbildung 5-2 dargestellten Fall würden gerne 2,2 Millionen Menschen eine Wohnung zum Preis von 800 Euro pro Monat mieten, es sind aber lediglich 1,8 Millionen Wohnungen verfügbar. Von den 2,2 Millionen Menschen, die auf Wohnungssuche sind, benötigen einige die Wohnung ganz dringend und wären bereit, einen hohen Preis zu bezahlen. Für andere wäre eine Wohnung zu finden vielleicht weniger dringend und sie wären auch nur bereit, einen niedrigeren Preis zu bezahlen, vielleicht, weil sie noch bei ihren Eltern oder bei Freunden wohnen. Eine effiziente Allokation der Wohnungen würde diese Unterschiede widerspiegeln: Menschen, die ganz intensiv auf Wohnungssuche sind, würden eine bekommen, und Menschen, für die das Problem nicht ganz so dringend ist, würden auf das Mieten einer Wohnung zunächst verzichten. Bei einer ineffizienten Verteilung von Wohnungen wird das Gegenteil eintreten: Einige Menschen, die nicht sehr dringlich nach einer Wohnung suchen, werden trotzdem eine bekommen, während andere, die die Wohnung ganz dringend brauchen, leer ausgehen werden. Weil bei Existenz von Mietpreisvorschriften Menschen ihre Wohnungen durch Zufall oder durch Beziehungen erhalten, führt diese Art von Höchstpreisvorschrift im Allgemeinen zu einer **ineffizienten Allokation** der wenigen verfügbaren Wohnungen **auf die Verbraucher**.

Um die erzeugte Ineffizienz zu verdeutlichen, wollen wir uns als Beispiel die schwierige Lage der Familie Lee anschauen, einer Familie mit kleinen Kindern, die keine andere Wohnmöglichkeit hat und bereit wäre, für eine Wohnung bis zu 1.500 Euro zu bezahlen – sie kann aber keine finden. Daneben wollen wir uns die Situation von Georg ansehen, einem Rentner, der den größten Teil des Jahres in Florida verbringt, aber immer noch in New York eine Wohnung gemietet hat, in das er vor 40 Jahren eingezogen ist. Georg bezahlt für diese Wohnung eine Monatsmiete von 800 Euro. Wäre diese Miete geringfügig höher, sagen wir 850 Euro, würde Georg diese Wohnung aufgeben und die wenigen Wochen im Jahr, die er in New York ist, bei seinen Kindern wohnen.

Diese Allokation von Wohnungen – Georg hat eine, die Familie Lee nicht – impliziert ökonomisch gesehen eine ungenutzte Möglichkeit: Man kann sowohl die Familie Lee als auch Georg besser stellen, ohne dass zusätzliche Kosten entstehen. Die Familie Lee wäre gerne bereit, einen Betrag von sagen wir 1.200 Euro pro Monat für die Untervermietung der Wohnung von Georg zu bezahlen. Dieser würde seinerseits dieses Angebot gerne annehmen, da ihm seine Wohnung nicht mehr als 849 Euro pro Monat wert ist. Georg würde das Geld von der Familie Lee dem Behalten seiner Wohnung vorziehen. Gleichzeitig würde die Familie Lee die Wohnung dem Geld vorziehen. Beide Parteien wären durch diese Transaktion also besser gestellt und niemand sonst würde schlechter gestellt werden.

Wir können unsere Überlegung verallgemeinern: Wenn Menschen, die dringend Wohnungen suchen, diese von anderen im Rahmen einer Untervermietung erhalten könnten, die nicht so dringend auf Wohnungen angewiesen sind, würden sowohl diejenigen, die die Wohnungen erhalten als auch diejenigen, die ihre Wohnungen für einen höheren Betrag untervermieten würden, sich besser stellen. Das Untervermieten ist bei der Existenz von Mietobergrenzen jedoch illegal, weil es ja zu Preisen führen würde, die oberhalb der Höchstpreisvorschrift liegen. Dass eine solche Form der Untervermietung illegal ist, heißt aber nicht, dass sie in der Praxis nicht auftritt. Tatsächlich ist es sogar so, dass das Aufdecken illegaler

Höchstpreisvorschriften führen oft zu Ineffizienz in Form einer **ineffizienten Allokation auf die Verbraucher**: Menschen, die das Gut dringend haben möchten und bereit sind, einen hohen Preis dafür zu bezahlen, bekommen es nicht. Andere erhalten dagegen das Gut, obwohl es ihnen wenig bedeutet und sie nur bereit sind, einen geringen Preis dafür zu bezahlen.

Höchstpreisvorschriften führen normalerweise zu Ineffizienz in Form von **Ressourcenverschwendung**: Die Menschen opfern Geld und Mühen, um mit den Knappheiten zurechtzukommen, die durch die Höchstpreisvorschrift hervorgerufen werden.

Höchstpreisvorschriften führen oft dadurch zu Ineffizienz, dass die angebotenen Güter eine **ineffizient niedrige Qualität** aufweisen: Die Verkäufer bieten qualitativ schlechte Güter zu einem niedrigen Preis an, obwohl die Käufer eine bessere Qualität zu einem höheren Preis vorziehen würden.

Untervermietungen zum Hauptgeschäft New Yorker Privatdetektive gehört. Die Privatdetektive nutzen versteckte Kameras und andere Tricks, um zu beweisen, dass die rechtmäßigen Mieter der von der Mietobergrenze betroffenen Wohnungen eigentlich an einem anderen Ort wohnen und ihre Wohnung zum doppelten oder dreifachen Preis der vorgeschriebenen Höchstmiete untervermieten.

Das illegale Untervermieten von Wohnungen ist eine Form von *Schwarzmarktaktivitäten*, auf die wir etwas weiter unten noch einmal eingehen wollen. Zunächst halten wir fest, dass Vermieter und gesetzliche Behörden aktiv gegen diese Praxis vorgehen. Im Endeffekt bleibt das Problem der ineffizienten Allokation von Wohnungen bestehen.

Verschwendung von Ressourcen. Eine weitere Form von Ineffizienz, die durch eine Höchstpreisvorschrift hervorgerufen wird, besteht in der **Ressourcenverschwendung**. In dem etwas weiter unten stehenden Anwendungsbeispiel beschäftigen wir uns mit der Treibstoffknappheit des Jahres 1979, als Millionen von US-Amerikanern jede Woche viele Stunden damit verbracht haben, in Schlangen vor den Tankstellen zu stehen. Die Opportunitätskosten der in den Schlangen vor den Tankstellen verbrachten Zeit – die entgangenen Löhne, die entgangene Freizeit – implizieren aus Sicht der Konsumenten und der Wirtschaft insgesamt eine Verschwendung von Ressourcen. Aufgrund der Mietobergrenzen muss die Familie Lee über Monate einen großen Teil der ihr verfügbaren Zeit für die Wohnungssuche aufwenden – Zeit, die sie lieber mit Familienaktivitäten oder bezahlter Arbeit verbracht hätte. Anders ausgedrückt: Die längere Suche nach einer Wohnung ist mit Opportunitätskosten verbunden – der nicht verfügbaren Freizeit bzw. dem entgangenen Einkommen. Hätte der Wohnungsmarkt unbeschränkt gearbeitet, hätte die Familie Lee schnell eine Wohnung zur gleichgewichtigen Miete von 1.000 Euro gefunden und hätte mehr Zeit für Erwerbsarbeit oder Familienaktivitäten gehabt. Damit wäre sie besser gestellt worden, ohne dass irgendjemand schlechter dran gewesen wäre. Auch in dieser Hinsicht verursacht die Mietpreisvorschrift entgangene Möglichkeiten.

Ineffizient niedrige Qualität. Ein dritter Weg, auf dem Höchstpreisvorschriften Ineffizienzen hervorrufen, ist in der Verursachung einer **ineffizient niedrigen Qualität** zu sehen. Ineffizient niedrige Qualität bedeutet, dass Verkäufer qualitativ mangelhafte Güter zu niedrigen Preisen verkaufen, obwohl Käufer eine höhere Qualität bevorzugen

VERTIEFUNG

Millionär durch Mietpreisvorschriften in Mumbai

In Mumbai gibt es, so wie in New York, Wohnungen, für die eine Mietpreisvorschrift gilt. Das ist derzeit bei rund 60 Prozent aller Wohnungen im Zentrum der indischen Metropole der Fall. Obwohl Mumbai eine halbe Weltreise von New York entfernt ist, sind die ökonomischen Auswirkungen der Mietpreisvorschriften die gleichen: Mietpreisvorschriften führen zu Knappheit, zu geringer Qualität, zu einer ineffizienten Allokation auf die Mieter, zur Ressourcenverschwendung und zum Entstehen von Schwarzmärkten.
In Mumbai müssen die Eigentümer der Wohnungen mehr für Steuern und Unterhalt ausgeben, als sie durch die Mietzahlungen einnehmen, sodass einige von ihnen ihre Immobilien einfach aufgeben und verfallen lassen. Und der Schwarzmarkt blüht. Mieter, die aus ihrer Wohnung ausziehen wollen, verkaufen einfach an Interessenten das Recht, in ihre frei werdende Wohnung einzuziehen.
Und wie in anderen Metropolen, New York eingeschlossen, werden auch in Mumbai Mieter durch Mietpreisvorschriften zu Millionären. So lebte ein Mieter in einer 240 m^2 großen Wohnung und zahlte dafür nur 20 Dollar Miete monatlich, und das in einer Gegend, in der man für Wohnungen auf dem freien Markt oft 2.000 Dollar Miete im Monat bezahlen muss. Der Mieter weigerte sich sogar, aus der Wohnung auszuziehen, als das Dach einstürzte. Nach jahrelangen Verhandlungen erhielt der Mieter für die Räumung seiner Wohnung von einem Immobilienentwickler, der ein Gebäude für Luxuswohnungen errichten wollte, 2,5 Millionen Dollar. In New York wurden drei Mietern vor kurzem sogar 25 Millionen Dollar von einer Grundstücksentwicklungsgesellschaft gezahlt, damit sie aus ihren mietpreisgebundenen Wohnungen ausziehen.
In Anbetracht des knappen Wohnraums in Mumbai und der wachsenden Zahl an Besserverdienenden, die in Mumbai nach einem luxuriösen Zuhause suchen, gibt es wahrscheinlich Tausende Mieter, die durch die Aufgabe ihrer Wohnung zu Millionären werden könnten.

würden und bereit wären, dafür einen höheren Preis zu zahlen. Schauen wir uns noch einmal die Auswirkungen von Mietobergrenzen an. Vermieter haben in diesem Fall keinen Anreiz zur Verbesserung ihrer Wohnungen, weil sie die Mieten nicht erhöhen können, um die damit verbundenen Kosten zu decken, aber trotzdem in der Lage sind, leicht Mieter zu finden. In vielen Fällen wären die Mieter bereit, für eine grundlegende Renovierung und Verbesserung ihrer Wohnungen mehr zu bezahlen, als dem Vermieter an Kosten für diese Maßnahmen entstehen würden. Als Beispiele könnte man den Einbau einer Zentralheizung, eine verbesserte Wärmeisolierung oder den Einbau einer modernen Elektroinstallation nennen. Jede zusätzliche Zahlung für derartige Verbesserungen würde jedoch aus rechtlicher Sicht als eine Mieterhöhung betrachtet werden, die verboten ist. Tatsächlich findet man in Wohnungen, die der Mietpreiskontrolle unterliegen, häufig einen schlechten Erhaltungszustand, Probleme mit den Strom- und Wasserleitungen und ähnliches. Ein früherer Hausmeister hat seine Arbeit wie folgt beschrieben: »In den nicht von der Mietpreisvorschrift betroffenen Wohnungen haben wir fast alles gemacht, was die Mieter sich wünschten. Bei den regulierten Wohnungen wurde dagegen nur das Allernotwendigste getan, was durch das Gesetz vorgeschrieben war. … Wir hatten einen schon ziemlich perversen Anreiz, die Mieter unglücklich zu machen. Bei den regulierten Wohnungen besteht das eigentliche Ziel darin, die Leute aus dem Haus hinauszuekeln.« Diese Situation lässt sich als entgangene Möglichkeit beschreiben: Einige Mieter wären gern bereit, für bessere Wohnbedingungen einen entsprechenden Preis zu bezahlen, und die Vermieter wären gern bereit, diese Verbesserungen für die entsprechende Bezahlung auch zu liefern. Dieser Tausch würde jedoch nur dann eintreten, wenn der Marktmechanismus frei wirken könnte.

Schwarzmärkte. Diese Überlegung führt uns zu einem letzten Aspekt der Höchstpreisvorschriften: Sie rufen Anreize für *illegale Aktivitäten* hervor und führen insbesondere zu der Herausbildung von **Schwarzmärkten**. Wir haben bereits eine Form der Schwarzmarktaktivität beschrieben – die illegale Untervermietung. Das ist jedoch noch nicht alles. Für einen Vermieter besteht doch ganz offenkundig die Versuchung, zu einem potenziellen Mieter zu sagen: »Sie können die Wohnung gerne haben, wenn sie mir jeden Monat ein paar Hundert Euro in bar zukommen lassen.« Für den potenziellen Mieter besteht ebenso ein Anreiz, sich darauf einzulassen, wenn er zu den Menschen gehört, die bereit sind, für die Wohnung mehr als den gesetzlichen Höchstpreis zu bezahlen.

Warum sind Schwarzmärkte ein Übel? Ganz allgemein ist es natürlich schlecht, wenn Leute überhaupt Gesetze brechen, weil dies die Achtung vor dem Gesetz und damit das Zusammenleben in der Gesellschaft untergräbt. Noch schlimmer ist aber, dass in diesem Fall die illegalen Aktivitäten die Position derjenigen verschlechtern, die ehrlich bleiben wollen. Wenn die Familie Lee Skrupel hat und nicht gegen das Gesetz verstoßen will, andere aber, die eine Wohnung vielleicht weniger dringend brauchen, sich darüber keine Gedanken machen und sich auf die Schwarzgeldzahlung einlassen, kann es gut sein, dass die Familie Lee *niemals* eine Wohnung finden wird.

Manchmal können Schwarzmärkte allerdings einen Teil der durch Mietpreisvorschriften verursachten Ineffizienzen beseitigen. Wenn George beispielsweise seine Wohnung an die Familie Lee untervermieten würde (was nichts weiter als eine Transaktion auf dem Schwarzmarkt wäre, da ein solcher Deal illegal ist), wäre die Gesellschaft besser gestellt (und natürlich Familie Lee) als ohne diese Transaktion. Aber im Vergleich zu einem freien Markt ohne Mietpreisvorschriften ist die Gesellschaft durch einen Schwarzmarkt immer noch schlechter gestellt.

Gewinner, Verlierer und Mietpreisvorschriften

Wir haben gerade gelernt, dass Preisvorschriften zu Ineffizienzen führen. Und diese Ineffizienzen bringen Gewinner und Verlierer hervor. Manche Menschen werden von den Vorschriften begünstigt, andere dagegen aber werden schlechter gestellt.

Mithilfe der Konsumenten- und Produzentenrente können wir die Gewinner und Verlierer von Mietpreisvorschriften grafisch analysieren. Diagramm (a) in **Abbildung 5-4** zeigt die Konsumenten- und Produzentenrente im Gleichgewicht des

Ein **Schwarzmarkt** ist ein Markt, auf dem Waren und Dienstleistungen illegal ge- und verkauft werden. Der Tausch auf einem Schwarzmarkt kommt zustande, weil entweder der Verkauf der Güter an sich illegal ist oder weil die verlangten Preise aufgrund einer Höchstpreisvorschrift gesetzlich verboten sind.

Abb. 5-4

Gewinner und Verlierer von Mietpreisvorschriften

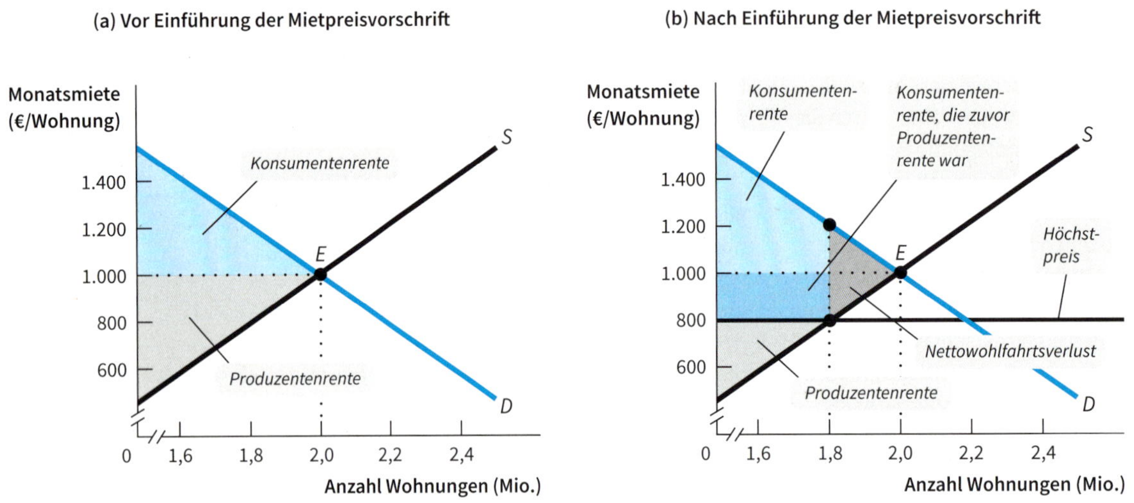

Preisobergrenzen wie Mietpreisvorschriften reduzieren die Gesamtrente. Diagramm (a) zeigt die Konsumenten- und Produzentenrente in einem freien, unregulierten Markt für Mietwohnungen. Die Gesamtrente ist im Marktgleichgewicht am größten: Bei einer monatlichen Miete von 1.000 Euro und einer Menge von 2,0 Millionen Wohnungen. Diagramm (b) zeigt die Konsumenten- und Produzentenrente im Markt, nachdem ein Höchstpreis in Höhe von 800 Euro eingeführt wurde. Es kommt zu einem Rückgang der Gesamtrente im Markt. Bei einer vorgeschriebenen Miete von maximal 800 Euro reduzieren die Vermieter die angebotene Menge an Wohnungen von 2,0 Millionen auf 1,8 Millionen. Diejenigen, die noch eine Mietwohnung finden, können sich über einen Zuwachs an Konsumenterente freuen. Der Anstieg der Konsumentenrente resultiert unmittelbar aus einem Transfer von Produzentenrente zu den Konsumenten, dargestellt durch das dunkelblaue Viereck. Gleichzeitig sinkt aber auch die Konsumentenrente für diejenigen, die nun keine Wohnung mehr mieten können. Dieser Verlust an Konsumentenrente markiert zusammen mit dem Verlust an Produzentenrente durch die gesunkene Zahl an Vermietungen den Nettowohlfahrtsverlust, dargestellt durch das dunkelgraue Dreieck. Der Nettowohlfahrtsverlust zeigt den Verlust an Gesamtrente, der für die Gesellschaft durch die Einführung einer Mietpreisvorschrift entsteht.

freien (unregulierten) Wohnungsmarktes ohne Mietpreisvorschriften. Die *Konsumentenrente* wird durch die Fläche unterhalb der Nachfragekurve und oberhalb des Preises (blaue Fläche) wiedergegeben und entspricht dem Nettogewinn der Mieter im Marktgleichgewicht. In gleicher Weise lässt sich die *Produzentenrente* durch die Fläche oberhalb der Angebotskurve und unterhalb des Preises (graue Fläche) ablesen, die den Nettogewinn der Vermieter im Marktgleichgewicht zeigt.

Diagramm (b) der Abbildung 5-4 zeigt die Konsumenten- und Produzentenrente auf dem Wohnungsmarkt, nachdem eine Mietobergrenze von 800 Euro eingeführt wurde. Man kann erkennen, dass sich die Konsumentenrente für die Konsumenten erhöht hat, die weiterhin eine Wohnung mieten können. Diese Mieter sind eindeutig die Gewinner: Sie mieten eine Wohnung für 800 Euro und sparen somit 200 Euro im Vergleich zum Gleichgewichtspreis auf dem freien Markt. Diese Konsumenten erhalten einen direkten Rententransfer von den Vermietern in Form einer niedrigeren Miete.

Aber nicht alle Mieter sind auch Gewinner: Im Vergleich zum freien Markt sind weniger Mietwohnungen verfügbar, was es einigen Menschen schwer, wenn nicht sogar unmöglich macht, einen Platz zu finden, den sie ihr Zuhause nennen können.

Ohne eine konkrete Berechnung der gewonnenen und verlorenen Renten bleibt es für gewöhnlich unklar, ob die Mieter als Gruppe durch Mietpreisvorschriften besser oder schlechter gestellt werden. Fest steht allerdings: Je größer der Wohlfahrtsverlust ist, also je stärker die Anzahl der zur Vermietung zur Verfügung stehenden Wohnungen sinkt, umso wahrscheinlicher ist es, dass die Gruppe der Mieter am Ende als Verlierer dasteht. In der Fallstudie zu Beginn des Kapitels haben wir erfahren, dass der Nettowohlfahrtsverlust in der Bronx in den 1970er-Jahren sehr groß war. Hier zählten die Mieter zu den Verlierern: Die Gegend verfiel immer mehr und bewohnbare Wohnungen wurden knapp.

So oder so können wir festhalten, dass die Gruppe der Vermieter schlechter gestellt wird: Die Produzentenrente ist eindeutig gesunken. Wohnungseigentümer, die ihre Wohnungen weiterhin vermieten, bekommen monatlich 200 Euro weniger Miete. Andere ziehen ihre Wohnungen ganz vom Markt zurück. Der Verlust, den sowohl Mieter als auch Vermieter aufgrund der durch die Mietpreisvorschriften insgesamt niedrigeren Zahl an Vermietungen erfahren, entspricht dem dunkelgrauen Dreieck des Nettowohlfahrtsverlustes in Diagramm (b).

Warum gibt es Höchstpreisvorschriften?

Wir haben drei normalerweise auftretende Konsequenzen von Höchstpreisvorschriften kennengelernt:

1. Eine dauerhafte Knappheit des betreffenden Gutes.
2. Sich aus dieser dauerhaften Knappheit ergebende Ineffizienzen in Form einer ineffizient niedrigen Menge (Nettowohlfahrtsverlust), einer ineffizienten Allokation des Gutes auf die Konsumenten, in Form von Ressourcenverschwendung bei der Suche nach dem Gut und eine ineffizient geringe Qualität, in der das Gut zum Kauf angeboten wird.
3. Das Auftreten von illegaler Schwarzmarktaktivität.

Vor dem Hintergrund dieser sehr nachteiligen Konsequenzen stellt sich allgemein die Frage, warum Regierungen überhaupt Höchstpreisvorschriften einführen, und speziell die Frage, warum auf dem New Yorker Wohnungsmarkt immer noch Mietpreiskontrollen existieren.

Eine Antwort liegt in der Beobachtung, dass Höchstpreisvorschriften, obgleich sie insgesamt ungünstige Wirkungen hervorrufen, für einige Leute vorteilhaft sind. So schädigt die New Yorker Mietgesetzgebung – die deutlich komplexer ist als unser einfaches Modell – zwar die meisten Einwohner, sie erlaubt aber einer kleinen Minderheit von Mietern das Wohnen zu sehr viel günstigeren Bedingungen, als auf einem unregulierten Markt zu finden wären. Diejenigen, die einen Vorteil von den Höchstpreisvorschriften haben, sind typischerweise besser organisiert als diejenigen, die davon geschädigt werden, und sie vertreten ihre Interessen auch lautstärker in der Öffentlichkeit.

Darüber hinaus könnte es sein, dass Käufer dann, wenn Höchstpreisvorschriften seit einer langen Zeit gelten, keine realistische Vorstellung davon haben, was ohne die Regulierungen passieren würde. In unserem oben besprochenen Beispiel wäre die Miete in einem deregulierten Markt (Abbildung 5-1) lediglich 25 Prozent höher als auf dem kontrollierten Markt (Abbildung 5-2) – 1.000 Euro anstelle von 800 Euro. Woher sollten Mieter dies in der Praxis aber wissen? Vermutlich haben sie von Schwarzmarkttransaktionen gehört, die zu sehr viel höheren Preisen abgewickelt wurden, und machen sich nicht klar, dass diese Schwarzmarktpreise deutlich höher sind als die Preise, die auf einem völlig deregulierten Markt herrschen würden.

Schließlich muss man auch davon ausgehen, dass die mit der Regulierung befassten Mitarbeiter die Zusammenhänge von Angebot und Nachfrage nicht wirklich verstehen. Sehr häufig zeigt sich, dass die in der Realität getroffenen wirtschaftspolitischen Entscheidungen ökonomisch nicht besonders gut fundiert sind.

WISSENSCHAFT UND PRAXIS

Höchstpreise in Venezuela zeigen verheerende Auswirkungen

Als einer der führenden Ölproduzenten weltweit gehört Venezuela eigentlich zu den reicheren Ländern. Aber trotz des Ölreichtums haben Preisobergrenzen die Volkswirtschaft des Landes so außer Tritt gebracht, dass Venezuela kaum noch in der Lage ist, seine Einwohner zu ernähren und ihre medizinische Versorgung zu gewährleisten. Wichtige Waren des Alltags wie Toilettenpapier, Reis, Kaffee, Mais, Mehl, Milch oder Fleisch sind nur schwer zu bekommen. Die Krankenhäuser werden nicht mehr versorgt und müssen mit defekten Geräten arbeiten.

Die Einwohner warten stundenlang vor den staatlichen Verkaufsstellen, um an die Güter zu kommen, die von den Preisvorschriften betroffen sind, und stehen am Ende doch oft mit leeren Händen da. »Die Regale sind leer und keiner kann erklären, wieso es in einem reichen Land keine Lebensmittel gibt. Das ist völlig inakzeptabel«, meinte dazu der 90-jährige Landwirt Jesús López.

Die Versorgungsengpässe in Venezuela haben ihren Ursprung in den wirtschaftspolitischen Maßnahmen des ehemaligen venezolanischen Präsidenten Hugo Chávez. Mit der Verurteilung der ökonomischen Elite des Landes und dem Versprechen von Maßnahmen wie Preisobergrenzen auf Grundnahrungsmittel, die den Armen und der Arbeiterklasse zugutekommen sollten, gelangte Hugo Chávez 1998 durch einen Wahlsieg an die Macht. Aber die vorgeschriebenen Preise waren so niedrig angesetzt, dass die Landwirte die Produktion zurückfuhren, sodass die Engpässe im Jahr 2006 ein ernstzunehmendes Ausmaß angenommen hatten. Konnte sich Venezuela im Jahr 1998 noch selbst mit Lebensmitteln versorgen, mussten nun fast 70 Prozent der Nahrungsmittel importiert werden. Im Jahr 2019 stellten Forscher bei großen Teilen der Bevölkerung Gewichtsverlust und Mangelernährung fest.

Gleichzeitig führten die großzügigen Regierungsprogramme zugunsten der Armen und der Arbeiterklasse zu einer höheren Nachfrage. Durch die Kombination aus Angebotsengpässen als Folge der Preisobergrenzen und einer größeren Nachfrage kam es für diese Güter zu einem enormen Preisanstieg auf dem Schwarzmarkt. Und dieser Preisanstieg kurbelte die Nachfrage nach Gütern, die einer Preisvorschrift unterlagen, weiter an. Der Schmuggel grassierte überall: Die Venezolaner kauften die Güter, die es zu staatlich festgesetzten Preisen gab, und verkauften sie wieder an der Grenze zu Kolumbien, wo sie wesentlich mehr wert waren. So kostete z. B. eine Flasche Milch in Kolumbien ca. sechs- oder siebenmal mehr als in Venezuela. Es überrascht daher nicht, dass man frische Milch oder Butter in venezolanischen Supermärkten selten zu Gesicht bekam.

Bedauerlicherweise haben die eingeführten Maßnahmen zur Preiskontrolle überproportional denen geschadet, denen sie eigentlich nutzen sollten: Menschen mit geringen und mittleren Einkommen. Im Jahr 2019 konnte man sich in Venezuela mit dem Mindestlohn auf dem Schwarzmarkt entweder 24 Eier, drei Viertel einer Pizza oder einen halben Burger im Monat leisten.

Der Mangel an grundlegenden Dingen wie Nahrungsmitteln und Medikamenten hat zu steigender Kriminalität und einer immer größer werdenden Flüchtlingswelle geführt. Um nicht zu verhungern, haben allein bis zum Jahr 2019 mehr als 3 Millionen Menschen das Land verlassen.

Kurzzusammenfassung

- **Preisvorschriften** gibt es in Form von gesetzlichen Preisobergrenzen – **Höchstpreisen** – oder in Form von gesetzlichen Preisuntergrenzen – **Mindestpreisen**.
- Von einem Höchstpreis, der unterhalb des Gleichgewichtspreises liegt, profitieren erfolgreiche Käufer. Aber der Höchstpreis verursacht vorhersagbare negative Wirkungen, z. B. eine dauerhafte Knappheit, die zu vier Formen der Ineffizienz führt: **Nettowohlfahrtsverlust**, **ineffiziente Allokation**, **Ressourcenverschwendung** und **ineffizient niedrige Qualität**.
- Ein Wohlfahrtsverlust ist ein Verlust an Gesamtrente, der immer dann auftritt, wenn eine politische Richtlinie oder Maßnahme die ge- und verkaufte Menge unter das effiziente Niveau im Marktgleichgewicht senkt.
- Höchstpreise führen auch zum Entstehen von **Schwarzmärkten**, weil Käufer und Verkäufer versuchen, die Preisvorschriften zu umgehen.
- Höchstpreise können gerechtfertigt sein, wenn freie, unregulierte Märkte ineffizient sind. Höchstpreise sind auch dann angemessen, wenn es durch Naturkatastrophen zu Versorgungsengpässen kommt, die auf freien Märkten zu Gerechtigkeitsproblemen und zu einer Minderung der gesamtgesellschaftlichen Wohlfahrt führen.

ÜBERPRÜFEN SIE IHR WISSEN

1. Die Hauseigentümer rund um ein Sportstadion haben in der Vergangenheit die Parkplätze in ihren Einfahrten an Besucher des Sportstadions für 11 Euro vermietet. Eine neue Verordnung der Stadt schreibt jetzt eine maximale Höhe der Gebühr von 7 Euro vor. Verwenden Sie das zu dieser Aufgabe gehörende Angebots-Nachfrage-Diagramm, um jede der folgenden Beobachtungen in das Höchstpreiskonzept einzuordnen.

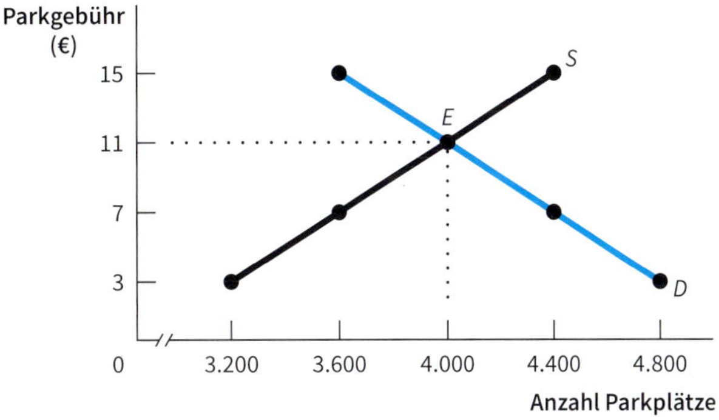

a. Einige Hauseigentümer wollen jetzt nicht mehr die Mühen auf sich nehmen, die mit dem Vermieten von Parkplätzen verbunden sind.

b. Einige Sportfans, die früher Fahrgemeinschaften gebildet haben, fahren jetzt allein zu den Veranstaltungen.

c. Einige Fans können keinen Parkplatz finden und fahren zurück, ohne das Spiel gesehen zu haben.

Erläutern Sie, wie jede der folgenden Beobachtungen auf die Einführung der Höchstpreisvorschrift zurückgeführt werden kann:

a. Einige Fans finden sich nun mehrere Stunden vor dem Spiel ein, um einen Parkplatz zu finden.

b. Freunde der nah am Stadion lebenden Hauseigentümer kommen regelmäßig zu den Spielen, auch wenn sie keine großen Sportfans sind. Einige der wirklich Sportbegeisterten verzichten auf den Besuch der Veranstaltungen, weil sie durch die Parkplatzsituation frustriert sind.

c. Einige Hauseigentümer vermieten die Parkplätze für mehr als 7 Euro, beteuern aber, dass diejenigen, die ihre Parkplätze nutzen, Freunde oder Verwandte sind, die kostenlos parken dürfen.

2. Richtig oder falsch? Erläutern Sie Ihre Antworten! Im Vergleich zu einem unregulierten Markt führen Höchstpreise, die unterhalb des Gleichgewichtspreises liegen, zu folgenden Konsequenzen:

a. Erhöhung der angebotenen Menge.

b. Schlechterstellung einiger Menschen, die das Gut konsumieren wollen.

c. Verschlechterung der Situation aller Produzenten.

3. In welchen der folgenden Situationen tritt ein Nettowohlfahrtsverlust auf? In welchen Situationen handelt es sich um keinen Nettowohlfahrtsverlust, sondern lediglich um einen Rententransfer von einer Person zu einer anderen? Erklären Sie Ihre Antwort.

a. Nachdem Ihr Vermieter herausgefunden hat, dass Sie sich als Haustier eine Boa Constrictor halten, sind Sie aus Ihrer mietpreisbegrenzten Wohnung hinausgeworfen worden. Es findet sich zügig ein neuer Mieter, der den gleichen Preis zahlen muss. Sie und der neue Mieter haben nicht notwendigerweise die gleiche Zahlungsbereitschaft für die Wohnung.

b. Sie haben bei einem Preisausschreiben eine Eintrittskarte für ein Jazzkonzert gewonnen. Da Sie eine Klausur schreiben müssen, können Sie leider nicht zum Konzert gehen. Die Rechtsbedingungen des Preisausschreibens verbieten es Ihnen, die Karte zu verschenken oder zu verkaufen. Würde sich Ihre Antwort auf die Frage ändern, wenn Sie die Eintrittskarte zwar nicht verkaufen, aber verschenken dürften?

c. Der Studiendekan Ihrer Fakultät ist Befürworter einer fettarmen Ernährung. Er verfügt, dass auf dem Universitätsgelände zukünftig keine Eiscreme mehr verkauft werden darf.

d. Ihre Eiswaffel fällt auf den Boden und wird von Ihrem Hund gefressen. (Erlauben Sie es sich, den Hund als ein Mitglied der Gesellschaft zu zählen und nehmen Sie an, dass er, wenn er könnte, den gleichen Preis für die Eiswaffel zahlen würde wie Sie.)

5.3 Mindestpreisvorschriften

Ein **Mindestlohn** ist die gesetzliche Preisuntergrenze für den Lohnsatz, den Preis auf dem Arbeitsmarkt.

Manchmal intervenieren Regierungen, aber nicht um den Marktpreis zu senken, sondern um ihn zu erhöhen. *Mindestpreise* gibt es in vielen Ländern, insbesondere im Bereich von Agrarprodukten, wie etwa Weizen oder Milch, um die Einkommen der Landwirte zu stützen. Zum Teil gibt es auch Mindestpreisvorschriften für den Güterfern- bzw. -nahverkehr. Eine weltweit sehr wichtige Form von Mindestpreisen ist der sogenannte **Mindestlohn**, der eine untere Grenze für den Stundenverdienst eines Arbeitnehmers setzt.

Genau wie Höchstpreisvorschriften bezwecken auch Mindestpreisvorschriften die Unterstützung bestimmter Personengruppen, erzeugen aber gleichzeitig vorhersehbare und unerwünschte Nebenwirkungen. **Abbildung 5-5** zeigt hypothetische Angebots- und Nachfragekurven für Butter. Würde man den Markt sich selbst überlassen, würde er zum Gleichgewicht in Punkt *E* tendieren, in dem 10 Millionen Kilogramm Butter zu einem Preis von 10 Euro je Kilogramm gekauft und verkauft werden.

Nehmen wir jetzt einmal an, dass die Regierung, um den Landwirten zu helfen, eine Mindestpreisvorschrift für Butter in Höhe von 10,40 Euro je Kilogramm erlässt. Die Wirkungen dieser Vor-

Abb. 5-5

Der unregulierte Markt für Butter

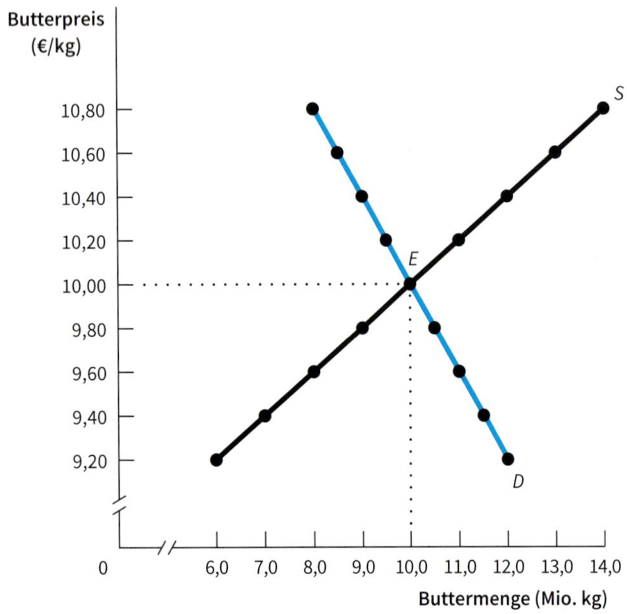

Butterpreis (€/kg)	Buttermenge (Mio. kg) Nachgefragte Menge	Angebotene Menge
10,80	8,0	14,0
10,60	8,5	13,0
10,40	9,0	12,0
10,20	9,5	11,0
10,00	10,0	10,0
9,80	10,5	9,0
9,60	11,0	8,0
9,40	11,5	7,0
9,20	12,0	6,0

Ohne staatliche Interventionen erreicht der Buttermarkt sein Gleichgewicht bei einem Preis von 10 Euro pro Kilogramm und bei 10 Millionen Kilogramm Butter, die ge- und verkauft werden.

Abb. 5-6

Die Auswirkungen eines Mindestpreises

Die dunkle, waagerecht verlaufende Linie beschreibt die von der Regierung erlassene Mindestpreisvorschrift in Höhe von 10,40 Euro je Kilogramm Butter. Die nachgefragte Buttermenge sinkt auf 9 Millionen Kilogramm, während die angebotene Menge auf 12 Millionen Kilogramm steigt. Der Mindestpreis ruft also einen dauerhaften Butterüberschuss in Höhe von 3 Millionen Kilogramm hervor.

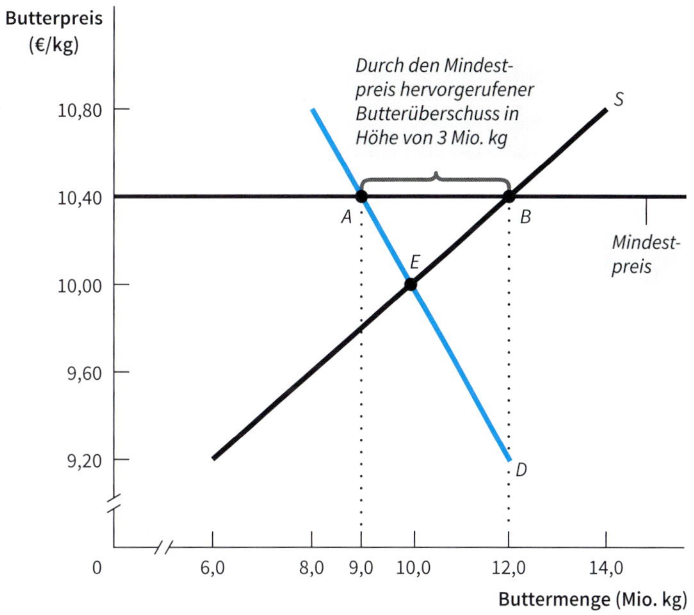

schrift werden in **Abbildung 5-6** gezeigt. Die Linie in Höhe von 10,40 Euro repräsentiert den Mindestpreis. Bei einem Preis von 10,40 Euro pro Kilogramm wollen die Produzenten 12 Millionen Kilogramm verkaufen (Punkt *B* auf der Angebotskurve), aber die Konsumenten wollen zu diesem Preis nur 9 Millionen Kilogramm kaufen (Punkt *A* auf der Nachfragekurve). Folglich gäbe es einen dauerhaften Überschuss in Höhe von 3 Millionen Kilogramm Butter.

Führt eine Mindestpreisvorschrift stets zu einem unerwünschten Überschuss? Nein. Genau wie im Fall der Höchstpreisvorschrift kann auch der Mindestpreis nicht bindend sein. Er wäre dann irrelevant. Beträgt der Gleichgewichtspreis von Butter 10 Euro je Kilogramm, ist aber der Mindestpreis auf 9,60 Euro festgesetzt, dann hat diese Preisuntergrenze keine Auswirkungen.

Wenn wir jedoch von einer bindenden Wirkung der Mindestpreisvorschrift ausgehen, was geschieht dann mit dem unerwünschten Überschuss? Die Antwort hängt von der Politik der Regierung ab. Im Fall von landwirtschaftlichen Mindestpreisen kaufen die Regierungen üblicherweise die unerwünschten Überschüsse auf. Im Zuge der Garantiepreise, welche die Europäische Union ihren Landwirten zugestanden hat, gab es früher den »Milchsee« und den »Butterberg«. Um eine Vorstellung von der Größenordnung zu geben, von der wir hier sprechen: Als der Butterberg seine maximale Ausdehnung erreicht hatte, entsprach seine Masse ungefähr dem Gewicht der Bevölkerung Österreichs. Wenn eine Regierung sich derartigen Überschüssen gegenübersieht, muss sie Wege finden, um diese »Seen« und »Berge« irgendwie loszuwerden.

Die für die Europäische Union typische Verfahrensweise besteht darin, Exportzuschüsse zu gewähren, sodass die überschüssigen Produkte Drittländern zu einem Preis verkauft werden, der unter dem Weltmarktpreis liegt. Die Vereinigten Staaten haben früher einmal versucht, überschüssigen Käse an die Armen zu verteilen. In anderen Fällen haben Regierungen die Überschussproduktion einfach vernichtet. Auch in der Europäischen Union waren früher solche Vernichtungsaktionen an der Tagesordnung, standen aber stets in der Kritik der Öffentlichkeit. Daher ist man, wie auch in den Vereinigten Staaten, stärker dazu übergegangen, Landwirte dafür zu bezahlen, dass sie gar nicht produzieren.

Wenn eine Regierung nicht bereit ist, die unerwünschten Überschüsse aufzukaufen, impliziert eine Mindestpreisvorschrift, dass die potenziellen Verkäufer nicht in ausreichender Zahl Käufer finden können. Dies geschieht beispielsweise, wenn es eine Preisuntergrenze für den Stundenlohnsatz gibt, einen *Mindestlohn*: Liegt der Mindestlohn oberhalb des Gleichgewichtslohnes, können einige Menschen, die bereit sind, zum herrschenden Lohnsatz zu arbeiten, also Arbeit verkaufen wollen, keine Käufer finden, sie finden also keine Unternehmen, die sie einstellen würden.

Abb. 5-7

Ein Mindestpreis führt zu einer ineffizient niedrigen Menge

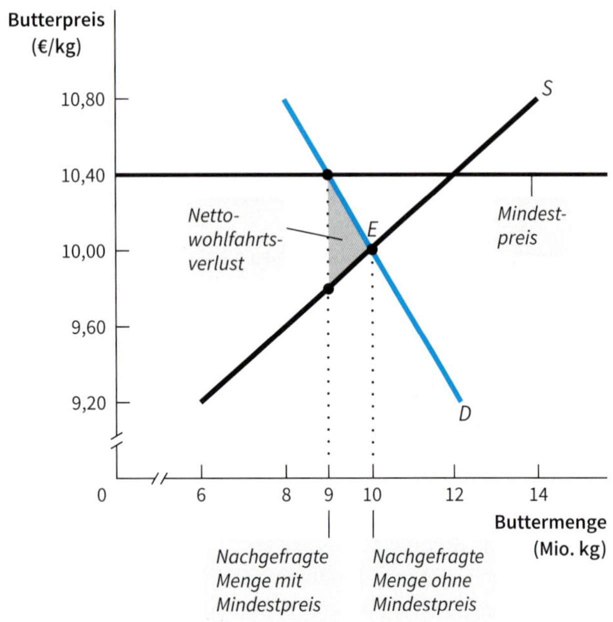

Eine Mindestpreisvorschrift verursacht einen Rückgang der nachgefragten Menge, sodass die nachgefragte Menge unterhalb der Gleichgewichtsmenge liegt. Dadurch entsteht ein Nettowohlfahrtsverlust.

Warum ein Mindestpreis zu Ineffizienzen führt

Der sich aus einer Preisuntergrenze ergebende dauerhafte Überschuss erzeugt entgangene Gelegenheiten und damit Ineffizienzen. Diese Ineffizienzen erinnern stark an diejenigen, die sich aus den mit Preisobergrenzen verbundenen Knappheiten ergeben. Wie eine Preisobergrenze, so führt auch eine Preisuntergrenze auf mindestens vier Wegen zu Ineffizienzen:

1. Es kommt zu einem Nettowohlfahrtsverlust, da die im Markt gehandelte Menge unter dem effizienten Niveau liegt.
2. Es kommt zu einer ineffizienten Allokation der Verkäufe auf die Anbieter.
3. Es kommt zu Ressourcenverschwendung.
4. Die Verkäufer stellen dem Markt eine ineffizient hohe Qualität zur Verfügung.

Außerdem schaffen Mindestpreise einen Anreiz, das Gesetz zu brechen, indem die Güter illegal zu einem Preis unterhalb des vorgeschriebenen Mindestpreises verkauft werden.

Ineffizient niedrige Menge. Da eine Preisuntergrenze den Preis erhöht, den ein Verbraucher für ein Gut zahlen muss, sinkt die nachgefragte Menge dieses Gutes. Da Verkäufer nicht mehr als das verkaufen können, was Käufer zu kaufen gewillt sind, sinkt die ge- bzw. verkaufte Menge eines Gutes aufgrund der Preisuntergrenze unter die Gleichgewichtsmenge und verursacht somit einen Nettowohlfahrtsverlust. Beachten Sie, dass es sich hierbei um *denselben* Effekt wie bei einer Preisobergrenze handelt. Sie könnten in Versuchung geraten, zu glauben, dass eine Preisuntergrenze und eine Preisobergrenze entgegengesetzte Effekte haben, aber beide reduzieren die ge- und verkaufte Menge eines Gutes (wie in der Rubrik »Denkfallen« beschrieben).

Da das Gleichgewicht eines effizienten Marktes die Summe von Konsumenten- und Produzentenrente maximiert, verursacht eine Preisuntergrenze, die die Menge unter die Gleichgewichtsmenge fallen lässt, eine Reduktion der Gesamtrente. **Abbildung 5-7** zeigt die Auswirkungen, die eine Preisuntergrenze für Butter auf die Gesamtrente hat. Die Gesamtrente entspricht der Summe der Flächen oberhalb der Angebotskurve und unterhalb der Nachfragekurve.

Eine Preisuntergrenze führt durch den Rückgang der verkauften Buttermenge zu einem Nettowohlfahrtsverlust in Höhe der Fläche des grauen Dreiecks. Genau wie im Fall der Preisobergrenzen ist der Nettowohlfahrtsverlust jedoch nur eine Form der Ineffizienz, die durch die Preiskontrolle verursacht wird.

Ineffiziente Allokation der Verkäufe auf die Anbieter. Wie ein Höchstpreis kann auch ein Mindestpreis zu einer *ineffizienten Allokation* führen. Im vorliegenden Fall handelt es sich aber um eine **ineffiziente Allokation der Verkäufe auf die Anbieter** und nicht um eine ineffiziente Allokation auf die Konsumenten. Anbieter, die zum niedrigsten Preis verkaufen möchten, können das also nicht tun, während Anbieter zum Zuge kommen, die nur zu einem höheren Preis verkaufen möchten.

Ein Beispiel für die durch eine Preisuntergrenze verursachte ineffiziente Allokation der Verkäufe auf die Anbieter ist das Problem der Jugendarbeitslosigkeit und des Marktes für Schwarzarbeit, das es in vielen europäischen Ländern gibt, vor allem in Frankreich, Spanien, Italien und Griechenland. Die hohen Mindestlöhne haben in diesen Ländern ein Zweiklassen-System geschaffen: Einerseits gibt es die Glückspilze, die auf dem offiziellen Arbeitsmarkt eine gute Stelle gefunden haben, die wenigstens auf Mindestlohnniveau bezahlt wird. Andererseits gibt es die Pechvögel, die von diesem Arbeitsmarkt ausgeschlossen sind und keinerlei Perspektiven haben, jemals einen vernünftigen Arbeitsplatz zu finden. Die Pechvögel sind überproportional jung – zwischen 18 und 30 Jahre alt – und sind entweder arbeitslos oder unterbeschäftigt und hangeln sich in Schwarzarbeit von einem Gelegenheitsjob zum nächsten. Obwohl sie auf gute Jobs im formellen Sektor aus sind und dazu bereit wären, ihre Arbeitskraft unterhalb des Mindestlohnniveaus zu verkaufen, ist es Arbeitgebern gesetzlich untersagt, weniger als den Mindestlohn zu bezahlen.

Die Ineffizienz von Arbeitslosigkeit und Unterbeschäftigung wird noch dadurch verschlimmert, dass eine ganze Generation junger Menschen keine Berufsausbildung erhält, keine Karriere aufbauen oder Rücklagen für die Zukunft bilden kann. Der Perspektivenmangel erhöht die Wahrscheinlichkeit, dass die Jugendlichen kriminell werden. Die klugen Köpfe unter ihnen kehren ihrem Land den Rücken zu, was auf lange Sicht und dauerhaft die Leistungsfähigkeit der Volkswirtschaften schädigt.

Mindestpreise führen zu einer **ineffizienten Allokation der Verkäufe auf die Anbieter**: Diejenigen, die bereit wären, das Gut zum niedrigsten Preis zu verkaufen, sind nicht immer diejenigen, die es tatsächlich schaffen, das Gut zu verkaufen.

Ressourcenverschwendung. Wie eine Höchstpreisvorschrift generiert auch eine Mindestpreisvorschrift Ineffizienzen durch *Ressourcenverschwendung*. Die eindrücklichsten Beispiele dafür finden sich bei den Mindestpreisvorschriften für landwirtschaftliche Produkte, wenn die Regierung die ungewollten Überschüsse aufkauft. Manchmal wird die überschüssige Produktion einfach vernichtet – hier ist die Verschwendung von Ressourcen offensichtlich. In anderen Fällen sind die gelagerten Produkte nach hinreichend langer Lagerzeit nicht mehr »marktfähig«, wie es etwas euphemistisch heißt, und müssen entsorgt werden.

Mindestpreisvorschriften führen aber auch zu einer Verschwendung von Zeit und Anstrengungen. Nehmen wir den Mindestlohn als Beispiel. Potenzielle Arbeitnehmer, die viele Stunden mit dem Suchen nach einer Arbeit verbringen oder sich in der Arbeitsagentur in Warteschlangen ein-

DENKFALLEN!

Obergrenzen, Untergrenzen und Mengen
Eine Preisobergrenze drückt den Preis eines Gutes nach *unten*. Eine Preisobergrenze schraubt den Preis eines Gutes in die *Höhe*. Es wäre also leicht anzunehmen, dass die Effekte einer Preisobergrenze entgegengesetzt zu denen einer Preisuntergrenze sind. Also, wenn eine Preisobergrenze die ge- und verkaufte Menge eines Gutes senkt, müsste eine Preisuntergrenze die Menge dann nicht erhöhen?
Nein, tut sie nicht. Tatsächlich ist es so, dass sowohl Ober- als auch Untergrenzen die ge- und verkaufte Menge reduzieren. Warum ist das so? Wenn die angebotene Menge eines Gutes nicht mit der nachgefragten Menge übereinstimmt, wird die tatsächlich verkaufte Menge von der »kurzen Seite« des Marktes bestimmt, also der Menge, die kleiner ist. Wenn Anbieter nicht so viel verkaufen wollen, wie Käufer kaufen wollen, bestimmen die Anbieter die tatsächlich verkaufte Menge, da die Käufer die Anbieter nicht dazu zwingen können, etwas zu verkaufen. Wenn Käufer nicht so viel kaufen wollen, wie Anbieter gerne verkaufen würden, bestimmen die Käufer die tatsächlich verkaufte Menge, da die Anbieter die Käufer nicht zum Kauf zwingen können.

Mindestpreise führen oft in dem Sinn zu Ineffizienz, dass Güter mit **ineffizient hoher Qualität** angeboten werden. Die Verkäufer bieten qualitativ hochwertige Güter zu hohen Preisen an, obwohl die Käufer eine geringere Qualität zu einem niedrigeren Preis vorziehen würden.

reihen, spielen im Fall von Mindestpreisvorschriften letztlich dieselbe Rolle wie die Familien, die im Fall von Höchstpreisvorschriften verzweifelt nach einer Wohnung suchen.

Ineffizient hohe Qualität. Wiederum führen Mindestpreisvorschriften genau wie Höchstpreisvorschriften zu einer ineffizienten Qualität der produzierten Güter.

Weiter oben haben wir gesehen, dass im Fall von Höchstpreisvorschriften die Anbieter Güter produzieren, die eine ineffizient niedrige Qualität aufweisen: Es gibt Käufer, die Güter mit einer höheren Qualität vorziehen würden und bereit wären, einen entsprechenden Preis dafür zu bezahlen. Die Verkäufer haben aber kein Interesse an einer Verbesserung der Qualität ihrer Produkte, weil die Höchstpreisvorschrift verhindert, dass sie hierfür entsprechend kompensiert werden. Die gleiche Logik lässt sich – mit umgekehrten Vorzeichen – auf Mindestpreisvorschriften anwenden: Es werden Güter mit einer **ineffizient hohen Qualität** angeboten.

Wie kann das sein? Ist hohe Qualität nicht an und für sich eine gute Sache? Natürlich, aber nur, wenn sie auch die Kosten rechtfertigt. Nehmen wir einmal an, dass die Produzenten viel dafür ausgeben, Güter in einer sehr hohen Qualität herzustellen, dass diese hohe Qualität für die Konsumenten aber nicht besonders wichtig ist – diese würden das betreffende Gut lieber zu einem niedrigeren Preis kaufen. Diese Konstellation beschreibt eine entgangene Gelegenheit: Anbieter und Verbraucher könnten einen für beide Seiten

LÄNDER IM VERGLEICH

Mindestlöhne im Vergleich

Wie Sie in der Abbildung sehen können, ist der Mindestlohn in den Vereinigten Staaten im Vergleich mit dem Mindestlohn in anderen reichen Ländern ziemlich niedrig. Da Mindestlöhne in der Landeswährung festgesetzt werden (also der britische in Britischen Pfund, der französische in Euro usw.), beruht der Vergleich auf dem tagesgültigen Wechselkurs. Im Jahr 2019 hatte Australien einen fast doppelt so hohen Mindestlohn wie die Vereinigten Staaten. Kanada, Frankreich und Irland folgen mit geringem Abstand.
Eine Folge dieser Unterschiede lässt sich an den Supermarktkassen beobachten. Während es in den Vereinigten Staaten üblich ist, dass es jemanden gibt, der Ihre Einkäufe in Tüten einpackt – jemand der normalerweise den Mindestlohn oder vielleicht ein kleines bisschen mehr erhält –, wird in Europa erwartet, dass man seine Einkäufe selbst einpackt, da die Anstellung eines »Einpackers« im Vergleich deutlich kostenaufwendiger ist.

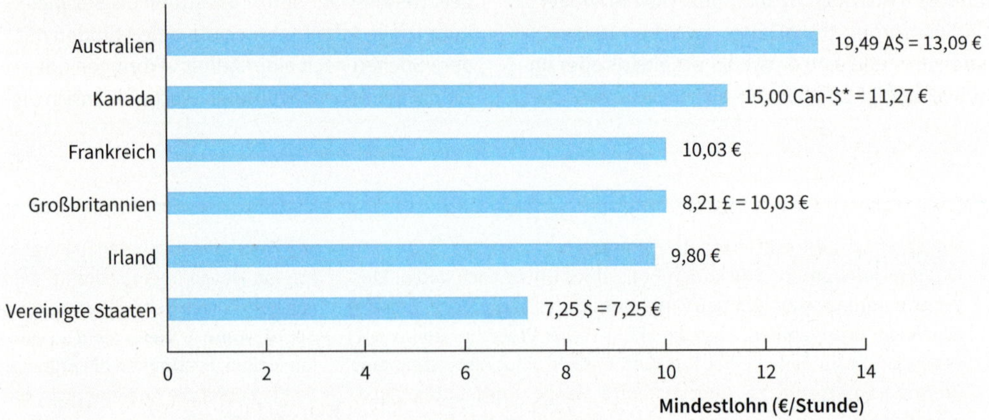

* Der kanadische Mindestlohn ist je nach Provinz unterschiedlich, von 11,05 Can-$ bis 15,00 Can-$.

Quelle: Organization for Economic Cooperation and Development (OECD) vorteilhaften Abschluss tätigen, bei dem die Käufer die Güter zwar mit einer etwas niedrigeren Qualität, aber zu einem deutlich niedrigeren Preis erhalten könnten.

Ein gutes Beispiel für die Ineffizienz einer überhöhten Qualität findet sich in der Zeit, als die Preise für Transatlantikflüge durch ein internationales Abkommen künstlich hochgehalten wurden. Weil es den Luftfahrtgesellschaften verboten war, mit billigeren Tickets um Kunden zu konkurrieren, boten sie auf den Flügen einen extrem guten Service an, wie etwa exquisite Speisen, die allerdings oft gar nicht verzehrt wurden. Die Verschwendung von Ressourcen ist offenkundig, insbesondere wenn man bedenkt, dass die meisten Passagiere tatsächlich weniger Essen und geringere Flugpreise bevorzugten.

Mit der Deregulierung des Luftfahrtverkehrs, die in den Vereinigten Staaten in den 1970er-Jahren ihren Ausgang genommen hat, sind die Flugpreise deutlich gesunken. Diese Preissenkung wurde von einer Verringerung der Servicequalität auf den Flügen begleitet – schmalere Sitze, geringere Essensqualität usw. Fast jeder beklagt sich über den schlechten Service, dank der niedrigeren Flugpreise hat sich aber die Zahl der Menschen, die das Flugzeug als Verkehrsmittel nutzen, nach der Deregulierung deutlich erhöht. Von den 1970er-Jahren bis 2019 stieg die Zahl der Passagiere von 130 Milliarden auf 1,016 Billionen.

Illegale Aktivitäten. Schließlich können Mindestpreisvorschriften genau wie Höchstpreisvorschriften einen Anreiz für *illegale Aktivitäten* schaffen. In Ländern mit deutlich über dem Gleichgewichtslohnsatz liegenden Mindestlöhnen ist der Anreiz für Arbeitnehmer, die verzweifelt einen Job suchen, sehr groß, sich auf Schwarzarbeit einzulassen, ihre Tätigkeit vor den zuständigen Behörden also geheim zu halten. Besonders weitverbreitet ist Schwarzarbeit in südeuropäischen Ländern wie Italien und Spanien.

Warum gibt es überhaupt Mindestpreisvorschriften?

Fassen wir noch einmal zusammen. Eine Mindestpreisvorschrift verursacht verschiedene negative Nebenwirkungen:

- einen dauerhaften Überschuss des betreffenden Gutes;
- aus dauerhaftem Überschuss resultierende Ineffizienzen in Form einer ineffizient niedrigen Menge (Wohlfahrtsverlust), einer ineffizienten Allokation der Verkäufe auf die Anbieter, in Form von Ressourcenverschwendung und in Form ineffizient hoher Produktqualität;
- einen Anreiz für illegale Aktivitäten, etwa in Form von Schwarzarbeit.

Warum erlassen Regierungen Mindestpreisvorschriften, wenn diese so viele negative Nebenwirkungen aufweisen? Die Gründe ähneln denen, die auch für die Einrichtung von Höchstpreisvorschriften gelten. Die wirtschaftspolitisch Verantwortlichen ignorieren häufig die Warnungen vor den Folgen von Mindestpreisvorschriften, weil sie glauben, der relevante Markt sei durch das Angebots-und-Nachfrage-Modell schlecht beschrieben oder weil sie das Modell einfach nicht verstehen. Am wichtigsten ist aber Folgendes: Genau wie Höchstpreisvorschriften oft erlassen werden, weil sie einflussreiche Käufer begünstigen, werden Mindestpreisvorschriften oft erlassen, weil sie einflussreiche *Verkäufer* begünstigen.

Kurzzusammenfassung

- Die bekannteste Preisuntergrenze ist der **Mindestlohn**. Preisuntergrenzen werden häufig auch für Agrarprodukte eingeführt.
- Eine Preisuntergrenze, die oberhalb des Gleichgewichtspreises liegt, stellt einen Vorteil für erfolgreiche Verkäufer dar, verursacht aber auch vorhersagbare ungünstige Nebenwirkungen, wie einen anhaltenden Überschuss, der zu vier Arten von Ineffizienzen führt: Wohlfahrtsverlust aufgrund ineffizient niedriger Menge, **ineffiziente Allokation der Verkäufe auf die Anbieter**, Verschwendung von Ressourcen und **ineffizient hohe Qualität**.
- Preisuntergrenzen fördern illegale Aktivitäten, wie etwa Schwarzarbeit, die oft mit Korruption innerhalb der Aufsichtsbehörden verbunden sind.

WISSENSCHAFT UND PRAXIS

Aufstieg und Fall des unbezahlten Praktikanten

Das bekannteste Beispiel für eine Preisuntergrenze ist der Mindestlohn, der in vielen entwickelten Volkswirtschaften, darunter auch in den Vereinigten Staaten, gesetzlich verankert ist. Die meisten Ökonomen vertreten allerdings die Ansicht, dass sich der Mindestlohn in den Vereinigten Staaten kaum auf den Arbeitsmarkt auswirkt, vor allem, weil die Preisuntergrenze so niedrig angesetzt ist. Im Jahr 1964 lag der Mindestlohn in den Vereinigten Staaten bei 53 Prozent des durchschnittlichen Lohnes eines Arbeiters. Im Jahr 2019 war er auf rund 30 Prozent gesunken. Für einen Teil des US-amerikanischen Arbeitsmarktes scheint der Mindestlohn jedoch tatsächlich eine bindende Preisuntergrenze zu sein: für Praktikanten.

Durch eine Flut von Gerichtsverfahren, angestoßen durch ehemalige unbezahlte Praktikanten, die beklagten, um ihren Lohn betrogen worden zu sein, rückte die Problematik seit 2011 zunehmend ins öffentliche Bewusstsein. In vielen Klagen ging es darum, dass Praktikanten Routinearbeiten ausführen mussten, die keinerlei pädagogischen Wert hatten (z. B. verlorene Handys ausfindig machen). In manchen Fällen beklagten die unbezahlten Praktikanten, dass sie die Arbeit eines Vollzeitbeschäftigten erledigen mussten.

Und viele Klagen waren erfolgreich: Das Verlagshaus Condé Nast Publications stimmte einem Vergleich in Höhe von 5,8 Millionen Dollar zu, beim Satellitenradio-Anbieter Sirius Satellite XM Radio waren es 1,3 Millionen Dollar und beim Medienunternehmen Viacom Media sogar 7,2 Millionen Dollar. Selbst die aus dem Showgeschäft bekannten Zwillinge Mary-Kate und Ashley Olsen leisteten im Jahr 2017 eine Zahlung in Höhe von 140.000 Dollar an ehemalige unbezahlte Praktikanten ihres Medienunternehmens Dualstar Entertainment.

Im Jahr 2018 erließ das US-Arbeitsministerium eine Richtlinie, nach der Unternehmen ihren Praktikanten zukünftig den Mindestlohn zahlen müssen, solange sie nicht nachweisen können, dass ihre Praktikanten-Programme tatsächlich relevante Ausbildungsinhalte anbieten. Anderenfalls müssen die Unternehmen ihre Programme einstellen.

Einige Beobachter befürchten, dass jungen Menschen durch das Ende der unbezahlten Praktika die Möglichkeit genommen werde, wichtige Einblicke in die Arbeitswelt zu gewinnen. Aber wie ein Anwalt in diesem Zusammenhang konstatierte: »Das Gesetz sagt, dass du, wenn du arbeitest, dafür auch bezahlt wirst – und wenn es nur der Mindestlohn ist.«

ÜBERPRÜFEN SIE IHR WISSEN

Der Staat führt eine Preisuntergrenze für Benzin in Höhe von 3,00 Euro je Liter ein. Beurteilen Sie die folgenden Aussagen und illustrieren Sie Ihre Antworten unter Verwendung der unten stehenden Abbildung:

a. Die Befürworter des Gesetzes behaupten, es würde die Einkommen der Tankstellenpächter erhöhen. Die Gegner behaupten, es würde die Tankstellenpächter benachteiligen, weil sie Kunden verlieren würden.

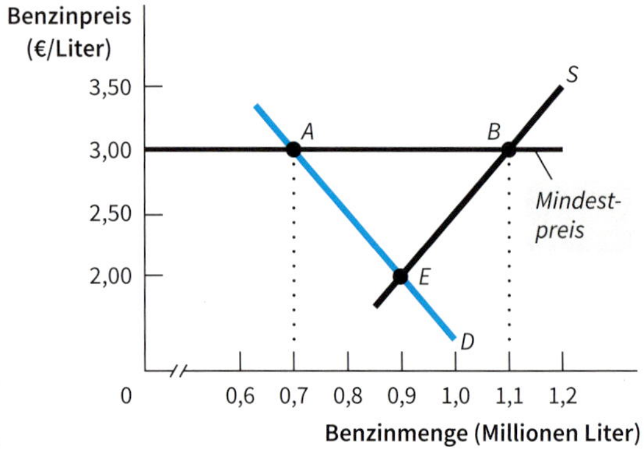

b. Befürworter behaupten, die Verbraucher würden sich durch das Gesetz besser stellen, weil die Tankstellen aufgrund der Vorschrift einen besseren Service anbieten würden. Gegner behaupten, die Verbraucher würden sich schlechter stellen, weil sie es vorziehen würden, Benzin zu einem niedrigeren Preis zu kaufen.

c. Befürworter behaupten, sie würden den Tankstellenpächtern helfen, ohne irgendjemanden zu schädigen. Gegner behaupten, dass die Verbraucher geschädigt werden und nur dazu veranlasst würden, sich ihr Benzin im benachbarten Ausland oder auf dem Schwarzmarkt zu kaufen.

5.4 Mengenbeschränkungen

In den 1930er-Jahren führte die Stadt New York ein Lizenzsystem für Taxis ein: Nur Taxis, die über ein »Medaillon« verfügten, durften Fahrgäste aufnehmen. Das System wurde zur Qualitätssicherung eingeführt. Von den Inhabern der Medaillons wurde die Einhaltung bestimmter Standards erwartet, insbesondere im Hinblick auf Sicherheit und Sauberkeit. Insgesamt wurden 11.787 Medaillons ausgegeben, für die von den Taxibesitzern ein Betrag von 10 Dollar pro Medaillon zu entrichten war. Im Jahr 1995 gab es noch immer nur 11.787 lizenzierte Taxis in New York, obwohl die Stadt mittlerweile zur Finanzmetropole der Welt aufgestiegen war und jeden Tag Hunderttausende von Leuten versuchten, ein Taxi zu bekommen.

Bis zum Jahr 2019 war die Zahl der lizenzierten Taxis in New York auf 13.587 angestiegen. Und bis vor ein paar Jahren führte die Begrenzung der Zahl der Taxis dazu, dass die Medaillons sehr wertvoll waren: Wenn man in New York ein Taxi fahren wollte, musste man irgendwo ein Medaillon mieten oder kaufen.

Mittlerweile hat sich die Situation grundlegend geändert. Unternehmen wie Uber bieten Fahrdienstleistungen über das Internet an. Dabei werden die Fahrgäste nicht wie bei einem Taxi nach einem Winken am Straßenrand eingesammelt (das ist den Fahrern nicht erlaubt). Stattdessen erhalten die Fahrer ihre Fahraufträge über das Smartphone. Mit den Auswirkungen dieser Entwicklung werden uns später noch genauer beschäftigen. Zunächst wollen wir uns anschauen, wie der Markt funktioniert, wenn es nur lizenzierte Taxis gibt. Ein System von Taxi-Medaillons stellt eine **Mengenbeschränkung** oder eine **Quote** dar, mit der die Regierung die Kauf- bzw. Verkaufsmenge eines Gutes anstelle des Marktpreises reguliert. Die gesamte Menge, die im Rahmen dieser Mengenbeschränkung gehandelt werden darf, wird als **Höchstmenge** bezeichnet. Typischerweise begrenzt die Regierung die gehandelten Mengen durch die Ausgabe von **Lizenzen**. Nur Personen, die über eine entsprechende Lizenz verfügen, dürfen das Gut legal anbieten.

Ein Taxi-Medaillon stellt nur eine Form einer solchen Lizenz dar. Die Stadtverwaltung von New York hat durch die Beschränkung der Zahl der Taxis auf diejenigen, die über ein Medaillon verfügen, die Zahl der verkaufbaren Taxifahrten begrenzt. Ganz allgemein legen Mengenbeschränkungen oder Quoten eine Obergrenze für die Gütermenge fest, die in einem Markt getauscht werden kann. Quoten werden z. B. häufig genutzt, um die Fangmenge bei gefährdeten Fischbeständen zu begrenzen. Dahinter stehen plausible ökonomische Gründe: der Schutz der gefährdeten Fischbestände.

In anderen Fällen gibt es weniger gute ökonomische Gründe. Manchmal geht es darum, den Quoteninhabern Vorteile zu verschaffen. Werden Mengenbeschränkungen eingeführt, um ein als temporär betrachtetes Problem zu lösen, zeigt es sich immer wieder, dass es politisch ungemein schwierig ist, diese Beschränkungen später wieder aufzuheben. Diejenigen, die von den Beschränkungen profitieren, wehren sich auch dann noch gegen deren Aufhebung, wenn die ursprünglichen Gründe für ihre Einführung längst nicht mehr existieren.

Die Anatomie von Mengenbeschränkungen

Bevor es Uber gab, war ein Taxi-Medaillon in New York richtig viel Geld wert, im Durchschnitt mehrere Tausend Dollar. Um zu verstehen, warum ein New Yorker Taxi-Medaillon so viel Geld wert war, betrachten wir eine vereinfachte Version des Marktes für Taxifahrten, die in **Abbildung 5-8** gezeigt wird. Genau wie wir bei der Analyse der Mietpreiskontrollen angenommen haben, dass alle Wohnungen identisch sind, nehmen wir nun an, dass alle Taxifahrten gleich sind. Wir ignorieren damit also die in der Realität auftretende Schwierigkeit, dass einige Fahrten länger sind als andere und daher auch mehr kosten. Die Tabelle neben der Abbildung zeigt den Angebots- und den Nachfrageplan. Das Gleichgewicht, in der Abbildung durch Punkt *E* bezeichnet und in der Tabelle durch die blau unterlegten Einträge kenntlich gemacht, liegt bei einem Betrag von 5 Euro je Fahrt und 10 Millionen Fahrten pro Jahr. (Es wird sofort deutlich, warum wir das Gleichgewicht in dieser Weise darstellen.)

Eine **Mengenbeschränkung** oder **Quote** stellt eine Obergrenze für die Menge eines Gutes dar, die ge- bzw. verkauft werden darf. Die Gesamtmenge, die von dem Gut legal gehandelt werden darf, bezeichnet man als **Höchstmenge**.

Eine **Lizenz** gewährt ihrem Eigentümer das Recht, ein Gut anzubieten.

Abb. 5-8

Der unregulierte Markt für Taxifahrten

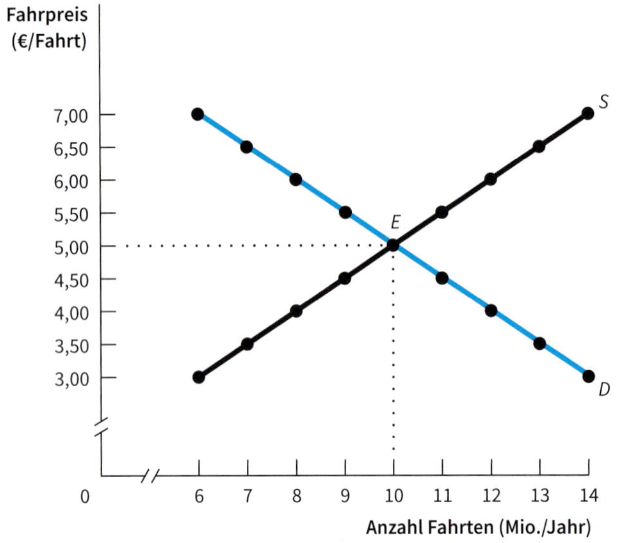

Fahrpreis (€/Fahrt)	Anzahl Fahrten (Mio./Jahr)	
	Nachgefragte Menge	Angebotene Menge
7,00	6	14
6,50	7	13
6,00	8	12
5,50	9	11
5,00	10	10
4,50	11	9
4,00	12	8
3,50	13	7
3,00	14	6

Ohne staatliche Interventionen erreicht der Markt sein Gleichgewicht bei 10 Millionen Fahrten pro Jahr zu einem Preis von 5 Euro je Fahrt.

In unserem Beispiel begrenzt das New Yorker Medaillonsystem die Anzahl der Taxis, aber jeder Taxifahrer kann so viele Fahrten anbieten, wie er schafft. Um unsere Analyse zu vereinfachen, wollen wir jedoch annehmen, dass ein Medaillonsystem die Zahl der Taxifahrten, die legal sind, auf 8 Millionen pro Jahr begrenzt.

Bislang haben wir die Nachfragekurve durch die Beantwortung von Fragen der folgenden Form abgeleitet: »Wie viele Taxifahrten werden die Fahrgäste wünschen, wenn der Preis 5 Euro pro Fahrt beträgt?« Es ist aber möglich, diese Frage umzudrehen und stattdessen zu fragen: »Zu welchem Preis wollen die Konsumenten 10 Millionen Fahrten pro Jahr kaufen?« Der Preis, zu dem die Verbraucher eine bestimmte Menge kaufen wollen, in unserem Fall 10 Millionen Fahrten zu einem Preis von 5 Euro, wird als **Nachfragepreis** dieser Menge bezeichnet. Man kann am Nachfrageplan aus Abbildung 5-8 erkennen, dass der Nachfragepreis für 6 Millionen Fahrten bei 7 Euro liegt, der Nachfragepreis von 7 Millionen Fahrten bei 6,50 Euro usw.

Der **Angebotspreis** einer gegebenen Menge ist der Preis, zu dem die Produzenten bereit sind, diese Menge anzubieten.

Der **Nachfragepreis** einer gegebenen Menge ist der Preis, zu dem die Verbraucher die gegebene Menge nachfragen.

In analoger Weise repräsentiert die Angebotskurve die Antworten auf die Fragen der Form: »Wie viele Taxifahrten würden Taxifahrer zu einem Preis von 5 Euro pro Fahrt anbieten wollen?« Wir können natürlich auch hier die Frage umdrehen und sie formulieren als: »Zu welchem Preis werden die Anbieter bereit sein, 10 Millionen Fahrten pro Jahr anzubieten?« Den Preis, zu dem Anbieter eine gegebene Menge anbieten wollen, in unserem Fall 10 Millionen Fahrten zu einem Preis von 5 Euro pro Fahrt, bezeichnet man als **Angebotspreis** dieser Menge. Wir können aus dem Angebotsplan in Abbildung 5-8 erkennen, dass der Angebotspreis von 6 Millionen Fahrten bei 3 Euro liegt, der Angebotspreis von 7 Millionen Fahrten bei 3,50 Euro usw.

Nun sind wir so weit, dass wir eine Mengenbeschränkung analysieren können. Wir hatten angenommen, dass die Stadtregierung die Menge an Taxifahrten auf 8 Millionen pro Jahr begrenzt. Medaillons, von denen jedes dazu berechtigt, eine bestimmte Anzahl von Taxifahrten pro Jahr durchzuführen, werden bestimmten Personen derartig zur Verfügung gestellt, dass insgesamt 8 Millionen

Abb. 5-9

Die Auswirkungen einer Mengenbeschränkung auf den Markt für Taxifahrten

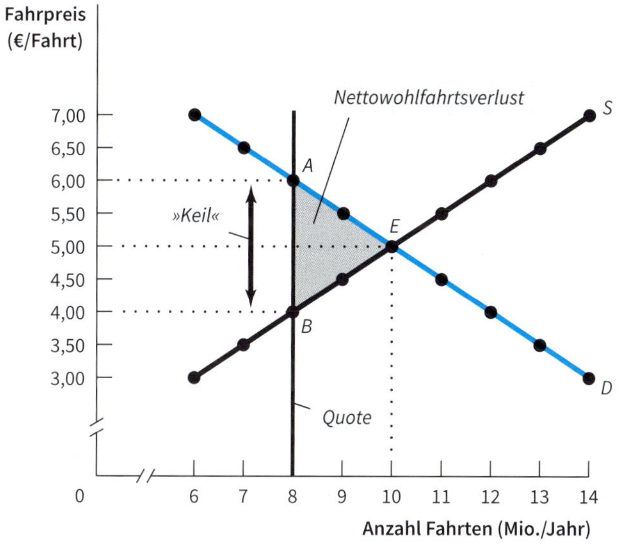

Fahrpreis (€/Fahrt)	Anzahl Fahrten (Mio./Jahr) Nachgefragte Menge	Angebotene Menge
7,00	6	14
6,50	7	13
6,00	8	12
5,50	9	11
5,00	10	10
4,50	11	9
4,00	12	8
3,50	13	7
3,00	14	6

Die Tabelle zeigt die Nachfrage- und Angebotspreise, die zur jeweiligen Menge gehören. (Nachfragepreis und Angebotspreis beschreiben die Preise, zu denen die jeweilige Menge nachgefragt bzw. angeboten würde.) Die Stadtregierung erlässt eine Mengenbeschränkung von 8 Millionen Fahrten, indem sie nur diese Anzahl von Fahrten lizenziert. Diese Mengenbeschränkung wird durch die dunkle, senkrechte Linie wiedergegeben. Der von den Verbrauchern zu zahlende Preis steigt auf 6 Euro pro Fahrt – der Nachfragepreis für 8 Millionen Fahrten, der durch Punkt *A* charakterisiert wird. Der Angebotspreis für 8 Millionen Fahrten liegt bei lediglich 4 Euro pro Fahrt (Punkt *B*). Die Differenz zwischen diesen beiden Preisen beschreibt die Quotenrente pro Fahrt, das Einkommen, das den Lizenzeigentümern zufällt. Die Quotenrente treibt einen Keil zwischen den Nachfragepreis und den Angebotspreis. Und da die Quote wechselseitig vorteilhafte Transaktionen verhindert, verursacht sie einen Nettowohlfahrtsverlust in Höhe des grauen Dreiecks.

Fahrten stattfinden. Die Besitzer von Medaillons können dann entweder ihre eigenen Taxis fahren oder ihre Medaillons an andere gegen eine Gebühr verleihen.

Abbildung 5-9 zeigt den aus diesen Annahmen resultierenden Markt für Taxifahrten, wobei die Linie bei 8 Millionen Fahrten pro Jahr die Mengenbegrenzung darstellt. Weil die Menge an Fahrten auf 8 Millionen begrenzt ist, müssen sich die Konsumenten bei Punkt *A* auf der Nachfragekurve befinden. Dieser Punkt korrespondiert mit dem schattierten Eintrag im Nachfrageplan: Der Nachfragepreis für 8 Millionen Fahrten liegt bei 6 Euro. Die Taxifahrer müssen sich dagegen bei Punkt *B* auf der Angebotskurve befinden. Dieser Punkt korrespondiert mit dem schattierten Eintrag im Angebotsplan: Der Angebotspreis von 8 Millionen Fahrten liegt bei 4 Euro.

Wie kann aber der Preis, den die Taxifahrer erhalten, bei 4 Euro liegen, wenn der Preis, den die Fahrgäste bezahlen, bei 6 Euro liegt? Die Antwort ergibt sich daraus, dass neben dem Markt für Taxifahrten auch ein Markt für Medaillons existiert. Die Besitzer von Medaillons werden ihre Taxis nicht immer fahren wollen: Sie können krank sein oder Urlaub nehmen. Diejenigen, die ihre eigenen Taxis nicht fahren möchten, werden das Recht zur Nutzung des Medaillons an jemand anders verkaufen.

Wir müssen daher zwei Transaktionsarten berücksichtigen und somit auch zwei Preise beachten: (1) die Transaktionen in Taxifahrten und den

Eine Mengenbeschränkung bzw. Quote treibt einen **Keil** zwischen den Nachfragepreis und den Angebotspreis eines Gutes. Der von den Käufern gezahlte Preis liegt über dem von den Verkäufern erhaltenen Preis.

Die Differenz zwischen Nachfrage- und Angebotspreis bei der Höchstmenge wird als **Quotenrente** bezeichnet. Sie stellt das Einkommen dar, das dem Lizenzinhaber aus dem Besitz des Rechts zufällt, das Gut zu verkaufen. Die Quotenrente entspricht dem Marktpreis der Lizenz, wenn die Lizenzen gehandelt werden.

Preis, zu dem diese erfolgen, und (2) die Transaktionen in Medaillons und den Preis, zu dem diese Transaktionen erfolgen. Es stellt sich heraus, dass sowohl der Preis von 4 Euro als auch der Preis von 6 Euro richtig ist, weil wir zwei Märkte betrachten.

Um zu verstehen, wie das funktioniert, wollen wir zwei imaginäre New Yorker Taxifahrer betrachten: Simon und Harriet. Simon besitzt ein Medaillon, kann es aber nicht nutzen, weil er sich sein Handgelenk verstaucht hat. Er versucht also, es an jemand anderen zu vermieten. Harriet hat kein Medaillon, würde aber gerne eins mieten. Wir nehmen an, dass es zu jedem Zeitpunkt viele andere Menschen wie Harriet gibt, die Medaillons mieten möchten, und wir nehmen auch an, dass es viele andere Menschen wie Simon gibt, die Medaillons vermieten wollen. Stellen wir uns jetzt einmal vor, dass Simon damit einverstanden ist, sein Medaillon an Harriet zu vermieten. Um die Sache zu vereinfachen, wollen wir davon ausgehen, dass jeder Fahrer pro Tag nur eine Fahrt durchführen kann und dass Simon sein Medaillon an Harriet für einen Tag vermietet. Auf welchen Mietpreis werden sie sich einigen?

Um diese Frage zu beantworten, müssen wir die Transaktion aus der Sicht beider Fahrer betrachten. Harriet weiß, dass sie, wenn sie das Medaillon hat, 6 Euro pro Tag verdienen kann – den Nachfragepreis für eine Fahrt unter der gegebenen Mengenbeschränkung. Und sie ist nur bereit, das Medaillon zu mieten, wenn sie wenigstens 4 Euro pro Tag verdienen kann – den Angebotspreis für eine Fahrt bei Vorliegen der Mengenbeschränkung. Simon kann daher keinen Mietpreis verlangen, der höher ist als 2 Euro – der Differenz zwischen 6 Euro und 4 Euro. Würde Harriet Simon weniger als 2 Euro anbieten, sagen wir beispielsweise 1,50 Euro, dann würde es andere Fahrer geben, die an dem Medaillon interessiert sind und bereit wären, ihm mehr zu bezahlen, nämlich bis zu 2 Euro. Harriet muss folglich wenigstens 2 Euro anbieten, um das Medaillon zu bekommen. Weil der Mietpreis nicht mehr als 2 Euro, aber auch nicht weniger als 2 Euro betragen kann, muss er genau bei 2 Euro liegen.

Es ist kein Zufall, dass 2 Euro genau die Differenz zwischen 6 Euro, dem Nachfragepreis von 8 Millionen Fahrten, und 4 Euro ist, dem Angebotspreis von 8 Millionen Fahrten. Immer dann, wenn das Angebot eines Gutes gesetzlichen Beschränkungen unterworfen ist, existiert ein **Keil** zwischen dem Nachfragepreis und dem Angebotspreis der gehandelten Menge. Dieser Keil, in Abbildung 5-9 durch den Doppelpfeil dargestellt, hat einen besonderen Namen: die **Quotenrente**. Es handelt sich dabei um das Einkommen, das dem Lizenzhalter aus dem Eigentum einer wertvollen Ware, nämlich der Lizenz, zufließt. Im Fall von Simon und Harriet fällt die Quotenrente von 2 Euro Simon zu, weil er die Lizenz besitzt. Die restlichen 4 Euro des gesamten Fahrpreises von 6 Euro fallen an Harriet.

Abbildung 5-9 illustriert somit auch die Quotenrente im Markt für Taxifahrten in New York. Die Quotierung begrenzt die Menge an Fahrten auf 8 Millionen pro Jahr, eine Menge, bei der der Nachfragepreis von 6 Euro den Angebotspreis von 4 Euro übersteigt. Der Keil zwischen diesen beiden Preisen, nämlich 2 Euro, ist die Quotenrente, die aus den Beschränkungen resultiert, die der Menge an Taxifahrten in diesem Markt auferlegt werden.

Was ist aber, wenn Simon sein Medaillon nicht vermietet? Was ist, wenn er es selbst benutzt? Heißt das nicht, dass er den Preis von 6 Euro bekommt? Nicht wirklich. Auch dann, wenn Simon sein Medaillon faktisch nicht vermietet, hätte er es doch verleihen können. Dies bedeutet, dass sein Medaillon mit *Opportunitätskosten* in Höhe von 2 Euro behaftet ist: Wenn Simon beschließt, sein Taxi selbst zu fahren, anstatt es an Harriet zu vermieten, repräsentieren die 2 Euro seine Opportunitätskosten des Nichtverleihens seines Medaillons. Die Quotenrente in Höhe von 2 Euro beschreibt nun das Mieteinkommen, auf das er verzichten muss, wenn er sein Taxi selbst fährt. Man kann das auch so sehen, dass Simon faktisch in 2 Geschäftsbereichen tätig ist – er ist Taxiunternehmer und Verleiher eines Taxi-Medaillons. Er erzielt 4 Euro je Fahrt durch das Fahren seines Taxis und 2 Euro je Fahrt durch das Verleihen seines Medaillons. Es ist völlig bedeutungslos, dass er im gerade besprochenen Fall sein Medaillon an sich selbst vermietet hat. Bei einer Mengenbeschränkung ist das Medaillon ein wertvolles Vermögensobjekt, unabhängig davon, ob der Besitzer das Medaillon selbst benutzt oder an andere vermietet. Im Jahr 2010, als es Uber noch nicht gab, lag der Preis für ein New Yorker Taxi-Medaillon bei rund 500.000 Dollar.

Mengenbeschränkungen zeigen aber genau wie Höchst- oder Mindestpreise nicht immer eine Wirkung. Wäre die Mengenbeschränkung auf 12 Millionen Fahrten festgelegt worden, läge sie oberhalb der gleichgewichtigen Menge eines unregulierten Marktes. Damit hätte die Mengenbeschränkung keinerlei Konsequenzen, weil sie nicht bindend wirkt.

Die Kosten von Mengenbeschränkungen

Genau wie Preisvorschriften können auch Mengenbeschränkungen unerwünschte Nebenwirkungen aufweisen. Die erste Form dieser unerwünschten Nebenwirkungen stellt die uns mittlerweile vertraute *Ineffizienz* aufgrund entgangener Gelegenheiten dar: Mengenbeschränkungen verhindern das Auftreten von wechselseitig vorteilhaften Transaktionen, Transaktionen, bei denen sich sowohl Käufer als auch Verkäufer besser stellen würden, und verursachen dadurch einen Nettowohlfahrtsverlust.

Schauen wir uns noch einmal Abbildung 5-9 an. Bei der dort eingezeichneten Mengenbeschränkung von 8 Millionen Fahrten wären die New Yorker bereit, für eine weitere Million Fahrten mindestens 5,50 Euro je Fahrt zu bezahlen. Die Taxifahrer wären bereit, diese Fahrten zu unternehmen, solange sie wenigstens 4,50 Euro pro Fahrt erhalten. Diese Fahrten hätten stattgefunden, wenn es keine Mengenbeschränkung gäbe. Dasselbe gilt für die nächste Million Fahrten: Die New Yorker wären bereit, mindestens 5 Euro pro Fahrt zu bezahlen, wenn die Menge von 9 Millionen auf 10 Millionen steigen würde. Die Taxifahrer wären bereit, diese Fahrten zu unternehmen, falls sie wenigstens 5 Euro pro Fahrt erhalten. Auch diese Fahrten hätten stattgefunden, wenn es keine Mengenbeschränkung gäbe.

Erst dann, wenn der Markt die unbeschränkte Gleichgewichtsmenge von 10 Millionen Fahrten erreicht hat, gibt es keine »entgangenen Gelegenheiten« mehr. Anders gewendet: Die Mengenbeschränkung auf 8 Millionen Fahrten hat dazu geführt, dass 2 Millionen Fahrten als »entgangene Gelegenheiten« zu charakterisieren sind.

Allgemein gilt: *Solange der Nachfragepreis einer bestimmten Menge den Angebotspreis übersteigt, gibt es entgangene Gelegenheiten*. Ein Käufer wäre bereit, das Gut zu einem Preis zu kaufen, den der Verkäufer auch akzeptieren würde, die Transaktion wird aber nicht durchgeführt, weil sie aufgrund der Mengenbeschränkung verboten ist. Der Wohlfahrtsverlust, der durch die 2 Millionen als »entgangene Gelegenheiten« charakterisierten Fahrten verursacht wird, ist in Abbildung 5-9 durch das graue Dreieck dargestellt.

Weil es unter einer Mengenbeschränkung Transaktionen gibt, die eigentlich von den Menschen gewünscht werden, aufgrund der Beschränkung aber verboten sind, generieren Mengenbeschränkungen einen Anreiz, sie zu umgehen bzw. das Gesetz zu brechen. Bevor es Uber gab, war eine beträchtliche Zahl an unlizenzierten Taxis in New York unterwegs und beförderte Fahrgäste auch ohne Medaillon. Da diese Taxis außerhalb der Legalität operierten, unterlagen die Fahrer keinerlei Regulierung. Dies wiederum führte dazu, dass sie weit überproportional an Verkehrsunfällen in der Stadt beteiligt waren.

Uber und andere Anbieter haben einen legalen Weg gefunden, um trotz der gesetzlichen Beschränkungen Fahrdienstleistungen anbieten zu können. Im Jahr 2018 waren bereits mehr als 78.000 Fahrzeuge von Uber in New York unterwegs, deutlich mehr als die 13.587 lizenzierten Taxis. Damit wird die Mengenbeschränkung für Taxis in New York natürlich unterlaufen. In Abbildung 5-9 würde sich das durch eine Rechtsverschiebung der Mengenbeschränkung in Richtung Gleichgewichtsmenge zeigen.

Mit dem Rückgang der Quotenrente, die die Besitzer eines Taxi-Medaillons in New York realisieren können, ist auch der Preis der Taxi-Medaillons in den letzten Jahren deutlich gesunken. In den Jahren 2018 und 2019 lag der Preis zwischen 130.000 und 185.000 Dollar, und damit weit unter dem Preis von 500.000 Dollar, der noch im Jahr 2010 zu erzielen war.

Zusammengefasst rufen Mengenbeschränkungen typischerweise die folgenden unerwünschten Nebenwirkungen hervor:

- Nettowohlfahrtsverluste aufgrund von wechselseitig vorteilhaften Transaktionen, die nicht stattfinden.
- Anreize für illegale Aktivitäten.

WISSENSCHAFT UND PRAXIS

Krabbenfang, Mengenbeschränkungen und Lebensrettung in Alaska

Alaska-Königskrabben und -Schneekrabben gelten weltweit als Köstlichkeit. Das Krabbenfischen gehört zu den wichtigsten Wirtschaftszweigen in Alaska. Berechtigterweise waren viele Leute beunruhigt, als die Jahresfangmenge aufgrund von Überfischung um 90 Prozent sank. Als Reaktion darauf führten Meeresbiologen ein *System zur Beschränkung der Gesamtfangmenge* ein. Dieses System beschränkte die Menge der gefangenen Krabben derart, dass die Krabbenpopulation zu einem gesunden und nachhaltigen Bestandsniveau zurückkehren konnte.

Am Rande sei darauf hingewiesen, dass die Krabbenfangquote in Alaska ein Beispiel für eine Mengenbeschränkung ist, die durch umfassende ökonomische und ökologische Überlegungen gerechtfertigt wird. Die ökonomischen Beweggründe für die Mengenbeschränkung New Yorker Taxis hingegen sind schon lange weggefallen. Ein weiterer wichtiger Unterschied ist, dass in Alaska die Eigentümer von Krabbenkuttern – im Gegensatz zu den Eigentümern von Taxi-Medaillons in New York – nicht die Möglichkeit hatten, individuelle Quoten zu kaufen oder zu verkaufen. Obwohl sich also der erschöpfte Krabbenbestand durch die Beschränkung der Gesamtfangmenge letztendlich wieder erholen konnte, gab es eine weitere, unbeabsichtigte und tödliche Folge.

Die alaskische Krabbenfangsaison ist ziemlich kurz – sie geht ungefähr von Oktober bis Januar, kann aufgrund von schlechtem Wetter aber noch kürzer ausfallen. Bis in die 1990er-Jahre nahmen alaskische Krabbenfischer an Fischerwettkämpfen teil, die durch die Fernsehserie »Deadliest Catch« des Senders Discovery Channel Bekanntheit erlangten. Um innerhalb der zulässigen Fangmenge zu bleiben, stürmten die Bootscrews zu Beginn der Fangsaison in das gefährliche, eiskalte und unruhige Wasser hinaus, um nach Krabben zu fischen und in wenigen Tagen größter Anstrengung eine Fangmenge mit einem Wert von durchaus mehreren Hunderttausend Dollar zu erreichen. Die Boote waren deshalb oft überladen und kenterten. Die Besatzungen waren überfordert, was zu vielen Todesfällen aufgrund von Unterkühlung oder Ertrinken führte.

Die amtlichen Statistiken legen nahe, dass in Alaska der Beruf des Krabbenfischers mit durchschnittlich 7,3 Todesfällen pro Jahr und damit einer 80-fach höheren Sterblichkeitsrate im Vergleich mit einem durchschnittlichen Arbeitnehmer zu dieser Zeit zu den gefährlichsten Berufen gehörte. Da in dieser Zeit die gleiche Menge an Krabben in deutlich kürzerer Zeit gefangen wurde, war der Krabbenmarkt übersättigt und der Preis, den die Krabbenfischer erzielten, sank.

Im Jahr 2006 führte die den Fischfang regulierende Behörde ein weiteres Mengenbeschränkungssystem in Form eines *Mengenanteils* ein. Es sollte sowohl die Krabbenfischer wie auch die alaskischen Krabben schützen. Mit dem individuellen Mengenanteil wurde jedem Fischerboot eine Fangmenge zugewiesen, die innerhalb der dreimonatigen Saison erreicht werden konnte. Die individuellen Mengenanteile konnten außerdem verkauft oder vermietet werden. Diese Änderungen verwandelten die gesamte Branche, da die Eigentümer großer Boote die Mengenanteile kleinerer Boote aufkauften und dadurch die Zahl an Krabbenkuttern dramatisch zurückging. Die Wahrscheinlichkeit mit einem großen Boot zu kentern, ist deutlich geringer, wodurch die Sicherheit der Bootsmannschaft erhöht wurde.

Darüber hinaus trieb die unter dem Mengenanteilssystem ausgeweitete Fangsaison sowohl die Krabbenpopulation als auch die Krabbenpreise in die Höhe. Mit der zusätzlichen Zeit, die den Fischern zum Fischen zur Verfügung stand, konnte sichergestellt werden, dass zu junge sowie weibliche Krabben wieder ins Meer zurückgeworfen statt gefangen wurden. Die verlängerte Fangsaison sorgte außerdem dafür, dass der Markt nicht übersättigt, sondern der Fang gleichmäßiger über die Saison verteilt war. Dadurch konnten die Preiseinbrüche, die sonst durch die großen, auf einen Zeitpunkt konzentrierten Angebotsmengen entstanden waren, vermieden werden. Wie zu erwarten war, verdient ein alaskischer Krabbenfischer unter dem Mengenanteilssystem mehr Geld als unter dem System zur Beschränkung der Gesamtfangmenge.

Kurzzusammenfassung

- Bei **Mengenbeschränkungen** oder **Quoten** handelt es sich um von der Regierung erlassene Beschränkungen, die regulieren, wie viel von einem Gut gekauft bzw. verkauft werden darf. Die gesamte Menge, die im Rahmen dieser Mengenbeschränkung gehandelt werden darf, wird als **Höchstmenge** bezeichnet. Die Regierung erteilt **Lizenzen**, die dazu berechtigen, innerhalb des Gesamtrahmens eine bestimmte Menge des Gutes zu verkaufen.
- Wenn die zulässige Gesamtmenge kleiner ist als die Menge, die in einem unregulierten Markt getauscht würde, dann liegt der **Nachfragepreis** oberhalb des **Angebotspreises**. Die Mengenbeschränkung treibt dann einen **Keil** zwischen beide.
- Diese Differenz wird als **Quotenrente** bezeichnet. Sie bezeichnet die Einkommen, die den Lizenzinhabern aus ihrem Recht zufallen, ihr Gut zu verkaufen – entweder indem sie das Gut selbst anbieten oder Lizenz an einen Dritten vermieten. Der Marktpreis einer Lizenz entspricht der Quotenrente.
- Wie Preisvorschriften führen auch Mengenbeschränkungen zu Nettowohlfahrtsverlusten und fördern illegale Aktivitäten.

ÜBERPRÜFEN SIE IHR WISSEN

1. Nehmen Sie an, dass Angebot von und Nachfrage nach Taxifahrten durch Abbildung 5-8 gegeben sind, dass aber die Mengenbeschränkung auf 6 Millionen Fahrten anstelle von 8 Millionen Fahrten festgelegt wird. Beantworten Sie die folgenden Fragen und stellen Sie Ihre Lösungen in Abbildung 5-8 dar.

a. Wie hoch ist der Preis einer Fahrt?

b. Wie hoch ist die Quotenrente?

c. Wie hoch ist der Nettowohlfahrtsverlust?

d. Nehmen Sie an, dass die Obergrenze für Taxifahrten auf 9 Millionen erhöht wird. Wie wirkt sich das auf die Quotenrente aus? Wie auf den Nettowohlfahrtsverlust?

2. Nehmen Sie an, dass die Gesamtmenge auf 8 Millionen Fahrten beschränkt wird. Gehen Sie nun davon aus, dass die Nachfrage aufgrund eines nachlassenden Tourismusgeschäftes abnimmt. Wie weit muss sich die Nachfragekurve nach links verschieben, damit die Mengenbeschränkung gerade keine bindende Wirkung mehr zeigt? Illustrieren Sie Ihre Antwort unter Verwendung von Abbildung 5-8.

Unternehmen in Aktion: Ein Opfer des eigenen Erfolgs

Der 8. August 2019 war ein schlechter Tag in der Unternehmenszentrale von Uber, dem weltweiten Marktführer bei der Vermittlung von Fahrdienstleistungen. An diesem Tag musste Uber einen Verlust in Höhe von 5,2 Milliarden Dollar allein für das zweite Quartal des Jahres vermelden. Bereits im ersten Quartal war es zu Verlusten von mehr als 1 Milliarde Dollar gekommen. Für Enttäuschung sorgte außerdem die Nachricht, dass die jährliche Wachstumsrate der vermittelten Fahrten deutlich zurückgegangen war. Nach diesen enttäuschenden Unternehmensergebnissen zweifelten einige Analysten an einer langfristigen Zukunft des Unternehmens.

Für ein Unternehmen, das über lange Jahre für positive Meldungen gesorgt hatte, markierte dieser Tag eine Zäsur. Die Investoren waren bislang immer davon ausgegangen, dass nur ein Unternehmen (Uber) den Markt für die Vermittlung von Fahrdienstleistungen dominieren würde und dadurch viel Geld verdienen könnte. Was war schiefgelaufen?

Das Unternehmen Uber geht auf eine Idee der beiden Freunde Travis Kalanick und Garret Camp zurück, die sie bei einer verzweifelten Suche nach einem Taxi in Paris hatten. Als das Projekt im Jahr 2010 in San Francisco startete, war Uber das erste Unternehmen, das die Vermittlung von Fahrdienstleistungen über das Smartphone anbot. Durch Uber konnten die Menschen einfach und preiswert Fahrten buchen. Das Unternehmen wuchs schnell und ist weltweit in über 600 Städten vertreten. Auf seinem Expansionskurs konzentrierte sich Uber auf Städte, in denen der bestehende Taxi-Markt hoch reguliert und damit beschränkt war. Die Anzahl der Fahrten stieg nahezu explosionsartig an. Im Jahr 2019 vermittelte Uber bereits jeden Tag fast 14 Millionen Fahrten.

Der Erfolg von Uber blieb nicht unbemerkt. Auf der Suche nach einer Möglichkeit zum Geldverdienen wollte einige Fahrer bei Uber werden, andere dagegen wollten Uber einen Teil des Kuchens abjagen und gründeten Konkurrenzunternehmen. Zu diesen Unternehmen gehörte Lyft, das im Jahr 2012 an den Start ging. In Lateinamerika, China und Indien gründeten sich einheimische Anbieter. Uber versuchte auf diese Entwicklungen zu reagieren. Um die Zahl der Fahrten auf einem hohen Niveau zu halten, begann das Unternehmen, die Fahrten durch Rabatte und Coupons zu subventionieren. Aber dadurch sank der Preis für die Fahrten unter die tatsächlichen Kosten der Bereitstellung.

Es bleibt abzuwarten, ob Uber es dauerhaft gelingt, wieder auf Erfolgskurs zu gehen. Im Jahr 2021 hatte es Uber zumindest geschafft, die Zahl der täglichen Fahrten auf fast 19 Millionen zu steigern, und dabei einen operativen Gewinn in Höhe von rund 80 Millionen Dollar zu erzielen.

FRAGEN

1. Auf welche Weise haben Mengenbeschränkungen bei Taxifahrten zum starken Wachstum von Uber in den ersten Jahren nach der Unternehmensgründung beigetragen?
2. Erläutern Sie mit Blick auf das, was Sie in diesem Kapitel gelernt haben, inwieweit die Probleme von Uber zu erwarten waren oder ob Uber einfach nur Pech hatte.
3. Für wie wahrscheinlich halten Sie es, dass Uber seine Erfolge aus den ersten Unternehmensjahren wiederholen kann?
4. Wie hat sich die Allokation der Gesamtrente im Markt im Zeitablauf verändert? Wer profitierte davon, als Uber begann, den etablierten Taxi-Unternehmen Konkurrenz zu machen? Und wer profierte davon, als weitere Wettbewerber in den Markt einstiegen, um Uber Konkurrenz zu machen?

Zusammenfassung

1. Regierungen greifen oft auch in eigentlich effiziente Märkte ein, um mehr Gerechtigkeit herzustellen oder um einflussreichen Interessengruppen einen Gefallen zu tun. Solche Interventionen treten in Form von **Preisvorschriften** oder Mengenbeschränkungen auf. Sie rufen vorhersagbare und unerwünschte Nebenwirkungen hervor, die aus verschiedenen Formen von Ineffizienzen und illegalen Aktivitäten bestehen.
2. Ein **Höchstpreis**, ein Preis unterhalb des Gleichgewichtspreises, begünstigt erfolgreiche Käufer, erzeugt aber dauerhafte Knappheiten: Weil der Preis unterhalb des Gleichgewichtspreises festgehalten wird, nimmt die nachgefragte Menge im Vergleich zur Gleichgewichtsmenge zu, während die angebotene Menge abnimmt. Dies führt zu vorhersehbaren Problemen: Ineffizienzen in Form eines **Nettowohlfahrtsverlustes** aufgrund einer ineffizient

niedrigen Menge, einer **ineffizienten Allokation auf die Verbraucher**, **Ressourcenverschwendung** und **ineffizient niedrige Qualität**. Darüber hinaus stellt die Höchstpreisvorschrift einen Anreiz für illegale Aktivitäten dar, weil sich die Menschen auf **Schwarzmärkte** begeben, um das betreffende Gut zu kaufen. Wegen dieser Probleme werden Höchstpreisvorschriften generell nicht mehr als geeignetes wirtschaftspolitisches Instrument angesehen. Höchstpreise können jedoch angemessen sein, wenn der Markt ineffizient ist oder wenn es durch Naturkatastrophen zu Versorgungsengpässen kommt, die auf dem freien Markt zu Gerechtigkeitsproblemen und zu einer Minderung der gesamtgesellschaftlichen Wohlfahrt führen.

3. Ein **Mindestpreis**, der oberhalb des Gleichgewichtspreises liegt, begünstigt erfolgreiche Verkäufer, erzeugt aber einen dauerhaften Überschuss: Weil der Preis oberhalb des Gleichgewichtspreises fixiert ist, ist die nachgefragte Menge kleiner und die angebotene Menge größer als die Gleichgewichtsmenge. Dies führt zu vorhersehbaren Problemen: Ineffizienzen in Form eines Nettowohlfahrtsverlustes aufgrund einer ineffizient niedrigen Menge, einer **ineffizienten Allokation der Verkäufe auf die Anbieter**, Ressourcenverschwendung und **ineffizient hohe Qualität**. Mindestpreisvorschriften fördern auch illegale Aktivitäten und Schwarzmärkte. Die bekannteste Form eines Mindestpreises ist der **Mindestlohn**, aber Mindestpreise finden sich auch häufig bei Landwirtschaftsprodukten.
4. **Mengenbeschränkungen** oder **Quoten** begrenzen die Menge eines Gutes, die ge- oder verkauft werden kann. Bei Mengenbeschränkungen wird eine **Höchstmenge** festgelegt. Der Staat vergibt dann **Lizenzen**, die dazu berechtigen, eine bestimmte Menge des Gutes zu verkaufen. Dem Eigentümer einer Lizenz fällt eine **Quotenrente** zu, also ein Einkommen, das aus dem Eigentum am Recht, ein Gut verkaufen zu dürfen, herrührt. Die Höhe dieser Rente entspricht der Differenz zwischen dem **Nachfragepreis**, der sich bei der Mengenbeschränkung ergibt, und dem **Angebotspreis**. Der Nachfragepreis ist der Preis, den die Verbraucher bei der Mengenbeschränkung bereit sind zu bezahlen, und der Angebotspreis ist der Preis, den die Anbieter für diese Menge gerade noch akzeptieren. Die Mengenbeschränkung treibt einen **Keil** zwischen Nachfragepreis und Angebotspreis. Die daraus resultierende Differenz ergibt die Quotenrente. Mengenbeschränkungen rufen Nettowohlfahrtsverluste hervor und fördern darüber hinaus illegale Aktivitäten.

SCHLÜSSELBEGRIFFE

- Preisvorschriften
- Höchstpreis
- Mindestpreis
- Nettowohlfahrtsverlust
- ineffiziente Allokation auf die Verbraucher
- Ressourcenverschwendung
- ineffizient niedrige Qualität
- Schwarzmarkt
- Mindestlohn
- ineffiziente Allokation der Verkäufe auf die Anbieter
- ineffizient hohe Qualität
- Mengenbeschränkung oder Quote
- Höchstmenge
- Lizenz
- Nachfragepreis
- Angebotspreis
- Keil
- Quotenrente

6 Elastizität

LERNZIELE

- Warum man Reaktionen auf Preis- oder Einkommensänderungen durch die **Elastizität** misst.
- Welche unterschiedlichen Elastizitätsmaße es gibt und was diese Größen aussagen.
- Welche Faktoren die Größe der verschiedenen Elastizitätsmaße beeinflussen.
- Warum es wichtig ist, vor der Festsetzung von Preisen oder Abgaben die Größe des relevanten Elastizitätsmaßes zu bestimmen.

Verladen

In einer Notfallsituation werden Sie sich wahrscheinlich nicht viele Gedanken über die Kosten des Krankentransports zur nächsten Notaufnahme machen. Aber was ist, wenn es sich nicht um einen Notfall handelt? Betrachten wir einmal das Beispiel von Kira Millas, die sich am Schwimmbeckenrand drei Zähne ausschlug – und für die von einer ihr unbekannten Person ein Krankenwagen gerufen wurde. Überfordert mit der Situation willigte sie in die fünfzehnminütige Krankenfahrt zum nächsten Krankenhaus ein. Eine Woche später trudelte die Rechnung über mehr als 1.700 Dollar ein. »Die Strecke betrug gerade einmal 15 Kilometer und es handelte sich um keine lebensbedrohliche Verletzung. Ich hätte keinerlei Notfallbehandlung benötigt«, sagte sie fassungslos.

Die Erfahrung, die Kira Millas machte, ist bei Weitem kein Einzelfall. Obwohl der Krankenwagen oft von Außenstehenden oder Einsatzkoordinatoren angefordert wird, muss am Ende der Patient die Rechnung bezahlen. Es steht außer Frage, dass der Patient in einem wirklichen Notfall dankbar dafür ist, dass ein Krankenwagen zur Stelle ist. Aber selbst in Fällen, in denen wie bei Kira Millas kein Notfall vorliegt, fühlen sich Patienten oft dazu verpflichtet, den Krankentransport tatsächlich anzunehmen, wenn der Krankenwagen bereits vor Ort ist. Und wie in Kiras Fall werden die Patienten nicht über die Kosten der Fahrt zum Krankenhaus informiert. Viele Leute haben zwar Krankenversicherungen, die einen Teil oder die gesamten Kosten des Rettungsdienstes übernehmen, aber der Patient ist letztendlich dafür verantwortlich, den Rest der Kosten zu decken.

Jährlich werden in den Vereinigten Staaten ungefähr 40 Millionen Rettungsfahrten von gemeinnützigen Organisationen wie den örtlichen Feuerwachen und gewinnorientierten Unternehmen zu Kosten in Höhe von 14 Milliarden Dollar durchgeführt. In den vergangenen Jahren haben gewinnorientierte Unternehmen, die lukrative Möglichkeiten witterten, ihre Geschäftstätigkeit deutlich ausgeweitet und gemeinnützige Organisationen zurückgedrängt. Großinvestoren setzen darauf, dass Rettungsdienste erhebliche Gewinne generieren werden: Erst kürzlich wurden zwei private Rettungsdienste zu Preisen von 3 Milliarden Dollar bzw. 438 Millionen Dollar von Investoren aufgekauft. Ebenfalls sehr lukrativ sind Einsätze mit Rettungshubschraubern, bei denen die Patienten Rechnungen in Höhe von mehreren Zehntausend Dollar für einen Krankentransport durch die Luft erhalten, den man schneller und sicherer auf dem Boden hätte durchführen können.

Die Kosten einer Krankenfahrt schwanken innerhalb der Vereinigten Staaten stark; in einigen Staaten zahlt man mehrere Hundert Dollar, in anderen sogar Zehntausende Dollar. Der Preis könnte – abgesehen vom medizinischen Bedarf des Patienten – von vielen anderen Dingen beeinflusst werden, wie beispielsweise vom Qualifikationsniveau der Rettungscrew, der zurückgelegten Strecke oder davon, ob ein Freund oder Angehöriger die Fahrt im Krankenwagen begleitet (Letzteres könnte mehrere Hundert Dollar auf die Rechnung draufschlagen).

Woher kommen die großen Kostenunterschiede bei Rettungsdienstleistungen? Wieso können diese Dienstleister Tausende Dollar berechnen, unabhängig davon, ob wirklich ein Krankenwagen benötigt wird? Oder wieso können Kosten für die Ausstattung des Krankenwagens mit Gerätschaften für eine Wiederbelebung berechnet werden, wenn der Patient lediglich ein gebrochenes Bein hatte? Die Antwort auf all diese Fragen lautet *Preisunempfindlichkeit*. Im Eifer des Gefechts reagieren viele Konsumenten, vor allem diejenigen, die sich in einer wirklichen Notsituation befinden, *unempfindlich* auf die Kosten einer Rettungsdienstleistung. Rettungswagenbetreiber liegen mit ihrer Einschätzung richtig, dass die meisten Patienten vor Besteigen des Krankenwagens nicht nach den Kosten der Fahrt zur nächsten Notaufnahme fragen werden. Anders formuliert, wird ein starker Anstieg des Preises für Krankenfahrten die Nachfrage der meisten Konsumenten weitestgehend unverändert lassen.

Schauen wir uns noch ein ganz anderes Beispiel an. Nehmen Sie einmal an, dass der Hersteller einer bestimmten Müslimarke sich entscheidet, den Preis zu verzehnfachen. Es wäre äußerst schwer, wenn nicht sogar unmöglich, Konsumenten zu finden, die bereit sind, den deutlich höheren Preis zu zahlen. Mit anderen Worten reagieren Müslikonsumenten deutlich empfindlicher auf Preisänderungen als Leute, die eine Krankenfahrt in Anspruch nehmen.

Wie können wir aber *empfindlich* definieren? Ökonomen messen die Empfindlichkeit, mit der Konsumenten auf Preisänderungen reagieren, mit einer bestimmten Kennzahl: der *Preiselastizität der Nachfrage*. In diesem Kapitel werden wir zeigen, wie die Preiselastizität der Nachfrage gemessen wird und warum sie das beste Maß für die Reaktion der Nachfragemenge auf Änderungen des Preises ist. (»Nachfragemenge« ist die Kurzform für »nachgefragte Menge«.) Anschließend werden wir sehen, dass die Preiselastizität der Nachfrage zu einer ganzen Familie von verwandten Konzepten gehört, zu der auch die *Einkommenselastizität der Nachfrage*, die Kreuzpreiselastizität der Nachfrage und die *Preiselastizität des Angebotes* zählen.

6.1 Elastizitätsbegriff und Elastizitätsmessung

Um zu erkennen, ob in der Rettungsdienstbranche signifikante Gewinne erzielt werden können, müssen Investoren die *Preiselastizität der Nachfrage* für Krankentransporte kennen. Mithilfe dieser Information können Investoren genau vorhersagen, ob ein deutlicher Anstieg des Preises von Krankentransporten auch den Erlös signifikant steigern wird.

Die **Preiselastizität der Nachfrage** ist das Verhältnis aus der prozentualen Änderung der Nachfragemenge und der prozentualen Preisänderung, wenn wir uns entlang der Nachfragekurve bewegen.

Die Preiselastizität der Nachfrage

Abbildung 6-1 zeigt eine hypothetische Nachfragekurve für einen Krankentransport. Bei einem Preis von 200 Dollar pro Fahrt läge die Nachfrage bei 10 Millionen Fahrten pro Jahr (Punkt *A*); bei einem Preis von 210 Dollar pro Fahrt würde die Nachfrage auf 9,9 Millionen Fahrten fallen (Punkt *B*).

Abbildung 6-1 zeigt uns demnach die Reaktion der Nachfragemenge auf eine bestimmte Änderung des Preises. Wie aber können wir daraus ein Maß für die Preisempfindlichkeit gewinnen? Antwort: Indem wir die *Preiselastizität der Nachfrage* berechnen.

Die **Preiselastizität der Nachfrage** vergleicht die *prozentuale Veränderung der Nachfragemenge* mit der *prozentualen Veränderung des Preises,* während wir uns entlang der Nachfragekurve bewegen. Wie wir später in diesem Kapitel noch sehen werden, verwenden Ökonomen prozentuale Änderungen, weil sie dadurch eine Größe erhalten, die nicht von den Einheiten abhängt, in denen Güter gemessen werden (z. B. Liter und Hektoliter oder Kilometer und Meter). Aber bevor wir dazu kommen, wollen wir uns der Berechnung von Elastizitäten zuwenden.

Um die Preiselastizität der Nachfrage zu bestimmen, berechnen wir zunächst die *prozentuale Änderung der Nachfragemenge* und die dazugehö-

Abb. 6-1

Die Nachfrage nach Krankentransporten

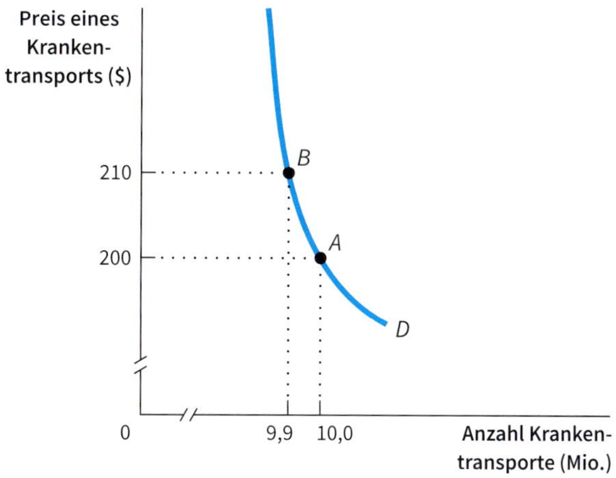

Bei einem Preis von 200 Dollar pro Fahrt beträgt die Nachfrage nach Krankentransporten 10 Millionen Fahrten pro Jahr (Punkt *A*). Steigt der Preis auf 210 Dollar pro Fahrt, sinkt die Nachfrage auf 9,9 Millionen Fahrten pro Tag (Punkt *B*).

rige *prozentuale Änderung des Preises*, die sich ergeben, wenn wir uns entlang der Nachfragekurve bewegen. Diese sind wie folgt definiert:

(6-1) prozentuale Änderung der Nachfragemenge

$$= \frac{\text{Änderung der Nachfragemenge}}{\text{ursprüngliche Nachfragemenge}} \times 100$$

und

(6-2) prozentuale Änderung des Preises

$$= \frac{\text{Änderung des Preises}}{\text{ursprünglicher Preis}} \times 100$$

In Abbildung 6-1 sehen wir, dass eine Erhöhung des Preises von 200 Dollar auf 210 Dollar mit einer Verringerung der Nachfragemenge von 10 Millionen auf 9,9 Millionen Fahrten verbunden ist. Dies entspricht einer Änderung der Nachfragemenge um 0,1 Millionen Fahrten. Die relative Änderung der Nachfragemenge ist also:

$$\frac{0{,}1 \text{ Mio. Fahrten}}{10 \text{ Mio. Fahrten}} \times 100 = 1\,\%$$

Der ursprüngliche Preis liegt bei 200 Dollar und die Preisänderung beträgt 10 Dollar, daher ist der prozentuale Preisanstieg

$$\frac{10\,\$}{200\,\$} \times 100 = 5\,\%$$

Um die Preiselastizität der Nachfrage zu berechnen, bilden wir das Verhältnis aus der prozentualen Änderung der Nachfragemenge und der prozentualen Preisänderung:

(6-3) Preiselastizität der Nachfrage

$$= \frac{\text{prozentuale Änderung der Nachfragemenge}}{\text{prozentuale Änderung des Preises}}$$

In Abbildung 6-1 ist die Preiselastizität der Nachfrage folglich

$$\frac{1\,\%}{5\,\%} = 0{,}2$$

Das *Gesetz der Nachfrage* besagt, dass Nachfragekurven einen fallenden Verlauf haben. Das bedeutet: Die Preiselastizität der Nachfrage ist – streng mathematisch – eine negative Zahl. (Wenn der Preis steigt, also eine positive prozentuale Änderung stattfindet, sinkt die Nachfragemenge, was, exakt formuliert, eine *negative* prozentuale Änderung ist.) Jedoch ist es umständlich, dauernd das Minuszeichen zu schreiben. Wenn Ökonomen über die Preiselastizität der Nachfrage sprechen, vernachlässigen sie deshalb üblicherweise das Minuszeichen und nennen nur den Absolutwert der Elastizität. Beispielsweise würden Ökonomen in unserem Fall sagen: »Die Preiselastizität der

Nachfrage beträgt 0,2.« Sie meinen aber damit *minus* 0,2 und setzen voraus, dass jeder weiß, was gemeint ist. Im weiteren Verlauf werden wir dieser Konvention folgen und das Minuszeichen weglassen, wenn wir über die Preiselastizität der Nachfrage sprechen.

Je größer die Preiselastizität der Nachfrage ist, desto stärker reagiert die Nachfragemenge auf Preisänderungen. Ist die Preiselastizität der Nachfrage hoch – das heißt, die von den Konsumenten nachgefragte Menge verändert sich prozentual stark verglichen mit der prozentualen Preisänderung –, sprechen Ökonomen von einer sehr elastischen Nachfrage.

Die **Mittelwertmethode** ist ein Verfahren zur Berechnung prozentualer Änderungen. Bei diesem Ansatz berechnen wir Änderungen einer Größe im Vergleich zum Durchschnittswert bzw. Mittelwert zwischen Anfangs- und Endwert.

Wie wir gleich sehen werden, zeigt eine Preiselastizität von 0,2 eine schwache Reaktion der Nachfragemenge auf den Preis an. Die Nachfragemenge sinkt also um einen relativ geringen Betrag, wenn der Preis steigt. Eine derartige Reaktion bezeichnen Ökonomen als *unelastische* Nachfrage. Und eine unelastische Nachfrage ist genau das, was es Rettungsdienstleistern möglich macht, die Einnahmen durch Anhebung des Preises eines Krankentransports zu erhöhen.

Verwendung der Mittelwertmethode zur Berechnung von Elastizitäten

Die Preiselastizität der Nachfrage vergleicht die *prozentuale Änderung der Nachfragemenge* mit der *prozentualen Preisänderung*. Wenn wir andere Elastizitäten betrachten, wozu wir gleich kommen werden, wird uns schnell klar werden, warum es wichtig ist, sich auf prozentuale Änderungen zu konzentrieren. Zuvor ist es aber notwendig, auf ein technisches Problem einzugehen, das bei der Berechnung prozentualer Änderungen von Größen auftritt, und zu sehen, wie Ökonomen damit umgehen.

Dieses Problem lässt sich am besten durch die Verwendung eines realen Beispiels veranschaulichen. Angenommen, man versucht, die Preiselastizität der Nachfrage nach Benzin zu schätzen, indem man die Benzinpreise und den Verbrauch in verschiedenen Ländern miteinander vergleicht. Aufgrund hoher Steuern kostet Benzin in Europa üblicherweise pro Liter etwa dreimal so viel wie in den Vereinigten Staaten. Wie groß ist dann der prozentuale Unterschied zwischen US-amerikanischen und europäischen Benzinpreisen?

Nun, das hängt davon ab, auf welche Weise man ihn misst. Der Benzinpreis ist in Europa dreimal so hoch wie in den Vereinigten Staaten, also 200 Prozent höher. Der Benzinpreis in den Vereinigten Staaten beträgt ein Drittel des europäischen Preises, er ist somit 66,7 Prozent niedriger.

Das ist natürlich lästig: Wünschenswert wäre es, ein prozentuales Maß für Preisunterschiede zu haben, das nicht davon abhängt, auf welche Weise gemessen wird. Ein gutes Verfahren, unterschiedliche Elastizitäten für steigende und fallende Preise zu vermeiden, ist die *Mittelwertmethode*.

Die **Mittelwertmethode** modifiziert die übliche Definition der prozentualen Änderung einer Variablen X durch folgende Definition:

(6-4) prozentuale Änderung von X

$$= \frac{\text{Änderung von } X}{\text{Mittelwert von } X} \times 100,$$

wobei der Mittelwert von X definiert ist als

Mittelwert von X

$$= \frac{\text{Startwert von } X + \text{Endwert von } X}{2}.$$

Beim Berechnen der Preiselastizität der Nachfrage anhand der Mittelwertmethode wird sowohl die prozentuale Änderung des Preises als auch die prozentuale Änderung der Nachfragemenge mittels dieses Verfahrens bestimmt.

Wie funktioniert diese Methode? Nehmen Sie an, die folgenden Daten für ein Gut seien gegeben:

	Preis (€)	Nachfragemenge
Situation A	0,90	1.100
Situation B	1,10	900

Um die prozentuale Mengenänderung von Situation A nach Situation B zu berechnen, vergleichen wir die Änderung der Nachfragemenge – ein Rückgang um 200 Einheiten – mit dem *Durchschnitt* der Nachfragemenge in den beiden Situationen. Wir berechnen also:

prozentuale Änderung der Nachfragemenge

$$= \frac{-200}{\frac{(1.100+900)}{2}} \times 100 = \frac{-200}{1.000} \times 100 = -20\,\%.$$

Auf die gleiche Weise berechnen wir:

prozentuale Änderung des Preises

$$= \frac{0{,}20\,€}{\frac{(0{,}90\,€ + 1{,}10\,€)}{2}} \times 100$$

$$= \frac{0{,}20\,€}{1{,}00\,€} \times 100 = 20\,\%.$$

In diesem Fall würden wir eine Preiselastizität der Nachfrage bestimmen von

Preiselastizität der Nachfrage

$$= \frac{\text{prozentuale Änderung der Nachfragemenge}}{\text{prozentuale Preisänderung}}$$

$$= \frac{20\,\%}{20\,\%} = 1$$

(das Minuszeichen lassen wir wieder weg).

Der ausschlaggebende Punkt ist, dass wir das gleiche Ergebnis erhalten – eine Preiselastizität der Nachfrage von 1 – unabhängig davon, ob wir uns auf der Nachfragekurve von Situation A nach oben zu Situation B oder von Situation B nach unten zu Situation A bewegen.

Um zu einer allgemein gültigen Formel für die Preiselastizität der Nachfrage zu gelangen, sei nun angenommen, dass wir Daten für zwei Punkte auf einer Nachfragekurve haben. Im Punkt 1 sind Nachfragemenge und Preis (Q_1, P_1); im Punkt 2 sind sie (Q_2, P_2). Die Formel zur Berechnung der Preiselastizität der Nachfrage ist dann

(6-5) Preiselastizität der Nachfrage

$$= \frac{\frac{Q_2 - Q_1}{(Q_1 + Q_2)/2}}{\frac{P_2 - P_1}{(P_1 + P_2)/2}}.$$

WISSENSCHAFT UND PRAXIS

Schätzen von Elastizitäten

Man könnte denken, es sei leicht, Preiselastizitäten der Nachfrage aus realen Datensätzen zu schätzen. Es müssen lediglich die prozentualen Änderungen des Preises mit denen der Nachfragemenge verglichen werden. Leider ist es nur selten derart einfach, weil nicht ausschließlich Preisänderungen die Nachfragemenge beeinflussen. Andere Faktoren – wie Veränderungen im Einkommen der Bevölkerung und der Preise anderer Güter – beeinflussen die Nachfragekurve und verändern dadurch die Nachfragemenge bei gegebenem Preis. Um die Preiselastizität der Nachfrage bestimmen zu können, müssen Ökonomen mithilfe statistischer Analyseverfahren den Einfluss dieser verschiedenen Faktoren voneinander trennen.

Ökonomen haben die Preiselastizität der Nachfrage für verschiedene Waren und Dienstleistungen geschätzt. Einige der Ergebnisse sind in **Tabelle 6-1** zusammengefasst. Diese Schätzungen zeigen eine große Spannweite von Preiselastizitäten. Es gibt einige Güter, beispielsweise Benzin, für welche die Nachfragemenge kaum auf Preisänderungen reagiert; bei anderen Gütern wiederum, vor allem bei Auslandsflugreisen und bei Coke oder Pepsi, reagiert die Nachfragemenge sehr stark auf den Preis.

Man beachte, dass Tabelle 6-1 aus zwei Teilen besteht: unelastische und elastische Nachfrage. Wir werden die Bedeutung dieser Unterscheidung im nächsten Abschnitt erklären.

Tab. 6-1: Einige Schätzungen von Preiselastizitäten der Nachfrage

Gut	Preiselastizität der Nachfrage
Unelastische Nachfrage	
Benzin (kurzfristig)	0,09
Benzin (langfristig)	0,24
Flugtickets (Geschäftsreisende)	0,80
Elastische Nachfrage	
Immobilien	1,2
Flugtickets (Urlauber)	1,5
Coke/Pepsi	3,3

Wie zuvor werden wir normalerweise das Vorzeichen weglassen, wenn wir eine Preiselastizität der Nachfrage angeben, die mit der Mittelwertmethode berechnet wurde.

Kurzzusammenfassung

- Die **Preiselastizität der Nachfrage** entspricht dem Quotienten aus der prozentualen Veränderung der Nachfragemenge und der prozentualen Preisänderung, wenn man dem Verlauf der Nachfragekurve folgt. Eventuell auftretende Vorzeichen werden weggelassen.
- Die prozentualen Veränderungen können am besten durch die Verwendung der **Mittelwertmethode** erfasst werden. Dabei wird die prozentuale Veränderung einer jeden Größe unter Verwendung des Durchschnittswertes aus Anfangs- und Endwert berechnet.

ÜBERPRÜFEN SIE IHR WISSEN

1. Der Preis für Erdbeeren sinkt von 1,50 Euro auf 1,00 Euro pro Packung und die nachgefragte Menge erhöht sich von 100.000 auf 200.000 Packungen. Verwenden Sie die Mittelwertmethode, um die Preiselastizität der Nachfrage zu bestimmen.
2. Bei der jetzigen Konsummenge (4.000 Eintrittskarten) und beim jetzigen Preis (5,00 Euro pro Eintrittskarte) beträgt die Preiselastizität der Nachfrage nach Kinoeintrittskarten 1. Berechnen Sie unter Verwendung der Mittelwertmethode den Prozentsatz, um den die Inhaber von Filmtheatern den Preis verringern müssen, um 5.000 Eintrittskarten verkaufen zu können.
3. Die Preiselastizität der Nachfrage nach einer Kugel Eis hat beim jetzigen Preis von 0,50 Euro je Kugel und bei der jetzigen Konsummenge von 100.000 Kugeln einen Wert von 1,2. Berechnen Sie für einen Preisanstieg um 0,05 Euro die Änderung der nachgefragten Menge. Verwenden Sie die Gleichungen 6-1 und 6-2, um die prozentualen Änderungen zu ermitteln und die Gleichung 6-3, um die Preiselastizität der Nachfrage mit den prozentualen Änderungen in Beziehung zu setzen.

6.2 Interpretation der Preiselastizität der Nachfrage

In einem wirklichen Notfall werden Patienten den Preis eines Krankentransports kaum hinterfragen. Aber selbst in Situationen, die kein Notfall sind (wie beispielsweise im Fall von Kira und den ausgeschlagenen Zähnen), ist es unwahrscheinlich, dass bei einem Preisanstieg die Nachfrage nach Krankentransporten sinkt, da sich Patienten der Kosten nicht bewusst sind. Investoren, die in private Rettungsdienste investieren, sehen in der Bereitstellung von Rettungsdienstleistungen eine Möglichkeit, Gewinne zu erzielen, da die Preiselastizität der Nachfrage für Rettungsdienstleistungen niedrig ist. Aber was bedeutet das genau? Wie niedrig muss eine Preiselastizität sein, damit wir sie als niedrig einordnen? Wie hoch muss sie sein, damit wir sie als hoch erachten? Und was entscheidet eigentlich überhaupt darüber, ob die Preiselastizität der Nachfrage hoch oder niedrig ist? Um all diese Fragen beantworten zu können, müssen wir uns mit der Preiselastizität der Nachfrage genauer beschäftigen.

Wie elastisch ist elastisch?

Als ersten Schritt zur Klassifikation von Preiselastizitäten der Nachfrage wollen wir die Extremfälle betrachten.

Schauen wir uns zuerst die Nachfrage nach einem Gut an, bei dem die Menschen dem Preis keine Beachtung schenken – beispielsweise Schnürsenkel. Angenommen, die Konsumenten im Euroraum kaufen pro Jahr 1 Milliarde Paar Schnürsenkel, ungeachtet des Preises. In diesem Fall würde die Nachfragekurve für Schnürsenkel wie die in Diagramm (a) der **Abbildung 6-2** gezeigte Kurve aussehen: Sie wäre eine senkrechte Linie bei 1 Milliarde Schnürsenkelpaare. Da die prozentuale Änderung der Nachfragemenge für *jede* Preisänderung null ist, ist die Preiselastizität der Nachfrage in diesem Fall null. Beträgt die Preiselastizität der Nachfrage null, wird von einer **vollkommen unelastischen Nachfrage** gesprochen.

Das entgegengesetzte Extrem tritt auf, wenn selbst ein winziger Preisanstieg die Nachfragemenge auf null absinken lässt oder wenn selbst ein winziger Rückgang des Preises zu einer extremen Ausweitung der Nachfrage führt. Diagramm (b) der Abbildung 6-2 zeigt den Fall rosafarbener Tennisbälle. Wir nehmen an, dass es für Tennisspieler unwichtig ist, welche Farbe ihre Bälle haben und dass andere Farben, wie neongrün und leuchtendgelb, zu einem Preis von 5 Euro pro Packung Bälle erhältlich sind. Dann werden Käufer keine rosafarbenen Bälle kaufen, wenn sie mehr als 5 Euro pro Packung kosten. Sie werden aber ausschließlich rosafarbene Bälle kaufen, wenn sie weniger als 5 Euro pro Packung kosten. Die Nachfragekurve wird daher eine waagerechte Linie bei einem Preis von 5 Euro pro Packung Bälle sein. Entlang dieser Linie verändert sich die Nachfragemenge, aber nicht der Preis. Etwas unpräzise kann man sagen, dass eine Zahl dividiert durch null unendlich ergibt. Daher impliziert eine waagerechte Nachfragekurve eine unendliche Preiselastizität der Nachfrage. Wenn die Preiselastizität der Nachfrage unendlich ist, sprechen Ökonomen von einer **vollkommen elastischen Nachfrage**.

Eine **vollkommen unelastische Nachfrage** liegt vor, wenn die Nachfragemenge überhaupt nicht auf Änderungen des Preises reagiert. Bei vollkommen unelastischer Nachfrage verläuft die Nachfragekurve senkrecht.

Eine **vollkommen elastische Nachfrage** liegt vor, wenn jeder Preisanstieg dazu führt, dass die Nachfragemenge auf null sinkt. Bei vollkommen elastischer Nachfrage verläuft die Nachfragekurve waagerecht.

Abb. 6-2

Die Preiselastizität der Nachfrage: zwei Extremfälle

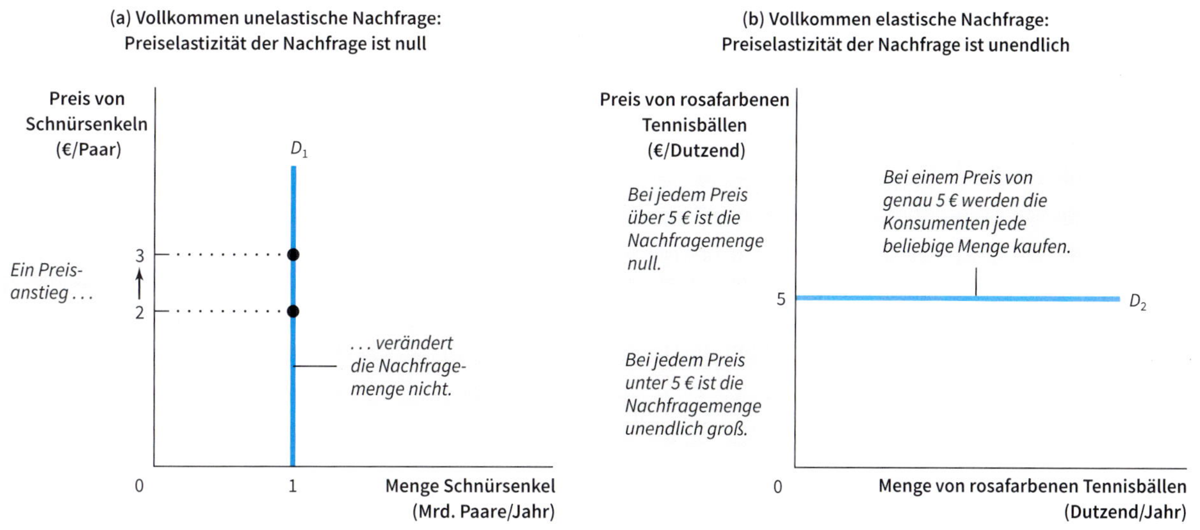

Diagramm (a) zeigt eine vollkommen unelastische Nachfragekurve, die senkrecht verläuft. Die Nachfragemenge für Schnürsenkel beträgt immer 1 Milliarde Paar, unabhängig vom Preis. Die Preiselastizität der Nachfrage ist gleich null – die nachgefragte Menge bleibt vom Preis unberührt. Diagramm (b) zeigt eine vollkommen elastische Nachfragekurve, die waagerecht verläuft. Zu einem Preis von 5 Euro sind die Nachfrager bereit, jede beliebige Menge von rosafarbenen Tennisbällen zu kaufen. Steigt der Preis über 5 Euro, kaufen sie überhaupt keine rosafarbenen Tennisbälle mehr; sinkt der Preis unter 5 Euro, werden sie eine extrem große Zahl von rosafarbenen Tennisbällen kaufen, aber keine Tennisbälle anderer Farbe.

Eine **elastische Nachfrage** liegt vor, wenn die Preiselastizität der Nachfrage größer als eins ist, **unelastisch**, wenn die Preiselastizität der Nachfrage kleiner als eins ist und **einheitselastisch** bzw. **proportional elastisch,** wenn die Preiselastizität der Nachfrage genau eins ist.

Als **Erlös** bezeichnet man den Verkaufswert aller Waren oder Dienstleistungen. Dies entspricht dem Produkt aus dem Preis und der Verkaufsmenge.

Für die überwältigende Mehrheit der Güter liegt die Preiselastizität der Nachfrage irgendwo zwischen diesen beiden Extremfällen. Ökonomen verwenden hauptsächlich folgendes Kriterium, um diese dazwischenliegenden Varianten einzuordnen: Sie klären, ob die Preiselastizität der Nachfrage größer oder kleiner als eins ist. Wenn die Preiselastizität der Nachfrage größer als eins ist, bezeichnen Ökonomen die Nachfrage als **elastisch**.

Ist die Preiselastizität jedoch kleiner als eins, sprechen sie von einer **unelastischen Nachfrage**. Der Grenzfall ist die **einheitselastische (proportional elastische) Nachfrage**, bei der die Preiselastizität der Nachfrage – Überraschung – genau eins ist.

Um besser zu verstehen, warum eine Preiselastizität der Nachfrage von eins eine nützliche Trennungslinie ist, betrachten wir das hypothetische Beispiel einer mautpflichtigen Brücke, die von der staatlichen Verkehrsbehörde bewirtschaftet wird. Die Anzahl der Autofahrer, die die Brücke benutzen, hängt von der Maut ab, dem Preis, den die staatliche Verkehrsbehörde für das Überqueren der Brücke erhebt. Je höher die Maut, desto weniger Autofahrer benutzen die Brücke.

Abbildung 6-3 zeigt drei hypothetische Nachfragekurven – eine, in der die Nachfrage einheitselastisch ist, eine, in der sie unelastisch ist, und eine, in der sie elastisch ist. In jeder Variante zeigt Punkt *A* die Nachfragemenge bei einer Maut von 0,90 Euro und Punkt *B* die Nachfragemenge bei einer Maut von 1,10 Euro. Eine Erhöhung der Maut von 0,90 Euro auf 1,10 Euro ist ein Anstieg um 20 Prozent, wenn wir die Mittelwertmethode verwenden.

Diagramm (a) zeigt, was passiert, wenn die Maut von 0,90 Euro auf 1,10 Euro angehoben wird und die Nachfragekurve einheitselastisch ist. Der 20-prozentige Preisanstieg führt zu einer Abnahme der Zahl der Autos, welche die Brücke jeden Tag benutzen, von 1.100 auf 900. Es kommt also zu einem 20-prozentigen Rückgang (wieder unter Verwendung der Mittelwertmethode). Daher ist die Preiselastizität der Nachfrage 20 Prozent/20 Prozent = 1.

Diagramm (b) zeigt einen Fall unelastischer Nachfrage, wenn die Maut von 0,90 Euro auf 1,10 Euro angehoben wird. Der gleiche 20-prozentige Preisanstieg verringert die Nachfragemenge von 1.050 auf 950. Das ist ein Rückgang um nur 10 Prozent. Die Preiselastizität ist in diesem Fall 10 Prozent/20 Prozent = 0,5.

Diagramm (c) zeigt einen Fall elastischer Nachfrage, bei dem die Maut von 0,90 Euro auf 1,10 Euro angehoben wird. Der 20-prozentige Preisanstieg bewirkt, dass die Nachfragemenge von 1.200 auf 800 fällt – ein 40-prozentiger Rückgang. Daher ist die Preiselastizität der Nachfrage 40 Prozent/20 Prozent = 2.

Warum ist es von Bedeutung, ob die Nachfrage einheitselastisch, unelastisch oder elastisch ist? Weil diese Klassifikation uns hilft zu prognostizieren, wie Änderungen des Preises eines Gutes den aus dem Verkauf erzielten Erlös eines Produzenten beeinflussen. In vielen realen Situationen ist es entscheidend zu wissen, wie sich Preisänderungen auf den Erlös auswirken. Der **Erlös** ist definiert als der Gesamtwert aller Verkäufe einer Ware oder einer Dienstleistung: der Preis multipliziert mit der verkauften Menge.

(6-6) Erlös = Preis × verkaufte Menge.

Wenn wir wissen wollen, ob eine Preiserhöhung den Erlös vergrößert oder verringert, ist es von zentraler Bedeutung, den Wert der Preiselastizität zu kennen. Es gibt eine nützliche grafische Darstellung des Erlöses, die das erklärt. Diagramm (a) der **Abbildung 6-4** zeigt die gleiche Nachfragekurve wie Diagramm (a) der Abbildung 6-3. Wenn der Preis 0,90 Euro beträgt, nutzen 1.100 Fahrer die Brücke. Der Erlös bei einem Preis von 0,90 Euro ist folglich 0,90 Euro × 1.100 = 990 Euro. Dieser Wert entspricht der Fläche des hellblauen Rechtecks, dessen untere linke Ecke sich bei (0, 0) und dessen obere rechte Ecke sich bei (1.100, 0,90) befindet. Allgemein gilt: Der Erlös entspricht bei jedem gegebenen Preis der Fläche des Rechtecks, dessen Höhe der Preis und dessen Breite die Nachfragemenge bei diesem Preis ist.

Um zu verstehen, warum der Erlös wichtig ist, sehen wir uns folgendes Szenario an. Angenommen, die Brückenmaut beträgt gegenwärtig 0,90 Euro, aber die Verkehrsbehörde benötigt zusätzliches Geld für Straßenreparaturen. Ein Weg dieses Problem zu lösen wäre, die Maut zu erhöhen. Aber dieser Schuss könnte nach hinten losgehen, da eine höhere Maut die Anzahl der Fahrer reduziert, welche die Brücke benutzen. Falls der Verkehr auf der Brücke sehr stark zu-

Abb. 6-3

Einheitselastische Nachfrage, unelastische Nachfrage und elastische Nachfrage

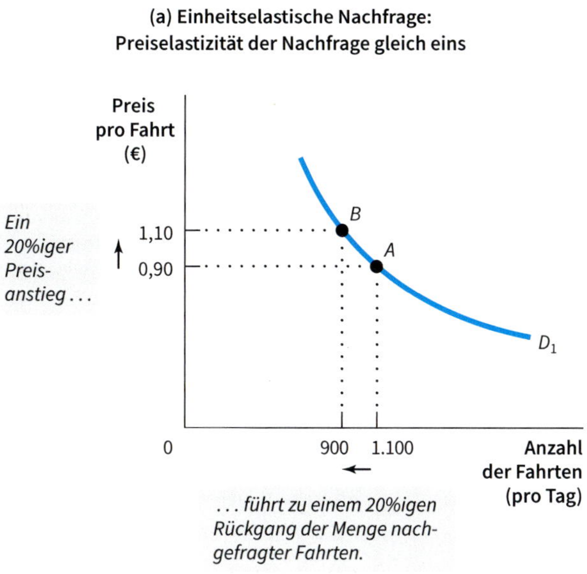

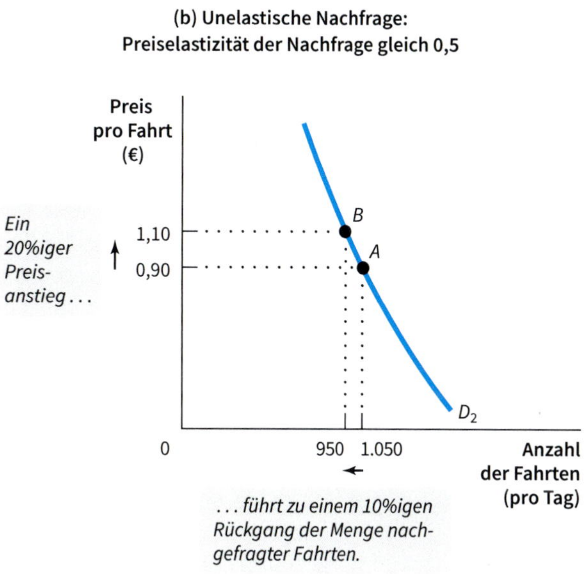

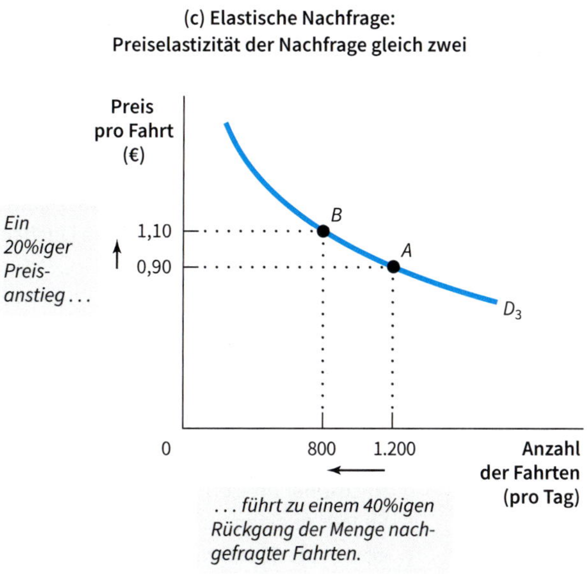

Diagramm (a) zeigt den Fall einer einheitselastischen Nachfrage: Eine 20-prozentige Preiserhöhung führt zu einem 20-prozentigen Rückgang der nachgefragten Menge, was eine Preiselastizität der Nachfrage von 1 impliziert. Diagramm (b) zeigt einen Fall unelastischer Nachfrage: Eine 20-prozentige Preiserhöhung führt zu einem 10-prozentigen Rückgang der nachgefragten Menge, was eine Preiselastizität der Nachfrage von 0,5 impliziert. Ein Fall elastischer Nachfrage wird in Diagramm (c) gezeigt: Eine 20-prozentige Preiserhöhung führt zu einem 40-prozentigen Rückgang der nachgefragten Menge, was eine Preiselastizität der Nachfrage von 2 impliziert. Alle Prozentsätze wurden unter Verwendung der Mittelwertmethode berechnet.

rückginge, könnte eine höhere Maut den Erlös verringern, anstatt ihn zu erhöhen. Daher ist es für die Verkehrsbehörde entscheidend zu wissen, wie die Autofahrer auf eine Mauterhöhung reagieren.

Wie die Mauterhöhung den Erlös aus der Erhebung des Brückenzolls beeinflusst, können wir grafisch anhand von Diagramm (b) in Abbildung 6-4 untersuchen. Bei einer Gebühr von 0,90 Euro entspricht der Erlös der Summe der Flächen *A*

Abb. 6-4

Erlös

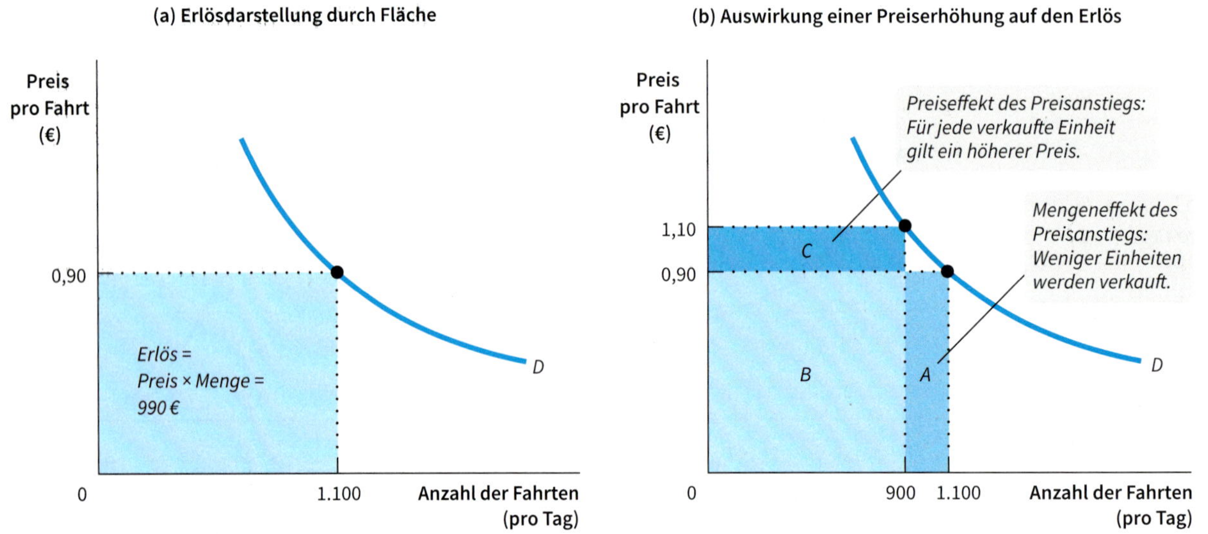

Das Rechteck in Diagramm (a) gibt den Erlös aus 1.100 mautpflichtigen Fahrten wieder, wobei eine Maut in Höhe von 0,90 Euro erhoben wird. Diagramm (b) zeigt, wie der Erlös auf eine Preiserhöhung von 0,90 Euro auf 1,10 Euro reagiert. Aufgrund des Mengeneffektes sinkt der Erlös um die Fläche *A*. Aufgrund des Preiseffektes erhöht sich der Erlös um die Fläche *C*. Der Gesamteffekt kann in Abhängigkeit der Preiselastizität der Nachfrage in beide Richtungen gehen.

und *B*. Nachdem die Gebühr auf 1,10 Euro angehoben wurde, entspricht der Erlös der Summe der Flächen *B* und *C*. Wird die Gebühr also erhöht, gehen die durch Fläche *A* repräsentierten Einnahmen verloren, jedoch werden die Einnahmen hinzugewonnen, die durch Fläche *C* dargestellt werden. Beide Flächen lassen sich ökonomisch interpretieren: Fläche *C* verkörpert den Einnahmezuwachs aus den zusätzlichen 0,20 Euro, die jeder Fahrer bezahlt, der die Brücke weiterhin benutzt. Das heißt, die 900 Autofahrer, die die Brücke weiterhin benutzen, steuern zusätzliche 0,20 Euro × 900 = 180 Euro pro Tag zum Erlös bei, was durch Fläche *C* dargestellt wird. Auf der anderen Seite führt die Preiserhöhung dazu, dass 200 Fahrer, die die Brücke bei einem Preis von 0,90 Euro benutzt hätten, dies nicht mehr tun. Daraus resultiert ein Erlösrückgang von 0,90 Euro × 200 = 180 Euro pro Tag, dargestellt durch Fläche *A*. (In diesem speziellen Beispiel hat der Anstieg der Maut keinen Einfluss auf den Erlös, da die Nachfrage einheitselastisch ist – genau wie in Diagramm (a) in Abbildung 6-3. Die Flächen A und C sind deshalb gleich groß.)

Abgesehen von den wenigen Gütern mit vollkommen elastischer oder vollkommen unelastischer Nachfrage treten zwei gegenläufige Effekte auf, wenn ein Verkäufer den Preis einer Ware erhöht:

- *Ein Preiseffekt*
  Nach einer Preiserhöhung wird jede verkaufte Einheit zu einem höheren Preis abgesetzt. Dies erhöht die Einnahmen tendenziell.
- *Ein Mengeneffekt*
  Nach einer Preiserhöhung werden weniger Einheiten verkauft. Dies vermindert die Einnahmen tendenziell.

Welcher Nettoeffekt ergibt sich daraus für den Erlös: Steigt er oder sinkt er? Die Antwort ist, dass die Wirkung auf den Erlös grundsätzlich in beide Richtungen gehen kann – eine Preiserhöhung kann den Erlös steigern oder senken. Überwiegt der Preiseffekt, der tendenziell den Erlös erhöht, dann steigt der Erlös. Überwiegt der Mengeneffekt, der tendenziell den Erlös verringert, sinkt der Erlös. Und wenn die beiden Effekte genau gleich stark sind – wie in unserem Beispiel mit der Mautbrücke, in dem ein 180-Euro-Zuwachs einen 180-Euro-Rückgang aufhebt – dann ist der Erlös nach der Preiserhöhung genauso groß wie zuvor. Die Preiselastizität der Nachfrage sagt uns, was mit dem Erlös passiert, wenn sich der Preis verändert: Ihre Größe bestimmt, welcher Effekt stärker ist – der Preiseffekt oder der Mengeneffekt. Im Einzelnen gilt:

- Wenn die Nachfrage nach einem Gut *einheitselastisch* ist (die Preiselastizität der Nachfrage genau eins ist), verändert eine Preiserhöhung den Erlös nicht. In diesem Fall gleichen sich der Mengen- und der Preiseffekt gerade aus.
- Wenn die Nachfrage nach einem Gut *unelastisch* ist (die Preiselastizität der Nachfrage kleiner als eins ist), steigert ein höherer Preis den Erlös. In diesem Fall ist der Preiseffekt stärker als der Mengeneffekt.
- Wenn die Nachfrage nach einem Gut *elastisch* ist (die Preiselastizität der Nachfrage größer als eins ist), verringert eine Preiserhöhung den Erlös. In diesem Fall ist der Mengeneffekt stärker als der Preiseffekt.

Tab. 6-2

Preiselastizität der Nachfrage und Erlös

	Preis einer Brückenüberquerung = 0,90 €	**Preis einer Brückenüberquerung = 1,10 €**
Einheitselastische Nachfrage		
(Preiselastizität der Nachfrage = 1)		
Nachgefragte Menge	1.100	900
Erlös	990 €	990 €
Unelastische Nachfrage		
(Preiselastizität der Nachfrage = 0,5)		
Nachgefragte Menge	1.050	950
Erlös	945 €	1.045 €
Elastische Nachfrage		
(Preiselastizität der Nachfrage = 2)		
Nachgefragte Menge	1.200	800
Erlös	1.080 €	880 €

Tabelle 6-2 veranschaulicht unter Verwendung der gleichen Daten wie in Abbildung 6-3, wie der Einfluss einer Preiserhöhung auf den Erlös von der Preiselastizität der Nachfrage abhängt. Eine Preiserhöhung von 0,90 Euro auf 1,10 Euro belässt den Erlös im Fall einer einheitselastischen Nachfrage unverändert bei 990 Euro. Wenn die Nachfrage unelastisch ist, überwiegt der Preiseffekt den Mengeneffekt. Dann führt der Preisanstieg zu einer Erlössteigerung von 945 Euro auf 1.045 Euro. Und wenn die Nachfrage elastisch ist, ist der Mengeneffekt stärker als der Preiseffekt. Dann führt der Preisanstieg zu einem Rückgang des Erlöses von 1.080 Euro auf 880 Euro.

Die Preiselastizität der Nachfrage gibt außerdem Auskunft über die Auswirkungen einer *Verringerung* des Preises auf den Erlös. Wenn der Preis sinkt, treten dieselben gegenläufigen Effekte auf, jedoch wirken sie nun in die entgegengesetzten Richtungen. Der Preiseffekt verringert aufgrund des niedrigeren Preises pro verkaufter Einheit tendenziell die Einnahmen. Ihm steht der Mengeneffekt gegenüber, der aufgrund der größeren Anzahl an verkauften Einheiten die Einnahmen tendenziell steigert. Welcher Effekt überwiegt, hängt von der Preiselastizität ab. Zusammenfassend gilt:

- Ist die Nachfrage *einheitselastisch,* heben sich die beiden Effekte gerade auf. Die Verringerung des Preises hat dann keinen Einfluss auf den Erlös.
- Ist die Nachfrage *unelastisch,* ist der Preiseffekt stärker als der Mengeneffekt. Daher reduziert eine Preissenkung den Erlös.
- Ist die Nachfrage *elastisch,* ist der Mengeneffekt stärker als der Preiseffekt. Daher steigert eine Senkung des Preises den Erlös.

Preiselastizität entlang der Nachfragekurve

Angenommen, ein Ökonom sagt: »Die Preiselastizität der Nachfrage nach Kaffee ist 0,25.« Dann meint er damit, dass *zum gegenwärtigen Preis* die Elastizität 0,25 beträgt. In der vorangegangenen Erörterung des Beispiels »Mautbrücke« war das, was wir wirklich beschrieben haben, die Elastizität *bei einem Preis* von 0,90 Euro. Warum diese Einschränkung? Weil sich für die überwältigende Mehrheit der Nachfragekurven die Preiselastizität der Nachfrage in einem Punkt von derjenigen in anderen Punkten auf derselben Kurve unterscheidet.

Dies kann man anhand der Tabelle in **Abbildung 6-5** erkennen. Sie zeigt einen hypothetischen Nachfrageplan, in dem zusätzlich in der letzten Spalte der Erlös angegeben wird, der durch jede Preis-Mengen-Kombination entsteht. Das obere Diagramm der Grafik in Abbildung 6-5 zeigt die dazugehörige Nachfragekurve. Das untere Diagramm veranschaulicht dieselben Daten hinsichtlich des Erlöses: Die Höhe der Säule bei jeder Nachfragemenge – die sich auf einen bestimmten Preis bezieht – misst den bei diesem Preis erzielten Erlös.

In Abbildung 6-5 kann man erkennen, dass bei einem niedrigen Preis eine Preiserhöhung den Erlös steigert: Angefangen bei einem Preis von 1 Euro erhöht ein Anheben des Preises auf 2 Euro den Erlös von 9 Euro auf 16 Euro. Dies bedeutet, dass die Nachfrage bei einem niedrigen Preis unelastisch ist. Darüber hinaus kann man sehen, dass die Nachfrage überall auf dem Abschnitt der

Abb. 6-5

Die Preiselastizität der Nachfrage ändert sich entlang der Nachfragekurve

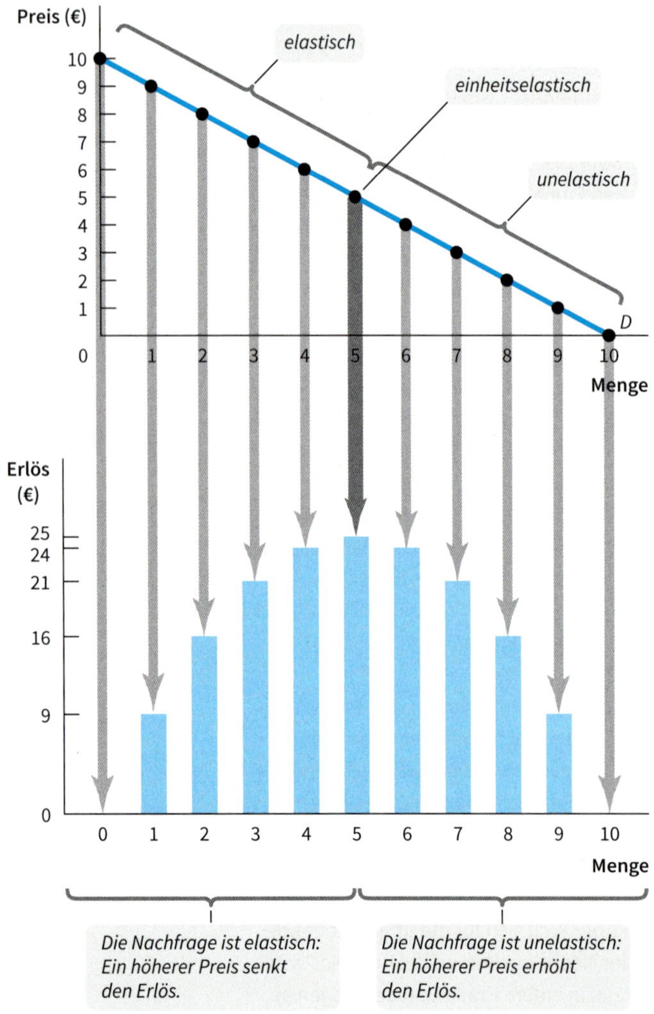

Nachfrageplan und Erlös für eine lineare Nachfragekurve

Preis (€)	Nachgefragte Menge	Erlös (€)
0	10	0
1	9	9
2	8	16
3	7	21
4	6	24
5	5	25
6	4	24
7	3	21
8	2	16
9	1	9
10	0	0

Das obere Diagramm zeigt eine Nachfragekurve. Das untere Diagramm zeigt, wie sich der Erlös entlang der Nachfragekurve ändert: Für jede Preis-Mengen-Kombination gibt die Höhe der Säulen den resultierenden Erlös wieder. Man kann erkennen, dass, von einem niedrigen Preis ausgehend, eine Preiserhöhung zu einem Anstieg des Erlöses führt. Daher ist die Nachfrage bei niedrigen Preisen unelastisch. Bei hohen Preisen führt eine Preiserhöhung jedoch zu einem Erlösrückgang. Daher ist die Nachfrage bei hohen Preisen elastisch.

Nachfragekurve unelastisch ist, der von 0 Euro bis 5 Euro reicht.

Ist der Preis jedoch hoch, reduziert eine weitere Preisanhebung den Erlös: Gehen wir von einem Preis von 8 Euro aus und erhöhen diesen auf 9 Euro, dann sinkt der Erlös von 16 Euro auf 9 Euro. Das bedeutet, dass bei einem hohen Preis die Nachfrage elastisch ist. Ferner kann man sehen, dass die Nachfrage auf dem gesamten Abschnitt der Nachfragekurve elastisch ist, der von einem Preis von 5 Euro bis zu einem Preis von 10 Euro reicht.

Für die große Mehrheit an Gütern ändert sich die Preiselastizität der Nachfrage entlang der Nachfragekurve. Wann immer man also eine Aussage über die Elastizität macht, bezieht man sich in Wirklichkeit auf einen bestimmten Punkt bzw. auf einen bestimmten Abschnitt der Nachfragekurve.

Welche Faktoren bestimmen die Preiselastizität der Nachfrage?

Investoren, die in private Rettungsdienste investieren, glauben aus zwei wichtigen Gründen, dass die Preiselastizität der Nachfrage nach Krankentransporten niedrig ist. Zum einen ist ein Krankentransport in den meisten Fällen eine medizinische Notwendigkeit. Zum anderen gibt es im Notfall keine wirkliche Alternative zu den Versorgungsmöglichkeiten eines Krankenwagens. Normalerweise hat man nicht einmal die Wahl zwischen verschiedenen Krankenwagen, da es in abgegrenzten geografischen Gebieten üblicherweise nur einen Rettungsdienstanbieter gibt. Sehr dicht besiedelte Gebiete stellen vielleicht eine Ausnahme dar, aber selbst dort ist es unwahrscheinlich, dass die Einsatzkoordinationsstelle eine Liste der verschiedenen Rettungsdienstanbieter mit den dazugehörigen Preisen zur Verfügung stellt.

Es gibt vier Hauptfaktoren, die die Elastizität bestimmen: die Art des Gutes (notwendiges Gut oder Luxusgut), die Verfügbarkeit von Substituten, der auf das Gut verwendete Anteil des Einkommens und die seit der Preisänderung verstrichene Zeit. Wir werden im Folgenden jeden Faktor kurz betrachten.

Notwendiges Gut oder Luxusgut. Die am Anfang des Kapitels geschilderte Geschichte zeigt, dass die Preiselastizität der Nachfrage tendenziell gering ist, wenn das Gut etwas ist, das unverzichtbar erscheint, wie beispielsweise ein lebensrettender Transport ins Krankenhaus. Die Preiselastizität der Nachfrage ist tendenziell hoch, wenn das Gut ein Luxusartikel ist – etwas, auf das man leicht verzichten kann. Zum Beispiel wäre für die meisten Menschen ein 55-Zoll-UHD-Fernseher ein Luxusartikel – es wäre schön, einen solchen Fernseher zu haben, aber man kann auch gut ohne ihn leben. Deshalb wird die Preiselastizität der Nachfrage für dieses Gut deutlich höher sein als für einen lebensrettenden Transport ins Krankenhaus.

Die Verfügbarkeit von Substituten. Wir haben gerade festgestellt, dass die Preiselastizität der Nachfrage tendenziell gering ist, wenn es keine nahen Substitute gibt oder diese nur schwer zu erhalten sind. Im Gegensatz dazu ist die Preiselastizität der Nachfrage tendenziell hoch, wenn es andere Güter gibt, welche die Konsumenten als gleichartig ansehen und bei denen sie bereit wären, diese anstelle des »eigentlichen« Gutes zu konsumieren. Beispielsweise sind die meisten Konsumenten der Überzeugung, dass es mehr oder weniger nahe Substitute für ihr Lieblingsmüsli gibt. Infolgedessen wird der Hersteller einer bestimmten Müslimarke, der den Preis seines Produktes signifikant erhöht, damit rechnen müssen, einen Großteil seines Erlöses (wenn nicht sogar den gesamten) an andere Marken zu verlieren, die keine Preiserhöhung durchgeführt haben.

Der auf das Gut verwendete Anteil des Einkommens. Betrachten Sie ein Gut, das einige Menschen häufig konsumieren, wie beispielsweise Benzin, das ein Pendler jeden Tag für seinen langen Weg zur und von der Arbeit benötigt. Diese Konsumenten verwenden üblicherweise einen wesentlichen Teil ihres Einkommens auf Ausgaben für Benzin. Folglich werden diese Konsumenten empfindlich auf eine Erhöhung des Benzinpreises reagieren und eine höhere Elastizität der Nachfrage aufweisen. Warum ist das so? Wenn das Gut einen erheblichen Anteil des Einkommens des Konsumenten beansprucht, lohnt es sich, bei einer Preiserhöhung, Zeit und Mühe aufzuwenden, um einen Weg zu finden, die eigene Nachfrage nach dem Gut zu senken. Es wäre beispielsweise möglich, sich Mitfahrer zu organisie-

WISSENSCHAFT UND PRAXIS

Die Preiselastizität des Studiums

Die Studiengebühren in den Vereinigten Staaten werden immer höher. In der letzten 15 Jahren sind Studiengebühren jedes Jahr um 5 bis 6 Prozentpunkte stärker angestiegen als die allgemeinen Lebenshaltungskosten. Hochschulen und Politiker fragen sich, ob die wachsenden Studiengebühren junge Menschen davon abhalten ein Studium aufzunehmen. Und wenn ja, in welchem Ausmaß?

In den Vereinigten Staaten wird zwischen zwei Arten weiterführender Ausbildung (nach Abschluss der Highschool) unterschieden. Auf der einen Seite gibt es sogenannte »Community Colleges« oder »Two-Year Colleges«, die zweijährige Studiengänge anbieten. Diese Studiengänge sind praxisbezogen; sie umfassen Praktika und Kooperationen. Sie führen nicht zu einem Universitätsabschluss. Auf der anderen Seite gibt es Universitäten, die vierjährige Studiengänge anbieten und deshalb auch »Four-Year Colleges« genannt werden. Inhalte und Strukturen entsprechen denen europäischer Universitäten. Die Studiengebühren für Zwei-Jahres-Programme sind nicht nur aufgrund der kürzeren Dauer deutlich niedriger als für Vier-Jahres-Programme.

Mehrere Studien haben gezeigt, dass höhere Studiengebühren zu anhaltenden negativen Auswirkungen auf die Zahl der Neuanmeldungen (Immatrikulationen) führen. Die einzelnen Schätzungen für die Preiselastizität der Nachfrage nach einem vierjährigen Studiengang bewegen sich dabei in einer Bandbreite von 0,67 bis 0,76. Das bedeutet, dass eine Erhöhung der Studiengebühren um 3 Prozent für einen vierjährigen Studiengang zu einem Rückgang bei der Zahl der Immatrikulationen von ungefähr 2 Prozent führt (0,03 × 0,67). Bei zweijährigen Studiengängen fällt die Reaktion deutlich stärker aus. Hier lässt ein Anstieg der Studiengebühren um 3 Prozent die Zahl der Immatrikulationen um 2,7 Prozent zurückgehen, was einer Preiselastizität von 0,9 entspricht.

Für Studierende, die auf finanzielle Unterstützung angewiesen sind, liegt die Preiselastizität der Nachfrage sogar bei 1,18, sodass ein Anstieg der Studiengebühren um 3 Prozent hier zu einem Rückgang bei der Zahl der Immatrikulationen von 3,54 Prozent führt. Auch wenn sich Stipendien und Studienkredite generell positiv auf die Zahl der Immatrikulationen auswirken, so ist der messbare Effekt eher gering. Bei einer Preiselastizität der Nachfrage von 0,33 führt eine dreiprozentige Erhöhung bei Stipendien zu einem Anstieg der Zahl der Immatrikulationen in Höhe von 1 Prozent. Und mit einer Preiselastizität der Nachfrage von 0,12 bewirkt ein dreiprozentiger Anstieg bei Studienkrediten lediglich einen Anstieg bei den Immatrikulationen von 0,36 Prozent.

Diese Zahlen belegen, dass selbst höhere Studienbeihilfen rückläufige Immatrikulationen als Folge höherer Studiengebühren nicht verhindern können. Für Studierende sind also nicht nur die »Netto-Studiengebühren« relevant (die Höhe der Studiengebühren abzüglich der finanziellen Unterstützung), sondern auch die Frage, wie sich die Studiengebühren zusammensetzen. Studierende bevorzugen die Option »niedrige Studiengebühren« gegenüber der Option »höhere Studiengebühren und höhere finanzielle Unterstützung«.

Höhere Studiengebühren erschweren also nachweislich den Zugang zu einer weiterführenden Ausbildung. Dieses Fazit trifft jedoch mehr auf zweijährige Studiengänge an Community Colleges und weniger auf vierjährige Studiengänge an Universitäten zu. Studierende an Community Colleges kommen für ihre Studiengebühren tendenziell selbst auf und müssen daher im Vergleich zu Studierenden an Universitäten einen höheren Anteil ihres Einkommens für Studiengebühren aufwenden.

Studierende an Community Colleges reagieren auch stärker auf Änderungen der Arbeitslosenquote. Ein Anstieg der Arbeitslosenquote führt zu einer höheren Anzahl an Studienanfängern. Diese Reaktion zeigt, dass die Studierenden eine bewusste Entscheidung für eine weiterührende Ausbildung und gegen die Arbeitslosigkeit treffen und dabei die Ausbildung als Substitut für ihre Zeit ansehen.

Und ein Anstieg der Studiengebühren hat auch einen größeren Einfluss auf Studierende, die auf finanzielle Unterstützung angewiesen sind. Das lässt sich möglicherweise dadurch erklären, dass Studierende, die auf finanzielle Unterstützung angewiesen sind, aus Angst vor einem möglichen Verlust ihres Stipendiums oder aus Sorge über die Rückzahlung ihrer Studienkredite stärker auf einen Anstieg der Studiengebühren reagieren.

ren statt alleine zu fahren. Im Gegensatz dazu geben Menschen, die eher wenig Benzin verbrauchen, beispielsweise Berufstätige, die ihren Arbeitsweg zu Fuß oder mit öffentlichen Verkehrsmittel bestreiten, einen kleineren Teil ihres Einkommens für Benzin aus, und haben deshalb auch eine niedrigere Elastizität der Nachfrage.

Zeit. Im Allgemeinen gilt: Die Preiselastizität der Nachfrage steigt tendenziell an, wenn der Zeitraum zunimmt, der den Konsumenten für die Anpassung an eine Preiserhöhung zur Verfügung steht. Aus diesem Grund ist die langfristige Preiselastizität der Nachfrage oftmals höher als die kurzfristige.

Ein gutes Beispiel hierfür ist die Verhaltensänderung von US-Amerikanern in den letzten 20 Jahren als Reaktion auf höhere Benzinpreise. Im Jahr 1998 kostete ein Liter Benzin in den Vereinigten Staaten lediglich 0,26 Dollar. Im Laufe der Jahre stiegen die Benzinpreise jedoch stetig an, sodass im Jahr 2008 ein Liter Benzin mehr als 1,06 Dollar kostete. Im Laufe der Zeit passten sich die Verbraucher allmählich den höheren Preisen an und senkten ihren Benzinverbrauch auf verschiedene Art und Weise. Diese Veränderungen lassen sich anhand der Daten des Benzinverbrauchs in den Vereinigten Staaten nachvollziehen: Der Konsum wies ungefähr bis zum Jahr 2003 viele Schwankungen auf und fiel danach steil ab.

Im Jahr 2013 kauften die US-Amerikaner im Durchschnitt nicht einmal 1,3 Milliarden Liter Benzin pro Tag und damit weniger als im Jahr 2007 (1,44 Milliarden Liter täglich) und viel weniger , als es nach der Konsumtrendlinie zu erwarten gewesen wäre (1,7 Milliarden Liter täglich). Diese Beobachtung bestätigt, dass die langfristige Preiselastizität der Nachfrage für Benzin tatsächlich deutlich größer ist als die kurzfristige Preiselastizität.

Im Zeitraum 2014 bis 2016 gingen die Benzinpreise dann deutlich zurück und lagen im Durchschnitt bei 0,66 Dollar je Liter. Und mit den sinkenden Benzinpreisen stieg der Benzinverbrauch wieder an. Im Jahr 2016, als der Benzinpreis nur noch 0,46 Dollar je Liter betrug, war der Benzinverbrauch auf 1,5 Milliarden Liter täglich gestiegen. In den Folgejahren blieb der Benzinverbrauch nahezu unverändert, da die Auswirkungen der wieder steigenden Benzinpreise durch die höhere Effizienz beim Kraftstoffverbrauch von Neuwagen kompensiert wurde. Mit dem Ausbruch der Covid-19-Pandemie kam es dann zu einem drastischen Einbruch des Benzinverbrauchs.

Kurzzusammenfassung

- Eine **vollkommen elastische Nachfrage** liegt vor, wenn sie überhaupt nicht auf Preisänderungen reagiert. Die **Nachfrage ist vollkommen elastisch**, wenn sie unendlich stark auf Preisänderungen reagiert.
- Die **Nachfrage ist elastisch**, wenn die Preiselastizität der Nachfrage größer als eins ist, sie ist **unelastisch**, wenn die Preiselastizität der Nachfrage kleiner als eins ist und **einheitselastisch** bzw. **proportional elastisch**, wenn die Preiselastizität der Nachfrage genau eins ist.
- Ist die Nachfrage elastisch, dominiert der Mengeneffekt einer Preiserhöhung den Preiseffekt, und der **Erlös** sinkt. Ist die Nachfrage unelastisch, dominiert der Preiseffekt einer Preiserhöhung den Mengeneffekt und der Erlös steigt.
- Da sich die Preiselastizität der Nachfrage entlang der Nachfragekurve verändern kann, beziehen sich Ökonomen auf einen bestimmten Punkt der Nachfragekurve, wenn sie von »der« Preiselastizität der Nachfrage sprechen.
- Die Verfügbarkeit naher Substitute erhöht die Elastizität der Nachfrage nach einem Gut. Auch die Dauer der verstrichenen Zeit seit der Preisänderung hat diesen Effekt. Die Nachfrage nach einem unverzichtbaren Gut ist weniger elastisch als die nach einem Luxusgut. Die Nachfrage nach Gütern, auf die lediglich ein kleiner Teil des Einkommens eines Verbrauchers verwendet wird, ist tendenziell unelastisch; für Güter, die einen Großteil des Einkommens beanspruchen, ist sie tendenziell elastisch.

ÜBERPRÜFEN SIE IHR WISSEN

1. Bestimmen Sie für jeden der folgenden Fälle, ob es sich um eine elastische, unelastische oder einheitselastische Nachfrage handelt.

a. Mit steigendem Preis sinkt der Erlös.

b. Der zusätzliche Erlös, der sich aus der Erhöhung der verkauften Menge ergibt, wird genau durch den Erlösrückgang ausgeglichen, der sich aus der Verminderung des pro Einheit erzielten Preises ergibt.

c. Der Erlös geht mit steigendem Output zurück.

d. Die Unternehmen eines Wirtschaftsbereiches stellen fest, dass sie ihren gesamten Erlös erhöhen können, wenn sie sich zusammentun und die Produktionsmenge des betreffenden Wirtschaftsbereiches senken.

2. Wie hoch ist die Nachfrageelastizität für die folgenden Güter? Erläutern Sie Ihre Auffassung! Welches Aussehen hat die Nachfragekurve?

a. Die Nachfrage des Opfers eines Schlangenbisses nach einem Gegengift.

b. Die Nachfrage von Studierenden nach grünen Radiergummis.

6.3 Andere Nachfrageelastizitäten

Die Nachfragemenge eines Gutes hängt nicht nur vom Preis des Gutes, sondern auch von anderen Größen ab. Von besonderer Bedeutung ist, dass sich Nachfragekurven infolge von Preisänderungen ähnlicher Güter und infolge von Änderungen im Einkommen der Konsumenten verschieben. Oft ist es von Bedeutung, ein Maß für diese anderen Effekte zu haben. Das beste Messinstrument sind – Sie haben es sich schon gedacht – Elastizitäten. Präzise formuliert: Wie die Nachfrage nach einem Gut von den Preisen anderer Güter beeinflusst wird, können wir am besten mittels eines Instruments messen, das *Kreuzpreiselastizität der Nachfrage* genannt wird. Wie die Nachfrage nach einem Gut durch Veränderungen des Einkommens beeinflusst wird, können wir am besten mittels der *Einkommenselastizität der Nachfrage* bestimmen.

Die **Kreuzpreiselastizität der Nachfrage** zweier Güter misst die Auswirkung des Preisanstiegs eines Gutes auf die nachgefragte Menge des anderen Gutes. Sie entspricht dem Quotienten aus der prozentualen Änderung der Nachfragemenge des einen Gutes und der prozentualen Preisänderung des anderen Gutes.

Die Kreuzpreiselastizität der Nachfrage

In Kapitel 3 wurde gezeigt, dass die Nachfrage nach einem Gut häufig von den Preisen anderer, verwandter Güter – Substitutionsgüter und Komplementärgüter – beeinflusst wird. Dort wurde dargelegt, dass die Änderung des Preises eines derartigen Gutes die Nachfragekurve des ursprünglichen Gutes verschiebt. Diese Verschiebung reflektiert, dass sich für jeden gegebenen Preis die nachgefragte Menge geändert hat. Die Bedeutung solch eines »Kreuz«-Effektes auf die Nachfrage kann durch die **Kreuzpreiselastizität der Nachfrage** gemessen werden. Sie ist definiert als das Verhältnis der prozentualen Änderung der Nachfragemenge eines Gutes zur prozentualen Preisänderung des anderen Gutes. Auch die Kreuzpreiselastizität der Nachfrage lässt sich, analog zur Vorgehensweise bei der Preiselastizität der Nachfrage, mithilfe der Mittelwertmethode berechnen.

(6-7) Kreuzpreiselastizität der Nachfrage zwischen den Gütern A und B

$$= \frac{\text{prozentuale Änderung der Nachfragemenge von } A}{\text{prozentuale Änderung des Preises von } B}$$

Sind zwei Güter Substitute, wie beispielsweise Hotdogs und Hamburger, ist die Kreuzpreiselastizität der Nachfrage positiv: Steigt der Preis von Hotdogs, erhöht dies die Nachfrage nach Hamburgern – das heißt, dadurch wird eine Verschiebung der Nachfragekurve für Hamburger nach rechts verursacht. Sind die Güter nahe Substitute, ist die Kreuzpreiselastizität positiv und groß; sind sie keine nahen Substitute, ist die Kreuzpreiselastizität positiv und klein. Ist also die Kreuzpreiselastizität der Nachfrage positiv, kann man an ihrer Höhe ablesen, wie stark die Güter Substitute sind.

Wenn zwei Güter Komplementärgüter sind, wie beispielsweise Hotdogs und Hotdog-Brötchen, ist die Kreuzpreiselastizität der Nachfrage negativ. Eine Verteuerung der Hotdogs verringert die Nachfrage nach Hotdog-Brötchen. Der Preisanstieg verschiebt die Nachfragekurve der Hotdog-Brötchen nach links. Wie bei den Substituten macht die Höhe der Kreuzpreiselastizität der Nachfrage auch bei Komplementärgütern eine Aussage über die Stärke der komplementären Beziehung. Liegt die Kreuzpreiselastizität nur wenig unterhalb von null, handelt es sich um schwach komplementäre Güter; ist sie deutlich negativ, handelt es sich um stark komplementäre Güter.

Es ist sehr wichtig, bei der Kreuzpreiselastizität der Nachfrage das Vorzeichen (plus oder minus) zu beachten. Daran können wir erkennen, ob Komplementärgüter oder Substitute vorliegen. Wir dürfen daher das Minuszeichen nicht vernachlässigen – anders als bei der Preiselastizität der Nachfrage.

Unsere Erörterung der Kreuzpreiselastizität der Nachfrage ist eine gute Gelegenheit, um auf einen bereits früher herausgestellten Punkt zurückzukommen: Die Elastizität ist eine *dimensionslose* Größe – sie hängt also nicht von den Einheiten ab, in denen Güter gemessen werden.

Um das potenzielle Problem zu erkennen, das sich ergibt, wenn wir *keine* dimensionslosen Größen verwenden, nehmen Sie an, Ihnen habe jemand mitgeteilt, dass »die Konsumenten dieses Jahr eine Million Hotdogs weniger kaufen werden, wenn der Preis von Hotdog-Brötchen um 0,30 Euro steigt«. Falls Sie jemals Hotdog-Brötchen gekauft haben, werden Sie sich sofort fragen: Ist das eine 0,30-Euro-Erhöhung des Preises *pro Brötchen* oder ist es eine 0,30-Euro-Erhöhung des Preises *pro Packung* (die beispielsweise 6 oder auch 12 Brötchen enthalten kann)? Es bedeutet einen großen Unterschied, über welche Einheiten wir reden!

Wenn jedoch jemand sagt, dass die Kreuzpreiselastizität der Nachfrage zwischen Hotdog-Brötchen und Hotdogs – 0,3 ist, spielt es keine Rolle, ob die Brötchen einzeln oder in Packungen verkauft werden. Weil Elastizitäten als ein Verhältnis prozentualer Änderungen definiert sind, kommt keine Verwirrung wegen unterschiedlicher Einheiten auf.

Die Einkommenselastizität der Nachfrage

Die **Einkommenselastizität der Nachfrage** ist ein Maß dafür, wie sehr die Nachfrage nach einem Gut von Änderungen des Einkommens der Konsumenten beeinflusst wird. Sie ermöglicht uns zu bestimmen, ob ein Gut normal oder inferior ist, sowie zu messen, wie stark die Nachfrage nach einem Gut auf Änderungen des Einkommens reagiert.

Die **Einkommenselastizität der Nachfrage** ist der Quotient aus der prozentualen Änderung der Nachfrage nach einem Gut (aufgrund einer Veränderung des Einkommens) und der prozentualen Einkommensänderung des Konsumenten.

(6-8) Einkommenselastizität der Nachfrage

$$= \frac{\text{prozentuale Änderung der Nachfragemenge}}{\text{prozentuale Änderung des Einkommens}}$$

Ebenso wie die Kreuzpreiselastizität der Nachfrage zwischen zwei Gütern entweder positiv oder negativ sein kann, je nachdem, ob es sich um Substitute oder Komplementärgüter handelt, kann auch die Einkommenselastizität der Nachfrage nach einem Gut entweder positiv oder negativ sein. Zur Erinnerung: Güter können entweder *normale Güter* sein, d. h. die Nachfrage steigt, wenn das Einkommen steigt, oder *inferiore Güter*, d. h. die Nachfrage sinkt, wenn das Einkommen steigt. Diese Definitionen stehen in direkter Beziehung zum Vorzeichen der Einkommenselastizität der Nachfrage:

1. Wenn die Einkommenselastizität der Nachfrage positiv ist, handelt es sich um ein normales Gut – das heißt, die Nachfragemenge steigt bei jedem gegebenen Preis, wenn das Einkommen steigt. Und die Nachfragemenge sinkt bei jedem gegebenen Preis, wenn das Einkommen zurückgeht.
2. Wenn die Einkommenselastizität der Nachfrage negativ ist, handelt es sich um ein inferiores Gut – das heißt, die Nachfragemenge sinkt bei jedem gegebenen Preis, wenn das Einkom-

LÄNDER IM VERGLEICH

Der Anteil von Lebensmitteln am Einkommen

Die Einkommenselastizität der Nachfrage ist bei Lebensmitteln kleiner als 1. Die Nachfrage bei Lebensmitteln reagiert also einkommensunelastisch. Mit steigenden Einkommen geben die Verbraucher einen immer kleiner werdenden Anteil ihres Einkommens für Lebensmittel aus.

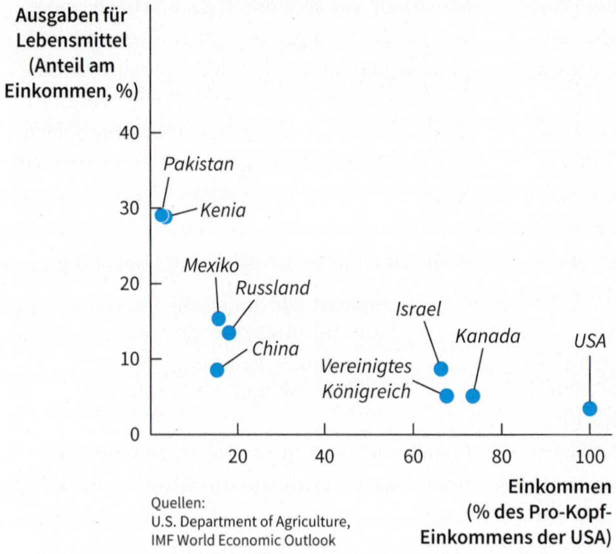

Quellen: U.S. Department of Agriculture, IMF World Economic Outlook

Wir würden also vermuten, dass Menschen in armen Ländern einen größeren Anteil ihres Einkommens für Lebensmittel ausgeben als Menschen in reichen Ländern. Genau diese Vermutung bestätigt sich auch in den Daten. In der Abbildung vergleichen wir das Einkommen pro Kopf – also das Gesamteinkommen des Landes geteilt durch die Bevölkerungsanzahl – mit dem Anteil des Einkommens, das auf Lebensmittel verwendet wird. (Das Pro-Kopf-Einkommen wird als Prozentsatz des Pro-Kopf-Einkommens der US-Amerikaner gemessen, um die Abbildung auf eine überschaubare Größe zu bringen.)

In sehr armen Ländern wie Pakistan geben die Menschen einen großen Anteil ihres Einkommens für Lebensmittel aus. In Ländern mit mittleren Einkommen, wie Israel und Mexiko, ist der auf Lebensmittel verwendete Anteil des Einkommens deutlich niedriger. Und in reichen Ländern wie den Vereinigten Staaten ist er noch geringer.

men steigt. Und die Nachfragemenge steigt bei jedem gegebenen Preis, wenn das Einkommen zurückgeht.

Ökonomen verwenden häufig Schätzungen der Einkommenselastizität der Nachfrage, um vorherzusagen, welche Industriezweige am schnellsten wachsen, wenn das Einkommen der Konsumenten im Zeitverlauf steigt. Dabei finden sie es oft nützlich, eine weitere Unterscheidung der normalen Güter zu treffen. Sie ermitteln, welche Güter *einkommenselastisch* und welche *einkommensunelastisch* sind.

Eine **einkommenselastische Nachfrage** nach einem Gut liegt vor, wenn die Einkommenselastizität der Nachfrage nach diesem Gut größer als eins ist. Bei steigendem Einkommen erhöht sich die Nachfrage einkommenselastischer Güter *schneller* als das Einkommen. Luxusgüter, wie beispielsweise Zweitwohnungen und Auslandsreisen, neigen dazu, einkommenselastisch zu sein.

Eine **einkommensunelastische Nachfrage** nach einem Gut liegt vor, wenn die Einkommenselastizität der Nachfrage nach diesem Gut positiv, aber kleiner als eins ist. Bei wachsendem Einkommen erhöht sich auch die Nachfrage einkommensunelastischer Güter, jedoch *langsamer* als das Einkommen. Güter des täglichen Bedarfs, wie beispielsweise Lebensmittel und Kleidung, sind eher einkommensunelastisch.

Die **Nachfrage** nach einem Gut ist **einkommensunelastisch**, wenn die Einkommenselastizität der Nachfrage positiv, aber kleiner als eins ist.

Die **Nachfrage** nach einem Gut ist **einkommenselastisch**, wenn die Einkommenselastizität der Nachfrage größer als eins ist.

WISSENSCHAFT UND PRAXIS

Einkommenselastizitäten in den Vereinigten Staaten

Das US Bureau of Labor Statistics führt umfangreiche Studien zur Frage durch, wie Familien ihre Einkommen ausgeben. Dahinter steckt nicht nur intellektuelle Neugier. Viele US-amerikanische Regierungsprogramme sehen einen gewissen Ausgleich für Änderungen der Lebenshaltungskosten vor. Um diese Änderungen abschätzen zu können, muss die Regierung wissen, wie die Menschen ihr Einkommen ausgeben. Ein Nebenprodukt der Studien des Bureau of Labor Statistics sind Aussagen über die Einkommenselastizität der Nachfrage nach verschiedenen Gütern.

Welche Ergebnisse dieser Studien sind auffällig? Ein als »klassisch« zu bezeichnendes Ergebnis ist: Die Einkommenselastizität der Nachfrage nach »zu Hause gegessenen Lebensmitteln« ist wesentlich geringer als 1. Mit steigendem Familieneinkommen sinkt der Anteil des Einkommens, der für zu Hause verzehrtes Essen aufgewendet wird. Dementsprechend ist der Einkommensanteil, der hierfür aufgewendet wird, umso höher, je niedriger das Einkommen einer Familie ist.

In armen Ländern geben viele Familien mehr als die Hälfte ihres Einkommens für Nahrungsmittel aus, die sie zu Hause verzehren. Während die Einkommenselastizität von »zu Hause verzehrtem Essen« in den Vereinigten Staaten auf weniger als 0,5 geschätzt wird, wird die Einkommenselastizität von »außerhalb der eigenen vier Wände verzehrtem Essen« viel höher veranschlagt – nahe bei 1.

Familien mit höherem Einkommen gehen häufiger und in schickeren Restaurants essen. Im Jahr 1950 wurden etwa 19 Prozent des US-Einkommens für zu Hause verzehrte Lebensmittel ausgegeben. Heute ist dieser Anteil auf unter 6 Prozent gefallen. Aber im gleichen Zeitraum ist der Anteil des US-Einkommens, der für Mahlzeiten außer Haus aufgewendet wird, konstant bei 5 Prozent verblieben. Tatsächlich ist ein sicheres Zeichen für steigende Einkommensniveaus in Entwicklungsländern das Aufkommen von Fast-Food-Restaurants, die auf die neu entstehende Mittelschicht ausgerichtet sind. So findet man McDonald's inzwischen an Orten wie Hanoi, Jakarta und Mumbai.

Die Studien weisen auch ein deutliches Beispiel für ein inferiores Gut aus: Mietwohnungen. Familien mit höherem Einkommen geben weniger für die Miete aus als Familien mit niedrigerem Einkommen, denn der Besitz eines eigenen Hauses ist für die erste Gruppe viel wahrscheinlicher. Die als »sonstige Unterkünfte« bezeichnete Kategorie – die im Grunde »Ferienwohnungen« bedeutet – ist hochgradig einkommenselastisch. Nur besser verdienende Familien können sich eine Ferienwohnung überhaupt leisten, deshalb haben »sonstige Unterkünfte« eine Einkommenselastizität der Nachfrage von größer als 1.

Kurzzusammenfassung

- Güter sind Substitute, wenn die **Kreuzpreiselastizität der Nachfrage** positiv ist. Güter stehen in komplementärer Beziehung, wenn die Kreuzpreiselastizität der Nachfrage negativ ist.
- Inferiore Güter zeichnen sich durch eine negative **Einkommenselastizität der Nachfrage** aus. Die meisten Güter sind aber normale Güter. Deren Einkommenselastizität der Nachfrage ist positiv.
- Bei normalen Gütern ist die **Nachfrage einkommenselastisch**, wenn die Einkommenselastizität der Nachfrage größer als 1 ist, oder die Nachfrage ist **einkommensunelastisch**, wenn die Einkommenselastizität der Nachfrage positiv, aber kleiner als 1 ist.

ÜBERPRÜFEN SIE IHR WISSEN

1. Nachdem Karlottas Einkommen von 12.000 Euro auf 18.000 Euro pro Jahr gestiegen ist, haben ihre (kostenpflichtigen) Downloads bei Spotify von 100 auf 400 pro Jahr zugenommen. Berechnen Sie Karlottas Einkommenselastizität der Nachfrage nach Downloads unter Verwendung der Mittelwertmethode.
2. Teure Essen im Restaurant sind für die meisten Menschen einkommenselastische Güter. Dies gilt auch für Sebastian. Nehmen Sie an, dass sein Einkommen in diesem Jahr um 10 Prozent sinkt. Was lässt sich über die Änderung von Sebastians Ausgaben für teure Essen im Restaurant prognostizieren?
3. Als Reaktion auf den Anstieg des Margarinepreises um 20 Prozent reagiert ein Hersteller von Backwaren mit einer Erhöhung seiner Nachfrage nach Butter um 5 Prozent. Berechnen Sie die Kreuzpreiselastizität der Nachfrage zwischen Butter und Margarine. Sind für diesen Hersteller Butter und Margarine Substitute oder Komplementärgüter?

6.4 Die Preiselastizität des Angebotes

Die **Preiselastizität des Angebotes** ist ein Maß für die Empfindlichkeit der Angebotsmenge eines Gutes gegenüber dem Preis des Gutes. Sie gibt das Verhältnis aus der prozentualen Änderung der Angebotsmenge und der prozentualen Preisänderung an, wenn wir uns entlang der Angebotskurve bewegen.

Das begrenzte Angebot ist unabhängig vom Standort ein wesentliches Merkmal eines jeden Marktes für Rettungsdienste. So wäre es im Fall von Kira Mills schwieriger gewesen, mehr als 1.700 Dollar für eine fünfzehnminütige Fahrt ins nächste Krankenhaus zu verlangen, wenn es in der näheren Umgebung mehrere kostengünstigere Anbieter von Rettungsdienstleistungen gegeben hätte. Es gibt jedoch gute ökonomische Gründe für ein begrenztes Angebot: Wer würde in einem tatsächlichen medizinischen Notfall seine Gesundheit und Sicherheit einem Billig-Rettungsdienstleister anvertrauen wollen? Und wer würde Rettungsdienstleistungen anbieten wollen, wenn zwar die anfallenden Kosten für eine Qualitätsdienstleistung getragen werden müssen, aber keine hohen und damit kostendeckenden Preise verlangt werden können? Es überrascht daher nicht, dass es in den meisten Gegenden lediglich einen Anbieter von Rettungsdienstleistungen gibt.

Zusammenfassend lässt sich sagen, dass ein begrenztes Angebot für Anbieter von Rettungsdienstleistungen maßgeblich ist, um hohe Preise verlangen zu können. Eine Begrenzung des Angebotes sorgt dafür, dass die Angebotsmenge (»Angebotsmenge« ist die Kurzform für »angebotene Menge«) unempfindlich reagiert, wenn der Preis für einen Krankentransport steigt. Um die Reaktion eines Rettungsdienstleisters auf Preisänderungen zu messen, brauchen wir ein zur Preiselastizität der Nachfrage analoges Messinstrument – die *Preiselastizität des Angebotes*.

Messung der Preiselastizität des Angebotes

Die **Preiselastizität des Angebotes** ist auf die gleiche Weise definiert wie die Preiselastizität der Nachfrage:

(6-9) Preiselastizität des Angebotes

$$= \frac{\text{prozentuale Änderung der Angebotsmenge}}{\text{prozentuale Änderung des Preises}}$$

Auch die Preiselastizität des Angebotes wird mithilfe der Mittelwertmethode berechnet. Der einzige Unterschied besteht darin, dass wir diesmal Bewegungen entlang der Angebotskurve betrachten anstatt Bewegungen entlang der Nachfragekurve.

Angenommen, der Tomatenpreis steigt um 10 Prozent. Steigt die Menge der angebotenen Tomaten als Reaktion darauf ebenfalls um 10 Prozent, ist die Preiselastizität des Tomatenangebotes 1 (10 Prozent/10 Prozent). Das Angebot ist also einheitselastisch. Steigt die Angebotsmenge als Reaktion auf die Preiserhöhung um 5 Prozent, beträgt die Preiselastizität des Angebotes 0,5 und das Angebot ist unelastisch. Steigt die Menge um

20 Prozent an, beträgt die Preiselastizität des Angebotes 2 und das Angebot ist elastisch.

Wie im Fall der Nachfrage haben die zu den Extremwerten der Preiselastizität des Angebotes gehörenden Angebotskurven einen sehr einfachen grafischen Verlauf.

Diagramm (a) der **Abbildung 6-6** zeigt das Angebot an Mobilfunkfrequenzen, dem Teil des Funkspektrums, der für das Senden und Empfangen von Mobilfunksignalen geeignet ist. Regierungen besitzen das Recht, innerhalb ihrer Grenzen die Nutzung dieses Teils des Funkspektrums an Mobiltelefon-Gesellschaften zu verkaufen. Regierungen verkauften vor Kurzem ihre Mobilfunkfrequenzen mittels einer Auktion an die Meistbietenden. Die Regierungen haben aber keine Möglichkeit, die Anzahl der Mobilfunkfrequenzen, die sie anbieten können, zu vergrößern oder zu verringern – aus technischen Gründen ist die Menge der für Mobiltelefonnutzung geeigneten Frequenzen fix. Daher ist die Angebotskurve für Mobilfunkfrequenzen eine senkrechte Linie, von der wir annehmen, dass sie auf die Menge von 100 Frequenzen festgesetzt ist. Wenn man sich entlang dieser Kurve nach oben oder unten bewegt, verändert sich die von der Regierung angebotene Menge nicht, wie groß die Preisänderung auch immer ist. Damit stellt Diagramm (a) einen Fall dar, bei dem die Preiselastizität des Angebotes null ist. Es handelt sich um ein **vollkommen unelastisches Angebot**.

Diagramm (b) stellt die Angebotskurve für Pizza dar. Wir nehmen an, dass die Herstellung einer Pizza 12 Euro kostet, einschließlich aller Opportunitätskosten, wie der impliziten Kosten der Investition in Restaurantausstattung. Zu jedem Preis unterhalb von 12 Euro wäre es unrentabel, Pizza herzustellen. Alle Pizzerien müssten das Geschäft aufgeben. Andererseits soll es viele Pizzabäcker geben, die Pizzerien betreiben könn-

Ein **vollkommen unelastisches Angebot** liegt vor, wenn die Preiselastizität des Angebotes null beträgt. In diesem Fall haben Preisänderungen des Gutes keine Auswirkungen auf die angebotene Menge. Eine vollkommen unelastische Angebotskurve verläuft senkrecht.

Abb. 6-6

Die Preiselastizität des Angebotes: zwei Extremfälle

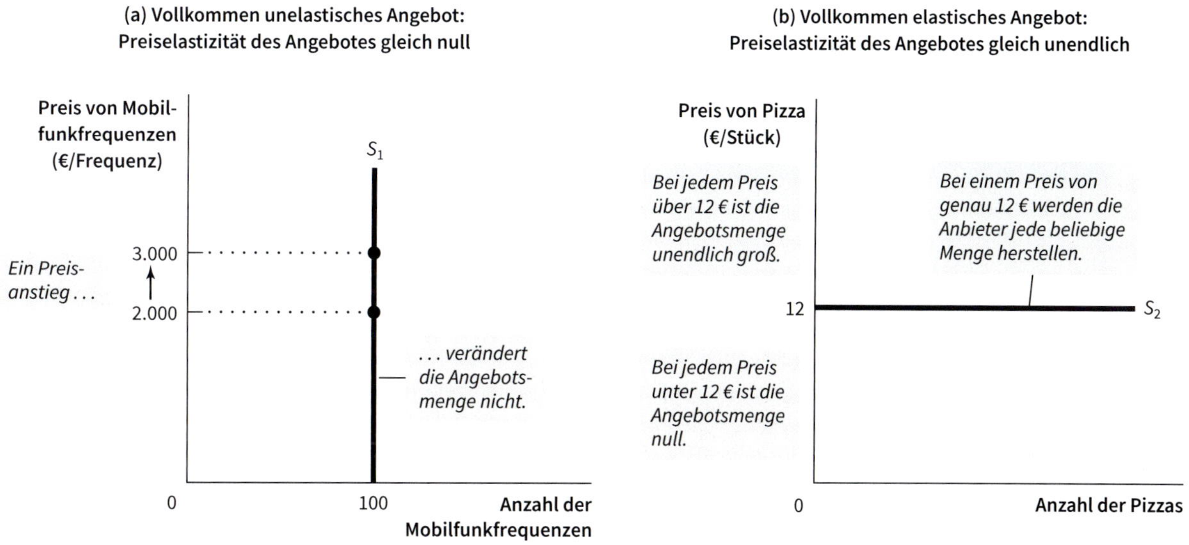

Diagramm (a) zeigt eine vollkommen unelastische Angebotskurve, die senkrecht verläuft. Die Preiselastizität des Angebotes ist null: Unabhängig vom Preis ist die angebotene Menge stets dieselbe. Diagramm (b) zeigt eine vollkommen elastische Angebotskurve, welche die Gestalt einer waagerechten Linie aufweist. Bei einem Preis von 12 Euro sind die Produzenten bereit, jede beliebige Menge anzubieten. Liegt der Preis unterhalb von 12 Euro, wird nichts angeboten; liegt der Preis oberhalb von 12 Euro, wird eine extrem große Menge angeboten.

ten, wenn sie profitabel wären. Die Zutaten – Teig, Tomaten, Käse – sind reichlich vorhanden. Und falls notwendig, könnten mehr Tomaten angebaut werden, mehr Milch für die Herstellung von Mozzarella produziert werden usw. Also würde jeder Preis über 12 Euro ein überaus großes Pizzaangebot hervorrufen. Die implizierte Angebotskurve ist deshalb eine waagerechte Linie bei 12 Euro. Weil bereits eine winzige Erhöhung des Preises zu einem gewaltigen Anstieg der angebotenen Menge führen würde, ist die Preiselastizität des Angebotes mehr oder weniger unendlich. In diesem Fall haben wir es daher mit einem **vollkommen elastischen Angebot** zu tun.

Ein **vollkommen elastisches Angebot** liegt vor, wenn bereits eine marginale Erhöhung oder Reduktion des Preises sehr große Änderungen der Angebotsmenge hervorruft. Die Preiselastizität des Angebotes ist in diesem Fall unendlich. Eine vollkommen elastische Angebotskurve verläuft waagerecht.

Wie unser Mobiltelefon- und unser Pizzabeispiel andeuten, lassen sich sowohl für ein vollkommen unelastisches als auch für ein vollkommen elastisches Angebot leicht reale Fälle finden – viel leichter als ihre Gegenstücke bei der Nachfrage.

Welche Faktoren bestimmen die Preiselastizität des Angebotes?

Unsere Beispiele zeigen uns den wichtigsten Faktor der Preiselastizität des Angebotes: die Verfügbarkeit von Inputs. Darüber hinaus kann, wie bei der Preiselastizität der Nachfrage, die Zeit eine Rolle für die Preiselastizität des Angebotes spielen. Im Folgenden fassen wir die wichtigsten Aspekte kurz zusammen.

Die Verfügbarkeit von Inputs. Die Preiselastizität des Angebotes ist tendenziell groß, wenn Inputs leicht verfügbar sind und es relativ kostengünstig ist, sie in den Produktionsprozess einzubinden bzw. im Produktionsprozess auf sie zu verzichten. Die Preiselastizität des Angebotes ist tendenziell klein, wenn die Inputs nur schwer zu beschaffen sind und ihre Einbindung in den Produktionsprozess bzw. der Verzicht auf sie relativ kostenintensiv ist. Im Beispiel der Rettungsdienstleistungen sind die hohen Kosten, die mit der Bereitstellung von qualitativ hochwertigen Rettungsdienstleistungen verbunden sind, ein Faktor, der wesentlich für die sehr niedrige Preiselastizität des Angebotes ist.

Zeit. Die Preiselastizität des Angebotes wird tendenziell größer, wenn Produzenten mehr Zeit haben, um auf eine Preisänderung zu reagieren. Die langfristige Preiselastizität des Angebotes ist in der Regel größer als die kurzfristige.

Die Preiselastizität des Pizzaangebotes ist sehr hoch, weil die Inputs, die für eine Ausdehnung des Angebotes benötigt werden, leicht zu beschaffen sind. Die Preiselastizität von Mobilfunkfrequenzen ist null, weil ein unentbehrlicher Input – das Funkspektrum – nicht ausgedehnt werden kann.

Viele Wirtschaftsbereiche ähneln der Pizzabranche und haben hohe Preiselastizitäten des

WISSENSCHAFT UND PRAXIS

Zu viel des Guten

Für ihren Wachstumskurs verbraucht die chinesische Volkswirtschaft viele Waren wie z. B. Metalle, Nahrungsmittel und Brennstoffe. Und mit der wachsenden Nachfrage nach diesen Waren aus China steigen auch die Einkommen der Länder, die diese Güter bereitstellen.
Aber als das Wachstum in China im Jahr 2016 schwächelte, fand diese Entwicklung ein abruptes Ende. Die Produzenten sahen sich mit einem drastischen Nachfragerückgang konfrontiert. Viele von ihnen hatten jedoch in kostenintensive Projekte investiert, um ihr Angebot ausweiten zu können. So hatte z. B. Chile als weltweit führender Kupferproduzent gerade erst seine Kupferminen erweitert, Indien massiv in sein Schienennetz investiert, damit die Kohlebergwerke mehr Kohle exportieren können. Und Australien plante, seine Erdgasförderung um 150 Prozent zu erhöhen. Diese Länder hatten Milliardenbeträge investiert, um ihre Kapazitäten in den nächsten Jahren auszubauen, und konnten nicht einfach die Produktion einstellen. Da die Produktion weiterlief, wurde der Überschuss immer größer.

Die Produzenten hatten anscheinend den Grundgedanken der Preiselastizität des Angebotes vergessen: Dauerhaft hohe Preise und eine gute Verfügbarkeit von Inputfaktoren zur Angebotsausweitung (in diesem Fall war Finanzkapital der wichtigste Inputfaktor) führen zusammen zu einem deutlich größeren Angebot an Waren (einer Rechtsverschiebung der Angebotskurve).

Wenn sich aber dann irgendwann das Nachfragewachstum verlangsamt, kommt es zu einem starken Preisrückgang. Am Ende waren die Produzenten für ihre Probleme selbst verantwortlich. Keiner von ihnen hatte sich Gedanken darüber gemacht, dass vielleicht zu viel produziert werden könnte. Aber genau das trat ein.

Angebotes: Sie können leicht expandieren, weil sie keine besonderen oder einzigartigen Ressourcen benötigen. Andererseits ist die Preiselastizität des Angebotes normalerweise deutlich kleiner als unendlich für die Güter, die den Einsatz begrenzter natürlicher Ressourcen erfordern: Mineralien wie Gold oder Kupfer, landwirtschaftliche Produkte wie Kaffee, die nur auf bestimmten Bodenarten gedeihen, oder erneuerbare Ressourcen wie Meeresfische, die nur bis zu einem bestimmten Punkt ausgebeutet werden können, ohne dass dies die Zerstörung des Bestandes zur Folge hat.

Haben Produzenten aber genügend Zeit, sind sie oftmals in der Lage, ihre Produktionsmenge als Reaktion auf eine Preisänderung erheblich anzupassen, selbst dann, wenn für die Produktion eine begrenzte natürliche Ressource benötigt wird. Ein gutes Beispiel dafür sind die Agrarmärkte. Nehmen wir einmal an, dass eine wichtige Weizenanbauregion wie Australien eine Dürreperiode erlebt. Landwirte in den Vereinigten Staaten können dann für dieses bestimmte Erzeugnis, in unserem Fall Weizen, deutlich höhere Preise erzielen. Es ist wahrscheinlich, dass die Landwirte in der nächsten Anbausaison ihre Anbaufläche für die Produktion von Weizen nutzen statt eine andere Getreidesorte anzupflanzen.

Aus diesem Grund unterscheiden Ökonomen häufig zwischen der kurzfristigen Elastizität des Angebotes, die sich üblicherweise auf ein paar Wochen oder Monate bezieht, und der langfristigen Elastizität des Angebotes, die sich normalerweise auf mehrere Jahre bezieht. In den meisten Branchen ist die langfristige Elastizität des Angebotes größer als die kurzfristige.

Kurzzusammenfassung

- Die **Preiselastizität des Angebotes** ist der Quotient aus der prozentualen Änderung der Angebotsmenge und der prozentualen Preisänderung.
- Bei einem **vollkommen unelastischen Angebot** ist für die Angebotsmenge der Preis völlig bedeutungslos und die Angebotskurve verläuft senkrecht. Bei einem **vollkommen elastischen Angebot** hat die Angebotskurve zu einem bestimmten Preis einen waagerechten Verlauf. Liegt der Preis unterhalb dieses Niveaus, ist die Angebotsmenge null. Steigt der Preis über dieses Niveau, ist die Angebotsmenge unendlich groß.
- Die Preiselastizität des Angebotes ist abhängig von der Verfügbarkeit der Inputfaktoren, von der Einfachheit, die Inputs in den Produktionsprozess einzubinden bzw. von ihm auszuschließen, und dem Zeitraum, der seit der Preisänderung vergangen ist.

ÜBERPRÜFEN SIE IHR WISSEN

1. Berechnen Sie unter Verwendung der Mittelwertmethode die Preiselastizität des Angebotes für Web-Design-Dienstleistungen, wenn der Preis pro Stunde von 100 Euro auf 150 Euro steigt und die Anzahl der geleisteten Stunden von 300.000 Stunden auf 500.000 Stunden steigt. Ist das Angebot elastisch, unelastisch oder einheitselastisch?

2. Sind die folgenden Aussagen richtig oder falsch? Begründen Sie Ihre Entscheidung.

a. Würde die Nachfrage nach Milch steigen, dann wären Milchtrinker langfristig besser gestellt, wenn das Angebot elastisch statt unelastisch wäre.

b. Die langfristige Preiselastizität des Angebotes ist im Allgemeinen größer als die kurzfristige Preiselastizität des Angebotes. Daher sollten kurzfristige Angebotskurven im Allgemeinen flacher verlaufen als langfristige Angebotskurven.

c. Wenn das Angebot vollkommen elastisch ist, haben Änderungen der Nachfrage keine Auswirkungen auf den Preis.

6.5 Übersicht Elastizitäten

Wir haben uns nun mehrere Elastizitäten angeschaut. Um nicht den Überblick zu verlieren, fasst **Tabelle 6-3** alle Elastizitäten zusammen, die wir besprochen haben.

Tab. 6-3

Übersicht Elastizitäten

Bezeichnung	**Mögliche Werte**	**Bedeutung**
Preiselastizität der Nachfrage $= \frac{\text{prozentuale Änderung der nachgefragten Menge}}{\text{prozentuale Preisänderung}}$ (verwenden Sie absolute Werte)		
Vollkommen unelastische Nachfrage	null	Der Preis hat keine Auswirkungen auf die nachgefragte Menge (senkrechte Nachfragekurve).
Unelastische Nachfrage	zwischen null und eins	Eine Preiserhöhung führt zu einem Anstieg des Erlöses.
Einheitselastische Nachfrage	genau eins	Preisänderungen haben keine Auswirkungen auf den Erlös.
Elastische Nachfrage	größer als eins, kleiner als unendlich	Eine Preiserhöhung verringert den Erlös.
Vollkommen elastische Nachfrage	unendlich	Eine Preiserhöhung führt dazu, dass die Nachfragemenge auf null sinkt. Ein Preisrückgang führt dazu, dass die nachgefragte Menge auf unendlich steigt (waagerechte Nachfragekurve).
Kreuzpreiselastizität der Nachfrage $= \frac{\text{prozentuale Änderung der nachgefragten Menge } \textit{eines Gutes}}{\text{prozentuale Änderung des Preises } \textit{eines anderen Gutes}}$		
Komplementärgüter	negativ	Die nachgefragte Menge eines Gutes fällt, wenn der Preis eines anderen Gutes steigt.
Substitutionsgüter	positiv	Die nachgefragte Menge eines Gutes steigt, wenn sich der Preis eines anderen Gutes erhöht.
Einkommenselastizität der Nachfrage $= \frac{\text{prozentuale Änderung der nachgefragten Menge}}{\text{prozentuale Änderung des Einkommens}}$		
Inferiores Gut	negativ	Die nachgefragte Menge sinkt, wenn das Einkommen steigt.
Normales Gut, einkommensunelastisch	positiv, kleiner als eins	Die nachgefragte Menge steigt, wenn sich das Einkommen erhöht, aber nicht so stark wie das Einkommen.
Normales Gut, einkommenselastisch	größer als eins	Die nachgefragte Menge steigt, wenn sich das Einkommen erhöht, und zwar stärker als das Einkommen.
Preiselastizität des Angebotes $= \frac{\text{prozentuale Änderung der angebotenen Menge}}{\text{prozentuale Preisänderung}}$		
Vollkommen unelastisches Angebot	null	Der Preis hat keine Auswirkungen auf die angebotene Menge (senkrechte Angebotskurve).
Elastisches Angebot	größer als null, kleiner als unendlich	gewöhnliche, aufwärts verlaufende Angebotskurve
Vollkommen elastisches Angebot	unendlich	Jeder Rückgang des Preises führt dazu, dass die angebotene Menge auf null sinkt. Jede Preiserhöhung ruft eine unendlich große Angebotsmenge hervor (waagerechte Angebotskurve).

Unternehmen in Aktion: Weniger fliegen für mehr Geld

Im Jahr 2019 entfielen auf die vier großen nordamerikanischen Fluggesellschaften 67 Prozent aller Passagierkilometer in den Vereinigten Staaten. Dagegen konnten die fünf großen europäischen Fluggesellschaften nur rund 50 Prozent aller Passagierkilometer in Europa auf sich vereinen. Gleichzeitig arbeiten die US-amerikanischen Fluggesellschaften äußerst profitabel und verdienen im Vergleich zum weltweiten Durchschnitt der Branche pro Passagier mehr als doppelt so viel. Seit 2010 konnte die US-Luftfahrtbranche jedes Jahr mit einem Gewinn abschließen.

Das war nicht immer so. Jahrzehntelang fuhr die US-Luftfahrtbranche große Verluste ein. Von 1979 bis 2009 waren es insgesamt 52 Milliarden Dollar. In dieser Zeit war die Branche auch deutlich stärker zersplittert. Auf die vier großen Fluggesellschaften entfielen gerade mal 49 Prozent aller Passagierkilometer. In den 2000er-Jahren kam es dann zu einer Konsolidierung in der Branche. Von ehemals 10 großen Fluggesellschaften (u. a. TWA, Continental, U. S. Airways) blieben am Ende nur 4 Fluggesellschaften übrig: American, Delta, United und Southwest.

Aber wie hat die Luftfahrtbranche die Kurve gekriegt? Ganz einfach nach dem Motto: Weniger fliegen für mehr Geld. Auslöser war die Finanz- und Wirtschaftskrise 2007–2009, die die US-Luftfahrtbranche an den Rand des kompletten Zusammenbruchs brachte. In der Krise nutzten die Menschen kaum noch das Flugzeug, die Verluste der Branche beliefen sich allein im Jahr 2008 auf 11 Milliarden Dollar. Die großen Fluggesellschaften waren gezwungen, ihre Kapazitäten deutlich herunterzufahren (weniger Flüge), um sich der stark gesunkenen Nachfrage anzupassen. Kleinere Fluggesellschaften waren nach jahrelangen Verlusten nicht mehr überlebensfähig und wurden mit den großen Fluggesellschaften verschmolzen. Überzählige Flüge wurden gestrichen. Dadurch wurden die verbliebenen Flüge immer besser ausgebucht. Im Durchschnitt blieb nur noch jeder siebte Platz leer.

Zusätzlich zur Kürzung der Anzahl der Flüge, insbesondere auf verlustbringenden Strecken, erhöhten die Fluggesellschaften die Ticketpreise in Abhängigkeit vom Zeitpunkt des Abflugs und vom Zeitpunkt der Buchung. So war es zum Beispiel am günstigsten, an einem Mittwoch zu fliegen, während Flüge an Freitagen und Samstagen besonders teuer waren. Flüge am frühen Morgen (für die man morgens um 4 Uhr aufstehen muss) waren deutlich günstiger als spätere Flüge. Und der günstigste Buchungszeitpunkt war der Dienstagnachmittag. Buchungen am Wochenende kosteten deutlich mehr.

Das war aber noch nicht alles. Im Jahr 2010 begannen die Fluggesellschaften, neue Gebühren einzuführen und bestehende Gebühren anzuheben. Das betraf unter anderem Essen, Decken, Gepäck und sogar das Recht, als Erster an Bord zu gehen oder seinen Sitzplatz bereits im Voraus auszusuchen. Mittlerweile stellen diese Gebühren für die Fluggesellschaften eine wichtige Einnahmequelle dar.

In den letzten Jahren ist der Anstieg der Ticketpreise durch den Einstieg von sogenannten Billigfliegern in den Markt deutlich gebremst worden. Ob die Fluggesellschaften ihre hohe Profitabilität langfristig aufrechterhalten können, hängt in hohem Maße von der Disziplin der Fluggesellschaften in Sachen Kapazitäten ab. Sobald eine Fluggesellschaft anfängt, ihr Sitzplatzangebot deutlich auszuweiten, werden andere Fluggesellschaften nachziehen und die Erfolge der Vergangenheit zunichtemachen.

FRAGEN

1. Wie würden Sie in diesem Fall unter Nutzung der im Text geschilderten Informationen die Preiselastizität der Nachfrage nach Flugreisen beschrieben? Erläutern Sie Ihre Ausführungen.
2. Erklären Sie mithilfe der Elastizität, wieso Fluggesellschaften die Flugpreise in solch starkem Maße davon abhängig machen, wann das Ticket gekauft wurde und an welchem Tag und zu welcher Uhrzeit der Flug durchgeführt wird. Nehmen Sie an, dass einige Menschen dazu bereit sind, Zeit in das Suchen nach Sonderangeboten zu investieren und zu ungünstigen Zeiten zu fliegen, andere aber nicht.
3. Erklären Sie mithilfe der Elastizität, wieso Fluggesellschaften zusätzliche Gebühren – beispielsweise auf Aufgabegepäck – erheben. Wieso könnten sie versucht sein, Gebühren zu verstecken oder zu verschleiern?
4. Erläutern Sie mithilfe der Elastizität, unter welchen Umständen die Luftfahrtindustrie dazu in der Lage wäre, ihre hohe Profitabilität auch in der Zukunft aufrechtzuerhalten.

Zusammenfassung

1. Viele ökonomische Fragen hängen davon ab, wie stark Konsumenten oder Produzenten auf Änderungen des Preises oder anderer Größen reagieren. Die *Elastizität* ist das übliche Reaktionsmaß, das verwendet wird, um derartige Fragen zu beantworten.
2. Die **Preiselastizität der Nachfrage** – die prozentuale Änderung der Nachfragemenge geteilt durch die prozentuale Änderung des Preises (ohne Berücksichtigung des Minuszeichens) – ist ein Maß für die Empfindlichkeit der Nachfragemenge gegenüber Preisänderungen. Bei praktischen Berechnungen der Elastizität ist meist die Verwendung der **Mittelwertmethode** am besten. Diese berechnet die prozentualen Änderungen der Preise und Mengen auf der Basis des Durchschnitts von Ausgangs- und Endwerten.
3. Die Empfindlichkeit der Nachfragemenge gegenüber dem Preis kann von einer **vollkommen unelastischen Nachfrage**, bei der die Nachfragemenge vom Preis nicht beeinflusst wird, bis zu einer **vollkommen elastischen Nachfrage** reichen, bei welcher es einen einzelnen Preis gibt, zu dem die Konsumenten so viel oder so wenig kaufen, wie ihnen angeboten wird. Bei einer vollkommen unelastischen Nachfrage ist die Nachfragekurve eine senkrechte Linie. Wenn die Nachfrage vollkommen elastisch ist, ist die Nachfragekurve eine waagerechte Linie.
4. Die Preiselastizität der Nachfrage wird danach eingeteilt, ob sie größer oder kleiner als eins ist. Wenn sie größer als eins ist, handelt es sich um eine **elastische Nachfrage**; ist sie kleiner als eins, ist die **Nachfrage unelastisch**. Wenn die Preiselastizität der Nachfrage gleich eins ist, handelt es sich um eine **einheitselastische** bzw. **proportional elastische Nachfrage**. Diese Klassifikation bestimmt, wie sich der **Erlös,** der Gesamtwert aller Verkäufe, bei einer Preisänderung verändert. Ist die Nachfrage elastisch, sinkt der Erlös, wenn der Preis steigt und er erhöht sich, wenn der Preis fällt. Bei einer unelastischen Nachfrage steigt der Erlös infolge einer Preiserhöhung, und er fällt, wenn der Preis sinkt.
5. Die Preiselastizität der Nachfrage hängt davon ab, ob es nahe Substitute für das betrachtete Gut gibt (dann ist die Elastizität größer), ob das Gut notwendig ist (dann ist die Elastizität niedriger) oder es sich um ein Luxusgut handelt (dann ist die Elastizität größer), wie hoch der Anteil des Einkommens ist, der auf das Gut verwendet wird (dann ist die Elastizität größer), und wie viel Zeit seit der Preisänderung vergangen ist (dann ist die Elastizität größer).

6. Die **Kreuzpreiselastizität der Nachfrage** misst die Auswirkung, die die Änderung des Preises eines Gutes auf die Nachfragemenge eines anderen Gutes hat. Die Kreuzpreiselastizität der Nachfrage kann positiv oder negativ sein. Ist sie positiv, dann sind die Güter Substitute, ist sie negativ, dann handelt es sich um komplementäre Güter.
7. Die **Einkommenselastizität der Nachfrage** ist die prozentuale Änderung der Nachfragemenge eines Gutes, die sich aufgrund einer Änderung des Einkommens der Konsumenten ergibt, geteilt durch die prozentuale Einkommensänderung. Die Einkommenselastizität der Nachfrage zeigt an, wie intensiv die Nachfrage nach einem Gut auf Änderungen des Einkommens reagiert. Sie kann negativ sein – in diesem Fall handelt es sich um ein inferiores Gut. Güter mit einer positiven Einkommenselastizität der Nachfrage sind normale Güter. Ist die Einkommenselastizität größer als eins, ist die **Nachfrage einkommenselastisch**; ist sie positiv und kleiner als eins, ist die **Nachfrage einkommensunelastisch**.
8. Die **Preiselastizität des Angebotes** ist das Verhältnis aus der prozentualen Änderung der Angebotsmenge eines Gutes zur prozentualen Änderung des Preises. Wenn sich die Angebotsmenge gar nicht ändert, liegt ein Fall **vollkommen unelastischen Angebotes** vor. Die Angebotskurve ist dann eine senkrechte Linie. Wenn die Angebotsmenge unterhalb eines bestimmten Preises null ist, aber oberhalb dieses Preises unbeschränkt ist, handelt es sich um ein **vollkommen elastisches Angebot**. Die Angebotskurve ist dann eine waagerechte Linie.
9. Die Preiselastizität des Angebotes hängt von der Zeit und der Verfügbarkeit der Ressourcen ab, die für eine Produktionserweiterung notwendig wären. Sie ist größer, wenn die Inputfaktoren einfacher verfügbar sind und wenn mehr Zeit seit der Preisänderung vergangen ist.

SCHLÜSSELBEGRIFFE

- Preiselastizität der Nachfrage
- Mittelwertmethode
- vollkommen unelastische Nachfrage
- vollkommen elastische Nachfrage
- elastische Nachfrage
- unelastische Nachfrage
- einheitselastische (proportional elastische) Nachfrage
- Erlös
- Kreuzpreiselastizität der Nachfrage
- Einkommenselastizität der Nachfrage
- einkommenselastische Nachfrage
- einkommensunelastische Nachfrage
- Preiselastizität des Angebotes
- vollkommen unelastisches Angebot
- vollkommen elastisches Angebot

7 Steuern

LERNZIELE

- Wie sich Steuern auf Angebot und Nachfrage auswirken.
- Welche Faktoren darüber bestimmen, wer die Steuerlast tatsächlich trägt.
- Welche Kosten und welcher Nutzen mit einer Steuer verbunden sind, und warum Steuern Kosten verursachen, die höher als die Steuereinnahmen sind.
- Welchen Unterschied es zwischen **progressiven** und **regressiven Steuern** gibt.
- Warum es bei der Ausgestaltung des Steuersystems einen **Trade-off zwischen Gerechtigkeit und Effizienz** gibt.
- Wie die Grundzüge des deutschen Steuersystems aussehen.

Die ersten Steuern

Im Jahr 1794 schloss sich eine erhebliche Zahl Farmer zusammen, da sie die schon lange bestehenden Missstände nicht länger ertragen wollten, und es kam zu ausgedehnten Protesten. Die Regierung ordnete ein hartes Durchgreifen mit Einsatz von Schusswaffen an: Einige Menschen starben, bevor die Regierungstruppen schließlich die Oberhand gewannen.

Es wäre nicht weiter überraschend, wenn Sie diese Erläuterungen für einen Bericht aus der Zeit der Französischen Revolution halten. Das eben geschilderte Ereignis fand jedoch tatsächlich im westlichen Pennsylvania statt und erschütterte damals die gesamte, noch sehr junge US-amerikanische Nation sowie ihren ersten Präsidenten George Washington tief. Obwohl die sogenannte Whiskey-Rebellion letztendlich unterbunden wurde, hat sie zu einer bleibenden Neugestaltung der Politik geführt.

Worum ging es nun eigentlich bei den Kämpfen? Es ging um Steuern. Nach dem Amerikanischen Unabhängigkeitskrieg stand das Land vor einem großen Schuldenberg und sah sich nicht in der Lage, die Steuern auf importierte Waren weiter anzuheben. Die Regierung in Washington führte deshalb im Jahr 1791 auf Anraten des Finanzministers Alexander Hamilton eine Steuer für Whiskeybrennereien ein. Zur damaligen Zeit war Whiskey ein sehr beliebtes Getränk; eine solche Steuer konnte also hohe Einnahmen generieren. Unterdessen würde eine Steuer »anständiges Verhalten« aufseiten der trinkfesten Bürgerschaft des jungen Landes befördern.

Die Art und Weise der Steuererhebung wurde jedoch als zutiefst ungerecht wahrgenommen. Schnapsbrenner konnten entweder einen festen Betrag entrichten oder pro Gallone (entspricht rund 3,78 Liter) zahlen. Große Brennereien konnten es sich leisten, den Festbetrag zu zahlen, kleine Brennereien konnten das jedoch nicht und mussten pro Gallone bezahlen. Aufgrund dessen entsprach der entrichtete Steuerbetrag bei kleinen Brennereien – Farmern, die Whiskey brannten, um ihre Einkünfte aufzubessern – einem höheren Einkommensanteil als bei großen Brennereien.

Darüber hinaus gelangte man in den Grenzgebieten des westlichen Pennsylvania üblicherweise nur schwer an Bargeld, und Whiskey wurde oft als Zahlungsmittel verwendet. Die Steuer hielt kleine Brennereien davon ab, Whiskey zu produzieren und bescherte deshalb der lokalen Wirtschaft ein geringeres Einkommen und weniger Geldmittel, um andere Waren zu kaufen oder zu verkaufen.

Auch wenn der Aufstand gegen die Whiskey-Steuer letztlich niedergeschlagen wurde, konnte die politische Partei, die die Steuer unterstützte, nämlich die Föderalistische Partei um Alexander Hamilton, nie wieder ihren früheren Beliebtheitswert erreichen. Die Whiskey-Rebellion ebnete den Weg für das Entstehen einer neuen Partei: Thomas Jeffersons Republikanische Partei, die die Steuer im Jahr 1800 wieder abschaffte.

Aus dieser Geschichte kann man zwei Schlüsse ziehen. Zum ersten sind Steuern notwendig, da jede Regierung Geld benötigt, um erfolgreich arbeiten zu können. Ohne Steuern könnten Regierungen die gewünschten öffentlichen Dienstleistungen – von der Landesverteidigung bis zu öffentlichen Parks – nicht erbringen. Steuern verursachen jedoch ökonomische Kosten, die üblicherweise über den an den Staat abgeführten Betrag hinausgehen. Das liegt daran, dass Steuern die Durchführung wechselseitig vorteilhafter Transaktionen verhindern.

Das führt uns zu unserem zweiten Schluss: Es ist nicht leicht, Steuerpolitik zu gestalten – sind Sie Politiker, könnte diese Arbeit sogar Ihre Karriere gefährden. Die eben erzählte Geschichte zeigt aber auch einige wichtige Punkte steuerpolitischer Überlegungen, die mithilfe ökonomischer Modelle besser zu verstehen sind.

Ein Grundprinzip der Steuerpolitik ist Effizienz. Steuern sollten so gestaltet sein, dass Anreize so wenig wie möglich verfälscht werden. Bei der Gestaltung von Steuersätzen sollte man sich jedoch nicht nur über Effizienz Gedanken machen. Die Washingtoner Regierung lernte aus der Whiskey-Rebellion, dass die wahrgenommene Gerechtigkeit einer Steuer ebenso wichtig ist. Steuerpolitik ist immer mit der Ausbalancierung des Strebens nach Effizienz und des Strebens nach wahrgenommener Gerechtigkeit verbunden.

In diesem Kapitel werden wir uns mit den Wirkungen von Steuern auf Effizienz und Gerechtigkeit beschäftigen. Wir werden außerdem einen Blick darauf werfen, wie Steuern die Einnahmen eines Staates erhöhen.

7.1 Die ökonomischen Auswirkungen von Steuern: Eine vorläufige Einschätzung

Eine **Mengensteuer** ist eine Steuer auf jede verkaufte Einheit einer Ware oder einer Dienstleistung.

Um die ökonomischen Auswirkungen von Steuern zu verstehen, ist es hilfreich, eine simple Steuerart zu betrachten, die als **Mengensteuer** bekannt ist. Bei einer Mengensteuer werden auf jede verkaufte Einheit einer Ware oder Dienstleistung Steuern erhoben. Wir werden uns später im Kapitel weitere Arten von Steuern noch genauer anschauen, die in den Vereinigten Staaten den größten Teil und in europäischen Staaten wie Deutschland einen großen Teil des Steueraufkommens ausmachen. Mengensteuern zu erheben ist üblich, so zum Beispiel auf Kraftstoffe, Zigaretten oder Alkohol. Viele Gemeindeverwaltungen erheben zusätzliche Mengensteuern auf andere Waren und Dienstleistungen, in den Vereinigten Staaten zum Beispiel auf die Vermietung von Hotelzimmern. Die Lehren, die wir aus der näheren Betrachtung der Mengensteuer ziehen, sind auch für komplexere Steuerarten gültig.

Wirkungen einer Mengensteuer auf Mengen und Preise

Nehmen wir an, die Angebots- und Nachfragekurven für Hotelzimmer in Neustadt werden exakt durch **Abbildung 7-1** beschrieben. Wir treffen an dieser Stelle die vereinfachende Annahme, dass alle Hotelzimmer identisch sind. Ohne irgendwelche staatliche Eingriffe liegt der Gleichgewichtspreis für ein Hotelzimmer bei 80 Euro pro Nacht, und es werden insgesamt 10.000 Hotelzimmer vermietet.

Wir wollen nun davon ausgehen, dass die Gemeindeverwaltung in Neustadt eine Mengensteuer in Höhe von 40 Euro pro Zimmer und Nacht erhebt. Hotelbesitzer müssen also für jedes vermietete Zimmer pro Nacht 40 Euro an die Gemeindeverwaltung abführen. Wenn ein Gast beispielsweise 80 Euro für ein Hotelzimmer zahlt, werden davon 40 Euro als Steuern abgeführt, sodass dem Hotelbesitzer nur 40 Euro bleiben.

Abb. 7-1

Angebot und Nachfrage für Hotelzimmer in Neustadt

Vor Erhebung der Steuer liegt das Gleichgewicht in Punkt *E*. Der Gleichgewichtspreis für Hotelzimmer beträgt 80 Euro pro Nacht und die Gleichgewichtsmenge beträgt 10.000 Zimmervermietungen pro Nacht. Die Angebotskurve *S* zeigt die bei jedem beliebigen Preis vor Steuern angebotene Menge. Bei einem Preis von 60 Euro pro Nacht werden von den Hotelbesitzern 5.000 Zimmer angeboten, was in der Abbildung durch den Punkt *B* charakterisiert wird. Nach Erhebung der Steuer wird die gleiche Menge an Zimmern nur zu einem Preis von 100 Euro angeboten. Der Preis setzt sich zusammen aus dem Einkommen für den Hotelbesitzer in Höhe von 60 Euro und der Steuer in Höhe von 40 Euro, die an die Stadt abgeführt werden muss. Das verdeutlicht der Punkt *A*.

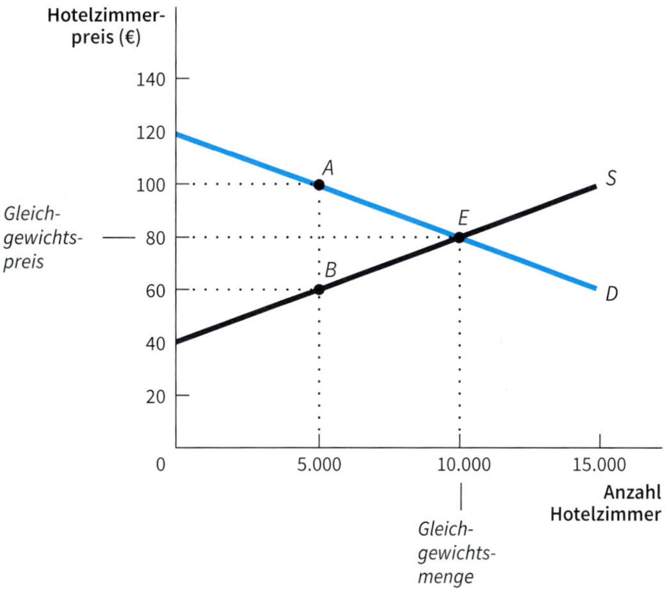

Bei jedem gegebenen Preis wird daher die Bereitschaft der Hotelbesitzer geringer sein, ein Hotelzimmer zu vermieten.

Was bedeutet das für die Angebotskurve für Hotelzimmer in Neustadt? Um diese Frage zu beantworten, müssen wir die Anreize der Hotelbesitzer *vor* und *nach* Erhebung der Steuer miteinander vergleichen.

Aus Abbildung 7-1 wissen wir, dass in Abwesenheit einer Steuer eine Menge von 5.000 Zimmern angeboten wird, wenn der Preis 60 Euro pro Zimmer beträgt. Bei Erhebung der Steuer in Höhe von 40 Euro pro Zimmer und Nacht wird die gleiche Menge an Zimmern nur dann bereitgestellt, wenn die Hotelbesitzer pro Zimmer und Nacht 100 Euro einnehmen: Davon sind 60 Euro für sie und 40 Euro werden als Steuer an die Gemeindeverwaltung abgeführt. Das zeigt der Punkt *A*. Anders formuliert müssen Hotelbesitzer pro Zimmer und Nacht zusätzlich 40 Euro – den Betrag der Steuer – erhalten, damit sie nach Erhebung der Steuer die gleiche Menge an Hotelzimmern anbieten wie zuvor.

Die Mengensteuer verschiebt also die Angebotskurve um den Betrag der Steuer nach oben. Für jede gegebene Menge steigt der Angebotspreis, also der Preis, den Anbieter erhalten müssen, um eine bestimmte Menge zu produzieren, um 40 Euro.

Die durch die Steuer ausgelöste Aufwärtsverschiebung der Angebotskurve wird in **Abbildung 7-2** gezeigt. Dort bezeichnet S_1 die Angebotskurve vor Erhebung der Steuer und S_2 bezeichnet die Angebotskurve nach Erhebung der Steuer. Das Marktgleichgewicht bewegt sich von Punkt *E*, wo der Preis pro Zimmer und Nacht 80 Euro betrug und 10.000 Zimmer pro Nacht vermietet wurden, nach *A*, wo der Preis pro Zimmer und Nacht 100 Euro beträgt und nur 5.000 Zimmer pro Nacht vermietet werden. Punkt *A* liegt natürlich sowohl auf der Nachfragekurve *D* als auch auf der neuen Angebotskurve S_2.

Auch wenn bei einer Angebotsmenge von 5.000 Zimmern der Nachfragepreis 100 Euro beträgt, können die Hotelbesitzer lediglich 60 Euro des Betrags behalten, da sie 40 Euro als Steuer

Abb. 7-2

Wirkungen einer Mengensteuer, die auf die Vermietung von Hotelzimmern erhoben wird

S_1 bezeichnet die Angebotskurve vor Erhebung der Steuer. Nachdem die Stadt die Hotelbesitzer verpflichtet hat, eine Steuer in Höhe von 40 Euro für jede Übernachtung zu bezahlen, verschiebt sich die Angebotskurve um 40 Euro nach oben zur neuen Angebotskurve S_2. Der Gleichgewichtspreis für ein Hotelzimmer steigt von 80 Euro auf 100 Euro je Nacht. Die Gleichgewichtsmenge sinkt von 10.000 auf 5.000 vermietete Hotelzimmer. Obwohl die Steuer von den Hotelbesitzern abgeführt werden muss, tragen sie nur die Hälfte der Steuerlast. Der Preis, den die Hotelbesitzer erhalten, sinkt nur um 20 Euro von 80 Euro auf 60 Euro pro Nacht. Gäste, die ein Hotelzimmer mieten, tragen die andere Hälfte der Steuerlast, da der Preis, den sie zahlen müssen, um 20 Euro von 80 Euro auf 100 Euro steigt.

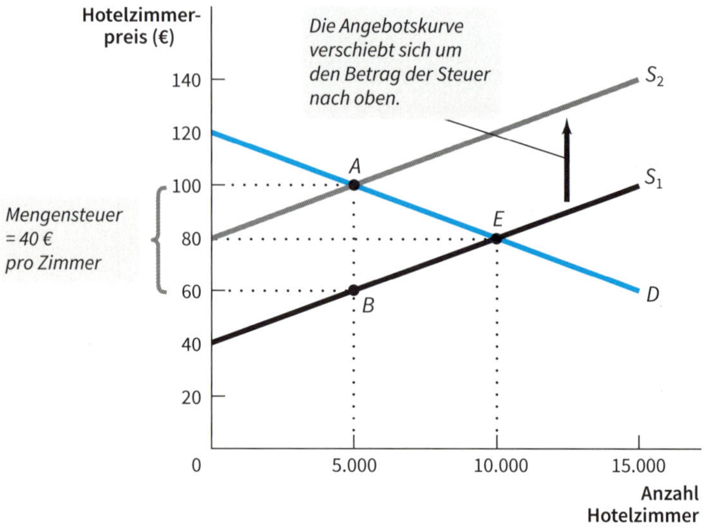

abführen müssen. Aus der Sicht der Hotelbesitzer ist es, als ob sie sich noch immer auf der ursprünglichen Angebotskurve in Punkt *B* befinden würden.

Schauen wir uns das noch einmal genauer an. Woher wissen wir, dass zu einem Preis von 100 Euro pro Zimmer und Nacht 5.000 Zimmer angeboten werden? Weil der *Nettopreis* – der Preis ohne die Steuer – 60 Euro beträgt und der Preis, zu dem vor Einführung der Steuer 5.000 Zimmer angeboten wurden, ebenfalls 60 Euro beträgt, wie Punkt *B* in Abbildung 7-2 zeigt.

Kommt uns das bekannt vor? Sollte es. In Kapitel 5 haben wir die Auswirkungen von Quoten auf den Preis beleuchtet: Eine Mengenbeschränkung treibt einen Keil zwischen Nachfragepreis und den ursprünglichen Angebotspreis. Bei einer Mengensteuer verhält es sich genauso. Aufgrund des Keils bezahlen Konsumenten mehr und Anbieter verdienen weniger.

In unserem Beispiel müssen die Konsumenten – diejenigen, die Hotelzimmer mieten – letztlich pro Nacht 100 Euro für ein Zimmer bezahlen, also 20 Euro mehr als vor Erhebung der Steuer. Gleichzeitig erhalten die Anbieter – die Hotelbesitzer – einen Nettopreis von 60 Euro pro Zimmer und somit 20 Euro weniger als vor Erhebung der Steuer. Zusätzlich führt die Steuer zu entgangenen Gelegenheiten: Wir wissen, dass es in unserem Beispiel 5.000 potenzielle Übernachtungsgäste gibt, die zwar zu einem Preis von 80 Euro pro Nacht (also ohne die Steuer) ein Zimmer gemietet hätten, nicht aber zu einem Preis von 100 Euro pro Nacht. Dementsprechend gibt es 5.000 Zimmer, die von den Hotelbesitzern bereitgestellt worden wären, wenn sie 80 Euro statt – wegen des abzuführenden Steuerbetrags – lediglich 60 Euro pro Nacht erhielten. Genau wie eine Mengenbeschränkung führt auch eine Mengensteuer zu Ineffizienzen. Sie verfälscht Anreize und führt zu entgangenen Gelegenheiten in Form von wechselseitig vorteilhaften Transaktionen, die nicht stattfinden.

An dieser Stelle ist es wichtig zu bemerken, dass die Hotelsteuer in Neustadt – so wie wir sie beschrieben haben – von den Hotelbesitzern und nicht den Hotelgästen gezahlt wird. Es ist eine Steuer, die vom Anbieter und nicht vom Konsumenten gezahlt wird. Und trotzdem verringert sich der vom Anbieter erhaltene Nettopreis ledig-

Abb. 7-3

Wirkungen einer Mengensteuer, die auf die Buchung von Hotelzimmern erhoben wird

D_1 bezeichnet die Nachfragekurve vor Erhebung der Steuer. Nachdem die Stadt die Hotelgäste verpflichtet hat, eine Steuer in Höhe von 40 Euro pro Nacht zu bezahlen, verschiebt sich die Nachfragekurve um 40 Euro nach unten zur neuen Nachfragekurve D_2. Der Gleichgewichtspreis für ein Hotelzimmer sinkt von 80 Euro auf 60 Euro pro Nacht. Die Gleichgewichtsmenge sinkt von 10.000 auf 5.000 vermietete Hotelzimmer. Obwohl die Steuer in diesem Fall von den Hotelgästen abgeführt wird – und nicht wie in Abbildung 7-2 von den Hotelbesitzern –, ist das Endergebnis das Gleiche. Nach Erhebung der Steuer erhalten die Hotelbesitzer 60 Euro pro Zimmer und Nacht, aber die Hotelgäste müssen 100 Euro bezahlen. Dies verdeutlicht eine allgemeine Regel: *Die Inzidenz einer Mengensteuer hängt nicht davon ab, wer die Steuer tatsächlich abführt.*

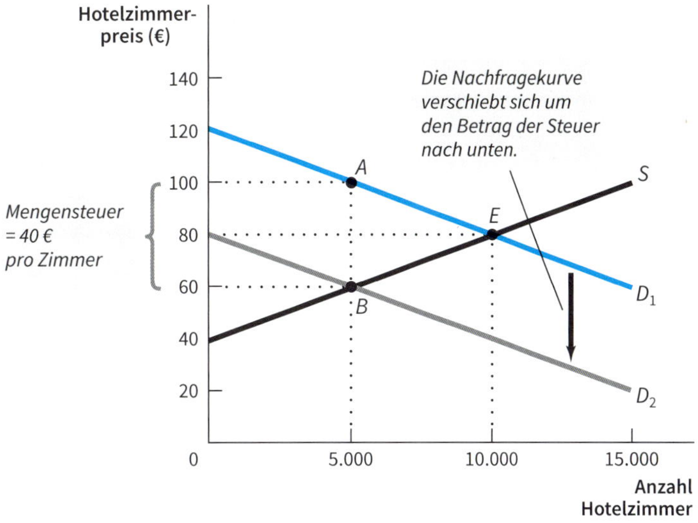

lich um 20 Euro, also um den halben Steuerbetrag. Gleichzeitig steigt der von den Konsumenten gezahlte Preis um 20 Euro. Faktisch zahlt der Konsument die Hälfte der Steuer.

Was würde geschehen, wenn statt der Anbieter die Konsumenten die Steuer abführen müssten? Das heißt, wir stellen uns vor, dass die Gemeindeverwaltung nun vom Hotel*gast* statt vom Hotelbesitzer eine Steuer in Höhe von 40 Euro pro Nacht einfordert. Die Antwort wird in **Abbildung 7-3** gezeigt. Wenn ein Hotelgast eine Steuer von 40 Euro pro Nacht zahlen muss, muss der vom Gast bezahlte Zimmerpreis um 40 Euro geringer sein, damit die Nachfrage nach Hotelzimmern nach Steuern genauso hoch ist wie vor Steuern. Die Nachfragekurve verschiebt sich also um den Betrag der Steuer *abwärts* von D_1 nach D_2

Für jede nachgefragte Menge ist der Nachfragepreis – der Preis, der den Konsumenten angeboten werden muss, damit sie eine bestimmte Menge nachfragen – um 40 Euro gefallen. Damit verschiebt sich das Gleichgewicht von Punkt *E* nach Punkt *B*, wo der Marktpreis eines Hotelzimmers 60 Euro beträgt und 5.000 Hotelzimmer ver- und gemietet werden. Insgesamt bezahlen die Hotelgäste unter Einschluss der Steuer 100 Euro pro Nacht. Im Ergebnis ist es also so, als wären die Hotelgäste auf ihrer ursprünglichen Nachfragekurve im Punkt *A*.

Wenn wir die Abbildungen 7-2 und 7-3 miteinander vergleichen, stellen wir augenblicklich fest, dass sie jeweils dasselbe Ergebnis zeigen. In beiden Fällen zahlen die Konsumenten 100 Euro, erhalten die Anbieter 60 Euro und werden 5.000 Hotelzimmer ver- und gemietet. *Tatsächlich macht es keinen Unterschied, wer offiziell die Steuer zahlt – das Ergebnis ist dasselbe.*

Diese Einsicht gilt allgemein bei der Analyse von Steuern: Die **Inzidenz** einer Steuer, wer wirklich die Steuerlast trägt, ist in der Regel nicht eine Frage, die sich dadurch beantworten lässt, dass man überlegt, wer tatsächlich den Steuerbetrag an den Staat überweist. In unserem speziellen Fall schlägt sich die Steuer auf Hotelzimmer in Höhe von 40 Euro nieder in einem Anstieg des Preises, den die Konsumenten zahlen, um 20 Euro und um einen Rückgang des Preises, den die Anbieter erhalten, um ebenfalls 20 Euro. Die Inzidenz der Steuer wird also in diesem Fall gleichmäßig auf Konsumenten und Anbieter verteilt.

Die **Inzidenz** einer Steuer ist ein Maß dafür, wer die Steuer tatsächlich trägt.

Preiselastizitäten und die Inzidenz einer Mengensteuer

Wir haben gerade gelernt, dass die Inzidenz einer Mengensteuer unabhängig davon ist, wer die Steuer offiziell zahlt. In dem in den Abbildungen 7-1 bis 7-3 dargestellten Beispiel wird die Steuer auf Hotelzimmer gleichmäßig auf Konsumenten und Anbieter verteilt, egal wer der Steuerzahler ist.

Es ist wichtig festzuhalten, dass die gleichmäßige Aufteilung der Steuer zwischen Konsumenten und Anbietern aus den Annahmen resultiert, die wir in diesem Beispiel getroffen haben. In der Wirklichkeit wird die Inzidenz einer Mengensteuer üblicherweise ungleichmäßig zwischen Konsumenten und Anbietern verteilt, da eine Gruppe einen größeren Teil der Last tragen muss als die andere Gruppe.

Was ist ausschlaggebend dafür, wie die Last einer Mengensteuer auf Konsumenten und Anbieter verteilt ist? Die Antwort hängt von der Form der Angebots- und der Nachfragekurven ab. *Genauer gesagt hängt die Inzidenz einer Mengensteuer von der Preiselastizität der Nachfrage und der Preiselastizität des Angebotes ab.* Dies können wir erkennen, wenn wir uns zunächst einen Fall anschauen, in dem die Konsumenten den größten Teil einer Mengensteuer zahlen, und anschließend einen Fall betrachten, in dem die Anbieter den größten Teil der Steuer zahlen.

Wenn die Mengensteuer größtenteils von den Konsumenten getragen wird. Die **Abbildung 7-4** zeigt eine Mengensteuer, die überwiegend die Konsumenten belastet: eine Mengensteuer auf Benzin, die wir auf 1,00 Euro pro Liter festsetzen. Ohne die Steuer würde Benzin für 2,00 Euro pro Liter verkauft werden. (Tatsächlich betrug im Jahr 2022 die Energiesteuer einschliesslich CO_2-Abgabe auf Benzin in Deutschland rund 0,75 Euro pro Liter. In den USA gibt es eine Bundessteuer auf Benzin in Höhe von 0,047 Dollar pro Liter [!]. Zusätzlich erheben die Bundesstaaten Mengensteuern von 0,03 Dollar bis 0,13 Dollar pro Liter.)

In der Angebots- und der Nachfragekurve spiegeln sich zwei grundlegende Annahmen wider:

1. Die Preiselastizität der Nachfrage nach Benzin ist sehr niedrig, sodass die Nachfragekurve relativ steil verläuft. Zur Erinnerung: Eine niedrige Preiselastizität der Nachfrage bedeutet, dass die nachgefragte Menge nur geringfügig auf eine Preisänderung reagiert. Dies ist ein wesentliches Merkmal einer relativ steilen Nachfragekurve.

Abb. 7-4

Eine hauptsächlich von den Konsumenten getragene Mengensteuer

Die relativ steil verlaufende Nachfragekurve reflektiert hier eine geringe Preiselastizität der Nachfrage nach Benzin. Die relativ flach verlaufende Angebotskurve reflektiert eine hohe Preiselastizität des Angebotes. Der Preis vor Steuern für einen Liter Benzin beträgt 2,00 Euro. Jetzt wird eine Steuer in Höhe von 1,00 Euro je Liter erhoben. Die Kosten der Verbraucher erhöhen sich um 0,95 Euro auf 2,95 Euro, was den Umstand widerspiegelt, dass der größte Teil der Steuerlast auf die Konsumenten fällt. Lediglich ein kleiner Anteil der Steuer wird durch die Produzenten getragen: Der Preis, den sie erhalten, sinkt lediglich um 0,05 Euro auf 1,95 Euro.

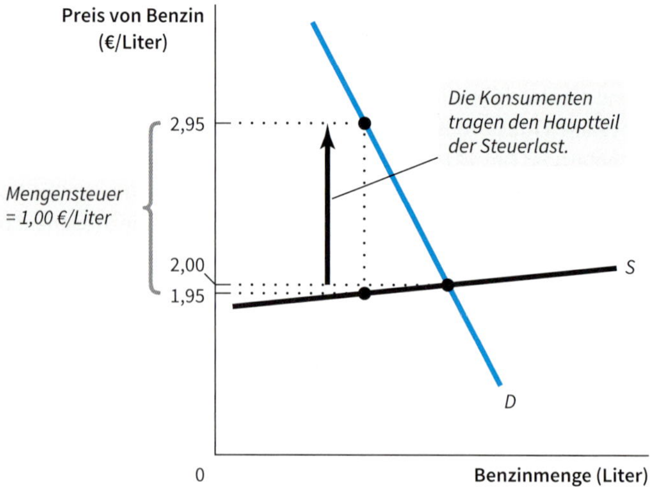

2. Die Preiselastizität des Angebotes ist sehr hoch, sodass die Angebotskurve relativ flach verläuft. Eine hohe Preiselastizität des Angebotes bedeutet, dass die angebotene Menge stark auf Preisänderungen reagiert. Dies ist ein wesentliches Merkmal einer relativ flachen Angebotskurve.

Wir haben gelernt, dass eine Mengensteuer einen Keil zwischen den von den Konsumenten gezahlten und den von den Produzenten erhaltenen Preis treibt. Dieser entspricht der Höhe der Steuer. Der Keil erhöht den von den Konsumenten zu zahlenden Preis und senkt den Preis, den die Produzenten erhalten. Aber wie wir aus der Abbildung entnehmen können, sind die beiden Effekte in diesem Fall sehr unterschiedlichen Ausmaßes. Der Preis, den die Produzenten erhalten, fällt nur wenig, von 2,00 Euro auf 1,95 Euro, während der von den Konsumenten gezahlte Preis stark ansteigt, von 2,00 Euro auf 2,95 Euro.

Dieses Beispiel veranschaulicht ein allgemeines Prinzip: *Wenn die Preiselastizität der Nachfrage niedrig ist und die Preiselastizität des Angebotes hoch, belastet eine Mengensteuer hauptsächlich die Konsumenten.* Warum ist das so? Eine niedrige Preiselastizität der Nachfrage bedeutet, dass den Konsumenten nur wenige Substitute zur Verfügung stehen. Das heißt, ihnen bleibt nicht viel anderes übrig, als das höherpreisige Benzin zu kaufen. Dahingegen wird eine hohe Preiselastizität des Angebotes dadurch begründet, dass den Produzenten viele Substitute für Benzin zur Verfügung stehen. Es gibt also für das Rohöl, aus dem das Benzin raffiniert wird, andere Verwendungsmöglichkeiten.

Daher sind die Produzenten flexibler darin, sich gegen niedrigere Preise für ihr Benzin zu wehren. Es überrascht nicht, dass die Partei mit der geringsten Flexibilität – in diesem Fall die Konsumenten – am Ende die Hauptlast der Steuer tragen muss. Dies trifft vermutlich auf alle wichtigen Mengensteuern zu, wie etwa die Steuern auf Zigaretten und alkoholische Getränke.

Wenn die Mengensteuer größtenteils von den Produzenten getragen wird. Die **Abbildung 7-5** zeigt eine Mengensteuer, die vorwiegend von den Produzenten getragen wird. In diesem Fall untersuchen wir eine Steuer von 5,00 Euro pro Tag auf das Parken in der Innenstadt einer kleinen Stadt. Im Marktgleichgewicht würde nach den angenommenen Verläufen von Angebots- und Nachfragekurve das Parken ohne Steuer 6,00 Euro pro Tag kosten.

Abb. 7-5

Eine hauptsächlich von den Produzenten getragene Mengensteuer

Die relativ flach verlaufende Nachfragekurve reflektiert hier eine hohe Preiselastizität der Nachfrage nach Parkplätzen in der Innenstadt. Der relativ steile Verlauf der Angebotskurve ergibt sich aus einer geringen Preiselastizität des Angebotes. Der Preis für einen Tagesparkplatz vor Steuern beträgt 6,00 Euro. Jetzt wird eine Steuer in Höhe von 5,00 Euro erhoben. Der Preis, den die Produzenten erhalten, sinkt deutlich auf 1,50 Euro, was den Umstand widerspiegelt, dass sie den größten Teil der Steuerlast tragen. Der von den Konsumenten zu entrichtende Preis erhöht sich geringfügig um 0,50 Euro auf 6,50 Euro, da sie nur einen geringen Anteil der Steuerlast tragen.

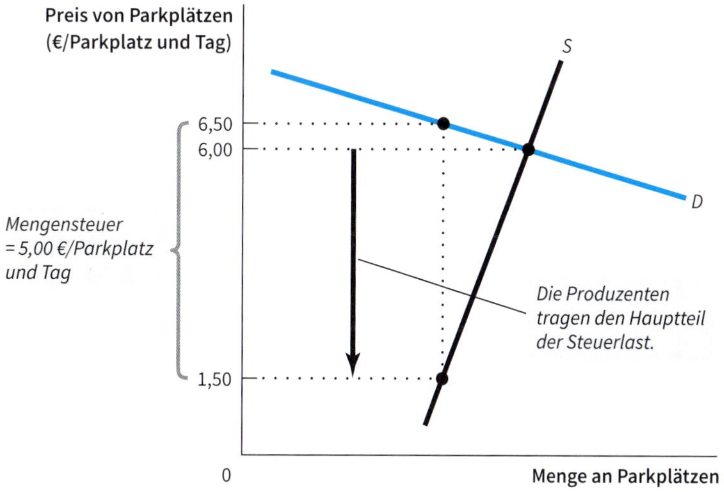

Die relativ flach verlaufende Nachfragekurve reflektiert hier eine hohe Preiselastizität der Nachfrage nach Parkplätzen in der Innenstadt. Der relativ steile Verlauf der Angebotskurve ergibt sich aus einer geringen Preiselastizität des Angebotes. Der Preis für einen Tagesparkplatz vor Steuern beträgt 6,00 Euro. Jetzt wird eine Steuer in Höhe von 5,00 Euro erhoben. Der Preis, den die Produzenten erhalten, sinkt deutlich auf 1,50 Euro, was den Umstand widerspiegelt, dass sie den größten Teil der Steuerlast tragen. Der von den Konsumenten zu entrichtende Preis erhöht sich geringfügig um 0,50 Euro auf 6,50 Euro, da sie nur einen geringen Anteil der Steuerlast tragen.

Die Preiselastizität des Angebotes ist sehr niedrig, weil die für das Parken genutzten Flächen nur wenige andere Verwendungsmöglichkeiten haben. Daher ist die Angebotskurve relativ steil. Die Preiselastizität der Nachfrage ist jedoch hoch: Konsumenten können leicht zu anderen Parkplätzen wechseln, die nur wenige Gehminuten von der Innenstadt entfernt liegen und nicht besteuert werden. Demnach ist die Nachfragekurve relativ flach.

Die Steuer treibt einen Keil zwischen den von den Konsumenten gezahlten Preis und den von den Produzenten erhaltenen Preis. Diesmal steigt der Preis für Konsumenten jedoch nur geringfügig, von 6,00 Euro auf 6,50 Euro, der von den Produzenten erhaltene Preis fällt dagegen stark, von 6,00 Euro auf 1,50 Euro. Damit trägt ein Konsument nur 0,50 Euro der Steuer, während auf den Produzenten die übrigen 4,50 Euro fallen.

Wieder veranschaulicht das Beispiel ein allgemeines Prinzip: *Ist die Preiselastizität der Nachfrage hoch und die Preiselastizität des Angebotes niedrig, belastet die Mengensteuer die Produzenten stärker.* Als Praxisbeispiel lässt sich auf eine

WISSENSCHAFT UND PRAXIS

Wer trägt die FICA?

Jeder US-Amerikaner, der in abhängiger Beschäftigung arbeitet, erhält eine Gehaltsabrechnung, auf der nicht nur der tatsächliche Überweisungsbetrag aufgeführt ist, sondern auch die Beträge stehen, die für verschiedene Steuern abgezogen wurden. Einer der größeren Posten ist für die meisten US-Amerikaner der FICA-Beitrag. FICA ist die Abkürzung für Federal Insurance Contributions Act. Der entsprechende Posten auf der Gehaltsabrechnung zeigt also den Betrag, der für die staatliche Grundsicherung im Rentenalter bzw. bei Arbeitsunfähigkeit zu entrichten ist.

Im Jahr 2019 mussten Arbeitnehmer 7,65 Prozent ihres Einkommens als FICA-Beitrag abführen. Tatsächlich ist dies aber nur die Hälfte des Betrages: Die Arbeitgeber müssen einen gleich hohen Betrag abführen.

Wie ist der FICA-Beitrag zu beurteilen? Wird er wirklich jeweils zur Hälfte von Arbeitnehmern und Arbeitgebern getragen? Nun, er wirkt wie eine Steuer, die auf den Kauf und Verkauf von Arbeit erhoben wird. Eine Hälfte davon ist eine Steuer, die den Verkäufern, also den Arbeitnehmern, auferlegt wird. Die andere Hälfte ist von den Käufern, also den Arbeitgebern, zu bezahlen.

Wir wissen aber bereits, dass die Inzidenz einer Steuer nicht wirklich davon abhängt, wer die Steuer tatsächlich abführt. Die meisten Ökonomen sind sich einig, dass der FICA-Beitrag eine Steuer darstellt, die tatsächlich von den Arbeitnehmern gezahlt wird und nicht von ihren Arbeitgebern. Der Grund für diese Schlussfolgerung liegt in einem Vergleich der Preiselastizitäten des Angebotes von Arbeit durch die Haushalte und der Nachfrage nach Arbeit durch die Unternehmen.

Erkenntnisse zeigen, dass die Preiselastizität der Nachfrage nach Arbeit ziemlich hoch ist und bei mindestens 3 liegt. Das heißt, ein Anstieg des durchschnittlichen Lohns um 1 Prozent würde zu einem Rückgang der Nachfrage nach Arbeit durch die Arbeitgeber um mindestens 3 Prozent führen. Arbeitsökonomen gehen jedoch davon aus, dass die Preiselastizität des Angebotes von Arbeit sehr niedrig ist. Der Grund dafür ist, dass ein geringerer Lohnsatz zwar die Anreize reduziert mehr zu arbeiten. Gleichzeitig werden die Menschen dadurch aber ärmer und können sich deshalb weniger Freizeit leisten.

Die Stärke dieses zweiten Effektes findet sich in den Daten wieder: Wenn der Stundenlohn sinkt, fällt die Anzahl der Stunden, die Menschen zu arbeiten bereit sind, nur geringfügig bis gar nicht.

Unser allgemeines Prinzip der Steuerinzidenz besagt, dass die Last einer Mengensteuer dann hauptsächlich von den Anbietern getragen wird, wenn die Preiselastizität der Nachfrage deutlich höher ist als die Preiselastizität des Angebotes. Der FICA-Beitrag wird demnach hauptsächlich von den Anbietern der Arbeitskraft getragen, also von den Arbeitnehmern – obwohl die Arbeitgeber auf dem Papier die Hälfte der Steuer zahlen. Anders formuliert wird der FICA-Beitrag zum größten Teil durch niedrigere Löhne für die Arbeitnehmer finanziert und nicht durch niedrigere Gewinne für die Arbeitgeber.

Steuer verweisen, die eine Reihe von Kommunen in den Vereinigten Staaten auf den Erwerb bereits bestehender Häuser erhebt. Bevor der Immobilienmarkt im Jahr 2007 einzubrechen begann, waren in den USA die Häuserpreise in begehrten Städten angestiegen, weil wohlhabende Ortsfremde zugezogen sind. Dieser soziale Umstrukturierungsprozess wird Gentrifizierung genannt.

Einige dieser Städte haben Hausverkäufe mit einer Steuer belegt mit dem Ziel, an den Neuzugängen zu verdienen. Dabei wird aber die Tatsache übersehen, dass die Elastizität der Nachfrage nach Häusern in einer einzelnen Stadt oftmals hoch ist, da potenzielle Käufer sich dafür entscheiden können, sich in einer anderen Stadt niederzulassen. Des Weiteren ist die Elastizität des Angebotes vermutlich niedrig, weil die meisten Verkäufer ihre Häuser verkaufen müssen, z. B. weil sie an einem anderen Ort einen Arbeitsplatz gefunden haben. Deshalb werden die Steuern auf Eigenheimkäufe hauptsächlich von den Verkäufern getragen – und nicht, wie die Kommunalbürokratie es sich vorstellt, von den vermögenden Käufern.

Gesamtbetrachtung. Wir haben gerade gesehen, dass bei hoher Preiselastizität des Angebotes und niedriger Preiselastizität der Nachfrage eine Mengensteuer vorwiegend die Konsumenten belastet. Ist die Preiselastizität des Angebotes niedrig und die Preiselastizität der Nachfrage hoch, tragen die Produzenten den größten Teil der Last einer Mengensteuer. Das führt uns zu einer allgemeinen Regel: *Ist die Preiselastizität der Nachfrage höher als die Preiselastizität des Angebotes, belastet eine Mengensteuer hauptsächlich die Produzenten. Ist die Preiselastizität des Angebotes größer als die Preiselastizität der Nachfrage, belastet eine Mengensteuer größtenteils die Konsumenten.* Folglich bestimmen die Elastizitäten die Inzidenz einer Mengensteuer und nicht die Tatsache, wer die Steuer abführt.

Kurzzusammenfassung

- Eine **Mengensteuer** treibt einen Keil zwischen den von den Konsumenten gezahlten und den von den Produzenten erhaltenen Preis, was zu einem Rückgang der ge- und verkauften Menge führt. Die Mengensteuer verursacht Ineffizienzen, indem sie Anreize verfälscht und zu entgangenen Gelegenheiten in Form von wechselseitig vorteilhaften Transaktionen führt, die nicht stattfinden.
- Die **Inzidenz** einer Mengensteuer ist unabhängig davon, wer die Steuer abführt. Sie hängt viel mehr von den Preiselastizitäten der Nachfrage und des Angebotes ab.
- Je höher die Preiselastizität des Angebotes und je niedriger die Preiselastizität der Nachfrage, desto höher ist die Steuerbelastung für die Konsumenten. Je niedriger die Preiselastizität des Angebotes und je höher die Preiselastizität der Nachfrage ist, desto höher ist die Steuerbelastung für die Produzenten.

ÜBERPRÜFEN SIE IHR WISSEN

1. Betrachten Sie den Markt für Butter, der im Diagramm gezeigt wird. Der Staat erhebt eine Mengensteuer in Höhe von 30 Cent auf ein Kilogramm Butter. Wie hoch ist der Preis, den die Konsumenten nach Erhebung der Steuer zahlen müssen? Wie hoch ist der Preis, den die Produzenten nach Erhebung der Steuer erhalten? Wie hoch ist die ge- und verkaufte Menge an Butter? Wie ist die Steuerinzidenz zwischen den Konsumenten und den Produzenten aufgeteilt? Stellen Sie Ihre Antworten in der Abbildung dar.

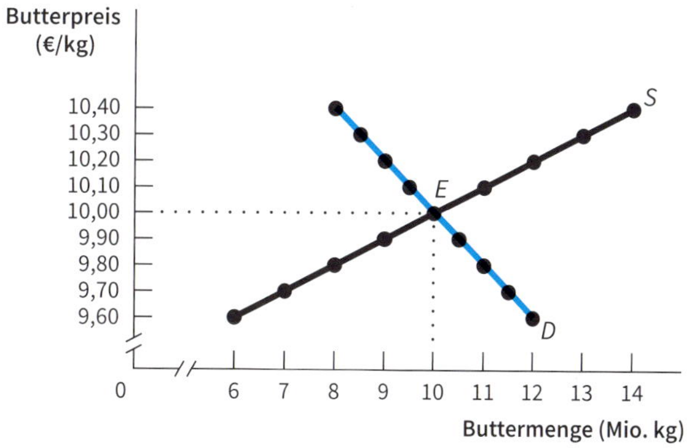

2. Die Nachfrage nach VWL-Lehrbüchern ist sehr unelastisch, das Angebot ist jedoch leicht elastisch. Was bedeutet das für die Inzidenz einer Mengensteuer? Veranschaulichen Sie Ihre Antwort grafisch.

3. Richtig oder falsch? Wenn den Konsumenten für ein bestimmtes Gut ohne Weiteres ein Substitut zur Verfügung steht, es für die Produzenten aber schwierig ist, die produzierte Menge anzupassen, dann tragen die Produzenten den größeren Teil der Steuerlast.
4. Das Angebot an Mineralwasser ist sehr unelastisch, die Nachfrage ist jedoch leicht elastisch. Was bedeutet das für die Inzidenz einer Mengensteuer? Veranschaulichen Sie Ihre Antwort grafisch.
5. Richtig oder falsch? Wenn eine Mengensteuer erhoben wird, würden Konsumenten, ceteris paribus, eine weniger elastische Angebotskurve für eine Ware oder Dienstleistung bevorzugen.

7.2 Nutzen und Kosten der Besteuerung

Wenn der Staat über die Erhebung einer Steuer oder die Gestaltung eines Steuersystems nachdenkt, muss er den Nutzen einer Steuer gegen die mit ihr verbundenen Kosten abwägen. Normalerweise betrachten wir eine Steuer nicht als nutzbringend, aber der Staat benötigt Geld, um die gewünschten öffentlichen Dienstleistungen wie Landesverteidigung oder medizinische Versorgung erbringen zu können. Der Nutzen einer Steuer entspricht den Einnahmen, die sie einem Staat einbringt, um diese Dienstleistungen finanzieren zu können. Leider geht dieser Nutzen mit Kosten einher – Kosten, die üblicherweise über den Betrag hinausgehen, den die Konsumenten und Produzenten zahlen müssen. Schauen wir uns zunächst an, was für die Höhe der Einnahmen aus einer Steuer ausschlaggebend ist. Anschließend werden wir die durch eine Steuer verursachten Kosten betrachten.

Die Einnahmen aus einer Mengensteuer

Wie hoch sind für den Staat die Steuereinnahmen aus der Erhebung einer Mengensteuer? In unserem Beispiel einer Hotelsteuer lassen sich die Einnahmen durch die Fläche des grauen Rechtecks in **Abbildung 7-6** darstellen.

Um zu verstehen, warum dies die Einnahmen einer Steuer auf ein Hotelzimmer in Höhe von 40 Euro sind, muss man sich zunächst klarmachen, dass die *Höhe* des Rechtecks genau 40 Euro

Abb. 7-6

Die Einnahmen aus einer Mengensteuer

Die Einnahmen aus einer Mengensteuer in Höhe von 40 Euro je Hotelzimmer betragen 200.000 Euro. Die Höhe der Einnahmen ergibt sich aus dem Steuerbetrag von 40 Euro – gleich der durch die Steuer hervorgerufene Differenz zwischen Angebotspreis und Nachfragepreis – mal der Anzahl der vermieteten Hotelzimmer, 5000. Dies entspricht der Fläche des grauen Rechtecks.

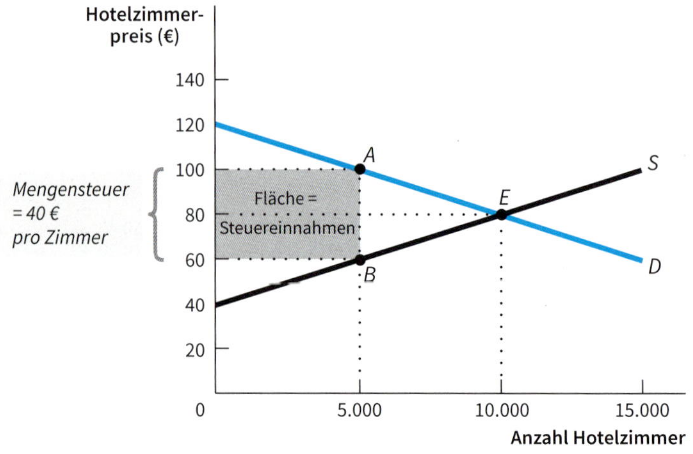

entspricht. Dies ist der Steuerbetrag je Hotelzimmer. Er entspricht, wie wir gesehen haben, genau der Höhe der durch die Steuer hervorgerufenen Differenz zwischen Angebotspreis (der von den Produzenten erhaltene Preis) und Nachfragepreis (der von den Konsumenten gezahlte Preis). Weiter beträgt die Breite des Rechtecks 5.000 Hotelzimmer, was der Gleichgewichtsmenge bei einer Steuer von 40 Euro je Hotelzimmer entspricht.

Unter Verwendung dieser Informationen können wir die folgenden Berechnungen anstellen.

Die Steuereinnahmen ergeben sich als:
Steuereinnahmen
= 40 € je Hotelzimmer × 5.000 Hotelzimmer
= 200.000 €.

Die Fläche des Rechtecks beträgt:
Fläche = Höhe × Breite
= 40 € je Hotelzimmer × 5.000 Hotelzimmer
= 200.000 €
oder
Steuereinnahmen = Fläche des grauen Rechtecks

Daraus können wir eine allgemeingültige Aussage ableiten: *Die Einnahmen aus einer Mengensteuer entsprechen der Fläche eines Rechtecks, dessen Höhe durch den Steuersatz und dessen Breite durch die im Markt gehandelte Menge bestimmt wird.*

Steuersätze und -einnahmen

In Abbildung 7-6 beträgt der *Steuersatz* 40 Euro je Hotelzimmer. Unter einem **Steuersatz** verstehen wir einen Steuerbetrag, der pro Einheit der zu besteuernden Sache erhoben wird. Manchmal sind die Steuersätze als ein bestimmter Geldbetrag pro Einheit der Ware oder Dienstleistung festgelegt. So müssen in Deutschland für 1 Kilogramm Röstkaffee 2,19 Euro als Kaffeesteuer abgeführt werden. In anderen Fällen sind die Steuersätze als Prozentsatz des Preises definiert. Die Lohnsteuer in Deutschland (für Ledige) beginnt bei einem Einkommen von 9.984 Euro mit einem Steuersatz von 14 Prozent.

Offensichtlich gibt es einen Zusammenhang zwischen Steuersätzen und Steuereinnahmen. Dieser Zusammenhang ist jedoch nicht proportional. Für gewöhnlich wird die Verdoppelung des Mengensteuersatzes, der auf eine Ware oder Dienstleistung erhoben wird, die Steuereinnahmen nicht verdoppeln. Das liegt daran, dass die ge- und verkaufte Menge der Ware oder Dienstleistung aufgrund der Steuererhöhung zurückgehen wird. Der Zusammenhang zwischen der Steuerhöhe und den Steuereinnahmen ist möglicherweise nicht einmal positiv: In einigen Fällen führt eine Erhöhung des Steuersatzes sogar zu einem *Rückgang* der vom Staat eingenommenen Steuern.

Mithilfe unseres Hotelzimmerbeispiels können wir diese Punkte veranschaulichen. In Abbildung 7-6 waren die Steuereinnahmen dargestellt, die ein Staat durch eine Hotelzimmersteuer in Höhe von 40 Euro erhält. **Abbildung 7-7** zeigt die Steuereinnahmen, die ein Staat durch zwei unterschiedliche Steuersätze generieren würde: Eine niedrigere Steuer in Höhe von 20 Euro je Zimmer und eine höhere Steuer in Höhe von 60 Euro je Zimmer.

Diagramm (a) in Abbildung 7-7 zeigt den Fall einer Steuer in Höhe von 20 Euro, was der Hälfte des Steuersatzes entspricht, der in Abbildung 7-6 dargestellt wurde. Bei diesem niedrigeren Steuersatz werden 7.500 Zimmer vermietet. Die Steuereinnahmen ergeben sich somit als:

Steuereinnahmen
= 20 € je Hotelzimmer × 7.500 Hotelzimmer
= 150.000 €.

Zur Erinnerung: Bei einem Steuersatz von 40 Euro betrugen die Steuereinnahmen 200.000 Euro. Die Einnahmen, die sich aus einem Steuersatz von 20 Euro ergeben, nämlich 150.000 Euro, betragen 75 Prozent der Einnahmen, die sich aus einem doppelt so hohen Steuersatz ergeben (150.000 €/200.000 € × 100 = 75 %). Anders formuliert, eine Steuererhöhung um 100 Prozent, von 20 Euro auf 40 Euro, führt lediglich zu einem Einnahmenanstieg von 33,3 Prozent, von 150.000 Euro auf 200.000 Euro ((200.000 € – 150.000 €)/150.000 € × 100 = 33,3 %).

Diagramm (b) veranschaulicht, was passiert, wenn der Steuersatz von 40 Euro auf 60 Euro je Hotelzimmer angehoben wird. Die Anzahl der vermieteten Hotelzimmer sinkt von 5.000 auf 2.500. Die Steuereinnahmen aus einem Steuersatz von 60 Euro je Hotelzimmer ergeben sich als:

Steuereinnahmen
= 60 € je Hotelzimmer × 2.500 Hotelzimmer
= 150.000 €.

Das ist erneut *weniger* als die Steuereinnahmen, die sich aus einer Hotelzimmersteuer von 40 Euro ergeben. Genauer gesagt führt in diesem Fall eine

Ein **Steuersatz** ist der Steuerbetrag, der je Einheit der zu besteuernden Sache abgeführt werden muss.

Abb. 7-7

Steuersätze und Steuereinnahmen

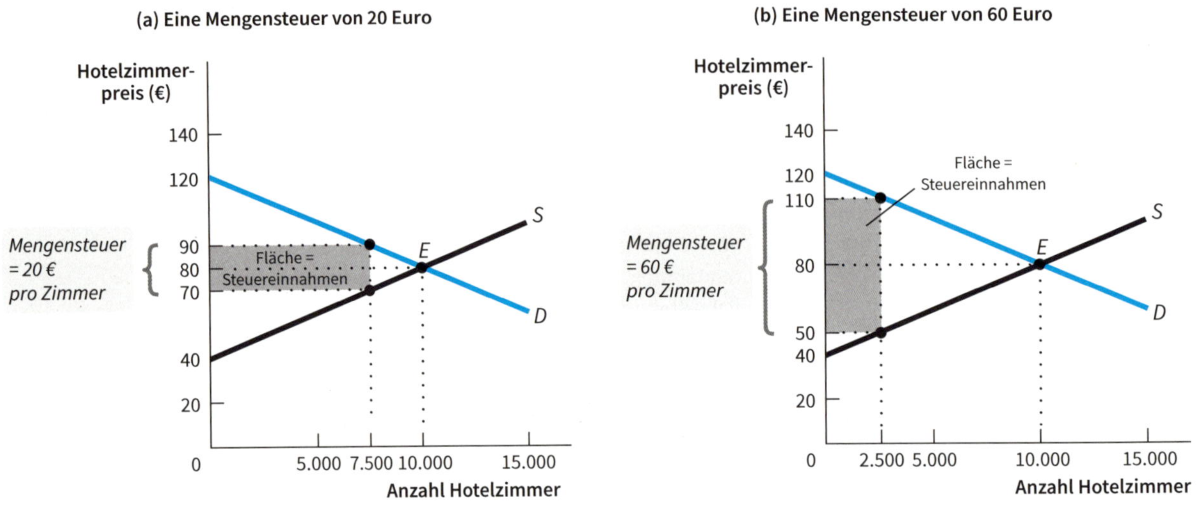

Im Allgemeinen führt eine Verdopplung der Mengensteuer, die auf eine Ware oder Dienstleistung erhoben wird, nicht zu einer Verdopplung der mit der Steuer verbundenen Steuereinnahmen. Das ist deshalb so, weil die Steuererhöhung die gehandelte Menge einer Ware oder Dienstleistung reduziert. Der Zusammenhang zwischen der Steuerhöhe und den Steuereinnahmen muss noch nicht einmal positiv sein. Diagramm (a) zeigt die Einnahmen, die mit einem Steuersatz von 20 Euro pro Zimmer verbunden sind. Der Steuersatz beträgt nur die Hälfte des Steuersatzes aus Abbildung 7-6. Die Steuereinnahmen entsprechen dem grauen Rechteck und betragen 150.000 Euro. Das sind 75 Prozent der Steuereinnahmen von 200.000 Euro, die aus einer Mengensteuer von 40 Euro resultieren. Diagramm (b) zeigt die Einnahmen, die mit einem Steuersatz von 60 Euro verbunden sind. Die Steuereinnahmen betragen ebenfalls 150.000 Euro. Eine Erhöhung der Steuer von 40 Euro auf 60 Euro reduziert also die Steuereinnahmen.

Steuererhöhung um 50 Prozent [(60 € – 40 €)/40 € × 100 = 50 %] zu einem Rückgang der Steuereinnahmen um 25 Prozent [(150.000 € – 200.000 €)/200.000 € × 100 = –25 %]. Warum ist das passiert? Der durch die niedrigere Anzahl vermieteter Hotelzimmer ausgelöste Rückgang der Steuereinnahmen hat den durch die Erhöhung des Steuersatzes verursachten Anstieg der Steuereinnahmen mehr als ausgeglichen. Mit anderen Worten: Ein Steuersatz, der so hoch ist, dass deshalb eine erhebliche Anzahl an Käufen und Verkäufen nicht stattfindet, wird wahrscheinlich zu einem Rückgang der Steuereinnahmen führen.

Eine Möglichkeit, den Einnahmeneffekt der Erhöhung einer Mengensteuer zu betrachten, ist, dass sich die Steuererhöhung in zweierlei Hinsicht auf die Steuereinnahmen auswirkt. Einerseits bedeutet die Steuererhöhung, dass der Staat für jede verkaufte Einheit eines Gutes mehr Steuern einnimmt. Ceteris paribus würde dies zu einem Anstieg der Steuereinnahmen führen. Andererseits verursacht die Steuererhöhung eine Verringerung der Verkäufe. Dies würde, ceteris paribus, zu einem Rückgang der Steuereinnahmen führen. Wie das Ergebnis letztendlich aussieht, hängt sowohl von den Preiselastizitäten des Angebotes und der Nachfrage sowie von der ursprünglichen Steuerhöhe ab.

Wenn die Preiselastizität des Angebotes und die Preiselastizität der Nachfrage niedrig sind, wird eine Steuererhöhung die verkaufte Menge des Gutes nicht wesentlich reduzieren. Die Steuereinnahmen werden also mit Sicherheit steigen. Wenn die Preiselastizitäten hoch sind, ist das Ergebnis nicht so eindeutig. Wenn sie hoch genug sind, wird die Steuer die verkaufte Menge so stark reduzieren, dass die Steuereinnahmen zurückgehen. Der Staat wird auch dann keine großen

Steuereinbußen durch den Rückgang der verkauften Menge verzeichnen, wenn die ursprüngliche Steuerhöhe niedrig war. Die Steuererhöhung wird mit Sicherheit zu einem Anstieg der Steuereinnahmen führen. Wenn das ursprüngliche Steuerniveau hoch ist, ist das Ergebnis erneut weniger eindeutig. Eine Steuererhöhung wird mit hoher Wahrscheinlichkeit nur in den Fällen zu einem Rückgang oder lediglich einem leichten Anstieg der Steuereinnahmen führen, in denen die Preiselastizitäten und das ursprüngliche Steuerniveau hoch sind.

Die Möglichkeit, dass ein höherer Steuersatz die Steuereinnahmen verringern kann, und die damit verbundene Möglichkeit, dass eine Steuersenkung die Steuereinnahmen erhöhen kann, sind ein Grundprinzip der Besteuerung, das von politischen Entscheidungsträgern bei der Festsetzung von Steuersätzen berücksichtigt wird. Das heißt, ein sachkundiger Entscheidungsträger wird bei einer Steuer, die das Ziel der Einnahmensteigerung verfolgt (im Gegensatz zu Steuern, die das Ziel haben, bestimmte Verhaltensweisen zu benachteiligen, und auch als *Sündensteuern* bezeichnet werden) den Steuersatz nicht so hoch ansetzen, dass eine Steuersenkung die Steuereinnahmen erhöhen würde.

In der Realität sind politische Entscheidungsträger jedoch nicht immer sachkundig. Normalerweise sind sie aber auch keine Vollidioten. Deshalb ist es ziemlich schwer, realitätsnahe Beispiele zu finden, in denen eine Steuererhöhung zu einem Einnahmenrückgang oder eine Steuersenkung zu einer Einnahmensteigerung geführt hat. Nichtsdestoweniger hat die theoretische Möglichkeit, dass die Steuereinnahmen aufgrund einer Steuersenkung steigen können, in der Vergangenheit für die US-Politik eine wichtige Rolle gespielt. Wie in der Rubrik »Vertiefung« erklärt wird, hatte der Ökonom, der die grafische Darstellung einer einnahmensteigernden Steuersenkung auf eine Serviette zeichnete, einen großen Einfluss auf die in den 1980er-Jahren in der Vereinigten Staaten ergriffenen wirtschaftspolitischen Maßnahmen.

Die Kosten der Besteuerung

Wie hoch sind die Kosten einer Steuer? Man könnte versucht sein zu antworten, dass diese Kosten mit dem Geldbetrag identisch sind, den die Steuerzahler an den Staat abführen. Nehmen wir aber einmal an, der Staat würde dieses Geld verwenden, um Dienstleistungen bereitzustellen, die von der Gesellschaft auch gewünscht werden,

VERTIEFUNG

Französische Steuersätze und *L'Arc Laffer*

An einem Nachmittag im Jahr 1974 zeichnete der US-amerikanische Ökonom Arthur Laffer eine Abbildung auf eine Serviette, die später als Laffer-Kurve bekannt wurde. Gemäß dieser Abbildung führen Steuererhöhungen anfänglich zu einer Steigerung der Steuereinnahmen. Nach einem bestimmten Punkt verursachen weitere Steuererhöhungen jedoch einen Rückgang der Steuereinnahmen, da die Menschen zunehmend weniger ökomische Geschäfte tätigen. Entsprechend führt eine Steuersenkung unterhalb dieses Punktes zu einer verstärkten Geschäftstätigkeit, da mehr Menschen dazu bereit sind, wirtschaftliche Transaktionen durchzuführen.

Obwohl die Idee nicht neu war, erfasste Laffers Abbildung die zu dieser Zeit aktuelle politische Debatte in den Vereinigten Staaten. Im Jahr 1981 beschloss der frisch gewählte Präsident Ronald Reagan Steuersenkungen – mit dem Versprechen, dass sie sich selbst finanzieren würden. Das heißt, die Steuersenkungen sollten die wirtschaftliche Aktivität so steigern, dass die Staatseinnahmen nicht zurückgehen würden.

Heute glauben nur äußerst wenige Ökonomen, dass die von Präsident Reagan beschlossenen Steuersenkungen die Steuereinnahmen tatsächlich erhöhten, da die Steuersätze im Großen und Ganzen schlichtweg nicht hoch genug waren, um eine maßgeblich dämpfende Wirkung auf die Wirtschaft zu haben. Dennoch gibt es ein theoretisches Beispiel für die Existenz der Laffer-Kurve bei hohen Steuerniveaus. Das Beispiel der französischen Steuererhöhung scheint eine realitätsnahe Veranschaulichung darzustellen.

Eine im Jahr 1997 verabschiedete Veränderung des französischen Steuerrechts verursachte eine erhebliche Steuererhöhung für gutsituierte französische Staatsbürger. Im Gegensatz zu den Vereinigten Staaten ist es darüber hinaus für französische Bürger relativ leicht, in ein Nachbarland wie Belgien oder die Schweiz zu ziehen, in denen für die Reichen niedrigere Steuern gelten.

Als der damalige französische Staatspräsident Hollande einen Steuersatz in Höhe von 75 Prozent auf Einkommen über 1,2 Millionen Euro ankündigte, kam es zu einer heftigen öffentlichen Auseinandersetzung zwischen François Hollande und Gerard Depardieu, einem der beliebtesten Schauspieler im Land. Diejenigen, die Frankreich verließen, um den höheren Steuersätzen zu entkommen, nahmen nach Schätzung Vermögenswerte in Höhe von mehreren Hundert Milliarden Euro mit. Auch Depardieu verließ das Land und zog über die Grenze nach Belgien. In Frankreich kam es vermehrt zu Unternehmenszusammenbrüchen, die Investitionen wurden zurückgefahren. Im Jahr 2015 wurde die Änderung des Steuerrechts schließlich wieder rückgängig gemacht und die Steuersätze wurden auf ihr ursprüngliches Niveau gesenkt.

oder er würde ganz einfach das Geld an die Steuerzahler zurückgeben. Würden wir dann behaupten, die Steuer würde keine Kosten verursachen?

Die Antwort lautet nein, und zwar, weil eine Steuer, genau wie eine Mengenbeschränkung, die Durchführung von wechselseitig vorteilhaften Transaktionen verhindert. Schauen wir uns noch einmal Abbildung 7-6 an. Bei einer Steuer von 40 Euro je Hotelzimmer bezahlen die Hotelgäste 100 Euro für ein Hotelzimmer, die Hotelbesitzer erhalten aber lediglich 60 Euro. Wir wissen, dass aufgrund des durch die Steuer verursachten Keils einige Transaktionen nicht stattfinden, die ohne die Steuer stattgefunden hätten.

Aus den Angebots- und Nachfragekurven wissen wir beispielsweise, dass es einige potenzielle Gäste gibt, die lediglich bereit wären, sagen wir, 90 Euro pro Nacht zu zahlen. Es gibt auch einige Hotelbesitzer, die bereit wären, Ihnen für, sagen wir 70 Euro ein Hotelzimmer zu vermieten. Könnte man diese Hotelbesitzer und Hotelgäste zusammenbringen, käme es zu wechselseitig vorteilhaften Transaktionen. Es würden zusätzlich Hotelzimmer vermietet werden.

Ein solches Geschäft wäre jedoch illegal, weil die Steuer in Höhe von 40 Euro nicht bezahlt worden wäre. In unserem Beispiel sind es 5.000 potenzielle Hotelzimmervermietungen, die ohne die Steuer zum wechselseitigen Vorteil von Hotelbesitzern und Hotelgästen stattfinden würden, die aber nicht stattfinden, weil die Steuer existiert. Die Anzahl der nicht erfolgten Hotelzimmervermietungen (5.000) ergibt sich aus der Differenz zwischen der Anzahl der Hotelzimmervermietungen ohne Steuer (10.000) und der Anzahl der Hotelzimmervermietungen mit Steuer (5.000).

Eine Mengensteuer belastet die Wirtschaft also über das tatsächlich gezahlte Geld hinaus in Form von Ineffizienzen, die auftreten, weil die Steuer wechselseitig vorteilhafte Transaktionen verhindert. Wir haben in Kapitel 5 gelernt, dass die gesellschaftlichen Kosten, die sich aus dieser Art von Ineffizienzen ergeben – der Wert der durch die Steuer verhinderten wechselseitig vorteilhaften Transaktionen – als *Nettowohlfahrtsverlust* bezeichnet werden. Alle in der Realität existierenden Steuern verursachen in bestimmtem Maß einen solchen Nettowohlfahrtsverlust, der allerdings bei schlecht entworfenen Steuern höher ist als bei gut durchdachten.

Um den Nettowohlfahrtsverlust zu messen, der durch eine Steuer entsteht, wenden wir uns den Konzepten der Konsumenten- und Produzentenrente zu. **Abbildung 7-8** zeigt die Wirkungen einer Mengensteuer auf Konsumenten- und Produzentenrente. Vor Erhebung der Steuer liegt das Gleichgewicht im Punkt *E*. Der Gleichgewichtspreis beträgt P_E und die Gleichgewichtsmenge beträgt Q_E. Eine Mengensteuer treibt einen Keil in Höhe der Steuer zwischen den Produzentenpreis, den Preis, den der Produzent erhält, und den Konsumentenpreis, den Preis, den der Konsument bezahlen muss, wodurch sich die umgesetzte Menge reduziert. Im vorliegenden Fall, in dem die Steuer *T* Euro pro Einheit beträgt, vermindert sich die gehandelte Menge auf Q_T. Der Konsumentenpreis steigt auf P_C, den Nachfragepreis, der zur verminderten Menge Q_T gehört. Der Produzentenpreis sinkt auf P_P, den Angebotspreis dieser Menge. Die Differenz zwischen diesen beiden Preisen, $P_C - P_P$, entspricht genau der Mengensteuer *T*.

Mithilfe des Konzepts von Konsumenten- und Produzentenrente können wir nun genau zeigen, wie groß der Rückgang von Konsumenten- bzw. Produzentenrente ist, der aus der Erhebung der Steuer resultiert.

Weiter oben, nämlich in Abbildung 4-5, haben wir bereits gesehen, dass ein Preisrückgang eines Gutes eine Erhöhung der Konsumentenrente hervorruft, die sich geometrisch als Summe der Flächen eines Rechtecks und eines Dreiecks ergibt. Ein Preisanstieg verursacht einen Rückgang der Konsumentenrente, der ganz genauso aussieht. Im Fall einer Mengensteuer ruft der Anstieg des Konsumentenpreises einen Rückgang der Konsumentenrente hervor, welcher der Fläche des hellblauen Rechtecks, das mit *A* bezeichnet ist, und der Fläche des dunkelblauen Dreiecks entspricht, das mit *B* bezeichnet ist (vgl. Abbildung 7-8). Gleichzeitig verursacht der Rückgang des Produzentenpreises eine Verminderung der Produzentenrente. Auch dieser Rückgang lässt sich geometrisch als Summe der Flächen eines Rechtecks und eines Dreiecks darstellen. Der Rückgang der Produzentenrente entspricht in Abbildung 7-8 der Summe der Fläche des hellgrauen Rechtecks (Fläche *C*) und der Fläche des dunkelgrauen Dreiecks (Fläche *F*).

Zwar werden Konsumenten und Produzenten durch die Steuer schlechter gestellt, aber natürlich fließen dem Staat Einnahmen zu. Die Steuer-

Abb. 7-8

Eine Steuer verringert Konsumenten- und Produzentenrente

Vor Erhebung der Steuer betragen Gleichgewichtspreis und Gleichgewichtsmenge P_E bzw. Q_E. Nach Erhebung einer Steuer in Höhe von T je Einheit steigt der Konsumentenpreis auf P_C und die Konsumentenrente verringert sich um die Summe der Flächen des hellblauen Rechtecks (A) und des dunkelblauen Dreiecks (B). Die Steuer verursacht einen Rückgang des Produzentenpreises auf P_P. Die Produzentenrente sinkt um die Summe der Flächen des hellgrauen Rechtecks (C) und des dunkelgrauen Dreiecks (F). Dem Staat fallen Steuereinnahmen in Höhe von $Q_T \times T$ zu. Dieser Betrag lässt sich als Summe der beiden Flächen A und C darstellen. Die Flächen B und F repräsentieren den Rückgang von Konsumenten- und Produzentenrente, der beim Staat nicht als Steuereinnahme auftaucht. Diese beiden Dreiecksflächen stellen daher den durch die Steuer hervorgerufenen gesellschaftlichen Nettowohlfahrtsverlust dar.

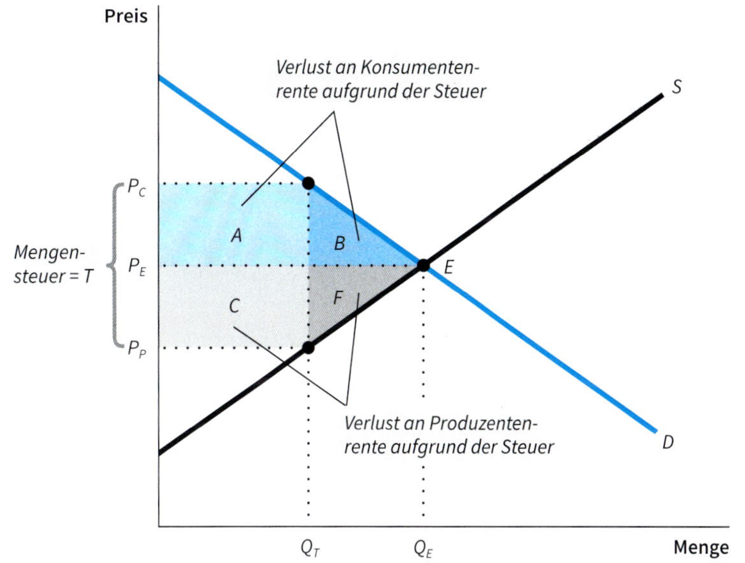

einnahmen ergeben sich als Produkt der Steuer je verkaufter Einheit T und der verkauften Menge Q_T. Geometrisch lassen sich die Einnahmen als Fläche eines Rechtecks der Breite Q_T und der Höhe T darstellen. Ein solches Rechteck können wir in unserer Abbildung erkennen: Es ergibt sich als Summe der Rechtecke A und C. Anders gewendet: Dem Staat fließt ein Teil dessen zu, was Konsumenten und Produzenten durch die Mengensteuer verlieren.

Ein Teil der Verluste, die Produzenten und Konsumenten durch die Steuererhebung erleiden, wird aber nicht durch einen Gewinn des Staates ausgeglichen. In Abbildung 7-8 wird dieser Teil durch die beiden Dreiecke B und F beschrieben. Der von der Steuer verursachte Nettowohlfahrtsverlust entspricht genau der Gesamtfläche dieser beiden Dreiecke. Sie repräsentiert die Summe aus Konsumenten- und Produzentenrente, die sich aus den Transaktionen ergeben hätte, die aufgrund der Steuer nun nicht stattfinden.

Abbildung 7-9 zeigt nochmals die in Abbildung 7-8 dargestellten Zusammenhänge, allerdings werden die Rechtecke A und C weggelassen, die ja lediglich die Umverteilung von Konsumenten und Produzenten zum Staat widerspiegeln. Es bleibt dann nur noch das dunkelgraue Dreieck übrig, das den Nettowohlfahrtsverlust zeigt. Die Grundseite dieses Dreiecks entspricht dem Steuersatz T. Die Höhe des Dreiecks ergibt sich aus dem durch die Steuer verursachten Rückgang der getauschten Menge $Q_E - Q_T$. Man beachte, dass der durch das graue Dreieck dargestellte Nettowohlfahrtsverlust verschwinden würde, wenn die auf diesem Markt getauschte Menge *nicht* durch die Mengensteuer verringert würde, wenn also Q_T nicht kleiner wäre als Q_E. Es wird deutlich, dass die aus der Steuer resultierenden Ineffizienzen umso größer sind, je größer der Steuersatz bzw. Steuerkeil und je größer der Rückgang der getauschten Menge ist.

Wenn die Mengensteuer aus irgendeinem Grund keinen Einfluss auf die im Markt gekaufte und verkaufte Menge hätte, (Q_T also Q_E entsprechen würde), dann würde das graue Dreieck verschwinden und der Nettowohlfahrtsverlust der Steuer wäre null. Diese Beobachtung ist lediglich die Kehrseite des Prinzips, das wir am Anfang des Kapitels kennengelernt haben: Eine Steuer verursacht Ineffizienzen, weil sie wechselseitig vorteil-

Abb. 7-9

Der Nettowohlfahrtsverlust einer Steuer

Eine Steuer führt zu einem Nettowohlfahrtsverlust, weil sie Ineffizienzen erzeugt: Einige eigentlich wechselseitig vorteilhafte Transaktionen unterbleiben aufgrund der Steuer, nämlich die Transaktionen $Q_E - Q_T$. Die graue Fläche stellt den Umfang des Nettowohlfahrtsverlustes grafisch dar: Es ist die Summe aus Konsumenten- und Produzentenrente, die sich aus den Transaktionen $Q_E - Q_T$ ergeben würde. Hätte die Steuer diese Transaktionen nicht verhindert, wäre also die Zahl der Transaktionen Q_E geblieben (beispielsweise, weil Angebot oder Nachfrage völlig unelastisch sind), wäre kein Nettowohlfahrtsverlust entstanden.

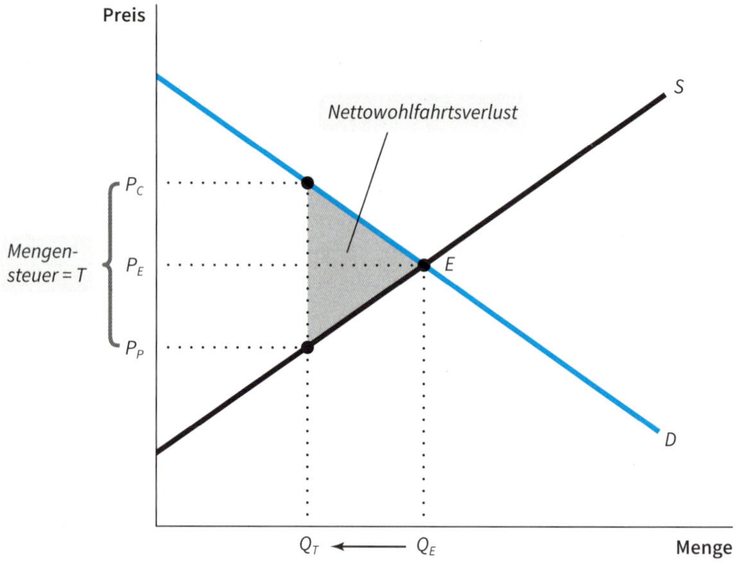

Die **administrativen Kosten** einer Steuer ergeben sich aus den Ressourcen, die für Steuererhebung, Steuerzahlung und für jeglichen Versuch der Steuerumgehung aufgewendet werden müssen.

hafte Transaktionen zwischen Käufern und Verkäufern verhindert. Wenn eine Steuer also keine Transaktionen verhindert, beispielsweise wenn entweder Angebot oder Nachfrage völlig unelastisch wären, würde kein Nettowohlfahrtsverlust entstehen. In solchen Fällen würde die Steuer lediglich zu einer Umverteilung von Konsumenten und Produzenten zum Staat führen.

Das Konzept der Erfassung eines Nettowohlfahrtsverlustes durch die Fläche eines Dreiecks wird in vielen ökonomischen Zusammenhängen angewandt. Nettowohlfahrtsverlust-Dreiecke werden nicht nur durch Mengensteuern hervorgerufen, sondern auch durch andere Formen der Besteuerung. Ebenso treten sie bei weiteren Formen von Marktstörungen auf, wie etwa aufgrund von Monopolmacht.

Schließlich wird das durch die Dreiecke repräsentierte Konzept auch häufig genutzt, um Kosten und Nutzen geplanter Politikmaßnahmen zu bewerten, beispielsweise ob für ein Produkt strengere Sicherheitsstandards gelten sollen.

Bei Betrachtung der insgesamt durch eine Steuer verursachten Ineffizienz müssen wir noch etwas berücksichtigen, was aus Abbildung 7-9 nicht hervorgeht: die Ressourcen, die zur Erhebung und zur Zahlung der Steuer eingesetzt werden müssen und die über den Betrag der Steuer hinausgehen. Diese werden als **administrative Kosten** der Steuer bezeichnet. Zu den wichtigsten Positionen der administrativen Kosten des deutschen Steuersystems gehören die Zeit, die von den Steuerzahlern benötigt wird, um die Steuerformulare auszufüllen, sowie die Summen, die sie ihren Steuerberatern zahlen. (Bei letztgenanntem handelt es sich aus gesellschaftlicher Perspektive um eine Ineffizienz, da die Ressourcen, die für die Inanspruchnahme einer Steuerberatung aufgewendet werden, auch für andere Zwecke genutzt werden könnten, die nichts mit Steuern zu tun haben.)

Die den Steuerzahlern entstehenden administrativen Kosten umfassen auch die Ressourcen, die aufgewendet werden, um Steuern, egal ob auf legalem oder illegalem Wege, zu umgehen. Die staatlichen Kosten der Steuerverwaltung sind im Vergleich zu den administrativen Kosten, die den Steuerzahlern entstehen, gering.

Die insgesamt durch eine Steuer verursachte Ineffizienz ist also die Summe des mit der Steuer verbundenen Nettowohlfahrtsverlustes und der administrativen Kosten der Steuer. Die allgemeine Regel für wirtschaftspolitische Entscheidungen lautet: Unter sonst gleichen Bedingungen sollte man das Steuersystem wählen, welches für die Gesellschaft die geringste Ineffizienz verursacht. In der Praxis spielen andere Erwägungen auch eine Rolle, aber dieser Grundsatz stellt eine wertvolle Leitlinie dar. Die Höhe der administrativen Kosten ist üblicherweise bekannt und wird mehr oder weniger von den für die Steuererhebung bestehenden Technologien bestimmt (beispielsweise ob die Unterlagen in ausgedruckter Form oder elektronisch eingereicht werden).

Wie können wir aber die Größe des Nettowohlfahrtsverlustes abschätzen, der mit einer Steuer verbunden ist? Um diese Frage zu beantworten, greifen wir auf ein uns mittlerweile vertrautes Konzept zurück, das genau wie bei unserer Betrachtung der Steuerinzidenz auch beim Treffen solcher Vorhersagen eine wichtige Rolle spielt: die Elastizität.

Nettowohlfahrtsverlust einer Steuer und Elastizitäten

Der Nettowohlfahrtsverlust einer Mengensteuer tritt auf, weil die Steuer einige wechselseitig vorteilhafte Transaktionen verhindert. Präziser formuliert: Die Höhe des Nettowohlfahrtsverlustes ist gleich dem Rückgang der Konsumenten- und Produzentenrente, der aus den nicht stattfindenden Transaktionen resultiert. Folglich ist der Nettowohlfahrtsverlust umso größer, je größer die Zahl der durch die Steuer verhinderten Transaktionen ist.

Diese Beobachtung liefert uns einen wichtigen Hinweis, um die Beziehung zwischen Elastizitäten und der Höhe des aus einer Steuer resultierenden Nettowohlfahrtsverlustes zu verstehen. Es sei an folgenden Zusammenhang erinnert: Falls die Nachfrage bzw. das Angebot elastisch ist, dann reagiert die nachgefragte bzw. die angebotene Menge relativ stark auf Preisänderungen. Ist für ein Gut entweder die Nachfrage, das Angebot oder beides elastisch, führt dies zu einer relativ großen Verringerung der getauschten Menge und daher zu einem großen Nettowohlfahrtsverlust. Je größer die Elastizität auf der Angebots- oder Nachfrageseite ist, desto größer wird der Nettowohlfahrtsverlust ausfallen.

Damit wird eine Steuer, die auf ein Gut erhoben wird, für das die Nachfrage oder das Angebot oder beide unelastisch sind, zu einer relativ geringen Änderung der getauschten Mengen und daher zu einem kleinen Nettowohlfahrtsverlust führen.

Die in **Abbildung 7-10** gezeigten vier Diagramme illustrieren den positiven Zusammenhang zwischen Preiselastizität von Nachfrage oder Angebot und dem Nettowohlfahrtsverlust einer Steuer. Jedes Diagramm stellt den gleichen Steuersatz dar, der aber auf unterschiedliche Güter erhoben wird. In jedem Diagramm wird die Höhe des Nettowohlfahrtsverlustes durch die Fläche des grauen Dreiecks beschrieben. In Diagramm (a) ist das Nettowohlfahrtsverlust-Dreieck groß, weil die Nachfrage relativ elastisch ist: Aufgrund der Steuer wird auf eine große Anzahl von Transaktionen verzichtet. In Diagramm (b) wird dieselbe Angebotskurve wie in Feld (a) gezeigt, allerdings ist nun die Nachfrage relativ unelastisch. Das Dreieck ist in diesem Fall vergleichsweise klein, weil lediglich auf eine geringe Anzahl von Transaktionen verzichtet wird. In analoger Weise enthalten die Diagramme (c) und (d) dieselbe Nachfragekurve, aber unterschiedliche Angebotskurven. In Feld (c) führt eine elastische Angebotskurve zu einem großen Nettowohlfahrtsverlust-Dreieck, während in Feld (d) eine unelastische Angebotskurve ein relativ kleines Nettowohlfahrtsverlust-Dreieck erzeugt.

Die Implikationen dieser Überlegungen sind klar, wie auch die Geschichte im nächsten Abschnitt illustriert: Möchte man die Effizienzverluste der Besteuerung möglichst gering halten, sollte man Steuern auf Güter erheben, für welche die Nachfrage und/oder das Angebot relativ unelastisch sind. Bei solchen Gütern hat eine Steuer nur eine geringe Wirkung auf das Verhalten, da es nur wenig auf Preisänderungen reagiert. Im Extremfall einer völlig unelastischen Nachfrage (die Nachfragekurve verläuft senkrecht) bleibt die Nachfrage nach Einführung der Steuer auf dem ursprünglichen Niveau. In diesem Fall führt die Steuer zu keinem Nettowohlfahrtsverlust. In analoger Weise gilt, dass bei einem vollständig unelastischen Angebot (die Angebotskurve verläuft senkrecht) die angebotene Menge bei Erhebung einer Steuer unverändert bleibt, also ebenfalls kein Nettowohlfahrtsverlust auftritt.

Wenn das Ziel der Besteuerung ein möglichst geringer Nettowohlfahrtsverlust ist, sollten die Steuern auf Waren und Dienstleistungen erhoben

Abb. 7-10

Nettowohlfahrtsverlust und Elastizitäten

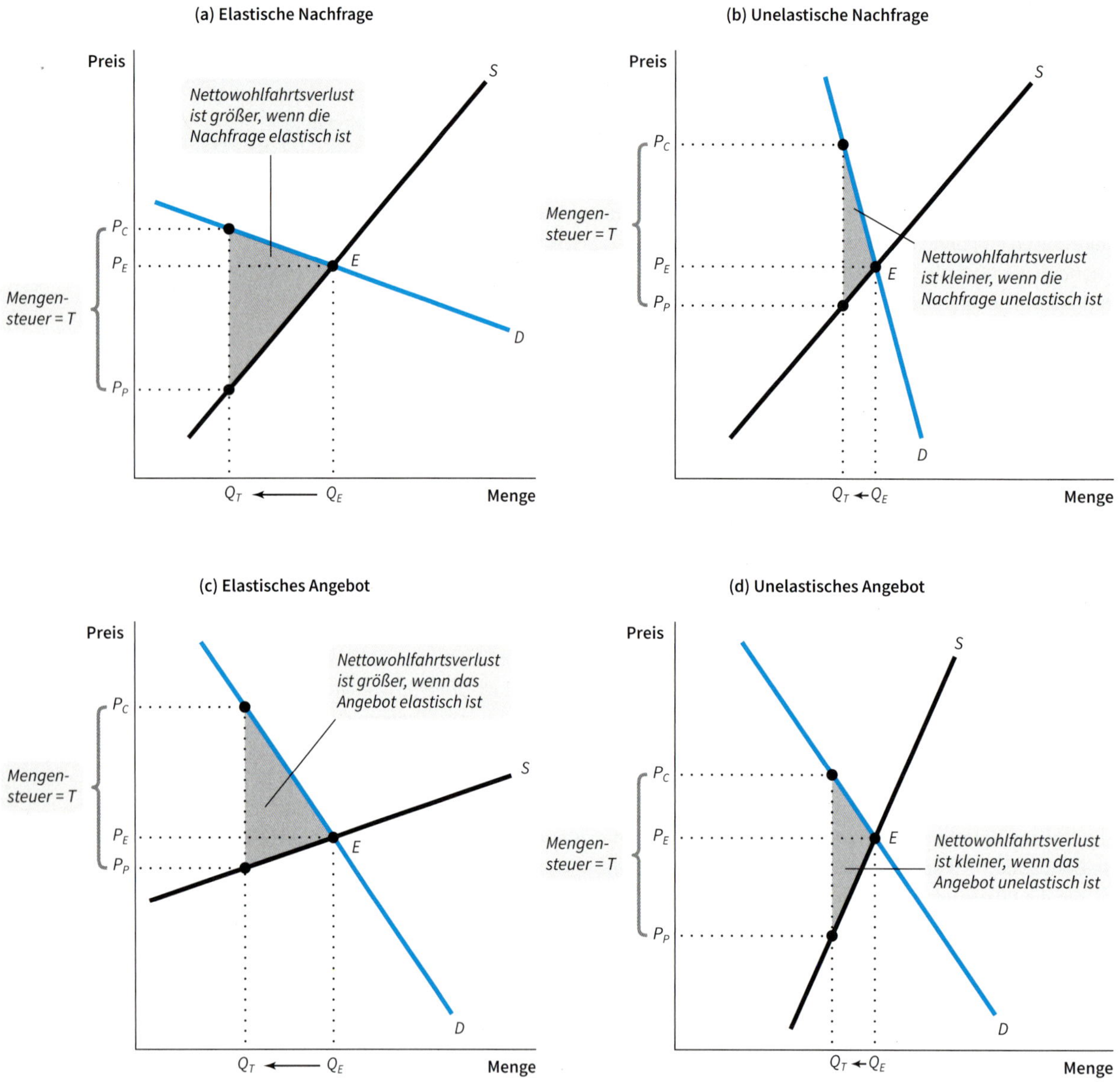

In Diagramm (a) ist die Nachfrage elastisch, in Diagramm (b) unelastisch. Die Angebotskurven sind in beiden Fällen identisch. In Diagramm (c) ist das Angebot elastisch, in Diagramm (d) dagegen unelastisch. Die Nachfragekurven sind in beiden Feldern identisch. Die Nettowohlfahrtsverluste sind in den Diagrammen (a) und (c) größer als in den Diagrammen (b) und (d). Das ist deshalb so, weil der steuerinduzierte Rückgang der getauschten Mengen umso größer ist, je größer die Elastizität von Nachfrage oder Angebot ist. Ist die Nachfrage oder das Angebot dagegen unelastisch, wird der steuerinduzierte Rückgang der getauschten Mengen vergleichsweise klein sein und nur ein geringer Nettowohlfahrtsverlust auftreten.

werden, deren Nachfrage sehr preisunelastisch ist – also auf Waren und Dienstleistungen, bei denen sich das Verhalten von Konsumenten und Produzenten aufgrund der Steuer am wenigsten ändert. (Außer natürlich sie tendieren dazu, einen Aufstand anzuzetteln.) Und die Kehrseite dieser Erkenntnis ist: Eine Steuer, die eine schädliche Aktivität behindern soll, wie etwa Alkoholkonsum bei Minderjährigen, wird die größten Wirkungen dann zeigen, wenn diese Aktivität mit einer elastischen Nachfrage oder einem elastischen Angebot verbunden ist.

WISSENSCHAFT UND PRAXIS

Die Besteuerung des Marlboro-Manns

Eine der wichtigsten Mengensteuern in den Vereinigten Staaten ist die Zigarettensteuer. Die Bundesregierung verlangt 1,01 Dollar pro Packung; die Bundesstaaten erheben Steuern zwischen 0,17 Dollar pro Packung in Missouri und 4,50 Dollar pro Packung in Washington. D. C. Viele Städte erheben weitere Steuern. Im Laufe der Zeit sind die Steuern auf Zigaretten gestiegen, da immer mehr Regierungen darin nicht nur eine Einnahmequelle gesehen haben, sondern auch einen Weg, um Rauchen unattraktiv zu machen. Die Steuern wurden jedoch nicht allmählich erhöht. Sobald ein Bundesstaat beschließt, die Steuern auf Zigaretten zu erhöhen, erhöht er sie üblicherweise deutlich. Ökonomen stehen deshalb nützliche Daten darüber zur Verfügung, was passiert, wenn Steuern deutlich erhöht werden.

Die Ergebnisse solcher Steuererhöhungen sind in **Tabelle 7-1** dargestellt. In jedem Fall sind die Verkäufe gesunken, genau wie unsere Analyse es vorhersagt. Auch wenn es möglich ist, dass die Steuereinnahmen in Reaktion auf eine derartige Steuererhöhung sinken, stiegen in der Realität die Steuereinnahmen in jedem Fall. Das liegt daran, dass die Preiselastizität der Nachfrage bei Zigaretten gering ist.

Tab. 7-1: Erhöhungen der Zigarettensteuer und ihre Folgen

US-Bundesstaat	Steuererhöhung (pro Packung) ($)	Neuer Steuersatz im Bundesstaat (pro Packung) ($)	Veränderung der gehandelten Menge (%)	Veränderung der Steuereinnahmen (%)
Louisiana	0,50	0,86	−23,9	81,0
Kansas	0,50	1,29	−6,4	56,3
Nevada	1,00	1,80	−33,1	51,6
Pennsylvania	1,00	2,60	−18,1	31,3
West Virginia	0,65	1,20	−15,8	83,7

Quelle: Orzechowski & Walker, Tax Burden on Tobacco, U.S Alcohol and Tobacco Tax and Trade Bureau

Kurzzusammenfassung

- Eine Mengensteuer generiert Steuereinnahmen, die sich als Produkt des **Steuersatzes** je verkaufter Einheit und der gehandelten Menge ergeben. Sie verringert jedoch die Konsumenten- und Produzentenrente.
- Die Steuereinnahmen des Staates sind geringer als der Rückgang der Konsumenten- und Produzentenrente, da die Steuer Ineffizienzen in Form von nicht stattfindenden wechselseitig vorteilhaften Transaktionen verursacht.
- Die Differenz zwischen den Einnahmen aus einer Mengensteuer und dem Rückgang der Konsumenten- und Produzentenrente wird als Nettowohlfahrtsverlust der Steuer bezeichnet. Die insgesamt aus der Steuer resultierenden Ineffizienzen entsprechen der Summe aus dem Nettowohlfahrtsverlust und den **administrativen Kosten** der Steuer.
- Je größer die Zahl der Transaktionen, die durch die Steuer verhindert wurden, desto größer ist der Nettowohlfahrtsverlust. Deshalb verursachen Steuern, die auf Güter mit einer höheren Preiselastizität des Angebotes oder der Nachfrage erhoben werden, einen größeren Nettowohlfahrtsverlust. Wenn die Zahl der Transaktionen von der Steuer *nicht* beeinflusst wird, gibt es keinen Nettowohlfahrtsverlust. (Das ist dann der Fall, wenn Angebot oder Nachfrage vollkommen unelastisch sind).

ÜBERPRÜFEN SIE IHR WISSEN

1. Die Tabelle zeigt die Zahlungsbereitschaft von fünf Konsumenten für eine Flasche Diät-Limonade sowie die Kosten von fünf Produzenten, die beim Verkauf einer Flasche Diät-Limonade anfallen. Die Regierung fragt Sie um eine Einschätzung der Wirkung einer Mengensteuer von 0,40 Euro pro Flasche. Nehmen Sie an, dass die Steuer mit keinen administrativen Kosten verbunden ist.

Konsument	Zahlungsbereitschaft (€)	Produzent	Kosten (€)
Ana	0,70	Zhang	0,10
Bernice	0,60	Yves	0,20
Chizuko	0,50	Xavier	0,30
Dagmar	0,40	Walter	0,40
Ella	0,30	Vern	0,50

   a. Wie hoch sind der Gleichgewichtspreis und die Gleichgewichtsmenge, die sich in Abwesenheit einer Steuer für Limonade ergeben?
   b. Die Mengensteuer verursacht einen Anstieg des von den Konsumenten bezahlten Preises auf 0,60 Euro. Der von den Produzenten erhaltene Preis sinkt aufgrund der Steuer auf 0,20 Euro. Wie hoch ist die gehandelte Limonaden-Menge unter Berücksichtigung der Mengensteuer?
   c. Wie hoch ist die individuelle Konsumentenrente, wenn keine Mengensteuer erhoben wird? Wie hoch ist sie unter Berücksichtigung der Steuer? Wie groß ist der mit der Steuer verbundene Rückgang der gesamten Konsumentenrente?
   d. Wie hoch ist die individuelle Produzentenrente, wenn keine Mengensteuer erhoben wird? Wie hoch ist sie unter Berücksichtigung der Steuer? Wie groß ist der mit der Steuer verbundene Rückgang der gesamten Produzentenrente?
   e. Wie hoch sind die Steuereinnahmen, die durch die Steuer generiert werden?
   f. Wie hoch ist der Nettowohlfahrtsverlust, der mit der Erhebung dieser Mengensteuer verbunden ist?

2. Konzentrieren Sie sich in jedem der folgenden Beispiele auf die Preiselastizität der Nachfrage und illustrieren Sie in einem Diagramm die voraussichtliche Höhe – niedrig oder hoch – des Nettowohlfahrtsverlustes, der bei Erhebung einer Steuer entsteht. Begründen Sie Ihre Ansicht.
   a. Benzin
   b. Vollmilchschokolade

7.3 Steuergerechtigkeit und Steuereffizienz

Wir haben gerade gesehen, wie wir mithilfe einer ökonomischen Analyse die Ineffizienzen, die durch eine Steuer entstehen, bestimmen können. Es ist völlig klar, dass politische Entscheidungsträger unter sonst gleichen Bedingungen die Steuer wählen sollten, die mit den wenigsten Ineffizienzen verbunden ist. Trotz dieses Leitfadens hat aber der Staat einen großen Spielraum bei der Entscheidung, was er besteuern will und wer letztlich die Last einer Steuer trägt. Wie sollte dieser Spielraum genutzt werden?

Eine Antwort lautet, dass das Steuersystem fair sein sollte. Was aber genau ist mit »fair« gemeint? Und wie soll der Staat, unabhängig von der Definition des Begriffes »Fairness«, Gerechtigkeitsaspekte und Effizienzaspekte gegeneinander abwägen?

Zwei Grundsätze der Steuergerechtigkeit

Gerechtigkeit liegt, genau wie Schönheit, oft in den Augen des Betrachters. Die meisten Debatten über Steuern basieren jedoch auf einem von zwei Grundsätzen der Steuergerechtigkeit: *Äquivalenzprinzip* und *Leistungsfähigkeitsprinzip.*

Das Äquivalenzprinzip. Dem **Äquivalenzprinzip** der Steuergerechtigkeit zufolge sollten diejenigen, die von öffentlichen Ausgaben profitieren, die Last der Steuer tragen, mit der diese Ausgaben finanziert werden. So sollten beispielsweise diejenigen, die von einer Straße profitieren, für den Unterhalt dieser Straße aufkommen; diejenigen, die mit dem Flugzeug reisen, sollten für die Luftverkehrsüberwachung bezahlen usw. Das Äquivalenzprinzip ist die Basis für eine Reihe von Einnahmen des Staates. So war beispielsweise die frühere Mineralölsteuer in Deutschland für die Finanzierung von Straßen vorgesehen. Diese Art der Zweckbindung galt bis zum Jahr 1971. Seitdem wurden die Einnahmen der Mineralölsteuer für die Finanzierung anderer Verkehrswege verwendet. Schon bevor die Mineralölsteuer 2006 in der Energiesteuer aufgegangen ist, wurde sie zur Finanzierung der generellen Ausgaben des Haushalts herangezogen. Eine Äquivalenz ist dort also nicht mehr zu erkennen. Dem Äquivalenzprinzip entsprechen aber beispielsweise alle staatlichen Gebühren, bei denen es sich um Abgaben handelt, die als direkte Gegenleistung für ein staatlich bereitgestelltes Gut anzusehen sind.

Das Äquivalenzprinzip ist aus ökonomischer Sicht attraktiv, weil es gut mit einer wichtigen Rechtfertigung für öffentliche Ausgaben zusammenpasst, mit der Theorie öffentlicher Güter. Diese Theorie erklärt, warum staatliches Handeln manchmal notwendig ist, um die Bevölkerung mit Gütern zu versorgen, die von den Märkten allein nicht angeboten würden, wie beispielsweise Landesverteidigung. Besteht die Rolle des Staates darin, die Menschen mit Gütern zu versorgen, die auf andere Weise nicht bereitgestellt werden, erscheint es geradezu naturgegeben, jeden in dem Maße zu belasten, in dem er von diesen öffentlichen Gütern profitiert.

Praktische Überlegungen machen es jedoch unmöglich, das gesamte Steuersystem auf dem Äquivalenzprinzip aufzubauen. Es wäre viel zu lästig, für jede der vielen verschiedenen Leistungen, die der Staat bereitstellt, eine spezifische Steuer zu erheben. Darüber hinaus ergibt sich oft ein Konflikt zwischen dem Äquivalenzprinzip und dem zweiten wichtigen Grundsatz der Steuergerechtigkeit, dem *Leistungsfähigkeitsprinzip*.

Das Leistungsfähigkeitsprinzip. Das **Leistungsfähigkeitsprinzip** besagt, dass diejenigen, die über eine größere ökonomische Leistungsfähigkeit verfügen, eine höhere Steuerlast tragen sollen.

Das Leistungsfähigkeitsprinzip wird gewöhnlich so interpretiert, dass die Bezieher höherer Einkommen mehr Steuern bezahlen sollten als die Bezieher niedriger Einkommen. Oft wird das Leistungsfähigkeitsprinzip herangezogen, um zu begründen, dass Bezieher höherer Einkommen nicht einfach nur mehr Steuern bezahlen sollten, sondern dass sie auch einen höheren *Prozentsatz* ihres Einkommens an Steuern entrichten sollten. Wir kommen auf die Frage, wie Steuern als Prozentsatz des Einkommens variieren, später noch einmal zurück.

Die in der Einleitung zu diesem Kapitel beschriebene Whiskey-Rebellion war im Kern ein Protest dagegen, dass die Whiskey-Steuer in keiner Weise das Leistungsfähigkeitsprinzip berücksichtigte. Tatsächlich war es so, dass kleine Brennereien – Farmer, die nur mit bescheidenen Mitteln ausgestattet waren – einen größeren Teil ihres Einkommens als Steuer abtreten mussten als große, verhältnismäßig wohlhabende Brennereien. Dass sich viele Farmer damals darüber aufgeregt haben, dass die Steuer das Leistungsfähigkeitsprinzip völlig missachtete, ist daher keine Überraschung.

Dem **Leistungsfähigkeitsprinzip** der Steuergerechtigkeit zufolge sollten diejenigen, die über eine größere ökonomische Leistungsfähigkeit verfügen, mehr Steuern bezahlen.

Dem **Äquivalenzprinzip** der Steuergerechtigkeit zufolge sollten diejenigen, die aus den öffentlichen Ausgaben Vorteile ziehen, die Last der Steuer tragen, die für die Finanzierung dieser Ausgaben erforderlich ist.

Gerechtigkeit versus Effizienz

Der von den großen Brennereien gezahlte Steuerfestbetrag (im Vergleich zur Steuer, die von den kleineren Schnapsbrennereien pro Gallone abgeführt wurde) ist ein Beispiel für eine **Pauschalsteuer,** eine Steuer, die unabhängig von irgendwelchen Tatbeständen für jedermann gleich hoch ist. In unserem Beispiel zahlten alle großen Schnapsbrennereien den gleichen Steuerbetrag, unabhängig von der Menge an Whis-

Eine **Pauschalsteuer** ist für alle Menschen gleich hoch, unabhängig von Tatbeständen oder spezifischen Aktionen der Betroffenen.

key, die sie brannten. Im Allgemeinen gelten Pauschalsteuern im Vergleich zu Steuern, deren Höhe von der gehandelten Menge abhängig ist, als weniger gerecht. Das war auch bei der Whiskey-Rebellion der Fall: Obwohl die kleinen Farmer unzufrieden damit waren, eine proportionale Steuer zu zahlen, mussten sie einen deutlich niedrigeren Betrag abführen als im Fall einer Pauschalsteuer, die sie noch deutlich ungerechter belastet hätte.

Es ist aber auch ganz klar, dass die pro Gallone gezahlte Whiskey-Steuer verzerrend gewirkt hat. Sie hat wechselseitig vorteilhafte Transaktionen verhindert und Nettowohlfahrtsverluste verursacht. Aufgrund der Steuer haben einige Farmer die Whiskey-Produktion zurückgefahren und manche haben das Schnapsbrennen ganz aufgegeben. Das hatte mit Sicherheit zur Folge, dass aufgrund der Steuer weniger Whiskey produziert wurde und das Einkommen der Farmer fiel.

In einem gut gestalteten Steuersystem gibt es einen **Trade-off zwischen Gerechtigkeit und Effizienz:** Das System kann nur effizienter gemacht werden, wenn man einen geringeren Grad an Gerechtigkeit in Kauf nimmt und umgekehrt.

Im Gegensatz zu einer derartigen Steuer hat eine Pauschalsteuer keine Verzerrungen der Anreize zur Folge. Weil die Menschen dieselbe Steuer unabhängig von ihrer spezifischen Situation bezahlen müssen, veranlasst eine Pauschalsteuer sie nicht dazu, Dinge zu vermeiden, die ihre Steuern erhöhen würden. Es entsteht deshalb *kein* Nettowohlfahrtsverlust. In diesem Sinne sind Pauschalsteuern, obgleich unfair, besser als andere Steuern im Hinblick auf die Förderung der ökonomischen Effizienz.

Ein Steuersystem kann gerechter gestaltet werden, indem es sich dem Äquivalenzprinzip oder dem Leistungsfähigkeitsprinzip nähert. Da die Menschen in einem solchen Steuersystem jedoch in Abhängigkeit von ihrem Verhalten besteuert werden, ist es mit Kosten verbunden: Der Nettowohlfahrtsverlust steigt. Diese Beobachtung spiegelt einen Grundsatz wider, den wir in Kapitel 1 kennengelernt haben: Oft gibt es einen Trade-off zwischen Gerechtigkeit und Effizienz.

Ein Steuersystem kann, solange es nicht auf einem schlechten Konzept basiert, nur fairer gestaltet werden, wenn dafür Effizienz geopfert wird. Umgekehrt kann es nur effizienter gestaltet werden, wenn dafür ein geringerer Grad an Gerechtigkeit in Kauf genommen wird. Im Normalfall gibt es folglich einen **Trade-off zwischen Gerechtigkeit und Effizienz**.

Eine ökonomische Analyse kann uns nicht sagen, welches Gewicht ein Steuersystem auf Gerechtigkeit und welches Gewicht es auf Effizienz legen sollte. Bei dieser Entscheidung handelt es sich um ein Werturteil, das im politischen Prozess getroffen und begründet werden muss.

WISSENSCHAFT UND PRAXIS

Prinzipien der US-amerikanischen Bundessteuern

Welches Prinzip liegt dem System der US-amerikanischen Bundessteuern zugrunde? (Mit Bundessteuern sind Steuern gemeint, die von der US-amerikanischen Bundesregierung erhoben werden – im Gegensatz zu den Steuern auf der Ebene der Bundesstaaten oder Kommunen.) Die Antwort auf diese Frage hängt von der betrachteten Steuer ab.

Die bekannteste Bundessteuer der Vereinigten Staaten, die für ungefähr die Hälfte der Bundeseinnahmen sorgt, ist die Einkommensteuer. Die Tarifstruktur dieser Einkommensteuer reflektiert das Leistungsfähigkeitsprinzip: Familien mit geringem Einkommen müssen nur eine geringe oder keine Einkommensteuer bezahlen. Tatsächlich zahlen sogar einige Familien eine negative Einkommensteuer: Eine Komponente, die in den Vereinigten Staaten als »Earned Income Tax Credit« bezeichnet wird, erhöht das Nettoeinkommen der Bezieher von sehr niedrigen Einkommen. Im Unterschied dazu zahlen die Bezieher hoher Einkommen nicht nur einen hohen Betrag an Einkommensteuer, sie müssen auch einen größeren Teil ihres Einkommens im Rahmen der Einkommensbesteuerung abführen als die Durchschnittsfamilie.

Die zweitwichtigste Bundessteuer basiert jedoch auf einem ganz anderen Gedanken. Gemeint ist die FICA oder »Payroll Tax«. Dieser Begriff lässt sich am besten als Lohnsteuer bzw. Lohnsummensteuer übersetzen, stimmt aber inhaltlich ▸

nicht mit der deutschen Lohnsteuer überein. Diese Steuer, die an die Arbeitnehmereinkommen anknüpft, wurde 1935 ursprünglich eingeführt, um die US-amerikanische Soziale Sicherung zu finanzieren, die ähnlich wie das deutsche Sozialversicherungssystem für anspruchsberechtigte ältere Bürger Renteneinkommen zahlt und darüber hinaus Leistungen an Arbeitnehmer zahlt, die arbeitsunfähig werden. Zur Social Security gehören schließlich auch Hinterbliebenenrenten. (Mittlerweile wird ein Teil des Aufkommens aus der Payroll Tax auch für Leistungen im Rahmen von »Medicare« verwendet, einer Institution, welche zumindest teilweise die Arzt- und Krankenhausrechnungen älterer Bürger bezahlt.)

Das Sozialversicherungssystem der Vereinigten Staaten wurde so gestaltet, dass es einer privaten Versicherung ähnelt. Die Versicherten zahlen in der Zeit, in der sie erwerbstätig sind, in das System ein und erhalten Leistungen entsprechend ihrer Beiträge. Die Payroll Tax spiegelt mehr oder weniger das Äquivalenzprinzip wider. Weil die Leistungen der sozialen Sicherung hauptsächlich das Ziel verfolgen, die Bezieher niedriger und mittlerer Einkommen zu unterstützen und für Bezieher sehr hoher Einkommen nicht wesentlich größer sind, gibt es eine Beitragsbemessungsgrenze, was bedeutet, dass im Jahr 2020 die Einkommen nur bis zu einer Obergrenze von 137.700 Dollar zur Berechnung der Beiträge herangezogen wurden. (Für den Medicare-Anteil der Payroll Tax gibt es keine Obergrenze.) Im Ergebnis führt diese Konstruktion dazu, dass eine Familie mit sehr hohem Einkommen nur unwesentlich mehr Payroll Tax bezahlt als eine Familie mit mittlerem Einkommen.

Tabelle 7-2 illustriert den Unterschied zwischen den beiden Steuern unter Verwendung einer Studie des Congressional Budget Office (des Haushaltsbüros des Kongresses). Diese Studie teilt Familien in sogenannte Quintile auf: Das erste Quintil umfasst die ärmsten 20 Prozent der Familien, das zweite Quintil die nächstärmsten 20 Prozent usw. Die zweite Spalte zeigt den Anteil des Vorsteuereinkommens, das jedem Quintil zufloss. Die dritte Spalte zeigt den Anteil am gesamten Aufkommen der Bundeseinkommensteuer, der vom jeweiligen Quintil entrichtet wurde.

Wie man erkennen kann, zahlten die Niedrigeinkommensbezieher tatsächlich eine negative Einkommensteuer. Sogar der Anteil von Familien mit mittlerem Einkommen am gesamten Steueraufkommen war deutlich geringer als ihr Anteil am Gesamteinkommen. Im Gegensatz dazu entfiel auf das oberste Quintil, also die reichsten 20 Prozent der Familien, ein sehr viel höherer Anteil des gesamten Steueraufkommens, verglichen mit ihrem Anteil am Gesamteinkommen. Die vierte Spalte von Tabelle 7-2 zeigt für jedes Quintil den Anteil am Gesamtaufkommen der Payroll Tax. Hier ist das Ergebnis ganz anders: Der Anteil an der Payroll Tax, der auf das oberste Quintil entfällt, ist deutlich geringer als der Anteil dieses Quintils am Gesamteinkommen.

Tab. 7-2: Einkommensanteile und Einkommensteuer des Bundes nach Quintilen für die Vereinigten Staaten (2016)

Quintil der Einkommensbezieher	Anteil am gesamten Vorsteuereinkommen (%)	Anteil am gesamten Aufkommen der Bundeseinkommensteuer (%)	Anteil am gesamten Aufkommen der Payroll Tax (%)
Niedrigstes	3,8	–4,2	4,7
Zweites	8,9	–1,0	9,7
Drittes	13,6	4,2	15,5
Viertes	20,5	13,7	24,3
Höchstes	54,4	87,3	45,7

Quelle: Congressional Budget Office

Kurzzusammenfassung

- Die Steuerpolitik des Staates strebt unter sonst gleichen Bedingungen nach Steuereffizienz. Sie versucht aber auch, Steuergerechtigkeit bzw. Steuerfairness zu erreichen.
- Es gibt zwei wichtige Grundsätze der Steuergerechtigkeit: das **Äquivalenzprinzip** und das **Leistungsfähigkeitsprinzip**.
- Eine **Pauschalsteuer** ist effizient, weil sie die ökonomischen Anreize nicht verzerrt, sie gilt aber im Allgemeinen als unfair. In jedem gut strukturierten Steuersystem ist ein **Trade-off zwischen Gerechtigkeit und Effizienz** kaum zu vermeiden. Welches Gewicht das Steuersystem Gerechtigkeit bzw. Effizienz verleiht, ist ein Werturteil, das im politischen Prozess gefällt werden sollte.

ÜBERPRÜFEN SIE IHR WISSEN

Bewerten Sie jede der folgenden Steuern in Hinblick auf Äquivalenzprinzip versus Leistungsfähigkeitsprinzip. Welche ökonomischen Aktivitäten werden durch die Steuer verzerrt (falls es überhaupt zu Verzerrungen kommt)? Nehmen Sie zur Vereinfachung jeweils an, dass der Käufer eines Gutes die Steuerlast zu 100 Prozent trägt.

a. Eine Bundessteuer in Höhe von 500 Dollar bei jedem Autoneukauf, um zusätzliche Sicherheitsmaßnahmen auf den Autobahnen zu finanzieren.

b. Eine Kommunalsteuer in Höhe von 20 Prozent auf Hotelzimmer, um die Ausgaben der Kommune zu finanzieren.

c. Eine Kommunalsteuer in Höhe von einem Prozent auf den Schätzwert der Immobilien, um die örtlichen Schulen besser ausstatten zu können.

d. Eine einprozentige Umsatzsteuer auf Lebensmittel, mit der zusätzliche Lebensmittelkontrollen finanziert werden sollen.

7.4 Wichtige Aspekte des deutschen Steuersystems

Eine Mengensteuer lässt sich am einfachsten analysieren, was sie als guten Einstieg erscheinen lässt, um die allgemeinen Prinzipien der Steueranalyse zu verstehen. In Deutschland resultiert jedoch nur ein kleiner Teil der Staatseinnahmen aus Mengensteuern. In diesem Abschnitt wollen wir die Grundlagen entwickeln, um allgemeinere und bedeutendere Formen der Besteuerung zu verstehen. Gleichzeitig wollen wir auch einen Blick auf die wichtigsten Steuern in Deutschland werfen.

Die **Steuerbemessungsgrundlage** (oder einfach: Bemessungsgrundlage) ist eine technisch-physische oder monetäre Größe, wie zum Beispiel Einkommen oder Vermögen, die als Basis für die Ermittlung der Steuerschuld dient.

Der **Steuertarif** legt fest, in welcher Weise die Steuerschuld von der Bemessungsgrundlage abhängt.

Bemessungsgrundlage und Tarif

Jede Steuer besteht aus zwei Elementen: einer *Basis* und einer *Struktur*. Die Basis oder **Steuerbemessungsgrundlage** ist eine technisch-physische oder monetäre Größe, die herangezogen wird, um zu bestimmen, welche Steuerschuld auf ein Individuum entfällt. In der Regel handelt es sich um ein monetäres Maß, wie das Einkommen oder den Wert des Vermögens. Die Steuerstruktur, üblicherweise als **Steuertarif** bezeichnet, legt fest, in welcher Weise die Steuerschuld von der Bemessungsgrundlage abhängt. Häufig wird der Tarif in Form von Prozentsätzen ausgedrückt. So beträgt beispielsweise in Niedersachsen die Grunderwerbsteuer, also die Steuer, die beim Erwerb eines Grundstücks entrichtet werden muss, 5 Prozent des Wertes der Gegenleistung. (Die Gegenleistung umfasst alles, was der Erwerber aufwenden muss, um das Grundstück zu erwerben und entspricht meistens dem Kaufpreis.)

Einige wichtige Steuern und die jeweils zugehörige Bemessungsgrundlage sind in Deutschland folgende:

- **Lohn-** und **Einkommensteuer:** Steuern, die auf das Einkommen einer Familie oder eines Individuums aus Arbeitsentgelt und Kapitaleinkünften erhoben wird. Die Lohnsteuer wird auf Einkünfte aus nichtselbstständiger Arbeit erhoben, wird vom Arbeitgeber an das Finanzamt abgeführt und ist eine Vorauszahlung auf die Einkommensteuer.
- **Umsatzsteuer** (auch **Mehrwertsteuer** genannt, wobei der Begriff Mehrwertsteuer eigentlich nur die Art der Besteuerung bezeichnet): eine Steuer, die auf den Wert der vom Endverbraucher erworbenen Waren und in Anspruch genommenen Dienstleistungen erhoben wird.
- **Einfuhrumsatzsteuer:** eine Steuer, die auf den Wert der aus Nicht-EU-Ländern eingeführten Waren erhoben wird.
- **Gewerbesteuer:** eine Steuer, die auf den Ertrag eines Industrie- oder Handwerksbetriebes erhoben wird.
- **Energiesteuer:** eine Steuer, die auf den Verbrauch von Energieerzeugnissen (v.a. Mineralöle, Erdgas, Kohle) als Kraft- oder Heizstoff erhoben wird.
- **Körperschaftsteuer:** eine Steuer, die auf das Einkommen bestimmter juristischer Personen (z. B. Kapitalgesellschaften, Genossenschaften, Stiftungen) erhoben wird.
- **Solidaritätszuschlag:** eine Steuer zur Finanzierung der Einheit Deutschlands, die seit dem 1. Januar 1995 auf Steuern vom Einkommen (Einkommensteuer, Körperschaftsteuer, Kapitalertragsteuer, Lohnsteuer) erhoben wird. Mittlerweile gilt der Solidaritätszuschlag nur noch für hohe Einkommen.

Nachdem die Bemessungsgrundlage definiert ist, stellt sich als nächstes die Frage, in welcher Weise die Steuerschuld von der Steuerbemessungsgrundlage abhängt. Die einfachste Tarifstruktur ist eine **proportionale Steuer**. Eine derartige proportionale Steuer wird im Englischen manchmal auch als *Flat Tax* bezeichnet, weil unabhängig vom Einkommen oder Vermögen des Steuerpflichtigen der gleiche Prozentsatz auf die Bemessungsgrundlage angewendet wird. Haben wir es beispielsweise mit einer Grundsteuer zu tun, bei der zwei Prozent des Wertes der Immobilie als Steuer zu entrichten sind, unabhängig davon, ob die Immobilie einen Wert von 200.000 Euro oder von 2 Millionen Euro hat, dann handelt es sich um eine proportionale Steuer. Viele Steuern in Deutschland sind jedoch keine proportionalen Steuern. Vielmehr müssen unterschiedliche Menschen unterschiedliche Prozentsätze entrichten, normalerweise, weil die Steuergesetzgebung versucht, entweder dem Äquivalenzprinzip oder dem Leistungsfähigkeitsprinzip Rechnung zu tragen.

Weil Steuerzahlungen letztlich aus Einkommen geleistet werden, klassifizieren Ökonomen Steuern üblicherweise danach, wie sie mit dem Einkommen der Individuen variieren. Eine Steuer, die in Relation zum Einkommen *überproportional* steigt, wird als **progressive Steuer** bezeichnet. Bei einer progressiven Steuer müssen die Bezieher hoher Einkommen einen größeren Prozentsatz ihres Einkommens an den Staat abführen als die Bezieher niedriger Einkommen. Eine Steuer, die *unterproportional* zum Einkommen steigt, wird als **regressive Steuer** bezeichnet. Bei einer regressiven Steuer müssen die Bezieher hoher Einkommen einen kleineren Prozentsatz ihres Einkommens an den Staat abführen als die Bezieher niedriger Einkommen. Eine proportionale Steuer auf das Einkommen wäre weder progressiv noch regressiv. Das deutsche Steuersystem stellt eine Mischung von progressiv wirkenden Steuern, beispielsweise der Einkommensteuer, und regressiv wirkenden Steuern dar, beispielsweise der Energiesteuer.

Gerechtigkeit, Effizienz und progressive Besteuerung

Die meisten Menschen, wenngleich auch nicht alle, halten ein progressives Steuersystem für gerechter als ein regressives Steuersystem. Der Grund dafür ist das Leistungsfähigkeitsprinzip: Topverdiener, die 42 Prozent ihres Einkommens als Steuer abführen müssen, behalten immer noch sehr viel mehr Geld übrig als Niedrigeinkom-

Bei einer **proportionalen Steuer** wird unabhängig vom Einkommen oder Vermögen eines Steuerpflichtigen derselbe Prozentsatz auf die Bemessungsgrundlage angewendet.

Eine **Einkommensteuer** ist eine Steuer auf das Einkommen eines Individuums oder einer Familie. Eine **Lohnsteuer** ist eine Steuer auf Einkünfte aus nichtselbstständiger Arbeit und eine Vorauszahlung auf die Einkommensteuer.

Eine **Umsatzsteuer** oder **Mehrwertsteuer** ist eine Steuer auf den Wert von erworbenen Waren und Dienstleistungen.

Eine **Einfuhrumsatzsteuer** ist eine Steuer auf den Wert der aus Nicht-EU-Ländern eingeführten Waren.

Eine **Gewerbesteuer** ist eine Steuer auf den Ertrag von Industrie- und Handwerksbetrieben.

Eine **Energiesteuer** ist eine Steuer auf den Verbrauch von Energieerzeugnissen als Kraft- oder Heizstoff.

Eine **Körperschaftsteuer** ist eine Steuer auf das Einkommen bestimmter juristischer Personen.

Der **Solidaritätszuschlag** ist eine für Deutschland spezifische Steuer auf die Steuern vom Einkommen.

Bei einer **progressiven Steuer** müssen Steuerpflichtige mit hohem Einkommen einen höheren Prozentsatz ihres Einkommens an den Staat abführen als Steuerpflichtige mit niedrigem Einkommen.

Bei einer **regressiven Steuer** müssen Steuerpflichtige mit hohem Einkommen einen geringeren Prozentsatz ihres Einkommens an den Staat abführen als Steuerpflichtige mit niedrigem Einkommen.

Tab. 7-3

Proportionale vs. progressive Steuern in Steuerland

Einkommen vor Steuern (€)	Einkommen nach Steuern bei proportionaler Besteuerung (€)	Einkommen nach Steuern bei progressiver Besteuerung (€)
40.000	30.000	40.000
80.000	60.000	50.000

mensbezieher, die lediglich 14 Prozent ihres Einkommens an den Fiskus abführen müssen. Versuche, das Steuersystem stark progressiv zu gestalten, werden jedoch durch den Trade-off zwischen Gerechtigkeit und Effizienz begrenzt.

Um diese Beobachtung noch besser zu verstehen, wollen wir ein hypothetisches Beispiel betrachten, das in **Tabelle 7-3** dargestellt ist. Wir nehmen an, dass es in Steuerland zwei Arten von Leuten gibt: Eine Hälfte der Bevölkerung verdient 40.000 Euro im Jahr, die andere Hälfte verdient 80.000 Euro im Jahr. Das jährliche Durchschnittseinkommen beträgt also 60.000 Euro. Wir nehmen weiterhin an, dass die Regierung von Steuerland ein Viertel dieses Einkommens, 15.000 Euro pro Jahr und Person, als Steuer erheben muss.

Eine Möglichkeit, die Steuereinnahmen zu erhöhen, wäre die Einführung einer proportionalen Steuer. Jeder müsste 25 Prozent seines Einkommens als Steuer abführen. Die Wirkungen dieser proportionalen Steuer sind in der zweiten Spalte in Tabelle 7-3 dargestellt: Nach Erhebung der Steuer bleibt den geringverdienenden Bürgern Steuerlands ein Einkommen von 30.000 Euro pro Jahr und den besserverdienenden Bürgern ein Einkommen von 60.000 Euro pro Jahr.

Der **Grenzsteuersatz** bezeichnet die zusätzliche Steuer, die ein Individuum zahlen muss, wenn sein Einkommen um einen Euro (oder Dollar oder ...) steigt.

Selbst dieses Steuersystem könnte anreizverzerrend wirken. Nehmen wir beispielsweise einmal an, dass ein Universitätsabschluss die Wahrscheinlichkeit erhöht, eine höher vergütete Arbeitsstelle zu finden. Zwar würden einige Menschen Zeit und Aufwand in eine Universitätsausbildung investieren, um ihr Einkommen von 40.000 Euro auf 80.000 Euro zu steigern. Möglicherweise würden sie diese Investition aber nicht mehr tätigen, wenn der potenzielle Nutzen nur noch 30.000 Euro betragen würde (die Einkommensdifferenz nach Steuern zwischen der geringer vergüteten und der höher vergüteten Arbeitsstelle).

Ein stark progressives Steuersystem könnte jedoch ein noch größeres Anreizproblem verursachen. Nehmen wir beispielsweise an, dass die Regierung von Steuerland beschlossen hat, der ärmeren Hälfte der Bevölkerung alle Steuern zu erlassen, aber immer noch die gleichen Einnahmen erzielen möchte. Um dieses Ziel zu erreichen, müsste die Regierung von jedem Individuum, das 80.000 Euro im Jahr verdient, 30.000 Euro als Steuern erheben. Die dritte Spalte in Tabelle 7-3 zeigt, dass denen, die 80.000 Euro im Jahr verdienen, nach Steuern nur 50.000 Euro übrig bleiben. Das sind lediglich 10.000 Euro mehr als das Einkommen nach Steuern der weniger verdienenden Bevölkerung. Der Anreiz, Zeit und Aufwand in die Einkommenssteigerung zu investieren, würde deutlich gesenkt.

Der entscheidende Punkt ist, dass jedes Einkommensteuersystem durch die Besteuerung Teile des Zugewinns wegnimmt, den Individuen erzielen, weil sie auf der Einkommenskala emporklettern, und dadurch die Anreize verringert, mehr zu verdienen. Eine progressive Steuer nimmt jedoch im Vergleich zu einer proportionalen Steuer einen größeren Teil des Zugewinns weg und wirkt sich deshalb nachteiliger auf Anreize aus. Beim Vergleich der Anreizeffekte verschiedener Steuersysteme konzentrieren sich Ökonomen oft auf den **Grenzsteuersatz**. Der Grenzsteuersatz bezeichnet die zusätzliche Steuer, die ein Individuum zahlen muss, wenn sein Einkommen um einen Euro (oder Dollar oder ...) steigt. In unserem Beispiel beträgt bei Einkommen über 40.000 Euro der Grenzsteuersatz einer proportionalen Einkommensteuer 25 Prozent und bei einer progressiven Einkommensteuer 75 Prozent.

Unser hypothetisches Beispiel zeichnet ein extremeres Bild von progressiver Besteuerung als es bei der Einkommensteuer in Deutschland der Fall ist. Und das, obwohl der Spitzensteuersatz, also der Grenzsteuersatz, den die Topverdiener zahlen müssen, im EU-weiten Vergleich im oberen Drittel liegt. Kurz gesagt lässt sich festhalten, dass das Leistungsfähigkeitsprinzip die Regierungen in Richtung eines stark progressiven Steuersystems drängt, dass Effizienzüberlegungen und schwerwiegende (negative) Anreizeffekte extrem progressiver Steuern dem aber entgegenstehen.

Steuern in Deutschland

Tabelle 7-4 zeigt das Steueraufkommen der wichtigsten Steuern für das Haushaltsjahr 2021 in Deutschland. In Deutschland lassen sich Steuern danach unterteilen, wem sie zustehen. So gibt es Gemeinschaftssteuern, Bundes-, Landes- und Gemeindesteuern, wobei die Gemeinschaftssteuern Bund, Ländern und Gemeinden gemeinschaftlich zustehen.

Diese sieben Steuern, die im Gesamtsteuersystem eine wichtige Rolle spielen, korrespondieren mit den weiter oben angesprochenen Bemessungsgrundlagen.

Zusätzlich zu den aufgeführten Steuern erzielen Bund, Länder und Gemeinden Einnahmen aus Beiträgen und Gebühren. Das kann beispielsweise die zu zahlende Verwaltungsgebühr für die Ausstellung eines Personalausweises sein oder der Beitrag, der beim Bau einer Abwasserkanalisation erhoben werden kann. Diese Gebühren und Beiträge stellen einen wichtigen Teil der Belastungen dar, die unter den Begriff »Abgaben« fallen, sind aber sehr schwierig zusammenzufassen oder zu analysieren.

Wirken die in Tabelle 7-4 aufgeführten Steuern progressiv oder regressiv? Das hängt von der jeweiligen Steuer ab. Lohn- und Einkommensteuer sind in Deutschland progressiv gestaltet, während indirekte Steuern, wie die Umsatzsteuer, eher regressiv wirken. Dass die Umsatzsteuer regressiv wirkt, ist darauf zurückzuführen, dass Bezieher hoher Einkommen einen größeren Teil ihres Einkommens sparen und somit einen kleineren Einkommensteil für besteuerte Güter aufwenden als die Bezieher niedriger Einkommen. Auch einige der Beiträge und Gebühren wirken typischerweise recht regressiv: So ist die Gebühr für die Ausstellung eines Führerscheins für jede Person dieselbe, völlig unabhängig davon, über welches Einkommen der Betreffende verfügt.

Die **Tabelle 7-5** zeigt Schätzungen des Beitrags, den Steuerpflichtige mit verschiedenen Einkommensniveaus im Jahr 2022 zum Einkommensteueraufkommen beigetragen haben und die Höhe des zu versteuernden Einkommens der Steuerpflichtigen. Dabei sind die Haushalte in Zehnteln zusammengefasst. Dazu sortiert man alle Haushalte nach der Höhe ihres Jahreseinkommens in aufsteigender Reihenfolge. Dann werden dem 1. und 2. Zehntel die 20 Prozent aller Haushalte mit dem niedrigsten Einkommen zugeordnet, dem 3. Zehntel die 10 Prozent Haushalte mit den nächsthöheren Einkommen, dem 4. Zehntel die 10 Prozent Haushalte mit den nächsthöheren Einkommen und so weiter, bis zum 10. Zehntel.

Tab. 7-4

Steueraufkommen aus wichtigen Steuern in Deutschland, Haushaltsjahr 2021 (in Millionen Euro)

Gemeinschaftsteuern	
Lohn- und Einkommensteuer	290.749
Umsatzsteuer	187.631
Einfuhrumsatzsteuer	63.169
Körperschaftsteuer	42.124
Bundessteuern	
Energiesteuer	37.120
Solidaritätszuschlag	11.028
Gemeindesteuern	
Gewerbesteuer	61.103

Quelle: Statistisches Bundesamt

Tab. 7-5

Beitrag der Steuerpflichtigen zum Einkommensteueraufkommen (nach Einkommenskategorien, 2022)

Zehntel/Dezil der Haushalte	Anteil am zu versteuernden Einkommen (%)	Anteil an der Einkommensteuer (%)
1. und 2. Zehntel	2,3	0,3
3. Zehntel	3,9	0,9
4. Zehntel	4,5	1,8
5. Zehntel	6,3	3,1
6. Zehntel	7,8	4,9
7. Zehntel	9,6	7,0
8. Zehntel	12,1	10,3
9. Zehntel	16,0	15,9
10. Zehntel	37,5	55,8
oberes 1 Prozent	13,0	22,8

Quelle: Datensammlung zur Steuerpolitik, 2022

Die Tabelle verdeutlicht, dass das System der Einkommensteuer tatsächlich progressiv gestaltet ist und die Steuerbelastung mit steigendem Einkommen zunimmt. Steuerpflichtige mit einem geringen Einkommen führen einen vergleichsweise kleinen Teil ihres Einkommens in Form von Einkommensteuern ab, während Steuerpflichtige mit hohem Einkommen einen deutlich höheren Anteil ihres Einkommens zahlen müssen. Die obersten 10 Prozent der Einkommensteuerpflichtigen tragen 55,8 Prozent der Belastung durch die Einkommensteuer, obwohl ihr Anteil am zu versteuernden Einkommen nur 37,5 Prozent beträgt. Für die reichsten 1 Prozent der Einkommensteuerpflichtigen ist die Diskrepanz am höchsten: Sie tragen 22,8 Prozent zum Einkommensteueraufkommen bei, während der Einkommensanteil nur 13,0 Prozent beträgt. Diejenigen, die zum reichsten 1 Prozent zählen, tragen somit mehr zum Einkommensteueraufkommen bei als die ersten 70 Prozent der Steuerpflichtigen zusammengenommen.

LÄNDER IM VERGLEICH

Sie glauben, Sie zahlen hohe Steuern?

Überall auf der Welt beklagt man sich über Steuern. In einigen reichen Staaten dieser Erde ist es aber tatsächlich weniger gerechtfertigt zu jammern als in anderen.
Um das Steuerniveau bewerten zu können, berechnen Ökonomen die Steuern üblicherweise als Anteil am *Bruttoinlandsprodukt*. (Das Bruttoinlandsprodukt gibt den Gesamtwert aller Waren und Dienstleistungen an, die in einem Land produziert werden.)
Die Abbildung berücksichtigt neben den Steuern auch die Sozialabgaben, also die Belastung durch Beiträge zur Sozialversicherung, und zeigt damit für ausgewählte Volkswirtschaften den Anteil der Summe aus Steuern und Sozialabgaben am Bruttoinlandsprodukt (die Abgabenquote) anhand von Daten für das Jahr 2020. Auffällig ist, dass die Abgabenquote in europäischen Volkswirtschaften deutlich höher ist als in den Vereinigten Staaten. Das liegt daran, dass in den europäischen Ländern, anders als in den Vereinigten Staaten, vom Staat umfassende Sozialleistungen bereitgestellt werden. Um diese Leistungen finanzieren zu können, ist der Staat auf deutlich höhere Einnahmen angewiesen.

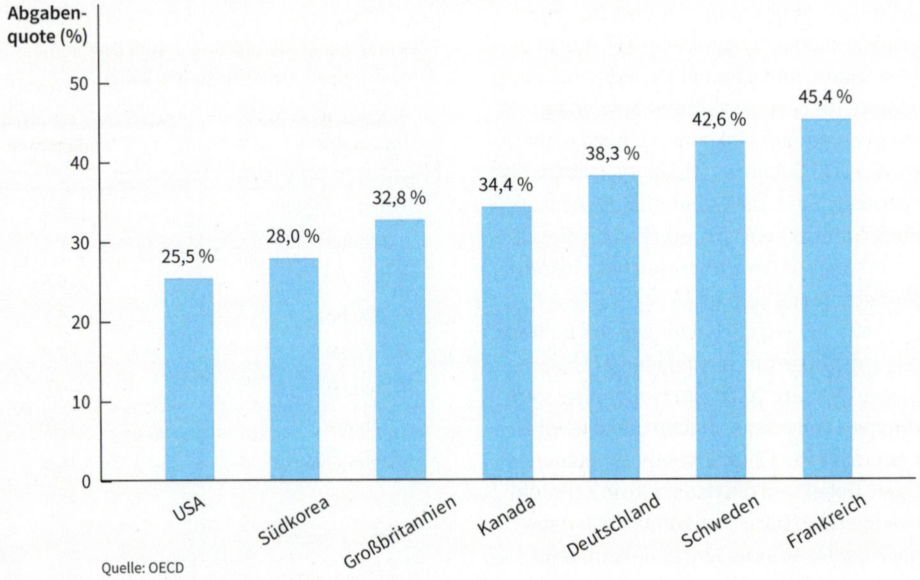

Quelle: OECD

Unterschiedliche Steuern – unterschiedliche Prinzipien

Warum sind einige Steuern progressiv, andere aber regressiv? Kann sich der Staat etwa nicht entscheiden?

Es gibt zwei Hauptgründe für die Mischung von regressiven und progressiven Steuern innerhalb eines Systems: der Unterschied zwischen verschiedenen Ebenen der Gebietskörperschaften und die Tatsache, dass verschiedene Steuern auf verschiedenen Prinzipien basieren. Dies gilt für Deutschland, die Vereinigten Staaten und andere föderativ organisierte Staaten.

Die Landesregierungen und erst recht die Gemeindeverwaltungen unternehmen im Allgemeinen keine besonderen Anstrengungen, das Leistungsfähigkeitsprinzip durchzusetzen. Das liegt im Wesentlichen daran, dass sie sich einem *Steuerwettbewerb* ausgesetzt sehen: Ein Bundesland oder eine Gemeinde, die versuchen würde, Beziehern hoher Einkommen hohe Steuern aufzuerlegen, müsste sich darauf einstellen, dass diese Menschen in andere Orte umziehen, wo die Steuern niedriger sind. Auf nationaler Ebene stellt dies ein sehr viel geringeres Problem dar, obwohl es natürlich auch in Deutschland einige sehr reiche Leute gibt, die ihren gewöhnlichen Aufenthalts- und Wohnort aufgegeben haben, um deutsche Steuern zu vermeiden.

Obwohl sich also die Bundesregierung in einer besseren Position sieht, Gerechtigkeitsprinzipien anzuwenden als die einzelnen Bundesstaaten oder die Gemeinden, wendet die Bundesregierung doch unterschiedliche Prinzipien für unterschiedliche Steuern an. Die wichtigste Gemeinschaftssteuer, die Einkommensteuer, wirkt progressiv und reflektiert damit das Leistungsfähigkeitsprinzip. Die wichtigste Bundessteuer jedoch, die Energiesteuer, wirkt leicht regressiv, weil Bezieher niedriger Einkommen einen größeren Anteil ihres Einkommens für Energie ausgeben. Wenn die Einnahmen aus der Energiesteuer, dazu gehört auch die Steuer auf Mineralöl, für den Bau von Straßen verwendet werden, ist die Steuerlast mehr oder weniger proportional zu dem Nutzen, der aus der Straßeninfrastruktur gezogen wird. Somit reflektiert sie das Äquivalenzprinzip.

VERTIEFUNG

Einkommensbesteuerung versus Konsumbesteuerung

Die Bundesregierung besteuert hauptsächlich das Geld, das die Menschen verdienen, nicht das, was sie ausgeben. Die meisten Steuerexperten stellen jedoch heraus, dass dadurch Anreize verzerrt werden. Erzielt eine Person Einkommen und legt dieses Einkommen dann für die Zukunft an, wird die betreffende Person zweimal besteuert: Es wird sowohl der ursprünglich erzielte Einkommensbetrag besteuert als auch die Einkünfte, die durch die Geldanlage erzielt werden. Ein System, das Einkommen besteuert, entmutigt Menschen zu sparen und zu investieren. Im Gegenteil, es liefert Anreize, das Einkommen heute auszugeben.

Menschen zum Sparen und Investieren zu animieren, ist aus zwei Gründen ein wichtiges politisches Ziel. Zum einen ist Sparen für den Einzelnen eine Möglichkeit für den Ruhestand und für Gesundheitsausgaben im hohen Alter vorzusorgen. Zum anderen tragen sowohl Sparen als auch Investitionen zu wirtschaftlichem Wachstum bei.

Der Übergang von einem System, das Einkommen besteuert, hin zu einem System, das den Konsum besteuert, würde dieses Anreizproblem lösen. Tatsächlich erzielen weltweit die Regierungen vieler Länder einen großen Teil des Steueraufkommens aus einer Umsatzsteuer. In Deutschland trägt die Umsatzsteuer rund 22 Prozent zum Gesamtsteueraufkommen bei. In einigen Ländern sind die Umsatzsteuersätze sehr hoch. So beträgt beispielsweise in Schweden der Umsatzsteuersatz 25 Prozent.

Die Vereinigten Staaten hingegen haben keine Umsatzsteuer. Dafür gibt es zwei Hauptgründe: Der eine Grund ist der, dass es zwar nicht unmöglich, aber doch schwierig ist, eine progressiv wirkende Umsatzsteuer einzuführen. Der andere Grund ist der, dass die Einführung einer Umsatzsteuer mit sehr hohen administrativen Kosten verbunden wäre, obwohl sie die Anreize vielleicht nicht so stark verzerrt wie eine Einkommensteuer.

Kurzzusammenfassung

- Jede Steuer besteht aus einer **Steuerbemessungsgrundlage** und einem **Steuertarif**.
- Zu den Steuerarten gehören beispielsweise **Lohn-** und **Einkommensteuer**, **Umsatzsteuer (Mehrwertsteuer)**, **Einfuhrumsatzsteuer**, **Gewerbesteuer**, **Energiesteuer**, **Körperschaftsteuer** und der **Solidaritätszuschlag**.
- Ökonomen klassifizieren Steuersysteme oft danach, ob diese Steuersysteme **proportional**, **progressiv** oder **regressiv** wirken.
- Progressive Steuern werden oft über das Leistungsfähigkeitsprinzip gerechtfertigt. Stark progressive Steuern führen jedoch zu hohen **Grenzsteuersätzen**, die wiederum erhebliche Anreizprobleme verursachen.
- Das Steuersystem Deutschlands stellt eine Mischung von progressiven und regressiven Steuern dar. Während die Lohn- und Einkommensteuern progressiv wirken, haben Verbrauchsteuern, wie die Umsatzsteuer oder die Energiesteuer, einen regressiven Charakter.

ÜBERPRÜFEN SIE IHR WISSEN

1. Eine Einkommensteuer belastet die ersten 10.000 Euro Einkommen mit 1 Prozent und alle Einkommen über 10.000 Euro mit 2 Prozent.

a. Wie hoch ist der Grenzsteuersatz für eine Person mit einem Einkommen von 5.000 Euro? Wie hoch ist der Steuerbetrag, den diese Person insgesamt zahlen muss? Wie groß ist der prozentuale Anteil der Steuern an seinem oder ihrem Einkommen?

b. Wie hoch ist der Grenzsteuersatz für eine Person mit einem Einkommen von 20.000 Euro? Wie hoch ist der Steuerbetrag, den diese Person insgesamt zahlen muss? Wie groß ist der prozentuale Anteil der Steuern an seinem oder ihrem Einkommen?

c. Wirkt diese Einkommensteuer proportional, progressiv oder regressiv?

2. Beim Vergleich von Haushalten mit unterschiedlichen Einkommensniveaus stellen Ökonomen fest, dass die Konsumausgaben langsamer wachsen als das Einkommen. Nehmen Sie an, dass bei einem Einkommensanstieg um 50 Prozent von 10.000 Euro auf 15.000 Euro die Konsumausgaben um 25 Prozent von 8.000 Euro auf 10.000 Euro steigen. Vergleichen Sie den prozentualen Anteil des Einkommens, der als Steuern gezahlt werden muss, zwischen einer Familie mit einem Einkommen von 15.000 Euro und einer Familie mit einem Einkommen von 10.000 Euro, falls es eine einprozentige Steuer auf den Konsum gibt. Wirkt diese Steuer proportional, progressiv oder regressiv?

3. Richtig oder falsch? Erläutern Sie Ihre Antworten.

a. Die Umsatzsteuer ist eine progressive Steuer, weil einkommensstärkere Personen mehr konsumieren als einkommensschwächere Personen.

b. Bei einer Kopfsteuer handelt es sich um eine proportionale Steuer, weil jede Person den gleichen Betrag bezahlen muss.

Unternehmen in Aktion: Microsoft erhöht seine interne CO_2-Steuer

Im April 2019 hat Microsoft seine interne CO_2-Steuer – eine Steuer, die sich Microsoft selbst auferlegt hat – von 8 Dollar je Tonne auf 15 Dollar je Tonne fast verdoppelt. Das Unternehmen war eigentlich auf einem guten Weg, sein Emissionsreduktionsziel von 75 Prozent bis zum Jahr 2030 zu erreichen. Mit Blick auf das Ausmaß und das Tempo des fortschreitenden Klimawandels sah das Unternehmen aber die Notwendigkeit, seine Anstrengungen zur Senkung der CO_2-Emissionen zu intensivieren. Microsoft hoffte nun, sein Emissionsreduktionsziel bereits im Jahr 2023 zu erreichen.

Jedes Quartal werden die einzelnen Geschäftsbereiche des Unternehmens durch die Geschäftsleitung bewertet. Ein wichtiges Element in der Leistungsbeurteilung ist der Quartalsgewinn – die Einnahmen des Geschäftsbereiches abzüglich der Kosten. Und zu den Kosten gehört auch eine CO_2-Steuer, die Microsoft den einzelnen Geschäftsbereichen intern auferlegt hat. Eingeführt wurde die CO_2-Steuer bei Microsoft im Jahr 2012. Heute gibt es mehr als 1.400 Unternehmen und Organisationen, angefangen von Google, Disney und ExxonMobil bis hin zur Yale University, die auf ihren Geschäftsbetrieb eine interne CO_2-Steuer erheben.

Eine CO_2-Steuer ist eine Steuer auf eine Ware oder eine Dienstleistung, die sich nach der Höhe der CO_2-Emissionen richtet, die bei der Produktion der Ware oder beim Angebot der Dienstleistung entstehen. Die Emission von CO_2 (Kohlendioxid) zählt zu den Hauptursachen des globalen Klimawandels.

Um die Höhe der CO_2-Steuer zu ermitteln, gehen die Geschäftsbereiche bei Microsoft wie folgt vor. Zunächst wird der Energieverbrauch für die Aktivitäten des Geschäftsbereiches erfasst, also z. B. der Energieverbrauch für Büros, Rechenzentren oder Geschäftsreisen. Anschließend wird berechnet, wie viele CO_2-Emissionen durch den Energieverbrauch entstanden sind. Auf dieser Grundlage bestimmt das Environmental Sustainability Team von Microsoft dann die CO_2-Steuer für jeden Geschäftsbereich. Und da kommt einiges zusammen. Schon vor der internen Steuererhöhung im Jahr 2019 beliefen sich die Steuerzahlungen der Geschäftsbereiche auf insgesamt rund 30 Millionen Dollar.

Die Einnahmen aus der CO_2-Steuer fließen in einen Fonds, der umweltfreundliche Energieprojekte innerhalb des Unternehmens finanziert. Auf diese Weise wurde z. B. in der Unternehmenszentrale in Redmond im US-Bundesstaat Washington ein Datenerfassungs- und Softwaresystem installiert, das den Energieverbrauch für einen Komplex von 125 Gebäuden optimiert. Durch diese Optimierung konnte Microsoft nicht nur Kosten, sondern auch CO_2-Emissionen einsparen. Allein in den ersten drei Jahren nach der Einführung der internen CO_2-Steuer konnte Microsoft Kosteneinsparungen von insgesamt 10 Millionen Dollar und Emissionsreduktionen in Höhe von 7,5 Millionen Tonnen CO_2 realisieren.

Obwohl die interne CO_2-Steuer den Unternehmensgewinn zunächst einmal schmälert, unterstützen die Aktionäre den Kurs des Unternehmens. Die Aktionäre gehen davon aus, dass die Energieeinsparungen auf lange Sicht zu größeren Gewinnen in der Zukunft führen werden. So hat Microsoft z. B. durch Forschungs- und Entwicklungsprogramme, die durch die CO_2-Steuer finanziert wurden, wichtige Fähigkeiten und Technologien auf dem Gebiet der künstlichen Intelligenz entwickelt. Gleichzeitig nutzt das Unternehmen sein neu gewonnenes Know-how dazu, um Kunden individuelle Lösungen für Energieeinsparungen und Emissionsreduktionen anzubieten.

FRAGEN

1. Warum hat die Unternehmensführung von Microsoft Ihrer Meinung nach zur Senkung des Energieverbrauches eine Steuer eingeführt und nicht einfach die Energieeinsparungen im Unternehmen angeordnet?
2. Inwiefern agiert die Unternehmensführung von Microsoft wie eine Regierung? Warum ist das für Unternehmensbereiche, die unabhängig voneinander agieren, vorteilhaft?
3. Welche Trade-offs sollte die Unternehmensführung von Microsoft bei der Festlegung der Höhe des Steuersatzes berücksichtigen? Was wird passieren, wenn der Steuersatz zu hoch ist? Was wird passieren, wenn der Steuersatz zu niedrig ist?
4. Was kann man aus dieser Fallstudie über den Zusammenhang zwischen einem Ziel und der Höhe der Steuer, die zur Erreichung dieses Ziels eingeführt wurde, lernen? Sollten beide Dinge gemeinsam oder unabhängig voneinander festgelegt werden?

Zusammenfassung

1. **Mengensteuern** – Steuern auf den Kauf oder Verkauf eines Gutes – erhöhen den Preis, der von den Käufern zu bezahlen ist, und reduzieren den Preis, den die Verkäufer erhalten, womit sie einen Keil zwischen beide treiben. Die **Inzidenz** einer Mengensteuer, die Aufteilung der Last der Steuer zwischen Käufern und Verkäufern, hängt nicht davon ab, wer die Steuer abführt.
2. Die Inzidenz einer Mengensteuer hängt von den Preiselastizitäten des Angebotes und der Nachfrage ab. Ist die Preiselastizität der Nachfrage größer als die des Angebotes, belastet die Steuer hauptsächlich die Produzenten. Ist die Preiselastizität des Angebotes größer als die der Nachfrage, werden die Konsumenten stärker durch die Steuer belastet.
3. Die Steuereinnahmen, die durch eine Steuer generiert werden, hängen vom **Steuersatz** und von der Anzahl verkauften Einheiten ab, die besteuert werden. Mengensteuern sind mit Ineffizienzen verbunden, die als Zusatzlast (Nettowohlfahrtsverlust) bezeichnet werden, weil sie wechselseitig vorteilhafte Transaktionen verhindern. Steuern sind auch mit **administrativen Kosten** verbunden: Ressourcen, die für die Steuererhebung, Steuerzahlung (über den Betrag der Steuer hinaus) und auch die Steuerumgehung aufgewendet werden.
4. Eine Mengensteuer generiert Staatseinnahmen, verringert aber die Gesamtwohlfahrt. Der Rückgang an Konsumenten- und Produzentenrente ist größer als die Steuereinnahmen und verursacht daher für die Gesellschaft einen Nettowohlfahrtsverlust. Dieser Nettowohlfahrtsverlust wird durch ein Dreieck dargestellt. Die Fläche dieses Dreiecks entspricht dem Wert der Transaktionen, die durch die Steuer verhindert werden. Je größer die Preiselastizität des Angebotes und/oder der Nachfrage ist, desto größer ist der Nettowohlfahrtsverlust, der aus der Steuer resultiert. Wenn entweder Angebot oder Nachfrage völlig unelastisch ist, verursacht die Steuer *keinen* Nettowohlfahrtsverlust.
5. Eine effiziente Steuer minimiert sowohl die Höhe des Nettowohlfahrtsverlustes, der durch verzerrte Anreize entsteht, als auch die administrativen Kosten der Steuer. Steuergerechtigkeit ist jedoch ebenfalls ein steuerpolitisches Ziel.
6. Es gibt zwei Grundsätze der Steuergerechtigkeit, das **Äquivalenzprinzip** und das **Leistungsfähigkeitsprinzip**. Die effizienteste Steuer, eine **Pauschalsteuer**, verzerrt keine Anreize, wird aber weithin als ungerecht angesehen. Die unter dem Gesichtspunkt des Leistungsfähigkeitsprinzips fairsten Steuern weisen jedoch die stärksten Anreizverzerrungen auf und gelten weithin als ineffizient. Ein gut

konstruiertes Steuersystem versucht, einen angemessenen Ausgleich im **Trade-off zwischen Gerechtigkeit und Effizienz** zu finden.

7. Jede Steuer basiert auf einer **Steuerbemessungsgrundlage**, die besagt, was besteuert werden soll, und einem **Steuertarif**. Unterschiedliche Steuern, wie **Lohn-** und **Einkommensteuer**, **Umsatz- und Einfuhrumsatzsteuer**, **Gewerbesteuer**, **Energiesteuer**, **Körperschaftsteuer** und **Solidaritätszuschlag**, unterscheiden sich in der Steuerbemessungsgrundlage und dem Steuertarif. Eine **proportionale Steuer** weist für alle Steuerzahler einen einheitlichen Prozentsatz in Bezug auf die Bemessungsgrundlage auf.

8. Eine Steuer wird als **progressiv** bezeichnet, wenn Bezieher höherer Einkommen einen höheren Prozentsatz ihres Einkommens als Steuern abführen müssen als Bezieher niedrigerer Einkommen. Im umgekehrten Fall spricht man von einer **regressiven Steuer**. Progressive Steuern werden oft mit dem Leistungsfähigkeitsprinzip gerechtfertigt. Ein stark progressives Steuersystem verzerrt Anreize jedoch erheblich, da es für Bezieher höherer Einkommen mit einem hohen **Grenzsteuersatz** verbunden ist. Der Grenzsteuersatz bezeichnet den prozentualen Anteil einer Einkommenssteigerung, der durch die Besteuerung weggenommen wird.

SCHLÜSSELBEGRIFFE

- Mengensteuer
- Inzidenz
- Steuersatz
- administrative Kosten
- Äquivalenzprinzip
- Leistungsfähigkeitsprinzip
- Pauschalsteuer
- Trade-off zwischen Gerechtigkeit und Effizienz
- Steuerbemessungsgrundlage
- Steuertarif
- Lohnsteuer
- Einkommensteuer
- Umsatzsteuer (Mehrwertsteuer)
- Einfuhrumsatzsteuer
- Gewerbesteuer
- Energiesteuer
- Körperschaftsteuer
- Solidaritätszuschlag
- proportionale Steuer
- progressive Steuer
- regressive Steuer
- Grenzsteuersatz

8 Internationaler Handel

LERNZIELE

- Was man unter einem komparativen Vorteil versteht und warum ein komparativer Vorteil zu internationalem Handel führt.
- Woraus komparative Vorteile entstehen können.
- Wer durch internationalen Handel gewinnt und wer verliert.
- Wie **Handelsprotektionismus** in Form von **Zöllen** und **Importquoten** Ineffizienzen verursacht.
- Warum Regierungen oft zu Handelsprotektionismus greifen und wie **internationale Handelsabkommen** dem entgegenwirken.

Immer am Smartphone

Die meisten Menschen verbringen ihre Zeit mittlerweile vor kleinen Bildschirmen. Die US-Amerikaner sind keine Ausnahme. Im Jahr 2018 hat ein US-Amerikaner jeden Tag im Durchschnitt 3 Stunden und 43 Minuten auf ein Smartphone (vor allem auf ein iPhone) oder ein Tablet geschaut und damit mehr Zeit verbracht als vor dem Fernsehgerät. Woher kommen diese Geräte mit den kleinen Bildschirmen überhaupt? Woher kommt das iPhone?

Das Unternehmen Apple, das das iPhone vertreibt, ist ein US-amerikanisches Unternehmen. Aber wenn Sie deshalb glauben, dass das iPhone aus den Vereinigten Staaten kommt, dann liegen Sie ziemlich falsch. Apple entwickelt zwar die Produkte, aber fast der gesamte Herstellungsprozess der Geräte ist an andere Firmen, zumeist im Ausland, ausgelagert worden. Allerdings kommt das iPhone auch nicht aus China, obwohl dort die Geräte zusammengebaut werden. Die Endmontage ist nur die letzte Phase des Produktionsprozesses, bei dem die Einzelteile in die bekannte Hülle aus Metall und Glas eingebaut werden.

Einer Studie zufolge verblieben bei einem iPhoneX® von einem Verkaufspreis von rund 800 Dollar weniger als 25 Dollar in der chinesischen Volkswirtschaft. Ein deutlich größerer Betrag ging an koreanische Hersteller, die das Display und die Speicherchips lieferten. Auch für Rohstoffe, die aus der ganzen Welt kommen, entstanden erhebliche Kosten. Und der größte Teil der 800 Dollar, nämlich mehr als die Hälfte, entfiel auf die Gewinnmarge von Apple, als Vergütung für Forschung, Entwicklung und Design.

Woher kommen die iPhones also? Sie haben ihren Ursprung an vielen Orten. Und so ist es nicht nur beim iPhone, sondern auch bei vielen anderen Dingen: Das Auto, das wir fahren, die Kleidung, die wir tragen, und auch das Essen, das wir zu uns nehmen, sind das Endprodukt komplexer Wertschöpfungsketten, die den gesamten Globus umspannen.

Internationaler Handel in diesen Dimensionen ist keine neue Erfindung und gehörte schon zu Beginn des 20. Jahrhunderts zum Alltag. Aber in den letzten Jahrzehnten hat das Zusammenspiel von neuen Logistik- und Kommunikationstechnologien und unterstützenden außenhandelspolitischen Maßnahmen zu einer Ära der *Hyperglobalisierung* geführt. Der internationale Handel hat durch komplexe Produktionsketten wie beim iPhone einen enormen Aufwind erfahren.

Die globalen Produktions- und Lieferketten haben die Weltwirtschaft produktiver und damit auch wohlhabender gemacht, als wenn jedes Land nur für sich gewirtschaftet hätte. Und nicht nur die Weltwirtschaft insgesamt hat vom internationalen Handel profitiert. Auch nahezu jedes einzelne Land konnte sich dadurch besser stellen. Dennoch ist der internationale Handel nicht unumstritten, da in den einzelnen Länder einige Gruppen Nachteile in Kauf nehmen müssen. Um zu verstehen, warum das so ist und auf welche Weise eine Volkswirtschaft durch Handelsströme beeinflusst wird, wollen wir ein vollständiges Bild des internationalen Handels zeichnen.

Dieses Kapitel beschäftigt sich mit den ökonomischen Grundlagen des internationalen Handels. Wir beginnen mit dem Modell des komparativen Vorteils. Dieses Modell erklärt, warum der internationale Handel zu Vorteilen führt (wie wir in Kapitel 2 gelernt haben). Wir werden das Modell kurz wiederholen und dann zu einer tieferen Analyse der Ursachen und Folgen der Globalisierung übergehen.

8.1 Komparativer Vorteil und internationaler Handel

Die Zunahme wirtschaftlicher Verknüpfungen zwischen Ländern wird als **Globalisierung** bezeichnet.

Güter, die in anderen Ländern gekauft werden, heißen **Importe**, Güter, die an andere Länder verkauft werden, heißen **Exporte**.

Der Begriff **Hyperglobalisierung** bezeichnet ein enorm hohes Ausmaß an internationalem Handel.

Die Vereinigten Staaten kaufen Smartphones – und viele andere Waren und Dienstleistungen – von anderen Ländern. Gleichzeitig verkaufen sie viele Waren und Dienstleistungen an andere Länder. Güter, die im Ausland gekauft werden, bezeichnet man als **Importe**, Güter, die an das Ausland verkauft werden, bezeichnet man als **Exporte**.

Wie schon in der Eingangsgeschichte zu diesem Kapitel erwähnt, spielt der internationale Handel für die Weltwirtschaft eine immer größere Rolle. Diagramm (a) von **Abbildung 8-1** zeigt, wie sich die Relation zwischen dem Handelsvolumen und dem weltweiten Bruttoinlandsprodukt (BIP) – das ist der Wert der Waren und Dienstleistungen, die die Weltwirtschaft insgesamt produziert hat – seit dem Jahr 1870 verändert hat. Wie man sehen kann, gibt es einen langfristigen Aufwärtstrend, der nur vorübergehend durch besondere Ereignisse wie die beiden Weltkriege, die Weltwirtschaftskrise und die Finanz- und Wirtschaftskrise 2007–2009 unterbrochen wurde.

In Diagramm (b) ist der Anteil von Importen und Exporten am BIP für verschiedene Länder dargestellt. Die Daten zeigen, dass der Außenhandel für viele Länder eine deutlich größere Bedeutung hat als für die Vereinigten Staaten.

Wirtschaftliche Interaktion zwischen verschiedenen Ländern findet nicht nur durch Außenhandel statt. In unserer modernen Welt investieren Kapitalgeber des einen Landes ihre Mittel oft in anderen Ländern. Viele Unternehmen sind durch ausländische Tochtergesellschaften multinational tätig. Und eine steigende Anzahl von Menschen arbeitet in einem anderen als ihrem Geburtsland.

Die Zunahme dieser wirtschaftlichen Verknüpfungen zwischen Ländern wird oft als **Globalisierung** bezeichnet.

Die Globalisierung ist kein neues Phänomen. Wie man in Diagramm (a) der Abbildung 8-1 erkennen kann, gab es in der Zeit nach 1870 bis zum Beginn des Ersten Weltkrieges ein rasantes Wachstum des internationalen Handels. Die Entwicklung wurde jedoch durch die Einführung von handelsbeschränkenden Maßnahmen nach dem Ersten Weltkrieg gestoppt, sodass das Ausmaß der Globalisierung erst zu Beginn der 1980er-Jahre wieder das Niveau von 1913 erreichte.

Dann kam es allerdings zu einer weiteren rasanten Ausweitung der internationalen Verflechtung der Volkswirtschaften, die manchmal auch als **Hyperglobalisierung** bezeichnet wird. Beispiele für die Hyperglobalisierung sind die Produktion des iPhones und anderer Hightech-produkte, deren Wertschöpfungsketten oft den gesamten Globus umspannen. Jeder Produktionsschritt findet in einem anderen Land statt. Möglich wird all das durch die Fortschritte im Bereich der Kommunikations- und Logistiktechnologien. (Ein Praxisbeispiel wird in diesem Kapitel in der Rubrik »Unternehmen in Aktion« erläutert.)

Die rasante Entwicklung in den letzten 40 Jahren wirft die Frage auf, ob sich die Hyperglobalisierung in den nächsten Jahrzehnten weiter fortsetzen wird. Schaut man genauer auf Abbildung 8-1, dann kann man erkennen, dass sich das Wachstum des internationalen Handels seit Anfang der 2000er-Jahre verlangsamt hat und mittlerweile stagniert. Viele Studien weisen darauf

Abb. 8-1

Die zunehmende Bedeutung des internationalen Handels

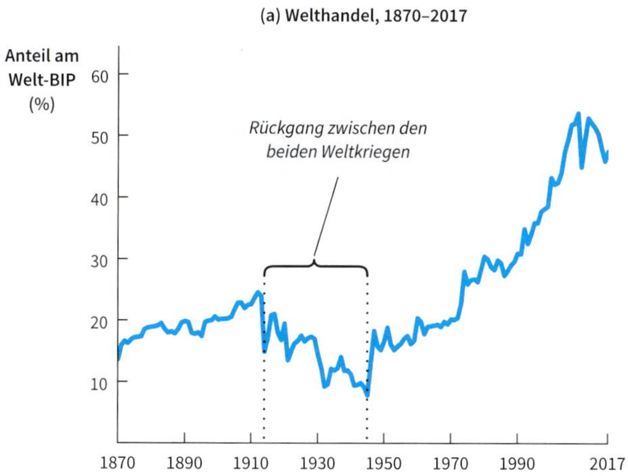

Quelle:
M. J. Klasing und P. Milionis: Quantifying the Evolution of World Trade, 1870–1949, in: Journal of International Economics (2013); Robert C. Feenstra, Robert Inklaar und Marcel P. Timmer: The Next Generation of the Penn World Table, in: American Economic Review 105, Nr. 10 (2015), S. 3150–3182, Download unter www.ggdc.net/pwt

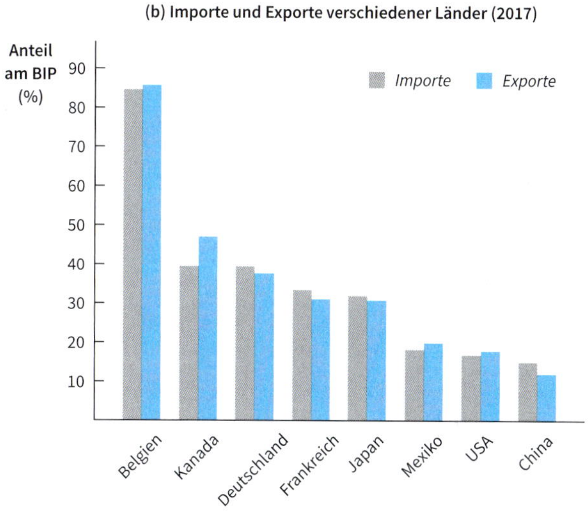

Diagramm (a) zeigt die Relation zwischen dem Handelsvolumen und dem weltweiten Bruttoinlandsprodukt (BIP) in der historischen Entwicklung. Durch den technischen Fortschritt in den Bereichen Logistik und Kommunikation ist es zu einem langfristiger Aufwärtstrend gekommen, der nur vorübergehend durch besondere Ereignisse unterbrochen wurde. Diagramm (b) verdeutlicht, dass der internationale Handel für viele Länder eine größere Bedeutung hat als für die Vereinigten Staaten.

hin, dass die Einsparungen durch den kostengünstigen Einkauf von Material und Bauteilen im Ausland die Nachteile von langen Lieferzeiten und anderen Problemen nicht mehr überwiegen. So braucht ein Containerschiff für den Weg von China bis nach Kalifornien auch heute noch zwei Wochen und bis zur US-Ostküste sogar einen Monat. Aus diesem Grund sind einige Unternehmen bereits dazu übergegangen, Teile der Produktion wieder ins Inland zurückzuverlagern (»Reshoring«).

Zudem gab es in den letzten Jahren wiederholt handelspolitische Differenzen zwischen einzelnen Staaten. Es besteht die Gefahr, dass einige Staaten wieder zu handelsbeschränkenden Maßnahmen greifen könnten, die zu einem Rückgang des internationalen Handels führen würden. Auch wenn der internationale Handel weiterhin große Bedeutung für die Weltwirtschaft hat, scheint eine Fortsetzung der Hyperglobalisierung derzeit nicht wahrscheinlich.

Um zu verstehen, warum es zu internationalem Handel kommt und warum Ökonomen darin einen Vorteil für die Volkswirtschaften sehen, werden wir uns zunächst nochmals mit dem Modell des komparativen Vorteils beschäftigen.

Produktionsmöglichkeiten und komparativer Vorteil noch einmal betrachtet

Um Smartphones zu produzieren, muss jedes Land Ressourcen einsetzen (Arbeit, Energie, Kapital usw.), die auch für die Produktion von anderen Dingen hätten verwendet werden können. Die potenzielle Produktion von anderen Gütern, auf die ein Land verzichten muss, um ein Smartphone zu erzeugen, stellt die Opportunitätskosten dieses Smartphones dar.

In einigen Fällen ist es leicht zu erkennen, warum in einem Land die Opportunitätskosten der Herstellung eines Gutes besonders niedrig sind. Betrachten wir beispielsweise einmal Garnelen, die heutzutage zumeist aus Meeresfarmen in Vietnam oder Thailand stammen. Es ist deutlich einfacher, Garnelen in Vietnam zu züchten, wo die klimatischen Bedingungen nahezu ideal sind und wo es viele Küstengebiete gibt, die für die Schalentiererzeugung geeignet sind, als sie in den Vereinigten Staaten zu züchten.

Umgekehrt gibt es andere Produkte, die in Vietnam nicht so leicht hergestellt werden können wie in den Vereinigten Staaten. So verfügt Vietnam beispielsweise nicht über die Basis von gut ausgebildeten Arbeitnehmern und technologischem Know-how, die es den Vereinigten Staaten so gut ermöglicht, Hochtechnologiegüter zu produzieren. Die Opportunitätskosten einer Tonne Garnelen, ausgedrückt in anderen Gütern wie Flugzeugen, sind in Vietnam daher geringer als in den Vereinigten Staaten.

In anderen Fällen ist die Lage nicht so eindeutig. Es ist genauso einfach, Smartphones in den Vereinigten Staaten zusammenzusetzen, wie sie in China zusammenzusetzen. Und chinesische Elektronikfacharbeiter sind, wenn überhaupt, weniger produktiv als US-amerikanische Elektronikfacharbeiter. Aber chinesische Arbeitnehmer sind in anderen Bereichen, wie in der Automobil- oder Chemieproduktion, deutlich weniger produktiv als US-amerikanische Arbeitnehmer. China hat also einen komparativen Vorteil bei der Produktion von Smartphones. Wir wollen die Definition des komparativen Vorteils aus Kapitel 2 an dieser Stelle wiederholen: *Ein Land hat einen komparativen Vorteil bei der Produktion eines Gutes, falls die Opportunitätskosten der Produktion dieses Gutes für das betreffende Land geringer sind als für andere Länder.*

Das **ricardianische Modell des internationalen Handels** analysiert den internationalen Handel unter der Annahme konstanter Opportunitätskosten.

Wenn ein chinesischer Arbeitnehmer Smartphones zusammenbaut, dann ist das produktiver, als wenn ein US-amerikanischer Arbeitnehmer Smartphones zusammenbaut, da der US-amerikanische Arbeitnehmer in anderen Bereichen produktiver tätig sein kann. Sprich: Die Opportunitätskosten des Zusammenbaus von Smartphones sind in China geringer als in den Vereinigten Staaten.

Beachten Sie, dass wir von den Opportunitätskosten des Zusammenbaus von Smartphones sprechen. Wie wir gesehen haben, stammt der Wert eines »in China hergestellten« Smartphones vor allem aus anderen Ländern. Um die Ausführungen verständlich zu halten, ignorieren wir an dieser Stelle diese Verflechtungen und betrachten das Beispiel eines Smartphones, das von Anfang bis Ende in China produziert wird.

Abbildung 8-2 zeigt ein Zahlenbeispiel für den komparativen Vorteil bei internationalem Handel. Wir nehmen an, dass nur zwei Güter produziert und konsumiert werden, nämlich Smartphones und Lastkraftwagen. Weiter nehmen wir an, dass es nur zwei Länder gibt, nämlich die Vereinigten Staaten und China. Die Abbildung zeigt hypothetische Produktionsmöglichkeitenkurven für die Vereinigten Staaten und für China.

Wie in Kapitel 2 vereinfachen wir das Modell durch die Annahme, dass die Produktionsmöglichkeitenkurven Geraden sind und nicht die realistischere gebogene Form aufweisen wie in Abbildung 2-2. Die gerade Form der Produktionsmöglichkeitenkurven impliziert, dass die Opportunitätskosten für ein Smartphone ausgedrückt in Lastkraftwagen in jedem Land konstant sind, also nicht davon abhängen, wie viele Einheiten von jedem Gut ein Land produziert. Die Analyse des internationalen Handels unter der Annahme konstanter Opportunitätskosten und damit linearer Produktionsmöglichkeitenkurven wird in der Literatur als **ricardianisches Modell des internationalen Handels** bezeichnet. (David Ricardo war ein englischer Ökonom, der diese Analyse im frühen 19. Jahrhundert entwickelte.)

In Abbildung 8-2 ist eine Situation dargestellt, in der die Vereinigten Staaten 100.000 Lastkraftwagen produzieren können, wenn keine Smartphones hergestellt werden, oder 100 Millionen Smartphones herstellen können, wenn keine Lastkraftwagen produziert werden. Die Steigung der US-Produktionsmöglichkeitenkurve (*PMK*) beträgt –100.000/100 bzw. –1.000. Das heißt, um eine zusätzliche Million Smartphones herzustellen, müssen die Vereinigten Staaten auf die Produktion von 1.000 Lastkraftwagen verzichten. Und um einen Lkw mehr zu produzieren, müssen die Vereinigten Staaten auf 1.000 Smartphones verzichten.

Analog kann China 50.000 Lastkraftwagen produzieren, wenn keine Smartphones hergestellt werden, oder es kann 200 Millionen Smartphones herstellen, wenn keine Lastkraftwagen produziert

Abb. 8-2

Komparativer Vorteil und Produktionsmöglichkeitenkurve

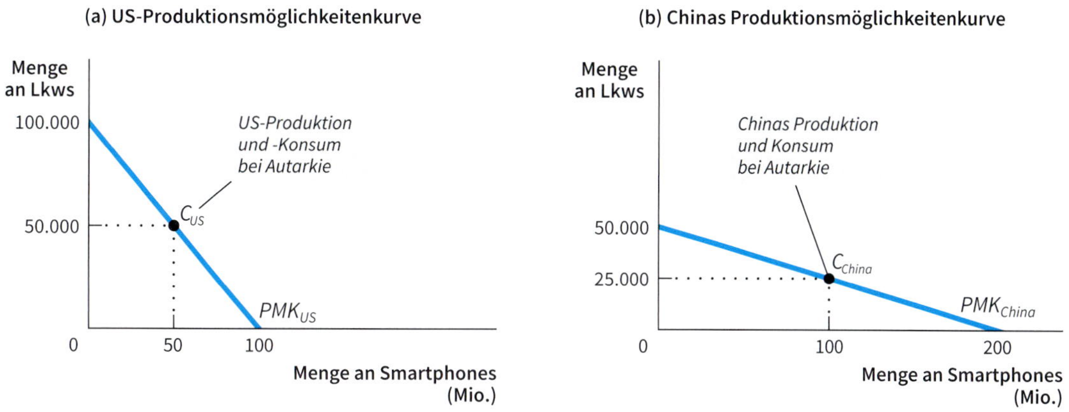

Die US-Opportunitätskosten einer Million Smartphones ausgedrückt in Lastkraftwagen haben eine Höhe von 1.000: Für jede zusätzliche Million produzierter Smartphones muss auf 1.000 Lkws verzichtet werden. Die chinesischen Opportunitätskosten einer Million Smartphones ausgedrückt in Lastkraftwagen betragen 250: Für jede zusätzliche Million Smartphones muss lediglich auf 250 Lastkraftwagen verzichtet werden. Daher verfügt China über einen komparativen Vorteil bei der Produktion von Smartphones, während die Vereinigten Staaten einen komparativen Vorteil bei der Produktion von Lastkraftwagen haben. Bei Autarkie gibt der Punkt C_{US} das Produktions- und Konsumbündel der Vereinigten Staaten wieder; der Punkt C_{China} beschreibt das Produktions- und Konsumbündel Chinas.

werden. Die Steigung der chinesischen Produktionsmöglichkeitenkurve beträgt –50.000/200 bzw. –250. Das heißt, um eine zusätzliche Million Smartphones herzustellen, muss China auf die Produktion von 250 Lastkraftwagen verzichten. Und um einen Lkw mehr zu produzieren, muss China auf 4.000 Smartphones verzichten.

Auch wenn Länder schon lange Handel miteinander treiben, ist es aus Sicht von Ökonomen hilfreich, sich zunächst eine Situation ohne jeglichen internationalen Handel vorzustellen. Für eine Situation, in der ein Land mit anderen Ländern keinen Handel treibt, verwenden Ökonomen den Begriff **Autarkie**. Wir nehmen an, dass sich die Vereinigten Staaten in der Autarkiesituation für die Produktion und den Konsum von 50 Millionen Smartphones und 50.000 Lastkraftwagen entscheiden würden. Dieses Produktions- und Konsumbündel bei Autarkie ist in Diagramm (a) von Abbildung 8-2 durch den Punkt C_{US} gekennzeichnet. Wir nehmen weiter an, dass sich China bei Autarkie für die Produktion und den Konsum von 100 Millionen Smartphones und 25.000 Lastkraftwagen entscheiden würde. Diese Güterkombination wird im Diagramm (b) durch den Punkt C_{China} kenntlich gemacht.

Der Trade-off, dem die beiden Länder gegenüberstehen, wenn sie nicht miteinander handeln, wird in **Tabelle 8-1** beschrieben. Wie wir sehen können, haben die Vereinigten Staaten einen komparativen Vorteil bei der Produktion von Lastkraftwagen, da die Opportunitätskosten ausgedrückt in Smartphones in den Vereinigten Staaten niedriger sind als in China. Die Opportunitätskosten der Produktion eines Lastkraftwagens betragen in den Vereinigten Staaten lediglich 1.000 Smartphones, während sie in China 4.000 Smartphones betragen. Analog verfügt China über einen komparativen Vorteil bei der Produktion von Smartphones. Die Opportunitätskosten der Produktion einer Million Smartphones betragen in China lediglich 250 Lastkraftwagen, während sie in den Vereinigten Staaten 1.000 Lastkraftwagen betragen.

Als **Autarkie** bezeichnet man eine Situation, in der ein Land nicht mit anderen Ländern Handel treibt.

Tab. 8-1

Opportunitätskosten von Smartphones und Lastkraftwagen in den Vereinigten Staaten und in China

	Opportunitätskosten in den USA		Opportunitätskosten in China
1 Mio. Smartphones	1.000 Lkws	>	250 Lkws
1 Lkw	1.000 Smartphones	<	4.000 Smartphones

Wir haben in Kapitel 2 gelernt, dass sich beide Länder im Vergleich zur Autarkiesituation besser stellen können, wenn sie miteinander Handel treiben. Das wird möglich, indem sich jedes Land auf die Produktion des Gutes spezialisiert, für das es einen komparativen Vorteil hat, und das Gut importiert, bei dem es einen komparativen Nachteil hat.

Schauen wir uns einmal an, wie das funktioniert.

Die Gewinne aus dem internationalen Handel

Abbildung 8-3 illustriert, wie beide Länder aus der Spezialisierung und dem Handel Vorteile ziehen. Es wird eine hypothetische Neuabmachung über Produktion und Konsum dargestellt, die es *jedem* Land erlaubt, mehr von *beiden* Gütern zu konsumieren. Wieder gibt Diagramm (a) die Situation der Vereinigten Staaten und Diagramm (b) die Situation von China wieder. In jedem Diagramm verdeutlichen wir erneut die Produktions- und Konsummengen bei Autarkie, die wir bereits in Abbildung 8-2 angenommen haben.

In dem Moment, in dem Handel möglich wird, verändert sich alles. Bei Handel kann sich jedes Land auf die Produktion des Gutes spezialisieren, für das es einen komparativen Vorteil hat – die Vereinigten Staaten konzentrieren sich auf die Produktion von Lastkraftwagen und China konzentriert sich auf die Produktion von Smartphones. Da die Weltproduktion beider Güter nun höher ist als bei Autarkie, können beide Länder aufgrund des Handels von beiden Gütern mehr konsumieren.

Tabelle 8-2 fasst die Veränderungen aufgrund des Handels zusammen und zeigt, warum beide Länder aus der Aufnahme des internationalen Handels einen Gewinn ziehen. Der linke Teil der Tabelle zeigt den Autarkiefall, also die Situation vor Aufnahme des Handels, in der jedes Land die Güter produzieren muss, die es konsumiert. Der rechte Teil der Tabelle zeigt die Auswirkungen der Aufnahme des Handels. Bei Handel spezialisieren sich die Vereinigten Staaten auf die Produktion von Lastkraftwagen: Es werden 100.000 Lastkraftwagen und keine Smartphones produziert. China spezialisiert sich auf Produktion von Smartphones: Es werden 200 Millionen Smartphones und keine Lastkraftwagen produziert.

Das Ergebnis ist ein Anstieg der Weltproduktion beider Güter. Wie Sie anhand von Tabelle 8-2 erkennen können, profitieren beide Länder vom Handel:

- Die Vereinigten Staaten können nun mehr Lkws (+ 12.500) und mehr Smartphones (+ 25 Millionen) als vorher konsumieren, obwohl das Land selbst gar keine Smartphones produziert, sondern aus China importiert.
- Auch China kann von beiden Gütern nun mehr konsumieren (+ 12.500 Lkws und + 25 Millionen Smartphones), obwohl das Land selbst gar keine Lkws produziert, sondern aus den Vereinigten Staaten importiert.

Entscheidend für diesen gemeinsamen Gewinn ist die Tatsache, dass es bei internationalem Handel für die Länder nicht mehr notwendig ist, in Autarkie zu leben, also dasselbe Güterbündel zu konsumieren, das sie produzieren. Da sich jedes Land auf die Produktion des Gutes konzentrieren kann, für das es einen komparativen Vorteil hat, steigt die Weltproduktion, sodass in beiden Ländern ein höherer Lebensstandard möglich ist.

In diesem Beispiel haben wir die Konsumbündel, die nach Aufnahme des Handels realisiert werden, einfach per Annahme festgelegt. Tatsächlich reflektieren die Konsumentscheidungen von Ländern, genau wie im Fall der individuellen Konsumentscheidung, sowohl die Präferenzen der

Abb. 8-3

Die Gewinne aus dem internationalen Handel

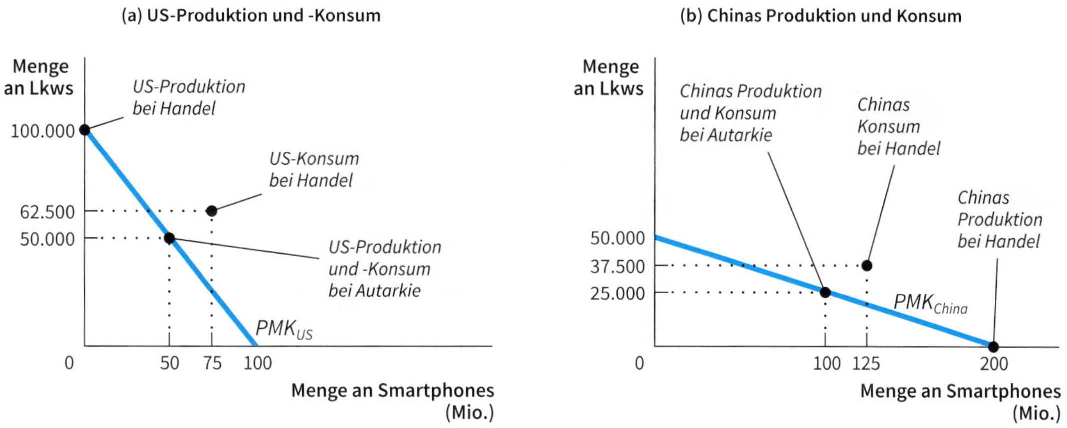

Der internationale Handel erhöht die Weltproduktion beider Güter und erlaubt somit beiden Ländern einen höheren Konsum. In unserem Fall spezialisiert sich jedes Land als Ergebnis des Handels auf die Produktion eines Gutes: Die Vereinigten Staaten konzentrieren sich auf die Produktion von Lastkraftwagen und China konzentriert sich auf die Produktion von Smartphones. Die Weltgesamtproduktion beider Güter steigt. Beide Länder können nun von beiden Gütern mehr konsumieren.

Einwohner des Landes als auch die *relativen Preise* auf den internationalen Märkten, die Preise von einem Gut, ausgedrückt in Einheiten eines anderen Gutes. Zwar haben wir den Preis von Lastkraftwagen ausgedrückt in Smartphones nicht explizit angegeben, dieser Preis ergibt sich aber implizit aus unserem Beispiel: China exportiert 75 Millionen Smartphones und erhält im Gegenzug dafür 37.500 Lastkraftwagen, was impliziert, dass 1 Million Smartphones gegen 500 Lastkraftwagen getauscht wird. Daraus können wir erkennen, dass in unserem Beispiel der Preis eines Lastkraftwagens auf dem Weltmarkt gleich dem Preis von 2.000 Smartphones sein muss.

Der relative Preis muss die Bedingung erfüllen, dass keines der Länder einen höheren relativen Preis zahlt als die Opportunitätskosten der Produktion des Gutes bei Autarkie. Das heißt, die Vereinigten Staaten werden an China nicht mehr als 1.000 Lastkraftwagen für 1 Million Smartphones zahlen und China wird nicht mehr als 4.000 Smartphones je Lastkraftwagen an die Ver-

Tab. 8-2

Handelsgewinne in den USA und in China

		Autarkie		Handel		Handelsgewinne
		Produktion	Konsum	Produktion	Konsum	
USA	**Smartphones (Mio.)**	50	50	0	75	+25
	Lkws	50.000	50.000	100.000	62.500	+12.500
China	**Smartphones (Mio.)**	100	100	200	125	+25
	Lkws	25.000	25.000	0	37.500	+12.500

einigten Staaten zahlen. Sobald diese Bedingung erfüllt ist, wird der tatsächliche Preis im internationalen Handel durch Angebot und Nachfrage bestimmt. Der Bedeutung von Angebot und Nachfrage werden wir uns im nächsten Abschnitt zuwenden. Zuvor wollen wir uns jedoch noch genauer mit den Arten von Handelsgewinnen beschäftigen.

Komparativer Vorteil versus absoluter Vorteil

Es ist leicht nachvollziehbar, dass Vietnam und Thailand über einen komparativen Vorteil in der Garnelenproduktion verfügen. Das dort herrschende tropische Klima ist für die Garnelenzucht besser geeignet als das Klima der Vereinigten Staaten (selbst entlang der Golfküste) und es gibt viele nutzbare Küstengebiete. Die Vereinigten Staaten importieren deshalb Garnelen aus Vietnam und Thailand. Aber wie wir beim Smartphone gesehen haben, hängen Handelsgewinne oft von *komparativen Vorteilen* und nicht von absoluten Vorteilen ab. Sicherlich würden weniger Arbeitskräfte benötigt werden, wenn ein Smartphone in den Vereinigten Staaten und nicht in China zusammengesetzt wird. Das heißt, die Produktivität chinesischer Elektronikfacharbeiter ist niedriger als die der US-amerikanischen Arbeitskräfte. Aber der komparative Vorteil wird nicht durch die Menge an Ressourcen bestimmt, die für die Produktion eines Gutes benötigt werden, sondern durch die Opportunitätskosten dieses Gutes. In diesem Fall ist das die Produktionsmenge anderer Güter, auf die verzichtet werden muss, um ein Smartphone herzustellen. Und die Opportunitätskosten von Smartphones sind in China niedriger als in den Vereinigten Staaten.

Und das funktioniert so: In der Elektronikindustrie sind chinesische Arbeitnehmer im Vergleich zu US-Arbeitnehmern weniger produktiv. Aber in anderen Industriezweigen sind chinesische Arbeitnehmer noch weniger produktiv als US-Arbeitnehmer. Im Vergleich zur Elektronikindustrie ist die Produktivität der Arbeit in China in anderen Industriezweigen verhältnismäßig sehr niedrig. Deshalb muss bei der Produktion eines Smartphones in China, auch wenn es mit viel Arbeit verbunden ist, nicht auf große Produktionsmengen anderer Güter verzichtet werden.

In den Vereinigten Staaten gilt das Gegenteil: Die Produktivität der Arbeit ist in anderen Industriezweigen als der Elektronikindustrie (beispielsweise in der Automobilindustrie) sehr hoch. Deshalb ist der Zusammenbau elektronischer Geräte, auch wenn nicht viel Arbeit investiert werden muss, mit großen Verlusten in der Produktion anderer Güter verbunden. Die Opportunitätskosten der Produktion von Elektronikgeräten sind in China also niedriger als in den Vereinigten Staaten. Trotz der niedrigen Produktivität der Arbeit verfügt China über einen komparativen Vorteil in der Produktion von Unterhaltungselektronik, auch wenn die Vereinigten Staaten über einen absoluten Vorteil verfügen.

Die Quelle des komparativen Vorteils, den China bei der Produktion von Unterhaltungselektronik hat, spiegelt sich auf dem Weltmarkt in den Löhnen wider, die chinesische Arbeitnehmer erhalten. Das liegt daran, dass die Lohnsätze eines Landes üblicherweise die Produktivität der Arbeit dieses Landes widerspiegeln. In Ländern, in denen die Produktivität der Arbeit in vielen Industriezweigen sehr hoch ist, sind Arbeitgeber bereit, hohe Löhne zu zahlen, um Arbeitskräfte anzulocken. Der Wettbewerb zwischen den Arbeitgebern führt zu insgesamt hohen Lohnsätzen. In Ländern, in denen die Produktivität der Arbeit niedriger ist, herrscht weniger Wettbewerb um die Arbeitskräfte, sodass auch die Lohnsätze niedriger sind.

Aus der Rubrik »Länder im Vergleich« wird ersichtlich, dass es weltweit tatsächlich einen starken Zusammenhang zwischen dem allgemeinen Produktivitätsniveau und dem Lohnniveau gibt. Da China im Allgemeinen ein niedriges Produktivitätsniveau aufweist, ist das Lohnniveau verhältnismäßig niedrig. Niedrige Löhne verschaffen China wiederum einen Kostenvorteil bei der Produktion von Gütern, bei denen die Produktivität nur moderat niedrig ist, wie beispielsweise bei der Produktion von Unterhaltungselektronik. Aufgrund dessen ist es günstiger, diese Güter in China und nicht in den Vereinigten Staaten herzustellen.

Missverständnisse in Sachen komparativer Vorteil

Der internationale Handel, der zwischen Volkswirtschaften mit einem niedrigen Lohnniveau und geringer Produktivität wie China und Volkswirtschaften mit einem hohen Lohnniveau und hoher

Produktivität wie den Vereinigten Staaten stattfindet, führt zu zwei weitverbreiteten Missverständnissen.

- Das erste Missverständnis beruht auf dem »Niedriglohn-Trugschluss« (englisch: *pauper labor fallacy*). Dabei wird fälschlicherweise unterstellt, dass in einem Land mit einem hohen Lohnniveau, das Güter importiert, die von Arbeitskräften produziert werden, die einen niedrigen Lohn erhalten, der Lebensstandard der einheimischen Arbeitskräfte leidet.
- Das zweite Missverständnis beruht auf dem »Ausbeutungs-Trugschluss« (englisch: *sweatshop labor fallacy*). Hier wird irrtümlich davon ausgegangen, dass internationaler Handel für die Arbeitskräfte in armen Exportländern von Nachteil ist, weil diese Arbeitskräfte für unsere Verhältnisse sehr schlecht entlohnt werden.

Beide Missverständnisse lassen den Charakter der Handelsgewinne außer Acht: Beide Länder profitieren davon, wenn das ärmere Niedriglohnland die Güter exportiert, bei deren Produktion es einen komparativen Vorteil hat, auch wenn der Kostenvorteil für diese Güter aus den niedrigen Löhnen resultiert. Das heißt, beide Länder können durch internationalen Handel einen höheren Lebensstandard erreichen.

Es ist besonders wichtig zu verstehen, dass der Kauf eines Gutes, das von jemandem produziert wurde, der einen deutlich niedrigeren Lohn erhält als es für westliche Standards üblich ist, nicht notwendigerweise gleichbedeutend damit ist, diese Person auszunutzen. Es kommt darauf an, welche Alternativen es gibt. Da Arbeitskräfte in armen Ländern generell ein niedriges Produktivitätsniveau aufweisen, erhalten sie niedrige Löhne, egal

LÄNDER IM VERGLEICH

Produktivität und Lohnniveaus weltweit

Handelt es sich beim »Niedriglohn-Trugschluss« und beim »Ausbeutungs-Trugschluss« tatsächlich um Missverständnisse? Die Antwort lautet ja. Die wirkliche Erklärung niedriger Löhne in armen Ländern ist die generelle niedrige Produktivität. Die Abbildung zeigt für verschiedene Länder Schätzungen der Produktivität der Arbeit (gemessen am Bruttoinlandsprodukt je Arbeitnehmer) und das Lohnniveau (gemessen am Stundenverdienst eines durchschnittlichen Arbeitnehmers) im Jahr 2018. Sowohl Produktivität als auch das Lohnniveau werden als prozentualer Anteil an der US-Produktivität und dem US-Lohnniveau ausgedrückt. So betrugen Produktivität und Lohnniveau in Japan 66 bzw. 68 Prozent der US-Werte. Es ist ersichtlich, dass es einen deutlichen, positiven Zusammenhang zwischen Produktivität und Lohniveau gibt. Der Zusammenhang ist aber nicht vollständig. So ist beispielsweise das Lohnniveau in Norwegen höher, als man es anhand des Wertes der Produktivität erwartet hätte. Aber ein einfacher Vergleich des Lohnniveaus führt einen bezüglich der Personalkosten in armen Länder in die Irre: Der Vorteil, der durch das niedrige Lohnniveau entsteht, wird zum großen Teil durch die niedrige Produktivität wieder ausgeglichen.

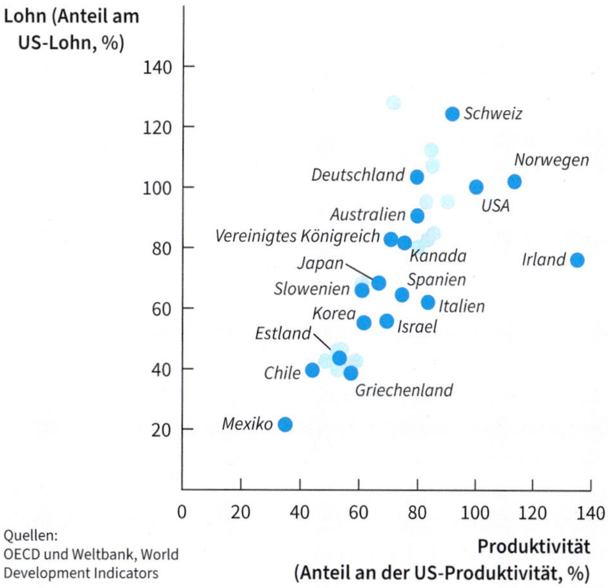

Quellen: OECD und Weltbank, World Development Indicators

ob die Güter, die sie produzieren, ins Ausland exportiert oder auf lokalen Märkten verkauft werden. Eine Tätigkeit, die aus der Perspektive des Standards reicher Länder furchtbar erscheint, kann für eine Person in einem armen Land ein wichtiger Schritt nach vorne sein.

Internationaler Handel, der auf Niedriglohn-Exporten beruht, kann dennoch zu einer Steigerung des Lebensstandards im Exportland führen. Das ist insbesondere für Länder mit einem extrem niedrigen Lohnniveau der Fall. So wären beispielsweise Länder wie Bangladesch deutlich ärmer und die dortige Bevölkerung würde möglicherweise sogar verhungern, wenn sie nicht aufgrund der niedrigen Löhne dazu in der Lage wären, Güter wie Bekleidung zu exportieren.

Ursachen des komparativen Vorteils

Der internationale Handel wird durch den komparativen Vorteil getrieben. Woraus resultiert aber der komparative Vorteil? Ökonomen, die sich mit dem internationalen Handel beschäftigen, verweisen auf drei Hauptquellen für komparative Vorteile: internationale Unterschiede beim *Klima,* internationale Unterschiede bei der *Faktorausstattung* und internationale Unterschiede bei der *Technologie.*

Klimaunterschiede. Ein wesentlicher Grund dafür, dass die Opportunitätskosten der Produktion von Garnelen in Vietnam und Thailand niedriger sind als in den Vereinigten Staaten, ist darin zu sehen, dass Garnelen zum Wachstum warmes Wasser benötigen – in Vietnam gibt es das, in den Vereinigten Staaten aber nicht. Klimaunterschiede stellen auch in vielen anderen Bereichen eine wichtige Ursache für internationalen Handel dar. Tropische Länder exportieren tropische Produkte, wie etwa Kaffee, Zucker und Bananen. Länder in gemäßigten Zonen exportieren Landwirtschaftsprodukte, wie Weizen und Mais. Ein Teil des Handels begründet sich sogar aus den Unterschieden in den Jahreszeiten zwischen nördlicher und südlicher Hemisphäre: Für viele von uns ist der Kauf von chilenischen Weintrauben und neuseeländischen Äpfeln im Winter zu einer ganz normalen Sache geworden.

Unterschiede in der Faktorausstattung. Kanada exportiert in großem Umfang Holz und Holzprodukte wie Zellstoff und Papier in die Vereinigten Staaten. Diese Exporte spiegeln nicht die besonderen Fähigkeiten kanadischer Forstarbeiter wider. Vielmehr verfügt Kanada über einen komparativen Vorteil bei Forstprodukten, weil seine Waldflächen im Verhältnis zur Zahl der Erwerbspersonen viel größer sind als das Verhältnis von Waldflächen zu Erwerbspersonen in den Vereinigten Staaten.

Wälder stellen wie Arbeit und Kapital einen *Produktionsfaktor* dar. Ein Produktionsfaktor ist eine Ressource, die für die Produktion von Waren und Dienstleistungen verwendet wird. (Aus Kapitel 2 wissen wir, dass wir die Produktionsfaktoren Arbeit, Land, Kapital und Humankapital unterscheiden.) Aufgrund der historischen Entwicklung und aufgrund der geografischen Lage unterscheidet sich das Verhältnis der verfügbaren Produktionsfaktoren zwischen verschiedenen Ländern, was eine wichtige Quelle für komparative Vorteile hervorruft. Die Beziehung zwischen komparativem Vorteil und Faktorverfügbarkeit wird in einem wichtigen Modell des internationalen Handels analysiert, dem *Heckscher-Ohlin-Modell*, das von zwei schwedischen Ökonomen in der ersten Hälfte des 20. Jahrhunderts entwickelt wurde.

Zwei Schlüsselkonzepte dieses Modells sind der *Faktorreichtum* und die *Faktorintensität.* Der Begriff Faktorreichtum bezieht sich darauf, wie groß in einem Land das Angebot eines Faktors im Verhältnis zum Angebot anderer Faktoren ist. Der Begriff Faktorintensität bezieht sich auf die Tatsache, dass Produzenten bei der Produktion von unterschiedlichen Gütern unterschiedliche Faktoreinsatzverhältnisse verwenden. So werden beispielsweise bei jedem gegebenen Lohnsatz und jedem gegebenen Mietpreis des Kapitals Ölraffinerien sehr viel mehr Kapital je Arbeitskraft einsetzen als etwa Textilfabriken. Ökonomen verwenden den Begriff der **Faktorintensität**, um diesen Unterschied zwischen verschiedenen Gütern zu beschreiben: Ölraffinerien sind kapitalintensiv, weil sie tendenziell ein hohes Verhältnis Kapital zu Arbeit aufweisen. Die Textilerzeugung ist dagegen vergleichsweise arbeitsintensiv, weil dort tendenziell ein hohes Verhältnis Arbeit zu Kapital anzutreffen ist.

Dem **Heckscher-Ohlin-Modell** zufolge wird ein Land einen komparativen Vorteil bei dem Gut aufweisen, dessen Produktion intensiv in Bezug auf

Die **Faktorintensität** bei der Produktion eines Gutes misst, welcher Faktor in relativ größeren Mengen eingesetzt wird als andere Produktionsfaktoren.

Dem **Heckscher-Ohlin-Modell** zufolge verfügt ein Land über einen komparativen Vorteil bei einem Gut, dessen Produktion eine hohe Intensität des Faktors aufweist, der in diesem Land reichlich vorhanden ist.

den Faktor ist, der in diesem Land reichlich vorhanden ist. Daher wird ein Land, das reichlich über Kapital verfügt, einen komparativen Vorteil bei kapitalintensiven Industrien aufweisen, wie etwa bei der Erdölverarbeitung. Ein Land, das reichlich über Arbeitskräfte verfügt, wird dagegen einen komparativen Vorteil in arbeitsintensiven Industrien aufweisen, wie etwa bei der Textilerzeugung.

Der grundlegende Gedanke, der hinter dieser Beobachtung steht, ist sehr einfach und beruht auf dem Opportunitätskostenkonzept. Die Opportunitätskosten für einen gegebenen Faktor, also der Wert, den dieser Faktor in einer alternativen Verwendung hätte, ist für ein Land gering, wenn es mit diesem Faktor im Überfluss ausgestattet ist. Im Vergleich zu den Vereinigten Staaten oder Deutschland stehen China viele niedrig qualifizierte Arbeitskräfte zur Verfügung. Deshalb sind in China die Opportunitätskosten der Produktion von Gütern, die arbeitsintensiv sind, aber für die eine niedrige Qualifizierung ausreichend ist, niedriger als in den Vereinigten Staaten oder in Deutschland.

Das vielleicht beste Beispiel für die Gültigkeit des Heckscher-Ohlin-Modells ist der Welthandel mit Bekleidung. Bei der Produktion von Bekleidung handelt es sich um eine arbeitsintensive Aktivität: Es wird weder viel physisches Kapital benötigt, noch wird viel Humankapital in Form von gut ausgebildeten Arbeitskräften gebraucht. Daher würde man erwarten, dass Länder, in denen der Faktor Arbeit reichlich vorhanden ist, wie etwa China und Bangladesch, einen komparativen Vorteil in der Textilindustrie aufweisen. Und diese Vermutung trifft auch zu.

Dass der internationale Handel zu einem großen Teil auf Unterschieden in der Faktorausstattung beruht, hilft dabei, eine andere Beobachtung zu erklären, dass nämlich die internationale Spe-

VERTIEFUNG

Zunehmende Skalenerträge und internationaler Handel

Die meisten Analysen des internationalen Handels konzentrieren sich darauf, wie Unterschiede zwischen Ländern (Klima, Faktorausstattung und Technologie) zu nationalen komparativen Vorteilen führen. Ökonomen weisen auf eine weitere mögliche Ursache für internationalen Handel hin: die Bedeutung von zunehmenden Skalenerträgen.

Die Produktion eines Gutes weist zunehmende Skalenerträge auf, falls die Produktivität von Arbeit und anderen Ressourcen mit steigender Produktionsmenge zunimmt. So könnte beispielsweise in einer Industrie, die durch zunehmende Skalenerträge charakterisiert wird, die Erhöhung des Outputs um 10 Prozent nur eine Erhöhung des Arbeitseinsatzes um 8 Prozent und eine Erhöhung des Rohstoffeinsatzes um 9 Prozent erfordern.

Ein Beispiel dafür, wie zunehmende Skalenerträge den internationalen Handel beeinflussen, liefert die Produktion von Großraum-Passagierflugzeugen. Um Großraum-Passagierflugzeuge zusammenzubauen, benötigt man riesige Fabrikhallen. Die Entwicklung eines neuen Passagierflugzeuges setzt zudem große Anfangsinvestitionen im Bereich Forschung und Entwicklung voraus. Aus diesem Grund wird der Bau von Großraum-Passagierflugzeugen durch einige wenige große Produzenten dominiert. Tatsächlich gibt es im Wesentlichen nur zwei Orte, an denen Großraum-Passagierflugzeuge gebaut werden: in der Nähe von Seattle in den Vereinigten Staaten und in Toulouse in Frankreich. Durch die zunehmenden Skalenerträge beim Bau von Großraum-Passagierflugzeugen gibt es in einem erheblichen Umfang internationalen Handel.

Auch die Finanzbranche zeigt, wie der internationale Handel durch zunehmende Skalenerträge vorangetrieben wird. Die Finanzbranche wird durch eine kleine Zahl an sehr großen Finanzinstitutionen dominiert. Für die Finanzinstitutionen ist es von Vorteil, sich am gleichen Ort anzusiedeln, um Transaktionen untereinander zu vereinfachen und außerdem Zugang zu gut ausgebildeten Arbeitskräften zu haben. Aus diesem Grund konzentriert sich die Finanzbranche auf die zwei Finanzplätze New York und London.

Zunehmende Skalenerträge können auch das große Handelsvolumen zwischen Volkswirtschaften mit einer ähnlichen Ausstattung an natürlichen Ressourcen erklären. Lässt man die Waldflächen außer Acht, dann verfügen Kanada und die Vereinigten Staaten über eine ähnliche Ausstattung an Ressourcen und Technologien. Dennoch exportieren beide Länder große Mengen an Industriegütern in das jeweils andere Land. Durch zunehmende Skalenerträge spezialisiert sich jede Volkswirtschaft auf eine bestimmte Auswahl an Gütern und importiert dann die Güter, die nicht im Land hergestellt werden. Zunehmende Skalenerträge spielen vermutlich insbesondere beim Handel von Industriegütern zwischen führenden Volkswirtschaften eine große Rolle. Der Handel mit diesen Gütern macht etwa 25 Prozent des weltweiten Handelsvolumens aus.

zialisierung der Produktion häufig *unvollständig* ist. Unvollständige Spezialisierung bedeutet, dass ein Land das Importgut auch noch in gewissem Umfang im Inland produziert. Ein gutes Beispiel dafür liefert der Handel von Großbritannien mit Erdöl. Großbritannien importiert einen Großteil des Erdöls, das das Land verbraucht. Die Importe kommen hauptsächlich aus Norwegen, ein Land mit großen Ölvorkommen. Großbritannien verfügt aber auch selbst über Ölvorkommen, ist also gleichzeitig ein Ölförderland.

In der Angebots-und-Nachfrage-Analyse des nächsten Abschnitts werden wir die unvollständige Spezialisierung als Normalfall herausarbeiten. An dieser Stelle sollte jedoch betont werden, dass die häufige Beobachtung einer unvollständigen Spezialisierung in keiner Weise unsere Folgerung infrage stellt, dass Handel zu wechselseitigen Gewinnen führt.

Unterschiede in der Technologie. In den 1970er- und 1980er-Jahren wurde Japan zum weltweit größten Exporteur von Automobilen. Der komparative Vorteil Japans bei der Automobilproduktion ist nicht das Ergebnis klimatischer Bedingungen. Dieser komparative Vorteil kann auch nicht einfach

WISSENSCHAFT UND PRAXIS

Wie Hongkong seine Bekleidungsindustrie verlor

Der Aufstieg Hongkongs war eine der unglaublichsten wirtschaftlichen Erfolgsgeschichten des zwanzigsten Jahrhunderts. Als im Jahr 1949 in China ein kommunistisches Regime die Macht übernahm, wurde aus Hongkong, damals noch eine britische Kolonie, praktisch eine Stadt ohne Umland, die weitgehend von wirtschaftlichen Beziehungen mit dem direkt hinter der Grenze liegenden Hoheitsgebiet abgeschnitten war. Da Hongkong bis dahin hauptsächlich davon lebte, als Eingangstor zu China zu dienen, hätte man vermuten können, dass die Stadt nun dahinsiechen würde. Es trat jedoch das genaue Gegenteil ein: Hongkong florierte derart, dass die Stadt, die nun wieder zu China gehört, aber einen speziellen Autonomiestatus besitzt, ein Pro-Kopf-Bruttoinlandsprodukt vorzeigen kann, das mit dem der Vereinigten Staaten vergleichbar ist.

Der größte Teil des Aufstiegs Hongkongs beruhte auf der Bekleidungsindustrie. In der Bekleidungs- und Textilindustrie waren im Jahr 1980 beinahe 450.000 Arbeitnehmer beschäftigt, was fast 20 Prozent der Gesamtbeschäftigung ausmachte. Die Arbeitnehmer stellten überwältigend viel Kleidung wie Hemden, Hosen, Kleider usw. her – für den Export, insbesondere in die Vereinigten Staaten.

In den letzten Jahren ist Hongkongs Textilindustrie jedoch beträchtlich geschrumpft. Tatsächlich ist sie fast vollständig verschwunden, genau wie die Kleidungsexporte aus Hongkong. **Abbildung 8-4** zeigt den prozentualen Anteil Hongkongs an den US-Kleidungsimporten seit 1990. Daneben ist auch der prozentuale Anteil des relativen Neulings in der Branche, Bangladesch, an den US-Importen dargestellt. Wie man sehen kann ist Hongkong mehr oder weniger von der Bildfläche verschwunden, während der Anteil Bangladeschs in den vergangenen Jahren stetig gestiegen ist.

Wieso hat Hongkong seinen komparativen Vorteil bei der Produktion von Hemden, Hosen usw. verloren? Der Grund war nicht, dass die Arbeitnehmer im Bekleidungssektor weniger produktiv geworden sind. Die Stadt ist aber in anderen Bereichen besser geworden. Bei der Produktion von Bekleidung handelt es sich um einen Sektor, der sehr arbeitsintensiv ist, aber ein relativ niedriges Technologieniveau erfordert. Der komparative Vorteil in diesem Industriezweig lag in der Vergangenheit immer bei armen Ländern, in denen der Faktor Arbeit reichlich vorhanden ist. Diese Beschreibung trifft auf Hongkong nicht mehr zu, auf Bangladesch aber schon. Die Textilindustrie Hongkongs fiel also dem Erfolg der Stadt zum Opfer.

Abb. 8-4: Technologieniveau und internationaler Handel

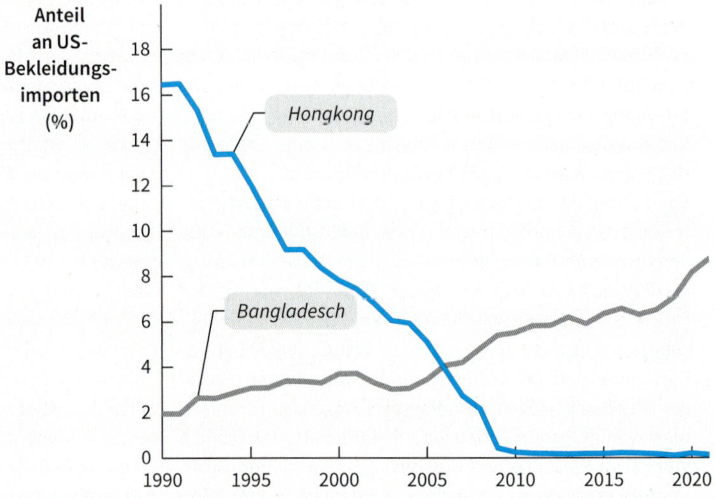

Quelle: U.S. International Trade Administration

auf Unterschiede in der Faktorausstattung zurückgeführt werden: Abgesehen von der Landknappheit ist das Angebot an verfügbaren Faktoren in Japan ganz ähnlich zusammengesetzt wie in anderen entwickelten Ländern. Japans komparativer Vorteil bei der Automobilproduktion basiert vielmehr auf den überlegenen Produktionstechniken, die von den japanischen Herstellern entwickelt wurden. Diese erlauben es Japan, mit einer gegebenen Menge von Arbeit und Kapital mehr Automobile zu produzieren, als es die Europäer und insbesondere die US-Amerikaner können.

Japans komparativer Vorteil bei der Automobilproduktion ist ein Beispiel für einen komparativen Vorteil, der durch technologische Unterschiede hervorgerufen wird.

Die Ursachen für Unterschiede in der Technologie erscheinen etwas rätselhaft. In einigen Fällen basieren sie anscheinend auf Wissensakkumulation durch Erfahrung. So reflektiert beispielsweise der komparative Vorteil der Schweiz bei der Uhrenproduktion eine lange Tradition der Uhrenherstellung. Manchmal sind die Unterschiede in der Technologie auch das Ergebnis einer Reihe von Innovationen, die aus irgendwelchen Gründen in einem Land stattfinden, nicht aber in anderen.

Festzuhalten bleibt, dass technologische Vorteile oft nur vorübergehend bestehen. So haben beispielsweise die europäischen Automobilhersteller einen großen Teil ihres Produktivitätsrückstandes zu ihren japanischen Wettbewerbern aufgeholt. Das gleiche gilt für die Vereinigten Staaten, die den Produktivitätsrückstand durch die Einführung der schlanken Produktion (*Lean Production*) aufholen konnte. Der europäischen Flugzeugindustrie gelang es auch, eine ähnliche Lücke zur US-amerikanischen Luftfahrtindustrie zu schließen. Zu jedem gegebenen Zeitpunkt stellen Unterschiede in der Technologie eine wichtige Ursache für komparative Vorteile dar.

Kurzzusammenfassung

- **Importe** und **Exporte** machen in vielen Ländern einen steigenden Anteil an der Wirtschaft aus.
- Die Zunahme von internationalem Handel und anderen internationalen Verknüpfungen wird **Globalisierung** genannt. Ein enorm hohes Ausmaß an internationalem Handel wird als **Hyperglobalisierung** bezeichnet.
- Der internationale Handel basiert zum großen Teil auf dem Prinzip des komparativen Vorteils. Das **ricardianische Modell des internationalen Handels** zeigt, dass Handel zwischen zwei Ländern beide Länder im Vergleich zur **Autarkie** besser stellt, es gibt also Handelsgewinne.
- Die wichtigsten Ursachen für komparative Vorteile sind internationale Unterschiede bei den klimatischen Bedingungen, bei der Faktorausstattung und bei der Technologie.
- Das **Heckscher-Ohlin-Modell** zeigt, wie aus Unterschieden in der Faktorausstattung komparative Vorteile entstehen können: Güter unterscheiden sich in ihrer **Faktorintensität**, und Länder exportieren tendenziell Güter, die intensiv in den Faktoren sind, die in den jeweiligen Ländern reichlich vorhanden sind.

ÜBERPRÜFEN SIE IHR WISSEN

1. In den Vereinigten Staaten betragen die Opportunitätskosten für eine Tonne Mais 50 Fahrräder. In China betragen die Opportunitätskosten eines Fahrrades 0,01 Tonnen Mais.

a. Bestimmen Sie das Muster des komparativen Vorteils.

b. In der Autarkiesituation können die Vereinigten Staaten 200.000 Fahrräder herstellen, falls kein Mais produziert wird. China kann 3.000 Tonnen Mais produzieren, falls keine Fahrräder hergestellt werden. Zeichnen Sie für jedes Land die Produktionsmöglichkeitenkurve unter der Annahme konstanter Opportunitätskosten. Tragen Sie den Mais an der senkrechten und die Fahrräder an der waagerechten Achse ab.

c. Bei Aufnahme von Außenhandel spezialisiert jedes Land seine Produktion. Die Vereinigten Staaten konsumieren 1.000 Tonnen Mais und 200.000 Fahrräder. China konsumiert 3.000 Tonnen Mais und 100.000 Fahrräder. Zeichnen Sie die Produktions- und Konsumpunkte in Ihr Diagramm ein und verwenden Sie diese, um die Handelsgewinne zu erklären.

2. Erklären Sie die folgenden Handelsmuster unter Verwendung des Heckscher-Ohlin-Modells.

a. Frankreich exportiert Wein in die Vereinigten Staaten und die Vereinigten Staaten exportieren Spielfilme nach Frankreich.

b. Brasilien exportiert Schuhe in die Vereinigten Staaten, die Vereinigten Staaten exportieren Maschinen zur Schuhherstellung nach Brasilien.

8.2 Angebot, Nachfrage und internationaler Handel

Einfache Modelle des komparativen Vorteils sind hilfreich, um die fundamentalen Ursachen für internationalen Handel zu verstehen. Um jedoch die Effekte des internationalen Handels genauer analysieren zu können und um die Bedeutung von Handelspolitik verstehen zu können, ist es sinnvoll, nochmals zum Angebots-Nachfrage-Modell zurückzukehren. Wir beginnen mit der Betrachtung der Wirkungen von Importen auf die heimischen Produzenten und Konsumenten; danach wenden wir uns den Wirkungen von Exporten zu.

Die Wirkungen von Importen

Abbildung 8-5 zeigt den US-Markt für Smartphones, wobei der internationale Handel für einen Moment ignoriert wird. Diese Abbildung führt einige neue Konzepte ein: die *inländische Nachfragekurve,* die *inländische Angebotskurve* und den inländischen Preis bzw. den Autarkiepreis.

Die **inländische Nachfragekurve** zeigt, wie die Menge eines von den Inländern nachgefragten Gutes vom Preis des Gutes abhängt. Warum »inländisch«? Weil Menschen, die in anderen Ländern leben, dieses Gut vielleicht auch nachfragen. Führen wir den internationalen Handel ein, dann müssen wir zwischen den Käufen durch Inländer und den Käufen unterscheiden, die von ausländischen Konsumenten getätigt werden. Die inländische Nachfragekurve reflektiert somit lediglich die Nachfrage der Bewohner des eigenen Landes. Analog zeigt die **inländische Angebotskurve**, wie die von inländischen Produzenten angebotene Menge eines Gutes vom Preis des Gutes abhängt.

Die **inländische Nachfragekurve** zeigt, wie die von den inländischen Konsumenten nachgefragte Menge vom Preis des betrachteten Gutes abhängt.

Der **Weltmarktpreis** eines Gutes ist der Preis, zu dem dieses Gut auf dem Weltmarkt ge- bzw. verkauft werden kann.

Die **inländische Angebotskurve** zeigt, wie die von inländischen Produzenten angebotene Menge vom Preis des betrachteten Gutes abhängt.

Führen wir den internationalen Handel ein, müssen wir zwischen dem Angebot inländischer Produzenten und dem Angebot aus dem Ausland unterscheiden. Bei Autarkie würde das Gleichgewicht auf dem betrachteten Markt durch den Schnittpunkt von inländischer Nachfrage und inländischem Angebot bestimmt (Punkt *A*). Der Gleichgewichtspreis würde P_A, die Gleichgewichtsmenge Q_A betragen. Wie auf jedem anderen Markt auch würden sowohl Konsumenten als auch Produzenten von der Existenz dieses inländischen Marktes profitieren. Die Konsumentenrente wäre gleich der blauen Dreiecksfläche in Abbildung 8-5. Die Produzentenrente wäre gleich der grauen Dreiecksfläche. Die gesamte Rente wäre gleich der Summe dieser beiden Dreiecke.

Nun wollen wir überlegen, was passiert, wenn dieser Markt für Importe geöffnet wird. Dafür müssen wir einige Annahmen über das Importangebot treffen. Die einfachste Annahme, auf die wir hier auch zurückgreifen wollen, ist die, dass Smartphones in unbegrenzter Menge im Ausland zu einem festen Preis gekauft werden können, den wir als **Weltmarktpreis** für Smartphones bezeichnen wollen. **Abbildung 8-6** zeigt eine Situation, in der der Weltmarktpreis für Smartphones P_W niedriger ist als der Preis für Smartphones, der auf dem inländischen Markt in der Autarkiesituation herrschen würde (P_A).

Liegt der Weltmarktpreis für Smartphones unter dem inländischen Preis für Smartphones, lohnt es sich für Importeure, Smartphones im Ausland zu kaufen und sie im Inland weiterzuver-

Abb. 8-5

Konsumentenrente und Produzentenrente bei Autarkie

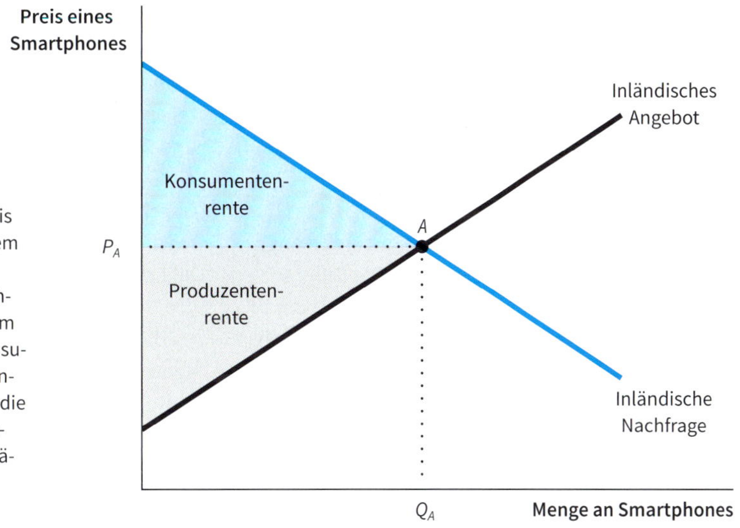

Vor Aufnahme des Handels beträgt der inländische Preis P_A, der Autarkiepreis, bei dem sich inländische Angebotskurve und inländische Nachfragekurve schneiden. Die im Inland produzierte und konsumierte Menge ist Q_A. Die Konsumentenrente wird durch die blaue Fläche, die Produzentenrente durch die graue Fläche beschrieben.

Abb. 8-6

Der inländische Markt bei Importen

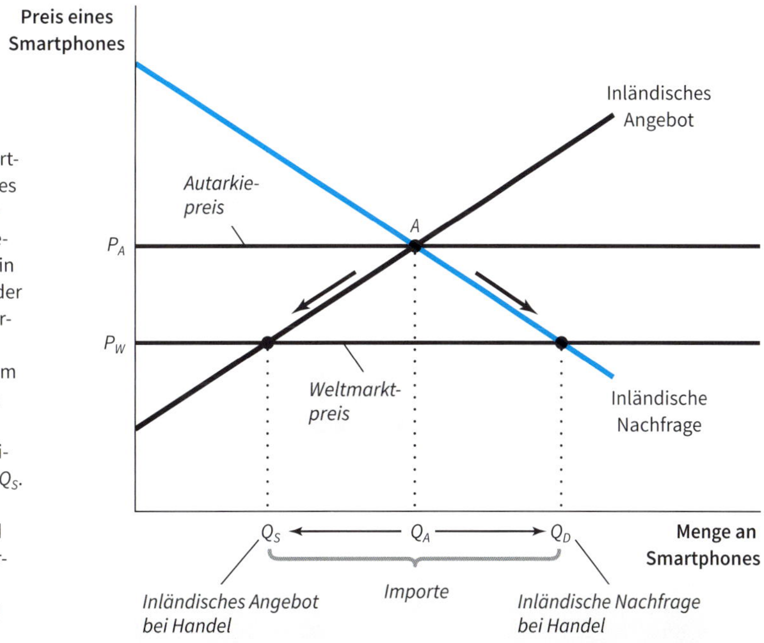

Der Weltmarktpreis für Smartphones P_W liegt unterhalb des Autarkiepreises P_A. Wird der internationale Handel aufgenommen, strömen Importe in den heimischen Markt und der Inlandspreis sinkt vom Autarkieniveau P_A auf den Weltmarktpreis P_W. Mit sinkendem Preis nimmt die inländische Nachfrage von Q_A auf Q_D zu. Gleichzeitig sinkt die inländische Produktion von Q_A auf Q_S. Die Differenz zwischen der inländischen Nachfrage und dem zum Preis P_W produzierten inländischen Angebot, also die Menge $Q_D - Q_S$, wird durch Importe gedeckt.

kaufen. Die importierten Smartphones erhöhen das Smartphones-Angebot auf dem heimischen Markt, wodurch der Preis im Inland sinkt. Es werden so lange weitere Smartphones importiert, bis der inländische Preis auf das Niveau des Weltmarktpreises abgesunken ist.

Das Ergebnis dieses Anpassungsprozesses wird in Abbildung 8-6 gezeigt. Wegen der Importe sinkt der inländische Preis für Smartphones von P_A auf P_W. Die von inländischen Konsumenten nachgefragte Smartphones-Menge erhöht sich von Q_A auf Q_D, und die von inländischen Produzenten angebotene Menge sinkt von Q_A auf Q_S. Die Differenz zwischen der inländischen Nachfrage und der im Inland produzierten Menge ($Q_D - Q_S$) wird durch Importe gedeckt.

Wenden wir uns nun den Wirkungen der Importe auf Konsumentenrente und Produzentenrente zu. Weil die Importe von Smartphones zu einem Rückgang ihres Preises im Inland führen, nimmt die Konsumentenrente zu, während die Produzentenrente sinkt. **Abbildung 8-7** zeigt, wie dies funktioniert. Dort sind vier Flächen mit den Buchstaben *W*, *X*, *Y* und *Z* bezeichnet. Die Konsumentenrente bei Autarkie, die wir in Abbildung 8-5 kennengelernt haben, korrespondiert mit der Fläche *W*. Die Produzentenrente in der Autarkiesituation wird durch die Summe der Flächen *X* und *Y* widergespiegelt. Das Absinken des inländischen Preises auf den Weltmarktpreis führt zu einer Erhöhung der Konsumentenrente um die Flächen *X* und *Z*, sodass die Konsumentenrente nunmehr der Summe der Flächen *W*, *X* und *Z* entspricht. Gleichzeitig sinkt die Produzentenrente um die Fläche *X*, sodass nach Aufnahme des Handels lediglich eine Produzentenrente verbleibt, die durch die Fläche *Y* beschrieben wird.

Die Tabelle in Abbildung 8-7 fasst die Änderungen von Konsumentenrente und Produzentenrente bei Öffnung des Marktes für Smartphones für Importe zusammen. Die Konsumenten gewinnen eine zusätzliche Rente in Höhe der Fläche *X* + *Z*. Die Produzenten verlieren in Höhe der Fläche *X* an Rente. Die Summe aus Produzentenrente und Konsumentenrente, die gesamte Rente, die auf dem Smartphones-Markt entsteht, erhöht sich

Abb. 8-7

Die Wirkungen von Importen auf die Renten

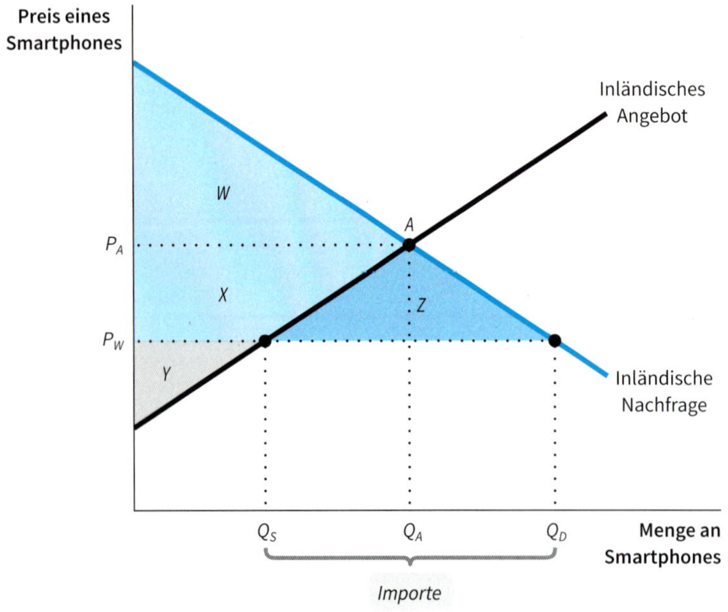

	Veränderung der Rente	
	Gewinn	**Verlust**
Konsumentenrente	$X + Z$	
Produzentenrente		$-X$
Veränderung der Gesamtrente	$+Z$	

Sinkt als Ergebnis des internationalen Handels der inländische Preis auf P_W, erhöht sich die Konsumentenrente um die Flächen *X* und *Z*, während die Produzentenrente um die Fläche *X* sinkt. Weil die Gewinne der Konsumenten die Verluste der Produzenten mehr als ausgleichen, erhöht sich die gesamte Rente der Volkswirtschaft um die Fläche *Z*.

um die Fläche *Z*. Infolge des Handels verbessert sich also die Situation der Konsumenten, während sich die Situation der Produzenten verschlechtert, wobei aber der Gewinn der Konsumenten den Verlust der Produzenten übersteigt.

Dies ist ein wichtiges Ergebnis. Wir haben gerade gezeigt, dass die Öffnung eines Marktes für Importe zu einem Nettozuwachs der Gesamtrente führt. Nach unserer Behauptung, dass internationaler Handel zu Gewinnen führt, sollten wir das aber eigentlich auch erwartet haben.

Wir haben aber auch gesehen, dass, obwohl das Land insgesamt einen Vorteil hat, einige Gruppen – in unserem Fall die inländischen Smartphones-Produzenten – infolge des internationalen Handels Nachteile erleiden. Wie wir schon bald sehen werden, ist die Tatsache, dass internationaler Handel typischerweise sowohl Verlierer als auch Gewinner schafft, von zentraler Bedeutung für das Verstehen der Diskussion um die Handelspolitik.

Im nächsten Schritt wollen wir uns mit dem Fall beschäftigen, in dem ein Land ein Gut exportiert.

Die Wirkungen von Exporten

Abbildung 8-8 zeigt die Wirkungen, die im Inland auftreten, wenn es ein Gut exportiert, in unserem Fall Lastkraftwagen. Im betrachteten Beispiel nehmen wir an, dass unbegrenzte Mengen an Lastkraftwagen zum gegebenen Weltmarktpreis P_W im Ausland abgesetzt werden können. Der Weltmarktpreis liegt über dem Niveau, das auf dem heimischen Markt bei Autarkie herrschen würde (P_A).

Für Exporteure ist es bei diesem Weltmarktpreis profitabel, im Inland Lastkraftwagen zu kaufen und diese im Ausland zu verkaufen. Der Kauf von im Inland erzeugten Lastkraftwagen führt so lange zu einem Anstieg des inländischen Preises, bis der Inlandspreis mit dem Weltmarktpreis übereinstimmt. Im Ergebnis sinkt die von den inländischen Konsumenten nachgefragte Menge von Q_A auf Q_D, und die von heimischen Produzenten angebotene Menge steigt von Q_A auf Q_S. Die Differenz zwischen heimischer Produktion und heimischem Konsum ($Q_S - Q_D$) wird exportiert.

Abb. 8-8

Der inländische Markt bei Exporten

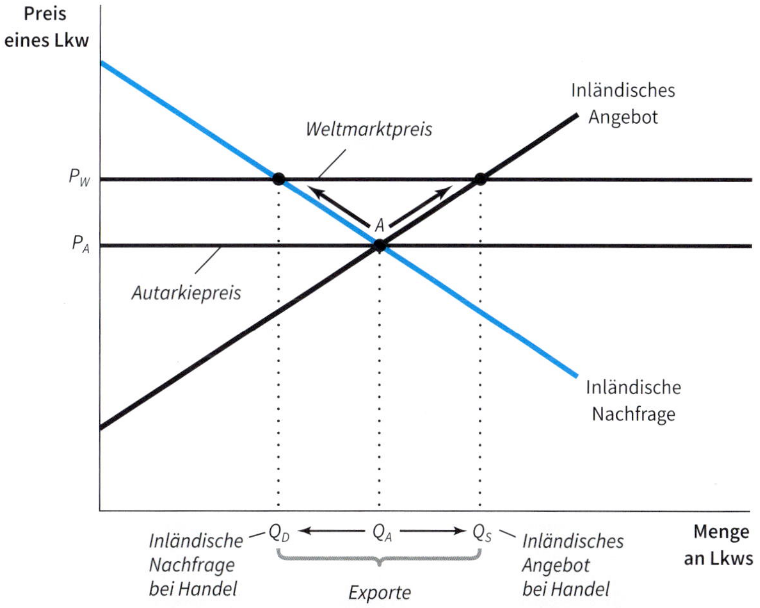

In dieser Abbildung wird angenommen, dass der Weltmarktpreis P_W über dem Autarkiepreis P_A liegt. Nach Aufnahme des internationalen Handels wird ein Teil des heimischen Angebotes exportiert. Der inländische Preis steigt vom Autarkieniveau P_A auf den Weltmarktpreis P_W. Mit steigendem Preis geht die heimische Nachfrage von Q_A auf Q_D zurück und die inländische Produktion steigt von Q_A auf Q_S. Der verbleibende Teil der heimischen Produktion ($Q_S - Q_D$) wird exportiert.

Abb. 8-9

Die Wirkungen des Exports auf die Renten

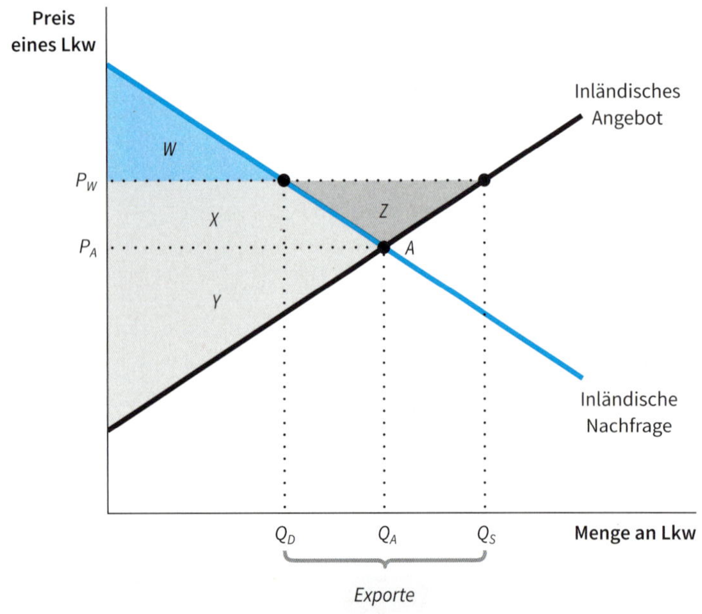

	Veränderung der Rente	
	Gewinn	Verlust
Konsumentenrente		$-X$
Produzentenrente	$X + Z$	
Veränderung der Gesamtrente	$+Z$	

Steigt der heimische Preis als Ergebnis des internationalen Handels auf P_W, erhalten die Produzenten eine zusätzliche Rente in Höhe von $X + Z$. Die Konsumentenrente verringert sich jedoch um die Fläche X. Weil die Gewinne der Produzenten größer sind als die Verluste der Konsumenten, steigt die gesamte Rente in der Volkswirtschaft um die Fläche Z an.

Genau wie Importe führen auch Exporte insgesamt zu einem Anstieg der Gesamtrente des Exportlandes, allerdings gibt es auch jetzt Verlierer und Gewinner. **Abbildung 8-9** zeigt die Wirkungen der Lastkraftwagenexporte auf Produzenten- und Konsumentenrente. Ohne Handel würde der Preis für Lastkraftwagen P_A betragen. Die Konsumentenrente bei Autarkie ergibt sich als Summe der Flächen W und X; die Produzentenrente entspricht der Fläche Y. Aufgrund des internationalen Handels steigt der Preis von P_A auf P_W. Dies führt zu einem Rückgang der Konsumentenrente auf W und einen Anstieg der Produzentenrente auf $Y + X + Z$. Die Produzenten verbessern sich also um $X + Z$, während die Konsumenten sich um X verschlechtern. Wie auch die zu Abbildung 8-9 gehörende Tabelle verdeutlicht, entsteht für die Volkswirtschaft insgesamt ein Anstieg der Rente um den Betrag Z.

Fassen wir das Ergebnis unserer Überlegung noch einmal kurz zusammen: Der Import eines bestimmten Gutes führt zu einer Verschlechterung der Position der inländischen Produzenten dieses Gutes, aber zu einer Verbesserung der Position der inländischen Konsumenten. Der Export eines bestimmten Gutes führt dagegen zu einer Verschlechterung der Position der inländischen Konsumenten, aber zu einer Verbesserung der Situation der inländischen Produzenten dieses Gutes. In beiden Fällen übersteigen die Gewinne die Verluste.

Internationaler Handel und Löhne

Bislang haben wir uns auf die Wirkungen konzentriert, die der internationale Handel auf Produzenten und Konsumenten in einer bestimmten Industrie ausübt. Für viele Zwecke ist dies ein sehr hilfreicher Ansatz. Produzenten und Konsumenten sind jedoch nicht die einzigen Teile der Gesellschaft, auf die sich der internationale Handel auswirkt. Auch Eigentümer von Produktionsfaktoren sind betroffen. Die Eigentümer der Produktionsfaktoren Land, Arbeit und Kapital, die für die Produktion von Exportgütern bzw. die Produktion von Gütern, die mit Importgütern konkurrieren, benötigt werden, können besonders stark durch den internationalen Handel beeinträchtigt werden.

Darüber hinaus beschränken sich die Auswirkungen von internationalem Handel nicht nur auf die Industrien, die Exportgüter bzw. Güter, die mit Importgütern konkurrieren, herstellen, weil die Produktionsfaktoren oft zwischen den Industrien wandern. Wir wenden uns deshalb nun den langfristigen Auswirkungen des internationalen Handels auf die Einkommensverteilung zu, die Verteilung des Gesamteinkommens eines Landes auf die unterschiedlichen Produktionsfaktoren.

Wir beginnen unsere Analyse damit, dass wir uns die Situation von Maria anschauen, die zunächst als Buchhalterin in einer Branche beschäftigt ist, die aufgrund des wachsenden internationalen Handels mit wirtschaftlichen Problemen zu kämpfen hat. Nehmen wir beispielsweise an, Maria arbeitet für ein Unternehmen in der Bekleidungsbranche. In der Vergangenheit hatte die Bekleidungsbranche in den Vereinigten Staaten mehrere Millionen Beschäftigte. Mittlerweile ist die Anzahl der Beschäftigten als Folge der gestiegenen Importe aus Niedriglohnländern stark gesunken. Maria wird sicherlich einen neuen Job in einer anderen Branche finden, z. B. im Gesundheitswesen, das in den letzten Jahren stark gewachsen ist. Aber wie wird sich dieser Wechsel auf ihr Einkommen auswirken?

Wahrscheinlich gar nicht. Nach Angaben des *U. S. Bureau of Labor Statistics* verdienen Buchhalter im Gesundheitswesen ungefähr den gleichen Betrag wie in der Bekleidungsbranche, rund 65.000 Dollar im Jahr. Wir sollten uns Maria also nicht als Bekleidungsproduzent vorstellen, der durch Konkurrenz von billigen Importen aus dem Ausland unter Druck steht, sondern als gut ausgebildete Arbeitskraft mit besonderen Fähigkeiten, die von den Importen betroffen ist. Und dabei geht es in erster Linie um die Frage, inwieweit sich die Importe auf die Entlohnung von Buchhaltern in der gesamten Volkswirtschaft auswirken.

Der für Buchhalter geltende Lohnsatz ist ein *Faktorpreis*, der Preis, den Arbeitgeber für die Leistung eines Produktionsfaktors zahlen muss. Eine Schlüsselfrage des internationalen Handels lautet deshalb, welche Auswirkungen der Handel auf Faktorpreise hat. Es werden nicht nur Produktionsfaktoren im engeren Sinne betrachtet, wie beispielsweise Buchhalter, sondern es werden auch Produktionsfaktoren im weiteren Sinne betrachtet, wie Kapital, ungelernte Arbeitskräfte oder Arbeitskräfte mit Universitätsabschluss.

Weiter oben in diesem Kapitel haben wir das Heckscher-Ohlin-Modell des Handels beschrieben, das besagt, dass der komparative Vorteil durch die Faktorausstattung eines Landes bestimmt wird. Dieses Modell legt auch eine Vermutung nahe, wie sich der internationale Handel auf die Faktorpreise eines Landes auswirkt: Im Vergleich zur Autarkiesituation führt internationaler Handel tendenziell zu einem Anstieg des Preises der Faktoren, die reichlich verfügbar sind, und zu einem Rückgang der Preise von Faktoren, die knapp sind.

Wir wollen diese Überlegung nicht im Einzelnen verfolgen, der grundlegende Gedanke ist jedoch intuitiv einleuchtend. Die Preise von Produktionsfaktoren, genau wie die Preise für Waren und Dienstleistungen, werden durch Angebot und Nachfrage bestimmt. Wenn die Nachfrage nach einem Produktionsfaktor aufgrund des internationalen Handels steigt, steigt der Preis dieses Faktors. Wenn die Nachfrage nach einem Produktionsfaktor aufgrund des internationalen Handels fällt, sinkt der Preis dieses Faktors.

Wir stellen uns nun vor, dass es in einem Land zwei Arten von Branchen gibt: **Exportbranchen**, deren Produkte im Ausland verkauft werden, und im **Importwettbewerb** stehende Branchen, die Produkte herstellen, die auch importiert werden. Im Vergleich zur Autarkiesituation führt der internationale Handel zu einer höheren Produktion in der Exportindustrie und zu einer niedrigeren Produktion der Industrien, die dem Importwettbewerb ausgesetzt sind. Dies führt indirekt zu einer Erhöhung der Nachfrage nach den Faktoren, die in den Exportindustrien eingesetzt werden. Gleichzeitig sinkt die Nachfrage nach Faktoren, die von den Industrien eingesetzt werden, die einem Importwettbewerb ausgesetzt sind. Weiter sagt uns das Heckscher-Ohlin-Modell, dass ein Land tendenziell die Güter exportiert, für deren Erzeugung viel von den reichlich vorhandenen Faktoren eingesetzt werden muss. Gleichzeitig werden tendenziell die Güter importiert, für deren Produktion relativ viel von den knappen Faktoren eingesetzt werden muss. *Aus Sicht des Inlandes betrachtet führt der internationale Handel tendenziell also zu einer Erhöhung der Nachfrage nach Faktoren, die im Inland im Vergleich zu anderen*

Exportbranchen produzieren Güter, die im Ausland verkauft werden.

Branchen, die dem **Importwettbewerb** unterliegen, produzieren Güter, die auch importiert werden.

Ländern relativ reichlich vorhanden sind, und zu einer Abnahme der Nachfrage nach Faktoren, die im Inland im Vergleich zu anderen Ländern relativ knapp sind. Dies wiederum hat zur Folge, dass die Preise der reichlich vorhandenen Faktoren tendenziell steigen, während die Preise der relativ knappen Faktoren tendenziell sinken.

Anders formuliert führt internationaler Handel tendenziell zu einer Umverteilung des Einkommens weg von den relativ knappen Faktoren, hin zu den relativ reichlich vorhandenen Faktoren. US-Exporte sind tendenziell humankapitalintensiv, während die US-Importe tendenziell intensiv in ungelernter Arbeit sind (beispielsweise der Zusammenbau von Mobiltelefonen oder die Produktion von Bekleidung). Diese Beobachtung führt zu dem Schluss, dass die Wirkungen des internationalen Handels auf die US-amerikanischen Faktormärkte vor allem darin bestehen, dass der Lohnsatz für gut ausgebildete Arbeitnehmer steigt, während der Lohnsatz für ungelernte Arbeitnehmer sinkt.

Dieser Effekt wird in den Vereinigten Staaten mit einer gewissen Besorgnis betrachtet. Die Lohnungleichheit – der Abstand zwischen den Löhnen von hoch bezahlten und gering bezahlten

WISSENSCHAFT UND PRAXIS

Steigende Importe aus China

Wenn Sie in den Vereinigten Staaten bei Walmart oder in einem anderen Supermarkt einkaufen gehen und auf die Etiketten der Produkte schauen, dann hat es den Anschein, also ob dort überall »Made in China« steht. Das täuscht natürlich, aber in der Tat kaufen die Vereinigten Staaten viele Güter aus China ein. Rund ein Viertel aller US-amerikanischen Importe kommt aus China.

Das war nicht immer so. Obwohl die Einfuhr von Gütern aus China stetig zugenommen hat, lagen die Importe bis Ende der 1990er-Jahre auf einem vergleichsweise niedrigen Niveau. Erst danach kam es zu einem deutlichen Anstieg. Im Jahr 2000 machten Importe aus China noch weniger als 1 Prozent des gesamtwirtschaftlichen Einkommens in den Vereinigten Staaten aus. Im Jahr 2007 waren es dann schon mehr als 2 Prozent. Danach flachte das Wachstum der Einfuhren aus China ab. Der sprunghafte Anstieg der Importe ging mit strukturellen Verschiebungen in der Weltwirtschaft einher. Es kam insbesondere im Produktions- und Transportbereich zu einem Technologietransfer aus den hoch entwickelten Volkswirtschaften nach China. Aber auch auf die Aufnahme Chinas in die Welthandelsorganisation WTO (World Trade Organization) begünstigte die starke Ausweitung des chinesischen Außenhandels mit den Vereinigten Staaten und Europa.

Durch internationalen Handel gibt es Gewinner und Verlierer. Zu den Gewinnern in diesem Fall zählten die US-amerikanischen Verbraucher, die für viele Güter weniger bezahlen mussten. So fielen z. B. die Preise für Bekleidung um rund 10 Prozent, während die Verbraucherpreise insgesamt um 25 Prozent nach oben gingen. Für einige Branchen der US-amerikanischen Volkswirtschaft aber führte der starke Anstieg der Importe aus China zu erheblichen Problemen. Die einheimischen Produzenten von Bekleidung, Möbeln und einigen elektronischen Geräten waren plötzlich einem starken Wettbewerb ausgesetzt. Diese Unternehmen mussten Absatzeinbußen hinnehmen, Produktionsanlagen schließen und Arbeitskräfte entlassen.

Mehrere Studien kommen zu dem Ergebnis, dass in den Vereinigten Staaten bis zu 1 Million Arbeitsplätze im Produzierenden Gewerbe verloren gegangen sind. Aus diesem Grund wurde für den rasanten Anstieg der Importe aus China auch der Begriff »China Shock« geprägt. Diese Arbeitsplatzverluste wurden allerdings durch neue Arbeitsplätze in anderen Branchen überkompensiert. Insgesamt nahm die Zahl der Erwerbstätigen in den Vereinigten Staaten im Zeitraum 2000–2007 um 5 Millionen Personen zu. Allerdings fand der Beschäftigungszuwachs nicht in den Regionen des Landes statt, die vorher durch den Verlust von Arbeitsplätzen betroffen waren. So gab es einige Regionen, in denen die Beschäftigung deutlich sank.

Durch die steigenden Importe aus China sind in der US-amerikanischen Möbelindustrie zwischen 2000 und 2007 wahrscheinlich rund 150.000 Arbeitsplätze verloren gegangen, während die Beschäftigung landesweit zunahm. In Relation zur US-amerikanischen Volkswirtschaft insgesamt war der Arbeitsplatzverlust in der Möbelindustrie keine große Sache. Selbst in wirtschaftlich guten Zeiten werden in jedem Monat fast 2 Millionen Arbeitskräfte entlassen (und finden anschließend einen neuen Job). Für Städte wie Hickory im US-Bundesstaat North Carolina, in der jeder sechste Beschäftigte in der Möbelindustrie tätig war, hatte diese Entwicklung jedoch verheerende Auswirkungen. Hier verloren nicht nur die Beschäftigten der Möbelindustrie ihren Arbeitsplatz, sondern auch Beschäftigte in anderen Branchen, da die Menschen durch den Verlust ihres Arbeitsplatzes ihre Ausgaben einschränkten. Die Zahl der Erwerbstätigen ging in Hickory um mehr als 12 Prozent zurück und ist auch nach diesem Rückgang nicht wieder signifikant angestiegen, im Unterschied zur US-amerikanischen Volkswirtschaft insgesamt.

Arbeitkräften – hat sich während der letzten 30 Jahre deutlich erhöht. Einige Ökonomen glauben, dass der zunehmende internationale Handel bei diesem Trend eine wichtige Rolle spielt. Weist der internationale Handel die Wirkungen auf, die vom Heckscher-Ohlin-Modell vorhergesagt werden, dann erhöht er die Löhne der gut ausgebildeten Arbeitskräfte, die ohnehin schon relativ hoch bezahlt werden, und verringert die Löhne der schlechter ausgebildeten Arbeitskräfte, deren Löhne ohnehin schon relativ niedrig sind.

Beachten Sie aber auch, dass internationaler Handel die Ungleichheit zwischen Ländern reduziert, da der Lebensstandard in armen Ländern durch den Export von Gütern in reiche Länder steigt.

Die Auswirkungen des Handels auf die Löhne haben in den Vereinigten Staaten in jüngerer Zeit recht heftige Kontroversen hervorgerufen. Die meisten Ökonomen, die sich mit dieser Frage beschäftigt haben, stimmen darin überein, dass zunehmende Importe von arbeitsintensiven Produkten aus den Schwellenländern und der im Gegenzug erfolgende Export von Hochtechnologiegütern dazu beigetragen haben, das Lohndifferenzial zwischen gut ausgebildeten und schlecht ausgebildeten Arbeitnehmern zu vergrößern. Die meisten Ökonomen sind jedoch davon überzeugt, dass es sich dabei lediglich um eine von vielen Kräften handelt, die die zunehmende Lohnungleichheit erklärt.

Kurzzusammenfassung

- Der Schnittpunkt der **inländischen Nachfragekurve** und der **inländischen Angebotskurve** bestimmt den Autarkiepreis eines Gutes. Wird der betreffende Markt für den internationalen Handel geöffnet, bewegt sich der inländische Preis auf den **Weltmarktpreis** zu.
- Liegt der Weltmarktpreis unterhalb des Autarkiepreises, führt die Aufnahme des Handels zu Importen und der heimische Preis sinkt auf das Niveau des Weltmarktpreises. Insgesamt entsteht ein Handelsgewinn, weil die Zunahme der Konsumentenrente den Rückgang der Produzentenrente überkompensiert.
- Liegt der Weltmarktpreis oberhalb des Autarkiepreises, führt die Aufnahme des Handels zu Exporten und der heimische Preis steigt auf das Niveau des Weltmarktpreises. Insgesamt entsteht ein Handelsgewinn, weil der Anstieg der Produzentenrente den Rückgang der Konsumentenrente überkompensiert.
- Der Handel führt zu einer Expansion in der **Exportindustrie**, die mit einem Anstieg der Nachfrage nach dem im Inland reichlich vorhandenen Faktor verbunden ist. Gleichzeitig führt der Handel aber auch zu einer Kontraktion der Industrien, die sich nun einem **Importwettbewerb** ausgesetzt sehen. Diese Kontraktion ist mit einem Rückgang der Nachfrage nach den im Inland knappen Faktoren verbunden.

ÜBERPRÜFEN SIE IHR WISSEN

1. Aufgrund eines Lastwagenfahrerstreiks wird der Handel von Nahrungsmitteln zwischen den Vereinigten Staaten und Mexiko unterbrochen. In der Autarkiesituation ist der Preis für mexikanische Weintrauben geringer als der für US-amerikanische Trauben. Erläutern Sie die Auswirkungen der Handelsunterbrechung anhand eines Diagramms, das die inländische Nachfragekurve und die inländische Angebotskurve für Weintrauben der Vereinigten Staaten zeigt, in Bezug auf folgende Größen:

a. Konsumentenrente

b. Produzentenrente

c. Gesamtrente.

2. Welche Wirkungen haben die in Aufgabe 1 beschriebenen Ereignisse auf die mexikanischen Weintraubenproduzenten? Welche Auswirkungen haben sie auf die in der Weinlese in Mexiko Beschäftigten? Welche Auswirkungen haben sie auf die mexikanischen Konsumenten? Welche Auswirkungen haben sie auf die in den Vereinigten Staaten mit der Weinlese Beschäftigten?

8.3 Die Wirkungen von Handelsprotektionismus

Eine Wirtschaft ist durch **Freihandel** charakterisiert, wenn die Regierung nicht versucht, Exporte und Importe über oder unter das Niveau zu treiben, das sich aufgrund der Marktkräfte im Zusammenspiel von Angebot und Nachfrage einstellen würde.

Eine Steuer, die auf Importe erhoben wird, bezeichnet man als **Zoll**.

Politikmaßnahmen, die auf eine Begrenzung der Importe abzielen, werden als **Handelsprotektionismus** oder einfach als **Protektionismus** bezeichnet.

Seit David Ricardo im frühen 19. Jahrhundert das Prinzip des komparativen Vorteils in die Literatur eingeführt hat, haben sich die meisten Ökonomen für **Freihandel** ausgesprochen. Freihandel bedeutet, dass die Politik nicht versuchen sollte, die Höhe von Exporten und Importen über oder unter das Niveau zu treiben, das sich am Markt als Resultat von Angebot und Nachfrage bildet. Trotz der Freihandelsargumente der Ökonomen greifen viele Regierungen auf Steuern oder ähnliche Restriktionen zurück, um Importe zu begrenzen. Ein anderer Eingriff in den Freihandel, der allerdings sehr viel seltener zu beobachten ist, besteht in Subventionen, mit denen Exporte gefördert werden sollen. Politikmaßnahmen zur Begrenzung der Importe werden gewöhnlich mit dem Ziel ergriffen, die inländischen Industrien, die sich einem Importwettbewerb ausgesetzt sehen, vor den ausländischen Wettbewerbern zu schützen. Diese auf den Schutz inländischer Produzenten gerichtete Politik wird als **Handelsprotektionismus** oder einfach als **Protektionismus** bezeichnet.

Schauen wir uns im Folgenden kurz die beiden am häufigsten anzutreffenden protektionistischen Politikmaßnahmen an, nämlich *Zölle* und *Importquoten*. Anschließend wollen wir uns mit der Frage beschäftigen, warum Regierungen zu diesen Politikmaßnahmen greifen.

Die Wirkungen eines Zolls

Als **Zoll** wird eine Abgabe oder Steuer bezeichnet, die im grenzüberschreitenden Warenverkehr mit Drittländern zu entrichten ist. Ein Importzoll stellt eine Mengensteuer dar, die auf Importgüter erhoben wird. So könnte beispielsweise die amerikanische Regierung festlegen, dass jeder, der Smartphones aus China in die Vereinigten Staaten bringt, einen Zoll von 100 Dollar pro Smartphone bezahlen muss. In der weiter zurückliegenden Vergangenheit stellten Zölle eine wichtige Quelle der Staatsfinanzierung dar, weil sie relativ einfach

Abb. 8-10

Die Wirkungen eines Zolls

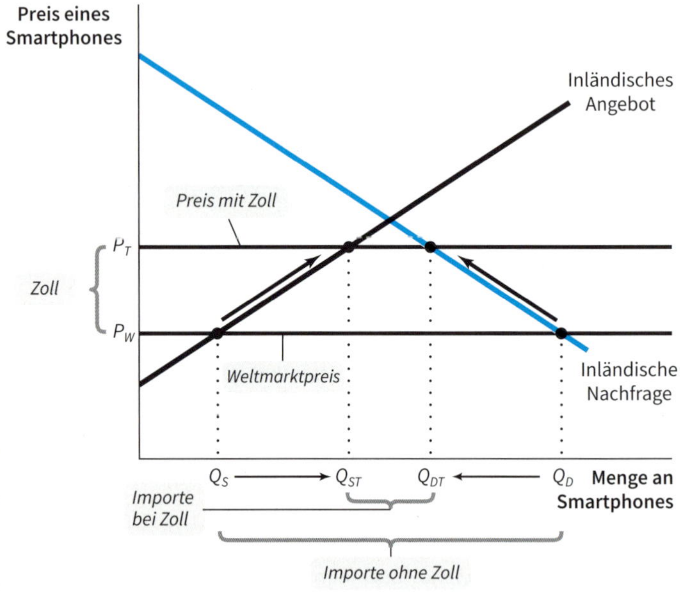

Ein Zoll erhöht den inländischen Preis für das Gut von P_W auf P_T. Die inländische Nachfragemenge sinkt von Q_D auf Q_{DT} und das inländische Angebot steigt von Q_S auf Q_{ST}. Als Folge sinken die Importe, die vor der Zollerhebung gleich der Differenz $Q_D - Q_S$ waren, nach der Zollerhebung auf die Differenz $Q_{DT} - Q_{ST}$.

zu erheben waren. Heute haben Zölle dagegen meistens die Zielsetzung, Importe zu erschweren und die im Importwettbewerb stehende heimische Industrie zu schützen.

Ein Zoll führt sowohl zu einer Erhöhung des Preises, den die inländischen Produzenten erhalten, als auch zu einer Erhöhung des Preises, der von den inländischen Konsumenten zu bezahlen ist. Nehmen wir beispielsweise an, dass unser Land Smartphones importiert und ein Smartphone am Weltmarkt für 200 Dollar erhältlich ist. Wie wir früher gesehen haben, würde sich bei Freihandel ein inländischer Preis von ebenfalls 200 Dollar ergeben. Wird jedoch ein Zoll von 100 Dollar pro Smartphone erhoben, erhöht sich der inländische Preis auf 300 Dollar. Es wäre nicht länger profitabel, Smartphones zu importieren, es sei denn, der Preis im Inland wäre hoch genug, um die Importeure für die Kosten des Zolls zu entschädigen.

Abbildung 8-10 illustriert die Wirkungen eines Zolls auf den Import von Smartphones. Wie bisher gehen wir davon aus, dass P_W den Weltmarktpreis für Smartphones bezeichnet. Bevor der Zoll erhoben wird, haben die Importe den Inlandspreis auf P_W abgesenkt, sodass die Produktion vor Zollerhebung Q_S beträgt. Der Konsum vor Zollerhebung beträgt Q_D und die Importe vor Zollerhebung haben eine Höhe von $Q_D - Q_S$.

Nun sei angenommen, dass die Regierung auf jedes importierte Smartphone einen Zoll erhebt. Aufgrund der Zollerhebung ist es nicht länger profitabel, Smartphones zu importieren, es sei denn, dass der im Inland durch den Importeur erzielbare Preis größer oder gleich dem Weltmarktpreis *zuzüglich* des Zolls ist. Der Inlandspreis steigt daher auf P_T, ein Niveau, das dem Weltmarktpreis P_W plus dem Zoll entspricht. Die inländische Produktion steigt auf Q_{ST}, der inländische Konsum sinkt auf Q_{DT} und die Importe vermindern sich auf die Differenz $Q_{DT} - Q_{ST}$.

Ein Zoll führt also im Vergleich zur Freihandelssituation zu einem Anstieg der inländischen Preise, einer Erhöhung der inländischen Produktion und einer Verringerung des inländischen Konsums. **Abbildung 8-11** zeigt, wie sich dies auf die Renten der Volkswirtschaft auswirkt. Es gibt drei Effekte.

Abb. 8-11

Ein Zoll verringert die Wohlfahrt

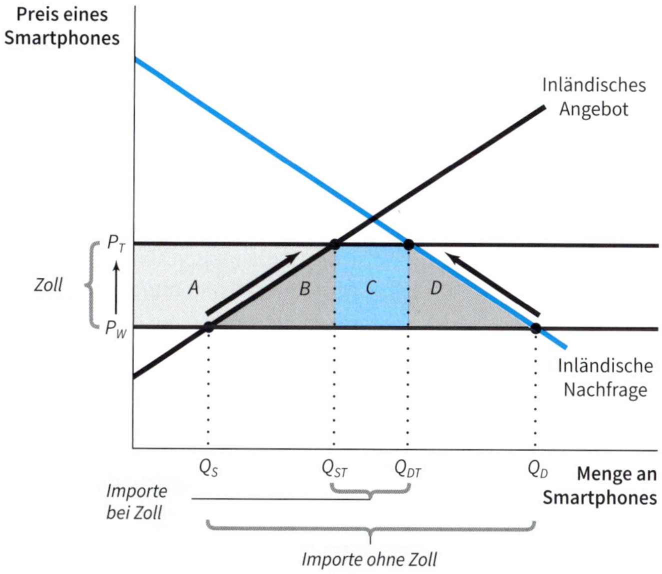

	Veränderung der Rente	
	Gewinn	Verlust
Konsumentenrente		$-(A+B+C+D)$
Produzentenrente	A	
Staatseinnahmen	C	
Gesamtrente		$-(B+D)$

Steigt der inländische Preis als Folge eines Zolls, erhöht sich die Produzentenrente um die Fläche *A*. Der Staat erzielt zusätzliche Einnahmen in Höhe der Fläche *C*. Die Konsumentenrente geht um die Summe der Flächen *A* + *B* + *C* + *D* zurück. Weil der Verlust der Konsumenten die Gewinne von Produzenten und Staat übersteigt, verringert sich die Wohlfahrt der Volkswirtschaft insgesamt (um die Summe *B* + *D*).

Eine **Importquote** ist eine gesetzliche Beschränkung für die Menge der Güter, die importiert werden darf.

1. Der gestiegene Inlandspreis erhöht die Produzentenrente um die Fläche *A*.
2. Der gestiegene Inlandspreis verringert die Konsumentenrente um die Summe der Flächen *A*, *B*, *C* und *D*.
3. Durch den Zoll ergibt sich eine Einnahme für den Staat. Wie groß sind die Einnahmen? Der Staat erhält den Zollbetrag, der gleich der Preisdifferenz $P_T - P_W$ auf jedes importierte Smartphone ist. Die Importmenge entspricht der Differenz $Q_{DT} - Q_{ST}$. Das gesamte Zollaufkommen beträgt daher $(P_T - P_W) \times (Q_{DT} - Q_{ST})$. Dies entspricht der Fläche *C*.

Die Wohlfahrtswirkungen eines Zolls sind in der zu Abbildung 8-11 gehörigen Tabelle zusammengefasst. Die Produzenten gewinnen, die Konsumenten verlieren, der Staat gewinnt. Die Verluste der Konsumenten sind jedoch größer als die Summe der Gewinne von Produzenten und Staat, was zu einem Nettorückgang der Gesamtrenten in Höhe der Flächen *B* + *D* führt.

Eine Mengensteuer verursacht Ineffizienzen, die zu einem Wohlfahrtsverlust führen, weil wechselseitig vorteilhafte Transaktionen unterbleiben. Das gleiche gilt auch für einen Zoll, wo der Nettowohlfahrtsverlust der Gesellschaft gleich dem Verlust an Gesamtrente ist, der durch die Flächen *B* + *D* widergespiegelt wird. Zölle führen zu Wohlfahrtsverlusten, weil sie auf zwei Weisen Ineffizienzen hervorrufen.

1. Wechselseitig vorteilhafte Tauschmöglichkeiten werden nicht ausgeschöpft: Einige Konsumenten, die bereit wären, mehr als den Weltmarktpreis P_W zu bezahlen, kaufen das Gut nicht, obwohl P_W die wahren Kosten einer Einheit des Gutes für die Wirtschaft beschreibt. Die Kosten dieser Ineffizienz werden in Abbildung 8-11 durch die Fläche *D* repräsentiert.
2. Ressourcen der Volkswirtschaft werden für ineffiziente Produktion verschwendet: Einige Produzenten, deren Kosten P_W übersteigen, produzieren das Gut, obwohl eine zusätzliche Einheit des Gutes im Ausland für P_W gekauft werden kann. Die Kosten dieser Ineffizienz werden in Abbildung 8-11 durch die Fläche *B* repräsentiert.

Die Wirkungen einer Importquote

Bei einer **Importquote**, einer anderen Form des Handelsprotektionismus, handelt es sich um eine gesetzliche Begrenzung der Menge eines Gutes, die importiert werden darf. So könnte beispielsweise eine Importquote der Vereinigten Staaten die Zahl der in jedem Jahr importierten chinesischen Smartphones auf 50 Millionen Stück beschränken. Importquoten werden häufig verwaltungstechnisch mithilfe von Lizenzen realisiert: Es wird eine Anzahl von Lizenzen erteilt, von denen jede dem Lizenzhalter das Recht einräumt, pro Jahr eine begrenzte Menge des Gutes zu importieren.

Wir haben Quoten bereits im Kapitel 5 kennengelernt, wo wir gesehen haben, dass eine Verkaufsquote bis auf einen Unterschied genau die gleichen Wirkungen hat wie eine Mengensteuer. Dieser Unterschied besteht darin, dass das Geld, das bei einer Mengensteuer dem Staat als Steuereinnahme zugefallen wäre, im Fall der Quote zu einer Rente für die Lizenzhalter wird. Ganz ähnlich hat eine Importquote dieselben Wirkungen wie ein Zoll, wobei es allerdings auch hier wieder einen Unterschied gibt: Das Geld, das im Fall eines Zolls dem Staat als Zolleinnahme zugeflossen wäre, wird bei einer Quote zur Rente für die Lizenzhalter.

Schauen wir uns dazu noch einmal Abbildung 8-11 an. Eine Importquote, welche die Importe auf die Differenz $Q_{DT} - Q_{ST}$ beschränkt, wird den inländischen Preis für Smartphones um denselben Betrag erhöhen wie der zuvor betrachtete Zoll. Der heimische Preis wird also von P_W auf P_T steigen. Die Fläche *C* repräsentiert nun aber keine Steuereinnahmen des Staates, sondern die Quotenrente der Lizenzinhaber.

Wer erhält Importlizenzen und kann auf diese Weise die Quotenrenten abschöpfen? Im Fall von Importprotektionismus durch die Vereinigten Staaten ist die Antwort auf diese Frage einigermaßen überraschend: Die wichtigsten Importlizenzen, hauptsächlich für Kleidung, in geringerem Ausmaß auch für Zucker, werden ausländischen Regierungen garantiert.

Weil die Quotenrenten für den größten Teil der US-amerikanischen Importe an Ausländer gehen, sind die nationalen Kosten dieser Quoten größer als die eines vergleichbaren Zolls (ein Zoll, der zum selben Importniveau führt). In Abbildung 8-11 wäre der Nettoverlust der Vereinigten

Staaten aus einer derartigen Importquote gleich der Flächensumme $B + C + D$, der Differenz zwischen Verlusten der Konsumenten und Gewinnen der Produzenten.

WISSENSCHAFT UND PRAXIS

Zölle auf Stahlimporte

Der US-amerikanische Präsident hat das Recht, unter bestimmten Bedingungen ohne Zustimmung durch den US-Kongress einseitig Zölle auf bestimmte Güter einzuführen. Damit soll zum Schutz der US-amerikanischen Volkswirtschaft bei Handelsstreitigkeiten eine schnelle Reaktion ohne einen langwierigen politischen Abstimmungsprozess im US-Kongress ermöglicht werden. In der Vergangenheit haben US-Präsidenten von dieser Möglichkeit nur selten Gebrauch gemacht. Im Jahr 2018 führte allerdings der damalige US-Präsident Trump hohe Zölle auf Einfuhren von ausgewählten Gütern aus bestimmten Ländern ein, darunter einen Zoll in Höhe von 25 Prozent auf Stahlimporte aus allen wichtigen Produzentenländern, unter ihnen Kanada als wichtigster Lieferant.

Aus einigen Aussagen des US-Präsidenten konnte man den Eindruck gewinnen, dass Trump der Überzeugung war, dass die ausländischen Produzenten und nicht die US-amerikanischen Verbraucher diese Zölle zahlen müssen. Marktdaten belegen jedoch, dass es in den Vereinigten Staaten nach der Einführung der Zölle zu einem deutlichen Anstieg der Stahlpreise in Höhe von fast 50 Prozent gekommen ist, während der Preis auf dem Weltmarkt nahezu konstant blieb. Nachdem sich die Vereinigten Staaten, Kanada und Mexiko auf ein neues Handelsabkommen geeinigt hatten, wurden die Zölle im Jahr 2019 wieder zurückgenommen.

Aber wer hat von der Einführung der Zölle tatsächlich profitiert? Eindeutiger Gewinner war die US-Stahlbranche. Durch den Preisanstieg konnten sich die Unternehmen über höhere Gewinne freuen. Es wurden sogar stillgelegte Produktionsanlagen wieder in Betrieb genommen und über eine Ausweitung der Produktionskapazität nachgedacht. Die Beschäftigten scheinen dagegen kaum von den Zöllen profitiert zu haben. Zumindest sind die Löhne in der US-Stahlbranche nicht wesentlich stärker als in anderen Branchen gestiegen.

Klarer Verlierer waren die US-amerikanischen Verbraucher. Natürlich kauft der Durchschnittsbürger keinen Stahl ein. Aber Stahl wird für die Herstellung von vielen Gütern benötigt wie z. B. bei Automobilen. Daher ist es nicht verwunderlich, dass die US-amerikanische Automobilbranche die Einführung der Zölle scharf kritisierte und mit dafür verantwortlich machte, dass Fabriken geschlossen und Beschäftigte entlassen werden mussten. Und einen Teil der Kostensteigerungen gaben die Unternehmen über höhere Preise auch an die Verbraucher weiter.

Die Einführung der Zölle hatte also im Großen und Ganzen genau die Auswirkungen, die man erwarten konnte.

Kurzzusammenfassung

- Die meisten Ökonomen sprechen sich für **Freihandel** aus, obwohl viele Regierungen **Handelsprotektionismus** (oder einfach **Protektionismus**) zugunsten von Branchen betreiben, die im Importwettbewerb stehen. Die beiden am häufigsten anzutreffenden protektionistischen Maßnahmen sind Zölle und Importquoten. In seltenen Fällen subventionieren Regierungen auch den Export bestimmter Industriezweige.
- Bei einem **Zoll** handelt es sich um eine Steuer auf Importe. Ein Zoll erhöht den inländischen Preis über das Niveau des Weltmarktpreises. Dies führt zu einem Rückgang des Handelsvolumens und des inländischen Konsums, aber zu einem Anstieg der heimischen Produktion. Die inländischen Produzenten und die Regierung sind Gewinner der Einführung des Zolls, die Konsumenten hingegen sind die Verlierer. Ihre Verluste übersteigen den Vorteil der Produzenten und der Regierung, was zu einem Rückgang der Gesamtrente und somit zu einem Nettowohlfahrtsverlust führt.
- Bei einer **Importquote** handelt es sich um eine gesetzlich festgelegte Mengenbeschränkung von Importgütern. Sie wirkt wie ein Zoll, allerdings fallen die Erträge (die Quotenrenten) dem Lizenzhalter zu, nicht dem Staat.

ÜBERPRÜFEN SIE IHR WISSEN

1. Nehmen Sie an, dass der Weltmarktpreis für Butter 0,50 Euro pro Kilogramm beträgt und der inländische Preis in der Autarkiesituation 1,00 Euro pro Kilogramm beträgt. Verwenden Sie ein ähnliches Diagramm wie in Abbildung 8-10, um Folgendes zu zeigen:
   a. Bei Freihandel verlangen die inländischen Butterproduzenten vom Staat, einen Zoll zu erheben, der nicht weniger als 0,50 Euro pro Kilogramm beträgt.
   b. Was geschieht, falls ein Zoll erhoben wird, der mehr als 0,50 Euro pro Kilogramm beträgt?
2. Nehmen Sie an, dass die Regierung anstelle des Zolls eine Importquote für Butter erlässt. Welche Quote würde die gleiche Importmenge hervorrufen wie ein Zoll in Höhe von 0,50 Euro je Kilogramm?

8.4 Die politische Ökonomie des Handelsprotektionismus

Wir haben gesehen, dass der internationale Handel für die Länder, die sich an ihm beteiligen, wechselhafte Vorteile hervorruft. Wir haben auch gesehen, dass Zölle und Importquoten, obgleich sie nicht nur zu Verlierern, sondern auch zu Gewinnern führen, insgesamt die Wohlfahrt verringern. Gleichwohl fahren viele Länder fort, Zölle zu erheben, Importquoten zu erlassen und andere protektionistische Maßnahmen zu ergreifen.

Um zu verstehen, warum es überhaupt zu Handelsprotektionismus kommt, wollen wir uns zunächst einmal einige der üblichen Rechtfertigungen für Protektionismus anschauen. Anschließend wollen wir uns mit der Politik des Handelsprotektionismus beschäftigen. Schließlich wollen wir uns mit einem wichtigen Charakteristikum der Handelsprotektion in der heutigen Welt befassen, nämlich damit, dass Zölle und Importquoten Gegenstand internationaler Verhandlungen sind und von internationalen Organisationen überwacht werden.

Argumente für Handelsprotektionismus

Befürworter von Zöllen und Importquoten berufen sich in der Regel auf drei Argumente.

1. Das Argument der *nationalen Sicherheit* basiert auf der Überlegung, dass die Güterströme aus dem Ausland in Zeiten internationaler Konflikte unterbrochen werden können. Ein Land sollte daher die heimischen Anbieter lebenswichtiger Güter mit dem Ziel schützen, dass das Inland von Auslandslieferungen in diesem Bereich unabhängig ist. So wurden z. B. bis zum Beginn der Covid-19-Pandemie 90 Prozent aller medizinischen Masken, die in den Vereinigten Staaten genutzt wurden, im Ausland produziert. Dadurch war das Angebot an Masken im Land in den ersten Monaten der Pandemie stark eingeschränkt, da neben den Vereinigten Staaten noch viele andere Länder verzweifelt versuchten, auf dem Weltmarkt Masken zu beschaffen. Als Konsequenz aus dieser Knappheitssituation haben die Vereinigten Staaten (und andere Länder) damit begonnen, in großem Umfang wieder Masken selbst zu produzieren.
2. Das Argument der *Arbeitsplatzschaffung* bezieht sich auf die zusätzlichen Arbeitsplätze, die als Ergebnis protektionistischer Maßnahmen in den Bereichen entstehen könnten, die sich im Importwettbewerb befinden. Ökonomen weisen darauf hin, dass diese Arbeitsplatzgewinne durch Arbeitsplatzverluste an anderer Stelle ausgeglichen werden, etwa in Industrien, die importierte Vorleistungen verwenden und sich nun höheren Kosten gegenübersehen. Nichtökonomen lassen sich von dieser Sicht jedoch häufig nicht überzeugen.
3. Das *Erziehungszollargument*, auf das sich häufig Schwellenländer beziehen, besagt, dass junge Industrien vorübergehend einer Phase

des Schutzes bedürfen, damit sie sich entwickeln können. So haben beispielsweise in den 1950er-Jahren viele lateinamerikanische Länder auf Fertigprodukte Zölle erhoben bzw. Importquoten erlassen, weil sie versuchten, von ihrer traditionellen Rolle als Rohstoffexporteure zu einem neuen Status als industrialisierte Länder zu wechseln.

In der Theorie kann das Erziehungszollargument sehr überzeugend sein, insbesondere bei Hightechindustrien, die für eine Verbesserung des allgemeinen Ausbildungsniveaus sorgen. In der Wirklichkeit ist es jedoch komplizierter. In den meisten Fällen werden die Industrien durch Protektionismus geschützt, die politisch einflussreich sind. Darüber hinaus sind Regierungen oft schlecht darin, Vorhersagen zu treffen, welches die besten neuen Technologien sind. Zu guter Letzt ist es zumeist sehr schwierig, Industrien, die entwickelt genug sind, um auf eigenen Beinen zu stehen, vom Protektionismus wieder zu entwöhnen.

Politische Einflüsse und Protektionismus

In der Realität hat ein großer Teil der protektionistischen Maßnahmen wenig mit den im vorigen Abschnitt vorgestellten Argumenten zu tun. Vielmehr reflektieren die protektionistischen Maßnahmen den politischen Einfluss der im Importwettbewerb stehenden Produzenten.

Wir haben gesehen, dass ein Zoll oder eine Importquote zu Vorteilen für die im Importwettbewerb stehenden Produzenten führt, aber zu Nachteilen für die Konsumenten. Die Produzenten haben jedoch für gewöhnlich einen stärkeren Einfluss auf handelspolitische Entscheidungen. Die Produzenten, die im Importwettbewerb bezüglich eines bestimmten Gutes stehen, sind normalerweise eine kleinere, enger zusammenhängende Gruppe als die Konsumenten des betreffenden Gutes.

So führten z. B. die Vereinigten Staaten im Jahr 2018 einen Zoll in Höhe von 30 Prozent auf die Einfuhr von Photovoltaik-Anlagen ein, von denen ein Großteil aus China importiert wird. Während die US-Photovoltaik-Produzenten mit ihren 2.000 Beschäftigten davon profitierten, musste eine viel größere Gruppe dadurch Nachteile in Kauf nehmen. Dazu gehörten auch Zehntausende Installateure von Photovoltaik-Anlagen, die durch den Preisanstieg deutlich weniger Aufträge für die Installation von Anlagen erhielten. Aber die Stimmen der Photovoltaik-Produzenten wurden in Washington deutlicher vernommen als die Stimmen derjenigen, die die Anlagen kauften oder installierten.

Es wäre schön, wenn der Hauptgrund für den geringen Umfang der Handelsbeschränkungen darin bestünde, dass die Ökonomen die Politiker von den Vorteilen des freien Handels überzeugt hätten. Die weit wichtigere Ursache dafür ist jedoch in der Rolle von *internationalen Handelsabkommen* zu sehen.

Internationale Handelsabkommen und die Welthandelsorganisation

Ergreift ein Land handelsprotektionistische Maßnahmen, schädigt es zwei Gruppen. Die den heimischen Konsumenten entstehenden Nachteile haben wir bereits angesprochen. Darüber hinaus schädigen die Protektionsmaßnahmen aber auch die ausländischen Exportindustrien. Dies hat zur Folge, dass Länder ihre handelspolitischen Maßnahmen wechselseitig im Auge behalten. So hat beispielsweise die kanadische Holzindustrie ein starkes Interesse daran, die US-amerikanischen Zölle auf Forstprodukte gering zu halten.

Wegen dieser wechselseitigen Bedeutung der Handelspolitik anderer Länder für das eigene Land beteiligen sich die meisten Staaten an **internationalen Handelsabkommen**. Internationale Handelsabkommen sind Verträge, in denen ein Land einem anderen zusagt, seine handelsprotektionistischen Maßnahmen gegen die Exporte des anderen Landes unter der Bedingung zu reduzieren, dass das andere Land dasselbe für die eigenen Exporte tut. Durch internationale Handelsabkommen lassen sich mögliche **Handelskriege** verhindern, bei denen Staaten Zölle oder andere handelsbeschränkende Maßnahmen gegenüber anderen Staaten einführen, um handelspolitische Zugeständnisse zu erzwingen. Der größte Teil des Welthandels wird heute durch internationale Handelsabkommen reguliert.

Es gibt internationale Handelsabkommen, an denen lediglich zwei Länder oder eine kleine Gruppe von Ländern beteiligt sind. So existiert beispielsweise zwischen den Vereinigten Staaten, Kanada und Mexiko ein Handelsabkommen, das

Internationale Handelsabkommen sind Verträge, bei denen ein Land verspricht, seine protektionistischen Maßnahmen gegen den Export eines anderen Landes zu reduzieren, wenn dieses andere Land im Gegenzug verspricht, seine eigenen Protektionsmaßnahmen ebenfalls abzubauen.

Bei einem **Handelskrieg** versuchen Staaten ihre Handelspartner durch schmerzhafte Handelsbeschränkungen zu handelspolitischen Zugeständnissen zu zwingen.

Das **Nordamerikanische Freihandelsabkommen (NAFTA)** ist ein Handelsabkommen zwischen den Vereinigten Staaten, Kanada und Mexiko. Die aktuelle Fassung dieser Vereinbarung wird als **NAFTA-USMCA** bezeichnet.

Die **Europäische Union (EU)** ist eine Zollunion von 27 europäischen Ländern, die vollständig auf Handelsbeschränkungen verzichtet haben.

Die **Welthandelsorganisation (WTO)** überwacht die internationalen Handelsabkommen und entscheidet Streitigkeiten zwischen Ländern bezüglich dieser Abkommen.

Nordamerikanische Freihandelsabkommen (NAFTA). Es wurde im Jahr 1993 unterzeichnet und im Jahr 2008 vollständig umgesetzt. Seitdem gibt es zwischen den drei Ländern keine Handelsschranken mehr. Im Jahr 2018 haben die drei Staaten das bestehende Handelsabkommen modifiziert. In dem neuen Abkommen, auch kurz als *USMCA* (United States-Mexico-Canada-Agreement) bezeichnet, ist trotz einiger Änderungen die Grundstruktur des NAFTA erhalten geblieben. Wenn wir uns im Folgenden auf dieses Abkommen beziehen, werden wir es als **NAFTA-USMCA** bezeichnen.

Ein noch umfangreicheres Handelsabkommen mit einem vollständigen Verzicht auf Handelsbeschränkungen existiert innerhalb der **Europäischen Union (EU)**. Während die einzelnen Länder des NAFTA ihre eigenen Zölle auf Importe aus anderen Nichtmitgliedsländern erheben können, handelt es sich bei der EU auch um eine Zollunion: Alle Länder erheben den gleichen Zoll auf Güter, die von außerhalb in die EU eingeführt werden. Als Großbritannien im Januar 2020 die EU verlassen hat (»Brexit«), musste auch das Thema Zölle zwischen Großbritannien und der EU komplett neu geregelt werden.

Daneben gibt es auch globale Handelsabkommen, an denen sich die meisten Länder der Welt beteiligen. Diese globalen Handelsabkommen werden von der **Welthandelsorganisation** (World Trade Organization – **WTO**) überwacht, die zwei wichtige Funktionen erfüllt. Erstens liefert sie den Rahmen für die außerordentlich komplexen Verhandlungen, die im Zusammenhang mit einem größeren internationalen Handelsabkommen unvermeidlich sind (das letzte größere Vertragswerk, das 1994 verabschiedet wurde, umfasste mehr als 24.000 Seiten). Zweitens schlichtet die WTO Streitigkeiten zwischen ihren Mitgliedsländern. Diese Streitigkeiten entstehen typischerweise, wenn ein Land behauptet, dass die Politik eines anderen Landes die abgeschlossenen Vereinbarungen verletzt. Derzeit besteht die Welthandelsorganisation aus 160 Mitgliedstaaten, die den größten Teil des Welthandels ausmachen.

Wir wollen die Rolle der WTO mit zwei Beispielen illustrieren. Im ersten Beispiel geht es um den sogenannten Bananenkonflikt. Im Jahr 1992 entbrannte ein Handelsstreit, da die Europäische Union Importbeschränkungen erlassen hatte, bei denen eine Diskriminierung der mittelamerikanischen Produzenten zugunsten der Produzenten in den früheren europäischen Kolonien erfolgte. Die WTO stellte im Jahr 1999 fest, dass die von der Europäischen Union erlassenen Importbeschränkungen eine Verletzung internationaler Handelsabkommen darstellte. Die Vereinigten Staaten stellten sich auf die Seite der mittelamerikanischen Länder, weshalb sich aus dem Streit ein ernsthafter Handelskonflikt zwischen der Europäischen Union und den Vereinigten Staaten entwickelte. Die Europäische Union änderte schließlich im Jahr 2012, 20 Jahre nachdem der Streit losbrach, die Einfuhrbestimmungen so, dass die WTO-Regeln eingehalten werden.

Ein weiteres Beispiel ist der Streit zwischen den Vereinigten Staaten und Brasilien um die Subventionen an US-amerikanische Baumwollfarmer. Diese Subventionen liegen jährlich zwischen 3 Milliarden Dollar und 4 Milliarden Dollar und sind gemäß den Regeln der WTO nicht zulässig. Brasilien argumentiert, dass die Subventionen den Preis US-amerikanischer Baumwolle auf dem Weltmarkt künstlich drücken und somit brasilianischen Baumwollfarmern schaden. Im Jahr 2005 entschied die WTO gegen die Vereinigten Staaten und für Brasilien. Daraufhin verringerten die Vereinigten Staaten einige Exportsubventionen für Baumwolle. Im Jahr 2007 entschied die WTO jedoch, dass die Vereinigten Staaten noch nicht genug getan hatten, um den WTO-Regelungen voll zu entsprechen. Beispielsweise sollten auch die staatlichen Darlehen an Baumwollfarmer abgeschafft werden. Nachdem Brasilien damit drohte, im Gegenzug Importzölle auf US-Güter zu erheben, konnten sich die beiden Seiten im Jahr 2010 auf einen Rahmen zur Beilegung des Baumwollstreits einigen.

Unter bestimmten Bedingungen erlaubt die WTO Handelsprotektionismus. Eine solche Voraussetzung liegt beispielsweise vor, wenn ausländischer Wettbewerb unter bestimmten fachlichen Kriterien als »ungerecht« bewertet wird. Handelsprotektionismus ist ebenfalls als vorübergehende Maßnahme erlaubt, wenn eine heimische Industrie aufgrund eines plötzlichen Anstiegs der Importe Schaden zu nehmen droht. So haben z. B. die Vereinigten Staaten immer wieder Zölle auf Importe von Garnelen aus Vietnam und Thailand erhoben, obwohl beide Länder Mitgliedstaaten der WTO sind.

Die WTO wird manchmal als Weltregierung beschrieben, was aber eine große Übertreibung darstellt. Tatsächlich verfügt sie weder über eine Armee noch über Polizeitruppen oder irgendeine andere Möglichkeit, direkt ihre Entscheidungen durchzusetzen. Ein Körnchen Wahrheit steckt trotzdem in dieser Aussage: Tritt ein Land der WTO bei, unterwirft es sich den Urteilen der Handelsorganisation. Diese Urteile beziehen sich nicht nur auf Zölle und Importquoten, sondern auch auf inländische Politikmaßnahmen, bei denen es sich nach Einschätzung der Handelsorganisation in Wirklichkeit um handelsprotektionistische Maßnahmen handelt, auch wenn sie nicht so genannt werden. Mit dem Beitritt zur WTO gibt ein Land daher einen Teil seiner Souveränität auf.

Herausforderungen der Globalisierung

Der Vormarsch der Globalisierung im letzten Jahrhundert wird allgemein als großer politischer und wirtschaftlicher Erfolg gewertet, da sich der Lebensstandard von vielen Menschen weltweit deutlich verbessert hat. Es ist allerdings auch wahr, dass es viele Menschen gibt, darunter einige Ökonomen und Politiker, die an der Globalisierung zweifeln. Dafür gibt es im Wesentlichen zwei Gründe: zu einem die Angst vor einem industriellen Niedergang in wohlhabenderen Volkswirtschaft, zum anderen die Sorge über die zunehmende Verlagerung von Arbeitsplätzen aus dem Dienstleistungssektor ins Ausland (*Offshore-Outsourcing*).

Der Niedergang der Industrie. Wir wissen, dass der internationale Handel Auswirkungen auf die Faktorpreise hat, wie z. B. die Löhne. Vor vierzig Jahren haben die Vereinigten Staaten und andere wohlhabende Volkswirtschaften aus den ärmeren Ländern in erster Linie Rohstoffe eingeführt sowie Güter, bei denen der komparative Vorteil auf klimatischen Voraussetzungen beruhte, wie z. B. bei Bananen oder Kaffee. Auf das Lohnniveau in den wohlhabenden Volkswirtschaften hatten diese Importe keine Auswirkungen. Aber das ist nicht länger der Fall. Heutzutage werden auch viele Industrieprodukte aus ärmeren Ländern importiert. Dadurch zeigt der Außenhandel deutlich stärkere Auswirkungen auf die Einkommensverteilung in den wohlhabenden Volkswirtschaften.

Die größten Sorgen bereitet in diesem Zusammenhang der Handel mit Asien. Trotz seines rasanten Wirtschaftswachstums in den letzten Jahrzehnten ist China immer noch ein Niedriglohnland. So belaufen sich die Stundenlöhne im Verarbeitenden Gewerbe in China schätzungsweise auf gerade mal 10 Prozent des Lohnniveaus in den Vereinigten Staaten. Und in Ländern wie Indien, Bangladesch und Vietnam, die ebenfalls im großen Umfang Industrieprodukte exportieren, sind die Löhne noch nicht einmal halb so hoch wie in China. Es ist unbestritten, dass die wachsenden Importe aus diesen Ländern Druck auf die Löhne der schlechter ausgebildeten Arbeitskräfte in den Vereinigten Staaten und anderen wohlhabenden Volkswirtschaften ausüben.

Outsourcing. Chinesische Exporte in die Vereinigten Staaten sind in überwältigender Mehrheit Güter, die in der Herstellung arbeitsintensiv sind. In den letzten Jahren sehen sich amerikanische Arbeitnehmer aber einer neuen Form des internationalen Wettbewerbs gegenüber.

Dass ein Unternehmen ein anderes Unternehmen mit einer bestimmten Tätigkeit, beispielsweise der Unterhaltung des unternehmensinternen Computersystems, beauftragt, auch *Outsourcing* genannt, ist eine schon lange bestehende Geschäftspraxis. Bisher wurde Outsourcing für gewöhnlich auf lokaler Ebene betrieben, also ein Unternehmen heuert ein anderes Unternehmen in der gleichen Stadt oder im gleichen Land an.

Durch die modernen Telekommunikationsmöglichkeiten wird nun immer häufiger **Offshore-Outsourcing** betrieben. Das heißt, dass Unternehmen Menschen in anderen Ländern anstellen, um verschiedene Aufgaben zu erfüllen. Ein klassisches Beispiel dafür sind Callcenter: Wenn man die Hotline eines Unternehmens anruft, ist es gut möglich, dass der Anruf in Indien entgegengenommen wird. Indien hat die führende Rolle als Anbieter von Offshore-Outsourcing-Dienstleistungen eingenommen. Offshore-Outsourcing gibt es mittlerweile auch in anderen Bereichen, wie beispielsweise in der Softwareentwicklung oder im Gesundheitswesen: Der Radiologe, der Ihr Röntgenbild eingehend

Offshore-Outsourcing findet statt, wenn ein Unternehmen Menschen in einem anderen Land beauftragt, verschiedene Aufgaben wahrzunehmen.

untersucht, ebenso wie die Person, die Ihnen bei Computerproblemen hilft, könnte sich auf einem anderen Kontinent befinden.

Im Unterschied zu den wachsenden Importen von Industrieprodukten bedroht das Offshore-Outsourcing gut ausgebildete Arbeitskräfte, die dachten, dass ihre Arbeitsplätze sicher vor ausländischer Konkurrenz sind. So sind z. B. im IT-Bereich bereits viele Arbeitsplätze nach Indien oder Osteuropa verlagert worden. Auch wenn Offshore-Outsourcing bislang nur einen geringen Anteil am internationalen Handel hat, warnen einige Ökonomen, dass Millionen, vielleicht auch mehrere zehn Millionen Arbeitskräfte in nicht allzu ferner Zukunft eine unliebsame Überraschung erleben könnten, unter ihnen Buchhalter, Schadensregulierer und Kreditsachbearbeiter.

Fazit. Die Argumente der Globalisierungsgegner beruhen zu einem Teil auf dem »Ausbeutungs-Trugschluss«: Es ist leicht, sich über die niedrigen Löhne aufzuregen, die der Person gezahlt werden, die unsere T-Shirts herstellt. Und es ist schwieriger anzuerkennen, wie viel schlechter es dieser

WISSENSCHAFT UND PRAXIS

Wozu sind Handelskriege gut?

Es gibt eine Reihe von Ländern, die von Zeit zu Zeit Zölle oder andere handelsbeschränkende Maßnahmen einführen. Dadurch werden Handelspartner und einheimische Verbraucher gleichermaßen geschädigt. Von einem Handelskrieg spricht man, wenn die handelsbeschränkenden Maßnahmen bewusst darauf abzielen, den Handelspartner zu schwächen, um bestimmte Zugeständnisse der anderen Seite zu erzwingen.

Das klassische Beispiel für einen Handelskrieg liefert der »Chicken War« vor fast 60 Jahren zwischen den Vereinigten Staaten auf der einen Seite und Europa auf der anderen Seite. Im Jahr 1964 führten die Vereinigten Staaten einen Zoll in Höhe von 25 Prozent auf die Einfuhr von leichten Nutzfahrzeugen (z. B. Pickups) ein. Durch diesen Zoll sollten die europäischen Länder dazu gebracht werden, ihren Zoll auf den Import von gefrorenen Hähnchen aus den Vereinigten Staaten zurückzunehmen, der als Reaktion auf den massenhaften Export von Hähnchen aus den Vereinigten Staaten nach Europa eingeführt worden war. Aber dieser Streit ist nie beigelegt worden. Der Zoll in Höhe von 25 Prozent ist immer noch in Kraft.

Eigentlich sind Handelskriege eher selten. Vor den 1930er-Jahren haben die Vereinigten Staaten und andere Länder die Auswirkungen ihrer Außenhandelspolitik auf andere schlichtweg ignoriert. Und seit dem Ende des Zweiten Weltkrieges sind Handelskriege in der Regel vor ihrer Entstehung durch internationale Handelsabkommen vermieden worden.

Das könnte sich allerdings ändern. Seit 2017 haben die Vereinigten Staaten gegenüber vielen Ländern Zölle für eine breite Palette an Gütern eingeführt mit dem ausdrücklichen Ziel, diese Länder zu Änderungen in ihrer Außenhandelspolitik zu bewegen. Einige Länder haben auf die Einführung der Zölle ihrerseits mit schmerzhaften handelsbeschränkenden Maßnahmen gegenüber den Vereinigten Staaten geantwortet.

Eingeführt hatten die Vereinigten Staaten u. a. Zölle auf die Einfuhr von Stahl, die dazu dienen sollten, die Handelspartner Kanada und Mexiko zu einer Anpassung des bestehenden Handelsabkommens NAFTA zu bewegen. Allerdings waren die Auswirkungen dieser Maßnahme vergleichsweise gering, vor allem in Relation zu dem Zollsatz von 25 Prozent, den die Vereinigten Staaten auf Importe aus China einführten. Betroffen war fast die Hälfte aller Importe. Im Jahr 2019 waren das Einfuhren im Wert von rund 250 Milliarden Dollar. Außerdem drohten die Vereinigten Staaten, den Zoll auf weitere Importe auszudehnen, falls China nicht bereit sei, handelspolitischen Forderungen der Vereinigten Staaten zum Schutz des geistigen Eigentums und zum Abbau des Handelsbilanzüberschusses nachzukommen.

China hat daraufhin seinerseits Zölle auf US-amerikanische Güter eingeführt, vor allem auf landwirtschaftliche Produkte, um durch Druck auf die US-amerikanische Landwirtschaft die Kosten des Handelsstreits für die Vereinigten Staaten zu erhöhen.

Man könnte also durchaus von einem Handelskrieg zwischen den Vereinigten Staaten und China sprechen, dessen Ausgang bis zum jetzigen Zeitpunkt unklar ist. Aber wie der Fall des *Chicken War* zeigt, können die Auswirkungen von Handelskriegen ziemlich lange anhalten.

Person gehen würde, wenn ihr die Möglichkeit verwehrt würde, Güter in den Märkten reicher Länder zu verkaufen. Aber es trifft ebenfalls zu, dass diese Bewegung eine Gegenreaktion gegen die Globalisierungsbefürworter darstellt, die die Vorteile der Globalisierung überbewertet haben. Verschiedenen Ländern, insbesondere in Lateinamerika, wurde versprochen, dass die Reduktion ihrer Zölle einen wirtschaftlichen Aufschwung auslösen würde. Die Realität sah anders aus. Einige Bevölkerungsgruppen, beispielsweise arme Landwirte, die sich nun dem Wettbewerb mit importierten Lebensmitteln gegenübersehen, standen am Ende schlechter da.

Bedeuten diese Begleiterscheinungen der Globalisierung, dass das internationale Handel doch keine so gute Sache ist? Die große Mehrheit der Ökonomen würde darauf verweisen, dass die Gewinne, die mit weniger Handelsprotektionismus verbunden sind, die Verluste noch immer überwiegen. Aber je größer das Ausmaß des internationalen Handels wird und je mehr Arbeitsplätze in sensiblen Branchen dabei verloren gehen, desto häufiger werden die Rufe nach handelsbeschränkenden Maßnahmen. Durch staatliche Maßnahmen wie Arbeitslosenunterstützung, einen einfachen Zugang zu Gesundheitsleistungen und das Angebot von Umschulungen lassen sich die Verluste durch den internationalen Handel mindern und damit auch der Widerstand gegen den freien Handel senken.

Kurzzusammenfassung

- Die drei zentralen Begründungen für Handelsprotektion sind nationale Sicherheit, Arbeitsplatzschaffung und der Schutz von jungen Industrien.
- Obwohl sie insgesamt mit Nettowohlfahrtsverlusten verbunden sind, gibt es in der Politik häufig Tendenzen zur Errichtung von Importbeschränkungen. Diese Tendenz ist darauf zurückzuführen, dass die Gruppe der im Importwettbewerb stehenden Industrien besser organisiert ist und daher einflussreicher ist als die Gruppe der Konsumenten.
- Um die Handelsliberalisierung zu befördern, beteiligen sich Länder an **internationalen Handelsabkommen**. Durch diese Abkommen lassen sich **Handelskriege** verhindern. Einige Abkommen gelten lediglich für eine kleine Anzahl von Ländern, wie etwa das **Nordamerikanische Freihandelsabkommen (NAFTA)** oder die **Europäische Union (EU)**. Das aktuelle Abkommen ist auch als **NAFTA-USMCA** bekannt. Die **Welthandelsorganisation (WTO)** ist eine multinationale Organisation, die sowohl die Aufgabe hat, den Abschluss internationaler Handelsabkommen zu befördern als auch Streitigkeiten zwischen den Mitgliedsländern zu regeln.
- Widerstand gegen die Globalisierung entstand in Reaktion auf die stark steigenden Importe aus relativ armen Ländern und auf das **Offshore-Outsourcing** vieler Arbeitsplätze, die zuvor als vor ausländischem Wettbewerb sicher gegolten hatten.

ÜBERPRÜFEN SIE IHR WISSEN

1. Im Jahr 2017 haben die Vereinigten Staaten Zölle für Stahlimporte erhoben, die für eine große Zahl verschiedener US-amerikanischer Industriezweige einen wichtigen Input darstellen. Erläutern Sie, warum politische Lobbytätigkeit zur Abschaffung dieser Zölle vermutlich effektiver ist als politische Lobbyarbeit zur Abschaffung der Zölle auf Konsumgüter, wie etwa Zucker oder Kleidung.
2. Im Laufe der Zeit hat die WTO feststellen müssen, dass sie in immer größerem Umfang Handelsstreitigkeiten entscheiden muss, bei denen es nicht um Zölle oder Importquoten geht, sondern um Beschränkungen, die sich auf Qualitäts-, Gesundheits- und Umweltaspekte beziehen. Warum kam es nach Ihrer Auffassung zu dieser Entwicklung? Wenn Sie WTO-Mitarbeiter wären: Welche Methode würden Sie anwenden, um zu entscheiden, ob es sich bei einer Qualitäts-, Gesundheits- oder Umweltbeschränkung um eine Verletzung eines Freihandelsabkommens handelt?

Unternehmen in Aktion: Li & Fung – Von Guangzhou zu Ihnen nach Hause

Man kann beinahe mit Sicherheit darauf wetten, dass Sie jetzt gerade, beim Lesen dieses Textes, ein Kleidungsstück tragen, das in Asien produziert wurde. Wenn das der Fall ist, kann man auch darauf wetten, dass das Hongkonger Unternehmen Li & Fung daran beteiligt war, dass Ihr Kleidungsstück designt, produziert und an ein Geschäft vor Ort geliefert wurde. Von Esprit über Karstadt bis hin zu Metro ist Li & Fung ein enorm wichtiger Lieferkanal zwischen den Produktionsstätten, die in aller Welt verstreut sind, und dem Einkaufszentrum, das ganz in Ihrer Nähe ist.

Das Unternehmen wurde im Jahr 1906 in Guangzhou, China gegründet. Laut Victor Fung, dem Unternehmensvorsitzenden, verfügte sein Großvater über den »Mehrwert«, Englisch sprechen und somit als Übersetzer bei Geschäftsabschlüssen zwischen Chinesen und Ausländern dienen zu können. Als Maos Kommunistische Partei die Macht in China übernahm, zog das Unternehmen nach Hongkong um. In den 1960er- und 1970er-Jahren nahm die Marktwirtschaft in Hongkong Fahrt auf; Li & Fung wuchs und brachte als Exportmakler Hersteller aus Hongkong und ausländische Käufer zusammen.

Die wirkliche Wandlung des Unternehmens passierte jedoch, als die asiatischen Ökonomien wuchsen und sich veränderten. Das schnelle Wachstum Hongkongs führte zu steigenden Löhnen, sodass Li & Fung immer mehr an Wettbewerbsfähigkeit in der Bekleidungsindustrie, dem Kerngeschäft, verlor. Also erfand sich das Unternehmen neu: Statt nur einfachen Maklertätigkeiten nachzugehen, übernahm Li & Fung die »Leitung der Zulieferketten« (der geläufige englische Begriff lautet »Supply Chain Management«). Es würde nicht nur die Produktion eines Gutes einem Hersteller zuweisen; es würde auch die Produktionskette untergliedern, die Produktion der Vorleistungen und schließlich die Endmontage des Gutes auf einen der weltweit über 12.000 Zulieferbetriebe verteilen. Manchmal würde die Produktion in einer hochentwickelten Wirtschaft wie Hongkong oder sogar Japan stattfinden, wo die Löhne, aber auch die Qualität und die Produktivität hoch sind. Manchmal würde sie an weniger entwickelten Standorten wie China oder Thailand durchgeführt werden, wo die Arbeitskraft zwar weniger produktiv, dafür aber günstiger ist.

Stellen Sie sich beispielsweise einmal vor, dass Sie eine deutsche Einzelhandelskette besitzen und Bekleidung, genauer gesagt Jeans, verkaufen möchten. Statt lediglich die Produktion der Jeans zu organisieren, wird Li & Fung mit Ihnen das Design der Jeans besprechen und Sie mit den neuesten Produktions- und Stilinformationen versorgen, beispielsweise welche Materialien und Farben gerade im Trend liegen. Nachdem das Design abgeschlossen wurde, wird Li & Fung die Anfertigung eines Musters organisieren, die kosteneffizienteste Produktionsart finden und dann in Ihrem Namen eine Bestellung aufgeben. Mit Li & Fung zusammenzuarbeiten heißt, es ist möglich, dass das Garn in Korea hergestellt, in Taiwan eingefärbt und die Jeans in Thailand oder China genäht wird. Und da die Produktion an so vielen Standorten stattfindet, sorgt Li & Fung auch für Transportlogistik und Qualitätskontrolle.

Li & Fung ist bis heute außerordentlich erfolgreich. Der Marktwert des Unternehmens betrug im Jahr 2019 ungefähr 13,2 Milliarden Dollar, der Umsatz lag bei 11,4 Milliarden Dollar. Das Unternehmen besitzt Geschäftsstellen und Vertriebszentren in über 50 Ländern.

Die Handelsstreitigkeiten zwischen China und den Vereinigten Staaten hatten selbstverständlich auch Auswirkungen auf Li & Fung. Die US-Zölle auf chinesische Importe haben das Unternehmensgeschäft beeinträchtigt, aber gleichzeitig auch neue Möglichkeiten eröffnet. Li & Fung unterstützte US-amerikanische Kunden bei der Umstellung auf alternative Lieferländer wie Vietnam und Bangladesch. Gleichzeitig konnten Kunden aus Europa and anderen Standorten durch Li & Fung von den niedrigen Preisen chinesischer Anbieter profitieren, die vom US-amerikanischen Markt ausgeschlossen waren.

FRAGEN

1. Weshalb war es Ihrer Meinung nach für Li & Fung gewinnbringend, das Aufgabenspektrum über das Vermitteln von Exporten hinaus zu erweitern und auch im Supply Chain Management tätig zu werden, im Rahmen dessen das Unternehmen Produktionsprozesse untergliedert und Vorleistungen von Anbietern aus vielen verschiedenen Ländern bezieht?
2. Welcher Grundsatz steckt Ihrer Meinung nach hinter den Entscheidungen des Unternehmens über die Verteilung der Produktion von Vorleistungen und der Endmontage eines Gutes zwischen verschiedenen Ländern?
3. Warum ziehen es Einzelhändler Ihrer Meinung nach vor, Li & Fung die Aufgabe zu übertragen, eine internationale Produktion einer Jeans, die im Laden verkauft werden sollen, zu arrangieren, statt die Jeans direkt von einem Jeansproduzenten in China zu beziehen?
4. Was ist die Quelle des Erfolgs von Ling & Fu? Basiert der Erfolg auf Humankapital, auf dem Eigentum natürlicher Ressourcen oder auf dem Eigentum von Kapital?

Zusammenfassung

1. Der internationale Handel wird für die meisten Industrieländer immer wichtiger. Genau wie beim Handel zwischen Individuen ist der komparative Vorteil auch für den internationalen Handel ein wichtiges Motiv: Die Opportunitätskosten der Produktion einer zusätzlichen Einheit eines Gutes sind in einigen Ländern geringer als in anderen. Waren und Dienstleistungen, die im Ausland gekauft werden, bezeichnet man als **Importe.** Diejenigen Güter, die an das Ausland verkauft werden, bezeichnet man als **Exporte.** Der internationale Handel, genau wie andere wirtschaftliche Verknüpfungen zwischen Ländern, ist enorm gewachsen und wächst immer noch. Dieses Phänomen wird **Globalisierung** genannt. Ein enorm hohes Ausmaß von internationalem Handel wird **Hyperglobalisierung** genannt und lässt sich durch die Fortschritte in der Kommunikations- und Transporttechnologie erklären, die den gesamten Globus umspannende Produktions- und Wertschöpfungsketten ermöglichen.
2. Das **ricardianische Modell des internationalen Handels** geht davon aus, dass die Opportunitätskosten konstant sind. Es zeigt, dass aus dem Handel Wohlfahrtsgewinne resultieren: Treiben zwei Länder miteinander Handel, stellen sich beide besser als bei **Autarkie.**
3. In der Praxis reflektiert der komparative Vorteil Unterschiede zwischen den beteiligten Ländern in Bezug auf Klima, Faktorausstattung und Technologie. Das **Heckscher-Ohlin-Modell** zeigt, auf welche Weise Unterschiede in der Faktorausstattung den komparativen Vorteil bestimmen: Die Güter unterscheiden sich in ihrer **Faktorintensität,** und Länder exportieren tendenziell diejenigen Güter, die mit den Faktoren intensiv produziert werden, über die sie reichlich verfügen.
4. Die **inländische Nachfragekurve** und die **inländische Angebotskurve** bestimmen den Autarkiepreis eines Gutes. Kommt es zu internationalem Handel, wird der Inlandspreis auf das Niveau des **Weltmarktpreises** getrieben, dem Preis, zu dem das Gut auf dem Weltmarkt ge- bzw. verkauft wird.
5. Liegt der Weltmarktpreis unterhalb des Autarkiepreises, wird ein Gut importiert. Dies führt zu einem Anstieg der Konsumentenrente, einem Rückgang der Produzentenrente und einem Anstieg der Gesamtrente, insgesamt zu einem Wohlfahrtsgewinn für das betreffende Land. Liegt der Weltmarktpreis oberhalb des Autarkiepreises, wird ein Gut exportiert. Dies führt zu einem Anstieg der Produzentenrente, einem Rückgang der Konsumentenrente sowie einem Anstieg der

Gesamtrente, insgesamt zu einem Wohlfahrtsgewinn.

6. Der internationale Handel führt zu einer Expansion der **Exportindustrien** und zu einer Schrumpfung der im **Importwettbewerb** stehenden Industrien. Dies führt zu einer Erhöhung der inländischen Nachfrage nach den reichlich vorhandenen Produktionsfaktoren, zu einem Rückgang der Nachfrage nach den knappen Faktoren und damit zu einer Änderung der Faktorpreise.
7. Die meisten Ökonomen sprechen sich für **Freihandel** aus, in der Praxis greifen jedoch viele Regierungen zum Mittel des **Handelsprotektionismus.** Die beiden häufigsten Formen des **Protektionismus** sind Zölle und Quoten. In wenigen Fällen werden auch die Exportindustrien subventioniert.
8. Ein **Zoll** ist eine Steuer, die auf Importe erhoben wird. Der Zoll erhöht den Inlandspreis über das Niveau des Weltmarktpreises, wodurch die Konsumenten einen Nachteil, die inländischen Produzenten aber einen Vorteil erlangen. Außerdem führt der Zoll zu Staatseinnahmen. Per Saldo sinkt jedoch die Gesamtrente der Volkswirtschaft, es kommt also zu einem Wohlfahrtsrückgang. Bei einer **Importquote** handelt es sich um eine gesetzliche Beschränkung der Menge eines Gutes, die importiert werden darf. Eine Importquote hat im Prinzip dieselben Wirkungen wie ein Zoll, allerdings fallen die Erträge aus der Importquote nicht dem Staat zu, sondern denjenigen, welche die Importlizenzen erhalten.
9. Zwar gibt es eine Reihe populärer Argumente für protektionistische Maßnahmen, in der Praxis dürfte jedoch der politische Zusammenhang die größte Rolle spielen: Die im Importwettbewerb stehenden Branchen sind in der Regel gut organisiert und gut darüber informiert, welche Vorteile sie aus der Protektion ziehen können, während die Konsumenten meist nicht wissen, welche Kosten sie tragen müssen. Insgesamt kann man jedoch sagen, dass der Handel der Europäischen Union, der Vereinigten Staaten und vieler anderer industrialisierter Länder weitgehend frei ist, was vor allem auf die Rolle **internationaler Handelsabkommen** zurückzuführen ist. Diese Handelsabkommen tragen mit dazu bei **Handelskriege** zu verhindern. Mit diesen Handelsabkommen verständigen sich die beteiligten Länder auf eine Verringerung ihrer protektionistischen Maßnahmen. Das **Nordamerikanische Freihandelsabkommen (NAFTA)**, das **NAFTA-USMCA** und die **Europäische Union (EU)** umfassen eine kleine Anzahl von Ländern. Im Gegensatz dazu umfasst die **Welthandelsorganisation (WTO)** eine deutlich größere Anzahl von Ländern und regelt damit den größten Teil des Welthandels. Aufgabe der Welthandelsorganisation (WTO) ist es, die Verhandlungen zu überwachen und für die Einhaltung der betroffenen Vereinbarungen zu sorgen.
10. In den vergangenen Jahren wurden viele Bedenken über die Auswirkungen der Globalisierung geäußert. Ein Thema ist die Zunahme von Einkommensungleichheit aufgrund des starken Anstiegs von Importen aus relativ armen Ländern in den letzten 20 Jahren. Ein weiteres Thema ist die Zunahme von **Offshore-Outsourcing**, da viele Arbeitsplätze, die einst als sicher vor ausländischem Wettbewerb galten, ins Ausland ausgelagert wurden.

SCHLÜSSELBEGRIFFE

- Importe
- Exporte
- Globalisierung
- Hyperglobalisierung
- ricardianisches Modell des internationalen Handels
- Autarkie
- Faktorintensität
- Heckscher-Ohlin-Modell
- inländische Nachfragekurve
- inländische Angebotskurve
- Weltmarktpreis
- Exportindustrien
- Importwettbewerb
- Freihandel
- Handelsprotektionismus
- Protektionismus
- Zoll
- Importquote
- internationale Handelsabkommen
- Handelskrieg
- Nordamerikanisches Freihandelsabkommen (NAFTA)
- NAFTA-USMCA
- Europäische Union (EU)
- Welthandelsorganisation (WTO)
- Offshore-Outsourcing

9 Die Entscheidungsfindung von Personen und Unternehmen

LERNZIELE

- Warum gute Entscheidungen eine genaue Definition von Kosten und Vorteilen voraussetzen.
- Worin der Unterschied zwischen **impliziten** und **expliziten Kosten** besteht.
- Wie sich der **buchhalterische Gewinn** vom **ökonomischen Gewinn** unterscheidet und warum der ökonomische Gewinn die richtige Basis für die Entscheidungsfindung ist.
- Welche drei Arten von ökonomischen Entscheidungen es gibt.
- Warum sich Menschen manchmal auf irrationale, aber dennoch berechenbare Weise verhalten.
- Wie Entscheidungen gefällt werden, bei denen Zeit eine Rolle spielt (im Anhang zu diesem Kapitel).

In guten und in schlechten Zeiten Entscheidungen treffen

Nach dem erfolgreichen Abschluss ihres Biologiestudiums hat Mackenzie McQuade sofort einen Job gefunden. Das kam ziemlich überraschend für sie, da ihre ältere Schwester Ashley vier Jahre zuvor eine gänzlich andere Erfahrung machen musste. Nach ihrem College-Abschluss im Jahr 2010 hatte sie große Schwierigkeiten, einen Job zu finden. Nach vielen Absagen fand sie schließlich eine Stelle, musste dafür aber in anderen Bundesstaat umziehen. Andere entschlossen sich angesichts der schlechten Lage auf dem Arbeitsmarkt dazu, ihre Ausbildung fortzusetzen. Colleges und Universitäten im ganzen Land erhielten eine Flut an Bewerbungen für alle möglichen Ausbildungsprogramme.

Das unterschiedliche Schicksal von Mackenzie und Ashley hatte nichts mit ihren unterschiedlichen Fähigkeiten zu tun. Ashley hatte einfach das Pech, ihren College-Abschluss in einem Jahr zu machen, in dem die Lage auf dem Arbeitsmarkt mit einer Arbeitslosenquote von fast 10 Prozent richtig schlecht war. Nur vier Jahre später, im Jahr 2014, hatte sich die Lage auf dem Arbeitsmarkt deutlich entspannt. Die Arbeitslosenquote lag nur noch bei 6,1 Prozent. Dennoch konnte man die Lage nicht als gut bezeichnen. Immerhin hingen im Jahr 2014 44 Prozent aller College-Absolventen im Alter zwischen 24 und 27 Jahren in Niedriglohnjobs fest, die gar keine College-Ausbildung erforderten.

Unabhängig von der aktuellen Lage am Arbeitsmarkt müssen jedes Jahr Millionen Menschen eine Entscheidung über ihre berufliche Zukunft treffen. Mackenzie hatte mehrere Jobangebote und musste sich für eines der Angebote entscheiden. Ashley stand vor der Frage, ob sie ein Jobangebot in einem anderen Bundesstaat annehmen oder auf ihr Glück hoffen und auf ein besseres Angebot warten sollte. Millionen andere Menschen haben die Entscheidung getroffen, ihre Ausbildung fortzusetzen und nicht weiter nach einem guten Job zu suchen oder einen schlecht bezahlten Job anzunehmen.

In diesem Kapitel beschäftigen wir uns mit den ökonomischen Grundlagen der Entscheidungsfindung. Im Mittelpunkt steht die Frage, wie man die Entscheidungen trifft, die zum bestmöglichen oder auch *optimalen* ökonomischen Ergebnis führen. Ökonomen haben grundlegende Prinzipien der Entscheidungsfindung formuliert, die zu einem optimalen Ergebnis führen, unabhängig davon, ob es sich um einen Konsumenten oder einen Produzenten handelt.

Wir wollen uns zunächst die individuelle Entscheidungsfindung näher ansehen und werden drei Arten von Entscheidungen kennenlernen. Für jede dieser Entscheidungen gilt ein grundlegendes Prinzip der Entscheidungsfindung, das zum bestmöglichen ökonomischen Ergebnis führt. Dabei werden wir verstehen, warum Ökonomen in der Entscheidungsfindung den eigentlichen Kern der Mikroökonomik sehen.

Auch wenn die Menschen die grundlegenden Prinzipien der Entscheidungsfindung bei ihren ökonomischen Entscheidungen nutzen sollten, um das bestmögliche ökonomische Ergebnis zu erreichen, tun sie das manchmal nicht. Menschen verhalten sich in ihrer Entscheidungsfindung also nicht immer rational. So geben z. B. Menschen auf der Jagd nach Schnäppchen mehr Geld aus, als sie durch die Schnäppchen einsparen. Ökonomen haben jedoch herausgefunden, dass sich Menschen auf eine *berechenbare Weise irrational* verhalten. Wir werden uns in diesem Kapitel mit derartigen Verhaltensweisen genauer beschäftigen und dabei in die Verhaltensökonomik (*Behavioral Economics*) einsteigen, einem Forschungsgebiet der Volkswirtschaftslehre, das vermeintlich irrationales ökonomisches Verhalten analysiert.

9.1 Kosten, Vorteile und Gewinne

Bei jeder Form von Entscheidung ist die genaue Definition von Kosten und Vorteilen von größter Bedeutung. Ohne Kenntnis von Kosten und Vorteilen ist es nahezu unmöglich, gute Entscheidungen zu treffen. Und damit wollen wir beginnen.

Ein erster wichtiger Schritt besteht darin, die Rolle der *Opportunitätskosten* zu verstehen. In Kapitel 1 haben wir gelernt, dass Opportunitätskosten etwas mit der *Knappheit von Ressourcen* zu tun haben. Die wahren Kosten einer Sache bestehen in den Dingen, auf die man verzichten muss, um diese Sache zu bekommen: den Opportunitätskosten.

Ob Sie sich dafür entscheiden, ein Jahr länger die Schulbank zu drücken oder Ihre Ausbildung zu beenden, um einen Job anzunehmen – jede Entscheidung ist mit Kosten und Vorteilen verbunden. Da Ihre Zeit eine knappe Ressource ist, können Sie nicht gleichzeitig zur Universität gehen und voll berufstätig sein. Entscheiden Sie sich für die Universität, dann umfassen Ihre Opportunitätskosten zunächst einmal das Einkommen, das Sie im Fall einer Berufstätigkeit erzielen könnten. Außerdem könnte es noch weitere Opportunitätskosten geben, wie z. B. die Berufserfahrung, die Sie durch die Berufstätigkeit erwerben würden.

Wenn wir uns mit Fragen der Entscheidungsfindung beschäftigen, ist es von zentraler Bedeutung, in Opportunitätskosten zu denken, weil die Opportunitätskosten einer Handlung häufig sehr viel höher sind als die einfachen monetären Kosten.

Um die Beziehung zwischen den Opportunitätskosten und den monetären Kosten deutlich zu machen, greifen Ökonomen auf den Begriff der *impliziten Kosten* und den Begriff der *expliziten Kosten* zurück. Wir wollen uns mit diesen beiden Begriffen gleich näher beschäftigen. Anschließend werden wir den *buchhalterischen Gewinn* und den *ökonomischen Gewinn* definieren. Mit diesen beiden Größen können wir messen, ob der Vorteil durch eine Handlung größer ist als die damit verbundenen Kosten. Auf der Grundlage dieser Begriffe zur Bewertung von Kosten und Vorteilen sind wir dann in der Lage, unser erstes Prinzip der ökonomischen Entscheidungsfindung zu untersuchen: Wie trifft man »Entweder-oder«-Entscheidungen?

Explizite versus implizite Kosten

Nehmen Sie an, Sie haben Ihren Bachelorabschluss in der Tasche und haben nun zwei Optionen: Sie können noch ein einjähriges Aufbaustudium anschließen oder unmittelbar eine Arbeitsstelle antreten, die Ihnen angeboten wird. Um die richtige Entscheidung treffen zu können, müssen Sie die Kosten des Aufbaustudiums kennen.

Dafür ist es wichtig, sich an das Konzept der Opportunitätskosten zu erinnern: Die Kosten des einjährigen Aufbaustudiums umfassen auch das, was Ihnen durch den Verzicht auf den angebotenen Job entgeht. Die Kosten des Aufbaustudiums können, wie alle Kosten, in zwei Teile zerlegt werden: die *expliziten* Kosten des Studiums und seine *impliziten* Kosten.

Explizite Kosten sind Kosten, die mit Geldausgaben verbunden sind. Zu den expliziten Kosten des Aufbaustudiums gehören beispielsweise die Studiengebühren. **Implizite Kosten** sind dagegen nicht mit Geldausgaben verbunden. Vielmehr werden die impliziten Kosten durch den in Euro ausgedrückten Wert aller Vorteile bestimmt, auf die Sie wegen des Studiums verzichten müssen. Zu den impliziten Kosten des Aufbaustudiums gehört beispielsweise das Einkommen, das Sie erzielt hätten, wenn Sie stattdessen den angebotenen Job übernommen hätten.

Ein häufiger Fehler, der sowohl in ökonomischen Analysen als auch im realen Leben auftritt, besteht im Ignorieren der impliziten Kosten und der ausschließlichen Berücksichtigung von expliziten Kosten. Oft sind die impliziten Kosten einer Aktivität jedoch substanziell, manchmal sind sie sogar viel höher als die expliziten Kosten.

Tabelle 9-1 zeigt eine Auflistung von möglichen expliziten und impliziten Kosten, die mit einem einjährigen Aufbaustudium und dem Verzicht verbunden sind, in dieser Zeit einer Erwerbsarbeit nachzugehen. Die expliziten Kosten umfassen Studiengebühren, die Ausgaben für Bücher, andere Arbeitsmaterialien und ein Notebook, um die Hausaufgaben erledigen zu können. All dies ist mit der Ausgabe von Geld verbunden. Die impliziten Kosten bestehen aus dem Gehalt, das man erzielt hätte, wenn man den angebotenen Job angenommen hätte. Wie man der Tabelle entnehmen kann, belaufen sich die Opportunitätskosten eines weiteren Jahres an der Universität auf 44.500 Euro. Diese Größe setzt sich aus impliziten Kosten – das nicht erzielte Einkommen in Höhe von 35.000 Euro – und expliziten Kosten zusammen – die Kosten für Studiengebühren, Bücher usw. in Höhe von 9.500 Euro. Da die impliziten Kosten mehr als dreimal so hoch sind wie die expliziten Kosten, würde das Außerachtlassen der impliziten Kosten zu einer völlig falschen Entscheidung führen. Unser Beispiel verdeutlicht ein grundlegendes Prinzip: *Die Opportunitätskosten jeder Aktivität bestehen in der Summe aus expliziten Kosten und impliziten Kosten*.

Eine etwas andere Betrachtung der impliziten Kosten kann uns dabei helfen, das Konzept der Opportunitätskosten noch besser zu verstehen. Der Einkommensverzicht spiegelt die Kosten der Nutzung Ihrer Ressourcen (Ihrer Zeit) für das Aufbaustudium statt für die Erwerbsarbeit wider. Obwohl Sie kein Geld ausgeben müssen, ist die Verwendung Ihrer Zeit für die zusätzliche Ausbildung für Sie mit Kosten verbunden. Diese Beobachtung verdeutlicht einen wichtigen Aspekt der Opportunitätskosten: Wenn Sie über die Kosten einer Aktivität nachdenken, dann sollten Sie die Kosten der Verwendung jeder Ihrer Ressourcen berücksichtigen, die Sie für diese Aktivität einsetzen. Die Kosten der Verwendung Ihrer eigenen Ressourcen können Sie dadurch ermitteln, dass Sie bestimmen, welchen Ertrag Sie mit diesen Ressourcen in der nächstbesten Verwendung hätten erzielen können.

Mithilfe der Opportunitätskosten können wir auch erklären, warum es in den Vereinigten Staaten im Jahr 2010 zu einem starken Anstieg der Zahl an Bewerbungen bei Universitäten gekommen ist. Die Lage auf dem Arbeitsmarkt war schlecht. Infolge der Finanz- und Wirtschaftskrise herrschte noch immer hohe Arbeitslosigkeit. Der größte Teil der freien Stellen bot nur geringe Ver-

Explizite Kosten sind Kosten, die mit Geldausgaben verbunden sind.

Implizite Kosten erfordern keine Geldausgabe. Sie werden durch den in Euro ausgedrückten Wert der Vorteile bestimmt, auf die man verzichten muss.

Tab. 9-1

Opportunitätskosten eines einjährigen Aufbaustudiums

Explizite Kosten		**Implizite Kosten**	
Studiengebühren	7.000 €	Nicht erhaltenes Einkommen	35.000 €
Bücher und andere Arbeitsmaterialien	1.000 €		
Notebook	1.500 €		
Gesamte explizite Kosten	**9.500 €**	**Gesamte implizite Kosten**	**35.000 €**

Opportunitätskosten = gesamte explizite Kosten + gesamte implizite Kosten = 44.500 €

dienstmöglichkeiten. Dadurch waren die Opportunitätskosten für eine Fortsetzung der Ausbildung deutlich gesunken. In einer solchen Situation war die Entscheidung für ein weiteres Jahr an der Universität wesentlich attraktiver.

Buchhalterischer Gewinn versus ökonomischer Gewinn

Der **buchhalterische Gewinn** ergibt sich als Differenz aus Erlös und expliziten Kosten.

Kehren wir zu Ashley zurück und unterstellen jetzt, dass sie sich entweder für eine zweijährige Zusatzausbildung zur Apothekerin an der Universität oder für zwei Jahre Arbeiten in einem Job entscheiden kann. Wir wollen weiterhin davon ausgehen, dass sie für einen erfolgreichen Abschluss der Zusatzausbildung die gesamten zwei Jahre an der Universität bleiben muss. Wie sollte sich Ashley entscheiden?

Zur Beantwortung der Frage müssen wir zunächst einmal bestimmen, welche Vorteile Ashley durch den Abschluss der Zusatzausbildung zur Apothekerin hat, welche Erlöse sie also durch den Zusatzabschluss erzielen kann. Hat Ashley nach zwei Jahren ihre Ausbildung abgeschlossen, dann kann sie für den Rest ihres Berufslebens Einkünfte im heutigen Wert von 600.000 Euro realisieren. Macht sie den Zusatzabschluss nicht und nimmt stattdessen das Jobangebot an, dann wird sie in zwei Jahren in ihrem Berufsleben Einkünfte im heutigen Wert von 500.000 Euro bekommen. Die Studiengebühren belaufen sich auf 40.000 Euro, die sie mithilfe eines Darlehens finanziert. Dafür fallen 4.000 Euro an Zinsen an.

Der **ökonomische Gewinn** ergibt sich als Differenz aus Erlös und Opportunitätskosten der eingesetzten Ressourcen. Er ist normalerweise kleiner als der buchhalterische Gewinn.

Auf den ersten Fall scheint es ziemlich offensichtlich, welche Entscheidung Ashley treffen sollte. Entscheidet sie sich für die Ausbildung zur Apothekerin, erhöhen sich ihre Arbeitseinkünfte um 600.000 Euro – 500.000 Euro = 100.000 Euro. Sie muss zusätzlich 40.000 Euro an Studiengebühren und 4.000 Euro an Zinsen für das Studiendarlehen zahlen. Bedeutet das, dass Ashley durch ihre Zusatzausbildung zur Apothekerin einen Gewinn von 100.000 Euro – 40.000 Euro – 4.000 Euro = 56.000 Euro erzielt? Nun, die 56.000 Euro sind der **buchhalterische Gewinn**, den Ashley durch ihre Zusatzausbildung realisiert: ihre Erlöse abzüglich ihrer expliziten Kosten. In unserem Beispiel belaufen sich ihre expliziten Kosten auf 44.000 Euro, die Kosten für die Studiengebühren und die Zinszahlungen für das Studiendarlehen.

Der buchhalterische Gewinn ist zweifellos eine nützliche Größe. Dennoch sollte Ashley ihre Entscheidung nicht allein mit Blick auf den buchhalterischen Gewinn treffen. Für die richtige Entscheidung – die Entscheidung, die für sie zum besten ökonomischen Ergebnis führt – muss sie ihren **ökonomischen Gewinn** ermitteln. Das ist der Gewinn, der sich nach dem Abzug der Opportunitätskosten der Zusatzausbildung (die Summe aus expliziten *und* impliziten Kosten) von den Erlösen durch die Zusatzausbildung ergibt.

Wenn Ökonomen von *Gewinn* sprechen, meinen sie den *ökonomischen* Gewinn und nicht den *buchhalterischen* Gewinn. Das gilt auch für uns. Wenn wir also im weiteren Verlauf dieses Buch von Gewinn sprechen, meinen wir stets den ökonomischen Gewinn.

Inwiefern unterscheidet sich Ashleys ökonomischer Gewinn von ihrem buchhalterischen Gewinn? Ein Grund für den Unterschied liegt in den zwei Jahren, die die Zusatzausbildung dauert und in denen Ashley auf Arbeitseinkommen verzichten muss. Das sind implizite Kosten für die Zusatzausbildung zur Apothekerin. Wir wollen davon ausgehen, dass Ashley durch die zwei Jahre an der Universität 57.000 Euro an Arbeitseinkommen verloren gehen.

Wenn wir diese impliziten Kosten berücksichtigen, stellen wir fest, dass es für Ashley auf einmal besser wäre, nicht zur Universität zu gehen. Wir können diese Änderung anhand von **Tabelle 9-2** nachvollziehen. Der ökonomische Gewinn von Ashley im Fall der Zusatzausbildung beläuft sich auf –1.000 Euro. Mit ihrer Ausbildung zur Apothe-

Tab. 9-2

Der ökonomische Gewinn der Zusatzausbildung zur Apothekerin

Wert des erhöhten Lebensarbeitseinkommens	**100.000 €**
Explizite Kosten:	
Studiengebühren	–40.000 €
Zinsen für das Studiendarlehen	–4.000 €
Buchhalterischer Gewinn	**56.000 €**
Implizite Kosten:	
Verlust an Arbeitseinkommen für zwei Jahre	–57.000 €
Ökonomischer Gewinn	**–1.000 €**

kerin macht Ashley demnach einen ökonomischen Verlust in Höhe von –1.000 Euro. Sie wäre also besser gestellt, wenn sie jetzt sofort einen Job annehmen würde.

Damit wir den Unterschied zwischen dem buchhalterischen Gewinn und dem ökonomischen Gewinn vollständig verstehen, wollen wir nun eine leicht veränderte Situation betrachten. Nehmen wir an, Ashley muss für die Bezahlung der Studiengebühren in Höhe von 40.000 Euro keinen Kredit aufnehmen, sondern erhält die Summe als Erbschaft von ihrer Großmutter. Damit fallen auch keine Zinszahlungen in Höhe von 4.000 Euro an. In diesem Fall beläuft sich der buchhalterische Gewinn auf 60.000 Euro und nicht mehr auf 56.000 Euro. Entscheidet sich Ashley nun für die Zusatzausbildung? Schließlich sollte der ökonomische Gewinn jetzt 60.000 Euro – 57.000 Euro = 3.000 Euro betragen, oder nicht?

Die Antwort lautet nein. Erhält Ashley das Geld für die Studiengebühren aus einer Erbschaft, dann greift sie auf eigenes Kapital zur Finanzierung ihrer Ausbildung zurück. Und die Verwendung des Kapitals geht mit Opportunitätskosten einher, auch wenn das Geld Ashley gehört.

Als **Kapital** bezeichnet man den Wert der Vermögensobjekte einer Person oder eines Unternehmens. Das Kapital einer Person besteht in der Regel aus dem Bargeld in der Brieftasche, dem Geld auf den Konten bei der Bank sowie aus Aktien, Anleihen und Immobilien. Zum Kapital eines Unternehmens gehören zusätzlich noch seine Ausrüstungen, Gebäude, Werkzeuge und Lagerbestände. (Ökonomen unterscheiden in diesem Zusammenhang noch zwischen *Finanzkapital* wie Bargeld, Aktien oder Anleihen und *Realkapital* wie Maschinen, Gebäude und Werkzeuge).

Aber selbst wenn Ashley die Summe von 40.000 Euro besitzt und damit die Studiengebühren bezahlt, gehen damit Opportunitätskosten einher. Schließlich könnte Ashley die Summe von 40.000 Euro auch für andere Dinge als das Studiendarlehen verwenden. Die nächstbeste Verwendungsmöglichkeit besteht darin, das Geld einfach zur Bank zu bringen und für die Einlage bei der Bank Zinsen zu erhalten.

Um die Sache nicht unnötig kompliziert zu machen, wollen wir davon ausgehen, dass Ashley 4.000 Euro an Zinsen erhalten kann, wenn sie das Geld zur Bank bringt. Das bedeutet, dass ihr jetzt anstelle von 4.000 Euro an externen Kosten für die Zinszahlung auf das Studiendarlehen 4.000 Euro an impliziten Kosten für die entgangenen Zinszahlungen entstehen.

Die Summe von 4.000 Euro aufgrund der entgangenen Zinszahlungen bezeichnen Ökonomen als **implizite Kapitalkosten**. Sie spiegeln das Einkommen wider, das vom Eigentümer erzielbar wäre, wenn das Kapital in der nächstbesten alternativen Verwendung eingesetzt worden wäre. Für Ashley macht es damit im Endeffekt keinen Unterschied, ob sie die Studiengebühren über ein Studiendarlehen oder durch eigenes Geld finanziert. Unser Beispiel zeigt, wie wichtig es ist, bei der Entscheidungsfindung die Opportunitätskosten im Blick zu haben.

Als **implizite Kapitalkosten** bezeichnet man die Opportunitätskosten des eingesetzten Kapitals einer Person. Sie spiegeln das Einkommen wider, das vom Eigentümer erzielbar wäre, wenn das Kapital in der nächstbesten alternativen Verwendung eingesetzt worden wäre.

Als **Kapital** bezeichnet man den Wert der Vermögensobjekte einer Person oder eines Unternehmens.

»Entweder-oder«-Entscheidungen

Bei »Entweder-oder«-Entscheidungen geht es darum, sich zwischen zwei Alternativen zu entscheiden. Dagegen haben »Wie viel«-Entscheidungen mit der Frage zu tun, wie viel von einer bestimmten Alternative gewählt werden soll. In unserem Beispiel musste Ashley eine »Entweder-oder«-Entscheidung treffen: *entweder* zwei Jahre lang eine Zusatzausbildung zur Apothekerin absolvieren *oder* arbeiten gehen. Dagegen ist die Frage, wie viele Stunden man täglich arbeiten will eine »Wie viel«-Entscheidung. In **Tabelle 9-3** sind verschiedene »Entweder-oder«- und »Wie viel«-Entscheidungen aufgeführt.

Wir wissen bereits, dass es bei ökonomischen Entscheidungen im wahrsten Sinne des Wortes von entscheidender Bedeutung ist, die Opportunitätskosten korrekt zu bestimmen. »Entweder-oder«-Entscheidungen zwischen zwei Alternativen führen dann zum bestmöglichen Ergebnis (aus ökonomischer Sicht), wenn die Alternative gewählt wird, die mit Blick auf die andere Alternative einen positiven ökonomischen Gewinn generiert. Diese Regel ist auch als **Prinzip der Entscheidungsfindung bei »Entweder-oder«-Entscheidungen** bekannt.

Nach dem **Prinzip der Entscheidungsfindung bei »Entweder-oder«-Entscheidungen** zwischen zwei Alternativen ist die Alternative zu wählen, die mit Blick auf die andere Alternative einen positiven ökonomischen Gewinn generiert.

Um dieses Prinzip zu verstehen, wollen wir die Entscheidung von Ashley noch mal aus einem anderen Blickwinkel betrachten. Entscheidet sich Ashley sofort arbeiten zu gehen, beläuft sich der Wert ihres gesamten Lebensarbeitseinkommens heute auf 57.000 Euro (der heutige Wert ihres Arbeitseinkommens in den nächsten zwei Jahren)

Tab. 9-3

»Entweder-oder«-Entscheidungen versus »Wie viel«-Entscheidungen

»Entweder-oder«-Entscheidungen	»Wie viel«-Entscheidungen
Ariel oder Persil zum Waschen nehmen?	Wie lange soll man warten, bevor man das nächste Mal Wäsche wäscht?
Ein Auto kaufen oder nicht?	Wie viele Kilometer soll man fahren, bevor man an seinem Auto einen Ölwechsel machen lässt?
Pizza oder Spaghetti bestellen?	Wie viele Peperoni möchte ich auf meine Pizza?
Unternehmer oder Angestellter sein?	Wie viele Arbeitnehmer sollten Sie in Ihrem Unternehmen beschäftigen?
Einem Patienten Medikament A oder Medikament B verschreiben?	Wie viele Tabletten sollte ein Patient nehmen, wenn das entsprechende Medikament Nebenwirkungen aufweist?
Die Schulausbildung beenden oder nicht?	Wie viele Stunden soll man täglich arbeiten gehen?

+ 500.000 Euro (der heutige Wert ihres Arbeitseinkommens in den Jahren danach) = 557.000 Euro. Schließt sie dagegen die Zusatzausbildung ab und arbeitet anschließend als Apothekerin, dann beträgt der Wert ihres gesamten Lebensarbeitseinkommens heute 600.000 Euro (der heutige Wert ihres Arbeitseinkommens in den Jahren nach der Ausbildung) – 40.000 Euro (Studiengebühren) – 4.000 Euro (Zinszahlungen) = 556.000 Euro. Der ökonomische Gewinn der Entscheidung »Job annehmen« im Vergleich zur Entscheidung »Apothekerin werden« ist 557.000 Euro – 556.000 Euro = 1.000 Euro.

Die richtige Entscheidung von Ashley ist es also, sofort arbeiten zu gehen, da sie dadurch einen ökonomischen Gewinn in Höhe von 1.000 Euro realisiert, und nicht Apothekerin zu werden, da diese Alternative zu einem ökonomischen Gewinn in Höhe von –1.000 Euro führt. Mit anderen Worten: Entscheidet sie sich für den Beruf als Apothekerin, würde sie die 1.000 Euro an ökonomischem Gewinn verlieren, die sie gewonnen hätte, wenn sie sofort anfangen würde, sofort zu arbeiten.

Bei »Entweder-oder«-Entscheidungen passieren falsche Entscheidungen immer dann, wenn Personen oder Unternehmen auf ihr eigenes Kapital zurückgreifen und sich nicht das Kapital leihen. In diesen Situationen werden die impliziten Kosten des eigenen Kapitals nicht berücksichtigt. Leihen sich Personen oder Unternehmen das benötigte Kapital, dann fallen die Kapitalkosten als externe Kosten an und finden auch dementsprechend Berücksichtigung. Gehört z. B.

DENKFALLEN!

Warum gibt es nur zwei Alternativen?
Wir haben bei »Entweder-oder«-Entscheidungen angenommen, dass nur zwei Optionen zur Wahl stehen. Aber was würde passieren, wenn es drei, vier oder noch mehr Optionen gibt? Könnten wir dann immer noch das Prinzip der Entscheidungsfindung bei »Entweder-oder«-Entscheidungen anwenden?
Auf jeden Fall. Schließlich können wir jede Entscheidung zwischen drei und mehr Optionen als Abfolge von Entscheidungen zwischen zwei Optionen betrachten. Nehmen wir an, es gibt drei Alternativen A, B und C. (Denken Sie daran, dass es sich um eine »Entweder-oder«-Entscheidung handelt. Sie können sich also nur für eine der drei Optionen entscheiden.)
Betrachten wir zu Beginn Option A und Option B und unterstellen, dass A einen positiven ökonomischen Gewinn generiert, B dagegen nicht. Dann ist B für uns keine wählbare Option mehr, da wir wissen, dass A immer besser als B ist. Im nächsten Schritt vergleichen wir A und C. Bei diesem Vergleich wollen wir davon ausgehen, dass C einen positiven ökonomischen Gewinn generiert, und A nicht. Jetzt können wir auch Option A verwerfen, da C immer besser als A sein wird. Und damit sind wir fertig: Da A besser als B ist, und C besser als A ist, stellt C die richtige Entscheidung dar.

WISSENSCHAFT UND PRAXIS

Airbnb und die Kosten der Privatsphäre

Einer der Vorteile des Älterwerdens besteht darin, dass man irgendwann genügend Geld hat, um sich eine eigene Wohnung zu leisten. Und in den eigenen vier Wänden hat man seine Ruhe und seine Privatsphäre. Man muss sich nicht mehr über Mitbewohner ärgern, die alles herumliegen lassen, und man muss auch morgens nicht mehr warten, um ins Bad zu kommen. Mittlerweile gibt es aber einen Trend in die entgegengesetzte Richtung. Über Webseiten wie Airbnb und FeWo-Direkt teilen immer mehr Menschen ihre Wohnung oder ihr Haus mit fremden Personen und verzichten damit auf ihre Privatsphäre.

Es ist einfach eine Frage der Opportunitätskosten. Durch die wachsende Zahl an Online-Portalen zur Buchung und Vermietung von Unterkünften kann man unkompliziert Wohnraum zur Vermietung anbieten. In Gegenden mit einer hohen Nachfrage nach Kurzzeitunterkünften, wie beispielsweise in San Francisco oder in Austin (Texas), kann es sich richtig lohnen, Wohnraum weiterzuvermieten. In Austin werden für ein privates Zimmer mit einem gemeinsamen Badezimmer 50 Dollar pro Nacht bezahlt, in San Francisco für einen Loft-Schlafraum mit einem gemeinsamen Badezimmer sogar 170 Dollar pro Nacht. In vielen Städten sind die Opportunitätskosten für leer stehende Zimmer und damit die Opportunitätskosten der Privatsphäre deutlich gestiegen.

Bauunternehmen haben bereits auf diesen Trend reagiert und bauen verstärkt Gebäude mit Wohnraum zum Untervermieten. Nach einer aktuellen Umfrage beabsichtigen 35 Prozent aller jungen Erwachsenen, Wohnraum in ihrer Wohnung zumindest zeitweise unterzuvermieten. Für viele sind die Einnahmen aus der Untervermietung ein wichtiger Schritt, um dem geplanten Kauf ihrer Wohnung ein Stück näher zu kommen.

einem Restaurantbesitzer die gesamte Ausstattung (Tische, Stühle, Tresen, Kühlschränke, Kochherde …), muss der Unternehmer die impliziten Kapitalkosten in der Form berücksichtigen, dass er den Wiederverkaufswert der Ausstattung bestimmt und anschließend ermittelt, welche Erträge er durch die Nutzung dieser Summe für die nächste bestmögliche Verwendung erzielen könnte.

Personen, die ihr eigenes Geschäft führen, vergessen außerdem oft, die Opportunitätskosten der Zeit, die sie für das Geschäft verwenden, mitzuberücksichtigen. Dadurch unterschätzen insbesondere kleine Unternehmen ihre Opportunitätskosten und überschätzen dadurch den ökonomischen Gewinn einer Fortführung der Geschäftsaktivitäten.

Bedeutet unsere Analyse, dass die vielen Bewerber an den Universitäten im Jahr 2010 eine falsche Entscheidung getroffen haben? Nicht notwendigerweise. Schließlich hat der schlechte Arbeitsmarkt die Opportunitätskosten des Verzichts auf Arbeitseinkommen für viele Studierende deutlich gesenkt, sodass die Entscheidung zur Fortsetzung der Ausbildung für sie die beste Entscheidung gewesen sein kann.

Kurzzusammenfassung

- Kosten sind Opportunitätskosten. Sie können in **explizite Kosten** und **implizite Kosten** unterteilt werden.
- Der **buchhalterische Gewinn** einer Option stimmt nicht notwendigerweise mit ihrem **ökonomischen Gewinn** überein.
- Aufgrund von **impliziten Kapitalkosten**, den Opportunitätskosten der Nutzung von eigenem **Kapital**, und den Opportunitätskosten der Zeit des Eigentümers ist der ökonomische Gewinn oft deutlich kleiner als der buchhalterische Gewinn.
- Nach dem **Prinzip der Entscheidungsfindung bei »Entweder-oder«-Entscheidungen** zwischen zwei Optionen ist die Option zu wählen, die mit Blick auf die andere Alternative einen positiven ökonomischen Gewinn generiert.

ÜBERPRÜFEN SIE IHR WISSEN

1. Klaus und Dieter restaurieren alte Möbel. Sie betreiben ihr Geschäft von zu Hause. Handelt es sich bei den folgenden Dingen um explizite Kosten oder um implizite Kosten ihres Geschäftes?
   a. Materialien wie Abbeizer, Lack, Politur, Sandpapier usw.,
   b. Kellerraum, der in Werkstattfläche umgewandelt wurde,
   c. Löhne, die an eine Teilzeitkraft gezahlt werden,
   d. ein Lieferwagen, der ihnen geschenkt wurde, und den sie ausschließlich für den Möbeltransport nutzen,
   e. die Arbeitsstelle bei einem großen Möbelrestaurator, die Klaus kündigte, um sein eigenes Unternehmen zu betreiben.
2. Nehmen Sie, dass Ashley eine dritte Alternative hat. Sie kann eine zweijährige Berufsausbildung zur Mechatronikerin absolvieren. Während der Berufsausbildung erhält sie ein Lehrlingsentgelt in Höhe von 15.000 Euro pro Jahr. Als ausgebildete Mechatronikerin kann sie dann in ihrem Berufsleben ein Arbeitseinkommen in Höhe von insgesamt 725.000 Euro verdienen. Was ist die beste Entscheidung für Ashley?
3. Nehmen Sie an, es gibt drei Optionen A, B und C, und Sie müssen sich für eine Option entscheiden. Beim Vergleich zwischen A und B finden Sie heraus, dass B einen ökonomischen Gewinn generiert, A nicht. Bei einem Vergleich zwischen A und C stellen Sie fest, dass C einen ökonomischen Gewinn generiert, A dagegen nicht. Wie entscheiden Sie sich?

9.2 »Wie viel«-Entscheidungen: Die Bedeutung der Marginalanalyse

Sicherlich sind viele ökonomische Entscheidungen »Entweder-oder«-Entscheidungen, aber viele andere sind auch »Wie viel«-Entscheidungen. Die meisten Menschen werden das Autofahren nicht aufgeben, wenn der Benzinpreis steigt, allerdings werden viele weniger fahren. Aber wie viel weniger? Ein Anstieg des Weizenpreises wird vermutlich nicht sehr viele Menschen dazu bringen, einen landwirtschaftlichen Betrieb zu eröffnen, aber er wird Landwirte, die bereits Weizen anbauen, dazu veranlassen, die Weizenproduktion zu erhöhen. Aber um wie viel?

Wir wissen bereits durch unsere Grundprinzipien aus Kapitel 1, dass »Wie viel« eine Entscheidung ist, die sich durch eine Grenzbetrachtung ergibt. Um »Wie viel«-Entscheidungen zu verstehen, verwenden wir einen Ansatz, der als *Marginalanalyse* bezeichnet wird. Der zentrale Gedanke der Marginalanalyse besteht im Vergleich des Vorteils, eine Aktivität ein klein wenig auszudehnen, mit den Kosten, die aus der geringfügigen Ausdehnung dieser Aktivität resultieren. Den zusätzlichen Vorteil aus der geringfügigen Ausdehnung der Aktivität bezeichnen Ökonomen als *Grenzvorteil*. Die Kosten der geringfügigen Ausdehnung der Aktivität werden als *Grenzkosten* bezeichnet.

Warum sprechen wir von »Marginal«-Analyse? Der Begriff marginal ist vom lateinischen marginis abgeleitet, dem Genitiv von margo, was »Rand« bedeutet. Etwas salopp formuliert kann man sagen, dass man in der Marginalanalyse den Rand ein klein wenig nach außen verschiebt und schaut, ob man damit einen guten Zug gemacht hat. Wir wollen im Folgenden die Marginalanalyse mithilfe eines Beispiels veranschaulichen, das sich auf Alex bezieht, der Informatik studiert. Da es viele Programmierungen und Programmiersprachen gibt, von denen Alex jedes Jahr eine bestimmte Anzahl erlernen kann, muss sich Alex jedes Jahr neu entscheiden, ob er weiterstudiert oder nicht.

Im Unterschied zu Ashley, die sich der »Entweder-oder«-Entscheidung gegenübersah, ob sie eine Zusatzausbildung zur Apothekerin absolvieren oder sofort einen Job annehmen soll, muss Alex eine »Wie viel«-Entscheidung treffen, bei der es darum geht, wie viele Jahre er Informatik studieren soll. Er kann z. B. ein Jahr weiter studieren, zwei Jahre, drei Jahre usw. Wir beginnen unsere Analyse von Alex' Entscheidungsproblem mit der *Bestimmung der Grenzkosten*, die Alex für ein weiteres Jahr Studium entstehen.

Die Grenzkosten

Wir gehen davon aus, dass die expliziten Kosten für ein weiteres Jahr Studium 10.000 Euro betragen – für Studiengebühren, Zinsen auf ein Studiendarlehen und andere Dinge. Zusätzlich zu den expliziten Kosten entstehen Alex auch implizite Kosten – das Arbeitseinkommen, auf das er verzichtet, weil er ein Jahr länger studiert.

Im Unterschied zu den expliziten Kosten, die konstant sind (also in jedem Jahr gleich groß), verändern sich die impliziten Kosten jedes Jahr. Da er nach jedem weiteren Jahr an der Universität immer besser ausgebildet ist, könnte er mit jedem weiteren Jahr Studium ein höheres Arbeitseinkommen erzielen. Damit steigt das Arbeitseinkommen, auf das er verzichtet, mit jedem weiteren Jahr an der Universität an. Mit anderen Worten: je länger Alex studiert, desto größer sind seine impliziten Kosten für ein weiteres Studienjahr.

Tabelle 9-4 enthält die Daten über die Entwicklung der Kosten für jedes weitere Studienjahr. Die zweite Spalte zeigt, wie sich die gesamten Kosten für das Studium mit der Anzahl der Studienjahre ändern. So kostet das erste Jahr 30.000 Euro: 10.000 Euro an expliziten Kosten für Studiengebühren u.Ä. und 20.000 Euro an impliziten Kosten für das entgangene Einkommen

Die zweite Spalte zeigt auch, dass die Gesamtkosten für zwei Jahre Studium 70.000 Euro betragen: 30.000 Euro für das erste Jahr und 40.000 Euro für das zweite Jahr. Im zweiten Studienjahr bleiben die expliziten Kosten bei 10.000 Euro, während die impliziten Kosten für das entgangene Einkommen auf 30.000 Euro ansteigen. Das erklärt sich dadurch, dass Alex auf dem Arbeitsmarkt mit einem Studienjahr ein höheres Einkommen erzielen kann als ohne ein Studienjahr.

Die Gesamtkosten für drei Studienjahre belaufen sich auf 130.000 Euro: 30.000 Euro für drei Jahre Studiengebühren und 100.000 Euro an impliziten Kosten für drei Jahre entgangenes Einkommen. Bei vier Jahren Studium liegen die Gesamtkosten bei 220.000 Euro, bei fünf Jahren bei 350.000 Euro.

Die Änderung in den Gesamtkosten des Studiums von Alex durch ein weiteres Studienjahr entspricht seinen *Grenzkosten* einer Änderung der Studienjahre um ein Jahr. Allgemein sind die **Grenzkosten** einer Aktivität die zusätzlichen Kosten, die durch die Ausdehnung dieser Aktivität um eine weitere Einheit auftreten. Die Pfeile, die sich im Zickzack zwischen den Gesamtkosten in der zweiten Spalte und den Grenzkosten in der dritten Spalte bewegen, sollen verdeutlichen, wie sich die Grenzkosten aus den Gesamtkosten ergeben.

Die **Grenzkosten** einer Aktivität sind die zusätzlichen Kosten, die bei der Ausdehnung dieser Aktivität um eine weitere Einheit entstehen.

Natürlich lassen sich auch die Gesamtkosten aus den Grenzkosten ermitteln: Die Gesamtkosten einer bestimmten Menge ergeben sich aus der Summe der Grenzkosten dieser Menge und aller vorhergehenden Mengen. Die Gesamtkosten für drei Jahre Studium belaufen sich damit auf

Tab. 9-4

Die Grenzkosten von Alex für ein weiteres Studienjahr

Anzahl der Studienjahre	Gesamte Kosten (€)	Grenzkosten (€)
0	0	
		30.000
1	30.000	
		40.000
2	70.000	
		60.000
3	130.000	
		90.000
4	220.000	
		130.000
5	350.000	

Verursacht jede zusätzliche Einheit einer Aktivität die gleichen Kosten wie die vorhergehende Einheit, dann spricht man von **konstanten Grenzkosten**.

Bei **sinkenden Grenzkosten** verursacht jede zusätzliche Einheit einer Aktivität geringere Kosten als die vorhergehende Einheit.

Verursacht jede zusätzliche Einheit einer Aktivität höhere Kosten als die vorhergehende Einheit, dann spricht man von **steigenden Grenzkosten**.

Die **Grenzkostenkurve** zeigt grafisch, wie die Kosten einer zusätzlichen Einheit von der schon produzierten Menge abhängen.

30.000 Euro + 40.000 Euro + 60.000 Euro = 130.000 Euro – der Summe der Grenzkosten des ersten Jahres, des zweiten Jahres und des dritten Jahres.

Die dritte Spalte in Tabelle 9-4 zeigt ein klares Muster: die Grenzkosten eines weiteren Studienjahres steigen mit zunehmender Zahl an Studienjahren. Sie steigen von 30.000 Euro auf 40.000 Euro, dann auf 60.000 Euro, dann auf 90.000 Euro und schließlich auf 130.000 Euro für das fünfte Studienjahr. Das hat damit zu tun, dass Alex mit jedem Jahr Studium am Arbeitsmarkt ein höheres Einkommen erzielen kann. Der Verzicht auf einen Job wird damit umso teurer, je länger Alex studiert. Diese Kostenstruktur ist ein Beispiel für **steigende Grenzkosten**. Steigende Grenzkosten liegen vor, wenn jede zusätzliche Einheit einer Aktivität höhere Kosten verursacht als die vorhergehende Einheit.

Abbildung 9-1 zeigt die **Grenzkostenkurve**, die grafische Darstellung der Grenzkosten von Alex. Die Höhe der eingezeichneten Säulen gibt die Grenzkosten wieder, die mit einem weiteren Studienjahr verbunden sind. Die Linie, die die Punkte in der Mitte am oberen Ende jeder Säule miteinander verbindet, ist die Grenzkostenkurve von Alex. Da die Grenzkosten von Alex mit jedem weiteren Studienjahr größer werden, hat die Grenzkostenkurve einen steigenden Verlauf.

Nicht alle Aktivitäten weisen steigende Grenzkosten auf. Es kann auch sein, dass die Grenzkosten immer konstant sind. **Konstante Grenzkosten** treten dann auf, wenn jede zusätzliche Einheit einer Aktivität die gleichen Kosten verursacht wie die vorhergehende Einheit. So haben z. B. Baumschulen in der Regel konstante Grenzkosten. Die Kosten für das Pflanzen und die Aufzucht eines zusätzlichen Baumes sind immer gleich groß, unabhängig davon, wie viele Bäume schon gepflanzt wurden. Bei konstanten Grenzkosten hat die Grenzkostenkurve einen waagerechten Verlauf.

Gleichzeitig gibt es auch **sinkende Grenzkosten**. Bei sinkenden Grenzkosten verursacht jede zusätzliche Einheit einer Aktivität geringere Kosten als die vorhergehende Einheit. In diesem Fall hat die Grenzkostenkurve einen fallenden Verlauf. Sinkende Grenzkosten sind oft das Ergebnis von *Lerneffekten* in der Produktion. Bei komplizierten Aufgaben wie z. B. der Montage eines neuen Pkws arbeiten die Arbeitskräfte zunächst langsam und machen Fehler, sodass die Grenzkosten bei den ersten Produktionseinheiten hoch sind. Nach einer Weile werden die Arbeitskräfte schneller und vermeiden Fehler, sodass die Grenzkosten sinken, je mehr Produktionseinheiten fertiggestellt werden. Die Gesamtproduktion weist damit fallende Grenzkosten auf.

Abb. 9-1

Die Grenzkostenkurve

Die Höhe jeder Säule spiegelt die Grenzkosten für ein weiteres Studienjahr wider. Die Höhe der Säulen nimmt mit der Zahl der Studienjahre zu, da die Grenzkosten mit jedem weiteren Studienjahr größer werden. Damit sieht sich Alex steigenden Grenzkosten gegenüber, und seine Grenzkostenkurve, die die Punkte am oberen Ende jeder Säule miteinander verbindet, hat einen steigenden Verlauf.

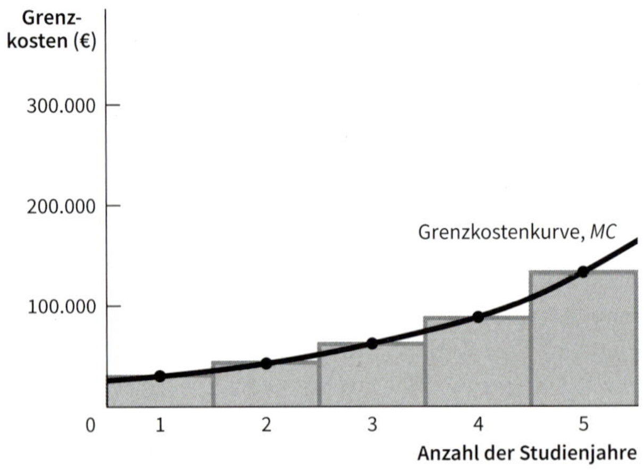

DENKFALLEN!

Steigende Gesamtkosten versus steigende Grenzkosten
Man könnte schnell versucht sein zu denken, dass sich Grenzkosten und Gesamtkosten immer in die gleiche Richtung bewegen. Steigen die Gesamtkosten, dann müssen auch die Grenzkosten steigen, sinken die Grenzkosten, dann müssen auch die Gesamtkosten sinken. Das folgende Beispiel zeigt allerdings, dass diese Überlegung falsch ist.
Wir wollen ein Beispiel aus der Pkw-Produktion betrachten, in der es, wie wir wissen, Lerneffekte gibt. Nehmen wir an, dass die Grenzkosten der Fertigung für einen Pkw in der ersten Produktionsserie 10.000 Euro pro Pkw betragen. Durch die Optimierung der Arbeitsabläufe und die wachsende Erfahrung der Arbeitskräfte sinken die Grenzkosten in der zweiten Produktionsserie auf 8.000 Euro je Pkw. Für die dritte Produktionsserie betragen die Grenzkosten nur 6.500 Euro je Pkw. Ab der vierten Produktionsserie liegen die Grenzkosten dann konstant bei 5.000 Euro je Pkw.
In unserem Beispiel sinken die Grenzkosten von der ersten bis zur vierten Produktionsserie von 10.000 Euro je Pkw auf 5.000 Euro je Pkw. Dennoch steigen die Gesamtkosten der Produktion, denn die Grenzkosten sind größer als null.
Um das zu verstehen, wollen wir unterstellen, dass jede Produktionsserie aus 100 Fahrzeugen besteht. Dann liegen die Gesamtkosten der Produktion nach der ersten Produktionsserie bei 100 × 10.000 Euro = 1.000.000 Euro. Die Gesamtkosten der ersten und zweiten Produktionsserie betragen 1.000.000 Euro + (100 × 8.000 Euro) = 1.800.000 Euro, die Gesamtkosten der ersten, zweiten und dritten Produktionsserie 1.800.000 Euro + (100 × 6.500 Euro) = 2.4500.000 Euro, und so weiter. Trotz der sinkenden Grenzkosten der ersten Produktionsserien steigen die Gesamtkosten für diese Produktionsserien an.
Wir lernen daraus, dass sich Gesamtkosten und Grenzkosten durchaus in unterschiedliche Richtungen bewegen können. Es ist daher falsch anzunehmen, dass sich beide Größen immer in die gleiche Richtung bewegen. Was wir sagen können, ist, dass die *Gesamtkosten immer dann steigen*, wenn die Grenzkosten positiv sind, unabhängig davon, ob die Grenzkosten sinken oder steigen.

Bei einigen Gütern ändert sich auch der Verlauf der Grenzkostenkurve mit steigender Produktionsmenge. So zeigt die erste Produktionsserie in der Pkw-Produktion in der Regel sinkende Grenzkosten, da die Arbeitskräfte die Arbeitsabläufe für die Fertigung des neuen Modells stetig verbessern. Danach kommt es zu konstanten Grenzkosten, da sich die Arbeitsabläufe optimal eingeschliffen haben. Ab einem bestimmten Punkt aber beginnen die Grenzkosten wieder zu steigen. Je mehr Pkws produziert werden, desto weniger Platz ist in den Produktionshallen und das Unternehmen muss seinen Arbeitskräften teure Überstunden bezahlen. Die Grenzkostenkurve hat dann insgesamt betrachtet einen sogenannten »bumerangförmigen« Verlauf. Aber damit werden wir uns in Kapitel 11 noch genauer beschäftigen. Für unsere Analyse hier wollen wir uns an das einfache Beispiel einer steigenden Grenzkostenkurve halten.

Der Grenzvorteil

Wenn Alex länger studiert, dann profitiert er davon in Form eines höheren Einkommens in seinem gesamten späteren Berufsleben. Wie groß sein Vorteil durch ein längeres Studium genau ist, zeigt **Tabelle 9-5**. In der zweiten Spalte ist abgetragen, wie sich sein Lebensarbeitseinkommen in Abhängigkeit von der Anzahl der Studienjahre ändert. Die dritte Spalte zeigt den *Grenzvorteil*, den Alex aus einem zusätzlichen Studienjahr zieht. Allgemein beschreibt der **Grenzvorteil** den zusätzlichen Vorteil, der aus der Ausdehnung einer bestimmten Aktivität um eine Einheit resultiert.

Der **Grenzvorteil** ist der zusätzliche Vorteil, der aus der Ausdehnung einer bestimmten Aktivität um eine Einheit resultiert.

Wie die Daten in der dritten Spalte der Tabelle 9-4 zeigen auch die Werte in der dritten Spalte der Tabelle 9-5 ein klares Muster. In diesem Fall steigen die Werte allerdings nicht, sondern sinken. Das erste Studienjahr bringt Alex einen An-

Tab. 9-5

Die Grenzvorteil von Alex für ein weiteres Studienjahr

Anzahl der Studienjahre	Gesamter Vorteil (€)	Grenzvorteil (€)
0	0	
		300.000
1	300.000	
		150.000
2	450.000	
		90.000
3	540.000	
		60.000
4	600.000	
		50.000
5	650.000	

stieg in seinem Lebensarbeitseinkommen in Höhe von 300.000 Euro. Ein zweites Studienjahr bringt ihm auch einen zusätzlichen Vorteil. Allerdings ist die Größe dieses zusätzlichen Vorteils nun auf 150.000 Euro gesunken. Auch das dritte Studienjahr generiert noch einen zusätzlichen Vorteil für Alex, jetzt aber nur noch in Höhe von 90.000 Euro. Je länger Alex also studiert, desto geringer ist der zusätzliche Einkommensanstieg, den Alex durch ein weiteres Studienjahr erreichen kann.

Ökonomen sprechen mit Blick auf die Entscheidung von Alex über die Dauer seines Studiums von einem **abnehmenden Grenzvorteil**: Jedes zusätzliche Studienjahr generiert einen geringeren Vorteil als das vorhergehende Studienjahr. Man kann auch sagen, dass bei einem abnehmenden Grenzvorteil der Grenzvorteil aus der Ausdehnung einer bestimmten Aktivität um eine Einheit mit einem zunehmenden Aktivitätsniveau sinkt.

Bei einem **abnehmenden Grenzvorteil** generiert die Ausdehnung einer bestimmten Aktivität um eine Einheit einen geringeren Vorteil als die vorhergehende Einheit.

So wie die Grenzkosten lässt sich auch der Grenzvorteil grafisch darstellen, in Form der **Kurve des Grenzvorteils**, so wie in **Abbildung 9-2** zu sehen. Die Kurve des Grenzvorteils von Alex hat einen fallenden Verlauf, da der Grenzvorteil mit einer zunehmenden Zahl an Studienjahren sinkt.

Die **Kurve des Grenzvorteils** zeigt, wie der Vorteil einer zusätzlichen Einheit einer Aktivität von der Menge der bereits vorhandenen Einheiten abhängt.

Nicht alle Güter oder Aktivitäten generieren einen abnehmenden Grenzvorteil. Tatsächlich gibt es viele Güter, bei denen der Grenzvorteil konstant bleibt. Das bedeutet, dass der Vorteil einer zusätzlichen Einheit stets genauso groß ist wie der Vorteil der vorhergehenden Einheit. In späteren Kapiteln werden wir lernen, dass die Kurve des Grenzvorteils der Unternehmen aus der Produktion (die Grenzerlöskurve) eine große Bedeutung für das Verhalten der Unternehmen am Markt hat. Dann werden wir auch erfahren, warum ein konstanter Grenzvorteil (Grenzerlös) eine allgemeingültige Annahme für viele wichtige Branchen und Märkte ist.

Jetzt sind wir in der Lage, Grenzkosten und Grenzvorteil zusammenführen, um die Frage zu beantworten, »wie viele« Jahre Alex noch studieren soll.

Die Marginalanalyse

Die **Tabelle 9-6** fasst die Werte zu den Grenzkosten und zum Grenzvorteil aus den Tabellen 9-4 und 9-5 zusammen. Die Tabelle enthält außerdem eine zusätzliche Spalte, in der der zusätzliche Gewinn von Alex aus einem zusätzlichen Studienjahr eingetragen ist. Diese Differenz aus Grenzvorteil und Grenzkosten entspricht dem ökonomischen Gewinn (und nicht dem buchhalterischen Gewinn) von Alex. Mithilfe von Tabelle 9-6 können wir bestimmen, wie viele zusätzliche Jahre Alex noch studieren sollte, um seinen Gesamtgewinn zu maximieren.

Abb. 9-2

Die Kurve des Grenzvorteils

Die Höhe jeder Säule spiegelt den Grenzvorteil für ein weiteres Studienjahr wider. Die Höhe der Säulen nimmt mit der Zahl der Studienjahre ab, da der Grenzvorteil mit jedem weiteren Studienjahr kleiner wird. Damit sieht sich Alex einem abnehmenden Grenzvorteil gegenüber und seine Kurve des Grenzvorteils, die die Punkte am oberen Ende jeder Säule miteinander verbindet, hat einen fallenden Verlauf.

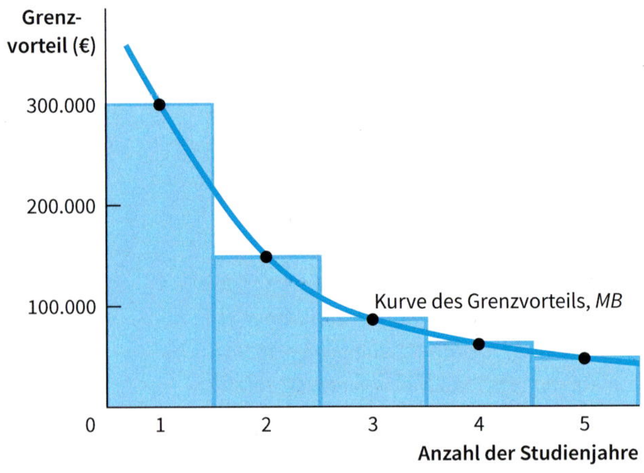

Nehmen wir zunächst an, Alex würde überhaupt kein zusätzliches Jahr an der Universität verbringen. Wenn das Ziel von Alex darin besteht, den höchstmöglichen Gesamtgewinn aus seinem Studium zu ziehen, dann wäre diese Entscheidung ein Fehler, wie wir anhand der vierten Spalte schnell erkennen können. Bei einem zusätzlichen Studienjahr erhöht sich sein Lebensarbeitseinkommen um 270.000 Euro. Das ist der Gewinn, den ein zusätzliches Studienjahr generiert.

Nun wollen wir untersuchen, ob Alex nicht noch ein zweites Jahr an der Universität bleiben sollte. Der zusätzliche Gewinn durch ein zweites Studienjahr beläuft sich auf 110.000 Euro. Damit ist klar, dass Alex auch noch ein zweites Jahr weiter studieren sollte. Und wie sieht es mit einem dritten Jahr aus? Da der zusätzliche Gewinn dann 30.000 Euro beträgt, sollte Alex auch noch ein drittes Jahr weiter studieren.

Aber wie sieht es mit einem vierten Jahr aus? In diesem Fall ist der zusätzliche Gewinn negativ: –30.000 Euro. Das bedeutet, dass der Gesamtgewinn von Alex um 30.000 Euro sinken würde, wenn er noch ein viertes Jahr studieren würde. Die gleiche Konstellation ergibt sich bei einem fünften Studienjahr. Hier würde Alex einen negativen zusätzlichen Gewinn in Höhe von –80.000 Euro realisieren.

Was haben wir aus unserer Analyse gelernt? Alex sollte noch drei weitere Jahre studieren und dann ins Berufsleben einsteigen. Während das erste, zweite und dritte Jahr Studium seinen Gewinn erhöhen, führen das vierte und das fünfte Jahr zu einem Gewinnrückgang. Drei Jahre Studium sind demnach die Menge, die den maximal möglichen Gesamtgewinn realisiert. Diese Menge bezeichnen Ökonomen als die **Optimalmenge**.

In **Abbildung 9-3** ist zu sehen, wie sich die Optimalmenge grafisch bestimmten lässt. In dieser Abbildung sind die Kurve des Grenzvorteils und die Grenzkostenkurve von Alex dargestellt. Entscheidet sich Alex dafür, weniger als drei Jahre weiter zu studieren (also 0, 1 oder 2 Jahre), dann wählt er eine Menge, bei der seine Kurve des Grenzvorteils *oberhalb* seiner Grenzkostenkurve verläuft. Er kann sich demnach dadurch verbessern, dass er länger studiert.

Entscheidet sich Alex dazu, länger als drei Jahre zu studieren (vier Jahre oder fünf Jahre), dann wählt er eine Menge, bei der seine Kurve des Grenzvorteils *unter* seiner Grenzkostenkurve liegt. In diesem Fall kann er sich dadurch verbessern, dass er sich nicht für ein weiteres Studienjahr entscheidet und stattdessen einen Job annimmt.

Die zur Abbildung 9-3 gehörende Tabelle bestätigt unsere grafische Analyse. Die zweite Spalte nimmt Werte aus der Tabelle 9-6 auf und zeigt die Differenz zwischen dem Grenzvorteil und den Grenzkosten von Alex, also den zusätzlichen Gewinn aus einem weiteren Studienjahr. In der dritten Spalte ist der Gesamtgewinn von Alex für die unterschiedliche Anzahl der Studienjahre angegeben. Der Gesamtgewinn ergibt sich einfach aus der Kumulation der Werte in der zweiten Spalte bis zum jeweiligen Studienjahr.

So beläuft sich der Gewinn für Alex aus dem ersten zusätzlichen Studienjahr auf 270.000 Euro, der Gewinn aus dem zweiten Studienjahr auf 110.000 Euro. Der Gesamtgewinn für zwei zusätzliche Studienjahre ergibt sich damit durch 270.000 Euro + 110.000 Euro = 380.000 Euro. In gleicher Weise lässt sich auch der Gesamtgewinn für drei zusätzliche Studienjahre ermitteln: 270.000 Euro + 110.000 Euro + 30.000 Euro = 410.000 Euro. Unser Ergebnis für die Optimalmenge von Alex bei drei zusätzlichen Studienjahren wird durch die Daten in der Tabelle zu Abbil-

Tab. 9-6

Der Gewinn von Alex durch zusätzliche Studienjahre

Anzahl der Studienjahre	**Grenzvorteil (€)**	**Grenzkosten (€)**	**Zusätzlicher Gewinn (€)**
0			
	300.000	30.000	270.000
1			
	150.000	40.000	110.000
2			
	90.000	60.000	**30.000**
3			
	60.000	90.000	–30.000
4			
	50.000	130.000	–80.000
5			

Die **Optimalmenge** einer Aktivität ist die Menge, die den höchstmöglichen Gesamtgewinn generiert.

Abb. 9-3

Die Optimalmenge

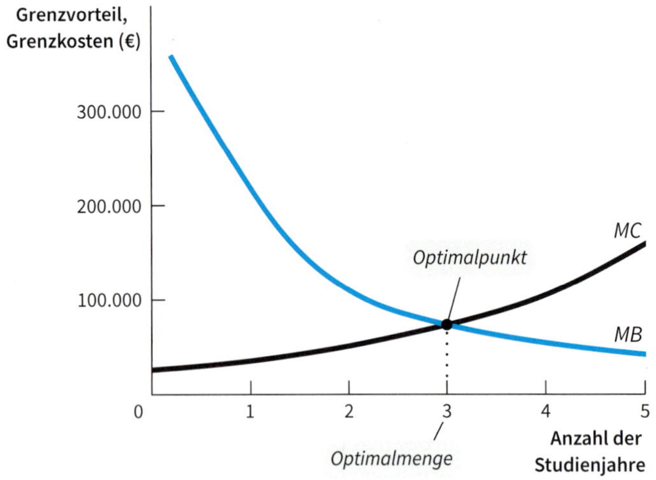

Anzahl der Studienjahre	Zusätzlicher Gewinn (€)	Gesamtgewinn (€)
0		0
	270.000	
1		270.000
	110.000	
2		380.000
	30.000	
3		**410.000**
	–30.000	
4		380.000
	–80.000	
5		300.000

Die Optimalmenge einer Aktivität ist die Menge, die zum höchstmöglichen Gesamtgewinn führt. Bei der Optimalmenge sind Grenzvorteil und Grenzkosten gleich groß. Anders formuliert: Die Optimalmenge ist die Menge, bei der sich die Kurve des Grenzvorteils und die Grenzkostenkurve schneiden. Im hier betrachteten Beispiel schneiden sich die Kurven bei drei Studienjahren. Die Tabelle bestätigt, dass drei Studienjahre tatsächlich die Optimalmenge darstellen. Dadurch kommt es zu einem maximalen Gesamtgewinn von 410.000 Euro.

dung 9-3 bestätigt. Bei drei zusätzlichen Studienjahren realisiert Alex den größten Gesamtgewinn in Höhe von 410.000 Euro.

Das Entscheidungsproblem von Alex veranschaulicht, wie man die Optimalmenge bestimmen kann, wenn es sich um kleine Mengen handelt. Bei kleinen Mengen lautet die Regel zum Finden der Optimalmenge: *Erhöhe die Menge so lange, wie der Grenzvorteil einer zusätzlichen Einheit größer ist als die Grenzkosten, höre aber auf, bevor der Grenzvorteil kleiner wird als die Grenzkosten.*

Bezieht sich eine »Wie viel«-Entscheidung dagegen auf relativ große Mengen, dann vereinfacht sich die Regel zu: *Die Optimalmenge ist die Menge, bei der Grenzvorteil und Grenzkosten gleich groß sind.*

Um das zu verstehen, betrachten wir einen Landwirt, der feststellt, dass die Optimalmenge seiner Weizenproduktion 1.500 Tonnen beträgt. In der Regel wird er feststellen, dass bei einer Erhöhung der Produktionsmenge von 1.499 auf 1.500 Tonnen der Grenzvorteil nur ein klein wenig höher ist als die Grenzkosten. Die Differenz zwischen Grenzvorteil und Grenzkosten liegt also nahe bei null. In gleicher Weise werden bei einer Erhöhung von 1.500 auf 1.501 Tonnen die Grenzkosten nur wenig größer sein als der Grenzvorteil. Wieder ist die Differenz zwischen Grenzkosten und Grenzvorteil sehr nahe bei null. Eine einfache Regel zur Entscheidung über die optimale Weizenmenge besteht in diesem Fall darin, die Menge zu produzieren, bei der die Differenz zwischen Grenzvorteil und Grenzkosten ungefähr null ist. Das ist die Menge, bei der Grenzvorteil und Grenzkosten gleich groß sind.

Die **Gewinnmaximierungsregel der Marginalanalyse** besagt, dass bei einer »Wie viel«-Entscheidung die gewinnmaximierende Optimalmenge die größte Menge ist, bei der der Grenzvorteil größer oder gleich den Grenzkosten ist.

Jetzt können wir die allgemeingültige Regel für die Bestimmung der Optimalmenge formulieren, die sowohl bei Entscheidungen über kleine Mengen als auch bei Entscheidungen über große Mengen zutrifft. Ökonomen bezeichnen diese Regel als **Gewinnmaximierungsregel der Marginalanalyse**: *Bei einer »Wie viel«-Entscheidung ist die*

DENKFALLEN!

Verwirrung bei der Marginalanalyse
Die Vorstellung, Grenzvorteil und Grenzkosten gleichzusetzen, verwirrt manche Menschen. Versuchen wir nicht, die *Differenz* zwischen Vorteil und Kosten zu maximieren? Ja. Und eliminieren wir nicht unseren Vorteil, wenn wir Vorteil und Kosten gleichsetzen? Ja, aber das ist nicht das, was wir tun. Was wir bei der Marginalanalyse tatsächlich machen, ist das Gleichsetzen von Grenzvorteil und Grenzkosten und nicht das Gleichsetzen des Gesamtvorteils mit den Gesamtkosten.

Nochmals: Das Ziel besteht darin, den Gesamtgewinn einer Aktivität zu maximieren. Ist der Grenzvorteil dieser Aktivität höher als die Grenzkosten, dann wird eine geringfügige *Ausdehnung* dieser Aktivität den Gesamtgewinn erhöhen. Ist der Grenzvorteil geringer als die Grenzkosten, dann wird eine geringfügige *Verringerung* der Aktivität den Gesamtgewinn erhöhen. Daher ist die Differenz zwischen dem Gesamtvorteil und den Gesamtkosten dann maximal, wenn Grenzvorteil und Grenzkosten gleich groß sind.

LÄNDER IM VERGLEICH

Wohnflächen im weltweiten Vergleich

Auch wenn die US-Amerikaner oft denken, dass bei ihnen alles am größten ist, liegt in Sachen Hausgröße Australien weltweit auf Platz 1. Im Jahr 2015 hatten neue Häuser in Australien im Durchschnitt eine Wohnfläche von 2.303 Quadratfuß (214 m^2), in den Vereinigten Staaten waren es 2.164 Quadratfuß (201 m^2). Auf Platz 3 der Rangliste lag Kanada mit einer Wohnfläche von 1.948 Quadratfuß (181 m^2).
Die Größe der Wohnfläche steht in einem engen Zusammenhang mit den Grundstückspreisen in den jeweiligen Ländern. Im Vergleich zu Japan und zur Bundesrepublik Deutschland verfügen Australien, die Vereinigten Staaten und Kanada über eine deutlich größere Landfläche in Relation zur Bevölkerungsgröße. Das größere Angebot an Land führt dazu, dass die durchschnittlichen Grundstückspreise niedriger sind. Das wiederum hat positive Auswirkungen auf die Baukosten für größere Häuser.

In der Abbildung ist auch zu erkennen, wie die Marktkräfte von Angebot und Nachfrage die Opportunitätskosten bestimmen und damit die Entscheidungen der Verbraucher steuern. Während die blaue Säule die durchschnittliche Wohnfläche in neuen Häusern wiedergibt, zeigt die graue Säule die Landfläche des jeweiligen Landes. Ein positiver Zusammenhang zwischen der Hausgröße und der Landfläche ist unverkennbar.
Dieser Zusammenhang gilt allerdings nicht für alle betrachteten Länder. Die offensichtlichste Ausnahme bildet China. Das Land verfügt über die größte Fläche aller betrachteten Länder und liegt in Sachen Hausgröße auf dem vorletzten Platz der Rangliste. Aber auch dieser Tatbestand spiegelt Opportunitätskosten wider. Trotz des kräftigen Wirtschaftsaufschwungs in den letzten Jahrzehnten sind die Menschen in China immer noch deutlich ärmer als die Einwohner in den anderen Ländern. Vor diesem Hintergrund ist es schon beachtlich, dass ein neues Haus in China im Durchschnitt nur um 20 Prozent kleiner ist als ein Haus in Großbritannien.

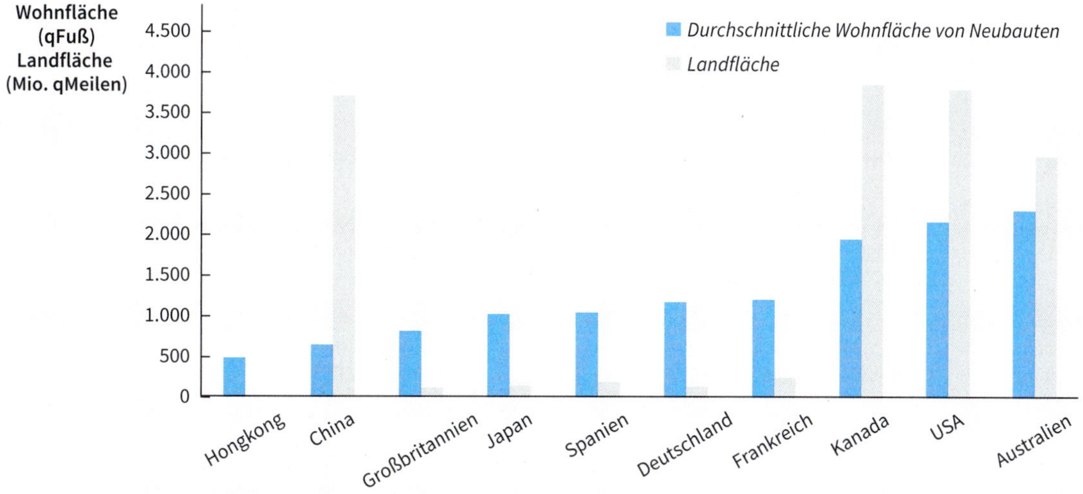

Quellen: Shrink That Footprint, www.shrinkthatfootprint.com

gewinnmaximierende Optimalmenge die größte Menge, bei der der Grenzvorteil größer oder gleich den Grenzkosten ist.

In der grafischen Darstellung ergibt sich die Optimalmenge im Schnittpunkt der Kurve des Grenzvorteils mit der Grenzkostenkurve. In Abbildung 9-3 scheiden sich die Kurve des Grenzvorteils und die Grenzkostenkurve bei drei Studienjahren. In diesem Punkt entspricht der Grenzvorteil aus den zusätzlichen Studienjahren für Alex genau seinen Grenzkosten.

Die Marginalanalyse liefert damit auf einfache Weise eine Erklärung dafür, warum in den Jahren nach der Finanz- und Wirtschaftskrise so viele Menschen wieder oder weiter »die Schulbank gedrückt haben«. Durch die schlechte Lage am Arbeitsmarkt waren die Grenzkosten für ein weiteres Studienjahr gesunken, da die Opportunitätskosten in Form des entgangenen Arbeitseinkommens gefallen waren.

Mithilfe der Marginalanalyse lassen sich auch viele weitere Dinge erklären. Dazu gehört auch, warum die Häuser in Australien, Kanada und den Vereinigten Staaten im Durchschnitt größer sind als Häuser in Ländern mit einer kleineren Landfläche, wie die Rubrik »Länder im Vergleich« zeigt.

Ein Prinzip mit vielen Anwendungen

Die Gewinnmaximierungsregel der Marginalanalyse kann auf praktisch jede »Wie viel«-Entscheidung über eine Aktivität angewendet werden, bei der man den Gesamtgewinn aus der Aktivität maximieren möchte. Diese Regel lässt sich auf Produktionsentscheidungen, Konsumentscheidungen und politische Entscheidungen übertragen. Gleichzeitig kann man das Prinzip der Marginalanalyse auch auf Entscheidungen anwenden, bei denen sich Vorteil und Kosten nicht in Euro und Cent ausdrücken lassen (solange sich Vorteil und Kosten in gleichen Einheiten messen lassen). **Tabelle 9-7** zeigt drei Beispiele für Entscheidungen, die mithilfe der Marginalanalyse getroffen werden können.

Ein Blick voraus: Warum Konsumentscheidungen anders sind

Wir wissen jetzt, dass die Marginalanalyse ein äußerst nützliches Instrument ist. Die Marginalanalyse lässt sich sowohl bei »Wie viel«-Entscheidungen, die den Konsum betreffen, als auch bei »Wie viel«-Entscheidungen, die die Produktion betreffen, anwenden. Produzenten nutzen die Marginalanalyse, um die gewinnmaximierende Produktionsmenge zu bestimmen. Konsumenten wenden die Marginalanalyse an, um die optimale Konsumentscheidung zu treffen. Konsumentscheidungen unterscheiden sich allerdings von Produktionsentscheidungen. Wenn die Menschen Konsumentscheidungen treffen, dann sehen sie sich in ihrer Entscheidung durch ein bestimmtes begrenztes Einkommen beschränkt. Dadurch können sie nur dann mehr von einem Gut konsumieren (z. B.

Tab. 9-7

Beispiele für Entscheidungen mithilfe der Marginalanalyse

»Wie viel«-Entscheidung	Anwendung der Marginalanalyse	Bestimmung der Optimalmenge
Ein Einzelhändler muss entscheiden, wie groß der neue Laden werden soll.	Der Einzelhändler muss den Grenzvorteil eines zusätzlichen Quadratmeters Verkaufsfläche (höherer Erlös) mit den Grenzkosten (höhere Bau- und Betriebskosten) vergleichen.	Die optimale Verkaufsfläche ist die größtmögliche Ladengröße, bei der der Grenzvorteil größer oder gleich den Grenzkosten ist.
Ein Arzt muss entscheiden, ob er die Dosierung eines Medikamentes trotz bekannter Nebenwirkungen erhöht.	Der Arzt muss die Grenzkosten (in Form der Nebenwirkungen) mit dem Grenzvorteil (Besserung des Gesundheitszustandes) vergleichen.	Die optimale Dosierung ist die größtmögliche Tablettenmenge, bei der der Grenzvorteil der Verbesserung des Gesundheitszustandes größer gleich den Grenzkosten der Nebenwirkungen ist.
Ein Landwirt muss entscheiden, wie viel Dünger er auf den Feldern ausbringt.	Mehr Dünger erhöht die Ernteerträge, verursacht aber auch höhere Kosten.	Die optimale Düngermenge ist die größtmögliche Menge, bei der der Grenzvorteil durch höhere Erträge größer oder gleich den Grenzkosten für den Kauf und die Anwendung des Düngers ist.

WISSENSCHAFT UND PRAXIS

Die Kosten eines Menschenlebens

Wie hoch ist der Grenzvorteil für die Gesellschaft, der sich aus der Rettung eines Menschenlebens ergibt? Viele Menschen würden sagen, dass das menschliche Leben unendlich wertvoll ist. In der Realität haben wir es jedoch mit knappen Ressourcen zu tun. Wir müssen daher entscheiden, wie viel wir für das Retten von Menschenleben ausgeben wollen, da wir keine unendlich großen Beträge dafür einsetzen können. Natürlich könnten wir die Anzahl der Verkehrstoten auf den Autobahnen dadurch vermindern, dass wir dort eine Geschwindigkeitsbegrenzung von 50 km/h einführen. Die Kosten einer derart niedrigen Geschwindigkeitsbegrenzung, ausgedrückt in Zeit und Geld, liegen jedoch offenkundig höher, als die meisten Menschen bereit sind zu zahlen.

Im Allgemeinen zögern Menschen, die Grenzkosten eines geretteten Lebens mit dem Grenzvorteil zu vergleichen – das wirkt einfach zu hartherzig. Manchmal kann man dieser Frage jedoch nicht ausweichen.

So wurden beispielsweise die Kosten, die die Rettung eines Menschenlebens verursacht, in Großbritannien im Jahr 1999 zu einem Gegenstand intensiver Diskussionen. Damals gab es in der Nähe des Londoner Bahnhofs Paddington einen schweren Eisenbahnunfall, bei dem 31 Menschen starben. Die britische Regierung wurde bezichtigt, zu wenig für die Sicherheit der Eisenbahn auszugeben. Ein von der Regierung in Auftrag gegebenes Gutachten kam jedoch zu dem Ergebnis, dass die Verbesserung der Sicherheit der Eisenbahn zusätzlich 4,5 Millionen Euro für jedes gerettete Menschenleben kosten würde. Wäre dieser Betrag es wert, ausgegeben zu werden, das heißt, betrüge der geschätzte Grenzvorteil eines geretteten Menschenlebens mehr als 4,5 Millionen Euro, dann ergäbe sich daraus die Implikation, dass die britische Regierung zu wenig Geld für die Verkehrssicherheit ausgegeben hat.

Die geschätzten Grenzkosten eines geretteten Menschenlebens aufgrund von Verbesserungen im Straßenverkehr betrugen dagegen nur 1,5 Millionen Euro. Wenn die Regierung zusätzliche Ausgaben tätigen würde, um die Verkehrssicherheit zu erhöhen, dann wäre es sinnvoller, diese Ausgaben für den Straßenverkehr und nicht für den Schienenverkehr zu tätigen.

Kleidung), wenn sie weniger von einem anderen Gut konsumieren (z. B. Restaurantmahlzeiten).

Im Unterschied dazu sind Entscheidungen, bei denen es um die gewinnmaximierende Produktion einer Ware oder einer Dienstleistung geht – wie z. B. Ausbildungsjahre oder Tonnen an Weizen – nicht durch Einkommenseinschränkungen beeinflusst. Im Beispiel von Alex stellt sein Einkommen keine Beschränkung dar, da Alex immer in der Lage ist, sich die notwendigen Finanzmittel für ein weiteres Studienjahr zu leihen. Im nächsten Kapitel werden wir lernen, wie sich Konsumentscheidungen von Produktionsentscheidungen unterscheiden, obwohl sie dennoch ähnlich sind.

Kurzzusammenfassung

- Eine »Wie viel«-Entscheidung lässt sich mithilfe der Marginalanalyse treffen.
- Die **Grenzkosten** einer Aktivität lassen sich grafisch durch die **Grenzkostenkurve** darstellen. Eine steigend verlaufende Grenzkostenkurve spiegelt **steigende Grenzkosten** wider, eine waagerecht verlaufende Grenzkostenkurve spiegelt **konstante Grenzkosten** wider. **Sinkende Grenzkosten** zeigen sich in einer fallend verlaufenden Grenzkostenkurve.
- Der **Grenzvorteil** einer Aktivität lässt sich durch die **Kurve des Grenzvorteils** grafisch abbilden. Eine fallend verlaufende Kurve des Grenzvorteils spiegelt einen **abnehmenden Grenzvorteil** wider.
- Die **Optimalmenge** einer Aktivität ist die Menge, die den höchstmöglichen Gewinn generiert. Die Optimalmenge lässt sich mithilfe der **Gewinnmaximierungsregel der Marginalanalyse** finden, die besagt, dass die gewinnmaximierende Optimalmenge die größte Menge ist, bei der der Grenzvorteil größer oder gleich den Grenzkosten ist. Grafisch liegt die Optimalmenge im Schnittpunkt der Kurve des Grenzvorteils mit der Grenzkostenkurve.

ÜBERPRÜFEN SIE IHR WISSEN

1. Beschreiben Sie für jede der in Tabelle 9-3 aufgelisteten »Wie viel«-Entscheidungen den Grenzvorteil und die Grenzkosten.
2. Nehmen Sie an, dass die Universität von Alex eine feste Gebühr in Höhe von 70.000 Euro für vier Studienjahre erhebt. Verlässt Alex die Universität eher, muss er dennoch die 70.000 Euro bezahlen. Damit ergeben sich die Gesamtkosten von Alex durch die nachfolgende Tabelle.

Anzahl an Studienjahren	**Gesamtkosten (€)**
0	0
1	90.000
2	120.000
3	170.000
4	250.000
5	370.000

Der Gesamtvorteil und der Grenzvorteil von Alex sollen dagegen unverändert (so wie in Tabelle 9-5) bleiben. Ermitteln Sie mithilfe dieser Informationen (i) die neuen Grenzkosten für Alex, (ii) seinen neuen Gewinn, und (iii) seine optimale Anzahl an Studienjahren. Hat Alex sinkende, konstante oder steigende Grenzkosten?

9.3 Versunkene Kosten

Wenn man Entscheidungen trifft, ist es auch wichtig zu wissen, was man bei der Entscheidungsfindung ignorieren sollte. In diesem Kapitel haben wir bislang den Kosten viel Aufmerksamkeit gewidmet, die bei der Entscheidungsfindung zu berücksichtigen sind. Es gibt aber auch Kosten, die ignoriert werden sollten. In diesem Abschnitt wollen wir uns mit diesen Kosten beschäftigen, die von Ökonomen als *versunkene Kosten* bezeichnet werden, und wir wollen uns klarmachen, warum diese Kosten ignoriert werden sollten.

Um ein Gefühl für die Zusammenhänge zu bekommen, wollen wir die folgende Situation betrachten. Ihnen gehört ein Auto, das wenige Jahre alt ist und bei dem Sie gerade die Bremsklötze haben austauschen lassen, was mit Kosten von 250 Euro verbunden war. Jetzt stellen Sie aber fest, dass das gesamte Bremssystem defekt ist und ersetzt werden muss. Der Austausch des Bremssystems wird Sie weitere 1.500 Euro kosten. Alternativ könnten Sie auch Ihr Auto verkaufen und ein anderes von vergleichbarer Qualität erstehen, bei dem das Bremssystem in Ordnung ist, wenn Sie 1.600 Euro ausgeben. Was sollten Sie tun: Das alte Auto reparieren lassen oder es verkaufen und ein anderes kaufen?

Einige würden vielleicht die zweite Option vorziehen. Dahinter könnte die folgende Überlegung stehen: Wird das Auto repariert, dann hat man im Endergebnis 1.750 Euro ausgegeben, nämlich 1.500 Euro für das Bremssystem und 250 Euro für die erneuerten Bremsklötze. Würde man dagegen das Auto verkaufen und ein neues erstehen, müsste man nur 1.600 Euro bezahlen.

Obwohl sich diese Überlegung plausibel anhört, ist sie doch falsch. Sie ist falsch, weil dabei die Tatsache ignoriert wird, dass Sie für die Bremsklötze *bereits* 250 Euro bezahlt haben und diese 250 Euro auch nicht wiederbekommen. Aus diesem Grund sollten Sie die Ausgaben für die Bremsklötze ignorieren, und diese Ausgaben sollten keine Auswirkung auf Ihre Entscheidung haben, ob Sie Ihr Auto reparieren lassen und es behalten oder nicht.

Aus ökonomischer Sicht betragen die für Ihre Entscheidung relevanten Kosten für die Reparatur

WISSENSCHAFT UND PRAXIS

Die Biotechnologiebranche ist der größte Verlierer

Biotechnologieunternehmen versuchen mithilfe von Spitzenbiotechnologien Krankheiten zu heilen. Die meisten Projekte scheitern allerdings. Nach Schätzungen des internationalen Medizin-News-Netzwerks *Medscape Medical News* schafft von 5.000 bis 10.000 Medikamenten, die in Voruntersuchungen getestet werden, nur ein Medikament den Weg zum Verbraucher. Im Jahr 2016 ging man davon aus, dass 90 Prozent aller börsengehandelten Biotechnologieunternehmen im Folgejahr Verluste einfahren werden.

Wenn es also eine Branche gibt, die veranschaulicht, dass versunkene Kosten irrelevant sind, dann ist das die Biotechnologiebranche. Nach den Worten von Arthur Levinson, dem früheren Vorstandschef von Genentech, einem der größten und erfolgreichsten Biotechnologieunternehmen, ist die Biotechnologiebranche die größte Verlustbranche aller Zeiten. Seit ihren Anfängen Mitte der 1970er-Jahre hat die Branche nach Schätzungen Verluste von insgesamt mehr als 100 Milliarden Dollar eingefahren.

Aber wie kann die Branche dann überhaupt überleben? Auch wenn Tausende Medikamente in der Versuchsphase scheitern, schaffen einige wenige den Weg auf den Markt. Und mit diesen Medikamenten kann man dann richtig Geld verdienen. Die Investoren wissen das und ignorieren die Verluste der Unternehmen, die nichts anderes als versunkene Kosten darstellen. Für die Investoren sind vielmehr das technische Know-how der Unternehmen und die Bandbreite der Medikamente im Entwicklungsportfolio von Bedeutung.

Ein Beispiel ist das Unternehmen Xoma. Seit seiner Gründung im Jahr 1981 hat das Unternehmen Verluste von mehr als 1 Milliarde Dollar angehäuft. Dennoch sind die Investoren weiterhin Jahr für Jahr bereit, dem Unternehmen finanzielle Mittel zur Verfügung zu stellen, weil das Unternehmen über eine vielversprechende Antikörper-Technologie verfügt und kluge Investoren das Prinzip der versunkenen Kosten verstanden haben.

Ihres Autos 1.500 Euro, nicht 1.750 Euro. Die ökonomisch richtige Entscheidung besteht also darin, das Auto reparieren zu lassen und es zu behalten, anstatt 1.600 Euro für ein neues Auto auszugeben.

Die 250 Euro, die in unserem Bespiel bereits ausgegeben wurden und nicht wieder hereingeholt werden können, bezeichnen Ökonomen als **versunkene Kosten**. Versunkene Kosten sollten bei der Entscheidung über zukünftige Aktivitäten ignoriert werden, weil sie keinen Einfluss auf Kosten und Vorteil dieser Aktivitäten haben. Ein altes Sprichwort sagt » Was geschehen ist, ist geschehen!«. Wenn man Dinge nicht ungeschehen machen kann, spielen sie bei Entscheidungen über zukünftige Aktivitäten keine Rolle.

Aus psychologischer Sicht ist es oft schwierig, versunkene Kosten zu ignorieren. Und selbstverständlich sollten die Kosten in die Betrachtungen einbezogen werden, wenn sie nicht schon in der Vergangenheit aufgetreten sind. Anders ausgedrückt: Hätten Sie von Anfang an gewusst, dass die Reparatur Ihres Autos mit insgesamt 1.750 Euro verbunden wäre, dann wäre die richtige Entscheidung zu diesem Zeitpunkt der Kauf eines neuen Autos für 1.600 Euro gewesen. Nachdem aber einmal die 250 Euro für die Bremsklötze bezahlt sind, sollten diese Kosten bei Ihren Entscheidungen über die weiteren Aktivtäten keine Rolle mehr spielen. Es mag schwierig sein, das »Vorbei ist vorbei« zu akzeptieren, aber es ist richtig.

Versunkene Kosten sind Kosten, die bereits aufgetreten sind und nicht wieder hereingeholt werden können. Versunkene Kosten sollten bei Entscheidungen über künftige Aktionen ignoriert werden.

Kurzzusammenfassung

Versunkene Kosten sollten bei der Entscheidung über zukünftige Aktivitäten ignoriert werden. Weil sie bereits aufgetreten sind und nicht wieder hereingeholt werden können, haben sie keinen Einfluss auf Kosten und Vorteile in der Zukunft.

ÜBERPRÜFEN SIE IHR WISSEN

1. Sie haben beschlossen, ein Geschäft als Eisverkäufer aufzubauen und haben einen gebrauchten Eiswagen für 8.000 Euro gekauft. Nun denken Sie über Ihre Entscheidung noch einmal nach. Wie hoch sind ihre versunkenen Kosten in den beiden folgenden Fällen?
   a. Der Wagen kann nicht weiterverkauft werden.
   b. Der Wagen kann verkauft werden, aber nur mit einem 50-prozentigen Abschlag.
2. Sie haben zwei Jahre Medizin studiert, überlegen aber auf einmal, ob Sie als Musiker nicht glücklicher wären. Welche der folgenden Aussagen sind plausible Argumente für Ihre Entscheidung, welche nicht?
   a. »Nach all der Zeit und all dem Geld, das ich in das Studium hineingesteckt habe, kann ich jetzt nicht einfach aufhören.«
   b. »Hätte ich zu Beginn richtig darüber nachgedacht, hätte ich niemals ein Medizinstudium ergriffen, folglich sollte ich das Studium nun aufgeben.«
   c. »Ich habe zwei Jahre verschwendet, aber was soll es – ich fang von vorn an.«
   d. »Meine Eltern bringen mich um, wenn ich jetzt aufhöre.« (Hinweis: Wir diskutieren Ihre Fähigkeit, Entscheidungen zu treffen, nicht die Ihrer Eltern.)

9.4 Verhaltensökonomik

Die meisten ökonomischen Modelle unterstellen, dass die Menschen ihre Entscheidungen mit Blick auf das bestmögliche Ergebnis für sich selbst treffen. Die Menschen verhalten sich allerdings in vielen Fällen nicht so eindimensional. Die Menschen sind keine Rechenmaschinen, und manchmal treffen sie Entscheidungen, die unter Umständen weit vom bestmöglichen ökonomischen Ergebnis entfernt sind.

Wie die Menschen ihre ökonomischen Entscheidungen tatsächlich treffen, damit beschäftigt sich die *Verhaltensökonomik*. Die **Verhaltensökonomik** ist ein Forschungsgebiet der Volkswirtschaftslehre, das Erkenntnisse über die menschliche Psychologie in ökonomische Modelle integriert. In den letzten 20 Jahren hat die Verhaltensökonomik wichtige Erkenntnisse geliefert, die es Ökonomen ermöglicht haben, die Entscheidungsfindung in Modellen besser abzubilden.

Die **Verhaltensökonomik** ist ein Forschungsgebiet der Volkswirtschaftslehre, das Erkenntnisse über die menschliche Psychologie in ökonomische Modelle integriert, um besser zu verstehen, wie Menschen Entscheidungen treffen.

Zunächst einmal ist es wichtig zu verstehen, dass es für die Menschen manchmal vollkommen *rational* ist, Entscheidungen zu treffen, die nicht den höchstmöglichen Gewinn für sie selbst generieren, auch wenn viele ökonomische Modelle mit anderen Voraussetzungen arbeiten. Für die Menschen sind diese Entscheidungen rational, weil sie neben dem höchstmöglichen Gewinn auch noch andere Dinge in ihre Entscheidung einfließen lassen. So könnte Alex z. B. entscheiden, nur zwei Jahre und nicht drei Jahre Informatik zu studieren, weil er Zeit für eine Weltreise haben möchte. Wenn eine Weltreise für Alex einen größeren Wert hat als das zusätzliche Einkommen durch ein weiteres Jahr Studium, dann ist das eine rationale Entscheidung. Wie wir gleich sehen werden, gibt es viele Beispiele für rationale Entscheidungen, die nicht zum höchstmöglichen (monetären) Gewinn führen.

Es ist weithin bekannt, dass sich Menschen auch tatsächlich *irrational* verhalten, sich also für eine Alternative entscheiden, die sie schlechter stellt als andere verfügbare Alternativen. Die Analyse von irrationalem Verhalten geht auf die beiden Ökonomen Daniel Kahneman und Amos Tversky zurück. Kahneman ist im Jahr 2002 für seine Arbeiten zur Integration von psychologischen Erkenntnissen über menschliche Urteile und Entscheidungen in die Volkswirtschaftslehre mit dem Nobelpreis für Wirtschaftswissenschaften ausgezeichnet worden. Die Untersuchungen der beiden

Ökonomen sowie die Erkenntnisse anderer Ökonomen zu den Ursachen von irrationalem menschlichen Verhalten üben einen großen Einfluss auf die ökonomische Analyse von Finanzmärkten, Arbeitsmärkten und anderen Fragestellungen aus.

Rational, aber auch ein Mensch

Wenn Sie sich **rational** verhalten, dann wählen Sie die verfügbare Alternative, die zu dem Ergebnis führt, das Sie am meisten bevorzugen. Allerdings ist das von Ihnen am meisten bevorzugte Ergebnis nicht immer auch das beste ökonomische Ergebnis. Es kann vollkommen rational sein, sich für eine Alternative zu entscheiden, die Ihnen ein schlechteres ökonomisches Ergebnis liefert, wenn Ihnen andere Dinge wichtiger sind als das ökonomische Ergebnis. Es gibt drei Gründe, warum sich Menschen für eine Alternative mit einem schlechteren ökonomischen Ergebnis entscheiden: aus Gründen der Fairness, aufgrund von begrenzter Rationalität und aufgrund von Risikoaversion.

Interesse an Fairness. Oft ist den Menschen Fairness genauso wichtig wie das ökonomische Ergebnis. So gibt es z. B. kein Gesetz, dass die Zahlung von Trinkgeld an die Bedienung im Restaurant vorschreibt. Dennoch geben die meisten Menschen aus Gründen der Fairness ein Trinkgeld (es denn, der Service war wirklich schlecht), weil das Trinkgeld allgemein als faire Kompensation für einen guten Service angesehen wird. Um sich fair gegenüber der Bedienung zu verhalten, reduzieren die Trinkgeldgeber ihr eigenes ökonomisches Ergebnis. Ein vergleichbares Verhalten zeigt sich beim Spenden an Bedürftige. Wenn Sie sich um das Wohlergehen einer anderen Person sorgen, dann ist es für Sie rational, Ihr eigenes ökonomisches Ergebnis zu reduzieren, um dieser Person etwas zu spenden.

Nichtmonetäre Belohnungen. Ein altes Sprichwort sagt: »Es gibt Wichtigeres im Leben als Geld.« Dieser Aussage würden Ökonomen wahrscheinlich zustimmen, auch wenn sie sich in ihrem ganzen (Berufs-)Leben mit Geld beschäftigen. Es gibt im Leben viele **nichtmonetäre Belohnungen**, die etwas mit positiven Erfahrungen (»Wohlfühlerlebnisse«) zu tun haben, wie beispielsweise Urlaubsreisen, Zeit mit Familie und Freunden, Sport treiben oder auch ehrenamtliches Engagement. Nach einer aktuellen Studie wären 9 von 10 Millennials (Menschen, die von Anfang der 1980er- bis Ende der 1990er-Jahre geboren sind) bereit, für weniger Geld bei einem Unternehmen zu arbeiten, das die gleichen Werte teilt wie sie. Bei der Generation der Babyboomer (Menschen, die von Mitte der 1950er- bis Ende der 1960er-Jahre geboren sind) trifft das nur auf 9 Prozent zu. Während gewinnorientierte Aktivitäten den Menschen einen (Mehr-)Konsum von Gütern ermöglichen, führen nichtmonetäre Belohnungen unmittelbar zu einer höheren Zufriedenheit.

Der Wunsch nach nichtmonetären Belohnungen lässt sich ökonomisch begründen. Er folgt dem *Prinzip des abnehmenden Grenznutzens*, das in Kapitel 10 detailliert behandelt wird. Vereinfacht formuliert sinkt nach dem Prinzip des abnehmenden Grenznutzens die Zufriedenheit, die man aus dem Konsum eines Gutes zieht, mit steigendem Konsum dieses Gutes. Das erste Paar Nike Sneaker ist etwas ganz Besonderes. Wenn man allerdings schon neun Paare hat, ist ein weiteres Paar nichts Besonderes mehr. Anstatt länger zu arbeiten, um sich mit dem Geld ein zehntes Paar zu kaufen, wird man sich für ein Wohlfühlerlebnis entscheiden – vielleicht den Job kündigen und für freie Kost und Logis Wandergruppen auf dem Jakobsweg begleiten.

Umfragen zeigen, dass Menschen häufiger nichtmonetäre Belohnungen bevorzugen und auf einen höheren Gewinn verzichten, wenn sie bereits ein komfortables Leben führen. Nach einer aktuellen Studie der Reisewebseite Expedia gilt das insbesondere für Millennials, die neuen Erfahrungen eine größere Bedeutung beimessen als materiellen Dingen.

Begrenzte Rationalität. Wenn Sie eine Rechenmaschine wären, die die Alternative mit dem höchsten ökonomischen Ergebnis wählt, hätten Sie jede Menge Arbeit: alle Alternativen abschätzen, die Opportunitätskosten ermitteln, Grenzvorteil und Grenzkosten bestimmen und vieles mehr. Diese Denkarbeit hat wiederum ihre eigenen Opportunitätskosten. Ökonomen haben aus diesem Grund das Konzept der **begrenzten Rationalität** entwickelt: Die Menschen treffen eine Entscheidung, die nur fast, aber nicht ganz zum höchst-

Eine **rational** handelnde Person wählt die verfügbare Alternative, die zu dem Ergebnis führt, das sie am meisten bevorzugt.

Eine Entscheidung mit **begrenzter Rationalität** beschreibt eine Wahl, die fast aber nicht ganz zum bestmöglichen ökonomischen Ergebnis führt.

Nichtmonetäre Belohnungen sind Vorteile oder Gewinne, die nichts mit Geld zu tun haben, wie z. B. ein Mehr an Freizeit und Wohlfühlerlebnisse.

Eine Person zeigt eine **Risikoaversion**, wenn sie bereit ist, auf einen möglichen Gewinn zu verzichten, um dafür einen möglichen Verlust zu vermeiden.

möglichen Gewinn führt, weil der Aufwand dafür zu groß wäre. Begrenzte Rationalität bedeutet also, dass Menschen Entscheidungen treffen, die »gut genug« sind.

Wenn es darum geht, was man in der Mittagspause isst, hat man viele Optionen und viele Entscheidungskriterien. Was geht am schnellsten? Was ist am gesündesten? Was ist am preiswertesten? Was schmeckt am besten? Eine optimale Entscheidung, die alle Möglichkeiten und Entscheidungskriterien berücksichtigt und gewichtet, würde mehr Aufwand erfordern, als man bereit ist dafür zu opfern. Aus diesem Grund wird man sich für eine »Passt schon«-Option entscheiden, die ein oder zwei Anforderungen erfüllt. Verhaltensökonomen haben herausgefunden, dass wir viele unserer Entscheidungen auf diese Weise treffen. Unternehmen und politische Entscheidungsträger können sich diese Herangehensweise zunutze machen, wie wir im Verlauf dieses Kapitels noch erfahren werden.

Risikoaversion. Da das Leben voller Unwägbarkeit steckt und die Zukunft unbekannt ist, gehen Entscheidungen manchmal mit einem beträchtlichen Risiko einher. Wenn alles gut läuft, realisieren Sie ein hohes ökonomisches Ergebnis. Geht die Sache aber schief, sind Sie am Ende vielleicht sogar schlechter gestellt als vorher.

Selbst wenn Sie also glauben, dass eine Option Ihnen von allen Möglichkeiten das beste ökonomische Ergebnis verspricht, würden Sie die Finger davon lassen, wenn eine gewisse Wahrscheinlichkeit dafür besteht, dass die Sache schiefgeht. Es ist Ihnen einfach zu riskant. Diese Eigenschaft bezeichnet man als **Risikoaversion**: die Bereitschaft, auf einen möglichen Gewinn zu verzichten, um dafür einen möglichen Verlust zu vermeiden. (Wir werden uns mit Risiken detailliert im Kapitel 20 beschäftigen.) Da die meisten Menschen Risiken nicht mögen, ist es rational für sie, auf einen möglichen ökonomischen Gewinn zu verzichten, wenn sie dadurch ein Risiko vermeiden können. Ohne Risikoaversion gäbe es keine Versicherungen.

Tab. 9-8

Häufige Fehler bei ökonomischen Entscheidungen

1. Opportunitätskosten falsch einschätzen
2. Zu selbstsicher sein
3. Unrealistische Erwartungen über zukünftiges Verhalten haben
4. Nicht jedem Euro den gleichen Wert beimessen
5. Angst vor Verlusten haben
6. Beeinflussung durch Framing
7. Den Status quo bevorzugen

Was denkt ein Ökonom über Irrationalität?

Manchmal verhalten sich die Menschen nicht rational, sondern **irrational**. Sie treffen Entscheidungen, die weder zum besten ökonomischen Ergebnis führen noch anderen Kriterien wie z. B. der Fairness genügen. Ökonomen haben in derartigem irrationalem Verhalten eine gewisse Systematik identifiziert: Die meisten Menschen verhalten sich auf berechenbare Weise irrational. Es gibt sechs Fehler, die Menschen machen, wenn sie ökonomische Entscheidungen treffen, und die in der Regel zu irrationalem Verhalten führen. **Tabelle 9-8** gibt einen Überblick über diese Fehler, die wir im Folgenden genauer erörtern wollen.

Sunk-Cost-Fallacy (Versunkene-Kosten-Falle) bezeichnet die Fehleinschätzung, dass es sich bei versunkenen Kosten um Opportunitätskosten handelt.

Opportunitätskosten falsch einschätzen. Wie wir zu Beginn dieses Kapitels gelernt haben, tendieren die Menschen dazu, die nichtmonetären Opportunitätskosten zu übersehen – die Kosten, mit denen keine Geldzahlungen verbunden sind. Eine weitere Fehleinschätzung hat mit versunkenen Kosten zu tun. Dabei gehen versunkene Kosten in die Entscheidungsfindung ein, da man davon ausgeht, dass es sich um Opportunitätskosten handelt. Wir haben aber gelernt, dass versunkene Kosten keine Opportunitätskosten sind. Wenn Kosten nicht wieder hereingeholt werden können, stellen sie keine Opportunitätskosten mehr da und sollten bei der Entscheidungsfindung keine Rolle spielen. Ökonomen sprechen in diesem Zusammenhang von der **Sunk-Cost-Fallacy (Versunkene-Kosten-Falle)**. So sind beispielsweise viele Studierende nicht bereit, einen Kurs zu verlassen, selbst wenn es unwahrscheinlich ist, dass sie die Prüfung bestehen. Sie haben dabei vor allem die Kosten und den Aufwand im

Kopf, die mit diesem Kurs schon verbunden waren. Aber diese Dinge sind passiert und können nicht mehr rückgängig gemacht werden. Für die Studierenden wäre es besser, die versunkenen Kosten der Vergangenheit zu ignorieren und sich stattdessen bei ihrer Entscheidung auf die Opportunitätskosten eines weiteren Verbleibs in dem Kurs zu fokussieren.

Zu selbstsicher sein. Oft denken wir, wir würden mehr wissen, als es tatsächlich der Fall ist. Und selbst wenn sich die Menschen dieses Problems bewusst sind, denken die meisten Menschen, dass das ein Problem der anderen ist.

In einer Umfrage sollten Studierende angeben, wie viel Zeit sie benötigen würden, um ihre Abschlussarbeit fertigzustellen, wenn alles glatt läuft und wenn alles schiefläuft. Die Ergebnisse der Umfrage waren verblüffend. Im Durchschnitt gaben die Studierenden an, dass sie 33,9 Tage für ihre Abschlussarbeit benötigen: 27,4 Tage, wenn es alles perfekt läuft und 48,6 Tage, wenn alles schiefläuft. Tatsächlich benötigten die Studierenden im Durchschnitt jedoch 55,5 Tage für ihre Abschlussarbeit.

Selbstüberschätzung kann zu Problemen bei der Einhaltung von Fristen führen. Weitaus größerer Schaden entsteht allerdings durch negative Effekte auf die Finanzen der Menschen. Sind die Menschen zu selbstsicher, neigen sie dazu, ihre persönliche finanzielle Lage zu positiv einzuschätzen, und lassen sich zu riskanten Investitionen und großen Ausgaben verleiten. So erzielen z. B. Privatanleger, die Spekulationsgeschäfte an Aktienmärkten machen, deutlich schlechtere Ergebnisse als professionelle Aktienhändler, da diese Menschen ihre eigenen Fähigkeiten überschätzen. Die Menschen lassen sich durch Selbstüberschätzung auch schnell zu großen Ausgaben wie z. B. den Kauf eines Pkws verleiten, ohne die Vor- und Nachteile der Kaufentscheidung sorgfältig abzuwägen, nur weil vielleicht ein Freund dieses Modell empfohlen hat. Aber das Schlimmste ist, dass die Menschen nicht aus ihren Fehlern lernen. Sie erinnern sich nur an ihre Erfolge. Fehler werden wegdiskutiert oder einfach vergessen.

Unrealistische Erwartungen über zukünftiges Verhalten. Selbstüberschätzung kann sich auch daran zeigen, dass man sein eigenes Verhalten in der Zukunft viel zu optimistisch sieht. Ab morgen werde ich anfangen zu lernen, ab morgen esse ich keine Chips mehr, ab morgen gebe ich weniger Geld aus und fange an zu sparen und so weiter. Und wenn es dann morgen ist, wissen wir natürlich alle, dass es noch genauso schwerfällt, sich zum Lernen aufzuraffen oder auf Chips zu verzichten.

Die Strategien, die uns dabei helfen sollen, auf dem »Pfad der Tugend« zu bleiben, sind letzten Endes nichts anderes als der Versuch, mit unrealistischen Erwartungen über das zukünftige Verhalten umzugehen. Dazu gehören z. B. Ernährungspläne mit festen Portionsgrößen, Sparpläne, bei denen die Sparsumme automatisch vom Gehalt abgebucht wird, oder die Anwesenheitspflicht bei Vorlesungen und Seminaren. Man versucht, durch die Verpflichtung zu einer bestimmten Handlung in der Zukunft der Angewohnheit entgegenzusteuern, die Erledigung unliebsamer Dinge immer wieder hinauszuschieben.

Nicht jedem Euro den gleichen Wert beimessen. Es gibt Menschen, die mehr Geld ausgeben, wenn sie mit ihrer Kreditkarte und nicht mit Bargeld bezahlen. Einige von ihnen verfallen beim Einkauf mit der Kreditkarte sogar in einen Kaufrausch. Diese Menschen unterliegen der **mentalen Buchführung**. Bei der mentalen Buchführung teilen die Menschen ihr Geld gedanklich auf verschiedene Konten auf und gehen in unterschiedlicher Weise mit den Euro auf diesen Konten um. Damit sind einige Euro mehr wert als andere Euro.

Bei der **mentalen Buchführung** teilen die Menschen ihr Geld gedanklich auf verschiedene Konten auf, sodass einige Euro mehr wert sind als andere Euro.

Wenn Sie beim Einkauf mit der Kreditkarte mehr Geld ausgeben, ist Ihnen ein Euro in Ihrem Portemonnaie mehr wert als ein Euro auf Ihrem Kreditkartenkonto, obwohl beide Euro in Ihrem Budget das gleiche Gewicht haben.

Und wenn Sie von 500 Euro, die Ihre Eltern Ihnen zum Geburtstag geschenkt haben, mehr ausgeben als von den 500 Euro aus ihrem Nebenjob als Pizzabote, dann sind Ihnen die Euro aus Ihrem Nebenjob mehr wert als die Euro, die Ihre Eltern Ihnen geschenkt haben. In beiden Fällen besteht der Fehler darin, dass Sie nicht verstehen, dass ein Euro immer ein Euro ist.

Angst vor Verlusten. Wenn Menschen Angst vor Verlusten haben und Verlusten eine größere Be-

VERTIEFUNG

Freiwillig in die Zahlungsunfähigkeit

Im Jahr 2019 waren die Häuserpreise in den Vereinigten Staaten sechs Jahre in Folge gestiegen. Diesem stetigen Anstieg vorausgegangen war eine schwere Krise des US-Immobilienmarktes, der im Jahr 2008 faktisch vor dem Zusammenbruch stand. Die Immobilienpreise gingen auf Talfahrt und fielen in den nächsten vier Jahren um fast 30 Prozent. Ungeachtet der jüngsten Erholung hat sich der US-Immobilienmarkt durch diese schwere Krise grundlegend verändert. Dazu gehört ein Phänomen, dass man als »Zahlungsunfähigkeit aus strategischen Gründen« (»strategic default«) bezeichnet. Bei einer Zahlungsunfähigkeit aus strategischen Gründen entscheidet der Hausbesitzer freiwillig, seine Zahlungen an die Bank einzustellen, obwohl er finanziell dazu in der Lage wäre, seinen Zahlungsverpflichtungen nachzukommen. Es kommt zu einer Zwangsvollstreckung und die Bank übernimmt das Eigentum an der Immobilie.

Mittlerweile ist diese Form der Zahlungsunfähigkeit in den Vereinigten Staaten keine Seltenheit mehr. Am Anfang waren die Banken von dieser Entwicklung überrascht. Früher war es eher selten der Fall, dass Hauskäufer ihren Zahlungsverpflichtungen gegenüber der Bank nicht mehr nachgekommen sind und dadurch ihr Haus an die Bank abtreten mussten. Das hat sich jedoch mit der Krise am US-Immobilienmarkt im Jahr 2008 grundlegend geändert. Durch den starken Preisverfall war der Wert der Immobilie bei vielen Hausbesitzern auf einmal niedriger als die Summe, die sie der Bank schuldeten. Gleichzeitig stellten die Hausbesitzer fest, dass sie vergleichbare Immobilien für einen Betrag mieten konnten, der niedriger war als die monatliche Rate für ihr Darlehen an die Bank.

Mit dem Schritt in die Zahlungsfähigkeit verloren die Hausbesitzer natürlich alle Zahlungen, die sie für die Immobilie in der Vergangenheit geleistet hatten. Ihnen war jedoch bewusst, dass ihre Ausgaben für die Anzahlung des Kaufpreises, für Reparaturen und Renovierungen sowie für den Umzug ins Haus versunkene Kosten waren. Mit dem Entschluss, ihr Haus der Bank zu überlassen und stattdessen eine Immobilie zu mieten, demonstrierten sie ökonomischen Sachverstand.

Wenn Menschen Angst vor Verlusten haben und Verlusten eine größere Bedeutung beimessen als Gewinnen, bezeichnen das Ökonomen als **Verlustaversion**.

Framing-Effekte führen dazu, dass die Menschen danach entscheiden, wie Alternativen präsentiert werden, und nicht danach, welche Effekte sie tatsächlich mit sich bringen.

deutung beimessen als Gewinnen, bezeichnen das Ökonomen als **Verlustaversion**. Im Auf und Ab der Aktienmärkte ist es beispielweise von großer Bedeutung, dass man als Anleger diszipliniert agiert und Aktien, die sich nach dem Kauf als schlechte Anlage herausstellen, wieder verkauft.

Allerdings sind viele Anleger nicht bereit sich einzugestehen, dass sie mit ihrer Anlageentscheidung Geld verloren haben und nicht mehr zurückholen können. Obwohl es in dieser Situation eigentlich rational wäre, die Aktien zu verkaufen und die verbleibenden Mittel neu zu investieren, ist es für viele Anleger so schmerzhaft einen Verlust zuzugeben, dass sie den Verkauf der Aktien viel zu lange hinauszögern. Nach Untersuchungen von Daniel Kahneman und Amos Tversky ist bei den meisten Menschen der Ärger über den Verlust von 100 Euro doppelt so groß wie die Freude über den Gewinn von 100 Euro.

Verlustaversion kann auch erklären, warum es so schwerfällt, versunkene Kosten zu ignorieren. Erkennt man versunkene Kosten als solche an, dann gesteht man damit auch gleichzeitig ein, dass das ausgegebene Geld unwiderruflich verloren ist.

Beeinflussung durch Framing. Haben Sie sich jemals gefragt, warum die meisten Dinge im Supermarkt nicht 2 Euro oder 5 Euro kosten, sondern 1,99 Euro oder 4,99 Euro? Der Grund dafür hat etwas mit der Wahrnehmung der Käufer zu tun. Mit einem Preis von 1,99 Euro statt 2,00 Euro beeinflusst der Einzelhandel die Wahrnehmung der Kunden und setzt einen Rahmen (englisch: *frame*) für die Entscheidung. Die Geschäfte wissen, dass sie bei einem Preis von 1,99 Euro einen höheren Absatz haben werden als bei einem Preis von 2,00 Euro, da die Käufer einen Preis von 1,99 Euro im Vergleich zu einem Preis von 2,00 Euro als deutlich günstiger wahrnehmen. Ökonomen bezeichnen dieses Phänomen als *Framing-Effekt*. **Framing-Effekte** führen dazu, dass die Menschen danach entscheiden, wie Alternativen präsentiert werden und nicht danach, welche Effekte sie tatsächlich mit sich bringen. Letzten Endes ist die Möglichkeit zur Beeinflussung von Entscheidungen durch Framing Ausdruck einer begrenzten Rationalität, die wir bereits kennengelernt haben.

Framing-Effekte wirken nicht nur über Preise. So wissen beispielsweise Werbeagenturen, dass sich ein Medikament deutlich besser verkaufen wird, wenn mit der Botschaft »Wirkt in 75 Prozent aller Fälle« geworben wird, und nicht mit der Botschaft »Wirkt nur in 25 Prozent aller Fälle nicht«, obwohl beide Werbebotschaften dieselbe Aussage treffen.

Außerdem nutzen die Geschäfte auch einen sogenannten *Ankereffekt* bei den Kunden aus, da die Kunden ihre Kaufentscheidungen oft anhand von bestimmten Orientierungsgrößen treffen. So versuchen die Geschäfte das Kaufverhalten der Kunden dadurch zu beeinflussen, dass sie bei Preissenkungen einen hohen Ausgangspreis (den Anker) und einen niedrigen Schnäppchenpreis zeigen, damit die Kunden glauben, sie haben ein gutes Geschäft gemacht.

Tendenz zum Status quo. Eine weitere Form von irrationalem Verhalten ist die **Tendenz zum Status quo**. Das bedeutet, dass die Menschen in der Regel wollen, dass die Dinge so bleiben, wie sie sind und sich vor Entscheidungen drücken. Dadurch kommt es zu einer Bevorzugung des Status quo gegenüber Veränderungen. Ein gutes Beispiel für die Tendenz zum Status quo ist die geringe Bereitschaft der Menschen, ihren Strom- oder Gasversorger zu wechseln. Obwohl die Menschen nachweislich viel Geld sparen können, wenn sie von ihrem bisherigen Strom- und Gasversorger zu einem anderen preiswerteren Anbieter wechseln, wechseln in Deutschland jedes Jahr nur rund 10 Prozent aller Stromkunden und nur 13 Prozent aller Gaskunden ihren Versorger.

Warum kommt es zu einer Tendenz zum Status quo? Einige Ökonomen erklären die Tendenz zum Status quo schlichtweg mit einer Überforderung der Menschen. Wenn es zu viele Alternativen gibt, sind die Menschen mit einer Entscheidung überfordert und belassen alles so, wie es ist. Andere führen die Tendenz zum Status quo auf die Verlustaversion und die Angst zurück, Entscheidungen später bereuen zu müssen. Die Menschen denken sich »Wenn ich nichts mache, muss ich später meine Entscheidung nicht bereuen«. Das mag irrational sein, aber insgesamt nicht sonderlich überraschend.

Um die Tendenz der Menschen zum Status Quo zu überwinden, kann man versuchen, sogenannte *Nudges* in die Entscheidungsalternativen einzubauen. **Nudges** (»**Anstupser**«) sind Maßnahmen, die die Entscheidungsfindung beeinflussen und die Menschen zu rationalem Verhalten bewegen sollen.

Rationale Menschen sind sich allerdings bewusst, dass keine Entscheidung letztlich auch eine Entscheidung ist.

Rationale Modelle für irrationale Menschen?

Wenn die Menschen auf verschiedene Weise irrationales Verhalten zeigen, warum greifen dann Ökonomen immer noch auf Modelle zurück, die rationales Verhalten unterstellen? Zunächst einmal liefern Modelle auf der Grundlage von rationalem Verhalten trotz allem für die meisten Märkte verlässliche Vorhersagen über das Verhalten der Menschen. So wird z. B. die Mehrheit der Landwirte weniger Dünger einsetzen, wenn Düngemittel teurer werden.

Manchmal führen auch die Marktkräfte dazu, dass sich die Menschen im Laufe der Zeit einem rationalen Verhalten annähern. Nehmen wir an, Ihnen gehört ein kleines Unternehmen und Sie überschätzen permanent Ihre Fähigkeiten oder weigern sich einzusehen, dass Ihre Produktpalette nur Verluste bringt. Dann wird der Markt dafür sorgen, dass Sie früher oder später pleitegehen und aus dem Markt ausscheiden, solange Sie Ihre Fehlentscheidungen nicht korrigieren. Da die Märkte in der Regel Fehlentscheidungen bestrafen, können wir mit gutem Gewissen davon ausgehen, dass sich am Ende rationales Verhalten durchsetzen wird.

Außerdem erleichtert die Annahme eines rationalen Verhaltens die Modellierung von ökonomischen Zusammenhängen. Modelle basieren auf Verallgemeinerungen. Aus irrationalem Verhalten belastbare Aussagen abzuleiten ist deutlich schwieriger. Selbst Verhaltensökonomen suchen in ihren Forschungen nach berechenbarem irrationalem Verhalten, um die Modelle zur Beschreibung des menschlichen Verhaltens zu verbessern. Selbstverständlich findet zwischen den Verhaltensökonomen und dem Rest der Ökonomen ein ständiger Dialog statt, und die Volkswirtschaftslehre hat sich dadurch unwiderruflich verändert.

Tendenz zum Status quo bedeutet, dass die Menschen in der Regel wollen, dass die Dinge so bleiben, wie sie sind, und sich vor Entscheidungen drücken.

Nudges (»**Anstupser**«) sind Maßnahmen, die die Entscheidungsfindung beeinflussen und die Menschen zu rationalem Verhalten bewegen sollen.

WISSENSCHAFT UND PRAXIS

Feste Abgabetermine

Dan Ariely arbeitet als Professor für Psychologie und Verhaltensökonomik. Er macht gern Experimente mit seinen Studierenden, um das Wesen der Irrationalität tiefer zu ergründen. In seinem Buch *Predictably Irrational* beschreibt Ariely eines dieser Experimente. Dieses Experiment beschäftigte sich damit, warum Menschen Dinge aufschieben und was man dagegen tun kann.
Ariely unterrichtete damals das gleiche Thema in drei verschiedenen Seminaren. Jeder Kurs erhielt unterschiedliche Arbeitspläne. Die Note für den Kurs basierte auf der Benotung von drei Seminararbeiten (gleichgewichtet).
Die Studierenden im ersten Seminar mussten ihre eigenen Abgabetermine für Seminararbeiten festlegen. Wenn diese Termine einmal feststanden, konnten sie nicht mehr geändert werden. Seminararbeiten, die zu spät abgegeben wurden, erhielten einen Punktabzug in Höhe von 1 Prozent der Note der Seminararbeit für jeden verstrichenen Tag. Die Seminararbeiten konnten auch eher abgegeben werden, allerdings ohne einen Bonus für die Studierenden, da der Professor die Seminararbeiten erst am Ende des Semesters benotete.
Die Studierenden im zweiten Seminar konnten ihren Arbeiten abgeben, wann sie wollten, ohne einen bestimmten Termin. Die Seminararbeiten mussten nur bis zum Semesterende abgegeben worden sein. Auch hier gab es keinen Bonus für eine frühzeitige Abgabe.
Die Studierenden im dritten Seminar mussten sich einer Art Diktatur unterwerfen. Für die dritte Gruppe legte der Professor drei feste Abgabetermine fest: nach der vierten Woche, nach der achten Woche und nach der zwölften Woche.
Welche Gruppe erzielte die besten Noten? Es war die Gruppe, die sich nach den Fristen von Professor Ariely richten musste. Dagegen erhielten die Studierenden aus dem zweiten Seminar, die ihre Arbeiten ohne konkreten Termin bis zum Semesterende abgeben mussten, die schlechtesten Noten. Die Noten des ersten Seminars lagen zwischen denen der beiden anderen Gruppen.
Ariely lernte aus diesem Experiment zwei einfache Dinge in Sachen Selbstüberschätzung. Erstens neigen die Studierenden dazu, Dinge aufzuschieben (das ist sicherlich keine Überraschung). Und zweitens sind feste, gleich bemessene Fristen das beste Mittel gegen das Verschleppen von Aufgaben.
Die interessanteste Erkenntnis lieferte allerdings die Gruppe von Studierenden, die ihre Abgabetermine selbst festlegen konnte. Die Mehrheit dieser Studierenden setzte sich weit voneinander entfernte Termine und erhielt genauso gute Noten wie die Studierenden aus der »Diktator-Gruppe«. Es gab in der ersten Gruppe allerdings auch Studierende, die kaum oder gar keinen Abstand zwischen die Abgabetermine legten. Die Noten dieser Studierenden waren deutlich schlechter, sodass die Gruppe insgesamt zwischen den beiden anderen Gruppen lag. Ariely schlussfolgerte daraus, dass die Studierenden ohne feste Termine anfangen, zu trödeln und ihre Seminararbeiten darunter leiden.
Aus diesem Experiment lassen zwei wichtige Erkenntnisse gewinnen:

1. Menschen, die wissen, dass sie dazu neigen, Dinge zu verschleppen, sind eher bereit, auf Hilfsmittel zurückzugreifen, die sie zu einem bestimmten Handeln verpflichten.
2. Durch diese Hilfsmittel können sich die Menschen besser stellen.

Wenn Sie dazu neigen, Dinge zu verschleppen, dann sind feste Termine, so lästig sie auch sein mögen, tatsächlich zu Ihrem Besten.

Kurzzusammenfassung

- Die **Verhaltensökonomik** vereint ökonomische Modelle mit wissenschaftlichen Erkenntnissen über die menschliche Psyche.
- **Rationales** Verhalten führt zu dem Ergebnis, das eine Person am meisten bevorzugt. **Begrenzte Rationalität**, **Risikoaversion, nichtmonetäre Belohnungen** und Interesse an Fairness können dafür verantwortlich sein, dass sich die Menschen für eine Alternative mit einem schlechteren ökonomischen Ergebnis entscheiden.
- **Irrationales** Verhalten führt zu Entscheidungen, durch die sich die Menschen schlechter stellen als bei einer Entscheidung für andere verfügbare Alternativen. Fehleinschätzungen bei den Opportunitätskosten, Selbstüberschätzung, **mentale Buchführung** und unrealistische Erwartungen über die Zukunft, **Verlustaversion**, **Framing-Effekte** sowie die **Tendenz zum Status Quo** können zu irrationalem Verhalten führen. Die **Sunk-Cost-Fallacy** (**Versunkene-Kosten-Falle**) ist ein Beispiel für Fehleinschätzungen von Opportunitätskosten. Um die Tendenz der Menschen zum Status Quo zu überwinden, werden häufig **Nudges** (»**Anstupser**«) in die Entscheidungsalternativen eingebaut.

ÜBERPRÜFEN SIE IHR WISSEN

1. Auf welche Formen von irrationalem Verhalten lassen die folgenden Ereignisse schließen?

a. Obwohl die Immobilienpreise gesunken sind und Jenny umziehen möchte, weigert sie sich, ihr Haus unter dem Einstandspreis zu verkaufen.

b. Daniel hat letzte Woche mehr Überstunden gemacht als erwartet. Obwohl er eigentlich knapp bei Kasse ist, gibt er den zusätzlichen Verdienst für einen Wochenendtrip aus anstatt seinen Studienkredit zu tilgen.

c. Klara hat gerade ihren ersten Job angetreten und sich dafür entschieden, nicht in die betriebliche Altersvorsorge einzuzahlen. Sie ist der Meinung, dass sie noch jung ist und für die Altersvorsorge noch viel Zeit hat.

d. Um am Programm seines Unternehmens zur Mitarbeiter-Erfolgsbeteiligung teilnehmen zu können, muss Jens einen Antrag ausfüllen. Aber auch ein Jahr nach seinem Arbeitsbeginn bei dem Unternehmen hat Jens den Antrag immer noch nicht ausgefüllt.

2. Wie würden Sie bestimmen, ob eine Entscheidung von Ihnen rational oder irrational war?

Unternehmen in Aktion: J.C. Penney verärgert seine Kunden

Lange vor Walmart und Target gab es J. C. Penney. Zu seinen Hochzeiten hatte das US-amerikanische Einzelhandelsunternehmen mehr als 2.000 Filialen im ganzen Land, in denen man von Schmuck bis zu Haushaltsgeräten nahezu alles kaufen konnte. Aber im Jahr 2019 kämpfte das 117 Jahre alte Unternehmen angesichts sinkender Umsätze, in die Jahre gekommener Geschäfte und einer planlosen Sortimentsauswahl ums Überleben. Nachdem sich J. C. Penney aufgrund der sinkenden Einnahmen hoch verschuldet hatte, ging es für das Unternehmen ums Ganze. Konnte es dem Unternehmen gelingen, so schnell wie möglich eine Trendwende herbeizuführen, um die hohen Schulden zurückzuzahlen und das Sortiment und die Filialen zu modernisieren?

Nach Ansicht von Branchenkennern liegen die Anfänge der Krise im Jahr 2011, als das Unternehmen Ron Johnson zum Vorstandschef ernannte. In den Jahren vor 2011 versuchte J. C. Penney regelmäßig, Käufer durch Rabattaktionen anzulocken. So gab es beispielsweise im Jahr 2010 590 Rabattaktionen, bei denen für fast drei Viertel des Sortiments Preisnachlässe von 50 Prozent and mehr angeboten wurden. Die Kunden haben dabei nicht wirklich weniger bezahlt, denn das Unternehmen hatte nur die Preise gesenkt, die es zuvor erhöht hatte. Für Johnson war eine solche Strategie, die für das Unternehmen teuer ist und die Kunden nur täuscht, wenig sinnvoll. Aus diesem Grund führte er im Jahr 2012 seine neue »Ein-Preis-Strategie« ein. Die regelmäßigen Rabattaktionen gehörten der Vergangenheit an. Stattdessen gab es für die Kunden nun immer den niedrigsten Preis. Außerdem wurden die Preise auf volle Beträge gerundet. Es gab also keine Artikel mehr für 15,99 Dollar oder für 19,99 Dollar.

Die neue Strategie schien erfolgversprechend zu sein. Anstatt weiter Rabattaktionen durchzuführen und Rabattcoupons anzubieten, versprach J. C. Penney seinen Kunden, von nun an immer Dauertiefpreise anzubieten, unabhängig von der Jahreszeit und ohne Couponschnipsel. Zudem führte die neue Strategie für das Unternehmen zu Kosteneinsparungen durch genauere Lagerbestands- und Gewinnprognosen, gleichmäßigere Erlöse und einen geringeren Arbeitsaufwand für Änderungen bei der Preiskennzeichnung. John T. Gourville, Professor für Marketing an der Harvard Business School, merkte in diesem Zusammenhang an, dass eine Ein-Preis-Strategie das operative Geschäft deutlich einfacher macht, da man damit starke Absatzschwankungen vermeiden kann.

Es gab allerdings auch Probleme mit der neuen Preisstrategie. Für die Kunden war nicht klar, wie tief die Dauertiefpreise wirklich waren. Die Botschaft von J. C. Penney lautet: »Vertraut uns. Wir machen ihnen ein faires Angebot.« Allerdings versprach J. C. Penney im Unterschied zu Walmart seinen Kunden nicht, niedrigere Preise der Konkurrenz zu übernehmen, da das Unternehmen die niedrigen Gewinnmargen nicht durch entsprechend hohe Absatzzahlen hätte ausgleichen können. Gleichzeitig lockte eine Ein-Preis-Strategie gerade in den Zeiten, in denen die Umsätze besonders hoch sind, wie beispielsweise während des Weihnachtsgeschäfts, nicht wirklich zusätzlich Kunden an.

Am Ende verlor J. C. Penney immer mehr Kunden, denen einfach das (subjektive) Glücksgefühl fehlte, sich durch einen Rabattcoupon einen Preisnachlass von 20 Prozent oder mehr gesichert zu haben. Innerhalb von zwei Jahren sanken die Erlöse des Unternehmens um 30 Prozent und die Absatzmengen um 25 Prozent. Zu Beginn des Jahres 2013 wurde Vorstandschef Ron Johnson entlassen.

Nach der Entlassung von Ron Johnson ruderte J. C. Penney mit seiner Strategie zurück und bot den Kunden wieder Rabattaktionen und Coupons an. Das Verkaufspersonal war wieder damit beschäftigt, die Preise anzuheben, um sie dann sofort wieder zu senken. Aber der Schaden war bereits passiert. Infolge der gesunkenen Erlöse mussten Filialen geschlossen und das Sortiment verkleinert werden. Immer mehr Kunden wanderten zur Konkurrenz ab, die Schulden wuchsen. Im Jahr 2020 musste J. C. Penney Insolvenz anmelden und wurde von einer Investorengruppe gekauft, die das Unternehmen neu aufstellte.

FRAGEN

1. Nennen Sie mit Blick auf die Fallstudie ein Beispiel für eine rationale Entscheidung. Erläutern Sie Ihre Wahl.
2. Nennen Sie mit Blick auf die Fallstudie ein Beispiel für eine irrationale Entscheidung. Erläutern Sie Ihre Wahl.
3. Was steckt hinter dem Versprechen von Walmart, niedrigere Preise der Konkurrenz zu übernehmen? Was würde Ihrer Meinung nach passieren, wenn Walmart diese Garantie zurücknimmt? Würden die Wettbewerber von Walmart die gleiche Politik verfolgen?

Zusammenfassung

1. Jede ökonomische Entscheidung dreht sich um die Allokation knapper Ressourcen. Einige Entscheidungen sind »Entweder-oder«-Entscheidungen, bei denen es darum geht, ob man etwas tun sollte oder nicht. Bei anderen Entscheidungen handelt es sich um »Wie viel«-Entscheidungen, bei denen es darum geht, in welchem Umfang Ressourcen in eine bestimmte Verwendung gelenkt werden sollen.
2. Die Kosten der Verwendung einer Ressource für eine bestimmte Aktivität bestehen in den Opportunitätskosten dieser Ressource. Einige Opportunitätskosten sind **explizite Kosten**, bei denen monetäre Zahlungsströme fließen. Bei anderen Opportunitätskosten handelt es sich jedoch um **implizite Kosten**. Implizite Kosten gehen nicht mit Geldströmen einher, sondern ergeben sich durch den monetären Wert der Vorteile, auf die verzichtet werden muss. Sowohl die expliziten als auch die impliziten Kosten sollten bei der Entscheidungsfindung berücksichtigt werden. Viele Entscheidungen, sowohl für Unternehmen als auch für Privatpersonen, haben mit **Kapital** und Zeit zu tun. Die Entscheidungen sollten daher durch

den **ökonomischen Gewinn** bestimmt werden, der sowohl die impliziten Kosten wie die Opportunitätskosten der Zeit als auch die **impliziten Kapitalkosten** berücksichtigt. Der Rückgriff auf den **buchhalterischen Gewinn** führt dagegen zu falschen Entscheidungen, da der buchhalterische Gewinn häufig deutlich größer ist als der ökonomische Gewinn, denn er berücksichtigt lediglich explizite Kosten, nicht aber implizite Kosten.

3. Nach dem **Prinzip der Entscheidungsfindung bei »Entweder-oder«-Entscheidungen** ist bei der Wahl zwischen zwei Optionen die Option zu wählen, die mit Blick auf die andere Option einen positiven ökonomischen Gewinn generiert.
4. Eine »Wie viel«-Entscheidung greift auf die Marginalanalyse zurück, bei der der Vorteil der Ausdehnung einer ökonomischen Aktivität um eine zusätzliche Einheit mit deren Kosten verglichen wird. Die **Grenzkosten** einer ökonomischen Aktivität ergeben sich aus den zusätzlichen Kosten, die durch die Ausdehnung der Aktivität um eine Einheit hervorgerufen werden. Der **Grenzvorteil** einer Aktivität ergibt sich aus dem zusätzlichen Vorteil, der durch die Ausdehnung der Aktivität um eine Einheit hervorgerufen wird. Die **Grenzkostenkurve** stellt die Grenzkosten grafisch dar, die **Kurve des Grenzvorteils** den Grenzvorteil.
5. Bei **konstanten Grenzkosten** kostet jede zusätzliche Einheit einer Aktivität genauso viel wie die vorhergehende Einheit. In der Regel hängen Grenzkosten und Grenzvorteil allerdings vom Aktivitätsniveau ab. Bei **steigenden Grenzkosten** kostet jede zusätzliche Einheit einer Aktivität mehr als die vorhergehende Einheit. Dieser Zusammenhang wird durch eine steigende Grenzkostenkurve repräsentiert. Bei **sinkenden Grenzkosten** kostet jede zusätzliche Einheit einer Aktivität weniger als die vorhergehende Einheit, sodass die Grenzkostenkurve fallend verläuft. Im Fall eines **abnehmenden Grenzvorteils** generiert die Ausdehnung einer bestimmten Aktivität um eine Einheit einen geringeren Vorteil als die vorhergehende Einheit.
6. Die **Optimalmenge** einer Aktivität ist die Menge, die den maximal möglichen Gesamtgewinn generiert. Die **Gewinnmaximierungsregel der Marginalanalyse** besagt, dass die Optimalmenge die Menge ist, bei der der Grenzvorteil größer oder gleich den Grenzkosten ist. Bei dieser Menge schneiden sich die Grenzkostenkurve und die Kurve des Grenzvorteils.
7. Kosten, die bereits aufgetreten sind und die nicht wieder hereingeholt werden können, bezeichnet man als **versunkene Kosten.** Versunkene Kosten sollten bei Entscheidungen über künftige Aktivitäten ignoriert werden, weil sie keinen Einfluss auf künftige Vorteile und Kosten haben. Die **Sunk-Cost-Fallacy (Versunkene-Kosten-Falle)** beschreibt die falsche Annahme, dass versunkene Kosten bei der Entscheidungsfindung berücksichtigt werden sollten.
8. Die **Verhaltensökonomik** ist ein Forschungsgebiet der Volkswirtschaftslehre, das Erkenntnisse über die menschliche Psychologie in ökonomische Modelle integriert. Die Verhaltensökonomik hat in den letzten 20 Jahren einen wichtigen Beitrag zum besseren Verständnis der Entscheidungsfindung geliefert.
9. Eine **rational** handelnde Person wählt die verfügbare Alternative, die zu dem Ergebnis führt, das sie am meisten bevorzugt. Es kann auch rational sein, sich für eine Alternative mit einer geringeren Auszahlung zu entscheiden. Dafür gibt es im Wesentlichen vier Gründe: Interesse an Fairness, **nichtmonetäre Belohnungen**, begrenzte Rationalität und Risikoaversion. **Begrenzte Rationalität** tritt auf, wenn die Anstrengungen zur Bestimmung des bestmöglichen ökonomischen Ergebnisses zu kostspielig sind. **Risikoaversion** führt dazu, dass die Menschen bereit sind, auf einen Teil des Gewinns zu verzichten, um dafür einen möglichen Verlust zu vermeiden.
10. **Irrationales** Verhalten führt dazu, dass eine Person eine Alternative wählt, die sie im Vergleich zu anderen verfügbaren Alternativen schlechter stellt. Irrationales Verhalten kann durch Fehleinschätzungen bei den Opportunitätskosten (**Sunk-Cost-Fallacy, Versunkene-Kosten-Falle**), Selbstüberschätzung, unrealistische Erwartungen über die Zukunft, **mentale Buchführung** (bei der nicht jedem Euro der gleiche Wert beigemessen wird), **Verlustaversion** (bei der sehr empfindlich auf Verluste

reagiert wird), **Framing-Effekte** (die dazu führen, dass die Menschen danach entscheiden, wie Alternativen präsentiert werden und nicht nach den tatsächlichen Auswirkungen) und die **Tendenz zum Status Quo** (die Menschen vermeiden eine Entscheidung und belassen die Dinge lieber so, wie sie sind) ausgelöst werden. Um die Tendenz der Menschen zum Status Quo zu überwinden, werden häufig **Nudges** (»**Anstupser**«) in die Entscheidungsalternativen eingebaut.

SCHLÜSSELBEGRIFFE

- explizite Kosten
- implizite Kosten
- buchhalterischer Gewinn
- ökonomischer Gewinn
- Kapital
- implizite Kapitalkosten
- Prinzip der Entscheidungsfindung bei »Entweder-oder«-Entscheidungen
- Grenzkosten
- steigende Grenzkosten
- Grenzkostenkurve
- konstante Grenzkosten
- sinkende Grenzkosten
- Grenzvorteil
- abnehmender Grenzvorteil
- Kurve des Grenzvorteils
- Optimalmenge
- Gewinnmaximierungsregel der Marginalanalyse
- versunkene Kosten
- Verhaltensökonomik
- rational
- nichtmonetäre Belohnungen
- begrenzte Rationalität
- Risikoaversion
- irrational
- Sunk-Cost-Fallacy (Versunkene-Kosten-Falle)
- mentale Buchführung
- Verlustaversion
- Framing-Effekte
- Tendenz zum Status quo
- Nudges (»Anstupser«)

Anhang zu 9

Entscheidungen, bei denen Zeit eine Rolle spielt: Der Barwert

Wir haben in Kapitel 9 gelernt, dass man bei einer Entscheidung über die Durchführung eines Projektes die Vorteile aus dem Projekt mit den Kosten des Projektes – den expliziten und den impliziten Kosten – vergleicht, und dann die Alternative mit dem höheren ökonomischen Gewinn wählt.

Bei vielen ökonomischen Entscheidungen fallen Vorteile und Kosten allerdings zu unterschiedlichen Zeitpunkten an, was einen Vergleich der Größen erschwert. Dazu zählt beispielsweise die Entscheidung, für einen höheren Abschluss an der Universität zu bleiben und weiter zu studieren oder die Universität zu verlassen und einen Job anzunehmen. Wenn sich Ashley überlegt, ob sie an der Universität bleiben oder einen Job annehmen soll, dann fallen die Kosten für die Zusatzausbildung (entgangenes Arbeitseinkommen, Studiengebühren, Ausgaben für Bücher …) sofort an, während die Vorteile (ein höheres Arbeitseinkommen nach Abschluss der Ausbildung) in der Zukunft liegen. In anderen Fällen fallen die Vorteile einer Entscheidung eher an als die Kosten, wie z. B. bei einem Darlehen zur Finanzierung einer Urlaubsreise. Daraus ergibt sich die Frage, wie wir Entscheidungen treffen sollen, bei denen die Zeit eine Rolle spielt.

Um den Einfluss der Zeit bei ökonomischen Entscheidungen angemessen zu berücksichtigen, greifen Ökonomen auf das Konzept des *Barwertes* zurück. Durch die Ermittlung des Barwertes können wir Kosten und Vorteilen, die in der Zukunft anfallen, einen heutigen Wert beimessen. Damit lassen sich Alternativen, die in der Zukunft liegen, durch einen Vergleich ihrer Barwerte entscheiden. Sie fragen sich jetzt vielleicht, warum bei der Analyse von Ashleys Entscheidung in Kapitel 9 nichts von Barwertberechnungen zu lesen war. Das hat damit zu tun, dass wir – ohne es zu wissen – bereits mit Barwerten gearbeitet haben. Formulierungen wie »… dann kann sie für den Rest ihres Berufslebens Einkünfte im heutigen Wert von 600.000 Euro realisieren« bedeuten, dass die zukünftigen Vorteile bereits in einen heutigen Wert umgerechnet wurden, und dass dieser Wert, der Barwert, 600.000 Euro beträgt.

Nun wollen wir uns anschauen, wie man den Barwert ermittelt.

Wie man den Barwert bei einem einjährigen Projekt berechnet

Nehmen wir an, Sie werden in genau einem Jahr Ihr Studium (erfolgreich) abschließen und benötigen dann 1.000 Euro, um sich eine Wohnung zu mieten. Wie viel Geld brauchen sie heute, um in einem Jahr über 1.000 Euro zu verfügen? Es sind natürlich nicht 1.000 Euro, und das hat etwas mit dem *Zinssatz* zu tun. Der **Zinssatz**, den wir mit r bezeichnen wollen, ist der Preis, berechnet als Prozentsatz des geliehenen Betrages, den ein Kreditgeber für die Kreditvergabe verlangt. X soll für den Betrag stehen, den wir heute brauchen, um in einem Jahr 1.000 Euro zur Verfügung zu haben. Bringen Sie heute den Betrag X zur Bank und erhalten dafür Zinsen in Höhe von r, bekommen Sie in einem Jahr $X \times (1 + r)$ zurück. Wenn Sie in einem Jahr über 1.000 Euro verfügen wollen, lässt sich der Betrag, den Sie dafür heute bei der Bank anlegen müssen, wie folgt ermitteln:

Wenn sich jemand für ein Jahr Geld leiht, dann ist der **Zinssatz** (berechnet als Prozentsatz des geliehenen Betrages) der Preis, den ein Kreditgeber für die Kreditvergabe verlangt.

(9A-1) $X \times (1 + r) = 1.000\ €$.

Wir können diese Gleichung nach X auflösen und erhalten:

(9A-2) $X = 1.000\ €/(1 + r)$.

Der Betrag X, den Sie heute brauchen, um in einem Jahr über 1.000 Euro zu verfügen, ergibt sich also durch 1.000 Euro/(1 + r). Damit hängt die Höhe des Betrages X vom Zinssatz r ab, der immer größer als null ist. Da der Zinssatz immer größer als null ist, wird X *immer kleiner* als 1.000 Euro sein. Bei einem Zinssatz von 5 Prozent (damit gilt $r = 0{,}05$) gilt $X = 1.000$ Euro/1,05 = 952,38 Euro. In einem Jahr 1.000 Euro zu erhalten, ist demnach bei einem Zinssatz von 5 Prozent heute 952,38 Euro wert.

Der **Barwert** von X ist der Betrag, den man heute haben muss, um bei einem gegebenen Zinssatz in einem Jahr über einen Betrag in Höhe von X verfügen zu können.

Nun können wir den *Barwert* von X definieren. Der **Barwert** ist der Betrag, den man heute haben muss, um bei einem gegebenen Zinssatz in einem Jahr über einen Betrag in Höhe von X verfügen zu können. In unserem Beispiel ist 952,38 Euro der Barwert von 1.000 Euro bei einem Zinssatz von 5 Prozent.

Das Barwertkonzept ist besonders nützlich, wenn es um Entscheidungen zwischen Alternativen geht, bei denen heute Kosten für Vorteile in der Zukunft anfallen. Nehmen wir an, Sie haben zwei Optionen A und B. Entweder nehmen Sie ein Jobangebot für ein Jahr an, bei dem Sie sofort 10.000 Euro erhalten (Option A), oder Sie belegen ein Jahr lang einen Weiterbildungskurs, der Sie heute 1.000 Euro kostet, aber in einem Jahr eine Bezahlung in Höhe von 12.000 Euro einbringt (Option B). Für welche Option sollten Sie sich entscheiden?

Dar Barwert der Option A ist leicht zu ermitteln. Er beträgt 10.000 Euro, da Sie die Zahlung sofort erhalten. Der Barwert für Option B ergibt sich bei einem Zinssatz von 5 Prozent mit

(9A-3) 12.000 €/1,05 – 1.000 €
= 11.429 € – 1.000 €
= 10.429 €.

Da der Barwert der Option B (10.429 Euro) größer ist als der Barwert der Option A (10.000 Euro), sollten Sie sich für Option B entscheiden.

Unser Beispiel veranschaulicht ein grundlegendes Prinzip. Bei einer Bewertung von Alternativen, bei denen Vorteile und Kosten erst im Verlauf der Zeit anfallen, sind die Barwerte der Zahlungen zu ermitteln. Anschließend ist die Alternative zu wählen, die den höheren Barwert verspricht. Im nächsten Abschnitt lernen wir, wie der Barwert bei Projekten ermitteln wird, die sich über mehrere Jahre erstrecken.

Wie man den Barwert bei mehrjährigen Projekten berechnet

Wir bezeichnen mit $X_{2\,Jahre}$ den Barwert von 1 Euro, den man in zwei Jahren erhält. Wenn Sie $X_{2\,Jahre}$ heute für zwei Jahre ausleihen, erhalten Sie

(9A-4) $X_{2\,Jahre} \times (1 + r)$

nach dem ersten Jahr.

Diesen Betrag investieren Sie erneut und erhalten

(9A-5) $X_{2\,Jahre} \times (1 + r) \times (1 + r)$

nach dem zweiten Jahr.

Mithilfe von Gleichung (9A-5) können wir berechnen, wie viel Geld Sie sich heute leihen müssen, um in zwei Jahren 1 Euro zur Verfügung zu haben:

(9A-6) $X_{2\,Jahre} \times (1 + r)^2 = 1$ €.

Wir lösen nach $X_{2\,Jahre}$ auf, in dem wir beide Seiten der Gleichung (9A-6) durch $(1 + r)^2$ teilen und erhalten

(9A-7) $X_{2\,Jahre} = 1$ €$/(1 + r)^2$.

Beträgt der Zinssatz beispielsweise 10 Prozent (r = 0,10), dann gilt $X_{2\,Jahre} = 1$ €$/(1{,}10)^2 = 1$ €/1,21 = 0,83 €.

Aus Gleichung (9A-7) lässt sich eine allgemeine Gleichung für die Ermittlung des Barwertes von 1 Euro, der nach N Jahren gezahlt wird, ableiten:

(9A-8) $X_{N\,Jahre} = 1$ €$/(1 + r)^N$.

Der Barwert eines Euro, den man in N Jahren erhält, beläuft sich demnach auf 1 €$/(1 + r)^N$.

Die Ermittlung des Barwertes von Projekten mit Erlösen und Kosten

Nehmen Sie an, Sie müssen sich zwischen drei Projekten entscheiden. Projekt A führt zu einer sofortigen Auszahlung von 100 Euro, während Projekt B zunächst eine Einzahlung von 10 Euro verlangt, damit Sie in einem Jahr 115 Euro erhalten können. Projekt C generiert eine sofortige Auszahlung von 119 Euro, ist aber mit einer Einzahlung von 20 Euro in einem Jahr verbunden. Wir nehmen an, dass der Zinssatz 10 Prozent beträgt, also $r = 0{,}1$.

Tab. 9A-1

Der Kapitalwert von drei Projekten

Projekt	Heutige Zahlungen (€)	Zahlungen in einem Jahr (€)	Formel für den Barwert	Kapitalwert bei r = 0,1 (€)
A	100	0	100 €	100,00
B	−10	115	−10 € + 115 €/(1 + *r*)	94,55
C	119	−20	119 € − 20 €/(1 + *r*)	100,82

Um diese Projekte miteinander vergleichen zu können, müssen wir die Kosten und die Erlöse bewerten, die zu verschiedenen Zeitpunkten anfallen. Dabei ist das Barwertkonzept extrem hilfreich: Durch die Ermittlung des Barwertes, der in der Zukunft anfallende Euro in heutige Werte umrechnet, können wir das Zeitproblem eliminieren. Anschließend lassen sich die drei Projekte durch die Ermittlung der jeweiligen *Kapitalwerte* – die Differenz zwischen dem Barwert der gegenwärtigen und zukünftigen Erlöse und dem Barwert der gegenwärtigen und zukünftigen Kosten – miteinander vergleichen. Das beste Projekt ist das Projekt mit dem höchsten Kapitalwert.

Tabelle 9A-1 zeigt die entsprechenden Berechnungen für die Kapitelwerte der drei Projekte. Die zweite und die dritte Spalte zeigen, wie hoch die Zahlungen sind, die anfallen, und wann sie anfallen. Dabei sind Kosten durch ein Minuszeichen gekennzeichnet. In der vierten Spalte sind die Gleichungen angegeben, die verwendet werden, um den Barwert der Geldströme auszurechnen. Die fünfte Spalte schließlich zeigt den Kapitalwert für jedes der drei Projekte.

Um beispielsweise den Kapitalwert von Projekt B zu berechnen, müssen wir den Barwert von 115 Euro ermitteln, die in einem Jahr anfallen. Der Barwert von einem Euro in einem Jahr beträgt 1 €/(1 + *r*). Der Barwert von 115 Euro ist dann 115 × 1 €/(1 + *r*), also 115 €/(1 + *r*). Der Kapitalwert von Projekt B ergibt sich durch den Barwert der heutigen und künftigen Erlöse abzüglich des Barwertes der heutigen und künftigen Kosten: −10 € + 115 €/(1 + r).

Durch die fünfte Spalte können wir unmittelbar erkennen, dass das Projekt C bei einem Zinssatz von 10 Prozent das beste Projekt ist. Es weist den höchsten Kapitalwert (100,82 Euro) auf. Dieser Betrag liegt über dem Kapitalwert von Projekt A (100 Euro) und über dem Kapitalwert von Projekt B (94,55 Euro).

Dieses Beispiel zeigt, wie wichtig das Konzept des Barwertes ist. Hätten wir keine Barwerte berechnet und stattdessen einfach die Erlöse und Kosten von jedem Projekt addiert, wären wir fälschlicherweise zu dem Schluss gelangt, dass das Projekt B das beste Projekt ist und das Projekt C das schlechteste Projekt.

SCHLÜSSELBEGRIFFE

- Zinssatz
- Barwert

10 Der rationale Verbraucher

LERNZIELE

- Welche Faktoren darüber entscheiden, wofür die Verbraucher ihr Einkommen ausgeben.
- Warum Ökonomen auf den **Nutzen** zurückgreifen, um die Vorlieben der Menschen zu erklären.
- Warum das **Prinzip des abnehmenden Grenznutzens** für den Konsum der meisten Güter gilt.
- Was man unter dem **optimalen Konsumbündel** versteht und wie es sich mithilfe der Marginalanalyse bestimmen lässt.
- Wie **Einkommens- und Substitutionseffekte** die Wirkungen von Preis- und Einkommensänderungen auf die Konsumentscheidungen der Verbraucher veranschaulichen.

Ein Nigiri zu viel

Um Kunden anzulocken, werben Restaurants oft mit »All you can eat«-Angeboten: »All you can eat«-Salatbuffets, »All you can eat«-Frühstückbuffets und sogar »All you can eat«-Sushi.

Wie aber kann ein Restaurantbesitzer, der solche Angebote macht, sicher sein, dass ihm sein Geschäft nicht buchstäblich »weggefuttert« wird? Wenn er für ein »All you can eat«-Sushi 12,99 Euro verlangt, was hindert dann den Gast daran, Sushi im Wert von 30 Euro zu verspeisen?

Nun, dann und wann mag es tatsächlich so sein, dass ein einzelner Gast einen wirklichen Vorteil aus dem Angebot zieht und 20 oder 30 Nigiri (eine Zubereitungsform von Sushi) verschlingt. Aber das ist nicht die Regel, sondern eine seltene Ausnahme. Und selbst diejenigen von uns, die gerne Sushi essen, werden sich bei der Vorstellung von derartigen Sushi-Mengen ein wenig schütteln. Fünf oder sogar zehn Nigiri sind ein Genuss, aber 30 Nigiri – das ist einfach verrückt. Jeder, der für ein »All you can eat«-Essen bezahlt, möchte möglichst viel für sein Geld essen, aber mit einem kleinen Rest an »Bauchgefühl« weiß man, wann ein Nigiri mehr ein Nigiri zu viel wäre.

Wir haben gerade gesagt, dass Verbraucher in einem Restaurant »möglichst viel« für ihr Geld bekommen wollen. Das hört sich so an, als ob sie etwas maximieren wollen. Wir haben auch festgestellt, dass die Verbraucher aufhören werden, wenn das Essen eines weiteren Nigiri ein Fehler wäre. Das hört sich so an, als würden sie eine Marginalentscheidung treffen.

Aber was maximieren die Verbraucher? Ist es nicht einfach eine Frage des Geschmacks? Ökonomen wissen wenig darüber, was Geschmack eigentlich ist, können aber viel darüber sagen, wie sich eine rationale Person verhält, wenn sie ihre Bedürfnisse befriedigen will. Und genauso analysieren Ökonomen Konsumentenentscheidungen. Sie arbeiten mit dem Modell eines *rationalen Verbrauchers* – ein Verbraucher, der weiß, was er will und das Beste aus den ihm zur Verfügung stehenden Möglichkeiten macht.

In diesem Kapitel wollen wir zeigen, wie man die Entscheidungen eines rationalen Verbrauchers analysieren kann. Wir werden uns zunächst mit dem Nutzenkonzept beschäftigen. Der *Nutzen* ist ein Maß für die Befriedigung eines Verbrauchers, mit dessen Hilfe wir das rationale Entscheidungsverhalten eines Verbrauchers untersuchen können.

Anschließend werden wir uns damit beschäftigen, wie die *Budgetbeschränkung* definiert ist, was ein Verbraucher kaufen kann und wie man mithilfe der Marginalanalyse die Konsumentscheidung bestimmen kann, die den Nutzen maximiert. Am Ende des Kapitels werden wir sehen, wie unsere Analyse zum Gesetz der Nachfrage und zur negativen Steigung der Nachfragekurve führt.

Diejenigen Leser, die Interesse an einer detaillierten Analyse des Verbraucherverhaltens auf der Grundlage von Indifferenzkurven haben, werden im Anhang zu diesem Kapitel fündig.

10.1 Nutzen: Befriedigung aus Konsum

Wenn wir das Verhalten von Verbrauchern analysieren, beschäftigen wir uns mit Menschen, die versuchen, das zu bekommen, was sie wünschen. Wir denken also über subjektive Empfindungen nach. Es gibt allerdings keinen einfachen Weg, subjektive Empfindungen zu messen. Wie viel Befriedigung ziehe ich daraus, ein drittes Nigiri zu verzehren? Ist es mehr oder weniger als die Befriedigung, die ein anderer daraus zieht? Und ist es überhaupt sinnvoll, eine derartige Frage zu stellen?

Glücklicherweise wird sich herausstellen, dass wir gar keinen Vergleich zwischen den Empfindungen verschiedener Personen anstellen müssen. Alles, was wir für die Analyse des Verbraucherverhaltens benötigen, ist die Annahme, dass jede Person versucht, ein persönliches Maß der Befriedigung zu maximieren, die sie aus dem Konsum von Waren und Dienstleistungen zieht. Dieses Maß wird als **Nutzen** eines Verbrauchers bezeichnet – ein Konzept, das wir verwenden, um das Verhalten zu verstehen, von dem wir aber nicht erwarten, dass wir es in der Praxis messen können. Nichtsdestotrotz werden wir sehen, dass uns die Annahme der Nutzenmaximierung durch die Verbraucher dabei hilft, die Entscheidungsfindung von Konsumenten besser zu verstehen.

Der **Nutzen** eines Verbrauchers ist ein Maß für die Befriedigung, die der Verbraucher aus dem Konsum von Waren und Dienstleistungen zieht.

Nutzen und Konsum

Der Nutzen einer Person beruht auf allem, was diese Person konsumiert – von Äpfeln bis zu Vorratsdosen. Die Menge aller Güter, die eine Person konsumiert, wird als das **Konsumbündel** der betreffenden Person bezeichnet. Die Beziehung zwischen dem Konsumbündel einer Person und dem gesamten Nutzen, den dieses Konsumbündel stiftet, nennt man **Nutzenfunktion**. Bei der Nutzenfunktion handelt es sich um eine ganz individuelle Angelegenheit. Zwei Menschen mit unterschiedlichem Geschmack werden unterschiedliche Nutzenfunktionen besitzen. Jemand, der es tatsächlich mag, auf einen Schlag 30 Nigiri zu essen, muss eine andere Nutzenfunktion haben als derjenige, der nach 10 Nigiri einfach nicht mehr weiteressen kann.

Das **Konsumbündel** einer Person ist die Zusammenstellung von Waren und Dienstleistungen, die die betreffende Person konsumiert.

Ein **Util** ist eine Nutzeneinheit.

Die **Nutzenfunktion** einer Person beschreibt den Gesamtnutzen, der sich aus dem Konsumbündel ergibt.

Die Konsumfunktion eines Verbrauchers ist in einem gewissen Sinn mit der Produktionsfunktion eines Unternehmens vergleichbar. Ein Produzent verwendet Inputs, um entsprechend einer Produktionsfunktion Output zu produzieren, und ein Verbraucher »produziert« mit seinem Verbrauch Nutzen entsprechend einer Nutzenfunktion. Offensichtlich haben die Menschen aber keinen kleinen Computer in ihren Köpfen, der den Nutzen durch ihre Konsumentscheidungen ausrechnet. Trotzdem müssen die Menschen Entscheidungen treffen, und sie treffen diese Entscheidungen zumindest auf Basis einer groben Abschätzung, welche der Alternativen ihnen eine größere Befriedigung gibt. Ich kann bei meinem Menü zwischen Suppe und Salat wählen. Was wird mir besser schmecken? Ich kann dieses Jahr eine Urlaubsreise machen oder das Geld sparen, um ein neues Auto zu kaufen. Was wird mich glücklicher machen?

Das Konzept der Nutzenfunktion ist einfach eine Methode, um die Tatsache abzubilden, dass Menschen derartige Entscheidungen treffen müssen und dass sie diese Entscheidungen in einer mehr oder weniger rationalen Weise treffen.

Wie messen wir den Nutzen? Aus Vereinfachungsgründen ist es sinnvoll anzunehmen, dass wir den Nutzen in einer hypothetischen Einheit messen können, die wir als **Util** bezeichnen wollen.

Abbildung 10-1 stellt eine Nutzenfunktion dar. Sie zeigt den (Gesamt-)Nutzen, den Clara, die gerne Nigiri isst, aus einem »All you can eat«-Sushi zieht. Wir nehmen an, dass ihr Konsumbündel aus einem Teller Salat besteht, der zum Sushi gereicht wird, und einer noch zu bestimmenden Zahl von Nigiri. Die zur Abbildung 10-1 gehörende Tabelle

Abb. 10-1

Gesamtnutzen und Grenznutzen von Clara

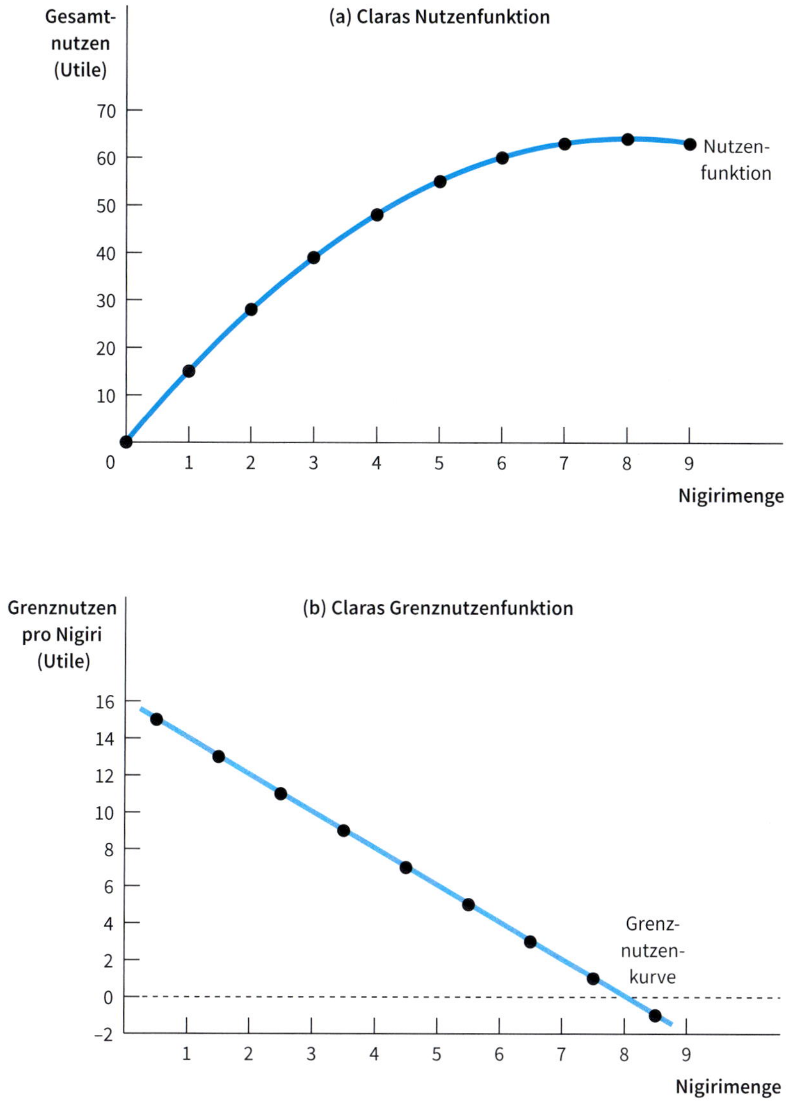

Diagramm (a) zeigt, wie Claras (Gesamt-)Nutzen vom Nigirikonsum abhängt. Der Nutzen nimmt zunächst zu, bis er bei einem Konsum von acht Nigiri die maximale Höhe von 64 Utilen erreicht. Danach nimmt der Nutzen wieder ab. Der Grenznutzen wurde in der zu dieser Abbildung gehörenden Tabelle berechnet. Diagramm (b) zeigt die Grenznutzenkurve, die aufgrund des abnehmenden Grenznutzens mit negativer Steigung verläuft. Jedes zusätzliche Nigiri stiftet für Clara also weniger Nutzen als das vorhergehende.

Nigirimenge	Gesamtnutzen (Utile)	Grenznutzen pro Nigiri (Utile)
0	0	
		15
1	15	
		13
2	28	
		11
3	39	
		9
4	48	
		7
5	55	
		5
6	60	
		3
7	63	
		1
8	64	
		−1
9	63	

zeigt, wie Claras Gesamtnutzen von der Zahl der Nigiri abhängt. Die Kurve in Diagramm (a) gibt die gleiche Information grafisch wieder.

Claras Nutzenfunktion verläuft über den größten Teil des gezeigten Bereichs steigend, wird aber mit zunehmender Zahl an konsumierten Nigiri flacher. In diesem Beispiel verläuft die Kurve am Ende dann sogar fallend. Aus der Tabelle von Abbildung 10-1 ergibt sich, dass das neunte Nigiri ein Nigiri zu viel ist: Das Essen dieses Nigiri verschlechtert Claras Situation. Verhält sie sich rational, dann wird sie das natürlich erkennen und das neunte Nigiri nicht essen. Bei ihrer Entscheidung, wie viele Nigiri sie essen möchte, wird Clara ihre Entscheidung darauf basieren, wie sich ihr Gesamtnutzen durch den Konsum eines weiteren Nigiri ändert. Das verdeutlicht einen generellen Punkt: Um den *Gesamtnutzen* zu maximieren, müssen die Verbraucher auf den *Grenznutzen* schauen.

Das Prinzip des abnehmenden Grenznutzens

Das **Prinzip des abnehmenden Grenznutzens** besagt, dass der Konsum jeder folgenden Einheit eines Gutes den Gesamtnutzen weniger erhöht als die vorhergehende Einheit.

Der **Grenznutzen** eines Gutes ist die Änderung des Gesamtnutzens, die sich aus dem Konsum einer weiteren Einheit ergibt. Die **Grenznutzenkurve** zeigt, wie der Grenznutzen von der konsumierten Menge abhängt.

Die zu Abbildung 10-1 gehörende Tabelle zeigt, wie Claras Gesamtnutzen von der Zahl der gegessenen Nigiri abhängt. Darüber hinaus zeigt sie auch den **Grenznutzen**, den der Konsum jedes weiteren Nigiri stiftet, also die Änderung des Gesamtnutzens durch den Konsum eines weiteren Nigiri. Diagramm (b) zeigt die daraus resultierende **Grenznutzenkurve**. Wir verfahren dabei wie in Kapitel 9 und konstruieren die Grenznutzenkurve dadurch, dass wir die Punkte in die Mitte zwischen den Mengeneinheiten zeichnen.

Die Grenznutzenkurve verläuft fallend: Jedes weitere Nigiri fügt einen geringeren Betrag zum Gesamtnutzen hinzu als das vorhergehende. Dies drückt sich auch in unserer Tabelle aus: Der Grenznutzen sinkt von einem hohen Wert von 15 Utilen für das erste Nigiri bis auf –1 für das neunte Nigiri. Die Tatsache, dass das neunte Nigiri einen negativen Grenznutzen aufweist, bedeutet, dass dieser Konsum den Gesamtnutzen verringert. (Restaurants, die »All you can eat«-Essen anbieten, können nur aufgrund der Tatsache existieren, dass man auch von einer guten Sache zu viel haben kann.) Nicht alle Grenznutzenkurven werden irgendwann negativ. Wir gehen jedoch generell davon aus, dass Grenznutzenkurven fallend verlaufen, dass also der Konsum der meisten Waren und Dienstleistungen durch einen *abnehmenden Grenznutzen* charakterisiert ist.

Hinter dem **Prinzip des abnehmenden Grenznutzens** steckt die grundlegende Idee, dass die zusätzliche Befriedigung, die ein Verbraucher aus einer weiteren Einheit eines Gutes ziehen kann, mit zunehmender Konsummenge abnimmt. Oder, um es noch etwas anders zu formulieren: Je mehr man von einem Gut konsumiert, desto näher ist man an der Sättigung, an einem Punkt, wo eine weitere Einheit des betrachteten Gutes nicht mehr zur Befriedigung beiträgt. Für jemanden, der noch nie in seinem Leben Kaviar gegessen hat, sind ein Schälchen Kaviar und Glas Champagner ein Festessen, ein Genuss. Für jemanden, bei dem praktisch jeden Tag zum Frühstück Kaviar auf dem Tisch steht, ist Kaviar einfach nur Kaviar.

Das Prinzip des abnehmenden Grenznutzens trifft nicht immer zu. Es gilt aber für die große Mehrzahl der Fälle, sodass es uns als Basis für unsere Analyse des Verbraucherverhaltens dienen kann.

WISSENSCHAFT UND PRAXIS

Ist Lachs Luxus?

Heutzutage ist es ganz normal, in einem Restaurant um die Ecke Lachs auf der Speisekarte zu finden. Das war nicht immer so. Noch in den 1950er-Jahren galt Lachs als teurer Luxus, der nur zu ganz besonderen Anlässen serviert wurde. Vor 250 Jahren wiederum war Lachs so preiswert und weitverbreitet, dass es in den Verträgen der Hausbediensteten eine Klausel gab, die die maximale Anzahl an Tagen pro Woche beschränkte, an denen die Verpflegung für das Hauspersonal Lachs enthalten durfte.

Verantwortlich für diese schwankende Wertschätzung ist das Konzept des abnehmenden Grenznutzens in Verbindung mit einem veränderten Angebot. Vor 250 Jahren waren die Flüsse und Seen Nordamerikas voller Lachse. Im Verlauf der nächsten Jahrhunderte führten Umweltverschmutzung und Überfischung dazu, dass der Lachs in den 1980er-Jahren in den Vereinigten Staaten fast vom Aussterben bedroht war.

Durch die Einführung von Aquakulturen (Fischzucht) gelang es, die Lachsbestände sukzessive zu erhöhen. Wurden im Jahr 1982 weltweit 13.652 Tonnen Lachs gefischt, waren es im Jahr 2015 mehr als 2 Millionen Tonnen.

Vor 250 Jahren, als Lachs im Überfluss vorhanden war und überall gegessen wurde, war der Grenznutzen einer zusätzlichen Portion Lachs gering. In den 1980er-Jahren dagegen, als der Lachs fast vom Aussterben bedroht war, hat die Knappheit an Lachs dazu geführt, dass der Grenznutzen einer zusätzlichen Portion Lachs sehr groß war. Und in der heutigen Zeit, in der der Lachs wieder ausreichend, wenn auch nicht im Überfluss zur Verfügung steht, ist Lachs weder Luxus noch Massenware. Lachs liegt irgendwo dazwischen und ist ein ansprechendes Gericht auf der Speisekarte im Restaurant um die Ecke.

Kurzzusammenfassung

- Der **Nutzen** ist ein Maß für Befriedigung, die ein Verbraucher aus dem Konsum zieht, und wird in Einheiten ausgedrückt, die wir **Utile** nennen. Die Verbraucher versuchen, ihren Nutzen zu maximieren. Die **Nutzenfunktion** eines Verbrauchers zeigt die Beziehung zwischen dem **Konsumbündel** und dem Gesamtnutzen, den es erzeugt.
- Um den Nutzen zu maximieren, betrachtet ein Verbraucher den **Grenznutzen** des Konsums einer zusätzlichen Einheit des Gutes. Der Grenznutzen wird durch die **Grenznutzenkurve** illustriert.
- Für den Konsum der meisten Güter und für die meisten Verbraucher gilt das **Prinzip des abnehmenden Grenznutzens**: Jede weitere konsumierte Einheit führt zu einem geringeren Anstieg des Gesamtnutzens als die vorhergehende Einheit.

ÜBERPRÜFEN SIE IHR WISSEN

1. Erläutern Sie, warum ein rationaler Verbraucher mit abnehmendem Grenznutzen für ein bestimmtes Gut von diesem Gut keine weitere Einheit konsumieren würde, wenn diese einen negativen Grenznutzen hervorrufen würde, selbst wenn diese Einheit kostenlos wäre.
2. Martha trinkt pro Tag drei Tassen Kaffee, für die ein abnehmender Grenznutzen gilt. Welche der drei Tassen erzeugt den größten Nutzenzuwachs? Welche Tasse erzeugt den geringsten Nutzenzuwachs?
3. Erläutern Sie für jeden der folgenden Fälle, ob der betrachtete Verbraucher einen abnehmenden, konstanten oder zunehmenden Grenznutzen hat. Erläutern Sie Ihre Antworten.
   a. Je häufiger Maria trainiert, desto mehr Freude hat sie an jeder weiteren Trainingseinheit.
   b. Obwohl Marias Sammlung klassischer CDs riesig ist, hat sich ihr Vergnügen beim Kauf einer weiteren CD nicht geändert.
   c. Als Dieter noch ein armer Studierender war, war seine Freude an einem guten Essen im Restaurant größer als heute, wo er sich das regelmäßig leisten kann.

10.2 Budget und optimaler Konsum

Das Prinzip des abnehmenden Grenznutzens erklärt, warum die meisten Menschen schließlich doch irgendwann aufhören, selbst bei einem »All you can eat«-Essen, wenn die Kosten eines weiteren Nigiri nur in Form von Bauchschmerzen entstehen. Unter normalen Umständen verursacht der zusätzliche Konsum eines Gutes auch zusätzliche Kosten und der Verbraucher muss diese Kosten berücksichtigen, wenn er seine Konsumentscheidung trifft.

Was meinen wir mit Kosten? Wie immer sind die *Opportunitätskosten* das entscheidende Maß für die Kosten. Weil die einem Konsumenten zur Verfügung stehende Summe begrenzt ist, führt die Entscheidung, von einem Gut mehr zu konsumieren, gleichzeitig zu der Entscheidung, von einem anderen Gut weniger zu konsumieren.

Budgetbeschränkung und Budgetgerade

Schauen wir uns Sam an, der ausschließlich Appetit auf Fisch und Kartoffeln hat. (Über Geschmack kann man nicht streiten!) Er verfügt über ein wöchentliches Einkommen von 20 Euro. Für ihn gilt bei beiden Gütern: »Mehr ist besser als weniger.« Daher gibt er sein gesamtes Einkommen für Fisch und Kartoffeln aus. Wir wollen annehmen, dass Fisch 4 Euro je Kilogramm kostet und Kartoffeln 2 Euro je Kilogramm. Welche Wahlmöglichkeiten hat er?

Wie auch immer sich Sam entscheidet, wir wissen, dass die Kosten seines Konsumbündels den ihm zur Verfügung stehenden Geldbetrag nicht übersteigen können. Es gilt also

(10-1) Ausgaben für Fisch
+ Ausgaben für Kartoffeln
≤ gesamtes Einkommen.

Die **Konsummöglichkeiten** eines Verbrauchers sind die Menge aller Konsumbündel, die bei gegebenem Einkommen und gegebenen Preisen erreicht werden können.

Verbraucher sehen sich immer einem begrenzten Einkommen gegenüber, das ihre Verbrauchsmöglichkeiten beschränkt. Die in Gleichung (10-1) formulierte Anforderung, dass ein Konsument ein Konsumbündel wählen muss, dessen Kosten sein Einkommen nicht übersteigen, wird als **Budgetbeschränkung** des Verbrauchers bezeichnet. Es ist eine einfache Art und Weise auszudrücken, dass der Verbraucher nicht mehr ausgeben kann als das, was ihm als Einkommen zur Verfügung steht. Anders ausgedrückt, es sind nur die Konsumbündel erreichbar, die der Budgetbeschränkung genügen. Wir bezeichnen die Menge aller für Sam erreichbaren Konsumbündel als seine **Konsummöglichkeiten**. Wie wir sehen werden, hängt es vom Einkommen des Verbrauchers sowie von den Güterpreisen ab, welche Konsumbündel in dieser Menge enthalten sind.

Eine **Budgetbeschränkung** verlangt, dass die Kosten des Konsumbündels eines Verbrauchers nicht größer sein dürfen als das Einkommen dieses Verbrauchers.

Die **Abbildung 10-2** zeigt die verschiedenen Konsummöglichkeiten von Sam. Die Menge an Fisch in seinem Konsumbündel wird entlang der waagerechten Achse gemessen, die Menge an Kartoffeln entlang der senkrechten Achse. Die fallend verlaufende Kurve, die die Punkte *A* bis *F* verbindet, zeigt, welche Konsumbündel erreichbar

Abb. 10-2

Die Budgetgerade

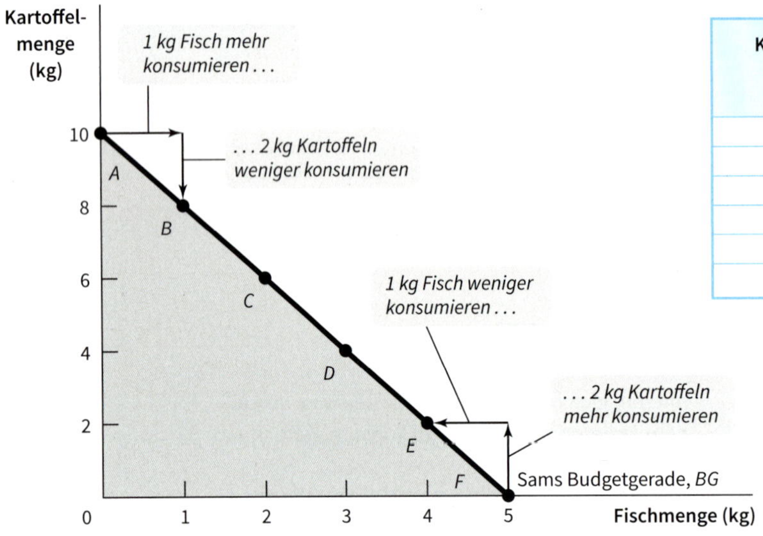

Konsumbündel	Fischmenge (kg)	Kartoffelmenge (kg)
A	0	10
B	1	8
C	2	6
D	3	4
E	4	2
F	5	0

Die *Budgetgerade* repräsentiert alle möglichen Kombinationen von Kartoffeln und Fisch, die Sam kaufen kann, wenn er sein gesamtes Einkommen dafür verwendet. Die Budgetgerade ist gleichzeitig die Grenze zwischen der Menge der erreichbaren Konsumbündel (die *Konsummöglichkeiten*) und der Menge nicht erreichbaren Konsumbündel. Wenn Fisch 4 Euro je Kilogramm und Kartoffeln 2 Euro je Kilogramm kosten, kann Sam 5 Kilogramm Fisch kaufen, wenn er sein gesamtes Einkommen ausschließlich für Fisch ausgibt (Bündel *F*). Gibt er sein gesamtes Einkommen für Kartoffeln aus (Bündel *A*), dann kann er 10 Kilo Kartoffeln kaufen. Die Steigung der Budgetgeraden beträgt in unserem Beispiel minus zwei: Sam muss für 1 Kilogramm mehr Fisch auf 2 Kilogramm Kartoffeln verzichten, was die Opportunitätskosten von Fisch, ausgedrückt in Kartoffeln, angibt. Die Lage und die Steigung der Budgetgeraden hängen also vom Einkommen des Verbrauchers sowie den Preisen der Güter ab.

sind und welche nicht. Jedes Bündel auf oder unterhalb dieser Kurve (die graue Fläche) ist erreichbar. Jedes Bündel oberhalb der Gerade ist nicht erreichbar. Betrachten wir einmal den Punkt *C*, der ein Konsumbündel von 2 Kilogramm Fisch und 6 Kilogramm Kartoffeln darstellt. Wir wollen prüfen, ob dieser Punkt Sams Budgetbeschränkung genügt. Die Kosten des Bündels *C* ergeben sich als: 2 Kilogramm Fisch × 4 Euro je Kilogramm + 6 Kilogramm Kartoffeln × 2 Euro je Kilogramm = 8 Euro + 12 Euro = 20 Euro. Das Bündel *C* erfüllt also tatsächlich Sams Budgetbeschränkung: Die Kosten sind nicht höher als sein wöchentliches Einkommen von 20 Euro. Tatsächlich entsprechen die Kosten des Bündels *C* genau Sams Einkommen. Mit den gleichen Rechenschritten können Sie nachprüfen, dass alle anderen Punkte auf der fallend verlaufenden Geraden ebenfalls Bündel sind, bei denen Sam sein gesamtes Einkommen ausgibt.

Die fallend verlaufende Kurve hat einen besonderen Namen, sie heißt **Budgetgerade**. Sie zeigt alle Konsumbündel, die für Sam erreichbar sind, falls er sein gesamtes Einkommen verausgabt. Die Budgetgerade verläuft fallend, da Sam mit seinem gegebenen Einkommen nur dann mehr Fisch konsumieren kann, wenn er im Gegenzug weniger Kartoffeln kauft. Im Punkt *B* gibt Sam z. B. sein gesamtes Einkommen für 1 Kilogramm Fisch und 8 Kilogramm Kartoffeln aus. Möchte er nun mehr Fisch konsumieren, dann ist das nur möglich, wenn er bereit ist, weniger Kartoffeln zu konsumieren. Um 1 Kilogramm mehr Fisch konsumieren zu können, muss Sam auf zwei Kilogramm Kartoffeln verzichten. Sein neues Konsumbündel besteht aus 2 Kilogramm Fisch und 6 Kilogramm Kartoffeln und wird durch den Punkt *C* wiedergegeben. Mit anderen Worten, wenn Sam ein Konsumbündel wählt, das auf seiner Budgetgeraden liegt, dann bestehen die Opportunitätskosten eines höheren Fischkonsums darin, weniger Kartoffeln konsumieren zu können. Konsumbündel, die oberhalb seiner Budgetgeraden liegen, sind für ihn nicht erreichbar, wie Abbildung 10-2 zeigt.

Müssen wir uns auch mit den anderen Bündeln aus der Menge von Sams Konsummöglichkeiten beschäftigen, also den Bündeln, die *innerhalb* der grauen Fläche in Abbildung 10-2 liegen? Nein. Solange Sam aus dem zusätzlichen Konsum eines Gutes einen positiven Grenznutzen zieht (solange er also nicht *gesättigt* ist) und er gleichzeitig keinen Nutzen daraus zieht, sein Einkommen zu sparen und nicht auszugeben, wird er sich immer für ein Konsumbündel entscheiden, das auf seiner Budgetgeraden liegt und nicht für ein Konsumbündel, das unterhalb der Budgetgeraden liegt.

Wenn sein Budget also 20 Euro pro Woche beträgt, welchen Punkt auf der Budgetgeraden wird Sam dann wählen?

Die optimale Konsumentscheidung

Sam sieht sich einer Budgetbeschränkung gegenüber. Das bedeutet, dass er ein Konsumbündel auf der Budgetgeraden konsumieren wird. Folglich bestimmt die Entscheidung, eine bestimmte Menge Fisch zu konsumieren, auch die Höhe seines Kartoffelkonsums und umgekehrt. Wir wollen nun das Konsumbündel bestimmten, das Sams Gesamtnutzen maximiert. Dieses Bündel bezeichnen wir als Sams **optimales Konsumbündel**. Es ist das Konsumbündel, das bei gegebener Budgetbeschränkung den Gesamtnutzen maximiert.

Tabelle 10-1 zeigt, welchen Nutzen Sam aus verschiedenen Konsummengen von Fisch und Kartoffeln ziehen kann. Der Tabelle zufolge verfügt Sam über einen gesunden Appetit – je mehr er von dem jeweiligen Gut konsumiert, desto höher ist sein Nutzen. (Die Mengen an Fisch und

Das **optimale Konsumbündel** ist das Konsumbündel, das bei gegebener Budgetbeschränkung den Gesamtnutzen des Konsumenten maximiert.

Die **Budgetgerade** zeigt die erreichbaren Konsumbündel für einen Verbraucher, der sein gesamtes Einkommen verausgabt.

Tab. 10-1

Sams Nutzen aus dem Konsum von Fisch und Kartoffeln

Nutzen aus dem Fischkonsum		Nutzen aus dem Kartoffelkonsum	
Fischmenge (kg)	**Nutzen aus dem Fisch (Utile)**	**Kartoffelmenge (kg)**	**Nutzen aus den Kartoffeln (Utile)**
0	0	0	0
1	15	1	11,5
2	25	2	21,4
3	31	3	29,8
4	34	4	36,8
5	36	5	42,5
		6	47,0
		7	50,5
		8	53,2
		9	55,2
		10	56,7

Kartoffeln sind aber noch nicht so groß, dass ein zusätzlicher Fisch- oder Kartoffelkonsum zu einem negativen Grenznutzen führt. In diesem Fall wäre es kein rationales Verhalten, noch mehr Fisch oder Kartoffeln zu konsumieren.)

Weil Sam sich jedoch einem begrenzten Budget gegenübersieht, muss er eine Abwägung vornehmen. Je mehr Fisch er konsumiert, desto weniger Kartoffeln bleiben ihm und umgekehrt. Er muss sich also für einen Punkt auf seiner Budgetgeraden entscheiden.

Tabelle 10-2 zeigt, wie sich sein Gesamtnutzen ändert, wenn er sich auf der Budgetgeraden bewegt. Jedes der sechs möglichen Konsumbündel (*A* bis *F* in Abbildung 10-2) ist in der ersten Spalte aufgeführt. Die zweite Spalte zeigt die Höhe des Fischkonsums für jedes der betrachteten Bündel. In der dritten Spalte ist der Nutzen dargestellt, den Sam aus den entsprechenden Fischmengen zieht. Die vierte Spalte zeigt die Kartoffelmenge, die sich Sam für ein gegebenes Niveau des Fischkonsums leisten kann. Diese Menge geht mit steigendem Fischkonsum zurück, weil er sich auf der Budgetgeraden abwärts bewegt. Die fünfte Spalte enthält den Nutzen, den er aus dem jeweiligen Kartoffelkonsum zieht. Die letzte Spalte zeigt schließlich seinen *Gesamtnutzen*. In unserem Beispiel ergibt sich der Gesamtnutzen von Sam als Summe aus dem Nutzen, den er aus dem Fischkonsum zieht, und dem Nutzen, den er aus dem Kartoffelkonsum zieht.

Die **Abbildung 10-3** stellt die Daten der Tabelle 10-2 grafisch dar. Diagramm (a) zeigt Sams Budgetgerade, um deutlich zu machen, dass Sam mit einer Entscheidung für einen höheren Fischkonsum gleichzeitig festlegt, weniger Kartoffeln zu konsumieren. Diagramm (b) zeigt dann, wie sein Gesamtnutzen von dieser Entscheidung abhängt. Die waagerechte Achse in Diagramm (b) zeigt sowohl die Fischmenge (von links nach rechts zunehmend) als auch die Kartoffelmenge (von rechts nach links zunehmend). Durch die Budgetbeschränkung von Sam (in Form seines Einkommens in Höhe von 20 Euro), die sich in seiner Budgetgeraden manifestiert, können wir eine Achse verwenden, um den Konsum beider Güter darzustellen. Je mehr Fisch Sam konsumiert, desto weniger Kartoffeln kann er sich leisten und umgekehrt.

Offensichtlich ist das Konsumbündel, das die beste Mischung aus Fischkonsum und Kartoffelkonsum darstellt, das Bündel, bei dem Sams Gesamtnutzen maximal wird. Dieses optimale Konsumbündel bringt Sam zum höchsten Punkt seiner Nutzenfunktion.

Wie immer können wir den höchsten Punkt der Kurve durch einen kurzen Blick auf die Kurve finden. Aus der Abbildung 10-3 ist ersichtlich, dass Sams Gesamtnutzen in Punkt *C* maximal ist, sein optimales Konsumbündel also 2 Kilogramm Fisch und 6 Kilogramm Kartoffeln enthält. Wir haben die Frage nach der optimalen Konsumentscheidung von Sam dadurch gelöst, dass wir den Nutzen der Konsumbündel berechnet und verglichen haben. Da es sich jedoch um ein »Wie viel«-Problem handelt, lässt sich die Entscheidung besser verstehen, wenn wir das Konzept der Marginalanalyse verwenden. Im nächsten Abschnitt wollen wir uns daher der Darstellung und Lösung des Problems der optimalen Konsumentscheidung mithilfe der Marginalanalyse zuwenden.

Tab. 10-2

Sams Budget und Gesamtnutzen

Konsumbündel	Fischmenge (kg)	Nutzen aus dem Fisch (Utile)	Kartoffelmenge (kg)	Nutzen aus den Kartoffeln (Utile)	Gesamtnutzen (Utile)
A	0	0	10	56,7	56,7
B	1	15	8	53,2	68,2
C	2	25	6	47,0	72,0
D	3	31	4	36,8	67,8
E	4	34	2	21,4	55,4
F	5	36	0	0	36,0

Abb. 10-3

Das optimale Konsumbündel

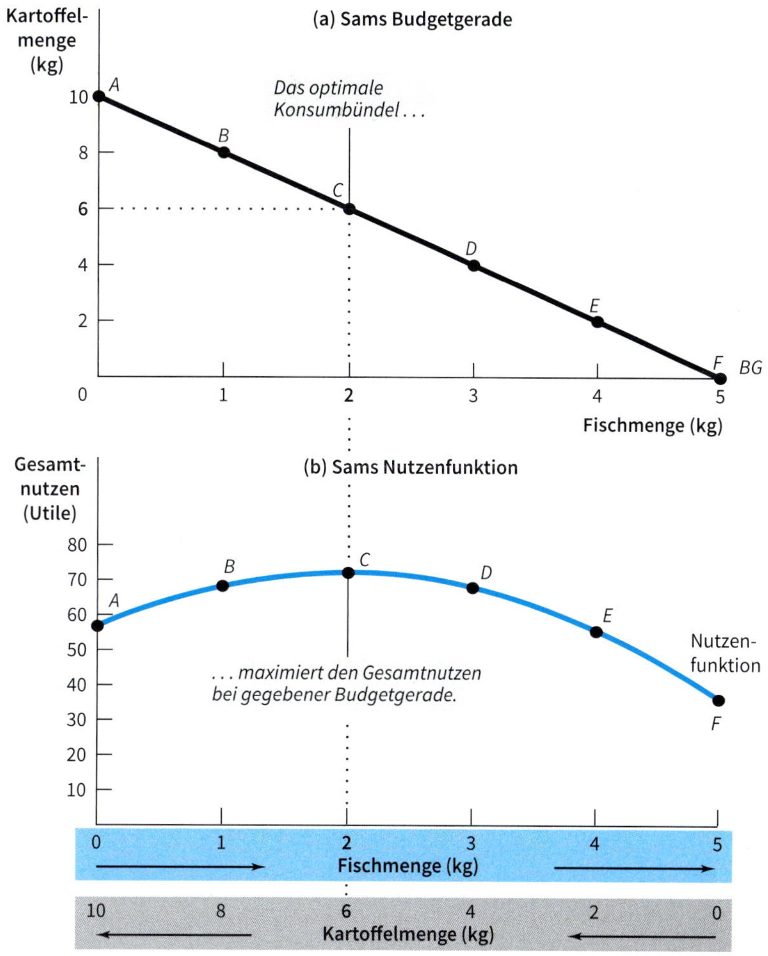

Diagramm (a) zeigt Sams Budgetgerade und seine sechs möglichen Konsumbündel. Diagramm (b) zeigt, wie diese Konsumbündel, die alle auf der Budgetgeraden liegen müssen, seinen Gesamtnutzen bestimmen. Die Fischmenge wird an der waagerechten Achse von links nach rechts gemessen, die Kartoffelmenge dagegen von rechts nach links. Sein Gesamtnutzen wird beim Bündel *C* maximiert, wo er 2 Kilogramm Fisch und 6 Kilogramm Kartoffeln konsumiert. Das ist das *optimale Konsumbündel* für Sam.

VERTIEFUNG

Gedankenspiele auf der Budgetgeraden

Bei Budgetgeraden geht es nicht immer nur um Geld. Tatsächlich gibt es viele andere Budgetgeraden, die unser Leben berühren. Sie sehen sich beispielsweise einer Budgetbeschränkung gegenüber, wenn in ihrem Kleiderschrank nur begrenzt Platz für Ihre Kleidung ist. Jeder von uns sieht sich einer zeitlichen Budgetbeschränkung gegenüber: Ein einzelner Tag hat nur 24 Stunden.

Und wenn man sich einer Diät unterzieht oder ein Fitnessprogramm startet, dann unterliegt man einer Budgetbeschränkung in Sachen Nahrungsaufnahme. Bei einer »Weight Watchers«-Diät wird jedem Nahrungsmittel eine bestimmte Anzahl von Punkten zugeordnet. Eine große Kugel Eiscreme hat etwa acht Punkte, ein Stück Käsepizza sieben Punkte und die meisten Früchte null Punkte. Die Teilnehmer an der Diät dürfen pro Tag eine maximale Anzahl von Punkten nicht überschreiten, es steht ihnen aber frei, welche Nahrungsmittel sie zu sich nehmen.

Anders ausgedrückt, geht es jemandem, der eine »Weight Watchers«-Diät macht, genauso wie einem Konsumenten, der ein Konsumbündel wählt: Die Punkte sind das Äquivalent zu den Preisen und die Punktobergrenze ist das Äquivalent zum Einkommen.

WISSENSCHAFT UND PRAXIS

Würz- und Grillsaucen auf dem Vormarsch

Noch vor 20 Jahren sah der Senf im Supermarkt immer gelb aus, war in Tuben oder Gläsern verpackt und hatte die Geschmacksrichtungen mild, mittelscharf und scharf. Außerdem gab es noch Ketchup und Mayonnaise. Und die schmeckten immer gleich.
Heutzutage sieht die Welt anders aus. Die Menschen haben eine Vorliebe für Würz- und Grillsaucen in zig verschiedenen Variationen entwickelt. Wer kauft schon einfachen Senf, wenn man auch Knoblauchsenf, Pflaumensenf oder Senf mit Honig haben kann? Und für sein Sandwich hat man die Auswahl zwischen Knoblauchmayonnaise, Chilimayonnaise oder Safranmayonnaise. Zum Grillen wird heute nicht mehr nur Ketchup gekauft, sondern Grillsaucen in verschiedensten Geschmacksrichtungen, angefangen von Honig-Senf-Sauce über Cocktail-Sauce bis hin zu Curry-Mango-Sauce.
Was ist passiert? Nicht nur die Geschmäcker haben sich geändert, auch die Verhaltensweisen. Kochen am eigenen Herd und Grillen im Garten oder im Park sind in den letzten Jahren wieder beliebter geworden. Auf vielen TV-Kanälen laufen Kochsendungen, die den Zuschauern zeigen, wie man schnell, einfach und günstig selbst die exotischsten Gerichte zu Hause zubereiten kann. Und für ihre Kochkünste benötigen die Menschen die entsprechenden Zutaten. In Deutschland hat sich der Umsatz mit Würz- und Grillsaucen im Zeitraum 2010 bis 2020 mehr als verdoppelt.
Die rasante Ausweitung im Sortiment an Würz- und Grillsaucen durch die Hersteller lässt sich dadurch erklären, dass es ziemlich einfach ist, die Würz- und Grillsaucen in Flaschen abzufüllen. Insbesondere auch kleine Hersteller können ohne großen Aufwand verschiedene Geschmacksrichtungen testen, um die Sauce zu finden, die den besonderen Geschmack der Kunden am besten trifft. Ist eine Sauce mit einer bestimmten Geschmacksrichtung am Markt erfolgreich, wird diese Geschmacksrichtung auch bald im Sortiment der Großen der Branche wie z. B. Heinz oder Knorr auftauchen.
Ob diese Entwicklung so rasant weitergeht, bleibt abzuwarten. Aber sicher scheint, dass die Menschen auch weiterhin eine breite Palette an Würz- und Grillsaucen nutzen werden, um ihren selbst gekochten Gerichten den »letzten Pfiff« zu geben.

Kurzzusammenfassung

- Die **Budgetbeschränkung** besagt, dass die Ausgaben eines Konsumenten nicht größer sein können als sein Einkommen. Die Menge aller Konsumbündel, die der Budgetbeschrankung genügen, bezeichnet man als die **Konsummöglichkeiten** des Verbrauchers.
- Ein Verbraucher, der sein gesamtes Einkommen ausgibt, wählt einen Punkt auf seiner **Budgetgeraden**. Die Budgetgerade verläuft fallend, da der Verbraucher nur dann mehr von einem Gut konsumieren kann, wenn er gleichzeitig weniger von einem anderen Gut konsumiert.
- Die Konsumwahl, die bei gegebener Budgetbeschränkung den Nutzen des Konsumenten maximiert, bezeichnet man als **optimales Konsumbündel**. Das optimale Konsumbündel muss auf der Budgetgeraden liegen.

ÜBERPRÜFEN SIE IHR WISSEN

Finden Sie für die beiden folgenden Beispiele jeweils alle Konsumbündel, die auf der Budgetgerade liegen. Zeichnen Sie die Konsumbündel gemeinsam mit der Budgetgeraden in ein Diagramm ein.

a. Ein Konsumbündel besteht aus Kinokarten und Popcorn-Bechern. Jede Kinokarte kostet 10 Euro, jeder Becher Popcorn kostet 5 Euro. Das Einkommen des Konsumenten beträgt 20 Euro. Die Kinokarten werden an der senkrechten Achse, die Popcorn-Becher an der waagerechten Achse abgetragen.

b. Ein Konsumbündel besteht aus Unterwäsche und Socken. Jedes Paar Socken kostet 2 Euro, jedes Stück Unterwäsche kostet 4 Euro und das Einkommen des Verbrauchers beträgt 12 Euro. Die Sockenpaare werden an der senkrechten Achse, die Unterwäsche wird an der waagerechten Achse abgetragen.

10.3 Den marginalen Euro ausgeben

Wir haben gerade gelernt, dass wir die optimale Konsumentscheidung von Sam dadurch bestimmen können, dass wir den Gesamtnutzen jedes Konsumbündels auf der Budgetgeraden betrachten und dann das Bündel auswählen, das den Gesamtnutzen maximiert. Aber wir können stattdessen auch auf die Marginalanalyse zurückgreifen und die Konsumentscheidung von Sam als ein »Wie viel«-Problem auffassen.

Wie machen wir das? Indem wir die optimale Konsumentscheidung als eine Situation ansehen, in der ein Verbraucher entscheiden muss, *wie viel er für jedes Gut ausgeben soll*. Um mithilfe der Marginalanalyse das optimale Konsumbündel zu bestimmen, müssen wir also herausfinden, ob Sam sich dadurch besser stellen kann, dass er ein bisschen mehr von seinem Einkommen für Fisch und ein bisschen weniger von seinem Einkommen für Kartoffeln ausgibt oder dadurch, dass er ein bisschen weniger von seinem Einkommen für Fisch und ein bisschen mehr von seinem Einkommen für Kartoffeln ausgibt. Mit anderen Worten ist die Marginalentscheidung die Entscheidung darüber, wie man den marginalen Euro ausgeben sollte, wie man also einen zusätzlichen Euro zwischen Fisch und Kartoffeln aufteilen sollte.

Unser erster Schritt besteht darin zu fragen, ob sich Sam durch die Ausgabe eines zusätzlichen Euro für eines der beiden Güter besser stellen kann, und wenn ja, um wie viel. Um diese Frage beantworten zu können, müssen wir den **Grenznutzen eines Euro** bestimmen, der zusätzlich für eines der beiden Güter ausgegeben wird. Welchen zusätzlichen Nutzen zieht Sam daraus, einen zusätzlichen Euro entweder für Fisch oder für Kartoffeln auszugeben?

Der Grenznutzen je Euro

Nachdem wir das Konzept des Grenznutzens kennengelernt haben, wollen wir uns nun damit beschäftigen, wie man dieses Konzept nutzen kann, um die damit in Verbindung stehende Größe des Grenznutzens je Euro abzuleiten.

Tabelle 10-3 zeigt, wie man den Grenznutzen je Euro berechnen kann, der für Fisch und Kartoffeln ausgegeben wird. Im Bereich (a) der Tabelle zeigt die erste Spalte den möglichen Fischkonsum. In der zweiten Spalte ist der Nutzen eingetragen, den Sam aus dem jeweiligen Fischkonsum zieht. In der dritten Spalte sieht man dann den Grenznutzen, also den Nutzenzuwachs, der aus dem Konsum eines weiteren Kilogramms Fisch entsteht. Bereich (b) zeigt die entsprechenden Daten für Kartoffeln. Der nächste Schritt besteht in der Ableitung des Grenznutzens je Euro für beide Güter. Um diese Größe zu erhalten, müssen wir den Grenznutzen eines Gutes durch seinen Preis in Euro dividieren.

Um zu verstehen, warum wir durch den Preis teilen müssen, vergleichen wir die dritte und vierte Spalte von Bereich (a) miteinander. Was passiert, wenn Sam seinen Fischkonsum von 2 auf 3 Kilogramm erhöht? Wie wir sehen können, er-

Der **Grenznutzen eines Euro** ist der zusätzliche Nutzen, den der Verbraucher aus der Ausgabe eines weiteren Euro für ein bestimmtes Gut zieht.

Tab. 10-3

Sams Grenznutzen je Euro

(a) Fisch (Preis für Fisch = 4 €/kg)				(b) Kartoffeln (Kartoffelpreis = 2 €/kg)			
Menge an Fisch (kg)	**Nutzen aus dem Fischkonsum (Utile)**	**Grenznutzen je Kilogramm Fisch (Utile)**	**Grenznutzen je Euro (Utile)**	**Kartoffelmenge (kg)**	**Nutzen aus dem Kartoffelkonsum (Utile)**	**Grenznutzen je Kilogramm Kartoffeln (Utile)**	**Grenznutzen je Euro (Utile)**
0	0			0	0		
		15	3,75			11,5	5,75
1	15			1	11,5		
		10	2,50			9,9	4,95
2	25			2	21,4		
		6	1,50			8,4	4,20
3	31			3	29,8		
		3	0,75			7,0	3,50
4	34			4	36,8		
		2	0,50			5,7	2,85
5	36			5	42,5		
						4,5	2,25
				6	47,0		
						3,5	1,75
				7	50,5		
						2,7	1,35
				8	43,2		
						2,0	1,00
				9	55,2		
						1,5	0,75
				10	56,7		

höht der Anstieg des Fischkonsums den Gesamtnutzen um 6 Utile. Für dieses zusätzliche Kilogramm Fisch muss Sam jedoch 4 Euro ausgeben, sodass sein Nutzenanstieg für die zusätzlich ausgegebenen Euro 6 Utile/4 Euro = 1,50 Utile je Euro beträgt.

Für eine Zunahme des Fischkonsums von 3 auf 4 Kilogramm ergibt sich ein Grenznutzen von 3 Utilen pro Kilogramm. Der Grenznutzen je Euro beträgt jedoch jetzt nur noch 3 Utile/4 Euro = 0,75 Utile je Euro. Aufgrund des abnehmenden Grenznutzens verringert sich Sams Grenznutzen je Kilogramm Fisch mit steigender Konsummenge. Dadurch nimmt mit steigendem Fischkonsum auch der Grenznutzen eines für Fisch ausgegebenen Euro ab.

Die letzte Spalte in Bereich (a) verdeutlicht, wie der Grenznutzen eines für Fisch ausgegebenen Euro von der konsumierten Fischmenge abhängt. In gleicher Weise zeigt die letzte Spalte von Bereich (b), wie der Grenznutzen eines für Kartoffeln ausgegebenen Euro von der konsumierten Kartoffelmenge bestimmt wird. Wegen des abnehmenden Grenznutzens sinkt auch hier der Grenznutzen je Euro mit steigender Konsummenge.

Wir wollen die Symbole MU_F und MU_K verwenden, um den Grenznutzen je Kilogramm Fisch und den Grenznutzen je Kilogramm Kartoffeln darzustellen. Für den Preis je Kilogramm Fisch verwenden wir P_F, für den Preis je Kilogramm Kartoffeln P_K. Der Grenznutzen eines für Fisch ausgegebenen

Euro beträgt dann MU_F/P_F und der Grenznutzen eines für Kartoffeln ausgegebenen Euro beträgt MU_K/P_K. Allgemein gilt für den zusätzlichen Nutzen durch einen zusätzlich ausgegebenen Euro

(10-2) Grenznutzen eines für ein Gut ausgegebenen Euro
= Grenznutzen einer Einheit des Gutes/ Preis einer Einheit des Gutes
$= MU_{Gut}/P_{Gut}$.

Im nächsten Schritt wollen wir mithilfe dieses Konzepts und unter Verwendung der Marginalanalyse den optimalen Konsum ableiten.

Der optimale Konsum

Betrachten wir **Abbildung 10-4**. Wie in Abbildung 10-3 können wir durch die Budgetbeschränkung an der waagerechten Achse sowohl die konsumierte Fischmenge als auch die konsumierte Kartoffelmenge messen. Bewegen wir uns entlang der waagerechten Achse von links nach rechts, dann steigt der Fischkonsum. Bewegen wir uns von rechts nach links, steigt der Kartoffelkonsum. Die mit MU_F/P_F beschriftete Kurve in Abbildung 10-4 zeigt den Grenznutzen eines Euro, der für Fisch ausgegeben wird. In gleicher Weise spiegelt die mit MU_K/P_K beschriftete Kurve den Grenznutzen eines Euro wider, der für Kartoffeln ausgegeben wird. Die hinter den Kurven stehenden Daten wurden aus Tabelle 10-3 übernommen. Beide Kurven schneiden sich im Punkt *C* des optimalen Konsumbündels, das aus 2 Kilogramm Fisch und 6 Kilogramm Kartoffeln besteht.

Gleichzeitig verdeutlicht Abbildung 10-4 eine wichtige Eigenschaft von Sams optimalem Konsumbündel. Wenn Sam 2 Kilogramm Fisch und 6 Kilogramm Kartoffeln konsumiert, ist der Grenznutzen eines Euro für beide Güter gleich groß, nämlich 2 Utile. Für das optimale Konsumbündel gilt also $MU_F/P_F = MU_K/P_K = 2$.

Das ist kein Zufall. Sehen wir uns ein anderes mögliches Konsumbündel an, beispielsweise Punkt *B* in Abbildung 10-3, bei dem Sam 1 Kilogramm Fisch und 8 Kilogramm Kartoffeln konsumiert. Der Grenznutzen eines Euro wird durch die Punkte B_F und B_K in Abbildung 10-4 wiedergegeben. Bei diesem Konsumbündel läge der Grenznutzen eines für Fisch ausgegebenen Euro etwa

Abb. 10-4

Grenznutzen je Euro

Sams optimales Konsumbündel liegt im Punkt *C*, wo der Grenznutzen je Euro für Fisch MU_F/P_F dem Grenznutzen je Euro für Kartoffeln MU_K/P_K entspricht. Damit wird die Regel für die optimale Konsumentscheidung veranschaulicht: Beim optimalen Konsumbündel ist der Grenznutzen je Euro für jedes Gut gleich groß. Für jedes andere Konsumbündel auf der Budgetgeraden von Sam, wie etwa Bündel *B* in Abbildung 10-3, das in dieser Abbildung durch die Punkte B_F und B_K dargestellt wird, ist der Konsum nicht optimal. Sam kann durch eine Umschichtung der Ausgaben seinen Nutzen ohne zusätzliche Kosten erhöhen.

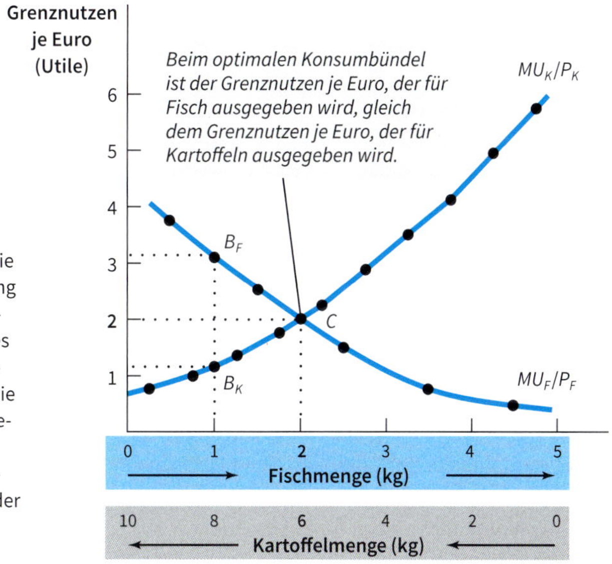

DENKFALLEN!

Der richtige Marginalvergleich

Die Marginalanalyse löst »Wie viel«-Probleme, indem marginaler Nutzen und marginale Kosten gegeneinander abgewogen werden: der *Nutzen* davon, ein kleines bisschen mehr zu machen, gegen die *Kosten* dafür, ein kleines bisschen mehr zu machen. Wir haben jedoch bereits in Kapitel 9 darauf hingewiesen, dass die Marginalanalyse unterschiedliche Formen annehmen kann, je nachdem, ob es sich um eine Produktionsentscheidung zur Gewinnmaximierung oder eine Konsumentscheidung zur Nutzenmaximierung handelt. Um mögliche Unklarheiten zu beseitigen, wollen wir im Folgenden auf diesen Unterschied noch einmal genauer eingehen.

In Kapitel 9 stand Alex vor einer Art Produktionsentscheidung, da es für ihn darum ging, den Gewinn mit Blick auf die Anzahl seiner Studienjahre zu maximieren. Die optimale Anzahl an Studienjahren, die seinen Gewinn maximiert hat, wurde mithilfe der Marginalanalyse ermittelt. Bei der optimalen Anzahl an Studienjahren entsprach der Grenzvorteil eines zusätzlichen Studienjahres den Grenzkosten. Dabei sah sich Alex keiner Budgetbeschränkung gegenüber, da er stets einen Kredit aufnehmen konnte, um ein weiteres Studienjahr zu finanzieren.

Würde man die Lösung für das Entscheidungsproblem von Alex ohne Änderungen auf die Konsumentscheidung von Sam übertragen, könnte man versucht sein zu sagen, dass das optimale Konsumbündel von Sam das Bündel ist, bei dem der Grenznutzen des Fischkonsums dem Grenznutzen des Kartoffelkonsums entspricht, oder bei dem der Grenznutzen des Fischkonsum dem Preis für Fisch entspricht. Aber derartige Aussagen wären falsch, weil sie die Budgetbeschränkung unberücksichtigt lassen und dadurch ignorieren, dass der zusätzliche Konsum eines Gutes nur durch den geringeren Konsum eines anderen Gutes möglich ist.

Konsumenten sehen sich in ihrer Entscheidung einer Budgetbeschränkung gegenüber. Wird mehr von einem Gut konsumiert, kann nur noch weniger von einem anderen Gut konsumiert werden. Bei der Konsumentscheidung besteht das Ziel also darin, den Nutzen zu maximieren, den das begrenzte Budget ermöglicht. Und der korrekte Weg zur Bestimmung des optimalen Konsumbündels besteht darin, den *Grenznutzen je Euro* für jedes Gut anzugleichen. Ist diese Bedingung erfüllt, erhält man bei allen konsumierten Gütern das Gleiche für sein Geld. Und nur dann gibt es keine Möglichkeit, das Konsumbündel zu ändern, um einen höheren Nutzen mit dem gegebenen Budget zu erzielen.

bei 3 Utilen, der Grenznutzen eines für Kartoffeln ausgegebenen Euro jedoch bei lediglich rund 1 Util. Dieses Konsumbündel wäre also ein Fehler für Sam: Er würde zu viele Kartoffeln und zu wenig Fisch konsumieren.

Woher wissen wir das? Wenn der Grenznutzen eines für Fisch ausgegebenen Euro höher ist als der Grenznutzen eines für Kartoffeln ausgegebenen Euro, dann gibt es einen einfachen Weg, damit sich Sam besser stellen kann und trotzdem weiterhin auf seiner Budgetgeraden bleibt: einen Euro weniger für Kartoffeln ausgeben und einen Euro mehr für Fisch. Durch die Steigerung der Ausgaben für Fisch um einen Euro erhöht er seinen Nutzen um drei Utile, während er durch die Senkung seiner Ausgaben für Kartoffeln um einen Euro seinen Nutzen lediglich um ein Util verringert.

Weil der Grenznutzen eines Euro, der für Fisch ausgegeben wird, höher ist als der Grenznutzen eines Euro, der für Kartoffeln ausgegeben wird, führt die Umschichtung der Ausgaben weg von Kartoffeln und hin zu Fisch zu einem Anstieg des Gesamtnutzens. Wäre umgekehrt der Grenznutzen eines für Kartoffeln ausgegebenen Euro höher, dann könnte Sam seinen Nutzen erhöhen, indem er weniger für Fisch und mehr für Kartoffeln ausgibt. Hat er das optimale Konsumbündel gewählt, dann muss der Grenznutzen eines für Fisch ausgegebenen Euro gleich dem Grenznutzen eines für Kartoffeln ausgegebenen Euro sein.

Die **Regel für die optimale Konsumentscheidung** besagt, dass der Grenznutzen je Euro für jedes Gut in dem betrachteten Konsumbündel gleich groß sein muss, damit der Konsument seinen Nutzen maximiert.

Es handelt sich hier ein allgemeines Prinzip, das man als **Regel für die optimale Konsumentscheidung** bezeichnet. Maximiert ein Konsument unter Beachtung einer Budgetbeschränkung seinen Nutzen, dann muss der Grenznutzen je Euro bei jeder Verwendung gleich groß sein. Anders ausgedrückt: Für zwei beliebige Güter F und K besagt die Regel der optimalen Konsumentscheidung, dass für das optimale Konsumbündel gilt:

(10-3) $MU_F/P_F = MU_K/P_K$.

Am einfachsten lässt sich diese Regel verstehen, wenn man Beispiele verwendet, in denen das Konsumbündel aus lediglich zwei Gütern besteht. Sie lässt sich aber ohne Weiteres verallgemeinern. Unabhängig davon, wie viele Güter ein Verbraucher kauft, muss für das optimale Konsumbündel der Grenznutzen eines Euro für jedes Gut in diesem Bündel gleich groß sein.

WISSENSCHAFT UND PRAXIS

Großes Geld für kleine Packungen

Es scheint auf den ersten Blick merkwürdig, mehr zu bezahlen, um weniger zu erhalten. Produzenten von Knabbergebäck haben jedoch herausgefunden, dass Kunden tatsächlich bereit sind, für kleinere Packungen mehr zu bezahlen. Kleine Packungsgrößen sind für Produzenten von Knabbergebäck ein sicherer Weg zum Erfolg. Die Beliebtheit der kleinen Packungsgrößen bei den Konsumenten erklärt sich dadurch, dass die kleinen Packungen den Kunden dabei helfen, weniger zu essen, ohne dass sie dafür selbst Kalorien zählen müssen. Natürlich könnte der Kunde auch eine große Tüte Kartoffelchips kaufen, anschließend in viele kleine Portionen aufteilen, und hätte dann das gleiche Produkt wie bei einer kleinen Packung. Es wird geschätzt, dass der Gewinn der Produzenten bei kleinen Packungen um rund 20 Prozent größer ist als bei großen Packungen. Aber auch die Konsumenten können rechnen. Der zusätzliche Nutzen, den sie daraus ziehen, dass sie sich keine Sorgen darüber machen müssen, zu viele Chips gegessen zu haben, wiegt in ihren Augen die zusätzlichen Kosten auf. Die Kunden verhalten sich also nicht irrational, wenn sie bereit sind, für kleinere Packungen mehr zu bezahlen. Eigentlich handeln sie vollkommen rational. Zusätzlich zum Knabbergebäck erwerben sie auch noch eine einfache Kalorienkontrolle.

Kurzzusammenfassung

- Nach der **Regel der optimalen Konsumentscheidung** ist der **Grenznutzen eines Euro** – der Grenznutzen eines Gutes dividiert durch dessen Preis – im optimalen Konsumbündel für alle Güter gleich groß.
- Sollte der Grenznutzen eines Euro für ein Gut höher sein als für ein anderes Gut, sollte der Verbraucher einen Euro mehr für das Gut mit dem höheren Grenznutzen eines Euro ausgeben und einen Euro weniger für das andere Gut. Damit bewegt er sich näher an sein optimales Konsumbündel. Das optimale Konsumbündel ist dann erreicht, wenn der Grenznutzen eines Euro für alle Güter, die der Verbraucher konsumiert, gleich groß ist.

ÜBERPRÜFEN SIE IHR WISSEN

1. In Tabelle 10-3 ist zu erkennen, dass der Grenznutzen eines Euro, der für Fisch ausgegeben wird, und der Grenznutzen eines Euro, der für Kartoffeln ausgegeben wird, gleich groß sind, wenn Sam seinen Fischkonsum von 3 Kilogramm auf 4 Kilogramm erhöht und seinen Kartoffelkonsum von 9 Kilogramm auf 10 Kilogramm erhöht. Erläutern Sie, warum dies nicht das optimale Konsumbündel von Sam sein kann. Veranschaulichen Sie Ihre Antwort unter Verwendung der Budgetgeraden aus Abbildung 10-3.
2. Erläutern Sie unter Verwendung der Daten in Tabelle 10-3, warum die folgende Aussage fehlerhaft ist: »Um seinen Nutzen zu maximieren, sollte Sam das Bündel konsumieren, aus dem er den maximalen Grenznutzen je Euro für jedes Gut zieht.«

10.4 Vom Nutzen zur Nachfragekurve

Wir haben nun die optimale Konsumentscheidung eines Verbrauchers analysiert, dessen Einkommen wir als gegeben angenommen haben und der sich einer bestimmten Preiskonstellation gegenübersieht. In unserem Beispiel betrug Sams Einkommen 20 Euro pro Woche und die Preise lagen bei 4 Euro je Kilogramm Fisch und 2 Euro je Kilogramm Kartoffeln.

Der eigentliche Grund, warum wir das Verbraucherverhalten verstehen wollen, ist die Marktnachfragekurve: Wir wollen verstehen, wie sich die Marktnachfragekurve durch das Nutzenmaximierungsverhalten der einzelnen Konsumenten erklären lässt.

Grenznutzen, Substitutionseffekt und das Gesetz der Nachfrage

Wir wollen annehmen, dass der Preis für Fisch (P_F) steigt. Für jedes gegebene Niveau des Fischkonsums hat dieser Preisanstieg keine Auswirkungen auf den Grenznutzen, den ein Verbraucher aus dem Konsum eines weiteren Kilogramms Fisch zieht (M_{UF}). Er verringert aber sehr wohl den Grenznutzen eines für Fisch ausgegebenen Euro (M_{UF}/P_F). Und der Rückgang des Grenznutzens eines für Fisch ausgegebenen Euro schafft für den Verbraucher einen Anreiz, weniger Fisch zu konsumieren, wenn der Preis für Fisch steigt.

Der **Substitutionseffekt** der Preisänderung eines Gutes beschreibt die Änderung der konsumierten Menge dieses Gutes, die daraus resultiert, dass der Verbraucher das relativ teurer gewordene Gut durch relativ billiger gewordene Güter substituiert.

Um diesen Zusammenhang zu verstehen, müssen wir uns nur die Regel für die optimale Konsumentscheidung in Erinnerung rufen. Ein nutzenmaximierender Verbraucher wählt das Konsumbündel, für das der Grenznutzen eines Euro bei jeder Verwendung gleich groß ist. Wenn der Grenznutzen eines für Fisch ausgegebenen Euro sinkt, weil der Preis für Fisch steigt, kann der Verbraucher seinen Nutzen erhöhen, indem er weniger Fisch und dafür mehr andere Güter kauft.

Das Gegenteil ist der Fall, wenn der Preis für Fisch sinkt. In diesem Fall nimmt für jedes gegebene Niveau des Fischkonsums der Grenznutzen eines für Fisch ausgegebenen Euro (M_{UF}/P_F) zu. Ein Konsument kann daher seinen Nutzen erhöhen, indem er mehr Fisch und weniger von anderen Gütern kauft.

Wenn also der Preis eines Gutes steigt, dann wird ein Verbraucher normalerweise weniger von dem betreffenden Gut konsumieren und seinen Konsum anderer Güter erhöhen. Analog gilt, dass bei einem Preisrückgang eines Gutes ein Verbraucher normalerweise von diesem Gut mehr konsumieren wird und dafür seinen Konsum anderer Güter verringert. Das erklärt, warum die individuelle Nachfragekurve, die den Zusammenhang zwischen dem Preis eines Gutes und der individuellen Nachfrage nach diesem Gut aufzeigt, in der Regel fallend verläuft und damit dem Gesetz der Nachfrage gehorcht. Und da sich die Marktnachfragekurve, wie wir in Kapitel 3 gelernt haben, aus der waagerechten Addition der individuellen Nachfragekurven ergibt, verläuft auch die Marktnachfragekurve fallend.

Die negative Steigung der Nachfragekurven erschließt sich auch, wenn man über die Opportunitätskosten nachdenkt. Sinkt der Preis von Fisch (oder irgendeines anderen Gutes), dann muss eine Person weniger Einheiten eines anderen Gutes aufgeben, um eine weitere Einheit Fisch kaufen zu können. Der Konsum von Fisch wird dadurch attraktiver. Steigt dagegen der Preis eines Gutes, wird die Verwendung von Ressourcen für den Konsum dieses Gutes weniger attraktiv und der Verbraucher kauft weniger.

Dieser Effekt einer Preisänderung auf die nachgefragte Menge tritt immer auf. Er wird als **Substitutionseffekt** bezeichnet und spiegelt die Änderung der Konsummenge wider, die sich ergibt, weil der Konsument das relativ teurer gewordene Gut durch relativ billiger gewordene Güter ersetzt. Entfällt auf ein Gut nur ein kleiner Teil der gesamten Ausgaben eines Verbrauchers, dann kann der Substitutionseffekt für sich genommen erklären, warum die individuelle Nachfragekurve dieses Konsumenten fallend verläuft. Und nimmt dieses Gut auch nur einen kleinen Teil der Ausgaben eines typischen Konsumenten ein, dann ist der Substitutionseffekt im Grunde auch die alleinige Erklärung dafür, warum die Marktnachfragekurve fallend verläuft.

Einige Güter, wie etwa die Ausgaben für das Wohnen, stellen jedoch einen großen Anteil an den Gesamtausgaben eines typischen Verbrauchers dar. Für derartige Güter wird die Begründung, die hinter der individuellen Nachfrage und hinter der Marktnachfragekurve steht, etwas komplizierter.

Der Einkommenseffekt

Für die große Mehrheit von Gütern liefert der Substitutionseffekt eine ausreichende Erklärung für die Steigungen der individuellen Nachfragekurven und der Marktnachfragekurven. Es gibt jedoch Güter wie Lebensmittel oder Wohnen, die einen großen Teil der Konsumausgaben ausmachen. In diesen Fällen spielt ein weiterer Effekt eine Rolle, der *Einkommenseffekt*.

Betrachten wir den Fall einer Familie, die die Hälfte ihres Einkommens für die Miete ausgibt. Nun wollen wir annehmen, dass die Miete steigt. Damit ergibt sich im Hinblick auf die Nachfrage dieser Familie ein Substitutionseffekt: Unter sonst gleichen Bedingungen hat die Familie nun einen Anreiz, weniger Wohnungsnutzung zu konsumieren, also beispielsweise in eine kleinere Wohnung umzuziehen, und den Konsum anderer Güter zu erhöhen. Tatsächlich wird die Familie durch die höhere Miete aber auch ärmer. Mit ihrem Einkommen kann sie weniger Wohnungsnutzung kaufen als vorher.

Das bereinigte Einkommen, das die tatsächliche Kaufkraft widerspiegelt, wird oft in Abgrenzung zum »Nominaleinkommen« oder »Geldeinkommen« als »Realeinkommen« bezeichnet. Und der Rückgang des Realeinkommens der Familie hat über den Substitutionseffekt hinaus eine weitere Wirkung auf das Konsumbündel der Familie (einschließlich des Konsums von Wohnungsnutzung).

Die Änderung der Konsummenge eines Gutes, die sich aus einer Änderung der Kaufkraft des Verbrauchers aufgrund einer Preisänderung des betreffenden Gutes ergibt, wird als **Einkommenseffekt** dieser Preisänderung bezeichnet. Der Einkommenseffekt besagt, dass die Preisänderung eines Gutes im Ergebnis das Einkommen des Verbrauchers berührt, weil diese Preisänderung die Kaufkraft des Verbrauchers ändert. Neben dem Substitutionseffekt spiegelt auch der Einkommenseffekt die Auswirkungen von Preisänderungen auf Konsumentscheidungen wider.

Es ist möglich, Substitutionseffekt und Einkommenseffekt einer Preisänderung genauer zu definieren. Dies werden wir im Anhang zu diesem Kapitel tun. In den meisten Fällen reicht es jedoch völlig aus, wenn man zwei Dinge über den Unterschied zwischen diesen beiden Effekten weiß.

1. Für die große Mehrheit von Waren und Dienstleistungen ist der Einkommenseffekt ohne Bedeutung und hat keine spürbare Auswirkung auf den individuellen Konsum. Die meisten Marktnachfragekurven verlaufen daher ausschließlich aufgrund des Substitutionseffektes fallend.
2. Falls der Einkommenseffekt überhaupt eine Rolle spielt, verstärkt er in aller Regel den Substitutionseffekt. Wenn also der Preis eines Gutes steigt, das einen erheblichen Anteil des Einkommens eines Verbrauchers auf sich zieht, werden die Konsumenten dieses Gutes ein wenig ärmer, weil ihre Kaufkraft sinkt.

Wie wir in Kapitel 3 gelernt haben, handelt es sich bei der großen Mehrheit der Güter um *normale Güter*. Sinkt das Einkommen, geht die Nachfrage nach diesen Gütern zurück. Die durch die Preiserhöhung ausgelöste Einkommensminderung führt daher zu einem Rückgang der nachgefragten Menge und verstärkt damit den Substitutionseffekt.

Nur im Fall eines *inferioren Gutes*, bei dem die Nachfrage mit steigendem Einkommen sinkt, arbeiten Einkommens- und Substitutionseffekt in unterschiedliche Richtungen. Der Substitutionseffekt führt für sich betrachtet zu einem *Rückgang* der Nachfrage nach jedem Gut, dessen Preis steigt. Der Einkommenseffekt führt für sich betrachtet zu einem *Anstieg* der Nachfrage, wenn der Preis eines inferioren Gutes steigt.

Aus dem Zusammenwirken beider Effekte gibt es bei inferioren Gütern hypothetische Fälle, in denen die Unterscheidung zwischen Einkommens- und Substitutionseffekt wichtig ist. Einen extremen Fall stellen **Giffen-Güter** dar, bei denen die Nachfragekurve steigend verläuft.

Bis vor kurzem waren Giffen-Güter lediglich ein interessantes Gedankenspiel ohne empirische Belege. Eine aktuelle Untersuchung der Konsumgewohnheiten chinesischer Landwirte hat jedoch einen Beweis für die reale Existenz von Giffen-Gütern geliefert. Reis und Nudeln gehören zu den Grundnahrungsmitteln von chinesischen Landwirten und sind außerdem sehr preiswert. Durch

Der **Einkommenseffekt** einer Preisänderung beschreibt die Änderung der konsumierten Menge des betreffenden Gutes, die aus der Kaufkraftänderung resultiert, die durch die Preisänderung bei dem betreffenden Gut hervorgerufen wurde.

Ein **Giffen-Gut** ist ein inferiores Gut, bei dem der Einkommenseffekt den Substitutionseffekt dominiert, sodass die Nachfragekurve steigend verläuft.

WISSENSCHAFT UND PRAXIS

Einkommens- und Substitutionseffekte durch sinkende Benzinpreise

Für die US-amerikanischen Verbraucher war das Jahr 2015 eine gute Zeit, um Geld auszugeben. Von Anfang 2014 bis Ende 2015 waren die Benzinpreise in den Vereinigten Staaten um fast 45 Prozent gesunken. Durch diesen Preisrückgang sparten die US-amerikanischen Haushalte nach Berechnungen des JP Morgan Institute im Durchschnitt Ausgaben in Höhe von 700 Dollar ein.
Rund 80 Prozent davon gaben die Verbraucher wieder aus, die restlichen 20 Prozent wurden tatsächlich gespart. Am meisten profitierten Fast-Food-Ketten wie McDonald's, Wendy's oder Taco Bell, oft in der Nähe von Tankstellen gelegen und von Menschen mit einem geringeren Einkommen besucht, von den zusätzlichen Ausgaben. Viele Menschen gingen häufiger essen oder gönnten sich für ihren Burger mehr Extras.

Haushalte mit einem geringeren Einkommen haben durch den Rückgang der Benzinpreise den stärksten *Einkommenseffekt* erfahren, da die Ausgaben für Benzin bei ihnen einen beträchtlichen Teil des Haushaltsbudgets ausmachen. Das gilt insbesondere für Haushalte mit einem Jahreseinkommen unter 29.999 Dollar. Für diese Haushalte führte der Rückgang der Benzinpreise im Durchschnitt zu einem Einkommensanstieg in Höhe von 1,6 Prozent. Bei Haushalten mit einem Jahreseinkommen von mehr als 79.699 Dollar lag der Einkommensanstieg dagegen im Durchschnitt nur bei 0,5 Prozent.
Die Daten zeigen außerdem, dass auch der *Substitutionseffekt* – niedrige Benzpreise führen dazu, dass die Menschen mehr Benzin und weniger andere Güter kaufen – die Entscheidungen der Verbraucher beeinflusst hat. Die Verbraucher haben nicht nur mehr Benzin gekauft, sie haben auch qualitativ hochwertigere Sorten gekauft. Gleichzeitig ging der Absatz von Elektrofahrzeugen um rund 15 Prozent zurück, während der Absatz von SUVs zulegen konnte.

den Konsum von Reis und Nudeln sind die chinesischen Landwirte in der Lage, für die notwendige Kalorienzufuhr in ihrer Ernährung zu sorgen. Wenn der Preis für Reis oder Nudeln steigt, verzichten die chinesischen Landwirte auf vergleichsweise teure Lebensmittel wie Fisch oder Fleisch und essen mehr Reis und Nudeln. Das bedeutet, dass der Konsum von Reis und Nudeln steigt, wenn die Preise für Reis und Nudeln steigen.

Sicherlich handelt es sich hier um einen ganz speziellen Fall, der nur dann entsteht, wenn die Verbraucher sehr arm sind und ein großer Teil des Budgets auf ein einziges Gut entfällt. Damit müssen wir uns bei der Analyse der Nachfrage nach den meisten Gütern nicht wirklich Gedanken um Giffen-Güter machen. In der Regel sind Einkommenseffekte nur bei einer sehr begrenzten Anzahl von Gütern relevant.

Kurzzusammenfassung

- Die Ausgaben für die meisten Güter machen lediglich einen kleinen Teil der Gesamtausgaben eines Verbrauchers aus. Für diese Güter ist der **Substitutionseffekt** einer Preisänderung der einzig relevante Effekt dieser Preisänderung auf die Nachfrage. Der Substitutionseffekt führt dazu, dass die individuellen Nachfragekurven und auch die Marktnachfragekurve fallend verlaufen.
- Gibt ein Konsument einen großen Teil seiner Ausgaben für ein Gut aus, dann kommt es neben dem Substitutionseffekt auch zu einem **Einkommenseffekt** einer Preisänderung.
- Bei normalen Gütern erhöht sich die Nachfrage, wenn das Realeinkommen des Konsumenten steigt, und sinkt, wenn das Realeinkommen des Konsumenten fällt. In diesem Fall verstärkt der Einkommenseffekt den Substitutionseffekt. Bei inferioren Gütern nimmt die Nachfrage zu, wenn das Realeinkommen des Verbrauchers sinkt, und fällt, wenn das Realeinkommen des Konsumenten steigt. Hier wirken Einkommens- und Substitutionseffekt in entgegengesetzte Richtungen.
- In dem seltenen Fall eines inferioren Gutes, bei dem der Einkommenseffekt so stark ist, dass die Nachfragekurve steigend verläuft, handelt es sich um ein **Giffen-Gut**.

ÜBERPRÜFEN SIE IHR WISSEN

1. Geben Sie für jeden der nachfolgenden Fälle an, ob der Einkommenseffekt, der Substitutionseffekt oder beide Effekte relevant sind. In welchen Fällen wirken sie in die gleiche Richtung, in welchen in die entgegengesetzte Richtung? Warum?
   a. Die Ausgaben für Orangensaft machen nur einen kleinen Teil von Claras Gesamtausgaben aus. Sie kauft mehr Zitronensaft und weniger Orangensaft, wenn der Preis für Orangensaft steigt. Ihre Ausgaben für andere Güter ändern sich nicht.
   b. Die Wohnungsmieten haben in diesem Jahr dramatisch zugenommen. Weil die Miete einen größeren Teil ihres Einkommens ausmacht, zieht Delia in eine kleinere Wohnung um. Nehmen Sie an, dass es sich bei der Wohnungsnutzung um ein normales Gut handelt.
   c. Die Kosten für Mensaessen in einem Semester steigen. Sie machen einen erheblichen Teil der Lebenshaltungskosten eines Studierenden aus. Gehen Sie davon aus, dass es sich beim Mensaessen um ein inferiores Gut handelt.
2. Wie würden Sie im Beispiel von Frage 1c bestimmen, ob es sich bei Mensaessen um ein Giffen-Gut handelt?

Unternehmen in Aktion: Auf und Ab bei McDonald's

Nach Jahrzehnten eines stetigen Wachstums gleicht die Entwicklung von McDonald's in den letzten Jahren einer Achterbahnfahrt. Während der Finanz- und Wirtschaftskrise 2007–2009 lief es für McDonald's deutlich besser als für andere Fast-Food-Ketten. Viele preisbewusste Verbraucher entschieden sich für das »Dollar Menu« von McDonald's. Aber im Jahr 2013 war das »Dollar Menu« nicht mehr profitabel. McDonald's reagierte und passte sein Angebot an. Doch das »Dollar Menu and More«, das bis zu 5 Dollar kostete, kam bei den Kunden nicht so gut an. Von 2014 bis 2015 fielen die Erlöse um 7,4 Prozent, und erstmals in der Unternehmensgeschichte wurden in den Vereinigten Staaten mehr McDonald's Restaurants geschlossen als neue eröffnet. Der seinerzeitige Unternehmenschef Steve Easterbrook konstatierte, dass es McDonald's nicht geschafft hat, das »Dollar Menu« durch etwas Gleichwertiges für die Kunden zu ersetzen, sodass sich die Kunden von McDonald's abwandten.

McDonald's versuchte, die Kunden im Jahr 2016 durch das »McPick 2 Menu« zurückzugewinnen. Bei diesem Angebot konnten die Kunden für einen Preis von 2 Dollar zwei Produkte wählen. Doch mit der wirtschaftlichen Erholung im Land fiel es McDonald's schwer, seine Umsätze nachhaltig zu steigern. Zudem hatte das Unternehmen gegen schnell wachsende Restaurantketten wie Chipotle oder Panera zu kämpfen, die einkommensstärkere Kunden mit gesunden Gerichten, frischen Zutaten und gemütlichen Restaurants lockten. Während eine Mahlzeit bei McDonald's durchschnittlich zwischen 5 und 7 Dollar kostete, gaben die Kunden bei Chipotle im Durchschnitt 12 Dollar für eine Mahlzeit aus. Dabei hat auch McDonald‘s gesunde Alternativen im Angebot, noch dazu zu günstigen Preisen. Aber die Umsätze von McDonalds's bei diesen Produkten sind eher gering, da McDonald's für viele gesundheitsbewusste Verbraucher immer noch ein Synonym für Burger und Pommes ist.

Völlig unvorbereitet traf McDonald's zudem der Erfolg des »Impossible Whopper« vom Konkurrenten Burger King im Jahr 2019. Dieser neue Burger kostet 1 Dollar mehr als ein normaler Burger, ist aber komplett ohne Fleisch und schmeckt dennoch wie ein richtiger Burger. Durch den »Impossible Whopper« ist es Burger King gelungen, neue Kundengruppen zu erschließen. Aufgrund der starken Nachfrage nach dem »Impossible Whopper« konnte Burger King seine Erlöse Ende 2019 um fast 11 Prozent steigern, während die Erlöse von McDonald's im gleichen Zeitraum um weniger als 5 Prozent zulegen konnten.

Mittlerweile hat McDonald's nachgezogen und mit dem »McPlant« einen eigenen Burger auf komplett pflanzlicher Basis auf den Markt gebracht. Inwieweit McDonald's den Spagat zwischen den preisbewussten Kunden mit einer niedrigen Gewinnspanne und den gesundheits- und umweltbewussten Kunden mit einer hohen Zahlungsbereitschaft für gesundes und nachhaltiges Essen (und einer höheren Gewinnspanne) schafft, ist unter Branchenanalysten umstritten. Letztlich wird es darauf ankommen, ob McDonald's sein bisheriges Image als einen Ort, an dem es für wenig Geld Burger und Pommes gibt, hinter sich lassen kann.

FRAGEN

1. Inwieweit spiegelt das »McPick 2 Menu« die optimale Konsumentscheidung eines Verbrauchers wider?
2. Nennen Sie ein Beispiel für ein normales Gut und ein Beispiel für ein inferiores Gut aus der Fallstudie. Gibt es in der Fallstudie auch Beispiele für Substitutionseffekte und Einkommenseffekte?
3. Nennen Sie ein Beispiel aus dieser Fallstudie für Unterschiede in den Präferenzen der Verbraucher.

Zusammenfassung

1. Verbraucher maximieren ein Maß der Befriedigung, das wir als **Nutzen** bezeichnen. Jeder Verbraucher hat eine **Nutzenfunktion,** die den Nutzen beschreibt, den der Verbraucher aus seinem **Konsumbündel** zieht. Ein Konsumbündel beschreibt die Mengen aller Waren und Dienstleistungen, die konsumiert werden. Wir messen den Nutzen in einer hypothetischen Einheit, die wir **Util** nennen.
2. Als **Grenznutzen** bezeichnen wir den zusätzlichen Nutzen, der aus dem Konsum einer weiteren Einheit eines Gutes resultiert. Normalerweise gehen wir von der Gültigkeit des **Prinzips des abnehmenden Grenznutzens** aus: Der Konsum einer weiteren Einheit eines Gutes stiftet einen geringeren zusätzlichen Nutzen als der Konsum der vorhergehenden Einheit. Dies führt dazu, dass die **Grenznutzenkurve** fallend verläuft.
3. Die **Budgetbeschränkung** begrenzt die Ausgaben eines Verbrauchers auf die Höhe seines Einkommens. Sie definiert die **Konsummöglichkeiten** des Verbrauchers, die Menge aller Konsumbündel, die er sich leisten kann. Ein Verbraucher, der sein gesamtes Einkommen verausgabt, wählt ein Konsumbündel auf der **Budgetgeraden.** Eine Person entscheidet sich für das Konsumbündel, das seinen Gesamtnutzen maximiert. Dieses Bündel bezeichnen wir als **optimales Konsumbündel.**
4. Wir greifen auf die Marginalanalyse zurück, um das optimale Konsumbündel zu finden, indem wir analysieren, wie der marginale Euro verwendet werden soll. Die **Regel der optimalen Konsumentscheidung** besagt, dass für das optimale Konsumbündel der **Grenznutzen eines Euro** für jedes Gut dieses Bündels gleich groß sein muss. Der Grenznutzen eines Euro ergibt sich als Quotient aus dem Grenznutzen eines Gutes, geteilt durch dessen Preis.
5. Preisänderungen eines Gutes berühren die nachgefragte Menge auf zwei Wegen: durch den **Substitutionseffekt** und durch den **Einkommenseffekt.** Die Ausgaben für die meisten Güter machen nur einen kleinen Teil der Gesamtausgaben eines Verbrauchers aus. Für diese Güter ist lediglich der Substitutionseffekt von Bedeutung. Der Substitutionseffekt besagt, dass von einem Gut, das relativ teurer geworden ist, weniger und von einem Gut, das

relativ billiger geworden ist, mehr gekauft wird. Der Substitutionseffekt führt dazu, dass sowohl die individuellen Nachfragekurven als auch die Marktnachfragekurve fallend verlaufen. Stellen die Ausgaben für ein Gut einen großen Teil der Gesamtausgaben dar, dann wird auch der Einkommenseffekt relevant: Der Preisanstieg eines Gutes macht einen Verbraucher ärmer, während ihn ein Preisrückgang reicher macht. Diese Kaufkraftänderung führt für sich betrachtet dazu, dass die Verbraucher von einem Gut mehr oder weniger nachfragen, je nachdem, ob es sich um ein normales oder ein inferiores Gut handelt. Für normale Güter verstärken sich Substitutions- und Einkommenseffekt. Für inferiore Güter wirken beide Effekte jedoch in entgegengesetzte Richtungen. Bei einem **Giffen-Gut** verläuft die Nachfragekurve steigend. Ein Giffen-Gut ist ein inferiores Gut, bei dem der Einkommenseffekt den Substitutionseffekt dominiert. Giffen-Güter sind in der Praxis nur selten zu finden.

SCHLÜSSELBEGRIFFE

- Nutzen
- Konsumbündel
- Nutzenfunktion
- Util
- Grenznutzen
- Grenznutzenkurve
- Prinzip des abnehmenden Grenznutzens
- Budgetbeschränkung
- Konsummöglichkeiten
- Budgetgerade
- optimales Konsumbündel
- Grenznutzen eines Euro
- Regel der optimalen Konsumentscheidung
- Substitutionseffekt
- Einkommenseffekt
- Giffen-Gut

Anhang zu 10

Konsumentenpräferenzen und Konsumentscheidung

Unterschiedliche Menschen haben unterschiedliche Präferenzen. Aber selbst bei gegebenen individuellen Präferenzen kann es unterschiedliche Konsumbündel geben, die zum gleichen Gesamtnutzen führen. Diese Erkenntnis führt uns zum Konzept der *Indifferenzkurven*, einer nützlichen Möglichkeit, individuelle Präferenzen darzustellen. In diesem Anhang wollen wir uns genauer mit Indifferenzkurven beschäftigen.

Die Analyse des Konsumentenverhaltens mithilfe von Indifferenzkurven ist uns aus drei Gründen nützlich.

1. Indifferenzkurven zeigen uns, wie der abnehmende Grenznutzen die Entscheidung des Verbrauchers bestimmt, mehr von einem Gut und weniger von einem anderen Gut zu konsumieren.
2. Indifferenzkurven schaffen die Grundlage für eine detaillierte Analyse von Einkommens- und Substitutionseffekten, wie also Preis- und Einkommensänderungen das optimale Konsumbündel verändern.
3. Indifferenzkurven erlauben es uns, die Unterschiede in den Vorlieben zwischen zwei Personen zu veranschaulichen und zu zeigen, wie diese Unterschiede in den Vorlieben zu unterschiedlichen Konsumbündeln führen.

Mithilfe von Indifferenzkurven können wir besser verstehen, was es bedeutet, ein rationaler Verbraucher zu sein.

10A.1 Eine Abbildung der Nutzenfunktion

In Kapitel 10 haben wir das Konzept der Nutzenfunktion eingeführt. Die Nutzenfunktion bestimmt die Höhe des Nutzens eines Konsumenten für ein gegebenes Konsumbündel. In Abbildung 10-1 haben wir gesehen, wie sich Claras Nutzen ändert, wenn sich ihr Sushi-Konsum ändert und die Mengen der anderen Güter in ihrem Konsumbündel unverändert bleiben. Abbildung 10-1 zeigte also die Nutzenänderung, wenn sich der Konsum eines einzelnen Gutes ändert. Anhand des Beispiels von Sam haben wir in Kapitel 10 aber auch gelernt, dass die Bestimmung des optimalen Konsumbündels mit dem Problem einhergeht, wie man den letzten ausgegebenen Euro auf *zwei* Güter (Fisch und Kartoffeln) aufteilt.

In diesem Anhang werden wir unsere Analyse weiterentwickeln und zeigen, wie man den Nutzen als Funktion des Konsums von zwei Gütern ausdrücken kann. Dadurch werden wir den Trade-off besser verstehen, der mit der Wahl des optimalen Konsumbündels verbunden ist. Darüber hinaus werden wir sehen, wie sich das optimale Konsumbündel als Reaktion auf Preiserhöhungen oder Preissenkungen der Güter ändert. Dafür wollen wir nun einen anderen Weg gehen, um die Nutzenfunktion eines Konsumenten zu beschreiben. Dieser Weg basiert auf dem Konzept der *Indifferenzkurven*.

Indifferenzkurven

Ingrid ist eine Konsumentin, die ausschließlich zwei Güter kauft: Wohnen, gemessen in der Anzahl von Zimmern, und Essen im Restaurant. Wie können wir ihre Nutzenfunktion in einer Weise

10A.1 Konsumentenpräferenzen und Konsumentscheidung
Eine Abbildung der Nutzenfunktion

Abb. 10A-1

Ingrids Nutzenfunktion

Das dreidimensionale Gebirge zeigt, wie Ingrids Nutzen von ihrem Konsum abhängt. Punkt *A* korrespondiert mit einem Konsum von drei Zimmern und 30 Restaurantmahlzeiten. Dieses Konsumbündel führt bei Ingrid zu einem Nutzen von 450 Utilen, was der Höhe des Gebirges in Punkt *A* entspricht. Die um das Gebirge herum verlaufenden Linien sind Höhenlinien. Auf einer Höhenlinie ist die Höhe konstant. Jeder Punkt auf einer gegebenen Höhenlinie führt daher zum gleichen Nutzenniveau. Damit steht der Punkt *B*, der mit sechs Zimmern und 15 Restaurantmahlzeiten korrespondiert, für das gleiche Nutzenniveau von 450 Utilen wie der Punkt *A*, da beide Punkte auf der gleichen Höhenlinie liegen.

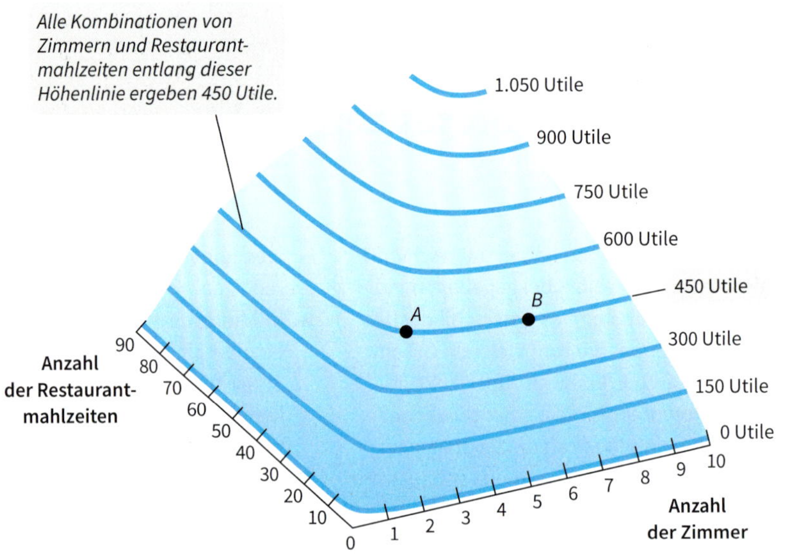

darstellen, die ihrem Konsum der beiden Güter Rechnung trägt?

Eine Möglichkeit besteht in der Anfertigung einer dreidimensionalen Zeichnung. **Abbildung 10A-1** zeigt ein dreidimensionales »Nutzengebirge«. Die von Ingrid konsumierte Menge an Wohnungsnutzung (ausgedrückt in der Anzahl von Zimmern) wird an der schräg nach rechts verlaufenden Achse abgetragen. Die Anzahl der von ihr im Restaurant eingenommenen Mahlzeiten wird an der nach links oben verlaufenden Achse dargestellt. Die Höhe des Berges wird für jeden Punkt durch eine Höhenlinie beschrieben, entlang derer die Höhe des »Nutzengebirges« konstant ist. So liegt beispielsweise Punkt *A*, der zu einem Konsumbündel gehört, das aus drei Zimmern und 30 Restaurantmahlzeiten besteht, auf einer Höhenlinie mit der Bezeichnung 450. Der Nutzen, den Ingrid aus dem Konsum von drei Zimmern und 30 Restaurantmahlzeiten zieht, beträgt also 450 Utile.

Eine dreidimensionale Darstellung wie in Abbildung 10A-1 hilft uns, die Beziehung zwischen Konsumbündeln und Nutzen zu veranschaulichen. Aber jeder, der einmal eine topografische Karte benutzt hat, um eine Wanderung zu planen, weiß, dass es möglich ist, eine dreidimensionale Oberfläche in nur zwei Dimensionen darzustellen. Eine topografische Karte liefert ja keinen dreidimensionalen Blick auf das Gelände, sondern transportiert die Informationen über die Höhe ausschließlich durch die Verwendung von Höhenlinien.

Das gleiche Prinzip kann man zur Darstellung der Nutzenfunktion anwenden. In **Abbildung 10A-2** werden Ingrids Zimmerkonsum an der waagerechten Achse und ihr Konsum von Restaurantmahlzeiten an der senkrechten Achse abgetragen. Die in Abbildung 10A-2 gezeigte Kurve korrespondiert mit der entsprechenden Höhenlinie in Abbildung 10A-1, die einen Nutzen von 450 Utilen repräsentiert. Diese Kurve zeigt sämtliche Konsumbündel, die zu einem Nutzen von 450 Utilen führen. Punkt *A* ist ein Punkt, der auf dieser Höhenlinie liegt. Er steht für ein Konsumbündel, das aus 3 Zimmern und 30 Restaurantmahlzeiten besteht. Ein anderer Punkt auf dieser Höhenlinie ist Punkt *B*, der ein Konsumbündel aus 6 Zimmern und 15 Restaurantmahlzeiten beschreibt. Da Punkt *B* auf der gleichen Höhenlinie liegt, führt

Abb. 10A-2

Eine Indifferenzkurve

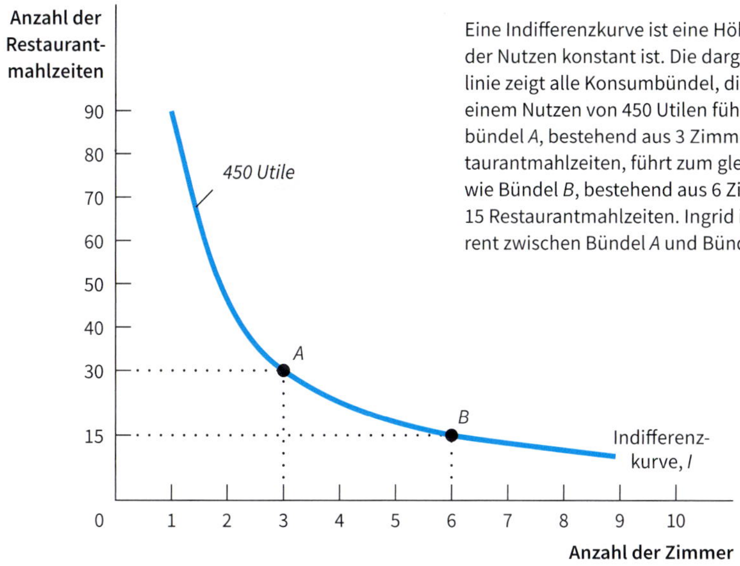

Eine Indifferenzkurve ist eine Höhenlinie, für die der Nutzen konstant ist. Die dargestellte Höhenlinie zeigt alle Konsumbündel, die bei Ingrid zu einem Nutzen von 450 Utilen führen. Konsumbündel *A*, bestehend aus 3 Zimmern und 30 Restaurantmahlzeiten, führt zum gleichen Nutzen wie Bündel *B*, bestehend aus 6 Zimmern und 15 Restaurantmahlzeiten. Ingrid ist also indifferent zwischen Bündel *A* und Bündel *B*.

auch er zu einem Nutzen von 450 Utilen – genau wie Punkt *A*. Und da Punkt *A* und Punkt *B* zum gleichen Gesamtnutzen führen, wird Ingrid durch beide Konsumbündel gleich gut gestellt. Wir sagen daher, dass Ingrid *indifferent* zwischen *A* und *B* ist.

Eine Höhenlinie, die Konsumbündel abbildet, die zum gleichen Gesamtnutzen führen, wird als **Indifferenzkurve** bezeichnet. Eine Person ist immer indifferent zwischen zwei beliebigen Bündeln, die auf der gleichen Indifferenzkurve liegen. Bei gegebenen Präferenzen eines Konsumenten gibt es für jedes mögliche Nutzenniveau eine korrespondierende Indifferenzkurve. Die in Abbildung 10A-2 dargestellte Indifferenzkurve zeigt die Konsumbündel, die bei Ingrid zu einem Nutzen von 450 Utilen führen. Andere Indifferenzkurven würden Konsumbündel abbilden, die zu einem Nutzen von 400 Utilen, 500 Utilen usw. führen.

Eine Menge von Indifferenzkurven, die die Nutzenfunktion eines Konsumenten vollständig wiedergibt, und bei der jede Indifferenzkurve mit einem bestimmten Nutzenniveau korrespondiert, wird als **Indifferenzkurvenschar** bezeichnet. **Abbildung 10A-3** zeigt drei Indifferenzkurven (I_1, I_2 und I_3) aus Ingrids Indifferenzkurvenschar. Weiterhin sind dort verschiedene Konsumbündel (*A*, *B*, *C* und *D*) eingezeichnet. Die zugehörige Tabelle führt die einzelnen Bündel, ihre Zusammensetzung aus Zimmern und Restaurantmahlzeiten sowie den Gesamtnutzen auf, den das jeweilige Bündel erbringt.

Weil die Bündel *A* und *B* die gleiche Anzahl von Utilen generieren (nämlich 450), liegen sie auf der gleichen Indifferenzkurve I_2. Zwar ist Ingrid zwischen *A* und *B* indifferent, nicht aber zwischen *A* und *C*. Wie man aus der Tabelle erkennen kann, führt das Bündel *C* lediglich zu 391 Utilen, also einem geringeren Gesamtnutzen als die Bündel *A* oder *B*. Daher zieht Ingrid die Bündel *A* und *B* dem Bündel *C* vor. In Abbildung 10A-3 kommt das dadurch zum Ausdruck, dass *C* auf der Indifferenzkurve I_1 liegt und I_1 vollständig unterhalb von I_2 verläuft. Bündel *D* erzeugt dagegen 519 Utile, also einen höheren Nutzen als die Bündel von *A* und *B*. Bündel *D* liegt auf I_3, also auf einer Indifferenzkurve, die vollständig oberhalb von I_2 verläuft. Daher zieht Ingrid *D* gegenüber *A* oder *B* vor. Noch stärker bevorzugt sie *D* gegenüber *C*.

Eine **Indifferenzkurve** ist der geometrische Ort aller Konsumbündel, die für eine Person zum gleichen Nutzenniveau führen.

Die Nutzenfunktion eines Individuums kann durch eine **Indifferenzkurvenschar** wiedergegeben werden, eine Menge von Indifferenzkurven, bei der jede Kurve mit einem anderen Nutzenniveau korrespondiert.

Abb. 10A-3

Eine Indifferenzkurvenschar

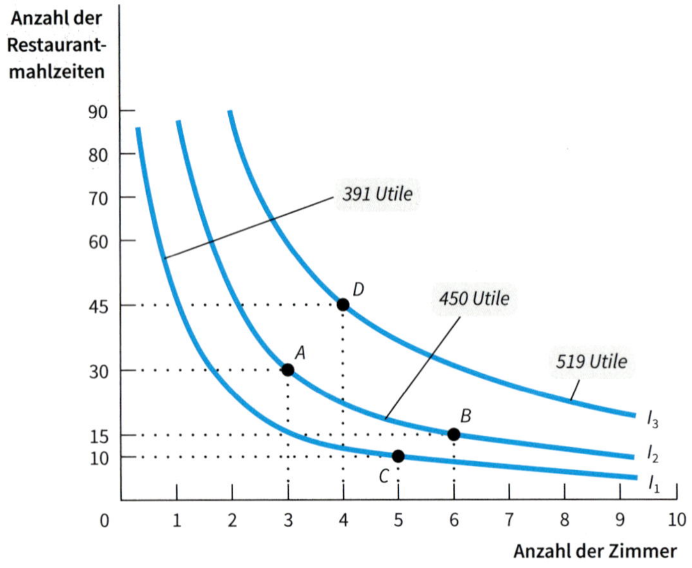

Konsumbündel	Zimmer	Restaurantmahlzeiten	Gesamtnutzen (Utile)
A	3	30	450
B	6	15	450
C	5	10	391
D	4	45	519

Die Nutzenfunktion kann beliebig genau durch eine Anzahl von Indifferenzkurven dargestellt werden, bei der jede Indifferenzkurve mit einem anderen Nutzenniveau korrespondiert. In unserer Darstellung liegt *C* auf einer Indifferenzkurve, die einem Nutzen von 391 Utilen entspricht. Wie in Abbildung 10A-2 liegen die Bündel *A* und B auf einer Indifferenzkurve, die für einen Nutzen von 450 Utilen steht. Bündel *D* liegt auf einer Indifferenzkurve, die einen Nutzen von 519 Utilen repräsentiert. Ingrid bevorzugt jedes Bündel auf I_2 gegenüber jedem Bündel auf I_1. Und sie zieht jedes Bündel auf I_3 jedem Bündel auf I_2 vor.

Eigenschaften von Indifferenzkurven

Da zwei Personen keine identischen Präferenzen haben, verfügen sie auch nicht über die gleiche Indifferenzkurvenschar. Ökonomen gehen allerdings davon aus, dass jede Indifferenzkurvenschar zwei allgemeine Eigenschaften aufweist, die Diagramm (a) von **Abbildung 10A-4** illustriert:

- *Indifferenzkurven können sich niemals schneiden.* Nehmen wir an, die Indifferenzkurven würden so verlaufen, wie im linken Teil von Diagramm (a) gezeigt. Dort schneiden sich zwei Indifferenzkurven im Punkt *A*. Wie groß ist der Nutzen in *A*? Beträgt er 100 Utile oder 200 Utile? Indifferenzkurven können sich nicht schneiden, weil jedes Konsumbündel für ein bestimmtes Nutzenniveau steht und nicht, wie in Punkt *A*, zwei verschiedenen Nutzenniveaus generieren kann.
- *Je weiter außerhalb eine Indifferenzkurve verläuft, je weiter sie vom Ursprung entfernt liegt, desto höher ist das Nutzenniveau, das sie repräsentiert.* Diese Aussage wird im rechten Teil von Diagramm (a) illustriert. Dahinter steht die Annahme, dass »mehr« auch »besser« bedeutet. Wir beziehen uns dabei auf die Menge von Konsumbündeln, bei denen noch keine Sättigung aufgetreten ist. Bündel *B* auf der ursprungsferneren Indifferenzkurve I_2 enthält mehr von beiden Gütern als Bündel *A* auf der weiter innen verlaufenden Indifferenzkurve I_1. Daher erzeugt das Bündel *B* einen höheren Nutzen (200 Utile) und liegt somit auf einer ursprungsferneren Indifferenzkurve als Bündel *A* (100 Utile).

Darüber hinaus glauben Ökonomen, dass eine Indifferenzkurvenschar für die meisten Güter zwei weitere Eigenschaften aufweist. Diese Eigenschaften veranschaulicht Diagramm (b) von Abbildung 10A-4:

- *Indifferenzkurven verlaufen fallend.* Auch für diese Eigenschaft ist entscheidend, dass »mehr« auch »besser« bedeutet. Das linke Diagramm in Diagramm (b) zeigt vier Konsumbündel auf der gleichen Indifferenzkurve: *W*, *X*, *Y* und *Z*. Definitionsgemäß liefern diese Konsumbündel das gleiche Nutzenniveau. Bewegt man

Abb. 10A-4

Eigenschaften von Indifferenzkurven

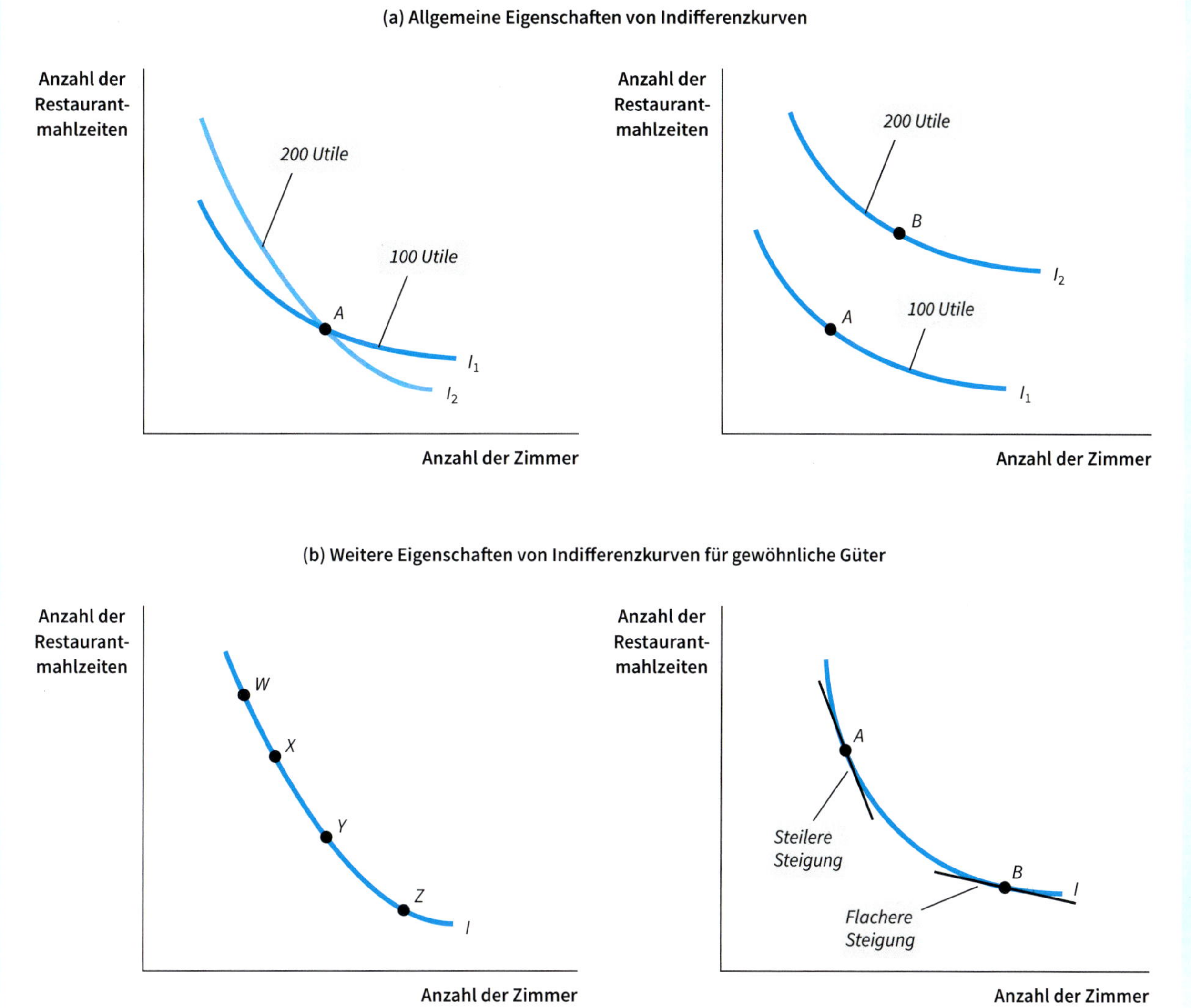

Diagramm (a) veranschaulicht zwei allgemeine Eigenschaften, die allen Indifferenzkurven gemeinsam sind. Das linke Diagramm zeigt, warum sich Indifferenzkurven nicht schneiden können. Würden sie sich schneiden, würde ein Konsumbündel wie *A* sowohl zu einem Nutzen von 100 Utilen als auch zu einem Nutzen von 200 Utilen führen, was einen Widerspruch darstellt. Das rechte Diagramm zeigt, dass Indifferenzkurven, die ursprungsferner liegen, mit höheren Nutzenniveaus verbunden sind. Bündel *B*, das von beiden Gütern mehr enthält als Bündel *A*, führt zu einem höheren Nutzen. Diagramm (b) beschreibt zwei weitere Eigenschaften von Indifferenzkurven für *gewöhnliche Güter*. Das linke Diagramm zeigt, dass Indifferenzkurven fallend verlaufen. Bewegt man sich entlang der Kurve nach unten von Bündel *W* zu Bündel *Z*, nimmt der Konsum von Zimmern zu. Um den Gesamtnutzen konstant zu halten, muss das durch eine Verringerung der Menge an Restaurantmahlzeiten ausgeglichen werden. Das rechte Diagramm zeigt eine konvex verlaufende Indifferenzkurve. Die Steigung der Indifferenzkurve wird immer flacher, je weiter man sich auf der Kurve nach rechts unten bewegt. Diese Eigenschaft ergibt sich aus dem abnehmenden Grenznutzen.

sich jedoch entlang der Kurve nach rechts, nimmt die Anzahl der konsumierten Zimmer zu. Der einzige Weg, auf dem eine Person mehr Zimmer konsumieren kann, ohne dass es zu einem Nutzenzuwachs kommt, besteht darin, dass auf einige Restaurantmahlzeiten verzichtet wird. Die Indifferenzkurve muss daher fallend verlaufen.

- *Indifferenzkurven sind konvex.* Das rechte Diagramm in Diagramm (b) zeigt, dass sich die Steigung jeder Indifferenzkurve bei einer Bewegung entlang der Kurve nach rechts unten ändert: Die Kurve verläuft immer flacher. Bewegt man sich entlang einer Indifferenzkurve nach links oben, wird die Kurve ständig steiler. Die Indifferenzkurve ist also in Punkt *A* steiler als in Punkt *B*. In diesem Fall sprechen wir von einer konvexen Gestalt dieser Indifferenzkurve – sie ist in Richtung Ursprung »gebogen«. Diese Eigenschaft von Indifferenzkurven resultiert aus dem abnehmenden Grenznutzen, den wir in Kapitel 10 diskutiert haben. Wir haben dort gesehen, dass der Konsum einer weiteren Einheit eines Gutes einen geringeren Nutzenzuwachs hervorruft als der Konsum der vorhergehenden Einheit, falls ein Konsument einen abnehmenden Grenznutzen hat. Im nächsten Abschnitt werden wir im Detail untersuchen, warum ein abnehmender Grenznutzen zu konvex verlaufenden Indifferenzkurven führt.

Güter, die alle vier der eben diskutierten Eigenschaften einer Indifferenzkurvenschar erfüllen, werden als *gewöhnliche Güter* bezeichnet. Die überwiegende Mehrheit der Güter in den Nutzenfunktionen von Konsumenten fällt in diese Kategorie. Im nächsten Abschnitt werden wir den Begriff des »gewöhnlichen Gutes« definieren und zeigen, warum der abnehmende Grenznutzen bei gewöhnlichen Gütern eine Schlüsselrolle spielt.

10A.2 Indifferenzkurven und Konsumentscheidung

Zu Beginn des letzten Abschnitts haben wir Indifferenzkurven verwendet, um die Präferenzen von Ingrid darzustellen, deren Konsumbündel aus Zimmern und Restaurantmahlzeiten besteht. Im nächsten Schritt wollen wir zeigen, wie man Ingrids Indifferenzkurvenschar verwenden kann, um bei gegebener Budgetbeschränkung ihr nutzenmaximierendes Konsumbündel zu finden.

Es ist wichtig zu verstehen, in welcher Beziehung diese Analyse mit unseren Überlegungen in Kapitel 10 steht. Wir wollen hier keine neue Theorie des Konsumverhaltens anbieten. Genau wie in Kapitel 10 gehen wir auch hier davon aus, dass die Konsumenten ihren Gesamtnutzen maximieren. Wir wissen, dass die Konsumenten der *Regel der optimalen Konsumentscheidung* aus Kapitel 10 folgen: Das optimale Konsumbündel liegt auf der Budgetgeraden und der Grenznutzen eines Euro ist bei jeder Verwendung gleich groß.

Wie wir aber bald sehen werden, können wir das optimale Konsumverhalten auch auf einem etwas anderen Weg ableiten, der uns einen tieferen Einblick in die Konsumentscheidung erlaubt.

Die Grenzrate der Substitution

Das erste Element unseres Ansatzes ist ein neues Konzept, die *Grenzrate der Substitution*. Die zentrale Idee dieses Konzepts wird in **Abbildung 10A-5** veranschaulicht.

Aus dem letzten Abschnitt wissen wir, dass die Indifferenzkurven für die meisten Güter fallend verlaufen und konvex sind. Abbildung 10A-5 zeigt eine derartige Indifferenzkurve. Die mit *V*, *W*, *X*, *Y* und *Z* bezeichneten Punkte liegen alle auf dieser Indifferenzkurve. Sie repräsentieren also Konsumbündel, die bei Ingrid das gleiche Nutzenniveau erzeugen. Die zur Abbildung gehörende Tabelle zeigt die Komponenten jedes Bündels.

Wenn wir uns entlang der Indifferenzkurve von *V* nach *Z* bewegen, nimmt Ingrids Wohnungskonsum von 2 Zimmern auf 6 Zimmer zu. Ihr Gesamtnutzen bleibt jedoch unverändert. Mit der Bewegung entlang der Indifferenzkurve nach unten tauscht Ingrid mehr von dem einen Gut gegen weniger von dem anderen Gut ein. Die Bedingungen, zu denen dieser Austausch stattfindet, ist das Verhältnis von zusätzlichen Zimmern zu aufgegebe-

Abb. 10A-5

Wie sich die Steigung einer Indifferenzkurve ändert

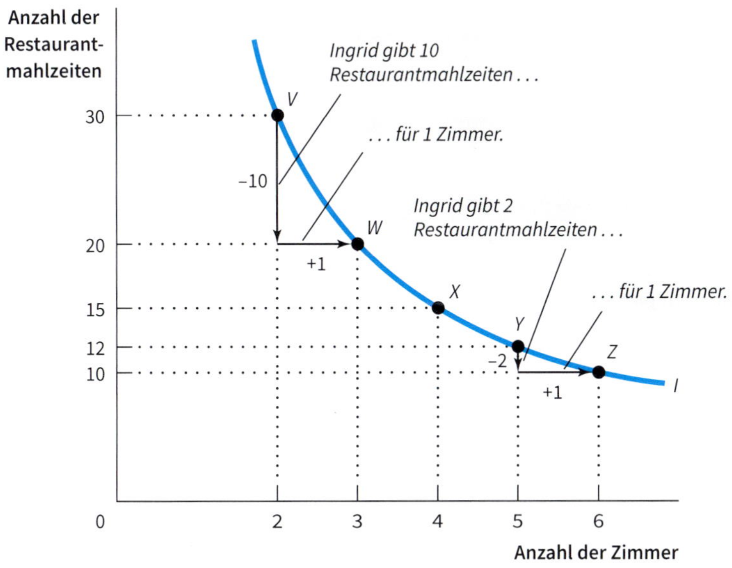

Die Indifferenzkurve verläuft fallend und ist konvex, was bedeutet, dass Restaurantmahlzeiten und Zimmer für Ingrid gewöhnliche Güter sind. Bewegt sich Ingrid auf ihrer Indifferenzkurve abwärts von *V* nach *Z*, tauscht sie eine Verminderung ihres Konsums an Restaurantmahlzeiten gegen eine Erhöhung ihres Konsums von Zimmern. Die Bedingungen, zu denen sie diesen Tausch vornimmt, ändern sich jedoch. Bei ihrer Bewegung von *V* nach *W* ist sie bereit, 10 Restaurantmahlzeiten gegen 1 weiteres Zimmer einzutauschen. Mit steigendem Konsum an Zimmern und sinkendem Konsum an Restaurantmahlzeiten ist sie nur noch bereit, weniger Restaurantmahlzeiten gegen jedes weitere Zimmer einzutauschen. Die mit der Bewegung von links nach rechts immer flacher werdende Steigung der Kurve ergibt sich aus dem abnehmenden Grenznutzen.

Konsumbündel	Zimmer	Restaurantmahlzeiten
V	2	30
W	3	20
X	4	15
Y	5	12
Z	6	10

nen Restaurantmahlzeiten. Die Bedingungen müssen so gestaltet sein, dass ihr Gesamtnutzen unverändert bleibt.

Dabei ändert sich die Menge an Restaurantmahlzeiten, die Ingrid bereit ist, für ein zusätzliches Zimmer aufzugeben, entlang der Indifferenzkurve. Bei der Bewegung von *V* nach *W* nimmt der Konsum von Wohnungsnutzung von 2 auf 3 Zimmer zu und der Konsum von Restaurantmahlzeiten sinkt von 30 auf 20. Es werden also 10 Restaurantmahlzeiten gegen ein zusätzliches Zimmer eingetauscht. Bei der Bewegung von *Y* nach *Z* nimmt der Konsum von Wohnungsnutzung von 5 auf 6 Zimmer zu, und der Konsum von Restaurantmahlzeiten sinkt von 12 auf 10. Jetzt beträgt das Austauschverhältnis lediglich 2 Restaurantmahlzeiten für 1 zusätzliches Zimmer.

Man kann diese Beobachtung auch mithilfe von Steigungen ausdrücken. Die Steigung der Indifferenzkurve beträgt zwischen *V* und *W* –10: Die Änderung im Konsum von Restaurantmahlzeiten (–10) geteilt durch die Änderung des Konsums von Wohnungsnutzung (1). Analog beträgt die Steigung der Indifferenzkurve zwischen *Y* und *Z* –2. Die Indifferenzkurve verläuft also flacher, wenn wir uns entlang der Indifferenzkurve nach rechts unten bewegen. Sie weist demnach eine konvexe Gestalt auf, eine der vier Eigenschaften einer Indifferenzkurve für ein gewöhnliches Gut.

Warum ändert sich das Austauschverhältnis auf diese Weise? Wir wollen zunächst intuitiv an die Frage herangehen und dann Schritt für Schritt überlegen. Wenn sich Ingrid entlang ihrer Indifferenzkurve nach unten bewegt, ob nun von *V* nach

W oder von *Y* nach *Z*, gewinnt sie Nutzen aus dem zusätzlichen Konsum von Zimmern, verliert aber die gleiche Menge an Nutzen aufgrund der verringerten Anzahl von Restaurantmahlzeiten. Aber bei diesen beiden Schritten ist die jeweilige Ausgangsposition unterschiedlich. Im Punkt *V* konsumiert sie lediglich eine kleine Menge von Zimmern. Aufgrund des abnehmenden Grenznutzens ist ihr Grenznutzen je Zimmer in diesem Punkt hoch. Ausgehend von Punkt *V* erhöht daher ein zusätzliches Zimmer Ingrids Nutzen stark. Im Punkt *V* konsumiert sie eine große Menge von Restaurantmahlzeiten, sodass ihr Grenznutzen von Restaurantmahlzeiten in diesem Punkt gering ist. Um den Nutzenzuwachs, der sich für sie aus einem zusätzlichen Zimmer ergibt, zu kompensieren, bedarf es daher einer großen Verminderung der Menge der Restaurantmahlzeiten.

Im Gegensatz dazu konsumiert Ingrid im Punkt *Y* eine viel größere Anzahl von Zimmern und eine viel kleinere Anzahl von Restaurantmahlzeiten als im Punkt *V*. Ein zusätzliches Zimmer erhöht ihren Nutzen daher um weniger Utile, während der Verzicht auf eine Restaurantmahlzeit ihren Nutzen um mehr Utile verringert. Im Punkt *Y* tauscht Ingrid daher weniger Restaurantmahlzeiten gegen weitere Zimmer ein als im Punkt *V*. (Im Punkt *Y* tauscht sie 2 Mahlzeiten gegen 1 Zimmer, im Punkt *V* dagegen 10 Mahlzeiten für 1 Zimmer.)

Wir wollen nun die Überlegung, dass das Austauschverhältnis, zu dem Ingrid ein weiteres Zimmer gegen Restaurantmahlzeiten eintauscht, vom jeweiligen Ausgangspunkt abhängt, mithilfe einfacher Mathematik ausdrücken. Dazu schauen wir uns an, wie sich die Steigung der Indifferenzkurve ändert, wenn wir uns auf ihr nach unten bewegen.

Die Bewegung entlang der Indifferenzkurve nach unten, also die Verringerung des Konsums von Restaurantmahlzeiten und die Erhöhung des Konsums von Wohnungsnutzung, hat auf Ingrids Nutzen zwei gegenteilige Effekte: Eine geringere Anzahl von Restaurantmahlzeiten reduziert ihren Nutzen, aber eine höhere Anzahl von Zimmern erhöht ihren Nutzen. Weil wir uns aber auf einer Indifferenzkurve bewegen, müssen sich beide Effekte gerade gegenseitig aufheben:

Entlang der Indifferenzkurve:

(10A-1) (Nutzenänderung aufgrund einer geringeren Zahl von Restaurantmahlzeiten)
+ (Nutzenänderung aufgrund einer höheren Anzahl von Zimmern)
= 0

oder nach Umformung

Entlang der Indifferenzkurve:

(10A-2) – (Nutzenänderung aufgrund von Restaurantmahlzeiten)
= (Nutzenänderung aufgrund von Zimmern).

Wir wollen uns nun darauf konzentrieren, was geschieht, wenn wir uns lediglich eine kleine Strecke auf der Indifferenzkurve nach unten bewegen, also einen kleinen Zuwachs von Wohnungsnutzung gegen eine kleine Abnahme von Restaurantmahlzeiten eintauschen. Wir folgen unserer Notation aus Kapitel 10 und bezeichnen mit MU_Z den Grenznutzen der Zimmer und mit MU_M den Grenznutzen der Restaurantmahlzeiten. Das Symbol ΔQ_Z steht für die Änderung der Anzahl der Zimmer, das Symbol ΔQ_M für die Änderung der Anzahl der Restaurantmahlzeiten.

Allgemein gilt, dass die Änderung des Gesamtnutzens, die aus einer kleinen Änderung des Konsums eines Gutes resultiert, gleich der Konsumänderung multipliziert mit dem Grenznutzen des betreffenden Gutes ist. Somit können wir Ingrids Nutzenänderung, die durch eine Änderung ihres Konsumbündels hervorgerufen wird, mithilfe der folgenden Gleichungen berechnen:

(10A-3) Änderung des Nutzens aufgrund einer Änderung des Konsums von Restaurantmahlzeiten
$= MU_M \times \Delta Q_M$

und

(10A-4) Änderung des Nutzens aufgrund einer Änderung des Konsums von Zimmern
$= MU_Z \times \Delta Q_Z$

Mithilfe der eingeführten Symbole können wir Gleichung (10A-2) schreiben als

(10A-5) Entlang der Indifferenzkurve gilt:
$-MU_M \times \Delta Q_M = MU_Z \times \Delta Q_Z$

Man beachte das Minuszeichen auf der linken Seite von Gleichung (10A-5). Auf der linken Seite der Gleichung steht also der Nutzenrückgang aufgrund der verringerten Anzahl der Restaurantmahlzeiten. Diese Größe muss gleich dem Nutzenzuwachs aufgrund des höheren Zimmerkonsums sein, der durch die rechte Seite der Gleichung wiedergegeben wird.

Wir möchten jetzt natürlich wissen, wie sich diese Zusammenhänge in die Steigung der Indifferenzkurve übertragen. Um die Steigung der Indifferenzkurve zu erhalten, dividieren wir beide Seiten von Gleichung (10A-5) durch ΔQ_Z und anschließend durch MU_M. Wir erhalten:

(10A-6) Entlang der Indifferenzkurve gilt:

$$\frac{\Delta Q_M}{\Delta Q_Z} = \frac{MU_Z}{MU_M}$$

Die linke Seite von Gleichung (10A-6) gibt die mit einem Minuszeichen versehene Steigung der Indifferenzkurve wieder. Es ist die Rate, zu der Ingrid bereit ist, gegen eine höhere Menge von Zimmern (das Gut an der waagerechten Achse) Restaurantmahlzeiten (das Gut an der senkrechten Achse) einzutauschen. Die rechte Seite von Gleichung (10A-6) zeigt das Verhältnis von Grenznutzen der Zimmer und Grenznutzen der Restaurantmahlzeiten. Die rechte Seite von Gleichung (10A-6) bildet also das Verhältnis des Nutzenzuwachses aus einem zusätzlichen Zimmer zum Nutzenzuwachs aus einer zusätzlichen Restaurantmahlzeit ab.

Fügen wir all dies zusammen, dann lässt sich Gleichung (10A-6) folgendermaßen interpretieren. Entlang der Indifferenzkurve entspricht die Menge an Restaurantmahlzeiten, die Ingrid für ein Zimmer bereit ist aufzugeben ($\Delta Q_M/\Delta Q_Z$), dem Verhältnis des Grenznutzens eines Zimmers zum Grenznutzen einer Restaurantmahlzeit (MU_Z/MU_M). Nur wenn diese Bedingung erfüllt ist, wird das Nutzenniveau von Ingrid konstant bleiben, wenn sie mehr Zimmer und weniger Restaurantmahlzeiten konsumiert.

Das Grenznutzenverhältnis auf der rechten Seite von Gleichung (10A-6) wird als **Grenzrate der Substitution** bezeichnet, kurz **GRS**. Für unser Beispiel können wir konkret von der Grenzrate der Substitution von Restaurantmahlzeiten (das Gut an der senkrechten Achse) durch Zimmer (das Gut an der waagerechten Achse) sprechen. Diese Formulierung erklärt sich dadurch, dass bei der Bewegung entlang der Indifferenzkurve im Konsumbündel (weniger) Restaurantmahlzeiten durch (mehr) Zimmer substituiert werden. Wie wir gleich sehen werden, spielt die Grenzrate der Substitution eine wichtige Rolle, wenn wir das optimale Konsumbündel finden wollen.

Wir wissen bereits, dass Indifferenzkurven umso flacher werden, je weiter man sich nach rechts bewegt. Das ist auf den abnehmenden Grenznutzen zurückzuführen. Mit steigendem Konsum von Wohnungsnutzung und sinkendem Konsum von Restaurantmahlzeiten geht der Grenznutzen der Wohnungsnutzung zurück, während der Grenznutzen von Restaurantmahlzeiten steigt. Daher geht Ingrids Grenzrate der Substitution, die der Steigung der Indifferenzkurve mit negativem Vorzeichen entspricht, bei der Bewegung entlang der Indifferenzkurve nach unten immer weiter zurück.

Der immer flachere Verlauf von Indifferenzkurven, der die gleichen Zusammenhänge widerspiegelt wie das Prinzip des abnehmenden Grenznutzens, wird als Prinzip der **abnehmenden Grenzrate der Substitution** bezeichnet. Dieses Prinzip besagt, dass eine Person, die nur eine geringe Menge von Gut *Z*, aber eine große Menge von Gut *M* konsumiert, bereit ist, relativ viel von Gut *M* gegen eine weitere Einheit von Gut *Z* zu tauschen. Eine Person, die schon eine große Menge von *Z* konsumiert, aber wenig von *M*, wird nur bereit sein, eine kleinere Menge von *M* gegen eine weitere Einheit von *Z* zu tauschen.

Das Prinzip der **abnehmenden Grenzrate der Substitution** besagt, dass eine Person umso weniger *M* gegen eine weitere Einheit von *Z* einzutauschen bereit ist, je mehr von Gut *Z* in Relation zu Gut *M* bereits konsumiert wird.

Wir können diesen Zusammenhang veranschaulichen, indem wir uns noch einmal Abbildung 10A-5 ansehen. Im Punkt *V*, der ein Bündel mit einem großen Verhältnis von Restaurantmahlzeiten zu Zimmern widerspiegelt, ist Ingrid bereit, 10 Restaurantmahlzeiten gegen 1 Zimmer zu tauschen. Im Punkt *Y* aber, der ein Bündel mit einem geringen Verhältnis von Restaurantmahlzeiten zu Zimmern beschreibt, ist sie bereit, lediglich 2 Restaurantmahlzeiten gegen 1 Zimmer zu tauschen.

Aus diesem Beispiel können wir erkennen, dass in Ingrids Nutzenfunktion Zimmer und Restaurantmahlzeiten die beiden zusätzlichen Eigenschaften aufweisen, die gewöhnliche Güter charakterisieren. Als Kompensation für die Verringerung der Anzahl der Restaurantmahlzeiten um eine Einheit ist eine Vergrößerung der Zimmerzahl

Die **Grenzrate der Substitution**, kurz **GRS**, eines Gutes *M* durch ein Gut *Z* ist gleich dem Verhältnis der Grenznutzen MU_Z/MU_M.

erforderlich und umgekehrt. Ingrids Indifferenzkurven für diese beiden Güter verlaufen daher fallend. Darüber hinaus weisen ihre Indifferenzkurven eine konvexe Gestalt auf: Die Steigung einer Indifferenzkurve – die Grenzrate der Substitution mit negativem Vorzeichen – wird umso flacher, je weiter man sich auf der Indifferenzkurve nach rechts unten bewegt. Eine Indifferenzkurve verläuft nur dann konvex, wenn eine abnehmende Grenzrate der Substitution vorliegt. Beide Bedingungen sind äquivalent.

Zwei Güter *Z* und *M* sind **gewöhnliche Güter** in der Nutzenfunktion eines Verbrauchers, falls (1) der Verbraucher zusätzliche Einheiten von *Z* benötigt, um eine Verringerung des Konsums von *M* zu kompensieren und umgekehrt; und (2) der Verbraucher sich einer abnehmenden Grenzrate der Substitution gegenübersieht, wenn er das eine Gut durch das andere Gut substituiert.

Mit diesen Informationen können wir **gewöhnliche Güter** definieren. Bei einem Paar von Gütern, die in der Nutzenfunktion eines Konsumenten auftreten, handelt es sich um gewöhnliche Güter, falls sie zwei Eigenschaften besitzen: Der Konsument benötigt mehr von dem einen Gut, um eine Verringerung der Konsummenge des anderen Gutes auszugleichen, und der Konsument sieht sich einer abnehmenden Grenzrate der Substitution gegenüber, wenn er das eine Gut durch das andere Gut substituiert. Bei der Mehrzahl aller Güter, die in den Nutzenfunktionen von Konsumenten auftreten, handelt es sich um derartige gewöhnliche Güter.

Im nächsten Schritt wollen wir zeigen, wie sich Ingrids optimales Konsumbündel mithilfe von Indifferenzkurven bestimmen lässt.

Die Tangentialbedingung

Um eine alternative Darstellung ihrer optimalen Konsumentscheidung zu erhalten, tragen wir jetzt einige von Ingrids Indifferenzkurven zusammen mit ihrer Budgetgeraden in ein Diagramm ein. **Abbildung 10A-6** zeigt Ingrids Budgetgerade (*BG*). Der gezeigte Verlauf der Budgetgeraden geht von einem Einkommen in Höhe von 2.400 Euro pro Monat aus. Ferner wurde angenommen, dass der Preis für die Wohnungsnutzung 150 Euro je Zimmer und Monat beträgt und eine Restaurantmahlzeit 30 Euro kostet. Wie sieht ihr optimales Konsumbündel aus?

Um diese Frage zu beantworten, schauen wir uns einige ihrer Indifferenzkurven an: I_1, I_2 und I_3. Ingrid würde gerne das Nutzenniveau der Indifferenzkurve I_3 erreichen, das höchstmögliche Nutzenniveau der drei Indifferenzkurven. Das kann sie sich aber nicht leisten, weil ihre Ausgaben durch ihr Einkommen begrenzt werden. Kein Konsumbündel auf ihrer Budgetgeraden ermöglicht

Abb. 10A-6

Das optimale Konsumbündel

Die Budgetgerade *BG* zeigt die für Ingrid möglichen Konsumbündel. Es wird davon ausgegangen, dass ihr ein Einkommen von 2.400 Euro pro Monat zur Verfügung steht, der Preis für ein Zimmer 150 Euro pro Monat beträgt und eine Restaurantmahlzeit 30 Euro kostet. Bei den Kurven I_1, I_2 und I_3 handelt es sich um Indifferenzkurven. Konsumbündel wie *B* und *C* sind nicht optimal, weil Ingrid höher liegende Indifferenzkurven erreichen kann. Das optimale Konsumbündel ist *A*, wo die Budgetgerade die höchstmögliche Indifferenzkurve gerade tangiert.

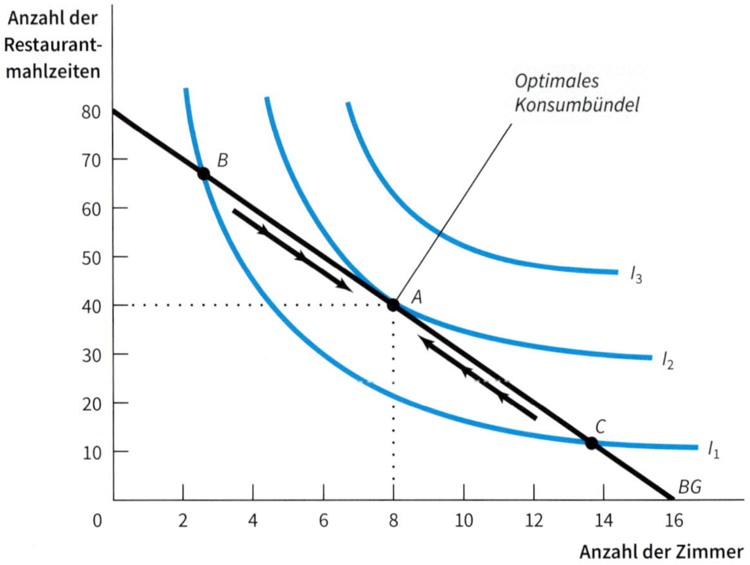

ein derart hohes Nutzenniveau. Andererseits sollte sie sich aber auch nicht mit dem Nutzenniveau zufriedengeben, das der Punkt *B* stiftet, der auf der Indifferenzkurve I_1 liegt. Es gibt andere Bündel auf ihrer Budgetgeraden, wie etwa *A*, die offenkundig mit einem höheren Nutzenniveau verbunden sind als *B*.

Tatsächlich spiegelt der gerade angesprochene Punkt *A*, ein Konsumbündel, das aus 8 Zimmern und 40 Restaurantmahlzeiten besteht, die optimale Konsumentscheidung wider. Punkt *A* liegt nämlich auf der höchsten Indifferenzkurve, die Ingrid mit ihrem gegebenen Einkommen erreichen kann.

Im optimalen Konsumbündel *A* berührt die Budgetgerade die relevante Indifferenzkurve – die Budgetgerade tangiert die Indifferenzkurve. Diese **Tangentialbedingung** gilt für das optimale Konsumbündel immer dann, wenn Indifferenzkurven die typische konvexe Gestalt aufweisen: *Das optimale Konsumbündel liegt dort, wo die Budgetgerade eine Indifferenzkurve gerade berührt.*

Dass das so sein muss, lässt sich leicht verstehen. Wir wissen, warum ein Konsumbündel, das die Tangentialbedingung nicht erfüllt, nicht optimal sein kann. Wenn wir uns noch einmal Abbildung 10A-6 anschauen, stellen wir fest, dass die Konsumbündel *B* und *C* zwar beide erreichbar sind, weil sie auf der Budgetgeraden liegen, sie sind aber nicht optimal. Beide Bündel liegen auf der Indifferenzkurve I_1, die die Budgetgerade in den beiden Punkten schneidet. Weil aber I_1 die Budgetgerade schneidet, kann sich Ingrid verbessern: Sie kann sich von Punkt *B* ausgehend die Budgetgerade nach unten bewegen oder sich von Punkt *C* ausgehend die Budgetgerade nach oben bewegen, so wie das durch die Pfeile angedeutet wird. In beiden Fällen kann sie eine höher liegende Indifferenzkurve erreichen, wodurch sich ihr Nutzen vergrößert.

Auf der Indifferenzkurve I_2 angekommen kann sich Ingrid nicht mehr verbessern: Jede andere Indifferenzkurve schneidet entweder die Budgetgerade oder hat überhaupt keinen Berührungspunkt. Das Bündel, das ihr erlaubt, I_2 zu erreichen, ist daher ihr optimales Konsumbündel.

Die Steigung der Budgetgeraden

Abbildung 10A-6 zeigt uns, wie wir mithilfe der Budgetgeraden und der Indifferenzkurven das optimale Konsumbündel bestimmen können. Es ist das Konsumbündel, bei dem sich Budgetgerade und Indifferenzkurve gerade berühren. Das optimale Konsumbündel lässt sich aber nicht nur grafisch bestimmen, sondern auch durch ein bisschen Mathematik.

In Abbildung 10A-6 können wir erkennen, dass im Punkt *A*, der das optimale Konsumbündel widerspiegelt, die Steigung der Budgetgeraden genauso groß ist wie die Steigung der Indifferenzkurve. Anderenfalls könnten sich die beiden Kurven nicht berühren, sondern würden sich irgendwo schneiden. Und eine Indifferenzkurve, die die Budgetgerade schneidet (wie I_1 in Abbildung 10A-6) kann wiederum nicht die Indifferenzkurve sein, die das optimale Konsumbündel enthält (wie I_2).

Die **Tangentialbedingung** für Indifferenzkurve und Budgetgerade ist erfüllt, wenn sich Budgetgerade und Indifferenzkurve gerade berühren. Falls die Indifferenzkurven die typische konvexe Form aufweisen, bestimmt die Tangentialbedingung das optimale Konsumbündel.

Wir können nun das Wissen über die Steigungen der Budgetgeraden und der Indifferenzkurve dazu nutzen, um das optimale Konsumbündel zu bestimmen. Dafür benötigen wir zunächst die Steigung der Budgetgeraden. Das ist eine einfache Aufgabe. Wir wissen, dass Ingrid den höchstmöglichen Gesamtnutzen realisiert, wenn sie ihr gesamtes Einkommen ausgibt und sich für ein Konsumbündel entscheidet, das auf ihrer Budgetgeraden liegt. Ihre Budgetgerade und damit alle Konsumbündel, die sie bekommen kann, wenn sie ihr gesamtes Einkommen ausgibt, lassen sich durch folgende Gleichung darstellen:

$$(10A\text{-}7) \quad (Q_Z \times P_Z) + (Q_M \times P_M) = N$$

Dabei steht *N* für das Einkommen von Ingrid. Um die Steigung der Budgetgeraden zu bestimmen, dividieren wir den senkrechten Achsenabschnitt (der Punkt, an dem die Budgetgerade die senkrechte Achse schneidet) durch den waagerechten Achsenabschnitt (der Punkt, an dem die Budgetgerade die waagerechte Achse schneidet). Der Punkt, an dem die Budgetgerade die senkrechte Achse schneidet, spiegelt die Situation wider, in der Ingrid ihr gesamtes Einkommen für Restaurantmahlzeiten ausgibt und nichts für Wohnungsnutzung (damit ist $Q_Z = 0$). In diesem Fall kann sie 80 Restaurantmahlzeiten konsumieren:

(10A-8) $Q_M = N/P_M$
= 2.400 Euro/(30 Euro je Mahlzeit)
= 80 Mahlzeiten
= senkrechter Achsenabschnitt der Budgetgeraden

Gibt Ingrid dagegen ihr gesamtes Einkommen für Wohnungsnutzung aus und nichts für Restaurantmahlzeiten (damit ist $Q_M = 0$), kann sie 16 Zimmer mieten:

(10A-9) $Q_Z = N/P_Z$
= 2.400 Euro/(150 Euro je Zimmer)
= 16 Zimmer
= waagerechter Achsenabschnitt der Budgetgeraden

Damit haben wir alle Informationen, die wir für die Berechnung der Steigung der Budgetgeraden benötigen.

(10A-10) Steigung der Budgetgeraden
= – (senkrechter Achsenabschnitt)/(waagerechter Achsenabschnitt)

$$= \frac{\frac{N}{P_M}}{\frac{N}{P_Z}} = -\frac{P_Z}{P_M}$$

Das Minuszeichen in Gleichung (10A-10) erklärt sich dadurch, dass die Budgetgerade fallend verläuft. Der Ausdruck P_Z/P_M wird auch als **relativer Preis** bezeichnet. Der relative Preis drückt den Preis von Zimmern in Restaurantmahlzeiten aus. (Der relative Preis ist zu unterscheiden vom gewöhnlichen Preis von Gütern in Euro.) In unserem Beispiel beträgt der relative Preis 150 Euro/30 Euro = 5. Für ein zusätzliches Zimmer muss Ingrid P_Z/P_M Einheiten an Restaurantmahlzeiten, also 5 Mahlzeiten aufgegeben. Damit können wir den relativen Preis P_Z/P_M als die Rate interpretieren, zu der ein Zimmer am Markt gegen Restaurantmahlzeiten eingetauscht werden kann. Das ist der Preis, in Einheiten Restaurantmahlzeiten, den Ingrid für ein weiteres Zimmer »bezahlen« muss.

Der **relative Preis** von Gut *Z* ausgedrückt in Einheiten von Gut *M* ist gleich P_Z/P_M. Das ist die Rate, zu der das Gut *Z* am Markt gegen das Gut *M* eingetauscht werden kann.

Gleichzeitig zeigt uns die Steigung der Budgetgeraden – also der relative Preis mit einem Minuszeichen – die Opportunitätskosten eines Gutes in Einheiten des anderen Gutes. Der relative Preis spiegelt die Opportunitätskosten wider, die einer Person entstehen, wenn sie eine Einheit eines Gutes mehr konsumiert, und zwar in Höhe der Einheiten, auf die sie von dem anderen Gut in ihrem Konsumbündel verzichten muss. Die Opportunitätskosten entstehen durch die begrenzten Ressourcen des Konsumenten: sein gegebenes Einkommen.

Die Gleichungen (10A-8), (10A-9) und (10A-10) enthalten alle Informationen, die wir benötigen, um zu wissen, was mit der Budgetgeraden passiert, wenn sich der relative Preis oder das Einkommen ändern. Anhand der Gleichungen (10A-8) und (10A-9) erkennen wir, dass eine Änderung im Einkommen *N* zu einer Parallelverschiebung der Budgetgeraden führt. Der senkrechte Achsenabschnitt und der waagerechte Achsenabschnitt ändern sich gleichermaßen. Damit wird der Abstand der Budgetgeraden vom Ursprung durch das Einkommen des Verbrauchers bestimmt. Steigt das Einkommen des Verbrauchers, verschiebt sich die Budgetgerade nach außen. Sinkt das Einkommen des Verbrauchers, verschiebt sich die Budgetgerade nach innen. In beiden Fällen bleibt die Steigung der Budgetgeraden unberührt, da sich der relative Preis eines Gutes in Einheiten des anderen Gutes nicht ändert.

Im Unterschied dazu führt eine Änderung im relativen Preis P_Z/P_M zu einer Änderung in der Steigung der Budgetgeraden. Wir werden die Auswirkungen auf die Steigung der Budgetgeraden und das optimale Konsumbündel, die durch eine Änderung des relativen Preises oder eine Änderung des Einkommens entstehen, später noch im Detail untersuchen.

Preise und die Grenzrate der Substitution

Nun sind wir in der Lage, die Steigung der Budgetgeraden und die Steigung der Indifferenzkurve zusammenzubringen, um das optimale Konsumbündel zu bestimmen. Durch Gleichung (10A-6) wissen wir, dass die Steigung der Indifferenzkurve in jedem Punkt dem Minuswert der Grenzrate der Substitution entspricht:

(10A-11) Steigung der Indifferenzkurve $= -\frac{MU_Z}{MU_M}$

Beim optimalen Konsumbündel sind die Steigung der Indifferenzkurve und die Steigung der Budgetgeraden gleich groß. Setzt man die Gleichungen (10A-10) und (10A-11) und damit Steigung der Indifferenzkurve und die Steigung der Budgetgeraden gleich, erhält man die **Regel des relativen Preises** zur Bestimmung des optimalen Konsumbündels:

(10A-12) Für das optimale Konsumbündel gilt:

$$-\frac{MU_Z}{MU_M} = -\frac{P_Z}{P_M}$$

oder

$$\frac{MU_Z}{MU_M} = \frac{P_Z}{P_M}$$

Für das optimale Konsumbündel ist die Grenzrate der Substitution zweier Güter gleich dem Preisverhältnis dieser Güter. Etwas anschaulicher kann man dieses Ergebnis folgendermaßen beschreiben: Für das optimale Konsumbündel gilt, dass die Rate, zu der Ingrid Restaurantmahlzeiten gegen ein Zimmer tauschen würde (MU_Z/MU_M), gleich der Rate ist, zu der am Markt Restaurantmahlzeiten gegen ein Zimmer getauscht werden (P_Z/P_M).

Was würde geschehen, wenn diese Bedingung nicht erfüllt ist? Schauen wir uns dazu **Abbildung 10A-7** an. In Punkt *B* ist die Steigung der Indifferenzkurve ($-MU_Z/MU_M$) absolut größer als die Steigung der Budgetgeraden ($-P_Z/P_M$). Das bedeutet, dass Ingrid im Punkt *B* ein zusätzliches Zimmer anstelle von Restaurantmahlzeiten *höher* bewertet als die Kosten, die ihr entstehen, wenn sie am Markt ein zusätzliches Zimmer kauft und auf eine entsprechende Menge Restaurantmahlzeiten verzichtet. Ingrid wäre damit besser gestellt, wenn sie sich auf ihrer Budgetgeraden in Richtung von Punkt *A* bewegen und mehr Zimmer und weniger Restaurantmahlzeiten konsumieren würde. Punkt *B* kann somit nicht ihr optimales Konsumbündel sein. Im Punkt *C* ist die Steigung von Ingrids Indifferenzkurve kleiner als die Steigung der Budgetgeraden. Folglich bewertet Ingrid dort zusätzliche Restaurantmahlzeiten anstelle eines Zimmers *höher* als die Kosten, die ihr durch das Kaufen weiterer Mahlzeiten und den Verzicht auf ein Zimmer entstehen. Wieder könnte sich Ingrid

Die **Regel des relativen Preises** besagt, dass für das optimale Konsumbündel die Grenzrate der Substitution zwischen zwei Gütern gleich dem relativen Preis ist.

Abb. 10A-7

Die Regel des relativen Preises

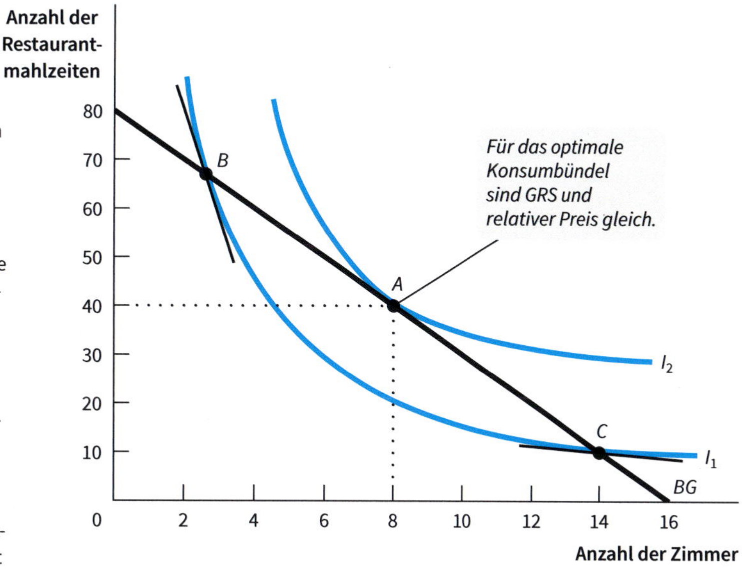

Der *relative Preis* von Zimmern ausgedrückt in Restaurantmahlzeiten entspricht dem Minuswert der Steigung der Budgetgeraden. Die *Grenzrate der Substitution* von Restaurantmahlzeiten durch Zimmer ist gleich dem Minuswert der Steigung der Indifferenzkurve. Die *Regel des relativen Preises* besagt, dass Grenzrate der Substitution (GRS) und relativer Preis für das optimale Konsumbündel gleich groß sein müssen. Um diese Aussage besser zu verstehen, wollen wir überlegen, was geschieht, wenn Grenzrate der Substitution und relativer Preis nicht übereinstimmen. Beim Konsumbündel *B* ist die Grenzrate der Substitution größer als der relative Preis. Ingrid kann ihren Nutzen erhöhen, wenn sie sich auf der Budgetgeraden *BG* nach unten bewegt. Im Punkt *C* ist die Grenzrate der Substitution kleiner als der relative Preis. Ingrid kann ihren Nutzen erhöhen, indem sie sich auf der Budgetgeraden nach oben bewegt. Die Regel des relativen Preises ist nur im Punkt *A* erfüllt. Dort ist ihr Nutzen bei gegebener Budgetgerade maximal.

Abb. 10A-8

Unterschiedliche Präferenzen

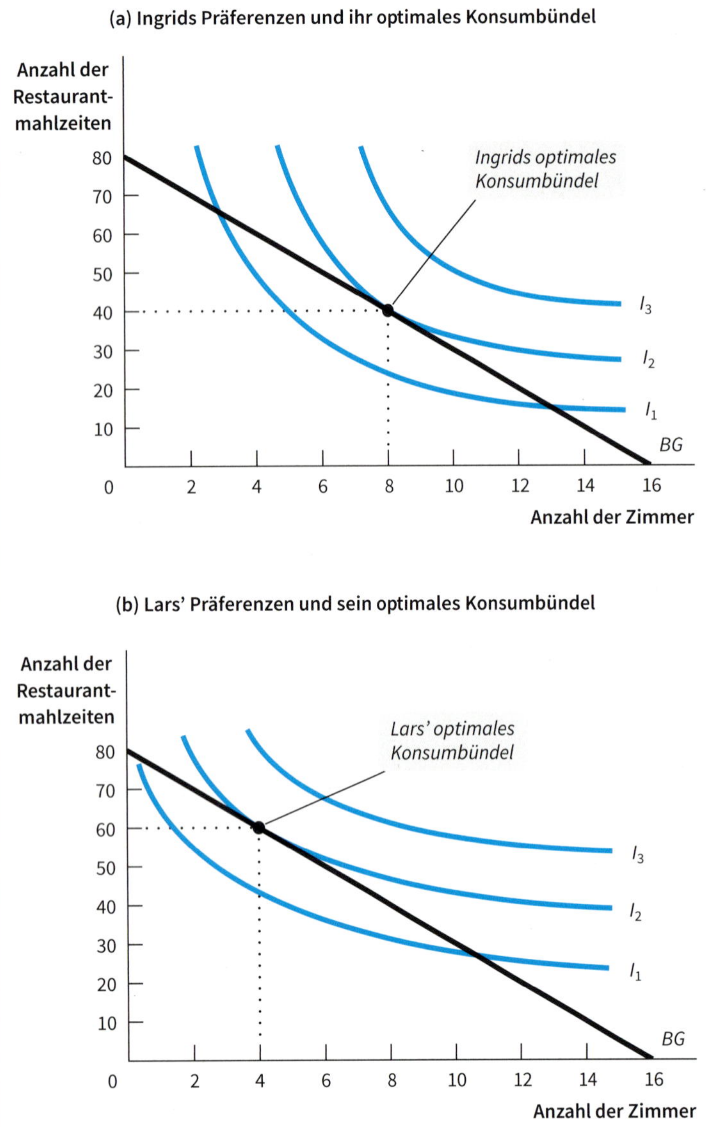

Ingrid und Lars haben unterschiedliche Präferenzen, die sich in einem unterschiedlichen Aussehen ihrer Indifferenzkurvenscharen niederschlagen. Sie werden sich daher für unterschiedliche Konsumbündel entscheiden, selbst wenn sie über die gleichen Wahlmöglichkeiten verfügen. Beide haben ein Einkommen in Höhe von 2.400 Euro pro Monat und beide sehen sich den gleichen Preisen gegenüber, 30 Euro pro Restaurantmahlzeit und 150 Euro pro Zimmer. Diagramm (a) zeigt Ingrids Konsumentscheidung: 8 Zimmer und 40 Restaurantmahlzeiten. Diagramm (b) zeigt die Konsumentscheidung von Lars: Obwohl er die gleiche Budgetgerade hat wie Ingrid, konsumiert er weniger Zimmer und mehr Restaurantmahlzeiten.

besser stellen, indem sie sich entlang ihrer Budgetgeraden in Richtung *A* bewegt, indem sie mehr Mahlzeiten und weniger Zimmer konsumiert. Erst wenn sie den Punkt *A* erreicht hat, ist eine weitere Verbesserung nicht mehr möglich. Punkt *A* beschreibt daher ihr optimales Konsumbündel.

Dividieren wir in Gleichung (10A-12) beide Seiten durch P_Z und multiplizieren mit MU_M, dann wird die Regel des relativen Preises zu:

(10A-13) *Regel der optimalen Konsumentscheidung*:

$$\frac{MU_Z}{P_Z} = \frac{MU_M}{P_M}$$

Das ist die Regel der optimalen Konsumentscheidung aus Kapitel 10, Gleichung (10-3). Wir können das optimale Konsumbündel demnach sowohl durch Verwendung der Regel der optimalen Konsumentscheidung (aus Kapitel 10) als auch durch die Anwendung der Regel des relativen Preises (in diesem Anhang) finden.

Präferenzen und Entscheidungen

Nachdem wir nun gesehen haben, wie sich die optimale Konsumentscheidung in einem Diagramm mit Indifferenzkurven darstellen lässt, wollen wir uns kurz mit der Beziehung zwischen Konsumentenpräferenzen und Konsumentscheidungen beschäftigen.

Wenn wir sagen, dass zwei Konsumenten verschiedene Präferenzen haben, dann meinen wir, dass sie unterschiedliche Nutzenfunktionen besitzen. Das wiederum bedeutet, dass sie Indifferenzkurvenscharen mit unterschiedlichem Aussehen haben. Diese unterschiedlichen Indifferenzkurvenscharen werden ihrerseits zu unterschiedlichen Konsumentscheidungen führen, selbst dann, wenn es sich um Konsumenten mit einem gleichen Einkommen handelt, die sich den gleichen Preisen gegenübersehen.

Um das zu verdeutlichen, wollen wir annehmen, dass Ingrids Freund Lars ebenfalls ausschließlich Wohnungsnutzung und Restaurantmahlzeiten konsumiert. Lars hat jedoch eine stärkere Präferenz für Restaurantmahlzeiten und eine schwächere Präferenz für Wohnungsnutzung. Diese Unterschiede in den Präferenzen werden in **Abbildung 10A-8** deutlich, in der zwei Indifferenzkurvenscharen gezeigt werden: Diagramm (a) zeigt die Präferenzen von Ingrid und Diagramm (b) die Präferenzen von Lars. Man beachte das unterschiedliche Aussehen der beiden Indifferenzkurvenscharen.

Wir wollen weiterhin von einem Zimmerpreis von 150 Euro und einem Preis für Restaurantmahlzeiten von 30 Euro ausgehen. Ferner wollen wir annehmen, dass sowohl Ingrid als auch Lars jeweils über ein Einkommen von 2.400 Euro pro Monat verfügen, ihre Budgetgeraden also identisch sind. Aufgrund ihrer unterschiedlichen Präferenzen werden sie trotzdem unterschiedliche Konsumentscheidungen treffen. Ingrid entscheidet sich für 8 Zimmer und 40 Restaurantmahlzeiten, Lars hingegen entscheidet sich für 4 Zimmer und 60 Restaurantmahlzeiten.

10A.3 Anwendung von Indifferenzkurven: Substitute und Komplementärgüter

Nachdem wir nun wissen, wie sich mithilfe der Indifferenzkurvenanalyse die optimale Konsumentscheidung finden lässt, wollen wir die Indifferenzkurven für weitere Analysen nutzen. Dabei wollen wir uns zunächst der Unterscheidung zwischen *Substituten* und *Komplementärgütern* zuwenden.

Bereits in Kapitel 3 haben wir gelernt, dass der Preis eines Gutes häufig auch die Nachfrage nach einem anderen Gut beeinflusst, dieser Einfluss aber in zwei Richtungen gehen kann. Ein Anstieg des Teepreises erhöht die Nachfrage nach Kaffee, ein Anstieg des Preises für Kaffeesahne hingegen verringert die Nachfrage nach Kaffee. Tee und Kaffee sind Substitute, Kaffeesahne und Kaffee hingegen Komplementärgüter.

Was aber bestimmt, ob zwei Güter Substitute oder Komplementärgüter sind? Das hängt vom Aussehen der Indifferenzkurven eines Konsumenten ab. Am einfachsten lässt sich diese Beziehung anhand von zwei Extremfällen veranschaulichen: dem Fall vollkommener Substitute und dem Fall vollkommener Komplementärgüter.

Vollkommene Substitute

Wir betrachten Paula, die Plätzchen liebt. Was Plätzchen angeht, ist sie nicht sehr wählerisch: Es ist ihr egal, ob sie 3 Erdnussplätzchen und 7 Schokoladenplätzchen hat oder umgekehrt. Wie werden wohl ihre Indifferenzkurven für Erdnussplätzchen und Schokoladenplätzchen aussehen?

Es werden Geraden sein, wie I_1 und I_2 in **Abbildung 10A-9**. So zeigt beispielsweise die Indifferenzkurve I_1, dass jede Kombination aus Erdnussplätzchen und Schokoladenplätzchen, die insgesamt zu 10 Plätzchen führt, Paula den gleichen Nutzen stiftet.

Ein Konsument, dessen Indifferenzkurven Geraden sind, ist stets bereit, die gleiche Menge eines Gutes für eine Einheit des anderen Gutes einzutauschen, unabhängig davon, welche Menge jedes Gutes er konsumiert. So ist beispielsweise Paula immer bereit, ein Erdnussplätzchen weni-

Abb. 10A-9

Vollkommene Substitute

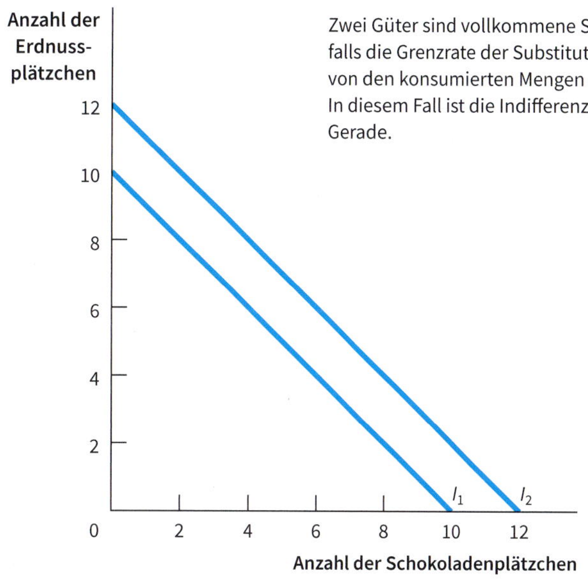

Zwei Güter sind vollkommene Substitute, falls die Grenzrate der Substitution nicht von den konsumierten Mengen abhängt. In diesem Fall ist die Indifferenzkurve eine Gerade.

Zwei Güter sind **vollkommene Substitute**, falls die Grenzrate der Substitution zwischen den beiden Gütern konstant ist, unabhängig davon, wie viel eine Person von jedem Gut konsumiert.

ger zu akzeptieren, wenn sie dafür ein weiteres Schokoladenplätzchen erhält. Ihre Grenzrate der Substitution ist daher *konstant*.

Wenn die Indifferenzkurven Geraden sind, dann handelt es sich bei den betreffenden Gütern um **vollkommene Substitute**. Sind zwei Güter vollkommene Substitute, dann gibt es lediglich einen relativen Preis, zu dem der Konsument bereit ist, beide Güter zu kaufen. Ein etwas höherer oder ein etwas niedrigerer relativer Preis wird dazu führen, dass der Konsument ausschließlich eines der beiden Güter kauft.

Abbildung 10A-10 veranschaulicht diesen Sachverhalt. Die Indifferenzkurven sind die gleichen wie in Abbildung 10A-9, nun wurde aber auch Paulas Budgetgerade *BG* eingezeichnet.

In den beiden Diagrammen (a) und (b) wird angenommen, dass Paula 12 Euro ausgeben kann. In Diagramm (a) sollen die Schokoladenplätzchen 1,20 Euro und die Erdnussplätzchen 1,00 Euro kosten. Paulas optimales Konsumbündel wird dann durch den Punkt *A* beschrieben: Sie kauft 12 Erdnussplätzchen und keine Schokoladenplätzchen. In Diagramm (b) ist die Situation genau umgekehrt: Die Schokoladenplätzchen kosten 1,00 Euro und die Erdnussplätzchen 1,20 Euro. In diesem Fall wird ihr optimaler Konsum durch den Punkt *B* beschrieben, wo sie ausschließlich Schokoladenplätzchen konsumiert.

Warum führt eine derart kleine Preisänderung dazu, dass Paula ihren Konsum vollständig von einem Gut zum anderen verlagert? Weil ihre

Abb. 10A-10

Konsumentscheidung bei vollkommenen Substituten

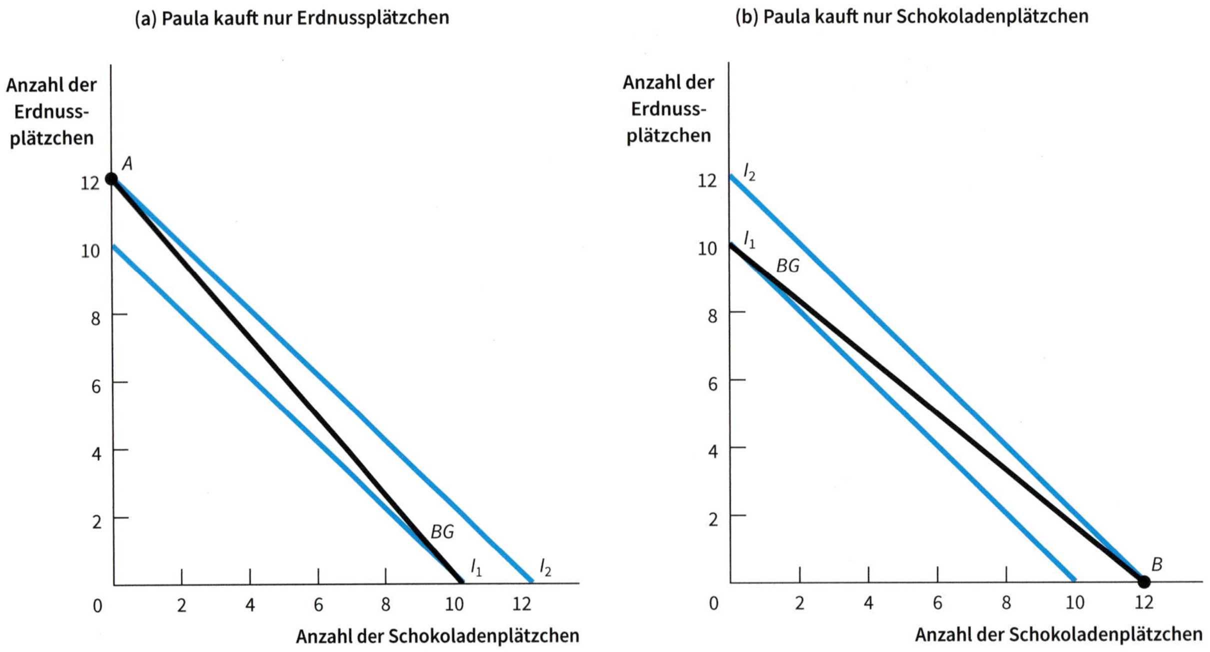

Sind zwei Güter vollkommene Substitute, können kleine Preisänderungen zu großen Änderungen in der Zusammensetzung des Konsumbündels führen. In Diagramm (a) ist der relative Preis von Schokoladenplätzchen etwas höher als die Grenzrate der Substitution zwischen Schokoladenplätzchen und Erdnussplätzchen. Diese kleine Differenz reicht aus, um Paula zum Konsum von Bündel *A* zu veranlassen, das ausschließlich aus Erdnussplätzchen besteht. In Diagramm (b) liegt der relative Preis von Schokoladenplätzchen geringfügig unter der Grenzrate der Substitution. Diese Differenz veranlasst Paula, das Bündel *B* zu wählen, das ausschließlich aus Schokoladenplätzchen besteht.

Grenzrate der Substitution nicht von der Zusammensetzung ihres Konsumbündels abhängt. Falls der relative Preis von Schokoladenplätzchen größer ist als die Grenzrate der Substitution, kauft sie ausschließlich Erdnussplätzchen. Ist der relative Preis geringer als die Grenzrate der Substitution, kauft sie dagegen ausschließlich Schokoladenplätzchen. Sind der relative Preis von Schokoladenplätzchen und die Grenzrate der Substitution gleich, kann Paula ihren Nutzen durch den Kauf jedes beliebigen Bündels auf ihrer Budgetgeraden maximieren. Sie wird also mit jeder beliebigen Kombination von Schokoladenplätzchen und Erdnussplätzchen, die sie sich leisten kann, gleich glücklich sein. In diesem Fall können wir nicht vorhersagen, welches spezifische Bündel sie von den Bündeln wählen wird, die auf ihrer Budgetgeraden liegen.

Vollkommene Komplementärgüter

Der Fall vollkommener Substitute stellt das eine Extrem der Konsumentenpräferenzen dar, der Fall der vollkommenen Komplementärgüter das andere Extrem. Man bezeichnet Güter als **vollkommene Komplementärgüter**, wenn ein Konsument diese beiden Güter in einem ganz bestimmten Verhältnis konsumieren möchte, und zwar unabhängig von ihrem relativen Preis.

Nehmen wir an, dass Anton gerne Plätzchen isst und gerne Milch trinkt, aber nur beides zusammen. Ein zusätzliches Plätzchen ohne ein weiteres Glas Milch führt bei ihm nicht zu einem Nutzenzuwachs. Das Gleiche gilt für ein weiteres Glas Milch ohne ein zusätzliches Plätzchen. In diesem Fall verlaufen seine Indifferenzkurven rechtwinklig, wie in **Abbildung 10A-11** zu sehen.

Um zu verstehen, warum das so ist, wollen wir uns die drei Bündel *A*, *B* und *C* näher betrachten. Im Punkt *B* auf der Indifferenzkurve I_4 konsumiert Anton 4 Plätzchen und 4 Gläser Milch. In *A*, direkt oberhalb von *B*, konsumiert er 4 Plätzchen und 5 Gläser Milch. Das zusätzliche Glas Milch trägt aber nichts zu seinem Nutzen bei. *A* liegt daher auf der gleichen Indifferenzkurve wie *B*, nämlich auf I_4. Im Punkt *C* konsumiert er 5 Plätzchen und 4 Gläser Milch, was auch zum gleichen Nutzen führt wie 4 Plätzchen und 4 Gläser Milch. Daher liegt *C* auf der gleichen Indifferenzkurve I_4.

In Abbildung 10A-11 ist auch eine Budgetgerade eingezeichnet, die es Anton erlaubt, das Bündel *B* zu wählen. Der zentrale Punkt besteht darin, dass die Steigung dieser Budgetgeraden keinerlei Auswirkung auf seinen relativen Konsum von Plätzchen und Milch hat. Das bedeutet, dass er die beiden Güter immer im gleichen Verhältnis konsumieren wird, unabhängig davon, wie die Preise aussehen. Damit sind diese beiden Güter vollkommene Komplementärgüter.

Sie fragen sich vielleicht, wie es sich mit der Grenzrate der Substitution in Abbildung 10A-11 verhält. Präziser: Wie groß ist Antons Grenzrate der Substitution zwischen Plätzchen und Milch, wenn er zwischen diesen beiden Gütern überhaupt nicht substituieren will? Die Antwort lautet, dass im Fall vollkommener Komplementärgüter die Grenzrate der Substitution *nicht definiert* ist,

Zwei Güter sind **vollkommene Komplementärgüter**, falls ein Konsument diese Güter unabhängig von ihrem relativen Preis immer im gleichen Verhältnis konsumieren möchte.

Abb. 10A-11

Vollkommene Komplementärgüter

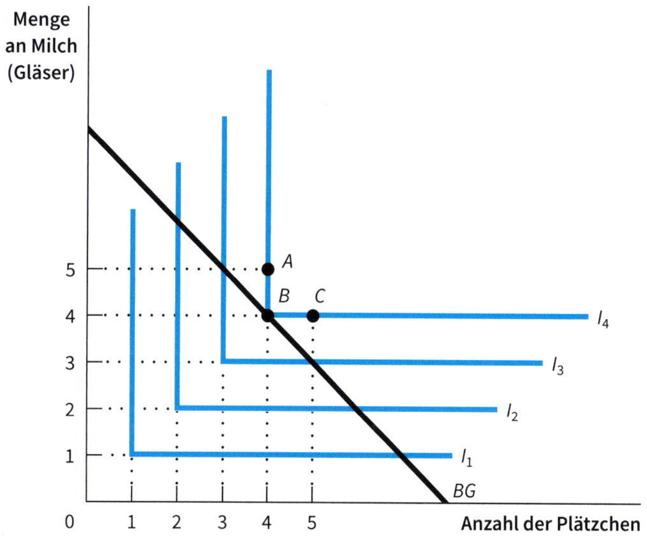

Sind zwei Güter vollkommene Komplementärgüter, möchte ein Konsument diese Güter unabhängig von ihrem relativen Preis immer im gleichen Verhältnis konsumieren. Die Indifferenzkurven verlaufen rechtwinklig. Im betrachteten Fall möchte Anton vier Gläser Milch und vier Plätzchen (Bündel *B*) konsumieren, und zwar unabhängig von der Steigung der Budgetgeraden, die durch *B* verläuft. Der Grund dafür liegt darin, dass weder ein weiteres Glas Milch ohne ein zusätzliches Plätzchen (Bündel *A*) noch ein weiteres Plätzchen ohne ein zusätzliches Glas Milch (Bündel *C*) seinen Nutzen erhöht.

weil die Präferenzen des betreffenden Individuums keinerlei Substitution zwischen den Gütern erlauben.

Weniger extreme Fälle

Es gibt realistische Beispiele, in denen zwei Güter fast vollkommene Substitute sind. So kann beispielsweise auf der Inhaltsstoffliste von Gebäck stehen, dass »Sojaöl/Sonnenblumenöl« enthalten ist: Der Hersteller verwendet das für ihn kostengünstigere Öl, weil der Konsument beide Öle geschmacklich nicht unterscheiden kann. Es gibt auch realistische Beispiele für Güter, die fast vollständige Komplementärgüter sind, wie etwa Autos und Reifen.

In den meisten Fällen jedoch liegen die Substitutionsmöglichkeiten irgendwo zwischen diesen beiden Extremen. In einigen Fällen ist es sogar schwierig festzustellen, ob Güter Substitute oder Komplementärgüter sind.

10A.4 Preise, Einkommen und Nachfrage

Wir wollen uns nun wieder Ingrids Konsumentscheidungen zuwenden. In der von uns betrachteten Situation betrug ihr Einkommen 2.400 Euro pro Monat, der Preis für ein Zimmer betrug 150 Euro und der Preis für eine Restaurantmahlzeit 30 Euro. Ihr optimales Konsumbündel enthielt, wie in Abbildung 10A-7 gezeigt, 8 Zimmer und 40 Restaurantmahlzeiten.

Wir wollen nun überlegen, wie sich ihre Konsumentscheidung ändern würde, wenn sich entweder der Zimmerpreis oder ihr Einkommen ändert. Wie sich zeigen wird, werden uns unsere Überlegungen dabei helfen, die Konsumnachfrage besser zu verstehen.

Die Wirkungen einer Preiserhöhung

Nehmen wir an, dass es aus irgendeinem Grund zu einem drastischen Anstieg der Wohnungsmieten kommt. Ingrid muss jetzt 600 Euro pro Zimmer statt 150 Euro bezahlen. Die Preise für Restaurantmahlzeiten und ihr Einkommen bleiben gleich. Wie wirkt sich die beschriebene Änderung auf ihre Konsumentscheidung aus?

Steigt der Zimmerpreis, nimmt auch der relative Preis von Zimmern ausgedrückt in Restaurantmahlzeiten zu. Daher ändert sich auch Ingrids Budgetgerade (zum Schlechten – aber darauf kommen wir gleich zu sprechen). Sie reagiert auf diese Änderungen mit der Wahl eines neuen Konsumbündels.

Abbildung 10A-12 zeigt Ingrids ursprüngliche Budgetgerade (BG_1) und ihre neue Budgetgerade (BG_2), jeweils unter der Annahme eines konstanten Einkommens von 2.400 Euro pro Woche. Bei Wohnungskosten von 150 Euro je Zimmer und einem Preis für Restaurantmahlzeiten von 30 Euro schneidet ihre Budgetgerade BG_1 die waagerechte Achse bei 16 Zimmern und die senkrechte Achse bei 80 Restaurantmahlzeiten. Nachdem sich der Zimmerpreis auf 600 Euro pro Zimmer erhöht hat, schneidet die neue Budgetgerade BG_2 die senkrechte Achse immer noch bei 80 Restaurantmahlzeiten, der Schnittpunkt mit der waagerechten Achse liegt jetzt aber bei 4 Zimmern. Ihre Budgetgerade hat sich nach innen gedreht, was den neuen, höheren relativen Preis von Zimmern ausgedrückt in Restaurantmahlzeiten widerspiegelt.

Abbildung 10A-13 zeigt, wie Ingrid auf diese neuen Bedingungen reagiert. Ihr ursprüngliches optimales Konsumbündel bestand aus 8 Zimmern und 40 Mahlzeiten. Nachdem sich ihre Budgetgerade als Reaktion auf die Änderung des relativen Preises gedreht hat, liegt ihr neues optimales Konsumbündel bei dem Punkt auf BG_2, der ihr das Erreichen der höchstmöglichen Indifferenzkurve ermöglicht. Dieses neue optimale Konsumbündel (Punkt *C*) enthält weniger Zimmer und mehr Restaurantmahlzeiten als vorher: 1 Zimmer und 60 Restaurantmahlzeiten.

Warum geht Ingrids Nachfrage nach Zimmern zurück? Ein Teil der Antwort, aber wirklich nur ein Teil, besteht darin, dass der Anstieg des Zimmerpreises ihre Kaufkraft verringert hat. Der höhere relative Preis für Zimmer dreht ihre Budgetgerade in Richtung Ursprung nach innen, verringert ihre Konsummöglichkeiten und zwingt sie auf eine niedrigere Indifferenzkurve. Der höhere Zimmerpreis wirkt gewissermaßen, als hätte sich ihr Einkommen verringert.

Abb. 10A-12

Auswirkungen einer Preiserhöhung auf die Budgetgerade

Bei unverändertem Preis für Restaurantmahlzeiten führt eine Erhöhung des Zimmerpreises zu einem Anstieg des relativen Preises von Zimmern, ausgedrückt in Restaurantmahlzeiten. Daher dreht sich Ingrids ursprüngliche Budgetgerade BG_1 nach innen zu BG_2. Die maximale Anzahl von Restaurantmahlzeiten bleibt unverändert, aber ihre maximal mögliche Anzahl von Zimmern, die sie mieten kann, vermindert sich.

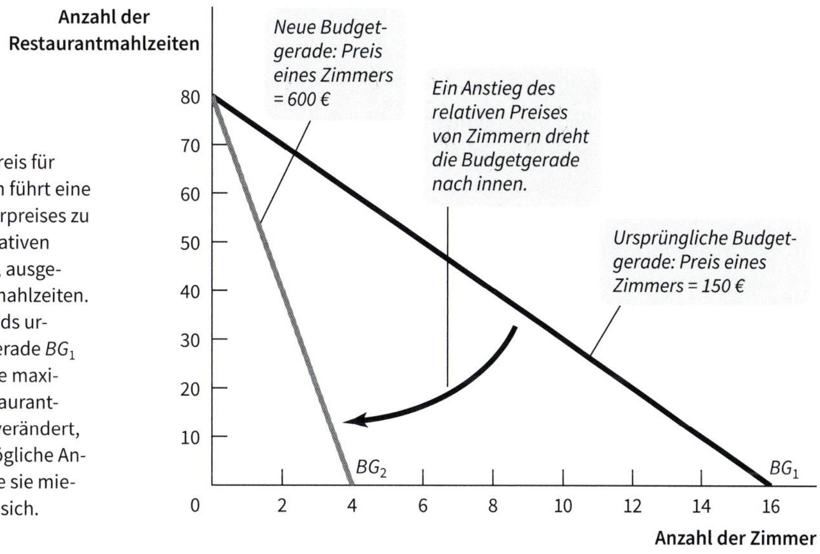

Abb. 10A-13

Die Reaktion auf eine Preiserhöhung

Ingrid reagiert auf den höheren relativen Preis für Zimmer mit der Wahl eines neuen Konsumbündels, das weniger Zimmer und mehr Restaurantmahlzeiten enthält. Ihr neues optimales Konsumbündel C enthält 1 Zimmer anstelle von 8 Zimmern und 60 Restaurantmahlzeiten anstelle von 40 Restaurantmahlzeiten.

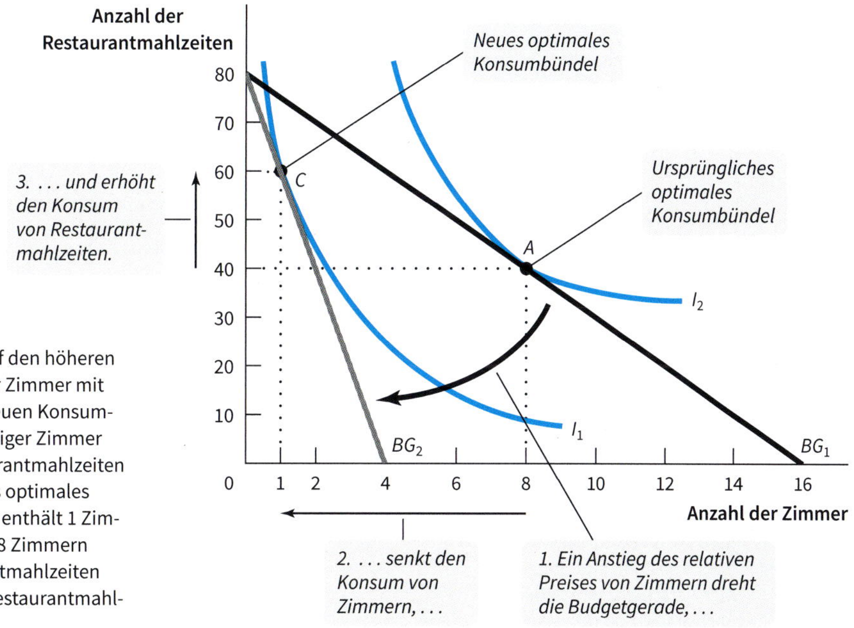

Um diesen Effekt zu verstehen und um zu begreifen, warum das nur ein Teil der Geschichte ist, wollen wir eine weitere mögliche Änderung bei Ingrid betrachten: eine Änderung ihres Einkommens.

Einkommen und Konsum

In Kapitel 3 haben wir uns mit der individuellen Nachfragekurve beschäftigt. Die individuelle Nachfragekurve stellt dar, wie sich die Konsumentscheidung eines Konsumenten ändert, wenn sich der Preis eines Gutes ändert, das Einkommen und die Preise anderer Güter aber konstant gehalten werden. Die Bewegung entlang der individuellen Nachfragekurve zeigt (wie wir in Kapitel 10 gelernt haben) den Substitutionseffekt – wie die Verbrauchsmenge auf Änderungen des *relativen Preises* zweier Güter reagiert. Wir können aber auch die Frage stellen, wie sich die Konsumentscheidung ändert, falls sich das *Einkommen* ändert, der relative Preis aber konstant bleibt.

Bevor wir uns dieser Frage zuwenden können, müssen wir zunächst klären, wie die Budgetgerade auf eine Einkommensänderung reagiert. Nehmen wir an, das Einkommen von Ingrid sinkt von 2.400 Euro auf 1.200 Euro, während der Preis für ein Zimmer unverändert 150 Euro beträgt und der Preis für eine Restaurantmahlzeit 30 Euro. Durch den Einkommensrückgang sinkt die Anzahl an Zimmern, die sich Ingrid maximal mit ihrem Einkommen leisten könnte, von 16 Zimmern auf 8 Zimmern. Die maximale Anzahl an Restaurantmahlzeiten verringert sich von 80 Mahlzeiten auf 40 Mahlzeiten. Durch den Einkommensrückgang sind die Konsummöglichkeiten von Ingrid gesunken. Das zeigt sich durch die Parallelverschiebung der Budgetgeraden in **Abbildung 10A-14** von BG_1 zu BG_2. Es kommt zu einer Parallelverschiebung, weil die Steigung der Budgetgerade (der relative Preis), durch die Einkommensänderung nicht berührt wird.

Nehmen wir an, Ingrids Einkommen steigt von 2.400 Euro auf 3.000 Euro. Dann kann sie sich maximal 20 Zimmer oder 100 Restaurantmahlzeiten leisten. Wieder kommt es zu einer Parallelverschiebung der Budgetgeraden, jetzt von BG_1 zu BG_3, wie in Abbildung 10A-14 zu sehen. Durch den Einkommensanstieg sind die Konsummöglichkeiten von Ingrid gestiegen.

Jetzt können wir untersuchen, wie Ingrid auf eine direkte Änderung ihres Einkommens reagiert. Wir unterstellen also, dass sich ihr Einkommensniveau ändert, der relative Preis aber konstant

Abb. 10A-14

Die Auswirkung einer Einkommensänderung auf die Budgetgerade

Bleibt der relative Preis unverändert, dann führen Einkommensänderungen zu einer Parallelverschiebung der Budgetgeraden. Sinkt in unserem Beispiel Ingrids Einkommen von 2.400 Euro auf 1.200 Euro, dann ist sie offensichtlich schlechter gestellt. Ihre Budgetgerade verschiebt sich parallel nach innen von BG_1 zu BG_2. Im umgekehrten Fall eines Einkommensanstiegs von 2.400 Euro auf 3.000 Euro ist Ingrid besser gestellt. Ihre Budgetgerade verschiebt sich parallel nach außen von BG_1 zu BG_3.

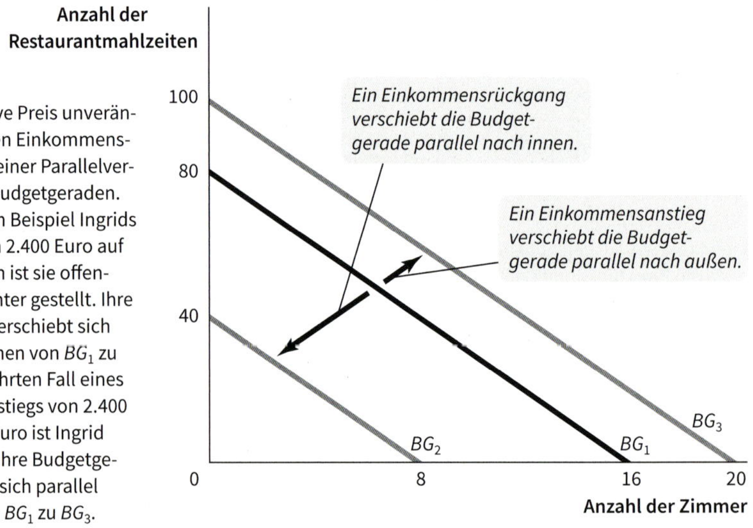

Abb. 10A-15

Einkommen und Konsum: Normale Güter

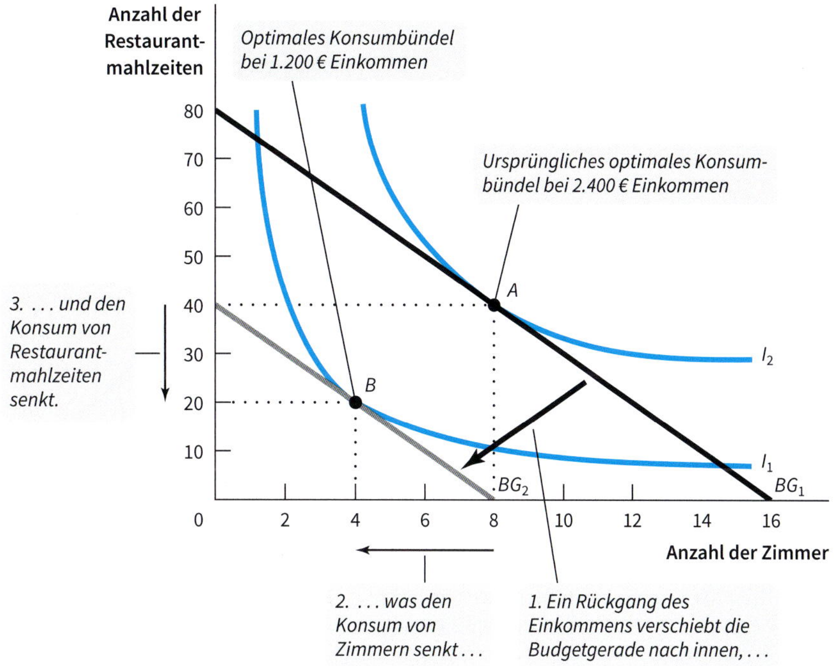

Bei einem Monatseinkommen von 2.400 Euro entscheidet sich Ingrid für Bündel *A*, das aus 8 Zimmern und 40 Restaurantmahlzeiten besteht. Bleibt der relative Preis unverändert, verschiebt eine Einkommenssenkung ihre Budgetgerade parallel nach innen zu BG_2. Bei einem Monatseinkommen von 1.200 Euro entscheidet sie sich für Bündel *B*, das aus 4 Zimmern und 20 Restaurantmahlzeiten besteht. Da sowohl der Konsum von Restaurantmahlzeiten als auch der Konsum von Zimmern bei einem sinkenden Einkommen von Ingrid zurückgeht, handelt es sich bei beiden Gütern um normale Güter.

bleibt. In **Abbildung 10A-15** werden die Budgetgerade und die optimale Konsumentscheidung für ein Einkommen von 2.400 Euro pro Monat (BG_1) sowie die Budgetgerade und die optimale Konsumentscheidung für ein Einkommen von 1.200 Euro pro Monat (BG_2) gegenübergestellt. Die Preise sind bei beiden Fällen gleich groß: 150 Euro pro Zimmer und 30 Euro pro Restaurantmahlzeit. Bei einem Einkommen von 2.400 Euro liegt das optimale Konsumbündel im Punkt *A*. Bei einem Einkommen von 1.200 Euro liegt das optimale Konsumbündel im Punkt *B*. In beiden Fällen wird das optimale Konsumbündel durch den Punkt bestimmt, in dem die Budgetgerade eine Indifferenzkurve tangiert. Wie man in Abbildung 10A-15 erkennen kann, führt der Einkommensrückgang zu einer Verschiebung der Budgetgeraden. Die Steigung der Budgetgeraden bleibt dagegen unverändert, weil sich der relative Preis nicht geändert hat.

Ingrid muss also entweder ihren Zimmerkonsum oder ihren Konsum von Restaurantmahlzeiten verringern oder beides. Damit kann sie nur noch ein geringeres Nutzenniveau erreichen, das durch eine niedriger liegende Indifferenzkurve beschrieben wird.

In unserem Beispiel konsumiert Ingrid aufgrund der Einkommenssenkung von beiden Gütern weniger als zuvor: Mit dem Rückgang ihres Einkommens von 2.400 Euro auf 1.200 Euro sinkt ihr Zimmerkonsum von 8 Zimmer auf 4 Zimmer und ihr Konsum von Restaurantmahlzeiten von 40 Mahlzeiten auf 20 Mahlzeiten. Dieser Rückgang ist darauf zurückzuführen, dass beide Güter in ihrer Nutzenfunktion *normale Güter* sind, wie wir sie in Kapitel 3 definiert haben: Güter, für die die Nachfrage mit zunehmendem Einkommen steigt und für die die Nachfrage mit sinkendem Einkommen zurückgeht.

Auch wenn die meisten Güter normale Güter sind, haben wir in Kapitel 3 darauf hingewiesen, dass es auch *inferiore Güter* gibt. Das sind Güter, bei denen die Nachfrage entgegengesetzt zur Ein-

Abb. 10A-16

Einkommen und Konsum: Ein inferiores Gut

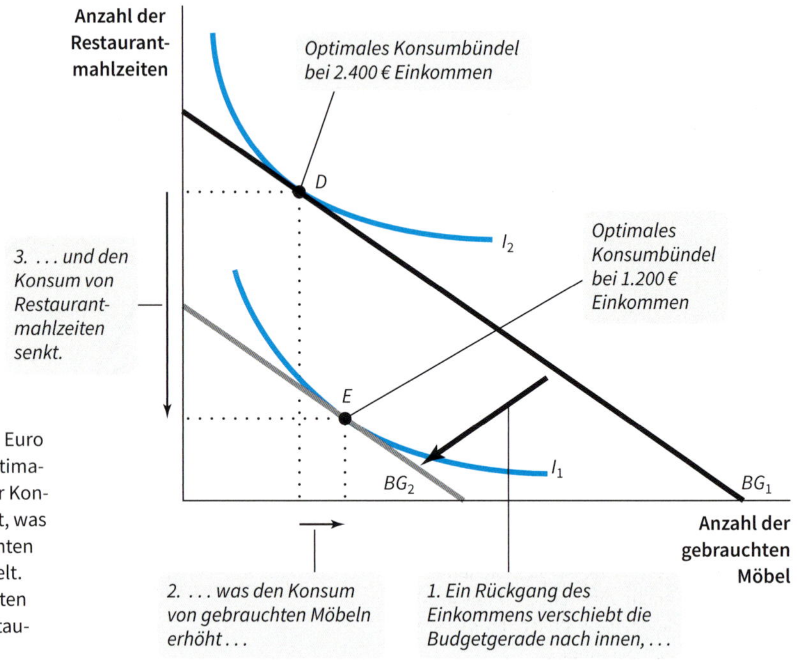

Sinkt Ingrids Einkommen von 2.400 Euro auf 1.200 Euro, verlagert sich ihr optimales Konsumbündel von *D* nach *E*. Ihr Konsum von gebrauchten Möbeln steigt, was impliziert, dass es sich bei gebrauchten Möbeln um ein inferiores Gut handelt. Ihr Konsum von Restaurantmahlzeiten nimmt dagegen ab. Damit sind Restaurantmahlzeiten ein normales Gut.

kommensänderung reagiert: Die Nachfrage sinkt, wenn das Einkommen steigt, und die Nachfrage nimmt zu, wenn das Einkommen sinkt. Ein Beispiel für inferiore Güter könnten Möbel aus zweiter Hand sein. Ob es sich bei einem Gut um ein inferiores Gut handelt, hängt von der Indifferenzkurvenschar des Konsumenten ab. **Abbildung 10A-16** stellt einen derartigen Fall dar. Der Konsum von gebrauchten Möbeln ist an der waagerechten Achse abgetragen, der Konsum von Restaurantmahlzeiten an der senkrechten Achse. Bei einem Einkommensrückgang von 2.400 Euro (BG_1) auf 1.200 Euro (BG_2) und der Verlagerung des optimalen Konsumbündels von *D* nach *E* steigt der Konsum von gebrauchten Möbeln, was impliziert, dass es sich bei gebrauchten Möbeln um ein inferiores Gut handelt. Gleichzeitig nimmt der Konsum von Restaurantmahlzeiten ab, was bedeutet, dass Restaurantmahlzeiten ein normales Gut darstellen.

Einkommens- und Substitutionseffekte

Nachdem wir die Auswirkungen einer Einkommensänderung untersucht haben, wollen wir zu den Auswirkungen einer Preisänderung zurückkehren. Wir können nun ganz genau zeigen, dass die Auswirkungen eines Preisanstiegs auf die Nachfrage eine Einkommenskomponente aufweisen.

Abbildung 10A-17 zeigt nochmals Ingrids ursprüngliche Budgetgerade (BG_1), die neue Budgetgerade (BG_2) sowie ihre Konsumentscheidungen bei einem Monatseinkommen von 2.400 Euro. Bei einer Miete von 150 Euro pro Zimmer entscheidet sich Ingrid für das Konsumbündel *A*. Bei einer Miete von 600 Euro pro Zimmer entscheidet sie sich für das Bündel *C*.

Betrachten wir noch einmal, was mit Ingrids Budgetgerade geschieht. Sie schneidet weiterhin die senkrechte Achse bei 80 Restaurantmahlzeiten. Gibt Ingrid ihr gesamtes Einkommen für Restaurantmahlzeiten aus, hätte der Anstieg des

Abb. 10A-17

Einkommens- und Substitutionseffekte

Die Bewegung von Ingrids ursprünglichem optimalem Konsumbündel *A*, wo der Zimmerpreis 150 Euro betrug, zu ihrem neuen optimalen Konsumbündel *C*, wo der Zimmerpreis 600 Euro beträgt, kann in zwei Teilbewegungen zerlegt werden. Die Bewegung von *A* nach *B*, also die Bewegung entlang der ursprünglichen Indifferenzkurve I_2 aufgrund der relativen Preisänderung, beschreibt den reinen Substitutionseffekt. Er erfasst die Konsumänderung, die sich ergeben würde, wenn wir Ingrid eine hypothetische Einkommenserhöhung zukommen lassen würden, die gerade den Anstieg des Zimmerpreises kompensiert, sodass ihr Gesamtnutzen unverändert bleibt. Die Bewegung von *B* nach *C* beschreibt die Konsumänderung, die sich ergibt, wenn wir diese hypothetische Einkommenskompensation wieder zurücknehmen. Das ist der Einkommenseffekt des Preisanstiegs, der die Auswirkungen der sinkenden Kaufkraft auf ihren Konsum beschreibt.

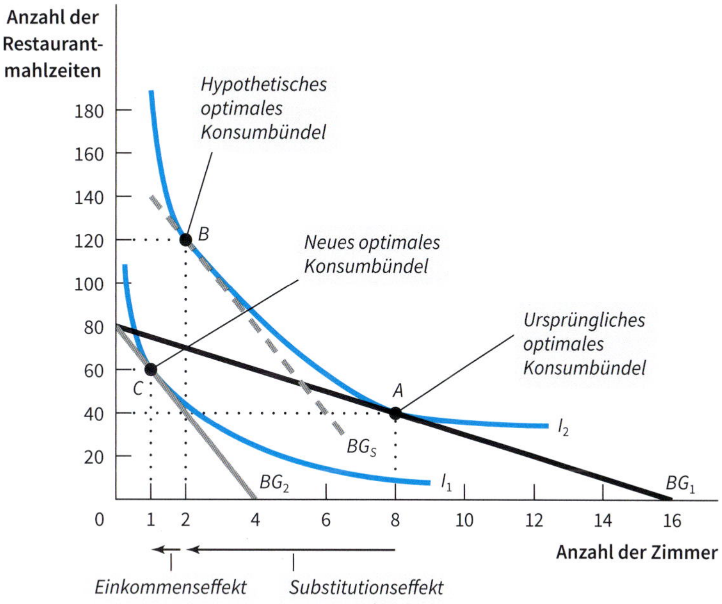

Zimmerpreises für sie keinerlei Konsequenzen. Aber die neue Budgetgerade schneidet die waagerechte Achse jetzt bei nur noch 4 Zimmern. Die Budgetgerade hat sich in Reaktion auf den Anstieg des relativen Preises für Zimmer gedreht – wir könnten auch sagen: Sie hat sich nach *innen verschoben* und ist *steiler geworden*.

Wir wissen bereits, was geschieht: Ingrids Nachfrage nach Wohnungsnutzung sinkt von 8 Zimmern auf 1 Zimmer. Unsere Abbildung verdeutlicht, dass es *zwei* Gründe für den Nachfragerückgang gibt. Ein Grund für den geringeren Konsum von Zimmern besteht darin, dass der relative Zimmerpreis gestiegen ist und sich somit die Opportunitätskosten eines Zimmers ausgedrückt in Restaurantmahlzeiten erhöht haben. (Die Opportunitätskosten entsprechen der Anzahl an Restaurantmahlzeiten, die für den Konsum eines weiteren Zimmers aufgegeben werden müssen.) Diese Änderung der Opportunitätskosten, die sich in einer größeren Steigung der Budgetgeraden widerspiegelt, stellt für Ingrid einen Anreiz dar, bei ihrem Konsum Zimmer durch Restaurantmahlzeiten zu substituieren. Damit konsumiert sie nun 60 statt 40 Restaurantmahlzeiten.

Der andere Grund, aus dem Ingrid bei einem steigenden Zimmerpreis weniger Zimmer konsumiert, besteht darin, dass der Anstieg des Zimmerpreises sie *ärmer* macht. Natürlich hat sich ihr Einkommen nicht geändert. Sie muss aber mehr für die Zimmer bezahlen, sodass sich ihre Budgetgerade nach innen gedreht hat. Ingrid kann also nicht mehr das gleiche Nutzenniveau wie vor dem Preisanstieg erreichen. Und das bedeutet, dass ihr Realeinkommen gesunken ist. Aus diesem Grund kann sie nur noch eine tiefer liegende Indifferenzkurve erreichen.

In der Realität treten diese beiden Effekte – ein Preisanstieg erhöht die Opportunitätskosten und macht gleichzeitig den Konsumenten ärmer – in der Regel gleichzeitig auf. Gedanklich können wir jedoch beide Effekte trennen. In Kapitel 10 haben wir die Unterscheidung zwischen dem *Substitutionseffekt* und dem *Einkommenseffekt* einer Preisänderung eingeführt. (Der Substitutionseffekt beschreibt die Konsumänderung, die sich ergibt, weil das relativ teurer gewordene Gut durch das relativ billiger gewordene Gut substituiert wird. Der Einkommenseffekt beschreibt die Konsumänderung, die auftritt, weil eine Preisänderung zu einer Änderung der Kaufkraft führt.) Nun können wir beide Effekte detaillierter zeigen.

Um den Substitutionseffekt isoliert betrachten zu können, wollen wir die Geschichte des höheren Zimmerpreises für einen Augenblick etwas anders erzählen. Wir stellen uns vor, dass nicht die Miete gestiegen ist, sondern dass Ingrid von Dresden nach München umgezogen ist, wo die Mieten höher sind. Außerdem wollen wir annehmen, dass sie in München mehr verdienen kann, und zwar gerade so viel, dass dies den höheren Zimmerpreis *kompensiert*. Ihr Gesamtnutzen ist dann genauso groß wie vor dem Umzug.

Abbildung 10A-17 zeigt Ingrids Situation vor und nach dem Umzug. Das mit *A* bezeichnete Bündel repräsentiert ihre ursprüngliche Konsumentscheidung: 8 Zimmer und 40 Restaurantmahlzeiten. Wenn sie nach München umzieht, sieht sie sich höheren Mieten gegenüber, sodass ihre Budgetgerade steiler wird. Wir haben aber gerade angenommen, dass durch ihren Umzug auch ihr Einkommen steigt, und zwar so, dass der Einkommensanstieg den höheren Zimmerpreis gerade kompensiert. Der Einkommensanstieg ist also gerade groß genug, damit sie ihre ursprüngliche Indifferenzkurve erreichen kann. Ihr neues *hypothetisches* optimales Konsumbündel liegt jetzt bei *B*, wo die steilere, gestrichelt gezeichnete hypothetische Budgetgerade (BG_S) die ursprüngliche Indifferenzkurve (I_2) gerade tangiert. Durch unsere Annahme, dass Ingrid für den durch den Anstieg des Zimmerpreises bedingten Kaufkraftverlust kompensiert wird, haben wir den *reinen Substitutionseffekt* der Änderung des relativen Preises auf ihren Konsum isoliert.

Im Punkt *B* enthält Ingrids Konsumbündel 2 Zimmer und 120 Restaurantmahlzeiten. Das impliziert Kosten in Höhe von 4.800 Euro (2 Zimmer zu je 600 Euro und 120 Restaurantmahlzeiten zu je 30 Euro). Sieht sich Ingrid also einem Anstieg des Zimmerpreises von 150 auf 600 Euro gegenüber, erfährt sie aber gleichzeitig einen Anstieg ihres Einkommens von 2.400 auf 4.800 Euro pro Monat, gelangt sie auf das ursprüngliche Nutzenniveau.

Die Bewegung von *A* nach *B* beschreibt den reinen Substitutionseffekt dieser Preisänderung. Es ist die Auswirkung auf Ingrids Konsumentscheidung durch die Änderung des relativen Preises der Wohnungsnutzung, wenn Ingrids Gesamtnutzen konstant gehalten wird.

Nachdem wir nun den Substitutionseffekt isoliert betrachtet haben, können wir den Einkommenseffekt einer Preisänderung wieder ins Spiel bringen. Das ist leicht: In der Ausgangsgeschichte sah sich Ingrid einer Erhöhung des Zimmerpreises ohne Einkommenserhöhung gegenüber. Wir wissen bereits, dass sie das zu Bündel *C* in Abbildung 10A-17 bringt. Wir können aber die Bewegung von *A* nach *C* in zwei Schritte unterteilen. Zunächst bewegt sich Ingrid von *A* nach *B*, was den Substitutionseffekt der Änderung des relativen Preises widerspiegelt. Dann nehmen wir Ingrid das zusätzliche Einkommen weg, das benötigt wird, um sie auf ihrer ursprünglichen Indifferenzkurve zu halten, was sie zu einer Bewegung nach *C* veranlasst. Die Bewegung von *B* nach *C* beschreibt die zusätzliche Änderung ihrer Nachfrage, die sich daraus ergibt, dass der Anstieg des Zimmerpreises ihren Nutzen vermindert. Das ist der Einkommenseffekt einer Preisänderung.

Wir können mithilfe von Abbildung 10A-17 auch zeigen, dass Zimmer für Ingrid ein normales Gut sind. Bei normalen Gütern wirken Einkommens- und Substitutionseffekt in die gleiche Richtung: Ein Preisanstieg induziert sowohl über den Substitutionseffekt (Bewegung von *A* nach *B*) als auch über den Einkommenseffekt (Bewegung von *B* nach *C*) einen Rückgang der nachgefragten Menge. Aus diesem Grund verlaufen Nachfragekurven für normale Güter immer fallend.

Was wären die Konsequenzen eines Preisanstiegs, wenn Zimmer für Ingrid kein normales, sondern ein inferiores Gut wären? Die Bewegung von *A* nach *B* in Abbildung 10A-17, der Substitutionseffekt, bliebe unverändert. Im Fall inferiorer Güter führt jedoch eine Einkommensänderung zu einer Bewegung der nachgefragten Menge in die entgegengesetzte Richtung. Die in Abbildung 10A-17 gezeigte Bewegung von *B* nach *C*, der Einkommenseffekt für ein normales Gut, wäre in dieser Form nicht länger gegeben. Vielmehr würde der Einkommenseffekt bei einem inferioren Gut zu einem Anstieg der Nachfrage nach Zimmern von *B* aus führen, beispielsweise zu einem Bündel, das aus 3 Zimmern und 20 Restaurantmahlzeiten besteht.

Normalerweise verläuft auch die Nachfragekurve für ein inferiores Gut fallend. Konsumiert Ingrid nach der Erhöhung des Zimmerpreises 3 Räume, sind das immer noch 5 Räume weniger als in der Ausgangssituation. Obwohl also im Fall eines inferioren Gutes der Einkommenseffekt in die entgegengesetzte Richtung wirkt wie der Substitutionseffekt, ist in unserem Beispiel der Substitutionseffekt stärker als der Einkommenseffekt.

Was aber wäre, wenn es ein bestimmtes inferiores Gut gäbe, bei dem der Einkommenseffekt so stark ist, dass er den Substitutionseffekt dominiert? Würde die Nachfragekurve für ein solches Gut steigend verlaufen? Würde die nachgefragte Menge also mit steigendem Preis zunehmen? Die Antwort lautet ja. Wir sind einem solchen Gut bereits begegnet. Es ist das *Giffen-Gut*, das wir in Kapitel 10 kennengelernt haben. Allerdings haben wir festgestellt, dass Giffen-Güter ziemlich selten sind, auch wenn wir ihre Existenz nicht gänzlich ausschließen können.

Ist die Unterscheidung zwischen Einkommens- und Substitutionseffekt in der Praxis von Bedeutung? Bei der Analyse der Güternachfrage ist diese Unterscheidung in der Regel eher unwichtig. In Kapitel 19 wollen wir uns jedoch damit beschäftigen, wie Personen ihre Entscheidungen über ihr Arbeitsangebot treffen. In diesem Fall wirken Einkommens- und Substitutionseffekt in unterschiedliche Richtungen, und die Unterscheidung zwischen diesen beiden Effekten ist von zentraler Bedeutung.

SCHLÜSSELBEGRIFFE

- Indifferenzkurve
- Indifferenzkurvenschar
- Grenzrate der Substitution (GRS)
- abnehmende Grenzrate der Substitution
- gewöhnliche Güter
- Tangentialbedingung
- relativer Preis
- Regel des relativen Preises
- vollkommene Substitute
- vollkommene Komplementärgüter

11 Hinter der Angebotskurve: Inputs und Kosten

LERNZIELE

- Wie die **Produktionsfunktion** eines Unternehmens aussieht.
- Warum die Produktion oft ein **abnehmendes Grenzprodukt** aufweist.
- Welche unterschiedlichen Kosten ein Unternehmen hat und wie diese Kosten die Grenzkostenkurve und die **Durchschnittskostenkurve** eines Unternehmens bestimmen.
- Warum sich die Kosten eines Unternehmens bei **kurzfristiger** und **langfristiger** Betrachtung unterscheiden können.
- Was man unter **zunehmenden Skalenerträgen** versteht und welche Vorteile sich daraus ergeben.

Die Entscheidung eines Landwirts

In den meisten Industrieländern stellen die Beschäftigten in der Landwirtschaft nur noch eine Minderheit der Bevölkerung dar. Das gilt auch für die Vereinigten Staaten. Aber obwohl nur vergleichsweise wenige Menschen in der Landwirtschaft beschäftigt sind, gehören die Vereinigten Staaten aufgrund der hohen Produktivität zu den größten Agrarexportländern der Welt. Betrachtet man Statistiken zur Landwirtschaft genauer, zeigt sich etwas Überraschendes. Wenn es um die Erträge je Hektar geht, sind die US-Landwirte oft weit von der Spitze entfernt. So wird in vielen westeuropäischen Ländern mehr als dreimal so viel Weizen je Hektar geerntet wie in den Vereinigten Staaten. Sind die Europäer einfach besser im Weizenanbau als die US-Amerikaner?

Nein. Die europäischen Landwirte verfügen über hohe Fähigkeiten, aber sie sind nicht besser als ihre US-amerikanischen Kollegen. In Europa wird je Hektar vor allem deswegen mehr Weizen produziert, weil hier mehr Inputs je Hektar eingesetzt werden, mehr Düngemittel und mehr Arbeit. Natürlich bedeutet das, dass die europäischen Landwirte höhere Kosten haben als die US-amerikanischen Landwirte. Aufgrund der EU-Agrarpolitik erzielen die europäischen Landwirte aber einen wesentlich höheren Preis für ihren Weizen als die US-amerikanischen Landwirte. Für die europäischen Landwirte schafft diese Agrarpolitik einen Anreiz, mehr Inputs einzusetzen und größere Anstrengungen zu unternehmen, um den Ertrag je Hektar zu steigern.

Wie bei den meisten Entscheidungen, bei denen der Vergleich von Nutzen und Kosten eine Rolle spielt, geht es auch bei den Entscheidungen über Inputs und Produktionsmengen um einen Vergleich von Marginalgrößen: die marginalen Kosten oder Grenzkosten im Vergleich zu dem marginalen Nutzen oder Grenznutzen aus einer kleinen Ausdehnung der Erträge je Hektar.

In Kapitel 9 haben wir das Beispiel von Alex betrachtet, der die Anzahl der Studienjahre wählen sollte, die seinen Gewinn aus dem Studium maximieren. Um die optimale Anzahl von Studienjahren zu bestimmen, haben wir die Gewinnmaximierungsregel der Marginalanalyse angewendet. In diesem Kapitel und in Kapitel 12 werden wir zeigen, wie die Marginalanalyse genutzt werden kann, um die Produktionsentscheidungen zu verstehen, die hinter der Angebotskurve stehen. Dazu wollen wir zunächst zeigen, wie die Beziehung zwischen den Inputs eines Unternehmens und seinem Output – die *Produktionsfunktion* des Unternehmens – seine *Kostenkurven* bestimmt, die Beziehung zwischen Kosten und produzierter Menge. Darum wird es in diesem Kapitel gehen. In Kapitel 12 werden wir dann auf der Grundlage der Kostenkurven des Unternehmens die individuelle Angebotskurve eines Unternehmens sowie die Marktangebotskurve ableiten.

11.1 Die Produktionsfunktion

Ein *Unternehmen* ist eine Organisation, die Waren und Dienstleistungen für den Verkauf produziert. Um diese Aufgabe erfüllen zu können, muss das Unternehmen Inputs in Output transformieren. Die Output- oder Produktionsmenge eines Unternehmens hängt von der Menge der eingesetzten Inputs (Produktionsfaktoren) ab. Die Beziehung zwischen Output und Inputs wird als **Produktionsfunktion** eines Unternehmens bezeichnet. Wie wir sehen werden, steht die Produktionsfunktion hinter den Kostenkurven des Unternehmens. In einem ersten Schritt wollen wir uns zunächst mit den Eigenschaften einer Produktionsfunktion beschäftigen.

Eine **Produktionsfunktion** ist die Beziehung zwischen der Menge an Inputs (Produktionsfaktoren), die ein Unternehmen einsetzt, und der Produktionsmenge (Outputmenge), die es produziert.

Als **langfristig** bezeichnen wir einen Betrachtungszeitraum, in dem die Einsatzmengen aller Produktionsfaktoren variabel sind. Als **kurzfristig** bezeichnen wir einen Betrachtungszeitraum, in dem mindestens ein Produktionsfaktor fest vorgegeben ist.

Inputs und Output

Um das Konzept einer Produktionsfunktion zu verstehen, wollen wir einen Landwirtschaftsbetrieb betrachten. Dieser Betrieb produziert, der Einfachheit halber, nur einen Output (Weizen) und setzt für die Produktion lediglich zwei Produktionsfaktoren ein, Land und Arbeit. Dieser spezielle Agrarbetrieb gehört Georg und Martha, einem Ehepaar. Sie stellen Arbeitskräfte ein, die die tatsächliche physische Arbeit auf dem Bauernhof leisten. Weiter wollen wir annehmen, dass alle potenziellen Arbeitskräfte über das gleiche Wissen und die gleichen Fähigkeiten verfügen, um in einem Agrarbetrieb die notwendigen Arbeiten zu leisten.

Der Bauernhof von Georg und Martha umfasst 10 Hektar Land. Mehr Land ist für sie nicht verfügbar, und sie sind auch nicht in der Lage, die Größe ihrer Flächen durch Kauf, Verkauf oder Pacht zu verringern oder zu vergrößern. Land stellt in unserem Beispiel einen sogenannten **festen Input** dar, einen Produktionsfaktor, dessen Menge fest vorgegeben ist und nicht verändert werden kann. Andererseits steht es Georg und Martha frei, darüber zu entscheiden, wie viele Arbeitskräfte sie einstellen wollen. Die geleistete Arbeit der Arbeitskräfte wird als **variabler Input** bezeichnet, ein Produktionsfaktor also, dessen Einsatzmenge das Unternehmen variieren kann.

Ein **fester Input** ist ein Produktionsfaktor, dessen Einsatzmenge feststeht und nicht verändert werden kann. Ein **variabler Input** ist ein Produktionsfaktor, dessen Einsatzmenge das Unternehmen ändern kann.

Tatsächlich hängt die Antwort auf die Frage, ob die Menge eines Produktionsfaktors wirklich fest vorgegeben ist, vom Zeithorizont ab. **Langfristig**, wenn also eine hinreichend lange Zeitspanne verstrichen ist, können Unternehmen die Einsatzmenge jedes Inputs anpassen. So können in unserem Beispiel Georg und Martha die landwirtschaftliche Fläche, die sie nutzen, dadurch verändern, dass sie Land kaufen oder verkaufen. Langfristig gibt es daher keine festen Inputs. **Kurzfristig** sind dagegen fest vorgegebene Produktionsfaktoren durchaus möglich. Wir werden uns im weiteren Verlauf dieses Kapitels noch genauer mit der Unterscheidung zwischen kurzfristiger und langfristiger Betrachtung beschäftigen. Für den Augenblick wollen wir unsere Aufmerksamkeit auf die kurzfristige Betrachtung beschränken und annehmen, dass es mindestens einen festen Input gibt.

Georg und Martha wissen, dass die Weizenmenge, die sie produzieren können, von der Anzahl der Arbeitskräfte abhängt, die sie einstellen. Mithilfe der modernen Agrartechnik kann ein einziger Arbeiter die gesamten 10 Hektar des Betriebes bewirtschaften, allerdings nicht sehr intensiv. Werden weitere Arbeitskräfte eingestellt, kann das Land gleichmäßig zwischen den Arbeitskräften aufgeteilt werden: Jeder Arbeiter hat 5 Hektar zu bestellen, wenn zwei Arbeitskräfte eingestellt werden; jeder hat 3 1/3 Hektar zu bestellen, wenn drei Arbeitskräfte beschäftigt werden, usw. Mit der Beschäftigung zusätzlicher Arbeitskräfte werden die 10 Hektar Land intensiver bewirtschaftet, und es wird mehr Weizen produziert.

Die Beziehung zwischen der eingesetzten Menge an Arbeit und der Menge an Output (bei gegebener Menge des fixen Produktionsfaktors) bildet die Produktionsfunktion des Agrarbetriebes. Die Produktionsfunktion von Georgs und

Marthas Betrieb wird durch die ersten beiden Spalten in der zur **Abbildung 11-1** gehörenden Tabelle beschrieben. Das Diagramm veranschaulicht diese Informationen grafisch. Die Kurve in Abbildung 11-1 zeigt, in welcher Weise die Produktionsmenge von der Einsatzmenge des variablen Produktionsfaktors bei gegebener Menge des fixen Produktionsfaktors abhängt. Sie wird auch als **Gesamtproduktkurve** bezeichnet.

Die physische Produktionsmenge, gemessen in Tonnen Weizen, wird an der senkrechten Achse abgetragen, die Menge des variablen Produktionsfaktors Arbeit, also die Anzahl der eingestellten Arbeitskräfte, an der waagerechten Achse. Die Gesamtproduktkurve verläuft mit positiver Steigung und spiegelt damit die Tatsache wider, dass eine größere Menge von Weizen produziert werden kann, wenn mehr Arbeitskräfte eingestellt werden.

Die Gesamtproduktkurve in Abbildung 11-1 verläuft über den gesamten Bereich mit einer positiven Steigung. Allerdings ist die Steigung nicht konstant: Je weiter wir uns auf der Kurve nach rechts bewegen, desto flacher verläuft sie. Um diese Änderung der Steigung zu verstehen, schauen wir uns die dritte Spalte der Tabelle in Abbildung 11-1 an. Dort ist die *Änderung der Produktionsmenge* zu sehen, die durch eine zusätzliche Arbeitskraft erreicht wird. Diese Spalte zeigt uns das *Grenzprodukt der Arbeit* (marginal product of labor – *MPL*), die zusätzliche Produktionsmenge, die sich aus dem Einsatz einer weiteren Einheit Arbeit ergibt (in unserem Beispiel eine Arbeitskraft) ergibt. Ganz allgemein beschreibt

Die **Gesamtproduktkurve** zeigt, wie für eine gegebene Menge des fixen Produktionsfaktors die Produktionsmenge von der Einsatzmenge des variablen Produktionsfaktors abhängt.

Abb. 11-1

Produktionsfunktion und Gesamtproduktkurve für Georgs und Marthas Agrarbetrieb

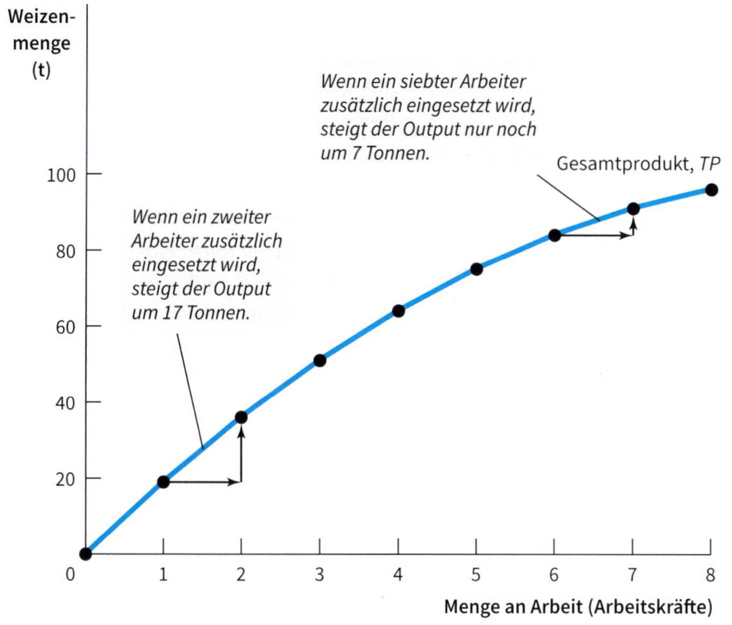

Menge an Arbeit *L* (Arbeiter)	Weizenmenge *Q* (t)	Grenzprodukt der Arbeit $MPL = \Delta Q/\Delta L$ (t/Arbeiter)
0	0	
		19
1	19	
		17
2	36	
		15
3	51	
		13
4	64	
		11
5	75	
		9
6	84	
		7
7	91	
		5
8	96	

Die Tabelle zeigt die Produktionsfunktion, die Beziehung zwischen dem variablen Produktionsfaktor (Arbeit, gemessen durch die Anzahl der Arbeitskräfte) und der Produktionsmenge (Tonnen Weizen) unter der Annahme einer gegebenen Menge des fest vorgegebenen Produktionsfaktors. Die Tabelle zeigt darüber hinaus die Berechnung des Grenzproduktes der Arbeit im Betrieb von Georg und Martha. Die Gesamtproduktkurve gibt die Produktionsfunktion grafisch wieder. Sie verläuft von links unten nach rechts oben, also mit positiver Steigung, weil eine Erhöhung der Anzahl der Arbeitskräfte mit einer höheren Produktionsmenge verbunden ist. Die Kurve wird aber immer flacher, die Steigung verringert sich also, weil das Grenzprodukt der Arbeit abnimmt, wenn mehr und mehr Arbeitskräfte beschäftigt werden.

Das **Grenzprodukt** eines Produktionsfaktors ist die zusätzliche Produktionsmenge, die durch den Einsatz einer weiteren Einheit des betreffenden Produktionsfaktors erzielt wird.

das **Grenzprodukt** eines Produktionsfaktors die zusätzliche Produktionsmenge, die durch den Einsatz einer weiteren Einheit des betreffenden Produktionsfaktors erzielt wird.

In unserem Beispiel haben wir Daten über die Änderung der Produktionsmenge, wenn sich die Menge des Produktionsfaktors Arbeit um eine Arbeitskraft ändert. In manchen Fällen sind Daten im Abstand von einer Einheit aber nicht verfügbar. Es könnte zum Beispiel sein, dass man nur Informationen über die Produktionsmenge hat, wenn 40 Arbeitskräfte und dann wieder 50 Arbeitskräfte beschäftigt werden. In diesem Fall kann man mithilfe der folgenden Gleichung das Grenzprodukt der Arbeit ermitteln:

(11-1) Grenzprodukt der Arbeit
= Änderung der Produktionsmenge durch eine zusätzliche Arbeitseinheit

$$= \frac{\text{Änderung der Produktionsmenge}}{\text{Änderung des Arbeitseinsatzes}}$$

oder

$$MPL = \frac{\Delta Q}{\Delta L}$$

In dieser Gleichung steht das Δ für die Änderung einer Variablen.

Nun können wir die Bedeutung der Steigung der Gesamtproduktkurve erklären. Die Steigung der Gesamtproduktkurve entspricht dem Grenzprodukt der Arbeit. Im Anhang zu Kapitel 2 haben wir gelernt, dass sich die Steigung einer Kurve aus dem Quotienten von »Bewegung in senkrechter Richtung« und »Bewegung in waagerechter Richtung« ergibt. Im vorliegenden Fall ergibt sich die Steigung der Gesamtproduktkurve als Quotient aus der Änderung der Produktionsmenge ΔQ und der Änderung der Einsatzmenge des Faktors Arbeit ΔL. Und das ist, wie wir anhand von Gleichung (11-1) sehen können, nichts anderes als das Grenzprodukt der Arbeit. Wenn sich das Grenzprodukt der ersten Arbeitskraft in Abbildung 11-1 auf 19 beläuft, bedeutet das demnach gleichzeitig, dass die Steigung der Gesamtproduktkurve bei der Bewegung von null Arbeitskräften zu einer Arbeitskraft ebenfalls 19 beträgt. Analog gilt, dass die Steigung der Gesamtproduktkurve bei der Erhöhung des Arbeitseinsatzes von einer Arbeitskraft auf zwei Arbeitskräfte gleich dem Grenzprodukt der zweiten Arbeitskraft ist, nämlich 17, usw.

In unserem Beispiel nimmt das Grenzprodukt der Arbeit mit der Ausdehnung des Arbeitseinsatzes stetig ab. Jede weitere Arbeitskraft erhöht die Produktionsmenge also um weniger als die vorhergehende. Daher verläuft die Gesamtproduktkurve mit zunehmender Beschäftigung immer flacher.

Abbildung 11-2 zeigt, wie das Grenzprodukt der Arbeit von der Zahl der in dem Agrarbetrieb beschäftigten Arbeitskräfte abhängt. Das Grenzprodukt der Arbeit, *MPL*, ist an der senkrechten Achse abgetragen und wird in physischen Outputeinheiten gemessen (Tonnen Weizen), die von einem zusätzlichen Arbeiter produziert werden. Die Anzahl der beschäftigten Arbeitskräfte wird an der waagerechten Achse abgetragen. Man kann aus der zu Abbildung 11-1 gehörenden Tabelle ersehen, dass sich die Produktionsmenge von 64 auf 75 Tonnen erhöht, wenn fünf Arbeiter statt vier beschäftigt werden. In diesem Fall beträgt das Grenzprodukt der Arbeit also 11 Tonnen, die gleiche Zahl, die wir in Abbildung 11-2 erkennen können. Um anzudeuten, dass 11 Tonnen das Grenzprodukt der Arbeit darstellen, wenn die Beschäftigung von 4 auf 5 Arbeitskräfte steigt, wurde der entsprechende Punkt genau zwischen 4 und 5 Arbeitskräfte eingezeichnet.

Abnehmende Grenzprodukte eines Produktionsfaktors treten auf, wenn bei Konstanz der Einsatzmenge aller anderen Produktionsfaktoren die Erhöhung der Einsatzmenge des betrachteten Produktionsfaktors zu einer Abnahme des Grenzproduktes dieses Faktors führt.

In unserem Beispiel nimmt das Grenzprodukt der Arbeit mit steigender Zahl der eingestellten Arbeitskräfte ab. Ökonomen sprechen in diesem Fall davon, dass der Agrarbetrieb von Georg und Martha durch ein *abnehmendes Grenzprodukt der Arbeit* charakterisiert ist. Allgemein gilt, dass **abnehmende Grenzprodukte** eines Produktionsfaktors vorliegen, wenn eine Erhöhung der Einsatzmenge dieses Faktors bei Konstanz der Einsatzmengen aller übrigen Produktionsfaktoren das Grenzprodukt des betreffenden Faktors verringert. Aufgrund des abnehmenden Grenzproduktes der Arbeit verläuft die Grenzproduktkurve *MPL* fallend.

Um zu verstehen, warum abnehmende Grenzprodukte auftreten können, wollen wir überlegen, was passiert, wenn Georg und Martha immer mehr Arbeitskräfte beschäftigen, ohne dass sich die Größe der bearbeiteten Fläche ändert. Steigt die Zahl der beschäftigten Arbeiter, wird das Land intensiver bewirtschaftet und die Menge des geernteten Weizens steigt. Jeder weitere Arbeiter arbeitet aber mit einem geringeren Anteil der

Abb. 11-2

Grenzproduktkurve für den Agrarbetrieb von Georg und Martha

Die Grenzproduktkurve zeigt das Grenzprodukt jedes Arbeiters, also die Zunahme der Produktionsmenge, die durch jeden weiteren Arbeiter bewirkt wird. Die Änderung der Produktionsmenge ist an der senkrechten Achse abgetragen, die Zahl der beschäftigten Arbeitskräfte an der waagerechten Achse. Der erste beschäftigte Arbeiter generiert einen Anstieg der Produktionsmenge um 19 Tonnen, der zweite Arbeiter generiert einen Anstieg um 17 Tonnen usw. Aufgrund des abnehmenden Grenzproduktes verläuft die Kurve fallend.

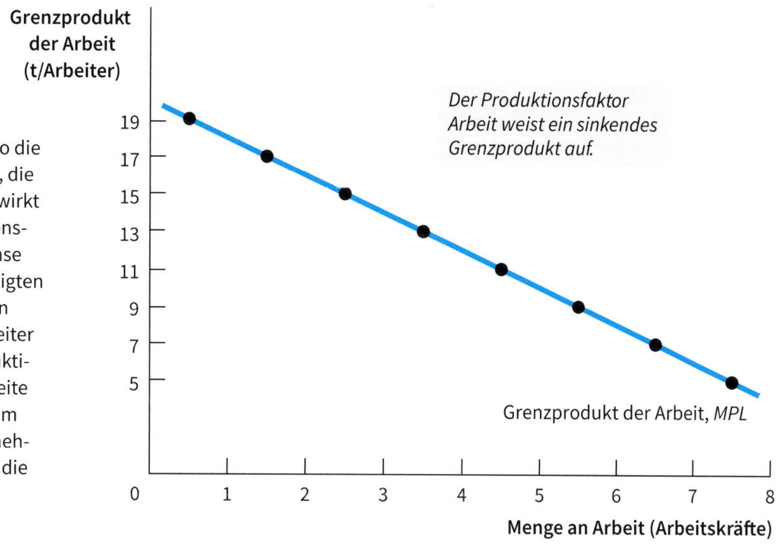

10 Hektar, also des fest vorgegebenen Produktionsfaktors, als der vorhergehende Arbeiter. Damit kann eine zusätzliche Arbeitskraft nicht so viel zusätzlichen Output produzieren wie die vorhergehende Arbeitskraft. Daher ist es nicht überraschend, dass das Grenzprodukt des zusätzlichen Arbeiters sinkt.

Weil immer wieder Missverständnisse auftreten, muss an dieser Stelle ganz deutlich darauf hingewiesen werden, dass es beim abnehmenden Grenzprodukt um eine Ceteris-paribus-Eigenschaft geht. Mit ceteris paribus meinen wir, dass mit Ausnahme der betrachteten Größe alle anderen Größen als gegeben angenommen werden. Für den von uns betrachteten Sachverhalt bedeutet dies: Jede weitere Einheit eines Produktionsfaktors wird zu einer geringeren Erhöhung der Produktionsmenge führen als die vorhergehende, unter der Annahme, dass *alle anderen Inputmengen konstant gehalten werden*.

Was würde geschehen, wenn sich auch die Einsatzmengen anderer Produktionsfaktoren ändern? Die Antwort auf die Frage findet sich in **Abbildung 11-3**. Diagramm (a) zeigt zwei Gesamt-

DENKFALLEN!

Was ist eine Einheit?

Das Grenzprodukt der Arbeit (und das Grenzprodukt jedes anderen Produktionsfaktors) ist definiert als die Erhöhung der Produktionsmenge, die aus der Erhöhung der Einsatzmenge des betreffenden Produktionsfaktors um eine Einheit resultiert. Was meinen wir aber mit einer »Einheit« Arbeit? Handelt es sich dabei um eine zusätzliche Stunde, eine zusätzliche Woche oder ein zusätzliches Jahr?

Die Antwort lautet: Das spielt keine Rolle, *solange man konsistent vorgeht*. Eine häufig auftretende Fehlerquelle in der Volkswirtschaftslehre besteht darin, dass Einheiten durcheinandergebracht werden, wie beispielsweise, wenn man die zusätzliche Produktionsmenge einer weiteren Stunde Arbeit mit den Kosten der Beschäftigung eines Arbeiters für eine Woche vergleicht. Welche Einheiten Sie auch immer wählen, achten Sie sorgfältig darauf, dass Sie für die Analyse Ihres Problems durchgängig die gleichen Einheiten verwenden.

produktkurven, TP_{10} und TP_{20}. TP_{10} ist die Gesamtproduktkurve des Betriebes, wenn seine Gesamtfläche 10 Hektar beträgt. (Es ist die gleiche Kurve wie in Abbildung 11-1.) TP_{20} ist die Gesamtproduktkurve, wenn die Fläche des Betriebes auf 20 Hektar vergrößert wurde. Mit Ausnahme des Falles, dass überhaupt keine Arbeiter beschäftigt werden, liegt TP_{20} überall oberhalb von TP_{10}, weil bei einer größeren verfügbaren Fläche jede gegebene Zahl von Arbeitskräften eine höhere Produktionsmenge erzielen kann. Diagramm (b) zeigt die korrespondierenden Grenzproduktkurven. MPL_{10} ist die Grenzproduktkurve des Faktors Arbeit, falls die Anbaufläche 10 Hektar beträgt. (Es ist die gleiche Kurve wie in Abbildung 11-2.) MPL_{20} ist die Grenzproduktkurve des Faktors Arbeit für eine bewirtschaftete Fläche von 20 Hektar.

Beide Kurven verlaufen fallend, weil in den beiden betrachteten Fällen die Bearbeitungsfläche fest gegeben ist, wenn auch auf verschiedenen Niveaus. MPL_{20} liegt jedoch überall oberhalb von MPL_{10}, was die Tatsache widerspiegelt, dass das Grenzprodukt eines Arbeiters größer ist, wenn er mit einer größeren Menge des festen Produktionsfaktors arbeitet.

Abbildung 11-3 veranschaulicht ein allgemeingültiges Ergebnis: Die Lage der Gesamtproduktkurve hängt von den Mengen der anderen Produktionsfaktoren ab. Ändert man die Einsatzmengen der übrigen Produktionsfaktoren, werden sich sowohl die Gesamtproduktkurve als auch die Grenzproduktkurve des betrachteten Produktionsfaktors verlagern.

Abb. 11-3

Gesamtprodukt, Grenzprodukt und fester Produktionsfaktor

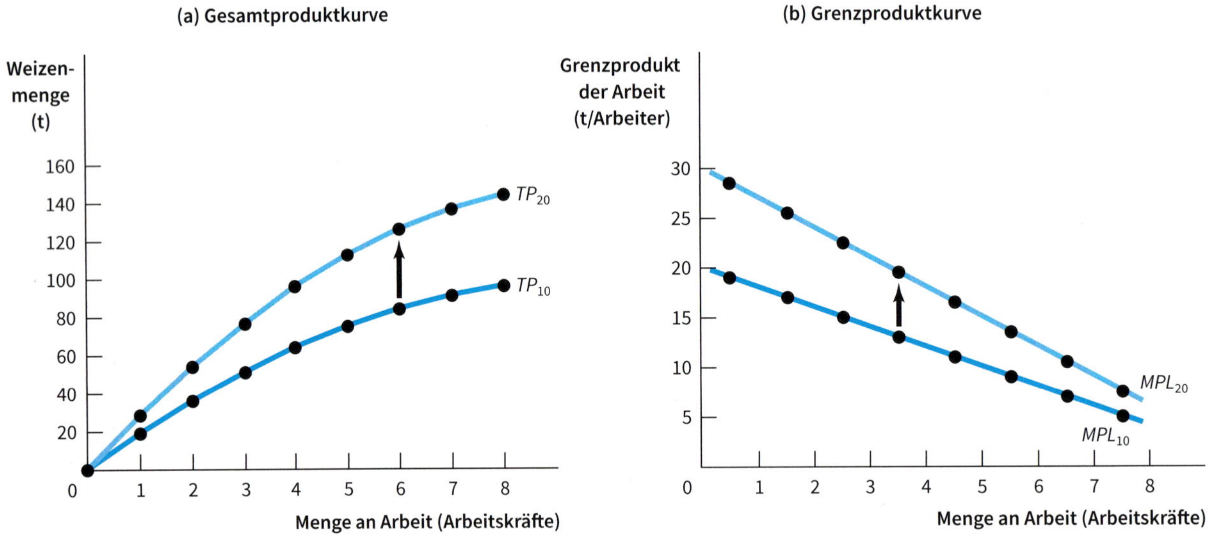

Diese Abbildung zeigt, wie die Produktionsmenge und das Grenzprodukt der Arbeit vom Einsatzniveau des festen Produktionsfaktors abhängen. Diagramm (a) zeigt zwei Gesamtproduktkurven für den Agrarbetrieb von Georg und Martha. TP_{10} beschreibt die Gesamtproduktkurve, falls 10 Hektar Land bewirtschaftet werden, TP_{20} beschreibt die Gesamtproduktkurve, falls 20 Hektar bearbeitet werden. Bei einer größeren Fläche kann jede Arbeitskraft mehr Weizen produzieren. Eine Erhöhung des fest vorgegebenen Produktionsfaktors verlagert also die Gesamtproduktkurve von TP_{10} nach TP_{20}. Dies impliziert auch, dass das Grenzprodukt jedes Arbeiters höher ist, wenn der Betrieb 20 Hektar statt 10 Hektar bewirtschaftet. Diagramm (b) zeigt die Grenzproduktkurven der Arbeit. Eine Vergrößerung der bewirtschafteten Fläche verschiebt daher auch die Grenzproduktkurve nach oben, und zwar von MPL_{10} nach MPL_{20}. Man beachte, dass beide Grenzproduktkurven der Arbeit aufgrund des abnehmenden Grenzproduktes weiterhin fallend verlaufen.

LÄNDER IM VERGLEICH

Erträge beim Weizenanbau im weltweiten Vergleich

Die Erträge beim Weizenanbau weisen weltweit beträchtliche Unterschiede auf. In der Abbildung ist der Unterschied zwischen der Europäischen Union und den Vereinigten Staaten besonders auffällig, zwei wohlhabende Volkswirtschaften mit einem vergleichbaren technologischen Niveau. Der Grund für den Unterschied liegt in einer unterschiedlichen Landwirtschaftspolitik. In den Vereinigten Staaten erhalten Landwirte Zahlungen vom Staat zur Einkommensstützung, in der Europäischen Union werden Landwirte durch Mindestpreise gestützt. Da die Landwirte in Europa höhere Preise als die US-amerikanischen Landwirte für ihre Produktion erhalten, setzen die europäischen Landwirte mehr Inputs in der Produktion ein und erzielen dadurch höhere Erträge.
Interessanterweise führen ausländische Hilfen in armen Volkswirtschaften wie Algerien oder Äthiopien zu einem Rückgang der Ernteerträge. Diese Hilfen der reichen Volkswirtschaften kommen oft in Form von Nahrungsmittellieferungen, die die Preise vor Ort unter Druck setzen und damit der Landwirtschaft in diesen Ländern schaden. Wohlfahrtsorganisationen wie OXFAM fordern daher die wohlhabenden Volkswirtschaften dazu auf, ihre Nahrungsmittelüberschüsse nicht in die ärmeren Länder zu exportieren, sondern den Aufbau einer modernen und produktiven Landwirtschaft vor Ort durch die Gewährung von Finanzhilfen zu unterstützen.

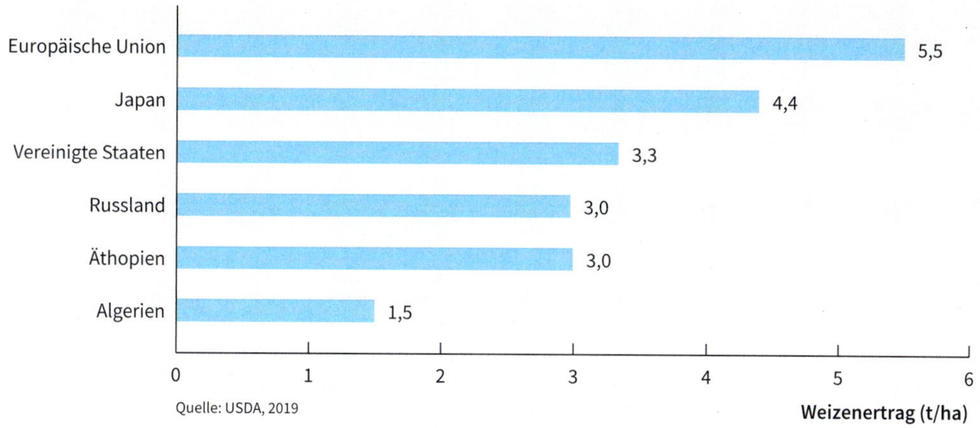

Quelle: USDA, 2019

Von der Produktionsfunktion zur Kostenfunktion

Wenn Georg und Martha ihre Produktionsfunktion kennen, dann wissen sie über den Zusammenhang zwischen dem Einsatz der Produktionsfaktoren Arbeit und Land und der produzierten Weizenmenge Bescheid. Wollen sie jedoch ihren Gewinn maximieren, dann müssen sie dieses Wissen dazu nutzen, um den Zusammenhang zwischen Produktionsmenge und Kosten zu bestimmen. Wir wollen uns jetzt ansehen, wie sie das machen können.

Um den Zusammenhang zwischen der Produktionsfunktion eines Unternehmens und seinen Kosten herzustellen, müssen wir wissen, wie viel das Unternehmen für seine Produktionsfaktoren bezahlen muss. Wir wollen annehmen, dass Georg und Martha Kosten in Höhe von 400 Euro für die Verwendung der landwirtschaftlichen Fläche haben. Wie wir aus Kapitel 9 wissen, spielt es keine Rolle, ob Georg und Martha ihr Land für 400 Euro von jemand anderem pachten müssen oder ob ihnen das Land gehört und sie darauf verzichten müssen, es für 400 Euro an jemand anderen zu verpachten. In jedem Fall entstehen ihnen durch die Nutzung der Fläche für den Weizenanbau Opportunitätskosten in Höhe von 400 Euro. Weil es sich bei dem Land um einen fest vorgegebenen Produktionsfaktor handelt, stellen die 400 Euro, die Georg und Martha dafür bezahlen müssen, **Fixkosten** dar, die wir mit *FC* abkürzen wollen. Fixkosten sind Kosten, die nicht von der Produktionsmenge abhängen.

Wir nehmen weiter an, dass Georg und Martha jedem Arbeiter 200 Euro bezahlen müssen. Aus ihrer Produktionsfunktion wissen Georg und Martha, dass die Zahl der Arbeitskräfte, die sie beschäftigen müssen, von der Menge an Weizen abhängt, die sie produzieren wollen. Die Kosten der Arbeit, die sich aus der Zahl der beschäftigten Arbeitskräfte multipliziert mit 200 Euro ergibt, sind **variable Kosten**, die wir mit *VC* abkürzen wollen. Variable Kosten sind Kosten, die von der Produktionsmenge abhängen.

Fixkosten sind Kosten, die nicht von der Produktionsmenge abhängen. Sie beschreiben die Kosten des fest vorgegebenen Produktionsfaktors.

Variable Kosten sind Kosten, die von der Produktionsmenge abhängen. Es sind die Kosten des variablen Produktionsfaktors.

Die **Gesamtkosten** der Produktion einer bestimmten Outputmenge ergeben sich als Summe der Fixkosten und der variablen Kosten der Produktion dieser Outputmenge.

Addiert man die Fixkosten und die variablen Kosten einer gegebenen Produktionsmenge, erhält man die **Gesamtkosten** dieser Produktionsmenge. Die Gesamtkosten wollen wir mit *TC* abkürzen. Die Beziehung zwischen fixen Kosten, variablen Kosten und Gesamtkosten können wir in folgender Gleichung ausdrücken:

(11-2) Gesamtkosten = Fixkosten + variable Kosten

bzw.

$$TC = FC + VC.$$

Die zu **Abbildung 11-4** gehörende Tabelle zeigt, wie die Gesamtkosten für den Agrarbetrieb von Georg und Martha berechnet werden. In der zweiten Spalte steht die Zahl der beschäftigten Arbeitskräfte. Die dritte Spalte zeigt das korrespondierende Produktionsniveau, das aus der Tabelle von Abbildung 11-1 übernommen wurde. In der vierten Spalte finden sich die variablen Kosten wieder, die sich aus der Zahl der Arbeitskräfte multipliziert mit dem Arbeitsentgelt von 200 Euro ergeben. Die fünfte Spalte zeigt die fixen Kosten,

Abb. 11-4

Gesamtkostenkurve für den Agrarbetrieb von Georg und Martha

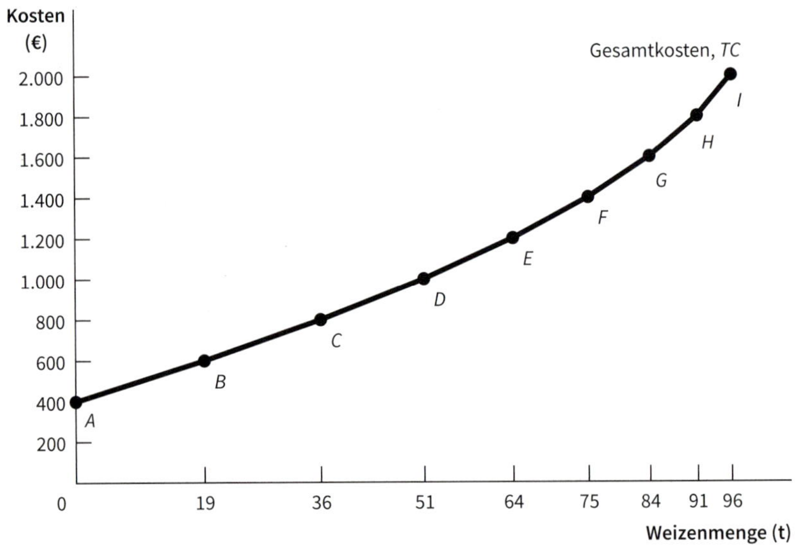

Punkt in der Abbildung	Arbeitsmenge *L* (Arbeiter)	Weizenmenge *Q* (t)	Variable Kosten *VC* (€)	Fixkosten *FC* (€)	Gesamtkosten *TC = FC + VC* (€)
A	0	0	0	400	400
B	1	19	200	400	600
C	2	36	400	400	800
D	3	51	600	400	1.000
E	4	64	800	400	1.200
F	5	75	1.000	400	1.400
G	6	84	1.200	400	1.600
H	7	91	1.400	400	1.800
I	8	96	1.600	400	2.000

Die Tabelle stellt die variablen Kosten, die Fixkosten und die Gesamtkosten für verschiedene Produktionsmengen des Betriebes von Georg und Martha dar. Die Gesamtkostenkurve zeigt, wie die Gesamtkosten (abgetragen an der senkrechten Achse) von der Produktionsmenge (abgetragen an der waagerechten Achse) abhängen. Die mit den Buchstaben *A* bis *I* bezeichneten Punkte auf der Kurve korrespondieren mit den entsprechenden Zeilen der Tabelle. Die Gesamtkostenkurve verläuft steigend, weil die Zahl der beschäftigten Arbeitskräfte (und damit die Gesamtkosten) wächst, wenn die Produktionsmenge steigt. Aufgrund des abnehmenden Grenzproduktes der Arbeit nimmt die Steigung der Kurve mit zunehmender Produktionsmenge zu.

die 400 Euro betragen, unabhängig davon, wie viele Arbeiter beschäftigt werden. In der sechsten Spalte sind schließlich die Gesamtkosten der Produktion als Summe aus variablen Kosten und Fixkosten angegeben.

In der ersten Spalte wird jede Zeile mit einem Buchstaben (von *A* bis *I*) bezeichnet. Diese Bezeichnungen helfen uns beim Zeichnen der **Gesamtkostenkurve**, die zeigt, wie die Gesamtkosten von der Produktionsmenge abhängen.

Die Gesamtkostenkurve von Georg und Martha wird in Abbildung 11-4 dargestellt. An der waagerechten Achse ist die Produktionsmenge in Tonnen Weizen abgetragen, an der senkrechten Achse die Gesamtkosten in Euro. Jeder Punkt auf der Kurve korrespondiert mit der entsprechenden Zeile der in Abbildung 11-4 dargestellten Tabelle. So zeigt beispielsweise Punkt *A* die Situation, in der null Arbeiter beschäftigt werden: Die Produktionsmenge ist null und die Gesamtkosten entsprechen den Fixkosten von 400 Euro. Analog zeigt Punkt *B* die Situation, in der 1 Arbeiter beschäftigt wird: Die Produktionsmenge beträgt 19 Tonnen und die Gesamtkosten betragen 600 Euro, nämlich die Summe aus 400 Euro Fixkosten und 200 Euro variablen Kosten.

Genau wie die Gesamtproduktkurve verläuft die Gesamtkostenkurve steigend. Aufgrund der variablen Kosten sind die Gesamtkosten des Agrarbetriebes umso höher, je mehr Weizen produziert wird. Anders als bei der Gesamtproduktkurve, die mit steigender Beschäftigung immer flacher verläuft, wird die Gesamtkostenkurve jedoch *steiler*. Die Steigung der Gesamtkostenkurve nimmt also mit wachsender Produktionsmenge zu. Wie wir gleich sehen werden, ist der steiler werdende Verlauf der Gesamtkostenkurve ebenfalls auf das abnehmende Grenzprodukt des variablen Produktionsfaktors zurückzuführen. Bevor wir uns damit beschäftigen, müssen wir jedoch zunächst einen Blick auf die Zusammenhänge zwischen verschiedenen nützlichen Kostengrößen werfen.

Die **Gesamtkostenkurve** zeigt, wie die Gesamtkosten von der Produktionsmenge abhängen.

WISSENSCHAFT UND PRAXIS

Wie bestimmt man die optimale Größe eines Teams?

Im Büro, an der Hochschule und auch schon in der Schule werden viele Projekte als Teamaufgabe definiert, verteilt und realisiert. Da ist es nicht verwunderlich, wenn sich die Forschung schon seit Längerem intensiv mit dem Thema »Arbeiten im Team« beschäftigt. Nach einer Studie liegt die optimale Größe eines Teams zwischen 4 und 5 Personen (genau genommen sind es 4,6 Personen). Dennoch sind in der Praxis viele Teams personell deutlich größer aufgestellt. Haben die Projektdesigner da etwas nicht verstanden?
Natürlich haben größere Teams Zugang zu mehr Ressourcen. Aber auch die Entscheidung über die Größe eines Teams sollte auf Basis einer Marginalanalyse gefällt werden. Und verschiedene Studien haben gezeigt, dass bei einer Teamgröße von 5 Personen ein neues Teammitglied in der Regel das Grenzprodukt der anderen 5 Teammitglieder senkt. Die Ursache für diesen Effekt liegt in einem Phänomen, das man als »Soziales Faulenzen« (*Social Loafing*) bezeichnet: Je größer ein Team wird, desto leichter fällt es einem einzelnen Teammitglied, seinen mangelnden Einsatz vor den anderen zu verbergen. Gleichzeitig wird die Verbindung zwischen persönlichem Einsatz und Anerkennung immer schwächer. Das kann Mitglieder des Teams dazu bewegen, weniger Einsatz zu zeigen. Das Grenzprodukt eines zusätzlichen Teammitglieds entspricht damit dem zusätzlichen Einsatz dieses Teammitglieds abzüglich der Verluste durch Social Loafing, die seine Anwesenheit im Team bei den anderen Teammitgliedern auslöst. Ein größeres Team muss auch mehr Ressourcen aufwenden, um die Aktivitäten innerhalb des Teams zu koordinieren, wodurch das Grenzprodukt jedes einzelnen Teammitglieds sinkt. Und mit jedem zusätzlichen Teammitglied werden die Verluste im Team größer. Ab einer bestimmten Teamgröße werden die Verluste durch Social Loafing und der Koordinierungsaufwand so groß, dass sie den zusätzlichen positiven Beitrag ei- ▶

nes neuen Teammitglieds (Grenzprodukt) überwiegen. Das zeigt sich zum Beispiel bei Teams von Softwareprogrammierern, bei denen ab einer bestimmten Teamgröße ein neues Teammitglied den Output des gesamten Teams senkt.
Diese Situation ist in **Abbildung 11-5** dargestellt. Der obere Bereich der Abbildung zeigt, wie sich der Wert des Projektes mit der Zahl der eingesetzten Teammitglieder ändert. Jedes zusätzliche Teammitglied trägt weniger zum Wert des Projektes bei als das vorhergehende. Ab einem bestimmten Punkt ist ein weiteres Teammitglied sogar kontraproduktiv. Der untere Bereich der Abbildung zeigt das Grenzprodukt eines zusätzlichen Teammitglieds, das mit steigender Zahl der im Projekt beschäftigten Teammitglieder sinkt und schließlich sogar negativ wird. Das ist beim sechsten Teammitglied der Fall.
Es hat den Anschein, als ob Projektdesigner bei der Festlegung der Teamgröße nur den zusätzlichen Beitrag eines Teammitglieds im Auge haben, nicht aber das Grenzprodukt des gesamten Teams bei einem zusätzlichen Teammitglied. Bei einem großen Projekt mit 10 Teammitgliedern wäre es daher besser, das Projekt auf zwei kleinere Teams mit je 5 Teammitgliedern aufzuteilen. Mit Blick auf das Grenzprodukt gilt in Sachen Teamarbeit eben nicht 5 + 5 = 10: Zwei Teams mit je 5 Mitgliedern schaffen mehr als ein Team mit 10 Mitgliedern.

Abb. 11-5: Die optimale Teamgröße

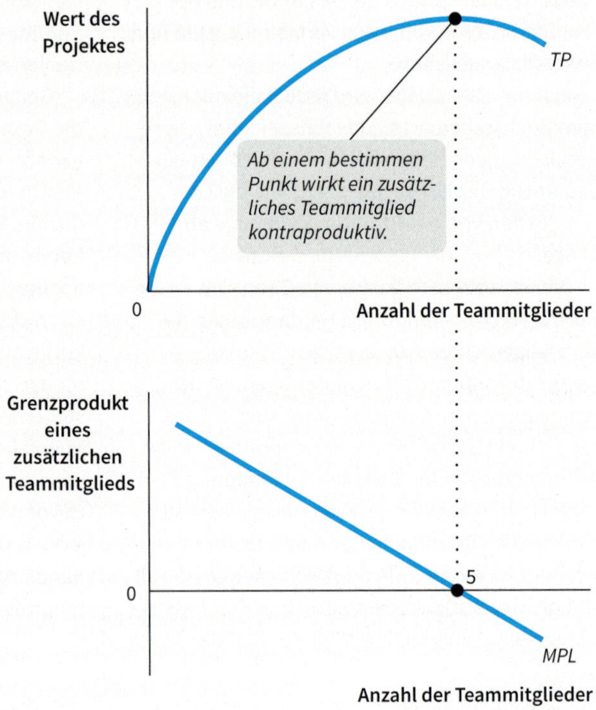

Kurzzusammenfassung

- Die **Produktionsfunktion** eines Unternehmens spiegelt die Beziehung zwischen Produktionsmenge und Produktionsfaktoren wider. Die **Gesamtproduktkurve** zeigt, wie die Produktionsmenge von der Einsatzmenge des **variablen Inputs** (Produktionsfaktors) für eine gegebene Menge des **festen Inputs** (Produktionsfaktors) abhängt. Die Steigung der Gesamtproduktkurve entspricht dem **Grenzprodukt** des variablen Produktionsfaktors. **Kurzfristig** kann der fest vorgegebene Produktionsfaktor nicht geändert werden. **Langfristig** sind alle Produktionsfaktoren variabel.
- Sind die Einsatzmengen aller anderen Produktionsfaktoren gegeben, kann ein **abnehmendes Grenzprodukt** eines Produktionsfaktors auftreten, was zu einer Grenzproduktkurve mit negativer Steigung führt. Die Gesamtproduktkurve verläuft in diesem Fall mit zunehmendem Output immer flacher.
- Die **Gesamtkosten** einer gegebenen Produktionsmenge ergeben sich aus der Summe der **Fixkosten** und den zu dieser Produktionsmenge gehörenden **variablen Kosten**. Die **Gesamtkostenkurve** verläuft aufgrund eines abnehmenden Grenzproduktes mit zunehmender Produktionsmenge immer steiler.

ÜBERPRÜFEN SIE IHR WISSEN

In der vollautomatisierten Eisfabrik »Froster« werden Eiswürfel mithilfe einer 10-Tonnen-Maschine und mithilfe von Strom produziert. Die Produktionsmenge, gemessen in Kilogramm Eis, wird durch die nebenstehende Tabelle beschrieben.

Strommenge (kWh)	Eismenge (kg)
0	0
1	1.000
2	1.800
3	2.400
4	2.800

a. Welches ist der fest vorgegebene Produktionsfaktor? Welches ist der variable Produktionsfaktor?

b. Stellen Sie eine Tabelle auf, die das Grenzprodukt des variablen Produktionsfaktors zeigt. Tritt ein abnehmendes Grenzprodukt auf?

c. Nehmen Sie an, dass eine 50-prozentige Erhöhung des fixen Inputs für jede gegebene Menge des variablen Inputs die Produktionsmenge um 100 Prozent erhöht. Wie hoch ist die Menge des fixen Inputs jetzt? Geben Sie tabellarisch die Produktionsmenge und das Grenzprodukt für diesen Fall wieder.

11.2 Zwei entscheidende Kostengrößen: Grenzkosten und Durchschnittskosten

Wir haben gerade gelernt, wie man die Gesamtkostenkurve eines Unternehmens aus einer Produktionsfunktion ableiten kann. Im nächsten Schritt wollen wir uns genauer mit den Gesamtkosten beschäftigen, indem wir zwei außerordentlich nützliche Kostengrößen ableiten: die *Grenzkosten* und die *Durchschnittskosten*. Wie wir erfahren werden, zeigen diese beiden Kostengrößen einen überraschenden Zusammenhang. Darüber hinaus werden beide Größen eine wichtige Rolle in Kapitel 12 spielen, wo wir mithilfe dieser beiden Größen die Produktionsentscheidung eines Unternehmens und die Angebotskurve eines Marktes untersuchen wollen.

Grenzkosten

Die *Grenzkosten* haben wir in Kapitel 9 definiert: Es handelt sich um die Änderung der Gesamtkosten, die durch die Ausdehnung der Produktion um eine Einheit hervorgerufen wird. Wir haben bereits gesehen, dass sich das Grenzprodukt am einfachsten berechnen lässt, wenn wir für jede zusätzliche Faktoreinheit die entsprechende Produktionsmenge kennen. Analog lassen sich die Grenzkosten am leichtesten berechnen, wenn wir für jede zusätzliche Outputeinheit die entsprechenden Gesamtkosten kennen. Liegen die Daten nicht in dieser Form vor, können wir trotzdem die Grenzkosten intervallweise berechnen. Zur Vereinfachung wollen wir jedoch in unserem Beispiel annehmen, dass die Gesamtkosten für jede gegebene Produktionsmenge bekannt sind.

Berts Schuhfabrik produziert Sneaker. **Tabelle 11-1** zeigt, wie die Kosten des Unternehmens pro Tag von der Zahl der pro Tag produzierten Schuhe abhängen. Das Unternehmen weist Fixkosten in Höhe von 108 Euro pro Tag auf (Spalte 2). Die Fixkosten spiegeln die täglichen Kosten der eingesetzten Maschine wider. Spalte 3 der Tabelle zeigt die variablen Kosten und Spalte 4 die Gesamtkosten. Diagramm (a) von **Abbildung 11-6** zeigt die Gesamtkostenkurve. Wie die Gesamtkostenkurve des Agrarbetriebes von Georg und Martha in Abbildung 11-4 verläuft die Kurve steigend und wird umso steiler, je weiter wir uns nach rechts bewegen.

Welche Bedeutung die Steigung der Gesamtkostenkurve hat, erschließt sich durch die fünfte Spalte von Tabelle 11-1. Dort sind die *Grenzkosten* aufgeführt, die Kosten jeder weiteren produzierten Einheit. Die allgemeine Formel zur Berechnung der Grenzkosten lautet:

Tab. 11-1

Kosten von Berts Schuhfabrik

Schuhmenge Q (Paare)	Fixkosten TC (€)	Variable Kosten VC (€)	Gesamtkosten $TC = FC + VC$ (€)	Grenzkosten pro Paar $MC = \Delta TC/\Delta Q$ (€)
0	108	0	108	
				12
1	108	12	120	
				36
2	108	48	156	
				60
3	108	108	216	
				84
4	108	192	300	
				108
5	108	300	408	
				132
6	108	432	540	
				156
7	108	588	696	
				180
8	108	768	876	
				204
9	108	972	1.080	
				228
10	108	1.200	1.308	

(11-3) Grenzkosten
= Änderung der Gesamtkosten durch eine weitere produzierte Einheit

$$= \frac{\text{Änderung der Gesamtkosten}}{\text{Änderung der Produktionsmenge}}$$

oder

$$MC = \frac{\Delta TC}{\Delta Q}$$

Analog zum Grenzprodukt ergeben sich die Grenzkosten als Quotient aus der Bewegung nach oben (Anstieg der Gesamtkosten) und der Bewegung nach rechts (Erhöhung der Produktionsmenge). Und genau wie das Grenzprodukt der Steigung der Gesamtproduktkurve entspricht, sind die Grenzkosten gleich der Steigung der Gesamtkostenkurve.

Nun können wir verstehen, warum die Gesamtkostenkurve steiler verläuft, wenn wir uns nach rechts bewegen: Wie man aus Tabelle 11-1 erkennen kann, erhöhen sich die Grenzkosten von Berts Schuhfabrik mit steigendem Output. Diagramm (b) in Abbildung 11-6 zeigt die zu den Zahlenangaben von Tabelle 11-1 korrespondierende Grenzkostenkurve. Dabei haben wir, analog zu Abbildung 11-2, die Grenzkosten für die Erhöhung der Produktion von null auf ein Paar Schuhe zwischen null und eins eingezeichnet, die Grenzkosten für die Erhöhung der Produktionsmenge von einem auf zwei Paar Schuhe zwischen eins und zwei usw.

Warum verläuft die Grenzkostenkurve steigend? Wieder liegt es daran, dass wir in unserem Beispiel ein abnehmendes Grenzprodukt unterstellt haben. Mit steigendem Output nimmt das

Abb. 11-6

Gesamtkostenkurve und Grenzkostenkurve von Berts Schuhfabrik

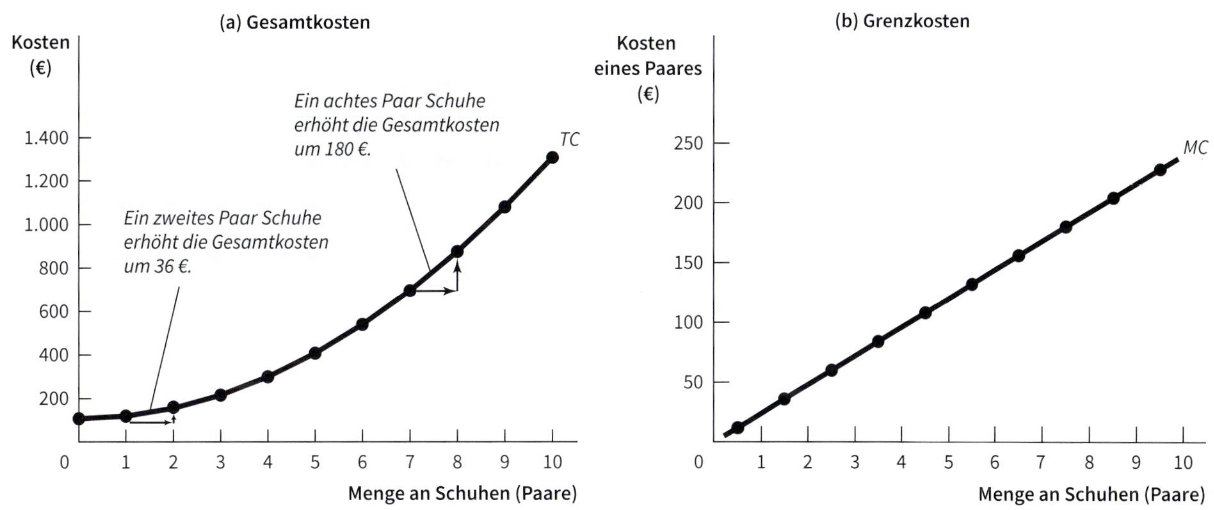

Diagramm (a) zeigt die Gesamtkostenkurve für Tabelle 11-1. Wie die Gesamtkostenkurve in Abbildung 11-4 verläuft sie steigend und wird umso steiler, je weiter wir uns nach rechts bewegen. Diagramm (b) zeigt die Grenzkostenkurve. Diese verläuft ebenfalls steigend, was das abnehmende Grenzprodukt des variablen Produktionsfaktors widerspiegelt.

Grenzprodukt des variablen Produktionsfaktors ab. Das bedeutet, dass mit steigender Produktionsmenge jede zusätzliche Einheit Output eine immer größere Menge des variablen Produktionsfaktors benötigt. Und da für jede Einheit des variablen Produktionsfaktors bezahlt werden muss, nehmen auch die Kosten jeder zusätzlichen Einheit an Output zu.

Der flacher werdende Verlauf der Gesamtproduktkurve ist ebenfalls auf die abnehmenden Grenzprodukte der Produktionsfaktoren zurückzuführen. Das Grenzprodukt eines Produktionsfaktors sinkt, wenn dieser Faktor mehr und mehr eingesetzt wird, die Menge der anderen Produktionsfaktoren aber unverändert bleibt. Der mit steigender Produktionsmenge immer flacher werdende Verlauf der Gesamtproduktkurve und der mit steigender Produktionsmenge immer steiler werdende Verlauf der Gesamtkostenkurve sind demnach lediglich zwei Seiten einer Medaille. Mit steigender Produktionsmenge nehmen auch die Grenzkosten der Produktion zu, da das Grenzprodukt des variablen Produktionsfaktors sinkt.

Wir werden uns mit den Grenzkosten in Kapitel 12 wieder beschäftigen, wenn es um die gewinnmaximierende Produktionsentscheidung eines Unternehmens geht. Unser nächster Schritt besteht jetzt darin, eine andere Kostengröße einzuführen: die *Durchschnittskosten*.

Durchschnittskosten

Neben den Gesamtkosten und den Grenzkosten gibt eine weitere wichtige Kostengröße, die **durchschnittlichen Gesamtkosten**, oft vereinfacht als **Durchschnittskosten** bezeichnet. Die durchschnittlichen Gesamtkosten *ATC* (average total cost) ergeben sich als Quotient aus den Gesamtkosten und der Produktionsmenge. Sie spiegeln also die Gesamtkosten pro Outputeinheit wider. Diesen Zusammenhang können wir in Gleichungsform folgendermaßen zusammenfassen:

$$(11\text{-}4)\quad ATC = \frac{\text{Gesamtkosten}}{\text{Produktionsmenge}} = \frac{TC}{Q}$$

Die durchschnittlichen Gesamtkosten sind wichtig, weil sie dem Produzenten Auskunft darüber

Die **durchschnittlichen Gesamtkosten**, oft einfach als **Durchschnittskosten** bezeichnet, ergeben sich als Quotient aus den Gesamtkosten und der produzierten Menge.

Tab. 11-2

Durchschnittliche Kosten für Berts Schuhfabrik (in Euro)

Schuhmenge *Q* (Paare)	Gesamtkosten *TC*	Durchschnittliche Gesamtkosten je Paar *ATC = TC/Q*	Durchschnittliche Fixkosten je Paar *AFC = FC/Q*	Durchschnittliche variable Kosten je Paar *AVC = VC/Q*
1	120	120,00	108,00	12,00
2	156	78,00	54,00	24,00
3	216	72,00	36,00	36,00
4	300	75,00	27,00	48,00
5	408	81,60	21,60	60,00
6	540	90,00	18,00	72,00
7	696	99,43	15,43	84,00
8	876	109,50	13,50	96,00
9	1.080	120,00	12,00	108,00
10	1.308	130,80	10,80	120,00

geben, wie viel es kostet, eine *durchschnittliche* oder *typische* Einheit an Output zu produzieren. Demgegenüber zeigen die Grenzkosten dem Produzenten, wie viel die Produktion einer weiteren Einheit an Output kostet. Obwohl sie auf den ersten Blick vielleicht ähnlich aussehen, weichen diese beiden Größen in der Regel voneinander ab. Die Verwechslung dieser beiden Kostengrößen ist ein weiterer wichtiger Grund für ökonomische Irrtümer, sowohl in der universitären Ausbildung als auch im realen Leben. Das zeigt die Rubrik »Wissenschaft und Praxis« weiter unten.

Eine **u-förmige Kurve der durchschnittlichen Gesamtkosten** hat bei niedrigen Produktionsmengen eine negative Steigung und bei höheren Produktionsmengen eine positive Steigung.

Tabelle 11-2 verwendet Daten aus Berts Schuhfabrik, um die durchschnittlichen Gesamtkosten zu berechnen. So belaufen sich beispielsweise die Gesamtkosten der Produktion von 4 Paar Schuhen auf 300 Euro, wobei 108 Euro Fixkosten und 192 Euro variable Kosten sind (vgl. Tabelle 11-1). Damit liegen die durchschnittlichen Gesamtkosten für die Produktion von 4 Paar Schuhen bei 300 Euro/4 = 75 Euro. Aus Tabelle 11-2 kann man erkennen, dass die durchschnittlichen Gesamtkosten mit steigender Produktionsmenge zunächst sinken und dann steigen.

Die **durchschnittlichen Fixkosten** sind die Fixkosten je Einheit Output.

Die **durchschnittlichen variablen Kosten** sind die variablen Kosten je Einheit Output.

Abbildung 11-7 stellt diesen Zusammenhang mithilfe der *Kurve der durchschnittlichen Gesamtkosten* dar, die zeigt, in welcher Weise die durchschnittlichen Gesamtkosten von der Produktionsmenge abhängen. Wie zuvor werden die Kosten in Euro gemessen und an der senkrechten Achse abgetragen. Die Produktionsmenge wird an der waagerechten Achse abgetragen. Die Kurve der durchschnittlichen Gesamtkosten hat eine charakteristische U-Form, die beschreibt, wie die durchschnittlichen Gesamtkosten zunächst sinken und dann mit weiter zunehmendem Output steigen. Ökonomen gehen davon aus, dass eine **u-förmige Kurve der durchschnittlichen Gesamtkosten** für viele Unternehmen den Regelfall darstellt.

Damit wir besser verstehen, warum die Kurve der durchschnittlichen Gesamtkosten u-förmig ist, sind in Tabelle 11-2 die durchschnittlichen Gesamtkosten in ihre beiden Komponenten zerlegt worden, in die *durchschnittlichen Fixkosten* und die *durchschnittlichen variablen Kosten*. Die **durchschnittlichen Fixkosten** (*AFC*) ergeben sich als Quotient aus den Fixkosten und der Produktionsmenge, geben also die Fixkosten pro Outputeinheit an. In Berts Schuhfabrik betragen die durchschnittlichen Fixkosten beispielsweise bei einer Produktionsmenge von 4 Paar Schuhen 108 Euro/4 = 27 Euro je Schuhpaar. Die **durchschnittlichen variablen Kosten** (*AVC*) ergeben sich als Quotient aus den variablen Kosten und der Produktionsmenge, geben also die variablen Kosten je Outputeinheit an. Bei einer Produktionsmenge von 4 Paar Schuhen betragen die durchschnittlichen variablen Kosten 192 Euro/4 =

Abb. 11-7

Kurve der durchschnittlichen Gesamtkosten von Berts Schuhfabrik

Die Kurve der durchschnittlichen Gesamtkosten von Berts Schuhfabrik verläuft u-förmig. Bei einer niedrigen Produktionsmenge führt die Erhöhung der Produktion zunächst zu einem Rückgang der durchschnittlichen Gesamtkosten, weil der »Verteilungseffekt« der sinkenden durchschnittlichen Fixkosten den »Effekt des abnehmenden Grenzproduktes« der steigenden durchschnittlichen variablen Kosten dominiert. Ab einem bestimmten Punkt ändert sich diese Relation und die durchschnittlichen Gesamtkosten steigen. Im Punkt *M*, der zu einer Produktionsmenge von 3 Paar Schuhen pro Tag gehört, haben die durchschnittlichen Gesamtkosten ihr Minimum erreicht, die minimalen durchschnittlichen Gesamtkosten.

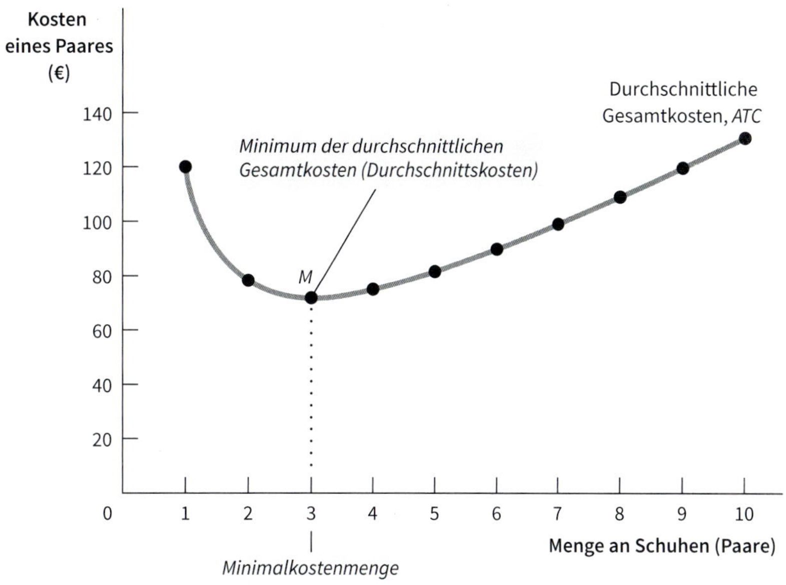

48 Euro pro Paar. Formulieren wir diese Sachverhalte in Gleichungsform, erhalten wir:

$$(11\text{-}5) \quad AFC = \frac{\text{Fixkosten}}{\text{Produktionsmenge}} = \frac{FC}{Q}$$

$$AVC = \frac{\text{Variable Kosten}}{\text{Produktionsmenge}} = \frac{VC}{Q}$$

Die durchschnittlichen Gesamtkosten sind die Summe aus durchschnittlichen Fixkosten und durchschnittlichen variablen Kosten. Die zugehörige Kurve weist einen u-förmigen Verlauf auf, weil sich beide Komponenten mit steigender Produktionsmenge in gegensätzliche Richtungen entwickeln.

Die durchschnittlichen Fixkosten sinken mit steigender Produktionsmenge, weil der Zähler (die Fixkosten) eine fest vorgegebene Zahl ist, aber der Nenner (die Produktionsmenge) größer wird, wenn mehr produziert wird. Dieser Zusammenhang lässt sich noch auf eine andere Weise betrachten: Mit steigender Produktionsmenge verteilen sich die Fixkosten auf immer mehr Outputeinheiten, sodass die *Fixkosten je Outputeinheit*, die durchschnittlichen Fixkosten, sinken. Man kann diesen Effekt in der vierten Spalte von Tabelle 11-2 beobachten. Die durchschnittlichen Fixkosten sinken kontinuierlich mit steigendem Output.

Die durchschnittlichen variablen Kosten steigen dagegen mit zunehmender Produktionsmenge an. Wie wir gesehen haben, ist diese Entwicklung auf das abnehmende Grenzprodukt des variablen Produktionsfaktors zurückzuführen. Die Produktion jeder weiteren Outputeinheit verursacht höhere variable Kosten als die der vorhergehenden Outputeinheit. Die variablen Kosten steigen daher schneller als die Produktionsmenge.

Eine Erhöhung der Produktionsmenge hat daher zwei gegenteilige Wirkungen auf die durchschnittlichen Gesamtkosten:

1. *Der Verteilungseffekt*: Je größer die Produktionsmenge ist, auf desto mehr Outputeinheiten verteilen sich die Fixkosten. Daher sinken die durchschnittlichen Fixkosten.

Abb. 11-8

Grenzkostenkurve und Kurve der durchschnittlichen Gesamtkosten von Berts Schuhfabrik

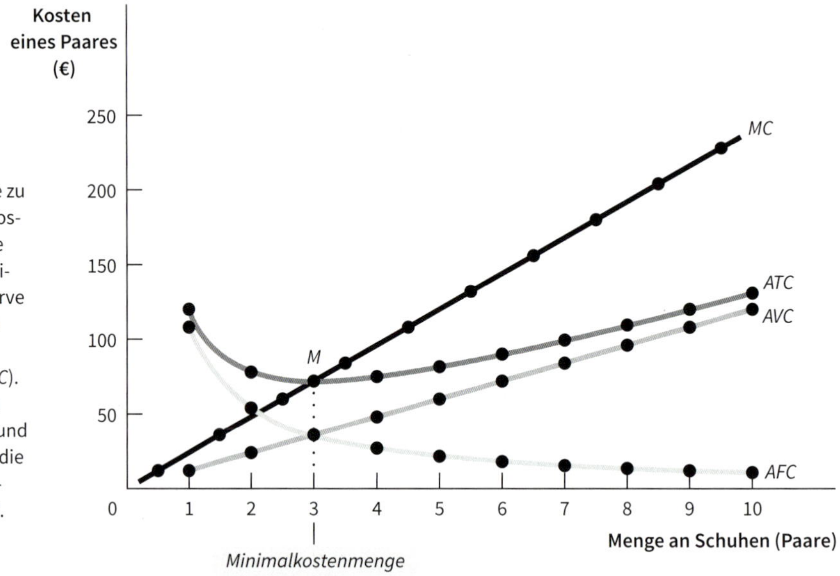

In dieser Abbildung sehen wir die zu Berts Schuhfabrik gehörenden Kostenkurven: Die Grenzkostenkurve (*MC*), die Kurve der durchschnittlichen Gesamtkosten (*ATC*), die Kurve der durchschnittlichen variablen Kosten (*AVC*) und die Kurve der durchschnittlichen Fixkosten (*AFC*). Die Kurve der durchschnittlichen Gesamtkosten verläuft u-förmig und die Grenzkostenkurve schneidet die Kurve der durchschnittlichen Gesamtkosten im tiefstem Punkt, *M*.

2. *Effekt des abnehmenden Grenzproduktes*: Je größer die Produktionsmenge ist, desto größer ist die Menge des variablen Produktionsfaktors, die erforderlich ist, um eine weitere Einheit an Output zu produzieren. Die durchschnittlichen variablen Kosten nehmen daher mit steigender Produktionsmenge zu.

Bei geringen Produktionsmengen ist der Verteilungseffekt sehr stark, da auch kleine Erhöhungen der Produktionsmenge starke Verminderungen der durchschnittlichen Fixkosten hervorrufen. Bei geringen Produktionsmengen dominiert daher der Verteilungseffekt den Effekt des abnehmenden Grenzproduktes, sodass die Kurve der durchschnittlichen Gesamtkosten in diesem Bereich fallend verläuft. Ist die Produktionsmenge jedoch groß, dann sind die durchschnittlichen Fixkosten bereits ziemlich klein. Eine weitere Erhöhung der Produktionsmenge hat dann nur noch einen kleinen Verteilungseffekt.

Dagegen nimmt die Wirkung des abnehmenden Grenzproduktes in der Regel mit steigender Produktion immer stärker zu. Damit dominiert der Effekt des abnehmenden Grenzproduktes den Verteilungseffekt, wenn die Produktionsmenge groß genug ist, und die Kurve der durchschnittlichen Gesamtkosten verläuft steigend. Im Tiefpunkt der u-förmigen Kurve der durchschnittlichen Gesamtkosten (Punkt *M* in Abbildung 11-7) heben sich beide Effekte gerade auf. In diesem Punkt erreichen die durchschnittlichen Gesamtkosten ihr Minimum. Wir sprechen von den minimalen durchschnittlichen Gesamtkosten.

Abbildung 11-8 zeigt die vier Kostenkurven, die wir aus den Kostenangaben von Berts Schuhfabrik abgeleitet haben, in einem Diagramm: die Grenzkostenkurve (*MC*), die Kurve der durchschnittlichen Gesamtkosten (*ATC*), die Kurve der durchschnittlichen variablen Kosten (*AVC*) und die Kurve der durchschnittlichen Fixkosten (*AFC*). Alle Kurven basieren auf den Daten, die in den Tabellen 11-1 und 11-2 enthalten sind. Wie zuvor sind die Kosten an der senkrechten Achse abgetragen, die Produktionsmenge an der waagerechten Achse.

Betrachten wir nun einige wichtige Eigenschaften der verschiedenen Kostenkurven.

- Die Grenzkostenkurve verläuft steigend. Dieser Verlauf spiegelt die sinkenden Grenzprodukte wider, die zur Folge haben, dass jede weitere Outputeinheit höhere Kosten verursacht als die vorhergehende Outputeinheit.
- Die Kurve der durchschnittlichen variablen Kosten verläuft ebenfalls steigend (wieder ein Ergebnis der sinkenden Grenzprodukte), allerdings flacher als die Grenzkostenkurve. Das ist darauf zurückzuführen, dass sich bei den durchschnittlichen variablen Kosten die höheren Kosten einer zusätzlichen Outputeinheit auf alle bereits produzierten Outputeinheiten verteilen und nicht nur auf die zusätzlich produzierte Outputeinheit.
- Die Kurve der durchschnittlichen Fixkosten verläuft wegen des Verteilungseffektes fallend.
- Die Grenzkostenkurve schneidet die Kurve der durchschnittlichen Gesamtkosten von unten in ihrem Minimum (Punkt *M* in Abbildung 11-8). Mit dieser Eigenschaft wollen wir uns im folgenden Abschnitt beschäftigen.

Die minimalen durchschnittlichen Gesamtkosten

Bei einer u-förmigen Kurve der durchschnittlichen Gesamtkosten erreichen die durchschnittlichen Gesamtkosten ihr Minimum an der tiefsten Stelle des U. Ökonomen bezeichnen die Produktionsmenge, die mit den minimalen durchschnittlichen Gesamtkosten korrespondiert, als **Minimalkostenmenge** (oder auch Minimalkostenoutput). Im Fall von Berts Schuhfabrik beträgt die Minimalkostenmenge 3 Paar Schuhe pro Tag.

In Abbildung 11-8 liegt die tiefste Stelle des U bei einer Produktionsmenge, bei der die Grenzkostenkurve die Kurve der durchschnittlichen Gesamtkosten von unten schneidet. Ist das reiner Zufall? Nein, denn es beruht auf drei Grundsätzen, die für die Beziehung zwischen den Grenzkosten und den durchschnittlichen Gesamtkosten eines Unternehmens immer zutreffen:

1. Bei der Minimalkostenmenge sind die durchschnittlichen Gesamtkosten *gleich* den Grenzkosten.
2. Bei einer Produktionsmenge unterhalb der Minimalkostenmenge sind die Grenzkosten *kleiner* als die durchschnittlichen Gesamtkosten, und die durchschnittlichen Gesamtkosten sinken.
3. Bei einer Produktionsmenge, die größer ist als die Minimalkostenmenge, sind die Grenzkosten *größer* als die durchschnittlichen Gesamtkosten und die durchschnittlichen Gesamtkosten steigen.

Diese Regeln sind leicht zu verstehen, wenn Sie sich überlegen, wie sich die Note 3,0 in einer Vorlesung, sagen wir in Wirtschaftspolitik, auf Ihre Fachnote in Volkswirtschaftslehre auswirkt, die sich ja aus einer Reihe von Teilnoten zusammensetzt. Wenn Ihr bisheriger Notendurchschnitt besser war als 3,0, dann verschlechtert die Note in Wirtschaftspolitik Ihren Durchschnitt.

In gleicher Weise gilt: Solange die Grenzkosten kleiner sind als die durchschnittlichen Gesamtkosten, senkt die Produktion einer weiteren Einheit die durchschnittlichen Gesamtkosten. Dies wird in **Abbildung 11-9** durch die Bewegung von A_1 nach A_2 veranschaulicht. In diesem Fall sind die Kosten der Produktion einer zusätzlichen Einheit (die Grenzkosten dieser Einheit) gering, wie der Punkt MC_L auf der Grenzkostenkurve zeigt. Wenn die Kosten der Produktion einer weiteren Outputeinheit geringer sind als die durchschnittlichen Gesamtkosten, dann verringert eine Erhöhung der Produktion die durchschnittlichen Gesamtkosten. Daher muss jede Produktionsmenge, bei der die Grenzkosten kleiner sind als die durchschnittlichen Gesamtkosten, auf dem fallend verlaufenden Teil der Kurve der durchschnittlichen Gesamtkosten liegen.

Aber wenn die Note, die Sie im Fach Wirtschaftspolitik erhalten haben, besser als Ihre bisherigere Durchschnittsnote in Volkswirtschaftslehre war, dann wird diese Note Ihren Notendurchschnitt verbessern. In gleicher Weise führt die Produktion einer weiteren Einheit zu einem Anstieg der durchschnittlichen Gesamtkosten, falls die Grenzkosten größer sind als die durchschnittlichen Gesamtkosten. Dies wird in Abbildung 11-9 durch die Bewegung von B_1 nach B_2 illustriert, wo die Grenzkosten (MC_H) höher sind als die durchschnittlichen Gesamtkosten. Daher muss jede Produktionsmenge, bei der die Grenzkosten größer sind als die durchschnittlichen Gesamtkosten, auf dem steigenden Teil der Kurve der durchschnittlichen Gesamtkosten liegen.

Die **Minimalkostenmenge** ist die Produktionsmenge, bei der die durchschnittlichen Gesamtkosten am niedrigsten sind. Dies ist die tiefste Stelle der u-förmigen Kurve der durchschnittlichen Gesamtkosten.

Abb. 11-9

Die Beziehung zwischen der Durchschnittskostenkurve und der Grenzkostenkurve

Um zu verstehen, warum die Grenzkostenkurve (*MC*) die Kurve der durchschnittlichen Gesamtkosten in deren Minimum (Punkt *M*) schneiden muss, wollen wir überlegen, was geschieht, wenn sich die Grenzkosten von den durchschnittlichen Gesamtkosten unterscheiden. Sind die Grenzkosten kleiner als die durchschnittlichen Gesamtkosten, dann muss eine Zunahme der Produktionsmenge die durchschnittlichen Gesamtkosten reduzieren, wie es bei der Bewegung von A_1 nach A_2 der Fall ist. Sind die Grenzkosten größer als die durchschnittlichen Gesamtkosten, dann muss eine Zunahme der Produktionsmenge die durchschnittlichen Gesamtkosten erhöhen, wie es bei der Bewegung von B_1 nach B_2 der Fall ist.

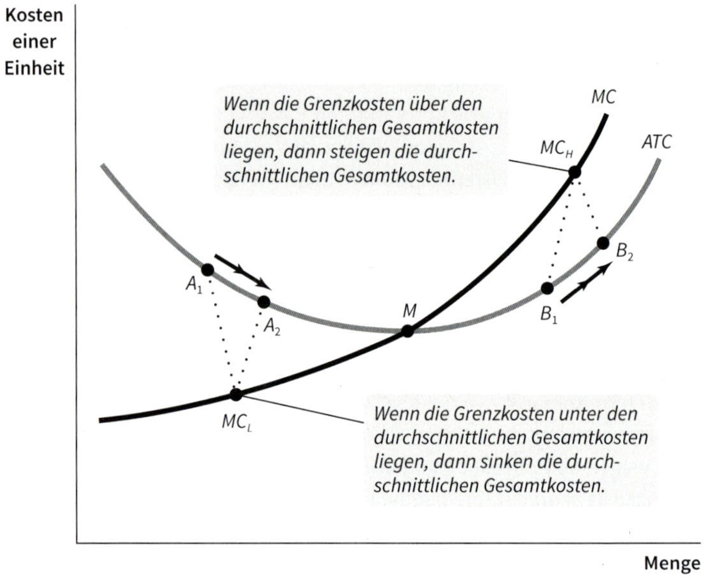

Schließlich ist noch der Grenzfall zu betrachten: Wenn Ihre Note in Wirtschaftspolitik exakt Ihrem bisherigen Notendurchschnitt in Volkswirtschaftslehre entspricht, dann wird die neue Note den Notendurchschnitt weder erhöhen noch senken. Diese Situation passt zum Punkt *M* in Abbildung 11-9: Stimmen Grenzkosten und durchschnittliche Gesamtkosten überein, dann müssen wir uns am tiefsten Punkt der Kurve der durchschnittlichen Gesamtkosten befinden, weil nur in diesem Punkt die durchschnittlichen Gesamtkosten weder sinken noch steigen.

Hat die Grenzkostenkurve immer einen steigenden Verlauf?

Bislang haben wir die Bedeutung von abnehmenden Grenzprodukten betont, die dazu führen, dass die Grenzproduktkurve stets mit negativer Steigung verläuft, und die Grenzkostenkurve stets mit einer positiven Steigung. Ökonomen gehen jedoch davon aus, dass Grenzkostenkurven in der Praxis oft fallend verlaufen, wenn Unternehmen ihre Produktionsmenge von null auf ein bestimmtes niedriges Niveau ausdehnen. Erst bei größeren Produktionsmengen verläuft die Grenzkostenkurve steigend. Eine Grenzkostenkurve mit diesen Eigenschaften ist in **Abbildung 11-10** dargestellt.

Ein Bereich mit anfänglich fallenden Grenzkosten tritt auf, weil Unternehmen, die nur wenige Arbeitskräfte beschäftigen, von den Vorteilen aus der Spezialisierung bei der Arbeitsteilung profitieren, wenn sie mehr Arbeitskräfte einstellen und mehr produzieren. Dadurch sinken die Grenzkosten mit zunehmender Produktionsmenge. Würde beispielsweise ein einzelner Mensch alle Aufgaben, die mit der Schuhproduktion verbunden sind, allein erledigen, müsste er die Sohlen anfertigen, das Oberleder zuschneiden und in Form bringen, die Teile zusammennähen und vieles mehr. In dem Maße, in dem weitere Arbeiter eingestellt werden, können sie diese Aufgaben untereinander aufteilen, wobei sich jeder Arbeiter auf einen oder wenige Arbeitsschritte der Schuhherstellung spezialisiert.

Diese Spezialisierung kann zu *zu zunehmenden Grenzprodukten* bei der Einstellung zusätzlicher Arbeitskräfte führen, sodass die Grenzkosten-

Abb. 11-10

Realistische Kostenkurven

In der Praxis weisen Grenzkostenkurven häufig zu Beginn einen Abschnitt auf, wo sie fallend verlaufen. Wird die Produktionsmenge von einem niedrigen Niveau aus erhöht, kann sich das Unternehmen die Vorteile, die sich aus Arbeitsteilung und Spezialisierung ergeben, zunutze machen, was zu zunehmenden Grenzprodukten führt. Bei höheren Produktionsmengen führen abnehmende Grenzprodukte jedoch zu steigenden Grenzkosten. Verläuft die Grenzkostenkurve erst fallend und dann steigend, dann zeigt die Kurve der durchschnittlichen variablen Kosten einen u-förmigen Verlauf, so wie die Kurve der durchschnittlichen Gesamtkosten *ATC*.

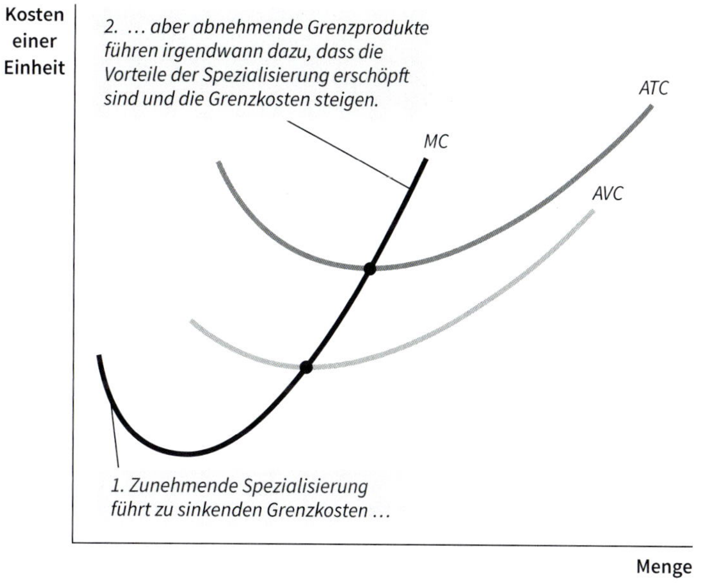

kurve zunächst einen fallenden Verlauf aufweist. Wenn dann jedoch eine bestimmte Anzahl an Arbeitskräften eingestellt ist, sind die Vorteile durch die Spezialisierung ausgeschöpft und das Grenzprodukt einer weiteren zusätzlichen Arbeitskraft sinkt. Dadurch ändert die Grenzkostenkurve ihre Steigung und verläuft steigend. Typische Grenzkostenkurven haben daher oft einen bumerangförmigen Verlauf wie die Kurve *MC* in Abbildung 11-10. Aus dem gleichen Grund sehen die Kurven der durchschnittlichen variablen Kosten in der Regel wie die Kurve *AVC* in Abbildung 11-10 aus: Sie verlaufen u-förmig und nicht durchgehend steigend.

Die zentralen Eigenschaften der Kostengrößen, die wir im Beispiel von Berts Schuhfabrik kennengelernt haben, bleiben jedoch bestehen: Die Kurve der durchschnittlichen Gesamtkosten weist einen u-förmigen Verlauf auf und die Grenzkostenkurve schneidet der Kurve der durchschnittlichen Gesamtkosten im Minimum der durchschnittlichen Gesamtkosten.

WISSENSCHAFT UND PRAXIS

Intelligente Stromnetze

Wenn Sie ein Nachschwärmer sind, der mitten in der Nacht noch im Internet surft, Seminararbeiten schreibt oder die Waschmaschine laufen lässt, freut sich Ihr Stromversorger. Warum? Weil Sie den Strom dann verbrauchen, wenn es am billigsten ist, ihn zu produzieren.

Strom kann nicht in nennenswertem Umfang gespeichert werden. Deshalb betreibt ein Stromproduzent sowohl große Grundlastkraftwerke, die den ganzen Tag laufen und Strom produzieren, als auch kleinere Spitzenlastkraftwerke, die dann Strom erzeugen, wenn die Nachfrage besonders groß ist. Das ist in der Regel tagsüber der Fall. ▸

Der Betrieb der kleineren Spitzenlastkraftwerke ist deutlich teurer, sodass die Grenzkosten pro Kilowattstunde erzeugtem Strom über den Durchschnittskosten der Stromerzeugung (den durchschnittlichen Gesamtkosten je Kilowattstunde erzeugtem Strom für große und kleine Kraftwerke) liegen. Nach Schätzungen kann die Stromerzeugung in Spitzenlastzeiten bis zu zehn Mal so viel kosten wie in Niedriglastzeiten (z. B. in den Nachtstunden).

Dem Kunden sind die Schwankungen der Grenzkosten der Stromerzeugung im Tagesverlauf in der Regel nicht bewusst. Der Preis auf seiner Stromrechnung basiert auf den Durchschnittskosten der Stromerzeugung. Dadurch ist die Nachfrage nach Strom in Spitzenlastzeiten zu hoch und in Niedriglastzeiten zu niedrig.

Um diese ineffiziente Situation zu ändern, haben Stromversorgungsunternehmen gemeinsam mit Forschungseinrichtungen intelligente Stromnetze (Smart Grids) entwickelt, die es den Kunden ermöglichen, ihren Stromverbrauch in Echtzeit an die tatsächlichen Grenzkosten der Stromerzeugung anzupassen. Durch intelligente Zähler (Smart Meter) schwankt der Preis für den Kunden in Abhängigkeit der Grenzkosten der Stromerzeugung, und der Kunde kann diese Preisschwankungen zur Steuerung seines Verbrauchsverhaltens nutzen. Große Stromverbraucher wie Geschirrspüler, Kühlschränke, Waschmaschinen und Wäschetrockner werden so gesteuert, dass sie dann laufen, wenn die Strompreise am niedrigsten sind.

Empirische Untersuchungen haben mehrfach gezeigt, dass Stromkunden ihren Stromverbrauch zu Spitzenlastzeiten deutlich senken, wenn ihnen die tatsächlichen Grenzkosten der Stromerzeugung in Rechnung gestellt werden. Intelligente Stromnetze sind also eindeutig ein Beleg für kluges Wirtschaften.

Kurzzusammenfassung

- Die Grenzkosten entsprechen der Steigung der Gesamtkostenkurve. Abnehmende Grenzprodukte führen dazu, dass die Grenzkostenkurve steigend verläuft.
- Die **durchschnittlichen Gesamtkosten** (oder **Durchschnittskosten**) entsprechen der Summe aus **durchschnittlichen Fixkosten** und **durchschnittlichen variablen Kosten**. Wenn die **u-förmige Kurve der durchschnittlichen Gesamtkosten** fallend verläuft, dominiert der Verteilungseffekt: Die Fixkosten verteilen sich über mehr Outputeinheiten. Wenn die Kurve steigend verläuft, dominiert der Effekt abnehmender Erträge: Eine zusätzliche Outputeinheit erfordert einen höheren Einsatz des variablen Produktionsfaktors.
- Die Grenzkosten sind gleich den durchschnittlichen Gesamtkosten, wenn die **Minimalkostenmenge** produziert wird. Bei höheren Produktionsmengen sind die Grenzkosten größer als die durchschnittlichen Gesamtkosten und die Kurve der durchschnittlichen Gesamtkosten verläuft steigend. Bei niedrigeren Produktionsmengen sind die Grenzkosten geringer als die durchschnittlichen Gesamtkosten und die Kurve der durchschnittlichen Gesamtkosten verläuft fallend.
- Bei niedrigen Produktionsmengen treten oft zunehmende Grenzprodukte eines Produktionsfaktors auf, weil das Unternehmen von den Vorteilen der Spezialisierung profitiert. Dadurch kommt es zu einer bumerangförmigen Grenzkostenkurve: Zunächst verläuft sie fallend und dann steigend.

ÜBERPRÜFEN SIE IHR WISSEN

Alice verkauft Apfelkuchen an einem Stand. Sie muss für den Stand jeden Tag 9,00 Euro Miete bezahlen. Darüber hinaus hat sie Kosten in Höhe von 1,00 Euro für den ersten Apfelkuchen, den sie an einem Tag herstellt. Die Produktion jedes weiteren Apfelkuchens kostet 50 Prozent mehr als die des vorhergehenden. So betragen beispielsweise die Kosten des zweiten Apfelkuchens 1 Euro × 1,5 = 1,50 Euro usw.

a. Ermitteln Sie für Alices Kleinunternehmen die Grenzkosten, die variablen Kosten, die durchschnittlichen Gesamtkosten, die durchschnittlichen variablen Kosten und die durchschnittlichen Fixkosten, wenn ihre tägliche Produktionsmenge an Apfelkuchen von 0 auf 6 steigt. (Hinweis: Die variablen Kosten von zwei Kuchen ergeben sich einfach als die Grenzkosten des ersten Kuchens plus die Grenzkosten des zweiten Kuchens usw.)

b. Geben Sie an, in welchem Bereich der Verteilungseffekt dominiert und in welchem Bereich der Effekt abnehmender Erträge dominiert.

c. Wie hoch ist Alices Minimalkostenmenge? Erläutern Sie, warum die Produktion eines weiteren Apfelkuchens ihre durchschnittlichen Gesamtkosten verringert, wenn die Produktionsmenge kleiner ist als die Minimalkostenmenge. Erläutern Sie in gleicher Weise, warum die Herstellung eines weiteren Kuchens die durchschnittlichen Gesamtkosten erhöht, wenn die Produktionsmenge größer als die Minimalkostenmenge ist.

11.3 Kurzfristige versus langfristige Kosten

Bislang haben wir unterstellt, dass ein Unternehmen keinen Einfluss auf die Fixkosten hat. Diese Annahme war angemessen, da der Fokus unserer Analyse auf der kurzfristigen Betrachtung lag. Wir wissen allerdings, dass langfristig die Einsatzmengen aller Produktionsfaktoren variabel sind. Und damit können langfristig auch die Fixkosten geändert werden. Anders ausgedrückt: *Langfristig werden die Fixkosten eines Unternehmens zu einer Größe, die das Unternehmen steuern kann.* So kann beispielsweise Berts Schuhfabrik neue Produktionsmaschinen kaufen oder bereits vorhandene Maschinen verkaufen, wenn ausreichend Zeit vorhanden ist.

In diesem Abschnitt wollen wir untersuchen, wie sich die Kosten eines Unternehmens kurzfristig und langfristig verhalten. Dabei werden wir erfahren, dass ein Unternehmen seine Fixkosten langfristig in Abhängigkeit von der erwarteten Produktionsmenge wählen wird.

Die Bedeutung der Fixkosten

Nehmen wir an, dass Bert mit dem Gedanken spielt, für seine Schuhfabrik eine weitere Maschine anzuschaffen. Die Anschaffung einer zusätzlichen Maschine verändert die Gesamtkosten auf zweierlei Weise. Erstens muss das Unternehmen die zusätzliche Maschine entweder mieten oder kaufen, was zu höheren Fixkosten führt. Zweitens steigt die Produktivität der Arbeiter, wenn sie über mehr Maschinen verfügen: Es werden weniger Arbeitskräfte benötigt, um eine bestimmte Produktionsmenge zu erzeugen, sodass die variablen Kosten für jede Produktionsmenge sinken.

Die zu **Abbildung 11-11** gehörende Tabelle zeigt, wie die Anschaffung einer weiteren Maschine die Kosten verändert. In unserem ursprünglichen Beispiel sind wir davon ausgegangen, dass Berts Schuhfabrik Fixkosten in Höhe von 108 Euro hat. Die linke Hälfte der Tabelle zeigt variable Kosten, Gesamtkosten und durchschnittliche Gesamtkosten unter der Annahme von Fixkosten in Höhe von 108 Euro. Die Kurve der durchschnittlichen Gesamtkosten für dieses Fixkostenniveau wird durch ATC_1 in Abbildung 11-11 wiedergegeben. Wir wollen unser ursprüngliches Beispiel jetzt mit einer Situation vergleichen, in der das Unternehmen eine weitere Maschine kauft, sodass sich die Fixkosten auf 216 Euro verdoppeln, die variablen Kosten aber für jedes Produktionsniveau sinken. Die rechte Hälfte der Tabelle zeigt variable Kosten, Gesamtkosten und durchschnittliche Gesamtkosten des Unternehmens für dieses höhere Niveau der Fixkosten. Die Kurve der durchschnittlichen Gesamtkosten, die mit Fixkosten in Höhe von 216 Euro einhergeht, wird durch ATC_2 in Abbildung 11-11 wiedergegeben.

Die Abbildung zeigt deutlich: Bei einer geringeren Produktionsmenge, wenn 4 Paar Schuhe pro Tag oder weniger hergestellt werden, sind die durchschnittlichen Gesamtkosten geringer, wenn Berts Schuhfabrik auf die Anschaffung einer weiteren Maschine verzichtet und das niedrigere Fixkostenniveau in Höhe von 108 Euro beibehält. ATC_1 liegt unterhalb von ATC_2. Werden beispielsweise 3 Paar Schuhe pro Tag produziert, dann betragen die durchschnittlichen Gesamtkosten ohne die zusätzliche Maschine 72 Euro, mit der zusätzlichen Maschine jedoch 90 Euro. Ist die Produktionsmenge jedoch größer als 4 Paar Schuhe pro Tag, sind die durchschnittlichen Gesamtkosten des Unternehmens geringer, wenn die zusätzliche Maschine angeschafft wird und

Abb. 11-11

Wahl des Fixkostenniveaus für Berts Schuhfabrik

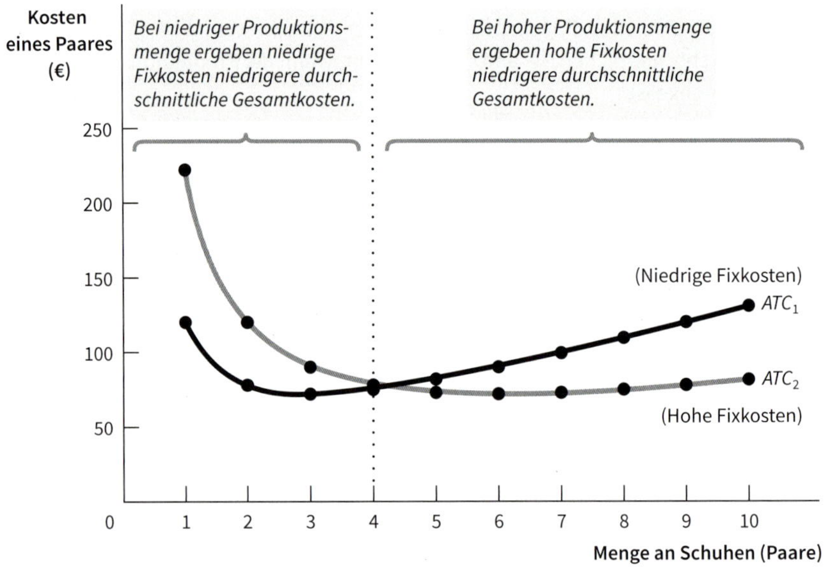

	Niedrige Fixkosten (FC = 108 €)			Hohe Fixkosten (FC = 216 €)		
Schuhmenge (Paare)	Hohe variable Kosten (€)	Gesamtkosten (€)	Durchschnittliche Gesamtkosten eines Paares ATC_1 (€)	Niedrige variable Kosten (€)	Gesamtkosten (€)	Durchschnittliche Gesamtkosten eines Paares ATC_2 (€)
1	12	120	120,00	6	222	222,00
2	48	156	78,00	24	240	120,00
3	108	216	72,00	54	270	90,00
4	192	300	75,00	96	312	78,00
5	300	408	81,60	150	366	73,20
6	432	540	90,00	216	432	72,00
7	588	696	99,40	294	510	72,90
8	768	876	109,50	384	600	75,00
9	972	1.080	120,00	486	702	78,00
10	1.200	1.308	130,80	600	816	81,60

Für jedes Produktionsniveau gibt es die Wahlmöglichkeit zwischen höheren Fixkosten und geringeren variablen Kosten und umgekehrt. ATC_1 bezeichnet die Kurve der durchschnittlichen Gesamtkosten, die mit Fixkosten in Höhe von 108 Euro verbunden ist. Sie führt zu hohen variablen Kosten. ATC_2 ist die Kurve der durchschnittlichen Gesamtkosten, die zwar mit höheren Fixkosten (216 Euro) einhergeht, aber mit geringeren variablen Kosten verbunden ist.

Bei geringen Produktionsmengen, in unserem Beispiel bei weniger als 4 Paar Schuhen pro Tag, liegt ATC_1 unterhalb von ATC_2. Die durchschnittlichen Gesamtkosten sind niedriger, wenn die Fixkosten nur 108 Euro betragen. Steigt der Output jedoch, sind die durchschnittlichen Gesamtkosten bei dem höheren Fixkostenniveau (216 Euro) geringer: Bei mehr als 4 Paar Schuhen pro Tag liegt ATC_2 unterhalb von ATC_1.

die Fixkosten dadurch auf 216 Euro steigen. So liegen beispielsweise bei der Produktion von 9 Paar Schuhen pro Tag die durchschnittlichen Gesamtkosten bei 120 Euro, wenn die Fixkosten 108 Euro betragen, aber bei lediglich 78 Euro, wenn sich die Fixkosten auf 216 Euro erhöht haben.

Warum kommt es zu diesen Änderungen bei den durchschnittlichen Gesamtkosten, wenn sich die Fixkosten erhöhen? Ist die Produktionsmenge gering, dann übersteigt der Anstieg der Fixkosten, der sich aus der zusätzlichen Maschine ergibt, den Rückgang der variablen Kosten aus der höheren Produktivität der Arbeiter. Anders ausgedrückt: Es gibt zu wenige Outputeinheiten, auf die sich die zusätzlichen Fixkosten verteilen können. Plant Bert mit seiner Schuhfabrik also weniger als 4 Paar Schuhe pro Tag zu produzieren, dann wäre es für das Unternehmen besser, wenn sich Bert für das niedrigere Fixkostenniveau (108 Euro) entscheidet, um geringere durchschnittliche Gesamtkosten bei der Produktion zu erreichen. Ist der geplante Output jedoch hoch, dann sollte Bert die zusätzliche Maschine anschaffen. Es gibt also für jede Produktionsmenge eine spezifische Höhe der Fixkosten, bei der die durchschnittlichen Gesamtkosten des Unternehmens für diese Produktionsmenge minimiert werden.

Die Kurve der langfristigen durchschnittlichen Gesamtkosten

In einer Situation, in der sich die Fixkosten ändern können, müssen wir bei der Analyse der durchschnittlichen Gesamtkosten den Zeitfaktor mitberücksichtigen. Sämtliche Durchschnittskostenkurven, die wir bislang betrachtet haben, sind für ein gegebenes Niveau der Fixkosten definiert. Sie sind demnach kurzfristig definiert, also für den Zeitraum, in dem sich die Fixkosten nicht ändern. Um diese Unterscheidung zu verdeutlich, wollen wir im weiteren Verlauf dieses Kapitels diese Kurven der durchschnittlichen Gesamtkosten als »Kurven der kurzfristigen durchschnittlichen Gesamtkosten« bezeichnen.

Für die meisten Unternehmen ist es realistisch anzunehmen, dass es für sie viele verschiedene Möglichkeiten gibt, die Fixkosten zu wählen, nicht nur zwei. Dies impliziert, dass für diese Unternehmen viele Kurven der kurzfristigen durchschnittlichen Gesamtkosten existieren, wobei jede dieser Kurven mit einer bestimmten Wahl der Fixkosten korrespondiert. Daraus entsteht etwas, was wir als »Familie« der Kurven der kurzfristigen durchschnittlichen Gesamtkosten bezeichnen können.

Zu einem bestimmten Zeitpunkt wird sich ein Unternehmen auf einer seiner Kurven der kurzfristigen Kosten befinden, nämlich der, die mit seinem gegenwärtigen Fixkostenniveau korrespondiert. Eine Änderung der Produktionsmenge führt für das Unternehmen zu einer Bewegung entlang dieser Kurve. Erwartet das Unternehmen, dass die Änderung der Produktionsmenge langfristiger Natur ist, dann ist es wahrscheinlich, dass das gegenwärtige Fixkostenniveau nicht länger angemessen ist. Wenn genügend Zeit vorhanden ist, wird das Unternehmen seine Fixkosten an ein neues Niveau anpassen wollen, das die durchschnittlichen Gesamtkosten für diese neue Produktionsmenge minimiert.

Hätte beispielsweise Berts Schuhfabrik zunächst 2 Paar Schuhe pro Tag bei Fixkosten in Höhe von 108 Euro produziert, dann aber festgestellt, dass das Produktionsniveau dauerhaft auf 8 Paar Schuhe pro Tag erhöht werden kann, sollte es langfristig seine Fixkosten auf ein Niveau erhöhen, das die durchschnittlichen Gesamtkosten bei einer Produktion von 8 Paar Schuhen pro Tag minimiert.

Durch ein Gedankenexperiment können wir die geringstmöglichen durchschnittlichen Gesamtkosten ermitteln, die für jede Produktionsmenge erreicht werden können, wenn das Unternehmen seine Fixkosten für jede Produktionsmenge wählen könnte. Ökonomen bezeichnen das Ergebnis dieses Gedankenexperiments mit dem Begriff *Kurve der langfristigen durchschnittlichen Gesamtkosten*. Die **Kurve der langfristigen durchschnittlichen Gesamtkosten** (*LRATC*) beschreibt die Beziehung zwischen Produktionsmenge und durchschnittlichen Gesamtkosten, wenn die Fixkosten so gewählt wurden, dass die durchschnittlichen Gesamtkosten für *jede Produktionsmenge* minimiert werden. Gibt es viele Wahlmöglichkeiten für die Fixkosten, dann weist die Kurve der langfristigen durchschnittlichen Gesamtkosten die vertraute u-förmige Gestalt auf, so wie es die mit *LRATC* bezeichnete Kurve in **Abbildung 11-12** tut.

Die **Kurve der langfristigen durchschnittlichen Gesamtkosten** zeigt die Beziehung zwischen Produktionsmenge und durchschnittlichen Gesamtkosten, falls die Fixkosten so gewählt wurden, dass die durchschnittlichen Gesamtkosten für jedes Produktionsniveau minimiert werden.

Abb. 11-12

Kurven der kurzfristigen und langfristigen durchschnittlichen Gesamtkosten

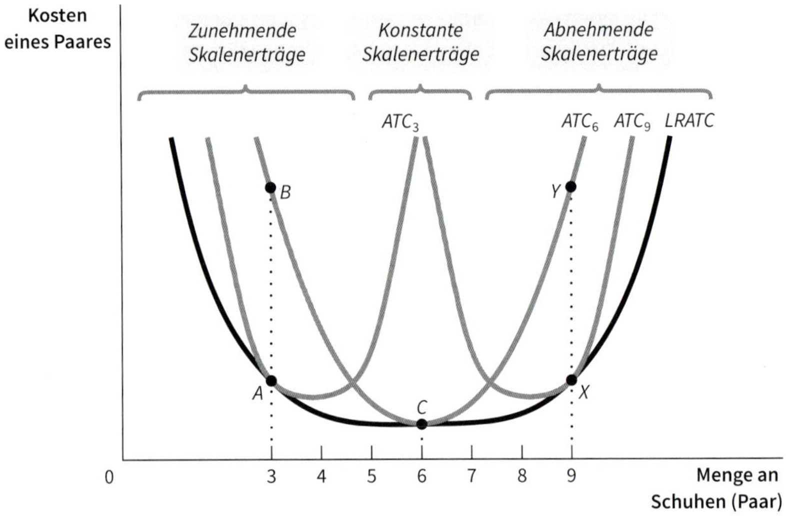

Die Kurven der kurzfristigen und die langfristigen durchschnittlichen Gesamtkosten unterscheiden sich, da ein Unternehmen langfristig die Höhe der Fixkosten bestimmten kann. Hat Berts Schuhfabrik das Niveau der Fixkosten gewählt, das die kurzfristigen durchschnittlichen Gesamtkosten bei einer Produktionsmenge von 6 Paar Schuhen pro Tag minimiert, und werden tatsächlich 6 Paar Schuhe je Tag hergestellt, dann befindet sich das Unternehmen im Punkt *C* auf den Kurven *LRATC* und ATC_6. Produziert die Schuhfabrik dagegen nur 3 Paar Schuhe pro Tag, bewegt sich das Unternehmen zum Punkt *B*. Geht Bert davon aus, für einen längeren Zeitraum nur 3 Paar Schuhe pro Tag zu produzieren, dann wird er sich dazu entscheiden, langfristig die Fixkosten zu senken und sich zum Punkt *A* auf der Kurve ATC_3 bewegen. Produziert die Schuhfabrik 9 Paar Schuhe pro Tag (und befindet sich im Punkt *Y*) und ist davon auszugehen, dass diese Produktionsmenge für einen längeren Zeitraum Bestand haben wird, dann wird Bert seine Fixkosten langfristig erhöhen und sich damit zum Punkt *X* auf der Kurve ATC_9 bewegen.

Wir können die Unterscheidung zwischen kurzfristiger und langfristiger Betrachtung noch präziser vornehmen. Langfristig, wenn das Unternehmen ausreichend Zeit hatte, um die Fixkosten zu wählen, die für die von ihm angestrebte Produktionsmenge angemessen sind, wird sich das Unternehmen auf irgendeinem Punkt seiner Kurve der langfristigen durchschnittlichen Gesamtkosten befinden. Ändert sich das Produktionsniveau jedoch, verbleibt das Unternehmen nicht länger auf seiner Kurve der langfristigen durchschnittlichen Gesamtkosten, sondern bewegt sich vielmehr entlang der aktuellen Kurve der kurzfristigen durchschnittlichen Gesamtkosten. Solange das Unternehmen nicht seine Fixkosten an das neue Produktionsniveau angepasst hat, wird es sich nicht auf seiner Kurve der langfristigen durchschnittlichen Gesamtkosten befinden.

Abbildung 11-12 veranschaulicht diesen Zusammenhang. Die Kurve ATC_3 zeigt die kurzfristigen durchschnittlichen Gesamtkosten, wenn Bert das Niveau seiner Fixkosten so gewählt hat, dass es die durchschnittlichen Gesamtkosten bei einer Produktionsmenge von 3 Paar Schuhen pro Tag minimiert. Das wird dadurch deutlich, dass bei 3 Paar Schuhen pro Tag ATC_3 die Kurve der langfristigen durchschnittlichen Gesamtkosten *LRATC* gerade berührt. In gleicher Weise zeigt ATC_6 die Kurve der kurzfristigen durchschnittlichen Gesamtkosten, wenn Bert sein Fixkostenniveau so gewählt hat, dass es die durchschnittlichen Gesamtkosten bei einer Produktionsmenge von 6 Paar Schuhen pro Tag minimiert. Diese Kurve berührt *LRATC* bei 6 Paar Schuhen pro Tag. Schließlich zeigt ATC_9 die Kurve der kurzfristigen durchschnittlichen Gesamtkosten, wenn Bert sein Fixkostenniveau so gewählt hat, dass dabei die durchschnittlichen Gesamtkosten bei einer Produktionsmenge von 9 Paar Schuhen pro Tag minimiert werden. Diese Kurve berührt *LRATC* bei 9 Paar Schuhen pro Tag.

Nehmen wir an, dass sich Bert zunächst einmal für ATC_6 entschieden hat. Produziert das Unternehmen tatsächlich 6 Paar Schuhe pro Tag, befindet es sich in Punkt *C* sowohl auf der Kurve der kurzfristigen als auch auf der Kurve der langfristigen durchschnittlichen Gesamtkosten. Was passiert, wenn das Unternehmen tatsächlich nur 3 Paar Schuhe pro Tag produzieren kann? Kurzfristig werden seine durchschnittlichen Gesamtkosten durch den Punkt *B* auf ATC_6 widergespiegelt, und das Unternehmen befindet sich nicht länger auf *LRATC*. Hätte das Unternehmen von vornherein gewusst, dass lediglich 3 Paar Schuhe pro Tag produziert werden, wäre es besser gewesen, wenn das Unternehmen seine Fixkosten verringert und damit geringere durchschnittliche Gesamtkosten realisiert hätte. Anders ausgedrückt: Es wäre für das Unternehmen besser gewesen, das Fixkostenniveau zu wählen, das mit ATC_3 korrespondiert. Hätte das Unternehmen diese Entscheidung getroffen, befände es sich in Punkt *A* auf der langfristigen Kurve der durchschnittlichen Gesamtkosten. Dieser Punkt liegt unterhalb von Punkt *B*.

Wie sieht die Situation aus, wenn das Unternehmen tatsächlich 9 Paar Schuhe pro Tag produziert? Kurzfristig werden seine durchschnittlichen Gesamtkosten durch Punkt *Y* auf ATC_6 wiedergegeben. Es wäre für das Unternehmen allerdings besser gewesen, höhere Fixkosten auf sich zu nehmen, um die variablen Kosten zu reduzieren und sich nach ATC_9 zu bewegen. Dann hätte das Unternehmen den Punkt *X* auf der Kurve der langfristigen durchschnittlichen Gesamtkosten erreichen können, der unterhalb von *Y* liegt.

Die sorgfältige Unterscheidung zwischen kurzfristigen und langfristigen durchschnittlichen Gesamtkosten ist von großer Bedeutung, wenn man verstehen will, wie sich Unternehmen in der Praxis verhalten. Ein Unternehmen, das seine Produktion kurzfristig in die Höhe fahren muss, um eine Nachfragespitze befriedigen zu können, wird typischerweise feststellen, dass seine kurzfristigen durchschnittlichen Gesamtkosten deutlich ansteigen, weil es schwierig ist, mit den bestehenden Anlagen zusätzliche Produktionsmengen zu generieren. Besteht jedoch ausreichend Zeit, um neue Fabriken zu bauen oder neue Maschinen zu erwerben, dann gehen die kurzfristigen durchschnittlichen Gesamtkosten zurück.

Skalenerträge

Aber was bestimmt die Form der Kurve der langfristigen durchschnittlichen Gesamtkosten? Die Antwort lautet, dass die *produzierte Stückzahl*, die Produktionsmenge, in der Regel eine wichtige Determinante für die langfristigen durchschnittlichen Gesamtkosten der Produktion darstellt. Man spricht in diesem Zusammenhang von Skaleneffekten. Unternehmen, die sich Skaleneffekten gegenübersehen, stellen fest, dass sich ihre langfristigen durchschnittlichen Gesamtkosten in Abhängigkeit von der Produktionsmenge ändern. Man spricht von **zunehmenden Skalenerträgen**, wenn die langfristigen durchschnittlichen Gesamtkosten mit zunehmender Produktionsmenge zurückgehen.

Zunehmende Skalenerträge liegen vor, wenn die langfristigen durchschnittlichen Gesamtkosten mit zunehmender Produktionsmenge abnehmen.

Wie man in Abbildung 11-12 erkennen kann, sieht sich Berts Schuhfabrik zunehmenden Skalenerträgen in einem Produktionsbereich von 0 Paar Schuhen bis 5 Paar Schuhen gegenüber. Das sind die Produktionsmengen, für die die Kurve der langfristigen durchschnittlichen Gesamtkosten fallend verläuft. Dagegen spricht man von **abnehmenden Skalenerträgen**, wenn die langfristigen durchschnittlichen Gesamtkosten mit zunehmender Produktionsmenge steigen. Für Berts Schuhfabrik treten abnehmende Skalenerträge bei einer Produktionsmenge von 7 Paar Schuhen und mehr auf. Das sind die Produktionsmengen, bei denen die Kurve der langfristigen durchschnittlichen Gesamtkosten steigend verläuft.

Abnehmende Skalenerträge liegen vor, wenn die langfristigen durchschnittlichen Gesamtkosten mit zunehmender Produktionsmenge zunehmen.

Außerdem gibt es noch eine dritte mögliche Beziehung zwischen den langfristigen durchschnittlichen Gesamtkosten und der Unternehmensgröße. Ein Unternehmen sieht sich **konstanten Skalenerträgen** gegenüber, wenn die langfristigen durchschnittlichen Gesamtkosten bei

Konstante Skalenerträge liegen vor, wenn die langfristigen durchschnittlichen Gesamtkosten bei zunehmender Produktionsmenge unverändert bleiben.

steigender Produktionsmenge konstant bleiben. In diesem Fall verläuft die Kurve der langfristigen durchschnittlichen Gesamtkosten in dem Bereich waagerecht, für den konstante Skalenerträge gelten.

Wodurch erklären sich diese Skaleneffekte der Produktion? Die Antwort liegt letztlich in der Produktionstechnik, die das Unternehmen verwendet. Zunehmende Skalenerträge sind oft das Ergebnis einer zunehmenden *Spezialisierung*, die durch eine größere Produktion möglich wird. Bei einem höheren Produktionsniveau können sich die einzelnen Arbeitskräfte stärker auf spezialisierte Aufgaben konzentrieren, wodurch sie größere Fertigkeiten bei diesen Aufgaben erlangen und sie effizienter erledigen.

Eine andere Quelle für zunehmende Skalenerträge ist in sehr hohen Anfangskosten zu sehen. In einigen Industriezweigen, wie etwa in der Automobilindustrie, bei der Stromerzeugung oder bei Raffinerien sind sehr hohe Anfangskosten in Form von Gebäuden und Anlagen notwendig, um etwas produzieren zu können.

Zunehmende Skalenerträge treten auch in Hochtechnologiebranchen wie z. B. in der Softwareentwicklung auf, wenn der Wert einer Ware oder einer Dienstleistung für einen Einzelnen steigt, wenn viele andere dieses Gut auch nutzen. (Dieser Effekt wird als *Netzwerkexternalität* bezeichnet.) Wie wir in Kapitel 13 lernen werden, wo wir uns mit dem Monopol beschäftigen wollen, haben zunehmende Skalenerträge große Auswirkungen auf das Verhalten von Unternehmen und Branchen.

Abnehmende Skalenerträge treten dagegen typischerweise in großen Unternehmen aufgrund von Koordinations- und Kommunikationsproblemen auf: Mit zunehmender Größe des Unternehmens wird es immer schwieriger und daher kostspieliger zu kommunizieren und die Aktivitäten zu organisieren. Während zunehmende Skalenerträge Anreize schaffen, Unternehmen zu vergrößern, wirken abnehmende Skalenerträge tendenziell begrenzend auf die Größe eines Unternehmens. Liegen konstante Skalenerträge vor, hat das Skalenniveau, auf dem das Unternehmen

Tab. 11-3

Kostengrößen

	Messgröße	**Definition**	**Mathematisches Symbol**
Kurzfristig	Fixkosten	Kosten, die nicht von der Produktionsmenge abhängen	*FC*
	Durchschnittliche Fixkosten	Fixkosten je Outputeinheit	$AFC = FC/Q$
Kurzfristig und langfristig	Variable Kosten	Kosten, die von der Produktionsmenge abhängen	*VC*
	Durchschnittliche variable Kosten	Variable Kosten je Outputeinheit	$AVC = VC/Q$
	Gesamtkosten	Summe aus Fixkosten (kurzfristig) und variablen Kosten	$TC = FC$ (kurzfristig) $+ VC$
	Durchschnittliche Gesamtkosten (Durchschnittskosten)	Gesamtkosten je Outputeinheit	$ATC = TC/Q$
	Grenzkosten	Änderung der Gesamtkosten, die durch die Ausdehnung der Produktion um eine Einheit hervorgerufen wird	$MC = \Delta TC/\Delta Q$
Langfristig	Langfristige durchschnittliche Gesamtkosten	Durchschnittliche Kosten, bei denen die Fixkosten so gewählt wurden, dass die Gesamtkosten für jede Produktionsmenge minimiert werden	*LRATC*

operiert, keine Auswirkungen auf die langfristigen durchschnittlichen Gesamtkosten: Sie sind gleich groß, unabhängig davon, ob das Unternehmen 1 Einheit produziert oder 100.000 Einheiten.

Zusammenfassung der Kostengrößen

Will ein Unternehmen die beste Entscheidung treffen, wie viel es produzieren sollte, muss es verstehen, in welcher Beziehung seine Kosten zur Produktionsmenge stehen, die es wählt. **Tabelle 11-3** zeigt eine kurze Zusammenfassung der Kostengrößen, die wir kennengelernt haben.

WISSENSCHAFT UND PRAXIS

Wie die Sharing Economy die Fixkosten senkt

Turo ist ein Car-Sharing-Anbieter. Das US-Unternehmen ermöglicht es privaten Autobesitzern, ihr Fahrzeug an Personen zu vermieten, die gern mal Autofahren wollen, aber sich dafür kein eigenes Auto kaufen möchten. Vorbild für Turo ist das US-Unternehmen Airbnb, das die Vermietung von gewerblichen und privaten Räumlichkeiten vermittelt und damit allein im Jahr 2021 Erlöse in Höhe von fast 5 Milliarden Dollar erzielt hat.

Sharing-Anbieter vermitteln über eigens entwickelte Online-Plattformen die Nutzung von Büroräumen, Häusern, Computerrechenleistung, Autos, kleinen Flugzeugen, Finanzkapital, Büchern und sogar von Designermode zwischen einzelnen Personen oder Unternehmen. Selbst die Cloud im Internet, die wir nutzen, um Dokumente und Fotos zu speichern, ist ein Bestandteil der Sharing Economy. Privatpersonen und Unternehmen können in einer Cloud Rechenleistung, Speicherplatz und Software mieten. Aber was hat das mit Fixkosten zu tun? Eine ganze Menge! Wenn es möglich ist, ein Gut nur dann zu nutzen, wenn man es braucht, entstehen anstelle von Fixkosten nur variable Kosten.

Betrachten wir dazu das private Car-Sharing, wie es Turo praktiziert. Nehmen wir an, Sabrina braucht gelegentlich ein Auto. Aber der Kauf eines Pkws würde sie eine Stange Geld kosten. Selbst für einen älteren Gebrauchtwagen müsste sie mehrere Tausend Euro ausgeben. Beim Kauf eines Autos würden Sabrina also beträchtliche Fixkosten entstehen. Und da sie das Auto nur gelegentlich braucht, würde es oft unbenutzt in der Garage stehen.

Anstatt sich ein eigenes Auto zu kaufen, könnte Sabrina aber auch einfach ein Auto über Turo mieten, wenn sie eines braucht. Dann würden bei ihr variable Kosten anfallen (die Miete für den Leihwagen und Ausgaben für Benzin), aber keine großen Fixkosten wie bei einem Autokauf. Durch das Mieten eines Fahrzeugs kann Sabrina die Fixkosten in variable Kosten umwandeln.

Neben Sabrina gibt es auch noch Becky. Becky besitzt ein Auto, das sie über die App von Turo an andere Personen vermietet. Durch den Kauf des Pkws sind für Becky Fixkosten entstanden. Einen Teil dieser Fixkosten kann sie jedoch durch Einnahmen aus der Vermietung ihres Autos decken.

Wenn Becky und andere Personen ihr Auto zur Nutzung zur Verfügung stellen, wenn sie es nicht brauchen, wird die Anzahl der Autokäufe in der Volkswirtschaft zurückgehen. Personen wie Sabrina müssen sich kein eigenes Auto mehr kaufen, wenn sie Autofahren möchten. Über die gesamte Volkswirtschaft betrachtet sinkt die Anzahl an Pkws für eine gegebene Menge an Autofahrten und damit sinken auch die Fixkosten, die durch den Autokauf in der Volkswirtschaft entstehen.

Durch die Sharing Economy werden die Fixkosten des Eigentums in variable Kosten für die Nutzung umgewandelt, sodass sich die Menschen insgesamt eine größere Menge an Waren und Dienstleistungen leisten können. Gleichzeitig können sich Menschen wie Becky durch die Sharing Economy Güter kaufen (wie z. B. ein neues Auto), die sie sich vorher nicht leisten konnten, weil sie durch die Vermietung dieser Güter zusätzliche Einnahmen erwirtschaften.

Die Sharing Economy leistet also einen wichtigen Beitrag zu einer effizienten Nutzung der gesellschaftlichen Ressourcen, indem sie die Fixkosten insgesamt reduziert, um die gewünschte Menge an Waren und Dienstleistungen zu erzeugen.

Auf dem deutschen Markt konnte sich das private Car-Sharing bislang allerdings nicht durchsetzen. Nachdem Turo Anfang 2018 auch in Deutschland einen Marktplatz für privates Car-Sharing eröffnet hatte, musste das Unternehmen den Marktplatz nur zwei Jahre später wieder schließen.

Kurzzusammenfassung

- Langfristig wählen die Unternehmen ihre Fixkosten in Abhängigkeit von der erwarteten Produktionsmenge. Höhere Fixkosten reduzieren die durchschnittlichen Gesamtkosten bei hohen Produktionsmengen. Niedrige Fixkosten reduzieren die durchschnittlichen Gesamtkosten bei kleinen Produktionsmengen.
- Es gibt viele mögliche Kurven der kurzfristigen durchschnittlichen Gesamtkosten, wobei jede dieser Kurven mit einem anderen Niveau der Fixkosten verbunden ist. Die **Kurve der langfristigen durchschnittlichen Gesamtkosten** (*LRATC*) zeigt die durchschnittlichen Gesamtkosten bei langfristiger Betrachtung, wenn das Unternehmen die Fixkosten so wählen kann, dass für jedes gegebene Produktionsniveau die durchschnittlichen Gesamtkosten minimiert werden.
- Ein Unternehmen, das seine Fixkosten komplett an sein Produktionsniveau angepasst hat, operiert auf einem Punkt, der sowohl auf der aktuellen kurzfristigen als auch auf der langfristigen durchschnittlichen Gesamtkostenkurve liegt. Eine Änderung der Produktionsmenge führt dazu, dass sich das Unternehmen entlang seiner gegenwärtigen Kurve der kurzfristigen durchschnittlichen Gesamtkosten bewegt. Nachdem es seine Fixkosten an die neue Situation angepasst hat, operiert das Unternehmen auf einer neuen kurzfristigen Kurve der durchschnittlichen Gesamtkosten und gleichzeitig auf der Kurve der langfristigen durchschnittlichen Gesamtkosten.
- Skaleneffekte ergeben sich aus der verwendeten Produktionstechnologie. **Zunehmende Skalenerträge** führen tendenziell zu größeren Unternehmen. **Abnehmende Skalenerträge** begrenzen dagegen die Unternehmensgröße. Bei **konstanten Skalenerträgen** hat das Skalenniveau keine Auswirkungen.

ÜBERPRÜFEN SIE IHR WISSEN

1. Die folgende Tabelle zeigt drei mögliche Kombinationen von Fixkosten und durchschnittlichen variablen Kosten.

Kombination	Fixkosten (€)	Durchschnittliche variable Kosten (€)
1	8.000	1,00
2	12.000	0,75
3	24.000	0,25

a. Berechnen Sie für jede der drei Möglichkeiten die durchschnittlichen Gesamtkosten der Produktion von 12.000, 22.000 und 30.000 Einheiten. Welche der drei Möglichkeiten führt bei diesen Mengen zu den niedrigsten durchschnittlichen Gesamtkosten?

b. Nehmen Sie an, dass das Unternehmen in der Vergangenheit 12.000 Einheiten produziert hat und sich nun einem starken, dauerhaften Anstieg der Nachfrage gegenübersieht, sodass es 22.000 Einheiten produziert. Erläutern Sie, wie sich seine durchschnittlichen Gesamtkosten kurzfristig und langfristig ändern.

c. Erläutern Sie, was das Unternehmen tun sollte, wenn es stattdessen davon ausgeht, dass die Nachfrageänderung nur vorübergehender Natur ist.

2. Erläutern Sie für jeden der folgenden Fälle, welche Art von Skaleneffekten bei dem entsprechenden Unternehmen auftreten und warum.

a. Ein Telemarketing-Unternehmen, dessen Angestellte mithilfe von Computern und Telefonen Verkaufsanrufe tätigen.

b. Ein Innenarchitekturstudio, bei dem die Design-Projekte auf der Erfahrung des Firmeninhabers beruhen.

c. Eine Diamantenmine.

3. Zeichnen Sie ein Diagramm wie in Abbildung 11-12 und fügen Sie die Kurve der kurzfristigen durchschnittlichen Gesamtkosten für eine Produktionsmenge von 5 Paar Schuhen hinzu. Zeigen Sie mithilfe des Diagramms, warum Bert seine Fixkosten anpassen sollte, wenn er davon ausgeht, für einen langen Zeitraum nur 4 Paar Schuhe pro Tag zu produzieren.

Unternehmen in Aktion: Der Siegeszug der Roboter

Der Erfolg von Amazon beruht zu einem großen Teil auf der schnellen Auslieferung der Bestellungen. Die meisten Amazon-Prime-Produkte kommen innerhalb von zwei Geschäftstagen beim Kunden an. In bestimmten Regionen schafft es Amazon sogar, Bestellungen innerhalb von 24 Stunden zum Kunden zu bringen. Und in großen Städten dauert es manchmal nur wenige Stunden, bis der Paketbote an der Tür klingelt. Mit diesen schnellen Lieferzeiten kann kein Wettbewerber mithalten. Aber wie schafft es Amazon, eine Lieferung in so kurzer Zeit sicherzustellen?

Amazon greift auf Roboter zurück. Besucht man eines der unzähligen Logistikzentren von Amazon, kann man Hunderte Roboter bewundern, die genau aufeinander abgestimmt im Einsatz sind. Die Roboter können schwere Regale voll mit Produkten transportieren und bringen diese Regale zu Lagerarbeitskräften, die entweder die Artikel für Bestellungen zusammenstellen (»Picker«) oder eingehende Ware inventarisieren (»Stocker«).

Im Jahr 2019 hatte Amazon bereits mehr als 100.000 Roboter in seinen 175 Logistikzentren in den Vereinigten Staaten im Einsatz, die mehr als 5 Milliarden Bestellungen versendet haben. Vor der Einführung der Roboter wurde die anstrengende Arbeit durch menschliche Arbeitskräfte erledigt, die jeden Tag 15 bis 20 Kilometer mit schwerer Ladung laufen mussten. Durch den Einsatz der Roboter konnte Amazon nicht nur den Beschäftigten die Arbeit erleichtern, sondern gleichzeitig auch die Betriebsabläufe in den Logistikzentren deutlich effizienter gestalten. Außerdem benötigen Roboter deutlich weniger Platz zum Bewegen als menschliche Arbeitskräfte, sodass Amazon den Abstand zwischen den Hochregalen verkleinern konnte und auf diese Weise nun mehr Lagerfläche zur Verfügung hat.

In den letzten 20 Jahren hat Amazon viel Geld in die Optimierung seiner Logistikabläufe investiert, um den Kundenwunsch nach einer schnellen Lieferung erfüllen zu können. Die flächendeckende Einführung von Robotern hat dazu einen wichtigen Beitrag geleistet. Gleichzeitig ist es Amazon gelungen, durch die Automatisierung wichtiger Abläufe die Kosten für die Bestellabwicklung fast zu halbieren.

Die Wettbewerber von Amazon haben diese Entwicklung aufmerksam verfolgt. Mittlerweile hat auch Walmart Robotersysteme eingeführt, um die Lieferzeiten zu verkürzen. Roboterhersteller wie 6 River Systems arbeiten mit Logistikspezialisten wie Flowspace zusammen, um kleineren Händlern Lösungen für automatisierte Bestellabwicklungen anzubieten. In Anbetracht der Größenvorteile von Amazon ist es jedoch fraglich, ob andere Einzelhändler den Vorsprung von Amazon jemals werden aufholen können.

FRAGEN

1. Beschreibungen Sie die Veränderungen der Kostenstruktur bei Amazon. Befindet sich Amazon auf der Kurve der kurzfristigen oder der der langfristigen Kosten? Welche Skalenerträge sind für die Betriebsabläufe von Amazon von Bedeutung?
2. Diskutieren Sie Vor- und Nachteile der Automatisierung bei Amazon.
3. Welche Vorteile gegenüber Wettbewerbern ergeben sich für Amazon aus dem Einsatz von Robotersystemen? Halten Sie es für möglich, dass Wettbewerber den Vorsprung von Amazon einholen können? Welche Marktgegebenheiten werden dabei eine Rolle spielen?

Zusammenfassung

1. Die Beziehung zwischen dem Einsatz an Inputs (Produktionsfaktoren) und dem Produktionsergebnis wird durch die **Produktionsfunktion** beschrieben. **Kurzfristig** kann die Menge eines **festen Inputs** nicht variiert werden, wohl aber die Menge des **variablen Inputs. Langfristig** können alle Produktionsfaktoren angepasst werden. Für ein gegebenes Niveau des festen Inputs zeigt die **Gesamtproduktkurve,** wie sich die Produktionsmenge in Abhängigkeit von der Menge des variablen Produktionsfaktors ändert. Wir können auch das **Grenzprodukt** eines Produktionsfaktors berechnen, den Zuwachs an Produktionsmenge, der sich aus dem Einsatz einer zusätzlichen Einheit des Produktionsfaktors ergibt.
2. **Abnehmende Grenzprodukte** eines Produktionsfaktors treten auf, wenn das Grenzprodukt mit steigender Einsatzmenge des Produktionsfaktors sinkt und alle anderen Inputs konstant gehalten werden.
3. Die **Gesamtkosten,** die durch die **Gesamtkostenkurve** repräsentiert werden, ergeben sich als Summe aus den **Fixkosten,** die nicht von der Produktionsmenge abhängen, und den **variablen Kosten,** die von der Produktionsmenge abhängen. Aufgrund sinkender Erträge nehmen die Grenzkosten, der Anstieg der Gesamtkosten, der durch die Produktion einer weiteren Outputeinheit hervorgerufen wird, mit steigender Produktionsmenge zu.
4. Die **durchschnittlichen Gesamtkosten** (auch als **Durchschnittskosten** bezeichnet) ergeben sich als Quotient aus den Gesamtkosten und der Produktionsmenge. Es sind die Kosten einer durchschnittlichen Einheit der Produktion, während die Grenzkosten die Kosten einer zusätzlich produzierten Einheit beschreiben. Ökonomen glauben, dass die Kurve der durchschnittlichen Gesamtkosten typischerweise einen **u-förmigen Verlauf** aufweist, weil die durchschnittlichen Gesamtkosten aus zwei Teilen bestehen: den **durchschnittlichen Fixkosten,** die mit steigender Produktionsmenge sinken (der Verteilungseffekt), und die **durchschnittlichen variablen Kosten,** die mit steigendem Output zunehmen (der Effekt sinkender Erträge).
5. Verlaufen die durchschnittlichen Gesamtkosten u-förmig, dann determiniert der tiefste Punkt der Kurve das Produktionsniveau, bei dem die durchschnittlichen Gesamtkosten minimiert werden, der Punkt der **Minimalkostenmenge**. Das ist gleichzeitig der Punkt, bei dem die Grenzkostenkurve die Kurve der durchschnittlichen Gesamtkosten von unten schneidet. Aufgrund von Spezialisierungsvorteilen kann die Grenzkostenkurve auch zunächst fallend verlaufen, bevor sie zu einer positiven Steigung übergeht. Das gibt ihr ein bumerangförmiges Aussehen.
6. Langfristig kann ein Unternehmen die Einsatzmenge des festen Inputs anpassen und damit das Niveau seiner Fixkosten ändern. Mit der Entscheidung für höhere Fixkosten kann ein Unternehmen für jedes gegebene Produktionsniveau seine variablen Kosten verringern und umgekehrt. Die **Kurve der langfristigen durchschnittlichen Gesamtkosten** zeigt die Beziehung zwischen Output und durchschnitt-

lichen Gesamtkosten, wenn die Fixkosten so gewählt wurden, dass bei jedem gegebenen Produktionsniveau die durchschnittlichen Gesamtkosten minimal sind. Erhöht das Unternehmen die Produktionsmenge, bewegt es sich entlang der Kurve der kurzfristigen durchschnittlichen Gesamtkosten. Das Unternehmen kehrt auf einen Punkt zurück, der sowohl auf der Kurve der kurzfristigen als auch auf der Kurve der langfristigen durchschnittlichen Gesamtkosten liegt, wenn es die Möglichkeit hatte, seine Fixkosten an das neue Produktionsniveau anzupassen.

7. Bei zunehmender Produktionsmenge treten **zunehmende Skalenerträge** auf, wenn die langfristigen durchschnittlichen Gesamtkosten sinken. **Abnehmende Skalenerträge** treten auf, wenn die durchschnittlichen Gesamtkosten mit zunehmender Produktionsmenge steigen. Bleiben die langfristigen durchschnittlichen Gesamtkosten unverändert, ergeben sich **konstante Skalenerträge**. Skaleneffekte hängen im Wesentlichen von der Produktionstechnologie ab.

SCHLÜSSELBEGRIFFE

- Produktionsfunktion
- fester Input
- variabler Input
- langfristig
- kurzfristig
- Gesamtproduktkurve
- Grenzprodukt
- abnehmende Grenzprodukte
- Fixkosten
- variable Kosten
- Gesamtkosten
- Gesamtkostenkurve
- durchschnittliche Gesamtkosten (Durchschnittskosten)
- u-förmige Kurve der durchschnittlichen Gesamtkosten
- durchschnittliche Fixkosten
- durchschnittliche variable Kosten
- Minimalkostenmenge
- Kurve der langfristigen durchschnittlichen Gesamtkosten
- zunehmende Skalenerträge
- abnehmende Skalenerträge
- konstante Skalenerträge

12 Vollständige Konkurrenz und die Angebotskurve

LERNZIELE

- Was man unter vollständiger Konkurrenz versteht und warum die vollständige Konkurrenz für Ökonomen eine wichtige Orientierung liefert.
- Welche Faktoren für ein Unternehmen oder eine Branche zu vollständiger Konkurrenz führen.
- Wie eine **Wettbewerbsbranche** die gewinnmaximierende Produktionsmenge bestimmt.
- Wie man bestimmen kann, ob ein Unternehmen profitabel ist oder nicht.
- Warum sich Branchen kurzfristig anders verhalten als langfristig.
- Wie sich die **kurzfristige Marktangebotskurve** von der **langfristigen Marktangebotskurve** unterscheidet.

Weihnachtsbäume

Ein sicheres Anzeichen dafür, dass die Weihnachtszeit begonnen hat, sind die vielen Weihnachtsbaumverkäufer, die man auf kleinen und großen Plätzen, in Baumärkten und Gartencentern sehen kann. Zu Zeiten unserer Großeltern war es noch üblich, den Weihnachtsbaum selbst im Wald zu schlagen. Durch die wachsende Nachfrage einer immer größer werdenden Bevölkerung und das sinkende Angebot in den immer kleiner werdenden heimischen Wäldern haben die Landwirte die Chance erkannt, durch den Anbau und Verkauf von Weihnachtsbäumen ein zusätzliches Einkommen zu erzielen. Heutzutage ist es eher die Ausnahme, dass die Menschen in den Wald gehen, um ihren Weihnachtsbaum zu fällen. Schließlich gibt es beim Weihnachtsbaumhändler gleich um die Ecke Bäume in allen denkbaren Größen und Formen. In der Bundesrepublik Deutschland werden jedes Jahr fast 30 Millionen Weihnachtsbäume im Wert von über 700 Millionen Euro verkauft. Rund 90 Prozent der Weihnachtsbäume stammen von Weihnachtsbaumkulturen.

Das Angebot an Weihnachtsbäumen ist aus zweierlei Gründen eher preisunelastisch. Zum einen dauert es eine ganze Weile, Land für den Anbau von Weihnachtsbäumen zu kaufen. Zum anderen dauert es noch länger, die Bäume anzupflanzen und großzuziehen. Diese Einschränkungen wirken allerdings nur kurzfristig. Im Laufe der Zeit können bereits existierende Plantagen ihre Kapazität erhöhen, gleichzeitig können neue Landwirte in den Markt eintreten. Die Weihnachtsbäume wachsen und können nach einigen Jahren geschlagen werden. Aus diesem Grund wird ein Anstieg der angebotenen Menge an Weihnachtsbäumen als Reaktion auf einen Preisanstieg langfristig deutlich größer ausfallen als kurzfristig.

Auf welche Entscheidungen gründet sich die Angebotskurve? Warum gibt es einen Unterschied zwischen der kurzfristigen und der langfristigen Angebotskurve? In diesem Kapitel wollen wir unsere Kenntnisse der Kosten, die wir in Kapitel 11 entwickelt haben, als Grundlage für die Analyse der Angebotskurve verwenden. Wie wir sehen werden, erfordert dies, dass wir das Verhalten einzelner Unternehmen und auch das Verhalten einer gesamten Branche verstehen, die sich aus diesen einzelnen Unternehmen zusammensetzt.

Wir gehen in diesem Kapitel davon aus, dass die betreffende Branche durch *vollständige Konkurrenz* charakterisiert ist. Wir beginnen mit der Erläuterung des Konzepts der vollständigen Konkurrenz und legen dar, welche Faktoren einen Markt mit vollständiger Konkurrenz entstehen lassen. Anschließend werden wir zeigen, wie ein Unternehmen bei vollständiger Konkurrenz seine Produktionsentscheidung trifft. Schließlich verwenden wir die Kostenkurven der individuellen Produzenten, um die *Marktangebotskurve* bei vollständiger Konkurrenz abzuleiten.

Die Entwicklung eines Marktes bei vollständiger Konkurrenz im Zeitablauf wird uns Aufschluss darüber geben, wie sich die kurzfristigen und langfristigen Auswirkungen von Nachfrageänderungen in einer Wettbewerbsbranche voneinander unterscheiden. Am Ende dieses Kapitels wollen wir uns genauer mit den Bedingungen beschäftigen, die für vollständige Konkurrenz erfüllt sein müssen.

12.1 Vollständige Konkurrenz

Wir wollen annehmen, dass Yves und Zoe zwei benachbarte Landwirte sind, die beide Weihnachtsbäume anbauen. Beide verkaufen ihre Weihnachtsbäume an die gleiche Kundengruppe. Damit stehen Yves und Zoe ganz real miteinander im Wettbewerb.

Heißt dies, dass Yves versuchen sollte, Zoe vom Weihnachtsbaumanbau abzuhalten oder dass Yves und Zoe sich darauf einigen sollten, weniger anzubauen? Mit ziemlicher Sicherheit nicht: Es gibt Hunderte oder Tausende von Landwirten oder Gärtnereien, die Weihnachtsbäume anbauen. Yves und Zoe stehen mit all diesen anderen Anbaubetrieben genauso im Wettbewerb wie untereinander. Weil so viele Betriebe Weihnachtsbäume anbieten, hätte es keinen messbaren Effekt auf die Marktpreise, wenn einer dieser Betriebe weniger oder mehr produzieren würde.

Ein **Markt mit vollständiger Konkurrenz (Wettbewerbsmarkt, wettbewerblicher Markt)** ist ein Markt, in dem alle Marktteilnehmer Preisnehmer sind.

Wenn Menschen über Wettbewerb im Geschäftsleben sprechen, stellen sie sich oft eine Situation vor, in der zwei oder drei konkurrierende Unternehmen intensiv miteinander um Vorteile ringen. Ökonomen wissen dagegen, dass es eher ein Zeichen für begrenzten Wettbewerb ist, wenn es in einer Branche nur wenige große Wettbewerber gibt. Wie unser Beispiel mit den Weihnachtsbäumen zeigt, hat es keinen Sinn, seine Wettbewerber herauszufinden, wenn es so viele Wettbewerber gibt, dass man aus ihnen nicht einen einzelnen als Konkurrenten herauspicken kann.

Ein **preisnehmender Produzent** ist ein Produzent, dessen Handlungen keine Auswirkungen auf den Marktpreis des Gutes haben, das er verkauft. Ein **preisnehmender Konsument** ist ein Konsument, dessen Handlungen keine Auswirkungen auf den Marktpreis des Gutes haben, das er kauft.

Wir können diesen Sachverhalt auch noch anders formulieren: Yves und Zoe sind **preisnehmende Produzenten**. Ein Produzent ist ein Preisnehmer, wenn seine Handlungen den Marktpreis des Gutes, das er verkauft, nicht beeinflussen können. Folglich betrachtet ein preisnehmendes Unternehmen den Marktpreis als gegeben. Gibt es ausreichend Wettbewerb, ist die Konkurrenz also so stark, dass Ökonomen sie als »vollständig« bezeichnen, dann ist jeder Produzent ein Preisnehmer.

Es gibt eine ähnliche Definition für Konsumenten: Ein **preisnehmender Konsument** ist ein Konsument, der den Marktpreis des Gutes durch seine Handlungen nicht beeinflussen kann. Anders ausgedrückt: Der Marktpreis wird dadurch, wie viel oder wie wenig der Konsument von dem Gut kauft, nicht beeinflusst.

Definition der vollständigen Konkurrenz

In einem **Markt mit vollständiger Konkurrenz (Wettbewerbsmarkt, wettbewerblicher Markt)** verhalten sich alle Marktteilnehmer als Preisnehmer, also sowohl Konsumenten als auch Produzenten. Weder die Konsumentscheidungen einzelner Konsumenten noch die Produktionsentscheidungen einzelner Produzenten haben einen Einfluss auf den Marktpreis des Gutes.

Das Angebots-Nachfrage-Modell, das wir in Kapitel 3 kennengelernt und seitdem wiederholt verwendet haben, ist ein Modell der vollständigen Konkurrenz. Es basiert fundamental auf der Annahme, dass kein einzelner Käufer oder Verkäufer eines Gutes glaubt, er könne den Preis des Gutes beeinflussen.

Allgemein gilt, dass Verbraucher tatsächlich Preisnehmer sind. Situationen, in denen Verbraucher die Preise beeinflussen können, sind selten. Für Produzenten ist es jedoch nicht ungewöhnlich, dass sie die Möglichkeit haben, die Preise zu beeinflussen. Dem werden wir im nächsten Kapitel genauer nachgehen. Das Modell der vollständigen Konkurrenz ist daher für einige, nicht aber für alle Märkte angemessen. Eine Branche, in der die Produzenten Preisnehmer sind, wird als **Wettbewerbsbranche** bezeichnet. Offenkundig herrscht in bestimmten Branchen keine vollständige Konkurrenz. In späteren Kapiteln werden wir lernen, wie wir Branchen analysieren können, die nicht in das Modell der vollständigen Konkurrenz passen.

Unter welchen Umständen werden alle Produzenten Preisnehmer sein? Im nächsten Abschnitt werden wir lernen, dass es zwei notwendige Bedingungen für die vollständige Konkurrenz in einer Branche gibt, und oft auch noch eine dritte Bedingung eine Rolle spielt.

Zwei notwendige Bedingungen für vollständige Konkurrenz

Auf den Märkten für die wichtigsten Getreidearten, wie etwa Weizen und Mais, herrscht vollständige Konkurrenz. Die einzelnen Produzenten von Weizen und Mais nehmen die Marktpreise genau wie die einzelnen Konsumenten von Weizen und Mais als gegeben an. Im Unterschied dazu können die Märkte für einige Lebensmittel, die aus diesem Getreide gemacht werden, in keiner Weise als Wettbewerbsmärkte angesehen werden. Dies gilt insbesondere für Frühstücksflocken. Es gibt einen intensiven Wettbewerb zwischen verschiedenen Anbietern von Frühstücksflocken, aber keine vollständige Konkurrenz. Den Unterschied zwischen dem Markt für Weizen und dem Markt für Weizenflocken versteht man, wenn man die beiden notwendigen Bedingungen für vollständige Konkurrenz kennt.

Die erste Bedingung für vollständige Konkurrenz besteht darin, dass ein Markt viele Produzenten umfassen muss, von denen keiner einen großen **Marktanteil** *aufweist.* Der Marktanteil eines Produzenten ist der Anteil, den die Produktionsmenge des betrachteten Produzenten an der gesamten Produktionsmenge des Marktes hat. Zwischen der Getreidebranche und der Frühstücksflockenbranche gibt es deutliche Unterschiede hinsichtlich der Größe der Marktanteile. Es gibt Tausende von Landwirten, die Weizen anbauen. Keiner von ihnen hat einen Marktanteil, der größer ist als ein Prozent der gesamten Weizenproduktion. In der Regel sind die Marktanteile sowohl in Europa als auch in den Vereinigten Staaten deutlich geringer.

Der Markt für Frühstücksflocken wird dagegen durch weniger als eine Handvoll Produzenten dominiert. In Deutschland sind vor allem vier Produzenten wichtig: Nestlé, Kellogg, Dr. Oetker und Kölln. In den Vereinigten Staaten dominieren Kellogg, General Mills, Post Foods und Quaker den Markt. Dabei haben allein Kellogg und General Mills zusammen einen Marktanteil von 85 Prozent. Das Management von Kellogg weiß, dass es mit dem Versuch, mehr Cornflakes zu verkaufen, vermutlich den Marktpreis für Cornflakes nach unten treiben würde. Das Management muss von dieser Entwicklung ausgehen, weil es weiß, dass die eigenen Handlungen den Marktpreis beeinflussen werden, einfach weil der Marktanteil von Kellogg so groß ist. Änderungen der eigenen Produktionsentscheidungen werden sich daher auf die insgesamt angebotene Menge auswirken. Es ist daher nur sinnvoll anzunehmen, dass sich Produzenten als Preisnehmer verhalten, wenn es in der betreffenden Branche keine großen Marktteilnehmer so wie Kellogg gibt.

Zweitens herrscht in einem Markt nur dann vollständige Konkurrenz, wenn die Konsumenten die Produkte aller Produzenten als äquivalent ansehen. Bei den Anbietern von Frühstücksflocken ist das offenkundig nicht der Fall. Die Konsumenten unterscheiden zwischen einzelnen Markenanbietern, sodass diese in einem bestimmten Ausmaß die Möglichkeit haben, ihre Preise zu erhöhen, ohne dass sie ihre Konsumenten vollständig an einen anderen Anbieter verlieren. Bei einem **standardisierten Produkt**, wie zum Beispiel Zucker oder Salz, sieht das anders aus. Den Verbrauchern ist völlig egal, wer das Gut herstellt. Daher ist das Salz, das ein Unternehmen produziert, ein vollkommenes Substitut für das Salz irgendeines anderen Herstellers. In diesem Fall kann ein Unternehmen seinen Preis nicht erhöhen, ohne befürchten zu müssen, seinen ganzen Absatz einzubüßen. *Eine zweite notwendige Bedingung für vollständige Konkurrenz in einem Markt besteht also darin, dass es sich beim Output um ein standardisiertes Produkt handelt.*

Freier Markteintritt und freier Marktaustritt

Alle Märkte mit vollständiger Konkurrenz sind durch viele Produzenten mit geringen Marktanteilen und durch standardisierte Produkte charakte-

Eine **Wettbewerbsbranche** ist eine Branche, in der die Produzenten Preisnehmer sind.

Ein Gut wird als **standardisiertes Produkt** bezeichnet, wenn die Verbraucher die Produkte verschiedener Anbieter als das gleiche Produkt ansehen.

Der **Marktanteil** eines Unternehmens ist der Anteil, den die Produktionsmenge des betrachteten Unternehmens an der Produktionsmenge des gesamten Marktes aufweist.

risiert. Die meisten Wettbewerbsbranchen weisen aber noch ein weiteres Merkmal auf: Neue Unternehmen können einfach in den Markt eintreten und bestehende Unternehmen können einfach den Markt verlassen. Es gibt keinerlei Hindernisse in Form von staatlichen Regulierungen oder begrenztem Zugang zu Schlüsselressourcen, die neue Produzenten am Eintritt in den Markt hindern. Und es gibt keine zusätzlichen Kosten, die mit der Aufgabe des Geschäftes und dem Verlassen des Marktes verbunden wären.

Ökonomen bezeichnen die Ankunft neuer Unternehmen in einer Branche als *Markteintritt* und das Ausscheiden von Unternehmen aus einer Branche als *Marktaustritt*. Gibt es keine Hindernisse für Markteintritt oder Marktaustritt, sprechen wir von **freiem Markteintritt und freiem Marktaustritt.**

Freier Markteintritt und freier Marktaustritt liegen vor, wenn neue Unternehmen leicht in einen Markt eintreten oder bestehende Unternehmen leicht aus diesem Markt ausscheiden können.

Freier Markteintritt und freier Marktaustritt sind nicht wirklich notwendig für vollständige Konkurrenz. In Kapitel 5 hatten wir uns mit der Krabbenfischerei in Alaska beschäftigt, wo die Zahl der Fischerboote durch Regulierungen begrenzt wurde. Trotz dieser Beschränkungen gibt es noch so viele Boote, dass die Fischer als Preisnehmer agieren. Freier Markteintritt und freier Marktaustritt sind jedoch in den meisten Märkten mit vollständiger Konkurrenz von entscheidender Bedeutung, da dadurch sichergestellt wird, dass sich die Zahl der Unternehmen in einer Branche an geänderte Marktbedingungen anpassen kann. Insbesondere der freie Markteintritt garantiert, dass schon bestehende Unternehmen nicht einfach neue Unternehmen aus dem Markt fernhalten können.

Zusammenfassend können wir festhalten, dass vollständige Konkurrenz auf zwei notwendigen Bedingungen basiert.

1. Der Markt muss aus vielen Unternehmen bestehen, von denen jedes nur über einen geringen Marktanteil verfügt.
2. Die Unternehmen müssen ein standardisiertes Produkt anbieten.

Darüber hinaus ist vollständige Konkurrenz in der Regel auch durch freien Markteintritt und freien Marktaustritt charakterisiert.

Wie verhält sich eine Branche, auf die diese drei Kriterien zutreffen? In einem ersten Schritt zur Beantwortung dieser Frage wollen wir überlegen, wie ein einzelner Produzent bei vollständiger Konkurrenz den Gewinn maximiert.

VERTIEFUNG

Was ist ein standardisiertes Produkt?

Eine Branche mit vollständiger Konkurrenz muss ein standardisiertes Produkt herstellen. Reicht es dafür aus, dass die Produkte verschiedener Unternehmen objektiv ein und dasselbe Gut sind? Nein, die Menschen müssen auch *glauben*, dass es sich um ein und dasselbe Gut handelt. Und Produzenten geben sich oft große Mühe, um Konsumenten davon zu überzeugen, dass sie es mit einem anderen, einem *differenzierten* Produkt zu tun haben, selbst wenn das nicht stimmt.

Nehmen wir zum Beispiel Champagner. Die meisten Menschen können den Unterschied zwischen Champagner, der tatsächlich in der Champagne hergestellt wurde, und ähnlichen Produkten aus anderen Teilen Frankreichs, Spaniens oder Deutschlands nicht benennen. Frankreich hat sich den Begriff »Champagner« jedoch rechtlich schützen lassen, sodass nur »Schaumwein« aus der Champagne auch Champagner heißen darf. Kommt er aus anderen Regionen, dann darf der Verkäufer allenfalls darauf hinweisen, dass er mithilfe der *Méthode champenoise* (Flaschengärung) produziert wurde. Damit wird in den Köpfen der Verbraucher eine Differenzierung erreicht, die es den Champagner-Produzenten ermöglicht, höhere Preise durchzusetzen.

Herrscht also in einer Branche vollständige Konkurrenz, die Produkte verkauft, die ohne den Namen nicht voneinander zu unterscheiden sind, von denen aber die Konsumenten glauben, sie seien unterschiedlich – aus welchen Gründen auch immer? Nein. Wenn es darum geht, den Wettbewerb zu definieren, hat der Konsument immer Recht.

WISSENSCHAFT UND PRAXIS

Belohnung fürs Warten

Manchmal kann man in einer Branche beobachten, wie sich vollständige Konkurrenz herausbildet. Tatsächlich geschieht das sogar regelmäßig im Bereich der Pharmaindustrie: Die Bedingungen für vollständige Konkurrenz sind oft erfüllt, sobald das Patent auf ein bekanntes Medikament ausläuft.

Entwickelt ein Unternehmen ein neues Medikament, dann erhält es normalerweise ein Patent dafür – ein *legales Monopol*, das ihm das exklusive Recht zuspricht, dieses Medikament für einen Zeitraum von 20 Jahren allein anzubieten. Keiner darf dieses Medikament ohne Zustimmung des Patentinhabers verkaufen. Durch diese Regelung ist das Unternehmen in der Lage, die hohen Entwicklungskosten für das Medikament zu erwirtschaften.

Läuft das Patent aus, ist der Markt für andere Unternehmen offen. Diese können eigene Versionen des Medikamentes als *Generika* unter Verwendung des medizinischen Namens vertreiben. Generika sind standardisierte Produkte, wie z. B. Aspirin®, die häufig von verschiedenen Produzenten verkauft werden. Im Durchschnitt belaufen sich die Preise für Generika nur auf 15 Prozent des Preises für das patentgeschützte Medikament. Dadurch verliert das Originalmedikament nach Ablauf des Patentschutzes innerhalb kurzer Zeit bis zu 90 Prozent seines Marktanteils.

Es ist daher nicht überraschend, dass die Produzenten von patentgeschützten Medikamenten versuchen, durch verschiedene Strategien den Markteintritt von Generika-Produzenten zu verhindern. Besonders erfolgreich sind sogenannte »Pay for Delay«-Vereinbarungen zwischen dem Produzenten des Originalmedikaments und Anbietern von Generika. In diesen Vereinbarungen wird festgeschrieben, dass die Markteinführung der Generika gegen die Zahlung eines bestimmten Betrages an den Wettbewerber für einen bestimmten Zeitraum verschoben wird. Dadurch kann der Produzent des Originalmedikaments weiterhin hohe Preise verlangen und hohe Gewinne einfahren. Auch die Anbieter von Generika profitieren von der Vereinbarung, schließlich erhalten sie für die Verschiebung der Markteinführung eine lukrative Zahlung. Nachteile haben die Verbraucher, die länger (als nötig) einen höheren Preis bezahlen müssen.

Nach Schätzungen der US-Wettbewerbsbehörde FTC sind den Verbrauchern in den Vereinigten Staaten im Zeitraum von 2005 bis 2013 durch »Pay for Delay«-Vereinbarungen Nachteile in Höhe von 3,5 Milliarden Dollar jährlich entstanden. Im Jahr 2014 änderte sich die Situation allerdings grundlegend, nachdem der Oberste Gerichtshof der Vereinigten Staaten (Supreme Court) entschieden hatte, dass die Wettbewerbsbehörden in den einzelnen Bundesstaaten gegen »Pay for Delay«-Vereinbarungen aufgrund deren wettbewerbsbeschränkender Wirkung strafrechtlich vorgehen können. Für »Pay for Delay«-Vereinbarungen scheint die Zeit damit abgelaufen zu sein.

Allerdings haben Arzneimittelproduzenten bereits neue Strategien entwickelt, um nach Auslaufen des Patentschutzes den Markteintritt von Generika zu verhindern. Im Frühjahr 2021 hat die EU-Kommission eine kartellrechtliche Untersuchung gegen das Pharmaunternehmen Teva eingeleitet. In dieser Untersuchung prüft die EU-Kommission, ob Teva den Patentschutz künstlich verlängert hat, indem das Unternehmen aus strategischen Gründen immer wieder Teilpatente angemeldet und dann zurückgezogen hat. Auf diese Weise könnte sich der Markteintritt von konkurrierenden Generika wiederholt verzögert haben.

Kurzzusammenfassung

- Weder die Handlungen eines **preisnehmenden Produzenten** noch die Handlungen eines **preisnehmenden Konsumenten** können den Marktpreis eines Gutes beeinflussen.
- In einem **Markt mit vollständiger Konkurrenz** sind alle Produzenten und Konsumenten Preisnehmer. Konsumenten sind fast immer Preisnehmer, für Produzenten trifft dies häufig nicht zu. Eine Branche, in der die Produzenten Preisnehmer sind, ist eine **Wettbewerbsbranche**.
- Eine Wettbewerbsbranche umfasst viele Produzenten, von denen jeder ein **standardisiertes Produkt** anbietet, aber keiner über einen großen **Marktanteil** verfügt.
- In der Regel sind Märkte mit vollständiger Konkurrenz auch durch **freien Markteintritt und freien Marktaustritt** gekennzeichnet.

ÜBERPRÜFEN SIE IHR WISSEN

Geben Sie für jede der im Folgenden beschriebenen Situationen an, ob sich die betreffende Branche in vollständiger Konkurrenz befindet oder nicht. Erläutern Sie Ihre Antwort.

a. Weltweit gibt es nur zwei Aluminiumproduzenten, die ihr Aluminium aber an vielen Orten verkaufen.

b. In der Nordsee fördert lediglich eine Handvoll Unternehmen Erdgas. Der Preis für Erdgas wird durch das weltweite Angebot und die weltweite Nachfrage bestimmt. Hierbei macht die Produktion der Nordsee nur einen kleinen Teil aus.

c. Dutzende Modedesigner verkaufen exklusive Kleidung. Jeder Designer hat seinen eigenen, ihn charakterisierenden Stil und loyale Kunden.

d. In den Vereinigten Staaten gibt es viele Baseball-Teams, ein oder zwei in jeder größeren Stadt. Jedes Team verkauft Karten für seine Spiele.

12.2 Produktion und Gewinn

Nicole betreibt eine Weihnachtsbaumplantage. Der Marktpreis für einen Weihnachtsbaum beträgt 18 Euro und Nicole agiert als Preisnehmer. Sie kann also zum Preis von 18 Euro so viele Weihnachtsbäume verkaufen wie sie möchte. Mithilfe der in **Tabelle 12-1** angegebenen Daten können wir ihre gewinnmaximierende Produktionsmenge berechnen.

Die erste Spalte zeigt die Produktionsmenge als Anzahl an Weihnachtsbäumen. In der zweiten Spalte ist der Gesamterlös von Nicole zu erkennen, den sie aus dem Verkauf der Weihnachtsbäume zum Marktpreis erzielt. Der Gesamterlös (*TR*) ist gleich dem Marktpreis multipliziert mit der Produktionsmenge:

(12-1) $TR = P \times Q.$

In unserem Beispiel ist der Gesamterlös gleich 18 Euro je Weihnachtsbaum mal der Anzahl der verkauften Weihnachtsbäume.

Die dritte Spalte von Tabelle 12-1 zeigt die Gesamtkosten (*TC*). In der vierten Spalte ist der Gewinn aufgeführt, der sich als Differenz aus Gesamterlös und Gesamtkosten ergibt:

(12-2) $\text{Gewinn} = TR - TC.$

Wie aus den Angaben in der Tabelle ersichtlich wird, ergibt sich der maximale Gewinn bei einem Output von 50 Weihnachtsbäumen und beläuft sich auf 180 Euro. Damit wäre das Problem der Bestimmung der gewinnmaximierenden Produktionsmenge für unser Beispiel gelöst. Wir können aber die gewinnmaximierende Entscheidung wesentlich besser verstehen, wenn wir sie als Problem der Marginalanalyse auffassen. Dem wollen wir uns im Folgenden zuwenden.

Tab. 12-1

Gewinn der Weihnachtsbaumplantage von Nicole bei einem Marktpreis von 18 Euro je Baum

Menge an Weihnachtsbäumen *Q*	Gesamterlös (€) *TR*	Gesamtkosten (€) *TC*	Gewinn (€) *TR – TC*
0	0	140	–140
10	180	300	–120
20	360	360	0
30	540	440	100
40	720	560	160
50	900	720	180
60	1.080	920	160
70	1.260	1.160	100

Verwendung der Marginalanalyse zur Bestimmung der gewinnmaximierenden Produktionsmenge

In Kapitel 9 hatten wir das *Gewinnmaximierungsprinzip der Marginalanalyse* kennengelernt: Das optimale Niveau einer Aktivität liegt bei dem Punkt, bei dem der Grenzvorteil den Grenzkosten entspricht. Um dieses Prinzip im vorliegenden Zusammenhang anzuwenden, betrachten wir die Auswirkungen der Erhöhung der Produktionsmenge um eine Einheit auf den Gewinn des Produzenten. Der Grenzvorteil dieser Einheit besteht aus dem zusätzlichen Gesamterlös, der durch den Verkauf dieser Einheit erzielt werden kann. Diesen zusätzlichen Gesamterlös bezeichnet man als **Grenzerlös**. Die allgemeine Formel für den Grenzerlös lautet:

(12-3) Grenzerlös

= Änderung des Gesamterlöses durch eine zusätzliche Outputeinheit

$$= \frac{\text{Änderung des Gesamterlöses}}{\text{Änderung der Outputmenge}}$$

oder

$$MR = \Delta TR/\Delta Q$$

Nicole kann ihren Gewinn also dadurch maximieren, dass sie ihre Produktion so weit ausdehnt, bis der Grenzerlös gleich den Grenzkosten ist. Wir können dies als **Regel für die optimale Produktionsmenge** zusammenfassen: Der Gewinn wird dadurch maximiert, dass die Menge produziert wird, bei der der Grenzerlös der letzten produzierten Einheit gerade mit den Grenzkosten dieser Einheit übereinstimmt. Es gilt also bei der optimalen Produktionsmenge $MR = MC$.

Mithilfe von **Tabelle 12-2** können wir lernen, wie wir diese Regel anwenden können. Tabelle 12-2 zeigt verschiedene Maße für die kurzfristigen Kosten von Nicoles Weihnachtsbaumplantage. In der zweiten Spalte sind die variablen Kosten eingetragen. Die dritte Spalte zeigt die Gesamtkosten der Produktion und basiert auf der Annahme, dass der Betrieb Fixkosten in Höhe von 140 Euro hat. Die vierte Spalte enthält die Grenzkosten. Man beachte, dass in unserem Beispiel die Grenz-

Die **Regel für die optimale Produktionsmenge** besagt, dass der Gewinn durch die Produktionsmenge maximiert wird, bei der der Grenzerlös der letzten produzierten Einheit gerade gleich den Grenzkosten dieser Einheit ist.

Der **Grenzerlös** ist die Änderung des Gesamterlöses, die durch eine zusätzliche Outputeinheit hervorgerufen wird.

Tab. 12-2

Kurzfristige Kosten für die Plantage von Nicole

Menge an Weihnachtsbäumen *Q*	Variable Kosten *VC* (€)	Gesamtkosten *TC* (€)	Grenzkosten eines Baumes $MC = \Delta TC/\Delta Q$ (€)	Grenzerlös je Baum *MR* (€)	Nettogewinn je Baum = *MR* – *MC* (€)
0	0	140			
			16	18	2
10	160	300			
			6	18	12
20	220	360			
			8	18	10
30	300	440			
			12	18	6
40	420	560			
			16	18	2
50	580	720			
			20	18	–2
60	780	920			
			24	18	–6
70	1.020	1.160			

kosten mit steigendem Output zunächst sinken und dann wieder steigen, sodass die Grenzkostenkurve den in Kapitel 11 beschriebenen bumerangförmigen Verlauf aufweist. (In Kürze wird deutlich werden, dass dieser Verlauf wichtige Implikationen für die kurzfristigen Produktionsentscheidungen hat.)

Die fünfte Spalte zeigt den Grenzerlös des Betriebes, der eine wichtige Information vermittelt: Der Grenzerlös von Nicole beträgt für jede Produktionsmenge konstant 18 Euro. Die sechste und letzte Spalte von Tabelle 12-2 enthält den ermittelten Nettogewinn pro Weihnachtsbaum, der sich als Differenz aus Grenzerlös und Grenzkosten oder in diesem Fall auch als Differenz zwischen Preis und Grenzkosten ergibt. Wie man erkennen kann, ist der Nettogewinn für den zehnten bis zum fünfzigsten Weihnachtsbaum positiv. Produktion und Verkauf jedes dieser Weihnachtsbäume erhöhen daher den Gewinn von Nicole. Für den sechzigsten bis zum siebzigsten Weihnachtsbaum ist der Nettogewinn jedoch negativ. Baut Nicole diese Weihnachtsbäume tatsächlich an und verkauft sie, dann würde das den Gewinn verringern und nicht erhöhen. Um ihren Gewinn zu maximieren, wird Nicole genau die Menge an Weihnachtsbäumen produzieren, bei der der Grenzerlös eines zusätzlichen Weihnachtsbaumes größer oder gerade noch gleich den Grenzkosten dieses Weihnachtsbaumes ist. Jeder zusätzliche Weihnachtsbaum würde den Gewinn von Nicole nur schmälern. Der gewinnmaximierende Output beträgt für Nicole damit 50 Weihnachtsbäume. Es ist die Produktionsmenge, bei der die Grenzkosten gleich dem Marktpreis von 18 Euro sind.

Da Nicole für jeden Weihnachtsbaum, den sie produziert und verkauft, 18 Euro erhält, agiert sie als Preisnehmer. Ein preisnehmendes Unternehmen kann den Marktpreis durch seine Aktionen nicht beeinflussen. Es nimmt den Marktpreis immer als gegeben hin, weil es den Marktpreis weder durch eine Ausweitung seiner Verkäufe senken noch durch eine Einschränkung seiner Verkäufe erhöhen kann. Daher ist für ein preisnehmendes Unternehmen der zusätzliche Erlös, der aus der Mehrproduktion einer Einheit resultiert, immer gleich dem Marktpreis. Im weiteren Verlauf dieses Buches werden wir lernen, dass es auch Märkte gibt, für die Grenzerlös und Marktpreis nicht übereinstimmen. Das ist genau dann

Abb. 12-1

Die gewinnmaximierende Produktionsmenge eines preisnehmenden Unternehmens

Bei der gewinnmaximierenden Produktionsmenge entspricht der Marktpreis den Grenzkosten. Die optimale Menge wird durch den Punkt bestimmt, bei dem die Grenzkostenkurve die Grenzerlöskurve schneidet, die als waagerechte Linie in Höhe des Marktpreises verläuft. Der gewinnmaximierende Punkt liegt in unserem Beispiel bei einer Produktionsmenge von 50 Weihnachtsbäumen, der zu Punkt *E* gehörigen Produktionsmenge.

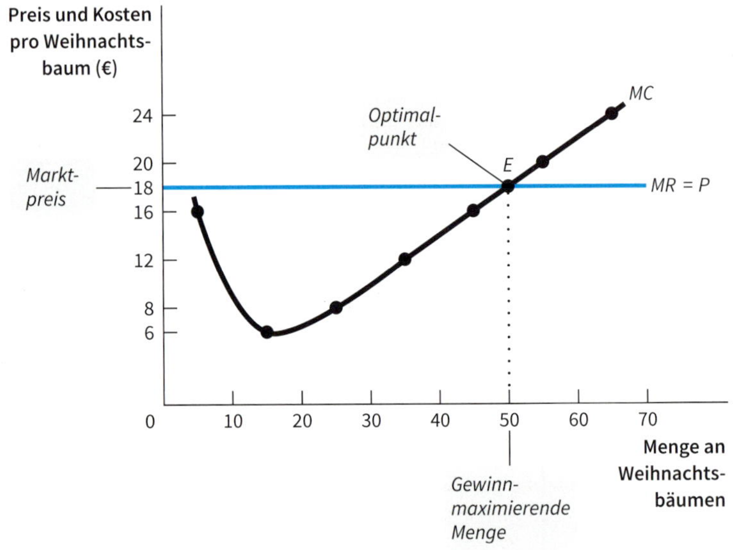

der Fall, wenn auf dem Markt keine vollständige Konkurrenz herrscht und die Unternehmen aus diesem Grund keine Preisnehmer sind.

Abbildung 12-1 zeigt, dass die gewinnmaximierende Produktionsmenge von Nicole tatsächlich der Zahl an Weihnachtsbäumen entspricht, bei der die Grenzkosten gleich dem Preis sind. Die Abbildung zeigt die aus den Daten der letzten Spalte von Tabelle 12-1 abgeleitete Grenzkostenkurve (*MC*). Wie in Kapitel 9 tragen wir die Grenzkosten einer Erhöhung der Produktionsmenge von 10 auf 20 Weihnachtsbäume in der Mitte zwischen 10 und 20 ein usw. Die Waagerechte bei 18 Euro ist die **Grenzerlöskurve** (*MR*) von Nicole.

Die Grenzerlöskurve eines preisnehmenden Unternehmens verläuft stets waagerecht beim Marktpreis. Ein solches Unternehmen kann zum Marktpreis so viel verkaufen wie es möchte. Egal, ob das Unternehmen mehr oder weniger verkauft, der Marktpreis bleibt davon unberührt. *Im Ergebnis sieht sich das einzelne Unternehmen einer waagerechten, vollkommen elastischen Nachfrage nach seinem Gut gegenüber, einer individuellen Nachfragekurve, die äquivalent zu seiner Grenzerlöskurve ist.* Die Grenzkostenkurve schneidet die Grenzerlöskurve im Punkt *E*, wo *MR* = *MC* gilt. Und natürlich beläuft sich die Produktionsmenge bei *E* auf 50 Weihnachtsbäume.

Dieses Beispiel veranschaulicht eine weitere Regel, die sich aus der Marginalanalyse ergibt – die **Regel für die optimale Produktionsmenge eines preisnehmenden Unternehmens**. Sie besagt, dass ein preisnehmendes Unternehmen seinen Gewinn dann maximiert, wenn es die Menge produziert, bei der der Marktpreis (*P*) gerade den Grenzkosten (*MC*) der letzten produzierten Einheit entspricht. Für die optimale Produktionsmenge des preisnehmenden Unternehmens muss also *P* = *MC* gelten. Tatsächlich ist die Regel für die optimale Produktionsmenge eines preisnehmenden Unternehmens lediglich die Anwendung der Regel für die optimale Produktionsmenge auf den speziellen Fall eines preisnehmenden Unternehmens. Warum? Weil *im Fall eines preisnehmenden Unternehmens der Grenzerlös gleich dem Preis ist*.

Bedeuten unsere Überlegungen, dass sich die Produktionsentscheidung des Unternehmens allein durch die Formel »Produziere bis zu dem Punkt, an dem die Grenzkosten gleich dem Preis sind« zusammengefasst werden kann? Nicht ganz. Vor der Anwendung des Prinzips der Marginalanalyse zur Bestimmung der optimalen Produktionsmenge muss ein potenzieller Produzent in einem ersten Schritt eine »Entweder-oder«-Frage beantworten: Sollte er überhaupt produzieren? Lautet die Antwort auf diese Frage ja, dann kann er mit dem zweiten Schritt fortfahren, nämlich einer »Wie viel«-Entscheidung: die Maximierung des Gewinns durch die Produktion einer Menge, bei der die Grenzkosten gleich dem Preis sind.

Um zu verstehen, warum der erste Schritt der Produktionsentscheidung eine »Entweder-oder«-Frage umfasst, müssen wir klären, wie wir bestimmen, ob die Produktion grundsätzlich profitabel ist oder nicht.

Die **Grenzerlöskurve** zeigt, wie sich der Grenzerlös mit veränderter Produktionsmenge ändert.

Die **Regel für die optimale Produktionsmenge eines preisnehmenden Unternehmens** besagt, dass ein preisnehmendes Unternehmen seinen Gewinn maximiert, wenn es die Menge produziert, bei der der Marktpreis gleich den Grenzkosten der letzten produzierten Einheit ist.

Wann lohnt es sich zu produzieren?

In Kapitel 9 haben wir gelernt, dass die Entscheidung eines Unternehmens, ob es in einem bestimmten Geschäftsbereich tätig sein sollte, von seinem *ökonomischen Gewinn* abhängt. Der öko-

DENKFALLEN!

Was, wenn Grenzerlös und Grenzkosten nicht genau gleich sind?

Die Regel für die optimale Produktionsmenge besagt, dass zur Gewinnmaximierung die Menge produziert werden sollte, bei der Grenzerlös und Grenzkosten gleich sind. Wie aber soll man sich verhalten, wenn es kein Outputniveau gibt, bei dem Grenzerlös und Grenzkosten übereinstimmen? In diesem Fall sollte man die größte Menge produzieren, für die der Grenzerlös die Grenzkosten übersteigt. In Tabelle 12-2 ist dies der Fall bei einem Output von 50 Weihnachtsbäumen. Die einfachere Version der Regel für die optimale Produktionsmenge lässt sich dann gut anwenden, wenn die Produktion große Stückzahlen umfasst, wie etwa Hunderte oder Tausende Einheiten. In derartigen Fällen verändern sich die Grenzkosten in sehr kleinen Schritten, und es gibt immer ein Produktionsniveau, bei dem die Grenzkosten fast genau mit dem Grenzerlös übereinstimmen.

nomische Gewinn, so hatten wir überlegt, basiert auf den Opportunitätskosten der für die Produktion eingesetzten Ressourcen. Oder, um es noch etwas anders zu formulieren: Bei der Kalkulation des Gewinns sind bei den Gesamtkosten des Unternehmens sowohl die impliziten Kosten, die entgangenen Vorteile aus der nächstbesten Verwendung der Ressourcen, als auch die expliziten Kosten in Form von tatsächlichen Geldströmen zu berücksichtigen.

Im Unterschied dazu umfasst der *buchhalterische Gewinn* lediglich die expliziten Kosten des Unternehmens. Während also der ökonomische Gewinn die Opportunitätskosten der für die Produktion eingesetzten Ressourcen mitberücksichtigt, ist dies beim buchhalterischen Gewinn nicht der Fall.

Damit kann ein Unternehmen einen positiven buchhalterischen Gewinn erzielen, während der ökonomische Gewinn gleich null oder sogar negativ ist. Die Produktionsentscheidung des Unternehmens hängt jedoch stets vom ökonomischen Gewinn und nicht vom buchhalterischen Gewinn ab.

Damit unterstellen wir, dass sämtliche Kosten, implizite und explizite, in den Zahlenangaben von Tabelle 12-1 enthalten sind, denn dann beschreiben die Gewinnangaben in Tabelle 12-2 den ökonomischen Gewinn. Wodurch wird nun bestimmt, ob der Betrieb von Nicole einen Gewinn abwirft oder Verluste macht? Die Antwort darauf hängt bei gegebenen Kostenkurven vom Marktpreis der Weihnachtsbäume ab. Präziser formuliert: *Ob ein Gewinn erzielt wird oder nicht, hängt davon ab, ob der Marktpreis größer oder kleiner ist als die minimalen durchschnittlichen Gesamtkosten.*

Tabelle 12-3 zeigt die Berechnung der kurzfristigen durchschnittlichen variablen Kosten und der kurzfristigen durchschnittlichen Gesamtkosten für den Betrieb von Nicole. Es handelt sich um kurzfristige Werte, weil wir die Fixkosten als gegeben betrachten. (Den Auswirkungen von Änderungen der Fixkosten wenden wir uns in Kürze zu.) Die kurzfristige Kurve der durchschnittlichen Gesamtkosten (*ATC*) wird zusammen mit der Grenzkostenkurve (*MC*) aus Abbildung 12-1 in **Abbildung 12-2** dargestellt. Wie man erkennen kann, sind die durchschnittlichen Gesamtkosten im Punkt *C* minimal. Dieser Punkt korrespondiert mit einem Output von 40 Weihnachtsbäumen, der *Minimalkostenmenge*, und durchschnittlichen Gesamtkosten von 14 Euro je Weihnachtsbaum.

Um zu verstehen, wie man mithilfe dieser Kurven entscheiden kann, ob die Produktion einen Gewinn abwirft oder nicht, müssen wir uns vergegenwärtigen, dass sich der Gewinn als Differenz aus Gesamterlös und Gesamtkosten ergibt (*TR* – *TC*). Das bedeutet:

- Falls *TR* > *TC*, erzielt das Unternehmen einen Gewinn.
- Falls *TR* = *TC*, ist das Unternehmen gerade an der Gewinnschwelle.
- Falls *TR* < *TC*, macht das Unternehmen einen Verlust.

Tab. 12-3

Kurzfristige Durchschnittskosten für die Plantage von Nicole

Menge an Weihnachtsbäumen *Q*	Variable Kosten *VC* (€)	Gesamtkosten *TC* (€)	Durchschnittliche variable Kosten je Baum *AVC = VC/Q* (€)	Durchschnittliche Gesamtkosten je Baum *ATC = TC/Q* (€)
10	160,00	300,00	16,00	30,00
20	220,00	360,00	11,00	18,00
30	300,00	440,00	10,00	14,67
40	420,00	560,00	10,50	14,00
50	580,00	720,00	11,60	14,40
60	780,00	920,00	13,00	15,33
70	1.020,00	1.160,00	14,57	16,57

Abb. 12-2

Kosten und Produktion bei kurzfristiger Betrachtung

Die Abbildung zeigt die Grenzkostenkurve (*MC*) und die Kurve der kurzfristigen durchschnittlichen Gesamtkosten (*ATC*). Liegt der Marktpreis bei 14 Euro, dann wird die Produktion 40 Weihnachtsbäume (die Minimalkostenmenge) betragen (Punkt *C*). Der Preis von 14 Euro, der gerade den minimalen durchschnittlichen Gesamtkosten des Unternehmens entspricht, ist der sogenannte *Break-even-Preis* des Unternehmens.

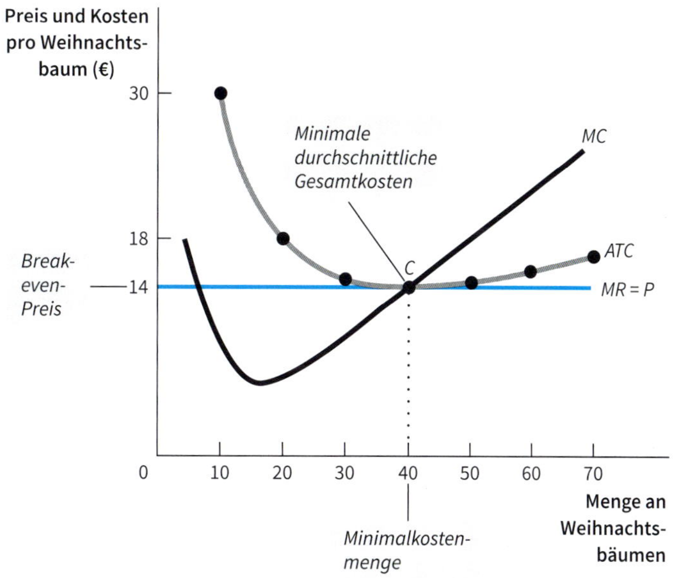

Wir können diese Überlegungen auch mithilfe von Erlös und Kosten je Outputeinheit ausdrücken. Dividieren wir den Gewinn durch die Produktionsmenge (*Q*), erhalten wir den folgenden Ausdruck für den Gewinn je Outputeinheit:

(12-4) $\text{Gewinn}/Q = TR/Q - TC/Q.$

TR/*Q* ist der Durchschnittserlös, also der Marktpreis (*P*). *TC*/*Q* repräsentiert die durchschnittlichen Gesamtkosten (*ATC*). Ein Unternehmen ist also dann profitabel, wenn der Marktpreis seines Produktes größer ist als die durchschnittlichen Gesamtkosten der Menge, die das Unternehmen produziert. Ein Unternehmen macht Verluste, falls der Marktpreis kleiner ist als die durchschnittlichen Gesamtkosten der Menge, die das Unternehmen produziert. Das bedeutet:

- Falls $P > ATC$, erzielt das Unternehmen Gewinne.
- Falls $P = ATC$, ist das Unternehmen gerade an der Gewinnschwelle.
- Falls $P < ATC$, entstehen dem Unternehmen Verluste.

Abbildung 12-3 veranschaulicht unsere Überlegungen und zeigt, wie der Marktpreis bestimmt, ob ein Unternehmen profitabel ist. Abbildung 12-3 zeigt auch, wie man den Gewinn grafisch darstellen kann. Beide Diagramme in Abbildung 12-3 enthalten die Grenzkostenkurve (*MC*) und die Kurve der kurzfristigen durchschnittlichen Gesamtkosten (*ATC*). Das Minimum der durchschnittlichen Gesamtkosten liegt in Punkt *C*. Diagramm (a) zeigt den bereits besprochenen Fall, in dem der Marktpreis für Weihnachtsbäume 18 Euro je Baum beträgt. Diagramm (b) zeigt eine Situation, in der der Marktpreis für Weihnachtsbäume 10 Euro je Baum beträgt.

In Diagramm (a) wird deutlich, dass bei einem Preis von 18 Euro je Weihnachtsbaum die gewinnmaximierende Produktionsmenge 50 Weihnachtsbäume beträgt. Diese Preis-Mengen-Kombination wird im Diagramm durch den Punkt *E* markiert, bei dem die Grenzkostenkurve (*MC*) die Grenzerlöskurve schneidet, die für ein preisnehmendes Unternehmen eine Waagerechte beim Marktpreis ist. Bei dieser Produktionsmenge betragen die durchschnittlichen Gesamtkosten 14,40 Euro je

Abb. 12-3

Profitabilität und Marktpreis

In Diagramm (a) wird ein Marktpreis von 18 Euro angenommen. Der Betrieb erzielt Gewinne, weil der Preis die minimalen durchschnittlichen Gesamtkosten übersteigt, die den sogenannten Break-even-Preis bestimmen (in unserem Fall 14 Euro). Die optimale Produktionsmenge des Betriebes wird durch Punkt *E* beschrieben und entspricht einer Produktion von 50 Weihnachtsbäumen. Die durchschnittlichen Gesamtkosten der Produktion von 50 Weihnachtsbäumen werden durch Punkt *Z* auf der *ATC*-Kurve wiedergegeben und betragen 14,40 Euro. Der senkrechte Abstand zwischen *E* und *Z* entspricht dem Stückgewinn des Unternehmens (18 Euro – 14,40 Euro = 3,60 Euro). Der Gesamtgewinn wird durch die Fläche des blauen Rechtecks wiedergegeben (50 × 3,60 Euro = 180 Euro). In Diagramm (b) wird ein Marktpreis von 10 Euro angenommen. Das Unternehmen macht einen Verlust, weil der Preis unterhalb der minimalen durchschnittlichen Gesamtkosten von 14 Euro liegt. Falls das Unternehmen produziert, dann wird die optimale Produktionsentscheidung durch Punkt *A* beschrieben, wo ein Output von 30 Weihnachtsbäumen produziert wird. Der Stückverlust des Unternehmens (14,67 Euro – 10 Euro = 4,67 Euro) wird grafisch durch den senkrechten Abstand zwischen *A* und *Y* beschrieben. Der Gesamtverlust des Unternehmens wird durch das graue Rechteck (30 × 4,67 = 14 Euro) wiedergegeben.

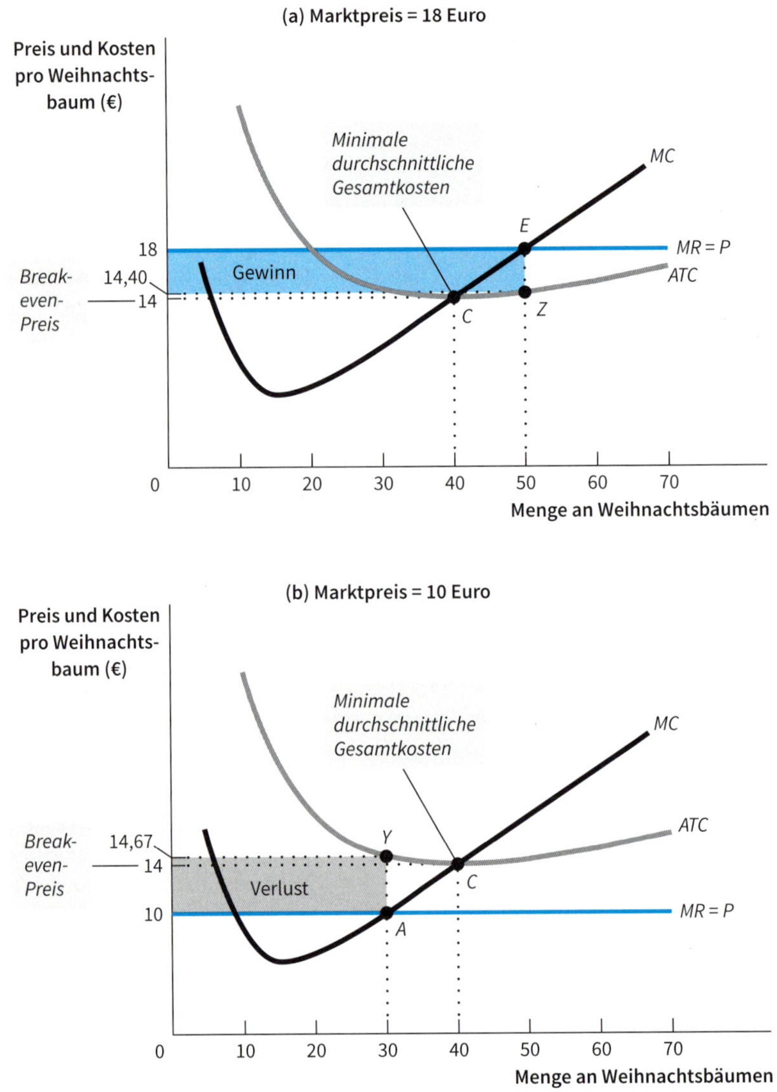

Baum (Punkt *Z*). Weil der Preis je Baum die durchschnittlichen Gesamtkosten je Baum übersteigt, erwirtschaftet der Betrieb von Nicole einen Gewinn.

Dieser Gewinn bei einem Marktpreis von 18 Euro wird durch die rechteckige blaue Fläche in Diagramm (a) angegeben. Warum das so ist, lässt sich mithilfe der Gewinndefinition erklären:

(12-5) $\text{Gewinn} = TR - TC = (TR/Q - TC/Q) \times Q$

oder

$\text{Gewinn} = (P - ATC) \times Q,$

weil *P* gleich *TR*/*Q* und *ATC* gleich *TC*/*Q* ist. Die Höhe des blauen Rechtecks in Diagramm (a) korrespondiert mit dem senkrechten Abstand zwischen den Punkten *E* und *Z*. Sie ist gleich $P - ATC$ = 18 Euro – 14,40 Euro = 3,60 Euro je Baum. Die Breite des blauen Rechtecks entspricht der Produktionsmenge: Q = 50 Weihnachtsbäume. Die Fläche des Rechtecks ist daher gleich dem Gewinn von Nicole: 50 Weihnachtsbäume × 3,60 Euro Gewinn je Baum = 180 Euro. Das ist exakt die Zahl, die wir in Tabelle 12-2 berechnet haben.

In Diagramm (b) wird angenommen, dass der Preis je Weihnachtsbaum 10 Euro beträgt. Die Gleichsetzung von Preis und Grenzkosten führt zu einer gewinnmaximierenden Produktionsmenge von 30 Weihnachtsbäumen (siehe Punkt *A*). Bei dieser Produktionsmenge treten für Nicole durchschnittliche Gesamtkosten von 14,67 Euro je Baum auf (Punkt *Y*). Bei der gewinnmaximierenden Produktionsmenge von 30 Weihnachtsbäume übersteigen die durchschnittlichen Gesamtkosten den Marktpreis. Dies bedeutet, dass der Betrieb von Nicole Verluste macht, keine Gewinne.

Wie groß ist der Verlust, der bei einem Marktpreis von 10 Euro auftritt? Bei jedem Baum verliert Nicole $ATC - P$ = 14,67 Euro – 10 Euro = 4,67 Euro. Dieser Betrag korrespondiert mit dem senkrechten Abstand zwischen den Punkten *A* und *Y*. Die Produktionsmenge beträgt 30 Weihnachtsbäume, was genau der Breite des grauen Rechtecks entspricht. Der Gesamtverlust beträgt demnach 4,67 Euro × 30 = 140 Euro (gerundet), was durch die Fläche des grauen Rechtecks in Diagramm (b) widergespiegelt wird.

Wie kann ein Produzent überhaupt wissen, ob sein Geschäft profitabel sein wird? Es zeigt sich, dass der entscheidende Punkt in einem Vergleich von Marktpreis und *minimalen durchschnittlichen Gesamtkosten des Produzenten* liegt. In unserem Beispiel betragen die minimalen durchschnittlichen Gesamtkosten 14 Euro, und sie treten bei einer Produktionsmenge von 40 Weihnachtsbäumen auf. Falls der Marktpreis die minimalen durchschnittlichen Gesamtkosten übersteigt, gibt es eine Produktionsmenge, bei der die durchschnittlichen Gesamtkosten geringer sind als der Marktpreis. Der Unternehmer kann also eine Produktionsmenge wählen, bei der das Unternehmen einen Gewinn erzielt. Der Plantagenbetrieb von Nicole wird demnach immer dann profitabel sein, wenn der Marktpreis höher ist als 14 Euro. Und Nicole wird den höchstmöglichen Gewinn erzielen, wenn sie die Menge produziert, bei der Grenzkosten und Marktpreis gleich sind.

Liegt auf der anderen Seite der Marktpreis unterhalb der minimalen durchschnittlichen Gesamtkosten, dann gibt es keine Produktionsmenge, bei der der Preis die durchschnittlichen Gesamtkosten übersteigt. Folglich wird das betreffende Unternehmen bei keiner Produktionsmenge profitabel sein. Wie wir gesehen haben, verliert Nicole bei einem Marktpreis von 10 Euro, einem Betrag, der kleiner ist als die minimalen durchschnittlichen Gesamtkosten, tatsächlich Geld. Mit der Produktion der Menge, bei der die Grenzkosten dem Marktpreis entsprechen, hat Nicole das Bestmögliche getan. Aber das Bestmögliche besteht in diesem Fall eben darin, einen Verlust von 140 Euro zu realisieren. Jede andere Produktionsmenge würde den Verlust nur vergrößern.

Die minimalen durchschnittlichen Gesamtkosten eines preisnehmenden Unternehmens werden als **Break-even-Preis** bezeichnet. Das ist der Preis, bei dem der Gewinn null beträgt. Ein Unternehmen wird positive Gewinne erzielen, wenn der Marktpreis oberhalb des Break-even-Preises liegt. Es wird Verluste erleiden, wenn der Marktpreis unterhalb des Break-even-Preises liegt. Im betrachteten Beispiel liegt der Break-even-Preis bei 14 Euro und wird durch den Punkt *C* in den Abbildungen 12-2 und 12-3 repräsentiert.

Der **Break-even-Preis** eines preisnehmenden Unternehmens ist der Marktpreis, bei dem das Unternehmen gerade keinen Gewinn erzielt.

Die Frage, ob der Produzent mit seiner Produktion Gewinne erzielen kann, hängt also vom Vergleich des Marktpreises des betrachteten Gutes mit dem Break-even-Preis des Produzenten ab – seinen minimalen durchschnittlichen Gesamtkosten:

- Liegt der Marktpreis oberhalb der minimalen durchschnittlichen Gesamtkosten, dann kann das Unternehmen Gewinne erzielen.
- Liegen Marktpreis und minimale durchschnittliche Gesamtkosten auf gleicher Höhe, dann ist das Unternehmen gerade an der Gewinnschwelle.
- Liegt der Marktpreis unterhalb der minimalen durchschnittlichen Gesamtkosten, dann ist das Unternehmen nicht profitabel.

Die kurzfristige Produktionsentscheidung

Man könnte jetzt denken, dass ein Unternehmen, das nicht profitabel ist, weil der Marktpreis unterhalb seiner minimalen durchschnittlichen Gesamtkosten liegt, überhaupt nicht produzieren sollte. Bei kurzfristiger Betrachtung wäre diese Schlussfolgerung jedoch falsch.

Kurzfristig sollten Unternehmen manchmal auch dann produzieren, wenn der Preis unter die minimalen durchschnittlichen Gesamtkosten sinkt. Der Grund hierfür besteht darin, dass die Gesamtkosten auch *Fixkosten* umfassen, das sind Kosten, die nicht von der produzierten Menge abhängen.

Kurzfristig müssen auch diese Fixkosten bezahlt werden, unabhängig davon, ob ein Unternehmen produziert oder nicht. In unserem Beispiel wollen wir annehmen, dass Nicole einen Traktor für ein Jahr gemietet hat. Sie muss die Miete bezahlen, unabhängig davon, ob sie überhaupt Weihnachtsbäume produziert. *Da die Fixkosten kurzfristig nicht beeinflusst werden können, sind sie für die Entscheidung von Nicole, ob sie kurzfristig produzieren oder den Betrieb einstellen sollte, irrelevant.*

Fixkosten sollten also bei der Entscheidung, ob kurzfristig produziert werden sollte oder nicht, keine Rolle spielen. Andere Kosten – variable Kosten – sind dagegen zu beachten. Ein Beispiel für variable Kosten sind beispielsweise die Löhne der im Betrieb beschäftigten Arbeitskräfte. Die variablen Kosten können durch den Verzicht auf die Produktion gesenkt werden. Daher sollten sie bei der Entscheidung, ob kurzfristig produziert wird oder nicht, eine Rolle spielen.

Ein Unternehmen wird die Produktion kurzfristig einstellen, wenn der Marktpreis unter den **Stilllegungspreis** fällt, der durch die minimalen durchschnittlichen variablen Kosten bestimmt wird.

Sehen wir uns nun **Abbildung 12-4** an. Sie zeigt die Kurve der kurzfristigen durchschnittlichen Gesamtkosten (*ATC*) und die Kurve der kurzfristigen durchschnittlichen variablen Kosten (*AVC*) für die Angaben aus Tabelle 12-3. Die Differenz zwischen diesen beiden Kurven, der senkrechte Abstand zwischen ihnen, spiegelt die durchschnittlichen Fixkosten wider, also die Fixkosten je Outputeinheit (*FC*/*Q*).

Weil die Grenzkostenkurve einen bumerangförmigen Verlauf aufweist, hat die Kurve der kurzfristigen durchschnittlichen variablen Kosten einen u-förmigen Verlauf. Der anfängliche Rückgang der Grenzkosten ruft auch einen Rückgang der durchschnittlichen variablen Kosten hervor, bevor die steigenden Grenzkosten sie schließlich wieder nach oben ziehen. Die Kurve der kurzfristigen durchschnittlichen variablen Kosten erreicht ihr Minimum im Punkt *A* bei einem Preis von 10 Euro und einer Produktionsmenge von 30 Weihnachtsbäumen.

Wir sind nun so weit, dass wir die optimale Produktionsentscheidung bei kurzfristiger Betrachtung vollständig analysieren können. Wir müssen zwei Fälle unterscheiden:

- Der Marktpreis liegt unterhalb der minimalen durchschnittlichen *variablen* Kosten.
- Der Marktpreis ist größer oder gleich den minimalen durchschnittlichen *variablen* Kosten.

Liegt der Marktpreis unterhalb der minimalen durchschnittlichen variablen Kosten, dann deckt der Preis, den das Unternehmen erhält, die variablen Stückkosten nicht. In dieser Situation sollte ein Unternehmen die Produktion sofort einstellen. Warum? Es gibt keine Produktionsmenge, bei der der Erlös des Unternehmens seine variablen Kosten deckt – und das sind die Kosten, die es vermeiden kann, wenn es nicht produziert.

In diesem Fall maximiert das Unternehmen seinen Gewinn, wenn es überhaupt nicht produziert. (Anders betrachtet: Es minimiert seine Verluste.) Es muss kurzfristig nach wie vor die Fixkosten zahlen, wird aber nicht länger durch die variablen Kosten belastet. Die minimalen durchschnittlichen variablen Kosten bestimmen damit den **Stilllegungspreis**, den Preis, bei dem das Unternehmen kurzfristig seine Produktion einstellt. In unserem Beispiel der Weihnachtsbaumplantage wird Nicole die Produktion dadurch stilllegen, dass sie die angestellten Arbeitskräfte entlässt sowie Anpflanzung, Pflege und Fällen der Weihnachtsbäume einstellt.

Liegt der Preis oberhalb der minimalen durchschnittlichen variablen Kosten, dann sollte das Unternehmen kurzfristig weiterproduzieren. In diesem Fall maximiert es seinen Gewinn (bzw. minimiert seinen Verlust) durch die Produktion der Produktionsmenge, bei der die Grenzkosten gleich dem Marktpreis sind. Beträgt der Marktpreis für Weihnachtsbäume beispielsweise 18 Euro je Baum, sollte Nicole im Punkt *E* von Abbildung 12-4 produzieren, was einer Produktionsmenge von 50 Weihnachtsbäumen entspricht. Der Punkt *C* in Abbildung 12-4 entspricht dem Break-even-Preis von 14 Euro je Baum. Da Punkt *E* oberhalb von Punkt *C* liegt, wird der Betrieb von Nicole profitabel sein. Bei einem Marktpreis von

Abb. 12-4

Die kurzfristige individuelle Angebotskurve

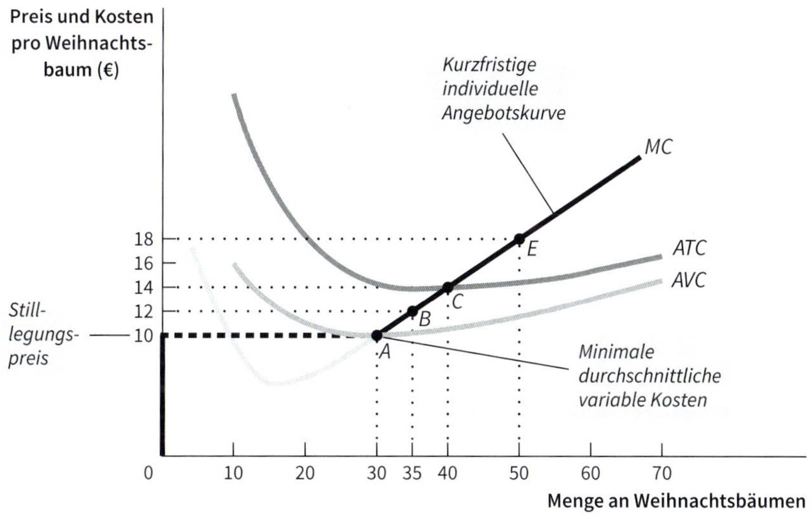

Übersteigt der Marktpreis den *Stilllegungspreis* von 10 Euro, der durch das Minimum der durchschnittlichen variablen Kosten gegeben ist (Punkt *A*), wird Nicole die Produktionsmenge produzieren, bei der die Grenzkosten gleich dem Preis sind. Daher wird für jeden Preis oberhalb der minimalen durchschnittlichen *variablen* Kosten die individuelle Angebotskurve des Unternehmens durch die Grenzkostenkurve bestimmt. Dies entspricht dem aufwärts verlaufenden Teil der individuellen Angebotskurve. Sinkt der Marktpreis unter die minimalen durchschnittlichen variablen Kosten, stellt das Unternehmen kurzfristig den Betrieb ein. Dies korrespondiert mit dem senkrechten Abschnitt der individuellen Angebotskurve entlang der senkrechten Achse.

18 Euro erzielt sie einen Gewinn je Baum von 18 Euro – 14,40 Euro = 3,60 Euro.

Was aber, wenn der Marktpreis zwischen dem Stilllegungspreis und dem Break-even-Preis liegt, also zwischen den minimalen durchschnittlichen *variablen Kosten* und den minimalen durchschnittlichen *Gesamtkosten*? Im Fall von Nicole entspricht das einem Preis, der irgendwo zwischen 10 Euro und 14 Euro liegt. Nehmen wir einmal an, der Preis läge bei 12 Euro. Bei 12 Euro ist der Betrieb nicht profitabel. Weil der Marktpreis unterhalb der minimalen durchschnittlichen Gesamtkosten liegt, verliert das Unternehmen bei jedem verkauften Baum die Differenz zwischen dem Preis und den Stückkosten der produzierten Menge.

Auch wenn das Unternehmen seine Gesamtkosten je Outputeinheit nicht decken kann, kann das Unternehmen aber zumindest seine variablen Stückkosten und einen Teil der Fixkosten je Outputeinheit decken. Würde ein Unternehmen in dieser Situation den Betrieb einstellen, müsste es zwar die variablen Kosten nicht tragen, wohl aber die *gesamten Fixkosten*. Im Ergebnis würde daher die Stilllegung einen größeren Verlust verursachen als die Fortführung des Betriebes.

Das bedeutet, dass sich ein Unternehmen besser stellt, wenn es kurzfristig weiterproduziert, falls der Marktpreis zwischen den minimalen durchschnittlichen Gesamtkosten und den minimalen durchschnittlichen variablen Kosten liegt. Das liegt daran, dass das Unternehmen durch die Produktion seine variablen Stückkosten und darüber hinaus zumindest noch einen Teil seiner Fixkosten decken kann, selbst wenn ihm insgesamt ein Verlust entsteht. In diesem Fall maximiert das Unternehmen seinen Gewinn (bzw. minimiert seinen Verlust) durch die Produktionsmenge, bei der die Grenzkosten gleich dem

Marktpreis sind. Sieht sich also Nicole einem Marktpreis von 12 Euro je Baum gegenüber, dann ist ihr gewinnmaximierender Output durch den Punkt *B* in Abbildung 12-4 gegeben, der mit einem Output in Höhe von 35 Weihnachtsbäumen verbunden ist.

An dieser Stelle wollen wir auf eine Analogie hinweisen: Die Entscheidung eines Unternehmens, die Produktion weiterzuführen, wenn es damit zwar seine variablen Kosten, nicht aber seine gesamten Fixkosten deckt, ähnelt der Entscheidung, *versunkene Kosten* zu ignorieren. (Mit versunkenen Kosten hatten wir uns in Kapitel 9 beschäftigt.) Versunkene Kosten sind Kosten, die bereits eingetreten sind und die nicht wieder hereingeholt werden können. Gerade weil sie im Nachhinein nicht geändert werden können, sollten sie keine Auswirkungen auf gegenwärtige Entscheidungen haben.

Bei der kurzfristigen Produktionsentscheidung sind Fixkosten wie versunkene Kosten – sie sind bereits entstanden und können kurzfristig nicht wieder hereingeholt werden. Dieser Vergleich verdeutlicht auch, warum variable Kosten kurzfristig bei der Produktionsentscheidung relevant sind: Sie können durch die Stilllegung vermieden werden.

Was geschieht nun, wenn der Marktpreis genau dem Stilllegungspreis entspricht? In diesem Fall ist das Unternehmen indifferent zwischen der Produktion von 30 Einheiten oder null Einheiten. Wie wir bald sehen werden, ist dies ein wichtiger Punkt, wenn man das Verhalten der Branche insgesamt betrachtet. Wir wollen im Weiteren annehmen, dass ein Unternehmen, auch wenn es in einer derartigen Situation indifferent ist, sich für die Produktion entscheidet.

Die **kurzfristige individuelle Angebotskurve** zeigt, wie die gewinnmaximierende Produktionsmenge eines Unternehmens vom Marktpreis abhängt.

Wir sind nun in der Lage, die **kurzfristige individuelle Angebotskurve** für den Betrieb von Nicole zu zeichnen. Sie zeigt, wie die gewinnmaximierende Produktionsmenge kurzfristig vom Preis abhängt und wird in Abbildung 12-4 durch die schwarze Kurve wiedergegeben. Wie man erkennen kann, hat diese Kurve zwei Bereiche. Der aufwärts verlaufende schwarze Abschnitt beginnt bei Punkt *A* und zeigt die kurzfristige gewinnmaximierende Produktionsmenge für den Fall, dass der Marktpreis oberhalb des Stilllegungspreises von 10 Euro je Baum liegt.

Solange der Marktpreis oberhalb des Stilllegungspreises liegt, produziert Nicole die Menge, bei der die Grenzkosten gleich dem Marktpreis sind. Bei Marktpreisen oberhalb des Stilllegungspreises korrespondiert die kurzfristige Angebotskurve des Unternehmens also mit seiner Grenzkostenkurve. Bei jedem Marktpreis unterhalb der durchschnittlichen variablen Kosten stellt das Unternehmen seinen Betrieb jedoch ein und die Produktionsmenge fällt kurzfristig auf null. Dies korrespondiert mit dem senkrechten Bereich der Kurve, der auf der Ordinate verläuft.

Legen Unternehmen tatsächlich temporär den Betrieb still, ohne vollständig das Geschäft aufzugeben? Ja. Tatsächlich kommt es in einigen Geschäftszweigen routinemäßig zu temporären Stilllegungen. Die bekanntesten Beispiele sind Unternehmen, die sich einer extrem saisonabhängigen Nachfrage gegenübersehen, wie zum Beispiel Unterhaltungsparks in Gegenden mit strengen Wintern. Solche Parks müssten sehr niedrige Preise bieten, um während der kalten Monate Kunden anzulocken. Diese Preise wären so niedrig, dass die Eigentümer die variablen Kosten (im Wesentlichen Löhne und Elektrizität) nicht decken könnten. Die ökonomisch klügere Entscheidung ist es, diese Betriebe so lange stillzulegen, bis das warme Wetter genug Kunden bringt, die bereit sind, einen höheren Preis zu bezahlen.

Änderung der Fixkosten

Kurzfristig sind Fixkosten gegeben und damit unveränderlich. Langfristig kann das Unternehmen aber seine Fixkosten beeinflussen, in dem es z. B. Ausrüstungen und Gebäude kauft oder verkauft. Wie wir in Kapitel 11 gelernt haben, kann langfristig die Höhe der Fixkosten frei gewählt werden. Dabei wird ein Unternehmen das Fixkostenniveau wählen, das seine durchschnittlichen Gesamtkosten für das gewünschte Produktionsniveau minimiert. Nun wollen wir uns mit einer noch wichtigeren Frage beschäftigen, der sich ein Unternehmen bei der Entscheidung über seine Fixkosten gegenübersieht: Soll ein Unternehmen überhaupt Fixkosten auf sich nehmen und im Geschäft bleiben?

Langfristig kann sich ein Produzent seiner Fixkosten immer durch den Verkauf seiner Anlagen entledigen. Wenn er das macht, kann er selbstverständlich nicht mehr produzieren – er ist aus dem Markt ausgeschieden. Gleichzeitig kann ein potenzieller Produzent Fixkosten durch die Beschaffung von Maschinen und anderen Ressourcen auf sich nehmen, die ihn in die Lage versetzen zu produzieren – er kann in den betreffenden Markt eintreten. In den meisten Märkten mit vollständiger Konkurrenz ist die Anzahl der Produzenten nur kurzfristig fest. Langfristig ändert sie sich, da Unternehmen in den Markt eintreten und aus dem Markt ausscheiden.

Wir wollen noch einmal den Betrieb von Nicole betrachten. Zur Vereinfachung gehen wir davon aus, dass der Betrieb der Weihnachtsbaumplantage ein ganz bestimmtes Niveau an Fixkosten erfordert. Diese Fixkosten belaufen sich auf 140 Euro, die auch die Basis für die Berechnungen in den Tabellen 12-1, 12-2 und 12-3 waren. Alternativ kann sich Nicole für Fixkosten in Höhe von 0 entscheiden, nämlich dann, wenn sie aus dem Markt ausscheidet.

Liegt der Marktpreis für Weihnachtsbäume dauerhaft unter 14 Euro, wird Nicole ihre Fixkosten niemals vollständig decken können: Ihr Unternehmen macht dauerhaft einen Verlust. Langfristig stellt sie sich daher besser, wenn sie ihr Unternehmen schließt und aus dem Markt ausscheidet. Mit anderen Worten: *Langfristig* werden Unternehmen aus einer Branche ausscheiden, wenn der Marktpreis dauerhaft unter dem Break-even-Preis liegt, also unter ihren minimalen durchschnittlichen Gesamtkosten.

Liegt der Marktpreis für Weihnachtsbäume dagegen dauerhaft oberhalb des Break-even-Preises von 14 Euro, dann ist das Unternehmen von Nicole profitabel. Sie wird im Markt bleiben und weiterproduzieren.

Damit ist die Sache aber noch nicht zu Ende. Der Markt für Weihnachtsbäume erfüllt das Kriterium des *freien Markteintritts*: Es gibt viele potenzielle Produzenten von Weihnachtsbäumen, da die nötigen Inputs leicht zu beschaffen sind. Die Kostenkurven dieser potenziellen Produzenten werden vermutlich denen von Nicole ähneln, weil auch die anderen Produzenten eine ganz ähnliche Technologie verwenden. Ist der Preis hoch genug, um für die bestehenden Unternehme Gewinne zu generieren, wird dieser Preis neue Unternehmen zu einem Markteintritt bewegen. Langfristig sollte daher ein Preis oberhalb von 14 Euro zu Markteintritten führen: Es wird neue Produzenten von Weihnachtsbäumen geben.

Wie wir im nächsten Abschnitt sehen werden, sind Marktaustritt und Markteintritt dafür verantwortlich, dass sich die kurzfristige Marktangebotskurve von der langfristigen Marktangebotskurve unterscheidet.

Zusammenfassung: Die Gewinn- und Produktionsbedingungen eines Unternehmens bei vollständiger Konkurrenz

In diesem Kapitel haben wir analysiert, woher sich die Angebotskurve eines preisnehmenden Unternehmens bei vollständiger Konkurrenz ableitet. Bei vollständiger Konkurrenz trifft jedes Unternehmen seine Produktionsentscheidung, indem es seinen Gewinn maximiert. Diese Entscheidung wiederum bestimmt die Angebotskurve. **Tabelle 12-4** fasst die Gewinn- und Produktionsbedingungen eines Unternehmens bei vollständiger Konkurrenz zusammen und stellt die Verbindung zwischen diesen Bedingungen und der Möglichkeit zum Markteintritt und zum Marktaustritt her.

Tab. 12-4

Zusammenfassung der Gewinn- und Produktionsbedingungen eines Unternehmens bei vollständiger Konkurrenz

Gewinn/Verlust

Vergleich zwischen *P* und den minimalen *ATC*	Ergebnis
P > minimale *ATC*	Unternehmen erzielt Gewinn. Langfristig Eintritt in den Markt.
P = minimale *ATC*	Unternehmen ist an der Gewinnschwelle. Langfristig kein Eintritt in den Markt oder Austritt aus dem Markt.
P < minimale *ATC*	Unternehmen macht Verlust. Langfristig Austritt aus dem Markt.

Produktion/Stilllegung

Vergleich zwischen *P* und den minimalen *AVC*	Ergebnis
P > minimale *AVC*	Kurzfristig produziert das Unternehmen. Falls *P* < minimale *ATC*, dann deckt das Unternehmen seine variablen Kosten und einen Teil seiner Fixkosten. Falls *P* > minimale *ATC*, deckt das Unternehmen sämtliche variable Kosten und die Fixkosten.
P = minimale *AVC*	Unternehmen ist kurzfristig indifferent zwischen Produktion und Nichtproduktion. Es deckt gerade die variablen Kosten.
P < minimale *AVC*	Das Unternehmen wird kurzfristig stillgelegt. Es deckt seine variablen Kosten nicht.

WISSENSCHAFT UND PRAXIS

Die Landwirte bewegen sich auf ihrer Angebotskurve nach oben

Landwirte operieren bei vollständiger Konkurrenz, da es auf dem Markt unzählige einzelne Landwirte gibt, die alle als Preisnehmer agieren. Kommt es zu Preisbewegungen bei landwirtschaftlichen Produkten, reagieren die Landwirte und passen ihre Produktionsmengen entsprechend an.

Ein anschauliches Beispiel für das ökonomische Agieren der Landwirte liefert der Blick auf den Markt für Mais in den Vereinigten Staaten. Von Mitte 2019 bis Anfang 2022 hat sich der Preis für Mais mehr als verdoppelt. Die Ursachen für diesen Preisanstieg lagen auf der Nachfrageseite. Zum einen profitierte der Preis für Mais von einer wachsenden Produktion von Biokraftstoffen, für die in der Regel Bioethanol verwendet wird, das aus Mais gewonnen wird. Zum anderen stieg der Preis für Mais als Reaktion auf eine stark wachsende Exportnachfrage. Und die Landwirte in den Vereinigten Staaten reagierten auf diese Entwicklung und bauten mehr Mais an. Allein bis Ende 2021 stieg die Maisproduktion in den Vereinigten Staaten um mehr als 10 Prozent an.

Zunächst könnte man meinen, dass sich die US-Landwirte durch den höheren Preis für Mais satter Gewinne erfreuten. Aber das war nicht der Fall, denn die Produktion von Mais weist ein abnehmendes Grenzprodukt auf. Für jede zusätzliche Tonne Mais benötigten die Landwirte eine immer größere Menge an Produktionsfaktoren. Für eine Produktionsausweitung mussten die Landwirte z. B. auf weniger fruchtbare Böden ausweichen und weniger erfahrene Arbeitskräfte bei Anbau, Pflege und Ernte einsetzen. Dadurch ging die Produktionsausweitung bei den Landwirten mit steigenden Grenzkosten einher.

Trotz des Kostenanstiegs war die Angebotsausweitung durch die Landwirte ökonomisch sinnvoll. Dadurch, dass jeder Landwirt mehr Mais anbaute, kletterte jeder Landwirt auf seiner Angebotskurve nach oben. Und da die Angebotskurve eines Landwirtes seine Grenzkostenkurve abbildet, stiegen auch die Grenzkosten jedes Landwirtes. Letztlich haben die Landwirte ihre Anbauflächen für Mais so lange ausgeweitet, bis die Grenzkosten für den Maisanbau ungefähr dem Marktpreis für Mais entsprachen. Und das ist keine Überraschung, denn die Maisproduktion erfüllt alle Anforderungen an eine Branche mit vollständiger Konkurrenz.

Kurzzusammenfassung

- Ein Produzent bestimmt die Höhe seines Produktionsniveaus nach der **Regel für die optimale Produktionsmenge**. Für ein preisnehmendes Unternehmen ist der **Grenzerlös** gleich dem Preis, seine **Grenzerlöskurve** ist eine Waagerechte beim Preis und das Unternehmen wählt seinen Output gemäß der **Regel für die optimale Produktionsmenge eines preisnehmenden Unternehmens**.
- Ein Unternehmen erzielt Gewinne, wenn der Marktpreis den **Break-even-Preis** übersteigt. Der Break-even-Preis entspricht den minimalen durchschnittlichen Gesamtkosten. Ein Unternehmen macht Verluste, wenn der Marktpreis unter den Break-even-Preis fällt. Ein Unternehmen ist gerade an der Gewinnschwelle, wenn der Marktpreis gleich dem Break-even-Preis ist.
- Fixkosten sind für die optimale kurzfristige Produktionsentscheidung eines Unternehmens irrelevant. Übersteigt der Marktpreis den **Stilllegungspreis** (minimale durchschnittliche variable Kosten), dann produziert das preisnehmende Unternehmen die Produktionsmenge, bei der die Grenzkosten gleich dem Preis sind. Ist der Marktpreis geringer als der Stilllegungspreis, gibt es die Produktion kurzfristig auf. Damit ist die **kurzfristige individuelle Angebotskurve des Unternehmens** bestimmt.
- Langfristig sind Fixkosten von Bedeutung. Sinkt der Preis für längere Zeit unter die minimalen durchschnittlichen Gesamtkosten, wird ein Unternehmen aus dem betreffenden Markt ausscheiden. Übersteigt der Marktpreis die minimalen durchschnittlichen Gesamtkosten, erzielt das Unternehmen Gewinne und wird im Markt verbleiben. Darüber hinaus werden andere Unternehmen in den betreffenden Markt eintreten.

ÜBERPRÜFEN SIE IHR WISSEN

1. Zeichnen Sie ein Diagramm, das für die kurze Frist eine u-förmige Kurve der durchschnittlichen Gesamtkosten, eine u-förmige Kurve der durchschnittlichen variablen Kosten und eine bumerangförmige Grenzkostenkurve enthält. Markieren Sie den Outputbereich und den Preisbereich, bei dem die folgenden Handlungen optimal sind.
   a. Das Unternehmen stellt sofort seinen Betrieb ein.
   b. Das Unternehmen führt den Betrieb kurzfristig trotz eines Verlustes fort.
   c. Das Unternehmen ist in Betrieb und erzielt einen Gewinn.
2. Der US-amerikanische Bundesstaat Maine hat eine sehr aktive Hummerbranche, die während der Sommermonate Hummer fängt. Das restliche Jahr kann Hummer aus anderen Teilen der Welt bezogen werden, allerdings zu einem sehr viel höheren Preis. In Maine gibt es auch eine große Anzahl von »Hummerbuden«, das sind kleine Straßenlokale, die Hummer verkaufen, aber nur während des Sommers geöffnet sind. Erläutern Sie, warum es für die »Hummerbuden« optimal ist, nur während der Sommermonate geöffnet zu haben.

12.3 Die Marktangebotskurve

Warum wird ein Anstieg der Nachfrage nach Weihnachtsbäumen kurzfristig zu einem starken Preisanstieg, langfristig aber zu einem viel geringeren Preisanstieg führen? Die Ursache dafür liegt im Verhalten der **Marktangebotskurve**, manchmal auch als Branchenangebotskurve bezeichnet, die die Beziehung zwischen dem Preis und der Produktionsmenge der betreffenden Branche insgesamt darstellt. Die Marktangebotskurve ist das, was wir in früheren Kapiteln als *die* Angebotskurve bezeichnet haben. An dieser Stelle ist es jedoch wichtig, sorgfältig zwischen der *individuellen Angebotskurve* eines einzelnen Unternehmens und der *Angebotskurve einer Branche insgesamt* zu unterscheiden.

Wie Sie sich vielleicht aufgrund unserer bisherigen Überlegungen denken können, muss die Marktangebotskurve kurzfristig und langfristig in unterschiedlicher Weise analysiert werden. Wir beginnen mit der kurzfristigen Betrachtung.

Die kurzfristige Marktangebotskurve

Wir wissen, dass kurzfristig die Zahl der Produzenten einer Branche gegeben ist. Es gibt keinen Markteintritt oder Marktaustritt. Im Kapitel 3 haben wir bereits gelernt, dass sich die Angebotskurve eines Marktes durch die waagerechte Addition der individuellen Angebotskurven aller Produzenten ergibt. Man summiert also einfach die Produktionsmengen aller Produzenten bei jedem Preis. Wir wollen dazu im Folgenden unterstellen, dass alle Produzenten gleich sind. Dadurch lässt sich die Ableitung der Marktangebotskurve wesentlich vereinfachen. Wir nehmen an, dass es 100 Produzenten von Weihnachtsbäumen gibt, die alle die gleichen Kosten haben wie der Betrieb von Nicole.

Die **Marktangebotskurve**, manchmal auch als Branchenangebotskurve bezeichnet, zeigt die Beziehung zwischen dem Preis eines Gutes und der Produktionsmenge der betreffenden Branche insgesamt.

Jeder dieser 100 Betriebe hat daher eine individuelle kurzfristige Angebotskurve wie die in Abbildung 12-4. Bei einem Preis unterhalb von 10 Euro wird kein Betrieb produzieren. Bei einem Preis oberhalb von 10 Euro wird jedes Unternehmen die Produktionsmenge produzieren, bei der seine marginalen Kosten gleich dem Marktpreis sind. Wie man aus Abbildung 12-4 erkennen kann, wird dies zu einer Produktionshöhe von 40 Weihnachtsbäumen führen, wenn der Preis 14 Euro je Baum beträgt, zu 50 Weihnachtsbäumen, wenn der Preis bei 18 Euro liegt, usw. Gibt es 100 Weihnachtsbaumplantagen und liegt der Preis für Weihnachtsbäume bei 18 Euro je Baum, dann wird die Branche insgesamt 5.000 Weihnachtsbäume produzieren, was dem Produkt aus 100 Betrieben und 50 Weihnachtsbäumen je Betrieb entspricht. Für andere Marktpreise gelten entsprechende Ergebnisse. Fasst man diese zu-

Abb. 12-5

Das kurzfristige Marktgleichgewicht

Die kurzfristige Marktangebotskurve (*S*) ergibt sich unter der Annahme einer fest vorgegebenen Anzahl von Produzenten (in unserem Fall 100). Sie entsteht durch die Addition der individuellen Angebotskurven der 100 Produzenten. Unterhalb des Stilllegungspreises von 10 Euro ist kurzfristig kein Produzent bereit zu produzieren. Oberhalb von 10 Euro verläuft die Marktangebotskurve steigend, weil jeder Produzent den Output mit steigendem Preis erhöht. Die Kurve schneidet die Nachfragekurve *D* im Punkt E_{MKT}. Dieser Punkt kennzeichnet das kurzfristige Marktgleichgewicht, mit einem Preis von 18 Euro sowie einer Menge von 5.000 Weihnachtsbäumen.

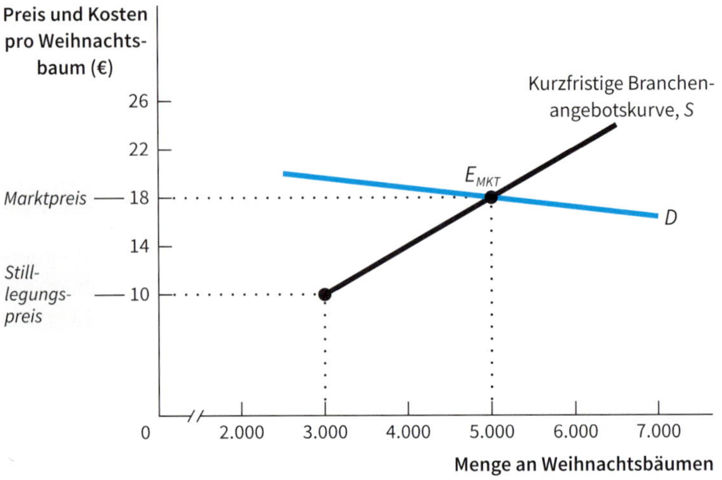

Die **kurzfristige Marktangebotskurve** zeigt, wie die von einer Branche angebotene Menge bei einer fest vorgegebenen Zahl von Produzenten vom Marktpreis abhängt.

Ein **kurzfristiges Marktgleichgewicht** liegt vor, wenn bei gegebener Zahl von Produzenten die angebotene Menge mit der nachgefragten Menge übereinstimmt.

sammen, erhält man die **kurzfristige Marktangebotskurve**, die in **Abbildung 12-5** als Kurve *S* dargestellt wird. Diese Kurve zeigt die Menge, die die Produzenten insgesamt zu jedem bestimmten Preis anbieten werden, *wenn die Zahl der Produzenten fest vorgegeben ist*.

Die Nachfragekurve *D* in Abbildung 12-5 schneidet die kurzfristige Marktangebotskurve im Punkt E_{MKT} bei einem Preis von 18 Euro und einer Menge von 5.000 Weihnachtsbäumen. Der Punkt E_{MKT} beschreibt das **kurzfristige Marktgleichgewicht**. Hier sind – bei einer fest vorgegebenen Zahl von Produzenten – angebotene Menge und nachgefragte Menge gleich. Langfristig kann sich das Bild allerdings ändern, weil neue Anbieter in den Markt eintreten und existierende Anbieter den Markt verlassen können.

Die langfristige Marktangebotskurve

Nehmen wir an, dass es neben den 100 Unternehmen, die gegenwärtig im Weihnachtsbaumanbau tätig sind, noch viele weitere potenzielle Produzenten gibt, die bei einem Markteintritt alle die gleiche Kostenkurve haben wie die bereits bestehenden Unternehmen wie der Betrieb von Nicole.

Wann werden diese zusätzlichen Produzenten in den Markt eintreten? Immer dann, wenn bereits im Markt operierende Produzenten einen Gewinn erzielen, wenn also der Marktpreis oberhalb des Break-even-Preises von 14 Euro je Baum liegt, den minimalen durchschnittlichen Gesamtkosten der Produktion. So werden beispielsweise bei einem Preis von 18 Euro je Baum neue Unternehmen in den Markt eintreten.

Was aber wird passieren, wenn weitere Produzenten in den Markt eintreten? Natürlich wird sich die bei jedem gegebenen Preis angebotene Menge erhöhen. Die kurzfristige Marktangebotskurve verschiebt sich nach rechts. Dies wiederum wird zu einer Änderung des Marktgleichgewichts und einem niedrigeren Marktpreis führen. Die bestehenden Unternehmen werden auf den geringeren Marktpreis mit einer Verminderung ihrer Produktionsmenge reagieren. Die Produktionsmenge der Branche insgesamt wird sich jedoch aufgrund der größeren Anzahl von Unternehmen erhöhen.

Abbildung 12-6 veranschaulicht die Auswirkungen dieser Ereignisse auf bereits existierende Unternehmen und den Markt. Diagramm (a) zeigt, wie der Markt auf den Eintritt neuer Unternehmen reagiert. Diagramm (b) stellt die Reaktion eines bereits bestehenden Unternehmens auf den Markteintritt neuer Unternehmen dar. (Zu beachten ist, dass beide Diagramme im Vergleich zu Abbildung 12-4 und Abbildung 12-5 umskaliert wurden, um die von der Preisänderung hervorgerufene Gewinnänderung besser erkennen zu können.) In Diagramm (a) bezeichnet S_1 die ursprüngliche kurzfristige Marktangebotskurve. Sie beruht auf der Annahme, dass 100 Produzenten im Markt tätig sind. Das ursprüngliche kurzfristige Marktgleichgewicht liegt im Punkt E_{MKT}, bei einem Gleichgewichtspreis von 18 Euro und einer Menge von 5.000 Weihnachtsbäumen. Bei diesem Preis erzielen die existierenden Produzenten Gewinne, wie in Diagramm (b) zu erkennen ist: Ein bestehendes Unternehmen erzielt bei einem Preis von 18 Euro einen Gesamtgewinn, der durch das hellgraue mit *A* bezeichnete Rechteck wiedergegeben wird.

Diese Gewinne werden neue Produzenten dazu veranlassen, in den Markt einzutreten, wodurch sich die kurzfristige Marktangebotskurve nach rechts verschiebt. Steigt beispielsweise die Zahl der Produzenten auf 167, gilt nunmehr die nach rechts verschobene kurzfristige Marktangebotskurve S_2. Zu dieser Angebotskurve gehört ein neues kurzfristiges Marktgleichgewicht im Punkt D_{MKT}, wo der Marktpreis 16 Euro beträgt und die

Abb. 12-6

Das langfristige Marktgleichgewicht

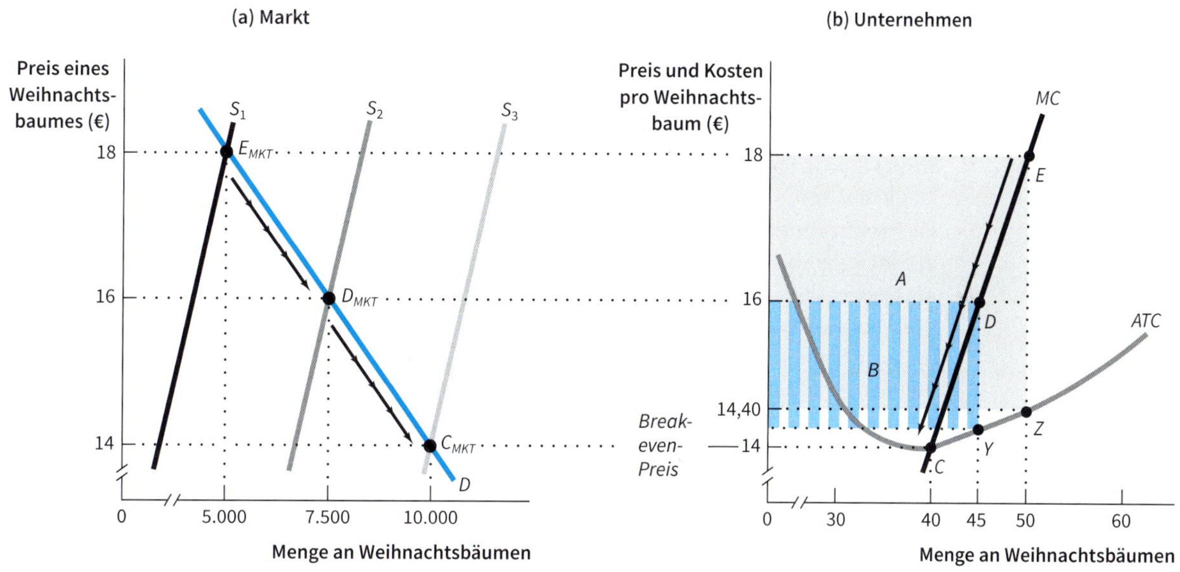

Der Punkt E_{MKT} in Diagramm (a) zeigt das ursprüngliche kurzfristige Marktgleichgewicht, das durch den Schnittpunkt der Nachfragekurve *D* mit der ursprünglichen kurzfristigen Marktangebotskurve S_1 gegeben ist. Weil der Marktpreis mit 18 Euro oberhalb des Break-even-Preises von 14 Euro liegt, erzielt jedes der 100 bestehenden Unternehmen einen ökonomischen Gewinn. Dies wird in Diagramm (b) illustriert, wo das mit *A* bezeichnete Rechteck den Gewinn eines bestehenden Unternehmens widerspiegelt. Diese Gewinne führen zum Markteintritt neuer Unternehmen, wodurch sich in Diagramm (a) die kurzfristige Marktangebotskurve von S_1 nach S_2 verschiebt. Dadurch kommt es zu einem neuen kurzfristigen Gleichgewicht im Punkt D_{MKT}, wo der Marktpreis niedriger ist (16 Euro), die gesamte Produktion der Branche aber höher. Die Produktionsmengen und die Gewinne der bestehenden Unternehmen sind nunmehr kleiner, es bleiben aber dennoch Gewinne übrig, was durch das mit *B* bezeichnete Rechteck in Diagramm (b) demonstriert wird. Weitere Markteintritte verschieben die kurzfristige Marktangebotskurve weiter nach rechts. Der Preis sinkt noch weiter und die Produktionsmenge der Branche nimmt weiterhin zu. Der Markteintritt neuer Unternehmen kommt zum Stillstand, wenn das Gleichgewicht im Punkt C_{MKT} auf der Angebotskurve S_3 erst einmal erreicht ist. Hier ist der Marktpreis gleich dem Break-even-Preis. Die im Markt operierenden Unternehmen erzielen einen ökonomischen Gewinn von null und es gibt keinen Anreiz zum Markteintritt oder Marktaustritt. Daher beschreibt C_{MKT} das langfristige Marktgleichgewicht.

Gleichgewichtsmenge 7.500 Weihnachtsbäume. Bei einem Preis von 16 Euro produziert jedes Unternehmen 45 Weihnachtsbäume, sodass sich die gesamte Produktionsmenge der Branche auf 167 × 45 = 7.500 Bäume (gerundet) beläuft.

Im Diagramm (b) ist die Auswirkung des Markteintritts von 67 neuen Produzenten auf die bereits im Markt befindlichen Unternehmen zu erkennen: Der Preisrückgang ruft bei ihnen eine Verminderung ihrer Produktionsmenge hervor. Ihre individuellen Gewinne sinken auf eine Höhe, die durch die Fläche des gestreiften und mit *B* bezeichneten Rechtecks wiedergegeben wird.

Obwohl die Gewinne nun kleiner geworden sind, locken die Gewinne der bestehenden Unternehmen im Punkt D_{MKT} weiterhin neue Unternehmen an. Der Markteintritt wird sich also fortsetzen und die Zahl der Unternehmen wird weiter steigen. Hat sich die Zahl der Produzenten auf 250 erhöht, dann gilt nunmehr die kurzfristige Marktangebotskurve S_3. Jetzt liegt das Marktgleichgewicht im Punkt C_{MKT}, mit einer Gleichgewichtsmenge von 10.000 Bäumen und einen Marktpreis von 14 Euro je Baum.

Genau wie E_{MKT} und D_{MKT} ist auch C_{MKT} ein zunächst kurzfristiges Marktgleichgewicht. Es hat aber eine darüber hinausgehende Bedeutung. Weil der Marktpreis von 14 Euro gleichzeitig der Break-even-Preis jedes am Markt operierenden Unternehmens ist, befinden sich die am Markt tätigen Unternehmen gerade an der Gewinnschwelle. Wenn sie ihren gewinnmaximierenden Output von 40 Weihnachtsbäumen produzieren, erzielen sie weder einen Gewinn noch machen sie einen Verlust.

Bei diesem Preis gibt es für potenzielle Unternehmen keinen Anreiz mehr, in den Markt einzutreten. Und für am Markt bereits operierende Unternehmen gibt es keinen Anreiz, aus dem Markt auszuscheiden. Der Punkt C_{MKT} korrespondiert daher mit dem **langfristigen Marktgleichgewicht**. Das ist eine Situation, in der Angebot und Nachfrage übereinstimmen, und in der genug Zeit vergangen ist, damit Produzenten entweder in den Markt eintreten oder aus ihm ausscheiden können. Im langfristigen Marktgleichgewicht haben sich alle existierenden und potenziellen Produzenten vollständig an ihre langfristig optimalen Entscheidungen angepasst. Daher hat kein Produzent einen Anreiz, in den Markt einzutreten oder aus dem Markt auszuscheiden.

Ein Markt befindet sich im **langfristigen Marktgleichgewicht**, wenn Angebot und Nachfrage übereinstimmen und genug Zeit für Markteintritte und Marktaustritte war.

Um den Unterschied zwischen kurzfristigem und langfristigem Gleichgewicht noch besser zu verstehen, wollen wir die Auswirkungen einer Nachfrageerhöhung auf eine Branche mit freiem Markteintritt analysieren, die sich ursprünglich im langfristigen Gleichgewicht befindet. Während Diagramm (b) in **Abbildung 12-7** den Anpassungsprozess im Markt zeigt, veranschaulichen die Diagramme (a) und (c), wie sich ein bestehendes Unternehmen während dieses Anpassungsprozesses verhält.

In Diagramm (b) von Abbildung 12-7 bezeichnet D_1 die ursprüngliche Nachfragekurve und S_1 die ursprüngliche kurzfristige Marktangebotskurve. Ihr Schnittpunkt X_{MKT} charakterisiert sowohl das kurzfristige als auch das langfristige Marktgleichgewicht, weil der Gleichgewichtspreis von 14 Euro zu einem ökonomischen Gewinn von 0 führt, und es daher weder zu Markteintritten noch zu Marktaustritten kommt. Dieser Punkt korrespondiert mit Punkt *X* in Diagramm (a), wo ein bereits bestehendes Unternehmen im Minimum seiner Kurve der durchschnittlichen Gesamtkosten operiert.

Nun verschiebt sich die Nachfragekurve aus irgendeinem Grund nach D_2. Wie man in Diagramm (b) erkennen kann, bewegt sich die Produktionsmenge der Branche kurzfristig entlang der kurzfristigen Marktangebotskurve S_1 zum neuen kurzfristigen Gleichgewicht in Punkt Y_{MKT}, wo sich S_1 und D_2 schneiden. Der Marktpreis steigt auf 18 Euro je Baum und die Produktionsmenge der Branche steigt von Q_X auf Q_Y. Dies korrespondiert mit der Bewegung von *X* nach *Y* in Diagramm (a), weil ein bestehendes Unternehmen seine Produktion als Reaktion auf die Erhöhung des Marktpreises ausdehnt.

Wir wissen aber, dass Y_{MKT} kein langfristiges Gleichgewicht darstellt, weil der Preis von 18 Euro über den minimalen durchschnittlichen Gesamtkosten liegt, sodass die bestehenden Unternehmen ökonomische Gewinne erzielen. Diese Gewinne werden weitere Unternehmen zum Eintritt in den Markt veranlassen.

Mit der Zeit wird der Markteintritt dazu führen, dass sich die kurzfristige Marktangebotskurve nach rechts verschiebt. Langfristig wird sich die Marktangebotskurve nach S_2 verschoben haben und das Gleichgewicht im Punkt Z_{MKT} liegen. Der Preis ist wieder auf 14 Euro je Baum gesunken und die Produktionsmenge der Branche hat sich

Abb. 12-7

Die kurzfristigen und langfristigen Auswirkungen einer Nachfrageerhöhung

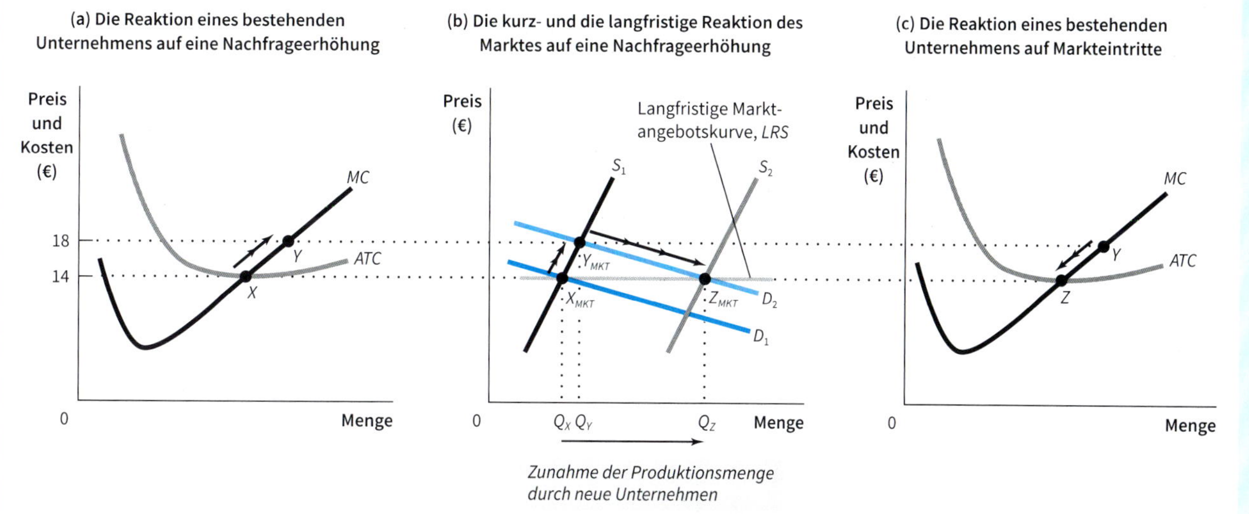

Diagramm (b) zeigt, wie sich eine Branche kurzfristig und langfristig an eine Nachfrageerhöhung anpasst. Die Diagramme (a) und (c) zeigen die entsprechenden Anpassungen auf der Ebene eines einzelnen bestehenden Unternehmens. Zu Beginn befindet sich der Markt in Punkt X_{MKT} in Diagramm (b) im kurz- und langfristigen Gleichgewicht: bei einem Preis von 14 Euro und einer Produktionsmenge von Q_X. Ein bestehendes Unternehmen erzielt einen Gewinn von null und operiert im Punkt *X* in Diagramm (a) bei minimalen durchschnittlichen Gesamtkosten. Aufgrund der Nachfrageerhöhung verschiebt sich die Kurve D_1 nach rechts zu D_2, wodurch der Marktpreis auf 18 Euro steigt. Die im Markt befindlichen Unternehmen erhöhen ihre Produktion, und die Produktionsmenge der Branche bewegt sich entlang der kurzfristigen Marktangebotskurve S_1 zum kurzfristigen Gleichgewicht Y_{MKT}. Hierzu korrespondiert auf der Ebene eines einzelnen Unternehmens die Bewegung von Punkt *X* nach Punkt *Y* in Diagramm (a). Bei einem Preis von 18 Euro erzielen die bestehenden Unternehmen allerdings Gewinne. Wie in Diagramm (b) deutlich wird, führt dies langfristig zum Eintritt neuer Unternehmen in den Markt. Die kurzfristige Marktangebotskurve verschiebt sich daher von S_1 nach S_2. Es kommt zu einem neuen Gleichgewicht im Punkt Z_{MKT} bei einem niedrigeren Preis von 14 Euro und einer höheren Produktionsmenge der Branche von Q_Z. Ein existierendes Unternehmen reagiert mit der Bewegung von *Y* nach *Z* in Diagramm (c), womit es auf seine ursprüngliche Produktionsmenge und einen Gewinn von null zurückkehrt. Die Erhöhung der Produktionsmenge der Branche insgesamt ($Q_Z - Q_X$) geht letztlich auf die neu in den Markt eingetretenen Unternehmen zurück. Wie X_{MKT} ist auch Z_{MKT} gleichzeitig ein kurzfristiges und langfristiges Gleichgewicht: Weil die bestehenden Unternehmen einen ökonomischen Gewinn von null erzielen, gibt es keinen Anreiz für Unternehmen, in den Markt einzutreten oder aus dem Markt auszuscheiden. Die waagerechte Kurve *LRS*, die durch X_{MKT} und Z_{MKT} läuft, ist die langfristige Marktangebotskurve. Sie zeigt uns, dass zum Break-even-Preis von 14 Euro die Produzenten langfristig jede Menge anbieten werden, die die Konsumenten wünschen.

nochmals von Q_Y auf Q_Z erhöht. Wie der Punkt X_{MKT} vor der Nachfrageerhöhung stellt auch der Punkt Z_{MKT} sowohl ein kurzfristiges als auch ein langfristiges Marktgleichgewicht dar.

Die Auswirkungen des Markteintritts neuer Unternehmen auf ein bereits bestehendes Unternehmen werden in Diagramm (c) durch die Bewegung von *Y* nach *Z* entlang der individuellen Angebotskurve veranschaulicht. Das Unternehmen verringert seinen Output als Reaktion auf die Preissenkung und befindet sich schließlich wieder auf dem ursprünglichen Produktionsniveau, das mit dem Minimum seiner Kurve der durchschnittlichen Gesamtkosten korrespondiert. Genau genommen wird jedes in dem Markt befindliche Unternehmen, sowohl die bereits bestehenden Unternehmen als auch die neuen Unternehmen, im Minimum seiner Kurve der durchschnittlichen Gesamtkosten operieren (Punkt *Z*). Das bedeutet, dass die gesamte Zunahme der Produktionsmenge der Branche von Q_X auf Q_Z auf die neuen Unternehmen entfällt.

Die **langfristige Marktangebotskurve** zeigt, wie die angebotene Menge auf den Preis reagiert, wenn für die Produzenten genügend Zeit besteht, in den Markt einzutreten bzw. aus ihm auszuscheiden.

Die Kurve *LRS*, die im Diagramm (b) durch die Punkte X_{MKT} und Z_{MKT} verläuft, ist die **langfristige Marktangebotskurve**. Sie zeigt, wie die von einer Branche angebotene Menge auf den Preis reagiert, wenn die Produzenten genug Zeit haben, um in den Markt einzutreten bzw. aus dem Markt auszuscheiden.

In unserem speziellen Fall verläuft die langfristige Marktangebotskurve waagerecht bei einem Wert von 14 Euro. Das bedeutet, dass das Angebot in diesem Markt langfristig *vollkommen preiselastisch* ist. Wenn also die Produzenten genug Zeit zum Markteintritt oder zum Marktaustritt haben, werden sie bei einem Preis von 14 Euro bereit sein, jede beliebige Menge anzubieten, die die Konsumenten zu diesem Preis nachfragen. Ein langfristig völlig preiselastisches Angebot ist tatsächlich für viele Märkte eine gute Annahme. In diesem Fall sprechen wir von einer Branche mit konstanten Kosten (»constant-cost-industry«): Jedes Unternehmen hat die gleiche Kostenstruktur und damit die gleiche Kostenkurve. Dies ist typischerweise in Branchen der Fall (wie z. B. bei Bäckereien), in denen das Angebot an Inputs vollkommen preiselastisch ist.

Es gibt aber auch Branchen, bei denen die Marktangebotskurve langfristig steigend verläuft. In der Regel ist eine steigend verlaufende, langfristige Marktangebotskurve darauf zurückzuführen, dass die Produzenten einen Input verwenden müssen, dessen Angebot begrenzt ist (und das damit preisunelastisch ist). Mit der Expansion der betreffenden Branche wird der Preis dieses Inputs nach oben getrieben. So müssen beispielsweise Strandhotels miteinander um eine begrenzte Menge an erstklassigen Standorten kämpfen. In diesen Branchen kommt es also zu steigenden Kosten bei einer Produktionsausweitung (»increasing-cost-industry«).

Die langfristige Marktangebotskurve kann auch einen fallenden Verlauf aufweisen. Das ist bei zunehmenden Skalenerträgen der Fall, wenn die durchschnittlichen Gesamtkosten mit zunehmender Produktionsmenge sinken. Dabei gelten die zunehmenden Skalenerträge für die Branche insgesamt und nicht für einzelne Unternehmen. Können einzelne Unternehmen zunehmende Skalenerträge realisieren, dann kommt es in der Regel dazu, dass wenige Unternehmen (ein *Oligopol*) oder sogar nur ein einzelnes Unternehmen (ein *Monopol*) die Branche dominieren werden.

Abb. 12-8

Ein Vergleich von kurzfristigen und langfristigen Marktangebotskurven

Die langfristige Marktangebotskurve kann steigend verlaufen, sie ist aber immer flacher – elastischer – als die kurzfristige Marktangebotskurve. Dieses Phänomen ist auf Markteintritte und Marktaustritte zurückzuführen. Ein höherer Preis stellt einen Anreiz für neue Unternehmen dar, langfristig in den Markt einzutreten. Dies führt zu einem Anstieg der Produktionsmenge der Branche und zu einem Preisrückgang. Ein niedrigerer Preis schafft einen Anreiz für bestehende Unternehmen, langfristig aus dem Markt auszutreten. Dies führt zu einem Rückgang der Produktionsmenge der betreffenden Branche und zu einem Preisanstieg.

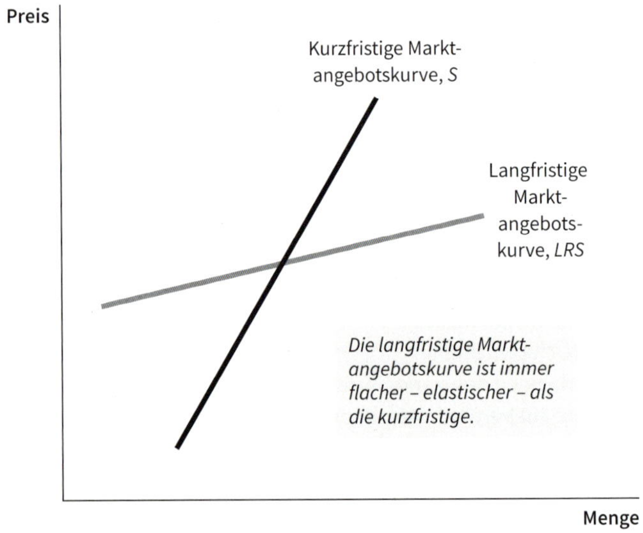

DENKFALLEN!

Noch einmal: Der ökonomische Gewinn
Einige Leser werden sich vielleicht wundern, warum Unternehmen in einen Markt eintreten sollten, wenn sie dort kaum mehr als die Gewinnschwelle erreichen. Wäre es nicht besser, in andere Branchen zu gehen, wo sie größere Gewinne erzielen können? Die Antwort lautet, dass wir hier, wie immer, bei der Kostenkalkulation *Opportunitätskosten* meinen, also Kosten, die die Erträge berücksichtigen, die ein Unternehmen durch den Einsatz seiner Ressourcen in einem anderen Bereich erzielen könnte. Bei dem Gewinn, den wir berechnen, handelt es sich daher um den *ökonomischen Gewinn*. Liegt der Marktpreis oberhalb des Break-even-Niveaus, und wenn auch nur ein wenig, können potenzielle Unternehmenseigentümer in der betrachteten Branche mehr verdienen als anderswo.

Unabhängig davon, ob die langfristige Marktangebotskurve waagerecht, steigend oder sogar fallend verläuft, gilt bei freiem Markteintritt und freiem Marktaustritt, dass die langfristige Preiselastizität des Angebotes *größer* ist als die kurzfristige Preiselastizität. Wie **Abbildung 12-8** zeigt, verläuft die langfristige Marktangebotskurve stets flacher als die kurzfristige Marktangebotskurve. Der Grund dafür besteht natürlich in der Möglichkeit zum Markteintritt und zum Marktaustritt. Ein höherer Preis lockt neue Anbieter an, was zu einem Anstieg der Produktionsmenge der Branche und einem Preisrückgang führt. Ein niedriger Preis veranlasst bestehende Unternehmen, aus dem Markt auszuscheiden, was zu einem Rückgang der Produktionsmenge und einem Preisanstieg führt.

Die Unterscheidung zwischen kurzfristiger und langfristiger Marktangebotskurve ist in der Praxis oftmals sehr wichtig. Häufig können wir eine Abfolge der Ereignisse beobachten, wie sie in Abbildung 12-7 gezeigt wird: Ein Anstieg der Nachfrage führt anfänglich zu einer starken Preiserhöhung. Mit dem Eintritt neuer Unternehmen sinkt der Preis aber wieder auf sein ursprüngliches Niveau ab. Oder wir beobachten die Umkehr dieser Abfolge: Ein Rückgang der Nachfrage reduziert die Preise kurzfristig, langfristig kommt es aufgrund des Ausscheidens von Unternehmen aber wieder zum Anstieg auf das ursprüngliche Niveau.

Produktionskosten und Effizienz im langfristigen Gleichgewicht

Unsere Analyse führt uns zu drei Schlussfolgerungen hinsichtlich der Produktionskosten und der Effizienz des langfristigen Gleichgewichts bei vollständiger Konkurrenz. Diese Schlussfolgerungen werden auch im Kapitel 13 eine wichtige Rolle spielen, wenn es darum geht, warum ein Monopol mit Ineffizienzen verbunden ist.

1. *Bei vollständiger Konkurrenz sind im Gleichgewicht die Grenzkosten für alle Unternehmen gleich.* Das ist darauf zurückzuführen, dass alle Unternehmen die Produktionsmenge produzieren, bei der Grenzkosten und Preis übereinstimmen und dass sie sich als Preisnehmer alle dem gleichen Marktpreis gegenübersehen.
2. *Bei vollständiger Konkurrenz sowie freiem Markteintritt und Marktaustritt wird jedes Unternehmen im langfristigen Gleichgewicht einen ökonomischen Gewinn von null erzielen.* Jedes Unternehmen produziert die Menge, die seine durchschnittlichen Gesamtkosten minimiert. Diese Situation entspricht dem Punkt *Z* in Diagramm (c) von Abbildung 12-7. Dadurch werden bei vollständiger Konkurrenz auch die Gesamtkosten der Produktion für die Branche minimiert.
3. *Das langfristige Marktgleichgewicht ist bei vollständiger Konkurrenz effizient, da alle wechselseitig vorteilhaften Transaktionenn stattfinden.* Um das zu verstehen, müssen wir uns eine fundamentale Bedingung für Effizienz in Erinnerung rufen: Alle Konsumenten, die eine Zahlungsbereitschaft aufweisen, die größer oder gleich den Kosten des Anbieters ist, erhalten das Gut. Und wir haben auch gelernt, dass ein Markt (unter bestimmten, wohl definierten Bedingungen) effizient ist. Der Marktpreis bringt alle Konsumenten mit einer Zahlungsbereitschaft größer oder gleich dem Marktpreis mit allen Verkäufern zusammen, die Produktionskosten kleiner oder gleich dem Marktpreis aufweisen.

WISSENSCHAFT UND PRAXIS

Weltweite Knappheit an Schweinefleisch trifft Restaurants in China

Dank ihrer steigenden Einkommen können sich die Menschen in China immer mehr Fleisch leisten. Und in Sachen Fleisch haben die Chinesen eine klare Präferenz: Schweinefleisch. Im Verlauf der letzten zwanzig Jahre hat sich der Pro-Kopf-Verbrauch an Schweinefleisch in China fast verdoppelt. Mittlerweile verzehren die Menschen in China pro Kopf mehr Schweinefleisch als die Menschen in den Vereinigten Staaten.

Im Jahr 2018 kam es auf dem Markt für Schweinefleisch in China durch den Ausbruch der afrikanischen Schweinegrippe allerdings zu einem drastischen Angebotsschock. Da es keine Möglichkeit gibt, die Krankheit zu behandeln, müssen bei einem Ausbruch der afrikanischen Schweinegrippe alle Tiere notgeschlachtet werden, die infiziert sind oder infiziert sein könnten, um eine Ausbreitung der Krankheit zu verhindern. Bis Ende 2019 wurden gut 40 Prozent aller Schweine in China notgeschlachtet, das waren mehrere Hundert Millionen Tiere. Schweinefleisch wurde knapp und der Preis schnellte in die Höhe. Der Erzeugerpreis für Schweinefleisch, also der Preis für Schweinefleisch auf dem Schlachthof, stieg um 125 Prozent.

Und die Auswirkungen waren auf der ganzen Welt zu spüren. Als weltweit größter Produzent von Schweinefleisch übt China einen großen Einfluss auf den Weltmarktpreis und die Verfügbarkeit von Schweinefleisch aus. Im Jahr 2019 kam es zum stärksten Preisanstieg weltweit bei Schweinefleisch und Schinken in den letzten 15 Jahren.

Die Schweinefleischproduzenten in anderen Ländern profitierten von der geringeren Produktion in China. Produzenten aus Brasilien, Australien und der EU stiegen groß in den chinesischen Markt ein (aufgrund der Zollpolitik gegenüber China unter dem damaligen US-Präsidenten Trump konnten US-amerikanische Produzenten kaum von der Entwicklung profitieren). Bis Ende 2019 waren die chinesischen Importe von Schweinefleisch um 150 Prozent gestiegen. Die steigenden Importe verschoben die Angebotskurve für die chinesischen Verbraucher nach rechts und konnten so den Preisauftrieb im chinesischen Markt dämpfen.

Ob die Gewinne der Importeure dauerhaft sein werden, bleibt abzuwarten. Durch den Ausbruch der Schweinegrippe mussten viele kleine Betriebe in China schließen und wurden durch große, moderne Produktionsanlagen mit verbesserten Haltungsbedingungen ersetzt. Durch diese Modernisierung der Schweinefleischproduktion hofft China, nicht noch einmal in einen derart drastischen Versorgungsengpass zu rutschen.

Bei vollständiger Konkurrenz ist die Produktion im langfristigen Gleichgewicht effizient. Die Produktionskosten werden minimiert und keine Ressourcen verschwendet. Gleichzeitig ist auch die Allokation der Güter für die Konsumenten effizient. Jeder Konsument, der bereit ist, die Kosten für die Produktion einer Einheit zu bezahlen, erhält das Gut. Es unterbleiben tatsächlich keine wechselseitig vorteilhaften Transaktionen. Und dieser Tatbestand gilt auch bei einem sich im Zeitablauf verändernden Umfeld. Der Wettbewerb führt dazu, dass sich die Unternehmen nach den Wünschen der Konsumenten richten und auf technologische Änderungen reagieren.

Kurzzusammenfassung

- Die **Marktangebotskurve** entspricht der Angebotskurve eines Marktes. Kurzfristig ist die Zahl der Anbieter fest vorgegeben und das **kurzfristige Marktgleichgewicht** wird durch den Schnittpunkt von **kurzfristiger Marktangebotskurve** und Nachfragekurve bestimmt. Langfristig können Produzenten in den Markt eintreten oder aus dem Markt austreten und das **langfristige Marktgleichgewicht** ergibt sich durch den Schnittpunkt der **langfristigen Marktangebotskurve** und der Nachfragekurve. Im langfristigen Marktgleichgewicht hat kein Produzent einen Anreiz, in den Markt einzutreten oder aus dem Markt auszuscheiden.
- Die langfristige Marktangebotskurve verläuft oft waagerecht. Sie kann aber auch steigend verlaufen, wenn es für einen notwendigen Input ein begrenztes Angebot gibt. Die langfristige Marktangebotskurve ist stets preiselastischer als die kurzfristige Marktangebotskurve.
- Bei vollständiger Konkurrenz produziert jedes Unternehmen im langfristigen Marktgleichgewicht zu den gleichen Grenzkosten. Die Grenzkosten entsprechen dem Marktpreis. Die Gesamtkosten der Produktion der betreffenden Branche sind minimal. Das langfristige Marktgleichgewicht ist effizient.

ÜBERPRÜFEN SIE IHR WISSEN

1. Welches der folgenden Ereignisse wird ein Unternehmen veranlassen, in einen Markt einzutreten? Welches Ereignis wird ein Unternehmen dazu bewegen, aus dem Markt auszuscheiden? Wann werden Markteintritte und Marktaustritte aufhören? Erläutern Sie Ihre Antworten.
   a. Technischer Fortschritt verringert die Fixkosten der Produktion für jedes Unternehmen der betreffenden Branche.
   b. Die Löhne, die den Arbeitern bezahlt werden, steigen in der betreffenden Branche.
   c. Eine dauerhafte Änderung der Präferenzen bei den Verbrauchern führt zu einer Nachfrageerhöhung des Gutes.
   d. Der Preis für einen Schlüsselinput steigt aufgrund einer langfristigen Knappheit.
2. Nehmen Sie an, dass auf dem Markt für Eier vollständige Konkurrenz herrscht. Im langfristigen Gleichgewicht gibt es eine vollkommen preiselastische langfristige Marktangebotskurve. Bedenken hinsichtlich der gesundheitlichen Auswirkungen von Cholesterin führen auf einmal zu einem Rückgang der Nachfrage. Entwickeln Sie eine Abbildung analog zu Abbildung 12-7, aus der deutlich wird, wie sich der Markt kurzfristig verhält und wie das langfristige Gleichgewicht wiederhergestellt wird.

Unternehmen in Aktion: Machtkampf im Einzelhandel – Einkaufszentren im Zeitalter von Amazon

In den Vereinigten Staaten lässt sich eine stetig wachsende Zahl an geschlossenen Einkaufszentren beobachten. Der stationäre Einzelhandel steht vor einem Umbruch, der nach den Worten von Robin Lewis, Autor des Buches *The New Rules of Retail* (Die neuen Gesetze des Einzelhandels), Parallelen zur industriellen Revolution des 19. Jahrhunderts aufweist. Der Online-Handel hat in den Vereinigten Staaten nicht nur viele Traditionsunternehmen wie Sears oder J. C. Penney ruiniert, sondern auch junge Unternehmen wie Toys »R« Us.

Einige Einzelhändler wie Walmart und Target haben sich neue Strategien überlegt, um im Wettbewerb mit dem Online-Handel bestehen zu können. Viele Konsumenten nutzen den stationären Einzelhandel nur noch dazu, um sich Produkte vor Ort anzuschauen, zu testen und diese Produkte dann zu einem geringeren Preis mit ihrem Smartphone im Internet zu kaufen. Aus diesem Grund führt Target verstärkt Produkte im Sortiment, die die Hersteller für Target leicht modifiziert haben und die es damit exklusiv nur bei Target gibt, sodass es für die Konsumenten schwerer wird, im Internet vergleichbare Produkte zu finden. Gleichzeitig haben Target und Walmart ihren Auftritt im Internet deutlich ausgebaut und senden interessierten Konsumenten Informationen über Rabatte direkt auf das Smartphone. Beide Einzelhändler nutzen ihre Filialen, um das Einkaufen im Internet mit den Annehmlichkeiten eines Einkaufs vor Ort zu kombinieren. Die Konsumenten können Produkte im Internet bestellen, holen ihre Bestellung dann in einer Filiale ihrer Wahl ab und können dort auch Produkte, die ihnen nicht gefallen, gleich wieder zurückgeben. Diese Vertriebsstrategie ist eine Bedrohung für das Logistik- und Liefermodell von Amazon. Walmart hat sogar eine besondere Form der Preisgarantie eingeführt. Ist der Preis für ein Produkt bei Walmart höher als bei der Konkurrenz, dann erhalten die Konsumenten die Preisdifferenz in Form von Walmart-Geschenkkarten erstattet.

Aber die beste Idee hatte Hubert Joly als Unternehmenschef des Elektronik-Einzelhändlers Best Buy. Joly übernahm die Leitung des Unternehmens im September 2012, als Best Buy in ernsthaften Schwierigkeiten steckte. Nur wenige

Jahre später übertraf das Unternehmen alle Ertragsprognosen der Wall-Street-Analysten. Joly handelte nach der einfachen Maxime: Solange wir die gleichen Preise wie Amazon bieten, bleiben die Kunden bei uns. Gleichzeitig versuchte Best Buy auf einem Gebiet zu punkten, das für die automatisierten Liefersysteme des Online-Handels nur schwer erreichbar ist: Kundenservice. Das Ziel von Joly waren hoch qualifizierte und hoch motivierte Angestellte, die auch Fragen zu völlig neuen Produkten kompetent beantworten konnten. Um das zu erreichen, führte Best Buy regelmäßige Mitarbeiterschulungen ein und belohnte das Personal mit Mitarbeiterrabatten. Und schließlich baute Joly auch noch das Liefersystem von Best Buy um, sodass das Unternehmen in Sachen Lieferzeiten mit Amazon mithalten konnte. Am Ende kamen die Konsumenten zu Best Buy nicht mehr nur um zu schauen und zu testen, sondern auch um zu kaufen.

Letztlich geht es für den stationären Einzelhandel in der heutigen Zeit um das nackte Überleben. Nur wenige Unternehmen können beim Preiskampf mithalten. Und die Unternehmen, die preislich nicht wettbewerbsfähig sind und die Konsumenten auch nicht anderweitig überzeugen können, werden über kurz oder lang aus dem Markt ausscheiden.

FRAGEN

1. Zeigte der Elektronik-Einzelhandel vor der Einführung von Preisvergleichsportalen im Internet Ihrer Meinung nach Merkmale der vollständigen Konkurrenz? Worin bestand das größte Wettbewerbshemmnis?
2. Welche Auswirkungen hatte die Einführung von Preisvergleichsportalen im Internet auf den Wettbewerb im Elektronik-Einzelhandel? Wie haben sich die Gewinne des stationären Einzelhandels entwickelt? Und welche Auswirkungen auf die Konsumentenrente der Käufer waren zu beobachten?
3. Warum sind einige Einzelhändler dazu übergegangen, ihre Produkte leicht zu modifizieren? Wird sich dieser Trend Ihrer Meinung nach noch verstärken?

Zusammenfassung

1. In einem **Markt mit vollständiger Konkurrenz** sind alle Produzenten **preisnehmende Produzenten** und alle Konsumenten **preisnehmende Konsumenten** – die Aktionen eines einzelnen Marktteilnehmers können den Marktpreis nicht beeinflussen. Konsumenten sind normalerweise Preisnehmer, Produzenten häufig jedoch nicht. In einer **Wettbewerbsbranche** sind alle Produzenten Preisnehmer.
2. Damit es sich um eine Wettbewerbsbranche handelt, müssen zwei notwendige Bedingungen erfüllt sein: Es muss viele Anbieter geben, von denen keiner über einen großen **Marktanteil** verfügt, und die Branche produziert ein **standardisiertes Produkt,** dass von den Konsumenten als vollkommen äquivalent angesehen wird. Eine dritte Bedingung ist häufig auch erfüllt: **freier Markteintritt** und **freier Marktaustritt**.
3. Ein Produzent entscheidet über die Höhe der Produktion entsprechend der **Regel für die optimale Produktionsmenge:** Produziere die Menge, bei der **Grenzerlös** und Grenzkosten übereinstimmen. Für ein preisnehmendes Unternehmen ist der Grenzerlös gleich dem Preis und seine **Grenzerlöskurve** ist eine Waagerechte beim Marktpreis. Ein solches Unternehmen bestimmt seine Produktionsmenge entsprechend der **Regel für die optimale Produktionsmenge eines preisnehmenden Unternehmens:** Produziere die Menge, bei der der Preis gleich den Grenzkosten ist. Ein Unternehmen, das die optimale Menge produziert, muss jedoch nicht Gewinne erzielen.

4. Ein Unternehmen erzielt Gewinne, falls der Gesamterlös die Gesamtkosten übersteigt bzw. falls der Marktpreis seinen **Break-even-Preis** übersteigt, seine minimalen durchschnittlichen Gesamtkosten. Übersteigt der Marktpreis den Break-even-Preis, erzielt das Unternehmen Gewinne. Ist der Marktpreis geringer, dann macht das Unternehmen Verluste. Ist der Marktpreis gleich dem Break-even-Preis, dann befindet sich das Unternehmen gerade an der Gewinnschwelle. Ist das Unternehmen profitabel, beträgt der Stückgewinn $P - ATC$, ist es unprofitabel, beträgt der Stückverlust $ATC - P$.
5. Für die kurzfristige Produktionsentscheidung eines Unternehmens sind die Fixkosten irrelevant. Die Produktionsentscheidung hängt ab vom **Stilllegungspreis,** den minimalen durchschnittlichen variablen Kosten, und dem Marktpreis. Liegt der Marktpreis über dem Stilllegungspreis, produziert das Unternehmen die Produktionsmenge, bei der die Grenzkosten gleich dem Marktpreis sind. Liegt der Marktpreis unter dem Stilllegungspreis, dann stellt das Unternehmen kurzfristig die Produktion ein. Damit ist die **kurzfristige individuelle Angebotskurve** des Unternehmens bestimmt.
6. Langfristig spielen die Fixkosten eine Rolle. Liegt der Marktpreis längere Zeit unterhalb der minimalen durchschnittlichen Gesamtkosten, scheiden Unternehmen aus dem Markt aus. Liegt der Marktpreis darüber, erzielen die bestehenden Unternehmen Gewinne und neue Unternehmen werden in den Markt eintreten.
7. Die **Marktangebotskurve** hängt vom zugrunde gelegten Betrachtungszeitraum ab. Die **kurzfristige Marktangebotskurve** ist die Marktangebotskurve bei einer gegebenen Anzahl von Unternehmen. Das **kurzfristige Marktgleichgewicht** wird durch den Schnittpunkt der kurzfristigen Marktangebotskurve und der Nachfragekurve bestimmt.
8. Die **langfristige Marktangebotskurve** ist die Marktangebotskurve, die sich nach Markteintritten und Marktaustritten von Unternehmen ergibt. Im **langfristigen Marktgleichgewicht,** das durch den Schnittpunkt von langfristiger Marktangebotskurve und Nachfragekurve bestimmt wird, hat kein Unternehmen mehr einen Anreiz, in den Markt einzutreten oder aus dem Markt auszutreten. Die langfristige Marktangebotskurve verläuft häufig waagerecht. Sie kann mit einer positiven Steigung verlaufen, falls es für einen Input ein begrenztes Angebot gibt. Bei sinkenden Kosten in der Branche kann die langfristige Marktangebotskurve sogar fallend verlaufen. Unabhängig davon verläuft die langfristige Marktangebotskurve immer flacher als die kurzfristige Marktangebotskurve.
9. Bei vollständiger Konkurrenz führt die Gewinnmaximierung im langfristigen Marktgleichgewicht dazu, dass jedes Unternehmen mit den gleichen Grenzkosten produziert. Die Grenzkosten entsprechen dem Marktpreis. Freier Markteintritt und freier Marktaustritt führen dazu, dass jedes Unternehmen einen ökonomischen Gewinn von null erzielt und die Produktionsmenge produziert, die seinen minimalen durchschnittlichen Gesamtkosten entspricht. Die Gesamtkosten der Produktionsmenge einer Branche sind somit minimal. Das Marktgleichgewicht ist effizient, weil jeder Verbraucher, dessen Zahlungsbereitschaft größer oder gleich den Grenzkosten ist, das Gut erhält.

SCHLÜSSELBEGRIFFE

- preisnehmender Produzent
- preisnehmender Konsument
- Markt mit vollständiger Konkurrenz (Wettbewerbsmarkt, wettbewerblicher Markt)
- Wettbewerbsbranche
- Marktanteil
- standardisiertes Produkt
- freier Markteintritt und freier Marktaustritt
- Grenzerlös
- Regel für die optimale Produktionsmenge
- Grenzerlöskurve
- Regel für die optimale Produktionsmenge eines preisnehmenden Unternehmens
- Break-even-Preis
- Stilllegungspreis
- kurzfristige individuelle Angebotskurve
- Marktangebotskurve
- kurzfristige Marktangebotskurve
- kurzfristiges Marktgleichgewicht
- langfristiges Marktgleichgewicht
- langfristige Marktangebotskurve

13 Monopol

LERNZIELE

- Welche Bedeutung das **Monopol** hat, bei dem der **Monopolist** der einzige Produzent eines Gutes ist.
- Wie ein Monopolist seine gewinnmaximierende Produktionsmenge und seinen gewinnmaximierenden Preis bestimmt.
- Warum es bei einem Monopol zu einer Reduktion der gesellschaftlichen Wohlfahrt kommt.
- Wie Wirtschaftspolitiker mit den Problemen umgehen, die sich aus einem Monopol ergeben.
- Wie IT-Giganten wie Amazon, Google und Meta zum Modell des Monopols passen und welche besonderen Herausforderungen daraus für die Wirtschaftspolitik entstehen.
- Was man unter **Preisdifferenzierung** versteht und warum es in bestimmten Branchen zu Preisdifferenzierung kommt.

Funkelnd wie ein Diamant

Rihanna, Superstar, Musikerin, Modedesignerin und Unternehmerin, hat eine besondere Vorliebe für Diamanten. Im Jahr 2012 war ihr Hit »Diamonds« in mehr als 20 Ländern auf Platz 1 der Charts. Im Jahr 2018 wurde sie Markenbotschafterin für Chopard in Paris, einem der ältesten und exklusivsten Juweliere. Einmal im Jahr veranstaltet Rihanna den *Diamond Ball*, um Spenden für wohltätige Zwecke zu sammeln.

Seit Generationen sind Diamanten ein Symbol für Luxus. Sie werden nicht nur wegen ihres Aussehens geschätzt, sondern auch wegen ihrer Seltenheit. Geologen werden Ihnen jedoch sagen, dass Diamanten gar nicht so selten sind. Tatsächlich sind Diamanten dem Standardwerk *Dow Jones-Irwin Guide to Fine Gems and Jewelry* zufolge »häufiger als jeder andere zu den Edelsteinen gehörende farbige Stein. Sie scheinen lediglich seltener zu sein …«.

Aber warum scheinen Diamanten seltener zu sein als andere Edelsteine? Die Antwort ist: Der Schein beruht auf einer brillanten Marketingkampagne. In erster Linie scheinen Diamanten aber deswegen so selten zu sein, weil das Unternehmen De Beers ihr Angebot verknappt hat. Über 100 Jahre kontrollierte das Unternehmen die meisten Diamantenminen dieser Welt und konnte auf diese Weise die Menge an Diamanten begrenzen, die auf dem Markt angeboten wurde.

Bislang haben wir uns ausschließlich mit Wettbewerbsmärkten beschäftigt – Märkte, in denen die Produzenten als Wettbewerber auftreten. Aber der Markt für Diamanten ist ganz anders gewesen. Auf dem Höhepunkt seiner Marktmacht kontrollierte De Beers den weltweiten Markt für Diamanten und verhielt sich nicht so wie die Produzenten, mit denen wir uns bislang beschäftigt haben. DeBeers agierte als *Monopolist*. Ein Monopolist ist der einzige (oder fast der einzige) Produzent eines Gutes. Monopolisten verhalten sich anders als die Produzenten in einer Branche mit vollständiger Konkurrenz: Während Anbieter bei vollständiger Konkurrenz den Preis, zu dem sie ihre Produktionsmenge verkaufen können, als gegeben hinnehmen, wissen Monopolisten, dass sich ihr Verhalten auf den Marktpreis auswirkt. Und diese Auswirkungen berücksichtigen sie bei ihrer Entscheidung über die Produktionsmenge.

Bevor wir mit unserer Analyse beginnen, wollen wir jedoch zunächst das Monopol und die vollständige Konkurrenz als Teile eines umfassenderen Systems zur Klassifikation von Märkten betrachten. Vollständige Konkurrenz und Monopol sind besondere *Marktformen*. Es handelt sich um einzelne Kategorien eines Systems, das Ökonomen zur Klassifikation von Märkten und Branchen verwenden. Die Einordnung in dieses System erfolgt nach zwei grundlegenden Merkmalen. Das Kapitel beginnt mit einem kurzen Überblick über verschiedene Marktformen. Dieser Überblick wird uns hier und in den nachfolgenden Kapiteln helfen, ein tieferes Verständnis dafür zu entwickeln, warum sich Märkte unterscheiden und warum sich Produzenten auf diesen Märkten unterschiedlich verhalten.

13.1 Marktformen

In der realen Welt existiert eine verblüffende Vielfalt von verschiedenen Märkten. Diese Vielfalt wird durch sehr unterschiedliche Verhaltensmuster der auf diesen Märkten tätigen Produzenten charakterisiert: Auf einigen Märkten konkurrieren Produzenten sehr stark miteinander, auf anderen Märkten scheinen sie ihre Aktionen irgendwie zu koordinieren, um den Wettbewerb untereinander zu vermeiden. Schließlich gibt es auch, wie gerade besprochen, monopolistische Märkte, auf denen überhaupt kein Wettbewerb herrscht.

Um diese Vielfalt zu ordnen und um Vorhersagen über Märkte und das Verhalten der auf diesen Märkten tätigen Anbieter zu ermöglichen, haben Ökonomen vier grundlegende Modelle für Marktformen entwickelt: *vollständige Konkurrenz*, *Monopol*, *Oligopol* und *monopolistische Konkurrenz*. Diese Systematik der Marktformen basiert auf zwei grundlegenden Merkmalen:

1. Anzahl der Produzenten auf einem Markt (einer, wenige oder viele).
2. Sind die angebotenen Güter identisch (homogen) oder *differenziert* (heterogen)?

Als differenzierte Güter bezeichnet man solche, die im Prinzip die gleiche Funktion erfüllen, von den Konsumenten aber als nicht völlig identisch wahrgenommen werden (Beispiel: Coke und Pepsi).

Ob es auf einem Markt oder in einer Branche identische oder differenzierte Güter gibt, hängt von den Eigenschaften des Gutes und den Präferenzen der Konsumenten ab. Bestimmte Güter wie z. B. Erfrischungsgetränke, Frühstücksflocken oder VWL-Lehrbücher lassen sich für die Konsumenten problemlos differenzieren. Bei anderen Güter wie z. B. Weihnachtsbäumen ist das deutlich schwerer.

Abbildung 13-1 zeigt die Klassifikation der einzelnen Marktformen nach den beiden grundlegenden Merkmalen. Im *Monopol* bietet ein einzelner Produzent ein einziges, undifferenziertes (identisches) Produkt an. Im *Oligopol* verkaufen wenige Produzenten – mehr als einer, aber nicht viele – Güter, die identisch oder differenziert sein können. In der *monopolistischen Konkurrenz* verkaufen viele Produzenten jeweils differenzierte Produkte (Beispiel: volkswirtschaftliche Lehrbücher). Schließlich bieten, wie wir schon wissen, bei *vollständiger Konkurrenz* viele Produzenten ein identisches Produkt an.

Wir werden in diesem Kapitel und in den beiden folgenden Kapiteln noch erfahren, wodurch die Anzahl der Unternehmen auf einem Markt bestimmt wird: ob es also ein Unternehmen ist (Monopol), ob es wenige Unternehmen sind (Oligopol) oder ob es viele Unternehmen sind (vollständige Konkurrenz oder monopolistische Konkurrenz). An dieser Stelle nur der kurze Hinweis, dass die Beantwortung unserer Frage langfristig davon abhängt, ob es Faktoren gibt, die den Eintritt neuer Unternehmen in den Markt erschweren. Liegen diese Faktoren vor, dann kann es sich bei den entsprechenden Branchen um Monopole oder Oligopole handeln. Anderenfalls haben wir es in der Regel mit vollständiger Konkurrenz oder monopolistischer Konkurrenz zu tun.

Auch wenn sich dieses Kapitel nur mit dem Monopol beschäftigt, lassen sich einige Erkenntnisse auf das Oligopol und die monopolistische Konkurrenz übertragen. Im nächsten Abschnitt wollen wir den Begriff des Monopols genauer definieren und uns nochmals mit den Dingen beschäftigen, die das Auftreten von Monopolen ermöglichen. Die gleichen Faktoren führen, in abgeschwächter Form, auch zum Entstehen von

Abb. 13-1

Marktformen

Das Verhalten jedes beliebigen Unternehmens und der Markt, auf dem es tätig ist, lassen sich in eine der vier Marktformen einordnen – Monopol, Oligopol, vollständige Konkurrenz oder monopolistische Konkurrenz. Dieses System zur Kategorisierung von Marktformen basiert auf zwei grundlegenden Merkmalen: (1) ob die Produkte differenziert (heterogen) oder identisch (homogen) sind, (2) der Zahl der Produzenten in der betreffenden Branche – einer, wenige oder viele.

Wie viele Produzenten gibt es? / Sind die Produkte differenziert?	Nein	Ja
Einen	Monopol	Nicht anwendbar
Wenige	Oligopol	Oligopol
Viele	Vollständige Konkurrenz	Monopolistische Konkurrenz

Oligopolen. Wir zeigen anschließend, wie ein Monopolist seinen Gewinn durch die Begrenzung der Angebotsmenge steigern kann – ein Verhalten, das auch beim Oligopol und bei der monopolistischen Konkurrenz zu beobachten ist.

Wie wir sehen werden, ist dieses Verhalten zum Vorteil für den Produzenten, aber zum Nachteil für die Verbraucher. Darüber hinaus führt es zu Ineffizienzen. Ein wichtiger Punkt in unseren Überlegungen wird auch die Frage sein, mit welchen Mitteln die Wirtschaftspolitik versucht, die durch das Monopol hervorgerufenen Nachteile zu begrenzen. Am Ende dieses Kapitels wenden wir uns dann einem überraschenden Ergebnis unserer Untersuchung zu, das aber auch sehr häufig im Fall des Oligopols oder der monopolistischen Konkurrenz auftritt, nämlich der Tatsache, dass unterschiedliche Verbraucher häufig unterschiedliche Preise für das gleiche Produkt bezahlen.

13.2 Was bedeutet Monopol?

Das Monopol von De Beers in Südafrika wurde in den 1880er-Jahren durch Cecil Rhodes, einen englischen Geschäftsmann, geschaffen. Schon im Jahr 1880 dominierten die südafrikanischen Diamantenminen das Weltangebot an Diamanten. Es gab jedoch viele Minengesellschaften, die alle miteinander im Wettbewerb standen. Während der 1880er-Jahre kaufte Rhodes die Mehrzahl dieser Minen auf und konsolidierte sie in einem einzigen Unternehmen, De Beers. Im Ergebnis kontrollierte De Beers ab 1889 fast die gesamte Diamantenproduktion der Welt.

Mit anderen Worten wurde De Beers **Monopolist**. Man bezeichnet einen Produzenten als Monopolisten, wenn er der einzige Anbieter eines Gutes ist, zu dem es keine nahen Substitute gibt. Ist ein Unternehmen ein Monopolist, dann bezeichnet man den Markt, auf dem es tätig ist, als **Monopol**. Oft spricht man auch genauer von einem Angebotsmonopol bzw. davon, dass es sich bei der betreffenden Branche um ein Monopol handelt.

Ein **Monopolist** ist ein Produzent, der der einzige Anbieter eines Gutes ist, für das es keine nahen Substitute gibt.

Eine von einem Monopolisten kontrollierte Branche wird als **Monopol** bezeichnet.

13.2 Monopol
Was bedeutet Monopol?

Das Monopol – unsere erste Abweichung von der vollständigen Konkurrenz

Wie wir im Kapitel 12 gesehen haben, ist das Angebots-Nachfrage-Modell eines Marktes nicht unter allen Umständen gültig. Vielmehr handelt es sich um ein Modell der vollständigen Konkurrenz, die nur eine von verschiedenen Marktformen abbildet. Wir haben gelernt, dass auf einem Markt nur dann vollständige Konkurrenz herrscht, wenn es viele Produzenten gibt, die alle das gleiche standardisierte Produkt herstellen. Beim Monopol handelt es sich um die extremste Form der Abweichung von der vollständigen Konkurrenz.

Marktmacht ist die Fähigkeit eines Produzenten, seine Preise zu erhöhen.

In der Realität sind echte Monopole in den modernen Volkswirtschaften kaum zu finden. Ein Grund dafür sind rechtliche Hindernisse. Würde ein Unternehmer heutzutage versuchen, alle Unternehmen einer Branche zu einem einzigen großen Unternehmen zusammenzuführen, so wie es Rhodes damals getan hat, würde er sich schnell im Gerichtssaal wiederfinden. Er würde wegen eines Verstoßes gegen die *Wettbewerbsgesetzgebung* angeklagt werden, mit der das Entstehen von Monopolen verhindert werden soll. Oligopole, eine Marktform, bei der es eine kleine Anzahl großer Produzenten gibt, sind dagegen viel häufiger anzutreffen. Tatsächlich werden die meisten Waren und Dienstleistungen, die man kaufen kann, von Autos bis zu Flugtickets, von Oligopolisten angeboten. Wir werden uns im nächsten Kapitel detailliert mit dem Oligopol beschäftigen.

Monopole spielen jedoch in einigen Wirtschaftsbereichen eine wichtige Rolle, beispielsweise in der pharmazeutischen Industrie. Darüber hinaus liefert unsere Analyse des Monopols die Grundlage für unsere späteren Betrachtungen anderer Abweichungen von der vollständigen Konkurrenz, wie sie bei Oligopolen und in der monopolistischen Konkurrenz auftreten.

Monopolverhalten

Warum wollte Rhodes die südafrikanischen Diamantenproduzenten in einem einzigen Unternehmen zusammenführen? Welche Auswirkungen hatte dies auf den Weltmarkt für Diamanten?

Abbildung 13-2 gibt uns einen ersten Blick auf die Wirkungen eines Monopols. Sie zeigt eine Branche, deren Angebotskurve bei vollständiger Konkurrenz die Nachfragekurve im Punkt *C* schneidet, was zum Marktpreis P_C und zur Menge Q_C führt.

Nehmen wir nun an, dass diese Industrie zu einem Monopol zusammengeführt wurde. Der Monopolist *bewegt sich entlang der Nachfragekurve nach oben*, indem er die angebotene Menge bis zu einem Punkt wie *M* reduziert. Dort ist die Produktionsmenge Q_M geringer und der Preis P_M höher als bei vollständiger Konkurrenz.

Die Fähigkeit eines Monopolisten, seinen Preis durch Reduktion des Outputs über den Wettbewerbspreis anzuheben, wird als **Marktmacht** bezeichnet. Und Marktmacht ist es, worum es im Monopol letztlich geht. Ein Weizenproduzent, der nur einer von 100.000 anderen Weizenproduzenten ist, verfügt über keine Marktmacht: Er muss seinen Weizen zum aktuellen Marktpreis verkaufen. Ihr örtlicher Kabelanbieter hat dagegen Marktmacht: Er kann den Preis erhöhen und dennoch viele (wenngleich nicht alle) seiner Kunden halten, weil sie keine Ausweichmöglichkeit haben. Kurz gesagt, ihr Kabelanbieter ist ein Monopolist.

Monopolisten reduzieren den Output und erhöhen den Preis im Vergleich zur vollständigen Konkurrenz, um ihre Gewinne zu steigern. Cecil Rhodes führte die Diamantenproduzenten zu De Beers zusammen, weil ihm klar war, dass das Ganze mehr wert ist als die Summe seiner Teile. Das Monopol würde größere Gewinne abwerfen als die Summe der Gewinne der einzelnen im Wettbewerb stehenden Unternehmen. Tatsächlich haben wir in Kapitel 12 gesehen, dass die ökonomischen Gewinne bei vollständiger Konkurrenz normalerweise langfristig verschwinden. Bei einem Monopol ist dies nicht der Fall. Ein Monopol ist in der Lage, auch langfristig ökonomische Gewinne zu erzielen.

Monopolunternehmen sind nicht die einzigen Unternehmen, die über Marktmacht verfügen. Im nächsten Kapitel werden wir uns mit *Oligopolen* beschäftigen, Unternehmen, die ebenfalls über Marktmacht verfügen können. Unter bestimmten Bedingungen können Oligopolisten langfristig positive ökonomische Gewinne erzielen, indem sie, genau wie Monopole, den Output verringern.

Warum aber verschwinden die Gewinne nicht durch Wettbewerb? Warum können Monopolisten überhaupt Monopolisten sein?

Abb. 13-2

Monopolverhalten

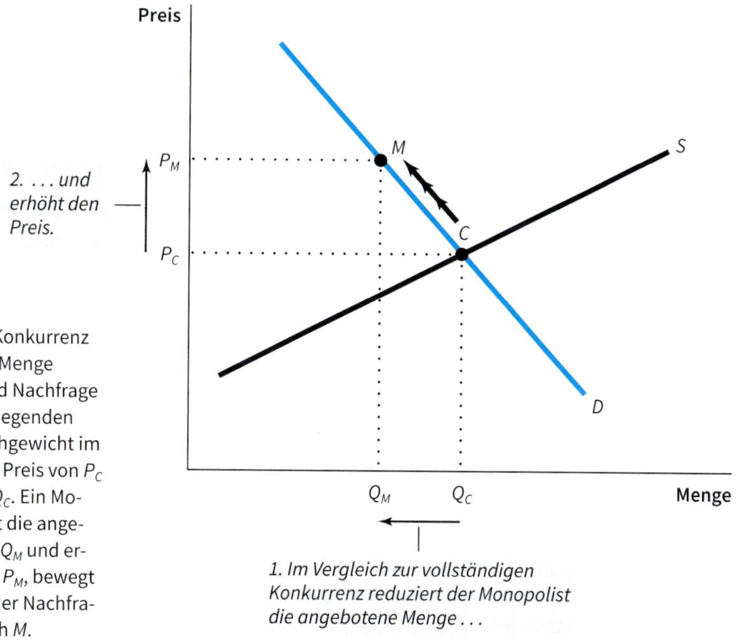

Bei vollständiger Konkurrenz werden Preis und Menge durch Angebot und Nachfrage bestimmt. Im vorliegenden Fall liegt das Gleichgewicht im Punkt *C* bei einem Preis von P_C und einer Menge Q_C. Ein Monopolist verringert die angebotene Menge auf Q_M und erhöht den Preis auf P_M, bewegt sich also entlang der Nachfragekurve von *C* nach *M*.

Warum gibt es Monopole?

Ein Monopolist, der Gewinne macht, wird nicht unbemerkt bleiben. (Denken Sie daran, dass wir immer von einem »ökonomischen Gewinn« sprechen, also den Erlösen, die oberhalb der Opportunitätskosten eines Unternehmens liegen). Aber werden dadurch nicht andere Unternehmen angelockt, die sich auch ein Stück vom Kuchen sichern wollen und damit langfristig Preise und Gewinne nach unten drücken? Damit ein profitables Monopol bestehen bleiben kann, muss es irgendetwas geben, das andere daran hindert, in diese Branche einzusteigen. Bei diesem »irgendetwas« handelt es sich um eine **Markteintrittsschranke**. Es gibt grundsätzlich fünf verschiedene Arten von Markteintrittsschranken: die Kontrolle über eine knappe Ressource bzw. einen knappen Input, zunehmende Skalenerträge, technologische Überlegenheit, Netzwerkexternalitäten und durch staatliche Regulierungen hervorgerufene Eintrittsschranken.

1. Kontrolle einer knappen Ressource bzw. eines knappen Inputs. Ein Monopolist, der eine knappe Ressource bzw. einen knappen Input kontrolliert, der für die betreffende Industrie von zentraler Bedeutung ist, kann andere Unternehmen am Markteintritt hindern. Cecil Rhodes schuf das De Beers-Monopol, indem er die Kontrolle über die Minen erlangte, auf die der Großteil der weltweiten Diamantenproduktion entfiel. Gleichzeitig zeigt der Markt für Diamanten auch, was passiert, wenn der Monopolist die Kontrolle über eine knappe Ressource oder einen knappen Input verliert. DeBeers' Marktmacht geriet ins Wanken, als Konkurrenten in den 1990er-Jahren neue Diamantenminen in Russland, Kanada und Australien eröffneten. Und in den letzten Jahren wurde das Monopol von DeBeers durch die gewaltigen Fortschritte bei der Produktion von qualitativ hochwertigen Industriediamanten faktisch beendet.

Um Gewinne erzielen zu können, muss ein Monopolist durch eine **Markteintrittsschranke** geschützt werden – etwas, das andere Unternehmen vom Markteintritt abhält.

2. Zunehmende Skalenerträge. Viele Haushalte verfügen über einen Erdgasanschluss, der ihr

Haus mit Gas zum Kochen und Heizen versorgt. Lange Zeit handelte es sich bei dem örtlichen Gasversorger um einen Monopolisten. Warum aber gab es keinen Wettbewerb mit konkurrierenden Unternehmen um die Gasversorgung?

In den Anfängen der Gasversorgung standen die Unternehmen tatsächlich im Wettbewerb um die lokalen Kunden. Dieser Wettbewerb dauerte jedoch nicht sehr lange. Schon bald wurde die örtliche Gasversorgung in fast jeder Stadt zu einem Monopol, weil die Versorgung einer Stadt mit Gasleitungen mit hohen Fixkosten verbunden ist. Weil die Kosten der Verlegung von Gasleitungen nicht davon abhingen, wie viel Gas ein Unternehmen verkaufte, hatten die Unternehmen mit einem größeren Verkaufsvolumen einen Kostenvorteil. Weil sie in der Lage waren, die Fixkosten über ein größeres Volumen zu verteilen, hatten sie geringere durchschnittliche Gesamtkosten als kleinere Unternehmen.

Ein **natürliches Monopol** existiert dann, wenn zunehmende Skalenerträge dazu führen, dass sich ein großer Kostenvorteil ergibt, wenn der gesamte Output der Branche von einem einzigen Unternehmen produziert wird.

Bei der lokalen Gasversorgung handelt es sich um eine Branche, in der die durchschnittlichen Gesamtkosten mit steigender Produktionsmenge sinken. Wie wir in Kapitel 11 gelernt haben, bezeichnet man dieses Phänomen als *zunehmende Skalenerträge*. Dort haben wir auch gelernt, dass Unternehmen dazu tendieren, größer zu werden, wenn die durchschnittlichen Kosten mit steigendem Output sinken. In einer durch zunehmende Skalenerträge charakterisierten Branche sind größere Unternehmen profitabler und verdrängen die kleineren. Aus dem gleichen Grund haben etablierte Unternehmen einen Kostenvorteil gegenüber jedem potenziellen Einsteiger. Damit besteht eine wirksame Markteintrittsschranke. Zunehmende Skalenerträge können daher sowohl zum Entstehen von Monopolen führen als auch zum Erhalt von Monopolen beitragen.

Ein Monopol, das durch zunehmende Skalenerträge entsteht und gesichert wird, bezeichnet man als **natürliches Monopol**. Ein natürliches Monopol wird dadurch definiert, dass es über den gesamten Bereich der für die Branche relevanten Angebotsmengen über zunehmende Skalenerträge verfügt. Dies wird in **Abbildung 13-3** dargestellt, in der die Kurve der durchschnittlichen Gesamtkosten des Unternehmens sowie die Marktnachfragekurve *D* gezeigt werden. Man kann erkennen, dass die Kurve der durchschnittlichen Gesamtkosten des natürlichen Monopolis-

Abb. 13-3

Zunehmende Skalenerträge führen zu einem natürlichen Monopol

Ein natürliches Monopol kann entstehen, wenn die für die Aufnahme der Geschäftstätigkeit erforderlichen Fixkosten sehr hoch sind. Ist dies der Fall, dann verläuft die Kurve der durchschnittlichen Gesamtkosten des Unternehmens fallend über den Bereich, für den der Preis größer oder gleich den durchschnittlichen Gesamtkosten ist. Damit verfügt das betreffende Unternehmen für die Produktionsmenge, bei der das Unternehmen langfristig zumindest die Gewinnschwelle erreicht, über zunehmende Skalenerträge. Dies führt dazu, dass eine gegebene Produktionsmenge von einem einzelnen großen Unternehmen günstiger produziert werden kann als von zwei oder mehr kleineren Unternehmen.

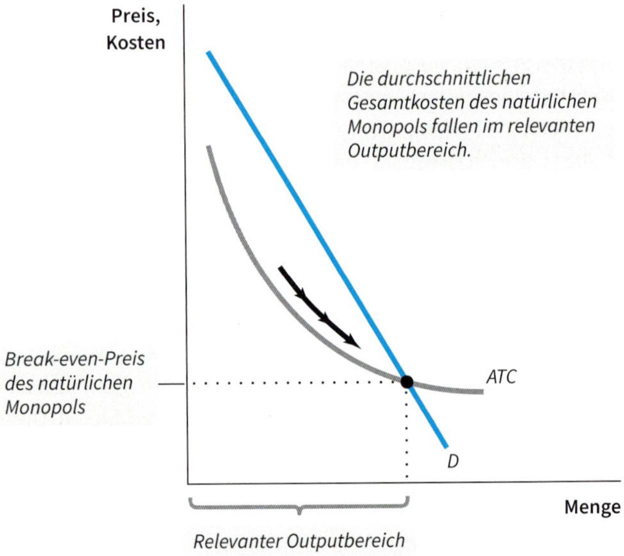

ten *ATC* über den gesamten Bereich der Produktionsmenge fallend verläuft, für den der Preis größer oder gleich den durchschnittlichen Gesamtkosten ist.

Somit weist der natürliche Monopolist zunehmende Skalenerträge über den gesamten Bereich der Produktionsmenge auf, bei der ein Unternehmen in dem betreffenden Markt bleiben würde – also den Bereich der Produktionsmenge, bei dem das Unternehmen langfristig zumindest die Gewinnschwelle erreichen würde. Die Ursache dafür ist in den hohen Fixkosten zu sehen: Geht die Produktion mit hohen Fixkosten einher, dann kann eine bestimmte Produktionsmenge durch ein einzelnes großes Unternehmen immer mit geringeren durchschnittlichen Gesamtkosten hergestellt werden als durch zwei oder mehr kleinere Unternehmen.

In modernen Volkswirtschaften finden sich natürliche Monopole vor allem im Bereich der regionalen Versorgungsunternehmen – Wasser, Gas, Strom und Kabelfernsehen. Wie wir später in diesem Kapitel noch sehen werden, stellen natürliche Monopole eine besondere Herausforderung für die Politik dar. In einigen Bereichen wie z. B. bei der Versorgung mit Strom und Gas hat der Staat große Anstrengungen unternommen, um die Märkte für den Wettbewerb zu öffnen.

3. Technologische Überlegenheit. Ein Unternehmen, das dauerhaft einen technologischen Vorsprung gegenüber potenziellen Wettbewerbern aufrechterhält, kann sich damit eine Monopolposition verschaffen. So war beispielsweise der Chiphersteller Intel von den 1970er- bis zu den 1990er-Jahren in der Lage, dauerhaft einen technologischen Vorsprung gegenüber potenziellen Wettbewerbern zu behaupten, und zwar sowohl im Design als auch in der Produktion von Mikroprozessoren, den zentralen Bausteinen von Computern. Technologische Überlegenheit ist aber typischerweise keine langfristige Markteintrittsschranke: Mit der Zeit werden Wettbewerber in die Verbesserung ihrer Technologie investieren, um zum Technologieführer aufzuschließen. Tatsächlich musste in den letzten Jahren auch Intel feststellen, dass seine technologische Überlegenheit durch einen Wettbewerber, Advanced Micro Devices (AMD), Stück für Stück verringert wurde, der mittlerweile Mikroprozessoren produziert, die in etwa genauso schnell und leistungsfähig sind wie die Intel-Chips.

Der technologische Wandel spielte auch beim Aufbrechen des Monopols im Markt für Diamanten eine entscheidende Rolle. Wie wir bereits erfahren haben, hat sich die Qualität von Industriediamanten in den letzten Jahren so stark verbessert, dass sie für Rohdiamanten zu einer ernsten Konkurrenz wurden und damit zum Ende der Monopolstellung von DeBeers beigetragen haben.

4. Netzwerkexternalitäten. Stellen Sie sich vor, Sie wären die einzige Person auf der Welt, die über einen Internetanschluss verfügt. Was wäre Ihnen dann dieser Internetanschluss wert? Natürlich nichts. Ihr Internetanschluss hat für Sie nur dann einen Wert, wenn auch andere Menschen an das Internet angeschlossen sind. Und je mehr Menschen über einen Internetanschluss verfügen, desto wertvoller ist Ihr Internetanschluss für Sie. Wenn der Wert eines Gutes für einen Einzelnen größer ist, wenn viele andere dieses Gut ebenfalls nutzen, liegt eine sogenannte **Netzwerkexternalität** vor. Der (zusätzliche) Wert resultiert daraus, dass es Nutzern ermöglicht wird, mit anderen Nutzern in ein Netzwerk einzutreten.

Bei einer **Netzwerkexternalität** ist der Wert einer Ware oder einer Dienstleistung für einen Einzelnen größer, wenn viele andere Menschen diese Ware oder Dienstleistung ebenfalls nutzen.

Netzwerkexternalitäten traten zuerst im Transportbereich auf. Der Wert einer Straße oder eines Flughafens steigt, je mehr Menschen Zugang zu dieser Straße oder diesem Flughafen haben. Heutzutage spielen Netzwerkexternalitäten vor allem in den Bereichen Technologie und Kommunikation eine wichtige Rolle.

Netzwerkexternalitäten sind in der digitalen Wirtschaft weitverbreitet. Das klassische Beispiel sind Betriebssysteme für Desktop-PCs. Weltweit laufen die meisten PCs mit dem Betriebssystem Microsoft Windows. Auch wenn viele davon überzeugt sind, dass Apple über ein besseres Betriebssystem verfügt, hat die weite Verbreitung von Windows in den Anfangsjahren des PCs zu mehr Softwareentwicklung und technischer Unterstützung geführt, und Windows damit eine dauerhafte Dominanz verschafft. In der jüngeren Vergangenheit haben Unternehmen wie eBay, Meta, Amazon, Netflix, Google, PayPal und Snapchat auf eindrucksvolle Weise gezeigt, wie Netzwerkexternalitäten Marktmacht begründen können.

Bei Netzwerkexternalitäten hat das Unternehmen mit dem größten Netzwerk an Kunden einen

Vorteil bei der Gewinnung von neuen Kunden und kann auf diese Weise zum Monopolisten werden. Auf jeden Fall kann das dominierende Unternehmen einen höheren Preis als seine Wettbewerber verlangen und damit höhere Gewinne erzielen. Netzwerkexternalitäten verschaffen außerdem Unternehmen mit der höchsten Finanzkraft einen Vorteil. Diese Unternehmen können viel Geld in die Hand nehmen und sich einen größeren Kundenstamm erkaufen, in dem sie ihre Produkte billiger als die Konkurrenz anbieten. Letztlich ähneln Netzwerkexternalitäten in vielem der Wirkung von zunehmenden Skalenerträgen bei großen Unternehmen. Für große Unternehmen sind die Kosten, einen neuen Kunden zu erschließen, geringer als für kleine Unternehmen. Wie das natürliche Monopol so stellen auch Netzwerkexternalitäten eine besondere Herausforderung für die Politik dar. Wir werden uns damit im Verlauf dieses Kapitels noch näher beschäftigen.

Ein **Patent** spricht dem Erfinder für einen bestimmten Zeitraum das Monopol an der Nutzung oder dem Verkauf seine Erfindung zu.

5. Markteintrittsschranken durch staatliche Regulierung. Im Jahr 1998 führte der Pharmaproduzent Merck ein Medikament mit Namen Propecia ein, das gegen Haarausfall wirkt. Propecia erwies sich als sehr profitabel. Obwohl auch andere Pharmaproduzenten über das notwendige Know-how verfügten, um dieses Medikament herzustellen, versuchte kein anderes Unternehmen, die Monopolposition von Merck anzugreifen. Der Grund dafür bestand schlicht und einfach darin, dass das US-amerikanische und das europäische Patentamt Merck das Recht zugesprochen hatten, als einziges Unternehmen dieses Medikament herstellen zu dürfen. Propecia ist ein Beispiel für ein Monopol, das durch staatliche Regulierungen geschützt wird.

Die wichtigsten gesetzlich geschaffenen Monopole gibt es heute aufgrund von *Patenten* und *Urheberrechten*. Ein **Patent** spricht dem Erfinder für einen bestimmten Zeitraum (in der Regel zwischen 16 und 20 Jahren) das alleinige Recht zu,

LÄNDER IM VERGLEICH

Warum sind die Arzneimittelpreise in den Vereinigten Staaten so hoch?

Während die Bereitstellung von preiswerten, patentgeschützten Medikamenten für Bedürftige in armen Ländern erst seit Kurzem zu beobachten ist, unterscheiden sich die Medikamentenpreise von Land zu Land schon seit Langem. Dabei handelt es sich um ein anschauliches Beispiel für Preisdifferenzierung.

Ein Monopolist wird im Rahmen der Gewinnmaximierung in Ländern mit einer geringen Preiselastizität der Nachfrage (tendenziell in reichen Volkswirtschaften) einen höheren Preis verlangen als in Ländern mit einer hohen Preiselastizität der Nachfrage (in ärmeren Ländern). Erstaunlicherweise unterscheiden sich aber auch die Preise zwischen Ländern mit ähnlichen Einkommensniveaus. Wie lässt sich dieses Phänomen erklären?

Es sind Unterschiede in den gesetzlichen Rahmenbedingungen, die für diese Preisunterschiede verantwortlich sind.

Die Abbildung zeigt den Preis für das Asthmamedikament Advair in verschiedenen Ländern. Am meisten müssen die US-amerikanischen Verbraucher für Advair bezahlen, viel mehr als die Einwohner in anderen reichen Volkswirt- ▸

Der Preis für das Medikament Advair in verschiedenen Ländern

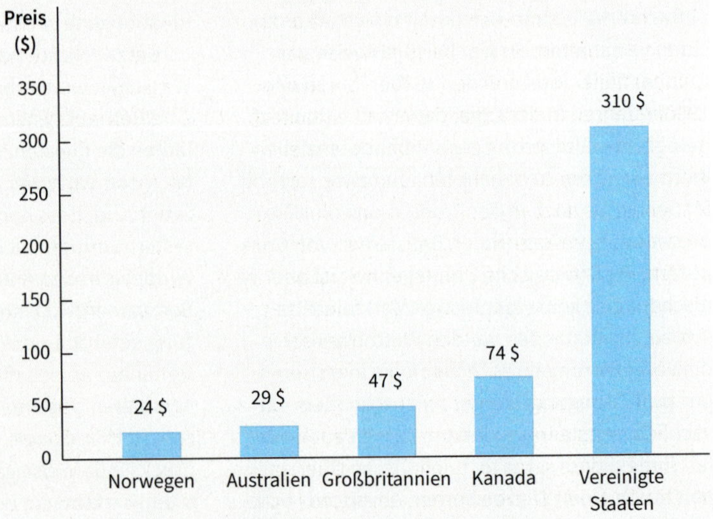

Quelle: Bloomberg News, https://www.bloomberg.com/graphics/2015-drug-prices/.

schaften wie Kanada und Großbritannien. In den Vereinigten Staaten ist Advair mehr als viermal so teuer wie in Kanada. Die Verbraucher in Australien müssen für Advair nicht einmal ein Zehntel dessen ausgeben, was US-amerikanische Verbraucher bezahlen müssen. Durch ihre Krankenversicherung erhalten einige US-amerikanische Verbraucher einen Preisnachlass von 50 Prozent. Aber selbst mit diesem Preisnachlass müssen sie immer noch mehr als doppelt so viel wie die kanadischen Verbraucher und fünfmal so viel wie die australischen Verbraucher bezahlen.

Das Beispiel von Advair ist kein Einzelfall. US-amerikanische Verbraucher müssen für umsatzstarke Medikamente durchgängig mehr bezahlen als Verbraucher in anderen Ländern. Nach einer aktuellen Studie liegen die durchschnittlichen Ausgaben für Arzneimittel in den Vereinigten Staaten bei über 1.000 Dollar pro Person und damit zwischen 30 Prozent und 190 Prozent höher als in anderen reichen Volkswirtschaften.

Der Grund für diese Preisunterschiede liegt darin, dass einige Länder – um sicherzustellen, dass sich die Bürger die Medikamente leisten können – die Preise für Medikamente stärker regulieren, als das in den Vereinigten Staaten der Fall ist. Um Geld zu sparen, machen daher viele US-Amerikaner einen Abstecher über die Grenze nach Kanada oder Mexiko, um Medikamente zu kaufen, oder sie bestellen die Medikamente über das Internet im Ausland.

Die pharmazeutische Industrie in den Vereinigten Staaten betont, dass hohe Arzneimittelpreise notwendig sind, um die hohen Kosten für Forschung und Entwicklung bei Medikamenten zu decken. Diese Kosten können sich bei erfolgreichen Medikamenten in einem Zeitraum von mehreren Jahren auf einen zweistelligen Millionenbetrag belaufen. Kritiker erwidern, dass die Arzneimittelpreise in den Vereinigten Staaten deutlich höher sind als notwendig, um das gesellschaftlich wünschenswerte Innovationsniveau bei Medikamenten sicherzustellen. Außerdem sei die US-amerikanische Pharmabranche viel zu stark auf die Entwicklung von Medikamenten fokussiert, die hohe Gewinne versprechen und nicht auf die Medikamente, die gesundheitliche Probleme lösen oder Leben retten könnten.

Unbestritten ist, dass Gewinne notwendig sind, um Innovationen zu finanzieren. Mit den hohen Arzneimittelpreisen finanzieren die US-amerikanischen Verbraucher die Forschung und Entwicklung von neuen Medikamenten, die letztlich Patienten auf der ganzen Welt zugutekommen. Ob die hohen Preise noch lange Bestand haben werden, ist angesichts der wachsenden Sensibilität für das Problem bei Politikern, Krankenversicherungsunternehmen und Verbrauchern allerdings fraglich.

seine Erfindung herzustellen, zu nutzen und zu verkaufen. Patente werden den Erfindern von neuen Produkten, wie etwa Medikamente oder Geräte, zugesprochen. In gleicher Weise gibt das **Urheberrecht** einem Autor eines Buches oder einem Komponisten das alleinige Recht, von seinem Werk zu profitieren, in der Regel für die Lebenszeit der Künstler und weitere 70 Jahre.

Patente und Urheberrechte haben etwas mit Anreizen zu tun. Würden Erfinder nicht durch Patente geschützt werden, könnten sie von ihren Anstrengungen kaum profitieren. In dem Moment, in dem die Öffentlichkeit von ihrer wertvollen Erfindung erfahren würde, würden andere diese Erfindung kopieren und damit Produkte verkaufen. Und wenn die Erfinder wüssten, dass sie von ihren Anstrengungen nicht profitieren können, hätten sie keinen Anreiz, die Kosten und den Aufwand für ihre Erfindung auf sich zu nehmen. Das Gleiche gilt für die Schöpfer von literarischen oder künstlerischen Werken. Aus diesem Grund schafft die Gesetzgebung durch zeitlich begrenzte Eigentumsrechte ein zeitlich befristetes Monopol, das Erfindungen und schöpferisches Arbeiten fördert.

Die zeitliche Begrenzung von Patenten und Urheberrechten spiegelt den Kompromiss wider, den der Gesetzgeber mit seinen Regelungen anstrebt. Der hohe Preis, den der Erfinder während des Schutzes durch den Gesetzgeber für das neue Produkt erzielen kann, kompensiert ihn für die Kosten und den Aufwand, der entstanden ist. Der niedrige Preis, der sich nach dem Ablauf des Schutzes durch den Wettbewerb einstellt, kommt den Verbrauchern zugute und erhöht die Effizienz.

Da die Dauer der zeitlichen Befristung nicht an einzelne Umstände angepasst werden kann, ist das System des Patent- und Urheberrechtsschutzes unvollkommen und führt zu verpassten Chancen. In einigen Fällen ergeben sich sogar beträchtliche Wohlfahrtsverluste. So ist z. B. die Verletzung des US-amerikanischen und europäischen Patentschutzes durch Pharmaproduzenten in armen Ländern Gegenstand heftiger Kontroversen. Dabei stehen die Nöte der armen Patienten, die sich

Das **Urheberrecht** spricht dem Schöpfer eines literarischen oder künstlerischen Werks das alleinige Recht zu, von seinem Werk zu profitieren.

keine teuren Medikamente leisten können, den Interessen der Pharmaunternehmen in den reichen Volkswirtschaften gegenüber, denen hohe Kosten für die Entwicklung der Medikamente entstanden sind.

Um diesen Konflikt zu lösen, haben einige Pharmaunternehmen Vereinbarungen mit armen Ländern geschlossen, in denen der Patentschutz anerkannt wird, die Medikamente durch die Pharmaunternehmen aber zu deutlich günstigeren Preisen angeboten werden. (Das ist ein Beispiel für Preisdifferenzierung, aber dazu später mehr).

WISSENSCHAFT UND PRAXIS

Ein Monopol, das keines war: China und der Markt für Seltene Erden

Als es im Jahr 2010 immer schwieriger wurde, Seltene Erden zu beschaffen, geriet so manches US-Unternehmen in der Technologiebranche und in der Rüstungsindustrie in Panik. Seltene Erden sind besondere Metalle, die für die Herstellung von Hightechprodukten wie Smartphones oder Bauteile für Kampfflugzeuge unverzichtbar sind.

China kontrollierte zu diesem Zeitpunkt zwischen 85 und 95 Prozent des Angebotes an Seltenen Erden weltweit. Bis zum Jahr 2009 belieferte China den Weltmarkt in ausreichenden Mengen und zu günstigen Preisen. Dann führte das Land eine *Exportquote* für Seltene Erden ein. Durch die Exportquote wurde die Exportmenge für Seltene Erden begrenzt. Das Angebot auf dem Weltmarkt wurde knapp und der Preis schnellte in die Höhe. Kostete 1 Kilogramm Seltene Erden im Jahr 2010 noch 166 Dollar, lag der Preis im Jahr darauf bei fast 1.000 Dollar.

Aber die dadurch entstandene Aufregung war nur vorübergehend. Die dominante Position Chinas auf dem Weltmarkt war nur den niedrigen Produktionskosten für Seltene Erden in China geschuldet und hatte nichts mit einer Monopolstellung zu tun. Nur ein Drittel aller Vorkommen an Seltenen Erden befindet sich in China. Durch den starken Preisanstieg auf dem Weltmarkt rentierte sich der Abbau von Seltenen Erden in Australien und in den Vereinigten Staaten wieder. Außerdem wurden immer mehr Seltene Erden durch das Recycling von alten Computerbauteilen gewonnen.

Diese kurze Episode führte Politik und Unternehmen gleichermaßen vor Augen, wie anfällig einheimische Branchen für Lieferausfälle aus China waren. Man verständigte sich darauf, die Suche nach alternativen Lieferquellen auch bei sinkenden Preisen nicht aufzugeben. Und die politische Führung in China musste erkennen, dass eine Monopolstellung ohne eine weitgehende Kontrolle über die weltweiten Vorkommen keine ist.

Kurzzusammenfassung

- In der Marktform **Monopol** verfügt der **Monopolist** über **Marktmacht** und wird infolge dieser Marktmacht höhere Preise verlangen sowie einen geringere Menge produzieren als eine Branche mit vollständiger Konkurrenz. Durch dieses Verhalten entstehen für den Monopolisten kurz- und langfristig Gewinne.
- Die Gewinne werden auf Dauer nicht aufrechtzuerhalten sein, wenn es keine **Markteintrittsschranken** gibt. Markteintrittsschranken können in folgenden Formen auftreten: Kontrolle über eine natürliche Ressource bzw. einen Input, zunehmende Skalenerträge, technologische Überlegenheit, Netzwerkexternalitäten oder staatliche Regulierungen.
- Ein **natürliches Monopol** entsteht, wenn die durchschnittlichen Gesamtkosten über den relevanten Bereich der Produktionsmenge sinken. Daraus entsteht eine Markteintrittsschranke, weil ein bestehender Monopolist niedrigere durchschnittliche Gesamtkosten aufweist als jedes Unternehmen, das in den Markt eintreten will.
- In der digitalen Wirtschaft sind **Netzwerkexternalitäten** allgegenwärtig. Da der Wert einer Ware oder einer Dienstleistung für einen Einzelnen größer ist, wenn viele andere Menschen diese Ware oder Dienstleistung ebenfalls nutzen, können Netzwerkexternalitäten dazu führen, dass sich das Unternehmen mit der größten Kundenzahl zum Monopolisten entwickelt, während die Wettbewerber immer mehr Kunden verlieren und am Ende aufgeben müssen. Sowohl das natürliche Monopol als auch Netzwerkexternalitäten stellen eine besondere Herausforderung für die Politik dar.
- Der Staat beschränkt durch **Patente** und den Schutz des **Urheberrechts** den Markteintritt und schafft auf diese Weise zeitlich begrenzte Monopole. Mit der zeitlichen Begrenzung von Patenten und Urheberrechten versucht der Staat, einen Kompromiss zwischen den Interessen der Erfinder und den Interessen der Allgemeinheit zu finden. Patente und Urheberrechte sind zeitlich begrenzt. Damit bilden sie, ebenso wie die technologische Überlegenheit, auf lange Sicht keine Schranke für einen Markteintritt.

ÜBERPRÜFEN SIE IHR WISSEN

1. Gegenwärtig ist die Texas Tea Oil Co. der einzige örtliche Anbieter von Heizöl in Frigid (Alaska). In diesem Winter waren die Bewohner von Frigid darüber entsetzt, dass sich die Kosten für einen Liter Heizöl verdoppelt hatten. Sie glaubten, dass sie Opfer von Marktmacht geworden waren. Erläutern Sie, welche der folgenden Belege diese Schlussfolgerung stützen bzw. infrage stellen.
   a. Es gibt eine landesweite Knappheit an Heizöl und Texas Tea konnte nur eine begrenzte Menge beschaffen.
   b. Im letzten Jahr haben sich Texas Tea und einige andere regionale Ölversorgungsunternehmen zu einem einzigen Unternehmen zusammengeschlossen.
   c. Die Kosten für den Kauf von Heizöl von den Raffinerien sind für Texas Tea deutlich gestiegen.
   d. Kürzlich haben einige überregionale Unternehmen damit begonnen, den bisherigen Kunden von Texas Tea Heizöl zu einem viel geringeren Preis anzubieten.
   e. Texas Tea hat von der Regierung das exklusive Recht erhalten, Öl aus der einzigen Heizöl-Pipeline von Alaska zu beziehen.
2. Nehmen Sie an, der Staat erwägt, die zeitliche Begrenzung von Patenten von 20 Jahren auf 30 Jahre zu verlängern. Welche Auswirkungen hätte das auf
   a. den Anreiz zur Erfindung neuer Produkte,
   b. den Zeitraum, für den Konsumenten höhere Preise zu zahlen haben.
3. Erläutern Sie in den nachfolgenden Fällen, welche Form einer Netzwerkexternalität vorliegt:
   a. ein neues Online-Bezahlsystem,
   b. ein neuer Pkw-Motor, der mit Solarzellen betrieben wird,
   c. eine Webseite, auf der man regionale Waren und Dienstleistungen miteinander handeln kann.

13.3 Wie ein Monopolist seinen Gewinn maximiert

In Südafrika lief es genauso, wie wir es erwartet haben: Nachdem Cecil Rhodes die ursprünglich miteinander im Wettbewerb stehenden südafrikanischen Diamantenproduzenten zu einem einzigen Unternehmen zusammengeführt hatte, änderte sich das Verhalten der Branche: Die angebotene Menge sank und der Marktpreis stieg. In diesem Abschnitt werden wir erfahren, wie ein Monopolist seine Gewinne durch die Verringerung der Produktionsmenge erhöhen kann. Wir werden sehen, dass die Marktnachfrage eine entscheidende Rolle dabei spielt, dass sich ein Monopolist anders verhält als ein Produzent bei vollständiger Konkurrenz.

Die Nachfragekurve des Monopolisten und der Grenzerlös

In Kapitel 12 haben wir die Regel für die optimale Produktionsmenge eines Produzenten abgeleitet: Ein gewinnmaximierender Produzent erzeugt diejenige Outputmenge, für die die Grenzkosten der Produktion der letzten Einheit genau dem Grenzerlös entsprechen, also der Änderung des Gesamterlöses, die durch diese letzte Outputeinheit hervorgerufen wird. Bei der gewinnmaximierenden Outputmenge gilt demnach $MR = MC$.

Auch wenn die Regel für die optimale Produktionsmenge für alle Produzenten gilt, werden wir in Kürze sehen, dass ihre Anwendung bei einem Monopolisten zu einem anderen gewinnmaximie-

Abb. 13-4

Ein Vergleich der Nachfragekurven eines Wettbewerbsunternehmens und eines Monopolisten

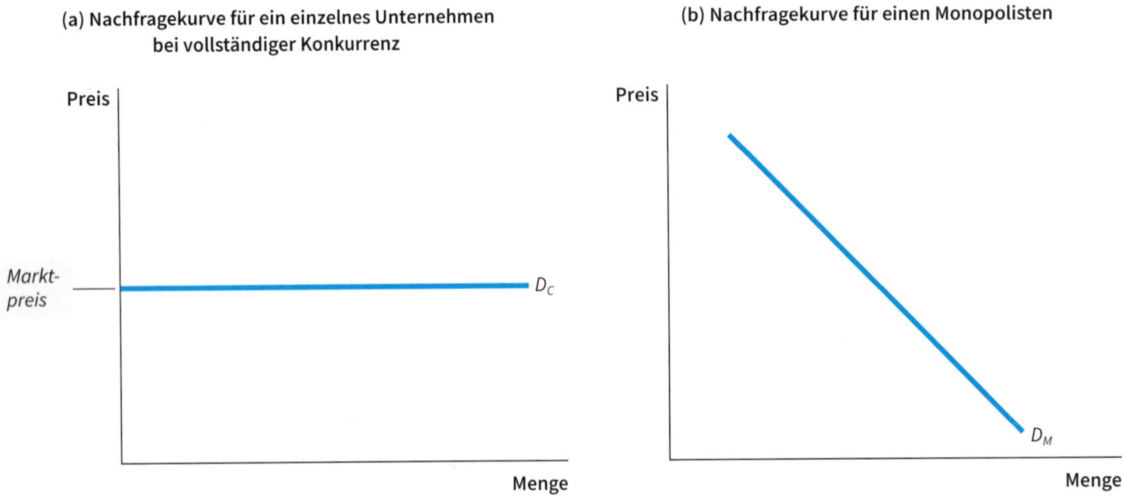

Weil ein einzelner Produzent bei vollständiger Konkurrenz den Marktpreis des Gutes nicht beeinflussen kann, sieht er sich einer waagerecht verlaufenden Nachfragekurve D_C gegenüber, wie sie in Diagramm (a) dargestellt ist. Ein Monopolist kann dagegen den Marktpreis beeinflussen. Weil er der einzige Anbieter in der betreffenden Branche ist, sieht er sich der Marktnachfragekurve D_M gegenüber, wie Diagramm (b) zeigt. Um mehr verkaufen zu können, muss er den Preis senken; durch eine Verminderung der Produktionsmenge kann der Monopolist den Preis erhöhen.

renden Produktionsniveau führt als bei einem Produzenten in vollständiger Konkurrenz, der sich als Preisnehmer verhält. Die Ursache für diese Abweichung liegt in den unterschiedlichen Nachfragekurven, denen sich ein Monopolist und ein einzelner, in vollständiger Konkurrenz stehender Produzent gegenübersehen.

Ein Vergleich der Nachfragekurven. Wir wissen, dass die Marktnachfragekurve immer fallend verläuft, sich aber jeder einzelne Produzent bei vollständiger Konkurrenz einer waagerecht verlaufenden, *vollkommen elastischen* Nachfragekurve gegenübersieht, so wie sie als Kurve D_C in Diagramm (a) von **Abbildung 13-4** gezeigt wird. Jeder Versuch eines einzelnen Produzenten, bei vollständiger Konkurrenz mehr als den geltenden Marktpreis zu verlangen, wird dazu führen, dass er seinen gesamten Absatz verliert. Aus diesem Grund entspricht der Grenzerlös eines Produzenten bei vollständiger Konkurrenz dem Marktpreis. Folglich besagt die Regel für die optimale Produktionsmenge, dass ein Preisnehmer gerade so viel produziert, dass die Grenzkosten der letzten produzierten Einheit gleich dem Marktpreis sind.

Dagegen ist ein Monopolist der einzige Anbieter und die Nachfragekurve, der er sich gegenübersieht, entspricht der Marktnachfragekurve. Wie praktisch alle Marktnachfragekurven verläuft auch die Marktnachfragekurve bei einem Monopol fallend, so wie die Marktnachfragekurve D_M in Diagramm (b). Um mehr verkaufen zu können, muss der Monopolist den Preis senken. Durch den *fallenden Verlauf der Nachfragekurve weicht der Preis des Gutes vom Grenzerlös des Monopolisten* ab.

Tabelle 13-1 zeigt diese Abweichung zwischen Preis und Grenzerlös eines Monopolisten mithilfe der Berechnung von Gesamterlös und Grenzerlös des Monopolisten aus dem Nachfrageplan, dem er sich gegenübersieht.

Ein Vergleich von Grenzerlös und Preis. Nun wollen wir untersuchen, wie sich Grenzerlös und Preis bei einer Anpassung der Produktionsmenge

Tab. 13-1

Nachfrage, Gesamterlös und Grenzerlös für das De Beers-Monopol

Preis von Diamanten *P* (€)	Menge an Diamanten *Q* (Stück)	Gesamterlös *TR* = *P* × *Q* (€)	Grenzerlös *MR* = Δ*TR*/Δ*Q* (€)
1.000	0	0	
			950
950	1	950	
			850
900	2	1.800	
			750
850	3	2.550	
			650
800	4	3.200	
			550
750	5	3.750	
			450
700	6	4.200	
			350
650	7	4.550	
			250
600	8	4.800	
			150
550	9	4.950	
			50
500	10	5.000	
			–50
450	11	4.950	
			–150
400	12	4.800	
			–250
350	13	4.550	
			–350
300	14	4.200	
			–450
250	15	3.750	
			–550
200	16	3.200	
			–650
150	17	2.550	
			–750
100	18	1.800	
			–850
50	19	950	
			–950
0	20	0	

verändern. Die ersten beiden Spalten von Tabelle 13-1 zeigen beispielhaft einen Nachfrageplan für Diamanten von De Beers. Aus Vereinfachungsgründen wollen wir unterstellen, dass alle Diamanten völlig identisch sind. Um die mathematischen Berechnungen übersichtlich zu gestalten, nehmen wir weiter an, dass die Zahl der verkauften Diamanten sehr viel kleiner ist als in Wirklichkeit. So gehen wir beispielsweise davon aus, dass bei einem Preis von 500 Euro je Diamant lediglich 10 Diamanten verkauft werden. Die sich aus diesem Nachfrageplan ergebende Nachfragekurve wird in Diagramm (a) von **Abbildung 13-5** gezeigt.

Die dritte Spalte von Tabelle 13-1 zeigt De Beers' Gesamterlös aus dem Verkauf der jeweiligen Diamantenmenge, also den Preis je Diamant multipliziert mit der Anzahl der verkauften Steine. In der letzten Spalte wird der Grenzerlös berechnet, also die Änderung des Gesamterlöses, die sich aus Produktion und Verkauf eines zusätzlichen Diamanten ergibt.

Nach dem ersten Diamanten gilt offenkundig, dass der Grenzerlös, den der Monopolist aus dem Verkauf einer weiteren Einheit erzielen kann, geringer ist als der Preis, zu dem diese Einheit verkauft wird. Setzt De Beers beispielsweise 10 Diamanten ab, beträgt der Preis, zu dem der zehnte Diamant verkauft wird, 500 Euro. Der Grenzerlös, also die Änderung des Gesamterlöses aufgrund der Erhöhung der Absatzmenge von 9 auf 10 Diamanten, beträgt dagegen lediglich 50 Euro.

Der Grenzerlös des zweiten, dritten … und zehnten Diamanten ist geringer als der Preis, da eine Steigerung der Produktion durch einen Monopolisten zwei entgegengesetzte Effekte auf den Erlös ausübt:

1. Einen *Mengeneffekt*. Es wird eine weitere Einheit verkauft, wodurch sich der Gesamterlös um den Preis erhöht, zu dem diese Einheit abgesetzt wird (in unserem Fall +500 Dollar).
2. Einen *Preiseffekt*. Um diese letzte Einheit verkaufen zu können, muss der Monopolist den Marktpreis für *alle* verkauften Einheiten senken. Dies verringert den Gesamterlös (in unserem Fall um 9 × (–50 Dollar) = –450 Dollar).

Der Mengeneffekt und der Preiseffekt werden durch die beiden farbigen Flächen in Diagramm (a) von Abbildung 13-5 illustriert. Eine Erhöhung der Absatzmenge von 9 auf 10 bedeutet eine Bewegung entlang der Nachfragekurve nach unten, von *A* nach *B*, wodurch sich der Preis je Diamant von 550 Euro auf 500 Euro verringert. Die blaue Fläche spiegelt den Mengeneffekt wider: De Beers verkauft den zehnten Diamanten zu einem Preis von 500 Euro. Dem wirkt jedoch der Preiseffekt entgegen, der durch die graue Fläche beschrieben wird. Um diesen zehnten Diamanten verkaufen zu können, muss De Beers den Preis für alle Diamanten von 550 Euro auf 500 Euro senken. Das Unternehmen verliert daher 9 × 50 Euro = 450 Euro an Erlös, was gerade der grauen Fläche entspricht. Wie Punkt *C* zeigt, beläuft sich der Gesamteffekt auf den Erlös, der sich aus dem Verkauf eines weiteren Diamanten ergibt, also der Grenzerlös, bei einer Erhöhung des Diamantverkaufs von 9 auf 10 Einheiten, lediglich auf 50 Euro.
Der Punkt *C* liegt auf der Grenzerlöskurve des Monopolisten, die in Diagramm (a) von Abbildung 13-5 mit *MR* bezeichnet ist und sich aus der letzten Spalte von Tabelle 13-1 ergibt. Entscheidend ist, dass die Grenzerlöskurve des Monopolisten immer unterhalb der Nachfragekurve liegt. Das ist auf den Preiseffekt zurückzuführen, der dazu führt, dass der Grenzerlös eines Monopolisten aus dem Verkauf einer zusätzlichen Einheit stets geringer ist als der Preis, den der Monopolist für diese Einheit erhält. Es ist also der Preiseffekt, der die Abweichung zwischen der Grenzerlöskurve des Monopolisten und der Nachfragekurve bewirkt: Um einen zusätzlichen Diamanten verkaufen zu können, muss De Beers den Marktpreis für alle verkauften Einheiten senken.

Diese Abweichung zwischen Grenzerlös und Preis existiert für jedes Unternehmen, das über Marktmacht verfügt, also beispielsweise auch für Oligopolisten. Marktmacht bedeutet, dass sich das Unternehmen einer fallenden Nachfragekurve gegenübersieht. Folglich wird eine Erhöhung der Produktion stets einen Preiseffekt aufweisen. Für ein Unternehmen mit Marktmacht liegt die Grenzerlöskurve daher immer unterhalb seiner Nachfragekurve.

Wir wollen kurz die Grenzerlöskurve eines Monopolisten mit der Grenzerlöskurve eines Anbieters bei vollständiger Konkurrenz vergleichen, also bei einem Anbieter ohne Marktmacht. Für einen derartigen Produzenten gibt es keinen Preis-

Abb. 13-5

Nachfragekurve, Erlöskurve und Grenzerlöskurve eines Monopolisten

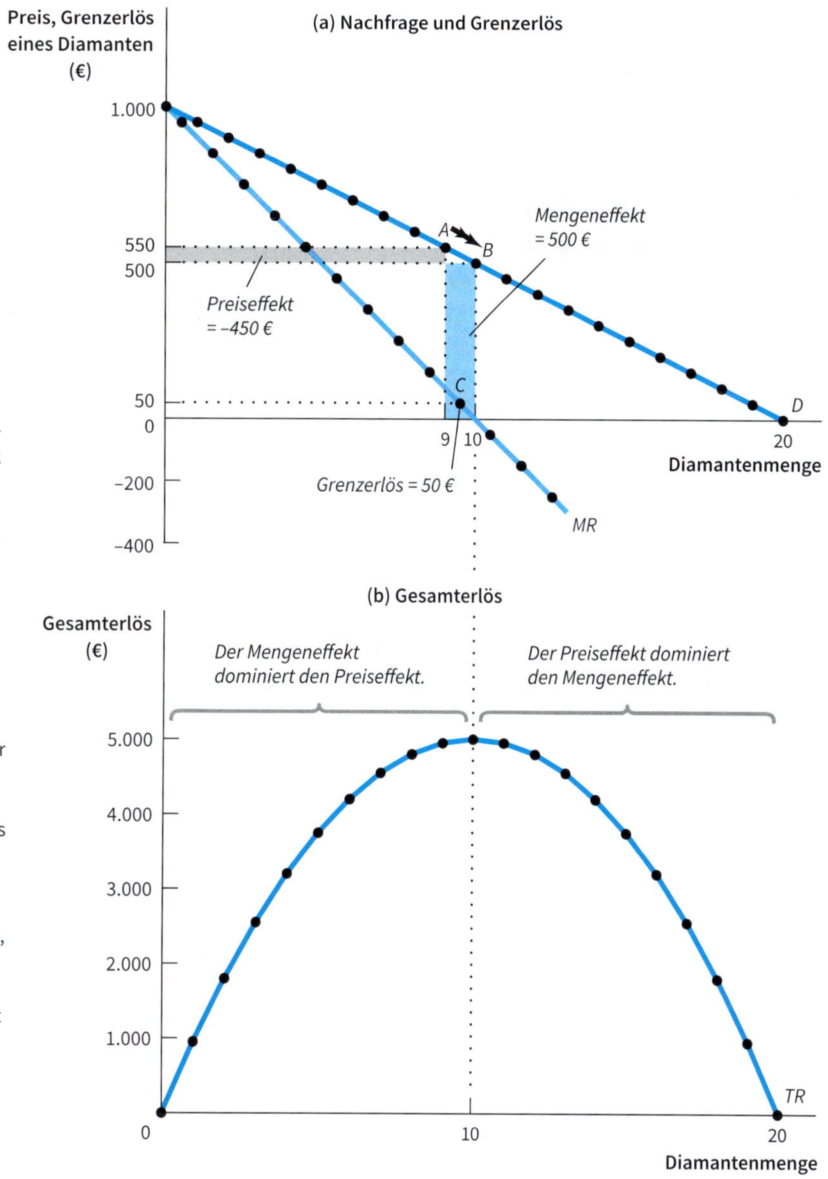

Diagramm (a) zeigt Nachfragekurve und Grenzerlöskurve des Monopolisten aus Tabelle 13-1. Die Grenzerlöskurve verläuft unterhalb der Nachfragekurve. Um zu verstehen, warum das so ist, betrachten wir Punkt *A* auf der Nachfragekurve. Hier werden 9 Diamanten zu einem Preis von 550 Euro je Stück verkauft, was zu einem Erlös von 4.950 Euro führt. Um einen zehnten Diamanten verkaufen zu können, muss der Preis für alle 10 Diamanten auf 500 Euro gesenkt werden, wie Punkt *B* zeigt. Folglich erhöht sich der Erlös um die blaue Fläche (Mengeneffekt in Höhe von 500 Euro), verringert sich aber um die graue Fläche (Preiseffekt in Höhe von −450 Euro). Der Grenzerlös des zehnten Diamanten beträgt daher 50 Euro (die Differenz zwischen blauer und grauer Fläche), was sehr viel weniger ist als sein Preis von 500 Euro.

Diagramm (b) zeigt die Gesamterlöskurve des Monopolisten. Mit einer Erhöhung der Produktion von 0 auf 10 Diamanten steigt auch der Gesamterlös. Er erreicht sein Maximum bei 10 Diamanten, dem Produktionsvolumen, bei dem der Grenzerlös gleich null ist, und nimmt danach wieder ab. Solange der Gesamterlös steigt, dominiert der Mengeneffekt den Preiseffekt. Wenn der Gesamterlös mit steigender Produktion sinkt, dominiert der Preiseffekt den Mengeneffekt.

effekt aus der Erhöhung seiner Produktionsmenge: Seine Grenzerlöskurve entspricht seiner waagerecht verlaufenden Nachfragekurve. Für einen Anbieter bei vollständiger Konkurrenz sind Marktpreis und Grenzerlös daher stets gleich.

Um deutlich zu machen, wie Mengeneffekt und Preiseffekt für ein Unternehmen mit Marktmacht wechselseitig aufeinander einwirken, haben wir in Diagramm (b) von Abbildung 13-5 die Gesamterlöskurve für De Beers dargestellt. Man beachte ihren hügelförmigen Verlauf: Mit der Erhöhung der Produktion von 0 auf 10 Diamanten nimmt der Gesamterlös zu. Dies spiegelt die Tatsache wider, dass *bei geringen Produktionsmengen der Mengeneffekt stärker ist als der Preiseffekt*: Bei der Erhöhung seiner Absatzmengen muss der Monopolist seinen Preis lediglich für eine kleine Anzahl von Einheiten verringern, weswegen der Preiseffekt gering ist. Steigt der Output über 10 Diamanten, geht der Gesamterlös zurück. Das spiegelt die Tatsache wider, dass *bei großen Produktionsmengen der Preiseffekt stärker ist als der Mengeneffekt*: Mit steigender Verkaufszahl muss der Monopolist nun den Preis für viele Einheiten reduzieren, was zu einem sehr starken Preiseffekt führt.

Entsprechend verläuft die Grenzerlöskurve für Produktionsmengen von mehr als 10 Diamanten unterhalb der Nulllinie. So führt beispielsweise eine Erhöhung der Diamantproduktion von 11 auf 12 Einheiten lediglich zu einem Mehrerlös von 400 Euro für den zwölften Diamanten. Gleichzeitig verringert sich aber der Erlös aus den Diamanten von 1 bis 11 um 550 Euro. Im Ergebnis führt das zu einem Grenzerlös für den zwölften Diamanten von –150 Euro.

Gewinnmaximierende Produktionsmenge und gewinnmaximierender Preis des Monopolisten

Für die Klärung der Frage, wie ein Monopolist seinen Gewinn maximiert, benötigen wir noch die Grenzkosten des Monopolisten. Dabei wollen wir hier vereinfachend annehmen, dass es keine Fixkosten bei der Produktion gibt. Außerdem wollen wir davon ausgehen, dass die Kosten für die Produktion eines zusätzlichen Diamanten, also die Grenzkosten, konstant 200 Euro betragen, unabhängig davon, wie viele Diamanten De Beers pro-

Abb. 13-6

Gewinnmaximierender Output und gewinnmaximierender Preis des Monopolisten

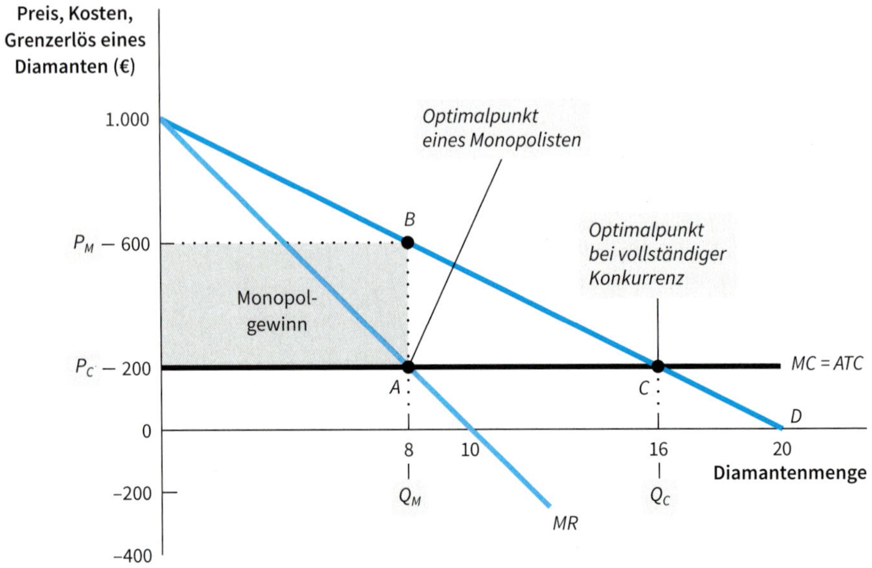

Die Abbildung zeigt die Nachfragekurve, die Grenzerlöskurve und die Grenzkostenkurve. Die Grenzkosten betragen konstant 200 Euro je Diamant, sodass die Grenzkostenkurve bei einem Wert von 200 Euro waagerecht verläuft. Der Regel für die optimale Produktionsmenge zufolge ergibt sich die gewinnmaximierende Produktionsmenge für den Monopolisten dort, wo *MR* = *MC* gilt, also bei Punkt *A*, wo sich Grenzkostenkurve und Grenzerlöskurve bei einer Produktionsmenge von 8 Diamanten schneiden. Der Preis, den De Beers pro Diamant verlangen kann, ergibt sich aus dem Punkt auf der Nachfragekurve, der senkrecht oberhalb von Punkt *A* liegt. In der Abbildung ist dieser mit *B* bezeichnet und mit einem Preis von 600 Euro pro Diamant verbunden. De Beers erzielt einen Gewinn von 400 Euro × 8 = 3.200 Euro. Bei vollständiger Konkurrenz wird die Produktionsmenge produziert, bei der *P* = *MC* gilt. In der Abbildung ist das der Punkt, bei dem sich Nachfragekurve und Grenzkostenkurve schneiden (Punkt *C*). Eine Branche mit vollständiger Konkurrenz produziert daher 16 Diamanten, verkauft sie zu einem Preis von 200 Euro pro Stück und erzielt einen Gewinn in Höhe von null.

DENKFALLEN!

Das Finden des Monopolpreises

Um die *gewinnmaximierende Produktionsmenge* des Monopolisten zu finden, muss man den Punkt suchen, bei dem sich Grenzerlöskurve und Grenzkostenkurve schneiden. Punkt *A* in Abbildung 13-6 ist hierfür ein Beispiel.

Es ist jedoch wichtig, nicht einem recht häufigen Irrtum zu verfallen, nämlich zu glauben, dass Punkt *A* auch den Preis zeigt, zu dem der Monopolist seinen Output verkauft. Das ist nicht der Fall. Der Punkt *A* zeigt den Grenzerlös, den der Monopolist erhält, und von dem wir wissen, dass er geringer ist als der Preis.

Um den Monopolpreis zu finden, muss man von *A* ausgehend senkrecht nach oben bis zur Nachfragekurve gehen. Dort findet man den Preis, zu dem die Konsumenten die gewinnmaximierende Menge nachfragen. Die gewinnmaximierende Preis-Mengen-Kombination ist immer ein Punkt auf der Nachfragekurve, wie Punkt *B* in Abbildung 13-6.

duziert. Mit diesen Annahmen entsprechen die Grenzkosten den durchschnittlichen Gesamtkosten, und die Grenzkostenkurve (sowie auch die Kurve der durchschnittlichen Gesamtkosten) verläuft waagerecht bei 200 Euro, wie in **Abbildung 13-6** dargestellt.

Um den Gewinn zu maximieren, vergleicht der Monopolist die Grenzkosten mit dem Grenzerlös. Übersteigt der Grenzerlös die Grenzkosten, kann De Beers seinen Gewinn durch die Ausdehnung der Produktion erhöhen. Liegt der Grenzerlös unter den Grenzkosten, kann De Beers seinen Gewinn durch eine Einschränkung der Produktion erhöhen. Der Monopolist maximiert daher seinen Gewinn durch die Verwendung der folgenden Regel für die optimale Produktionsmenge:

(13-1) $MR = MC$ bei der gewinnmaximierenden Produktionsmenge des Monopolisten.

Der Optimalpunkt des Monopolisten ist in Abbildung 13-6 zu sehen. Im Punkt *A* schneiden sich Grenzkostenkurve (*MC*) und Grenzerlöskurve (*MR*). Das zugehörige Produktionsniveau (8 Diamanten) beschreibt die gewinnmaximierende Produktionsmenge des Monopolisten (Q_M). Der Preis, bei dem die Konsumenten 8 Diamanten nachfragen, beträgt 600 Euro. Daher liegt der Preis des Monopolisten (P_M) bei 600 Euro, was in Abbildung 13-6 durch Punkt *B* wiedergegeben wird. Die Produktionskosten für jeden Diamanten betragen 200 Euro, sodass der Monopolist einen Gewinn von 600 Euro – 200 Euro = 400 Euro pro Diamant erzielt. Der Gesamtgewinn beträgt 8 × 400 Euro = 3.200 Euro, was der grauen Fläche entspricht.

Monopol versus vollständige Konkurrenz

Als Cecil Rhodes die vielen unabhängigen Diamantenproduzenten zum Unternehmen De Beers zusammenführte, verwandelte er eine Branche mit vollständiger Konkurrenz in ein Monopol. Wir sind nun in der Lage, die Auswirkungen einer derartigen Konsolidierung zu beurteilen.

Werfen wir noch einmal einen Blick auf Abbildung 13-6 und fragen uns, wie dieser Markt aussehen würde, wenn es sich nicht um ein Monopol, sondern um eine Branche mit vollständiger Konkurrenz handeln würde. Wir wollen dabei weiterhin davon ausgehen, dass es keine Fixkosten gibt und dass die Grenzkosten konstant sind, sodass die durchschnittlichen Gesamtkosten den Grenzkosten entsprechen.

Besteht die Diamantenindustrie aus vielen Unternehmen bei vollständiger Konkurrenz, betrachtet jedes dieser Unternehmen den Marktpreis als gegeben. Jeder Produzent verhält sich also so, als wäre sein Grenzerlös gleich dem Marktpreis und greift auf die Regel für die optimale Produktions-

DENKFALLEN!

Gibt es im Monopol eine Angebotskurve?

So wie ein Monopolist die Regel für die optimale Produktionsmenge anwendet, könnte man sich die Frage stellen, was dies für die Angebotskurve des Monopolisten impliziert. Dies wäre jedoch eine sinnlose Frage: Monopolisten haben keine Angebotskurven.

Es sei daran erinnert, dass eine Angebotskurve die Menge zeigt, die die Produzenten bei einem bestimmten Marktpreis anbieten wollen. Ein Monopolist nimmt jedoch nicht den Marktpreis als gegeben. Er wählt eine gewinnmaximierende Menge und berücksichtigt dabei den Einfluss seiner Angebotsentscheidung auf den Preis.

menge für ein Unternehmen, das als Preisnehmer agiert, zurück:

(13-2) $P = MC$ bei der gewinnmaximierenden Produktionsmenge eines Unternehmens bei vollständiger Konkurrenz.

In Abbildung 13-6 würde dies mit der Produktionsmenge im Punkt *C* korrespondieren, wo der Preis pro Diamant (P_C) 200 Euro beträgt, was genau den Grenzkosten der Produktion entspricht. Der gewinnmaximierende Output bei vollständiger Konkurrenz (Q_C) beträgt daher 16 Diamanten.

Gibt es bei vollständiger Konkurrenz im Punkt *C* irgendwelche Gewinne? Nein: Der Preis von 200 Euro entspricht genau den Produktionskosten pro Diamant. Es gibt also keine ökonomischen Gewinne für diese Branche, wenn sie die Produktionsmenge bei vollständiger Konkurrenz herstellt.

Wir haben schon gesehen, dass wir ein völlig anderes Ergebnis erhalten, wenn die Branche in einem Monopol konsolidiert wurde. Die Berechnung des Grenzerlöses durch den Monopolisten berücksichtigt den Preiseffekt, sodass der Grenzerlös geringer ist als der Preis. Das bedeutet:

(13-3) $P > MR = MC$ bei der gewinnmaximierenden Produktionsmenge des Monopolisten.

Wie wir bereits gesehen haben, produziert der Monopolist mit 8 Diamanten weniger als die Branche bei vollständiger Konkurrenz mit 16 Diamanten. Der Preis im Monopol beträgt 600 Euro, verglichen mit einem Preis von nur 200 Euro bei vollständiger Konkurrenz. Der Monopolist erzielt einen positiven Gewinn, was bei vollständiger Konkurrenz nicht der Fall ist.

Wie wir bereits vermutet haben, gilt für ein Monopol im Vergleich zu einem Wettbewerbsmarkt Folgendes:

- Es wird eine kleinere Menge produziert: $Q_M < Q_C$.
- Es wird ein höherer Preis verlangt: $P_M > P_C$.
- Es wird ein Gewinn erzielt.

Das allgemeine Bild eines Monopols

In der Abbildung 13-6 ging es um spezifische Zahlen, und es wurde angenommen, dass die Grenzkostenkurve waagerecht verläuft. **Abbildung 13-7** zeigt ein allgemeineres Bild des Monopols: *D* ist die Marktnachfragekurve, *MR* die Grenzerlöskurve, *MC* die Grenzkostenkurve und

Abb. 13-7

Der Gewinn des Monopolisten

Im vorliegenden Fall zeigt die Grenzkostenkurve einen steigenden Verlauf und die Kurve der durchschnittlichen Gesamtkosten verläuft u-förmig. Der Monopolist maximiert seinen Gewinn durch die Produktion einer Menge, bei der $MR = MC$ gilt. In der Abbildung ist diese Bedingung im Punkt A erfüllt, was zu einer Menge von Q_M führt. Der zugehörige Monopolpreis P_M ergibt sich aus dem Punkt auf der Nachfragekurve, der senkrecht über dem Punkt *A* liegt (Punkt *B*). Die durchschnittlichen Gesamtkosten für Q_M werden durch Punkt *C* wiedergegeben. Der Gewinn lässt sich durch die Fläche des grauen Rechtecks beschreiben.

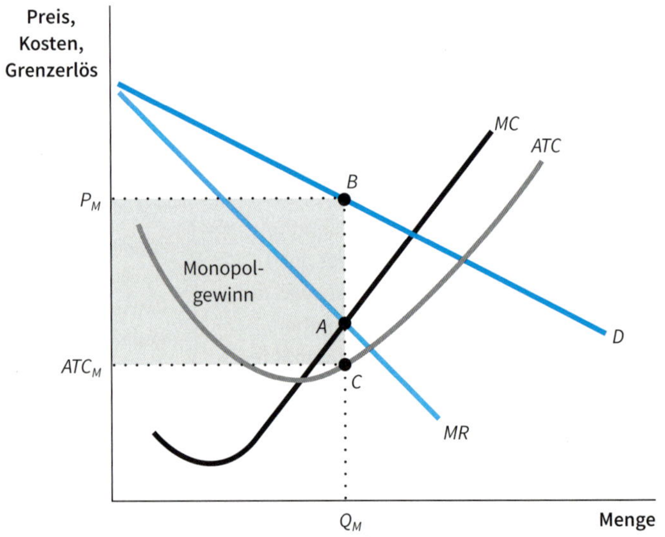

ATC die Kurve der durchschnittlichen Gesamtkosten. Wir kehren damit also zu unserer üblichen Annahme zurück, dass die Grenzkostenkurve einen steigenden Verlauf hat und dass die Kurve der durchschnittlichen Gesamtkosten u-förmig verläuft.

Aus der Anwendung der Regel für die optimale Produktionsmenge folgt, dass die gewinnmaximierende Produktionsmenge das Outputniveau ist, bei dem Grenzerlös und Grenzkosten übereinstimmen. In Abbildung 13-7 entspricht dies dem Schnittpunkt von Grenzerlöskurve und Grenzkostenkurve (Punkt *A*). Die gewinnmaximierende Produktionsmenge beträgt Q_M, und der Preis, den der Monopolist dafür verlangt, beträgt P_M. Die durchschnittlichen Gesamtkosten des Monopolisten belaufen sich bei der gewinnmaximierenden Produktionsmenge auf ATC_M (Punkt *C*).

Der Gewinn ergibt sich als Differenz aus Erlös und Kosten. Daher gilt:

$$\text{(13-4)} \quad \text{Gewinn} = TR - TC = (P_M \times Q_M) - (ATC_M \times Q_M) = (P_M - ATC_M) \times Q_M$$

Der Gewinn entspricht der Fläche des grauen Rechtecks in Abbildung 13-7, das eine Höhe von $P_M - ATC_M$ und eine Breite von Q_M aufweist.

Im Kapitel 12 haben wir gelernt, dass sich bei vollständiger Konkurrenz nur *kurzfristig* Gewinne erzielen lassen, *nicht aber langfristig*. Kurzfristig kann der Preis die durchschnittlichen Gesamtkosten übersteigen, was es einem Unternehmen bei vollständiger Konkurrenz erlaubt, einen Gewinn zu erzielen. Wir wissen aber auch, dass diese Situation nicht auf Dauer bestehen kann.

Langfristig verschwindet der Gewinn bei vollständiger Konkurrenz jedoch durch den Eintritt neuer Unternehmen in den Markt. Im Gegensatz dazu ermöglichen es Markteintrittsschranken einem Monopolisten, *sowohl kurzfristig als auch langfristig* Gewinne zu erzielen.

WISSENSCHAFT UND PRAXIS

Schock durch hohe Strompreise

In der Vergangenheit galten Stromversorgungsunternehmen als natürliche Monopole. Einem Versorgungsunternehmen, das die Kunden in einem bestimmten Gebiet mit Strom belieferte, gehörte sowohl das Kraftwerk als auch die Stromleitungen, die den erzeugten Strom zu den Kunden transportieren. Die Preise, die die Kunden dafür bezahlen mussten, wurden von der Regulierungsbehörde festgesetzt und deckten in der Regel die Betriebskosten zuzüglich einer kleinen Kapitalrendite für die Anteilseigner.

Ende der 1990er-Jahre kam es sowohl in den Vereinigten Staaten als auch in Europa verstärkt zu Deregulierungstendenzen, da man hoffte, auf diese Weise niedrigere Strompreise für die Verbraucher erreichen zu können. In den Vereinigten Staaten wurde der Wettbewerb an zwei Schnittstellen auf dem Weg vom Kraftwerk zum Kunden eingeführt: (1) Die Stromversorger sollten beim Stromverkauf um Kunden konkurrieren und (2) die Stromerzeuger sollten bei der Belieferung der Stromversorger konkurrieren.

Das war zumindest der Plan. Bis zum Jahr 2018 hatten allerdings nur 16 Bundesstaaten die Deregulierung des Strommarktes in irgendeiner Form auf den Weg gebracht. Sieben Bundesstaaten hatten damit begonnen, aber die Deregulierung dann wieder verschoben, und 27 Bundesstaaten haben mit der Regulierung der Monopolunternehmen weitergemacht wie bisher. Warum haben nur so wenige Bundesstaaten bei der Deregulierung mitgemacht?

Ein Hauptproblem für die Senkung des Strompreises durch Deregulierung ist die geringe Anzahl an Stromerzeugern. Die Stromproduktion geht noch immer mit hohen Fixkosten einher, sodass es in vielen Märkten nur einen Stromerzeuger gibt. Selbst wenn die Verbraucher die Wahl zwischen verschiedenen Stromversorgern haben, sind das nur scheinbare Alternativen, denn jeder Stromversorger kann seinen Strom letztlich nur bei einem Stromerzeuger beschaffen.

Die Deregulierung kann sogar dazu führen, dass die Kunden am Ende schlechter dastehen, solange es nur einen Stromerzeuger gibt. In einem deregulierten Markt kann ein Stromerzeuger ▸

als Alleinanbieter Marktmanipulationen betreiben, indem das Unternehmen die Stromlieferungen an die Stromversorger künstlich verknappt, um den Marktpreis in die Höhe zu treiben. Ein besonders schockierendes Beispiel dafür gab es während der kalifornischen Energiekrise in den Jahren 2000–2001, als es zu Stromausfällen und zusätzlichen Stromkosten für Haushalte und Unternehmen in Milliardenhöhe kam. Nachfolgende Ermittlungen der Regulierungsbehörde konnten Tonbänder sicherstellen, die belegten, wie sich Mitarbeiter darüber unterhalten haben, die Kraftwerke in Zeiten der größten Nachfrage abzuschalten und dadurch mehr als 1 Million Dollar pro Tag auf Kosten des Bundesstaates Kalifornien an Gewinn zu machen.

Problematisch ist auch, dass die Stromproduzenten bei der Deregulierung ohne die Preise der Regulierungsbehörde nicht mehr mit einer sicheren Rendite für neue Kraftwerksprojekte planen können. Dadurch wurden in den Bundesstaaten mit Deregulierung zu wenig neue Kraftwerkskapazitäten gebaut und die bestehenden Anlagen konnten mit der wachsenden Nachfrage nicht mithalten. In Texas kam es dadurch beispielsweise zu massiven Stromausfällen und in New Jersey und Maryland mussten die Regulierungsbehörden die Stromproduzenten dazu verpflichten, neue Kraftwerke zu bauen.

In den Bundesstaaten, in denen es zu einer Deregulierung kam, waren die Verbraucher großen Preisschwankungen ausgesetzt und mussten am Ende oft mehr bezahlen als Stromkunden in den Bundesstaaten mit regulierten Strompreisen. Dadurch sahen sich viele Bundesstaaten veranlasst, die Deregulierung des Strommarktes wieder rückgängig zu machen. Einige Bundesstaaten wie Kalifornien und Montana sind sogar so weit gegangen, dass sie die Stromversorger angewiesen haben, ihre im Rahmen der Deregulierung verkauften Kraftwerke wieder zurückzukaufen. Außerdem haben die Regulierungsbehörden Stromversorgern in Texas, New York und Illinois wegen Marktmanipulationen Strafzahlungen auferlegt.

Kurzzusammenfassung

- Der entscheidende Unterschied zwischen einem Produzenten mit Marktmacht, wie einem Monopolisten, und einem Produzenten bei vollständiger Konkurrenz besteht darin, dass Wettbewerbsunternehmen Preisnehmer auf einer waagerechten Nachfragekurve sind, während sich Anbieter mit Marktmacht einer fallende Nachfragekurve gegenübersehen.
- Aufgrund des Preiseffektes einer Absatzerhöhung verläuft die Grenzerlöskurve eines Anbieters mit Marktmacht stets unterhalb seiner Nachfragekurve. Ein gewinnmaximierender Monopolist wählt daher die Produktionsmenge, bei der die Grenzkosten gleich dem Grenzerlös sind und *nicht* gleich dem Preis.
- Das führt dazu, dass der Monopolist eine geringere Menge produziert und diese zu einem höheren Preis verkauft, als es bei vollständiger Konkurrenz der Fall wäre. Der Monopolist erzielt sowohl kurzfristig als auch langfristig Gewinne.

ÜBERPRÜFEN SIE IHR WISSEN

1. Verwenden Sie die beigefügte Aufstellung über den Erlös der Smaragd GmbH, Monopolist bei der Erzeugung von 10-karätigen Smaragden, um die Teilaufgaben a bis d zu beantworten. Beantworten Sie dann Teilaufgabe e.
   a. Stellen Sie den Nachfrageplan auf.
   b. Wie hoch sind die jeweiligen Grenzerlöse?
   c. Wie groß ist die jeweilige Mengeneffektkomponente des Grenzerlöses?

d. Wie hoch ist die jeweilige Preiseffektkomponente des Grenzerlöses?

e. Welche zusätzliche Information wird benötigt, um die gewinnmaximierende Produktionsmenge der Smaragd GmbH zu bestimmen?

Menge der nachgefragten Smaragde	Gesamterlös (€)
1	100
2	186
3	252
4	280
5	250

2. Verwenden Sie Abbildung 13-6, um zu zeigen, welche Auswirkungen sich auf die folgenden Größen ergeben, falls die Grenzkosten der Diamantenproduktion von 200 Euro auf 400 Euro steigen:

a. auf die Grenzkostenkurve,

b. auf die gewinnmaximierende Produktionsmenge,

c. auf den Gewinn des Monopolisten,

d. auf die Gewinne bei vollständiger Konkurrenz.

13.4 Monopol und Wirtschaftspolitik

Es ist schön, Monopolist zu sein, nicht ganz so schön ist es aber, der Kunde eines Monopolisten zu sein. Ein Monopolist stellt sich auf Kosten der Konsumenten durch die Verringerung der Produktionsmenge und die Erhöhung der Preise besser. Käufer und Verkäufer stehen jedoch stets in einem Interessenkonflikt. Die Käufer möchten niedrigere Preise, die Verkäufer höhere Preise. Sieht dieser Interessenkonflikt bei einem Monopol anders aus als bei vollständiger Konkurrenz?

Die Antwort lautet ja, weil das Monopol zu Ineffizienzen führt: Die durch das Monopolverhalten hervorgerufenen Verluste der Verbraucher sind größer als die Vorteile des Monopolisten. Weil das Monopol für die Volkswirtschaft insgesamt zu Nettoverlusten führt, versucht der Staat häufig, entweder das Entstehen von Monopolen zu verhindern oder zumindest deren Auswirkungen zu begrenzen. In diesem Abschnitt werden wir erfahren, warum das Monopol zu Ineffizienzen führt. Darüber hinaus wollen wir uns mit den wirtschaftspolitischen Maßnahmen beschäftigen, mit denen der Staat versucht, diese Ineffizienzen zu verhindern.

Wohlfahrtseffekte des Monopols

In dem ein Monopolist unterhalb des Niveaus produziert, bei dem die Grenzkosten dem Marktpreis entsprechen, erhöht er seinen Gewinn, schädigt aber die Verbraucher. Um zu beurteilen, ob dies für die Gesellschaft insgesamt zu einem Vorteil oder zu einem Nachteil führt, müssen wir den Gewinnzuwachs des Monopolisten mit den Verlusten der Verbraucher vergleichen. Wie wir bei unseren Überlegungen sehen werden, ist der Verlust der Verbraucher tatsächlich größer als der Vorteil des Monopolisten. Monopole führen daher zu einem Nettowohlfahrtsverlust für die Gesellschaft.

Um zu verstehen, warum das so ist, wollen wir noch einmal zu dem Fall zurückkehren, bei dem die Grenzkostenkurve waagerecht verläuft wie in den beiden Diagrammen von **Abbildung 13-8**. Die Grenzkostenkurve ist mit *MC* bezeichnet, die Nachfragekurve mit *D* und die Grenzerlöskurve in Diagramm (b) mit *MR*.

Diagramm (a) zeigt die Situation für einen Markt bei vollständiger Konkurrenz. Der Gleichgewichtsoutput beträgt Q_C. Der Preis des Gutes, P_C, ist gleich den Grenzkosten, und die Grenzkosten

Abb. 13-8

Ein Monopol führt zu Ineffizienz

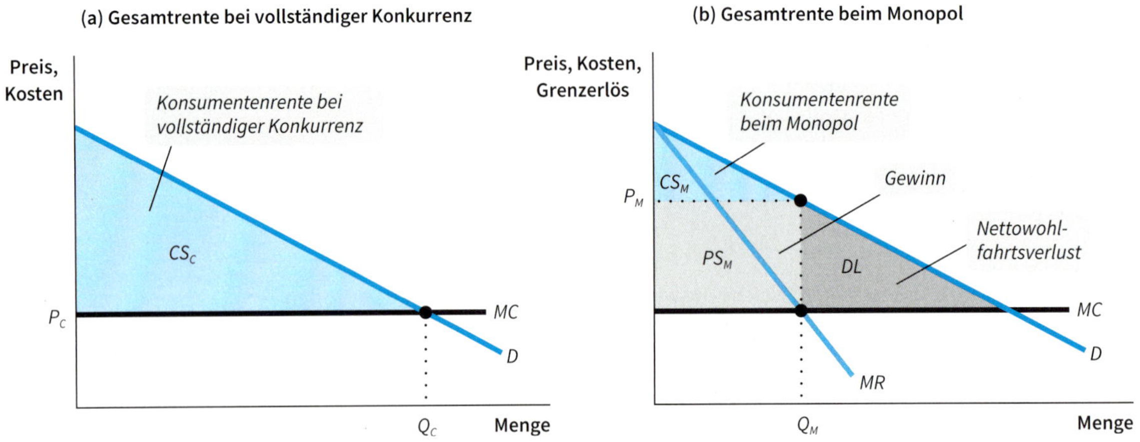

Diagramm (a) beschreibt einen Markt bei vollständiger Konkurrenz. Der Output beträgt Q_C, und der Marktpreis P_C ist gleich den Grenzkosten *MC*. Weil der Preis genau den Durchschnittskosten jedes Produzenten entspricht, gibt es keine Produzentenrente. Die Gesamtrente ist daher identisch mit der Konsumentenrente, die durch die blaue Fläche beschrieben wird. Diagramm (b) zeigt ein Monopol: Der Monopolist verringert den Output auf Q_M und verlangt einen Preis von P_M. Die Konsumentenrente (blaue Fläche) ist gesunken, weil ein Teil der Konsumentenrente nun zu einem Gewinn des Monopolisten geworden ist (hellgraue Fläche). Die Gesamtrente sinkt: Der Nettowohlfahrtsverlust (dunkelgraue Fläche) entspricht dem Wert von wechselseitig vorteilhaften Transaktionen, die aufgrund des Monopolverhaltens nun nicht stattfinden.

entsprechen den durchschnittlichen Gesamtkosten, weil es keine Fixkosten gibt und die Grenzkosten konstant sind. Jedes Unternehmen erzielt genau seine Stückkosten, sodass es in diesem Gleichgewicht keine Produzentenrente gibt. Die vom Markt erzeugte Konsumentenrente entspricht der Fläche des blauen Dreiecks CS_C in Diagramm (a). Weil es bei vollständiger Konkurrenz keine Produzentenrente gibt, repräsentiert die Fläche CS_C auch gleichzeitig die Gesamtrente.

Diagramm (b) zeigt die Ergebnisse für den gleichen Markt, jetzt aber unter der Annahme, dass es sich bei der betrachteten Branche um ein Monopol handelt. Der Monopolist produziert eine Menge von Q_M, bei der die Grenzkosten gleich dem Grenzerlös sind, und er verlangt einen Preis von P_M. Der Monopolist erzielt nun einen Gewinn, der gleichzeitig die Produzentenrente darstellt. Dieser Gewinn entspricht der Fläche des grauen Rechtecks (PS_M). Man beachte, dass es sich dabei um die Rente handelt, die der Monopolist von den Konsumenten abgeschöpft hat. Die Konsumentenrente sinkt auf die Fläche des blauen Dreiecks CS_M.

Ein Vergleich der Diagramme (a) und (b) zeigt, dass neben der Umverteilung der Rente von den Konsumenten zum Monopolisten eine weitere wichtige Veränderung aufgetreten ist: Die Summe aus Gewinn und Konsumentenrente, also die Gesamtrente, ist im Monopolfall kleiner als bei vollständiger Konkurrenz. Mit anderen Worten ist die Summe aus CS_M und PS_M kleiner als die Fläche CS_C in Diagramm (a). In Kapitel 7 haben wir gelernt, dass Steuern zu einem *Nettowohlfahrtsverlust* für die Gesellschaft führen. Jetzt sehen wir, dass auch das Monopol einen Nettowohlfahrtsverlust für die Gesellschaft hervorruft, der der Fläche des dunkelgrauen Dreiecks *DL* entspricht. Ein Monopol ist also insgesamt nachteilig für die Gesellschaft.

Der Nettowohlfahrtsverlust tritt auf, weil einige wechselseitig vorteilhafte Transaktionen nun nicht stattfinden. Es gibt Menschen, denen eine zusätzliche Einheit des Gutes mehr wert ist als die

Grenzkosten der Produktion dieser Einheit, die es aber nicht konsumieren, weil sie nicht bereit sind, den Preis P_M zu bezahlen.

Wenn wir an die Analyse des Nettowohlfahrtsverlustes durch Steuern zurückdenken, können wir feststellen, dass der durch das Monopol hervorgerufene Nettowohlfahrtsverlust ganz ähnlich aussieht. Tatsächlich wirkt ein Monopol durch das Treiben eines Keiles zwischen Preis und Grenzkosten ganz ähnlich wie eine Steuer auf die Konsumenten und ruft die gleiche Art von Ineffizienz hervor.

Das Monopol beeinträchtigt also die Wohlfahrt der Gesellschaft insgesamt und ist eine Quelle für Marktversagen. Gibt es irgendetwas, was die Wirtschaftspolitik hier tun kann?

Politische Lösungen für Monopole

Der Einsatz von wirtschaftspolitischen Maßnahmen gegen Monopole hängt ganz entscheidend davon ab, ob es sich bei der fraglichen Branche (a) um ein natürliches Monopol oder (b) um eine Branche mit Netzwerkexternalitäten handelt. In beiden Fällen gilt: je größer das Unternehmen, desto besser für die Konsumenten. Bei einem natürlichen Monopol haben größere Produzenten geringere Durchschnittskosten. Und in einer Branche mit Netzwerkexternalitäten kann ein größerer Produzent ein größeres Netzwerk anbieten und damit einen größeren Wert für die Nutzer generieren. Handelt es sich bei der betreffenden Branche weder um ein natürliches Monopol noch um eine Branche mit Netzwerkexternalitäten, dann besteht die beste wirtschaftspolitische Maßnahme darin, die Entstehung eines Monopols zu verhindern bzw. ein existierendes Monopol zu zerschlagen. Schauen wir uns zunächst einmal diesen Fall an, bevor wir uns mit den Herausforderungen im Umgang mit einem natürlichen Monopol beschäftigen, und dann im nächsten Abschnitt erfahren, wie die Politik mit einer Branche mit Netzwerkexternalitäten umgeht.

Das De Beers-Monopol in der Diamantenindustrie hätte nicht entstehen müssen. Bei der Diamantengewinnung handelt es sich nicht um ein natürliches Monopol: Die Kosten der Industrie wären nicht höher, falls sie aus einer Anzahl unabhängiger, miteinander im Wettbewerb stehender Produzenten bestehen würde (so wie es beispielsweise bei der Goldgewinnung der Fall ist).

Bei De Beers handelt es sich um einen sehr eigenen Fall: Aus komplexen historischen Gründen wurde dem Unternehmen gestattet, als Monopol bestehen zu bleiben. Gleichzeitig wurden im letzten Jahrhundert die meisten ähnlichen Monopole zerschlagen. Der vielleicht bekannteste Fall ist das Monopol von Standard Oil, einem Unternehmen, das von John D. Rockefeller in den Vereinigten Staaten im Jahr 1870 gegründet wurde. Bereits 1878 kontrollierte Standard Oil fast die gesamte Erdölverarbeitung der Vereinigten Staaten. Im Jahr 1911 wurde das Monopol aufgrund eines Gerichtsurteils in eine Anzahl kleinerer Einheiten zerlegt. Zu diesen gehörten auch Gesellschaften, aus denen später Exxon und Mobil wurden (die sich dann im Jahr 1999 zu ExxonMobil zusammengeschlossen haben).

Die wirtschaftspolitischen Maßnahmen zur Verhinderung oder zur Auflösung von Monopolen gehören zur *Wettbewerbspolitik*, die wir im nächsten Kapitel genauer erörtern wollen.

Der Umgang mit einem natürlichen Monopol

Ein Monopol zu zerschlagen, das nicht auf einem natürlichen Monopol beruht, ist sinnvoll: Die Vorteile der Konsumenten machen die Nachteile des Produzenten mehr als wett. Handelt es sich dagegen um ein natürliches Monopol, bei dem ein großer Produzent geringere durchschnittliche Gesamtkosten aufweist als kleinere Produzenten, ist die Sache nicht ganz so eindeutig, weil dann die durchschnittlichen Gesamtkosten der Produktion steigen würden. Käme beispielsweise die Stadtverwaltung auf die Idee, das örtliche Energieversorgungsunternehmen daran zu hindern, die Strom- und Gasversorgung in der Stadt zu kontrollieren – bei der es sich fast immer um ein natürliches Monopol handelt –, würden sich die Energiekosten für die Bewohner der Stadt erhöhen.

Doch auch im Fall eines natürlichen Monopols führt die Gewinnmaximierung des Monopolisten zur Ineffizienz: Die Konsumenten müssen einen Preis bezahlen, der über den Grenzkosten liegt. Dadurch werden vorteilhafte Transaktionen verhindert. Darüber hinaus kann man es auch als ungerecht betrachten, dass ein Unternehmen, dem es möglich war, ein Monopol zu errichten, große Gewinne zulasten der Verbraucher erzielt.

Die Wirtschaftspolitik hat zwei Möglichkeiten, auf die Ineffizienz eines Monopols zu reagieren: (1) die Gründung von Unternehmen im öffentlichen Eigentum und (2) die Regulierung von (privatwirtschaftlichen) Monopolunternehmen.

Bei einem Monopol im **öffentlichen Eigentum** wird das Gut von der öffentlichen Hand bereitgestellt oder von einem Unternehmen, das im Eigentum der öffentlichen Hand steht.

1. Öffentliches Eigentum. In vielen Ländern sieht man **öffentliches Eigentum** als bevorzugte Lösung für das Problem des natürlichen Monopoles an. Statt es einem privaten Monopol zu erlauben, den betreffenden Markt zu kontrollieren, schafft der Staat eine öffentliche Einrichtung, die für die Versorgung mit dem Gut sorgt und die Interessen der Verbraucher schützt. So waren in Deutschland Bereiche wie Post- und Fernmeldedienste, die Strom-, Gas-, und Wasserversorgung sowie der Personennah- und Fernverkehr lange Zeit vollständig im Besitz der öffentlichen Hand. Seit Ende der 1980er-Jahre sind viele öffentliche Unternehmen aus diesen Bereichen privatisiert worden. Prominente Beispiele sind die Deutsche Telekom AG, die Deutsche Post AG und die Deutsche Bahn AG.

Auch in den Vereinigten Staaten gibt es eine Reihe von Beispielen für öffentliche Unternehmen. So werden etwa der Personenschienenverkehr durch die im öffentlichen Eigentum stehende Eisenbahngesellschaft Amtrak erbracht; der normale Brief- und Postverkehr erfolgt durch den U.S. Postal Service. Wichtige Teile der Transportinfrastruktur wie große Flughäfen, Brücken, Unterführungen und Häfen befinden sich im Eigentum der US-Bundesstaaten. Und einige Städte, wie etwa Los Angeles, versorgen ihre Bürger mit Strom, der von Unternehmen im öffentlichen Eigentum erzeugt wird.

Der Vorteil des öffentlichen Eigentums besteht grundsätzlich darin, dass ein im öffentlichen Eigentum stehendes Monopolunternehmen seine Preise nach Effizienzgesichtspunkten setzen kann und sich nicht an der Gewinnmaximierung orientiert. Bei vollständiger Konkurrenz führt Gewinnmaximierung zu Effizienz, da die Produzenten die Menge produzieren und anbieten, bei der die Grenzkosten genau dem Marktpreis entsprechen. Aus diesem Grund spricht aus ökonomischer Sicht auch nichts für öffentliches Eigentum bei Weizen- oder Milchproduzenten.

Die Erfahrung hat jedoch gezeigt, dass öffentliches Eigentum als Lösung des Problems des natürlichen Monopols in der Praxis oft nicht gut funktioniert. Ein Grund ist darin zu sehen, dass im öffentlichen Eigentum stehende Unternehmen weniger als private Unternehmen auf Kostenkontrolle und Qualitätssicherung bei ihren Produkten achten. Außerdem müssen öffentliche Unternehmen allzu oft politischen Interessen dienen, beispielsweise als Versorgungsposten für altgediente Politiker. Von Amtrak ist beispielsweise bekannt, dass das Unternehmen auch Verkehrsverbindungen zu Orten aufrechterhält, in denen nur wenige Passagiere ein- oder aussteigen, die aber Heimatorte wichtiger Kongressmitglieder sind.

Eine **Preisregulierung** begrenzt den Preis, den ein Monopolist verlangen darf.

2. Regulierung. Häufiger wird daher eine zweite Lösung favorisiert. Dieser Weg besteht darin, die Unternehmen im privaten Eigentum zu belassen, sie aber einer Regulierung zu unterwerfen. Dabei werden z. B. regionale Versorgungsunternehmen, die Strom, Gas, oder Festnetztelefondienstleistungen bereitstellen, einer **Preisregulierung** unterworfen, die die Preise begrenzt, die die Unternehmen verlangen können.

Wir wissen bereits, dass die Einführung einer *Preisobergrenze* bei vollständiger Konkurrenz mit hoher Wahrscheinlichkeit zu Knappheiten, Schwarzmärkten und anderen unangenehmen Nebenwirkungen führt. Hat dann nicht eine Preisobergrenze – beispielsweise für das örtliche Wasserversorgungsunternehmen – die gleichen Nachteile?

Nicht notwendigerweise: Eine Preisobergrenze für einen Monopolisten muss nicht zu einer Knappheit führen – ohne eine Preisobergrenze würde ein Monopolist einen Preis verlangen, der größer ist als seine Grenzkosten der Produktion. Solange der Preis oberhalb der Grenzkosten liegt und der Monopolist zumindest kostendeckend operieren kann, hätte er auch dann, wenn er gezwungen wäre, einen niedrigeren Preis zu setzen, immer noch einen Anreiz, die zu diesem Preis nachgefragte Menge zu produzieren.

Abbildung 13-9 zeigt ein Beispiel für die Preisregulierung im natürlichen Monopol für den stark vereinfachten Fall eines regionalen Wasserversorgungsunternehmens. Das Unternehmen sieht sich einer Nachfragekurve *D* gegenüber, zu der die Grenzerlöskurve *MR* gehört. Aus Vereinfachungsgründen nehmen wir an, dass die Gesamtkosten des Unternehmens aus zwei Komponenten beste-

Abb. 13-9

Reguliertes und nicht reguliertes natürliches Monopol

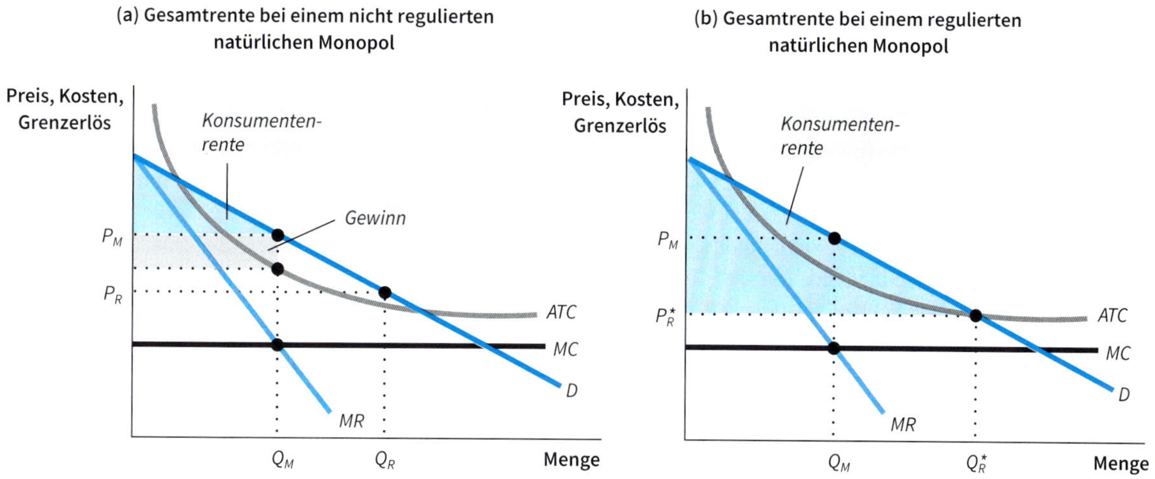

Diese Abbildung zeigt den Fall eines natürlichen Monopolisten. In Diagramm (a) betrachten wir zunächst den Fall, dass der Monopolist den Monopolpreis P_M verlangen kann. Er erzielt einen Gewinn, der durch die graue Fläche wiedergegeben wird. Die Konsumentenrente entspricht der blauen Fläche. Wird das Monopol reguliert und darf nur den niedrigeren Preis P_R verlangen, würde der Output von Q_M auf Q_R steigen und die Konsumentenrente entsprechend zunehmen.

Diagramm (b) zeigt, was passiert, wenn der Monopolist einen Preis verlangen muss, der seinen durchschnittlichen Gesamtkosten entspricht, also den Preis P_R^*. Der Output erhöht sich auf Q_R^* und die Konsumentenrente entspricht nun der gesamten blauen Fläche. Der Monopolist erzielt einen Gewinn in Höhe von null. Wenn man dem Monopolisten zugesteht, gerade seine Kosten zu decken, realisiert sich die größtmögliche Konsumentenrente. Damit ist P_R^* der beste Preis, den die Regulierung setzen kann.

hen, nämlich den Fixkosten und variablen Kosten, die in einem konstanten Verhältnis zur Produktionsmenge stehen. Die Grenzkosten sind in diesem Fall konstant, und die Grenzkostenkurve, die im vorliegenden Fall mit der Kurve der durchschnittlichen variablen Kosten identisch ist, verläuft als waagerechte Linie bei *MC*. Die durchschnittlichen Gesamtkosten werden durch die fallend verlaufende Kurve *ATC* repräsentiert. Sie verläuft fallend, weil die durchschnittlichen Fixkosten umso geringer werden, je größer der Output ist. Da die durchschnittlichen Gesamtkosten über dem für die Marktnachfrage relevanten Bereich durchgängig sinken, liegt ein natürliches Monopol vor.

Diagramm (a) zeigt den Fall eines natürlichen Monopols ohne Regulierung. Der nicht regulierte natürliche Monopolist wählt die Monopolmenge und verlangt den Preis P_M. Weil der Monopolist einen Preis setzt, der über seinen durchschnittlichen Gesamtkosten liegt, erzielt er einen Gewinn. Dieser Gewinn entspricht genau der Produzentenrente auf dem betrachteten Markt, die durch das graue Rechteck beschrieben wird. Die Konsumentenrente wird durch das blaue Dreieck wiedergegeben.

Nun wollen wir annehmen, dass die Regulierungsbehörde eine Preisobergrenze für die Wasserversorgung einführt, sodass der Regulierungspreis P_R unterhalb des Monopolpreises P_M, aber oberhalb der durchschnittlichen Gesamtkosten *ATC* liegt. Zu diesem Preis wird die Menge Q_R nachgefragt.

Hat das Unternehmen einen Anreiz, diese Menge auch zu produzieren? Ja. Wenn der Preis, zu dem der Monopolist sein Produkt verkaufen kann, durch die Regulierung festgelegt wird, hat die Produktionsmenge des Unternehmens keinen Einfluss mehr auf den Marktpreis. Für das Unternehmen hat die *MR*-Kurve keine Relevanz mehr. Stattdessen ist der Monopolist bereit, die Produktion zur Deckung der Nachfrage so lange auszudehnen, bis der Preis, den das Unternehmen für die nächste produzierte Einheit erhält, noch über den Grenzkosten liegt und der Monopolist mit der gesamten Produktionsmenge zumindest die Kosten deckt. Bei einer Preisregulierung wird der Monopolist daher eine größere Menge zu einem niedrigeren Preis anbieten.

Natürlich wird der Monopolist nicht produzieren, wenn der ihm auferlegte Preis bedeutet, dass er einen Verlust einfährt. Der Höchstpreis muss also hoch genug angesetzt werden, um es dem Unternehmen zu erlauben, seine durchschnittlichen Kosten zu decken. Diagramm (b) zeigt eine Situation, in der die Regulierungsbehörde den Preis so weit nach unten gedrückt hat, wie es möglich ist – auf das Niveau, bei dem die Kurve der durchschnittlichen Gesamtkosten die Nachfragekurve schneidet.

Bei jedem geringeren Preis macht das Unternehmen Verluste. Der Regulierungspreis P_R^* ist in dem Sinne der beste Preis, den die Regulierung setzen kann: Der Monopolist ist gerade noch bereit, zu produzieren und wird die Menge Q_R^* zum Preis P_R^* auf den Markt bringen. Die Konsumenten und die Gesellschaft insgesamt gewinnen durch die Regulierung.

Die Wohlfahrtseffekte der Regulierung können wir durch einen Vergleich der Flächen in den beiden Diagrammen von Abbildung 13-9 erkennen. Die Konsumentenrente hat sich aufgrund der Regulierung erhöht, wobei diese Erhöhung zwei Ursachen hat. Zum einen sind die Gewinne des Monopols beseitigt worden, die stattdessen in die Konsumentenrente geflossen sind. Zum anderen geht mit der höheren Produktionsmenge und dem niedrigeren Preis ein echter Nettowohlfahrtsgewinn einher, also ein Anstieg der Gesamtrente.

Eigentlich sieht alles prima aus: Die Konsumenten sind besser gestellt, die Gewinne des Monopols beseitigt und die gesamtwirtschaftliche Wohlfahrt hat sich erhöht. Unglücklicherweise sind die Dinge in der Praxis nicht ganz so einfach.

Es gibt zwei Probleme. Das erste Problem besteht darin, dass die Regulierungsbehörde nicht über die notwendigen Informationen verfügt, um den Preis genau auf dem Niveau festzusetzen, bei dem die Nachfragekurve die Kurve der durchschnittlichen Gesamtkosten schneidet. Manchmal setzt die Behörde den Preis zu niedrig an, was zu Knappheiten führt. In anderen Fällen ist er zu hoch. Gleichzeitig tendieren regulierte Monopole genauso wie Unternehmen im öffentlichen Eigentum dazu, ihre Kosten gegenüber der Regulierungsbehörde zu hoch anzusetzen, und den Verbrauchern eine schlechtere Qualität zu liefern.

Das zweite Problem hat mit einer möglichen Einflussnahme auf Regulierungsbehörden zu tun (*regulatory capture*). Bei einer Regulierung stehen für die betroffenen Unternehmen riesige Geldsummen auf dem Spiel. Dadurch besteht die Gefahr, dass die Entscheidungsträger in den Regulierungsbehörden durch die Unternehmen, die sie eigentlich überwachen sollen, in ihren Entscheidungen in unzulässiger Weise beeinflusst werden.

Die Fallstudie »Schock durch hohe Strompreise« hat allerdings gezeigt, dass selbst ein Mindestmaß an Überwachung und Regulierung immer noch besser ist als gar kein staatliches Handeln.

Marktmacht im Wandel der Zeit

In der heutigen Zeit sind klassische Monopolisten wie DeBeers kaum noch anzutreffen. Sicherlich gibt es noch Monopolstellungen durch ein natürliches Monopol, durch staatlichen Schutz oder durch technologische Überlegenheit (in der Regel nur kurzzeitig). Aber Branchen, in denen es wirklich nur einen Anbieter gibt, der die alleinige Kontrolle über ein Gut ausübt, findet man fast ausschließlich in Geschichtsbüchern.

Dafür gibt es einen Grund. Unternehmen, die versuchen, sich durch die Übernahme von Wettbewerbern die Kontrolle über eine knappe Ressource und damit eine Monopolstellung zu verschaffen, würden aufgrund der Verletzung des Wettbewerbs- und Kartellrechts sehr schnell in einen Konflikt mit den zuständigen Wettbewerbsbehörden geraten.

Dennoch steht die Frage der Regulierung von Monopolen in der heutigen Zeit wie kaum ein anderes Thema im Zentrum der wirtschaftspolitischen Diskussion. Verantwortlich dafür sind der Siegeszug der digitalen Wirtschaft und die Netzwerkexternalitäten, die sie hervorbringt. Unternehmen wie Meta (Mutterkonzern von Facebook), Microsoft, Apple, Google, Ebay, Uber und PayPal haben die Volkswirtschaft grundlegend verändert. Diese Unternehmen sind ein Synonym für rasantes Wachstum und hohe Gewinne. Mit diesen Unternehmen sind aber auch neue Herausforderungen für die Wirtschaftspolitik entstanden. Durch Netzwerkexternalitäten ist es möglich, Stück für Stück Marktanteile gewinnen und letztlich zum Monopolisten zu werden. Im Folgenden werden wir uns mit den Besonderheiten von Marktmacht durch Netzwerkexternalitäten genauer beschäftigen. Außerdem werden wir erfahren, dass Marktmacht nicht nur auf der Angebotsseite, sondern auch auf der Nachfrageseite existieren kann. Den Fall, dass es in einer Branche nur einen Käufer gibt, bezeichnet man als *Monopson*. Und diese Konstellation gewinnt durch die Ausbreitung von Netzwerkexternalitäten zunehmend an wettbewerbspolitischer Bedeutung.

Im folgenden Abschnitt werden wir erfahren, warum der Siegeszug der digitalen Wirtschaft mit ihren Netzwerkexternalitäten das Thema Marktmacht – sowohl beim Monopol als auch beim Monopson – so stark in den Vordergrund gerückt hat, und welche besonderen Herausforderungen diese Entwicklung für die Wettbewerbspolitik mit sich bringt.

Marktmacht und Monopole heute

Liegen in einer Branche zunehmende Skalenerträge oder Netzwerkexternalitäten vor, dann gilt für ein Unternehmen: je größer, desto besser. Bei Netzwerkexternalitäten wird das Unternehmen mit dem größten Netzwerk von neuen Kunden bevorzugt. Dadurch wird das größte Unternehmen der Branche immer größer, während die kleineren Wettbewerber Stück für Stück schrumpfen. Irgendwann wird das größte Unternehmen in Relation zu seinen Wettbewerbern so groß sein, dass es marktbeherrschend ist und wie ein Monopolist Marktmacht ausüben kann.

Analog zum Standardfall des Monopols führt auch eine marktbeherrschende Stellung durch Netzwerkexternalitäten zu einem Nettowohlfahrtsverlust für die Gesellschaft, wenn das Unternehmen versucht, durch einen höheren Preis und eine geringere Angebotsmenge Konsumentenrente abzuschöpfen. In der schnelllebigen digitalen Wirtschaft kann Marktmacht zudem durch die Ausbremsung von Innovationen weitere Ineffizienzen verursachen. Wenn ein marktbeherrschendes Unternehmen durch seine Größe kleinere Konkurrenten aus dem Markt drängt, dann verschwinden damit auch die Innovationen dieser Unternehmen.

Ein anschauliches Beispiel für ein marktbeherrschendes Unternehmen, das seine Monopolstellung dazu benutzt hat, um Konkurrenten und ihre Innovationen aus dem Markt zu drängen, liefert der US-amerikanische IT-Gigant Microsoft. Ein US-Gericht hat Microsoft für schuldig befunden, seine marktbeherrschende Stellung bei PC-Betriebssystemen dazu genutzt haben, um dem Unternehmen Netscape, in den 1990er-Jahren Hauptkonkurrent von Microsoft bei Internetbrowsern, zu schaden. Das Gericht stellte außerdem fest, dass Microsoft mehrfach gegen konkurrierende Softwareunternehmen vorgegangen ist, um eine mögliche Bedrohung seiner marktbeherrschenden Stellung bei PC-Betriebssystemen durch überlegene Technologien zu verhindern. Das Gericht ordnete aber keine Aufspaltung des IT-Giganten in kleinere Unternehmen an, sondern verlangte von Microsoft, den Quellcode seiner Software offenzulegen, damit andere Softwareunternehmen ihre Produkte an das Betriebssystem von Microsoft anpassen können. Zu diesem Zeitpunkt war die marktbeherrschende Stellung von Microsoft allerdings schon so ausgeprägt, dass es keinem Wettbewerber gelang, einen signifikanten Marktanteil zu erringen. Und Netscape verschwand Anfang der 2000er-Jahre aus dem Markt, nachdem das Unternehmen bei Internetbrowsern einmal einen Marktanteil von 90 Prozent hatte. Microsoft konnte dagegen im Jahr 2019 allein für seine Softwaresparte einen Gewinn von 13 Milliarden Dollar vermelden.

Vor einigen Jahren erhoben die EU-Wettbewerbsbehörden mehrere Anklagen gegen Google wegen wettbewerbswidrigem Verhalten und Behinderung von Innovationen, da Google Wettbewerbern u. a. den Zugang zu bestimmten IT-Funktionalitäten (Suchanfragen zum Online-Einkauf) und den Zugang zum Markt für Android-Betriebssysteme erschwert hat. Google wurde zu Strafzahlungen von mehr als 9 Milliarden Dollar verurteilt. Allerdings hat Google gegen alle Entscheidungen Berufung eingelegt, sodass es Jahre dauern kann, bis es zu einem endgültigen Urteil kommt. Und bis dahin könnte die marktbeherrschende Stellung von Google unumkehrbar sein.

Marktmacht und Monopson heute

Ist es auch möglich, dass der Käufer und nicht der Verkäufer über Marktmacht verfügt? Anders gefragt, gibt es Märkte mit nur einem Käufer, aber vielen Verkäufern, sodass der Käufer seine Macht dazu nutzen kann, sich einen Vorteil zulasten der Verkäufer zu verschaffen? Die Antwort lautet ja. Einen derartigen Markt bezeichnet man als **Monopson**. So wie ein Monopolist verzerrt auch ein **Monopsonist** das Marktergebnis, um sich einen größeren Teil der Rente zu sichern. Im Unterschied zum Monopolisten erreicht der Monopsonist das über die gekaufte Menge und den bezahlten Preis und nicht über die verkaufte Menge und den geforderten Preis.

Ein **Monopson** existiert, wenn es im Markt nur einen Käufer für das Gut gibt. Ein **Monopsonist** ist ein Unternehmen, das der einzige Käufer in einem Markt ist.

Das klassische Beispiel für ein Monopson ist der einzige Arbeitgeber in einer kleinen Stadt (z. B. die örtliche Fabrik), der die Dienste der Arbeitskräfte kauft. Ein Monopolist weiß, dass er einen Preissetzungsspielraum hat, und durch eine Verringerung der Produktionsmenge einen höheren Preis und einen höheren Gewinn erzielen kann. Ein Monopsonist macht im Grunde genommen das Gleiche – mit einem Unterschied. Ein Monopsonist weiß, dass er durch Bewegungen auf der Arbeitsangebotskurve den Lohnsatz setzen kann, den er seinen Arbeitskräften zahlt. Indem er weniger Arbeitskräfte einstellt, kann ein Monopsonist den Lohnsatz senken und damit seinen Gewinn erhöhen.

Während ein Monopolist einen Nettowohlfahrtsverlust bewirkt, weil er eine zu geringe Menge produziert, verursacht der Monopsonist einen Nettowohlfahrtsverlust dadurch, dass er zu wenige Arbeitskräfte einstellt (und damit letztlich zu wenig produziert).

In der Vergangenheit waren Monopsone eher selten anzutreffen, da die Verkäufer in der Regel Mittel und Wege gefunden haben, um ihre Waren und Dienstleistungen anderen Käufern anzubieten. So sind Arbeitskräfte, die in ihrer Region nur einen einzigen Arbeitgeber hatten, einfach umgezogen und haben in einer anderen Gegend und bei einem anderen Arbeitgeber eine neue Beschäftigung gesucht. Mit dem Siegeszug der digitalen Wirtschaft haben Monopsone deutlich an Relevanz gewonnen. Große Online-Einkaufsplattformen wie Amazon oder der Apple App Store können ihre Macht dazu nutzen, um von den Verkäufern, die die Einkaufsplattform nutzen, um ihre Produkte anzubieten, Zugeständnisse zu verlangen, z. B. in Form von höheren Gebühren für die Nutzung der Plattform. Dadurch sinkt für die Verkäufer der Preis, den sie erzielen können, und sie werden ihre Verkäufe reduzieren. Die Angebotsmenge sinkt und es kommt zu einem Nettowohlfahrtsverlust.

Der Fall Apple versus Pepper in den Vereinigten Staaten liefert ein anschauliches Beispiel für marktbeherrschendes Verhalten auf der Nachfrageseite durch Netzwerkexternalitäten. In den Verhandlungen vor Gericht klagten Konsumenten und App-Entwickler an, dass Apple vorschreibt, dass Apps für das iOS-Betriebssystem nur im Apple App Store gekauft werden dürfen. Durch diese Festlegung sei Apple in der Lage, Marktmacht über die App-Entwickler auszuüben. Gleichzeitig erhebt Apple von den App-Entwicklern eine Gebühr in Höhe von 30 Prozent auf den Verkaufspreis und nutzt seine marktbeherrschende Stellung, um einen erheblichen Teil der Gewinne der App-Entwickler abzuschöpfen. Die App-Entwickler können die »Apple-Steuer« von 30 Prozent entweder aus der eigenen Tasche bezahlen oder auf die Konsumenten überwälzen. In beiden Fällen wird auf diesem Markt eine geringere Menge angeboten als auf einem Markt mit vollständiger Konkurrenz, auf dem App-Entwickler und Konsumenten frei miteinander handeln können. Die App-Entwickler wollen ihre Produkte jedoch auf der Online-Plattform mit den meisten Kunden anbieten, und die Konsumenten wollen Apps auf der Online-Plattform mit dem größten Angebot kaufen. Monopsonverhalten durch Netzwerkexternalitäten führt damit zu den gleichen Herausforderungen für die Wettbewerbspolitik wie Monopolverhalten durch Netzwerkexternalitäten.

Das Dilemma der Wettbewerbspolitik

Wenn die Wettbewerbspolitik etwas gegen Marktmacht durch Netzwerkexternalitäten unternehmen will, dann steht sie vor einer schweren Aufgabe. Liegen in einer Branche Netzwerkexternalitäten vor, dann ist es ziemlich wahrscheinlich, dass das Unternehmen mit dem größten Netzwerk eine marktbeherrschende Stellung erlangen wird. Und wenn die kleineren Wettbewerber aus dem Markt ausscheiden, dann wird dieses Unternehmen zum Monopol oder zum Monopson. Das

Problem für die Wettbewerbspolitik liegt darin, dass eine einfache Aufspaltung des marktbeherrschenden Unternehmens in mehrere kleine Unternehmen mit kleineren Netzwerken zu einem Wohlfahrtsverlust führt. Und nach einiger Zeit stellt sich das Problem einer marktbeherrschenden Stellung erneut, da sich die Konsumenten immer wieder dem Unternehmen mit dem größeren Netzwerk zuwenden werden, während die anderen Unternehmen Stück für Stück schrumpfen und aus dem Markt verschwinden.

Welche Auswirkungen sich dadurch auf die Innovationen ergeben, ist nicht eindeutig. Auf der einen Seite führt Monopol- und Monopsonverhalten in der digitalen Wirtschaft dazu, dass mit den Wettbewerbern auch deren Innovationen verloren gehen. Gleichzeitig sind die IT-Giganten selbst auch große Innovationsquellen. Falsche regulatorische Eingriffe könnten diese Innovationskraft ausbremsen. Die großen IT-Unternehmen wiederum argumentieren, dass eine Bestrafung allein aufgrund ihrer Größe einer Bestrafung dafür gleichkommt, dass sie außerordentlich erfolgreich dabei sind, den Konsumenten ihre Wünsche zu erfüllen.

Mit Blick auf das rasante Wachstum der digitalen Wirtschaft steht fest, dass eine Steuerung der Marktmacht der großen IT-Giganten zu den schwierigsten und drängendsten Aufgaben der Wettbewerbspolitik gehört. Aber wie die folgende Fallstudie zeigt, gibt es dafür derzeit kaum einfache und schnelle Lösungen.

WISSENSCHAFT UND PRAXIS

Hat die US-amerikanische Wettbewerbspolitik das digitale Zeitalter verschlafen?

Die IT-Giganten Amazon, Meta (der Mutterkonzern von Facebook) und Google bilden das Fundament der digitalen Wirtschaft. Amazon hat sich von einem Online-Buchhändler zu einem Unternehmensgiganten entwickelt. Amazon ist Einzelhändler, Marketing-Plattform, Anbieter von Liefer- und Logistikdienstleistungen, Zahlungsdienstleister, Kreditgeber, Auktionshaus, Buchverleger, TV- und Filmproduzent, Hardwareproduzent, Modeschöpfer und führender Anbieter von Cloud-Diensten und Rechenleistung.

Meta betreibt mit Facebook das weltweit größte soziale Netzwerk mit fast 3 Milliarden Nutzern. Auf Google entfallen mehr als 90 Prozent aller Internetsuchanfragen weltweit. Zusammen haben Google und Facebook bei digitaler Werbung in den Vereinigten Staaten einen Marktanteil von mehr als 50 Prozent. Amazon konnte im Jahr 2021 einen Jahresumsatz von 470 Milliarden Dollar verzeichnen, Meta von 118 Milliarden Dollar und Google von 257 Milliarden Dollar. Die Daten lassen sich übrigens über eine Google-Suche im Internet leicht finden.

Alle drei Unternehmen haben in der Vergangenheit entweder wettbewerbswidriges Verhalten an den Tag gelegt oder in einem so großen Maßstab kritische IT-Infrastrukturen aufgebaut, dass eine Regulierung als natürliches Monopol notwendig wurde.

Und alle drei Unternehmen haben bewusst Wettbewerber ausgeschaltet. Amazon hat einfach unzählige kleinere Online-Einzelhändler aufgekauft, darunter Audible, Diapers.com und Zappos, um seine marktbeherrschende Stellung als One-Stop-Shop im Internet zu festigen. Das Gleiche hat Facebook mit konkurrierenden sozialen Netzwerken wie Friendster, Instagram und WhatsApp gemacht. Google ist einen anderen Weg gegangen und hat von den Geräteherstellern verlangt, seine Suchmaschine auf ihren Produkten zu installieren.

Durch sein riesiges Logistiksystem mit über 100 Logistikzentren allein in den Vereinigten Staaten ist Amazon in der Lage, den Kunden eine superschnelle Lieferung ihrer Bestellung anzubieten. Und durch die großen Liefermengen erhält Amazon von den Zustelldiensten wie UPS Rabatte, die kleinere Wettbewerber nicht erhalten. Kleine und große Händler bieten daher ihre Produkte auf dem *Amazon Marketplace* an. Auf diese Weise erhält Amazon allerdings detaillierte Informationen über die Konsumgewohnheiten der Kunden, die das Unternehmen dazu nutzt, um eigene Produkte zu entwickeln (Amazon Basics) und diese Produkte dann anschließend zu geringeren ▸

Preisen in Konkurrenz zu den Händlern anzubieten. Auch Facebook steht immer wieder wegen der Nutzung von privaten Daten in der Kritik.

Dennoch haben die US-amerikanischen Wettbewerbsbehörden in der Vergangenheit nicht viel gegen diese Praktiken unternommen. Ein Grund für diese Zurückhaltung könnte darin liegen, dass die Wettbewerbshüter wissen, dass eine Lösung des Problems einer marktbeherrschendes Stellung durch Netzwerkexternalitäten kein einfaches Unterfangen ist. Es könnte auch sein, dass die Wettbewerbsbehörden der Ansicht sind, dass die Unternehmen ihre marktbeherrschende Stellung gar nicht ausnutzen. Es gibt keine eindeutigen Belege dafür, dass die Konsumenten Monopolpreise zahlen müssen und die Angebotsmenge eingeschränkt ist. Zudem ist es offensichtlich, dass die Konsumenten auch in hohem Maße von den drei Unternehmen profitiert haben. Schließlich könnte es auch sein, dass die Wettbewerbsbehörden befürchten, dass eine Regulierung Innovationen ausbremst und damit auf lange Sicht die gesamtwirtschaftliche Wohlfahrt reduziert.

Einige Ökonomen bemängeln allerdings, dass die Wettbewerbsbehörden möglicherweise eine eingeschränkte Sicht auf die gesamtwirtschaftliche Wohlfahrt haben. So weisen diese Ökonomen im Fall von Amazon daraufhin, dass neben der Wohlfahrt der Konsumenten auch die Wohlfahrt der Händler berücksichtigt werden muss. Die Vorgehensweise von Amazon wird letztlich dazu führen, dass viele Händler aus dem Markt gedrängt werden. Dadurch werden die Innovationen zurückgehen und die Qualität und die Vielfalt der angebotenen Produkte sinken. Und mangels Konkurrenz kann Amazon dann auch die Preise anheben. Der Fall Diapers.com zeigt beispielhaft, wie Amazon mit unliebsamen Konkurrenten umgeht. Im Jahr 2009 hatte das Mutterunternehmen von Diapers.com ein Kaufangebot von Amazon zunächst abgelehnt. Daraufhin entwickelte Amazon eine eigene Marke für Windeln und Babyprodukte und bot diese Produkte zu geringeren Preisen als Diapers.com an. Im Jahr 2010 gab das Unternehmen auf und stimmte einem Verkauf an Amazon zu.

Ökonomen verweisen außerdem darauf, dass das geltende Wettbewerbsrecht die enormen Vorteile, die Amazon, Meta und Google aus der Nutzung von privaten Daten zur Festigung ihrer marktbeherrschenden Stellung ziehen, nicht berücksichtigt. Die Tatsache, dass Amazon permanent die Preise ändert und zudem an bestimmte Kundengruppen anpasst, macht es den Wettbewerbshütern nahezu unmöglich, effektive Preiskontrollen durchzuführen. Außerdem sehen Ökonomen die Gefahr, dass die enorme wirtschaftliche Bedeutung der IT-Giganten früher oder später zu einem übergroßen politischen Einfluss der Unternehmen führen wird. Dadurch kann es noch schwieriger werden, die marktbeherrschende Stellung der Unternehmen zu kontrollieren und die Ausübung von Marktmacht zu verhindern.

Die EU-Wettbewerbsbehörden sind bislang wesentlich energischer gegen die IT-Giganten vorgegangen als die US-amerikanischen Wettbewerbshüter. Wegen marktbeherrschendem Verhalten in verschiedenen Bereichen ist allein Google zu Strafzahlungen von insgesamt mehr als 9 Milliarden Dollar verurteilt worden. Ende 2020 haben die EU-Wettbewerbsbehörden ein Verfahren gegen Amazon wegen mutmaßlicher Verstöße gegen das Kartellrecht eingeleitet. Dem Unternehmen wird vorgeworfen, Daten von Händlern, die auf der Amazon-Plattform aktiv sind, für eigene Produkt- und Angebotsstrategien missbraucht zu haben. Und auch gegen Meta und Apple gehen die EU-Wettbewerbsbehörden vor.

Ob nun die US-amerikanischen Wettbewerbsbehörden zu passiv agieren oder die EU-Wettbewerbsbehörden zu aggressiv, lässt sich nicht objektiv beurteilen. Beobachter verweisen darauf, dass auch das aktive Vorgehen der EU-Wettbewerbsbehörden keinen Erfolg im Kampf gegen die marktbeherrschende Stellung der IT-Giganten garantiert. Allerdings könnte die Tatsache, dass die US-amerikanische Wettbewerbsbehörde FTC (Federal Trade Commission) Anfang 2022 eine Klage gegen Meta wegen einer marktbeherrschenden Stellung eingereicht hat, auf einen Kurswechsel in der US-amerikanischen Wettbewerbspolitik hindeuten.

Kurzzusammenfassung

- Durch die Verringerung der Produktionsmenge und die Erhöhung des Preises über die Grenzkosten zieht ein Monopolist einen Teil der Konsumentenrente als Gewinn an sich und verursacht einen Nettowohlfahrtsverlust. Um diesen Nettowohlfahrtsverlust zu verhindern, versucht die Wirtschaftspolitik, Monopolverhalten zu unterbinden.
- Werden Monopole »geschaffen« und entstehen sie nicht als natürliche Monopole, sollte die Regierung versuchen, ihr Entstehen zu verhindern bzw. bestehende Monopole zu zerschlagen.
- Eine mögliche Antwort auf natürliche Monopole ist das **öffentliche Eigentum**. Im öffentlichen Eigentum stehende Unternehmen werden jedoch häufig schlecht geführt. Eine andere, häufige Antwort auf natürliche Monopole ist die Einführung von **Preisregulierungen**. Solange die Preisobergrenze für das (natürliche) Monopol nicht zu niedrig angesetzt wird, führt eine Preisregulierung nicht zu Knappheiten.
- Durch den Siegeszug der digitalen Wirtschaft hat das Problem einer marktbeherrschenden Stellung durch Netzwerkexternalitäten stark an Bedeutung gewonnen, da die IT-Giganten entweder als Monopol oder als **Monopson** agieren. Ein **Monopsonist** kann den Preis des Gutes, das er nachfragt, beeinflussen. Indem ein Monopsonist eine geringere Menge des Gutes nachfragt, senkt er den Preis des Gutes und erzielt einen Gewinn. Und wie beim Monopol kommt es auch beim Monopson zu einem Nettowohlfahrtsverlust, da eine zu geringe Menge produziert wird.
- Da die Konsumenten zunächst einmal von größeren Netzwerken profitieren, ist es für die Wettbewerbspolitik schwierig, eine richtige Antwort auf die marktbeherrschende Stellung der Unternehmen zu finden. Die IT-Giganten können ihre Marktmacht ausnutzen, einen Nettowohlfahrtsverlust verursachen und durch die Ausschaltung von Wettbewerbern Innovationen bremsen. Gleichzeitig sind diese Unternehmen aber auch selbst Treiber von Innovationen. Und sie sind so erfolgreich, weil die Konsumenten sie bevorzugen. Selbst wenn diese großen Unternehmen in kleinere Unternehmen aufgespalten werden, wird die Existenz von Netzwerkexternalitäten immer wieder dazu führen, dass sich eine marktbeherrschende Stellung für ein Unternehmen herausbildet.

ÜBERPRÜFEN SIE IHR WISSEN

1. Welche Politik sollte die Regierung in den folgenden Fällen ergreifen? Erläutern Sie Ihre Antwort.

a. In einer Stadt in Ohio wird der Internetanschluss durch einen Kabelanbieter bereitgestellt. Die Kunden haben den Eindruck, dass sie dafür zu hohe Preise bezahlen müssen. Die Kabelgesellschaft behauptet jedoch, sie müsste Preise verlangen, die es ihr erlauben, ihre Kosten für die Kabelverlegung wieder hereinzuholen.

b. Die einzigen beiden Luftfahrtgesellschaften, die gegenwärtig nach Alaska fliegen, benötigen eine staatliche Erlaubnis für eine Fusion. Auch andere Luftfahrtgesellschaften wollen Alaska anfliegen, benötigen dafür aber vom Staat Landerechte.

2. Richtig oder falsch? Erläutern Sie Ihre Antwort.

a. Die gesamtwirtschaftliche Wohlfahrt verringert sich durch Monopole, weil ein Teil der Konsumentenrente in einen Gewinn für den Monopolisten transformiert wird.

b. Ein Monopol führt zu Ineffizienz, weil es Verbraucher gibt, die bereit sind, einen Preis zu bezahlen, der oberhalb der Grenzkosten, aber unterhalb des Monopolpreises liegt.

3. Nehmen Sie an, dass ein Monopolist irrtümlich glaubt, sein Grenzerlös sei immer gleich dem Marktpreis. Nehmen Sie an, dass es keine Fixkosten gibt und dass die Grenzkosten konstant sind. Zeichnen Sie ein Diagramm, das den Gewinn, die Konsumentenrente, die Gesamtrente und den Nettowohlfahrtsverlust für diesen fehlgeleiteten Monopolisten mit einem cleveren Monopolisten vergleicht.

4. Einige Marktbeobachter sehen Facebook mittlerweile in einer derart marktbeherrschenden Stellung, dass das soziale Netzwerk wie ein Versorgungsunternehmen (z. B. ein Wasserwerk) agiert. Was spricht für diese Auffassung? Was spricht aus Ihrer Sicht dagegen?

13.5 Preisdifferenzierung

Ein **Einheitspreis-Monopolist** bietet sein Produkt allen Konsumenten zum gleichen Preis an.

Bis zu diesem Punkt haben wir uns nur mit dem Fall eines **Einheitspreis-Monopolisten** beschäftigt, eines Monopolisten also, der von allen Konsumenten den gleichen Preis verlangt. Wie der Begriff vermuten lässt, verhalten sich nicht alle Monopolisten in dieser Weise. Und tatsächlich stellen viele, wenn nicht sogar die meisten Monopolisten fest, dass sie ihren Gewinn dadurch erhöhen können, dass sie von verschiedenen Kunden verschiedene Preise für das gleiche Gut verlangen: Sie greifen zur **Preisdifferenzierung**.

Verkäufer betreiben **Preisdifferenzierung**, falls sie für das gleiche Gut von verschiedenen Konsumenten unterschiedliche Preise verlangen.

Eines der bekanntesten Beispiele für Preisdifferenzierung, mit dem die meisten von uns regelmäßig zu tun haben, betrifft Flugtickets. Obwohl es eine Reihe von Fluggesellschaften gibt, werden die meisten Strecken nur von ein oder zwei Fluggesellschaften bedient. Dadurch verfügen die Fluggesellschaften über Marktmacht und können die Preise setzen. Jeder, der regelmäßig fliegt, weiß, dass es auf die Frage »Wie viel kostet mich der Flug?« selten eine einfache Antwort gibt.

Wenn Sie ein Ticket ohne Rückerstattungsmöglichkeit einen Monat im Voraus kaufen wollen und das an einem Dienstag oder Mittwoch tun, könnte ein Hin- und Rückflug nur 150 Euro kosten – oder sogar weniger, wenn man Rentner oder Studierender ist. Müssen Sie dagegen am nächsten Tag überraschend eine Geschäftsreise machen, bei der der Hinflug am Dienstag und der Rückflug am Mittwoch erfolgt, kann Sie dieses Ticket durchaus 550 Euro kosten. Der Geschäftsreisende und der Großvater, der seine Enkel besucht, erhalten jedoch das gleiche Produkt – den gleichen engen Sitz und das gleiche schreckliche Essen (wenn es überhaupt welches gibt).

Man könnte jetzt vielleicht einwenden, dass Fluggesellschaften normalerweise keine Monopolisten sind, weil es sich bei der Luftfahrtindustrie um ein Oligopol handelt. Tatsächlich kommt es im Oligopol und in der monopolistischen Konkurrenz genauso wie im Monopol zu Preisdifferenzierung – aber nicht bei vollständiger Konkurrenz. Wenn wir verstehen, warum Monopolisten manchmal zur Preisdifferenzierung greifen, können wir nachvollziehen, warum Preisdifferenzierung auch im Oligopol und bei monopolistischer Konkurrenz auftritt.

Die Logik der Preisdifferenzierung

Um eine erste Idee davon zu erhalten, warum Preisdifferenzierung zu einem höheren Gewinn führt als ein einheitlicher Preis für alle Kunden, wollen wir beispielhaft den Fall betrachten, dass nur eine Fluggesellschaft, die »Air München«, Nonstop-Flüge zwischen Berlin und München anbietet. Wir unterstellen, dass es keine Kapazitätsbegrenzungen gibt – die Fluggesellschaft kann also so viele Flugzeuge fliegen lassen, wie es für die Anzahl der Passagiere erforderlich ist. Wir wollen weiter annehmen, dass es keine Fixkosten gibt. Die Grenzkosten der Fluggesellschaft für die Bereitstellung eines Sitzes sollen 125 Euro betragen, unabhängig davon, wie viele Passagiere mitfliegen.

Außerdem wollen wir davon ausgehen, dass die Fluggesellschaft weiß, dass es zwei Gruppen von potenziellen Passagieren gibt: Geschäftsreisende, von denen jede Woche 2.000 von Berlin nach München fliegen wollen, und Studierende, von denen ebenfalls jede Woche 2.000 von Berlin nach München reisen wollen.

Ob die potenziellen Passagiere das Flugzeug nehmen, hängt vom Preis ab. Die Geschäftsreisenden, so zeigt sich, haben dringende Verpflichtungen und müssen eigentlich fliegen – sie werden fliegen, solange der Preis nicht über 550 Euro liegt. Die Studierenden dagegen verfügen über weniger Geld, haben aber mehr Zeit – wenn der Preis für ein Flugticket höher als 150 Euro ist, nehmen sie die Bahn.

Was sollte also die Fluggesellschaft tun? Wenn sie von jedem Passagier den gleichen Preis verlangen muss, sind ihre Möglichkeiten begrenzt. Sie könnte den Ticketpreis bei 550 Euro ansetzen, damit den Geschäftsreisenden so viel wie möglich abverlangen, dadurch aber die Gruppe der Studierenden als Passagiere verlieren. Sie könnte aber auch nur 150 Euro für ein Ticket verlangen. In diesem Fall hätte die Fluggesellschaft beide Gruppen als Passagiere gewonnen, würde aber an den Geschäftsreisenden weniger verdienen, als eigentlich möglich wäre.

Wir können den Gewinn bei beiden Alternativen schnell ermitteln. Verlangt die Fluggesellschaft 550 Euro, würde sie 2.000 Tickets an Geschäftsreisende verkaufen, was mit einem Erlös von 550 Euro × 2.000 = 1,1 Millionen Euro und Kosten in Höhe von 125 Euro × 2.000 = 250.000 Euro verbunden wäre. Der Gewinn würde in diesem Fall also 850.000 Euro betragen. Verlangt die Fluggesellschaft dagegen lediglich 150 Euro, würde sie 4.000 Tickets verkaufen. Damit ergäben sich ein Erlös von 150 Euro × 4.000 = 600.000 Euro und Kosten von 125 Euro × 4.000 = 500.000 Euro. Der Gewinn würde in diesem Fall 100.000 Euro betragen. Müsste die Fluggesellschaft von allen Kunden den gleichen Preis verlangen, führt der höhere Preis offensichtlich zu mehr Gewinn.

Was die Fluggesellschaft gerne machen würde, wäre, von den Geschäftsreisenden den vollen Preis von 550 Euro zu verlangen, den Studierenden die Tickets aber für 150 Euro zu verkaufen. Das ist zwar ein ganzes Stück weniger als der Preis, der von den Geschäftsreisenden bezahlt wird, aber immer noch oberhalb der Grenzkosten. Könnte die Fluggesellschaft die zusätzlichen 2.000 Tickets an die Studierenden verkaufen, würde sie einen zusätzlichen Gewinn von 50.000 Euro erzielen. Der Gewinn entspricht den Flächen *B* und *S* in der **Abbildung 13-10**.

Natürlich wäre es realistischer anzunehmen, dass es in der Nachfrage beider Gruppen ein gewisses Maß an Flexibilität gibt, denn sicherlich werden Preise unterhalb von 550 Euro zu zusätzlichen Geschäftsreisen führen, ebenso wie es auch Studierende geben wird, die mehr als 150 Euro für ein Ticket bezahlen. Aber das hat keine Auswirkungen auf die Preisdifferenzierung an sich.

Der entscheidende Punkt liegt darin, dass sich die beiden Kundengruppen hinsichtlich ihrer *Preissensibilität* unterscheiden. Ein hoher Preis wird Studierende eher zu einem Kaufverzicht veranlassen als Geschäftsreisende. Solange einzelne Kundengruppen unterschiedlich auf den Preis reagieren, wird ein Monopolist immer feststellen, dass er einen größeren Teil der Konsumentenrente an sich ziehen und seinen Gewinn erhöhen kann, wenn er von den einzelnen Kundengruppen unterschiedliche Preise verlangt.

Preisdifferenzierung und Elastizität

Eine realistischere Abbildung der Nachfrage, der sich Fluggesellschaften gegenübersehen, würde nicht an bestimmten Preisen ansetzen, bei denen sich die verschiedenen Konsumentengruppen für einen Flug entscheiden würden, sondern an der Preissensibilität – der Preiselastizität der Nachfrage.

Nehmen wir an, dass ein Unternehmen sein Produkt an zwei Gruppen von Personen verkauft,

Abb. 13-10

Zwei Gruppen von Flugpassagieren

Bei Air München gibt es zwei Kundengruppen: Geschäftsreisende, die bereit sind, 550 Euro pro Ticket zu bezahlen, und Studierende, die bereit sind, 150 Euro pro Ticket zu bezahlen. Beide Gruppen bestehen aus jeweils 2.000 Kunden. Die Grenzkosten von Air München sind konstant und betragen 125 Euro pro Sitz. Kann Air München von diesen beiden Kundengruppen unterschiedliche Preise verlangen, würde die Fluggesellschaft ihren Gewinn maximieren, wenn sie den Geschäftsreisenden 550 Euro pro Ticket berechnet und den Studierenden 150 Euro. Damit würde die Fluggesellschaft die gesamte Konsumentenrente als Gewinn an sich ziehen.

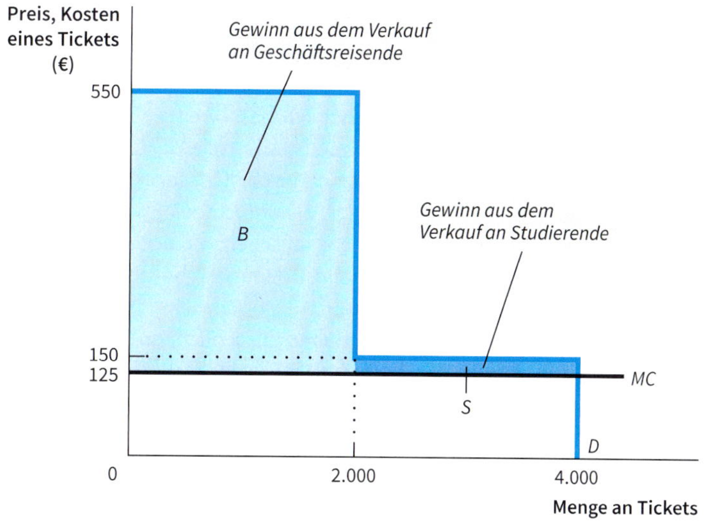

Geschäftsreisende und Studierende, die sich leicht unterscheiden lassen. Die Geschäftsreisenden sind sehr preisunempfindlich: Sie müssen eine bestimmte Menge des Produktes kaufen, wie hoch auch immer der Preis ist. Allerdings werden sie auch nicht sehr viel mehr von dem Gut kaufen, ganz egal, wie billig es ist. Die Studierenden sind dagegen deutlich flexibler: Bietet man ihnen einen guten Preis, werden sie eine große Menge kaufen. Erhöht man den Preis jedoch zu stark, dann werden sie sich einem anderen Produkt zuwenden. Was sollte das Unternehmen tun?

Die Antwort auf diese Frage ist genau die, die wir schon in unserem einfachen Beispiel gesehen haben: Das Unternehmen sollte von den Geschäftsreisenden mit ihrer geringen Preiselastizität der Nachfrage einen höheren Preis verlangen als von den Studierenden mit ihrer hohen Preiselastizität der Nachfrage.

In der Praxis finden sich Fluggesellschaften genau in der Situation wieder, die wir in unserem einfachen Beispiel beschrieben haben. Geschäftsreisende legen typischerweise großen Wert darauf, zur richtigen Zeit am richtigen Ort zu sein, und reagieren nicht sehr stark auf den Preis. Nichtgeschäftsreisende sind dagegen preissensibler: Bei einem hohen Ticketpreis nehmen sie die Bahn, wählen einen anderen Abflugort mit einem niedrigeren Flugpreis oder sagen die Reise ganz ab.

Warum veröffentlichen dann Fluggesellschaften nicht ganz einfach unterschiedliche Preise für Geschäftskunden und Nichtgeschäftskunden? Erstens wäre das wahrscheinlich illegal (in den meisten Ländern schränken Gesetze die Möglichkeiten von Unternehmen, offene Preisdifferenzierung zu praktizieren, erheblich ein). Zweitens wäre eine solche Politik, selbst wenn sie legal wäre, kaum durchzusetzen: Geschäftsreisende könnten sich »verkleiden«: Sie bräuchten nur die Anzughose mit einer Jeans tauschen und behaupten, sie würden ihre Familie in München besuchen wollen, um Geld zu sparen.

Was die Fluggesellschaften tatsächlich tun, und zwar recht erfolgreich, ist Folgendes: Sie haben Preismodelle eingeführt, die indirekt dazu führen, dass Geschäftsreisende und Nichtgeschäftsreisende unterschiedliche Flugpreise bezahlen müssen. Geschäftskunden reisen normalerweise während der Arbeitswoche und wollen am Wochenende zu Hause sein. Daher ist der Preis für einen Hin- und Rückflug deutlich höher, wenn zwischen Hin- und Rückflug keine Samstagnacht liegt. Wenn die Fluggäste für ein preiswertes Ticket am Wochenende übernachten müssen, kristallisiert sich sehr schnell heraus, wer Geschäftsreisender ist und wer nicht.

Außerdem besuchen Geschäftsreisende oft verschiedene Städte nacheinander, statt lediglich hin- und zurückzufliegen. Aus diesem Grund sind Hin- und Rückflüge viel billiger als zwei einzelne Flüge für die gleichen Strecken. Zudem werden viele Geschäftsreisen sehr kurzfristig angesetzt. Daher sind die Flugtickets meist sehr viel billiger, wenn man lange im Voraus bucht. Die Preise für Stand-by-Flüge sind ebenfalls sehr viel niedriger, für Flüge also, die man nur antreten kann, wenn noch ein Sitz verfügbar ist. Geschäftsreisende, die zu einer Konferenz müssen, haben zu einem bestimmten Zeitpunkt am Zielort zu sein, Leute, die ihre Verwandten besuchen, dagegen nicht.

Da Fluggäste beim Check-in ihren Ausweis zeigen müssen, können die Fluggesellschaften sicherstellen, dass es keinen Weiterverkauf von Tickets zwischen diesen beiden Gruppen gibt, der der Preisdifferenzierung entgegenlaufen würden. Studierende könnten sonst billige Tickets kaufen und sie an Geschäftsreisende weiterveräußern. Die Preismodelle der Fluggesellschaften für Flugtickets offenbaren also eine ausgefeilte Umsetzung von gewinnmaximierender Preisdifferenzierung.

Vollständige Preisdifferenzierung

Wir wollen zu unserem Beispiel mit den Geschäftsreisenden und den Studierenden zurückkehren, die von Berlin nach München reisen, und uns die Frage stellen, was passieren würde, wenn die Fluggesellschaft zwischen diesen beiden Kundengruppen unterscheiden könnte, um dann von jeder Gruppe einen anderen Preis zu verlangen.

In diesem Fall würde die Fluggesellschaft von jeder Gruppe einen Preis in Höhe der jeweiligen Zahlungsbereitschaft verlangen. Die Zahlungsbereitschaft ist, wie wir im Kapitel 4 gelernt haben, der maximale Betrag, den ein Konsument zu zahlen bereit ist. Für Geschäftsreisende beträgt die Zahlungsbereitschaft 550 Euro, für Studierende 150 Euro. Da die Grenzkosten 125 Euro betragen und nicht von der Anzahl der Sitze abhängen, verläuft die Grenzkostenkurve in Abbildung 13-10 als waagerechte Linie. Der Gewinn der Fluggesellschaft lässt sich leicht erkennen: Er ergibt sich als Summe der Flächen von Rechteck *B* und Rechteck *S*.

In diesem Fall bleibt für die Verbraucher überhaupt keine Konsumentenrente übrig! Der Monopolist kann die gesamte Konsumentenrente als Gewinn an sich ziehen. Ist ein Monopolist in der Lage, sich auf diese Weise die gesamte Rente anzueignen, sprechen wir davon, dass er eine **vollständige Preisdifferenzierung** erreicht hat.

Allgemein gilt, dass sich ein Monopolist der vollständigen Preisdifferenzierung umso mehr nähert, je größer die Zahl der unterschiedlichen Preise ist, die er durchsetzen kann. **Abbildung 13-11** zeigt einen Monopolisten, der sich

Es kommt zu **vollständiger Preisdifferenzierung**, wenn ein Monopolist von jedem Konsumenten einen Preis verlangt, der genau der jeweiligen Zahlungsbereitschaft entspricht – dem Maximum, das ein Konsument zu zahlen bereit ist.

Abb. 13-11

Preisdifferenzierung

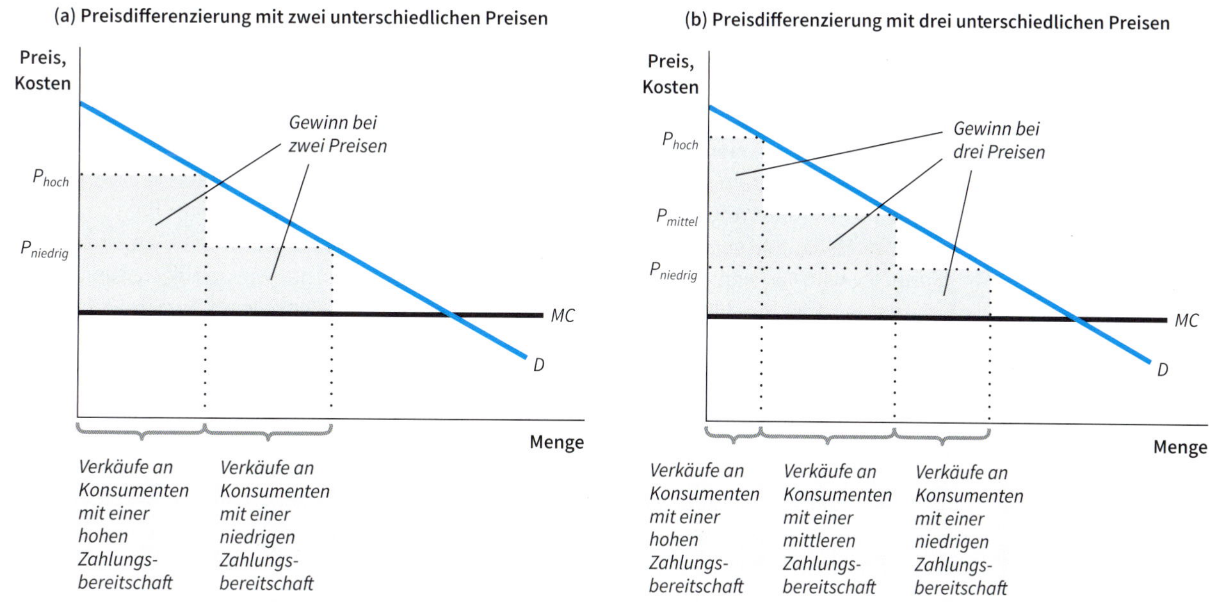

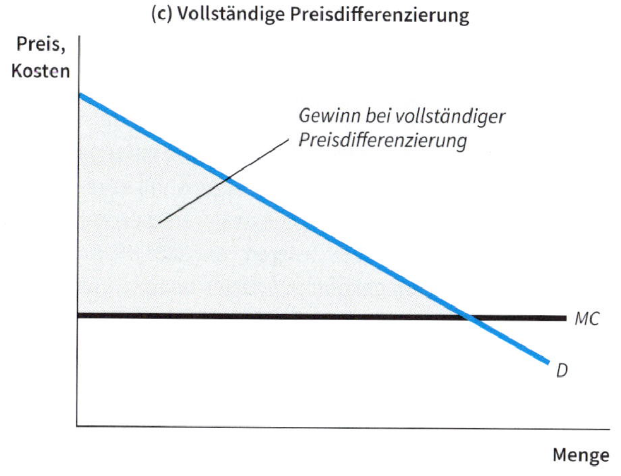

Diagramm (a) zeigt einen Monopolisten, der zwei unterschiedliche Preise verlangt. Sein Gewinn wird durch die grauen Flächen wiedergegeben. Diagramm (b) zeigt einen Monopolisten, der drei unterschiedliche Preise verlangt. Auch seine Gewinne werden durch die grauen Flächen wiedergegeben. Er schafft es, einen größeren Teil der Konsumentenrente an sich zu ziehen und seinen Gewinn zu erhöhen. Durch eine Erhöhung der Anzahl unterschiedlicher Preise, die verlangt werden, kann der Monopolist also einen größeren Teil der Konsumentenrente abschöpfen und einen entsprechend großen Gewinn machen. Diagramm (c) zeigt den Fall der vollständigen Preisdifferenzierung, in dem der Monopolist jedem Konsumenten genau seine Zahlungsbereitschaft abverlangt. Der Gewinn des Monopolisten wird durch das graue Dreieck beschrieben.

einer fallenden Nachfragekurve gegenübersieht. Wir nehmen an, dass dieser Monopolist in der Lage ist, von verschiedenen Konsumentengruppen unterschiedliche Preise zu verlangen. Dabei müssen die Konsumenten mit der höchsten Zahlungsbereitschaft den höchsten Preis bezahlen.

In Diagramm (a) verlangt der Monopolist zwei unterschiedliche Preise; in Diagramm (b) verlangt der Monopolist drei unterschiedliche Preise. Dabei werden zwei Sachverhalte deutlich:

1. Je größer die Anzahl der Preise ist, die der Monopolist verlangt, desto geringer ist der niedrigste Preis. Einige Konsumenten werden also Preise bezahlen, die nahe an den Grenzkosten liegen.
2. Je größer die Anzahl der Preise ist, die der Monopolist verlangen kann, desto mehr Geld kann er den Konsumenten entlocken.

Bei einer sehr großen Anzahl unterschiedlicher Preise würde das Bild so aussehen wie in Diagramm (c), dem Fall einer vollständigen Preisdifferenzierung. Hier bezahlt der Konsument mit der geringsten Zahlungsbereitschaft gerade die Grenzkosten. Die gesamte Konsumentenrente wird als Gewinn abgeschöpft.

Sowohl unser Beispiel mit der Fluggesellschaft als auch das Beispiel aus Abbildung 13-11 verdeutlichen einen weiteren wichtigen Punkt: Ein Monopolist, der zu einer vollständigen Preisdifferenzierung in der Lage ist, verursacht keinerlei Ineffizienz! Der Grund dafür ist, dass die Ursache der Ineffizienz beseitigt wurde: Es gibt keine potenziellen Konsumenten mehr, die bereit wären, das Gut zu einem Preis gleich oder größer den Grenzkosten zu kaufen, es aber nicht erhalten können. Vielmehr schafft es der Monopolist, diese Konsumenten zu gewinnen, indem er ihnen niedrigere Preise abverlangt als anderen.

Vollständige Preisdifferenzierung ist für einen Monopolisten in der Praxis nahezu unmöglich. Ein Monopolist ist nicht in der Lage, die wahre Zahlungsbereitschaft jedes einzelnen Konsumenten in Erfahrung zu bringen. Ihre wahre Zahlungsbereitschaft kennen nur die Konsumenten, aber nicht der Monopolist. Dieser Informationsvorsprung ermöglicht es den Konsumenten, ihre wahre Zahlungsbereitschaft zu verschleiern. So könnte ein Geschäftsreisender beim Kauf eines Flugtickets vorgeben, ein Studierender zu sein, um einen niedrigeren Ticketpreis zu bezahlen.

Die fehlende Information über die wahre Zahlungsbereitschaft der Konsumenten zwingt den Monopolisten, nur eine begrenzte Zahl an unterschiedlichen Preisen (wie in Diagramm (b) von Abbildung 13-11) aufzurufen. Diese Preise werden sich an der Zahlungsbereitschaft der Kundengruppen orientieren, die der Monopolist differenzieren kann.

Monopolisten nutzen verschiedene Preisstrategien, um unterschiedliche Kundegruppen zu identifizieren. Dazu gehören beispielsweise:

- Frühbucherrabatte
  Diejenigen, die sehr frühzeitig kaufen oder buchen (oder in einigen Fällen auch diejenigen, die im letzten Augenblick kaufen), zahlen einen geringeren Preis. Damit lassen sich Kunden, die sich nach günstigen Angeboten umsehen (also sehr preissensibel sind), von anderen unterscheiden.
- Mengenrabatte
  Häufig ist der Preis geringer, wenn man eine größere Menge kauft. Für jemanden, der eine große Menge eines Gutes konsumieren will, sind die Kosten der letzten Einheit – die Grenzkosten für den Konsumenten – deutlich geringer als der Durchschnittspreis. Auf diese Weise können die Konsumenten, die eine große Menge kaufen wollen und daher vermutlich preissensibler sind, von anderen abgegrenzt werden.
- Zweistufige Tarife
  Bei einem zweistufigen Tarif zahlt der Konsument im Voraus eine pauschale Gebühr und anschließend ein variables Entgelt für jeden gekauften Artikel. So gibt es z. B. Clubkarten von verschiedenen Einzelhandelsketten, bei denen man nach Zahlung einer pauschalen Mitgliedsgebühr ausgewählte Artikel zu günstigeren Konditionen erwerben kann. Bei einem zweistufigen Tarif sind die Kosten des ersten gekauften Artikels faktisch viel höher als die Kosten der nachfolgenden Artikel, sodass der zweistufige Tarif wie ein Mengenrabatt wirkt.
- Verkaufsaktionen und Fabrikverkäufe
  Durch Verkaufsaktionen an bestimmten Tagen oder Wochen (z. B. Sommer- und Winterschlussverkauf, Black Friday) lassen sich die

Konsumenten identifizieren, die eine höhere Preisempfindlichkeit aufweisen und dadurch bereit sind, auf niedrigere Preise zu warten. Gleiches gilt für Fabrikverkäufe. Auch durch den Bau von Outlet-Geschäften, die in der Regel am Rand oder außerhalb der Städte gelegen sind, zieht ein Monopolist Konsumenten mit einer höheren Preisempfindlichkeit an, da diese Konsumenten bereit sind, für niedrige Preise einen längeren Weg auf sich zu nehmen.

- Personalisierte Preisgestaltung
  Preisdifferenzierung durch personalisierte Preisgestaltung im Online-Handel gewinnt in der heutigen Zeit immer stärker an Bedeutung. Durch das Sammeln von Daten über die Einkaufsgewohnheiten der Konsumenten sind Online-Händler in der Lage, der wahren Zahlungsbereitschaft der Konsumenten Stück für Stück näher zu kommen. So hat z. B. die Online-Reisevermittlung Orbitz herausgefunden, dass Kunden mit einem Apple-Computer bis zu 30 Prozent mehr für eine Hotelübernachtung bezahlen. Also erhalten Kunden mit einem Apple-Computer bei ihrer Suche nach einem Hotelzimmer besonders elegante und teure Angebote im Vergleich zu Kunden mit einem anderen PC. Durch das Sammeln und Auswerten von Daten zum Online-Einkaufsverhalten der Konsumenten können Anbieter ihre Preise also individuell an einzelne Konsumenten oder Konsumentengruppen anpassen und damit der vollständigen Preisdifferenzierung sehr nahe kommen.

Im Vergleich zu einem Einheitspreis-Monopolisten kann Preisdifferenzierung selbst dann, wenn sie nicht vollständig ist, die Effizienz des Marktes erhöhen. So können Unternehmen mittels Preisdifferenzierung Konsumenten, die früher aufgrund des (zu hohen) Preises das Gut nicht erworben haben, das Gut zu einem niedrigeren Preis anbieten. Der Wohlfahrtsgewinn dieser Konsumenten ist größer als der Wohlfahrtsverlust der Konsumenten, die sich durch die Preisdifferenzierung einem höheren Preis gegenübersehen und das Gut nicht mehr kaufen. Die Gesamtrente der Volkswirtschaft nimmt durch die Preisdifferenzierung per Saldo zu. Jetzt können wir auch verstehen, warum die Politik bei Monopolen in der Regel bestrebt ist, Nettowohlfahrtsverluste zu verhindern, nicht aber Preisdifferenzierung – jedenfalls nicht, solange dadurch keine ernsthaften Gerechtigkeitsprobleme entstehen.

Betrachten wir beispielsweise ein Medikament, das überdurchschnittlich oft älteren Mitbürgern verschrieben wird, die von einer geringen Rente leben müssen und daher sehr preissensibel reagieren. Wird dem Pharmaunternehmen erlaubt, von Rentnern einen niedrigen Preis, von allen anderen Konsumenten aber einen hohen Preis zu verlangen, dann lässt sich dadurch tatsächlich die Gesamtrente im Vergleich zu einer Situation erhöhen, in der alle den gleichen Preis bezahlen müssen. Dagegen wird eine Preisdifferenzierung, die zu ernsthaften Gerechtigkeitsproblemen führt, vermutlich verboten werden. Ein Beispiel dafür wären etwa Krankentransportleistungen, bei denen der zu zahlende Betrag von der Schwere des Notfalls abhängt.

WISSENSCHAFT UND PRAXIS

Sonderangebote, Fabrikverkauf und Geisterstädte

Haben Sie sich schon einmal gefragt, warum es immer wieder Sonderangebote von Kaufhäusern oder im Internet gibt, bei denen die Waren zu einem deutlich reduzierten Preis angeboten werden? Oder warum Sie in Europa, noch mehr aber in den Vereinigten Staaten, an den Autobahnen manchmal eine »Stadt« von Fabrikverkaufsgeschäften (Factory Outlet Center) finden, oft weit von der nächsten Stadt entfernt?

Eigentlich ist das für uns etwas ganz Normales. Aber wenn man genauer darüber nachdenkt, ist das Ganze doch ein wenig merkwürdig: Warum sollten Bettlaken und Handtücher im Januar eine Woche lang plötzlich billiger sein? Warum sollten Regenmäntel in Sunrise, Florida, für weniger angeboten werden als im zwanzig Minuten entfernten Miami? In allen Fällen lautet die Antwort, dass die Verkäufer zu einer subtilen Form der Preisdifferenzierung greifen.

Warum sollten Verkäufer regelmäßige Sonderangebote für Bettwäsche oder Handtücher offerieren? Den ▸

Händlern ist bewusst, dass einige Verbraucher diese Güter nur dann kaufen, wenn sie merken, dass sie diese benötigen. Bei dieser Kundengruppe ist es unwahrscheinlich, dass sie viele Anstrengungen auf sich nimmt, um den günstigsten Preis zu finden. Diese Gruppe weist daher eine relativ geringe Preiselastizität der Nachfrage auf. Die Händler wollen daher bei Kunden, die an einem ganz gewöhnlichen Tag in ihr Geschäft kommen, hohe Preise erzielen. Käufer jedoch, die langfristig im Voraus planen und auf den niedrigsten Preis aus sind, werden warten, bis es ein Sonderangebot gibt. Dadurch, dass derartige Sonderangebote nur dann und wann eingeplant werden, ist das Geschäft in der Lage, zwischen Kunden mit hoher Preiselastizität der Nachfrage und geringer Preiselastizität der Nachfrage zu differenzieren.
Ein Factory Outlet Center dient dem gleichen Zweck: Durch das Anbieten der Waren zu günstigen Preisen, aber in einiger Entfernung von den großen Städten, ist der Verkäufer in der Lage, für diejenigen Kunden, die bereit sind, Energie und Zeit in die Suche nach niedrigen Preisen zu stecken, einen separaten Markt zu schaffen. Damit erreicht er die Kunden, die eine relativ hohe Preiselastizität der Nachfrage aufweisen.
Aber auch bei Flugtickets lässt sich Seltsames beobachten. Häufig ist der Flug von einer größeren Stadt zu einer anderen größeren Stadt, zum Beispiel von Frankfurt nach London oder von Chicago nach Los Angeles, deutlich billiger als ein kürzerer Flug zu einer kleineren Stadt, zum Beispiel von Frankfurt nach Dresden oder von Chicago nach Salt Lake City. Wieder sind Unterschiede in der Preiselastizität der Nachfrage verantwortlich dafür: Bei Flügen zwischen Frankfurt und London oder Chicago und Los Angeles können die Kunden zwischen vielen verschiedenen Fluggesellschaften wählen. Die Nachfrage für einen Flug ist daher recht preiselastisch. Bei Flügen zu einer kleinen Stadt haben die Kunden oft nur wenige Wahlmöglichkeiten, sodass die Nachfrage hier deutlich weniger preiselastisch ist.
Bei einigen Flügen zwischen größeren Zielflughäfen ist es jedoch so, dass es unterwegs eine Zwischenlandung gibt. So könnte zum Beispiel ein Flug von Chicago nach Los Angeles mit einer Zwischenlandung in Salt Lake City verbunden sein. In diesen Fällen ist es manchmal günstiger, einen Flug zur weiter entfernt liegenden Stadt zu buchen und nicht zu dem Zwischenziel. So könnte es beispielsweise billiger sein, ein Flugticket von Chicago nach Los Angeles zu kaufen und einfach in Salt Lake City auszusteigen, als ein Flugticket nach Salt Lake City selbst zu erwerben. Das hört sich verrückt an, ist aber vor dem Hintergrund der Logik der Preisbildung im Monopol vollkommen rational.
Warum kaufen dann die Passagiere aber nicht einfach Flugtickets von Chicago nach Los Angeles, um beim Zwischenstopp in Salt Lake City das Flugzeug zu verlassen? Nun, einige tun das – aber die Fluggesellschaften machen es ihren Kunden verständlicherweise schwer, herauszufinden, welche Möglichkeiten es gibt, solche »Geisterstädte« zu erreichen. Darüber hinaus lassen es die Fluggesellschaften nicht zu, dass man sein aufgegebenes Gepäck schon nach einer Teilstrecke erhalten kann. (Und Fluggesellschaften akzeptieren keine Rückflugtickets, wenn ein Passagier auf dem Hinflug nicht die gesamte Strecke genutzt hat.) All diese Restriktionen dienen vor allem dem Ziel, eine Trennung von Märkten zu erreichen, die notwendig ist, um Preisdifferenzierung realisieren zu können.

Kurzzusammenfassung

- Nicht jeder Monopolist agiert als **Einheitspreis-Monopolist**. Viele Monopolisten, aber auch Oligopolisten und monopolistische Wettbewerber, greifen zur **Preisdifferenzierung**.
- Preisdifferenzierung ist sinnvoll, wenn sich die Nachfrager in ihrer Preisempfindlichkeit unterscheiden. Dann setzt ein Monopolist hohe Preise für Kunden mit einer geringen Preiselastizität der Nachfrage und niedrige Preise für Kunden mit einer hohen Preiselastizität der Nachfrage. Um unterschiedliche Kundengruppen zu identifizieren, kann ein Anbieter verschiedene Instrumente nutzen. Dazu gehören Frühbucherrabatte, Mengenrabatte, zweistufige Tarife, Verkaufsaktionen und Fabrikverkäufe und eine personalisierte Preisgestaltung. Im Vergleich zu einem Einheitspreis-Monopolisten kann Preisdifferenzierung den Nettowohlfahrtsverlust senken.
- Personalisierte Preisgestaltung im Online-Handel kommt einer **vollständigen Preisdifferenzierung** sehr nahe, bei der der Anbieter in der Lage ist, von jedem Kunden genau seine Zahlungsbereitschaft für das betreffende Gut zu verlangen. In diesem Fall schöpft der Monopolist die gesamte Konsumentenrente ab. Da alle wechselseitig vorteilhaften Transaktionen stattfinden, gibt es keinen Nettowohlfahrtsverlust. Solange durch Preisdifferenzierung keine ernsthaften Gerechtigkeitsprobleme entstehen, konzentriert sich die Wettbewerbspolitik bei Monopolen darauf, Nettowohlfahrtsverluste zu verhindern, nicht aber Preisdifferenzierung.

ÜBERPRÜFEN SIE IHR WISSEN

1. Richtig oder falsch? Erläutern Sie Ihre Antwort.
   a. Ein Monopolist mit einheitlichem Preis verkauft an einige Kunden, die von einem preisdifferenzierenden Monopolisten nicht bedient werden.
   b. Ein preisdifferenzierender Monopolist erzeugt ein höheres Ausmaß an Ineffizienz als ein Monopolist mit einheitlichem Preis, weil er einen größeren Teil der Konsumentenrente an sich zieht.
   c. Bei Vorliegen von Preisdifferenzierung wird ein Kunde mit einer sehr preiselastischen Nachfrage einen geringeren Preis bezahlen als ein Kunde mit einer preisunelastischen Nachfrage.
2. Bei welchen der folgenden Fälle tritt Preisdifferenzierung auf, bei welchen nicht? Falls es zu Preisdifferenzierung kommt, identifizieren Sie die Kunden mit einer hohen und die Kunden mit einer geringen Preiselastizität der Nachfrage.
   a. Beschädigte Ware wird im Preis reduziert.
   b. Restaurants bieten Mahlzeiten zu günstigeren Preisen für Rentner an.
   c. Speisen- und Getränkehersteller legen den Zeitungen Rabattcoupons für ihre Waren bei.
   d. Flugtickets kosten in der Urlaubszeit im Sommer mehr.

Unternehmen in Aktion: Amazon gegen Hachette

Im Mai 2014 brach zwischen Amazon, dem drittgrößten Bucheinzelhändler in den Vereinigten Staaten, und Hachette, dem viertgrößten Buchverleger, ein offener Krieg aus. Auf einmal dauerte es Wochen, bis Amazon Publikationen von Hachette (Bücher und E-Books) auslieferte. Dazu gehörten Bestseller von Autoren wie Stephen Colbert, Dan Brown und J.D. Salinger. Den Kunden wurden von Amazon Bücher als Alternativen angeboten, die nicht bei Hachette publiziert werden. Außerdem war es nicht mehr möglich, Neuerscheinungen von Hachette – wie z. B. von J.K. Rowling – auf der Website von Amazon vorzubestellen. Und auch viele andere Bücher von Hachette konnte man bei Amazon auf einmal nicht mehr finden. Bei anderen Online-Händlern waren diese Bücher dagegen vorrätig, und oft auch noch zu günstigeren Preisen.

Alle Buchverleger gewähren dem Buchhandel einen Rabatt auf den Verkaufspreis. Auslöser der Auseinandersetzungen zwischen Amazon und Hachette war die Forderung von Amazon an Hachette, den Rabatt für Amazon von 30 Prozent auf 50 Prozent zu erhöhen. Dieses Auftreten von Amazon war nicht neu. Amazon hatte in der Vergangenheit in den jährlichen Vertragsverhandlungen stets einen immer höheren Anteil gefordert. Da Amazon ohne einen Vertrag kein Buch eines Verlegers ausliefert, sind langwierige Streitigkeiten und die daraus resultierenden Absatzverluste für einen Verleger fatal. Doch diesmal wollte Hachette nicht nachgeben und ging mit den Forderungen von Amazon an die Öffentlichkeit.

Amazon behauptete, dass Hachette aus seiner Gewinnmarge noch höhere Rabatte gewähren könnte: rund 75 Prozent bei E-Books, 60 Prozent bei Taschenbüchern und 40 Prozent bei gebundenen Büchern. Amazon gab tatsächlich offen zu, dass man langfristig das Ziel hat, alle Buchverleger zu verdrängen und selbst mit den Autoren zu verhandeln. Dieses Geschäftsmodell ist durch Unternehmen wie Netflix populär geworden, das mittlerweile einen Teil der angebotenen Medieninhalte selbst produziert. Einige berühmte Autoren, unter ihnen Dean Koontz und Michael Lewis, unterstützten die Strategie von Amazon. Die Buchverleger widersprachen Amazon und wiesen darauf hin, dass Amazon in seiner Kalkulation die Kosten für die Bearbeitung der Manuskripte, für den Vertrieb und die Werbung ignorieren würde. Und manchmal würden die Verlage auch Autoren unterstützten, die ein wenig länger brauchen, um erfolgreich zu sein. Letzten Endes, so die Verleger, würde Amazon die gesamte Verlagsbranche zerstören.

Durch den Konflikt mit Hachette brachte Amazon aber auch Autoren gegen sich auf. Douglas Preston, bei Hachette Bestsellerautor von Kriminalromanen, musste einen Rückgang seiner Verkaufszahlen um mindestens 60 Prozent hinnehmen. Als sich immer mehr Autoren und auch Leser gegen Amazon wendeten, wandte sich die öffentliche Meinung gegen Amazon. Schließlich gab Amazon nach und stimmte zu, dass Hachette den Preis für seine E-Books selbst festlegen kann. In Anbetracht der Größe und der marktbeherrschenden Stellung von Amazon waren allerdings viele Autoren unsicher, wie lange diese Vereinbarung halten würde.

Nur wenige Jahre später war Amazon zum größten Buchhändler in den Vereinigten Staaten aufgestiegen. Dank massiver Investitionen in den eigenen Online-Auftritt und durch den kostenintensiven Aufbau eines riesigen Netzes von Logistikzentren, das für eine schnelle Lieferung der bestellten Produkte sorgt, kann Amazon in manchen Fällen sogar höhere Preise als seine Konkurrenten verlangen. Finanziert wurde diese Expansion durch die Investoren, die über einen Zeitraum von 20 Jahren geduldig hohe Verluste in Kauf nahmen. Aber das Jahr 2015 wurde zum Wendepunkt. In diesem Jahr konnte Amazon erstmals einen kleinen Gewinn verzeichnen. Seitdem hat Amazon seinen Gewinn jedes Jahr gesteigert. Im Jahr 2021 lag der Jahresgewinn bereits bei über 33 Milliarden Dollar. Das lange Warten der Investoren hat sich mittlerweile also ausgezahlt.

FRAGEN

1. Wodurch entsteht am Buchmarkt der Überschuss? Wer generiert den Gewinn? Wie wird der Gewinn zwischen den verschiedenen Beteiligten (Autoren, Verleger, Händler) aufgeteilt?
2. Wer verfügt über Marktmacht? Welchem Risiko sind die einzelnen Beteiligten ausgesetzt?

Zusammenfassung

1. Mit Blick auf die Zahl der Unternehmen in einer Branche und die Möglichkeit zur Produktdifferenzierung lassen sich grundsätzlich vier verschiedene Marktformen unterscheiden: vollständige Konkurrenz, Monopol, Oligopol und monopolistische Konkurrenz.
2. Bei einem **Monopolisten** handelt es sich um einen Produzenten, der der einzige Anbieter eines Gutes ohne nahe Substitute ist. Eine Branche, die von einem Monopolisten kontrolliert wird, bezeichnet man als **Monopol.**
3. Der zentrale Unterschied zwischen Monopol und vollständiger Konkurrenz besteht darin, dass sich ein einzelnes Unternehmen bei vollständiger Konkurrenz einer waagerecht verlaufenden Nachfragekurve gegenübersieht, ein Monopolist es aber mit einer fallenden Nachfragekurve zu tun hat. Dadurch verfügt der Monopolist über **Marktmacht:** Er kann im Unterschied zur vollständigen Konkurrenz den Marktpreis durch eine Verringerung der Produktionsmenge erhöhen.
4. Damit es bestehen kann, muss ein Monopol durch **Markteintrittsschranken** geschützt sein. Derartige Eintrittsschranken können sein: die Kontrolle über natürliche Ressourcen oder Inputs, zunehmende Skalenerträge, die zu einem **natürlichen Monopol** führen, technologische Vorteile, **Netzwerkexternalitäten** oder gesetzliche Regelungen wie z. B. **Patente** und der Schutz des **Urheberrechts**.
5. Der Grenzerlös eines Monopolisten setzt sich aus einem Mengeneffekt (der für die zusätzliche Einheit erzielte Preis) und einem Preisef-

fekt (die Verminderung des Preises für alle verkauften Einheiten) zusammen. Wegen des Preiseffektes ist der Grenzerlös des Monopolisten immer kleiner als der Marktpreis, und die Grenzerlöskurve liegt unterhalb der Nachfragekurve.

6. Bei der gewinnmaximierenden Produktionsmenge des Monopolisten entsprechen die Grenzkosten dem Grenzerlös, der wiederum geringer ist als der Marktpreis. Bei vollständiger Konkurrenz produziert ein Unternehmen dagegen die Menge, für die Grenzkosten gleich Marktpreis gilt. Im Vergleich zur vollständigen Konkurrenz produzieren Monopole daher weniger, verlangen höhere Preise und erzielen größere Gewinne, sowohl kurzfristig als auch langfristig.
7. Ein Monopol geht mit einem Nettowohlfahrtsverlust einher, da der Preis über den Grenzkosten liegt: Der Rückgang der Konsumentenrente übersteigt den Gewinn des Monopolisten. Monopole, die ihre Marktmacht ausüben und Monopolgewinne realisieren, sollten durch Eingriffe des Staates reguliert werden. Monopolstellungen, die durch staatlich bedingte Markteintrittsschranken oder technologische Überlegenheit entstanden sind, lösen sich im Laufe der Zeit auf. Das Aufbrechen von natürlichen Monopolen durch den Staat führt zu höheren Kosten und senkt die gesamtwirtschaftliche Wohlfahrt.
8. Auch natürliche Monopole können zu Nettowohlfahrtsverlusten führen. Um diese Verluste zu begrenzen, werden solche Monopole manchmal in **öffentliches Eigentum** überführt oder unterliegen einer **Preisregulierung**. Die Einführung von Preisobergrenzen im Monopol muss nicht zu Knappheiten führen und kann die gesamtwirtschaftliche Wohlfahrt erhöhen.
9. Der Siegeszug der digitalen Wirtschaft hat dazu geführt, dass die Kontrolle von marktbeherrschendem Verhalten durch Netzwerkexternalitäten zu einer Hauptaufgabe der Wettbewerbspolitik geworden ist. Die IT-Giganten der heutigen Zeit zeigen Merkmale eines Monopols oder eines **Monopsons**. Ein **Monopsonist** ist ein Unternehmen, das der einzige Käufer in einem Markt ist. Indem ein Monopsonist eine geringere Menge des Gutes nachfragt, senkt er den Preis des Gutes und erzielt einen Gewinn. Dadurch wird auch im Monopson im Vergleich zur vollständigen Konkurrenz eine geringere Gütermenge produziert und es kommt zu einem Nettowohlfahrtsverlust.
10. Für die Wettbewerbspolitik ist der Umgang mit Unternehmen schwierig, die aufgrund von Netzwerkexternalitäten eine marktbeherrschende Stellung erreicht haben, da die Konsumenten von größeren Netzwerken profitieren. Auf der einen Seite führt die Marktmacht dieser Unternehmen zu einem Nettowohlfahrtsverlust und bremst die Innovationen in der digitalen Wirtschaft. Auf der anderen Seite treiben auch die IT-Giganten selbst Innovationen voran. Und sie sind so erfolgreich, weil die Konsumenten sie bevorzugen. Eine Aufspaltung dieser Unternehmen in kleinere Unternehmen löst das Problem nur kurzfristig. Die Existenz von Netzwerkexternalitäten wird immer wieder dazu führen, dass sich eine marktbeherrschende Stellung für ein Unternehmen herausbildet.
11. Nicht bei allen Monopolisten handelt es sich um **Einheitspreis-Monopolisten**. Monopolisten, genau wie Oligopolisten oder Unternehmen in monopolistischer Konkurrenz, greifen oft zur **Preisdifferenzierung,** um höhere Gewinne zu erzielen. Die Nachfrager mit der geringeren Preiselastizität der Nachfrage müssen dann höhere Preise bezahlen. Durch Preisdifferenzierung sinkt der Nettowohlfahrtsverlust. Unterschiedliche Kundengruppen lassen sich mithilfe verschiedener Instrumente identifizieren. Dazu gehören Frühbucherrabatte, Mengenrabatte, zweistufige Tarife, Verkaufsaktionen und Fabrikverkäufe und eine personalisierte Preisgestaltung.
12. Die personalisierte Preisgestaltung im Online-Handel kommt der Idee einer **vollständigen Preisdifferenzierung** am nächsten. Bei einer vollständigen Preisdifferenzierung verlangt der Monopolist von jedem Nachfrager einen Preis, der der jeweiligen Zahlungsbereitschaft entspricht. In diesem Fall schöpft der Monopolist die gesamte Konsumentenrente ab. Da alle wechselseitig vorteilhaften Transaktionen stattfinden, gibt es keinen Nettowohlfahrtsverlust. Solange durch Preisdif-

SCHLÜSSELBEGRIFFE

- Monopolist
- Monopol
- Marktmacht
- Markteintrittsschranke
- natürliches Monopol
- Netzwerkexternalität
- Patent
- Urheberrecht
- öffentliches Eigentum
- Preisregulierung
- Monopson
- Monopsonist
- Einheitspreis-Monopolist
- Preisdifferenzierung
- vollständige Preisdifferenzierung

ferenzierung keine ernsthaften Gerechtigkeitsprobleme entstehen, konzentriert sich die Wettbewerbspolitik bei Monopolen darauf, Nettowohlfahrtsverluste zu verhindern, nicht aber Preisdifferenzierung.

14 Oligopole

LERNZIELE

- Was **Oligopol** bedeutet und warum Oligopole auftreten.
- Warum **Oligopolisten** von einer **Kollusion** profitieren und welcher Schaden dadurch für die Konsumenten entsteht.
- Wie uns Erkenntnisse aus der **Spieltheorie** dabei helfen, das strategische Verhalten von Oligopolen besser zu verstehen.
- Warum die **Wettbewerbspolitik** zur Verhinderung von wettbewerbsbeschränkendem Verhalten von Oligopolen eine wichtige Aufgabe des Staates ist.

Bridgestone im Visier der Wettbewerbsbehörden

Mit einem Umsatz von fast 30 Milliarden Dollar weltweit im Jahr 2021 war Bridgestone dem Absatz nach der größte Reifenproduzent in den Vereinigten Staaten. Daran war fünf Jahre vorher noch nicht zu denken. Im Jahr 2014 hatte Bridgestone gegenüber den US-Wettbewerbsbehörden zugegeben, dass das Unternehmen an Treffen mit den Wettbewerbern Hitachi Automotive und Mitsubishi Electric teilgenommen hatte. Auf diesen Treffen setzten die Unternehmen gemeinsam Preise fest und teilten den Markt für Fahrzeugkomponenten aus Gummi unter sich auf. Das bezeichnet man auch als *Preisabsprache*. Insgesamt bekannten sich 26 Unternehmen der Preisabsprache bei Fahrzeugkomponenten aus Gummi für schuldig, 32 Personen wurden angeklagt und Geldstrafen in Höhe von mehr als 2 Milliarden Dollar durch die US-Regierung verhängt.

Was Bridgestone und die anderen Unternehmen getan hatten, war illegal. In der Anklageschrift des US-Justizministeriums stand dazu, dass die Handlungen der Unternehmen dazu dienten, den Wettbewerb zu unterdrücken und auszuschalten mit dem Ziel, bei den Automobilproduzenten (von General Motors über Toyota bis hin zu Chrysler) höhere Preise für die Autoteile durchzusetzen. In diesem Kapitel werden wir erfahren, wie die Wettbewerbsbehörden zu ihrer Einschätzung gekommen sind, und auf welche Weise Bridgestone mit seinem illegalen Verhalten den Konsumenten geschadet hat.

Die Klage gegen Bridgestone und die anderen Unternehmen betrifft eine Branche, bei der es sich weder um vollständige Konkurrenz noch um ein reines Monopol handelt. Es geht um ein *Oligopol*. Bei einem Oligopol gibt es nur wenige Produzenten. Wie wir sehen werden, ist das Oligopol in der Praxis weitverbreitet. Oligopole sind deutlich häufiger anzutreffen als Monopole und bilden Branchen in modernen Volkswirtschaften besser ab als die vollständige Konkurrenz.

Wettbewerbsbeschränkendes Verhalten von Oligopolen ist keine Seltenheit. Das US-Justizministerium untersucht regelmäßig Verdachtsfälle für wettbewerbsbeschränkendes Verhalten. Im Jahr 2020 kündigte das US-Justizministerium an, Anklage gegen mehrere Arzneimittelhersteller wegen Preisabsprachen zu erheben, die zu Mehrkosten für die Patienten in Milliardenhöhe geführt haben. Im Jahr 2019 wurde Starkist, in den Vereinigten Staaten Marktführer für Thunfisch in Dosen, zu einer Strafzahlung in Höhe von 100 Millionen Dollar verurteilt, nachdem nachgewiesen werden konnte, dass das Unternehmen mit seinen Konkurrenten Preisabsprachen für Thunfisch-Dosen vereinbart hatte. Vergleichbare Verdachtsfälle gab es bei den

Kreditkartenanbietern MasterCard und Visa sowie bei den Lkw-Vermietern U-Haul und Avis.

Agieren wie bei einem Oligopol nur wenige Anbieter auf dem Markt, spielt *strategisches Verhalten* eine wichtige Rolle: Das Verhalten eines Anbieters bestimmt das Verhalten der anderen Anbieter. Da sich die Anbieter mit ihrem Verhalten gegenseitig beeinflussen, gibt es Anreize, das Verhalten untereinander abzustimmen und in unerlaubter Weise zusammenzuarbeiten, um den Wettbewerb auszuschalten und die Gewinne zu erhöhen, so wie im Fall Bridgestone. Aus diesem Grund greifen die Wettbewerbsbehörden nicht selten in Oligopolmärkte ein, um die Konsumenten zu schützen.

Zunächst wollen wir uns damit beschäftigen, was ein Oligopol ist und warum es so wichtig ist. Danach wenden wir uns dem Verhalten oligopolistischer Branchen zu. Schließlich beschäftigen wir uns mit der *Wettbewerbspolitik*, zu deren Hauptaufgaben es gehört, dafür zu sorgen, dass sich Oligopole »ordentlich verhalten«.

14.1 Die Verbreitung von Oligopolen

Ein **Oligopol** ist eine Branche mit nur einer kleinen Anzahl von Produzenten. Ein in einer derartigen Branche tätiger Produzent wird als **Oligopolist** bezeichnet.

Zum Zeitpunkt der Preisabsprachen zwischen Bridgestone und seinen Mitverschwörern kontrollierte nicht ein einzelnes Unternehmen den Weltmarkt für Gummi-Autoteile. Stattdessen gab es einige wenige größere Produzenten. Eine Branche mit nur wenigen Anbietern wird als **Oligopol** bezeichnet; ein Unternehmen in einer derartigen Branche nennt man **Oligopolist**.

Oligopolisten stehen offensichtlich untereinander im Wettbewerb und kämpfen um ihre Absatzmengen. Bei Bridgestone und Hitachi geht es aber nicht um Unternehmen bei vollständiger Konkurrenz, die den Preis, zu dem sie ihr Produkt verkaufen können, als gegeben betrachten. Jede der beteiligten Firmen wusste, dass ihre Entscheidung über die Produktionshöhe den Marktpreis beeinflussen würde. Ähnlich wie im Monopolfall verfügt also jedes Unternehmen über ein gewisses Maß an *Marktmacht*. Der Wettbewerb in dieser Branche war also nicht »vollständig«.

Verfügt kein Unternehmen über ein Monopol, wissen aber die Produzenten gleichwohl, dass sie Einfluss auf den Marktpreis nehmen können, ist die betreffende Branche durch **unvollständige Konkurrenz** charakterisiert.

Ökonomen bezeichnen Situationen, in denen Unternehmen im Wettbewerb stehen, gleichzeitig aber auch Marktmacht besitzen, die sie in die Lage versetzt, den Marktpreis zu beeinflussen, durch den Begriff **unvollständige Konkurrenz**. Wie wir in Kapitel 13 gelernt haben, gibt es zwei wichtige Formen der unvollständigen Konkurrenz: Oligopol und monopolistische Konkurrenz. Von diesen beiden Formen ist das Oligopol in der Praxis wahrscheinlich bedeutsamer.

Obgleich es sich bei Gummi-Autoteilen um ein Multi-Milliarden-Geschäft handelt, ist es nicht gerade ein Produkt, mit dem die meisten Konsumenten vertraut sind. Es gibt aber auch viele bekannte Waren und Dienstleistungen, die von einer geringen Zahl miteinander im Wettbewerb stehender Unternehmen angeboten werden, was bedeutet, dass es sich bei den fraglichen Branchen um Oligopole handelt. So wird beispielsweise der Markt für Smartphones durch die beiden großen Anbieter Apple und Samsung dominiert. Bei Cola-Getränken haben Coca Cola und Pepsi Cola bei Weitem die größten Marktanteile. Und auch auf dem Mobilfunkmarkt gibt es nur wenige große Anbieter. In den Vereinigten Staaten sind das Verizon, AT&T und T-Mobile, in Deutschland Telekom, Vodafone und Telefónica (O_2). Diese Liste ließe sich beliebig verlängern.

Es ist wichtig zu verstehen, dass ein Oligopol nicht notwendigerweise aus großen Unternehmen besteht. Wichtig ist nicht die Größe als solche, wichtig ist vielmehr, wie viele Wettbewerber es gibt. Existieren in einer Kleinstadt lediglich zwei Lebensmittelgeschäfte, dann ist der Verkauf von Lebensmitteln in ganz ähnlicher Weise ein Oligopol wie die Flugverbindung zwischen New York und Washington.

Warum sind Oligopole so verbreitet? Im Kern entsteht ein Oligopol durch die gleichen Faktoren, die manchmal auch zu einem Monopol führen. Allerdings wirken diese Faktoren in abgeschwächter Form. Die wahrscheinlich wichtigste Ursache für das Entstehen von Oligopolen ist die Existenz von *zunehmenden Skalenerträgen*, die größeren Produzenten einen Kostenvorteil gegenüber kleineren gewähren. Sind diese Effekte sehr ausgeprägt, dann führen sie zum Monopol;

sind sie weniger stark ausgeprägt, führen sie zum Wettbewerb zwischen einer kleinen Anzahl von Unternehmen.

So weisen beispielsweise große Lebensmittelgeschäfte typischerweise geringere Kosten auf als kleinere. Der Größenvorteil verschwindet jedoch

WISSENSCHAFT UND PRAXIS

Ein Oligopol auf dem Biermarkt?

In der Praxis kann man die Frage nach der Marktform einer Branche nicht immer einfach durch einen Blick auf die Anzahl der Anbieter klären. Der Biermarkt in den Vereinigten Staaten liefert dafür ein anschauliches Beispiel. Es gibt Dutzende Bierproduzenten, viele davon kleine Nischenanbieter von Craft Beer, während der Markt letztlich von zwei großen Produzenten dominiert wird: Anheuser-Busch InBev mit einem Anteil am Gesamtabsatz im Markt von fast 41 Prozent und MillerCoors mit einem Anteil von 23,5 Prozent.

Um die Marktform einer Branche zu beurteilen, greifen Ökonomen auf eine Maßzahl zurück, die man als *Herfindahl-Hirschman-Index* (HHI) bezeichnet. Der HHI für eine bestimmte Branche ergibt sich aus der Summe der quadrierten Marktanteile der einzelnen Unternehmen in der Branche. In diesem Fall wird der Marktanteil über den Anteil der Umsätze eines Unternehmens am Gesamtumsatz ermittelt. Besteht beispielsweise eine Branche nur aus drei Unternehmen, die einen Marktanteil von 60 Prozent, 25 Prozent und 15 Prozent haben, dann resultiert daraus ein HHI von:

$$\text{HHI} = 60^2 + 25^2 + 15^2 = 4.450$$

Durch die Quadrierung der Marktanteile der einzelnen Unternehmen fallen Unternehmen mit einem großen Marktanteil beim HHI stärker ins Gewicht, sodass der Index das Ausmaß der Konzentration innerhalb einer Branche besser wiedergeben kann.

Der HHI ist ein wichtiges Instrument für die Wettbewerbsbehörden, deren Aufgabe darin besteht, die Einhaltung der Wettbewerbsgesetze zu überwachen. Die Wettbewerbsbehörden verfolgen illegale Preisabsprachen zwischen Unternehmen mit strafrechtlichen Mitteln, zerschlagen ökonomisch ineffiziente Monopole und untersagen Unternehmenszusammenschlüsse, wenn es dadurch zu Wettbewerbsbeschränkungen kommen kann.

Bei Werten für den HHI unter 1.500 kann von einem starken Wettbewerb ausgegangen werden. Liegt der Wert zwischen 1.500 und 2.500, handelt es sich um begrenzten Wettbewerb. Werte oberhalb von 2.500 weisen dagegen auf ein Oligopol hin. In einer Branche mit einem HHI oberhalb von 1.500 wird eine Fusion zwischen zwei Unternehmen zu einem deutlich höheren Wert für den HHI (nach dem Zusammenschluss) führen, sodass diese Fusion unter besonderer Beobachtung der Wettbewerbsbehörden steht und unter Umständen auch nicht genehmigt wird.

Als im Jahr 2016 die Bierproduzenten Anheuser-Busch InBev und SAB Miller (Eigentümer der Biermarke MillerCoors) fusionieren wollten, wurde bei der wettbewerbsrechtlichen Bewertung des geplanten Zusammenschlusses auch auf den HHI zurückgegriffen. Zu diesem Zeitpunkt lag der HHI für die Bierbranche in den Vereinigten Staaten bei einem Wert von 2.598, sodass die beiden Unternehmen für die Fusion die Genehmigung der US-amerikanischen Wettbewerbsbehörden benötigten.

Das US-Justizministerium genehmigte letztlich die Fusion, allerdings unter strengen Auflagen. Dazu gehörte, dass SABMiller vor dem Zusammenschluss seine Biermarke MillerCoors verkaufen musste, damit sichergestellt war, dass Anheuser-Busch InBev und MillerCoors weiterhin im Wettbewerb stehen. Außerdem wurden dem fusionierten Unternehmen jegliche Handlungen untersagt, die auf kleineren Märkten in einer Region (in Bars und Restaurants) zu einer Beschränkung des Wettbewerbs zulasten der vielen Nischenanbieter führen könnten. Gleichzeitig machten die Wettbewerbsbehörden deutlich, dass sie die weiteren Entwicklungen in der Bierbranche aufmerksam verfolgen und wettbewerbsbeschränkendes Verhalten rigoros ahnden werden. Im Jahr 2019 war der HHI für die Bierbranche auf einen Wert von 2.332 gefallen und zeigte damit nur noch eine mäßige Marktkonzentration an.

allmählich, wenn ein Laden hinreichend groß ist, weswegen in kleinen Städten oft zwei oder drei Lebensmittelläden überleben können.

Wenn Oligopole so häufig sind, warum hat sich dann dieses Buch schwerpunktmäßig mit dem Wettbewerb in Branchen beschäftigt, in denen die Anzahl der Anbieter sehr groß ist? Und warum haben wir uns zunächst mit dem Monopol beschäftigt, das in der Realität eher selten zu beobachten ist?

Die Antwort auf diese Frage besteht aus zwei Teilen. Erstens bleibt vieles von dem gültig, was wir bei unserer Analyse der vollständigen Konkurrenz über Kosten, Markteintritt und Marktaustritt sowie über Effizienz gelernt haben, auch wenn viele Branchen nicht durch vollständige Konkurrenz gekennzeichnet sind. Zweitens beruht die Analyse des Oligopols auf dem Gedanken einer *Interdependenz* der Unternehmen: Im Oligopol hat das Verhalten eines Unternehmens einen unmittelbaren Einfluss auf das Verhalten der anderen Unternehmen in der Branche. Agieren die Unternehmen in wechselseitigen Abhängigkeiten, dann sind im Unterschied zur vollständigen Konkurrenz und zum Monopol je nach Verhalten der Unternehmen unterschiedliche Marktergebnisse möglich. Bei der vollständigen Konkurrenz und beim Monopol gibt es nur eine (rationale) Entscheidung und nur ein mögliches Marktgleichgewicht. Wir sind ganz einfach der gleichen Strategie gefolgt und haben zunächst die ziemlich deutlich abgrenzbaren Theorien der vollständigen Konkurrenz und des Monopols entwickelt. Jetzt, wo wir die dort aufgeworfenen Fragen abgehakt haben, können wir uns den schwierigeren Problemen des Oligopols zuwenden.

Kurzzusammenfassung

- Neben vollständiger Konkurrenz und Monopol sind **Oligopol** und monopolistische Konkurrenz weitere wichtige Marktformen. Bei ihnen handelt es sich um Spielarten der **unvollständigen Konkurrenz**.
- Die Marktform des Oligopols ist weitverbreitet. Bei einem Oligopol gibt es in einer Branche nur einige wenige Anbieter, die man als **Oligopolisten** bezeichnet. Das Oligopol kommt durch die gleichen Kräfte zustande, die auch zum Monopol führen, hier allerdings in schwächerer Form wirken.
- Der Herfindahl-Hirschman-Index (HHI) ergibt sich aus der Summe der quadrierten Marktanteile der einzelnen Unternehmen einer Branche und stellt einen weithin anerkannten Maßstab für die Konzentration in einer Branche dar.

ÜBERPRÜFEN SIE IHR WISSEN

1. Erläutern Sie, warum es sich bei jeder der folgenden Branchen um ein Oligopol handelt und nicht um vollständige Konkurrenz.
   a. Die Welt-Mineralölindustrie, in der wenige Länder am Persischen Golf einen großen Teil der Welt-Ölreserven kontrollieren.
   b. Die Mikroprozessorindustrie, in der zwei Firmen, Intel und der unerbittliche Rivale AMD, die Technologie dominieren.
   c. Die Boeing und Airbus umfassende Flugzeugindustrie, die extrem hohe Fixkosten aufweist.

2. Die nachfolgende Tabelle zeigt die Marktanteile für Suchmaschinen im Internet für den Mai 2022.

Suchmaschine	Marktanteil (%)
Google	85,4
Bing/Microsoft	8,3
Yahoo!!/Verizon/Media	2,5
Sonstige	3,8

a. Ermitteln Sie den HHI für diese Branche.

b. Wie groß wäre der HHI, wenn einerseits Bing und Microsoft und andererseits Yahoo!, Verizon und Media fusionieren würden?

14.2 Oligopolverhalten

Aufgrund der **Interdependenz** können sich oligopolistische Unternehmen anders verhalten als Unternehmen bei vollständiger Konkurrenz oder im Monopol. Die Preis- und Mengenentscheidung eines Unternehmens hat einen signifikanten Einfluss auf die Gewinne seiner Wettbewerber. Um das Denken und Handeln von Oligopolen verstehen zu lernen, wollen wir mit einem Beispiel beginnen.

Ein Duopol-Beispiel

Wir wollen mit der denkbar einfachsten Version beginnen, einer Branche, in der lediglich zwei Unternehmen produzieren. Eine solche Branche bezeichnet man als **Duopol**. Die Unternehmen, die das Duopol bilden, nennt man **Duopolisten**.

Wir wollen auf unsere Einleitung zu Beginn des Kapitels zurückgreifen, uns aber vorstellen, dass Bridgestone und Hitachi die beiden einzigen Produzenten von Autoreifen sind. Um die Dinge noch einfacher zu machen, wollen wir annehmen, dass für ein Unternehmen die Grenzkosten jedes zusätzlichen Reifens gleich null sind, wenn es die Fixkosten auf sich genommen hat, die für die Reifen-Produktion erforderlich sind. Mit dieser Annahme müssen sich die Unternehmen nur noch mit den Erlösen beschäftigen, die sie aus dem Verkauf ihres Produktes erzielen.

Tabelle 14-1 zeigt beispielhaft einen Nachfrageplan für Autoreifen sowie den Gesamterlös der Branche für jede Preis-Mengen-Kombination.

Bei vollständiger Konkurrenz hätte jedes Unternehmen einen Anreiz, die Produktion immer weiter auszudehnen, solange der Marktpreis über den Grenzkosten liegt. Da wir Grenzkosten in Höhe von null angenommen haben, würde dies bedeuten, dass Autoreifen im Gleichgewicht umsonst zur Verfügung gestellt wird. Die Unternehmen würden die Produktion ausdehnen, bis der Preis gleich null ist, was zu einer Gesamtproduktion von 120 Millionen Autoreifen und zu einem Erlös von null für beide Unternehmen führen würde.

So dumm werden die beteiligten Unternehmen aber wohl kaum sein. Bei nur zwei Unternehmen in einer Branche wäre beiden Produzenten klar, dass eine Ausdehnung ihrer Produktion den Marktpreis nach unten treibt. Beide Unternehmen würden realisieren, genau wie ein Monopolist, dass ihre Gewinne höher wären, wenn sie ihre Produktion beschränken würden.

Wie viel werden die beiden Unternehmen also tatsächlich produzieren?

Eine Möglichkeit wäre die, dass die beiden Unternehmen sich *kollusiv* verhalten, also kooperieren, um wechselseitig den Gewinn zu erhöhen. Die stärkste Form der **Kollusion** ist ein **Kartell**, eine Vereinbarung, die festlegt, wie viel jedes Unternehmen produzieren darf. Das berühmteste Kartell der Welt ist die Organisation Erdöl exportierender Länder (OPEC), die weiter unten in der Rubrik »Wissenschaft und Praxis« betrachtet wird.

Wenn das Verhalten eines Unternehmens einen unmittelbaren Einfluss auf die Gewinne der anderen Unternehmen in der Branche hat, dann besteht zwischen den Unternehmen eine **Interdependenz**.

Ein Oligopol, das aus lediglich zwei Unternehmen besteht, ist ein **Duopol**. Ein im Duopol tätiges Unternehmen bezeichnet man als **Duopolist**.

Unternehmen praktizieren **Kollusion**, falls sie kooperieren, um gemeinsam ihren Gewinn zu erhöhen. Ein **Kartell** ist eine Vereinbarung zwischen mehreren Unternehmen, mit deren Hilfe der gemeinsame Gewinn durch Festlegung der einzelnen Produktionsmengen erhöht werden soll.

Tab. 14-1

Nachfrageplan für Autoreifen

Reifenpreis (€)	Nachgefragte Reifenmenge (Mio. Stück)	Gesamterlös (Mio. €)
12	0	0
11	10	110
10	20	200
9	30	270
8	40	320
7	50	350
6	60	360
5	70	350
4	80	320
3	90	270
2	100	200
1	110	110
0	120	0

Wie der Name vermuten lässt, handelt es sich bei der OPEC um eine Vereinbarung zwischen Regierungen und nicht zwischen Unternehmen. Es gibt einen Grund, warum dieses berühmteste aller Kartelle eine Vereinbarung zwischen Regierungen ist: In den Vereinigten Staaten, aber auch in Deutschland, Österreich, der Schweiz und vielen anderen Ländern sind Kartelle zwischen Unternehmen illegal. Ignorieren wir das Gesetz jedoch für einen Augenblick (was in der Realität natürlich auch Bridgestone getan hat, zu seinem eigenen Schaden).

Nehmen wir also an, dass Bridgestone und Hitachi ein Kartell bilden wollen und dass dieses Kartell beschließen würde, sich wie ein Monopolist zu verhalten, um den Gewinn der Branche insgesamt zu maximieren. Aus Tabelle 14-1 wird deutlich, dass das Kartell die Produktion der gesamten Branche auf eine Höhe von 60 Millionen Autoreifen festlegen sollte, um den gemeinsamen Gewinn der Unternehmen zu maximieren. Bei einer Produktionsmenge von 60 Millionen Autoreifen, die zu einem Preis von 6 Euro je Reifen verkauft werden können, ergibt sich ein Erlös von 360 Millionen Euro, der das Gewinnmaximum darstellt.

Die einzige Frage wäre dann noch, welchen Anteil der 60 Millionen Autoreifen jedes der beiden Unternehmen produzieren darf. Eine »faire« Lösung könnte darin bestehen, dass jedes Unternehmen 30 Millionen Autoreifen produziert und damit Erlöse in Höhe von 180 Millionen Euro realisiert.

Aber selbst dann, wenn sich die Unternehmen auf eine derartige Abmachung geeinigt hätten, könnten sie vor einem Problem stehen: Beide Unternehmen hätten einen Anreiz, ihr Wort zu brechen und mehr als die vereinbarte Menge zu produzieren.

Kollusion und Wettbewerb

Nehmen wir an, die Vorstandsvorsitzenden von Bridgestone und Hitachi hätten sich darauf geeinigt, dass jedes Unternehmen über die nächsten Jahre jeweils 30 Millionen Autoreifen produzieren würde. Beiden wäre klar, dass dieser Plan ihren gemeinsamen Gewinn maximieren würde. Beide hätten aber auch einen Anreiz zu schummeln.

Um zu verstehen, warum sie diesen Anreiz haben, wollen wir überlegen, was passieren würde, wenn Hitachi sich vertragstreu verhalten und 30 Millionen Autoreifen produzieren würde, Bridgestone sein Versprechen aber brechen und 40 Millionen Autoreifen produzieren würde. Diese Erhöhung der Gesamtmenge würde den Preis von 6 Euro auf 5 Euro je Autoreifen reduzieren. Das ist der Preis, bei dem 70 Millionen Autoreifen nachgefragt werden. Der Erlös der Branche insgesamt würde von 360 Millionen Euro (6 Euro × 60 Millionen Reifen) auf 350 Millionen (5 Euro × 70 Millionen Reifen) sinken. Der Erlös von Bridgestone würde sich jedoch erhöhen, und zwar von 180 Millionen Euro auf 200 Millionen Euro. Aufgrund der Annahme, dass die Grenzkosten bei null liegen, würde dies einen Anstieg des Gewinns von Bridgestone um 20 Millionen Euro bedeuten.

Der Vorstandsvorsitzende von Hitachi könnte jedoch genau die gleiche Idee haben. Würden beide Unternehmen jeweils 40 Millionen Autoreifen produzieren, würde der Preis auf 4 Euro je Reifen sinken. Damit würde sich aber der Gewinn jedes der beiden Unternehmen von 180 Millionen Euro auf 160 Millionen Euro verringern. Warum haben die jeweiligen Unternehmen einen Anreiz, mehr als die Menge zu produzieren, die ihren gemeinsamen Gewinn maximiert? Weil keines der beiden Unternehmen einen so starken Anreiz zur Produktionsbeschränkung hat, wie es bei einem echten Monopolisten der Fall wäre.

Wenden wir uns noch einmal für einen Augenblick der Monopoltheorie zu. Wir wissen, dass ein gewinnmaximierender Monopolist Grenzkosten (in diesem Fall gleich null) gleich Grenzerlös setzt. Wie hoch ist jedoch der Grenzerlös? Die Produktion einer weiteren Einheit eines Gutes weist zwei Effekte auf:

1. Einen positiven *Mengeneffekt*: Eine zusätzlich verkaufte Einheit erhöht den Gesamterlös um den Preis, zu dem diese Einheit verkauft wurde.
2. Einen negativen *Preiseffekt*: Um eine zusätzliche Einheit verkaufen zu können, muss der Monopolist den Marktpreis für alle verkauften Einheiten senken.

Der negative Preiseffekt ist die Ursache dafür, dass der Grenzerlös eines Monopolisten geringer ist als der Marktpreis. In einem Oligopolmarkt denkt ein Unternehmen bei einer Produktionserhöhung nur über die Auswirkungen des Preiseffektes auf seine eigene Produktionsmenge nach, aber nicht über die Auswirkungen des Preiseffektes auf die anderen Oligopolisten. Sowohl Bridgestone als auch Hitachi sind von einem negativen Preiseffekt betroffen, falls Bridgestone beschließt, zusätzliche Autoreifen zu produzieren und damit den Preis nach unten zu treiben. Aber Bridgestone macht sich ausschließlich Gedanken über den negativen Preiseffekt auf die eigenen verkauften Einheiten, nicht über den Verlust, der Hitachi entsteht.

Diese Überlegung macht deutlich, dass sich ein einzelnes Oligopolunternehmen bei der Produktion einer zusätzlichen Outputeinheit einem geringeren Preiseffekt gegenübersieht als ein Monopolist. Daher ist der Grenzerlös höher, mit dem ein Oligopolunternehmen rechnet. Für jedes Unternehmen im Oligopol erscheint es daher gewinnträchtig, die Produktion zu erhöhen, selbst dann, wenn diese Produktionserhöhung den Gewinn der Branche insgesamt verringert. Wenn aber jedes Unternehmen diese Überlegung anstellt und sich entsprechend verhält, wird im Endergebnis jedes Unternehmen einen geringeren Gewinn erzielen!

Bislang waren wir in der Lage, das Produzentenverhalten dadurch zu analysieren, dass wir uns gefragt haben, was ein Produzent tun sollte, um den Gewinn zu maximieren. Aber selbst dann, wenn wir wissen, dass Bridgestone und Hitachi beide versuchen, die Gewinne zu maximieren, was sagt das über ihr Verhalten? Werden sie sich kollusiv verhalten und eine Vereinbarung erzielen, die ihren gemeinsamen Gewinn maximiert, und diese auch einhalten? Oder werden sie zu **nichtkooperativem Verhalten** greifen, bei dem jedes Unternehmen nur im eigenen Interesse handelt, selbst dann, wenn das dazu führt, dass der Gewinn von allen Beteiligten sinkt? Beide Strategien sehen nach Gewinnmaximierung aus. Welche beschreibt aber tatsächlich das Unternehmensverhalten?

Falls Unternehmen wechselseitig die Auswirkungen ihrer Aktionen auf den Gewinn der anderen Unternehmen ignorieren, dann verhalten sie sich **nichtkooperativ**.

Nun wird deutlich, warum das Oligopol ein Rätsel aufwirft: Es gibt nur eine kleine Anzahl von Unternehmen, sodass Kollusion möglich ist. Gäbe es Dutzende oder Hunderte von Unternehmen, könnten wir mit ziemlicher Sicherheit davon ausgehen, dass sie sich nichtkooperativ verhalten. Gibt es jedoch in einer Branche nur eine Handvoll Unternehmen, ist es schwierig zu bestimmen, ob tatsächlich Kollusion auftritt.

Weil Kollusion letztendlich gewinnträchtiger ist als nichtkooperatives Verhalten, gibt es einen Anreiz zur Kollusion. Eine Möglichkeit der Kollusion besteht in einer formalen Abmachung, also etwa im Unterschreiben einer Vereinbarung (möglicherweise sogar eines formalen Vertrages) oder in der Einführung von finanziellen Anreizen für Unternehmen, ihre Preise hochzuhalten. In der Europäischen Union und in den Vereinigten Staaten, aber auch in vielen anderen Ländern darf man jedoch keine solche Vereinbarung treffen, zumindest nicht legal. Unternehmen dürfen keine Verträge abschließen, in denen sie hohe Preise vereinbaren: Ein solcher Vertrag wäre nicht nur nicht durchsetzbar, schon das Abfassen einer derartigen Vereinbarung könnte die Eintrittskarte ins Gefängnis sein. Selbst ein Gentlemen's Agreement, das sich ohne jede formale Vereinbarung lediglich auf »moralische Kräfte« stützt, wäre illegal.

Tatsächlich treffen sich hochrangige Vertreter von konkurrierenden Unternehmen selten ohne Anwälte, die dafür sorgen, dass das Gespräch nicht auf vermintes Gelände führt. Selbst der Hinweis darauf, wie schön es wäre, wenn die Preise höher wären, kann in den Vereinigten Staaten schon zu einer Befragung durch das Justizministerium oder die Handelskommission führen, die beide für die Durchsetzung der Gesetze gegen oligopolistische Kollusion zuständig sind.

WISSENSCHAFT UND PRAXIS

Ermittlungen gegen Schokoladenproduzenten

Im Fall Bridgestone haben die Manager die illegalen Preisabsprachen zugegeben, sodass die Ermittler bei der Strafverfolgung unwiderlegbare Beweise für eine Kollusion hatten. Ohne belastbare Beweise ist die strafrechtliche Verfolgung von Preisabsprachen nicht einfach. Dies zeigt auch der unterschiedliche Ausgang von Ermittlungen in Kanada und den Vereinigten Staaten zu Preisabsprachen zwischen Schokoladenproduzenten.

Im Jahr 2015 endeten acht Jahre andauernde Ermittlungen gegen große kanadische Schokoladenproduzenten wegen des Verdachts auf Kollusion. Seinen Anfang nahm der Fall im Jahr 2007, als Cadbury Canada zugab, gemeinsam mit den drei anderen großen Schokoladenproduzenten Hershey Canada, Nestlé Canada und Mars Canada Preisabsprachen getroffen zu haben. In der anschließenden Gerichtsverhandlung informierten die Verantwortlichen von Cadbury Canada das Gericht freiwillig über Kontakte mit den anderen Unternehmen. So hatte z. B. im Jahr 2005 ein Unternehmensvertreter von Nestlé Canada einem Angestellten von Cadbury Canada einen braunen Briefumschlag übergeben, in dem sich Details über einen bevorstehenden Preisanstieg befanden. Und laut eidesstaatlichen Erklärungen vor Gericht gab es geheime Treffen zwischen Vertretern von Hershey Canada, Nestlé Canada und Mars Canada zur Festsetzung der Preise. Nach einem langen Rechtsstreit einigten sich alle vier Produzenten auf einen Vergleich mit den Ermittlungsbehörden und akzeptierten Strafzahlungen von insgesamt mehr als 23 Millionen Dollar, die an die Verbraucher ausgezahlt werden sollten.

Auch südlich der kanadischen Grenze waren viele Lebensmittelketten und Süßwarenhändler davon überzeugt, unter Preisabsprachen zu leiden. Aus diesem Grund reichte der US-amerikanische Lebensmitteleinzelhändler SUPERVALU im Jahr 2010 Klage gegen die US-amerikanischen Einheiten der vier größten Schokoladenproduzenten ein. Während die vier großen Produzenten in Kanada nur knapp 50 Prozent des Marktes kontrollieren, sind es in den Vereinigten Staaten über 75 Prozent. SUPERVALU behauptete, dass die US-amerikanischen Tochterunternehmen der vier großen Schokoladenproduzenten seit 2002 Preisabsprachen durchgeführt und regelmäßig die Preise kurz nacheinander erhöht haben.

Die Preise für Schokoladenriegel sind in den Vereinigten Staaten tatsächlich erheblich gestiegen, allein von 2008 bis 2010 um 17 Prozent – deutlich stärker als alle übrigen Preise. Die Schokoladenproduzenten verteidigten ihre Preispolitik und verwiesen auf höhere Beschaffungskosten für Kakaobohnen, Milchprodukte und Zucker. Da es nicht verboten ist, die Preise gleichzeitig erhöhen, hängt der Nachweis von Preisabsprachen von eindeutigen Beweisen wie Gesprächen oder schriftlichen Vereinbarungen ab.

Im März 2014 wies ein US-Richter die Klage von SUPERVALU ab. Er betonte, dass es keine Beweise dafür gäbe, dass die Chefetagen der vier Schokoladenproduzenten vom wettbewerbswidrigen Verhalten ihrer kanadischen Kollegen gewusst haben und dass gleichzeitige Preiserhöhungen als Beweis für Preisabsprachen nicht ausreichen. Nach Ansicht des Richters hätten sich die vier Unternehmen rational und wettbewerbskonform verhalten, wenn sie Kostensteigerungen in Form von höheren Preisen an die Kunden weitergeben. Die Entscheidung bedeutete eine herbe Enttäuschung für die US-amerikanischen Schokoladenkonsumenten, die gehofft hatten, auch bald in den Genuss von preiswerteren Schokoladenriegeln zu kommen. Im Jahr 2015 beendeten auch die kanadischen Wettbewerbsbehörden ihre Ermittlungen und entschieden sich gegen eine weitere Anklage.

Im Jahr 2013 eröffnete z. B. das US-Justizministerium ein Verfahren gegen Monsanto und andere großen Produzenten von gentechnisch verändertem Saatgut wegen Preisabsprachen, nachdem eine Reihe von Gesprächen zwischen Monsanto und Pioneer Hi-Bred International stattgefunden hatten, zwei Unternehmen, die zusammen den US-amerikanischen Markt für Mais- und Sojabohnensaaten dominieren. Beide Unternehmen, die Partner einer Lizenzvereinbarung über genetisch modifiziertes Saatgut sind, behaupteten, dass es bei den Treffen zu keinen illegalen Diskussionen im Hinblick auf Preisfestsetzungen gekommen sei. Aber allein der Umstand, dass die beiden Unternehmen Preise im Zusammenhang mit ihrer Lizenzvereinbarung diskutiert hatten, reichte aus, dass das US-Justizministerium aktiv wurde.

Wie wir gesehen haben, ignorieren Oligopolisten manchmal einfach das Gesetz. Häufiger finden sie jedoch Wege, Kollusion auch ohne formale Abmachung zu erreichen. Davon werden wir im nächsten Abschnitt mehr erfahren.

Kurzzusammenfassung

- Zwischen oligopolistischen Unternehmen besteht **Interdependenz**. Die Preis- und Mengenentscheidung eines Unternehmens hat einen signifikanten Einfluss auf die Gewinne der anderen Unternehmen in der Branche.
- Einige zentrale Fragen des Oligopols können dadurch geklärt werden, dass man sich den einfachsten Fall einer Branche mit nur zwei Unternehmen (**Duopolisten**) anschaut, das **Duopol**.
- Verhalten sich Oligopolisten so, als wären sie ein einzelner Monopolist, können sie ihre gemeinsamen Gewinne maximieren. Es gibt daher einen Anreiz, ein **Kartell** zu bilden.
- Jedes Unternehmen hat jedoch auch einen Anreiz zu schummeln, also mehr zu produzieren, als es nach der Kartellabsprache eigentlich dürfte. Es gibt zwei grundsätzlich denkbare Ergebnisse: erfolgreiche Zusammenarbeit (**Kollusion**) oder **nichtkooperatives Verhalten** durch Schummeln.

ÜBERPRÜFEN SIE IHR WISSEN

Welche der folgenden Faktoren erhöhen die Wahrscheinlichkeit, dass ein Oligopolist mit anderen Unternehmen der Branche zusammenarbeiten wird? Welche Faktoren erhöhen die Wahrscheinlichkeit, dass ein Oligopolist sich nichtkooperativ verhalten wird und seinen Output erhöht? Erläutern Sie Ihre Antworten.

a. Der ursprüngliche Marktanteil des Unternehmens ist gering. (Hinweis: Denken Sie an den Preiseffekt.)

b. Das Unternehmen weist gegenüber seinen Konkurrenten einen Kostenvorteil auf.

c. Die Kunden des Unternehmens sehen sich zusätzlichen Kosten gegenüber, wenn sie vom Produkt des betreffenden Unternehmens auf das Produkt eines anderen Unternehmens umsteigen wollen.

d. Der Oligopolist hat viele ungenutzte Kapazitäten. Er weiß aber, dass seine Konkurrenten bei ihrer maximalen Produktionskapazität operieren und ihre Produktion nicht erhöhen können.

Die Belohnung, die ein Spieler in einem Spiel erhält, wie z. B. der Gewinn, den ein Oligopolist erzielt, wird als **Auszahlung** des Spielers bezeichnet.

Man kann Situationen, in denen Interdependenz auftritt, mithilfe der **Spieltheorie** analysieren.

Eine **Auszahlungsmatrix** zeigt, wie die Auszahlungen an jeden der Teilnehmer in einem Zwei-Personen-Spiel von den Aktionen beider Spieler abhängen. Eine derartige Matrix hilft uns bei der Analyse von Situationen mit Interdependenz.

14.3 Oligopol-Spiele

Nicht nur in unserem Duopol-Beispiel, sondern auch im richtigen Leben stellt jeder Oligopolist fest, dass sowohl sein eigener Gewinn vom Verhalten seines Wettbewerbers als auch der Gewinn des Wettbewerbers von seinem eigenem Verhalten abhängt. Damit werden die Entscheidungen eines Unternehmens signifikante Auswirkungen auf den Gewinn des anderen Unternehmens oder der anderen Unternehmen haben.

Im Ergebnis spielen beide Unternehmen ein »Spiel«, in dem der Gewinn jedes Spielers nicht nur von den eigenen Aktionen abhängt, sondern auch von denen des anderen Spielers. Um das Verhalten von Oligopolisten besser verstehen zu können, haben Ökonomen gemeinsam mit Mathematikern die **Spieltheorie** entwickelt. Die Spieltheorie hat sehr viele Anwendungsbereiche, nicht nur in den Wirtschaftswissenschaften, sondern auch bei Fragen der militärischen Strategie, in den Politikwissenschaften und in anderen Sozialwissenschaften.

In den folgenden Abschnitten wollen wir das Oligopolverhalten aus Sicht der Spieltheorie beleuchten.

Das Gefangenendilemma

Die Spieltheorie beschäftigt sich mit Situationen, in denen das Ergebnis jedes Spielers – die **Auszahlung** – nicht nur von seinen eigenen Aktionen abhängt, sondern auch von den Aktionen der anderen Mitspieler. Im Fall von Oligopolisten entspricht die Auszahlung einfach dem Gewinn jedes Unternehmens.

Gibt es lediglich zwei Mitspieler, so wie im Duopol, lässt sich die Interdependenz zwischen den Spielern durch eine **Auszahlungsmatrix** darstellen, so wie sie in **Abbildung 14-1** gezeigt wird. Jede Zeile korrespondiert mit den Aktionen eines

Abb. 14-1

Eine Auszahlungsmatrix

Zwei Unternehmen, Bridgestone und Hitachi, müssen darüber entscheiden, wie viele Autoreifen sie produzieren wollen. Die Gewinne der beiden Unternehmen sind interdependent: Der Gewinn jedes Unternehmens hängt nicht nur von der eigenen Entscheidung, sondern auch von der Entscheidung des anderen ab. Jede Zeile repräsentiert eine Aktion von Bridgestone, jede Spalte eine von Hitachi. Beide Unternehmen sind besser gestellt, wenn sie sich beide für den geringeren Output entscheiden. Für sich betrachtet liegt es jedoch im Interesse jedes Unternehmens, den höheren Output zu wählen.

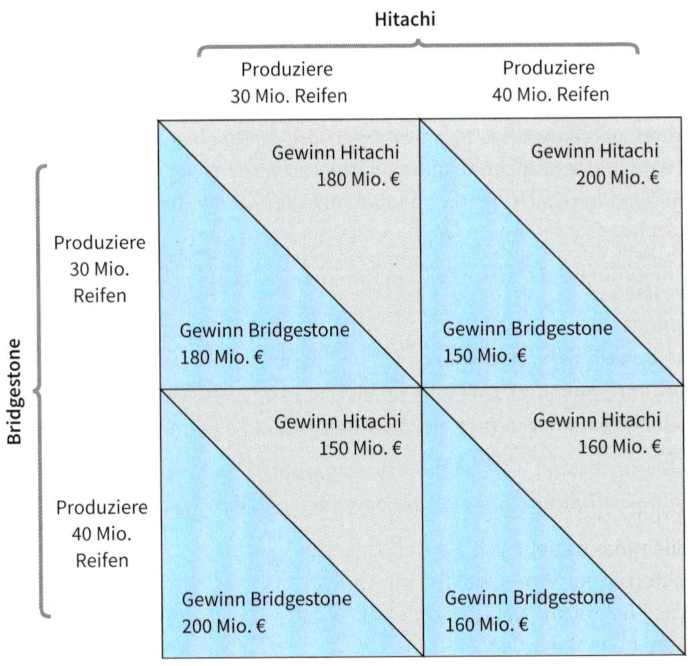

Spielers (in diesem Fall Bridgestone); jede Spalte korrespondiert mit den Aktionen des anderen Spielers (in diesem Fall Hitachi). Zur Vereinfachung wollen wir annehmen, dass Bridgestone nur eine von zwei Alternativen ergreifen kann: entweder 30 Millionen Autoreifen produzieren oder 40 Millionen Autoreifen. Hitachi verfügt über genau die gleichen beiden Möglichkeiten.

Die Matrix enthält vier Kästchen, die jeweils durch eine Diagonale geteilt werden. Jedes Kästchen zeigt die Auszahlung an die beiden Unternehmen, die sich aus einem Paar von Entscheidungen ergeben. Die Zahl unterhalb der Diagonale gibt die Gewinne von Bridgestone wieder, die Zahl oberhalb der Diagonale zeigt die von Hitachi.

Diese Auszahlungen zeigen, was wir schon aus unserer früheren Analyse kennen: Der gemeinsame Gewinn beider Unternehmen wird maximal, wenn jedes Unternehmen 30 Millionen Autoreifen produziert. Jedes Unternehmen kann für sich betrachtet jedoch seinen Gewinn erhöhen, wenn es 40 Millionen Autoreifen produziert, während das andere Unternehmen lediglich 30 Millionen Autoreifen herstellt. Produzieren jedoch beide die größere Menge, fällt der Gewinn für beide geringer aus, als wenn sie ihre Produktion auf dem niedrigeren Niveau gelassen hätten.

Die hier gezeigte spezifische Situation ist eine Version des berühmten und scheinbar paradoxen Falles von Interdependenz, der in vielen Zusammenhängen auftaucht. Dieses Spiel ist als **Gefangenendilemma** bekannt, eine Spielstruktur, bei der die Auszahlungsmatrix Folgendes impliziert:

- Jeder Spieler hat einen Anreiz, unabhängig von dem, was der andere Spieler macht, zu schummeln, also eine Aktion zu ergreifen, die ihm zulasten des anderen Spielers einen Vorteil bringt.
- Wenn beide Spieler schummeln, sind beide schlechter gestellt, verglichen mit einer Situation, in der keiner von beiden geschummelt hätte.

Die ursprüngliche Veranschaulichung des Gefangenendilemmas bezieht sich auf eine fiktionale Geschichte, die von zwei Verbrechern handelt, wir wollen sie Thelma und Louise nennen, die von der Polizei geschnappt wurden. Die Polizei hat genug Beweise, um beide für fünf Jahre hinter Gitter zu bringen. Die Polizei weiß auch, dass die beiden ein schlimmeres Verbrechen begangen haben, eines, das zu einer Verurteilung von 20 Jahren führen würde. Unglücklicherweise reichen die Beweise jedoch nicht aus, um die beiden Frauen wegen dieses schwereren Verbrechens verurteilen zu können. Um eine Verurteilung zu erreichen, müsste jede der beiden Gefangenen die andere mit diesem zweiten, schwereren Verbrechen belasten.

Die Polizei bringt daher beide Verdächtigen in verschiedenen Zellen unter und sagt zu jeder der beiden Frauen Folgendes: »Wir machen euch ein Angebot: Wenn keine von euch beiden gesteht, wisst ihr, dass wir euch für fünf Jahre ins Gefängnis stecken können. Gestehst du und belastest du deine Komplizin, während sie nicht gesteht, verringern wir deine Strafe von fünf auf zwei Jahre. Gesteht aber deine Komplizin und du nicht, dann wirst du zu 20 Jahren verurteilt. Gesteht ihr beide, dann kommt ihr jeweils für 15 Jahre ins Gefängnis.«

Abbildung 14-2 zeigt die Auszahlungen, denen sich die beiden Gefangenen gegenübersehen. Diese Auszahlungen hängen von ihren Entscheidungen ab, ob sie schweigen oder gestehen. (Normalerweise gibt eine Auszahlungsmatrix die Auszahlungen an die Spieler wieder, und höhere Auszahlungen sind besser als niedrige. Der vorliegende Fall ist eine Ausnahme: Eine höhere Anzahl von Jahren im Gefängnis ist schlecht, nicht gut!) Wir wollen annehmen, dass die Gefangenen keine Möglichkeit zur Kommunikation haben und dass sie sich auch nicht geschworen haben, sich nicht zu belasten. Jede der beiden handelt also in ihrem Eigeninteresse. Was werden sie tun?

Die Antwort ist eindeutig: Beide werden gestehen. Betrachten wir zunächst das Problem aus Thelmas Sicht: Sie ist auf jeden Fall besser gestellt, wenn sie gesteht, unabhängig davon, wie sich Louise verhält. Gesteht Louise nicht, dann verringert Thelmas Geständnis ihre Strafe von fünf auf zwei Jahre. *Gesteht* Louise, verringert Thelmas Geständnis ihre Strafe von 20 auf 15 Jahre. In beiden Fällen liegt es offenkundig in Thelmas Interesse zu gestehen. Und weil sie sich genau den gleichen Anreizen gegenübersieht, liegt es offenkundig auch in Louises Interesse, ein Geständnis abzulegen. Das Ablegen eines Geständnisses in dieser Situation ist eine Verhaltens-

Das **Gefangenendilemma** ist ein Spiel, das auf zwei Prämissen basiert: (1) Jeder Spieler hat einen Anreiz, eine Aktion zu wählen, die ihm zulasten des anderen Spielers einen Vorteil verschafft. (2) Wenn sich beide Spieler auf diese Weise verhalten, sind beide schlechter gestellt, als wenn sie sich kooperativ verhalten hätten.

Abb. 14-2

Das Gefangenendilemma

Jeder der beiden Gefangenen, die in separaten Zellen untergebracht sind, wird von der Polizei ein Handel vorgeschlagen: eine kurze Haftzeit, wenn sie gesteht und die Komplizin belastet, die Komplizin aber nicht das Gleiche tut; eine langjährige Strafe, falls sie nicht gesteht, ihre Komplizin es aber tut, usw. Es liegt im gemeinsamen Interesse beider Gefangenen, nicht zu gestehen; im jeweils individuellen Interesse ist es jedoch, zu gestehen.

		Louise	
		Nicht gestehen	Gestehen
Thelma	Nicht gestehen	Louise 5 Jahre / Thelma 5 Jahre	Louise 2 Jahre / Thelma 20 Jahre
	Gestehen	Louise 20 Jahre / Thelma 2 Jahre	Louise 15 Jahre / Thelma 15 Jahre

Eine Verhaltensweise ist eine **dominante Strategie**, wenn es sich dabei um die beste Aktion eines Spielers handelt, unabhängig davon, welche Aktion der andere Spieler ergreift.

weise, die Ökonomen als *dominante Strategie* bezeichnen. Eine Verhaltensweise ist eine **dominante Strategie**, wenn es sich um die beste Aktion eines Spielers handelt, unabhängig davon, welche Aktion der andere Spieler vornimmt.

Es ist wichtig festzuhalten, dass nicht alle Spiele eine dominante Strategie aufweisen. Das hängt davon ab, wie die Auszahlungsmatrix des Spiels aussieht. Im Fall von Thelma und Louise besteht jedoch offensichtlich bei der Polizei ein starkes Interesse daran, die Auszahlungen so zu strukturieren, dass das Geständnis für beide beteiligten Personen die dominante Strategie darstellt. Solange die beiden Gefangenen keine Möglichkeit haben, eine durchsetzbare Absprache zu treffen, dass keine von ihnen gestehen wird, werden sich Thelma und Louise in einer Art und Weise verhalten, die ihnen wechselseitig Schaden zufügt. (Eine verbindliche Absprache zwischen ihnen ist sicherlich nicht möglich, wenn sie nicht miteinander kommunizieren können. Die Polizei wird ihrerseits eine derartige Kommunikation nicht zulassen, weil sie beide ja gerade dazu bringen möchte zu gestehen.)

Folgen beide Gefangenen jeweils rational ihrem eigenen Interesse, werden sie beide gestehen. Hätte jedoch keine von ihnen gestanden, würden sie mit einer viel geringeren Strafe davonkommen! In einem Gefangenendilemma hat jeder Spieler einen eindeutigen Anreiz, sich in einer Weise zu verhalten, die dem jeweils anderen Spieler schadet. Entscheiden sich jedoch beide für diese Verhaltensweise, stehen am Ende beide schlechter da.

Gestehen sowohl Thelma als auch Louise, dann erreichen sie ein Gleichgewicht im Spiel. Wir haben das Gleichgewichtskonzept in diesem Buch schon sehr häufig verwendet. Es handelt sich um ein Ergebnis, bei dem kein Individuum und auch kein Unternehmen einen Anreiz haben, ihre Verhaltensweisen zu ändern. In der Spieltheorie wird diese Art des Gleichgewichts, in der jeder Spieler die Verhaltensweise wählt, die für ihn bei den vorgegebenen Verhaltensweisen der anderen Spieler

DENKFALLEN!

Faires Verhalten beim Gefangenendilemma

Eine häufig anzutreffende Reaktion auf das Gefangenendilemma ist die Vermutung, dass es nicht wirklich rational für die Gefangenen ist zu gestehen. Thelma würde nicht gestehen, weil sie entweder befürchten müsste, dass Louise ihre Strafe noch nach oben treibt oder dass sie sich schuldig fühlen müsste, weil Louise ihr nicht das Gleiche angetan hat.

Diese Überlegung ist jedoch insofern nicht ganz korrekt, weil sie darauf hinausläuft, die Auszahlungen in der Auszahlungsmatrix zu ändern. Um das Gefangenendilemma zu verstehen, muss man sich selbst an die Regeln halten und sich Gefangene vorstellen, für die ausschließlich die Länge ihrer Strafen von Bedeutung ist.

Glücklicherweise ist es im Fall von Oligopolen viel einfacher zu glauben, dass die Unternehmen sich ausschließlich für ihre Gewinne interessieren. Es gibt keinen Hinweis darauf, dass irgendjemand bei Bridgestone Angstgefühle oder Zuneigung gegenüber Hitachi hegte (und umgekehrt). Hier ging es ausschließlich um das Geschäft.

die beste ist (und umgekehrt), als **Nash-Gleichgewicht** bezeichnet. Das Nash-Gleichgewicht hat seinen Namen von dem Mathematiker und Nobelpreisträger John Nash. (Nashs Lebensgeschichte kann man in der Biografie *A Beautiful Mind* nachlesen, ein Bestseller, der später verfilmt wurde.) Weil die Spieler in einem Nash-Gleichgewicht die Auswirkungen ihrer eigenen Aktionen auf die anderen Spieler nicht berücksichtigen, spricht man auch von einem **nichtkooperativen Gleichgewicht**.

Schauen wir uns jetzt noch einmal Abbildung 14-1 an. Bridgestone und Hitachi befinden sich in der gleichen Situation wie Thelma und Louise. Jedes der Unternehmen ist besser gestellt, wenn es den höheren Output produziert, unabhängig davon, was das andere Unternehmen macht. Produzieren jedoch beide 40 Millionen Autoreifen, sind beide schlechter gestellt, als wenn sie ihrer Vereinbarung treu geblieben wären und lediglich 30 Millionen Autoreifen produziert hätten. In beiden Fällen hat also die Verfolgung des Eigeninteresses

Ein **Nash-Gleichgewicht**, auch bekannt als **nichtkooperatives Gleichgewicht**, tritt dann auf, wenn jeder Spieler in einem Spiel die Verhaltensweise wählt, die seine Auszahlung bei gegebener Verhaltensweise des anderen Spielers maximiert. Dabei werden die Auswirkungen dieser Aktion auf die Auszahlungen, die der andere Spieler erhält, ignoriert.

VERTIEFUNG

Gefangene des Rüstungswettlaufs und des wieder auflebenden Kalten Krieges

Im Jahr 2016 erhöhte die NATO (North Atlantic Treaty Organization), ein Verteidigungsbündnis von 28 Staaten aus Europa und Nordamerika, erstmals seit Jahren wieder die Rüstungsausgaben. Die meisten Experten sahen in diesem Anstieg eine Reaktion auf die wachsende militärische Präsenz Russlands in Europa, die sich spätestens durch die Annexion der Halbinsel Krim im Jahr 2014 zeigte. Für die Mitgliedstaaten der NATO begann damit abermals ein Rüstungswettlauf mit Russland.

In der Zeit nach dem Zweiten Weltkrieg bis zu den späten 1980er-Jahren sahen sich die Vereinigten Staaten gemeinsam mit ihren Verbündeten in der NATO auf der einen Seite und die damalige Sowjetunion auf der anderen Seite in einem scheinbar endlosen Konflikt gefangen, der jedoch nie zu einem offenen Krieg führte. Während dieses Kalten Krieges gaben beide Länder große Summen für die Rüstung aus, Summen, die für die US-amerikanische Wirtschaft eine erhebliche Belastung darstellten und sich für die Sowjetunion, deren ökonomische Basis viel schwächer war, schließlich zu einer nicht mehr tragbaren Belastung entwickelten. Keines der beiden Länder war jedoch jemals in der Lage, einen entscheidenden militärischen Vorsprung zu erringen.

Viele Beobachter haben darauf hingewiesen, dass beide Länder besser gestellt gewesen wären, hätten sie ihre Rüstungsausgaben reduziert. Dennoch hielt der Rüstungswettlauf für 40 Jahre an. Der Rüstungswettlauf zeigt die Logik des Gefangenendilemmas, bei dem es für beide Seiten besser ist, wenn sie kooperieren würden. Dennoch handelt jede Seite rational, wenn sie dem Eigeninteresse folgt. Eine Konstellation mit niedrigen Rüstungsausgaben wäre für beide Länder jedoch vorteilhafter gewesen als eine Konstellation mit hohen Rüstungsausgaben.

Ohne ein bindendes Abkommen bestand die rationale Entscheidung für beide Seiten darin, hohe Rüstungsausgaben zu tätigen. Eine Entscheidung gegen hohe Rüstungsausgaben hätte zur militärischen Unterlegenheit geführt, hätte die andere Regierung die Aufrüstung fortgesetzt. In der Tat haben beide Seiten wiederholt Verhandlungen mit dem Ziel geführt, bestimmte Waffensysteme zu beschränken. Die Verhandlungen gestalteten sich jedoch schwierig und die Einhaltung der Vereinbarungen war schwer zu überprüfen. Schließlich wurde das Problem dadurch gelöst, dass die hohen Rüstungsausgaben den Zusammenbruch der Sowjetunion im Jahr 1991 zumindest beschleunigt haben. Über 20 Jahre gab es zwischen den Vereinigten Staaten und Russland keinen Rüstungswettlauf.

Die Situation änderte sich im Jahr 2014, als Russland mit der Annexion der Halbinsel Krim deutlich signalisierte, dass der Rüstungswettlauf wieder begonnen hat. Durch seine wiedergewonnene ökonomische Stärke konnte Russland die Rüstungsausgaben von 2004 bis 2016 um über 150 Prozent steigern, bevor es in den folgenden Jahren wieder zu einem moderaten Rückgang kam. Die Reaktion der NATO auf die steigenden Rüstungsausgaben Russlands hat unmissverständlich gezeigt, dass der Rüstungswettlauf noch lange nicht vorbei ist.

– der Versuch, die Gewinne zu maximieren bzw. die Gefängnisstrafe zu minimieren – die unerwünschte Auswirkung, beide Spieler schlechter zu stellen.

Situationen eines Gefangenendilemmas kommen recht häufig vor. Ganz offensichtlich wären die Spieler in jedem Gefangenendilemma besser gestellt, wenn sie eine Möglichkeit finden würden, kooperatives Verhalten durchzusetzen, etwa durch ein Schweigegelübde, das sich Thelma und Louise glaubwürdig gegeben hätten, oder durch ein verbindliches Abkommen zwischen Bridgestone und Hitachi, nicht mehr als 30 Millionen Autoreifen zu produzieren.

In den meisten Marktwirtschaften dieser Welt sind jedoch Abkommen, in denen zwei Oligopolisten ihr Produktionsvolumen festlegen, nicht durchsetzbar, weil sie illegal sind. Scheinbar ist das ungewünschte nichtkooperative Gleichgewicht also das einzige mögliche Ergebnis. Stimmt das aber wirklich?

Die Überwindung des Gefangenendilemmas: Wiederholte Interaktion und abgestimmte Verhaltensweisen

Thelma und Louise spielen in ihren Zellen ein Spiel *ohne Wiederholung*, sie spielen dieses Spiel also ein einziges Mal. Sie müssen sich daher ein für alle Mal entscheiden, ob sie gestehen oder standhaft bleiben wollen, und das war es dann. Die meisten Spiele jedoch, die Oligopolisten spielen, weisen nicht diesen Einmaligkeitscharakter auf. Vielmehr gehen Oligopolisten im Allgemeinen davon aus, dass sie das Spiel mit den gleichen Konkurrenten wiederholt spielen.

Eine **»Tit for Tat«-Strategie** beinhaltet zunächst kooperatives Verhalten. Danach wird immer genauso gehandelt, wie es der andere Spieler in der vorhergehenden Periode getan hat.

Normalerweise erwartet ein Oligopolist, dass er in seinem Geschäftsfeld viele Jahre tätig sein wird, und er weiß, dass seine heutige Entscheidung, ob er die anderen betrügt oder nicht, mit hoher Wahrscheinlichkeit die Art und Weise beeinflusst, in der er von den anderen Unternehmen zukünftig behandelt wird. Ein kluger Oligopolist entscheidet daher nicht nur auf Basis der Auswirkungen seiner Entscheidung auf den kurzfristigen Gewinn. Vielmehr wird er ein **strategisches Verhalten** an den Tag legen, bei dem die Auswirkungen der eigenen Handlungen heute auf die zukünftigen Handlungen der anderen Spieler im Spiel berücksichtigt werden. Unter bestimmten Bedingungen können sich strategisch verhaltende Oligopolisten dann auch so verhalten, als hätten sie eine formale Absprache zur Zusammenarbeit getroffen.

Ein Unternehmen greift auf **strategisches Verhalten** zurück, wenn es versucht, die künftige Verhaltensweise anderer Unternehmen zu beeinflussen.

Nehmen wir einmal an, dass Bridgestone und Hitachi davon ausgehen, dass sie noch viele Jahre im Autoreifen-Geschäft tätig sein werden. Sie werden daher erwarten, dass sie das Spiel »Betrug« versus »Zusammenarbeit«, das in Abbildung 14-1 gezeigt wird, noch viele Male spielen werden. Würden sie sich tatsächlich wieder und wieder gegenseitig betrügen?

Vermutlich nicht. Nehmen wir an, Bridgestone zieht zwei Strategien in Betracht. In der ersten Strategie wird immer betrogen, es werden also 40 Millionen Autoreifen pro Jahr erzeugt, unabhängig davon, was Hitachi unternimmt. Bei der anderen Strategie verhält sich Bridgestone zunächst »ehrlich«, produziert im ersten Jahr also nur 30 Millionen Autoreifen und wartet ab, wie sich sein Rivale verhält. Falls Hitachi ebenfalls die Produktion auf niedrigem Niveau fährt, verhält sich Bridgestone auch weiterhin kooperativ und produziert im nächsten Jahr wiederum 30 Millionen Autoreifen. Produziert Hitachi dagegen 40 Millionen Autoreifen, zieht Bridgestone die Samthandschuhe aus und erzeugt im nächsten Jahr ebenfalls 40 Millionen Autoreifen. Diese letztere Strategie – kooperatives Verhalten zu Beginn, danach aber immer die gleiche Verhaltensweise an den Tag legen, die der andere Spieler in der vorhergehenden Periode ergriffen hat – wird allgemein als **»Tit for Tat«-Strategie** bezeichnet. Im Deutschen könnte man auch von einer »Wie Du mir, so ich Dir«-Strategie sprechen.

»Tit for tat« ist eine Form des strategischen Verhaltens, das wir gerade als ein Verhalten definiert haben, mit dem die künftigen Aktionen anderer Spieler beeinflusst werden sollen. »Tit for Tat« bietet dem anderen Spieler eine Belohnung für sein kooperatives Verhalten nach dem Motto »Verhältst du dich kooperativ, dann tue ich es auch!«. Gleichzeitig liefert diese Strategie eine Bestrafung für das Betrügen: »Betrügst du mich, dann erwarte nicht von mir, dass ich künftig nett zu dir bin!«.

Die Auszahlungen, die Bridgestone bei diesen Strategien jeweils erhält, hängen von der Strategie ab, die Hitachi wählt. Schauen wir uns die vier Möglichkeiten an, die in **Abbildung 14-3** gezeigt werden:

Abb. 14-3

Wie wiederholte Interaktion zu kollusivem Verhalten führen kann

Eine »Tit for Tat«-Strategie besteht darin, dass zunächst kooperativ gespielt wird und dann jeweils der Aktion des anderen Spielers gefolgt wird. Damit wird kooperatives Verhalten belohnt und nichtkooperatives Verhalten bestraft. Verhält sich der andere Spieler betrügerisch, führt »Tit for Tat« nur zu einem kurzfristigen Verlust im Vergleich zu einer Strategie »Immer betrügen«. Spielt der andere Spieler »Tit for Tat«, führt das eigene »Tit for Tat« zu einem langfristigen Gewinn. Ein Unternehmen, das erwartet, dass andere Unternehmen »Tit for Tat« spielen, hat gute Gründe, sich ebenfalls so zu verhalten, was zu erfolgreichem kollusivem Verhalten führt.

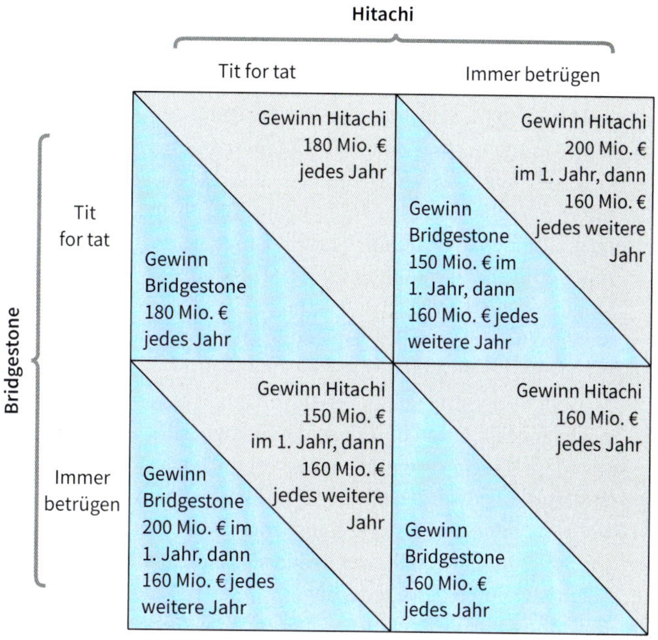

1. Spielt Bridgestone »Tit for Tat« und macht Hitachi das Gleiche, erzielen beide Unternehmen jedes Jahr einen Gewinn von 180 Millionen Euro.
2. Spielt Bridgestone »Immer betrügen« und Hitachi »Tit for Tat«, erzielt Bridgestone im ersten Jahr einen Gewinn von 200 Millionen Euro, in den Folgejahren aber nur noch 160 Millionen Euro.
3. Spielt Bridgestone »Tit for Tat«, aber Hitachi »Immer betrügen«, erzielt Bridgestone im ersten Jahr einen Gewinn von nur 150 Millionen Euro, aber in allen Folgejahren erzielt Bridgestone 160 Millionen Euro.
4. Spielt Bridgestone »Immer betrügen« und macht Hitachi das Gleiche, erzielen beide Unternehmen jedes Jahr einen Gewinn von 160 Millionen Euro.

Welche Strategie ist besser? Im ersten Jahr stellt sich Bridgestone besser, wenn es »Immer betrügen« spielt, unabhängig davon, welcher Strategie der Rivale folgt: Bridgestone stellt damit sicher, dass es entweder 200 Millionen Euro oder 160 Millionen Euro erzielt. (Welche Auszahlung tatsächlich zustande kommt, hängt davon ab, ob Hitachi »Immer betrügen« oder »Tit for Tat« spielt.) Die erreichbaren Auszahlungen sind höher als die, die Bridgestone erzielen würde, wenn es im ersten Jahr »Tit for Tat« spielen würde: entweder 180 Millionen Euro oder 150 Millionen Euro. Ab dem zweiten Jahr führt die Strategie »Immer betrügen« bei Bridgestone nur noch zu 160 Millionen Euro pro Jahr, unabhängig von der Strategie, die Hitachi wählt.

Dieser Betrag ist geringer als der, den Bridgestone erzielen würde, wenn es »Tit for Tat« spielen würde: Für das zweite und alle folgenden Jahre würde Bridgestone niemals weniger als 160 Millionen Euro erzielen und könnte sogar 180 Millionen Euro erreichen, falls sich Hitachi auch für die »Tit for Tat«-Strategie entscheiden würde. Welche der beiden Strategien gewinnträchtiger ist, hängt also von zwei Dingen ab: von der Dauer des Spiels

Begrenzen Unternehmen ihre Produktion und erhöhen die Preise derart, dass auch die Gewinne der anderen steigen, obwohl es über diese Verhaltensweise keine formale Abmachung gibt, dann spricht man von **stillschweigender Zusammenarbeit** oder solidarischem Parallelverhalten bzw. von kollusivem Verhalten.

(wie viele Jahre das Spiel nach Meinung von Bridgestone gespielt wird) und welcher Strategie der Rivale folgt.

Geht Bridgestone davon aus, dass das Autoreifen-Geschäft in naher Zukunft vorbei ist, spielt es faktisch ein Einperioden-Spiel. Dann könnte Bridgestone versuchen, so viel Gewinn zu erzielen, wie es nur geht. Selbst dann, wenn Bridgestone davon ausgeht, noch viele Jahre im Autoreifen-Geschäft tätig zu sein (sich das Spiel mit Hitachi also noch sehr häufig wiederholt), aus irgendwelchen Gründen aber glaubt, dass Hitachi sich immer betrügerisch verhalten wird, sollte Bridgestone sich auch betrügerisch verhalten. Bridgestone sollte dann der Regel folgen »Grabe anderen die Grube, bevor du selbst in eine hineinfällst«.

Geht Bridgestone hingegen davon aus, dass es noch lange im Autoreifen-Geschäft bleiben wird und dass Hitachi vermutlich einer »Tit for Tat«-Strategie folgt, werden die Gewinne langfristig höher sein, wenn Bridgestone selbst auch einer »Tit for Tat«-Strategie folgt. Zwar ließen sich zu Beginn kurzfristig durch betrügerisches Verhalten höhere Gewinne erzielen, aber dies würde Hitachi ebenfalls zu betrügerischem Verhalten provozieren, was langfristig geringere Gewinne nach sich ziehen würde.

Wir lernen aus dieser Geschichte: Wenn Oligopolisten davon ausgehen, für eine längere Zeit im Wettbewerb miteinander zu stehen, kommen sie oft zu dem Ergebnis, dass es in ihrem eigenen Interesse ist, sich den anderen Unternehmen der Branche gegenüber kooperativ zu verhalten. Ein Oligopolist wird daher häufig seine Produktion derart beschränken, dass die Gewinne der anderen Unternehmen steigen, weil er erwartet, dass die anderen sich ähnlich verhalten werden. Obwohl diese Unternehmen keine Möglichkeit haben, eine einklagbare Vereinbarung zur Begrenzung der Produktionsmenge und zur Erhöhung der Preise abzuschließen, schaffen sie es, sich so zu verhalten, »als ob« sie eine derartige Vereinbarung abgeschlossen hätten. Geschieht dies, spricht man von **stillschweigender Zusammenarbeit**, oder solidarischem Parallelverhalten bzw. von kollusivem Verhalten. In der Fachliteratur findet man auch häufig den englischen Begriff »tacit collusion«.

WISSENSCHAFT UND PRAXIS

Das Auf und Ab eines Kartells

Die Organisation Erdöl exportierender Länder, kurz OPEC, umfasst 13 Staaten (Algerien, Angola, Äquatorialguinea, Gabun, Iran, Irak, die Republik Kongo, Kuwait, Libyen, Nigeria, Saudi-Arabien, Vereinigte Arabische Emirate und Venezuela), die mehr als 40 Prozent der weltweiten Ölexporte und mehr als 70 Prozent der nachgewiesenen Ölvorkommen kontrollieren. Anders als Unternehmen, denen eine Kartellbildung gesetzlich verboten ist, können Staaten bei der Festsetzung von Preisen tun, was sie wollen.

Über viele Jahre war die OPEC das größte, erfolgreichste und ökonomisch bedeutendste Kartell weltweit. Die OPEC-Mitglieder treffen sich regelmäßig, um Preise und Produktionsziele für Rohöl zu vereinbaren.

Abbildung 14-4 zeigt den Ölpreis (den Preis in Dollar für ein Barrel Rohöl – ein Barrel entspricht ca. 159 Litern) seit Ende der 1960er-Jahre. Die OPEC ließ erstmals ihre Muskeln im Jahr 1973 spielen: Im Zuge des israelisch-arabischen Krieges (Jom-Kippur-Krieg) beschränkten viele OPEC-Produzenten ihre Erdölförderung, und sie fanden die Ergebnisse so überzeugend, dass sie beschlossen, diese Praxis fortzusetzen. Im Zusammenhang mit den Wirren, die auf die Islamische Revolution im Iran von 1979 folgten, schossen die Ölpreise noch weiter in die Höhe.

Mitte der 1980er-Jahre jedoch zeigte sich eine regelrechte Ölschwemme auf den Weltmärkten, und das Unterlaufen der Absprachen durch OPEC-Mitglieder, die knapp bei Kasse waren, führte zu einem Preisverfall. Nach einem Strategiewechsel Ende der 1990er-Jahre konnte die OPEC ihren Einfluss wieder zurückgewinnen. Als mit Abstand größter Ölproduzent übernahm Saudi-Arabien die Rolle des »Ausgleichsproduzenten«: Es erlaubte den anderen Mitgliedsstaaten eine maximale Ölproduktion und passte dann seine eigene Ölproduktion so an, dass die vereinbarte Gesamtfördermenge der OPEC nicht überschritten wurde. Im Verlauf des Jahres 2008 erreichte der Ölpreis einen (kurzzeitigen) Höchststand von fast 150 Dollar je Barrel.

Anfang 2016 lag der Ölpreis jedoch unter 30 Dollar je Barrel. Rasant ansteigende Ölexporte Russlands (das Land ist drittgrößter Ölproduzent und verfügt gleichzeitig über die drittgrößten Ölreserven weltweit) hatten den Einfluss der OPEC auf den Ölpreis nahezu gebrochen. Aus diesem Grund verständigte sich die OPEC im Jahr 2016 mit Russland auf eine gemeinsame Begrenzung der Ölförde-

rung und konnte auf diese Weise einen stetigen Anstieg des Ölpreises erreichen.
Allerdings glauben nur wenige Marktbeobachter daran, dass die OPEC in der Lage sein wird, wieder die vollständige Kontrolle über den Ölpreis zu erlangen. Durch den starken Anstieg der Ölproduktion aus unkonventionellen Quellen (Schieferöl, Ölsande) sinkt der Anteil der Mengen, die die OPEC-Staaten kontrollieren, immer weiter. Für viele Schieferölproduzenten in den Vereinigten Staaten liegt die Gewinnschwelle bei einem Ölpreis von 60 Dollar. Steigt der Ölpreis über dieses Niveau, kommt es zu einer deutlichen Produktionsausweitung, die einen weiteren Preisanstieg nachhaltig dämpft. Und im Unterschied zu Russland ist es ziemlich unwahrscheinlich, dass die Ölproduzenten in den Vereinigten Staaten einer freiwilligen Fördermengenbegrenzung zustimmen.

Abb. 14-4: Die Höhen und Tiefen des Ölpreises

1 Barrel entspricht ca. 159 Liter.
Quelle: EIA Short-Term Energy Outlook, Juni 2022

Kurzzusammenfassung

- Ökonomen greifen auf die **Spieltheorie** zurück, um das Verhalten von Unternehmen zu analysieren, wenn Interdependenzen zwischen ihren **Auszahlungen** auftreten. Das Spiel kann durch eine **Auszahlungsmatrix** dargestellt werden. In Abhängigkeit von den Auszahlungen kann ein Spieler über eine **dominante Strategie** verfügen oder auch nicht.
- Hat jedes Unternehmen einen Anreiz zu betrügen, sind beide aber bei Unehrlichkeit schlechter gestellt, bezeichnet man diese Spielsituation als **Gefangenendilemma**.
- Spieler, die ihre wechselseitige Abhängigkeit nicht berücksichtigen, finden sich in einem **Nash-Gleichgewicht** wieder, das auch als **nichtkooperatives Gleichgewicht** bezeichnet wird. Wird ein Spiel jedoch wiederholt gespielt, kann es sein, dass sich die Spieler auf **strategisches Verhalten** einlassen, bei dem sie kurzfristige Gewinne aufgeben, um das künftige Verhalten zu beeinflussen.
- In wiederholten Gefangenendilemma-Spielen ist **»Tit for Tat«** oft eine gute Strategie, damit es zu einer erfolgreichen **stillschweigenden Zusammenarbeit** kommt.

ÜBERPRÜFEN SIE IHR WISSEN

1. Finden Sie das Nash-Gleichgewicht für die möglichen Aktionen in der Auszahlungsmatrix. Welche Aktionen maximieren die Gesamtauszahlung von Nikita und Margaret? Warum ist es unwahrscheinlich, dass sie diese Aktionen wählen werden, wenn sie nicht in irgendeiner Form miteinander kommunizieren können?

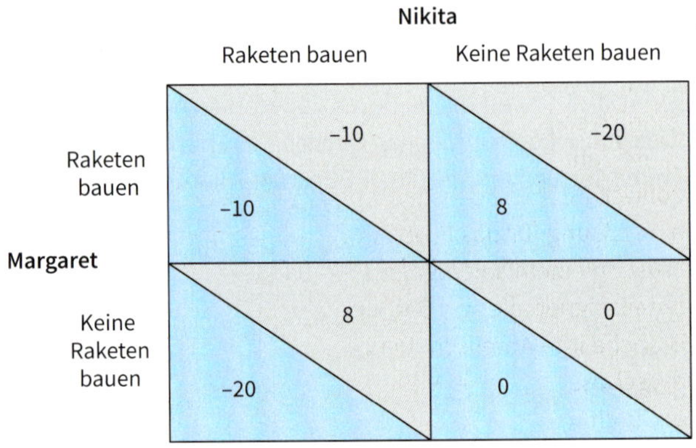

2. Welche Umstände lassen es wahrscheinlicher erscheinen, dass sich ein Oligopolist nichtkooperativ verhalten wird? Welche Faktoren erhöhen die Wahrscheinlichkeit für eine stillschweigende Zusammenarbeit? Erläutern Sie Ihre Antworten.
   a. Jeder Oligopolist erwartet, dass mehrere neue Unternehmen künftig in den Markt eintreten werden.
   b. Es ist für ein Unternehmen sehr schwierig, festzustellen, ob ein anderes Unternehmen seine Produktion erhöht hat.
   c. Die Unternehmen haben es für eine lange Zeit geschafft, nebeneinander zu bestehen und die Preise hochzuhalten.

14.4 Oligopole in der Praxis

In der Rubrik »Wissenschaft und Praxis« haben wir erfahren, dass die vier großen Schokoladenproduzenten in Kanada vermutlich mehrere Jahre lang Absprachen für Preiserhöhungen getroffen gaben. Doch wettbewerbsbeschränkende Verhaltensweisen sind, Gott sei Dank, nicht die Regel. Wie funktionieren aber Oligopole üblicherweise in der Praxis? Die Antwort hängt sowohl von den rechtlichen Rahmenbedingungen ab, die dem Verhalten der Unternehmen Grenzen setzen, als auch von den vorhandenen Möglichkeiten der Unternehmen, in einer bestimmten Branche ohne formale Vereinbarungen zu kooperieren.

Der rechtliche Rahmen

Um die oligopolistische Preissetzung in der Praxis verstehen zu können, müssen wir uns mit den rechtlichen Rahmenbedingungen vertraut machen, unter denen oligopolistische Unternehmen operieren. In den Vereinigten Staaten wurden Oligopole erstmals in der zweiten Hälfte des 19. Jahrhunderts zum Thema, als der Ausbau der Schienenwege, selbst eine oligopolistische Branche, für viele Güter nationale Märkte schuf. Als Folge der verbesserten Transportmöglichkeiten entstanden schnell große Unternehmen, die Öl, Stahl und viele andere Produkte erzeugten. Die Unternehmenseigentümer erkannten sehr schnell, dass höhere Gewinne möglich wären, wenn sie die Preiskonkurrenz beschränken könnten. Viele Branchen bildeten daher Kartelle, sie trafen also formale Vereinbarungen, mit denen die Produktion begrenzt und die Preise erhöht wurden. Bis zum Jahr 1890, in dem die ersten Bundesgesetze gegen derartige Kartelle verabschiedet wurden, war das völlig legal.

Diese Kartelle, obwohl legal, waren rechtlich jedoch nicht *durchsetzbar*. Das Kartell konnte also ein die Vereinbarung verletzendes Kartellmitglied gerichtlich nicht zu einer Produktionsverringerung zwingen. Und faktisch verletzten Kartellmitglieder sehr häufig die Vereinbarungen – genau aus dem Grund, den wir schon in unserem Duopol-Beispiel besprochen haben: Jedes Unternehmen in einem Kartell sieht sich stets einer Versuchung gegenüber, mehr zu produzieren als es eigentlich soll.

Im Jahr 1881 fanden clevere Anwälte von John D. Rockefellers Standard Oil Company eine Lösung für das Problem, den sogenannten Trust. In einem solchen Trust übergaben die Anteilseigner aller großen Unternehmen einer Branche ihre Anteilscheine einem Treuhänderausschuss, der die Unternehmen kontrollierte. Dadurch wurden die Unternehmen letztlich zu einer einzigen Firma verschmolzen, die zu monopolistischer Preissetzung in der Lage war. Auf diese Weise gelang es dem Standard Oil Trust faktisch, in der Ölindustrie ein Monopol zu errichten. Diesem folgten schon bald Trusts in anderen Bereichen, nämlich bei Zucker, Whisky und Leinsamenöl.

Schließlich gab es eine öffentliche Gegenbewegung, die zum Teil durch die Sorgen über die ökonomischen Effekte der Trust-Bewegung getrieben wurde, zum Teil aber auch durch die Furcht hervorgerufen wurde, dass die Trust-Eigentümer einfach zu mächtig werden. Das Ergebnis dieser Gegenbewegung war der sogenannte Sherman Antitrust Act von 1890, dessen Zweck es sowohl war, die Entstehung von weiteren Monopolen zu verhindern als auch die bestehenden Monopole zu zerschlagen. Zunächst wurde das Gesetz kaum umgesetzt. Über die folgenden Dekaden fühlte sich die Regierung in Washington aber zunehmend verpflichtet, es oligopolistischen Branchen entweder schwer zu machen, zum Monopol zu werden oder sich wie ein Monopol zu verhalten. Derartige regulatorische Maßnahmen bezeichnet man in den Vereinigten Staaten noch bis heute als **Antitrust-Politik**.

Zu den eindrucksvollsten Maßnahmen der frühen Antitrust-Politik gehört die Zerschlagung von Standard Oil im Jahr 1911. (Die Einzelunternehmen von Standard Oil bildeten die Keimzellen für viele der heute existierenden großen Ölgesellschaften: Standard Oil of New Jersey wurde zu Exxon, Standard Oil of New York wurde zu Mobil.) In den 1980er-Jahren führte ein lang andauerndes Verfahren schließlich zur Zerschlagung der Telefongesellschaft Bell, die in den Vereinigten Staaten einst über ein Monopol für Fernsprechdienste sowohl im Nah- als auch im Fernbereich verfügte.

Unter den weltweiten führenden Volkswirtschaften haben die Vereinigten Staaten aufgrund ihrer langen Tradition eine Vorreiterrolle in Sachen Antitrust-Politik. In anderen Volkswirtschaften war politisches Handeln gegen Preisabsprachen lange Zeit nicht an der Tagesordnung. Im Gegenteil, in einigen Ländern herrschte sogar die Überzeugung, dass man durch die Schaffung von Kartellen positive Effekte für die einheimische Wirtschaft im Kampf gegen ausländische Konkurrenten erzielen kann. Mittlerweile hat sich die Situation jedoch grundlegend geändert. Das Wettbewerbsrecht in der Europäischen Union geht unmittelbar auf die Gründungsdokumente der heutigen Europäischen Union zurück (die Römischen Verträge von 1957). Die EU-Wettbewerbsvorschriften werden durch die Artikel 101 bis 109 des Vertrages über die Arbeitsweise der Europäischen Union (AEUV) geregelt und durch die EU-Kommission gemeinsam mit den Wettbewerbsbehörden der Mitgliedstaaten unmittelbar durchgesetzt. So kann die EU-Kommission Preisabsprachen und andere wettbewerbsbeschränkende Maßnahmen wie Produktionsbegrenzungen untersagen, insbesondere dann, wenn die Maßnahmen den Handel zwischen den EU-Mitgliedstaaten beeinflussen. Die EU-Wettbewerbskommission besitzt eine umfassende Ermittlungsbefugnis und ist berechtigt, Unternehmen bei Verstoß gegen das EU-Wettbewerbsrecht Strafzahlungen aufzuerlegen. In der heutigen Zeit arbeiten die Wettbewerbsbehörden der Vereinigten Staaten und der EU bei der Verfolgung von Wettbewerbsverstößen häufig zusammen, da wettbewerbsbeschränkende Preisabsprachen zwischen Unternehmen im Zeitalter der Globalisierung nicht mehr national begrenzt sind.

Für Kartelle ist die Situation in den letzten Jahren also immer schwieriger geworden. Wie also verhalten sich Oligopolisten angesichts dieser Lage?

Antitrust-Politik bezieht sich auf Maßnahmen der Regierung, mit denen verhindert werden soll, dass oligopolistische Branchen zu Monopolverhalten greifen.

Stillschweigende Zusammenarbeit und Preiskämpfe

Wäre die Realität so einfach wie unser Autoreifen-Beispiel, wäre es für die Vorstände der Unternehmen wahrscheinlich nicht notwendig, sich zu treffen oder irgendetwas zu tun, was sie ins Ge-

LÄNDER IM VERGLEICH

Unterschiedliche Ansätze in der Wettbewerbspolitik

In der Europäischen Union ist die EU-Wettbewerbskommission für die Durchsetzung des Wettbewerbs- und Kartellrechts in den 27 Mitgliedstaaten zuständig. Die EU-Wettbewerbskommission ist befugt, Unternehmenszusammenschlüsse zu untersagen, den Verkauf von Tochterunternehmen anzuordnen und Strafzahlungen für Unternehmen zu verhängen, die auf unfaire Weise den Wettbewerb behindert haben.

Betroffene Unternehmen haben zwar das Recht auf eine Anhörung. Die EU-Wettbewerbskommission kann aber gegen das Unternehmen entscheiden und eine Strafe verhängen, wenn sie von ihrer Sache überzeugt ist. Kritiker bemängeln, dass die EU-Wettbewerbskommission damit gleichzeitig als Ankläger, Richter und Geschworener agiert.

Im Unterschied dazu werden Wettbewerbsverstöße in den Vereinigten Staaten vor Gericht verhandelt, wo die Anwälte der US-Wettbewerbsbehörde (Federal Trade Commission) ihre Beweise unabhängigen Richtern vorlegen müssen. Die Unternehmen beschäftigen wiederum Heerscharen von hoch qualifizierten und gut bezahlten Anwälten, um die Vorwürfe zu entkräften. Für die US-Wettbewerbsbehörde gibt es vor Gericht keine Erfolgsgarantie. In der Regel entscheiden die Gerichte sogar mehrheitlich zugunsten der Unternehmen und gegen den Staat. Außerdem haben die Unternehmen das Recht, negative Urteile anfechten zu lassen, sodass bis zum endgültigen Urteil mehrere Jahre vergehen können.

Es verwundert nicht, dass die Unternehmen das US-amerikanische System bevorzugen. Dies zeigt auch die Abbildung. In den letzten Jahren waren die Strafen für Wettbewerbsverstöße in der Europäischen Union deutlich höher als in den Vereinigten Staaten. Kritische Beobachter monieren Unzulänglichkeiten in beiden Systemen. Im langsamen, prozessfreudigen und teuren US-System müssen die Verbraucher und die konkurrierenden Unternehmen sehr lange auf Schutz vor wettbewerbswidrigen Praktiken warten. Und da die angeklagten Unternehmen vor Gericht oft die Oberhand behalten, stellt sich die Frage, wie gut die Verbraucher durch dieses System überhaupt geschützt werden. Dem System in der EU wird wiederum vorgeworfen, dass es die beschuldigten Unternehmen nicht ausreichend schützt.

Im Unterschied zu den US-Wettbewerbshütern scheuen sich die EU-Wettbewerbsbehörden nicht vor einer Verfolgung der großen multinationalen IT-Giganten wie Apple, Google oder Meta (Mutterkonzern von Facebook). Im Jahr 2017 verhängte die EU-Kommission eine Strafzahlung in Höhe von 2,4 Milliarden Euro gegen Google wegen Missbrauchs seiner marktbeherrschenden Stellung als Suchmaschinenbetreiber im Internet. Im Jahr 2018 wurde Google erneut für sein wettbewerbswidriges Verhalten bestraft, dieses Mal für Marktmissbrauch im Zusammenhang mit dem Smartphone-Betriebssystem Android. Die Höhe der Strafzahlung lag bei 4,3 Milliarden Euro. Während einige Stimmen den EU-Wettbewerbsbehörden vorwerfen, speziell US-amerikanische Unternehmen im Visier zu haben, weisen Marktbeobachter darauf hin, dass die Konsumenten vor Marktmissbrauch und Verletzung der Privatsphäre durch die IT-Giganten geschützt werden müssen. Die FTC (Federal Trade Commission) verfolgt das Vorgehen der EU-Wettbewerbsbehörden mit großer Aufmerksamkeit.

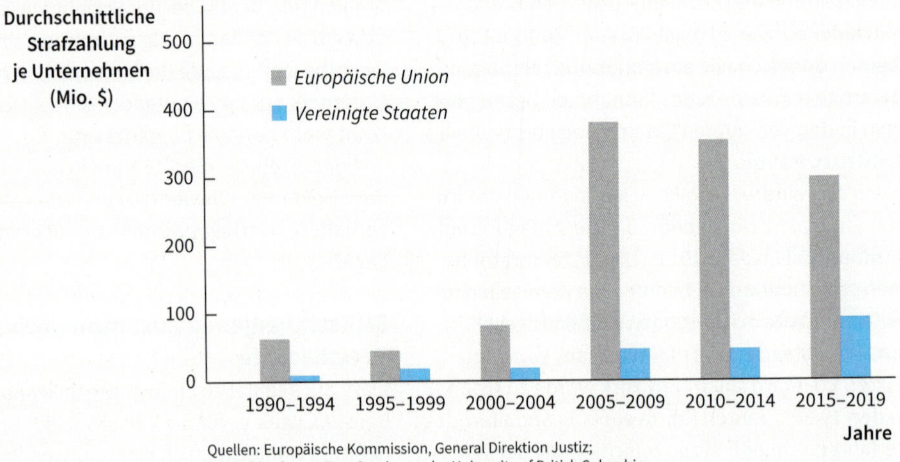

Quellen: Europäische Kommission, General Direktion Justiz;
PACIFIC Exchange Rate Service an der University of British Columbia

fängnis bringen könnte. Beide Unternehmen würden realisieren, dass eine Begrenzung der Produktion auf jeweils 30 Millionen Autoreifen in ihrem wechselseitigen Interesse liegt. Sie würden auch einsehen, dass jeder kurzfristige Vorteil eines Unternehmens aus der Erhöhung der Produktion sehr viel geringer wäre als die späteren Verluste, wenn das andere Unternehmen dann zurückschlägt. Auch ohne eine explizite Vereinbarung würden daher beide Unternehmen wahrscheinlich die stillschweigende Zusammenarbeit erreichen, die sie für die Maximierung ihrer gemeinsamen Gewinne benötigen.

Die Realität ist aber bei Weitem nicht so einfach. Gleichwohl scheinen die Anbieter in den meisten oligopolistischen Branchen über den größten Teil der Zeit erfolgreich darin zu sein, ihre Preise über dem nichtkooperativen Niveau zu halten. Anders gesagt: Stillschweigende Zusammenarbeit ist im Oligopol normal.

Obwohl stillschweigende Zusammenarbeit ein häufiges Phänomen ist, erlaubt sie einer Branche nur selten, die Preise bis zum Monopolniveau zu erhöhen: Die Kollusion ist in der Regel nur unvollkommen. Es gibt vier Faktoren, die es einer Branche schwer machen, hohe Preise abzustimmen.

1. Geringere Unternehmenskonzentration. In einer Branche mit einer geringeren Unternehmenskonzentration hat jedes Unternehmen einen kleineren Marktanteil als in einer Branche mit einer hohen Unternehmenskonzentration. Die Unternehmen haben dann einen größeren Anreiz zu nichtkooperativem Verhalten, da ein kleines Unternehmen von einer Produktionsausweitung vollständig profitiert, während mögliche Verluste durch Produktionsausdehnungen der Konkurrenten aufgrund des kleinen Marktanteils begrenzt sind. Eine Branche mit einer geringen Unternehmenskonzentration ist oft ein Indikator für geringe Markteintrittsschranken.

2. Komplexe Produkte und komplexe Preismodelle. In unserem Autoreifen-Beispiel produzieren die beiden Unternehmen lediglich ein Produkt. In der Realität verkaufen Oligopolisten jedoch oft Tausende oder vielleicht sogar Zehntausende verschiedene Produkte. Unter diesen Umständen ist es sehr schwierig nachzuverfolgen, was andere Unternehmen produzieren und welche Preise sie für ihre Produkte verlangen. Das erschwert die Einschätzung, ob sich ein anderes Unternehmen nicht mehr an ein stillschweigendes Abkommen hält.

3. Unterschiedliche Interessen. In dem betrachteten Autoreifen-Beispiel ist eine stillschweigende Übereinkunft der Unternehmen, den Markt gleichmäßig aufzuteilen, ein natürliches Ergebnis, das vermutlich für beide Firmen auch akzeptabel ist. In der Realität haben die Unternehmen jedoch oft unterschiedliche Wahrnehmungen darüber, was fair ist und in ihrem wirklichen Interesse liegt.

Als Beispiel wollen wir annehmen, dass Hitachi ein schon lange im Markt tätiger Autoreifen-Produzent ist, während Bridgestone erst kürzlich in die Branche eingetreten ist. Hitachi könnte sich daher auf den Standpunkt stellen, dass der eigene Marktanteil auch in Zukunft größer sein müsste als der von Bridgestone. Bridgestone könnte die Sache jedoch anders sehen und davon ausgehen, dass ein Marktanteil von 50 Prozent gerechtfertigt ist.

Alternativ könnten wir auch annehmen, dass die Grenzkosten von Bridgestone geringer sind als die von Hitachi. Selbst dann, wenn sich beide Unternehmen auf die Marktanteile einigen könnten, gäbe es immer noch Dissens über die Höhe des gewinnmaximierenden Produktionsniveaus.

4. Machtposition der Nachfrager. Häufig verkaufen Oligopolisten nicht an einzelne Konsumenten, sondern an große Nachfrager, wie zum Beispiel Industrieunternehmen oder große Handelsketten. Diese großen Käufer sind in einer Position, die es ihnen erlaubt, mit dem Oligopolisten über niedrigere Preise zu verhandeln: Sie können von den Oligopolisten Preisnachlässe verlangen und damit drohen, dass sie ihre Geschäfte zu Wettbewerbern verlagern, falls sie die Preisnachlässe nicht bekommen. Ein wichtiger Grund, warum große Einzelhändler wie Walmart oder Discounter wie Aldi und Lidl in der Lage sind, ihren Kunden niedrigere Preise als kleinere Einzelhändler bieten zu können, liegt genau in ihrer Fähigkeit, ihre Größe zur Durchsetzung niedrigerer Bezugspreise einzusetzen.

Die beschriebenen Schwierigkeiten, stillschweigende Zusammenarbeit auch durchzusetzen, haben in der Vergangenheit immer wieder dazu geführt, dass Unternehmen das Gesetz missachtet und Kartelle gegründet haben. Wir haben uns bereits mit den Fällen der Autoreifen-Industrie und der Schokoladenindustrie beschäftigt. Ein älterer, als klassisch zu bezeichnender Fall in den Vereinigten Staaten waren Preisabsprachen in der US-amerikanischen Elektroindustrie in den 1950er-Jahren, die zur Anklage und Verurteilung einer Reihe von Vorständen führten. Diese Industrie war eine, in der eine stillschweigende Zusammenarbeit besonders schwierig war, weil alle der eben diskutierten Gründe zusammentrafen. Es gab viele Unternehmen in der Industrie, 40 Firmen wurden angeklagt. Sie boten ein sehr komplexes Produktportfolio an, zum großen Teil mehr oder weniger kundenspezifische Produkte für spezielle Kunden. Sie unterschieden sich ganz erheblich in ihrer Größe, von Giganten wie General Electric bis hin zu Familienunternehmen mit lediglich ein paar Dutzend Angestellten. Schließlich handelte es sich bei ihren Kunden vielfach um große Nachfrager wie Stromversorger, die mit ihrer Käufermacht die Anbieter normalerweise zu Wettbewerbsverhalten bringen. Stillschweigende Vereinbarungen erschienen einfach nicht praktikabel, daher trafen sich Führungskräfte der beteiligten Unternehmen heimlich und illegal, um zu beschließen, wer für welchen Kontrakt welchen Preis bieten sollte.

Weil stillschweigende Vereinbarungen oft nur schwer zu erreichen sind, verlangen die meisten Oligopole Preise, die deutlich unter dem Niveau liegen, das die gleiche Branche verlangen würde, wenn sie von einem einzigen Unternehmen kontrolliert wird bzw. das sie verlangen würde, wenn sie zu expliziter Zusammenarbeit in der Lage wäre. Manchmal scheitert die Zusammenarbeit auch und es kommt zu einem **Preiskampf**, durch den die Preise auf das nichtkooperative Niveau sinken. In einigen Fällen sinken die Preise sogar *unter* dieses Niveau, dann nämlich, wenn die Anbieter wechselseitig versuchen, sich vom Markt zu verdrängen oder ein anderes Unternehmen bestrafen wollen, von dem sie glauben, dass es die stillschweigende Vereinbarung gebrochen hat.

Unternehmen betreiben **Produktdifferenzierung**, wenn sie versuchen, Konsumenten davon zu überzeugen, dass sich ihr eigenes Produkt von den Produkten anderer Unternehmen einer Branche unterscheidet.

Ein **Preiskampf** tritt auf, wenn die stillschweigende Zusammenarbeit zerbricht und die Preise kollabieren.

Produktdifferenzierung und Preisführerschaft

Autoreifen sind Autoreifen: Es ist keine Frage, dass Bridgestone und Hitachi das gleiche Produkt herstellen. Ebenso unzweifelhaft ist es, dass die Entscheidung, von welcher Firma die Nachfrager Autoreifen kaufen, ausschließlich auf dem Preis basiert.

In vielen Oligopolen erzeugen die Unternehmen jedoch Produkte, die von den Konsumenten zwar als ähnlich, nicht aber als identisch betrachtet werden. Ein Preisunterschied von 10 Euro wird nicht viele Kunden dazu veranlassen, von einem Samsung Galaxy zu einem iPhone von Apple zu wechseln.

Manchmal existieren reale Produktunterschiede, wie etwa zwischen Froot Loops und Wheaties. Manchmal, wie bei verschiedenen Wodka-Marken (Wodka hat, so wird gesagt, keinen Eigengeschmack), existieren diese Unterschiede aber auch nur in den Vorstellungen der Konsumenten. Wie dem auch immer sei, die Folge derartiger Produktunterschiede ist eine Verminderung der Wettbewerbsintensität zwischen den Unternehmen: Die Kunden werden sich nicht in Massen auf das billigste Produkt stürzen.

Man kann sich leicht vorstellen, dass Oligopolisten die zusätzliche Marktmacht begrüßen, die sich daraus ergibt, dass Verbraucher meinen, das Produkt eines Unternehmens unterscheide sich von dem der Wettbewerber. In vielen oligopolistischen Branchen streben Unternehmen mit erheblichem Aufwand danach, ihr Produkt in den Augen der Verbraucher andersartig zu machen. Sie versuchen eine **Produktdifferenzierung** zu erreichen.

Ein Unternehmen, das versucht, seine Produkte zu differenzieren, kann das auf dem Weg erreichen, dass es sein Produkt tatsächlich ändert, indem es irgendwelche »Extras« hinzufügt oder ein andersartiges Design wählt. Das Unternehmen kann aber auch Werbung und Marketing-Kampagnen einsetzen, um in der Vorstellung der Verbraucher eine Differenzierung hervorzurufen, selbst dann, wenn das eigene Produkt mehr oder weniger mit den Produkten der Konkurrenten identisch ist.

Ein klassisches Beispiel dafür, wie man Verbraucher dazu bringen kann, Produkte als unterschiedlich anzusehen, selbst wenn sie fast völlig identisch sind, sind rezeptfreie Medikamente. Für viele Jahre gab es lediglich drei häufig verkaufte Schmerzmittel: Acetylsalicylsäure (Aspirin®), Ibuprofen und Acetaminophen. Diese generischen Schmerzmittel wurden jedoch unter einer Reihe von Markennamen verkauft. Jede Marke verwendete Marketingkampagnen, mit der die Überlegenheit in einem besonderen Bereich suggeriert werden sollte. (So zum Beispiel den Slogan »Enthält den Wirkstoff, den die meisten Ärzte empfehlen«.)

Wie auch immer die Produktdifferenzierung im Einzelnen aussieht, so ist festzustellen, dass Oligopolisten, die differenzierte Produkte herstellen, häufig eine stillschweigende Vereinbarung erreichen, nicht über den Preis in Wettbewerb miteinander zu treten. Zu der Zeit, als die große Mehrheit der in den Vereinigten Staaten verkauften Autos noch von den sogenannten großen Drei (General Motors, Ford, Chrysler) hergestellt wurde, gab es z. B. eine Art ungeschriebenes Gesetz, dass keines der drei Unternehmen versucht, Marktanteile dadurch zu erringen, dass es Autos deutlich billiger verkauft als die anderen beiden Konkurrenten.

Wer entscheidet dann aber über den Preis eines Autos? Nun, normalerweise war es General Motors, das größte der drei Unternehmen, das als erstes seine Preise für das betreffende Jahr bekanntgab. Die anderen Unternehmen schlossen sich dann an. Dieses Verhaltensmuster, bei dem ein Unternehmen stillschweigend die Preise für die Branche insgesamt bildet, wird als **Preisführerschaft** bezeichnet.

In den Märkten, in denen es eine stillschweigende Vereinbarung zwischen den Unternehmen gibt, nicht über den Preis in Wettbewerb miteinander zu treten, gibt es dafür oft einen umso heftigeren **nichtpreislichen Wettbewerb**. Dieser nichtpreisliche Wettbewerb erstreckt sich beispielsweise auf die Einführung neuer Produkteigenschaften oder auf umfangreiche Werbekampagnen, mit denen die Überlegenheit des eigenen Produktes gegenüber den Produkten der Rivalen deutlich gemacht werden soll.

Am einfachsten lässt sich diese Mischung aus Kooperation und Wettbewerb in derartigen Branchen vielleicht mithilfe einer politischen Analogie verstehen. Während des langen Kalten Krieges zwischen den Vereinigten Staaten und der früheren Sowjetunion begaben sich beide Länder in eine intensive Rivalität um ihren globalen Einfluss. Sie beschränkten sich nicht allein darauf, ihren Verbündeten finanzielle und militärische Hilfe zur Verfügung zu stellen, sondern sie unterstützten manchmal auch Kräfte, die die Regierungen von Alliierten des jeweiligen Rivalen stürzen wollten. (So unterstützte etwa die damalige Sowjetunion in den 1960er- und den frühen 1970er-Jahren den Vietkong und die Vereinigten Staaten stützten von 1979 bis zum Zusammenbruch der Sowjetunion im Jahr 1991 in Afghanistan die Taliban.) In einigen Fällen schickten sie sogar eigene Soldaten zur Unterstützung der verbündeten Regierung gegen die Rebellen (wie etwa die Vereinigten Staaten in Vietnam oder die Sowjetunion in Afghanistan). Sie ließen sich jedoch nicht auf eine militärische Konfrontation mit dem jeweils anderen ein. Ein offener Krieg zwischen den beiden Supermächten wurde von beiden als zu gefährlich betrachtet, und stillschweigend vermieden.

Preiskämpfe sind nicht so gravierend wie Kriege, bei denen geschossen wird, aber das Prinzip ist das Gleiche.

Welche Bedeutung hat das Oligopol?

Wir haben gesehen, dass das Oligopol in einzelnen Branchen deutlich häufiger anzutreffen ist als das Monopol oder die vollständige Konkurrenz. Die übliche Herangehensweise der Ökonomen besteht darin, von im Eigeninteresse handelnden Unternehmen auszugehen, um zu untersuchen, welche Interaktionen zwischen diesen Wirtschaftssubjekten auftreten werden. Bei der Analyse des Oligopols mussten wir feststellen, dass dieser Ansatz nicht so gut funktioniert wie gehofft, da wir bei einem Oligopol nicht wissen können, ob sich die konkurrierenden Unternehmen nichtkooperativ verhalten oder ob sie irgendwie zusammenarbeiten.

Aber ist unsere Analyse aus früheren Kapiteln, die auf der vollständigen Konkurrenz basierte, mit Blick auf die weite Verbreitung des Oligopols überhaupt noch von Nutzen?

Die überwältige Mehrheit der Ökonomen ist davon überzeugt. Zum einen sind wichtige Bereiche der Volkswirtschaft durch die vollständige Konkurrenz ziemlich treffend beschrieben. Und auch wenn es in viele Branchen einen oligopolistischen Markt gibt, ist die Möglichkeit zur Zusam-

Bei **Preisführerschaft** setzt zunächst ein Unternehmen die Preise und die anderen Unternehmen folgen.

Unternehmen, zwischen denen es eine stillschweigende Übereinkunft gibt, nicht über den Preis in Wettbewerb miteinander zu treten, führen oft einen intensiven **nichtpreislichen Wettbewerb**, bei dem sie Werbung und andere Mittel einsetzen, um ihre Erlöse zu steigern.

menarbeit in vielen Fällen begrenzt, sodass die Preise in der Nähe der Grenzkosten liegen. Mit anderen Worten ist in diesen Branchen also fast vollständige Konkurrenz zu beobachten.

Gleichzeitig gelten die Erkenntnisse aus der Analyse von Angebot und Nachfrage oft auch für Oligopole. So haben wir z. B. in Kapitel 5 gelernt, dass Preiskontrollen zu Knappheiten führen. Streng genommen gilt diese Aussage nur für Branchen mit vollständiger Konkurrenz. Aber als die US-Regierung in den 1970er-Jahren Preiskontrollen in der Ölindustrie einführte, die definitiv oligopolistisch war, kam es tatsächlich zu Knappheiten und Schlangen an den Tankstellen.

Wie wichtig ist es also, oligopolistische Marktstrukturen zu berücksichtigen? Die meisten Ökonomen verfolgen hier einen pragmatischen Ansatz. Da die Analyse bei Oligopolen deutlich schwieriger und komplexer ist als bei vollständiger Konkurrenz, greifen Ökonomen in den Situationen, in denen die Besonderheiten des Oligopols nicht von entscheidender Bedeutung sind, auf die Arbeitshypothese einer vollständigen Konkurrenz zurück. Sie sind sich aber immer der Möglichkeit bewusst, dass die Besonderheiten des Oligopols eine Rolle spielen könnten und wissen gleichzeitig, dass es wichtige Themen gibt, angefangen von der Wettbewerbspolitik bis hin zu Preiskämpfen, bei denen das Verständnis des oligopolistischen Verhaltens von entscheidender Bedeutung ist.

WISSENSCHAFT UND PRAXIS

In der Weihnachtszeit werden die Spielzeugabteilungen und Webseiten der US-amerikanischen Einzelhändler regelmäßig zum Schauplatz eines unglaublichen Preiskampfes. Marktbeobachter verfolgen mit großer Aufmerksamkeit, welcher Einzelhändler die wichtigste Phase des Jahres für sich entscheiden wird. Dabei hat der Online-Handel, der im Jahr 2019 gut ein Viertel aller Umsätze in der Weihnachtszeit ausmachte, dem Preiskampf eine neue Dimension gegeben. Im Internet kommt es zu einem dramatischen Unterbietungswettlauf, der nicht nur kleine und große Einzelhändler, sondern auch die Lieferanten leiden lässt. Insbesondere zwischen Amazon und Walmart hat sich ein Duell entwickelt, das nach Ansicht von Experten über einen normalen Preiskampf weit hinausgehen könnte. Verschiedene Studien haben gezeigt, dass Amazon die besten Preise macht. In der Vergangenheit musste sich Konkurrent Walmart im Preiswettbewerb regelmäßig geschlagen geben, da man sich immer noch auf den Absatz in den Filialen vor Ort konzentrierte.

In der Weihnachtszeit 2019 wurde allerdings deutlich, dass Walmart aufgeholt hat. Bei beliebten Artikeln lagen Amazon und Walmart preislich nahezu gleichauf. Über das Thanksgiving-Wochenende 2019 konnte man im Internet bei Walmart 40 Sonderangebote mit einem Rabatt von durchschnittlich 34 Prozent kaufen, bei Amazon gab es 20 Sonderangebote mit durchschnittlich 37 Prozent Rabatt. Außerdem bot Walmart Preisnachlässe für Kunden an, die ihre Bestellung in einer Filiale vor Ort abholten in der Hoffnung, dass die Kunden bei der Abholung vor Ort weitere Einkäufe tätigen würden.

Neben dem direkten Preiskampf setzen Einzelhändler auch andere Verkaufsstrategien ein, wie zum Beispiel die Verknüpfung von Produkten mit bestimmten Dienstleistungen (kostenlose Montage beim Kunden), die Einführung von zeitlich begrenzten Rabatten oder das Angebot von kundenspezifischen Produkten. Der Wettbewerbsdruck ist unverkennbar. Im Einzelhandel beginnt die Weihnachtssaison jedes Jahr ein bisschen früher – immer genau dann, wenn der erste Einzelhändler seine Preise senkt in der Hoffnung, seinen Konkurrenten damit Umsätze streitig machen zu können. Noch vor wenigen Jahren markierte der Freitag nach Thanksgiving Ende November, den man auch als »Black Friday« bezeichnet, den Auftakt der Weihnachtssaison. Mittlerweile startet die Weihnachtssaison im US-amerikanischen Einzelhandel schon Ende Oktober zu Halloween.

Marktbeobachter merken allerdings an, dass es sich ungeachtet der Rabattschlachten nicht um einen ruinösen Preiskampf handelt. Sie sehen vielmehr Anzeichen für einen strategischen Preiskampf, schließlich will am Ende kein Einzelhändler wirklich Geld verlieren.

Kurzzusammenfassung

- Das Verhalten von Oligopolen wird durch rechtliche Restriktionen der **Antitrust-Politik** in Form von Antitrust- bzw. Wettbewerbsgesetzen beschränkt. Vielen gelingt es jedoch, zu einer stillschweigenden Zusammenarbeit zu gelangen.
- Die stillschweigende Zusammenarbeit wird durch eine Reihe von Faktoren beschränkt. Zu diesen Faktoren gehören eine große Anzahl von Unternehmen in der betreffenden Branche, komplexe Preismodelle, Interessenkonflikte zwischen den Unternehmen sowie die Machtposition der Nachfrager. Bricht die Kollusion zusammen, dann kommt es oft zu einem **Preiskampf**.
- Um den Wettbewerb in Grenzen zu halten, greifen Oligopolisten häufig auf **Produktdifferenzierung** zurück. Kommt es zu Produktdifferenzierung, kann eine Branche manchmal eine stillschweigende Zusammenarbeit durch **Preisführerschaft** erreichen.
- Oligopolisten vermeiden oft einen direkten Preiswettbewerb. Stattdessen greifen sie zu Mitteln des **nichtpreislichen Wettbewerbs**, wie etwa Werbung und andere Maßnahmen.

ÜBERPRÜFEN SIE IHR WISSEN

Welcher der folgenden Tatbestände lässt wahrscheinlich die Schlussfolgerung zu, dass es in der betrachteten Branche eine stillschweigende Zusammenarbeit gibt? Welcher nicht? Bitte erläutern Sie Ihre Antwort.

a. Viele Jahre lang hat sich der Preis in einer Branche in unregelmäßigen Abständen geändert. Alle Unternehmen dieser Branche verlangen den gleichen Preis. Das größte Unternehmen gibt einen Katalog heraus, der »empfohlene« Verkaufspreise enthält. Preisänderungen fallen mit Änderungen im Katalog zusammen.

b. In der betrachteten Branche hat es im Zeitverlauf erhebliche Veränderungen bei den Marktanteilen der Unternehmen gegeben.

c. Die Unternehmen der betrachteten Branche bauen in ihre Produkte überflüssige Eigenschaften ein, die es den Konsumenten erschweren, von den Produkten des einen Unternehmens auf die Produkte eines anderen Unternehmens zu wechseln.

d. Die Unternehmen treffen sich jährlich, um ihre Verkaufsprognosen zu diskutieren.

e. Die Unternehmen der betrachteten Branche tendieren dazu, ihre Preise immer zur gleichen Zeit nach oben anzupassen.

Unternehmen in Aktion: Das vermeintliche Geständnis

In Großbritannien gibt es zwei Langstrecken-Fluggesellschaften: British Airways und Konkurrent Virgin Atlantic. Obwohl British Airways mit einem Marktanteil zwischen 50 und 100 Prozent bei Langstreckenflügen nach Nordamerika dominiert, hat sich Virgin Atlantic als hartnäckiger Konkurrent erwiesen.

In der Konkurrenz zwischen beiden Fluggesellschaften gab es Phasen einer fast friedlichen Koexistenz ebenso wie Phasen einer offenen Feindschaft. In den 1990er-Jahren verlor British Airways ein Gerichtsverfahren, in dem dem Unternehmen vorgeworfen wurde, Virgin Atlantic mit unlauteren Methoden aus dem Markt drängen zu wollen.

Im April 2010 sah es aber so aus, als ob sich das Blatt für British Airways gewendet hat.

Nach Ermittlungen der britischen Wettbewerbsbehörde begann alles Mitte Juli 2004, als die Ölpreise stiegen. Die beiden Fluggesellschaften hätten sich daraufhin abgesprochen, Kerosinzuschläge zur Kompensation der höheren Treibstoffkosten von den Passagieren zu erheben. Dazu hätten die beiden Konkurrenten in den folgenden zwei Jahren ein Kartell gebildet, um die Anhebung des Kerosinzuschlages zu koordinieren. Den ersten Kerosinzuschlag auf Langstreckenflüge in Höhe von 5 Britischen Pfund führte British Airways ein, als der Ölpreis bei rund 38 Dollar je Barrel lag. Anschließend wurde der Kerosinzuschlag sechsmal erhöht und lag im Jahr 2006 bei einem Ölpreis von rund 69 Dollar bei 70 Britischen Pfund. Zu dieser Zeit erhob auch Virgin Atlantic einen Kerosinzuschlag in Höhe von 70 Britischen Pfund. Die Zuschläge wurden immer nacheinander innerhalb von wenigen Tagen angehoben.

Irgendwann entschloss sich die Unternehmensspitze von Virgin Atlantic dazu, einen Wettbewerbsverstoß zu melden und sicherte sich im Gegenzug dafür Straffreiheit. British Airways suspendierte umgehend die unter Verdacht stehenden Manager und zahlte Strafen in Höhen von fast 500 Millionen Dollar an die US-amerikanischen und die britischen Wettbewerbsbehörden. Im Jahr 2010 wurden vier Manager von British Airways von den britischen Behörden wegen der vermuteten Beteiligung an illegalen Preisabsprachen vor Gericht gestellt.

Die Verteidiger der Angeklagten verwiesen darauf, dass der Austausch von Informationen zwischen den beiden Fluggesellschaften kein Beweis für eine kriminelle Verschwörung sei. Sie behaupteten, dass Virgin Atlantic aus Angst vor den US-amerikanischen Wettbewerbshütern ein kriminelles Verhalten gestanden hätte, bevor das Unternehmen überhaupt bestätigt hatte, dass es tatsächlich zu einer strafbaren Handlung gekommen sei. Aufgrund der strengen Wettbewerbsgesetze in den Vereinigten Staaten im Vergleich zu Großbritannien, so die Verteidigung, fühlen sich Unternehmen unter Druck gesetzt, Wettbewerbsverstöße anzuzeigen, um Untersuchungen zu vermeiden. Dadurch kommt es letzten Endes zu einem Wettrennen zwischen den Unternehmen, denn nur derjenige, der als Erster gesteht, bekommt Straffreiheit zugesichert. Die einzige Möglichkeit, sich als Unternehmen zu schützen, so argumentierte die Verteidigung, besteht darin, zu den Wettbewerbsbehörden zu gehen, selbst wenn man nichts Verbotenes getan habe. Durch diesen Schritt habe Virgin Atlantic sowohl in den Vereinigten Staaten als auch in Großbritannien Straffreiheit zugesichert bekommen, während gegen British Airways in beiden Ländern strafrechtliche Ermittlungen eingeleitet wurden.

Im Jahr 2011 fand der Gerichtsprozess ein überraschendes Ende, sowohl für Virgin Atlantic als auch für die britischen Wettbewerbshüter. Auf der Grundlage von E-Mails, die Virgin Atlantic dem Gericht zu übergeben hatte, kam das Gericht zu der Überzeugung, dass es keine ausreichenden Beweise dafür gibt, dass es überhaupt illegale Absprachen zwischen den beiden Fluggesellschaften gegeben hat. Das Gericht war so empört, dass es drohte, die Virgin Atlantic zugesicherte Straffreiheit wieder aufzuheben.

FRAGEN

1. Welchen Grund hätten Virgin Atlantic und British Airways gehabt, nach dem Anstieg des Ölpreises zu kooperieren? Bot sich der Markt für eine Kollusion an?
2. Woran würden Sie festmachen, ob es tatsächlich zu illegalem Verhalten gekommen ist? Gibt es auch andere Erklärungen als illegale Absprachen für die beobachtete Abfolge bei den Preiserhöhungen?
3. In welchem Dilemma steckten die beiden Fluggesellschaften und ihre Manager?

Zusammenfassung

1. Bei vielen Branchen handelt es sich um **Oligopole:** Es gibt nur wenige Anbieter. Ein **Duopol** ist eine spezifische Form des Oligopols mit nur zwei Anbietern (**Duopolisten**). Oligopole existieren aus mehr oder weniger den gleichen Gründen wie Monopole, allerdings sind die Ursachen schwächer ausgeprägt. Oligopole werden durch **unvollständige Konkurrenz** charakterisiert, bei dem Unternehmen zwar im Wettbewerb miteinander stehen, aber über Marktmacht verfügen.
2. Zwischen Oligopolen besteht **Interdependenz**, da das Verhalten eines Unternehmens (eines **Oligopolisten**) Auswirkungen auf die Gewinne der anderen Unternehmen hat. Die Unternehmen in einem Oligopol könnten ihre gemeinsamen Gewinne maximieren, indem sie als **Kartell** agieren. Sie würden dann die Produktionsmengen für jedes Unternehmen so festsetzen, als wären sie ein einzelner Monopolist. Wenn es Unternehmen schaffen, sich in dieser Weise zu verhalten, spricht man von **Kollusion** oder Zusammenarbeit. Jedes einzelne Unternehmen hat jedoch einen Anreiz, mehr zu produzieren als vereinbart und damit einem **nichtkooperativen Verhalten** zu folgen.
3. Eine Situation der Interdependenz, in der der Gewinn eines jeden Unternehmens signifikant davon abhängt, was andere Unternehmen machen, ist Gegenstand der **Spieltheorie.** Im Fall eines Spiels mit zwei Spielern hängt die **Auszahlung** jedes Spielers sowohl von seinen eigenen Aktionen als auch von den Aktionen des anderen ab. Diese Interdependenz kann als **Auszahlungsmatrix** dargestellt werden. In Abhängigkeit von der Struktur der Auszahlungen in der Auszahlungsmatrix kann ein Spieler über eine **dominante Strategie** verfügen, also über eine Aktion, die stets die beste ist, unabhängig davon, welche Aktion der andere Spieler unternimmt.
4. Duopolisten sehen sich einem bestimmten Spiel gegenüber, das als **Gefangenendilemma** bezeichnet wird. Handelt jeder Spieler unabhängig von seinem Mitspieler nur in seinem eigenen Interesse, ist das Ergebnis, das **Nash-Gleichgewicht** oder **nichtkooperative Gleichgewicht,** für beide Spieler schlecht. Unternehmen, die davon ausgehen, dass sie ein Spiel wiederholt spielen, legen häufig **strategisches Verhalten** an den Tag, bei dem sie versuchen, wechselseitig ihre künftigen Aktionen zu beeinflussen. Durch eine **»Tit for Tat«-Strategie** lässt sich **stillschweigende Zusammenarbeit** (kollusives Verhalten) erreichen.
5. Um die Fähigkeit der Oligopolisten zur Zusammenarbeit und zum Monopolverhalten zu begrenzen, verfolgen die meisten Regierungen eine **Antitrust-Politik** bzw. eine Wettbewerbspolitik, welche die Zusammenarbeit erschwert. In der Praxis ist jedoch stillschweigende Zusammenarbeit weitverbreitet.
6. Verschiedene Faktoren erschweren die Kollusion: eine große Anzahl von Unternehmen, komplexe Produkte und komplexe Preismodelle, unterschiedliche Interessen und die Verhandlungsmacht großer Nachfrager. Bricht die stillschweigende Kooperation zusammen, dann kommt es in der Regel zu einem **Preiskampf.** Oligopolisten versuchen, Preiskämpfe auf verschiedene Weise zu vermeiden. Zu diesen Vermeidungsstrategien gehören **Produktdifferenzierung** und **Preisführerschaft,** bei der ein Unternehmen die Preise für die gesamte Branche setzt. Eine weitere Möglichkeit ist der **nichtpreisliche Wettbewerb,** etwa durch Werbung.

SCHLÜSSELBEGRIFFE

- Oligopol
- Oligopolist
- unvollständige Konkurrenz
- Interdependenz
- Duopol
- Duopolist
- Kollusion
- Kartell
- nichtkooperatives Verhalten
- Spieltheorie
- Auszahlung
- Auszahlungsmatrix
- Gefangenendilemma
- dominante Strategie
- Nash-Gleichgewicht
- nichtkooperatives Gleichgewicht
- strategisches Verhalten
- »Tit for Tat«-Strategie
- stillschweigende Zusammenarbeit
- Antitrust-Politik
- Preiskampf
- Produktdifferenzierung
- Preisführerschaft
- nichtpreislicher Wettbewerb

15 Monopolistische Konkurrenz

LERNZIELE

- Was man unter **monopolistischer Konkurrenz** versteht.
- Warum Oligopolisten und Unternehmen in monopolistischer Konkurrenz ihre Produkte **differenzieren**.
- Wie Preise und Gewinne in der monopolistischen Konkurrenz kurz- und langfristig bestimmt werden.
- Warum monopolistische Konkurrenz mit einem Trade-off zwischen niedrigeren Preisen und größerer Produktvielfalt verbunden ist.
- Welche ökonomische Bedeutung Werbung und **Markennamen** haben.

Der größte Food Court der Vereinigten Staaten

Mehr als 40 Millionen Menschen besuchen jedes Jahr die *Mall of America* in Bloomington im US-Bundesstaat Minnesota, die mit über 500 Geschäften und einer Fläche von fast 500.000 m^2 das größte Einkaufszentrum in den Vereinigten Staaten ist. Und damit die Besucher auch genügend Energie zum Einkaufen haben, gibt es in der Mall mit über 70 Restaurants auch den größten Food Court der Vereinigten Staaten. Wenn sie Hunger haben, können die Besucher zu Panda Express, Chick-fil-A, Burger King, Long John Silvers, Kadob's Indian Grill, Buffalo Wild Wings, DeLeo Bros Pizza, Hooters, Panera Bread, Popeyes Louisiana Kitchen, Ruby Thai Kitchen und vielen anderen Anbietern gehen. Mit seiner riesigen Vielfalt ist der Food Court ein Mikrokosmos der US-amerikanischen Fast-Food-Branche.

Wie würden Sie die Fast-Food-Branche beschreiben? Einerseits handelt es sich offenkundig nicht um ein Monopol. Auf einem Food Court hat man die Wahl zwischen verschiedenen Anbietern, und es gibt tatsächlich Wettbewerb, beispielsweise zwischen Burger King und Hooters, wenn man Burger essen möchte, aber auch zwischen Burger-Restaurants und Pizzerias. Andererseits hat auch jeder Anbieter etwas von einem Monopol an sich, da jedes Restaurant eine andere Speisenauswahl im Angebot hat und ein anderes kulinarisches Erlebnis verspricht. Bei Burger King gibt es den Whopper, der über einer offenen Flamme gegrillt wird. Mag man lieber einen Big Mac, muss man zu McDonald's gehen. Jeder Anbieter von Fast Food offeriert also ein Produkt, das sich von den Konkurrenzprodukten unterscheidet.

In der Fast-Food-Branche wetteifern viele Unternehmen darum, die mehr oder weniger gleiche Nachfrage zu befriedigen: den Wunsch der Konsumenten nach etwas, was schmeckt, aber schnell zubereitet werden kann. Aber jedes Unternehmen verspricht, diese Nachfrage mit einem unverwechselbaren, differenzierten Produkt zu befriedigen – Produkte, die in den Augen der Konsumenten typischerweise nahe, aber keine vollkommenen Substitute darstellen.

Bieten viele Firmen differenzierte Produkte an, die miteinander im Wettbewerb stehen, so wie es in der Fast-Food-Branche der Fall ist, sagen Ökonomen, dass diese Branche durch *monopolistische Konkurrenz* bzw. monopolistischen Wettbewerb charakterisiert wird. Dies ist die vierte und letzte Marktform, mit der wir uns befassen wollen, nach vollständiger Konkurrenz, Monopol und Oligopol.

Wir beginnen mit einer etwas genaueren Definition der monopolistischen Konkurrenz und erläutern ihre charakteristischen Eigenschaften. Anschließend wollen wir untersuchen, auf welche Weise Unternehmen ihre Produkte differenzieren. Dieser Schritt wird uns zeigen, wie die monopolistische Konkurrenz funktioniert. Das Kapitel endet mit einer Diskussion einiger anhaltender Kontroversen bezüglich der Produktdifferenzierung, insbesondere wollen wir die Frage diskutieren, warum Werbung wirkungsvoll sein kann.

15.1 Was bedeutet monopolistische Konkurrenz?

Joe betreibt in einem großen Einkaufszentrum einen Imbiss-Stand, der »Wunder-Wok« heißt. Joe ist der einzige Anbieter von chinesischem Essen im Einkaufszentrum, in dem es aber mehr als ein Dutzend Alternativen gibt, die von »Best Burger« bis »Pizzeria Paradiso« reichen. Bei seiner Entscheidung, welchen Preis er für sein Essen verlangt, ist Joe klar, dass er diese Alternativen berücksichtigen muss: Selbst wenn die Leute normalerweise Bratnudeln bevorzugten, wären sie kaum bereit, bei Joe für ein Essen 15 Euro zu bezahlen, wenn sie woanders Hamburger, Pommes frites und ein Getränk für 4 Euro bekommen können.

Monopolistische Konkurrenz ist eine Marktform, bei der es in einer Branche viele miteinander im Wettbewerb stehende Produzenten gibt, von denen jeder ein differenziertes Produkt verkauft. Gleichzeitig gibt es langfristig freien Markteintritt und Marktaustritt.

Joe weiß aber auch, dass er nicht seinen gesamten Erlös einbüßen würde, wenn das Essen bei ihm etwas teurer ist als bei den anderen Anbietern. Chinesisches Essen ist nicht das Gleiche wie Hamburger oder Pizza. Einige Leute werden sich wirklich auf chinesisches Essen freuen, und sie werden zu Joe gehen, selbst dann, wenn sie für Hamburger weniger bezahlen müssen. Das gilt natürlich auch umgekehrt: Selbst dann, wenn chinesisches Essen etwas billiger ist, werden sich einige Leute für Hamburger entscheiden. Mit anderen Worten verfügt Joe also über etwas Marktmacht: Er hat eine *begrenzte* Möglichkeit, seinen eigenen Preis zu setzen.

Wie würde man Joes Situation beschreiben? Er ist definitiv kein Preisnehmer, folglich befindet er sich nicht in einer Situation vollständiger Konkurrenz. Man kann ihn aber auch wohl kaum als Monopolisten bezeichnen. Obwohl er der einzige Anbieter von chinesischem Essen in diesem Einkaufszentrum ist, sieht er sich doch dem Wettbewerb der anderen Standbetreiber gegenüber.

Es wäre aber auch falsch, ihn als Oligopolisten zu bezeichnen. Zum Oligopol gehört, wie wir gesehen haben, Wettbewerb zwischen einer kleinen Anzahl von Unternehmen in einer Branche, die durch bestimmte, wenn auch begrenzte Markteintrittsschranken gekennzeichnet ist und deren Gewinne hochgradig wechselseitig voneinander abhängig sind. Diese Interdependenz gibt Oligopolisten einen Anreiz, einen Weg zur Zusammenarbeit zu finden, selbst wenn das nur stillschweigend geschieht. In Joes Fall jedoch gibt es viele Verkäufer, zu viele, um eine stillschweigende Zusammenarbeit zu ermöglichen.

Ökonomen beschreiben Joes Situation als **monopolistische Konkurrenz**. Monopolistische Konkurrenz tritt vor allem in Dienstleistungsbranchen auf, wie bei Restaurants und Tankstellen. Wir finden monopolistische Konkurrenz aber auch in einigen Bereichen des produzierenden Gewerbes. Monopolistische Konkurrenz basiert auf drei Bedingungen: eine große Anzahl von im Wettbewerb miteinander stehenden Produzenten, differenzierte Produkte sowie langfristig freier Markteintritt und Marktaustritt.

In einem Markt mit monopolistischer Konkurrenz verfügt jeder Anbieter über einen gewissen Spielraum, den Preis für sein differenziertes Produkt zu setzen. Wie hoch der Preis gesetzt werden kann, wird durch die Konkurrenz bestimmt, der sich der betreffende Anbieter im Hinblick auf bestehende oder potenzielle Produzenten gegenübersieht, die ähnliche, aber nicht identische Güter anbieten.

Charakteristika monopolistischer Konkurrenz

Große Zahlen. In einer Branche mit monopolistischer Konkurrenz gibt es viele Anbieter. Eine derartige Branche sieht weder wie ein Monopol aus, in dem das Unternehmen auf keine Wettbewerber Rücksicht nehmen muss, noch wie ein Oligopol, in dem es jedes Unternehmen mit einer nur kleinen Zahl von Rivalen zu tun hat. Vielmehr hat jeder Anbieter viele Wettbewerber. So gibt es in großen Einkaufszentren viele Restaurants, entlang einer großen Bundesstraße viele Tankstellen und in beliebten Feriengebieten viele Hotels.

Differenzierte Produkte. In der monopolistischen Konkurrenz bietet jeder Produzent ein Produkt an, das die Nachfrager als etwas verschieden von den Produkten anderer Unternehmen ansehen, wobei aber diese anderen Produkte gleichzeitig als enge Substitute betrachtet werden. Gäbe es auf der Restaurantebene des Einkaufszentrums, auf der auch Joe seinen Stand betreibt, 15 Anbieter, die das gleiche Essen in der gleichen Qualität anbieten würden, dann läge vollständige Konkurrenz vor: Jeder Standbetreiber, der versuchen würde, einen höheren Preis durchzusetzen, müsste den Verlust seines gesamten Erlöses hinnehmen. Wenn aber »Wunder-Wok« der einzige Anbieter von chinesischem Essen ist, »Best Burger« der einzige Hamburger-Stand, »Pizzeria Paradiso« der einzige Pizza-Stand …, dann sieht die Sache anders aus. Die Produkte der einzelnen Anbieter unterscheiden sich (leicht) voneinander. Dadurch hat jeder Anbieter einen gewissen Spielraum, um seinen eigenen Preis zu setzen: Jeder Anbieter verfügt über eine bestimmte, wenn auch begrenzte Marktmacht.

Langfristig freier Markteintritt und Marktaustritt. In Branchen mit monopolistischer Konkurrenz können auf lange Sicht neue Produzenten mit ihren eigenen Produkten frei in den Markt eintreten. So könnten beispielsweise andere Essensverkäufer Stände im Einkaufszentrum eröffnen, wenn sie dies für gewinnträchtig halten würden. Darüber hinaus werden Unternehmen aus dem Markt ausscheiden, falls sie langfristig ihre Kosten nicht decken können.

Zusammenfassung. Monopolistische Konkurrenz unterscheidet sich also von den drei Marktformen, mit denen wir uns bislang befasst haben. Sie ist nicht das Gleiche wie vollständige Konkurrenz: Die Unternehmen haben ein gewisses Maß an Macht, um Preise zu setzen. Sie ist nicht das Gleiche wie das reine Monopol: Die Unternehmen sehen sich einem gewissen Maß an Konkurrenz gegenüber. Schließlich ist sie nicht das Gleiche wie das Oligopol: Weil es viele Unternehmen und freien Markteintritt gibt, existiert die Möglichkeit zur Zusammenarbeit nicht, die für ein Oligopol so wichtig ist.

Wir werden uns schon bald mit der Frage beschäftigen, wie Preise, Output und die Zahl der verfügbaren Produkte in einer Branche mit monopolistischer Konkurrenz bestimmt werden. Zunächst aber wollen wir etwas genauer untersuchen, was mit differenzierten Produkten gemeint ist.

Produktdifferenzierung

Produktdifferenzierung spielt in oligopolistischen Branchen häufig eine wichtige Rolle. In diesen Branchen vermindert die Produktdifferenzierung die Intensität des Wettbewerbs zwischen den Unternehmen, falls diese keine stillschweigende Kollusion erreichen können. Produktdifferenzierung spielt eine noch wichtigere Rolle in Branchen, die durch monopolistische Konkurrenz gekennzeichnet sind. Weil stillschweigende Zusammenarbeit im Fall vieler Produzenten so gut wie unmöglich ist, stellt Produktdifferenzierung den einzigen Weg dar, auf dem monopolistisch konkurrierende Unternehmen ein gewisses Maß an Marktmacht erzielen können.

Wie differenzieren Unternehmen, die in der gleichen Branche tätig sind (zum Beispiel Schnellrestaurants, Tankstellen oder Schokoladenhersteller), ihre Produkte? Manchmal besteht der Unterschied hauptsächlich in der Vorstellung der Konsumenten und nicht in den Produkten selbst. Wir werden die Rolle von Werbung und die Bedeutung von Markennamen zur Erreichung dieser Art von Produktdifferenzierung im weiteren Verlauf dieses Kapitels noch diskutieren. Im Allgemeinen differenzieren Unternehmen ihre Produkte jedoch – Überraschung! – dadurch, dass sie die Produkte tatsächlich mit unterschiedlichen Eigenschaften versehen.

Der Schlüssel zur Produktdifferenzierung liegt darin, dass die Konsumenten unterschiedliche Präferenzen aufweisen und bereit sind, für diese speziellen Präferenzen ein wenig mehr zu bezahlen. Dadurch kann sich jeder Produzent eine Marktnische suchen, indem er etwas herstellt, was den spezifischen Präferenzen einer bestimmten Konsumentengruppe besser entspricht als die Produkte anderer Unternehmen.

Es gibt drei wichtige Formen der Produktdifferenzierung:

1. Differenzierung durch Stil oder Typ,
2. Räumliche Differenzierung und
3. Differenzierung nach der Produktqualität.

Differenzierung durch Stil oder Typ. Die Anbieter auf der Restaurantebene von Joes Einkaufszentrum bieten verschiedene Typen von Fast Food an: Hamburger, Pizza, chinesisches Essen, mexikanisches Essen und vieles mehr. Jeder Konsument kommt mit einer bestimmten Präferenz für das eine oder das andere dieser Angebote in den Restaurantbereich. Diese Präferenz könnte von der Stimmung des Konsumenten abhängen, von seinen Essgewohnheiten oder von dem, was er an dem betreffenden Tag zuvor schon gegessen hat. Diese Präferenzen führen allerdings nicht zu einer völligen Preisindifferenz der Konsumenten: Läge der Preis für eine Frühlingsrolle bei 15 Euro, würden die Konsumenten wahrscheinlich nicht bei Joe's »Wunder-Wok« essen, sondern zur Pizzeria »Paradiso« gehen. Dennoch werden sich einige Menschen für ein teureres Gericht entscheiden, falls diese Art von Essen ihren Präferenzen besser entspricht. Die Produkte der verschiedenen Anbieter sind daher zwar Substitute, aber es handelt sich nicht um *vollkommene* Substitute, sondern um *unvollkommene Substitute*.

Die Restaurantbetreiber in einem Einkaufszentrum sind nicht die einzigen Verkäufer, die ihr Angebot durch Stil oder Typ differenzieren. Oberbekleidungsgeschäfte konzentrieren sich auf Damen- oder Herrenkleidung, auf Geschäfts- oder Sportbekleidung, auf einen modischen oder einen klassischen Stil und vieles andere. Autohersteller bieten Limousinen, Minivans, Geländefahrzeuge und Sportwagen an, wobei jeder Typ auf unterschiedliche Fahrergruppen zielt, die sich durch unterschiedliche Bedürfnisse und unterschiedliche Vorlieben auszeichnen.

Ein weiteres Beispiel für die Differenzierung durch Typ oder Stil sind Bücher. Krimis sind etwas anderes als Liebesromane. Innerhalb der Kriminalliteratur kann man zwischen Politikkrimis, klassischen Detektivgeschichten und Gesellschaftskrimis unterscheiden. Betrachtet man ein ganz spezielles Genre, wie etwa die sogenannte schwarze Serie der US-amerikanischen Kriminalromane, stellt man fest, dass keiner der Autoren exakt gleiche Geschichten liefert: Sowohl Raymond Chandler als auch Dashiell Hammett haben jeweils ihre eigenen Fans.

Tatsächlich ist die Produktdifferenzierung für die meisten Konsumgüter charakteristisch. Solange sich die Geschmäcker von Menschen unterscheiden, werden es Produzenten möglich und profitabel finden, eine Bandbreite von verschiedenen Angeboten zu produzieren.

Räumliche Differenzierung. Tankstellen entlang einer Straße bieten differenzierte Produkte an. Es ist schon richtig, dass es beim Benzin möglicherweise überhaupt keinen Unterschied gibt, aber die räumliche Ansiedlung der Tankstellen unterscheidet sich, und der Ort, an dem eine Tankstelle steht, hat für die Konsumenten Bedeutung. Es ist bequemer, in der Nähe der eigenen Wohnung oder des Arbeitsplatzes zu tanken, und natürlich tankt man auch bevorzugt in der Nähe des Ortes, an dem man sich gerade aufhält.

Tatsächlich bieten viele monopolistisch konkurrierende Branchen Güter an, die räumlich differenziert sind. Dies gilt insbesondere für Dienstleistungsbetriebe, wie etwa Reinigungen oder Friseure, bei denen sich Kunden oft für denjenigen Anbieter entscheiden, der in der Nähe ist, und nicht für den billigsten.

Differenzierung nach der Produktqualität. Haben Sie ein heftiges Verlangen nach Schokolade? Wie viel sind Sie bereit, dafür zu bezahlen? Es gibt Schokolade und es gibt Schokolade: Obwohl gewöhnliche Schokolade nicht sehr teuer ist, muss man bei Gourmet-Schokolade für jeden Bissen möglicherweise mehrere Euro hinlegen.

Bei Schokolade gibt es, wie bei vielen anderen Gütern, eine große Bandbreite möglicher Qualitäten. Man kann ein passables Fahrrad für weniger als 300 Euro kaufen; für ein ausgefalleneres Modell kann man aber auch problemlos mehr als das Sechsfache bezahlen. Es hängt alles davon ab, wie viel einem die zusätzliche Qualität bedeutet und wie hoch man den Verzicht auf die anderen Dinge wertet, die man mit diesem Geld hätte kaufen können.

Weil sich die Konsumenten in ihrer Bereitschaft unterscheiden, wie viel sie für höhere Qualität bereit sind zu zahlen, können Produzenten ihre Produkte durch Qualitätsunterschiede differenzieren: Einige bieten billige Produkte mit geringerer Qualität an, andere Produkte mit höherer Qualität zu einem höheren Preis.

Zusammenfassung. Produktdifferenzierung kann also in verschiedenen Formen auftreten. Unabhängig von der Form der Produktdifferenzierung gibt es ganz allgemein zwei wichtige Eigenschaften, die in Branchen mit differenzierten Produkten auftreten.

1. *Wettbewerb zwischen den Verkäufern:* Wettbewerb zwischen den Verkäufern bedeutet, dass die Verkäufer von differenzierten Produkten in einem gewissen Maß im Wettbewerb um einen begrenzten Markt stehen, obwohl sie keine identischen Güter anbieten. Treten weitere Anbieter in den Markt ein, wird jedes der ursprünglichen Unternehmen feststellen, dass es bei jedem gegebenen Preis nur noch eine geringere Menge verkaufen kann. Öffnet beispielsweise an einer Straße eine neue Tankstelle, wird jede der schon vorhandenen Tankstellen etwas weniger verkaufen als zuvor.
2. *Wert der Vielfalt:* Der Ausdruck »Wert der Vielfalt« bezieht sich auf die Gewinne der Konsumenten aus der Zunahme der Vielfalt an differenzierten Produkten. Bieten auf der Restaurantebene eines Einkaufszentrums acht Verkäufer ihre Produkte an, sind die Konsumenten glücklicher, als wenn es nur sechs Anbieter gäbe, selbst wenn die Preise die gleichen sind: Einige Kunden werden ein Essen erhalten, das eher dem entspricht, was sie sich vorgestellt hatten. Eine Straße, bei der es alle fünf Kilometer eine Tankstelle gibt, ist für die Autofahrer angenehmer als eine Straße, bei der die Tankstellen 20 Kilometer weit auseinander liegen.

Ist ein Produkt in vielen verschiedenen Qualitäten verfügbar, dann sind weniger Leute gezwungen, mehr für eine bestimmte Qualität auszugeben, die sie nicht benötigen, oder sich mit einer Qualität zufriedenzugeben, die unter dem liegt, was sie eigentlich wollten. Es gibt also, anders ausgedrückt, für die Kunden einen Nutzen aus einer größeren Vielfalt der verfügbaren Produkte.

WISSENSCHAFT UND PRAXIS

Tomatensaucen

Standen Sie im Supermarkt auch schon einmal vor dem Regal mit den vielen Tomatensaucen und konnten sich nicht entscheiden? Schuld an dieser Vielfalt an Tomatensaucen ist ein gewisser Howard Moskowitz. Vor 30 Jahren war die Sache viel einfacher. Da musste man sich nicht entscheiden, ob man eine Tomatensauce mit oder ohne Knoblauch, mit oder ohne Basilikum, mit oder ohne Chili, mit oder ohne Oregano, mit extra sonnengereiften Tomaten oder getrockneten Tomaten, mit oder ohne »Wasauchimmer« nimmt. Damals gab es in den Vereinigten Staaten nur zwei Anbieter von Tomatensaucen: Prego und Ragú. Und beide Unternehmen hatten genau eine Sauce im Angebot: einfache Tomatensauce.
In den späten 1980er-Jahren ging es Prego im Unterschied zu seinem Konkurrenten wirtschaftlich schlecht. Bei der Suche nach Wegen aus der Krise kam das Unternehmen zu der Erkenntnis, dass die Tomatensaucen von Prego und Ragú eigentlich nicht voneinander zu unterscheiden waren. Prego verzichtete jedoch auf einen Preiskampf, sondern engagierte stattdessen Howard Moskowitz. Der Marktforscher fand heraus, dass der Schlüssel zum Erfolg für Prego darin lag herauszufinden, was den Konsumenten schmeckt, und dieses Wissen dann umzusetzen. Moskowitz kreierte 45 verschiedene Tomatensaucen, die sich in allen erdenklichen Merkmalen voneinander unterschieden: Süße, Schärfe, Säure, Salzgehalt, Dickflüssigkeit und noch viel mehr. Was besonders überraschte, war eine Vorliebe der Konsumenten für eine extra stückige Tomatensauce, die es damals nicht gab, da sowohl Prego als auch Ragú nur stark pürierte, dünnflüssige Tomatensaucen im Angebot hatten. Im Jahr 1989 brachte Prego eine Auswahl an extra stückigen Tomatensaucen auf den Markt und war damit außerordentlich erfolgreich. Aus heutiger Sicht ist die Radikalität dieser Geschäftsstrategie schwer nachzuvollziehen. Aber vor 30 Jahren herrschte in der Lebensmittelbranche die Überzeugung, dass es darum gehen müsse, das ideale Produkt zu erschaffen, das alle Wünsche der Konsumenten gleichzeitig erfüllt. Prego und Ragú hatten dünnflüssige Tomatensaucen im Sortiment, weil eine richtige italienische Tomatensauce genau so aussah. Dann erkannte Prego, wie wichtig es ist, sich von seinem Konkurrenten zu unterscheiden, und verzichtete auf einen Preiskampf, der dem Unternehmen letztlich nur geschadet hätte. Und dann kam Moskowitz, der die Branche davon überzeugte, dem Wunsch der Konsumenten nach Vielfalt und unterschiedlichen Geschmacksrichtungen zu folgen. Wenn Sie also das nächste Mal ratlos vor einem Regal voller Tomatensaucen stehen, denken Sie an Howard Moskowitz.

Wie wir im nächsten Abschnitt erfahren werden, ist der Wettbewerb zwischen den Anbietern von differenzierten Produkten der Schlüssel zum Verstehen der Funktionsweise der monopolistischen Konkurrenz.

Kurzzusammenfassung

- Bei **monopolistischer Konkurrenz** gibt es viele miteinander im Wettbewerb stehende Produzenten, die jeweils ein differenziertes Produkt herstellen. Markteintritt und Marktaustritt sind langfristig möglich.
- Produktdifferenzierung kann sowohl in Oligopolen auftreten, bei denen keine stillschweigende Kollusion erreicht werden kann, als auch bei monopolistischer Konkurrenz. Produktdifferenzierung tritt in drei Formen auf: nach Stil oder Typ, nach Ort oder nach Qualität. Die Produkte von miteinander im Wettbewerb stehenden Anbietern werden als unvollkommene Substitute betrachtet.
- Die Anbieter stehen untereinander im Wettbewerb um den gleichen Markt. Der Eintritt neuer Produzenten reduziert daher bei jedem gegebenen Preis die Absatzmenge der bereits existierenden Anbieter. Darüber hinaus haben die Kunden einen Vorteil aus der höheren Vielfalt der Produkte.

ÜBERPRÜFEN SIE IHR WISSEN

1. Bei jeder der folgenden Waren und Dienstleistungen handelt es sich um differenzierte Produkte. Welche sind aufgrund monopolistischer Konkurrenz differenziert und welche nicht? Erläutern Sie Ihre Ansicht.
   a. Leitern,
   b. Erfrischungsgetränke,
   c. Kaufhäuser,
   d. Stahl.
2. Sie müssen entscheiden, welche von zwei vorgeschlagenen Marktformen eine Branche am besten beschreibt. Sie dürfen aber lediglich eine Frage in Bezug auf die Branche stellen. Welche Frage sollten Sie stellen, um zu bestimmen, ob es sich bei einer Branche um
   a. vollständige Konkurrenz oder monopolistische Konkurrenz, oder
   b. um ein Monopol oder monopolistische Konkurrenz handelt?

15.2 Wie funktioniert monopolistische Konkurrenz?

Wir wollen von einer Branche ausgehen, die durch monopolistische Konkurrenz charakterisiert wird: Sie besteht aus vielen Anbietern, die sich alle im Wettbewerb um die gleichen Kunden befinden, aber differenzierte Produkte anbieten. Wie verhält sich eine derartige Branche?

Wie der Begriff *monopolistische Konkurrenz* vermuten lässt, kombiniert diese Marktstruktur einige Eigenschaften, die typisch für das Monopol sind, mit anderen Eigenschaften, die typisch für die vollständige Konkurrenz sind. Weil jedes Unternehmen ein unterscheidbares Produkt anbietet, hat es etwas von einem Monopol an sich: Es sieht sich einer abwärts verlaufenden Nachfragekurve gegenüber und verfügt über ein gewisses Maß an Marktmacht, also über die Fähigkeit, innerhalb von bestimmten Grenzen, den Preis seines Produktes zu bestimmen. Anders als ein reiner Monopolist sieht sich ein monopolistisch konkurrierendes Unternehmen jedoch Konkurrenz gegenüber: Die Menge, die vom eigenen Produkt verkauft werden kann, hängt von den Preisen und den Produkten ab, die von den anderen Unternehmen der betreffenden Branche verlangt und angeboten werden.

Das gilt natürlich auch für ein Oligopol. Bei monopolistischer Konkurrenz gibt es jedoch im Unterschied zur kleinen Zahl von Anbietern, die ein Oligopol definiert, viele Produzenten. Dies bedeutet, dass die »Gretchenfrage« des Oligopols – Kollusion oder nichtkooperatives Verhalten – im Fall der monopolistischen Konkurrenz nicht auftritt. Natürlich ist es richtig, dass es in einem gemeinsamen Interesse wäre, wenn sich alle Tankstellen oder alle Restaurants einer Stadt explizit oder stillschweigend auf eine Preiserhöhung einigen könnten.

Eine derartige Kollusion ist jedoch so gut wie unmöglich, wenn die Zahl der Unternehmen groß ist und es keine Markteintrittsschranken gibt. In Situationen monopolistischer Konkurrenz können wir daher sicher davon ausgehen, dass sich Unternehmen nichtkooperativ verhalten, und wir können die Möglichkeit der Kollusion ignorieren.

Monopolistische Konkurrenz bei kurzfristiger Betrachtung

Die Unterscheidung zwischen kurzfristigem und langfristigem Gleichgewicht haben wir bereits in Kapitel 12 eingeführt. Im kurzfristigen Gleichgewicht wird die Anzahl der Unternehmen als gegeben betrachtet. Das langfristige Gleichgewicht wird dagegen erst erreicht, wenn genügend Zeit vergangen ist, um Unternehmen zu erlauben, in den Markt einzutreten oder aus ihm auszuscheiden. Bei der Analyse der monopolistischen Konkurrenz konzentrieren wir uns zunächst auf die kurzfristige Betrachtung. Anschließend wollen wir uns dann damit beschäftigen, wie sich ein Markt vom kurzfristigen zum langfristigen Gleichgewicht bewegt.

Die Diagramme (a) und (b) in **Abbildung 15-1** zeigen zwei mögliche Situationen, denen sich ein Unternehmen bei monopolistischer Konkurrenz kurzfristig gegenübersehen kann. In beiden Fällen könnte man einen ganz normalen Monopolisten vermuten: Das Unternehmen sieht sich einer abwärts geneigten Nachfrage gegenüber, die eine abwärts geneigte Grenzerlöskurve impliziert.

Wir nehmen an, dass sich jedes Unternehmen einer steigenden Grenzkostenkurve gegenübersieht, aber auch ein gewisser Fixkostenbetrag auftritt. Folglich verläuft die Kurve der durchschnittlichen Gesamtkosten u-förmig. Diese Annahme spielt bei kurzfristiger Betrachtung keine Rolle. Wie wir jedoch schon bald sehen werden, hat sie für das langfristige Gleichgewicht zentrale Bedeutung.

In beiden Fällen setzt das Unternehmen Grenzerlös gleich Grenzkosten, um seinen Gewinn zu maximieren. Wie unterscheiden sich dann beide Darstellungen? In Diagramm (a) erzielt das Unternehmen Gewinne, in Diagramm (b) nicht. (Denken Sie daran, dass wir immer den ökonomischen Gewinn meinen, also den Gewinn, bei dem alle Produktionsfaktoren ihre Opportunitätskosten verdienen, und nicht den buchhalterischen Gewinn).

In Diagramm (a) hat es das Unternehmen mit der Nachfragekurve D_P und der Grenzerlöskurve MR_P zu tun. Es produziert den gewinnmaximierenden Output Q_P, die Menge, bei der Grenzerlös und Grenzkosten gleich sind, und verkauft sie zum Preis P_P. Dieser Preis liegt oberhalb der durchschnittlichen Gesamtkosten für diese Produktionsmenge (ATC_P). Der Gewinn des Unternehmens wird durch die Fläche des blauen Rechtecks wiedergegeben.

In Diagramm (b) hat es das Unternehmen mit der Nachfragekurve D_U und der Grenzerlöskurve MR_U zu tun. Es wählt die Menge Q_U, bei der sich Grenzerlös und Grenzkosten entsprechen. In diesem Fall liegt der Preis P_U jedoch unterhalb der durchschnittlichen Gesamtkosten ATC_U. Bei dieser Menge verliert das Unternehmen also Geld. Sein Verlust entspricht der Fläche des grauen Rechtecks. Weil Q_U die gewinnmaximierende Menge ist – was in diesem Fall Verlustminimierung bedeutet –, gibt es für ein Unternehmen in dieser Situation keine Möglichkeit, einen Gewinn zu erzielen. Die Tatsache, dass die Kurve der durchschnittlichen Gesamtkosten in Diagramm (b) für jede Produktionsmenge oberhalb der Nachfragekurve D_U liegt, bestätigt diese Überlegung. Weil $ATC > P$ für jede beliebige Produktionsmenge gilt, erleidet dieses Unternehmen immer einen Verlust.

Abb. 15-1

Das monopolistisch konkurrierende Unternehmen bei kurzfristiger Betrachtung

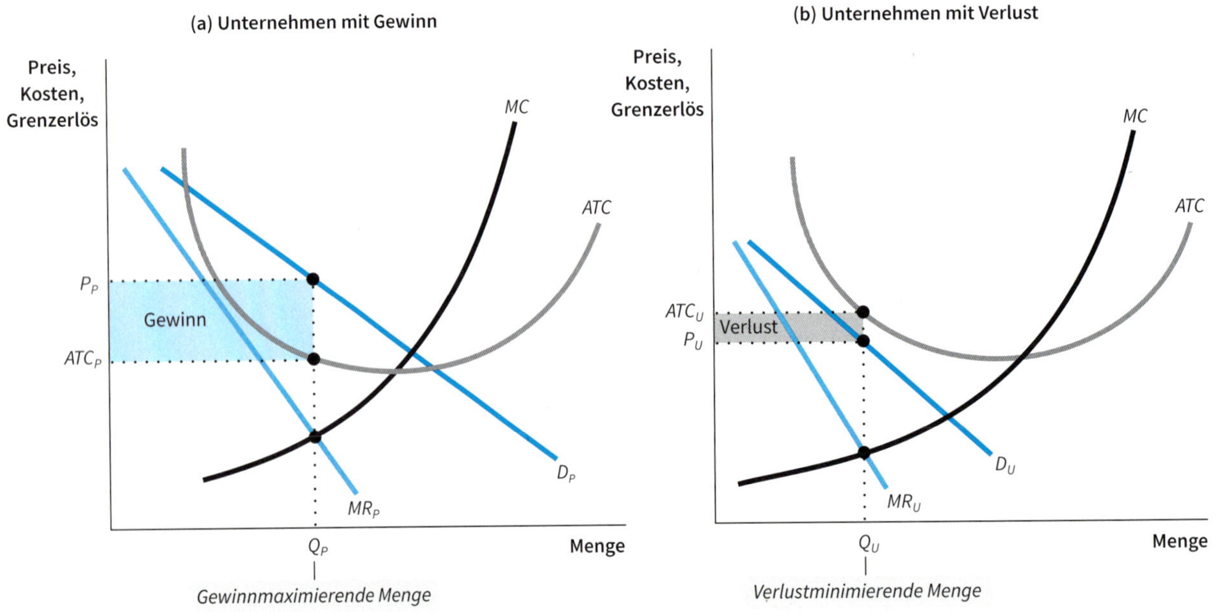

Das Unternehmen in Diagramm (a) ist in der Lage, für bestimmte Outputmengen Gewinne zu erzielen, nämlich für die Mengen, bei denen seine Kurve der durchschnittlichen Gesamtkosten (*ATC*) unterhalb der Nachfragekurve (D_P) liegt. Die gewinnmaximierende Produktionsmenge beträgt Q_P. Das ist die Menge, bei der Grenzerlös (MR_P) gleich Grenzkosten (*MC*) gilt. Das Unternehmen verlangt einen Preis P_P und erzielt einen Gewinn, der durch die Fläche des blauen Rechtecks wiedergegeben wird. Das Unternehmen in Diagramm (b) kann dagegen niemals profitabel sein, weil seine Kurve der durchschnittlichen Gesamtkosten stets oberhalb der Nachfragekurve (D_U) verläuft. Seine bestmögliche Produktionsentscheidung besteht darin, die Menge Q_U zu produzieren und einen Preis in Höhe von P_U zu verlangen. Dabei erzielt es einen Verlust, der durch die Fläche des grauen Rechtecks wiedergegeben wird. Jede andere Produktionsmenge würde jedoch zu einem noch höheren Verlust führen.

Wie der in Abbildung 15-1 angestellte Vergleich vermuten lässt, liegt der Schlüssel dafür, ob ein Unternehmen mit Marktmacht kurzfristig profitabel oder unprofitabel ist, in dem Verhältnis zwischen seiner Nachfragekurve und seiner Kurve der durchschnittlichen Gesamtkosten. In Diagramm (a) schneidet die Nachfragekurve D_P die Kurve der durchschnittlichen Gesamtkosten, was bedeutet, dass ein Teilstück der Nachfragekurve oberhalb der Kurve der durchschnittlichen Gesamtkosten verläuft. Es sind daher Preis-Mengen-Kombinationen verfügbar, für die der Preis oberhalb der durchschnittlichen Gesamtkosten liegt, woraus man schließen kann, dass sich das Unternehmen für eine Produktionsmenge entscheiden kann, bei der es einen positiven Gewinn erzielt.

Im Unterschied dazu schneidet die Nachfragekurve D_U in Diagramm (b) nirgendwo die Kurve der durchschnittlichen Gesamtkosten. Die Nachfragekurve verläuft damit stets unterhalb der Kurve der durchschnittlichen Gesamtkosten. Der zu jeder beliebigen Nachfragemenge korrespondierende Preis ist damit immer kleiner als die durchschnittlichen Gesamtkosten für die Produktion der betreffenden Menge. Es gibt also keine Produktionsmenge, mit der das Unternehmen einen Verlust vermeiden könnte.

Beide Diagramme mit ihren fallenden Nachfragekurven und den zugehörigen Grenzerlöskurven vermitteln den Eindruck einer ganz gewöhnlichen Monopolanalyse. Der »Konkurrenzaspekt« der monopolistischen Konkurrenz kommt jedoch dann ins Spiel, wenn wir von der kurzfristigen zur langfristigen Betrachtung übergehen.

Monopolistische Konkurrenz bei langfristiger Betrachtung

Eine Branche, in der bestehende Unternehmen Verluste machen, wie das in Diagramm (b) von Abbildung 15-1 der Fall ist, kann offenkundig nicht im langfristigen Gleichgewicht sein. Entstehen bei schon bestehenden Unternehmen Verluste, dann werden einige Unternehmen aus der betreffenden Branche *ausscheiden*. Diese Branche wird sich so lange nicht im langfristigen Gleichgewicht befinden, bis die auftretenden Verluste durch das Ausscheiden von Unternehmen eliminiert wurden.

Es mag weniger offensichtlich sein, warum sich eine Branche, in der bestehende Unternehmen Gewinne erzielen können, so wie in Diagramm (a) von Abbildung 15-1 gezeigt, nicht ebenfalls in einem langfristigen Gleichgewicht befindet. Bei *freiem Markteintritt* führen Gewinne von bereits bestehenden Unternehmen aber zum Eintreten neuer Produzenten in den betreffenden Markt. Die Branche wird sich erst dann in einem langfristigen Gleichgewicht befinden, wenn die vorhandenen Gewinne durch den Eintritt neuer Produzenten eliminiert wurden.

Wie wird sich der Eintritt oder das Ausscheiden von anderen Unternehmen auf den Gewinn eines existierenden Unternehmens auswirken? Weil die differenzierten Produkte, die von Unternehmen in einem Markt mit monopolistischer Konkurrenz angeboten werden, im Wettbewerb um die gleiche Kundengruppe stehen, wird sich der Markteintritt oder der Marktaustritt von anderen Unternehmen auf die Nachfragekurve auswirken, der sich jeder existierende Produzent gegenübersieht. Machen an einer Bundesstraße neue Tankstellen auf, wird jede der bereits bestehenden Tankstellen bei jedem gegebenen Preis weniger verkaufen als zuvor. Wie in Diagramm (a) von **Abbildung 15-2** gezeigt,

Abb. 15-2

Markteintritt und Marktaustritt verschieben Nachfragekurve und Grenzerlöskurve für jedes bestehende Unternehmen

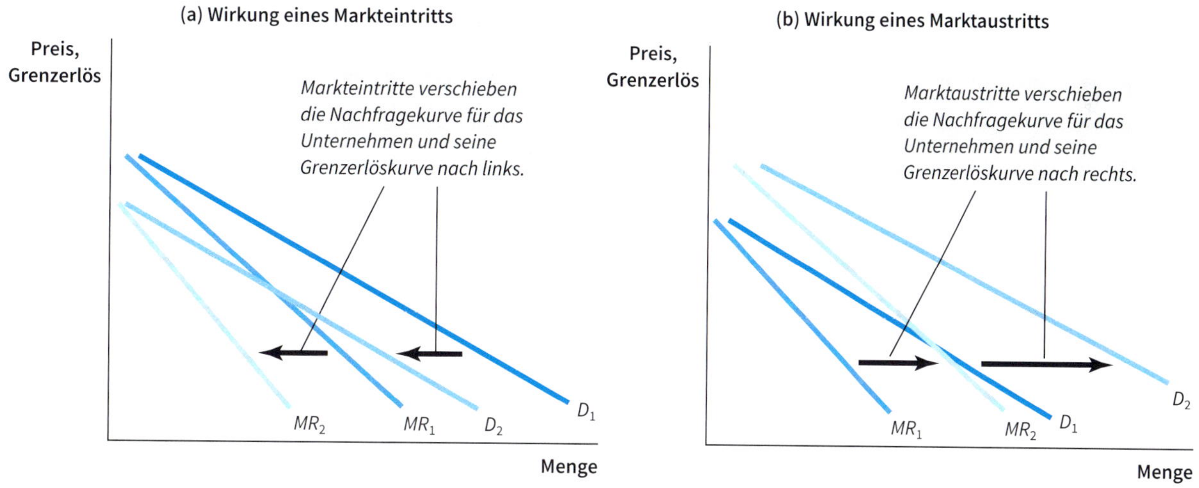

Wenn die bestehenden Unternehmen Gewinne erzielen, wird es langfristig zu Markteintritten kommen. In Diagramm (a) führt der Markteintritt zu einer Verschiebung der Nachfragekurve und der Grenzerlöskurve für jedes bestehende Unternehmen nach links. Das Unternehmen erzielt für jede verkaufte Einheit einen geringeren Preis und sein Gewinn sinkt. Die Markteintritte hören dann auf, wenn die Unternehmen einen Gewinn von null erzielen. Machen die bestehenden Unternehmen Verluste, kommt es langfristig zum Marktaustritt. In Diagramm (b) verschiebt der Marktaustritt von Unternehmen die Nachfragekurve und die Grenzerlöskurve der verbleibenden Unternehmen nach rechts. Das betrachtete Unternehmen erzielt für jede verkaufte Einheit einen höheren Preis und sein Gewinn steigt. Der Marktaustritt von Unternehmen wird aufhören, wenn die verbleibenden Unternehmen einen Gewinn von null erzielen.

Langfristig stellt sich in einer Branche mit monopolistischer Konkurrenz ein **Nullgewinn-Gleichgewicht** ein: Jedes Unternehmen erzielt bei seiner gewinnmaximierenden Menge einen Gewinn von null.

wird also der Eintritt neuer Produzenten in eine Branche mit monopolistischer Konkurrenz zu einer *Linksverschiebung* von Nachfragekurve und Grenzerlöskurve eines bestehenden Unternehmens führen.

Betrachten wir den umgekehrten Fall, dass einige Tankstellen an einer Bundesstraße ihr Geschäft aufgeben. Jede der verbleibenden Tankstellen wird bei jedem gegebenen Preis mehr Benzin verkaufen als zuvor. Der Marktaustritt von Unternehmen führt also, wie in Diagramm (b) illustriert, zu einer *Rechtsverschiebung* von Nachfragekurve und Grenzerlöskurve eines im Markt verbleibenden Produzenten.

Im langfristigen Gleichgewicht befindet sich die Branche, wenn es weder Markteintritte noch Marktaustritte gibt. Das ist dann der Fall, wenn jedes Unternehmen einen Gewinn von null erzielt. Langfristig wird eine Branche, die durch monopolistische Konkurrenz charakterisiert ist, in einem **Nullgewinn-Gleichgewicht** enden, in dem die Unternehmen es gerade schaffen, bei der gewinnmaximierenden Produktionsmenge ihre Kosten zu decken.

Wie wir gesehen haben, erzielt ein Unternehmen, das sich einer fallenden Nachfragekurve gegenübersieht, positive Gewinne, wenn ein Teil der Nachfragekurve oberhalb seiner Kurve der durchschnittlichen Gesamtkosten liegt. Es muss einen Verlust hinnehmen, wenn die Nachfragekurve durchgehend unterhalb der Kurve der durchschnittlichen Gesamtkosten verläuft. Im Nullgewinn-Gleichgewicht muss sich ein Unternehmen folglich in einer Grenzposition zwischen diesen beiden Fällen befinden. Geometrisch bedeutet dies, dass die Nachfragekurve die Kurve seiner durchschnittlichen Gesamtkosten gerade berühren muss. Die Nachfragekurve *tangiert* also bei der gewinnmaximierenden Produktionsmenge gerade die Kurve der durchschnittlichen Gesamtkosten.

Ist dies nicht der Fall, dann erzielt das Unternehmen, das seine gewinnmaximierende Menge produziert, entweder einen Gewinn oder macht einen Verlust, wie die beiden Diagramme von Abbildung 15-1 illustrieren. Bei freiem Markteintritt und freiem Marktaustritt kann dies aber kein langfristiges Gleichgewicht sein. Woher wissen wir das? Im Fall von positiven Gewinnen werden neue Unternehmen in den Markt eintreten und damit die Nachfragekurve für jedes bestehende Unternehmen nach links verschieben, bis alle Gewinne verschwinden. Im Fall eines Verlustes werden einige bestehende Unternehmen aus dem Markt ausscheiden und damit die Nachfragekurve für jedes verbleibende Unternehmen so lange nach rechts verschieben, bis alle Verluste eliminiert sind. Markteintritte und Marktaustritte hören erst dann auf, wenn jedes im Markt verbleibende Unternehmen bei seiner gewinnmaximierenden Produktionsmenge einen Gewinn von null erzielt.

Abbildung 15-3 zeigt ein Unternehmen bei monopolistischer Konkurrenz in einem derartigen

Abb. 15-3

Das langfristige Nullgewinn-Gleichgewicht

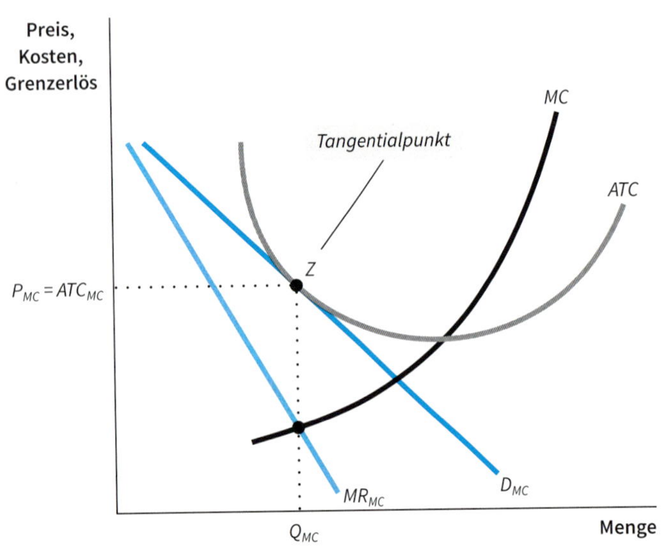

Sind bestehende Unternehmen profitabel, kommt es zum Markteintritt neuer Unternehmen, wodurch sich für jedes bestehende Unternehmen die Nachfragekurve nach links verschiebt. Sind bestehende Unternehmen unprofitabel, werden einige Unternehmen aus der Branche ausscheiden, wodurch sich für jedes verbleibende Unternehmen die Nachfragekurve nach rechts verschiebt. Markteintritte und Marktaustritte werden aufhören, wenn jedes verbleibende Unternehmen bei seiner gewinnmaximierenden Produktionsmenge einen Gewinn in Höhe von null erzielt. Im langfristigen Nullgewinn-Gleichgewicht bildet die Nachfragekurve jedes Unternehmens bei der gewinnmaximierenden Produktionsmenge eine Tangente an die jeweilige Kurve der durchschnittlichen Gesamtkosten. Bei der gewinnmaximierenden Menge Q_{MC} entspricht der Preis P_{MC} gerade den durchschnittlichen Gesamtkosten ATC_{MC}. Ein Unternehmen in monopolistischer Konkurrenz ist wie ein Monopolist ohne Monopolgewinne.

Nullgewinn-Gleichgewicht. Das Unternehmen produziert Q_{MC}, die Produktionsmenge, bei der $MR_{MC} = MC$ gilt, und verlangt einen Preis in Höhe von P_{MC}. Bei dieser Preis-Mengen-Kombination, die durch den Punkt Z repräsentiert wird, bildet die Nachfragekurve gerade eine Tangente an die Kurve der durchschnittlichen Gesamtkosten des Unternehmens. Der erzielte Gewinn beträgt null, weil der Preis P_{MC} den durchschnittlichen Gesamtkosten ATC_{MC} entspricht.

Auf lange Sicht ist eine Branche mit monopolistischer Konkurrenz dadurch charakterisiert, dass sich jeder Produzent in der Situation befindet, die Abbildung 15-3 zeigt. Jeder Anbieter verhält sich wie ein Monopolist und setzt Grenzkosten gleich Grenzerlös, um seinen Gewinn zu maximieren. Das reicht aber nur aus, um einen Nullgewinn zu erzielen. Ein Produzent in monopolistischer Konkurrenz ist also wie ein Monopolist ohne Monopolgewinne.

WISSENSCHAFT UND PRAXIS

Hits und Flops im App Store

Mit einigen Apps, die wir auf unserem Smartphone haben, konnten die Entwickler richtig viel Geld verdienen. Fast jeder kennt die App Candy Crush, viele klicken die App mehrmals am Tag an. Das Unternehmen, das Candy Crush entwickelt hat, ist King Digital Entertainment. Im Jahr 2016 wurde King Digital Entertainment für fast 6 Milliarden Dollar von Activision gekauft. Das Unternehmen Activision ist vor allem für Videospiele wie Call of Duty, Guitar Hero und Skylanders bekannt. Im gleichen Jahr wurde der Unternehmenswert von Uber, das über eine App und eine Webseite Fahrdienstleistungen vermittelt, auf unglaubliche 66 Milliarden Dollar geschätzt. In Anbetracht dieser Erfolgsgeschichten versuchen mittlerweile viele ihr Glück als App-Entwickler. Dabei wird übersehen, dass die übergroße Mehrheit aller Apps scheitert oder ständig ums Überleben kämpft.

Die App-Branche zeigt viele Merkmale der monopolistischen Konkurrenz. Für die Entwicklung einer App gibt es keine Eintrittsbarrieren. Und Apps sind differenzierte Produkte. Sie unterscheiden sich zunächst nach dem Betriebssystem, für das sie angeboten werden: entweder iOS (Apple), Android (Google) oder Windows (Microsoft). Sie unterscheiden sich außerdem bezüglich ihrer Funktionalität. Man kann mit einer App Fotos teilen, digitale Bilder malen, einen virtuellen Fischteich anlegen, Reisen buchen, seine Finanzen und Versicherungen verwalten und vieles mehr. Und selbst Apps mit vergleichbaren Funktionalitäten versuchen, sich durch spezielle Features voneinander abzugrenzen und auf diese Weise einen größeren Marktanteil zu erreichen. Anfang 2021 waren im App Store von Apple (iOS) 2,2 Millionen Apps verfügbar, im Google Play Store (Android) sogar 3,5 Millionen. Beide Plattformen zählten im gesamten Jahr 2021 zusammen rund 145 Milliarden Downloads. Dennoch waren sich Branchenkenner einig, dass die Zeit des leichten schnellen Geldes in Sachen Apps vorbei war.

Für jede erfolgreiche App wie TikTok, Snapchat oder Clash of Clans gibt es Hunderttausende Apps die in der Versenkung verschwinden. Und während früher viele Apps nur kostenpflichtig zum Download, die bereitgestellt wurden, sind die meisten Apps heutzutage kostenlos. Im Jahr 2011 waren im App Store von Apple noch 63 Prozent der heruntergeladenen Apps kostenpflichtig (zu einem durchschnittlichen Preis von 3,64 Dollar). Im Jahr 2019 war dieser Anteil auf weniger als 7 Prozent gesunken (zu einem durchschnittlichen Preis von 1,01 Dollar). Es wird geschätzt, dass 75 Prozent aller heruntergeladenen Apps nur ein einziges Mal benutzt werden und dann nie wieder. Daher ist es nicht verwunderlich, dass viele App-Entwickler Probleme haben, wirtschaftlich zu überleben. Die Erlöse durch die Downloads sind zu gering, um das Geschäft weiterzuführen. Die App-Branche hat quasi den Zustand des Nullgewinn-Gleichgewichts erreicht, das einen Markt mit monopolistischer Konkurrenz kennzeichnet. Am Ende kann selbst eine zukunftsweisende Hightechbranche den Gesetzmäßigkeiten der monopolistischen Konkurrenz nicht entkommen.

Kurzzusammenfassung

- Genau wie ein Monopolist sieht sich jedes Unternehmen bei monopolistischer Konkurrenz einer fallenden Nachfragekurve und einer fallenden Grenzerlöskurve gegenüber. Kurzfristig kann ein Unternehmen bei monopolistischer Konkurrenz bei der gewinnmaximierenden Produktionsmenge einen Gewinn oder einen Verlust erzielen.
- Wenn das Unternehmen einen Gewinn erzielt, werden langfristig neue Unternehmen in die Branche eintreten, wodurch sich die Nachfragekurve der bestehenden Unternehmen nach links verschiebt. Macht das Unternehmen einen Verlust, werden langfristig einige Unternehmen aus dem Markt ausscheiden, wodurch sich die Nachfragekurve der verbleibenden Unternehmen nach rechts verschiebt.
- Im langfristigen Gleichgewicht der monopolistischen Konkurrenz liegt das **Nullgewinn-Gleichgewicht** vor, bei dem die Unternehmen gerade ihre Kosten decken können. Die Nachfragekurve des Unternehmens bildet bei der gewinnmaximierenden Menge eine Tangente an die Kurve der durchschnittlichen Gesamtkosten.

ÜBERPRÜFEN SIE IHR WISSEN

1. In der Ausgangssituation sei eine Branche mit monopolistischer Konkurrenz, die sich aus Unternehmen mit u-förmigen Kurven der durchschnittlichen Gesamtkosten zusammensetzt, im langfristigen Gleichgewicht. Erläutern Sie, wie sich diese Branche sowohl kurzfristig als auch langfristig in jeder der folgenden Situationen anpasst.
   a. Eine technologische Änderung erhöht für jedes Unternehmen in der Branche die Fixkosten.
   b. Eine technologische Änderung verringert für jedes Unternehmen in der Branche die Grenzkosten.
2. Warum ist es langfristig für Unternehmen bei monopolistischer Konkurrenz unmöglich, durch Zusammenschluss zu einem einzigen Unternehmen ein Monopol zu bilden?

15.3 Monopolistische Konkurrenz versus vollständige Konkurrenz

In gewisser Weise ist das langfristige Gleichgewicht bei monopolistischer Konkurrenz dem langfristigen Gleichgewicht bei vollständiger Konkurrenz sehr ähnlich. In beiden Fällen gibt es viele Unternehmen; in beiden Fällen eliminiert der Wettbewerb die Gewinne; in beiden Fällen entspricht der Preis, den jedes Unternehmen erhält, den durchschnittlichen Gesamtkosten der Produktion.

Die langfristigen Gleichgewichte in beiden Marktformen unterscheiden sich jedoch auf ökonomisch bedeutsame Weise.

Preis, Grenzkosten und durchschnittliche Gesamtkosten

Abbildung 15-4 vergleicht das langfristige Gleichgewicht eines Unternehmens bei vollständiger Konkurrenz mit dem eines Unternehmens bei monopolistischer Konkurrenz. Diagramm (a) zeigt einen Produzenten bei vollständiger Konkurrenz, der sich einem Marktpreis in Höhe des Minimums seiner durchschnittlichen Gesamtkosten gegenübersieht. Diagramm (b) wiederholt die Abbildung 15-3. Wenn wir beide Diagramme vergleichen, können wir wichtige Unterschiede erkennen.

Im Fall des in Diagramm (a) gezeigten Unternehmens bei vollständiger Konkurrenz ist der Preis P_C, den dieses Unternehmen beim gewinnmaximierenden Output Q_C erzielt, gleich den Grenzkosten der Produktion MC_C, die bei dieser Produktionsmenge anfallen. Im Unterschied dazu ist der Preis P_{MC}, den das in Diagramm (b) gezeigte Unternehmen in monopolistischer Konkurrenz bei der gewinnmaximierenden Produktionsmenge erzielen kann, höher als die Grenzkosten der Produktion MC_{MC}.

Dieser Unterschied führt zu einer unterschiedlichen Einstellung der Unternehmen gegenüber ihren Kunden. Ein Weizenerzeuger, der zum herrschenden Marktpreis so viel Weizen verkaufen kann, wie er möchte, würde nicht aus dem Häuschen geraten, wenn man ihm anbieten würde, etwas mehr Weizen zum Marktpreis zu kaufen. Da er nicht von dem Wunsch beseelt ist, zu diesem Preis mehr zu produzieren, und weil er den Weizen auch an irgendjemand anderen verkaufen kann, tut man ihm damit keinen besonderen Gefallen.

Entschließt man sich aber, seinen Tank an der Tankstelle von Jens zu füllen und nicht an der Tankstelle von Sabine, dann tut man der Tankstelle von Jens damit tatsächlich einen Gefallen. Jens ist nämlich nicht bereit, seinen Preis zu senken, um mehr Kunden anzulocken. Er hat bereits seinen besten Trade-off realisiert. Kommen aber zu dem *festgelegten* Preis ein paar mehr Kunden als erwartet, dann sind das gute Neuigkeiten: Zusätzliche Verkäufe zum ausgewiesenen Preis erhöhen die Erlöse stärker als die Kosten, weil der festgelegte Preis über den Grenzkosten liegt.

Die Tatsache, dass Unternehmen bei monopolistischer Konkurrenz (anders als bei vollständiger

Abb. 15-4

Ein Vergleich des langfristigen Gleichgewichts bei vollständiger Konkurrenz und bei monopolistischer Konkurrenz

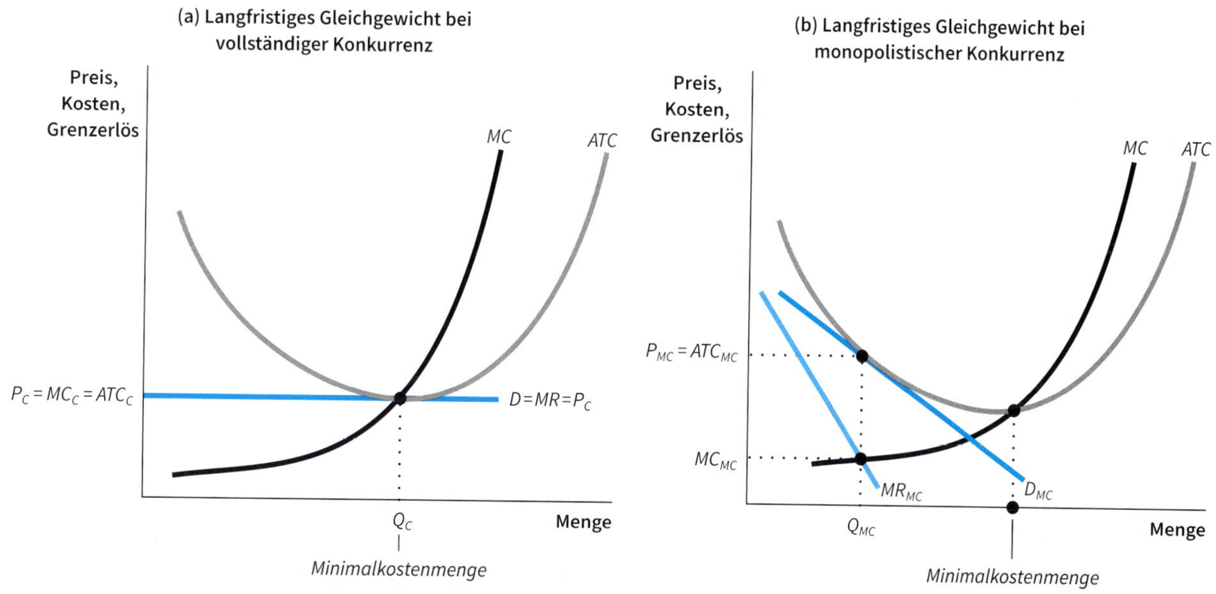

Diagramm (a) zeigt die Situation eines Unternehmens bei vollständiger Konkurrenz im langfristigen Gleichgewicht. Das Unternehmen produziert die Minimalkostenmenge Q_C, verkauft zum Wettbewerbspreis P_C und erzielt einen Gewinn von null. Es ist gegenüber der Produktion einer zusätzlichen Einheit indifferent, weil der Preis P_C gleich seinen Grenzkosten MC_C ist. Diagramm (b) zeigt die Situation eines Unternehmens bei monopolistischer Konkurrenz im langfristigen Gleichgewicht. Bei einer Menge Q_{MC} erzielt es einen Gewinn von null, weil sein Preis P_{MC} gerade den durchschnittlichen Gesamtkosten entspricht. Bei Q_{MC} würde das Unternehmen gerne eine weitere Einheit zum Preis P_{MC} verkaufen, weil P_{MC} die Grenzkosten MC_{MC} übersteigt. Es ist jedoch nicht bereit, den Preis zu senken, um den Absatz zu erhöhen. Daher operiert es links von der Minimalkostenmenge und weist Überschusskapazitäten auf.

Konkurrenz) durch zusätzlichen Absatz zum herrschenden Preis einen höheren Gewinn erzielen können, ist ein wichtiger Schlüssel für das Verständnis, warum diese Unternehmen Werbung machen, die ihnen helfen soll, ihre Absätze zu erhöhen.

Der andere Unterschied zwischen monopolistischer Konkurrenz und vollständiger Konkurrenz, der aus Abbildung 15-4 ersichtlich wird, bezieht sich auf die Position, die jedes Unternehmen auf der Kurve seiner durchschnittlichen Gesamtkosten einnimmt. In Diagramm (a) produziert das Unternehmen bei vollständiger Konkurrenz im Punkt Q_C an der tiefsten Stelle der u-förmigen Kurve der durchschnittlichen Gesamtkosten. Das bedeutet, dass jedes Unternehmen die Menge produziert, bei der die durchschnittlichen Gesamtkosten minimal werden: der *Minimalkostenmenge*. Daraus folgt, dass auch die Gesamtkosten der Produktion der betreffenden Branche minimal sind.

Bei der in Diagramm (b) gezeigten monopolistischen Konkurrenz produziert das Unternehmen im Punkt Q_{MC} auf dem fallenden Teil der u-förmigen *ATC*-Kurve: Es produziert weniger als die Menge, die seine durchschnittlichen Gesamtkosten minimieren würde. Weniger zu produzieren als die Menge, bei der die durchschnittlichen Gesamtkosten minimal sind, wird manchmal mit dem Begriff **Überschusskapazität** bezeichnet. Der Anbieter im Restaurantbereich eines Einkaufszentrums oder die Tankstelle an einer Straße ist nicht groß genug, um einen maximalen Vorteil aus den möglichen Kosteneinsparungen zu ziehen. Daher werden im Fall der monopolistischen Konkurrenz die Gesamtkosten der Produktion der betreffenden Branche nicht minimiert.

Unternehmen weisen in der monopolistischen Konkurrenz **Überschusskapazitäten** auf: Sie produzieren weniger als die Produktionsmenge, bei der die durchschnittlichen Gesamtkosten minimiert werden.

Bisweilen wird behauptet, dass die monopolistische Konkurrenz ineffizient ist, weil jeder monopolistische Wettbewerber Überschusskapazitäten aufweist. Die Frage nach der Effizienz bei monopolistischer Konkurrenz erweist sich jedoch als sehr schwierig, und es gibt auf sie keine klare Antwort.

Ist die monopolistische Konkurrenz ineffizient?

Ein Unternehmen in monopolistischer Konkurrenz verlangt genau wie ein Monopolist einen Preis, der oberhalb der Grenzkosten liegt. Dadurch bleiben Menschen, die bereit sind, für eine Frühlingsrolle mindestens so viel zu bezahlen, wie deren Produktion kostet, vom Konsum ausgeschlossen. In der monopolistischen Konkurrenz unterbleiben demnach einige wechselseitig vorteilhafte Transaktionen.

Darüber hinaus wird häufig vorgebracht, dass monopolistische Konkurrenz noch eine weitere Form von Ineffizienz aufweist. Die Überschusskapazität jedes Unternehmens in der monopolistischen Konkurrenz impliziert eine *verschwenderische Doppelung*, da die monopolistische Konkurrenz zu viel an Vielfalt bietet. Diesem Argument zufolge wäre es besser, wenn es nur zwei oder drei Verkäufer auf der Restaurantebene eines Einkaufszentrums gäbe und nicht sechs oder sieben. Gäbe es weniger Verkäufer, hätte jeder von ihnen geringere durchschnittliche Gesamtkosten und könnte das Essen daher billiger anbieten.

Ist dieses Argument gegen die monopolistische Konkurrenz richtig? Verringert die monopolistische Konkurrenz tatsächlich die Gesamtrente durch das Hervorrufen von Ineffizienz? Nicht notwendigerweise. Es ist zwar richtig, dass jede Tankstelle mehr Benzin verkaufen würde, wenn es entlang einer Bundesstraße weniger Tankstellen gäbe, weil die Kosten je Liter Benzin geringer wären. Es gibt aber einen Haken: Für die Autofahrer wäre diese Lösung unbequemer, weil die Tankstellen weiter auseinander liegen würden. Der entscheidende Punkt ist der, dass die Verschiedenartigkeit von Produkten, die in einem Markt mit monopolistischer Konkurrenz angeboten werden, als solche für die Kunden vorteilhaft ist. Der höhere Preis, den die Konsumenten wegen der Überschusskapazität bezahlen müssen, wird also zumindest zum Teil durch den Wert ausgeglichen, den sie aus der größeren Vielfalt ziehen.

Mit anderen Worten gibt es einen Trade-off: Eine größere Anzahl von Produzenten bedeutet höhere durchschnittliche Gesamtkosten, aber auch eine größere Produktvielfalt. Gelangt eine Branche mit monopolistischer Konkurrenz zum gesellschaftlich optimalen Punkt bei diesem Trade-off? Wahrscheinlich nicht, es ist aber schwierig zu sagen, ob es zu viele oder zu wenige Unternehmen gibt! Die meisten Ökonomen glauben, dass das Problem der verschwenderischen Doppelung als Folge der Überschusskapazität in der monopolistischen Konkurrenz für die Praxis keine große Bedeutung hat.

Kurzzusammenfassung

- Im langfristigen Gleichgewicht der monopolistischen Konkurrenz gibt es viele Unternehmen, von denen jedes einen Nullgewinn erzielt.
- Der Preis übersteigt die Grenzkosten, sodass einige wechselseitig vorteilhafte Transaktionen unterbleiben.
- Unternehmen weisen bei monopolistischer Konkurrenz **Überschusskapazitäten** auf, weil sie nicht ihre durchschnittlichen Gesamtkosten minimieren. Es ist jedoch unklar, ob dies tatsächlich mit Ineffizienz verbunden ist, da die Konsumenten Vorteile aus der Produktvielfalt ziehen.

ÜBERPRÜFEN SIE IHR WISSEN

Richtig oder falsch? Erläutern Sie Ihre Antwort.

a. Genau wie ein Unternehmen bei vollständiger Konkurrenz ist auch ein Unternehmen bei monopolistischer Konkurrenz bereit, ein Gut zu jedem Preis zu verkaufen, der gleich oder größer ist als die Grenzkosten.

b. Nehmen Sie an, dass eine Branche mit monopolistischer Konkurrenz im langfristigen Gleichgewicht vorliegt, bei der zunehmende Skalenerträge auftreten. Alle Unternehmen der Branche wären besser gestellt, wenn sie sich zu einem einzigen Unternehmen zusammenschließen würden. Ob aber die Konsumenten dadurch besser gestellt werden, ist nicht eindeutig zu klären.

c. Das Auftreten von Launen und Moden ist in der monopolistischen Konkurrenz oder im Oligopol wahrscheinlicher als im Monopol oder in der vollständigen Konkurrenz.

15.4 Kontroversen über Produktdifferenzierung

Bislang haben wir angenommen, dass Produkte auf eine Art und Weise differenziert werden, die sich an realen Bedürfnissen der Konsumenten orientiert. Es ist ein echter Vorteil, eine Tankstelle in unmittelbarer Nachbarschaft zu haben; chinesisches und mexikanisches Essen unterscheiden sich wirklich voneinander.

In der Realität gibt es jedoch Formen der Produktdifferenzierung, die einem rätselhaft erscheinen, wenn man über sie nachdenkt. Worin liegt der tatsächliche Unterschied zwischen Colgate-Zahnpasta und »blend-a-med«-Zahnpasta? Worin besteht der Unterschied zwischen Batterien von Varta und Duracell? Und worin besteht der Unterschied zwischen den Hotelzimmern von Marriot und Hilton? Die meisten Menschen hätten Schwierigkeiten, diese Fragen zu beantworten. Die Produzenten der betreffenden Güter unternehmen jedoch beträchtliche Anstrengungen, um die Kunden davon zu überzeugen, dass ihre Produkte anders und besser als die ihrer Wettbewerber sind.

Eine Auseinandersetzung mit dem Thema der Produktdifferenzierung kommt an zwei miteinander in Verbindung stehenden Themen nicht vorbei: *Werbung* und *Markennamen*.

Die Rolle der Werbung

Landwirte, die Weizen anbauen, machen in Fernsehen, Rundfunk, Internet oder Zeitungen keine Werbung für ihre Produkte, Autohändler dagegen schon. Das liegt nicht daran, dass Landwirte grundsätzlich schüchtern sind, während Autohändler einen ausgeprägten Hang zur Selbstdarstellung haben. Vielmehr liegt es daran, dass sich Werbung nur in Branchen lohnt, in denen die Unternehmen zumindest über ein gewisses Maß an Marktmacht verfügen.

Zweck der Werbemaßnahmen ist es, die Leute dazu zu bringen, zum herrschenden Preis eine größere Menge des Produktes eines Anbieters zu kaufen. Ein Unternehmen bei vollständiger Konkurrenz, das zum herrschenden Marktpreis so viel verkaufen kann, wie es möchte, hat keinen Anreiz, Geld auszugeben, um seine Kunden dazu zu bringen, mehr zu kaufen. Nur ein Unternehmen mit Marktmacht, das einen Preis oberhalb seiner Grenzkosten verlangt, kann aus der Werbung Vorteile ziehen. (Branchen, die mehr oder weniger durch vollständige Konkurrenz charakterisiert sind, wie etwa die Milchbranche, führen des Öfteren Werbekampagnen durch. Dabei wird aber nicht für die Milch von Kühen eines bestimmten Landwirts geworben, sondern für Milch allgemein. Demzufolge werden diese Kampagnen auch nicht von einzelnen Landwirten finanziert, sondern vom entsprechenden Verband.)

Unter der Annahme, dass Werbung »funktioniert«, ist es nicht schwer zu verstehen, warum Unternehmen mit Marktmacht dafür Geld ausgeben. Die große Frage ist jedoch, warum Werbung funktioniert. Gleichzeitig kann man sich fragen, ob es sich bei Werbung aus gesellschaftlicher Sicht um eine Verschwendung von Ressourcen handelt.

Nicht jede Art von Werbung wirft ein Rätsel auf. Vieles an Werbung ist leicht nachvollziehbar: Werbung stellt für Verkäufer einen Weg dar, potenzielle Käufer über ihr Angebot zu informieren. (Gelegentlich kann Werbung auch dazu dienen, dass Käufer potenzielle Verkäufer darüber informieren, was sie wünschen.) Es gibt auch kaum Kontroversen über den ökonomischen Vorteil von Werbung, die Informationen liefert: Eine Immobilienanzeige, die auf »drei ZKB, ruhig, sonnig« hinweist, sagt einem potenziellen Mieter etwas, das er tatsächlich auch wissen will.

Welche Information wird aber transportiert, wenn eine Fernsehschauspielerin die Vorzüge der einen oder anderen Zahnpasta hervorhebt oder ein Sportler behauptet, dass die Batterien eines Unternehmens besser seien als andere? Sicherlich glaubt niemand daran, dass ein Sportler gleichzeitig auch Batterieexperte ist. Genauso wenig wird irgendjemand glauben, er habe das Unternehmen gewählt, von dem er persönlich glaubt, es würde die besten Batterien herstellen, und nicht das Unternehmen, das ihm am meisten bezahlt. Unternehmen gehen jedoch aus gutem Grund davon aus, dass das für derartige Werbekampagnen ausgegebene Geld ihre Absatzzahlen erhöht und dass sie in Schwierigkeiten wären, wenn sie auf Werbung verzichten würden, ihre Wettbewerber aber nicht.

Warum werden Konsumenten durch Werbemaßnahmen beeinflusst, die eigentlich keine Informationen über das Produkt liefern? Ein Grund liegt darin, dass Konsumenten nicht so rational sind, wie Ökonomen es typischerweise annehmen. Vielleicht werden die Einschätzungen von Konsumenten oder sogar ihr Geschmack durch Dinge beeinflusst, die aus ökonomischer Sicht irrelevant sein sollten, etwa welches Unternehmen den charismatischsten Prominenten angeheuert hat, damit dieser sich hinter das Produkt des Unternehmens stellt. Und daran ist bestimmt mehr als nur ein Körnchen Wahrheit. Wie wir im Kapitel 9 gelernt haben, ist Konsumentenrationalität eine nützliche Arbeitshypothese, aber nicht eine absolute Wahrheit.

Es gibt jedoch noch einen anderen Grund. Die Reaktion von Kunden auf Werbung ist deswegen nicht völlig irrational, weil Werbeanzeigen als indirekte »Signale« in einer Welt dienen können, in der Konsumenten keine hinreichenden Informationen über Produkte besitzen. Nehmen wir einmal an, um ein lebensnahes Beispiel zu benutzen, dass Sie auf eine örtliche Dienstleistung zurückgreifen müssen, die Sie aber nicht regelmäßig benötigen. Vielleicht müssen Sie Ihr Auto neu lackieren lassen oder vielleicht wollen Sie umziehen und suchen jetzt eine Umzugsfirma. Sie blättern die Gelben Seiten durch oder gehen ins Internet und sehen dort viele kleine Einträge und einige großformatige Anzeigen. Sie wissen ganz genau, dass diese Anzeigen deswegen groß sind, weil die Unternehmen für sie bezahlt haben. Trotzdem kann es ganz rational sein, eine der Firmen mit den großformatigen Anzeigen anzurufen. Schließlich könnte eine großformatige Anzeige bedeuten, dass es sich um ein großes, erfolgreiches Unternehmen handelt, sonst hätte das Unternehmen es wohl nicht für sinnvoll gehalten, das Geld für die Anzeige auszugeben.

Das gleiche Prinzip kann mit erklären, warum Werbung auf Prominente zurückgreift. Kein Mensch glaubt wirklich, dass der berühmte Filmschauspieler tatsächlich die beworbene Armbanduhr besonders toll findet. Die Tatsache jedoch, dass der Uhrenhersteller bereit und in der

Lage ist, diesen Filmschauspieler unter Vertrag zu nehmen, zeigt, dass es sich um ein größeres Unternehmen handelt und dass es wahrscheinlich ist, dass das Unternehmen hinter seinem Produkt steht. Damit dienen teure Werbekampagnen dazu, die Qualität der Produkte eines Unternehmens bei den Konsumenten zu verankern.

Die Möglichkeit, dass Konsumenten insofern rational auf Werbung reagieren, hat auch Konsequenzen für die Frage, ob Werbung eine Verschwendung von Ressourcen darstellt. Funktioniert Werbung ausschließlich über die Manipulation der Willensschwachen, dann wären die mehr als 33 Milliarden Euro, die in Deutschland im Jahr 2020 für Werbung ausgegeben wurden, eine ökonomische Verschwendung – unter Vernachlässigung der Tatsache, dass Werbung auch unterhaltsam sein kann. In dem Maße jedoch, in dem Werbung wichtige Informationen transportiert, ist sie auch ökonomisch sinnvoll.

Markennamen

Sie wollen in den Urlaub fahren und sind mit Ihrem Auto schon seit etlichen Stunden unterwegs. Jetzt werden Sie müde und beschließen, in der nächsten Stadt in einem Hotel zu übernachten. Als Sie einen Passanten sehen, halten Sie an und erkundigen sich nach Übernachtungsmöglichkeiten. Der Passant sagt Ihnen, dass zwei Hotels direkt an Ihrer Strecke liegen. Das eine, der Goldene Löwe, hat einen örtlichen Besitzer, das andere, der Silberne Adler, gehört zu einer bekannten überregionalen Hotelkette. Für welches Hotel entscheiden Sie sich?

Wenn sie keine speziellen Informationen haben, werden sich die meisten Menschen für das Hotel entscheiden, das zur überregionalen Kette gehört. Tatsächlich gehören die meisten größeren Hotels in größeren Städten zu überregionalen Ketten. Ähnliches gilt für die meisten Fast-Food-Restaurants und die meisten Geschäfte in Einkaufszentren.

Hotelketten und Fast-Food-Restaurants liefern nur ein Beispiel für die Bedeutung von **Markennamen**. Markennamen sind Namen, die bestimmten Unternehmen gehören und die in den Köpfen der Kunden eine Produktdifferenzierung hervorrufen. In vielen Fällen ist der Markenname eines Unternehmens das bedeutendste Vermögensgut, über das es verfügt: Ganz offenkundig ist der Wert von McDonald's größer als die Summe des Wertes der Fritteusen und Hamburger-Grills, die dem Unternehmen gehören.

Diese Tatsache führt dazu, dass Unternehmen oft erhebliche Anstrengungen unternehmen, um ihre Markennamen zu verteidigen und jeden verklagen, der diesen Namen ohne Erlaubnis benutzt. Sie können davon sprechen, dass Sie Ihre Nase mit einem Tempo-Taschentuch putzen oder einen verrosteten Stahlträger mit der Flex durchtrennen, wenn das fragliche Produkt aber nicht vom Inhaber des Markennamens stammt (Procter & Gamble bzw. Ackermann & Schmitt, jetzt FLEX Elektrowerkzeuge GmbH), dann muss der Verkäufer es als Papiertaschentuch bzw. als Trennschleifer bezeichnen.

Genau wie bei der Werbung, zu der es eine enge Verbindung gibt, ist der gesellschaftliche Nutzen von Markennamen umstritten. Reflektiert die Präferenz eines Konsumenten für eine bekannte Marke Irrationalität? Oder transportiert der Markenname reale Informationen? Mit anderen Worten: Schaffen Markennamen unnötige Marktmacht oder dienen sie einem wirklichen Zweck?

Wie im Fall der Werbung lautet die Antwort: vermutlich von beidem etwas. Einerseits rufen Markennamen tatsächlich oft ungerechtfertigte Marktmacht hervor. Konsumenten bezahlen im Supermarkt oft für Markenartikel mehr, obwohl die Verbraucherberatungen uns immer wieder versichern, dass die Eigenmarken des Handels genauso gut sind. In ähnlicher Weise sind viele häufig verwendete Medikamente, wie beispielsweise Aspirin® als Generika billiger, und zwar ohne Qualitätsabstriche.

Andererseits vermittelt der Markenname bei vielen Produkten tatsächlich Informationen. Ein Reisender, der in einer ihm fremden Stadt ankommt, weiß, was ihn in einem Hilton-Hotel oder bei McDonald's erwartet. Ein müder und hungriger Reisender könnte diese bekannten Größen einem unabhängigen Hotel oder einem unabhängigen Restaurant vorziehen, die zwar besser sein könnten, aber auch schlechter.

Darüber hinaus bieten Markennamen eine gewisse Sicherheit, dass der Anbieter auf ein wiederholtes Geschäft mit seinen Kunden setzt und daher eine Reputation zu verteidigen hat. Landet ein Reisender in einer Touristenfalle und be-

Ein Unternehmen, das seine Produkte von ähnlichen Produkten anderer Unternehmen unterscheiden will, nutzt einen **Markennamen**.

WISSENSCHAFT UND PRAXIS

Die Parfümindustrie führt den Verbraucher an der Nase herum

Es ist überraschenderweise gar nicht so schwer, in der Parfümindustrie Fuß zu fassen. Man muss nur einige Zutaten vermischen und das Ergebnis in Flaschen abfüllen. Und wenn Sie selbst keine »gute Nase« haben, sind sofort Berater zur Stelle, die Ihnen dabei behilflich sind, etwas ganz Besonderes zu kreieren (oder den Duft eines anderen Parfüms zu kopieren). Aber wie ist es dann möglich, dass erfolgreiche Parfüms eine Gewinnspanne von fast 100 Prozent haben? Warum treten nicht einfach Konkurrenten in den Markt ein und lassen die Gewinne schrumpfen?

Die meisten erfolgreichen Düfte werden massiv durch Prominente beworben. Rihanna, Beyoncé, Taylor Swift und auch Katy Perry haben alle Parfüms, für die sie Werbung machen. Britney Spears hat sogar 28 verschiedene Parfüms. Dabei sind die Produktionskosten von dem, was in der Flasche ist, winzig im Vergleich zu den gesamten Kosten für den Verkauf eines erfolgreichen Parfüms: etwa nur 3 Prozent der gesamten Kosten und weniger als 1 Prozent des Verkaufspreises. Die restlichen 97 Prozent der gesamten Kosten entfallen auf Verpackung, Vertrieb und Werbung.

Die Kosten für die zum Teil außergewöhnlichen Flakons sind vier bis sechs Mal so groß wie die Kosten für das Parfüm im Flakon. Spitzendesigner erhalten für ausgefallene Modelle mehr als 100.000 Dollar. Dazu kommen noch die Kosten für Werbung, für das Personal in den Geschäften, die das Parfüm versprühen und verkaufen und die Provision für das Verkaufspersonal. Und schließlich noch die Kosten für die prominente Unterstützung, die sich auf Millionen Dollar belaufen können. Es wurde berichtet, dass z. B. Beyoncé mehr als 40 Millionen Dollar mit ihren Parfüms verdient hat. Im Vergleich zu den klassischen Düften von Chanel oder Dior, die es schon seit Jahrzehnten gibt, bestehen die modernen Parfüms aus billigeren, synthetischen Inhaltsstoffen. Während ein Duft wie Chanel über 24 Stunden anhält, sind die Düfte moderner Parfüms schon nach wenigen Stunden verflogen.

Untersuchungen zeigen allerdings, dass viele Menschen in einem Blindversuch ihr (vermeintliches) Lieblingsparfüm ablehnen. Es scheint also in der Welt des Parfüms darum zu gehen, den Menschen durch Werbung ein bestimmtes Bild zu verkaufen, mit dem sich die Kunden identifizieren können und wollen.

kommt ein furchtbares Essen vorgesetzt, mag dieser sich dafür entscheiden, an diesen Ort nie wieder zurückzukehren. Dem Inhaber des Restaurants ist das aber vielleicht ganz gleichgültig, weil die Wahrscheinlichkeit gering ist, dass die betreffende Person in Zukunft wieder in die gleiche Gegend kommt. Wird dem Reisenden dagegen bei McDonald's ein schlechtes Essen vorgesetzt und entscheidet er sich deswegen, nie wieder bei McDonald's zu essen, dann spielt das für das Unternehmen schon eine Rolle. Daher hat McDonald's einen Anreiz, gleichbleibende Qualität zu liefern und gibt somit Reisenden eine gewisse Sicherheit, dass die Qualitätskontrolle funktioniert.

Kurzzusammenfassung

- In Branchen mit Produktdifferenzierung betreiben die Unternehmen Werbung, um die Nachfrage nach ihren Produkten zu erhöhen.
- Bei Werbung handelt es sich nicht um Ressourcenverschwendung, wenn sie den Konsumenten nützliche Informationen über Produkte liefert.
- Werbung, die lediglich aufdringlich ein Produkt anpreist, ist schwerer zu erklären. Entweder sind die Konsumenten irrational oder teure Werbekampagnen kommunizieren, dass die Produkte des Unternehmens eine hohe Qualität aufweisen.
- Einige Unternehmen schaffen **Markennamen**. Genau wie bei der Werbung kann der ökonomische Wert von Markennamen zweifelhaft sein. Markennamen transportieren dann wirkliche Informationen, wenn sie die Konsumenten über die Qualität eines Produktes informieren.

ÜBERPRÜFEN SIE IHR WISSEN

1. In welchen der folgenden Fälle weist Werbung vermutlich einen ökonomischen Wert auf, in welchen nicht? Erläutern Sie Ihre Antwort.
   a. Werbung für den Nutzen von Acetylsalicylsäure (ASS).
   b. Werbung für Aspirin® von Bayer.
   c. Werbung für den Nutzen von Orangensaft.
   d. Werbung für »Hohes C«-Orangensaft.
   e. Werbung, aus der hervorgeht, wie lang ein Klempner oder ein Elektriker schon sein Geschäft betreibt.
2. Einige Ökonomen behaupten, dass ein erfolgreicher Markenname wie eine Markteintrittsschranke wirkt. Erläutern Sie diese Aussage.

Unternehmen in Aktion: Konkurrenz für die Platzhirsche

In den letzten 100 Jahre standen die beiden angestammten Marktführer Schick und Gillette in einer komfortablen langfristigen Wettbewerbsbeziehung. King C. Gillette erfand im Jahr 1901 den Sicherheits-Nassrasierer mit austauschbaren Rasierklingen, Jacob Schick brachte im Jahr 1921 seine Version eines Sicherheits-Nassrasierers auf den Markt. Und die Produktion von Nassrasierern, vor allem von Ersatzklingen, hat sich seitdem zu einem äußerst lukrativen Geschäft entwickelt. Ersatzklingen haben eine der höchsten Gewinnspannen bei Produkten im Bereich des täglichen Bedarfs. Für das Jahr 2019 belief sich der Umsatz in der gesamten Branche auf 20 Milliarden Dollar.

Um den Absatz über die Jahre hinweg stetig anzukurbeln, haben Schick und Gilette immer wieder neue Modelle eingeführt. Mittlerweile gibt es Rasierklingen mit einem Hydrating Gel Reservoir, Rasierer mit mehreren Klingen und Rasierer mit einer Flexball-Technologie. Bei der Einführung seines ProGlide-Modells mit Flexball-Technologie versprach Gillette den Konsumenten, dass sich der neue Rasierer den Gesichtskonturen perfekt anpasst und nahezu jedes Haar wegrasiert. Beide Unternehmen geben jedes Jahr mehrere Hundert Millionen Dollar für Werbung aus.

Die Strategie von Schick und Gillette war einfach: den Rasierer billig anbieten und dann durch den Verkauf von teuren Ersatzklingen hohe Erlöse und Gewinne erzielen. Gleichzeitig lieferten sich beide Unternehmen im Kampf um Marktanteile einen Wettlauf bei der Entwicklung neuer Modelle. Erst gab es Rasierer mit zwei Klingen, dann mit drei Klingen, dann mit vier Klingen und dann mit fünf Klingen. Dieser Produktwettbewerb führte gleichzeitig dazu, dass man die Konsumenten dazu bewegen konnte, alle paar Jahre auf ein neues Modell umzusteigen.

In den Jahren 2011 und 2012 traten zwei Unternehmen in den Markt ein, die ihre Produkte direkt (ohne den Einzelhandel) an die Endabnehmer lieferten: Dollar Shave Club und Harry's. Beide Unternehmen setzen auf ein einfaches Angebot: eine überschaubare Produktpalette zu günstigen Preisen. Und diese Strategie hatte Erfolg, denn viele Konsumenten waren der ständigen Modellwechsel und der hohen Preise für Ersatzklingen überdrüssig.

Im Jahr 2018 konnten die beiden Start-up-Unternehmen in den Vereinigten Staaten zusammen bereits einen Marktanteil von 14 Prozent auf sich vereinen. Die Vertriebspraxis war einfach. Die Konsumenten bestellten im Internet monatlich ihren Bedarf und erhielten ihre Bestellung nach Hause geliefert und das zu einem Bruchteil der Kosten für Rasierer und Ersatzklingen von Schick und Gillette. Das Unternehmen Dollar Shave Club konnte nach fünf Jahren bereits einen Jahresumsatz von 200 Millionen Dollar aufweisen und war so erfolgreich, dass es im Jahr 2016 vom britischen Konzern Unilever für 1 Milliarde Dollar gekauft wurde.

Als Schick im Jahr 2019 den anderen Neuling Harry's für 1,37 Milliarden Dollar übernehmen wollte, blockierte die US-amerikanische Wettbewerbsbehörde FTC (Federal Trade Commission) den Zusammenschluss. Die Behörde verwies in ihrer Begründung darauf, dass Harry's durch seinen Markteintritt die beiden großen Anbieter unter (Wettbewerbs-)Druck gesetzt hat, und es dadurch im Markt zu sinkenden Preisen und einer größeren Angebotspalette für die Konsumenten gekommen ist. Nach der Entscheidung der US-Wettbewerbsbehörde kündigten sowohl Schick als auch Gillette an, ein eigenes preiswertes Online-Angebot einführen zu wollen.

FRAGEN

1. Wodurch lassen sich die Komplexität des Marktes für Nassrasierer und das hohe Innovationstempo erklären?
2. Warum ist das Geschäft mit Nassrasierern profitabel? Wodurch lässt sich die Höhe der Werbebudgets von Gillette und Wilkinson Sword erklären?
3. Worauf ist der Erfolg der beiden Neulinge Dollar Shave Club und Harry‘s zurückzuführen? In welchem Dilemma steckten Schick und Gillette bei ihrer Entscheidung, ein eigenes preiswertes Online-Angebot einzuführen? Was sagt das über den Wohlfahrtszuwachs durch Innovationen bei Nassrasierern aus?

Zusammenfassung

1. **Monopolistische Konkurrenz** ist eine Marktform, bei der es viele miteinander im Wettbewerb stehende Produzenten gibt, von denen jeder ein differenziertes Produkt herstellt, und wo es langfristig freien Markteintritt und freien Marktaustritt gibt. Produktdifferenzierung kommt in drei Hauptformen vor: nach Stil oder Typ, nach Ort oder nach Qualität. Die Produkte von miteinander im Wettbewerb stehenden Verkäufern werden als unvollkommene Substitute betrachtet. Jedes Unternehmen sieht sich einer fallenden Nachfragekurve und einer fallenden Grenzerlöskurve gegenüber.
2. Kurzfristige Gewinne locken neue Unternehmen in den betreffenden Markt. Dies verringert die Menge, die jeder bereits bestehende Produzent zu einem gegebenen Preis verkaufen kann, und verschiebt seine Nachfragekurve nach links. Kurzfristige Verluste werden zum Marktaustritt einiger Unternehmen führen. Dies verschiebt die Nachfragekurve für die im Markt verbleibenden Unternehmen nach rechts.
3. Langfristig befindet sich eine Branche, die durch monopolistische Konkurrenz charakterisiert ist, im **Nullgewinn-Gleichgewicht:** Bei der gewinnmaximierenden Menge bildet die Nachfragekurve für jedes bestehende Unternehmen eine Tangente an die Kurve der durchschnittlichen Gesamtkosten. In der betreffenden Branche ist der Gewinn gleich null, und es gibt weder Markteintritte noch Marktaustritte.
4. Im langfristigen Gleichgewicht verkaufen die Unternehmen in monopolistischer Konkurrenz ihr Produkt zu einem Preis, der oberhalb der Grenzkosten liegt. Sie verfügen auch über **Überschusskapazitäten,** weil sie weniger als die Minimalkostenmenge produzieren. Dies hat zur Folge, dass ihre Kosten höher sind als bei Unternehmen in einer Wettbewerbsbranche. Ob monopolistische Konkurrenz ineffizient ist oder nicht, kann nicht zweifelsfrei festgestellt werden, weil die Konsumenten die

Produktvielfalt wertschätzen, die durch diese Marktform hervorgebracht wird.

5. Ein Unternehmen in monopolistischer Konkurrenz wird es immer vorziehen, zum herrschenden Preis eine weitere Einheit zu verkaufen. Es wird daher zu Werbemaßnahmen greifen, mit denen es versucht, die Nachfrage nach seinem Produkt zu erhöhen und seine Marktmacht zu vergrößern. Werbung und **Markennamen** können hilfreiche Konsumenteninformationen vermitteln. In diesem Fall sind sie als ökonomisch wertvoll zu beurteilen. Besteht der Zweck jedoch lediglich darin, Marktmacht zu erzeugen, handelt es sich aus ökonomischer Perspektive um Verschwendung von Ressourcen. In der Realität weisen Werbung und Markennamen vermutlich von beidem etwas auf: Sie können ökonomisch wertvoll sein, aber gleichzeitig auch eine ökonomische Verschwendung.

SCHLÜSSELBEGRIFFE

- monopolistische Konkurrenz
- Nullgewinn-Gleichgewicht
- Überschusskapazität
- Markennamen

16 Externalitäten

LERNZIELE

- Was **Externalitäten** sind und warum sie in einer Marktwirtschaft zu Ineffizienzen führen können und damit Anlass für staatliche Interventionen liefern.
- Wie sich **positive Externalitäten, negative Externalitäten** und Netzwerkexternalitäten voneinander unterscheiden.
- Was das **Coase-Theorem** ist und wie sich mithilfe des Coase-Theorems zeigen lässt, dass private Wirtschaftssubjekte manchmal das Problem der Externalitäten lösen können.
- Warum einige wirtschaftspolitische Maßnahmen zur Steuerung von Externalitäten ökonomisch effizient sind, andere dagegen nicht.
- Warum Netzwerkexternalitäten ein wichtiges Merkmal von Hightechindustrien sind.

Probleme unter der Erde

Als Forscher von der Duke University unter einem eher unscheinbaren Titel eine Untersuchung zu den Auswirkungen von Gasförderanlagen auf Trinkwasserbrunnen in der näheren Umgebung veröffentlichten, waren die Auswirkungen enorm. Auch wenn die Untersuchung noch nicht abgeschlossen ist, zeigten die ersten Ergebnisse, dass die Förderung von Erdgas durch Fracking – dabei wird mit hohem Druck eine Mischung aus Wasser und Chemikalien ins Gestein gepresst, um das Gestein aufzubrechen – im Marcellus-Gasfeld im US-Bundesstaat Pennsylvania zu einer Verunreinigung der unterirdischen Trinkwasservorkommen mit Ethan und Propan geführt hat.

Die Untersuchung bestätigte damit Vorwürfe von Gegnern des Frackings, die behaupten, dass es durch Fracking zu einer unzumutbaren Verschmutzung des Trinkwassers kommt, und lieferte der zunehmend polarisierten Diskussion um Nutzen und Kosten des Frackings neuen Zündstoff.

Wir sind bereits im Kapital 3 erstmals auf das Fracking gestoßen. Dort haben wir gelernt, dass das Fracking zu einer drastischen Senkung der Energiekosten in den Vereinigten Staaten beigetragen hat. Sowohl die Heizkosten der Verbraucher als auch die Produktionskosten der Unternehmen sind dadurch deutlich gesunken. Durch Fracking kann es außerdem zu einer deutlichen Senkung der Luftverschmutzung kommen, wenn Verbraucher und Unternehmen weniger »schmutzige« Kohle und mehr »sauberes« Erdgas verwenden.

Aber wie wir bereits im Kapitel 3 vermuteten, wird der Nutzen einer geringeren Luftverschmutzung durch die Gefahr von verschmutztem Trinkwasser infrage gestellt. Eine entscheidende Rolle in der Beurteilung des Zielkonflikts nimmt der Staat ein. Sollte der Gesetzgeber mehr für den Schutz des Trinkwassers tun? Könnte eine bessere staatliche Überwachung des Frackings die Verschmutzung des Trinkwassers verringern? Welche Verschmutzung des Trinkwassers wäre aus Sicht des Gesetzgebers noch akzeptabel? Und wie könnte diese Verschmutzungsgrenze durchgesetzt werden?

Das Dilemma, das durch Fracking verursacht wird, ist nur ein Beispiel für die Probleme, die durch *Externalitäten* verursacht werden. Externalitäten entstehen, wenn Akteure Dritten Kosten auferlegen oder ihnen Vorteile gewähren, aber keinen Anreiz haben, diese Kosten oder Vorteile bei ihrer Entscheidung mitzuberücksichtigen. Wir haben dieses Phänomen bereits kurz in den

Kapiteln 1 und 4 angesprochen. Dabei stellten wir fest, dass eine der wichtigsten Ursachen für Marktversagen Handlungen sind, die *Nebenwirkungen* hervorrufen, die nicht angemessen berücksichtigt werden und zu Externalitäten führen. In diesem Kapitel wollen wir uns mit der Ökonomik der Externalitäten näher befassen. Wir werden sehen, wie sie die Effizienz von Märkten beeinträchtigen und zu Marktversagen führen, warum sie einen Grund für staatliche Interventionen in Märkten liefern und wie die ökonomische Analyse helfen kann, Leitlinien für die Wirtschaftspolitik zu entwickeln.

Externalitäten entstehen durch die Nebenwirkungen von Handlungen. Zunächst wollen wir uns mit dem Problem der Umweltverschmutzung beschäftigen, die zu einer *negativen Externalität* führt. Das bedeutet, dass die Nebenwirkungen einer Handlung anderen (zusätzliche) Kosten auferlegen. Immer dann, wenn eine Nebenwirkung direkt beobachtet und quantifiziert werden kann, dann kann sie auch reguliert werden, indem direkte Auflagen erlassen werden, eine Besteuerung erfolgt oder Subventionen gezahlt werden. Wie sich zeigen wird, sollten staatliche Interventionen in diesem Fall direkt darauf abzielen, den Markt auf das »richtige« Niveau der unerwünschten Nebenwirkungen zu bringen.

16.1 Externer Nutzen und externe Kosten

Bei **externen Kosten** handelt es sich um nichtkompensierte Kosten, die ein Individuum oder ein Unternehmen Dritten auferlegt.

Bei **externem Nutzen** handelt es sich um Nutzen, den ein Individuum oder ein Unternehmen anderen zukommen lässt, ohne dass es dafür kompensiert wird.

Die Kosten, die aus der Umweltverschmutzung entstehen, sind das bekannteste und wichtigste Beispiel für **externe Kosten**, ein Begriff, der die nichtkompensierten Kosten bezeichnet, die ein Individuum oder ein Unternehmen Dritten auferlegt. In einer modernen Volkswirtschaft gibt es viele Beispiele für externe Kosten, die eine Person oder ein Unternehmen anderen auferlegt. Ein bekanntes Beispiel sind die externen Kosten, die durch Verkehrsstaus hervorgerufen werden: Ein Autofahrer, der sich in das Getümmel zur Hauptverkehrszeit begibt, trägt zur Behinderung des Verkehrsflusses bei und hat keinen Anreiz, die Auswirkungen seines Verhaltens auf andere Verkehrsteilnehmer zu berücksichtigen. Ein anderes Beispiel sind die Kosten, die durch Personen verursacht werden, die während des Autofahrens simsen und damit das Risiko für einen Unfall erhöhen, sowohl für sich selbst als auch für andere (näheres dazu in der Rubrik »Vertiefung«).

Umweltverschmutzung führt zu externen Kosten, da in Abwesenheit von Staatseingriffen diejenigen, die über das Ausmaß der Umweltverschmutzung entscheiden, keinen Anreiz haben, die Kosten der Umweltverschmutzung bei der Entscheidung mitzuberücksichtigen. Im Fall der Luftverschmutzung durch ein Kohlekraftwerk hat der Stromproduzent keinen Anreiz, die Gesundheitskosten der Menschen mitzuberücksichtigen, die die verschmutzte Luft einatmen müssen. Die Anreize des Unternehmens werden nur durch die monetären Kosten und Nutzen der Stromerzeugung bestimmt wie den Kohlepreis, den Strompreis usw. Wir werden im weiteren Verlauf des Kapitels noch sehen, dass es auch wichtige Beispiele für **externen Nutzen** gibt. Dabei handelt es sich um Nutzen, den Individuen oder Unternehmen Dritten zukommen lassen, ohne dass sie dafür einen Ausgleich erhalten. Wenn Sie z. B. zur Grippeschutzimpfung gehen, dann senken Sie damit die Wahrscheinlichkeit, dass Sie Freunde und Familie mit Grippe anstecken. Dennoch übernehmen Sie die Kosten der Impfung und müssen auch noch die Schmerzen ertragen. Unternehmen, die neue Technologien entwickeln, erzeugen ebenfalls einen externen Nutzen, da ihre Forschungsergebnisse oft zu Innovationen in anderen Unternehmen beitragen.

Externe Kosten und externen Nutzen bezeichnet man zusammenfassend als **Externalitäten**. Externe Kosten stellen **negative Externalitäten** dar, und externer Nutzen stellt **positive Externalitäten** dar.

Externe Kosten und externer Nutzen werden unter dem Begriff **Externalitäten** zusammengefasst. Externe Kosten werden auch als **negative Externalitäten** und externe Nutzen als **positive Externalitäten** bezeichnet. Externalitäten können zu privaten Entscheidungen – die Entscheidungen von Personen oder Unternehmen – führen, die für die Gesellschaft insgesamt nicht optimal sind. Im folgenden Abschnitt wollen wir für den Fall einer Umweltverschmutzung untersuchen, warum das so ist.

VERTIEFUNG

Ablenkungen am Lenkrad

Warum fährt das Auto direkt vor uns so merkwürdig? Ist der Fahrer betrunken? Nein, er telefoniert mit seinem Smartphone oder schreibt eine WhatsApp-Nachricht oder schaut Fotos auf Instagram an.

In einer aktuellen Studie haben 69 Prozent der Autofahrer im Alter zwischen 18 und 64 Jahren zugegeben, dass sie während des Autofahrens ihr Mobiltelefon benutzen. Sicherheitsexperten sehen darin eine große Gefahr. Für eine Person, die am Lenkrad gerade eine Nachricht auf dem Smartphone schreibt, ist die Wahrscheinlichkeit, in einen Verkehrsunfall verwickelt zu werden, 23-mal größer als bei einer normalen (aufmerksamen) Fahrweise.

Es wird geschätzt, dass in den Vereinigten Staaten mittlerweile 25 Prozent aller Verkehrsunfälle auf die Benutzung des Mobiltelefons während des Autofahrens zurückzuführen sind, und fast 10 Prozent der Verkehrsunfälle mit Todesfolge. Verkehrsunfälle stellen die häufigste Todesursache für Jugendliche dar, und Nachrichten schreiben oder lesen beim Autofahren spielt dabei eine große Rolle. Im Jahr 2017 waren fast 275 jugendliche Verkehrstote auf Ablenkungen beim Autofahren zurückzuführen. Freisprechanlagen scheinen nicht viel zu nutzen, weil die Hauptgefahr durch die Ablenkung hervorgerufen wird. Ein Verkehrssicherheitsexperte meinte dazu: »Es kommt nicht darauf an, wo Ihre Augen sind, es kommt darauf an, wo Sie mit Ihren Gedanken sind.« In fast allen Ländern sind Autofahrer daher aufgefordert, während des Fahrens ihr Smartphone nicht zu benutzen. Der Appell an die Einsicht scheint jedoch nicht auszureichen. In vielen Ländern ist daher mittlerweile die Benutzung von Smartphones während des Autofahrens strikt verboten, so etwa in Japan oder Israel. In Deutschland ist nur die Nutzung von Freisprechanlagen gestattet.

Warum sollte man diese Entscheidung nicht den einzelnen Autofahrern überlassen? Weil das Risiko, das durch das Telefonieren beim Autofahren entsteht, nicht nur für den Fahrer selbst ein Risiko darstellt. Es ist gleichzeitig ein Sicherheitsrisiko für Dritte, nämlich andere Verkehrsteilnehmer. Trifft ein Autofahrer die Entscheidung, dass der Nutzen eines während des Fahrens geführten Telefongesprächs die Kosten überwiegt, dann berücksichtigt er nicht die Kosten, die anderen Menschen entstehen. Anders ausgedrückt: Die Benutzung des Smartphones während des Autofahrens ruft eine bedeutende, manchmal verhängnisvolle negative Externalität hervor.

Umweltverschmutzung geht mit externen Kosten einher

Keine Frage, Umweltverschmutzung ist ein Übel. Der größte Teil der Umweltbelastungen tritt jedoch als Nebenwirkung von Aktivitäten auf, die uns Vorteile bescheren: Unsere Luft wird belastet durch Kraftwerke, die elektrischen Strom für die Lichter unserer Städte erzeugen, unsere Flüsse werden durch Düngemittel belastet, die von Agrarflächen stammen, auf denen unsere Nahrungsmittel angebaut werden. Warum akzeptieren wir nicht ein gewisses Ausmaß an Umweltverschmutzung als Kosten eines guten Lebens?

In Wirklichkeit tun wir das natürlich. Selbst sehr überzeugte Umweltschützer gehen nicht davon aus, dass wir die Umweltverschmutzung vollständig verhindern könnten bzw. verhindern sollten. Auch eine sehr umweltbewusste Gesellschaft wird *ein gewisses Ausmaß an Umweltverschmutzung* als Kosten der Produktion nützlicher Güter hinnehmen. Das eigentliche Argument von Umweltschützern besteht darin, dass unsere Gesellschaft *zu viel Umweltverschmutzung* generiert, falls es nicht einen wirksamen umweltpolitischen Rahmen gibt. Die große Mehrheit der Ökonomen sieht dies genauso.

Um diese Überlegungen zu verstehen, müssen wir uns einen Denkapparat schaffen, der es uns ermöglicht zu überlegen, wie hoch die Umweltverschmutzung einer Gesellschaft sein *sollte*. Wir können dann erkennen, warum eine Marktwirtschaft, die sich selbst überlassen ist, mehr Umweltverschmutzung hervorruft, als sie eigentlich sollte. Wir beginnen damit, eine besonders einfache Version des Problems zu betrachten, indem wir davon ausgehen, dass das Ausmaß der Umweltverschmutzung, die von einem Emittenten hervorgerufen wird, direkt beobachtbar und steuerbar ist.

Das gesellschaftlich optimale Niveau an Umweltverschmutzung

Wie viel Umweltverschmutzung sollte die Gesellschaft zulassen? In Kapitel 9 haben wir gesehen, dass »Wie viel«-Entscheidungen stets den Vergleich zwischen dem Grenzvorteil einer zusätzlichen Einheit von irgendetwas und den Grenzkosten dieser zusätzlichen Einheit beinhalten. Das Gleiche gilt für das Problem der Umweltverschmutzung.

Die zusätzlichen Kosten, die der Gesellschaft insgesamt durch eine weitere Einheit an Umweltverschmutzung entstehen, bezeichnen wir als **gesellschaftliche Grenzkosten der Umweltverschmutzung**.

Als **gesellschaftliche Grenzkosten der Umweltverschmutzung** bezeichnet man die zusätzlichen Kosten, die der Gesellschaft als Ganzes durch eine zusätzliche Einheit an Umweltverschmutzung auferlegt werden.

So vermischen sich beispielsweise Schwefeldioxid aus Kohlekraftwerken und Regenwasser zu »saurem Regen«, der die Fischerei sowie die Land- und Forstwirtschaft schädigt. Gleichzeitig verursachen Verunreinigungen des Grundwassers, z. B. durch Fracking, gesundheitliche Schäden bei den Menschen. In der Regel steigen die gesellschaftlichen Grenzkosten mit zunehmender Verschmutzung: Jede zusätzliche Einheit an Umweltverschmutzung richtet einen größeren Schaden an als die vorherige Einheit an Umweltverschmutzung. Das hat damit zu tun, dass die Natur ein bestimmtes, geringes Niveau an Umweltverschmutzung verkraften kann, dann aber durch größere Verschmutzungen stärker gefährdet wird.

Als **gesellschaftlichen Grenznutzen der Umweltverschmutzung** bezeichnen wir den zusätzlichen Vorteil, der einer Gesellschaft als Ganzes durch eine zusätzliche Einheit an Umweltverschmutzung entsteht.

Der **gesellschaftliche Grenznutzen der Umweltverschmutzung** ist der zusätzliche Vorteil, der einer Gesellschaft als Ganzes durch eine zusätzliche Einheit an Umweltverschmutzung entsteht. Das scheint auf den ersten Blick ein verwirrendes Konzept zu sein. Was kann an Umweltverschmutzung gut sein? Die Vermeidung von Umweltbelastungen geht jedoch mit Kosten einher. So müssten beispielsweise Kraftwerke zur Verminderung ihrer Schwefeldioxidemissionen entweder teure Kohle mit niedrigem Schwefelgehalt kaufen oder spezielle Rauchgasentschwefelungsanlagen einbauen, um den Schwefel aus der Abluft herauszuwaschen. Die Verunreinigung des Grundwassers durch Fracking lässt sich durch andere, teurere Bohrmethoden begrenzen. Die Verschmutzung der Flüsse und Ozeane durch Abwässer kann durch den Bau von Kläranlagen reduziert werden.

All diese Verfahren zur Reduktion von Umweltverschmutzung erfordern jedoch den Einsatz knapper Ressourcen, die auch zur Produktion von anderen Waren und Dienstleistungen hätten verwendet werden können. Der gesellschaftliche Grenznutzen der Umweltverschmutzung spiegelt sich demnach in den Waren und Dienstleistungen wider, die die Gesellschaft zur Verfügung hätte, wenn sie eine zusätzliche Einheit an Umweltverschmutzung tolerieren würde.

Vergleicht man das Niveau der Umweltverschmutzung, das in reichen Volkswirtschaften

Abb. 16-1

Das gesellschaftlich optimale Niveau an Umweltverschmutzung

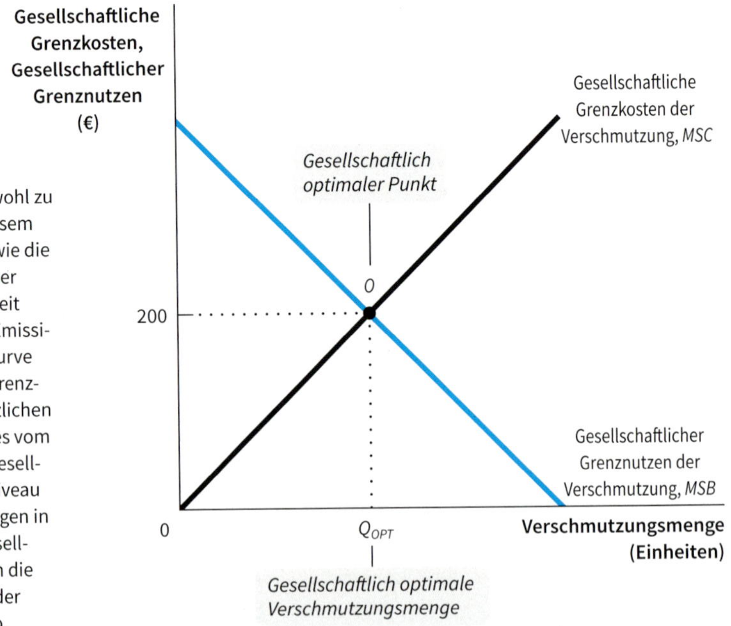

Umweltverschmutzung führt sowohl zu Kosten als auch zu Nutzen. In diesem Diagramm zeigt die *MSC*-Kurve, wie die gesellschaftlichen Grenzkosten der Emission einer zusätzlichen Einheit eines Umweltschadstoffes vom Emissionsniveau abhängen. Die *MSB*-Kurve zeigt, wie der gesellschaftliche Grenznutzen der Emission einer zusätzlichen Einheit eines Umweltschadstoffes vom Emissionsniveau abhängt. Das gesellschaftlich optimale Belastungsniveau ist Q_{OPT}. Bei diesem Niveau betragen in unserem Beispiel sowohl der gesellschaftliche Grenznutzen als auch die gesellschaftlichen Grenzkosten der Umweltverschmutzung 200 Euro.

hingenommen wird, mit dem Niveau der Umweltverschmutzung in armen Volkswirtschaften, dann zeigt sich, welche Bedeutung die Höhe des gesellschaftlicher Grenznutzens der Umweltverschmutzung für die Entscheidung darüber hat, wie viel Umweltverschmutzung die Gesellschaft bereit ist hinzunehmen. Da in ärmeren Volkswirtschaften die Opportunitätskosten der Verwendung von Ressourcen zur Reduktion der Umweltverschmutzung höher sind als in reichen Volkswirtschaften, akzeptieren ärmere Volkswirtschaften eine höhere Umweltverschmutzung. Die Weltgesundheitsorganisation schätzt, dass in armen Ländern rund 3,5 Millionen Menschen vorzeitig sterben – infolge von schlechter Raumluft, hervorgerufen durch die Verbrennung von emissionsreichen Brennstoffen wie Holz, Dung oder Kohle zum Heizen und Kochen. Diese Situation können die Menschen in reichen Volkswirtschaften vermeiden.

Unter Verwendung eines Zahlenbeispiels zeigt **Abbildung 16-1**, wie wir die **gesellschaftlich optimale Umweltverschmutzung** ermitteln können, also das Ausmaß an Umweltverschmutzung, für das sich eine Gesellschaft entscheiden würde, wenn alle Kosten und Nutzen in die Berechnung einbezogen würden. Die aufwärts verlaufende Grenzkostenkurve (*MSC*) zeigt, wie sich die gesellschaftlichen Grenzkosten einer zusätzlichen Einheit umweltbelastender Emissionen mit der Emissionsmenge ändern. Wie wir bereits erläutert haben, steigen die gesellschaftlichen Grenzkosten der Umweltverschmutzung mit zunehmender Umweltverschmutzung. Die gesellschaftliche Grenznutzenkurve (*MSB*) verläuft abwärts geneigt, weil es umso schwieriger und damit umso teurer wird, eine weitere Verringerung der Umweltverschmutzung zu erreichen, je niedriger das Verschmutzungsniveau bereits ist. Wenn das Belastungsniveau bereits sehr niedrig ist, dann muss eine immer teurere Technologie verwendet werden, um eine weitere Reduktion der Belastung zu erreichen, sodass der gesellschaftliche Grenznutzen der Umweltverschmutzung bei geringer Umweltverschmutzung größer ist.

Wie wir in Abbildung 16-2 erkennen können, liegt die gesellschaftlich optimale Umweltverschmutzung in unserem Beispiel nicht bei null. Vielmehr wird das optimale Niveau durch Q_{OPT} beschrieben, die Menge, die mit dem Punkt *O* korrespondiert, in dem sich *MSB*-Kurve und *MSC*-Kurve schneiden. Bei Q_{OPT} sind der gesellschaftliche Grenznutzen einer zusätzlichen Einheit an Emissionen und die gesellschaftlichen Grenzkosten genau gleich (in unserem Beispiel: 200 Euro.)

Wird aber eine sich selbst überlassene Marktwirtschaft dieses gesellschaftlich optimale Umweltverschmutzungsniveau erreichen? Nein!

Warum in einer Marktwirtschaft die Umweltverschmutzung zu hoch ist

Umweltverschmutzung führt sowohl zu gesellschaftlichem Nutzen als auch zu gesellschaftlichen Kosten. In einer Marktwirtschaft ohne Staatseingriffe fällt die Umweltverschmutzung aber zu groß aus. Ohne staatliche Kontrolle entscheiden die Verursacher der Umweltverschmutzung – z. B. Stromerzeugungsunternehmen oder Gasförderunternehmen – darüber, wie viel Umweltverschmutzung erzeugt wird. Und diese Emittenten haben keinerlei Anreiz, die Kosten der Umweltverschmutzung zu berücksichtigen, die sie anderen auferlegen. Für sie sind nur die eigenen Produktionskosten relevant, also z. B. die Kosten der Stromerzeugung mit Kohle.

Die **gesellschaftlich optimale Umweltverschmutzung** ist das Belastungsniveau, für das sich die Gesellschaft unter Berücksichtigung sämtlicher Kosten und Nutzen der Umweltverschmutzung entscheiden würde.

Abbildung 16-2 zeigt das Ergebnis dieser Asymmetrie zwischen denjenigen, die von den Vorteilen profitieren, und denjenigen, die die Kosten tragen müssen. In einer Marktwirtschaft ohne Staatseingriffe zum Schutz der Umwelt werden nur die Nutzen der Umweltverschmutzung bei der Entscheidung über die Höhe der Emissionen berücksichtigt. Das Emissionsniveau wird daher nicht bei dem gesellschaftlich optimalen Wert Q_{OPT} liegen, sondern Q_{MKT} betragen. Das Emissionsniveau Q_{MKT} ist die Menge, bei der der gesellschaftliche Grenznutzen einer zusätzlichen Einheit an Umweltschadstoffen gleich null ist, während die gesellschaftlichen Grenzkosten dieser zusätzlichen Einheit jedoch viel größer sind – in unserem Beispiel betragen sie 400 Euro.

Warum ist das so? Betrachten wir dazu eine Situation, in der ein Umweltverschmutzer das gesellschaftlich optimale Emissionsniveau Q_{OPT} erzeugen würde. Wir wissen, dass die *MSB*-Kurve die Ressourcen widerspiegelt, die der Gesellschaft durch die Akzeptanz einer zusätzlichen Verschmutzungseinheit zur Verfügung stehen. Der Verschmutzer würde beim gesellschaftlich optimalen Emissionsniveau Q_{OPT} feststellen, dass er durch eine Ausdehnung der Emissionsmenge von

Abb. 16-2

Warum eine Marktwirtschaft eine zu hohe Umweltverschmutzung erzeugt

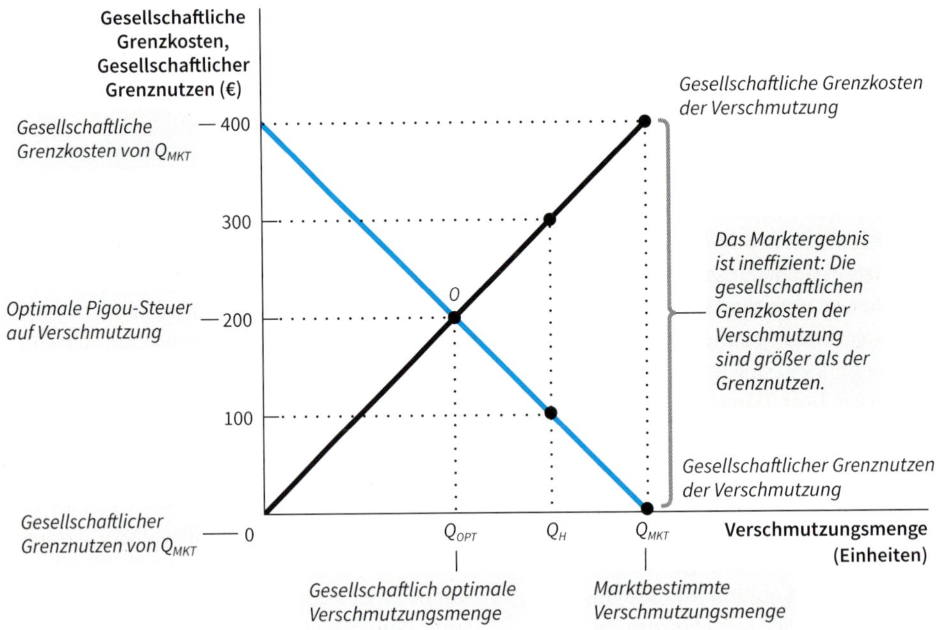

Ohne Staatseingriffe wird sich eine Umweltverschmutzung in Höhe von Q_{MKT} einstellen. Das entspricht dem Niveau, bei dem der gesellschaftliche Grenznutzen der Umweltverschmutzung für die Emittenten gleich null ist. Dabei handelt es sich um eine ineffizient hohe Schadstoffmenge: Die gesellschaftlichen Grenzkosten (400 Euro) übersteigen den gesellschaftlichen Grenznutzen (0 Euro) deutlich. Eine optimale Pigou-Steuer in Höhe von 200 Euro kann den Markt zur gesellschaftlich optimalen Emissionshöhe Q_{OPT} treiben. (Über Pigou-Steuern werden wir um nächsten Abschnitt zur Umweltpolitik mehr erfahren).

Q_{OPT} auf Q_H den Betrag von 200 Euro – 100 Euro = 100 Euro (dargestellt durch die Bewegung entlang der *MSB*-Kurve) gewinnen würde. Dieser zusätzliche Gewinn von 100 Euro entsteht dadurch, dass der Verschmutzer bei einem höheren Verschmutzungsniveau keine so teure Produktionstechnologie benötigt (und die Kosten der zusätzlichen Verschmutzung ja nicht tragen muss). Aber selbst bei der Emissionsmenge Q_H wird er nicht stehen bleiben, denn bei einer weiteren Ausdehnung der Emissionsmenge auf Q_{MKT} kann er noch einmal 100 Euro für sich realisieren. Über die Menge Q_{MKT} hinaus wird er das Verschmutzungsniveau allerdings nicht ausdehnen, da an diesem Punkt der gesellschaftliche Grenznutzen der Umweltverschmutzung gleich null ist und er durch den Einsatz einer billigeren Produktionstechnologie (mit einem höheren Verschmutzungsniveau) nichts mehr gewinnen kann.

Das Marktergebnis Q_{MKT} ist allerdings ineffizient. Wir wissen, dass ein Marktergebnis genau dann ineffizient ist, wenn man jemanden besser stellen kann, ohne dabei jemand anderen schlechter stellen zu müssen. Bei einem ineffizienten Marktergebnis unterbleiben Transaktionen zum beiderseitigen Vorteil. Im Punkt Q_{MKT} ist der Nutzen des Verschmutzers aus der letzten Einheit an Umweltverschmutzung sehr klein, praktisch null. Die Kosten, die der Gesellschaft durch die letzte Einheit an Umweltverschmutzung auferlegt werden, sind dagegen ziemlich hoch: 400 Euro. Wenn also die Emissionsmenge im Punkt Q_{MKT}

um eine Einheit verringert wird, fallen die gesellschaftlichen Grenzkosten der Umweltverschmutzung um 400 Euro, während der gesellschaftliche Grenznutzen praktisch unverändert bleibt.

Damit steigt die gesamtwirtschaftliche Wohlfahrt um rund 400 Euro, wenn die Emissionsmenge im Punkt Q_{MKT} um eine Einheit verringert wird. Die Gesellschaft wäre daher bereit, dem Verursacher der Umweltverschmutzung bis zu 400 Euro zu bezahlen, damit er auf die letzte Einheit an Umweltverschmutzung verzichtet und der Umweltverschmutzer wäre bereit, dieses Angebot anzunehmen, da ihm die letzte Einheit an Umweltverschmutzung praktisch keinen zusätzlichen Nutzen gibt. Aber da in einer Marktwirtschaft ohne staatliche Eingriffe diese Transaktion unterbleibt, kommt es zu einem ineffizienten Marktergebnis.

Private Lösungen für das Externalitätenproblem

Wie wir gerade gelernt haben, führen Externalitäten in einer Marktwirtschaft zu einem ineffizienten Marktergebnis: Transaktionen zum beiderseitigen Vorteil unterbleiben. Kann der private Sektor das Externalitätenproblem ohne Staatseingriffe lösen? Können die Akteure einen Weg finden, diese vorteilhaften Transaktionen durchzuführen? Dem **Coase-Theorem** zufolge kann eine Volkswirtschaft auch bei Auftreten von Externalitäten immer eine effiziente Lösung erreichen, vorausgesetzt, dass die Kosten zur Erreichung dieser Lösung hinreichend niedrig sind.

Wenn es also z. B. durch das Fracking zu einer Verschmutzung des Trinkwassers kommt, dann folgt aus dem Coase-Theorem, dass sich diese Verschmutzung bis zu einem gewissen Grad vermeiden lässt. Zum einen können die Landbesitzer, deren Grundwasser durch die Gasförderung beeinträchtigt wird, dem Förderunternehmen Geld dafür geben, dass es eine bessere Fördertechnologie einsetzt, wodurch die Belastung des Grundwassers geringer wird. Zum anderen kann das Gasförderunternehmen den Landbesitzern den Wertverlust durch die Zerstörung der Grundwasserressourcen ersetzen. Wenn das Gasförderunternehmen das Recht hat, nach Gas zu bohren und dabei die Umwelt zu verschmutzen, dann wird sich die erste Möglichkeit einstellen. Hat das Gasförderunternehmen allerdings kein Recht dazu, dann ist die zweite Möglichkeit wahrscheinlicher.

Coase wies daraufhin, dass es unabhängig davon, wie die Rechte ausgestaltet und verteilt sind, zu einer Transaktion zwischen beiden Parteien zum beiderseitigen Vorteil kommt, solange die *Transaktionskosten* klein genug sind. Wenn Individuen Externalitäten bei der Entscheidungsfindung berücksichtigen, spricht man davon, dass sie die **Externalitäten internalisieren**. In diesem Fall erhalten wir auch ohne staatlichen Eingriff ein effizientes Ergebnis.

Warum können private Akteure nicht immer Externalitäten internalisieren? Das Problem liegt in den **Transaktionskosten**. Das sind die Kosten, die mit der Durchführung eines Handels verbunden sind. In vielen Fällen sind die Transaktionskosten so hoch, dass sie das Zustandekommen einer Vereinbarung zwischen beiden Seiten verhindern. Das ist insbesondere dann der Fall, wenn von der Externalität viele Personen betroffen sind, wie z. B.

Berücksichtigen Individuen externe Kosten oder externen Nutzen, dann wird die **Externalität internalisiert**.

Transaktionskosten – die Kosten, die den Beteiligten im Zusammenhang mit einem Tausch entstehen – verhindern oft das Zustandekommen einer für beide Seiten vorteilhaften Transaktion.

Dem **Coase-Theorem** zufolge kann eine Wirtschaft auch bei Auftreten von Externalitäten immer eine effiziente Lösung erreichen, solange die Kosten, die den Beteiligten im Zusammenhang mit einem Tausch entstehen, hinreichend niedrig sind.

WISSENSCHAFT UND PRAXIS

Was kostet der Strom wirklich?

Die drei führenden Ökonomen Nicholas Z. Muller, Robert Mendelsohn und Nobelpreisträger William Nordhaus haben in einer Studie die externen Kosten der Umweltbelastung durch verschiedene Branchen der US-Wirtschaft abgeschätzt. Diese Kosten treten in vielfältiger Form auf und reichen von gesundheitsschädlichen Auswirkungen bis hin zu geringeren Ernteerträgen. Für die Stromerzeugung haben die Ökonomen die Kosten der CO_2-Emissionen ermittelt, die als Treibhausgase maßgeblich zum *Klimawandel* beitragen.
In ihrer Studie sind die Autoren konservativ vorgegangen und haben vergleichsweise niedrige Werte für die externen Kosten angesetzt. Die Bewertung der externen Kosten ist in der Wissenschaft ein Streitthema, u. a. auch deshalb, weil ein Teil der externen Kosten von zukünftigen Generationen getragen werden muss. Die Ökonomen ▸

haben für die Stromerzeugung aus Kohle und die Stromerzeugung aus Erdgas die gesamten externen Kosten der Umweltbelastung (TEC – total external cost of pollution) miteinander verglichen und diese Werte anschließend ins Verhältnis zu der zu Marktpreisen bewerteten Stromerzeugung des jeweiligen Sektors gesetzt.
Die Autoren sind zu dem Ergebnis gekommen, dass sowohl bei der Stromerzeugung aus Kohle als auch bei der Stromerzeugung aus Erdgas immense externe Kosten entstehen, die die jeweilige zu Marktpreisen bewertete Stromerzeugung übersteigen. Da bei der Verbrennung von Erdgas deutlich weniger Schadstoffe und CO_2-Emissionen entstehen als bei der Verbrennung von Kohle, sind die externen Kosten der Stromerzeugung aus Erdgas mit 0,005 Dollar je kWh Strom deutlich geringer als die externen Kosten der Stromerzeugung aus Kohle mit 0,039 Dollar je kWh. Setzt man diese Kostengrößen in Relation zum Strompreis in den Vereinigten Staaten, dann sieht man, dass sich selbst bei einer konservativen Kostenschätzung die externen Kosten der Kohleverstromung auf rund ein Drittel des Strompreises belaufen (bei Erdgas ist es dagegen nur ein Zwanzigstel).
Im Jahr 2014 hat die US-Regierung unter dem damaligen Präsidenten Obama Grenzwerte für CO_2-Emissionen von neuen Kraftwerken eingeführt, damit neue Kohlekraftwerke zukünftig in Anlagen zur CO_2-Abscheidung und -Speicherung (CCS) investieren. Im Jahr 2018 wurden diese Regelungen unter dem US-Präsidenten Trump zur Stützung der Kohleindustrie deutlich gelockert. Branchenanalysten gehen jedoch davon aus, dass diese Lockerungen den Niedergang der Kohleindustrie auf lange Sicht nicht aufhalten werden. Bereits im Jahr 2016 war die Stromerzeugung aus Erdgas durch das Fracking kostengünstiger als die Kohleverstromung. In diesem Jahr wurde in den Vereinigten Staaten auch erstmals mehr Strom aus Erdgas erzeugt als aus Kohle. Und im Jahr 2018 konnte man mit erneuerbaren Energien Strom sogar billiger erzeugen als mit Gaskraftwerken.

bei der Luftverschmutzung und bei der Emission von *Treibhausgasen*, und die hohen Kommunikations- und Verhandlungskosten ein effizientes Verhandlungsergebnis unmöglich machen.

Hindern Transaktionskosten den privaten Sektor daran, selbst eine Lösung für das Externalitätenproblem zu finden, dann muss man sich nach staatlichen Lösungen umsehen. Wie solche politischen Lösungen aussehen könnten, wollen wir uns im nächsten Abschnitt ansehen.

Kurzzusammenfassung

- Externe Kosten und externer Nutzen führen zu **Externalitäten**. Umweltverschmutzung ist ein Beispiel für **externe Kosten** bzw. **negative Externalitäten**. Es gibt auch Aktivitäten, die **externen Nutzen** bzw. **positive Externalitäten** hervorrufen.
- Die Verringerung der Umweltverschmutzung verursacht sowohl Nutzen als auch Kosten. Das optimale Niveau der Umweltverschmutzung ist daher nicht gleich null. Vielmehr gibt es eine **gesellschaftlich optimale Umweltverschmutzung**, das ist das Emissionsvolumen, bei dem die **gesellschaftlichen Grenzkosten der Umweltverschmutzung** gleich dem **gesellschaftlichen Grenznutzen der Umweltverschmutzung** sind.
- Eine sich selbst überlassene Marktwirtschaft wird typischerweise ein zu hohes Niveau an Umweltverschmutzung generieren, weil die Emittenten keinen Anreiz haben, die Kosten zu berücksichtigen, die sie Dritten auferlegen.
- Dem **Coase-Theorem** zufolge kann der private Sektor das Externalitätenproblem manchmal selbst lösen: Sind die **Transaktionskosten** hinreichend niedrig, können sich Individuen darauf einigen, die **Externalitäten zu internalisieren**. Sind die Transaktionskosten zu hoch, können staatliche Eingriffe in den Markt gerechtfertigt sein.

ÜBERPRÜFEN SIE IHR WISSEN

1. Das Abwasser von einer großen Geflügelfarm wird auf die Ländereien der Nachbarn gespült. Erläutern Sie:
   a. Die Art der externen Kosten, die den Nachbarn auferlegt werden.
   b. Das Resultat, wenn es nicht zu staatlichen Eingriffen oder einer privaten Vereinbarung kommt.
   c. Das gesellschaftlich optimale Resultat.
2. Jasmin behauptet, dass jeder Studierende, der sich aus der Universitätsbibliothek ein Buch ausleiht und dieses nicht rechtzeitig zurückgibt, anderen Studierenden eine negative Externalität auferlegt. Sie behauptet weiter, dass die Bibliothek für zu spät zurückgegebene Bücher nicht eine geringfügige Gebühr erheben sollte, sondern eine derart hohe, dass die Ausleiher die Bücher auf jeden Fall pünktlich zurückgeben. Sind die ökonomischen Überlegungen von Jasmin korrekt?

16.2 Staatliche Instrumente der Umweltpolitik

Vor 1970 gab es in den Vereinigten Staaten keine Regeln für die Menge an Schwefeldioxid, die Kraftwerke emittieren durften. Das war der Grund, warum der saure Regen zu einem derart großen Problem für die Natur werden konnte. Insbesondere im Nordosten des Landes gab es weite Landstriche mit toten Bäumen, in den Seen und Flüssen starben Fische und andere Lebewesen. Nach 1970 gab der sogenannte Clean Air Act Grenzen für die Schwefeldioxidemissionen vor – und der saure Regen ging deutlich zurück. In der Bundesrepublik Deutschland wurde der Schutz vor schädlichen Umwelteinwirkungen durch Luftverunreinigungen durch das Bundes-Immissionsschutzgesetz (BImSchG) von 1974 und die zugehörigen Umsetzungsverordnungen (BImSchV) gesetzlich geregelt.

Von Ökonomen wurde jedoch darauf hingewiesen, dass ein flexibleres Regelsystem, das sich den Marktmechanismus zunutze macht, eine Verbesserung der Umweltqualität zu geringeren Kosten erreichen könnte. Im Jahr 1990 wurden diese theoretischen Überlegungen in den Vereinigten Staaten im Rahmen einer Anpassung des Clean Air Acts umgesetzt. Es zeigte sich, dass die ökonomischen Überlegungen tatsächlich richtig waren.

In diesem Abschnitt wollen wir uns drei wirtschaftspolitische Instrumente ansehen, mit denen die Umweltbelastung beeinflusst werden kann: Umweltauflagen, Emissionssteuern und handelbare Emissionsrechte. Dabei werden wir auch sehen, wie die ökonomische Analyse zur Verbesserung der Instrumente beigetragen hat. Außerdem werden wir uns mit dem Problem des Klimawandels näher beschäftigten und lernen, mit welchen staatlichen Instrumenten hier gegengesteuert werden kann.

Umweltauflagen

In unserer Zeit sind die bedeutendsten externen Kosten mit Sicherheit diejenigen, die im Zusammenhang mit umweltschädigenden Maßnahmen stehen – Luftverschmutzung, Wasserverschmutzung, Zerstörung von Lebensräumen für Tiere und Pflanzen usw. Der Schutz der Umwelt ist in allen Industrienationen mittlerweile zu einer bedeutenden Regierungsaufgabe geworden. In den Vereinigten Staaten ist die Environmental Protection Agency (EPA) der wichtigste Träger der Umweltpolitik auf der Bundesebene. Sie wird unterstützt durch Maßnahmen der einzelnen Bundesstaaten und der lokalen Behörden. In der Bundesrepublik Deutschland ist das Bundesumweltamt die zentrale Umweltbehörde.

Wie kann ein Land seine Umwelt schützen? Gegenwärtig spielen **Umweltauflagen** die wichtigste Rolle. Dabei handelt es sich um Regeln, die die Umwelt dadurch schützen, dass sie für Produzenten und Konsumenten bestimmte Verhaltensweisen vorschreiben. Ein bekanntes Beispiel ist die Vorschrift, dass fast alle Kraftfahrzeuge über Katalysatoren verfügen müssen, mit denen die

Umweltauflagen sind Regeln, welche die Umwelt dadurch schützen, dass sie Produzenten und Konsumenten bestimmte Verhaltensweisen vorschreiben.

LÄNDER IM VERGLEICH

Wirtschaftswachstum und Treibhausgasemissionen in sechs Ländern

Auf den ersten Blick zeigt der Vergleich der Treibhausgasemissionen pro Kopf für verschiedene Länder in Diagramm (a) der Abbildung, dass Australien, Kanada und die Vereinigten Staaten zu den größten Umweltsündern gehören. Im Durchschnitt verursacht ein US-Amerikaner 16,6 Tonnen an Treibhausgasemissionen (gemessen in CO_2-Äquivalenten). Im Vergleich dazu liegen die Treibhausgasemissionen pro Kopf in Usbekistan nur bei 2,8 Tonnen, in China bei 7,1 Tonnen und in Indien bei 2,0 Tonnen.

Diese Herangehensweise ignoriert jedoch einen wichtigen Faktor, der die Höhe der Treibhausgasemissionen eines Landes entscheidend mitbestimmt: das Bruttoinlandsprodukt (BIP), der Wert der gesamtwirtschaftlichen Produktion. Waren und Dienstleistungen können in der Regel nicht ohne den Einsatz von Energie hergestellt werden. Und je höher der Energieverbrauch ausfällt, desto größer ist auch die Umweltverschmutzung. Einige Ökonomen vertreten die Auffassung, dass der alleinige Blick auf die Höhe der Treibhausgasemissionen eines Landes ohne Berücksichtigung der wirtschaftlichen Entwicklung ein falsches Bild produziert. Damit würde man ein Land dafür bestrafen, dass es einen hohen wirtschaftlichen Entwicklungsstand erreicht hat.

Will man die Umweltverschmutzung in einzelnen Ländern auf sinnvolle Weise miteinander vergleichen, muss man die Emissionen in Relation zum BIP eines Landes setzen. Diese Darstellung findet sich in Diagramm (b) der Abbildung. Nach diesem Ansatz sind die Vereinigten Staaten, Kanada und Australien als umweltbewusste Länder zu bezeichnen, China, Indien und Usbekistan dagegen nicht. Dafür sind ökonomische Ursachen verantwortlich.

Schaut man auf die ökonomischen Ursachen, dann stellt man fest, dass ärmere Länder wie China, Indien und Usbekistan, Geld eher für andere Dinge als für Umweltschutz ausgeben. Diese Länder sahen sich selbst als zu arm an, als dass sie sich so wie die wohlhabenden Volkswirtschaften eine saubere Umwelt leisten können. Würde man diesen Ländern die Umweltstandards der wohlhabenden Volkswirtschaften auferlegen, dann – so behaupteten diese Länder – wäre ihr Wirtschaftswachstum in Gefahr.

Mittlerweile ist es zu einem Umdenken gekommen. Den ärmeren Ländern ist bewusst geworden, dass gerade sie sehr stark von den Auswirkungen des Klimawandels betroffen sein werden und bereits auch schon sind. Aus diesem Grund haben die ärmeren Länder gemeinsam mit den Industrieländern im Jahr 2015 das *Pariser Klimaschutzabkommen* unterzeichnet. Die insgesamt 196 Unterzeichnerstaaten des Abkommens verpflichten sich, ihre Treibhausgasemissionen zu begrenzen, um den Anstieg der Erdtemperatur auf 2 Grad zu beschränken mit dem Ziel, katastrophale und irreversible Folgen des Klimawandels zu vermeiden.

(a) Treibhausgasemissionen (in CO_2-Äquivalenten) pro Kopf

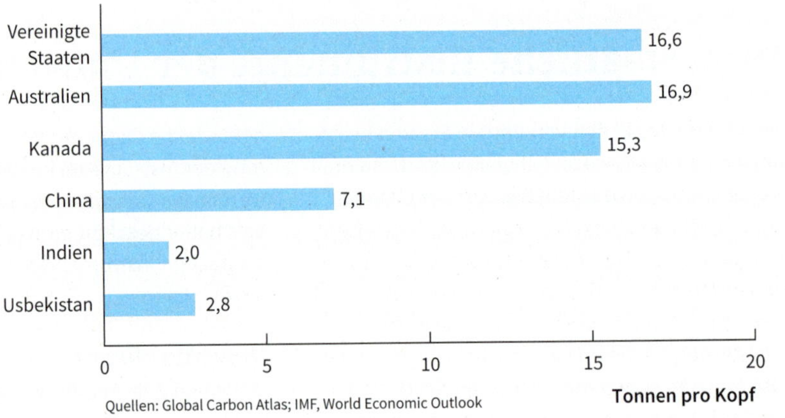

Quellen: Global Carbon Atlas; IMF, World Economic Outlook

(b) Treibhausgasemissionen (in CO_2-Äquivalenten) pro 1 Mio. Dollar an BIP

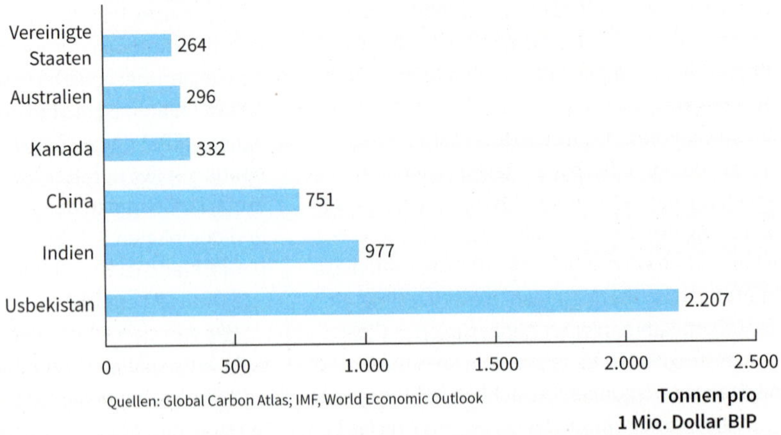

Quellen: Global Carbon Atlas; IMF, World Economic Outlook

Emission von Schadstoffen verringert wird, die Smog verursachen und gesundheitsrelevant sind. Andere Gesetze oder Verordnungen schreiben die Behandlung von Abwässern vor, verbieten oder begrenzen den Ausstoß bestimmter Schadstoffe. Und wie wir gerade gelernt haben, hat die US-amerikanische Umweltbehörde EPA im Jahr 2014 Umweltauflagen für neue Kohle- und Gaskraftwerke festgelegt, um den Einsatz von modernen, emissionsärmeren Technologien zu erzwingen.

Während der 1960er- und 1970er-Jahre wurden immer mehr Umweltauflagen erlassen. Sie führten zu einer erheblichen Verbesserung der Umweltsituation. So ist beispielsweise in den Vereinigten Staaten nach der Verabschiedung des Clean Air Acts im Jahr 1970 die Gesamtemission von Luftschadstoffen um mehr als ein Drittel zurückgegangen, obwohl die Bevölkerung im gleichen Zeitraum um ein Drittel gewachsen ist und sich die Wirtschaftsleistung mehr als verdoppelt hat. Sogar in Los Angeles, das immer noch für seinen Smog berüchtigt ist, hat sich die Luftqualität entscheidend verbessert: Während im Jahr 1988 die zulässigen Ozonobergrenzen noch an 178 Tagen überschritten wurden, war dies im Jahr 2013 nur noch an 5 Tagen der Fall.

Emissionssteuern

Eine Möglichkeit, die Umweltverschmutzung direkt zu beeinflussen, besteht in der Verpflichtung des Emittenten zur Zahlung einer **Emissionssteuer**. Bei Emissionssteuern handelt es sich um Steuern, die von der Höhe der Umweltverschmutzung abhängen, die ein Unternehmen hervorruft. Wie wir im Kapitel 7 gelernt haben, führt die Einführung einer Steuer dazu, dass die besteuerte Aktivität zurückgeht.

Ohne staatliche Eingriffe werden die Kraftwerksbetreiber ihre Produktion und damit die Verschmutzungsmenge über das gesellschaftlich optimale Niveau hinaus ausdehnen. Die Kraftwerksbetreiber werden, wie in Abbildung 16-2 zu sehen, die Emissionen bis zur Menge Q_{MKT} ausdehnen, bei der der gesellschaftliche Grenznutzen der Verschmutzung gleich null ist.

Müssen die Kraftwerksbetreiber eine Steuer in Höhe von 200 Euro je Einheit Schadstoffausstoß bezahlen, sehen sie sich nunmehr Grenzkosten in Höhe von 200 Euro je Einheit gegenüber und haben einen Anreiz, die Emissionen auf das gesellschaftlich optimale Niveau Q_{OPT} zu reduzieren. Diese Beobachtung lässt sich verallgemeinern: Eine Emissionssteuer, deren Höhe den gesellschaftlichen Grenzkosten beim gesellschaftlich optimalen Belastungsniveau entspricht, veranlasst die Emittenten, die externen Kosten zu internalisieren, also die wahren Kosten zu berücksichtigen, die der Gesellschaft durch ihre Handlungen entstehen.

Mithilfe einer Emissionssteuer lassen sich Emissionsreduktionen effizienter erreichen als durch Umweltauflagen. Eine Emissionssteuer stellt sicher, dass jeder Kraftwerksbetreiber die Verschmutzungsmenge wählt, bei der sein individueller Grenznutzen aus der Verschmutzung den Grenzkosten durch die Emissionssteuer entspricht. Bei Umweltauflagen werden dagegen alle Kraftwerksbetreiber gleich behandelt, auch wenn sie durch unterschiedliche Kosten der Emissionsreduktion einen unterschiedlichen Grenznutzen aus der Verschmutzung ziehen.

Der Begriff *Emissions*steuer könnte den falschen Eindruck erwecken, dass Steuern lediglich für eine bestimmte Art von externen Kosten eine Lösung darstellen – für die Umweltverschmutzung. Tatsächlich können Steuern jedoch dazu genutzt werden, jede Art von Aktivität einzuschränken, die negative Externalitäten hervorruft, wie etwa das Autofahren (bei dem die Kosten der Umweltverschmutzung größer sind als die Kosten der Benzin- und Dieselproduktion) oder das Rauchen (bei dem die Gesundheitskosten für die Gesellschaft größer sind als die Produktionskosten für eine Zigarette).

Allgemein bezeichnet man Steuern, die darauf abzielen, externe Kosten zu verringern, als **Pigou-Steuern**. Namensgeber ist der Wirtschaftswissenschaftler A. C. Pigou, der die Bedeutung derartiger Steuern in seinem 1920 erschienenen Klassiker *The Economics of Welfare* herausgearbeitet hat. In unserem Beispiel liegt die optimale Pigou-Steuer bei 200 Euro. Wie man in Abbildung 16-2 erkennen kann, korrespondiert dieser Betrag mit den gesellschaftlichen Grenzkosten der Umweltverschmutzung bei einem optimalen Belastungsniveau Q_{OPT}.

Im Vergleich zu Umweltauflagen stoßen Emissionssteuern allerdings auf das Problem, dass die wirtschaftspolitischen Entscheidungsträger in der Praxis im Allgemeinen nicht sicher wissen können,

Eine **Emissionssteuer** ist eine Steuer, die von der Höhe der Umweltverschmutzung abhängt, die ein Unternehmen hervorruft.

Steuern, die auf die Reduzierung von externen Kosten abzielen, werden als **Pigou-Steuern** bezeichnet.

wie hoch die Steuer sein sollte. Entscheiden sie sich für eine zu niedrige Steuer, dann wird sich die Umweltsituation nur wenig verbessern. Entscheiden sie sich für eine zu hohe Steuer, werden die Emissionen über das effiziente Maß hinaus eingeschränkt. Diese Unsicherheit bezüglich des optimalen Steuersatzes lässt sich nicht beseitigen. Es gibt jedoch eine alternative umweltpolitische Maßnahme, die Ausgabe von handelbaren Emissionsrechten, die dieses Problem vermeidet. Allerdings können Emissionssteuern den Vorteil haben, sich politisch leichter durchsetzen zu lassen, wenn die Einnahmen aus der Steuer den Verbrauchern zugute kommen.

Handelbare Emissionsrechte

Unter **handelbaren Emissionsrechten** versteht man Lizenzen zur Emission einer bestimmten Menge eines Schadstoffes, die ge- und verkauft werden können.

Lizenzen dafür, eine bestimmte Menge eines Schadstoffes zu emittieren, heißen **handelbare Emissionsrechte**. Diese Lizenzen oder Zertifikate können von den Emittenten gekauft bzw. verkauft werden. Handelbare Emissionsrechte funktionieren wie handelbare Fangquoten, die wir in der Rubrik »Wissenschaft und Praxis« im Kapitel 5 kennengelernt haben. Dort ging es um ein System von handelbaren Fangquoten für Krabben. Durch die handelbaren Lizenzen zum Krabbenfang kam es zu einer effizienten Allokation der Rechte zum Krabbenfang, da die sichersten Fischerboote mit den geringsten Betriebskosten die Lizenzen von den weniger sicheren Fischerbooten mit den höheren Kosten kauften. Der einzige Unterschied zu handelbaren Emissionsrechten besteht darin, dass es bei Fangquoten um etwas »Gutes« wie Krabben geht, bei Emissionsrechten dagegen um etwas »Schlechtes« wie Umweltverschmutzung. Zu einer effizienten Allokation führen beide Systeme, da die Lizenzen und Emissionsrechte *handelbar* sind.

Das System von handelbaren Lizenzen funktioniert auch im Fall von Emissionen, weil die einzelnen Unternehmen unterschiedliche Kosten für die Vermeidung der Umweltverschmutzung haben. So ist es z. B. bei älteren Produktionsanlagen deutlich schwerer und kostspieliger, die Emissionen zu senken, als bei modernen Produktionsanlagen. Bei einem System von handelbaren Emissionsrechten werden die Emissionsrechte den emittierenden Unternehmen in der Regel zu Beginn nach einem Schema zugeteilt, das das Emissionsniveau in der Vergangenheit widerspiegelt. So könnte z. B. jeder Emittent Emissionsrechte in Höhe von 50 Prozent der Emissionen erhalten, die freigesetzt wurden, bevor die neuen Regelungen in Kraft traten.

Der entscheidende Punkt ist jedoch, dass diese Rechte handelbar sind, sodass ein Markt für Emissionsrechte entsteht. Unternehmen mit unterschiedlichen Kosten der Emissionsminderung können sich nun an wechselseitig vorteilhaften Transaktionen beteiligen: Diejenigen Unternehmen (mit den älteren Produktionsanlagen), die dem Recht auf Umweltverschmutzung einen höheren Wert beimessen, werden Emissionsrechte von den Unternehmen (mit den neuen Produktionsanlagen) kaufen, denen das Recht zur Umweltverschmutzung nicht so viel wert ist. Am Ende werden die Unternehmen, für die das Recht für eine zusätzliche Einheit an Umweltverschmutzung einen höheren Wert hat, mehr emittieren als die Unternehmen, die einer zusätzlichen Umweltverschmutzung weniger Wert beimessen.

Dadurch werden letzten Endes die Unternehmen mit den geringsten Kosten der Vermeidung der Umweltverschmutzung den Schadstoffausstoß am stärksten reduzieren, während die Unternehmen mit den höchsten Kosten der Vermeidung der Umweltverschmutzung den Schadstoffausstoß am wenigstens reduzieren. Im Gesamtergebnis wird die Reduktion der Umweltverschmutzung effizient – also zu den geringsten Kosten – auf die Unternehmen aufgeteilt.

Genau wie Emissionssteuern schaffen handelbare Emissionsrechte für die Emittenten einen Anreiz, die gesellschaftlichen Grenzkosten der Umweltverschmutzung zu berücksichtigen. Um zu verstehen, warum das so ist, sei angenommen, dass der Marktpreis eines Zertifikates, das zur Emission einer Einheit an Umweltverschmutzung berechtigt, 200 Euro beträgt. Dann hat jedes Unternehmen einen Anreiz, ihre Emissionen auf das Niveau zu begrenzen, bei dem der Grenznutzen einer zusätzlichen Einheit an Umweltverschmutzung 200 Euro beträgt.

Ist der Grenznutzen einer zusätzlichen Einheit an Umweltverschmutzung größer als 200 Euro, dann ist es billiger, mehr zu emittieren als weniger. In diesem Fall wird der Emittent ein Emissionsrecht kaufen und eine zusätzliche Einheit an Schadstoffen emittieren. Ist der Grenznutzen einer zusätzlichen Einheit an Umweltverschmutzung dagegen kleiner als 200 Euro, dann ist es billiger, den Schadstoffausstoß zu senken, als noch mehr Schadstoffe zu emittieren. In diesem Fall wird der Emittent seinen Schadstoffausstoß um eine Einheit senken und kein zusätzliches Emissionsrecht zum Preis von 200 Euro kaufen.

An diesem Beispiel kann man erkennen, dass ein System von handelbaren Emissionsrechten zum gleichen Ergebnis führt wie eine Emissionssteuer, wenn sie gleich bemessen sind: Ein Emittent, der 200 Euro für das Recht bezahlt, eine zusätzliche Einheit an Schadstoffen auszustoßen, sieht sich den gleichen Anreizen gegenüber wie ein Emittent, der eine Emissionssteuer in Höhe von 200 Euro für eine Einheit an Umweltverschmutzung entrichten muss. Das gilt auch für Emittenten, denen mehr Emissionsrechte zugeteilt werden als sie benötigen. Wenn diese Unternehmen eine Einheit an Schadstoffen weniger ausstoßen, haben sie ein Emissionsrecht zur freien Verfügung, dass sie für 200 Euro verkaufen können. Mit anderen Worten, die Opportunitätskosten für die Emission einer Einheit Umweltverschmutzung betragen für das Unternehmen 200 Euro, unabhängig davon, ob das Emissionsrecht genutzt wird oder nicht.

Bei einer Emissionssteuer ergab sich allerdings das Problem, die richtige Höhe des Steuersatzes zu bestimmen: Ist der Steuersatz zu niedrig, werden immer noch zu viele Schadstoffe ausgestoßen. Ist der Steuersatz zu hoch, werden die Emissionen zu stark abgesenkt (und damit zu viele Ressourcen für die Emissionsminderung verwendet). Bei einem System mit Emissionsrechten steht man vor dem nicht weniger leichten Problem, die richtige (optimale) Menge an Emissionsrechten festlegen zu müssen.

Da es schwierig ist, das optimale Niveau an Umweltverschmutzung zu bestimmen, kann es sein, dass die Regulierungsbehörden entweder zu viele Emissionsrechte ausgeben – dann wird die Umweltverschmutzung nicht weit genug reduziert – oder dass sie zu wenig Rechte ausgeben – dann werden zu viele Emissionen vermieden.

In den Vereinigten Staaten versuchte die Regierung zunächst, den sauren Regen mithilfe eines starren Systems von Umweltauflagen zu bekämpfen. Mittlerweile wurde ein System handelbarer Emissionsrechte aufgebaut, um dieses Ziel zu erreichen. Das bedeutendste System handelbarer Emissionsrechte, das zur Begrenzung der CO_2-Emissionen dient, gibt es gegenwärtig in der Europäischen Union.

Der Vergleich von umweltpolitischen Maßnahmen anhand eines Beispiels

Abbildung 16-3 zeigt beispielhaft eine Branche, die nur aus zwei Anlagen besteht, Anlage A und Anlage B. Wir wollen unterstellen, dass Anlage A eine neuere Produktionstechnologie nutzt und dadurch geringere Kosten der Emissionsvermeidung hat, während Anlage B eine ältere Produktionstechnologie nutzt und dadurch höhere Kosten der Emissionsvermeidung hat. In Abbildung 16-3 zeigt sich dieser Kostenunterschied dadurch, dass die Kurve des Grenznutzens der Umweltverschmutzung von Anlage A (MB_A) unterhalb der Kurve des Grenznutzens der Umweltverschmutzung von Anlage B (MB_B) liegt. Weil für Anlage B bei jedem Produktionsniveau die Verringerung der Umweltverschmutzung mit höheren Kosten verbunden ist, hat eine zusätzliche Einheit an Emissionen für Anlage B einen höheren Wert als für Anlage A.

Wir wissen, dass die Emittenten ohne staatliche Eingriffe die Belastung so weit ausdehnen werden, bis der gesellschaftliche Grenznutzen einer zusätzlichen Einheit an Emissionen gleich null ist. Dies bedeutet, dass ohne staatliche Eingriffe jede Anlage die Emissionen so weit ausdehnt, bis ihr eigener Grenznutzen der Umweltverschmutzung gleich null ist. In unserem Beispiel führt dies zu einer Emissionsmenge von jeweils 600 Einheiten für Anlage A und Anlage B. (Das ist die Emissionsmenge, bei der sowohl MB_A als auch MB_B jeweils gleich null sind.) Obwohl also Anlage A und Anlage B eine Einheit an Emissionen unterschiedlich bewerten, werden sie sich ohne staatliche Eingriffe dazu entscheiden, die gleiche Menge an Schadstoffen freizusetzen.

Wir wollen nun annehmen, dass die Regierung beschließt, die Gesamtemissionen dieser Branche zu halbieren (von 1.200 Einheiten auf 600 Einheiten). Diagramm (a) der Abbildung 16-3 zeigt, wie dieses Ziel durch eine Umweltauflage erreicht werden kann, die jede der beiden Anlagen dazu zwingt, ihre Emissionen zu halbieren (von 600 Einheiten auf 300 Einheiten). Die Auflage erreicht das

Abb. 16-3

Ein Vergleich von umweltpolitischen Maßnahmen

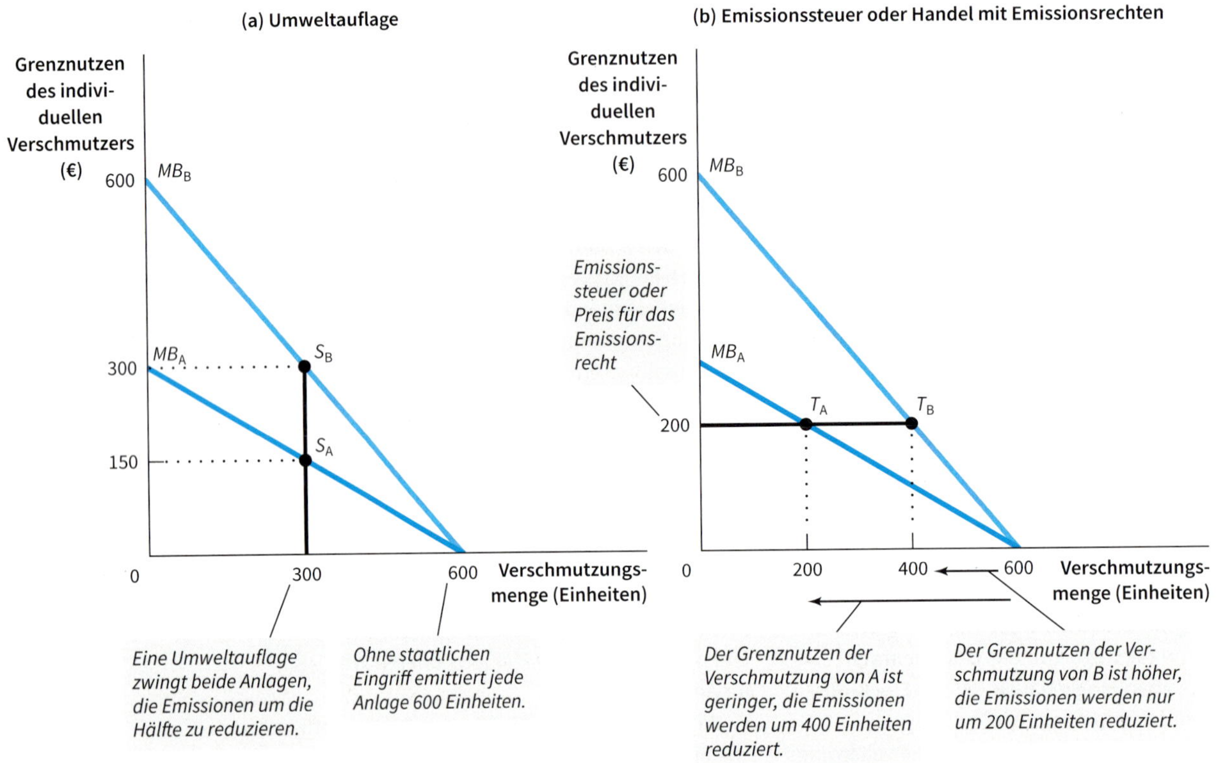

In beiden Diagrammen zeigt MB_A den Grenznutzen der Umweltverschmutzung für Anlage A und MB_B den Grenznutzen der Umweltverschmutzung für Anlage B. Ohne staatliche Eingriffe würden beide Anlagen jeweils 600 Einheiten emittieren. Die Kosten der Emissionsreduktion sind für Anlage A jedoch geringer als für Anlage B, was sich daraus ergibt, dass MB_A unterhalb von MB_B verläuft. Diagramm (a) zeigt das Ergebnis einer Umweltauflage, die beide Anlagen dazu zwingt, ihre Emissionen zu halbieren. Diese Situation ist jedoch ineffizient, weil bei der durch die Auflage erzwungenen Emissionshöhe der Grenznutzen der Umweltverschmutzung für Anlage B höher ist als für Anlage A. Diagramm (b) zeigt, dass eine Emissionssteuer wie auch ein System von handelbaren Emissionsrechten die gleiche Gesamtmenge an Emissionen effizient erreichen kann: Wenn sich die Anlagen einer Emissionssteuer von 200 Euro je Einheit Umweltverschmutzung oder einem Marktpreis von 200 Euro für das Recht zur Emission einer Einheit Umweltverschmutzung gegenübersehen, werden beide Anlagen die Belastung bis zu dem Punkt zurückfahren, bei dem der Grenznutzen der Umweltverschmutzung 200 Euro beträgt.

Ziel einer Reduktion der Gesamtemissionen von 1.200 Einheiten auf 600 Einheiten, jedoch auf ineffiziente Weise.

Wie man in Diagramm (a) erkennen kann, führt die Umweltauflage dazu, dass Anlage A im Punkt S_A produziert, wo ihr Grenznutzen der Umweltverschmutzung 150 Euro beträgt. Anlage B wird dazu veranlasst, im Punkt S_B zu produzieren, wo ihr Grenznutzen der Umweltverschmutzung zweimal so hoch ist: 300 Euro.

Diese Differenz im Grenznutzen der beiden Anlagen sagt uns, dass das gleiche Gesamtemissionsniveau mit geringeren Gesamtkosten erreicht werden kann, indem man Anlage B erlaubt, mehr als 300 Einheiten zu emittieren, Anlage A aber dazu bringt, entsprechend weniger Schadstoffe freizusetzen. Tatsächlich verlangt eine effiziente Methode der Emissionsreduktion, dass bei der angestrebten Gesamtbelastung der Grenznutzen des Schadstoffausstoßes für alle Anlagen gleich ist. Bewertet jede Anlage eine Verschmutzungseinheit gleich, dann besteht keine Möglichkeit, die Emissionsminderung zwischen den verschiedenen Anlagen derart anzupassen, dass die optimale Gesamtmenge der Umweltverschmutzung mit geringeren Gesamtkosten erreicht wird.

Diagramm (b) von Abbildung 16-3 zeigt genauer, wie eine Emissionssteuer dieses Ergebnis erzielt. Nehmen wir einmal an, dass sowohl Anlage A als auch Anlage B eine Emissionssteuer in Höhe von 200 Euro je Einheit bezahlen. Die Grenzkosten einer zusätzlichen Einheit an Emissionen betragen dann für jede Anlage 200 Euro statt null Euro. Dies führt dazu, dass Anlage A Emissionen in Höhe von T_A und Anlage B Emissionen in Höhe von T_B an die Umwelt abgibt. Anlage A reduziert ihre Umweltverschmutzung also stärker, als es bei einer unflexiblen Auflage der Fall wäre. (Anlage A reduziert die Emissionen von 600 Einheiten auf 200 Einheiten.) Gleichzeitig verringert Anlage B ihre Emissionen in geringerem Ausmaß, von 600 Einheiten auf 400 Einheiten.

Im Ergebnis ist die Gesamtbelastung – 600 Einheiten – genauso hoch wie bei einer Umweltauflage, aber die Gesamtrente ist höher. Das liegt daran, dass die Belastungsreduktion effizient erreicht wurde, indem der größte Teil der Emissionsminderung durch Anlage A erbracht wurde, die Anlage, die ihre Emissionen zu geringeren Kosten senken kann. (Die Gesamtrente wird hier durch die Produzentenrente gemessen, sie ergibt sich durch die Fläche unterhalb der Angebotskurve und oberhalb des Preises. Diese Fläche ist in Diagramm (b) größer als in Diagramm (a).)

In Diagramm (b) kann man ebenfalls erkennen, warum auch ein System von handelbaren Emissionsrechten zu einer effizienten Allokation der Umweltverschmutzung auf die beiden Anlagen führt. Nehmen wir an, der Preis für ein Emissionsrecht beträgt 200 Euro und jede Anlage erhält 300 Emissionsrechte zugeteilt. Dann wird Anlage B mit den höheren Kosten der Emissionsvermeidung 100 Emissionsrechte von Anlage A kaufen, damit insgesamt 400 Einheiten an Schadstoffen ausgestoßen werden können. Gleichzeitig wird Anlage A aufgrund der niedrigeren Kosten die 100 Emissionsrechte auch an Anlage B verkaufen, und 200 Einheiten an Schadstoffen ausstoßen. Wenn der Preis für die Emissionsrechte genauso groß ist wie die Höhe der Emissionssteuer, dann führen beide Systeme zum gleichen Ergebnis.

WISSENSCHAFT UND PRAXIS

Emissionshandel in der Praxis

Sowohl das System handelbarer Emissionsrechte für Schwefeldioxid in den Vereinigten Staaten als auch der Emissionshandel in der Europäischen Union sind Beispiele für sogenannte »*Cap and Trade*«-Systeme. Dabei setzt der Staat das maximal erlaubte Emissionsniveau fest (*Cap*), gibt in dieser Höhe handelbare Emissionsrechte aus und legt fest, dass jeder Anlagenbetreiber am Jahresende sicherstellen muss, dass die Menge seiner Emissionsrechte genau der Höhe seiner Emissionen im abgelaufenen Jahr entspricht. Das Ziel besteht darin, das Emissionsniveau so niedrig festzusetzen, dass es zu einem Nutzen für die Umwelt kommt, während die Anlagenbetreiber Flexibilität bei der Erreichung der Umweltziele erhalten und gleichzeitig angeregt werden, in neue Technologien zu investieren, die zukünftig die Kosten der Emissionsvermeidung reduzieren.

In den Vereinigten Staaten begann im Jahr 1995 ein Emissionshandelssystem für Schwefeldioxidemissionen, die für den sauren Regen verantwortlich sind. Durch dieses Emissionshandelssystem sind die Schwefeldioxidemissionen in den Vereinigten Staaten von 1994 bis 2018 um mehr als 91 Prozent zurückgegangen. Ökonomen haben festgestellt, dass das Handelssystem noch auf einem weiteren Gebiet erfolgreich war, denn die erreichte Emissionsminderung wäre ohne das Handelssystem und nur mit Umweltauflagen um 80 Prozent teurer gewesen.

Das Emissionshandelssystem in der Europäischen Union begann im Jahr 2005 und umfasst alle Mitgliedstaaten. Fast 20 Jahre später hat der Handel mit CO_2-Emissionszertifikaten rasant zugenom- ▸

men und umfasst fast 20 Prozent der von Menschen verursachten Treibhausgasemissionen. In den letzten Jahren sind eine Reihe von neuen Handelssystemen eingeführt worden, so z. B. in Kalifornien, Südkorea, Quebec und auch in China. Mittlerweile gibt es weltweit 24 Emissionshandelssysteme. Im Jahr 2022 wurden weltweit Emissionszertifikate im Wert von rund 865 Milliarden Dollar gehandelt.

Dennoch sind Emissionshandelssysteme kein Allheilmittel für das weltweite Problem der Umweltverschmutzung. Emissionshandelssysteme sind gut geeignet für Umweltbelastungen, die sich geografisch verteilen so wie Schwefeldioxid und Treibhausgase, aber schlecht bei Umweltbelastungen, die lokal begrenzt sind wie z. B. die Verschmutzung des Grundwassers. Und Emissionshandelssysteme funktionieren dann, wenn die Einhaltung der Vorschriften konsequent überwacht wird. Außerdem sind Emissionshandelssysteme nicht frei von politischer Einflussnahme. Damit besteht die Gefahr, dass die Emissionsobergrenzen (Cap) zu hoch angesetzt werden und keine spürbare Emissionsminderung erreicht wird.

Unternehmen und Interessenverbände versuchen immer wieder, Einfluss auf die Gestaltung der Handelssysteme zu nehmen. Dadurch hat der Preis für Emissionszertifikate in der Vergangenheit nur selten ein Niveau erreicht, das ökonomische Anreize für einen Wechsel von Kohle, Öl und Gas zu erneuerbaren Energien setzt. Aus diesem Grund ist die Politik wieder dazu übergegangen, auch auf Umweltauflagen zurückzugreifen. So hat die US-Regierung unter dem damaligen Präsidenten Obama Grenzwerte für Emissionen von neuen Kraftwerken festgelegt.

Kurzzusammenfassung

- Regierungen versuchen oft, die Umweltbelastung durch **Umweltauflagen** zu begrenzen. Im Allgemeinen stellen derartige Auflagen einen ineffizienten Weg der Emissionsverminderung dar, weil sie unflexibel sind.
- Umweltpolitische Ziele können auf zwei Wegen effizient erreicht werden: mithilfe von **Emissionssteuern** und durch **handelbare Emissionsrechte**. Diese Methoden sind effizient, weil sie flexibel sind und dafür sorgen, dass diejenigen die Emissionen stärker reduzieren, die dies zu geringeren Kosten erreichen können. Sie setzen gleichzeitig Anreize für die Anlagenbetreiber, in neue emissionsarme Technologien zu investieren.
- Eine Emissionssteuer ist eine Form einer **Pigou-Steuer**. Die optimale Pigou-Steuer ist gleich den gesellschaftlichen Grenzkosten der Umweltverschmutzung beim gesellschaftlich optimalen Belastungsniveau.

ÜBERPRÜFEN SIE IHR WISSEN

1. Einige Gegner von handelbaren Emissionsrechten wenden gegen diese ein, dass die Umweltverschmutzer, die ihre Verschmutzungsrechte verkaufen, an ihrem Beitrag zur Umweltverschmutzung auch noch verdienen. Wie beurteilen Sie dieses Argument?
2. Beantworten Sie folgende Fragen:
   a. Warum ist die Gesamtrente bei einer Emissionsminderung durch eine Emissionssteuer, die größer oder kleiner als die gesellschaftlichen Grenzkosten bei Q_{OPT} bemessen ist, kleiner als bei einer Emissionssteuer, die den gesellschaftlichen Grenzkosten bei Q_{OPT} entspricht?
   b. Warum ist die Gesamtrente bei einer Emissionsminderung durch ein System handelbarer Emissionsrechte, bei dem das Gesamtniveau der zulässigen Umweltverschmutzung auf einen Wert größer oder kleiner als Q_{OPT} fixiert ist, kleiner als bei einem System handelbarer Emissionsrechte, bei dem das Gesamtniveau der zulässigen Umweltverschmutzung genau Q_{OPT} entspricht?
   c. Wie könnte eine CO_2-Steuer, also eine Steuer auf CO_2-Emissionen, die Verbraucher zu einer stärkeren Nutzung von erneuerbaren Energien bewegen?

16.3 Eine ökonomische Analyse des Klimawandels

Der **Klimawandel** gehört zweifellos zu den drängendsten Problemen unserer Gesellschaft. Wissenschaftliche Studien haben gezeigt, dass die vermehrte Emission von *Treibhausgasen* für den Klimawandel verantwortlich ist. **Treibhausgase** absorbieren die Wärme in der Erdatmosphäre und verursachen weltweit extreme Wetterereignisse – Dürren, Überschwemmungen, Extremtemperaturen, Stürme und steigende Meeresspiegel. Mit dem Klimawandel sind hohe Kosten und große Verluste verbunden. Es kommt zu Missernten, Häuser werden weggeschwemmt, tropische Krankheiten breiten sich aus, Tiere und Pflanzen sterben aus und große Landstriche werden unbewohnbar. Die armen Länder sind am stärksten vom Klimawandel betroffen und verfügen kaum über Ressourcen, um die Folgen des Klimawandels zu bewältigen.

Eine gemeinsame Untersuchung von 13 US-Bundesbehörden kam im Jahr 2018 zu dem Ergebnis, dass ein ungebremster Klimawandel das Bruttoinlandsprodukt der Vereinigten Staaten im Jahr 2100 um bis zu 10 Prozent senken könnte. Weltweit würde ein ungebremster Klimawandel einer anderen Studie zufolge sogar zu einem Verlust an Bruttoinlandsprodukt von bis zu 20 Prozent führen. Die meisten Ökonomen und Wissenschaftler stimmen darin überein, dass die privaten Kosten des Verbrauchs an fossilen Energieträgern deutlich unter den gesellschaftlichen Kosten liegen. In einer Studie für die Weltbank haben die beiden Ökonomen Joseph Stiglitz (Nobelpreisträger) und Nicholas Stern ermittelt, dass die tatsächlichen Umweltkosten einer Tonne Kohlendioxid im Jahr 2017 zwischen 50 und 100 Dollar lagen und bis zum Jahr 2050 auf bis 400 Dollar ansteigen könnten. Experten gehen davon aus, dass der Einbruch im Stromverbrauch während der Covid-19-Pandemie die endgültige Stilllegung vieler Kohlekraftwerke beschleunigen könnte.

Die Ursachen des Klimawandels

Die globale Erwärmung, also der Anstieg der weltweiten Durchschnittstemperatur, begann bereits in der ersten Hälfte des 20. Jahrhunderts und hat sich in den 1980er-Jahren deutlich beschleunigt.

Der übergroße Teil der Treibhausgase entsteht durch menschliches Handeln, insbesondere durch die Verbrennung von **fossilen Energieträgern** wie Kohle, Erdöl oder Erdgas für die Stromerzeugung oder den Antrieb von Fahrzeugen. Bei der Verbrennung von fossilen Energieträgern entsteht Kohlendioxid (CO_2), das in die Atmosphäre entweicht und dort als Treibhausgas wirkt. Während die Vorkommen an fossilen Energieträgern begrenzt sind, stehen **erneuerbare Energieträger** wie z. B. Solar- oder Windenergie (nahezu) unbegrenzt zur Verfügung. Im Unterschied zu fossilen Energieträgern zählen erneuerbare Energieträger als **saubere Energiequelle**, da sie keine Treibhausgase freisetzen.

In den letzten Jahren haben staatliche Subventionen, Umweltvorschriften und die Angst vor einer CO_2-Steuer eine riesige Investitionswelle im Bereich der erneuerbaren Energien ausgelöst, durch die die Kosten für erneuerbare Energien deutlich gesunken sind. Während Kohle als klimaschädlichster Energieträger in früheren Jahren für über 55 Prozent der Stromerzeugung in den Vereinigten Staaten verantwortlich war, ist dieser Anteil bis zum Jahr 2020 auf knapp 20 Prozent gesunken. Damit war der Anteil der Kohle an der Stromerzeugung in den Vereinigten Staaten genauso groß wie der Anteil der erneuerbaren Energien. In der Bundesrepublik Deutschland liegt der Anteil der erneuerbaren Energien an der Stromerzeugung sogar schon bei 44 Prozent, der Anteil der Kohle bei knapp 24 Prozent.

Ungeachtet dieser Fortschritte, vor allem in hoch entwickelten Volkswirtschaften, wird der weltweite Energieverbrauch nach wie vor durch fossile Energieträger bestimmt. Im Jahr 2018 hatten fossile Energieträger einen Anteil am globalen Energieverbrauch von rund 85 Prozent, erneuerbare Energieträger dagegen nur knapp 11 Prozent. Warum? In der Vergangenheit waren erneuerbare Energieträger teuer, fossile Energieträger billig. Aus diesem Grund wird der Strom in vielen Teilen der Welt immer noch in alten Kohlekraftwerken erzeugt. In Indien und in China liegt der Anteil der Kohleverstromung weiterhin bei über 60 Prozent.

Der vermehrte Ausstoß von Treibhausgasen durch die Verbrennung von fossilen Energieträgern hat Auswirkungen auf das Weltklima und führt zum **Klimawandel**.

Fossile Energieträger wie Kohle, Erdgas und Erdöl sind Brennstoffe, die aus fossilen Quellen gewonnen werden.

Treibhausgase absorbieren die Wärme in der Erdatmosphäre.

Im Unterschied zu fossilen Energieträgern stehen **erneuerbare Energieträger** wie z. B. Solar- oder Windenergie (nahezu) unbegrenzt zur Verfügung.

Saubere Energiequellen setzen keine Treibhausgase frei. Erneuerbare Energieträger sind eine saubere Energiequelle.

Umweltpolitische Maßnahmen gegen den Klimawandel

Wir haben in diesem Kapitel bereits verschiedene umweltpolitische Maßnahmen kennengelernt, die eingesetzt werden können, um das gesellschaftlich optimale Niveau an Treibhausgasemissionen zu erreichen. Dazu gehören Umweltauflagen, Emissionssteuern und handelbare Emissionsrechte.

Die Vergangenheit hat allerdings gezeigt, dass es für eine so komplexe und globale negative Externalität wie Treibhausgasemissionen anderer Lösungsansätze bedarf. Zu diskutieren sind in diesem Zusammenhang staatliche Subventionen für Forschung und Entwicklung (F&E) und multinationale Vereinbarungen.

Staatliche Subventionen für F&E. Seit den 1980er-Jahren hat nicht nur die US-Regierung Milliarden von Dollars zur Förderung der Energiegewinnung aus erneuerbaren Energieträgern ausgegeben. Auch in anderen hoch entwickelten Volkswirtschaften hat der Staat mit massiven Subventionen den Aufbau einer sauberen Energieerzeugung unterstützt. Diese Subventionen förderten in einem entscheidenden Maße vielfältige Innovationen im Bereich der sauberen Energieerzeugung und trugen maßgeblich dazu bei, dass die Energieerzeugung aus erneuerbaren Energien mittlerweile immer besser im (Kosten-)Wettbewerb mit den fossilen Energieträgern bestehen kann. Durch Subventionen kann der Staat Innovationen im Bereich der erneuerbaren Energien direkt fördern und ist nicht gezwungen, fossile Energieträger höher zu besteuern oder ihren Einsatz zu beschränken – Maßnahmen, die politische und soziale Sprengkraft haben.

Multinationale Vereinbarungen. Viele Staaten sind nur dann bereit, kostenintensive umweltpolitische Maßnahmen umzusetzen, wenn sie sicher sein können, dass andere Staaten das Gleiche tun. Um die Zusammenarbeit zwischen einzelnen Staaten zu fördern, setzen *multinationale Vereinbarungen* gemeinsame Ziele fest und teilen die Lasten der Zielerreichung zwischen den Staaten auf. Dadurch steigen die Erfolgschancen im Kampf gegen den Klimawandel. Im Jahr 2015 haben sich 196 Staaten im **Pariser Klimaschutzabkommen** dazu verpflichtet, ihre Treibhausgasemissionen zu senken, um den Anstieg der Erdtemperatur auf maximal 2 Grad zu begrenzen. Nach Auffassung von Wissenschaftlern wird der Klimawandel bei einem Anstieg der Erderwärmung auf über 2 Grad katastrophale und irreversible Folgen für den Planeten haben.

Im **Pariser Klimaschutzabkommen** haben sich im Jahr 2015 196 Staaten dazu verpflichtet, ihre Treibhausgasemissionen zu senken, um den Anstieg der Erdtemperatur auf maximal 2 Grad zu begrenzen.

Ein weiteres Beispiel für eine multinationale Vereinbarung ist das Montreal-Protokoll aus dem Jahr 1987 zum Schutz der Ozonschicht. Darin verständigten sich die Unterzeichnerstaaten, die Produktion und den Verbrauch von bestimmten Chemikalien (Fluorchlorkohlenwasserstoffe, FCKW) einzustellen, die das Ozon in der Stratosphäre zerstören.

Anreize für individuelle Entscheidungen. Der Schaffung von Anreizen für individuelle Entscheidungen fällt im Kampf gegen den Klimawandel eine wichtige Rolle zu. So können Haushalte z. B. durch Smart Metering (das IT-gestützte Messen und Steuern von Energieverbräuchen) schnell und kostengünstig Energie einsparen und damit Treibhausgasemissionen reduzieren. Höhere Steuersätze auf Mineralölprodukte und eine gute Verfügbarkeit von Ladesäulen schaffen Anreize für einen Wechsel von einem Verbrenner- auf ein Elektroauto. Zudem kann jeder Einzelne für sich durch seine Entscheidung einen Beitrag zum Kampf gegen den Klimawandel leisten, durch einen Wechsel vom Auto aufs Fahrrad, durch eine Reduktion des Fleischkonsums und viele andere Dinge mehr.

Der Kampf gegen den Klimawandel: Kosten und Nutzen

Die Senkung der Treibhausgasemissionen auf ein tragfähiges Niveau erfordert grundlegende strukturelle Änderungen in der Volkswirtschaft, die das Wachstumstempo und den Konsum unweigerlich bremsen werden. Aus diesem Grund gibt es Stimmen, die mit Blick auf die (zu) hohen Kosten für die Verbraucher fordern, den Kampf gegen den Klimawandel einzustellen.

Diese Forderung kann allerdings einer Kosten-Nutzen-Analyse nicht standhalten. Nach neuesten wissenschaftlichen Erkenntnissen wird das Erreichen der im Pariser Klimaschutzabkommen vereinbarten Klimaschutzziele den weltweiten Konsum bis zum Jahr 2100 um 3 bis 11 Prozent im

WISSENSCHAFT UND PRAXIS

Mehr als 3.500 Ökonomen sind sich einig: Treibhausgasemissionen müssen besteuert werden

Im Jahr 2019 unterzeichneten 3.558 Ökonomen, darunter 4 ehemalige Vorsitzende der US-amerikanischen Zentralbank, 27 Nobelpreisträger, 15 ehemalige Chef-Wirtschaftsberater des US-Präsidenten und 2 ehemalige US-Finanzminister quer durch alle Denkschulen eine gemeinsame Erklärung, in der sie sich zur Bekämpfung des Klimawandels für die Einführung einer Steuer auf Treibhausgasemissionen in den Vereinigten Staaten aussprechen, verbunden mit der Forderung, die Einnahmen aus der Steuer den US-amerikanischen Verbrauchern zukommen zu lassen. In ihrem Statement, das im *Wall Street Journal* veröffentlicht wurde, verweisen sie darauf, dass der globale Klimawandel ein ernstes Problem darstellt, das ein sofortiges Handeln erfordert.

Für eine rasche Senkung der Treibhausgasemissionen schlagen die Ökonomen die Einführung einer Emissionssteuer vor, die so lange schrittweise erhöht werden soll, bis die Emissionsreduktionsziele erreicht worden sind. Aus ihrer Sicht ist eine Emissionssteuer deutlich effizienter als umweltpolitische Auflagen. Durch eine Ausschüttung der Steuereinnahmen an die US-amerikanischen Verbraucher wäre ein derartiges System zudem deutlich gerechter und politisch leichter durchsetzbar als ein Emissionshandelssystem. Des Weiteren sollten auch Importe aus dem Ausland mit Blick auf ihre tatsächlichen Umweltkosten einer Emissionssteuer unterliegen, damit die US-amerikanischen Unternehmen im Vergleich zu Wettbewerbern aus dem Ausland nicht benachteiligt werden. Mit diesem Statement haben die Ökonomen auf beeindruckende Weise Einigkeit in der ökonomischen Bewertung des Klimawandels demonstriert.

Vergleich zum Status quo senken. Dieser Rückgang erscheint eher moderat, wenn man bedenkt, dass die Weltwirtschaft weiterhin wachsen wird, in den letzten Jahren wuchs sie mit einer durchschnittlichen Rate von 3 Prozent pro Jahr. Die weltweiten Verluste im Bruttoinlandsprodukt durch einen ungebremsten Klimawandel belaufen sich dagegen, wie bereits erwähnt, auf bis zu 20 Prozent im Jahr 2100.

Berücksichtigt man außerdem die Gesundheitskosten durch die Luftverschmutzung, die bei der Verbrennung von fossilen Energieträgern entsteht, steigen die Kosten eines ungebremsten Klimawandels noch einmal deutlich an. Die Weltgesundheitsorganisation (World Health Organization, WHO) schätzt, dass weltweit jedes Jahr 4,6 Millionen Menschen an den Folgen der Luftverschmutzung durch die Verbrennung fossiler Energieträger sterben.

Fast 1,25 Millionen Todesfälle durch die Luftverschmutzung sind allein in China zu beklagen. Die gesundheitlichen Vorteile durch einen Wechsel zu sauberen Energiequellen werden auf bis zu 5 Prozent des weltweiten Bruttoinlandsproduktes geschätzt. Zudem lassen die Kostenschätzungen des Kampfes gegen den Klimawandel unberücksichtigt, dass die Preise von sauberen Energiequellen infolge des technischen Fortschritts rasch sinken.

Die Behauptung, dass die Kosten für den Kampf gegen den Klimawandel zu hoch sind, hält einer eingehenden Untersuchung demnach nicht stand. Aus diesem Grund haben sich, wie in der Rubrik »Wissenschaft und Praxis« gezeigt, auch mehr als 3.500 Ökonomen für die Einführung einer CO_2-Steuer im Kampf gegen den Klimawandel ausgesprochen.

Kurzzusammenfassung

- Der **Klimawandel** wird durch die Verbrennung fossiler Energieträger verursacht, durch die **Treibhausgasemissionen** in die Atmosphäre entweichen. Mit dem Klimawandel sind hohe Kosten und große Verluste verbunden, von denen insbesondere die Menschen in ärmeren Ländern betroffen sind. Ein ungebremster Klimawandel kann das Bruttoinlandsprodukt der Vereinigten Staaten im Jahr 2100 um bis zu 10 Prozent senken. Weltweit können sich die Verluste sogar auf bis zu 20 Prozent belaufen.
- Im Unterschied zu **fossilen Energieträgern** (Kohle, Erdöl und Erdgas) stehen **erneuerbare Energieträger** wie z. B. Solar- oder Windenergie (nahezu) unbegrenzt zur Verfügung. Erneuerbare Energieträger zählen als **saubere Energiequelle**, da sie keine Treibhausgase freisetzen. In vielen hoch entwickelten Volkswirtschaften haben umweltpolitische Auflagen und staatliche Subventionen Innovationen im Bereich der sauberen Energiequellen gefördert, sodass diese Energieträger in vielen Fällen mittlerweile kostengünstiger als fossile Energieträger sind.
- Der weltweite Energieverbrauch ist immer noch stark von der Nutzung fossiler Energieträger abhängig, da fossile Energieträger in der Vergangenheit kostengünstiger als erneuerbare Energieträger waren. Ökonomen gehen davon aus, dass die tatsächlichen Kosten, die durch Treibhausgasemissionen verursacht werden, immer noch deutlich über dem aktuellen Marktpreis für Emissionszertifikate liegen.
- Neben umweltpolitischen Maßnahmen (Umweltauflagen, Emissionssteuern, handelbare Emissionsrechte) gibt es noch weitere wirtschaftspolitische Maßnahmen, die der Staat zur Erreichung des gesellschaftlich optimalen Niveaus an Treibhausgasemissionen einsetzen kann. Dazu gehören staatliche Subventionen für Forschung und Entwicklung im Bereich der sauberen Energiequellen, multinationale Vereinbarungen wie das **Pariser Klimaschutzabkommen** sowie Anreize zur Beeinflussung individueller Entscheidungen, vor allem beim Energiesparen.
- Der Kampf gegen den Klimawandel erfordert eine strukturelle Veränderung in der Volkswirtschaft weg von fossilen Energieträgern und hin zu erneuerbaren Energieträgern. Forderungen, den Kampf gegen den Klimawandel aufgrund der (zu) hohen Kosten einzustellen, halten einer Kosten-Nutzen-Analyse nicht stand.

ÜBERPRÜFEN SIE IHR WISSEN

1. Welche fossilen Energieträger kennen Sie? Welche erneuerbaren Energieträger kennen Sie? Wie beeinflussen fossile und erneuerbare Energieträger den Klimawandel?
2. Welche Art von Marktversagen ist für den Klimawandel verantwortlich? Wie hoch werden die Verluste an Bruttoinlandsprodukt im Fall eines ungebremsten Klimawandels eingeschätzt?
3. Warum spielen staatliche Subventionen, multinationale Vereinbarungen und Anreize zur Beeinflussung individueller Entscheidungen eine wichtige Rolle im Kampf gegen den Klimawandel?
4. Wie würden Sie auf die Behauptung reagieren, dass die strukturelle Veränderung in der Volkswirtschaft weg von fossilen Energieträgern hinzu erneuerbaren Energieträgern mit zu hohen Kosten einhergeht?

16.4 Positive Externalitäten

Der US-Bundesstaat New Jersey erstreckt sich entlang der Nordostküste von Washington, D.C., bis nach Boston und hat die größte Bevölkerungsdichte in den Vereinigten Staaten. Bei einer Fahrt durch New Jersey wird man jedoch überraschenderweise feststellen, dass es trotzdem viele Hektar an landwirtschaftlicher Nutzfläche gibt, auf der von Mais über Kürbisse bis zu Tomaten viele landwirtschaftliche Produkte angebaut werden. Das ist kein Zufall. Im Jahr 1961 haben die Einwohner des Bundesstaates dafür gestimmt, Landwirte durch Hilfsmaßnahmen beim Erhalt ihrer landwirtschaftlichen Nutzflächen zu unterstützen, sodass sie nicht gezwungen sind, ihren Grund und Boden an Bauunternehmen zu verkaufen. Bis zum Jahr 2016 konnten durch diese Maßnahmen mehr als 680.000 Hektar an Flächen erhalten werden.

Aber warum haben die Einwohner von New Jerseys dafür gestimmt, mehr Steuern zu zahlen und damit den Erhalt von Ackerflächen zu finanzieren? Weil sie der Meinung sind, dass Ackerflächen in einem hoch entwickelten Bundesstaat einen externen Nutzen bringen, durch den Zugang zu frischen Lebensmitteln und den Erhalt von bedrohten Wildtieren. Außerdem verringert der Erhalt von Ackerflächen die externen Kosten, die mit der modernen Entwicklung einhergehen: überfüllte Straßen, Trinkwasserversorgung, kommunale Dienstleistungen sowie die unvermeidlichen Umweltbelastungen. Nach Schätzungen der Organisation *Trust for Public Land* führt jeder Dollar, der in den Erhalt von unbebauten Flächen investiert wird, durch mehr Sauberkeit, eine schönere Natur und einen besseren Hochwasserschutz zu einem ökonomischen Mehrwert von 10 Dollar. Vor diesem Hintergrund ist es nicht verwunderlich, dass der Wert von Immobilien in der näheren Umgebung dieser geschützten Flächen im Durchschnitt um 16 Prozent ansteigt.

In diesem Abschnitt werden wir uns näher mit positiven Externalitäten beschäftigen. Positive Externalitäten sind in vielerlei Hinsicht ein Spiegelbild von negativen Externalitäten. Von sich aus wird der Markt eine zu geringe Menge eines Gutes bereitstellen, das für andere zu einem Nutzen führt (in unserem Beispiel die Ackerflächen in New Jersey). Für die Gesellschaft insgesamt ist es allerdings von Vorteil, wenn es durch Eingriffe von außen zu einem höheren Angebot des betreffendes Gutes kommt.

Geschützte Ackerflächen: Eine positive Externalität

Der Erhalt von Ackerflächen geht gleichermaßen mit Nutzen und Kosten für die Gesellschaft einher. Ohne staatliche Eingriffe muss ein Landwirt, der seine Ackerflächen verkaufen möchte, die Kosten für den Erhalt der Flächen – das ist der entgangene Gewinn aus dem Verkauf der Flächen an ein Bauunternehmen – selbst tragen. Der Nutzen aus dem Erhalt der Flächen kommt jedoch nicht dem Landwirt, sondern den Einwohnern in der Nachbarschaft zugute, die keinen Einfluss darauf haben, wie die Ackerflächen verwendet werden.

Das Problem der Gesellschaft ist in **Abbildung 16-4** dargestellt. Die gesellschaftlichen Grenzkosten für den Erhalt der Ackerflächen spiegeln sich in der *MSC*-Kurve wider. Das sind die zusätzlichen Kosten, die der Gesellschaft durch den Erhalt von einem Hektar Ackerland entstehen. Sie ergeben sich durch die entgangenen Gewinne, die die Landwirte erzielen könnten, wenn sie ihre Fläche an Bauunternehmen verkaufen würden. Die Kurve verläuft steigend, weil der entgangene Gewinn umso größer ist, je mehr Ackerflächen erhalten werden. Sind nur wenige Ackerflächen geschützt, dann stehen noch viele Ackerflächen für den Verkauf an Bauunternehmen zur Verfügung, sodass mit einem Verkauf der Flächen kein großer Gewinn erzielt werden kann. Stehen aber immer mehr Ackerflächen unter Schutz, dann können immer weniger Flächen verkauft werden, und die Bauunternehmen sind bereit, hohe Preise dafür zu bezahlen, sodass die entgangenen Gewinne größer sind.

Die *MSB*-Kurve steht für den gesellschaftlichen Grenznutzen aus dem Erhalt der Ackerflächen. Er ergibt sich aus dem zusätzlichen Nutzen für die Gesellschaft – in diesem Fall für die Nachbarn des Landwirts – aus dem Erhalt eines zusätzlichen Hektars an Ackerfläche. Die Kurve hat einen fallenden Verlauf, da der zusätzliche Nut-

Abb. 16-4

Warum der Markt von sich aus zu wenig Ackerflächen erhält

Ohne staatliche Eingriffe beläuft sich die Menge an erhaltenen Ackerflächen auf null, da bei dieser Menge die gesellschaftlichen Grenzkosten für den Erhalt der Ackerflächen gleich null sind. Diese Menge ist jedoch ineffizient: Die gesellschaftlichen Grenzkosten sind null, der gesellschaftliche Grenznutzen für den Erhalt der Flächen liegt jedoch bei 20.000 Euro. Eine (optimal ausgestaltete) Pigou-Subvention in Höhe von 10.000 Euro – der Wert, bei dem der gesellschaftliche Grenznutzen aus dem Erhalt der Flächen den gesellschaftlichen Kosten entspricht – könnte den Markt hin zum gesellschaftlichen Optimum Q_{OPT} bewegen.

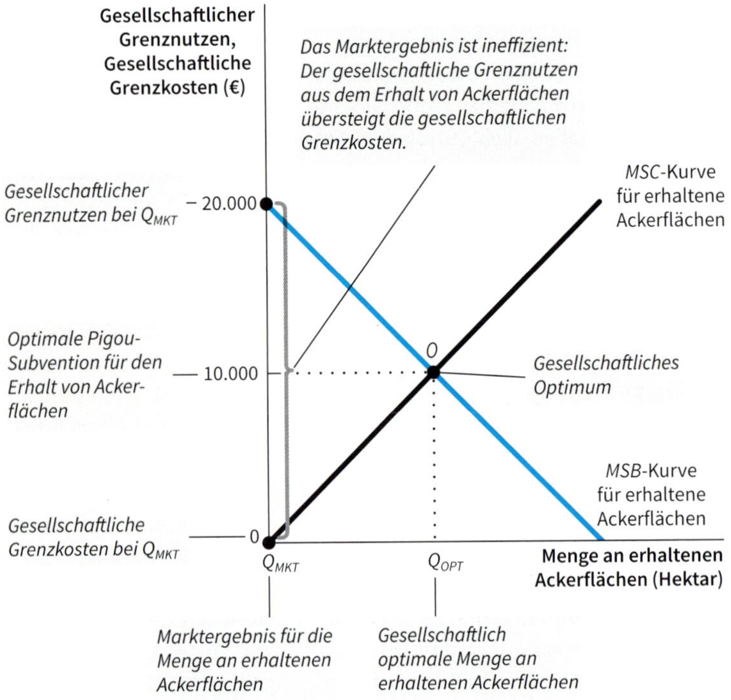

zen aus dem Erhalt von Ackerland mit einer zunehmenden Größe an geschützten Ackerflächen sinkt.

In Abbildung 16-4 befindet sich das gesellschaftliche Optimum im Punkt *O*, wenn die gesellschaftlichen Grenzkosten und der gesellschaftliche Grenznutzen gleich groß sind. In unserem Beispiel ist das bei einem Preis von 10.000 Euro je Hektar der Fall. Im gesellschaftlichen Optimum wird eine Menge von Q_{OPT} Hektar an landwirtschaftlicher Fläche erhalten.

Von sich aus wird der Markt die Menge von Q_{OPT} nicht bereitstellen. Im Gegenteil, ohne Eingriffe liegt das Marktergebnis bei null. Es wird nicht ein Hektar an landwirtschaftlicher Fläche erhalten. Das hat damit zu tun, dass die Landwirte die gesellschaftlichen Grenzkosten für den Erhalt von Ackerflächen – ihre entgangenen Gewinne – mit null ansetzen werden und jeden Hektar an Bauunternehmen verkaufen. Da die Landwirte die gesamten Kosten für den Erhalt der Ackerflächen tragen müssen, aber keinerlei Vorteil daraus ziehen, wird durch den Markt eine ineffizient geringe Menge an Ackerflächen erhalten.

Unter einer **Pigou-Subvention** versteht man eine Zahlung, die Aktivitäten unterstützen soll, die zu externem Nutzen führen.

Das Marktergebnis von null ist offensichtlich ineffizient, denn der gesellschaftliche Grenznutzen für den Erhalt von einem Hektar Ackerfläche beträgt 20.000 Euro. Aber wie kann die Gesellschaft das Optimum bei Q_{OPT} erreichen? Durch eine **Pigou-Subvention** – eine Zahlung, die Aktivitäten unterstützen soll, die zu externem Nutzen führen. Die Pigou-Subvention ist dann optimal ausgestaltet, wenn sie – wie in Abbildung 16-4 zu sehen – dem gesellschaftlichen Grenznutzen für den Erhalt von Ackerflächen im gesellschaftlichen Optimum entspricht. Das sind in unserem Fall 10.000 Euro.

Die Einwohner von New Jersey haben tatsächlich die richtige Maßnahme zur Erhöhung ihrer gesellschaftlichen Wohlfahrt eingeführt – eine Steuer, um Subventionen für den Erhalt von Ackerflächen zu finanzieren.

Positive Externalitäten in der Volkswirtschaft von heute

Die wichtigste Quelle für externen Nutzen in modernen Volkswirtschaften stellt vermutlich die Schaffung von Wissen dar. In Hochtechnologiebereichen, wie etwa bei der Entwicklung und Produktion von Halbleitern, Software, Umwelttechnik und Biotechnologie, werden Innovationen eines Unternehmens schnell von konkurrierenden Unternehmen aufgenommen und verbessert. Diese Verbreitung von Wissen über Individuen und Unternehmen hinweg bezeichnet man als **Technologie-Spillover**. In der heutigen Zeit sind große Universitäten und Forschungsinstitute die wichtigsten Quellen für derartige Spillover.

In den technologisch hoch entwickelten Ländern wie den Vereinigten Staaten, Japan, Großbritannien, Deutschland, Frankreich und Israel gibt es zwischen verschiedenen Branchen, wichtigen Universitäten und Forschungsinstitutionen, die nah beieinanderliegen, einen fortlaufenden Austausch von Personen und Ideen. Das dynamische Zusammenspiel in diesen *Forschungsclustern* treibt Innovationen und Wettbewerb an und führt gleichermaßen zu theoretischen Entwicklungen und praktischen Anwendungen.

Diese Forschungscluster entstehen aber nicht von selbst. Bis auf wenige Ausnahmen, bei denen Unternehmen neue grundlegende Erkenntnisse durch langjährige Forschungen gewonnen haben, entwickeln sich Forschungscluster in der Nähe von großen Universitäten. Und genauso wie der Erhalt von Ackerflächen in New Jersey subventioniert wurde, erhalten auch große Universitäten und ihre Forschungsprojekte staatliche Unterstützung. Die Regierungen in den fortgeschrittenen Volkswirtschaften haben längst erkannt, dass der externe Nutzen, der durch Wissen von der Grundlagenforschung bis hin zur Hightechforschung entsteht, der Schlüssel zum langfristigen Wachstum der Volkswirtschaft ist.

Bei einem **Technologie-Spillover** handelt es sich um einen externen Nutzen, der entsteht, wenn sich Wissen über Individuen oder Unternehmen ausbreitet.

WISSENSCHAFT UND PRAXIS

Die ökonomische Logik hinter Programmen zur frühkindlichen Förderung

Eine der drängendsten Aufgaben jeder Gesellschaft ist eine Lösung in der Frage, wie man den »Teufelskreis der Armut« durchbrechen kann. Kinder aus sozial benachteiligten Familien bleiben häufig ein Leben lang in Armut. Sie sind häufiger von Arbeitslosigkeit betroffen, werden eher kriminell und leiden oft an chronischen gesundheitlichen Problemen.

Hoffnung auf Abhilfe versprechen Programme zur frühkindlichen Förderung. Nach einer Studie der Denkfabrik RAND Corporation führen qualitativ hochwertige Programme zur frühkindlichen Förderung, die sich auf Bildung und Gesundheitsfürsorge konzentrieren, zu deutlichen gesellschaftlichen, intellektuellen und finanziellen Vorteilen für Kinder, die ansonsten Gefahr laufen, die Schule abzubrechen und eine kriminelle Laufbahn einzuschlagen. Die geförderten Kinder sind seltener von selbstzerstörerischem Verhalten betroffen, bekommen häufiger einen festen Job und verdienen in ihrem späteren Leben ein höheres Einkommen.

Eine andere Studie von Forschern an der Universität Pittsburgh hat versucht, die Effekte von Programmen zur frühkindlichen Förderung in Geld zu messen. Die Forscher schätzen, dass der Nutzen für jeden Dollar, der für Programme zur frühkindlichen Förderung ausgegeben wird, zwischen 4 Dollar und 7 Dollar liegt. Eine vergleichbare Studie der RAND Corporation kommt sogar auf einen Nutzen von 17 Dollar je ausgegebenem Dollar. Die Studie der Universität Pittsburgh verweist außerdem auf ein Programm zur frühkindlichen Förderung, das dazu führte, dass im Alter von 20 Jahren unter den Teilnehmern 26 Prozent mehr den Highschool-Abschluss geschafft hatten, 35 Prozent weniger vor Gericht erscheinen mussten und 40 Prozent weniger eine Klasse wiederholen mussten gegenüber Gleichaltrigen, die keine Vorschule besucht hatten.

Der beobachtete externe Nutzen dieser Programme für die Gesellschaft ist so groß, dass die Denkfabrik Brookings Institution davon ausgeht, dass die Einführung von Programmen zur frühkindlichen Förderung für alle Kinder in den Vereinigten Staaten zu einem Anstieg des Bruttoinlandsproduktes – des Wertes der gesamtwirtschaftlichen Produktion – von fast 2 Prozent führen würde, was 3 Millionen zusätzlichen Arbeitsplätzen entsprechen würde.

Kurzzusammenfassung

- Wenn es positive Externalitäten gibt, dann stellt der Markt von sich aus eine zu geringe Menge des betreffenden Gutes zur Verfügung. Die gesellschaftlich optimale Menge kann durch eine optimal ausgestaltete **Pigou-Subvention** erreicht werden.
- Das wichtigste Beispiel für positive Externalitäten in der Volkswirtschaft ist die Schaffung von Wissen durch **Technologie-Spillovers**.

ÜBERPRÜFEN SIE IHR WISSEN

1. Im Jahr 2019 hat das US-amerikanische Bildungsministerium fast 120 Milliarden Dollar an Beihilfen für College-Studierende ausgegeben. Erläutern Sie, warum das eine geeignete wirtschaftspolitische Maßnahme ist, um die Schaffung von Wissen zu fördern.
2. Bestimmen Sie für jeden der folgenden Fälle, ob es sich um externe Kosten oder externen Nutzen handelt und wie eine angemessene Reaktion der Politik aussehen könnte.
   a. Bäume, die im Innenstadtbereich gepflanzt werden, verbessern die Luftqualität und senken die Temperaturen im Hochsommer.
   b. Wassersparende Toiletten verringern die Notwendigkeit, Wasser aus Flüssen und Stauseen abzupumpen. Die Kosten für einen Liter Wasser liegen für Hausbesitzer praktisch bei null.
   c. Einweg-Wasserflaschen aus Kunststoff sind in der Regel nicht kompostierbar. Werden die Flaschen nach der Nutzung gelagert, nehmen sie riesige Flächen in Anspruch. Werden die Flaschen verbrannt, kommt es zur Emission von Schadstoffen.

16.5 Netzwerkexternalitäten

In Kapitel 13 haben wir gelernt, dass eine *Netzwerkexternalität* auftritt, wenn der Wert eines Gutes für ein Individuum größer ist, sofern eine große Anzahl anderer Menschen ebenfalls dieses Gut verwendet. Auch wenn Netzwerkexternalitäten in den technologie- und kommunikationsgetriebenen Branchen der Volkswirtschaft allgegenwärtig sind, finden sich diese Effekte auch in anderen Bereichen.

Nehmen wir z. B. einen Pkw einer bestimmten Marke. Sie würden vielleicht nicht davon ausgehen, dass der Wert dieses Pkws auch davon abhängt, wie viele andere Personen diesen Pkw ebenfalls fahren. Aber in den frühen Jahren des Automobils war das zweifellos der Fall. Als nur wenige Autos auf den Straßen fuhren, gab es auch nur wenige Werkstätten und Tankstellen und die Menschen mussten weite Entfernungen auf schlechten Straßen zum Tanken oder für eine Reparatur zurücklegen. Als sich immer mehr Menschen ein Auto zugelegt haben, wuchs auch die Zahl der Werkstätten und Tankstellen. Und dadurch bekam der Besitz eines Pkws einen höheren Wert.

Netzwerkexternalitäten üben ebenso wie positive und negative Externalitäten einen externen Effekt aus: Die Handlungen einer Person beeinflussen das Ergebnis der Handlungen einer anderen Person. Netzwerkexternalitäten spielen sowohl in einer modernen Volkswirtschaft als auch in regulierungspolitischen Kontroversen eine entscheidende Rolle.

Der externe Nutzen einer Netzwerkexternalität

Ein tieferes Verständnis von Netzwerkexternalitäten setzt an der Tatsache an, dass Netzwerkexternalitäten mit einem externen Nutzen einhergehen: Die Nutzung einer Ware oder einer Dienstleistung durch eine Person führt zu einem externen

Nutzen für eine andere Person, die ebenfalls diese Ware oder diese Dienstleistungen verwendet. Damit hängt der Grenznutzen eines Gutes für eine Person davon ab, wie viele Personen dieses Gut auch noch nutzen.

Bei den augenfälligsten Beispielen für Netzwerkexternalitäten geht es um Kommunikation. Früher ging es dabei um Telegraph, Telefon, Faxgeräte, heute dagegen um Internet, Smartphones, soziale Medien und vieles mehr. Netzwerkexternalitäten treten aber auch immer häufiger im Transportbereich auf. So ist ein Flughafen für einen Passagier umso wertvoller, je mehr Passagiere diesen Flughafen nutzen, da es dadurch mehr Flugverbindungen und mehr Flugziele gibt. Ein Internetauktionsplatz wie Ebay ist für Käufer und Verkäufer umso wertvoller, je mehr Menschen auf Ebay zugreifen. Und viele Menschen treffen ihre Entscheidung für ein Geldinstitut danach, wie viele Kunden die Bank oder Sparkasse hat, weil es dadurch mehr Filialen und mehr Geldautomaten geben wird.

Das klassische Beispiel für Netzwerkexternalitäten ist das Betriebssystem eines Computers. Die meisten PCs auf dieser Welt laufen unter Windows, dem von Microsoft entwickelten und verkauften Betriebssystem. Eine Minderheit von Nutzern besitzt Apple-Computer, die unter ihrem eigenen Betriebssystem laufen. Im Jahr 2019 kamen auf einen verkauften Apple-Computer 10 neue PCs, die mit Windows laufen. Woher stammt die Dominanz von Windows? Dafür gibt es zwei Gründe, und beide haben mit Netzwerkexternalitäten zu tun. Der direkte Effekt ergibt sich dadurch, dass es für einen Windows-Nutzer leichter ist, Rat und Tat von anderen PC-Benutzern zu erhalten als für jemanden, der ein weniger populäres Betriebssystem verwendet. Der indirekte Effekt resultiert daraus, dass Windows, weil es so weitverbreitet ist, für die Entwickler von Anwendungssoftware attraktiver ist als weniger verbreitete Betriebssysteme. Dies führt dazu, dass unter Windows mehr Anwendungsprogramme laufen als unter irgendeinem anderen Betriebssystem. (Der zweite Effekt ist mittlerweile fast verschwunden. Er war jedoch früher für die dominierende Rolle des PCs von großer Bedeutung).

Wenn es durch die Nutzung eines Gutes zu einer Netzwerkexternalität kommt, dann führt dies zu einer **positiven Rückkopplung**, die auch als *Mitläufereffekt* bekannt ist: Falls eine große Anzahl von Leuten das Gut kauft, nimmt die Wahrscheinlichkeit zu, dass auch andere Leute es kaufen. Falls Leute das Gut nicht kaufen, dann wird es weniger wahrscheinlich, dass andere es kaufen werden. Sowohl Erfolg als auch Misserfolg tendieren folglich dazu, sich selbst zu verstärken. Damit kommt es allerdings zu einem Henne-Ei-Problem. Wenn der Wert eines Gutes für eine Person davon abhängt, ob auch eine andere Person dieses Gut nutzt, wie wird das Gut dann zum allerersten Mal gekauft?

Die Produzenten von Waren und Dienstleistungen mit Netzwerkexternalitäten sind sich dieses Problems bewusst. Sie wissen, dass von zwei Produkten, die miteinander im Wettbewerb stehen, das Produkt mit dem größten Netzwerk erfolgreich sein wird, und nicht notwendigerweise das bessere Produkt. Der Marktanteil des Produktes mit dem größeren Netzwerk wird wachsen und das Produkt letztlich den Markt dominieren, während das andere Produkt am Ende aus dem Markt verschwindet.

Eine Möglichkeit, um sich in einem Markt mit Netzwerkexternalitäten in einem frühen Stadium einen Vorteil zu sichern, besteht darin, das Produkt möglichst preiswert, unter Umständen sogar mit Verlust zu verkaufen, um schnell die Zahl der Nutzer zu erhöhen. So bietet Skype Internettelefonate zwischen Skype-Nutzern kostenlos an. Dadurch bildet sich ein Netzwerk von Skype-Nutzern, die dann für Anrufe in andere Netze bezahlen müssen. Mittlerweile wird Skype häufig für Telefongespräche ins Ausland genutzt. Neue Unternehmen wie WhatsApp und Snapchat vergrößern ihr Netzwerk, indem sie ihren Mitgliedern eine kostenlose Kommunikation untereinander erlauben. Die Unternehmen wiederum erzielen durch den Verkauf von Werbung und Kundendaten höhere Erlöse. Und wie wir in der Rubrik »Wissenschaft und Praxis« erfahren, ist die Tatsache, dass Internetbrowser wie der Internet Explorer, Google Chrome und Firefox den Nutzern kostenlos zur Verfügung gestellt werden, ein Überbleibsel der alten Geschäftsstrategie von Microsoft, durch die kostenlose Bereitstellung des Internet Explorers die Kunden an das Windows-Betriebssystem zu binden.

Netzwerkexternalitäten stellen die Wettbewerbsbehörden vor besondere Herausforderungen. Es ist für die Behörden nicht immer einfach zu unterscheiden, ob es sich bei einer Unterneh-

Für Güter, die durch Netzwerkexternalitäten charakterisiert sind, tritt häufig eine **positive Rückkopplung** auf: Erfolg führt zu Erfolg, Misserfolg führt zu Misserfolg.

mensstrategie nur um den Versuch handelt, einen (legitimen) Wettbewerbsvorteil zu erlangen, oder ob die Unternehmensaktivitäten darauf ausgerichtet sind, den Wettbewerb auszuschalten und den Markt zu monopolisieren. Man könnte argumentieren, dass Monopole in Märkten mit Netzwerkexternalitäten nicht wirklich ein Problem sind, da diese Monopole auf natürlichem Weg zustande kommen.

So einfach ist es aber nicht. Unternehmen, die in neue Technologien investieren, versuchen natürlich, eine Monopolstellung zu erreichen. Zudem wissen die Unternehmen, dass in Märkten mit Netzwerkexternalitäten aggressive Strategien zum Erfolg führen. Wo ist dann die Grenze zwischen wettbewerbskonformem und wettbewerbswidrigem Verhalten? Im Kartellrechtsverfahren gegen Microsoft, über das wir in der Rubrik »Wissenschaft und Praxis« mehr erfahren, äußerten Ökonomen und Juristen unterschiedliche Auffassungen darüber, ob das Unternehmen gegen das Wettbewerbsrecht verstoßen hat oder nicht.

WISSENSCHAFT UND PRAXIS

Der Fall Microsoft

Im Jahr 2011 einigte sich Microsoft mit einem Bundesgericht darauf, zukünftig bestimmte Geschäftspraktiken nicht mehr zu nutzen. Damit endete eine lange Ära für das Unternehmen. Seit dem Jahr 1998 hatten die Justizbehörden, 20 Bundesstaaten sowie der District of Columbia Microsoft wegen wettbewerbswidrigem Verhalten verklagt. Microsoft wurde vorgeworfen, durch Kampfpreise gegenüber Wettbewerbern seine Monopolposition aufgrund des Betriebssystems Windows geschützt zu haben. Zu dieser Zeit war Microsoft nach jeder denkbaren Definition ein Monopol. Schließlich liefen Ende der 1990er-Jahre fast alle PCs mit Windows. Diese dominierende Stellung wurde ganz entscheidend durch eine Netzwerkexternalität unterstützt: Die Menschen nutzten Windows, weil alle Windows nutzten.

Ungeachtet der Forderung von einigen Ökonomen stellte das US-Justizministerium das Monopol von Windows an sich nicht infrage, da die meisten Experten die Position vertraten, dass die Monopolstellung die natürliche Folge in einer Branche mit Netzwerkexternalitäten war. Die Anwälte des US-Justizministeriums warfen dem Unternehmen Microsoft jedoch vor, seine marktbeherrschende Stellung bei Windows dazu missbraucht zu haben, um sich bei anderen Produkten einen Wettbewerbsvorteil gegenüber Konkurrenten zu verschaffen.

So wurde z. B. behauptet, dass sich Microsoft durch die kostenlose Kopplung des Internet Explorers an das Betriebssystem Windows einen unfairen Vorteil gegenüber seinem Konkurrenten Netscape verschafft hat, da Netscape damit für seinen eigenen Webbrowser von den Nutzern kein Entgelt verlangen konnte. Aus Sicht des US-Justizministeriums war diese Praxis schädlich, da auf diese Weise Innovationen verhindert wurden: Potenzielle Software-Innovatoren waren nicht bereit, große Summen in die Produktentwicklung zu investieren, weil man befürchten musste, dass Microsoft eine ähnliche Software kostenlos zusammen mit Windows anbieten würde. Microsoft argumentierte dagegen, dass die US-Regierung der eigentliche Feind von Innovationen wäre, wenn man Unternehmen wie Microsoft für ihren Geschäftserfolg bestrafen würde.

Nach einem jahrelangen Rechtsstreit wurde im Jahr 2002 ein einvernehmliches Urteil gefällt, das es Microsoft untersagte, Wettbewerbern den Zutritt zu seinem Betriebssystem zu verweigern und das Unternehmen aufforderte, das Betriebssystem so umzugestalten, dass es kompatibel mit Programmen von anderen Anbietern ist. Dadurch wurde der Vorteil beseitigt, den Microsoft durch die kostenlose Bündelung seiner eigenen Programme mit dem Windows-Betriebssystem hatte.

Obwohl das Gerichtsverfahren gegen Microsoft einen mittleren zweistelligen Millionenbetrag verschlungen hat und als eines der wichtigsten Kartellverfahren seiner Zeit gilt, sind die langfristigen Auswirkungen des Verfahrens heftig umstritten. Einige vertreten die Auffassung, dass das Gerichtsverfahren letzten Endes nichts bewirkt hat, da sich der neueste Stand der Technik weg von Microsoft und seinen PCs hinzu mobilen Geräten wie Tablets und Smartphones entwickelt hat. Andere sind der Meinung, dass das Verfahren vielleicht nicht – wie von Microsoft behauptet – Innovationen behindert, sondern zu einem Wandel in der Unternehmenskultur bei Microsoft beigetragen hat. Das Unternehmen sei vorsichtiger geworden und war dadurch nicht mehr Lage, neue technologische Trends weiter zu verfolgen und für sich zu nutzen.

Zwei Ergebnisse sind allerdings unumstritten. Dem Beispiel von Microsoft folgend werden Produkte mit Netzwerkexternalitäten oft mit Verlust verkauft oder sogar kostenlos angeboten – die Webbrowser von heute wie Chrome, Firefox und der Internet Explorer sind alle kostenlos. Und konkurrierende Hightechunternehmen verklagen sich regelmäßig gegenseitig wegen der Verwendung von Kampfpreisen zur Ausnutzung von Vorteilen aus Netzwerkexternalitäten, wie auch die jüngste Klage von Microsoft gegen Google wegen deren Vormachtstellung im Markt für Suchmaschinen zeigt.

Kurzzusammenfassung

- *Netzwerkexternalitäten* treten auf, wenn sich der Wert eines Gutes erhöht, falls eine große Anzahl anderer Menschen ebenfalls dieses Gut verwendet. Netzwerkexternalitäten sind vor allem im Kommunikations- und Transportbereich relevant sowie in Hochtechnologiebranchen.
- Bei Gütern mit Netzwerkexternalitäten tritt häufig eine **positive Rückkopplung** auf: Erfolg führt zu Erfolg, Misserfolg führt zu Misserfolg. Das Gut mit dem größten Netzwerk dominiert am Ende den Markt, während konkurrierende Produkte aus dem Markt verschwinden. Aus diesem Grund haben Unternehmen einen großen Anreiz, bei der Markteinführung von Produkten durch aggressives Auftreten, z. B. in Form von nichtkostendeckenden Preisen, das Netzwerk ihres Produktes zu vergrößern.
- Güter mit Netzwerkexternalitäten stellen die Wettbewerbsbehörden vor besondere Herausforderungen, da diese Märkte eine Tendenz zur Monopolisierung zeigen. Es ist schwierig zu differenzieren, ob ein natürliches Netzwerkwachstum vorliegt oder ob es sich um den (illegalen) Versuch eines Unternehmens zur Marktmonopolisierung handelt.

ÜBERPRÜFEN SIE IHR WISSEN

1. Erläutern Sie für jedes der folgenden Güter die Art der vorliegenden Netzwerkexternalität.
   a. Elektrische Geräte verwenden eine bestimmte Spannung, wie 110 Volt gegenüber 220 Volt.
   b. US-amerikanisches Letter-Size-Papier versus DIN-A4-Papier.
2. Nehmen Sie an, es gäbe zwei miteinander konkurrierende Unternehmen in einer Branche mit Netzwerkexternalitäten. Erläutern Sie, warum es wahrscheinlich ist, dass das Unternehmen, das die größten Anfangsverluste tragen kann, am Ende den Markt dominiert.

Unternehmen in Aktion: Eine Win-Win-Situation für Xcel Energy

In der Vergangenheit waren erneuerbare Energieträger in der Regel deutlich teurer als fossile Energieträger. Durch die (finanzielle) Förderung von Innovationen haben staatliche Subventionen einen großen Anteil daran gehabt, dass die Kosten im Bereich der erneuerbaren Energien sukzessive gesunken sind. Allerdings waren die staatlichen Subventionen in den Vereinigten Staaten nicht immer eine Selbstverständlichkeit. Als Ende 2012 ein Subventionsprogramm zur Förderung von Windenergieanlagen auslief, sank die neu installierte Leistung von Windenergieanlagen im darauf folgenden Jahr um 93 Prozent. Nachdem die Subventionen wieder gewährt wurden, war der Bau von Windenergieanlagen in den Jahren 2014 und 2015 erneut im Aufwind. In den Folgejahren führten wiederholte Diskussionen im US-Kongress über die Weiterführung der Subventionen für erneuerbare Energieträger dazu, dass der Siegeszug der erneuerbaren Energieträger vorübergehend ins Stocken geriet.

Im Jahr 2020 stand die Fortführung der Subventionen erneut auf der Kippe. Und obwohl der Anteil der erneuerbaren Energieträger an der neu installierten Leistung zur Stromerzeugung mittlerweile bei 78 Prozent lag, gab es nicht wenige, die ein Ende des Siegeszuges der erneuerbaren Energieträger in den Vereinigten Staaten befürchteten.

Benjamin Fowke, Vorstandsvorsitzender des Unternehmens Xcel Energy of Colorado, gehörte nicht dazu. Das Unternehmen erzeugt bereits 60 Prozent seines Stroms mit erneuerbaren Energieträgern und hat sich vorgenommen, bis zum Jahr 2030 seine CO_2-Emissionen um 80 Prozent zu senken.

Fowke hat das Unternehmen so aufgestellt, dass es von der *Lernkurve* im Bereich der erneuerbaren Energieträger profitieren kann. Der Begriff Lernkurve beschreibt die Tatsache, dass nach der Einführung einer neuen Technologie die Produktionskosten oft deutlich sinken. Wissenschaftler, Innovatoren und Produzenten lernen, die neue Technologie immer besser zu nutzen. Es entsteht ein positiver Kreislauf: Sinkende Kosten treiben die weitere Ausbreitung der Technologie voran, was zusätzliche Investitionen auslöst, die zu weiteren Kostensenkungen führen.

Ein Beispiel für den Effekt einer Lernkurve liefert die Solarenergie. Seit 1998 sind die Stromerzeugungskosten bei Solarenergie (Photovoltaik) um mehr als 75 Prozent gesunken. Allein im letzten Jahrzehnt lag die Kostensenkung bei 60 Prozent. Im Bereich der Windstromerzeugung sind die Kosten seit den 1980er-Jahren um mehr als 90 Prozent zurückgegangen.

Nach Aussagen von Fowke ist es mittlerweile kostengünstiger, zur Stromerzeugung neue Windturbinen zu installieren, als bereits bestehende Kohlekraftwerke weiter zu betreiben. Und auch im Wettbewerb mit der Stromerzeugung aus Erdgas können die erneuerbaren Energieträger bestehen. So lagen im Jahr 2017 die Stromerzeugungskosten bei Windstrom zwischen 15 und 20 Dollar je MWh, für Gaskraftwerke dagegen bei 25 bis 35 Dollar je MWh.

FRAGEN

1. Erläutern Sie, wie Subventionen die Ausbreitung einer neuen Technologie beeinflussen, für die eine steile Lernkurve gilt. Stellen Sie dabei einen Zusammenhang zur Rolle des Staates bei der Korrektur von Externalitäten her.
2. Hat Benjamin Fowke Recht, wenn er trotz einer möglichen Abschaffung von Subventionen an der Stromerzeugung mit erneuerbaren Energieträgern festhält? Analysieren Sie die Entscheidung, vor der ein Unternehmenschef wie Benjamin Fowke steht, wenn er festlegen muss, ob und wann das Unternehmen in die Stromerzeugung mit erneuerbaren Energieträgern und nicht mit fossilen Energieträgern investiert.
3. Inwiefern macht diese Fallstudie deutlich, auf welche Weise Unternehmen und Staat in einer Marktwirtschaft zusammenarbeiten können?

Zusammenfassung

1. Falls umweltverschmutzende Emissionen direkt beobachtet und gesteuert werden können, sollten sich wirtschaftspolitische Maßnahmen darauf richten, direkt dafür zu sorgen, dass die **gesellschaftlich optimale Menge an Umweltverschmutzung** produziert wird, die Menge, bei der die **gesellschaftlichen Grenzkosten der Umweltverschmutzung** gleich dem **gesellschaftlichen Grenznutzen der Umweltverschmutzung** sind. Ohne staatliche Eingriffe bringt der Markt eine zu hohe Umweltverschmutzung hervor, weil die Emittenten lediglich ihren Nutzen aus der Emission berücksichtigen, nicht aber die Kosten, die sie anderen auferlegen.
2. Die Kosten, die einer Gesellschaft durch die Umweltverschmutzung entstehen, sind ein Beispiel für **externe Kosten.** In einigen Fällen können ökonomische Aktivitäten aber auch **externen Nutzen** hervorrufen. Externe Kosten und externer Nutzen werden unter dem Oberbegriff **Externalitäten** zusammengefasst. Externe Kosten werden auch als **negative Externalitäten** und externer Nutzen als **positive Externalitäten** bezeichnet.

3. Dem **Coase-Theorem** zufolge können die Menschen einen Weg finden, die **Externalitäten zu internalisieren,** wodurch staatliche Interventionen überflüssig werden. Voraussetzung dafür ist, dass die **Transaktionskosten** – alle Kosten im Zusammenhang mit einer vertraglichen Abmachung – hinreichend gering sind. In den meisten praktisch relevanten Fällen sind die Transaktionskosten jedoch zu hoch, um derartige vertragliche Lösungen zu erlauben.
4. Die Wirtschaftspolitik reagiert auf Umweltbelastungen häufig durch die Einführung von **Umweltauflagen.** Aus ökonomischer Sicht stellt dieser Ansatz in der Regel eine ineffiziente Methode der Emissionsreduzierung dar. Zwei effiziente (kostenminimierende) Methoden der Belastungsreduktion sind **Emissionssteuern,** die eine Form der sogenannten **Pigou-Steuer** darstellen, und **handelbare Emissionsrechte.** Die optimale Pigou-Steuer auf Emissionen ist gleich den gesellschaftlichen Grenzkosten der Emission beim gesellschaftlich optimalen Belastungsniveau. Sowohl Emissionssteuern als auch handelbare Emissionsrechte erzeugen Anreize für die Erfindung und Anwendung von weniger umweltbelastenden Produktionstechnologien.
5. Durch die starke Nutzung von **fossilen Energieträgern** sind die **Treibhausgasemissionen** sukzessive angestiegen und haben einen **Klimawandel** ausgelöst. Im Unterschied zu fossilen Energieträgern stehen **erneuerbare Energieträger** (nahezu) unbegrenzt zur Verfügung. Neben wirtschaftspolitischen Maßnahmen wie Steuern, Steuergutschriften, Subventionen und Auflagen trägt auch das Handeln von Verbrauchern und Industrie mit dazu bei, den notwendigen Übergang zu **sauberen Energiequellen** sicherzustellen. Multinationale Vereinbarungen wie das **Pariser Klimaschutzabkommen** setzen verpflichtende Ziele für die Unterzeichnerstaaten fest und teilen die Lasten der Zielerreichung zwischen den Staaten auf.
6. Ruft ein Gut oder eine Aktivität einen externen Nutzen hervor, wie etwa **Technologie-Spillover,** dann bewegt eine optimale **Pigou-Subvention** für die Produzenten den Markt in Richtung der gesellschaftlich optimalen Produktionsmenge.
7. Im Kommunikations- und Transportbereich, aber bei Hochtechnologiegütern sind oft *Netzwerkexternalitäten* anzutreffen, die entstehen, wenn der Wert eines Gutes für eine Person größer ausfällt, falls eine große Anzahl anderer Menschen ebenfalls dieses Gut verwendet. Bei diesen Gütern tritt häufig eine **positive Rückkopplung** auf: Wenn eine große Anzahl von Menschen das Gut kauft, dann ist es wahrscheinlich, dass auch andere Menschen dieses Gut erwerben. So führt Erfolg zu Erfolg und Misserfolg zu Misserfolg. Das Gut mit dem größten Netzwerk dominiert am Ende den Markt, während konkurrierende Produkte aus dem Markt verschwinden. Dadurch haben Unternehmen einen großen Anreiz, bei der Markteinführung von Produkten durch aggressives Auftreten das Netzwerk ihres Produktes zu vergrößern. Märkte mit Netzwerkexternalitäten zeigen eine Tendenz zur Monopolisierung. Diese Märkte stellen die Wettbewerbsbehörden vor eine besondere Herausforderung, da der Unterschied zwischen einer natürlichen Weiterentwicklung einer Netzwerkexternalität und dem (illegalen) Versuch eines Unternehmens zur Marktmonopolisierung nur schwer zu erkennen ist.

SCHLÜSSELBEGRIFFE

- externe Kosten
- externer Nutzen
- Externalitäten
- negative Externalitäten
- positive Externalitäten
- gesellschaftliche Grenzkosten der Umweltverschmutzung
- gesellschaftlicher Grenznutzen der Umweltverschmutzung
- gesellschaftlich optimale Umweltverschmutzung
- Coase-Theorem
- Transaktionskosten
- Internalisieren von Externalitäten
- Umweltauflagen
- Emissionssteuer
- Pigou-Steuer
- handelbare Emissionsrechte
- Pigou-Subvention
- Klimawandel
- Treibhausgase
- fossile Energieträger
- erneuerbare Energieträger
- saubere Energiequellen
- Pariser Klimaschutzabkommen
- positive Rückkopplung
- Technologie-Spillover

17 Öffentliche Güter und Allmendegüter

LERNZIELE

- Was **öffentliche Güter** sind und wie sich von **privaten Gütern** unterscheiden.
- Was **Allmendegüter** sind und warum sie zu stark genutzt werden.
- Was **Klubgüter** (künstlich verknappte Güter) sind und warum sie zu wenig konsumiert werden.
- Warum Märkte bei der effizienten Bereitstellung dieser Güter in der Regel versagen.
- Wie staatliche Eingriffe bei Produktion und Konsum dieser Güter die Gesellschaft besser stellen können.

Der große Gestank

Mitte des 19. Jahrhunderts war London mit fast 2,5 Millionen Einwohnern zur größten Stadt der Welt geworden. Unglücklicherweise produzierten diese Menschen auch eine Menge Abfall – und es gab keine andere Möglichkeit, den Müll loszuwerden, als die Themse. Niemand, dessen Nase einigermaßen funktionierte, konnte die daraus resultierenden Folgen ignorieren. Und der Fluss stank nicht nur fürchterlich, er verbreitete auch Krankheitskeime, die zu Cholera oder Typhus führten. In den Stadtteilen von London, die nahe an der Themse lagen, war die Wahrscheinlichkeit, an Cholera zu sterben, mehr als sechsmal so groß wie in den Stadtteilen, die weiter weg lagen. Und die große Mehrheit der Einwohner Londons bezog ihr Trinkwasser aus der Themse.

Bürger, die Reformen anstrebten, sagten, dass es für die Stadt unabdingbar sei, ein Abwassersystem zu errichten, das Fäkalien und Abfälle vom Fluss fernhalten würde. Es gab jedoch keine Privatleute, die bereit gewesen wären, ein derartiges System zu errichten. Einflussreiche Bürger waren aber auch dagegen, dass die Regierung die Verantwortung für das Problem übernehmen sollte.

Der heiße Sommer von 1858 führte jedoch zu einer Situation, die später nur noch als »Großer Gestank« bezeichnet wurde, sodass beispielsweise eine medizinische Zeitschrift berichtete, »die Leute fielen vor Gestank um«. Selbst die Privilegierten und Mächtigen litten: Das Parlamentsgebäude lag direkt am Fluss. Nach erfolglosen Versuchen, den Gestank mithilfe von parfümierten Vorhängen draußen zu halten, stimmte das Parlament schließlich einem Plan zu, der mithilfe eines riesigen Systems von Abwasserkanälen und Pumpstationen die Abwässer von der Stadt wegleiten sollte.

Das 1865 in Betrieb genommene System stellte für die Lebensqualität der Stadt eine enorme Verbesserung dar. Cholera- und Typhusepidemien, die zuvor mit großer Regelmäßigkeit aufgetreten waren, verschwanden völlig. Die Themse verwandelte sich vom schmutzigsten zum saubersten städtischen Fluss der Welt, und der Chefkonstrukteur des Abwassersystems, Sir Joseph Bazalgette, wurde dafür gepriesen, dass er »mehr Leben gerettet habe als jeder andere viktorianische Amtsträger«. Schätzungen aus dieser Zeit gehen davon aus, dass Bazalgettes Abwassersystem die durchschnittliche Lebenserwartung in London um 20 Jahre erhöht hat.

Diese Geschichte vom »Großen Gestank« und der darauf folgenden politischen Reaktion illustriert zwei wichtige Gründe für staatliche Eingriffe in die Wirtschaft. Londons neues Abwassersystem war ein treffendes Beispiel für ein *öffentliches Gut* – ein Gut, das vielen Menschen Nutzen stiftet, ganz gleich, ob sie dafür bezahlt haben oder nicht, und dessen Nutzen für ein bestimmtes Individuum nicht davon abhängt, wie viele andere auch daraus Vorteile ziehen. Wie wir gleich sehen werden, unterscheiden sich öffentliche Güter in wichtigen Aspekten von *privaten Gütern*, mit denen wir uns bislang beschäftigt haben. Diese Unterschiede implizieren, dass öffentliche Güter nicht effizient über Märkte bereitgestellt werden können.

Außerdem ist sauberes Wasser in der Themse ein Beispiel für ein *Allmendegut*, ein Gut, das viele Menschen konsumieren können, ganz gleich, ob sie dafür bezahlt haben oder nicht, bei dem aber der Konsum einer bestimmten Person die für andere verfügbare Menge vermindert. In einem Marktsystem werden derartige Güter tendenziell zu stark in Anspruch genommen, falls der Staat nicht eingreift.

In früheren Kapiteln haben wir erfahren, dass Märkte manchmal dabei versagen, die effiziente Produktionsmenge oder das effiziente Konsumniveau für ein Gut oder eine Aktivität zu erreichen. Wir haben gelernt, wie Ineffizienz durch Marktmacht entstehen kann, wodurch Produzenten veranlasst werden, Preise zu verlangen, die über den Grenzkosten liegen, was wiederum zur Folge hat, dass wechselseitig vorteilhafte Transaktionen unterbleiben. Wir haben auch gelernt, dass Externalitäten zu Ineffizienz führen können. Externalitäten führen dazu, dass Kosten und Nutzen, die aus den Handlungen einzelner Personen oder einer Branche resultieren, von Kosten und Nutzen für die Gesellschaft insgesamt abweichen.

In diesem Kapitel wollen wir einen etwas anderen Weg einschlagen, um der Frage nachzugehen, warum Märkte manchmal versagen. Wir stellen die Frage in den Mittelpunkt, inwiefern die *Eigenschaften eines Gutes einen Einfluss darauf haben, ob Märkte es effizient bereitstellen können*. Haben Güter die »falschen« Eigenschaften, ähnelt das sich daraus ergebende Marktversagen dem, das mit Externalitäten oder Marktmacht verbunden ist. Dieser alternative Ansatz zur Betrachtung von Ursachen für Ineffizienz vertieft unser Verständnis dafür, warum Märkte manchmal nicht gut funktionieren und wie staatliches Eingreifen sinnvoll sein kann.

17.1 Private Güter – und andere

Für ein Gut gilt **Ausschließbarkeit**, falls der Anbieter des Gutes Menschen am Konsum hindern kann, die dafür nicht bezahlen.

Für ein Gut gilt **Rivalität im Konsum**, falls die gleiche Einheit des Gutes nicht zur gleichen Zeit von mehr als einer Person konsumiert werden kann.

Ein Gut, für das sowohl Ausschließbarkeit als auch Rivalität im Konsum gilt, ist ein **privates Gut**.

Was ist der Unterschied zwischen dem Einbau einer neuen Toilette in ein Haus und der Errichtung eines kommunalen Abwassersystems? Was ist der Unterschied zwischen dem Anbau von Weizen und dem Fischen auf dem offenen Meer?

Keine Angst, das sind keine Scherzfragen. In beiden Fällen besteht ein grundlegender Unterschied in den Eigenschaften der Güter, um die es geht. Sanitärausstattung und Weizen verfügen über die Eigenschaften, die für ein effizientes Funktionieren von Märkten nötig sind. Kommunale Kanalisation und Fische im offenen Meer weisen diese Eigenschaften dagegen nicht auf. Sehen wir uns diese zentralen Eigenschaften näher an und überlegen wir, warum sie wichtig sind.

Eigenschaften von Gütern

Güter wie Sanitärausstattungen oder Weizen weisen zwei Eigenschaften auf, die unverzichtbar sind, wie wir gleich sehen werden, falls ein Gut durch eine Marktwirtschaft effizient bereitgestellt werden soll.

- Sie sind **ausschließbar**: Die Anbieter des Gutes können Menschen, die dafür nicht bezahlen, am Konsum hindern.
- Es besteht **Rivalität im Konsum**: Die gleiche Einheit des Gutes kann nicht zur gleichen Zeit von mehr als einer Person konsumiert werden.

Gilt für ein Gut sowohl Ausschließbarkeit als auch Rivalität im Konsum, dann wird es als **privates Gut** bezeichnet. Weizen ist ein Beispiel für ein privates Gut. Es besteht *Ausschließbarkeit*: Der Landwirt kann einen Sack Weizen an einen Konsumenten verkaufen, ohne jedermann im Land mit Weizen versorgen zu müssen. Es besteht auch *Rivalität im Konsum*: Esse ich ein Brot, das mit dem Weizen des Landwirts gebacken wurde, kann das Brot nicht mehr von jemand anderem gegessen werden.

Gilt für ein Gut **Nicht-Ausschließbarkeit**, dann kann der Anbieter den Konsum durch Personen nicht verhindern, die dafür nicht bezahlt haben.

Aber nicht alle Güter weisen diese beiden Eigenschaften auf. Für einige Güter gilt **Nicht-Ausschließbarkeit** – der Anbieter kann den Konsum des Gutes durch Personen nicht verhindern, die nicht dafür bezahlt haben. Brandschutz ist hierfür ein Beispiel: Die Feuerwehr, die Feuer löscht, bevor es sich ausbreitet, schützt die gesamte Stadt und nicht nur die Menschen, die zugunsten des Feuerwehrvereins gespendet haben. Eine Verbesserung der Umweltsituation ist ein weiteres Beispiel: Die Stadt London hätte den »Großen Gestank« nicht nur für einige Bewohner beenden können, während andere weiter unter dem Gestank der Themse gelitten hätten.

Es besteht auch nicht bei allen Gütern Rivalität im Konsum. Für Güter gilt **Nichtrivalität im Konsum**, falls zur gleichen Zeit mehr als eine Person die gleiche Einheit des Gutes konsumieren kann. Ein Beispiel für Nichtrivalität im Konsum sind Fernsehprogramme: Ihre Entscheidung, ein bestimmtes Programm zu sehen, hindert andere Menschen nicht daran, das gleiche Programm zu schauen.

Weil für Güter entweder Ausschließbarkeit oder Nicht-Ausschließbarkeit sowie Rivalität oder Nichtrivalität im Konsum gelten kann, existieren vier Arten von Gütern, die in der Matrix von **Abbildung 17-1** illustriert werden:

- Private Güter, für die Ausschließbarkeit und Rivalität im Konsum gelten – z. B. Weizen.
- Öffentliche Güter, für die Nicht-Ausschließbarkeit und Nichtrivalität im Konsum gelten – z. B. ein öffentliches Abwassersystem.
- Allmendegüter, für die Nicht-Ausschließbarkeit, aber Rivalität im Konsum gilt – z. B. sauberes Wasser in einem Fluss.
- Klubgüter (künstlich knappe Güter), für die Ausschließbarkeit, nicht aber Nichtrivalität im Konsum gilt – z. B. Filme und Serien bei Video-on-Demand-Anbietern wie Netflix.

Es gibt natürlich viele andere Eigenschaften, durch die sich verschiedene Arten von Gütern unterscheiden – lebensnotwendige Güter versus Luxusgüter, normale Güter versus inferiore Güter usw. Warum konzentrieren wir uns hier darauf, ob für Güter Ausschließbarkeit und Rivalität im Konsum gelten?

Für ein Gut gilt **Nichtrivalität im Konsum**, falls die gleiche Einheit des Gutes zur gleichen Zeit von mehr als einer Person konsumiert werden kann.

Warum Märkte nur private Güter effizient bereitstellen können

Märkte sind, wie wir in früheren Kapiteln gelernt haben, in der Regel am besten geeignet, um der Gesellschaft Waren und Dienstleistungen bereitzustellen, denn abgesehen von einigen wenigen Ausnahmefällen wie Marktmacht, Externalitäten und anderen Formen von Marktversagen sorgen Märkte für eine effiziente Bereitstellung der Waren und Dienstleistungen. Allerdings muss dafür noch eine andere Bedingung erfüllt sein, die mit der Eigenschaft der Güter verknüpft ist: Märkte können Waren und Dienstleistungen nur dann effizient bereitstellen, wenn es sich dabei um private Güter handelt, also solche, für die Ausschließbarkeit und Rivalität im Konsum gilt.

Um zu verstehen, warum Ausschließbarkeit von so zentraler Bedeutung ist, wollen wir annehmen, dass ein Landwirt lediglich zwei Wahlmög-

Abb. 17-1

Vier Arten von Gütern

	Rivalität im Konsum	**Nichtrivalität im Konsum**
Ausschließbarkeit	**Private Güter** Weizen Badezimmereinrichtungen	**Klubgüter** Filme im Pay-TV Computer-Software
Nicht-Ausschließbarkeit	**Allmendegüter** Sauberes Wasser Biodiversität	**Öffentliche Güter** Öffentliches Abwassersystem Landesverteidigung

Es gibt vier Arten von Gütern. Die Art des Gutes hängt erstens davon ab, ob Ausschließbarkeit vorliegt oder nicht – ob also ein Produzent jemanden davon abhalten kann, es zu konsumieren. Zweitens hängt die Art des Gutes davon ab, ob Rivalität im Konsum besteht – ob es also unmöglich ist, dass die gleiche Einheit eines Gutes zur gleichen Zeit von mehr als einer Person konsumiert werden kann.

lichkeiten hat: Entweder produziert er überhaupt keinen Weizen oder er muss jedem Bewohner des Landes, der das möchte, 100 Kilogramm Weizen liefern, unabhängig davon, ob der Betreffende dafür bezahlt oder nicht. Es erscheint sehr unwahrscheinlich, dass irgendjemand unter diesen Bedingungen Weizen anbauen würde.

Der Betreiber eines kommunalen Abwassersystems sieht sich aber prinzipiell dem gleichen Problem gegenüber wie unser hypothetischer Landwirt. Ein Abwassersystem trägt zur Sauberkeit und Hygiene einer ganzen Stadt bei – die Vorteile fallen jedoch allen Einwohnern zu, ganz gleich, ob sie den Betreiber bezahlen oder nicht. Das ist der Grund, warum kein privater Unternehmer einen Plan zur Beendigung von Londons »Großem Gestank« entwickelte.

Das Problem besteht darin, dass bei Nicht-Ausschließbarkeit vom Konsum rationale Konsumenten keine Bereitschaft zeigen, für das entsprechende Gut zu bezahlen – sie verhalten sich als Trittbrettfahrer in Bezug auf jeden, der tatsächlich bezahlt. Es gibt daher ein **Trittbrettfahrer-Problem**. Beispiele für Trittbrettfahrer-Probleme sind uns aus unserem täglichen Leben bekannt. Ein Beispiel, mit dem Sie vielleicht schon selbst zu tun hatten, tritt auf, wenn Studierende ein Gruppenprojekt bearbeiten müssen. Oft beobachtet man dann, wie sich einige Gruppenmitglieder drücken und sich darauf verlassen, dass die anderen in der Gruppe dafür Sorge tragen, die Arbeit zu erledigen. Die Drückeberger fahren gewissermaßen auf dem Ticket der Anstrengungen anderer umsonst mit.

Güter, die durch Nicht-Ausschließbarkeit charakterisiert sind, sind vom **Trittbrettfahrer-Problem** betroffen: Die Einzelnen haben keinen Anreiz, für ihren eigenen Konsum zu bezahlen und versuchen stattdessen eine »Freifahrt« zulasten derjenigen, die bezahlen.

Wegen des Trittbrettfahrer-Problems führen die Kräfte des Eigeninteresses allein nicht zu einem effizienten Produktionsniveau bei einem Gut, für das Nicht-Ausschließbarkeit gilt. Obwohl die Konsumenten einen Vorteil von einer größeren Produktionsmenge des Gutes hätten, ist niemand bereit, mehr zu bezahlen. Daher ist aber auch kein Produzent bereit, dieses Gut anzubieten. Im Ergebnis leiden Güter mit einer Nicht-Ausschließbarkeit im Konsum in einer Marktwirtschaft unter einem ineffizient niedrigen Produktionsniveau. Aufgrund des Trittbrettfahrer-Problems kann es tatsächlich sogar sein, dass das Eigeninteresse noch nicht einmal sicherstellt, dass überhaupt eine Produktion des Gutes erfolgt – von einem effizienten Produktionsniveau ganz zu schweigen.

Güter, für die Ausschließbarkeit, aber nicht Nichtrivalität im Konsum gilt, wie etwa abrufbare Filme im Internet (Video on Demand), leiden unter einer anderen Form der Ineffizienz. Solange für ein Gut Ausschließbarkeit gilt, ist es möglich, einen Gewinn zu erzielen, indem das Gut nur denjenigen zur Verfügung gestellt wird, die dafür bezahlen. Wie hoch sind aber die Grenzkosten, die dadurch entstehen, dass ein weiterer Zuschauer

DENKFALLEN!

Um welche Grenzkosten geht es genau?

Im Fall eines Gutes, das durch Nichtrivalität im Konsum charakterisiert ist, kann es leicht zu einer Verwechslung zwischen den Grenzkosten der *Produktion* einer Einheit des Gutes und den Grenzkosten der Ermöglichung des *Konsums* einer Einheit des Gutes kommen. So entstehen beispielsweise dem Internetanbieter Grenzkosten für die Bereitstellung eines Spielfilms für die Abonnenten, die sich aus den Kosten der Ressourcen für die Produktion und das Einspielen dieses Films zusammensetzen. Ist der Film jedoch einmal verfügbar, entstehen keine positiven Grenzkosten dadurch, dass man einer anderen Familie erlaubt, diesen Film zu sehen. Mit anderen Worten werden keine Kosten verursachenden Ressourcen eingesetzt, falls eine zusätzliche Familie einen Film konsumiert, der bereits produziert und bereitgestellt wurde.

Diese Problematik entsteht jedoch nicht, wenn es um ein Gut geht, bei dem Rivalität im Konsum besteht. In diesem Fall werden die Ressourcen, die für die Produktion einer Einheit des Gutes verwendet wurden, durch den Konsum einer Person »aufgebraucht«, weil sie nicht mehr zur Befriedigung der Konsumwünsche einer anderen Person verfügbar sind. Gilt für ein Gut also Rivalität im Konsum, sind die gesellschaftlichen Grenzkosten, die entstehen, wenn man einer Person den Konsum einer Einheit ermöglicht, gleich den Kosten der für die Produktion dieser Einheit eingesetzten Ressourcen – also gleich den Grenzkosten der Produktion.

sich einen Film im Internet anschaut? Sie sind gleich null, weil keine Rivalität im Konsum besteht. Der effiziente Preis für einen Konsumenten ist daher ebenfalls null. Anders ausgedrückt: Die Personen sollten Filme im Internet bis zu dem Punkt anschauen, an dem ihr Grenznutzen gleich null ist. Verlangt der Internetanbieter tatsächlich aber z. B. 4 Euro pro Film, werden die Zuschauer das Gut nur bis zu dem Punkt konsumieren, bei dem der Grenznutzen gleich 4 Euro ist. Müssen die Konsumenten einen Preis größer als null für ein Gut bezahlen, für das Nichtrivalität im Konsum gilt, dann ist der Preis, den sie bezahlen, höher als die Grenzkosten der Bereitstellung dieses Gutes, die gleich null sind. Daher leiden in einer Marktwirtschaft Güter, für die Nichtrivalität im Konsum gilt, unter einem ineffizient niedrigen Konsum.

Nun ist uns klar, warum private Güter die einzigen Güter sind, die auf einem Wettbewerbsmarkt effizient produziert und konsumiert werden können. (Das heißt, ein privates Gut wird auf einem Markt effizient produziert und konsumiert, der frei von Marktmacht, Externalitäten oder anderen Formen von Marktversagen ist.) Weil für private Güter Ausschließbarkeit gilt, können Produzenten eine Bezahlung für sie verlangen und haben daher einen Anreiz, sie zu produzieren. Und weil für private Güter auch Rivalität im Konsum gilt, ist es für Konsumenten effizient, für sie einen positiven Preis zu bezahlen – einen Preis, der gleich den Grenzkosten der Produktion ist. Fehlt eine dieser beiden Eigenschaften, wird eine Marktwirtschaft nicht zu Effizienz in Produktion und Konsum des Gutes führen.

Glücklicherweise sind die meisten Güter private Güter. Essen, Kleidung, ein Dach über dem Kopf und die meisten anderen erstrebenswerten Dinge des Lebens sind durch Ausschließbarkeit und Rivalität im Konsum charakterisiert, sodass Märkte uns mit den meisten Sachen versorgen können. Es gibt jedoch wichtige Güter, die diese Kriterien nicht erfüllen, und in den meisten Fällen bedeutet das, dass der Staat eingreifen muss.

WISSENSCHAFT UND PRAXIS

Der Weg aus dem dunklen Mittelalter

Im Mittelalter (von 1100 bis ca. 1500) war das Leben in Europa schwierig und gefährlich. Es gab viele Gewaltverbrechen, Banden trieben ihr Unwesen und kriegerische Auseinandersetzungen waren an der Tagesordnung. Es wird geschätzt, dass um 1200 in Europa die Mordrate zwischen 30 und 40 Personen je 100.000 Menschen lag. Bis zum Jahr 1500 hatte sich die Mordrate auf 20 Personen je 100.000 Menschen halbiert. Und heute liegt der Wert unter 1. Wodurch ist diese Entwicklung in den letzten 900 Jahren zustande gekommen?

Wie das Beispiel der mittelalterlichen Stadtstaaten in Italien zeigt, sollte man an öffentliche Güter denken. Bereits um 900 in Venedig und später um 1100 in Mailand und Florenz begannen die Bürger damit, den Schutz der Menschen zu organisieren. In Venedig bauten die Bürger eine Schiffsflotte zum Kampf gegen Piraten und andere Plünderer, die regelmäßig in die Stadt einfielen. Andere Städte errichteten hohe Stadtmauern und bezahlten Milizionäre für die Verteidigung der Stadt. Es wurden Einrichtungen geschaffen, die die Einhaltung von Recht und Ordnung sicherstellen sollten: Wachmannschaften, Wachleute und Richter werden eingestellt, Gerichtsgebäude und Gefängnisse gebaut.

Handwerk, Handel und Bankwesen blühten auf, genauso wie Literatur, Wissenschaft und Kunst. Bis zum Jahr 1300 war die Bevölkerung in den führenden Städten Venedig, Mailand und Florenz auf über 100.000 Einwohner angewachsen. Venedig wurde im 15. und 16. Jahrhundert enorm wohlhabend, Florenz entwickelte sich unter der Führung des Bankhauses der Medici zum Zentrum der Banken in Italien.

Westeuropa konnte also durch die Schaffung von öffentlichen Gütern wie z. B. verantwortungsbewusste Regierungsführung und Verteidigung, von denen alle profitieren und die durch den Einzelnen nicht aufgebraucht werden konnten, dem dunklen Mittelalter entfliehen.

Kurzzusammenfassung

- Güter können entsprechend zweier Eigenschaften klassifiziert werden: ob für sie **Ausschließbarkeit** gilt und ob für sie **Rivalität im Konsum** gilt.
- Güter, die sowohl durch Ausschließbarkeit als auch durch Rivalität im Konsum charakterisiert sind, heißen **private Güter**. Private Güter können auf einem Wettbewerbsmarkt effizient produziert und konsumiert werden.
- Sind Güter durch **Nicht-Ausschließbarkeit** charakterisiert, entsteht ein **Trittbrettfahrer-Problem**: Die Konsumenten sind nicht bereit, die Produzenten zu bezahlen, was zu einer ineffizient niedrigen Produktion führt.
- Sind Güter durch **Nichtrivalität im Konsum** charakterisiert, dann ist der effiziente Preis für den Konsum gleich null. Wird jedoch ein positiver Preis verlangt, um die Produzenten für die Kosten der Produktion zu entschädigen, kommt es zu einem ineffizient niedrigen Konsumniveau.

ÜBERPRÜFEN SIE IHR WISSEN

1. Klassifizieren Sie jedes der folgenden Güter danach, ob Ausschließbarkeit besteht und ob Rivalität im Konsum herrscht. Um welche Art von Gut handelt es sich?
   a. Die Nutzung eines öffentlichen Raums, wie z. B. eines Parks.
   b. Ein Döner.
   c. Informationen von einer Webseite, die passwortgeschützt ist.
   d. Eine öffentlich verbreitete Information über Unwettergefahren.
2. Welche der Güter aus Frage 1 werden von einem Wettbewerbsmarkt bereitgestellt? Welche nicht? Erläutern Sie Ihre Antwort.

17.2 Öffentliche Güter

Ein **öffentliches Gut** ist sowohl durch Nicht-Ausschließbarkeit als auch Nichtrivalität im Konsum charakterisiert.

Ein **öffentliches Gut** ist das genaue Gegenteil eines privaten Gutes: Es ist ein Gut, für das sowohl Nicht-Ausschließbarkeit als auch Nichtrivalität im Konsum gilt. Ein Abwassersystem ist ein Beispiel für ein öffentliches Gut: Man kann einen Fluss nicht nur für sich selbst sauber halten. Wenn man ihn sauber hält, dann hält man ihn für jeden sauber, der an ihm wohnt. Und mein Schutz vor dem Gestank eines verschmutzten Flusses geht nicht auf Kosten meines Nachbarn.

Hier sind noch einige andere Beispiele für öffentliche Güter:

- Schutz vor ansteckenden Krankheiten: Wenn Ärzte erfolgreich die Anfänge einer Epidemie bekämpfen, sodass diese sich nicht ausbreiten kann, dann werden Menschen weltweit geschützt.
- Landesverteidigung: Eine starke Armee schützt alle Bürger.
- Wissenschaftliche Forschung: Ein größeres Wissen ist für alle vorteilhaft.

Weil diese Güter nicht ausschließbar sind, sind sie vom Trittbrettfahrer-Problem betroffen, was dazu führt, dass kein privates Unternehmen bereit ist, sie anzubieten. Und weil für sie Nichtrivalität im Konsum gilt, wäre es ineffizient, Leute für den Konsum dieser Güter bezahlen zu lassen. Folglich muss die Gesellschaft Wege außerhalb des Marktes finden, um diese Güter bereitzustellen.

Die Bereitstellung öffentlicher Güter

Öffentliche Güter werden auf verschiedenen Wegen bereitgestellt. Nicht immer ist der Staat beteiligt – in vielen Fällen werden nichtstaatliche Lösungen für das Trittbrettfahrer-Problem gefunden. Meist weisen derartige Lösungen aber bestimmte Unvollkommenheiten auf.

Einige öffentliche Güter werden über freiwillige Spenden angeboten. So gibt es etwa in größerem Umfang private Spenden zur Unterstützung wissenschaftlicher Forschung. Private Spenden reichen im Normalfall aber nicht aus, um sehr große, gesellschaftlich wichtige Projekte zu finanzieren, wie etwa Grundlagenforschung im Bereich der Medizin.

Einige öffentliche Güter werden von Personen oder Unternehmen bereitgestellt, die durchaus eigennützig handeln, weil sie in der Lage sind, auf indirekte Weise damit Geld zu verdienen. Das klassische Beispiel für ein derartiges Gut sind private Fernsehsender, die sich vollständig durch Werbung finanzieren. Die Schattenseite einer derartigen indirekten Finanzierung besteht vor allem in einer Beeinträchtigung der Art und der Menge der bereitgestellten öffentlichen Güter. Darüber hinaus werden dem Konsumenten zusätzliche Kosten auferlegt. Im Privatfernsehen werden die Sendungen gezeigt, die das höchste Aufkommen an Werbeeinnahmen erzielen (also Sendungen, die am besten geeignet sind, Bier, Kosmetika, Süßigkeiten und dergleichen an die Zuschauer zu verkaufen, die sich für diese Dinge interessieren). Die Programme mit den höchsten Werbeeinnahmen sind aber nicht notwendigerweise die Programme, die sich die Menschen am meisten wünschen. Darüber hinaus müssen die Zuschauer auch die vielen Werbeeinblendungen ertragen.

Für einige potenziell öffentliche Güter wird bewusst Ausschließbarkeit hergestellt, sodass für sie ein positiver Preis verlangt werden kann, wie etwa beim Pay-TV oder bei Anbietern von Filmen und Serien im Internet. Verlangen die Anbieter jedoch für ein Gut, das durch Nichtrivalität charakterisiert ist, einen Preis größer als null, dann werden die Verbraucher eine ineffizient geringe Menge dieses Gutes konsumieren. Darauf haben wir schon hingewiesen.

In kleinen Gemeinden kann ein hohes Maß an Sozialgefühl oder an gesellschaftlichem Druck dazu führen, dass die Menschen Geld oder Zeit in ausreichendem Maße zur Verfügung stellen, sodass ein öffentliches Gut in effizientem Ausmaß bereitgestellt wird. Ein gutes Beispiel hierfür sind Freiwillige Feuerwehren, die sowohl vom freiwilligen Einsatz der Feuerwehrleute als auch von Spenden der Anwohner abhängen. Werden die Gemeinden jedoch größer und anonymer, dann wird es auch zunehmend schwierig, gesellschaftlichen Druck auszuüben, sodass große Städte Berufsfeuerwehren unterhalten müssen.

Wie dieses letzte Beispiel andeutet, muss der Staat für die Bereitstellung öffentlicher Güter sorgen, wenn die anderen angesprochenen Lösungen nicht zum Tragen kommen. Tatsächlich ist es so, dass die wichtigsten öffentlichen Güter – Landesverteidigung, Rechtssystem, Seuchenkontrolle, Brandschutz in großen Städten und vieles mehr – durch den Staat bereitgestellt und durch Steuern finanziert werden. Die ökonomische Theorie zeigt uns, dass die Bereitstellung öffentlicher Güter eine der zentralen Aufgaben des Staates ist.

In welchem Ausmaß sollen öffentliche Güter bereitgestellt werden?

In manchen Fällen handelt es sich bei der Bereitstellung eines öffentlichen Gutes um eine »Entweder-oder«-Entscheidung: Entweder baut London ein Abwassersystem oder nicht. In den meisten Fällen jedoch muss der Staat nicht nur darüber entscheiden, ob er ein öffentliches Gut bereitstellt, sondern auch, in *welcher Menge* er das Gut anbieten will. So ist beispielsweise die Straßenreinigung ein öffentliches Gut. Wie oft aber sollten Straßen gereinigt werden? Einmal im Monat? Zweimal im Monat? Täglich?

Stellen wir uns eine Stadt vor, in der es lediglich zwei Bewohner gibt, Ted und Alice. Wir nehmen an, dass es sich bei dem öffentlichen Gut um die Straßenreinigung handelt. Weiter wollen wir davon ausgehen, dass Ted und Alice der Stadtverwaltung ehrlich sagen, wie sie eine Einheit des öffentlichen Gutes bewerten, wobei eine Einheit einer Straßenreinigung pro Monat entsprechen soll. Genau genommen teilen Ted und Alice der Stadtverwaltung *ihre jeweilige Zahlungsbereitschaft für eine weitere bereitgestellte Einheit des öffentlichen Gutes* mit, einen Betrag, der dem *individuellen Grenznutzen einer weiteren Einheit des öffentlichen Gutes* entspricht.

Mithilfe dieser Informationen und der Informationen über die Kosten der Bereitstellung des Gutes kann die Stadtverwaltung durch eine Grenzbetrachtung das effiziente Produktionsniveau des öffentlichen Gutes ermitteln: Es ist das Niveau, bei dem der *gesellschaftliche Grenznutzen* des öffentlichen Gutes gleich den Grenzkosten seiner Herstellung ist. Zur Erinnerung: In Kapitel 16 haben wir gelernt, dass der gesellschaftliche Grenznutzen eines Gutes der Nutzen ist, der der Gesellschaft insgesamt aus dem Konsum einer zusätzlichen Einheit des Gutes zufließt.

Was aber ist der gesellschaftliche Grenznutzen einer zusätzlichen Einheit eines öffentlichen Gutes? (Es geht hier um eine Einheit, die allen Konsumenten Nutzen stiftet und nicht nur einem, weil für diese Einheit Nicht-Ausschließbarkeit und Nichtrivalität im Konsum gilt.) Diese Frage führt uns zu einem wichtigen Prinzip: *Im speziellen Fall eines öffentlichen Gutes ist der gesellschaftliche Grenznutzen einer Einheit des Gutes gleich der Summe der individuellen Grenznutzen, die allen Konsumenten dieser Einheit zufallen.*

Um die Sache aus einem etwas anderen Blickwinkel zu betrachten: Könnte man einen Konsumenten davon überzeugen, vor dem Konsum einer Einheit für sie zu bezahlen (also Ausschließbarkeit herstellen), dann wäre der gesellschaftliche Grenznutzen einer Einheit gleich der *Summe* der Zahlungsbereitschaften aller Konsumenten. Unter Anwendung dieses Prinzips gilt dann, dass der gesellschaftliche Grenznutzen einer weiteren Straßenreinigung pro Monat gleich dem individuellen Grenznutzen von Ted für diese zusätzliche Reinigung *plus* dem individuellen Grenznutzen von Alice ist.

Warum ist das so? Weil ein öffentliches Gut durch Nichtrivalität im Konsum charakterisiert ist – Teds Nutzen aus einer saubereren Straße beeinträchtigt nicht Alices Nutzen aus der gleichen sauberen Straße und umgekehrt. Weil alle Leute gleichzeitig die gleiche Einheit eines öffentlichen Gutes konsumieren können, ergibt sich der gesellschaftliche Grenznutzen einer zusätzlichen Einheit dieses Gutes als Summe der individuellen Grenznutzen von allen, die das öffentliche Gut konsumieren. Und die effiziente Menge eines öffentlichen Gutes ist die Menge, bei der der gesellschaftliche Grenznutzen gleich den Grenzkosten der Bereitstellung ist.

Abbildung 17-2 veranschaulicht die effiziente Bereitstellung eines öffentlichen Gutes und zeigt drei Grenznutzenkurven. Diagramm (a) zeigt die individuelle Grenznutzenkurve der Straßenreinigung von Ted (MB_T). Er wäre bereit, 25 Euro zu bezahlen, wenn die Stadt ihre Straßen einmal pro Monat reinigt. Weitere 18 Euro wäre er bereit zu bezahlen, wenn ein zweites Mal gereinigt wird usw. Diagramm (b) zeigt die Kurve des individuellen Grenznutzens der Straßenreinigung von Alice (MB_A). Diagramm (c) zeigt die Kurve des gesellschaftlichen Grenznutzens der Straßenreinigung (MS_B). Die Kurve des gesellschaftlichen Grenznutzens ergibt sich aus der Summe der individuellen Grenznutzenkurven von Ted (MB_T) und Alice (MB_A).

Um den gesellschaftlichen Nutzen zu maximieren, sollte die Stadt die Häufigkeit der Straßenreinigung bis zu dem Punkt ausdehnen, bei dem der gesellschaftliche Grenznutzen einer zusätzlichen Reinigung nicht mehr größer ist als die Grenzkosten. Nehmen wir an, die Grenzkosten der Straßenreinigung lägen bei 6 Euro pro Reinigung. Die Stadt sollte dann ihre Straßen fünfmal pro Monat reinigen, weil der gesellschaftliche Grenznutzen einer Erhöhung der Reinigungszahl von vier auf fünf bei 8 Euro liegt, während eine Steigerung von fünf auf sechs Reinigungen nur noch einen gesellschaftlichen Grenznutzen von 2 Euro erbringen würde.

Abbildung 17-2 verdeutlicht nochmals, warum wir uns nicht darauf verlassen können, dass das individuelle Eigeninteresse zu einem effizienten Niveau der Bereitstellung von öffentlichen Gütern führt. Nehmen wir an, die Stadt würde die Straßen einmal weniger reinigen, als es effizient wäre. Nehmen wir weiter an, dass entweder Ted oder Alice darum gebeten würden, für die letzte Reinigung zu bezahlen. Keiner von beiden wäre dazu bereit! Ted würde von einer weiteren Straßenreinigung lediglich einen Nutzen ziehen, der einem Betrag von 3 Euro äquivalent ist. Folglich wäre er nicht bereit, die Grenzkosten einer weiteren Reinigung in Höhe von 6 Euro zu tragen. Alice würde aus der zusätzlichen Straßenreinigung einen persönlichen Nutzengewinn ziehen, der einem Betrag von 5 Euro entspricht. Daher wäre auch sie nicht bereit, die Kosten zu tragen.

Entscheidend ist, dass der gesellschaftliche Grenznutzen einer zusätzlichen Einheit eines öffentlichen Gutes immer größer ist als der individuelle Grenznutzen, der einem Einzelnen zufällt. Das erklärt, warum keine Person bereit ist, für die effiziente Menge des Gutes zu bezahlen.

Diese Beschreibung des Problems öffentlicher Güter, bei dem der gesellschaftliche Grenznutzen einer zusätzlichen Einheit des öffentlichen Gutes größer ist als der Grenznutzen jedes Einzelnen, hört sich vielleicht bekannt an. Zumindest sollte

Abb. 17-2

Ein öffentliches Gut

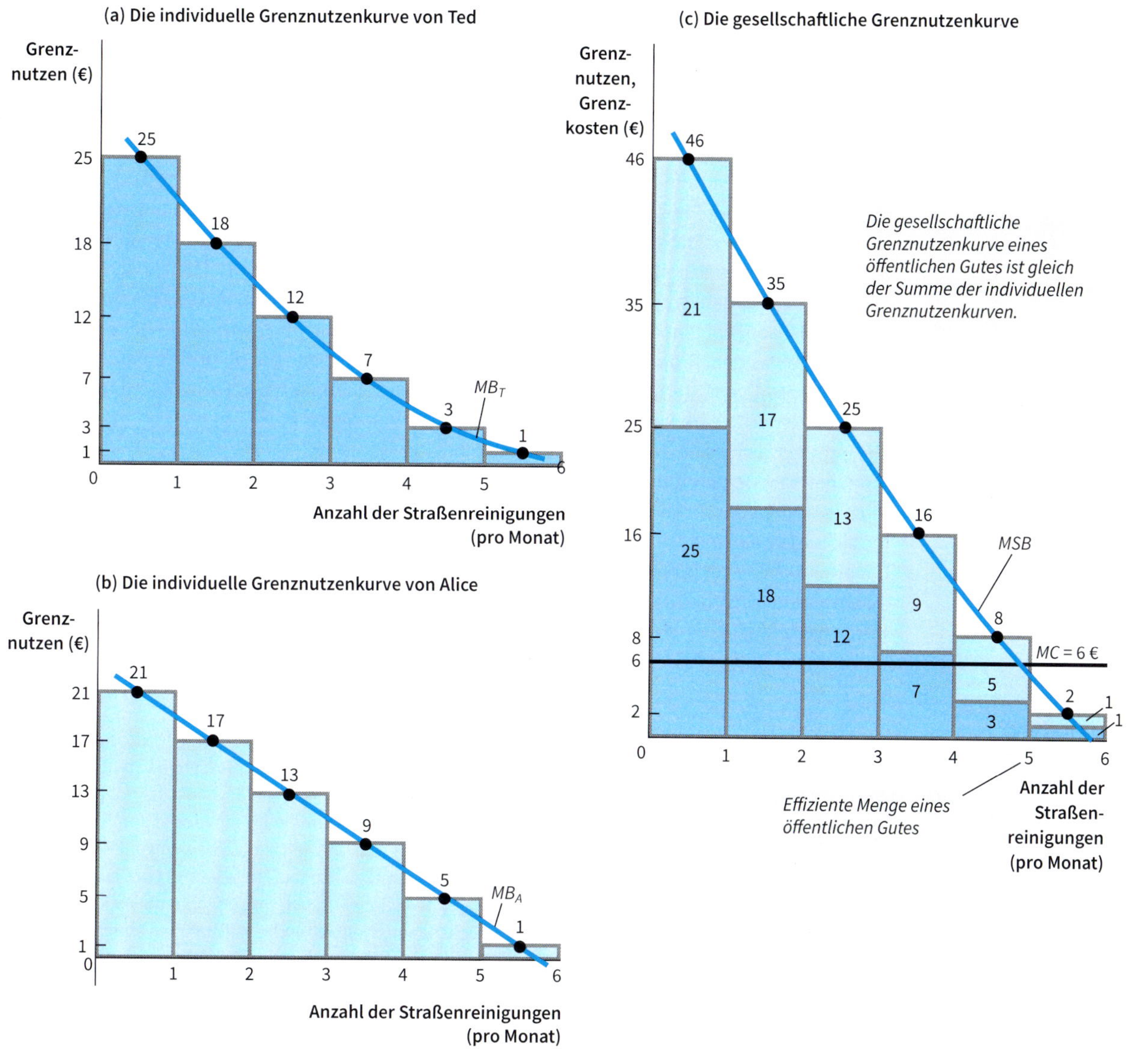

Diagramm (a) zeigt Teds Kurve des individuellen Grenznutzens (MB_T), der sich aus der Anzahl der Straßenreinigungen pro Monat ergibt. Diagramm (b) zeigt Alices individuelle Grenznutzenkurve (MB_A). Diagramm (c) zeigt den gesellschaftlichen Grenznutzen des öffentlichen Gutes, der gleich der Summe der individuellen Grenznutzen aller Konsumenten ist (in unserem Fall von Ted und Alice). Die Kurve des gesellschaftlichen Grenznutzens (*MSB*) ergibt sich aus der senkrechten Addition der individuellen Grenznutzenkurven MB_T und MB_A. Bei gegebenen Grenzkosten von 6 Euro sollten die Straßen fünfmal pro Monat gereinigt werden, weil der gesellschaftliche Grenznutzen eines Übergangs von vier auf fünf Reinigungen 8 Euro beträgt (3 Euro für Ted plus 5 Euro für Alice), während der gesellschaftliche Grenznutzen des Übergangs von fünf auf sechs Reinigungen lediglich 2 Euro beträgt.

es so sein: Wir sind einer recht ähnlichen Situation bei unserer Diskussion *positiver Externalitäten* begegnet. Es sei daran erinnert, dass im Fall einer positiven Externalität der gesellschaftliche Grenznutzen, der den Konsumenten durch den Konsum einer weiteren Einheit des Gutes zufällt, größer ist als der Preis, den der Produzenten für diese Einheit erhält. Und dadurch produziert der Markt zu wenig von dem betreffenden Gut.

Im Fall eines öffentlichen Gutes spielt der individuelle Grenznutzen eines Konsumenten die gleiche Rolle wie der Preis, den der Produzent im Fall positiver Externalitäten erhält: In beiden Fällen sind die Anreize zu gering, um die effiziente Menge des Gutes bereitzustellen.

Daher ist das Problem der Bereitstellung öffentlicher Güter dem Problem des richtigen Umgangs mit positiven Externalitäten sehr ähnlich. In beiden Fällen tritt Marktversagen auf, das staatliche Interventionen sinnvoll erscheinen lässt. Eine fundamentale Begründung für die Existenz des Staates besteht darin, dass der Staat einen Weg für die Bürger darstellt, sich selbst zu besteuern, um öffentliche Güter bereitstellen zu können – insbesondere wichtige öffentliche Güter wie die Landesverteidigung.

Bestünde die Gesellschaft tatsächlich nur aus zwei Personen, würden sie es wahrscheinlich schaffen, eine Abmachung zur Bereitstellung des Gutes zu treffen. Stellen Sie sich jetzt aber eine Stadt mit Millionen von Einwohnern vor. Nun ist der individuelle Grenznutzen jedes Einwohners aus der Bereitstellung des Gutes lediglich ein Bruchteil des gesellschaftlichen Grenznutzens. In einer solchen Situation wäre es für die Menschen unmöglich, eine freiwillige Vereinbarung zum Zahlen eines Betrages zu treffen, mit dem die effiziente Anzahl von Straßenreinigungen finanziert werden kann. Die Möglichkeit des Trittbrettfahrens erschwert sowohl den Abschluss als auch die Durchsetzung einer entsprechenden Vereinbarung zwischen so vielen Menschen. Sie könnten und würden aber dafür stimmen, sich selbst zu besteuern, um damit ein Stadtreinigungsamt zu finanzieren.

Kosten-Nutzen-Analyse

Wie entscheidet der Staat in der Praxis, welche Menge eines öffentlichen Gutes bereitgestellt werden soll? Manchmal treffen die Politiker einfach eine Annahme oder machen das, was ihnen nach ihrer Einschätzung bei der Wiederwahl hel-

VERTIEFUNG

Wahlen als öffentliches Gut

In den meisten Demokratien ist es eine traurige Tatsache, dass viele Stimmberechtigte nicht zur Wahl gehen. Im Ergebnis führt dies dazu, dass ihre Interessen von den Politikern tendenziell ignoriert werden. Noch trauriger ist es aber, dass Wahlabstinenz vollständig rational sein kann.

Der Ökonom Mancur Olson hat in einem berühmten Buch mit dem Titel »Logik des kollektiven Handelns« darauf hingewiesen, dass Wahlen als öffentliches Gut verstanden werden können, das unter gravierenden Trittbrettfahrer-Problemen leidet.

Stellen Sie sich vor, Sie wären einer von 1 Million Menschen, und jeder könnte einen Vorteil in Höhe von 100 Euro realisieren, wenn eine bestimmte Maßnahme in einem landesweiten Referendum beschlossen wird – z. B. eine Maßnahme zur Verbesserung der öffentlichen Schulen. Nehmen Sie weiter an, dass die Opportunitätskosten der Zeit, die Sie für Ihre Stimmabgabe benötigen, bei 10 Euro liegen. Werden Sie mit Sicherheit in das Wahllokal gehen und für das Referendum stimmen? Falls Sie sich rational verhalten, dann muss die Antwort »nein« lauten! Der Grund hierfür liegt darin, dass Ihre Stimme für den Ausgang des Referendums mit hoher Wahrscheinlichkeit keine Rolle spielen wird. Wird die Maßnahme beschlossen, fällt Ihnen der entsprechende Vorteil zu, selbst wenn Sie noch nicht einmal daran gedacht haben, zur Wahl zu gehen – für den Nutzen gilt Nicht-Ausschließbarkeit. Wird die Maßnahme nicht beschlossen, hätte Ihre Stimme mit hoher Wahrscheinlichkeit nichts am Ergebnis geändert. Unabhängig vom Ausgang des Referendums würden Sie aber durch das Nichtwählen, also durch das Trittbrettfahren bei denjenigen, die ihre Stimme abgeben, Opportunitätskosten in Höhe von 10 Euro sparen.

Natürlich geben viele Menschen ihre Stimme ab, weil sie darin eine Bürgerpflicht sehen. Weil politische Maßnahmen aber als öffentliches Gut zu klassifizieren sind, verwenden die Menschen im Allgemeinen zu wenige Anstrengungen auf die Durchsetzung ihren eigenen politischen Interessen.

Teilt eine große Gruppe von Menschen ein gemeinsames politisches Interesse, werden diese Menschen, wie Olson dargelegt hat, vermutlich zu wenige Anstrengungen auf die Förderung ihrer Sache verwenden und tendenziell ignoriert werden. Umgekehrt gilt, dass gut organisierte Interessengruppen, die sich für begrenzte, in ihrem Interesse liegende Ziele einsetzen, tendenziell überproportional großen Einfluss haben.

Ist dies ein Grund für Misstrauen gegenüber der Demokratie? Die beste Antwort hierauf hat Winston Churchill gegeben: »Demokratie ist die schlechteste Staatsform – mit Ausnahme aller anderen Formen, die man bislang ausprobiert hat.«

LÄNDER IM VERGLEICH

Wahlen als öffentliches Gut aus globaler Perspektive

Auch wenn es völlig rational sein kann, nicht wählen zu gehen, schaffen es viele Länder, durch bestimmte Maßnahmen eine hohe Wahlbeteiligung zu erreichen. In Belgien, Singapur und Australien gibt es eine Wahlpflicht. Jeder Bürger, der wahlberechtigt ist, aber seiner Bürgerpflicht zur Stimmabgabe nicht nachkommt, erhält eine Strafe. Und eine solche Strafandrohung zeigt Wirkung. Als die Wahlpflicht in Venezuela abgeschafft wurde, sank die Wahlbeteiligung um 30 Prozentpunkte, in den Niederlanden kam es nach der Abschaffung der Wahlpflicht zu einem Rückgang der Wahlbeteiligung um 20 Prozentpunkte.

In anderen Ländern versucht man die Wahlbeteiligung durch Maßnahmen zu erhöhen, die die Kosten für die Stimmabgabe senken, in dem z. B. der Wahltag zum gesetzlichen Feiertag erklärt wird (damit die Wahlberechtigten genügend Zeit für die Stimmabgabe haben), die Möglichkeit der Briefwahl gegeben ist (damit die Stimmabgabe möglichst bequem ist) oder der Eintrag in das Wählerverzeichnis auch noch am Wahltag selbst erlaubt ist (damit die Wahlberechtigten nicht im Voraus planen müssen).

Die Abbildung zeigt die Wahlbeteiligung (Prozentsatz der Wahlberechtigten, die ihre Stimme abgeben) in verschiedenen Ländern bei den letzten Wahlen bis 2019. Wie Sie erkennen können, ist die Wahlbeteiligung in Australien, Singapur und Belgien am höchsten. In den Vereinigten Staaten liegt die Wahlbeteiligung bei Prasidentschaftswahlen unter 70 Prozent, bei Wahlen zum US-Kongress ist sie sogar noch geringer. Deutschland liegt mit einer Wahlbeteiligung von 76,2 Prozent bei der Bundestagswahl 2017 im oberen Mittelfeld.

Allgemein lässt sich in den letzten 40 Jahren in den großen Demokratien ein deutlicher Rückgang der Wahlbeteiligung feststellen. Das gilt auch für die Bundesrepublik Deutschland. Lag die Wahlbeteiligung bei den Bundestagswahlen in den 1970er-Jahren noch bei über 90 Prozent, gaben bei den letzten Bundestagswahlen nur etwas mehr als 75 Prozent der Wahlberechtigten ihre Stimme ab. Auffällig ist vor allem ein starker Rückgang der Wahlbeteiligung bei jungen Wählern.

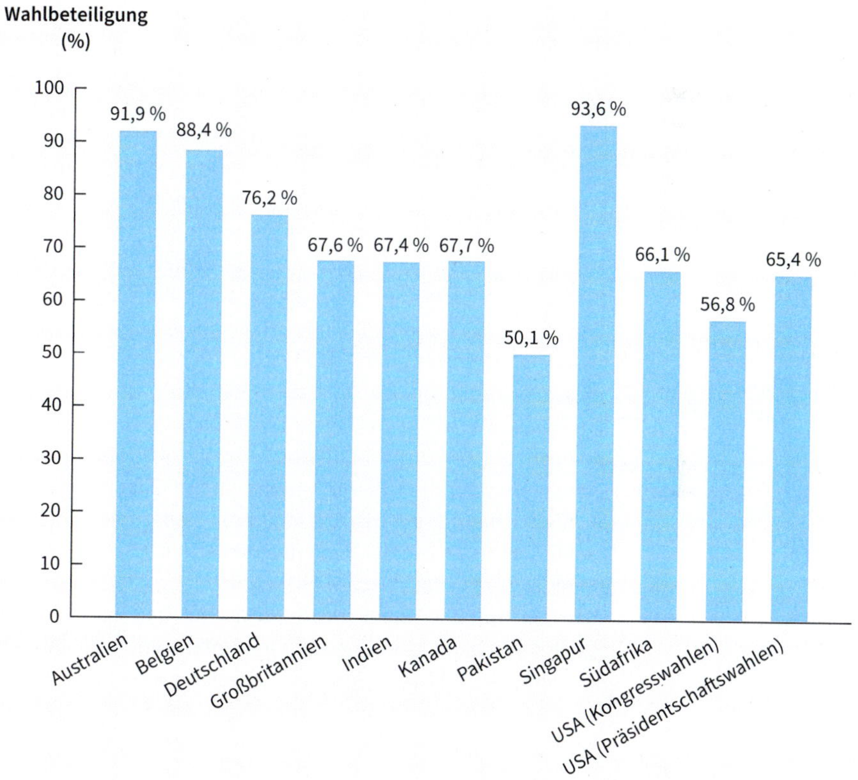

Quelle: International Institute for Democracy and Electoral Assistance; www.bundeswahlleiter.de

fen könnte. Verantwortungsvolle Regierungen versuchen jedoch, sowohl den gesellschaftlichen Nutzen als auch die gesellschaftlichen Kosten der Bereitstellung eines öffentlichen Gutes bestmöglich zu schätzen. Dieser Schätzansatz wird als **Kosten-Nutzen-Analyse** bezeichnet.

Die Abschätzung der Kosten für die Bereitstellung eines öffentlichen Gutes ist vergleichsweise einfach. Schwieriger ist es, den Nutzen zu bestimmten. Tatsächlich ist es sogar sehr schwierig.

Sie fragen sich jetzt vielleicht, warum der Staat den gesellschaftlichen Grenznutzen eines öffentlichen Gutes nicht einfach dadurch ermitteln kann,

Der Staat greift auf **Kosten-Nutzen-Analysen** zurück, wenn die gesellschaftlichen Kosten und der gesellschaftliche Nutzen der Bereitstellung eines öffentlichen Gutes abgeschätzt werden sollen.

WISSENSCHAFT UND PRAXIS

Die US-amerikanische Infrastruktur bekommt eine ein 4+

New Jersey ist der drittreichste US-Bundesstaat mit dem dritthöchsten Medianeinkommen aller Haushalte. Das hohe Einkommen erklärt sich zu einem großen Teil durch die Nähe zur Finanzbranche in New York. Jeden Tag fahren Hunderttausende mit Bahn oder Bus nach New York auf einer der am stärksten frequentierten Pendlerrouten im ganzen Land. Das öffentliche Nahverkehrssystem in New Jersey transportiert täglich fast 1 Million Menschen, das sind 10 Prozent der Bevölkerung dieses US-Bundesstaates.
Dennoch ist das öffentliche Nahverkehrssystem in New Jersey chronisch unterfinanziert. In den letzten Jahren beliefen sich die Zuschüsse des Bundesstaates gerade mal auf 10 Prozent der Betriebskosten des Jahres 2009. Im Jahr 2020 betrug das Defizit 135 Millionen Dollar. Während die Fahrgastzahlen um 20 Prozent gestiegen sind, wurden die Investitionen um 20 Prozent gekürzt. Die Folgen sind offensichtlich. Die Busse haben permanent Verspätung, sind überfüllt und anfällig für Pannen. Im Jahr 2016 kam es sogar zu einem folgenschweren Unfall, als ein Pendlerzug mit voller Geschwindigkeit in einen Bahnhof raste. Ein Todesopfer war zu beklagen, 114 Menschen wurden verletzt. Der Unfall hätte durch die Installation eines automatischen Bremssystems in den Zügen verhindert werden können. Die Einführung eines solchen Systems ist von der Verkehrsgesellschaft allerdings immer wieder verschoben worden.
Probleme mit der öffentlichen Infrastruktur sind im gesamten Land allgegenwärtig. Eine Untersuchung aus dem Jahr 2017 zeigt, dass die Ausgaben der Bundesstaaten und Kommunen für die öffentliche Infrastruktur, für Schulen, Landstraßen, Schnellstraßen, Kläranlagen und Brücken auf dem niedrigsten Stand seit 30 Jahren waren. Die American Society of Civil Engineers (ASCE) bewertet und benotet alle vier Jahre den Zustand der US-amerikanischen Infrastruktur. Im Jahr 2017 erhielt das Land die Note 4+. Als Folge einer jahrzehntelangen Unterfinanzierung der öffentlichen Infrastruktur besteht gleichermaßen ein beträchtlicher Nachholbedarf bei überfälligen Instandhaltungen und ein dringender Modernisierungsbedarf. Nach Berechnungen der ASCE sind bis zum Jahr 2027 Ausgaben in Höhe von rund 4,6 Billionen Dollar notwendig, um den Zustand der Infrastruktur auf die Note 2 zu heben. In Anbetracht der gegenwärtigen Finanzierungslücken wird mit einem Verlust von fast 4 Billionen Dollar an Bruttoinlandsprodukt bis zum Jahr 2025 gerechnet, was rechnerisch einem jährlichen Einkommensverlust je Haushalt von 3.400 Dollar entspricht.
Für den schlechten Zustand der öffentlichen Infrastruktur in den Vereinigten Staaten sind politische Auseinandersetzungen genauso verantwortlich wie die mangelnde Wertschätzung der öffentlichen Infrastruktur als langfristiger Vermögenswert. Seit Jahren führt der politische Schlagabtausch im US-Kongress dazu, dass weder die US-Bundesregierung noch die US-Bundesstaaten Kredite aufnehmen oder Steuern erhöhen dürfen, um die öffentliche Infrastruktur angemessen zu finanzieren. Dadurch wird die bestehende Infrastruktur immer mehr auf Verschleiß gefahren. In den letzten Jahren hat der US-Kongress zumindest einige Gelder bewilligt, da die maroden Straßen, Brücken und Schulen und die schlechte Wasserqualität nicht mehr länger ignoriert werden können. Das ist ein Anfang, aber es wird vieler Jahre mit hohen Ausgaben bedürfen, bis die Schäden an der Infrastruktur vollständig beseitigt sind.

dass er die Menschen nach ihrer Zahlungsbereitschaft für dieses Gut fragt (also nach ihrem individuellen Grenznutzen). Aber der Staat würde auf diese Frage wohl kaum eine ehrliche Antwort bekommen.

Bei privaten Gütern ist die Bewertung überhaupt kein Problem: Wie viel eine Person bereit ist, für eine weitere Einheit eines privaten Gutes zu bezahlen, können wir leicht dadurch bestimmen, dass wir uns die tatsächlichen Entscheidungen ansehen. Weil aber die Menschen nicht direkt für öffentliche Güter bezahlen, ist die Frage nach der Zahlungsbereitschaft immer eine hypothetische.

Noch schlimmer: Es handelt sich um eine Frage, bei der die Menschen keinerlei Anreiz haben, sie wahrheitsgemäß zu beantworten. Es liegt in der Natur der Menschen, dass sie lieber mehr haben statt weniger. Weil man sie nicht dazu zwingen kann, für die Menge des öffentlichen Gutes zu bezahlen, werden sie auf die Frage, wie viel sie von dem öffentlichen Gut wünschen, ihre wahre Einstellung überzeichnen. Würde beispielsweise die Anzahl der Straßenreinigungen allein entsprechend den geäußerten Wünschen von Hauseigentümern festgelegt, würden die Straßen vermutlich jeden Tag gereinigt werden – ein ineffizientes Produktionsniveau.

Der Staat muss sich daher bewusst sein, dass man sich bei der Entscheidung über das Ausmaß der Bereitstellung eines öffentlichen Gutes nicht einfach auf die Äußerungen der Öffentlichkeit verlassen kann. Würde der Staat dies tun, wäre das Produktionsniveau wahrscheinlich zu hoch. Man könnte natürlich auch versuchen, die Öffentlichkeit durch Wahlen über das Ausmaß der Bereitstellung des öffentlichen Gutes entscheiden zu lassen. Wie die Rubrik »Vertiefung« erläutert, weist aber auch dieser Ansatz Probleme auf und würde wahrscheinlich zu einer zu geringen Versorgung mit dem öffentlichen Gut führen.

Kurzzusammenfassung

- Für ein **öffentliches Gut** gilt sowohl Nicht-Ausschließbarkeit als auch Nichtrivalität im Konsum.
- Der gesellschaftliche Grenznutzen einer zusätzlichen Einheit eines öffentlichen Gutes ist gleich der Summe der individuellen Zahlungsbereitschaften für diese Einheit. Beim effizienten Produktionsniveau sind gesellschaftlicher Grenznutzen und gesellschaftliche Grenzkosten gleich groß.
- Ein Einzelner hat keinen Anreiz, für die Bereitstellung der effizienten Menge eines öffentlichen Gutes zu bezahlen, weil der Grenznutzen jedes Einzelnen geringer ist als der gesellschaftliche Grenznutzen. Diese Tatsache ist eine zentrale Begründung für die Existenz des Staates.
- Zwar sollte der Staat auf **Kosten-Nutzen-Analysen** zurückgreifen, um zu bestimmen, in welcher Menge ein öffentliches Gut angeboten werden soll, doch ist die Durchführung einer derartigen Analyse problematisch, weil die Menschen dazu tendieren, den Nutzen, den sie aus dem Gut ziehen, zu überzeichnen.

ÜBERPRÜFEN SIE IHR WISSEN

In der Stadt Mittelbach wohnen 16 Personen. Es gibt zwei Arten von Bürgern, nämlich Stubenhocker und Nachtschwärmer. Auf der Grundlage der nachfolgenden Tabelle muss die Stadt entscheiden, wie viel sie für ihre Silvesterparty ausgeben will. Keiner der Einwohner geht davon aus, dass er unmittelbar die Kosten für die Party tragen muss.

Ausgaben für die Party (€)	Individueller Grenznutzen eines zusätzlichen, für die Party ausgegebenen Euros (€)	
	Stubenhocker	Nachtschwärmer
0		
	0,05	0,13
1		
	0,04	0,11
2		
	0,03	0,09
3		
	0,02	0,07
4		

a. Nehmen Sie an, dass es 10 Stubenhocker und 6 Nachtschwärmer gibt. Fertigen Sie eine Aufstellung des gesellschaftlichen Grenznutzens des für die Party ausgegebenen Geldes an. Wie groß ist das effiziente Ausgabenniveau?

b. Nehmen Sie an, dass es 6 Stubenhocker und 10 Nachtschwärmer gibt. Wie ändern sich Ihre Antworten im Vergleich zu Teilaufgabe a.? Erläutern Sie Ihre Antwort.

c. Nehmen Sie an, dass die Werte aller individuellen Grenznutzen bekannt sind, aber niemand weiß, wie groß die Zahl der Stubenhocker und der Nachtschwärmer ist. Die einzelnen Einwohner werden nach ihren Präferenzen befragt. Wie sieht das wahrscheinliche Ergebnis aus? Warum führt dieses Ergebnis vermutlich zu einem ineffizient hohen Ausgabenniveau? Erläutern Sie Ihre Antwort.

17.3 Allmendegüter

Ein **Allmendegut** ist nicht-ausschließbar, weist aber Rivalität im Konsum auf: Sie können mich nicht daran hindern, das Gut zu konsumieren, aber eine Ausdehnung meines Konsums schränkt Ihre Konsummöglichkeiten ein.

Ein **Allmendegut** (auch: Allgemeingut oder gesellschaftliche Ressource, engl.: common resource) ist ein Gut, für das Nicht-Ausschließbarkeit gilt, bei dem aber Rivalität im Konsum besteht. Ein Beispiel ist der Fischbestand in einem bestimmten Fanggebiet, wie etwa in der Fischereizone der Nordsee. Früher war es so, dass jeder, der ein Boot hatte, aufs Meer fahren konnte, um Fische zu fangen. Fische im Meer waren ein Gut, für das Nicht-Ausschließbarkeit galt. Weil aber die Gesamtmenge an Fischen begrenzt ist, kann ein Fisch, der von einer Person gefangen wurde, nicht mehr von einer anderen Person gefangen werden. Für die Fische in der Nordsee gilt also Rivalität im Konsum.

Andere Beispiele für Allmendegüter sind saubere Luft und sauberes Wasser sowie die Biodiversität, die Vielfalt von Pflanzen und Tieren auf unserem Planeten. In jedem dieser Fälle führt der Umstand, dass das betreffende Gut nicht-ausschließbar ist, obgleich Rivalität im Konsum besteht, zu einem ernsten Problem.

Das Problem der Übernutzung

Dem Marktmechanismus überlassene Allmendegüter leiden unter **Übernutzung**: Die Wirtschaftssubjekte ignorieren, dass ihre Nutzung des Gutes den Bestand verringert, der anderen verbleibt.

Weil für Allmendegüter Nicht-Ausschließbarkeit gilt, können von den Nutzern keine Zahlungen erhoben werden. Andererseits besteht aber Rivalität im Konsum. Nutzt jemand eine Einheit des Gutes, kann diese nicht mehr von anderen genutzt werden. Diese Konstellation führt dazu, dass sich für Allmendegüter ein Problem der **Übernutzung** ergibt: Ein Individuum wird seine Nutzung des Gutes tendenziell so weit ausdehnen, bis der Grenznutzen, den es aus der Nutzung zieht, gleich null ist. Dabei ignoriert dieses Individuum die Kosten, die seine Aktionen der Gesellschaft insgesamt auferlegen. Wie wir gleich sehen werden, weist das Problem der Übernutzung von Allmendegütern Ähnlichkeiten mit einem Problem auf, mit dem wir uns in Kapitel 16 beschäftigt haben, nämlich dem Problem eines Gutes, das mit negativen Externalitäten behaftet ist, wie beispielsweise die Verunreinigung des Trinkwassers durch Fracking oder der Klimawandel durch zu viele Treibhausgasemissionen.

Ein klassisches Beispiel für ein Allmendegut ist der Fischfang. In stark befischten Gewässern erlegt mein eigenes Fischen anderen Kosten auf, indem es den Fischbestand reduziert und es anderen somit erschwert, Fische zu fangen. Für mich ergibt sich aber kein persönlicher Anreiz, diese Kosten zu berücksichtigen, da man mich für meinen Fischfang nicht zu irgendwelchen Zahlungen heranziehen kann. Dieser fehlende Anreiz führt dazu, dass ich vom Standpunkt der Gesellschaft aus betrachtet zu viele Fische fange.

Verkehrsstaus stellen ein anderes Beispiel der Übernutzung eines Allmendegutes dar. Die Hauptverbindungsstraße in die Stadt, in der ich arbeite, kann nur eine bestimmte Anzahl von Autos pro Stunde verkraften. Wenn ich mich dazu entschließe, allein zur Arbeit zu fahren anstatt in einer Fahrgemeinschaft oder zu Hause zu arbeiten, verlängere ich mit meiner Fahrt für viele andere Menschen die Fahrzeit ein wenig, die sie brauchen, um zur Arbeit zu gelangen. Ich habe aber keinen Anreiz, diese Folgen meines Handelns zu berücksichtigen.

Im Fall eines Allmendegutes sind die *gesellschaftlichen Grenzkosten* meiner Nutzung des Gutes höher als meine *individuellen Grenzkos-*

ten, also die Kosten, die mir persönlich für die Nutzung einer zusätzlichen Einheit des Gutes entstehen.

Abbildung 17-3 veranschaulicht diese Zusammenhänge. Die Abbildung zeigt die Nachfragekurve für Fisch, die den Grenznutzen von Fisch misst, also den Nutzen, der bei den Konsumenten entsteht, wenn eine zusätzliche Einheit Fisch gefangen und konsumiert wird. Die Abbildung zeigt auch die Angebotskurve für Fisch, die die Grenzkosten der Produktion der Fischereiindustrie widerspiegelt. Aus Kapitel 12 wissen wir, dass sich die Marktangebotskurve über die waagerechte Addition der Angebotskurven der einzelnen Fischer ergibt, die jeweils der individuellen Grenzkostenkurve entsprechen. Die Fischereiindustrie bietet die Menge an, bei der ihre Grenzkosten gleich dem Preis sind (die Menge Q_{MKT}). Das effiziente Ergebnis ist jedoch eine Fangmenge in Höhe von Q_{OPT}, die sich dort ergibt, wo der Grenznutzen den gesellschaftlichen Grenzkosten entspricht und nicht den Grenzkosten der Produktion der Fischereiindustrie. Das Marktergebnis führt zu einer Übernutzung des Allmendegutes.

Wie wir bereits erwähnt haben, gibt es einen engen Zusammenhang zwischen dem Problem der Bewirtschaftung eines Allmendegutes und dem Problem, das aus negativen Externalitäten resultiert. Ruft eine Aktivität negative Externalitäten hervor, dann sind die gesellschaftlichen Grenzkosten der Produktion größer als die privaten Grenzkosten der Produktion. (Die Differenz entspricht den externen Grenzkosten, die der Gesellschaft auferlegt werden.) Bei Allmendegütern entsteht der Gesellschaft aus der Nutzung des Allmendegutes durch den Fischer ein Schaden. Dieser Schaden spielt die gleiche Rolle, die die externen Kosten beim Auftreten von negativen Externalitäten spielen. Tatsächlich kann man viele negative Externalitäten (wie Luftverschmutzung) auch als Belastung von Allmendegütern (wie saubere Luft) betrachten.

Die effiziente Nutzung und Erhaltung eines Allmendegutes

Weil Allmendegüter ähnliche Probleme mit sich bringen wie negative Externalitäten, sind auch die Lösungen für das Problem ähnlich. Um dafür zu sorgen, dass ein Allmendegut effizient genutzt wird, muss die Gesellschaft einen Weg finden, die einzelnen Nutzer des Gutes dazu zu bewegen, die Kosten zu berücksichtigen, die sie anderen durch ihre Nutzung auferlegen. Und das ist eigentlich nichts anderes, als die Menschen dazu zu bringen, negative Externalitäten zu internalisieren, die aus ihren Aktionen resultieren.

Es gibt grundsätzlich drei Möglichkeiten, die Nutzer von Allmendegütern dazu zu bewegen, die Kosten zu internalisieren, die sie anderen auferlegen.

- Die Nutzung von Allmendegütern zu besteuern oder auf andere Weise zu regulieren.
- Für die Nutzung von Allmendegütern ein System handelbarer Rechte zu schaffen.
- Für Allmendegüter Ausschließbarkeit herzustellen und die Eigentumsrechte bestimmten Personen zuzuweisen.

Abb. 17-3

Ein Allmendegut

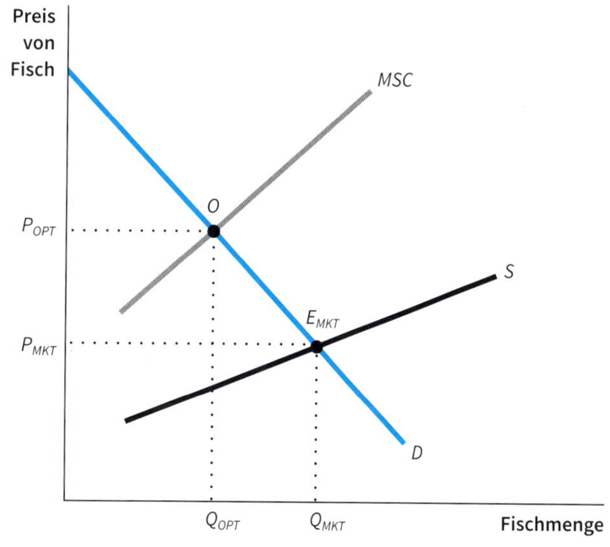

Die Angebotskurve *S* zeigt die Grenzkosten der Produktion für die gesamte Fischereiindustrie. Sie ergibt sich aus den individuellen Angebotskurven der einzelnen Fischer. Die Grenzkosten der einzelnen Fischer berücksichtigen aber nicht die Kosten, die anderen durch ihre Aktionen auferlegt werden: die Bestandsverringerung des Allmendegutes. Dies führt dazu, dass die gesellschaftliche Grenzkostenkurve *MSC* oberhalb der Angebotskurve liegt. In einem unregulierten Markt liegt die Nutzung des Allmendegutes bei Q_{MKT} und übersteigt somit die effiziente Nutzungsmenge Q_{OPT}.

Wie bei Aktivitäten, die zu negativen Externalitäten führen, kann die Nutzung von Allmendegütern auf ein effizientes Niveau reduziert werden, indem eine Pigou-Steuer erhoben wird. So gibt es beispielsweise in einigen Ländern »Staugebühren«, die bei denen erhoben werden, die während der Hauptverkehrszeit mit dem Auto fahren. Im Ergebnis bedeutet eine derartige Staugebühr eine Zahlung für die Nutzung des Allmendegutes »Straßenraum«. In vergleichbarer Weise müssen in vielen Ländern die Besucher von Nationalparks eine Eintrittsgebühr bezahlen und es gibt eine Begrenzung für die Anzahl der Personen, die sich zu einem bestimmten Zeitpunkt im Park aufhalten dürfen.

Eine zweite Möglichkeit zur Lösung des Übernutzungsproblems besteht darin, ein System handelbarer Rechte für die Nutzung des Allmendegutes zu schaffen, ganz ähnlich einem System zur Internalisierung negativer Externalitäten. Der Staat vergibt eine Anzahl von Lizenzen, die insgesamt mit einem effizienten Nutzungsniveau des Gutes kompatibel sind. Dadurch, dass die Lizenzen handelbar sind, wird sichergestellt, dass die Allokation der Nutzungen effizient ist, also am Ende diejenigen das Gut nutzen, die daraus den größten Vorteil ziehen und daher auch bereit sind, am meisten für eine Lizenz zu bezahlen.

Bei Allmendegütern besteht die natürlichste Lösung jedoch oft ganz einfach darin, Eigentumsrechte zuzuweisen. Schließlich entsteht für Allmendegüter das Übernutzungsproblem gerade deswegen, weil *sie niemandem gehören*. Das Wesen von Eigentum an einem Gut – das *Eigentumsrecht* an dem Gut – besteht darin, dass man darüber bestimmen kann, wer das Gut nutzen darf und wer nicht, und dass man die Intensität der Nutzung festlegen kann.

Gilt für ein Gut Nicht-Ausschließbarkeit, dann gehört es in einem sehr realen Sinne niemandem, weil kein Besitzrecht durchgesetzt werden kann.

VERTIEFUNG

Wenn fruchtbares Ackerland zu Steppe wird

Der Großvater von Ashley Yost bohrte einst auf seiner Farm in Kansas einen tiefen Brunnen und traf auf eine große Wasserader, sodass er jede Minute mehr als 6.000 Liter an die Oberfläche pumpen konnte. Fünfzig Jahre später hat sein Enkel Probleme, überhaupt 1.000 Liter zu schaffen, und das Wasser ist so durch Sedimente verschmutzt, dass schon Ausrüstungsteile im Wert von Zehntausenden Dollar kaputtgegangen sind. Dabei ist der Boden eigentlich fruchtbar.

Dieses Problem ist in Kansas weitverbreitet. Fast 20 Prozent aller Brunnen auf den Farmen sind mittlerweile trocken. Im Norden von Texas haben viele bereits ihre Farmen aufgegeben, die ländlichen Gemeinden sind verlassen.

Diese Entwicklung ist das Ergebnis von Misswirtschaft mit einer wichtigen Ressource, dem Ogallala Aquifer, einem der größten unterirdischen Wasserreservoire weltweit. Das Unterwasserreservoir erstreckt sich über acht US-Bundesstaaten der Großen Ebenen auf einer Fläche von rund 450.000 km^2 (ungefähr so groß wie Schweden) und liefert Trinkwasser für Millionen Menschen. Das Wasser wurde vor mehr als zwei Millionen Jahren gespeichert, als die Großen Ebenen noch eine geologisch aktive Formation waren. Und wie Sie sich vorstellen können, kann ein Wasservorrat, der vor Millionen von Jahren gespeichert wurde, nicht so einfach wieder ergänzt werden. Viele Teile des Reservoirs, die jetzt leer sind, würden mehr als 6.000 Jahre Regen benötigen, um wieder aufgefüllt zu werden.

Wie konnte es dazu kommen? Die Dezimierung des Reservoirs begann in den 1950er-Jahren mit der großflächigen Bewässerung von landwirtschaftlichen Flächen mit Grundwasser. Die praktisch unbegrenzte Möglichkeit zum Abpumpen von Grundwasser machte aus Millionen Hektar an halbtrockenen Böden der Großen Ebenen fruchtbare landwirtschaftliche Anbauflächen für Weizen, Mais und andere Feldfrüchte. Da das Unterwasserreservoir als natürliche Ressource ein Allmendegut ist, hatten die Landwirte kein Interesse daran, das Reservoir zu erhalten. Selbst aus trockenen Gegenden im Norden von Texas wurden bewässerungsintensive Anbauflächen für Kulturen wie Mais.

Während einige Gebiete im Norden der Großen Ebenen noch Wasser für rund 200 Jahre zur Verfügung haben, wissen die Landwirte und Bewohner der südlichen Gebiete, dass die Tage einer unbegrenzten Wasserversorgung gezählt sind. In großen Teilen des Ogallala Aquifers ist der Wasserstand bereits auf einem gefährlich niedrigen Niveau.

Einige Landwirte haben bereits aufgegeben, andere sind zu weniger bewässerungsintensiven Kulturen oder zur Viehhaltung übergegangen. Jeder, der mit Landwirtschaft zu tun hat, ob Saatguthändler, Verkäufer von Traktoren oder die Eisenbahnunternehmen, muss Einnahmeverluste hinnehmen.

Da sich das Reservoir über mehrere US-Bundesstaaten erstreckt, müssten die betroffenen Bundesstaaten gemeinsam an einer Lösung arbeiten. Ein koordiniertes Vorgehen ist derzeit aber kaum zu erkennen. In Kansas ist eine neue bundesstaatliche Gesetzgebung in Kraft getreten, die den sparsamen Umgang mit Wasser vorschreibt. Ob diese Maßnahme Erfolg haben wird, bleibt abzuwarten. Fest steht auf jeden Fall, dass Allmendegüter wie das Ogallala Aquifer nicht mehr ignoriert werden können.

WISSENSCHAFT UND PRAXIS

Die Rettung der Ozeane durch handelbare Fangquoten

Die Weltmeere sind in ernsthaften Schwierigkeiten. Nach einer Untersuchung des International Program on the State of the Oceans (IPSO) sind viele Fischarten unmittelbar vom Aussterben bedroht. Im Jahr 2019 standen 40 Prozent aller Fischbestände im Nordatlantik und 87 Prozent aller Fischbestände im Mittelmeer vor dem Zusammenbruch. In der Nordsee werden 93 Prozent des Kabeljaus gefischt, bevor die Fische laichen. Und der Blauflossenthunfisch, in Japan eine beliebte Sushi-Delikatesse, steht kurz vor der Ausrottung.

Die Hauptschuld für diese Entwicklungen trägt die Überfischung der Meere. Der Rückgang der Fischbestände hat sich noch verstärkt, seitdem die verbliebenen Bestände mit riesigen Schleppnetzen in tieferen Gewässern gefangen werden. Dieser Fangmethode fallen viele andere Meerestiere zum Opfer.

Auch die Fischereiindustrie steckt in der Krise. Die Einkommen der Fischer sinken und sie sind gezwungen, deutlich länger und in gefährlichen Gewässern auf Fang zu gehen, um ihren Lebensunterhalt zu verdienen.

Eine Möglichkeit zur Lösung der Krise könnten handelbare Fangquoten sein. In einem System mit handelbaren Fangquoten erhält ein Fischer eine Lizenz, die es ihm erlaubt, in einem bestimmten Gebiet eine bestimmte Menge Fisch pro Jahr zu fangen. Diese Lizenz wird für einen langen Zeitraum vergeben, manchmal ist sie sogar unbefristet. Da die Lizenzen handelbar sind, kann die Lizenz verkauft oder verpachtet werden. Forscher, die 121 existierende Systeme von handelbaren Fangquoten weltweit analysiert haben, sind zu der Erkenntnis gekommen, dass handelbare Fangquoten das Aussterben der Fischbestände aufhalten können. Schließlich hat jeder Inhaber einer Lizenz ein finanzielles Interesse am langfristigen Erhalt seines Fischereibetriebes. Diese Ansicht wird von vielen Fischern geteilt.

Handelbare Fangquoten sind in Neuseeland, Australien, Island und zunehmend auch in den Vereinigten Staaten und Kanada verbreitet. (Das System zur Beschränkung der Gesamtfangmenge für Krabben in Alaska, das wir im Kapitel 5 kennengelernt haben, ist ein Beispiel für handelbare Fangquoten in den Vereinigten Staaten.) Ein Beispiel für den Erfolg von handelbaren Fangquoten ist die Heilbuttfischerei in Alaska. Als das System eingeführt wurde, ging die jährliche Fangsaison nicht mehr über vier Monate, sondern nur noch über zwei bis drei Tage, was zu einem gefährlichen Wettlauf zwischen den einzelnen Fischern führte. Heute dauert die Fangsaison fast acht Monate. Und während man vorher vom Heilbuttfischen kaum leben konnte, ist es heute ein lohnendes Geschäft.

Also hat auch niemand einen Anreiz, dieses Gut effizient zu nutzen. Folglich besteht eine Möglichkeit, das Problem der Übernutzung in den Griff zu bekommen, darin, für das Gut Ausschließbarkeit herzustellen und jemandem die Eigentumsrechte zuzuweisen. Damit hat das Gut einen Eigentümer, für den es einen Anreiz gibt, den Wert seines Gutes zu schützen, es also effizient zu nutzen und eine Übernutzung zu verhindern.

Wie die Rubrik »Wissenschaft und Praxis« beschreibt, hat sich für einige Fischereigebiete gezeigt, dass ein System handelbarer Fangquoten eine erfolgreiche Strategie darstellen kann.

Kurzzusammenfassung

- Für ein **Allmendegut** gilt Rivalität im Konsum und Nicht-Ausschließbarkeit.
- Allmendegüter sind mit dem Problem der **Übernutzung** behaftet: Ein Nutzer verringert die Menge des Allmendegutes, die für andere verfügbar ist, berücksichtigt diese Kosten aber nicht, wenn er darüber entscheidet, in welchem Umfang er das Allmendegut nutzt.
- Genau wie bei negativen Externalitäten kann ein Allmendegut durch eine Pigou-Steuer, durch die Errichtung eines Systems von handelbaren Nutzungsrechten oder durch Herstellung von Ausschließbarkeit und Zuweisung von Eigentumsrechten effizient bewirtschaftet werden.

ÜBERPRÜFEN SIE IHR WISSEN

1. Der Erzbergforst ist ein Staatsforst, aus dem private Bürger in der Vergangenheit so viel Holz entnehmen konnten, wie sie wollten, ohne dafür bezahlen zu müssen. Erläutern Sie aus ökonomischer Sicht, warum dies von einem gesellschaftlichen Standpunkt aus betrachtet problematisch ist.
2. Sie sind der neue Revierförster und Ihnen wurde die Aufgabe gestellt, Ansätze vorzuschlagen, mit denen sich der Forst für die Öffentlichkeit bewahren lässt. Nennen Sie drei verschiedene Methoden, mit denen sich das effiziente Niveau des Holzeinschlags realisieren ließe und erläutern Sie jeweils, wie diese Methode funktioniert. Welche Informationen würden Sie bei den einzelnen Methoden jeweils benötigen, um ein effizientes Ergebnis erreichen zu können?

17.4 Klubgüter

Ein **Klubgut (künstlich verknapptes Gut)** ist durch Ausschließbarkeit und Nichtrivalität im Konsum charakterisiert.

Als **Klubgut** (**künstlich verknapptes Gut** oder Mautgut) wird ein Gut bezeichnet, für das Ausschließbarkeit möglich ist, bei dem es aber keine oder nur eine geringe Rivalität im Konsum gibt. Wie wir bereits gesehen haben, sind Video-on-Demand-Filme im Internet ein bekanntes Beispiel. Die gesellschaftlichen Grenzkosten, die sich daraus ergeben, dass ein weiterer Mensch den Film sehen darf, sind null, weil der Filmgenuss durch einen Zuschauer den Genuss anderer Zuschauer nicht berührt. Amazon und andere Anbieter verhindern jedoch, dass sich jemand einen kostenpflichtigen Film anschaut, der dafür nicht bezahlt hat. Güter wie etwa Computer-Software, Videospiele oder digitale Bücher, deren Wert sich aus den Informationen ergibt, die sie in sich tragen (und die manchmal als *Informationsgüter* bezeichnet werden), werden ebenfalls künstlich verknappt und damit zu Klubgütern gemacht.

Klubgüter werden durch den Markt angeboten. Weil für diese Güter Ausschließbarkeit gilt, können die Produzenten von denjenigen, die diese Güter konsumieren, Zahlungen verlangen.

Für Klubgüter gilt jedoch Nichtrivalität im Konsum, was bedeutet, dass die Grenzkosten des Konsums durch einen Einzelnen gleich null sind. Der Preis, den der Anbieter eines Klubgutes verlangt, übersteigt daher die Grenzkosten. Da der effiziente Preis bei Grenzkosten in Höhe von null liegt, wird für das Gut eine »künstliche Knappheit« hergestellt, und der Konsum des Gutes ist ineffizient niedrig. Solange der Produzent jedoch aus Produktion und Verkauf des Gutes keine Erträge erzielen kann, wird er nicht bereit sein, das Gut zu

WISSENSCHAFT UND PRAXIS

Diebstahl im 21. Jahrhundert

Unter dem Diebstahl geistigen Eigentums versteht man das illegale Kopieren, Verteilen und Nutzen von geistigem Eigentum. In den letzten Jahren hat die Bedeutung des geistigen Eigentums für die US-amerikanische Volkswirtschaft immer weiter zugenommen. Im Jahr 2019 machten Urheberrechte und Patente an geistigem Eigentum 74 Prozent der US-amerikanischen Exporte aus. Es ist daher nicht verwunderlich, dass das Federal Bureau of Investigation (FBI) beträchtliche Ressourcen für den Kampf gegen den Diebstahl von geistigem Eigentum aufwendet.

Der Diebstahl geistigen Eigentums umfasst das unerlaubte Kopieren, Weiterverbreiten und Nutzen von Software und digitaler Hardware ebenso wie das Fälschen von Markenwaren (wie z. B. Bekleidung, Taschen, Schuhe) oder das Nachahmen von Filmen, Musik und Videospielen. Mittlerweile hat sich der Diebstahl geistigen Eigentums zu einem globalen Wirtschaftszweig entwickelt, der bei den Urhebern des geistigen Eigentums – Musikern, Schauspielern, Filmstudios, Softwareproduzenten, Software- und Spieleentwicklern – allein im Jahr 2019 einen finanziellen Schaden von über 1 Billion Dollar verursacht hat. Die Webseite Torrentfreak.com, die illegale Downloads nachverfolgt, hat beispielsweise herausgefunden, dass die letzte Episode der US-amerikanischen Fantasy-Serie *Game of Thrones* allein in den ersten 8 Stunden nach der Veröffentlichung mehr als 1,5 Millionen Mal illegal heruntergeladen wurde. Die Business Software Alliance (BSA), ein Interessenverband ▸

von Softwareanbietern, schätzt, dass 36 Prozent der gesamten Software weltweit illegal genutzt wird.
Die staatlichen Behörden versuchen immer stärker, dieser Entwicklung entgegenzuwirken. In Kanada verfolgen Internet Service Provider mittlerweile illegale Downloads zurück und erheben Strafen für einen illegalen Download von bis zu 5.000 Dollar. Das FBI arbeitet mit der internationalen kriminalpolizeilichen Organisation Interpol zusammen, um Personen aufzuspüren, die große Plattformen für illegale Downloads vom Ausland aus betreiben.
Aber wo ist die Verbindung zwischen dem geistigen Eigentum und einem Klubgut? Nun, wenn das geistige Eigentum einmal erschaffen wurde, liegen die Grenzkosten für die Lieferung einer zusätzlichen Einheit an einen weiteren Konsumenten praktisch bei null. Es ist lediglich ein kurzer Download aus dem Internet notwendig. Und da bei geistigem Eigentum Nichtrivalität im Konsum vorliegt, hat der illegale Download des neuesten Blockbusters keinen Einfluss auf den Konsum des Films durch andere.
Wenn allerdings die Produzenten eines Blockbusters für die Nutzung ihres Produktes kein Entgelt erhalten, werden sie erst gar keine Filme produzieren. Das geistige Eigentum muss daher künstlich verknappt werden, um einen Preis für die Nutzung erzielen zu können. Aber damit wird gleichzeitig der Anreiz zum Diebstahl geschaffen. Und dann kommen die Strafverfolgungsbehörden ins Spiel und versuchen, den Diebstahl von geistigem Eigentum zu stoppen.

produzieren. Das wäre allerdings aus gesellschaftlicher Sicht noch schlechter als eine Situation mit positivem, wenngleich auch ineffizient niedrigem Konsum.

Abbildung 17-4 illustriert den Wohlfahrtsverlust, der durch die künstliche Knappheit eines Klubgutes hervorgerufen wird. Die Nachfragekurve zeigt die Anzahl der On-Demand-Filme, die bei jedem gegebenen Preis gesehen werden. Die Grenzkosten, die entstehen, wenn eine weitere Person den Film sieht, sind gleich null. Die effiziente Anzahl der gesehenen Filme liegt daher bei Q_{OPT}. Der Internetanbieter verlangt für die Entschlüsselung des Signals einen positiven Preis, in unserem Beispiel vier Euro, was dazu führt, dass lediglich eine Anzahl von Q_{MKT} an kostenpflichtigen Filmen geschaut wird. Die Folge ist ein Nettowohlfahrtsverlust in Höhe der Fläche des grauen Dreiecks.

Kommt uns das bekannt vor? Wie die Probleme, die in Verbindung mit öffentlichen Gütern und Allmendegütern entstehen, erinnert uns auch das Problem, das durch Klubgüter hervorgerufen wird, an etwas, das wir bereits kennengelernt haben: In diesem Fall ist es das Problem des *natürlichen Monopols*. Bei einem natürlichen Monopol handelt es sich, wie Sie sich erinnern werden, um eine Branche, bei der die durchschnittlichen Gesamtkosten oberhalb der Grenzkosten liegen. Damit der Produzent bereit ist, überhaupt zu produzieren, muss er einen Preis verlangen können, der mindestens seine durchschnittlichen Gesamtkosten deckt, also einen Preis oberhalb der Grenzkosten. Ein Preis oberhalb der Grenzkosten führt jedoch zu einem ineffizient geringen Konsum.

Abb. 17-4

Ein Klubgut

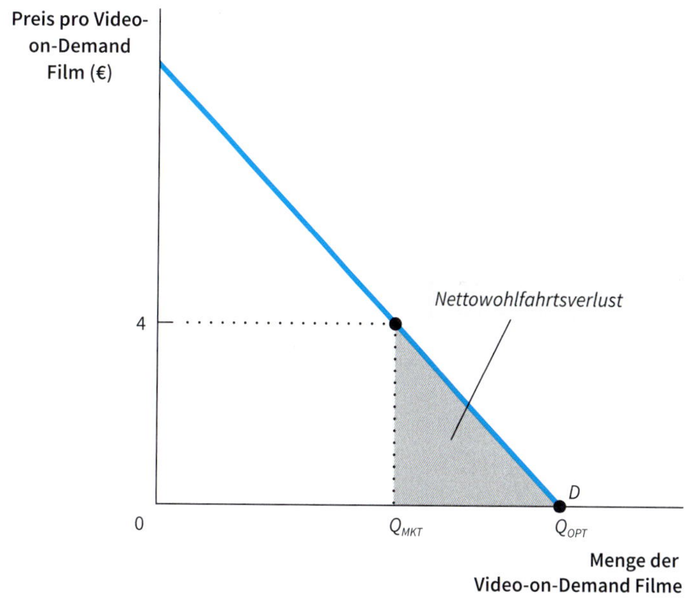

Ein Klubgut, also ein künstlich verknapptes Gut, ist durch Ausschließbarkeit und Nichtrivalität im Konsum gekennzeichnet. Es wird künstlich verknappt, weil die Produzenten einen positiven Preis verlangen, die Grenzkosten aus der Nutzung des Gutes durch einen weiteren Konsumenten aber null betragen. Im vorliegenden Beispiel beträgt der Marktpreis für einen kostenpflichtigen Video-on-Demand-Film 4 Euro und die zu diesem Preis nachgefragte Menge beträgt Q_{MKT}. Das effiziente Konsumniveau liegt aber bei Q_{OPT}, der Nachfragemenge, die sich für einen Preis von null ergibt. Die effiziente Menge Q_{OPT} übersteigt die in einem unregulierten Markt nachgefragte Menge Q_{MKT}. Die graue Fläche spiegelt den Nettowohlfahrtsverlust wider, der sich ergibt, wenn ein Preis von 4 Euro verlangt wird.

Kurzzusammenfassung

- Ein **Klubgut** (ein **künstlich verknapptes Gut**) ist durch Ausschließbarkeit und Nichtrivalität im Konsum gekennzeichnet.
- Weil für das Gut Nichtrivalität im Konsum gilt, liegt der effiziente Preis für die Konsumenten bei null. Weil Ausschließbarkeit besteht, verlangen die Verkäufer jedoch einen positiven Preis, was zu einem ineffizient niedrigen Konsum führt.
- Die mit Klubgütern verbundenen Probleme sind denen ähnlich, die sich aus einem natürlichen Monopol ergeben.

ÜBERPRÜFEN SIE IHR WISSEN

Xena ist ein Softwareprogramm, das von der Firma Xenoid hergestellt wird. Jedes Jahr bringt Xenoid ein Update des Programms auf den Markt, dessen Herstellung 300.000 Euro kostet. Wenn sich Kunden das Programm von der Webseite der Firma herunterladen, entstehen keine weiteren Kosten. Der Nachfrageplan für das Update wird in der Tabelle gezeigt.

Preis des Software-Updates (€)	Menge der nachgefragten Updates
180	1.700
150	2.000
120	2.300
90	2.600
0	3.500

a. Wo liegt der effiziente Preis für ein Update für einen Käufer? Erläutern Sie Ihre Antwort.

b. Zu welchem Preis ist Xenoid gerade noch bereit, das Update zu produzieren und zu verkaufen? Zeichnen Sie die Nachfragekurve und zeigen Sie den Nettowohlfahrtsverlust, der dadurch entsteht, dass Xenoid diesen Preis verlangt und nicht den effizienten Preis.

Unternehmen in Aktion: Der Ökotourismus schützt den Jaguar in Brasilien

Fera ist portugiesisch und bedeutet so viel wie »wildes Tier«. Fera ist fast vier Jahre alt, wiegt rund 65 Kilogramm, liegt faul in der Sonne und lässt sich dabei aus einer Entfernung von höchstens 20 Metern von einer Gruppe von Touristen in einem Jeep beobachten. Noch vor wenigen Jahren wäre das Leben von Fera in großer Gefahr gewesen, hätte das Tier die Menschen so nah an sich herangelassen. Aber dank der Arbeit des Onçafari-Projektes geht es dem Jaguarweibchen und seinem Nachwuchs richtig gut.

Jaguare sind die Attraktion im Caiman Ecological Refuge, einem Schutzgebiet im Südwesten Brasiliens mit einer 50.000 Hektar großen luxuriösen Ökotourismusanlage. Früher waren Jaguare auf dem gesamten amerikanischen Kontinent verbreitet, vom Grand Canyon im US-Bundesstaat Arizona bis nach Argentinien. Nachdem die Tiere mittlerweile über die Hälfte ihres angestammten Lebensraums verloren haben, sind Schutzgebiete wie das Caiman Ecological Refuge ein wichtiger Rückzugsort für die Großkatzen. Das Caiman Ecological Refuge liegt im weltweit größten tropischen Feuchtgebiet, mit einer Fläche größer als Griechenland. In der Regenzeit ist das Gebiet von Wildtieren bevölkert, in der Trockenzeit Heimat für Herden von Freilandrindern. Mehr als 100 Jaguare teilen sich den Lebensraum mit 30.000 Rindern.

Und natürlich gibt es auch Probleme. Obwohl die Jagd auf Jaguare in Brasilien verboten ist, haben Landbesitzer und Viehhirten in der Vergangenheit ohne zu zögern immer wieder Jaguare getötet, wenn sie sie zu Gesicht bekommen haben. Die Tiere wurden einfach als Bedrohung für den Geldbeutel angesehen. Aber anstatt auf stärkere Kontrollen zu setzen, hat das Onçafari-Projekt versucht, die Viehzüchter davon zu überzeugen, die Jaguare als Gewinn- und nicht als Verlustbringer zu sehen.

Das Projekt verwies dazu auf eine klare Kosten-Nutzen-Analyse. Jedes Jahr fallen rund 1 Prozent der Viehbestände den Raubkatzen zum Opfer. Dieser Verlust ist aber klein im Vergleich zu den Einnahmen, die die Landbesitzer aus einem Ökotourismus erzielen können, der auf ein Nebeneinander von Rindern und Jaguaren setzt. Damit gelang es, die Viehzüchter davon zu überzeugen, die Raubkatzen in Zukunft zu verschonen. Gemeinsam mit Biologen versuchte das Projekt dann, die Jaguare an die Anwesenheit von Menschen zu gewöhnen.

Und es stellten sich Erfolge ein. Während im Jahr 2012 nur 7 Prozent der Touristen während ihres Aufenthalts im Schutzgebiet einen Jaguar zu Gesicht bekamen, waren es im Jahr 2016 72 Prozent, während der Trockenzeit sogar 95 Prozent. Diese Entwicklung hatte auch ökonomische Auswirkungen. Befragungen haben gezeigt, dass sich 85 Prozent aller Besucher aufgrund der guten Chancen, einen Jaguar in freier Wildbahn zu sehen, ganz bewusst für einen Aufenthalt im Schutzgebiet entschieden haben. Und da die Touristen bis zu 7.000 Dollar für einen Aufenthalt im Schutzgebiet bezahlen, hatte die wachsende Zahl an Touristen spürbare Auswirkungen auf die finanzielle Lage der Landbesitzer.

Der Schlüssel für den Erfolg beim Schutz der Raubkatzen lag darin, die Viehzüchter als Geschäftsleute anzusprechen und ihnen begreiflich zu machen, dass nicht ein lebender, sondern ein toter Jaguar ein Loch in ihren Geldbeutel reißt.

FRAGEN

1. Welche wirtschaftlichen Motive stehen hinter der Einschränkung des Lebensraums der Jaguare und der Tötung der Tiere?
2. Wie können neue ökonomische Anreize zum Schutz der Jaguare beitragen?

Zusammenfassung

1. Güter können danach klassifiziert werden, ob für sie **Ausschließbarkeit** gilt und ob für sie **Rivalität im Konsum** gilt.
2. Freie Märkte können für **private Güter**, für die sowohl Ausschließbarkeit als auch Rivalität im Konsum gilt, die effizienten Produktions- und Konsummengen bereitstellen. Gilt für Güter Nicht-Ausschließbarkeit, Nichtrivalität im Konsum oder beides gleichzeitig, können freie Märkte keine effizienten Ergebnisse erzielen.
3. Gilt für Güter **Nicht-Ausschließbarkeit,** dann ergibt sich ein **Trittbrettfahrer-Problem:** Die Konsumenten werden nicht bereit sein, für das Gut etwas zu bezahlen, was zu einem ineffizient niedrigen Produktionsniveau führt. Gilt für Güter **Nichtrivalität im Konsum,** dann sollten sie kostenlos sein. Jeder positive Preis führt zu einem ineffizient niedrigen Konsum.
4. Ein **öffentliches Gut** ist sowohl durch Nicht-Ausschließbarkeit als auch durch Nichtrivalität im Konsum gekennzeichnet. In den meisten Fällen muss ein öffentliches Gut durch den Staat bereitgestellt werden. Der gesellschaftliche Grenznutzen eines öffentlichen Gutes ergibt sich aus der Summe aller individuellen Grenznutzen jedes Konsumenten. Die effiziente

Bereitstellungsmenge eines öffentlichen Gutes ist die Menge, bei der gesellschaftlicher Grenznutzen und Grenzkosten gleich groß sind. Wie bei einer positiven Externalität ist der gesellschaftliche Grenznutzen größer als jeder individuelle Grenznutzen, sodass kein Einzelner bereit ist, die effiziente Menge bereitzustellen.

5. Eine Begründung für die Existenz des Staates besteht darin, dass er seinen Bürgern erlaubt, sich selbst zu besteuern, um öffentliche Güter bereitzustellen. Der Staat bedient sich der **Kosten-Nutzen-Analyse,** um das effiziente Produktionsniveau eines öffentlichen Gutes zu bestimmen. Derartige Analysen sind jedoch problematisch, weil der Einzelne einen Anreiz hat, den Nutzen zu überzeichnen, den er aus dem öffentlichen Gut zieht.
6. Für ein **Allmendegut** gilt Rivalität im Konsum, gleichzeitig ist es aber auch durch Nicht-Ausschließbarkeit charakterisiert. Es ist der **Übernutzung** ausgesetzt, da ein Einzelner nicht berücksichtigt, dass seine Inanspruchnahme des Gutes die für andere verfügbare Menge verringert. Diese Situation ist vergleichbar mit dem Problem einer negativen Externalität: Die gesellschaftlichen Grenzkosten der Nutzung eines Allmendegutes durch einen Einzelnen sind immer höher als dessen individuelle Grenzkosten. Mögliche Lösungen für das Übernutzungsproblem sind die Einführung einer Pigou-Steuer, die Schaffung eines Systems handelbarer Rechte sowie die Zuweisung von Eigentumsrechten.
7. **Klubgüter** (**künstlich verknappte Güter**) sind durch Ausschließbarkeit gekennzeichnet, gleichzeitig gilt aber Nichtrivalität im Konsum. Weil durch die Nutzung des Gutes durch eine weitere Person keine positiven Grenzkosten entstehen, liegt der effiziente Preis bei null. Ein positiver Preis kompensiert zwar den Produzenten für die Kosten der Herstellung, führt aber zu einem ineffizient geringen Konsumniveau. Das Problem von Klubgütern ist ähnlich dem Problem des natürlichen Monopols.

SCHLÜSSELBEGRIFFE

- Ausschließbarkeit
- Rivalität im Konsum
- privates Gut
- Nicht-Ausschließbarkeit
- Nichtrivalität im Konsum
- Trittbrettfahrer-Problem
- öffentliches Gut
- Kosten-Nutzen-Analyse
- Allmendegut
- Übernutzung
- Klubgut (künstlich verknapptes Gut)

18 Die Ökonomie des Wohlfahrtsstaates

LERNZIELE

- Was versteht man unter dem **Wohlfahrtsstaat** und wie lässt er sich begründen.
- Welche Ursachen für Armut es gibt und welche Auswirkungen Armut hat.
- Wie sich die Einkommensungleichheit im Zeitablauf verändert hat.
- Wie **staatliche Wohlfahrtsprogramme** Armut und Einkommensungleichheit beeinflussen.
- Warum die Größe des Wohlfahrtsstaates umstritten ist.
- Welche besonderen Probleme mit der **privaten Krankenversicherung** verbunden sind und wie der Staat darauf reagieren kann.

Herzprobleme

Kenneth Young, 53 Jahre alt, von Beruf Klempner, lebt im US-Bundesstaat Virginia. Obwohl er gesundheitliche Probleme mit dem Herzen hat, nahm er im Jahr 2018 keinerlei Medikamente ein. Kenneth Young war nicht krankenversichert und hatte nicht genügend Geld, um die Medikamente aus eigener Tasche zu bezahlen.

Glücklicherweise änderte sich seine Situation zu Beginn des Jahres 2019, denn mit Wirkung zum 1. Januar 2019 erweiterte der US-Bundesstaat Virginia den Kreis der Begünstigten für Medicaid, ein öffentliches Gesundheitsvorsorgeprogramm, das die Gesundheitskosten von einkommensschwachen Personen übernimmt. Und Medicaid übernahm nun auch die Behandlungskosten von Kenneth Young.

Mehr als 110 Millionen US-Amerikaner, rund ein Drittel der Bevölkerung, sind durch den Staat krankenversichert, entweder durch Medicaid oder durch Medicare. Medicare bietet allen Bürgern des Landes, die 65 Jahre oder älter sind, eine Krankenversicherung. Daneben erhalten mehrere Millionen US-Amerikaner vom Staat Unterstützungszahlungen zur Finanzierung einer privaten Krankenversicherung. Der Staat steht den Menschen aber nicht nur bei der Gesundheitsvorsorge zur Seite. Mehr als 60 Millionen US-Amerikaner profitieren vom System der sozialen Sicherung, das Rentner und behinderte Menschen unterstützt. Über 35 Millionen US-Amerikaner erhalten Unterstützung durch das Lebensmittelhilfe-Programm Supplemental Nutrition Assistance Program und bekommen Lebensmittelmarken (»food stamps«), die zum kostenlosen Bezug von Lebensmitteln berechtigen. Und mehr als 25 Millionen US-Amerikaner erhalten Zuzahlungen zu ihrem Arbeitslohn aus dem Earned Income Tax Credit System.

In all diesen Fällen unterstützt der Staat den Einzelnen in einer bestimmten Form und versucht damit, die wirtschaftliche Unsicherheit zu begrenzen und die Einkommensungleichheit abzubauen. Die Gesamtheit dieser staatlichen Maßnahmen bezeichnet man als *Wohlfahrtsstaat*. Die aufgeführten Beispiele zeigen, dass der Wohlfahrtsstaat in den Vereinigten Staaten durchaus von Bedeutung ist. Allerdings ist der Wohlfahrtsstaat in anderen wohlhabenden Volkswirtschaften, vor allem in Europa, noch deutlich stärker ausgeprägt.

Über die optimale Größe des Wohlfahrtsstaates und seine Aufgaben wird unter Ökonomen und Politikern heftig gestritten. Man könnte sogar sagen, dass sich die politische Debatte eigentlich nur um diese Fragen dreht. Liberale Politiker aus dem »linken« Lager sprechen sich in der Regel für eine Ausweitung des Wohlfahrtsstaates aus, konservative Politiker aus dem »rechten« Lager wollen den Wohlfahrtsstaat verkleinern.

Es besteht jedoch ein Konsens darüber, dass einkommensschwache Familien Unterstützung bekommen sollten. Und das passiert auch. Selbst konservative Politiker akzeptieren die Tatsache eines recht umfangreichen Wohlfahrtsstaates. In allen reichen Volkswirtschaften hat der Staat die Verantwortung für die Gesundheitsvorsorge, die Rente und die Unterstützung von Armen und Arbeitslosen übernommen.

Zu Beginn dieses Kapitels werden wir die Beweggründe für staatliche Wohlfahrtsprogramme diskutieren. Anschließend wollen wir einen Blick auf die beiden wichtigsten staatlichen Wohlfahrtsprogramme in den Vereinigten Staaten werfen: das System der staatlichen Einkommensunterstützung, bei dem das Sozialversicherungssystem mit Abstand die größte Bedeutung hat, und das System der staatlichen Gesundheitsvorsorge, bei dem der Affordable Care Act (Obamacare) eine zunehmend wichtige Rolle spielt.

18.1 Armut, Ungleichheit und staatliche Politik

Unter dem **Wohlfahrtsstaat** versteht man die Gesamtheit der staatlichen Maßnahmen, die darauf abzielen, wirtschaftliche Härten und Notlagen abzumildern.

Transferzahlungen sind Zahlungen des Staates an einzelne Personen oder Familien.

Der Begriff des **Wohlfahrtsstaates** bezieht sich auf die Gesamtheit der staatlichen Maßnahmen, die darauf abzielen, wirtschaftliche Härten und Notlagen abzumildern. In den wohlhabenden Volkswirtschaften wird ein Großteil der Staatsausgaben für **Transferzahlungen** verwendet. Darunter versteht man Zahlungen des Staates an einzelne Personen oder Familien – in Form von finanziellen Hilfen für Einkommensschwache, Arbeitslosenunterstützung, Rentenzahlungen und vielem mehr.

Beweggründe für die Schaffung des Wohlfahrtsstaates

Für die Schaffung des Wohlfahrtsstaates gibt es im Wesentlichen drei grundlegende Argumente. Wir wollen uns diese drei Argumente im Folgenden näher ansehen.

Die **staatliche Armutsbekämpfung** umfasst Maßnahmen des Staates, um den Armen zu helfen.

1. Minderung der Einkommensungleichheit. Nehmen wir an, die Familie Schneider verfügt nur über ein Jahreseinkommen in Höhe von 15.000 Euro und bekommt vom Staat 1.500 Euro überwiesen. Mit diesem Geld kann sich Familie Schneider eine bessere Wohnung leisten, mehr gesunde Lebensmittel kaufen oder die Lebensqualität auf andere Weise verbessern. Gleichzeitig gibt es dann noch Familie Fischer mit einem Jahreseinkommen in Höhe von 300.000 Euro, die zusätzlich 1.500 Euro Steuern zahlen muss. Familie Fischer wird sich dadurch vielleicht die eine oder andere Ausgabe nicht mehr leisten können, aber insgesamt wird das auf den Lebensstandard von Familie Fischer wahrscheinlich keine großen Auswirkungen haben.

Unser Beispiel verdeutlicht das erste wichtige Argument für einen Wohlfahrtsstaat: *die Minderung der Einkommensungleichheit*. Ein zusätzlicher Euro stiftet für eine arme Person einen deutlich größeren Nutzenzuwachs als für eine reiche Person. Gleichzeitig verursacht der Verlust eines Euro für eine reiche Person einen deutlich kleineren Nutzenverlust als ein zusätzlicher Euro einer armen Person an Nutzengewinn beschert. Wenn sich der Staat also als Robin Hood betätigt, den Reichen Geld wegnimmt und es den Armen gibt, dann schafft er damit mehr Nutzen, als er Schaden anrichtet. Und solange es sich dabei um keine großen Beträge handelt, werden die Vorteile für die Gesellschaft die Ineffizienzen überwiegen, die mit den Transferzahlungen einhergehen. Staatliche Maßnahmen, die darauf abzielen, den Armen zu helfen, fasst man unter dem Begriff **staatliche Armutsbekämpfung** zusammen.

2. Minderung der wirtschaftlichen Unsicherheit. Das zweite wichtige Argument für den Wohlfahrtsstaat ist die *Minderung der wirtschaftlichen Unsicherheit*. Wenn es zu einem Unglück oder zu einer Naturkatastrophe kommt (wie z. B. einer Überschwemmung), dann ist in der Regel nur eine begrenzte Anzahl an Menschen betroffen.

Stellen wir uns vor, es gibt zehn Familien, von denen jede im nächsten Jahr mit einem Einkommen in Höhe von 50.000 Euro rechnet. Aber manchmal (eigentlich meistens) kommt es nicht so, wie man denkt, und eine der zehn Familien erfährt eine deutliche Einkommenseinbuße (z. B. durch den Verlust des Arbeitsplatzes). Allerdings weiß niemand vorher, welche Familie das sein wird. Für jede Familie gibt es damit eine 10-prozentige Wahrscheinlichkeit, von einem Einkommensverlust betroffen zu sein. Dieser Einkommensverlust soll außerdem dazu führen, dass die betroffene Familie in eine wirtschaftliche Notlage gerät und z. B. ihr Haus verkaufen muss.

Nun wollen wir uns vorstellen, dass es eine staatliche Maßnahme gibt, die dafür sorgt, dass die betroffene Familie Unterstützung bekommt. Diese Hilfe wird dadurch finanziert, dass die Familien, die ein gutes Einkommensjahr haben, eine Steuer zahlen müssen. Diese staatliche Maßnahme stellt letzten Endes alle Familien besser. Selbst Familien, die heute keine Unterstützung bekommen (und auch nicht benötigen), könnten in nicht allzu ferner Zukunft auf Hilfe angewiesen sein. Aus diesem Grund wird sich jede Familie sicherer fühlen, wenn sie weiß, dass der Staat im Notfall da ist, um sie zu unterstützen. Staatliche Maßnahmen, die bei unvorhergesehenen finanziellen Notlagen Unterstützung bieten, werden als **Sozialversicherung** bezeichnet.

Diese beiden grundlegenden Argumente für den Wohlfahrtsstaat, die Minderung der Einkommensungleichheit und die Minderung der wirtschaftlichen Unsicherheit, sind eng mit dem *(steuerlichen) Leistungsfähigkeitsprinzip* verknüpft, das wir im Kapitel 7 kennengelernt haben. Wir wissen, dass das Prinzip der steuerlichen Leistungsfähigkeit eine progressive Besteuerung begründet. Menschen mit einem niedrigen Einkommen, bei denen ein zusätzlicher Euro eine große Auswirkung auf das wirtschaftliche Wohlbefinden hat, sollten einen kleineren Teil ihres Einkommens als Steuern zahlen müssen als Menschen mit einem höheren Einkommen, bei denen ein zusätzlicher Euro keinen großen Unterschied macht. Aus diesem Prinzip folgt auch, dass Menschen mit einem sehr niedrigen Einkommen sogar Geld aus dem Steuersystem erhalten sollten.

3. Bekämpfung der Armut und Zugang zu Gesundheitsfürsorge. Das dritte und letzte Argument für den Wohlfahrtsstaat bezieht sich auf den Nutzen der Gesellschaft aus der *Armutsbekämpfung* und *des Zugangs zu Gesundheitsfürsorge*, insbesondere für Kinder aus einkommensschwachen Haushalten. Zahlreiche Studien belegen, dass Kinder aus einkommensschwachen Familien ein Leben lang benachteiligt sind. Es ist deutlich wahrscheinlicher, dass diese Kinder später einmal arbeitslos sein werden, kriminell werden und chronische gesundheitliche Probleme bekommen. Dadurch entstehen der Gesellschaft immense Kosten. Damit können staatliche Maßnahmen, die darauf zielen, die Armut zu lindern und Zugang zu Gesundheitsfürsorge zu gewähren, Vorteile für die Gesellschaft insgesamt mit sich bringen.

Wie die Rubrik »Vertiefung« zeigt, vertreten einige Philosophen die Ansicht, dass das Prinzip der sozialen Gerechtigkeit von der Gesellschaft verlangt, sich um die Armen und Bedürftigen zu kümmern. Diesem Gedankenansatz stimmen jedoch nicht alle zu. Es gibt auch Stimmen, die der Meinung sind, dass staatliche Wohlfahrtsprogramme weit über den Aufgabenbereich des Staates hinausgehen. Diese beiden unterschiedlichen philosophischen Ansichten finden sich in den gegensätzlichen politischen Positionen des Liberalismus und des Konservatismus wieder.

Allerdings sind die Dinge oft nicht schwarz oder weiß. Selbst konservative Politiker, die dem Staat nur eine begrenzte Rolle zubilligen, unterstützen bestimmte wohlfahrtspolitische Maßnahmen. Und auch die Ökonomen, die sich grundsätzlich für den Wohlfahrtsstaat aussprechen, verschweigen nicht die Nebenwirkungen, die umfangreiche staatliche Hilfen an Bedürftige auf die Anreize zur Arbeitsaufnahme und den Anreiz zum Sparen haben. Wohlfahrtspolitische Maßnahmen können ebenso wie Steuern zu erheblichen Wohlfahrtsverlusten führen, sodass die tatsächlichen ökonomischen Kosten deutlich über den eigentlichen Geldausgaben liegen.

Staatliche Maßnahmen, die bei unvorhergesehenen finanziellen Notlagen Unterstützung bieten, werden als **Sozialversicherung** bezeichnet.

Wir werden uns mit Kosten und Nutzen des Wohlfahrtsstaates im weiteren Verlauf dieses Kapitels noch genauer beschäftigen. Zunächst werfen wir jedoch einen Blick auf die gesellschaftlichen Probleme, die durch den Wohlfahrtsstaat gelöst werden sollen.

Das Armutsproblem

Was ist mit Armut eigentlich gemeint? Jeder versteht etwas anderes unter dem Begriff »Armut«. In der ökonomischen Diskussion wird der Begriff der Armut durch die *Armutsgrenze* quantifiziert. Die **Armutsgrenze** gibt das Einkommen an, das ein Haushalt zum Kauf der lebensnotwendigen Dinge benötigt. Liegt das Einkommen

Die **Armutsgrenze** gibt das Einkommen an, das ein Haushalt zum Kauf der lebensnotwendigen Dinge benötigt.

unterhalb der Armutsgrenze, dann gilt ein Haushalt als arm.

In den Vereinigten Staaten ist die Armutsgrenze *absolut* über ein bestimmtes Jahreseinkommen (in Abhängigkeit der Haushaltsgröße) definiert. Im Jahr 2021 waren das für einen Alleinstehenden 14.097 Dollar, für einen Haushalt mit zwei Erwachsenen und zwei Kindern 27.949 Dollar. In der Europäischen Union gilt dagegen eine *relative* Armutsgrenze in Höhe von 60 Prozent des mittleren Nettoäquivalenzeinkommens.

Die **Armutsquote** gibt den Anteil der Bevölkerung an, der unterhalb der Armutsgrenze lebt.

Armutstrends. Obwohl die Vereinigten Staaten in den letzten Jahrzehnten ein deutliches Wirtschaftswachstum erlebt haben, ist die Armut im Land nicht spürbar zurückgegangen. In **Abbildung 18-1** ist die Entwicklung der **Armutsquote** – der Anteil der Bevölkerung, der unterhalb der Armutsgrenze lebt – in den Vereinigten Staaten von 1968 bis 2019 dargestellt. Man kann erkennen, dass die Armutsquote seit 1968 hin und her schwankt, aber keine eindeutige Richtung aufzeigt. Im Jahr 2019 lag die Armutsquote auf dem Niveau der 1970er-Jahre, obwohl das Land heute insgesamt viel wohlhabender ist.

Aber gab es denn gar keine Erfolge bei der Armutsbekämpfung seit den 1960er-Jahren? Untersuchungen zeigen, dass die Werte aus der amtlichen Statistik einige Ungenauigkeiten aufweisen. So schließt die Einkommensdefinition in der amtlichen Statistik viele staatliche Hilfen wie z. B. den Geldwert von Lebensmittelmarken nicht mit ein. Greift man mit der *Supplemental Poverty Rate* auf einen alternativen Maßstab zurück, der von den meisten Experten als zuverlässigerer Indikator angesehen wird, dann lässt sich ein leichter Rückgang der Armutsquote konstatieren. Aber auch dieser Rückgang fällt überraschend gering aus, wenn man bedenkt, dass das gesamtwirtschaft-

Abb. 18-1

Entwicklung der Armutsquote in den Vereinigten Staaten 1968–2019

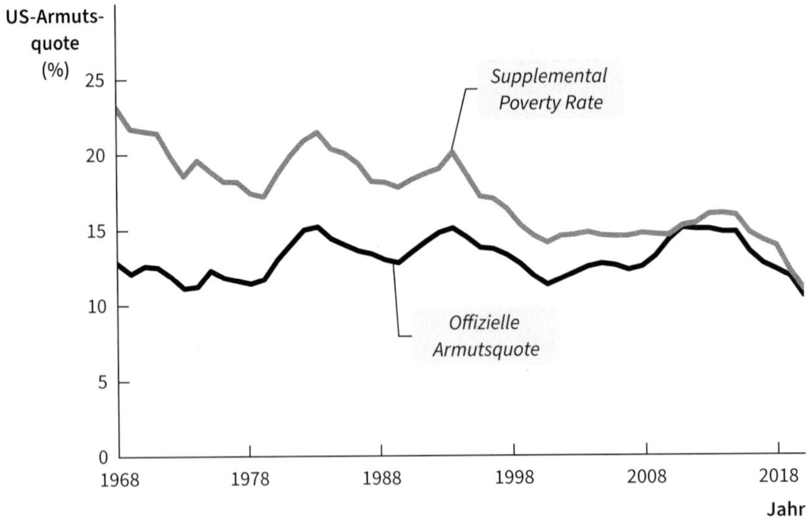

Quellen: U.S. Census Bureau; Center on Poverty & Social Policy at Columbia University.

Die Armutsquote der amtlichen Statistik zeigt in ihrer Entwicklung seit den 1960er-Jahren keine eindeutige Richtung. Greift man mit der *Supplemental Poverty Rate* (*SPM*) auf einen alternativen Maßstab zurück, der von den meisten Experten als zuverlässigerer Indikator angesehen wird, dann lässt sich ein leichter Abwärtstrend feststellen.

liche Einkommen um mehr als 250 Prozent gestiegen ist.

Wer ist von Armut betroffen? Die meisten Menschen haben ein stereotypes Bild von Armut in den Vereinigten Staaten: eine Familie mit afroamerikanischem oder hispano-amerikanischem Hintergrund, bei der der Ehemann die Familie im Stich gelassen hat und die alleinerziehende Mutter arbeitslos ist oder sich mit Aushilfsjobs über Wasser hält. Dieses Bild ist nicht so weit von der Realität entfernt. Unter Familien mit afroamerikanischen oder hispano-amerikanischen Wurzeln ist die Armutsquote überdurchschnittlich hoch, genauso wie bei alleinerziehenden Müttern. Allerdings passt die übergroße Mehrheit der Menschen, die in den Vereinigten Staaten von Armut betroffen ist, nicht in dieses Bild.

Im Jahr 2018 lebten 38,1 Millionen US-Amerikaner in Armut, das waren 11,8 Prozent der Bevölkerung oder ungefähr einer von neun. 41 Prozent der Armen waren weiße Nicht-Hispano-Amerikaner, 28 Prozent Hispano-Amerikaner, 23 Prozent Afroamerikaner und 5 Prozent Asiaten. Damit sind Afroamerikaner, Hispano-Amerikaner und Asiaten – mit Blick auf ihren Anteil an der Gesamtbevölkerung – häufiger von Armut betroffen als weiße Nicht-Hispano-Amerikaner. Rund ein Drittel aller Menschen in Armut sind Kinder. Das bedeutet, dass in den Vereinigten Staaten jedes sechste Kind in Armut aufwächst.

Gleichzeitig gibt es einen Zusammenhang zwischen dem Familienstand und Armut. Alleinerziehende Mütter hatten eine Armutsquote von 23,4 Prozent. Dagegen lag die Armutsquote für Verheiratete bei nur 4,7 Prozent. Gleichzeitig gehörten 27 Prozent aller von Armut Betroffenen zu Haushalten, in denen beide Ehepartner lebten.

Besonders offensichtlich ist der Zusammenhang zwischen Armut und Beschäftigungsstatus. Nur 1,6 Prozent der Menschen, die einer Vollzeitarbeit nachgingen, waren im Jahr 2020 von Armut betroffen. In vielen Branchen, insbesondere im Einzelhandel und bei Dienstleistungen, dominiert mittlerweile Teilzeitarbeit. Teilzeitbeschäftigte bekommen in der Regel keine Zusatzleistungen wie Krankenversicherung, bezahlte Urlaubstage und Pensionsleistungen. Außerdem ist der Stundenlohn von Teilzeitbeschäftigten oft niedriger als der von Vollzeitbeschäftigten. Aus diesem Grund gehören viele Menschen, die von Armut betroffen sind, zu einer Gruppe, die man als »*working poor*«, als arm trotz Erwerbstätigkeit bezeichnet. Das Erwerbseinkommen dieser Menschen liegt unter der Armutsgrenze. Die Covid-19-Pandemie hat das Dilemma vieler Teilzeitbeschäftigten deutlich gemacht: entweder aus finanziellen Gründen krank zur Arbeit gehen oder auf medizinische Betreuung verzichten.

Ursachen der Armut. Armut wird oft auf mangelnde Bildung zurückgeführt. Es gibt einen eindeutigen positiven Zusammenhang zwischen dem Bildungsniveau und der Einkommenshöhe. Menschen mit höherer Bildung verdienen im Durchschnitt mehr als Menschen mit einem niedrigen Bildungsabschluss. Im Jahr 1979 verdienten männliche Arbeitnehmer mit einem Bachelor-Abschluss 29 Prozent mehr als männliche Arbeitnehmer, die nur einen Highschool-Abschluss aufweisen konnten. Bis zum Jahr 2019 hat sich dieser Einkommensunterschied auf 92 Prozent erhöht.

Neben dem Mangel an Ausbildung kann auch fehlende Sprachkompetenz eine Barriere beim Zugang zu höheren Einkommen sein. So verdienen beispielsweise in Mexiko geborene Arbeitnehmer in den Vereinigten Staaten weniger als die Hälfte dessen, was in den USA geborene Arbeitnehmer verdienen. Dabei muss man wissen, dass von den in Mexiko geborenen Arbeitnehmern zwei Drittel keinen Highschool-Abschluss haben und viele von ihnen nur schlecht Englisch sprechen.

Gleichzeitig dürfen die Auswirkungen von Diskriminierung nicht vergessen werden. Obwohl Diskriminierung heute nicht mehr die gleiche Bedeutung hat wie vor 60 Jahren, schafft sie für den Aufstieg vieler US-Amerikaner immer noch erhebliche Barrieren. Nichtweiße mit vergleichbarem Bildungsabschluss verdienen weniger und haben geringere Chancen auf eine Beschäftigung als Weiße. Studien zeigen, dass afroamerikanische Männer in vielen Fällen unter einer dauerhaften Diskriminierung durch ihre Arbeitgeber leiden: Sie werden gegenüber Weißen, afroamerikanischen Frauen und lateinamerikanischen Immigranten benachteiligt. Außerdem erzielen Frauen mit vergleichbaren Qualifikationen geringere Einkommen als Männer.

Darüber hinaus ist festzuhalten, dass eine weitere wichtige Quelle für Armut nicht übersehen werden darf, und das ist einfach Pech im Leben. Wenn der Hauptverdiener seinen Job verliert oder ein Familienmitglied schwer erkrankt, finden sich Familien plötzlich unverschuldet in Armut wieder.

In manchen Fällen ist es so, dass dieses Pech weniger einzelne Personen als vielmehr bestimmte Personengruppen betrifft. So gibt es in den Regionen, die zu den Verlierern im wirtschaftlichen Strukturwandel gehören, den höchsten Anteil von einkommensschwachen US-Amerikanern. Im Harlan County im US-Bundesstaat Kentucky, einem ehemaligen Zentrum des Kohlebergbaus, leben beispielsweise mehr als 40 Prozent der Menschen unterhalb der Armutsgrenze und davon sind 96 Prozent Weiße.

LÄNDER IM VERGLEICH

Einkommen, Umverteilung und Ungleichheit in reichen Volkswirtschaften

Reist man eine Zeitlang durch die Vereinigten Staaten und kommt danach nach Dänemark, dann hat man den Eindruck, dass die Einkommen in Dänemark deutlich ausgeglichener verteilt sind als in den Vereinigten Staaten: Die Reichen sind nicht ganz so reich und die Armen nicht ganz so arm. Die statistischen Daten bestätigen diesen Eindruck. So ist der Gini-Koeffizient, ein Maß für die Einkommensungleichheit in einer Volkswirtschaft, in Dänemark und in den meisten westeuropäischen Industrieländern deutlich kleiner als in den Vereinigten Staaten. Warum ist das so?

Die Antwort auf die Frage hängt eng mit der Rolle des Staates in den einzelnen Volkswirtschaften zusammen. In Europa ist der Wohlfahrtsstaat deutlich stärker ausgebaut als in den Vereinigten Staaten und dadurch kommt es auch zu einer deutlich stärkeren Einkommensumverteilung.

In der Abbildung sind für einige wohlhabende Volkswirtschaften zwei Werte für den Gini-Koeffizienten dargestellt. (Die Daten in der Abbildung beziehen sich auf Haushalte mit Personen unter 60 Jahren, da Unterschiede im Renteneintrittsalter bei Personen über 60 Jahren zu Verzerrungen führen könnten). Ein Land mit einer vollkommen ausgeglichenen Einkommensverteilung – bei der jeder Haushalt über das glei- ▸

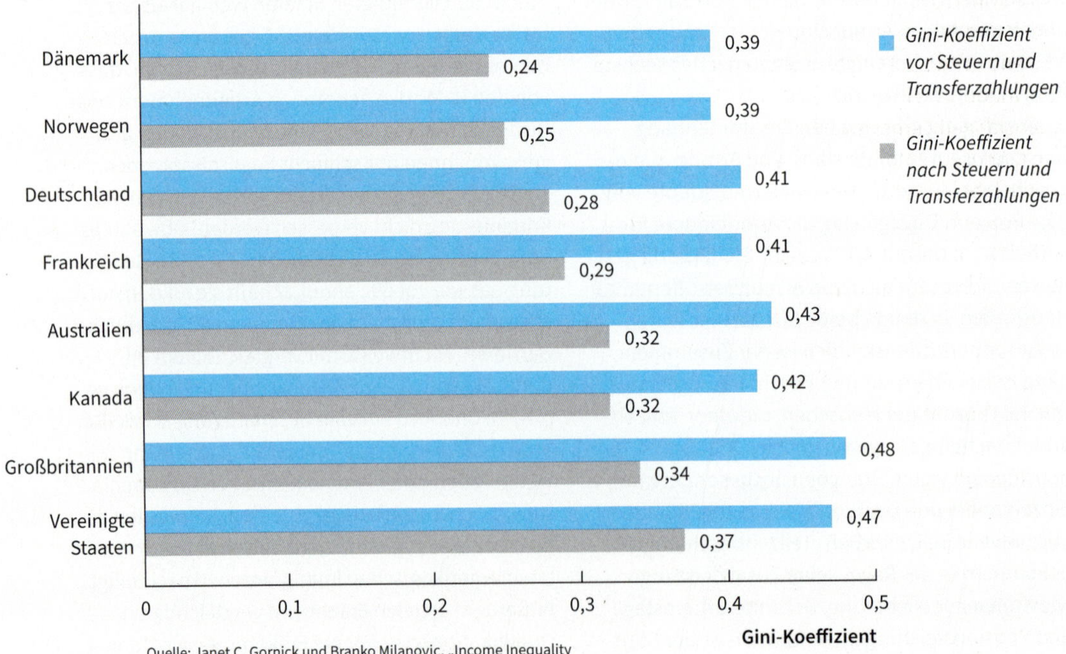

Quelle: Janet C. Gornick und Branko Milanovic, „Income Inequality in the United States in Cross-National Perspective: Redistribution Revisited", Luxembourg Income Study Center, May 4, 2015.

che Einkommen verfügen würde – hätte einen Gini-Koeffizienten von null. Verfügt dagegen nur ein Haushalt über das gesamte Einkommen der Volkswirtschaft (und alle anderen Haushalte über kein Einkommen), wäre der Gini-Koeffizient gleich eins. Für jede Volkswirtschaft zeigt der blaue Balken den tatsächlichen Gini-Koeffizienten, der die Einkommensungleichheit vor Steuern und Transferzahlungen misst. Der graue Balken gibt den Wert für den Gini-Koeffizienten nach Steuern und Transferzahlungen wieder. Es ist zu erkennen, dass die Einkommensverteilung vor Steuern und Transferzahlungen in Dänemark und in den Vereinigten Staaten gar nicht so unterschiedlich ist. Nach den Eingriffen des Wohlfahrtsstaates aber sind die Einkommen in Dänemark deutlich gleichmäßiger verteilt als in den Vereinigten Staaten.

Diese Schlussfolgerung aus den vorliegenden Daten ist allerdings aus zwei Gründen mit Vorsicht zu genießen. Zum einen bleibt zu fragen, inwieweit die Einkommensdaten auch sehr hohe Einkommen, die insbesondere in den Vereinigten Staaten eine große Rolle spielen, korrekt erfassen. Zum anderen könnte der Wohlfahrtsstaat in Europa die Einkommensungleichheit durch seine Anreizwirkungen verstärken. Dennoch stützen die Daten die Vermutung, dass eine stärkere Einkommensungleichheit in reichen Volkswirtschaften eher auf die unterschiedliche Rolle des Wohlfahrtsstaates und weniger auf die wirtschaftlichen Rahmenbedingungen zurückzuführen ist.

Folgen der Armut. Die Folgen der Armut sind oft gravierend, insbesondere für Kinder. In ihren Familien ist die medizinische Versorgung oft mangelhaft, was zu weiteren Gesundheitsproblemen führt. Dadurch können viele Kinder nicht regelmäßig die Schule besuchen oder sind später nicht mehr in der Lage, einer Arbeit nachzugehen. Bezahlbarer Wohnraum ist regelmäßig ein Problem, das arme Familien dazu zwingt, oft umzuziehen, was zu Unterbrechungen in der Schulausbildung und in den Arbeitsverhältnissen führt.

Neue Untersuchungen haben herausgefunden, dass Kinder, die in großer Armut aufwachsen, zu lebenslangen Lernschwächen neigen. Damit haben Kinder, die unterhalb oder nahe der Armutsgrenze leben, von Beginn an nicht die gleichen Chancen. Sie sind ein Leben lang im Nachteil. Selbst begabte Kinder aus armen Familien schließen nur selten erfolgreich das College ab.

Eine langfristige Studie des US-Bildungsministeriums hat die Entwicklung von Jugendlichen beginnend mit der 8. Klasse mit Blick auf ihre schulischen Fähigkeiten, das Einkommen ihrer Eltern und deren Beschäftigungsstatus begleitet. Unter den Jugendlichen, die zu den besten 25 Prozent bei schulischen Eignungstests gehörten und aus einer einkommensschwachen Familie kamen, haben nur 29 Prozent die College-Ausbildung erfolgreich abgeschlossen. Bei den Jugendlichen mit den besten schulischen Leistungen, die aus einem wohlhabenden Elternhaus kamen, haben dagegen 74 Prozent das College erfolgreich abgeschlossen. Die Ergebnisse der Studie zeigen, dass Kinder von armen Eltern im Vergleich zu anderen Gleichaltrigen deutlich geringere Chancen haben, ein Bildungsniveau zu erreichen, das erforderlich ist, um der (Einkommens-)Armut zu entkommen. Aus armen Kindern werden in der Regel arme Eltern.

Die Ökonomen Raj Chetty, John Friedman und Nathaniel Hendren vom Opportunity Insights Project an der Harvard University haben herausgefunden, dass die räumliche Nähe zu Armut besonders negative Auswirkungen hat. Kinder, die in armen Stadtvierteln groß werden, in denen häufiger instabile familiäre Strukturen zu finden sind, haben es deutlich schwerer, der Armut zu entkommen. In Gegenden mit stabilen familiären Strukturen (mit einer geringeren Scheidungs- und einer höheren Heiratshäufigkeit) fällt der soziale Aufstieg dagegen leichter, unabhängig davon, ob die Kinder mit einem oder mit zwei Elternteilen groß werden. Mit anderen Worten: Die durchschnittlichen familiären Strukturen des Wohnviertels spielen eine größere Rolle als die familiäre Situation selbst. In Vierteln mit stärkeren Unterstützungsstrukturen und Vorbildern für den sozialen Aufstieg schafft man es leichter, der Armut zu entkommen. Den Ökonomen zufolge haben Kinder, die in solche Viertel umziehen, eine größere Chance, den Schulabschluss zu schaffen und damit ein höheres Einkommen zu verdienen. Wo man als Kind lebt und was man als Kind erlebt, hat demnach einen großen Einfluss darauf, wie man sich entwickelt.

Das **Durchschnittseinkommen** ist der arithmetische Mittelwert über alle Haushaltseinkommen.

Das **Medianeinkommen** ist das Einkommen, das genau in der Mitte der Einkommensverteilung liegt.

Ökonomische Ungleichheit

Die Vereinigten Staaten sind ein reiches Land. Im Jahr 2018 lag das durchschnittliche Haushaltseinkommen bei 90.021 Dollar und damit weit über der Armutsgrenze. Wie kann es dann sein, dass so viele US-Amerikaner unterhalb der Armutsgrenze leben? Die Antwort lautet: Die Einkommen sind ungleich verteilt. Viele Haushalte verdienen deutlich weniger als das Durchschnittseinkommen, andere dagegen deutlich mehr.

In **Tabelle 18-1** finden sich statistische Befunde zur Einkommensverteilung in den Vereinigten Staaten für das Jahr 2018. Die Daten zeigen das Haushaltseinkommen vor Steuern (des Bundes). Dabei sind die Haushalte in sogenannten *Quintilen* zusammengefasst, von denen jedes Quintil 20 Prozent der Bevölkerung umfasst. Dazu sortiert man alle Haushalte nach der Höhe ihres Jahreseinkommens in aufsteigender Reihenfolge. Dann werden dem untersten Quintil die 20 Prozent aller Haushalte mit dem niedrigsten Einkommen zugeordnet, dem zweiten Quintil die 20 Prozent der Haushalte mit den nächsthöheren Einkommen und so weiter. Zusätzlich zu den Einkommensgruppen auf Basis der Quintile sind auch noch die Daten für die 5 Prozent aller Haushalte mit den höchsten Jahreseinkommen angegeben.

Für jede Einkommensgruppe gibt es drei Einkommensangaben: der Einkommensbereich, der die Einkommensgruppe (das Quintil) definiert, das Durchschnittseinkommen innerhalb der Einkommensgruppe sowie den Anteil, den das Einkommen jeder Einkommensgruppe am gesamten Einkommen in den Vereinigten Staaten hat. So umfasst das untere Quintil alle Haushalte mit einem Jahreseinkommen bis zu 25.600 Dollar, das Durchschnittseinkommen in dieser Einkommensgruppe beträgt 13.775 Dollar und der Anteil am Gesamteinkommen beträgt 3,1 Prozent.

Durchschnittseinkommen und Medianeinkommen. In der letzten Zeile von Tabelle 18-1 finden sich zwei hilfreiche statistische Angaben zur Einschätzung der Einkommenssituation in den Vereinigten Staaten. Das **Durchschnittseinkommen** ergibt sich durch die Summe aller Einkommen geteilt durch die Anzahl der Haushalte. Dagegen spiegelt das **Medianeinkommen** das Einkommen wider, das genau in der Mitte der Einkommensverteilung liegt. Bei diesem Einkommensniveau ist die Anzahl der Haushalte, die mehr verdienen, genauso groß wie die Anzahl der Haushalte, die weniger verdienen.

Der Unterschied zwischen Durchschnittseinkommen und Medianeinkommen lässt sich an einem einfachen Gedankenexperiment verdeutlichen. Stellen Sie sich vor, in einem Raum sind 100 Normalverdiener mit einem Jahresgehalt von 50.000 Dollar. Wenn nun ein hoch bezahlter Wall-Street-Manager mit einem Jahresgehalt von 100 Millionen Dollar den Raum betritt, wird das Durchschnittseinkommen aller im Raum deutlich steigen, während das Medianeinkommen unverändert bleibt.

Tab. 18-1

Einkommensverteilung in den Vereinigten Staaten im Jahr 2018

Einkommensgruppe	Einkommensbereich ($)	Durchschnitts-einkommen ($)	Anteil am Gesamt-einkommen (%)
Erstes (unteres) Quintil	weniger als 25.601	13.775	3,1
Zweites Quintil	25.601 bis 50.000	37.293	8,3
Drittes Quintil	50.001 bis 79.542	63.572	14,1
Viertes Quintil	79.543 bis 130.000	101.570	22,6
Fünftes (oberes) Quintil	mehr als 130.000	233.895	52,0
Top 5 Prozent	mehr als 248.727	416.520	23,1
Durchschnittseinkommen: 90.021 $		**Medianeinkommen: 63.179 $**	

Quelle: U.S. Census Bureau

Dieses Beispiel kann erklären, warum Ökonomen zur Beurteilung der Einkommenssituation eines Durchschnittsbürgers eher auf das Medianeinkommen als auf das Durchschnittseinkommen zurückgreifen. Das Durchschnittseinkommen kann durch eine kleine Gruppe mit sehr hohen Einkommen, die für die Durchschnittsbevölkerung nicht repräsentativ sind, deutlich verzerrt werden.

Der Blick auf Tabelle 18-1 identifiziert eine ungleiche Einkommensverteilung in den Vereinigten Staaten. Das Durchschnittseinkommen der ärmsten 20 Prozent aller Haushalte liegt noch nicht einmal bei einem Viertel des Durchschnittseinkommens der Haushalte im mittleren Quintil. Und die reichsten 20 Prozent aller Haushalte verfügen über ein durchschnittliches Jahreseinkommen, das mehr als drei Mal so groß ist wie das Durchschnittseinkommen im mittleren Quintil und mehr als fünfzehn Mal so groß wie das Durchschnittseinkommen der ärmsten 20 Prozent. Die Ungleichheit in der Einkommensverteilung hat sich in den Vereinigten Staaten insbesondere seit den 1980er-Jahren deutlich vergrößert und ist mittlerweile zu einem wichtigen politischen Thema geworden. Die langfristigen Trends in der Entwicklung der Einkommensungleichheit in den Vereinigten Staaten werden in der Rubrik »Wissenschaft und Praxis« näher untersucht.

Die Daten in Tabelle 18-1 überschätzen allerdings das wahre Ausmaß der Einkommensungleichheit in den Vereinigten Staaten, und das aus zwei Gründen:

1. Die Einkommen der Haushalte schwanken von Jahr zu Jahr. In jedem Jahr gibt es Haushalte, für die das Jahr in Sachen Einkommen besonders schlecht gelaufen ist, und Haushalte, für das Jahr besonders gut gelaufen ist. Über einen längeren Zeitraum betrachtet wird das durchschnittliche Einkommen dieser Haushalte aber gar nicht so stark voneinander abweichen.
2. Die Einkommen der Haushalte verändern sich über die Lebenszeit. Junge Menschen und Rentner verfügen im Durchschnitt über ein geringeres Einkommen als Menschen im Haupterwerbsalter. Damit zeigen Daten, die die Einkommen von Personen in unterschiedlichen Altersgruppen aggregieren, eine größere Einkommensungleichheit als Daten von Einkommen aus vergleichbaren Altersgruppen.

Unbestritten aber bleibt, dass in den Vereinigten Staaten ein beträchtliches Maß an Einkommensungleichheit herrscht.

Einkommensungleichheit im internationalen Vergleich

Um das Ausmaß an Einkommensungleichheit in den Vereinigten Staaten besser bewerten zu können, bietet sich ein Vergleich mit der Einkommensungleichheit in anderen Volkswirtschaften an. Ökonomen greifen dafür auf den *Gini-Koeffizienten* zurück. Der **Gini-Koeffizient** ist der am häufigsten verwendete Indikator zur Messung der Einkommensungleichheit und misst, wie ungleich das Einkommen in einer Volkswirtschaft verteilt ist. Ein Land mit einer vollkommen gleichen Einkommensverteilung hat einen Gini-Koeffizienten von 0. Dann würden alle Haushalte das gleiche Einkommen erzielen. Im anderen Extremfall einer vollkommen ungleichen Einkommensverteilung, bei der einem Haushalt das gesamte Einkommen der Volkswirtschaft zufließt, liegt der Gini-Koeffizient bei 1.

Der **Gini-Koeffizient** ist der am häufigsten verwendete Indikator zur Messung der Einkommensungleichheit und misst, wie ungleich das Einkommen in einer Volkswirtschaft verteilt ist.

Bei einem Vergleich der Werte des Gini-Koeffizienten für einzelne Volkswirtschaften kann man feststellen, dass das größte Ausmaß an Einkommensungleichheit mit Werten von knapp über 0,5 in Lateinamerika (und hier insbesondere in Brasilien) und in einigen afrikanischen Ländern besteht. Das geringste Ausmaß an Einkommensungleichheit findet sich in Europa, und hier vor allem in Skandinavien. Länder mit einer eher ausgeglichenen Einkommensverteilung wie z. B. Schweden haben einen Gini-Koeffizienten von 0,25. Für die Vereinigten Staaten signalisiert ein Wert von 0,41 dagegen eine vergleichsweise große Einkommensungleichheit. So entfielen im Jahr 2016 in den Vereinigten Staaten auf die 1 Prozent der Haushalte mit dem höchsten Jahreseinkommen (mehr als 390.00 Dollar) 20 Prozent des gesamtwirtschaftlichen Einkommens. In Dänemark lag dieser Anteil nur bei 6 Prozent, in Kanada bei 14 Prozent.

Wann wird Einkommensungleichheit zu einem Problem?

Ein gewisses Maß an Einkommensungleichheit stellt kein großes Problem dar. In einer Marktwirtschaft spiegeln unterschiedliche Einkommen Unterschiede bei Ausbildung, Arbeitseinsatz, Fertigkeiten und Innovationen wider. Hätten diese Faktoren keinen Einfluss auf das Einkommen, fehlen wichtige (Leistungs-)Anreize für den Einzelnen und die Volkswirtschaft als Ganzes würde stagnieren.

Eine deutliche Einkommensungleichheit ist allerdings ein ernsthaftes Problem, bedeutet es doch, dass ein erheblicher Teil der Menschen nicht am Wohlstand der Volkswirtschaft teil hat. In den Vereinigten Staaten nimmt die Einkommensungleichheit seit mehr als 40 Jahren immer weiter zu, und das ist der Grund dafür, dass sich die Armutsquote nur wenig verändert hat, obwohl das Land deutlich wohlhabender geworden ist.

Anlass zur Sorge gibt auch die Tatsache, dass sich die Einkommensungleichheit mittlerweile über Generationen erstreckt. Kinder von armen Eltern haben eine größere Wahrscheinlichkeit, später auch arm zu sein als Kinder von wohlhabenden Eltern und umgekehrt. Dieser Zusammenhang ist in den Vereinigten Staaten noch stärker ausgeprägt als in anderen wohlhabenden Volkswirtschaften.

Extreme Einkommensungleichheit kann der langfristigen wirtschaftlichen Entwicklung einer Volkswirtschaft schaden. Kindern aus armen Familien fehlt es oft an gesunder Ernährung und Gesundheitsvorsorge, mit Folgen für ihre Leistungsfähigkeit als Erwachsene. Der fehlende Zugang zu (Schul-)Bildung versperrt den Zugang zu hoch qualifizierten Jobs, die einen nachhaltigen Beitrag zum Wirtschaftswachstum leisten. In manchen Fällen führt eine extreme Einkommensungleichheit durch Spannungen zwischen der reichen Minderheit und dem Rest der Bevölkerung zu politischer Instabilität, die sich negativ auf die Wirtschaftsleistung auswirkt.

Wirtschaftliche Unsicherheit

Wir haben bereits erwähnt, dass die Schaffung des Wohlfahrtsstaates nicht nur der Bekämpfung von Armut und Einkommensungleichheit dient, sondern auch der Minderung der wirtschaftlichen Unsicherheit, von der auch besserverdienende Familien nicht verschont sind.

Wirtschaftliche Unsicherheit bezieht sich in erster Line auf das Risiko, plötzlich sein Einkommen zu verlieren. Das passiert in der Regel dann, wenn ein Familienmitglied den Arbeitsplatz verliert und anschließend eine Zeitlang arbeitslos bleibt oder einen deutlich schlechter bezahlten Job annehmen muss. So ist z. B. während der Covid-19-Pandemie im Frühjahr 2020 die Arbeitslosenquote von unter 5 Prozent auf fast 15 Prozent nach oben geschnellt. Und damit hat sich auch die Einkommensungleichheit drastisch vergrößert, da 40 Prozent aller US-Amerikaner mit einem geringen Einkommen ihren Job verloren haben, aber nur 13 Prozent aller US-Amerikaner mit einem Jahreseinkommen über 100.000 Dollar. Ein Drittel der Menschen, die ihren Job verloren haben oder Lohnkürzungen hinnehmen mussten, konnten ihre monatlichen Ausgaben nicht mehr bestreiten.

Und selbst wenn ein Haushalt keinen Einkommensverlust zu beklagen hat, kann es zu einem deutlichen Ausgabenanstieg kommen. Bis zur Einführung von Obamacare im Jahr 2014 waren es in erster Linie gesundheitliche Probleme wie Herzleiden oder Krebs, die durch eine umfangreiche medizinische Behandlung zu einem Anstieg der Ausgaben geführt haben. Für das Jahr 2009 wurde geschätzt, dass 60 Prozent der Privatinsolvenzen durch hohe medizinische Ausgaben entstanden sind.

WISSENSCHAFT UND PRAXIS

Langfristige Trends bei Einkommensungleichheit in den Vereinigten Staaten

Steigt die Einkommensungleichheit, sinkt sie oder bleibt sie im Zeitablauf konstant? Die Antwort auf alle drei Fragen lautet ja. Im vergangenen Jahrhundert gab es in den Vereinigten Staaten in den 1930er- und 1940er-Jahren eine Periode mit sinkender Einkommensungleichheit, nach dem Zweiten Weltkrieg eine Periode von ungefähr 35 Jahren mit gleichbleibender Einkommensungleichheit und in den letzten 40 Jahren eine Periode mit zunehmender Einkommensungleichheit.

Detaillierte Daten zur Entwicklung der Einkommensungleichheit in den Vereinigten Staaten auf Quintilsbasis wie in Tabelle 18-1 sind erst ab 1947 verfügbar. Diagramm (a) in **Abbil-** ▸

dung 18-2 zeigt die jährliche Wachstumsrate des Einkommens (inflationsbereinigt) für jedes Quintil für zwei Zeiträume: von 1947 bis 1980 und von 1980 bis 2018. Zwischen beiden Zeiträumen lässt sich ein klarer Unterschied erkennen. Von 1947 bis 1980 ist das Einkommen in allen Einkommensgruppen mit ungefähr der gleichen Rate gewachsen. Es gab also im Großen und Ganzen keine Veränderung bei der Einkommensungleichheit, die Einkommen sind durch die Bank gewachsen.

Nach 1980 sind die oberen Einkommen jedoch deutlich stärker gewachsen als die mittleren Einkommen, und die mittleren Einkommen sind wiederum stärker gewachsen als die unteren Einkommen. Damit hat sich die Einkommensungleichheit seit 1980 deutlich erhöht. Während das Einkommen in der oberen Einkommensgruppe zwischen 1980 und 2018 einen Anstieg von 96 Prozent zu verzeichnen hatte, sind die Einkommen in der unteren Einkommensgruppe leicht um 10 Prozent gestiegen.

Auch wenn für die Zeit vor 1947 keine detaillierten Daten zur Einkommensverteilung vorliegen, haben Ökonomen mithilfe von anderen Daten wie Einkommensteuerdaten den Einkommensanteil der einkommensstärksten 10 Prozent der Bevölkerung bis zum Jahr 1917 zurückgerechnet. Die Ergebnisse dieser Untersuchungen sind in Diagramm (b) von Abbildung 18-2 dargestellt. Wie die detaillierten Einkommensdaten ab 1947, so zeigt auch dieser alternative Untersuchungsansatz, dass die Einkommensungleichheit zwischen 1947 und den späten 1970er-Jahren annähernd konstant war, anschließend jedoch stark zugenommen hat.

Abb. 18-2: Trends bei der Einkommensungleichheit in den Vereinigten Staaten

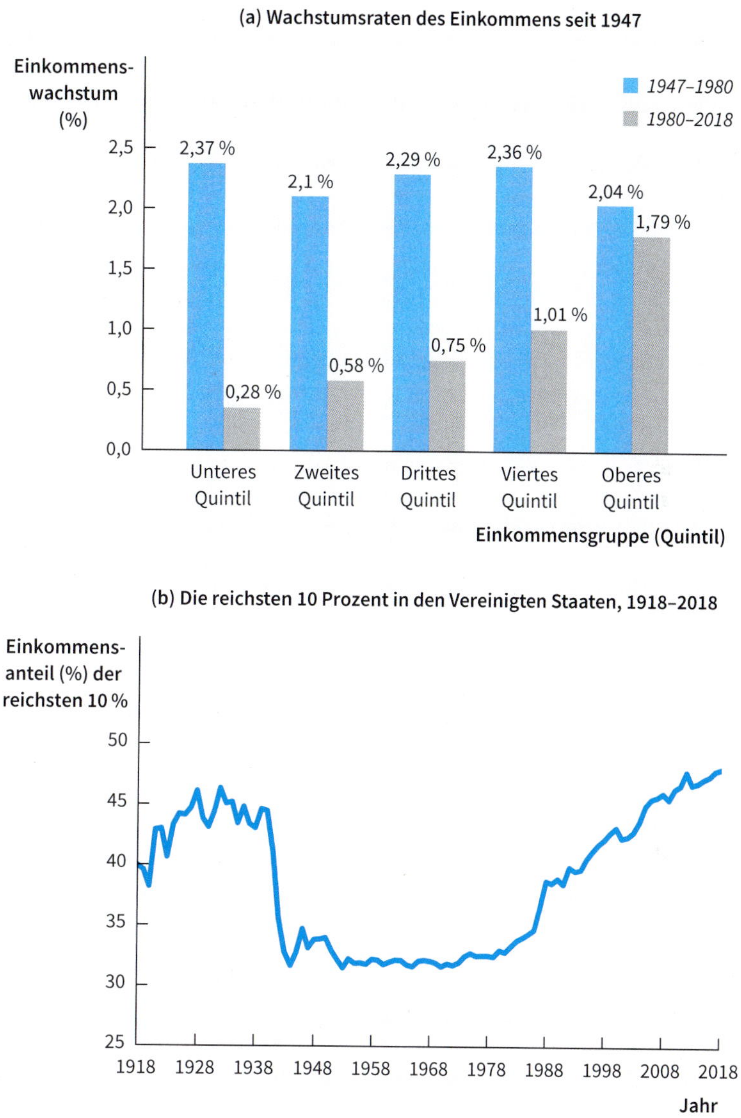

Quellen: Diagramm (a): U.S. Census Bureau;
Diagramm (b): Emmanuel Saez, Striking It Richer: The Evolution of Top Incomes in the United States, University of California, Berkeley, Discussion Paper, 2008 (updated 2019).

Die Untersuchungsergebnisse zeigen auch, dass eine Periode mit einer relativ gleichmäßigen Einkommensverteilung wie ab 1947 für die US-amerikanische Volkswirtschaft etwas Neues war. Im späten 19. Jahrhundert waren die Einkommen sehr ungleich verteilt. Die starke Einkommensungleichheit hielt bis zu Beginn der 1930er-Jahre an. Ende der 1930er-Jahre und zu Beginn der 1940er-Jahre ging die Einkommensungleichheit dann stark zurück. In einem berühmten Aufsatz bezeichneten die beiden Wirtschaftshistoriker Claudia Goldin und Robert Margo diese Zeit als »Great Compression«.

Die »Great Compression« fiel zeitlich ungefähr mit dem Zweiten Weltkrieg zusammen. In dieser Zeit verhängte die US-Regierung spezielle Preis- und Lohnkontrollen, die dazu geführt haben, dass die Einkommensungleichheit kleiner wurde. So konnten die Unternehmen die Löhne der einfachen Arbeiter deutlich leichter erhöhen als die Einkommen des Managements. Unklar bleibt, warum sich die Einkommensgleichheit auch Jahrzehnte nach der Aufhebung der staatlichen Kontrollen im Jahr 1946 auf ihrem Niveau halten konnte. ▸

Seit den 1970er-Jahren hat sich die Einkommensungleichheit, wie wir bereits gesehen haben, deutlich vergrößert. Tatsächlich ist das Einkommen vor Steuern heute in den Vereinigten Staaten genauso ungleich verteilt wie in den 1920er-Jahren. Allerdings werden die Einkommensungleichheiten heute zumindest durch Steuern und Eingriffe des Wohlfahrtsstaates abgemildert.

Über die Ursachen der zunehmenden Einkommensungleichheit gibt es unter Ökonomen eine intensive Diskussion. Der beliebteste Erklärungsansatz verweist auf den rasanten technischen Fortschritt, der die Nachfrage nach gut ausgebildeten Arbeitskräften deutlich stärker erhöht hat als die Nachfrage nach anderen Arbeitskräften, sodass die Lohnunterschiede zwischen diesen beiden Gruppen stark angestiegen sind. Beigetragen zu dieser Entwicklung hat auch der wachsende Außenhandel, der es den Vereinigten Staaten ermöglicht, arbeitsintensiv produzierte Güter nicht mehr im Inland zu produzieren, sondern aus Niedriglohnländern zu importieren. Der dadurch ausgelöste Rückgang in der Nachfrage nach gering qualifizierten Arbeitskräften hat die Löhne für diese Gruppe gedrückt. Und schließlich kann auch die zunehmende Einwanderung in die Vereinigten Staaten ein Grund für die zunehmende Einkommensungleichheit sein. In der Regel verfügen die Einwanderer über ein geringeres Bildungsniveau als die einheimischen Arbeitskräfte. Dadurch erhöht sich das Angebot an gering qualifizierten Arbeitskräften, was die Löhne für diese Arbeitskräfte unter Druck setzt.

Diese einzelnen Erklärungsansätze ignorieren jedoch einen entscheidenden Aspekt. Ein großer Teil des Anstiegs in der Einkommensungleichheit hat nichts mit den wachsenden Unterschieden zwischen hoch qualifizierten und gering qualifizierten Arbeitskräften zu tun, sondern mit wachsenden Unterschieden innerhalb der Gruppe der hoch qualifizierten Arbeitskräfte. So haben z. B. Lehrer und Top-Manager ein ähnliches Bildungsniveau. Doch während die Gehaltszahlungen der Manager rasant angestiegen sind, verdienen Lehrer nicht wesentlich mehr. Aus irgendeinem Grund verdienen die »Superstars« – und damit sind sowohl die sprichwörtlichen Superstars aus der Unterhaltungsbranche gemeint als auch Top-Bankmanager und Spitzenführungskräfte aus der Industrie – heute viel mehr als noch vor einer Generation. Der Grund dafür ist immer noch unklar.

Kurzzusammenfassung

- In reichen Volkswirtschaften sind die Ausgaben des **Wohlfahrtsstaates**, dazu gehören auch **Transferzahlungen**, für einen großen Teil der Staatsausgaben verantwortlich.
- Es gibt drei grundsätzliche Argumente für den Wohlfahrtsstaat. Das erste Argument ist die Minderung von Einkommensungleichheiten. Das kann durch **staatliche Armutsbekämpfung** erreicht werden. Das zweite Argument ist die Minderung von wirtschaftlicher Unsicherheit durch die **Sozialversicherung**. Das dritte und letzte Argument für den Wohlfahrtsstaat bezieht sich auf den Nutzen der Gesellschaft aus der Armutsbekämpfung und des Zugangs zu Gesundheitsfürsorge, insbesondere für Kinder.
- Die **Armutsgrenze** ist in den Vereinigten Staaten absolut über ein bestimmtes Jahreseinkommen definiert. Die Armutsgrenze wird jedes Jahr angepasst, um Änderungen bei den Lebenshaltungskosten widerzuspiegeln. Unberücksichtigt bleiben Änderungen im durchschnittlichen Lebensstandard. Obwohl es in den letzten 50 Jahren einen deutlichen Anstieg des durchschnittlichen Einkommens in den Vereinigten Staaten gegeben hat, ist die **Armutsquote** nicht gesunken.
- Zu den Ursachen für Armut gehören mangelnde Bildung, die Auswirkungen von Diskriminierung nach Geschlecht und Rasse, aber auch Pech im Leben.
- Das **Medianeinkommen** ist ein besserer Indikator für das normale Haushaltseinkommen als das **Durchschnittseinkommen** aller Haushalte. Im internationalen Vergleich zeigt der **Gini-Koeffizient**, dass die Einkommensungleichheit in den Vereinigten Staaten geringer ist als in armen Ländern, aber höher als in allen anderen reichen Volkswirtschaften.
- In den Vereinigten Staaten gab es Phasen einer abnehmenden und einer zunehmenden Einkommensungleichheit. Seit den 1980er-Jahren hat sich die Einkommensungleichheit verstärkt. Diese Entwicklung ist in erster Linie auf die zunehmende Einkommensungleichheit bei hoch qualifizierten Arbeitskräften zurückzuführen.

ÜBERPRÜFEN SIE IHR WISSEN

1. Erklären Sie, ob die nachfolgenden Maßnahmen der Armutsbekämpfung oder der Sozialversicherung zuzurechnen sind.
   a. Eine Rentenversicherung, die Rentenzahlungen für Arbeitskräfte im Altersruhestand bereitstellt, wenn diese keine Unternehmensrente mehr bekommen, weil das Unternehmen pleitegegangen ist.
   b. Ein staatliches Gesundheitsfürsorgeprogramm, dass Kindern aus einkommensschwachen Familien den Zugang zu Gesundheitsleistungen ermöglicht.
   c. Ein Hilfsprogramm, das einkommensschwachen Haushalten Wohngeld zahlt.
   d. Ein Hilfsprogramm, das Opfer einer Überschwemmung finanziell unterstützt.
2. Gilt in den Vereinigten Staaten eine absolute oder eine relative Armutsgrenze? Erläutern Sie Ihre Antwort.
3. In der nachfolgenden Tabelle ist die Einkommensverteilung für eine sehr kleine Volkswirtschaft wiedergegeben.

	Einkommen (€)
Sabine	39.000
Annemarie	17.500
Robert	900.000
Artur	15.000
Oskar	28.000

   a. Wie hoch ist das Medianeinkommen? Wie hoch ist das Durchschnittseinkommen? Welche Größe spiegelt das durchschnittliche Einkommen in der Volkswirtschaft besser wider? Begründen Sie Ihre Antwort.
   b. Welchen Einkommensbereich umfasst das erste Quintil? Welchen Einkommensbereich umfasst das dritte Quintil?
4. Welche der folgenden Aussagen spiegelt die grundlegende Ursache für die wachsende Einkommensungleichheit in den Vereinigten Staaten besser wider? Begründen Sie Ihre Antwort.
   a. Das Gehalt der Manager der örtlichen Zweigstelle der Sunrise Bank ist stärker gestiegen als das Gehalt der Kassierer im Supermarkt.
   b. Das Gehalt des Vorstandsvorsitzenden der Sunrise Bank ist stärker gestiegen als das Gehalt des Zweigstellenleiters.

18.2 Der Wohlfahrtsstaat in den Vereinigten Staaten

Im Jahr 2019 bestand der Wohlfahrtsstaat in den Vereinigten Staaten aus den drei großen Bausteinen Sozialversicherung, Medicare (staatliche Krankenversicherung für ältere und behinderte Menschen) und Medicaid (Gesundheitsfürsorgeprogramm für Personen mit niedrigem Einkommen), einer Reihe unterschiedlicher bedarfsgeprüfter Sozialleistungen – dazu gehören neben dem Affordable Care Act (Obamacare) das Programm »Vorübergehende Unterstützung für Familien in Not« (»Temporary Assistance for Needy Families, TANF«) und Lebensmittelmarken –, aus der

Tab. 18-2

Überblick über wichtige staatliche Wohlfahrtsprogramme in den Vereinigten Staaten im Jahr 2019

	Geldleistungen	Sachleistungen
Mit Bedürftigkeitsprüfung	Vorübergehende Unterstützung für Familien in Not (TANF): 20,7 Mrd. $ Zahlungen an Ältere und Behinderte (SSI): 53,0 Mrd. $ Steuergutschriften auf Einkommen (EITC): 60,6 Mrd. $	Lebensmittelmarken: 71,2 Mrd. $ Medicaid: 418,7 Mrd. $ Affordable Care Act: 48,9 Mrd. $
Ohne Bedürftigkeitsprüfung	Sozialversicherung: 1.041,2 Mrd. $ Arbeitslosenversicherung: 26,8 Mrd. $	Medicare: 644,9 Mrd. $

Arbeitseinkommensteuergutschrift (»Earned Income Tax Credit«) und einer Vielzahl von kleineren Programmen. In **Tabelle 18-2** findet sich eine Kategorisierung der einzelnen Programme (einschließlich der jeweiligen Kosten).

In der Tabelle wird zwischen Programmen mit und ohne **Bedürftigkeitsprüfung** differenziert. Bei Programmen mit Bedürftigkeitsprüfung kommt es nur dann zur Gewährung von Leistungen, wenn das Einkommen und/oder Vermögen der Personen oder Familien unterhalb einer bestimmten Grenze liegt. Diese Programme zielen darauf ab, einkommensschwache Personen oder Familien zu unterstützen. Im Unterschied dazu gewähren Programme ohne Bedürftigkeitsprüfung Leistungen an alle, obwohl auch diese Programme – wie wir noch erfahren werden – eigentlich dazu dienen, die Einkommensungleichheit zu lindern.

Staatliche Programme mit **Bedürftigkeitsprüfung** kommen nur für Personen oder Familien infrage, deren Einkommen und/oder Vermögen unterhalb einer bestimmten Grenze liegt.

Außerdem unterscheidet die Tabelle zwischen der Auszahlung von Geldleistungen, über die die Empfänger frei verfügen können, und der Gewährung von **Sachleistungen**, die in Form von Waren oder Dienstleistungen und nicht in Form von Geld erfolgt. Die Zahlen zeigen, dass bei Sachleistungen die größten Ausgaben bei den Programmen Medicare und Medicaid anfallen, die für Gesundheitsleistungen zahlen. Mit dem Thema Krankenversicherung wollen wir uns später beschäftigen. Zunächst werfen wir einen Blick auf die anderen wichtigen Programme.

Bei **Sachleistungen** erhalten die Bedürftigen Unterstützung durch die Bereitstellung von Waren und Dienstleistungen.

Bei einer **negativen Einkommensteuer** erhalten Personen mit einem niedrigen Arbeitseinkommen eine Steuergutschrift vom Staat.

Programme mit Bedürftigkeitsprüfung

Beim Begriff Wohlfahrt denkt man zuerst an Geldleistungen für arme Familien. In den Vereinigten Staaten werden diese Geldleistungen durch das Programm »Vorübergehende Unterstützung für Familien in Not« (»Temporary Assistance for Needy Families – TANF«) gewährt. Diese Form der Sozialhilfe gewährt jedoch – im Unterschied zur Sozialhilfe in der Bundesrepublik Deutschland – nicht allen einkommensschwachen Personen finanzielle Unterstützung, sondern nur einkommensschwachen Familien mit Kindern. Gleichzeitig ist die staatliche Unterstützung zeitlich begrenzt.

Das Programm wurde Mitte der 1990er-Jahre eingeführt und löste eine andere staatliche Maßnahme zur Familienbeihilfe (»Aid to Families with Dependent Children« – AFDC) ab, die hoch umstritten war. Kritiker monierten, dass das AFDC-Programm falsche Anreize für die Armen gesetzt und zum Auseinanderbrechen von Familien geführt hat. Die »Modernisierung der Sozialhilfe« führte allerdings auch dazu, dass die finanziellen Hilfen inflationsbereinigt deutlich geringer ausfielen als vorher, zeitlich begrenzt und (selbst für alleinerziehende Mütter) mit einem massiven Druck zur Arbeitsaufnahme verbunden wurden. Wie man in Tabelle 18-2 erkennen kann, fallen die Ausgaben des Staates für das TANF-Programm vergleichsweise gering aus.

Für andere staatliche Hilfsprogramme wird deutlich mehr Geld ausgegeben. Dennoch sind diese Programme weniger umstritten. Die zusätzliche Sozialhilfe durch das *Supplemental Security Income Program* (*SSI*) gewährt behinderten Menschen und älteren Menschen (älter als 65 Jahre), die nicht mehr arbeiten können und nur über ein geringes Einkommen und Vermögen verfügen, finanzielle Unterstützung. Das Ernährungshilfeprogramm *Supplemental Nutrition Assistance Program* (*SNAP*), früher als Lebensmittelmarken-Programm bezeichnet, unterstützt einzelne Personen und Familien mit niedrigem Einkommen durch die Vergabe von Lebensmittelmarken, die für den Erwerb von Lebensmitteln in Geschäften genutzt werden können.

Außerdem gibt es in den Vereinigten Staaten eine sogenannte Arbeitseinkommensteuergutschrift (*Earned Income Tax Credit – EITC*). Ökonomen ordnen diese Maßnahme in den Bereich der **negativen Einkommensteuer** ein. Bei einer negativen Einkommensteuer müssen Personen mit einem niedrigen Arbeitseinkommen keine Einkommensteuer an den Staat zahlen, sondern erhalten eine Steuergutschrift vom Staat. In den Vereinigten Staaten erhalten Millionen Arbeitskräfte durch das EITC-Programm ein zusätzliches Einkommen. Während die Ausgaben für die traditionellen Wohlfahrtsprogramme immer mehr gekürzt wurden, ist das EITC-Programm ausgeweitet worden. Von dieser Maßnahme profitieren die Menschen, die ein Arbeitseinkommen erzielen. Dabei gilt, dass die Höhe der Steuergutschrift bis zu einem bestimmten Einkommensbetrag mit wachsendem Einkommen immer größer wird. Damit funktioniert das EITC-Programm wie eine negative Einkommensteuer. Im Jahr 2019 erhielt eine Familie mit zwei Kindern, die weniger als 14.550 Dollar im Jahr verdiente, eine Steuergutschrift in Höhe von 40 Prozent ihres Jahreseinkommens (für Alleinerziehende und Familien ohne Kinder war die Steuergutschrift ein wenig niedriger). Ab einem bestimmten Einkommensniveau geht die Steuergutschrift zurück und entfällt schließlich ganz. Für eine Familie mit zwei Kindern lag diese Einkommensgrenze, oberhalb derer es keine Steuergutschrift mehr gibt, bei 52.493 Dollar.

Sozialversicherung und Arbeitslosenversicherung

Die Sozialversicherung ist der wichtigste Bestandteil des Wohlfahrtsstaates in den Vereinigten Staaten. Die Sozialversicherung beinhaltet eine gesetzliche Rentenversicherung, eine Invaliditätsversicherung sowie eine Hinterbliebenenvorsorge. Die Ausgaben für die Sozialversicherung werden durch einen dafür vorgesehenen Anteil an der Lohnsteuer gedeckt. Die Höhe der Rentenzahlungen, die die Ruheständler erhalten, hängt von der Höhe ihres steuerpflichtigen Einkommens während ihrer Arbeitsjahre ab. Je höher das Einkommen bis zur Bemessungsgrenze (2019: 132.900 Dollar) ausfällt, desto größer sind die Rentenzahlungen. Die Höhe der Rentenzahlungen ist allerdings nicht proportional an das Einkommen geknüpft, sondern basiert auf einer speziellen Formel, nach der Besserverdienende eine höhere Rentenzahlung erhalten. Durch die Formel sind die Rentenzuwächse mit höherem Einkommen jedoch degressiv ausgestaltet, sodass die Rentenversicherung für Geringverdiener attraktiver ist.

Da die meisten Menschen im Altersruhestand keine Rentenzahlungen von ihren früheren Arbeitgebern (Betriebsrente) erhalten und nur wenige über ausreichend Vermögen verfügen, um davon ihren Lebensunterhalt bestreiten zu können, stellen die Zahlungen der Rentenversicherung eine wichtige Einkommensquelle dar. Für mindestens 50 Prozent der verheirateten und 70 Prozent der alleinstehenden US-Amerikaner, die älter als 65 Jahre sind, machen die Rentenzahlungen mehr als die Hälfte ihres gesamten Einkommens aus. Und für 21 Prozent aller verheirateten und 45 Prozent aller alleinstehenden US-Amerikaner, die älter als 65 Jahre sind, machen die Zahlungen mindestens 90 Prozent des gesamten Einkommens aus. In vielen Fällen verfügen diese Menschen über keine anderen Einkommensquellen.

Die Arbeitslosenversicherung stellt einen weiteren wichtigen Baustein zur sozialen Absicherung dar, auch wenn die Ausgaben deutlich geringer sind als die Ausgaben der Rentenversicherung. Durch die Arbeitslosenversicherung erhalten Arbeitnehmer bei Verlust ihres Arbeitsplatzes für einen Zeitraum von maximal 26 Wochen finanzielle Leistungen in Höhe von 35 Prozent des letzten Verdienstes. Die Arbeitslosenversicherung finanziert sich (im Unterschied zur Bundesrepublik Deutschland) allein durch Arbeitgeberbeiträge. Wie bei der Rentenversicherung sind auch Zahlungen durch die Arbeitslosenversicherung nicht an eine bestimmte Einkommenshöhe geknüpft.

Die Auswirkungen der wohlfahrtsstaatlichen Programme auf Armut und Einkommensungleichheit

Der Wohlfahrtsstaat verteilt Einkommen von Menschen mit einem hohen Einkommen zu Menschen mit einem geringen Einkommen. Es gibt eine Vielzahl von statistischen Untersuchungen, die versuchen, das Ausmaß der Einkommensumverteilung abzuschätzen. Eindeutig scheint, dass die Programme des Staates eine große Wirkung auf die Armutsquote haben. Der Effekt auf die Einkommensverteilung ist dagegen begrenzt. Bei den statistischen Untersuchungen werden jedoch nur die direkten Auswirkungen von Steuern und Transferzahlungen ermittelt, durch den Wohlfahrtsstaat ausgelöste Verhaltensänderungen bleiben unberücksichtigt. So ist z. B. ungeklärt, wie viele ältere Arbeitnehmer noch arbeiten würden, wenn sie keine Zahlungen aus der Rentenversicherung erhalten würden. Aus diesem Grund können statistische Untersuchungen nur einen Teil der Effekte des Wohlfahrtsstaates nachzeichnen. Die Ergebnisse sind dennoch eindrucksvoll.

Tabelle 18-3 zeigt für das Jahr 2012 (aktuellste Datenbasis) im Überblick, wie stark die einzelnen staatlichen Wohlfahrtsprogramme in den Vereinigten Staaten auf die alternative Armutsquote (*Supplemental Poverty Rate*) in der gesamten Bevölkerung und in bestimmten Altersgruppen gewirkt haben. Die Werte in der Tabelle 18-3 geben die Prozentpunkte wieder, um die die Armutsquote in der jeweiligen Bevölkerungsgruppe durch ein bestimmtes Programm gesunken ist. So wäre z. B. die Armutsquote bei älteren US-Amerikanern (älter als 65 Jahre) um fast 40 Prozentpunkte höher, wenn es die staatliche Rentenversicherung nicht gäbe.

Tabelle 18-4 zeigt die Auswirkungen von Steuern und Transferzahlungen auf die Einkommensverteilung in den fünf Quintilen auf der Grundlage von Schätzungen durch das Congressional Budget Office für das Jahr 2016. Durch die staatlichen Programme ist der Einkommensanteil der ärmsten 80 Prozent der Bevölkerung angestiegen, insbesondere für das erste Quintil der ärmsten 20 Prozent. Dagegen ist der Einkommensanteil der reichsten 20 Prozent durch die staatliche Wohlfahrtspolitik gesunken.

Tab. 18-3

Schätzungen zur Reduktion der Armutsquote (in Prozentpunkten) durch verschiedene staatliche Programme in den Vereinigten Staaten für das Jahr 2012

	Bevölkerung insgesamt	Kinder	Erwachsene (jünger als 65 Jahre)	Ältere (älter als 65 Jahre)
Rentenversicherung	8,56	1,97	4,08	39,86
Arbeitseinkommensteuergutschrift (EITC)	3,02	6,66	2,25	0,20
Ernährungshilfeprogramm (SNAP)	1,62	3,01	1,27	0,76
Arbeitslosenversicherung	0,79	0,82	0,88	0,31
Supplemental Security Income (SSI)	1,07	0,84	1,12	1,21
Wohngeld	0,91	1,39	0,66	1,12
Schulessen	0,38	0,91	0,25	0,03
Vorübergehende Unterstützung für Familien in Not (TANF)	0,21	0,46	0,14	0,05
Ernährungshilfeprogramm für Frauen und Kinder (WIC)	0,13	0,29	0,09	0,00

Quelle: Council of Economic Advisers

Tab. 18-4

Auswirkungen von Steuern und Transferzahlungen auf die Einkommensverteilung in den Vereinigten Staaten für das Jahr 2016

Einkommensgruppe	Einkommensanteil ohne Steuern und Transferzahlungen (%)	Einkommensanteil mit Steuern und Transferzahlungen (%)
Erstes (unteres) Quintil	3,8	7,7
Zweites Quintil	8,9	11,1
Drittes Quintil	13,6	14,7
Viertes Quintil	20,5	20,3
Fünftes (oberes) Quintil (bis 99 %)	38,5	35,1
Top 1 Prozent	15,8	12,5

Quelle: Congressional Budget Office

WISSENSCHAFT UND PRAXIS

Staatliche Wohlfahrtsprogramme und Armutsquoten in den Jahren der Finanz- und Wirtschaftskrise 2007–2010

Im Jahr 2008 rutschte die US-amerikanische Volkswirtschaft in die schwerste Wirtschaftskrise seit der Weltwirtschaftskrise der 1930er-Jahre. Im Verlauf des Jahres 2009 wurde der Tiefpunkt durchschritten, aber die beginnende Erholung ging nur sehr langsam und enttäuschend voran. Es dauerte mehr als 6 Jahre, bis sowohl das Durchschnittseinkommen als auch das Medianeinkommen das Vorkrisenniveau wieder erreicht hatten. In Anbetracht dieser schlechten wirtschaftlichen Entwicklung würde man für diesen Zeitraum einen starken Anstieg der Armut erwarten. Und die Armutsquote ist auch – wie wir bereits in Abbildung 18-1 gesehen haben – angestiegen. Aber während die Weltwirtschaftskrise in den 1930er-Jahren viele Familien in Not und Elend gestürzt hat, ist das Land in der Finanz- und Wirtschaftskrise 2007–2009 von einer solchen Entwicklung verschont geblieben. Verantwortlich dafür waren staatliche Wohlfahrtsprogramme wie z.B. das Ernährungshilfeprogramm, die während der Wirtschaftskrise auch noch (befristet) deutlich ausgeweitet wurden. **Abbildung 18-3** stellt eine Schätzung für den Anstieg der Armutsquote im Zeitraum 2007–2010, zu dem es ohne staatliche Programme gekommen wäre, der tatsächlichen Entwicklung gegenüber. Ohne staatliche Wohlfahrtsprogramme wäre die Armutsquote während der Krise um 4,5 Prozentpunkte angestiegen. Tatsächlich kam es nur zu einem Anstieg um 0,5 Prozentpunkte. Der Wohlfahrtsstaat konnte die Wirtschaftskrise in den Vereinigten Staaten nicht abwenden und auch nicht verhindern, dass Menschen ihre Arbeitsplätze und ihre Häuser verloren haben. Aber er konnte zumindest den Armutsanstieg begrenzen.

Abb. 18-3: Veränderungen der Armutsquote während der Finanz- und Wirtschaftskrise in den Vereinigten Staaten, 2007–2010

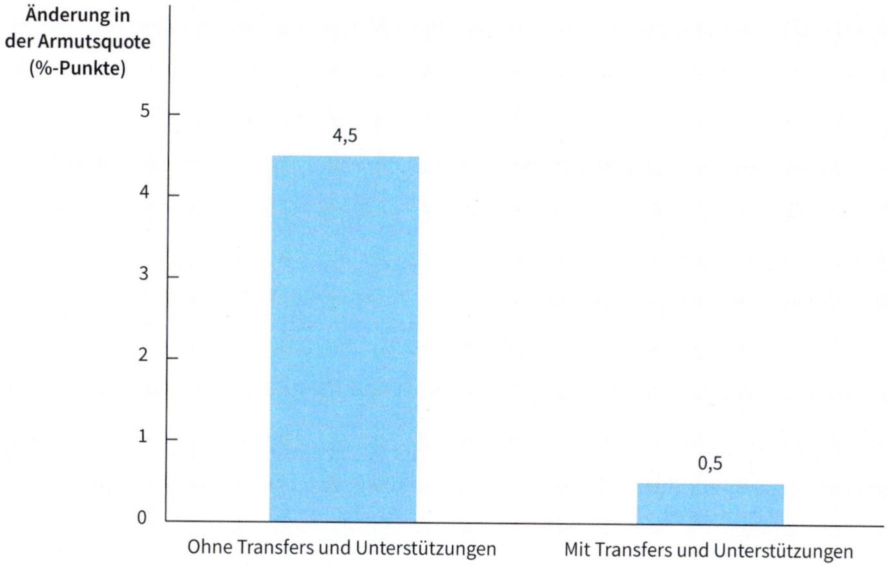

Quelle: Council of Economic Advisers

Kurzzusammenfassung

- Staatliche Programme mit **Bedürftigkeitsprüfung** zielen darauf ab, die Armut zu senken. Das Gleiche gilt auch für staatliche Programme ohne Bedürftigkeitsprüfung. Die Wohlfahrtsprogramme gewähren entweder Geldleistungen oder **Sachleistungen**.
- Eine weitere Maßnahme zur Unterstützung einkommensschwacher Familien ist die sogenannte Arbeitseinkommensteuergutschrift, die eine Form der **negativen Einkommensteuer** darstellt.
- Die Sozialversicherung ist der wichtigste Bestandteil des Wohlfahrtsstaates in den Vereinigten Staaten. Die Sozialversicherung beinhaltet eine gesetzliche Rentenversicherung, eine Invaliditätsversicherung sowie eine Hinterbliebenenvorsorge. Die Zahlungen der Rentenversicherung stellen für die meisten älteren US-Amerikaner eine wichtige Einkommensquelle dar. Die Arbeitslosenversicherung ist ein weiterer wichtiger Baustein zur sozialen Absicherung. Wie bei der Rentenversicherung auch sind Zahlungen durch die Arbeitslosenversicherung nicht an eine bestimmte Einkommenshöhe geknüpft.
- Insgesamt führt der Wohlfahrtsstaat zu einer Einkommensumverteilung. Untersuchungen für die Vereinigten Staaten zeigen, dass der Einkommensanteil der ärmsten 80 Prozent der Bevölkerung durch den Wohlfahrtsstaat steigt, während der Einkommensanteil der reichsten 20 Prozent sinkt.

ÜBERPRÜFEN SIE IHR WISSEN

1. Erklären Sie, wie eine negative Einkommensteuer die negativen Anreize zur Arbeitsaufnahme vermeidet, die mit der Gewährung von Sach- und Geldleistungen an einkommensschwache Familien einhergehen.
2. Welchen Effekt hat der Wohlfahrtsstaat in den Vereinigten Staaten nach Tabelle 18-3 auf die Armutsquote insgesamt? Wie sieht es mit der Wirkung auf die Armutsquote unter älteren Menschen (65 Jahre und älter) aus?

18.3 Die Ökonomik der Gesundheitsfürsorge

In reichen Volkswirtschaften wie den Vereinigten Staaten und der Bundesrepublik Deutschland hat ein großer Teil des Wohlfahrtsstaates mit der Gesundheitsfürsorge zu tun. In diesen Ländern trägt der Staat zwischen 70 Prozent und 80 Prozent der Gesundheitskosten. Und selbst in den Vereinigten Staaten, wo der private Sektor eine deutlich größere Rolle im Gesundheitswesen spielt, zahlt der Staat rund die Hälfte aller Gesundheitskosten. Zusätzlich werden private Krankenversicherungen steuerlich begünstigt.

Abbildung 18-4 zeigt, wie sich die Gesundheitskosten in den Vereinigten Staaten im Jahr 2018 zusammengesetzt haben. Nur 12 Prozent der laufenden Gesundheitskosten (ohne Investitionskosten in medizinische Infrastruktur) wurden direkt von den Patienten aus der eigenen Tasche bezahlt. Der überwiegende Teil der Kosten (88 Prozent) wurde von verschiedenen Versicherungen getragen. Von den 88 Prozent entfiel knapp die Hälfte auf private Krankenversicherungen. Der restliche Anteil verteilte sich auf die beiden staatlichen Programme Medicare und Medicaid. Um diese Kostenaufteilung zu verstehen, müssen wir uns näher mit der Ökonomik der Gesundheitsfürsorge befassen.

Die Notwendigkeit einer Krankenversicherung

Im Jahr 2018 beliefen sich die durchschnittlichen Gesundheitsausgaben in den Vereinigten Staaten pro Person auf 11.121 Dollar. Insgesamt waren das 17,8 Prozent des BIP. Aber das bedeutet nicht, dass der Durchschnittsamerikaner rund 10.000 Dollar für medizinische Behandlungen ausgegeben hat. Tatsächlich hat die Hälfte der Bevölkerung nur geringe Gesundheitsausgaben. Für einen kleinen Teil der Bevölkerung fallen dagegen hohen Kosten für die Gesundheitsfürsorge an: Auf 10 Prozent der Bevölkerung entfallen zwei Drittel der Kosten.

Kann man vorhersagen, wer von hohen Gesundheitsausgaben betroffen sein wird? In einem gewissen Umfang ist das möglich, denn es gibt allgemeine Krankheitsmuster. So fallen z. B. bei älteren Menschen eher kostspielige medizinische Behandlungen an als bei jüngeren Menschen. Aber Tatsache ist, dass prinzipiell jeder in die Lage kommen kann, auf eine medizinische Behandlung angewiesen zu sein, die mehrere Tausend Dollar kostet. Und diese Summen übersteigen bei Weitem das, was sich ein Durchschnittsbürger leisten kann. Aber gleichzeitig will natürlich niemand auf eine solche Behandlung verzichten, wenn man sie dringend benötigt. Aus diesem Grund wünschen sich viele Menschen eine *Krankenversicherung*, also eine Versicherung, die die Kosten der medizinischen Behandlungen übernimmt.

Das Problem einer privaten Krankenversicherung. Bei einer **privaten Krankenversicherung** zahlt jedes Mitglied innerhalb einer großen Gruppe von Versicherten einen festen jährlichen Beitrag (*Versicherungsprämie*) in einen gemeinsamen Fonds, der von einem privaten Unternehmen verwaltet wird. Das Unternehmen trägt dann den größten Teil der Gesundheitskosten der Mitglieder. Allerdings haben private Krankenversicherungen mit Marktversagen zu kämpfen.

In der Regel denken die Menschen erst dann an eine Krankenversicherung, wenn sie bereits erkrankt sind. Solange man gesund ist, möchte niemand regelmäßig Versicherungsprämien für eine Krankenversicherung bezahlen. Dadurch haben Menschen, die eine Krankenversicherung erwerben, im Durchschnitt einen schlechteren Gesundheitszustand und höhere Behandlungskosten als Menschen, die nicht krankenversichert sind. Zur Deckung der höheren Behandlungskosten müssen dann die Versicherungsprämien erhöht werden, was dazu führt, dass mehr vergleichsweise gesunde Menschen vom Erwerb einer Krankenversicherung Abstand nehmen. Ohne einen Eingriff würde dieser Kreislauf immer weitergehen, bis am Ende nur noch Menschen mit einer schweren Erkrankung krankenversichert sind. Dann stehen die privaten Krankenversicherungsunternehmen aber vor dem Ruin, weil sie gar nicht so hohe Versicherungsprämien verlangen können, um die extrem

Bei einer **privaten Krankenversicherung** zahlt jedes Mitglied innerhalb einer großen Gruppe von Versicherten einen festen jährlichen Beitrag an ein privates Unternehmen, das dafür den größten Teil der Gesundheitskosten der Mitglieder trägt.

Abb. 18-4

Träger der Gesundheitskosten in den Vereinigten Staaten im Jahr 2018

In den Vereinigten Staaten trugen im Jahr 2018 Versicherungen 88 Prozent aller laufenden Gesundheitskosten: 35,1 Prozent entfielen auf private Krankenversicherungen, 22,6 Prozent auf Medicare, 17,2 Prozent auf Medicaid, 8,4 Prozent auf andere private Versicherungen und 4,3 Prozent auf andere staatliche Versicherungen. Im Vergleich zu anderen wohlhabenden Ländern ist der Anteil der privaten Krankenversicherungen an den Gesundheitskosten in den Vereinigten Staaten deutlich höher.

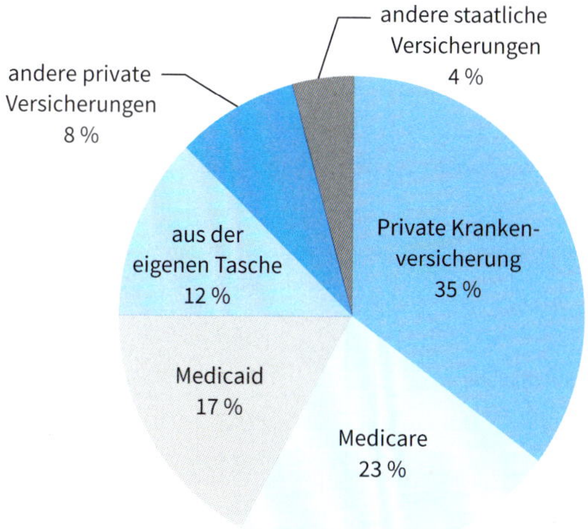

Quelle: Department of Health und Human Services Centers for Medicare and Medicaid Services

hohen Behandlungskosten zu decken. Ökonomen bezeichnen diesen Prozess als *Todesspirale des privaten Krankenversicherungsmarktes*.

Private Krankenversicherungsunternehmen nutzen verschiedene Instrumente, um diesem Problem zu begegnen. Die Unternehmen lehnen eine Krankenversicherung für Personen mit Vorerkrankungen ab, sie kündigen den Versicherungsschutz für Versicherte, die erkranken, und schließen bestimmte medizinische Behandlungen (wie z. B. Geburten) vom Versicherungsschutz aus. Diese Maßnahmen führen allerdings dazu, dass viele Menschen ohne Krankenversicherung bleiben, insbesondere Menschen mit Vorerkrankungen, die eine Krankenversicherung eigentlich am dringendsten bräuchten.

Aber wie kommen die Menschen an eine Krankenversicherung, wenn der Markt versagt? Es gibt drei Möglichkeiten: eine Krankenversicherung über den Arbeitgeber, eine staatliche Krankenversicherung und staatliche Eingriffe in den Markt wie durch den Affordable Care Act (Obamacare).

Krankenversicherung über den Arbeitgeber. Private Krankenversicherungsunternehmen können das Problem der Todesspirale umgehen, indem sie eine Krankenversicherung indirekt über die Arbeitgeber anbieten. Der Vorteil einer Krankenversicherung über den Arbeitgeber besteht darin, dass die Beschäftigten, insbesondere bei großen Unternehmen, einen repräsentativen Durchschnitt von gesunden und weniger gesunden Menschen abbilden und nicht eine Gruppe von Menschen, die aufgrund von hohen Gesundheitskosten einen Versicherungsschutz anstreben. Allerdings muss der Krankenversicherungsschutz dann für alle Beschäftigten verpflichtend sein. Anderenfalls würden es einige Beschäftigte (mit besonders gutem Gesundheitszustand) vorziehen, sich nicht krankenversichern zu lassen, wodurch die Versicherungsprämien für die versicherten Beschäftigten in dem Unternehmen ansteigen würden.

Eine Krankenversicherung über den Arbeitgeber ist in den Vereinigten Staaten (auch aus steuerlichen Gründen) weitverbreitet. Letztlich profitieren davon aber bei Weitem nicht alle Erwerbspersonen. Für Erwerbspersonen im Rentenalter gibt es ebenso wenig die Möglichkeit einer Krankenversicherung über den Arbeitgeber wie für Teilzeitbeschäftigte und Erwerbslose.

Staatliche Krankenversicherung. Die **Tabelle 18-5** zeigt, wie die US-amerikanische Bevölkerung im Jahr 2018 krankenversichert war. Die meisten US-Amerikaner, rund 178 Millionen, waren über ihren Arbeitgeber krankenversichert. Von denjenigen, die keine private Krankenversicherung hatten, erhielt ein Großteil Gesundheitsleistungen durch die beiden staatlichen Programme Medicare und Medicaid. (Die Zahlen lassen sich nicht aufsummieren, da einige US-Amerikaner Gesundheitsausgaben durch verschiedene Anbieter abdecken ließen. So hatten viele Bezieher von Medicare noch zusätzlichen Versicherungsschutz durch Medicaid oder private Versicherungen.)

Medicare wird über die Lohnsteuer finanziert und gibt jedem Bürger, der älter als 65 Jahre ist, unabhängig von seinem Einkommen und seinem Vermögen eine Krankenversicherung. Die Bedeutung von Medicare für die Versicherten lässt sich ermessen, wenn man beispielhaft das Medianeinkommen in den Vereinigten Staaten für Personen älter als 65 Jahre von 43.696 Dollar den durchschnittlichen Zahlungen von Medicare pro Versichertem von mehr als 13.000 Dollar gegenüberstellt. Dabei entfällt auf 7 Prozent aller durch Medicare Versicherten die Hälfte der gesamten Kosten.

Im Unterschied zu Medicare ist Medicaid keine Krankenversicherung, sondern übernimmt nach einer Bedürftigkeitsprüfung die Gesundheitskos-

Tab. 18-5

Krankenversicherte in den Vereinigten Staaten im Jahr 2018 (in Millionen)

Private Krankenversicherungen	**217,8**
über den Arbeitgeber	178,4
direkt versichert	34,9
Staatliche Krankenversicherung	**111,3**
Medicaid	57,7
Medicare	57,8
Militär	11,4
Nicht krankenversichert	**27,5**

Quelle: U.S. Census Bureau

ten von Personen mit geringem Einkommen. Das Gesundheitsfürsorgeprogramm wird durch Einnahmen des Bundes und der Bundesstaaten finanziert. Da das Programm zum Teil durch die Bundesstaaten getragen wird und in jedem Bundesstaat andere Regeln gelten, gibt es keine allgemeingültigen Kriterien dafür, welche Personen Leistungen durch Medicaid bekommen. Von den knapp 58 Millionen US-Amerikanern, die im Jahr 2018 Unterstützung durch Medicaid erhielten, waren 35 Millionen Kinder unter 18 Jahren und viele Eltern von Kindern unter 18 Jahren. Der Großteil der Gesundheitskosten bei Medicaid entfällt jedoch auf eine kleine Zahl älterer US-Amerikaner, die auf eine langfristige gesundheitliche Behandlung angewiesen sind.

Das Gesundheitssystem in den Vereinigten Staaten besteht also aus verschiedenen privaten Krankenversicherungen (in erster Linie über den Arbeitgeber) sowie staatlichen Krankenversicherungen und Leistungen. Die meisten US-Amerikaner erhalten entweder Versicherungsleistungen durch private Versicherungsunternehmen oder durch verschiedene staatliche Programme. Dennoch waren im Jahr 2012 vor der Einführung von Obamacare fast 48 Millionen US-Amerikaner, das sind 15,4 Prozent der Bevölkerung, ohne eine Krankenversicherung.

Die Krankenversicherung in anderen Ländern

Das System der Krankenversicherung funktioniert in den Vereinigten Staaten ganz anders als in anderen wohlhabenden Volkswirtschaften, wie etwa den europäischen Ländern und auch Kanada. Dabei gibt es drei grundlegende Unterschiede. Zum einen ist die Bedeutung der privaten Krankenversicherung in den Vereinigten Staaten deutlich größer als in anderen wohlhabenden Volkswirtschaften. Zweitens wird in den Vereinigten Staaten deutlich mehr Geld für die Gesundheitsfürsorge pro Kopf ausgegeben. Und drittens gibt es auch nach der Einführung von Obamacare in den Vereinigten Staaten so viele Menschen ohne eine Krankenversicherung wie in keiner anderen wohlhabenden Volkswirtschaft.

Tabelle 18-6 vergleicht die Vereinigten Staaten mit vier anderen wohlhabenden Volkswirtschaften: Kanada, Schweiz, Großbritannien und der Bundesrepublik Deutschland. Jedes Land verfolgt einen anderen Ansatz in Sachen Krankenversicherung.

In Kanada gibt es ein sogenanntes **Single-Payer-System**, bei dem der Staat die Gesundheitskosten der Bürger durch Steuereinnahmen finanziert. Im Grunde genommen ist Medicare in den Vereinigten Staaten auch ein Single-Payer-System, allerdings nur für Menschen, die älter als 65 Jahre sind. (In Kanada heißt die Krankenversicherung übrigens auch Medicare.)

Ein **Single-Payer-System** ist ein System der Gesundheitsfürsorge, bei dem der Staat die Gesundheitskosten der Bürger durch Steuereinnahmen finanziert.

In Großbritannien gibt es ein öffentliches Gesundheitssystem (British National Health Service), bei dem der Staat Krankenhäuser und Kliniken betreibt, das medizinische Personal beschäftigt und der Zugang zu medizinischer Versorgung für die Öffentlichkeit kostenlos ist.

Die Krankenversicherung in der Schweiz basiert auf einem System, bei dem alle Bürger des

Tab. 18-6

Gesundheitssysteme in hoch entwickelten Volkswirtschaften im Jahr 2018

	Anteil der öffentlichen Ausgaben an Gesundheitskosten (%)	Gesundheitsausgaben pro Kopf ($, Kaufkraftparität)	Lebenserwartung (in Jahren zum Zeitpunkt der Geburt)	Säuglingssterblichkeit (gestorbene Säuglinge je 1.000 Geburten)
USA	40,4	10.586	78,5	5,60
Kanada	77,1	4.069	81,4	3,64
Schweiz	69,7	4.974	82,8	4,30
Großbritannien	63,7	7.317	83,3	3,70
Deutschland	40,4	10.586	78,5	5,60

Quelle: OECD, Weltbank und CMS.gov

Landes (auch Kinder) verpflichtet sind, sich für eine medizinische Grundversorgung krankenversichern zu lassen. Zur Finanzierung der Versicherungsbeiträge können Menschen mit geringem Einkommen Zuzahlungen vom Staat erhalten.

In Deutschland ist die Krankenversicherung ebenso wie in der Schweiz eine Pflichtversicherung. Das bedeutet, dass jede Person krankenversichert sein muss, entweder durch die gesetzliche Krankenversicherung (GKV) oder durch die private Krankenversicherung (PKV). Dabei ist die gesetzliche Krankenversicherung grundsätzlich verpflichtend für alle Personen. Unter bestimmten Voraussetzungen besteht jedoch die Möglichkeit zur Befreiung von der Pflicht zur gesetzlichen Krankenversicherung (z. B. für Beamte und Arbeitnehmer mit einem hohen Einkommen). In diesen Fällen wird die private Krankenversicherung relevant.

Während Kanada, Großbritannien, die Schweiz und auch die Bundesrepublik Deutschland allen Bürgern eine Krankenversicherung zur Verfügung stellen, ist das in den Vereinigten Staaten nicht der Fall. Dennoch sind die Gesundheitsausgaben pro Kopf in diesen Ländern deutlich geringer. Man könnte denken, dass sich dieser Unterschied durch eine schlechtere Qualität in der medizinischen Versorgung begründen lässt. Dieser Vermutung stimmen Gesundheitsexperten allerdings nicht zu. Schaut man auf verschiedene Maßstäbe für die Qualität des Gesundheitssystems wie Anzahl der Ärzte, Krankenschwestern oder Krankenhausbetten je 100.000 Einwohner, dann liegen diese Länder sogar deutlich vor den Vereinigten Staaten. Die medizinische Versorgung in den Vereinigten Staaten greift in einigen Bereichen auf modernere Technologien zurück und umfasst viele teure chirurgische Eingriffe. Und die Patienten müssen dort nicht so lange auf einen Operationstermin warten wie in Kanada oder Großbritannien. Allerdings gibt es auch Länder mit geringen Gesundheitsausgaben, in denen es nur sehr kurze Wartezeiten gibt.

Die Ergebnisse von Patientenbefragungen bestätigen, dass es keine signifikanten Unterschiede in der Qualität der medizinischen Versorgung für Patienten in Kanada, Europa und den Vereinigten Staaten gibt. Und schaut man in Tabelle 18-6, dann ist zu erkennen, dass die Vereinigten Staaten bei statistischen Größen wie Lebenserwartung und Säuglingssterblichkeit sogar deutlich schlechter abschneiden. Dies könnte allerdings weniger auf die Qualität der medizinischen Versorgung als vielmehr auf die größere Armut und die ungleiche Einkommensverteilung zurückzuführen sein.

Warum geben die Vereinigten Staaten deutlich mehr Geld für Gesundheitsfürsorge aus als andere wohlhabende Länder? Ein Grund dafür sind höhere Honorare für Ärzte. Allerdings zeigen Studien, dass das nicht der entscheidende Grund ist. Vielmehr hat es den Anschein, als ob das US-amerikanische Gesundheitswesen unter gravierenden Ineffizienzen leidet, die in anderen Ländern vermieden werden konnten. Kritische Beobachter weisen darauf hin, dass das Gesundheitswesen durch die Vielzahl der privaten Versicherungsunternehmen stark zersplittert ist. Jedes Versicherungsunternehmen hat entsprechende Personalkosten und betreibt einen hohen Aufwand, um die gesunden Versicherten zu finden und die kranken Versicherten auszusortieren. Diese Kosten machen insgesamt 14 Prozent der Einnahmen der Versicherungsunternehmen aus den Prämienzahlungen der Versicherten aus, sodass nur 86 Prozent für Kosten der medizinischen Behandlung zur Verfügung stehen. Im Vergleich dazu gibt Medicare nur 3 Prozent seiner Finanzmittel für Personal- und Sachkosten aus. Nach einer Untersuchung des McKinsey Global Institute sind die Verwaltungskosten pro Versichertem in den Vereinigten Staaten fast sechsmal so hoch wie in anderen wohlhabenden Ländern. Hinzu kommt, dass die US-Amerikaner auch deutlich mehr für verschreibungspflichtige Medikamente bezahlen müssen.

Die gravierenden Ineffizienzen im US-amerikanischen Gesundheitssystem und die hohe Zahl an Menschen ohne Krankenversicherung haben dazu geführt, dass der US-Kongress den Affordable Care Act (Obamacare) auf den Weg gebracht hat.

Obamacare

Im Jahr 2010 verabschiedete der US-Kongress den *Affordable Care Act* (ACA), auch Obamacare genannt, der im Jahr 2014 in Kraft trat. Zu diesem Zeitpunkt stand das US-amerikanische Gesundheitssystem vor zwei grundlegenden Problemen. Zum einen waren immer mehr US-Amerikaner ohne Krankenversicherung. Von 1997 bis 2010 war der Anteil von Personen im erwerbsfähigen Alter ohne Krankenversicherung bis auf 25 Prozent angestiegen. Die Mehrzahl der Erwerbspersonen ohne Krankenversicherung arbeitete im Niedriglohnsektor und erhielt vom Arbeitgeber keine Krankenversicherung oder konnte sich eine Krankenversicherung finanziell nicht leisten.

Gleichzeitig kam es zu einem deutlichen Anstieg bei den Gesundheitskosten, sodass die Versicherungsprämien für eine Krankenversicherung in die Höhe schnellten. Im Vergleich zum Jahr 1965 hatte sich der Anteil der Gesundheitsausgaben am Bruttoinlandsprodukt (BIP, ein Maß für das gesamtwirtschaftliche Einkommen) verdreifacht. Der Affordable Care Act markierte die größte Änderung im US-amerikanischen Wohlfahrtsstaat seit der Einführung von Medicare und Medicaid im Jahr 1965. Das Gesetz verfolgte zwei grundlegende Zielrichtungen: (1) Personen, die bislang ohne Krankenversicherung waren, eine Krankenversicherung anzubieten, und (2) die Kostenexplosion im Gesundheitswesen zu begrenzen. Schauen wir uns diese beiden Punkte näher an.

Versicherungsschutz für Personen ohne Krankenversicherung. Der Affordable Care Act eröffnete zwei Möglichkeiten für eine Krankenversicherung. Zum einen wurde durch das Gesetz der Kreis der Berechtigten für Medicaid erweitert, indem zugesagt wurde, dass US-Bundesstaaten, die Personen mit einem Einkommen in Höhe von bis 133 Prozent der Armutsgrenze in das Medicaid-Progamm aufnehmen, der Großteil der Kosten erstattet wird. (Bis Anfang 2022 hatten sich 39 US-Bundesstaaten für diesen Schritt entschieden).

Zum anderen versuchte das Gesetz einen besseren Zugang zu privaten Krankenversicherungen zu schaffen. Versicherungsunternehmen wurde untersagt, Menschen mit Vorerkrankungen eine Krankenversicherung zu verweigern oder von ihnen höhere Versicherungsprämien zu verlangen. Außerdem erhielten vielen Haushalte mit geringem oder mittlerem Einkommen Zuschüsse für eine private Krankenversicherung.

Kostenkontrolle. Vor der Verabschiedung des Affordable Care Act gaben private Versicherungsunternehmen nicht nur viel Geld für Werbung aus, sondern hatten auch hohe Aufwände, um unerwünschte Personen (mit Vorerkrankungen und hohen Behandlungskosten) vor dem Versicherungsabschluss auszusortieren. Da es den Unternehmen nun nicht mehr erlaubt war, Menschen mit Vorerkrankungen abzulehnen, sollte es zu spürbaren Kostensenkungen kommen.

Das Gesetz enthielt außerdem eine Reihe von weiteren Maßnahmen (vor allem bei Medicare), die auf eine stärkere Kostenkontrolle im Bereich der Gesundheitskosten zielten. Durch den Zusammenschluss von Anbietern von Gesundheitsdienstleistungen sollen ebenso Kosten eingespart werden wie durch die Einführung einer Zusatzabgabe auf »All inclusive«-Versicherungspakete, die zu medizinisch nicht notwendigen Zusatzuntersuchungen verleiten. Durch eine Abschaffung von Zuzahlungen bei Vorsorgeuntersuchungen sollen die Versicherten dazu ermutigt werden, sich um gesundheitliche Probleme zu kümmern, bevor hohe Behandlungskosten entstehen.

Es ist zu beobachten, dass sich der starke Anstieg der Gesundheitskosten mit dem Jahr 2010, dem Jahr der Verabschiedung des Gesetzes, tatsächlich abgeflacht hat. Allerdings bleibt unklar, inwieweit die neuen gesetzlichen Maßnahmen dafür verantwortlich sind.

Die Auswirkungen von Obamacare

Obwohl der Affordable Care Act bereits im Jahr 2010 verabschiedet wurde, dauerte es bis Anfang 2014, bis alle wichtigen Regelungen des Gesetzes in Kraft traten. Nur drei Jahre später konnte man bereits deutliche Auswirkungen erkennen.

Zunächst einmal ist durch die Einführung von Obamacare der Anteil der Erwerbspersonen spürbar gesunken, die ohne eine Krankenversicherung sind. In **Abbildung 18-5** ist zu erkennen, dass der Anteil der Erwerbspersonen ohne Krankenversicherung seit 2011 deutlich zurückgegangen ist. Und diese Entwicklung ist neben der wirtschaftlichen Erholung nach der Finanz- und Wirtschaftskrise 2007–2009 vor allem den Regelungen des Affordable Care Act zuzuschreiben.

Nichtsdestotrotz war auch nach der Einführung von Obamacare noch eine beträchtliche Zahl an Erwerbspersonen ohne Krankenversicherung. So sind Einwanderer ohne Ausweispapiere im Affordable Care Act nicht berücksichtigt worden. Zudem haben sich einige US-Bundesstaaten gegen die Erweiterung von Medicaid entschieden, sodass Millionen US-Amerikaner weder eine Krankenversicherung durch Medicaid noch Zuzahlun-

Abb. 18-5

Der Anteil der Erwerbspersonen ohne Krankenversicherung in den Vereinigten Staaten, 2003–2020

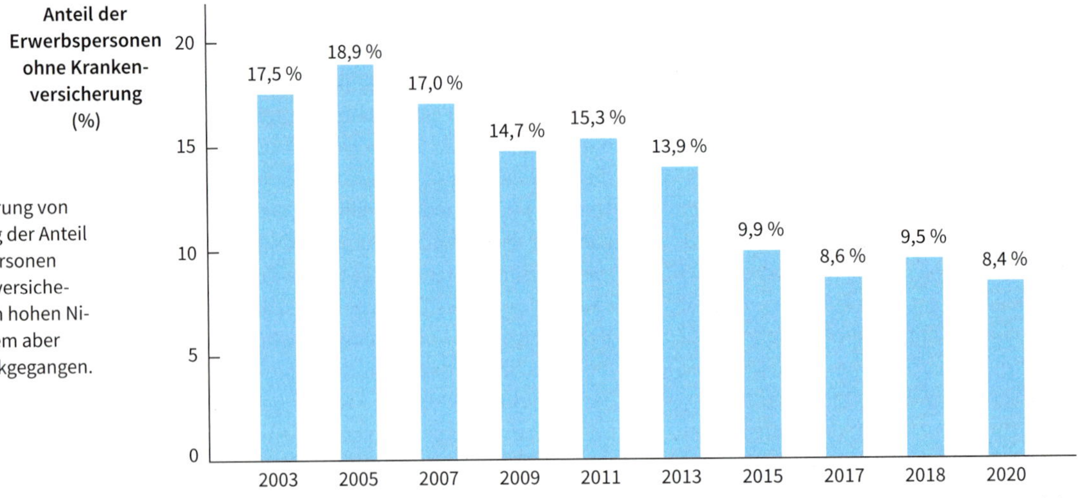

Vor der Einführung von Obamacare lag der Anteil der Erwerbspersonen ohne Krankenversicherung auf einem hohen Niveau, ist seitdem aber deutlich zurückgegangen.

Quelle: U.S. Census

gen für den Abschluss einer privaten Krankenversicherung erhalten. Damit ist zu konstatieren, dass durch Obamacare zwar große Fortschritte erreicht worden sind. Bis zum Ziel einer Krankenversicherung für alle US-Amerikaner ist es allerdings noch ein Stück Weg.

Nach Intervention durch die Republikanische Partei wurde im Jahr 2017 außerdem mit der Versicherungspflicht für alle legalen Bewohner des Landes ein wichtiger Baustein von Obamacare aus dem Gesetz strichen. Diese Änderung wird dafür verantwortlich gemacht, dass es zu einem deutlichen Anstieg bei den Versicherungsprämien gekommen ist. Durch die fehlende Pflicht zur Krankenversicherung haben weniger gesunde Personen eine Krankenversicherung abgeschlossen. Glücklicherweise konnte der Anstieg der Versicherungsprämien für viele Krankenversicherte durch gesetzlich vorgeschriebene, staatliche Zuzahlungen kompensiert werden. Einige US-Bundesstaaten wie z. B. New Jersey haben eigene Vorschriften zur Krankenversicherungspflicht erlassen, was zu einem deutlichen Rückgang bei den Versicherungsprämien geführt hat.

WISSENSCHAFT UND PRAXIS

Was macht Medicaid?

Kann eine staatliche Krankenversicherung den Betroffenen tatsächlich helfen? Die Antwort auf diese Frage ist nicht immer so einfach, wie man denken könnte. Ein Beispiel dafür ist das Programm Medicaid, das einkommensschwachen Familien in den Vereinigten Staaten eine Krankenversicherung zur Verfügung stellt. Kritiker von Medicaid meinen, dass die Armen auch ohne Medicaid Mittel und Wege finden würden, um die notwendige medizinische Versorgung zu erhalten und dass es keinen eindeutigen Beweis dafür gibt, dass Medicaid wirklich zu einer Verbesserung des Gesundheitszustandes führt.

Diese Behauptungen zu überprüfen, ist schwierig. Man kann nicht einfach die Menschen, die durch Medicaid Unterstützung erhalten, mit denen vergleichen, die ohne Hilfe sind. Die Menschen, die Medicaid in Anspruch nehmen dürfen, unterscheiden sich von denjenigen, die nicht von Medicaid erfasst werden. Und man kann nicht einfach wie in einem Experiment zwei Kontrollgruppen ▸

festlegen, die sich nur dadurch unterscheiden, dass sie unterschiedliche staatliche Hilfen bekommen.

Manchmal gibt es jedoch Ereignisse, die einem kontrollierten Experiment sehr nahe kommen. Nachdem der US-Bundesstaat Oregon die Mittel für Medicaid aufgrund knapper Kassen stark gekürzt hatte, wurden die Ausgaben für das Programm im Jahr 2008 wieder ausgedehnt und eine bestimmte Anzahl von Personen wurde wieder in das Programm aufgenommen. Um die begrenzte Anzahl an Plätzen unter den vielen Bewerbern aufzuteilen, fand eine Verlosung statt. Und damit hatten die Forscher zwei Kontrollgruppen. Sie konnten die Gruppe von Personen, die durch die Lotterie zufällig in das Programm aufgenommen wurden, mit der Gruppe von Personen vergleichen, die keinen Platz erhielten.

Es zeigte sich, dass die Auswirkungen von Medicaid enorm waren. Die Medicaid-Gruppe erhielt:

- 60 Prozent mehr Mammografien,
- 35 Prozent mehr ambulante Behandlungen,
- 30 Prozent mehr Krankenhausbehandlungen,
- 20 Prozent mehr Cholesterin-Untersuchungen.

Für die Empfänger von Medicaid-Leistungen konnte außerdem festgestellt werden, dass

- die Wahrscheinlichkeit für eine feste medizinische Versorgung um 70 Prozent höher lag,
- die Wahrscheinlichkeit für eine feste Betreuung durch einen bestimmten Arzt um 55 Prozent höher lag,
- die Wahrscheinlichkeit, im vergangenen Jahr einen Test zur Früherkennung von Gebärmutterhalskrebs gehabt zu haben, um 45 Prozent höher lag (für Frauen),
- die Wahrscheinlichkeit, sich Geld zur Begleichung von medizinischen Behandlungskosten leihen zu müssen oder die Rechnungen gar nicht erst bezahlen zu können, um 40 Prozent geringer war,
- die Wahrscheinlichkeit, dass die Personen ihren Gesundheitszustand als gut oder ausgezeichnet beschreiben, um 25 Prozent größer war,
- die Wahrscheinlichkeit, dass verschreibungspflichtige Medikamente genommen werden, um 15 Prozent größer war,
- die Wahrscheinlichkeit für die Durchführung eines Bluttests oder eines Blutzuckertests um 15 Prozent höher war,
- die Wahrscheinlichkeit für eine Depression um 10 Prozent geringer war.

All diese Daten zeigen, dass Medicaid zu deutlichen Verbesserungen in der Gesundheitsfürsorge und im Wohlbefinden der Betroffenen geführt hat. Auch wenn es immer wieder Diskussionen über die Höhe der Ausgaben für Medicaid gibt, die durch Steuergelder finanziert werden müssen, zeigt das Beispiel Oregon, dass die Behauptung, Medicaid sei wirkungslos, nicht haltbar ist.

Kurzzusammenfassung

- Die Krankenversicherung erfüllt eine wichtige Aufgabe, da sich die meisten Familien hohe medizinische Behandlungskosten nicht leisten können. Die **private Krankenversicherung** steht vor einem grundsätzlichen Problem. Menschen, die eine Krankenversicherung erwerben, haben einen schlechteren Gesundheitszustand und höhere Behandlungskosten als der Durchschnitt der Bevölkerung. Das führt zu höheren Gesundheitskosten und höheren Versicherungsprämien. Dadurch nehmen immer mehr vergleichsweise gesunde Menschen Abstand vom Erwerb einer Krankenversicherung, sodass die Gesundheitskosten und die Versicherungsprämien erneut ansteigen. Letztlich führt dieser Kreislauf zum Ruin der privaten Krankenversicherungsunternehmen. Dieses Problem lässt sich bei einer Krankenversicherung über den Arbeitgeber vermeiden.
- Von den US-Amerikanern, die nicht privat krankenversichert sind, erhalten viele einen Versicherungsschutz entweder durch Medicare oder durch Medicaid. Medicare ist ein **Single-Payer-System** ohne Bedürftigkeitsprüfung für Personen, die älter als 65 Jahre sind. Der Erhalt von Leistungen durch Medicaid ist dagegen bedürftigen, einkommensschwachen Familien vorbehalten.
- Im Vergleich zu anderen wohlhabenden Ländern dominiert in den Vereinigten Staaten die private Krankenversicherung. Außerdem sind in den Vereinigten Staaten die Gesundheitsausgaben pro Kopf, die Verwaltungskosten sowie die Arzneimittelkosten deutlich größer, die allerdings ohne (positive) Auswirkung auf den durchschnittlichen Gesundheitszustand bleiben.
- In den meisten wohlhabenden Volkswirtschaften ist ein starker Kostenanstieg im Gesundheitswesen zu beobachten. Die Einführung von Obamacare hatte zwei grundlegende Zielrichtungen: Personen, die bislang ohne Krankenversicherung waren, eine Krankenversicherung anzubieten, und die Kostenexplosion im Gesundheitswesen zu begrenzen.

ÜBERPRÜFEN SIE IHR WISSEN

1. Wenn Sie als Studierender nicht familienversichert sind, müssen Sie für die Zulassung der Hochschule zum Studium den Nachweis einer eigenen Krankenversicherung erbringen.
   a. Warum besteht die Hochschule Ihrer Meinung nach auf einem Versicherungsnachweis?
   b. Könnte jede Hochschule auch selbst eine Krankenversicherung für ihre Studierenden anbieten? Worauf müsste die Hochschule bei der Ausgestaltung achten?
2. Worauf sind nach Meinungen von Kritikern die höheren Kosten im US-Gesundheitswesen im Vergleich zu anderen wohlhabenden Ländern zurückzuführen?

18.4 Die Diskussion über den Wohlfahrtsstaat

Die Ziele des Wohlfahrtsstaates sind lobenswert: den Armen helfen, die Menschen vor wirtschaftlichen Notlagen beschützen und allen den Zugang zu Gesundheitsfürsorge ermöglichen. Aber gut gedacht ist noch lange nicht gut gemacht. Über die angemessene Gestaltung des Wohlfahrtsstaates gibt es eine anhaltende und intensive Diskussion, die sich nicht nur aus unterschiedlichen philosophischen Standpunkten speist, sondern auch aus Bedenken wegen der möglichen negativen Auswirkungen des Wohlfahrtsstaates auf die Anreize des Einzelnen. In der modernen Politik nimmt die Diskussion über wohlfahrtspolitische Maßnahmen des Staates daher einen großen Raum ein.

Probleme des Wohlfahrtsstaates

Gegen den Wohlfahrtsstaat an sich gibt es zwei grundsätzliche Argumente. Auf ein Argument sind wir bereits eingegangen. Dieses Argument setzt an philosophischen Überlegungen zur angemessenen Rolle des Staates in der Gesellschaft an. Einige Politikwissenschaftler vertreten die Auffassung, dass die Einkommensumverteilung nicht zu den rechtmäßigen Aufgaben des Staates gehört. Stattdessen sollte sich der Staat ihrer Meinung nach darauf beschränken, ein funktionierendes Rechtssystem zu schaffen und zu sichern, öffentliche Güter bereitzustellen und Externalitäten zu steuern.

Das zweite, häufiger verwendete Argument gegen den Wohlfahrtsstaat hat etwas mit dem Zielkonflikt zwischen Effizienz und Gerechtigkeit zu tun, den wir bereits kennengelernt haben. Damals hatten wir ausgeführt, dass der *Grundsatz der Besteuerung nach der Leistungsfähigkeit (Leistungsfähigkeitsprinzip)* eine progressive Ausgestaltung des Steuersystems stützt, bei der Personen mit einem hohen Einkommen einen höheren Anteil ihres Einkommens als Steuer entrichten müssen als Personen mit einem niedrigen Einkommen.

Dabei sind jedoch die Effizienzverluste zu berücksichtigen, die durch einen hohen Grenzsteuersatz hervorgerufen werden. Schauen wir z. B. auf eine extrem progressive Ausgestaltung des Steuersystems, die zu einem Grenzsteuersatz von 90 Prozent auf sehr hohe Einkommen führt. Ein derart hoher Grenzsteuersatz vermindert die Anreize für den Steuerpflichtigen, nach einem Einkommenszuwachs (durch zusätzliche Überstunden oder risikobehaftete Investitionen) zu streben. Durch ein extrem progressives Steuersystem reduziert sich also der gesamtwirtschaftliche Wohlstand, und davon können auch diejenigen betroffen sein, die eigentlich von dem System profitieren sollten. Ein größerer Wohlfahrtsstaat erfordert höhere Steuereinnahmen und höhere Steuersätze als ein kleinerer Wohlfahrtsstaat, der sich in erster Linie darauf beschränkt, öffentliche Güter wie die Landesverteidigung zur Verfügung zu stellen. Bei der Entscheidung über die Größe des Wohlfahrtsstaates ist demnach stets die Wechselwirkung zwischen Gerechtigkeit und Effizienz zu berücksichtigen.

Eine Möglichkeit, die Kosten des Wohlfahrtsstaates zu begrenzen, besteht darin, die staatlichen Hilfen an eine Bedürftigkeitsprüfung zu knüpfen, damit nur die Menschen Unterstützung erhalten, die sie wirklich benötigen. Die Bedürftigkeitsprüfung führt allerdings zu einem Zielkonflikt ganz anderer Art. Betrachten wir dazu ein Beispiel. Nehmen wir an, es gibt eine staatliche Leistung mit Bedürftigkeitsprüfung, die einkommensschwachen Familien mit einem Jahreseinkommen von weniger als 20.000 Euro eine Zahlung von 2.000 Euro gewährt. Nehmen wir nun weiter an, dass eine Familie gegenwärtig ein Jahreseinkommen in Höhe von 19.500 Euro erzielt und ein Familienmitglied vor der Entscheidung steht, einen neuen Job anzunehmen, durch den das Einkommen auf 20.500 Euro steigt. Entscheidet sich das Familienmitglied für den neuen Job, dann geht es der Familie schlechter als vorher. Durch den Anstieg des Jahreseinkommens um 1.000 Euro verliert die Familie den Anspruch auf die staatliche Leistung in Höhe von 2.000 Euro. Das geschilderte Problem ist typisch für staatliche Maßnahmen zur Unterstützung von einkommensschwachen Familien und wirkt letztlich wie ein hoher Grenzsteuersatz auf das Einkommen. Die meisten Wohlfahrtsprogramme versuchen diesen Effekt dadurch zu vermeiden, dass die Auszahlung der staatlichen Hilfen gestaffelt wird und mit wachsendem Einkommen sinkt.

Dennoch führen staatliche Wohlfahrtsmaßnahmen für einkommensschwache Familien in ihrer Gesamtheit oft zu hohen Grenzsteuersätzen. So hat z. B. eine Studie aus dem Jahr 2005 herausgefunden, dass in den Vereinigten Staaten eine Familie mit zwei Kindern und einem Jahreseinkommen in Höhe von 20.000 Dollar knapp oberhalb der Armutsgrenze von einem Anstieg des Jahreseinkommens auf 35.000 Dollar so gut wie nichts übrig behalten hätte, da ein Großteil der staatlichen Unterstützung in Form von Lebensmittelmarken, Medicaid und Arbeitseinkommensteuergutschrift weggefallen wäre.

Der Wohlfahrtsstaat in der Politik

Während der Französischen Revolution (1789–1799) beriefen die französischen Bürger die Gesetzgebende Nationalversammlung ein, bei der die Vertreter nach ihrer sozialen Stellung platziert wurden. Die Oberklasse, die alles so belassen wollte, wie es war, saß auf der rechten Seite, und die einfachen Bürger, die alles ändern wollten, saßen auf der linken Seite. Seit dieser Zeit versehen politische Beobachter Politiker mit den Attributen »rechts« (eher konservativ) oder »links« (eher liberal).

Aber wo liegt in der heutigen Zeit der Dissens zwischen rechten und linken Politikern? In den Vereinigten Staaten, und nicht nur da, geht es in erster Linie um die angemessene Größe des Wohlfahrtsstaates. Ein Beispiel dafür lieferten die heftigen Diskussionen um Obamacare. Die Abstimmung über das Gesetzesvorhaben vollzog sich exakt entlang der politischen Lager – die Demokraten (»links«) stimmten dafür, die Republikaner (»rechts«) votierten dagegen.

Der Behauptung, dass sich die politische Diskussion eigentlich nur um die Größe des Wohlfahrtsstaates dreht, könnte man eine allzu große Vereinfachung vorwerfen. Politikwissenschaftler haben jedoch herausgefunden, dass eine Einordnung der Politiker im US-Kongress in die Kategorien »links« und »rechts« auf der Grundlage ihres Abstimmungsverhaltens in der Vergangenheit eine sehr gute Prognose für ihr zukünftiges Abstimmungsverhalten liefert. Man mag dieses politische Lagerdenken kritisieren. Dennoch ist es in einer Demokratie legitim, dass unterschiedliche Parteien unterschiedliche Auffassungen zu bestimmten politischen Maßnahmen haben.

Die ökonomische Analyse kann hier nur bedingt Abhilfe schaffen. Der politische Dissens in Sachen Wohlfahrtsstaat beruht auch auf unterschiedlichen Auffassungen über die Zielkonflikte, über die wir gerade gesprochen haben. Wenn man als Politiker davon überzeugt ist, dass die negativen Anreizeffekte von großzügigen staatlichen Hilfen und hohen Steuersätzen sehr groß sind, dann steht man wohlfahrtspolitischen Maßnahmen ablehnend gegenüber. Sieht man die negativen Anreizeffekte dagegen als eher klein an, wird man wohlfahrtspolitischen Maßnahmen gegenüber grundsätzlich positiv eingestellt sein. Ökonomische Analysen können nur das Wissen um die Fakten verbessern, deren Wirkung auf die grundsätzlichen Einstellungen ist aber begrenzt.

Letzten Endes spiegeln die unterschiedlichen politischen Positionen in Sachen Wohlfahrtsstaat Unterschiede in Wertvorstellungen und Weltanschauungen wider. Und diese Unterschiede kann die ökonomische Analyse nicht beseitigen.

WISSENSCHAFT UND PRAXIS

Zufriedene Menschen in Dänemark

Im Vergleich zu anderen hoch entwickelten Volkswirtschaften haben die Vereinigten Staaten den kleinsten Wohlfahrtsstaat. Dagegen zählt Dänemark zu den Ländern mit einem eher großen Wohlfahrtsstaat. Dadurch liegt der Anteil der Sozialausgaben am gesamtwirtschaftlichen Einkommen in Dänemark deutlich über dem Niveau in den Vereinigten Staaten. Gleiches gilt auch für die Steuersätze. In der Argumentation gegen einen (zu) großen Wohlfahrtsstaat wird oft auf die negativen Auswirkungen auf die Leistungsfähigkeit einer Volkswirtschaft verwiesen. Wie sieht das im Fall von Dänemark aus?
Auf den ersten Blick scheint es in Dänemark damit Probleme zu geben. So liegt das Pro-Kopf-Einkommen, der Wert der gesamtwirtschaftlichen Produktion in Relation zur Bevölkerungsgröße, in Dänemark um 16 Prozent unter dem Pro-Kopf-Einkommen in den Vereinigten Staaten. Die Grund ist allerdings nicht die Größe des Wohlfahrtsstaates in Dänemark, wie die Daten in Tabelle 18-7 zeigen.
Mathematisch spiegelt das Pro-Kopf-Einkommen drei Faktoren wider:

- den Anteil der Erwerbspersonen an der Bevölkerung (Erwerbsquote),
- die durchschnittliche Arbeitsleistung pro Stunde (Produktivität) und
- die Anzahl der Arbeitsstunden pro Erwerbsperson (Arbeitskraft).

Trotz des großen Wohlfahrtsstaates liegt die Erwerbsquote in Dänemark über dem Niveau in den Vereinigten Staaten (+7 Prozent), die Produktivität ist beiden Volkswirtschaften annähernd gleich groß. Das geringere Pro-Kopf-Einkommen in Dänemark lässt sich dadurch erklären, dass die Beschäftigten in Dänemark im Verlauf eines Jahres deutlich weniger arbeiten als die Beschäftigten in den Vereinigten Staaten (–20 Prozent). Dahinter steckt ein unterschiedlicher wirtschaftspolitischer Ansatz. In keiner wohlhabenden Volkswirtschaft haben die Beschäftigten so wenig Urlaub wie in den Vereinigten Staaten. In Dänemark sind Arbeitgeber dagegen gesetzlich verpflichtet, ihren Beschäftigten 5 Wochen bezahlten Urlaub pro Jahr zu gewähren. Dank der starken Gewerkschaften in Dänemark liegt der tatsächliche Urlaub in vielen Fällen sogar noch darüber.
Damit erscheint das geringere Pro-Kopf-Einkommen in Dänemark in einem neuen Licht. Schließlich ist es nicht notwendigerweise eine schlechte Sache, wenn man für ein bisschen weniger Einkommen mehr Zeit mit der Familie oder mit Hobbys verbringen kann. Regelmäßige Umfragen zeigen jedenfalls, dass die Zufriedenheit unter den Menschen in Dänemark nicht nur gleichbleibend hoch ist, sondern auch deutlich höher als in den Vereinigten Staaten.
Natürlich muss ein großer Wohlfahrtsstaat die Menschen nicht immer zufriedener machen. Aber in Dänemark klappt es anscheinend.

Tab. 18-7: Unterschiede zwischen Dänemark und den Vereinigten Staaten im Jahr 2017 (in Prozent)

Pro-Kopf-Einkommen	–16 %
Erwerbsquote (Anteil der Erwerbspersonen an der Bevölkerung)	+7 %
Produktivität	–1 %
Arbeitszeit	–20 %

Kurzzusammenfassung

- Die intensive Diskussion um die richtige Größe des Wohlfahrtsstaates hat sowohl mit philosophischen Weltanschauungen als auch mit dem Blick auf den Zielkonflikt zwischen Gerechtigkeit und Effizienz zu tun. Die hohen Steuersätze, die zur Finanzierung der Ausgaben für einen umfangreichen Wohlfahrtsstaat notwendig sind, können negative Arbeitsanreize setzen. Aber auch wohlfahrtspolitische Maßnahmen mit Bedürftigkeitsprüfung, mit denen sich die Kosten des Wohlfahrtsstaates begrenzen lassen, sind nicht frei von Ineffizienzen, da sie zu hohen Grenzsteuersätzen für die Leistungsempfänger führen können.
- Die Politik wird oft als eine Auseinandersetzung zwischen »rechts« und »links« wahrgenommen. Beim Dissens zwischen rechten und linken Politikern geht es in erster Linie um die angemessene Größe des Wohlfahrtsstaates. Die ökonomische Analyse kann hier nur bedingt Abhilfe schaffen.

ÜBERPRÜFEN SIE IHR WISSEN

1. Erklären Sie, wie jede der folgenden Maßnahmen negative Arbeits- oder Investitionsanreize setzt.
   a. Eine hohe Umsatzsteuer auf Konsumgüter.
   b. Der Verlust des Anspruches auf Wohngeld bei einem Jahreseinkommen oberhalb 10.000 Euro.
2. Welchen Einfluss hat die ökonomische Analyse auf den politischen Dissens in Sachen Wohlfahrtsstaat?

Unternehmen in Aktion: Krankenversicherung in der Selbstständigkeit

Im Jahr 2016 stand Stinson Dean vor einer schweren Entscheidung. Er war zu diesem Zeitpunkt bei einer Firma beschäftigt, die mit Bauholz handelte. Stinson Dean hatte erkannt, dass der Markt für Bauholz vor einem rasanten Aufschwung stand, da sich der Wohnungsbau nach den Jahren der Immobilienkrise nachhaltig erholt hatte. Um von diesem Aufschwung auch persönlich zu profitieren, hätte er seinen Job kündigen und eine eigene Firma gründen müssen.

Doch die Entscheidung, Unternehmer zu werden, ist nicht ohne Risiko. Als Selbstständiger hätte Stinson Dean auf die Krankenversicherung durch seinen Arbeitgeber verzichten müssen, die ihn, seine Frau und seine drei kleinen Kinder abgesichert hat. Und Stinson Dean war nicht bereit, durch den Schritt in die Selbstständigkeit die Gesundheit seiner Familie aufs Spiel zu setzen. Der Familienvater stand mit seinem Problem nicht allein da. Es ist keine Seltenheit, dass Menschen nicht in die Selbstständigkeit wechseln und stattdessen in ihrem alten Job bleiben, weil sie die Vergünstigungen durch eine Krankenversicherung nicht verlieren wollen. Ökonomen haben dafür den Begriff *Job Lock* geprägt.

Am Ende hat Stinson Dean den Schritt in die Selbstständigkeit doch gewagt, weil er durch Obamacare in der Lage war, sich selbst und seine Familie kostengünstig krankenversichern zu lassen. Und dieser Schritt zahlte sich aus, da der Aufschwung im Wohnungsbau die Erwartungen von Stinson Dean über die Entwicklung seines Geschäftes bei Weitem übertraf.

Das Geschäft lief sogar so gut, dass Stinson Dean im Jahr 2017 eigentlich expandieren und drei Arbeitskräfte einstellen wollte. Aber die anhaltenden Diskussionen im US-Kongress über eine Aufhebung des Affordable Care Act gefährdeten nicht nur seine Expansionspläne, sondern auch seine langfristige Zukunft als Unternehmer. Wie sollte er Arbeitskräfte davon überzeugen, für ihn zu arbeiten, wenn bei einer Abschaffung von Obamacare die Möglichkeit zur Krankenversicherung für sie nicht mehr gegeben wäre? Und auch er selbst liefe dann Gefahr, seine Krankenversicherung zu verlieren und wäre gezwungen, sein kleines Unternehmen zu schließen und sich einen Job bei einem Arbeitgeber zu suchen, der ihm auch eine Krankenversicherung anbietet.

FRAGEN

1. Untersuchungen belegen, dass sich ein besserer Zugang zu einer Krankenversicherung positiv auf Selbstständigkeit und Unternehmertum auswirkt. Welche Effekte auf die Anzahl und die Größe von Unternehmensneugründungen erwarten Sie vor diesem Hintergrund durch die Einführung von Obamacare?
2. In der Vergangenheit haben kleine Unternehmen Innovationen deutlich stärker vorangetrieben als große Unternehmen. Wie wird sich daher Ihrer Meinung nach die Innovationsrate in den Vereinigten Staaten durch die Einführung von Obamacare verändert haben? Welche Auswirkungen auf die Innovationsrate sind durch die anhaltenden Diskussionen um Obamacare zu erwarten?

Zusammenfassung

1. In allen wohlhabenden Volkswirtschaften entfällt ein großer Teil der Staatsausgaben auf den **Wohlfahrtsstaat**. **Transferzahlungen** sind Zahlungen des Staates an Einzelpersonen und Familien. Die **staatliche Armutsbekämpfung** versucht, durch die Unterstützung der Bedürftigen die Einkommensungleichheit zu lindern. Die **Sozialversicherung** zielt auf eine Linderung von wirtschaftlicher Unsicherheit. Zusätzlich schaffen wohlfahrtspolitische Maßnahmen durch eine Verringerung der Armut und einen besseren Zugang zu Gesundheitsfürsorge, insbesondere für Kinder, einen Nutzen für die Gesellschaft.
2. Auch wenn die (absolute) **Armutsgrenze** jedes Jahr angepasst wird, um Änderungen bei den Lebenshaltungskosten widerzuspiegeln, bleiben Änderungen des durchschnittlichen Lebensstandards unberücksichtigt. In den letzten 30 Jahren hat es einen deutlichen Anstieg des durchschnittlichen Einkommens in den Vereinigten Staaten gegeben. Dennoch ist die **Armutsquote** nicht gesunken. Dafür gibt verschiedene Gründe: mangelnde Bildung, die Auswirkungen von Diskriminierung nach Geschlecht und Rasse, aber auch einfach Pech im Leben. Die Folgen der Armut sind insbesondere für Kinder gravierend. Es kommt häufiger zu chronischen Erkrankungen, geringeren Lebenseinkommen und höheren Kriminalitätsraten.
3. Das **Medianeinkommen**, also das Einkommen, das genau in der Mitte der Einkommensverteilung liegt, ist ein besserer Indikator für das normale Haushaltseinkommen als das **Durchschnittseinkommen** über alle Haushalte, da es nicht durch eine kleine Anzahl sehr hoher Einkommen verzerrt wird. Der **Gini-Koeffizient** ist der am häufigsten verwendete Indikator zur Messung der Einkommensungleichheit und misst, wie ungleich das Einkommen in einer Volkswirtschaft verteilt ist.
4. Staatliche Maßnahmen mit **Bedürftigkeitsprüfung** zielen darauf ab, die Armut zu senken. Das Gleiche gilt auch für staatliche Maßnahmen ohne Bedürftigkeitsprüfung. Zu den wichtigsten Wohlfahrtsprogrammen in den Vereinigten Staaten, die **Sachleistungen** gewähren, gehören Medicare und Medicaid. Aufgrund von Bedenken über die negativen Auswirkungen auf die Anreize zur Arbeitsaufnahme und den Zusammenhalt von Familien haben Geldzahlungen zur Unterstützung von einkommensschwachen Familien in den Vereinigten Staaten im Laufe der Zeit an Bedeutung verloren. Dagegen ist die Bedeutung der **negativen Einkommensteuer** in Form einer sogenannten Arbeitseinkommensteuergutschrift sukzessive gestiegen. Die Sozialversicherung ist der wichtigste Bestandteil des Wohlfahrtsstaates in den Vereinigten Staaten und hat insbesondere die Altersarmut verringert. Die Arbeitslosenversicherung ist ein weiterer wichtiger Baustein zur sozialen Absicherung.
5. Die Krankenversicherung erfüllt eine wichtige Aufgabe, da sich viele Familien hohe medizinische Behandlungskosten nicht leisten können. Die **private Krankenversicherung** ist grundsätzlich mit dem Problem der adversen Selektion konfrontiert. Dieses Problem lässt sich entweder durch sorgfältiges Screening vermeiden oder dadurch, dass die Krankenversicherung über den Arbeitgeber den Beschäftigten angeboten wird. Diese Form der Krankenversicherung ist in den Vereinigten Staaten am weitesten verbreitet. Von den US-Amerikanern, die nicht privat krankenversichert sind, erhalten viele einen Versicherungsschutz durch Medicare oder durch Medicaid. Medicare ist ein **Single-Payer-System** ohne Bedürftigkeitsprüfung für Personen, die älter als 65 Jahre sind. Der Erhalt von Leistungen durch Medicaid ist dagegen einkommensschwachen Familien vorbehalten.
6. Im Vergleich zu anderen wohlhabenden Ländern dominiert in den Vereinigten Staaten die private Krankenversicherung. Außerdem sind in den Vereinigten Staaten die Gesundheitsausgaben pro Kopf deutlich größer, die allerdings keine nachweisbaren (positiven) Auswirkungen auf den durchschnittlichen Gesundheitszustand haben. Der starke Kostenanstieg im Gesundheitswesen wird im Wesentlichen durch den medizinischen Fortschritt verur-

sacht. Die steigende Zahl an Menschen ohne Krankenversicherung und die finanziellen Notlagen, die dadurch entstanden sind, haben zur Verabschiedung des Affordable Care Act (ACA oder auch Obamacare) geführt. Die Einführung von Obamacare hat zwei grundlegende Zielrichtungen: Personen, die bislang ohne Krankenversicherung waren, eine Krankenversicherung anzubieten, und die Kostenexplosion im Gesundheitswesen zu begrenzen.

7. Die Diskussionen um die richtige Größe des Wohlfahrtsstaates haben sowohl mit philosophischen Anschauungen als auch mit dem Zielkonflikt zwischen Gerechtigkeit und Effizienz zu tun. Die hohen Steuersätze, die zur Finanzierung der Ausgaben für einen umfangreichen Wohlfahrtsstaat notwendig sind, können negative Arbeitsanreize setzen und zu risikoreichen Investitionen verleiten. Aber auch wohlfahrtspolitische Maßnahmen mit Bedürftigkeitsprüfung, mit denen sich die Kosten des Wohlfahrtsstaates begrenzen lassen, sind nicht frei von Ineffizienzen, da sie zu hohen Grenzsteuersätzen für die Leistungsempfänger führen können.
8. Politiker aus dem »linken« Lager setzen sich in der Regel für einen großzügigen Wohlfahrtsstaat ein, Politiker aus dem »rechten« Lager sind meistens dagegen. Die ökonomische Analyse kann hier nur bedingt Abhilfe schaffen, da der politische Dissens auch auf unterschiedlichen Auffassungen über Zielkonflikte beruht.

SCHLÜSSELBEGRIFFE

- Wohlfahrtsstaat
- Transferzahlungen
- staatliche Armutsbekämpfung
- Sozialversicherung
- Armutsgrenze
- Armutsquote
- Durchschnittseinkommen
- Medianeinkommen
- Gini-Koeffizient
- Bedürftigkeitsprüfung
- Sachleistungen
- negative Einkommensteuer
- private Krankenversicherung
- Single-Payer-System

19 Faktormärkte und Einkommensverteilung

LERNZIELE

- Wie Produktionsfaktoren – Ressourcen wie Land, Arbeit und **physisches Kapital** sowie **Humankapital** – auf Faktormärkten gehandelt werden und wie damit die **Einkommensverteilung** bestimmt wird.
- Was man unter der **Grenzproduktivitätstheorie der Einkommensverteilung** versteht.
- Welche Ursachen für Lohndisparitäten es gibt und welche Rolle Diskriminierung auf Arbeitsmärkten spielt.
- Wie Arbeitsmärkte durch Marktmacht beeinflusst werden.
- Wie Entscheidungen über die **Zeitallokation** das Arbeitsangebot bestimmen.

Der Wert eines Hochschulabschlusses

Zahlt sich eine Hochschulausbildung aus? Ja, sie tut es: In einer modernen Wirtschaft sind die Arbeitgeber bereit, eine Prämie für Arbeitnehmer zu bezahlen, die über eine höhere Ausbildung verfügen. Die Höhe dieser Prämie hat sich über die letzten Jahrzehnte beständig erhöht. Im Jahr 2019 haben US-Amerikaner mit einem Hochschulabschluss (College) pro Woche 85 Prozent mehr verdient als US-Amerikaner ohne College-Ausbildung. Und dieser Unterschied ist im Zeitablauf stetig gestiegen, von 45 Prozent in den frühen 1980er-Jahren und 72 Prozent im Jahr 2004. Nach Untersuchungen von David Autor, einem VWL-Professor am MIT (Massachusetts Institute of Technology in Boston), liegen die tatsächlichen Kosten einer College-Ausbildung bei ungefähr *minus* 500.000 Dollar. Das bedeutet, dass ein College-Abschluss weniger als nichts kostet.

Oder mit anderen Worten: Es kostet im Verlauf eines Lebens rund 500.000 Dollar, keinen College-Abschluss zu haben. Das ist mehr als doppelt so viel wie noch vor 30 Jahren. Und da ein College-Abschluss so wertvoll ist, haben immer mehr US-Amerikaner einen Bachelor. Während im Jahr 1995 nur 24,7 Prozent aller 25- bis 29-Jährigen in den Vereinigten Staaten mindestens über einen Bachelor-Abschluss verfügten, lag der Anteil im Jahr 2019 bei 39 Prozent.

Aber wer hat beschlossen, dass der Lohn von Arbeitnehmern mit Hochschulabschluss so deutlich über dem Lohn von Arbeitnehmern ohne Hochschulabschluss liegen soll? Natürlich hat das niemand beschlossen. Vielmehr handelt es sich bei Lohnsätzen um Preise, um Preise für verschiedene Arten von Arbeit, und diese werden wie andere Preise durch Angebot und Nachfrage bestimmt.

Natürlich gibt es einen Unterschied zwischen dem Lohnsatz von Hochschulabsolventen und dem Preis gebrauchter Lehrbücher: Der Lohnsatz ist nicht der Preis eines Gutes, er ist der Preis eines *Produktionsfaktors*. Und obwohl die Märkte für Produktionsfaktoren in vielerlei Hinsicht den Märkten für Güter sehr ähneln, gibt es doch einige wichtige Unterschiede.

In diesem Kapitel wollen wir uns mit *Faktormärkten* beschäftigen, den Märkten, auf denen Produktionsfaktoren wie Arbeit, Grund und Boden sowie Realkapital gehandelt werden. Genau wie die Märkte für Waren und Dienstleistungen spielen die Faktormärkte in der Volkswirtschaft eine zentrale Rolle: Sie teilen die produktiven Ressourcen auf die Unternehmen auf und helfen dabei sicherzustellen, dass diese Ressourcen effizient verwendet werden.

Dieses Kapitel beginnt mit der Beschreibung der wichtigsten Produktionsfaktoren. Anschließend beschäftigen wir uns mit der Nachfrage nach Produktionsfaktoren, was uns zu einer wichtigen Erkenntnis führen wird: der *Grenzproduktivitätstheorie der Einkommensverteilung*. Anschließend wollen wir uns mit einigen Problemen der Grenzproduktivitätstheorie befassen sowie die Faktormärkte für Realkapital und Grund und Boden analysieren. Der Gegenstand des letzten Abschnitts dieses Kapitels ist das Angebot des wichtigsten Produktionsfaktors, nämlich das Angebot an Arbeit.

19.1 Die Produktionsfaktoren einer Volkswirtschaft

Vielleicht erinnern Sie sich, dass wir den Begriff des Produktionsfaktors bereits im Kapitel 2 im Zusammenhang mit dem Kreislaufmodell definiert haben: Ein Produktionsfaktor ist jede Ressource, die von Unternehmen verwendet wird, um Waren und Dienstleistungen zu produzieren, die von Haushalten konsumiert werden. Produktionsfaktoren werden an *Faktormärkten* ge- bzw. verkauft. Der Preis, der sich an Faktormärkten herausbildet, wird als *Faktorpreis* bezeichnet.

Worum handelt es sich bei diesen Produktionsfaktoren und warum spielen Faktorpreise eine Rolle?

Die Produktionsfaktoren

Ökonomen teilen Produktionsfaktoren in vier große Gruppen ein: Land (Grund und Boden), Arbeit, physisches Kapital (Realkapital) und Humankapital. Land ist eine Ressource, die von der Natur bereitgestellt wird. Arbeit wird von Menschen erbracht.

In Kapitel 9 definierten wir *Kapital* als Vermögensobjekt, das von einem Unternehmen zur Produktion seines Outputs verwendet wird. Es gibt zwei grundlegende Arten von Kapital. **Physisches Kapital** oder **Realkapital**, oft auch einfach als »Kapital« bezeichnet, besteht aus produzierten Ressourcen wie Gebäuden und Maschinen.

Physisches Kapital oder **Realkapital**, oft auch einfach als »Kapital« bezeichnet, besteht aus produzierten Ressourcen wie Gebäuden und Maschinen.

Als **Humankapital** bezeichnet man die durch Bildung und Wissen hervorgerufene und an die Arbeitskräfte gebundene Verbesserung der Arbeit.

In modernen Volkswirtschaften ist **Humankapital**, die sich aus Bildung und Wissen ergebende und an die Arbeitskräfte gebundene Verbesserung der Arbeitskraft, mindestens genauso wichtig. Die Bedeutung des Humankapitals hat sich durch den technischen Fortschritt deutlich erhöht. Der technische Fortschritt hat dazu geführt, dass in vielen Bereichen ein hohes Maß an technischen Fertigkeiten unverzichtbar ist. Er ist damit eine der Ursachen für die steigenden Löhne, die Arbeitnehmern mit höherem Bildungsabschluss zufließen.

Warum Faktorpreise eine Rolle spielen: Die Allokation von Ressourcen

Faktormärkte und Faktorpreise spielen bei einem der wichtigsten Prozesse in der Volkswirtschaft eine zentrale Rolle: der Aufteilung von Ressourcen zwischen den Produzenten. Wie wir erfahren werden, bestimmt die Aufteilung der Ressourcen darüber, was und wie viel davon produziert wird.

Schauen wir uns als Beispiel die Stadt Midland im US-Bundesstaat Texas an, die über einer riesigen Erdöllagerstätte (Permian Basin) liegt. Durch den Ölboom in den Jahren 2016–2019 und die hohe Nachfrage nach Arbeitskräften hat sich die Zahl der Erwerbstätigen in Midland um 24 Prozent erhöht und damit sechs Mal so stark wie im Rest im Landes.

Aber wie sind die Ölarbeiter nach Midland gekommen? Die starke Nachfrage nach Arbeitskräften hat die Löhne in der Gegend nach oben getrieben. Auch Menschen, die nicht in der Ölförderung tätig sein konnten oder wollten, sind nach Midland gezogen, um Dienstleistungen für die Ölarbeiter anzubieten. So konnte man z.B. als Friseur in Midland im Jahr 2019 bis zu 180.000 Dollar verdienen. Anders ausgedrückt: Die Märkte für Produktionsfaktoren – in unserem Beispiel Ölarbeiter und Friseure – brachten die Produktionsfaktoren dorthin, wo sie gebraucht wurden.

In diesem Sinne sind Faktormärkte den Märkten für Waren und Dienstleistungen ganz ähnlich, die Waren und Dienstleistungen auf die Verbraucher aufteilen. Es gibt aber zwei besondere Eigenschaften von Faktormärkten. Anders als bei Gütermärkten sprechen wir im Fall von Faktormärkten

DENKFALLEN!

Was ist überhaupt ein Produktionsfaktor?
Stellen Sie sich ein Unternehmen vor, das Hemden produziert. Das Unternehmen setzt Arbeiter und Maschinen ein, es nutzt also Arbeit und Realkapital. Es verwendet aber auch andere Inputs wie Elektrizität und Stoff. Handelt es sich bei all diesen Inputs um Produktionsfaktoren? Nein: Arbeit und Kapital sind Produktionsfaktoren, nicht aber Stoff und Elektrizität.
Der zentrale Unterschied besteht darin, dass ein Produktionsfaktor aus dem Verkauf seiner Leistung immer wieder Einkommen erzielen kann, die anderen Inputs, die Vorleistungen darstellen, aber nicht. So kann beispielsweise ein Arbeitnehmer über die Zeit dadurch Einkommen erzielen, dass er wiederholt seine Arbeitsleistung verkauft. Der Eigentümer einer Maschine erzielt über die Zeit dadurch Einkommen, dass er wiederholt die Leistung seiner Maschine verkauft. Ein Produktionsfaktor wie Arbeit oder Kapital stellt daher eine dauerhafte Einkommensquelle dar.
Eine Vorleistung wie Elektrizität oder Stoff wird jedoch im Produktionsprozess verbraucht. Einmal verwendet, stellt eine Vorleistung für ihren Eigentümer keine zukünftige Einkommensquelle mehr dar.

von einer *abgeleiteten Nachfrage*. Damit meinen wir, dass die Faktornachfrage aus der Produktionsentscheidung des Unternehmens abgeleitet wird. Die zweite Eigenschaft besteht darin, dass die meisten von uns den größten Teil ihres Einkommens auf Faktormärkten erzielen. (Die zweitwichtigste Einkommensquelle sind staatliche Transferzahlungen.)

Faktoreinkommen und die Einkommensverteilung

Die meisten Familien beziehen den größten Teil ihres Einkommens in Form von Löhnen und Gehältern – sie erhalten ihr Einkommen also aus dem Verkauf von Arbeitskraft. Einige Menschen beziehen jedoch den größten Teil ihres Einkommens aus Realkapital: Sind Sie Inhaber einer Aktie, spiegelt dies Ihr Eigentum an einem Teil des Realkapitals des betreffenden Unternehmens wider. Einige Menschen beziehen auch einen großen Teil ihres Einkommens aus Pachtzahlungen, die sie für ihr Land erhalten.

Offenkundig haben die Faktorpreise einen bedeutenden Einfluss darauf, wie sich der »ökonomische Kuchen« auf die verschiedenen Gruppen der Gesellschaft verteilt. Ceteris paribus bedeutet beispielsweise ein höherer Lohnsatz, dass ein größerer Teil des Einkommens der Volkswirtschaft den Menschen zufließt, die ihr Einkommen aus Arbeit erzielen und nicht aus Kapital. Die Aufteilung des ökonomischen Kuchens wird von Ökonomen als »Einkommensverteilung« bezeichnet. Die

VERTIEFUNG

Die Einkommensverteilung und der soziale Wandel in der industriellen Revolution
Haben Sie jemals Romane von Jane Austen gelesen? Und wie sieht es mit Charles Dickens aus? Wenn Sie beide Autoren gelesen haben, werden Sie vermutlich festgestellt haben, dass sie anscheinend völlig unterschiedliche Gesellschaften beschreiben. Die Romane von Austen, die um 1800 entstanden sind, beschreiben eine Welt, in der die gesellschaftliche Elite landbesitzende Aristokraten sind. Dickens, der etwa 50 Jahre später schrieb, zeichnet eine Welt, in der Unternehmer, insbesondere Fabrikbesitzer, den Ton angeben.
Diese literarische Verschiebung reflektiert dramatische Änderungen der Einkommensverteilung. Die industrielle Revolution, die zwischen dem späten 18. Jahrhundert und der Mitte des 19. Jahrhunderts erfolgte, verwandelte England von einem Agrarland zu einem durch Verstädterung und Industrialisierung geprägten Land, in dem das Kapitaleinkommen das Einkommen, das mit Landwirtschaft erzielt wurde, schnell überstieg. Schätzungen der Ökonomin Nancy Stokey zeigen, dass der Anteil des durch Landwirtschaft erzielten gesamtwirtschaftlichen Einkommens zwischen 1780 und 1850 von 20 Prozent auf 9 Prozent zurückging, während der Anteil des Kapitaleinkommens von 35 Prozent auf 44 Prozent stieg. Diese Verschiebung der Einkommensanteile hat alles verändert, sogar die Literatur.

WISSENSCHAFT UND PRAXIS

Die Einkommensverteilung in den Vereinigten Staaten

Wie in allen entwickelten Volkswirtschaften machen auch in den Vereinigten Staaten die Einkommen, die dem Faktor Arbeit zufließen, den größten Teil des Gesamteinkommens der Volkswirtschaft aus. **Abbildung 19-1** zeigt die Einkommensverteilung für die Vereinigten Staaten im Jahr 2021. In diesem Jahr fielen 67,6 Prozent des Gesamteinkommens in Form von »Arbeitnehmerentgelten« an. Diese Zahl ist langfristig betrachtet vergleichsweise gering. Im Jahr 1972 und auch noch im Jahr 2007 lag der Anteil der Arbeitnehmerentgelte am Gesamteinkommen bei über 70 Prozent. Die geringe Zahl ist Ausdruck der mühsamen Erholung der US-amerikanischen Wirtschaft nach der Finanz- und Wirtschaftskrise, sodass es fünf Jahre gedauert hat, bis die Arbeitslosenquote und die Löhne wieder ihr Vorkrisenniveau erreicht hatten.

In der Bundesrepublik Deutschland ist der Anteil des Arbeitnehmerentgelts am Gesamteinkommen ähnlich groß wie in den Vereinigten Staaten. In den 1970er- und zu Beginn der 1980er-Jahre lag der Anteil der Arbeitnehmerentgelte in Deutschland bei über 70 Prozent, im Jahr 2021 waren es 71,2 Prozent.

Das Arbeitnehmerentgelt erfasst aber nicht das gesamte Einkommen des Faktors »Arbeit«, weil ein nicht unerheblicher Teil des Gesamteinkommens – in den Vereinigten Staaten etwa 7 bis 10 Prozent – »Selbstständigeneinkommen« darstellt, also Einkommen von Menschen, die als Selbstständige tätig sind. Ein Teil dieses Einkommens sollte als Lohneinkommen betrachtet werden, das diese Eigentümer sich selbst bezahlen. Der wahre Anteil des Faktors Arbeit am Gesamteinkommen ist vermutlich einige Prozentpunkte höher als der Anteil der Arbeitnehmerentgelte.

Ein großer Teil dessen, was wir als Arbeitnehmerentgelt bezeichnen, ist tatsächlich ein Entgelt für Humankapital. Ein Chirurg stellt ja nicht einfach nur die Arbeitskraft von zwei ganz gewöhnlichen Händen zur Verfügung (zumindest hoffen das die Patienten!): Dieser Chirurg stellt auch das Ergebnis langjähriger Ausbildung und Erfahrung zur Verfügung, in das viel Geld investiert wurden. Es gibt keine Möglichkeit, um direkt den Anteil des gesamtwirtschaftlichen Einkommens zu messen, der für Ausbildung und Erfahrung bezahlt wird, aber viele Ökonomen glauben, dass Humankapital zum wichtigsten Produktionsfaktor moderner Volkswirtschaften geworden ist.

Abb. 19-1: Die Verteilung der Einkommen in den Vereinigten Staaten im Jahr 2021

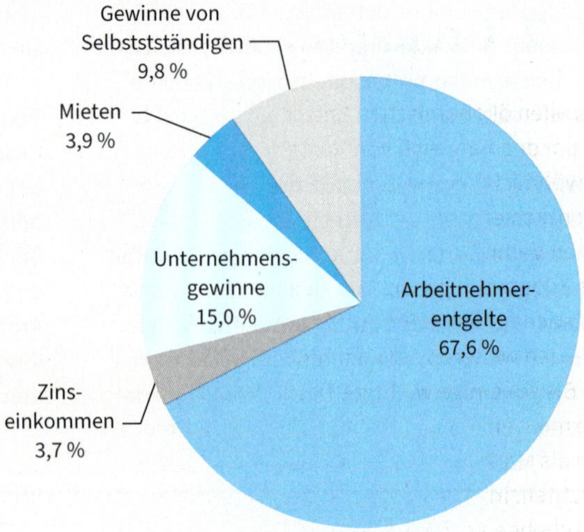

Quelle: Bureau of Economic Analysis

Die **Einkommensverteilung** beschreibt die Verteilung des gesamtwirtschaftlichen Einkommens auf Arbeit, Land und Kapital.

Faktorpreise bestimmen damit die **Einkommensverteilung** auf die Produktionsfaktoren, wie also das gesamtwirtschaftliche Einkommen auf Arbeit, Land und Kapital verteilt wird.

Wie die Fallstudie in »Wissenschaft und Praxis« zeigt, war die Einkommensverteilung in den Vereinigten Staaten während der letzten Jahrzehnte recht stabil. Zu anderen Zeiten und an anderen Orten gab es jedoch starke Änderungen der Einkommensverteilung. Ein besonders bemerkenswertes Beispiel: Während der industriellen Revolution ging der Einkommensanteil der Landbesitzer drastisch zurück, während der Anteil der Kapitalbesitzer deutlich anstieg. Und wir gerade in der Rubrik »Vertiefung« gelernt haben, wirkte sich diese Verschiebung nachhaltig auf die Gesellschaft aus.

Kurzzusammenfassung

- Ökonomen teilen die Produktionsfaktoren einer Volkswirtschaft in vier Hauptkategorien ein: Arbeit, Land, **physisches Kapital** (**Realkapital**) und **Humankapital**.
- Die Faktornachfrage ist eine abgeleitete Nachfrage. Faktorpreise, die an den Faktormärkten gebildet werden, bestimmen die **Einkommensverteilung**. Der größte Teil des gesamtwirtschaftlichen Einkommens fließt dem Faktor Arbeit zu. Ein großer Teil des sogenannten »Arbeitnehmerentgeltes« stellt eigentlich den Ertrag des Humankapitals dar, der sich allerdings nicht direkt messen lässt.

ÜBERPRÜFEN SIE IHR WISSEN

Nehmen Sie an, dass die Regierung auf dem Markt für Universitätsprofessoren Höchstpreise einführt und einen Lohn festlegt, der unterhalb des Gleichgewichtslohnes liegt. Welche Auswirkungen hat diese Politik auf die Produktion von Hochschulabschlüssen? Welche Sektoren der Volkswirtschaft werden nach Ihrer Ansicht von dieser Politik benachteiligt? Welche Sektoren der Volkswirtschaft könnten Vorteile haben?

19.2 Grenzproduktivität und Faktornachfrage

Bei allen ökonomischen Entscheidungen geht es um den Vergleich von Kosten und Vorteil, und gewöhnlich geht es auch um den Vergleich von Grenzkosten und Grenzvorteil. Das gilt sowohl für einen Verbraucher, der überlegt, ob er ein weiteres Kilogramm gebackene Muscheln kaufen soll, als auch für einen Produzenten, der überlegt, ob er einen weiteren Arbeitnehmer anstellen sollte.

Bis auf einige wichtige Ausnahmen kann man die meisten Faktormärkte in den Vereinigten Staaten als Märkte mit vollständiger Konkurrenz betrachten. In vielen europäischen Ländern wird das Geschehen an den Faktormärkten dagegen stärker durch Vereinbarungen zwischen Gewerkschaften und Arbeitgeberverbänden geprägt. Auf Faktormärkten mit vollständiger Konkurrenz sind die Käufer und Verkäufer eines bestimmten Produktionsfaktors Preisnehmer. Auf einem wettbewerblichen Faktormarkt ist es klar, wie die Grenzkosten für eine Arbeitskraft zu definieren sind, die einem Unternehmen entstehen: Es ist einfach der Lohnsatz dieses Arbeitnehmers. Was aber ist der Grenzvorteil dieses Arbeitnehmers? Um diese Frage zu beantworten, greifen wir auf ein erstmals im Kapitel 11 eingeführtes Konzept zurück: die *Produktionsfunktion*, die Inputs mit dem Output in Beziehung setzt. Wie schon in Kapitel 12 wollen wir auch in diesem Kapitel annehmen, dass alle Produzenten Preisnehmer sind – sie agieren in Märkten mit vollständiger Konkurrenz.

Das Wertgrenzprodukt

Abbildung 19-2 greift die Abbildungen 11-1 und 11-2 auf, in denen die Produktionsfunktion für Weizen des Landwirtschaftsbetriebes von Georg und Martha dargestellt wurde. Im Diagramm (a) sehen wir die Kurve des Gesamtproduktes (*TP*), die uns zeigt, in welcher Weise die Weizenproduktion von der Zahl der beschäftigten Arbeitnehmer abhängt. Diagramm (b) zeigt, wie das *Grenzprodukt* der Arbeit (*MPL*), der aus dem Mehreinsatz eines Arbeitnehmers resultierende Produktionsanstieg, von der Zahl der beschäftigten Arbeitnehmer abhängt. **Tabelle 19-1**, die die entsprechende Tabelle aus Abbildung 11-1 wiedergibt, zeigt die hinter der Abbildung 19-2 stehenden Zahlen.

Nehmen wir an, dass Georg und Martha ihren Gewinn maximieren wollen, dass jedem Arbeiter 200 Euro gezahlt werden müssen und dass Weizen für 20 Euro pro Tonne verkauft werden kann. Wie groß ist die optimale Anzahl von Arbeitern? Wie viele Arbeiter sollten sie also beschäftigen, um ihren Gewinn zu maximieren?

In den Kapiteln 11 und 12 haben wir gelernt, wie man diese Frage in mehreren Schritten beantworten kann.

- In Kapitel 11 haben wir die in der Produktionsfunktion des Unternehmens enthaltenen Informationen verwendet, um die Gesamtkosten und die Grenzkosten abzuleiten.
- In Kapitel 12 haben wir die *Regel der optimalen Produktionsmenge eines preisnehmenden Unternehmens* abgeleitet: Ein preisnehmendes Unternehmen maximiert seinen Gewinn, wenn es die Outputmenge produziert, für die die Grenzkosten der letzten produzierten Einheit gleich dem Marktpreis sind.
- Nachdem wir die optimale Outputmenge bestimmt haben, können wir mithilfe der Produktionsfunktion die optimale Anzahl von Arbeitern finden: Es ist einfach die Anzahl von Arbeitern, die benötigt werden, um die optimale Outputmenge zu produzieren.

Das **Wertgrenzprodukt** eines Produktionsfaktors ist der Wert des zusätzlichen Outputs, der durch die Beschäftigung einer weiteren Einheit des Produktionsfaktors erzeugt wird.

Es gibt jedoch noch einen anderen Weg, um die gewinnmaximierende Anzahl an Arbeitern zu finden. Wir können nämlich direkt der Frage nachgehen, welches Beschäftigungsniveau den Gewinn maximiert. Dieser alternative Ansatz entspricht dem Vorgehen, das wir im vorherigen Absatz skizziert haben – es handelt sich lediglich um eine andere Sicht auf den gleichen Sachverhalt, die uns aber eine tiefere Einsicht in die Faktornachfrage erlaubt.

Um zu verstehen, wie dieser alternative Ansatz funktioniert, wollen wir noch einmal auf das Beispiel von Georg und Martha zurückgreifen und annehmen, dass diese überlegen, ob sie einen weiteren Arbeiter beschäftigen sollen oder nicht. Die *Kosten* steigen bei der Beschäftigung dieses zusätzlichen Arbeiters um den Lohnsatz *W*. Der Vorteil, den Georg und Martha aus der Beschäftigung des zusätzlichen Arbeiters ziehen, entspricht dem Wert des zusätzlichen Outputs, den der Arbeiter produzieren kann. Wie groß ist dieser Wert? Er ergibt sich aus dem Grenzprodukt der Arbeit (*MPL*), multipliziert mit dem Preis einer Outputeinheit (*P*). Diese Größe – der zusätzliche Wert des Outputs aus der Beschäftigung einer weiteren Einheit Arbeit – wird als **Wertgrenzprodukt** der Arbeit bezeichnet (*VMPL*):

(19-1) Wertgrenzprodukt der Arbeit = $VMPL = P \times MPL$

Abb. 19-2

Die Produktionsfunktion und das Grenzprodukt der Arbeit für den Landwirtschaftsbetrieb von Georg und Martha

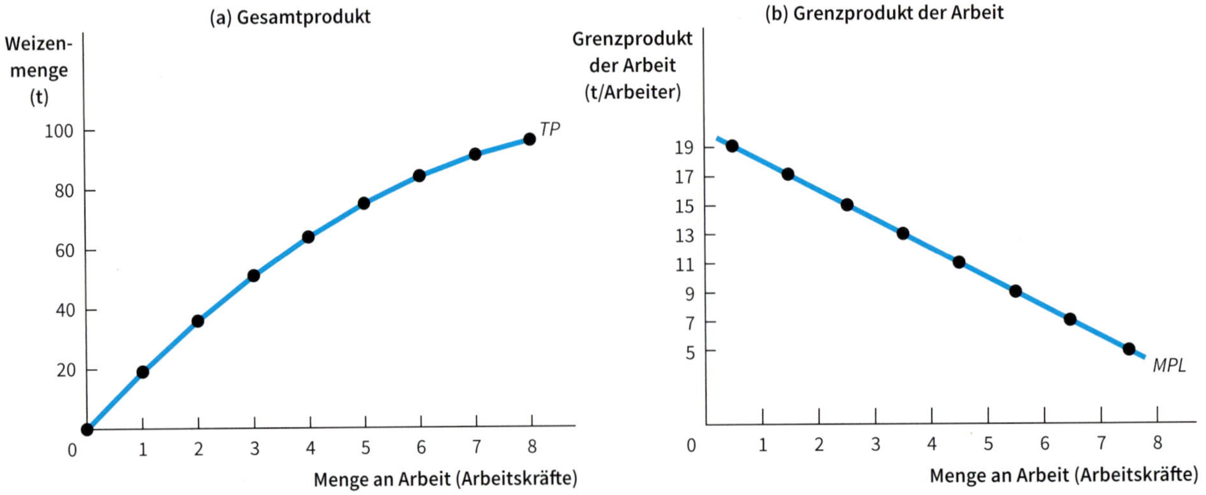

Diagramm (a) zeigt, wie die Weizenproduktion des Landwirtschaftsbetriebes von Georg und Martha von der Anzahl der beschäftigten Arbeiter abhängt. Diagramm (b) zeigt, wie das Grenzprodukt der Arbeit von der Anzahl der beschäftigten Arbeiter abhängt.

Sollten Georg und Martha diesen zusätzlichen Arbeiter beschäftigen? Die Antwort lautet ja, falls der Wert der zusätzlichen Produktion größer ist als die Kosten des Arbeiters, wenn also gilt *VMPL* > *W*. Wenn nicht, dann sollten sie den Arbeiter nicht einstellen.

Bei der Entscheidung über die Einstellung zusätzlicher Arbeitskräfte handelt es sich also um eine Marginalentscheidung, bei der der Grenzvorteil des Unternehmers aus der Beschäftigung eines zusätzlichen Arbeiters (*VMPL*) mit den zusätzlichen Kosten (*W*) verglichen werden muss. Wie bei jeder Marginalentscheidung liegt die optimale Wahl dort, wo der Grenzvorteil gerade so groß ist wie die Grenzkosten. Um ihren Gewinn zu maximieren, werden Georg und Martha daher so lange weitere Arbeitskräfte einstellen, bis für die letzte beschäftigte Arbeitskraft gilt:

(19-2) *VMPL* = *W* beim gewinnmaximierenden Beschäftigungsniveau.

Diese Regel gilt nicht nur für Arbeit, sie gilt für jeden Produktionsfaktor. Das Wertgrenzprodukt jedes Produktionsfaktors ist gleich dem Grenzprodukt mal dem Preis des Gutes, das mit diesem Produktionsfaktor hergestellt wird. Man kann diesen Zusammenhang in der **Regel für die optimale Einstellung von Produktionsfaktoren bei vollständiger Konkurrenz** zusammenfassen: *Ein preisnehmender gewinnmaximierender Produzent stellt so lange weitere Produktionsfaktoren ein, bis das Wertgrenzprodukt der letzten beschäftigten Faktoreinheit gleich dem Faktorpreis ist.*

Es ist wichtig zu verstehen, dass diese Regel nicht im Widerspruch zu unserer Analyse in den Kapiteln 11 und 12 steht. Dort hatten wir gelernt, dass ein gewinnmaximierender Produzent das Outputniveau wählt, bei dem der Preis des Gutes gleich den Grenzkosten der Produktion ist. Es handelt sich lediglich darum, auf die gleiche Regel aus einer anderen Perspektive zu blicken. Wird das Produktionsniveau so gewählt, dass Preis und Grenzkosten gleich sind, dann gilt auch, dass bei diesem Produktionsniveau Wertgrenzprodukt der Arbeit und Lohnsatz übereinstimmen.

Im folgenden Abschnitt wollen wir uns etwas näher mit der Frage beschäftigen, warum das Beschäftigungsniveau, bei dem das Wertgrenzprodukt der letzten Arbeitskraft gleich dem Lohnsatz ist, zum Gewinnmaximum führt und warum uns das hilft, die Faktornachfrage genauer zu verstehen.

Tab. 19-1

Beschäftigung und Produktion im Landwirtschaftsbetrieb von Georg und Martha

Menge an Arbeit *L* (Arbeiter)	Weizenmenge *Q* (t)	Grenzprodukt der Arbeit $MPL = \Delta Q/\Delta L$ (t/Arbeiter)
0	0	
		19
1	19	
		17
2	36	
		15
3	51	
		13
4	64	
		11
5	75	
		9
6	84	
		7
7	91	
		5
8	96	

Die **Regel für die optimale Einstellung von Produktionsfaktoren bei vollständiger Konkurrenz** besagt, dass ein preisnehmender gewinnmaximierender Produzent so lange weitere Produktionsfaktoren einstellt, bis das Wertgrenzprodukt der letzten beschäftigten Faktoreinheit gleich dem Faktorpreis ist.

Wertgrenzprodukt und Faktornachfrage

Tabelle 19-2 zeigt die Höhe des Wertgrenzproduktes im Landwirtschaftsbetrieb von Georg und Martha für verschiedene Beschäftigungsniveaus unter der Annahme, dass der Weizenpreis bei 20 Euro je Tonne liegt. In **Abbildung 19-3** ist die Anzahl der beschäftigten Arbeitskräfte an der waagerechten Achse abgetragen. An der senkrechten Achse werden das Wertgrenzprodukt der letzten beschäftigten Arbeitskraft und der Lohnsatz gemessen. Bei der in dieser Abbildung gezeigten Kurve handelt es sich um die **Kurve des Wertgrenzproduktes** der Arbeit. Diese Kurve verläuft genau wie die Kurve des Grenzproduktes der Arbeit aufgrund des sinkenden Grenzproduktes fallend. Das Wertgrenzprodukt jeder weiteren Arbeitskraft ist also geringer als das Wertgrenzprodukt der vor-

Die **Kurve des Wertgrenzproduktes** eines Produktionsfaktors zeigt, in welcher Weise das Wertgrenzprodukt dieses Faktors von der eingesetzten Faktormenge abhängt.

Tab. 19-2

Wertgrenzprodukt der Arbeit im Landwirtschaftsbetrieb von Georg und Martha

Menge an Arbeit *L* (Arbeiter)	Grenzprodukt der Arbeit *MPL* = ΔQ/ΔL (t pro Arbeiter)	Wertgrenzprodukt der Arbeit *VMPL* = *P* × *MPL*
0		
	19	380
1		
	17	340
2		
	15	300
3		
	13	260
4		
	11	220
5		
	9	180
6		
	7	140
7		
	5	100
8		

hergehenden Arbeitskraft, weil das Grenzprodukt jeder Arbeitskraft geringer ist als das Grenzprodukt der vorhergehenden Arbeitskraft.

Wir haben gerade erfahren, dass Georg und Martha so lange weitere Arbeiter beschäftigen, bis der Lohnsatz gleich dem Wertgrenzprodukt der letzten beschäftigten Arbeitskraft ist, um ihren Gewinn zu maximieren. Anhand unseres Beispiels wollen wir zeigen, dass dieses Prinzip tatsächlich funktioniert.

Nehmen wir an, dass Georg und Martha gegenwärtig drei Arbeiter beschäftigen und dass den Arbeitern der Marktlohnsatz von 200 Euro bezahlt werden muss. Sollten Sie einen weiteren Arbeiter beschäftigen?

Wenn wir uns Tabelle 19-2 anschauen, können wir erkennen, dass bei einem Beschäftigungsniveau von drei Arbeitern das Wertgrenzprodukt einer zusätzlichen Arbeitskraft bei 260 Euro liegt. Die Einstellung eines zusätzlichen Arbeiters würde den Wert ihrer Produktion um 260 Euro erhöhen, ihre Kosten würden aber lediglich um 200 Euro steigen. Damit würde sich der Gewinn ihres Landwirtschaftsbetriebes um 60 Euro erhöhen. Allgemein gilt, dass ein Produzent seinen Gewinn durch die Beschäftigung einer weiteren Faktoreinheit immer dann erhöhen kann, wenn das Wert-

Abb. 19-3

Die Kurve des Wertgrenzproduktes

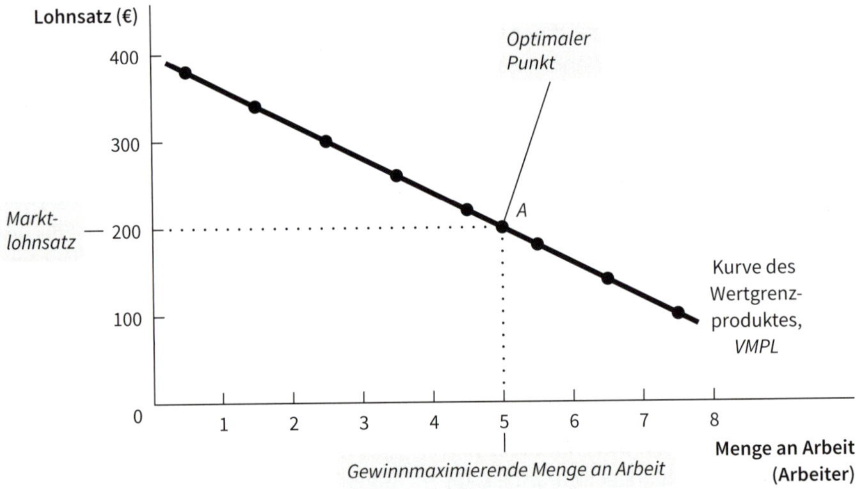

Diese Kurve zeigt, in welcher Weise das Wertgrenzprodukt der Arbeit von der Anzahl der beschäftigten Arbeiter abhängt. Sie verläuft aufgrund der sinkenden Grenzerträge der Arbeit fallend. Um ihren Gewinn zu maximieren, wählen Georg und Martha das Beschäftigungsniveau, bei dem das Wertgrenzprodukt der Arbeit gleich dem Marktlohnsatz ist. Bei einem Lohnsatz von 200 Euro beträgt beispielsweise das gewinnmaximierende Beschäftigungsniveau fünf Arbeiter (Punkt *A*). Die Kurve des Wertgrenzproduktes eines Produktionsfaktors stellt gleichzeitig die Nachfragekurve des Produzenten nach diesem Produktionsfaktor dar.

grenzprodukt, das mit dieser Einheit produziert wird, den Faktorpreis übersteigt.

Schauen wir uns jetzt einmal an, wie es aussieht, wenn Georg und Martha acht Arbeiter beschäftigen. Bei einer Verringerung der Anzahl der Beschäftigten auf sieben können sie Lohnkosten in Höhe von 200 Euro sparen. Das Wertgrenzprodukt der letzten Arbeitskraft beträgt lediglich 100 Euro. Mit der Verminderung der Beschäftigung um eine Arbeitskraft können sie ihren Gewinn also um 100 Euro erhöhen. Ein Produzent kann seinen Gewinn durch die Verringerung des Faktoreinsatzes um eine Einheit so lange erhöhen, wie das Wertgrenzprodukt dieser Einheit kleiner ist als der Faktorpreis.

Folgen wir diesen Gedankengängen, können wir aus Tabelle 19-2 erkennen, dass das gewinnmaximierende Beschäftigungsniveau bei fünf Arbeitern liegt, falls der Lohnsatz 200 Euro beträgt. Das Wertgrenzprodukt des fünften Arbeiters beträgt 220 Euro. Die Beschäftigung dieser Arbeitskraft führt also zu einem zusätzlichen Gewinn in Höhe von 20 Euro. Georg und Martha sollten aber nicht mehr als fünf Arbeiter beschäftigen: Das Wertgrenzprodukt des sechsten Arbeiters beträgt nur 180 Euro, ist also um 20 Euro geringer als die Kosten dieser Arbeitskraft. Um ihren Gewinn zu maximieren, sollten Georg und Martha weitere Arbeiter bis zu dem Punkt (aber nicht über ihn hinaus) einstellen, bei dem das Wertgrenzprodukt des letzten beschäftigten Arbeiters gleich dem Lohnsatz ist.

Wir wollen nun noch einmal die Kurve des Wertgrenzproduktes in Abbildung 19-3 betrachten. Um das gewinnmaximierende Beschäftigungsniveau zu bestimmen, setzen wir den Preis der Arbeit (200 Euro je Arbeiter) gleich dem Wertgrenzprodukt der Arbeit. Das gewinnmaximierende Beschäftigungsniveau liegt also im Punkt *A*, der zu einem Beschäftigungsniveau von fünf Arbeitskräften gehört. Wäre der Preis der Arbeit höher oder niedriger, würden wir uns auf der Kurve einfach nach oben oder nach unten bewegen.

In dem von uns betrachteten Beispiel geht es um ein kleines landwirtschaftliches Unternehmen, bei dem sich das potenzielle Beschäftigungsniveau zwischen null und acht Arbeitern bewegt. Wie würde es aber aussehen, wenn das von uns betrachtete Unternehmen groß wäre und potenziell sehr viele Arbeitskräfte beschäftigt werden könnten? Gibt es sehr viele Beschäftigte, dann verringert sich das Wertgrenzprodukt durch die Beschäftigung eines weiteren Arbeiters nur geringfügig. Folglich wird es einige Arbeiter geben, deren Wertgrenzprodukt fast genau mit dem Lohnsatz übereinstimmt. (Für unser Beispiel mit Georg und Martha würde das bedeuten, dass ein Arbeiter ein Wertgrenzprodukt von ziemlich genau 200 Euro hätte.) In diesem Fall maximiert das Unternehmen seinen Gewinn durch die Wahl eines Beschäftigungsniveaus, bei dem das Wertgrenzprodukt des letzten beschäftigten Arbeiters *gleich* (jedenfalls in guter Näherung) dem Lohnsatz ist.

Aus Vereinfachungsgründen wollen wir daher von nun an annehmen, dass Unternehmen diese Regel verwenden, um das gewinnmaximierende Beschäftigungsniveau zu bestimmen. *Dies bedeutet, dass die Kurve des Wertgrenzproduktes der Arbeit auch die Arbeitsnachfragekurve eines einzelnen Produzenten ist.* Allgemein gilt damit, dass die Kurve des Wertgrenzproduktes jedes Faktors auch die individuelle Nachfragekurve des Produzenten nach diesem Faktor darstellt.

Verschiebungen der Faktornachfragekurve

Genau wie im Fall gewöhnlicher Nachfragekurven ist es wichtig, sorgfältig zwischen Bewegungen entlang der Faktornachfragekurve und Verschiebungen der Faktornachfragekurve zu unterscheiden. Wodurch verschieben sich Faktornachfragekurven? Es gibt drei Hauptursachen:

1. Änderungen der Güterpreise,
2. Änderungen des Angebotes anderer Produktionsfaktoren,
3. technologische Änderungen.

Wir wollen uns diese Ursachen jetzt genauer anschauen.

1. Änderungen der Güterpreise. Es ist wichtig, daran zu denken, dass es sich bei der Faktornachfrage um eine abgeleitete Nachfrage handelt: Ändert sich der Preis des Gutes, das mit einem Produktionsfaktor produziert wird, so ändert sich auch das Wertgrenzprodukt dieses Produktionsfaktors. Ändert sich also P, ändert sich auch $VMPL = P \times MPL$ für jedes gegebene Beschäftigungsniveau.

Abbildung 19-4 veranschaulicht die Auswirkungen von Änderungen des Weizenpreises unter der Annahme, dass der gegenwärtige Lohnsatz bei 200 Euro liegt. Diagramm (a) zeigt die Auswirkungen eines Anstiegs des Weizenpreises. Dieser Anstieg verschiebt die Kurve des Wertgrenzproduktes nach oben, weil *VMPL* für jedes gegebene Beschäftigungsniveau größer wird. Bleibt der Lohnsatz unverändert bei 200 Euro, verlagert sich der Optimalpunkt von *A* nach *B*: Das gewinnmaximierende Beschäftigungsniveau steigt.

Diagramm (b) zeigt die Auswirkungen eines Rückgangs des Weizenpreises. Dieser Rückgang verschiebt die Kurve des Wertgrenzproduktes nach unten. Bleibt der Lohnsatz unverändert bei 200 Euro, verlagert sich der Optimalpunkt von *A* nach *C*: Das gewinnmaximierende Beschäftigungsniveau sinkt.

2. Änderungen des Angebotes anderer Produktionsfaktoren. Nehmen wir an, dass Georg und Martha mehr Land bewirtschaften, beispielsweise durch die Rodung von Wäldern, die auf ihrem Grundstück stehen. Jeder Arbeiter könnte dann mehr Weizen produzieren, weil jeder mehr Land bewirtschaften könnte. Das Grenzprodukt der Arbeit würde daher für jedes gegebene Beschäftigungsniveau steigen. Es ergibt sich also der gleiche Effekt, der bei einer Erhöhung des Weizenpreises auftritt, und den wir bereits in Diagramm (a) der Abbildung 19-4 kennengelernt hatten: Die Kurve des Wertgrenzproduktes würde sich nach oben verschieben. Für jeden gegebenen Lohnsatz würde sich das gewinnmaximierende Beschäftigungsniveau erhöhen. Analog gilt, dass bei einer Verringerung der bewirtschafteten Fläche das Grenzprodukt der Arbeit bei jedem gegebenen Beschäftigungsniveau sinken würde. Jede Arbeitskraft würde weniger Weizen produzieren, weil jede Arbeitskraft weniger Land bewirtschaften würde. Daher würde sich die Kurve des Wertgrenzproduktes nach unten verschieben, wie in Diagramm (b) von Abbildung 19-4 gezeigt. Das gewinnmaximierende Beschäftigungsniveau würde abnehmen.

Abb. 19-4

Verschiebungen der Kurve des Wertgrenzproduktes

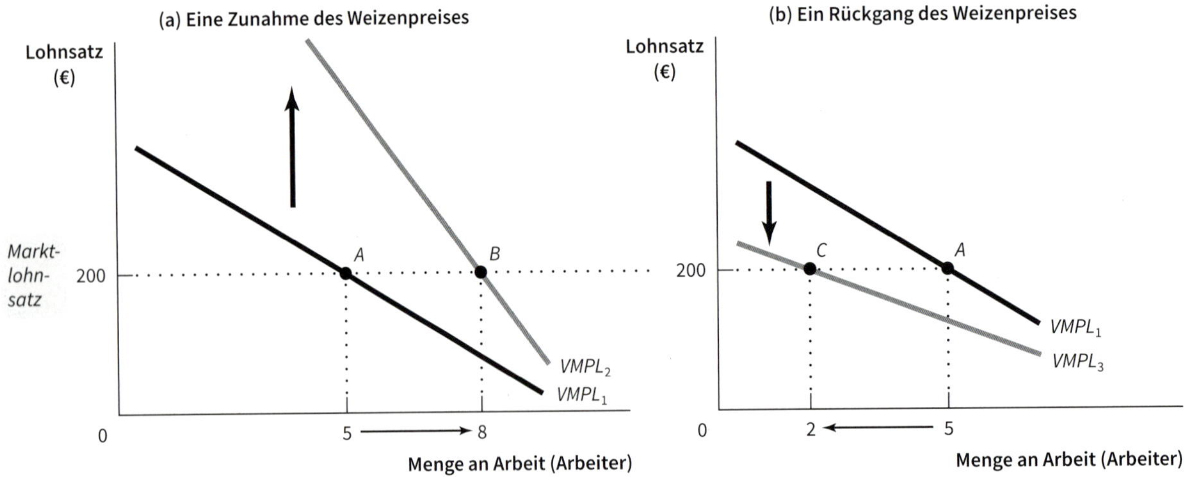

Diagramm (a) zeigt die Auswirkungen einer Erhöhung des Weizenpreises auf die Arbeitsnachfrage von Georg und Martha. Die Kurve des Wertgrenzproduktes verschiebt sich von $VMPL_1$ nach oben zu $VMPL_2$. Bleibt der Marktlohnsatz unverändert bei 200 Euro, erhöht sich die gewinnmaximierende Beschäftigung von 5 Arbeitskräften auf 8 Arbeitskräfte, was durch die Bewegung von Punkt *A* nach Punkt *B* widergespiegelt wird.

Diagramm (b) zeigt die Auswirkungen eines Rückgangs des Weizenpreises. Die Kurve des Wertgrenzproduktes verschiebt sich von $VMPL_1$ nach unten zu $VMPL_3$. Beim Marktlohnsatz von 200 Euro sinkt die gewinnmaximierende Beschäftigung von 5 Arbeitskräften auf 2 Arbeitskräfte, was durch die Bewegung von Punkt *A* nach Punkt *C* widergespiegelt wird.

3. Technologische Änderungen. Allgemein lässt sich festhalten, dass die Auswirkungen des technischen Fortschritts auf die Faktornachfrage in beide Richtungen gehen können: Technologische Verbesserungen können die Nachfrage nach einem bestimmten Produktionsfaktor erhöhen oder senken.

Wie kann technischer Fortschritt die Faktornachfrage verringern? Schauen wir uns das am Beispiel von Pferden an, die früher einmal ein wichtiger Produktionsfaktor waren. Die Entwicklung von Substituten für Pferde, wie etwa Automobile und Traktoren, hat die Nachfrage nach Pferden stark verringert.

Der verstärkte Einsatz von Automatisierungstechnik und Robotern in den modernen Volkswirtschaften der heutigen Zeit lässt einige Ökonomen erwarten, dass die Faktornachfrage für menschliche Arbeitskräfte in den nächsten Jahrzehnten in einigen Branchen sinken wird. So werden bereits heute viele einfache Tätigkeiten durch Roboter übernommen, wie z. B. das Einsammeln von Waren aus Regalen in Lagerhallen. Für diese Tätigkeiten wird der Mensch in Zukunft immer seltener gebraucht werden. Gleichzeitig wird aber die Nachfrage nach anderen Arbeitskräften wie z. B. Softwareentwicklern und Robotik-Ingenieuren steigen.

Normalerweise führt aber der technische Fortschritt zu einem Anstieg der Faktornachfrage. Trotz vielfältiger Befürchtungen, dass der Einsatz von Maschinen und die Automatisierung die Nachfrage nach Arbeit stark verringern würde, hat sich insbesondere für die hoch entwickelten Volkswirtschaften wie die Vereinigten Staaten und die Bundesrepublik Deutschland gezeigt, dass langfristig betrachtet sowohl die Lohnsätze stark gestiegen sind als auch die Beschäftigung stark zugenommen hat. Diese Entwicklung lässt vermuten, dass der technische Fortschritt mit einer starken Zunahme der Arbeitsnachfrage einherging.

Das Gleichgewicht auf Faktormärkten

Wir haben gerade gelernt, dass jedes Wettbewerbsunternehmen auf einem durch vollständige Konkurrenz charakterisierten Faktormarkt den Gewinn dadurch maximiert, dass es so lange Arbeitskräfte einstellt, bis das Wertgrenzprodukt der Arbeit gleich dem Lohnsatz ist, also bis zu dem Punkt, bei dem gilt $VMPL = W$. Was sagt uns das

Abb. 19-5

Alle Produzenten sehen sich dem gleichen Lohnsatz gegenüber

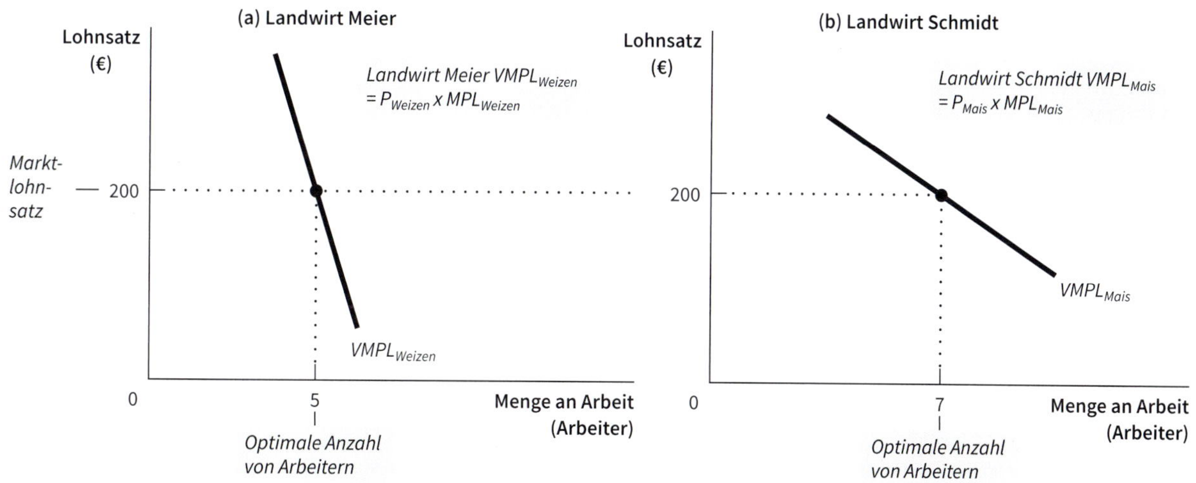

Obwohl Landwirt Meier Weizen und Landwirt Schmidt Mais anbaut, stehen beide auf dem gleichen Arbeitsmarkt im Wettbewerb und müssen daher den gleichen Lohnsatz bezahlen, nämlich 200 Euro.

Jeder Produzent stellt bis zu dem Punkt Arbeitskräfte ein, bei dem $VMPL = 200$ Euro ist: Meier beschäftigt 5 Arbeiter, Schmidt 7 Arbeiter.

aber über die Einkommensverteilung? Um diese Frage zu beantworten, müssen wir zunächst das Gleichgewicht auf dem Arbeitsmarkt näher untersuchen. Anschließend werden wir mehr über die Märkte für Realkapital und Grund und Boden lernen und dabei erkennen, auf welche Weise diese Märkte die Einkommensverteilung beeinflussen.

Wir wollen annehmen, dass sich der Arbeitsmarkt im Gleichgewicht befindet. Zum herrschenden Lohnsatz ist dann die Zahl der Arbeiter, die die Produzenten beschäftigen wollen, gleich der Zahl der Arbeiter, die bereit sind zu arbeiten. In dieser Situation werden alle Unternehmen den *gleichen* Lohnsatz bezahlen und *jeder* Produzent, egal was er produziert, wird so lange Arbeitskräfte einstellen, bis der Punkt erreicht ist, bei dem das Wertgrenzprodukt einer zusätzlichen Arbeitskraft gleich dem Lohnsatz ist.

Diese Situation wird in **Abbildung 19-5** illustriert, die das Wertgrenzprodukt zweier Produzenten zeigt. Der Landwirt Meier produziert Weizen und der Landwirt Schmidt produziert Mais. Obgleich sie unterschiedliche Produkte herstellen, stehen sie im Wettbewerb um die gleichen Arbeiter und müssen deshalb den gleichen Lohnsatz bezahlen, nämlich 200 Euro. Wenn beide Landwirte ihren Gewinn maximieren wollen, müssen sie so viele Arbeiter einstellen, dass das Wertgrenzprodukt gleich dem Lohnsatz ist. In Abbildung 19-5 ergibt sich daher bei Meier eine Beschäftigung von fünf Arbeitern und bei Schmidt eine Beschäftigung von sieben Arbeitern.

Abbildung 19-6 zeigt die Situation für den Arbeitsmarkt insgesamt. Die *Marktnachfragekurve für Arbeit* ergibt sich genau wie die Marktnachfragekurve für ein Gut (vgl. Abbildung 3-5) aus der waagerechten Addition der individuellen Arbeitsnachfragekurven. Die individuelle Arbeitsnachfragekurve stimmt, wie wir gesehen haben, mit der Wertgrenzproduktkurve des jeweiligen Produzenten überein. An dieser Stelle wollen wir einfach annehmen, dass die Arbeitsangebotskurve aufwärts verläuft. (Wir diskutieren das Arbeitsangebot weiter unten noch genauer.) Der Gleichgewichtslohnsatz ist dann der Lohnsatz, bei dem die angebotene Arbeitsmenge und die nachgefragte Arbeitsmenge übereinstimmen. In Abbildung 19-6 hat der gleichgewichtige Lohnsatz eine Höhe von W^* und die zugehörige gleichgewichtige Beschäftigung beträgt L^* (der Gleichgewichtslohnsatz wird auch als Marktlohnsatz bezeichnet).

Wie wir in unseren Beispielen mit Georg und Martha sowie den Landwirten Meier und Schmidt gesehen haben, wird jedes Unternehmen so lange Arbeitskräfte einstellen, bis das Wertgrenzprodukt der Arbeit dem gleichgewichtigen Lohnsatz entspricht. Das bedeutet, dass im Gleichgewicht das Grenzprodukt der Arbeit für alle Unternehmen den gleichen Wert hat. Der gleichgewichtige Lohnsatz bzw. der Marktlohnsatz entspricht also dem **gleichgewichtigen Wertgrenzprodukt** der Arbeit – dem zusätzlichen Wert, der von der letzten Einheit Arbeit produziert wird, die auf dem Arbeitsmarkt als Ganzes beschäftigt wird. Es spielt keine Rolle, wo diese zusätzliche Einheit Arbeit beschäftigt wird, weil *VMPL* für alle Produzenten identisch ist.

Damit haben wir gezeigt, dass der Marktlohnsatz mit dem gleichgewichtigen Wertgrenzprodukt der Arbeit übereinstimmt. Dieser Sachverhalt gilt für jeden Produktionsfaktor: In einer

Abb. 19-6

Gleichgewicht auf dem Arbeitsmarkt

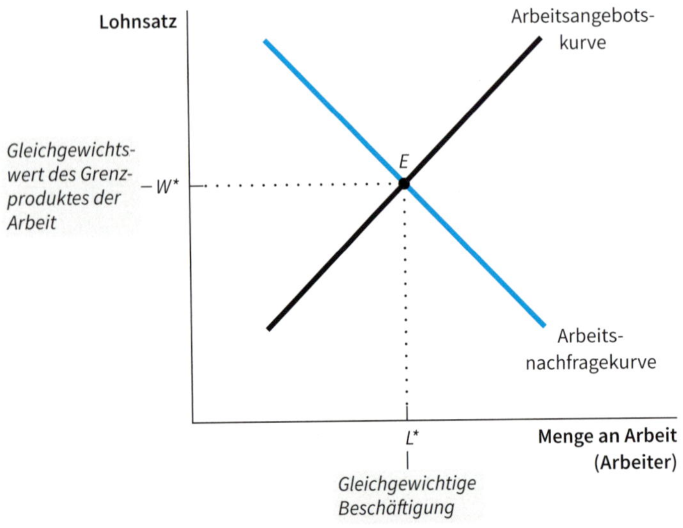

Die Kurve der Marktnachfrage nach Arbeit ergibt sich aus der waagerechten Addition der individuellen Arbeitsnachfragekurven aller Produzenten. Der Gleichgewichtslohnsatz beträgt W^*, die gleichgewichtige Beschäftigung beträgt L^* und jeder Produzent stellt bis zu dem Punkt Arbeitskräfte ein, bei dem $VMPL = W^*$ ist. Die Arbeit wird also mit ihrem gleichgewichtigen Wertgrenzprodukt entlohnt, dem Wertgrenzprodukt der letzten auf dem Arbeitsmarkt eingestellten Arbeitskraft.

Marktwirtschaft mit vollständiger Konkurrenz entspricht der Marktpreis jedes Produktionsfaktors dem gleichgewichtigen Wertgrenzprodukt. Wir wollen nun die Faktormärkte für Land und Realkapital näher untersuchen.

Die Faktormärkte für Land und Realkapital

Solange die Gütermärkte durch vollständige Konkurrenz gekennzeichnet sind, gelten unsere Erkenntnisse bezüglich des Arbeitsmarktes auch für andere Faktormärkte. Nehmen wir an, ein Landwirt überlegt, ob er im nächsten Jahr einen weiteren Hektar Boden pachten sollte. Er wird die Pachtkosten für diesen Hektar mit dem Wert des durch die Bearbeitung dieses Hektars erzeugten zusätzlichen Outputs vergleichen, also dem Wertgrenzprodukt eines Hektars Boden. Um den Gewinn zu maximieren, muss der Landwirt so lange weitere Bodenflächen einsetzen, bis der Punkt erreicht ist, bei dem das Wertgrenzprodukt eines Hektars gleich der Pacht für diesen Hektar ist.

Was aber, wenn dem Landwirt der betreffende Boden bereits gehört? Die Antwort auf diese Frage kennen wir bereits aus Kapitel 9, das sich mit ökonomischen Entscheidungen beschäftigt hat: Selbst wenn dem Landwirt das Land gehört, gibt es implizite Kosten – die Opportunitätskosten – für die Verwendung des Bodens für eine bestimmte Aktivität, weil das Land ja auch für etwas anderes hätte genutzt werden können. So könnte unser Landwirt seinen Grund und Boden ja auch an andere Landwirte gegen die Zahlung der marktüblichen Pacht verpachten. Ein gewinnmaximierender Produzent wird daher so lange zusätzliche Hektar an Boden einsetzen, bis die Kosten des letzten genutzten Hektars, explizite plus implizite Kosten, dem Wertgrenzprodukt dieses Hektars entsprechen.

Das Gleiche gilt für Realkapital. Die expliziten oder impliziten Kosten der Nutzung einer Einheit Land oder Realkapital für eine bestimmte Zeitdauer bezeichnet man als **Mietpreis**. Allgemein gilt, dass Land und auch Realkapital so lange ver-

Der **Mietpreis** von Land bzw. Realkapital entspricht den Kosten, explizite plus implizite Kosten, der Nutzung einer Einheit dieses Vermögensobjektes für eine bestimmte Zeitdauer.

Abb. 19-7

Das Gleichgewicht auf den Faktormärkten für Grund und Boden und Realkapital

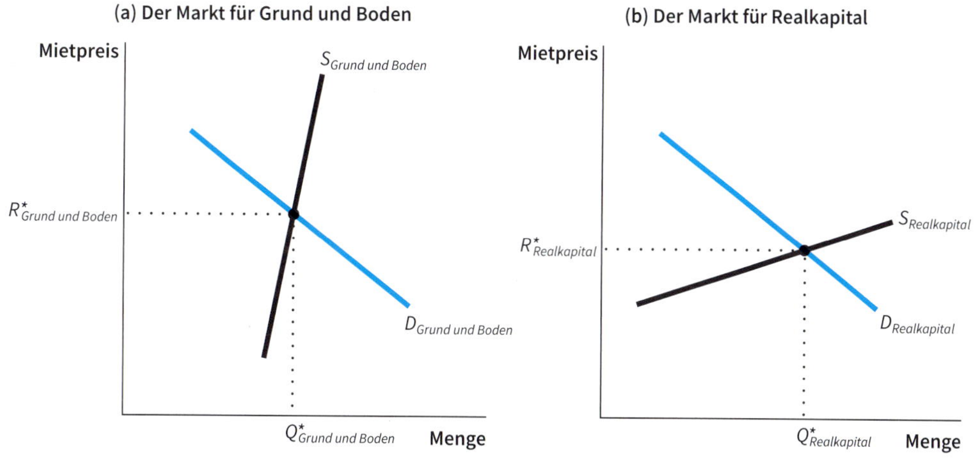

Diagramm (a) zeigt das Gleichgewicht auf dem Mark für Grund und Boden, Diagramm (b) das Gleichgewicht auf dem Markt für Realkapital. Die Angebotskurve für Grund und Boden verläuft vergleichsweise steil, da zusätzliche produktive Flächen nur zu hohen Kosten bereitgestellt werden können. Im Unterschied dazu verläuft die Angebotskurve für Realkapital eher flach, da die Ersparnisse sehr schnell auf Änderungen im Mietpreis für Realkapital reagieren. Das Gleichgewicht ergibt sich in beiden Märkten durch den Schnittpunkt von Angebots- und Nachfragekurve. In einem Wettbewerbsmarkt wird jede Einheit Grund und Boden mit dem gleichgewichtigen Wertgrenzprodukt von Land $R^*_{Grund\ und\ Boden}$ entlohnt. In gleicher Weise wird jede Einheit Realkapital in einem Wettbewerbsmarkt mit dem gleichgewichtigen Wertgrenzprodukt von Realkapital entlohnt, $R^*_{Realkapital}$.

mehrt eingesetzt werden, bis der Punkt erreicht ist, wo das Wertgrenzprodukt der letzten Einheit dem Mietpreis für eine bestimmte Dauer entspricht. Die Mietpreise für Land und Realkapital werden natürlich durch die jeweiligen Gleichgewichte auf den Faktormärkten für Land und Realkapital bestimmt. Dieser Sachverhalt ist in **Abbildung 19-7** dargestellt.

Diagramm (a) zeigt das Gleichgewicht auf dem Markt für Grund und Boden. Die Nachfragekurve ergibt sich durch die Aggregation der individuellen Nachfragekurven der einzelnen Produzenten. Aufgrund des abnehmenden Grenzproduktes verläuft die Nachfragekurve für Grund und Boden fallend, wie die Nachfragekurve für Arbeit. Die eingezeichnete Angebotskurve hat einen steilen Verlauf und ist damit vergleichsweise unelastisch, da es sehr schwierig und kostspielig ist, neue landwirtschaftliche Nutzflächen durch Bewässerung zu erschließen. Die Gleichgewichtsmenge der in der Produktion genutzten Landfläche $Q^*_{Grund\ und\ Boden}$ und der gleichgewichtige Mietpreis $R^*_{Grund\ und\ Boden}$ ergeben sich durch den Schnittpunkt von Angebots- und Nachfragekurve.

Die **Grenzproduktivitätstheorie der Einkommensverteilung** besagt, dass jedem Produktionsfaktor der Wert des Outputs bezahlt wird, der durch die letzte auf dem Faktormarkt beschäftigte Einheit generiert wird.

In Diagramm (b) ist das Gleichgewicht auf dem Markt für Realkapital dargestellt. Im Unterschied zur Angebotskurve für Grund und Boden ist die Angebotskurve für Realkapital vergleichsweise elastisch. Das lässt sich dadurch erklären, dass die Angebotsmenge an Realkapital sehr stark auf Preisänderungen reagiert. Realkapital entsteht durch die Investition von Ersparnissen, und die Menge an Ersparnissen, die für Investitionszwecke zur Verfügung steht, reagiert vergleichsweise schnell auf den Mietpreis für Realkapital. Auch hier ergeben sich die Gleichgewichtsmenge des in der Produktion eingesetzten Realkapitals $Q^*_{Realkapital}$ und der gleichgewichtige Mietpreis durch den Schnittpunkt von Angebots- und Nachfragekurve.

Die Grenzproduktivitätstheorie der Einkommensverteilung

Wir haben gelernt, dass bei vollständiger Konkurrenz auf Gütermärkten und Faktormärkten der Einsatz eines Produktionsfaktors in der Produktion so lange erhöht wird, bis das Grenzprodukt der letzten eingesetzten Einheit dieses Produktionsfaktors dem gleichgewichtigen Marktpreis entspricht. Der Produktionsfaktor wird also mit seinem gleichgewichtigen Wertgrenzprodukt entlohnt.

Was sagt uns das über die Verteilung der Einkommen auf die Produktionsfaktoren? Die Antwort auf diese Frage führt uns zur **Grenzproduktivitätstheorie der Einkommensverteilung**. Diese Theorie besagt, dass jedem Produktionsfaktor der Wert des Outputs bezahlt wird, der durch die letzte auf dem Faktormarkt beschäftigte Einheit generiert wird.

Um zu verstehen, warum die Grenzproduktivitätstheorie der Einkommensverteilung eine wichtige Theorie ist, werfen wir noch einmal einen Blick auf Abbildung 19-1, die die Einkommensverteilung für die Vereinigten Staaten im Jahr 2021 zeigt. Wer oder was hat entschieden, dass der Anteil der Arbeitnehmer am Gesamteinkommen 68 Prozent beträgt? Warum nicht 90 Prozent oder 50 Prozent?

Der Grenzproduktivitätstheorie der Einkommensverteilung zufolge lautet die Antwort, dass die Verteilung des Einkommens zwischen den verschiedenen Produktionsfaktoren nicht willkürlich ist. Vielmehr wird sie durch das Grenzprodukt jedes Faktors im gesamtwirtschaftlichen Gleichgewicht bestimmt. Der Lohnsatz von *allen* Arbeits-

DENKFALLEN!

Grenzproduktivität richtig verstehen

Es ist wichtig, sorgfältig darauf zu achten, was die Grenzproduktivitätstheorie der Einkommensverteilung wirklich sagt: Sie sagt, dass *alle* Einheiten eines Produktionsfaktors mit dem gleichgewichtigen Wertgrenzprodukt des Produktionsfaktors entlohnt werden – dem zusätzlichen Wert, der von der *letzten* eingesetzten Faktoreinheit erzeugt wird.

Die häufigste Quelle für Fehler und Missverständnisse besteht darin, zu vergessen, dass das relevante Wertgrenzprodukt der Gleichgewichtswert ist, und nicht das Wertgrenzprodukt, das man auf dem Weg zum Gleichgewicht ermitteln kann. Betrachtet man Tabelle 19-2, könnte man versucht sein zu glauben, dass dem ersten Arbeiter im Gleichgewicht ein Lohn von 380 Euro gezahlt wird, weil das Wertgrenzprodukt dieses Arbeiters 380 Euro beträgt. Dem ist aber nicht so: Liegt das gleichgewichtige Wertgrenzprodukt auf dem Arbeitsmarkt bei 200 Euro, dann erhält *jeder* einzelne Arbeiter 200 Euro.

kräften in der Volkswirtschaft entspricht dem Anstieg des Outputwertes, der durch die letzte auf dem Arbeitsmarkt der Volkswirtschaft eingestellte Arbeitskraft hervorgerufen wird

Wir haben bislang angenommen, dass auf den jeweiligen Faktormärkten jede Einheit eines Produktionsfaktors identisch ist. Land ist überall gleich, Arbeitskräfte sind gleich und auch Realkapital. Aber tatsächlich unterscheiden sich die einzelnen Einheiten eines Produktionsfaktors mitunter beträchtlich hinsichtlich ihrer Produktivität. So verfügen z. B. Arbeitskräfte über unterschiedliche Fertigkeiten und Fähigkeiten.

Anstatt von einem einzigen Arbeitsmarkt für alle Arbeitskräfte einer Volkswirtschaft auszugehen und in gleicher Weise von einem einzigen Markt für Land und einem einzigen Markt für Realkapital, sollten wir uns vorstellen, dass es für verschiedene Arten von Arbeitskräften verschiedene Arbeitsmärkte gibt, für verschiedene Flächen verschiedene Märkte für Land und so weiter. So unterscheidet sich beispielsweise der Markt für Computerprogrammierer vom Markt für Konditormeister.

Wir gehen dann aber davon aus, dass alle Arbeitskräfte auf dem Markt für Computerprogrammierer über die gleichen Fähigkeiten verfügen. Das Gleiche gilt für den Markt für Konditormeister. In einem solchen Szenario ist die Grenzproduktivitätstheorie der Einkommensverteilung nach wie vor gültig. Befindet sich also der Markt für Computerprogrammierer in seinem Gleichgewicht, dann ist der von allen Computerprogrammierern erzielte Lohnsatz gleich

WISSENSCHAFT UND PRAXIS

Hilfe gesucht

Flextronics International (Flex) ist weltweit der zweitgrößte Elektronikdesigner und -produzent. Das Unternehmen mit Hauptsitz in Singapur produziert fast alles, angefangen von Fitnessuhren (Fitbit) bis hin zu Elektromotorrädern und elektronischen Bauteilen für Elektroautos. Als produzierendes Unternehmen beschäftigt Flex Tausende von gut ausgebildeten Mechanikern.

Nach Angaben von Payscale.com, einem US-amerikanischen Unternehmen, das Einkommensdaten sammelt, auswertet und veröffentlicht, konnte man im März 2019 als ausgebildeter Mechaniker bei Flex durchschnittlich 73.157 Dollar pro Jahr (ohne Zusatzleistungen) verdienen. Die Angestellten von Flex zeichnen sich wie die meisten gut ausgebildeten Mechaniker in den Vereinigten Staaten durch eine hohe Produktivität aus. Nach statistischen Untersuchungen lag die durchschnittliche Wertschöpfung von Mechanikern in der Industrie im Jahr 2019 bei fast 270.548 Dollar.

Damit ergibt sich jedoch ein Unterschied von fast 200.000 Dollar zwischen dem, was die Angestellten bei Flex als Lohnzahlung erhalten, und der Wertschöpfung, die sie realisieren. Bedeutet das, dass die Grenzproduktivitätstheorie der Einkommensverteilung nicht gilt? Sollten nach dieser Theorie die Angestellten von Flex nicht 270.458 Dollar pro Jahr verdienen, was der durchschnittlichen Wertschöpfung entspricht, die sie generieren?

Die Antwort auf die Frage lautet nein, und das aus zwei Gründen. Zum einen bezieht sich die Zahl von 270.548 Dollar auf *alle beschäftigten Mechaniker* in der US-amerikanischen Industrie. Die Grenzproduktivitätstheorie sagt dagegen aus, dass Mechaniker nach dem Wertgrenzprodukt des *letzten eingestellten Mechanikers* bezahlt werden. Und aufgrund des abnehmenden Grenzproduktes der Arbeit wird dieser Wert niedriger sein als der Durchschnittswert für alle beschäftigten Mechaniker. Außerdem schließt der Gleichgewichtslohnsatz neben dem reinen Gehalt auch weitere Elemente wie Mitarbeitervergünstigungen ein, die zum Jahresgehalt von 73.157 Dollar hinzuaddiert werden müssen. Die Grenzproduktivitätstheorie der Einkommensverteilung sagt aus, dass die Beschäftigten einen Lohnsatz erhalten, der *einschließlich aller Vergünstigungen* dem Wertgrenzprodukt der Arbeit entspricht.

Und diese zusätzlichen Vergünstigungen gibt es bei Flex. Die Angestellten haben eine Arbeitsplatzsicherheit und erhalten weitere Leistungen, die zusätzlich zur Gehaltszahlung berücksichtigt werden müssen. Einschließlich dieser Vergünstigungen sollte das gesamte Gehaltspaket der Mechaniker dem Wertgrenzprodukt des letzten eingestellten Mechanikers entsprechen.

Im Fall von Flex spielt auch noch ein weiterer Faktor eine Rolle: Es gibt nicht genügend Mechaniker zum herrschenden Lohnsatz. Zu Beginn des Jahres 2019 wollte das Unternehmen neue Mitarbeiter einstellen. Aber warum hat das Unternehmen dann nicht einfach den Lohnsatz erhöht, um weitere Mechaniker anzulocken? Das Problem liegt darin, dass die Tätigkeiten bei Flex so spezialisiert sind, dass es selbst mit höheren Lohnsätzen schwer ist, entsprechend qualifizierte Arbeitskräfte außerhalb des Unternehmens zu finden.

Flex muss daher einen erheblichen Geldbetrag in die Weiterqualifikation der Neueinstellungen investieren. Diese Kosten können sich auf über 100.000 Dollar pro neuem Mitarbeiter belaufen. Letztendlich scheint die Grenzproduktivitätstheorie der Einkommensverteilung doch zuzutreffen.

dem im Marktgleichgewicht erreichten Wertgrenzprodukt.

Die Grenzproduktivitätstheorie der Einkommensverteilung basiert auf der Annahme, dass auf den Faktormärkten und auf den Gütermärkten vollständige Konkurrenz herrscht. Aber wie wir im nächsten Abschnitt erfahren, erfüllen nur wenige Märkte diese Anforderung. Die Grenzproduktivitätstheorie der Einkommensverteilung kann also nur einen wichtigen Orientierungspunkt liefern, aber keine exakte Darstellung der Realität.

Zudem ist es wichtig darauf hinzuweisen, dass die Grenzproduktivitätstheorie der Einkommensverteilung nur die Funktionsweise der Märkte erklärt, aber keinen Aufschluss darüber gibt, ob es auf den Märkten fair und gerecht zugeht oder nicht. Die Grenzproduktivitätstheorie der Einkommensverteilung kann uns also nicht sagen, wie die Einkommensverteilung sein sollte. Sie liefert uns nur Anhaltspunkte, um über das richtige Ausmaß der Umverteilung von Einkommen entscheiden zu können.

Kurzzusammenfassung

- Nach der **Regel für die optimale Einstellung von Produktionsfaktoren bei vollständiger Konkurrenz** stellt ein preisnehmender gewinnmaximierender Produzent so lange weitere Produktionsfaktoren ein, bis das Wertgrenzprodukt der letzten beschäftigten Faktoreinheit gleich dem Faktorpreis ist.
- In einer Marktwirtschaft mit vollständiger Konkurrenz ist der Preis eines Gutes, multipliziert mit dem Grenzprodukt der Arbeit, gleich dem **Wertgrenzprodukt der Arbeit**: $VMPL = P \times MPL$. Ein gewinnmaximierendes Unternehmen stellt so lange Arbeit ein, bis der Punkt erreicht ist, bei dem das Wertgrenzprodukt der Arbeit dem Lohnsatz entspricht: $VMPL = W$. Die **Kurve des Wertgrenzproduktes** der Arbeit verläuft aufgrund der sinkenden Grenzerträge der Arbeit fallend.
- Die Marktnachfragekurve für Arbeit ergibt sich aus der waagerechten Addition aller individuellen Nachfragekurven der in diesem Markt tätigen Produzenten. Für Verschiebungen der Marktnachfragekurve für Arbeit gibt es drei Ursachen: Änderungen des Preises des produzierten Gutes, Änderungen des Angebotes an anderen Produktionsfaktoren und technischer Fortschritt.
- Wie beim Produktionsfaktor Arbeit werden die Produzenten auch den Einsatz der Produktionsfaktoren Grund und Boden und Realkapital so lange erhöhen, bis das Wertgrenzprodukt dem **Mietpreis** entspricht. In einer Volkswirtschaft mit vollständiger Konkurrenz wird der **Grenzproduktivitätstheorie der Einkommensverteilung** zufolge jedem Produktionsfaktor genau sein **gleichgewichtiges Wertgrenzprodukt** bezahlt.

ÜBERPRÜFEN SIE IHR WISSEN

1. Geben Sie für jeden der folgenden Fälle an, in welche Richtung sich die Arbeitsnachfragekurve verschiebt und welche Auswirkungen sich unter sonst gleichen Umständen (ceteris paribus) auf den Gleichgewichtslohn und die Höhe der Beschäftigung ergeben.
   a. In Dienstleistungsbranchen wie dem Einzelhandel oder im Finanzsektor kommt es zu einem Nachfrageanstieg. Diese Wirtschaftsbereiche setzen relativ mehr Arbeit ein als die Nichtdienstleistungsbereiche.
   b. Aufgrund von Überfischung kommt es zu einem Rückgang der täglichen Fangmenge in der Berufsfischerei. Dieser Rückgang wirkt sich auf die Nachfrage nach Arbeitskräften aus.
2. Erläutern Sie die folgende Aussage: »Falls Unternehmen aus verschiedenen Branchen im Wettbewerb um die gleichen Arbeitskräfte stehen, dann wird das Wertgrenzprodukt der letzten eingestellten Arbeitskraft für alle Unternehmen gleich sein, unabhängig davon, ob sie in unterschiedlichen Wirtschaftsbereichen tätig sind.«

19.3 Trifft die Grenzproduktivitätstheorie der Einkommensverteilung wirklich zu?

Die Grenzproduktivitätstheorie der Einkommensverteilung ist ein fester Bestandteil der ökonomischen Lehre und eng mit der allgemeinen Analyse von Märkten verbunden. Dennoch ist sie nicht unumstritten. Das hat im Wesentlichen zwei Gründe.

Zunächst gibt es in der Realität große Einkommensunterschiede zwischen Produktionsfaktoren, die in den Augen einiger Betrachter die gleiche Bezahlung erhalten sollten. Am auffälligsten sind dabei die großen Unterschiede in den Durchschnittslöhnen zwischen Frauen und Männern und zwischen verschiedenen ethnischen Gruppen. Reflektieren diese Lohnunterschiede tatsächlich Unterschiede in der Grenzproduktivität oder steckt etwas anderes dahinter?

Außerdem glauben viele Leute fälschlicherweise, dass die Grenzproduktivitätstheorie der Einkommensverteilung eine moralische Rechtfertigung für die Einkommensverteilung liefert und damit impliziert, dass die existierende Verteilung gerecht und angemessen ist. Dieser falsche Eindruck veranlasst manchmal Menschen, die die gegenwärtige Einkommensverteilung für ungerecht halten, die Grenzproduktivitätstheorie als solche abzulehnen.

Um auf diese beiden Diskussionspunkte einzugehen, wollen wir uns zunächst die Einkommensungleichheiten bezüglich Geschlecht und ethnischer Gruppen anschauen. Dann wollen wir der Frage nachgehen, welche Ursachen für diese Ungleichheiten verantwortlich sein könnten, und ob unsere Erklärungen mit der Grenzproduktivitätstheorie der Einkommensverteilung konsistent sind.

Lohnunterschiede in der Praxis

In den Vereinigten Staaten, aber auch in anderen hoch entwickelten Volkswirtschaften weisen die Lohnsätze eine große Spannbreite auf. Im Jahr 2018 erhielten fast 2 Millionen Arbeitskräfte in den Vereinigten Staaten nicht mehr als den gesetzlichen Mindestlohn von 7,25 Dollar pro Stunde. Das andere Extrem stellen die Vorstandsvorsitzenden verschiedener Unternehmen dar, denen ein Jahreseinkommen von über 100 Millionen Dollar zufloss, was selbst bei einer 100-Stunden-Woche immer noch einem Stundenlohn von ungefähr 20.000 Dollar entspricht. Auch wenn man diese Extremfälle außer Acht lässt, bleibt immer noch ein riesiger Bereich, über den die Lohnsätze streuen. Unterscheiden sich die Menschen tatsächlich so stark in ihrer Grenzproduktivität?

Besonders problematisch erscheint die Existenz von systematischen Lohnunterschieden im Hinblick auf Geschlecht und ethnische Zugehörigkeit. **Abbildung 19-8** vergleicht beispielhaft für das Jahr 2018 die jährlichen Medianeinkommen von Beschäftigten in den Vereinigten Staaten, die 25 Jahre und älter sind, nach Geschlecht und ethnischer Zugehörigkeit. Die Gruppe der weißen männlichen Beschäftigten verfügte über die höchsten Einkommen. Die Daten zeigen, dass Frauen ohne Berücksichtigung der ethnischen Zugehörigkeit im Durchschnitt nur 72 Prozent des Einkommens der eben genannten Gruppe erzielten. Afroamerikanische Beschäftigte (Männer und Frauen zusammengefasst) erzielten nur 70 Prozent, hispano-amerikanische Beschäftigten nur 62 Prozent des Einkommens der Referenzgruppe. Für die Bundesrepublik Deutschland zeigen Untersuchungen des Statistischen Bundesamtes, dass Frauen im Durchschnitt rund 18 Prozent weniger verdienen als Männer.

Zu den Grundwerten der fortschrittlichen Gesellschaften der westlichen Welt gehört, dass alle Menschen gleich sind. Warum erhalten sie dann aber eine derart ungleiche Entlohnung? Wir wollen zunächst überlegen, ob die Grenzproduktivitätstheorie diese Unterschiede erklären kann. Anschließend wollen wir uns mit anderen Einflussfaktoren beschäftigen.

Grenzproduktivität und Einkommensungleichheit

Ein großer Teil der beobachteten Einkommensungleichheit kann durch Faktoren begründet werden, die mit der Grenzproduktivitätstheorie der Einkommensverteilung vereinbar sind. Lohnsatzunterschiede zwischen Berufsgruppen und Indivi-

Abb. 19-8

Medianeinkommen in den Vereinigten Staaten nach Geschlecht und ethnischer Zugehörigkeit für das Jahr 2018

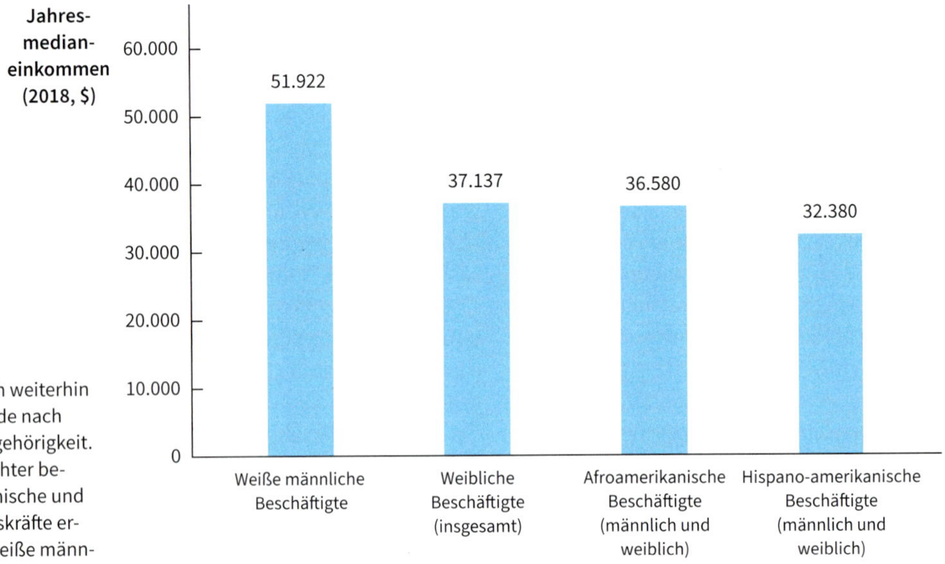

Der US-Arbeitsmarkt zeigt auch weiterhin große Einkommensunterschiede nach Geschlecht und ethnischer Zugehörigkeit. Frauen werden deutlich schlechter bezahlt als Männer; afroamerikanische und hispano-amerikanische Arbeitskräfte erhalten erheblich weniger als weiße männliche Arbeitskräfte.

Quelle: U.S. Census Bureau

duen können sich durch drei verschiedene Ursachen erklären lassen.

Unter **Lohndifferenzierung** versteht man Lohnunterschiede, die auf die nichtmonetären Eigenschaften verschiedener Tätigkeiten zurückzuführen sind.

Ein wichtiger Grund für Lohnunterschiede ist die **Lohndifferenzierung**. Darunter verstehen Ökonomen Lohnunterschiede, die auf die nichtmonetären Eigenschaften verschiedener Tätigkeiten zurückzuführen sind. Die Löhne für verschiedene Jobs sind oft höher oder niedriger, je nachdem, wie attraktiv bzw. unattraktiv der entsprechende Job ist. Arbeiter, deren Beruf mit Unannehmlichkeiten oder Gefahren verbunden ist, verlangen als Ausgleich dafür einen höheren Lohn als Arbeiter, deren Beruf zwar die gleichen Fähigkeiten und den gleichen Einsatz verlangt, aber nicht so unangenehm oder so gefährlich ist. So erhalten beispielsweise Lastwagenfahrer, die gefährliche Ladungen transportieren, ein höheres Gehalt als Lastwagenfahrer, die normale Güter transportieren. In den Hochzeiten der Covid-19-Pandemie zahlten Einzelhändler wie Amazon und Kroger ihren Angestellten einen Zuschlag als Ausgleich für das Risiko einer Ansteckung mit dem Virus. Aber für jeden Job ist die Grenzproduktivitätstheorie der Einkommensverteilung im Allgemeinen gültig. So wird beispielsweise Lastwagenfahrern, die gefährliche Frachten transportieren, ein Lohn bezahlt, der dem gleichgewichtigen Wertgrenzprodukt der letzten beschäftigten Person im »Markt für Lastwagenfahrer von gefährlichen Ladungen« entspricht.

Eine zweite Ursache für Lohnunterschiede, die offensichtlich mit der Grenzproduktivitätstheorie vereinbar ist, sind Unterschiede in der Begabung. Menschen unterscheiden sich in ihren Fähigkeiten: Ein Mensch mit hohen Fähigkeiten kann im Vergleich zu einem Menschen mit geringeren Fähigkeiten ein besseres Produkt herstellen, mit dem sich ein höherer Preis erzielen lässt. Deswegen erzeugt die Person mit den besseren Fähigkeiten ein höheres Wertgrenzprodukt. Diese Unterschiede im Wertgrenzprodukt übersetzen sich dann in Unterschiede des Einkommenspotenzials. Wir alle wissen, dass diese Überlegung insbesondere im Sport gilt: Übung ist natürlich unverzichtbar, aber (mindestens) 99,99 Prozent der Bevölkerung verfügen einfach nicht über die Fähigkeiten, die nötig sind, um einen Football so zu werfen wie Tom Brady oder den Tennisball so zu schlagen wie Roger Federer. Das Gleiche gilt, wenngleich weniger offensichtlich, in anderen Beschäftigungsfeldern.

Eine dritte, sehr wichtige Ursache für Lohnunterschiede ist in Unterschieden der Ausstattung mit *Humankapital* zu sehen. Wir erinnern uns, dass Humankapital – Ausbildung und Erfahrung – in modernen Volkswirtschaften mindestens genauso wichtig ist wie Realkapital in Form von Gebäuden und Maschinen. Unterschiedliche Menschen besitzen recht unterschiedliche Mengen von Humankapital. Ein Mensch, der über eine größere Menge Humankapital verfügt, erzeugt typischerweise ein höheres Wertgrenzprodukt, weil er ein Produkt erzeugt, das einen höheren Preis erlaubt. Unterschiede im Humankapital können daher erhebliche Lohnsatzunterschiede erklären. Menschen mit einem hohen Humankapitalniveau, wie etwa erfahrene Chirurgen oder Ingenieure, erzielen deswegen im Allgemeinen hohe Einkommen.

Die Wirkung des Humankapitals auf die Einkommen lässt sich am besten erkennen, wenn man sich die Beziehung zwischen Ausbildungsniveau und Verdienst ansieht. **Abbildung 19-9** zeigt beispielhaft Einkommensunterschiede im Jahr 2018 für die Vereinigten Staaten nach Geschlecht, ethnischer Zugehörigkeit und Ausbildungsniveau für Menschen, die älter als 25 Jahre sind. Wie man in der Abbildung erkennen kann, ist eine höhere Ausbildung mit einem höheren Medianeinkommen verbunden, und zwar unabhängig von Ge-

Abb. 19-9

Einkommensunterschiede in den Vereinigten Staaten nach Ausbildung, Geschlecht und ethnischer Zugehörigkeit im Jahr 2018

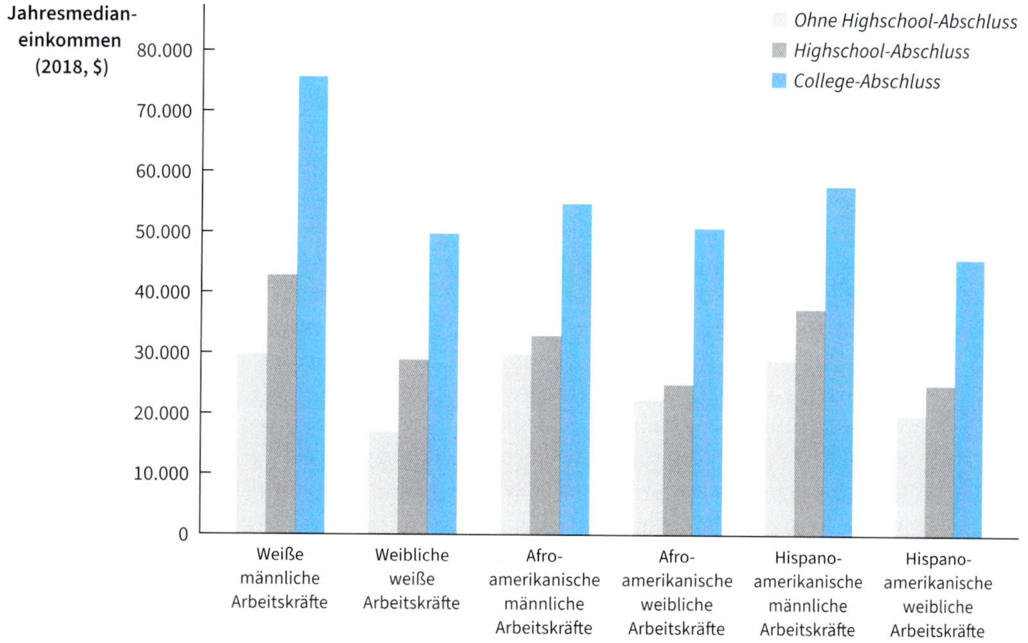

Quelle: U. S. Census Bureau

Offensichtlich macht sich Ausbildung bezahlt, und zwar unabhängig von Geschlecht und ethnischer Zugehörigkeit: Arbeitskräfte mit einem Highschool-Abschluss erzielen ein höheres Einkommen als diejenigen, die keinen haben. Arbeitskräfte mit einem College-Abschluss verdienen deutlich mehr als diejenigen, die nur über einen Highschool-Abschluss verfügen. Es gibt noch andere offensichtliche Muster: Für jedes gegebene Ausbildungsniveau verdienen weiße männliche Personen mehr als jede andere Gruppe, und in jeder ethnischen Gruppe verdienen Männer mehr als Frauen.

schlecht oder ethnischer Zugehörigkeit. So hatten beispielsweise im Jahr 2018 weiße Frauen mit 9 bis 12 Jahren Schulbildung, aber ohne Highschool-Abschluss, ein Medianeinkommen, das um 32 Prozent unter dem von weißen Frauen mit Highschool-Abschluss lag und sogar um 63 Prozent unter dem von weißen Frauen mit College-Abschluss. Ein ähnliches Muster ist auch für die anderen fünf Gruppen zu erkennen.

Weil auch heute noch Männer typischerweise eine längere Ausbildungszeit haben als Frauen sowie die Ausbildungszeit von Weißen länger ist als die von Nichtweißen, stellen Ausbildungsunterschiede eine Teilerklärung für die in Abbildung 19-8 zu beobachtenden Unterschiede in den Einkommen dar.

Schulbildung stellt aber nicht die einzige Quelle für Humankapital dar. Humankapital kann auch durch Weiterbildung am Arbeitsplatz und durch Berufserfahrung entstehen und zu Lohnunterschieden führen, die im Einklang mit der Grenzproduktivitätstheorie der Einkommensverteilung stehen. Arbeitskräfte mit einer langen Betriebszugehörigkeit verfügen in der Regel über eine größere Berufserfahrung und erhalten daher höhere Löhne. Die Bedeutung dieser Faktoren zeigt sich in Untersuchungen zu dauerhaften geschlechtsspezifischen Lohnunterschieden (»gender-wage gap«) zwischen Männern und Frauen. Für den US-amerikanischen Arbeitsmarkt haben Forscher herausgefunden, dass sich Lohnunterschiede zwischen Männern und Frauen im Wesentlichen erklären lassen durch Unterschiede

- im Humankapital (Frauen verfügen tendenziell über weniger Humankapital),
- in der Berufswahl (Frauen entscheiden sich für Berufe wie Krankenschwester oder Sekretärin, in denen man weniger verdient),
- bei Unterbrechungen der beruflichen Laufbahn (Frauen unterbrechen ihre berufliche Laufbahn häufiger),
- in der Teilzeitarbeit (Frauen arbeiten häufiger in Teilzeit) sowie
- bei Überstunden (Frauen leisten tendenziell weniger Überstunden).

Nach einer Studie des US-Arbeitsministeriums reduziert sich die geschlechtsspezifische Einkommenslücke zwischen Männern und Frauen von 20,4 Prozent auf nur noch 5 Prozent, wenn diese fünf Faktoren mitberücksichtigt werden. Gleichzeitig sind die generellen Einkommensunterschiede zwischen Männern und Frauen in den Vereinigten Staaten in den letzten 30 Jahren von 37,7 Prozent im Jahr 1979 auf 18,9 Prozent im Jahr 2018 zurückgegangen. Diese Entwicklung zeigt, dass sich die aufgezählten Unterschiede zwischen Männern und Frauen zunehmend auflösen.

Durch Humankapitalunterschiede bedingte Einkommensunterschiede sind aber nicht notwendigerweise gerecht. Solange sich in erster Linie Frauen um die Kinderbetreuung kümmern (müssen), werden sie zwangsläufig häufiger ihre berufliche Laufbahn unterbrechen oder in Teilzeitarbeit arbeiten. Und sicherlich beschreibt die Grenzproduktivitätstheorie gut die Arbeitsmärkte in einer Gesellschaft, in der nichtweiße Kinder typischerweise eine schlechtere Ausbildung erhalten, weil sie in Gegenden mit schlechteren Schulen leben, und später niedrigere Löhne erzielen, weil sie schlechter ausgebildet sind. Viele Menschen würden dennoch die resultierende Einkommensverteilung als ungerecht ansehen.

Viele Beobachter sind davon überzeugt, dass die tatsächlich zu beobachtenden Einkommensunterschiede nicht vollständig durch Lohndifferenzierung, unterschiedliche Begabungen, unterschiedliche Humankapitalausstattungen oder einen unterschiedlichen Beschäftigungsstatus erklärt werden können. Sie gehen davon aus, dass Marktmacht, *Effizienzlöhne* und Diskriminierung ebenfalls eine wichtige Rolle spielen. Diesen Gesichtspunkten wollen wir uns im Folgenden zuwenden.

Marktmacht

Die Grenzproduktivitätstheorie der Einkommensverteilung basiert auf der Annahme, dass auf den Faktormärkten vollständige Konkurrenz herrscht. Auf derartigen Märkten können wir davon ausgehen, dass den Arbeitnehmern ohne Ansehen der Person ihr gleichgewichtiges Wertgrenzprodukt bezahlt wird. Wie weit trägt jedoch die Annahme der vollständigen Konkurrenz?

Wir haben uns mit Märkten beschäftigt, in denen *keine* vollständige Konkurrenz herrscht. Jetzt wollen wir kurz untersuchen, in welcher Weise Arbeitsmärkte von der Annahme der vollständigen Konkurrenz abweichen könnten. Eine unstrittige Quelle für Lohnunterschiede zwischen ansonsten gleichen Arbeitskräften ist in der Rolle der **Gewerkschaften** zu sehen. Gewerkschaften sind Organisationen, die versuchen, für ihre Mitglieder höhere Löhne durchzusetzen und die Arbeitsbedingungen zu verbessern. Dort, wo sich Gewerkschaften erfolgreich entwickeln, wird die individuelle Aushandlung von Verträgen zwischen Arbeitnehmern und Arbeitgebern durch Kollektivverhandlungen ersetzt, die von Arbeitgebern bzw. Arbeitgebervertretern und Gewerkschaftsvertretern geführt werden. Fraglos führt dies für diejenigen Arbeitnehmer zu höheren Löhnen, die gewerkschaftlich organisiert sind. So betrug etwa im Jahr 2019 in den Vereinigten Staaten das wöchentliche Medianeinkommen von Gewerkschaftsmitgliedern 1.082 Dollar. Nicht gewerkschaftlich organisierte Arbeitnehmer erhielten dagegen im Durchschnitt nur 892 Dollar – ein Unterschied von mehr als 20 Prozent. In der Bundesrepublik Deutschland kommen die Ergebnisse der Kollektivverhandlungen auch den nicht gewerkschaftlich organisierten Arbeitnehmern zugute, da die Arbeitgeberverbände keinen besonderen Anreiz zur Mitgliedschaft in einer Gewerkschaft setzen wollen.

Im Unterschied zu Europa ist der Einfluss der Gewerkschaften in den Vereinigten Staaten nach Auffassung der meisten Ökonomen eher gering. Dies ist in erster Linie auf den niedrigen gewerkschaftlichen Organisationsgrad zurückzuführen. Im Jahr 2019 wurden weniger als 8 Prozent der im privaten Bereich Beschäftigen durch Gewerkschaften vertreten. In Deutschland ist dagegen der gewerkschaftliche Organisationsgrad mit 16 Prozent rund doppelt so hoch, lag allerdings in den 1980er-Jahren noch deutlich über 30 Prozent. In den skandinavischen Ländern Finnland, Schweden und Dänemark liegt der Organisationsgrad noch immer deutlich über 50 Prozent.

Genau wie es Arbeitnehmern manchmal möglich ist, durch Zusammenschluss höhere Löhne zu erzielen, als es sonst der Fall wäre, schaffen es Arbeitgeber manchmal durch Zusammenschluss, niedrigere Löhne zu bezahlen, als sie sich im Konkurrenzfall ergäben. Wie wir im Kapitel 13 gelernt haben, wird diese Form von Marktmacht als *Monopson* bezeichnet. Wenn Unternehmen als Monopson Marktmacht ausüben, dann erhalten die Arbeitskräfte einen Lohn, der unter dem Grenzprodukt der Arbeit liegt. Schauen wir dazu als Beispiel den Markt für Krankenschwestern an. Das Medianeinkommen für Krankenschwestern beträgt rund 72.000 Dollar pro Jahr. Studien zeigen, dass das Jahreseinkommen von Krankenschwestern bei vollständiger Konkurrenz deutlich höher wäre und in einem Bereich zwischen 90.000 und 200.000 Dollar liegen würde. Aber da es in vielen Regionen der Vereinigten Staaten nur wenige Krankenhäuser gibt, können die medizinischen Einrichtungen den Krankenschwestern geringere Löhne zahlen, da die Krankenschwestern ohne einen Umzug kaum Alternativen für eine besser bezahlte Stelle haben. Aktuelle Untersuchungen haben auf vielen Arbeitsmärkten in den Vereinigten Staaten Monopsonverhalten identifiziert. Da in vielen Branchen eine Konsolidierung zu erwarten ist, bei der nur die größeren Unternehmen überleben, wird sich dieses Problem in der Zukunft weiter verschärfen.

Gewerkschaften sind Arbeitnehmerorganisationen, die versuchen, für ihre Mitglieder höhere Löhne und bessere Arbeitsbedingungen durchzusetzen.

Effizienzlöhne

Eine weitere Quelle für Lohnunterschiede sind die sogenannten *Effizienzlöhne*. Der Begriff Effizienzlöhne bezieht sich auf ein von Arbeitgebern verwendetes Anreizschema, mit dem Arbeitnehmer zu einem höheren Arbeitseinsatz und zu geringerem Arbeitsplatzwechsel veranlasst werden sollen. Nehmen wir an, dass eine Arbeitskraft einer Tätigkeit nachgeht, die extrem wichtig ist, bei der der Arbeitgeber aber nur selten die Möglichkeit hat zu prüfen, wie gut die mit der Tätigkeit verbundenen Aufgaben erfüllt werden. Als Beispiel könnte man etwa auf die Tätigkeit einer Tagesmutter verweisen, die tagsüber auf das Kind ihres Arbeitgebers aufpasst. Bei derartigen Tätigkeiten kann es für den Arbeitgeber durchaus sinnvoll sein, mehr zu bezahlen, als der Arbeitnehmer bei einem anderen Job verdienen könnte – also mehr zu zahlen als den Gleichgewichtslohn. Warum? Weil aus Sicht des Arbeitnehmers das Verdienen dieser Prämie den Verlust des Jobs und die Aufnahme einer anderen Tätigkeit teurer macht.

Nach dem **Effizienzlohnmodell** kann es für einen Arbeitgeber ökonomisch rational sein, seinen Beschäftigten einen Lohn zu zahlen, der oberhalb des Gleichgewichtslohnsatzes liegt, wenn er den Arbeitseinsatz seiner Beschäftigten nicht ausreichend überwachen kann. Durch diesen hohen Lohnsatz setzt der Arbeitgeber für seine Beschäftigten einen Anreiz für einen höheren Arbeitsein-

Dem **Effizienzlohnmodell** zufolge bezahlen einige Arbeitgeber einen Lohn, der über dem Gleichgewichtslohn liegt, um Anreize für höhere Arbeitsanstrengungen zu setzen.

satz. Die Gefahr, einen Job zu verlieren, der mit einem überdurchschnittlich hohen Gehalt verbunden ist, motiviert den Arbeitnehmer, sich anzustrengen, um eine Entlassung zu vermeiden. In ähnlicher Weise reduziert das Zahlen einer Prämie auch die Häufigkeit, mit der Arbeitnehmer von sich aus ihren Arbeitsplatz wechseln. Obwohl eine Tagesmutter sich nicht mehr anstrengen und auch über keine größeren Fähigkeiten verfügen muss als ein Beschäftigter in einer Kindertagesstätte, zeigen Effizienzlohnüberlegungen, warum es für Eltern ökonomisch sinnvoll sein kann, Tagesmüttern mehr zu bezahlen als den Gleichgewichtslohn von Beschäftigten in Kindertagesstätten.

Wie bei einem Mindestpreis und insbesondere wie bei einem Mindestlohnsatz kommt es auf Arbeitsmärkten, auf denen das Effizienzlohnmodell angewendet wird, zu einem Überschuss an Arbeit. Dieses Überschussangebot an Arbeit impliziert Arbeitslosigkeit: Es gibt Arbeitnehmer, die nach einer gut bezahlten Effizienzlohntätigkeit suchen, aber keine finden können. Andere haben dagegen einfach mehr Glück und sind in der Lage, einen derartigen Job an Land zu ziehen.

Im Ergebnis kann es daher sein, dass zwei Arbeitnehmer mit exakt dem gleichen Profil – gleiche Fähigkeiten, gleiche Job-Erfahrung – unterschiedliche Löhne bekommen: Der Arbeitnehmer, der das Glück gehabt hat, einen Effizienzlohnjob zu ergattern, verdient mehr als der Arbeitnehmer, der nur einen »Normaljob« bekommen hat (oder arbeitslos ist, weil er nach einem höher bezahlten Job sucht).

Bei Effizienzlöhnen handelt es sich um eine Form von Marktversagen, die deswegen auftritt, weil einige Arbeitnehmer nicht immer die Leistung erbringen, die sie erbringen sollten, aber in der Lage sind, diese Tatsache zu verbergen. Das führt dazu, dass Arbeitgeber ungleichgewichtige Löhne nutzen, um ihre Beschäftigten zu motivieren, was das beschriebene ineffiziente Ergebnis zur Folge hat.

Diskriminierung

Diskriminierung am Arbeitsplatz hat leider nicht nur in der US-amerikanischen Volkswirtschaft eine lange Tradition. Obwohl die Benachteiligung von Arbeitskräften aufgrund ihres Geschlechts, ihrer Hautfarbe oder ihrer Rasse in vielen entwickelten Volkswirtschaften seit Jahrzehnten gesetzlich verboten ist, belegen Studien, dass es immer noch und immer wieder zu Diskriminierun-

VERTIEFUNG

Wie der deutsche Arbeitsmarkt funktioniert

In der Bundesrepublik Deutschland sind einige der weltweit führenden Industrieunternehmen beheimatet. Von der Automobilproduktion bis hin zum Bierbrauen, von Haushaltsgeräten bis hin zu chemischen Erzeugnissen und Pharmazeutika werden deutsche Produkte auf der ganzen Welt wegen ihrer Qualität und Zuverlässigkeit geschätzt. Und mit einem Arbeitsplatz in der deutschen Industrie kann man – im Unterschied zu den Vereinigten Staaten – gutes Geld verdienen. Für die wettbewerbsstarke und erfolgreiche deutsche Industrie und die gut bezahlten Industriearbeitsplätze gibt es zwei Gründe: das System der betrieblichen Mitbestimmung (Betriebsräte) und das System der beruflichen Ausbildung.

Das System der betrieblichen Mitbestimmung wird durch das Betriebsverfassungsgesetz aus dem Jahr 1952 geregelt und soll sicherstellen, dass Unternehmensführung und Arbeitnehmer bei wichtigen Themen wie Arbeitsbedingungen, Produktivität und Löhne gemeinsam Lösungen finden, um kostspielige Konflikte zu vermeiden. Vertreter der Arbeitnehmer sind in wichtigen Gremien wie z. B. dem Aufsichtsrat vertreten. Die Möglichkeiten zur betrieblichen Mitbestimmung fördern einen hohen gewerkschaftlichen Organisationsgrad, sodass die Gewerkschaften bei der Durchsetzung von Lohnforderungen erfolgreicher sind.

Aber warum sind die deutschen Unternehmen trotz hoher Löhne so erfolgreich? Ein Grund dafür liegt im System der dualen Ausbildung in Deutschland. Von staatlicher Seite gefördert und anerkannt, ermöglicht das System der dualen Ausbildung den jungen Menschen das Erlernen von theoretischen Fachkenntnissen in einer Berufsschule und die Vermittlung von praktischen Fertigkeiten und Fähigkeiten in einem Betrieb, sei es als Automobilbauer oder als Koch. Viele Auszubildende werden nach Abschluss der Berufsausbildung vom Ausbildungsbetrieb in ein festes Anstellungsverhältnis übernommen. Damit sind die Arbeitskräfte in der deutschen Industrie bei ihrem Berufseintritt deutlich besser qualifiziert als die US-amerikanischen Arbeitskräfte.

Das System der dualen Ausbildung ist für die deutschen Unternehmen von so großer Bedeutung, dass einige Unternehmen diese Form der Berufsausbildung auch in ihren Produktionsstätten in den Vereinigten Staaten eingeführt haben. So hat der deutsche Automobilbauer BMW beispielsweise im US-Bundesstaat South Carolina gemeinsam mit den Behörden auf kommunaler und Landesebene ein Ausbildungsprogramm ins Leben gerufen, dass junge Menschen bestmöglich auf die Arbeit im Unternehmen vorbereiten soll. Und dieses Ausbildungsprogramm (und die damit verbundene Aussicht auf einen gut bezahlten Job) ist bei Highschool-Absolventen heiß begehrt.

gen am Arbeitsplatz kommt. In einem Experiment haben sich Forscher mit einem identischen Lebenslauf und unterschiedlichen Namen auf Stellenanzeigen beworben. Dabei erhielten Bewerbungen mit einem typisch »weiß klingenden« Namen 36 Prozent mehr Rückrufe als Bewerbungen mit einem »afroamerikanisch klingenden« Namen und 24 Prozent mehr Rückrufe als Bewerbungen mit einem »hispanisch klingenden« Namen.

Diskriminierung von Arbeitskräften ist eine unangenehme Tatsache. Wie passt sie zu unseren ökonomischen Modellen?

Die wichtigste Einsicht, die wir aus der ökonomischen Analyse gewinnen können, ist die, dass Diskriminierung *keine* natürliche Folge des Wettbewerbs ist. Ganz im Gegenteil, die Marktkräfte arbeiten tendenziell gegen Diskriminierung. Das kann man sich durch folgendes Gedankenspiel verdeutlichen: Was würde passieren, wenn es eine soziale Konvention gibt, die vorschreibt, dass Frauen bei gleicher Qualifikation und gleicher Erfahrung 30 Prozent weniger Lohn erhalten als Männer? Ein Unternehmen, dessen Management keine Vorurteile hätte, wäre dann in der Lage, seine Kosten durch die Beschäftigung von Frauen anstelle von Männern zu senken. Ein derartiges Unternehmen hätte Vorteile gegenüber anderen Unternehmen, die Männer beschäftigen, da diese höhere Kosten verursachen. Im Ergebnis käme es zu einer Überschussnachfrage nach weiblichen Arbeitskräften, was tendenziell zu einem Anstieg ihrer Löhne führen würde.

Wenn aber der Markt gegen Diskriminierung wirkt, wie kann dann in der Realität Diskriminierung so häufig auftreten? Auf diese Frage gibt es zwei Antworten. Wenn die Arbeitsmärkte nicht richtig funktionieren, haben Arbeitgeber die Möglichkeit zur Diskriminierung, ohne dass ihre Gewinne dadurch beeinträchtigt werden. So können beispielsweise Markteingriffe (wie Gewerkschaften oder Mindestlohngesetze) oder Marktversagen (wie Effizienzlöhne) zu Löhnen führen, die oberhalb des Gleichgewichtsniveaus liegen. In diesen Fällen gibt es mehr Bewerber als Arbeitsplätze vorhanden sind und damit können Arbeitgeber zwischen den Bewerbern diskriminieren.

Außerdem ist die Diskriminierung manchmal durch die staatliche Politik institutionalisiert worden. Diese Institutionalisierung der Diskriminierung hat es erleichtert, sie gegen den Druck des Marktes beizubehalten. Historisch gesehen ist diese staatliche Institutionalisierung die vorherrschende Form der Diskriminierung gewesen. So wurden z. B. früher in den Vereinigten Staaten Afroamerikaner in vielen Teilen des Landes daran gehindert, öffentliche Schulen und Universitäten zu besuchen, die ausschließlich Weißen offenstanden. Die Afroamerikaner waren daher gezwungen, weniger gute Schulen zu besuchen.

Obwohl also der Wettbewerb auf dem Markt tendenziell gegen die *gegenwärtige* Diskriminierung wirkt, ist er kein Allheilmittel gegen Diskriminierungen, die schon in der Vergangenheit erfolgt sind. Diese haben sich typischerweise auf Ausbildung und Berufserfahrung ihrer Opfer ausgewirkt und damit deren Einkommen reduziert.

Trifft die Grenzproduktivitätstheorie also zu?

Die zentrale Schlussfolgerung, die Sie aus dieser Diskussion ziehen sollten, ist die, dass die Grenzproduktivitätstheorie zwar keine perfekte Beschreibung dafür liefert, wie Faktoreinkommen determiniert werden, dass sie aber ziemlich gut funktioniert. Die Abweichungen sind wichtig. Im Großen und Ganzen werden jedoch in einer modernen Volkswirtschaft mit gut funktionierenden Arbeitsmärkten die Produktionsfaktoren mit dem gleichgewichtigen Wertgrenzprodukt entlohnt – dem Wertgrenzprodukt der auf dem Markt insgesamt beschäftigten letzten Einheit. Das bedeutet jedoch nicht, dass die resultierende Einkommensverteilung moralisch gerechtfertigt ist.

WISSENSCHAFT UND PRAXIS

Die Grenzproduktivität und das Mindestlohnrätsel

Wie in der Bundesrepublik Deutschland und vielen weiteren Ländern Europas gibt es auch in den Vereinigten Staaten einen staatlich festgelegten Mindestlohn. In den Vereinigten Staaten liegt die Untergrenze für die Entlohnung bei 7,25 Dollar pro Stunde, in Deutschland seit dem 1. Juli 2022 bei 10,45 Euro pro Stunde. In vielen US-Bundesstaaten und einigen großen Städten gelten sogar Untergrenzen für die Entlohnung, die deutlich über dem landesweiten Mindestlohn liegen. So müssen Arbeitgeber im US-Bundesstaat Arizona Beschäftigten mindestens 12 Dollar pro Stunde zahlen, in Seattle sind es sogar 16,39 Dollar pro Stunde.

Arbeitsmarktökonomen haben sich intensiv mit den Auswirkungen von Mindestlöhnen auf regionaler und lokaler Ebene beschäftigt, da von diesen Regelungen Millionen von Arbeitskräften betroffen sind. Außerdem stellen Mindestlohnregelungen eine Art »Realexperiment« dar, bei dem sich die Auswirkungen einer Erhöhung des Mindestlohnsatzes in einem Bundesstaat mit Entwicklungen in benachbarten Bundesstaaten vergleichen lassen und auf diese Weise Erkenntnisse über die Funktionsweise von Arbeitsmärkten in der Praxis gewonnen werden können.

Die Ergebnisse eines derartigen Experiments scheinen eigentlich klar zu sein. Nehmen wir an, dass in einem Bundesstaat der Mindestlohnsatz von 7,25 Dollar pro Stunde auf 16,39 Dollar pro Stunde erhöht wird. Dann steigen dadurch die Lohnkosten. Für Unternehmen, die Arbeitskräfte beschäftigen, die unter die Mindestlohnregelung fallen (z. B. Beschäftigte in Fast-Food-Restaurants), wird es nun teurer, die Angestellten zu bezahlen. Aufgrund der höheren Lohnkosten sollten die Unternehmen eigentlich ihre Beschäftigung reduzieren und Arbeitskräfte entlassen. Aber nach Auffassung vieler Arbeitsmarktökonomen kommt es nicht dazu (einige Ökonomen sind hier allerdings anderer Meinung). Selbst deutliche Anhebungen des Mindestlohnsatzes, die für viele Beschäftigte zu höheren Löhnen führen, haben keine Auswirkung auf die Höhe der Beschäftigung. Wie ist das möglich?

Ein Grund dafür könnte die Existenz von *Monopsonen* sein: Wenn große Arbeitgeber in einer Region ihre Marktmacht dazu nutzen, die Lohnsätze niedrig zu halten und den Beschäftigten weniger als das Wertgrenzprodukt zu zahlen, dann führen moderate Anhebungen beim Mindestlohnsatz nicht dazu, dass die Arbeitgeber Arbeitskräfte entlassen, da der neue Mindestlohnsatz noch immer unterhalb des Wertgrenzproduktes liegt und die Beschäftigung der Arbeitskräfte für die Unternehmen weiterhin profitabel ist.

Aus diesem Erklärungsansatz ergeben sich allerdings Konsequenzen, die über die eigentliche Mindestlohndebatte hinausgehen, wird damit doch infrage gestellt, wie gut die Grenzproduktivitätstheorie tatsächlich die Einkommensverteilung in der Volkswirtschaft erklären kann.

Kurzzusammenfassung

- Die Existenz großer Lohnunterschiede sowohl zwischen Personen als auch zwischen Gruppen führt dazu, dass einige die Grenzproduktivitätstheorie der Einkommensverteilung infrage stellen.
- **Lohndifferenzierung** und Unterschiede in den Wertgrenzprodukten von Arbeitskräften, die aus Unterschieden in Begabung, Berufserfahrung, Beschäftigungsstatus und Humankapital resultieren, erklären einen Teil der Lohnungleichheit.
- Marktmacht in Form von **Gewerkschaften** oder gemeinsamen Maßnahmen der Arbeitgeber können ebenso wie das **Effizienzlohnmodell** für Lohnunterschiede verantwortlich sein. Nach dem Effizienzlohnmodell sind Arbeitgeber bereit, einen Lohnsatz oberhalb des Gleichgewichtspunktes zahlen, um höhere Anstrengungen der Arbeitskräfte zu erreichen.
- In der Vergangenheit war auch Diskriminierung ein wesentlicher Faktor für Lohnunterschiede. Wettbewerb wirkt tendenziell gegen Diskriminierung. Dennoch kann Diskriminierung auch auf Wettbewerbsmärkten durch ein niedriges Humankapitalniveau noch lange nachwirken.

ÜBERPRÜFEN SIE IHR WISSEN

Beurteilen Sie jede der folgenden Aussagen. Glauben Sie, dass diese Aussagen wahr, falsch oder zweideutig sind? Erläutern Sie Ihre Einschätzung.

a. Die Grenzproduktivitätstheorie der Einkommensverteilung passt nicht zum Auftreten von Lohnunterschieden im Zusammenhang mit Geschlecht, Rasse oder ethnischer Zugehörigkeit.

b. Unternehmen, die sich an Arbeitsplatzdiskriminierung beteiligen, deren Wettbewerber dies aber nicht tun, erzielen aufgrund ihres Handelns vermutlich geringere Gewinne.

c. Arbeitnehmer, die schlechter bezahlt werden, weil sie über weniger Berufserfahrung verfügen, sind keine Opfer von Diskriminierung.

d. Walmart eröffnet eine neue Filiale in einer Kleinstadt in einer ländlichen Gegend, was dazu führt, dass viele kleine Geschäfte schließen müssen. Die entlassenen Arbeitskräfte werden diskriminiert, da sie nun schlechter bezahlte Jobs bei Walmart annehmen müssen.

19.4 Das Arbeitsangebot

Bislang haben wir uns auf die Faktornachfrage konzentriert, die die Nachfragemenge nach Arbeit, Realkapital oder Boden durch die Produzenten als Funktion der Faktorpreise bestimmt. Wie sieht es aber mit dem Faktorangebot aus?

In diesem Abschnitt wollen wir uns ausschließlich mit dem Arbeitsangebot beschäftigen. Wir tun dies aus zwei Gründen. Erstens ist in modernen Volkswirtschaften Arbeit der wichtigste Produktionsfaktor, auf den auch der größte Teil des Faktoreinkommens entfällt. Zweitens wird sich zeigen, dass das Arbeitsangebot der Bereich ist, in dem sich Faktormärkte am deutlichsten von den Märkten für Waren und Dienstleistungen unterscheiden.

Arbeitszeit und Freizeit

Auf dem Arbeitsmarkt sind die Rollen von Unternehmen und Haushalten gegenüber den Gütermärkten vertauscht. Ein Gut wie Weizen wird durch Unternehmen angeboten und durch Haushalte nachgefragt. Demgegenüber wird Arbeit von Unternehmen nachgefragt und von Haushalten angeboten. Wie entscheiden die Menschen darüber, wie viel Arbeit sie anbieten sollen?

Praktisch betrachtet haben die meisten Menschen nur eine begrenzte Möglichkeit, ihre Arbeitszeit zu steuern: Entweder sie akzeptieren eine Arbeitsstelle, die mit einer bestimmten Anzahl von Arbeitsstunden pro Woche verbunden ist, oder sie bekommen diese Stelle überhaupt nicht. Um die hinter dem Arbeitsangebot stehenden Zusammenhänge zu verstehen, ist es jedoch hilfreich, den Realismus zunächst einmal etwas zu vernachlässigen und sich eine Person vorzustellen, die entscheiden kann, wie viele oder wie wenige Stunden sie arbeiten möchte.

Warum würde jemand nicht so viele Stunden wie möglich arbeiten? Weil Arbeitskräfte auch Menschen sind und andere Verwendungen für ihre Zeit haben. Eine Stunde, die man mit Arbeit verbringt, ist eine Stunde, die man nicht für andere, vermutlich angenehmere Aktivitäten verwenden kann. Die Entscheidung über die Höhe des Arbeitsangebotes ist daher mit einer Entscheidung über die **Zeitallokation** verbunden – wie man seine Zeit auf verschiedene Aktivitäten aufteilt.

Entscheidungen über das Arbeitsangebot ergeben sich aus Entscheidungen über die **Zeitallokation**: wie viele Stunden man für verschiedene Aktivitäten verwenden will.

Durch das Arbeiten erzielen Menschen Einkommen, die sie für den Kauf von Gütern verwenden können. Je mehr Stunden ein Individuum arbeitet, desto mehr Güter kann es sich leisten. Diese Zunahme der Kaufkraft hat jedoch den Preis einer Verminderung der **Freizeit**, der Zeit, die nicht mit Arbeiten verbracht wird. (Freizeit bedeutet nicht notwendigerweise Zeit, die man vertrödelt. Es kann auch Zeit sein, die man mit seiner Familie verbringt, in der man seinen Hobbys nachgeht, Sport treibt usw.) Zwar stiften gekaufte Güter Nutzen, doch das gilt auch für die Freizeit. Tatsächlich können wir uns Freizeit einfach als normales Gut vorstellen, dessen Konsum die meisten Menschen

Freizeit ist die Zeit, die für andere Zwecke zur Verfügung steht als das Geldverdienen, um Güter zu kaufen.

mit steigendem Einkommen gerne erhöhen würden.

Wie entscheidet ein rationaler Mensch darüber, wie viel Freizeit er konsumieren sollte? Natürlich wieder durch eine Marginalbetrachtung. Bei unserer Analyse der Konsumentenentscheidung stellten wir die Frage, wie ein nutzenmaximierender Verbraucher einen marginalen *Euro* verwendet. Bei der Analyse des Arbeitsangebotes stellen wir uns die Frage, wie ein Individuum seine marginale *Stunde* verwendet.

Schauen wir uns Klaus an, der sowohl Freizeit als auch die Güter gut findet, die man mit Geld kaufen kann. Nehmen wir an, dass sein Lohnsatz 10 Euro pro Stunde beträgt. Wenn er darüber entscheidet, wie viele Stunden er arbeiten möchte, muss er den Grenznutzen einer zusätzlichen Stunde Freizeit mit dem zusätzlichen Nutzen vergleichen, den er aus Gütern im Wert von 10 Euro ziehen kann. Falls Güter im Wert von 10 Euro seinen Nutzen stärker erhöhen als eine zusätzliche Stunde Freizeit, dann kann er seinen Gesamtnutzen dadurch erhöhen, dass er auf eine Stunde Freizeit verzichtet, um eine zusätzliche Stunde zu arbeiten. Erhöht eine zusätzliche Stunde Freizeit seinen Gesamtnutzen stärker als ein Einkommenszuwachs von 10 Euro, dann kann er seinen Gesamtnutzen dadurch erhöhen, dass er eine Stunde weniger arbeitet, um eine zusätzliche Stunde Freizeit zu gewinnen.

Bei der optimalen Höhe seines Arbeitsangebotes entspricht dann der Grenznutzen, den Klaus aus einer zusätzlichen Stunde Freizeit zieht, genau dem Grenznutzen, den er aus den Gütern zieht, die er mit seinem Stundenlohn kaufen kann. Dieses Ergebnis ähnelt sehr stark der *optimalen Konsumregel*, die wir in Kapitel 10 kennengelernt haben, auch wenn es sich hier um eine Regel bezüglich der Zeit und nicht bezüglich des Geldes handelt.

Im nächsten Schritt wollen wir der Frage nachgehen, wie die Entscheidung von Klaus über die Zeitallokation durch eine Änderung des Lohnsatzes berührt wird.

Lohnhöhe und Arbeitsangebot

Nehmen wir an, dass sich der Lohnsatz von Klaus von 10 Euro auf 20 Euro pro Stunde verdoppelt. Wie wird er seine Zeitallokation anpassen?

Die **individuelle Arbeitsangebotskurve** zeigt, wie die von einer Person angebotene Menge an Arbeit vom Lohnsatz der Person abhängt.

Man könnte argumentieren, dass Klaus nun mehr Stunden arbeiten wird, weil sich sein Arbeitsanreiz erhöht hat: Durch den Verzicht auf eine Stunde Freizeit kann er nun zweimal so viel Geld verdienen wie zuvor. Man könnte aber genauso gut behaupten, dass er weniger arbeiten wird, weil er nun das Einkommen, das er für den Kauf der Güter benötigt, in kürzerer Zeit erzielen kann.

Diese gegensätzlichen Argumente lassen vermuten, dass sich das Arbeitsangebot von Klaus mit steigendem Lohnsatz sowohl erhöhen als auch vermindern kann. Das lässt sich besser verstehen, wenn wir uns die Unterscheidung zwischen *Substitutionseffekt* und *Einkommenseffekt* in Erinnerung rufen, die wir im Kapitel 10 und dem Anhang zu Kapitel 10 kennengelernt haben. Wir sahen dort, dass eine Preisänderung die Verbraucherentscheidung in zweierlei Weise berührt. Einerseits führt sie zu einer Änderung der Opportunitätskosten eines Gutes, ausgedrückt in Einheiten anderer Güter (Substitutionseffekt), und andererseits macht sie den Verbraucher reicher oder ärmer (Einkommenseffekt).

Nun wollen wir überlegen, wie ein Anstieg des Lohnsatzes die Nachfrage nach Freizeit von Klaus berührt. Einerseits nehmen die Opportunitätskosten der Freizeit zu, also der Geldbetrag, auf den er verzichtet, wenn er eine Stunde Freizeit genießt statt zu arbeiten. Dieser Substitutionseffekt schafft einen Anreiz, unter sonst gleichen Bedingungen *weniger* Freizeit zu konsumieren und *länger* zu arbeiten. Andererseits macht ein höherer Lohnsatz Klaus aber auch reicher. Dieser Einkommenseffekt führt unter sonst gleichen Bedingungen dazu, dass er *mehr* Freizeit konsumieren will und *weniger* Arbeit anbietet, weil Freizeit ein normales Gut ist.

Im Fall des Arbeitsangebotes wirken Substitutionseffekt und Einkommenseffekt in entgegengesetzte Richtungen. Ist der Substitutionseffekt so stark, dass er den Einkommenseffekt dominiert, führt ein Anstieg des Lohnsatzes dazu, dass Klaus mehr Arbeitsstunden anbietet. Ist dagegen der Einkommenseffekt so stark, dass er den Substitutionseffekt dominiert, dann veranlasst ihn ein Anstieg des Lohnsatzes dazu, weniger Arbeitsstunden anzubieten.

Aus diesen Überlegungen ergibt sich, dass die **individuelle Arbeitsangebotskurve**, die Beziehung zwischen Lohnsatz und der durch einen einzelnen Arbeiter angebotenen Arbeitsstunden, nicht notwendigerweise aufwärts verläuft. Dominiert der Einkommenseffekt, verringert ein höherer Lohnsatz die angebotene Arbeitsmenge. **Abbildung 19-10** illustriert die beiden grundsätzlich möglichen Verläufe der Arbeitsangebotskurve. Dominiert der Substitutionseffekt den Einkommenseffekt, dann verläuft die individuelle Arbeitsangebotskurve steigend. Diagramm (a) zeigt einen Anstieg des Lohnsatzes von 10 Euro auf 20 Euro pro Stunde, der zu einem *Anstieg* der Arbeitsstunden von 40 auf 50 führt. Dominiert jedoch der Einkommenseffekt, dann sinkt die angebotene Arbeitsmenge mit steigendem Lohnsatz. Diagramm (b) zeigt, wie der gleiche Anstieg des Lohnsatzes zu einem *Rückgang* der Zahl der Arbeitsstunden von 40 auf 30 führt. (Ökonomen bezeichnen eine individuelle Arbeitsangebotskurve, die sowohl steigend verlaufende als auch fallend verlaufende Abschnitte enthält, als »rückwärts gekrümmte Arbeitsangebotskurve«. Dieses Konzept analysieren wir im Anhang zu diesem Kapitel genauer.)

Ist eine negative Reaktion des Arbeitsangebotes auf den Lohnsatz in der Realität tatsächlich denkbar? Ja. Viele Arbeitsökonomen glauben, dass der Einkommenseffekt auf das Arbeitsangebot etwas stärker ist als der Substitutionseffekt. Diese Sicht wird durch die langfristige Entwicklung von Einkommen und Freizeit in den meisten Industrieländern gestützt. Am Ende des 19. Jahrhunderts lagen die inflationsbereinigten Löhne bei etwa einem Achtel ihres heutigen Wertes. Die durchschnittliche Arbeitswoche hatte 70 Stunden und nur wenige Arbeiter gingen mit 65 Jahren in den Ruhestand. Heute ist die durchschnittliche Arbeitswoche kürzer als 40 Stunden, und die meisten Menschen gehen mit 65 oder früher in den Ruhestand. Es sieht also so aus,

Abb. 19-10

Die individuelle Arbeitsangebotskurve

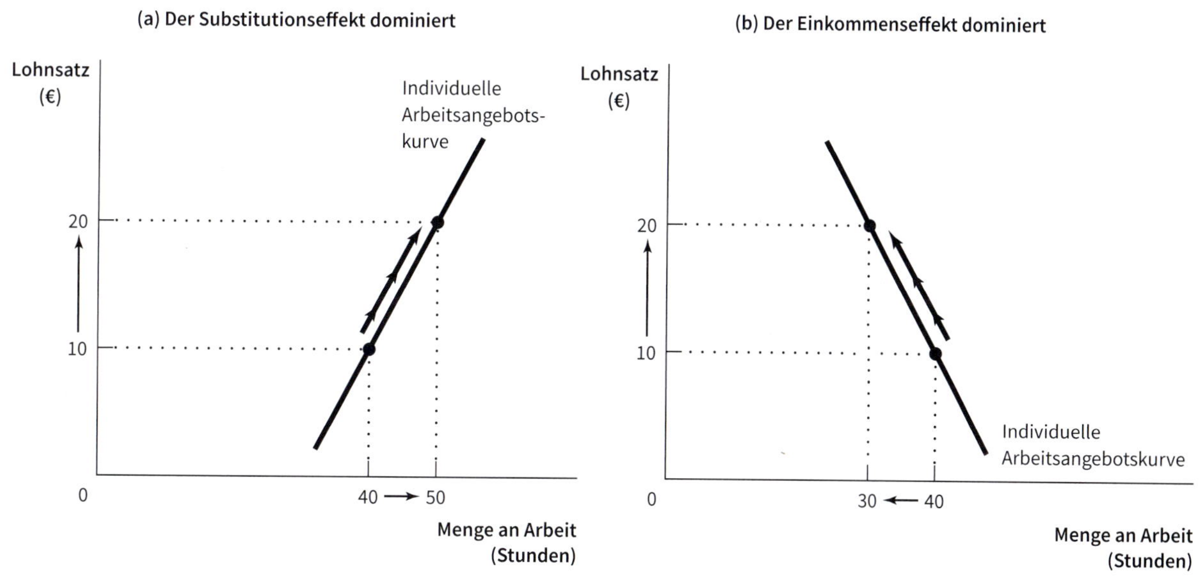

Dominiert der Substitutionseffekt eines Lohnsatzanstiegs den Einkommenseffekt, dann verläuft die individuelle Arbeitsangebotskurve steigend, wie in Diagramm (a) gezeigt. Dort führt ein Anstieg des Lohnsatzes von 10 Euro auf 20 Euro pro Stunde zu einer Erhöhung der Anzahl der Arbeitsstunden von 40 auf 50.

Dominiert jedoch der Einkommenseffekt einer Lohnerhöhung den Substitutionseffekt, dann verläuft die individuelle Arbeitsangebotskurve fallend, wie in Diagramm (b) zu sehen. Hier reduziert der gleiche Anstieg des Lohnsatzes die Zahl der Arbeitsstunden von 40 auf 30.

als ob die Menschen die höheren Löhne teilweise dazu genutzt hätten, mehr Freizeit zu konsumieren.

Verschiebungen der Arbeitsangebotskurve

Nachdem wir untersucht haben, wie Einkommens- und Substitutionseffekt die individuelle Arbeitsangebotskurve formen, können wir uns der Marktarbeitsangebotskurve zuwenden. Die Marktarbeitsangebotskurve ergibt sich aus der waagerechten Addition der individuellen Arbeitsangebotskurven aller Arbeitskräfte des betrachteten Marktes. Ändert sich – mit Ausnahme des Lohnsatzes – ein Faktor, der die Entscheidung der Arbeitskräfte bezüglich des Arbeitsangebotes beeinflusst, kommt es zu einer Verschiebung der Arbeitsangebotskurve. Es gibt eine Vielzahl von Faktoren, die zu solchen Verschiebungen führen können, wobei insbesondere Änderungen bei Präferenzen und sozialen Normen, Änderungen der Bevölkerungszahl, Änderungen der Arbeitsmöglichkeiten und Vermögensänderungen eine Rolle spielen.

Änderungen bei Präferenzen und sozialen Normen. Änderungen bei den Präferenzen und den sozialen Normen können dazu führen, dass die Arbeitsbereitschaft von Arbeitskräften bei jedem gegebenen Lohnsatz steigt oder sinkt. Ein besonders eindrückliches Beispiel für ein derartiges Phänomen ist die starke Zunahme der Zahl der beschäftigten Frauen, insbesondere der beschäftigten verheirateten Frauen in den führenden Wirtschaftsnationen seit den 1960er-Jahren. Bis zu dieser Zeit haben es Frauen, die es sich leisten konnten, vermieden, einer Erwerbsarbeit nachzugehen. Änderungen bei den Präferenzen und den sozialen Normen in der westlichen Welt in der Nachkriegszeit haben eine große Anzahl Frauen dazu veranlasst, zu den Erwerbspersonen hinzuzustoßen – ein Phänomen, das sich auch in anderen Ländern zeigte, die ähnliche Änderungen erlebt haben. (Bei diesen Änderungen haben vermutlich auch die Einführung von arbeitssparenden Haushaltsgeräten, die Verstädterung und im Durchschnitt höhere Bildungsabschlüsse bei Frauen eine Rolle gespielt.)

Änderung der Bevölkerungsgröße. Änderungen der Bevölkerungsgröße führen im Allgemeinen zu Verschiebungen der Arbeitsangebotskurve. Eine größere Bevölkerung verschiebt die Arbeitsangebotskurve tendenziell nach rechts, weil bei jedem gegebenen Lohnsatz mehr Arbeitskräfte zur Verfügung stehen. Eine geringere Bevölkerung verschiebt die Arbeitsangebotskurve dementsprechend tendenziell nach links. In den Vereinigten Staaten hat die Zahl der Erwerbspersonen im Zeitraum von 1990 bis 2019 jährlich um ungefähr ein Prozent zugenommen, was auf Einwanderung und eine vergleichsweise hohe Geburtenrate zurückzuführen ist. Auf vielen Arbeitsmärkten der Vereinigten Staaten kam es daher zu einer Rechtsverschiebung der Arbeitsangebotskurve. Zwischen 2008 und 2011 war die Zahl der Erwerbspersonen in den Vereinigten Staaten aber trotz einer wachsenden Bevölkerung leicht rückläufig, da viele Arbeitsuchende aufgrund mangelnder Beschäftigungsperspektiven aus dem Arbeitsmarkt ausgeschieden sind. Damit hat sich die Arbeitsangebotskurve nach links verschoben.

Änderungen der Arbeitsmöglichkeiten. Es gab Zeiten, da schien der Beruf der Lehrerin die einzige Arbeitsmöglichkeit zu sein, die für gut ausgebildete Frauen geeignet war. In dem Maße jedoch, wie sich ab den 1960er-Jahren Möglichkeiten für Frauen in anderen Berufen eröffneten, gaben viele Frauen den Lehrerberuf auf, und viele potenzielle weibliche Lehrerinnen entschieden sich für andere Karrieren. Diese Verhaltensänderung führte zu einer Linksverschiebung der Arbeitsangebotskurve für Lehrerinnen, weil bei jedem gegebenen Lohnsatz in der Summe nun eine geringere Arbeitsbereitschaft bestand. Die Schulbezirke waren gezwungen, die Löhne zu erhöhen, um eine ausreichende Zahl an Lehrerinnen zu halten. Diese Beobachtungen illustrieren ein allgemeines Ergebnis: Wenn sich für Arbeitnehmer in anderen Arbeitsmärkten bessere Alternativen ergeben, verschiebt sich die Arbeitsangebotskurve des ursprünglichen Arbeitsmarktes in dem Maße nach links, wie Arbeitskräfte sich den neuen Möglichkeiten zuwenden. Verschlechtern sich die Arbeitsmöglichkeiten in einem Arbeitsmarkt, zum Beispiel durch Entlassungen im Produzierenden Gewerbe aufgrund stärkerer ausländischer Konkurrenz, dann nimmt in ganz ähnlicher Weise das Arbeitsangebot auf alternativen Arbeitsmärkten in dem Maße zu, wie Arbeitskräfte sich zu diesen anderen Arbeitsmärkten hinbewegen.

LÄNDER IM VERGLEICH

Sind die US-Amerikaner überarbeitet?

Die US-Amerikaner arbeiten heute im Durchschnitt deutlich weniger als vor hundert Jahren, aber dennoch deutlich mehr als die Menschen in anderen Industrieländern.

Die Abbildung vergleicht die durchschnittliche Jahresarbeitszeit in den Vereinigten Staaten mit dem Wert in anderen Industrieländern. Die längeren Arbeitszeiten der US-Amerikaner kommen durch längere Arbeitswochen und weniger Urlaubstage zustande. So arbeitet z. B. der größte Teil der US-Amerikaner mindestens 40 Stunden pro Woche. In Frankreich ist die Wochenarbeitszeit dagegen vom Staat auf 35 Stunden festgesetzt worden und auch in Deutschland liegen die Wochenarbeitszeiten, geregelt durch die Tarifverträge, deutlich unter 40 Stunden.

Im Jahr 2019 haben die US-Amerikaner durchschnittlich 10 bezahlte Urlaubstage erhalten. Gleichzeitig haben 24 Prozent aller US-amerikanischen Beschäftigten gar keinen bezahlten Urlaub bekommen. Im Unterschied dazu haben die Beschäftigten in Deutschland einen gesetzlichen Anspruch auf bezahlten Urlaub von 24 Werktagen. Zudem schöpfen die US-Amerikaner ihren Urlaubsanspruch deutlich weniger aus. Während die US-Amerikaner nur 51 Prozent der Urlaubstage in Anspruch nahmen, waren es bei den Franzosen 90 Prozent.

Aber warum arbeiten die US-Amerikaner mehr als die Beschäftigten in anderen Ländern? Im Unterschied zu den Beschäftigten in anderen Industrieländern haben die US-Amerikaner keinen gesetzlichen Anspruch auf bezahlten Urlaub und bekommen dadurch im Durchschnitt weniger Urlaubstage.

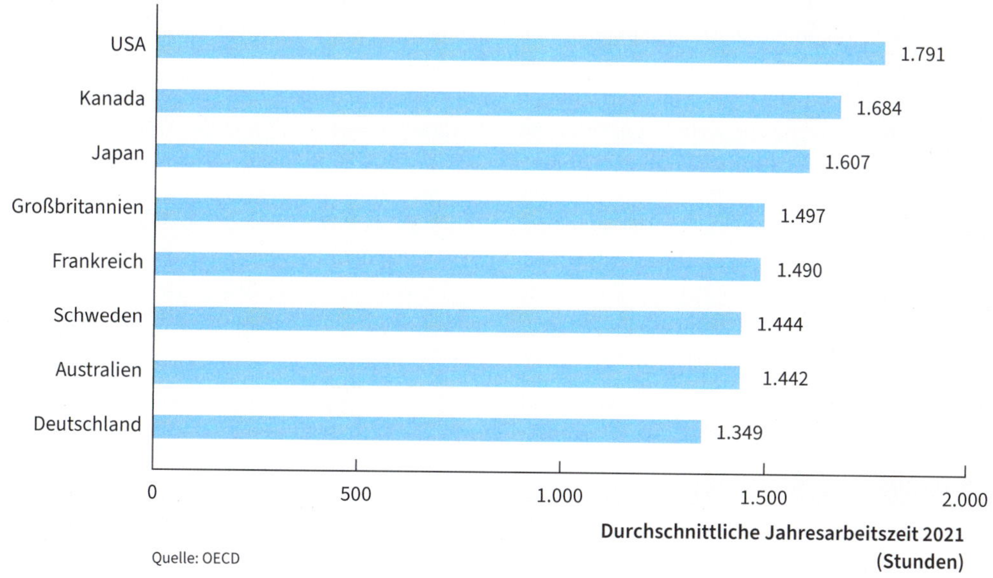

Quelle: OECD

Vermögensänderungen. Ein Mensch, dessen Einkommen steigt, wird mehr normale Güter kaufen – also auch mehr Freizeit. Sieht sich eine Gruppe von Arbeitskräften einem allgemeinen Anstieg ihres Vermögensniveaus gegenüber, beispielsweise wegen steigender Aktienkurse, wird der Einkommenseffekt dieses Vermögensanstiegs die Arbeitsangebotskurve dieser Gruppe von Arbeitskräften nach links verschieben, weil sie mehr Freizeit konsumieren und weniger arbeiten wollen. Der *Einkommenseffekt, der durch eine Änderung des Vermögens hervorgerufen wird*, verschiebt also die Arbeitsangebotskurve, während der *Einkommenseffekt einer Lohnerhöhung*, wie wir ihn für den Fall einer individuellen Arbeitsangebotskurve diskutiert haben, zu einer *Bewegung entlang der Arbeitsangebotskurve* führt.

WISSENSCHAFT UND PRAXIS

Hausfrauen in den Vereinigten Saaten

Alte Fernsehserien erwecken mitunter den Eindruck, dass in den Vereinigten Staaten in den 1950er-Jahren das traditionelle Familienmodell an der Tagesordnung war: der Mann in der Rolle als Ernährer der Familie und die Frau in der Rolle als Hausfrau. Das entsprach aber nicht ganz der Realität. Bereits im Jahr 1960 waren mehr als 40 Prozent aller Frauen im Haupterwerbsalter zwischen 25 und 54 Jahren erwerbstätig. Bei den Männern lag die Erwerbsbeteiligung in der Altersklasse allerdings bei stolzen 97 Prozent.

In den nächsten 35 Jahren haben viele Frauen die (unbezahlte) Hausarbeit mit einem bezahlten Arbeitsplatz eingetauscht. Mitte der 1990er-Jahre lag die Erwerbsbeteiligung von Frauen im Haupterwerbsalter bei mehr als 75 Prozent. In den folgenden 20 Jahren ist dieser Anteil aber nicht weiter angestiegen.

In anderen wohlhabenden Volkswirtschaften lässt sich diese Stagnation nicht beobachten. So lag die Erwerbsbeteiligung von Frauen im Haupterwerbsalter im Jahr 2019 in der Bundesrepublik Deutschland bei über 83 Prozent, in Kanada sogar bei rund 85 Prozent, in den Vereinigten Staaten dagegen immer noch bei nur 75 Prozent. Selbst in einem Land wie Japan, in dem Frauen gegenüber Männern nach wie vor deutlich benachteiligt werden, ist die Erwerbsbeteiligung von Frauen höher.

Aber wodurch lässt sich die besondere Entwicklung in den Vereinigten Staaten erklären? Wahrscheinlich hat die Antwort auf diese Frage mit dem unterschiedlichen Stellenwert der Kinderbetreuung auf der politischen Agenda der jeweiligen Länder zu tun. In vielen wohlhabenden Ländern subventioniert der Staat die Kinderbetreuung, sei es durch öffentliche Kinderbetreuungseinrichtungen oder durch Zuschüsse für die Kinderbetreuung durch private Anbieter. In den Vereinigten Staaten dagegen gibt es diese staatliche Unterstützung nicht, sodass hier die Erwerbstätigkeit für Frauen mit Kindern mit deutlich höheren Kosten einhergeht.

Ein Politikwechsel in den Vereinigten Staaten könnte demnach große Auswirkungen auf die Zahl der Erwerbspersonen haben. Aus diesem Grund sprechen sich mittlerweile eine Reihe von US-Politikern für die Einführung eines staatlichen Programms zur Förderung der Kinderbetreuung aus. Die Kosten für ein derartiges Programm ließen sich zumindest teilweise dadurch finanzieren, dass mehr Frauen einer bezahlten Erwerbstätigkeit nachgehen und dadurch mehr Steuern zahlen würden. Und nach der Theorie des Arbeitsangebotes ist diese Argumentation wahrscheinlich zutreffend.

Kurzzusammenfassung

- Die Entscheidung darüber, wie viel Arbeit angeboten werden soll, ist ein Problem der **Zeitallokation**: der Entscheidung zwischen Arbeit und **Freizeit**.
- Ein Anstieg des Lohnsatzes ruft sowohl einen Einkommens- als auch einen Substitutionseffekt im Hinblick auf das individuelle Arbeitsangebot hervor. Der Substitutionseffekt höherer Lohnsätze induziert unter sonst gleichen Umständen eine Verlängerung der Arbeitszeit. Dem wirkt der Einkommenseffekt entgegen: Ein höheres Einkommen führt zu einer höheren Nachfrage nach Freizeit, die ein normales Gut ist. Dominiert der Einkommenseffekt, kann ein Anstieg des Lohnsatzes tatsächlich dazu führen, dass die **individuelle Arbeitsangebotskurve** »falsch« geneigt ist, nämlich fallend.
- Die Marktarbeitsangebotskurve ergibt sich aus der waagerechten Addition der individuellen Angebotskurven aller Arbeitskräfte des betrachteten Marktes. Sie verschiebt sich im Wesentlichen aus vier Gründen: Änderungen bei Präferenzen und sozialen Normen, Änderungen der Bevölkerungszahl, Änderungen der Arbeitsmöglichkeiten und Vermögensänderungen.

ÜBERPRÜFEN SIE IHR WISSEN

1. Früher stand es Klaus frei, so viele Stunden pro Woche zu arbeiten, wie er wollte. Ein neues Gesetz beschränkt nun jedoch die maximale Arbeitszeit auf 35 Stunden pro Woche. Erläutern Sie, unter welchen Umständen er, wenn überhaupt,
   a. schlechter gestellt ist,
   b. gleich gut gestellt ist,
   c. besser gestellt ist.
2. Erläutern Sie mithilfe des Einkommens- und Substitutionseffektes, wie ein Rückgang des Lohnsatzes Klaus dazu veranlassen kann, mehr Stunden zu arbeiten als zuvor.

Unternehmen in Aktion: Walmart im Wandel

Mit 2,2 Millionen Beschäftigten (das sind rund 1,5 Prozent aller Erwerbspersonen) war Walmart im Jahr 2019 der größte private Arbeitgeber in den Vereinigten Staaten. Der US-Einzelhandelskonzern ist so groß, dass die Personalpolitik des Unternehmens als Barometer für die Lage der Beschäftigten in der gesamten Branche angesehen wird.

In den 1990er-Jahren und auch noch bis Mitte der 2000er-Jahre hatte Walmart einen schlechten Ruf als Arbeitgeber. Walmart war dafür bekannt, seinen Beschäftigten ständig wechselnde Arbeitszeiten aufzuerlegen, kaum Zusatzleistungen zu gewähren und so geringe Löhne zu zahlen, dass einige Beschäftigte gezwungen waren, ihren Lebensunterhalt durch den Bezug von Lebensmittelmarken und anderen Unterstützungsleistungen zu sichern. Es gab eine ganze Reihe von gerichtlichen Klagen, die Walmart Verletzungen der Überstundenregelungen, sexuelle Belästigungen durch Vorgesetzte und Genderdiskriminierung vorwarfen.

Aber nicht nur die Beschäftigten von Walmart waren unzufrieden, die Kunden waren es auch. Es gab Beschwerden über verschmutzte Sanitäreinrichtungen, leere Regale, lange Schlagen an den Kassen und fehlende Servicekräfte. Branchenanalysten führten den Zustand vieler Walmart-Filialen auf die einseitige Fixierung auf Kosteneffizienz zurück und verwiesen darauf, dass das Unternehmen Artikel, die nicht im Regal sind, auch nicht verkaufen kann. Noch im Jahr 2015 konnten nur 16 Prozent aller Walmart-Filialen die unternehmensinternen Vorgaben in Sachen Kundenservice erfüllen.

Im gleichen Jahr begann Walmart damit, seine Personalpolitik zu überarbeiten. Die ersten Änderungen waren recht bescheiden. Es gab Lohnerhöhungen und feste Arbeitszeiten wurden eingeführt. Im Jahr 2016 lag der durchschnittliche Stundenlohn von Beschäftigten ohne Führungsaufgaben bei Walmart bereits bei 13,69 Dollar und damit um 16 Prozent über dem Niveau von 2014 (allerdings immer noch deutlich unter dem Stundenlohn von knapp 20 Dollar, den der US-Handelskonzern Costco seinen Beschäftigten durchschnittlich zahlte).

Die eingeführten Änderungen trugen schnell Früchte. Die Kundenzufriedenheit stieg deutlich an. Im Jahr 2016 erfüllten bereits 75 Prozent aller Walmart-Filialen die unternehmensinternen Vorgaben in Sachen Kundenservice. Und auch das Umsatzwachstum des Unternehmens, das in den Jahren zuvor im Vergleich zum Rest der Branche eher unterdurchschnittlich ausgefallen war, nahm an Fahrt auf.

Und Walmart unternahm weitere Schritte. Im Jahr 2018 wurde das Einstiegsgehalt für neue Mitarbeiter erhöht und die Beschäftigten erhielten fortan einen Jahresendbonus. Außerdem wurden Vollzeitbeschäftigten von nun an 10 Wochen bezahlter Mutterschaftsurlaub gewährt. Gerade diese freiwilligen zusätzlichen Vergünstigungen könnten laut Marktbeobachtern dafür sorgen, dass Beschäftigte von Walmart nicht wegen 1 Dollar mehr pro Stunde zur Konkurrenz wechseln und dass sich Arbeitsuchende für Walmart und nicht für die Konkurrenz entscheiden.

Zudem hat Walmart mit Blick auf den zunehmenden Wettbewerb durch Amazon sein Online-Geschäft deutlich ausgeweitet. Kunden können jetzt im Internet ihre Artikel bei Walmart bestellen und die bestellten Artikel anschließend selbst abholen oder sich sogar liefern lassen. Und bei der Bestellung im Internet steht den Kunden bei Bedarf jederzeit ein Verkaufsmitarbeiter mit Rat und Tat zur Seite.

Im Jahr 2016 hat das Unternehmen außerdem die sogenannten »Walmart Academies« ins Leben gerufen. Im Rahmen dieser Weiterbildungsprogramme werden den Beschäftigten vor Ort in der jeweiligen Filiale Schulungen angeboten. Und im Sommer 2021 hat Walmart sogar angekündigt, die Schulungsangebote der Walmart Academies in Form von virtuellen Lerninhalten für jedermann (kostenlos) anzubieten.

FRAGEN

1. Erklären Sie mithilfe der Grenzproduktivitätstheorie der Einkommensverteilung, warum Unternehmen wie Walmart ihren Beschäftigten so geringe Löhne gezahlt haben, dass die Beschäftigten auf Einkommensersatzleistungen angewiesen waren.
2. Erläutern Sie anhand der Fallstudie, wie es dazu kommen kann, dass gleich qualifizierte Arbeitskräfte im Marktgleichgewicht unterschiedlich entlohnt werden. Warum ging Walmart davon aus, dass sich eine Erhöhung der Personalkosten positiv auf die Profitabilität des Unternehmens auswirken würde?
3. Einige Politiker versuchen, mehr Unternehmen von einer Hochlohnstrategie zu überzeugen. Welche positiven Effekte und welche negativen Effekte gehen mit einer derartigen Strategie einher?
4. Aus welchen Motiven könnte ein Unternehmen freiwillige zusätzliche Vergünstigungen für seine Beschäftigten einführen?
5. Welche Faktoren haben Walmart Ihrer Meinung nach dazu veranlasst, seine Personalpolitik grundlegend zu überdenken und entsprechend anzupassen?

Zusammenfassung

1. Genauso wie es Märkte für Waren und Dienstleistungen gibt, gibt es auch Märkte für Produktionsfaktoren: für Arbeit, Land sowie **Realkapital** und **Humankapital**. Diese Märkte bestimmen die **Einkommensverteilung**.
2. Nach der **Regel für die optimale Einstellung von Produktionsfaktoren bei vollständiger Konkurrenz** stellt ein preisnehmender gewinnmaximierender Produzent so lange weitere Produktionsfaktoren ein, bis der Faktorpreis dem **Wertgrenzprodukt** des Produktionsfaktors entspricht – dem (physischen) Grenzprodukt des Produktionsfaktors multipliziert mit dem Preis des Gutes. Die **Kurve des Wertgrenzproduktes** ist daher gleichzeitig die individuelle Faktornachfragekurve eines preisnehmenden Unternehmens.
3. Die Marktnachfragekurve für Arbeit ergibt sich durch die waagerechte Addition der individuellen Nachfragekurven der auf dem Markt tätigen Unternehmen. Sie verschiebt sich im Wesentlichen aus drei Gründen: Änderungen des Preises des produzierten Gutes, Änderungen des Angebotes an anderen Produktionsfaktoren und technologische Änderungen.
4. Befindet sich ein wettbewerblicher Arbeitsmarkt im Gleichgewicht, dann ist der Marktlohnsatz gleich dem **gleichgewichtigen Wertgrenzprodukt** der Arbeit. Das entspricht dem zusätzlichen Produktionswert der letzten Ar-

beitskraft, die auf dem betrachteten Arbeitsmarkt eingestellt wurde. Das gleiche Prinzip gilt auch für die übrigen Produktionsfaktoren: Der **Mietpreis** von Boden oder Realkapital entspricht den jeweiligen Wertgrenzprodukten. Diese Einsicht führt zur **Grenzproduktivitätstheorie der Einkommensverteilung**. Diese besagt, dass jeder Produktionsfaktor mit dem Wertgrenzprodukt der letzten Einheit des Produktionsfaktors bezahlt wird, der auf dem Faktormarkt insgesamt beschäftigt wird.

5. Große Lohnunterschiede werfen die Frage nach der Gültigkeit der Grenzproduktivitätstheorie der Einkommensverteilung auf. Ein Großteil der Unterschiede lässt sich durch **Lohndifferenzierung** sowie durch Unterschiede in Begabung, Berufserfahrung und Humankapital zwischen verschiedenen Arbeitnehmern erklären. Marktstörungen in Form von **Gewerkschaften** und kollektiven Maßnahmen der Arbeitgeber können ebenfalls zu Lohnunterschieden führen. Das **Effizienzlohnmodell**, das auf Marktversagen basiert, zeigt, wie die Versuche von Arbeitgebern, die Leistung der Arbeitnehmer zu erhöhen, zu Lohnunterschieden führen können. Freie Märkte bewirken tendenziell eine Verringerung von Diskriminierung. Dennoch bleibt Diskriminierung eine wichtige Quelle für Lohnunterschiede. Diskriminierung kann dann dauerhaft bestehen, wenn es entweder Probleme auf den Arbeitsmärkten gibt oder sie (historisch) durch staatliches Handeln institutionalisiert wird.
6. Das Arbeitsangebot ist das Ergebnis von Entscheidungen bezüglich der **Zeitallokation,** bei denen sich Arbeitskräfte einem Konflikt zwischen **Freizeit** und Arbeit gegenübersehen. Eine Zunahme des Stundenlohnsatzes führt über den Substitutionseffekt tendenziell zu einer Erhöhung der Arbeitsstunden. Der ebenfalls aus der Erhöhung des Stundenlohnsatzes resultierende Einkommenseffekt vermindert dagegen tendenziell die Zahl der Arbeitsstunden. Kommt es als Nettoergebnis dazu, dass Arbeitnehmer ihr Arbeitsangebot in Reaktion auf einen gestiegenen Lohnsatz erhöhen, verläuft die **individuelle Arbeitsangebotskurve** steigend. Reduzieren die Arbeitnehmer dagegen per Saldo die angebotenen Arbeitsstunden, verläuft die individuelle Arbeitsangebotskurve fallend – anders als Angebotskurven für Güter.
7. Die Arbeitsangebotskurve des Marktes ergibt sich durch die waagerechte Addition der individuellen Arbeitsangebotskurven aller auf dem betrachteten Markt agierenden Arbeitnehmer. Sie verschiebt sich im Wesentlichen aus vier Gründen: Änderungen von Präferenzen und sozialen Normen, Änderungen der Bevölkerungsgröße, Änderungen der Arbeitsmöglichkeiten und Vermögensänderungen.

SCHLÜSSELBEGRIFFE

- physisches Kapital (Realkapital)
- Humankapital
- Einkommensverteilung
- Wertgrenzprodukt
- Regel für die optimale Einstellung von Produktionsfaktoren bei vollständiger Konkurrenz
- Kurve des Wertgrenzproduktes
- gleichgewichtiges Wertgrenzprodukt
- Mietpreis
- Grenzproduktivitätstheorie der Einkommensverteilung
- Lohndifferenzierung
- Gewerkschaften
- Effizienzlohnmodell
- Zeitallokation
- Freizeit
- individuelle Arbeitsangebotskurve

Anhang zu 19

Indifferenzkurvenanalyse des Arbeitsangebotes

Im Hauptteil dieses Kapitels haben wir erklärt, warum die Arbeitsangebotskurve fallend anstatt steigend verlaufen kann: Der Substitutionseffekt eines höheren Lohnsatzes, der einen Anreiz zur Ausdehnung der Arbeitszeit schafft, kann durch den Einkommenseffekt eines höheren Lohnsatzes mehr als ausgeglichen werden, der Personen zu einer Erhöhung ihrer Freizeit veranlasst. In diesem Anhang wollen wir zeigen, wie diese Analyse mithilfe von Indifferenzkurven durchgeführt werden kann, die wir in Kapitel 10 eingeführt haben.

19A.1 Die Zeitbudgetgerade

Kehren wir noch einmal zu dem Beispiel mit Klaus zurück, der den Wert der Freizeit schätzt, aber auch gerne Geld zum Ausgeben hat. Wir nehmen jetzt an, dass Klaus insgesamt über 80 Stunden pro Woche verfügt, die er entweder zum Arbeiten oder für Freizeit verwenden kann. (Wir gehen davon aus, dass die restlichen Stunden für unverzichtbare Aktivitäten gebraucht werden, hauptsächlich für das Schlafen.) Wir wollen zunächst auch annehmen, dass sein Stundenlohnsatz bei 10 Euro liegt.

Seine Konsummöglichkeiten werden durch die **Zeitbudgetgerade** in **Abbildung 19A-1** definiert, eine Budgetgerade, die zeigt, wie Klaus seine Zeit zwischen Einkommen und Freizeit aufteilen kann. Die wöchentlichen Freizeitstunden werden an der

Eine **Zeitbudgetgerade** zeigt die Wahlmöglichkeiten einer Person zwischen Konsum von Freizeit und Einkommen, das den Konsum von Gütern erlaubt.

Abb. 19 A-1

Die Zeitbudgetgerade

Die Zeitbudgetgerade von Klaus zeigt die Wahlmöglichkeiten zwischen Arbeit, mit der er einen Stundenlohnsatz von 10 Euro erzielen kann, und Freizeit. Im Punkt *X* verwendet er sein gesamtes Zeitbudget von 80 Stunden für Freizeit, hat dann aber kein Einkommen. Im Punkt *Y* verwendet er sein ganzes Zeitbudget für Arbeit und verdient 800 Euro, kann aber keine Freizeit konsumieren. Sein Stundenlohnsatz von 10 Euro entspricht den Opportunitätskosten einer Stunde Freizeit und ist gleich der (negativen) Steigung der Zeitbudgetgeraden. Wir haben angenommen, dass Punkt *A*, der 40 Stunden Freizeit und 400 Euro Einkommen repräsentiert, die optimale Zeitallokation von Klaus beschreibt. Dieser Punkt genügt der Regel der optimalen Zeitallokation: Der zusätzliche Nutzen, den Klaus aus einer weiteren Stunde Freizeit zieht, muss gleich dem zusätzlichen Nutzen sein, den er aus den Gütern zieht, die er mit dem Lohn kaufen kann, den er für eine weitere Stunde erhält.

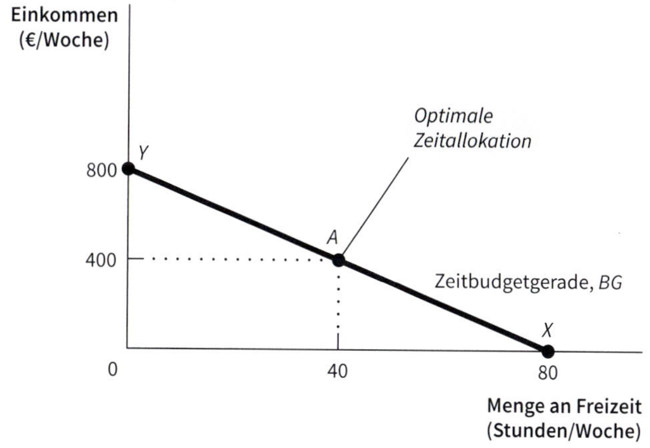

waagerechten Achse und das Einkommen, das er durch Arbeiten verdient, wird an der senkrechten Achse gemessen.

Der Schnittpunkt der Budgetgeraden mit der waagerechten Achse (Punkt *X*) beträgt 80 Stunden: Würde Klaus überhaupt nicht arbeiten, hätte er 80 Stunden Freizeit pro Woche, aber kein Einkommen. Der Schnittpunkt mit der senkrechten Achse (Punkt *Y*) beträgt 800 Euro: Würde Klaus die gesamte Zeit arbeiten, könnte er 800 Euro pro Woche verdienen.

Wieso können wir eine Budgetgerade verwenden, um die Möglichkeiten der Zeitverwendung von Klaus zu beschreiben? Die Budgetgeraden aus Kapitel 10 und dem Anhang zu Kapitel 10 repräsentieren die Wahlmöglichkeiten, denen sich Verbraucher gegenübersehen, die darüber entscheiden, wie sie ihr Einkommen zwischen den verschiedenen Gütern aufteilen sollen. Jetzt fragen wir nicht danach, wie Klaus sein Einkommen, sondern wie er seine *Zeit* aufteilen soll. Das der Einkommensallokation zugrunde liegende Prinzip ist jedoch das Gleiche wie bei der Zeitallokation: In beiden Fällen geht es darum, eine gegebene Menge an Ressourcen (in diesem Fall 80 Stunden) bei konstanten Tauschmöglichkeiten (Klaus muss für jede zusätzliche Stunde Freizeit auf 10 Euro verzichten) optimal zwischen verschiedenen Verwendungen aufzuteilen. Bei der Frage der Zeitallokation auf eine Budgetgerade zurückzugreifen ist daher genauso angemessen wie bei der Frage der Einkommensallokation.

Die **Regel der optimalen Zeitallokation** besagt, dass eine Person ihre Zeit so aufteilen sollte, dass der Grenznutzen einer mit Arbeit verbrachten Stunde gleich dem Grenznutzen einer zusätzlichen Stunde Freizeit ist.

Wie bei den gewöhnlichen Budgetgeraden spielen auch hier Opportunitätskosten eine Schlüsselrolle. Die Opportunitätskosten einer Stunde Freizeit bestehen aus dem, auf das Klaus verzichten muss, wenn er eine Stunde weniger arbeitet – 10 Euro Einkommen. Diese Opportunitätskosten bestehen also aus dem Stundenlohnsatz von Klaus und werden geometrisch durch die (negative) Steigung seiner Zeitbudgetgeraden beschrieben. Die eben gemachte Zahlenangabe lässt sich leicht bestätigen, wenn wir berücksichtigen, dass sich die Steigung aus dem negativen Verhältnis des durch Punkt *Y* gegebenen Abschnitts der senkrechten Achse und des durch *X* gegebenen Abschnitts der waagerechten Achse berechnen lässt. Einsetzen liefert –800 Euro/80 Stunden = –10 Euro pro Stunde.

Um seinen Nutzen zu maximieren, muss Klaus den optimalen Punkt auf der Zeitbudgetgeraden in Abbildung 19A-1 wählen. In Kapitel 10 haben wir gesehen, dass ein Verbraucher, der seine Ausgaben so aufteilen will, dass er seinen Nutzen maximiert, den Punkt auf der Budgetgeraden finden muss, der der *Regel des optimalen Konsums* genügt: Der Grenznutzen des Geldes muss für jedes Gut gleich sein. Auch wenn es jetzt um eine Allokationsentscheidung geht, die sich auf Zeit und nicht auf Geld bezieht, ist doch das gleiche Prinzip anzuwenden.

Weil Klaus nun Zeit »ausgibt« und kein Geld, bezeichnen wir das Gegenstück zur Regel des optimalen Konsums als **Regel der optimalen Zeitallokation**: Der Grenznutzen, den Klaus aus dem Geld zieht, das er mit einer zusätzlichen Arbeitsstunde verdienen kann, muss gleich dem Grenznutzen einer zusätzlichen Stunde Freizeit sein.

19A.2 Die Wirkung eines höheren Lohnsatzes

In Abhängigkeit von seinen Präferenzen kann die nutzenmaximierende Entscheidung von Klaus zwischen Freizeit und Einkommen prinzipiell irgendwo auf der Zeitbudgetgeraden von Abbildung 19A-1 liegen. Wir wollen annehmen, dass die optimale Entscheidung durch Punkt *A* wiedergegeben wird, bei dem er 40 Stunden Freizeit konsumiert und ein Einkommen von 400 Euro erzielt. Nun können wir die Analyse der Zeitallokation mit dem Arbeitsangebot verbinden.

Wählt Klaus einen Punkt wie *A* auf seiner Zeitbudgetgeraden, dann entscheidet er sich gleichzeitig für die Menge an Arbeit, die er am Arbeitsmarkt anbietet. Mit der Entscheidung, 40 seiner 80 insgesamt verfügbaren Stunden für Freizeit zu nutzen, entscheidet er gleichzeitig, die anderen 40 Stunden als Arbeit anzubieten.

Nehmen wir nun einmal an, dass sich sein Lohnsatz von 10 Euro auf 20 Euro pro Stunde verdoppelt. Die Auswirkungen einer solchen Lohnsatzerhöhung werden in **Abbildung 19A-2** gezeigt. Seine Zeitbudgetgerade dreht sich nach außen: Der Schnittpunkt mit der senkrechten Achse, der angibt, wie viel er verdienen könnte, wenn er seine gesamten 80 Stunden für Arbeit verwenden würde, verschiebt sich nach oben von Punkt *Y* nach Punkt *Z*. Als Folge dieser Verdopplung seines Lohnsatzes könnte Klaus nun 1.600 Euro statt 800 Euro verdienen, falls er seine gesamten 80 Stunden fürs Arbeiten verwenden würde.

Wie ändert sich aber die Zeitallokation von Klaus tatsächlich? Wie wir in diesem Kapitel gelernt haben, hängt dies vom *Einkommenseffekt* und vom *Substitutionseffekt* ab, mit denen wir uns im Kapitel 10 und im Anhang zu Kapitel 10 ausführlich beschäftigt haben.

Abb. 19 A-2

Eine Zunahme des Lohnsatzes

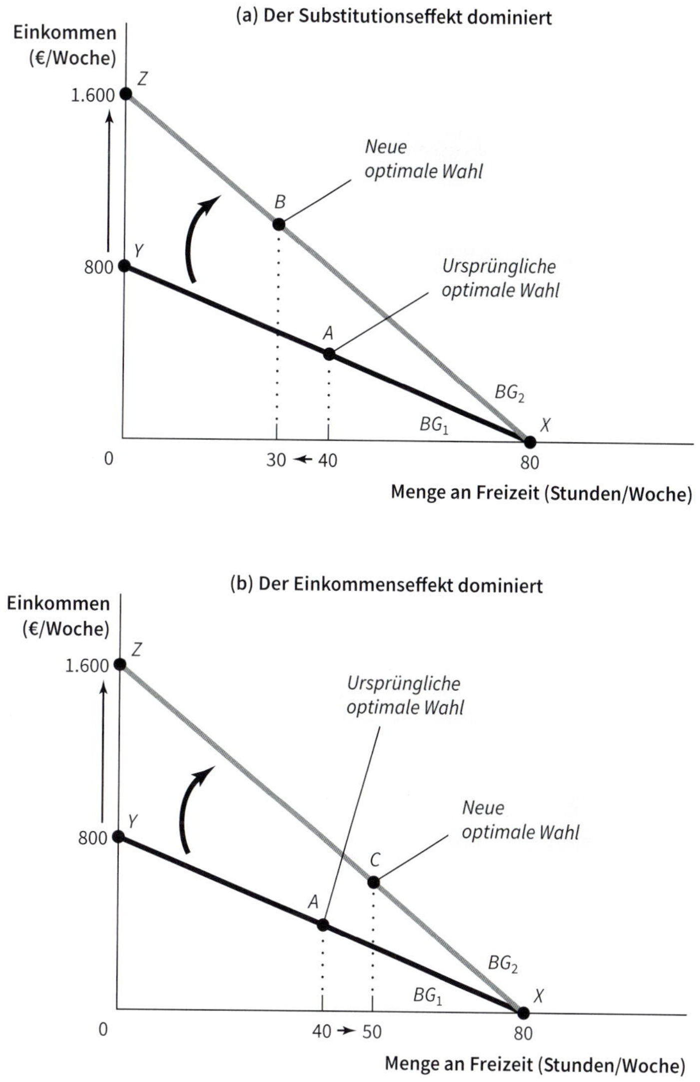

In beiden Diagrammen wird die ursprüngliche optimale Entscheidung von Klaus durch Punkt *A* auf der Zeitbudgetgeraden BG_1 charakterisiert, die zu einem Lohnsatz von 10 Euro gehört. Nachdem sein Lohnsatz auf 20 Euro gestiegen ist, dreht sich die Budgetgerade nach außen zur neuen Gerade BG_2: Verwendet er seine gesamte Zeit auf das Arbeiten, wird sein Einkommen von 800 Euro auf 1.600 Euro steigen, was der Bewegung von *Y* nach *Z* entspricht. Der Anstieg des Lohnsatzes ruft zwei entgegengesetzte Wirkungen hervor: Der Substitutionseffekt schafft einen Anreiz, weniger Freizeit zu konsumieren und länger zu arbeiten; der Einkommenseffekt schafft einen Anreiz, mehr Freizeit zu konsumieren und weniger zu arbeiten. Diagramm (a) zeigt die Änderung der Zeitallokation für den Fall, dass der Substitutionseffekt überwiegt: Der neue optimale Punkt von Klaus liegt bei *B*, der eine Abnahme der Freizeit auf 30 Stunden und eine Zunahme der Arbeitszeit auf 50 Stunden widerspiegelt. In diesem Fall verläuft die individuelle Arbeitsangebotskurve steigend. Diagramm (b) zeigt die Änderung der Zeitallokation für den Fall, dass der Einkommenseffekt überwiegt: Der neue optimale Punkt ist *C*, der eine Zunahme der Freizeit auf 50 Stunden und eine Abnahme der Arbeitszeit auf 30 Stunden widerspiegelt. In diesem Fall verläuft die individuelle Arbeitsangebotskurve fallend.

Der Substitutionseffekt einer Lohnsatzerhöhung wirkt wie folgt. Wenn der Lohnsatz steigt, nehmen die Opportunitätskosten einer Stunde Freizeit zu. Dies veranlasst Klaus, weniger Freizeit zu konsumieren und mehr Stunden zu arbeiten – also bei steigendem Lohnsatz Freizeit durch Arbeit zu substituieren. Wäre der Substitutionseffekt schon die ganze Geschichte, dann würde die individuelle Arbeitsangebotskurve genauso aussehen wie jede andere gewöhnliche Angebotskurve: Sie würde immer steigend verlaufen, weil ein höherer Lohnsatz zu einem größeren Arbeitsangebot führen würde.

Bei unserer Analyse der Nachfrage haben wir gesehen, dass für die meisten Konsumgüter der Einkommenseffekt keine besonders große Rolle spielt, weil die meisten Güter nur einen kleinen Anteil an den Gesamtausgaben eines Konsumenten ausmachen. Darüber hinaus haben wir gesehen, dass in den wenigen Fällen von Gütern, bei denen der Einkommenseffekt signifikant ist, etwa bei größeren Ausgabenblöcken wie Wohnungsmiete, normalerweise der Substitutionseffekt verstärkt wird: Die meisten Güter sind normale Güter, sodass Konsumenten weniger von diesem Gut kaufen, wenn ein Preisanstieg sie ärmer macht.

Bei der Entscheidung zwischen Arbeitszeit und Freizeit gewinnt der Einkommenseffekt jedoch aus zwei Gründen eine neue Bedeutung. Erstens macht für die meisten Leute das Arbeitseinkommen den weitaus größten Teil ihres Gesamteinkommens aus. Dies impliziert, dass der Einkommenseffekt einer Änderung des Lohnsatzes nicht klein ist: Eine Zunahme des Lohnsatzes ruft eine bedeutende Erhöhung des Einkommens hervor. Zweitens ist Freizeit ein normales Gut: Wenn das Einkommen steigt, tendieren die Leute unter sonst gleichen Bedingungen dazu, mehr Freizeit zu konsumieren und weniger Stunden zu arbeiten.

Der Einkommenseffekt eines höheren Lohnsatzes *reduziert* also das Arbeitsangebot. Er wirkt daher dem Substitutionseffekt entgegen, der die angebotene Arbeitsmenge tendenziell *erhöht*. Folglich kann der Nettoeffekt eines höheren Lohnsatzes auf die von Klaus angebotene Arbeitsmenge in beide Richtungen gehen. In Abhängigkeit von seinen Präferenzen könnte er sich entscheiden, mehr oder weniger Arbeit anzubieten. Die beiden Diagramme in Abbildung 19A-2 illustrieren diese beiden möglichen Ergebnisse. In beiden Diagrammen repräsentiert Punkt *A* die ursprüngliche Wahl.

Diagramm (a) zeigt den Fall, in dem Klaus in Reaktion auf den höheren Lohnsatz mehr Stunden arbeitet. Eine Zunahme des Lohnsatzes veranlasst ihn, sich von Punkt *A* nach Punkt *B* zu bewegen, wo er weniger Freizeit konsumiert als in *A* und daher länger arbeitet. Der Substitutionseffekt überwiegt den Einkommenseffekt. Diagramm (b) zeigt den Fall, in dem Klaus in Reaktion auf den höheren Lohnsatz weniger arbeitet. Jetzt bewegt er sich von *A* nach *C*, wo er mehr Freizeit konsumiert und *weniger* Stunden arbeitet als in *A*. Jetzt überwiegt der Einkommenseffekt den Substitutionseffekt.

Ist der Einkommenseffekt eines höheren Lohnsatzes stärker als der Substitutionseffekt, dann verläuft die individuelle Arbeitsangebotskurve, die bei jedem gegebenen Lohnsatz das Arbeitsangebot eines Individuums zeigt, in die »falsche« Richtung, nämlich fallend. Ein höherer Lohnsatz

Abb. 19 A-3

Eine rückwärts gekrümmte individuelle Arbeitsangebotskurve

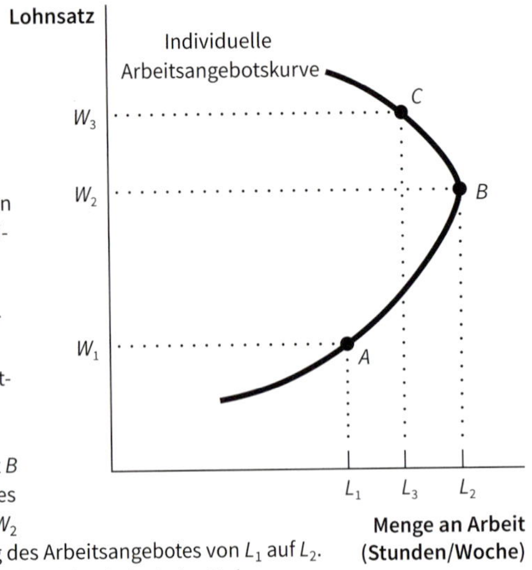

Bei niedrigen Lohnsätzen dominiert der Substitutionseffekt den Einkommenseffekt für die betrachtete Person. Dieser Zusammenhang wird durch die Bewegung entlang der individuellen Arbeitsangebotskurve von Punkt *A* nach Punkt *B* illustriert: Ein Anstieg des Lohnsatzes von W_1 auf W_2 führt zu einer Erhöhung des Arbeitsangebotes von L_1 auf L_2. Bei höheren Lohnsätzen dominiert jedoch der Einkommenseffekt den Substitutionseffekt, was durch die Bewegung von *B* nach *C* widergespiegelt wird: Jetzt führt ein Anstieg des Lohnsatzes von W_2 auf W_3 zu einer Abnahme des Arbeitsangebotes von L_2 auf L_3.

führt in diesem Fall zu einer kleineren angebotenen Arbeitsmenge. Ein Beispiel dafür ist das Teilstück, das in **Abbildung 19A-3** die Punkte *B* und *C* verbindet.

Ökonomen gehen davon aus, dass der Substitutionseffekt normalerweise den Einkommenseffekt bei der Arbeitsangebotsentscheidung dominiert, falls der Lohnsatz einer Person niedrig ist. Typischerweise verläuft eine individuelle Arbeitsangebotskurve für niedrige Lohnsätze steigend, weil Personen auf steigende Lohnsätze mit einer Erhöhung der Arbeitszeit reagieren. Sie glauben aber auch, dass viele Personen stärkere Präferenzen für Freizeit haben und sich bei weiter steigenden Lohnsätzen dafür entscheiden, ihre Arbeitszeit zu reduzieren.

Für diese Personen dominiert bei steigenden Lohnsätzen schließlich der Einkommenseffekt den Substitutionseffekt, was dazu führt, dass die individuelle Arbeitsangebotskurve ihre Steigung ändert und bei hohen Lohnsätzen »rückwärts« verläuft. Eine individuelle Arbeitsangebotskurve mit dieser Eigenschaft, die man als **rückwärts gekrümmte individuelle Arbeitsangebotskurve** bezeichnet, wird in Abbildung 19A-3 dargestellt. Obgleich eine *individuelle* Arbeitsangebotskurve rückwärts gekrümmt verlaufen mag, weisen *Marktarbeitsangebotskurven* fast immer für den gesamten Bereich eine positive Steigung auf, weil höhere Lohnsätze neue Arbeitnehmer dazu veranlassen, ihre Arbeit auf dem entsprechenden Markt anzubieten.

Eine **rückwärts gekrümmte individuelle Arbeitsangebotskurve** ist eine individuelle Arbeitsangebotskurve, die für niedrige bis mittlere Lohnsätze steigend verläuft, für höhere Lohnsätze aber eine negative Steigung aufweist.

19A.3 Indifferenzkurvenanalyse

Im Anhang zu Kapitel 10 haben wir gezeigt, dass man das Entscheidungsverhalten eines Verbrauchers mithilfe des *Indifferenzkurvenkonzepts* darstellen kann. Indifferenzkurven liefern eine »Karte« für die Konsumentenpräferenzen. Wir werden im Folgenden sehen, dass Indifferenzkurven auch nützlich sind, um das Problem des Arbeitsangebotes zu beschreiben.

Abbildung 19A-4 zeigt unter Verwendung von Indifferenzkurven, wie eine Erhöhung des Lohn-

Abb. 19 A-4

Entscheidung über das Arbeitsangebot: Der Indifferenzkurvenansatz

Punkt *A* auf BG_1 kennzeichnet die ursprüngliche optimale Entscheidung von Klaus. Nach einer Erhöhung des Lohnsatzes steigen sein Einkommen und sein Nutzenniveau: Seine neue Budgetgerade der Zeitallokation ist BG_2 und seine optimale Entscheidung liegt im Punkt *C*. Diese Änderung kann in den Substitutionseffekt und den Einkommenseffekt zerlegt werden. Der Substitutionseffekt entspricht dem Rückgang der Stunden an Freizeit von Punkt *A* nach Punkt *S*. Der Einkommenseffekt entspricht der Zunahme der Stunden an Freizeit von Punkt *S* nach Punkt *C*. In unserer Darstellung dominiert der Einkommenseffekt den Substitutionseffekt: Das Nettoergebnis einer Erhöhung des Lohnsatzes ist eine Zunahme der konsumierten Stunden an Freizeit und eine Abnahme der angebotenen Stunden an Arbeit.

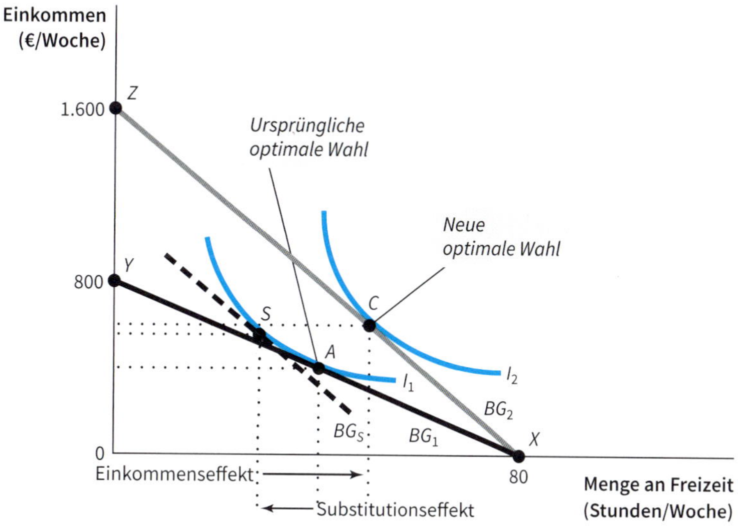

satzes zu einer Verringerung der angebotenen Arbeitsmenge führen kann. Unter der Annahme eines Stundenlohnsatzes von 10 Euro zeigt Punkt *A* die ursprüngliche optimale Entscheidung von Klaus. Dieser Punkt entspricht dem Punkt *A* in Abbildung 19A-1. In Abbildung 19A-4 haben wir jedoch eine Indifferenzkurve eingefügt, um zu zeigen, dass in diesem Punkt die Budgetgerade zur Tangente an die höchstmögliche Indifferenzkurve wird.

Nun wollen wir die Auswirkungen einer Erhöhung des Lohnsatzes auf 20 Euro betrachten. Nehmen wir für einen Augenblick an, dass Klaus zu dem Zeitpunkt, an dem ihm der höhere Lohnsatz angeboten wurde, auch erfahren hat, dass er sein Studiendarlehen zurückzahlen muss, und dass diese Kombination von guten und schlechten Neuigkeiten seinen Nutzen insgesamt unverändert lässt. In diesem Fall würde er sich selbst in Punkt *S* wiederfinden: auf der gleichen Indifferenzkurve, die auch durch den Punkt *A* läuft, die jetzt aber von einer steileren Budgetgerade tangiert wird, der gestrichelten Linie BG_S in Abbildung 19A-4, die parallel zu BG_2 verläuft. Die Bewegung von *A* nach *S* beschreibt den Substitutionseffekt seiner Lohnerhöhung. Dieser veranlasst ihn, weniger Freizeit zu konsumieren und stattdessen mehr Arbeit anzubieten.

Jetzt machen wir die Annahme der Darlehenszurückzahlung rückgängig, was Klaus erlaubt, eine höhere Indifferenzkurve zu erreichen. Sein neues Optimum liegt im Punkt *C*, der mit dem Punkt *C* in Diagramm (b) von Abbildung 19A-2 korrespondiert. Die Bewegung von *S* nach *C* beschreibt den Einkommenseffekt seiner Lohnerhöhung. Wir können erkennen, dass dieser Einkommenseffekt den Substitutionseffekt überwiegen kann: Im Vergleich zum Ausgangspunkt *A* konsumiert Klaus im Punkt *C* mehr Freizeit und bietet weniger Arbeit an.

SCHLÜSSELBEGRIFFE

- Zeitbudgetgerade
- Regel der optimalen Zeitallokation
- rückwärts gekrümmte individuelle Arbeitsangebotskurve

20 Unsicherheit, Risiko und private Informationen

LERNZIELE

- Warum das **Risiko** zum Leben dazugehört.
- Warum ein abnehmender Grenznutzen zu einer **risikoaversen** Einstellung führt und wie sich die **Prämie** bestimmt, die Menschen zu zahlen bereit sind, um das Risiko zu verringern.
- Wie Versicherungsmärkte zu wechselseitig vorteilhaftem Austausch von Risiken führen.
- Was man unter **privaten Informationen** versteht und welche besonderen Probleme sich aus der Existenz von privaten Informationen für Märkte ergeben.

Extreme Wetterereignisse

Als im Dezember 2019 in Kalifornien starke Regenfälle einsetzten und eine fast acht Jahre anhaltende schwere Dürre beendeten, waren die Einwohner des US-Bundesstaates erleichtert. Die Jahre der Dürre hatten Kalifornien und die angrenzenden US-Bundesstaaten extrem belastet. In den Jahren 2017, 2018 und 2019 kam es im Westen der Vereinigten Staaten bis hinauf nach Alaska zu einer Reihe von schweren Waldbränden, die mehrere Millionen Hektar Land verwüsteten, 163 Menschenleben forderten und Zehntausende Häuser zerstörten. Der gesamte Schaden wurde auf über 53 Milliarden Dollar geschätzt.

Während im Westen des Landes Dürre und Waldbrände herrschten, waren weitere Teile des Landes ebenfalls von extremen Wetterereignissen betroffen. Allein im Jahr 2019 führten der Tropensturm Imelda und der Hurrikan Dorian zu Schäden für die US-Volkswirtschaft in Höhe von 18 Milliarden Dollar. Im Mittleren Westen verursachten Überschwemmungen Schäden in Höhe von 20 Milliarden Dollar. Quer durch das Land, von North Dakota bis nach South Carolina, zerstörten Starkregen, Sturm, Hagel und Überschwemmungen Wohnhäuser, Gebäude, Ernten, Viehbestände und öffentliche Infrastruktur. Beobachter gehen davon aus, dass die tatsächlichen Kosten deutlich über den geschätzten Schadenssummen liegen, da viele Menschen ihre Verluste nicht gemeldet haben.

Die Beispiele verdeutlichen, dass Unsicherheit zum Leben dazugehört. Bislang sind wir davon ausgegangen, dass Menschen bei ihren Entscheidungen wissen, was die Zukunft bringt (eine Ausnahme ist die Entscheidung für eine Krankenversicherung). Die Menschen im dürregeplagten Kalifornien oder im überschwemmten Mittleren Westen haben jedoch erfahren müssen, dass Entscheidungen in einer Situation, in der die Zukunft ungewiss ist, mit einem gewissen *Verlustrisiko* einhergehen. Die Klimaforschung und die Versicherungsbranche stimmen weitgehend darin überein, dass es durch den Klimawandel häufiger zu extremen Wetterereignissen kommen wird.

Für den Einzelnen ist es häufig möglich, durch die Nutzung von Märkten das Risiko zu verringern, dem man gegenübersteht. Märkte können dann gut mit Risiko umgehen, wenn zwei Voraussetzungen erfüllt sind: (1) wenn das Risiko gut *diversifiziert* werden kann, und (2) wenn die Wahrscheinlichkeit eines Verlustes allen gleichermaßen gut bekannt ist. Die zunehmende Häufigkeit von extremen Wetterereignissen in den letzten Jahren hat allerdings dazu geführt, dass sich viele Versicherer nicht mehr darauf verlassen, dass sich die Verluste aus den Schlechtwettergebieten diversifizieren lassen, und daher bieten sie nur noch sehr eingeschränkt eine Versicherung von möglichen Verlusten durch extreme Wetterereignisse an.

In der Praxis stellt die zweite Voraussetzung häufig das größere Problem dar. Märkte stehen immer dann vor einem Problem, wenn einige Menschen Dinge wissen, die andere nicht wissen – eine Situation, die sich durch das Stichwort *private Informationen* beschreiben lässt. Wir werden erfahren, dass private Informationen Ineffizienzen hervorrufen können, weil sie insbesondere in Versicherungsmärkten wechselseitig vorteilhafte Transaktionen verhindern.

In diesem Kapitel werden wir zunächst untersuchen, warum die meisten Menschen Risiken nicht mögen. Danach wollen wir herausfinden, wie es eine Marktwirtschaft den Menschen ermöglicht, ihr Risiko zu einem bestimmten Preis zu verringern. Abschließend wollen wir uns den besonderen Problemen zuwenden, die für Märkte aufgrund von privaten Informationen entstehen.

20.1 Eine ökonomische Betrachtung der Risikoaversion

Im Allgemeinen haben Menschen eine Abneigung gegenüber Risiko und sind bereit, einen Preis für die Risikovermeidung zu bezahlen. Dass diese Aussage richtig ist, kann man schon allein daran erkennen, dass in allen modernen Volkswirtschaften das Volumen der Versicherungsverträge stetig gewachsen ist. Was genau meinen wir aber mit Risiko? Warum mögen Menschen kein Risiko? Um diese Fragen beantworten zu können, müssen wir uns zunächst kurz mit dem Konzept des *Erwartungswertes* und der Bedeutung von Ungewissheit auseinandersetzen. Danach können wir uns der Frage zuwenden, warum Menschen Risiko nicht mögen.

Der **Erwartungswert** einer Zufallsvariable ist das gewichtete Mittel aller möglichen Ergebnisse. Die den Ergebnissen zugeordneten Gewichtungen korrespondieren mit der Eintrittswahrscheinlichkeit des betreffenden Ergebnisses.

Erwartungen und Ungewissheit

Familie Müller weiß nicht, wie umfangreich ihre Arztrechnungen im nächsten Jahr sein werden. Wenn alles gut geht, dann haben sie überhaupt keine Krankheitsausgaben. Wir wollen einmal annehmen, dass dies mit einer Wahrscheinlichkeit von 50 Prozent der Fall ist. Müssen jedoch Familienmitglieder ins Krankenhaus oder benötigen sie teure Medikamente, dann sieht sich Familie Müller Krankheitsausgaben in Höhe von 10.000 Euro gegenüber. Wir wollen annehmen, dass der Fall mit den hohen Krankheitsausgaben ebenfalls mit einer Wahrscheinlichkeit von 50 Prozent eintritt.

Ein **Ereignis** ist ein möglicher zukünftiger Zustand.

In diesem Beispiel, das nicht realistisch sein will, sondern lediglich einen bestimmten Sachverhalt illustrieren soll, handelt es sich bei den Krankheitsausgaben, mit denen Familie Müller für das kommende Jahr rechnet, um eine **Zufallsvariable**. Eine Zufallsvariable ist eine Größe, deren künftiger Wert ungewiss ist. Niemand kann exakt sagen, welchen ihrer möglichen Werte (Realisationen) eine Zufallsvariable annehmen wird. Das bedeutet jedoch nicht, dass man über die zukünftigen Krankheitsausgaben der Familie Müller gar nichts sagen kann. Vielmehr können wir den **Erwartungswert** der Ausgaben des nächsten Jahres berechnen. Dieser Erwartungswert ergibt sich als gewichtetes Mittel aller möglichen Realisationen, wobei das Gewicht jeder Realisation mit der Wahrscheinlichkeit korrespondiert, dass dieser Wert auftritt. In unserem Beispiel beträgt der Erwartungswert der Krankheitsausgaben von Familie Müller (0,5 × 0 Euro) + (0,5 × 10.000 Euro) = 5.000 Euro.

Eine **Zufallsvariable** ist eine Größe, deren künftiger Wert unbekannt ist.

Um die allgemeine Formel zur Ermittlung des Erwartungswertes einer Zufallsvariable abzuleiten, stellen wir uns vor, dass es eine Anzahl verschiedener **Ereignisse** gibt. Jedes Ereignis ist mit einem bestimmten realisierten Wert der Zufallsvariable verbunden, dem Wert, der tatsächlich auftritt. Wir wissen zwar nicht, welches Ereignis tatsächlich auftreten wird, wir können aber jedem möglichen Ereignis eine Wahrscheinlichkeit zuweisen.

Wir wollen annehmen, dass P_1 die Wahrscheinlichkeit für das Ereignis 1 ist, P_2 die Wahrscheinlichkeit für das Ereignis 2 usw. Außerdem kennen wir den realisierten Wert der Zufallsvariable für jedes Ereignis: S_1 für das Ereignis 1, S_2 für das Ereignis 2 usw. Schließlich wollen wir noch annehmen, dass es insgesamt N mögliche Ereignisse gibt. Der Erwartungswert der Zufallsvariable beträgt dann:

(20-1) Erwartungswert einer Zufallsvariable
$$EV = (P_1 \times S_1) + (P_2 \times S_2) + \ldots + (P_N \times S_N)$$

Im Fall der Familie Müller hatten wir angenommen, dass es nur zwei mögliche Ereignisse gibt, von denen jedes mit der Wahrscheinlichkeit 0,5 auftritt.

Man beachte jedoch, dass die Familie Müller nicht wirklich damit rechnet, im kommenden Jahr Arztrechnungen in Höhe von 5.000 Euro zu bezahlen, unabhängig davon, was geschieht. Das liegt daran, dass es in unserem Beispiel kein Ereignis gibt, bei dem die Familie genau 5.000 Euro bezahlen müsste. Entweder bezahlt die Familie nichts oder sie bezahlt 10.000 Euro. Daher sieht sich die Familie Müller einer erheblichen Ungewissheit bezüglich ihrer zukünftigen Ausgaben für medizinische Versorgung gegenüber.

Was aber wäre, wenn die Familie Müller Krankenversicherungsleistungen kaufen könnte, die ihre Arztrechnungen abdecken, ganz egal, wie hoch diese sein werden? Wir wollen einmal den Spezialfall annehmen, dass die Müllers im Voraus 5.000 Euro bezahlen können und dafür eine vollständige Abdeckung der Krankheitskosten erhalten, die im kommenden Jahr entstehen. In diesem Fall wären die zukünftigen Krankheitskosten der Familie Müller für *sie selbst* nicht mehr ungewiss: Als Gegenleistung für die 5.000 Euro – ein Betrag, der dem Erwartungswert der Krankheitskosten entspricht – übernimmt die Versicherungsgesellschaft die Kosten, die aus der medizinischen Versorgung entstehen. Wäre dies aus Sicht der Familie Müller ein gutes Geschäft?

Ja, das wäre es – zumindest würden die meisten Familien das so sehen. Die meisten Menschen ziehen es unter sonst gleichen Umständen vor, das **Risiko**, die Ungewissheit im Hinblick auf zukünftige Ereignisse, zu reduzieren. (Wir konzentrieren uns hier auf das **finanzielle Risiko**, bei dem es um Ungewissheit in Bezug auf monetäre Fragen geht. Damit grenzen wir das finanzielle Risiko von der Ungewissheit über Ereignisse ab, denen kein monetärer Wert zugeordnet werden kann.) In der Realität sind die meisten Menschen bereit, einen nicht unerheblichen Preis für die Reduktion ihres Risikos zu bezahlen. Genau aus diesem Grund gibt es in jeder entwickelten Volkswirtschaft einen Markt für Versicherungen.

Bevor wir uns jedoch mit dem Markt für Versicherungen beschäftigen, müssen wir der Frage nachgehen, warum Menschen Risiko als nachteilig ansehen, eine Haltung, die von Ökonomen als *Risikoaversion* bezeichnet wird. Die Antwort liegt, wie wir gleich sehen werden, in einem Konzept, das wir erstmals bei unserer Analyse der Nachfrage der Konsumenten in Kapitel 10 kennengelernt haben, nämlich dem *abnehmenden Grenznutzen*.

Die Logik der Risikoaversion

Um zu verstehen, wie abnehmender Grenznutzen zur Entstehung von Risikoaversion führt, dürfen wir nicht nur auf die Krankheitskosten der Familie Müller schauen, sondern müssen auch berücksichtigen, wie sich diese Kosten auf das Einkommen der Familie auswirken, das ihnen nach Abzug der Ausgaben für die medizinische Versorgung verbleibt. Zur Konkretisierung unseres Beispiels wollen wir annehmen, die Familie wüsste, dass sie im nächsten Jahr über ein Einkommen von 30.000 Euro verfügt. Treten keine Krankheitskosten auf, dann bleibt ihr diese Summe als »Nettoeinkommen«. Bei Krankheitskosten in Höhe von 10.000 Euro beträgt das Einkommen nach Ausgaben für die medizinische Versorgung nur noch 20.000 Euro. Wir waren davon ausgegangen, dass beide Ereignisse mit gleicher Wahrscheinlichkeit eintreten. Der Erwartungswert des Nettoeinkommens von Familie Müller beträgt daher (0,5 × 30.000 Euro) + (0,5 × 20.000 Euro) = 25.000 Euro. Wir wollen diesen Erwartungswert des Einkommens nach Ausgaben für die medizinische Versorgung der Einfachheit halber als erwartetes Einkommen bezeichnen.

Weist die Nutzenfunktion der Familie Müller den typischen Verlauf für die meisten Familien auf, ist der **Erwartungsnutzen** – der Erwartungswert des Gesamtnutzens vor dem Hintergrund der Ungewissheit über zukünftige Ereignisse – geringer als in einer Situation, in der es kein Risiko gibt und die Familie mit Sicherheit weiß, dass ihr Einkommen nach medizinischer Versorgung 25.000 Euro beträgt.

Um diese Aussage zu verstehen, müssen wir uns anschauen, wie der Gesamtnutzen vom Einkommen abhängt. Diagramm (a) von **Abbil-**

Als **Erwartungsnutzen** bezeichnet man den Erwartungswert des Gesamtnutzens eines Individuums, wenn zukünftige Ereignisse ungewiss sind.

Bei **Risiko** handelt es sich um die Ungewissheit bezüglich künftiger Ereignisse. Geht es bei der Ungewissheit um monetäre Ereignisse, sprechen wir von **finanziellem Risiko**.

Abb. 20-1

Nutzenfunktion und Grenznutzenkurve für eine risikoaverse Familie

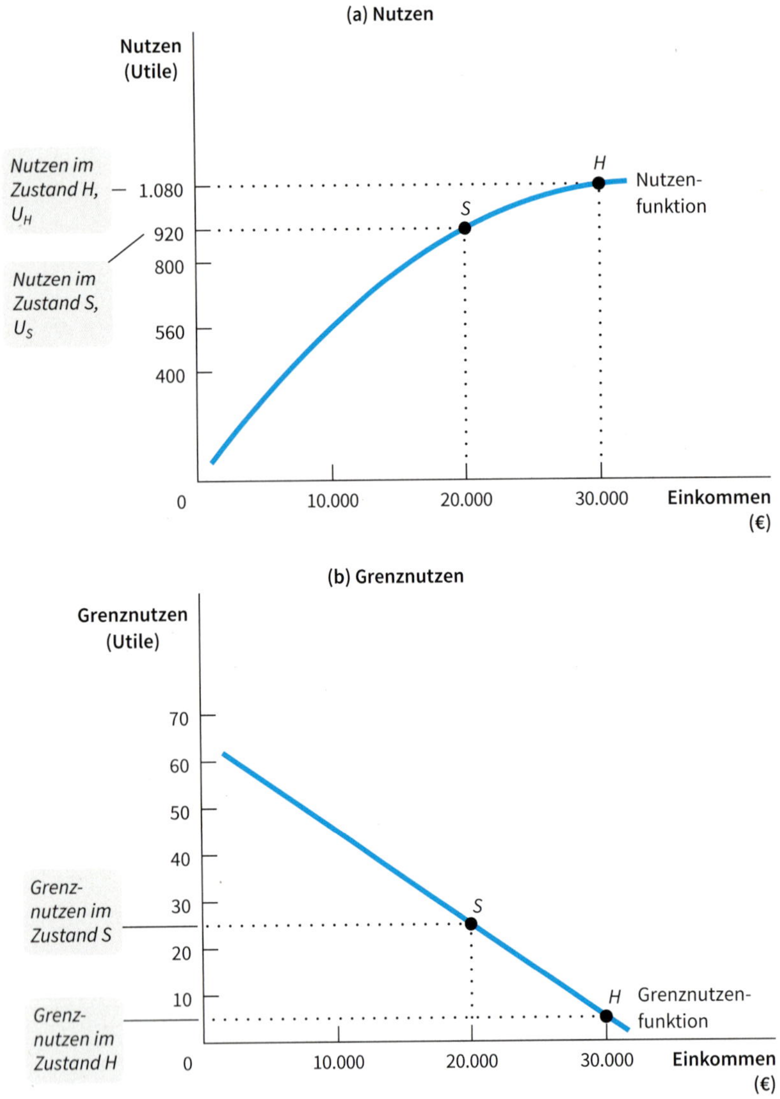

Einkommen (€)	Gesamtnutzen (Utile)
20.000	920
21.000	945
22.000	968
23.000	989
24.000	1.008
25.000	1.025
26.000	1.040
27.000	1.053
28.000	1.064
29.000	1.073
30.000	1.080

Diagramm (a) zeigt, wie der Gesamtnutzen der Familie Müller von ihrem für Konsum verfügbaren Einkommen abhängt (also vom Einkommen nach Abzug der Ausgaben für die medizinische Versorgung). Die Kurve verläuft aufwärts geneigt: Ein höheres Einkommen führt zu einem höheren Gesamtnutzen. Sie verläuft jedoch umso flacher, je weiter wir uns nach oben rechts bewegen, was die Annahme des abnehmenden Grenznutzens reflektiert. Diagramm (b) spiegelt die negative Beziehung zwischen Einkommen und Grenznutzen bei Risikoaversion wider: Der Grenznutzen von zusätzlichen 1.000 Euro ist umso geringer, je höher das Einkommen ist. Daher ist der Grenznutzen des Einkommens bei höheren Krankheitskosten (Punkt *S*) größer als bei niedrigeren (Punkt *H*).

dung 20-1 zeigt eine hypothetische Nutzenfunktion für die Familie Müller. Der Gesamtnutzen hängt vom (Netto-)Einkommen ab, dem Geldbetrag, der Familie Müller nach Abzug eventueller Krankheitsausgaben für den Konsum von Waren und Dienstleistungen zur Verfügung steht. Die zur Abbildung gehörende Tabelle zeigt, wie der Gesamtnutzen der Familie über einen Einkommensbereich von 20.000 Euro bis 30.000 Euro variiert. Die Nutzenfunktion hat das typische Aussehen. Sie verläuft mit positiver Steigung, weil ein höheres Einkommen auch zu einem höheren Gesamtnutzen führt. Der Anstieg der Kurve wird jedoch umso geringer, je größer das Einkommen ist, was den abnehmenden Grenznutzen reflektiert.

Im Kapitel 10 haben wir das Prinzip des abnehmenden Grenznutzens auf einzelne Güter angewendet: Jede folgende Einheit eines Gutes, die ein Konsument kauft, führt zu einem geringeren Anstieg seines Gesamtnutzens. Das gleiche Prinzip gilt auch für das Einkommen, das für den Konsum verwendet wird: Jeder zusätzliche Euro Einkommen erhöht den Gesamtnutzen weniger als der vorhergehende Euro. Diagramm (b) zeigt, wie der Grenznutzen mit dem Einkommen variiert: Ein steigendes Einkommen führt zu einer Abnahme des Grenznutzens. Wie wir gleich sehen werden, ist der abnehmende Grenznutzen der Schlüssel zum Verstehen des Wunsches der Individuen, ihr Risiko zu vermindern.

Bei ihrer Analyse der Auswirkungen von Risiko auf den Nutzen einer Person gehen Ökonomen von der Annahme aus, dass Individuen, die sich Ungewissheit gegenübersehen, ihren erwarteten Nutzen maximieren. Für unser Beispiel können wir den Erwartungsnutzen der Familie Müller mithilfe der in Abbildung 20-1 gegebenen Daten berechnen. Zunächst führen wir die Berechnung unter der Annahme durch, dass die Müllers keine Versicherung haben. Anschließend wollen wir die Berechnung nochmals durchführen, jetzt aber unter der Annahme, dass sie eine Versicherung abgeschlossen haben.

Im ersten Fall, also ohne Versicherung, können die Müllers Glück haben, und es treten keine Krankheitsausgaben auf. In dieser Situation können sie über ein Einkommen in Höhe von 30.000 Euro verfügen, was zu einem Gesamtnutzen von 1.080 Utilen führt. Haben sie jedoch Pech, dann entstehen Krankheitsausgaben in Höhe von 10.000 Euro, und ihr Einkommen, das sie für Konsum ausgeben können, liegt nur noch bei 20.000 Euro. Ihr Gesamtnutzen beträgt jetzt lediglich 920 Utile. Für Familie Müller ergibt sich *ohne Versicherung* also ein Erwartungsnutzen in Höhe von (0,5 × 1.080 Utile) + (0,5 × 920 Utile) = 1.000 Utile.

Nun wollen wir annehmen, dass eine Versicherungsgesellschaft anbietet, gegen eine **Prämie** in Höhe von 5.000 Euro die Krankheitskosten der Familie Müller im nächsten Jahr zu übernehmen, wie hoch diese auch immer sind. Man beachte, dass die Prämienhöhe im vorliegenden Fall gleich dem Erwartungswert der Krankheitsausgaben ist, was dem Erwartungswert der künftigen Ansprüche aus der Versicherungspolice entspricht. Eine Versicherungspolice mit dieser Eigenschaft, dass also die Prämie genau gleich dem Erwartungswert des Anspruchs ist, wird mit einem speziellen Begriff bezeichnet: **faire Versicherungspolice**.

Als **faire Versicherungspolice** bezeichnet man eine Versicherungspolice, bei der die Versicherungsprämie gleich dem Erwartungswert des Anspruchs ist.

Schließt die Familie einen solchen fairen Versicherungsvertrag ab, ist der Erwartungswert des für den Konsum verfügbaren Einkommens genauso groß wie ohne Versicherung: 25.000 Euro – nämlich 30.000 Euro minus 5.000 Euro Prämie. Das Risiko der Familie ist jedoch beseitigt: Die Müllers verfügen *mit Sicherheit* über ein Einkommen in Höhe von 25.000 Euro, das ihnen für Konsum zur Verfügung steht. Sie erhalten also den Gesamtnutzen, der mit einem Einkommen von 25.000 Euro verbunden ist.

Aus der Tabelle von Abbildung 20-1 können wir entnehmen, dass dieser Gesamtnutzen eine Höhe von 1.025 Utilen aufweist. Anders ausgedrückt, ihr Erwartungsnutzen mit Versicherung beträgt 1 × 1.025 Utile = 1.025 Utile, weil sie mit der Versicherung einen Gesamtnutzen in Höhe von 1.025 Utilen mit der Wahrscheinlichkeit 1 erzielen. Dieser Wert ist größer als der Erwartungsnutzen ohne Versicherung, der bei lediglich 1.000 Utilen liegt. Mit der Eliminierung des Risikos durch den Abschluss eines fairen Versicherungsvertrages kann Familie Müller ihren Erwartungsnutzen erhöhen, obgleich sich ihr erwartetes Einkommen nicht geändert hat.

Die Berechnungen für dieses Beispiel sind in **Tabelle 20-1** zusammengefasst. Unser Beispiel zeigt, dass Familie Müller wie die meisten Menschen im wirklichen Leben **risikoavers** ist: Menschen werden sich dafür entscheiden, das Risiko, dem sie sich gegenübersehen, zu verringern, wenn die Kosten dieser Verringerung den Erwartungswert ihres Einkommens oder ihres Vermögens unverändert lassen. Daher sind die Müllers wie die meisten anderen Menschen gewillt, eine faire Versicherung abzuschließen.

Risikoaverse Menschen entscheiden sich für eine Verringerung des Risikos, dem sie ausgesetzt sind, falls diese Verringerung den Erwartungswert ihres Einkommens oder Vermögens nicht ändert.

Vielleicht glauben Sie jetzt, dass unser Ergebnis von den spezifischen Zahlenwerten des Beispiels abhängt. Dies ist jedoch nicht der Fall. Die Eigenschaft, dass der Abschluss einer fairen Versicherung den Erwartungsnutzen erhöht, hängt lediglich von einer einzigen Annahme ab: vom ab-

Als **Prämie** bezeichnet man eine Zahlung an eine Versicherungsgesellschaft als Gegenleistung für das Versprechen der Versicherung, beim Eintreten bestimmter Ereignisse Ansprüche zu befriedigen.

Tab. 20-1

Die Auswirkungen einer fairen Versicherung auf das konsumierbare Einkommen und den Erwartungsnutzen der Familie Müller

	Einkommen beim Eintreten verschiedener Ereignisse		**Erwartungswert des konsumierbaren Einkommens**	**Erwartungsnutzen**
	Krankheitsausgaben von 0 € (Wahrscheinlichkeit 0,5)	**Krankheitsausgaben von 10.000 € (Wahrscheinlichkeit 0,5)**		
ohne Versicherung	30.000 €	20.000 €	(0,5 × 30.000€) + (0,5 × 20.000€) = 25.000 €	(0,5 × 1,080 Utile) + (0,5 × 920 Utile) = 1.000 Utile
mit einer fairen Versicherung	25.000 €	25.000 €	(0,5 × 25.000€) + (0,5 × 25.000€) = 25.000 €	0,5 × 1,025 Utile) + (0,5 × 1.025 Utile) = 1.025 Utile

nehmenden Grenznutzen. Das liegt daran, dass *bei abnehmendem Grenznutzen ein Euro mehr bei niedrigem Einkommen den Nutzen stärker erhöht als ein Euro weniger bei hohem Einkommen ihn verringert.*

Anders ausgedrückt: Ein zusätzlicher Euro bedeutet in schwierigen Zeiten mehr als in guten Zeiten. Wie wir gleich sehen werden, ist eine faire Versicherungspolice erstrebenswert, weil sie einen Euro aus einer Situation hohen Einkommens (in der er geringer bewertet wird) in eine Situation niedrigen Einkommens (wo der Euro höher geschätzt wird) überträgt.

Zunächst wollen wir uns aber anschauen, wie abnehmender Grenznutzen zu Risikoaversion führt, indem wir das Konzept des Erwartungsnutzens genauer betrachten. Im Fall der Familie Müller gibt es zwei mögliche Zustände, die wir mit *H* (gesund) und *S* (krank) bezeichnen wollen. Im Zustand *H* hat die Familie keinerlei Aufwendungen für die medizinische Versorgung. Im Zustand *S* betragen die Krankheitsausgaben 10.000 Euro. Wir wollen die Symbole U_H und U_S verwenden, um den Nutzen der Familie im jeweiligen Zustand zu bezeichnen. Mit diesen Symbolen gilt für den Erwartungsnutzen der Familie:

(20-2) Erwartungsnutzen
= (Wahrscheinlichkeit des Zustandes *H* × Gesamtnutzen im Zustand *H*) + (Wahrscheinlichkeit des Zustandes *S* × Gesamtnutzen im Zustand *S*)
= $(0{,}5 \times U_H) + (0{,}5 \times U_S)$

Die faire Versicherungspolice *vermindert* das konsumierbare Familieneinkommen im Zustand *H* um 5.000 Euro, erhöht es aber im Zustand *S* um den gleichen Betrag. Wie wir oben gesehen haben, können wir die Nutzenfunktion verwenden, um direkt die Auswirkungen dieser Änderungen auf den Erwartungsnutzen zu berechnen. In früheren Kapiteln dieses Buches haben wir aber auch gesehen, dass wir zusätzliche Einsichten in die individuelle Wahlentscheidung erhalten können, wenn wir den *Grenznutzen* betrachten.

Zur Analyse der Wirkungen einer fairen Versicherung mithilfe des Grenznutzens wollen wir uns vorstellen, dass wir die Versicherung in kleinen Schritten, sagen wir, in 5.000 kleinen Schritten, einführen können. Bei jedem dieser Schritte verringern wir das im Zustand *H* erzielte Einkommen um einen Euro und erhöhen gleichzeitig das im Zustand *S* verfügbare Einkommen um einen Euro. Bei jedem dieser Schritte sinkt der Nutzen im Zustand *H* um den Grenznutzen des Einkommens in diesem Zustand, gleichzeitig steigt aber der Nutzen im Zustand *S* um den Grenznutzen des Einkommens in diesem Zustand.

Diesen Effekt können wir besser in Diagramm (b) von Abbildung 20-1 erkennen, das zeigt, wie sich der Grenznutzen mit dem Einkommen ändert. Punkt *S* zeigt den Grenznutzen, falls Familie Müller über ein Einkommen von 20.000 Euro verfügt. Punkt *H* zeigt den Grenznutzen bei einem Einkommen von 30.000 Euro. Offenkundig ist der Grenznutzen höher, wenn das konsumierbare Einkommen (nach Krankheitskosten) gering ist. Wegen des abnehmenden Grenznutzens erhöht ein zusätzlicher Euro den Nutzen stärker, wenn das Familieneinkommen gering ist (Punkt *S*), als wenn es hoch ist (Punkt *H*).

Daraus können wir erkennen, dass der Erwartungsnutzenzuwachs aus einer Einkommenserhöhung im Zustand *S* größer ist als der Erwartungsnutzenrückgang aus einer Einkommensverminderung im Zustand *H*. Bei jedem Schritt des betrachteten Prozesses der Risikoverringerung durch die Übertragung eines Euros an Einkommen vom Zustand *H* zum Zustand *S* nimmt daher der Erwartungsnutzen zu. Dies bedeutet aber nichts anderes, als dass die Familie Müller risikoavers ist. Oder einfach anders ausgedrückt: Risikoaversion ist das Ergebnis abnehmenden Grenznutzens.

Fast jeder ist risikoavers, weil bei fast jedem der Grenznutzen des Einkommens abnimmt. Das Ausmaß der Risikoaversion variiert jedoch zwischen den Individuen. Einige Menschen sind risikoaverser als andere. Um dies zu verdeutlichen, vergleicht **Abbildung 20-2** zwei Individuen, die wir Daniel und Michael nennen wollen. Wir nehmen an, dass jeder von ihnen über das gleiche Einkommen verfügt. Nun werden beide mit der Möglichkeit konfrontiert, entweder jeweils 1.000 Euro mehr oder jeweils 1.000 Euro weniger zu verdienen.

Diagramm (a) zeigt, wie der jeweilige Gesamtnutzen beider Individuen durch die Einkommensänderung berührt wird. Daniels Nutzen würde aufgrund einer Einkommenssteigerung nur um wenige Utile zunehmen (Bewegung von *N* nach H_D), er würde aber aufgrund einer Einkommenssenkung viele Utile verlieren (Bewegung von *N* nach L_D). Das bedeutet, dass er in hohem Maße risikoavers ist.

In Diagramm (b) von Abbildung 20-2 wird dies durch den steilen negativen Verlauf seiner Grenznutzenkurve reflektiert. Michael hingegen würde durch ein höheres Einkommen fast genauso viele Utile gewinnen (Bewegung von *N* nach H_M) wie er durch ein niedrigeres Einkommen verlieren würde (Bewegung von *N* nach L_M). Seine Risikoaversion ist nur sehr schwach ausgeprägt. Dies spiegelt sich in seiner Grenznutzenkurve in Diagramm (b) wider, die fast waagerecht verläuft. Unter sonst gleichen Umständen wird eine Versicherung für Daniel also sehr viel mehr Nutzen stiften als für Michael. Jemanden, der indifferent

Abb. 20-2

Unterschiede in der Risikoaversion

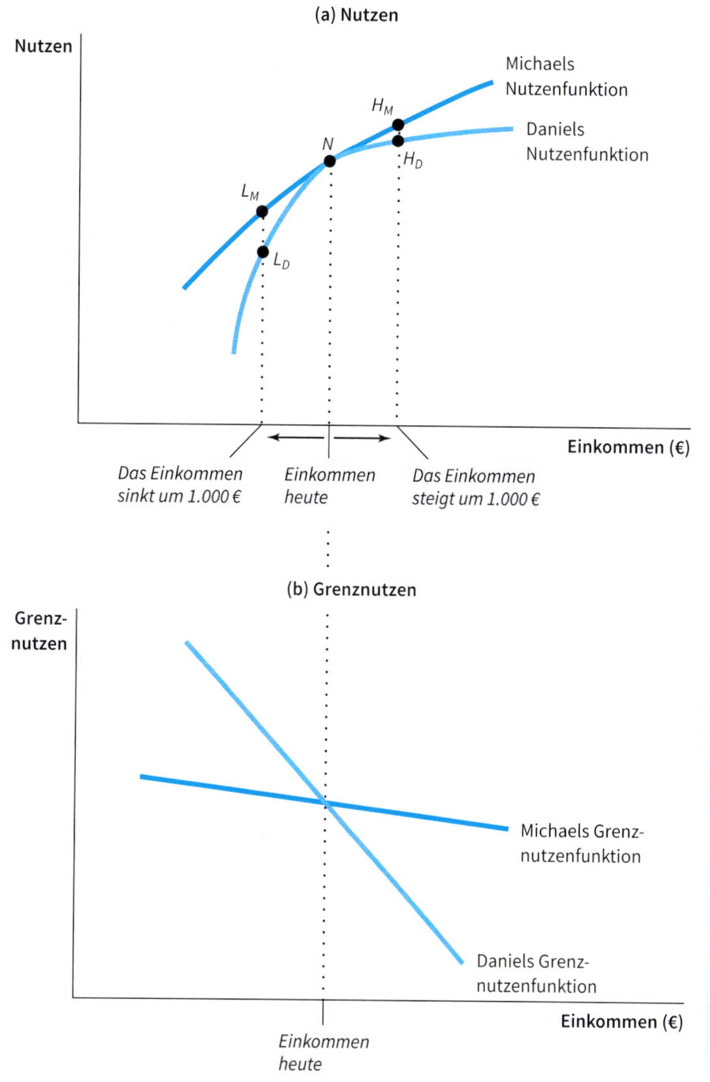

Daniel und Michael haben unterschiedliche Nutzenfunktionen. Daniel ist in hohem Maße risikoavers: Eine Einkommenserhöhung in Höhe von 1.000 Euro, die ihn von Punkt *N* zu Punkt H_D bringt, erhöht seinen Gesamtnutzen nur um wenige Utile. Ein Rückgang seines Einkommens um 1.000 Euro, der ihn von Punkt *N* zu Punkt L_D bewegt, vermindert seinen Gesamtnutzen um eine große Anzahl Utile. Im Gegensatz dazu gewinnt Michael fast genauso viele Utile durch einen Einkommensanstieg von 1.000 Euro (Bewegung von *N* nach H_M), wie er durch einen Einkommensrückgang um 1.000 Euro verliert (Bewegung von *N* nach L_M). Dieser Unterschied, der sich in unterschiedlichen Steigungen der Grenznutzenkurven der beiden niederschlägt, impliziert, dass Daniel bereit ist, für eine Versicherung viel mehr zu bezahlen als Michael.

VERTIEFUNG

Das Spielparadoxon

Wenn die meisten Menschen risikoavers sind und risikoaverse Individuen sich noch nicht einmal auf ein faires Spiel einlassen, wie können dann Spielkasinos und Lotterien so hohe Erlöse erzielen? Schließlich bietet ein Kasino kein faires Spiel an: Jedes Spiel in jedem Kasino ist so angelegt, dass im Durchschnitt nur das Kasino daran verdient. Warum sollte dann irgendjemand diese Spiele spielen? Vielleicht könnte man meinen, dass die Spielindustrie sich an die Minderheit der Menschen wendet, die genau das Gegenteil von risikoavers sind, also eine Risikovorliebe haben. Ein Blick auf die Besucher der Spielkasinos in Las Vegas widerlegt jedoch diese Hypothese: Die meisten von ihnen sind keine Draufgänger, die Fallschirmspringen oder Snowboarden als Hobbys haben. Vielmehr handelt es sich bei den meisten von ihnen um ganz normale Menschen, die über eine Krankenversicherung und eine Lebensversicherung verfügen und im Auto immer brav die Sicherheitsgurte anlegen. Mit anderen Worten: Sie sind genauso risikoavers wie der Rest von uns.

Warum spielen sie dann aber? Vermutlich, weil es ihnen ganz einfach Spaß macht.

Darüber hinaus könnte das Spielen aber auch einer der Bereiche sein, in denen die Annahme rationalen Verhaltens nicht besonders gut passt. Psychologische Forschungen haben gezeigt, dass Spielen Suchtcharakter aufweisen kann, der sich kaum von den Suchteffekten von Drogen unterscheidet. Die Einnahme von gefährlichen Drogen ist irrational, und das Gleiche gilt für exzessives Spielen. Leider kommt beides vor.

Jemanden, der indifferent gegenüber Risiko ist, bezeichnet man als **risikoneutral**.

Jemanden, der indifferent gegenüber Risiko ist, bezeichnet man als **risikoneutral**.

gegenüber Risiko ist, bezeichnet man als **risikoneutral**.

Die einzelnen Menschen unterscheiden sich in ihrer Risikoaversion vor allem aus zwei Gründen: Sie weisen unterschiedliche Präferenzen und Unterschiede im Einkommen oder Vermögen auf.

- *Unterschiedliche Präferenzen*. Ceteris paribus unterscheiden sich die Menschen einfach darin, wie stark ihr Grenznutzen durch ihr Einkommensniveau tangiert wird. Eine Person, deren Grenznutzen nicht sehr stark vom Einkommen abhängt, wird auch nicht besonders risikoavers sein.
- *Unterschiedliches Einkommen oder Vermögen*. Der mögliche Verlust von 1.000 Euro ist für eine Familie, die unterhalb der Armutsgrenze lebt,

DENKFALLEN!

Vorher und nachher

Warum unterscheidet sich eine Versicherungspolice von einem Donut?

Nein, das ist keine Scherzfrage. Obwohl sich Angebot und Nachfrage für Versicherungsleistungen genauso verhalten wie Angebot und Nachfrage für jede andere Ware oder jede andere Dienstleistung, ist das, was man bekommt, etwas grundlegend anderes. Kauft man einen Donut, dann weiß man (mehr oder weniger), was man bekommt. Kauft man eine Versicherungsleistung, dann weiß man definitionsgemäß nicht, was man dafür erhält. Schließt man eine Fahrzeugversicherung ab, hat aber keinen Unfall, dann erhält man keinerlei Leistungen mit Ausnahme der Tatsache, dass man beruhigt Auto fahren kann. Man könnte sich dann wünschen, keine solche Versicherung abgeschlossen zu haben. Hat man jedoch einen Unfall, dann wird man sich vermutlich wünschen, man hätte eine Versicherung abgeschlossen, die die Kosten übernimmt.

Daraus folgt, dass wir bei der Beurteilung der Rationalität von Versicherungsabschlüssen sehr sorgfältig sein müssen. (Allgemein gilt dies für jede Entscheidung, die getroffen wird.) Nach dem Geschehen, nachdem die Unsicherheit nicht mehr besteht, würde man derartige Entscheidungen fast immer ein zweites Mal überdenken. Das bedeutet aber nicht, dass diese Entscheidung vor dem Geschehen falsch gewesen wäre, berücksichtigt man die Informationen, über die man zum Zeitpunkt der Entscheidung verfügte.

Ein erfolgreicher Finanzinvestor sagte den Autoren dieses Buches, dass er niemals zurückblickt. Solange er glaubt, dass seine Entscheidung vor dem Hintergrund der zum Zeitpunkt der Entscheidungsfindung verfügbaren Informationen richtig war, macht er sich niemals Gedanken darüber, wenn seine Entscheidung zu einem ungünstigen Ergebnis führt. Das ist die richtige Einstellung, die mit großer Sicherheit wesentlich zu seinem Erfolg beiträgt.

eine sehr wichtige Angelegenheit. Für jemanden, der 1.000.000 Euro pro Jahr verdient, ist dieser mögliche Verlust dagegen weitgehend irrelevant. Allgemein gilt, dass Leute mit hohem Einkommen oder hohem Vermögen weniger risikoavers sind.

Unterschiede in der Risikoaversion haben eine wichtige Konsequenz: Sie wirken sich darauf aus, wie viel ein Individuum zu zahlen bereit ist, um Risiken zu vermeiden.

Die Bereitschaft, für eine Risikominderung zu bezahlen

Die risikoaverse Familie Müller ist offenkundig besser gestellt, wenn sie eine faire Versicherung abschließt, eine Versicherung, die ihr erwartetes Einkommen unberührt lässt, aber ihr Risiko eliminiert. Unglücklicherweise sind in der Realität Versicherungspolicen selten fair. Schließlich müssen Versicherungsgesellschaften auch andere Kosten decken, wie etwa die Gehälter ihrer Angestellten. Die Prämien sind in der Summe deswegen höher als die erwarteten Ansprüche. Wird Familie Müller trotzdem eine »unfaire« Versicherung abschließen wollen, eine, bei der die Prämie größer ist als der erwartete Anspruch?

Das hängt von der Höhe der Prämie ab. Schauen wir uns in diesem Zusammenhang nochmals Tabelle 20-1 an. Wir wissen, dass ohne Versicherung der Erwartungsnutzen 1.000 Utile beträgt und dass eine Versicherung, die 5.000 Euro kostet, den Erwartungsnutzen auf 1.025 Utile erhöht. Läge die Prämie bei 6.000 Euro, bliebe den Müllers ein Einkommen in Höhe von 24.000 Euro, was ihnen, wie man aus Abbildung 20-1 erkennen kann, einen Gesamtnutzen von 1.008 Utilen bescheren würde. Dieser Betrag ist immer noch höher als der Erwartungsnutzen, der sich ohne Versicherung ergeben würde. Die Müllers wären daher bereit, die Versicherung zu einer Prämie von 6.000 Euro abzuschließen. Sie wären aber nicht bereit, für diese Versicherung 7.000 Euro zu bezahlen, weil sich dadurch ihr Einkommen auf 23.000 Euro verringern würde, sodass der Gesamtnutzen nur noch 989 Utile beträgt.

Dieses Beispiel zeigt, dass risikoaverse Menschen bereit sind, Geschäfte abzuschließen, die zwar ihr erwartetes Einkommen verringern, gleichzeitig aber auch das Risiko vermindern. Sie sind also bereit, eine Prämie zu bezahlen, die ihren erwarteten Anspruch übersteigt. Je stärker die Risikoaversion ausgeprägt ist, desto größer ist die Prämie, die Menschen gerade noch zu zahlen bereit sind. Diese Form der Zahlungsbereitschaft ist es, die überhaupt erst zur Entstehung der Versicherungsbranche führte. Im Unterschied dazu ist eine risikoneutrale Person nicht bereit, für eine Verringerung des Risikos etwas zu bezahlen.

WISSENSCHAFT UND PRAXIS

Garantien

Viele teure Konsumgüter – elektronische Geräte, Haushaltsgeräte, Autos – sind mit Garantien verbunden. Typischerweise garantiert der Hersteller die Reparatur oder den Ersatz des Gegenstandes, falls innerhalb der festgelegten Frist nach dem Kauf irgendetwas kaputtgeht. (Hier sind freiwillige Garantien der Hersteller angesprochen, nicht gesetzlich vorgeschriebene Garantieleistungen.) Warum bieten Hersteller derartige Garantien an? Ein Teil der Antwort besteht darin, dass Garantien dem Konsumenten die hohe Qualität eines Gutes signalisieren. Hauptsächlich stellen Garantien jedoch eine Form der Konsumentenversicherung dar. Für viele Menschen wären die Kosten für die Reparatur oder den Ersatz eines teuren Gegenstandes, wie eines Kühlschranks (oder schlimmer noch eines Autos), eine erhebliche Belastung. Müssten sie selbst für den Defekt aufkommen, wären ihre Konsummöglichkeiten bei anderen Gütern eingeschränkt. Ihr Grenznutzen des Einkommens wäre dann höher, als wenn sie nicht für die Reparatur bezahlen müssten.

Eine Garantie, welche die Kosten für eine Reparatur oder den Ersatz eines Gegenstandes umfasst, erhöht also den Erwartungsnutzen des Konsumenten selbst dann, wenn die Kosten der Garantie größer sind als der erwartete zukünftige Anspruch gegenüber dem Hersteller.

20.1 Unsicherheit, Risiko und private Informationen
Eine ökonomische Betrachtung der Risikoaversion

Kurzzusammenfassung

- Der **Erwartungswert** einer **Zufallsvariable** ist das gewichtete Mittel aller möglichen Ergebnisse, wobei die den Ergebnissen zugeordneten Gewichtungen der Eintrittswahrscheinlichkeit des betreffenden Ergebnisses entsprechen.
- Ungewissheit über zukünftige **Ereignisse** ist mit **Risiko** oder **finanziellem Risiko** verbunden, wenn es bei der Ungewissheit um monetäre Ereignisse geht. Sehen sich Konsumenten Ungewissheit gegenüber, entscheiden sie sich für die Option, die zum höchsten Niveau des **Erwartungsnutzens** führt.
- Die meisten Menschen sind **risikoavers**: Sie sind bereit, eine **faire Versicherung** abzuschließen, eine Versicherung, bei der die Prämie dem erwarteten Wert des Anspruchs entspricht.
- Risikoaversion resultiert aus abnehmendem Grenznutzen. Unterschiede in den Präferenzen und Unterschiede im Einkommen oder Vermögen führen zu Unterschieden in der Risikoaversion.
- In Abhängigkeit von der Höhe der **Prämie** kann eine risikoaverse Person bereit sein, eine »unfaire« Versicherungspolice zu kaufen, eine Police, bei der die Prämie höher ist als der erwartete Anspruch. Je höher die Risikoaversion ist, desto größer ist die Prämie, die ein Konsument bereit ist zu zahlen. Eine **risikoneutrale** Person ist dagegen nicht bereit, eine Prämie für die Verringerung eines Risikos zu zahlen.

ÜBERPRÜFEN SIE IHR WISSEN

1. Vergleichen Sie zwei Familien, die in der Nähe der Ostseeküste wohnen. Welche Familie hat eine größere Risikoaversion: (i) eine Familie mit einem Jahreseinkommen von 2 Millionen Euro oder (ii) eine Familie mit einem Jahreseinkommen von 60.000 Euro? Welche Familie wäre eher bereit, eine »unfaire« Versicherung zur Abdeckung von möglichen Sturmschäden zu bezahlen?

2. Die Höhe von Karlas Einkommen im nächsten Jahr ist ungewiss: Es gibt eine 60-prozentige Wahrscheinlichkeit, dass sie 22.000 Euro verdienen wird; mit einer Wahrscheinlichkeit von 40 Prozent wird ihr Einkommen 35.000 Euro betragen. Die Tabelle zeigt Karlas Einkommen sowie die zugehörigen Nutzenniveaus.

Einkommen (€)	Gesamtnutzen (Utile)
22.000	850
25.000	1.014
26.000	1.056
35.000	1.260

a. Wie groß ist Karlas erwartetes Einkommen? Wie groß ist ihr Erwartungsnutzen?

b. Welches sichere Einkommen stellt sie genauso gut wie ihr ungewisses Einkommen? Erläutern Sie, welche Implikation dies für Karlas Risikoeinstellung hat.

c. Wäre Karla bereit, etwas für eine Versicherungspolice zu bezahlen, die ihr ein Einkommen von 26.000 Euro garantiert? Erläutern Sie Ihre Antwort.

20.2 Kaufen, Verkaufen und Risikominderung

»Lloyd's of London« ist die älteste kommerzielle Versicherungsgesellschaft der Welt, und es ist eine Institution mit einer illustren Vergangenheit. Zum Zeitpunkt seiner Entstehung im 18. Jahrhundert war Lloyd's ein kommerzielles Unternehmen, dessen Aufgabe es war, den Kaufleuten zu helfen, mit den Risiken des Handels umzugehen. In der Blütezeit des britischen Empire wuchs Lloyd's of London zu einer Hauptstütze des imperialen Handels heran.

Die Grundidee von Lloyd's war sehr einfach. Im 18. Jahrhundert war der Transport von Gütern mit Segelschiffen sehr riskant: Die Wahrscheinlichkeit, dass ein Schiff in einem Sturm sinken oder von Piraten überfallen werden würde, war recht hoch. Der Kaufmann, dem Schiff und Ladung gehörten, konnte durch ein solches Ereignis finanziell ruiniert werden. Lloyd's führte Schiffseigentümer, die nach einer Versicherung suchten, mit reichen Investoren zusammen, die versprachen, den Kaufmann zu entschädigen, würde er sein Schiff verlieren. Im Gegenzug bezahlte der Kaufmann dem Investor im Voraus eine Gebühr. Wenn das Schiff nicht sank, behielt der Investor diese Gebühr. Im Ergebnis bezahlte der Kaufmann einen Preis, um das Risiko von sich fernzuhalten. Mit der Zusammenführung von Menschen, die eine Versicherung abschließen wollten, mit Menschen, die bereit waren, eine Versicherungsleistung zu bieten, erfüllte Lloyd's die Funktionen eines Marktes. Der Umstand, dass britische Kaufleute auf Lloyd's zurückgreifen konnten, um ihr Risiko zu verringern, führte dazu, dass viel mehr Leute in Großbritannien bereit waren, als Handelskaufleute tätig zu werden.

Seit den frühen Tagen von Lloyd's haben sich Versicherungsgesellschaften stark verändert. Sie bestehen nicht mehr aus reichen Individuen, die über die Versicherung von Portwein und gekochtem Hammelfleisch nachdenken. Der Frage nachzugehen, warum Lloyd's zum wechselseitigen Vorteil von Kaufleuten und Investoren arbeitete, ist jedoch ein guter Weg, um zu verstehen, wie eine Marktwirtschaft insgesamt Risiken »handelt« und damit transformiert.

Die Versicherungsbranche basiert auf zwei Prinzipien:

1. Der Handel mit Risiken kann – genau wie der Handel mit jedem anderen Gut – wechselseitige Vorteile hervorbringen. In diesem Fall entstehen die Vorteile dadurch, dass Menschen, die weniger bereit sind, Risiken zu tragen, diese auf Menschen transferieren, welche eine größere Bereitschaft zur Risikoübernahme haben.
2. Ein Teil des Risikos kann durch *Diversifikation* eliminiert werden.

Der Handel mit Risiken

Es mag sich ein bisschen merkwürdig anhören, wenn wir über den »Handel« mit Risiken sprechen. Schließlich ist Risiko etwas Schlechtes, und sollten wir nicht eigentlich mit Waren und Dienstleistungen handeln?

Bei einem Handel kann es aber durchaus so sein, dass jemand Dinge weggeben möchte, die er nicht mag, und einen Handelspartner findet, dessen Abneigung dagegen geringer ist. Nehmen wir einmal an, Sie haben gerade ein Haus für 300.000 Euro gekauft, dem Durchschnittspreis eines Hauses in Ihrer Gemeinde. Nun haben Sie zu Ihrem Schrecken festgestellt, dass Ihr Nachbarhaus zu einem Nachtclub umgewandelt wird. Sie möchten Ihr Haus sofort verkaufen und wären bereit, einen Preis von 285.000 Euro zu akzeptieren. Wer aber ist nun bereit, das Haus zu kaufen? Die Antwort: Jemand, der sich an nächtlichem Lärm nicht stört. Solch eine Person könnte bereit sein, bis zu 300.000 Euro zu zahlen. Es gibt also hier eine Möglichkeit für einen wechselseitig vorteilhaften Handel: Sie sind bereit, für nur 285.000 Euro zu verkaufen und die andere Person ist bereit, für bis zu 300.000 Euro zu kaufen, sodass jeder Preis dazwischen beiden einen Vorteil bringt.

Der entscheidende Punkt hierbei ist, dass beide Parteien den Lärm unterschiedlich bewerten, was es im Endergebnis denjenigen ermöglicht, die Lärm am meisten verabscheuen, andere Menschen dafür zu bezahlen, damit sie ruhiger leben können. Der Handel mit Risiken funktioniert auf genau die gleiche Weise. Es gibt Menschen, die das Risiko, dem sie ausgesetzt sind, vermindern wollen, und diese Menschen haben die Möglichkeit, andere, die das Risiko weniger stark bewerten, dafür zu bezahlen, dass sie einen Teil des Risikos übernehmen.

Wie wir im vorangehenden Abschnitt gesehen haben, lässt sich ein Teil der unterschiedlichen Einstellungen gegenüber dem Risiko auf die individuellen Präferenzen zurückführen. Vermutlich sind aber Unterschiede von Einkommen und Vermögen der Hauptgrund für die unterschiedliche Sensibilität gegenüber Risiko. Die Versicherungsgesellschaft Lloyd's hat ihr Geld damit verdient, dass sie reiche Investoren, die risikotoleranter waren, mit weniger reichen und daher stärker risikoaversen Schiffseigentümern zusammengebracht hat.

Bleiben wir bei unserem Beispiel mit »Lloyd's of London« und nehmen an, dass ein Kaufmann, dessen Schiff untergeht, 1.000 Pfund verlieren würde. Nehmen wir weiter an, dass die Wahrscheinlichkeit für einen Schiffsuntergang bei 10 Prozent liegt. Der erwartete Verlust würde dann $0{,}10 \times 1.000$ Pfund = 100 Pfund betragen. Der Kaufmann, dessen wirtschaftliche Existenz auf dem Spiel steht, wäre vielleicht aber gewillt gewesen, 150 Pfund dafür zu bezahlen, dass er im Fall des Schiffsuntergangs mit 1.000 Pfund entschädigt werden würde. Gleichzeitig könnte ein reicher Investor, für den der Verlust von 1.000 Pfund kein großes Problem darstellt, bereit gewesen sein, das Risiko zu tragen, wenn er dafür mit einem Ertrag entschädigt werden würde, der lediglich etwas über dem erwarteten Verlust liegt, sagen wir beispielsweise 110 Pfund.

Ganz offenkundig besteht hier die Möglichkeit eines wechselseitig vorteilhaften Handels: Der Kaufmann zahlt weniger als 150 Pfund und mehr als 110 Pfund, beispielsweise 130 Pfund als Entgelt für die Kompensation, die er erhält, falls sein Schiff sinkt. Letztlich hätte er damit ein weniger risikoaverses Individuum für die Übernahme seines Risikos bezahlt. Beide Parteien hätten sich durch diese Transaktion besser gestellt.

Die Beträge, die ein Versicherer riskiert, wenn er eine Versicherungsleistung verkauft, werden als sein **Risikokapital** (capital at risk) bezeichnet. In unserem Beispiel riskiert der wohlhabende Lloyd's-Investor ein Kapital in Höhe von 1.000 Pfund. Als Gegenleistung erhält er eine Prämie von 130 Pfund. Allgemein gilt, dass die Menge des Kapitals, das ein potenzieller Versicherer bereit ist, dem Risiko auszusetzen, unter sonst gleichen Bedingungen von der angebotenen Prämie abhängt. Hat jedes Schiff einen Wert von 1.000 Pfund und besteht eine 10-prozentige Wahrscheinlichkeit, dass es untergeht, würde niemand eine Versicherung für eine Prämie von weniger als 100 Pfund anbieten (was der Höhe des erwarteten Anspruchs aus der Versicherung entspricht). Tatsächlich wäre nur ein Investor, der risikoneutral ist, bereit, zu diesem Preis eine Police anzubieten, weil bei einer Prämie in dieser Höhe das erwartete Einkommen des Versicherers unverändert bleibt, gleichzeitig sein Risiko aber steigt.

Die Beträge, die ein Versicherer dem Risiko aussetzt, wenn er Versicherungsleistungen zur Verfügung stellt, werden als sein **Risikokapital** bezeichnet.

Nehmen wir an, dass es einen Investor gibt, der risikoneutral ist. Der nächste Investor hat eine etwas höhere Risikoaversion und verlangt eine Prämie von 105 Pfund. Der übernächste Investor hat eine noch etwas höhere Risikoaversion und verlangt eine Prämie von 110 Pfund. In analoger Weise soll es weitere Investoren geben, deren Risikoaversion jeweils etwas höher ist als die des vorhergehenden Investors. Wenn wir jetzt für unterschiedliche Prämienhöhen fragen, wie viele Investoren bereit wären, zu der jeweiligen Prämie eine Versicherung anzubieten, können wir eine Angebotskurve für Versicherungen ableiten, wie sie in **Abbildung 20-3** gezeigt wird. Mit steigender Prämie haben auch Investoren mit höherer Risikoaversion einen Anreiz, Versicherungsleistungen anzubieten.

Gleichzeitig werden potenzielle Käufer von Versicherungsleistungen für jede gegebene Prämie ihre Zahlungsbereitschaft überprüfen, wodurch die Nachfragekurve für Versicherungsleistungen definiert wird. In **Abbildung 20-4** wird angenommen, dass die höchste Prämie, die ein Schiffseigner bereit ist zu zahlen, bei 200 Pfund liegt. Wer ist bereit, diese Prämie zu entrichten? Natürlich der am stärksten risikoaverse Schiffseigner. Ein etwas weniger risikoaverser Schiffseigner wäre vielleicht nur bereit, 190 Pfund zu zahlen und ein noch weniger risikoaverser Schiffseigner würde nur noch 180 Pfund zahlen.

Nun stellen wir uns einen Markt vor, in dem Tausende von Schiffseignern und Tausende von potenziellen Versicherern auftreten, sodass Angebots- und Nachfragekurve für Versicherungsleistungen als glatte Kurven dargestellt werden können. In diesem Markt gibt es, wie in Märkten für ganz gewöhnliche Güter, einen Gleichgewichtspreis und eine Gleichgewichtsmenge.

Abb. 20-3

Das Angebot an Versicherungsleistungen

Die dargestellte Kurve zeigt das Angebot an Versicherungspolicen, bei denen für ein Handelsschiff, das mit 10-prozentiger Wahrscheinlichkeit untergehen wird, im Fall des Untergangs eine Deckungssumme von 1.000 Pfund ausgezahlt wird. Jeder Investor hat ein Risikokapital in Höhe von 1.000 Pfund. Die niedrigste Prämie, zu der eine Versicherungspolice angeboten wird, beträgt 100 Pfund. Dieser Betrag entspricht genau der Höhe des erwarteten Anspruchs, und nur ein risikoneutraler Investor ist bereit, für diesen Betrag eine Police anzubieten. Mit steigender Prämie erhalten auch Investoren mit höherer Risikoaversion einen Anreiz, dem Markt Policen zur Verfügung zu stellen, wodurch das Angebot an Policen zunimmt.

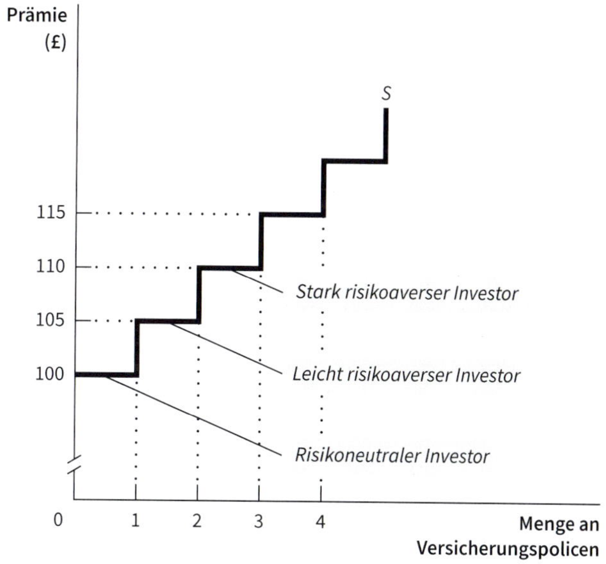

Abb. 20-4

Die Nachfrage nach Versicherungsleistungen

Die dargestellte Kurve zeigt die Nachfrage nach Versicherungspolicen, die für ein Handelsschiff, das mit einer Wahrscheinlichkeit von zehn Prozent untergeht, im Fall des Untergangs eine Deckung von 1.000 Pfund bieten. In diesem Beispiel beträgt die höchste Prämie, zu der irgendjemand eine Police nachfragt, 200 Pfund. Zu diesem Preis fragt der Schiffseigner mit der höchsten Risikoaversion eine Police nach.
Mit sinkender Prämie erhalten auch Schiffseigner, deren Risikoaversion geringer ist, einen Anreiz, Policen nachzufragen. Daher nimmt mit sinkender Prämie die Nachfrage nach Versicherungspolicen zu.

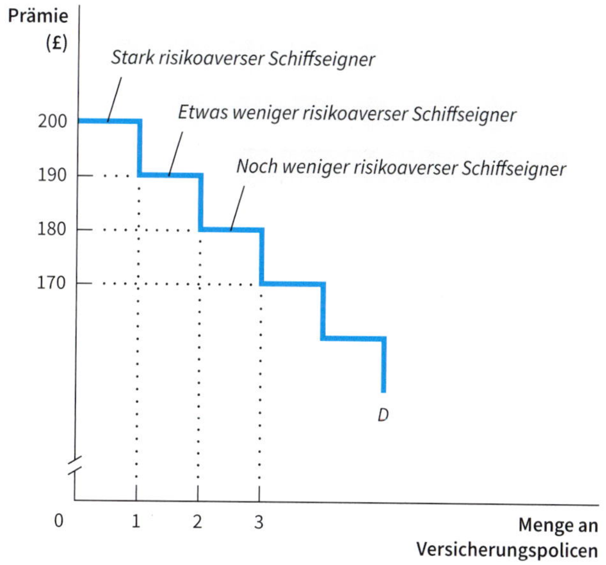

Abb. 20-5

Der Versicherungsmarkt

Die Abbildung zeigt beispielhaft den Markt für die Versicherung von Handelsschiffen. Für jedes Schiff ist eine Deckungssumme von 1.000 Pfund erforderlich. Die Nachfragekurve ergibt sich aus dem Wunsch der Schiffseigner, Versicherungsleistungen zu kaufen. Die Angebotskurve ergibt sich aus dem Wunsch wohlhabender Investoren, Versicherungsleistungen anzubieten. Im betrachteten Beispiel ist bei einer Prämie von 200 Pfund nur der am stärksten risikoaverse Schiffseigner bereit, eine Versicherungspolice zu kaufen. Bei einer Prämie von 100 Pfund ist nur ein risikoneutraler Investor bereit, eine Versicherungsleistung anzubieten. Das Gleichgewicht liegt bei einer Prämie von 130 Pfund und 5.000 ge- bzw. verkauften Versicherungspolicen. Tritt nicht das Problem privater Informationen auf (darauf werden wir im nächsten Abschnitt eingehen), führt der Versicherungsmarkt zu einer effizienten Risikoallokation.

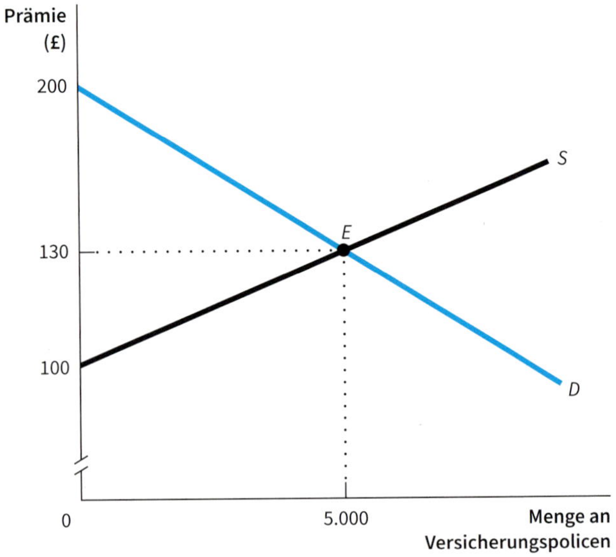

Abbildung 20-5 illustriert ein solches Marktgleichgewicht bei einer Prämie von 130 Pfund und einer Gesamtmenge von 5.000 Policen, die ge- bzw. verkauft werden. (Diese 5.000 Policen entsprechen einem gesamten Risikokapital in Höhe von 5 Millionen Pfund.)

In diesem Markt werden also Risiken von den Personen, die sie am stärksten vermeiden wollen (die Schiffseigner mit der höchsten Risikoaversion), auf die Personen übertragen, die sich davon am wenigsten beeinträchtigt fühlen (die Investoren mit der geringsten Risikoaversion). Genau wie Märkte für Waren und Dienstleistungen typischerweise zu einer effizienten Allokation von Ressourcen führen, führen auch Märkte für Risiko typischerweise zur **effizienten Risikoallokation**, einer Allokation des Risikos, in der diejenigen, die am ehesten bereit sind, Risiken zu tragen, diese tatsächlich auch übernehmen. Genau wie auf den Märkten für Waren und Dienstleistungen gibt es auch hier eine wichtige Einschränkung bei diesem Ergebnis: Es gibt bestimmte Fälle, in denen die Märkte für Risiko dabei versagen, diese Effizienz zu erreichen. Die wesentliche Ursache für dieses Marktversagen liegt in der Existenz von *privaten Informationen*. Auf diesen wichtigen Punkt wollen wir im nächsten Abschnitt eingehen.

Als **effiziente Risikoallokation** bezeichnet man eine Allokation des Risikos, bei der diejenigen, die am ehesten bereit sind, das Risiko zu tragen, es auch tatsächlich übernehmen.

Der Handel von Risiken zwischen Individuen, die sich hinsichtlich ihres Grades der Risikoaversion unterscheiden, spielt in modernen Volkswirtschaften eine extrem wichtige Rolle. Dieser Handel stellt jedoch nicht den einzigen Weg dar, auf dem Märkte den Menschen helfen können, mit Risiken umzugehen. Unter bestimmten Umständen können Märkte eine Art Zaubertrick vollführen: Sie können einen Teil des Risikos, dem sich Individuen gegenübersehen, einfach verschwinden lassen.

Das Risiko verschwinden lassen: Risikodiversifikation

In den frühen Tagen von Lloyd's segelten britische Handelsschiffe rund um die Welt. Sie transportierten Gewürze und Seide aus Asien, Tabak und Rum aus der neuen Welt, Textilien und Wolle aus Großbritannien und viele, viele andere Güter. Jede der zahlreichen Routen, auf denen britische Schiffe segelten, hatte ihre eigenen Risiken – Piraten in der Karibik, Eisberge im Nordatlantik oder Wirbelstürme im Indischen Ozean.

Wie konnten die Kaufleute angesichts all dieser Risiken überleben? Ein wichtiger Weg, das Risiko zu verringern, bestand darin, nicht alles auf eine Karte zu setzen: Durch das Ansteuern verschiedener Ziele durch verschiedene Schiffe konnten sie die Wahrscheinlichkeit verringern, dass alle Schiffe verloren gingen. Eine Strategie, bei der man so investiert, dass die Wahrscheinlichkeit eines umfassenden Verlustes verringert wird, bezeichnet man als *Diversifikation*. Wie wir gleich sehen werden, lässt Diversifikation einen Teil des Risikos in der Volkswirtschaft verschwinden.

Bleiben wir bei unseren Schiffen. Es war sehr wahrscheinlich, dass Piraten ein Handelsschiff in der Karibik überfallen würden oder dass ein anderes Schiff bei einem Wirbelsturm im Indischen Ozean untergehen würde. Der entscheidende Punkt liegt hier jedoch darin, dass die verschiedenen Gefahren nicht allzu viel miteinander zu tun hatten. Daher war es ein ganzes Stück unwahrscheinlicher, dass ein Kaufmann, der ein Schiff in der Karibik und ein anderes im Indischen Ozean hatte, in einem bestimmten Jahr beide Schiffe verlieren würde, eines an die Piraten und das andere durch einen Wirbelsturm. Schließlich gab es zwischen beiden Ereignissen keine Verbindung: Das Entern eines Schiffes in der Karibik hatte keinen Einfluss auf das Wetter im Indischen Ozean und umgekehrt.

Statistiker bezeichnen derartige Ereignisse, bei denen die Eintrittswahrscheinlichkeit eines Ereignisses nicht davon beeinflusst wird, ob das andere Ereignis eintritt oder nicht, als **unabhängige Ereignisse**. Viele unvorhersehbare Geschehnisse sind voneinander unabhängig. Wenn Sie beispielsweise eine Münze zweimal werfen, hängt die Wahrscheinlichkeit, dass beim zweiten Wurf Kopf kommt, nicht davon ab, ob Sie beim ersten Wurf Kopf oder Zahl hatten. Falls heute Ihr Haus abbrennt, hat dies keine Auswirkung auf die Wahrscheinlichkeit, dass mein Haus am gleichen Tag abbrennt. (Diese Aussage gilt natürlich nur mit der Einschränkung, dass wir nicht in unmittelbarer Nachbarschaft leben und nicht den gleichen unfähigen Elektriker im Haus hatten.)

Die Regel zur Berechnung der Eintrittswahrscheinlichkeit von zwei voneinander unabhängigen Ereignissen ist sehr einfach: Man muss nur die Eintrittswahrscheinlichkeit des einen Ereignisses mit der Eintrittswahrscheinlichkeit des anderen Ereignisses multiplizieren. Beim Werfen einer fairen Münze ist die Wahrscheinlichkeit, dass man Kopf erhält, 0,5. Wirft man die Münze zweimal, dann ist die Wahrscheinlichkeit, dass man beide Male Kopf erhält, $0{,}5 \times 0{,}5 = 0{,}25$.

Was bedeutete es aber für die Schiffseigner oder die Investoren von Lloyd's, dass ein Schiffsuntergang in der Karibik und ein Schiffsuntergang im Indischen Ozean voneinander unabhängige Ereignisse waren? Die Antwort lautet, dass durch die Verteilung ihrer Investitionen auf verschiedene Teile der Welt Schiffseigner und Lloyd's-Investoren einen Teil des Risikos aus der Handelsschifffahrt einfach verschwinden lassen konnten.

Nehmen wir an, dass Lord Joseph Moneypenny reich genug ist, um zwei Schiffe auszurüsten. (Die Möglichkeit einer Versicherung seiner Schiffe wollen wir für diesen Moment ignorieren.) Sollte Lord Moneypenny zwei Schiffe für den Handel in der Karibik ausrüsten und sie dorthin schicken? Oder sollte er ein Schiff nach Barbados senden und ein anderes nach Mumbai?

Wir nehmen an, dass beide Reisen im Erfolgsfall gleich profitabel sind und jeweils 1.000 Pfund erbringen. Außerdem wollen wir unterstellen, dass die Wahrscheinlichkeit für einen Piratenüberfall auf das nach Barbados geschickte Schiff und die Wahrscheinlichkeit für einen Wirbelsturm für das nach Mumbai geschickte Schiff jeweils 10 Prozent betragen. Schließlich wollen wir noch annehmen, dass zwei Schiffe, die das gleiche Ziel ansteuern, auch das gleiche Schicksal ereilt. Würde Lord Moneypenny beide Schiffe zum einen oder zum anderen Ziel schicken, würde er sich also einer Wahrscheinlichkeit von 10 Prozent gegenübersehen, dass er sein gesamtes Kapital verliert.

Würde Lord Moneypenny stattdessen aber ein Schiff nach Barbados und das andere nach Mumbai schicken, dann läge die Wahrscheinlichkeit, beide Schiffe zu verlieren, bei nur $0{,}1 \times 0{,}1 = 0{,}01$, also einem Prozent. Wie wir gleich sehen werden, ist der erwartete Ertrag in beiden Fällen gleich groß, die Wahrscheinlichkeit, das gesamte Kapital zu verlieren, ist mit unterschiedlichen Bestimmungshäfen aber sehr viel geringer. Investiert man in unterschiedliche Dinge, bei denen die möglichen Verluste unabhängige Ereignisse

Zwei mögliche Ereignisse werden als **unabhängige Ereignisse** bezeichnet, wenn die Eintrittswahrscheinlichkeit des einen Ereignisses nicht davon abhängt, ob das andere Ereignis eintritt.

Tab. 20-2

Wie man durch Diversifikation das Risiko verringern kann

(a) Beide Schiffe werden zum gleichen Zielhafen geschickt

Zustand	Wahrscheinlichkeit	Auszahlung	Erwartete Auszahlung
Beide Schiffe kommen an	0,9 = 90 %	2.000 £	(0,9 × 2.000 £) + (0,1 × 0 £) = 1.800 £
Beide Schiffe gehen verloren	0,1 = 10 %	0 £	

(b) Ein Schiff wird nach Osten, das andere nach Westen geschickt

Zustand	Wahrscheinlichkeit	Auszahlung	Erwartete Auszahlung
Beide Schiffe kommen an	0,9 × 0,9 = 81 %	2.000 £	(0,81 × 2.000 £)
Beide Schiffe gehen verloren	0,1 × 0,1 = 1 %	0 £	+ (0,01 × 0 £)
Ein Schiff kommt an	(0,1 × 0,9) + (0,1 × 0,9) = 18 %	1.000 £	+ (0,18 × 1.000 £) = 1.800 £

Investiert eine Person in verschiedene Dinge, deren mögliche Verluste voneinander unabhängige Ereignisse sind, spricht man von **Diversifikation**.

sind, dann spricht man von **Diversifikation**. Diversifikation lässt einen Teil des Risikos verschwinden.

Tabelle 20-2 fasst Lord Moneypennys Optionen und die möglichen Konsequenzen zusammen. Sendet er beide Schiffe zum gleichen Zielhafen, besteht eine 10-prozentige Wahrscheinlichkeit, dass er beide Schiffe verliert. Sendet er sie zu unterschiedlichen Zielen, dann gibt es drei mögliche Ergebnisse.

1. Beide Schiffe könnten sicher ankommen. Jedes der beiden Schiffe erreicht mit einer Wahrscheinlichkeit von 0,9 den Zielhafen. Daher liegt die Wahrscheinlichkeit, dass beide es schaffen, bei 0,9 × 0,9 = 81 Prozent.
2. Beide Schiffe könnten auch verloren gehen. Die Wahrscheinlichkeit, dass dies geschieht, beträgt nur 0,1 × 0,1 = 1 Prozent.
3. Schließlich gibt es die Möglichkeit, dass nur ein Schiff ankommt. Die Wahrscheinlichkeit, dass das erste Schiff den Hafen erreicht, das zweite Schiff aber verloren geht, beträgt 0,9 × 0,1 = 9 Prozent. Die Wahrscheinlichkeit, dass das erste Schiff verloren geht, das zweite Schiff aber ankommt, beträgt 0,1 × 0,9 = 9 Prozent. Die Wahrscheinlichkeit, dass nur ein Schiff den Zielhafen erreicht, liegt also bei 9 Prozent + 9 Prozent = 18 Prozent.

Sie denken jetzt vielleicht, dass es sich bei Diversifikation um eine Strategie handelt, die nur denen zur Verfügung steht, die von Anfang an eine Menge Geld haben. Wie hätte Lord Moneypenny diversifizieren können, wenn er nur in der Lage gewesen wäre, ein Schiff zu finanzieren? Es gibt aber Wege, durch die sogar kleine Investoren diversifizieren können. Selbst dann, wenn Lord Moneypenny nur reich genug gewesen wäre, um ein Schiff auszurüsten, hätte er eine Partnerschaft mit einem anderen Händler eingehen können. Sie hätten zusammen zwei Schiffe ausrüsten können, sich darauf geeinigt, dass sie die Gewinne gleichmäßig untereinander teilen wollen und dann die beiden Schiffe zu unterschiedlichen Zielhäfen geschickt. Auf diese Weise hätte sich jeder von beiden einem geringeren Risiko gegenübergesehen, als wenn er ein einzelnes Schiff für sich allein ausgerüstet hätte.

Ein **Anteilschein** an einer Gesellschaft impliziert das Eigentum an einem Teil dieser Gesellschaft.

In der modernen Wirtschaft wird Diversifikation für Investoren dadurch stark erleichtert, dass sie ohne Probleme über den Aktienmarkt Anteile an vielen Unternehmen kaufen können. Der Eigentümer eines **Anteilscheins** an einer Gesellschaft ist Eigentümer eines Teils dieser Gesellschaft, typischerweise eines sehr kleinen Teils, eines Millionstels oder weniger. Ein Anleger, der sein gesamtes Vermögen in die Aktien eines einzigen Unternehmens investieren würde, würde sein gesamtes Vermögen verlieren, falls diese Gesellschaft Konkurs geht. Die meisten Investoren halten jedoch Aktien von vielen Gesellschaften, wodurch die Wahrscheinlichkeit, dass sie ihr gesamtes investiertes Kapital verlieren, sehr gering wird.

Tatsächlich war Lloyd's of London nicht nur eine Möglichkeit, Risiken zu handeln, das Unternehmen gab Anlegern auch die Möglichkeit zur Diversifikation. Um zu verstehen, wie das funktioniert hat, wollen wir Lady Penelope betrachten, eine reiche Aristokratin. Sie beschließt, ihr Einkommen dadurch zu erhöhen, dass sie 1.000 Pfund ihres Vermögens als Risikokapital über Lloyd's investiert. Sie könnte dieses Kapital verwenden, um ein einzelnes Schiff zu versichern. Typischerweise würde sie sich aber einem *Syndikat* anschließen, einer Gruppe von Investoren, die gemeinsam eine größere Anzahl von Schiffen mit unterschiedlichen Zielhäfen versichern und sich darauf einigen, die Kosten zu teilen, die entstehen, falls einige dieser Schiffe sinken. Die Wahrscheinlichkeit, dass alle durch das Syndikat versicherten Schiffe untergehen, ist viel geringer als die Wahrscheinlichkeit, dass irgendein einzelnes Schiff sinkt. Daher hat Lady Penelope ein viel geringeres Risiko, ihr gesamtes eingesetztes Kapital zu verlieren.

In einigen Fällen kann ein Investor das Risiko fast völlig eliminieren, indem es einen kleinen Anteil am Risiko von vielen unabhängigen Ereignissen übernimmt. Diese Strategie bezeichnet man als **Pooling**. Betrachten wir den Fall einer Krankenversicherungsgesellschaft, die einen Bestand von Millionen von Versicherten aufweist, von denen Tausende pro Jahr teure medizinische Behandlungen benötigen. Die Versicherungsgesellschaft kann nicht wissen, ob ein bestimmtes Individuum beispielsweise eine Bypass-Operation benötigt. Herzprobleme von zwei unterschiedlichen Personen sind jedoch zwei ziemlich unabhängige Ereignisse. Existieren viele derartige unabhängige Ereignisse, ist es unter Verwendung statistischer Verfahren möglich, mit großer Genauigkeit vorherzusagen, *wie viele* Ereignisse eines bestimmten Typs auftreten werden. Wenn Sie beispielsweise tausendmal eine Münze werfen, dann werden Sie ungefähr fünfhundertmal Kopf erhalten, und es ist sehr unwahrscheinlich, dass Sie ein Ergebnis erzielen, das weiter als ein oder zwei Prozent von dieser Zahl entfernt liegt.

In analoger Weise kann eine Versicherungsgesellschaft, die Feuerversicherungen anbietet, mit großer Genauigkeit vorhersagen, wie viele Häuser

Bei **Pooling** handelt es sich um eine starke Form der Diversifikation, bei der ein Investor einen kleinen Anteil am Risiko von vielen unabhängigen Ereignissen übernimmt. Dies führt zu einer Auszahlung, die mit einem sehr geringen Gesamtrisiko verbunden ist.

VERTIEFUNG

Wider besseres Wissen

Nach Auffassung von Finanzökonomen ist es für kleine Investoren, die nur ein paar Hunderttausend Euro in Aktien anlegen wollen, am besten, einen Aktienfonds zu kaufen. Aktienfonds enthalten eine Bandbreite von Aktien verschiedener Unternehmen, die den gesamten Markt abbilden. Dadurch erreicht man Diversifikation. Zudem sind die Gebühren für einen Aktienfonds vergleichsweise niedrig. Außerdem sind Finanzökonomen davon überzeugt, dass das Warten auf den richtigen Einstiegszeitpunkt keine geeignete Anlagestrategie darstellt. Kleinanleger sollten nicht versuchen, auf möglichst niedrige Einstiegskurse für den Aktienkauf zu warten, sondern stattdessen jedes Jahr einen bestimmten Betrag in Aktien und andere Finanzanlagen investieren, unabhängig davon, wo der Aktienmarkt gerade steht.

Die meisten Kleinanleger folgen diesen Ratschlägen allerdings nicht. Sie kaufen Aktien oder Fonds, die hohe Gebühren erheben. Sie verbringen endlose Stunden vor dem Computer auf der Suche nach »heißen« Anlagetipps oder versuchen, systematische Muster in Kursbewegungen zu erkennen. Sie warten auf den optimalen Zeitpunkt und kaufen dadurch, wenn die Kurse hoch sind, und trennen sich viel zu zögerlich von Aktien, die ihnen Verlust bringen. Und sie setzen nicht auf Diversifikation, sondern auf wenige, vermeintliche Gewinneraktien.

Warum verhalten sich Menschen bei der Geldanlage so dumm? Schuld daran sind nach Auffassung von Experten die menschlichen Gefühle. In seinem Buch *Your Money and Your Brain* stellt der US-amerikanische Finanz- und Wirtschaftsjournalist Jason Zweig die These auf, dass das Gehirn des Menschen nicht wirklich gut für Finanzentscheidungen geeignet ist. Das Problem liegt darin, dass sich das menschliche Gehirn darauf spezialisiert hat, einfache Muster zu erkennen und zu interpretieren. Bei Anlageentscheidungen führt die zwanghafte Suche des Gehirns nach Mustern dazu, dass wir ein System sehen, das oft gar nicht da ist. Finanzanleger belügen sich also quasi selbst, indem sie sich einreden, dass sie bestimmte Entwicklungsmuster am Aktienmarkt entdeckt haben, obwohl der Aktienmarkt in der Regel vollkommen zufällig und unvorhersehbar schwankt.

Es verwundert nicht, dass die Analyse von Entscheidungen bei Finanzanlagen ein wichtiges Themengebiet in der Verhaltensökonomik ist, die sich damit beschäftigt, warum sich Menschen oft irrational verhalten. Es gibt allerdings Anlass zur Hoffnung. Wenn man sich dieser Verhaltensweisen bewusst wird, dann kann man sie, so Jason Zweig, auch kontrollieren.

ihrer Kunden in einem bestimmten Jahr abbrennen werden. Eine Gesellschaft, die Krankenversicherungen anbietet, kann sehr genau vorhersagen, wie viele ihrer Versicherungsnehmer in einem bestimmten Jahr eine Herzoperation benötigen. Eine Lebensversicherung kann vorhersagen, wie viele ihrer Klienten … Nun, Sie haben das Prinzip bestimmt verstanden.

Macht sich eine Versicherungsgesellschaft die Tatsache zunutze, dass man bei einer großen Anzahl unabhängiger Ereignisse bestimmte Vorhersagen treffen kann, dann betreibt sie *Risikopooling*. Dieses Pooling impliziert in der Regel, dass die Eigentümer von Versicherungsgesellschaften sich selbst keinem Risiko gegenübersehen, obwohl Versicherungsgesellschaften die Risiken anderer Leute übernehmen.

Zwei Ereignisse sind **positiv korreliert**, falls die Eintrittswahrscheinlichkeit eines Ereignisses größer ist, wenn das andere Ereignis ebenfalls eintritt.

Lloyd's of London stellte nicht nur einen Weg für wohlhabende Menschen dar, Erträge dadurch zu erzielen, dass sie einen Teil des Risikos von weniger wohlhabenden Kaufleuten übernahmen. Lloyd's war gleichzeitig ein Instrument, um einen Teil der Risiken zu poolen. Das Pooling der Risiken hat Konsequenzen für die Angebotskurve in Abbildung 20-5. Diese verschiebt sich nach rechts, weil die Menschen nun bereit sind, bei jedem gegebenen Preis ein höheres Risiko zu akzeptieren, als es ohne Pooling der Fall wäre.

Die Grenzen der Diversifikation

Diversifikation kann das Risiko verringern. In einigen Fällen kann sie es sogar völlig eliminieren. Diese Fälle sind jedoch nicht typisch, weil es für die Diversifikation Grenzen gibt. Den wichtigsten Grund für derartige Grenzen können wir leicht erkennen, wenn wir uns nochmals Lloyd's zuwenden.

In den frühen Tagen von Lloyd's gab es noch eine andere große Gefahr für britische Schiffe außer Piraten und Stürmen: Krieg. Zwischen 1690 und 1815 führte Großbritannien eine Reihe von Kriegen, hauptsächlich mit Frankreich. Frankreich finanzierte Freibeuter, gewissermaßen Piraten mit öffentlichem Auftrag, um britische Schiffe zu überfallen und damit indirekt die Kriegsanstrengungen Großbritanniens zu untergraben.

Jedes Mal, wenn ein Krieg zwischen Großbritannien und Frankreich ausbrach, nahmen die Verluste an britischen Handelsschiffen plötzlich drastisch zu. Unglücklicherweise konnten sich die Kaufleute gegen diese Unsicherheit nicht schützen, indem sie Schiffe zu verschiedenen Zielhäfen schickten: Die Freibeuter verfolgten die britischen Schiffe überall auf der Welt. Der Verlust eines Schiffes in der Karibik an einen französischen Freibeuter und der Verlust eines anderen Schiffes im Indischen Ozean an einen französischen Freibeuter waren *keine* unabhängigen Ereignisse. Vielmehr war es recht wahrscheinlich, dass beides im gleichen Jahr geschehen konnte.

Ist die Wahrscheinlichkeit eines Ereignisses größer, wenn ein anderes Ereignis auftritt, dann sagt man, dass diese beiden Ereignisse **positiv korreliert** sind. Und genau wie die Risiken positiv korreliert waren, dass französische Freibeuter britische Schiffe in der Karibik und im Indischen Ozean enterten, sind auch viele finanzielle Risiken positiv korreliert.

Schauen wir uns einige positiv korrelierte finanzielle Risiken an, denen sich Finanzinvestoren heutzutage gegenübersehen:

- *Extreme Wetterereignisse*. Bezieht man sich auf irgendeine spezifische Region, so sind die dort auftretenden Verluste aufgrund von Unwetter mit Sicherheit keine unabhängigen Ereignisse. Zieht beispielsweise ein Orkan über Süddeutschland, dann werden dort viele Haus- und/oder Waldbesitzer geschädigt. Zu einem gewissen Grad können Versicherungsgesellschaften dieses Risiko wegdiversifizieren, indem sie Häuser in vielen Regionen versichern. Es gibt aber Wetterereignisse, wie zum Beispiel das El-Niño-Phänomen, eine sich wiederholende Temperaturanomalität im Pazifischen Ozean, die in vielen Ländern zu einem Anstieg der Schadensereignisse führt. Außerdem ist in den letzten Jahren – vermutlich aufgrund des Klimawandels – global ein deutlicher Anstieg an Extremwetterereignisse zu beobachten.
- *Politische Ereignisse*. Glücklicherweise heuern Regierungen heutzutage keine Freibeuter mehr an. Aber auch heute können bestimmte politische Ereignisse, wie etwa ein Krieg oder eine Revolution in einem Land, das wichtige Rohstoffe erzeugt, die Volkswirtschaften rund um den Erdball schädigen.
- *Konjunkturzyklen*. Mit den Ursachen für Konjunkturzyklen, Schwankungen in der gesamtwirtschaftlichen Produktion, wollen wir uns

später noch genauer beschäftigen. An dieser Stelle nur so viel: Kommt es zu einem gesamtwirtschaftlichen Abschwung und geht es einem Unternehmen schlecht, dann wird es auch vielen anderen Unternehmen schlecht gehen. Diese Ereignisse sind daher positiv korreliert.

Sind Ereignisse positiv miteinander korreliert, können die mit ihnen verbundenen Risiken nicht wegdiversifiziert werden. Ein Anleger kann sich vor dem Risiko schützen, dass irgendein Unternehmen schlecht läuft, indem er in viele Unternehmen investiert. Aber ein Anleger kann sich nicht vor einem gesamtwirtschaftlichen Abschwung schützen, bei dem es allen Unternehmen schlecht geht. Eine Versicherungsgesellschaft kann sich vor dem Risiko schützen, das aus den Verlusten einer örtlich begrenzten Überschwemmung resultiert, indem sie Häuser an vielen verschiedenen Orten versichert. Globalen Wetterereignissen, die weltweit zu Überschwemmungen führen, kann man mit dieser Strategie jedoch nicht begegnen. Gleichzeitig macht die zunehmende Häufigkeit von extremen Wetterereignissen die Diversifikation immer schwieriger.

Institutionen wie Versicherungsgesellschaften und Aktienmärkte können daher das Risiko nicht vollständig eliminieren. Es bleibt immer ein Kernrisiko, das sich nicht diversifizieren lässt. Märkte für Risiken vollbringen jedoch zwei Dinge: Erstens erlauben sie der Wirtschaft, die Risiken zu eliminieren, die diversifiziert werden können. Zweitens ordnen sie die verbleibenden Risiken den Leuten zu, die am ehesten bereit sind, sie zu tragen.

WISSENSCHAFT UND PRAXIS

Als Lloyd's kurz vor dem Aus stand

Ende der 1980er-Jahre befand sich die ehrwürdige Institution Lloyd's in großer Bedrängnis. Die Investoren, die Risikokapital in dem Glauben zur Verfügung gestellt hatten, dass ihre Risiken gering und die Verzinsung ihrer Anlage mehr oder weniger sicher seien, mussten unversehens große Nachzahlungen leisten, um enorme Ansprüche aus Versicherungsverträgen zu befriedigen. Eine Anzahl von Investoren, darunter auch Mitglieder einiger sehr alter Adelsfamilien, wurde in den Bankrott getrieben.

Was war geschehen? Ein Teil der Antwort liegt darin zu sehen, dass ehrgeizige Manager von Lloyd's die Anleger dazu überredet hatten, sehr viel größere Risiken einzugehen als diese glaubten. (Anders ausgedrückt: Die Versicherungsprämien, die von den Investoren akzeptiert wurden, waren viel zu klein in Relation zu dem Risiko, das in den Versicherungsverträgen enthalten war.)

Das größte Problem bestand jedoch darin, dass viele der Ereignisse, für die Lloyd's den Versicherungsschutz übernommen hatte, nicht unabhängig waren. In den 1970er- und 1980er-Jahren war Lloyd's zu einem der wichtigsten Unternehmensversicherer in den Vereinigten Staaten aufgestiegen. Lloyd's versicherte US-amerikanische Unternehmen gegen das Risiko, dass diese wegen des Verkaufs von defekten oder schädlichen Produkten verklagt werden. Jeder glaubte, dass derartige Gerichtsverfahren mehr oder minder unabhängige Ereignisse seien. Warum sollten die rechtlichen Probleme eines Unternehmens sehr viel mit denen eines anderen zu tun haben?

Es stellte sich jedoch heraus, dass es auf diese Frage eine Antwort gab, die aus einem einzigen Wort besteht: Asbest. Für viele Jahrzehnte war dieses feuerfeste Material in vielen Produkten verwendet worden, was bedeutete, dass viele Unternehmen für seine Verwendung verantwortlich waren. Dann stellte sich heraus, dass Asbest schwere Lungenschäden verursachen kann, insbesondere bei Kindern. Infolge dieser Erkenntnis kam es zu einer wahren Flut von Gerichtsverfahren durch Menschen, die glaubten, dass sie durch Asbest geschädigt worden seien. Viele dieser Gerichtsverfahren endeten mit der Verurteilung der betreffenden Unternehmen und Schadensersatzzahlungen in Milliardenhöhe. Und viele dieser Zahlungen mussten von Lloyd's übernommen werden.

Kurzzusammenfassung

- Versicherungsmärkte existieren, weil der Handel mit Risiken mit wechselseitigen Vorteilen verbunden ist. Außer im Fall von privaten Informationen führen Versicherungsmärkte zu einer **effizienten Risikoallokation**: Diejenigen, die am ehesten bereit sind, Risiken zu übernehmen, stellen **Risikokapital** zur Verfügung, um die finanziellen Verluste derjenigen auszugleichen, die am wenigsten bereit sind, Risiken zu tragen.
- Bei voneinander **unabhängigen Ereignissen** kann eine Strategie der **Diversifikation** die Risiken deutlich verringern. Diversifikation wird durch die Existenz von Institutionen wie Aktienmärkten erleichtert, auf denen Menschen **Anteilscheine** an Unternehmen handeln können. Eine Form der Diversifikation, die insbesondere für Versicherungsgesellschaften relevant ist, bezeichnet man als **Pooling**.
- Sind Ereignisse **positiv korreliert**, dann gibt es ein Kernrisiko, das sich nicht vermeiden lässt, unabhängig davon, wie stark die Menschen diversifizieren.

ÜBERPRÜFEN SIE IHR WISSEN

Erläutern Sie, wie jedes der folgenden Ereignisse die Versicherungsprämie und das gehandelte Versicherungsvolumen im Gleichgewicht ändern würde. Geben Sie jeweils auch an, zu welchen Verschiebungen von Angebots- und Nachfragekurven es kommt.

a. Eine Erhöhung der Anzahl der Schiffe, die auf den gleichen Routen fährt und sich daher den gleichen Risiken gegenübersehen.

b. Eine Zunahme der Anzahl der Handelsrouten bei unveränderter Anzahl der Schiffe, die damit eine größere Vielfalt von Routen nehmen und sich unterschiedlichen Risiken gegenübersehen.

c. Eine Zunahme des Grades der Risikoaversion bei den Schiffseignern.

d. Eine Zunahme des Grades der Risikoaversion bei den Anlegern auf dem Versicherungsmarkt.

e. Eine Zunahme des die gesamte Volkswirtschaft betreffenden Risikos.

f. Eine Verringerung des Vermögensniveaus der auf dem Markt tätigen Investoren.

20.3 Private Informationen: Was man nicht weiß, kann einem schaden

Als **private Informationen** bezeichnet man Informationen, über die einige Menschen verfügen, andere aber nicht.

Märkte funktionieren sehr gut, wenn es um Risiken geht, die sich diversifizieren lassen, und um Risiken, die durch Ungewissheit bedingt sind: bei Situationen, in denen niemand weiß, was geschehen wird, wessen Haus überschwemmt wird oder wer krank wird. Märkte haben jedoch sehr viel größere Schwierigkeiten im Umgang mit Situationen, in denen *einige Menschen etwas wissen, das andere nicht wissen* – in Situationen, bei denen **private Informationen** existieren. Wie wir sehen werden, können private Informationen ökonomische Entscheidungen verzerren und manchmal verhindern, dass wechselseitig vorteilhafte ökonomische Transaktionen zustande kommen. (Manchmal wird anstelle von *privaten Informationen* auch von *asymmetrischen Informationen* gesprochen. Beide Begriffe bezeichnen jedoch denselben Sachverhalt.)

Warum gibt es private Informationen? Der wichtigste Grund besteht darin, dass Menschen im Allgemeinen mehr über sich selbst wissen als andere Leute. Sie wissen selbst am besten, ob Sie ein besonnener Autofahrer sind. Ihre Versicherungsgesellschaft weiß das nicht – jedenfalls so lange nicht, wie Sie noch nicht durch mehrere Autounfälle aufgefallen sind. Vermutlich können Sie auch besser als Ihre Krankenversicherung einschätzen, ob Sie teure medizinische Behandlungen benötigen werden oder nicht. Und wenn Sie mir ein gebrauchtes Auto verkaufen, dann kennen Sie die Probleme, die das Auto hat, im Gegensatz zu mir nur allzu gut.

Warum sollten solche Wissensunterschiede aber ein Problem darstellen? Wir werden gleich sehen, dass es zwei verschiedene Quellen für potenzielle Schwierigkeiten gibt: *adverse Selektion*, die sich aus privaten Informationen darüber ergibt, wie Dinge sind, und *Moral Hazard*, das sich aus privaten Informationen darüber ergibt, was Menschen tun.

Adverse Selektion: Eine ökonomische Betrachtung des Handels mit Gebrauchtwagen

Nehmen Sie an, jemand bietet Ihnen ein fast neues Auto zum Verkauf an – knapp drei Monate alt, nur 3.000 Kilometer gefahren, keine Beulen, keine Kratzer. Wären Sie bereit, dafür genauso viel zu bezahlen wie für ein Auto vom Händler um die Ecke, bei dem Sie langjähriger Kunde sind?

Wahrscheinlich nicht, und zwar aus einem wichtigen Grund: Sie fragen sich, warum dieses Auto überhaupt verkauft wird. Liegt es daran, dass der Eigentümer festgestellt hat, dass damit etwas nicht in Ordnung ist, dass es sich bei dem Auto also um eine »Gurke« handelt (im Englischen spricht man von »lemons«)? Weil er mit dem Auto eine Weile gefahren ist, weiß der Eigentümer mehr darüber als Sie, und die Leute verkaufen eher die Autos, mit denen sie Probleme haben.

Sie denken jetzt vielleicht, dass der Umstand, dass die Verkäufer von Gebrauchtwagen mehr über die Autos wissen als die Käufer, einen Vorteil für die Verkäufer darstellt. Potenzielle Käufer sind sich bewusst, dass die potenziellen Verkäufer ihnen in der Regel »Gurken« anbieten, sie wissen aber nicht genau, bei welchem Auto es sich um ein Problemfahrzeug handelt. Weil die potenziellen Käufer von Gebrauchtwagen wissen, dass ihnen die potenziellen Verkäufer in der Regel eher schlechte als gute Autos anbieten, werden die Käufer nur bereit sein, einen Preis zu zahlen, der geringer ist als der, den sie zahlen würden, wenn sie eine Garantie für die Qualität des Autos hätten. Noch schlimmer: Die schlechte Meinung im Hinblick auf Gebrauchtwagen hat tendenziell einen selbstverstärkenden Charakter, und zwar genau deswegen, weil sie die Preise drückt, die Käufer bereit sind zu zahlen. Gebrauchtwagen lassen sich nur zu einem geringeren Preis verkaufen, weil die Käufer erwarten, dass ein überproportional großer Anteil von ihnen mit verdeckten Mängeln behaftet ist.

Selbst ein Gebrauchtwagen, der völlig in Ordnung ist, lässt sich nur zu einem geringeren Preis verkaufen, weil die Käufer ja nicht wissen können, ob es sich um ein ordentliches Fahrzeug handelt oder um eine »Gurke«. Die potenziellen Verkäufer von guten Autos sind jedoch ihrerseits nicht bereit, diese zu einem sehr niedrigen Preis zu verkaufen, es sei denn, es liegen ganz besondere Umstände vor. Gute Gebrauchtwagen werden daher nur selten zum Verkauf angeboten. Anders ausgedrückt: Bei Gebrauchtwagen, die zum Verkauf stehen, handelt es sich tendenziell um »Gurken«. (Verkäufer, die einen überzeugenden Grund für den Verkauf ihres Autos haben, wie etwa, wenn sie auswandern, werden also Wert darauf legen, diese Information an potenzielle Käufer weiterzureichen – sie wollen damit sagen: »Bei diesem Auto handelt es sich nicht um eine Gurke!«).

Im Endergebnis führt dieser Prozess nicht nur dazu, dass Gebrauchtwagen zu niedrigen Preisen verkauft werden und dass eine große Zahl von Gebrauchtwagen versteckte Mängel aufweist. Er führt auch dazu, und das ist genauso wichtig, dass viele potenziell vorteilhafte Transaktionen unterbleiben: Es gibt eben Menschen, die gute Autos loswerden wollen, genauso wie es Menschen gibt, die gute Autos kaufen wollen. Diese Transaktionen kommen aber nicht zustande, weil die potenziellen Verkäufer nicht in der Lage sind, die potenziellen Käufer davon zu überzeugen, dass es sich bei den von ihnen angebotenen Autos um solche handelt, die den höheren geforderten Preis auch wert sind. Daher unterbleiben wechselseitig vorteilhafte Transaktionen zwischen Gebrauchtwagenverkäufern und Gebrauchtwagenkäufern.

Auch wenn Ökonomen derartige Situationen manchmal als »Lemons-Problem« bezeichnen, lautet der formale Begriff für dieses Problem **adverse Selektion**. (Das »Lemons-Problem« wurde

Zu **adverser Selektion** kommt es, wenn eine Person mehr über die Eigenschaften eines Objektes weiß als andere Personen. Private Informationen veranlassen die Käufer zu der Erwartung, dass die angebotenen Objekte mit verdeckten Mängeln behaftet sind, was tendenziell zu niedrigen Preisen und zum Fernhalten der guten Objekte vom Markt führt.

1970 durch eine Veröffentlichung des Ökonomen und Nobelpreisträgers George Akerlof mit dem Titel »The Market for Lemons« in die Literatur eingeführt.) Der Grund für diese Bezeichnung liegt auf der Hand: Weil die potenziellen Verkäufer mehr über die Qualität des Objektes wissen, das sie verkaufen wollen, als die potenziellen Käufer, haben sie einen Anreiz, die schlechtesten Produkte für den Verkauf auszuwählen.

Adverse Selektion gibt es nicht nur bei Gebrauchtwagen. Es handelt sich vielmehr um ein Problem, das in vielen Teilen der Wirtschaft eine Rolle spielt, insbesondere bei Versicherungsgesellschaften und hier vor allem bei Krankenversicherungen.

Adverse Selektion kann durch **Screening** verringert werden. Screening bezeichnet die Nutzung von verfügbaren Informationen, um daraus Rückschlüsse über private Informationen abzuleiten.

Nehmen wir an, ein Krankenversicherungsunternehmen bietet ein Versicherungspaket an, bei dem alle Versicherten die gleiche Versicherungsprämie zahlen würden. Die Höhe der Versicherungsprämie würde das durchschnittliche Risiko für Gesundheitsausgaben widerspiegeln. Für gesunde Menschen wäre dieses Versicherungspaket allerdings sehr teuer, da sie wissen, dass sie nur ein geringes Risiko für hohe Gesundheitsausgaben haben. Gesunde Menschen würden es daher in der Regel vorziehen, diese Krankenversicherung nicht abzuschließen. Damit blieben der Versicherungsgesellschaft genau die Kunden, die sie nicht will: Menschen mit einem überdurchschnittlich großen Risiko, auf medizinische Behandlungen angewiesen zu sein, für die sich also das Versicherungspaket lohnt.

Um die erwartete Verluste aus den höheren Behandlungskosten der Versicherten zu decken, könnte das Versicherungsunternehmen die Versicherungsprämie anheben. Aber dadurch würden nur noch mehr Menschen vom Abschluss einer Krankenversicherung abgehalten werden, und der Gesundheitszustand der (immer noch) Versicherten wäre noch schlechter. Da das Versicherungsunternehmen den Gesundheitszustand der Menschen nicht kennt, muss es von jedem Versicherten die gleiche Prämie verlangen. Dadurch werden Menschen mit einem guten Gesundheitszustand vom Abschluss einer Krankenversicherung abgehalten, Menschen mit einem schlechten Gesundheitszustand dagegen zum Abschluss einer Krankenversicherung ermutigt.

Vor der Verabschiedung des Affordable Care Act konnte die Spirale aus adverser Selektion und steigenden Versicherungsprämien in letzter Konsequenz zum Zusammenbruch des gesamten Versicherungsmarktes führen (»adverse selection death spiral«). Kein Versicherungsunternehmen in den Vereinigten Staaten war bereit, eine Krankenversicherung anzubieten, da es keine Versicherungsprämie gab, die es den Unternehmen ermöglichte, ihre Ausgaben zu decken.

Zu adverser Selektion kommt es auch in anderen Versicherungsmärkten wie z. B. bei Kfz-Versicherungen. Es gibt jedoch Strategien, um mit diesem Problem umzugehen. Eine dieser Strategien ist das sogenannte **Screening**. Damit ist die Nutzung von verfügbaren Informationen gemeint, mit deren Hilfe man Rückschlüsse auf private Informationen ziehen kann. Wenn Sie eine Kfz-Versicherung abschließen wollen, wird das Versicherungsunternehmen eine Reihe von Informationen erfragen, um die riskanten Fahrer herauszufiltern – die das Versicherungsunternehmen dann gar nicht oder nur für eine deutliche höhere Versicherungsprämie versichern wird.

Kfz-Versicherungen sind ein gutes Beispiel dafür, wie durch Screening auf der Grundlage von statistischen Daten das Problem der adversen Selektion reduziert werden kann. Natürlich wissen die Versicherungsgesellschaften im Einzelfall nicht, ob jemand ein vorsichtiger Autofahrer ist. Die Versicherungen verfügen aber über statistische Daten zur Unfallhäufigkeit von Menschen, die dem Profil des potenziellen Versicherungsnehmers entsprechen, und sie verwenden diese Daten, um die Prämien festzulegen. Ein 19-jähriger männlicher Fahrer, der einen schnellen Sportwagen fährt und bereits einmal an einem Laternenpfahl gelandet ist, wird vermutlich eine sehr hohe Prämie bezahlen müssen. Eine 40 Jahre alte Frau, die einen kleinen Kombi fährt und niemals in einen Unfall verwickelt war, wird vermutlich sehr viel weniger zahlen.

In Einzelfällen kann eine derartige Prämiengestaltung sehr unfair wirken: Es gibt junge Männer, die außerordentlich sorgfältig fahren, während es gleichzeitig ältere Frauen gibt, die ihren Kombi mit einem Ferrari verwechseln. Es lässt sich jedoch nicht bestreiten, dass die Versicherungsgesellschaften im Durchschnitt richtig liegen.

Eine andere Strategie besteht darin, dass Menschen, die gute Risiken darstellen, versuchen, ihre privaten Informationen zu *signalisieren*. Mit

Signalisieren (**Signaling**) sind Aktionen gemeint, die nicht ergriffen werden würden, wenn es sich nicht um gute Risiken handeln würde. So bieten etwa zuverlässige Gebrauchtwagenhändler oft Garantien an, die über den gesetzlichen Rahmen hinausgehen. Dabei könnte es sich beispielsweise um das Versprechen handeln, auch Schäden zu reparieren, die nach Ablauf der Gewährleistung auftreten. Bei einer derartigen Zusage handelt es sich nicht nur um einen Weg, die Kunden gegen mögliche künftige Ausgaben zu versichern, es handelt sich auch um einen Weg, glaubwürdig zu zeigen, dass hier nicht mit »Gurken« gehandelt wird. Im Ergebnis kommen mehr Verkäufe zustande und die Händler können für ihre Gebrauchtwagen höhere Preise durchsetzen.

Schließlich kann es bei Vorliegen von adverser Selektion sehr nützlich sein, eine gute **Reputation** zu erlangen: Ein Gebrauchtwagenhändler könnte beispielsweise darauf hinweisen, dass er schon sehr lange im Geschäft ist und dass der Zufriedenheitsgrad seiner Kunden sehr hoch ist. Mit einer guten Reputation kann ein Gebrauchtwagenhändler eher Neukunden gewinnen, die auch bereit sind, einen höheren Preis zu zahlen.

Moral Hazard

In den späten 1970er-Jahren gab es in New York und anderen größeren US-amerikanischen Städten eine Epidemie von »verdächtigen« Bränden, bei denen es so aussah, als seien sie mit Absicht gelegt worden. Einige Brände wurden vermutlich von Jugendlichen aus reinem Übermut gelegt, andere von Bandenmitgliedern, die Gebietsstreitigkeiten austrugen. Der Kriminalpolizei, die die Brände untersuchte, fielen jedoch schließlich bei einer Anzahl von Bränden bestimmte Muster auf. Hausbesitzer, denen mehrere Mietshäuser gehörten, waren durch eine ungewöhnlich große Anzahl von Bränden betroffen. Obwohl es schwer zu beweisen war, hatte die Polizei kaum Zweifel daran, dass die meisten dieser »feuergeschädigten« Vermieter professionelle Brandstifter anheuerten, um ihre eigenen Häuser abzubrennen.

Warum sollte man aber sein eigenes Haus anzünden? Diese Häuser befanden sich typischerweise in heruntergekommenen Gegenden, wo die steigende Kriminalität und die Flucht von bürgerlichen Mietern zu einem Verfall der Immobilienpreise geführt hatte. Die Versicherungspolicen für die Häuser waren jedoch so ausgestaltet, dass die Eigentümer für den ursprünglichen Wert ihrer Häuser entschädigt wurden. Der Besitzer eines abgebrannten Hauses erhielt daher einen höheren Betrag, als wenn er das Haus verkaufen würde. Für skrupellose Hausbesitzer, welche die richtigen Leute kannten, bot sich damit eine gewinnträchtige Möglichkeit.

Diese Serie von Brandstiftungen schwächte sich während der 1980er-Jahre aus zwei Gründen deutlich ab. Erstens versuchten die Versicherungsgesellschaften mit entsprechenden Maßnahmen, die Überversicherung von Häusern zu verhindern. Zweitens kam es zu einem Immobilienboom, sodass viele vorher von Brandstiftung bedrohte Häuser aufgrund der Preissteigerungen in intaktem Zustand einen höheren Wert darstellten.

Diese Episode zeigt sehr deutlich, dass es keine gute Idee ist, wenn Versicherungsgesellschaften es zulassen, dass ihre Kunden Häuser mit einem höheren Betrag versichern als dem Marktwert. Ein solches Verhalten setzt nämlich für die Kunden Anreize zur Ausnutzung der Versicherung. Man könnte jetzt denken, dass dieser Anreiz nicht existiert, solange der Versicherungswert nicht mehr als 100 Prozent des Marktwertes beträgt.

Dummerweise setzt aber auch ein Versicherungswert, der zwar unter, aber dicht bei 100 Prozent des Marktwertes liegt, verzerrende Anreize. Auch ein solches Schema veranlasst die Inhaber von Versicherungspolicen dazu, sich anders zu verhalten, als sie es ohne Versicherung täten. Dies ist darauf zurückzuführen, dass die Verhinderung von Bränden Mühen und Kosten aufseiten des Hauseigentümers verursacht. Alarmanlagen und Sprinklersysteme müssen gewartet werden, die Einhaltung der Brandschutzbestimmungen muss durchgesetzt werden. All dies erfordert Zeit und Geld – Zeit und Geld, die der Eigentümer vielleicht nicht bereit ist zu investieren, falls seine Versicherungspolice ihm im Fall des Falles einen fast vollständigen Ersatz seiner Schäden garantiert.

Natürlich könnte die Versicherungsgesellschaft in der Police festlegen, dass sie nicht bezahlt, falls die grundlegenden Brandschutzvorkehrungen nicht ergriffen wurden. Es ist jedoch nicht immer einfach zu sagen, wie sorgfältig sich der Hauseigentümer verhalten hat – er weiß es natürlich, nicht aber die Versicherungsgesellschaft.

Adverse Selektion lässt sich durch das **Signalisieren** (**Signaling**) von privaten Informationen verringern. Dabei müssen die privaten Informationen durch glaubwürdige Handlungen aufgedeckt werden.

Mithilfe einer dauerhaften **Reputation** kann man den anderen Marktteilnehmern zeigen, dass man keine nachteiligen privaten Informationen zurückhält.

WISSENSCHAFT UND PRAXIS

Franchisenehmer arbeiten härter

Wenn US-Amerikaner auf die Schnelle etwas essen wollen, dann landen sie oft bei einer der Fast-Food-Ketten – bei McDonald's, Pizza Hut, Wendy's oder anderen. Weil es sich bei diesen Fast-Food-Ketten um große Unternehmen handelt, glauben die meisten Kunden vermutlich, dass die Menschen, die ihnen das Essen servieren, Angestellte eines Großunternehmens sind. Für gewöhnlich ist dies aber nicht so. Die meisten Fast-Food-Restaurants werden als Franchiseunternehmen geführt (bei McDonald's sind es beispielsweise 85 Prozent). Bei einem Franchiseunternehmen hat der sogenannte Franchisenehmer der Muttergesellschaft das Recht abgekauft, ein Restaurant zu führen, welches das Produkt des Mutterunternehmens verkauft. Der Franchisenehmer mag wirken wie der Arm einer riesigen Firma, tatsächlich ist er aber ein Kleinunternehmer.

Dass man Franchisenehmer wird, garantiert noch lange nicht den Erfolg. Man muss einen großen Betrag aufbringen, um sowohl die Lizenz zu erwerben als auch das Restaurant selbst zu errichten und auszustatten. (In den USA betrugen im Jahr 2019 beispielsweise die Kosten für die Eröffnung eines McDonald's-Restaurants zwischen 1,0 und 2,2 Millionen Dollar.) Und obwohl etwa McDonald's dafür sorgt, dass seine Restaurants nicht zu dicht benachbart sind, sehen sich diese oft einem heftigen Wettbewerb durch konkurrierende Ketten oder unabhängige Restaurants ausgesetzt. Der Schritt, zum Franchisenehmer zu werden, impliziert mit anderen Worten die Übernahme eines recht hohen Risikos.

Warum sollten Menschen bereit sein, diese Risiken zu übernehmen? Haben wir nicht gerade erst gelernt, dass es besser ist zu diversifizieren, also das Vermögen auf viele verschiedene Investitionen aufzuteilen? Es sieht so aus, als würde die Logik der Diversifizierung uns sagen, dass es für jemanden mit 1,7 Millionen Dollar besser ist, diesen Betrag in ein weites Spektrum von Anlagen zu investieren als alles zusammen für ein McDonald's-Restaurant anzulegen. Dies wiederum impliziert, dass es für McDonald's schwer sein müsste, Franchisenehmer zu finden: Niemand wäre bereit, zum Franchisenehmer zu werden, wenn er nicht erwarten würde, deutlich mehr zu verdienen, als wenn er einfach ein angestellter Geschäftsführer wäre, der sein Vermögen in ein diversifiziertes Portfolio von Anlagen gesteckt hätte. Wäre es dann für McDonald's oder Pizza Hut nicht profitabler, einfach Geschäftsführer einzustellen, die ihre Restaurants führen?

Es zeigt sich jedoch, dass diese Vermutung falsch ist. Die Ursache dafür ist vor allem darin zu sehen, dass der Erfolg eines Restaurants in hohem Maße davon abhängt, wie hart der Geschäftsführer arbeitet, wie sehr er sich anstrengt, die richtigen Mitarbeiter auszuwählen, wie sehr er sich bemüht, das Restaurant sauber und für die Kunden attraktiv zu halten usw. Würde ein angestellter Manager McDonald's diesen hohen Einsatz liefern? Vermutlich nicht. Es liegt ein Moral-Hazard-Problem vor: Der Geschäftsführer selbst weiß, ob er wirklich 100 Prozent Einsatz für seinen Job bringt, das Firmenhauptquartier, das die Kosten eines schlecht geführten Restaurants tragen muss, weiß dies aber nicht. Ein angestellter Geschäftsführer, der sein Gehalt auch dann bekommt, wenn er nicht alle Anstrengungen unternimmt, um das Restaurant zum Erfolg zu führen, hat keinerlei Anreiz, das Letzte aus sich herauszuholen. Anders sieht es aus, wenn er selbst Eigentümer ist, weil er dann ein hohes persönliches Interesse am Erfolg des Restaurants hat.

Anders ausgedrückt liegt ein Moral-Hazard-Problem vor, wenn ein angestellter Geschäftsführer ein McDonald's-Restaurant führt und die private Information darin besteht, wie sehr sich dieser Geschäftsführer anstrengt. Das Franchisemodell löst dieses Problem. Ein Franchisenehmer, dessen Vermögen im Restaurant steckt und der persönlich vom Erfolg des Restaurants profitiert, hat jeden Anreiz, extrem hart zu arbeiten.

Im Ergebnis werden bei Fast-Food-Ketten die Restaurants größtenteils von Franchisenehmern geführt, obwohl die Franchiseverträge es den Franchisenehmern ermöglichen, im Durchschnitt viel mehr zu verdienen, als es die Fast-Food-Kette gekostet hätte, einen Geschäftsführer zu beschäftigen. Die höheren Einkommen der Franchisenehmer kompensieren sie für das Risiko, das sie übernehmen, und die Unternehmen werden durch die höheren Umsätze kompensiert, die zu höheren Lizenzeinnahmen führen. Übrigens wird in aller Regel den Franchisenehmern durch das Lizensierungsabkommen verboten, ihr Risiko zu verringern, indem sie etwa Anteile ihres Franchiseobjektes an Außenstehende verkaufen und die Erlöse nutzen, um zu diversifizieren.

Der entscheidende Punkt besteht hier darin, dass der Hauseigentümer über private Informationen in Bezug auf seine eigenen Aktionen verfügt, ob er also wirklich die angemessenen Vorsichtsmaßnahmen ergriffen hat. Im Ergebnis sieht sich die Versicherungsgesellschaft vermutlich größeren Forderungen gegenüber, als wenn sie in der Lage wäre, genau zu bestimmen, in welchem Ausmaß ein Hauseigentümer Anstrengungen unternommen hat, um den Schaden zu verhindern. Dieses Problem verzerrter Anreize tritt dann auf, wenn ein Individuum über private Informationen bezüglich der eigenen Aktionen verfügt, jemand anderes aber die Kosten für einen Mangel an Sorgfalt oder Anstrengungen tragen muss. Diese Konstellation bezeichnet man mit dem Begriff **Moral Hazard**.

Um Moral Hazard zu verhindern, ist es erforderlich, Personen, die über private Informationen verfügen, ein persönliches Interesse an dem Geschehen zu vermitteln. Sie müssen in einer Weise am Geschehen beteiligt werden, dass sie einen Grund sehen, sich zu bemühen, selbst wenn andere nicht in der Lage sind, diese Anstrengung zu überprüfen. Wegen der Möglichkeit des Auftretens von Moral Hazard werden beispielsweise in vielen Geschäften die Verkäufer an den Erlösen beteiligt: Für die Geschäftsführung ist kaum festzustellen, wie sehr sich das Verkaufspersonal tatsächlich bemüht. Erhalten sie einfach einen festen Stundenlohn, dann hätten die Verkäufer keinen Anreiz, sich besonders anzustrengen, um mehr Verkäufe zu erzielen.

Versicherungsgesellschaften versuchen, das Moral-Hazard-Problem durch die Verpflichtung zu einer **Selbstbeteiligung** zu reduzieren: Sie ersetzen nur Schäden oberhalb eines bestimmten Betrages, sodass die Abdeckung möglicher Schäden durch Versicherungsleistungen immer unterhalb von 100 Prozent liegt. So sind Selbstbeteiligungen etwa bei Vollkasko- oder Teilkasko-Versicherungen für Kraftfahrzeuge üblich. Eine Selbstbeteiligung in Höhe von beispielsweise 300 Euro bedeutet dann, dass die Versicherung vom Schadensbetrag 300 Euro abzieht. Dieser Betrag von 300 Euro muss also von dem unachtsamen Fahrer übernommen werden, selbst dann, wenn er über eine Vollkasko-Versicherung verfügt. Diese Konstruktion liefert zumindest einen gewissen Anreiz zur Sorgfalt und vermindert damit das Moral-Hazard-Problem.

Über die Verminderung von Moral Hazard hinaus helfen Selbstbeteiligungen auch bei der Lösung für das Problem der adversen Selektion. Oft sind Versicherungstarife derart konstruiert, dass die Versicherungsprämien deutlich sinken, wenn man bereit ist, eine entsprechend hohe Selbstbeteiligung zu akzeptieren. Aus Sicht von Menschen, die wissen, dass sie selbst gute Risiken darstellen, ist eine hohe Selbstbeteiligung eine attraktive Option. Für Personen, die wissen, dass sie schlechte Risiken darstellen, ist eine hohe Selbstbeteiligung dagegen wenig attraktiv. Dadurch, dass Versicherungsgesellschaften eine Palette von Tarifmöglichkeiten mit unterschiedlichen Prämien und unterschiedlichen Selbstbeteiligungen anbieten, können die Versicherer ihre Kunden kategorisieren, indem sie sie veranlassen, sich selbst auf der Basis ihrer privaten Informationen einzusortieren.

Wie das Beispiel der Selbstbeteiligungen zeigt, begrenzt das Auftreten von Moral Hazard die Möglichkeiten einer Volkswirtschaft, die Risiken effizient aufzuteilen. Bei vielen Versicherungsverträgen ist es nicht möglich, einen vollständigen Schutz gegen einen Schaden zu erreichen, obwohl man bereit wäre, eine entsprechende Prämienzahlung zu leisten. Man muss dann das in der Selbstbeteiligung steckende Risiko tragen, obwohl man dies eigentlich nicht will. In der Rubrik »Wissenschaft und Praxis« wird illustriert, wie Moral Hazard in bestimmten Fällen die Möglichkeiten von Investoren begrenzt, ihre Investitionen zu diversifizieren.

Moral Hazard tritt auf, wenn eine Person besser über die eigenen Handlungen informiert ist als andere Personen. Dies führt zu verzerrten Anreizen: Man verhält sich weniger sorgfältig oder strengt sich weniger an, wenn jemand anderes die Kosten der mangelnden Sorgfalt oder der geringen Anstrengung tragen muss.

Als **Selbstbeteiligung** bei einer Versicherung bezeichnet man den Betrag, den die versicherte Person im Schadensfall selbst tragen muss.

Kurzzusammenfassung

- **Private Informationen** können Anreize verzerren und verhindern, dass wechselseitig vorteilhafte Transaktionen durchgeführt werden. Eine Ursache ist **adverse Selektion**: Verkäufer verfügen über private Informationen in Bezug auf ihre Güter und Käufer bieten lediglich niedrige Preise, was dazu führt, dass die Anbieter hochwertiger Güter sich vom Markt zurückziehen und der Markt schließlich von minderwertigen Gütern beherrscht wird.
- Adverse Selektion kann dadurch vermindert werden, dass die privaten Informationen durch **Screening** oder **Signaling** offengelegt werden oder indem langfristig **Reputation** aufgebaut wird.
- Eine andere Ursache für Verzerrungen ist **Moral Hazard**. Im Fall von Versicherungen führt dieses Phänomen dazu, dass die Versicherungsnehmer zu wenig Anstrengung zeigen, um Schäden zu verhindern. Dies führt zu Maßnahmen wie **Selbstbeteiligung**, wodurch die effiziente Allokation von Risiken beschränkt wird.

ÜBERPRÜFEN SIE IHR WISSEN

1. Nehmen Sie an, Ihre Versicherungsprämien wären geringer, falls Sie für mehrere Jahre keine Verkehrsverstöße begangen hätten. Erläutern Sie, wie eine derartige Vertragsbedingung die potenzielle Ineffizienz verringern würde, die durch adverse Selektion verursacht wird.
2. Eine im Hochbau nicht unübliche Vertragsklausel legt fest, dass das Bauunternehmen die zusätzlichen Kosten übernehmen muss, falls die Baukosten eines Gebäudes höher sind als ursprünglich geschätzt und vereinbart. Erläutern Sie, auf welche Weise eine derartige Vertragsklausel einerseits das Moral-Hazard-Problem verringert, gleichzeitig aber auch das Bauunternehmen zwingt, ein höheres Risiko zu tragen, als es eigentlich will.
3. Richtig oder falsch? Erläutern Sie Ihre Antworten und machen Sie dabei deutlich, welches der in diesem Kapitel betrachteten Konzepte für das jeweilige Phänomen verantwortlich ist. Autofahrer, deren Versicherung eine höhere Selbstbeteiligung beinhaltet:
   a. fahren im Allgemeinen vorsichtiger.
   b. zahlen geringere Versicherungsprämien.
   c. sind im Allgemeinen reicher.

Unternehmen in Aktion: Ein Versicherungsunternehmen trotzt dem Hurrikan

Ross Buchmueller ging genau dorthin, wo sich nur wenige hinwagten. Er ging nach Florida, um Hausbesitzer nach den beiden schweren Wirbelstürmen des Jahres 2005 (Katrina und Rita) zu versichern. Allein Katrina gilt als schwerste und teuerste Naturkatastrophe überhaupt in der US-amerikanischen Geschichte. Der Hurrikan forderte 1.800 Menschenleben und verursachte Versicherungsschäden in Höhe von 41 Milliarden Dollar. Damit waren die Versicherungsprämien der letzten 25 Jahre aufgebraucht. Bis Ende 2005 stiegen die Schäden durch weitere Unwetter auf 71 Milliarden Dollar, und das Jahr 2005 wurde zum schwärzesten Jahr für die US-amerikanische Versicherungsbranche.

In den folgenden Jahren reduzierten die großen Versicherungsunternehmen des Landes ihre Versicherungsangebote für die durch Wirbelstürme gefährdeten Küstengebiete deutlich. Und für Hausbesitzer, die noch eine Versicherung abschließen konnten, schnellten die Versicherungsprämien und die Selbstbeteiligung sprunghaft in die Höhe. Millionen von US-Amerikanern, die in wirbelsturmgefährdeten Küstenregionen Häuser gebaut oder gekauft hatten und davon ausgegangen waren, eine erschwingliche Versicherung für ihr Haus zu bekommen, standen nun vor einem Problem. Sie konnten ihre Immobilien einfach nicht mehr versichern lassen und hatten das Risiko, Schäden an ihren Immobilien durch Unwetter selbst tragen zu müssen.

Daher waren einige Branchenexperten skeptisch, als das Unternehmen Privilege Underwriters Reciprocal Exchange (PURE) im Jahr 2007 begann, in Florida Versicherungspolicen anzubieten. Es herrschte die einhellige Meinung vor, dass die Versicherungsprämien in Florida zwar auf Rekordniveau waren, aber dennoch nicht die möglichen Kosten im Fall eines extremen Wettereignisses abdecken würden.

Ross Buchmueller, Gründer von PURE, verfolgte eine Doppelstrategie, um mit seinem Unternehmen erfolgreich zu sein. Nach einer sorgfältigen Analyse der Schadensregulierungen nach Wirbelstürmen in der Vergangenheit beschränkte er sein Angebot an Versicherungen zum einen auf Häuser, die mehr als 1 Million Dollar wert waren, massiv gebaut und mit stabilen Jalousien und hochwertigen Fenstern ausgestattet waren, die umherfliegenden Trümmern standhalten können.

Zum anderen erwarb er seinerseits einen Versicherungsschutz von großen Versicherungsunternehmen weltweit, der 75 Prozent seiner möglichen Verluste abdecken würde. Aufgrund der Größe ihres Versicherungsportfolios waren die Risiken aus einem Wirbelsturm in Florida für diese Versicherungsunternehmen eher klein.

Buchmueller war von seiner Strategie überzeugt. Für seine spezielle Kundengruppe bot er nicht nur die Versicherung günstiger als die Konkurrenz an, er bot auch den Hauseigentümern Versicherungen an, die kein Wettbewerber versichern wollte.

Aber wie ist es dem Versicherungsunternehmen von Ross Buchmueller ergangen? Bis zum Jahr 2019 konnte PURE jedes Jahr ein Wachstum zwischen 30 und 40 Prozent erreichen. Dieser Erfolg ermöglichte es dem Unternehmen landesweit zu expandieren. Zu Beginn des Jahres 2020 wurde PURE für den stolzen Preis von 3,1 Milliarden Dollar an den multinationalen Versicherungskonzern Tokio Marine verkauft.

FRAGEN

1. Erläutern Sie anhand eines Beispiels, wie es in Gebieten mit Wirbelstürmen zu Moral Hazard kommen kann.
2. Inwiefern veranschaulicht diese Fallstudie über PURE Marktversagen durch adverse Selektion?
3. Wie konnte Ross Buchmueller auf diesem Markt trotz Moral Hazard und adverser Selektion erfolgreich sein?
4. Aus welchem Grund ließ sich Ross Buchmueller von großen Versicherungsunternehmen weltweit versichern, sodass 75 Prozent seiner möglichen Verluste abgedeckt waren? Welches Prinzip steckt dahinter?

Zusammenfassung

1. Der **Erwartungswert** einer **Zufallsvariable** ist der gewichtete Durchschnitt aller **Ereignisse**, die eintreten können, wobei die Gewichte der Eintrittswahrscheinlichkeit eines bestimmten Ereignisses entsprechen.
2. Als **Risiko** bezeichnet man die Unsicherheit über zukünftige Ereignisse. Bezieht sich die Unsicherheit auf monetäre Ereignisse, dann spricht man von **finanziellem Risiko.**
3. Bei Unsicherheit maximieren die Menschen den **Erwartungsnutzen.** Eine **risikoaverse** Person wird es vorziehen, das Risiko zu vermindern, falls diese Verminderung den Erwartungswert ihres Einkommens oder Vermögens unverändert lässt. Bei einer **fairen Versicherungspolice** ist die **Prämie** gleich dem Erwartungswert des Versicherungsanspruchs. Eine **risikoneutrale** Person ist indifferent gegenüber Risiko und daher nicht bereit, eine Prämie für die Verringerung eines Risikos zu zahlen.
4. Risikoaversion ergibt sich aus abnehmendem Grenznutzen: Ein zusätzlicher Euro an Einkommen führt bei niedrigen Einkommen zu einem höheren Grenznutzen als bei hohen Einkommen. Eine faire Versicherungspolice erhöht den Nutzen einer risikoaversen Person, weil sie einen Euro von einer Situation mit hohem Einkommen (einer Situation, in der keine Schäden auftreten) zu einer Situation mit niedrigem Einkommen (einer Situation, in der ein Verlust auftritt) transferiert.
5. Unterschiede in Präferenzen, Einkommen oder Vermögen führen zu Unterschieden in der Risikoaversion. In Abhängigkeit von der Höhe der Prämie ist eine risikoaverse Person bereit, eine unfaire Versicherungspolice zu kaufen, also eine Police, bei der die Prämie den Erwartungswert des Anspruchs übersteigt. Je größer die Risikoaversion ist, desto höher ist die Prämie, die Wirtschaftssubjekte bereit sind zu zahlen.

SCHLÜSSELBEGRIFFE

- Zufallsvariable
- Erwartungswert
- Ereignis
- Risiko
- finanzielles Risiko
- Erwartungsnutzen
- Prämie
- faire Versicherungspolice
- risikoavers
- risikoneutral
- Risikokapital
- effiziente Risikoallokation
- unabhängige Ereignisse
- Diversifikation
- Anteilschein
- Pooling
- positiv korreliert
- private Informationen
- adverse Selektion
- Screening
- Signaling
- Reputation
- Moral Hazard
- Selbstbeteiligung

6. Der Handel mit Risiken führt zu Vorteilen und damit zu einer **effizienten Allokation des Risikos**: Diejenigen, die am ehesten bereit sind, Risiken zu tragen, stellen **Risikokapital** zur Verfügung, um die Verluste derjenigen abzudecken, die am wenigsten bereit sind, Risiken zu tragen.
7. Risiko kann auch durch **Diversifikation** verringert werden, indem in verschiedene Objekte investiert wird, die **unabhängigen Ereignissen** entsprechen. Der Aktienmarkt, auf dem **Anteilscheine** an Unternehmen gehandelt werden, bietet eine Möglichkeit zur Diversifikation. Versicherungsgesellschaften können ein sogenanntes **Pooling** vornehmen, indem sie viele unabhängige Ereignisse versichern und auf diese Weise fast das gesamte Risiko eliminieren. Sind die Ereignisse jedoch **positiv korreliert,** können Risiken nicht vollständig durch Diversifikation beseitigt werden.
8. **Private Informationen** können zu Ineffizienz bei der Risikoallokation führen. Ein Problem ist die sogenannte **adverse Selektion,** die Existenz von privaten Informationen über den tatsächlichen Zustand von Dingen. Adverse Selektion führt zum »Lemons-Problem« auf dem Markt für Gebrauchtwagen, weil die Anbieter von qualitativ hochwertigen Gebrauchtwagen sich vom Markt zurückziehen. Adverse Selektion kann auf verschiedenen Wegen begrenzt werden: durch **Screening,** durch **Signaling** und durch den Aufbau von **Reputation.**
9. Ein verwandtes Problem ist das sogenannte **Moral Hazard:** Individuen verfügen über private Informationen bezüglich ihres Verhaltens, wodurch ihre Anreize verzerrt werden, sich anzustrengen oder vorsichtig zu sein, falls ein Dritter die Kosten des Mangels an Anstrengungen oder Vorsicht trägt. Moral Hazard begrenzt die Fähigkeit von Märkten, Risiken effizient aufzuteilen. Versicherungsgesellschaften versuchen, das Moral-Hazard-Problem zu begrenzen, indem sie **Selbstbeteiligungen** verlangen, wodurch dem Versicherungsnehmer ein höheres Risiko aufgebürdet wird.

21 Makroökonomik: Ein Überblick

LERNZIELE

- Wie sich die Makroökonomik von der Mikroökonomik unterscheidet.
- Was ein **Konjunkturzyklus** ist und warum Wirtschaftspolitiker versuchen, Konjunkturzyklen zu dämpfen.
- Was man unter **langfristigem Wirtschaftswachstum** versteht und wie das Wirtschaftswachstum den Lebensstandard eines Landes bestimmt.
- Was **Inflation** und **Deflation** sind und warum **Preisstabilität** vorgezogen wird.
- Warum die **internationale Makroökonomik** wichtig ist und wie Volkswirtschaften durch **Leistungsbilanzdefizite** und **-überschüsse** miteinander in Verbindung stehen.

Eine griechische Tragödie

Constantine Kakoyiannis, von Beruf Ingenieur, wuchs in Griechenland auf, lebt aber mittlerweile in Düsseldorf. Er ist einer von vielen griechischen Landsleuten, die sich seit 2010 in Düsseldorf angesiedelt haben, sodass die Stadt auch manchmal scherzhaft als Klein-Athen bezeichnet wird.

Aber warum haben er und seine Landsleute Griechenland verlassen? Die Antwort ist einfach: Es gab keine Arbeit. Als Constantine Kakoyiannis im Jahr 2016 nach Düsseldorf zog, lag die *Arbeitslosenquote* – also der Anteil derjenigen, die Arbeit suchen, aber keine finden – in Griechenland bei 24 Prozent. In der Folgezeit sank die Arbeitslosenquote zwar, betrug aber Ende Dezember 2019 immer noch 16,5 Prozent. In den Vereinigten Staaten lag die Arbeitslosenquote zur gleichen Zeit bei 3,5 Prozent, bevor sie durch die Auswirkungen des Lockdowns zur Eindämmung der Covid-19-Pandemie innerhalb weniger Monate bis auf 14,7 Prozent nach oben schnellte.

In Griechenland ist die Arbeitslosigkeit nicht immer so hoch gewesen. Im Jahr 2007 lag die Arbeitslosenquote noch bei 8 Prozent. Das Land gehörte ökonomisch gesehen zwar nicht zu den stärksten Volkswirtschaften Europas, aber die wirtschaftliche Entwicklung war solide und die Menschen im Land sahen optimistisch in die Zukunft.

Doch dann rutschte Griechenland in eine tiefe Wirtschaftskrise. Diese *Rezession* führte zu einem Beschäftigungseinbruch. Viele Unternehmen gingen pleite und die Menschen gerieten in große wirtschaftliche Not. Aber nicht nur Griechenland erlebte eine schwere Wirtschaftskrise. Die Finanz- und Wirtschaftskrise 2007–2009 erfasste weite Teile der Weltwirtschaft. Aber während sich die Vereinigten Staaten und auch die Bundesrepublik Deutschland im Jahr 2019 schon lange von dieser Krise erholt hatten, waren die Auswirkungen in einigen Ländern Europas, darunter Griechenland, noch immer zu spüren.

Aber auch wenn die Weltwirtschaft in den Jahren 2007–2009 eine schwere Krise durchlebte, hätte es noch schlimmer kommen können, wie z. B. während der Weltwirtschaftskrise, die im Jahr 1929 begann und bis weit in die 1930er-Jahre hineinreichte. Englischsprachige Ökonomen prägten für diese schwere Wirtschaftskrise den Begriff der »Great Depression« (Weltwirtschaftskrise). Die Finanz- und Wirtschaftskrise 2007–2009 fiel aus einer Reihe von Gründen nicht so heftig aus wie die Weltwirtschaftskrise. Ein wichtiger Grund war sicherlich, dass die Ökonomen aus den Krisen der Vergangenheit gelernt hatten und mittlerweile wussten, wie man auf eine derart schwere Krise reagiert. Während der Weltwirtschaftskrise wussten weder Politiker noch Ökonomen, welche Maßnahmen zur Erholung der Volkswirtschaft beitragen würden und welche nicht.

Zur Zeit der Weltwirtschaftskrise war die *Mikroökonomik*, die sich mit der Konsumentscheidung der Haushalte und mit der Produktionsentscheidung der Unternehmen sowie der optimalen Allokation von knappen Ressourcen befasst, bereits ein etabliertes Gebiet der Volkswirtschaftslehre. Dagegen steckte die *Makroökonomik*, die sich mit dem Verhalten einer Volkswirtschaft als Ganzes beschäftigt, noch in den Kinderschuhen. Bis zum Jahr 2007 hatte sich die Makroökonomik so weit entwickelt, dass die Ökonomen wussten, was zu tun war, als die Krise kam.

In normalen wirtschaftlichen Zeiten, wenn es keine Rezession oder Depression gibt, finden Menschen, die ihre Arbeit verlieren, irgendwo anders einen neuen Job. Während der Weltwirtschaftskrise aber waren die Zeiten nicht normal. In den Vereinigten Staaten stieg die Arbeitslosenquote auf 23 Prozent und der Wert der gesamtwirtschaftlichen Produktion sank um 26 Prozent. Die Ökonomen erkannten, dass sie die Ursachen der Krise verstehen mussten, um ihren Ruf zu retten und gleichzeitig zu lernen, wie man zukünftig derartige Krisen vermeiden kann. Bis zum heutigen Tag steht der Versuch, Wirtschaftskrisen zu verstehen und Wege für ihre Vermeidung zu finden, im Mittelpunkt der Makroökonomik. Im Laufe der Zeit hat die Makroökonomik ihre Forschungen allerdings Stück für Stück auf andere Themengebiete ausgeweitet. Dazu gehören das langfristige Wachstum, Inflation und die internationale Makroökonomik.

Dieses Kapitel gibt einen Überblick über die Makroökonomik. Um die Bedeutung der Makroökonomik zu verstehen, ist es sinnvoll, zunächst den Unterschied zwischen Mikro- und Makroökonomik genauer zu beleuchten. Im Anschluss daran werden wir uns mit wichtigen Themengebieten der Makroökonomik näher beschäftigen.

21.1 Makroökonomik

Wodurch unterscheidet sich die Makroökonomik von der Mikroökonomik? Der grundlegende Unterschied besteht darin, dass sich die Makroökonomik mit dem Verhalten der Volkswirtschaft als Ganzes beschäftigt.

Mikroökonomik versus Makroökonomik

In **Tabelle 21-1** finden Sie einige Fragen, die in der Volkswirtschaftslehre oft gestellt werden. Die mikroökonomische Version der jeweiligen Frage ist auf der linken Seite aufgeführt. Das makroökonomische Pendant finden Sie auf der rechten Seite der Tabelle. Durch den Vergleich der jeweiligen Fragen erhalten Sie einen ersten Eindruck vom Unterschied zwischen Mikro- und Makroökonomik. Wie Sie erkennen können, stehen bei der Mikroökonomik die Entscheidungen von Individuen und Unternehmen sowie die Folgen dieser Entscheidungen im Mittelpunkt. So können wir beispielsweise auf die Mikroökonomik zurückgreifen, um zu bestimmen, welche Kosten einer Universität entstehen würden, wenn sie ein neues Studienfach anbieten wollte – zu diesen Kosten gehören unter anderem die Gehälter der Lehrenden, die Kosten für Räume und Lehrmaterialien usw. Die Universität kann dann durch den Vergleich von Kosten und Nutzen entscheiden, ob sie ein derartiges Studienfach anbieten möchte oder nicht. Die Makroökonomik beschäftigt sich dagegen mit dem *aggregierten* Verhalten der Wirtschaft – wie die Aktionen von Individuen und Unternehmen in der Wirtschaft zusammenwirken und wie durch das Zusammenwirken eine bestimmte gesamtwirtschaftliche Lage entsteht. So beschäftigt sich beispielsweise die Makroökonomik mit dem Preisniveau der Wirtschaft und wie hoch oder niedrig das Preisniveau im Vergleich zum Preisniveau des letzten Jahres ist. (Sie beschäftigt sich aber nicht mit dem Preis einer einzelnen Ware oder einer einzelnen Dienstleistung.)

Vielleicht denken Sie, dass sich makroökonomische Fragen einfach dadurch beantworten lassen, dass man mikroökonomische Antworten zusammenzählt. So sagt uns beispielsweise das Angebots-Nachfrage-Modell, das wir in Kapitel 3 eingeführt haben, wie der Gleichgewichtspreis eines einzelnen Gutes auf einem Wettbewerbs-

Tab. 21-1

Mikroökonomische versus makroökonomische Fragen

Mikroökonomische Fragen	Makroökonomische Fragen
Sollte ich nach meinem Schulabschluss studieren oder mir einen Job suchen?	Wie viele Menschen werden in der Wirtschaft insgesamt in diesem Jahr beschäftigt?
Welche Faktoren bestimmen die Höhe des Gehaltes, das Siemens oder Bosch einem Ingenieur bezahlen?	Wodurch bestimmt sich das Lohnniveau eines bestimmten Jahres?
Welche Faktoren bestimmen die Kosten, die einer Universität durch die Einrichtung eines neuen Studiengangs entstehen?	Wodurch bestimmt sich das Preisniveau eines bestimmten Jahres?
Welche politischen Maßnahmen sollten ergriffen werden, um es Kindern aus einkommensschwachen Familien zu erleichtern, ein Universitätsstudium zu absolvieren?	Welche politischen Maßnahmen sollten ergriffen werden, um Beschäftigung und Wachstum der Volkswirtschaft zu fördern?
Welche Faktoren bestimmen, ob die Deutsche Bank eine neue Filiale in Schanghai eröffnet?	Welche Faktoren bestimmen das Gesamtausmaß von Handel und Kapitalverkehr zwischen der Bundesrepublik Deutschland und der übrigen Welt?
Warum gab es während der Covid-19-Pandemie vielerorts kein Toilettenpapier mehr zu kaufen?	Wie wirkte sich der Rückgang der Konsumausgaben während der Covid-19-Pandemie auf die gesamtwirtschaftliche Beschäftigung aus?

markt bestimmt wird. Man könnte daher denken, man müsse nur für jede Ware und Dienstleistung der Wirtschaft unsere Angebots-und-Nachfrage-Analyse durchführen und dann die Ergebnisse aufsummieren, um zu verstehen, was das Preisniveau einer Wirtschaft ausmacht.

Es zeigt sich aber, dass ein derartiges Vorgehen nicht funktioniert: Zwar sind grundlegende Konzepte wie Angebot und Nachfrage für die Makroökonomik genauso essenziell, wie sie es für die Mikroökonomik sind, die Beantwortung makroökonomischer Fragen bedarf aber zusätzlicher Werkzeuge und eines erweiterten Betrachtungsrahmens.

Makroökonomik: Das Ganze ist mehr als die Summe seiner Teile

Wenn Sie gelegentlich auf einer Autobahn unterwegs sind, wissen Sie vermutlich, was ein »Gaffer-Stau« ist und warum dieser so lästig ist. Irgendjemand hält aus irgendeinem Grund auf der Standspur – vielleicht, um ein Rad zu wechseln. Und dann dauert es nicht lange, bis sich ein Stau bildet, weil die anderen Fahrer langsamer werden, um sich die Sache besser ansehen zu können.

Was an der Sache so ärgerlich ist: Die Staulänge steht in keinem Verhältnis zu der Banalität des Ereignisses, das den Stau auslöst. Da einige Fahrer auf die Bremse treten, damit sie mehr sehen, müssen die Fahrer hinter ihnen ebenfalls auf die Bremse treten, die noch weiter hinten Fahrenden müssen das Gleiche tun usw. Die Summierung aller Bremsvorgänge führt zu einem großen, Zeit verschwendenden Stau, weil jeder Fahrer ein bisschen langsamer wird als der Fahrer vor ihm.

Einen durch Gaffen verursachten Stau zu verstehen hilft uns, dabei einen ersten Eindruck davon zu gewinnen, wie sich Makroökonomik und Mikroökonomik unterscheiden: Viele Tausende oder Millionen Einzelhandlungen kommen zusammen und führen zu einem Ergebnis, das mehr ist als die einfache Summe der Einzelhandlungen.

Schauen wir uns als Beispiel ein Phänomen an, das von Makroökonomen als »Sparparadoxon« bezeichnet wird: Machen sich Familien und Unternehmen Sorgen darüber, dass die Zeiten wirtschaftlich härter werden, dann bereiten sie sich darauf vor, indem sie ihre Ausgaben kürzen. Diese Ausgabenkürzung dämpft aber die wirtschaftliche Aktivität, weil die Konsumenten weniger ausgeben und die Unternehmen darauf mit Entlassungen reagieren. Im Ergebnis kann dieses Verhalten dazu führen, dass sich Familien und Unternehmen am Ende schlechter stellen als wenn sie gar nicht erst versucht hätten, verantwortlich zu handeln und ihre Ausgaben zu kürzen.

Dies wird als Paradoxon bezeichnet, weil scheinbar tugendhaftes Verhalten – sich umsichtig durch höheres Sparen auf schwierige Zeiten vorzubereiten – in einer Schädigung von allen endet. Und es gibt noch eine zweite Seite dieser Geschichte: Betrachten Familien und Unternehmen die ökonomische Zukunft mit Optimismus, erhöhen sie heute ihre Ausgaben. Dadurch wird die Wirtschaft stimuliert, was die Unternehmen veranlasst, mehr Arbeitnehmer zu beschäftigen, wodurch die Wirtschaft weiter angeheizt wird. Scheinbar verschwenderisches Verhalten führt dazu, dass sich alle besser stellen.

WISSENSCHAFT UND PRAXIS

Der Kampf gegen die Krise

In den Jahren 2007–2009 erlebte die Weltwirtschaft eine schwere Finanzkrise, die Erinnerungen an die Weltwirtschaftskrise wach werden ließ. Große Banken standen kurz vor dem Zusammenbruch, der Welthandel erlahmte. Im Frühjahr 2009 analysierten die Wirtschaftshistoriker Barry Eichengreen und Kevin O'Rourke die verfügbaren Daten und wiesen darauf hin, dass der Einbruch der gesamtwirtschaftlichen Entwicklung das Ausmaß der Weltwirtschaftskrise in den 1930er-Jahren sogar noch übertreffen könne.

Glücklicherweise kam es nicht zum Schlimmsten. **Abbildung 21-1** zeigt die Daten zur Entwicklung der weltweiten Industrieproduktion, auf die Eichengreen und O'Rourke zurückgegriffen haben. Im ersten Jahr fiel der Rückgang der Industrieproduktion weltweit während der Krise 2007–2009 annähernd so groß aus wie während der Weltwirtschaftskrise. Aber bereits nach einem Jahr ist die Weltindustrieproduktion während der Krise 2007–2009 glücklicherweise wieder angestiegen. Während der Weltwirtschaftskrise ist die weltweite Industrieproduktion dagegen noch für drei weitere Jahre gesunken. Was war die Ursache für die unterschiedliche Entwicklung?

Ein Grund war sicherlich die unterschiedliche Reaktion der Wirtschaftspolitik. Während der Weltwirtschaftskrise war man lange Zeit davon überzeugt, dass die Wirtschaft von selbst wieder auf die Beine kommen würde. Jeder Versuch eines staatlichen Eingriffs wurde abgelehnt. Der österreichische Ökonom Joseph Schumpeter, der für seine Arbeiten auf dem Gebiet der Innovationsforschung berühmt ist, vertrat sogar die Auffassung, dass ein Eingreifen der Wirtschaftspolitik verhindern würde, dass die Krise ihre Aufgabe erfüllt. Zu Beginn der 1930er-Jahre wurden trotz der Krise in einigen Ländern sogar die Zinsen angehoben, während gleichzeitig die Staatsausgaben gekürzt und die Steuern erhöht wurden. Diese Maßnahmen führten – wie wir später noch lernen werden – zu einer Verschärfung der Krise.

Im Zuge der Wirtschaftskrise 2007–2009 wurden dagegen rasch die Zinssätze gesenkt. Viele Länder setzten auf fiskalpolitische Maßnahmenpakete mit Ausgabenerhöhungen und Steuererleichterungen, um die gesamtwirtschaftlichen Ausgaben zu stabilisieren. Gleichzeitig wurden Banken durch staatliche Kredite und Garantien vor dem Zusammenbruch gerettet.

Ein Teil der umgesetzten Maßnahmen war und ist sicherlich diskussionswürdig. Dennoch sind die meisten Ökonomen davon überzeugt, dass das aktive Eingreifen des Staates – gestützt auf die Kenntnis der makroökonomischen Zusammenhänge – während der Krise dazu beigetragen hat, eine schlimmere Krise für die Weltwirtschaft zu verhindern.

Abb. 21-1: Die Entwicklung der weltweiten Industrieproduktion während der Weltwirtschaftskrise und der Krise 2007–2009

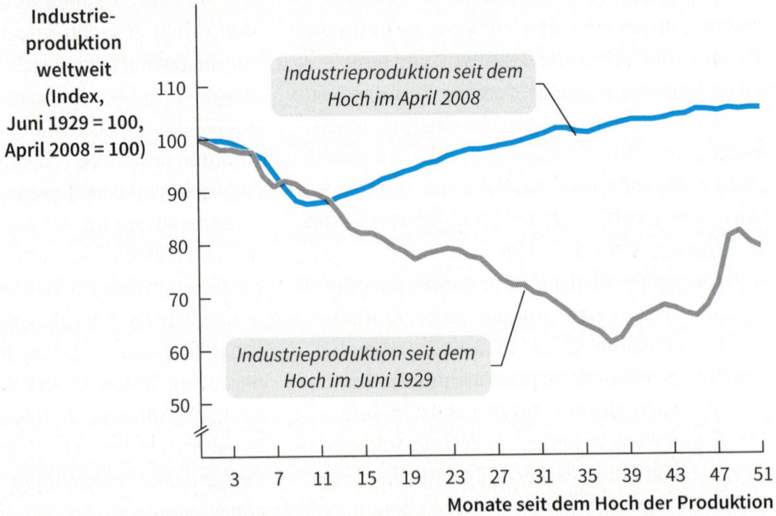

Quelle: Barry Eichengreen und Kevin O'Rourke (2009), A Tale of Two Depressions, © VoxEU.org; CPB Netherlands Bureau for Economic Policy Analysis World Trade Monitor

Eine Haupterkenntnis der Makroökonomik besteht darin, dass der kombinierte Effekt individueller Entscheidungen Auswirkungen haben kann, die sich deutlich von dem unterscheiden, was die einzelnen Individuen eigentlich wollten, manchmal sogar das genaue Gegenteil zur Folge haben. Das Verhalten der Wirtschaft insgesamt ist tatsächlich mehr als die Summe von einzelwirtschaftlichem Verhalten und Marktergebnissen.

Makroökonomik: Theorie und Politik

Die Makroökonomik beschäftigt sich in stärkerem Maße als die Mikroökonomik mit der Wirtschaftspolitik, also mit staatlichen Maßnahmen, die die gesamtwirtschaftliche Entwicklung beeinflussen. Dieser starke Bezug zur Wirtschaftspolitik ist historisch begründet und geht insbesondere auf die Weltwirtschaftskrise zurück.

Noch zu Beginn der 1930er-Jahre gingen die meisten Ökonomen allgemein davon aus, dass eine Volkswirtschaft eine **Selbstheilungskraft** hat. Man unterstellte, dass Probleme wie z. B. Arbeitslosigkeit durch das Wirken der unsichtbaren Hand beseitigt werden und dass jeder Eingriff des Staates bestenfalls wirkungslos sei, und im schlimmsten Fall aber zu einer Verschlechterung der Lage führt.

Die Weltwirtschaftskrise veränderte diese Sichtweise grundlegend. Allein das ungeheure Ausmaß der Krise, bei der in den großen Industrieländern bis zu einem Drittel der Beschäftigten seinen Arbeitsplatz verlor und die innere Sicherheit in vielen Ländern bedroht war, verdeutlichte die Notwendigkeit zum Handeln. Gleichzeitig bemühten sich die Ökonomen darum, die Ursachen für den Einbruch in der gesamtwirtschaftlichen Entwicklung zu verstehen und Mittel und Wege zu finden, um derartige Krisen in Zukunft zu vermeiden.

Im Jahr 1936 veröffentlichte der britische Ökonom John Maynard Keynes sein – inzwischen berühmtes – Buch mit dem Titel »Allgemeine Theorie der Beschäftigung, des Zinses und des Geldes« (»The General Theory of Employment, Interest, and Money«), das die Makroökonomik formte. Nach Ansicht der **Keynesianischen Lehre** liegt die Ursache für eine Wirtschaftskrise in einem zu geringen Ausgabenniveau. Keynes vertrat die Auffassung, dass der Staat in einer derartigen Situation durch Geldpolitik und Fiskalpolitik eingreifen sollte, um die gesamtwirtschaftliche Entwicklung zu stabilisieren. Während die **Geldpolitik** durch Änderungen der Geldmenge auf eine Änderung des Zinsniveaus abzielt, greift die **Fiskalpolitik** auf Steueränderungen und Staatsausgaben zurück, um die gesamtwirtschaftlichen Ausgaben zu beeinflussen.

Keynes sprach sich grundsätzlich dafür aus, dass der Staat die Verantwortung für die Steuerung der gesamtwirtschaftlichen Entwicklung übernehmen sollte. Keynes' Ideen hatten einen großen Einfluss sowohl auf die Wirtschaftstheorie als auch auf die Wirtschaftspolitik, der bis heute andauert. Während der Wirtschaftskrise 2007–2009 verabschiedeten viele Regierungen Maßnahmenpakete zur Stabilisierung der gesamtwirtschaftlichen Entwicklung, die ganz klar keynesianische Züge trugen.

Nach der **Keynesianischen Lehre** liegt die Ursache für eine Wirtschaftskrise in einem zu geringen Ausgabenniveau, das durch einen Eingriff des Staates korrigiert werden kann.

Die **Geldpolitik** versucht durch Änderungen der Geldmenge eine Änderung des Zinsniveaus zu erreichen und damit die gesamtwirtschaftlichen Ausgaben zu beeinflussen.

Die **Fiskalpolitik** greift auf Steueränderungen und Staatsausgaben zurück, um die gesamtwirtschaftlichen Ausgaben zu beeinflussen.

Die **Selbstheilungskraft** ermöglicht es der Volkswirtschaft, Probleme wie z. B. Arbeitslosigkeit ohne staatliche Eingriffe durch das Wirken der unsichtbaren Hand zu lösen.

Kurzzusammenfassung

- Während sich die Mikroökonomik mit den Entscheidungen von Haushalten und Unternehmen befasst, beschäftigt sich die Makroökonomik mit dem Verhalten der Volkswirtschaft als Ganzes.
- Der kombinierte Effekt individueller Entscheidungen kann Auswirkungen haben, die sich deutlich von dem unterscheiden, was die einzelnen Individuen eigentlich wollten, und damit zu besseren oder schlechteren makroökonomischen Ergebnissen für jeden führen.
- Bis zum Beginn der 1930er-Jahre gingen die meisten Ökonomen davon aus, dass eine Volkswirtschaft eine **Selbstheilungskraft** hat. Nach der Großen Weltwirtschaftskrise begründete die **Keynesianische Lehre** staatliche Eingriffe durch **Geldpolitik** und **Fiskalpolitik** zur Stabilisierung der gesamtwirtschaftlichen Entwicklung.

ÜBERPRÜFEN SIE IHR WISSEN

1. Welche der folgenden Fragen gehört/gehören in den Bereich der Mikroökonomik? Welche in den Bereich der Makroökonomik? Erläutern Sie Ihre Antworten.
   a. Warum haben sich die Konsumenten im Jahr 2008 eher für kleinere Pkws entschieden?
   b. Warum gingen die Konsumausgaben im Jahr 2008 zurück?
   c. Warum ist der Lebensstandard in den ersten Jahren nach dem Zweiten Weltkrieg stärker angestiegen als in späteren Jahren?
   d. Warum ist das Anfangsgehalt von Hochschulabsolventen im Fach Volkswirtschaftslehre in den letzten Jahren stark angestiegen?
   e. Wovon hängt die Entscheidung zwischen einem Transport mit der Eisenbahn oder auf der Straße ab?
   f. Warum sind Laptops zwischen 2000 und 2020 billiger geworden?
   g. Warum ist die Inflation in den 2010er-Jahren gesunken?
2. Im Jahr 2008 führten Probleme im Finanzsektor zu einer Kreditklemme. Für Grundstückskäufer war es schwierig, ein Hypothekendarlehen zu bekommen, Autokäufer konnten keinen Konsumentenkredit bekommen, Studierende keinen Ausbildungskredit.
   a. Erklären Sie, wie die Kreditklemme zu kombinierten Effekten in der gesamten Volkswirtschaft führen kann, sodass es zu einer Wirtschaftskrise kommt.
   b. Wenn Sie an die Selbstheilungskraft einer Volkswirtschaft glauben, was würden Sie der Wirtschaftspolitik in einer derartigen Situation empfehlen?
   c. Wenn Sie stattdessen von der Keynesianischen Lehre überzeugt sind, welchen Rat würden Sie dann der Wirtschaftspolitik geben?

21.2 Der Konjunkturzyklus

Nach dem Ende des Zweiten Weltkrieges ist es in der Bundesrepublik Deutschland zu einem beeindruckenden Wirtschaftsaufschwung gekommen. Dennoch kam es immer wieder zu Wirtschaftskrisen. Aber alles in allem ging es mit der deutschen Volkswirtschaft stetig bergauf.

Dies lässt sich durch einen Blick auf wichtige Wirtschaftsdaten belegen. In **Abbildung 21-2**, Diagramm (a), ist die Entwicklung der Industrieproduktion und der Zahl der Arbeitnehmer (also die Personen, die auf der Grundlage eines Arbeitsvertrages für jemanden arbeiten) in der Bundesrepublik Deutschland seit 1970 dargestellt. Sowohl die Industrieproduktion (blaue Linie) als auch die Zahl der Arbeitnehmer (dunkelgraue Linie) ist in den letzten 50 Jahren deutlich angestiegen. In den meisten Jahren sind Industrieproduktion und Beschäftigung sogar gleichzeitig gestiegen.

Dennoch war dieser Anstieg nicht stetig. Wie der Blick auf Abbildung 21-2 zeigt, gab es immer wieder Phasen – wie etwa Mitte der 1970er-Jahre, Anfang der 1980er und 1990er-Jahre, zu Beginn der 2000er-Jahre, Ende der 2000er-Jahre und zuletzt im Jahr 2020 – in denen Industrieproduktion und Beschäftigung gesunken sind. Im Diagramm (b) von Abbildung 21-2 sind die Veränderungsraten von Industrieproduktion und Beschäftigung im Vergleich zum Vorjahr abgetragen. Damit sind die Einbrüche deutlich zu erkennen. Außerdem sieht man, dass die Auswirkungen einer Rezession auf Produktion und Beschäftigung nicht immer gleich groß ausfallen. So ist beispielsweise der Einbruch der Industrieproduktion während der Wirtschaftskrise 2007–2009 deutlich stärker ausgefallen als in der Krise zu Beginn der 1990er-Jahre. Gleichzeit ist die Beschäftigung (auch dank wirtschaftspolitischer Eingriffe) in den Jahren

Abb. 21-2

Die Entwicklung der deutschen Volkswirtschaft 1970–2021

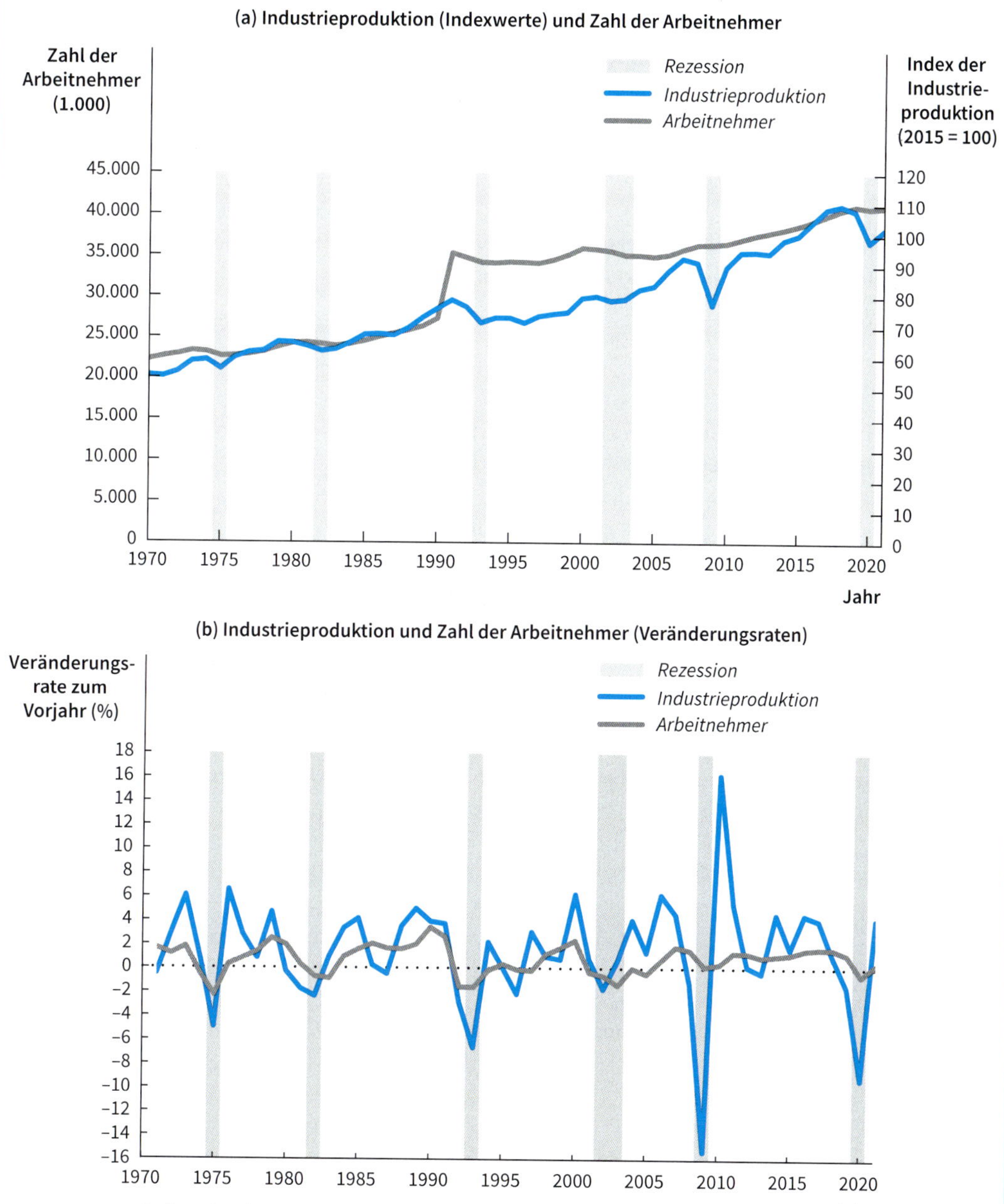

Quelle: Statistisches Bundesamt

Diagramm (a) zeigt die Entwicklung der Industrieproduktion und der Zahl der Arbeitnehmer in der Bundesrepublik Deutschland im Zeitraum 1970 bis 2021. Beide Größen haben im Zeitablauf stark zugenommen. Allerdings erfolgte dieser Anstieg nicht stetig und ist immer wieder durch Einbrüche, durch *Rezessionen* unterbrochen worden, die in der Abbildung durch graue Säulen dargestellt sind. Im Diagramm (b) sind diese Einbrüche anhand der jährlichen Veränderungsraten noch deutlicher zu erkennen. In jeder Rezession sind sowohl Industrieproduktion als auch Beschäftigung gesunken.

Rezessionen sind Phasen des wirtschaftlichen Abschwungs, in denen Produktion und Beschäftigung sinken.

Expansionen oder Erholungen sind Phasen des wirtschaftlichen Aufschwungs, in denen Produktion und Beschäftigung zunehmen.

Der Punkt, an dem die Volkswirtschaft von einem Aufschwung in einen Abschwung gerät, wird als **Gipfel der konjunkturellen Entwicklung** bezeichnet.

Talsohle der konjunkturellen Entwicklung
Der Punkt, an dem die Volkswirtschaft nach einer Rezession wieder in einen Aufschwung übergeht.

Als **Konjunkturzyklus** bezeichnet man den kurzfristigen Wechsel zwischen Abschwüngen der Wirtschaft (Rezessionen) und Aufschwüngen (Expansionen).

2007–2009 kaum gesunken. Würde man sich die Daten weiter im Detail anschauen, käme man zu der Erkenntnis, dass in Krisenzeiten Produktions- und Beschäftigungsrückgänge in praktisch allen Branchen zu verzeichnen waren.

Wir lernen daraus, dass die Entwicklung einer Volkswirtschaft nicht gleichmäßig erfolgt. Das unterschiedliche Entwicklungstempo, Höhen und Tiefen – mit all diesen Dingen beschäftigt sich ein großer Teil der Makroökonomik.

Der Verlauf des Konjunkturzyklus

In **Abbildung 21-3** ist der Entwicklungspfad einer Volkswirtschaft stilisiert dargestellt. An der senkrechten Achse (Ordinate) ist eine Größe abgetragen, die widerspiegelt, wie viel in einer Volkswirtschaft produziert wird, wie z. B. die Industrieproduktion oder das *reale Bruttoinlandsprodukt* (*reales BIP*). Das reale BIP ist ein Maß für den Wert der gesamtwirtschaftlichen Produktion einer Volkswirtschaft, das wir im nächsten Kapitel noch genauer kennenlernen werden. Wie die Daten in Abbildung 21-2 gezeigt haben, folgt eine Volkswirtschaft auf lange Sicht einem Wachstumspfad, der von kurzfristigen Hoch- und Tiefpunkten überlagert ist.

Der kurzfristige Wechsel zwischen Aufschwung und Abschwung in der Wirtschaft wird als **Konjunkturzyklus** bezeichnet. Bei einem ausgeprägten und anhaltenden Abschwung spricht man von einer **Rezession**. Rezessionen sind Phasen, in denen Produktion und Beschäftigung rückläufig sind. Im Gegensatz dazu bezeichnet man Aufschwungphasen der Wirtschaft, Zeiträume, in denen Produktion und Beschäftigung steigen, als **Expansionen** oder Erholungen. Der **Gipfel der konjunkturellen Entwicklung** markiert den Punkt, an dem die Volkswirtschaft von einem Aufschwung in einen Abschwung gerät. Die **Talsohle der konjunkturellen Entwicklung** ist erreicht, wenn der Abschwung beendet ist und sich die Volkswirtschaft wieder erholt.

Wirtschaftskrisen sind schmerzhaft

Wenn sich die Volkswirtschaft in einem Aufschwung befindet, dann gibt es nur wenig Grund zur Unzufriedenheit. In einer Rezession sieht das anders aus.

Gerät die Volkswirtschaft in einen konjunkturellen Abschwung, dann hat dies unmittelbar Einfluss auf die Chancen der Arbeitskräfte, ihren Arbeitsplatz zu behalten oder einen neuen Arbeitsplatz zu finden. Zur Beschreibung der Lage am Arbeitsmarkt wird in der Regel die Arbeitslosenquote herangezogen. Wie die Arbeitslosenquote ermittelt wird, werden wir in Kapitel 23 erfahren. Für den Moment ist es nur wichtig zu wissen, dass eine hohe Arbeitslosenquote ein Zeichen dafür

Abb. 21-3

Der Konjunkturzyklus

Die Abbildung zeigt eine vereinfachte Darstellung des Konjunkturzyklus. Die senkrechte Achse misst die Produktion einer Volkswirtschaft (z. B. das reale Bruttoinlandsprodukt) oder die Beschäftigung. Sind Produktion und Beschäftigung rückläufig, befindet sich die Volkswirtschaft in einer *Rezession*. Zeiträume, in denen Produktion und Beschäftigung steigen, bezeichnet man als *Expansionen*. Auf dem *Gipfel der konjunkturellen Entwicklung* geht die Volkswirtschaft von einem Aufschwung in einen Abschwung über. Die *Talsohle der konjunkturellen Entwicklung* ist erreicht, wenn der Abschwung beendet ist und sich die Volkswirtschaft wieder erholt.

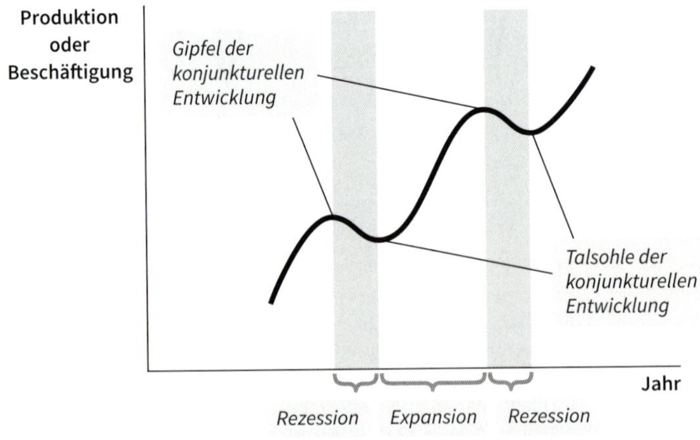

Abb. 21-4

Die Arbeitslosenquote in der Bundesrepublik Deutschland 1950–2021

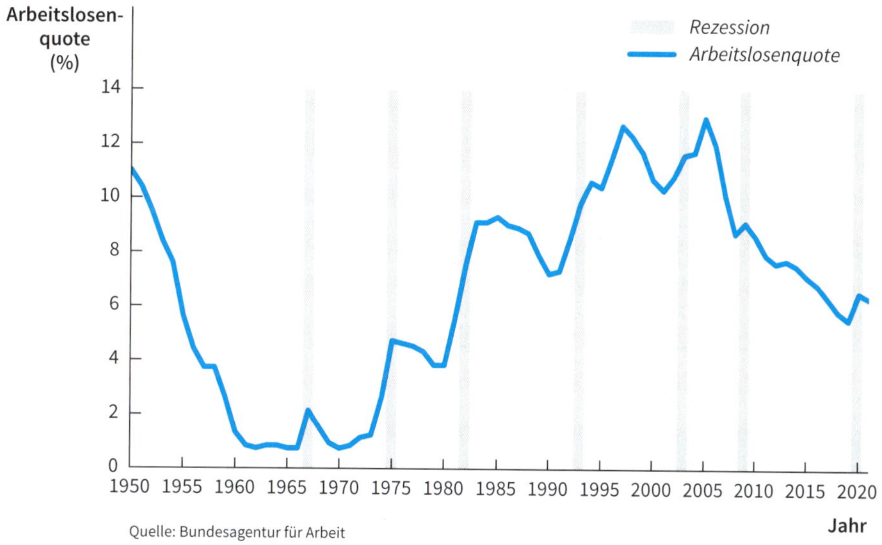

Quelle: Bundesagentur für Arbeit

Die Arbeitslosenquote spiegelt das Ausmaß der Arbeitslosigkeit wider. In einer Rezession steigt die Arbeitslosenquote, während einer Expansion sinkt die Arbeitslosenquote.

ist, dass es nur wenig freie Arbeitsplätze gibt. Dagegen signalisiert eine niedrige Arbeitslosenquote, dass es vergleichsweise leicht ist, einen neuen Job zu finden.

Abbildung 21-4 zeigt die Entwicklung der Arbeitslosenquote in der Bundesrepublik Deutschland im Zeitraum 1950–2021. Es ist deutlich zu erkennen, dass die Arbeitslosenquote in Zeiten einer Wirtschaftskrise steigt und anschließend im konjunkturellen Aufschwung wieder sinkt.

Da viele Menschen während einer Rezession ihren Arbeitsplatz verlieren und kaum Chancen haben, einen neuen Job zu finden, sinkt in Krisenzeiten der Lebensstandard von vielen Familien. In einer Rezession steigt die Zahl der Menschen, die unterhalb der Armutsgrenze leben. Familien verlieren ihre Häuser, da sie den Hypothekenzahlungen nicht mehr nachkommen können. Menschen verlieren den Versicherungsschutz, weil sie sich die Versicherungsbeiträge nicht mehr leisten können. Eine Rezession trifft jedoch nicht nur die Arbeitskräfte. Auch die Unternehmen sind davon betroffen. In der Krise sinken auch Erlöse und Gewinne und viele, vor allem kleine Unternehmen gehen pleite.

Bändigung des Konjunkturzyklus

Wenn Rezessionen zu großen Problemen in der Volkswirtschaft führen, stellt sich die Frage, ob es Maßnahmen gibt, mit denen man das Ausmaß und die Häufigkeit von Wirtschaftskrisen beeinflussen kann.

Der Ökonom John Maynard Keynes widmete sich dieser Fragestellung in seinem berühmten Werk »Allgemeine Theorie der Beschäftigung, des Zinses und des Geldes« und schlug vor, den Auswirkungen einer Rezession durch den Einsatz von geld- und fiskalpolitischen Maßnahmen entgegenzusteuern. Bis zum heutigen Tage verfolgt der Staat in Krisenzeiten eine keynesianische Wirtschaftspolitik. Ein weiterer großer Ökonom, Milton Friedman, verwies auf die Notwendigkeit, die gesamtwirtschaftliche Entwicklung in einem Aufschwung zu bremsen und in einem Abschwung zu stützen. Die Wirtschaftspolitik war daraufhin bestrebt, den Konjunkturzyklus zu glätten. Der Blick auf Abbildung 21-2 zeigt, dass dieser wirtschaftspolitische Ansatz nicht zum vollen Erfolg geführt hat. Dennoch ist unbestritten, dass es die Wirtschaftspolitik auf der Grundlage makroökonomischer Analysen zumindest

VERTIEFUNG

Die Definition von Rezessionen und Expansionen

Mancher Leser fragt sich vielleicht, wie Rezessions- und Expansionsphasen genau voneinander abgegrenzt bzw. definiert werden. Die Antwort lautet: Es gibt keine exakte Definition!

In vielen Ländern haben sich Ökonomen auf die Konvention verständigt, eine Rezession als Phase von mindestens zwei aufeinanderfolgenden Quartalen zu definieren, in denen die gesamtwirtschaftliche Produktion rückläufig ist. Die bei dieser Definition erhobene Forderung von zwei aufeinanderfolgenden Quartalen rückläufiger Wirtschaftsentwicklung soll verhindern, dass kurzfristige Ausschläge der Wirtschaft als Rezessionen klassifiziert werden, obwohl sie keine größere Bedeutung haben. Manchmal jedoch erscheint diese Definition als zu eng. Stellen wir uns beispielsweise einen Wirtschaftsverlauf vor, der folgendermaßen aussieht: drei Monate mit deutlichem Rückgang der Produktion, dann drei Monate mit ganz geringem positiven Wachstum, anschließend wieder drei Monate ausgeprägten Rückgangs der Produktion. Ein derart beschriebener Wirtschaftsablauf sollte wohl auf jeden Fall als neunmonatige Rezessionsphase klassifiziert werden.

In den Vereinigten Staaten versucht man, falsche Zuordnungen dadurch zu vermeiden, dass die Aufgabe der Datierung von Rezessionen einem Gremium unabhängiger Experten beim National Bureau of Economic Research (NBER) übertragen wurde. Dieses Gremium bezieht eine Vielzahl ökonomischer Indikatoren in seine Überlegungen ein, wobei es schwerpunktmäßig um Beschäftigung und Produktion geht. Letztlich wird die Festlegung des Beginns und des Endes von Rezessionsphasen nicht automatisch aufgrund bestimmter Indikatorkonstellationen, sondern aufgrund eines Expertenurteils festgelegt.

LÄNDER IM VERGLEICH

Die Finanz- und Wirtschaftskrise 2007–2009 in der Europäischen Union und in den Vereinigten Staaten

Die Abbildung zeigt die Entwicklung der Arbeitslosenquote von 2007 bis 2021 in den beiden größten Volkswirtschaften der Welt: in der Europäischen Union und in den Vereinigten Staaten. Man kann deutlich erkennen, dass beide Volkswirtschaften in den Jahren 2008–2009 einen sprunghaften Anstieg der Arbeitslosigkeit zu verzeichnen hatten.

Dass es in verschiedenen Volkswirtschaften zum gleichen Zeitpunkt zu einer Rezession kommt, ist kein seltenes Phänomen. Aber das bedeutet keineswegs, dass sich die Volkswirtschaften auch im Gleichschritt durch und aus der Krise bewegen. Wie man in der Abbildung erkennen kann, ist die Arbeitslosenquote in den Vereinigten Staaten seit 2010 stetig gesunken, auch wenn der Rückgang langsamer vonstattenging als von vielen erhofft. In der Europäischen Union kam es dagegen von 2011 bis 2013 zu einem weiteren Anstieg der Arbeitslosigkeit. Die Ursache für diesen erneuten Anstieg sahen einige Ökonomen in einer falschen wirtschaftspolitischen Ausrichtung. Erst ab Mitte 2013 kam es auch in der Europäischen Union zu einem stetigen Rückgang der Arbeitslosenquote.

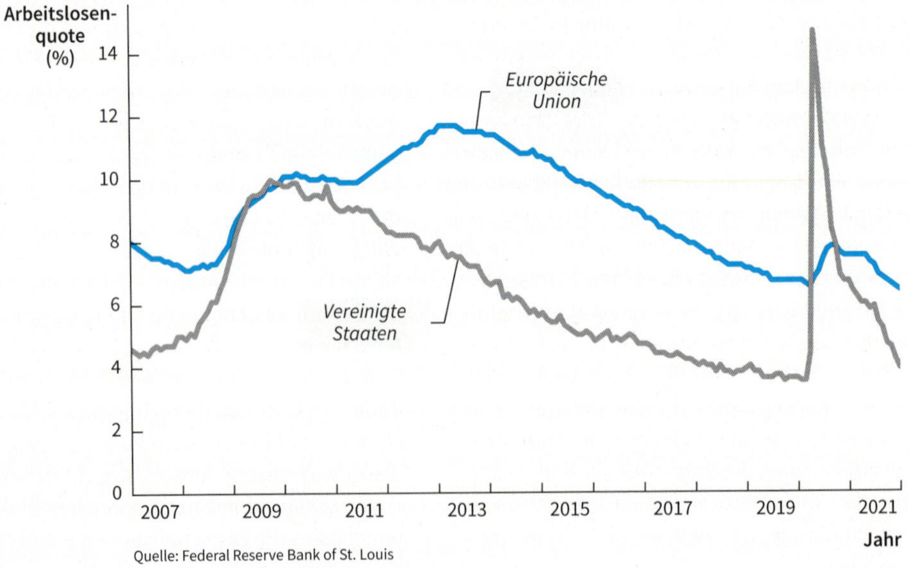

Quelle: Federal Reserve Bank of St. Louis

Auch während der Covid-19-Pandemie unterschieden sich die Vereinigten Staaten und die Europäische Union. Während in den Vereinigten Staaten die Arbeitslosenquote steil anstieg, um danach fast ebenso schnell zu sinken, stieg die Arbeitslosenquote in der Europäischen Union nur wenig an, ging danach aber auch nur langsam zurück.

Wir lernen daraus, dass der Konjunkturzyklus einer Volkswirtschaft nicht völlig unabhängig von der Entwicklung in anderen Volkswirtschaften verläuft, auch wenn sich die einzelnen Volkswirtschaften durch ihre Wirtschaftsstruktur oder ihren wirtschaftspolitischen Kurs voneinander unterscheiden.

WISSENSCHAFT UND PRAXIS

Schlechte Zeiten in Brasilien

Die Finanz- und Wirtschaftskrise 2007–2009 erfasste nahezu die gesamte Weltwirtschaft, auch wenn einige Volkswirtschaften stärker betroffen waren als andere. Aber manchmal haben einzelne Volkswirtschaften auch hausgemachte Probleme. Fünf Jahre nach dem Ende der Finanz- und Wirtschaftskrise in den Vereinigten Staaten schlitterte Brasilien, eine aufstrebende Wirtschaftsmacht in Südamerika, in eine Wirtschaftskrise, die schlimmer war als jede Krise in den Vereinigten Staaten in den letzten fünfzig Jahren.
Abbildung 21-5 vergleicht die Entwicklung des realen Bruttoinlandsproduktes, eines Maßes für die gesamtwirtschaftliche Produktion eines Landes, während der Finanz- und Wirtschaftskrise 2007–2009 in den Vereinigten Staaten mit der Entwicklung des realen Bruttoinlandsproduktes während der Wirtschaftskrise in Brasilien ab 2014. In beiden Fällen messen wir das Produktionsniveau in Prozent des Produktionsniveaus unmittelbar vor Beginn der Krise. Wie man erkennen kann, fiel der Produktionsrückgang in Brasilien viel stärker aus und war länger anhaltend als in den Vereinigten Staaten.
Die Ursachen für die Wirtschaftskrise in Brasilien lagen in einer Kombination aus sinkenden Preisen für Güter, die Brasilien auf dem Weltmarkt verkauft (wie z. B. Sojabohnen), und einer Kaufzurückhaltung der brasilianischen Konsumenten, die sich zu stark verschuldet hatten.
Aber warum nahm die Wirtschaftskrise so schwere Ausmaße an? In Brasilien gab es während der Krise keine wirtschaftspolitischen Stützungsmaßnahmen – im Unterschied zu den Vereinigten Staaten, die während der Finanz- und Wirtschaftskrise 2007–2009 staatliche Konjunkturprogramme zur Ankurbelung der gesamtwirtschaftlichen Entwicklung einsetzen. Anstatt die Zinsen zu senken und die Staatsausgaben zu erhöhen, tat Brasilien genau das Gegenteil. Für diesen wirtschaftspolitischen Kurs gab es vor allem politische Gründe. Dieser Kurs führte jedoch dazu, dass die Wirtschaftskrise in Brasilien deutlich stärker ausfiel als die Finanz- und Wirtschaftskrise 2007–2009 in den Vereinigten Staaten.

Abb. 21.5: Zwei Wirtschaftskrisen im Vergleich

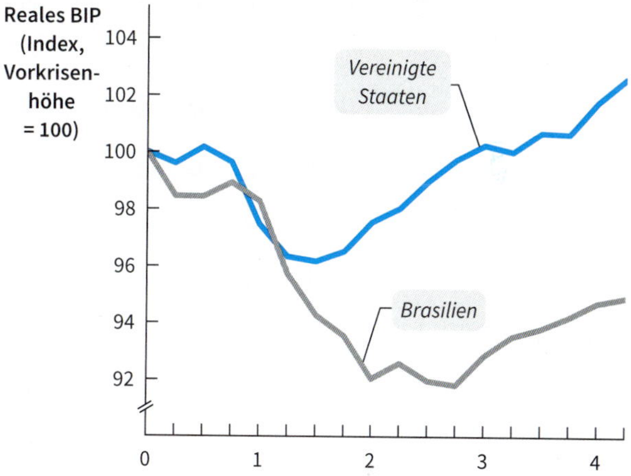

Quelle: Federal Reserve Bank of St. Louis

geschafft hat, die gesamtwirtschaftliche Entwicklung zu stabilisieren.

Auch wenn der Konjunkturzyklus ein zentrales Element gesamtwirtschaftlicher Analysen ist und eine entscheidende Rolle bei der Etablierung der Makroökonomik als eigenständiges Forschungsgebiet in der Volkswirtschaftslehre gespielt hat, beschäftigen sich Ökonomen auch mit weiteren makroökonomischen Fragestellungen. Dazu gehört das langfristige Wachstum einer Volkswirtschaft.

Kurzzusammenfassung

- Der **Konjunkturzyklus**, also der Wechsel zwischen **Rezessionen** und **Expansionen**, ist ein wichtiges Forschungsgebiet der modernen Makroökonomik.
- Der **Gipfel der konjunkturellen Entwicklung** markiert den Punkt, an dem die Volkswirtschaft von einem Aufschwung in einen Abschwung gerät. Die **Talsohle der konjunkturellen Entwicklung** ist erreicht, wenn der Abschwung beendet ist, und sich die Volkswirtschaft wieder erholt.

ÜBERPRÜFEN SIE IHR WISSEN

1. Warum analysieren wir den Konjunkturzyklus der gesamten Volkswirtschaft und fokussieren uns nicht auf einzelne Industriezweige?
2. Erläutern Sie, wie die Menschen von einer Rezession betroffen sind.

21.3 Langfristiges Wirtschaftswachstum

Zu Beginn der 1960er-Jahre waren die Bundesdeutschen mit ihrem Leben eigentlich ganz zufrieden. Nach den Entbehrungen der Kriegs- und Nachkriegsjahre war die deutsche Wirtschaft in den 1950er-Jahren um durchschnittlich mehr als 8 Prozent pro Jahr gewachsen. Die Wirtschaftswunderjahre hatten den Lebensstandard der Menschen deutlich erhöht. Aus heutiger Sicht war der Lebensstandard vor sechzig Jahren aber eher bescheiden. **Abbildung 21-6** zeigt die Ausstattung der Haushalte in der Bundesrepublik Deutschland mit ausgewählten Konsumgütern im Jahr 1962 und im Jahr 2021. Vor sechzig Jahren verfügte nur jeder zweite Haushalt über einen Kühlschrank, nur jeder dritte Haushalt über einen Fernseher und nur jeder vierte Haushalt über einen Pkw. Computer (PCs) und Mobiltelefone gab es noch gar nicht.

Warum sind heute in fast jedem Haushalt ein Kühlschrank, eine Waschmaschine, ein Fernseher, ein PC und Mobiltelefone zu finden? Warum können sich heute mehr als drei Viertel aller Haushalte einen Pkw leisten? Der Grund dafür liegt darin, dass die Produktion von Waren und Dienstleistungen in den letzten sechzig Jahren deutlich gewachsen ist. Der nachhaltige Aufwärtstrend der Gesamtproduktion wird durch den Begriff des **säkularen langfristigen Wachstums** (kurz: **langfristiges Wachstum**) bezeichnet. Das Wort *säkular* wird in diesem Kontext verwendet, um das langfristige Wachstum von den Expansionsphasen des Konjunkturzyklus zu unterscheiden, die im Durchschnitt weniger als fünf Jahre dauern. Säkulares langfristiges Wachstum bezieht sich auf das Wachstum der Wirtschaft über mehrere Jahrzehnte betrachtet. Der nachhaltige Anstieg der Gesamtproduktion spiegelt eines der Grundprinzipien der Volkswirtschaftslehre wider: Eine steigende Leistungsfähigkeit der Volkswirtschaft führt im Laufe der Zeit zu wirtschaftlichem Wachstum.

Säkulares langfristiges Wachstum oder kurz **langfristiges Wachstum** bezeichnet den dauerhaften Aufwärtstrend der Gesamtproduktion über mehrere Jahrzehnte.

In Abbildung 21-7 ist das reale BIP pro Kopf, ein Maß für die Pro-Kopf-Produktion einer Volkswirtschaft, für die Vereinigten Staaten und Großbritannien für verschiedene Zeitpunkte abgetragen, die bis zurück ins Mittelalter reichen. Für beide Länder ist ein deutlicher langfristiger Anstieg der Pro-

Abb. 21-6

Die Errungenschaften des langfristigen Wirtschaftswachstums in der Bundesrepublik Deutschland

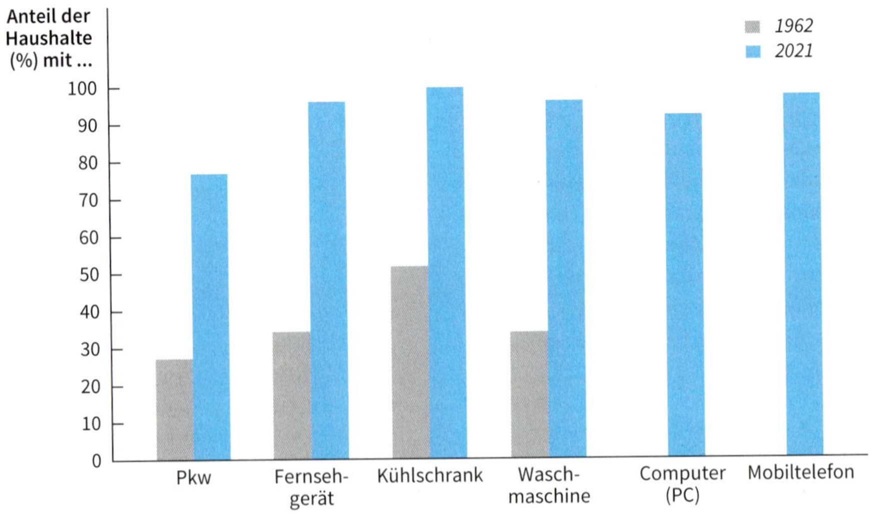

Quelle: Statistisches Bundesamt, Fachserie 15, Reihe 2

Durch das langfristige Wirtschaftswachstum konnten sich die Bundesbürger immer mehr Konsumgüter leisten.

Abb. 21-7

Wirtschaftswachstum auf lange Sicht

Auf lange Sicht ist das reale BIP pro Kopf sowohl in Großbritannien als auch in den Vereinigten Staaten gewachsen. Für einen Zeitraum von rund 250 Jahren war das reale BIP pro Kopf in Großbritannien größer als in den Vereinigten Staaten. Aber zu Beginn des 20. Jahrhunderts haben die Vereinigten Staaten Großbritannien beim realen BIP pro Kopf überholt.

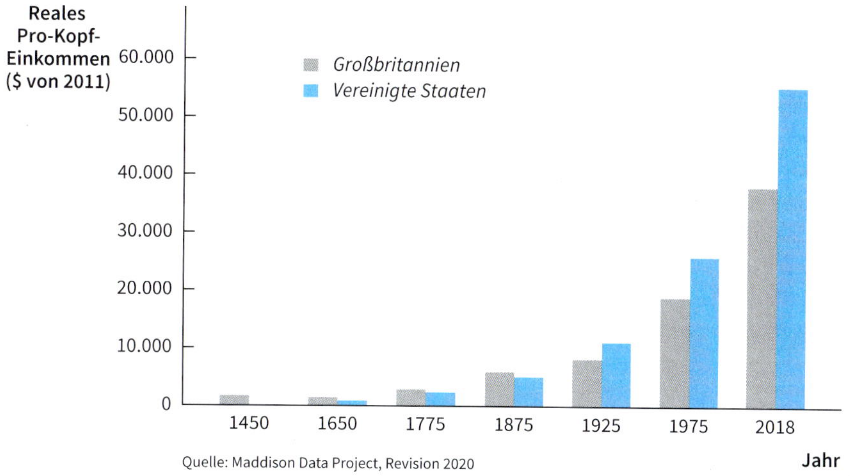

Quelle: Maddison Data Project, Revision 2020

Kopf-Produktion zu beobachten, der das kurzfristige Auf und Ab des Konjunkturzyklus dominiert.

Zwei Dinge sind in diesem Zusammenhang bemerkenswert:

1. Langfristiges Wirtschaftswachstum ist nur für die jüngere Vergangenheit zu beobachten: Großbritannien war im Jahr 1650 nicht reicher als 200 Jahre zuvor, und der Anstieg des weltweiten Pro-Kopf-Einkommens setzte erst nach 1890 ein.
2. Nicht alle Länder wachsen mit der gleichen Rate: In Großbritannien war das reale BIP pro Kopf über einen langen Zeitraum größer als in den Vereinigten Staaten. Durch einen Wachstumsschub zum Ende des 19. und zu Beginn des 20. Jahrhunderts konnten die Vereinigten Staaten Großbritannien überholen.

Für viele der ökonomischen Fragen, die uns heute am stärksten beschäftigen, ist das langfristige Wachstum von fundamentaler Bedeutung. Ist die Rente sicher? Können wir uns das System der sozialen Sicherung auch in Zukunft leisten? Wie schnell können wir zukunftsweisende Technologien zur Bekämpfung des Klimawandels entwickeln? Die Antworten auf all diese Fragen hängen davon ab, ob und wie stark unsere Volkswirtschaft auch in der Zukunft wachsen wird.

Insbesondere das *langfristige Pro-Kopf-Wachstum* – ein dauerhafter Aufwärtstrend der Gesamtproduktion *je Einwohner* – ist der Schlüssel für höhere Löhne und einen steigenden Lebensstandard. Ein wichtiges Anliegen der Makroökonomik (und Thema des Kapitels 24) ist der Versuch, das langfristige Wachstum zu verstehen.

Für ärmere, weniger entwickelte Länder hat langfristiges Wachstum eine noch größere Bedeutung. In diesen Ländern, die gerne einen höheren Lebensstandard erreichen würden, ist die Frage, wie sich die Wachstumsraten erhöhen lassen, zentrales Anliegen der Wirtschaftspolitik.

Wenn Makroökonomen über das langfristige Wirtschaftswachstum nachdenken, verwenden sie nicht die Modelle, mit denen sie konjunkturelle Fragen analysieren. Es ist wichtig, beide Modellkategorien zu kennen, weil das, was langfristig gut ist, kurzfristig schlecht sein kann und umgekehrt. So zeigt beispielsweise das sogenannte Sparparadoxon, dass ein Versuch der Haushalte, ihr Sparen zu erhöhen, für die Volkswirtschaft kurzfristig schlecht sein kann. Andererseits werden wir in Kapitel 25 sehen, dass die Höhe des Sparens in einer Volkswirtschaft eine zentrale Rolle bei der Förderung des langfristigen Wirtschaftswachstums spielt.

WISSENSCHAFT UND PRAXIS

Die Geschichte von zwei Ländern

Viele Länder haben ein langfristiges Wachstum zu verzeichnen, aber das ist nicht allen Ländern gleich groß. Ein anschauliches Beispiel dafür liefern Kanada und Argentinien. Beide Länder konnten zu Beginn des 20. Jahrhunderts auf eine vergleichbar gute Wirtschaftslage verweisen.

Aus heutiger Sicht kann man sich dagegen nur schwer vorstellen, dass sich beide Länder vor hundert Jahren noch auf einem gleichen Niveau befunden haben. Beide Länder waren große Exporteure von landwirtschaftlichen Produkten. Beide Länder zogen neben viele Auswanderern auch umfangreiche Finanzmittel aus Europa an, die vor allem für Investitionen in das Eisenbahnnetz zur Erschließung des landwirtschaftlichen Hinterlandes genutzt wurden. Man geht davon aus, dass das Pro-Kopf-Einkommen in beiden Ländern noch bis in die 1930er-Jahre hinein gleich groß war. Nach dem Zweiten Weltkrieg entwickelte sich die argentinische Volkswirtschaft jedoch aufgrund von politischer Instabilität und falschen wirtschaftspolitischen Entscheidungen deutlich schlechter. Es kam in dem Land mehrfach zu Perioden mit extrem hoher Inflation, in denen die Lebenshaltungskosten in die Höhe schnellten. In Kanada dagegen herrschte stetiges Wachstum. Das hat dazu geführt, dass der Lebensstandard in Kanada heute fast so hoch ist wie in den Vereinigten Staaten und dreimal so groß wie in Argentinien.

Kurzzusammenfassung

- Der Lebensstandard der Deutschen ist seit dem Zweiten Weltkrieg deutlich gestiegen, da die deutsche Volkswirtschaft einem langfristigen Wachstumspfad gefolgt ist.
- Das **langfristige Wachstum** ist für viele Dinge von großer Bedeutung, wie z. B. für einen steigenden Lebensstandard oder die Finanzierung der Staatsausgaben. Für arme Länder ist das langfristige Wachstum sogar von entscheidender Bedeutung.

ÜBERPRÜFEN SIE IHR WISSEN

1. Viele arme Länder weisen hohe Wachstumsraten der Bevölkerung auf. Welche Implikationen hat diese Beobachtung im Hinblick auf die langfristigen Wachstumsraten der gesamtwirtschaftlichen Produktion, die erreicht werden müssen, um einen höheren Lebensstandard pro Kopf zu erreichen?
2. Früher war Argentinien genauso reich wie Kanada. Heute ist das Land viel ärmer als Kanada. Bedeutet das auch, dass Argentinien heute ärmer ist als vor hundert Jahren? Erläutern Sie Ihre Antwort.

21.4 Inflation und Deflation

Im Jahr 1991 betrug der durchschnittliche Stundenlohn (netto) in der Bundesrepublik Deutschland 9,41 Euro. Im Jahr 2021 belief sich der Stundenlohn (netto) im Durchschnitt auf 19,88 Euro – was für ein beachtlicher Anstieg.

Aber halt! Die Arbeitnehmer in Deutschland verdienen heute zwar mehr, aber sie haben auch höhere Lebenshaltungskosten. So kostete 1991 ein Brot beim Bäcker im Durchschnitt 1,63 Euro, 2021 waren es dagegen 4,65 Euro. Für 1 Liter Benzin musste man an der Tankstelle im Jahr 1991 nur 0,65 Euro bezahlen, 2021 waren es stolze 1,58 Euro.

In **Abbildung 21-8** ist der prozentuale Anstieg des durchschnittlichen Stundenlohns zwischen 1991 und 2021 im Vergleich zur Preisveränderung bei wichtigen Gütern des täglichen Bedarfs dargestellt. Dabei ist zu erkennen, dass der Preisanstieg

Abb. 21-8

Preisänderungen

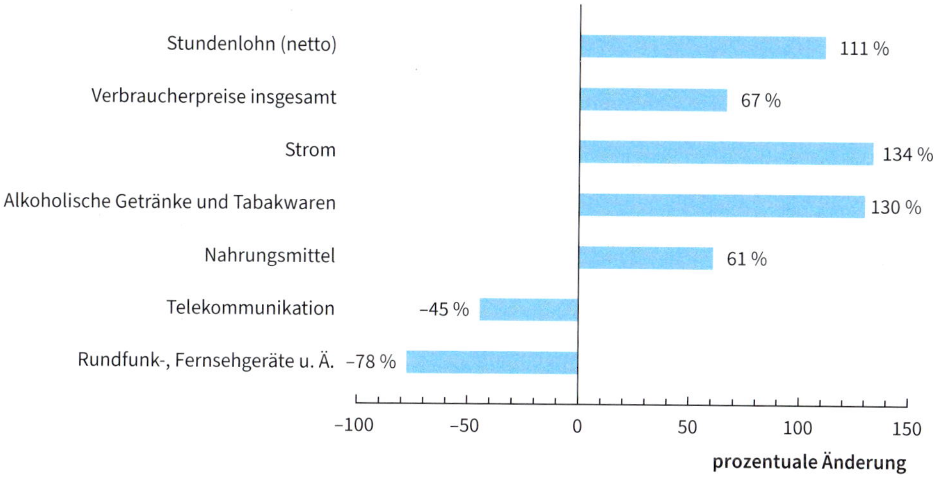

Quelle: Statistisches Bundesamt

Zwischen 1991 und 2021 ist der durchschnittliche Stundenlohn (netto) um rund 111 Prozent angestiegen. Aber auch die Preise der Güter des täglichen Bedarfs sind gestiegen, einige stärker, andere weniger stark. Insgesamt betrachtet sind die Lebenshaltungskosten nicht ganz so stark gestiegen wie der durchschnittliche Stundenlohn.

bei einigen Gütern größer ausgefallen ist als der Anstieg des Stundenlohns. Es gibt aber auch eine Reihe von Gütern, deren Preis nicht so stark wie der Stundenlohn angestiegen oder sogar gesunken ist. Insgesamt betrachtet sind die Lebenshaltungskosten nicht ganz so stark angestiegen wie der durchschnittliche Stundenlohn, sodass der Lebensstandard des deutschen Durchschnittsbürgers seit 1991 gewachsen ist.

Unser Blick auf die Preisentwicklung zwischen 1991 und 2021 zeigt, dass es in Deutschland zu **Inflation** gekommen ist, einem Anstieg des Preisniveaus. Eine gegenteilige Entwicklung, also einen Rückgang des Preisniveaus, bezeichnet man als **Deflation**. Die Untersuchung der Ursachen von Inflation und Deflation ist ein weiteres wichtiges Forschungsgebiet im Bereich der Makroökonomik.

Die Ursachen von Inflation und Deflation

Man könnte denken, dass Preisänderungen nur das Ergebnis von Verschiebungen bei Angebot und Nachfrage sind. So sind z. B. höhere Benzinpreise auf höhere Rohölpreise zurückzuführen und höhere Rohölpreise wiederum spiegeln Produktionsunterbrechungen auf wichtigen Ölfeldern oder eine wachsende Nachfrage aus China und anderen Schwellenländern wider, in denen der Einkommensanstieg dazu führt, dass sich immer mehr Menschen einen Pkw leisten können. Könnte man nicht einfach die einzelnen Einflussfaktoren in den Märkten zusammenführen um herauszufinden, wie sich das Preisniveau ändert?

Diese Frage muss mit einem eindeutigen Nein beantwortet werden. Angebot und Nachfrage können nur erklären, warum ein bestimmtes Gut billiger oder teurer *im Vergleich zu anderen Gütern* wird. Angebot und Nachfrage können nicht erklä-

Ein Anstieg des Preisniveaus wird als **Inflation** bezeichnet.

Ein Rückgang des Preisniveaus wird als **Deflation** bezeichnet.

ren, warum z. B. der Preis für Brot im Laufe der Zeit gestiegen ist, obwohl die Getreideproduktion immer effizienter geworden und Brot im Vergleich zu anderen Gütern billiger geworden ist.

Aber was ist für den Anstieg und den Rückgang des Preisniveaus verantwortlich? Wie wir im Kapitel 23 noch erkennen werden, ist die Entwicklung der Inflationsrate auf kurze Sicht eng mit dem Konjunkturzyklus verbunden. Wenn sich die Volkswirtschaft in der Krise befindet und es kaum freie Arbeitsstellen gibt, dann sinkt die Inflationsrate. Befindet sich die Volkswirtschaft dagegen im Aufschwung, dann steigt die Inflationsrate.

Auf lange Sicht hängt das Preisniveau dagegen hauptsächlich von Änderungen der *Geldmenge* ab, die Summe aller Aktiva, mit denen man Käufe tätigen kann. Wie wir im Kapitel 31 noch erfahren werden, kommt es immer dann zu Hyperinflationen, bei denen das Preisniveau um Tausende oder Hunderttausende Prozent steigt, wenn der Staat einfach Geld druckt, um damit seine Ausgaben und seine Schulden zu begleichen.

In der Wirtschaft liegt **Preisstabilität** oder Preisniveaustabilität vor, wenn sich das Preisniveau nur langsam ändert.

Probleme durch Inflation und Deflation

Sowohl Inflation als auch Deflation können die Wirtschaft vor Probleme stellen, obwohl diese Probleme subtiler sind als diejenigen, die sich aus einer Rezession ergeben. Hier zwei Beispiele: Inflation hält die Leute tendenziell von der Bargeldhaltung ab, weil Bargeld mit steigendem Preisniveau im Zeitverlauf an Wert verliert. Die vergleichsweise geringere Bargeldhaltung erhöht die Kosten von Käufen und Verkäufen, für die Bargeld erforderlich ist. Im Extremfall halten die Menschen überhaupt kein Bargeld mehr und gehen stattdessen zu Tauschgeschäften über. Deflation kann entgegengesetzte Probleme hervorrufen. Sinkt das Preisniveau, wird die Haltung von Bargeld, das im Zeitverlauf an Wert gewinnt, attraktiver als die Investition in neue Fabriken oder andere produktive Vermögensgegenstände. Dadurch kann sich eine Rezession noch verstärken. Wir werden andere Kosten der Inflation und der Deflation in Kapitel 23 und 31 näher erläutern. Für den Augenblick wollen wir nur festhalten, dass Ökonomen generell **Preisstabilität** als wünschenswertes Ziel ansehen. Das ist eine Situation, in der das Preisniveau sich, wenn überhaupt, nur langsam ändert. (Wir sagen »langsam ändert« anstelle von »nicht ändert«, weil viele Makroökonomen glauben, dass eine Inflationsrate von zwei bis drei Prozent pro Jahr wenig Schaden anrichtet und vielleicht sogar etwas Gutes ist. Warum sie das glauben, werden wir in Kapitel 31 erläutern.) Bei Preisstabilität handelt es sich um ein Ziel, das für einen großen Teil der Zeit nach dem Zweiten Weltkrieg außerhalb der Reichweite erschien, das aber zur Freude der meisten Makroökonomen in jüngerer Zeit erreicht werden konnte.

WISSENSCHAFT UND PRAXIS

Ein Fast-Food-Maß der Inflation

Das erste McDonald's-Restaurant wurde im Jahr 1948 eröffnet. Es bot Schnellbedienung an, tatsächlich war es das erste Fast-Food-Restaurant der Welt und darüber hinaus war es sehr preisgünstig. Ein einfacher Hamburger kostete lediglich 0,15 Dollar bzw. mit Pommes frites 0,25 Dollar. Im Jahr 2020 kostete ein Hamburger bei einem typischen McDonald's-Restaurant mehr als das Sechsfache, nämlich rund 1 Dollar. Hat McDonald's seine Fast-Food-Wurzeln vergessen? Sind Hamburger zu Speisen der Luxusküche geworden?

Nein – tatsächlich ist ein Hamburger, verglichen mit anderen Konsumgütern, heute preisgünstiger als im Jahr 1948. Hamburger kosten heute das 6,5-Fache dessen, was man vor über 70 Jahren bezahlen musste. Der Verbraucherpreisindex dagegen – der Maßstab für die Entwicklung der Lebenshaltungskosten – ist in den Vereinigten Staaten von 1948 bis heute um rund das 11-Fache gestiegen.

Kurzzusammenfassung

- Mit einem Euro kann man heute nicht mehr das kaufen, was man sich noch vor 30 Jahren leisten konnte, da die Preise der meisten Güter im Laufe der Zeit gestiegen sind. Der Anstieg des Preisniveaus hat einen großen Teil des Lohnanstiegs zunichtegemacht.
- Ein Gebiet der Makroökonomik ist die Untersuchung von Änderungen des Preisniveaus. Weil sowohl **Inflation** als auch **Deflation** die Wirtschaft vor Probleme stellen kann, sprechen sich Ökonomen typischerweise für **Preisstabilität** aus.

ÜBERPRÜFEN SIE IHR WISSEN

Würden Sie die folgenden Meldungen unter der Rubrik Inflation, unter der Rubrik Deflation oder unter der Rubrik Unbestimmt einordnen? Erläutern Sie Ihre Antwort.

a. Die Benzinpreise sind um 10 Prozent gestiegen, die Preise für Lebensmittel sind um 20 Prozent gesunken und die Preise der meisten Dienstleistungen sind um 1 bis 2 Prozent gestiegen.

b. Die Gaspreise haben sich verdoppelt, die Lebensmittelpreise sind um 50 Prozent gestiegen und die meisten Dienstleistungen kosten 5 Prozent bis 10 Prozent mehr.

c. Die Gaspreise haben sich nicht verändert, die Lebensmittelpreise sind gesunken und auch Dienstleistungen haben sich verbilligt.

21.5 Die offene Volkswirtschaft

Die meisten Volkswirtschaften sind **offene Volkswirtschaften** – Wirtschaften, die in großem Umfang Waren, Dienstleistungen und Vermögenswerte mit anderen Ländern handeln. Auch die Vereinigten Staaten und die Bundesrepublik Deutschland sind offene Volkswirtschaften. Es gab Zeiten, in denen der Handel zwischen den Vereinigten Staaten und anderen Ländern insgesamt mehr oder weniger ausgeglichen war. Damals haben die Vereinigten Staaten ungefähr so viel an den Rest der Welt verkauft, wie das Land vom Rest der Welt gekauft hat. Aber das ist schon eine Weile nicht mehr der Fall.

Im Jahr 2020 wiesen die Vereinigten Staaten ein deutliches **Leistungsbilanzdefizit** auf. Das bedeutet, dass der Wert der Waren und Dienstleistungen, die die Einwohner des Landes vom Rest der Welt gekauft haben, größer ist als der Wert der Waren und Dienstleistungen, die die US-Amerikaner an das Ausland verkauft haben. Andere Länder, wie z. B. die Bundesrepublik Deutschland, befinden sich genau in der entgegengesetzten Position, sie verkaufen mehr an das Ausland als sie vom Ausland einkaufen.

In **Abbildung 21-9** ist der Außenhandel der Bundesrepublik Deutschland und der Vereinigten Staaten für das Jahr 2020 dargestellt. Im Unterschied zu den Vereinigten Staaten hat die Bundesrepublik deutlich mehr Güter exportiert als importiert und damit einen **Leistungsbilanzüberschuss** erzielt. Bei einem Land mit einem Leistungsbilanzüberschuss ist der Wert der Waren und Dienstleistungen, die das Land an den Rest der Welt verkauft, größer als der Wert der Waren und Dienstleistungen, die das Land vom Rest der Welt kauft. Ist das Leistungsbilanzdefizit der Vereinigten Staaten nun ein Zeichen dafür, dass irgendetwas in der US-amerikanischen Volkswirtschaft nicht in Ordnung ist? Oder können wir Deutschen einfach nur unsere Güter besser verkaufen als andere?

Das ist nicht wirklich der Fall. Leistungsbilanzdefizite und Leistungsbilanzüberschüsse sind makroökonomische Sachverhalte. Sie spiegeln eine Situation wider, in der sich das Ganze von der Summe seiner Bestandteile unterscheidet. Man könnte meinen, dass Länder mit produktiven Arbeitskräften und gefragten Gütern einen Leis-

Eine **offene Volkswirtschaft** ist eine Wirtschaft, die mit anderen Ländern Waren, Dienstleistungen oder Vermögenswerte handelt.

Ein Land hat einen **Leistungsbilanzüberschuss**, wenn der Wert der Waren und Dienstleistungen, die an den Rest der Welt verkauft werden, größer ist als der Wert der Waren und Dienstleistungen, die vom Ausland gekauft werden.

Ein Land hat ein **Leistungsbilanzdefizit**, wenn der Wert der Waren und Dienstleistungen, die vom Rest der Welt gekauft werden, größer ist als der Wert der Waren und Dienstleistungen, die an das Ausland verkauft werden.

Abb. 21-9

Unausgeglichener Handel

Im Jahr 2020 haben die Vereinigten Staaten deutlich mehr Güter vom Rest der Welt gekauft, als an das Ausland verkauft wurden. Die Bundesrepublik Deutschland war in der genau entgegengesetzten Position. Leistungsbilanzdefizite und Leistungsbilanzüberschüsse spiegeln das Wirken von makroökonomischen Kräften wider, insbesondere Unterschiede bei Ersparnis und Investitionen.

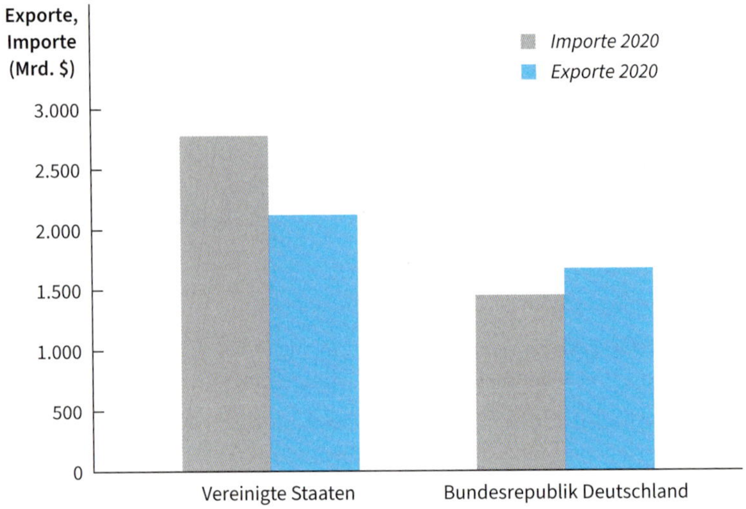

Quelle: World Development Indicators (Weltbank)

tungsbilanzüberschuss aufweisen, während Länder mit geringer Arbeitsproduktivität und Gütern mit minderer Qualität mit Leistungsbilanzdefiziten zu kämpfen haben. Aber in der Realität gibt es keinen einfachen Zusammenhang zwischen dem Erfolg einer Volkswirtschaft und der Tatsache, ob es Überschüsse oder Defizite im Außenhandel gibt.

Wir haben im Kapitel 2 gelernt, dass der internationale Handel durch komparative Vorteile zustande kommt: Ein Land exportiert die Güter, bei denen es einen komparativen Vorteil hat, und importiert die Güter, bei denen es keinen komparativen Vorteil hat. Das erklärt, warum die Vereinigten Staaten Weizen exportieren und Kaffee importieren. Das Konzept des komparativen Vorteils kann jedoch nicht erklären, warum der Wert der Importe eines Landes größer oder kleiner als der Wert der Exporte ausfällt.

Aber wovon hängt es nun ab, ob ein Land einen Leistungsbilanzüberschuss oder ein Leistungsbilanzdefizit aufweist? Die überraschende Antwort werden wir später erfahren: Die Gesamtbilanz zwischen Exporten und Importen hängt von den Spar- und Investitionsentscheidungen ab (den Ausgaben für Maschinen und Fabriken, die dazu genutzt werden, um Güter für die Konsumenten zu produzieren). Länder mit hohen Investitionsausgaben im Vergleich zu den Ersparnissen weisen Leistungsbilanzdefizite auf, Länder mit vergleichsweise niedrigen Investitionsausgaben in Relation zu den Ersparnissen haben einen Leistungsbilanzüberschuss.

Kurzzusammenfassung

- Die Theorie des komparativen Vorteils kann erklären, warum eine **offene Volkswirtschaft** einige Güter exportiert und andere Güter importiert, aber diese Theorie kann nicht erklären, warum ein Land insgesamt mehr oder weniger exportiert, als es importiert.
- **Leistungsbilanzdefizite** und **Leistungsbilanzüberschüsse** sind makroökonomische Sachverhalte, die durch die Entscheidungen für Sparen und Investitionen bestimmt werden.

WISSENSCHAFT UND PRAXIS

Griechenlands kostspieliger Überschuss

Im Jahr 2001 wagte Griechenland einen bedeutsamen Schritt. Das Land gab seine nationale Währung (Drachme) auf und führte den Euro ein. Durch den Euro erhofften sich die europäischen Staaten eine Stärkung der ökonomischen und politischen Gemeinschaft. Aber wie hat sich dieser Schritt auf die Leistungsbilanz des Landes ausgewirkt?

In **Abbildung 21-10** ist die Leistungsbilanz von Griechenland im Zeitraum von 2000 bis 2021 zu sehen. Ein negativer Wert bedeutet, dass das Land in dem betreffenden Jahr ein Leistungsbilanzdefizit zu verzeichnen hatte. Man kann deutlich erkennen, dass die Einführung des Euro zu einer deutlichen Vergrößerung des Leistungsbilanzdefizits geführt hat. Ab 2008 ist das Defizit dann stetig kleiner geworden und einige Jahre später konnte Griechenland fast eine annähernd ausgeglichene Leistungsbilanz vorweisen.

Bedeutet die Entwicklung der Leistungsbilanz, dass die griechische Volkswirtschaft in den ersten Jahren nach der Einführung des Euro mit Problemen zu kämpfen hatte und es danach bergauf ging? Im Gegenteil! Als Griechenland die neue Gemeinschaftswährung einführte, herrschte unter den ausländischen Investoren großer Optimismus. Es flossen riesige Investitionssummen in das Land, die die wirtschaftliche Entwicklung vorantrieben. Als der Optimismus verflog, versiegten auch die Kapitalflüsse aus dem Ausland. Damit konnte das Land nicht länger hohe Leistungsbilanzdefizite finanzieren. Gleichzeitig kam es allerdings auch zu einer schweren Wirtschaftskrise mit hoher Arbeitslosigkeit, wie wir bereits zu Beginn des Kapitels erfahren haben.

Abb. 21-10: Griechenlands Leistungsbilanz 2000–2021

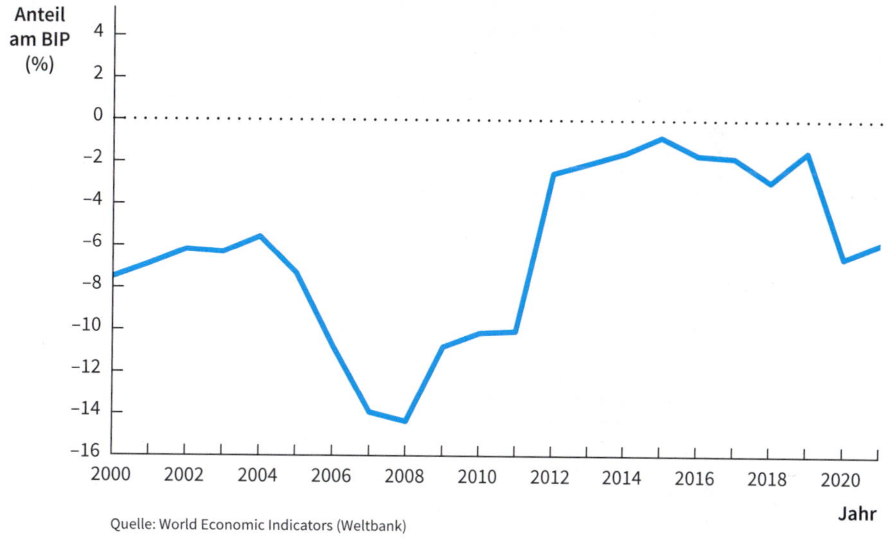

Quelle: World Economic Indicators (Weltbank)

ÜBERPRÜFEN SIE IHR WISSEN

Welcher der folgenden Sachverhalte spiegelt einen komparativen Vorteil wider und welcher Sachverhalt ist das Ergebnis makroökonomischer Kräfte?

a. Durch die Entdeckung riesiger Vorkommen an Ölsanden in der Provinz Alberta ist Kanada zum Exporteur von Rohöl und zum Importeur von Industrieerzeugnissen geworden.

b. Wie viele andere Konsumgüter wird auch das iPad von Apple in China zusammengebaut, obwohl die einzelnen Komponenten in anderen Ländern hergestellt werden.

c. Seit dem Jahr 2002 hat die Bundesrepublik Deutschland große Leistungsbilanzüberschüsse zu verzeichnen.

d. Die Vereinigten Staaten, die noch zu Beginn der 1990er-Jahre eine nahezu ausgeglichene Handelsbilanz aufzuweisen hatten, realisieren seit Ende der 1990er-Jahre große Handelsbilanzdefizite, zu einer Zeit, als der Technologie-Boom begann.

Unternehmen in Aktion: General Motors schafft die Wende

Es gab einmal eine Zeit, da wurde General Motors (GM) von vielen als das wichtigste Unternehmen weltweit angesehen. Das Unternehmen war der größte Arbeitgeber in den Vereinigten Staaten. Der wirtschaftliche Erfolg von GM war so eng mit dem wirtschaftlichen Erfolg des Landes verknüpft, dass der Unternehmenschef im Jahr 1953 erklärte: »Was gut für unser Land ist, ist auch gut für General Motors, und umgekehrt. Das macht keinen Unterschied.«

Im Jahr 2008 war GM nicht mehr das Unternehmen, das es einmal gewesen war. GM hatte seine Vormachtstellung auf dem US-amerikanischen Automobilmarkt verloren, nicht zuletzt durch die zunehmende Konkurrenz ausländischer Automobilproduzenten. Das Unternehmen hatte mit hohen Altlasten durch Pensions- und Gesundheitsfürsorgekosten für ehemalige Beschäftigte zu kämpfen und blutete finanziell aus. Im Jahr 2008 machte das Unternehmen einen Verlust von mehr als 30 Milliarden Dollar. Es schien im Bereich des Möglichen, dass GM sich nicht nur für zahlungsunfähig erklärte, sondern dass das Unternehmen auch tatsächlich in Liquidation ginge und seine Geschäftstätigkeit einstellen müsste.

Das Management von GM wendete sich mit einem Hilferuf an die US-Regierung und erhielt Hilfe. Die Regierung stellte GM fast 50 Milliarden Dollar in bar zur Verfügung und wurde im Gegenzug zum größten Anteilseigner von GM.

Diese Rettungsaktion traf auf starke Ablehnung. Viele Kritiker meinten, dass GM nicht mehr zu retten sei und die Finanzhilfen für GM am Ende »rausgeschmissenes Geld« seien. Aber GM schaffte die Wende und kehrte in die Gewinnzone zurück. Bereits im Jahr 2010 hatte das Unternehmen die staatlichen Kredite vollständig zurückgezahlt. Die US-Regierung verkaufte nach und nach

Abb. 21-11

Automobilabsatz (Pkw und leichte Nutzfahrzeuge) in den Vereinigten Staaten 1976–2021

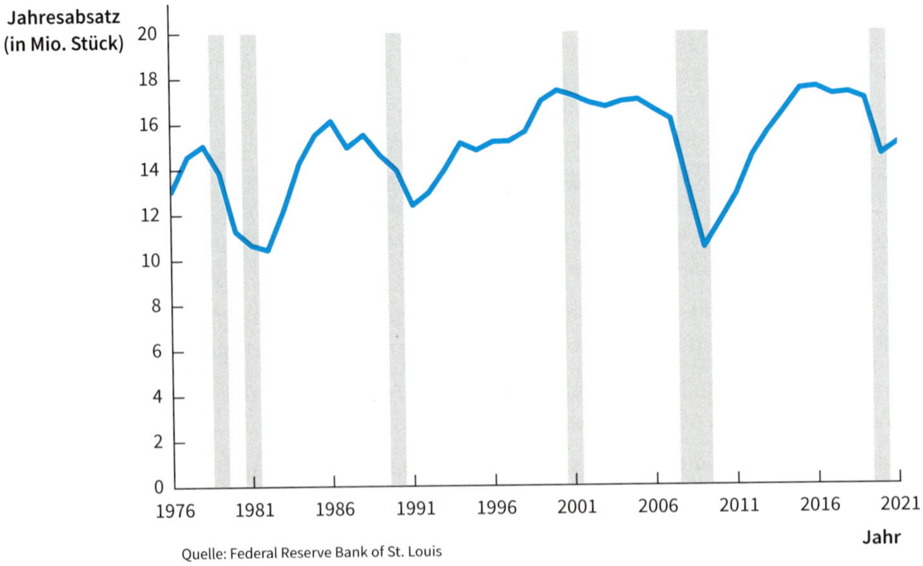

Quelle: Federal Reserve Bank of St. Louis

ihre Unternehmensanteile. Allerdings führte der niedrige Aktienkurse dazu, dass am Ende ein Verlust von 10 Milliarden Dollar für die US-amerikanischen Steuerzahler übrig blieb.

Aber wie hat es GM geschafft zu überleben und in die Gewinnzone zurückzukehren? Zunächst setzte das Unternehmen eine Reihe kostensenkender Maßnahmen um. Der eigentliche Grund für die erfolgreiche Wende lag allerdings einfach darin, dass das Jahr 2008 ein außergewöhnlich schlechtes Jahr für die Branche gewesen war und es in den Jahren danach wieder deutlich aufwärts ging.

Der Absatz in der Automobilindustrie hängt in einem hohen Maße vom Zustand der Volkswirtschaft ab. Geht es der Volkswirtschaft schlecht, verlieren viele Arbeitskräfte ihre Arbeit oder machen sich Sorgen um einen möglichen Verlust ihres Arbeitsplatzes. Wie **Abbildung 21-11** zeigt, sank der Absatz während der Finanz- und Wirtschaftskrise 2007–2009 um rund 40 Prozent. Damit schrumpfte die Automobilbranche deutlich stärker als die Volkswirtschaft insgesamt. Aber wie nach anderen Krisen auch kletterten die Absatzzahlen wieder nach oben, als sich die Volkswirtschaft erholte.

FRAGEN

1. Warum ist der Automobilabsatz in der Krise deutlich stärker zurückgegangen als der Absatz bei Lebensmitteln?
2. In Abbildung 21-11 ist zu erkennen, dass der Automobilabsatz in früheren Krisen deutlich weniger stark zurückgegangen ist als während der Finanz- und Wirtschaftskrise 2007–2009. Woran könnte das gelegen haben?
3. Im Unterschied zu anderen Unternehmen außerhalb der US-Finanzwirtschaft beschäftigt GM immer wieder hoch angesehene Ökonomen, die auch für Konjunkturprognosen zuständig sind. Warum könnte GM Ihrer Meinung nach mehr Wert auf Konjunkturprognosen legen als z. B. Walmart?

Zusammenfassung

1. Als Makroökonomik bezeichnet man die Analyse des Verhaltens der Volkswirtschaft, die sich von der Summe der einzelwirtschaftlichen Entscheidungen unterscheidet. Die Makroökonomik beschäftigt sich mit anderen Fragestellungen als die Mikroökonomik. Gleichzeitig hat die Makroökonomik einen starken wirtschaftspolitischen Bezug. Nach der **Keynesianischen Lehre**, die im Zuge der Weltwirtschaftskrise entstand, sollte der Staat in Krisenzeiten durch den Einsatz von **Geldpolitik** und **Fiskalpolitik** die gesamtwirtschaftliche Entwicklung stabilisieren. Vor der Weltwirtschaftskrise herrschte dagegen die weitverbreitete Auffassung, dass die Volkswirtschaft über **Selbstheilungskräfte** verfügt.
2. Ein zentrales Anliegen der Makroökonomik ist die Analyse des **Konjunkturzyklus,** also des kurzfristigen Wechsels zwischen **Rezessionen** (Phasen sinkender Beschäftigung und sinkender Produktion) und **Expansionen** (Phasen steigender Beschäftigung und steigender Produktion). **Der Gipfel der konjunkturellen Entwicklung** markiert den Punkt, an dem die Volkswirtschaft von einem Aufschwung in einen Abschwung gerät. Die **Talsohle der konjunkturellen Entwicklung** ist erreicht, wenn der Abschwung beendet ist, und sich die Volkswirtschaft wieder erholt.
3. Ein weiteres zentrales Gebiet der makroökonomischen Analyse ist das **säkulare langfristige Wachstum** (oder kurz: das **langfristige Wachstum**), mit dem der dauerhafte Aufwärtstrend der Gesamtproduktion über mehrere Dekaden gemeint ist. Ein dauerhafter Anstieg der Gesamtproduktion je Kopf ist der Schlüssel für einen Anstieg des Lebensstandards im Zeitverlauf und die Finanzierung von Ausgabenpro-

SCHLÜSSELBEGRIFFE

- Selbstheilungskraft
- Keynesianische Lehre
- Geldpolitik
- Fiskalpolitik
- Konjunkturzyklus
- Rezession
- Expansion
- Gipfel der konjunkturellen Entwicklung
- Talsohle der konjunkturellen Entwicklung
- säkulares langfristiges Wachstum (langfristiges Wachstum)
- Inflation
- Deflation
- Preisstabilität
- offene Volkswirtschaft
- Leistungsbilanzdefizit
- Leistungsbilanzüberschuss

grammen. Dies gilt insbesondere für arme Volkswirtschaften.

4. Wenn die Preise der meisten Waren und Dienstleistungen steigen, sodass das Preisniveau ebenfalls ansteigt, kommt es zu **Inflation** in der Volkswirtschaft. Sinkt dagegen das Preisniveau, spricht man von **Deflation**. Auf kurze Sicht stehen Inflation und Deflation in einem engen Zusammenhang mit dem Konjunkturzyklus. Auf lange Sicht spiegelt das Preisniveau dagegen Geldmengenänderungen wider. Weil sowohl Inflation als auch Deflation ökonomische Probleme hervorrufen können, wird im Allgemeinen ein Zustand der **Preisstabilität** bevorzugt. Gegenwärtig liegt für die meisten Industrieländer nahezu Preisstabilität vor.
5. Die Theorie des komparativen Vorteils kann erklären, warum eine **offene Volkswirtschaft** einige Güter exportiert und andere Güter importiert. Mithilfe der makroökonomischen Theorie kann man dagegen erklären, warum eine Volkswirtschaft einen **Leistungsbilanzüberschuss** oder ein **Leistungsbilanzdefizit** aufweist. Dabei wird die Leistungsbilanz eines Landes durch die Entscheidungen für Sparen und Investitionen bestimmt.

22 BIP und Inflation: Die quantitative Erfassung des makroökonomischen Geschehens

LERNZIELE

- Wie Ökonomen aggregierte Größen benutzen, um die gesamtwirtschaftliche Situation zu erfassen.
- Was man unter dem **Bruttoinlandsprodukt**, kurz **BIP**, versteht und welche drei Wege zur Berechnung es gibt.
- Welcher Unterschied zwischen **realem BIP** und **nominalem BIP** besteht und warum das reale BIP die richtige Größe zur Erfassung der gesamtwirtschaftlichen Aktivität ist.
- Was man unter einem **Preisindex** versteht und wie ein Preisindex zur Berechnung der **Inflationsrate** verwendet wird.

China wird zur Nummer 1

Wir haben dieses Buch mit einem Porträt des Perlflussdeltas (Pearl River Delta) begonnen, einer riesigen Metropolregion im Südwesten Chinas, die sich mittlerweile zum größten Ballungsraum der Welt entwickelt hat. Wirtschaftlich gesehen ist dieser Ballungsraum stärker als die Volkswirtschaften vieler Länder. Von China insgesamt wird inzwischen als größter Volkswirtschaft der Welt gesprochen, auch wenn einige makroökonomische Daten immer noch die Vereinigten Staaten als Nummer 1 ausweisen.

Aber was bedeutet es, die größte Volkswirtschaft der Welt zu sein? Bei einem Vergleich zwischen China und den Vereinigten Staaten stellt man fest, dass beide Volkswirtschaften ziemlich unterschiedlich sind. So produziert China beispielsweise einen großen Teil der weltweiten Bekleidung, während die Textilindustrie in den Vereinigten Staaten nahezu verschwunden ist. Auf der anderen Seite werden in den Vereinigten Staaten rund die Hälfte aller Passagierflugzeuge weltweit hergestellt. In China steckt die Luftfahrtindustrie dagegen noch in den Kinderschuhen. Beide Volkswirtschaften miteinander zu vergleichen, erinnert daher an einen Vergleich von Äpfel mit Birnen oder von Schlafanzügen mit Flugzeugen.

Für Ökonomen ist es allerdings kein großes Problem, die Größe von Volkswirtschaften untereinander oder die Größe einer Volkswirtschaft zu unterschiedlichen Zeitpunkten miteinander zu vergleichen. Ökonomen vergleichen sowohl die Größe der US-amerikanischen Volkswirtschaft mit der Größe der chinesischen Volkswirtschaft als auch die Größe der US-amerikanischen Volkswirtschaft heute mit der Größe der US-amerikanischen Volkswirtschaft in der Vergangenheit. Dafür verwenden Ökonomen einen Maßstab, den man als *Bruttoinlandsprodukt (BIP)* bezeichnet: der Gesamtwert aller Waren und Dienstleistungen, die in einem Land für den Endverbrauch hergestellt werden. Eng mit diesem Maßstab verknüpft ist das *reale BIP*, das das BIP um reine Preisänderungen korrigiert. Und wenn die Medien vermelden, dass die Volkswirtschaft eines Landes größer als die Volkswirtschaft eines anderen Landes geworden ist, dann meint man damit, dass das reale BIP Chinas größer als das reale BIP der Vereinigten Staaten geworden ist (oder dass das reale BIP der Vereinigten Staaten größer als das reale BIP Chinas geworden ist).

BIP und reales BIP sind zwei der wichtigsten ökonomischen Größen, um die gesamtwirtschaftliche Entwicklung abzubilden – Veränderungen der gesamtwirtschaftlichen Produktion und Veränderungen des Preisniveaus. Makroökonomische Größen wie das BIP und das Preisniveau spielen bei wirtschaftspolitischen

Entscheidungen eine bedeutende Rolle, denn die Politik benötigt dafür belastbare Informationen über den Zustand der Volkswirtschaft. Geschichten vom Hörensagen sind kein Ersatz für harte Fakten. Gleichzeitig haben diese Größen auch eine große Bedeutung für Unternehmensentscheidungen. Das erklärt auch, warum Unternehmen und andere Akteure ein großes Interesse an unabhängigen Datenschätzungen haben, wenn sie den Daten der amtlichen Statistik nicht trauen (wie die Fallstudie am Ende des Kapitels zeigt).

In diesem Kapitel werden wir erfahren, wie Makroökonomen die zentralen Größen einer Volkswirtschaft statistisch erfassen. Zunächst wollen wir untersuchen, wie die gesamtwirtschaftliche Produktion und das gesamtwirtschaftliche Einkommen gemessen werden. Anschließend werden wir lernen, wie man das Preisniveau in der Volkswirtschaft und seine Veränderungsrate erfassen kann.

22.1 Volkswirtschaftliche Gesamtrechnung

In fast allen Ländern werden gesamtwirtschaftliche Daten erfasst. Diese Datenzusammenstellung bezeichnet man als *Volkswirtschaftliche Gesamtrechnung* oder Volkswirtschaftliche Gesamtrechnungen (Plural). Die Volkswirtschaftliche Gesamtrechnung besteht aus der Bruttoinlandsproduktsberechnung, die das Herzstück der Volkswirtschaftlichen Gesamtrechnung bildet, und den sogenannten Nebenrechnungen, zu denen beispielsweise die Input-Output-Rechnung und die Vermögensrechnung gehören. Tatsächlich ist die Genauigkeit, mit der die Volkswirtschaftliche Gesamtrechnung eines Landes erstellt wird, ein bemerkenswert verlässlicher Indikator für den Stand der ökonomischen Entwicklung dieses Landes: Je verlässlicher die Volkswirtschaftliche Gesamtrechnung, desto weiter entwickelt ist die Ökonomie des Landes. Wollen internationale Institutionen, wie zum Beispiel der Internationale Währungsfonds, einem weniger entwickelten Land helfen, dann besteht fast immer der erste Schritt darin, ein Team von Experten in das betreffende Land zu schicken, um die Volkswirtschaftliche Gesamtrechnung zu überprüfen und zu verbessern.

In Deutschland wird die Berechnung des Bruttoinlandsproduktes vom Statistischen Bundesamt vorgenommen. In den Vereinigten Staaten ist diese Aufgabe dem Bureau of Economic Analysis zugeordnet, einer Abteilung des US-amerikanischen Handelsministeriums. Die **Volkswirtschaftliche Gesamtrechnung**, oft auch einfach als VGR bezeichnet, erfasst die Ausgaben der Konsumenten, die Verkäufe der Produzenten, die privaten Investitionsausgaben, die staatlichen Güterkäufe und eine Vielzahl weiterer Geldströme zwischen verschiedenen Sektoren der Wirtschaft. Schauen wir uns an, wie das funktioniert.

Die **Volkswirtschaftliche Gesamtrechnung** (VGR) erfasst die Geldströme zwischen verschiedenen Sektoren der Wirtschaft.

Dem Geld folgen: Das erweiterte Kreislaufdiagramm

Um die Prinzipien der Volkswirtschaftlichen Gesamtrechnung zu verstehen, ist es nützlich, **Abbildung 22-1** zu betrachten, eine überarbeitete und erweiterte Version des Kreislaufdiagramms, das wir in Kapitel 2 (Abbildung 2-6) eingeführt haben. Abbildung 22-1 zeigt die Geldströme durch die Volkswirtschaft. Wir wollen uns hier auf die linke Seite der Abbildung beschränken, die die Geldströme der »Realwirtschaft« darstellt. Das sind die Geldströme, die mit der Produktion und dem Verkauf von Waren und Dienstleistungen einhergehen. Mit den Geldströmen in der »Finanzwirtschaft« auf der rechten Seite der Abbildung – Kreditvergabe, Kreditaufnahme und andere Geldströme – werden wir uns in Kapitel 25 näher beschäftigen. Auch diese Geldströme haben eine entscheidende Bedeutung in der Volkswirtschaft, aber keinen unmittelbaren Einfluss auf die Produktion von Waren und Dienstleistungen.

Abbildung 22-11 zeigt, dass Ausgaben für Waren und Dienstleistungen – Geldströme in die Märkte für Waren und Dienstleistungen – aus Käufen von vier verschiedenen Sektoren resultieren können:

1. Der Staat gibt seine Steuereinnahmen für zwei Dinge aus: für *staatliche Güterkäufe* (vereinfacht auch als *Staatsausgaben* bezeichnet) und

Abb. 22-1

Ein erweitertes Kreislaufdiagramm: Die Geldströme durch die Wirtschaft

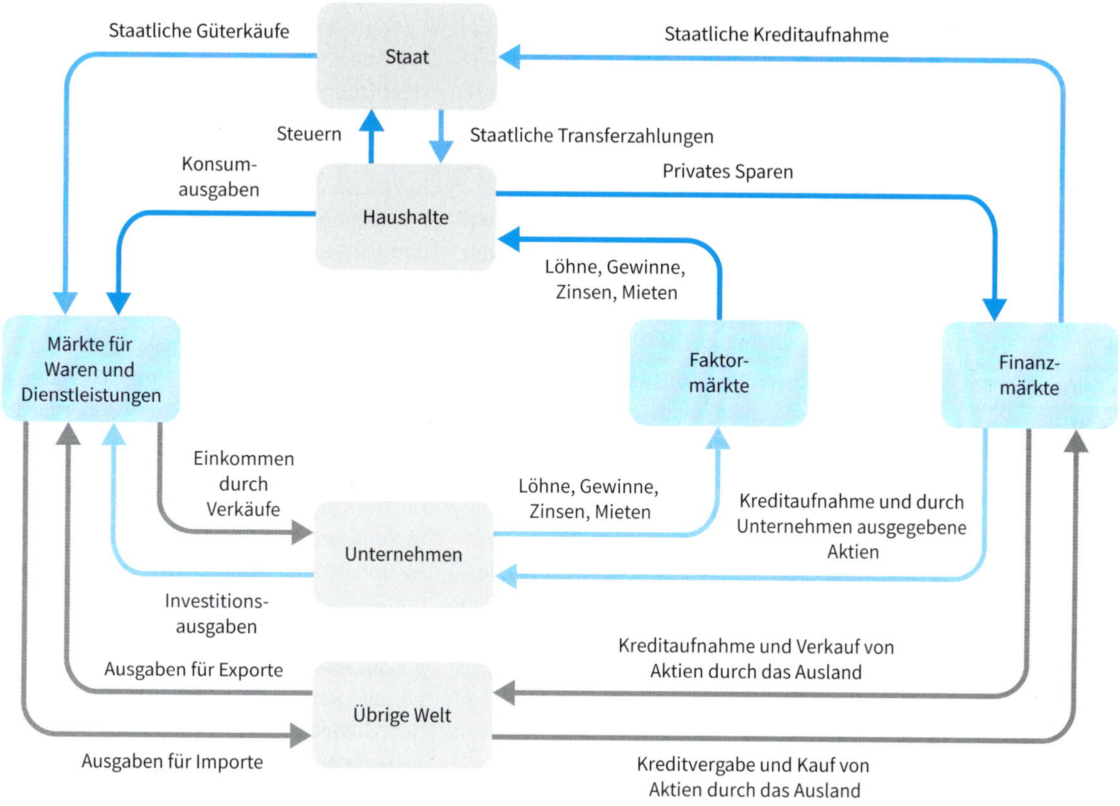

Ein Kreislauf von Geldströmen verbindet die vier Sektoren der Volkswirtschaft – Haushalte, Unternehmen, Staat und übrige Welt – über drei verschiedene Märkte: Faktormärkte, Gütermärkte (Märkte für Waren und Dienstleistungen) und Finanzmärkte. Die Geldmittel strömen von den Unternehmen zu den Haushalten in Form von Löhnen, Gewinnen, Zinsen und Mieten über die Faktormärkte. Die Haushalte verwenden diese Geldmittel, um Steuern an den Staat zu zahlen, um private Ersparnisse aufzubauen, die in die Finanzmärkte fließen, und um ihre Konsumausgaben für Waren und Dienstleistungen aus dem In -und Ausland zu bestreiten. Der Staat nutzt die Steuereinnahmen, um Waren und Dienstleistungen aus dem In- und Ausland zu kaufen. Der Staat kann seine Steuereinnahmen auch für staatliche Transferzahlungen an die Haushalte verwenden. Die Unternehmen nutzen die Geldmittel, die ihnen durch die Kreditaufnahme oder die Ausgabe von Aktien oder Anleihen auf den Finanzmärkten zufließen, um Investitionsausgaben zu tätigen. Dazu gehören Käufe von Waren und Dienstleistungen wie Maschinen und Produktionsgebäude, die zu einer höheren Produktion in der Zukunft führen. Das Ausland kauft die Exporte der Volkswirtschaft. Um die Volkswirtschaftliche Gesamtrechnung eines Landes zu verstehen, konzentrieren wir uns auf Geldströme, die zu und aus den Märkten für Waren und Dienstleistungen fließen. Diese Geldströme spiegeln die »Realwirtschaft« auf der linken Seite der Abbildung wider. Die rechte Seite der Abbildung zeigt die »Finanzwirtschaft«, mit der wir uns in Kapitel 25 beschäftigen werden.

Mit dem Begriff **staatliche Güterkäufe (Staatsausgaben)** bezeichnet man die Ausgaben des Staates für Waren und Dienstleistungen.

für *staatlichen Transferzahlungen*. Die **staatlichen Güterkäufe (Staatsausgaben)** umfassen die gesamten Käufe durch die Bundesregierung, die Länderregierungen und die Kommunen und reichen von den Ausgaben des Militärs für Munition über die Gehälter von Lehrern bis hin zu den Ausgaben für Stifte und Whiteboards. Unter staatliche Transferzahlungen fallen alle Zahlungen des Staates an Individuen, für die die Empfänger keine Gegenleistungen in Form von Waren oder Dienstleistungen erbringen. Beispiele für staatliche Transferzahlungen sind etwa Sozialhilfezahlungen oder Zahlungen der Arbeitslosenversicherung. In diesem Kapitel wollen wir uns zunächst nur mit den Staatsausgaben beschäftigen.

Als **Konsumausgaben** bezeichnet man die Ausgaben der Haushalte für Waren und Dienstleistungen.

2. Die Haushalte tätigen **Konsumausgaben**, indem sie Waren und Dienstleistungen von inländischen Unternehmen und von Unternehmen aus der übrigen Welt kaufen.
3. Unternehmen kaufen von anderen Unternehmen Waren und Dienstleistungen. Dazu zählt der Kauf von neuen Maschinen ebenso wie der Kauf von neuen Gebäuden. In der Regel werden Unternehmen auch einen Lagerbestand an fertigen Gütern aufbauen, die für den Versand an die Händler bereitgestellt werden. *Lagerbestände* sind Bestände an Waren und Rohstoffen, die ein Unternehmen aufbaut, um einen reibungslosen Geschäftsbetrieb zu ermöglichen. Die Volkswirtschaftliche Gesamtrechnung zählt diese **Investitionsausgaben**, also die Ausgaben für produktives physisches Kapital wie Maschinen und Bauten und die Änderungen der Lagerbestände als Teil der Gesamtausgaben für Waren und Dienstleistungen.
4. Auch aus Aktivitäten der übrigen Welt resultieren Geldströme in unserer Volkswirtschaft. Das Ausland kauft im Inland produzierte Güter. Diese Waren und Dienstleistungen, die ans Ausland verkauft werden, bezeichnet man als **Exporte**.

Endprodukte sind Waren und Dienstleistungen, die an den letzten Nutzer oder den Endverbraucher verkauft werden.

Vor- bzw. **Zwischenprodukte** sind Waren und Dienstleistungen, die zwischen Unternehmen verkauft werden und die Inputs für die Produktion von Endprodukten darstellen.

Die **Investitionsausgaben** umfassen Ausgaben für produktives physisches Kapital wie Maschinen und Bauten sowie die Änderung von Lagerbeständen.

Das **Bruttoinlandsprodukt** oder **BIP** ist der Gesamtwert aller Endprodukte, die in einer Volkswirtschaft in einem gegebenen Jahr produziert wurden.

Waren und Dienstleistungen, die an das Ausland verkauft werden, nennt man **Exporte**. Waren und Dienstleistungen, die im Inland vom Ausland gekauft werden, bezeichnet man als **Importe**.

All diese Geldströme entstehen durch Ausgaben für Waren und Dienstleistungen. Es werden aber auch Waren und Dienstleistungen gekauft, die im Ausland produziert worden sind. So werden z. B. viele Konsumgüter, die wir kaufen, in China hergestellt. Diese Waren und Dienstleistungen, die im Ausland produziert und vom Staat, von den Haushalten und von den Unternehmen im Inland gekauft werden, bezeichnet man als **Importe**. Die Käufe von Importgütern führen zu Geldströmen aus den Märkten für Waren und Dienstleistungen und aus der Volkswirtschaft insgesamt hinaus.

Wenn wir die Konsumausgaben für Waren und Dienstleistungen, die Investitionsausgaben, die staatlichen Güterkäufe und den Wert der Exporte zusammenzählen und von der sich so ergebenden Summe den Wert der Importe abziehen, dann erhalten wir ein Maß für die gesamtwirtschaftliche Produktion, das als das *Bruttoinlandsprodukt* des betrachteten Landes bezeichnet wird. Bevor wir jedoch das Bruttoinlandsprodukt (kurz BIP) formal definieren können, müssen wir uns einer wichtigen Unterscheidung bei Waren und Dienstleistungen zuwenden: der Unterscheidung zwischen *Endprodukten* und *Zwischenprodukten*.

Das Bruttoinlandsprodukt

Der Kauf eines neuen Autos durch einen Konsumenten bei einem Autohändler stellt ein Beispiel für den Verkauf eines **Endproduktes** dar: Waren und Dienstleistungen werden dem letzten Nutzer oder dem Endverbraucher verkauft. Kauft jedoch ein Automobilhersteller Stahl von einem Stahlfabrikanten oder Glas von einem Glashersteller, dann handelt es sich um den Kauf eines **Vor-** bzw. **Zwischenproduktes**: Waren und Dienstleistungen, die Inputs für die Produktion des Endproduktes darstellen. Im Fall von Zwischenprodukten ist der Käufer ein anderes Unternehmen und *nicht* der Endverbraucher.

Das **Bruttoinlandsprodukt** oder **BIP** ist ein Maß für den gesamten Wert aller Endprodukte, die in einer Wirtschaft innerhalb einer bestimmten Periode hergestellt werden, für gewöhnlich ein Jahr. Im Jahr 2021 lag das BIP der Bundesrepublik Deutschland bei 3.570,6 Milliarden Euro, was etwa 42.918 Euro je Einwohner entspricht. Wären Sie also ein Ökonom, der versucht, die Volkswirtschaftliche Gesamtrechnung eines Landes zu erstellen, dann besteht *ein Weg zur Berechnung des BIP darin, Folgendes zu tun: Befragen Sie die Unternehmen und finden Sie den Wert ihrer Produktion an Endprodukten heraus*. Wir werden im nächsten Abschnitt genauer erklären, warum Zwischenprodukte (und auch einige andere Güter) nicht in die Berechnung des BIP einbezogen werden.

Das Zusammenzählen des Gesamtwertes aller produzierten Endprodukte stellt jedoch nicht den einzigen Weg zur Berechnung des BIP dar. Weil das BIP gleich dem Gesamtwert aller in der betrachteten Volkswirtschaft hergestellten Endprodukte ist, muss es auch gleich dem Zufluss an Mitteln sein, den die Unternehmen durch die Verkäufe auf dem Gütermarkt erzielen.

Wenn Sie sich noch einmal das Kreislaufdiagramm in Abbildung 22-1 ansehen, dann werden Sie sehen, dass der Pfeil, der von den Märkten für Waren und Dienstleistungen (Gütermärkten) zu den Unternehmen geht, tatsächlich die Bezeichnung »Bruttoinlandsprodukt« trägt. Wegen unserer grundlegenden Buchhaltungsregel, die besagt, dass die Ströme in einen Sektor hinein gleich den Strömen sein müssen, die aus dem Sektor herausfließen, ist der Mittelfluss von den Märkten für Waren und Dienstleistungen zu den Unternehmen gleich dem Mittelfluss, der von den anderen Sektoren in die Gütermärkte hineinströmt. Wie man aus Abbildung 22-1 erkennen kann, stellt der gesamte Mittelfluss in die Gütermärkte die **gesamtwirtschaftlichen Ausgaben** für im Inland produzierte Waren und Dienstleistungen dar, die Summe aus Konsumausgaben, Investitionsausgaben, staatlichen Güterkäufen und Exporten minus Importen. *Ein zweiter Weg der Berechnung des BIP besteht also darin, die aggregierten Ausgaben für im Inland produzierte Endprodukte zusammenzuzählen.*

Und es gibt noch einen dritten Weg zur Berechnung des BIP. Der Strom von den Unternehmen zu den Faktormärkten spiegelt die Faktoreinkommen wider, die von den Unternehmen an die Haushalte in Form von Löhnen, Gewinnen, Zinsen und Mieten gezahlt werden. Und wieder muss aufgrund der buchhalterischen Zusammenhänge der Wert des Stroms der Faktoreinkommen von den Unternehmen zu den Haushalten gleich dem monetären Strom sein, der in die Gütermärkte hineinfließt. Und dieser letztere Wert ist, wie wir wissen, der Gesamtwert der Produktion der betrachteten Volkswirtschaft, das BIP.

Eine intuitive Erklärung, warum das BIP gleich dem Gesamtwert der von den Unternehmen an die Haushalte gezahlten Faktoreinkommen sein muss, ergibt sich aus der Tatsache, dass der Wert jedes Verkaufs in der betrachteten Volkswirtschaft bei irgendjemandem als Einkommen anfallen muss – entweder als Lohn, Gewinn oder Miete. *Ein dritter Weg zur Berechnung des BIP besteht folglich darin, die gesamten Faktoreinkommen zusammenzuzählen, die von den Unternehmen an die Haushalte fließen.*

Die Berechnung des BIP

Wir haben gerade gelernt, dass es drei Methoden zur Berechnung des BIP gibt:

1. Die *Entstehungsrechnung*, bei der der gesamte Wert aller produzierten Waren und Dienstleistungen ermittelt wird, die für den Endverbrauch bestimmt sind.
2. Die *Verwendungsrechnung*, bei der die Gesamtausgaben für im Inland produzierte Waren und Dienstleistungen bestimmt werden.
3. Die *Verteilungsrechnung*, bei der die gesamten Faktoreinkommen ermittelt werden, die von den Unternehmen an die Haushalte fließen.

Von der amtlichen Statistik werden im Prinzip alle drei Methoden genutzt. Um zu erläutern, wie diese drei Methoden funktionieren, wollen wir beispielhaft eine Volkswirtschaft wie in **Abbildung 22-2** betrachten. Diese Volkswirtschaft besteht aus drei Unternehmen: der Europ-Fahrzeug AG, die ein Auto pro Jahr produziert, der Europ-Stahl AG, die den Stahl für das Auto produziert, und der Europ-Erze AG, die das Eisenerz fördert, mit dem der Stahl erzeugt wird. In der betrachteten Volkswirtschaft wird lediglich ein Auto im Wert von 21.500 Euro hergestellt. Das BIP beträgt folglich 21.500 Euro. Schauen wir uns nun an, wie die drei Berechnungswege für das BIP zum gleichen Ergebnis führen.

Die **gesamtwirtschaftlichen Ausgaben** ergeben sich als Summe von Konsumausgaben, Investitionsausgaben, Staatsausgaben und Exporten minus Importen. Sie entsprechen den aggregierten Ausgaben für die im Inland produzierten Endprodukte.

Die Entstehungsrechnung. Der erste Berechnungsweg für das BIP besteht darin, die Werte aller Endprodukte, die in der Volkswirtschaft erzeugt werden, zusammenzuzählen – eine Rechnung, bei der die Werte von Zwischenprodukten nicht berücksichtigt werden. Warum werden Zwischenprodukte nicht berücksichtigt? Stellen sie denn nicht einen großen und bedeutenden Teil der Wirtschaft dar?

Um zu verstehen, warum lediglich Endprodukte bei der Berechnung des BIP berücksichtigt werden, ist es hilfreich, sich die vereinfachte Volkswirtschaft anzusehen, die durch die Daten von Abbildung 22-2 charakterisiert wird. Sollten

Abb. 22-2

Die Berechnung des BIP

In unserem Beispiel für eine Volkswirtschaft, die aus drei Unternehmen besteht, kann das BIP auf drei verschiedenen Wegen berechnet werden: (1) die Berechnung des BIP als Wert der Erzeugung von Endprodukten durch Addition der Wertschöpfung jedes Unternehmens, (2) die Berechnung des BIP als aggregierte Ausgaben für im Inland produzierte Endprodukte und (3) die Berechnung des BIP als gesamte Faktoreinkommen, die von den Unternehmen der Volkswirtschaft bezogen werden.

Aggregierte Ausgaben für im Inland produzierte Endprodukte = 21.500 €

Alle Angaben in €	Europ-Erze AG	Europ-Stahl AG	Europ-Fahrzeug AG	Gesamtes Faktor-einkommen
Wert der Verkäufe	4.200 (Erz)	9.000 (Stahl)	21.500 (Auto)	
Zwischenprodukte	0	4.200 (Eisenerz)	9.000 (Stahl)	
Löhne	2.000	3.700	10.000	15.700
Zinsen	1.000	600	1.000	2.600
Mieten	200	300	500	1.000
Gewinn	1.000	200	1.000	2.200
Gesamtausgaben nach Unternehmen	4.200	9.000	21.500	
Wertschöpfung je Unternehmen = Wert der Verkäufe – Kosten der Zwischenprodukte	4.200	4.800	12.500	

Gesamtes Faktorentgelt = 21.500 €

Summe der Wertschöpfung = 21.500 €

Die **Wertschöpfung** eines Produzenten ergibt sich als Wert seiner Verkäufe minus dem Wert der gekauften Inputs.

wir das BIP dieser Volkswirtschaft dadurch messen, dass wir die Werte aller Verkäufe des Eisenproduzenten, des Stahlproduzenten und des Autoproduzenten addieren? Täten wir dies, würden wir im Ergebnis den Wert des Stahls zweimal zählen: einmal, wenn er von der Stahlfabrik an die Autofabrik verkauft wird, und dann nochmals, wenn die stählerne Fahrzeughülle an einen Konsumenten als fertiges Auto verkauft wird. Und wir würden den Wert des Eisens sogar dreimal zählen: einmal, wenn es als Erz gewonnen und an die Stahlfabrik verkauft wird, ein zweites Mal, wenn es zu Stahl verarbeitet wird und an den Autohersteller verkauft wird, und schließlich ein drittes Mal, wenn der Stahl zu einem Auto verarbeitet und an einen Konsumenten verkauft wird. Die Berücksichtigung des Gesamtwertes der Verkäufe jedes Produzenten würde uns dazu bringen, die gleichen Dinge mehrfach zu zählen und künstlich die BIP-Berechnung aufzublähen. Bei unserer Volkswirtschaft aus Abbildung 22-2 beträgt beispielsweise der Gesamtwert aller Verkäufe (sowohl Zwischenprodukte als auch Endprodukte) 34.700 Euro: 21.500 Euro aus dem Verkauf des Autos zuzüglich 9.000 Euro aus dem Verkauf des Stahls zuzüglich 4.200 Euro aus dem Verkauf des Eisenerzes. Wir wissen aber, dass das BIP lediglich 21.500 Euro beträgt. Wir können die Doppelzählungen vermeiden, indem wir lediglich die **Wertschöpfung** jedes Produzenten bei der Ermittlung des BIP berücksichtigen: die Differenz zwischen dem Wert der Verkäufe des Produzenten und dem Wert der Inputs, die dieser von anderen Unternehmen gekauft hat.

In unserem Beispiel ergibt sich die Wertschöpfung des Automobilherstellers als der Wert der von ihm hergestellten Kraftfahrzeuge minus der Kosten für den Stahl, den er gekauft hat (12.500 Euro). Die Wertschöpfung des Stahlproduzenten ergibt sich als Wert des von ihm erzeugten Stahls minus der Kosten für das Erz, dass er gekauft hat (4.800 Euro). Nur der Erzproduzent, von dem wir angenommen haben, dass er keinerlei Zwischenprodukte kauft, hat eine Wertschöpfung genau in der Höhe seiner Gesamtverkäufe (4.200 Euro). Die Summe der Wertschöpfungen der drei Produzenten addiert sich zu 21.500 Euro, was dem BIP entspricht.

Verwendungsrechnung. Ein anderer Weg zur Berechnung des BIP besteht in der Aufsummierung der aggregierten Ausgaben für hergestellte Endprodukte. Mit anderen Worten kann das BIP durch die Erfassung der Mittelzuflüsse bei den Unternehmen gemessen werden. Genau wie bei dem Ansatz, das BIP über den Wert der Produktion zu erfassen, muss dieses Verfahren in einer Weise durchgeführt werden, die Doppelzählungen vermeidet. Im Hinblick auf unser Beispiel mit der Auto- und Stahlproduktion dürfen wir nicht sowohl die Ausgaben der Konsumenten für das Auto zählen (in Abbildung 22-2 wiedergegeben durch den Verkaufspreis des Autos) und dann nochmals die Ausgaben des Autoproduzenten für den Stahl (in Abbildung 22-2 wiedergegeben durch den Preis des für die Produktion benötigten Stahls). Berücksichtigten wir beide Größen, würden wir den im Auto enthaltenen Stahl zweimal zählen.

Wir können dieses Problem lösen, indem wir ausschließlich den Wert der Verkäufe an *Endverbraucher* berücksichtigen, an Konsumenten, an Unternehmen, die Investitionsgüter kaufen, an den Staat oder an Käufer im Ausland. Anders ausgedrückt: Um Doppelzählungen bei den Ausgaben zu vermeiden, lassen wir die Käufe und Verkäufe aller Zwischenprodukte von einem Unternehmen zum anderen bei der Berechnung des BIP über Ausgabendaten weg. In Abbildung 22-2 belaufen sich die aggregierten Ausgaben für Endprodukte (das produzierte Auto) auf 21.500 Euro.

Wie wir bereits erwähnt haben, werden die Investitionsausgaben der Unternehmen im Rahmen der Volkswirtschaftlichen Gesamtrechnung als Teil der Endnachfrage berücksichtigt. Das heißt, die Ausgaben eines Automobilherstellers für den Kauf von Stahl zur Produktion eines Autos werden nicht als Teil der Endausgaben angesehen, sehr wohl aber die Ausgaben des Unternehmens für den Kauf einer neuen Maschine. Worin besteht der Unterschied? Bei dem Stahl handelt es sich um einen Input, der bei der Produktion des Autos verbraucht wird. Die Anlagen des Unternehmens, wie zum Beispiel ein Schweißroboter, werden zwar auch für die Herstellung von Autos verwendet, sie können aber für mehrere Jahre genutzt werden. Weil die Käufe von Kapitalgütern wie Maschinen, die eine beträchtliche Zeit genutzt werden können, nicht eng mit der laufenden Produktion verbunden sind, betrachtet die Volkswirtschaftliche Gesamtrechnung derartige Käufe als einen Teil der Endausgaben.

In späteren Kapiteln werden wir uns wiederholt die Tatsache zunutze machen, dass das BIP gleich den Gesamtausgaben der Endverbraucher für inländische Waren und Dienstleistungen ist. Wir werden auch Hypothesen entwickeln, wie jede Gruppe von Endverbrauchern ihre Entscheidung über die Höhe der Ausgaben trifft. Daher ist

VERTIEFUNG

Eine Menge Unterstellungen

Eine etwas abgedroschene Aussage behauptet, das BIP würde sinken, wenn ein Mann seine Haushälterin heiratet. (Das Gleiche würde auf eine Sekretärin zutreffen, die ihren Chef heiratet.) Und etwas ist dran an dieser Aussage: Stellt jemand Dienstleistungen gegen Bezahlung zur Verfügung, dann werden diese Dienstleistungen als Teil des BIP gezählt. Leistungen, die sich Familienmitglieder untereinander wechselseitig erbringen, werden aber nicht bei der BIP-Berechnung beachtet. Einige Ökonomen haben alternative Messverfahren vorgeschlagen, die versuchen, einen »unterstellten« Wert der Haushaltsarbeit zu erfassen. Grob gesprochen versuchen sie, der Haushaltsarbeit einen geschätzten Wert zuzuweisen, der sich ergeben würde, wenn die entsprechende Leistung am Markt verkauft worden wäre. Das übliche Verfahren zur Berechnung des BIP enthält diese Art von unterstellten Leistungen jedoch nicht.

Die BIP-Schätzungen berücksichtigen jedoch einen unterstellten Wert für das »Wohnen im eigenen Heim«. Das bedeutet, dass das BIP nicht sinkt, wenn man das Haus kauft, in dem man früher zur Miete gewohnt hat. Es ist zwar richtig, dass man nicht länger eine Miete an seinen Vermieter bezahlt, weil der Vermieter ja keine Leistung mehr erbringt (die in der Vermietung des Hauses bestand). Die Statistiker unterstellen aber eine geschätzte Zahlung für die Wohnung oder das Haus, in dem man lebt. Aus Sicht der Statistik sieht es so aus, als würde man die Unterkunft von sich selbst mieten.

Denkt man darüber nach, dann ist diese Unterstellung auch sinnvoll. In einem Land mit Wohneigentum ist der Nutzen, den man aus den eigenen Häusern oder Wohnungen zieht, ein wichtiger Teil des Lebensstandards. Um dies korrekt zu beschreiben, müsste bei der Berechnung des BIP der Wert des Wohnens in beiden Fällen berücksichtigt werden: sowohl im Fall eines Wohneigentümers als auch im Fall eines Mieters.

DENKFALLEN!

BIP: Was dazugehört und was nicht

Man kommt leicht durcheinander, wenn man überlegt, was im BIP berücksichtigt wird und was nicht. Halten wir daher kurz inne und versuchen wir, uns Klarheit zu verschaffen. Die vermutlich größte Quelle für Konfusion ist der Unterschied zwischen Investitionsausgaben und Ausgaben für Vor- bzw. Zwischenprodukte. Investitionsausgaben, also die Ausgaben für Anlagen, Bauten (gewerbliche Bauten genauso wie Wohnbauten) und Lagerbestandsänderungen, werden bei der Berechnung des BIP berücksichtigt, die Ausgaben für Zwischenprodukte jedoch nicht. Warum diese Unterscheidung?

Ein Zwischenprodukt wie Stahl wird in der Produktion verbraucht. Eine Metallpresse, also ein Investitionsgut dagegen nicht. Die Metallpresse wird viele Jahre halten und immer wieder für die Produktion von Autos verwendet werden. Weil die Ausgaben für Anlagen und Bauten nicht direkt mit der gegenwärtigen Produktion zusammenhängen, betrachten Ökonomen diese Form von Ausgaben als Ausgaben für Endprodukte. Die Ausgaben für Lagerbestandsänderungen, die als Teil der Investitionsausgaben betrachtet werden, werden ebenfalls bei der Berechnung des BIP berücksichtigt. Warum? Weil zusätzliche Lagerbestände, ganz ähnlich wie eine Maschine, als Investition in zukünftige Verkäufe betrachtet werden können. Wird ein Gut aus den Lagerbeständen verkauft, wird sein Wert vom Wert der Lagerbestände subtrahiert und damit auch vom BIP. Gebrauchte Güter werden bei der Berechnung des BIP nicht berücksichtigt, weil ihre Erfassung eine Doppelzählung bedeuten würde: Sie würden dann einmal bei ihrem Verkauf als neues Produkt erfasst und dann nochmals beim Wiederverkauf als gebrauchtes Gut. Schließlich ist zu beachten, dass Finanzprodukte wie Aktien oder festverzinsliche Wertpapiere nicht in das BIP eingehen, weil sie weder die Produktion noch den Verkauf eines Endproduktes widerspiegeln. Vielmehr handelt es sich bei einem festverzinslichen Wertpapier um ein Versprechen auf Rückzahlung zuzüglich Zinsen und bei einer Aktie um den Eigentumsnachweis für einen Unternehmensanteil.

Stellen wir noch einmal zusammenfassend dar, was ins BIP eingeht und was nicht.

Berücksichtigt

- Im Inland hergestellte Endprodukte einschließlich Anlagen, Bauten und Lagerbestandsänderungen.

Nicht berücksichtigt

- Zwischenprodukte,
- Vorprodukte,
- gebrauchte Güter,
- Finanzaktiva wie Aktien und festverzinsliche Wertpapiere,
- im Ausland produzierte Güter.

es sinnvoll, dass wir uns schon an dieser Stelle kurz damit beschäftigen, welche Arten von Ausgaben sich unterscheiden lassen, die in ihrer Summe dann dem BIP entsprechen.

Schauen wir uns noch einmal die Märkte für Waren und Dienstleistungen an, die im Kreislaufdiagramm der Abbildung 22-1 gezeigt werden. Dort kann man erkennen, dass eine Komponente der Verkäufe der Unternehmen die Konsumausgaben sind. Wir wollen die Konsumausgaben mit dem Symbol *C* bezeichnen. Abbildung 22-1 zeigt auch die drei anderen Ausgabenkomponenten: die Investitionsausgaben (Verkäufe an andere Unternehmen), die wir mit *I* bezeichnen wollen; die Ausgaben des Staates für Waren und Dienstleistungen, die wir mit *G* bezeichnen wollen und schließlich die Ausgaben des Auslands, also unsere Exporte, die wir mit *X* bezeichnen wollen.

Wir müssen nun noch beachten, dass sich nicht die gesamte Endnachfrage auf im Inland produzierte Güter richtet: Ein Teil der Ausgaben wird für importierte Waren und Dienstleistungen getätigt, die wir mit *IM* bezeichnen wollen. Fassen wir unsere bisherigen Überlegungen zusammen, können wir folgende Gleichung aufstellen, die zeigt, dass wir das Bruttoinlandsprodukt in vier Komponenten von gesamtwirtschaftlichen Ausgaben zerlegen können:

$$\text{BIP} = C + I + G + X - IM. \quad (22\text{-}1)$$

Dieser Gleichung werden wir in späteren Kapiteln immer wieder begegnen.

Verteilungsrechnung. Ein letzter Weg zur Berechnung des BIP besteht darin, alle Einkommen zusammenzuzählen, die die Produktionsfaktoren von den Unternehmen der Volkswirtschaft erhalten haben: die Löhne des Faktors Arbeit, die Zinsen, die diejenigen erhalten, die ihre Ersparnis an Unternehmen und Staat ausleihen, die Mieten, die diejenigen erhalten, die ihren Boden oder ihre Gebäude an Unternehmen vermieten, und schließlich die Gewinne, die die Anteilseigner erhalten, denen das physische Kapital der Unternehmen gehört. Auch dieser Berechnungsweg ist möglich, weil die Mittel, die den Unternehmen aus dem Verkauf von Waren und Dienstleistungen zufließen, irgendwo bleiben müssen. Definitionsgemäß umfasst der Gewinn alles, was nicht in Form von Löhnen, Zinsen oder Mieten an Dritte gezahlt wird. Ein Teil der Gewinne wird an die Anteilseigner in Form von Dividenden ausgeschüttet.

Abbildung 22-2 zeigt, wie diese Berechnung in unserer vereinfachten Volkswirtschaft funktioniert. Die Spalte ganz rechts zeigt die gesamten Löhne, Zinsen und Mieten, die von den Unternehmen gezahlt werden, sowie deren gesamten Gewinn. Addiert man all diese Größen, erhält man das gesamte Faktoreinkommen in Höhe von 21.500 Euro – das natürlich wieder dem BIP entspricht.

Wir wollen diesen dritten Berechnungsweg über die Faktoreinkommen nicht so stark herausstellen wie die beiden anderen Methoden zur Berechnung des BIP. Dies hängt vor allem damit zusammen, dass in vielen Ländern, so auch in Deutschland, die amtliche Statistik das BIP nicht über die Verteilungsseite berechnet, weil hier die Datenlage vergleichsweise schlecht ist. Es ist jedoch wichtig, sich stets vor Augen zu halten, dass alle Geldausgaben für im Inland produzierte Güter Faktoreinkommen für die Haushalte generieren, dass es also wirklich einen Kreislauf gibt.

Die Komponenten des BIP. Nachdem wir gelernt haben, wie das BIP prinzipiell berechnet wird, wollen wir uns anschauen, wie das BIP in der Praxis ermittelt wird.

Abbildung 22-3 zeigt die beiden ersten Rechenwege nebeneinander. Die Höhe der beiden Säulen repräsentiert jeweils das BIP der deutschen Wirtschaft für das Jahr 2021: 3.570,6 Milliarden Euro. Jede Säule ist unterteilt, um die Zusammensetzung des gesamten BIP im Hinblick auf die Wertschöpfung und die Ausgaben zu zeigen.

In der linken Säule von Abbildung 22-3 sehen wir die Aufgliederung des BIP nach Wertschöpfung für verschiedene, zusammengefasste Wirtschaftsbereiche entsprechend der ersten Methode zur Berechnung des BIP. Man kann erkennen, dass nur etwas mehr als ein Viertel des Bruttoinlands-

Abb. 22-3

Das Bruttoinlandsprodukt in Deutschland 2021: Zwei Methoden zur Berechnung des BIP

Die beiden Säulen zeigen zwei äquivalente Wege zur Berechnung des BIP. Die Höhe jeder Säule über der waagerechten Achse repräsentiert einen Betrag von 3.570,6 Milliarden Euro und entspricht dem Bruttoinlandsprodukt Deutschlands im Jahr 2021. Die linke Säule zeigt die Aufspaltung des BIP entsprechend der Wertschöpfung verschiedener Sektoren der Wirtschaft. Hier können wir erkennen, dass nur rund 27 Prozent des BIP im Jahr 2021 aus der Wertschöpfung des Produktionsbereichs im engeren Sinne stammen. Der Rest stammt aus der Wertschöpfung von Handel, Verkehr sowie öffentlichen und privaten Dienstleistungen. Die rechte Säule zeigt die Aufspaltung des BIP in fünf Ausgabenbereiche. Die rechte Säule hat ebenfalls eine Höhe, die einem Betrag von 3.570,6 Milliarden Euro entspricht.

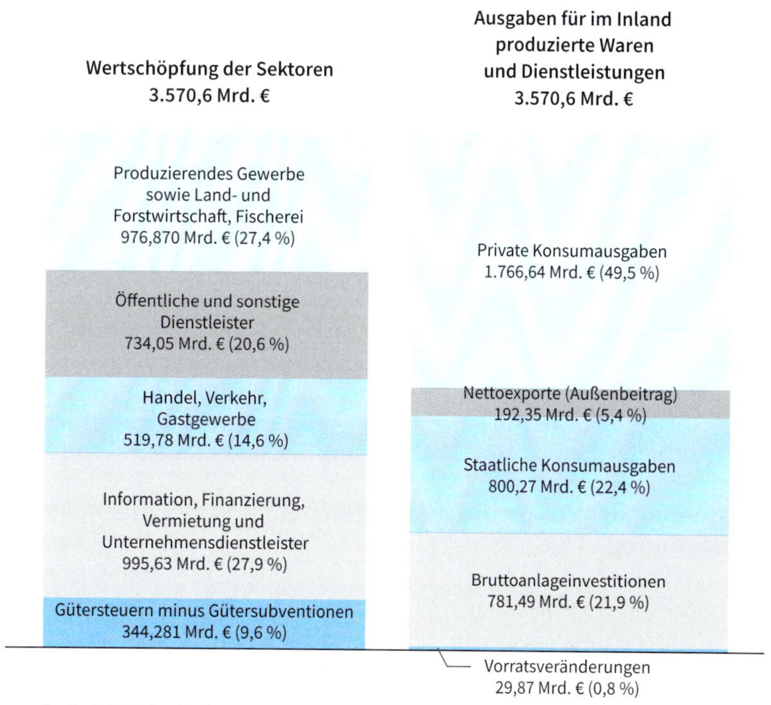

Quelle: Statistisches Bundesamt

Unter **Nettoexporten** oder **Außenbeitrag** versteht man die Differenz zwischen dem Wert der Exporte und dem Wert der Importe.

produktes aus der Wertschöpfung physischer Güter stammt (976,9 Milliarden Euro). 1.515,4 Milliarden Euro oder 42 Prozent des BIP sind im Bereich von Handel, Gastgewerbe, Verkehr, Finanzierung, Vermietung und Unternehmensdienstleistungen entstanden. Wertschöpfung im Umfang von 734,1 Milliarden Euro oder rund 20 Prozent sind im Bereich öffentlicher und privater Dienstleister entstanden. Dabei handelt es sich zum größten Teil um Dienstleistungen des Staates in Form von innerer und äußerer Sicherheit sowie Erziehung und Bildung. Man kann an der Zusammensetzung der Wertschöpfung erkennen, dass Deutschland, wie fast alle modernen Industriestaaten, mittlerweile eher eine Dienstleistungs- als eine Produktionsgesellschaft ist. Die unterste Komponente der linken Säule zeigt den Saldo aus Gütersteuern und Gütersubventionen. Gütersteuern sind Steuern, die sich einzelnen Waren und Dienstleistungen zurechnen lassen, wie etwa die Energiesteuer. Die Aufnahme dieser Position ist erforderlich, weil in der Entstehungsrechnung eine Bewertung zu Herstellungspreisen vorgenommen wird. In der Verwendungsrechnung werden dagegen Marktpreise zur Bewertung herangezogen. Herstellungspreiskonzept und Marktpreiskonzept unterscheiden sich genau durch den Saldo aus Gütersteuern und Gütersubventionen.

Die rechte Säule in Abbildung 22-3 korrespondiert mit der Berechnung des BIP von der Verwendungsseite. Sie spaltet das Bruttoinlandsprodukt in fünf aggregierte Ausgabenbereiche auf. Die größte Position stellen die privaten Konsumausgaben mit 1.766,6 Milliarden Euro und damit knapp 50 Prozent des BIP dar. Die Konsumausgaben des Staates sind mit 800,3 Milliarden Euro oder rund 22 Prozent die zweitgrößte Position. Der Umfang der privaten und staatlichen Bruttoanlageinvestitionen betrug im Jahr 2021 781,5 Milliarden Euro. Die Vorratsveränderungen waren im Betrachtungsjahr positiv mit einem Betrag von 29,9 Milliarden Euro. Schließlich wurde ein Teil des Bruttoinlandsproduktes nicht im Inland, sondern im Ausland verwendet: Die **Nettoexporte** oder der **Außenbeitrag**, also der Wert der Exporte abzüglich des Wertes der Importe lag bei 192,3 Milliarden Euro.

Was sagt uns das BIP?

Wir haben jetzt verschiedene Wege kennengelernt, das Bruttoinlandsprodukt zu berechnen. Aber was sagt uns die Messung des BIP?

Die größte Bedeutung hat das BIP in seiner Verwendung als Maß für die Größe und Leistungsfähigkeit einer Volkswirtschaft. Durch die Messung des BIP können wir nicht nur die Entwicklung einer Volkswirtschaft in einzelnen Jahren miteinander vergleichen, sondern gleichzeitig auch die ökonomische Entwicklung und Leistungsfähigkeit verschiedener Volkswirtschaften analysieren und beurteilen. Stellen Sie sich beispielsweise vor, Sie wollen die Volkswirtschaften verschiedener Nationen miteinander vergleichen. Ein geradezu natürlicher Ansatz ist es, das Bruttoinlandsprodukt der jeweiligen Länder in Beziehung zu setzen. So betrug beispielsweise im Jahr 2021 das gemeinsame BIP der Länder der Europäischen Union 17.094 Milliarden Dollar. Im gleichen Jahr lag das BIP der Vereinigten Staaten bei 22.996 Milliarden Dollar und das BIP Chinas lag bei 17.458 Milliarden Dollar.

Aber haben wir nicht zu Beginn dieses Kapitels erfahren, dass China mittlerweile die größte Volkswirtschaft der Welt ist? Es zeigt sich, dass man bei

WISSENSCHAFT UND PRAXIS

Die Entstehung der Volkswirtschaftlichen Gesamtrechnung

Wie viele andere Bereiche der Makroökonomik verdankt auch die Volkswirtschaftliche Gesamtrechnung ihre Entstehung der Weltwirtschaftskrise. Als die großen Volkswirtschaften der Welt in eine tiefe Depression versanken, mussten die Wirtschaftspolitiker feststellen, dass ihre Möglichkeit, adäquat zu reagieren, nicht nur durch einen Mangel an angemessenen ökonomischen Theorien behindert wurde, sondern auch durch einen Mangel an verwertbaren Informationen. Alles, worüber sie verfügten, waren verstreute Einzelstatistiken: Transportmengen von Güterzügen, Aktienkurse und unvollständige Indizes der industriellen Produktion. Sie konnten seinerzeit nur raten, was mit der Volkswirtschaft passierte. Als Reaktion auf diesen offenkundigen Informationsmangel beauftragte das US-amerikanische Handelsministerium Simon Kuznets, einen jungen, in Russland geborenen Ökonomen, entsprechende in sich konsistente Statistiken zu entwickeln. (Kuznets erhielt ▸

später für seine Arbeiten den Nobelpreis für Wirtschaftswissenschaften.) Die erste Version seiner Überlegungen, die später zu dem führte, was wir heute als Volkswirtschaftliche Gesamtrechnung bezeichnen, wurde im Jahr 1937 dem US-amerikanischen Kongress präsentiert. Veröffentlicht wurden diese Überlegungen dann in einem Forschungsbericht mit dem Titel »National Income, 1929–1935«.

Zu Beginn gab es Skepsis gegenüber der Brauchbarkeit des von Kuznets vorgestellten Kontensystems. Im Jahr 1936 veröffentlichte der britische Wirtschaftswissenschaftler John Maynard Keynes die »General Theory of Employment, Interest, and Money«, das Buch, das als Ursprung der modernen makroökonomischen Theorie gilt. Keynes argumentierte gegen die Verwendung der Konzepte von gesamtwirtschaftlicher Produktion und Preisniveau: »Zu sagen, dass die Nettoproduktion heute größer, das Preisniveau aber geringer ist als zehn Jahre zuvor oder ein Jahr zuvor, ist eine Aussage, die einen ähnlichen Charakter hat wie die Behauptung, dass Königin Victoria eine bessere Königin, aber keine glücklichere Frau war als Königin Elisabeth – eine Behauptung, die nicht völlig sinnlos ist und auch nicht völlig uninteressant, sich aber nicht für die Differentialrechnung eignet.« Die Makroökonomen stellten aber schnell fest, dass die Konzepte von gesamtwirtschaftlicher Produktion und Preisniveau in Verbindung mit der tatsächlichen Messung dieser Größen sehr hilfreich für das Verstehen der gesamtwirtschaftlichen Entwicklung waren.

Die ursprünglichen Schätzungen von Kuznets reichten nicht an den Gesamtumfang der modernen Volkswirtschaftlichen Gesamtrechnung heran, insbesondere weil sie sich auf das Einkommen konzentrierten, nicht auf die Produktion. Der Anstoß, die Volkswirtschaftliche Gesamtrechnung auszubauen, kam dann während des Zweiten Weltkrieges, als die Wirtschaftspolitiker ein umfassendes Maß der ökonomischen Leistungsfähigkeit noch dringender benötigten. Die US-amerikanische Bundesregierung begann bereits im Jahr 1942 damit, Schätzungen für das Bruttoinlandsprodukt und das Bruttonationaleinkommen herauszugeben.

Im Januar 2000 veröffentlichte das US-Handelsministerium in seiner Zeitschrift *Survey of Current Business* einen Artikel mit der Überschrift »Das BIP: Eine der großen Erfindungen des 20. Jahrhunderts«. Dies mag ein bisschen überzogen wirken, aber die Volkswirtschaftliche Gesamtrechnung, die ihre Geburt in den Vereinigten Staaten erlebte, ist seitdem zu einem wichtigen Instrument der ökonomischen Analyse und der Wirtschaftspolitik rund um den Globus geworden.

der Verwendung von BIP-Daten vorsichtig sein muss, insbesondere bei Vergleichen zwischen einzelnen Ländern und zu verschiedenen Zeitpunkten. Diese Vorsicht ist angebracht, da ein Teil des Anstiegs im BIP über die Zeit keinen Anstieg der Produktionsleistung signalisiert, sondern vielmehr auf einen Anstieg der *Güterpreise* zurückzuführen ist. So betrug beispielsweise das Bruttoinlandsprodukt der Vereinigten Staaten im Jahr 1998 9.063 Milliarden Dollar. Bis zum Jahr 2015 hatte sich das Bruttoinlandsprodukt auf 18.206 Milliarden Dollar mehr als verdoppelt. Aber die US-amerikanische Volkswirtschaft war im Jahr 2015 nicht wirklich doppelt so groß wie im Jahr 1998. Um die tatsächliche Änderung der gesamten Produktion zu erfassen, müssen wir auf eine modifizierte Version des BIP zurückgreifen, bei der Preisänderungen herausgerechnet werden. Diese modifizierte Version des BIP heißt *reales BIP*.

Ein ähnliches Problem ergibt sich, wenn wir die Vereinigten Staaten und China miteinander vergleichen, da in China viele Waren und Dienstleistungen deutlich billiger verkauft werden als in den Vereinigten Staaten. Bei einer Berücksichtigung dieser Unterschiede zeigt sich, dass das reale BIP in China größer ist, als es die unbereinigte Zahl vermuten lässt. Im nächsten Abschnitt dieses Kapitels werden wir uns damit befassen, wie man das reale BIP berechnet.

Kurzzusammenfassung

- Die **Volkswirtschaftliche Gesamtrechnung** eines Landes erfasst die monetären Ströme zwischen den verschiedenen Wirtschaftssektoren.
- Es gibt vier verschiedene Geldströme, die in die Gütermärkte fließen: die **staatlichen Güterkäufe** (**Staatsausgaben**), die **Konsumausgaben**, die **Investitionsausgaben** und die **Exporte**.
- Auf den Gütermärkten verkaufen inländische Unternehmen und Unternehmen aus der übrigen Welt Waren und Dienstleistungen. Damit fließt ein Teil der Ausgaben für die Käufe von Waren und Dienstleistungen über **Importe** ins Ausland.
- Das **Bruttoinlandsprodukt** oder kurz **BIP** kann auf drei verschiedenen Wegen berechnet werden: Erstens kann man den Wert der Endprodukte durch Addition der **Wertschöpfung** aller Unternehmen erfassen. Zweitens kann man die **gesamtwirtschaftlichen Ausgaben** erfassen, die sich aus der Addition aller Ausgaben für im Inland hergestellte **Endprodukte** ergeben. Drittens kann man alle Faktoreinkommen erfassen, die von den Unternehmen bezahlt werden. **Vor-** bzw. **Zwischenprodukte** werden bei der Berechnung des BIP nicht berücksichtigt, Lagerbestände und **Nettoexporte** dagegen schon.

ÜBERPRÜFEN SIE IHR WISSEN

1. Erläutern Sie, warum die drei Methoden zur Berechnung des BIP zur gleichen Schätzung des BIP führen.
2. An welche verschiedenen Sektoren verkaufen Unternehmen ihre Produkte? Auf welchen verschiedenen Wegen sind die Haushalte mit anderen Sektoren der Wirtschaft verbunden?
3. Gehen Sie von Abbildung 22-2 aus und nehmen Sie an, Sie hätten irrtümlich geglaubt, die gesamte Wertschöpfung würde 30.500 Euro betragen, der Summe aus dem Verkaufspreis eines Autos und dem Wert des im Auto enthaltenen Stahls. An welcher Stelle ist Ihnen eine Doppelzählung unterlaufen?

22.2 Das reale BIP: Ein Maß für die gesamtwirtschaftliche Produktion

Für die Volkswirtschaft der Bundesrepublik Deutschland ist es im Jahr 2019 ganz gut gelaufen: die Zahl der Erwerbstätigen stieg im Vergleich zum Vorjahr um rund 400.000 Personen (das bedeutet, dass im Vergleich zu 2018 400.000 Menschen mehr einen Job hatten) und die Erwerbslosenquote (der Anteil der Personen ohne Arbeit) sank auf den tiefsten Stand seit fast 40 Jahren. Das Jahr 2019 war auf jeden Fall ein besseres Jahr als 1974, als das Land mit den Folgen eines Ölpreisschocks zu kämpfen hatte und kurz vor einer Rezession stand. Seltsamerweise ist das Bruttoinlandsprodukt im Jahr 1974 mit 8,2 Prozent deutlich stärker angestiegen als im Jahr 2019 mit 3,1 Prozent. Wie ist das möglich?

Die Antwort auf die Frage hat etwas mit der Preisentwicklung zu tun. Im Jahr 1974 ist das Bruttoinlandsprodukt in erster Linie durch die Inflation angestiegen – die Preise für Waren und Dienstleistungen, die in der Bundesrepublik Deutschland produziert wurden, sind nach oben geklettert – und nicht, weil die Volkswirtschaft tatsächlich gewachsen ist. Im Jahr 2019 war die Inflationsrate dagegen deutlich niedriger, sodass der Anstieg im Bruttoinlandsprodukt tatsächlich eine stärkere Wirtschaftsleistung widerspiegelt.

Um das Wachstum einer Volkswirtschaft exakt messen zu können, benötigen wir ein Maß für die **gesamtwirtschaftliche Produktion**: die Summe der Waren und Dienstleistungen, die eine Volkswirtschaft produziert. Das Maß, das für diese Zwecke verwendet wird, heißt *reales BIP*. Wenn wir uns die Entwicklung des realen BIP im Zeitablauf anschauen, dann lassen wir Preisänderungen außen vor, die zu Änderungen im Wert der gesamtwirtschaftlichen Produktion führen. Schauen wir uns zunächst an, wie das reale BIP berechnet wird, und anschließend, welche ökonomische Bedeutung es hat.

Die **gesamtwirtschaftliche Produktion** ist die Summe der Waren und Dienstleistungen, die eine Volkswirtschaft produziert.

Die Ermittlung des realen BIP

Um zu verstehen, wie das reale BIP berechnet wird, wollen wir uns eine Volkswirtschaft vorstellen, in der lediglich zwei Güter produziert werden, Äpfel und Orangen. Wir nehmen weiter an, dass beide Güter nur an Endverbraucher verkauft werden. Die Produktionsmengen und die Preise der beiden Früchte werden für zwei aufeinanderfolgende Jahre in **Tabelle 22-1** gezeigt.

Das Erste, was wir zu diesen Daten sagen können, ist, dass der Wert der Verkäufe von Jahr 1 auf Jahr 2 gestiegen ist. Im ersten Jahr betrug der Gesamtwert der Verkäufe (2.000 Milliarden × 0,25 Euro) + (1.000 Milliarden × 0,50 Euro) = 1.000 Milliarden Euro. Für das zweite Jahr ergibt sich ein Wert von (2.200 Milliarden × 0,30 Euro) + (1.200 Milliarden × 0,70 Euro) = 1.500 Milliarden Euro, ein um 50 Prozent höherer Wert. Aus der gezeigten Tabelle wird aber auch deutlich, dass der Anstieg des Wertes des BIP das reale Wachstum der Wirtschaft überzeichnet. Zwar sind die Mengen sowohl der Äpfel als auch der Orangen gestiegen, gleichzeitig haben sich aber auch die Preise für Äpfel und Orangen erhöht. Daher ist ein

Teil des 50-prozentigen Anstiegs des Wertes des BIP lediglich Ergebnis höherer Preise, nicht einer höheren Produktion.

Um den wahren Anstieg der gesamtwirtschaftlichen Produktion abschätzen zu können, müssen wir uns folgende Frage stellen: Um wie viel wäre das BIP gestiegen, falls sich die Preise nicht geändert hätten? Um diese Frage zu beantworten, müssen wir den Wert der Produktion des Jahres 2 finden, ausgedrückt in Preisen des Jahres 1 (des Basisjahres). Im Jahr 1 betrug der Apfelpreis 0,25 Euro und der Orangenpreis 0,50 Euro pro Stück. Die Produktion des Jahres 2, ausgedrückt in Preisen des Jahres 1, beträgt dann (2.200 Milliarden × 0,25 Euro) + (1.200 Milliarden × 0,50 Euro) = 1.150 Milliarden. Der Produktionswert im Jahr 1 zu Preisen des Jahres 1 betrug 1.000 Milliarden Euro. In unserem Beispiel hat sich also das BIP, bewertet zu Preisen des Jahres 1, um 15 Prozent erhöht, von 1.000 Milliarden Euro auf 1.150 Milliarden Euro.

Nun können wir das **reale BIP** definieren: Es ist der Gesamtwert aller Endprodukte, die in der Volkswirtschaft in einem Jahr hergestellt wurden, und zwar so berechnet, als ob die Preise auf dem Niveau eines Basisjahres konstant geblieben wären. Eine Zahl für das reale BIP wird immer von einer Information begleitet, auf welches Basisjahr man sich bezieht.

Eine BIP-Zahl, die nicht um Preisänderungen bereinigt wurde, wird zu den Preisen des Jahres berechnet, in denen das BIP produziert wurde. Ökonomen bezeichnen dieses Maß als **nominales BIP** oder als BIP zu laufenden (jeweiligen) Preisen. Hätten wir das nominale BIP verwendet, um die Änderung der Produktionsmenge von Jahr 1 auf Jahr 2 in unserem Apfel- und Orangenbeispiel zu berechnen, hätten wir das wahre Produktionswachstum überzeichnet: Wir wären von einem Anstieg von 50 Prozent ausgegangen, obwohl er tatsächlich lediglich bei 15 Prozent lag. Indem wir die Produktionsmengen der beiden Jahre unter Verwendung der gleichen Preise vergleichen – in unserem Beispiel die Preise des Jahres 1 –, sind wir in der Lage, uns ausschließlich auf Änderungen der Produktionsmenge zu konzentrieren und den Einfluss von Preisänderungen auszuschalten.

Tabelle 22-2 zeigt eine realistische Version unseres Apfel- und Orangenbeispiels. Die zweite Spalte zeigt das nominale BIP der Bundesrepublik Deutschland für die Jahre 2010, 2015 und 2020. Die dritte Spalte zeigt das reale BIP für jedes der Jahre, ausgedrückt in Preisen des Jahres 2015. Für 2015 stimmen die Zahlen der zweiten und dritten Spalte überein. Aber das reale BIP von 2010, ausgedrückt in Preisen des Jahres 2015, war höher als das nominale BIP von 2010, was die Tatsache widerspiegelt, dass die Preise im Jahr 2015 höher waren als 2010. Das reale BIP des Jahres 2020, ausgedrückt in Preisen des Jahres 2015, war jedoch geringer als das nominale BIP von 2020, weil die Preise im Jahr 2015 niedriger waren als im Jahr 2020.

Tab. 22-1

Die Berechnung des BIP und des realen BIP in einer einfachen Volkswirtschaft

	Jahr 1	Jahr 2
Menge an Äpfeln (Mrd. Stück)	2.000	2.200
Apfelpreis (€)	0,25	0,30
Menge an Orangen (Mrd. Stück)	1.000	1.200
Orangenpreis (€)	0,50	0,70
BIP (Mrd. €)	1.000	1.500
Reales BIP (Mrd. € in Preisen des Basisjahres)	1.000	1.150

Tab. 22-2

Nominales versus reales BIP in den Jahren 2010, 2015 und 2020

	Nominales BIP (Mrd. €, in jeweiligen Preisen)	Reales BIP (Mrd. €, preisbereinigt)
2010	2.564,4	2.783,2
2015	3.026,2	3.026,2
2020	3.367.6	3.096,7

Als **reales BIP** bezeichnet man den Gesamtwert aller in der Volkswirtschaft in einem bestimmten Jahr produzierten Endprodukte, bewertet zu den Preisen eines bestimmten Basisjahres.

Als **nominales BIP** bezeichnet man den Gesamtwert aller in einer Volkswirtschaft in einem bestimmten Jahr produzierten Endprodukte, bewertet zu den laufenden Preisen des Jahres, in dem die Produktion erfolgt.

Ein technisches Detail: »Verkettete« Preise

Bis zur Jahrtausendwende wurden die Schätzungen des realen BIP, die von den statistischen Ämtern der Industrieländer veröffentlicht wurden, exakt so berechnet, wie wir es in unserem Beispiel von Tabelle 22-1 getan haben: Es wurde ein Basisjahr festgelegt und dann für jedes Jahr das reale BIP in konstanten Preisen des Basisjahres berechnet. Mittlerweile wird im Rahmen der Volkswirtschaftlichen Gesamtrechnung das reale bzw. preisbereinigte Bruttoinlandsprodukt als »verkettet« dargestellt. Was bedeutet »Verkettung«?

Vielleicht haben Sie bemerkt, dass es eine alternative Möglichkeit gibt, unter Verwendung der Daten von Tabelle 22-1 das reale BIP zu berechnen. Wir könnten doch auch anstelle der Preise von Jahr 1 die Preise von Jahr 2 als Basisjahrpreise verwenden. Diese Vorgehensweise kann man doch genauso gut begründen. Schlagen wir diesen Weg ein, dann berechnen wir das reale BIP für Jahr 1, ausgedrückt in Preisen des Jahres 2, folgendermaßen: (2.000 Milliarden × 0,30 Euro) + (1.000 Milliarden × 0,70 Euro) = 1.300 Milliarden Euro. Das reale BIP von Jahr 2 in Preisen des Jahres 2 beträgt 1.500 Milliarden Euro, weist also den gleichen Wert auf wie das nominale BIP des Jahres 2. Verwendet man das Jahr 2 als Basisjahr, dann ist das Wachstum des realen BIP gleich (1.500 Milliarden Euro – 1.300 Milliarden Euro)/1.300 Milliarden Euro = 0,154 bzw. 15,4 Prozent. Dies ist etwas mehr als der Wert, den wir bei unserer ersten Berechnung ermittelt hatten, bei der wir die Preise aus dem Jahr 1 als Basisjahrpreise verwendet hatten. Das Ergebnis dieser Berechnung war ein Anstieg des realen BIP um 15 Prozent. Es ist hervorzuheben, dass keine der Antworten – 15,4 Prozent versus 15 Prozent – »richtiger« ist als die andere.

Weil 15,4 Prozent und 15 Prozent Werte sind, die recht dicht beieinanderliegen, spielt es keine große Rolle, welches Basisjahr man bei der Berechnung in Tabelle 22-1 verwendet. Leider trifft dies jedoch nicht immer zu, wenn man BIP-Berechnungen in der Realität anstellt. So bemerkten beispielsweise Ökonomen, die sich mit der Berechnung des realen Wachstums der US-amerikanischen Volkswirtschaft während der 1980er- und 1990er-Jahre beschäftigten, dass die Ergebnisse in Abhängigkeit vom gewählten Basisjahr erheblich voneinander abwichen. Die Hauptursache war der starke technische Fortschritt bei Computern, der sowohl zu einem starken Anstieg der Computerproduktion führte als auch zu sinkenden Preisen von Computern im Vergleich zu anderen Waren und Dienstleistungen. Bei Verwendung eines frühen Basisjahres, in dem Computer noch teuer waren, führten die Berechnungen zu einer höheren Wachstumsrate des realen BIP als bei Verwendung eines späteren Basisjahres, in dem Computer deutlich preiswerter waren. Weil über den Betrachtungszeitraum die Computerproduktion massiv stieg, führten beide Berechnungswege zu sehr unterschiedlichen Schätzungen der Entwicklung des realen BIP. Diese Problematik trat nicht nur in den Vereinigten Staaten auf, sondern, wenn auch in abgeschwächter Form, in allen anderen Industrieländern.

Dies führte dazu, dass sich die Statistiker, die für die Berechnung des Bruttoinlandsproduktes verantwortlich sind, einer Methode zuwendeten, die als »Verkettung« bezeichnet wird. Bei der Verkettung macht man im Prinzip nichts anderes, als den Unterschied zwischen der Verwendung eines frühen Basisjahres und der Verwendung eines späten Basisjahres auf die dazwischenliegenden Jahre aufzuteilen. Wir wollen hier nicht weiter ins Detail gehen. Für die Zwecke dieses Buches können wir bei der einfacheren Vorstellung bleiben, das reale BIP würde unter Verwendung der Preise eines einzelnen Basisjahres berechnet.

Was das reale BIP nicht misst

Das BIP ist ein Maß für die gesamte Produktionsleistung eines Landes. Unter sonst gleichen Bedingungen wird ein Land mit einer größeren Bevölkerung auch ein höheres BIP aufweisen, einfach deswegen, weil mehr Menschen arbeiten. Möchte man das BIP zwischen verschiedenen Ländern vergleichen, muss man daher diesen Effekt der unterschiedlichen Bevölkerungsgröße eliminieren. Üblicherweise wird dazu das **BIP pro Kopf** betrachtet, also das BIP geteilt durch die Bevölkerungsgröße. Diese Rechenoperation führt zum durchschnittlichen BIP je Einwohner. Dementsprechend gibt das reale BIP pro Kopf das durchschnittliche Realeinkommen je Einwohner wieder, auch als Pro-Kopf-Einkommen bezeichnet.

Das **BIP pro Kopf** erhält man, indem man das BIP durch die Bevölkerungsgröße dividiert. Dieser Quotient entspricht dem durchschnittlichen BIP je Einwohner, auch als Pro-Kopf-Einkommen bezeichnet.

In manchen Fällen, wie z. B. beim Vergleich der Arbeitsproduktivität zwischen einzelnen Volkswirtschaften, kann das BIP pro Kopf ein sinnvolles Maß sein. Bei der Erfassung des Lebensstandards eines Landes allerdings kommt das BIP pro Kopf an seine Grenzen. Immer wieder wird Ökonomen vorgeworfen, sie glaubten, das Wachstum des realen BIP pro Kopf sei die entscheidende Größe für die Verbesserung des Lebensstandards. Tatsächlich haben nur sehr wenige Ökonomen dies je wirklich behauptet. Die Vorstellung, Ökonomen

LÄNDER IM VERGLEICH

Das BIP und der Sinn des Lebens

Die berühmte US-amerikanische Schauspielerin und Hollywood-Ikone der 1930er-Jahre, Mae West, soll einmal gesagt haben: »Ich war arm und ich war reich, und glauben Sie mir, es ist besser reich zu sein«. Aber gilt diese Aussage auch für Staaten?

Die Abbildung zeigt für eine Reihe ausgewählter Länder, wie wohlhabend das jeweilige Land ist (gemessen durch das Pro-Kopf-Einkommen), und wie die Einwohner dieses Landes ihr Wohlergehen einschätzen. Daten zum Wohlbefinden der Bevölkerung wurden durch den Gallup World Poll erfasst, der die Menschen danach fragt, wie zufrieden sie auf einer Skala von 0 bis 10 mit ihrem Leben sind. Die Daten in der Abbildung lassen drei Schlussfolgerungen zu:

3. *Es ist besser reich zu sein.* In wohlhabenden Ländern ist das Wohlergehen der Menschen im Durchschnitt größer als in armen Ländern.
4. *Je reicher man ist, desto weniger spielt Geld eine Rolle.* Mit steigendem Pro-Kopf-Einkommen wird der Zuwachs an Wohlbefinden mit jedem zusätzlichen Dollar kleiner. Ein Anstieg des (jährlichen) Pro-Kopf-Einkommens von 20.000 Dollar auf 40.000 Dollar scheint keine größere Wirkung auf das Wohlbefinden zu haben als ein Anstieg von 10.000 Dollar auf 20.000 Dollar.
5. *Geld ist nicht alles.* Die Menschen in Costa Rica, ein Land mit einem mittleren Pro-Kopf-Einkommen, scheinen zufriedener mit ihrem Leben zu sein als die Einwohner von reichen Volkswirtschaften, wie z. B. Japan.

Diese Aussagen decken sich mit der Beobachtung, dass es zwar leichter ist, mit einem hohen Pro-Kopf-Einkommen ein gutes Leben zu haben, aber nicht alle wohlhabenden Länder diesen Vorteil auch erfolgreich ausnutzen.

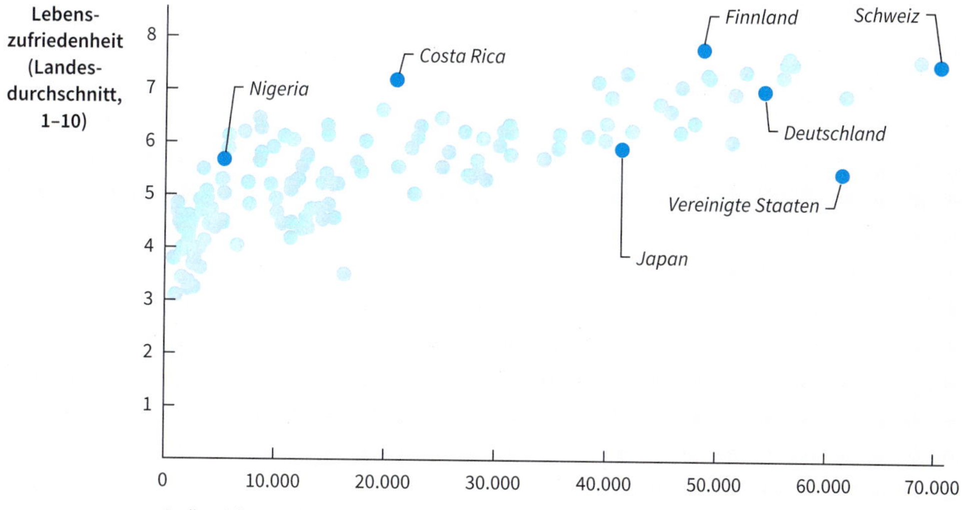

Quellen: Gallup, Weltbank

würden sich nur um das reale BIP pro Kopf kümmern, gehört in den Bereich der modernen Märchen.

Nehmen wir uns einen Augenblick Zeit, um zu überlegen, warum das reale BIP pro Kopf eines Landes kein ausreichendes Maß für das Wohlergehen der Menschen in einem Land darstellt und warum das Wachstum des realen BIP pro Kopf kein sinnvolles Ziel der Wirtschaftspolitik an sich ist.

Eine Möglichkeit, über diese Zusammenhänge nachzudenken, besteht darin, im Anstieg des realen BIP eine Verschiebung der Produktionsmöglichkeitenkurve der Volkswirtschaft nach außen zu sehen. Weil das Wachstum das Produktionspotenzial der Volkswirtschaft erhöht, kann die Gesellschaft etwas erreichen, was vorher nicht möglich war. Ob aber die Gesellschaft tatsächlich das gestiegene Potenzial vernünftig nutzt, um den Lebensstandard zu erhöhen, ist eine andere Frage. Um es noch etwas anders zu formulieren: Ihr Einkommen mag in diesem Jahr höher sein als im letzten Jahr. Ob Sie aber dieses höhere Einkommen dazu verwenden, tatsächlich Ihre Lebensqualität zu verbessern, liegt in Ihrer Hand.

Die Vereinten Nationen veröffentlichen jedes Jahr den *Human Development Report*, der unter anderem eine Rangfolge der Länder nach ihrem Entwicklungsstand aufstellt. Dieser Entwicklungsstand wird mithilfe des *Human Development Index* berechnet, in den neben dem Einkommen (BIP) auch andere Größen, nämlich Lebenserwartung und Bildungsstand eingehen, die als wichtig für die menschliche Entwicklung angesehen werden. Der Human Development Index ist damit ein Ansatz, der versucht, den Lebensstandard von Gesellschaften über reine Produktionskennziffern hinaus zu bestimmen. Die Zusammensetzung der einzelnen Komponenten im Index weist darauf hin, dass das reale BIP pro Kopf nur eine von vielen wichtigen Determinanten des menschlichen Wohlergehens ist, aber keinesfalls die einzige. Länder mit einem hohen realen BIP pro Kopf, wie etwa die europäischen Nationen, die Vereinigten Staaten und Japan, erreichen auch bei praktisch jedem anderen Wohlfahrtsindikator hohe Werte. Andererseits gibt es, gemessen am realen BIP pro Kopf, relativ arme Länder wie beispielsweise Costa Rica, in denen es einen bemerkenswert hohen Bildungsstand, eine hohe Lebenserwartung und eine geringe Kindersterblichkeit gibt. Und es gibt einige relativ reiche Länder, insbesondere solche mit großen Vorkommen an natürlichen Ressourcen, die bei diesen Kriterien nur schlechte Werte erreichen.

Noch einmal: Das reale BIP pro Kopf ist ein Maß für die durchschnittliche gesamtwirtschaftliche Produktion einer Volkswirtschaft je Einwohner. Das reale BIP pro Kopf und seine Steigerung kann aber kein hinreichendes originäres Politikziel sein, weil es nichts darüber sagt, wie ein Land die gesamtwirtschaftliche Produktion nutzt, um den Lebensstandard der Bevölkerung zu steigern. Ein Land mit einem hohen BIP kann sich eine gute Gesundheitsfürsorge, eine gute Ausbildung und ganz allgemein eine hohe Lebensqualität leisten. Es gibt aber keine Eins-zu-eins-Verbindung zwischen BIP und Lebensqualität.

WISSENSCHAFT UND PRAXIS

Argentiniens Problem mit der Inflation

Seit Ende der 1990er-Jahre hat Argentinien eine Wirtschaftskrise nach der anderen durchlebt. Die wirtschaftliche Lage in dem Land ist über lange Jahre so schlecht gewesen, dass man beim Stichwort Wirtschaftskrise sofort an Argentinien gedacht hat. Im Jahr 2018 steckte Argentinien wieder in Schwierigkeiten, nachdem das Land das Vertrauen der ausländischen Investoren verloren hatte. Die Arbeitslosenquote stieg von 7,2 Prozent Ende 2017 innerhalb nur eines Jahres auf 9,1 Prozent. Gleichzeitig wuchs aber auch das Bruttoinlandsprodukt, vom 4. Quartal 2017 bis zum 4. Quartal 2018 um 43 Prozent. Wie passt das zusammen?

Die Antwort ist einfach. Es war das nominale Bruttoinlandsprodukt, das gewachsen ist. Da Argentinien gleichzeitig mit hoher Inflation zu kämpfen hatte, ist das reale Bruttoinlandsprodukt im Jahr 2018 um 6 Prozent gesunken.

Das Beispiel Argentinien zeigt, warum es wichtig ist, zwischen nominalem und realem BIP zu unterscheiden, und welche Bedeutung der sorgfältigen und korrekten Messung der Preissteigerung zukommt. Und hier ist die argentinische Regierung nicht immer mit größter Sorgfalt vorgegangen, wie wir in der Fallstudie am Ende des Kapitels noch erfahren werden.

Kurzzusammenfassung

- Um das tatsächliche Wachstum der **gesamtwirtschaftlichen Produktion** bestimmen zu können, berechnen wir das **reale BIP** unter Verwendung der Preise aus einem bestimmten Basisjahr. Das **nominale BIP** ermittelt dagegen den Wert der gesamtwirtschaftlichen Produktion in laufenden Preisen.
- Das reale **BIP pro Kopf** (auch als Pro-Kopf-Einkommen bezeichnet) ist ein Maß für die durchschnittliche gesamtwirtschaftliche Produktion je Einwohner. Das Pro-Kopf-Einkommen ist aber weder ein ausreichendes Maß für das menschliche Wohlergehen, noch stellt es ein sinnvolles originäres Politikziel dar, weil es wichtige wohlfahrtsrelevante Aspekte der Wirtschaft nicht widerspiegelt.

ÜBERPRÜFEN SIE IHR WISSEN

1. Nehmen Sie an, es gäbe lediglich zwei Güter in der Volkswirtschaft: Pommes frites und Zwiebelringe. Im Jahr 2019 wurden eine Million Portionen Pommes frites zu einem Preis von jeweils 0,40 Euro verkauft. Im gleichen Zeitraum wurden 800.000 Portionen Zwiebelringe zu je 0,60 Euro verkauft. Von 2019 auf 2020 stiegen die Preise für Pommes frites um 25 Prozent, während die Anzahl der verkauften Portionen um 10 Prozent sank. Im gleichen Zeitraum ging der Preis für Zwiebelringe um 15 Prozent zurück, während die Zahl der verkauften Portionen um 5 Prozent stieg.
   a. Ermitteln Sie das nominale BIP für 2019 und 2020. Berechnen Sie das reale BIP des Jahres 2020 unter Verwendung von 2019 als Basisjahr.
   b. Warum wäre eine Abschätzung des Wachstums mithilfe des nominalen BIP irreführend?
2. Von 2016 bis 2020 gingen die Preise für elektronische Geräte zurück. Im gleichen Zeitraum stiegen aber die Häuserpreise deutlich an. Welche Konsequenzen hat diese Beobachtung bei der Entscheidung, ob das Jahr 2016 oder das Jahr 2020 als Basisjahr für die Berechnung des realen BIP von 2018 verwendet werden sollte?

22.3 Preisindizes und das Preisniveau

Im ersten Halbjahr 2022 erreichte der Benzinpreis an deutschen Tankstellen neue Höchststände. Im März lag der Preis für einen Liter Superbenzin im Durchschnitt bei 2,15 Euro. Noch im April 2021 kostete der Liter Benzin (Super) nur 1,52 Euro. Auch viele andere Preise waren in diesem Zeitraum gestiegen. Manche Preise mehr, wie z. B. die Preise für Speiseöl, Gemüse oder Strom und Gas, manche Preise weniger, wie z. B. die Preise für Bekleidung, TV-Geräte oder Bücher. Klar war, dass die Lebenshaltungskosten gestiegen sind. Aber wie stark?

Zur Beantwortung der Frage benötigen wir eine Zahl, die widerspiegelt, was mit den Verbraucherpreisen passiert – ebenso wie das Bruttoinlandsprodukt in einer Zahl die gesamtwirtschaftliche Produktion von Waren und Dienstleistungen in der Volkswirtschaft zusammenfasst. Diese Zahl ist das **Preisniveau**. Das Preisniveau, eine einzelne Zahl, kann als Maß für die durchschnittliche Höhe der Preise in der Volkswirtschaft gelten. In der Volkswirtschaft wird jedoch eine große Vielfalt an Waren und Dienstleistungen produziert und konsumiert. Wie können wir die Preise all dieser Güter in einer einzelnen Zahl zusammenfassen? Die Antwort liegt im Konzept eines *Preisindexes* – ein Konzept, das sich am besten anhand eines Beispiels erklären lässt.

Das **Preisniveau** ist ein Maß für die durchschnittliche Höhe der Preise in der Volkswirtschaft.

Warenkörbe und Preisindizes

Stellen wir uns vor, bei einem strengen Frost würden in Spanien die meisten Zitrusfrüchte erfrieren. Dies würde dazu führen, dass der Preis für Orangen von 0,20 Euro auf 0,40 Euro steigt. Der Preis für Grapefruits würde sich von 0,60 Euro auf 1,00 Euro pro Stück erhöhen. Schließlich würden auch die Preise für Zitronen von 0,25 Euro auf 0,45 Euro steigen. Um wie viel ist der Preis für Zitrusfrüchte gestiegen?

Eine Möglichkeit, diese Frage zu beantworten, besteht darin, drei Zahlen zu nennen, nämlich die Änderungen der Preise von Orangen, Grapefruits und Zitronen. Das ist aber ein ziemlich mühseliger Ansatz. Anstatt als Antwort auf die Frage, was mit den Preisen von Zitrusfrüchten passiert ist, ständig drei Zahlen aufzuzählen, wäre es einfacher, ein Gesamtmaß für die durchschnittliche Preiserhöhung zu nehmen.

Ein **Preisindex** erfasst die Kosten für den Kauf eines bestimmten Warenkorbs in einem bestimmten Jahr, wobei die Kosten für ein gewähltes Basisjahr gleich 100 gesetzt werden.

Ein **Warenkorb** umfasst eine Auswahl von Waren und Dienstleistungen, von der angenommen wird, dass sie von einem durchschnittlichen Konsumenten gekauft werden.

Ökonomen messen die durchschnittliche Preisänderung für Konsumgüter üblicherweise dadurch, dass sie fragen, wie viel mehr oder weniger ein durchschnittlicher Konsument für sein *Konsumbündel* bezahlen müsste. Mit Konsumbündel meinen wir den typischen Korb an Waren und Dienstleistungen, der vor den Preisänderungen gekauft wurde. Ein Konsumbündel, das zur Erfassung von Änderungen des Preisniveaus verwendet wird, bezeichnet man als **Warenkorb**. Nehmen wir an, dass ein typischer Konsument vor der Frostperiode im Laufe eines Jahres 200 Orangen, 50 Grapefruits und 100 Zitronen gekauft hätte. Das soll in diesem Beispielfall unser Warenkorb sein.

Tab. 22-3

Berechnung der Kosten eines Warenkorbs

	Vor dem Frost (€)	Nach dem Frost (€)
Preis von Orangen	0,20	0,40
Preis von Grapefruits	0,60	1,00
Preis von Zitronen	0,25	0,45
Kosten des Warenkorbs (200 Orangen, 50 Grapefruits, 100 Zitronen)	(200 × 0,20 €) + (50 × 0,60 €) + (100 × 0,25 €) = 95,00 €	(200 × 0,40 €) + (50 × 1,00 €) + (100 × 0,45 €) = 175,00 €

Tabelle 22-3 zeigt die Kosten des Warenkorbs vor dem Frost und nach dem Frost. Vor dem Frost kostete der Warenkorb 95 Euro. Nach dem Frost kostete das gleiche Güterbündel 175 Euro. 175 Euro/95 Euro = 1,842, daher kostet der Warenkorb nach dem Frost 1,842-mal so viel wie vor dem Frost, was einem Anstieg der Kosten um 84,2 Prozent entspricht. In diesem Fall würden wir daher sagen, dass der durchschnittliche Preis von Zitrusfrüchten sich als Ergebnis des Frostes im Vergleich zum Basisjahr um 84,2 Prozent erhöht hat.

Ökonomen verwenden die gleiche Methode zur Erfassung von Änderungen des Preisniveaus: Sie verfolgen die Änderungen der Kosten eines gegebenen Warenkorbs. Außerdem setzen Ökonomen die Kosten des Warenkorbs für ein bestimmtes Basisjahr gleich 100, damit sich die Entwicklung der Kosten des Warenkorbs (und damit die Preisentwicklung) zwischen einzelnen Jahren besser vergleichen lässt. Dieses Maß für das Preisniveau wird als **Preisindex** bezeichnet. Ein Preisindex wird immer zusammen mit dem *Berichtsjahr* angegeben, das ist das Jahr, für das das Preisniveau gemessen wird, und dem *Basisjahr*. Ein Preisindex kann mithilfe der folgenden Formel berechnet werden:

(22-2) Preisindex im Berichtsjahr

$$= \frac{\text{Kosten des Warenkorbs im Berichtsjahr}}{\text{Kosten des Warenkorbs im Basisjahr}} \times 100$$

In unserem Beispiel mit den Zitrusfrüchten betrugen die Kosten des Warenkorbs vor dem Frost 95 Euro. Nehmen wir diesen Zeitraum als Basisjahr, dann gilt für den Preisindex für Zitrusfrüchte: (Kosten des Warenkorbs im Berichtsjahr/95 Euro) × 100. Rechnen wir den Quotienten aus, erhalten wir für die Zeit vor dem Frost einen Index von 100 und für die Zeit nach dem Frost einen Index von 184,2. Man beachte, dass bei Verwendung von Gleichung (22-2) zur Berechnung des Preisindex für das Basisjahr als Ergebnis immer ein Preisindex gleich 100 herauskommt. Das liegt daran, dass im Basisjahr die Werte für Berichtsjahr und Basisjahr übereinstimmen. Wir könnten also den Preisindex im Basisjahr auch schreiben als: (Kosten des Warenkorbs im Basisjahr/Kosten des Warenkorbs im Basisjahr) × 100 = 100.

Der Preisindex zeigt, dass als Folge des Frostes der durchschnittliche Preis für Zitrusfrüchte um 84,2 Prozent gestiegen ist. Weil dieses Verfahren einfach ist und intuitiv einleuchtet, wird es zur Berechnung einer Vielzahl von Preisindizes herangezogen, mit denen die durchschnittlichen Preisänderungen verschiedener Gruppen von Waren und Dienstleistungen beobachtet werden sollen. Ein Beispiel hierfür ist der *Verbraucherpreisindex*, der das am weitesten verbreitete Maß für die Erfassung des Preisniveaus darstellt.

Preisindizes stellen auch die Basis für die Erfassung der Inflation dar. Die **Inflationsrate** ist die jährliche prozentuale Änderung eines Preisindexes. Die Inflationsrate von Jahr 1 auf Jahr 2 wird mithilfe der folgenden Formel berechnet:

(22-3) Inflationsrate

$$= \frac{\text{Preisindex im Jahr 2} - \text{Preisindex im Jahr 1}}{\text{Preisindex im Jahr 1}} \times 100$$

Wird in den Nachrichten über die »Inflationsrate« geredet, dann bezieht sich die Information in der Regel auf die jährliche prozentuale Änderung des Verbraucherpreisindexes.

Die **Inflationsrate** ist die prozentuale jährliche Änderung eines Preisindexes – typischerweise des Verbraucherpreisindexes.

Der Verbraucherpreisindex

Das gebräuchlichste Maß zur Erfassung von Preisen ist in den Industrieländern der **Verbraucherpreisindex (VPI)**, der im Englischen als Consumer Price Index (CPI) bezeichnet wird. Der Verbraucherpreisindex soll zeigen, wie sich die Lebenshaltungskosten einer durchschnittlichen Familie im Zeitverlauf ändern. Seiner Berechnung liegt die Beobachtung von Marktpreisen der in einem Warenkorb enthaltenen Produkte zugrunde. Welchen Anteil die im Warenkorb enthaltenen Produkte am Warenkorb insgesamt haben, wird durch das Wägungsschema spezifiziert. Zusammensetzung und Wägungsschema des Warenkorbs sind so gestaltet, dass das durchschnittliche Konsumverhalten aller Haushaltstypen und aller Regionen widergespiegelt wird. Der Warenkorb wird laufend aktualisiert, wohingegen das Wägungsschema, mit dem die Gewichtung der einzelnen Bestandteile des Warenkorbs vorgenommen wird, nur alle fünf Jahre angepasst wird. Das gegenwärtig verwendete Wägungsschema bezieht sich auf das Jahr 2015, das gleichzeitig das Basisjahr für die Indexberechnung darstellt. Der in den Vereinigten Staaten verwendete CPI wird zwar prinzipiell genauso ermittelt, es gibt jedoch kleinere Unterschiede. So spiegelt der US-amerikanische CPI nicht das Konsumverhalten aller privaten Haushalte wider, sondern bezieht sich auf den Konsum einer vierköpfigen durchschnittlichen Familie in einer typischen US-amerikanischen Stadt. Die gegenwärtig verwendete Basisperiode ist auch nicht das Jahr 2010, sondern ein Durchschnitt der Jahre 1982 bis 1984. Während also der Index für Deutschland im Jahr 2015 den Wert 100 aufweist, ist der Wert des US-CPI in den Jahren 1982 bis 1984 gleich 100.

Der Warenkorb, der zur Berechnung des VPI verwendet wird, ist sehr viel umfangreicher als der weiter oben beschriebene Drei-Früchte-Warenkorb. Für die Messung der Preisentwicklung werden jeden Monat über 300.000 Einzelpreise erfasst. Die Feststellung der Preise erfolgt nicht nur durch Preiserheber direkt vor Ort, sondern auch durch die Auswertung von Preiskatalogen und durch Erhebungen im Internet. Anschließend werden die Güter des Warenkorbs in ca. 600 Güterarten eingeteilt. Die Gesamtteuerungsrate wird dadurch ermittelt, dass die durchschnittliche Preisentwicklung für eine Güterart jeweils mit dem Ausgabenanteil gewichtet wird, der bei den privaten Haushalten für die jeweilige Güterart im Durchschnitt anfällt. **Abbildung 22-4** zeigt dieses Wägungsschema des Warenkorbs, allerdings nur in einer groben Einteilung. Wie man leicht erkennen kann, stellen die Ausgaben für Wohnen und Einrichtung die relativ größte Position dar.

Der **Verbraucherpreisindex (VPI)** misst die durchschnittliche Preisentwicklung aller Güter, die von privaten Haushalten für Konsumzwecke gekauft werden.

Verbraucherpreisindizes werden nicht nur in den Industrieländern berechnet, sondern praktisch in jedem Land der Erde. Wie man sich vorstellen kann, unterscheiden sich die verwendeten Warenkörbe und die verwendeten Wägungsschemata von Land zu Land unter Umständen ganz erheblich. In armen Ländern, in denen die Menschen einen hohen Anteil ihres Einkommens ausgeben müssen, um physisch zu überleben, haben die Ausgaben für Lebensmittel ein entsprechend hohes Gewicht im Preisindex. Bei den Industrieländern mit hohen Einkommen ergeben sich Unterschiede aus unterschiedlichem Konsumverhalten: Der japanische Preisindex weist ein höheres Gewicht für rohen Fisch und ein kleineres Gewicht

Abb. 22-4

Das Wägungsschema des Verbraucherpreisindexes

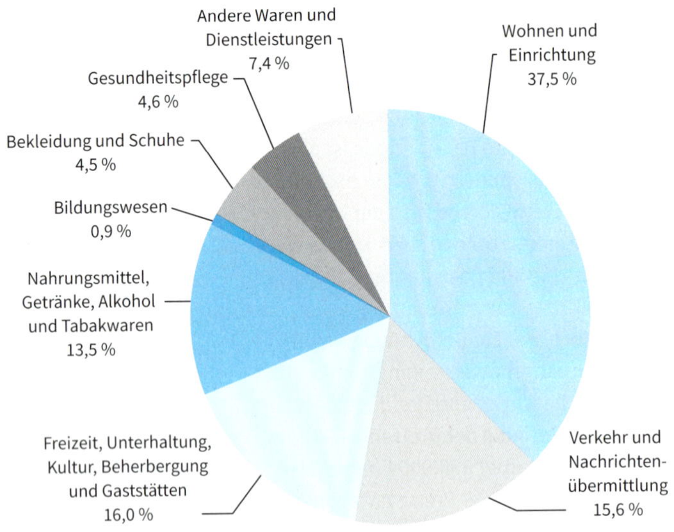

Quelle: Statistisches Bundesamt

Die mit Abstand größte Position im Wägungsschema des Verbraucherpreisindexes ist die Güterart »Wohnen und Einrichtung« mit 37,5 Prozent. Danach kommen die Güterarten »Verkehr und Nachrichtenübermittlung« sowie »Freizeit, Unterhaltung, Kultur, Beherbergungs- und Gaststättendienstleistungen« mit jeweils rund 16 Prozent, dicht gefolgt von der Position »Nahrungsmittel, Getränke, Alkohol und Tabakwaren« mit 13,5 Prozent.

Der **Index der Erzeugerpreise gewerblicher Produkte** misst die Preisänderungen von Produkten auf der Produzentenebene.

Der **BIP-Deflator** für ein bestimmtes Jahr entspricht dem Verhältnis aus nominalem BIP und realem BIP eines Jahres multipliziert mit 100.

für Rindfleisch auf als der deutsche, und im VPI von Frankreich hat Wein ein höheres Gewicht als im CPI der Vereinigten Staaten.

Aus diesem Grund ermittelt das Statistische Bundesamt seit 1997 neben dem Verbraucherpreisindex auch einen *Harmonisierten Verbraucherpreisindex* (*HVPI*) für die Bundesrepublik Deutschland. Der Harmonisierte Verbraucherpreisindex vereinheitlicht die erfassten Gütergruppen und die Berechnungsmethodik zur Ermittlung des Verbraucherpreisindex innerhalb der Europäischen Union und ermöglicht so einen Vergleich der Preisentwicklung zwischen einzelnen EU-Ländern.

Weitere Maße zur Erfassung der Preisentwicklung

Es gibt zwei weitere Maße, die ebenfalls zur Beobachtung der gesamtwirtschaftlichen Preisänderungen herangezogen werden. Das erste Maß ist der **Index der Erzeugerpreise gewerblicher Produkte**. Wie der Name vermuten lässt, misst dieser Index die Kosten eines typischen Korbs von Gütern, wie er von Produzenten gekauft wird. Weil die Erzeuger ihre Preise relativ rasch an Kostenänderungen oder Nachfrageänderungen anpassen, reagiert der Erzeugerpreisindex oft schneller auf Inflations- oder Deflationsdruck als der Verbraucherpreisindex. Der Erzeugerpreisindex wird daher oft als »Frühindikator« für Änderungen der Inflationsrate betrachtet.

Ein anderer, recht weit beachteter Preisindex ist der sogenannte *BIP-Deflator*. Dieser ist im strengen Sinne kein Preisindex, obwohl er für die gleichen Zwecke verwendet wird. Das lässt sich leicht verstehen, wenn wir uns an die Unterscheidung zwischen nominalem BIP (BIP in laufenden Preisen) und realem BIP (BIP zu Preisen eines Basisjahres) erinnern. Der **BIP-Deflator** für ein bestimmtes Jahr ist gleich dem Verhältnis von nominalem BIP dieses Jahres zum realen BIP dieses Jahres (ausgedrückt in Preisen eines Basisjahres), multipliziert mit 100. Verdoppelt sich beispielsweise das nominale BIP, während das reale BIP unverändert bleibt, dann deutet der BIP-Deflator auf eine Verdopplung des Preisniveaus hin.

Die vielleicht wichtigste Bemerkung im Zusammenhang mit diesen unterschiedlichen Inflationsmaßen ist die Feststellung, dass sich alle drei Maße für das Preisniveau normalerweise recht ähnlich entwickeln, wie es die **Abbildung 22-5** für Deutschland zeigt.

Abb. 22-5

VPI, Erzeugerpreisindex und BIP-Deflator

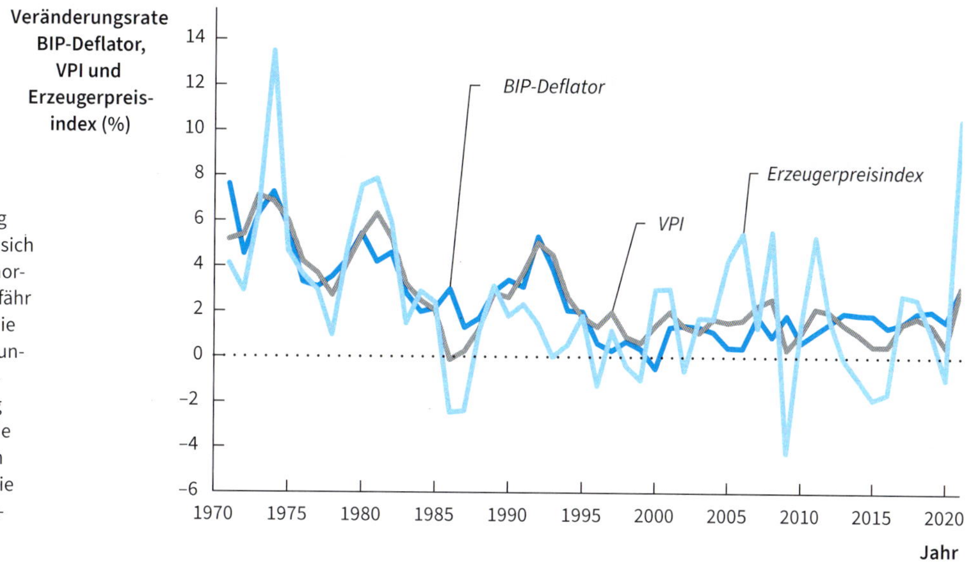

Wie die Abbildung zeigt, entwickeln sich diese drei Maße normalerweise ungefähr im Gleichklang. Die starken Schwankungen der Erzeugerpreise sind häufig auf entsprechende Preisbewegungen bei Rohstoffen (wie z.B. Erdöl) zurückzuführen.

Quelle: Statistisches Bundesamt

WISSENSCHAFT UND PRAXIS

Die gefühlte Inflation

Anfang 2020 meldete das Statistische Bundesamt, dass die Verbraucherpreise in Deutschland im Dezember 2020 um 0,3 Prozent niedriger waren als im Dezember 2019. Die Lebenshaltungskosten waren also nach den Berechnungen des Statistischen Bundesamtes innerhalb eines Jahres nicht wie üblich gestiegen, sondern sogar leicht gesunken. Viele Menschen konnten diese Meldung über sinkende Preise aber nicht richtig glauben. Schließlich war das Brötchen beim Bäcker um die Ecke gerade erst wieder teurer geworden, genauso wie Tomaten und Paprika im Supermarkt. Und auch die Preise für Fahrräder waren gestiegen, ebenso wie die Mieten. Die Preise für eine Eigentumswohnung oder ein Baugrundstück am Rande der Stadt erreichten fast täglich neue Rekordhöhen. Aber wie konnte es sein, dass die Preise aus Sicht vieler Menschen gestiegen waren, während die Lebenshaltungskosten nach den Berechnungen des Statistischen Bundesamtes tatsächlich leicht gesunken waren? Ökonomen verweisen in diesem Zusammenhang auf das Phänomen der »gefühlten Inflation«.

Das Statistische Bundesamt ermittelt die Lebenshaltungskosten auf der Basis eines Warenkorbs, der den Anteil der Ausgaben für einzelne Produkte an den gesamten Ausgaben der Haushalte widerspiegelt. Die Empfindungen der Menschen über die Höhe der Lebenshaltungskosten werden dagegen durch die Dinge bestimmt, mit denen wir tagtäglich konfrontiert sind: der Besuch beim Bäcker, der Wochenendeinkauf im Supermarkt, die Abbuchungen auf dem Konto für Miete und Versicherung. Für die Wahrnehmung der Preissteigerung ist entscheidend, wie oft ein bestimmtes Produkt gekauft wird. Je häufiger man ein bestimmtes Produkt kauft, desto stärker wirkt sich ein Preisanstieg bei diesem Produkt auf die gefühlte Inflation aus.

Auf dieser Grundlage hat Hans Wolfgang Brachinger, ehemaliger Professor für Statistik an der Universität Fribourg in der Schweiz, einen »Index der wahrgenommenen Inflation« (IWI) entwickelt. Nach seinen Berechnungen lag der IWI in Deutschland z. B. im Frühjahr 2011 bei über 5 Prozent und war damit fast dreimal so hoch wie die vom Statistischen Bundesamt ermittelte Preissteigerung. Im Unterschied zur amtlichen Statistik berücksichtigt der IWI, wie häufig bestimmte Produkte gekauft werden. Da Lebensmittel wie frisches Obst, Gemüse und Wurst regelmäßig gekauft werden, nehmen Verbraucher Preissteigerungen bei diesen Produkten besonders deutlich wahr. Gleichzeitig fließen Preissteigerungen mit einem doppelt so großen Gewicht in die Berechnung des Index ein wie Preissenkungen. Dahinter steckt die Annahme, dass Menschen Verluste höher bewerten als Gewinne.

Ein weiterer Grund für die abweichende Wahrnehmung bei der Preisentwicklung liegt in der Vorgehensweise der amtlichen Statistik bei der Berücksichtigung von Qualitätsänderungen bei Gütern. Hat ein Smartphone eine bessere Kamera oder mehr Speicherplatz als das Vorgängermodell, wird dies vom Statistischen Bundesamt als Preissenkung aufgefasst, auch wenn der eigentliche Preis unverändert geblieben ist. Kostet das neue Auto zwar mehr als ein Vorgängermodell, bietet aber auch eine stärkere Motorleistung und eine bessere Ausstattung, dann wird das von der Statistik bei der Ermittlung der Lebenshaltungskosten entsprechend berücksichtigt.

Eine weitere Rolle spielen unterschiedliche Konsumgewohnheiten. Wer nur über ein geringes Einkommen verfügt, gibt einen deutlich größeren Teil seines Einkommens für Lebensmittel aus und deutlich weniger für größere Anschaffungen wie Möbel, Kühlschränke oder Waschmaschinen. Dementsprechend unterscheidet sich die gefühlte Inflationsrate von der Inflationsrate des Statistischen Bundesamtes.

Kurzzusammenfassung

- Änderungen des **Preisniveaus** werden durch die Kosten für den Kauf eines bestimmten **Warenkorbs** in den verschiedenen Jahren gemessen. Ein **Preisindex** für ein bestimmtes Jahr ergibt sich aus den Kosten des Warenkorbs in diesem Jahr, wobei die Kosten für ein ausgewähltes Basisjahr gleich 100 gesetzt werden.
- Die **Inflationsrate** wird als prozentuale Änderung eines Preisindex berechnet. Der am häufigsten verwendete Preisindex ist der **Verbraucherpreisindex** (**VPI**), der die Entwicklung der Kosten eines Warenkorbs mit Waren und Dienstleistungen widerspiegelt, die von einem durchschnittlichen Haushalt gekauft werden. Der **Erzeugerpreisindex** bildet die Preisentwicklung im Unternehmensbereich ab. Der **BIP-Deflator** misst das Preisniveau als Quotient von nominalem und realem BIP, multipliziert mit 100. Diese drei Maße entwickeln sich normalerweise recht ähnlich.

ÜBERPRÜFEN SIE IHR WISSEN

1. Gehen Sie von Tabelle 22-3 aus, nehmen Sie aber an, der Warenkorb besteht aus 100 Orangen, 50 Grapefruits und 200 Zitronen. Wie ändert sich dadurch der Indexwert vor dem Frost und nach dem Frost? Erläutern Sie Ihre Antwort und gehen Sie dabei darauf ein, wie die Zusammensetzung des Warenkorbs allgemein den Preisindex beeinflusst.
2. Gehen Sie von einem Verbraucherpreisindex aus, der auf einem vor zehn Jahren festgelegten Warenkorb basiert. Nutzen Sie Ihr Wissen aus Frage 1, um für jedes der folgenden Ereignisse zu erklären, wie gut dieser VPI im Hinblick auf die Messung heutiger Preisänderungen funktioniert.

a. Eine Durchschnittsfamilie besitzt heute mehr Autos, als sie vor zehn Jahren gehabt hätte. Während dieses Zeitraums hat sich der Durchschnittspreis eines Autos stärker erhöht als die Durchschnittspreise anderer Güter.

b. So gut wie kein Haushalt hatte vor zehn Jahren einen Breitbandzugang zum Internet. Heute verfügen viele Haushalte über einen derartigen Internetanschluss und die Preise hierfür sind regelmäßig jedes Jahr gesunken.

3. Der Consumer Price Index in den Vereinigten Staaten (Basiszeitraum 1982 bis 1984) betrug im Jahr 2019 254,943 und im Jahr 2020 255,902. Berechnen Sie die Inflationsrate zwischen 2019 und 2020.

Unternehmen in Aktion: Inflationsdaten gegen Geld

In Regel verlassen wir uns darauf, dass der Staat und seine amtliche Statistik wichtige ökonomische Kennzahlen korrekt misst und veröffentlicht. Aber was wäre, wenn man den Daten der amtlichen Statistik nicht mehr vertrauen kann? Zu einer solchen Situation kam es in Argentinien in den Jahren von 2007 bis 2016. Damals war es allgemein bekannt, dass die Regierung die Inflationsdaten manipulierte und eine zu geringe Inflation auswies. Als Reaktion darauf riefen Wissenschaftler vom MIT (Massachusetts Institute of Technology) und von der Harvard Universität das sogenannte Billion Prices Project ins Leben, um auf der Basis von Preisen im Internet ein eigenes Maß für die Inflation zu entwickeln, zunächst für Argentinien und anschließend auch noch für eine Reihe weiterer Länder, darunter die Vereinigten Staaten. Die Wissenschaftler fanden dabei heraus, dass die Inflationsrate in Argentinien bis Mitte 2015 auf knapp 27,2 Prozent geklettert war, während die amtliche Statistik nur eine jährliche Inflationsrate von 14,8 Prozent auswies. Für die Vereinigten Staaten ergab sich dagegen ein anderes Bild. Hier wich die ermittelte Inflationsrate (−0,6 Prozent) nur marginal vom Wert in der amtlichen Statistik (0,2 Prozent) ab.

In den Jahren 2011–2012 gelangte das Billion Prices Project auch ins Blickfeld der US-amerikanischen Öffentlichkeit, als einige namhafte Wirtschaftsanalysten die These vertraten, dass die Daten der amtlichen Statistik zur Entwicklung der US-Verbraucherpreise die tatsächliche Inflation im Land unterschätzen würden. Diese Behauptung ließ sich jedoch schnell entkräften, da die Inflationsrate des Billion Prices Project nur geringe Unterschiede zur Inflationsrate der amtlichen Statistik zeigte.

Aber wenn die Daten der amtlichen Statistik stimmen, wozu braucht man doch noch eine unabhängige Messung der Verbraucherpreisentwicklung? Im Unterschied zur amtlichen Statistik, die Inflationsdaten nur einmal im Monat veröffentlicht, lässt sich die Preisentwicklung durch die Messgrößen des Billion Prices Projects, die auf Online-Preise zurückgreifen, mehr oder weniger in Echtzeit abbilden.

Und für erste Indikatoren zur Preisentwicklung gibt es durchaus eine Nachfrage. Das Unternehmen PriceStats, das zur State Street Bank gehört, leitet aus den Daten des Billion Prices Project Schätzungen zur aktuellen Preisentwicklung ab, die gegen ein Entgelt interessierten Unternehmen zum Kauf zur Verfügung gestellt werden. Durch die Daten von PriceStats haben die Unternehmen bereits einige Wochen vor der Veröffentlichung der Inflationsdaten durch die amtliche Statistik einen verlässlichen Indikator für die Inflationsentwicklung. Und dafür sind die Unternehmen auch bereit zu zahlen.

FRAGEN

1. Welches Interesse könnte die argentinische Regierung daran gehabt haben, die Inflationsrate herunterzurechnen?
2. Warum ist die aufwendige Erfassung der Preisentwicklung durch die amtlichen Statistik noch notwendig, wenn Wissenschaftler mithilfe von Preisen im Internet die Inflationsrate ganz gut abschätzen können?
3. Welche Aspekte der Inflationsmessung könnten bei der Schätzung des Billion Prices Projects möglicherweise nicht ausreichend Berücksichtigung finden (denken Sie z. B. an die Zusammensetzung des Warenkorbs)?

Zusammenfassung

SCHLÜSSELBEGRIFFE

- Volkswirtschaftliche Gesamtrechnung (VGR)
- staatliche Güterkäufe
- Konsumausgaben
- Investitionsausgaben
- Exporte
- Importe
- Endprodukte
- Vor- bzw. Zwischenprodukte
- Bruttoinlandsprodukt (BIP)
- gesamtwirtschaftliche Ausgaben
- Wertschöpfung
- Nettoexporte (Außenbeitrag)
- gesamtwirtschaftliche Produktion
- reales BIP
- nominales BIP
- BIP pro Kopf
- Preisniveau
- Warenkorb
- Preisindex
- Inflationsrate
- Verbraucherpreisindex (VPI)
- Index der Erzeugerpreise gewerblicher Produkte
- BIP-Deflator

1. Ökonomen verfolgen die monetären Flüsse zwischen den Sektoren der Wirtschaft mit den Konten der **Volkswirtschaftlichen Gesamtrechnung.** Waren und Dienstleistungen werden durch **Konsumausgaben, Investitionsausgaben** und **staatliche Güterkäufe (Staatsausgaben)** nachgefragt. **Exporte** (*X*) rufen einen Zufluss von Mitteln ins Inland aus dem Ausland hervor. **Importe** (*IM*) rufen einen Abfluss von Mitteln aus dem Inland an das Ausland hervor.
2. Das **Bruttoinlandsprodukt,** kurz **BIP,** erfasst den Wert aller **Endprodukte**, die im Inland erzeugt werden. Nicht enthalten sind **Vor-** bzw. **Zwischenprodukte.** Das Bruttoinlandsprodukt kann auf drei verschiedenen Wegen berechnet werden: (1) Addition der **Wertschöpfung** aller Produzenten; (2) Addition der **gesamtwirtschaftlichen Ausgaben** für im Inland produzierte Endprodukte, was sich in der Gleichung BIP = $C + I + G + X - IM$ zusammenfassen lässt; (3) Addition der von inländischen Unternehmen an die Produktionsfaktoren gezahlten Einkommen. Diese drei Berechnungswege sind äquivalent, weil für die Wirtschaft insgesamt gelten muss, dass das gesamte, von den inländischen Unternehmen an die Produktionsfaktoren bezahlte Einkommen gleich den Gesamtausgaben für im Inland hergestellte Endprodukte sein muss. Die Differenz aus Exporten und Importen ($X - IM$) wird oft als **Nettoexporte** bzw. **Außenbeitrag** bezeichnet.
3. Das **reale BIP** umfasst den Wert aller hergestellten Endprodukte, berechnet zu den Preisen eines festgelegten Basisjahres. Außer im Basisjahr werden sich reales BIP und **nominales BIP,** der Wert der erzeugten Endprodukte zu laufenden Preisen, unterscheiden. Bei der Analyse des Wachstums der **gesamtwirtschaftlichen Produktion** wird man das reale BIP betrachten, weil sich auf diese Weise Änderungen des Wertes der gesamtwirtschaftlichen Produktion eliminieren lassen, die lediglich auf Preisänderungen beruhen. Das reale **BIP pro Kopf** (Pro-Kopf-Einkommen) ist ein Maß für die gesamtwirtschaftliche Produktion je Einwohner. Die Erhöhung des Pro-Kopf-Einkommens stellt für sich genommen kein sinnvolles eigenständiges wirtschaftspolitisches Ziel dar.
4. Um das **Preisniveau** zu erfassen, berechnen Ökonomen die Kosten für den Kauf eines **Warenkorbs.** Ein **Preisindex** ist das Verhältnis aus den laufenden Kosten für diesen Warenkorb und den Kosten für diesen Warenkorb in einem bestimmten Basisjahr, multipliziert mit 100.
5. Die **Inflationsrate** lässt sich durch die jährliche prozentuale Änderung eines Preisindexes erfassen. Meist wird zur Messung der Inflation der **Verbraucherpreisindex (VPI)** verwendet. Ein vergleichbarer Index für die von Unternehmen gekauften Güter ist der **Index der Erzeugerpreise gewerblicher Produkte.** Auch der **BIP-Deflator,** der das Preisniveau durch das Verhältnis aus nominalem zu realem BIP multipliziert mit 100 berechnet, wird von Ökonomen zur Beschreibung der Preisentwicklung herangezogen.

23 Arbeitslosigkeit und Inflation

LERNZIELE

- Wie **Arbeitslosigkeit** gemessen wird und wie die **Arbeitslosenquote** berechnet wird.
- Welche Bedeutung die Arbeitslosenquote für die Volkswirtschaft hat.
- Welcher Zusammenhang zwischen der Arbeitslosenquote und dem Wirtschaftswachstum besteht.
- Welche Faktoren die **natürliche Arbeitslosenquote** bestimmen.
- Welche volkswirtschaftlichen Kosten Inflation verursacht.
- Wie durch Inflation Gewinner und Verlierer entstehen.
- Warum die Wirtschaftspolitik eine niedrige Inflationsrate anstrebt.

Eine schwere Entscheidung

Zum 1. Januar 1999 wurde mit dem Euro eine einheitliche europäische Währung geschaffen. Der Euro wird, wie alle modernen Währungen, von einer *Zentralbank* gesteuert – einer Institution, die Geld schaffen oder vernichten kann. Außerdem legt eine Zentralbank wichtige Leitzinssätze fest, wie z. B. den Zinssatz, zu dem sich Banken untereinander Geld leihen, und den Zinssatz, den Banken für Einlagen bei der Zentralbank erhalten. Entscheidungen über die Geldmenge und die Leitzinssätze gehören zur Geldpolitik. Die Geldpolitik ist ein wichtiges Element der makroökonomischen Wirtschaftspolitik. In den Vereinigten Staaten wird die Geldpolitik durch die Federal Reserve, oft auch als Fed bezeichnet, festgelegt. Im Euroraum ist die Europäische Zentralbank (EZB) dafür verantwortlich.

Im Zuge der Finanz- und Wirtschaftskrise 2007–2009 hatte die EZB ebenso wie die Fed die Zinssätze deutlich gesenkt. Im Jahr 2011 hob die EZB die Zinssätze dann wieder an, obwohl die meisten Volkswirtschaften im Euroraum gerade erst begonnen hatten, sich von den Auswirkungen der schweren Krise zu erholen.

Aber aus welchem Grund hatte die EZB die Zinsen angehoben? Die makroökonomische Wirtschaftspolitik versucht, die beiden wichtigen gesamtwirtschaftlichen Größen Arbeitslosigkeit und Inflation zu steuern. Hohe Arbeitslosigkeit führt sowohl individuell als auch gesamtwirtschaftlich zu Verschwendung, da Menschen, die arbeiten wollen, keinen Arbeitsplatz finden. Hohe Inflation beeinträchtigt durch schnell steigende Preise das reibungslose Funktionieren des Geldsystems. Daher sind eine geringe Arbeitslosigkeit und Preisstabilität, also eine geringe positive Inflationsrate, die beiden grundlegenden Ziele der makroökonomischen Wirtschaftspolitik.

Leider können sich diese beiden Ziele manchmal gegenseitig ausschließen. Dann muss die Wirtschaftspolitik nach bestem Wissen eine Entscheidung treffen. In einer solchen Situation befand sich die EZB im Jahr 2011. Nach der Finanz- und Wirtschaftskrise 2007–2009 war die Arbeitslosigkeit in vielen Volkswirtschaften im Euroraum noch immer hoch. Gleichzeitig stieg aber auch die Inflationsrate rasch an. Unter Führung ihres damaligen Präsidenten Jean-Claude Trichet kam die EZB zu der Einschätzung, dass von der Inflation eine größere Gefahr für die gesamtwirtschaftliche Entwicklung ausgeht und hob die Zinsen ungeachtet der hohen Arbeitslosigkeit an.

Am Ende stellte sich heraus, dass dieser Zinsschritt vielleicht gar nicht notwendig gewesen war. Der Inflationsanstieg spiegelte hauptsächlich externe Faktoren (Ölpreisanstieg) wider, die nur von kurzer Dauer waren, während die Arbeitslosigkeit weiter anstieg. Ende 2011 reagierte die EZB auf diese Entwicklung und nahm die Zinserhöhung zurück.

Wir werden in diesem Kapitel mehr über die Wechselwirkungen zwischen Arbeitslosigkeit und Inflation in der Volkswirtschaft erfahren. Wir werden lernen, wie Arbeitslosigkeit und Inflation gemessen werden, und warum die exakte Messung dieser Größen eine wichtige Aufgabe des Staates ist. Dadurch werden wir verstehen, warum niedrige Arbeitslosigkeit und Preisstabilität die wichtigsten Ziele der makroökonomischen Wirtschaftspolitik bilden, auch wenn es manchmal Zeiten gibt, in denen sich diese beiden Ziele widersprechen.

23.1 Die Arbeitslosenquote

Nach einer Pressemitteilung der Bundesagentur für Arbeit betrug die Arbeitslosenquote in der Bundesrepublik Deutschland im Mai 2022 4,9 Prozent. Das ist deutlich niedriger als noch vor wenigen Jahren. Im Zuge der Finanz- und Wirtschaftskrise 2007–2009 lag die Arbeitslosenquote Anfang 2010 noch bei 8,6 Prozent. Und man muss schon weit in die Historie zurückschauen, um eine ähnlich niedrige Arbeitslosenquote zu finden. Das war vor rund 30 Jahren, im Zuge des Wirtschaftsbooms durch die deutsche Wiedervereinigung.

In **Abbildung 23-1** ist die Entwicklung der Arbeitslosenquote im Zeitraum von 1950 bis 2021 zu sehen. Wie Sie der Abbildung entnehmen können, stieg die Arbeitslosenquote in Deutschland ab Beginn der 1970er-Jahre deutlich an, bis es Mitte der 2000er-Jahre zu einer Trendumkehr kam. Aber wofür steht die Arbeitslosenquote der Bundesagentur für Arbeit eigentlich und warum

Abb. 23-1

Die Arbeitslosenquote in Deutschland 1950–2021

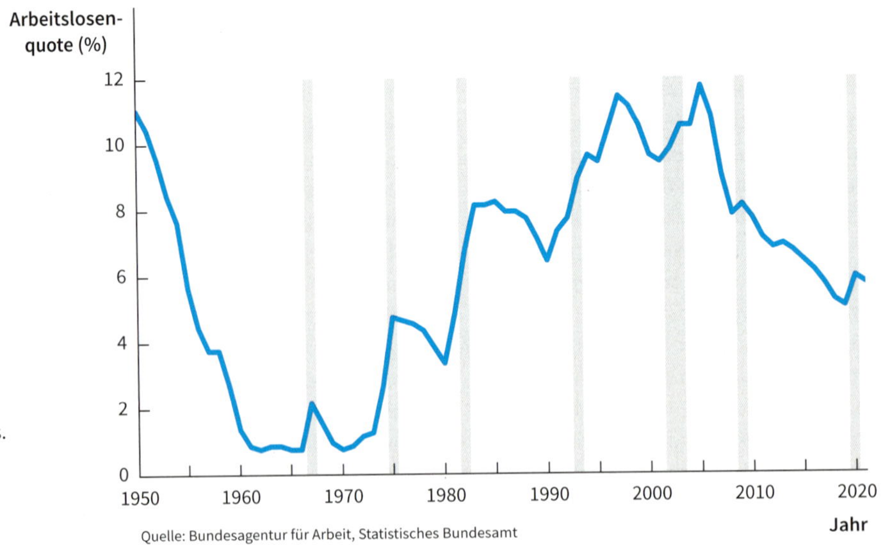

Die Arbeitslosenquote ist seit 1970 deutlich angestiegen, bis es Mitte der 2000er-Jahre zu einer Trendumkehr kam. In der Regel steigt die Arbeitslosenquote während einer Rezession und sinkt während eines Aufschwungs. Die grauen Säulen zeigen Phasen der Rezession.

spielt die Arbeitslosenquote im Leben der Menschen eine so große Rolle? Damit wir verstehen, warum die Politiker der Höhe der Erwerbstätigkeit und der Arbeitslosigkeit so viel Aufmerksamkeit schenken, müssen wir zunächst klären, wie beide Größen definiert sind und wie sie gemessen werden.

Die Bedeutung und die Ermittlung der Arbeitslosenquote

Der Begriff der Erwerbstätigkeit ist ziemlich einfach zu definieren. Jemand ist erwerbstätig, wenn er einen Job hat. Die Zahl der **Erwerbstätigen** misst also die Gesamtzahl der gegenwärtig beschäftigten Personen.

Mit dem Begriff der Arbeitslosigkeit ist das nicht so einfach. Nur weil jemand keiner Beschäftigung nachgeht, heißt das nicht, dass er auch arbeitslos ist. Im Mai 2022 gab es in Deutschland mehr als 21 Millionen Rentner. Die meisten von ihnen waren sicherlich froh, dass sie nicht mehr arbeiten mussten, und wir würden sie nicht als arbeitslos bezeichnen. Gleichzeitig gab es fast 2 Millionen Menschen, die erwerbsunfähig waren, also aufgrund von Krankheit oder einer Behinderung nicht mehr in der Lage waren, einer Beschäftigung nachzugehen. Während also Rentner nicht zu den Arbeitslosen zählen, weil sie gar nicht nach einer Arbeit suchen, gehören erwerbsunfähige Personen nicht dazu, weil sie nicht mehr arbeiten können. Damit würde man eine Person als arbeitslos bezeichnen, wenn sie derzeit keine Arbeit hat, aber gleichzeitig auf der Suche nach einer neuen Beschäftigung ist. Unter **Arbeitslosen (Erwerbslosen)** versteht man also die Gesamtzahl der Menschen, die sich aktiv um eine Arbeit bemühen, gegenwärtig aber nicht beschäftigt sind.

Während in den meisten anderen Ländern die Begriffe Arbeitslosigkeit und Erwerbslosigkeit synonym gebraucht werden, besteht in Deutschland zwischen beiden Begriffen ein Unterschied. Die Arbeitslosigkeit wird in Deutschland von der Bundesagentur für Arbeit nach einem bestimmten Verfahren gemessen, das sich vom Verfahren des Statistischen Bundesamtes unterscheidet. Das Statistische Bundesamt spricht von Erwerbslosigkeit. Auf beide Konzepte wird im Folgenden noch näher eingegangen.

Die Zahl der **Erwerbspersonen** eines Landes ist die Summe aus den Erwerbstätigen und den Erwerbslosen, also den Menschen, die gegenwärtig einer Beschäftigung nachgehen oder eine Beschäftigung suchen. Die **Erwerbsquote**, definiert als Anteil der Bevölkerung, der am Erwerbsleben teilnimmt und damit dem Arbeitsmarkt zur Verfügung steht, lässt sich wie folgt ermitteln:

$$\text{Erwerbsquote} = \frac{\text{Erwerbspersonen}}{\text{Bevölkerung}} \times 100$$

Dagegen misst die Erwerbsbeteiligungsquote den Anteil der Erwerbspersonen an der Bevölkerung im erwerbsfähigen Alter.

$$\text{(23-1)}\quad \text{Erwerbsbeteiligungsquote} = \frac{\text{Erwerbspersonen}}{\text{Bevölkerung im Alter zwischen 15 und 74 Jahren}} \times 100$$

Die **Arbeitslosenquote** bzw. **Erwerbslosenquote** beschreibt den Prozentsatz der Erwerbspersonen, der keine Beschäftigung hat. Vereinfacht wird sie folgendermaßen berechnet:

$$\text{(23-2)}\quad \text{Arbeitslosenquote bzw. Erwerbslosenquote} = \frac{\text{Arbeitslose bzw. Erwerbslose}}{\text{Erwerbspersonen}} \times 100$$

In fast allen Industrieländern wird die Arbeitslosigkeit nach dem Labor-Force-Konzept der International Labor Organization (ILO) gemessen. (Die ILO arbeitet internationale Übereinkommen und Empfehlungen aus, die verschiedene Bereiche der Arbeitsbeziehungen betreffen. Unter anderem kümmert sich die ILO um eine Standardisierung der Erfassung von Arbeitslosigkeit, um einen internationalen Vergleich von Arbeitsmärkten zu ermöglichen.) Nach der ILO-Definition gilt jede Person im Alter von 15 bis 74 Jahren als erwerbstätig, die in einem einwöchigen Berichtszeitraum mindestens eine Stunde lang gegen Entgelt oder im Rahmen einer selbstständigen oder mithelfenden Tätigkeit gearbeitet hat. Als erwerbslos gilt jede Person im erwerbsfähigen Alter, die in diesem Zeitraum nicht erwerbstätig war, aber in den letzten vier Wochen vor der Befragung aktiv nach einer Tätigkeit gesucht hat. Dabei kommt es nicht auf den zeitlichen Umfang der gesuchten Tätigkeit an. Die betreffende Person muss kurzfristig für die Arbeitsaufnahme zur Verfügung stehen, konkret muss die Arbeit innerhalb von zwei Wochen aufgenommen werden können.

Die **Erwerbsquote** ist der Anteil der Bevölkerung, der am Erwerbsleben teilnimmt und damit dem Arbeitsmarkt zur Verfügung steht.

Als **Erwerbstätige** (bzw. Beschäftigte) bezeichnet man die Anzahl der Menschen, die gegenwärtig beschäftigt sind.

Die **Arbeitslosenquote** bzw. **Erwerbslosenquote** beschreibt den Prozentsatz der Erwerbspersonen, der keine Beschäftigung hat.

Als **Arbeitslose** bzw. **Erwerbslose** bezeichnet man die Zahl der Menschen, die sich aktiv um eine Arbeit bemühen, gegenwärtig aber nicht beschäftigt sind.

Die Zahl der **Erwerbspersonen** ist gleich der Summe der Erwerbstätigen und der Erwerbslosen.

In Deutschland wird die Erwerbslosigkeit mit der ILO-Arbeitsmarktstatistik des Statistischen Bundesamtes erfasst. Die ILO-Arbeitsmarktstatistik wird im Rahmen der Arbeitskräfteerhebung ermittelt. Die Arbeitskräfteerhebung wiederum ist in Deutschland Teil des Mikrozensus, einer kontinuierlich durchgeführten Haushaltsbefragung mit Auskunftspflicht. Die Daten zur Erwerbslosigkeit werden also im Rahmen einer Zufallsstichprobe ermittelt.

Anders als in den übrigen Industrieländern gibt es in Deutschland eine weitere statistische Größe zur Arbeitsmarktsituation, die in der Öffentlichkeit noch viel bekannter ist und von der Bundesagentur für Arbeit ermittelt wird. Die Bundesagentur für Arbeit ermittelt die Arbeitslosenzahlen nicht wie das Statistische Bundesamt aus einer zufällig gezogenen Stichprobe, sondern durch Vollauszählung eines amtlichen Registers. In diesem Register werden als arbeitslos diejenigen Personen erfasst, die den im Sozialgesetzbuch (SGB) festgelegten Kriterien entsprechen. Zu diesen Kriterien gehört, dass die betreffende Person sich bei einer Agentur für Arbeit oder einem kommunalen Träger registrieren lässt sowie eine Beschäftigung von mindestens 15 Wochenstunden sucht. Als arbeitslos werden in der Statistik der Bundesagentur für Arbeit aber auch Personen gezählt, die sich als arbeitsuchend haben registrieren lassen, aber eine Erwerbstätigkeit mit einem Umfang von unter 15 Stunden ausüben.

Dies bedeutet, dass in der ILO-Arbeitsmarktstatistik des Statistischen Bundesamtes Personen als erwerbslos ausgewiesen werden, die nach der Zählung der Bundesagentur für Arbeit nicht arbeitslos sind. Es gibt aber auch Personen, die nach der Statistik der Bundesagentur für Arbeit als arbeitslos gelten, während sie nach der Zählung des Statistischen Bundesamtes nicht erwerbslos sind.

Warum werden in Deutschland beide Quoten berechnet? Nun, wie so oft, hat dies vor allem historische Gründe. Die Berechnung von Arbeitslosigkeit und Arbeitslosenquote war lange Zeit Aufgabe der damaligen Bundesanstalt für Arbeit bzw. der heutigen Bundesagentur für Arbeit. Das verwendete Registrierungsverfahren nimmt aber, wie oben erläutert, international eine Sonderstellung ein, weswegen ein unmittelbarer Vergleich der Daten zur Arbeitslosigkeit zwischen Deutschland und anderen Ländern nicht möglich war. Die erst seit einigen Jahren berechnete Arbeitsmarktstatistik des Statistischen Bundesamtes entspricht dagegen weitgehend den international üblichen Gepflogenheiten. Möglicherweise wird diese Messung in Zukunft irgendwann die Erfassung der Arbeitslosigkeit durch die Bundesagentur für Arbeit verdrängen. Bis dahin muss man bei der Betrachtung deutscher Daten zur Arbeitslosigkeit sorgfältig darauf achten, ob den Zahlen das ILO-Verfahren zugrunde liegt oder das Verfahren der Bundesagentur für Arbeit. Um diese Unterscheidung deutlich zu machen, wird in Deutschland häufig begrifflich zwischen Erwerbslosen (ILO-Verfahren) und Arbeitslosen (Verfahren der Bundesagentur für Arbeit) unterschieden. Für die hier verfolgten Zwecke ist diese Unterscheidung im Weiteren aber nicht notwendig, weswegen wir einfach von Arbeitslosigkeit und Arbeitslosenquote sprechen, unabhängig davon, welches Messverfahren verwendet wird.

Die Bedeutung der Arbeitslosenquote

Im Allgemeinen ist die Arbeitslosenquote ein guter Indikator dafür, wie leicht oder schwer es ist, in der aktuellen wirtschaftlichen Situation einen Arbeitsplatz zu finden. Ist die Arbeitslosenquote niedrig, dann kann fast jeder, der auf der Suche nach einem Arbeitsplatz ist, einen Job finden. In den Vereinigten Staaten gab es Zeiten (z. B. zu Beginn der 2000er-Jahre), in denen die Arbeitslosenquote bei gerade mal 4 Prozent lag, und es so viele freie Stellen gab, dass es ausreichte, zum Bewerbungsgespräch zu erscheinen, um den Job zu bekommen. Während der Finanz- und Wirtschaftskrise 2007–2009 sah die Situation dagegen vollkommen anders aus. Zu dieser Zeit kamen (statistisch gesehen) auf eine freie Stelle fünf Arbeitsuchende.

Auch wenn die Arbeitslosenquote ein guter Indikator für die aktuelle Situation auf dem Arbeitsmarkt ist, sollte sie aber nicht wörtlich als Maß für den Prozentsatz der Menschen genommen werden, der arbeiten will, aber keinen Job finden kann. In bestimmter Weise übertreibt die Arbeitslosenquote die Schwierigkeiten der Menschen, einen Arbeitsplatz zu finden. Manchmal gilt aber auch genau das Gegenteil: Eine geringe gemessene Arbeitslosigkeit kann auch der Ausdruck tiefer Frustration von entmutigten Arbeitnehmern sein.

Warum die Arbeitslosenquote die tatsächliche Höhe der Arbeitslosigkeit überschätzt. Es ist eigentlich ganz normal, dass jemand, der nach einer Arbeit sucht, sich etwas Zeit lässt, um einen Job zu finden, der wirklich zu ihm passt. Ein Arbeitnehmer, der sich ganz sicher ist, einen guten Job zu finden, bisher aber noch keine neue Position akzeptiert hat, wird jedoch als arbeitslos erfasst. Das bedeutet, dass selbst in Boomzeiten, in denen es sehr leicht ist, einen Arbeitsplatz zu finden, die Arbeitslosenquote nicht auf null sinken wird. Um nochmals auf das Beispiel zu verweisen: Anfang 2020 war in den Vereinigten Staaten ein sehr guter Zeitpunkt, um einen Arbeitsplatz zu bekommen, gleichwohl lag die Arbeitslosenquote immer noch bei 3,4 Prozent. Wir werden im Verlauf dieses Kapitels noch genauer erläutern, warum auch dann noch Arbeitslosigkeit gemessen wird, wenn es mehr als reichlich offene Arbeitsplätze gibt.

Warum die Arbeitslosenquote die tatsächliche Höhe der Arbeitslosigkeit unterschätzt. Häufig werden immer noch Menschen, die ohne Beschäftigung sind, aber gerne arbeiten würden, nicht zu den Arbeitslosen gezählt. Insbesondere Personen, die es vorübergehend aufgegeben haben, sich um einen Arbeitsplatz zu bemühen – beispielsweise ein entlassener Stahlarbeiter in einer vom Strukturwandel gebeutelten Industriestadt – werden nicht als arbeitslos bzw. erwerbslos gezählt. (In der Statistik der Bundesagentur für Arbeit würde die betreffende Person nicht erfasst, wenn sie sich nicht als arbeitsuchend registrieren lässt – weil die Vermittlungschancen gleich null sind und kein Anspruch auf Arbeitslosengeld besteht. In der Erwerbslosenstatistik des Statistischen Bundesamtes würde die Person nicht gezählt, wenn sie in den letzten vier Wochen vor der Befragung nicht aktiv nach einer Tätigkeit gesucht hat.) Personen, die arbeitsfähig und arbeitswillig sind, die es aber aufgegeben haben, sich aktiv um eine Beschäftigung zu bemühen, weil sie davon ausgehen, dass sie doch keine Arbeit finden, gehören zur größeren Gruppe der sogenannten **stillen Reserve** am Arbeitsmarkt. Als stille Reserve bezeichnet man Personen, die unter bestimmten Bedingungen bereit wären, eine Arbeit aufzunehmen, sich aber nicht als arbeitslos melden. Weil diese entmutigten Arbeitnehmer nicht erfasst werden, unterschätzt die gemessene Arbeitslosen- bzw. Erwerbslosenquote den Prozentsatz der Menschen, die arbeiten wollen, aber keine Arbeitsplätze finden können.

In diesem Zusammenhang fällt auch häufig der Begriff der **Unterbeschäftigung**. Der Begriff der Unterbeschäftigung wird international nicht einheitlich verwendet. Oft ist damit die Zahl der Personen gemeint, die zwar einen Arbeitsplatz haben, aber ein geringeres Einkommen erhalten, weil sie eine geringere Zahl von Stunden arbeiten. Mit Unterbeschäftigung meint man aber auch ganz allgemein eine Unterauslastung des Produktionsfaktors Arbeit, die sowohl auf eine höhere Zahl von Arbeitslosen als auch auf ein höheres Ausmaß an Kurzarbeit zurückzuführen sein kann.

Schließlich ist es wichtig festzuhalten, dass die Arbeitslosenquote regional und zwischen verschiedenen demografischen Gruppen erheblich variiert. **Abbildung 23-2** zeigt die Arbeitslosenquoten für verschiedene Gruppen und Regionen in Deutschland im Mai 2022. In diesem Monat lag die Arbeitslosenquote, bezogen auf alle zivilen Erwerbspersonen, insgesamt bei 4,9 Prozent. Die Arbeitslosigkeit bei Männern (5,2 Prozent) war nur unwesentlich höher als bei Frauen (4,7 Prozent). Die Arbeitslosigkeit von Personen mit einem Alter von 15 bis 25 Jahren lag bei 3,8 Prozent, während die Arbeitslosigkeit bei Personen zwischen 55 und 65 Jahren bei 5,4 Prozent lag. Die Arbeitslosenquote der 15- bis 25-Jährigen ist in Deutschland im internationalen Vergleich außerordentlich gering. Einen erheblichen Unterschied gibt es bei der Höhe der Arbeitslosigkeit zwischen Deutschen und Ausländern: Während von den Deutschen im Mai 2022 3,9 Prozent arbeitslos waren, betrug die Arbeitslosenquote im gleichen Zeitraum bei den Ausländern 11,5 Prozent. Eine Betrachtung der zeitlichen Entwicklung der Arbeitslosigkeit bei verschiedenen demografischen Gruppen würde zeigen, dass Menschen mit bestimmten demografischen Merkmalen sehr viel mehr Schwierigkeiten haben, einen Arbeitsplatz zu finden als andere. Unterschiede gibt es auch bei den Arbeitslosenquoten zwischen Ost- und Westdeutschland. Während im Mai 2022 in Ostdeutschland 6,3 Prozent aller zivilen Erwerbspersonen arbeitslos gemeldet war, lag der Wert für Westdeutschland mit knapp 4,6 Prozent deutlich tiefer.

Unterbeschäftigung ist die Zahl der Personen, die nicht Vollzeit arbeiten, weil sie keine Vollzeitstelle finden können.

Zur **stillen Reserve** am Arbeitsmarkt zählen die Personen, die unter bestimmten Bedingungen bereit wären, eine Arbeit aufzunehmen, sich aber nicht als arbeitslos melden.

Abb. 23-2

Arbeitslosenquoten für verschiedene Gruppen und Regionen in Deutschland im Mai 2022

Im Mai 2022 betrug die Arbeitslosenquote, bezogen auf alle zivilen Erwerbspersonen, insgesamt 4,9 Prozent. Hinter diesem Durchschnittswert verbirgt sich jedoch eine durchaus beachtliche Streuung, wenn man die Arbeitslosigkeit nach bestimmten Merkmalen betrachtet. So lag beispielsweise die Arbeitslosigkeit in Ostdeutschland mit 6,3 Prozent deutlich höher als in Westdeutschland mit 4,6 Prozent. Die Arbeitslosigkeit von sehr jungen Menschen lag mit 3,8 Prozent unter dem Wert von älteren Arbeitnehmern (5,4 Prozent). Bei den ausländischen Arbeitnehmern ist die Arbeitslosigkeit deutlich höher (11,5 Prozent) als bei den deutschen Arbeitnehmern (3,9 Prozent).

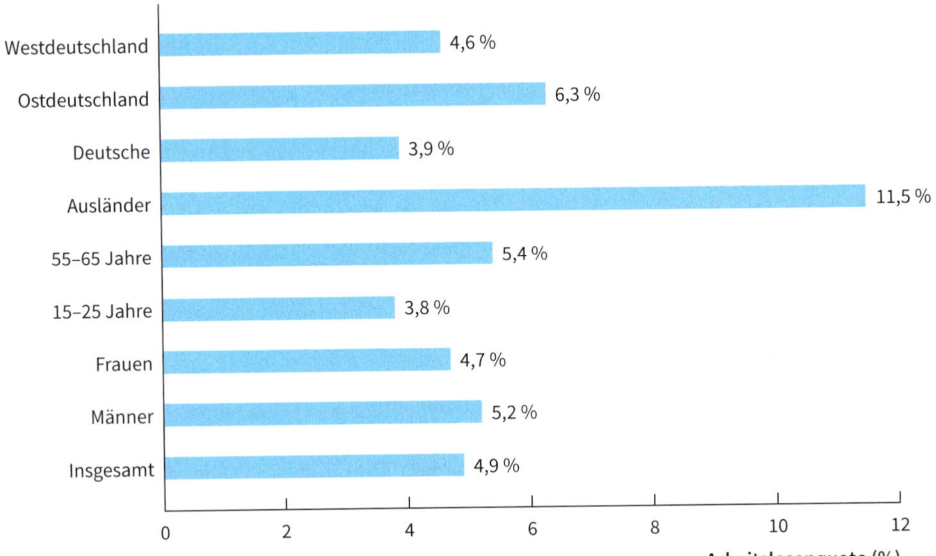

Quelle: Bundesagentur für Arbeit

Man sollte die Arbeitslosenquote daher besser als einen Indikator der Arbeitsmarktbedingungen interpretieren und nicht wörtlich als Maß für den Prozentsatz der Menschen nehmen, die keine Arbeit finden können. Dennoch ist die Arbeitslosenquote ein sehr guter Indikator: Das Auf und Ab bei der Beschäftigung reflektiert den Konjunkturverlauf, der wiederum große Auswirkungen auf das Leben der Menschen hat. Wir wollen uns im Folgenden mit den Ursachen für diese Schwankungen näher beschäftigen.

Wachstum und Arbeitslosigkeit

Im Unterschied zur Abbildung 23-1 zu Beginn des Kapitels zeigt **Abbildung 23-3** eine verkürzte Darstellung der Entwicklung der Arbeitslosigkeit in der Bundesrepublik Deutschland von 1970 bis 2021 auf der Basis der Daten zur Erwerbslosenquote des Statistischen Bundesamtes (ILO-Konzept). Die grauen Säulen markieren Rezessionen. Wie man erkennen kann, ist die Erwerbslosenquote in jeder Rezession deutlich angestiegen: 1975, 1982, 1993, 2003, 2009 und auch 2020. In den Krisen der Jahre 1975 und 1982 kam es sogar zu einem deutlichen Anstieg der Erwerbslosenquote.

Allerdings *ist die Arbeitslosigkeit nicht nach jeder Rezession auch wieder gesunken*, so wie man es eigentlich erwarten würde. In einem wirtschaftlichen Aufschwung geht die Arbeitslosigkeit also nicht automatisch zurück. Dies erkennt man deutlich in den 1980er-Jahren, aber auch in den 1990er-Jahren und Mitte der 2000er-Jahre. Damals stieg die Erwerbslosenquote für längere Zeit weiter an, obwohl sich die deutsche Volkswirtschaft bereits wieder im Aufschwung befand. Aber anscheinend war der Aufschwung nicht stark genug, um zu einem Rückgang der Arbeitslosigkeit beizutragen.

Abbildung 23-4 zeigt ein Streudiagramm, das Beobachtungen für Wachstumsraten des realen BIP und Änderungen der Erwerbslosenquote im Zeitverlauf für die Bundesrepublik Deutschland enthält. Jeder Punkt des Streudiagramms stellt eine Kombination aus Wachstumsrate und Ände-

Abb. 23-3

Arbeitslosigkeit und Rezession in Deutschland, 1970–2021

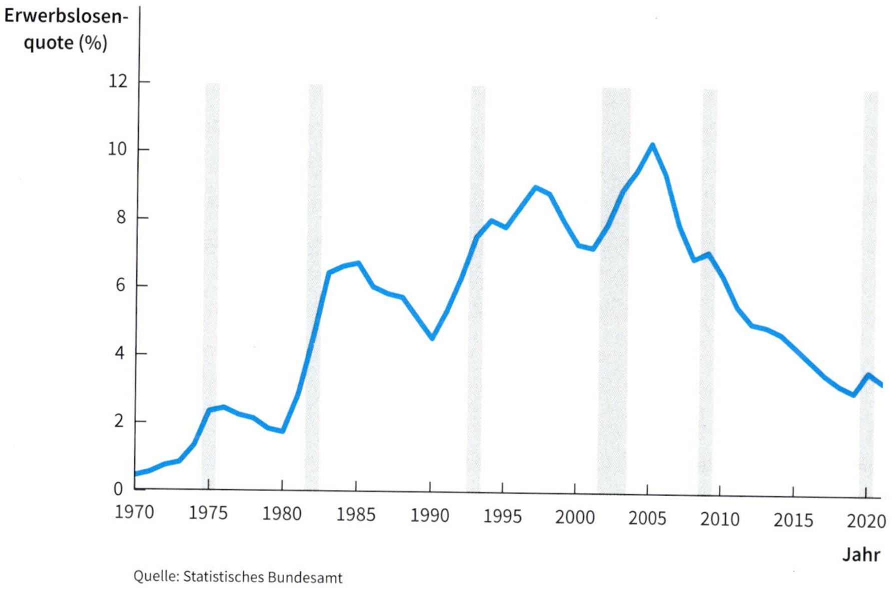

Die Abbildung zeigt die Entwicklung der Arbeitslosigkeit seit 1970, wobei die grauen Säulen Rezessionsjahre kennzeichnen. In jeder Rezession ist die Arbeitslosigkeit, gemessen durch die Erwerbslosenquote, gestiegen. Normalerweise sollte die Arbeitslosigkeit mit dem nachfolgenden wirtschaftlichen Aufschwung wieder sinken. Aber sowohl in den 1980er-Jahren als auch in den 1990er-Jahren und nach der Jahrtausendwende ist die Erwerbslosenquote weiter angestiegen, obwohl sich die deutsche Volkswirtschaft wieder im Aufschwung befand.

rung der Erwerbslosenquote für das entsprechende Jahr des Zeitraums 1971 bis 2021 dar. An der waagerechten Achse werden die jährlichen Wachstumsraten des realen BIP abgetragen – der Prozentsatz, um den das reale BIP eines Jahres sich gegenüber dem BIP des Vorjahres geändert hat. An der senkrechten Achse wird die Änderung der Erwerbslosenquote gegenüber dem Vorjahr in Prozentpunkten abgetragen. So sank beispielsweise die durchschnittliche Erwerbslosenquote von 1999 auf 2000 von 8,0 Prozent auf 7,3 Prozent. Die Änderung in Prozentpunkten beträgt also –0,7 und wird entsprechend an der senkrechten Achse für das Jahr 2000 abgetragen. Im selben Zeitraum stieg das reale BIP um 2,9 Prozent. Dieser Wert wird an der waagerechten Achse für das Jahr 2000 abgetragen. Die Kombination beider Werte liefert dann den Datenpunkt für das Jahr 2000.

Im Streudiagramm lässt sich ein negativer Trend der Datenpunkte (Abwärtstrend) erkennen. Dies macht deutlich, dass ein negativer statistischer Zusammenhang zwischen Wirtschaftswachstum und Erwerbslosenquote besteht. Jahre mit hohem Wachstum des realen BIP waren Jahre, in denen die Erwerbslosenquote zurückging, und Jahre mit niedrigem oder negativem Wachstum des realen BIP waren Jahre, in denen die Erwerbslosenquote anstieg. Die durchschnittliche Wachstumsrate des realen BIP über den gesamten Beobachtungszeitraum von 1971 bis 2021 betrug 1,8 Prozent. Im Streudiagramm der Abbildung 23-4 wird dies durch eine gestrichelte senkrechte Linie verdeutlicht. Aus der Betrachtung der Datenpunkte rechts der senkrechten gestrichelten Linie ergibt sich, dass mit nur wenigen Ausnahmen in Jahren, in denen die Wirtschaft überdurchschnittlich wuchs, die Erwerbslosenquote zurückging. Für diese Jahre sind die an der senkrechten Achse abgetragenen Werte negativ. Die Punkte links von der gestrichelten Senkrechten zeigen, dass Jahre mit unterdurchschnittlichem Wirtschaftswachstum typischerweise auch Jahre waren, in denen die Erwerbslosenquote stieg.

Abb. 23-4

Die Beziehung zwischen realem BIP und Arbeitslosigkeit in Deutschland (1971–2021)

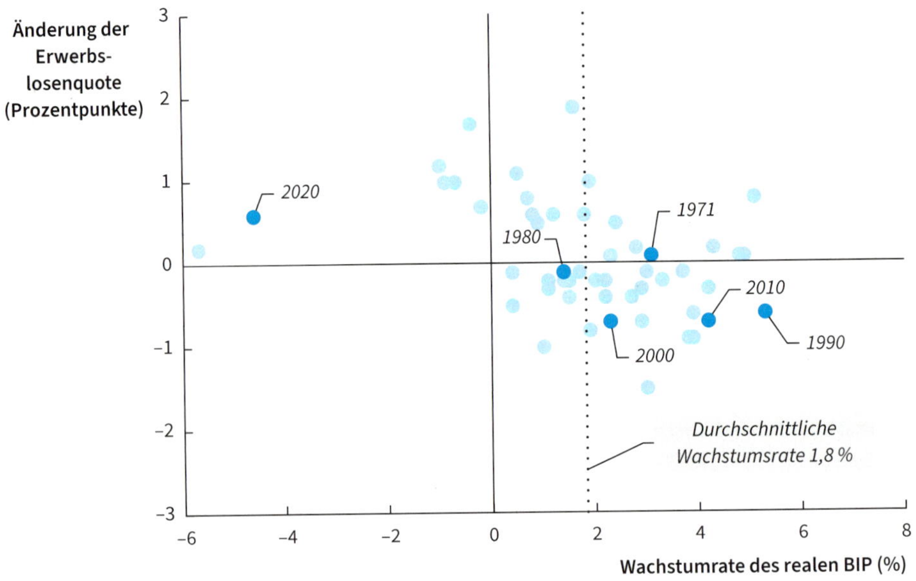

Quelle: Statistisches Bundesamt, VGR – Lange Reihen seit 1925

An der waagerechten Achse ist die jährliche Wachstumsrate des realen BIP abgetragen. Die senkrechte Achse misst die Änderung der Erwerbslosenquote gegenüber dem Vorjahr. Jeder der Punkte in diesem Streudiagramm repräsentiert eine Kombination aus Änderung der Erwerbslosenquote und Wachstumsrate des BIP für ein bestimmtes Jahr aus dem Betrachtungszeitraum. Die Daten bis einschließlich 1990 beziehen sich auf das frühere Bundesgebiet, ab 1991 auf Gesamtdeutschland. Die Daten zeigen, dass es eine negative Beziehung zwischen Wachstumsrate und Änderung der Erwerbslosenquote gibt. (Eine sehr ähnliche Beziehung kann man für alle Industrieländer beobachten.) Die in das Bild eingezeichnete gestrichelte Senkrechte schneidet die waagerechte Achse bei einem Wert von 1,8 Prozent, der das Durchschnittswachstum über den gesamten Betrachtungszeitraum angibt. Punkte rechts von der Senkrechten repräsentieren Jahre mit überdurchschnittlichem Wachstum, in denen die Erwerbslosenquote typischerweise sinkt. Punkte links der Senkrechten repräsentieren Jahre mit unterdurchschnittlichem Wirtschaftswachstum, was typischerweise mit steigender Erwerbslosenquote verbunden ist. Der abwärts gerichtete Trend der Datenpunkte zeigt, dass insgesamt eine negative Beziehung zwischen Wachstumsrate des realen BIP und Änderung der Erwerbslosenquote besteht.

Beschäftigungsfreies Wachstum tritt auf, wenn das reale BIP in einem Zeitraum zwar gewachsen, aber die Arbeitslosenquote nicht gesunken ist.

Einen Zeitraum, in dem das reale BIP zwar gewachsen ist, aber die Arbeitslosenquote nicht gesunken ist, bezeichnet man als **beschäftigungsfreies Wachstum**. In Deutschland gab es nach den Wirtschaftskrisen 1982, 1993 und auch 2003 Phasen eines beschäftigungsfreien Wachstums. Zeiten eines rückläufigen realen Inlandsproduktes sind für die Beschäftigten besonders schmerzlich. Wie die Punkte illustrieren, die links von der senkrechten Achse der Abbildung 23-4 liegen, geht ein Rückgang des realen BIP immer mit einem Anstieg der Erwerbslosenquote einher, was die Lebensbedingungen für viele Familien erheblich erschwert.

WISSENSCHAFT UND PRAXIS

Eine gute Gelegenheit

Bei der Suche nach einem gut bezahlten Job ist ein College-Abschluss in den Vereinigten Staaten zweifellos von Vorteil. Aber manchmal sind auch die Chancen ohne College-Abschluss nicht schlecht. Im Jahr 2019 veröffentlichte das *Wall Street Journal* einen Bericht über Cassandra Eaton, eine 23-jährige Frau aus dem US-Bundesstaat Mississippi, die nur mit einem Highschool-Abschluss in der Tasche einen tollen Job an Land ziehen konnte. Nach der Highschool war Cassandra Eaton zunächst in einer Kinderbetreuungseinrichtung zu einem Stundenlohn von 8,25 Dollar beschäftigt. Anfang 2019 verdiente sie in einer Ausbildung zur Schweißerin in einer nahegelegenen Schiffswerft 18,90 Dollar pro Stunde. Die Nachfrage nach Arbeitskräften war einfach so hoch, dass Arbeitgeber es sich gar nicht leisten konnten, bei der Suche und Einstellung von Arbeitskräften wählerisch zu sein.

Die gute Lage am US-Arbeitsmarkt zeigte sich auch an der Entwicklung der Arbeitslosenquoten für Personen über 25 Jahre mit einem Highschool-Abschluss und für Personen über 25 Jahre mit einem College-Abschluss im Zeitraum 2007–2019 in **Abbildung 23-5**. Dabei liegt die Arbeitslosenquote für Personen ohne College-Abschluss in Regel über der Arbeitslosenquote für Personen mit College-Abschluss. Das Ausmaß aber hängt von der Lage am Arbeitsmarkt ab. Im Jahr 2010, als der US-Arbeitsmarkt noch stark durch die Finanz- und Wirtschaftskrise 2007–2009 betroffen war, lagen zwischen beiden Arbeitslosenquoten über 6 Prozentpunkte. Einige Marktbeobachter gingen damals sogar so weit, vor einer »Qualifikationslücke« zu warnen, da vielen Arbeitskräften die notwendigen Qualifikationen für Tätigkeiten in modernen Volkswirtschaften fehlen würden.

Im Jahr 2019 war die Arbeitslosenquote im Land unter 4 Prozent gesunken und die Arbeitslosenquote von Personen, die nur über einen Highschool-Abschluss verfügten, lag nur noch geringfügig über der Arbeitslosenquote von Personen mit einem College-Abschluss. Und wenn es überhaupt noch eine Qualifikationslücke gab, dann haben die Arbeitgeber in Eigenregie versucht, diese Lücke durch Weiterbildungen zu schließen.

Die Lage am Arbeitsmarkt, die wir mithilfe der Arbeitslosenquote abbilden, kann also auch für Personen in Beschäftigung große Auswirkungen haben.

Abb. 23-5: Arbeitslosenquoten für Highschool-Absolventen und College-Absolventen, 2007–2019

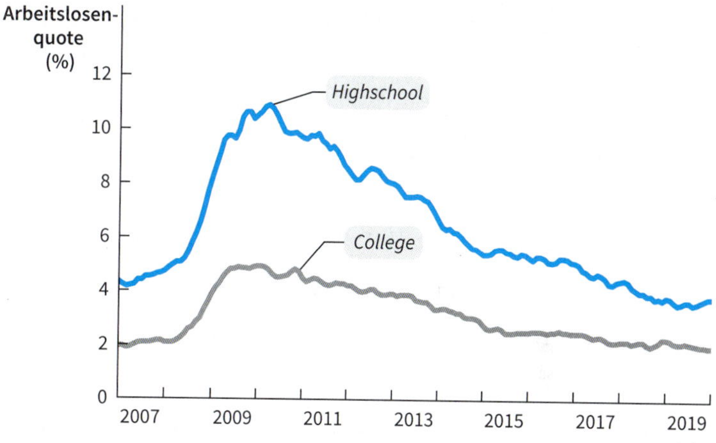

Quelle: Bureau of Labor Statistics

Kurzzusammenfassung

- Die **Erwerbspersonen** setzen sich aus den **Erwerbstätigen** und den **Arbeitslosen (Erwerbslosen)** zusammen. Nicht dazu zählt die sogenannte **stille Reserve**. Auch das Ausmaß der **Unterbeschäftigung** kann nur geschätzt werden. Die **Erwerbsquote** gibt den Anteil der Bevölkerung, der am Erwerbsleben teilnimmt und damit dem Arbeitsmarkt zur Verfügung steht.
- Die **Arbeitslosenquote (Erwerbslosenquote)** ist ein Indikator für die Lage am Arbeitsmarkt, nicht aber ein wortwörtlich zu nehmendes Maß für den Prozentsatz von Arbeitnehmern, die keine Jobs finden können. Die gemessene Arbeitslosenquote kann das wahre Ausmaß an **Arbeitslosigkeit (Erwerbslosigkeit)** überzeichnen, weil es für arbeitsuchende Arbeitnehmer durchaus normal ist, einige Zeit auf die Arbeitsplatzsuche zu verwenden, selbst wenn es viele offene Stellen gibt. Die gemessene Arbeitslosenquote kann aber ebenso gut das wahre Ausmaß der Arbeitslosigkeit unterzeichnen, weil sie einen Großteil der entmutigten Arbeitnehmer in der stillen Reserve nicht erfasst.
- Es gibt eine starke negative Beziehung zwischen dem Wachstum des realen Bruttoinlandsproduktes und Änderungen der Arbeitslosenquote. Liegt überdurchschnittliches Wachstum vor, dann geht die Arbeitslosenquote zurück. Haben wir es mit unterdurchschnittlichem Wachstum zu tun, erhöht sich die Arbeitslosenquote. Einen Zeitraum, in dem das reale Bruttoinlandsprodukt zwar gewachsen ist, aber die Arbeitslosenquote nicht gesunken ist, bezeichnet man als **beschäftigungsfreies Wachstum**.

ÜBERPRÜFEN SIE IHR WISSEN

1. Nehmen Sie an, dass das Aufkommen von Jobbörsen im Internet es den Arbeitsuchenden ermöglicht, schneller geeignete Arbeitsplätze zu finden. Wie wird sich dies auf die Arbeitslosenquote im Zeitverlauf auswirken? Nehmen Sie auch an, dass dieses Internetangebot Arbeitsuchende, die ihre Suche schon aufgegeben hatten, ermutigt, sich wieder um einen Arbeitsplatz zu bemühen. Welche Auswirkung wird dies auf die Arbeitslosenquote (bzw. Erwerbslosenquote) haben?
2. In welchem der folgenden Fälle gilt eine Person als arbeitslos? Erläutern Sie Ihre Antwort.
   a. Gerda, eine ältere Beschäftigte, ist entlassen worden und hat es aufgegeben, sich nach einer neuen Arbeit umzuschauen.
   b. Michael ist ein Lehrer an einer Schule und hat sich während der Sommerferien eine sechswöchige Auszeit genommen.
   c. Isabel arbeitet im Investment-Banking und hat kürzlich ihre Anstellung verloren. Jetzt sucht sie nach einem neuen Job.
   d. Antonio ist ein ausgebildeter Konzertpianist, kann aber nur eine Anstellung als Kneipenmusiker finden.
   e. Natascha hat eigentlich gerade ihren Hochschulabschluss geschafft, entschließt sich aber dazu, noch ein zweites Studium zu beginnen, da freie Stellen knapp sind.
3. Welche der folgenden Aussagen passen zu der beobachteten Beziehung zwischen Wachstum des realen BIP und Änderungen der Arbeitslosenquote? Welche nicht?
   a. Ein Anstieg der Arbeitslosenquote geht mit einem Rückgang des realen BIP einher.
   b. Ein Wirtschaftsaufschwung geht mit einem größeren Prozentsatz an Erwerbspersonen einher, die beschäftigt werden.
   c. Ein negatives reales BIP-Wachstum geht mit einem Rückgang der Arbeitslosenquote einher.

23.2 Arbeitslosigkeit

Ein starkes Wirtschaftswachstum vermag die Arbeitslosenquote zu senken. Aber wie tief kann die Arbeitslosenquote sinken? Ein Rückgang auf null ist sicherlich nicht möglich. In Deutschland lag die Arbeitslosenquote (Erwerbslosenquote nach dem ILO-Konzept) seit der deutschen Wiedervereinigung nie unter 3 Prozent.

Warum sind immer noch so viele Menschen arbeitslos, wenn die Unternehmen gleichzeitig Probleme haben, ihre offenen Stellen zu besetzen? Um diese Frage zu beantworten, müssen wir die Merkmale von Arbeitsmärkten näher untersuchen und herausfinden, warum auf Arbeitsmärkten stets ein gewisses Niveau an Arbeitslosigkeit vorherrscht, auch wenn gleichzeitig ausreichend freie Stellen zur Verfügung stehen. Wir beginnen unsere Analyse mit der Feststellung, dass stets und ständig neue Arbeitsplätze geschaffen werden und bestehende Arbeitsplätze verschwinden.

Die Schaffung und die Zerstörung von Arbeitsplätzen

Fast jeder kennt jemanden, der selbst in den konjunkturell guten Zeiten seinen Arbeitsplatz verloren hat. So gab beispielsweise Siemens Anfang 2021 bekannt, dass das Unternehmen weltweit 7.800 Stellen streichen will, davon allein 3.000 Stellen in Deutschland.

Für den Verlust von Arbeitsplätzen gibt es viele Gründe. Ein Grund ist der ständige Strukturwandel in der Volkswirtschaft: das Auf und Ab von bestimmten Branchen durch neue Technologien und veränderte Wünsche der Konsumenten. So nahm z. B. die Beschäftigung in Hightechindustrien wie etwa der Telekommunikation in den späten 1990er-Jahren zu, jedoch nach dem Jahr 2000 wieder stark ab. Gleichzeitig kann der Strukturwandel auch neue Arbeitsplätze schaffen. Im Bereich der Erneuerbaren Energien arbeiten in Deutschland mittlerweile rund 300.000 Menschen. Ein weiterer Grund für Arbeitslosigkeit kann der Erfolg oder Misserfolg einzelner Unternehmen sein, der von den Entscheidungen der Unternehmensführung und auch von glücklichen Umständen abhängt. So kündigte der US-Einzelhändler J.C. Penney Anfang 2018 die Schließung von 140 Filialen und den Abbau von 6.000 Stellen an, während Online-Händler wie Amazon im ganzen Land neue Logistikzentren errichteten.

Der ständige Auf- und Abbau von Arbeitsplätzen ist ein unvermeidliches Charakteristikum einer modernen Volkswirtschaft (und ein Spiegelbild der Vertragsfreiheit auf dem Arbeitsmarkt in einer freiheitlichen Gesellschaft), das dazu führt, dass ein gewisses Maß an Arbeitslosigkeit unvermeidbar ist. Dabei unterscheidet man zwischen *friktioneller* Arbeitslosigkeit und *struktureller* Arbeitslosigkeit.

Fluktuationsbedingte oder friktionelle Arbeitslosigkeit

Wenn ein Beschäftigter seine Stelle verliert oder ein junger Berufsanfänger erstmals auf den Arbeitsmarkt kommt, so nimmt er oder sie nicht die erstbeste Stelle an, die gerade zu bekommen ist. Man denke z. B. an einen Programmierer, der seine Stelle wegen des erfolglosen Produktsortiments seines Unternehmens verloren hat, und der im Internet zufällig eine Stellenanzeige für Bürotätigkeiten sieht. Er könnte sich auf die Stelle bewerben und vielleicht die Stelle bekommen. Doch das wäre in der Regel nicht vernünftig. Er sollte sich einige Zeit lassen, um nach einer angemessenen Stelle mit entsprechender Entlohnung Ausschau zu halten.

Ökonomen sagen, dass Arbeitslose eine gewisse Zeit mit Stellensuche oder **Arbeitsplatzsuche** verbringen. Wären alle Arbeitskräfte und sämtliche Stellen identisch, wäre die Suche unnötig. Bei perfekter Information darüber verliefe die Suche sehr kurz. Im wirklichen Leben jedoch ist es für einen gerade Entlassenen und für einen Berufsanfänger üblich, wenigstens einige Wochen mit der Stellensuche zuzubringen.

Fluktuationsbedingte oder **friktionelle Arbeitslosigkeit** spiegelt die Vertragsfreiheit für Arbeitsverhältnisse und Bedingungen der Marktmechanismen wider; sie entsteht bei der Arbeitsplatzsuche, aber auch beim Arbeitsplatzwechsel, beim Berufsanfang und beim Ausscheiden in den Ruhestand. Fluktuationsbedingte oder friktionelle Arbeitslosigkeit ist Arbeitslosigkeit aufgrund der Zeit, die in einer Volkswirtschaft mit Stellensuche zugebracht wird. Ein bestimmtes Ausmaß an Fluktuationsarbeitslosigkeit ist durch den ständigen wirtschaftlichen Wandel unvermeidlich. So mussten z. B. in Deutschland nach Angaben der Bundesagentur für Arbeit im Jahr 2021 2,32 Millionen Menschen in die Arbeitslosigkeit gehen, während 2,18 Millionen Menschen ihre Arbeitslosigkeit durch die Aufnahme einer Beschäftigung beenden konnten.

Ein begrenztes Ausmaß an fluktuationsbedingter Arbeitslosigkeit ist politisch unbedenklich und vielleicht sogar zweckmäßig. Die Volkswirtschaft ist produktiver, sofern sich Arbeitskräfte für die Suche nach wirklich passenden Arbeitsplätzen Zeit lassen. Bei niedrigen Arbeitslosenquoten ist die Dauer der Arbeitslosigkeit kurz und die Ursachen sind weitgehend friktioneller Art. **Abbildung 23-6** zeigt den Aufbau der Arbeitslosigkeit in der Bundesrepublik Deutschland im Jahr 2020, als die Arbeitslosenquote 5,9 Prozent betrug. Rund 40 Prozent der Arbeitslosen waren für weniger als

Fluktuationsbedingte oder **friktionelle Arbeitslosigkeit** entsteht dadurch entsteht, dass die Arbeitskräfte eine gewisse Zeit benötigen, um einen Arbeitsplatz zu finden.

Erwerbspersonen, die aktuell ohne Beschäftigung sind und sich nach einer neuen Stelle umschauen, sind auf **Arbeitsplatzsuche.**

Abb. 23-6

Arbeitslose in der Bundesrepublik Deutschland im Jahr 2020 nach der Dauer der Arbeitslosigkeit

Im Jahr 2020 waren 40 Prozent der Arbeitslosen weniger als 3 Monate und knapp 60 Prozent der Arbeitslosen weniger als 6 Monate arbeitslos. Man schließt daraus, dass die Arbeitslosigkeit im Jahr 2020 überwiegend friktioneller Natur war.

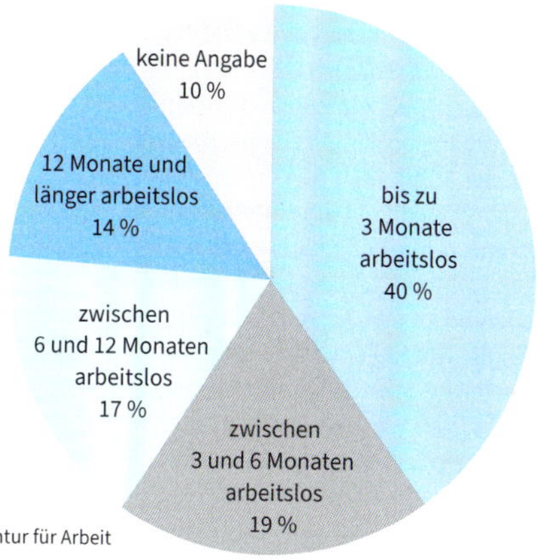

Quelle: Bundesagentur für Arbeit

3 Monate ohne Stelle, weitere 19 Prozent waren maximal ein halbes Jahr ohne Stelle. Nur 14 Prozent betrachtete man als langfristig arbeitslos – mehr als ein Jahr.

Die Dauer der Arbeitslosigkeit ist im Zeitablauf nicht konstant. Konjunkturelle Entwicklungen und die aktuelle Dynamik des Strukturwandels spielen ebenso eine Rolle wie stabilisierende Eingriffe des Staates, der durch gesetzliche Regelungen auf das Ausmaß und die Struktur der Arbeitslosigkeit Einfluss nehmen kann. In **Abbildung 23-7** ist der Anteil der Langzeitarbeitslosen in Deutschland seit 2008 dargestellt. Dabei ist zu erkennen, dass der Anteil der Langzeitarbeitslosen an allen Arbeitslosen während der Finanz- und Wirtschaftskrise 2007–2009 überraschenderweise gesunken ist. Da die absolute Zahl der Langzeitarbeitslosen nahezu unverändert geblieben ist, lässt sich dieser empirische Befund mit einer starken Zunahme der Zahl der friktionellen Arbeitslosen während der Wirtschaftskrise erklären. Im Unterschied dazu ist für die Wirtschaftskrise durch die Covid-19-Pandemie seit dem Frühjahr 2020 ein steiler Anstieg beim Anteil der Langzeitarbeitslosen zu konstatieren.

Strukturelle Arbeitslosigkeit besteht, wenn auf dem Arbeitsmarkt zum herrschenden Lohnsatz mehr Menschen Beschäftigung suchen als Stellen angeboten werden.

Strukturelle Arbeitslosigkeit

Friktionelle Arbeitslosigkeit besteht auch dann, wenn die Zahl der Arbeitsuchenden genau gleich der Anzahl der offenen Stellen ist. Friktionelle Arbeitslosigkeit zeigt also keinen Überschuss an Arbeitsuchenden an. Manchmal jedoch besteht in einer Volkswirtschaft ein *andauernder Überschuss* von Arbeitsuchenden in einem einzelnen Arbeitsmarkt. Es mögen z. B. mehr Leute mit einer bestimmten Befähigung vorhanden sein als Stellen, auf denen diese Befähigung nutzbar ist. Oder es kann in einer bestimmten Region so sein, dass dort mehr speziell ausgebildete Arbeitskräfte als dazu passende Arbeitsplätze vorhanden sind. **Strukturelle Arbeitslosigkeit** besteht, wenn auf dem Arbeitsmarkt zum herrschenden Lohnsatz mehr Menschen Beschäftigung suchen als angeboten wird.

Das Angebots-Nachfrage-Modell legt nahe, dass sich der Preis einer Ware, einer Dienstleistung oder eines Produktionsfaktors zu einem Gleichgewichtsniveau hin bewegen kann, bei dem angebotene und nachgefragte Menge übereinstimmen. Dies gilt im Allgemeinen auch für Arbeitsmärkte.

Abb. 23-7

Langzeitarbeitslosigkeit in der Bundesrepublik Deutschland im Zeitraum 2008–2021

Der Anteil der Langzeitarbeitslosen an allen Arbeitslosen ist in der Finanz- und Wirtschaftskrise 2007–2009 überraschenderweise gesunken. Da die absolute Zahl der Langzeitarbeitslosen nahezu unverändert geblieben ist, lässt sich dieser empirische Befund mit einer starken Zunahme der friktionellen Arbeitslosigkeit während der Wirtschaftskrise erklären. In den Jahren nach 2010 hat der Anteil der Langzeitarbeitslosen leicht, aber stetig zugenommen, bis es in der Wirtschaftskrise durch die Covid-19-Pandemie zu einem steilen Anstieg kam.

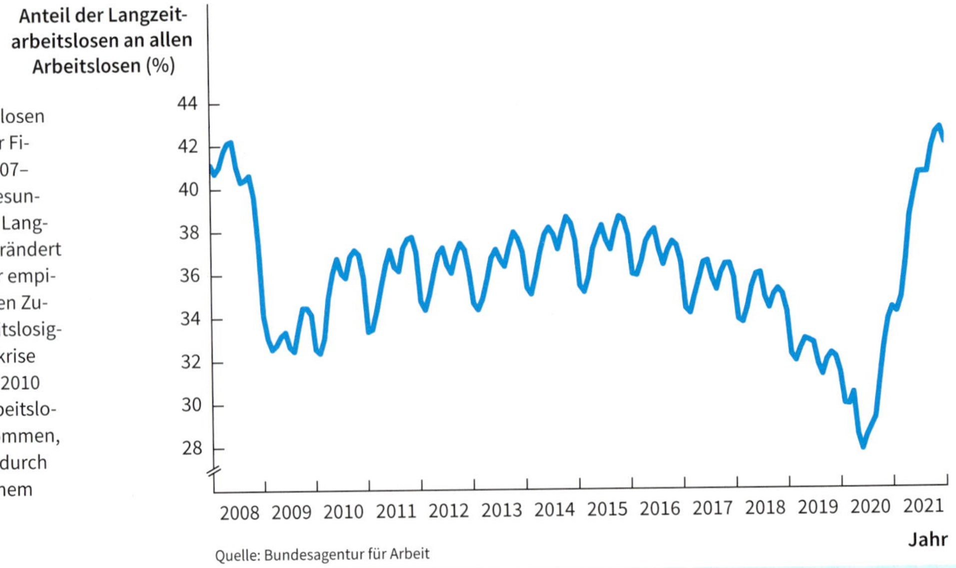

Quelle: Bundesagentur für Arbeit

Abb. 23-8

Die Auswirkung eines Mindestlohnsatzes auf dem Arbeitsmarkt

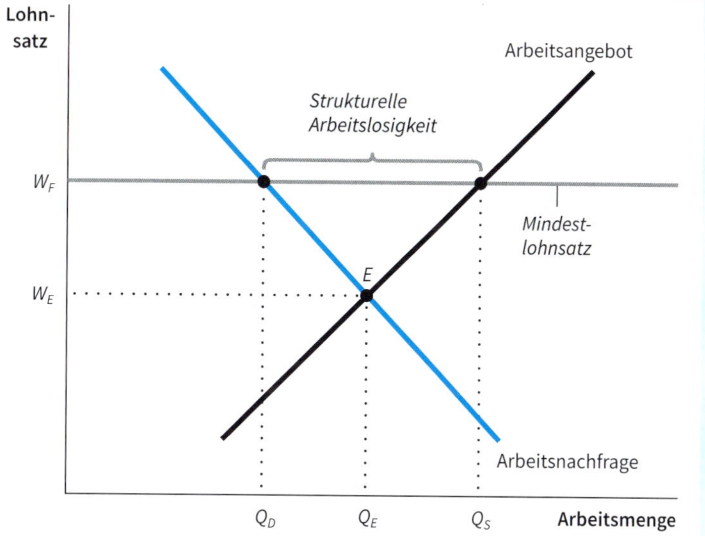

Setzt der Staat einen Mindestlohnsatz W_F, der den Gleichgewichtslohnsatz W_E übersteigt, so ist die Zahl der zu diesem Lohnsatz Arbeitswilligen Q_S größer als die Zahl der von Unternehmen nachgefragten Arbeitskräfte Q_D. Dieser Überschuss wird als strukturelle Arbeitslosigkeit betrachtet.

Die **Abbildung 23-8** zeigt einen typischen Arbeitsmarkt. Die Arbeitsnachfragekurve der Unternehmen (gleich Stellenangebotskurve der Unternehmen) mit negativer Steigung zeigt, dass bei höherem Preis der Arbeit (höherem Lohnsatz) die Unternehmer weniger Arbeit nachfragen. Die Arbeitsangebotskurve der privaten Haushalte (gleich Stellennachfragekurve der Haushalte) mit positiver Steigung zeigt dagegen, dass bei höherem Lohnsatz mehr Arbeitskräfte arbeiten möchten. Angebot und Nachfrage können in jedem Fall beim passenden Gleichgewichtspreis (Lohnsatz) zu übereinstimmenden Gleichgewichtsmengen (Arbeitsangebot gleich Arbeitsnachfrage) zusammenfinden. Das Marktgleichgewicht ist der Abbildung 23-8 zu entnehmen (Kurvenschnittpunkt mit dem Gleichgewichtslohnsatz W_E und den Gleichgewichtsmengen Q_E).

Sogar beim Gleichgewichtslohnsatz W_E wird ein gewisses Ausmaß an friktioneller Arbeitslosigkeit herrschen. Einige werden stets auf Stellensuche sein, selbst wenn die Zahlen der angebotenen und nachgefragten Stellen insgesamt übereinstimmen. Doch beim Gleichgewichtslohnsatz gäbe es keine strukturelle Arbeitslosigkeit. *Strukturelle Arbeitslosigkeit besteht in diesem Modell dann, wenn der Lohnsatz – aus welchen Gründen auch immer – ständig über dem Gleichgewichtslohnsatz liegt*. Arbeitslosigkeit ist in diesem Arbeitsmarkt Hochlohnarbeitslosigkeit.

Es gibt verschiedene Gründe, warum ein Lohnsatz über dem Gleichgewichtsniveau liegt. Der wichtigste ist ein staatlicher Mindestlohnsatz, der höher ist als der Gleichgewichtslohnsatz. Ferner kann Gewerkschaftsmacht bei zu nachgiebigen Arbeitgeberverbänden Hochlohnsätze bewirken. Daneben gibt es *Effizienzlöhne* (von den Unternehmen angebotene höhere Lohnsätze, die nicht markträumend sind, jedoch mit Blick auf Anlernkosten u. a. zum Vorteil des einzelnen Unternehmens sind). Nebenwirkungen von wirtschaftspolitischen Maßnahmen sowie Mismatches zwischen Arbeitgebern und Arbeitnehmern werden ebenfalls als Gründe für Lohnsätze über dem Gleichgewichtsniveau genannt.

Mindestlöhne. Bei einem Mindestlohn handelt es sich um eine gesetzlich vorgeschriebene Untergrenze für den Preis von Arbeit. In den Vereinigten Staaten betrug der Mindestlohnsatz im Jahr 2022 7,25 Dollar pro Stunde. In der Bundesrepublik Deutschland gilt seit 1. Oktober 2022 ein Mindestlohn von 12,00 Euro pro Stunde. Für viele Arten von Arbeitsleistungen sind Mindestlöhne irrelevant, weil die Marktlohnsätze höher sind. Bei einigen Arbeitsarten jedoch hat der vorgeschriebene Mindestlohn Auswirkungen auf das, was tatsächlich bezahlt wird.

Die Abbildung 23-8 zeigt solch eine Situation. Der gesetzliche Mindestlohn ist mit W_F eingezeichnet; er liegt über dem Gleichgewichtslohnsatz von W_E. Dies bewirkt einen ständigen Überschuss an angebotener Arbeit: das Arbeitsangebot Q_S ist größer als die Arbeitsnachfrage Q_D. Bei diesem Mindestlohnsatz, der vielleicht dem Existenzminimum für Familien entspricht, würden gerne mehr Leute arbeiten als Stellen angeboten werden. Der gesetzliche Mindestlohnsatz führt zu struktureller Arbeitslosigkeit.

Falls gesetzliche Mindestlöhne tatsächlich zu Arbeitslosigkeit führen, muss man sich fragen, weshalb staatlich festgesetzte Mindestlöhne überhaupt eingeführt werden. Die Überlegung ist die, dass man den arbeitenden Menschen zum Leben ein halbwegs auskömmliches Mindesteinkommen sichern muss (Existenzminimum). Doch dies verursacht volkswirtschaftliche Kosten: Es schließt die Arbeitskräfte aus, die auch zu niedrigeren Lohnsätzen gearbeitet hätten. Und es finden überhaupt weniger Leute einen Arbeitsplatz (siehe Abbildung 23-8).

Prinzipiell stimmen Ökonomen darin überein, dass ein hoher Mindestlohnsatz zu Arbeitslosigkeit führt. Gleichwohl dürften noch einige empirische Untersuchungen notwendig sein, um die genauen Wirkungen eines Mindestlohnsatzes in einer Volkswirtschaft zu beschreiben. Es liegen sogar einige Untersuchungen vor, wonach Erhöhungen des Mindestlohnsatzes zu mehr Beschäftigung führen. Darin wird argumentiert, dass Unternehmen bei der Einstellung niedrig qualifizierter Arbeitskräfte zurückhaltend sind, damit deren Lohnsätze niedrig bleiben. Daher kann manchmal der Mindestlohnsatz erhöht werden, ohne dass die Beschäftigung zurückgeht. Die meisten Ökonomen aber sind der Ansicht, dass ein ausreichend hoher Mindestlohnsatz tatsächlich zu struktureller Arbeitslosigkeit führt.

Gewerkschaften sind Interessenvertretungen der Arbeitnehmer und verhandeln mit den Arbeitgebern über die Entlohnung und die Arbeitsbedingungen der Beschäftigten.

Effizienzlöhne sind Lohnsätze oberhalb der Gleichgewichtslohnsätze, die Arbeitgeber als Anreize für bessere Leistung gewähren.

Gewerkschaftliche Verhandlungsmacht. Als Interessenvertretung der Arbeitnehmer verhandeln **Gewerkschaften** mit den Arbeitgebern, um die Entlohnung und die Arbeitsbedingungen der Beschäftigten zu verbessern. Diese *Kollektivverhandlungen* können ähnlich wie ein gesetzlicher Mindestlohn oberhalb des Gleichgewichtslohnsatzes strukturelle Arbeitslosigkeit hervorrufen, wenn »zu hohe« Lohnabschlüsse in einer Branche (in Flächentarifverträgen) zu einer gewissen »Hochlohnarbeitslosigkeit« führen. Durch ihre Größe verfügen Gewerkschaften über Verhandlungsmacht gegenüber den Arbeitgebern und sind in der Lage, stärkere Lohnerhöhungen durchzusetzen als ein einzelner Arbeitnehmer. Gewerkschaftliche Verhandlungsmacht wirkt demnach ausgleichend oder begünstigend für die Arbeitnehmer. Die Gewerkschaften üben Verhandlungsmacht aus durch die Drohung mit *Streiks* (gesetzlich legalisierte kollektive Arbeitsverweigerung). Streiks können einzelne Unternehmen hart treffen. Unternehmen reagieren auf Streiks oft mit Aussperrungen und schließen die Beschäftigten vorübergehend von der Arbeit aus. Für die Zeit der Aussperrung erhalten die Beschäftigten keinen Lohn.

Bei höherer Verhandlungsmacht verlangen und erhalten die Arbeitskräfte höhere Lohnsätze. Die Gewerkschaften verhandeln jedoch nicht nur über die Höhe der Lohnsätze, sondern auch über andere soziale Leistungen (etwa arbeitsmedizinische Versorgung und Ruhestandsregelungen), die man als zusätzliche Entlohnung deuten kann. Untersucht man die Ergebnisse des »collective bargaining« näher, so stößt man auf plausible Befunde: Gewerkschaftlich organisierte Arbeitnehmer erreichen höhere Lohnsätze und bessere soziale Leistungen als nicht organisierte Arbeitskräfte gleicher Qualifikation. Das Resultat ist ähnlich dem von Mindestlöhnen: Gewerkschaftliche Verhandlungsmacht erhöht die Lohnsätze über den Gleichgewichtslohnsatz hinaus und verursacht dadurch strukturelle Arbeitslosigkeit. In Ländern, in denen nur wenige Beschäftigte Mitglied einer Gewerkschaft sind, wie z. B. in den Vereinigten Staaten, haben Lohnverhandlungen der Gewerkschaften nur einen sehr geringen Einfluss auf das Ausmaß an struktureller Arbeitslosigkeit.

Effizienzlöhne. Auch Unternehmen selbst können durch ihre Handlungen zu struktureller Arbeitslosigkeit beitragen. Es kann im Eigeninteresse der Unternehmen liegen, den Beschäftigten sogenannte **Effizienzlöhne** zu bezahlen. Das sind

Lohnsätze über dem Gleichgewichtsniveau, von denen man sich eine bessere Arbeitsleistung verspricht.

Dafür gibt es mehrere betriebswirtschaftliche Überlegungen. So können Unternehmen den Arbeitseinsatz der Beschäftigten in der Regel nur schwer kontrollieren. Sie können aber die Beschäftigten durch Entlohnung über dem Marktniveau zu einem höheren Arbeitseinsatz motivieren. Gut bezahlte Arbeitskräfte geben ihr Bestes, um ihren Arbeitsplatz und ihre gute Entlohnung nicht zu verlieren.

So hat z. B. der US-Einzelhändler Costco im Jahr 2018 seinen Beschäftigten einen durchschnittlichen Stundenlohn von mehr als 22 Dollar gezahlt, während man bei Walmart im Durchschnitt nur 14 Dollar pro Stunde verdienen konnte. Den Beschäftigten bei Costco wurde nachgesagt, zufriedener mit ihren Jobs zu sein, eine höhere Produktivität zu zeigen und seltener zu kündigen.

Sofern zahlreiche Unternehmen über dem Marktniveau entlohnen, bildet sich ein gewisser Bestand an Arbeitskräften, die besser bezahlte Stellen möchten, aber nicht finden können. Wenn Costco Effizienzlöhne zahlt, Walmart dagegen nicht, dann wollen viele Arbeitskräfte bei Costco arbeiten, aber nur wenige bei Walmart. Betriebswirtschaftlich motivierte Effizienzlöhne, die nicht gleichgewichtig oder markträumend sind, tragen also volkswirtschaftlich zu struktureller Arbeitslosigkeit bei.

Nebenwirkungen der Wirtschaftspolitik. Unerwünschte Nebenwirkungen einer Wirtschaftspolitik, die eigentlich zugunsten von Arbeitsuchenden und Arbeitslosen angelegt ist, verstärken im Endergebnis oftmals die Arbeitslosigkeit; sie sind letztlich kontraproduktiv. In den meisten entwickelten Volkswirtschaften gibt es Systeme der Arbeitslosenunterstützung, mit denen freigesetzte Arbeitskräfte und ihre Familien bis zur Erlangung einer neuen Stelle überleben können. Wenn Costco Effizienzlöhne zahlt, Walmart dagegen nicht, dann wollen viele Arbeitskräfte bei Costco arbeiten, aber nur wenige bei Walmart. In den Vereinigten Staaten ersetzen die Unterstützungen typischerweise nur einen kleinen Bruchteil des bisherigen Arbeitseinkommens und sie laufen nach 26 Wochen aus. In anderen Ländern, vor allem in Europa, bestehen großzügigere Systeme, die hälftig auch von Eigenbeiträgen der Arbeitnehmerschaft während ihrer Beschäftigung getragen werden. Man unterstellt diesen Systemen, dass sie den Anreiz für Arbeitskräfte mindern, sich eine neue Stelle zu suchen. Allzu großzügige Unterstützungen bei Arbeitslosigkeit halten böswillige Beobachter mit für eine Ursache der sogenannten *Eurosklerose*, der anhaltend hohen Arbeitslosigkeit in einer Reihe von europäischen Ländern.

Mismatch zwischen Arbeitgebern und Arbeitnehmern. Unternehmen als auch Arbeitskräfte benötigen eine gewisse Zeit, um sich an Veränderungen in der Volkswirtschaft anzupassen. Das kann dazu führen, dass der Bedarf der Arbeitgeber nicht zu den Qualifikationen der Arbeitnehmer passt. So hat der Strukturwandel beispielsweise dazu geführt, dass in den Vereinigten Staaten viele Arbeitskräfte im Automobilsektor ihren Arbeitsplatz verloren haben. Gleiches gilt für Stahl- und Bergbauarbeiter in Deutschland. Für Arbeitskräfte in diesen Berufen gibt es aber nicht genügend freie Stellen. Solange dieser Überhang an Arbeitskräften nicht durch einen Rückgang des Lohnsatzes sowie eine Umschulung oder einen Umzug der Arbeitskräfte abgebaut wird, gibt es strukturelle Arbeitslosigkeit.

Die natürliche Arbeitslosenquote

Da ein bestimmtes Ausmaß an friktioneller Arbeitslosigkeit unvermeidlich ist und weil viele Volkswirtschaften zudem unter struktureller Arbeitslosigkeit leiden, betrachtet man eine gewisse Höhe an Arbeitslosigkeit als normal oder »natürlich«, wobei die tatsächliche Arbeitslosenquote mit Plus und Minus um dieses Niveau schwankt. Als **natürliche Arbeitslosenquote** versteht man (empirisch betrachtet) eine mittlere, normale Arbeitslosenquote, um die herum die tatsächlichen Arbeitslosenquoten schwanken. Wirtschaftstheoretisch betrachtet ist die natürliche Arbeitslosenquote eine gleichgewichtige Arbeitslosenquote, die sich aus dem mathematischen Modell einer bestimmten Volkswirtschaft ergibt.

Als **zyklische** oder **konjunkturelle Arbeitslosigkeit** versteht man sodann die Abweichungen von der mittleren oder natürlichen Arbeitslosenquote, die mit dem Konjunkturzyklus zusammenhängen.

Unter der **natürlichen Arbeitslosenquote** versteht man (empirisch betrachtet) eine mittlere, normale Arbeitslosenquote, um die herum die tatsächlichen Arbeitslosenquoten schwanken. Wirtschaftstheoretisch betrachtet ist die natürliche Arbeitslosenquote eine gleichgewichtige Arbeitslosenquote, die sich aus dem mathematischen Modell einer bestimmten Volkswirtschaft ergibt.

Als **zyklische** oder **konjunkturelle Arbeitslosigkeit** versteht man Abweichungen von der mittleren oder natürlichen Arbeitslosenquote, die mit dem Konjunkturzyklus zusammenhängen.

Wie wir im Kapitel 31 noch lernen werden, vermag die Wirtschaftspolitik die tatsächliche Arbeitslosenquote nicht beständig unter der natürlichen Arbeitslosenquote zu halten. Man käme bei diesem Versuch schließlich in die Gefahr einer sich beschleunigenden Inflation hinein.

Den Zusammenhang der verschiedenen Arten von Arbeitslosigkeit kann man hier – sehr vereinfacht – so beschreiben:

(23-3) Natürliche Arbeitslosigkeit
= Friktionelle Arbeitslosigkeit
+ Strukturelle Arbeitslosigkeit

(23-4) Tatsächliche Arbeitslosigkeit
= Natürliche Arbeitslosigkeit
+ Zyklische Arbeitslosigkeit

Aufgrund der Bezeichnung »natürliche Arbeitslosigkeit« vermuten die Leute bisweilen, dass die natürliche Arbeitslosenquote zum einen konstant und unveränderlich ist sowie zum anderen keiner Veränderung durch politische Maßnahmen zugänglich ist. Beide Vermutungen treffen nicht zu. Ganz kurz nur zwei Feststellungen: Die Höhe der natürlichen Arbeitslosenquote ist im Laufe der Zeit veränderlich und sie kann durch wirtschaftspolitische Maßnahmen beeinflusst werden.

Veränderungen der natürlichen Arbeitslosenquote

Sowohl Regierungsstellen als auch Ökonomen der Privatwirtschaft sind auf Schätzungen der natürlichen Arbeitslosenquote angewiesen, um Prognosen zu erstellen und wirtschaftspolitische Analysen durchzuführen. Fast alle Schätzwerte für die Vereinigten Staaten zeigen, dass die natürliche Arbeitslosenquote im Laufe der Zeit steigt und fällt. So hat z. B. das Congressional Budget Office (CBO) geschätzt, dass im Jahre 1950 die natürliche Arbeitslosenquote 5,3 Prozent betrug, dann gegen Ende der 1970er-Jahre auf 6,3 Prozent anstieg, danach jedoch bis auf 4,4 Prozent Ende 2020 zurückging. Mit den Veränderungen der natürlichen Arbeitslosenquote sind die Vereinigten Staaten nicht allein. Europa hat vermutlich noch größere Schwankungen der natürlichen Arbeitslosenquote erlebt.

Woher rühren diese Veränderungen der natürlichen Arbeitslosenquote? Die wichtigsten Einflussgrößen bestehen in Veränderungen des Arbeitskräftepotenzials und Institutionen des Arbeitsmarktes, in wirtschaftspolitischen Maßnahmen sowie im technischen Fortschritt mit sektoralen Produktivitätssteigerungen. Diese Einflussgrößen erfordern einige Erläuterungen.

Demografisch bedingter Wandel des Arbeitskräftepotenzials. Im Februar 2020 betrug die Arbeitslosenquote in den Vereinigten Staaten 3,5 Prozent. Die Jugendarbeitslosigkeit war jedoch deutlich höher: 11,0 Prozent für Teenager und 6,4 Prozent bei Arbeitskräften zwischen 20 und 24 Jahren. Bei den Personen zwischen 25 und 54 Jahren belief sich die Arbeitslosenquote nur noch auf 3,0 Prozent.

Im Allgemeinen ist die Arbeitslosenquote bei qualifizierten Arbeitskräften niedriger als bei schlecht Qualifizierten. Da gut qualifizierte Arbeitskräfte länger auf einer Stelle bleiben als schlecht qualifizierte Kräfte, liegt bei ihnen die friktionelle Arbeitslosigkeit niedriger. Auch ältere Arbeitskräfte, die für den Familienunterhalt sorgen, sind stärker als junge Kräfte bestrebt, Stellen zu finden und zu halten.

Ein Grund für den Anstieg der natürlichen Arbeitslosenquote in den 1970er-Jahren lag in der großen Zahl von Berufsanfängern (die Generation des Babybooms nach dem Zweiten Weltkrieg sowie Arbeitsaufnahme verheirateter Frauen). Wie die **Abbildung 23-9** zeigt, stieg in den 1970er-Jahren sowohl der Anteil von Frauen als auch der Anteil der Beschäftigten unter 25 Jahren an. Gegen Ende der 1990er-Jahre jedoch stabilisierte sich der Frauenanteil und der Anteil junger Arbeitskräfte war wieder deutlich niedriger. Insgesamt deutet das auf ein Arbeitskräftepotenzial hin, das über größere Berufserfahrung verfügt als in den 1970er-Jahren. Deshalb ist auch die natürliche Arbeitslosenquote niedriger als in den 1970er-Jahren.

Veränderungen der Arbeitsmarktinstitutionen. Wie bereits erwähnt, können Gewerkschaften mit Verhandlungsmacht zur strukturellen Arbeitslosigkeit beitragen. Einige Ökonomen vermuten, dass starke Gewerkschaften ein Grund für die relativ hohe natürliche Arbeitslosigkeit in Europa sind. Eine Begleiterscheinung des rückläufigen gewerkschaftlichen Organisationsgrades in den

Abb. 23-9

Struktur der Beschäftigten in den Vereinigten Staaten, 1948–2021

In den 1970er-Jahren stiegen der Anteil der weiblichen Beschäftigten und der Anteil der jungen Arbeitskräfte (unter 25 Jahren) stark an. Darin spiegelten sich ein Anstieg stellensuchender Frauen und der Arbeitsmarkteintritt der Babyboomer wider. Da viele dieser Kräfte vergleichsweise unerfahren im Beruf waren, hat dies wohl zu einem Anstieg der natürlichen Arbeitslosenquote geführt. Gegenwärtig sind die Beschäftigten der Vereinigten Staaten im Durchschnitt berufserfahrener, was ein Grund dafür ist, dass die natürliche Arbeitslosenquote seit den 1970er-Jahren zurückgegangen ist.

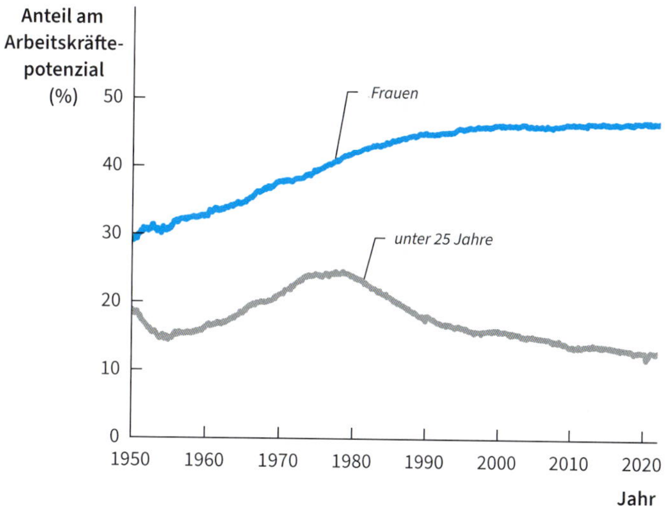

Quelle: Bureau of Labor Statistics

Vereinigten Staaten nach 1980 war der Rückgang der natürlichen Arbeitslosenquote.

Andere institutionelle Veränderungen waren ebenfalls wirksam. Einige Arbeitsmarktökonomen glauben z. B., dass die entstehenden Agenturen für Zeitarbeit letztlich mit dazu beigetragen haben, die friktionelle Arbeitslosigkeit durch Beschaffung passender Stellen zu verringern. Auch Unternehmen der sogenannten *Gig-Economy* wie Uber oder TaskRabbit haben dazu beigetragen, die strukturelle und die friktionelle Arbeitslosigkeit zu senken, da sie es den Arbeitskräften leichter machen, schneller Geld zu verdienen und Entlohnungen unterhalb des gesetzlichen Mindestlohns zu akzeptieren.

Technologische und institutionelle Veränderungen zusammen können die natürliche Arbeitslosenquote ebenfalls beeinflussen. Technischer Fortschritt kann zur Erhöhung der Nachfrage nach qualifizierten Kräften mit entsprechender Berufserfahrung führen und die Nachfrage nach niedrig qualifizierten Arbeitskräften verringern. Ökonomischen Lehrbüchern zufolge müsste die Entlohnung der hoch Qualifizierten ansteigen, die Entlohnung der niedrig Qualifizierten jedoch zurückgehen (oder weniger stark ansteigen). Doch wenn die Löhne der minder Qualifizierten nicht sinken können, etwa wegen eines bindenden Mindestlohns, dann nehmen strukturelle Arbeitslosigkeit und natürliche Arbeitslosenquote zu.

Veränderungen der Wirtschaftspolitik. Ein hoher Mindestlohnsatz kann – wie wir wissen – strukturelle Arbeitslosigkeit verursachen. Großzügige Arbeitslosenunterstützungen können beides erhöhen: strukturelle und friktionelle Arbeitslosigkeit. Somit können wirtschaftspolitische Maßnahmen, die als Hilfen für die Arbeitskräfte gedacht sind, unerwünschte Nebenwirkungen haben, wie etwa einen Anstieg der natürlichen Arbeitslosenquote.

Einige wirtschaftspolitische Maßnahmen jedoch vermögen die natürliche Arbeitslosenquote zu verringern. Dafür kann man zwei Beispiele anführen: *berufliche Ausbildungsmaßnahmen* und Lohnzuschüsse. Die Ausbildungsmaßnahmen sind dazu gedacht, Arbeitslose über ein breiteres Spektrum von beruflichen Fähigkeiten für bestimmte Stellen zu qualifizieren. *Lohnzuschüsse* sind Zahlungen entweder an Arbeitskräfte oder an Arbeitgeber, damit Stellen angenommen oder angeboten werden.

WISSENSCHAFT UND PRAXIS

Männer ohne Arbeit

Die Vereinigten Staaten sind ein großes Land. Von Kalifornien an der Westküste bis nach Maine an der Ostküste ist es genauso weit wie von Frankreich bis nach Sibirien. Der US-amerikanische Arbeitsmarkt wird dennoch oft als ein einziger Markt betrachtet. Und sicherlich ziehen viele Menschen dorthin, wo sie Arbeit finden.

Aber nicht alle Menschen wollen oder können einfach umziehen. Das führt zu Problemen für diejenigen, die in Regionen wohnen, in denen die Nachfrage nach Arbeitskräften – aus welchen Gründen auch immer – gesunken ist. Für diese Menschen ist es besonders wahrscheinlich, von struktureller Arbeitslosigkeit betroffen zu sein.

Ökonomen, die sich mit diesem Thema näher beschäftigen, schauen in der Regel nicht auf die Arbeitslosenquote an sich, da diese Größe nur die Menschen erfasst, die aktiv nach einer Beschäftigung suchen. Und in Regionen, in den es keine Beschäftigungsmöglichkeiten gibt, haben viele ihre Suche nach einem Job aufgegeben. Neue Untersuchungsansätze konzentrieren sich daher nicht auf die Arbeitslosenquote, sondern auf den Anteil der Männer im Haupterwerbsalter von 25 bis 54 Jahren, die nicht arbeiten.

Aber warum schauen die Ökonomen ganz speziell auf den Anteil bei Männern und nicht auf den Anteil bei allen Personen? Ungeachtet der gesellschaftlichen Entwicklungen der letzten Jahrzehnte ist es immer noch deutlich seltener, dass Männer für die Betreuung von Kindern, Familienangehörigen und Haushalt zu Hause bleiben. Eine große Zahl an Männern im Haupterwerbsalter, die nicht arbeiten, deutet also auf strukturelle Probleme auf dem Arbeitsmarkt hin.

Am größten ist diese Zahl in einer Region, die von den Ökonomen Benjamin Austin, Edward Glaeser und Lawrence Summers als »östliches Kernland« bezeichnet wird und die vom westlichen Pennsylvania bis nach Alabama und Mississippi reicht. Vor einigen Jahrzehnten waren viele Menschen in dieser Region noch in traditionellen Branchen wie der Landwirtschaft, dem Bergbau oder der Stahlindustrie beschäftigt. Seit den 1970er-Jahren schrumpfen diese Branchen jedoch, während sich gleichzeitig Unternehmen aus den wachsenden »wissensbasierten« Branchen eher in großen Metropolregionen mit gut ausgebildeten Arbeitskräften ansiedeln, sodass es zu dauerhaft hoher struktureller Arbeitslosigkeit in der Krisenregion gekommen ist. Während beispielsweise in West Virginia nur 75 Prozent aller Männer im Haupterwerbsalter einer Beschäftigung nachgehen, sind es in den aufstrebenden Bundesstaaten wie Texas und in New Jersey fast 90 Prozent.

Leider hat der Arbeitsplatzmangel im östlichen Kernland zu vielfältigen sozialen Problemen geführt, darunter Medikamentenabhängigkeit. Und noch viel schlimmer, die Anzahl der Todesfälle durch Selbstmord und Alkohol- oder Drogenmissbrauch ist sprunghaft angestiegen. Diese Tatsachen verdeutlichen, dass für Menschen fehlende Arbeitsplätze nicht nur Armut, sondern auch fehlende Würde bedeuten.

Kurzzusammenfassung

- Durch den stetigen Wandel in einer Volkswirtschaft wird es immer eine gewisse Arbeitslosigkeit geben. Alte Arbeitsplätze gehen verloren, neue Arbeitsplätze werden geschaffen.
- Vor allem wegen der **Arbeitsplatzsuche** ist eine gewisse Arbeitslosigkeit unvermeidlich, die man als **friktionelle Arbeitslosigkeit** bezeichnet.
- Eine Reihe von Faktoren – Mindestlöhne, **Gewerkschaften, Effizienzlöhne**, Nebenwirkungen der Wirtschaftspolitik (durch Systeme der Arbeitslosenunterstützung) sowie Mismatches zwischen Arbeitgebern und Arbeitnehmern tragen zu **struktureller Arbeitslosigkeit** bei.
- Friktionelle und strukturelle Arbeitslosigkeit ergeben zusammen eine gewisse **natürliche Arbeitslosenquote**. Dagegen schwankt die **zyklische** oder **konjunkturelle Arbeitslosigkeit** mit dem Konjunkturzyklus. Die tatsächliche Arbeitslosenquote ist die Summe aus natürlicher Arbeitslosenquote (friktionelle plus strukturelle Arbeitslosenquote) und zyklischer Arbeitslosenquote.
- Die natürliche Arbeitslosenquote kann sich im Laufe der Zeit verändern. Maßgeblich dafür sind demografische Veränderungen des Arbeitskräftepotenzials und institutionelle Änderungen. Auch wirtschaftspolitische Maßnahmen können dazu beitragen. Speziell die großzügigen Systeme der Arbeitslosenunterstützung könnten in Europa für die hohen natürlichen Arbeitslosenquoten verantwortlich sein.

ÜBERPRÜFEN SIE IHR WISSEN

1. Erläutern Sie die folgenden Aussagen:
   a. Je schneller sich der technische Fortschritt entwickelt, desto höher ist die friktionelle Arbeitslosigkeit.
   b. Je schneller sich der technische Fortschritt entwickelt, desto höher ist die strukturelle Arbeitslosigkeit.
   c. Die friktionelle Arbeitslosigkeit macht einen größeren Anteil an der gesamten Arbeitslosigkeit aus, wenn die Arbeitslosenquote niedrig ist.
2. Weshalb hat gewerkschaftliche Verhandlungsmacht auf die Höhe der Arbeitslosigkeit generell die gleiche Wirkung wie ein Mindestlohnsatz? Zeigen Sie dies mithilfe eines Diagramms.
3. Angenommen, die Vereinigten Staaten würden die Arbeitslosenunterstützung deutlich erhöhen. Erklären Sie, welche Wirkung dies auf die natürliche Arbeitslosenquote hätte.

23.3 Inflation und Deflation

Wie wir zu Beginn des Kapitels erfahren haben, werden die geldpolitischen Entscheidungsträger in Tauben und Falken unterteilt. Man unterscheidet zwischen denen, für die eine geringe Arbeitslosigkeit höchste Priorität hat, und denen, die auf eine niedrige Inflation fokussiert sind. Warum hohe Arbeitslosigkeit ein Problem darstellt, ist leicht zu verstehen. Aber warum muss man sich um die Inflation Sorgen machen? Warum führen steigende Inflationsraten zu Sorgenfalten bei Politikern? Inflation kann der Volkswirtschaft immense Kosten aufbürden – allerdings nicht so, wie es die meisten Menschen vermuten würden.

Das Niveau der Preise spielt keine Rolle, …

Viele Menschen machen sich Sorgen wegen der *Inflation*, also wegen eines Anstiegs des Preisniveaus. Sie denken, dass dadurch alle ärmer werden, weil man mit seinem Geld weniger kaufen kann. Aber Inflation macht nicht jeden ärmer. Um das zu verstehen, wollen wir uns vorstellen, was passieren würde, wenn die Vereinigten Staaten den Dollar durch eine neue Währung ersetzen würden.

Ein Beispiel für eine solche Währungsumstellung gab es, als die Bundesrepublik Deutschland gemeinsam mit einer Reihe von anderen europäischen Ländern ihre Landeswährung aufgab und den Euro als neue Gemeinschaftswährung einführte. Die Menschen gaben ihre D-Mark-Münzen und -Scheine ab und bekamen dafür Euro-Scheine und -Münzen, zu einem festgelegten Kurs von 1,95583 D-Mark für einen Euro. Gleichzeitig wurden alle vertraglichen Zahlungsverpflichtungen zu diesem Wechselkurs in Euro umgerechnet. Aus einer Grundschuld auf ein Haus in Höhe von 100.000 D-Mark wurde eine Grundschuld in Höhe von 51.129,19 Euro. Aus dem tariflichen Stundenlohn eines Arbeiters von 25 D-Mark wurde ein Stundenlohn von 12,78 Euro und so weiter.

Man könnte jetzt das Gleiche in den Vereinigten Staaten machen und den Dollar durch einen »Neuen Dollar« zu einem Kurs von 7:1 ersetzen. Dann wird aus einer Grundschuld in Höhe von 140.000 Dollar eine Grundschuld in Höhe von 20.000 Neuen Dollar. Ein Stundenlohn in Höhe von 14 Dollar wäre gleichbedeutend mit einem Stundenlohn von 2 Neuen Dollar. Damit würde man das Preisniveau in den Vereinigten Staaten auf das Niveau von 1962 absenken, als John F. Kennedy US-Präsident war.

Aber wären dann alle reicher, nur weil die Preise auf einmal nur noch auf einem Siebentel des ursprünglichen Niveaus wären? Natürlich nicht. Sicherlich wären die Preise niedriger, aber genauso auch die Löhne und die Einkommen im Allgemeinen. Wenn man den Lohnsatz eines Arbeiters auf ein Siebentel seines ursprünglichen

Der **Reallohnsatz** ist der Lohnsatz dividiert durch das Preisniveau.

Das **Realeinkommen** ist das Einkommen dividiert durch das Preisniveau.

Niveaus absenkt, aber gleichzeitig auch alle Preise auf ein Siebentel kürzt, dann hat sich der **Reallohnsatz** des Arbeiters – der Lohnsatz dividiert durch das Preisniveau – nicht verändert. Eine Absenkung des Preisniveaus auf das Niveau während der Kennedy-Zeit hätte keine Auswirkungen auf die Kaufkraft, weil die Einkommen im gleichen Ausmaß sinken würden wie die Preise.

Auf der anderen Seite hat auch der Preisanstieg, der seit den frühen 1960er-Jahren in den Vereinigten Staaten tatsächlich stattgefunden hat, die US-Amerikaner nicht ärmer gemacht, da die Einkommen im gleichen Ausmaß gestiegen sind. Die **Realeinkommen** – die Einkommen dividiert durch das Preisniveau – sind durch den Anstieg des Preisniveaus nicht berührt worden.

Die Lehre aus diesem Gedankenexperiment lautet: Das Niveau der Preise spielt keine Rolle. Niemand wäre reicher, wenn das Preisniveau noch so niedrig wäre wie vor fünfzig Jahren. Und der Preisanstieg in den letzten fünfzig Jahren hat auch niemanden ärmer gemacht.

... die Veränderungsrate der Preise dagegen schon

Aus unserer Erkenntnis, dass das Niveau der Preise keine Rolle spielt, könnte man schlussfolgern, dass die Inflationsrate auch keine große Bedeutung hat. Aber dem ist nicht so.

Um zu verstehen, warum es wichtig ist, zwischen dem Preisniveau und der Inflationsrate zu unterscheiden, wollen wir uns noch einmal die Definition der Inflationsrate aus Kapitel 21 vor Augen führen. Die Inflationsrate ist der prozentuale Anstieg des Preisniveaus pro Jahr und lässt sich durch folgende Formel berechnen:

$$\text{Inflationsrate} = \frac{\text{Preisindex im Jahr 2} - \text{Preisindex im Jahr 1}}{\text{Preisindex im Jahr 1}} \times 100$$

Abbildung 23-10 verdeutlicht den Unterschied zwischen dem Preisniveau und der Inflationsrate anhand der Entwicklung des Verbraucherpreisindex und der Inflationsrate seit 1960. Der Verbraucherpreisindex wird an der linken Ordinate gemessen, die Inflationsrate an der rechten Ordinate. In den 2000er-Jahren war das Preisniveau in Deutschland deutlich höher als in den 1970er-Jahren. Aber diese Tatsache ist ja, wie wir wissen, ohne Bedeutung. Entscheidend ist, dass die Inflationsrate in den 2000er-Jahren deutlich niedriger war als in den 1970er-Jahren. Die Tatsache, dass die Inflationsrate seit den 1970er-Jahren deutlich gesunken ist, hat dazu beigetragen, dass die deutsche Volkswirtschaft heute reicher ist als bei einem Andauern der hohen Inflationsraten.

Ökonomen sind davon überzeugt, dass hohe Inflationsraten der Volkswirtschaft beträchtliche Kosten aufbürden. Dazu gehören *Schuhsohlen-Kosten*, *Speisekarten-Kosten* und *Kosten der Recheneinheit*. Betrachten wir die einzelnen Kostenarten nacheinander.

Schuhsohlen-Kosten. Üblicherweise halten die Leute gewisse Geldbestände, um Transaktionen durchzuführen (Transaktionskassenhaltung). Inflation hält die Menschen von der Haltung von Bargeld ab, und mit dem Anstieg des Preisniveaus sinkt der Wert der Guthaben auf den Bankkonten stetig. Die Menschen suchen nach Wegen, um ihre Geldbestände zu reduzieren, und das ist oft mit beträchtlichen Kosten verbunden.

Während der *Hyperinflation* in Deutschland im Jahr 1923 beschäftigten Geschäftsleute Boten, die das Geld mehrmals täglich zur Bank brachten und in etwas Wertbeständigem wie z. B. in einer stabilen fremden Währung anlegten. Von einer Hyperinflation spricht man, wenn die monatliche Preissteigerungsrate bei über 50 Prozent liegt, was zu einer jährlichen Inflationsrate von rund 13.000 Prozent führt. In einer Hyperinflation führten Versuche zur Vermeidung des Kaufkraftverlustes dazu, dass wertvolle Ressourcen aufgewendet wurden (wie z. B. die Arbeitszeit der Geldboten in Deutschland), die anders hätten produktiv eingesetzt werden können. Während der Inflation in Deutschland stiegen die Geschäftsvorfälle bei Banken derart stark an, dass die Zahl der Bankangestellten nahezu vervierfacht werden musste: von etwa 100.000 im Jahr 1913 auf 375.000 im Jahr 1923.

In der jüngeren Vergangenheit erlebte Brasilien in den frühen 1990er-Jahren eine Hyperinflation. In dieser Zeit stieg der Anteil des Finanzsektors am Bruttoinlandsprodukt so stark an, dass er etwa 15 Prozent des BIP ausmachte. Das entsprach etwa der doppelten Größe des Finanzsektors in den Vereinigten Staaten. Die starke Zunahme des Bankensektors in Brasilien deutet auf

Abb. 23-10

Die Entwicklung von Preisniveau und Inflationsrate in der Bundesrepublik Deutschland im Zeitraum 1960–2021

Mit Ausnahme des Jahres 1986 ist das Preisniveau in Deutschland in den letzten sechzig Jahren immer angestiegen. Die Inflationsrate, also die Veränderungsrate der Preise, ist dagegen einmal größer, einmal kleiner. Im Jahr 1986 war die Inflationsrate sogar negativ. Das bezeichnet man als Deflation.

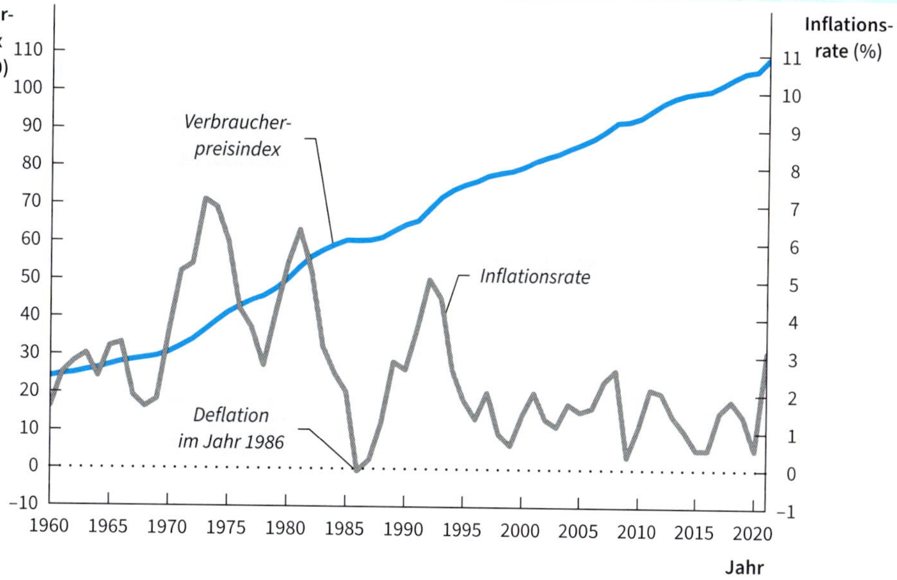

Quelle: Statistisches Bundesamt

den Ressourcenverlust der Gesellschaft durch die hohe Inflation hin.

Die wachsenden volkswirtschaftlichen Transaktionskosten durch die Inflation nennt man auch **Schuhsohlen-Kosten**, Kosten für die zusätzlichen Wege zur Bank, die erforderlich sind, um eine höhere Kassenhaltung zu vermeiden. Diese Kosten fallen bei hohen Inflationsraten von 100 Prozent und mehr pro Jahr sehr ins Gewicht, wie jeder bestätigen kann, der eine Hyperinflation erlebt hat. Schätzungen deuten jedoch darauf hin, dass die Schuhsohlen-Kosten bei moderater Inflation (die in den meisten Industrieländern in Friedenszeiten nie über 15 Prozent hinausging) recht gering sind.

Speisekarten-Kosten. In einer modernen Volkswirtschaft haben die meisten Dinge, die wir kaufen, einen ausgeschriebenen Preis. Im Supermarkt steht unter jedem Produkt im Regal der Preis, den man dafür zu bezahlen hat. Bei Büchern ist der Preis auf der Rückseite aufgedruckt, und den Preis für eine Portion Chicken Curry findet man auf der Speisekarte des indischen Restaurants um die Ecke. Die Anpassung dieser Preise geht mit Kosten einher, die als **Speisekarten-Kosten** bezeichnet werden. So müssen z. B. im Supermarkt die Preisschilder neu gedruckt und mit den alten Preisschildern an den Regalen ausgetauscht werden. Bei Inflation sind Unternehmen natürlich öfter zu Preisanpassungen gezwungen als bei einem in etwa stabilen Preisniveau. Das bringt insgesamt höhere volkswirtschaftliche Kosten mit sich.

Zu Zeiten einer Hyperinflation können die Speisekarten-Kosten bedeutsame Größenordnungen erreichen. Während der brasilianischen Hyperinflation brachten Arbeitskräfte in Supermärkten die Hälfte ihrer Arbeitszeit damit zu, alte Preisschilder gegen neue auszutauschen. Bei hohen Inflationsraten hören Händler oft damit auf, die Preise in lokaler Währung auszuzeichnen; sie verwenden künstliche Einheiten oder eine stabilere Währungseinheit (wie etwa den Dollar oder den Euro). So geschah es im israelischen Häusermarkt Mitte der 1980er-Jahre: Preise wurden in Dollar angegeben, obwohl die Bezahlung dann in israelischen Schekel geschah. Vergleichbares passierte in Simbabwe, als die Inflationsrate im Mai 2008 die unvorstellbare Höhe von 1.694.000 Pro-

Die **Speisekarten-Kosten** einer Inflation bestehen in den erhöhten Kosten, die durch die häufige Anpassung der Preislisten entstehen.

Die **Schuhsohlen-Kosten** einer Inflation bestehen in den erhöhten Kosten, die aus dem Bemühen der Bevölkerung herrühren, die Inflationssteuer zu vermeiden.

zent erreichte. Nur wenige Monate später im April 2009 hat die Regierung die einheimische Währung, den Simbabwe Dollar, als gesetzliches Zahlungsmittel ausgesetzt und damit die Nutzung von ausländischen Währungen für den Kauf und Verkauf von Gütern erlaubt.

Die Speisekarten-Kosten gibt es selbstverständlich auch in Volkswirtschaften mit niedrigen Inflationsraten, doch sie sind nicht sehr hoch. Die Angleichung der Preise geschieht in diesen Volkswirtschaften nur von Zeit zu Zeit (keinesfalls täglich oder noch häufiger, wie bei Hyperinflationen).

Recheneinheiten-Kosten. Im Mittelalter wurden Zahlungsverpflichtungen in Verträgen oft als Sachleistung festgelegt: Ein Pächter war z. B. verpflichtet, seinem Verpächter pro Jahr eine bestimmte Zahl an Hühner, Schweinen, Rindern oder eine bestimmte Menge an Getreide zu überlassen. Diese Verfahrensweise war damals durchaus sinnvoll, ist aber in modernen Volkswirtschaften eher umständlich. Stattdessen greifen wir bei Verträgen auf Geldbeträge zurück. Ein Mieter muss einen bestimmten Euro-Betrag pro Monat an den Vermieter bezahlen, ein Unternehmen sichert dem Käufer seiner Anleihe zu, die Kaufsumme bei Fälligkeit (zuzüglich Zinsen) zurückzuzahlen. Auch jeder von uns macht seine Kalkulationen in Euro: die Haushaltskasse für Lebensmittel, das Urlaubsbudget, die Rücklagen für größere Anschaffungen usw.

Bei Verträgen und Kalkulationen hat Geld die Funktion einer Recheneinheit. Doch Inflation verändert den Wert eines Euro – ein Euro ist im nächsten Jahr weniger wert als ein Euro heute. Doch dadurch wird, wie viele Ökonomen sagen, die Güte ökonomischer Entscheidungen gemindert. Die Unsicherheit über Änderungen in der Recheneinheit Euro führt dazu, dass eine Volkswirtschaft ihre Ressourcen weniger effizient nutzt. Die **Recheneinheiten-Kosten** der Inflation bestehen also darin, dass die Inflation Geld als Maßeinheit weniger verlässlich werden lässt.

Der **Zinssatz**, ausgedrückt in Prozent der Kreditsumme, ist der Preis, den der Kreditgeber dem Kreditnehmer dafür in Rechnung stellt, dass der Kreditnehmer für ein Jahr über die Ersparnisse des Kreditgebers verfügen kann.

Die **Recheneinheiten-Kosten** der Inflation ergeben sich durch die Art und Weise, wie Inflation die Geldeinheit als Maß weniger verlässlich werden lässt.

In Bezug auf das Steuersystem fallen die Recheneinheiten-Kosten der Inflation besonders ins Gewicht, da die Inflation die Höhe des Einkommens, das besteuert werden soll, beeinflusst. Nehmen wir an, die Inflationsrate beträgt 10 Prozent und ein Unternehmen kauft ein Stück Land für 100.000 Euro. Ein Jahr später wird das Land zu einem Preis von 110.000 Euro wiederverkauft. Aus fundamentaler Sicht hat das Unternehmen keinen Gewinn erzielt: Real gesehen hat das Unternehmen für das Land nicht mehr bekommen, als es dafür bezahlt hat. Aber nach der Steuergesetzgebung in den meisten Ländern wäre ein Kapitalgewinn von 10.000 Euro angefallen, und das Unternehmen müsste auf seinen Phantomgewinn Steuern zahlen.

Die zerstörerischen Wirkungen der Inflation auf das Steuersystem waren z. B. während der 1970er-Jahre in den USA ein ernstes Thema, weil die Inflationsraten über 10 Prozent lagen. Durch die künstliche Übertreibung der steuerlichen Gewinne wurden viele Unternehmen davon abgehalten, Investitionen vorzunehmen. Auf der anderen Seite regte die Inflation Privatleute in übertriebener Weise zum Haus- und Wohnungskauf an. Da die Schuldendienste für die Hauseigentümer steuerlich absetzbar waren, blieb ein Hauskauf zu Zeiten der Inflation ein gutes Geschäft. Als die Inflationsrate (und die Steuersätze) in den 1980er-Jahren sank, verlor das Thema an Bedeutung.

Gewinner und Verlierer der Inflation

Wie wir gerade gelernt haben, kann die Inflation zu beträchtlichen Kosten in der Volkswirtschaft führen. Dabei gibt es Gewinner und Verlierer. Inflation kann einige Leute schädigen und andere begünstigen. Verträge wie z. B. Darlehensverträge werden oft über einen längeren Zeitraum und in nominalen Beträgen abgeschlossen (ohne Wertsicherungsklauseln, nach dem Euro-gleich-Euro-Prinzip unserer Rechtsordnung).

Im Fall eines Darlehens erhält der Kreditnehmer zu Beginn einen bestimmten Betrag, und der Darlehensvertrag schreibt vor, welcher *Zinssatz* zur Anwendung kommt und wie viel bis wann zurückzuzahlen ist. Der **Zinssatz** auf einen Kredit ist der Preis, ausgedrückt in Prozent der Kreditsumme, den der Kreditgeber dem Kreditnehmer dafür in Rechnung stellt, dass der Kreditnehmer für ein Jahr über die Ersparnisse des Kreditgebers verfügen kann.

Aber was ein Euro wirklich wert ist – welche Kaufkraft ein Euro also hat –, hängt sehr stark von der Inflationsrate während der Laufzeit des Darlehensvertrages ab. Die Auswirkungen von Inflation auf Kreditgeber und Kreditnehmer lassen sich durch die Unterscheidung zwischen *Nominalzins-*

satz und *Realzinssatz* veranschaulichen. Der **Nominalzinssatz** ist der Zinssatz in Geldeinheiten, z. B. der Zinssatz für einen Ausbildungskredit. Der **Realzinssatz** ist ein inflationsbereinigter Zinssatz; er entspricht dem Nominalzinssatz minus der Inflationsrate. Beträgt beispielsweise der Nominalzinssatz (der Zinssatz in Geldeinheiten) 8 Prozent und beläuft sich die Inflationsrate auf 5 Prozent, dann beträgt der Realzinssatz (der inflationsbereinigte Zinssatz) 8 Prozent – 5 Prozent = 3 Prozent.

Wenn ein Kreditnehmer und ein Kreditgeber einen Darlehensvertrag schließen, dann sind sowohl die Kreditsumme als auch der Zinssatz in Geldeinheiten festgelegt. Der Kreditzins ist also ein Nominalzinssatz. (Wenn wir im weiteren Verlauf des Buches einfach nur vom Zinssatz sprechen, meinen wir stets den Nominalzinssatz.) Jede Vertragspartei hat natürlich eine bestimmte Erwartung über die künftige Inflationsrate. Sofern die Inflationsrate *höher* als erwartet ausfällt, tilgen die Kreditnehmer ihre Schulden mit einem geringeren realen Wert als erwartet, und die Kreditgeber bekommen einen niedrigeren realen Wert als Rückzahlung. Fällt die Inflationsrate im umgekehrten Fall *niedriger* aus als bei Vertragsabschluss erwartet, tilgen die Schuldner mit einem höheren realen Wert als bei Vertragsabschluss erwartet. Und die Kreditgeber erhalten real mehr als ursprünglich erwartet. Somit wird bei höherer oder niedrigerer Inflationsrate – gemessen an den Erwartungen bei Vertragsabschluss – eine der beiden Parteien des Darlehensvertrages auf Kosten der anderen profitieren: Entweder profitiert der Kreditnehmer (bei einer höheren Inflationsrate als erwartet) oder der Kreditgeber (bei einer niedrigeren Inflationsrate als erwartet).

In der heutigen Zeit liefern vor allem Hypothekendarlehen zur Hausfinanzierung das wichtigste Beispiel dafür, dass Inflation Gewinner und Verlierer produziert. Ein üblicher Darlehensvertrag sieht monatliche Zahlungen über einen Zeitraum von 10 bis zu 30 Jahren vor. Sofern das Preisniveau ansteigt, sinkt die reale Belastung des Darlehensnehmers ständig. Wie stark die reale Belastung fällt, hängt von der Höhe der Inflationsrate ab. In den Zeiten einer hohen Inflationsrate wie in den 1970er-Jahren konnten die Kreditnehmer bald eine Erleichterung bei den realen Zahlungen feststellen. Anders erging es Kreditnehmern in den 1990er-Jahren, weil die Inflationsrate unter das erwartete Niveau sank, sodass die reale Belastung der Kreditnehmer stieg.

Gewinne und Verluste, die daraus resultieren, dass die tatsächliche Inflationsrate größer oder kleiner als die erwartete Inflationsrate ausfällt, verursachen ein weiteres Problem. Die Unsicherheit über die zukünftige Entwicklung führt dazu, dass die Menschen davon Abstand nehmen, längerfristige Verträge einzugehen. Das sind weitere Kosten, die mit der Inflation einhergehen. Insbesondere hohe Inflationsraten, die zu großen Verlusten führen, sind nur schwer vorherzusagen. In Ländern mit einer hohen und unsicheren Inflationsentwicklung werden daher kaum längerfristige Verträge abgeschlossen, was langfristige Investitionen deutlich erschwert.

Aber auch eine unerwartete *Deflation* – ein überraschender Rückgang des Preisniveaus – schafft Gewinner und Verlierer. Während der Weltwirtschaftskrise sind die Preise in vielen Industrieländern stark zurückgegangen, in Deutschland z. B. um mehr als 25 Prozent zwischen 1929 und 1933. Der starke Preisrückgang führte dazu, dass viele Schuldner, insbesondere Bauern und Hauseigentümer, mit einem starken Anstieg des realen Wertes ihrer Schulden konfrontiert wurden. Viele konnten ihren Zahlungsverpflichtungen nicht mehr nachkommen. Die Zahlungsausfälle brachten wiederum zahlreiche Banken in Schwierigkeiten und führten zu einer Bankenkrise. Wir werden uns mit den Auswirkungen einer Deflation im Kapitel 31 noch genauer beschäftigen.

Der **Nominalzinssatz** ist der Zinssatz in ausgedrückt in Geldeinheiten.

Der **Realzinssatz** ist der inflationsbereinigte Zinssatz und entspricht dem Nominalzinssatz abzüglich der Inflationsrate.

Inflation ist einfach, Desinflation ist schwer

Es gibt kaum Belege dafür, dass ein Anstieg der Inflationsrate von 2 Prozent auf 5 Prozent einen nennenswerten Schaden in der Volkswirtschaft anrichten würde. Dennoch ist die Politik mit aller Macht bestrebt, die Inflationsrate zu senken, sobald sie über die Schwelle von 2 Prozent oder 3 Prozent gestiegen ist. Der Grund für dieses Vorgehen: Die Erfahrungen aus der Vergangenheit zeigen, dass eine Senkung der Inflationsrate – ein Prozess, den man als **Desinflation** bezeichnet – sehr schwierig und nur mit hohen Kosten zu erreichen ist, sobald sich eine hohe Inflationsrate in der Volkswirtschaft verfestigt hat.

Unter **Desinflation** versteht man die Senkung der Inflationsrate.

Abbildung 23-11 zeigt verschiedene Phasen der Desinflation für die Bundesrepublik Deutsch-

Abb. 23-11

Die Kosten der Desinflation

Es gab verschiedene Phasen der Desinflation für die Bundesrepublik Deutschland im Zeitraum von 1970 bis 2021. Die Abbildung zeigt die zeitliche Entwicklung der Wertepaare von Inflationsrate und Arbeitslosigkeit (ILO-Konzept). Ein Rückgang der Inflationsrate ging jedes Mal mit einem deutlichen Anstieg der Arbeitslosigkeit einher, der die Kosten einer Desinflation für die Volkswirtschaft verdeutlicht.

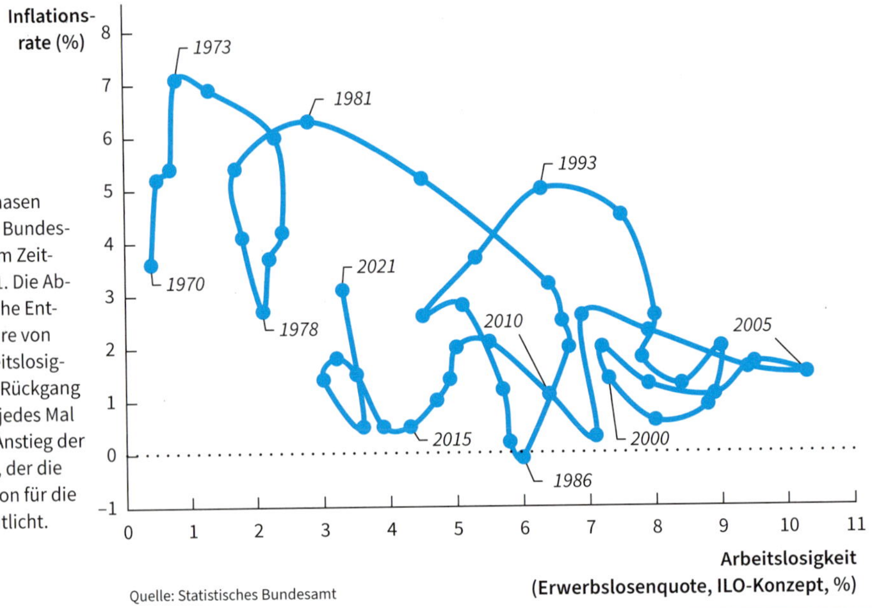

Quelle: Statistisches Bundesamt

WISSENSCHAFT UND PRAXIS

Israels Erfahrungen mit der Inflation

Die Kosten der Inflation sind manchmal schwer zu erkennen, da die Probleme, die mit der Inflation einhergehen, in vielen Fällen nicht so einfach von anderen Einflussfaktoren zu trennen sind. Mitte der 1980er-Jahre aber erlebte Israel eine »saubere« Inflation. Es gab keine kriegerischen Auseinandersetzungen, die Regierung war stabil und auf den Straßen herrschte Ordnung. Aber eine Reihe von politischen Fehlentscheidungen führte zu einer hohen Inflation, bei der die Preise jeden Monat um mehr als 10 Prozent stiegen.

Die Schuhsohlen-Kosten der Inflation waren beträchtlich. Die Menschen in Israel verbrachten viel Zeit in langen Schlangen vor Bankschaltern, um Geld auf Konten anzulegen, die genügend Zinsen abwarfen und damit den Wertverlust durch die Inflation ausglichen. Die Menschen hatten nur wenig Bargeld in der Tasche. Immer dann, wenn eine größere Barzahlung anstand, gingen sie zur Bank. Die Banken reagierten auf diesen Ansturm, indem sie unter hohen Kosten neue Filialen eröffneten.

Und obwohl die Speisekarten-Kosten nicht auf den ersten Blick sichtbar waren, gab es sie dennoch. Viele Unternehmen versuchten, die Speisekarten-Kosten zu reduzieren. In Restaurants gab es in den Speisekarten keine Preise mehr. Stattdessen hatten alle Gerichte eine Nummer, die wiederum mit einer Zahl multipliziert werden musste, um den Preis eines Gerichts zu erhalten. Und diese Zahl wurde täglich neu an eine Kreidetafel geschrieben.

Letzten Endes war es für die Menschen vor allem schwierig, Entscheidungen zu treffen, da sich die Preise so häufig und so stark veränderten. Oft sah man Leute ohne Einkaufstüte aus einem Kaufhaus gehen, weil die Preise dort um 25 Prozent über den Preisen in einem anderen Kaufhaus lagen. Und wenn die Leute dann ins nächste Kaufhaus gingen, mussten sie feststellen, dass die Preise inzwischen auch hier um 25 Prozent gestiegen waren.

land im Zeitraum von 1970 bis 2021. Auf der Abszisse ist die Arbeitslosigkeit (über die Erwerbslosenquote nach dem ILO-Konzept) abgetragen, auf der Ordinate die Inflationsrate. Jeder Punkt zeigt die Wertepaare für die Arbeitslosigkeit und die Inflationsrate für ein Jahr. Im Zeitverlauf vollziehen die Wertepaare eine spiralförmige Bewegung, bei der Jahre mit hohen Inflationsraten (wie z. B. 1973, 1981 und 1993) durch Jahre mit steigender Arbeitslosigkeit abgelöst werden.

Nach Auffassung vieler Ökonomen sind Perioden mit hoher Arbeitslosigkeit notwendig, um eine hohe Inflation, die sich in der Volkswirtschaft verfestigt, zurückzudrängen. Eine derartige »Rosskur« für die Volkswirtschaft lässt sich vermeiden, wenn die Inflationsbekämpfung deutlich eher ansetzt. Aus diesem Grund reagiert die Politik sehr entschlossen mit vorbeugenden Maßnahmen auf Anzeichen, dass sich die Inflation beschleunigen könnte.

Kurzzusammenfassung

- Der **Reallohnsatz** und das **Realeinkommen** werden durch Änderungen im Preisniveau nicht berührt.
- Die Inflationsrate ist neben der Arbeitslosenquote eine wichtige Zielgröße der Politik. Um die Inflationsrate zu senken, sind Politiker sogar bereit, eine hohe Arbeitslosenquote zu tolerieren.
- Während das Niveau der Preise für die Volkswirtschaft keine Rolle spielt, können hohe Inflationsraten der Volkswirtschaft beträchtliche Kosten aufbürden. Dazu zählen **Schuhsohlen-Kosten**, **Speisekarten-Kosten** und **Recheneinheiten-Kosten**.
- Der **Zinssatz** ist der Ertrag, den der Kreditgeber dafür erhält, dass er dem Kreditnehmer für ein Jahr finanzielle Mittel zur Verfügung stellt. Der **Realzinssatz** entspricht dem **Nominalzinssatz** abzüglich der Inflationsrate. Unerwartete Inflation begünstigt Kreditnehmer und benachteiligt Kreditgeber. Bei hohen und unsicheren Inflationsraten unterlassen die Menschen oft langfristige Investitionen.
- Da **Desinflation** mit hohen Kosten verbunden ist, sind die politischen Entscheidungsträger bestrebt, Phasen mit hoher Inflation von vornherein zu vermeiden.

ÜBERPRÜFEN SIE IHR WISSEN

1. Der technische Fortschritt hat die Kreditwirtschaft revolutioniert. Für Kunden ist es heute viel leichter, ihre Vermögensbestände aufzurufen und zu verwalten. Bedeutet dies, dass die Schuhsohlen-Kosten der Inflation dadurch höher oder niedriger ausfallen als vorher?
2. Die meisten Menschen in Deutschland rechnen mit Inflationsraten zwischen 2 und 3 Prozent. Wer hätte Vorteile und wer hätte Nachteile, wenn die Inflation in den nächsten Jahren überraschenderweise komplett zum Stillstand kommen würde?

Unternehmen in Aktion: TaskRabbit

»Umziehen ist das Schlimmste. Gartenarbeit ist das Schlimmste. IKEA-Möbel zusammenbauen ist das Schlimmste.« Mit diesen Worten begann ein Bericht über TaskRabbit im Jahr 2015. TaskRabbit ist ein Unternehmen, das im Jahr 2008 unter dem Namen RunMyErrand gegründet wurde und das den Menschen dabei hilft, andere zu finden, die für sie Arbeiten in Haushalt und Garten erledigen. Im Jahr 2019 gab es rund 140.000 freie Mitarbeiter bei TaskRabbit (vom Unternehmer als Tasker bezeichnet) in 53 US-amerikanischen Städten, Großbritannien und Kanada.

Aber warum ist es attraktiv für Arbeitskräfte, ihre Dienste bei TaskRabbit anzubieten? Die Mehrzahl der Tasker sind Teilzeit-Arbeitskräfte, die entscheiden wollen, wann, wo, wie lange und für wen sie arbeiten. Bei der Suche nach neuen Taskern wirbt das Unternehmen mit dem Slogan »Verdiene Geld auf Deine Weise« und zeigt, wie man Arbeiten bei TaskRabbbit mit Kinderbetreuung, einer Künstlerkarriere und vielen anderen Beschäftigungen in Einklang bringen kann.

Stundenweise für verschiedene Kunden zu arbeiten ist keine neue Idee. In vielen US-amerikanischen Städten warten noch heute jeden Morgen Menschen an Straßenkreuzungen in der Hoffnung auf einen Gelegenheitsjob, z. B. auf dem Bau, wo die Nachfrage nach Arbeitskräften stark schwankt. Für besser ausgebildete Arbeitskräfte gibt es Online-Arbeitsvermittlungen oder Zeitarbeitsfirmen wie die Allegis Group, die Arbeitskräfte an Unternehmen für einen Zeitraum von wenigen Tagen bis mehreren Monaten vermittelt. Und manche Menschen finden noch immer einen Job, in dem sie Telefonnummern anrufen, die in Zeitungsanzeigen stehen.

Dagegen macht sich TaskRabbit das Smartphone zunutze. Ursprünglich fand die Arbeitsvermittlung in Form einer Auktion statt, bei der potenzielle Arbeitgeber und Arbeitskräfte Gebote platzierten. Seit 2014 gibt es ein optimiertes Vergabeverfahren, das stark dem System ähnelt, mit dem der Fahrdienst Uber Fahrer und Fahrgäste zusammenbringt. In einer App können nun diejenigen, die auf der Suche nach Hilfe für Haus und Garten sind, einfach auf einen Button für die Tätigkeit klicken, bei der sie Hilfe brauchen. Die Tasker wiederum können sich dann per Klick für die Tätigkeiten anbieten, die zu der Region und den Qualifikationen passen, die sie in ihrem Profil gespeichert haben (ihren Stundensatz haben sie bereits vorher festgelegt). Dieser Vermittlungsprozess geht deutlich schneller und einfacher, als an einer Straßenkreuzung zu warten oder im Internet auf Stellensuche zu gehen.

Einige Marktbeobachter sehen in Unternehmen wie TaskRabitt die Wegbereiter für den kommenden Aufstieg der *Gig Economy*. Darunter versteht man einen Arbeitsmarkt, bei dem Arbeitskräfte keine feste Anstellung bei einem großen Unternehmen haben, sondern zeitlich befristet Aufträge von Unternehmen (oder Privatpersonen) annehmen und ausführen. Von einem Aufstieg der Gig Economy zu sprechen, ist sicherlich noch zu früh. Die Veränderungen auf dem Arbeitsmarkt aber zeichnen sich bereits langsam ab.

FRAGEN

1. Inwiefern könnte die Arbeitsvermittlung durch Anbieter wie TaskRabbit die friktionelle Arbeitslosigkeit beeinflussen?
2. Welche Auswirkungen können diese Anbieter auf die Zahl derer haben, die unter die Erwerbspersonen fallen?
3. Analysten verweisen darauf, dass viele freie Mitarbeiter mehrere Jobs haben und einer Beschäftigung in der Gig Economy nur nebenbei nachgehen. Inwiefern könnte diese Tatsache erklären, warum der Durchbruch der Gig Economy noch auf sich warten lässt?

Zusammenfassung

1. Die Senkung der Inflation und die Reduzierung der Arbeitslosigkeit sind die beiden wichtigsten Ziele der Wirtschaftspolitik.
2. Als **Erwerbstätige** bezeichnet man die Personen, die einer Beschäftigung nachgehen. Als **Arbeitslose (Erwerbslose)** gelten die Personen, die ohne Beschäftigung sind und aktiv nach Arbeit suchen. Aus der Summe aus Erwerbstätigen und Arbeitslosen ergeben sich die **Erwerbspersonen**. Die **Erwerbsquote** zeigt den Anteil der Bevölkerung, der am Erwerbsleben teilnimmt und damit dem Arbeitsmarkt zur Verfügung steht.

3. Die **Arbeitslosenquote (Erwerbslosenquote)**, der Anteil der Erwerbspersonen, der arbeitslos ist und aktiv eine Beschäftigung sucht, kann das wahre Ausmaß an Arbeitslosigkeit überschätzen, aber auch unterschätzen. Die Arbeitslosenquote kann das wahre Ausmaß an Arbeitslosigkeit überzeichnen, weil es für arbeitsuchende Arbeitnehmer durchaus normal ist, einige Zeit auf die Arbeitsplatzsuche zu verwenden, selbst wenn es viele offene Stellen gibt. Die gemessene Arbeitslosenquote kann aber ebenso gut das wahre Ausmaß der Arbeitslosigkeit unterzeichnen, weil sie einen Großteil der entmutigten Arbeitnehmer in der **stillen Reserve** nicht erfasst. Auch das Ausmaß der **Unterbeschäftigung** kann nur geschätzt werden. Schließlich ist festzuhalten, dass die Arbeitslosenquote regional und zwischen verschiedenen demografischen Gruppen erheblich variiert.
4. Die Entwicklung der Arbeitslosenquote wird in hohem Maße durch die konjunkturelle Entwicklung bestimmt. In einer Rezession, wenn die Wachstumsrate des Bruttoinlandsproduktes negativ ist, nimmt die Arbeitslosigkeit zu. Je schwerer die Rezession ausfällt, desto stärker steigt die Arbeitslosigkeit an. In einem starken konjunkturellen Aufschwung mit überdurchschnittlich hohen Wachstumsraten des Bruttoinlandsproduktes geht die Arbeitslosigkeit zurück. Je stärker der Aufschwung ist, desto kräftiger fällt der Rückgang der Arbeitslosigkeit aus. Nach einer Rezession kommt es oftmals zu einer Phase, in der das reale Bruttoinlandsprodukt zwar wächst, aber die Arbeitslosenquote trotzdem nicht sinkt. Das bezeichnet man als **beschäftigungsfreies Wachstum**.
5. Die Schaffung und Zerstörung von Arbeitsplätzen sowie die freiwillige Aufgabe des Arbeitsplatzes führen zu Arbeitslosigkeit. Man unterscheidet zwischen **friktioneller Arbeitslosigkeit** und **struktureller Arbeitslosigkeit**. **Arbeitsplatzsuche** führt zu friktioneller Arbeitslosigkeit. Strukturelle Arbeitslosigkeit entsteht, wenn der bestehende Lohnsatz oberhalb des Gleichgewichtslohnsatzes liegt. Dafür können verschiedene Faktoren verantwortlich sein, wie Mindestlöhne, **Gewerkschaften**, **Effizienzlöhne**, wirtschaftspolitische Maßnahmen zur Arbeitslosenunterstützung sowie Mismatches zwischen Arbeitgebern und Arbeitnehmern. Daraus folgt, dass die **natürliche Arbeitsquote** als Summe aus friktioneller und struktureller Arbeitslosigkeit deutlich größer als null ist, selbst wenn es genügend freie Stellen gibt.
6. Die aktuelle Arbeitslosenquote entspricht der Summe aus natürlicher Arbeitslosenquote, die unabhängig von konjunkturellen Schwankungen ist, und zyklischer Arbeitslosenquote. Die **zyklische** oder **konjunkturelle Arbeitslosigkeit** schwankt mit dem Konjunkturzyklus.
7. Die natürliche Arbeitslosenquote kann sich im Laufe der Zeit verändern. Maßgeblich dafür sind demografische Veränderungen des Arbeitskräftepotenzials, institutionelle Änderungen und wirtschaftspolitische Maßnahmen.
8. Entgegen der weitverbreiteten Annahme macht Inflation die Menschen durch einen Anstieg des Preisniveaus nicht ärmer, da Löhne und Einkommen in gleichem Maße wie die Preise steigen. Die **Reallohnsätze** und die **Realeinkommen** bleiben konstant. Inflation führt jedoch zu beträchtlichen Kosten für die Volkswirtschaft: **Schuhsohlen-Kosten**, **Speisekarten-Kosten** und **Recheneinheiten-Kosten**.
9. Inflation erzeugt Gewinner und Verlierer in der Volkswirtschaft, da langfristige Verträge auf Geldeinheiten (Euro-Beträge) basieren. Der **Zinssatz**, der für einen Kredit festgelegt wird, ist in der Regel ein **Nominalzinssatz**. Der Nominalzinssatz unterscheidet sich vom **Realzinssatz** durch die Inflationsrate. Ist die Inflationsrate größer als erwartet, ergeben sich Vorteile für die Kreditnehmer und Nachteile für die Kreditgeber. Fällt die Inflationsrate dagegen niedriger als erwartet, dann werden Kreditgeber begünstigt und Kreditnehmer benachteiligt.
10. Es herrscht allgemein die Überzeugung, dass eine höhere Arbeitslosigkeit für eine Senkung der Inflationsrate in Kauf genommen werden muss. Da **Desinflation** mit hohen Kosten verbunden ist, sind die politischen Entscheidungsträger bestrebt, Phasen mit hoher Inflation von vornherein zu vermeiden.

SCHLÜSSELBEGRIFFE

- Erwerbstätige
- Arbeitslose (Erwerbslose)
- Erwerbspersonen
- Erwerbsquote
- Arbeitslosenquote (Erwerbslosenquote)
- stille Reserve
- Unterbeschäftigung
- beschäftigungsfreies Wachstum
- Arbeitsplatzsuche
- fluktuationsbedingte oder friktionelle Arbeitslosigkeit
- strukturelle Arbeitslosigkeit
- Effizienzlöhne
- Gewerkschaften
- natürliche Arbeitslosenquote
- zyklische oder konjunkturelle Arbeitslosigkeit
- Reallohnsatz
- Realeinkommen
- Schuhsohlen-Kosten
- Speisekarten-Kosten
- Recheneinheiten-Kosten
- Zinssatz
- Nominalzinssatz
- Realzinssatz
- Desinflation

24 Das langfristige Wachstum

LERNZIELE

- Wie das langfristige Wachstum der Volkswirtschaft durch die Zunahme des realen BIP je Einwohner gemessen werden kann und wie sich diese Größe im Zeitverlauf und zwischen verschiedenen Ländern entwickelt hat.
- Warum die **Produktivität** der Schlüssel für das langfristige Wirtschaftswachstum ist und wie die Produktivitätsentwicklung durch **physisches Kapital, Humankapital** sowie **technischen Fortschritt** beeinflusst wird.
- Warum sich die langfristigen Wachstumsraten verschiedener Länder so stark voneinander unterscheiden.
- Warum das Wachstum in verschiedenen Regionen der Welt unterschiedlich ist und warum für die ökonomisch entwickelten Länder die **Konvergenzhypothese** gilt.
- Warum Ressourcenknappheit und Umweltzerstörung ein Problem für ein nachhaltiges Wirtschaftswachstum sind.

Der Duft des Wohlstands

Die Luftqualität in Delhi, der Hauptstadt Indiens, ist katastrophal schlecht. Dieser negative Umstand ist Begleiterscheinung einer durchaus positiven Entwicklung: Die indische Volkswirtschaft hat in den letzten Jahrzehnten ein beachtliches Wachstum hingelegt.

Bis Anfang der 1980er-Jahre war die Erfolgsbilanz der indischen Volkswirtschaft enttäuschend. Der Lebensstandard der Bevölkerung hatte sich seit der Unabhängigkeit des Landes im Jahr 1947 nicht wesentlich erhöht. Aber dann nahm das Wirtschaftswachstum Fahrt auf. Sicherlich ist Indien im Vergleich zu den Vereinigten Staaten und den Ländern der Europäischen Union immer noch sehr arm. Aber es gibt im Land mittlerweile eine rasant wachsende Mittelschicht, die sich die Dinge leisten kann, die Familien aus der Mittelschicht für gewöhnlich anstreben: ein größeres Haus und natürlich Konsumgüter wie Waschmaschinen und Pkws.

Noch im Jahr 2001 gab es in Indien auf 1.000 Einwohner nur 53 Kraftfahrzeuge, rund ein Zehntel des Niveaus in den hoch entwickelten Volkswirtschaften. Bis zum Jahr 2015 hat sich dieser Wert dann aber mehr als verdreifacht.

Und daraus resultieren die Probleme mit der Luftqualität. Die Straßen der Metropole Delhi, die mittlerweile weit mehr als 20 Millionen Einwohner hat, sind mit Pkws und Lkws vollgestopft. Rund um die Stadt gibt es unzählige Fabriken, die Konsumgüter herstellen, und Kraftwerke, die den dafür benötigten Strom produzieren. Und all diese Pkws, Lkws, Fabriken und Kraftwerke sind für eine unglaublich hohe Luftverschmutzung verantwortlich. Im November 2017 war die Luftverschmutzung so stark, dass man nur noch wenige Meter weit sehen konnte. Gesundheitsexperten machten darauf aufmerksam, dass bei dieser starken Luftverschmutzung durch einen Aufenthalt im Freien ein Schaden für die Gesundheit entsteht, der dem Rauchen von 50 Zigaretten täglich entspricht. Und die Situation im November 2017 war kein Einzelfall. Im November 2019 gab es erneut einen längeren Zeitraum mit einer extrem starken Luftverschmutzung, der zur Schließung aller Schulen in der Stadt führte.

Die schlechte Luftqualität in Delhi ist das Nebenprodukt des wirtschaftlichen Erfolgs des Landes. Aber wie der Blick auf andere Länder zeigt, kann Indien es schaffen, sein Verschmutzungsproblem in den Griff zu bekommen. So ist Peking, die Hauptstadt Chinas, noch größer als Delhi und hatte mit beträchtlich mehr Fahrzeugen auf den Straßen vor einigen Jahren ebenfalls ein großes Problem mit der Luftverschmutzung. Durch die Einführung von wirksamen Verschmutzungskontrollen hat es das Land jedoch geschafft, die Luftqualität Stück für Stück zu verbessern. Und der Lebensstandard der Bevölkerung ist weiter gestiegen.

Trotz der großen Umweltprobleme liefert Indiens jüngere Vergangenheit ein beeindruckendes Beispiel für *langfristiges Wirtschaftswachstum* – einen nachhaltigen Anstieg des Pro-Kopf-Einkommens. Sicherlich ist Indien immer noch ein vergleichsweise armes Land, aber nur, weil die führenden Wirtschaftsnationen ihren Wachstumskurs bereits vor mehr als hundert Jahren begannen.

Viele Ökonomen vertreten die Auffassung, dass das langfristige Wirtschaftswachstum – warum es entsteht und wie man es erreichen kann – aufgrund der unmittelbaren Auswirkungen auf den Lebensstandard der Menschen das bei Weitem wichtigste Thema in der Makroökonomik ist.

In diesem Kapitel werden wir einige grundlegende Fakten zum Thema langfristiges Wachstum erfahren und uns mit den Faktoren beschäftigen, die nach Auffassung der Ökonomen das Tempo der wirtschaftlichen Entwicklung bestimmen. Außerdem werden wir untersuchen, ob wirtschaftspolitische Maßnahmen des Staates das Wachstum fördern oder behindern und die Frage der ökologischen Nachhaltigkeit eines langfristigen Wirtschaftswachstums thematisieren.

24.1 Ein Vergleich von Volkswirtschaften über Zeit und Raum

Bevor wir die Bestimmungsgründe des langfristigen Wirtschaftswachstums analysieren, ist es hilfreich, eine Vorstellung davon zu entwickeln, um wie viel die Wirtschaft der Vereinigten Staaten über die Zeit gewachsen ist und wie groß die Unterschiede zwischen reichen Ländern und den Ländern sind, die erst noch das Wachstum der Industrieländer erreichen müssen. Beschäftigen wir uns also kurz mit einigen Kennzahlen.

Das Pro-Kopf-Einkommen

Die zentrale statistische Kennziffer zur Erfassung des Wirtschaftswachstums ist das reale BIP je Einwohner – das reale BIP geteilt durch die Bevölkerung, auch als Pro-Kopf-Einkommen bezeichnet. Wir konzentrieren uns auf das BIP, weil, wie wir in Kapitel 22 gelernt haben, das BIP sowohl den gesamten Wert der Endprodukte einer Wirtschaft in einem gegebenen Zeitraum misst als auch das Einkommen, das in dieser Wirtschaft in diesem Zeitraum erzielt wurde. Wir verwenden das Konzept des realen BIP, weil wir Änderungen der Menge an Waren und Dienstleistungen von Effekten eines steigenden Preisniveaus unterscheiden wollen. Wir konzentrieren uns auf das reale BIP je Einwohner, weil wir die Auswirkungen einer Änderung der Bevölkerungsgröße isolieren möchten. So führt ein Anstieg der Bevölkerung ceteris paribus zu einer Verringerung des durchschnittlichen Lebensstandards – eine größere Anzahl von Menschen muss sich nunmehr ein gegebenes reales BIP teilen. Ein Anstieg des realen BIP, der lediglich das Bevölkerungswachstum ausgleicht, lässt den durchschnittlichen Lebensstandard unverändert.

Zwar haben wir in Kapitel 22 gelernt, dass ein Wachstum des realen BIP je Einwohner nicht ein originäres wirtschaftspolitisches Ziel darstellen sollte, gleichwohl stellt diese Kennziffer jedoch ein nützliches zusammenfassendes Maß für den wirtschaftlichen Fortschritt eines Landes im Zeitverlauf dar. **Abbildung 24-1** zeigt das Pro-Kopf-Einkommen für die Vereinigten Staaten, Deutschland, Indien und China in Dollar von 2011 für den Zeitraum 1900 bis 2016. Die senkrechte Achse ist logarithmisch skaliert. Gleiche senkrechte Abstände zwischen zwei Kurven oder Punkten bedeuten dann immer eine gleiche prozentuale Ver-

Abb. 24-1

Das Wachstum des Pro-Kopf-Einkommens

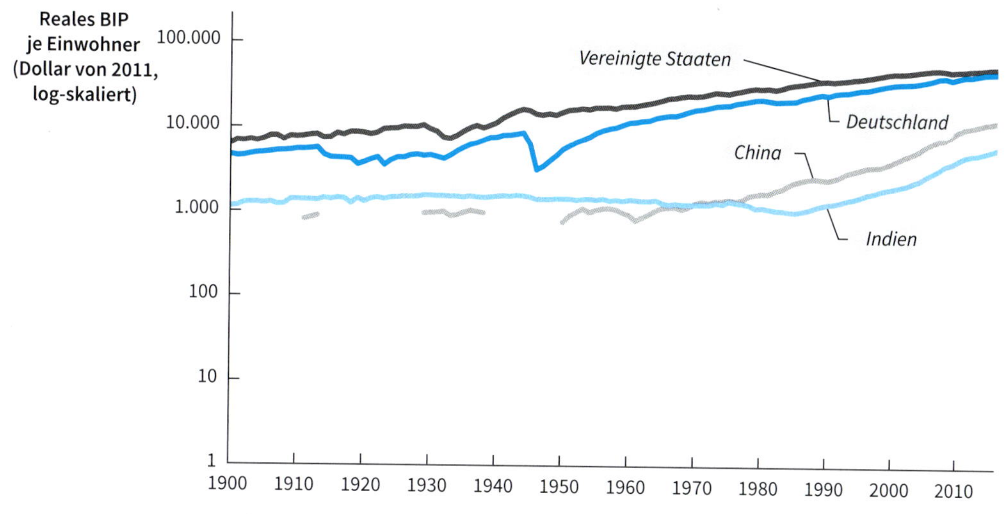

Quellen: Maddison Project Database, Version 2018.
Jutta Bolt, Robert Inklaar, Herman de Jong und Jan Luiten van Zanden (2018): Rebasing „Maddison“: New income comparisons and the shape of long-run economic development, Maddison Project Working Paper 10.

Die Abbildung zeigt die Entwicklung des realen BIP je Einwohner (Pro-Kopf-Einkommen) über einen Zeitraum von mehr als hundert Jahren, von 1900 bis 2016. Durch die logarithmische Skalierung bedeuten gleiche senkrechte Abstände zwischen zwei Kurven oder Punkten dann immer eine gleiche prozentuale Veränderungsrate. Der starke Anstieg der Linien für das Pro-Kopf-Einkommen in China und Indien zeigt, dass beide Länder seit den 1980er-Jahren deutlich schneller gewachsen sind als die Vereinigten Staaten oder die Bundesrepublik Deutschland. Dennoch hat China erst im Jahr 2000 den Lebensstandard der Vereinigten Staaten aus dem Jahr 1900 erreicht. Indien sogar erst im Jahr 2016.

änderungsrate (damit lassen sich gleiche Wachstumsraten leichter auffinden).

Um einen Eindruck davon zu erhalten, wie stark die Wirtschaft der Vereinigten Staaten gewachsen ist, zeigt **Tabelle 24-1** das reale BIP je Einwohner für bestimmte Jahre auf zweierlei Weise: als Prozentsatz des Niveaus von 1900 und als Prozentsatz des Niveaus von 2016. Im Jahr 1920 produzierte die US-Wirtschaft pro Kopf schon 136 Prozent von dem, was sie 1900 produzierte. Im Jahr 2016 lag das Niveau der Produktion je Einwohner bei 848 Prozent des Wertes von 1900, was mehr als einer Verachtfachung des Pro-Kopf-Einkommens entspricht. Alternativ kann man auch sagen, dass die Wirtschaft der Vereinigten Staaten im Jahr 1900 pro Kopf lediglich 12 Prozent dessen produzierte, was sie im Jahr 2016 erzeugte.

Tab. 24-1

Reales BIP je Einwohner in den Vereinigten Staaten

Jahr	Prozentsatz des realen BIP je Einwohner von 1900	Prozentsatz des realen BIP je Einwohner von 2016
1900	100	12
1920	136	16
1940	181	21
1980	474	56
2000	734	87
2016	848	100

Quellen: Maddison Project Database, Version 2018. Jutta Bolt, Robert Inklaar, Herman de Jong und Jan Luiten van Zanden (2018): Rebasing »Maddison«: New income comparisons and the shape of long-run economic development, Maddison Project Working Paper 10

Das Einkommen einer Durchschnittsfamilie steigt normalerweise proportional zum Pro-Kopf-Einkommen. So korrespondiert beispielsweise ein einprozentiger Anstieg des realen BIP je Einwohner ungefähr mit einem einprozentigen Anstieg des Einkommens der Medianfamilie (Durchschnittsfamilie) – einer Familie in der Mitte der Einkommensverteilung. Im Jahr 2016 verfügte die US-amerikanische Medianfamilie über ein Einkommen von etwa 57.500 Dollar. Tabelle 24-1 zeigt uns, dass im Jahr 1900 das Pro-Kopf-Einkommen bei lediglich 12 Prozent des Niveaus von 2016 lag. Daher hatte eine Durchschnittsfamilie im Jahr 1900 vermutlich eine Kaufkraft von nur 12 Prozent der Kaufkraft einer Durchschnittsfamilie des Jahres 2016. Das entspricht ungefähr 6.250 Dollar in Dollar von 2016 und repräsentiert einen Lebensstandard, den man heute als gravierende Armut betrachten würde. Zurückversetzt in das Jahr 1900 hätte eine heutige US-amerikanische Durchschnittsfamilie das Gefühl großer Entbehrungen.

Und doch müssen heute viele Menschen auf der Erde erst noch den Lebensstandard erreichen, den es in den Vereinigten Staaten vor einem Jahrhundert gab. Das gilt, wie Abbildung 24-1 zeigt, ganz klar auch für China und Indien: Trotz des enormen Wirtschaftswachstums in China während der letzten vier Jahrzehnte und der jüngsten Wachstumsbeschleunigung in Indien hat China erst den Lebensstandard der Vereinigten Staaten im Jahr 1930 erreicht, während Indien immer noch so arm wie die Vereinigten Staaten im Jahr 1900 ist.

Man kann einen Eindruck davon gewinnen, wie viel Armut auf der Welt es gibt, wenn man sich **Abbildung 24-2** anschaut, die eine Weltkarte zeigt, in der die Länder nach dem Niveau ihres Pro-Kopf-Einkommens in Dollar von 2018 gezeigt

Abb. 24-2

Pro-Kopf-Einkommen weltweit 2018

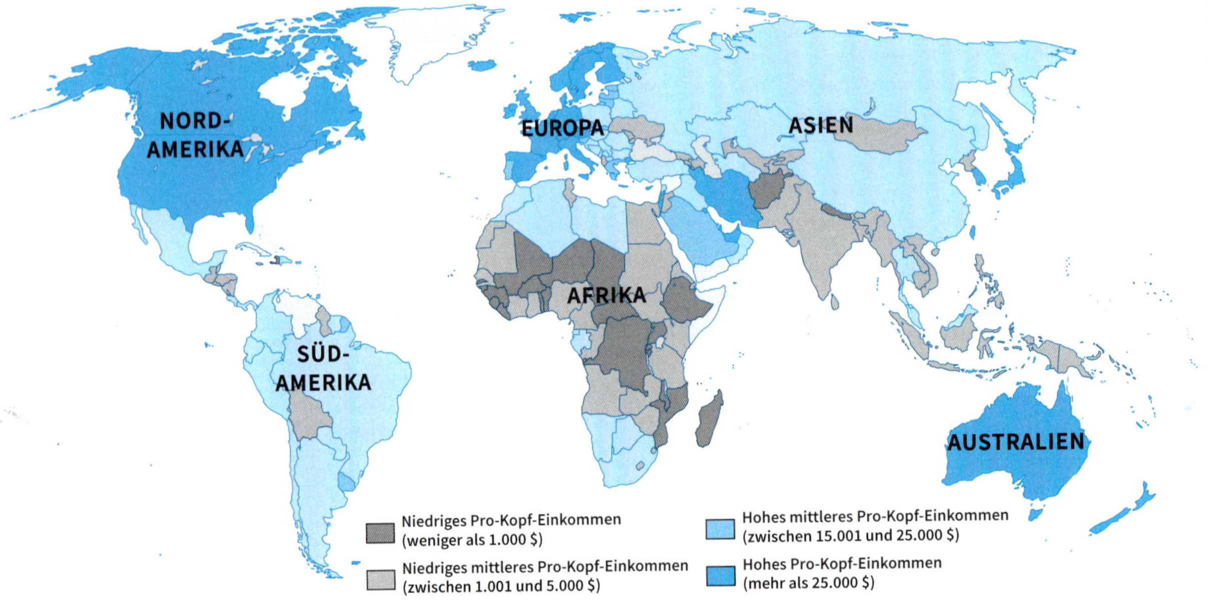

Quelle: World Development Indicators, World Bank

Obwohl Europa und Nordamerika ebenso wie einige pazifische Staaten hohe Pro-Kopf-Einkommen aufweisen, lebt der Rest der Welt in großer Armut. Tatsächlich leben heute rund 25 Prozent der Menschheit in Ländern, die ärmer sind, als es die Vereinigten Staaten im Jahr 1900 waren.

DENKFALLEN!

Niveauänderungen versus Änderungsraten

Wenn man sich mit dem Wirtschaftswachstum beschäftigt, ist es von zentraler Bedeutung, den Unterschied zwischen Niveauänderungen und einer Änderungsrate zu verstehen. Wenn wir sagen, das reale BIP sei »gewachsen«, dann meinen wir, dass sich das Niveau des realen BIP erhöht hat. So könnten wir beispielsweise sagen, dass das reale BIP der Vereinigten Staaten im Jahr 2021 um 1.043 Milliarden Dollar gestiegen ist.

Wüssten wir das Niveau des realen BIP der Vereinigten Staaten im Jahr 2020, könnten wir das Wachstum des Jahres 2021 auch in Form einer Änderungsrate ausdrücken. Beispielsweise betrug das reale BIP der Vereinigten Staaten im Jahr 2020 18.384 Milliarden Dollar. Im Jahr 2021 betrug es 18.384 Milliarden Dollar + 1.043 Milliarden Dollar = 19.427 Milliarden Dollar. Wir könnten die Änderungsrate bzw. die Wachstumsrate des realen BIP der Vereinigten Staaten für das Jahr 2021 folgendermaßen berechnen: [(19.427 Mrd. $ – 18.384 Mrd. $)/18.384 Mrd. $] × 100 = (1.043 Mrd. $/18.384 Mrd. $) × 100 = 5,7 %. Aussagen über das Wirtschaftswachstum mehrerer Jahre beziehen sich fast immer auf die Änderungen der Wachstumsrate.

Wenn sie über das Wachstum oder über Wachstumsraten sprechen, dann verwenden Ökonomen oft Formulierungen, die anscheinend beide Konzepte vermischen und daher Verwirrung stiften können. Sagen wir beispielsweise, dass das »Wachstum in den Vereinigten Staaten während der 1970er-Jahre gesunken ist«, meinen wir in Wirklichkeit, dass die Wachstumsraten des realen BIP der Vereinigten Staaten in den 1970er-Jahren geringer waren als in den 1960er-Jahren. Sprechen wir davon, dass sich »das Wirtschaftswachstum in den frühen 1990er-Jahren beschleunigt hat«, meinen wir, dass sich die Wachstumsrate zu Beginn der 1990er-Jahre Jahr für Jahr erhöht hat – beispielsweise von 3 Prozent auf 3,5 Prozent und weiter auf 4 Prozent.

werden. Wie man erkennen kann, ist das Einkommensniveau in großen Teilen der Welt sehr gering. Allgemein kann man sagen, dass Europa und Nordamerika ebenso wie wenige pazifische Staaten hohe Einkommen aufweisen. Der Rest der Welt, in dem der größte Teil der Menschheit lebt, wird von Ländern dominiert, in denen das reale BIP geringer als 5.000 Dollar je Einwohner ist – oft sehr viel geringer. Tatsächlich leben heute rund 25 Prozent der Menschheit in Ländern, die ärmer sind, als es die Vereinigten Staaten im Jahr 1900 waren.

Wachstumsraten

Wie haben es die Vereinigten Staaten geschafft, im Jahr 2016 pro Kopf mehr als achtmal so viel zu produzieren wie im Jahr 1900? Immer Stück für Stück. Das langfristige Wirtschaftswachstum ist normalerweise ein gradueller Prozess, in dem das reale BIP je Einwohner höchstens um wenige Prozent pro Jahr zunimmt. Von 1900 bis 2016 stieg das Pro-Kopf-Einkommen in den Vereinigten Staaten im Durchschnitt um 1,9 Prozent pro Jahr.

Um ein Gefühl für die Beziehung zwischen der jährlichen prozentualen Wachstumsrate des realen BIP je Einwohner und der langfristigen Änderung des realen BIP je Einwohner zu bekommen, ist es hilfreich, die sogenannte **70er-Regel** im Kopf zu behalten. Als 70er-Regel bezeichnet man eine mathematische Formel, die uns sagt, wie lang die Verdopplung des realen BIP je Einwohner (bzw. die Verdopplung jeder anderen Variable, die sich graduell im Zeitverlauf erhöht) dauert. Näherungsweise gilt

(24-1) $$\text{Zahl der Jahre bis zur Verdoppelung} = \frac{70}{\text{Jährliche Wachstumsrate der Variable}}$$

(Man beachte, dass die 70er-Regel nur auf positive Wachstumsraten angewendet werden kann.)

Wächst also das reale BIP je Einwohner mit 1 Prozent pro Jahr, wird die Verdopplung 70 Jahre in Anspruch nehmen. Wächst es hingegen mit 2 Prozent pro Jahr, wird die Verdopplung nur 35 Jahre dauern. Tatsächlich wuchs das Pro-Kopf-Einkommen in den Vereinigten Staaten über das letzte Jahrhundert mit einem Durchschnitt von 1,9 Prozent pro Jahr.

Wendet man die 70er-Regel auf diese Größe an, dann folgt, dass eine Verdopplung des Pro-Kopf-Einkommens etwa 37 Jahre dauern sollte. Eine dreimalige Verdopplung des US-amerikanischen realen BIP je Einwohner würde dann dreimal 37 Jahre, also 111 Jahre dauern. Die 70er-Regel impliziert somit, dass das US-amerikanische Pro-Kopf-Einkommen über einen Zeitraum von 111 Jahren um den Faktor 2 × 2 × 2 = 8 gestiegen sein sollte. Es zeigt sich, dass dies eine ziemlich gute Annäherung an die Realität darstellt. Zwischen 1900 und 2016 – einem Zeitraum von 116 Jahren – hat sich das US-amerikanische Pro-Kopf-Einkommen etwas mehr als verachtfacht.

Die **70er-Regel** zeigt uns, dass die Zeit, die eine graduell wachsende Variable zur Verdopplung benötigt, ungefähr gleich 70 geteilt durch die jährliche prozentuale Wachstumsrate der Variablen beträgt.

Abb. 24-3

Durchschnittliche prozentuale jährliche Wachstumsraten des realen BIP je Einwohner (1980–2020)

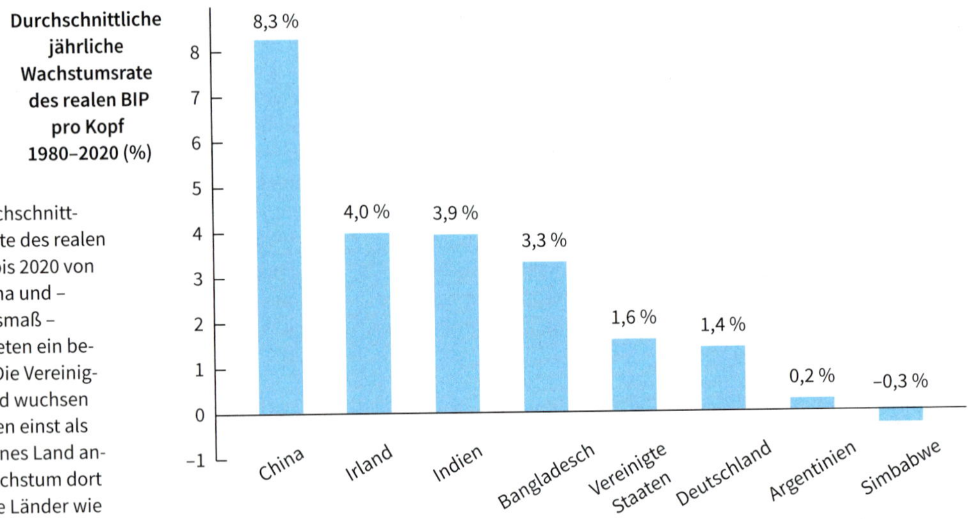

Quelle: World Development Indicators, Weltbank

Das Diagramm zeigt die durchschnittliche jährliche Wachstumsrate des realen BIP je Einwohner von 1980 bis 2020 von ausgewählten Ländern. China und – allerdings in geringerem Ausmaß – Indien und Irland verzeichneten ein beeindruckendes Wachstum. Die Vereinigten Staaten und Deutschland wuchsen moderat. Obwohl Argentinien einst als wirtschaftlich fortgeschrittenes Land angesehen wurde, war das Wachstum dort nur schwach. Wieder andere Länder wie Simbabwe fielen sogar zurück.

WISSENSCHAFT UND PRAXIS

Erfolge in Bangladesch

In den Medien finden sich selten Meldungen über Bangladesch. Das Land ist kein politischer Brennpunkt, es gibt dort kein Öl und Bangladesch steht immer im Schatten seines großen Nachbarlandes Indien. Dennoch leben mehr als 160 Millionen Menschen in Bangladesch, rund doppelt so viele wie in der Bundesrepublik Deutschland. Und auch wenn Bangladesch noch immer zu den ärmsten Volkswirtschaften der Welt zählt, hat das Land in den letzten Jahrzehnten eine ökonomische Erfolgsgeschichte geschrieben.

Zu Beginn der 1980er-Jahre lag das Pro-Kopf-Einkommen in Bangladesch, das im Jahr 1971 nach einem blutigen Krieg seine Unabhängigkeit von Pakistan erlangte, nicht viel höher als in den 1950er-Jahren. Und damals war das Land so arm, dass die Menschen an der Grenze zum Verhungern lebten.

In den frühen 1980er-Jahren wurden dann politische und wirtschaftliche Reformen umgesetzt, die das Land von einer Militärdiktatur in eine Demokratie überführten, die Märkte öffneten und für geld- und fiskalpolitische Stabilität sorgten. Es kam zu einem regelrechten Wachstumsschub, vor allem dank der Entwicklung Bangladesch zu einem wichtigen Exportland für Bekleidung in die westliche Welt. Von 1990 bis 2020 hat sich das reale Pro-Kopf-Einkommen mehr als verdreifacht. Auch andere Indikatoren spiegeln den Anstieg der Lebensqualität in Bangladesch wider: Die durchschnittliche Lebenserwartung stieg um 12 Jahre, die Kindersterblichkeit sank um 70 Prozent und die Einschulungsquote ging stark nach oben, insbesondere für Mädchen.

Aber lassen wir uns nicht täuschen. Nach westlichen Maßstäben ist Bangladesch immer noch unglaublich arm. Die Löhne steigen zwar, sind aber trotzdem auf einem sehr niedrigen Niveau, und die Arbeitsbedingungen sind oft schlecht und gefährlich. Das zeigte sich im Jahr 2013, als ein Fabrikgebäude einstürzte und mehr als 1.000 Beschäftigte ums Leben kamen. Aber mit Blick auf seine Vergangenheit hat Bangladesch große Fortschritte erreicht und gezeigt, dass wirtschaftliches Wachstum auch Vorteile für die Menschen bringt.

Die **Abbildung 24-3** zeigt die durchschnittliche jährliche prozentuale Wachstumsrate des realen BIP je Einwohner für sieben ausgewählte Länder von 1980 bis 2020. Für einige Länder kann man bemerkenswerte Erfolgsgeschichten konstatieren: So hat China, obgleich es immer noch ein armes Land ist, spektakuläre Fortschritte erzielt. Auch Indien zeigt eine bemerkenswerte Entwicklung. Das Gleiche gilt für Bangladesch, wie wir in der Rubrik »Wissenschaft und Praxis« sehen.

Es gibt aber auch Länder mit enttäuschendem Wachstum. Argentinien wurde einmal als sehr reiche Nation betrachtet – im frühen 20. Jahrhundert spielte es in derselben Liga wie Deutschland oder die Vereinigten Staaten. Seit dieser Zeit ist es aber immer weiter hinter dem Wachstum der dynamischeren Wirtschaften zurückgeblieben. Und andere Länder, wie z. B. Simbabwe, dagegen fielen sogar zurück, das Pro-Kopf-Einkommen sank.

Wodurch sind die Unterschiede dieser Wachstumsraten zu erklären? Um diese Frage zu beantworten, müssen wir uns den Ursachen des langfristigen Wachstums zuwenden.

Kurzzusammenfassung

- Wirtschaftswachstum wird durch das reale BIP je Einwohner gemessen.
- In den Vereinigten Staaten hat sich das reale BIP je Einwohner seit 1900 verachtfacht, was zu einem enormen Anstieg des Lebensstandards führte.
- In vielen Ländern ist das reale BIP je Einwohner viel geringer als in den Vereinigten Staaten oder in Deutschland. Mehr als die Hälfte der Weltbevölkerung muss unter Bedingungen leben, die schlechter sind als die in den Vereinigten Staaten zu Beginn des 20. Jahrhunderts.
- Das langfristige Wachstum des realen BIP je Einwohner ist das Ergebnis einer graduellen Entwicklung. Die **70er-Regel** sagt uns, wie lange eine Verdopplung des realen BIP je Einwohner bei einer gegebenen jährlichen prozentualen Wachstumsrate dauert.
- Die Wachstumsraten des realen BIP je Einwohner unterscheiden sich zwischen verschiedenen Ländern deutlich.

ÜBERPRÜFEN SIE IHR WISSEN

1. Warum verwenden Ökonomen das reale BIP je Einwohner als Maß für den wirtschaftlichen Fortschritt und nicht andere Größen, wie etwa das nominale BIP je Einwohner oder das reale BIP?
2. Wenden Sie die 70er-Regel auf die Daten der Abbildung 24-3 an, um zu bestimmen, wie lange es für jedes der aufgeführten Länder (mit Ausnahme von Simbabwe) dauert, bis sich das reale BIP je Einwohner verdoppelt. Würde das reale BIP je Einwohner von Indien das der Vereinigten Staaten in der Zukunft übersteigen, wenn die Wachstumsraten so bleiben wie in Abbildung 24-3? Erläutern Sie Ihre Antwort.
3. Obwohl China und Indien deutlich höhere Wachstumsraten als die Bundesrepublik Deutschland erreichen, geht es dem Durchschnittsbürger in China und Indien deutlich schlechter als dem deutschen Durchschnittbürger. Woran liegt das?

24.2 Die Ursachen für das langfristige Wachstum

Wir haben bereits gelernt, dass das Wirtschaftswachstum zu einem höheren Lebensstandard der Menschen führt. Die zunehmende Fähigkeit einer Volkswirtschaft, Waren und Dienstleistungen zu produzieren, hängt dabei fast ausschließlich von einer einzigen Größe ab, von einer *steigenden Produktivität*. Es gibt jedoch eine Reihe von Faktoren, die das Produktivitätswachstum beeinflussen. Wir wollen uns zunächst anschauen, warum die Produktivität eine Schlüsselgröße ist und anschließend untersuchen, durch welche Faktoren sie beeinflusst wird.

Die zentrale Bedeutung der Produktivität

Dauerhaftes Wirtschaftswachstum tritt nur auf, wenn die von einem Durchschnittsarbeitnehmer hergestellte Produktionsmenge stetig zunimmt. Der Begriff **Arbeitsproduktivität** bzw. kurz **Produktivität** beschreibt den Output je Arbeitnehmer. (Sofern Daten zur Verfügung stehen, wird man die Produktivität als Output je Stunde definieren. Für den Vergleich der Produktivität verschiedener Länder ist dies eine sinnvolle Statistik, weil die Anzahl der von einem Durchschnittsarbeitnehmer geleisteten Arbeitsstunden sich zwischen den einzelnen Ländern häufig unterscheidet.) Für die Volkswirtschaft insgesamt ergibt sich die Produktivität einfach als Quotient aus realem BIP und der Anzahl der Arbeitskräfte.

Die **Arbeitsproduktivität** oder kurz **Produktivität** ist der Output je Arbeitnehmer.

Vielleicht fragen Sie sich, warum wir hier behaupten, die höhere Produktivität sei die einzige Quelle für das langfristige Wirtschaftswachstum. Kann eine Wirtschaft nicht auch ihr Pro-Kopf-Einkommen erhöhen, indem sie einen größeren Teil der Bevölkerung arbeiten lässt? Die Antwort lautet: »Ja, aber.«

Für kurze Zeiträume kann eine Wirtschaft eine deutliche Beschleunigung des Wachstums des Pro-Kopf-Einkommens erfahren, wenn der Prozentsatz der Erwerbstätigen in der Bevölkerung steigt. Genau dies war in den Vereinigten Staaten während des Zweiten Weltkrieges der Fall, als Millionen von Frauen zu den Erwerbspersonen hinzustießen. Der Prozentsatz der erwachsenen Zivilpersonen, der einer Erwerbstätigkeit nachging, stieg zwischen 1941 und 1944 von 50 Prozent auf 58 Prozent. Den daraus resultierenden steilen Anstieg des realen BIP je Einwohner kann man in Abbildung 24-1 deutlich erkennen.

Bei längerfristiger Betrachtung zeigt sich jedoch, dass das Beschäftigungswachstum sich kaum vom Wachstum der Gesamtbevölkerung unterscheidet. So nahm beispielsweise im Verlauf des 20. Jahrhunderts die Bevölkerung der Vereinigten Staaten mit einer durchschnittlichen Rate von 1,3 Prozent pro Jahr zu und die Beschäftigung mit 1,5 Prozent pro Jahr. Das reale BIP je Einwohner stieg um 1,9 Prozent pro Jahr, wobei hiervon 1,7 Prozentpunkte, also 90 Prozent des gesamten Wachstums, auf die steigende Produktivität zurückzuführen ist. Allgemein gilt, dass zwar das Niveau des realen BIP insgesamt wegen des Bevölkerungswachstums steigen kann, dass aber *jede größere Erhöhung des realen BIP je Einwohner* das *Ergebnis eines gestiegenen Outputs je Arbeitnehmer* sein muss. Anders ausgedrückt: Der Anstieg des Pro-Kopf-Einkommens lässt sich nur mit der gestiegenen Produktivität begründen.

Daher ist eine Produktivitätserhöhung der Schlüssel für das langfristige Wachstum der Wirtschaft. Was aber führt zu einer höheren Produktivität?

Erklärungen des Produktivitätswachstums

Es gibt drei Hauptgründe, warum ein Durchschnittsarbeitnehmer heute sehr viel mehr produzieren kann als sein Gegenpart vor 100 Jahren. Erstens verfügt der moderne Arbeitnehmer über sehr viel mehr *physisches Kapital*, wie Maschinen oder Büroraum, das er für seine Arbeit nutzen kann. Zweitens ist der moderne Arbeitnehmer viel besser ausgebildet und besitzt ein sehr viel höheres *Humankapital*. Schließlich haben moderne Unternehmen den Vorteil, dass sie auf die technischen Verbesserungen der zurückliegenden 100 Jahre zurückgreifen können, die im Wesentlichen den *technischen Fortschritt* widerspiegeln.

Schauen wir uns diese Faktoren der Reihe nach an.

Physisches Kapital. Ökonomen definieren **physisches Kapital** – auch als Realkapital bezeichnet

Physisches Kapital besteht aus von Menschen erstellten Ressourcen wie Gebäuden und Maschinen.

– als von Menschen erstellte Ressourcen, wie etwa Gebäude und Maschinen. Physisches Kapital erhöht die Produktivität der Arbeiter. So kann beispielsweise der Führer eines Grabenbaggers pro Tag einen sehr viel längeren Graben ziehen als ein Arbeiter mit Spitzhacke und Schaufel.

Der Wert des physischen Kapitals, auf den ein deutscher Arbeiter heute zurückgreifen kann, beträgt mehr als 400.000 Euro. Das ist bei Weitem mehr als vor 100 Jahren und auch viel mehr als das, was heute den Arbeitern in den meisten anderen Ländern zur Verfügung steht.

Humankapital. Es reicht nicht aus, die Arbeiter mit einer guten Ausrüstung auszustatten, die Arbeitnehmer müssen auch in der Lage sein, diese Ausrüstung zu nutzen. Der Begriff **Humankapital** bezieht sich auf die Verbesserung des Faktors Arbeit, die sich aus Ausbildung und Wissen ergibt, die in der Arbeitnehmerschaft verkörpert sind.

Das Humankapital hat sich in den Industrieländern während des letzten Jahrhunderts dramatisch erhöht. Vor 100 Jahren konnten die meisten Menschen in den Industrieländern zwar lesen und schreiben, es hatten jedoch nur wenige eine umfangreichere Ausbildung. So hatten beispielsweise in den Vereinigten Staaten im Jahr 1910 lediglich 13,5 Prozent der Bevölkerung über 25 Jahre einen Highschool-Abschluss und lediglich 3 Prozent führten einen akademischen Grad. Im Jahr 2018 lagen diese Prozentsätze bei 90 Prozent bzw. 35 Prozent. Es wäre völlig ausgeschlossen, die heutige Wirtschaft mit einer Bevölkerung zu betreiben, die einen so geringen Bildungsstand hat wie vor 100 Jahren.

Ökonometrische Analysen, die sich mit dem Vergleich der Wachstumsraten verschiedener Länder beschäftigen, legen den Schluss nahe, dass die Ausbildung und ihre Auswirkungen auf die Produktivität ein noch wichtigerer Bestimmungsgrund für das Wirtschaftswachstum sind als die Zunahme des physischen Kapitals.

Technischer Fortschritt. Der vermutlich wichtigste Einflussfaktor auf das Produktivitätswachstum ist der **technische Fortschritt**. Darunter versteht man ganz allgemein die Verbesserung der für die Produktion von Waren und Dienstleistungen zur Verfügung stehenden technischen Mittel, Verfahren und Konzepte. Wir werden uns etwas weiter unten mit der Frage genauer beschäftigen, wie Ökonomen die Auswirkungen der Technologie auf das Wirtschaftswachstum messen.

Arbeiter sind heute in der Lage, mehr zu produzieren als früher, selbst wenn ihnen dieselbe Menge an physischem Kapital und Humankapital zur Verfügung steht, weil sich die Technologie im Zeitverlauf weiterentwickelt hat. Dabei ist es wichtig zu begreifen, dass der ökonomisch relevante technische Fortschritt nicht besonders auffällig sein muss oder nur vom neuesten Stand der Wissenschaft abhängt. Wirtschaftshistoriker haben gezeigt, dass das Wirtschaftswachstum der Vergangenheit nicht nur durch größere Erfindungen hervorgerufen wurde, wie etwa Eisenbahn oder Halbleiter, sondern auch durch Tausende von bescheidenen Innovationen, wie etwa Papiertüten mit flachem Boden, für die 1870 ein Patent erteilt wurde, oder Plastiktüten, die das Verpacken von Lebensmitteln und vielen anderen Gütern sehr viel einfacher machen. Ein weiteres Beispiel für eine bescheidene, aber höchst praktische Erfindung sind die Post-it®-Notizzettel, die im Jahr 1980 eingeführt wurden, und die Büroproduktivität überraschend stark gesteigert haben.

Experten führen einen großen Teil des Produktivitätsanstiegs, der in den Vereinigten Staaten im Zeitraum 1995–2005 zu beobachten war, auf neue Technologien zurück, die bei den großen Einzelhandelsketten wie z. B. Walmart zum Einsatz kamen, und nicht so sehr auf die Existenz von Hochtechnologieunternehmen.

Die Zurechnung von Wachstumsbeiträgen: Die aggregierte Produktionsfunktion

Unter sonst gleichen Bedingungen ist die Produktivität höher, wenn der Faktor Arbeit mit mehr physischem Kapital, mehr Humankapital, besserer Technologie oder einer beliebigen Kombination dieser drei Größen ausgestattet ist. Können wir aber diese Effekte auf die Arbeitsproduktivität in Zahlen fassen? Um dies zu erreichen, greifen Ökonomen auf Schätzungen der **aggregierten Produktionsfunktion** zurück, die zeigt, wie die Produktivität von der eingesetzten Menge des physischen Kapitals je Arbeitnehmer, vom Humankapital je Arbeitnehmer und vom Stand der Technologie abhängt.

Als **Humankapital** bezeichnet man die Verbesserungen des Faktors Arbeit, die auf Ausbildung und Wissen der Arbeitnehmer basieren.

Die **aggregierte Produktionsfunktion** ist eine hypothetische Funktion, die zeigt, wie die Produktivität (reales BIP je Arbeitnehmer) von den Mengen des eingesetzten physischen Kapitals je Arbeitnehmer, vom Humankapital je Arbeitnehmer und vom Stand der Technologie abhängt.

Als **technischen Fortschritt** bezeichnet man die Verbesserung der technischen Mittel, Verfahren und Konzepte, die für die Produktion von Waren und Dienstleistungen verfügbar sind.

Die Ursachen für das langfristige Wachstum

Im Allgemeinen wachsen diese drei Produktionsfaktoren im Verlauf der Zeit, da den Arbeitskräften mehr Maschinen zur Verfügung stehen, die Arbeitskräfte besser ausgebildet sind und die Arbeitskräfte von neuen technologischen Verfahren und neuen technischen Anlagen profitieren. Mithilfe der aggregierten Produktionsfunktion können Ökonomen die Wirkungen dieser drei Effekte auf die Produktivität voneinander separieren.

Ein Beispiel für eine aggregierte Produktionsfunktion, die auf der Grundlage von empirischen Daten abgeleitet wurde, findet sich in einer vergleichenden Studie über das Wirtschaftswachstum in den Vereinigten Staaten, China und Indien für den Zeitraum von 1979 (als China begann, sich in Richtung Marktwirtschaft zu öffnen) bis 2008 (Autoren Keting Shen, Jing Wang und John Whalley, erschienen 2015). Eine der Produktionsfunktionen hatte folgendes Aussehen:

BIP je Arbeitnehmer = $T \times$ (Physisches Kapital je Arbeitnehmer)$^{1/3}$ $\times$ (Humankapital je Arbeitnehmer)$^{2/3}$

Die Größe *T* ist eine Schätzung für den Stand der in der Produktion verwendeten Technologie. Das Humankapitel wurde durch die Ausbildungsdauer der Arbeitnehmer abgebildet. In dem betrachteten Zeitraum bis 2008 ist es China gelungen, sein Pro-Kopf-Einkommen von 5 Prozent des Pro-Kopf-Einkommens der Vereinigten Staaten auf 17 Prozent zu steigern. (Bis 2018 konnte China sein Pro-Kopf-Einkommen sogar auf 25 Prozent des Pro-Kopf-Einkommens der Vereinigten Staaten erhöhen). Einen großen Teil dieses Wachstums führten die Autoren auf den schnelleren technischen Fortschritt in China zurück.

Bei der Analyse des in der Vergangenheit zu beobachtenden Wirtschaftswachstums haben Ökonomen eine wichtige Eigenschaft der geschätzten aggregierten Produktionsfunktion entdeckt: Sie weist **abnehmende Grenzprodukte des physischen Kapitals** auf. Das bedeutet Folgendes: Hält man die Menge des Humankapitals je Arbeitnehmer und den Stand der Technologie konstant, führt jede weitere Erhöhung des Einsatzes von physischem Kapital je Arbeitnehmer zu jeweils kleineren Produktivitätsanstiegen.

Eine aggregierte Produktionsfunktion weist **abnehmende Grenzprodukte des physischen Kapitals** auf, wenn bei Konstanz von Humankapital und Stand der Technologie jede weitere Erhöhung der Menge des physischen Kapitals zu immer geringeren Anstiegen der Produktivität führt.

Abbildung 24-4 und die dazugehörige Tabelle zeigen ein hypothetisches Beispiel dafür, wie das Niveau des physischen Kapitals je Arbeitnehmer das Niveau des realen BIP je Arbeitnehmer beeinflussen könnte, wenn das Humankapital je Arbeitnehmer und der Stand der Technologie unverändert bleiben. In diesem Beispiel messen wir die Menge des physischen Kapitals in Euro.

Um zu verstehen, warum die Beziehung zwischen physischem Kapital je Arbeitnehmer und Produktivität abnehmende Grenzprodukte aufweist, können wir uns anschauen, wie die Ausrüstung eines landwirtschaftlichen Betriebes die Produktivität der dort Tätigen beeinflusst. Der Einsatz der ersten Maschine macht einen großen Unterschied: Ein Landarbeiter, der einen Traktor hat, kann sehr viel mehr schaffen als einer, der keinen hat. Und ein Landarbeiter, dem teurere Maschinen zur Verfügung stehen, wird – unter sonst gleichen Bedingungen – produktiver sein: Ein Landarbeiter mit einem 40.000-Euro-Traktor wird normalerweise in einem gegebenen Zeitraum mehr Land bestellen können als ein Landarbeiter mit einem 20.000-Euro-Traktor, weil die teurere Maschine stärker ist, vielseitiger einsetzbar und vieles mehr.

Wird aber ein Landarbeiter mit einem 40.000-Euro-Traktor unter der Annahme eines gegebenen Humankapitals und gegebener Technologie doppelt so produktiv sein wie ein Arbeiter mit einem 20.000-Euro-Traktor? Vermutlich nicht: Die zweiten in Landmaschinen gesteckten 20.000 Euro werden die Produktivität nicht so stark erhöhen wie die ersten 20.000 Euro. Und wir können uns ziemlich sicher sein, dass ein Landarbeiter mit einem 200.000-Euro-Traktor nicht zehnmal so produktiv ist: Ein Traktor lässt sich nicht derart besser ausstatten. Weil das Gleiche auch für andere Arten von Ausrüstungen gilt, weist die aggregierte Produktionsfunktion abnehmende Grenzprodukte des physischen Kapitals auf.

Abnehmende Grenzprodukte des physischen Kapitals implizieren eine Beziehung zwischen dem physischen Kapital je Arbeitnehmer und dem Output je Arbeitnehmer in der Art, wie sie in Abbildung 24-4 gezeigt wird. Wie die Kurve dort illustriert, führt eine Erhöhung des physischen Kapitals je Arbeitnehmer zu einem höheren Output je Arbeitnehmer. Jeder 20.000-Euro-Schritt bei der Erhöhung des physischen Kapitals je Arbeitnehmer führt jedoch zu einer geringeren Erhöhung der Produktivität.

Abb. 24-4

Physisches Kapital und Produktivität: ein Beispiel

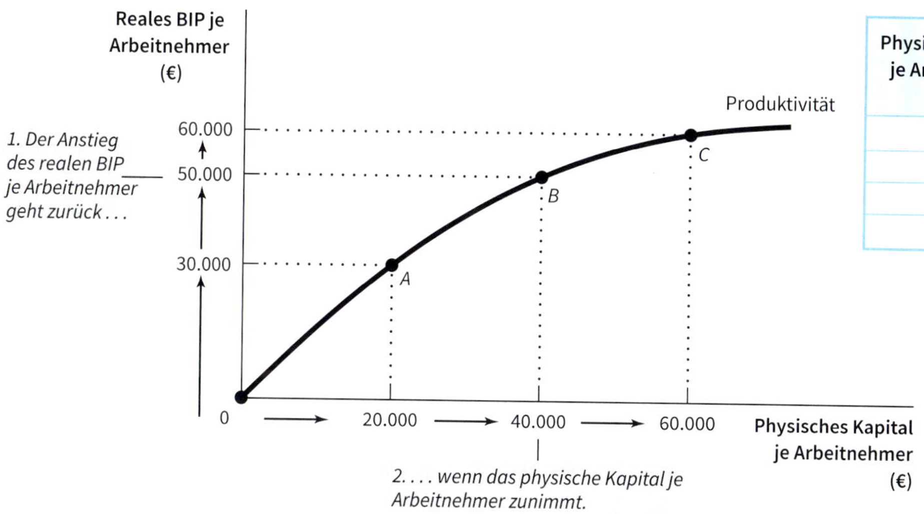

Physisches Kapital je Arbeitnehmer (€)	Reales BIP je Arbeitnehmer (€)
0	0
20.000	30.000
40.000	50.000
60.000	60.000

Die aggregierte Produktionsfunktion zeigt hier, wie die Produktivität wächst, wenn das physische Kapital je Arbeitnehmer steigt und Humankapital je Arbeitnehmer und Technologie konstant gehalten werden. Bleiben alle anderen Einflussfaktoren unverändert, dann führt eine größere Menge physisches Kapital je Arbeitnehmer zu einem höheren realen BIP je Arbeitnehmer. Es kommt jedoch zu abnehmenden Grenzprodukten des physischen Kapitals: Mit zunehmendem Einsatz von physischem Kapital je Arbeitnehmer fällt der Produktivitätsanstieg immer geringer aus. Zu Beginn führt ein Anstieg des physischen Kapitals je Arbeitnehmer auf 20.000 Euro zu einem Anstieg des realen BIP je Arbeitnehmer von 30.000 Euro, dargestellt durch den Punkt *A*. Ausgehend vom Punkt *A* führt ein weiterer Anstieg des physischen Kapitals je Arbeitnehmer von 20.000 Euro nur noch zu einem Anstieg des realen BIP je Arbeitnehmer von 20.000 Euro, wie im Punkt *B* zu erkennen ist. Und schließlich geht der dritte Anstieg des physischen Kapitals je Arbeitnehmer von 20.000 Euro im Punkt *C* nur noch mit einem Anstieg des realen BIP je Arbeitnehmer von 10.000 Euro einher.

Wie man in der Tabelle leicht erkennen kann, resultiert aus dem ersten Anstieg des physischen Kapitals je Arbeitnehmer von 20.000 Euro ein Anstieg des realen BIP je Arbeitnehmer von 30.000 Euro. Der zweite Anstieg des physischen Kapitals je Arbeitnehmer von 20.000 Euro führt nur noch zu einem Anstieg des realen BIP je Arbeitnehmer von 20.000 Euro. Und der dritte Anstieg des physischen Kapitals je Arbeitnehmer von 20.000 Euro geht nur noch mit einem Anstieg des realen BIP je Arbeitnehmer von 10.000 Euro. Wenn man die Punkte entlang der Kurve miteinander vergleicht, ist zu erkennen, dass mit zunehmendem physischem Kapital je Arbeitnehmer auch das reale BIP je Arbeitnehmer wächst, allerdings in immer kleineren Schritten.

Vom Punkt 0 zum Punkt *A* führt eine Erhöhung des physischen Kapitals je Arbeitnehmer um 20.000 Euro zu einem Anstieg des realen BIP je Arbeitnehmer von 30.000 Euro. Vom Punkt *A* zum Punkt *B* führt eine Erhöhung des physischen Kapitals je Arbeitnehmer um 20.000 Euro nur noch zu einem Anstieg des realen BIP je Arbeitnehmer von 20.000 Euro. Und vom Punkt *B* zum Punkt *C* geht eine Erhöhung des physischen Kapitals je Arbeitnehmer um 20.000 Euro nur noch mit einem Anstieg des realen BIP je Arbeitnehmer von 10.000 Euro einher.

Es ist wichtig zu verstehen, dass es sich bei den abnehmenden Grenzprodukten des physischen Kapitals um ein Ceteris-paribus-Phänomen handelt: Zusätzliche Mengen an physischem Kapital erhöhen die Produktivität mit abnehmender Rate unter der Annahme, dass *die Ausstattung mit Humankapital und der Stand der Technologie konstant gehalten werden*. Das Phänomen sinkender Grenzprodukte kann verschwinden, wenn wir neben der Erhöhung des physischen Kapitals gleichzeitig auch mehr Humankapital einsetzen oder sich die Technologie verbessert (oder beides eintritt).

So könnte beispielsweise ein Landarbeiter mit einem 40.000-Euro-Traktor, dem in einem Lehrgang die besten Techniken der Landbestellung beigebracht wurden, sogar mehr als doppelt so produktiv sein wie ein Landarbeiter mit einem 20.000-Euro-Traktor ohne zusätzliches Humankapital. Aber abnehmende Grenzprodukte der einzelnen Produktionsfaktoren – ob es sich um physisches Kapital, Humankapital oder die Zahl der Arbeiter handelt – stellen eine grundlegende Eigenschaft der Produktion dar. Empirische Schätzungen lassen vermuten, dass in der Praxis eine einprozentige Erhöhung der Ausstattung eines Arbeitnehmers mit physischem Kapital zu einer Erhöhung des Outputs je Arbeitnehmer um lediglich 0,33 Prozent führt.

In der Praxis erhöhen sich im Zuge des ökonomischen Wachstums alle Faktoren, die einen Beitrag zu höherer Produktivität leisten: Sowohl das physische Kapital als auch das Humankapital je Arbeitnehmer nehmen zu und auch die Technologie verbessert sich. Um die Wirkungen dieser Faktoren auseinanderhalten zu können, greifen die Ökonomen zur **Zurechnung von Wachstumsbeiträgen**. Dabei werden die Wachstumsbeiträge der Faktoren geschätzt, die in der Produktionsfunktion als erklärende Größen auftreten. Nehmen wir beispielsweise an, es würde Folgendes gelten:

Bei der **Zurechnung von Wachstumsbeiträgen** wird der Beitrag der in der Produktionsfunktion als erklärende Größen auftretenden Produktionsfaktoren zum Wirtschaftswachstum geschätzt.

- Das Volumen des physischen Kapitals je Arbeitnehmer wächst mit drei Prozent pro Jahr.
- Aus Schätzungen der aggregierten Produktionsfunktion geht hervor, dass ein einprozentiger Anstieg des physischen Kapitals je Arbeitnehmer unter der Annahme gegebenen Humankapitals und gegebener Technologie den Output je Arbeitnehmer um 0,33 Prozent steigert.

In diesem Fall kämen wir zu dem Ergebnis, dass die Erhöhung des physischen Kapitals je Arbeitnehmer um 3 Prozent × 1/3 für einen Prozentpunkt des Produktivitätswachstums pro Jahr verantwortlich ist. Ein ähnliches, wenngleich etwas komplexeres Verfahren wird verwendet, um die Auswirkungen eines wachsenden Humankapitals abzuschätzen. Dieses Verfahren ist deswegen komplexer, weil es für das Humankapital kein einfaches Euro-Maß gibt.

Die Zurechnung von Wachstumsbeiträgen erlaubt es uns, die Auswirkungen eines höheren Einsatzes von physischem Kapital und Humankapital auf das Wirtschaftswachstum zu ermitteln. Wie aber können wir die Wirkungen des technischen Fortschritts abschätzen? Nun, dabei wird so vorgegangen, dass man zunächst die Auswirkungen des physischen Kapitals und des Humankapitals berücksichtigt und anschließend schaut, was übrig bleibt. Um diese Überlegung zu verdeutlichen, wollen wir annehmen, es gäbe keine Erhöhung des Humankapitals je Arbeitnehmer, sodass wir uns auf Änderungen des physischen Kapitals und der Technologie beschränken können.

In **Abbildung 24-5** zeigt die untere Kurve dieselbe hypothetische Beziehung zwischen physischem Kapital je Arbeitnehmer und Output je Arbeitnehmer, wie sie auch in Abbildung 24-4 gezeigt wird. Wir wollen davon ausgehen, dass dies die Beziehung ist, die wir erhalten, wenn wir von der im Jahr 1950 verfügbaren Technologie ausgehen. Die obere Kurve zeigt ebenfalls eine Beziehung zwischen physischem Kapital je Arbeitnehmer und Produktivität, diesmal allerdings für die Technologie, die im Jahr 2020 verfügbar ist. (Wir haben einen Abstand von 70 Jahren gewählt, um das Verständnis des numerischen Beispiels zu erleichtern.) Im Vergleich zur Kurve von 1950 ist die Kurve für 2020 nach oben verschoben, weil sich die Technologie über den betrachteten Zeitraum von 70 Jahren weiterentwickelt hat. Diese Weiterentwicklung ermöglicht es im Jahr 2020, mit einer gegebenen Menge von physischem Kapital je Arbeitnehmer mehr zu produzieren, als es mit der im Jahr 1950 verfügbaren Technologie möglich war. (Anmerkung: Die beiden Kurven unterstellen konstante Preise.)

Nehmen wir an, dass die Menge des physischen Kapitals je Arbeitnehmer zwischen 1950 und 2020 von 20.000 Euro auf 60.000 Euro gestiegen sei. Wäre es zu dieser Erhöhung des physischen Kapitals je Arbeitnehmer ohne jeden technischen Fortschritt gekommen, hätte sich die Wirtschaft von *A* nach *C* bewegt: Der Output je Arbeitnehmer wäre gestiegen, aber lediglich von 30.000 Euro auf 60.000 Euro (was einem Prozent pro Jahr entspricht – man erinnere sich an die 70er-Regel). Tatsächlich hat sich die Wirtschaft

Abb. 24-5

Technischer Fortschritt und Produktivitätswachstum

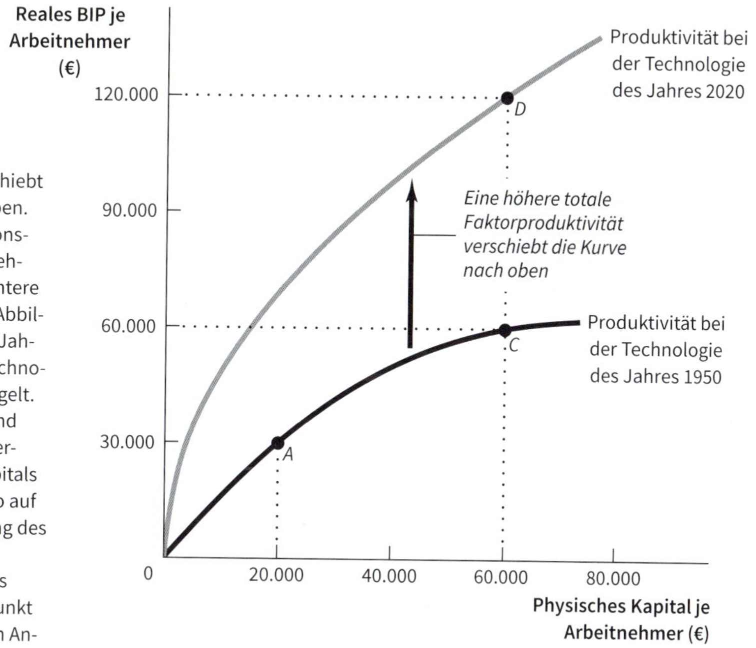

Der technische Fortschritt verschiebt die Produktivitätskurve nach oben. Das Diagramm unterstellt ein konstantes Humankapital je Arbeitnehmer. Wir nehmen an, dass die untere Kurve (die gleiche Kurve wie in Abbildung 24-4) die Technologie des Jahres 1950, die obere Kurve die Technologie des Jahres 2020 widerspiegelt. Bei Konstanz der Technologie und des Humankapitals führt eine Verdreifachung des physischen Kapitals je Arbeitnehmer von 20.000 Euro auf 60.000 Euro zu einer Verdopplung des realen BIP je Arbeitnehmer von 30.000 Euro auf 60.000 Euro. Dies wird durch die Bewegung von Punkt *A* nach Punkt *C* gezeigt, die einen Anstieg des realen BIP je Arbeitnehmer von ungefähr einem Prozent pro Jahr reflektiert. In der Realität hat der technische Fortschritt die Produktivitätskurve nach oben verschoben, und der tatsächliche Anstieg des realen BIP je Arbeitnehmer wird durch die Bewegung von Punkt *A* nach Punkt *D* gezeigt. Das reale BIP je Arbeitnehmer wuchs um zwei Prozent pro Jahr, was eine Vervierfachung innerhalb des Betrachtungszeitraums bedeutet. Das zusätzliche eine Prozent Wachstum des realen BIP je Arbeitnehmer ist auf eine höhere totale Faktorproduktivität zurückzuführen.

aber von *A* nach *D* bewegt: Der Output stieg von 30.000 Euro auf 120.000 Euro um zwei Prozent pro Jahr. In der betrachteten Periode gab es beides: sowohl einen Anstieg des physischen Kapitals je Arbeitnehmer als auch technischen Fortschritt, der die gesamtwirtschaftliche Produktionsfunktion nach oben verschob.

In diesem Fall sind 50 Prozent des jährlichen Anstiegs der Produktivität um zwei Prozent, also ein Prozent Produktivitätswachstum, auf eine höhere **totale Faktorproduktivität** zurückzuführen. Die totale Faktorproduktivität beschreibt die Outputmenge, die mit einer gegebenen Einsatzmenge von Produktionsfaktoren hergestellt werden kann. Steigt also die totale Faktorproduktivität, kann die Wirtschaft mit derselben Ausstattung an physischem Kapital, Humankapital und Arbeit mehr produzieren.

Die totale Faktorproduktivität ist für das Wirtschaftswachstum eines Landes von zentraler Bedeutung. Ökonomen glauben, dass die beobachteten Zuwächse der totalen Faktorproduktivität tatsächlich die ökonomischen Wirkungen des technischen Fortschritts erfassen. Diese Überlegungen weisen insgesamt darauf hin, dass technologische Änderungen für das Wirtschaftswachstum entscheidend sind.

Für die Vereinigten Staaten liegen amtliche Schätzungen sowohl für die Wachstumsrate der Arbeitsproduktivität als auch für die Wachstumsrate der totalen Faktorproduktivität vor. Diesen Schätzungen zufolge erhöhte sich die Arbeitsproduktivität in den Vereinigten Staaten zwischen 1948 und 2019 um 2,1 Prozent pro Jahr. Nur knapp die Hälfte dieses Anstiegs (49 Prozent) wird durch Erhöhungen von physischem Kapital und Human-

Als **totale Faktorproduktivität** bezeichnet man die Outputmenge, die mit einer gegebenen Einsatzmenge von Produktionsfaktoren hergestellt werden kann.

DENKFALLEN!

Sie mögen zwar kleiner werden – sie sind aber immer noch positiv

Es ist wichtig zu verstehen, was mit abnehmenden Grenzprodukten des physischen Kapitals gemeint ist und was nicht. Wie wir bereits erläutert haben, handelt es sich um eine Ceteris-paribus-Aussage: Unter der Voraussetzung, dass die Ausstattung mit Humankapital je Arbeitnehmer und der Stand der Technologie gegeben sind, führt jede aufeinanderfolgende Erhöhung der Menge des physischen Kapitals je Arbeitnehmer zu einem immer kleiner werdenden Anstieg des realen BIP je Arbeitnehmer. Das bedeutet aber nicht, dass das reale BIP je Arbeitnehmer schließlich irgendwann sinkt, wenn mehr und mehr physisches Kapital hinzugefügt wird. Es ist lediglich der Anstieg des realen BIP je Einwohner, der kleiner und kleiner wird, aber nicht unter null sinkt. Eine Erhöhung des physischen Kapitals je Arbeitnehmer wird daher niemals zu einem Rückgang der Produktivität führen. Aufgrund der abnehmenden Grenzprodukte lohnt sich aber ab einem bestimmten Punkt die Erhöhung der Ausstattung eines Arbeitnehmers mit physischem Kapital nicht mehr: Irgendwann ist der Produktionszuwachs so klein, dass sich die Kosten zusätzlichen physischen Kapitals nicht mehr lohnen.

kapital je Arbeitnehmer erklärt. Der Rest wird auf die steigende totale Faktorproduktivität zurückgeführt, also auf den technischen Fortschritt.

In hoch entwickelten Volkswirtschaften wie den Vereinigten Staaten und der Bundesrepublik Deutschland ist in den letzten Jahrzehnten eine Verlangsamung des Wachstums der Produktivität und der totalen Faktorproduktivität zu beobachten. In den Jahren nach dem Zweiten Weltkrieg gab es ein so starkes Produktivitätswachstum, dass sich der Lebensstandard innerhalb von nur einer Generation verdoppelt hat. Mittlerweile sind die Wachstumsraten trotz beeindruckender Innovationen im Bereich der Informationstechnologie deutlich geringer.

Und die natürlichen Ressourcen?

Bei unserer Diskussion haben wir bisher nicht die natürlichen Ressourcen erwähnt, die aber sicherlich auch Wirkungen auf die Produktivität entfalten. Unter sonst gleichen Bedingungen haben Länder mit reichen Vorkommen von natürlichen Ressourcen, wie etwa sehr fruchtbarem Land oder großen Erzvorkommen, ein höheres reales BIP je Einwohner als weniger gesegnete Länder. Das offensichtlichste Beispiel in der Gegenwart ist der Nahe Osten, wo große Ölvorkommen einige sehr dünn besiedelte Länder sehr reich gemacht haben. So haben beispielsweise die Vereinigten Arabischen Emirate ungefähr das gleiche Pro-Kopf-Einkommen wie Deutschland, wobei der Reichtum der Vereinigten Arabischen Emirate auf Öl basiert und nicht wie in Deutschland auf der hohen Produktivität in der Produktion.

Die Umstände sind aber oft nicht gleich. In der modernen Welt sind die natürlichen Ressourcen eine sehr viel weniger wichtige Determinante der Produktivität als das Humankapital oder das physische Kapital – jedenfalls für die große Mehrheit der Länder. So verfügen beispielsweise einige Länder mit einem sehr hohen realen BIP je Einwohner, wie etwa Japan, kaum über natürliche Ressourcen. Und einige ressourcenreiche Länder, wie etwa Nigeria mit seinen beachtlichen Ölvorräten, sind sehr arm.

In der Vergangenheit spielten natürliche Ressourcen eine sehr viel wichtigere Rolle bei der Bestimmung der Produktivität. Im 19. Jahrhundert waren die Länder mit dem höchsten realen BIP je Einwohner diejenigen, die im Überfluss über fruchtbares Ackerland und Erzlagerstätten verfügten: die Vereinigten Staaten, Kanada, Argentinien und Australien. Diese Beobachtung führte dazu, dass natürliche Ressourcen bei der Entwicklung des ökonomischen Denkens eine prominente Rolle spielten.

In seinem im Jahr 1798 publizierten berühmten Buch »An Essay on the Principle of Population« legte der englische Ökonom Thomas Malthus mit seiner Vorstellung einer gegebenen Menge von verfügbarem Boden die Basis für seine pessimistischen Voraussagen über die zukünftige Produktivität. Er wies darauf hin, dass mit steigender Bevölkerung die Fläche des verfügbaren Bodens je Einwohner sinken müsse. Dies wiederum würde ceteris paribus zu einem Rückgang der Produktivität führen.

Nach seiner Vorstellung würde der technische Fortschritt oder die Zunahme physischen Kapitals nur vorübergehend die Situation verbessern, weil die Wirkungen dieser Faktoren letztlich immer wieder durch den Druck von zunehmender Bevölkerung und zunehmender Zahl der Arbeiter bei gegebenem Angebot an Boden aufgehoben wür-

WISSENSCHAFT UND PRAXIS

Das Produktivitätsparadoxon

Wir leben in einer Zeit revolutionärer technologischer Änderungen. Das ist zumindest das, was alle sagen. Und es gibt auch gute Gründe für diese Begeisterung. Unser Smartphone arbeitet tausendmal schneller und kann Millionen mehr Daten speichern als die Computer, mit denen man zum Mond geflogen ist. Aber hat dieser unglaubliche Anstieg der Rechenleistung auch zu einem vergleichbar großen Anstieg im Wirtschaftswachstum geführt? Über diese Frage diskutieren Ökonomen seit Jahrzehnten, und eine abschließende Antwort ist nicht in Sicht.

Das Zeitalter der modernen Informationstechnologien begann in den 1970er-Jahren mit der Entwicklung des ersten Mikroprozessors: ein ganzer Computer in Form von winzigen Transistoren und Schaltkreisen, die auf einem Stück Silizium aufgebracht sind. Der spektakuläre Anstieg der Rechenleistung hat die Art und Weise, wie wir Informationen nutzen und verbreiten, grundlegend verändert. In den 1980er-Jahren gab es die ersten Personal Computer (PCs), die die riesigen Maschinen ersetzten, die mit Lochkarten programmiert wurden mussten, und auch die ersten Mobiltelefone. Die 1990er-Jahre haben uns das Internet gebracht. Und im neuen Jahrtausend kamen die Breitbandtechnologie, Smartphones (mit dem ersten iPhone im Jahr 2007), Video-Streaming und vieles mehr.

Man könnte nun erwarten, dass diese technologischen Entwicklungen zu einem fulminanten Anstieg der totalen Faktorproduktivität geführt haben. In **Abbildung 24-6** ist aber zu erkennen, dass die totale Faktorproduktivität in den Jahrzehnten nach dem Zweiten Weltkrieg deutlich stärker gewachsen ist als in der jüngeren Vergangenheit. Ökonomen sprechen in diesem Zusammenhang vom sogenannten »Produktivitätsparadoxon« und meinen die Abkopplung des rasanten technischen Fortschritts von der tatsächlichen Produktivitätsentwicklung.

Im Zeitraum 1995–2006 schien es zunächst so, als ob sich die Verbreitung und Nutzung der Informationstechnologien schließlich doch in der totalen Faktorproduktivität widerspiegeln würden. Ein großer Teil des Produktivitätszuwachses war jedoch auf den Dienstleistungssektor zurückzuführen und hier insbesondere auf den Einzelhandel. Handelsketten wie Walmart konnten durch die Nutzung von Echtzeitdaten aus den Kassensystemen zur Steuerung der Warenlager und Warenbestellungen beträchtliche Effizienzgewinne realisieren. Doch diese Zuwächse haben sich spürbar verlangsamt und sind mittlerweile nur noch schwach.

Letztlich kennt noch niemand die Antwort auf die Frage, warum unsere modernen Technologien keinen größeren Beitrag für die Volkswirtschaft leisten. Manchmal sind es eher die unspektakulären Dinge wie vorgestanzte Pappkartons, die für einen Schub in der Volkswirtschaft sorgen. Und vielleicht führen dann eben auch manchmal spektakuläre Technologien nicht notwendigerweise zu dem erwarteten Produktivitätssprung in der gesamten Volkswirtschaft.

Abb. 24-6: Das Auf und Ab der totalen Faktorproduktivität (1948–2018)

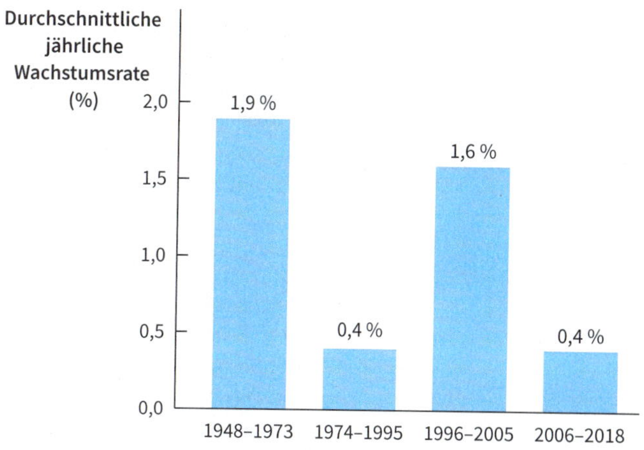

Quelle: Bureau of Labor Statistics

den. Langfristig, so seine Schlussfolgerung, sei die große Mehrheit der Menschen dazu verdammt, ein Leben am Rand des Verhungerns zu führen. Nur dann wäre die Sterberate hoch genug und die Geburtenrate wäre gering genug, um zu verhindern, dass rasches Bevölkerungswachstum das Produktivitätswachstum überflügelt.

Die Entwicklung hat einen anderen Verlauf genommen. Gleichwohl sind viele Historiker davon überzeugt, dass Malthus Voraussage einer sinkenden oder stagnierenden Produktivität für den größten Teil der Menschheitsgeschichte zutrifft. Der Bevölkerungsdruck verhinderte wahrscheinlich bis zum 18. Jahrhundert größere Anstiege der Produktivität. Seit Malthus sein Buch veröffentlicht hat, wurde jedoch jeder negative Effekt des Bevölkerungswachstums auf die Produktivität bei Weitem mehr als ausgeglichen durch andere, positive Faktoren – vor allem durch den technischen Fortschritt, die Zunahme von Humankapital und physischem Kapital sowie den Zugriff auf große Flächen kultivierbaren Landes in der neuen Welt.

Gleichwohl leben wir auf einem endlichen Planeten, der nur begrenzte Ressourcen an fossilen Rohstoffen hat und der Eingriffe in die Umwelt nur in einem bestimmten Ausmaß verkraftet. Wir werden uns mit den Auswirkungen dieser Beschränkungen auf das Wirtschaftswachstum im letzten Abschnitt dieses Kapitels näher beschäftigen.

Kurzzusammenfassung

- Langfristige Erhöhungen des Lebensstandards sind fast ausschließlich auf eine Erhöhung der **Arbeitsproduktivität**, oft vereinfacht als **Produktivität** bezeichnet, zurückzuführen.
- Eine Quelle höherer Produktivität ist die Zunahme des **physischen Kapitals**, für das allerdings **abnehmende Grenzprodukte** gelten.
- **Humankapital** und **technischer Fortschritt** wirken ebenfalls produktivitätssteigernd.
- Um abzuschätzen, welche Anteile die einzelnen Faktoren am Produktivitätswachstum haben, greift man auf die **aggregierte Produktionsfunktion** zurück. Die **Zurechnung von Wachstumsbeiträgen** hat gezeigt, dass ein Anstieg der **totalen Faktorproduktivität**, die als Maß für den technischen Fortschritt interpretiert wird, für das langfristige Wirtschaftswachstum von zentraler Bedeutung ist.
- Heutzutage sind in den meisten Volkswirtschaften die natürlichen Ressourcen weniger wichtig für das Produktivitätswachstum als physisches Kapital und Humankapital.

ÜBERPRÜFEN SIE IHR WISSEN

1. Erläutern Sie die Auswirkungen jedes der folgenden Ereignisse auf die Wachstumsrate der Produktivität.
   a. Das Volumen des physischen Kapitals und des Humankapitals je Arbeitnehmer bleiben unverändert, es kommt aber zu einem deutlichen technischen Fortschritt.
   b. Das Volumen des physischen Kapitals je Arbeitnehmer nimmt zu, das Niveau des Humankapitals je Arbeitnehmer bleibt dabei ebenso wie die Technologie unverändert.
2. Die gesamtwirtschaftliche Produktion in der Volkswirtschaft von Erewhon ist in den letzten 30 Jahren um 3 Prozent pro Jahr gewachsen. Die Zahl der Arbeitskräfte hat um 1 Prozent pro Jahr zugenommen, der Bestand an physischem Kapital um 4 Prozent pro Jahr. Das durchschnittliche Bildungsniveau ist unverändert geblieben. Nach Schätzungen von Ökonomen gilt, dass ein einprozentiger Anstieg des physischen Kapitals je Arbeitskraft zu einem Produktivitätsanstieg von 0,3 Prozent führt. (Hinweis: prozentuale Änderung von (X/Y) = prozentuale Änderung von X – prozentuale Änderung von Y).
   a. Wie stark ist die Produktivität in Erewhon gewachsen?
   b. Wie stark ist der Bestand an physischem Kapital je Arbeitskraft gewachsen?
   c. In welchem Ausmaß hat der wachsende Bestand an physischem Kapital je Arbeitskraft zum Produktivitätswachstum beigetragen? Welchem prozentualen Anteil am Produktivitätswachstum entspricht das?
   d. In welchem Ausmaß hat der technische Fortschritt zum Produktivitätswachstum beigetragen? Welchem prozentualen Anteil am Produktivitätswachstum entspricht das?
3. Die Multinomics AG ist ein großes Unternehmen mit Niederlassungen im ganzen Land. Multinomics hat gerade ein neues Computersystem eingeführt, das so gut wie jede Tätigkeit im Unternehmen beeinflussen wird. Warum könnte es sein, dass erst eine gewisse Zeit verstreichen muss, bevor das neue Computersystem die Produktivität der Angestellten erhöht? Warum könnte es vorübergehend zu einem Rückgang der Produktivität der Beschäftigten kommen?

24.3 Warum unterscheiden sich Wachstumsraten weltweit?

Nach Schätzungen des Wirtschaftshistorikers Angus Maddison verfügte Mexiko im Jahr 1800 über ein Pro-Kopf-Einkommen, das 1,5-mal höher war als das Pro-Kopf-Einkommen in Japan. Heute ist das reale BIP je Einwohner in Japan höher als in den meisten europäischen Staaten, und Mexiko kann man wohl mit Fug und Recht als armes Land bezeichnen, wenn es auch keinesfalls zu den allerärmsten Ländern gehört. Was hat sich geändert? Langfristig gesehen ist das reale BIP je Einwohner in Japan um ungefähr 1,7 Prozent pro Jahr gewachsen, in Mexiko aber nur um 1,1 Prozent pro Jahr. Dadurch ist das Pro-Kopf-Einkommen in Japan heute 2,5-mal höher als in Mexiko.

Wie dieses Beispiel illustriert, haben selbst kleine Unterschiede in den Wachstumsraten langfristig erhebliche Auswirkungen. Warum aber unterscheiden sich Wachstumsraten zwischen Ländern und verschiedenen Zeiträumen?

Unterschiedliche Wachstumsraten erklären

Volkswirtschaften mit starkem Wirtschaftswachstum sind tendenziell Volkswirtschaften, die ihren physischen Kapitalstock vergrößern, deren Humankapital zunimmt und bei denen ein schneller technischer Fortschritt zu beobachten ist. Ökonomische Erfolgsgeschichten, wie z. B. Japan in den 1950er- und 1960er-Jahren oder China heute zeigen, dass diese Länder auf allen drei Gebieten erfolgreich waren. Sie haben schnell ihren physischen Kapitalstock durch hohe Ersparnisse und Investitionsausgaben vergrößert, ihr Bildungsniveau erhöht und einen rasanten technischen Fortschritt geschafft. Aber auch die Wirtschaftspolitik, Eigentumsrechte, politische Stabilität und gute Unternehmensführung spielen für die Triebkräfte des Wirtschaftswachstums eine wichtige Rolle.

Sparen und Investitionsausgaben. Ein Grund für die unterschiedlichen Wachstumsraten einzelner Länder liegt darin, dass einige Länder ihren physischen Kapitalstock – durch hohe Investitionsausgaben – schneller vergrößern als andere. In den 1960er-Jahren war Japan die am schnellsten wachsende Volkswirtschaft der Welt. Und Japan hat einen größeren Anteil seines BIP für Investitionen ausgegeben als andere führende Wirtschaftsnationen. In den letzten Jahren ist China die am schnellsten wachsende Volkswirtschaft der Welt gewesen, und auch China gibt einen hohen Anteil seines BIP für Investitionen aus. Im Jahr 2019 betrug der Anteil der Investitionen am BIP in China 43 Prozent, in Deutschland und den Vereinigten Staaten waren es nur 21 bzw. 20 Prozent.

Wo kommt das Geld für die hohen Investitionsausgaben her? Aus den Ersparnissen. Wir werden im nächsten Kapitel erfahren, wie die Finanzmärkte die Ersparnisse den Investitionsausgaben zuführen. Für uns ist es hier nur wichtig zu wissen, dass die Investitionsausgaben entweder durch die Ersparnisse der Haushalte im Inland oder durch die Ersparnisse der Haushalte im Ausland – also durch den Zustrom von ausländischem Kapital – finanziert werden.

Ausländisches Kapital spielt für das langfristige Wirtschaftswachstum einiger Länder eine große Rolle. So haben sich z. B. die Vereinigten Staaten bei der frühen Industrialisierung des Landes sehr stark auf ausländisches Kapital gestützt. Die meisten Länder, die einen großen Teil ihres BIP für Investitionen ausgeben, können allerdings auf hohe inländische Ersparnisse zurückgreifen. China hat im Jahr 2019 sogar einen höheren Anteil am BIP gespart als investiert. Die überschüssigen Ersparnisse wurden im Ausland angelegt, vor allem in den Vereinigten Staaten.

Bildung. Die einzelnen Volkswirtschaften unterscheiden sich nicht nur darin, wie schnell ihr physisches Kapital wächst, sondern auch dadurch, wie stark das Humankapital durch Bildung zunimmt.

Einen Beleg dafür liefert der Vergleich zwischen Argentinien und China. In beiden Ländern ist das durchschnittliche Bildungsniveau im Zeitablauf stetig gestiegen. Allerdings ging dieser Anstieg in China deutlich schneller vonstatten.

24.3 Das langfristige Wachstum
Warum unterscheiden sich Wachstumsraten weltweit?

Als **Forschung und Entwicklung (FuE)** bezeichnet man Ausgaben für die Entwicklung und Einführung neuer Technologien.

Abbildung 24-7 zeigt die durchschnittliche Anzahl der Bildungsjahre eines Erwachsenen in China, das in den letzten Jahrzehnten enorm hohe Wachstumsraten zu verzeichnen hatte, und in Argentinien, ein Land mit einem nur geringen Wirtschaftswachstum. Vor vierzig Jahren war das Bildungsniveau der Bevölkerung in Argentinien noch deutlich höher als in China, wo die meisten Menschen noch Analphabeten waren. Heutzutage liegt das durchschnittliche Bildungsniveau in China nur noch wenig unter dem in Argentinien – und das hauptsächlich nur deswegen, weil es in China immer noch viele ältere Menschen gibt, die in ihrem Leben keine Schulbildung erfahren haben. Auf dem Gebiet der Sekundar- und Hochschulbildung hat China das ehemals reiche Argentinien längst überholt.

Forschung und Entwicklung. Der technische Fortschritt ist die zentrale Kraft hinter dem Wirtschaftswachstum. Was aber treibt die Technologie voran?

Wissenschaftlicher Fortschritt ermöglicht neue Technologien. Um vielleicht das in der heutigen Welt spektakulärste Beispiel zu wählen: Der Halbleiterchip, die Basis der gesamten modernen Informationstechnologie, hätte nicht entwickelt werden können ohne die physikalische Theorie der Quantenmechanik.

Wissenschaft allein reicht aber nicht: Forschungsergebnisse müssen in nützliche Produkte und Prozesse transformiert werden. Dazu ist es oft erforderlich, viele Ressourcen in **Forschung und Entwicklung (FuE)** zu stecken, um neue Technologien hervorzubringen und sie für die praktische Nutzung verfügbar zu machen.

Ein großer Teil der Ausgaben für Forschung und Entwicklung wird durch den privaten Sektor getätigt. Die Vereinigten Staaten wurden vor allem deswegen zur führenden Wirtschaft der Welt, weil die US-amerikanischen Unternehmen zu den ersten gehörten, in denen systematische Forschung und Entwicklung Teil des Geschäftes wurden. So gründete Thomas Edison im Jahr 1875 das erste moderne industrielle Forschungslabor.

Die Entwicklung neuer Technologien ist eine Sache, deren Anwendung eine andere. Die Geschwindigkeit, mit der einzelne Volkswirtschaften neue Technologien umsetzen und im Produktionsprozess einsetzen, variiert beträchtlich. Wie die Rubrik »Wissenschaft und Praxis« am Ende

Abb. 24-7

China holt auf

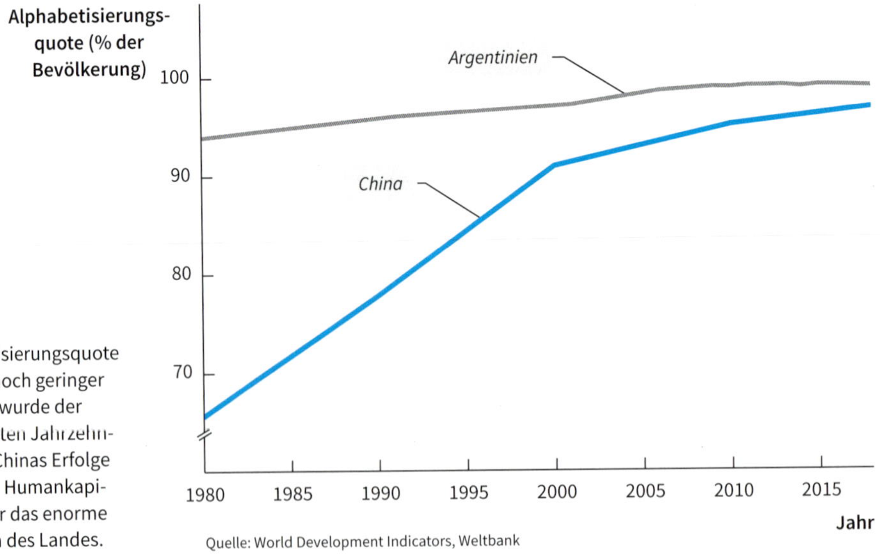

Obwohl die Alphabetisierungsquote in China auch heute noch geringer ist als in Argentinien, wurde der Rückstand in den letzten Jahrzehnten deutlich kleiner. Chinas Erfolge bei der Erhöhung des Humankapitals sind ein Grund für das enorme Wirtschaftswachstum des Landes.

Quelle: World Development Indicators, Weltbank

dieses Abschnitts zeigt, ist es in Italien seit dem Jahr 2000 zu einem deutlichen Rückgang der totalen Faktorproduktivität gekommen, während Länder wie die Vereinigten Staaten und Deutschland spürbare Zuwächse realisieren konnten. Diese nationalen Unterschiede sind Gegenstand zahlreicher ökonomischer Forschungsarbeiten.

Die Rolle des Staates bei der Förderung des Wachstums

Der Staat kann auf alle drei Determinanten des Wirtschaftswachstums einwirken – auf physisches Kapital, Humankapital und technischen Fortschritt. Dies kann entweder direkt durch die Begünstigung von wachstumsfördernden Faktoren geschehen, oder indirekt, indem der Staat ein Umfeld schafft, das sich positiv auf das Wachstum auswirkt.

Staatliches Handeln kann das Wirtschaftswachstum auf sechs Wegen fördern:

1. Staatliche Subventionen in die Infrastruktur. Der Staat spielt bei Aufbau und Ausbau der **Infrastruktur** eine wichtige Rolle. Infrastruktur bezieht sich auf Straßen, Stromnetze, Häfen, Informationsnetzwerke und andere Teile des physischen Kapitals einer Volkswirtschaft, die als Grundlage für ökonomische Aktivitäten anzusehen sind. Zwar werden einige Formen von Infrastruktur auch von privaten Unternehmen angeboten, ein großer Teil wird jedoch entweder staatlich bereitgestellt oder erfordert zumindest größere staatliche Regulierung und Unterstützung.

Ein beeindruckendes Beispiel für die Bedeutung von staatlich geförderter Infrastruktur liefert China. Die staatlichen Ausgaben für Infrastruktur, angefangen vom Straßenbau bis hin zum Hochgeschwindigkeits-Schienennetz, belaufen sich in China auf rund 8 Prozent des BIP. Das ist viermal so viel wie in den Vereinigten Staaten. China gibt mehr für den Auf- und Ausbau seiner Infrastruktur aus als Westeuropa und Nordamerika zusammen.

Eine schlechte Infrastruktur, wie beispielsweise ein Stromnetz, das oft zusammenbricht, stellt in einigen Ländern ein wichtiges Hindernis für das Wirtschaftswachstum dar. Eine gute Infrastruktur setzt voraus, dass ein Land in der Lage ist, sich diese Infrastruktur zu leisten. Sie setzt aber auch voraus, dass dieses Land die politische Disziplin aufbringt, diese Infrastruktur zu erhalten und auch künftig bereitzustellen.

Über die vielleicht wichtigste Komponente einer guten Infrastruktur denken wir kaum nach: eine grundlegende Gesundheitsfürsorge in Form von sauberem Wasser und Seuchenkontrolle. Wie wir im nächsten Abschnitt sehen werden, ist die schlechte Gesundheitsinfrastruktur ein zentrales Problem für das Wirtschaftswachstum ärmerer Länder, insbesondere in Afrika.

2. Staatliche Subventionen in das Bildungssystem. Das physische Kapital einer Volkswirtschaft wird im Wesentlichen durch die Investitionsausgaben von Personen und privaten Unternehmen geschaffen. Im Gegensatz dazu ist ein großer Teil des Humankapitals einer Volkswirtschaft das Ergebnis staatlicher Ausgaben für Bildung. Der Staat bezahlt in den meisten Ländern den größten Teil der Ausgaben für Grundschulen und weiterführende Schulen. Größere Unterschiede zwischen den einzelnen Ländern gibt es bei der Finanzierung der Kosten einer Hochschulausbildung. Aber auch in diesem tertiären Bildungsbereich spielt der Staat in fast allen Ländern eine wichtige Rolle. Die Qualität der Bildung, die ein Land seinen Bürgern angedeihen lässt, hat große Auswirkungen auf seine Wachstumsrate. Wie wir in Abbildung 24-7 gesehen haben, ist die Alphabetisierungsquote in China deutlich schneller gestiegen als in Argentinien. Das lag aber nicht daran, dass China wohlhabender war als Argentinien, im Gegenteil. Bis vor Kurzem war das durchschnittliche Pro-Kopf-Einkommen in China niedriger als in Argentinien. Der rasante Anstieg der Alphabetisierungsquote ist vielmehr darauf zurückzuführen, dass der chinesische Staat der Bildung eine hohe Bedeutung eingeräumt hat.

3. Staatliche Subventionen für Forschung und Entwicklung. Technischer Fortschritt ist in der Regel das Ergebnis von privatwirtschaftlichen Aktivitäten. In den modernen Industrieländern entsteht technischer Fortschritt aber auch durch die Arbeit von staatlichen Stellen. So entstand etwa das Internet aus einem System der Advanced Research Projects Agency Network (ARPANET), einem Projekt des US-amerikanischen Verteidigungsministeriums, das später an andere staatliche Forschungsinstitutionen weitergegeben wurde.

Straßen, Stromnetze, Häfen, Informationsnetzwerke und andere Grundlagen für ökonomische Aktivitäten werden als **Infrastruktur** bezeichnet.

4. Die Sicherstellung eines gut funktionierenden Finanzsystems. Eine wichtige Rolle kommt dem Staat auch bei der Schaffung der notwendigen Rahmenbedingungen für hohe private Investitionsausgaben zu. Sowohl die Höhe der Ersparnisse als auch die Fähigkeit der Volkswirtschaft, diese Ersparnisse an vielversprechende Investitionsvorhaben weiterzuleiten, werden durch das Finanzsystem und die Finanzinstitutionen in der Volkswirtschaft bestimmt. Ohne ein wohl reguliertes und gut funktionierendes Finanzsystem ist es schwer, die Ersparnisse den notwendigen Investitionsprojekten zur Verfügung zu stellen.

Wenn die Einwohner eines Landes Vertrauen in das Bankensystem haben, dann werden sie ihre Ersparnisse zur Bank bringen, die diese Einlagen für die Vergabe von Krediten an ihre Geschäftskunden nutzt. Ist das Vertrauen in das Bankensystem nicht gegeben, dann werden die Menschen ihre Ersparnisse in Form von Gold oder ausländischer Währung unter der Matratze aufbewahren, wo es dann nicht für Investitionszwecke zur Verfügung steht. Wie wir später noch untersuchen werden, erfordert ein gut funktionierendes Finanzsystem eine angemessene Regulierung durch den Staat, damit die Sparer gegen einen Verlust ihrer Einlagen geschützt sind.

5. Der Schutz der Eigentumsrechte. Unter einem *Eigentumsrecht* versteht man das Recht des Eigentümers einer Wertsache, darüber frei zu verfügen. Einen Spezialfall von Eigentumsrechten stellen *Rechte am geistigen Eigentum* dar – das Recht eines Erfinders oder Urhebers, dass ihm die Erträge seines Werks zufließen. Eigentumsrechte im Allgemeinen und Rechte am geistigen Eigentum im Speziellen liefern einen wichtigen Erklärungsansatz für unterschiedliche Wachstumsraten zwischen einzelnen Ländern. Ohne die Sicherung von Eigentumsrechten wäre niemand bereit, Anstrengungen und Ressourcen für die Schaffung von neuen Dingen zu investieren, wenn sich anschließend andere diese Innovationen aneignen können. Die Rechte am geistigen Eigentum müssen geschützt werden, wenn sich die Innovationstätigkeit in der Volkswirtschaft entfalten soll.

Manchmal löst sich das Problem durch die Innovation selbst – falls es zu schwierig oder kostspielig ist, die Innovation zu kopieren. Aber grundsätzlich muss der Staat dafür sorgen, dass das Recht am geistigen Eigentum sichergestellt ist. Eine Möglichkeit des Staates besteht darin, Patente zu vergeben. Mit einem *Patent* erhält der Erfinder einer Innovation ein durch den Staat gewährtes, zeitlich begrenztes Monopol für die Nutzung oder den Verkauf seiner Innovation. Ein Patent ist zeitlich begrenzt, da es auf der einen Seite im Interesse der Gesellschaft liegt, dem Erfinder einen Anreiz zum Forschen zu geben, es auf der anderen Seite für die Gesellschaft aber gleichzeitig auch darum geht, den Wettbewerb zu fördern.

6. Politische Stabilität und verantwortungsbewusstes Regierungshandeln. Es gibt keinen guten Grund, in ein Unternehmen zu investieren, wenn es wahrscheinlich ist, dass ein aufgebrachter Mob die Anlagen des Unternehmens zerstört. Es gibt auch keinen guten Grund zu sparen, wenn jemand mit politischen Verbindungen diese Ersparnisse an sich bringen kann. Politische Stabilität und verantwortungsbewusste Regierungsführung (einschließlich des Schutzes von Eigentumsrechten) sind grundlegende Elemente des langfristigen Wirtschaftswachstums.

Langfristiges Wirtschaftswachstum in erfolgreichen Ökonomien ist möglich, weil diese Volkswirtschaften über vernünftige Gesetze verfügen, über Institutionen, die diese Gesetze auch durchsetzen, und schließlich ein stabiles politisches System zur Aufrechterhaltung dieser Institutionen haben. Das Rechtssystem muss verbindlich festlegen, dass Eigentum auch wirklich Eigentum ist und dass niemand es dem Eigentümer wegnehmen darf. Das Gerichtssystem und die Polizei dürfen nicht durch Bestechung dazu gebracht werden können, sich über das Gesetz hinwegzusetzen. Und das politische System muss stabil sein, damit die Gesetze nicht erratisch geändert werden.

In den meisten Wirtschaftsnationen wird wie selbstverständlich davon ausgegangen, dass diese Bedingungen erfüllt sind. Es gibt aber genügend Länder, in denen das bei Weitem nicht der Fall ist. Abgesehen von den Störungen, die durch Kriege oder Revolutionen hervorgerufen werden, müssen viele Länder feststellen, dass ihr Wirtschaftswachstum unter der Korruption der Regierung und der Administration leidet, die eigentlich das Gesetz durchsetzen sollten. Beispielsweise war es in Indien bis 1991 so, dass die Regierung die Unternehmen mit einer Vielzahl bürokratischer Restriktionen behinderte, was zur Folge hatte, dass Regierungsbeamte selbst für die Genehmigung von Routineaktivitäten Bestechungsgelder forderten. Diese Bestechungsgelder wirken wie eine Steuer auf die unternehmerische Tätigkeit. Ökonomen haben daraufhin gewiesen, dass die Verringerung dieser Korruptionslast eine der Ursachen dafür ist, dass es in Indien nach 1990 zu einem Wachstumsschub gekommen ist, der immer noch anhält.

Selbst dann, wenn Regierungen nicht korrupt sind, können übermäßige staatliche Regulierungen eine Bremse für das Wirtschaftswachstum darstellen. Werden große Teile der Wirtschaft durch staatliche Subventionen gestützt, vor Importen geschützt oder auf andere Weise vom Wettbewerb isoliert, dann wirkt sich das tendenziell zuungunsten der Produktivität aus, weil wichtige Anreize fehlen. Wie wir im nächsten Abschnitt sehen werden, sind übermäßige staatliche Interventionen eine oft angeführte Erklärung für das geringe Wirtschaftswachstum in Lateinamerika.

WISSENSCHAFT UND PRAXIS

Was ist los mit Italien?

Italien galt einmal als ökonomische Erfolgsgeschichte. Dabei war das Land vor einem Jahrhundert arm. Italien war so arm, dass noch Ende des 19. Jahrhunderts und zu Beginn des 20. Jahrhunderts Millionen Italiener auf der Suche nach einem besseren Leben in die Vereinigten Staaten und andere Länder ausgewandert sind. Nach dem Ende des Zweiten Weltkrieges erlebte Italien über mehrere Jahrzehnte einen rasanten Wirtschaftsaufschwung, und das reale Pro-Kopf-Einkommen konnte sich von 1950 bis 1990 vervierfachen. Am Ende dieser langen Wachstumsphase war das Pro-Kopf-Einkommen in Italien fast genauso groß wie das Pro-Kopf-Einkommen des großen Nachbarn Frankreich.

Aber dann geriet das Wachstum in Italien ins Stocken. Seit Ende der 1990er-Jahre stagnierte das reale Pro-Kopf-Einkommen, und im Zuge der globalen Finanz- und Wirtschaftskrise 2007–2009 und der folgenden Euro-Schuldenkrise kam es in Italien zu einem schweren Wirtschaftseinbruch. Was ist schiefgelaufen in Italien?

Eine Ursache für das Ende der Wachstumsphase ist das geringe Wachstum der Produktionsfaktoren. Eine niedrige Geburtenrate in Italien lässt die Bevölkerung altern und die Erwerbsquote (der Anteil der Erwerbspersonen an der Gesamtbevölkerung) sinken. Darüber hinaus hat Italien ein Bildungsproblem. Der Anteil der Personen mit einem Hochschulabschluss an der Gesamtbevölkerung ist in Italien so niedrig wie in keinem anderen EU-Land. Außerdem scheint Italien nicht vom technischen Fortschritt zu profitieren. Die Daten in **Abbildung 24-8** zeigen, dass die totale Faktorproduktivität in Italien seit 2000 sogar gesunken ist.

Einige Ökonomen vermuten, dass die Unternehmenskultur in Italien mit verantwortlich für die Produktivitätsschwäche sein kann. In italienischen Unternehmen werden Beförderungen und Bonuszahlungen zu oft nach dem Senioritätsprinzip und zu selten nach Leistungen vergeben. Dadurch gibt es nur wenig Anreize, neue Technologien und neue Arbeitsmethoden zu übernehmen. Zu einer Unternehmenskultur, die sich zu wenig am Leistungsprinzip orientiert, kommt in vielen Märkten ein fehlender Wettbewerb, sodass auch schlecht geführte Unternehmen lange überleben können. Der fehlende Wettbewerb deutet auf wirtschaftspolitisches Versagen hin, das vielleicht auf die zu engen Beziehungen zwischen alteingesessenen Unternehmen und der Politik zurückzuführen ist. In einer Volkswirtschaft, die von alteingesessenen Unternehmen dominiert wird, gibt es wenig Anreize für Innovationen und Investitionen. Die Probleme Italiens verdeutlichen, dass auch Länder mit Wachstumserfolgen in der Vergangenheit ins Schlingern geraten können. Es ist augenscheinlich nicht einfach, ein anhaltendes Wirtschaftswachstum zu erreichen.

Abb. 24-8: Reales Pro-Kopf-Einkommen in Italien und Frankreich, 1960–2020

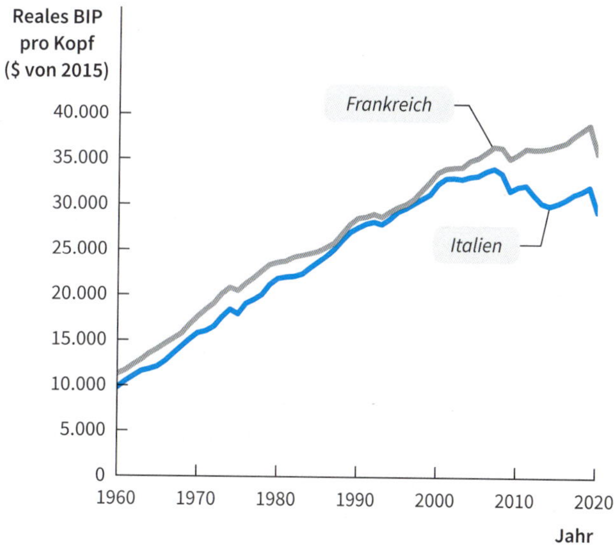

Kurzzusammenfassung

- Die Wachstumsraten des realen BIP je Einwohner unterscheiden sich deutlich zwischen einzelnen Ländern – aufgrund von unterschiedlichen Wachstumsraten im Bestand an physischem Kapital und an Humankapital sowie aufgrund von Unterschieden im technischen Fortschritt. Dies ist in erster Linie auf Unterschiede bei Ersparnis und Investitionsausgaben zurückzuführen sowie auf ein unterschiedliches Bildungsniveau und Unterschiede bei **Forschung und Entwicklung (FuE)**. Forschung und Entwicklung treibt maßgeblich den technischen Fortschritt an.
- Der Staat kann die Triebkräfte des langfristigen Wirtschaftswachstums positiv oder negativ beeinflussen.
- Wirtschaftspolitische Maßnahmen, die direkt auf das Wachstum wirken, umfassen Subventionen für die **Infrastruktur**, insbesondere das öffentliche Gesundheitswesen, Subventionen in die Bildung, Subventionen in Forschung und Entwicklung sowie die Sicherstellung eines gut funktionierenden Finanzsystems.
- Der Staat kann das wirtschaftliche Umfeld für Wachstum durch den Schutz der Eigentumsrechte (insbesondere der Rechte an geistigem Eigentum durch Patente), durch politische Stabilität und durch verantwortungsbewusstes Regierungshandeln fördern. Ein verantwortungsbewusstes Regierungshandeln schließt Korruption und übermäßige Staatseingriffe aus.

ÜBERPRÜFEN SIE IHR WISSEN

1. Erläutern Sie die Verbindung zwischen der Wachstumsrate eines Landes, dem Anteil der Investitionsausgaben am BIP und der inländischen Ersparnis.
2. In den Vereinigten Staaten haben akademische Institute, die sich mit Forschungen im Bereich Biotechnologie befassen, engere Verbindungen mit privaten Biotechnologie-Unternehmen, als dies in Europa der Fall ist. Welche Auswirkungen könnte dies auf die Geschwindigkeit der Erfindung und Entwicklung neuer Medikamente in den Vereinigten Staaten im Vergleich zu Europa haben?
3. In den 1990er-Jahren wurde in der ehemaligen Sowjetunion von den Machthabern viel Eigentum beschlagnahmt und unter die eigene Kontrolle gebracht. Wie könnte sich das auf die Wachstumsrate des Landes ausgewirkt haben?

24.4 Wachstumserfolge und Wachstumsprobleme

Wie wir gesehen haben, unterscheiden sich die Raten des langfristigen Wirtschaftswachstums zwischen den einzelnen Ländern der Erde zum Teil recht beträchtlich. Wir wollen uns nun drei Regionen der Welt anschauen, die über die letzten Jahrzehnte recht unterschiedliche Wachstumserfahrungen gemacht haben. Dabei geht es um die drei Regionen Ostasien, Lateinamerika und Afrika. Anhand dieser Regionen wollen wir zeigen, wie schwierig es ist, ein nachhaltiges Produktivitätswachstum zu erreichen.

Abbildung 24-9 zeigt die trendmäßige Entwicklung des realen BIP je Einwohner (in Dollar von 2015) ab 1960 für drei Länder: Argentinien, Nigeria und Südkorea. (Wie schon in Abbildung 24-1 benutzen wir hier eine logarithmische Darstellung.) Wir haben diese Länder ausgewählt, weil jedes von ihnen ein besonders augenfälliges Beispiel für das Geschehen in der jeweiligen Region darstellt. Der erstaunliche Aufstieg Südkoreas ist Teil eines breiten »Wirtschaftswunders« in Ostasien. Argentiniens stagnierendes reales BIP je Einwohner ist mehr oder weniger typisch für die Enttäuschung, die die Entwicklung in Lateinamerika charakterisiert. Auch in Nigeria ist das Pro-Kopf-Einkommen bis zum Jahr 2000 nur

Abb. 24-9

Erfolg und Misserfolg

Gezeigt wird das reale BIP je Einwohner von 1960 bis 2020, gemessen in Dollar des Jahres 2015 auf einer logarithmischen Skala. Südkorea und einige andere ostasiatische Länder waren im Hinblick auf ihr Wirtschaftswachstum äußerst erfolgreich. Argentinien verfügte, wie auch andere Länder Lateinamerikas, im frühen 20. Jahrhundert über ein relativ hohes BIP je Einwohner, konnte aber in der zweiten Hälfte des 20. Jahrhunderts nur noch ein geringes Wachstum des Pro-Kopf-Einkommens erzielen. Der Lebensstandard in Nigeria war, wie in vielen Ländern Afrikas, im Jahr 2020 nicht deutlich größer als im Jahr 1960. Weder Argentinien noch Nigeria haben in den letzten sechzig Jahren ein spürbares Wirtschaftswachstum erlebt, obwohl die Wachstumsraten in den letzten Jahren gestiegen sind.

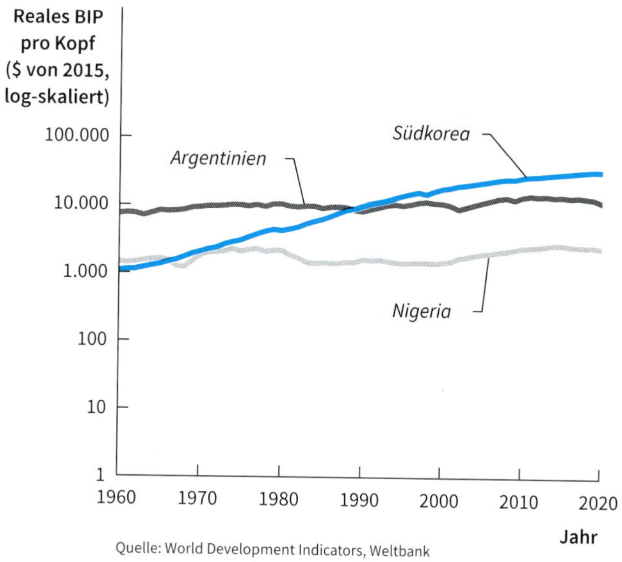

Quelle: World Development Indicators, Weltbank

wenig gewachsen. In den letzten Jahren konnten man in beiden Ländern aber einen wirtschaftlichen Aufschwung beobachten.

Das ostasiatische Wirtschaftswunder

Im Jahr 1960 war Südkorea ein sehr armes Land. Wie man aber aus Abbildung 24-9 erkennen kann, kam es ab den frühen 1960er-Jahren in Südkorea zu einem extrem schnellen wirtschaftlichen Aufstieg: Das reale BIP je Einwohner wuchs um ungefähr 7 Prozent pro Jahr für mehr als 30 Jahre. Obwohl Südkorea immer noch etwas ärmer ist als die meisten europäischen Staaten oder die Vereinigten Staaten, gehört das Land heute zu den ökonomisch fortgeschrittenen Ländern.

Das Wachstum Südkoreas hat in der Geschichte keine Vorbilder: Das Land benötigte nur 35 Jahre, um ein Wachstum zu erzielen, das anderswo Jahrhunderte gebraucht hat. Südkorea ist aber nur Teil eines breiteren Phänomens, das oft als ostasiatisches Wirtschaftswunder bezeichnet wird. Hohe Wachstumsraten zeigten sich zuerst in Südkorea, Taiwan, Hongkong und Singapur, breiteten sich dann aber über die Region aus, insbesondere nach China. Seit 1975 konnte die gesamte Region ihr reales BIP je Einwohner im Durchschnitt um 6 Prozent pro Jahr steigern, das ist dreimal so viel wie das langfristige Wachstum der Vereinigten Staaten.

Wie konnten die asiatischen Länder derartig hohe Wachstumsraten erzielen? Salopp formuliert lag es daran, dass der Motor für das Produktivitätswachstum auf allen Zylindern gelaufen ist. Außerordentlich hohe Sparquoten, also der Anteil des gesamtwirtschaftlichen Sparens am BIP in einem bestimmten Jahr, erlaubten den Ländern, ihren physischen Kapitalstock je Arbeitskraft signifikant zu erhöhen. Eine sehr gute Elementarausbildung ermöglichte rapide Verbesserungen des Humankapitals. Und in allen Ländern war ein erheblicher technischer Fortschritt zu beobachten.

Warum konnte keine dieser Volkswirtschaften ein derartiges Wachstum in der Vergangenheit erreichen? Die meisten Wissenschaftler sind überzeugt, dass Ostasiens Wachstumsspurt erst durch die *relative* Rückständigkeit der Region möglich wurde. Damit ist Folgendes gemeint: Zu dem Zeitpunkt, als sich die ostasiatischen Volkswirtschaften zu modernisieren begannen, konnten sie von der Übernahme der Technologien profitieren, die in den technologisch fortgeschrittenen Ländern wie den Vereinigten Staaten oder einigen Ländern Europas entwickelt worden waren. Im Jahr 1900 konnten die Vereinigten Staaten nicht schnell ein modernes Produktivitätsniveau erreichen, weil ein großer Teil der Technologien, von Düsenflugzeugen bis zu Computern, die moderne Volkswirtschaften antreiben, noch nicht erfunden worden war. Im Jahr 1970 hatte Südkorea wahrscheinlich eine noch geringere Arbeitsproduktivität als die Vereinigten Staaten im Jahr 1900. Das Land konnte seine Produktivität aber schnell erhöhen, indem es Technologien übernahm, die in den Vereinigten Staaten, Europa und Japan im Verlauf des vorhergehenden Jahrhunderts entwickelt worden waren.

Die ostasiatische Erfahrung zeigt, dass das Wirtschaftswachstum insbesondere in Ländern sehr hoch sein kann, die sich um das Aufholen zu anderen Ländern mit höherem BIP je Einwohner bemühen. Auf der Grundlage dieser Überlegungen gehen viele Ökonomen von einem grundlegenden Prinzip aus, das als **Konvergenzhypothese** bezeichnet wird. Die Konvergenzhypothese besagt, dass sich die Unterschiede im realen BIP je Einwohner zwischen verschiedenen Ländern im Zeitverlauf tendenziell verringern werden, weil die Länder, die von einem niedrigeren realen BIP je Einwohner ausgehen, tendenziell höhere Wachstumsraten aufweisen.

Der **Konvergenzhypothese** zufolge verringern sich tendenziell die internationalen Unterschiede im realen BIP je Einwohner im Zeitverlauf.

Aber auch bevor wir uns mit dem empirischen Bild befassen, können wir von vornherein sagen, dass ein relativ geringes Niveau des realen BIP je Einwohner keine Garantie für schnelles Wachstum darstellt, wie die Beispiele aus Lateinamerika und Afrika demonstrieren.

Die Enttäuschung: Lateinamerika

Im Jahr 1900 wurde Lateinamerika nicht als ökonomisch zurückgebliebene Region betrachtet. Natürliche Ressourcen wie fruchtbares Land und Rohstoffe gab es im Überfluss. Einige Länder, insbesondere Argentinien, lockten Millionen von Emigranten aus Europa an, Menschen, die nach einem besseren Leben suchten. Schätzungen des realen BIP je Einwohner für Argentinien, Uruguay und das südliche Brasilien belegen, dass die Situation mit der in ökonomisch fortgeschrittenen Ländern vergleichbar war.

In den letzten 100 Jahren war das Wachstum in Lateinamerika jedoch enttäuschend. Abbildung 24-9 verdeutlicht diese enttäuschende Entwicklung am Beispiel Argentinien. Die Tatsache, dass Südkorea nun sehr viel reicher ist als Argentinien, wäre vor wenigen Generationen unvorstellbar gewesen.

Warum kam es zur Stagnation in Lateinamerika? Der Vergleich mit der ostasiatischen Erfolgsgeschichte legt eine Reihe von Vermutungen nahe. Die Spar- und Investitionsquoten waren in Lateinamerika deutlich geringer als in Ostasien, was teilweise dem verantwortungslosen Handeln der Politik geschuldet ist, die zugelassen hat, dass hohe Inflationsraten, Bankzusammenbrüche und ähnliche Ereignisse die Ersparnisse der Menschen aufgefressen haben. Bildung und hier insbesondere die breite Basisausbildung wurde in Lateinamerika vernachlässigt: Selbst Länder Lateinamerikas, die über große Rohstoffvorkommen verfügen, waren oft nicht in der Lage, diesen Reichtum in ihr Bildungssystem zu transferieren. Und auch die politische Instabilität, die zu unverantwortlichem Regierungshandeln führte, hat ihren Tribut verlangt.

Außerdem haben es die Länder Lateinamerikas nicht geschafft, durch die Übernahme von Technologien, die im Ausland entwickelt wurden, einen Wachstumsschub zu generieren. Dies hat zu einer anhaltenden Unzufriedenheit in der Bevölkerung beigetragen, die die politische Instabilität in der Region weiter verstärkt hat.

In den 1980er-Jahren gelangten viele Ökonomen zu der Überzeugung, dass die meisten lateinamerikanischen Länder unter den übermäßigen Staatsinterventionen in die Märkte litten. Sie empfahlen die Öffnung der Volkswirtschaften für Importe, den Verkauf von im Staatseigentum stehenden Unternehmen und, ganz allgemein, die Entfesselung individueller Initiativen. Dahinter stand die Hoffnung, dass diese Maßnahmen zu einem langfristigen Aufschwung wie in Ostasien führen würden. Bisher hat aber lediglich ein lateinamerikanisches Land, Chile, ein wirklich nachhaltiges hohes Wirtschaftswachstum realisieren können.

Afrikas Probleme und Hoffnungen

Im Afrika südlich der Sahara wohnen mehr als 1 Milliarde Menschen, mehr als dreimal so viel wie in den Vereinigten Staaten. Im Durchschnitt sind diese Menschen sehr arm mit einem Lebensstandard, der nicht einmal annähernd an den Lebensstandard der Vereinigten Staaten vor 100 oder sogar vor 200 Jahren heranreicht. Das durchschnittliche reale BIP je Einwohner ist in der Region südlich der Sahara zwischen 1980 und 1994 sogar um 13 Prozent gesunken. Mittlerweile liegen die jährlichen Wachstumsraten in vielen Teilen Afrikas (ohne die großen Volkswirtschaften Nigeria, Angola und Südafrika) im Durchschnitt bei rund 5 Prozent. Wie lässt sich dieser Umschwung erklären?

Zunächst ist es gelungen, die politische Lage in vielen Ländern zu stabilisieren. In der Zeit nach 1975 gab es in großen Teilen Afrikas grausame Bürgerkriege (wobei hinter den rivalisierenden Seiten oftmals ausländische Mächte standen), bei denen Millionen von Menschen umgekommen sind und die Investitionen in Produktionsanlagen nahezu komplett verhindert haben. Die Bedrohung durch Krieg und Gesetzlosigkeit hat auch andere wichtige Voraussetzungen für Wirtschaftswachstum unterbunden, wie etwa Bildung und die Bereitstellung der notwendigen Infrastruktur.

Eigentumsrechte stellen ein weiteres Problem dar. Das Fehlen von Rechtssicherheit bedeutet, dass sich Eigentümer oft Erpressungsversuchen korrupter Regierungsbeamter gegenübersehen, weswegen sie keinen Anreiz haben, über Eigentum zu verfügen oder dieses zu verbessern. Daraus ergeben sich insbesondere Schäden in einem Land, das sehr arm ist.

Zwar sehen viele Ökonomen politische Instabilität und Regierungskorruption als die wichtigsten Gründe für die Unterentwicklung Afrikas, es gibt aber auch einige Ökonomen, am bekanntesten vielleicht Jeffrey Sachs von der Columbia Universität, die vom Gegenteil überzeugt sind. Sie argu-

LÄNDER IM VERGLEICH

Rückständige Regionen in reichen Ländern

Wachsende regionale Ungleichgewichte sind nicht allein ein US-amerikanisches Problem. Strukturelle Entwicklungen, die große städtische Metropolregionen mit einem hohen Bildungsgrad gegenüber ländlichen Regionen oder traditionellen Industriezentren begünstigen, sind in allen wohlhabenden Volkswirtschaften zu beobachten. In Großbritannien ist das Wirtschaftszentrum London stark gewachsen, während die traditionellen Bergbau- und Industriestädte im Nordosten der Landes nicht vorankommen. In Frankreich ist eine ähnliche Diskrepanz zu beobachten zwischen dem Großraum Paris und der Kohle- und Stahlregion im Norden des Landes. In Italien gibt es schon lange eine wirtschaftliche Zweiteilung in einen wohlhabenden Norden und einen armen Süden (insbesondere Sizilien). Und in der Bundesrepublik Deutschland sind auch mehr als 30 Jahre nach dem Fall der Mauer die neuen Bundesländer immer noch deutlich ärmer als der Rest des Landes.

Der Vergleich von regionalen Ungleichgewichten über Ländergrenzen hinweg ist schwierig, da Regionen nicht in jedem Land auf gleiche Weise abgegrenzt werden. In den Vereinigten Staaten werden Daten für Bundesstaaten und Metropolregionen erhoben, in der EU gibt es eine eigene, einheitliche Systematik zur Definition von Regionen für die amtliche Statistik (Nomenclature des Unités territoriales statistiques – NUTS). Dennoch lässt sich mithilfe der Daten in der Abbildung erkennen, die für einige Länder das reale Pro-Kopf-Einkommen der ärmsten Regionen in Relation zum Landesdurchschnitt zeigen, dass die regionalen Ungleichgewichte in der westlichen Welt ein vergleichbares Ausmaß annehmen und vielleicht nur in den Vereinigten Staaten ein wenig stärker ausgeprägt sind.

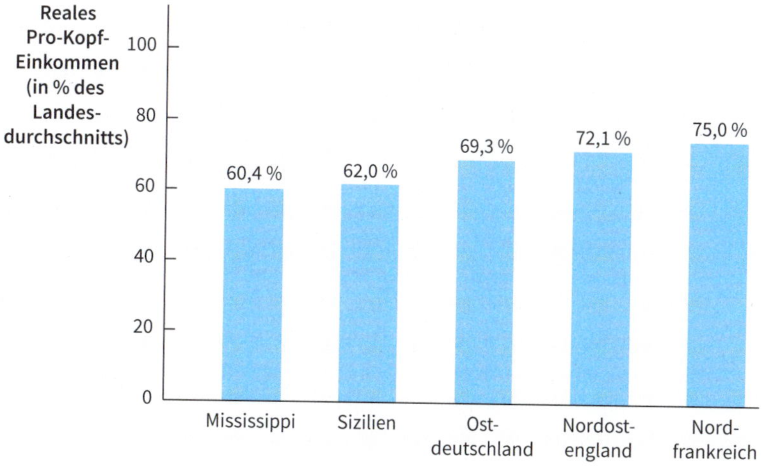

Quellen: Nomenclature des Unités territoriales statistiques, Bureau of Economic Analysis.

mentieren, Afrika sei politisch unstabil, weil es arm ist. Und Afrikas Armut, so die Behauptung, stamme aus den extrem ungünstigen geografischen Bedingungen – ein großer Teil des Kontinents hat keinen Zugang zum Meer, ist heiß, von tropischen Krankheiten betroffen und verfügt nur über unfruchtbare Böden.

Jeffrey Sachs hat gemeinsam mit Ökonomen von der World Health Organization (WHO) die Bedeutung von Gesundheitsproblemen für Afrika herausgestellt. In armen Ländern wird die Arbeitsproduktivität oft massiv durch unzureichende Ernährung und Krankheiten beeinträchtigt. Insbesondere kann man Tropenkrankheiten wie Malaria nur mithilfe einer wirksamen öffentlichen Gesundheitsinfrastruktur in den Griff bekommen. Und an dieser fehlt es in den meisten Ländern.

Zu dem Zeitpunkt, als dieses Buch entstanden ist, untersuchten Wissenschaftler in verschiedenen Regionen Afrikas, ob eine relativ geringe Entwicklungshilfe, die sich aber direkt an die Einwohner wendet, um die Ernten zu verbessern, das Malariaproblem zu entschärfen und die Schulausbildung zu verbessern, nachhaltige Steigerungen des Lebensstandards hervorrufen kann.

Obgleich das Beispiel der afrikanischen Länder deutlich davor warnt, langfristiges Wirtschaftswachstum als selbstverständlich anzusehen, gibt es doch einige Zeichen für Hoffnung. Wie wir in Abbildung 24-9 gesehen haben, steigt das Pro-Kopf-Einkommen in Nigeria nach Jahrzehnten der Stagnation seit 2000 wieder an und hat im Zeitraum von 2008 bis 2018 ein durchschnittliches Wachstum von 3,0 Prozent erreicht.

WISSENSCHAFT UND PRAXIS

Gewinner und Verlierer im globalen Maßstab

In den letzten Jahrzehnten waren die Wohlstandsgewinne aus dem Wirtschaftswachstum in den Vereinigten Staaten ziemlich ungleich verteilt. Die Einkommen der Spitzenverdiener sind in die Höhe geschnellt, während die Einkommen der anderen Haushalte deutlich langsamer angestiegen sind. Damit hat sich die Ungleichheit in der Einkommensverteilung weiter verstärkt. In einem globalen Maßstab betrachtet lässt sich die Aussage nicht ohne Weiteres treffen. Die Frage, inwieweit die Ungleichheit weltweit gewachsen oder gesunken ist, lässt sich nicht pauschal beantworten. Während die Ungleichheit *in* vielen Ländern, vor allem in vielen wohlhabenden Ländern, zugenommen hat, ist die Ungleichheit *zwischen* den Ländern gesunken, vor allem dank des starken Wachstums in China, Indien und anderen ehemals armen Volkswirtschaften.

Auf der Suche nach einer Antwort auf die Frage nach den Nutznießern des globalen Wachstums kann es hilfreich sein, die Weltbevölkerung in vier Gruppen einzuteilen: die »Zurückgebliebenen«, die Mittelklasse in Entwicklungsländern, die Arbeiterklasse in hoch entwickelten Volkswirtschaften und die globale Elite.

Am unteren Ende befindet sich eine große Gruppe von Menschen, wahrscheinlich mindestens 2 Milliarden Menschen, die vom langfristigen Wachstum noch gar nicht profitiert haben. In großen Teilen Afrikas und sogar in einigen Teilen Chinas und Indiens ist das Pro-Kopf-Einkommen heute nicht viel höher als vor hundert Jahren.

Daneben gibt es eine weitere große Gruppe mit mehr als 1 Milliarde Menschen aus China, Indien und anderen rasch wachsenden Volkswirtschaften, die seit Menschengedenken sehr arm waren, aber jetzt einer rasant wachsenden globalen Mittelklasse angehören.

Ein derartige Erfolgsgeschichte gibt es für die Arbeiterklasse in hoch entwickelten Volkswirtschaften dagegen nicht. Die Einkommen dieser Gruppe liegen zwar im globalen Maßstab immer noch über dem Durchschnitt, aber das Einkommenswachstum hat sich in den letzten Jahrzehnten stark verlangsamt.

Und schließlich gibt es noch die kleine Gruppe der sehr Wohlhabenden, überwiegend, aber nicht ausschließlich aus den reichen Ländern, die große Einkommenszuwächse erfahren haben.

Viele Analysten sehen in dieser ungleichen Verteilung der Wachstumsgewinne eine wichtige Ursache für soziale und politische Spannungen. Der Aufstieg der globalen Mittelklasse stellt zweifelsohne einen riesigen Wohlstandsfortschritt dar, hat aber gleichzeitig die bislang dominante Position der wohlhabenden Volkswirtschaft im Weltwirtschaftssystem ins Wanken gebracht und damit Entwicklungen wie den Handelskonflikt zwischen China und den Vereinigten Staaten ausgelöst. Die Arbeiterklasse in den wohlhabenden Volkswirtschaften wiederum sieht sich als globaler Verlierer und schafft damit einen Nährboden für populistische Bewegungen und Parteien.

Kurzzusammenfassung

- Das spektakuläre Wachstum Ostasiens wurde durch hohe Sparquoten und hohe Investitionsausgaben hervorgerufen, die schwerpunktmäßig für Bildung und die Übernahme von fortgeschrittenen Technologien aus anderen Ländern getätigt wurden.
- Schlechte Bildung, politische Instabilität und verantwortungsloses Handeln der Regierungen sind wichtige Ursachen für das langsame Wachstum Lateinamerikas.
- In den afrikanischen Ländern südlich der Sahara haben politische Instabilitäten, Kriege und die schlechte Infrastruktur, insbesondere im Gesundheitsbereich, zu einer katastrophalen Wachstumsschwäche geführt. Seit einigen Jahren ist hier jedoch ein wirtschaftlicher Aufschwung zu beobachten.
- Die **Konvergenzhypothese** scheint nur dann zuzutreffen, wenn weitere Einflussfaktoren des Wachstums gedanklich konstant gehalten werden. Die Weltwirtschaft ist in den letzten Jahrzehnten rapide gewachsen. Allerdings sind nicht alle Länder und Regionen gleich schnell gewachsen.

ÜBERPRÜFEN SIE IHR WISSEN

1. Einige Ökonomen vertreten die Auffassung, dass sich die hohen Wachstumsraten der Produktivität, die von vielen asiatischen Volkswirtschaften erzielt wurden, auf Dauer nicht aufrechterhalten lassen. Warum könnten sie Recht haben? Was müsste passieren, damit die Ökonomen Unrecht haben?
2. Einige Ökonomen vertreten die Auffassung, der beste Weg, um den afrikanischen Ländern zu helfen, bestehe für die wohlhabenden Länder darin, mehr finanzielle Mittel für grundlegende Infrastruktur bereitzustellen. Andere Ökonomen glauben, dass eine derartige Politik keine langfristigen Wirkungen zeigen wird, wenn die afrikanischen Länder nicht über die finanziellen und politischen Möglichkeiten verfügen, diese Infrastruktur zu unterhalten. Welche Politik würden Sie empfehlen?

24.5 Ist das Wirtschaftswachstum auf der Welt nachhaltig?

Wir haben uns in diesem Kapitel bereits mit den Ansichten des Ökonomen Thomas Malthus beschäftigt, der bereits im 19. Jahrhundert davor warnte, dass das Bevölkerungswachstum den Lebensstandard der Menschen immer stärker begrenzen würde. Für die Vergangenheit hatte Malthus Recht. Von den Anfängen der Zivilisation bis ins 19. Jahrhundert verhinderte die begrenzte Verfügbarkeit von Land einen deutlichen Anstieg der Pro-Kopf-Einkommen. Aber seitdem haben es der technische Fortschritt und die rasche Bildung von physischem Kapital sowie von Humankapital den Menschen ermöglicht, das Gegenteil zu beweisen.

Aber wird dies für immer der Fall sein? Einige Skeptiker bezweifeln, ob es wirklich ein **nachhaltiges langfristiges Wirtschaftswachstum** geben kann. Können die Volkswirtschaften bei begrenzten natürlichen Ressourcen und, vielleicht noch wichtiger, bei den negativen Auswirkungen des bisherigen Wachstums auf die Umwelt nachhaltig wachsen?

Natürliche Ressourcen und Wachstum überdenken

Nach Thomas Malthus gab es immer wieder Ökonomen, die die Ansicht vertreten haben, dass das Wirtschaftswachstum durch die begrenzte Verfügbarkeit von natürlichen Ressourcen stark eingeschränkt wird. Im Jahr 1865 veröffentlichte der britische Ökonom William Stanley Jevons ein weg-

Ein **nachhaltiges langfristiges Wirtschaftswachstum** ist ein langfristiges Wachstum der Volkswirtschaft trotz der begrenzten Verfügbarkeit von natürlichen Ressourcen und den Auswirkungen des Wachstums auf die Umwelt.

weisendes Buch, in dem er vor einer Erschöpfung der Kohlereserven im Zuge der industriellen Revolution warnte. Im Jahr 1972 sorgte eine Gruppe von Wissenschaftlern, der sogenannte Club of Rome, mit dem Buch »Die Grenzen des Wachstums« (The Limits to Growth) für Aufsehen. In diesem Buch vertraten die Wissenschaftler die Auffassung, dass langfristiges Wirtschaftswachstum in Anbetracht der begrenzten Ressourcen an fossilen Energieträgern wie Öl und Erdgas nicht nachhaltig sein kann. Zu Beginn der 2000er-Jahre herrschte die weitverbreitete Besorgnis, dass das Maximum der weltweit Ölförderung nahe oder bereits überschritten sei (»Peak Oil«-Theorie) und die verfügbaren Ölreserven ihrem Ende entgegengehen.

Bislang hat sich keine dieser Vorhersagen als zutreffend erwiesen, da es durch technologische Neuerungen immer wieder gelungen ist, neue Vorkommen zu erschließen. So gibt es seit 2005 bahnbrechende Entwicklungen in der Öl- und Gasförderung, durch die früher nicht verfügbare Vorkommen nun mittels Fracking (Aufbrechen des Gesteins) genutzt werden können. Gleichzeitig ermöglichen es neue technologische Verfahren, Strom aus Wind und Solarenergie zu deutlich geringeren Kosten zu erzeugen.

Die meisten Ökonomen sind davon überzeugt, dass die modernen Volkswirtschaften Mittel und Wege finden werden, um die Knappheit der natürlichen Ressourcen zu umgehen. Ein Grund für diesen Optimismus ist die Tatsache, dass knappe Ressourcen zu steigenden Preisen führen. Und die steigenden Preise setzen wiederum starke Anreize, die knappen Ressourcen zu schützen und sich nach Alternativen umzuschauen. So haben z. B. die Verbraucher in den Vereinigten Staaten nach dem starken Ölpreisanstieg in den 1970er-Jahren verstärkt kleinere und spritsparende Pkws gekauft und auch die Industrie hat ihre Anstrengungen bei der Suche nach Energieeinsparungen intensiviert.

Mit Blick auf diese Reaktion auf steigende Preise stellen knappe Ressourcen nach Ansicht von Ökonomen fur moderne Volkswirtschaften kein Problem dar und setzen dem langfristigen Wirtschaftswachstum auch keine grundsätzliche Grenze. Ein weitaus größeres Problem stellt dagegen die Belastung der Umwelt dar, die entsprechende wirtschaftspolitische Eingriffe erfordert.

Wirtschaftswachstum und Umwelt

Wenn nichts weiter getan wird, führt Wirtschaftswachstum unweigerlich zu einer steigenden Umweltbelastung durch den Menschen. Dazu gehören eine zunehmende Umweltverschmutzung, der Rückgang der Wildtierbestände, das Artensterben und eine Gefährdung der Biodiversität. Wie wir zu Beginn dieses Kapitels erfahren haben, geht das Wirtschaftswachstum in Indien auch mit einem drastischen Anstieg der Luftverschmutzung in den Städten des Landes einher.

Untersucht man den Einfluss des Wirtschaftswachstums auf die Umwelt, ist zwischen regionalen Umweltbelastungen, die nur in einem begrenzten Gebiet auftreten, und globalen Umweltbelastungen mit weltweiten Auswirkungen zu unterscheiden. Wie wir noch erfahren werden, ist es wesentlich schwieriger, globalen Umweltbelastungen und hier insbesondere dem Klimawandel entgegenzuwirken.

Die Tatsache, dass sich die Luftqualität in den Ballungszentren der hoch entwickelten Volkswirtschaften deutlich verbessert hat, zeigt, dass regionale Umweltbelastungen weitgehend beseitigt werden können, sofern der politische Wille vorhanden ist und ausreichend Ressourcen zur Verfügung gestellt werden. Auch in China ist es in den letzten Jahren gelungen, die Luftqualität in den großen Städten deutlich zu verbessern, ohne das Wachstumstempo dafür drosseln zu müssen.

Der Klimawandel, also die menschengemachen Veränderung des Erdklimas, lässt sich dagegen wesentlich schwerer bekämpfen. Dafür sind Maßnahmen auf globaler Ebene notwendig, die eine Zusammenarbeit von vielen Ländern voraussetzen.

Es gibt einen breiten wissenschaftlichen Konsens, dass die Verbrennung von fossilen Energieträgern wie Kohle, Erdöl und Erdgas zu steigenden Kohlendioxidemissionen in die Atmosphäre führt. Kohlendioxid ist ein Treibhausgas und verursacht den Treibhausgaseffekt, durch den die Temperaturen ansteigen und sich Wettermuster verschieben, was wiederum zu hohen ökonomischen, gesellschaftlichen und ökologischen Kosten führt, wenn z. B. der steigende Meeresspiegel Küstengebiete überflutet oder Dürren und Überschwemmungen Ernten vernichten. Neueste Schätzungen gehen davon aus, dass sich die Kosten eines ungebremsten Klimawandels im Jahr

2100 auf bis zu 20 Prozent des weltweiten BIP belaufen können. Und ein Großteil dieser Kosten wird von den armen Volkswirtschaften getragen werden müssen.

Das Problem des Klimawandels ist untrennbar mit dem Wirtschaftswachstum verknüpft. Je größer die Volkswirtschaft, desto mehr Häuser, Fabriken und Fahrzeuge gibt es, die alle Energie benötigen, welche in der Regel aus fossilen Energieträgern gewonnen wird. Fossile Energieträger decken gegenwärtig rund 85 Prozent des weltweiten Energieverbrauchs ab, erneuerbare Energien dagegen nur 11 Prozent. Das erklärt sich dadurch, dass es bislang einfach billiger war, fossile Energieträger zu nutzen. Viele wohlhabende Volkswirtschaften haben ihren Wohlstand der Industrialisierung und der damit verbundenen Nutzung von fossilen Energieträgern in den letzten hundert Jahren zu verdanken. Um den weltweiten Ausstoß von Treibhausgasen zu reduzieren, müssen die hoch entwickelten Volkswirtschaften gemeinsam mit aufstrebenden Volkswirtschaften wie China und Indien alles daran setzen, ihre Abhängigkeit von fossilen Energieträgern zu senken, und stattdessen vermehrt auf erneuerbare Energiequellen wie Wind und Sonnenenergie setzen.

Bislang sind wirksame Maßnahmen gegen den Klimawandel daran gescheitert, dass sich die Länder nicht darüber einigen konnten, wie die Kosten des Übergangs von fossilen Energieträgern zu erneuerbaren Energiequellen bezahlt werden sollen. Wie **Abbildung 24-10** zeigt, verursachten in der Vergangenheit die Industrieländer den größten Teil der Kohlendioxid-Emissionen (die für rund drei Viertel aller weltweiten Treibhausgasemissionen verantwortlich sind). Heute tragen dagegen in erster Linie aufstrebende Volkswirtschaften wie China und Indien zum Anstieg der Emissionen bei. Die Industrieländer sind wiederum nicht bereit, ihre Emissionen zu reduzieren und die Kosten dafür zu tragen, wenn gleichzeitig andere Länder diese Bemühungen durch einen Anstieg ihrer Emissionen konterkarieren. Auf der anderen Seite verweisen Länder wie China mit Recht darauf, dass es nicht fair sein kann, den ärmeren aufstrebenden Volkswirtschaften die Lasten für den Schutz der Umwelt aufzubürden, die durch das Verhalten der reichen Industrieländer in der Vergangenheit bedroht ist.

In Anbetracht der ernsten Lage haben sich im Jahr 2015 196 Staaten im *Pariser Klimaschutzabkommen* dazu verpflichtet, ihre Treibhausgasemissionen zu senken, um den Anstieg der Erd-

Abb. 24-10

Klimawandel und Wachstum

Die Treibhausgasemissionen stehen in einem engen Zusammenhang mit dem Wachstum. Wie anhand der Daten für Europa und die Vereinigten Staaten zu erkennen ist, waren die Industrieländer in der Vergangenheit für den größten Teil der Emissionen verantwortlich, da ihre Volkswirtschaften wohlhabender waren und schneller wuchsen. Mit dem Anstieg des Wirtschaftswachstums in China und anderen Schwellenländern stiegen auch deren Kohlendioxidemissionen. Mittlerweile liegen die Emissionen Chinas über den Emissionen der Vereinigten Staaten und denen Europas.

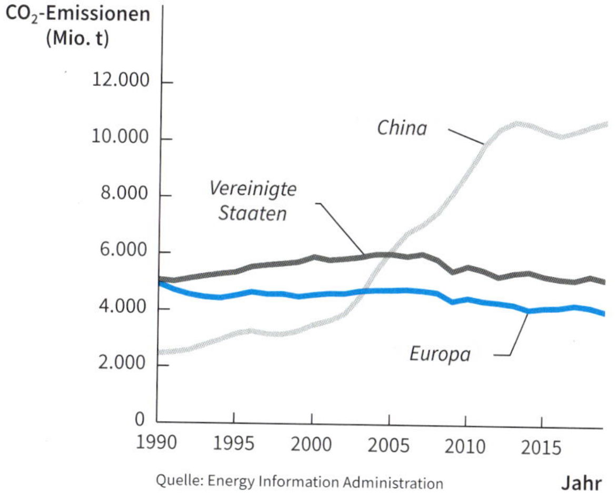

Quelle: Energy Information Administration

temperatur auf maximal 2 Grad zu begrenzen. Der zentrale Punkt der Vereinbarung sieht eine Zusammenarbeit zwischen China, Indien und den Vereinigten Staaten vor. China und Indien haben sich dazu bereit erklärt, ihre Emissionen zu begrenzen, während die Vereinigten Staaten gemeinsam mit anderen Industrieländern zugesagt haben, durch verschiedene öffentliche und private Finanzierungen die Kosten der Emissionsreduktion für die ärmeren Länder mit zu tragen. Nachdem die Vereinigten Staaten im November 2020 unter dem damaligen US-Präsidenten Trump aus dem Klimaschutzabkommen ausgetreten sind, hat sein Nachfolger im Amt US-Präsident Biden diesen Austritt im Januar 2021 wieder zurückgenommen.

Ist eine Fortsetzung des langfristigen Wirtschaftswachstums bei einer gleichzeitigen Reduktion der Treibhausgasemissionen möglich? Die meisten Ökonomen würden diese Frage mit einem Ja beantworten. Sicherlich geht die Senkung der Treibhausgasemissionen mit Kosten einher. Durch die Vielzahl der technologischen Innovation im Bereich der umweltfreundlichen Energieerzeugung sind diese Kosten jedoch stetig gesunken. Aktuelle Studien gehen davon aus, dass selbst eine deutliche Reduktion der Treibhausgasemissionen in den nächsten Jahrzehnten das langfristige Wachstum des realen Pro-Kopf-Einkommens kaum merklich beeinflussen würde.

Um langfristiges Wirtschaftswachstum mit Umweltschutz zu verbinden, muss der Staat regulatorisch eingreifen, verbindliche und wirksame Umweltstandards setzen und gleichzeitig durch marktbasierte Maßnahmen den Übergang zu einer umweltfreundlichen Energieerzeugung unterstützen. Und natürlich müssen die Staaten, reiche Länder wie arme Länder, bei diesem Thema weiterhin zusammenarbeiten. Einigkeit auf der politischen Ebene über die notwendigen Maßnahmen wird der Schlüssel zum Erfolg sein.

WISSENSCHAFT UND PRAXIS

Chinas Kampf gegen die Luftverschmutzung

Peking, die Hauptstadt Chinas, ist mit geschätzten 20 Millionen Einwohnern eine der größten Metropolen in Asien. Und vor gar nicht allzu langer Zeit war Peking der Inbegriff für Luftverschmutzung. Als Peking im Jahr 2014 Gastgeber der Asiatisch-Pazifischen Wirtschaftsgemeinschaft (Asia-Pacific Economic Corporation – APEC) war, führten die Behörden vorübergehende Kontrollen zur Luftreinhaltung ein, die kurzzeitig für saubere Luft sorgten. Für den blauen Himmel über Peking, den die Einwohner der Metropolregion aufgrund des Smogs sonst nur selten zu sehen bekamen, wurde daraufhin der Begriff »APEC blue« geprägt.

Noch im gleichen Jahr kündigte die chinesische Regierung einen langfristigen Kampf gegen die Luftverschmutzung an und führte eine Reihe von Maßnahmen ein, darunter Beschränkungen für die Verbrennung von Kohle, die Schließung der ältesten Produktionsanlagen mit dem höchsten Schadstoffausstoß, Beschränkungen für emissionsstarke Kraftfahrzeuge in den großen Städten sowie die Einführung von hoch subventionierten Elektrobussen.

Und die Maßnahmen zeigten Wirkung. Die Luft wurde viel sauberer. Natürlich ist die Luft in Peking immer noch viel schlechter als beispielsweise die Luft in New York, wo ungefähr genauso viele Menschen leben. Der Grad der Luftverschmutzung schwankt zwischen »mäßig« und »ungesund«. Aber im Vergleich zur Situation vor der Einführung der Maßnahmen ist das ein deutlicher Fortschritt.

Das Bemerkenswerte an Chinas Kampf gegen die Luftverschmutzung ist jedoch die Tatsache, dass die deutliche Verringerung der Luftverschmutzung ohne einen spürbaren Verlust im Wachstumstempo gelang. Zwischen 2014 und 2019 wuchs das reale BIP in China jedes Jahr um mehr als 6 Prozent, auch dann noch, als die Luft immer sauberer wurde. Mit anderen Worten, langfristiges Wirtschaftswachstum und besserer Umweltschutz können Hand in Hand gehen.

Kurzzusammenfassung

- Ein **nachhaltiges langfristiges Wirtschaftswachstum** muss die Auswirkungen des Wachstums auf die Umwelt berücksichtigen. Viele Ökonomen sind aber davon überzeugt, dass moderne Volkswirtschaften Wege finden, um die Grenzen des Wirtschaftswachstums zu überwinden, da Preise auf Knappheiten reagieren und damit entsprechende Anreize für die Suche nach Alternativen setzen.
- Wirtschaftswachstum führt zu Umweltbelastungen und Umweltzerstörung, wenn keine Schutzmaßnahmen getroffen werden. Regionale Umweltbelastungen können beseitigt werden, wenn der politische Wille vorhanden ist und ausreichend Ressourcen zur Verfügung gestellt werden. Globale Umweltbelastungen lassen sich dagegen wesentlich schwerer bekämpfen. Dafür ist eine Zusammenarbeit vieler Länder notwendig.
- Die Emission von Treibhausgasen, die bei der Verbrennung von fossilen Energieträgern entstehen, trägt zum Klimawandel bei. Die Auswirkungen des Klimawandels lassen sich nur durch staatliche Eingriffe begrenzen.
- Die hoch entwickelten Volkswirtschaften müssen gemeinsam mit den aufstrebenden Volkswirtschaften ihre Abhängigkeit von fossilen Energieträgern senken und stattdessen vermehrt auf erneuerbare Energiequellen wie Wind und Sonnenenergie setzen. Die Kosten für eine Senkung der Treibhausgasemissionen werden das Wachstum des realen BIP pro Kopf nur wenig beeinflussen. Durch technologische Innovationen im Bereich der umweltfreundlichen Energieerzeugung werden die Kosten für eine Senkung der Treibhausgasemissionen weiter sinken.
- Im *Pariser Klimaschutzabkommen* haben sich im Jahr 2015 196 Staaten dazu verpflichtet, ihre Treibhausgasemissionen zu senken, um den Anstieg der Erdtemperatur zu begrenzen.

ÜBERPRÜFEN SIE IHR WISSEN

1. Was spielt für Ökonomen eine größere Rolle bei der Begrenzung des Wachstums: die Knappheit der natürlichen Ressourcen oder die Umweltzerstörung? Erläutern Sie Ihre Antwort und gehen Sie dabei auf die Bedeutung von negativen externen Effekten ein.
2. Welcher Zusammenhang besteht zwischen den Treibhausgasemissionen und dem Wirtschaftswachstum? Welche Wirkung auf das Wachstum ist durch eine Reduktion der Treibhausgasemissionen zu erwarten? Warum können sich die Länder nicht einigen, wie die notwendigen Emissionsminderungen auf die einzelnen Länder aufgeteilt werden sollen?

Unternehmen in Aktion: Der Siegeszug des Barcodes

Wenn wir an Innovation und technischen Fortschritt denken, konzentrieren wir uns oft auf bahnbrechende Entwicklungen. Wir denken an Automobile, die Pferde und Kutschen von der Straße verdrängten, an elektrische Glühbirnen, die Gaslampen ersetzten, oder an Computer, die Rechenmaschinen und Schreibmaschinen überflüssig machten. Manchmal kommt der technische Fortschritt aber in kleinen Schritten und ist für die meisten Menschen fast unsichtbar, auch wenn er im Laufe der Zeit eine große Wirkung entfaltet. Betrachten wir dazu beispielsweise ein einfaches Barcode-Lesegerät.

Barcodes wurde zum ersten Mal im Jahr 1974 kommerziell genutzt, als eine Kaugummi-Packung von Wrigleys durch ein Lesegerät der National Cash Register Corporation (heute NCR Corp) eingelesen wurde. Seit dieser Zeit finden sich (eindimensionale) Barcodes und ihre zweidimensionalen Nachfolger, die QR-Codes (visuelle Muster, mit denen das menschliche Auge nichts anfangen kann, aber die von Scannern und Smartphones sofort erkannt werden), nahezu überall, kennzeichnen und steuern viele Dinge, von Schiffscontainern bis hin zu Fluggästen.

Die Vorteile dieser maschinenlesbaren Label sind enorm und gehen weit über das hinaus, was die Kunden in der Warteschlange an der Kasse sehen können. Einzelhändler nutzen Barcodes, um die Verkaufszahlen einzelner Produkte zu erfassen und erfahren auf diese Weise, wann Produkte nachbestellt und wann Regale aufgefüllt werden müssen, welche Produkte im Sortiment sich gut verkaufen, wie schnell die Beschäftigten an der Kasse arbeiten und vieles mehr. Der Lebensmitteleinzelhandel ist eine sehr arbeitsintensive Branche. Ökonomen schätzen, dass durch die Einführung der Barcode-Technologie die Personalkosten um bis zu 40 Prozent gesunken sind. Und natürlich hat die Barcode-Technologie auch die Verbreitung der elektronischen Datenverarbeitung in der gesamten Einzelhandelsbranche entscheidend vorangetrieben.

Aber hier ist die Geschichte noch nicht zu Ende. Mittlerweile bietet eine zunehmende Anzahl von Einzelhändlern Selbstbedienungskassen für Kunden an, an denen die Kunden die gekauften Produkte selbst einscannen und anschließend elektronisch bezahlen. Einige Geschäfte haben sogar schon Smartphone-Apps eingeführt, die es den Kunden ganz bequem ermöglichen, die Produkte zu scannen, wenn sie sie in den Einkaufswagen legen.

Man könnte nun vermuten, dass NCR durch seine Vorreiterrolle bei dieser revolutionären technologischen Veränderung ein Vermögen verdient hat. Aber während das Unternehmensgeschäft insgesamt gut gelaufen ist, waren die Verkäufe bei Barcode-Lesegeräten in den ersten Jahren eher durchwachsen. Die Lesegeräte setzten sich nur langsam durch. In den ersten zehn Jahren nach der »historischen« Kaugummi-Packung hatte nur ein Drittel aller Supermärkte Barcode-Lesegeräte eingeführt.

Um von Vorteilen der Barcode-Technologie zu profitieren, mussten die Einzelhändler zunächst beträchtliche Summen in den Kauf von Lesegeräten sowie in den Erwerb und die Installation von entsprechenden EDV-Systemen investieren. Die Produzenten wiederum mussten Anlagen anschaffen, die den Barcode auf die Verpackung ihre Produkte druckten. Es bestand also ein klassisches Henne-Ei-Problem. Die Einzelhändler warteten darauf, dass immer mehr Produkte mit einem Barcode auf der Verpackung ausgeliefert wurden, und die Produzenten warteten darauf, dass es immer mehr Supermärkte gab, die mit Produkten mit einem Barcode beliefert werden wollten.

Das Problem löste sich im Laufe der Zeit. Einzelhändler und Produzenten nahmen die notwendigen Investitionen vor und schufen damit die Voraussetzung für den Siegeszug dieser Informationstechnologie. In den Jahren des Produktivitätsschubs von 1995 bis 2005 war der Einzelhandel einer der wichtigsten Treiber des Produktivitätswachstums in der US-amerikanischen Volkswirtschaft.

In Europa ging die Einführung der Barcode-Technologie langsamer vonstatten. In den Vereinigten Staaten waren die großen Kaufhäuser die Ersten, die Barcode-Lesegeräte installierten. Die neue Technologie beschleunigte den Konzentrationsprozess in der Einzelhandelsbranche zulasten der kleinen »Tante-Emma«-Läden, die sich die Einführung der Barcode-Technologie nicht leisten konnten. In Europa dagegen wurden diese Geschäfte durch staatliche Vorgaben geschützt.

Schlussendlich setzte sich die Entwicklung auch in Europa durch. Damit hat sich die Barcode-Technologie von den Vereinigten Staaten aus fast überall hin verbreitet, zumindest in die hoch entwickelten Volkswirtschaften.

FRAGEN

1. Die Barcode-Technologie hat zu massiven Investitionen im Einzelhandel geführt. Wie hat sich dadurch die Produktionsfunktion für den Einzelhandel verändert? Zu welchem Ergebnis hätten vergleichbare große Investitionen ohne die neue Technologie geführt?
2. Die Ausbreitung der Barcode-Technologie hat sich in den Vereinigten Staaten verzögert, da alle Beteiligten zunächst auf Schritte des jeweils anderen warteten. Welche wirtschaftspolitische Maßnahme hätte hier für Abhilfe sorgen können? Wäre das eine gute Idee gewesen?
3. Erklären Sie mithilfe dieser Fallstudie, warum sich die Wachstumsraten weltweit unterscheiden.
4. Trotz anfänglicher Widerstände hat sich die Barcode-Technologie weltweit verbreitet. Was bedeutet das für die Unterschiede im Wirtschaftswachstum der einzelnen Länder?

Zusammenfassung

1. Das Wirtschaftswachstum wird durch die Veränderung des realen BIP je Einwohner (Pro-Kopf-Einkommen) gemessen. Damit wird der Einfluss von Änderungen des Preisniveaus und der Bevölkerungszahl eliminiert. Das Niveau des realen BIP je Einwohner unterscheidet sich rund um die Welt deutlich: Mehr als die Hälfte der Weltbevölkerung lebt in Ländern, die heute ärmer sind, als es die Vereinigten Staaten 1900 waren. Im Verlauf des 20. Jahrhunderts hat sich das reale BIP je Einwohner in den Vereinigten Staaten um 700 Prozent erhöht.
2. Die Wachstumsraten des realen BIP je Einwohner unterscheiden sich ebenfalls sehr stark. Der **70er-Regel** zufolge ist die Anzahl der Jahre, die es dauert, damit sich das reale BIP je Einwohner verdoppelt, gleich 70 geteilt durch die jährliche Wachstumsrate des realen BIP je Einwohner.
3. Der Schlüssel für langfristiges Wirtschaftswachstum liegt in einer steigenden **Arbeitsproduktivität** oder einfach **Produktivität**, also der Produktion je Arbeitskraft. Ein Anstieg der Produktivität ergibt sich aus einer Zunahme des **physischen Kapitals** je Arbeitskraft und des **Humankapitals** je Arbeitskraft sowie aus dem **technischen Fortschritt**. Die **aggregierte Produktionsfunktion** zeigt, in welcher Weise das reale BIP je Arbeitskraft von diesen drei Faktoren abhängt. Unter sonst gleichen Bedingungen treten **abnehmende Grenzprodukte des physischen Kapitals** auf: Jede weitere Erhöhung des physischen Kapitalstocks führt zu einer geringeren Erhöhung der Produktivität als die vorhergehende. Äquivalent kann man auch formulieren, dass zusätzliches physisches Kapital je Arbeitskraft zu einer geringeren, aber immer noch positiven Wachstumsrate der Produktivität führt. Die **Zurechnung von Wachstumsbeiträgen**, die sich mit der Schätzung des Beitrags jedes Faktors zum Wirtschaftswachstum eines Landes beschäftigt, hat gezeigt, dass eine zunehmende totale Faktorproduktivität – das mit einer gegebenen Faktormenge erzeugte Produktionsvolumen – einen Schlüssel für das langfristige Wachstum darstellt. Für gewöhnlich wird die Erhöhung der **totalen Faktorproduktivität** als Wirkung des technischen Fortschritts interpretiert. Im Unterschied zu früher stellen natürliche Ressourcen heute in den meisten Ländern eine weniger wichtige Ursache für das Produktivitätswachstum dar.
4. Für die großen Unterschiede in den Wachstumsraten zwischen einzelnen Ländern sind in erster Linie unterschiedliche Veränderungsraten im Bestand an physischem Kapital und an Humankapital sowie Unterschiede im technischen Fortschritt verantwortlich. Der entscheidende Faktor ist dabei die Höhe von Ersparnis und Investitionsausgaben im Inland (auch wenn Kapitalzuflüsse aus dem Ausland sicherlich einen positiven Einfluss haben), da in der Regel Länder ihre hohen Ausgaben für Investitionen in physisches Kapital durch hohe inländische Ersparnisse finanzieren. **Forschung und Entwicklung (FuE)** treibt den technischen Fortschritt an.
5. Der Staat kann die Triebkräfte des langfristigen Wirtschaftswachstums positiv oder negativ beeinflussen. Wirtschaftspolitische Maßnahmen, die direkt auf das Wachstum wirken, umfassen Subventionen in die **Infrastruktur**, insbesondere das öffentliche Gesundheitsweisen, Subventionen in die Bildung, Subventionen in Forschung und Entwicklung sowie die Sicherstellung eines gut funktionierenden Finanzsystems, das die Ersparnisse zu den Investitionen leitet. Der Staat kann das wirtschaftliche Umfeld für Wachstum durch den Schutz der Eigentumsrechte (insbesondere der Rechte an geistigem Eigentum durch Patente), durch politische Stabilität und durch verantwortungsbewusstes Regierungshandeln fördern. Ein verantwortungsbewusstes Regierungshandeln schließt Korruption und übermäßige Staatseingriffe aus.
6. Bei weltweiter Betrachtung findet man sowohl Beispiele für Erfolg als auch Versagen in dem Bemühen, langfristiges Wirtschaftswachstum zu erreichen. Die ostasiatischen Volkswirtschaften haben vieles richtig gemacht und konnten sehr hohe Wachstumsraten erzielen. In Lateinamerika, wo es an einigen wichtigen Bedingungen fehlte, war das Wachstum im All-

SCHLÜSSELBEGRIFFE

- 70er-Regel
- Arbeitsproduktivität (Produktivität)
- physisches Kapital
- Humankapital
- technischer Fortschritt
- aggregierte Produktionsfunktion
- abnehmende Grenzprodukte des physischen Kapitals
- Zurechnung von Wachstumsbeiträgen
- totale Faktorproduktivität
- Infrastruktur
- Forschung und Entwicklung (FuE)
- Konvergenzhypothese
- nachhaltiges langfristiges Wirtschaftswachstum

gemeinen enttäuschend. In Afrika ist das reale BIP je Einwohner für mehrere Jahrzehnte gesunken, allerdings gibt es heute einige Anzeichen für Verbesserungen. Die Wachstumsraten der ökonomisch entwickelten Länder zeigen eine gewisse Konvergenz, was aber nicht für die Wachstumsraten weltweit zutrifft. Diese Beobachtung hat viele Ökonomen zu der Vermutung veranlasst, dass die **Konvergenzhypothese** nur dann zu den Daten passt, wenn die das Wachstum bestimmenden Faktoren, wie Bildung, Infrastruktur, die richtige Wirtschaftspolitik und gute Institutionen, über die Länder hinweg konstant gehalten werden. In den letzten Jahren ist ein leichter Anstieg des Wirtschaftswachstums in einigen Ländern Lateinamerikas und in den afrikanischen Ländern südlich der Sahara zu verzeichnen, der in erster Linie auf einen Anstieg der Exporte zurückzuführen ist.

7. Nach Auffassung vieler Ökonomen stellt die Umweltbelastung eine große Herausforderung für ein **nachhaltiges langfristiges Wirtschaftswachstum** dar, die sich nur durch zielorientierte staatliche Eingriffe lösen lässt.
8. Es gibt einen Zusammenhang zwischen dem Klimawandel und dem Wirtschaftswachstum. Der Klimawandel lässt sich nur durch staatliche Eingriffe begrenzen. Dafür müssen die Länder ihre Abhängigkeit von fossilen Energieträgern reduzieren und stattdessen vermehrt auf erneuerbare Energiequellen wie Wind und Sonnenenergie setzen. Der klimafreundliche Umbau der Volkswirtschaften wird das Wirtschaftswachstum nur wenig beeinflussen, da die Kosten für die Senkung der Treibhausgasemissionen durch technologische Innovationen im Bereich der umweltfreundlichen Energieerzeugung immer weiter sinken. Bei der Bekämpfung des Klimawandels müssen die Staaten auf internationale Ebene zusammenarbeiten. Aus diesem Grund haben sich im Jahr 2015 196 Staaten im *Pariser Klimaschutzabkommen* dazu verpflichtet, ihre Treibhausgasemissionen zu senken, um den Anstieg der Erdtemperatur zu begrenzen.

25 Sparen, Investitionsausgaben und das Finanzsystem

LERNZIELE

- Wie die Beziehung zwischen Sparen und Investitionsausgaben aussieht.
- Wie auf dem **Kreditmarkt** Kreditgeber und Kreditnehmer zusammenfinden.
- Welche Aufgaben die vier grundlegenden **finanziellen Vermögensobjekte** Darlehen, Anleihen, Aktien und Bankeinlagen erfüllen.
- Wie **Finanzintermediäre** den Anlegern dabei helfen können, **Diversifikation** zu erreichen.
- Welche unterschiedlichen Sichtweisen über die Preisbildung bei Vermögensobjekten existieren, und warum Schwankungen in den Preisen von Vermögensobjekten eine Ursache für makroökonomische Instabilität sein können.

Ein Imperium im Verborgenen

Amazon ist der weltweit größte und bekannteste Online-Händler. Millionen von Menschen besuchen regelmäßig die Webseite, um alle möglichen Dinge zu kaufen, von Büchern über Elektronik bis hin zu Haustierfutter. Ein Klick mit der Maus oder ein Tippen auf dem Smartphone und die Dinge, die man möchte, liegen wie von Zauberhand oft schon am nächsten Tag vor der Tür.

Aber der Eindruck eines Magiers, der alle möglichen Dinge einfach aus dem Hut zaubert, führt in die Irre. Amazon ist kein virtuelles Unternehmen. Hinter den bequemen Online-Käufen und Lieferungen vor die Haustür steckt ein riesiges, oft verborgenes Imperium an Rechenzentren zur Datenverarbeitung und Hallen zur Warenlagerung. Das Netzwerk an Lagerhallen wird sogar als Schlüsselfaktor für den Erfolg von Amazon angesehen. Nach einer aktuellen Studie unterhält Amazon allein in den Vereinigten Staaten mehr als 175 Warenlager (von Amazon als »Auslieferungszentren« bezeichnet) mit 250.000 Beschäftigten. Rund die Hälfte aller US-Amerikaner wohnt in einem Umkreis von 20 Meilen eines Auslieferungszentrums.

Diese Auslieferungszentren, in der Nähe von wichtigen Märkten gelegen und mit einem riesigen Bestand an beliebten Produkten, ermöglichen es dem Unternehmen, für die meisten Bestellungen eine Lieferung innerhalb von 1–2 Tagen anzubieten. Diese Übermacht im Vertrieb verschafft Amazon einen großen Wettbewerbsvorteil.

Es ist nicht bekannt, wie viel Geld Amazon für den Bau dieser Auslieferungszentren ausgegeben hat, aber es müssen viele Milliarden Dollar gewesen sein. Woher hatte Amazon das Geld dafür?

Aus eigenen Gewinnen auf jeden Fall nicht. Gegründet 1994 hat Amazon bis zum Jahr 2016 keine schwarze Zahlen geschrieben. Aber das Unternehmen konnte externe Investoren davon überzeugen, dass das Geschäft irgendwann hoch profitabel sein wird. Und diese Aussicht auf zukünftige Gewinne hat ausgereicht, um große Geldsummen von externen Investoren einzusammeln.
Einige dieser Investoren kauften Aktien und damit Anteile an den erwarteten zukünftigen Gewinnen. Außerdem hat sich Amazon in den Anfangsjahren im Unterschied zu anderen Unternehmen der Hightechbranche auch finanzielle Mittel auf »herkömmliche« Weise beschafft: durch die Ausgabe von Schuldverschreibungen, verbunden mit dem Versprechen, den Investoren jedes Jahr einen bestimmten Betrag zu zahlen, komme was wolle.
Zum damaligen Zeitpunkt war die Ausgabe von Schuldverschreibungen umstritten. Mittlerweile hat sich die Ansicht durchgesetzt, dass dieser Schritt Amazon einen entscheidenden Vorteil ge-

genüber Wettbewerbern verschafft hat, die nicht in der Lage waren, in diesem großen Umfang in die Unternehmensinfrastruktur zu investieren.

Amazon hatte damit die finanziellen Mittel für seine massiven Investitionen zur Verfügung, lange bevor diese Investitionen zu Erträgen geführt haben. Auf eine gewisse Weise war das schon ein finanzielles Wunder. Aber auch wenn Amazon einen Sonderfall darstellt, ist dieses Beispiel in einer modernen Volkswirtschaft nichts Besonderes.

Wir haben im letzten Kapitel gelernt, dass das langfristige Wachstum einer Volkswirtschaft auch in entscheidendem Maße von der Existenz eines gut funktionierenden *Finanzsystems* abhängt, das die liquiden Mittel der Sparer in Ausgaben für sinnvolle Investitionen kanalisiert. Ohne ein derartiges System könnten Unternehmen wie Amazon kaum Realkapital beschaffen, das wiederum die Produktivität vorantreibt. Und die Sparer müssten mit einer kleineren Verzinsung für ihre Ersparnisse leben.

In der Vergangenheit hat das Finanzsystem die liquiden Mittel in erster Linie an Investitionsprojekte wie Eisenbahnnetze oder Fabrikanlagen weitergeleitet. Heutzutage gehen die Mittel an neue Wachstumsquellen wie »grüne« Technologien, soziale Netzwerke und Investitionen in Humankapital. Ohne ein gut funktionierendes Finanzsystem könnte eine Volkswirtschaft nur ein gebremstes Wachstum realisieren.

In diesem Kapitel beginnen wir damit, uns mit der Volkswirtschaft als Ganzes zu beschäftigen. Zunächst werden wir den Zusammenhang zwischen Ersparnissen und Investitionen untersuchen. Auf dieser Grundlage analysieren wir im Anschluss das Finanzsystem und lernen, mit welchen Mitteln und auf welchen Wegen die Ersparnisse in Investitionen umgewandelt werden. Wir werden erfahren, wie das Finanzsystem funktioniert, in dem Vermögensobjekte, Märkte und Institutionen geschaffen werden, die sowohl die Wohlfahrt der Sparer (diejenigen mit den Mitteln für Investitionen) als auch die Wohlfahrt der Schuldner (diejenigen, deren Investitionsprojekte finanziert werden sollen) erhöhen. Abschließend beschäftigen wir uns mit dem Verhalten auf Finanzmärkten und versuchen zu klären, warum dieses Verhalten in vielen Fällen nicht zu den Erklärungsansätzen der Ökonomen passt.

25.1 Sparen und Investitionsausgaben in Übereinstimmung bringen

In Kapitel 24 haben wir gelernt, dass zwei der wesentlichen Grundlagen für Wirtschaftswachstum Erhöhungen des Niveaus von *Humankapital* und *physischem Kapital* in der Volkswirtschaft sind. Humankapital wird im Wesentlichen durch den Staat über die öffentliche Ausbildung zur Verfügung gestellt. (In Ländern mit einem großen privaten Ausbildungssektor, wie etwa den Vereinigten Staaten, ist auch die private Hochschulausbildung eine wichtige Quelle des Humankapitals.) Mit Ausnahme der Infrastruktur wird jedoch physisches Kapital hauptsächlich durch private Investitionsausgaben geschaffen – also durch Ausgaben von Unternehmen und nicht durch Ausgaben des Staates.

Aber wer bezahlt die privaten Investitionsausgaben? In manchen Fällen sind es die Menschen und Firmen selbst, z. B. wenn eine Familie, die ein Unternehmen betreibt, die Ersparnisse dazu verwendet, um neue Anlagen oder ein neues Gebäude zu kaufen. Oder eine Firma investiert einen Teil ihrer Gewinne, um eine neue Fabrikanlage zu bauen. In einer modernen Volkswirtschaft greifen Einzelpersonen oder Unternehmen bei der Investition in Realkapital in der Regel auf das Geld anderer Leute zurück, indem sie sich das Geld leihen oder durch den Verkauf von Aktien Geld einnehmen.

Vielleicht erinnern Sie sich daran, dass wir im Kapitel 22 in der Abbildung 22-1 ein erweitertes

DENKFALLEN!

Investitionen versus Investitionsausgaben
Wenn Makroökonomen den Begriff *Investitionsausgaben* verwenden, dann meinen sie fast immer »Ausgaben für neues physisches Kapital«. Das kann Verwirrung stiften, weil wir im normalen Leben häufig sagen, dass jemand, der Aktien oder ein bereits bestehendes Gebäude kauft, »investiert«. Für unsere weiteren Überlegungen ist es entscheidend, stets daran zu denken, dass wir mit »Investitionsausgaben« ausschließlich Ausgaben meinen, die zu einer Erhöhung des Bestandes an physischem Kapital (Realkapital) in der betrachteten Volkswirtschaft führen. Davon ist die sonst häufig gemeinte Bedeutung von »eine Investition tätigen« zu unterscheiden, die sich auch auf den Kauf von finanziellen Vermögensobjekten wie Aktien, Anleihen oder Immobilien beziehen kann.

Kreislaufdiagramm der Volkswirtschaft dargestellt haben. Damals haben wir uns nur mit der linken Seite des Kreislaufdiagramms beschäftigt, das die die Realwirtschaft mit den Geldströmen auf den Gütermärkten veranschaulicht hat. Jetzt wollen wir die Finanzwirtschaft mit den Geldströmen auf den *Finanzmärkten* betrachten, die sich auf der rechten Seite des Kreislaufdiagramms finden. Auf Finanzmärkten tauschen Haushalte, Unternehmen und der Staat keine Güter aus, sondern Zahlungsversprechen für die Zukunft.

Um zu verstehen, wie die Finanzmärkte funktionieren und wie Investitionsausgaben finanziert werden, müssen wir uns zunächst den Zusammenhang zwischen Ersparnissen und Investitionen für die Volkswirtschaft als Ganzes anschauen. Danach können wir untersuchen, wie die Ersparnisse auf die verschiedenen Investitionsprojekte aufgeteilt werden.

Die Identität von Sparen und Investitionsausgaben

Der wesentlichste Punkt für das Verstehen von Sparen und Investitionsausgaben besteht darin zu begreifen, dass beide Größen immer gleich sein müssen, und zwar unabhängig davon, ob wir eine geschlossene oder eine offene Volkswirtschaft betrachten. Dahinter steht keine Theorie, vielmehr handelt es sich um eine buchhalterische Tatsache, die man als **Identität von Sparen und Investitionsausgaben** bezeichnet.

Um zu verstehen, warum die Identität von Sparen und Investitionsausgaben richtig sein muss, wollen wir uns noch einmal der Volkswirtschaftlichen Gesamtrechnung zuwenden, mit der wir uns in Kapitel 22 beschäftigt haben. Dort hatten wir gesehen, dass das Bruttoinlandsprodukt gleich den Gesamtausgaben (gesamtwirtschaftliche Ausgaben) für die in der Wirtschaft hergestellten Endprodukte ist und dass wir folgende Gleichung formulieren können:

(25-1) $\text{BIP} = C + I + G + X - IM.$

Dabei steht C für die Konsumausgaben, I für die Investitionsausgaben, G für die staatlichen Güterkäufe, X für den Wert der Exporte und IM für die Importausgaben.

Die Identität von Sparen und Investitionsausgaben in einer geschlossenen Volkswirtschaft. Wie wir im Kapitel 22 gelernt haben, entspricht das Gesamteinkommen einer Volkswirtschaft per definitionem den gesamtwirtschaftlichen Ausgaben. Der Grund dafür liegt in einer der volkswirtschaftlichen Grundregeln aus Kapitel 1, nach der die Ausgaben einer Person das Einkommen einer anderen Person sind. Die Menschen können nur durch den Verkauf von Dingen an andere ein Einkommen erzielen, und jeder Euro, der in einer Volkswirtschaft ausgegeben wird, schafft für jemand anderen Einkommen. Dieser Zusammenhang ist in Gleichung (25-2) dargestellt. Das BIP auf der linken Seite steht für das Gesamteinkommen in der Volkswirtschaft, und $C + I + G$ auf der rechten Seite spiegelt die gesamtwirtschaftlichen Ausgaben wider.

(25-2) $\text{BIP} = C + I + G.$
Gesamteinkommen = Gesamtausgaben

Und was kann man mit dem Einkommen machen? Es kann entweder für den Konsum ausgegeben – für den privaten Konsum C und für die Ausgaben des Staates für den Kauf von Waren und Dienstleistungen G – oder gespart werden.

Der **Identität von Sparen und Investitionsausgaben** zufolge müssen für die Wirtschaft insgesamt Sparen und Investitionsausgaben notwendigerweise immer gleich sein.

Sparen und Investitionsausgaben in Übereinstimmung bringen

Der **Haushaltssaldo** ist die Differenz zwischen Steuereinnahmen und Staatsausgaben.

Die **nationale** oder **gesamtwirtschaftliche Ersparnis**, die Summe aus privatem Sparen und Haushaltssaldo, entspricht dem gesamten Sparvolumen der Volkswirtschaft.

Als **Budgetüberschuss** bezeichnet man die Differenz aus Steuereinnahmen und Staatsausgaben, falls die Steuereinnahmen die Staatsausgaben übersteigen.

Als **Budgetdefizit** bezeichnet man die Differenz zwischen Steuereinnahmen und Staatsausgaben, falls die Staatsausgaben die Steuereinnahmen übersteigen.

Die **staatliche Kreditaufnahme** zeigt den Gesamtbetrag, den sich Bund, Länder und Kommunen auf den Finanzmärkten leihen.

Damit muss gelten:

(25-3) $BIP = C + G + S$
Gesamteinkommen =
Konsumausgaben + Sparen

S steht für die Ersparnisse. Gleichzeitig sagt uns Gleichung (25-3), dass sich die Gesamtausgaben auf die Konsumausgaben ($C + G$) und die Investitionsausgaben (I) aufteilen

(25-4) $BIP = C + I + G$.
Gesamteinkommen =
Konsumausgaben + Investitionsausgaben

Führt man Gleichung (25-3) und Gleichung (25-4) zusammen, dann erhält man

(25-5) $C + G + S = C + I + G$.
Konsumausgaben + Sparen =
Konsumausgaben + Investitionsausgaben

Zieht man die Konsumausgaben ($C + G$) auf beiden Seiten der Gleichung ab, resultiert daraus

(25-6) $S = I$
Sparen = Investitionsausgaben

Wie bereits gesagt, ist es eine grundlegende Identität, dass die Ersparnisse für die Volkswirtschaft als Ganzes den Investitionsausgaben entsprechen müssen.

Nun wollen wir uns die Ersparnisse ein wenig näher anschauen. Die Haushalte sind nicht der einzige Sektor der Volkswirtschaft, der sparen kann. Auch der Staat kann in einem bestimmten Jahr sparen, wenn er mehr Steuern einnimmt als Ausgaben tätigt. In diesem Fall bezeichnet man die Differenz aus Steuereinnahmen und staatlichen Ausgaben als **Budgetüberschuss**. Diese Größe entspricht vereinfacht dem Sparen des Staates.

Übersteigen dagegen die Ausgaben des Staates seine Steuereinnahmen, dann haben wir es mit einem **Budgetdefizit** zu tun – einem negativen Überschuss. In diesem Fall spricht man häufig davon, dass der Staat »entspart«: Indem der Staat mehr ausgibt, als er an Steuern einnimmt, macht er genau das Gegenteil von Sparen.

Der Staat kann sein Budgetdefizit durch Kreditaufnahme decken. Die **staatliche Kreditaufnahme** zeigt den Gesamtbeitrag, den sich der Staat (Bund, Länder und Kommunen) auf den Finanzmärkten leiht.

Wir definieren den Begriff **Haushaltssaldo**, um beide Fälle zu erfassen, und gehen davon aus, dass der Haushaltssaldo sowohl positiv sein kann (ein Budgetüberschuss) als auch negativ (ein Budgetdefizit). Formal können wir diese Definition folgendermaßen schreiben:

(25-7) $S_{Staat} = T - TR - G$,

TR bezeichnet die staatliche Transferzahlungen und *T* die Steuereinnahmen. Der Haushaltssaldo entspricht also den Ersparnissen des Staates. Gibt der Staat weniger aus, als er einnimmt (spart der Staat also), ist der Haushaltssaldo positiv. Gibt der Staat dagegen mehr aus, als er einnimmt, ist der Haushaltssaldo negativ. Die **nationale** oder **gesamtwirtschaftliche Ersparnis**, die wir bislang nur als Ersparnis bezeichnet haben, ergibt sich damit aus der Summe von Haushaltssaldo (staatlicher Ersparnis) und privater Ersparnis, wobei die private Ersparnis dem verfügbaren Einkommen (Einkommen nach Steuern) abzüglich der Konsumausgaben entspricht. Damit gilt:

(25-8) $S_{Ges} = S_{privat} + S_{Staat}$

Aus den Gleichungen 25-6 und 25-8 ergibt sich die Identität von Sparen und Investitionsausgaben in einer geschlossenen Volkswirtschaft mit

(25-9) $S_{Ges} = I$

Gesamtwirtschaftliche Ersparnis = Investitionsausgaben

Die Identität von Sparen und Investitionsausgaben in einer offenen Volkswirtschaft. Eine offene Volkswirtschaft ist eine Volkswirtschaft, in die Güter und Geld hineinströmen und aus der Güter und Geld herausströmen können. Dadurch ändert sich die Identität von Sparen und Investitionsausgaben, weil das Sparen nun nicht nur für die Finanzierung von physischem Kapital in dem Land verwendet werden muss, in dem das Sparen entsteht. Das liegt daran, dass das Sparen von Menschen, die in irgendeinem Land leben, zur Finanzierung von Investitionsausgaben verwendet werden kann, die in anderen Ländern getätigt werden. Jedes beliebige Land kann daher *Zuflüsse* von Finanzmitteln verzeichnen, von ausländischem Sparen, das zur Finanzierung inländischer Investitionsausgaben dient. Jedes beliebige Land kann aber auch *Abflüsse* von Finanzmitteln

DENKFALLEN!

Verschiedene Kapitalformen

Es ist wichtig, deutlich zwischen drei verschiedenen Formen von Kapital zu unterscheiden – physisches Kapital, Humankapital und Finanzkapital – die wir in Kapitel 24 erläutert haben:

1. Das *physische Kapital* (auch Realkapital) besteht aus von Menschen gemachten Ressourcen, wie Gebäuden und Maschinen.
2. Mit *Humankapital* bezeichnet man die Verbesserungen bei den Erwerbspersonen, die auf Ausbildung und Wissen zurückzuführen sind.
3. Unter *Finanzkapital*, in der Makroökonomik oft auch einfach als »Kapital« bezeichnet, versteht man dagegen die durch Sparen gebildeten Finanzmittel, die für Investitionsausgaben verfügbar sind. Ein Land mit einem »Nettokapitalzufluss« erfährt also einen Zufluss von Finanzmitteln aus dem Ausland in das Inland hinein, um dort Investitionsausgaben zu finanzieren.

verzeichnen, also von inländischem Sparen, das der Finanzierung von Investitionsausgaben in einem anderen Land dient.

Der Nettoeffekt der internationalen Zuflüsse und Abflüsse von Finanzmitteln auf das gesamte verfügbare Sparen, das in einem bestimmten Land für Investitionsausgaben zur Verfügung steht, wird als **Nettokapitalzufluss** in das betreffende Land bezeichnet. Der Nettokapitalzufluss beschreibt also den Nettostrom von Finanzmitteln, der in ein Land hineinfließt. Er ist gleich dem gesamten Zufluss von ausländischen Finanzmitteln abzüglich des gesamten Abflusses von inländischen Finanzmitteln in andere Länder. Wie der Haushaltssaldo kann der Nettokapitalzufluss auch negativ sein, und zwar dann, wenn mehr Kapital aus einem Land abfließt, als in das Land hineinfließt. In der jüngeren Vergangenheit registrierten die Vereinigten Staaten einen Nettozufluss von ausländischem Kapital, während Deutschland einen Nettoabfluss zu verzeichnen hatte, der deutsche Nettokapitalzufluss also negativ war.

Es ist wichtig festzuhalten, dass aus einer nationalen Perspektive ein Euro, der aus gesamtwirtschaftlichem Sparen stammt, und ein Euro, der auf einen Kapitalzufluss zurückzuführen ist, nicht äquivalent sind. Natürlich können beide dasselbe Volumen an Investitionsausgaben finanzieren. Jeder Euro aber, der von einem Sparer geliehen wurde, muss schließlich samt Zinsen zurückbezahlt werden. Ein Euro aus gesamtwirtschaftlichem Sparen fließt einschließlich der Zinsen an irgendeinen Inländer – entweder an eine Privatperson oder an den Staat. Ein Euro, der als Kapitalzufluss aus dem Ausland stammt, muss dagegen, einschließlich Zinsen, an Ausländer zurückbezahlt werden. Ein Euro zur Finanzierung von Investitionsausgaben, der aus einem Kapitalzufluss stammt, verursacht höhere *gesamtwirtschaftliche Kosten* – die Zinszahlungen, die schließlich an das Ausland entrichtet werden müssen – als ein Euro zur Finanzierung von Investitionsausgaben, der aus gesamtwirtschaftlichem Sparen stammt.

Als **Nettokapitalzufluss** bezeichnet man den Nettozufluss von Finanzmitteln in ein Land hinein.

Die Tatsache, dass ein Nettokapitalzufluss Finanzmittel repräsentiert, die vom Ausland geliehen werden, stellt einen wichtigen Aspekt der Identität von Sparen und Investitionsausgaben in einer offenen Volkswirtschaft dar. Schauen wir uns ein Individuum an, das mehr als sein Einkommen ausgibt. Diese Person muss den Differenzbetrag von anderen leihen. In ähnlicher Weise muss ein Land, das mehr für Importe ausgibt, als es durch Exporte einnimmt, die Differenz vom Ausland leihen. Und diese Differenz, das Volumen an Finanzmitteln, das vom Ausland geliehen wird, ist gleich dem Nettokapitalzufluss des betreffenden Landes. Wie wir in Kapitel 33 ausführlicher erläutern werden, bedeutet dies, dass der Nettokapitalzufluss in ein Land gleich der Differenz zwischen Importen und Exporten ist:

(25-10) $NCI = IM - X$.

Nettokapitalzufluss = Importe minus Exporte

Wir wenden uns jetzt wieder Gleichung (25-1) zu, um die Identität von Sparen und Investitionsausgaben für eine offene Volkswirtschaft abzuleiten. Durch Umformung von Gleichung (25-1) erhalten wir:

(25-11) $I = (\text{BIP} - C - G) + (IM - X)$.

Durch die Gleichungen (25-3) und (25-9) wissen wir, dass der Ausdruck (BIP – C – G) der gesamtwirtschaftlichen Ersparnis entspricht, sodass gilt:

(25-12) $I = S_{Ges} + (IM - X) = S_{Ges} + NCI$
Investitionsausgaben = Gesamtwirtschaftliches Sparen + Nettokapitalzufluss

Die Identität von Sparen und Investitionsausgaben für eine offene Volkswirtschaft besagt also, dass die Investitionsausgaben gleich dem Sparen sind, wobei das Sparen hier aber gleich dem gesamtwirtschaftlichen Sparen plus Nettokapitalzufluss ist. In einer offenen Volkswirtschaft mit einem positiven Nettokapitalzufluss wird also ein Teil der Investitionsausgaben durch das Sparen des Auslands finanziert. Und in einer offenen Volkswirtschaft mit einem negativen Nettokapitalzufluss (einem Nettoabfluss) dient ein Teil des gesamtwirtschaftlichen Sparens der Finanzierung von Investitionsausgaben im Ausland.

Für die Vereinigten Staaten lagen im Jahr 2021 die Investitionsausgaben insgesamt bei 4.915 Milliarden Dollar. Das private Sparen betrug in den Vereinigten Staaten 6.940 Milliarden Dollar, mit dem aber ein Budgetdefizit von 2.341 Milliarden Dollar ausgeglichen werden musste, sodass sich die gesamtwirtschaftliche Ersparnis auf 4.600 Milliarden Dollar belief. Der Nettokapitalzufluss lag bei 807 Milliarden Dollar. Wenn Sie diese Zahlen addieren bzw. subtrahieren, dann wird Ihnen auffallen, dass Sparen und Investitionsausgaben nicht genau übereinstimmen. Dies ist darauf zurückzuführen, dass die Daten für unsere Rechnung nur unvollkommen sind, weil es eine »statistische Diskrepanz« in Höhe von 490 Milliarden Dollar gibt. Hierbei handelt es sich jedoch um einen Fehler in der Datenerhebung, nicht um einen Fehler in der Theorie, weil in der Realität selbstverständlich unsere Identität von Sparen und Investitionsausgaben gelten muss.

Abbildung 25-1 zeigt, wie diese Identität im Jahr 2021 für zwei der größten Volkswirtschaften der Welt aussah, die Vereinigten Staaten und die Bundesrepublik Deutschland. Um die beiden Volkswirtschaften leichter vergleichen zu können, werden in Abbildung 25-1 Sparen und Investitionsausgaben als Prozentsätze des BIP dargestellt. In beiden Diagrammen zeigen die links stehenden Säulen das gesamte Volumen der Investitionsausgaben und die rechts stehenden Säulen die Komponenten des Sparens. In den Vereinigen Staaten hatten die Investitionsausgaben eine Höhe von 21,4 Prozent des BIP und wurden durch eine Kombination von privatem Sparen (28,1 Prozent des BIP) und Nettokapitalzufluss (3,5 Prozent des BIP) finanziert, wobei allerdings das Entsparen des Staates (–10,2 Prozent des BIP) zu berücksichtigen ist. In Deutschland waren die Investitionsausgaben als Prozentsatz des BIP in dem betreffenden Jahr leicht höher und lagen bei 22,6 Prozent. Finanziert wurden sie durch ein höheres Niveau des privaten Sparens (33,7 Prozent des BIP), dem ein Budgetdefizit (3,7 Prozent des BIP) und ein negativer Nettokapitalzufluss (oder Nettokapitalabfluss, 7,4 Prozent des BIP) gegenüberstand.

Wir halten fest, dass die Investitionsausgaben durch das Sparen finanziert werden. Wie aber teilen sich die für die Finanzierung von Investitionsausgaben verfügbaren Mittel auf die verschiedenen Investitionsprojekte auf? Anders formuliert: Wodurch wird bestimmt, welche Projekte finanziert werden (wie etwa die Auslieferungszentren von Amazon) und welche nicht. Wir werden gleich sehen, dass die Mittel nach einer uns vertrauten Methode auf die verschiedenen Investitionsprojekte verteilt werden: über den Markt, durch Angebot und Nachfrage.

Der Kreditmarkt

Für die Wirtschaft insgesamt stimmen Sparen und Investitionsausgaben immer überein. In einer geschlossenen Volkswirtschaft ergibt sich das Sparen vollständig aus dem gesamtwirtschaftlichen Sparen. In einer offenen Volkswirtschaft ist das Sparen gleich dem gesamtwirtschaftlichen Sparen zuzüglich des Nettokapitalzuflusses. Zu jedem beliebigen Zeitpunkt sind jedoch normalerweise die Sparer, also Menschen, die Finanzmittel zur Verfügung stellen wollen, nicht die gleichen wie die Kreditnehmer, also Menschen, die sich verschulden wollen, um ihre Investitionsausgaben zu finanzieren. Wie werden Sparer und Kreditnehmer zusammengebracht?

Sparer und Kreditnehmer finden auf ganz ähnliche Weise zueinander wie Produzenten und Konsumenten: durch Märkte, die von Angebot und Nachfrage gesteuert werden.

Um das zu verstehen, wollen wir die Realität ein wenig vereinfachen. In einer Volkswirtschaft

Abb. 25-1

Die Identität von Sparen und Investitionsausgaben für offene Volkswirtschaften: Die Vereinigten Staaten und die Bundesrepublik Deutschland im Jahr 2021

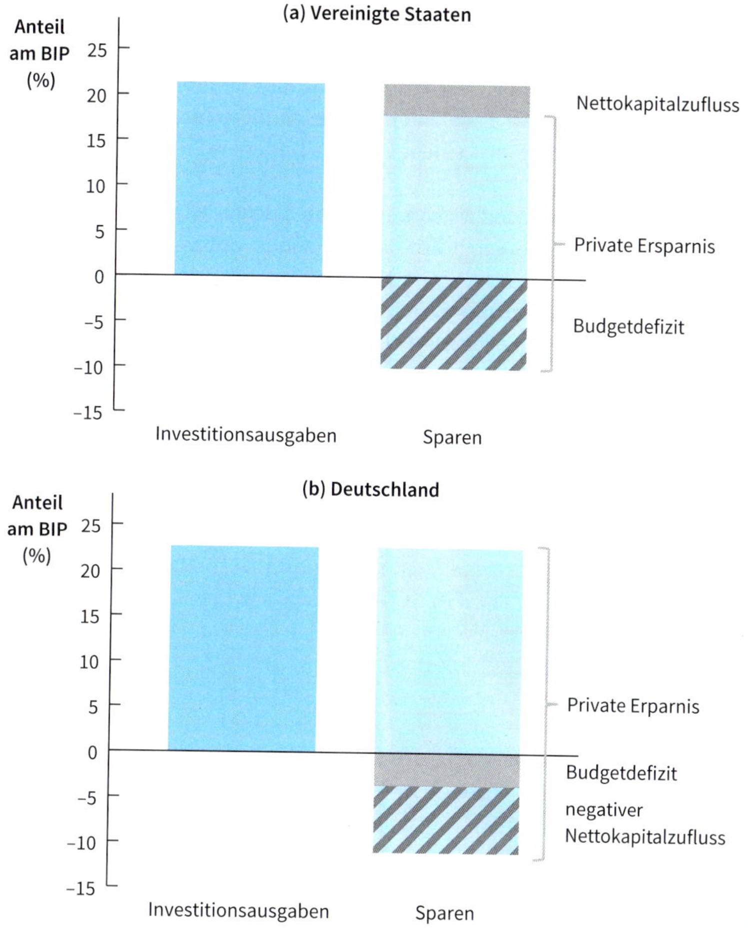

Die Investitionsausgaben in den Vereinigten Staaten 2021 (21,4 Prozent des BIP) wurden finanziert durch private Ersparnisse (28,1 Prozent des BIP) und einen Nettokapitalzufluss (3,5 Prozent des BIP), die teilweise für ein Budgetdefizit verwendet wurden (−10,2 Prozent des BIP). Die Investitionsausgaben in Deutschland waren im Jahr 2021 leicht höher, gemessen als Anteil am BIP (22,6 Prozent). Sie wurden finanziert durch höhere private Ersparnisse, ebenfalls als Anteil am BIP gemessen (33,7 Prozent), die aber auch für den negativen Nettokapitalzufluss oder Nettokapitalabfluss (−7,4 Prozent des BIP) und das Budgetdefizit (3,7 Prozent des BIP) verwendet wurden.

Quelle: International Monetary Fund, World Economic Outlook Database, April 2022

gibt es eine große Anzahl verschiedener Finanzmärkte im Finanzsystem. Dazu gehören der *Kreditmarkt* und der *Anleihemarkt*, die beide unter allen Umständen die Zahlung eines festgelegten Betrages versprechen, sowie der *Aktienmarkt*, der Anlegern einen Anteil am zukünftigen Gewinn eines Unternehmens gibt. Ökonomen arbeiten jedoch häufig mit einem vereinfachten Modell, in dem sie annehmen, dass es lediglich einen Markt gibt, der diejenigen zusammenführt, die Finanzmittel anlegen wollen (Sparer), und diejenigen, die Finanzmittel aufnehmen wollen (Unternehmen mit Investitionsprojekten).

Dieser hypothetische Markt wird im Englischen als *Loanable Funds Market* bezeichnet. Im Deutschen sprechen wir vom **Kreditmarkt**, wobei wir hier allerdings einen sehr weit gefassten Kreditbegriff verwenden. Der Preis, der auf dem Kreditmarkt bestimmt wird, ist der Zinssatz, den wir mit r bezeichnen wollen. Wie wir im Kapitel 23 gelernt haben, gilt für Kredite in der Regel ein Nominalzinssatz. Damit steht r für den Nominalzinssatz,

Der **Kreditmarkt** (englisch: loanable funds market) ist ein hypothetischer Markt, der sich mit dem Zusammenspiel der Nachfrage nach Kreditmitteln durch Kreditnehmer und dem Angebot an Kreditmitteln durch Kreditgeber beschäftigt.

den Zinssatz, der nicht um die Inflationsrate bereinigt ist.

Wir sollten an diesem Punkt festhalten, dass es in der Realität viele unterschiedliche Zinssätze gibt, weil es sehr unterschiedliche Formen von Krediten gibt – kurzfristige Kredite, langfristige Kredite, Kredite an Kapitalgesellschaften, Kredite an den Staat usw. Aus Vereinfachungsgründen wollen wir diese Unterschiede ignorieren und annehmen, dass es lediglich eine Darlehensform gibt.

Jetzt sind wir so weit zu untersuchen, wie sich Ersparnis und Investitionen einander anpassen.

Die Nachfrage nach Kreditmitteln. Die **Abbildung 25-2** illustriert die Nachfrage nach Kreditmitteln, die durch eine Nachfragekurve mit negativer Steigung dargestellt wird. An der Abszisse ist die nachgefragte Menge an Kreditmitteln abgetragen, an der Ordinate der Zinssatz, also der Preis für die Kreditaufnahme. Aber warum verläuft die Nachfragekurve fallend?

Abb. 25-2

Die Nachfrage nach Kreditmitteln

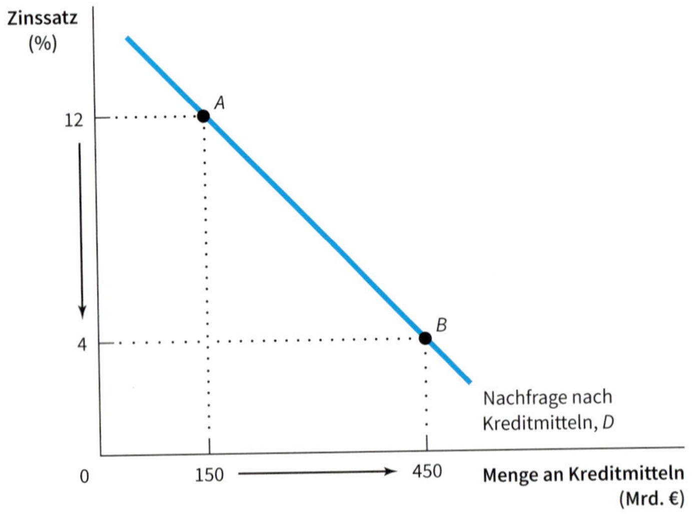

Die Nachfragekurve für Kreditmittel verläuft mit negativer Steigung: Je niedriger der Zinssatz ist, desto größer ist die nachgefragte Menge an Kreditmitteln. In unserem Beispiel führt die Verringerung des Zinssatzes von 12 Prozent auf 4 Prozent zu einer Zunahme der nachgefragten Kreditmittel von 150 Milliarden Euro auf 450 Milliarden Euro.

Um diese Frage zu beantworten, schauen wir uns an, was ein Unternehmen macht, das in eine neue Anlage investieren möchte. Bei einer Investition gibt das Unternehmen heute Geld aus in der Hoffnung, dass diese Ausgabe in der Zukunft zu höheren Einnahmen führt. Ein Euro in fünf oder zehn Jahren ist allerdings weniger wert als ein Euro heute. Damit lohnt sich eine Investition nur dann, wenn die Einnahmen in der Zukunft größer sind als die Investitionsausgaben heute. Aber um wie viel müssen die Einnahmen größer sein?

Für die Beantwortung dieser Frage greift man auf den *Barwert* der zukünftigen Einnahmen zurück, die das Unternehmen erwartet. Wir haben das Barwertkonzept im Anhang zu Kapitel 9 eingeführt. Dort haben wir gelernt, wie man den Barwert von Zahlungen in der Zukunft ermittelt. Außerdem wurde gezeigt, wie man mithilfe des Barwertes den Preis von Aktien und Anleihen ermitteln kann.

In Barwertberechnungen nutzen wir den Zinssatz, um den Wert eines Euro in der Zukunft mit dem Wert eines Euro heute zu vergleichen. Dabei gilt, dass ein Euro in der Zukunft weniger wert ist als ein Euro heute und das umso mehr, je höher der Zinssatz ist.

Der Gedanke hinter den Barwertberechnungen ist einfach. Der Zinssatz misst die Opportunitätskosten der Investitionsausgaben, die in der Zukunft zu Einnahmen führen. Anstatt das Geld für eine Investition auszugeben, könnte ein Unternehmen den Betrag auch einfach zur Bank bringen und dafür Zinsen erhalten. Je höher der Zinssatz ist, desto attraktiver wird die Geldanlage bei der Bank im Vergleich zur Investition.

Mit anderen Worten: Je höher der Zinssatz, desto höher die Opportunitätskosten der Investitionsausgaben. Und je höher die Opportunitätskosten der Investitionsausgaben sind, desto geringere Investitionsausgaben werden die Unternehmen tätigen und desto geringer ist auch die Nachfrage nach Kreditmitteln. Dieser Zusammenhang (der in der Rubrik »Vertiefung« noch einmal im Detail erklärt wird) erklärt den fallenden Verlauf der Nachfragekurve für Kreditmittel.

Wenn Unternehmen Investitionsprojekte durchführen, dann geben sie heute Geld aus für erwartete Einnahmen in der Zukunft. Um einschätzen zu können, ob sich ein bestimmtes In-

VERTIEFUNG

Den Barwert nutzen

Wenn man das Barwertkonzept verstanden hat, dann begreift man auch, warum die Nachfragekurve für Kreditmittel fallend verläuft. Das Barwertkonzept lässt sich anhand eines Beispiel einfach erklären.

Nehmen wir an, Sie machen genau in einem Jahr Ihr Examen und Sie wollen sich dann mit einer Urlaubsreise im Wert von 1.000 Euro dafür belohnen. Damit stellt sich die Frage, welchen Betrag Sie heute benötigen, um in einem Jahr 1.000 Euro zur Verfügung zu haben. Es sind natürlich nicht 1.000 Euro, und der Grund dafür ist der Zinssatz.

Wir bezeichnen mit X den Betrag, den Sie heute benötigen, und mit r den Zinssatz, den Sie erhalten, wenn Sie das Geld bei der Bank anlegen. Wenn Sie nun den Betrag X auf die Bank bringen und dafür den Zinssatz r erhalten, dann zahlt Ihnen die Bank in einem Jahr $X \times (1 + r)$ aus. Und wenn Ihnen die Bank in einem Jahr 1.000 Euro auszahlen soll, dann gilt $X \times (1 + r) = 1.000$ Euro. Mit ein wenig Algebra erhält man $X = 1.000$ Euro$/(1 + r)$. Der Wert für X hängt also vom Zins ab, der immer größer als null ist. Und damit ist X immer kleiner als 1.000 Euro. Liegt der Zinssatz z. B. bei 5 Prozent ($r = 0{,}05$), dann ist X gleich 952,38 Euro. Mit anderen Worten: Bei einem Zinssatz von 5 Prozent sind 952,38 Euro heute genauso viel wert wie 1.000 Euro in einem Jahr. Oder 1.000 Euro sind in einem Jahr bei einem Zinssatz von 5 Prozent heute 952,38 Euro wert.

Damit können wir jetzt den *Barwert* von X definieren: Das ist der Betrag, den man bei einem gegebenen Zinssatz heute benötigt, um in der Zukunft den Betrag X zu erhalten. In unserem Zahlenbeispiel sind 952,38 Euro der Barwert von 1.000 Euro in einem Jahr bei einem Zinssatz von 5 Prozent.

Das Barwertkonzept gilt auch für Unternehmensentscheidungen. Denken wir z. B. an ein Unternehmen, das zwei Investitionsprojekte in Erwägung zieht, die beide in einem Jahr eine Einnahme in Höhe von 1.000 Euro bringen. Die Investitionsprojekte haben allerdings unterschiedlich hohe Kosten. Für das eine Projekt müsste sich das Unternehmen 900 Euro leihen, für das andere Projekt dagegen 950 Euro. Welches dieser beiden Projekte sollte das Unternehmen – wenn überhaupt – durchführen?

Die Antwort hängt vom Zinssatz ab, der den Barwert einer Zahlung von 1.000 Euro in einem Jahr bestimmt. Bei einem Zinssatz von 10 Prozent beträgt der Barwert von 1.000 Euro in einem Jahr 909 Euro. Mit anderen Worten: Bei einem Zinssatz von 10 Prozent müssen für einen Kredit von 909 Euro in einem Jahr 1.000 Euro zurückgezahlt werden. Ist der Kredit kleiner als 909 Euro, müssen weniger als 1.000 Euro zurückgezahlt werden. Ist der Kredit dagegen größer als 909 Euro, müssen mehr als 1.000 Euro zurückgezahlt werden. Damit ist also nur das erste Projekt für das Unternehmen profitabel, da man dort in einem Jahr mehr Einnahmen erhält, als man für den Kredit zurückzahlen muss.

Bei einem Zinssatz von 10 Prozent sind die Einnahmen von jedem Projekt, das mehr als 909 Euro kostet, geringer als der Betrag, der für den Kredit zurückgezahlt werden muss, und diese Projekte sind unwirtschaftlich. Beträgt der Zinssatz dagegen nur 5 Prozent, dann steigt der Barwert von 1.000 Euro auf 952 Euro. Bei diesem Zinssatz sind also beide Projekte wirtschaftlich, da der Betrag von 952 Euro bei beiden Investitionsprojekten größer ist als die Investitionskosten. Damit gilt: Je niedriger der Zinssatz ist, desto mehr Kreditmittel wird ein Unternehmen für Investitionszwecke nachfragen.

Da alle Unternehmen auf diese Weise kalkulieren, führt ein niedrigerer Zinssatz in der gesamten Volkswirtschaft zu höheren Investitionsausgaben, und die Nachfragekurve für Kreditmittel ist negativ geneigt.

vestitionsprojekt lohnt, muss ein Unternehmen den Barwert der zukünftigen Einnahmen mit den laufenden Investitionsausgaben vergleichen. Ist der Barwert der zukünftigen Einnahmen größer als die laufenden Investitionsausgaben, dann ist das Projekt wirtschaftlich und das Unternehmen sollte investieren. Wenn der Zinssatz sinkt, dann steigt der Barwert jedes Investitionsprojektes, sodass mehr Projekte durchgeführt werden. Steigt dagegen der Zinssatz, dann werden weniger Investitionsprojekte umgesetzt.

Damit stehen die Investitionsausgaben insgesamt – und damit die Nachfrage nach Kreditmitteln zur Finanzierung der Ausgaben – in einer negativen Beziehung zum Zinssatz, und die Nachfragekurve für Kreditmittel verläuft fallend. Dieser Zusammenhang ist in Abbildung 25-2 dargestellt. Wenn der Zinssatz von 12 Prozent auf 4 Prozent fällt, dann steigt die Nachfrage nach Kreditmitteln von 150 Milliarden Euro (Punkt *A*) auf 450 Milliarden Euro (Punkt *B*).

Der **gleichgewichtige Zinssatz** ist der Zinssatz, bei dem angebotene Kreditmittel und nachgefragte Kreditmittel gerade übereinstimmen.

Das Angebot an Kreditmitteln. Die **Abbildung 25-3** zeigt die Angebotskurve *S* für Kreditmittel. Auch hier spielt der Zinssatz wieder die Rolle, die der Preis bei der Analyse von Angebot und Nachfrage einnimmt. Aber warum zeigt die Kurve einen steigenden Verlauf?

Die Kreditmittel werden von den Sparern zur Verfügung gestellt und den Sparern entstehen Opportunitätskosten für die Mittel, die sie den Unternehmen zur Verfügung stellen können. Sie könnten mit diesen Mitteln stattdessen auch Konsumausgaben tätigen – sich beispielsweise einen netten Urlaub leisten. Ob ein bestimmter Sparer tatsächlich zum Kreditgeber wird, indem er Kreditnehmern finanzielle Mittel zur Verfügung stellt, hängt vom Zinssatz ab, den er im Gegenzug erhält. Spart man heute Teile des Einkommens und verdient damit Zinsen, wird man in Zukunft mit höheren Konsummöglichkeiten belohnt, wenn das Darlehen einschließlich Zinsen zurückbezahlt wird. Es stellt daher eine brauchbare Annahme dar, dass mehr Menschen bereit sind, auf heutigen Konsum zu verzichten und stattdessen Darlehen zu gewähren, wenn der Zinssatz höher ist. Folglich verläuft unsere Angebotskurve für Kreditmittel mit positiver Steigung. In Abbildung 25-3 stellen die Kreditanbieter bei einem Zinssatz von vier Prozent ein Angebot von 150 Milliarden Euro am Kreditmarkt zur Verfügung (Punkt *X*). Steigt der Zinssatz auf zwölf Prozent, erhöhen sich die angebotenen Kreditmittel auf 450 Milliarden Euro (Punkt *Y*).

Abb. 25-3

Das Angebot an Kreditmitteln

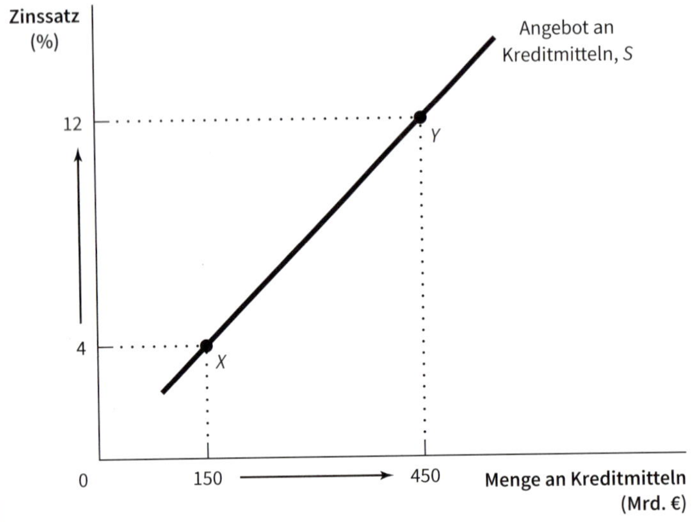

Die Angebotskurve für Kreditmittel verläuft mit positiver Steigung: Je höher der Zinssatz ist, desto größer ist die angebotene Menge an Kreditmitteln. In unserem Beispiel führt eine Zunahme des Zinssatzes von 4 auf 12 Prozent zu einer Erhöhung der angebotenen Menge an Kreditmitteln von 150 Milliarden Euro auf 450 Milliarden Euro.

Der gleichgewichtige Zinssatz. Der **gleichgewichtige Zinssatz** ist der Zinssatz, bei dem angebotene Kreditmittel und nachgefragte Kreditmittel gerade übereinstimmen. Wie man aus **Abbildung 25-4** erkennen kann, werden der Gleichgewichtszinssatz r^* und Menge an Kreditmitteln Q^* durch den Schnittpunkt von Angebots- und Nachfragekurve bestimmt (Punkt *E*).

In unserem Beispiel liegt der Gleichgewichtszinssatz bei 8 Prozent. Zu diesem Zinssatz werden 300 Milliarden Euro angelegt und aufgenommen. Investitionsprojekte mit einer Ertragsrate von 8 Prozent oder mehr werden finanziert. Projekte mit einer Ertragsrate von weniger als 8 Prozent werden nicht finanziert. Entsprechend wird nur das Angebot der Kreditanbieter akzeptiert, die sich mit einem Zinssatz von 8 Prozent oder weniger zufriedengeben. Bei potenziellen Kreditanbietern, die einen Zinssatz von mehr als 8 Prozent fordern, sind offenkundig die Opportunitätskosten ihrer Kreditmittel höher. Ihr Angebot wird auf dem Kreditmarkt nicht akzeptiert und ihre Kreditmittel werden auch nicht in Investitionen transformiert.

Abbildung 25-4 zeigt, wie der Markt für Kreditmittel (Kreditmarkt) dafür sorgt, dass sich die gewünschten Ersparnisse und die gewünschten Investitionsausgaben einander anpassen. Im Gleichgewicht ist die Menge der Kreditmittel, die die Kreditgeber verleihen wollen, genauso groß wie die Menge der Kreditmittel, die die Unternehmen aufnehmen wollen. In der Abbildung wird auch deutlich, dass diese Anpassung effizient ist und das in zweierlei Hinsicht. Die Investitionsprojekte, die tatsächlich finanziert werden, weisen eine höhere Auszahlung auf (mit Blick auf den Barwert) als diejenigen, die nicht finanziert werden. Die potenziellen Sparer, die tatsächlich Kre-

Abb. 25-4

Gleichgewicht auf dem Kreditmarkt

Beim Gleichgewichtszinssatz entspricht die Menge an angebotenen Kreditmitteln gerade der Menge an nachgefragten Kreditmitteln. In unserem Beispiel liegt der Gleichgewichtszinssatz bei 8 Prozent. Zu diesem Zinssatz werden Kreditmittel in Höhe von 300 Milliarden Euro angeboten und nachgefragt. Investitionsprojekte mit einer Ertragsrate von 8 Prozent oder mehr werden finanziert. Projekte mit einer geringeren Ertragsrate werden nicht finanziert. Die Kreditangebote von Darlehensgebern, die einen Zinssatz von 8 Prozent oder weniger verlangen, werden akzeptiert. Angebote, für die ein höherer Zinssatz verlangt wird, werden nicht akzeptiert.

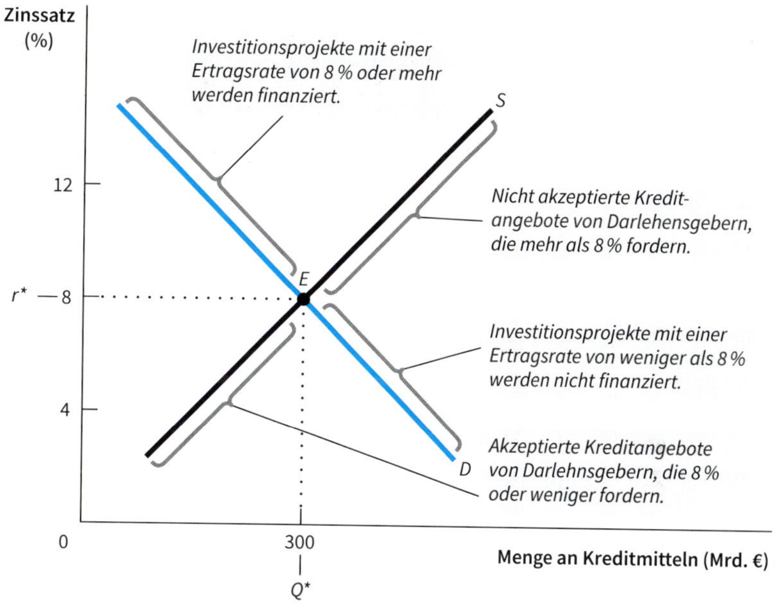

ditmittel anlegen, sind bereit, die Mittel zu einem geringeren Zinssatz zu vergeben als diejenigen, die nicht zum Zuge kommen.

Die Ersparnis wird effizient auf die Investitionsprojekte der Wirtschaft aufgeteilt. Auch wenn dieses Ergebnis aus einem stark vereinfachten Modell abgeleitet wird, hat es wichtige Implikationen für die Realität. Wie wir bald verstehen werden, ist dieses Ergebnis der Grund dafür, dass ein gut funktionierendes Finanzsystem die langfristige Wachstumsrate einer Volkswirtschaft erhöht.

Aber bevor wir uns damit beschäftigen, wollen wir untersuchen, wie der Kreditmarkt auf Änderungen von Angebot und Nachfrage reagiert. Während im Standardmodell von Angebot und Nachfrage der Gleichgewichtspreis auf Verschiebungen der Angebots- und/oder Nachfragekurve reagiert, ist es im Kreditmarkt der gleichgewichtige Zinssatz, der sich ändert, wenn sich die Angebotskurve, die Nachfragekurve oder beide Kurven verschieben.

Änderungen der Nachfrage nach Kreditmitteln. Wir wollen mit einem Blick auf die Ursachen und die Wirkungen einer Nachfrageänderung beginnen. Die Nachfragekurve für Kreditmittel kann sich aus zwei Gründen verschieben:

1. *Änderungen im Geschäftsklima:* Verändern sich die Erwartungen über die zukünftigen Investitionsrückflüsse, dann reagieren darauf auch die Investitionsausgaben. So gab es in den 1990er-Jahren z. B. eine große Euphorie aufgrund der neuen Geschäftsmöglichkeiten durch das Internet. Die Unternehmen investierten in großem Ausmaß in neue Computersysteme, verlegten Glasfaserkabel in den Boden und bauten Internetseiten. Dadurch kam es zu einer Verschiebung der Nachfragekurve für Kreditmittel nach rechts. Im Jahr 2001 sorgte dann der Zusammenbruch vieler Dotcom-Unternehmen für eine rasche Abkühlung der Euphorie und die Nachfragekurve verschob sich wieder zurück nach links.
2. *Änderung der Kreditaufnahme des Staates:* Liegen die Ausgaben des Staates über seinen Einnahmen, dann hat der Staat ein Budgetdefizit. Da Budgetdefizite finanziert werden müs-

sen, fragt auch der Staat Kreditmittel nach. Ändert sich das Budgetdefizit, ändert sich auch die Nachfrage nach Kreditmitteln durch den Staat, und die Nachfragekurve für Kreditmittel verschiebt sich. So lag z. B. das Budgetdefizit der öffentlichen Haushalte in Deutschland im Jahr 2009 noch bei 101,7 Milliarden Euro. Fünf Jahre später konnte dagegen ein Überschuss in Höhe von 6,1 Milliarden Euro erzielt werden. Diese Änderung hatte den Effekt, dass die Nachfrage des Staates nach Kreditmitteln (deutlich) sank und sich die Nachfragekurve für Kreditmittel nach links verschob.

Als **Verdrängungseffekt** bezeichnet man die negativen Auswirkungen von Budgetdefiziten auf die privaten Investitionen.

Abbildung 25-5 zeigt, was geschieht, wenn sich die Nachfrage nach Kreditmitteln erhöht. *S* bezeichnet das Angebot an Kreditmitteln und D_1 steht für die ursprüngliche Nachfragekurve. Das Ausgangsgleichgewicht ist durch den Punkt *E* gegeben. Ein Anstieg in der Nachfrage nach Kreditmitteln bedeutet, dass die nachgefragte Menge nach Kreditmitteln zu jedem Zinssatz steigt, sodass sich die Nachfragekurve nach rechts zu D_2 verschiebt. Der gleichgewichtige Zinssatz steigt auf r_2.

Aus der Tatsache, dass ein Anstieg der Nachfrage nach Kreditmitteln unter sonst gleichen Umständen zu einem Anstieg des Zinssatzes führt, ergibt sich eine wichtige Schlussfolgerung: Steigende oder dauerhafte Budgetdefizite sind ein Anlass zur Sorge, da ein Anstieg des Budgetdefizits des Staates die Nachfragekurve für Kreditmittel nach rechts verschiebt und den Zinssatz ansteigen lässt. Bei steigenden Zinsen werden die Unternehmen ihre Investitionsausgaben senken.

Ein Anstieg des Budgetdefizits des Staates führt also, wenn ansonsten alles gleich bleibt, zu sinkenden gesamtwirtschaftlichen Investitionsausgaben. Dieser negative Effekt von Budgetdefiziten auf die privaten Investitionsausgaben wird als **Verdrängungseffekt** bezeichnet. (Oft wird auch im Deutschen der englische Begriff *crowding out* verwendet, um diesen Verdrängungseffekt zu bezeichnen.) Der Verdrängungseffekt ist also ein Grund dafür, warum man sich über steigende oder dauerhafte Budgetdefizite Sorgen machen sollte.

In diesem Zusammenhang ist allerdings eine Ergänzung wichtig und notwendig. In einer Wirtschaftskrise kann es sein, dass es nicht zum Verdrängungseffekt kommt. Bewegt sich die Volkswirtschaft deutlich unter dem Vollbeschäftigungsniveau, dann können (zusätzliche) Staatsausgaben zu einem Einkommensanstieg führen. Dieser Einkommensanstieg führt wiederum bei jedem Zinssatz zu höheren Ersparnissen. Die höheren Ersparnisse ermöglichen es dem Staat,

Abb. 25-5

Ein Anstieg der Nachfrage nach Kreditmitteln

Wenn die Menge der von den Kreditnehmern nachgefragten Kreditmittel bei jedem Zinssatz steigt, dann verschiebt sich die Nachfragekurve für Kreditmittel von D_1 nach rechts zu D_2. Daraus ergibt sich ein Anstieg des gleichgewichtigen Zinssatzes von r_1 auf r_2.

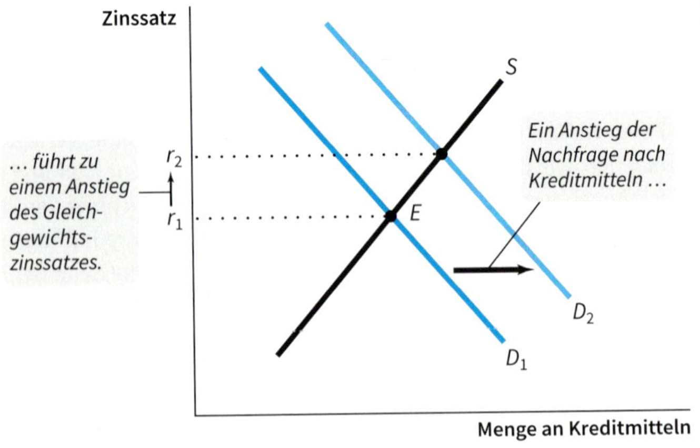

seine Kreditaufnahme ohne einen Anstieg des Zinssatzes zu realisieren. Viele Ökonomen sind z. B. der Auffassung, dass die großen Budgetdefizite in den Vereinigten Staaten in den Jahren 2008–2013 in Anbetracht der schwachen wirtschaftlichen Entwicklung nur – wenn überhaupt – einen geringen Verdrängungseffekt verursacht haben.

Änderungen des Angebotes an Kreditmitteln. Natürlich kann sich nicht nur die Nachfrage nach Kreditmitteln ändern, sondern auch das Angebot an Kreditmitteln. Dabei gibt es zwei Faktoren, die zu einer Verschiebung der Angebotskurve für Kreditmittel führen können:

1. *Veränderungen im Sparverhalten der privaten Haushalte*: Es kommt immer wieder zu Veränderungen im Sparverhalten der privaten Haushalte, auch wenn der Zinssatz konstant bleibt. So haben z. B. die Haushalte während der Covid-19-Pandemie aus Sorge vor einer bevorstehenden Wirtschaftskrise ihre Konsumausgaben deutlich reduziert. Das hat dazu geführt, dass die Sparquote der privaten Haushalte, also die Relation zwischen Ersparnis und verfügbarem Einkommen, in der Bundesrepublik Deutschland von 10,8 Prozent im Jahr 2019 auf 16,1 Prozent im Jahr 2020 angestiegen ist. Damit hat sich die Angebotskurve für Kreditmittel nach rechts verschoben.
2. *Veränderungen im Nettokapitalzufluss*: Die Kapitalzuflüsse und -abflüsse in einer Volkswirtschaft ändern sich, wenn sich die Einschätzungen der Investoren über die zukünftige wirtschaftliche Entwicklung verändern. So hat z. B. die Einführung des Euro in Griechenland zu einem deutlichen Anstieg des Nettokapitalzuflusses geführt, da die Investoren das Land als Mitglied des Euroraums als sichere Anlage angesehen haben. Nur einige Jahre später hatten viele Investoren allerdings ihren Glauben an das Land verloren, das aufgrund der Schuldenkrise vor der Zahlungsunfähigkeit stand, und haben ihr Kapital wieder abgezogen. Durch den sinkenden Nettokapitalzufluss hat sich die Angebotskurve für Kreditmittel in Griechenland nach 2008 nach links verschoben.

Abbildung 25-6 zeigt die Auswirkungen eines höheren Angebotes an Kreditmitteln. *D* bezeichnet wieder die Nachfragekurve und S_1 die ursprüngliche Angebotskurve. Ein höheres Angebot an Kreditmitteln bedeutet, dass die Menge der angebotenen Kreditmittel zu jedem Zinssatz steigt, sodass sich die Angebotskurve nach rechts zu S_2 verschiebt. Dadurch sinkt der gleichgewichtige Zinssatz auf r_2.

Abb. 25-6

Ein Anstieg des Angebotes an Kreditmitteln

Wenn die Menge der von den Kreditgebern angebotenen Kreditmittel bei jedem Zinssatz steigt, dann verschiebt sich die Angebotskurve für Kreditmittel von S_1 nach rechts zu S_2. Daraus ergibt sich eine Senkung des gleichgewichtigen Zinssatzes von r_1 auf r_2.

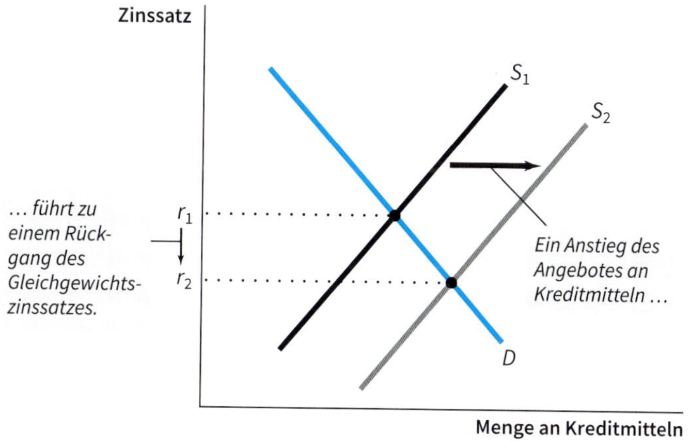

Ein globaler Kreditmarkt? Wir haben bereits gelernt, dass die internationalen Kapitalströme einen großen Einfluss auf das Zinsniveau ausüben können. Aber wovon hängen die internationalen Kapitalströme ab?

In Regel bewegen sich die Kapitalströme von einem Land mit einem eher niedrigen Zinsniveau zu einem Land mit einem eher hohen Zinsniveau. Dadurch steigen die Zinsen in Ländern mit einem niedrigen Zinsniveau, während die Zinsen in Ländern mit einem hohen Zinsniveau sinken. Wenn die Kapitalströme so groß sind, dass sich das Zinsniveau über alle Länder hinweg angleicht, könnte man von einem **globalen Kreditmarkt** sprechen.

Ein **globaler Kreditmarkt** entsteht, wenn die internationalen Kapitalströme so groß sind, dass es zu einer Angleichung des Zinsniveaus über alle Länder hinweg kommt.

Nehmen wir vereinfachend an, die Welt würde nur aus zwei Volkswirtschaften bestehen, den Vereinigten Staaten und dem Euroraum. In Diagramm (a) von **Abbildung 25-7** ist der Kreditmarkt in den Vereinigten Staaten dargestellt, in Diagramm (b) der Kreditmarkt im Euroraum. Ohne internationale Kapitalströme liegt das Gleichgewicht im US-Kreditmarkt im Punkt E_{US} bei einem gleichgewichten Zinssatz von 6 Prozent. Im Euroraum liegt das Gleichgewicht auf dem Kreditmarkt im Punkt E_{EU} bei einem gleichgewichtigen Zinsniveau von 2 Prozent.

Aber wenn die Einwohner aus dem Euroraum Kredite an US-Amerikaner vergeben können, wird das unterschiedliche Zinsniveau in beiden Ländern keinen Bestand haben. Angelockt durch das hohe Zinsniveau in den Vereinigten Staaten werden Kreditgeber aus dem Euroraum Kreditmittel an US-amerikanische Kreditnehmer vergeben. Durch diesen Kapitalzufluss erhöht sich die angebotene Menge an Kreditmitteln in den Vereinigten Staaten, und das Zinsniveau in den Vereinigten Staaten fällt. Gleichzeitig sinkt durch den Kapitalabfluss aus dem Euroraum in die Vereinigten Staaten die angebotene Menge an Kreditmitteln im Euroraum, was das Zinsniveau im Euroraum steigen lässt. Internationale Kapitalströme reduzieren also den Zinsunterschied zwischen den Vereinigten Staaten und dem Euroraum.

Wenn es für die Kreditgeber aus dem Euroraum keinen Unterschied macht, ob sie Kreditmittel im Euroraum oder in den Vereinigten Staaten

Abb. 25-7

Die Kreditmärkte in einer Welt mit zwei Ländern

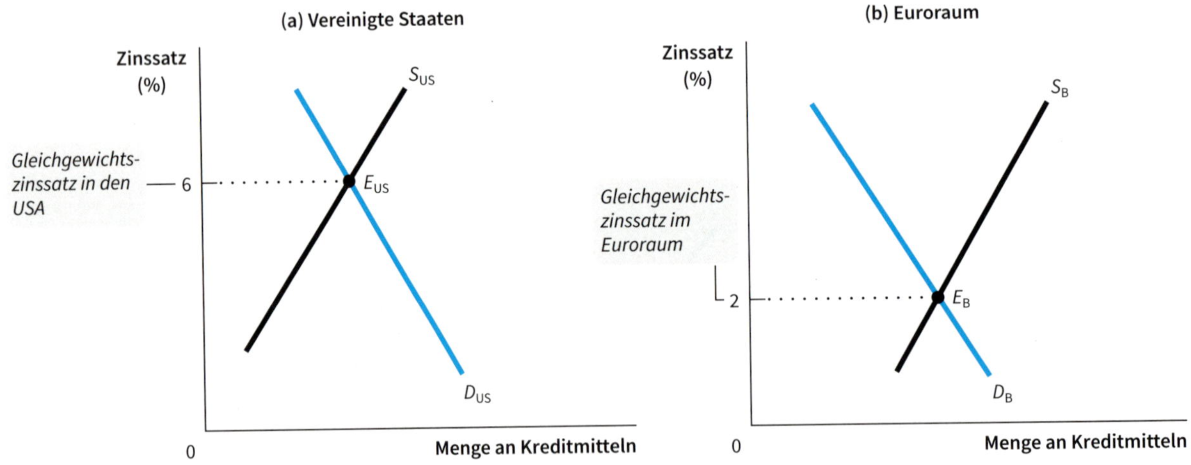

In der Abbildung sind die Kreditmärkte für zwei Volkswirtschaften dargestellt: die Vereinigten Staaten und den Euroraum. In den Vereinigten Staaten liegt der gleichgewichtige Zinssatz bei 6 Prozent, im Euroraum dagegen nur bei 2 Prozent. Durch diesen Zinsunterschied werden Kapitalströme aus dem Euroraum in die Vereinigten Staaten ausgelöst.

verleihen, und wenn es für Kreditnehmer in den Vereinigten Staaten keinen Unterschied macht, ob sie Kreditmittel von einem US-amerikanischen Kreditgeber oder einem Kreditgeber aus dem Euroraum aufnehmen, dann wird es so lange zu einem Kapitalabfluss aus dem Euroraum in die Vereinigten Staaten kommen, bis der Zinsunterschied zwischen beiden Volkswirtschaften verschwunden ist. Mit anderen Worten, wenn es also für die Einwohner in beiden Volkswirtschaften keinen Unterschied macht, ob sie ausländische oder inländische Vermögensobjekte halten und ob sie ausländische oder inländische Verbindlichkeiten haben, dann führen internationale Kapitalströme dazu, dass sich das Zinsniveau in den beiden Volkswirtschaften angleicht.

Abbildung 25-8 veranschaulicht das internationale Gleichgewicht auf dem Kreditmarkt. Sowohl in den Vereinigten Staaten als auch im Euroraum liegt der gleichgewichtige Zinssatz bei 4 Prozent. Bei diesem Zinsniveau übersteigt in den Vereinigten Staaten die nachgefragte Menge an Kreditmitteln die von den US-amerikanischen Kreditgebern angebotene Menge an Kreditmitteln. Diese Lücke wird durch »importierte« Kreditmittel aufgefüllt, durch Kapitalzuflüsse aus dem Euroraum. Im Euroraum ist die angebotene Menge an Kreditmitteln größer als die von den inländischen Kreditnehmern nachgefragte Menge an Kreditmitteln. Dieser Überschuss wird durch Kapitalströme in die Vereinigten Staaten »exportiert«. Es entsteht ein globaler Kreditmarkt, bei dem sich die Kreditmärkte in beiden Volkswirtschaften bei einem gemeinsamen Zinsniveau im Gleichgewicht befinden. Bei einem Zinssatz von 4 Prozent entspricht die von den Kreditnehmern nachgefragte Menge an Kreditmitteln über beide Volkswirtschaften betrachtet genau der von den Kreditgebern angebotenen Menge an Kreditmitteln.

Die internationalen Kapitalströme übernehmen auf Kreditmärkten demnach die gleiche Aufgabe wie die internationalen Handelsströme von Waren und Dienstleistungen auf Gütermärkten. Dabei fließt das Kapital von Märkten, auf denen eine Aufnahme von Kreditmitteln ohne Kapital-

Abb. 25-8

Die internationalen Kapitalströme in einer Welt mit zwei Ländern

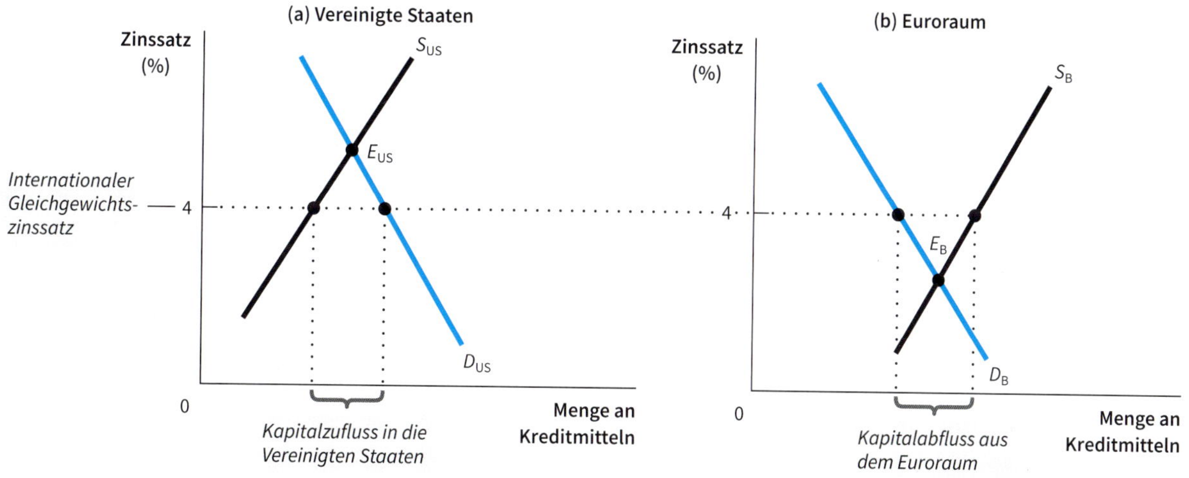

Da Kreditgeber aus dem Euroraum Kreditmittel an Kreditnehmer in den Vereinigten Staaten verleihen, kommt es zu einer Angleichung des Zinsniveaus auf 4 Prozent in beiden Volkswirtschaften. Bei diesem Zinssatz übersteigt in den Vereinigten Staaten die nachgefragte Menge an Kreditmitteln die angebotene Menge an Kreditmitteln. Diese Differenz wird durch Kapitalzuflüsse kompensiert. Die Kapitalzuflüsse kommen aus dem Euroraum, da im Euroraum bei einem Zinssatz von 4 Prozent die angebotene Menge an Kreditmitteln größer als die nachgefragte Menge an Kreditmitteln ist.

ströme billiger wäre, zu Märkten, auf denen eine Aufnahme von Kreditmitteln ohne Kapitalströme teurer wäre.

In der Realität werden die Kapitalströme aber durch eine Reihe von Faktoren erschwert. So existieren in vielen Volkswirtschaften unterschiedliche Währungen, in unserem Beispiel in den Vereinigten Staaten der Dollar und im Euroraum der Euro. Bei einem Vergleich des Zinssatzes für Kreditmittel in Dollar mit einem Zinssatz für Kreditmittel in Euro muss man daher berücksichtigen, dass sich der Wert einer Währung im Vergleich zum Wert einer anderen Währung im Zeitverlauf ändern kann. Dennoch kann die Idee eines globalen Kreditmarktes für bestimmte Zwecke wichtige Aussagen liefern. Wir werden darauf im weiteren Verlauf dieses Buches noch zurückgreifen.

Inflation und Zinsen. Änderungen des Angebotes an und/oder der Nachfrage nach Kreditmitteln führen zu Änderungen des Zinssatzes. In der Vergangenheit waren es vor allem wirtschaftspolitische Eingriffe und technologische Änderungen, die zu Änderungen des Zinssatzes geführt und neue Investitionsmöglichkeiten geschaffen haben.

Aber der entscheidende Einflussfaktor für das Zinsniveau und gleichzeitig der Grund dafür, warum das Zinsniveau heutzutage deutlich niedriger ist als in den späten 1970er- und den frühen 1980er-Jahren, sind Änderungen der Erwartungen über die zukünftige Inflationsrate, die sowohl die Nachfrage als auch das Angebot auf dem Kreditmarkt verschieben.

Um die Auswirkungen der erwarteten Inflationsrate auf das Zinsniveau zu verstehen, müssen wir auf unsere Analyse aus Kapitel 23 zurückgreifen. Dort haben wir gelernt, dass Inflation Gewinner und Verlierer produziert. So haben z. B. die höher als erwartet ausgefallenen Inflationsraten in den 1970er- und 1980er-Jahren Hauskäufer bevorteilt und Banken benachteiligt, da der reale Wert der Kreditsumme gesunken ist. Außerdem haben wir in diesem Kapitel gelernt, dass Ökonomen die Wirkung der Inflation auf Kreditnehmer und Kreditgeber anhand des *Realzinssatzes* messen, der sich aus der Differenz zwischen Nominalzinssatz und Inflationsrate ergibt:

Realzinssatz = Nominalzinssatz – Inflationsrate

Die wahren Kosten einer Kreditaufnahme werden demnach durch den Realzinssatz wiedergegeben und nicht durch den Nominalzinssatz. Schauen wir dazu auf ein Beispiel. Angenommen, der Inhaber eines Unternehmens nimmt 10.000 Euro für ein Jahr zu 10 Prozent Zinsen auf. Nach Ablauf des Jahres muss der Kreditnehmer 11.000 Euro zurückzahlen – den Darlehensbetrag plus die vereinbarten Zinsen. Steigt aber im Laufe des Jahres das Preisniveau um 10 Prozent an, dann ist die Kaufkraft des Betrages, den die Bank nach einem Jahr erhält, nicht größer als der Kreditbetrag. Real gerechnet hat die Bank also ein zinsloses Darlehen vergeben.

Damit sind wir in der Lage, unsere Analyse des Kreditmarktes um ein wichtiges Element zu ergänzen. In den Abbildungen 25-5 und 25-6 war an der Ordinate der *Nominalzinssatz bei einer gegebenen erwarteten Inflationsrate* abgetragen. Aber warum greifen wir auf den Nominalzinssatz zurück und nicht auf den Realzinssatz? Weil in der realen Welt weder Kreditnehmer noch Kreditgeber bei Abschluss des Kreditvertrages die zukünftige Inflationsrate kennen. Kreditverträge enthalten daher eine Angabe zum Nominalzinssatz und nicht zum Realzinssatz. Und indem wir in den Abbildungen 25-5 und 25-6 die erwartete Inflationsrate konstant halten, führen Änderungen im Nominalzinssatz auch zu Änderungen im Realzinssatz. Die Erwartungen der Kreditgeber und Kreditnehmer über die zukünftige Inflationsentwicklung hängen in der Regel von den Erfahrungen in der jüngeren Vergangenheit ab. In den späten 1970er-Jahren, nach einer Zeit mit hohen Inflationsraten, gingen Kreditgeber und Kreditnehmer auch von hohen Inflationsraten für die nächsten Jahre aus. Ende der 1990er-Jahre dagegen, nach einer langen Zeit mit vergleichsweise niedrigen Inflationsraten, unterstellten Kreditgeber und Kreditnehmer für die Zukunft (weiterhin) niedrige Inflationsraten. Diese Änderungen der Inflationserwartungen hatten starke Auswirkungen auf den Nominalzinssatz und sind dafür verantwortlich, dass das nominale Zinsniveau in den 2000er-Jahren deutlich niedriger war als in den 1980er-Jahren.

Wir wollen uns nun anschauen, wie sich Änderungen der erwarteten Inflationsrate im Modell des Kreditmarktes auswirken.

Abb. 25-9

Der Fisher-Effekt

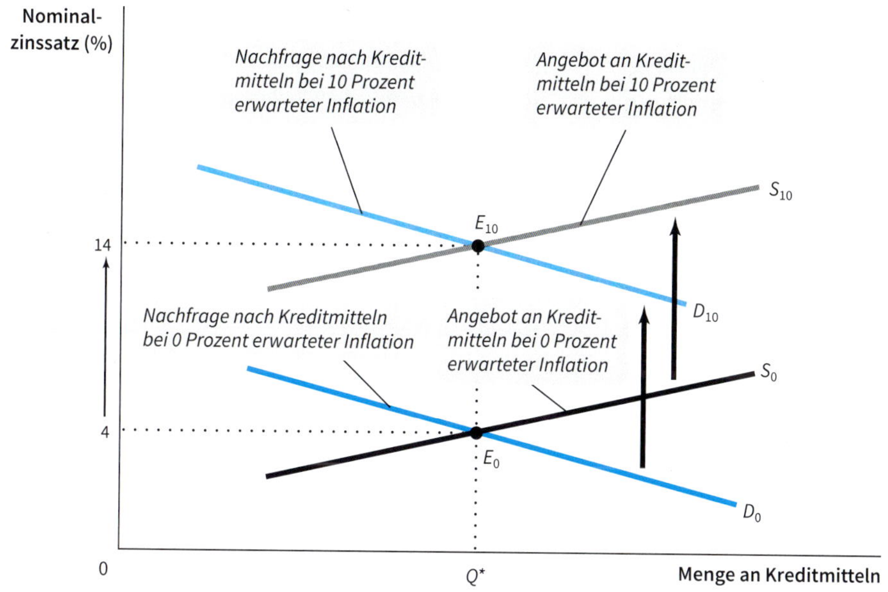

D_0 und S_0 sind die Nachfrage- und Angebotskurven für Kredite bei einer erwarteten Inflationsrate von 0 Prozent. Bei einer Inflationserwartung von 0 Prozent stellt sich der gleichgewichtige Nominalzinssatz von 4 Prozent ein. Für jeden zusätzlichen Prozentpunkt Inflationserwartung werden Nachfrage- und Angebotskurve um einen Prozentpunkt nach oben verschoben. D_{10} und S_{10} sind die Nachfrage- bzw. Angebotskurven für Kredite, falls die erwartete Inflationsrate 10 Prozent beträgt. Die Inflationserwartung steigert den gleichgewichtigen Nominalzinssatz auf 14 Prozent. Der erwartete Realzinssatz bleibt bei 4 Prozent und die Gleichgewichtsmenge an Krediten bleibt ebenfalls unverändert.

In **Abbildung 25-9** stehen die Kurven S_0 und D_0 für Angebot und Nachfrage im Kreditmarkt, wenn eine Inflationsrate von 0 Prozent erwartet wird. Der (nominale) Zinssatz im Gleichgewicht E_0 beläuft sich auf 4 Prozent. Da die erwartete Inflationsrate bei 0 Prozent liegt, beträgt auch der Realzinssatz im Gleichgewicht über die Laufzeit des Kredites 4 Prozent.

Nun nehmen wir an, die erwartete Inflationsrate steigt auf 10 Prozent. Die Nachfragekurve für Kreditmittel verschiebt sich nach oben zu D_{10}: Die Kreditnehmer sind nun bereit, zum Nominalzinssatz von 14 Prozent so viel aufzunehmen wie zuvor bei 4 Prozent; denn ein Nominalzinssatz von 14 Prozent bei 10 Prozent Inflationsrate entspricht einem Nominalzinssatz von 4 Prozent bei 0 Prozent Inflationsrate. Auch die Angebotskurve verschiebt sich nach oben zu S_{10}: Kreditgeber wollen nun 14 Prozent, damit sie die gleiche Summe wie zuvor bei 4 Prozent bereitstellen. Das neue Gleichgewicht liegt bei E_{10}: Eine erwartete Inflationsrate von 10 Prozent wirkt sich so aus, dass der Nominalzinssatz von 4 Prozent auf 14 Prozent ansteigt.

Diese Situation lässt sich generell mit dem **Fisher-Effekt** beschreiben (nach dem US-amerikanischen Ökonomen Irving Fisher und seinem Vorschlag von 1930): *Der erwartete Realzinssatz bleibt durch eine Änderung der Inflationserwartung unverändert.* Nach dem Fisher-Effekt erhöht die Inflationserwartung nur den Nominalzinssatz. Dabei führt eine Erhöhung der erwarteten Inflati-

Nach dem **Fisher-Effekt** erhöht eine Zunahme der erwarteten Inflationsrate den Nominalzinssatz, wobei der Realzinssatz unverändert bleibt.

WISSENSCHAFT UND PRAXIS

Die Zinsen in den Vereinigten Staaten in den letzten siebzig Jahren

Seit den 1950er-Jahren hat das Zinsniveau in den Vereinigten Staaten große Schwankungen gezeigt. Diese Zinsbewegungen spiegeln gleichermaßen Änderungen der Inflationserwartungen und Änderungen der erwarteten Investitionsrendite wider.

Diagramm (a) der **Abbildung 25-10** zeigt den durchschnittlichen Zinssatz auf zehnjährige US-Staatsanleihen von 1953 bis 2020 (Indikator für die Zinsentwicklung) zusammen mit der Inflationsrate. Auffällig sind dabei vor allem der deutliche Zinsanstieg in den 1970er-Jahren und der ebenso starke Zinsrückgang in den 1980er-Jahren. Der Grund für diese Entwicklung ist unschwer zu erkennen: der rasante Anstieg der Inflationsrate in den 1970er-Jahren, der zu Erwartungen über eine hohe Inflation in der Zukunft führte. Wie wir wissen, resultiert aus der Erwartung einer höheren Inflationsrate ein höherer gleichgewichtiger Zinssatz. Mit den sinkenden Inflationsraten in den 1980er-Jahren gingen auch die Erwartungen für die zukünftige Inflationsrate zurück, was wiederum das Zinsniveau senkte.

Diagramm (b) zeigt die Zins- und Inflationsentwicklung nur für den Zeitraum 2000–2020 und veranschaulicht dabei den Zusammenhang zwischen Änderungen der erwarteten Investitionsrendite und Änderungen des Zinsniveaus. In diesem Zeitraum schwankte die Inflationsrate mehr oder weniger stark um die Marke von 2 Prozent. Umfragen und Analysen zeigen, dass die Inflationserwartungen in den letzten beiden Jahrzehnten stabil bei rund 2 Prozent lagen. Dennoch waren die Zinsen vor allem gegen Ende der 2010er-Jahre deutlich unter 3 Prozent und damit wesentlich niedriger als noch zu Beginn der 2000er-Jahre, als sich das Zinsniveau in der Regel bei über 5 Prozent befand. Es hat den Anschein, als ob es stattdessen zu einem Rückgang der erwarteten Investitionserträge gekommen ist. Die Ökonomen haben noch keine abschließende Antwort auf die Frage nach den Ursachen dieses Rückgangs gefunden. Einige verweisen in diesem Zusammenhang auf das sinkende Bevölkerungswachstum, das den Bedarf an neuen Wohn- und Bürogebäuden gesenkt hat.

Während der gesamten Zeit waren Ersparnisse und Investitionsausgaben immer gleich groß. Für den Ausgleich zwischen Kreditgebern und Kreditnehmern sorgte ein steigender oder sinkender Zinssatz.

Abb. 25-10: Inflationsrate und Zinssatz

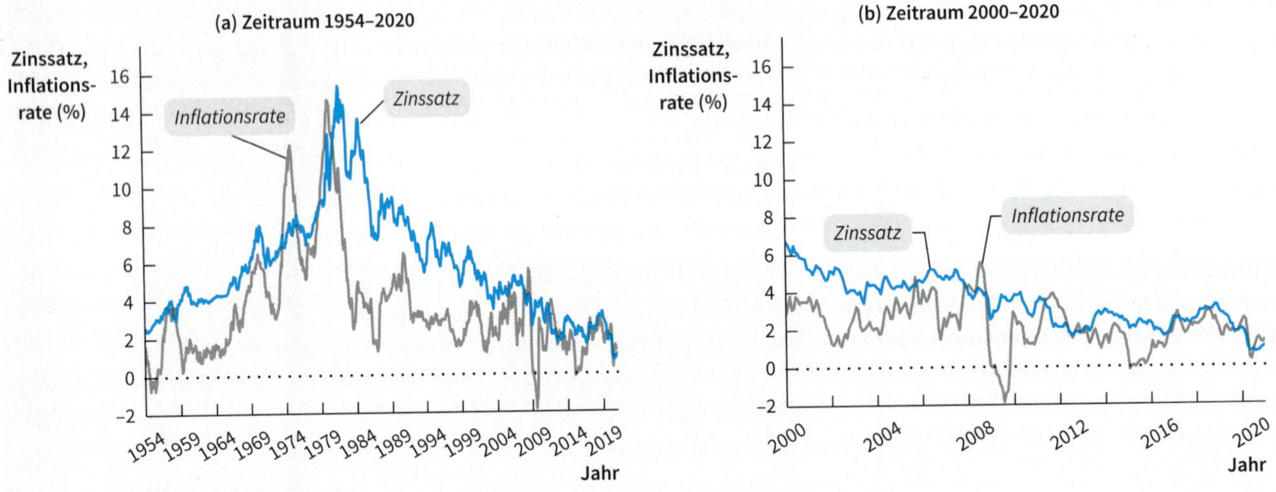

Quelle: Federal Reserve Bank of St. Louis

onsrate um einen Prozentpunkt zu einer Erhöhung des Nominalzinssatzes um ebenfalls einen Prozentpunkt. Der springende Punkt ist, dass sowohl Kreditnehmer als auch Kreditgeber ihre Entscheidungen auf den erwarteten Realzinssatz stützen. Solange Inflationserwartungen bestehen, beeinflussen sie weder die gleichgewichtige Menge an Kreditmitteln noch den erwarteten Realzinssatz; sie verändern lediglich den gleichgewichtigen Nominalzinssatz.

Kurzzusammenfassung

- Die **Identität von Sparen und Investitionsausgaben** ist eine buchhalterische Tatsache, der zufolge Sparen und Investitionsausgaben in der Volkswirtschaft übereinstimmen.
- Der Staat leistet einen positiven Beitrag zum gesamtwirtschaftlichen Sparen, wenn der **Haushaltssaldo** positiv ist, also ein **Budgetüberschuss** auftritt. Der Staat trägt zum gesamtwirtschaftlichen Entsparen bei, wenn ein **Budgetdefizit** auftritt. Das Budgetdefizit kann durch **staatliche Kreditaufnahme** auf den Finanzmärkten gedeckt werden.
- Die **gesamtwirtschaftliche Ersparnis** entspricht der Summe aus inländischer Ersparnis und dem **Nettokapitalzufluss** aus dem Ausland, der positiv oder negativ sein kann.
- Ein Vergleich von Ausgaben und Einnahmen zu unterschiedlichen Zeitpunkten erfordert die Anwendung der Barwertmethode. Dabei wird der Barwert von Geldbeträgen in der Zukunft ermittelt.
- Auf dem **Kreditmarkt** finden Sparer und Kreditnehmer zusammen. Im Gleichgewicht werden nur die Investitionsprojekte finanziert, deren erwarteter Ertrag größer oder gleich dem **gleichgewichtigen Zinssatz** ist.
- Da der Staat am Kreditmarkt mit privaten Kreditnehmern konkurriert, können Budgetdefizite zur Verdrängung von privaten Investitionsausgaben führen. In einer Wirtschaftskrise kommt es mit großer Wahrscheinlichkeit nicht zu diesem **Verdrängungseffekt**.
- Durch Kapitalströme können Länder ihre Ersparnis Kreditnehmern in anderen Ländern zur Kreditaufnahme zur Verfügung stellen. Dabei fließt das Kapital von einem Land mit einem hohen Zinsniveau in ein Land mit einem niedrigen Zinsniveau. Dadurch verringert sich der Zinsunterschied zwischen beiden Ländern. Wenn die Kapitalströme groß genug sind, entsteht ein **globaler Kreditmarkt** mit einem einheitlichen Zinsniveau für alle Länder.
- Höhere erwartete Inflationsraten steigern den Nominalzinssatz durch den **Fisher-Effekt**, aber lassen den Realzinssatz unverändert.

ÜBERPRÜFEN SIE IHR WISSEN

1. Illustrieren Sie mithilfe eines Kreditmarktdiagramms die Auswirkungen der folgenden Ereignisse auf den Gleichgewichtszinssatz und die Investitionsausgaben:

a. Eine geschlossene Volkswirtschaft wird zu einer offenen Volkswirtschaft. Es kommt zu einem Nettokapitalzufluss.

b. Rentner sparen bei jedem gegebenen Zinssatz im Allgemeinen weniger als die arbeitende Bevölkerung. Der Anteil von Rentnern an der Gesamtbevölkerung steigt.

2. Erläutern Sie, was bei der folgenden Aussage falsch ist: »Ersparnis und Investitionsausgaben können auch bei gesamtwirtschaftlicher Betrachtung ungleich sein, weil ein Anstieg des Zinssatzes dazu führt, dass die Haushalte mehr sparen wollen als die Unternehmen investieren wollen.«

3. Nehmen Sie an, die erwartete Inflationsrate steigt von 3 Prozent auf 6 Prozent.

a. Wie wird der Realzinssatz davon beeinflusst?

b. Wie wird der Nominalzinssatz davon beeinflusst?

c. Was passiert mit der Menge an Kreditmitteln im Gleichgewicht?

25.2 Das Finanzsystem

Ein gut funktionierendes Finanzsystem, das die Finanzierungsmittel von Briten, Franzosen und anderen internationalen Anlegern zusammenbrachte, ermöglichte den Bau des Eurotunnels. Aber zu glauben, dass es sich dabei um ein ausschließlich modernes Phänomen handelt, wäre falsch. Finanzmärkte sammelten die Mittel ein, die verwendet wurden, um die Kolonialmärkte in Indien zu entwickeln, um Kanäle quer durch Europa zu bauen und im 18. Jahrhundert und im frühen 19. Jahrhundert die Napoleonischen Kriege zu finanzieren. Kapitalzuflüsse aus dem Ausland finanzierten die frühe Wirtschaftsentwicklung der Vereinigten Staaten; sie waren die Grundlage für die Investitionsausgaben im Bereich des Bergbaus, der Entwicklung des Eisenbahnnetzes und der Wasserwege. Viele der grundlegenden Eigenschaften von Finanzmärkten und finanziellen Vermögensobjekten sind in Europa und in den Vereinigten Staaten seit dem 18. Jahrhundert wohlbekannt. Andererseits sind diese Eigenschaften heute weniger relevant. Wir wollen daher uns zunächst genauer ansehen, was auf Finanzmärkten gehandelt wird.

Auf **Finanzmärkten** investieren die Haushalte ihre Ersparnisse.

Das **Vermögen** eines Haushalts ist der Wert seiner angesammelten Ersparnisse.

Eine **Verbindlichkeit** ist die Verpflichtung, in der Zukunft Zahlungen zu leisten.

Ein **finanzielles Vermögensobjekt** (Finanzaktivum) ist eine Forderung, die dem Käufer einen Anspruch auf künftiges Einkommen des Verkäufers einräumt.

Auf den **Finanzmärkten** investieren Haushalte ihre Ersparnisse, also ihr **Vermögen**, durch den Kauf von *finanziellen Vermögensobjekten* (Finanzaktiva). Ein **finanzielles Vermögensobjekt** (Finanzaktivum) ist eine Forderung, die dem Käufer Ansprüche auf das künftige Einkommen des Verkäufers einräumt. Leiht ein Sparer beispielsweise einem Unternehmen Finanzmittel, dann ist diese Anlage ein von dem Unternehmen verkauftes Finanzaktivum, das den Kreditgeber (den Käufer der Anlage) Ansprüche auf künftiges Einkommen des Unternehmens einräumt.

Ein **physisches Vermögensobjekt** ist ein Anspruch auf ein materielles Objekt, der dem Eigentümer das Recht gibt, mit diesem Objekt nach seinem Willen zu verfahren.

Ein Haushalt kann seine laufenden Ersparnisse oder sein Vermögen auch durch den Kauf eines **physischen Vermögensobjektes** investieren, womit er einen Anspruch auf ein materielles Objekt erwirbt, wie ein bereits gebautes Haus oder einen bereits existierenden Ausrüstungsgegenstand. Der Eigentümer erhält das Recht, über dieses Objekt so zu verfügen, wie er es wünscht (beispielsweise es zu verleihen oder zu verkaufen).

Wir wollen uns an dieser Stelle nochmals in Erinnerung rufen, dass der Kauf finanzieller oder physischer Vermögensobjekte typischerweise als Investition bezeichnet wird. Kauft man also einen bereits existierenden Ausrüstungsgegenstand, etwa ein gebrauchtes Flugzeug, tätigt man eine Investition in ein physisches Vermögensobjekt. Kauft man dagegen etwas, was den Bestand an physischem Kapital in der Wirtschaft *erhöht*, wie beispielsweise ein neu produziertes Flugzeug, würden wir in unserer Terminologie von Investitionsausgaben sprechen. (Nochmals nachzulesen auch in der Rubrik »Denkfallen« zu Beginn des Kapitels.)

Würden Sie zu Ihrer örtlichen Bankfiliale gehen und ein Darlehen aufnehmen, sagen wir, um ein neues Auto zu kaufen, würden Sie und Ihre Bankfiliale ein finanzielles Vermögensobjekt schaffen, nämlich ihr Darlehen. Ein Darlehen ist in der Realität eine wichtige Art von Vermögensobjekt, nämlich eines, das dem Darlehensgeber gehört – in unserem Beispiel Ihrer Bank. Mit der Schaffung des Darlehens würden Sie und Ihre Bank gleichzeitig eine Verbindlichkeit schaffen, nämlich die Verpflichtung, in der Zukunft einen Betrag aus Ihrem Einkommen zu bezahlen.

So ist zwar das Darlehen aus Sicht der Bank ein Finanzaktivum, aus Ihrer Sicht handelt es sich aber um eine **Verbindlichkeit**: das Erfordernis, dass Sie den Darlehensbetrag einschließlich eventueller Zinsen zurückbezahlen müssen. Über Darlehen hinaus gibt es drei andere wichtige Formen von finanziellen Vermögensobjekten: Aktien, Anleihen und *Bankeinlagen*. Weil ein finanzielles Vermögensobjekt einen Anspruch auf künftiges Einkommen darstellt, den irgendjemand zu zahlen hat, handelt es sich gleichzeitig auch um die Verbindlichkeit von irgendjemandem. Wir werden gleich genauer erklären, wer die Verbindlichkeit für jedes der genannten Vermögensobjekte trägt.

Diese vier Formen von Finanzvermögen existieren, weil die Wirtschaft spezialisierte Märkte entwickelt hat, wie den Aktienmarkt und den Anleihenmarkt, und spezialisierte Institutionen entstanden sind, wie etwa Kreditinstitute, die den Fluss der Finanzmittel von den Kreditgebern zu den Kreditnehmern erleichtern. Die Finanzmärkte und die Institutionen bilden das Finanzsystem.

Ein gut funktionierendes Finanzsystem ist ein entscheidender Faktor für die Realisierung eines langfristigen Wirtschaftswachstums, weil es das Sparen ebenso wie die Investitionsausgaben ermutigt. Darüber hinaus stellt es auch sicher, dass Sparen und Investitionsausgaben effizient erfolgen. Um zu verstehen, warum dies so ist, müssen wir uns erst klarmachen, welche Aufgaben ein Finanzsystem bewältigen muss. Danach können wir uns anschauen, wie diese Leistungen erbracht werden.

Die drei Aufgaben eines Finanzsystems

Unsere frühere Analyse des Kreditmarktes ignorierte drei wichtige Probleme, denen sich Kreditnehmer und Kreditgeber gegenübersehen: *Transaktionskosten*, *Risiko* und der Wunsch nach *Liquidität*. Die drei zentralen Aufgaben eines Finanzsystems bestehen darin, für diese Probleme effektive Lösungen anzubieten. Dadurch wird die Effizienz der Finanzmärkte gesteigert: Es wird wahrscheinlicher, dass Kreditgeber und Kreditnehmer wechselseitig vorteilhafte Transaktionen vollziehen – Transaktionen, welche die gesellschaftliche Wohlfahrt erhöhen. Wir wenden uns nun den konzeptionellen Aspekten von finanziellen Vermögensobjekten zu und werden uns anschauen, wie sich Institutionen entwickelt haben, um Lösungen für die genannten Probleme anbieten zu können.

Aufgabe 1: Verringerung von Transaktionskosten. Unter **Transaktionskosten** versteht man die Kosten, die im Zusammenhang mit dem Zustandekommen, der Durchführung und der Kontrolle von Transaktionen entstehen. Damit beispielsweise ein Darlehen zustande kommt, müssen Zeit und Geld in die Aushandlung der Konditionen des Vertrages gesteckt werden, es muss die Kreditwürdigkeit des Kreditnehmers überprüft werden, es müssen Verträge aufgesetzt und rechtlich geschlossen werden usw.

Nehmen wir an, ein großes Unternehmen hätte beschlossen, 100 Milliarden Euro zur Finanzierung von Investitionsausgaben aufzunehmen. Wahrscheinlich wäre keine Einzelperson willens oder in der Lage, dem Unternehmen einen derartigen Betrag zur Verfügung zu stellen. Die Aushandlung von Tausenden von individuellen Darlehensverträgen mit unterschiedlichen Menschen, von denen jeder nur bereit wäre, jeweils einen geringen Betrag zur Verfügung zu stellen, würde insgesamt zu sehr hohen Kosten führen, weil jede einzelne Transaktion mit Kosten verbunden wäre. Die Kosten könnten leicht so hoch sein, dass sich der gesamte Plan für das Unternehmen nicht mehr lohnen würde.

Glücklicherweise ist das aber auch nicht notwendig: Wenn große Unternehmen Finanzmittel aufnehmen wollen, dann gehen sie entweder zu einer Bank oder sie verkaufen Anleihen auf dem Anleihenmarkt. Der Abschluss eines Darlehensvertrages mit einer Bank verringert die Transaktionskosten ganz erheblich, weil jetzt nur noch ein einzelner Gläubiger und ein einzelner Schuldner beteiligt sind. Wie Anleihen funktionieren, erklären wir weiter unten. Für den Augenblick reicht es zu wissen, dass der Hauptgrund für die Existenz eines Anleihenmarktes der ist, dass ein derartiger Markt es Unternehmen erlaubt, große Summen aufzunehmen, ohne dass hohe Transaktionskosten entstehen.

Aufgabe 2: Verringerung des Risikos. Ein zweites Problem, dem sich Kreditgeber und Kreditnehmer in der Realität gegenübersehen, ist das **finanzielle Risiko**, die Ungewissheit über die künftige Entwicklung, die finanzielle Verluste und finanzielle Gewinne möglich macht. Finanzielles Risiko (das wir von nun an einfach als »Risiko« bezeichnen wollen) stellt ein Problem dar, weil die Zukunft ungewiss ist und deswegen typischerweise ein Potenzial sowohl für Verluste als auch für Gewinne enthält. So enthält beispielsweise das Besitzen und Fahren eines Autos das finanzielle Risiko eines kostspieligen Unfalls. Die meisten Menschen betrachten potenzielle Verluste und potenzielle Gewinne auf eine *asymmetrische* Weise: Unter dem Strich wird die individuelle Wohlfahrtseinbuße aus dem Verlust eines bestimmten Geldbetrages als größer angesehen als die Wohlfahrtserhöhung aus dem Gewinn der gleichen Geldsumme.

Ein Mensch, der potenzielle Verluste und Gewinne auf diese Weise asymmetrisch betrachtet, wird als *risikoavers* bezeichnet. Die meisten Menschen sind risikoavers, wenngleich auch in unterschiedlichem Maße. So sind beispielsweise vermögende Menschen typischerweise weniger risikoavers als ärmere.

Ein gut funktionierendes Finanzsystem kann dazu beitragen, dass Menschen einem geringeren Risiko ausgesetzt werden, was sich risikoaverse Personen ja wünschen. Nehmen wir an, der Ei-

Als **finanzielles Risiko** bezeichnet man die Ungewissheit über die künftige Entwicklung, die finanzielle Verluste und Gewinne möglich macht.

Unter **Transaktionskosten** versteht man die Kosten, die im Zusammenhang mit Zustandekommen, Durchführung und Kontrolle einer Transaktion entstehen.

gentümer eines Unternehmens erwartet aus dem Kauf zusätzlicher Maschinen einen größeren Gewinn, ist sich aber nicht völlig sicher, ob dieser Gewinn wirklich eintritt. Er könnte die Maschinen kaufen, indem er auf seine Ersparnisse zurückgreift oder sein Haus verkauft. Ist der zusätzliche Gewinn jedoch deutlich geringer als erwartet, dann verliert er seine Ersparnisse bzw. sein Haus. In Abhängigkeit davon, wie gut oder schlecht das Geschäft läuft, setzt er sich somit einem hohen Risiko aus. (Das ist übrigens der Grund, warum Unternehmenseigentümer, die typischerweise einen erheblichen Teil ihres persönlichen Vermögens in Unternehmen gesteckt haben, normalerweise Menschen sind, die weniger risikoavers sind als ein Durchschnittsindividuum.)

Weil er risikoavers ist, möchte dieser Unternehmenseigentümer das im Kauf der neuen Maschinen liegende Risiko mit jemand anderem teilen, selbst wenn das bedeutet, dass auch der Gewinn geteilt werden muss. Wie kann er das erreichen? Er verkauft Anteilscheine an seinem Unternehmen an andere Menschen und verwendet das dadurch erlöste Geld für den Kauf der Maschinen. Durch den Verkauf von Anteilen an seinem Unternehmen verringert er die persönlichen Verluste, falls der Gewinn geringer ist als erwartet. Er würde weder seine Ersparnisse verlieren noch sein Haus. Erweist sich die Investition jedoch als sehr profitabel, dann bekommen auch die anderen Anteilseigner einen Teil des Gewinns als Ertrag für ihre Investition, was aber natürlich gleichzeitig den Gewinn des Unternehmenseigentümers schmälert.

Streut ein Individuum seine Anlagen in verschiedene Vermögensobjekte, spricht man von **Diversifikation**. Damit werden mögliche Verluste von Vermögensobjekten zu unabhängigen Ereignissen.

Durch den Verkauf von Anteilen an seinem Unternehmen konnte der ursprüngliche Eigentümer *Diversifikation* erreichen: Er war in der Lage, in einer Weise zu investieren, die zu einer Verringerung seines Gesamtrisikos geführt hat. Er verfügt jetzt nämlich über Anlagen in Form seiner Ersparnisse auf der Bank (ein finanzielles Vermögensobjekt), ihm gehört nach wie vor sein Haus (ein physisches Vermögensobjekt), schließlich gehört ihm auch noch der nicht veräußerte Teil seines Unternehmens (ebenfalls ein physisches Vermögensobjekt). Diese Anlageformen weisen jeweils ein eigenes spezifisches Risiko auf. So könnte beispielsweise die Bank zusammenbrechen, auf der die Ersparnisse liegen, oder sein Haus in Flammen aufgehen (obwohl dieses in Deutschland höchstwahrscheinlich gegen Feuer versichert wäre).

Aber auch ohne eine Versicherung stellt sich der betrachtete Unternehmer durch die Streuung seiner Anlagen in verschiedene Vermögensobjekte besser, weil die verschiedenen Risiken *unabhängig voneinander*, genauer gesagt *unkorreliert* sind. Mit dieser Formulierung meint man, dass die Wahrscheinlichkeit eines Brandes im Wohnhaus nicht dadurch steigt, dass die Geschäfte des Unternehmens schlecht laufen oder die Wahrscheinlichkeit des Zusammenbruchs seiner Bank nicht zunimmt, bloß weil sein Haus abbrennt.

Mit anderen Worten: Wenn es mit einem Vermögensobjekt schlecht läuft, ist es sehr wahrscheinlich, dass die anderen Vermögensobjekte davon nicht berührt werden und sich deswegen im Ergebnis das Gesamtrisiko eines Verlustes verringert. Hätte der Unternehmer jedoch sein gesamtes Vermögen in sein Unternehmen gesteckt, würde er sich der Möglichkeit gegenübersehen, alles zu verlieren, wenn es dem Unternehmen schlecht geht. Durch die **Diversifikation**, also das Investieren in verschiedene Vermögensobjekte mit unkorreliertem Risiko, ist es unserem Unternehmer gelungen, das Gesamtrisiko eines Verlustes zu verringern.

Der Wunsch der Menschen, ihr Risiko durch Diversifikation zu verringern, ist der Grund dafür, warum es in unserer Gesellschaft Aktien und Aktienmärkte gibt. Im nächsten Abschnitt erläutern wir genauer, wie bestimmte Eigenschaften des Aktienmarktes die Möglichkeiten verbessern, mit dem Risiko umzugehen und es zu verringern.

Aufgabe 3: Bereitstellung von Liquidität. Die dritte und letzte Aufgabe des Finanzsystems besteht darin, die Anleger mit *Liquidität* zu versorgen, die, genau wie das Risiko, deswegen eine Rolle spielt, weil die Zukunft unsicher ist. Nehmen wir an, dass ein Kreditgeber, nachdem er ein Darlehen vergeben hat, sich plötzlich in einer Notlage befindet und Bargeld braucht – beispielsweise wegen einer plötzlichen Steuernachforderung. Wurde das Darlehen an ein Unternehmen vergeben, das es verwendet hat, um neue Maschinen zu kaufen, dann wird dieses Unternehmen nicht in der Lage sein, dem Kreditgeber sein Geld kurzfristig zurückzugeben. Wenn aber ein potenzieller Kreditgeber von vornherein weiß, dass er möglicherweise vor Ablauf der Darlehenslaufzeit auf sein Geld zurückgreifen muss, wird er zögern, sein

Geld durch einen Kredit an das Unternehmen auf längere Zeit zu binden.

Ein Vermögensobjekt gilt als **liquide**, wenn es kurzfristig und ohne größeren Wertverlust in Bargeld umgewandelt werden kann. Man bezeichnet ein Vermögensobjekt als **illiquide**, wenn das nicht möglich ist. Wie wir sehen werden, stellen Aktien und Anleihen eine Teilantwort auf das Problem der Liquidität dar. Banken stellen einen weiteren Weg dar, auf dem Individuen liquide Vermögensobjekte halten können und dennoch dazu beitragen, (illiquide) Investitionen zu finanzieren.

Um Kreditgebern und Kreditnehmern dabei zu helfen, wechselseitig vorteilhafte Transaktionen zu vollziehen, muss ein Weg gefunden werden, die Transaktionskosten zu verringern, das Risiko durch Diversifikation zu verringern und Liquidität bereitzustellen. Wie verwirklicht eine Wirtschaft diese Aufgaben?

Arten von Vermögensobjekten

In der modernen Wirtschaft gibt es vier Haupttypen von Finanzaktiva: *Darlehen*, Anleihen, Aktien und *Bankeinlagen*. Durch Innovationen im Finanzsektor gibt es außerdem eine breite Palette von *forderungsbesicherten Wertpapieren*. Jedes Vermögensobjekt dient einem etwas unterschiedlichen Zweck. Wir befassen uns zunächst mit Darlehen, Anleihen, Aktien sowie forderungsbesicherten Wertpapieren und heben uns die Diskussion von Bankeinlagen für den folgenden Abschnitt auf.

Darlehen. Ein **Darlehen** ist ein schuldrechtlicher Vertrag zwischen einem bestimmten Darlehensgeber und einem bestimmten Darlehensnehmer. Die meisten Menschen haben mit Darlehen in Form von Bankdarlehen zu tun, mit denen sie beispielsweise den Kauf eines Autos oder eines Hauses finanzieren. Kleinere Unternehmen greifen häufig auf Bankdarlehen zurück, um neue Ausrüstungsgegenstände zu erwerben.

Das Gute an einem Darlehen ist, dass ein bestimmtes Darlehen typischerweise auf die Bedürfnisse des Darlehensnehmers zugeschnitten wird. Bevor ein kleines Unternehmen ein Darlehen erhält, muss es normalerweise den Darlehensgeber über seinen Geschäftsplan, seine Gewinne usw. informieren. Das führt zu einem Darlehensvertrag, der den Bedürfnissen des Darlehensnehmers entspricht, aber auch seinen Möglichkeiten zur Zurückzahlung.

Das Schlechte an Darlehen ist, dass die Darlehensvergabe an eine Einzelperson oder an ein kleines Unternehmen typischerweise hohe Transaktionskosten verursacht, etwa wegen der Aushandlung der Vertragsbedingungen, der Überprüfung der Kreditwürdigkeit des Darlehensnehmers, seiner Geschäftsaussichten usw. Um diese Kosten zu minimieren, greifen große Kreditnachfrager wie etwa Großunternehmen oder der Staat häufig auf eine günstigere Methode zurück: Sie verkaufen Anleihen oder geben Anleihen heraus.

Anleihen. Den Schuldschein eines Schuldners bezeichnet man auch als Anleihe. Bei einer Anleihe handelt es sich um das Versprechen des Verkäufers (Schuldners), jedes Jahr Zinsen zu zahlen und den Nominalwert zu einem bestimmten Zeitpunkt an den Eigentümer der Anleihe zurückzuzahlen. Eine Anleihe ist daher aus Sicht des Eigentümers der Anleihe ein finanzielles Vermögensobjekt bzw. eine Forderung, aus Sicht des Verkäufers der Anleihe eine Verbindlichkeit.

Der Emittent einer Anleihe verkauft eine bestimmte Anzahl von Papieren mit einem bestimmten Zinssatz und einem bestimmten Fälligkeitsdatum an all diejenigen, die bereit sind, sie zu kaufen. Dieses Verfahren vermeidet kostspielige Verhandlungen über die Bedingungen des Kredits mit einer großen Zahl individueller Kreditgeber.

Die Käufer von Anleihen können in der Regel kostenlos aus verschiedenen Quellen Informationen über die Qualität des Emittenten erhalten, wie etwa seine Kreditwürdigkeit in der Vergangenheit, womit sie die Kosten vermeiden können, die eine individuelle Analyse der Situation des Kreditnehmers verursachen würde. Von besonderer Bedeutung für den Käufer ist dabei die Wahrscheinlichkeit eines **Zahlungsausfalls**, also das Risiko, dass der Verkäufer der Anleihe nicht mehr in der Lage ist, seinen festgelegten Zahlungsverpflichtungen nachzukommen. Wenn das Risiko eines Zahlungsausfalls bestimmt ist, können Anleihen am Anleihenmarkt als mehr oder weniger standardisierte Produkte verkauft werden, Produkte mit klar definierten Bedingungen und klar definierter Qualität. Dabei müssen Anleihen mit einer größeren Wahrscheinlichkeit eines Zah-

Ein Vermögensobjekt wird als **liquide** bezeichnet, wenn es schnell und ohne größere Verluste in Bargeld umgewandelt werden kann.

Ein Vermögensobjekt wird als **illiquide** bezeichnet, wenn es nicht schnell und ohne größere Verluste in Bargeld umgewandelt werden kann.

Ein **Darlehen** ist ein schuldrechtlicher Vertrag zwischen einem bestimmten Darlehensgeber und einem bestimmten Darlehensnehmer.

Es kommt zu einem **Zahlungsausfall**, wenn der Kreditnehmer nicht mehr in der Lage ist, den festgelegten Zahlungsverpflichtungen des Kreditvertrages oder der Anleihe nachzukommen.

lungsausfalls eine größere Verzinsung bieten, um attraktiv für Käufer zu sein.

Anleihen weisen noch einen anderen wichtigen Vorteil auf: Sie sind leicht weiterzuverkaufen. Das bedeutet für die Käufer von Anleihen ein hohes Maß an Liquidität. Tatsächlich wird es in der Praxis häufig so sein, dass ein bestimmtes Papier durch viele Hände gegangen ist, bevor es schließlich fällig wird. Darlehen sind dagegen viel schwerer weiterzuverkaufen, weil sie, anders als Anleihen, nicht standardisiert sind: Sie weisen deutliche Unterschiede in Volumen, Qualität, Bedingungen usw. auf. Dies führt dazu, dass Darlehen normalerweise einen deutlich geringeren Liquiditätsgrad aufweisen als Anleihen, also deutlich schwerer »zu Geld gemacht werden können«.

Forderungsbesicherte Wertpapiere entstehen durch die Bündelung und Verbriefung von Kreditforderungen.

Forderungsbesicherte Wertpapiere. Durch die Bündelung und Verbriefung von Kreditforderungen entstehen **forderungsbesicherte Wertpapiere**. Dabei werden einzelne Darlehensforderungen gebündelt und für dieses Bündel an Kreditforderungen werden dann handelbare Wertpapiere ausgestellt und verkauft. Diese Art von Finanzprodukten ist in den letzten zwanzig Jahren äußerst beliebt geworden. Das bekannteste Beispiel für die Verbriefung sind hypothekenbesicherte Wertpapiere (mortgage-backed securities – MBS), bei denen Tausende Hypothekendarlehen zusammengefasst und anschließend Anteile an diesem Bündel an Investoren verkauft werden. Forderungsbesicherte Wertpapiere gibt es aber auch für Studierendendarlehen, Kreditkartendarlehen oder Autokredite.

Forderungsbesicherte Wertpapiere werden an den Finanzmärkten wie Anleihen gehandelt. Im Vergleich zu Einzelanleihen werden sie von Investoren bevorzugt, da sie breiter diversifiziert sind und auch einen höheren Liquiditätsgrad aufweisen. Wenn man jedoch viele Darlehen zu einem Bündel zusammenfasst, wird es schwer, die Qualität dieser Vermögensposition exakt zu bestimmen. Das mussten viele Investoren während der Finanz- und Wirtschaftskrise 2007–2009 erfahren, als der Zusammenbruch des Immobilienmarktes zu zahlreichen Zahlungsausfällen bei Hypothekendarlehen geführt hat und die Käufer von vermeintlich sicheren hypothekenbesicherten Anleihen hohe Verluste tragen mussten. Diese Verluste zogen sich durch das gesamte Finanzsystem.

Aktien. Eine Aktie repräsentiert einen Anteil am Eigentum eines Unternehmens. Ein solcher Anteilschein ist aus Sicht des Inhabers ein finanzielles Vermögensobjekt (eine Forderung) und aus Sicht des Unternehmens eine Verbindlichkeit. Nicht alle Unternehmen verkaufen Anteilscheine. Unternehmen in »Privatbesitz« gehören einem einzelnen Menschen oder wenigen Geschäftspartnern, denen der gesamte Gewinn des Unternehmens zufließt. Die meisten großen Unternehmen verkaufen jedoch Aktien. So sind beispielsweise von Microsoft 8 Milliarden Anteilscheine im Umlauf. Wenn Sie eine dieser Aktien kaufen, haben Sie einen Anspruch auf ein acht Milliardstel des Unternehmensgewinns und verfügen über eine von 8 Milliarden Stimmen bei bestimmten Unternehmensentscheidungen.

Warum erlaubt es Ihnen Microsoft, ein bisher sehr profitables Unternehmen, einen Anteilschein am Eigentum des Unternehmens zu erwerben? Warum behalten Bill Gates und Paul Allen, die beiden Gründer von Microsoft, nicht das gesamte Eigentum am Unternehmen und verkaufen Anleihen, um die notwendigen Investitionsausgaben zu finanzieren? Wie wir gerade gesehen haben, liegt das am Risiko: Wenige Menschen sind risikotolerant genug, um das Risiko auf sich zu nehmen, das sich daraus ergibt, Eigentümer eines großen Unternehmens zu sein.

Die Verringerung des Risikos, dem sich Unternehmenseigentümer gegenübersehen, ist jedoch nicht der einzige Weg, auf dem die Existenz von Aktien die gesellschaftliche Wohlfahrt erhöht: Die Existenz von Aktien verbessert auch die Wohlfahrtssituation der Anleger, die Aktien kaufen. Aktionäre können sich über die höheren Erträge freuen, die Aktien, über einen längeren Zeitraum betrachtet, im Vergleich zu Anleihen erzielen. Über die letzten 100 Jahre betrachtet, haben Aktien inflationsbereinigt einen durchschnittlichen Ertrag von ungefähr sieben Prozent erbracht, Anleihen dagegen lediglich etwa zwei Prozent. Wie aber jeder Anlagenberater weiß: »Die Entwicklung in der Vergangenheit ist keine Garantie für die Entwicklung in der Zukunft.«

Und es gibt einen Nachteil: Das Eigentum an einer Aktie eines bestimmten Unternehmens ist riskanter als das Eigentum an einer Anleihe desselben Unternehmens. Warum? Salopp gesprochen ist eine Anleihe ein Versprechen, während eine Aktie eine Hoffnung ist: Ein Unternehmen ist verpflichtet, zunächst die Ansprüche der Inhaber von Anleihen zu befriedigen, bevor es Gewinne an Aktionäre verteilen darf. Sollte das Unternehmen zusammenbrechen (also nicht in der Lage sein, seinen Zinsverpflichtungen nachzukommen und Konkurs beantragen), gehen seine physischen und finanziellen Vermögensobjekte an die Inhaber der Anleihen, seine Gläubiger, während seine Aktionäre im Allgemeinen leer ausgehen. Zwar wirft eine Aktie also im Allgemeinen höhere Erträge ab als eine Anleihe, sie bringt aber auch ein höheres Risiko mit sich.

Das Finanzsystem hat jedoch Wege entwickelt, um die Wünsche von Anlegern und Unternehmenseigentümern im Hinblick auf Handhabung des Risikos bei gleichzeitig höheren Erträgen zu befriedigen. Dies geschieht durch die Dienstleistungen von bestimmten Institutionen, die als *Finanzintermediäre* bezeichnet werden.

Finanzintermediäre

Unter einem **Finanzintermediär** versteht man eine Institution, die von vielen Individuen Anlagemittel einsammelt und diese in finanzielle Vermögensobjekte transformiert. Die wichtigsten Formen von Finanzintermediären sind *Investmentfonds*, *Pensionsfonds*, *Lebensversicherungsgesellschaften* und *Banken*. In den Vereinigten Staaten werden etwa drei Viertel des gesamten finanziellen Vermögens durch diese Finanzintermediäre gehalten und nicht direkt.

Investmentfonds. Wie bereits erläutert, bedeutet der Besitz von Anteilscheinen an einem Unternehmen, dass im Gegenzug zu einem höheren potenziellen Ertrag auch ein höheres Risiko eingegangen wird. Nach unseren vorhergehenden Überlegungen sollte es uns aber nicht überraschen, dass die Besitzer von Aktien ihr Gesamtrisiko durch Diversifikation verringern können. Durch das Halten eines *diversifizierten Portfolios* von Aktien, also das Halten verschiedener Aktien, deren Risiken untereinander unkorreliert sind, und nicht Konzentration der Anlage auf ein einziges Unternehmen oder eine Gruppe verwandter Unternehmen, können Investoren ihr Risiko vermindern.

Darüber hinaus geben Anlageberater, die wissen, dass die meisten Menschen risikoavers sind, ihren Klienten fast immer den Tipp, nicht nur ihren Aktienbestand zu diversifizieren, sondern auch das gesamte Vermögen, indem über Aktien hinaus auch Vermögensobjekte wie Anleihen, Immobilien und Bargeld gehalten werden. (Und obendrein auch noch viele Versicherungen zu haben – es könnte ja zu unvorhergesehenen Schäden kommen!)

Für Menschen jedoch, die nicht über ein sehr hohes anzulegendes Vermögen verfügen, ist der Aufbau eines diversifizierten Aktiendepots unter Umständen mit hohen Transaktionskosten verbunden, weil sie jeweils wenige Aktien von vielen Unternehmen kaufen mussten. Für diese Investoren ist es vorteilhaft, dass es Investmentfonds gibt, die das Problem der Diversifikation ohne Transaktionskosten lösen können.

Ein **Investmentfonds** ist ein Finanzintermediär, der ein Aktienportfolio aufbaut, indem er Anteilscheine von Unternehmen erwirbt und hält, und anschließend Anteile an diesem Portfolio an einzelne Anleger weiterverkauft. Durch den Kauf von Investmentanteilen können Anleger mit einem relativ kleinen Anlagebetrag indirekt ein diversifiziertes Portfolio halten, mit dem sie für jedes gegebene Risikoniveau einen höheren Ertrag erwirtschaften können, als es sonst der Fall wäre. **Tabelle 25-1** zeigt ein Beispiel für einen diversifi-

Als **Investmentfonds** bezeichnet man einen Finanzintermediär, der ein Aktienportfolio zusammenstellt und dann Anteile an diesem Portfolio an einzelne Anleger weiterverkauft.

Unter einem **Finanzintermediär** versteht man eine Institution, die Anlagemittel von vielen Individuen einsammelt und in finanzielle Vermögensobjekte transformiert.

Tab. 25-1

Vanguard 500 Index Fund, wichtigste Anteilscheine (Stand Januar 2020)

Unternehmen	Anteil am Gesamtvermögen des Fonds (%)
Microsoft Corp.	5,03
Apple Inc.	4,64
Amazon Inc.	3,19
Facebook Inc. A	1,88
Alphabet Inc. A	1,63
Alphabet Inc. B	1,63
Berkshire Hathaway Inc.	1,60
Johnson & Johnson	1,44
JP Morgan Chase & Co.	1,43
Visa Inc. A	1,27

Quelle: Morningstar

LÄNDER IM VERGLEICH

Anleihefinanzierung oder Bankdarlehen?

Nehmen wir an, ein Unternehmen ist auf der Suche nach Finanzmitteln für ein Investitionsprojekt. Dann hat das Unternehmen zwei Möglichkeiten. Es kann Anleihen an Investoren verkaufen oder einen Kredit bei einer Bank aufnehmen. Beide Optionen haben Vor- und Nachteile.

Die Ausgabe von Anleihen ist kostengünstiger als die Kreditaufnahme bei der Bank, da die Bereitstellung der liquiden Mittel direkt und nicht über einen Mittelsmann erfolgt. Außerdem ist eine Kreditvergabe oft mit Vorgaben durch die Bank verknüpft, die die Handlungsmöglichkeiten des Unternehmens einschränken. Auf der anderen Seite birgt ein Bankdarlehen für das Unternehmen weniger Risiken. Kommt das Unternehmen in Zahlungsschwierigkeiten, dann kann in der Regel mit der Bank eine Verschiebung der Zahlungsverpflichtungen vereinbart werden. Dagegen sind die Zins- und Rückzahlungsverpflichtungen einer Anleihe fest vorgegeben und können ein Unternehmen mit Zahlungsproblemen in Schwierigkeiten bringen. Mit einem Bankdarlehen entscheidet sich ein Unternehmen für die Variante mit weniger Risiko, aber auch weniger Flexibilität. Eine Anleihefinanzierung verschafft dem Unternehmen dagegen mehr Flexibilität, allerdings auf Kosten eines höheren Risikos.

Ein Unternehmen steht also vor einer schwierigen Entscheidung. Interessanterweise entscheiden sich Unternehmen in den Vereinigten Staaten in Regel anders als europäische Unternehmen. In der Abbildung ist der Wert der ausgegebenen Anleihen von nichtfinanziellen Kapitalgesellschaften in den Vereinigten Staaten und im Euroraum als Anteil am BIP (in Prozent) für das Jahr 2019 dargestellt. Dabei ist zu erkennen, dass US-amerikanische Unternehmen deutlich mehr Anleihen ausgeben als Unternehmen in Europa, die stärker auf Bankdarlehen zurückgreifen.

Wie lässt sich dieser Unterschied erklären? Allgemein wird unterstellt, dass US-amerikanische Unternehmen deutlich risikobereiter sind. Gleichzeitig halten die Haushalte in Europa deutlich mehr Geld auf Bankkonten. Und damit haben die europäischen Banken mehr Mittel zur Kreditvergabe zur Verfügung als die Banken in den Vereinigten Staaten.

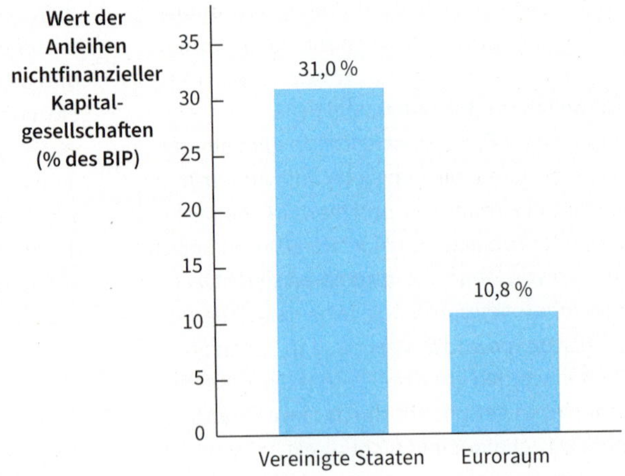

Quelle: BIS Statistics Explorer

zierten Investmentfonds, den »Vanguard 500 Index Fund«. Dort wird deutlich, welchen Prozentsatz der angelegten Gelder der Fonds in die Aktien investiert hat, die bei diesem Portfolio die größte Rolle spielen.

Viele Investmentfonds analysieren die Unternehmen, in die sie investieren. Das ist wichtig, weil es in den meisten Ländern eine große Zahl von Aktiengesellschaften gibt, die sich im Hinblick auf die zu erwartenden Gewinne, auf Dividendenzahlungen usw. unterscheiden. Für einen einzelnen Anleger wäre es extrem zeitaufwendig und kostenträchtig, eine entsprechende Analyse auch nur für eine kleine Anzahl von Unternehmen durchzuführen. Investmentfonds verringern die Transaktionskosten, indem sie diese Analysen für ihre Kunden durchführen.

Die Investmentfonds repräsentieren in modernen Volkswirtschaften einen großen Teil der Wirtschaftsaktivität, nicht nur des Finanzsystems. In den Vereinigten Staaten hielten Investmentfonds Ende 2019 Vermögenswerte in Höhe von fast 18 Billionen Dollar. Die größte Investmentfondsgesellschaft Vanguard hatte im Jahr 2019 ein Anlagevolumen von 3,4 Billionen Dollar.

Investmentfonds erheben für ihre Dienstleistungen Gebühren. Die Höhe der Gebühren richtet sich auch danach, ob der Investmentfonds lediglich ein diversifiziertes Portfolio an Standardaktien enthält oder ob es sich um einen besonderen Investmentfonds mit speziellen Aktien handelt.

Pensionsfonds und Lebensversicherungen. Anders als in den meisten kontinentaleuropäischen Ländern spielen in den Vereinigten Staaten **Pensionsfonds** eine große Rolle. Dabei handelt es sich um Institutionen mit Gewinnerzielungsabsicht, welche die Ersparnisse ihrer Mitglieder einsammeln und diese Anlagebeträge auf eine breite Vielfalt von Vermögensobjekten streuen mit dem Ziel, ihren Mitgliedern Einkommen zu verschaffen, wenn diese in den Ruhestand gehen. Zwar unterliegen Pensionsfonds spezifischen Regulierungen und es gelten für sie besondere steuerliche Regelungen, aber im Großen und Ganzen funktionieren sie so wie Investmentfonds. Sie investieren in ein breites Anlagespektrum, wodurch sie ihren Mitgliedern eine kostengünstigere Diversifikation ermöglichen. Darüber hinaus betreiben sie Marktanalysen, die für das einzelne Mitglied allein nicht möglich wären. Die Pensionsfonds hielten in den Vereinigten Staaten Ende 2019 Finanzanlagen mit einem Gesamtvolumen von über 24,4 Billionen Dollar. In den kontinentaleuropäischen Ländern spielen Pensionsfonds vor allem deswegen nur eine untergeordnete Rolle, weil die meisten Länder eine mehr oder weniger umfangreiche staatliche Rentenversicherung haben, die im Umlageverfahren funktioniert. (Umlageverfahren bedeutet, dass die aktuellen Rentenzahlungen aus den aktuellen Beiträgen der noch im Erwerbsleben stehenden Personen bestritten werden.)

Eine nicht unwichtige Rolle an den Finanzmärkten spielen auch **Lebensversicherungen**, die den in der Versicherungspolice genannten Begünstigten (typischerweise die Familie) einen bestimmten Auszahlungsbetrag garantieren, wenn der Versicherte stirbt. Dadurch dass sie dem Versicherten ermöglichen, die finanzielle Härte abzumildern, welche die Hinterbliebenen durch den Tod der Versicherten erleiden, führt die Arbeit von Lebensversicherungen über die Risikoverringerung zu einer Wohlfahrtsverbesserung.

Kreditinstitute. Erinnern wir uns nochmals an das Problem der Liquidität: Ceteris paribus wünschen Menschen normalerweise Vermögensobjekte, die sich leicht in Bargeld umwandeln lassen. Anleihen und Aktien weisen einen viel höheren Liquiditätsgrad auf als physische Vermögensobjekte oder Darlehen. Die Transaktionskosten des Verkaufs von Anleihen oder Aktien, der aufgrund plötzlicher Zahlungsverpflichtungen vielleicht erforderlich wird, können jedoch sehr hoch sein. Darüber hinaus sind für viele kleine und mittlere Unternehmen die Kosten für die Emission von Aktien und Anleihen viel zu hoch in Relation zu dem relativ geringen Betrag, den sie benötigen. Bei einem *Kreditinstitut* handelt es sich um eine Institution, die dabei hilft, den Konflikt zwischen den Wünschen des Anlegers nach Liquidität und den Finanzierungsnotwendigkeiten derjenigen Kreditnachfrager zu lösen, die nicht den Aktien- oder Anleihenmarkt in Anspruch nehmen möchten.

Die Tätigkeit eines Kreditinstituts beginnt mit der Entgegennahme von Einlagen durch *Einleger*: Mit der Einlage von Geld beim Kreditinstitut wird man letztlich zu einem Kreditgeber, indem man der Bank sein Geld leiht. Im Gegenzug erhält man eine Bescheinigung über eine **Bankeinlage**, die einen Anspruch gegenüber dem betreffenden Kreditinstitut garantiert, das verpflichtet ist, die Einlage in Bargeld zurückzuzahlen, wenn das gewünscht wird. Eine Bankeinlage ist damit ein finanzielles Vermögensobjekt, das aus Sicht des Einlegers eine Forderung und aus Sicht des Kreditinstituts eine Verbindlichkeit darstellt.

Ein Kreditinstitut muss jedoch nur einen Bruchteil der gesamten Einlagen seiner Kunden in Form von Bargeld vorrätig halten. Der größte Teil der Einlagen wird im Kreditgeschäft ausgeliehen – an Unternehmen, Käufer neuer Eigenheime und andere Kreditnehmer. Diese Kredite umfassen in der Regel eine langfristige Bindung des Kreditinstituts an den Schuldner: Solange der Schuldner die vereinbarten Zahlungen pünktlich tätigt, kann der Kredit nicht von der Bank widerrufen werden und in Bargeld transformiert werden. Ein Kreditinstitut ermöglicht es daher denjenigen, die ein Darlehen mit längerer Laufzeit benötigen, auf Mittel von Anlegern zurückzugreifen, die zwar einerseits Anlagen tätigen wollen, sich andererseits aber auch die Möglichkeit offen halten wollen, ihr Geld bei Bedarf sofort zurückzuerhalten.

Etwas formaler kann man daher ein **Kreditinstitut** als einen Finanzintermediär definieren, der

Als **Pensionsfonds** bezeichnet man einen Investmentfonds, der Finanzanlagen tätigt, um an seine Mitglieder Zahlungen leisten zu können, wenn sie in den Ruhestand gehen.

Eine **Bankeinlage** stellt eine Forderung gegenüber dem Kreditinstitut dar, die dieses verpflichtet, dem Einleger auf Aufforderung die Einlage in Bargeld zurückzuzahlen.

Unter einer **Lebensversicherung** versteht man ein Unternehmen, das Policen verkauft, die den Begünstigten eine Zahlung garantiert, wenn der Versicherte stirbt.

Bei einem **Kreditinstitut** handelt es sich um einen Finanzintermediär, der den Anlegern liquide finanzielle Vermögensobjekte in Form von Bankeinlagen zur Verfügung stellt und gleichzeitig die angelegten Mittel verwendet, um die nicht liquiden Investitionen der Schuldner zu finanzieren.

den Anlegern liquide finanzielle Vermögensobjekte in Form von Bankeinlagen zur Verfügung stellt, aber gleichzeitig die Mittel nutzt, um die nicht liquiden Investitionen der Schuldner zu finanzieren. Im Grunde haben es Kreditinstitute mit einem Fristenproblem zu tun: Auf der einen Seite die Vergabe von langfristigen Krediten und auf der anderen Seite die Bedingung, dass die Einleger ihre Mittel zu jeder Zeit zurückfordern können. Wie kann das funktionieren?

Kreditinstitute verlassen sich auf die Tatsache, dass im Durchschnitt nur ein kleiner Teil der Einleger zu einem bestimmten Zeitpunkt seine Einlagen zurückfordert. An jedem beliebigen Tag werden einige Leute Geld abheben und andere neu anlegen. In der Summe heben sich beide Vorgänge etwa wechselseitig auf. Das Kreditinstitut braucht daher nur einen relativ geringen Betrag an Bargeld bereitzuhalten, um die Bedürfnisse seiner Kunden zu befriedigen. Darüber hinaus gibt es in den meisten Industrieländern Sicherungseinrichtungen, die den einzelnen Anlegern im Fall der Zahlungsunfähigkeit ihres Kreditinstituts die Rückzahlung ihrer Einlagen (manchmal nur bis zu einer bestimmten Obergrenze) garantieren. (In Deutschland gibt es neben dem gesetzlichen Einlagenschutz durch das Einlagensicherungs- und Anlegerentschädigungsgesetz noch zusätzlich einen freiwilligen Einlagensicherungsfonds der Banken.) Damit verringert sich das Risiko, das ein Anleger mit dem Halten von Bankeinlagen eingeht. Gleichzeitig wird auch der Anreiz verringert, Mittel abzuziehen, falls Bedenken im Hinblick auf die Liquiditätssituation eines Kreditinstituts entstehen sollten. Daher brauchen unter normalen Umständen Kreditinstitute nur einen

WISSENSCHAFT UND PRAXIS

Wachstumserfolge in Südamerika

Wir haben in Kapitel 24 erfahren, dass Argentinien in puncto langfristiges Wirtschaftswachstum zu den Negativbeispielen gehört. Zu Beginn des 20. Jahrhunderts galt Argentinien als reiches Land. Seit dieser Zeit ist das Pro-Kopf-Einkommen aber nur noch sehr langsam gewachsen. In den letzten Jahrzehnten konnte Argentinien sogar mit dem Wachstumstempo einiger seiner Nachbarländer wie beispielsweise Chile nicht mehr mithalten. Chile gilt wiederum als Erfolgsgeschichte in Sachen Wirtschaftswachstum in Südamerika. Noch im Jahr 1990 war das Pro-Kopf-Einkommen in Argentinien höher als in Chile. In den folgenden Jahren ist das Pro-Kopf-Einkommen in Chile um 3,3 Prozent pro Jahr gewachsen, in Argentinien dagegen nur um 1,7 Prozent, sodass das Pro-Kopf-Einkommen in Chile heute um 50 Prozent über dem Niveau in Argentinien liegt.

Für die unterschiedlichen Wachstumserfolge beider Länder gibt es eine Reihe von Gründen. Ein wichtiger Faktor in diesem Zusammenhang war mit großer Wahrscheinlichkeit die Entwicklung des Finanzsektors in beiden Ländern. Nach einer Bankenkrise zu Beginn der 1980er-Jahre führte Chile eine Reihe von Reformen zur Stabilisierung des Bankensektors ein. Diese Reformen schufen Vertrauen bei den Kunden, die ihre Einlagen bei den Banken erhöhten und auf diese Weise einen rasanten Anstieg der Kreditvergabe an den privaten Sektor ermöglichten. Dagegen gab es in Argentinien immer wieder Bankenkrisen und inflationäre Tendenzen, die Bankeinlagen gefährdeten. Dadurch werden in Chile deutlich mehr Finanzgeschäfte getätigt als in Argentinien (Finanzintermediation). Als groben Indikator für die Höhe der Finanzintermediation in einer Volkswirtschaft greifen Ökonomen oft auf das prozentuale Verhältnis von Kreditvergabe an den privaten Sektor zum Bruttoinlandsprodukt zurück. In wirtschaftlich starken Ländern mit einem hochentwickelten Finanzsystem liegt das Verhältnis in der Regel zwischen 100 und 200 Prozent. Für Chile betrug der Wert im Jahr 2018 116 Prozent und entsprach damit dem Niveau in hoch entwickelten Volkswirtschaften. In Argentinien lag der Wert dagegen nur bei 16 Prozent, ein deutlicher Beleg für die eingeschränkte Finanzintermediation. Im Unterschied zu seinem ehemals reichen Nachbarland Argentinien ist Chile wahrscheinlich wesentlich besser in der Lage, durch Ersparnisse finanzielle Mittel für produktive Investitionen bereitzustellen.

kleinen Teil ihrer Einlagen in Form von Bargeld vorzuhalten.

Durch ihre Fähigkeit, die Bedürfnisse von Sparern nach liquiden Anlagemöglichkeiten mit den Bedürfnissen von Nachfragern nach langfristigen Finanzierungsmöglichkeiten zu vereinbaren, spielen Kreditinstitute eine ökonomische Schlüsselrolle. Wie in der Rubrik »Wissenschaft und Praxis« erläutert wird, ist die Schaffung eines gut funktionierenden Bankensystems eine zentrale Voraussetzung für eine erfolgreiche wirtschaftliche Entwicklung.

Kurzzusammenfassung

- Die Haushalte können ihr **Vermögen** auf **Finanzmärkten** anlegen, indem sie entweder **finanzielle Vermögensobjekte** oder **physische Vermögensobjekte** kaufen. Ein finanzielles Vermögensobjekt ist aus Sicht des Verkäufers eine **Verbindlichkeit**.
- Ein gut funktionierendes Finanzsystem verringert die **Transaktionskosten**, vermindert das **finanzielle Risiko** durch die Möglichkeit der **Diversifikation** und stellt **liquide** Vermögensobjekte zur Verfügung, die Investoren gegenüber **illiquiden** Vermögensobjekten bevorzugen.
- Die vier wichtigsten Arten von finanziellen Vermögensobjekten sind **Darlehen**, Anleihen, Aktien und **Bankeinlagen**. Eine wichtige Innovation aus der jüngeren Vergangenheit sind **forderungsbesicherte Wertpapiere**, die breiter diversifiziert als Anleihen sind und einen höheren Liquiditätsgrad aufweisen. Anleihen mit einem höheren Risiko eines **Zahlungsausfalls** müssen eine höhere Verzinsung bieten.
- Die wichtigsten Arten von **Finanzintermediären** sind **Investmentfonds**, **Pensionsfonds**, **Lebensversicherungen** und **Kreditinstitute**.
- Eine Bank nimmt Einlagen an, die sie den Einlegern bei Bedarf wieder in Form von Bargeld auszahlen muss. Die Einlagen werden an Kreditnachfrager für einen längeren Zeitraum ausgeliehen.

ÜBERPRÜFEN SIE IHR WISSEN

1. Ordnen Sie die folgenden Vermögensobjekte in Hinblick auf (i) das Niveau der Transaktionskosten, (ii) Risikoniveau, (iii) Liquiditätsgrad.

a. Eine Bankeinlage mit garantiertem Zinssatz.

b. Ein Anteilschein an einem stark diversifizierten Investmentfonds, der ohne Probleme verkauft werden kann.

c. Ein Anteil an einem Familienunternehmen, der nur verkauft werden kann, wenn man einen Käufer findet, der auch von allen anderen Familienmitgliedern akzeptiert wird.

2. Welche Beziehung wird wohl zwischen dem Niveau der Entwicklung des Finanzsystems eines Landes und seinem Niveau der ökonomischen Entwicklung bestehen? Erläutern Sie Ihre Antwort, indem Sie auf das Niveau des Sparens und das Niveau der Investitionsausgaben des betrachteten Landes eingehen.

25.3 Finanzmarktschwankungen

Wir haben gelernt, dass das Finanzsystem ein wesentliches Element der Wirtschaft ist. Ohne Aktienmärkte, Anleihenmärkte und Kreditinstitute wäre es kaum möglich, langfristiges Wirtschaftswachstum zu erreichen. Wir haben aber nicht nur gute Nachrichten: Nicht immer funktioniert das Finanzsystem gut und manchmal ist es sogar Ursache von Instabilitäten.

Der dramatische Einbruch der Immobilienpreise in den Vereinigten Staaten im Jahr 2007 hatte gravierende Auswirkungen auf das Finanzsystem und stellte die Wirtschaftspolitik vor große Herausforderungen. Nur ein Jahr später erlebte die Weltwirtschaft die schwerste Krise seit der Weltwirtschaftskrise in den 1930er-Jahren. Und es dauerte Jahre, bis sich die Volkswirtschaften weltweit von dieser schweren Krise erholt hatten.

Über Finanzmarktschwankungen könnte man ohne Weiteres ein ganzes Buch schreiben (was viele Leute auch getan haben). An dieser Stelle beschränken wir uns auf eine kurze Diskussion der Ursachen für Schwankungen von Vermögenspreisen.

Die Nachfrage nach Aktien

Nach der Emission von Aktien durch eine Aktiengesellschaft können diese Unternehmensanteile am Aktienmarkt an andere Anleger weiterverkauft werden. Und heutzutage kann man dank Kabelfernsehen und Internet ohne Probleme den ganzen Tag damit verbringen, sich die Schwankungen an der Börse anzusehen, also das Auf und Ab der Preise von einzelnen Aktien (Kurse), aber auch von Aktienindizes, welche die Kursentwicklung ausgewählter Aktien abbilden. Diese Schwankungen reflektieren Änderungen von Nachfrage und Angebot bei den Anlegern. Was aber führt dazu, dass sich Aktienangebot und Aktiennachfrage dauernd ändern?

Es sei daran erinnert, dass es sich bei Aktien um finanzielle Vermögensobjekte handelt: Es sind Anteile am Eigentum eines Unternehmens. Anders als bei Waren und Dienstleistungen, deren Wert für ihre Eigentümer aus der Konsummöglichkeit stammt, stammt der Wert von Aktien aus ihrer Fähigkeit, einen höheren zukünftigen Konsum an Waren und Dienstleistungen zu ermöglichen.

Ein finanzielles Vermögensobjekt erlaubt auf zwei Wegen einen höheren Zukunftskonsum. Es kann künftiges Einkommen durch die Zahlung von Zinsen oder Dividenden generieren. Viele Unternehmen zahlen aber keine Dividenden, sondern behalten ihre Gewinne ein, um damit zukünftige Investitionsausgaben zu finanzieren. Anleger kaufen Aktien, bei denen keine Dividenden gezahlt werden, in dem Glauben, dass sie ihre Aktien in Zukunft mit Gewinn verkaufen können und auf diese Weise zukünftiges Einkommen erzielen werden. Dies ist der zweite Weg, auf dem Aktien ein höheres zukünftiges Einkommen hervorrufen können. Aber selbst im Fall einer Anleihe oder einer Aktie, bei der es regelmäßig Dividendenausschüttungen gibt, werden die Anleger dieses Vermögensobjekt nicht kaufen wollen, wenn sie davon ausgehen, dass sie es in der Zukunft nur mit Verlust verkaufen können, weil dies ja einen Vermögensrückgang implizieren würde.

Daher basiert der heutige Wert eines finanziellen Vermögensobjektes auf den Vorstellungen der Anleger über den zukünftigen Wert bzw. zukünftigen Preis dieses Aktivums. Glauben die Anleger, dass das Vermögensobjekt in Zukunft mehr wert sein wird als heute, dann werden sie bei jedem gegebenen Preis mehr von diesem Vermögensobjekt nachfragen. Glauben die Anleger umgekehrt, dass das Vermögensobjekt in Zukunft weniger wert sein wird, dann wird heute die Nachfrage bei jedem gegebenen Preis sinken. Dies wiederum hat zur Folge, dass der heutige Gleichgewichtspreis für dieses Aktivum sinken wird. Zusammenfassend können wir also festhalten, dass sich die heutigen Aktienkurse ändern werden, wenn sich die Erwartungen der Anleger über zukünftige Aktienkurse ändern.

Nehmen wir an, es träte ein Ereignis auf, das zu einem Anstieg des für die Zukunft erwarteten Kurses einer Aktie führt – beispielsweise könnte die Firma Apple ankündigen, dass aufgrund der sintflutartigen Verkäufe von iPads künftig mit höheren Gewinnen zu rechnen ist. Die Nachfrage nach Aktien von Apple wird zunehmen. Gleichzeitig werden die Aktionäre, die augenblicklich Apple-Aktien halten, bei jedem gegebenen Preis weniger bereit sein als zuvor, ihre Aktien an der Börse anzubieten. Und wie wir wissen, führt eine Zunahme der Nachfrage oder eine Abnahme des Angebotes (oder beides) zu einem Preisanstieg.

Umgekehrt könnten wir auch von einem Ereignis ausgehen, das zu einem Rückgang des für die Zukunft erwarteten Kurses der Aktie eines Unternehmens führt. So könnte beispielsweise die Volkswagen AG (VW) ankündigen, dass das Unternehmen seine Gewinnerwartungen reduziert, weil hohe Benzin- und Dieselpreise auf die Nachfrage nach Pkws drücken. Die Nachfrage nach VW-Aktien wird sinken. Gleichzeitig wird das Angebot an VW-Aktien steigen, weil diejenigen, die jetzt schon VW-Aktien halten, eher bereit sind, diese Aktien

VERTIEFUNG

DAX, Dow Jones und Co.
In Wirtschaftssendungen des Fernsehens oder den Wirtschaftsnachrichten im Internet steht oft die Entwicklung des Aktienmarktes im Mittelpunkt. Typischerweise wird die Entwicklung des Aktienmarktes durch Indizes gemessen – wie DAX, Dow Jones, Standard & Poor's 500 (S&P 500) oder NASDAQ-Index. Was sind das eigentlich für Zahlen und was sagen sie uns? Bei allen genannten Größen handelt es sich um Indizes. Wie beim Verbraucherpreisindex handelt es sich um Zahlen, die Durchschnittspreise widerspiegeln, in diesem Fall Aktienkurse. Der DAX ist der wichtigste deutsche Aktienindex. Er fasst die Entwicklung der 40 größten und umsatzstärksten Unternehmen zusammen, die an der Frankfurter Wertpapierbörse gelistet sind. Der Dow Jones spiegelt analog die Entwicklung der Kurse der 30 führenden US-amerikanischen Aktiengesellschaften wider, wie etwa Microsoft, Walmart und Apple. Der S&P 500 ist ein Index, in dem 500 Unternehmen abgebildet werden.

Warum sind diese Indizes wichtig? Weil die Entwicklung eines Index den Anlegern eine Momentaufnahme davon erlaubt, wie die Aktien bestimmter Sektoren der Wirtschaft stehen. Im Haupttext dieses Abschnitts wird erläutert, dass der Kurs einer Aktie zu einem bestimmten Zeitpunkt die Erwartungen der Anleger über die Zukunftsaussichten des betreffenden Unternehmens enthält. Ein Index, der sich aus Aktien von Unternehmen eines bestimmten Sektors zusammensetzt, enthält daher die Erwartungen der Anleger über die Zukunftsaussichten dieses Sektors der Wirtschaft. So kann es durchaus sein, dass der DAX an einem Tag steigt, während der TecDAX, ein Index der Technologiewerte, sinkt. Dies lässt sich dann so interpretieren, dass sich die Einschätzung der Zukunftsaussichten bei den technologieorientierten Unternehmen verschlechtert hat, während sie sich bei den »traditionellen« Unternehmen verbessert hat.

am Markt anzubieten. Beide Reaktionen führen zu einem Rückgang des Aktienkurses.

Aktienkurse werden also durch Angebot und Nachfrage bestimmt, die beide wiederum von den Erwartungen der Anleger über die zukünftige Kursentwicklung abhängen.

Aktienkurse werden auch davon beeinflusst, wie sich die Attraktivität von Vermögensobjekten ändert, die als Substitute angesehen werden (zum Beispiel Anleihen). Wie wir gelernt haben, geht die Nachfrage nach einem bestimmten Gut zurück, wenn der Wert des Substitutes attraktiver wird – beispielsweise aufgrund des Rückgangs seines Preises. Dasselbe gilt auch für Aktien: Wenn die Anlage in Anleihen aufgrund eines Anstiegs ihres Zinssatzes attraktiver wird, werden die Aktienkurse sinken. Wird dagegen der Kauf von Anleihen aufgrund eines Rückgangs des Zinssatzes weniger attraktiv, werden die Aktienkurse steigen.

Die Nachfrage nach anderen Vermögensobjekten

Alles, was wir gerade über Aktien gelernt haben, trifft auch auf andere Vermögensobjekte zu. Dazu gehören auch Sachwerte. Betrachten wir die Nachfrage nach Gewerbeimmobilien – Bürogebäude, Einkaufszentren und andere Flächen für Geschäftstätigkeiten. Ein Investor entscheidet sich aus zwei Gründen für den Kauf eines Bürogebäudes. Zum einen kann er die Flächen in dem Gebäude vermieten und dadurch Einnahmen in Form von Mietzahlungen erhalten. Oder er rechnet mit einer Wertsteigerung des Gebäudes, sodass er das Objekt in der Zukunft mit Gewinn verkaufen kann.

Wie bei Aktien so hängt auch die Nachfrage nach Gewerbeimmobilien von der Attraktivität alternativer Anlagemöglichkeiten ab, insbesondere Anleihen. Steigt der Zinssatz, dann geht die Nachfrage nach Gewerbeimmobilien zurück. Sinkt der Zinssatz, nimmt die Nachfrage nach Gewerbeimmobilien zu.

Die meisten Immobilienbesitzer haben aber keine Gewerbeimmobilien, sondern ein Haus mit Garten. Was bestimmt die Häuserpreise? Werden Häuserpreise durch die gleichen Faktoren beeinflusst wie Aktienpreise oder Preise für Gewerbeimmobilien, obwohl ein selbstgenutztes Eigenheim weder eine Dividende noch Mietzahlungen abwirft?

Aus ökonomischer Sicht spielt das keine große Rolle. Der Vorteil, in seinem Eigenheim zu wohnen, liegt darin, dass man keine Miete zahlen muss – oder anders ausgedrückt, dass man die Miete an sich selbst zahlt. Je höher die Miete ist, desto mehr Miete muss der Hausbesitzer nicht bezahlen (oder desto mehr Miete zahlt er an sich selbst). Aus diesem Grund führen höhere Mieten zu einer höheren Nachfrage nach Häusern.

Die Nachfrage nach Häusern hängt auch, wie die Nachfrage nach anderen Vermögensobjekten, von den Erwartungen der Menschen über die zukünftigen Preise ab. Je höher der Preis ist, den sie in der Zukunft erwarten, desto mehr sind sie bereit, heute für das Haus zu bezahlen. Und natürlich wird die Nachfrage nach Häusern auch durch den Zinssatz beeinflusst. Mit steigenden Zinsen wachsen die Kosten der Hypotheken und die Nachfrage nach Häusern sinkt. Sinkende Zinsen senken dagegen die Kosten von Hypotheken und die Nachfrage nach Häusern steigt an.

Für alle Vermögensobjekte gilt demnach, dass die Preise von den gleichen Faktoren beeinflusst werden. Allerdings haben wir bisher die Frage, wodurch der Preis eines Vermögensobjektes bestimmt wird, noch nicht vollständig beantwortet, weil wir noch nicht erklärt haben, wodurch die *Erwartungen* eines Investors bezüglich der künftigen Preise bestimmt werden.

Die **Hypothese effizienter Märkte** (**Effizienzmarkthypothese**) besagt, dass in Vermögenspreisen bereits alle öffentlich verfügbaren Informationen enthalten sind.

Erwartungen über die Preisentwicklung bei Vermögensobjekten

Es gibt zwei miteinander konkurrierende Grundhypothesen, wie sich die Erwartungen über die Preisentwicklung von Vermögensobjekten bilden. Die eine Sicht, die aus der traditionellen ökonomischen Analyse stammt, betont die rationalen Gründe, warum sich Erwartungen ändern *sollten*. Die andere Sicht, die bei den Marktteilnehmern eine prominente Rolle spielt, aber auch von einigen Ökonomen unterstützt wird, hebt die Irrationalität der Marktteilnehmer hervor.

Die Bewegung einer unvorhersehbaren Variablen über die Zeit bezeichnet man als **Random Walk**.

Die Hypothese effizienter Märkte. Nehmen wir an, Sie würden versuchen abzuschätzen, wie viel die Aktien der VW AG wirklich wert sind. Zu diesem Zwecke würden Sie sich die *Fundamentaldaten* anschauen, die Größen, die den zukünftigen Gewinnen des Unternehmens zugrunde liegen. Diese würden Größen umfassen wie die zukünftige Bedeutung des Luxusautosegments und die voraussichtliche Entwicklung des Ölpreises. Sie würden wahrscheinlich auch die Erträge, die Sie mit VW-Aktien erzielen könnten, mit dem voraussichtlichen Ertrag anderer Anlageformen vergleichen, wie etwa Anleihen.

Nach der hier darzustellenden Sicht von Vermögenspreisen würden Sie nach sorgfältiger Untersuchung aller Faktoren zu einem Aktienkurs gelangen, der tatsächlich genau dem Preis entspricht, zu dem VW-Aktien heute am Markt gehandelt werden. Warum? Weil alle öffentlich verfügbaren Informationen über die Fundamentaldaten der VW AG bereits im Aktienkurs des Unternehmens enthalten sind. Jede Differenz zwischen dem Marktpreis und dem Wert, der sich aus einer sorgfältigen Analyse der zugrunde liegenden Fundamentaldaten ergibt, würde eine Gewinnmöglichkeit für einen intelligenten Anleger bedeuten, der VW-Aktien verkaufen würde, wenn der Kurs als zu hoch angesehen wird, und VW-Aktien kaufen würde, wenn der gegenwärtige Kurs als zu niedrig angesehen wird.

Die **Hypothese effizienter Märkte (Effizienzmarkthypothese)** ist die allgemeine Form dieser Sichtweise. Sie bedeutet, dass in Vermögenspreisen immer alle öffentlich verfügbaren Informationen bereits enthalten sind. Eine Implikation dieser Hypothese effizienter Märkte ist die, dass Aktienkurse zu jedem Zeitpunkt ein faires Niveau haben: Sie reflektieren alle gegenwärtig verfügbaren Informationen über die Fundamentaldaten. Aktien sind daher weder zu teuer noch zu billig.

Eine Implikation der Hypothese effizienter Märkte besteht darin, dass sich die Kurse von Aktien und die Preise von anderen Vermögensobjekten nur ändern sollten, wenn neue Informationen über die zugrunde liegenden Fundamentaldaten verfügbar werden. Weil neue Informationen definitionsgemäß nicht vorhersehbar sind – wären sie vorhersehbar, wären sie nicht neu –, ist auch die Entwicklung von Vermögenspreisen unvorhersehbar. Daher muss beispielsweise die Entwicklung von Aktienkursen einem sogenannten **Random Walk** folgen. (Der Begriff Random Walk – Zufallsbewegung – ist die allgemeine Bezeichnung für die Bewegung einer unvorhersehbaren Variablen über die Zeit.)

Die Hypothese effizienter Märkte spielt eine wichtige Rolle beim Verständnis des Funktionierens von Finanzmärkten. Die meisten professionellen Anleger und viele Ökonomen betrachten sie jedoch als zu starke Vereinfachung. Investoren, so ihre Behauptung, verhalten sich nicht rational.

VERTIEFUNG

Verhaltensorientierte Finanzmarkttheorie

Die Menschen treffen oft irrationale Entscheidungen (und bei manchen weiß man sogar schon vorher, dass sie irrational sind), die dazu führen, dass sie am Ende ökonomisch gesehen schlechter dastehen, als wenn sie andere mögliche Alternativen gewählt hätten. Die Menschen neigen außerdem dazu, die gleichen Fehler immer wieder zu machen. Dieses Verhalten ist Gegenstand der *Verhaltensökonomik* (behavioral economics). Zu diesem Forschungsgebiet gehört auch die *verhaltensorientierte Finanzmarkttheorie* (behavioral finance), die untersucht, wie Anleger auf Finanzmärkten oft vorhersehbare irrationale Entscheidungen treffen. Im Jahr 2013 wurde der Ökonom Robert Shiller (gemeinsam mit zwei Kollegen) für seine Forschungen zum Thema Irrationalität auf Finanzmärkten mit dem Nobelpreis für Wirtschaftswissenschaften ausgezeichnet.

Wie viele andere Menschen zeigen auch Finanzanleger systematisch Abweichungen von rationalem Verhalten. Finanzanleger neigen zur *Selbstüberschätzung*. Sie sind davon überzeugt, dass sie die Vermögensobjekte kennen, mit denen man besonders viel Gewinn machen kann. Gleichzeitig schrecken Finanzanleger vor Verlusten zurück (*Verlustaversion*). Sie sind in der Regel nicht bereit, sich von schlecht laufenden Vermögensobjekten zu trennen und einen Verlust zu realisieren. Außerdem zeigen Finanzanleger eine gewisse *Herdenmentalität*. Sie kaufen ein Vermögensobjekt dann, wenn der Preis schon eine ganze Weile gestiegen ist und verkaufen, wenn der Preis schon eine ganze Weile gesunken ist.

Bei diesem irrationalen Verhalten stellt sich die Frage, ob Finanzanleger mit einem rationalen Verhalten in der Lage sind, auf Kosten der anderen einen großen Gewinn zu machen, indem sie z. B. Aktien von Unternehmen kaufen, deren Kurs gerade in den Keller gefallen ist.

Die Antwort auf diese Frage lautet: manchmal ja und manchmal nein. Einige professionelle Anleger haben große Gewinne erzielt, als sie gegen den Markt agiert haben (also kaufen, wenn alle anderen verkaufen und verkaufen, wenn alle anderen kaufen). So hat z. B. der Hedgefonds-Manager John Paulson 4 Milliarden Dollar Gewinn erzielt, als er während des Booms am Immobilienmarkt in den Jahren 2007–2008 gegen Subprime-Hypotheken gewettet hat, weil er erkannte, dass die Vermögensobjekte auf Basis von Subprime-Hypotheken deutlich überteuert waren.

Aber manchmal kann selbst ein rational handelnder Finanzanleger keinen Gewinn aus der Irrationalität der Finanzmärkte ziehen. So müssen z. B. Finanzmanager die Kauf- und Verkaufsaufträge ihrer Kunden ausführen, selbst wenn diese Anlageentscheidungen irrational sind. Außerdem sind sie auf der sicheren Seite, wenn sie der Herdenmentalität folgen. Geht die Sache dann schief, können sich die Finanzmanager damit herausreden, dass niemand diese Entwicklung kommen sah. Handeln sie aber gegen den Markt und die Sache geht schief, dann verlieren sie ihren Job. Auf diese Weise können rationale Finanzanleger die irrationalen Bewegungen an den Finanzmärkten sogar noch verstärken.

Kritische Beobachter der Entwicklungen an den Finanzmärkten in der Vergangenheit verweisen darauf, dass Finanzmärkte eigentlich ständig zwischen den Extremen »himmelhoch jauchzend« und »zu Tode betrübt« hin und her schwanken. Von sich selbst überzeugte Anleger glauben an stetig steigende Preise, erzeugen Spekulationsblasen und kehren nach dem Zusammenbruch den Finanzmärkten den Rücken, sodass die Preise von Vermögensobjekten ins Bodenlose fallen. Insbesondere in den letzten Jahren vor, während und nach der Finanzkrise konnten die Forscher auf dem Gebiet der verhaltensorientierten Finanzmarkttheorie reichlich Anschauungsmaterial sammeln.

Irrationale Märkte? Viele Menschen, die tatsächlich an den Finanzmärkten teilnehmen, wie etwa institutionelle Anleger und professionelle Finanzverwalter, betrachten die Hypothese effizienter Märkte mit Skepsis. Sie glauben, dass sich Märkte oft irrational verhalten und dass es intelligenten Investoren gelingt, erfolgreich die richtigen Zeitpunkte zu nutzen – Aktien zu kaufen, wenn der Kurs unter dem eigentlichen Wert liegt, und sie zu verkaufen, wenn der Kurs zu hoch ist.

Betrachten Ökonomen im Allgemeinen solche Behauptungen kritisch, es gäbe todsichere Methoden, um den Markt zu überlisten, haben viele von ihnen dennoch die Hypothese effizienter Märkte angezweifelt. Es ist jedoch wichtig, sich klarzumachen, dass die Hypothese effizienter Märkte nicht schon deswegen widerlegt ist, weil man ein spezifisches Beispiel gefunden hat, wo der Markt es falsch gemacht hat. Sinkt der Kurs von VW-Aktien plötzlich von 150 Euro auf 50 Euro, weil die Leute auf einmal nur noch energiesparende Kleinwagen fahren wollen, bedeutet das noch lange nicht, dass der Markt bei dem ursprünglichen Aktienkurs von 150 Euro ineffizient war. Der plötzliche Gesinnungswandel hin zu kleineren Autos war eben keine öffentlich verfügbare

WISSENSCHAFT UND PRAXIS

Zahlungsausfälle bei Hypothekendarlehen in den Vereinigten Staaten

In den letzten 40 Jahren entfiel rund ein Viertel der US-amerikanischen Investitionsausgaben auf Investitionen in den Wohnungsbau. Dabei handelt es sich meist um Einfamilienhäuser oder Eigentumswohnungen und weniger um Mehrfamilienhäuser. Die Haushalte müssen hohe Summen zum Kauf des Wohneigentums aufwenden, und nur wenige Haushalte verfügen über ausreichend Bargeld.

Aus diesem Grund werden Käufe von Wohnimmobilien in der Regel durch die Aufnahme eines Hypothekendarlehens finanziert. Ein Hypothekendarlehen gibt dem Kreditgeber, einer Bank oder einem anderen Finanzintermediär, das Recht die Immobilie in Besitz zu nehmen, wenn der Kreditnehmer seinen Zahlungen nicht (rechtzeitig) nachkommt. Das hört sich für den Kreditnehmer erst einmal ziemlich riskant an. Was ist, wenn jemand aus der Familie seinen Job verliert oder unerwartet hohe Krankenbehandlungskosten hat, sodass man den Ratenzahlungen nicht mehr nachkommen kann? Tatsächlich kommt es eher selten zu Zahlungsausfällen. Von 40 Hypothekendarlehen ist gerade mal ein Darlehen betroffen. Ein Grund für diese geringe Ausfallrate ist die Tatsache, dass die Darlehensnehmer bei finanziellen Schwierigkeiten immer noch die Immobilie verkaufen können und dann mit dem Verkaufserlös das Darlehen zurückzahlen.

Im Zeitraum 2007–2010 gab es jedoch einen starken Anstieg bei Zahlungsausfällen von Hypothekendarlehen bis auf fast 12 Prozent, wie Diagramm (a) von **Abbildung 25-11** zeigt. Dieses hohe Ausfallniveau hielt einige Jahre an, bevor es zu einem deutlichen Rückgang kam. Im Jahr 2019 hatten die Zahlungsausfälle bei Hypothekendarlehen dann wieder ihr gewohntes Niveau erreicht.

Diagramm (b) von Abbildung 25-11 offenbart den Grund für den starken Anstieg von Zahlungsausfällen bei Hypothekendarlehen. In den Jahren 2000-2007 gab es einen dramatischen Zuwachs bei Hypothekenschulden, der mit einem starken Anstieg der Immobilienpreise einherging. Für Kreditgeber und Kreditnehmer waren die höheren Hypothekenschulden zunächst kein Problem. Man ging davon aus, dass bei etwaigen Zahlungsschwierigkeiten die steigenden Immobilienpreise für einen schnellen Verkauf der Immobilie und einen entsprechend hohen Verkaufserlös zur Rückzahlung der Hypothekenschulden sorgen würden.

Aber wie wir bereits wissen, stellte sich der starke Anstieg der Immobilienpreise als Spekulationsblase heraus. Die Spekulationsblase platzte und löste eine schwere Wirtschaftskrise aus. Die Arbeitslosenzahlen schnellten in die Höhe, viele Haushalte gerieten in eine finanzielle Notlage und die Ausfälle bei Hypothekendarlehen nahmen rasant zu.

Letztlich trugen die gebremste Kreditvergabe und die konjunkturelle Erholung dazu bei, dass das Verhältnis von Hypothekenschulden zum Bruttoinlandsprodukt zurückging und die Zahlungsausfälle bei Hypothekendarlehen wieder ihr normales Niveau erreichten.

Abb. 25-11: Hypothekenschulden und Ausfälle bei Hypothekendarlehen

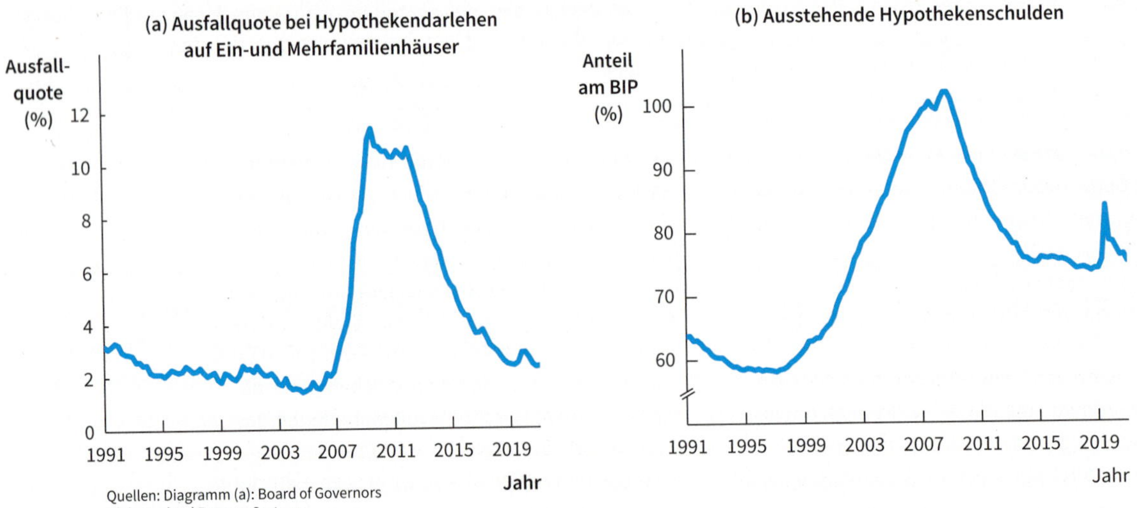

Quellen: Diagramm (a): Board of Governors of the Federal Reserve System; Diagramm (b): Federal Reserve Bank of St. Louis

Information, weswegen sie auch nicht im ursprünglichen Aktienkurs enthalten sein konnte.

Ernsthafte Anfechtungen der Hypothese effizienter Märkte konzentrieren sich stattdessen entweder auf Belege für eine systematische Fehlentwicklung der Marktpreise oder auf Belege, dass einzelne Anleger sich nicht so verhalten, wie die Theorie es implizieren würde. So sind einige Wirtschaftswissenschaftler überzeugt, sie hätten deutliche Belege dafür gefunden, dass Aktienkurse stärker schwanken, als es durch Neuigkeiten über Fundamentaldaten erklärt werden kann. Andere sind überzeugt, sie hätten deutliche Belege dafür, dass sich einzelne Anleger systematisch auf irrationale Weise verhalten. Ein Beispiel hierfür ist, dass Menschen anscheinend erwarten, dass ein Aktienkurs, der in der Vergangenheit gestiegen ist, auch weiterhin steigen wird, obwohl uns die Hypothese effizienter Märkte sagt, dass es für derlei Erwartungen keinerlei Grundlage gibt. Das Gleiche gilt auch für andere Vermögensobjekte. Ein anschauliches Beispiel dafür liefert der Blick auf die Spekulationsblase im US-Immobiliensektor in der Rubrik »Wissenschaft und Praxis«.

Vermögenspreise und Makroökonomik

Wie gehen Makroökonomen und Wirtschaftspolitiker mit der Tatsache um, dass Vermögenspreise stark schwanken und dass diese Schwankungen gravierende ökonomische Auswirkungen haben können? Diese Frage beschreibt eines der wichtigsten Probleme, mit denen die Wirtschaftspolitik in den letzten Jahren konfrontiert war und immer noch ist.

Auf der einen Seite wollen Wirtschaftspolitiker nicht einfach unterstellen, dass sich die Märkte irren und die Vermögenspreise entweder zu hoch oder zu niedrig sind. Darin spiegelt sich die Hypothese effizienter Märkte wider, wonach jede öffentlich verfügbare Information in den Preisen Berücksichtigung findet. Es spricht nicht viel dafür, dass Regierungsvertreter eine bessere Vorstellung davon haben, wie die Vermögenspreise sein sollten, als private Finanzanleger, die ihr eigenes Geld riskieren.

Auf der anderen Seite gab es in den letzten 25 Jahren gleich zwei große Spekulationsblasen, die beide nach ihrem Zusammenbruch zu ernsthaften gesamtwirtschaftlichen Problemen führten. Ende der 1990er-Jahre stiegen die Aktienkurse von Technologieunternehmen (unter ihnen auch die sogenannten Dotcom-Unternehmen aus der Internetbranche) in schwindelerregende Höhen. Nach dem Platzen der Dotcom-Blase verloren diese Aktien innerhalb kurzer Zeit durchschnittlich zwei Drittel ihres Wertes und waren ein Grund für die schwache wirtschaftliche Entwicklung in den Vereinigten Staaten und die hohe Arbeitslosigkeit im Jahr 2001. Nur wenige Jahre später gab es eine riesige Spekulationsblase am Immobilienmarkt. Der Zusammenbruch des US-amerikanischen Immobilienmarktes führte zu einer schweren Finanzkrise, die die gesamte Weltwirtschaft erfasste und eine schwere Wirtschaftskrise auslöste.

Diese Ereignisse haben die Diskussion um die Regulierung der Finanzmärkte neu entfacht. Wir werden uns mit diesem Thema ausführlich im Kapitel 29 beschäftigen.

Kurzzusammenfassung

- Finanzmarktschwankungen können eine Ursache für makroökonomische Instabilität sein.
- Vermögenspreise werden durch Angebot und Nachfrage bestimmt, aber auch durch die Einschätzung alternativer Anlagen wie Anleihen. Vermögenspreise spiegeln auch die Erwartungen über den künftigen Kurswert wider. Eine Betrachtungsweise von Erwartungen ist die **Hypothese effizienter Märkte**, die zu der Schlussfolgerung kommt, dass Aktienkurse einem Zufallspfad (**Random Walk**) folgen.
- Marktteilnehmer und einige Ökonomen stellen die Hypothese effizienter Märkte infrage. In der Praxis gehen Wirtschaftspolitiker im Allgemeinen nicht davon aus, dass sie klüger sind als der Markt. Sie nehmen aber auch nicht an, dass die Märkte sich stets rational verhalten.

ÜBERPRÜFEN SIE IHR WISSEN

1. Welche Auswirkungen werden vermutlich die folgenden Ereignisse auf den Aktienkurs eines Unternehmens haben? Erläutern Sie Ihre Antworten.
   a. Das Unternehmen kündigt an, dass zwar im laufenden Geschäftsjahr der Gewinn niedrig ist, dass es aber eine neue Produktlinie entwickelt hat, die im nächsten Jahr zu einem höheren Gewinn führen wird.
   b. Das Unternehmen teilt mit, dass es zwar in diesem Jahr einen hohen Gewinn erzielen konnte, der Gewinn aber geringer ist als ursprünglich angekündigt.
   c. Andere Unternehmen derselben Branche teilen mit, dass die Verkäufe in diesem Jahr unerwartet schleppend verlaufen.
   d. Das Unternehmen teilt mit, dass es auf gutem Wege ist, sein vorher angekündigtes Gewinnziel zu erreichen.
2. Bewerten Sie die folgende Aussage: »Zwar mögen sich viele Anleger irrational verhalten, es ist aber unwahrscheinlich, dass sie sich im Zeitverlauf exakt gleich irrational verhalten – wie etwa immer dann Aktien zu kaufen, wenn der DAX am Vortag um ein Prozent gestiegen ist.«

Unternehmen in Aktion: Die Grameen Bank – eine Bank gegen die Armut

Ein altes Sprichwort sagt: »Eine Bank leiht Dir nur dann Geld, wenn Du keines brauchst.« Und als Guadalupe Perez feststellen musste, dass sie aufgrund der Rezession die Miete für ihr Geschäft im Stadtteil Queens in New York nicht mehr aufbringen konnte, hätte sie ihren Laden eigentlich schließen müssen. Aber stattdessen wandte sie sich hilfesuchend an Grameen America und erhielt einen Kredit zur Überbrückung ihrer finanziellen Schwierigkeiten. Durch den Kredit konnte sie ihr Geschäft behalten. Gleichzeitig war der Kreditvertrag so ausgestaltet, dass sie die Summe in kleinen Raten zurückzahlen konnte. Auch in der Folgezeit gewährte ihr Grameen immer wieder kleine Kredite, damit sie ihr Geschäft erweitern und in ein größeres Sortiment investieren konnte.

Grameen America ist eine Tochtergesellschaft der Grameen Bank in Bangladesch, die das Geschäft mit Mikrokrediten erfunden hat, bei dem kleine Kredite an arme Menschen vergeben werden. Die Grameen Bank wurde Mitte der 1970er-Jahre durch den Ökonomen Muhammad Yunus aus Bangladesch ins Leben gerufen, der an der Vanderbuilt University im US-Bundesstaat Tennessee seinen Doktortitel erworben hatte. Normale Banken verlangen von Kunden für die Kreditvergabe entweder eine gute Bonität oder die Hinterlegung von Sicherheiten (die im Fall eines Zahlungsausfalls dann übernommen werden). Diese Anforderungen können arme Menschen in der Regel nicht erfüllen.

Die Grameen Bank stützt sich dagegen auf das Prinzip der kollektiven Verantwortung um sicherzustellen, dass die Kredite auch zurückgezahlt werden. Jeder Kreditnehmer gehört einer Gruppe von fünf Personen an, die die Kreditvergabe an die jeweils anderen Personen genehmigen und die Rückzahlung überwachen. Aus rechtlicher Sicht haftet die Gruppe nicht für die Rückzahlung der einzelnen Kredite. Dennoch übernimmt die Gruppe normalerweise die finanzielle Verantwortung, wenn ein Kreditnehmer aus der Gruppe in Zahlungsschwierigkeiten kommt. Wenn jedes Gruppenmitglied seinen Kredit pünktlich zurückzahlt, dann kann jeder beim nächsten Mal einen höheren Kredit bekommen.

Grameen ist in über 100 Ländern aktiv, von den Vereinigten Staaten bis nach Uganda. Die übergroße Mehrheit der Kunden sind Frauen vom Land, die versuchen, durch den Aufbau eines kleinen Geschäftes der Armut zu entkommen. Seit der Gründung der Bank sind Kredite von mehr als 30 Milliarden Dollar an weit mehr als 9 Millionen Frauen vergeben worden.

Selbst in einem so reichen Land wie den Vereinigten Staaten sind Mikrokredite (mit einer Kreditsumme von weniger als 50.000 Dollar) zu einem Erfolg geworden. Von der Gründung von Grameen America im Jahr 2008 bis Ende 2019 hat die Bank mehr als 530.000 Kredite mit einem Volumen von mehr als 1,4 Milliarden Dollar vergeben. Nach Angaben der Bank konnten die Kunden ihr Einkommen um durchschnittlich 1.800 Dollar pro Jahr steigern.

Allerdings sind Mikrokredite kein Allheilmittel. Forschungsergebnisse zeigen, dass Mikrokredite den Weg in die Selbstständigkeit nachweislich unterstützen. Die erhofften Effekte zur Armutsbekämpfung und zur Verbesserung der Lebensbedingungen sind dagegen begrenzt. Nichtsdestotrotz sind die Auswirkungen von Mikrokrediten in ihrer Gesamtheit eindeutig positiv zu bewerten, insbesondere im Vergleich zu anderen Maßnahmen, die auch auf einen besseren Zugang zum Finanzsystem abzielen.

Aus diesem Grund sind Muhammad Yunus und die Grameen Bank für ihre Verdienste bei der Förderung wirtschaftlicher und sozialer Entwicklung von unten und bei der Armutsbekämpfung im Jahr 2006 mit dem Friedensnobelpreis ausgezeichnet worden.

FRAGEN

1. Welche Marktineffizienz hat zur Gründung der Grameen Bank geführt? Was ist die Ursache für diese Marktineffizienz?
2. Welche Aufgaben eines Finanzsystems übernimmt das System der Mikrokredite?
3. Welche Auswirkungen auf die Gemeinschaft sind durch die Kreditvergabe der Grameen Bank zu erwarten?

Zusammenfassung

1. Investitionen in physisches Kapital sind für das langfristige Wirtschaftswachstum notwendig. Damit eine Wirtschaft wachsen kann, muss sie also Sparen in Investitionsausgaben transformieren.
2. Der **Identität von Sparen und Investitionsausgaben** zufolge müssen Sparen und Investitionsausgaben in der Volkswirtschaft immer übereinstimmen. Der Staat trägt zum gesamtwirtschaftlichen Sparen bei, wenn der **Haushaltssaldo** positiv ist, wenn also ein **Budgetüberschuss** vorliegt. Der Staat trägt zum Entsparen bei, wenn der Haushaltssaldo negativ ist, also ein **Budgetdefizit** vorliegt. Ein Budgetdefizit kann durch **staatliche Kreditaufnahme** gedeckt werden. In einer geschlossenen Volkswirtschaft entspricht das Sparen in der Volkswirtschaft der **gesamtwirtschaftlichen Ersparnis,** der Summe aus privatem Sparen plus Haushaltssaldo. In einer offenen Volkswirtschaft entspricht das Sparen dem gesamtwirtschaftlichen Sparen plus dem **Nettokapitalzufluss** aus ausländischem Sparen. Ein negativer Nettokapitalzufluss tritt auf, wenn Mittel aus dem inländischen Sparen ins Ausland fließen.
3. Der **Kreditmarkt** zeigt, wie die Kreditmittel von den Sparern auf die Kreditnachfrager zur Finanzierung von Investitionsprojekten aufgeteilt werden. Im Gleichgewicht entspricht die nachgefragte Menge an Kreditmitteln der angebotenen Menge. Es werden nur die Projekte finanziert, deren erwarteter Ertrag größer oder gleich dem **gleichgewichtigen Zinssatz** ist. Durch den Kreditmarkt generieren sowohl Kreditgeber und Kreditnehmer maximale Vorteile. Gleichzeitig zeigt die Analyse des Kreditmarktes, warum ein gut funktionie-

rendes Finanzsystem zu einem höheren langfristigen Wirtschaftswachstum führt. Steigende oder dauerhafte Budgetdefizite können zu einem **Verdrängungseffekt** in Form von höheren Zinsen und niedrigeren privaten Investitionsausgaben führen. Änderungen im Geschäftsklima sowie Änderungen der Kreditaufnahme des Staates verschieben die Nachfragekurve für Kreditmittel. Veränderungen im Sparverhalten der Haushalte sowie Veränderungen im Nettokapitalzufluss verschieben die Angebotskurve.

4. Um ein Projekt zu bewerten, bei dem der Ertrag X in der Zukunft liegt, muss man den Barwert der zukünftigen Zahlung mithilfe des Zinssatzes r ermitteln. Der Barwert von 1 Euro, den ich in einem Jahr bekomme, beläuft sich heute auf 1 Euro/$(1 + r)$, das ist der Betrag, den ich mir heute leihen muss, um in einem Jahr 1 Euro zu haben. Steigt der Zinssatz, dann sinkt der Barwert eines Projektes. Sinkt dagegen der Zinssatz, dann steigt der Barwert. Das erklärt, warum die Nachfragekurve für Kreditmittel fallend verläuft.
5. Durch Kapitalströme werden Zinsunterschiede zwischen einzelnen Ländern abgebaut. Dabei fließt das Kapital von Ländern mit einem niedrigen Zinsniveau in Länder mit einem hohen Zinsniveau. Wenn die Kapitalströme groß genug sind, entsteht ein **globaler Kreditmarkt** mit einem einheitlichen Zinsniveau für alle Länder.
6. Da weder Kreditgeber noch Kreditnehmer wissen, wie sich die Inflationsrate in der Zukunft entwickelt, enthalten Kreditverträge in der Regel einen Nominalzinssatz und keinen Realzinssatz. Bei einer gegebenen Inflationserwartung spiegeln sich Verschiebungen der Angebotskurve und/oder der Nachfragekurve in Veränderungen des Realzinssatzes wider und führen zu Änderungen des Nominalzinssatzes. Nach dem **Fisher-Effekt** manifestiert sich ein Anstieg der erwarteten Inflationsrate eins zu eins in einem Anstieg des Nominalzinssatzes, sodass der erwartete Realzinssatz unverändert bleibt.
7. Haushalte legen ihr **Vermögen** (die angesammelten Ersparnisse) auf **Finanzmärkten** an, indem sie Vermögensobjekte kaufen. Vermögensobjekte können in der Form **finanzieller Vermögensobjekte** (Finanzaktiva) oder **physischer Vermögensobjekte** auftreten. Ein finanzielles Vermögensobjekt ist ein Anspruch des Käufers auf zukünftige Einkommenszahlungen durch den Verkäufer. Ein physisches Vermögensobjekt (Sachwert) ist ein Anspruch auf ein materielles Objekt, der dem Eigentümer das Recht gibt, mit diesem Objekt nach seinen Vorstellungen zu verfahren. Aus Sicht des Verkäufers stellt ein finanzielles Vermögensobjekt eine **Verbindlichkeit** dar. Es gibt vier Hauptarten von finanziellen Vermögensobjekten: **Darlehen**, Anleihen, Aktien und **Bankeinlagen**. Jede dieser Anlageformen dient unterschiedlichen Zwecken im Hinblick auf die drei fundamentalen Aufgaben eines Finanzsystems: Verringerung der **Transaktionskosten** – der Kosten eines Vertrages –, Verringerung des **finanziellen Risikos** – Unsicherheit über zukünftige Ereignisse, bei denen finanzielle Gewinne und Verluste eine Rolle spielen –, die Bereitstellung **liquider** Anlagen – Anlagen, die schnell und ohne großen Wertverlust in Bargeld umgewandelt werden können (im Unterschied zu **illiquiden** Anlagen, bei denen das nicht der Fall ist).
8. Zwar greifen kleine und mittlere Kreditnachfrager meist auf Bankdarlehen zurück, um ihre Investitionsausgaben zu finanzieren, aber große Unternehmen emittieren typischerweise Anleihen. Anleihen mit einem höheren Risiko eines **Zahlungsausfalls** müssen in der Regel eine höhere Verzinsung bieten. Die Eigentümer von Unternehmen können ihr Risiko durch den Verkauf von Aktien verringern. Zwar werfen Aktien normalerweise höhere Erträge ab als Anleihen, dennoch wollen Anleger typischerweise ihr Risiko durch **Diversifikation** verringern, indem sie ein breites Spektrum von Vermögensobjekten in ihr Portfolio aufnehmen, deren Erträge auf unkorrelierten Ereignissen beruhen. Die meisten Menschen sind risikoavers, bewerten also den Verlust eines bestimmten Betrages stärker als den Gewinn des gleichen Betrages. **Forderungsbesicherte Wertpapiere** stellen eine Finanzmarktinnovation dar und entstehen durch die Bündelung und Verbriefung von Kreditforderungen. Dabei werden einzelne Darlehensforderungen gebündelt und für die-

ses Bündel an Kreditforderungen werden dann handelbare Wertpapiere ausgestellt und an Anleger verkauft. Forderungsbesicherte Wertpapiere werden von Investoren bevorzugt, da sie breiter diversifiziert sind und auch einen höheren Liquiditätsgrad aufweisen. Allerdings ist das Risiko nur schwer einzuschätzen.

9. **Finanzintermediäre** – Institutionen wie **Investmentfonds, Pensionsfonds, Lebensversicherungen** und **Kreditinstitute** – sind zentrale Komponenten des Finanzsystems. Investmentfonds und Pensionsfonds erlauben es kleinen Anlegern zu diversifizieren. Lebensversicherungen tragen zur Risikoverringerung bei.
10. Ein Kreditinstitut erlaubt Einlegern das Halten von liquiden Einlagen, die dann genutzt werden, um illiquide Darlehen zu finanzieren. Kreditinstitute können mit dieser Diskrepanz umgehen, weil zu einem bestimmten Zeitpunkt im Durchschnitt jeweils nur ein kleiner Teil der Einleger seine Einlagen wieder abhebt. Kreditinstitute stellen ein zentrales Element des langfristigen Wirtschaftswachstums dar.
11. Finanzmarktschwankungen können Ursache für makroökonomische Instabilität sein. Die Vermögenspreise werden durch Angebot und Nachfrage sowie durch die Attraktivität alternativer Vermögensobjekte wie Anleihen gebildet. Wenn der Zinssatz steigt, gehen im Allgemeinen die Aktienkurse und die Preise von physischen Vermögensobjekten zurück und umgekehrt. Angebot und Nachfrage nach Vermögensobjekten werden durch Erwartungen beeinflusst: Erwartungen auf höhere künftige Preise führen zu einem Anstieg der heutigen Preise und umgekehrt. Eine wichtige Sicht, wie sich Preise bilden, wird durch die **Hypothese effizienter Märkte** beschrieben, die davon ausgeht, dass die Preise finanzieller Vermögensobjekte alle öffentlich verfügbaren Informationen bereits enthalten. Die Hypothese effizienter Märkte impliziert, dass Kursschwankungen inhärent unvorhersehbar sind – sie folgen einem **Random Walk** (Zufallspfad).
12. Viele Marktteilnehmer und Ökonomen vertreten auf Grundlage empirischer Beobachtungen die Ansicht, dass Finanzmärkte nicht so rational sind, wie es die Hypothese effizienter Märkte behauptet. Zu den empirischen Belegen gehört die Beobachtung, dass Aktienkursschwankungen zu groß sind, als dass sie allein auf Änderungen der Fundamentaldaten beruhen könnten. Die Wirtschaftspolitik geht weder davon aus, dass Finanzmärkte sich immer rational verhalten, noch dass die Politik klüger als der Markt ist.

SCHLÜSSELBEGRIFFE

- Identität von Sparen und Investitionsausgaben
- Budgetüberschuss
- Budgetdefizit
- staatliche Kreditaufnahme
- Haushaltssaldo
- gesamtwirtschaftliche Ersparnis
- Nettokapitalzufluss
- Kreditmarkt
- gleichgewichtiger Zinssatz
- Verdrängungseffekt
- globaler Kreditmarkt
- Fisher-Effekt
- Finanzmärkte
- Vermögen
- finanzielles Vermögensobjekt
- physisches Vermögensobjekt
- Verbindlichkeit
- Transaktionskosten
- finanzielles Risiko
- Diversifikation
- liquide
- illiquide
- Darlehen
- Zahlungsausfall
- forderungsbesichertes Wertpapier
- Finanzintermediär
- Investmentfonds
- Pensionsfonds
- Lebensversicherung
- Bankeinlage
- Kreditinstitut
- Hypothese effizienter Märkte (Effizienzmarkthypothese)
- Random Walk

26 Einnahmen und Ausgaben

LERNZIELE

- Welche Bedeutung der **Multiplikator** hat, der in einer Zahl zusammenfasst, zu welchen weiteren Änderungen eine Ausgabenänderung führt.
- Was sich hinter der **gesamtwirtschaftlichen Konsumfunktion** verbirgt.
- Wie das erwartete Einkommen in der Zukunft und das gesamtwirtschaftliche Vermögen die Konsumausgaben beeinflussen.
- Welche Faktoren die Investitionsausgaben bestimmen und warum man zwischen **geplanten Investitionsausgaben** und **ungeplanten Lagerinvestitionen** unterscheiden muss.
- Wie die Anpassung der Lagerbestände die Volkswirtschaft nach einem Nachfrageschock zu einem neuen Gleichgewicht bewegt.
- Warum die Investitionsausgaben als entscheidender Indikator für den zukünftigen Zustand der Volkswirtschaft angesehen werden.

Shoppingmalls in Spanien trotzen der Krise

Im Oktober 2012 eröffnete in der spanischen Stadt Saragossa mit der Puerto Venecia eine der größten Shoppingmalls in Europa. Wie die großen Shoppingmalls in den Vereinigten Staaten bietet auch die Puerto Venecia den Menschen mehr als nur Shopping: Es gibt Kinos, eine Eisbahn, einen Trampolinpark, einen Kletterpark und sogar einen See mit Ruderbooten.

Der Zeitpunkt der Eröffnung schien allerdings schlecht gewählt. Die spanische Volkswirtschaft befand sich an einem Tiefpunkt. Zwei Wirtschaftskrisen kurz hintereinander – erst die weltweite Finanz- und Wirtschaftskrise 2007–2009 und danach die Euro-Schuldenkrise – hatten Spanien in eine tiefe Rezession geführt. Als die Shoppingmall öffnete, lag die Arbeitslosenquote in Spanien bei 26 Prozent, nicht gerade ein günstiger Zeitpunkt für die Eröffnung eines hochmodernen Einkaufs- und Erlebnisparks.

Glücklicherweise hatte die spanische Volkswirtschaft Ende 2012 ihren Tiefpunkt schon erreicht. In den folgenden Jahren kam zu einer kräftigen Erholung, in erster Linie dank eines sprunghaften Exportanstiegs in der Automobilindustrie. Im Jahr 2018 produzierte Spanien bereits mehr als 2 Millionen Pkws, mehr als jedes andere europäische Land mit Ausnahme der Bundesrepublik Deutschland. Im Zuge der konjunkturellen Erholung stiegen auch die privaten Konsumausgaben an, vor allem in den großen Einkaufszentren.

Aber warum profitierten die spanischen Einkaufszentren vom Aufschwung der spanischen Automobilindustrie? Durch das Wachstum der Pkw-Verkäufe und anderer Exporte stiegen die Einkommen der spanischen Haushalte, die wiederum einen Großteil des Einkommensanstiegs für den Kauf von anderen Waren und Dienstleistungen verwendeten. Dadurch kam es zu einem weiteren Einkommensanstieg für die Anbieter dieser Waren und Dienstleistungen. Und auch hier war der Anpassungsprozess noch nicht zu Ende. Der weitere, zusätzliche Einkommensanstieg führte zu einem weiteren Anstieg der Konsumausgaben, die wiederum einen weiteren Einkommensanstieg auslösten, und so weiter.

Die Erholung der spanischen Volkswirtschaft verdeutlicht, wie Aufschwünge und Abschwünge in der Volkswirtschaft als Ganzes vonstattengehen. Konjunkturelle Schwankungen werden oft durch Änderungen bei bestimmten Ausgaben ausgelöst, etwa bei den Exporten, wie im Fall von Spanien, oder bei den Investitionen. Diese Änderungen führen dann zu Änderungen bei den Konsumausgaben, die die Wirkungen der ursprünglichen Änderungen auf die Volkswirtschaft als Ganzes multiplizieren.

In diesem Kapitel werden wir lernen, wie dieser Prozess abläuft, und zeigen, wie die Multiplikatoranalyse zum Verständnis des Konjunkturzyklus beiträgt. Beginnen wollen wir mit einer einfachen Einführung in das Konzept des Multiplikators.

26.1 Der Multiplikator: Eine einfache Einführung

Bei der Erholung der spanischen Volkswirtschaft zeigt sich eine Kettenreaktion, bei der eine Ausgabensteigerung zu einer Einkommensänderung führt, die weitere Ausgabenänderungen auslöst, die wiederum Einkommensänderungen verursachen und so weiter. Wir wollen diese Kettenreaktion im Detail untersuchen und dabei die Auswirkungen von Ausgabenänderungen auf der gesamtwirtschaftlichen Ebene durchdenken.

Für unsere Analyse werden wir vier vereinfachende Annahmen treffen:

1. Wir unterstellen, dass die *Unternehmen bereit sind, eine zusätzliche Produktionsmenge zu einem festen Preis anzubieten*. Wenn sich also Konsumenten oder Unternehmen dazu entscheiden, 1 Milliarde Euro zusätzlich auszugeben, dann führt das zu einem Anstieg der gesamtwirtschaftlichen Produktion an Waren und Dienstleistungen in Höhe von 1 Milliarde Euro, ohne dass es zu einem Preisanstieg kommt. Dadurch *entsprechen die Änderungen der gesamtwirtschaftlichen Ausgaben den Änderungen der gesamtwirtschaftlichen Produktion*, gemessen durch das reale BIP. Wie wir im nächsten Kapitel noch lernen werden, ist diese Annahme auf kurze Sicht gar nicht so unrealistisch. Bei einer Betrachtung von Nachfrageänderungen über einen längeren Zeitraum muss diese Annahme allerdings angepasst werden.
2. Wir nehmen den Zinssatz als gegeben an.
3. Wir gehen davon aus, dass es weder Staatsausgaben noch Steuern gibt.
4. Wir unterstellen, dass Exporte und Importe gleich null sind. (Diese Annahme passt sicherlich nicht zu unserem Beispiel Spanien, aber wir werden im nächsten Abschnitt erfahren, wie wir den internationalen Handel in die Analyse integrieren können.)

Auf der Grundlage dieser Annahmen wollen wir untersuchen, was passiert, wenn es zu einer Änderung der Investitionsausgaben kommt. Dabei gehen wir davon aus, dass sich die Bauwirtschaft dazu entschließt, im nächsten Jahr zusätzlich 100 Milliarden Euro für den Wohnungsbau auszugeben.

Der unmittelbare Effekt dieses Anstiegs der Investitionsausgaben zeigt sich in einer gleich großen Einkommenserhöhung und einem gleich großen Anstieg der gesamtwirtschaftlichen Produktion. Jeder Euro an zusätzlichen Ausgaben für den Wohnungsbau führt zu einem Einkommensanstieg in Höhe von 1 Euro für die Arbeiter auf dem Bau, die Lieferanten des Baumaterials, die Elektriker und so weiter. Endet die Wirkungskette an dieser Stelle, dann würde der Anstieg der Wohnungsbauinvestitionen zu einem Anstieg des gesamtwirtschaftlichen Einkommens in Höhe von genau 100 Milliarden Euro führen.

Aber damit sind die Reaktionen noch nicht beendet. Der Anstieg der gesamtwirtschaftlichen Produktion führt zu einem Anstieg des verfügbaren Einkommens in Form von Löhnen oder Unternehmereinkommen. Ein höheres verfügbares Einkommen lässt die Konsumausgaben ansteigen, wodurch wiederum die Unternehmen veranlasst werden, mehr zu produzieren. Dadurch kommt es zu einem weiteren Einkommensanstieg, der weitere zusätzliche Konsumausgaben auslöst und so weiter. Es kommt immer wieder zu einem Anstieg der gesamtwirtschaftlichen Produktion.

Wenn man nun all diese Einzeleffekte aufsummiert, wie groß ist dann der Gesamteffekt der Ausgabensteigerung? Wie groß ist der Gesamteffekt auf die gesamtwirtschaftliche Produktion, wenn wir die Einzeleffekte all dieser Ausgabenerhöhungen zusammenzählen? Um diese Frage beantworten zu können, greifen wir auf die **margi-**

Die **marginale Konsumneigung (*MPC*)** – auch marginale Konsumquote – zeigt, um wie viel sich die Konsumausgaben erhöhen, wenn das verfügbare Einkommen um einen Euro steigt.

nale Konsumneigung (*MPC*) – auch marginale Konsumquote – zurück, die beschreibt, um wie viel sich die Konsumausgaben erhöhen, wenn das verfügbare Einkommen um einen Euro steigt. Etwas vereinfacht können wir die marginale Konsumneigung als Quotient aus der Änderung der Konsumausgaben und der Änderung des verfügbaren Einkommens berechnen:

$$(26\text{-}1) \quad MPC = \frac{\Delta \text{ Konsumausgaben}}{\Delta \text{ verfügbares Einkommen}}$$

wobei das Symbol Δ für die Änderung steht. Streng genommen können wir Gleichung (26-1) zur Berechnung der marginalen Konsumneigung im Allgemeinen nur dann verwenden, wenn die Änderung des verfügbaren Einkommens »hinreichend klein« ist. Seien wir an dieser Stelle aber nicht ganz so streng und schauen uns folgendes einfaches Zahlenbeispiel an: Erhöhen sich die Konsumausgaben um 6 Milliarden Euro, wenn das verfügbare Einkommen um 10 Milliarden Euro steigt, dann errechnen wir die marginale Konsumneigung *MPC* durch 6 Milliarden Euro/10 Milliarden Euro = 0,6.

Da die Konsumenten bei einer Erhöhung des verfügbaren Einkommens um einen Euro normalerweise einen Teil davon ausgeben, aber eben nicht alles, muss die marginale Konsumneigung *MPC* eine Zahl zwischen 0 und 1 sein. Das zusätzliche verfügbare Einkommen, das die Verbraucher nicht ausgeben, wird gespart. Die **marginale Sparneigung (*MPS*)** ist der Teil eines zusätzlichen Euro verfügbaren Einkommens, der gespart wird. Weil definitionsgemäß alle Teile des verfügbaren Einkommens, die nicht konsumiert werden, gespart werden, gilt $MPS = 1 - MPC$.

Da wir unterstellen, dass es keine Steuern und keinen Außenhandel gibt, führt jede Ausgabenerhöhung um 1 Euro zu einem Anstieg des realen BIP um 1 Euro und auch zu einem Anstieg des verfügbaren Einkommens um 1 Euro. Damit ergibt sich aus einer Erhöhung der Investitionsausgaben um 100 Milliarden Euro zunächst einmal eine Erhöhung des realen BIP um ebenfalls 100 Milliarden Euro. Diese Einkommenserhöhung hat in der nächsten Runde einen Anstieg der Konsumausgaben zur Folge, der das reale BIP um einen weiteren Betrag von *MPC* × 100 Milliarden Euro erhöht. Dieser zweiten Runde folgt eine dritte Runde, in der sich die Konsumausgaben um *MPC* × *MPC* × 100 Milliarden Euro erhöhen. Auf die dritte Runde folgt eine vierte Runde und immer so weiter. Der Gesamteffekt auf das reale BIP lässt sich folgendermaßen darstellen:

	Erhöhung der Investitionsausgaben	=	100 Mrd. €	
+	Erhöhung der Konsumausgaben in der zweiten Runde	=	MPC	× 100 Mrd. €
+	Erhöhung der Konsumausgaben in der dritten Runde	=	MPC^2	× 100 Mrd. €
+	Erhöhung der Konsumausgaben in der vierten Runde	=	MPC^3	× 100 Mrd. €
	⋮		⋮	⋮

Gesamte Erhöhung des realen BIP = $(1 + MPC + MPC^2 + MPC^3 + \ldots) \times 100$ Mrd. €

Die Erhöhung der Investitionsausgaben um 100 Milliarden Euro setzt also eine Kettenreaktion in der Volkswirtschaft in Gang. Im Endergebnis führt diese Kettenreaktion dazu, dass eine Erhöhung der Investitionsausgaben um 100 Milliarden Euro zu einer Änderung des realen BIP führt, die ein Vielfaches der ursprünglichen Ausgabenerhöhung beträgt.

Wie groß ist dieses »Vielfache«? Mathematisch ist das, was wir gerade gesehen haben, eine unendliche geometrische Reihe der Form $1 + x + x^2 + x^3 + \ldots$ Liegt x zwischen null und eins, dann hat die unendliche geometrische Reihe den endlichen Wert $1/(1 - x)$. Der Gesamteffekt einer Erhöhung der Investitionsausgaben um 100 Milliarden Euro beträgt bei Berücksichtigung aller folgenden Erhöhungen der Konsumausgaben (und der Annahme, dass es keine Steuern und keinen Außenhandel gibt):

(26-2) Gesamte Erhöhung des realen BIP aufgrund eines Anstiegs der Investitionen um 100 Milliarden Euro

$$= \frac{1}{1 - MPC} \times 100 \text{ Mrd. €}$$

Schauen wir uns ein Zahlenbeispiel an, in dem $MPC = 0{,}6$ gelten soll. Mit dieser Annahme über die Höhe der marginalen Konsumneigung führt jeder zusätzliche Euro verfügbaren Einkommens zu einem Anstieg der Konsumausgaben um 0,60 Euro. In diesem Fall erhöht ein Anstieg der Investitionsausgaben um 100 Milliarden Euro in der ersten Runde das reale BIP um 100 Milliarden Euro. Der durch die Erhöhung des Einkommens ausgelöste Anstieg der Konsumausgaben erhöht in der zweiten Runde das reale BIP um weitere 0,6 × 100 Mil-

Die **marginale Sparneigung (*MPS*)** – auch marginale Sparquote – zeigt, um wie viel das Sparen der Haushalte zunimmt, wenn ihr verfügbares Einkommen um einen Euro steigt.

Als **autonome gesamtwirtschaftliche Ausgabenänderung** bezeichnet man eine Änderung des gewünschten Ausgabenniveaus von Unternehmen, Haushalten und Staat bei einem gegebenen Niveau des realen BIP.

Der **Multiplikator** ist die Relation der durch eine autonome Änderung der gesamtwirtschaftlichen Ausgaben verursachten Änderung des realen BIP zum Ausmaß der autonomen gesamtwirtschaftlichen Ausgabenänderung.

liarden Euro = 60 Milliarden Euro. Der hierdurch wiederum ausgelöste Anstieg der Konsumausgaben führt in der dritten Runde zu einer Steigerung des realen BIP um weitere 0,6 × 60 Milliarden Euro = 36 Milliarden Euro. **Tabelle 26-1** zeigt die Erhöhungen der jeweiligen Runden, wobei »...« bedeutet, dass der Prozess unendlich oft weitergeht. Die anfängliche Erhöhung der Investitionsausgaben um 100 Milliarden Euro führt im Endeffekt zu einem Anstieg des realen BIP um 250 Milliarden Euro:

$$= \frac{1}{1 - 0{,}6} \times 100 \text{ Mrd. €} = 2{,}5 \times 100 \text{ Mrd. €}$$

$$= 250 \text{ Mrd. €}$$

Man beachte, dass zwar eine unendliche Zahl von Runden der Erhöhung des realen BIP vorliegt, gleichwohl aber der Gesamtanstieg des realen BIP auf 250 Milliarden Euro begrenzt ist. Das ist darauf zurückzuführen, dass in jeder Runde ein Teil der Erhöhung des verfügbaren Einkommens »absickert«, weil er gespart wird. Welcher Teil eines zusätzlichen Euros verfügbaren Einkommens gespart wird, hängt von der marginalen Sparneigung *MPS* ab.

Wir haben gerade die Auswirkungen einer Änderung der Investitionsausgaben untersucht, aber die gleiche Analyse können wir auch für jede andere Ausgabenänderung anwenden. Wichtig dabei ist, zwischen der ursprünglichen Ausgabenänderung, bevor das reale BIP steigt, und den zusätzlichen Ausgabenänderungen, die als Ergebnis der Kettenreaktion durch Änderungen des realen BIP ausgelöst werden, zu unterscheiden. Nehmen wir als Beispiel an, dass ein Anstieg der Immobilienpreise dazu führt, dass sich die Immobilienbesitzer reicher fühlen und aus diesem Grund bei jedem verfügbaren Einkommen mehr konsumieren. Das führt zunächst zu einem Anstieg der Konsumausgaben, bevor es zu einem Anstieg des realen BIP kommt. Mit dem steigenden realen BIP aber kommt es dann immer wieder zu einem weiteren Anstieg der Konsumausgaben.

Der ursprüngliche Anstieg oder die ursprüngliche Verringerung der Ausgaben bei einem gegebenen Niveau des realen BIP wird als **autonome gesamtwirtschaftliche Ausgabenänderung** bezeichnet. Man spricht von autonom – was aus dem Griechischen kommt und so viel wie unabhängig oder selbstständig bedeutet –, weil es sich auf die Ursache, nicht auf die Wirkung der Kettenreaktion bezieht, die wir gerade beschrieben haben. Als **Multiplikator** bezeichnen wir dann die Relation zwischen der gesamten Änderung des realen BIP, die durch eine autonome gesamtwirtschaftliche Ausgabenänderung verursacht wird, und dem Ausmaß der autonomen gesamtwirtschaftlichen Ausgabenänderung.

Bezeichnen wir eine autonome gesamtwirtschaftliche Ausgabenänderung mit ΔAAS und die Änderung des realen BIP mit ΔY, dann ist der Multiplikator gleich $\Delta Y / \Delta AAS$. Auf der Grundlage der Formel für den Multiplikator gilt für die Änderung des realen BIP durch eine autonome gesamtwirtschaftliche Ausgabenänderung in einer Welt ohne Steuern und ohne Außenhandel:

$$(26\text{-}3) \quad \Delta Y = \frac{1}{1 - MPC} \times \Delta AAS$$

Daraus resultiert folgende Gleichung

$$(26\text{-}4) \quad \frac{\Delta Y}{\Delta AAS} = \frac{1}{1 - MPC}$$

Man erkennt, dass die Größe des Multiplikators von der marginalen Konsumneigung abhängt. Ist *MPC* groß, so ist dies auch der Multiplikator. Das leuchtet inhaltlich deswegen ein, weil die Größe von *MPC* darüber bestimmt, wie groß jede Expansionsrunde im Vergleich zur vorhergehenden Runde ist. Um es anders auszudrücken: Je größer *MPC* ist, desto weniger verfügbares Einkommen sickert in jeder Runde des Expansionsprozesses in Sparen ab.

In späteren Kapiteln werden wir das Konzept des Multiplikators verwenden, um die Wirkungen von Fiskal- und Geldpolitik zu analysieren. Wir

Tab. 26-1

Zunahme des realen BIP in den einzelnen Runden

	Zunahme des realen BIP (Mrd. €)	Gesamte Zunahme des realen BIP (Mrd. €)
Erste Runde	100	100
Zweite Runde	60	160
Dritte Runde	36	196
Vierte Runde	21,6	217,6
...	...	...
Letzte Runde	0	250

WISSENSCHAFT UND PRAXIS

Schieferöl: Aufschwung und Niedergang in North Dakota

Für einen großen Teil der Vereinigten Staaten ging die wirtschaftliche Erholung nach der Finanz- und Wirtschaftskrise 2007–2009 enttäuschend langsam vonstatten. In einigen Landesteilen kam es jedoch zu einem rasanten Wachstum. Am stärksten fiel das Wachstum im US-Bundesstaat North Dakota aus. Dort wuchs die Wirtschaft von 2009 bis 2012 um rund 60 Prozent. Das entspricht einer durchschnittlichen jährlichen Wachstumsrate von 15 Prozent. Damit war das Wachstum in North Dakota mehr als fünfmal so groß wie in der gesamten US-amerikanischen Volkswirtschaft.

Treiber dieses starken Wachstums war die Förderung von Schieferöl aus der Bakken-Formation, die sich unter der Erde von North Dakota befindet. Ölunternehmen und andere Investoren kamen nach North Dakota und brachten Tausende Ölarbeiter mit, die die Ölproduktion innerhalb von nur zwei Jahren verdoppelten. **Abbildung 26-1** zeigt, dass die Ölbranche nicht der einzige Wachstumstreiber war. Auch der Großhandel, der Einzelhandel und die Finanzbranche wuchsen in North Dakota deutlich stärker als im Rest des Landes. Dahinter steckt der Multiplikatoreffekt. Mit der Anzahl an gut bezahlten Jobs in der Ölbranche stiegen auch die Konsumausgaben und ein Großteil dieser Ausgaben kam den Unternehmen, Geschäften und Bankfilialen vor Ort zugute, die wiederum zusätzliche Arbeitskräfte einstellten. Das Einkommen dieser zusätzlichen Arbeitskräfte machte einen weiteren Anstieg bei den Konsumausgaben möglich, der wiederum zu einem Einkommensanstieg führte, und so weiter. Der Boom der Ölförderung in North Dakota ist damit ein anschauliches Beispiel für das Wirken des Multiplikatoreffektes.

Natürlich konnte dieses außergewöhnliche Wachstum nicht von Dauer sein. Ende 2014 fand der Boom in der Schieferölproduktion ein jähes Ende, als sinkende Ölpreise einen starken Rückgang der Ölproduktion auslösten. Zwischen Oktober 2014 und Juli 2016 sank die Beschäftigung in der Ölförderung um mehr als 50 Prozent. Und dieser Beschäftigungsrückgang wirkte sich über sinkende Einkommen und den Multiplikatoreffekt wiederum auf die gesamte Wirtschaft des Bundesstaates aus, dieses Mal allerdings in die negative Richtung.

Abb. 26-1: Wachstumsraten in einzelnen Branchen in North Dakota, 2009–2012 und 2014–2017

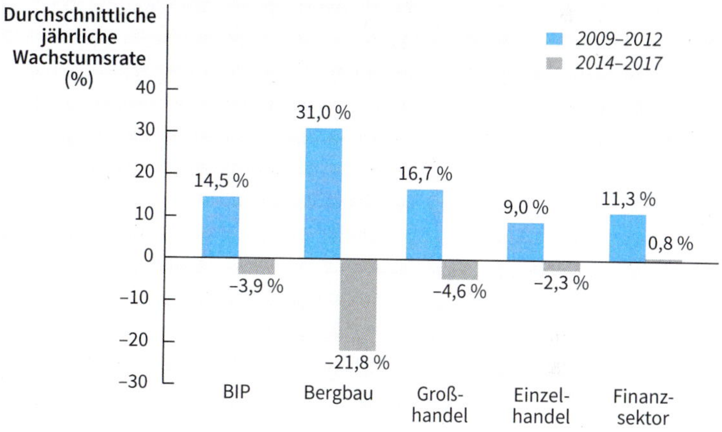

Quelle: Bureau of Economic Analysis

werden dann auch sehen, dass sich die Formel für den Multiplikator ändert, wenn wir verschiedene Erweiterungen einbauen, wie etwa Steuern und Außenhandel. Zunächst wollen wir jedoch lernen, welche Faktoren die Konsumausgaben bestimmen.

Kurzzusammenfassung

- Eine sich aus einer Erwartungsänderung ergebende Änderung der Investitionsausgaben löst eine Kettenreaktion aus, bei der die anfängliche Änderung des realen BIP zu Konsumausgabenänderungen führt, die weitere Änderungen des realen BIP zur Folge haben usw. Die gesamte Änderung der gesamtwirtschaftlichen Produktion beträgt ein Vielfaches der ursprünglichen Änderung der Investitionsausgaben.
- Jede **autonome gesamtwirtschaftliche Ausgabenänderung** – also eine Änderung, die nicht auf eine Änderung im realen BIP zurückzuführen ist – löst dieselbe Kettenreaktion aus. Die Gesamtänderung des realen BIP hängt von der Größe des **Multiplikators** ab. Unter der Annahme, dass es keine Steuern und keinen Außenhandel gibt, ist dieser Multiplikator gleich $1/(1 - MPC)$, wobei ***MPC*** die **marginale Konsumneigung** bezeichnet. Der Teil eines Einkommensanstieges, der nicht ausgegeben, sondern gespart wird, wird durch die **marginale Sparneigung (MPS)** wiedergegeben. Die Gesamtänderung des realen BIP, ΔY, errechnet sich zu $1/(1 - MPC) \times \Delta AAS$.

ÜBERPRÜFEN SIE IHR WISSEN

1. Erläutern Sie, warum eine Verringerung der Investitionsausgaben, die durch eine Verschlechterung des Geschäftsklimas ausgelöst wurde, auch zu einem Rückgang der Konsumausgaben führen wird.
2. Wie groß ist der Multiplikator, wenn sich die marginale Konsumneigung auf 0,5 beläuft? Was passiert, wenn *MPC* auf 0,8 steigt?
3. Der Anteil der Ersparnis am BIP sei in der Volkswirtschaft von Scania größer als in der Volkswirtschaft von Amerigo. Erklären Sie, in welchem Land der Multiplikator größer ist.

26.2 Die Konsumausgaben

Soll man im Restaurant essen oder lieber das Geld sparen und zu Hause essen? Soll man sich ein neues Auto kaufen, und wenn ja, wie teuer soll es sein? Soll man das Wohnzimmer neu streichen oder lieber noch ein Jahr damit warten? In der Realität sind Haushalte ständig mit dieser Art von Entscheidungen konfrontiert, bei denen es nicht nur darum geht, was man konsumiert, sondern auch, wie viel man dafür ausgibt.

Diese Entscheidungen haben wiederum einen großen Effekt auf die Volkswirtschaft, denn die Konsumausgaben belaufen sich in der Regel auf zwei Drittel aller Ausgaben für Waren und Dienstleistungen. Und wie wir gerade gelernt haben, bestimmt die Entscheidung darüber, wie viel von einem zusätzlichen Euro an Einkommen ausgegeben wird, die Größe des Multiplikators, der wiederum den gesamten Effekt einer autonomen Änderung der gesamtwirtschaftlichen Ausgaben auf die Volkswirtschaft determiniert.

Aber was beeinflusst die Entscheidung der Konsumenten, wie viel Geld sie ausgeben?

Die **Konsumfunktion** ist eine Gleichung, die zeigt, wie sich die Konsumausgaben eines Haushalts mit dem verfügbaren Einkommen des Haushalts verändern.

Das verfügbare Einkommen und die Konsumausgaben

Der wichtigste Einflussfaktor für die Konsumausgaben einer Familie ist ihr gegenwärtig verfügbares Einkommen, das heißt ihr Einkommen nach Zahlung von Steuern und Sozialabgaben und nach Berücksichtigung staatlicher Transferzahlungen. Der Blick in den Alltag zeigt, dass Menschen mit einem hohen verfügbaren Einkommen in der Regel teurere Autos fahren, in größeren Häusern wohnen und mehr Geld für Essen und Kleidung ausgeben als Menschen mit einem geringeren verfügbaren Einkommen. Und dieser Zusammenhang zwischen dem gegenwärtig verfügbaren Einkommen und den Ausgaben zeigt sich auch anhand von Daten.

Das Statistische Bundesamt in Wiesbaden veröffentlicht in regelmäßigen Abständen Daten zu Einnahmen und Ausgaben der Haushalte. In **Abbildung 26-2** ist der Zusammenhang zwischen dem verfügbaren Einkommen und den Konsumausgaben der Haushalte in der Bundesrepublik Deutschland für das Jahr 2020 grafisch dargestellt. So zeigt beispielsweise Punkt A, dass Haushalte mit einem Monatseinkommen zwischen 2.600 und 3.600 Euro über ein durchschnittliches verfügbares Monatseinkommen von 3.073 Euro verfügten und Konsumausgaben in Höhe 2.311 Euro getätigt haben. Wie man unschwer erkennen kann, erhöhen sich die Konsumausgaben der Haushalte mit steigendem verfügbarem Einkommen.

Es ist hilfreich, den Zusammenhang zwischen dem verfügbaren Einkommen eines Haushalts und seinen Konsumausgaben in Form einer Gleichung zu veranschaulichen. Die **Konsumfunktion** ist eine Gleichung, die zeigt, wie sich die Konsumausgaben eines einzelnen Haushalts mit dem verfügbaren Einkommen des Haushalts verändern. Die einfachste Form einer Konsumfunktion ist eine lineare Gleichung:

(26-5) $c = a + MPC \times yd$

Dabei zeigen die Kleinbuchstaben die Größe der Variablen für einen einzelnen Haushalt. In der Gleichung steht c für die Konsumausgaben und yd für das verfügbare Einkommen eines einzelnen Haushalts.

Wir wissen, dass die marginale Konsumquote *MPC* den Betrag zeigt, um den die Konsumaus-

Abb. 26-2

Verfügbares Einkommen und Konsumausgaben der Haushalte in Deutschland im Jahr 2020

Für die einzelnen Einkommensklassen aus den Wirtschaftsrechnungen des Statistischen Bundesamtes sind das durchschnittliche monatliche verfügbare Einkommen und die durchschnittlichen Konsumausgaben der privaten Haushalte in der Bundesrepublik Deutschland im Jahr 2020 abgebildet. Die mittlere Einkommensgruppe mit einem verfügbaren Einkommen zwischen 2.600 und 3.600 Euro wird dargestellt durch Punkt *A*, der zeigt, dass diese Haushalte über ein durchschnittliches verfügbares Monatseinkommen von 3.073 Euro verfügten und Konsumausgaben in Höhe 2.311 Euro getätigt haben. Die Daten zeigen eindeutig einen positiven Zusammenhang zwischen dem verfügbaren Einkommen und den Konsumausgaben auf: Haushalte mit einem höheren verfügbaren Einkommen haben höhere Konsumausgaben.

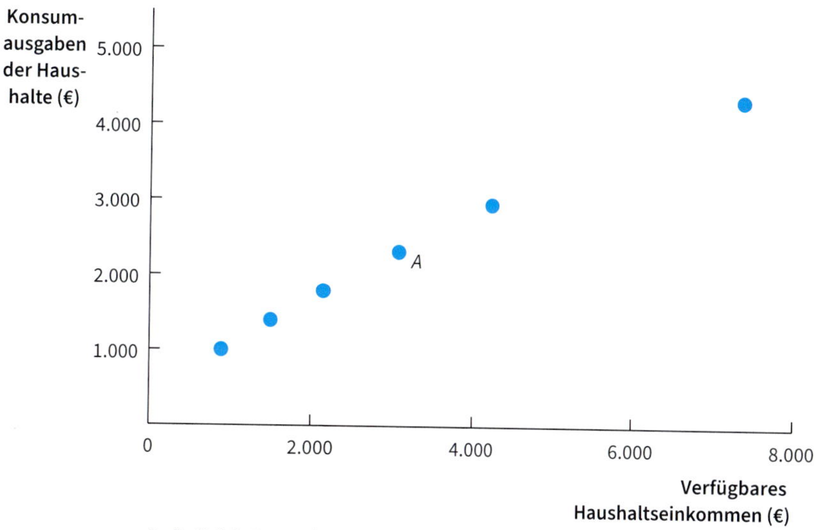

Quelle: Statistisches Bundesamt, Fachserie 15, Reihe 1, Wirtschaftsrechnungen

gaben steigen, wenn sich das verfügbare Einkommen um 1 Euro erhöht. Die Variable *a* ist eine konstante Größe, die die *autonomen Konsumausgaben* eines einzelnen Haushalts abbildet, also den Betrag, den ein Haushalt bei einem Einkommen von null ausgeben würde. Wir gehen davon aus, dass *a* größer als null ist, da ein Haushalt mit einem verfügbaren Einkommen von null in der Lage ist, seinen Konsum durch Kreditaufnahme oder den Rückgriff auf Spareinlagen zu finanzieren.

Die marginale Konsumquote *MPC* ist als Verhältnis zwischen der Änderung der Konsumausgaben und der Änderung des verfügbaren Einkommens definiert. Mit Blick auf einen einzelnen Haushalt lässt sich die Beziehung wie folgt umschreiben:

(26-6) $MPC = \Delta c / \Delta yd$

Multipliziert man beide Seiten der Gleichung (26-6) mit Δyd, so erhält man:

(26-7) $MPC \times \Delta yd = \Delta c$

Erhöht sich das verfügbare Einkommen um 1 Euro, so zeigt uns Gleichung (26-7), dass *c* um den Betrag *MPC* × 1 Euro ansteigt.

Eine grafische Veranschaulichung von Gleichung (26-5) findet sich in **Abbildung 26-3**, mit *yd* an der waagerechten Achse und *c* an der senkrechten Achse. Die autonomen Konsumausgaben eines einzelnen Haushalts *a* sind der Betrag der Konsumausgaben *c* bei einem verfügbaren Einkommen von null – also der Schnittpunkt der Konsumfunktion *cf* mit der senkrechten Achse. *MPC* ist die Steigung der Konsumfunktion. Wenn das verfügbare Einkommen um den Betrag Δyd steigt, dann erhöhen sich die Konsumausgaben *c* um den Betrag Δc. Da *MPC* durch $\Delta c / \Delta yd$ definiert ist, ergibt sich die Steigung der Konsumfunktion mit:

(26-8) Steigung der Konsumfunktion $= \Delta c / \Delta yd = MPC$

Die Daten zu den tatsächlichen Konsumausgaben und dem verfügbaren Einkommen passen natürlich nie hundertprozentig zur Gleichung (26-5). Dennoch stellt die Gleichung (26-5) in vielen Fällen

Abb. 26-3

Die Konsumfunktion

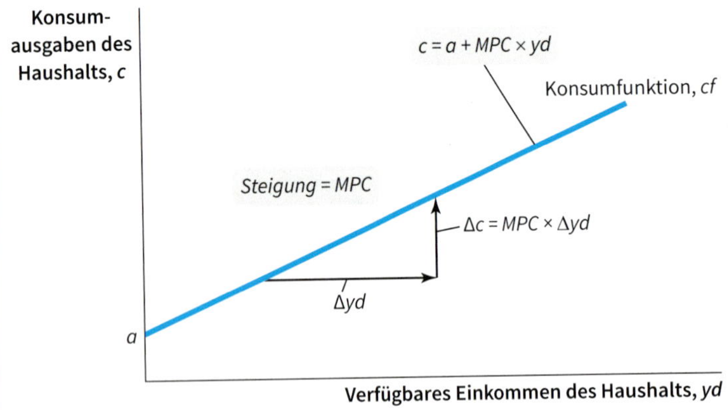

Die Konsumfunktion setzt das verfügbare Einkommen des Haushalts in Beziehung zu den Konsumausgaben. Das Absolutglied *a* stellt die autonomen Konsumausgaben eines einzelnen Haushalts dar, also die Höhe der Konsumausgaben bei einem verfügbaren Einkommen von null. Die Steigung der Konsumfunktion *cf* ist die marginale Konsumquote, *MPC*. Von 1 Euro an zusätzlichem verfügbarem Einkommen wird $MPC \times 1$ Euro ausgegeben.

eine gute Abbildung der Realität dar. Dies lässt sich auch in **Abbildung 26-4** erkennen, wo durch die einzelnen Punkte der Daten zu den Konsumausgaben der Haushalte und dem verfügbaren Einkommen aus Abbildung (26-2) eine Gerade gelegt wurde, die die einzelnen Datenpaare bestmöglich abbildet. Auf dieser Grundlage ergibt sich ein Schätzwert für die monatlichen autonomen Konsumausgaben *a* von 653,32 Euro und für die marginale Konsumquote von 0,513. Damit lässt sich aus den Daten folgende Konsumfunktion ableiten:

$$c = 653{,}32 + 0{,}513 \times yd$$

Aus den Daten ergibt sich eine marginale Konsumquote von rund 0,51 und eine marginale Sparquote von 0,49. Von einem Anstieg des verfügbaren Einkommens um 1 Euro werden also 0,51 Euro konsumiert und 0,49 Euro gespart.

In diesem Zusammenhang ist es wichtig sich zu vergegenwärtigen, dass in Abbildung 26-4 ein mikroökonomischer Zusammenhang zwischen dem verfügbaren Einkommen einzelner Familien und ihren Ausgaben für Waren und Dienstleistungen dargestellt ist. Makroökonomen gehen aller-

Abb. 26-4

Eine an die Daten angepasste Konsumfunktion

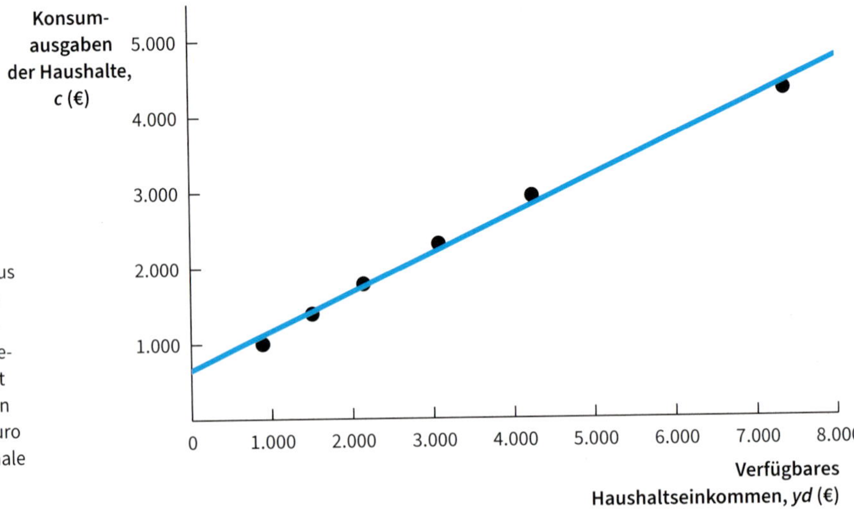

In der Abbildung finden sich die Daten aus Abbildung 26-2 und eine Gerade, die die einzelnen Datenpunkte bestmöglich abbildet. Für die Haushalte in der Bundesrepublik Deutschland im Jahr 2020 beträgt der beste Schätzwert für die monatlichen autonomen Konsumausgaben 653,32 Euro und der beste Schätzwert für die marginale Konsumquote ist 0,513 oder rund 0,51.

Quelle: Statistisches Bundesamt, Fachserie 15, Reihe 1, Wirtschaftsrechnungen.

Abb. 26-5

Verschiebungen der gesamtwirtschaftlichen Konsumfunktion

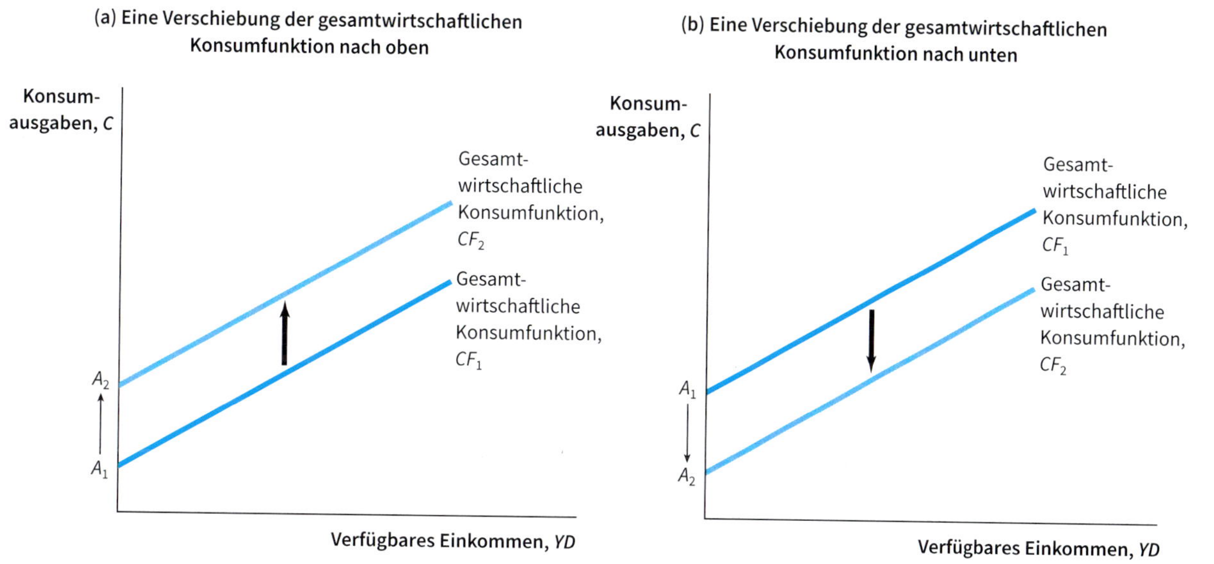

Diagramm (a) veranschaulicht die Wirkung eines Anstiegs des erwarteten, zukünftig verfügbaren Einkommens. Die Konsumenten werden bei jedem Niveau des gegenwärtig verfügbaren Einkommens *YD* mehr Geld ausgeben. Dadurch verschiebt sich die ursprüngliche gesamtwirtschaftliche Konsumfunktion CF_1 mit den autonomen Konsumausgaben A_1 nach oben zur neuen Konsumfunktion CF_2 und neuen autonomen Konsumausgaben A_2. Auch ein Anstieg des gesamtwirtschaftlichen Vermögens führt zu einer Verschiebung der gesamtwirtschaftlichen Konsumfunktion nach oben. Im Unterschied dazu zeigt Diagramm (b) die Wirkung eines Rückgangs des erwarteten, zukünftig verfügbaren Einkommens. Die Konsumenten werden in diesem Fall bei jedem Niveau des gegenwärtig verfügbaren Einkommens *YD* weniger Geld ausgeben. Demzufolge verschiebt sich die ursprüngliche gesamtwirtschaftliche Konsumfunktion CF_1 mit den autonomen Konsumausgaben A_1 nach unten zur neuen Konsumfunktion CF_2 und neuen autonomen Konsumausgaben A_2. Auch ein Rückgang des gesamtwirtschaftlichen Vermögens führt zu einer Verschiebung der gesamtwirtschaftlichen Konsumfunktion nach unten.

dings davon aus, dass es einen vergleichbaren Zusammenhang für die Volkswirtschaft als Ganzes gibt. Dieser Zusammenhang zwischen dem gesamtwirtschaftlichen verfügbaren Einkommen und den gesamtwirtschaftlichen Konsumausgaben wird als **gesamtwirtschaftliche Konsumfunktion** bezeichnet. Wir gehen also davon aus, dass die gesamtwirtschaftliche Konsumfunktion die gleiche Form aufweist wie die Konsumfunktion auf der Ebene der Haushalte:

(26-9) $C = A + MPC \times YD$

C steht nun für die gesamtwirtschaftlichen Konsumausgaben (vereinfacht als »Konsumausgaben« bezeichnet), *YD* ist das gesamtwirtschaftliche verfügbare Einkommen (vereinfacht als »verfügbares Einkommen« bezeichnet), und *A* stellt die autonomen Konsumausgaben dar, also den Betrag, den die Konsumenten ausgeben, wenn ihr verfügbares Einkommen null ist. Dieser Zusammenhang ist in **Abbildung 26-5** durch die Funktion *CF* dargestellt, analog zur Funktion *cf* in Abbildung 26-3.

Die **gesamtwirtschaftliche Konsumfunktion** stellt den Zusammenhang zwischen dem gesamtwirtschaftlichen verfügbaren Einkommen und den gesamtwirtschaftlichen Konsumausgaben für die Volkswirtschaft als Ganzes dar.

Verschiebungen der gesamtwirtschaftlichen Konsumfunktion

Die gesamtwirtschaftliche Konsumfunktion stellt den Zusammengang zwischen dem verfügbaren Einkommen und den Konsumausgaben für die Volkswirtschaft als Ganzes dar, wenn alle anderen Einflussgrößen unverändert sind. Verändern sich andere Variablen als das verfügbare Einkommen, so führt dies zu einer Verschiebung der gesamtwirtschaftlichen Konsumfunktion. Es gibt zwei wesentliche Ursachen für eine Verschiebung der gesamtwirtschaftlichen Konsumfunktion: Veränderungen im erwarteten, zukünftig verfügbaren Einkommen und Veränderungen im gesamtwirtschaftlichen Vermögen.

Veränderungen des erwarteten, zukünftig verfügbaren Einkommens. Nehmen wir an, Sie hätten nach dem Studienabschluss im Mai sofort einen tollen, gut bezahlten Job bekommen, aber der Job und damit auch die Gehaltszahlungen gehen erst im September los. Ihr verfügbares Einkommen ist also noch nicht gestiegen. Trotzdem ist es wahrscheinlich, dass Sie nun sofort anfangen werden, mehr für Waren und Dienstleistungen auszugeben – vielleicht kaufen Sie sich nun einen Anzug von Boss anstatt einen Anzug von C & A –, weil Sie wissen, dass Ihre Gehaltszahlungen bald kommen.

Nehmen wir nun im umgekehrten Fall an, dass Sie schon einen tollen Job haben, aber Ihre Firma gibt bekannt, die Belegschaft in der nahen Zukunft zu reduzieren. Damit steigt für Sie die Wahrscheinlichkeit, dass Sie Ihren gut bezahlten Job verlieren könnten und einen schlechter bezahlten Job bei einer anderen Firma annehmen müssen. Und obwohl Ihr verfügbares Einkommen noch nicht gesunken ist, könnten Sie Ihre Ausgaben reduzieren, um etwas für schlechte Zeiten zurückzulegen.

Beide Beispiele zeigen, wie Erwartungen über das zukünftige verfügbare Einkommen die Konsumausgaben beeinflussen können. Die zwei Diagramme in Abbildung 26-5, die die Konsumausgaben in Abhängigkeit vom verfügbaren Einkommen darstellen, zeigen, wie Veränderungen im zu erwartenden, zukünftig verfügbaren Einkommen die gesamtwirtschaftliche Konsumfunktion beeinflussen. In beiden Diagrammen kennzeichnet die CF_1 die gesamtwirtschaftliche Konsumfunktion im Ausgangszustand. Diagramm (a) zeigt, wie sich die gute Nachricht auswirkt, dass die Konsumenten für die Zukunft ein höheres Einkommen erwarten können.

Die Konsumenten werden bei jedem Niveau des gegenwärtig verfügbaren Einkommens *YD* mehr Geld ausgeben, was dem Anstieg der autonomen Konsumausgaben von A_1 auf A_2 entspricht. Die gesamtwirtschaftliche Konsumfunktion verschiebt sich nach oben, von CF_1 zu CF_2. Diagramm (b) zeigt die Auswirkung von schlechten Nachrichten, die das zukünftig verfügbare Einkommen der Konsumenten reduzieren. Die Konsumenten werden bei jedem Niveau des gegenwärtig verfügbaren Einkommens *YD* weniger Geld ausgeben, was einem Rückgang der autonomen Konsumausgaben von A_1 auf A_2 entspricht. Die gesamtwirtschaftliche Konsumfunktion verschiebt sich nach unten, von CF_1 zu CF_2.

In seinem berühmten Buch »A Theory of the Consumption Function« aus dem Jahr 1956 zeigte der US-Ökonom Milton Friedman, dass die Berücksichtigung von Einkommenserwartungen rätselhafte Befunde im Konsumentenverhalten erklären kann. Schaut man auf Daten zu den Konsumausgaben, dann erkennt man schnell, dass Menschen mit höherem Einkommen einen größeren Teil ihres Einkommens sparen als Menschen mit einem niedrigen Einkommen. (Dies zeigen auch unsere empirischen Befunde in Abbildung 26-4.) Das sollte eigentlich dazu führen, dass die Sparquote in einer Volkswirtschaft durch Wachstum und steigende Einkommen zunimmt. Aber das ist nicht der Fall.

Friedman wies daraufhin, dass das Verhältnis zwischen gegenwärtigem Einkommen und zukünftigem Einkommen bei einem geringen Einkommen ein anderes ist als bei einem hohen Einkommen. Und nur daraus ergibt sich ein positiver Zusammenhang zwischen dem (gegenwärtigen) Einkommen und der Sparquote. Menschen mit einem geringeren Einkommen haben oft nur ein schlechtes (Einkommens-)Jahr gehabt. Sie haben vielleicht gerade ihren Arbeitsplatz verloren und sind auf der Suche nach einem neuen Job. Diese Menschen gehen davon aus, dass ihr zukünftiges Einkommen höher sein wird als ihr gegenwärtiges Einkommen, sodass sie ihre Konsumausgaben (weitgehend) beibehalten und dafür in diesem einen Jahr weniger oder gar nicht sparen. Auf der anderen Seite können Menschen mit einem hohen Einkommen oft auf ein besonders gutes (Einkommens-)Jahr verweisen. Vielleicht haben sie eine Prämie bekommen oder ihre Geldanlagen sind gut gelaufen. Diese Menschen gehen wiederum davon aus, dass ihr zukünftiges Einkommen geringer sein wird als ihr gegenwärtiges Einkommen und sparen daher einen größeren Teil.

Wächst dagegen die Volkswirtschaft, dann steigen sowohl die gegenwärtigen als auch die erwarteten Einkommen für die Zukunft. Höhere Einkommen heute wirken sich tendenziell positiv auf das Sparen aus, aber höhere erwartete Einkommen für die Zukunft führen zum geringeren Sparen. Das schwächt den Zusammenhang zwischen dem gegenwärtigen Einkommen und der Sparquote.

Friedman vertrat die Auffassung, dass die Konsumausgaben letzten Endes weniger vom gegenwärtigen Einkommen, sondern vielmehr vom erwarteten durchschnittlichen Einkommen (permanentes Einkommen) über einen langen Zeitraum bestimmt werden. Dieser Erklärungsansatz für die Konsumausgaben ist auch als *permanente Einkommenshypothese* bekannt.

Veränderungen im gesamtwirtschaftlichen Vermögen. Nehmen wir an, zwei Personen, Maria und Mark, gehen beide davon aus, dass sie in diesem Jahr 30.000 Euro verdienen. Beide haben jedoch eine unterschiedliche Vergangenheit. Maria hat in den letzten zehn Jahren immer gearbeitet, wohnt in ihrem eigenen Haus und hat außerdem noch 200.000 Euro gespart. Mark dagegen ist zwar genauso alt wie Maria, hat aber nur hier und da mal gejobbt, konnte sich noch kein Haus kaufen und hat auch nichts gespart. Damit hat Maria etwas, was Mark nicht hat: *Vermögen*. Auch wenn beide das gleiche verfügbare Einkommen haben, würde man davon ausgehen, dass Maria – wenn alle anderen Dinge gleich bleiben – mehr für den Konsum ausgibt als Mark. Vermögen hat also einen Effekt auf die Konsumausgaben.

Das Vermögen eines Haushalts beeinflusst, welchen Anteil am verfügbaren Einkommen ein Haushalt ausgibt. Diese Beobachtung ist Teil eines ökonomischen Modells darüber, wie die Konsumenten ihre Entscheidung über Konsum und Sparen fällen, die sogenannte *Lebenszyklus-Hypothese*. Nach dieser Hypothese planen die Konsumenten ihre Ausgaben über ihre gesamte Lebensdauer und nicht nur in Abhängigkeit ihres gegenwärtigen verfügbaren Einkommens. Im Ergebnis versuchen die Menschen, die Konsumausgaben über ihre Lebenszeit zu glätten – sie verbrauchen nur einen Teil ihres verfügbaren Einkommens in den Jahren, in denen sie viel verdienen, und leben dann im Alter von ihrem Vermögen, das sie während ihrer Arbeitsjahre angespart haben.

Wir wollen an dieser Stelle nicht weiter auf die Einzelheiten der Lebenszyklus-Hypothese eingehen, sondern stattdessen nur festhalten, dass das Vermögen eine entscheidende Rolle für die Höhe der Konsumausgaben spielt. Ein Ehepaar mittleren Alters, das bereits ein größeres Vermögen angespart hat – das Eigenheim ist vollständig abbezahlt und das Wertpapierdepot bei der Sparkasse gut mit Aktien gefüllt –, wird beispielsweise, wenn alle anderen Einflussgrößen unverändert bleiben, mehr für Waren und Dienstleistungen ausgeben als ein Ehepaar mit dem gleichen verfügbaren Einkommen, das allerdings noch für seinen Lebensabend vorsorgen muss.

Da das Vermögen die Konsumausgaben beeinflusst, können Vermögensänderungen zu einer Verschiebung der gesamtwirtschaftlichen Konsumfunktion führen. Ein Vermögensanstieg – beispielsweise ausgelöst durch einen Preisanstieg bei Immobilien, der die Besitzer reicher werden lässt – erhöht die gesamtwirtschaftlichen autonomen Konsumausgaben *A*. Dies wiederum führt zu einer Verschiebung der gesamtwirtschaftlichen Konsumfunktion nach oben, genauso wie im Fall einer Erhöhung des verfügbaren Einkommens. Ein Vermögensrückgang – beispielsweise ausgelöst durch eine Immobilienkrise wie im Jahr 2008 – reduziert die gesamtwirtschaftlichen autonomen Konsumausgaben und verschiebt die gesamtwirtschaftliche Konsumfunktion nach unten.

WISSENSCHAFT UND PRAXIS

Berühmte Prognosefehler

Die Weltwirtschaftskrise führte zur Entwicklung der modernen Makroökonomik und war auch gleichzeitig die Geburtsstunde der Ökonometrie – ein Gebiet der Wirtschaftswissenschaften, das sich mit der empirischen Überprüfung von ökonomischen Modellen mithilfe mathematisch-statistischer Methoden befasst. Die gesamtwirtschaftliche Konsumfunktion war eines der ersten Modelle, das die Ökonometriker einer detaillierten Analyse unterzogen haben. Und dabei erlebten sie den ersten großen Irrtum: Die Konsumausgaben nach Ende des Zweiten Weltkrieges waren in den USA wesentlicher höher, als es Schätzungen der gesamtwirtschaftlichen Konsumfunktion auf der Grundlage von Daten aus der Zeit vor dem Zweiten Weltkrieg vorhergesagt hatten.

In **Abbildung 26-6** ist der Sachverhalt dargestellt. Diagramm (a) zeigt die gesamtwirtschaftlichen Daten zum verfügbaren Einkommen und zu den Konsumausgaben in den USA von 1929 bis 1941. Die lineare Konsumfunktion CF_1 scheint diese Daten gut abzubilden. Und viele Ökonomen waren der Auffassung, dass dieser Zusammenhang auch in der Zukunft gelten würde. Diagramm (b) zeigt jedoch, was tatsächlich in den Folgejahren passiert ist. Die links eingekreisten Punkte gehören zu den Daten aus der Zeit der Weltwirtschaftskrise, die auch in Diagramm (a) zu sehen sind. Die anderen eingekreisten Punkte gehören zu Daten aus den Jahren von 1946 bis 1960. (Daten aus den Jahren 1942–1945 sind nicht mit einbezogen, da Rationierungsmaßnahmen während des Zweiten Weltkrieges die Konsumenten von ihrem normalen Konsumverhalten abgehalten haben.) Die durchgezogene Linie im Diagramm (b) CF_1, spiegelt die Konsumfunktion auf Basis der Daten von 1929 bis 1941 wider. Wie man sehen kann, waren die Konsumausgaben in der Zeit nach dem Zweiten Weltkrieg deutlich höher als es die Prognose auf der Grundlage des Zusammenhanges während der Weltwirtschaftskrise vorhergesagt hatte. So lagen die Konsumausgaben im Jahr 1960 beispielsweise um 13,5 Prozent über dem durch die Kurve CF_1 prognostizierten Wert.

Aber warum führte die Schätzung der Konsumausgaben auf der Grundlage des bekannten Zusammenhanges aus den Jahren zwischen 1929 und 1941 zu derart falschen Ergebnissen? Die Ursache für die fehlerhafte Prognose liegt darin, dass ab 1946 sowohl das erwartete, zukünftig verfügbare Einkommen als auch das gesamtwirtschaftliche Vermögen stetig anstiegen. Das Vertrauen der Konsumenten darauf, dass sich die Weltwirtschaftskrise nicht wiederholen und der wirtschaftliche Aufschwung nach Ende des Zweiten Weltkrieges weiter andauern würde, wuchs und wuchs. Zur gleichen Zeit nahm auch das Vermögen stetig zu. Wie in Diagramm (b) zu erkennen, führten der Anstieg des erwarteten, zukünftig verfügbaren Einkommens und der Vermögenszuwachs mehrfach zu einer Verschiebung der gesamtwirtschaftlichen Konsumfunktion von CF_1 zu den gestrichelten Funktionen CF_2 und CF_3.

In der Makroökonomik führen Irrtümer – sei es in der Wirtschaftspolitik oder in der Wirtschaftsprognose – häufig zu einer Weiterentwicklung der Theorien. So trug auch die fehlerhafte Prognose der Konsumausgaben nach dem Zweiten Weltkrieg mit dazu bei, unser Verständnis des Konsumentenverhaltens weiter zu verbessern.

Abb. 26-6: Veränderungen der gesamtwirtschaftlichen Konsumfunktion im Zeitablauf

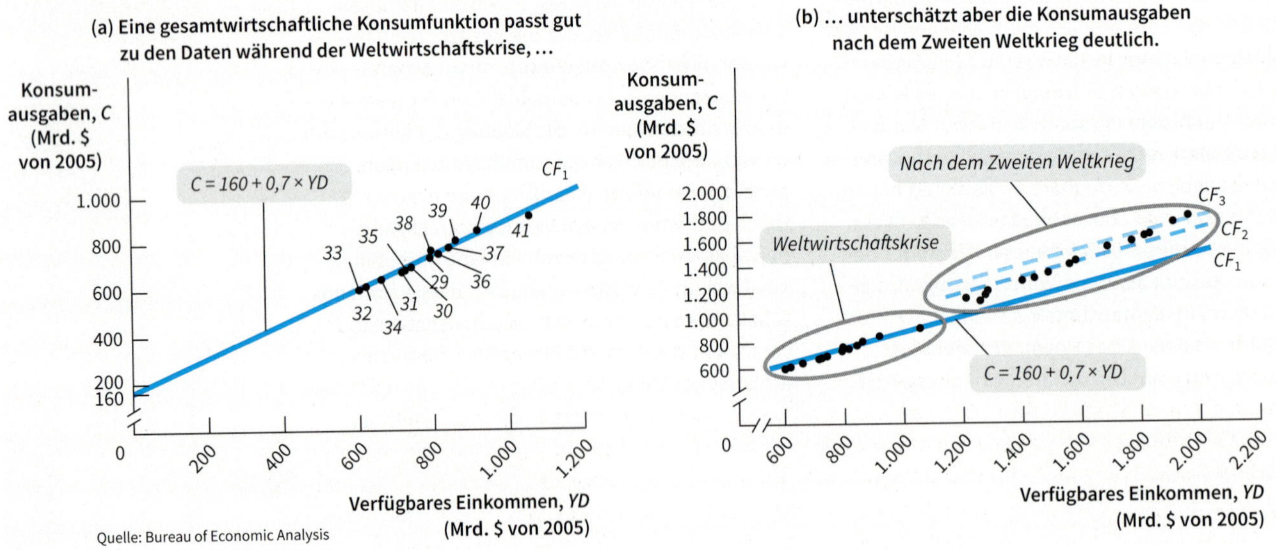

Quelle: Bureau of Economic Analysis

Kurzzusammenfassung

- Die **Konsumfunktion** zeigt den Zusammenhang zwischen dem verfügbaren Einkommen eines einzelnen Haushalts und seinen Konsumausgaben.
- Die **gesamtwirtschaftliche Konsumfunktion** zeigt den Zusammenhang zwischen dem verfügbaren Einkommen und den Konsumausgaben für die gesamte Volkswirtschaft. Die gesamtwirtschaftliche Konsumfunktion kann sich verschieben, wenn sich das erwartete, zukünftig verfügbare Einkommen und das gesamtwirtschaftliche Vermögen verändern.

ÜBERPRÜFEN SIE IHR WISSEN

1. Nehmen Sie an, die Volkswirtschaft besteht aus drei Personen: Angelina, Felicia und Marina. Die Tabelle zeigt, wie sich ihre Konsumausgaben verändern, wenn ihr verfügbares Einkommen um 10.000 Euro steigt (alle Angaben in Euro).

Verfügbares Einkommen	Konsumausgaben		
	Angelina	Felicia	Marina
0	8.000	6.500	7.250
10.000	12.000	14.500	14.250

   a. Bestimmen Sie die individuellen Konsumfunktionen, wobei die marginale Konsumquote für einen Anstieg des verfügbaren Einkommens in Höhe von 10.000 Euro ermittelt werden soll.

   b. Bestimmen Sie die gesamtwirtschaftliche Konsumfunktion.

2. Nehmen Sie an, dass Probleme auf den Kapitalmärkten dazu führen, dass die Konsumenten weder Geld leihen noch Geld anlegen können. Was bedeutet das für den Einfluss des zukünftig verfügbaren Einkommens auf die Konsumausgaben?

26.3 Die Investitionsausgaben

Auch wenn die Konsumausgaben einer Volkswirtschaft deutlich größer als die Investitionsausgaben ausfallen, sind es Schwankungen der Investitionsausgaben, die den Konjunkturzyklus steuern. Die meisten Wirtschaftskrisen beginnen mit einem Rückgang der Investitionsausgaben. **Abbildung 26-7** verdeutlicht diesen Tatbestand. In der Abbildung sind die prozentualen Veränderungsraten der Investitionsausgaben und der Konsumausgaben in den USA während der sechs Wirtschaftskrisen zwischen 1970 und 2019 abgebildet. Wie man erkennen kann, fallen die Schwankungen der Investitionsausgaben wesentlich stärker aus als die Schwankungen der Konsumausgaben. Aufgrund des Multiplikatorprozesses gehen Ökonomen zudem davon aus, dass ein Rückgang der Konsumausgaben in der Regel das Ergebnis eines Prozesses ist, der mit dem Rückgang der Investitionsausgaben beginnt. Wir werden schon bald untersuchen, auf welche Weise ein Rückgang der Investitionsausgaben über den Multiplikatorprozess einen Rückgang der Konsumausgaben auslöst.

Bevor wir dazu kommen, wollen wir jedoch zunächst die Faktoren anschauen, die die Investitionsausgaben beeinflussen. Und die unterscheiden sich doch ein wenig von den Einflussfaktoren der Konsumausgaben. Die wichtigsten Einflussgrößen sind der Zinssatz und das erwartete, zukünftige reale Bruttoinlandsprodukt (BIP). Gleichzeitig werden wir auf eine Tatsache zurückgreifen, die wir im Kapitel 25 kennengelernt haben: Manchmal unterscheidet sich die Höhe der *tatsächlichen* Investiti-

Abb. 26-7

Schwankungen der Investitionsausgaben und der Konsumausgaben

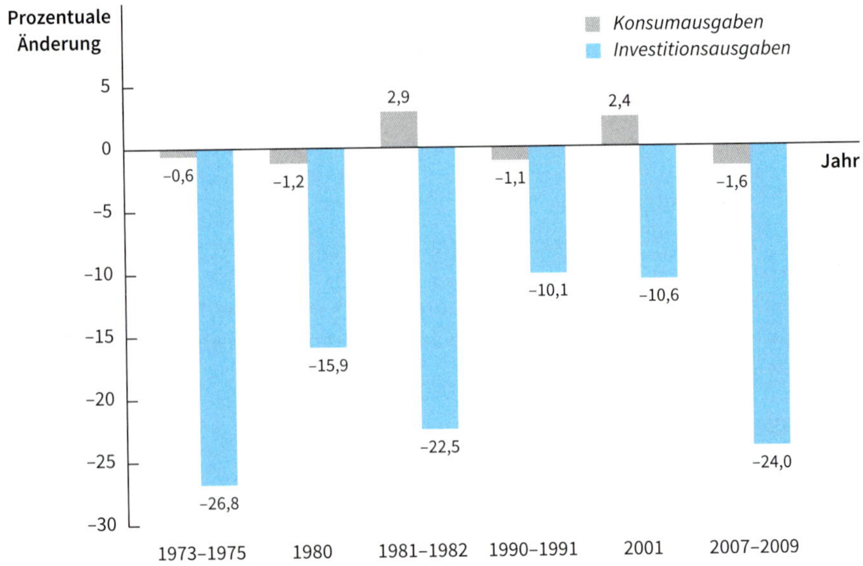

Quelle: Bureau of Economic Analysis.

Die Säulen zeigen die jährlichen prozentualen Veränderungen der Investitionsausgaben und der Konsumausgaben während der letzten sechs Wirtschaftskrisen in den Vereinigten Staaten. Wie die Größe der Säulen zeigt, fallen die prozentualen Schwankungen der Investitionsausgaben wesentlich stärker aus als die prozentualen Schwankungen der Konsumausgaben. Dieses Muster lässt Ökonomen davon ausgehen, dass Rezessionen in der Regel durch einen Rückgang der Investitionsausgaben entstehen.

Die **geplanten Investitionsausgaben** sind die Investitionsausgaben, die die Unternehmen während einer bestimmten Periode beabsichtigen zu tätigen.

onsausgaben von der Höhe der **geplanten Investitionsausgaben**, also die Investitionsausgaben, die Unternehmen während einer bestimmten Periode *beabsichtigen* zu tätigen.

Die geplanten Investitionsausgaben hängen grundsätzlich von drei Faktoren ab, die wir uns im Folgenden näher anschauen wollen: (1) vom Zinssatz, (2) vom erwarteten Niveau des zukünftigen BIP und (3) von der gegenwärtigen Produktionskapazität der Unternehmen. Zunächst wollen wir den Einfluss des Zinssatzes untersuchen.

1. Der Zinssatz und die Investitionsausgaben

Ein naheliegender und offensichtlicher Einfluss des Zinssatzes auf die Investitionsausgaben zeigt sich an den Investitionsausgaben für den Wohnungsbau. Der Grund dafür ist einfach. Bauunternehmen werden nur dann neue Wohnungen und Häuser bauen, wenn sie davon ausgehen, dass sie diese Objekte auch verkaufen können. Und potenzielle Käufer können sich den Kauf einer neuen Immobilie umso mehr leisten, je niedriger der Zinssatz ist.

Betrachten wir dazu eine Familie, die sich ein Eigenheim kaufen will und dafür einen Kredit in Höhe von 350.000 Euro benötigt. Bei einem Zinssatz von 6,5 Prozent führt ein Kredit mit 30 Jahren Laufzeit zu einer monatlichen Zahlung von 2.212 Euro. Bei einem Zinssatz von 4,0 Prozent hingegen sinkt die monatliche Belastung auf 1.671 Euro. Mit dieser Rate wird der Kauf des Eigenheims deutlich erschwinglicher.

Der Zinssatz beeinflusst aber nicht nur die Wohnungsbauinvestitionen. Unternehmen werden sich nur dann für ein Investitionsprojekt entscheiden, wenn die erwartete Investitionsrendite höher ist als die Kosten für die Kreditfinanzierung des Projektes. Mit steigenden Zinsen erfüllen immer weniger Investitionsprojekte diese Bedingung und die Investitionsausgaben fallen kleiner aus.

Man könnte vermuten, dass sich die Entscheidungsgrundlage für die Unternehmen verändert, wenn ein Unternehmen die Investition nicht mit Kreditmitteln, sondern mit Gewinnen aus der Vergangenheit finanzieren will. Gewinne aus der Vergangenheit, die zur Finanzierung von Investitionsprojekten genutzt werden, werden als *Gewinnrücklagen* bezeichnet. Aber selbst wenn ein Unternehmen die Investitionsausgaben mithilfe von Gewinnrücklagen bezahlt, bleibt die Grundlage für die Investitionsentscheidung die gleiche, da das Unternehmen in diesem Fall die Opportunitätskosten seiner finanziellen Mittel berücksichtigen muss. Anstatt in neue Maschinen zu investieren, kann ein Unternehmen seine finanziellen Mittel auch verleihen und dafür Zinsen bekommen. Die entgangenen Zinszahlungen stellen die Opportunitätskosten für das Unternehmen dar, wenn es die Gewinnrücklagen zur Finanzierung eines Investitionsprojektes nutzt.

Die Grundlage für die Entscheidung eines Unternehmens bleibt demnach ein Vergleich der Investitionsrendite mit dem Marktzinssatz, auch wenn das Unternehmen Gewinnrücklagen zur Finanzierung des Investitionsprojektes nutzt und keine Kreditmittel. Damit lässt sich festhalten, dass unabhängig davon, ob ein Unternehmen seine Investitionsausgaben über Kreditmittel oder Gewinnrücklagen finanziert, ein Anstieg des Zinssatzes dazu führt, dass jedes Investitionsprojekt weniger profitabel ist.

Im umgekehrten Fall wird ein Zinsrückgang einige Investitionsprojekte, die zuvor noch unprofitabel waren, nun profitabel machen. Einige Projekte, die vorher nicht finanziert worden sind, erhalten nun also eine Finanzierung.

Die geplanten Investitionsausgaben – die Ausgaben für Investitionsprojekte, über deren Durchführung die Unternehmen frei entscheiden – stehen also in einem negativen Zusammenhang mit dem Zinssatz. Wenn alle anderen Einflussgrößen unverändert sind, führt ein höherer Zinssatz zu einem geringeren Niveau an geplanten Investitionsausgaben.

2. Das erwartete zukünftige BIP, die Produktionskapazität und die Investitionsausgaben

Nehmen wir an, ein Unternehmen hätte ausreichend Produktionskapazitäten, um auch weiterhin die gegenwärtige Absatzmenge zu produzieren, und erwartet für die Zukunft keinen Absatzanstieg. In diesem Fall wird das Unternehmen nur investieren, um die Anlagen zu ersetzen, die verschlissen oder durch neue Technologien veraltet sind. Wenn das Unternehmen stattdessen jedoch einen starken Anstieg der Absatzzahlen in der Zukunft erwartet, dann wird es feststellen, dass die gegenwärtig vorhandenen Produktionskapazitäten für diese Absatzmengen nicht ausreichen und in zusätzliche Produktionskapazitäten investieren. Erwarten Unternehmen also steigende Absatzmengen, so werden sie, wenn alle anderen Einflussgrößen unverändert bleiben, höhere Investitionsausgaben tätigen.

Nehmen wir nun an, ein Unternehmen hätte dauerhaft mehr Produktionskapazitäten zur Verfügung, als zur Produktion der Absatzmengen notwendig sind. Selbst bei steigenden Absatzzahlen in der Zukunft müsste das Unternehmen zunächst nicht investieren und erst nach einer ganzen Weile aktiv werden, wenn das Wachstum der Absatzmengen die vorhandenen Überschusskapazitäten übersteigt. Damit üben die vorhandenen Produktionskapazitäten, wenn alle anderen Einflussgrößen unverändert bleiben, einen negativen Einfluss auf die Investitionsausgaben aus. Je größer die vorhandenen Produktionskapazitäten sind, desto geringer werden die Investitionsausgaben ausfallen.

Aus dem Zusammenspiel der beiden Einflussfaktoren erwartete zukünftige Absatzmengen und vorhandene Produktionskapazitäten ergibt sich *eine* Situation, bei der man unzweifelhaft von einem Anstieg der Investitionsausgaben ausgehen kann: Bei einem sehr starken Anstieg der Absatzzahlen werden auch ungenutzte Produktionskapazitäten schnell aufgebraucht sein, sodass die Unternehmen wieder investieren werden.

Aber was könnte ein Indikator für ein hohes erwartetes Wachstum der Absatzzahlen sein? Es ist die erwartete Wachstumsrate des realen Bruttoinlandsproduktes. Eine höhere erwartete Wachstumsrate im realen BIP führt zu höheren Investitionsausgaben, während eine geringere

Nach dem **Akzeleratorprinzip** führt eine höhere Wachstumsrate des realen BIP zu höheren geplanten Investitionsausgaben, während eine geringere Wachstumsrate des realen BIP zu niedrigeren geplanten Investitionsausgaben führt.

Lagerbestände sind Warenbestände, die zur Deckung von zukünftigen Verkäufen gehalten werden.

Ungeplante Lagerinvestitionen treten dann auf, wenn die tatsächlichen Verkaufsmengen größer oder kleiner als die erwarteten Absatzmengen ausfallen und zu ungeplanten Änderungen der Lagerbestände führen.

Die **tatsächlichen Investitionsausgaben** sind die Summe aus den geplanten Investitionsausgaben und den ungeplanten Lagerinvestitionen.

Lagerinvestitionen sind Änderungen im Wert der Lagerbestände, die in einer Volkswirtschaft in einem bestimmten Zeitraum gehalten werden.

erwartete Wachstumsrate im realen BIP mit niedrigeren geplanten Investitionsausgaben einhergeht. Dieser Zusammenhang wird durch das **Akzeleratorprinzip** beschrieben. Generell spielt die Wirkung des Akzeleratorprinzips in Zeiten einer *Investitionsschwäche* eine wichtige Rolle.

3. Lagerbestände und ungeplante Investitionsausgaben

Die meisten Unternehmen halten **Lagerbestände**, das sind Bestände an Waren, um zukünftige Verkäufe abdecken zu können. Die Unternehmen halten Lagerbestände, um die Käufer schnell zufrieden stellen zu können – ein Konsument kann ein Produkt aus dem Regal nehmen und kaufen und muss nicht erst darauf warten, dass das Produkt hergestellt wird. Gleichzeitig halten viele Unternehmen auch Lagerbestände für ihre Produktionsinputs, um sicherzustellen, dass sie jederzeit über ausreichend Rohstoffe und Ersatzteile für die Produktion verfügen. Ende Dezember 2019 belief sich z. B. der Wert der Lagerbestände in den USA auf 2,04 Billionen Dollar, knapp 10 Prozent des BIP.

Eine Erhöhung der Lagerbestände durch ein Unternehmen ist gleichbedeutend mit einer Form von Investitionsausgaben. Nehmen wir beispielsweise an, die deutsche Automobilindustrie produziert im Monat 500.000 Fahrzeuge, aber verkauft nur 400.000 Fahrzeuge. Die verbleibenden 100.000 Fahrzeuge gehen in den Lagerbestand der Automobilunternehmen oder der Autohändler über, um irgendwann in der Zukunft verkauft zu werden. **Lagerinvestitionen** entstehen also durch Änderungen im Wert der Lagerbestände, die in einer Volkswirtschaft in einem bestimmten Zeitraum unterhalten werden. Im Unterschied zu anderen Investitionsformen können Lagerinvestitionen auch negativ sein. Wenn beispielsweise die Automobilindustrie ihre Lagerbestände im Verlauf eines Monats reduziert, dann stellt dies eine negative Lagerinvestitionen dar.

Um Lagerinvestitionen zu verstehen, denken wir an einen Angestellten, der für die Konservenabteilung eines Supermarktes verantwortlich ist. Der Angestellte versucht natürlich, die Regale stets gefüllt zu halten, damit die Kunden immer das finden, wonach sie gerade suchen. Andererseits ist er auch bestrebt, die Regale nicht zu voll zu packen, da der Platz auf den Regalen begrenzt ist und die Produkte verderben können. Die gleichen Überlegungen treffen auf viele Unternehmen zu und führen dazu, dass die Lagerbestände sehr sorgfältig gesteuert werden.

Nichtsdestotrotz schwanken die Verkaufszahlen, und da die Unternehmen die Absatzzahlen nicht immer genau prognostizieren können, kommt es dazu, dass am Ende immer weniger oder mehr an Lagerbeständen vorhanden ist, als ursprünglich geplant war. Diese unbeabsichtigten Schwankungen der Lagerbestände aufgrund von unvorhersehbaren Änderungen der Absatzzahlen werden als **ungeplante Lagerinvestitionen** bezeichnet. Sie stellen die positiven oder negativen Investitionsausgaben dar, die auftreten, jedoch nicht geplant waren.

In einer bestimmten Periode entsprechen somit die **tatsächlichen Investitionsausgaben** der Summe aus den geplanten Investitionsausgaben und den ungeplanten Lagerinvestitionen. Wenn $I_{ungeplant}$ für die ungeplanten Lagerinvestitionen steht, $I_{geplant}$ für die geplanten Investitionsausgaben und I für die tatsächlichen Investitionsausgaben, dann lässt sich der Zusammenhang wie folgt darstellen:

(26-10) $I = I_{ungeplant} + I_{geplant}$

Um das Entstehen von ungeplanten Lagerinvestitionen besser zu verstehen, schauen wir noch einmal auf die Automobilindustrie und wollen folgende Annahmen treffen. Zunächst gehen wir davon aus, dass die Unternehmen ihre monatlichen Produktionsmengen im Voraus festlegen, das heißt, bevor sie die tatsächlichen monatlichen Verkaufszahlen kennen. Wir nehmen an, die Automobilindustrie geht davon aus, 500.000 Fahrzeuge im nächsten Monat verkaufen zu können und beabsichtigt, die bestehenden Lagerbestände unverändert zu lassen. Es werden also 500.000 Fahrzeuge produziert, um die erwarteten Verkaufszahlen zu erfüllen.

Nehmen wir nun an, dass die tatsächlichen Verkaufszahlen geringer ausfallen und nur 400.000 Fahrzeuge verkauft werden. Das führt dazu, dass 100.000 Fahrzeuge den Investitionsausgaben als ungeplante Lagerinvestitionen hinzugefügt werden.

Die Automobilindustrie wird natürlich auf die geringeren Verkaufszahlen und die daraus resultierenden ungeplanten Lagerinvestitionen rea-

WISSENSCHAFT UND PRAXIS

Unternehmensinvestitionen während der Finanz- und Wirtschaftskrise 2007–2009

Zwischen Dezember 2007 und Juni 2009 erlebten die Vereinigten Staaten den bis dato schlimmsten Konjunktureinbruch seit der Weltwirtschaftskrise in den 1930er-Jahren. Ausgelöst wurde die Finanz- und Wirtschaftskrise 2007–2009 durch den Immobilienmarkt. Mit dem Platzen der riesigen Spekulationsblase am Immobilienmarkt brachen die Wohnungsbauinvestitionen ein, und die fallenden Immobilienpreise führten über den Vermögenseffekt zu einem Rückgang der Konsumausgaben.

Aber Finanz- und Wirtschaftskrise 2007–2009 traf nicht nur die Wohnungsbauinvestitionen. **Abbildung 26-8** zeigt, dass auch die Unternehmensinvestitionen – die Ausgaben der Unternehmen für neue Fabriken, Bürogebäude, Lagerhallen und so weiter – einbrachen (blaue Linie in der Abbildung). Aber warum?

Die starke Einbruch der Wohnungsbauinvestitionen und der Konsumausgaben führte bei den Unternehmen zu Überschusskapazitäten, wie die schwarze Linie in Abbildung 26-8 zeigt. Da die Menschen in der Krise (graue Säule in der Abbildung) weniger kauften, ruhten die Montagebänder, Bürogebäude standen leer und Warenlager blieben ungenutzt. Und da die Unternehmen die vorhandenen Kapazitäten nicht ausnutzen konnten, gab es für sie wenig Grund, in zusätzliche Kapazitäten zu investieren.

Damit führte der starke Rückgang der Wohnungsbauinvestitionen zu einem Rückgang der Unternehmensinvestitionen, wodurch sich die Krise noch weiter verschärfte.

Mit der konjunkturellen Erholung gingen dann auch die Überschusskapazitäten Stück für Stück zurück und die Unternehmensinvestitionen stiegen sprunghaft an.

Abb. 26-8: Unternehmensinvestitionen und Kapazitätsauslastung

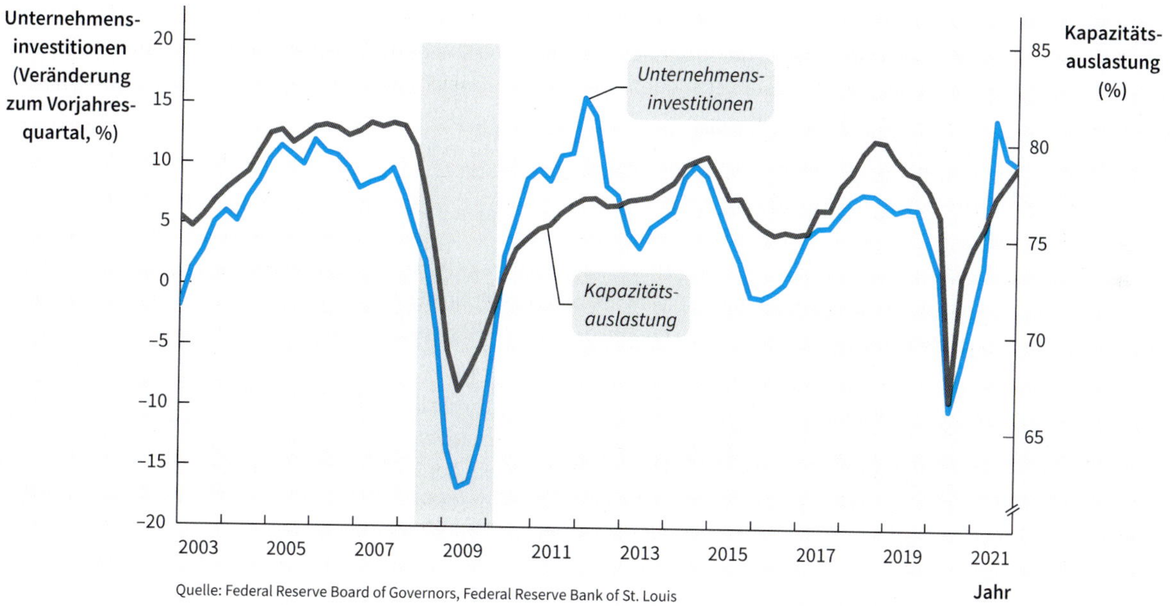

Quelle: Federal Reserve Board of Governors, Federal Reserve Bank of St. Louis

gieren. Es ist ziemlich wahrscheinlich, dass die Produktionsmenge im nächsten Monat gekürzt wird, um die Lagerbestände zu reduzieren.

Ökonomen, die wichtige makroökonomische Größen analysieren, um die zukünftige Entwicklung der Volkswirtschaft zu bestimmen, schenken Veränderungen der Lagerbestände eine große Aufmerksamkeit. Steigende Lagerbestände signalisieren positive ungeplante Lagerinvestitionen und eine sich verlangsamende Volkswirtschaft, da die Verkaufszahlen geringer als erwartet ausgefallen sind. Sinkende Lagerbestände zeigen negative ungeplante Lagerinvestitionen und eine wachsende Volkswirtschaft, da die Verkaufszahlen höher als erwartet ausgefallen sind.

Im nächsten Abschnitt werden wir erfahren, wie Anpassungen der Produktionsmenge als Antwort auf Schwankungen der Absatzzahlen und Lagerbestände sicherstellen, dass der Wert der tatsächlich produzierten Waren und Dienstleistungen den gewünschten Käufen von Waren und Dienstleistungen entspricht.

Kurzzusammenfassung

- Die **geplanten Investitionsausgaben** hängen negativ vom Zinssatz und positiv vom erwarteten Niveau des zukünftigen realen Bruttoinlandsproduktes ab. Nach dem **Akzeleratorprinzip** gibt es einen positiven Zusammenhang zwischen den geplanten Investitionsausgaben und der erwarteten zukünftigen Wachstumsrate des realen BIP.
- Die Unternehmen halten **Lagerbestände**, die sie in der Zukunft verkaufen. **Lagerinvestitionen** als eine Form der Investitionsausgaben können positiv oder negativ sein.
- Wenn die tatsächlichen Absatzmengen größer oder kleiner als die erwarteten Absatzmengen ausfallen, dann kommt es zu **ungeplanten Lagerinvestitionen**. Die **tatsächlichen Investitionsausgaben** setzen sich aus den geplanten Investitionsausgaben und den ungeplanten Lagerinvestitionen zusammen.

ÜBERPRÜFEN SIE IHR WISSEN

1. Erklären Sie für jedes der folgenden Ereignisse, ob es sich um geplante Investitionsausgaben oder um ungeplante Lagerinvestitionen handelt und in welche Richtung sich die Größen verändern.
   a. Ein unerwarteter Anstieg der Konsumausgaben.
   b. Ein starker Anstieg der Kosten der Kreditaufnahme.
   c. Ein starker Anstieg der Wachstumsrate des realen BIP.
   d. Ein unerwarteter Rückgang der Absatzzahlen.
2. In der Vergangenheit haben die Investitionsausgaben wesentlich stärkere Schwankungen gezeigt als die Konsumausgaben. Woran könnte das liegen? (Hinweis: Denken Sie an die marginale Konsumquote und das Akzeleratorprinzip.)
3. Nehmen Sie an, die Nachfrage der Konsumenten gerät ins Stocken und die Ökonomen befürchten, dass ein *Überhang an Lagerbeständen* – ein hohes Niveau an ungeplanten Lagerinvestitionen in der gesamten Volkswirtschaft – eine schnelle Erholung der Volkswirtschaft auf absehbare Zeit erschwert. Erklären Sie, warum sich ein Überhang an Lagerbeständen genauso wie ein Überhang an Produktionskapazitäten negativ auf die wirtschaftliche Entwicklung auswirkt.

26.4 Das Einnahmen-Ausgaben-Modell

Wir haben zu Beginn dieses Kapitels beschrieben, wie autonome Ausgabenänderungen – z. B. ein Rückgang der Investitionsausgaben nach dem Zusammenbruch des Immobilienmarktes – durch die Wirkung des Multiplikators zu einem mehrstufigen Anpassungsprozess führen, der die ursprüngliche Wirkung der Ausgabenänderung auf das reale BIP noch verstärkt. In diesem Abschnitt werden wir uns die Wirkungsweise des Multiplikators genauer anschauen. Dabei werden wir sehen, dass die mehrfachen Änderungen im realen BIP durch Änderungen der Produktionsmengen der

Unternehmen zustande kommen, die wiederum auf Änderungen ihrer Lagerbestände reagieren. Und wir werden verstehen, warum Lagerbestände eine entscheidende Rolle in kurzfristigen makroökonomischen Modellen spielen und warum Ökonomen den Lagerbeständen der Unternehmen besondere Aufmerksamkeit schenken, wenn sie die zukünftige Entwicklung der Volkswirtschaft abschätzen wollen.

Bevor wir beginnen, wollen wir kurz die Annahmen, die dem Multiplikatorprozess zugrunde liegen, wiederholen:

1. *Änderungen der gesamtwirtschaftlichen Ausgaben führen zu Änderungen der gesamtwirtschaftlichen Produktion.* Wir gehen davon aus, dass die Unternehmen bereit sind, die zusätzliche Produktionsmenge zu einem konstanten Preis anzubieten. Damit führen Änderungen bei den gesamtwirtschaftlichen Ausgaben nur zu Änderungen der gesamtwirtschaftlichen Produktion, während das Preisniveau unverändert bleibt. Bei einem konstanten Preisniveau gibt es auch keinen Unterschied zwischen dem nominalen und dem realen BIP. Damit können wir in diesem Abschnitt beide Begriffe synonym verwenden.
2. *Der Zinssatz ist konstant.* Wir unterstellen, dass der Zinssatz gegeben ist und nicht durch die Faktoren beeinflusst wird, die wir in unserem Modell untersuchen. Analog zur Vorgehensweise beim Preisniveau halten wir damit die Bestimmungsgründe des Zinssatzes aus dem Modell heraus. Dennoch können wir mit unserem Modell die Auswirkungen einer Zinsänderung untersuchen.
3. *Steuern, Transferzahlungen und Staatsausgaben sind alle null.*
4. *Es gibt keinen Außenhandel.*

In allen nachfolgenden Kapiteln werden wir die Annahme eines konstanten Preisniveaus aufgeben. Im Anhang des Kapitels 28 wird gezeigt, welchen Einfluss die Steuern auf den Multiplikatorprozess haben. Mit der Bestimmung des Zinssatzes beschäftigen wir uns im Kapitel 30 und der Außenhandel wird im Kapitel 33 in die Analyse einbezogen.

Die geplanten gesamtwirtschaftlichen Ausgaben und das reale BIP

In einer Volkswirtschaft ohne Staat und Außenhandel gibt es nur zwei Komponenten der Nachfrage: die Konsumausgaben C und die Investitionsausgaben I. Da wir davon ausgehen, dass es keine Steuern und keine Transferzahlungen gibt, entspricht das verfügbare Einkommen dem BIP (das bei einem konstanten Preisniveau dem realen BIP entspricht): Der Gesamtwert der für den Endverbrauch bestimmten Waren und Dienstleistungen fließt den Haushalten als Einkommen zu. In dieser stark vereinfachten Volkswirtschaft gibt es zwei grundlegende Einkommensgleichungen:

(26-11) $\text{BIP} = C + I$

(26-12) $YD = \text{BIP}$

Wie wir bereits in diesem Kapitel gelernt haben, stellt die gesamtwirtschaftliche Konsumfunktion den Zusammenhang zwischen dem verfügbaren Einkommen und den Konsumausgaben dar. Wir wollen weiterhin annehmen, dass die Konsumfunktion die Form

(26-13) $C = A + MPC \times YD$

aufweist. Gleichzeitig unterstellen wir in unserem einfachen Modell, dass die geplanten Investitionsausgaben, $I_{geplant}$, konstant sind.

Wir benötigen eine weitere Größe, bevor unser Modell vollständig ist: die **geplanten gesamtwirtschaftlichen Ausgaben**, also die Summe der gesamten geplanten Ausgaben in der Volkswirtschaft. Da Haushalte im Unterschied zu Unternehmen keine ungewollten Ausgaben tätigen, entsprechen die geplanten gesamtwirtschaftlichen Ausgaben der Summe aus Konsumausgaben und geplanten Investitionsausgaben. Wir bezeichnen die geplanten gesamtwirtschaftlichen Ausgaben mit $AE_{geplant}$, sodass

(26-14) $AE_{geplant} = C + I_{geplant}$

Das Niveau der gesamtwirtschaftlichen geplanten Ausgaben eines Jahres hängt damit vom BIP eines jeden Jahres ab. Um dies zu verdeutlichen, wollen wir auf das Beispiel aus **Tabelle 26-2** schauen. Wir nehmen an, die gesamtwirtschaftliche Konsumfunktion sei

(26-15) $C = 300 + 0{,}6 \times YD$

Die **geplanten gesamtwirtschaftlichen Ausgaben** entsprechen der Summe der gesamten geplanten Ausgaben in der Volkswirtschaft.

wobei das reale BIP, YD, C, $I_{geplant}$, und $AE_{geplant}$ in Milliarden Euro angegeben sind und das Niveau der geplanten Investitionsausgaben $I_{geplant}$ einen konstanten Wert von 500 Milliarden Euro pro Jahr annimmt. Die erste Spalte der Tabelle zeigt mögliche Werte für das reale BIP. In der zweiten Spalte findet sich das verfügbare Einkommen, von dem wir der Einfachheit halber annehmen, dass es genauso groß wie das reale BIP ist. Die Konsumausgaben C in der dritten Spalte berechnen sich über die Konsumfunktion mit 300 Milliarden Euro plus 0,6-mal dem verfügbaren Einkommen, YD. In Spalte vier finden sich die geplanten Investitionsausgaben wieder, von denen wir annehmen, dass sie unabhängig von der Höhe des realen BIP ein konstantes Niveau von 500 Milliarden Euro aufweisen. Die letzte Spalte zeigt die geplanten gesamtwirtschaftlichen Ausgaben $AE_{geplant}$ als Summe aus den Konsumausgaben, C, und den geplanten Investitionsausgaben, $I_{geplant}$.

Wie wir erkennen können, führt ein höheres Niveau im realen BIP zu einem höheren verfügbaren Einkommen. Jeder Anstieg des realen BIP um 500 Milliarden Euro führt zu einem Anstieg des verfügbaren Einkommens um 500 Milliarden Euro, was wiederum zu einer Erhöhung der Konsumausgaben C um 500 Milliarden Euro × 0,6 = 300 Milliarden Euro beiträgt und damit auch die geplanten gesamtwirtschaftlichen Ausgaben $AE_{geplant}$ um 300 Milliarden Euro ansteigen lässt.

Abbildung 26-9 stellt die Werte aus Tabelle 26-2 grafisch dar. Dabei ist das reale BIP an der waagerechten Achse abgetragen. CF ist die gesamtwirtschaftliche Konsumfunktion und zeigt, wie die Konsumausgaben vom realen BIP abhängen. Die Kurve der geplanten gesamtwirtschaftlichen Ausgaben $AE_{geplant}$ verläuft im Abstand von 500 Milliarden Euro (die Höhe der geplanten Investitionsausgaben $I_{geplant}$) parallel zur Konsumfunktion. Die Kurve zeigt, wie sich die geplanten gesamtwirtschaftlichen Ausgaben in Abhängigkeit des realen BIP entwickeln. Sowohl die Konsumfunktion als auch die Kurve der geplanten gesamtwirtschaftlichen Ausgaben weisen eine Steigung von 0,6 auf, die der marginalen Konsumquote entspricht.

Damit ist das Modell jedoch noch nicht vollständig beschrieben. Der Blick auf Tabelle 26-2 zeigt, dass das reale BIP nur in einem Fall, bei einem Niveau von 2.000 Milliarden Euro, den geplanten gesamtwirtschaftlichen Ausgaben entspricht. Ist das möglich? Anhand des Kreislaufmodells im Kapitel 22 haben wir doch gelernt, dass die gesamten Ausgaben für Waren und Dienstleistungen in einer Volkswirtschaft stets dem Wert der gesamtwirtschaftlichen Produktion an Waren und Dienstleistungen entsprechen. Auf kurze Sicht sind jedoch Abweichungen der geplanten gesamtwirtschaftlichen Ausgaben vom realen BIP möglich, verursacht durch ungeplante gesamtwirtschaftliche Ausgaben: ungeplante Lagerinvestitionen.

Im nächsten Abschnitt werden wir sehen, dass sich die Volkswirtschaft im Zeitablauf auf ei-

Tab. 26-2

Gesamtwirtschaftliche Ausgaben und das BIP

Reales BIP	YD	C	$I_{geplant}$	$AE_{geplant}$
(Mrd. €)				
0	0	300	500	800
500	500	600	500	1.100
1.000	1.000	900	500	1.400
1.500	1.500	1.200	500	1.700
2.000	2.000	1.500	500	2.000
2.500	2.500	1.800	500	2.300
3.000	3.000	2.100	500	2.600
3.500	3.500	2.400	500	2.900

Abb. 26-9

Die gesamtwirtschaftliche Konsumfunktion und die geplanten gesamtwirtschaftlichen Ausgaben

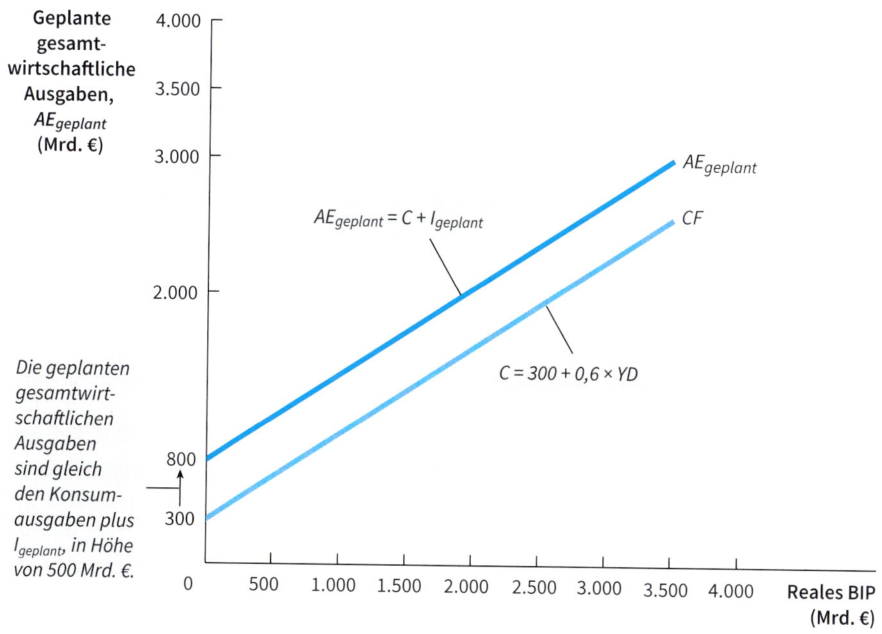

Die untere Linie, *CF*, ist die gesamtwirtschaftliche Konsumfunktion, die sich aus den Daten der Tabelle 26-2 ergibt. Die obere Kurve, $AE_{geplant}$, stellt die Kurve der geplanten gesamtwirtschaftlichen Ausgaben dar, die sich ebenfalls aus den Daten der Tabelle 26-2 ergibt. Die Kurve der geplanten gesamtwirtschaftlichen Ausgaben verläuft parallel zur Kurve der gesamtwirtschaftlichen Konsumfunktion, verschoben um den Betrag von 500 Milliarden Euro, der die geplanten Investitionsausgaben widerspiegelt, $I_{geplant}$.

nen Zustand hinbewegt, in dem die *ungeplanten* Lagerinvestitionen null sind, dem sogenannten Einnahmen-Ausgaben-Gleichgewicht. Wenn sich die Volkswirtschaft im Einnahmen-Ausgaben-Gleichgewicht befindet, entsprechen die geplanten gesamtwirtschaftlichen Ausgaben für Waren und Dienstleistungen der gesamtwirtschaftlichen Produktion.

Das Einnahmen-Ausgaben-Gleichgewicht

In nur in einem Fall entspricht das reale BIP in Tabelle 26-2 den geplanten gesamtwirtschaftlichen Ausgaben, also der Summe aus Konsumausgaben und *geplanten* Investitionsausgaben. Bei einem Wert für das reale BIP von 1.000 Milliarden Euro ergeben sich beispielsweise Konsumausgaben in Höhe von 900 Milliarden Euro und geplante Investitionsausgaben von 500 Milliarden Euro, sodass sich die geplanten gesamtwirtschaftlichen Ausgaben auf 1.400 Milliarden Euro belaufen. Dies sind 400 Milliarden Euro mehr als das entsprechende reale BIP. Bei einem Wert für das reale BIP von 2.500 Milliarden Euro ergeben sich dagegen Konsumausgaben in Höhe von 1.800 Milliarden Euro und geplante Investitionsausgaben von 500 Milliarden Euro, sodass sich die geplanten gesamtwirtschaftlichen Ausgaben auf 2.300 Milliarden Euro belaufen und damit um 200 Milliarden Euro kleiner sind als das reale BIP.

Wie wir gerade erklärt haben, können die geplanten gesamtwirtschaftlichen Ausgaben nur dann vom realen BIP abweichen, wenn ungeplante Lagerinvestitionen, $I_{ungeplant}$, in der Volkswirtschaft auftreten. Schauen wir uns **Tabelle 26-3** näher an, die die Werte für das reale BIP und die geplanten gesamtwirtschaftlichen Ausgaben aus Tabelle 26-2 enthält. In Tabelle 26-2 finden sich auch die ungeplanten Lagerinvestitionen $I_{ungeplant}$, die aus den Werten für das reale BIP und die geplanten gesamtwirtschaftlichen Ausgaben resultieren. Bei einem realen BIP von 2.500 Milliarden Euro belaufen sich beispielsweise die geplanten gesamtwirtschaftlichen Ausgaben nur auf 2.300 Milliarden Euro. Die Differenz in Höhe von 200 Milliarden Euro muss auf positive ungeplante Lagerinvestitionen zurückzuführen sein. Dazu kommt es, wenn die Unternehmen ihre Absatzmengen überschätzen und zu viel produzieren, sodass die Überschüsse in die Lagerbestände wandern.

Damit können wir feststellen, dass bei einem Niveau des realen BIP größer als 2.000 Milliarden Euro die Unternehmen mehr produzieren, als die Konsumenten und andere Unternehmen nachfragen, sodass es zu einem unbeabsichtigten Anstieg der Lagerbestände kommt.

Im Unterschied dazu sind die geplanten gesamtwirtschaftlichen Ausgaben bei einem realen BIP unter 2.000 Milliarden Euro größer als das reale BIP. Beträgt das reale BIP beispielsweise 1.000 Milliarden Euro, so fallen die geplanten gesamtwirtschaftlichen Ausgaben mit 1.400 Milliarden Euro deutlich größer aus. Die Differenz zwischen der Höhe der geplanten gesamtwirtschaftlichen Ausgaben und dem realen BIP von 400 Milliarden Euro führt zu negativen ungeplanten Lagerinvestitionen von –400 Milliarden Euro. Allgemein lässt sich festhalten, dass bei einem realen BIP unter 2.000 Milliarden Euro die Unternehmen ihre Absatzmengen unterschätzen, was zu einem negativen Niveau an ungeplanten Lagerinvestitionen in der Volkswirtschaft führt.

Tab. 26-3

Ungeplante Lagerinvestitionen und das BIP

Reales BIP	$AE_{geplant}$	$I_{ungeplant}$
	(Mrd. €)	
0	800	–800
500	1.100	–600
1.000	1.400	–400
1.500	1.700	–200
2.000	2.000	0
2.500	2.300	200
3.000	2.600	400
3.500	2.900	600

Mithilfe der Gleichungen (26-10), (26-11) und (26-12) lässt sich der prinzipielle Zusammenhang zwischen dem realen BIP, den geplanten gesamtwirtschaftlichen Ausgaben und den ungeplanten Lagerinvestitionen wie folgt zusammenfassen:

$$\text{(26-16)}\quad \begin{aligned} BIP &= C + I \\ &= C + I_{geplant} + I_{ungeplant} \\ &= AE_{geplant} + I_{ungeplant} \end{aligned}$$

Immer dann, wenn das reale BIP größer als $AE_{geplant}$ ausfällt, kommt es zu positiven Lagerinvestitionen $I_{ungeplant}$. Und immer dann, wenn das reale BIP kleiner als $AE_{geplant}$ ist, ergeben sich negative Lagerinvestitionen $I_{ungeplant}$.

Die Unternehmen werden jedoch bestrebt sein, ihre Fehleinschätzungen zu korrigieren. Sie werden die Produktionsmenge senken, wenn es zu einem unbeabsichtigten Anstieg der Lagerbestände gekommen ist, und sie werden ihre Produktionsmenge erhöhen, wenn die Lagerbestände ungewollt gesunken sind. Diese Anpassungsreaktionen werden letztlich dazu führen, dass die ungewollten Änderungen der Lagerbestände mit der Zeit verschwinden und sich die Volkswirtschaft zu einem Punkt bewegt, in dem das reale BIP den geplanten gesamtwirtschaftlichen Ausgaben entspricht.

Gehen wir beispielsweise davon aus, dass das reale BIP 1.000 Milliarden Euro beträgt, so werden die negativen ungeplanten Lagerinvestitionen die Unternehmen dazu veranlassen, ihre Produktionsmenge zu erhöhen, was zu einem Anstieg des realen BIP führt. Diese Reaktion wird immer genau dann auftreten, wenn das reale BIP kleiner als 2.000 Milliarden Euro ist, also wenn das reale BIP kleiner als die geplanten gesamtwirtschaftlichen Ausgaben ausfällt. Ist das reale BIP dagegen größer als 2.000 Milliarden Euro, so werden die positiven ungeplanten Lagerinvestitionen die Unternehmen dazu veranlassen, ihre Produktionsmenge zu drosseln, was zu einem Rückgang des realen BIP führt. Und diese Reaktion wird immer genau auftreten, wenn das reale BIP größer als die geplanten gesamtwirtschaftlichen Ausgaben ausfällt.

Die einzige Situation, in der die Unternehmen keinen Anlass haben, ihre Produktionsmengen in der nächsten Periode anzupassen, besteht dann, wenn die gesamtwirtschaftliche Produktion, gemessen über das reale BIP, den geplanten gesamtwirtschaftlichen Ausgaben in der laufenden Periode entspricht. Diese Situation wird auch als **Einnahmen-Ausgaben-Gleichgewicht** bezeichnet. In Tabelle 26-3 ist das Einnahmen-Ausgaben-Gleichgewicht bei einem realen BIP von 2.000 Milliarden Euro erreicht, der einzige Wert, bei dem das reale BIP den geplanten gesamtwirtschaftlichen Ausgaben entspricht. Von jetzt an wollen wir das Niveau des realen BIP, bei dem das Einnahmen-Ausgaben-Gleichgewicht herrscht, mit Y^* symbolisieren und als **Einnahmen-Ausgaben-Gleichgewichts-BIP** bezeichnen.

Abbildung 26-10 veranschaulicht die Idee des Einnahmen-Ausgaben-Gleichgewichts grafisch.

Das reale BIP ist an der waagerechten Achse abgetragen und die geplanten gesamtwirtschaftlichen Ausgaben, $AE_{geplant}$, an der senkrechten Achse. In der Abbildung sind zwei Kurven dargestellt. Die durchgezogene Linie spiegelt die Kurve der geplanten gesamtwirtschaftlichen Ausgaben wider. Die Kurve zeigt, wie die geplanten gesamtwirtschaftlichen Ausgaben $AE_{geplant}$, die der Summe aus den Konsumausgaben C und den geplanten Investitionsausgaben $I_{geplant}$ entsprechen, vom realen BIP abhängen. Die Kurve verläuft mit einer Steigung von 0,6, die der marginalen Konsumquote entspricht, und einem Absolutglied, das sich aus der Summe aus autonomen Konsumausgaben und geplanten Investitionsausgaben ($A + I_{geplant}$ = 300 Milliarden Euro + 500 Milliarden Euro) zusammensetzt. Die gestrichelte Linie, die mit einer Steigung von 1 durch den Koordinatenursprung verläuft (oft auch als 45°-Kurve bezeichnet) zeigt alle möglichen Punkte auf, bei denen die geplanten gesamtwirtschaftlichen Ausgaben genau dem realen BIP entsprechen.

Die Volkswirtschaft befindet sich dann im **Einnahmen-Ausgaben-Gleichgewicht**, wenn die gesamtwirtschaftliche Produktion, gemessen über das reale BIP, den geplanten gesamtwirtschaftlichen Ausgaben entspricht.

Das **Einnahmen-Ausgaben-Gleichgewichts-BIP** ist das Niveau des realen BIP, bei dem das reale BIP den geplanten gesamtwirtschaftlichen Ausgaben entspricht.

Abb. 26-10

Das Einnahmen-Ausgaben-Gleichgewicht

Das Einnahmen-Ausgaben-Gleichgewicht stellt sich im Punkt E ein, bei dem die Kurve der geplanten gesamtwirtschaftlichen Ausgaben, $AE_{geplant}$, die 45°-Linie schneidet. Im Punkt E produziert die Volkswirtschaft ein reales BIP in Höhe von 2.000 Milliarden Euro pro Jahr, der einzige Wert, bei dem das reale BIP den geplanten gesamtwirtschaftlichen Ausgaben $AE_{geplant}$ entspricht und die ungeplanten Lagerinvestitionen $I_{ungeplant}$ null sind. Dies ist das Niveau des Einnahmen-Ausgaben-Gleichgewichts-BIP, Y^*. Bei jedem realen BIP, das kleiner als Y^* ist, fallen die geplanten gesamtwirtschaftlichen Ausgaben, $AE_{geplant}$, größer als das reale BIP aus, sodass es zu negativen ungeplanten Lagerinvestitionen $I_{ungeplant}$ kommt und die Unternehmen ihre Produktionsmengen erhöhen. Bei jedem realen BIP, das größer als Y^* ist, fällt das reale BIP größer als die geplanten gesamtwirtschaftlichen Ausgaben $AE_{geplant}$ aus, und es kommt zu positiven ungeplanten Lagerinvestitionen $I_{ungeplant}$, sodass die Unternehmen ihre Produktionsmengen drosseln.

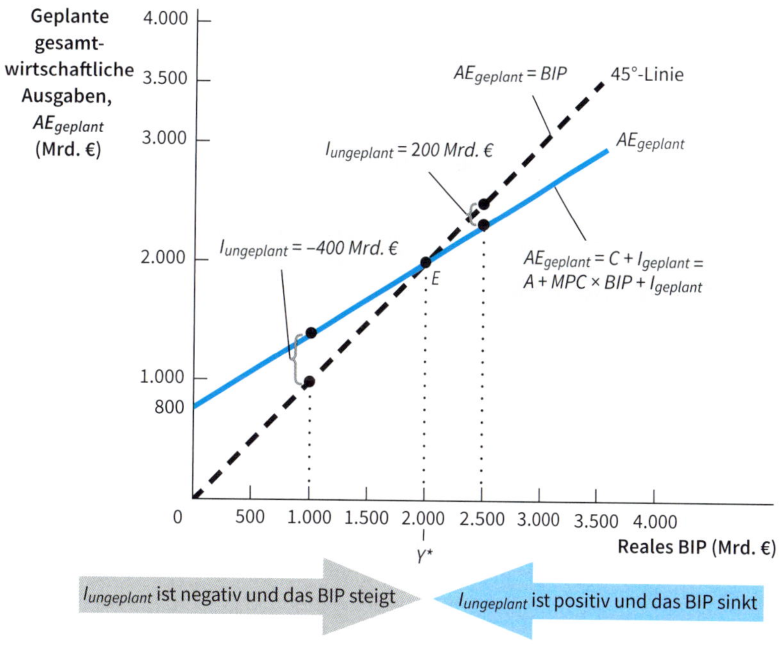

Mithilfe dieser Linie lässt sich leicht der Punkt des Einnahmen-Ausgaben-Gleichgewichts identifizieren, der sowohl auf der 45°-Kurve und als auch auf der Kurve der gesamtwirtschaftlichen Ausgaben liegen muss. Damit ist der Schnittpunkt der beiden Kurven *E* der Punkt des Einnahmen-Ausgaben-Gleichgewichts und es ergibt sich ein Einnahmen-Ausgaben-Gleichgewichts-BIP in Höhe von 2.000 Milliarden Euro – exakt das Ergebnis, das wir aus Tabelle 26-3 ermittelt haben.

Nun wollen wir untersuchen, was passiert, wenn sich die Volkswirtschaft nicht im Einnahmen-Ausgaben-Gleichgewicht befindet. In Abbildung 26-10 ist zu erkennen, dass immer dann, wenn das reale BIP kleiner als Y^* ist, die Kurve der geplanten gesamtwirtschaftlichen Ausgaben oberhalb der 45°-Kurve verläuft und $AE_{geplant}$ größer als das reale BIP ist. In dieser Situation sind die ungeplanten Lagerinvestitionen $I_{ungeplant}$ negativ. So beträgt der Wert für $I_{ungeplant}$ bei einem realen BIP von 1.000 Milliarden Euro beispielsweise –400 Milliarden Euro. Umgekehrt verläuft die Kurve der geplanten gesamtwirtschaftlichen Ausgaben immer dann unterhalb der 45°-Kurve, wenn das reale BIP größer als Y^* ist. In diesem Fall sind die ungeplanten Lagerinvestitionen $I_{ungeplant}$ positiv. Bei einem realen BIP von 2.500 Milliarden Euro belaufen sich die ungeplanten Lagerinvestitionen auf 200 Milliarden Euro. Die unerwartete Zunahme der Lagerbestände führt zu einem Rückgang des realen BIP.

Die Abbildung 26-10, die das Einnahmen-Ausgaben-Gleichgewicht als Schnittpunkt der Kurve der geplanten gesamtwirtschaftlichen Ausgaben mit der 45°-Kurve darstellt, nimmt in der Volkswirtschaftslehre einen besonderen Platz ein. Es ist als **Keynesianisches Kreuz** bekannt, das von Paul Samuelson, einem der größten Ökonomen des 20. Jahrhunderts und Nobelpreisträger, entwickelt wurde, um die Ideen von John Maynard Keynes zu veranschaulichen, dem Begründer der Makroökonomik, wie wir sie kennen.

Das **Keynesianische Kreuz** veranschaulicht in einem Diagramm das Einnahmen-Ausgaben-Gleichgewicht als Schnittpunkt der Kurve der geplanten gesamtwirtschaftlichen Ausgaben mit der 45°-Kurve.

Der Multiplikatorprozess und die Anpassung der Lagerbestände

Wir haben gerade eine sehr wichtige Eigenschaft der Makroökonomik kennengelernt. Wenn die geplanten Ausgaben der Haushalte und Unternehmen nicht der tatsächlichen Produktion der Unternehmen entsprechen, kommt es zu einem selbstständigen Anpassungsprozess in der Volkswirtschaft, der das reale BIP im Zeitablauf zu dem Punkt bewegt, bei dem das reale BIP und die geplanten gesamtwirtschaftlichen Ausgaben übereinstimmen. Und dieser selbstständige Anpassungsprozess vollzieht sich über die Lagerbestände. Und genau deshalb stellen Änderungen der Lagerbestände, wie wir bereits zu Beginn des Kapitels erwähnt haben, einen wichtigen Indikator für die zukünftige Wirtschaftsentwicklung dar.

Nachdem wir verstanden haben, wie sich das reale BIP bei einem gegebenen Niveau an geplanten gesamtwirtschaftlichen Ausgaben zum Einnahmen-Ausgaben-Gleichgewicht bewegt, wollen wir uns damit beschäftigen, was bei einer *Verschiebung der Kurve der geplanten gesamtwirtschaftlichen Ausgaben* passiert. Wie bewegt sich die Volkswirtschaft vom ursprünglichen Punkt des Einnahmen-Ausgaben-Gleichgewichts zum Punkt eines neuen Einnahmen-Ausgaben-Gleichgewichts? Und worauf lassen sich Veränderungen der geplanten gesamtwirtschaftlichen Ausgaben zurückführen?

In unserem einfachen Modell gibt es nur zwei mögliche Ursachen für eine Verschiebung der Kurve der geplanten gesamtwirtschaftlichen Ausgaben: eine Veränderung der geplanten Investitionsausgaben, $I_{geplant}$, oder eine Verschiebung der Konsumfunktion, *CF*. Eine Veränderung der geplanten Investitionsausgaben kann beispielsweise infolge einer Zinsänderung auftreten. (Auch wenn wir in unserem Modell davon ausgehen, dass der Zinssatz durch Faktoren außerhalb des Modells bestimmt wird, so können wir doch untersuchen, was bei einer Zinsänderung passiert.) Eine Verschiebung der Konsumfunktion (also eine Änderung des Absolutglieds *A*) kann durch Änderungen im gesamtwirtschaftlichen Vermögen ausgelöst werden – beispielsweise durch steigende Grundstückswerte. Wenn sich die Kurve der geplanten gesamtwirtschaftlichen Ausgaben verschiebt – wenn sich also die Höhe der geplanten gesamtwirtschaftlichen Ausgaben bei jedem beliebigen Niveau des realen BIP ändert –, dann kommt es zu einer autonomen Änderung der geplanten gesamtwirtschaftlichen Ausgaben.

Zu Beginn des Kapitels haben wir gelernt, dass eine autonome Änderung der geplanten gesamtwirtschaftlichen Ausgaben eine Änderung im gewünschten Ausgabenniveau von Haushalten, Unternehmen oder dem Staat bei jedem beliebigen realen BIP bedeutet (obwohl wir den Staat für eine Weile nicht mit betrachten). Aber wie beeinflusst nun eine autonome Änderung der geplanten gesamtwirtschaftlichen Ausgaben das reale BIP im Einnahmen-Ausgaben-Modell?

Tabelle 26-4 und **Abbildung 26-11** nutzen das gleiche Zahlenbeispiel wie in Tabelle 26-3 und Abbildung 26-10. Sie zeigen außerdem die Auswirkungen einer autonomen Erhöhung der geplanten gesamtwirtschaftlichen Ausgaben um 400 Milliarden Euro, wenn also die geplanten gesamtwirtschaftlichen Ausgaben bei jedem Niveau des realen BIP um 400 Milliarden Euro höher sind.

Schauen wir zunächst auf Tabelle 26-4. Vor der autonomen Erhöhung der geplanten gesamtwirtschaftlichen Ausgaben entsprechen die geplanten gesamtwirtschaftlichen Ausgaben bei einem

Abb. 26-11

Der Multiplikator

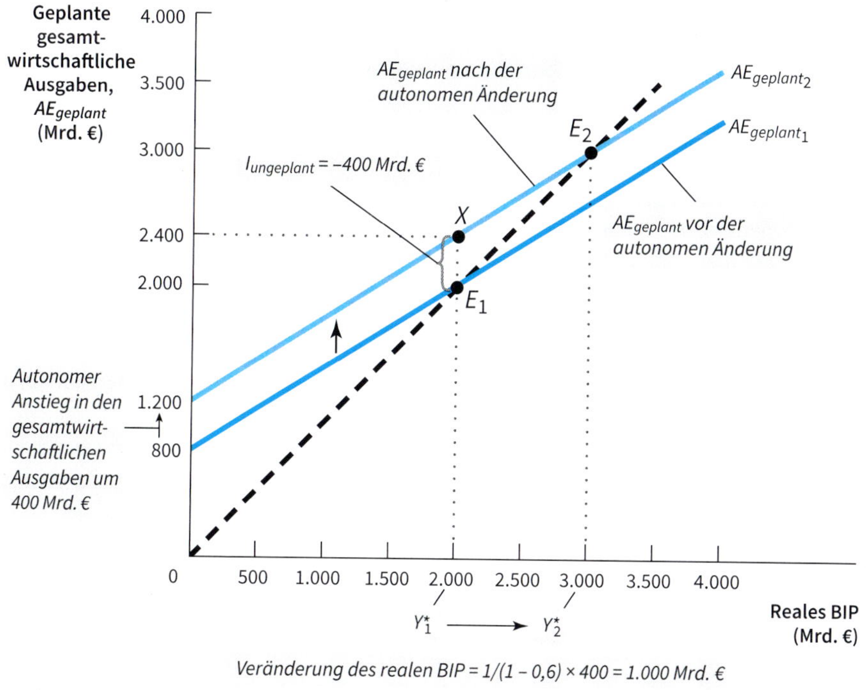

Die Abbildung veranschaulicht die Änderung von Y^*, die durch einen autonomen Anstieg der geplanten gesamtwirtschaftlichen Ausgaben hervorgerufen wird. Die Volkswirtschaft befindet sich zunächst im Gleichgewichtspunkt E_1 mit einem Einnahmen-Ausgaben-Gleichgewichts-BIP, Y_1^*, in Höhe von 2.000 Milliarden Euro. Ein autonomer Anstieg der geplanten gesamtwirtschaftlichen Ausgaben um 400 Milliarden Euro verschiebt die Kurve der geplanten gesamtwirtschaftlichen Ausgaben um 400 Milliarden Euro nach oben. Die Volkswirtschaft befindet sich nicht mehr im Gleichgewicht: Das reale BIP beträgt 2.000 Milliarden Euro, die geplanten gesamtwirtschaftlichen Ausgaben belaufen sich auf 2.400 Milliarden Euro, dargestellt durch den Punkt *X*. Der senkrechte Abstand zwischen den beiden Kurven der geplanten gesamtwirtschaftlichen Ausgaben, der 400 Milliarden Euro beträgt, spiegelt die negativen Lagerinvestitionen von $I_{ungeplant}$ = –400 Milliarden Euro wider, zu denen es in der Volkswirtschaft kommt. Die Unternehmen reagieren darauf mit einer Zunahme der Produktionsmengen und die Volkswirtschaft erreicht letztlich ein neues Einnahmen-Ausgaben-Gleichgewicht im Punkt E_2, mit einem gestiegenen Niveau des Einnahmen-Ausgaben-Gleichgewichts-BIP, Y_2^*, das sich nun auf 3.000 Milliarden Euro beläuft.

Tab. 26-4

Geplante und ungeplante gesamtwirtschaftliche Ausgaben und das BIP

Reales BIP	$AE_{geplant}$ vor der autonomen Erhöhung	$AE_{geplant}$ nach der autonomen Erhöhung
	(Mrd. €)	
0	800	1.200
500	1.100	1.500
1.000	1.400	1.800
1.500	1.700	2.100
2.000	2.000	2.400
2.500	2.300	2.700
3.000	2.600	3.000
3.500	2.900	3.600

realen BIP von 2.000 Milliarden Euro genau dem realen BIP, Y^* ist also 2.000 Milliarden Euro. Nach der autonomen Erhöhung der geplanten gesamtwirtschaftlichen Ausgaben ist Y^* auf 3.000 Milliarden Euro angestiegen. Das gleiche Ergebnis zeigt Abbildung 26-11. Das ursprüngliche Einnahmen-Ausgaben-Gleichgewicht liegt im Punkt E_1, wo Y_1^* den Wert von 2.000 Milliarden Euro hat. Die autonome Erhöhung der geplanten gesamtwirtschaftlichen Ausgaben verschiebt die Kurve der geplanten gesamtwirtschaftlichen Ausgaben nach oben und führt zu einem neuen Einnahmen-Ausgaben-Gleichgewicht im Punkt E_2, in dem Y_2^* 3.000 Milliarden Euro beträgt.

Für die Tatsache, dass das Einnahmen-Ausgaben-Gleichgewichts-BIP stärker angestiegen ist – um 1.000 Milliarden Euro auf 3.000 Milliarden Euro – als der autonome Anstieg der geplanten gesamtwirtschaftlichen Ausgaben um 400 Milliarden Euro, gibt es eine bekannte Erklärung: den Multiplikatorprozess. In dem Beispiel, das wir gerade beschrieben haben, führt der autonome Anstieg der geplanten gesamtwirtschaftlichen Ausgaben von 400 Milliarden Euro zu einem Anstieg von Y^* von 2.000 auf 3.000 Milliarden Euro, einer Erhöhung von 1.000 Milliarden Euro. Demnach beträgt der Multiplikator in unserem Beispiel 1.000/400 = 2,5.

Was hinter dem mehrstufigen Multiplikatorprozess steckt, können wir mithilfe der Abbildung 26-11 genauer analysieren. Ausgehend vom Startpunkt E_1 führt die autonome Erhöhung der geplanten gesamtwirtschaftlichen Ausgaben zu einer Lücke zwischen den geplanten gesamtwirtschaftlichen Ausgaben und dem realen BIP. Dies zeigt sich in Form des Abstandes zwischen dem Punkt X bei 2.400 Milliarden Euro und dem Punkt E_1 bei 2.000 Milliarden Euro, der den ungeplanten Rückgang der Lagerinvestitionen $I_{ungeplant}$ von –400 Milliarden Euro widerspiegelt. Die Unternehmen reagieren darauf mit einem Produktionsanstieg, sodass das reale BIP vom Gleichgewichtsniveau Y_1^* aus ansteigt. Der Anstieg des realen BIP ist gleichbedeutend mit einem Anstieg des verfügbaren Einkommens, YD.

Dies ist die erste Stufe des Prozesses. Der Prozess ist an dieser Stelle allerdings noch nicht beendet, denn die Erhöhung des verfügbaren Einkommens führt zu einem Anstieg der Konsumausgaben C, der zu einer weiteren Erhöhung des realen BIP beiträgt. Dies ist wiederum gleichbedeutend mit einem weiteren Anstieg des verfügbaren Einkommens und der Konsumausgaben und so weiter. Wir können diesen Prozess auch für den umgekehrten Fall eines autonomen Rückgangs der geplanten gesamtwirtschaftlichen Ausgaben betrachten, der zu einer Reihe von Rückgängen des realen BIP und der Konsumausgaben führt.

Die Ergebnisse der Analyse lassen sich in einer Gleichung zusammenfassen, in der $\Delta AAE_{geplant}$ die autonome Änderung der geplanten gesamtwirtschaftlichen Ausgaben, $AE_{geplant}$, und $\Delta Y^* = Y_2^* - Y_1^*$ die daraus resultierende Änderung im Einnahmen-Ausgaben-Gleichgewichts-BIP darstellt:

$$\text{(26-17)} \quad \Delta Y^* = \text{Multiplikator} \times \Delta AAE_{geplant} = \frac{1}{1-MPC} \times \Delta AAE_{geplant}$$

Da der Multiplikator $1/(1 - MPC)$ größer als eins ist, zeigt uns auch Gleichung (26-17), dass die Änderung des Einnahmen-Ausgaben-Gleichgewichts-BIP Y^* um ein Mehrfaches größer ausfällt als die autonome Änderung der geplanten gesamtwirtschaftlichen Ausgaben $\Delta AAE_{geplant}$. Mithilfe von Gleichung (26-17) können wir gleichzeitig noch einmal auf einen wichtigen Punkt verweisen: Da die marginale Konsumquote kleiner als eins ist, fällt der Anstieg des verfügbaren Einkommens und die damit verbundene Erhöhung der Konsumausgaben in jeder Runde kleiner aus als in der Runde zuvor. Dies ist darauf zurückzuführen, dass in jeder Runde ein Teil des Anstiegs des verfügbaren Einkommens zum Sparen verwendet wird.

Obwohl das reale BIP also in jeder Runde steigt, fällt der Anstieg von Runde zu Runde kleiner aus. Am Ende ist der Anstieg des realen BIP vernachlässigbar klein und die Volkswirtschaft konvergiert zum neuen Einnahmen-Ausgaben-Gleichgewichts-BIP bei Y_2^*.

Das Sparparadoxon. Wir haben in diesem Kapitel mithilfe des Sparparadoxons bereits gezeigt, dass sich das Ergebnis von vielen Einzelentscheidungen auf der makroökonomischen Ebene vollkommen anders und auch schlechter darstellen kann, als es die einfache Summe der individuellen Handlungen vermuten lässt. Beim Sparparadoxon kürzen die Haushalte und Unternehmen mit Blick auf die erwartete zukünftige wirtschaftliche Entwicklung ihre Ausgaben. Dieses Vorgehen bremst jedoch die Volkswirtschaft und führt dazu, dass die Haushalte und Unternehmen letztlich schlechter dastehen, als wenn sie sich nicht auf die erwartete Krise vorbereitet hätten. Wir sprechen deshalb von einem »Paradoxon«, weil etwas, was für gewöhnlich gut ist (sparen, um seine Familie auch in schlechten Zeiten versorgen zu können) letztlich schlecht ist (weil es dadurch jedem schlechter gehen kann).

Mithilfe des Multiplikators können wir genauer untersuchen, wie es dazu kommt. Nehmen wir an, es gibt einen Rückgang der Konsumausgaben oder der Investitionsausgaben oder beides, wie durch die Krise im Immobiliensektor vor der Wirtschaftskrise 2007–2009. Dann kommt es zu einem Rückgang des Einnahmen-Ausgaben-Gleichgewichts-BIP, der deutlich größer ausfällt als der ursprüngliche Ausgabenrückgang. Der Rückgang im realen BIP lässt die Konsumenten und Produzenten damit am Ende schlechter dastehen, als wenn sie ihre Ausgaben nicht reduziert hätten. Verschwenderisches Verhalten wird dagegen belohnt. Erhöhen die Konsumenten oder Produzenten ihre Ausgaben, dann führt der entstehende Multiplikatorprozess dazu, dass der Anstieg des Einnahmen-Ausgaben-Gleichgewichts-BIP deutlich größer ausfällt als der ursprüngliche Ausgabenanstieg. Mit höheren Ausgaben stehen die Konsumenten und Produzenten am Ende also besser da als mit zurückhaltenden Ausgaben.

In diesem Zusammenhang ist es wichtig sich zu vergegenwärtigen, dass die Ableitung des Multiplikators mit $1/(1 - MPC)$ auf der Annahme basiert, dass es keine Steuern und keine Transferzahlungen gibt, sodass das verfügbare Einkommen dem realen BIP entspricht. Im Anhang des Kapitels 28 werden wir Steuern in die Analyse mit einbeziehen. Dadurch wird der Multiplikator in seiner Form komplizierter und seine Wirkung geringer.

Aber das allgemeine Prinzip, das wir gerade gelernt haben, bleibt davon unberührt: Eine autonome Änderung der geplanten gesamtwirtschaftlichen Ausgaben führt zu einer Änderung im Einnahmen-Ausgaben-Gleichgewichts-BIP, sowohl direkt als auch indirekt über ausgelöste Konsumausgaben.

Wie wir in diesem Kapitel bereits angemerkt haben, stellt ein Rückgang der geplanten Investitionsausgaben die Hauptursache für das Entstehen von Rezessionen dar. In der Vergangenheit waren Rückgänge der geplanten Investitionsausgaben die häufigste Ursache für einen autonomen Rückgang der gesamtwirtschaftlichen Ausgaben. Die Eigenschaft der Konsumfunktion, sich im Zeitablauf nach oben zu verschieben, auf die wir in unserer Fallstudie hingewiesen haben, bedeutet, dass autonome Änderungen sowohl der geplanten Investitionsausgaben als auch der Konsumausgaben eine wichtige Rolle in Phasen des wirtschaftlichen Aufschwungs spielen. Aber unabhängig vom Auslöser gibt es Multiplikatoreffekte in der Volkswirtschaft, die das Ausmaß der ursprünglichen Ausgabenänderung verstärken.

Und was ist mit dem Außenhandel?

In der einfachen Version des Einnahmen-Ausgaben-Modells, die wir gerade kennengelernt haben, gibt es keinen internationalen Handel. In unserer Fallstudie zu Beginn dieses Kapitels aber war es gerade der Außenhandel (Anstieg der Automobilexporte), der die konjunkturelle Erholung der spanischen Volkswirtschaft einleitete. Auch der Schieferölboom in North Dakota hat in einem gewissen Sinne etwas mit (Außen-)Handel zu tun, schließlich wird ein beträchtlicher Teil des geförderten Schieferöls an andere US-Bundesstaaten und ins Ausland verkauft und nicht vor Ort verbraucht.

Wenn wir nun Exporte und Importe in unserem Modell berücksichtigen, bleibt der Multiplikatoreffekt bestehen. Es ändert sich lediglich die Größe des Multiplikatoreffektes.

Das Einkommen, das durch Exporte verdient wird, kann wie die Konsumausgaben und die Investitionsausgaben für den Kauf von im Inland produzierten Waren und Dienstleistungen verwendet werden. Damit wirken Änderungen der Exporte wie eine autonome Änderung der gesamtwirtschaftlichen Ausgaben bei einem Investitionsboom oder einer Investitionsflaute. In der spanischen Volkswirtschaft kam es durch die höheren Exporte zu einem direkten Anstieg des gesamtwirtschaftlichen Einkommens. Dieser Einkommensanstieg führte zu höheren Konsumausgaben, die einen weiteren Einkommensanstieg auslösten und so weiter. Damit vollzog sich der expansive Prozess auf die gleiche Weise, wie ein Anstieg der Investitionsausgaben über den Multiplikatorprozess zu einem (wiederholten) Anstieg des gesamtwirtschaftlichen Einkommens führt.

Durch den Außenhandel fällt die Wirkung des Multiplikatorprozesses auf das gesamtwirtschaftliche Einkommen allerdings geringer aus. Wenn die Konsumausgaben steigen oder sinken, dann fließt ein Teil dieser Ausgabenänderung den Importausgaben zu, die das gesamtwirtschaftliche Einkommen nicht berühren. Nehmen wir z. B. an, die gesamtwirtschaftlichen Konsumausgaben in den Vereinigten Staaten steigen um 1 Milliarde Dollar. Gäbe es keinen Außenhandel zwischen den Vereinigten Staaten und dem Rest der Welt, dann würde der gesamte Anstieg der Konsumausgaben direkt in das gesamtwirtschaftliche Einkommen der Vereinigten Staaten fließen. Tatsächlich wird jedoch ein Teil der höheren Konsumausgaben – vielleicht 200 Millionen Dollar – für Waren und Dienstleistungen ausgegeben, die in Kanada, Mexiko, China oder in der Europäischen Union hergestellt wurden. Und diese Ausgaben sind nicht Teil des gesamtwirtschaftlichen Einkommens der Vereinigten Staaten. Bei jeder Ausgabenänderung fließt also ein Teil des expansiven Effektes ins Ausland ab.

Dieser Verlust reduziert die Größe des Multiplikators. Wie stark die Senkung des Multiplikators ausfällt, hängt davon ab, wie viel von einem zusätzlichen Dollar für Importe und nicht für im Inland hergestellte Waren und Dienstleistungen ausgegeben wird. Diese Größe bezeichnet man auch als *marginale Importneigung*. Für die Vereinigten Staaten als große Volkswirtschaft mit einem vergleichsweise kleinen Außenhandel haben die Importe nur einen geringen Einfluss auf die Größe des Multiplikators. Für kleine Volkswirtschaften dagegen, für die der Außenhandel eine große Bedeutung hat, kann es durch den internationalen Handel zu einer deutlichen Senkung des Multiplikators kommen.

Gleichzeitig schafft der Außenhandel Interdependenzen zwischen den einzelnen Volkswirtschaften. Die Exporte des einen Landes sind die Importe eines anderen Landes. Nehmen wir z. B. an, die Vereinigten Staaten sind auf dem Weg in eine Rezession. Dann kommt es in den Vereinigten Staaten auch zu einem Rückgang bei den Ausgaben für Waren und Dienstleistungen, die in Kanada hergestellt werden. Die kanadischen Exporte in die Vereinigten Staaten gehen also zurück. Und das hat negative Auswirkungen auf die kanadische Volkswirtschaft. Ganz allgemein sind die Handelsverflechtungen zwischen den einzelnen Volkswirtschaften ein Grund dafür, dass Konjunkturzyklen eine globale Dimension haben. Viele Volkswirtschaften erleben Wirtschaftskrisen und konjunkturelle Aufschwünge zur gleichen Zeit.

Festzuhalten bleibt, dass der internationale Handel die Größe des Multiplikators verändert. Die grundsätzliche Wirkung des Multiplikators aber bleibt erhalten.

WISSENSCHAFT UND PRAXIS

Lagerbestände und das Ende einer Rezession

Ein besonders anschauliches Beispiel für die Bedeutung der Lagerbestände innerhalb des Multiplikatorprozesses zeigte sich Ende 2001, als sich die Wirtschaftskrise in den Vereinigten Staaten ihrem Ende zuneigte.

Die Wirtschaftskrise wurde vor allem durch einen Rückgang der Investitionsausgaben ausgelöst. Es dauerte mehrere Jahre, bis die Investitionsausgaben, gestützt durch den Boom im Wohnungsbau, wieder ihr ursprüngliches Niveau erreicht hatten. Dennoch begann sich die US-Volkswirtschaft Ende 2001 langsam zu erholen, vor allem dank steigender Konsumausgaben für langlebige Gebrauchsgüter wie z. B. Pkws.

Zunächst waren die Unternehmen durch diesen Anstieg der Konsumausgaben überrascht. In **Abbildung 26-12** sind die Änderungen des realen BIP, der realen Konsumausgaben und der realen Lagerbestände für jedes Quartal in den Jahren 2001 und 2002 dargestellt. Dabei ist zu erkennen, dass die Konsumausgaben insbesondere im vierten Quartal 2001 deutlich zunahmen. Dieser Anstieg der Konsumausgaben führte jedoch nicht sofort zu einem Wachstum des realen BIP, da die steigende Konsumnachfrage zunächst durch einen Abbau der Lagerbestände befriedigt wurde. Im ersten Quartal 2002 jedoch erhöhten die Unternehmen deutlich ihre Produktionsmengen, was zu einem Anstieg des realen BIP führte.

Abb. 26-12: Lagerbestände und das Ende einer Rezession

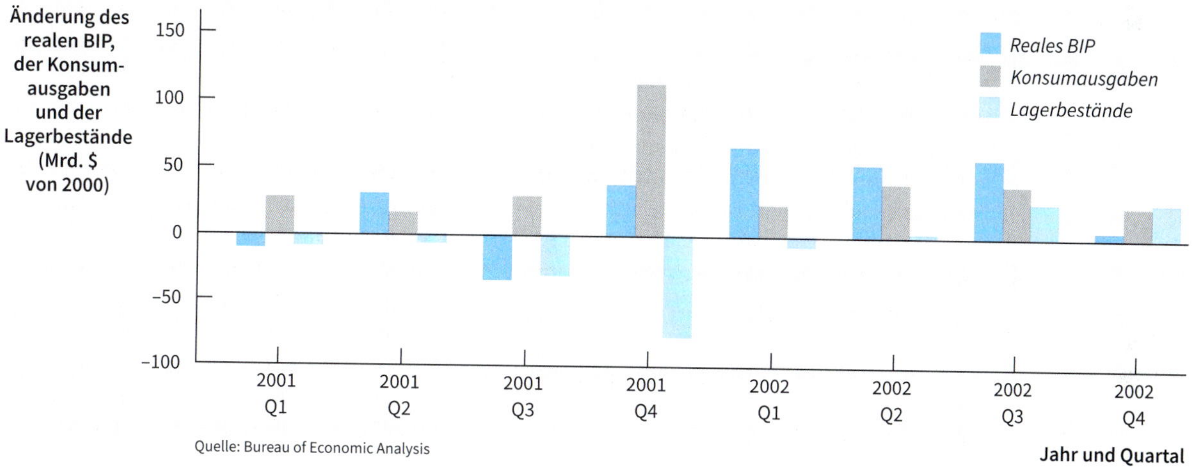

Quelle: Bureau of Economic Analysis

Kurzzusammenfassung

- Die Volkswirtschaft befindet sich im **Einnahmen-Ausgaben-Gleichgewicht**, wenn die **geplanten gesamtwirtschaftlichen Ausgaben** dem realen BIP entsprechen.
- Ist die gesamtwirtschaftliche Produktion größer als das **Einnahmen-Ausgaben-Gleichgewichts-BIP**, übersteigt das reale BIP die geplanten gesamtwirtschaftlichen Ausgaben und die Lagerbestände erhöhen sich. Liegt die gesamtwirtschaftliche Produktion dagegen unter dem Einnahmen-Ausgaben-Gleichgewichts-BIP, fällt das reale BIP kleiner als die geplanten gesamtwirtschaftlichen Ausgaben aus und die Lagerbestände gehen zurück.
- Nach einer autonomen Änderung der geplanten gesamtwirtschaftlichen Ausgaben bewegt sich die Volkswirtschaft über den Anpassungsprozess der Lagerbestände, der sich über das **Keynesianische Kreuz** darstellen lässt, zu einem neuen Einnahmen-Ausgaben-Gleichgewicht. Aufgrund des Multiplikatoreffektes fällt die Änderung im Einnahmen-Ausgaben-Gleichgewichts-BIP um ein Mehrfaches größer aus als die autonome Änderung der gesamtwirtschaftlichen Ausgaben.
- Integriert man den Außenhandel in das Einnahmen-Ausgaben-Modell, verändert sich die Größe des Multiplikators. Die grundsätzliche Wirkung des Multiplikators bleibt aber erhalten. Veränderungen der Exporte wirken auf die gleiche Weise wie Änderungen der Konsum- und Investitionsausgaben. Durch Importe fließt allerdings ein Teil der Einkommenserhöhung ins Ausland ab. Dadurch wird der Multiplikator im Vergleich zu einer Volkswirtschaft ohne Außenhandel kleiner.

ÜBERPRÜFEN SIE IHR WISSEN

1. Obwohl Ökonomen glauben, dass Wirtschaftskrisen in der Regel durch einen Einbruch der Investitionsausgaben ausgelöst werden, gehen sie auch davon aus, dass die Konsumausgaben während einer Wirtschaftskrise letzten Endes schrumpfen. Warum?
2. a. Benutzen Sie ein Diagramm wie in Abbildung 26-11 um zu zeigen, was im Fall eines autonomen Rückgangs der geplanten gesamtwirtschaftlichen Ausgaben passiert. Erläutern Sie, wie sich die Volkswirtschaft an ein neues Einnahmen-Ausgaben-Gleichgewicht anpasst.
   b. Nehmen Sie an, Y^* hätte ein Niveau von 500 Milliarden Euro, die autonome Änderung der geplanten gesamtwirtschaftlichen Ausgaben betrage 300 Millionen Euro (0,3 Milliarden Euro) und *MPC* sei 0,5. Berechnen Sie das Niveau des neuen Einnahmen-Ausgaben-Gleichgewichts-BIP.

Unternehmen in Aktion: Was gut für Amerika ist, ist auch gut für General Motors (GM)

Als die Finanz- und Wirtschaftskrise 2007–2009 ihren Höhepunkt erreichte, verabschiedete die US-Regierung eine Vielzahl von Maßnahmen zur Stützung der gesamtwirtschaftlichen Entwicklung, von denen einige heftig umstritten waren. Besonders stark kritisiert wurde die Entscheidung, das Unternehmen General Motors mit Steuergeldern vor dem Bankrott zu retten. Um General Motors am Leben zu erhalten, gewährte die US-Regierung dem Unternehmen Darlehen in Höhe von 49,5 Milliarden Dollar. Diese Darlehen wurden in Aktien des Unternehmens umgewandelt, sodass die US-Regierung für eine gewisse Zeit 61 Prozent der Unternehmensanteile hielt.

General Motors – oder GM, wie das Unternehmen während seiner Glanzzeit oft genannt wurde – war früher *das* US-amerikanische Unternehmen schlechthin. Als der Unternehmenschef von GM in den 1950er-Jahren für das Amt des Verteidigungsministers vorgeschlagen wurde, antwortete er auf eine Frage nach einem möglichen Interessenkonflikt: »Ich dachte, was gut für unser Land ist, ist auch gut für General Motors, und umgekehrt.«

Im Jahr 2009 schienen das Schicksal der Vereinigten Staaten und das Schicksal von GM nicht mehr so stark miteinander verbunden zu sein. Trotzdem lag der Entscheidung für die Unterstützung von GM die Annahme zugrunde, dass die Probleme von GM nicht nur hausgemacht, sondern auf die gesamtwirtschaftliche Entwicklung in den Vereinigten Staaten zurückzuführen waren. Und mit einer Erholung der US-amerikanischen Volkswirtschaft sollte auch die Zukunft von GM gesichert sein.

Dabei lag der Zusammenhang zwischen der Krise bei GM und der Krise der US-amerikanischen Volkswirtschaft nicht auf der Hand. Die Finanz- und Wirtschaftskrise 2007–2009 entstand aus einer Immobilienkrise, die zu einer Finanzkrise wurde. Die US-amerikanische Automobilindustrie hatte damit vordergründig nichts zu tun. Multiplikatoreffekte führten jedoch zu einem starken Rückgang der Absatzzahlen von rund 40 Prozent innerhalb von nur zwei Jahren. Und mit der Erholung der US-amerikanischen Volkswirtschaft gewann auch die Automobilindustrie wieder an Boden, und mit ihr General Motors.

Aber rechtfertigte die Rettung von General Motors das Hilfspaket der US-Regierung? Durch die Erholung des Unternehmens gingen die Steuergelder nicht verloren, zumindest nicht alle. Die Darlehen der US-Regierung von fast 50 Milliarden Dollar wurden in Aktien von General Motors umgewandelt. Nachdem die US-Regierung die Aktien Stück für Stück wieder verkauft hatte, waren 40 Milliarden Dollar in der Kasse – ein Verlust von 10 Milliarden Dollar an Steuergeldern.

Für die Befürworter waren die Maßnahmen dennoch ein Erfolg. Durch die Hilfsmaßnahmen gelang es, der US-amerikanischen Automobilindustrie wieder auf die Beine zu helfen und viele Arbeitsplätze zu retten, nicht nur in der Automobilindustrie und bei Zulieferern, sondern auch in den vielen Unternehmen, deren Absatzzahlen von den Einkommen der Beschäftigten der Automobilindustrie abhängen. Im Sommer 2009 war die Arbeitslosenquote in Michigan, im Kernland der US-Automobilindustrie, auf über 14 Prozent gestiegen, begann dann aber stark zu sinken und lag im Sommer 2016 mit 4,5 Prozent sogar unter dem landesweiten Durchschnitt. Ohne die Unterstützung vonseiten der US-Regierung wäre diese schnelle Erholung nur schwer möglich gewesen.

Letzten Endes konnte sich General Motors erholen, weil es mit der gesamten US-amerikanischen Volkswirtschaft wieder aufwärtsging. Was gut für Amerika war, war also immer noch gut für General Motors. Und was gut für General Motors war, war auf jeden Fall gut für Michigan und wohl auch für Amerika.

FRAGEN

1. Warum waren Unternehmen wie General Motors durch eine Wirtschaftskrise betroffen, die durch eine Immobilienkrise ausgelöst wurde?
2. Konnte man im Juni 2009 wirklich annehmen, dass die Autoverkäufe in der nahen Zukunft wieder anziehen würden?
3. Erklären Sie anhand des Beispiels von General Motors, wie sich aus einer Krise in einem eher kleinen Bereich der US-Volkswirtschaft wie dem Immobiliensektor eine tiefe gesamtwirtschaftliche Krise entwickeln kann.

Zusammenfassung

1. Eine **autonome gesamtwirtschaftliche Ausgabenänderung** hat eine Kettenreaktion zur Folge, die letztlich dazu führt, dass die gesamte Änderung des realen BIP gleich dem **Multiplikator** mal der ursprünglichen Änderung der gesamtwirtschaftlichen Ausgaben ist. Die Größe des Multiplikators hängt ab von der **marginalen Konsumneigung**, ***MPC***. Die marginale Konsumneigung beschreibt den Anteil eines zusätzlichen Euro verfügbaren Einkommens, der für Konsum ausgegeben wird. Je größer *MPC* ist, desto größer ist auch der Multiplikator und desto größer ist die Änderung des realen BIP für eine gegebene autonome Änderung der gesamtwirtschaftlichen Ausgaben. Die **marginale Sparneigung**, ***MPS***, ist gleich 1 – *MPC*.
2. Die **Konsumfunktion** zeigt, wie die Konsumausgaben eines Haushalts von seinem gegenwärtig verfügbaren Einkommen abhängen. Die **gesamtwirtschaftliche Konsumfunktion** stellt diesen Zusammenhang für die gesamte Volkswirtschaft dar. Nach der Lebenszyklus-Hypothese versuchen die Haushalte ihren Konsum über die gesamte Lebensdauer zu glätten. Dadurch verschiebt sich die gesamtwirtschaftliche Konsumfunktion, wenn sich das erwartete, zukünftig verfügbare Einkommen und das gesamtwirtschaftliche Vermögen verändern.
3. Die **geplanten Investitionsausgaben** werden negativ vom Zinssatz und den vorhandenen Produktionskapazitäten und positiv vom erwarteten, zukünftigen realen BIP beeinflusst. Das **Akzeleratorprinzip** sagt aus, dass die Investitionsausgaben im hohen Maß von der erwarteten Wachstumsrate des realen BIP beeinflusst werden.
4. Die Unternehmen halten **Lagerbestände,** um die Nachfrage der Konsumenten schneller befriedigen zu können. Die **Lagerinvestitionen** sind positiv, wenn die Unternehmen ihre Lagerbestände erhöhen und negativ, wenn die Lagerbestände reduziert werden. Oft resultieren Änderungen der Lagerbestände jedoch nicht aus bewussten Entscheidungen, sondern entstehen, wenn die erwarteten Absatzmengen und die tatsächlichen Absatzmengen voneinander abweichen. Daraus ergeben sich **un-**

SCHLÜSSELBEGRIFFE

- marginale Konsumneigung (*MPC*)
- marginale Sparneigung (*MPS*)
- autonome gesamtwirtschaftliche Ausgabenänderung
- Multiplikator
- Konsumfunktion
- gesamtwirtschaftliche Konsumfunktion
- geplante Investitionsausgaben
- Akzeleratorprinzip
- Lagerbestände
- Lagerinvestitionen
- ungeplante Lagerinvestitionen
- tatsächliche Investitionsausgaben
- geplante gesamtwirtschaftliche Ausgaben
- Einnahmen-Ausgaben-Gleichgewicht
- Einnahmen-Ausgaben-Gleichgewichts-BIP
- Keynesianisches Kreuz

geplante Lagerinvestitionen, die entweder positiv oder negativ ausfallen können. Die **tatsächlichen Investitionsausgaben** sind die Summe aus den geplanten Investitionsausgaben und den ungeplanten Lagerinvestitionen.

5. Im **Einnahmen-Ausgaben-Gleichgewicht** entsprechen die **geplanten gesamtwirtschaftlichen Ausgaben**, die sich in einem einfachen Modell ohne Staat und Außenhandel aus der Summe der Konsumausgaben und der geplanten Investitionsausgaben ergeben, dem realen BIP. Im Punkt des **Einnahmen-Ausgaben-Gleichgewichts-BIP** oder Y^* belaufen sich die ungeplanten Lagerinvestitionen auf null. Sind die geplanten gesamtwirtschaftlichen Ausgaben größer als Y^*, so sind die ungeplanten Lagerinvestitionen negativ. Es kommt zu einem unerwarteten Rückgang der Lagerbestände und die Unternehmen erhöhen ihre Produktionsmenge. Sind die geplanten gesamtwirtschaftlichen Ausgaben kleiner als Y^*, so sind die ungeplanten Lagerinvestitionen positiv. Es kommt zu einem unerwarteten Anstieg der Lagerbestände und die Unternehmen werden ihre Produktionsmenge zurückfahren. Das **Keynesianische Kreuz** zeigt, wie sich die Volkswirtschaft durch Anpassungen der Lagerbestände selbstständig an das Einnahmen-Ausgaben-Gleichgewicht anpasst.
6. Nach einer autonomen Änderung der geplanten gesamtwirtschaftlichen Ausgaben bewegt der Anpassungsprozess der Lagerbestände die Volkswirtschaft zu einem neuen Einnahmen-Ausgaben-Gleichgewicht. Die Veränderung des Einnahmen-Ausgaben-Gleichgewichts-BIP, die aus einer autonomen Änderung der Ausgaben resultiert, entspricht $(1/(1 - MPC)) \times \Delta AAE_{geplant}$.
7. Im Einnahmen-Ausgaben-Modell mit Außenhandel bleibt die Wirkung des Multiplikators grundsätzlich erhalten. Das Einkommen, das durch Exporte ins Ausland verdient wird, kann für im Inland produzierte Waren und Dienstleistungen ausgegeben werden und wirkt damit wie Konsum- und Investitionsausgaben. Importe verringern jedoch die Größe des Multiplikators.

Anhang zu 26

Die mathematische Herleitung des Multiplikators

Dieser Anhang zeigt die mathematische Herleitung des Multiplikators. Erinnern wir uns zunächst daran, dass sich die geplanten gesamtwirtschaftlichen Ausgaben, $AE_{geplant}$, aus der Summe der Konsumausgaben C, die über die Konsumfunktion bestimmt werden, und den geplanten Investitionsausgaben $I_{geplant}$ zusammensetzen. Demnach gilt $AE_{geplant} = C + I_{geplant}$. Schreibt man diese Gleichung um, so erhält man

(26A-1) $AE_{geplant} = A + MPC \times YD + I_{geplant}$

Da es in unserem Modell weder Staatsausgaben noch Außenhandel gibt, entspricht das verfügbare Einkommen dem BIP, sodass sich Gleichung (26A-1) wie folgt verändert:

(26A-2) $AE_{geplant} = A + MPC \times \text{BIP} + I_{geplant}$

Das Einnahmen-Ausgaben-Gleichgewichts-BIP Y^* entspricht wiederum den geplanten gesamtwirtschaftlichen Ausgaben, sodass im Einnahmen-Ausgaben-Gleichgewicht gilt:

(26A-3) $Y^* = AE_{geplant} = A + MPC \times Y^* + I_{geplant}$

Jetzt folgen noch zwei weitere Schritte. Subtrahiert man $MPC \times Y^*$ auf beiden Seiten der Gleichung (26A-3), erhält man:

(26A-4) $Y^* - MPC \times Y^* = Y^* \times (1 - MPC) = A + I_{geplant}$

Nach Division durch $(1 - MPC)$ ergibt sich:

(26A-5) $Y^* = \dfrac{A + I_{geplant}}{1 - MPC}$

Gleichung (26A-5) zeigt, dass eine autonome Veränderung der geplanten gesamtwirtschaftlichen Ausgaben – eine Änderung entweder in A oder in $I_{geplant}$ – von 1 Euro das Einnahmen-Ausgaben-Gleichgewichts-BIP Y^* um einen Betrag von $1/(1 - MPC)$ verändert. Damit ergibt sich der Multiplikator in unserem einfachen Modell mit

(26A-6) Multiplikator $= 1/(1 - MPC)$.

27 Gesamtwirtschaftliches Angebot und gesamtwirtschaftliche Nachfrage

LERNZIELE

- Wie die **gesamtwirtschaftliche Nachfragekurve** den Zusammenhang zwischen Preisniveau und der nachgefragten gesamtwirtschaftlichen Produktion (gesamtwirtschaftliche Nachfrage) beschreibt.
- Wie die **gesamtwirtschaftliche Angebotskurve** den Zusammenhang zwischen Preisniveau und der angebotenen gesamtwirtschaftlichen Produktion (gesamtwirtschaftliches Angebot) zeigt.
- Warum die gesamtwirtschaftliche Angebotskurve bei kurzfristiger Betrachtung anders aussieht als bei langfristiger Betrachtung.
- Wie das ***AS-AD*-Modell** verwendet wird, um gesamtwirtschaftliche Schwankungen zu analysieren.
- Auf welche Weise Geldpolitik und Fiskalpolitik die Wirtschaft stabilisieren können.

Andere Zeiten, andere wirtschaftspolitische Ansätze

Arbeitslosigkeit und Inflation sind für die gesamtwirtschaftliche Entwicklung einer Volkswirtschaft von übergeordneter Bedeutung. Aus diesem Grund ist die Wirtschaftspolitik stets bemüht, beide Größen mit Augenmaß zu steuern. Wie wir im Kapitel 23 erfahren haben, ist das manchmal gar nicht so einfach. Wirtschaftspolitische Maßnahmen zur Inflationskontrolle können die Lage am Arbeitsmarkt verschlechtern und Maßnahmen zur Bekämpfung der Arbeitslosigkeit können zu inflationären Tendenzen führen. Es gibt Zeiten, da fällt es schwer zu erkennen, ob nun die Arbeitslosigkeit oder die Inflation die größere Gefahr für die Volkswirtschaft darstellt.

In einer solchen Zwickmühle befanden sich die Entscheidungsträger der US-amerikanischen Zentralbank im Jahr 2011, als die Arbeitslosenquote bei über 9 Prozent lag (was historisch gesehen ziemlich hoch ist), aber gleichzeitig auch die Inflationsrate auf über 4 Prozent geklettert war und damit deutlich über der Zielgröße der Fed von 2 Prozent lag. Sollte die Geldpolitik weiterhin expansiv ausgerichtet sein, um die Arbeitslosigkeit zu bekämpfen, oder sollte ein Kurswechsel eingeleitet werden, um mit kontraktiven geldpolitischen Maßnahmen die Inflation einzudämmen?

Letztlich entschied sich die Fed dafür, ihren expansiven geldpolitischen Kurs beizubehalten und versuchte, durch eine Zinssenkung die gesamtwirtschaftliche Entwicklung weiter anzukurbeln. Nach Ansicht der Verantwortlichen der Fed war der Inflationsanstieg nur vorübergehender Natur, im Wesentlichen das Ergebnis eines zeitweiligen Anstiegs der Ölpreise, und damit nicht von langer Dauer. Und so kam es dann auch. Mit dem Rückgang der Ölpreise fiel die Inflationsrate schnell wieder unter 2 Prozent.

Die Europäische Zentralbank (EZB) stand bei einer Arbeitslosenquote von 10 Prozent und einer Inflationsrate von 3 Prozent im Euroraum vor einer ähnlichen Entscheidung. Doch die EZB entschied sich für das Gegenteil und hob die Zinsen an, um den Preisauftrieb zu dämpfen.

Warum haben die beiden Zentralbanken in einer vergleichbaren Ausgangslage gegensätzliche Entscheidungen getroffen? Vielleicht lag es am Alter der beiden Entscheidungsträger. Der damalige Präsident der EZB, Jean-Claude-Trichet, war 68 Jahre alt, während der damalige Vorsitzende der Fed, Ben Bernanke, nur 57 Jahre alt war. Der Altersunterschied von 11 Jahren mag unbedeutend erscheinen. Dahinter stecken jedoch unterschiedliche wirtschaftspolitische Erfahrungen zu unterschiedlichen Zeiten.

Neil Irwin, Journalist bei der *New York Times*, hat herausgefunden, dass es einen starken Zusammenhang zwischen dem Alter von wirtschaftspolitischen Entscheidungsträgern und ihrer wirtschaftspolitischen Ausrichtung gibt. Entscheidungsträger, die so wie Trichet in den 1970er-Jahren mit hohen Inflationsraten groß geworden sind, haben sich eher für Zinsanhebungen und kontraktive geldpolitische Maßnahmen zur Inflationsbekämpfung ausgesprochen als Politiker wie Bernanke, die sich eher Sorgen um Arbeitslosigkeit und Wirtschaftswachstum machen.

In den 1970er-Jahren wurden die Wirtschaftskrisen größtenteils durch *Angebotsschocks* ausgelöst, während dagegen die Wirtschaftskrise zu Beginn der 1990er-Jahre das Ergebnis eines *Nachfrageschocks* war. (Wir werden uns mit Angebots- und Nachfrageschocks in diesem Kapitel noch ausführlich beschäftigen.)

Ökonomen wissen, dass Wirtschaftskrisen unterschiedliche Ursachen haben können. Dieses Verständnis setzt ein Modell der Volkswirtschaft voraus, das zwischen unterschiedlichen kurzfristigen wirtschaftlichen Schwankungen differenzieren kann und damit über das Einnahmen-Ausgaben-Modell hinausgeht, das wir im letzten Kapitel kennengelernt haben.

In diesem Kapitel werden wir das *AS-AD-Modell* entwickeln. Mithilfe des *AS-AD*-Modells können wir verstehen, wie Angebots- und Nachfrageschocks auf die Volkswirtschaft wirken. Bei der Entwicklung dieses Modells wollen wir in drei Schritten vorgehen. Zunächst werden wir das Modell der *gesamtwirtschaftlichen Nachfrage* entwickeln. Danach werden wir uns dem Modell des *gesamtwirtschaftlichen Angebotes* zuwenden. Schließlich wollen wir beide Modelle zusammenführen.

27.1 Gesamtwirtschaftliche Nachfrage

Die Weltwirtschaftskrise war das Ergebnis eines negativen Nachfrageschocks. Darin stimmt die große Mehrheit der Ökonomen überein. Aber was bedeutet das? Im Kapitel 3 haben wir gelernt, dass Ökonomen einen Nachfragerückgang für ein bestimmtes Gut durch eine Linksverschiebung der Nachfragekurve darstellen. Gleichermaßen führt ein negativer Nachfrageschock für die gesamte Volkswirtschaft zu einer Linksverschiebung der **gesamtwirtschaftlichen Nachfragekurve (*AD*-Kurve)**. Die gesamtwirtschaftliche Nachfragekurve zeigt die Beziehung zwischen dem Preisniveau und der gesamtwirtschaftlichen Produktion, die von Haushalten, Unternehmen, Staat und der übrigen Welt nachgefragt wird.

Die **gesamtwirtschaftliche Nachfragekurve (*AD*-Kurve)** zeigt die Beziehung zwischen Preisniveau und der Nachfrage nach der gesamtwirtschaftlichen Produktion durch Haushalte, Unternehmen, Staat und die übrige Welt.

In **Abbildung 27-1** ist zu sehen, wie die gesamtwirtschaftliche Nachfragekurve zum Ende der Weltwirtschaftskrise im Jahr 1933 ausgesehen haben könnte. Die Abszisse zeigt die gesamtwirtschaftliche Produktion (in Preisen von 2012), dargestellt durch das reale BIP. Auf der Ordinate ist das Preisniveau über den BIP-Deflator abgetragen. Mit diesen beiden Größen an den Achsen können wir eine Kurve zeichnen, die zeigt, welche gesamtwirtschaftliche Produktion bei einem bestimmten Preisniveau nachgefragt worden wäre. Die Kurve bezeichnen wir mit *AD*. Da *AD* die gesamtwirtschaftliche Nachfrage im Jahr 1933 widerspiegeln soll, bezieht sich ein Punkt auf der Kurve auf die Situation in den Vereinigten Staaten im Jahr 1933, als das Preisniveau eine Höhe von 7,0 aufwies und insgesamt im Inland hergestellte Endprodukte (Waren und Dienstleistungen) im Wert von 817 Milliarden Dollar (in Preisen von 2012) gekauft wurden.

Die *AD*-Kurve verläuft von links oben nach rechts unten und deutet damit auf eine negative Beziehung zwischen dem Preisniveau und der gesamtwirtschaftlichen Nachfrage hin. Ein höheres Preisniveau verringert ceteris paribus die gesamtwirtschaftliche Nachfrage, während ein geringeres Preisniveau ceteris paribus mit einer höheren gesamtwirtschaftlichen Nachfrage einhergeht. Würde unsere gesamtwirtschaftliche Nachfragekurve in Abbildung 27-1 die Realität in den Vereinigten Staaten im Jahr 1933 widerspiegeln, so könnten wir schlussfolgern, dass bei einem Preisniveau von 4,0 (anstelle von 7,0) die gesamtwirtschaftliche Nachfrage bei 1.000 Milliarden Dollar gelegen hätte, nicht bei 817 Milliarden Dollar (jeweils in konstanten Preisen von 2012).

Die erste Frage, die wir uns stellen, lautet: Warum verläuft die gesamtwirtschaftliche Nachfragekurve fallend?

Abb. 27-1

Die gesamtwirtschaftliche Nachfragekurve

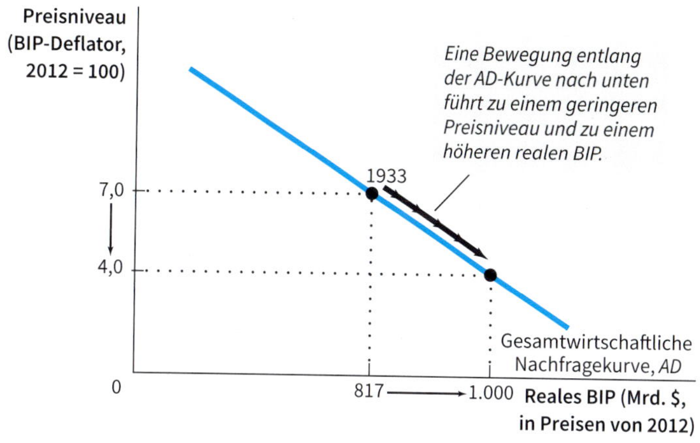

Die gesamtwirtschaftliche Nachfragekurve zeigt die Beziehung zwischen dem Preisniveau und der gesamtwirtschaftlichen Nachfrage nach im Inland produzierten Gütern. Aufgrund des Vermögenseffektes und des Zinseffektes, die durch eine Änderung des Preisniveaus hervorgerufen werden, verläuft die gesamtwirtschaftliche Nachfragekurve abwärts geneigt. Würde die gezeigte Kurve die Situation der Vereinigten Staaten im Jahr 1933 realistisch widerspiegeln, dann würde sie uns Folgendes zeigen: Im Jahr 1933 lag das Preisniveau bei 7,0, was mit einer gesamtwirtschaftlichen Nachfrage von 817 Milliarden Dollar (in Preisen von 2012) einherging. Hätte das Preisniveau bei 4,0 gelegen, dann wäre die gesamtwirtschaftliche Nachfrage auf 1.000 Milliarden Dollar gestiegen.

Warum verläuft die gesamtwirtschaftliche Nachfragekurve fallend?

Die in Abbildung 27-1 gezeigte *AD*-Kurve verläuft von links oben nach rechts unten. Warum? Um diese Frage zu beantworten, greifen wir auf die grundlegende Identität der Volkswirtschaftlichen Gesamtrechnung zurück:

(27-1) $\text{BIP} = C + I + G + X - IM$

wobei C für die Konsumausgaben, I für die Investitionsausgaben, G für die staatlichen Güterkäufe, X für die Exporte und IM für die Importe steht. Messen wir diese Größen in konstanten Preisen, also in Preisen eines Basisjahres, dann können wir die Summe $C + I + G + X - IM$ als Menge der im Inland produzierten Waren und Dienstleistungen auffassen, die in einer bestimmten Periode nachgefragt wird. Über die Höhe von G entscheidet der Staat, die Werte der anderen Variablen werden durch Entscheidungen des privaten Sektors bestimmt. Um zu verstehen, warum die gesamtwirtschaftliche Nachfragekurve abwärts verläuft, müssen wir uns klarmachen, warum ein Anstieg des Preisniveaus die Größen C, I und $X - IM$ verringert.

Sie glauben jetzt vielleicht, die negative Steigung der gesamtwirtschaftlichen Nachfragekurve sei eine natürliche Konsequenz des *Gesetzes der Nachfrage*, das wir schon in Kapitel 3 eingeführt hatten. Anders gefragt: Wenn die Nachfragekurve für irgendein beliebiges Gut fallend verläuft, ist es dann nicht geradezu notwendig, dass auch die gesamtwirtschaftliche Nachfragekurve abwärts verläuft? Bei näherer Betrachtung zeigt sich, dass wir hier eine nicht zulässige Parallele konstruieren würden. Die Nachfragekurve für irgendein beliebiges Gut zeigt, wie die Nachfrage vom Preis dieses Gutes abhängt, unter der Annahme, dass *die Preise aller anderen Güter konstant bleiben*. Der Hauptgrund dafür, dass die Nachfrage nach einem Gut sinkt, wenn sein Preis steigt, besteht darin, dass die Menschen bei Preissteigerungen mit ihrem Konsum auf andere Güter ausweichen.

Wenn wir aber Bewegungen entlang der gesamtwirtschaftlichen Nachfragekurve nach oben oder unten untersuchen, dann beschäftigen wir uns mit einer *simultanen Änderung der Preise aller Waren und Dienstleistungen*. Außerdem sind Änderungen in der Zusammensetzung der Waren und Dienstleistungen, die in den Konsumausgaben stecken, für die gesamtwirtschaftliche Nachfragekurve irrelevant: Entscheiden sich die Konsumenten, weniger Kleidung zu kaufen, aber mehr Autos, dann muss das keine Auswirkung auf das Gesamtvolumen der nachgefragten Waren und Dienstleistungen haben.

Warum führt dann ein Anstieg des Preisniveaus zu einem Rückgang der gesamtwirtschaftlichen Nachfrage nach im Inland erzeugten Waren und Dienstleistungen? Es gibt zwei Hauptgründe: den *Vermögenseffekt* und den *Zinseffekt* einer Änderung des Preisniveaus.

Der Vermögenseffekt. Ein Anstieg des Preisniveaus führt ceteris paribus zu einem Rückgang der Kaufkraft vieler Vermögensobjekte. Schauen wir uns als Beispiel jemanden an, der über eine Bankeinlage in Höhe von 5.000 Euro verfügt. Steigt das Preisniveau um 25 Prozent, müsste er für die gleichen Güter nun 6.250 Euro ausgeben, und das könnte er sich nicht leisten. Und für die Menge an Gütern, die vorher 4.000 Euro gekostet hat, müsste man nun 5.000 Euro ausgeben. Damit könnten mit diesen 5.000 Euro nur noch so viele Güter gekauft werden wie zuvor mit 4.000 Euro Mit diesem Rückgang der Kaufkraft würde der Inhaber der Bankeinlage seine Konsumwünsche vermutlich reduzieren. Millionen andere Menschen würden in gleicher Weise reagieren, sodass es zu einem Rückgang der Ausgaben für Waren und Dienstleistungen kommt. Durch den allgemeinen Preisanstieg sinkt die Kaufkraft aller Bankeinlagen.

Als **Zinseffekt** einer Änderung des Preisniveaus bezeichnet man den Effekt auf die Konsum- und Investitionsausgaben, der sich durch die Wirkung einer Änderung des Preisniveaus auf die Kaufkraft der Geldbestände von Verbrauchern und Unternehmen ergibt.

Entsprechend bewirkt ein Rückgang des Preisniveaus einen Anstieg der Kaufkraft der Vermögensobjekte der Konsumenten und erhöht auf diese Weise die Nachfrage der Konsumenten. Dieser Effekt auf die Konsumausgaben, der durch die Wirkung eines Anstiegs des Preisniveaus auf die Kaufkraft des Vermögens der Konsumenten ausgelöst wird, wird als **Vermögenseffekt** einer Änderung des Preisniveaus bezeichnet. Wegen dieses Vermögenseffektes sinken die Konsumausgaben *C* bei einem Anstieg des Preisniveaus, was sich in einer negativen Steigung der gesamtwirtschaftlichen Nachfragekurve niederschlägt.

Als **Vermögenseffekt** einer Änderung des Preisniveaus bezeichnet man den Effekt auf die Konsumausgaben, der durch die Wirkungen einer Änderung des Preisniveaus auf die Kaufkraft des Vermögens der Konsumenten ausgelöst wird.

Der Zinseffekt. Ökonomen verwenden den Begriff *Geld* in seiner engsten Bedeutung, um damit Bargeld und Sichteinlagen zu bezeichnen, über die die Eigentümer unmittelbar verfügen können. Menschen und Unternehmen halten Geld, weil sich damit die Kosten und Unbequemlichkeiten der Durchführung von Transaktionen verringern lassen. Ein Anstieg des Preisniveaus verringert ceteris paribus die Kaufkraft eines gegebenen Geldbestandes. Um den gleichen Warenkorb kaufen zu können, benötigen Menschen und Unternehmen jetzt eine höhere Geldhaltung. Als Reaktion auf einen Anstieg des Preisniveaus versucht das Publikum, seine Geldhaltung zu erhöhen, entweder dadurch, dass mehr Kredite aufgenommen werden oder dass andere Vermögensobjekte verkauft werden, wie beispielsweise Anleihen. Damit verringert sich die Menge an Kreditmitteln, die anderen Kreditnachfragern zur Verfügung steht, und es kommt zu einem Zinsanstieg.

Im Kapitel 25 haben wir gelernt, dass ein Anstieg der Zinssätze zu einem Rückgang der Investitionsausgaben führt, weil die Kosten einer Kreditaufnahme steigen. Ein Zinsanstieg führt darüber hinaus auch zu einem Rückgang der Konsumausgaben, weil die Haushalte einen größeren Teil ihres verfügbaren Einkommens sparen. Ein Anstieg des Preisniveaus hat daher wegen seiner Auswirkungen auf die Kaufkraft der Geldbestände eine Verringerung der Investitionsausgaben (*I*) und der Konsumausgaben (*C*) zur Folge. Dieser Effekt wird als **Zinseffekt** einer Änderung des Preisniveaus bezeichnet. Auch der Zinseffekt trägt zur negativen Steigung der gesamtwirtschaftlichen Nachfragekurve bei.

In Kapitel 30 zur Geldpolitik werden wir uns noch genauer mit Geld und Zinssätzen beschäftigen. Wir werden in Kapitel 33 zur Makroökonomik offener Volkswirtschaften auch lernen, dass ein höherer Zinssatz indirekt dazu führt, dass sich die Exporte (*X*) verringern und die Importe (*IM*) erhöhen. Für den Augenblick reicht es aus, verstanden zu haben, dass sowohl aufgrund des Vermögenseffektes als auch aufgrund des Zinseffektes die gesamtwirtschaftliche Nachfragekurve fallend von links oben nach rechts unten verläuft.

Die gesamtwirtschaftliche Nachfragekurve und das Einnahmen-Ausgaben-Modell

Im letzten Kapitel haben wir uns mit dem *Einnahmen-Ausgaben-Modell* beschäftigt, das veranschaulicht, wie die Volkswirtschaft das *Einnahmen-Ausgaben-Gleichgewicht* erreicht. Gerade eben haben wir die gesamtwirtschaftliche Nachfragekurve kennengelernt, die die Beziehung zwischen der gesamtwirtschaftlichen Nachfrage nach Waren und Dienstleistung und dem Preisniveau wiedergibt. Wie passen diese beiden Modelle zusammen?

Zunächst müssen wir uns in Erinnerung rufen, dass das Einnahmen-Ausgaben-Modell ein festes Preisniveau unterstellt. Wenn wir diese Annahme fallen lassen, können wir immer noch auf das Einnahmen-Ausgaben-Modell zurückgreifen, um fest-

Abb. 27-2

Wie Veränderungen des Preisniveaus auf das Einnahmen-Ausgaben-Gleichgewicht wirken

Das Einnahmen-Ausgaben-Gleichgewicht stellt sich in dem Punkt ein, in dem die Kurve der geplanten Gesamtausgaben $AE_{geplant}$ die 45-Grad-Linie scheidet. Sinkt das Preisniveau, dann verschiebt sich die Kurve der geplanten Gesamtausgaben von $AE_{geplant\,1}$ zu $AE_{geplant\,2}$ und führt zu einem Anstieg des Einnahmen-Ausgaben-Gleichgewichts-BIP von Y_1 zu Y_2.

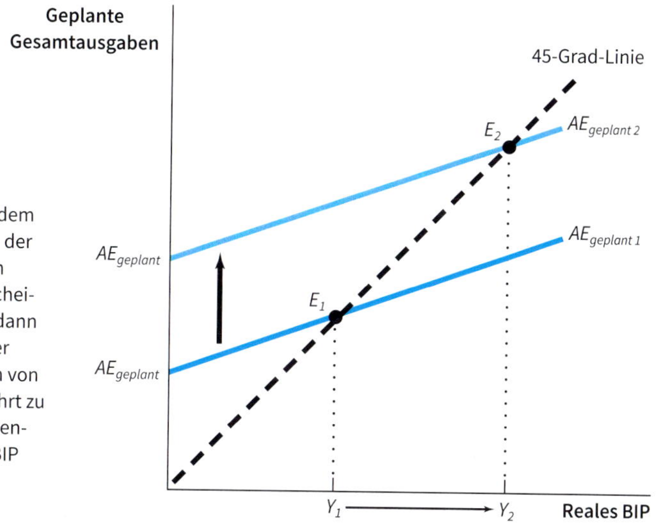

zustellen, wie groß die gesamtwirtschaftlichen Ausgaben bei einem *bestimmten Preisniveau* sind. Und nichts anderes zeigt die gesamtwirtschaftliche Nachfragekurve. Die *AD*-Kurve ergibt sich also aus dem Einnahmen-Ausgaben-Modell. Ökonomen sprechen bisweilen davon, dass das Einnahmen-Ausgaben-Modell in das *AS-AD-Modell* eingebettet ist.

Abbildung 27-2 zeigt noch einmal die Bestimmung des Einnahmen-Ausgaben-Gleichgewichts. Das reale BIP ist auf der Abszisse abgetragen, die realen geplanten gesamtwirtschaftlichen Ausgaben auf der Ordinate. Der steigende Verlauf der Ausgabengeraden $AE_{geplant\,1}$ und $AE_{geplant\,2}$ macht deutlich, dass die geplanten gesamtwirtschaftlichen Ausgaben (die Summe aus Konsumausgaben und geplanten Investitionsausgaben), ceteris paribus, mit steigendem realen BIP zunehmen. Das Einnahmen-Ausgaben-Gleichgewicht liegt, wie wir im Kapitel 26 gelernt haben, im Schnittpunkt der Kurve der geplanten Gesamtausgaben mit der 45-Grad-Linie. Wird z. B. der Zusammenhang zwischen dem realen BIP und den geplanten gesamtwirtschaftlichen Ausgaben durch die Kurve $AE_{geplant\,1}$ wiedergegeben, dann liegt das Einnahmen-Ausgaben-Gleichgewicht im Punkt E_1 mit einem realen BIP in Höhe von Y_1.

Wie wir gerade gelernt haben, beeinflussen Preisänderungen die Höhe der geplanten gesamtwirtschaftlichen Ausgaben bei *jedem Niveau des realen BIP* und die Kurve der gesamtwirtschaftlichen Ausgaben $AE_{geplant}$ verschiebt sich. Nehmen wir z. B. an, dass das Preisniveau sinkt. Aufgrund des Vermögenseffektes und des Zinssatzeffektes führt ein Preisrückgang bei jedem BIP-Niveau zu höheren geplanten Gesamtausgaben. Damit verschiebt sich die Kurve der gesamtwirtschaftlichen Ausgaben $AE_{geplant}$ in Abbildung 27-2 von $AE_{geplant\,1}$ zu $AE_{geplant\,2}$. Die höheren gesamtwirtschaftlichen Ausgaben setzen einen Multiplikatorprozess in Gang, an dessen Ende sich das Einnahmen-Ausgaben-Gleichgewicht von E_1 zu E_2 verlagert und das reale BIP von Y_1 auf Y_2 ansteigt.

Mithilfe von **Abbildung 27-3** können wir erkennen, wie sich auf Basis dieser Wirkungsanalyse die gesamtwirtschaftliche Nachfragekurve ableiten lässt. Abbildung 27-3 zeigt den Rückgang des Preisniveaus von P_1 auf P_2. In der Abbildung 27-2 haben wir gesehen, dass ein Preisrückgang über eine Verschiebung der Kurve der gesamtwirt-

Abb. 27-3

Das Einnahmen-Ausgaben-Modell und die gesamtwirtschaftliche Nachfragekurve

In Abbildung 27-2 haben wir gesehen, wie ein Preisrückgang die Kurve der gesamtwirtschaftlichen Ausgaben nach oben verschiebt und so zu einem Anstieg des realen BIP führt. In dieser Abbildung zeigt sich das gleiche Ergebnis durch eine Bewegung entlang der gesamtwirtschaftlichen Nachfragekurve. Sinkt das Preisniveau von P_1 auf P_2, dann steigt das reale BIP von Y_1 auf Y_2. Die *AD*-Kurve verläuft daher fallend.

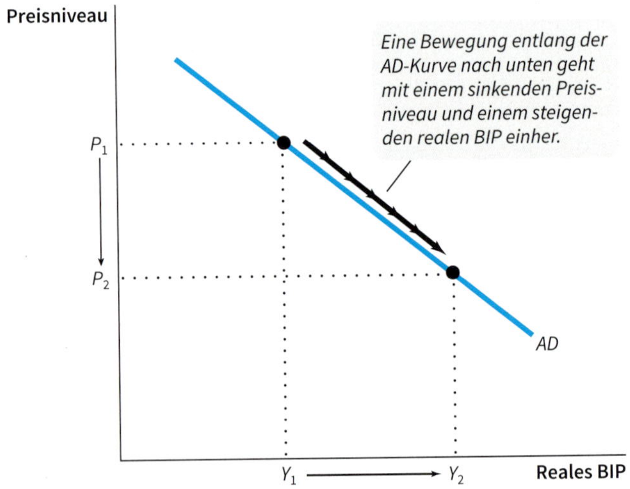

schaftlichen Ausgaben zu einem Anstieg des realen BIP führt. Dieser Zusammenhang ist in Abbildung 27-3 durch eine Bewegung entlang der gesamtwirtschaftlichen Nachfragekurve *AD* wiedergegeben: Durch den Preisrückgang steigt das reale BIP von Y_1 auf Y_2.

Die gesamtwirtschaftliche Nachfragekurve dient also nicht dazu, das Einnahmen-Ausgaben-Modell zu ersetzen. Stattdessen lassen sich mithilfe der gesamtwirtschaftlichen Nachfragekurve die Auswirkungen von Preisänderungen im Einnahmen-Ausgaben-Modell zusammenfassen.

Ökonomen greifen häufig auf das Einnahmen-Ausgaben-Modell zurück, um kurzfristige wirtschaftliche Schwankungen zu untersuchen, obwohl das Modell streng genommen Teil eines größeren Modells ist. Bei kurzfristigen Analysen ist diese Vereinfachung in der Regel angemessen.

Verschiebungen der gesamtwirtschaftlichen Nachfragekurve

Als wir im Kapitel 3 das Angebot an und die Nachfrage nach einzelnen Gütern analysierten, haben wir darauf hingewiesen, wie wichtig es ist, zwischen *Bewegungen auf der Nachfragekurve* und *Verschiebungen der Nachfragekurve* zu unterscheiden. Dies gilt auch für die Analyse der gesamtwirtschaftlichen Nachfragekurve. In Abbildung 27-1 war zu sehen, wie die nachgefragte Gütermenge auf Änderungen des Preisniveaus reagiert, was sich in einer Bewegung entlang der gesamtwirtschaftlichen Nachfragekurve widerspiegelt.

Es kann aber auch zu *Verschiebungen* der gesamtwirtschaftlichen Nachfragekurve kommen. In **Abbildung 27-4** verändert sich die nachgefragte Gütermenge bei jedem beliebigen Preisniveau. Sprechen wir über eine Erhöhung der gesamtwirtschaftlichen Nachfrage, dann meinen wir eine Verschiebung der gesamtwirtschaftlichen Nachfragekurve nach rechts, wie sie in Diagramm (a) von Abbildung 27-4 durch die Verschiebung von AD_1 nach AD_2 gezeigt wird. Eine Rechtsverschiebung tritt auf, wenn sich bei jedem gegebenen Preisniveau die gesamtwirtschaftliche Nachfrage erhöht. Sprechen wir von einer Verringerung der gesamtwirtschaftlichen Nachfrage, dann meinen wir damit eine Linksverschiebung der *AD*-Kurve, wie sie in Diagramm (b) dargestellt ist. Eine Linksverschiebung impliziert, dass bei jedem gegebenen Preisniveau die gesamtwirtschaftliche Nachfrage kleiner geworden ist.

Abb. 27-4

Verschiebungen der gesamtwirtschaftlichen Nachfragekurve

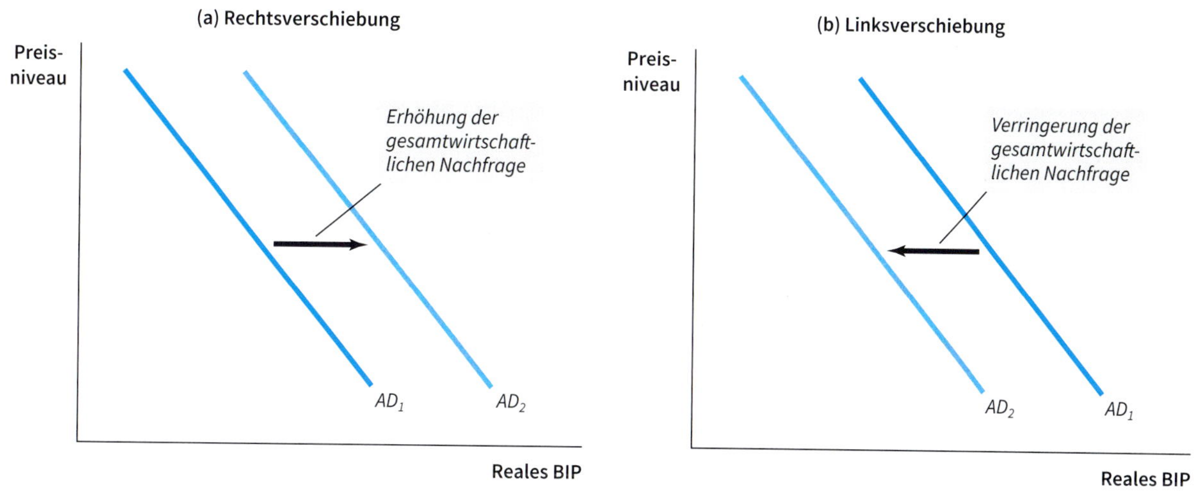

Diagramm (a) zeigt die Auswirkung von Ereignissen, die für jedes gegebene Preisniveau zu einer Erhöhung der gesamtwirtschaftlichen Nachfrage führen, wie beispielsweise verbesserte Geschäfts- oder Verbrauchererwartungen oder erhöhte Staatsausgaben. Derartige Änderungen verschieben die gesamtwirtschaftliche Nachfragekurve nach rechts, etwa von AD_1 nach AD_2. Diagramm (b) zeigt die Auswirkung von Ereignissen, die für jedes gegebene Preisniveau zu einer Verringerung der gesamtwirtschaftlichen Nachfrage führen, wie beispielsweise ein Rückgang des Vermögens, der durch einen Kursverfall am Aktienmarkt ausgelöst wurde. Derartige Ereignisse verschieben die gesamtwirtschaftliche Nachfragekurve nach links, etwa von AD_1 nach AD_2.

Es gibt eine Reihe von Einflussfaktoren, die zu einer Verschiebung der gesamtwirtschaftlichen Nachfragekurve führen können. Zu den wichtigsten dieser Faktoren gehören Änderungen der Erwartungen, Änderungen der Vermögenshöhe und Änderungen der Höhe des physischen Kapitalstocks. Darüber hinaus können sowohl fiskalpolitische als auch geldpolitische Maßnahmen zu Verschiebungen der gesamtwirtschaftlichen Nachfragekurve führen. In all diesen Fällen kommt es zu einem Multiplikatorprozess. Die angestoßene Änderung des realen BIP geht mit einer Veränderung des verfügbaren Einkommens einher, die zu weiteren Änderungen bei den gesamtwirtschaftlichen Ausgaben führt, die in eine weitere Änderung des realen BIP münden usw. In **Tabelle 27-1** findet sich ein Überblick über die Faktoren, die zu einer Verschiebung der gesamtwirtschaftlichen Nachfragekurve führen.

Änderungen der Erwartungen. Sowohl die Konsumausgaben als auch die Investitionsausgaben hängen zum Teil von den Erwartungen der Menschen über die Zukunft ab. Die Konsumenten basieren ihre Ausgabenentscheidungen nicht nur auf ihrem gegenwärtigen Einkommen, sondern auch auf dem Einkommen, das sie für die Zukunft erwarten. Unternehmen legen ihren Investitionsentscheidungen nicht nur die gegenwärtigen Marktbedingungen zugrunde, sondern auch die für die Zukunft erwarteten Erlöse. Dies führt dazu, dass Erwartungsänderungen die Konsumausgaben und die Investitionsausgaben nach oben oder nach unten treiben können. Werden Verbraucher und Unternehmen optimistischer, nehmen die Ausgaben zu; werden sie pessimistischer, nehmen die Ausgaben ab.

Das ist der Grund, warum in der Praxis die Institute, die sich mit Konjunkturprognosen beschäftigen, mit viel Aufwand versuchen, die Stim-

Tab. 27-1

Faktoren, die zu einer Verschiebung der gesamtwirtschaftlichen Nachfragekurve führen

Wenn das passiert, …	… steigt die gesamtwirtschaftliche Nachfrage	Aber wenn das passiert, …	… sinkt die gesamtwirtschaftliche Nachfrage
Änderungen der Erwartungen			
Wenn die Konsumenten und die Unternehmen optimistischer in die Zukunft blicken, …	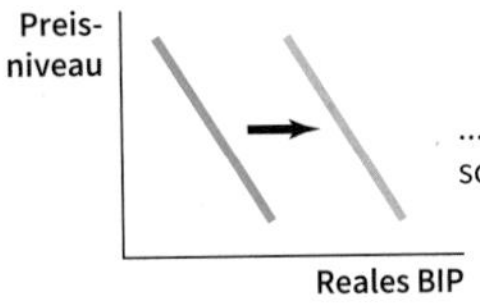 … steigt die gesamtwirtschaftliche Nachfrage.	Wenn die Konsumenten und die Unternehmen pessimistischer in die Zukunft blicken, …	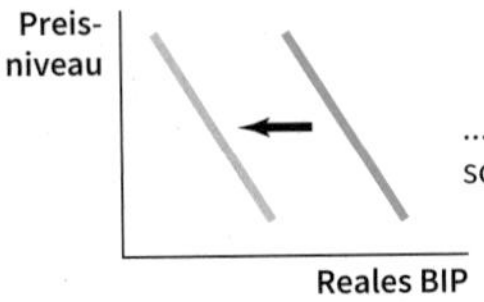 … sinkt die gesamtwirtschaftliche Nachfrage.
Änderungen des Vermögens			
Wenn der reale Wert der Vermögen der Haushalte steigt, …	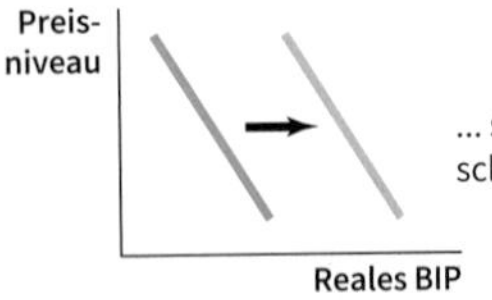 … steigt die gesamtwirtschaftliche Nachfrage.	Wenn der reale Wert der Vermögen der Haushalte sinkt, …	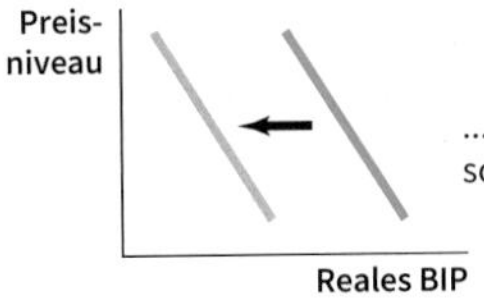 … sinkt die gesamtwirtschaftliche Nachfrage.
Änderungen der Höhe des physischen Kapitalstocks			
Wenn der vorhandene physische Kapitalstock noch klein ist, …	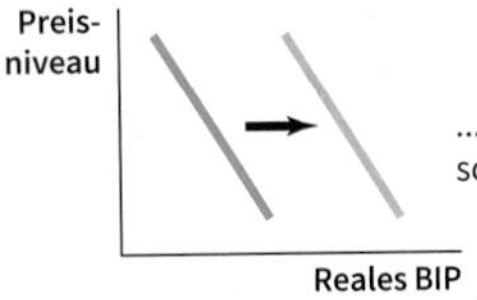 … steigt die gesamtwirtschaftliche Nachfrage.	Wenn der vorhandene physische Kapitalstock schon groß ist, …	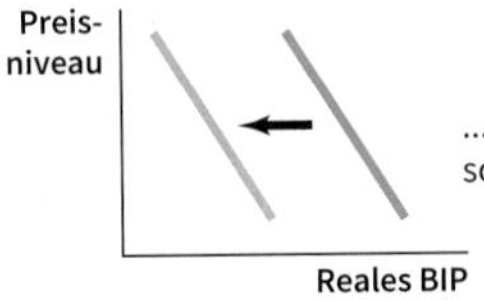 … sinkt die gesamtwirtschaftliche Nachfrage.
Fiskalpolitik			
Wenn der Staat seine Ausgaben erhöht oder die Steuern senkt, …	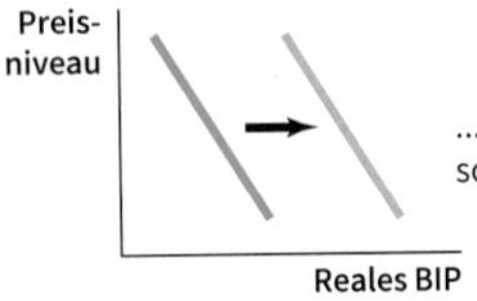 … steigt die gesamtwirtschaftliche Nachfrage.	Wenn der Staat seine Ausgaben senkt oder die Steuern erhöht, …	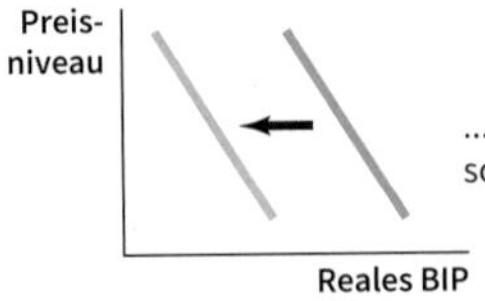 … sinkt die gesamtwirtschaftliche Nachfrage.
Geldpolitik			
Wenn die Zentralbank die Geldmenge erhöht, …	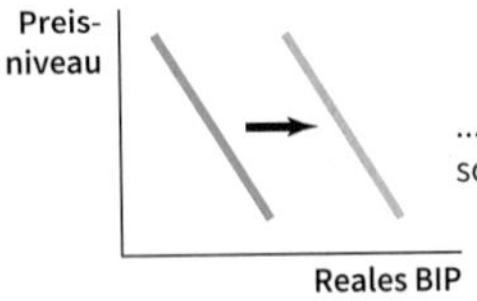 … steigt die gesamtwirtschaftliche Nachfrage.	Wenn die Zentralbank die Geldmenge senkt, …	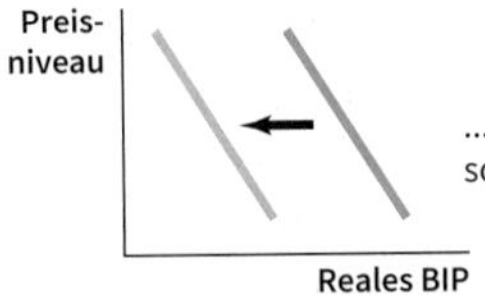 … sinkt die gesamtwirtschaftliche Nachfrage.

mungslagen von Verbrauchern und Unternehmen zu erfassen. In Deutschland wird die Stimmungslage der Verbraucher regelmäßig durch die Gesellschaft für Konsumforschung (GfK) und die Stimmungslage der Unternehmen durch das Ifo-Institut erfasst.

Änderungen des Vermögens. Die Konsumausgaben hängen teilweise vom Wert des Vermögens der Haushalte ab. Steigt der reale Wert dieser Vermögen, nimmt auch die darin gebundene Kaufkraft zu, was zu einer Erhöhung der gesamtwirtschaftlichen Nachfrage führt. So war in den 1990er-Jahren beispielsweise in den meisten

Ländern ein deutlicher Kursanstieg an den Aktienmärkten zu beobachten, der zu einer Rechtsverschiebung der gesamtwirtschaftlichen Nachfragekurve geführt hat. Sinkt der reale Wert der Vermögen der Haushalte, weil es beispielsweise zu einem Börsencrash kommt, dann geht auch die in diesen Vermögenswerten gebundene Kaufkraft zurück, es kommt zu einer Verringerung der gesamtwirtschaftlichen Nachfrage und die gesamtwirtschaftliche Nachfragekurve verschiebt sich nach links. Wie wir gesehen haben, stellte der Börsencrash von 1929 eine der Ursachen für die Weltwirtschaftskrise dar. Und während der Finanz- und Wirtschaftskrise 2007–2009 sind die Konsumausgaben durch einen starken Rückgang der Immobilienpreise nach unten gedrückt worden.

Änderungen der Höhe des physischen Kapitalstocks. Unternehmen tätigen Investitionsausgaben, um ihren Bestand an physischem Kapital zu erhöhen. Ihr Anreiz für Investitionsausgaben hängt teilweise davon ab, wie hoch ihr physischer Kapitalstock bereits ist: Je größer der Kapitalbestand ist, desto geringer wird ceteris paribus ihr Bedürfnis sein, den Kapitalbestand weiter zu erhöhen. Im Konjunkturverlauf ist immer wieder zu beobachten, dass die Investitionsausgaben deswegen zurückgehen, weil sie in den Vorjahren besonders hoch waren, was impliziert, dass die Unternehmen bereits einen reichlichen Kapitalbestand aufgebaut hatten. Diese Entwicklung ließ sich auch im US-amerikanischen Immobiliensektor beobachten, als der Bauboom Mitte der 2000er-Jahre zu einem Überangebot an neuen Immobilien geführt hatte und die Wohnungsbauinvestitionen daraufhin einbrachen. Im Frühjahr 2009 entsprach der Bestand an nicht verkauften Häusern einer durchschnittlichen Verkaufsmenge von mehr als 14 Monaten und die Preise für Neubauten waren von ihrem Hoch aus um mehr als 25 Prozent gefallen. Dadurch hatte die Bauwirtschaft natürlich wenig Anreize, noch mehr neue Häuser zu bauen.

Wirtschaftspolitik und gesamtwirtschaftliche Nachfrage

Eine wichtige Erkenntnis der Makroökonomik besteht darin, dass wirtschaftspolitische Maßnahmen einen merklichen Einfluss auf die gesamtwirtschaftliche Nachfrage haben können. Unter bestimmten Umständen kann dieser Einfluss der Wirtschaftspolitik auf die gesamtwirtschaftliche Nachfrage genutzt werden, um die gesamtwirtschaftliche Entwicklung zu verbessern.

Die Wirtschaftspolitik kann grundsätzlich auf zwei Wegen Einfluss auf die gesamtwirtschaftliche Nachfrage nehmen: durch Fiskalpolitik und durch Geldpolitik. Wir wollen an dieser Stelle nur kurz auf beide politische Ansätze eingehen und eine ausführliche Diskussion auf spätere Kapitel verschieben.

DENKFALLEN!

Vermögensänderungen: Bewegungen entlang versus Verschiebungen einer gesamtwirtschaftlichen Nachfragekurve

Wir wissen bereits, dass ein Grund für die negative Steigung der *AD*-Kurve im Vermögenseffekt einer Änderung des Preisniveaus zu sehen ist: Ein höheres Preisniveau verringert die Kaufkraft des Vermögens der Haushalte und führt zu einem Rückgang der Konsumausgaben *C*. Im gerade behandelten Abschnitt haben wir jedoch erläutert, dass Vermögensänderungen zu einer Verschiebung der *AD*-Kurve führen. Liegt da nicht ein Widerspruch vor? Was ist es denn nun – führt eine Vermögensänderung zu einer Bewegung entlang einer gegebenen *AD*-Kurve oder kommt es zu einer Verschiebung der Kurve? Die Antwort lautet: Es kommt darauf an. Genauer gesagt kommt es auf die *Ursache der Vermögensänderung* an.

Eine Bewegung entlang einer gegebenen *AD*-Kurve tritt auf, wenn eine Änderung des Preisniveaus die Kaufkraft der bestehenden Vermögen der Haushalte ändert (eine Änderung des realen Wertes der Vermögensobjekte). Dann haben wir es mit dem *Vermögenseffekt einer Änderung des Preisniveaus* zu tun – eine Änderung des Preisniveaus ist Ursache für die Vermögensänderung. So würde beispielsweise ein Rückgang des Preisniveaus die Kaufkraft der Vermögen der Konsumenten erhöhen und zu einer Bewegung entlang der *AD*-Kurve nach unten führen.

Im Gegensatz hierzu führt eine Änderung des Vermögens, die *unabhängig von einer Änderung des Preisniveaus* ist, zu einer Verschiebung der *AD*-Kurve. So hat beispielsweise ein Anstieg der Börsenkurse oder ein Anstieg der Immobilienpreise für jedes gegebene Preisniveau eine Zunahme des realen Wertes der Verbrauchervermögen zur Folge. In diesem Beispiel besteht die Ursache der Vermögensänderung in einer Änderung der Preise der einzelnen Vermögensobjekte, ohne dass sich das Preisniveau geändert hätte. Um es noch einmal ganz deutlich herauszustellen: Geändert haben sich die Vermögenspreise, während die Preise der im Verbraucherpreisindex oder im BIP-Deflator berücksichtigten Endprodukte unverändert geblieben sind.

Fiskalpolitik. Unter Fiskalpolitik versteht man die Änderung der Staatsausgaben – staatliche Güterkäufe ebenso wie staatliche Transferzahlungen – oder der Steuern mit dem Ziel einer Stabilisierung der Volkswirtschaft. In der wirtschaftspolitischen Praxis reagieren Regierungen auf Rezessionen in der Regel mit einer Erhöhung der Staatsausgaben, einer Senkung der Steuern oder einer Kombination aus beiden Maßnahmen. Auf einen Anstieg der Inflationsrate reagieren sie häufig mit einer Ausgabenverringerung oder einer Steuererhöhung.

Die Wirkung der staatlichen Güterkäufe *G* auf die gesamtwirtschaftliche Nachfragekurve ist *direkt*, weil die staatlichen Güterkäufe eine Komponente der gesamtwirtschaftlichen Nachfrage sind. Eine Erhöhung der staatlichen Güterkäufe verschiebt daher die gesamtwirtschaftliche Nachfragekurve nach rechts, während eine Reduktion dieser Ausgaben sie nach links verschiebt. Die dramatischsten Beispiele für die Auswirkungen einer Erhöhung der staatlichen Güterkäufe auf die gesamtwirtschaftliche Nachfrage kann man in Kriegszeiten beobachten, wie etwa bei den Ausgaben, die während des Zweiten Weltkrieges getätigt wurden.

In den Vereinigten Staaten nahmen die Ausgaben auf Bundesebene um 400 Prozent zu. Viele Ökonomen sind davon überzeugt, dass erst diese massive Steigerung der Staatsausgaben zu einem Ende der Weltwirtschaftskrise führte. In den 1990er-Jahren versuchte Japan, eine lang anhaltende Wirtschaftskrise durch eine Erhöhung der gesamtwirtschaftlichen Nachfrage zu bekämpfen, indem große öffentliche Projekte in Angriff genommen wurden, wie der Neubau von Straßen, Brücken und Dämmen. In der Finanz- und Wirtschaftskrise 2007–2009 hat die US-Regierung mehr als 100 Milliarden Dollar allein für Infrastrukturprojekte ausgegeben, um die gesamtwirtschaftlichen Ausgaben anzukurbeln. Die Maßnahmenpakete der Bundesregierung zur Stabilisierung der gesamtwirtschaftlichen Entwicklung vom Herbst 2008 und von Anfang 2009 hatten ein Volumen von mehr als 100 Milliarden Euro.

Dagegen wirken sich Änderungen bei den staatlichen Transferzahlungen oder den Steuern nur *indirekt* über das verfügbare Einkommen auf die gesamtwirtschaftliche Nachfrage aus. Ein niedrigerer Steuersatz bedeutet, dass die Haushalte einen größeren Teil ihres Einkommens behalten, sodass sich ihr verfügbares Einkommen erhöht. Höhere Transferzahlungen erhöhen ebenfalls das verfügbare Einkommen der Haushalte. In beiden Fällen steigen die Konsumausgaben und die gesamtwirtschaftliche Nachfragekurve verschiebt sich nach rechts. Ein höherer Steuersatz oder geringere Transferzahlungen senken dagegen das verfügbare Einkommen der Haushalte, sodass es zu einer Verminderung der Konsumausgaben kommt und sich die gesamtwirtschaftliche Nachfragekurve nach links verschiebt.

Auch während der Wirtschaftskrise 2020, die durch die weltweite Covid-19-Pandemie ausgelöst wurde, haben viele Staaten Hilfsmaßnahmen eingeleitet, um die gesamtwirtschaftliche Entwicklung zu stützen. Die staatlichen Maßnahmen waren vor allem darauf gerichtet, über eine Stabilisierung der Konsumausgaben einen starken Einbruch der gesamtwirtschaftlichen Nachfrage zu verhindern.

Geldpolitik. Zu Beginn dieses Kapitels sind wir mit den Problemen der geldpolitischen Entscheidungsträger konfrontiert worden. Die Fed und die EZB sind für die Geldpolitik verantwortlich und nutzen Geldmengen- und/oder Zinsänderungen, um die gesamtwirtschaftliche Entwicklung zu stabilisieren. Wir wissen, dass ein Anstieg des Preisniveaus über die Verringerung der Kaufkraft des Geldvermögens zu einem Anstieg des Zinssatzes führt. Dieser Zinsanstieg wiederum verringert die Investitionsausgaben und die Konsumausgaben.

Was aber geschieht, wenn sich die Geldmenge in den Händen von Haushalten oder Unternehmen ändert? In modernen Volkswirtschaften hängt die Höhe der umlaufenden Geldmenge im Wesentlichen von den Entscheidungen einer *Zentralbank* ab, bei der es sich in aller Regel um eine staatliche Institution handelt. Wie wir in Kapitel 29 sehen werden, handelt es sich bei der Zentralbank der Vereinigten Staaten (Federal Reserve) ebenso wie bei der Europäischen Zentralbank (EZB) um besondere Institutionen, die weder unmittelbar zum Staat gehören noch dem Sektor der privaten Banken zuzurechnen sind. Erhöht die Zentralbank die umlaufende Geldmenge, verfügen die Menschen über mehr Geld, das sie bereit sind auszuleihen. Das führt dazu, dass es bei je-

WISSENSCHAFT UND PRAXIS

Die Bewegung entlang der gesamtwirtschaftlichen Nachfragekurve von 1979 bis 1980 in den Vereinigten Staaten

Schaut man sich empirische Daten an, dann ist es oft schwierig, zwischen Ausgabenänderungen zu unterscheiden, die Bewegungen *entlang* einer gegebenen gesamtwirtschaftlichen Nachfragekurve repräsentieren, und *Verschiebungen* der gesamtwirtschaftlichen Nachfragekurve. Historisch gesehen gibt es nur wenige Ausnahmezeiträume, in denen sich beides recht gut voneinander trennen lässt. Einer dieser Zeiträume ist die Zeit nach der Ölpreiskrise von 1979. In dieser Zeit kam es zu einem massiven Anstieg des Preisniveaus – im März 1980 erreichte die Inflationsrate in den Vereinigten Staaten, gemessen am Verbraucherpreisindex, einen Wert von 14,8 Prozent. Vor dem Hintergrund dieser hohen Inflationsrate verfolgte die US-amerikanische Zentralbank eine Politik der nur sehr langsamen Erhöhung der Geldmenge. Das Preisniveau stieg schnell an, aber der Geldzufluss von der Zentralbank in die Wirtschaft nahm nur langsam zu. Dadurch kam es zu einem Rückgang der Kaufkraft der im Umlauf befindlichen Geldmenge.
Dies wiederum hatte einen Anstieg der Kreditnachfrage und einen Anstieg der Zinssätze zur Folge. Die sogenannte *Prime Rate*, der Zinssatz, den Banken von ihren besten Kunden verlangen, stieg auf Werte von über 20 Prozent. Die hohen Zinssätze führten ihrerseits zu einem Rückgang sowohl der Konsum- als auch der Investitionsausgaben. (Im Jahr 1980 gingen in den Vereinigten Staaten die Käufe von dauerhaften Konsumgütern, wie Autos, um 5,3 Prozent zurück, die realen Investitionsausgaben sanken sogar um 8,9 Prozent.)
Mit anderen Worten reagierte die Volkswirtschaft der Vereinigten Staaten in der Zeit von 1979 bis 1980 genauso, wie wir es von einer Bewegung entlang der gesamtwirtschaftlichen Nachfragekurve erwarten würden: Aufgrund des Vermögens- und des Zinseffektes einer Änderung des Preisniveaus geht die gesamtwirtschaftliche Nachfrage zurück, wenn das Preisniveau steigt. Das erklärt allerdings nicht, warum das Preisniveau anstieg. Aber wie wir im folgenden Abschnitt zum *AS-AD*-Modell sehen werden, hat die Antwort auf diese Frage mit der *gesamtwirtschaftlichen Angebotskurve* zu tun.

dem gegebenen Preisniveau zu einem Rückgang des Zinssatzes kommt, wodurch Investitions- und Konsumausgaben stimuliert werden.

Eine Erhöhung der Geldmenge verschiebt also die gesamtwirtschaftliche Nachfragekurve nach rechts. Eine Verringerung der Geldmenge hat den gegenteiligen Effekt: Die Geldhaltung der Menschen ist geringer als zuvor, weswegen sie versuchen, mehr zu leihen und weniger auszugeben. Damit steigt der Zinssatz, die Investitions- und Konsumausgaben verringern sich und die gesamtwirtschaftliche Nachfragekurve verschiebt sich nach links.

Kurzzusammenfassung

- Aufgrund des **Vermögenseffektes** und des **Zinseffektes** einer Änderung des Preisniveaus verläuft die **gesamtwirtschaftliche Nachfragekurve** fallend.
- Die gesamtwirtschaftliche Nachfragekurve spiegelt das Einnahmen-Ausgaben-Gleichgewicht bei Änderungen des Preisniveaus wider.
- Änderungen der Konsumausgaben, die durch Vermögensänderungen oder Erwartungsänderungen hervorgerufen werden können, verschieben die gesamtwirtschaftliche Nachfragekurve. Auch Änderungen der Investitionsausgaben, die durch Erwartungsänderungen und Änderungen des physischen Kapitalbestandes ausgelöst werden können, verschieben die gesamtwirtschaftliche Nachfragekurve.
- Die Fiskalpolitik wirkt sich direkt durch staatliche Güterkäufe und indirekt durch Änderungen von Steuern oder Transferzahlungen auf die gesamtwirtschaftliche Nachfrage aus. Die Geldpolitik berührt die gesamtwirtschaftliche Nachfrage indirekt über Änderungen der Zinssätze.

ÜBERPRÜFEN SIE IHR WISSEN

Bestimmen Sie für jedes der folgenden Ereignisse die Auswirkungen auf die gesamtwirtschaftliche Nachfrage. Erläutern Sie, ob das jeweilige Ereignis zu einer Bewegung entlang der gegebenen gesamtwirtschaftlichen Nachfragekurve (nach oben oder nach unten) führt oder ob es eine Verschiebung der Kurve (nach links oder nach rechts) impliziert.

a. Eine Erhöhung des Zinssatzes durch eine Entscheidung der Zentralbank.

b. Ein Rückgang des realen Wertes der Geldbestände aufgrund eines höheren Preisniveaus.

c. Für das nächste Jahr werden schlechtere Bedingungen am Arbeitsmarkt erwartet.

d. Ein Rückgang der Steuersätze.

e. Ein Anstieg des realen Wertes der Vermögen in der Volkswirtschaft aufgrund eines niedrigeren Preisniveaus.

f. Ein Anstieg des realen Wertes der Vermögen in der Volkswirtschaft aufgrund eines Anstiegs der Immobilienpreise.

27.2 Gesamtwirtschaftliches Angebot

Zwischen 1929 und 1933 gab es in den Vereinigten Staaten (und in vielen anderen Industrieländern) einen starken Rückgang der gesamtwirtschaftlichen Nachfrage – bei jedem Preisniveau wurde die gesamtwirtschaftlich nachgefragte Gütermenge kleiner. Eine Folge des gesamtwirtschaftlichen Nachfragerückgangs waren sinkende Preise für die meisten Waren und Dienstleistungen. Im Jahr 1933 lag der BIP-Deflator, einer der Preisindizes, die wir im Kapitel 22 definiert haben, z. B. in den Vereinigten Staaten um 26 Prozent unter seinem Niveau von 1929. (Die übrigen Preisindizes waren in ähnlichem Ausmaß gesunken.) Eine zweite Folge war ein drastischer Produktionsrückgang bei den meisten Waren und Dienstleistungen: 1933 lag das reale BIP in den Vereinigten Staaten um 27 Prozent unter seinem Niveau von 1929. Eine dritte, eng mit dem Rückgang des realen BIP verbundene Folge war der Anstieg der Arbeitslosenquote von 3 Prozent auf 25 Prozent.

Das gleichzeitige Auftreten eines Rückgangs des realen BIP und eines Preisrückgangs war kein Zufall. Zwischen 1929 und 1933 bewegte sich die US-amerikanische Volkswirtschaft nach unten entlang ihrer **gesamtwirtschaftlichen Angebotskurve (*AS*-Kurve)**, die die Beziehung zwischen dem Preisniveau einer Wirtschaft und dem gesamtwirtschaftlichen Angebot der Unternehmen (Wie Sie wissen, verwenden wir das reale BIP als Maß für die gesamtwirtschaftliche Produktion. Daher werden wir die beiden oft synonym verwenden.) Genauer gesagt bewegte sich die US-amerikanische Volkswirtschaft zwischen 1929 und 1933 entlang ihrer *kurzfristigen gesamtwirtschaftlichen Angebotskurve* nach unten.

Die **gesamtwirtschaftliche Angebotskurve (*AS*-Kurve)** zeigt die Beziehung zwischen dem Preisniveau und der gesamtwirtschaftlichen Produktion.

Die kurzfristige gesamtwirtschaftliche Angebotskurve

Die Entwicklung zwischen 1929 und 1933 zeigt, dass es kurzfristig eine positive Beziehung zwischen dem Preisniveau und dem gesamtwirtschaftlichen Angebot gibt. Ein Anstieg des Preisniveaus führt also ceteris paribus zu einem Anstieg des gesamtwirtschaftlichen Angebotes. Entsprechend führt ein Rückgang des Preisniveaus ceteris paribus zu einem Rückgang des gesamtwirtschaftlichen Angebotes. Um zu verstehen, warum diese positive Beziehung besteht, wollen wir kurz über die entscheidende Frage nachdenken, der sich ein Anbieter gegenübersieht: Ist die Produktion einer Outputeinheit profitabel oder nicht? Für den Gewinn pro Outputeinheit gilt:

(27-2) Gewinn je Outputeinheit = Preis je Outputeinheit – Produktionskosten pro Outputeinheit.

Die Antwort auf die Frage hängt also davon ab, ob der Produzent für eine Outputeinheit einen Preis erzielen kann, der größer oder kleiner als die Produktionskosten dieser Einheit ist. Zu jedem gegebenen Zeitpunkt sind viele der Kosten festgelegt, denen sich Produzenten gegenübersehen, und können für einen längeren Zeitraum nicht geändert werden. Typischerweise sind die Lohnkosten die wichtigste Ursache für die Inflexibilität der Produktionskosten. Mit Löhnen sind hier sämtliche Entgelte gemeint, die ein Unternehmen für den Einsatz des Faktors Arbeit leisten muss. Dies schließt also auch etwaige Beiträge des Arbeitgebers im Krankheitsfall und zur Gesundheitsvorsorge ebenso wie Leistungen im Zusammenhang mit Ruhestandsbezügen ein.

Löhne gehören typischerweise deswegen zu den nicht veränderlichen Produktionskosten, weil der Eurobetrag der Lohnzahlung, der als **Nominallohn** bezeichnet wird, oft durch Verträge fixiert ist, die möglicherweise sogar Jahre zuvor geschlossen wurden. Und selbst dann, wenn es keine formalen Verträge gibt, hat man es oft mit informellen Vereinbarungen zwischen Unternehmensleitung und Arbeitern zu tun, die die Unternehmen zögern lassen, auf Änderungen der ökonomischen Rahmenbedingungen sofort mit Lohnänderungen zu reagieren. So werden beispielsweise Unternehmen normalerweise in wirtschaftlich schlechten Zeiten die Löhne nicht senken, es sei denn, der Abschwung ist besonders lang und schwer, weil sie eine generelle Verschlechterung der Stimmung bei ihren Mitarbeitern befürchten. Analog werden sie typischerweise in wirtschaftlich besseren Zeiten nicht sofort die Löhne erhöhen, es sei denn, sie fürchten das Risiko einer Abwanderung ihrer Mitarbeiter zu den Wettbewerbern, weil sie ihre Belegschaft nicht ermutigen wollen, ständig höhere Löhne zu verlangen.

Im Ergebnis führen sowohl formelle als auch informelle Vereinbarungen zu **rigiden (unbeweglichen) Nominallöhnen**: Sie sinken nur langsam, selbst wenn die Arbeitslosigkeit hoch ist, und sie steigen nur langsam, selbst wenn es schwierig ist, neue Mitarbeiter zu gewinnen. Es ist wichtig festzuhalten, dass Nominallöhne nicht dauerhaft unflexibel sein können: Gleichgültig, ob formeller oder informeller Kontrakt – irgendwann werden sie neu verhandelt, um den geänderten ökonomischen Rahmenbedingungen Rechnung zu tragen. Wie in der Rubrik »Vertiefung« erläutert wird, ist die Frage, wie lange es dauert, bis Nominallöhne flexibel sind, ein zentrales Element der Unterscheidung zwischen kurzfristiger und langfristiger Betrachtung.

Um zu verstehen, warum die Tatsache, dass viele Kostenelemente nominal festgelegt sind, einen steigenden Verlauf der kurzfristigen gesamtwirtschaftlichen Angebotskurve bedingt, wollen wir uns anschauen, wie Preise bei verschiedenen Marktformen festgesetzt werden. In Märkten mit *vollständiger Konkurrenz* nehmen die Unternehmen die Preise als gegeben hin. In Märkten mit *unvollständiger Konkurrenz* haben die Unternehmen dagegen einen gewissen Preissetzungsspielraum. In beiden Märkten gibt es kurzfristig einen positiven Zusammenhang zwischen dem Preis und der Produktionsmenge, aber aus unterschiedlichen Gründen.

Schauen wir uns zunächst das Verhalten von Unternehmen in Wettbewerbsmärkten an, in denen sie als Preisnehmer agieren. Nehmen wir an, aus irgendeinem Grund sinkt das Preisniveau, sodass ein typisches Unternehmen einen geringeren Preis für sein Produkt erhält. Da ein großer Teil der Produktionskosten kurzfristig vorgegeben ist, sinken die Produktionskosten je produzierte Einheit, also die Stückkosten, nicht proportional zum Rückgang des Preises für das Produkt. Folglich nimmt der Stückgewinn ab, was die Produzenten veranlasst, die kurzfristig angebotene gesamtwirtschaftliche Produktion zu senken. Bei kurzfristiger Betrachtung gilt daher für die Wirtschaft insgesamt, dass ein Rückgang des Preisniveaus mit einem Rückgang des gesamtwirtschaftlichen Angebotes einhergeht.

Jetzt wollen wir unterstellen, dass das Preisniveau aus irgendeinem Grund steigt. Aufgrund des Anstiegs des Preisniveaus würde ein typisches Unternehmen für das erzeugte Produkt einen höheren Preis erzielen können. Da viele Produktionskosten kurzfristig unveränderlich sind, würden die Stückkosten nicht proportional mit dem Stückpreis steigen. Daher würde sich der Stückgewinn erhöhen, das Unternehmen die Produktion ausdehnen und die gesamtwirtschaftliche Produktion kurzfristig steigt.

Nun betrachten wir ein Unternehmen bei unvollständiger Konkurrenz, das seinen eigenen

Der **Nominallohn** gibt den Eurobetrag an, der als Lohn gezahlt wird.

Nominallöhne gelten als **rigide (unbeweglich)**, wenn sie bei hoher Arbeitslosigkeit nur langsam sinken und wenn sie bei einem Mangel an Arbeitskräften nur langsam steigen.

Die **kurzfristige gesamtwirtschaftliche Angebotskurve (*SRAS*-Kurve)** zeigt die Beziehung zwischen Preisniveau und der angebotenen gesamtwirtschaftlichen Produktion bei kurzfristiger Betrachtung. (Als kurzfristig sehen wir einen Zeitraum an, in dem der größte Teil der Produktionskosten als gegeben angesehen werden kann).

Preis setzen kann. Steigt die Nachfrage nach dem Produkt des Unternehmens, kann das Unternehmen bei jedem Preis mehr verkaufen. Bei einer höheren Nachfrage wird sich das Unternehmen wahrscheinlich dazu entschließen, Preis und Produktionsmenge zu erhöhen, um den Stückgewinn zu steigern. Branchenanalysten sprechen in diesem Zusammenhang oft von einer *Preissetzungsmacht*, die es Unternehmen ermöglicht, bei einer hohen Nachfrage die Preise anzuheben.

Auf eine sinkende Nachfrage werden die Unternehmen dagegen mit Preissenkungen reagieren, um den Absatzrückgang zu begrenzen.

Sowohl die Reaktion von Unternehmen in Wettbewerbsmärkten als auch die Reaktion von Unternehmen in Märkten mit unvollständiger Konkurrenz erzeugen einen positiven Zusammenhang zwischen der gesamtwirtschaftlichen Produktion und dem Preisniveau. Diese positive Beziehung zwischen dem Preisniveau und der gesamtwirtschaftlichen Produktion, die die Produzenten bereit sind, in einem Zeitraum anzubieten, in dem ein Großteil der Produktionskosten – insbesondere die Nominallöhne – als fest vorgegeben angesehen werden kann, wird durch die **kurzfristige gesamtwirtschaftliche Angebotskurve (*SRAS*-Kurve)** widergespiegelt. Die Tatsache, dass zwischen Preisniveau und gesamtwirtschaftlichem Angebot bei kurzfristiger Betrachtung eine positive Beziehung besteht, hat zur Folge, dass die kurzfristige gesamtwirtschaftliche Angebotskurve aufwärts verläuft.

Abbildung 27-5 zeigt beispielhaft eine kurzfristige gesamtwirtschaftliche Angebotskurve, mit *SRAS* bezeichnet, die zu den Daten für die US-amerikanische Volkswirtschaft der Jahre 1929–1933 passt. An der waagerechten Achse ist die gesamtwirtschaftliche Produktion (oder äquivalent: das reale BIP) zu konstanten Preisen des Jahres 2012 abgetragen. An der senkrechten Achse ist das Preisniveau abgetragen, das wir im vorliegenden Fall mithilfe des BIP-Deflators abbilden, wo-

Abb. 27-5

Die kurzfristige gesamtwirtschaftliche Angebotskurve

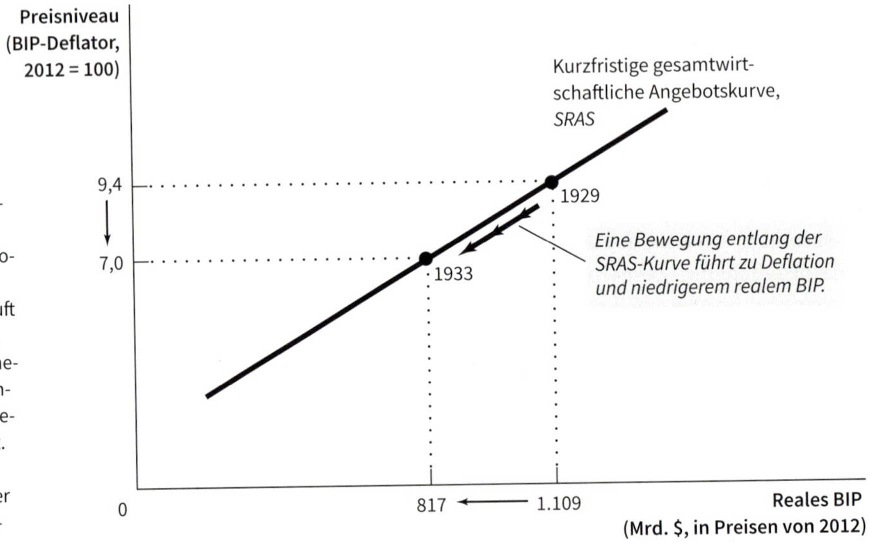

Die kurzfristige gesamtwirtschaftliche Angebotskurve (*SRAS*-Kurve) zeigt die Beziehung zwischen dem Preisniveau und dem gesamtwirtschaftlichen Angebot bei kurzfristiger Betrachtung, dem Zeitraum, in dem ein großer Teil der Produktionskosten wie etwa die Nominallöhne unverändert bleibt. Sie verläuft von links unten nach rechts oben, weil bei gegebenen Nominallöhnen ein höheres Preisniveau zu höheren Stückgewinnen und einer höheren angebotenen gesamtwirtschaftlichen Produktion führt. Die auf der Kurve eingezeichneten Punkte geben stilisiert die Situation der Vereinigten Staaten während der Weltwirtschaftskrise für die Jahre 1929 bis 1933 wieder: Mit dem Auftreten von Deflation ging das Preisniveau von 9,4 (im Jahr 1929) auf 7,0 (im Jahr 1933) zurück. Die Unternehmen reagierten darauf mit einer Verringerung des gesamtwirtschaftlichen Angebotes von 1.109 Milliarden Dollar auf 817 Milliarden Dollar (gemessen in Preisen von 2012).

VERTIEFUNG

Sind Nominallöhne wirklich starr und Preise wirklich flexibel?

Die meisten Makroökonomen würden der Kernaussage des Diagramms in Abbildung 27-5 zustimmen: Ceteris paribus gibt es eine positive kurzfristige Beziehung zwischen Preisniveau und gesamtwirtschaftlicher Produktion. Gleichzeitig würden viele aber darauf hinweisen, dass die Sache im Detail doch etwas komplizierter ist, als wir es hier dargestellt haben.

Bislang haben wir den Unterschied zwischen der Entwicklung des Preisniveaus und der Entwicklung des Nominallohns betont. Wir haben behauptet, bei kurzfristiger Betrachtung sei das Preisniveau flexibel, aber die Nominallöhne wären starr. Sicherlich ist diese Annahme aus didaktischen Gründen gerechtfertigt, weil sie es uns erlaubt, auf einfache Weise zu erläutern, warum die kurzfristige gesamtwirtschaftliche Angebotskurve steigend verläuft. Aber die empirischen Daten zu Löhnen und Preisen können eine derart scharfe Unterscheidung zwischen flexiblen Preisen von Endprodukten auf der einen Seite und rigiden Nominallöhnen auf der anderen Seite nicht vollständig stützen.

Einerseits findet man Nominallöhne, die selbst kurzfristig flexibel sind, weil es keine entsprechenden Verträge oder informelle Vereinbarungen zwischen Arbeitgeber und Beschäftigten gibt. Weil einige Nominallöhne starr sind, andere aber flexibel, lässt sich empirisch beobachten, dass sich der *durchschnittliche Nominallohn* – der Lohn, der sich aus der Durchschnittsbildung über alle Arbeitskräfte der betrachteten Volkswirtschaft ergibt – verringert, wenn es zu einem starken Anstieg der Arbeitslosigkeit kommt. So sanken beispielsweise in den ersten Jahren der Weltwirtschaftskrise die Nominallöhne deutlich.

Andererseits sind die Preise einiger Endprodukte starr und nicht flexibel. So zögern beispielsweise insbesondere die Hersteller von Luxusgütern oder Markenprodukten, ihre Preise zu senken, selbst wenn die Nachfrage einbricht. Sie ziehen es in der Regel vor, ihre Produktionsmenge zu senken, selbst wenn der Stückgewinn unverändert geblieben ist.

Diese empirischen Befunde haben allerdings keine Auswirkungen auf das allgemeine Bild: Es gibt eine positive Beziehung zwischen Preisniveau und gesamtwirtschaftlicher Produktion, sodass die kurzfristige gesamtwirtschaftliche Angebotskurve steigend verläuft.

bei wir den Wert für das Basisjahr 2012 gleich 100 gesetzt haben. Unter Verwendung des Basisjahres 2012 ergibt sich für das Preisniveau des Jahres 1929 ein Wert von 9,4. Berechnet man das reale BIP zu Preisen von 2012 für das gleiche Jahr, erhält man einen Wert von 1.109 Milliarden Dollar. Für das Jahr 1933 sind die entsprechenden Werte 7,0 (Preisniveau) und 817 Milliarden Dollar (reales BIP). Die Bewegung entlang der *SRAS*-Kurve nach unten korrespondiert mit der Deflation und dem Produktionsrückgang über den Betrachtungszeitraum.

Verschiebungen der kurzfristigen gesamtwirtschaftlichen Angebotskurve

Abbildung 27-5 zeigt über eine Bewegung *entlang* der kurzfristigen gesamtwirtschaftlichen Angebotskurve, wie das Preisniveau und die gesamtwirtschaftliche Produktion von 1929 bis 1933 gesunken sind. Es kann aber auch zu *Verschiebungen* der kurzfristigen gesamtwirtschaftlichen Angebotskurve kommen, wie sie in **Abbildung 27-6** zu sehen sind. Diagramm (a) zeigt eine Verringerung des kurzfristigen gesamtwirtschaftlichen Angebotes, die sich in einer Linksverschiebung der kurzfristigen gesamtwirtschaftlichen Angebotskurve niederschlägt. Das gesamtwirtschaftliche Angebot verringert sich, wenn die Produzenten für jedes gegebene Preisniveau die gesamtwirtschaftliche Produktion verringern, die sie bereit sind anzubieten. Diagramm (b) zeigt eine Erhöhung des kurzfristigen gesamtwirtschaftlichen Angebotes, die sich in einer Rechtsverschiebung der kurzfristigen gesamtwirtschaftlichen Angebotskurve niederschlägt. Das gesamtwirtschaftliche Angebot erhöht sich, wenn die Produzenten bei jedem gegebenen Preisniveau die gesamtwirtschaftliche Produktion erhöhen, die sie bereit sind anzubieten.

Um zu verstehen, warum sich die kurzfristige gesamtwirtschaftliche Angebotskurve verschieben kann, ist es wichtig, sich daran zu erinnern, dass die Produzenten ihre Produktionsentscheidung von der Höhe des Stückgewinns abhängig machen. Die kurzfristige gesamtwirtschaftliche Angebotskurve illustriert die Beziehung zwischen Preisniveau und gesamtwirtschaftlichem Angebot: Ein Teil der Produktionskosten ist kurzfristig unveränderlich. Eine Änderung des Preisniveaus führt zu einer Änderung des Stückgewinns. Dies wiederum führt zu einer Änderung der gesamtwirtschaftlichen Produktion.

Es gibt aber neben dem Preisniveau noch andere Faktoren, die Einfluss auf den Stückgewinn und somit auf die Höhe der gesamtwirtschaftlichen Produktion haben können. Es sind Änderungen dieser anderen Faktoren, die zu einer Verschiebung der kurzfristigen gesamtwirtschaftlichen Angebotskurve führen.

Um für diese Zusammenhänge ein Gespür zu entwickeln, wollen wir annehmen, irgendein Ereignis würde zu einer Erhöhung der Produktionskosten führen – beispielsweise ein Anstieg des Ölpreises. Für jeden gegebenen Verkaufspreis fällt der Stückgewinn der Produzenten nun geringer aus als zuvor. Das hat zur Folge, dass die Produzenten für jedes gegebene Preisniveau die angebotene Produktionsmenge verringern, was eine Linksverschiebung der kurzfristigen gesamtwirtschaftlichen Angebotskurve impliziert. Tritt dagegen irgendein Ereignis auf, das zu einer Verringerung der Produktionskosten führt – beispielsweise ein Rückgang des Lohnniveaus – können die Produzenten bei jedem gegebenen Preisniveau einen höheren Stückgewinn erzielen. Dies hat zur Folge, dass die Produzenten die von ihnen angebotene gesamtwirtschaftlichen Produktion für jedes gegebene Preisniveau erhöhen, was eine Rechtsverschiebung der kurzfristigen gesamtwirtschaftlichen Angebotskurve impliziert.

In den folgenden Unterabschnitten wollen wir nun die wichtigsten Faktoren ansprechen, die den Stückgewinn der Produzenten beeinflussen und somit zu Verschiebungen der kurzfristigen gesamtwirtschaftlichen Angebotskurve führen können. Dazu gehören Änderungen der Rohstoffpreise, Änderungen der Nominallöhne und Änderungen der Produktivität.

Änderung der Rohstoffpreise. In der Fallstudie zu Beginn des Kapitels haben wir erfahren, dass die Entscheidung der EZB unter ihrem damaligen Präsidenten Trichet im Jahr 2011 für eine Zinsanhebung auch durch die Erfahrung der hohen

Abb. 27-6

Verschiebungen der kurzfristigen gesamtwirtschaftlichen Angebotskurve

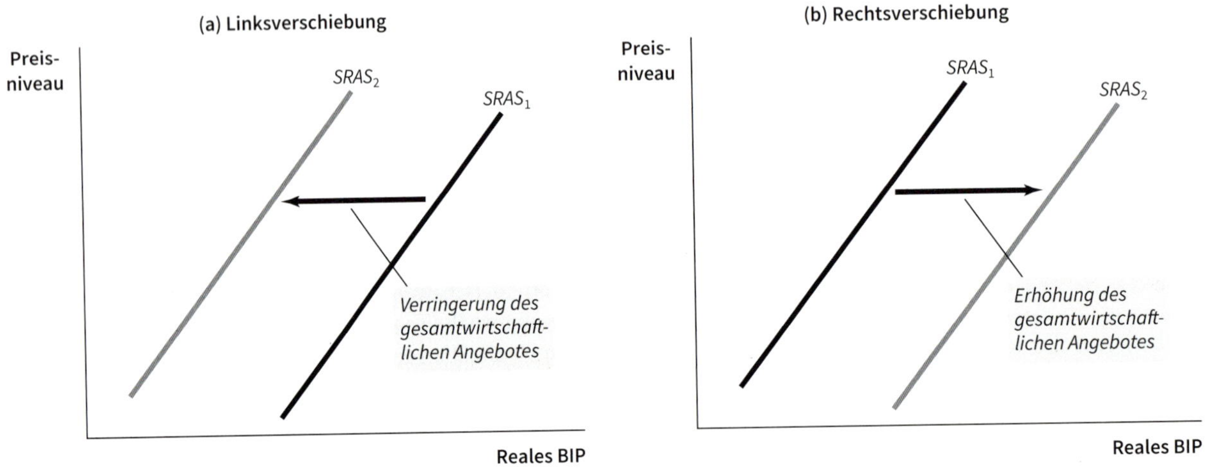

Diagramm (a) zeigt eine Verringerung des kurzfristigen gesamtwirtschaftlichen Angebotes: Die kurzfristige gesamtwirtschaftliche Angebotskurve verschiebt sich nach links von $SRAS_1$ nach $SRAS_2$, was die Verringerung der angebotenen gesamtwirtschaftlichen Produktion für jedes gegebene Preisniveau widerspiegelt.

Diagramm (b) zeigt eine Erhöhung des kurzfristigen gesamtwirtschaftlichen Angebotes: Die kurzfristige gesamtwirtschaftliche Angebotskurve verschiebt sich nach rechts von $SRAS_1$ nach $SRAS_2$, was eine Erhöhung der angebotenen gesamtwirtschaftlichen Produktion für jedes gegebene Preisniveau widerspiegelt.

Inflationsraten in den 1970er-Jahren mitbestimmt wurde. Die hohen Inflationsraten in dieser Zeit wurden durch einen starken Anstieg der Ölpreise (erste Ölpreiskrise 1973 und zweite Ölpreiskrise 1979) ausgelöst.

Bei Öl handelt es sich um einen Rohstoff, einen standardisierten Input, der in großen Mengen ge- und verkauft wird. Der Preisanstieg eines derartigen essenziellen Rohstoffs bewirkt über die gesamte Volkswirtschaft hinweg einen Anstieg der Produktionskosten und für jedes gegebene Preisniveau eine Verringerung des gesamtwirtschaftlichen Angebotes, was zu einer Linksverschiebung der kurzfristigen gesamtwirtschaftlichen Angebotskurve führt. Umgekehrt resultiert aus einem Sinken von Rohstoffpreisen eine Verringerung der Produktionskosten, was für jede gegebene Höhe des Preisniveaus eine Erhöhung des gesamtwirtschaftlichen Angebotes und somit eine Verschiebung der kurzfristigen gesamtwirtschaftlichen Angebotskurve nach rechts verursacht.

Warum wird der Einfluss der Rohstoffpreise nicht schon durch den Verlauf der kurzfristigen gesamtwirtschaftlichen Angebotskurve widergespiegelt? Weil Rohstoffe, anders als beispielsweise Erfrischungsgetränke, kein Endprodukt darstellen, werden ihre Preise bei der Berechnung des Preisniveaus nicht berücksichtigt. Darüber hinaus stellen die Rohstoffpreise einen wichtigen Kostenfaktor für die Produktion der meisten Anbieter dar, ganz ähnlich wie Nominallöhne. Daher haben Änderungen der Rohstoffpreise große Auswirkungen auf die Produktionskosten. Und im Unterschied zu anderen Inputs können sich die Preise von Rohstoffen manchmal aufgrund von bestimmten Schocks drastisch ändern, sei es durch Konflikte im Nahen Osten oder durch die steigende Ölnachfrage aus China.

Nominallohnänderungen. Zu einem bestimmten Zeitpunkt sind die Löhne vieler Arbeitnehmer fixiert, weil darüber in der Vergangenheit Verträge abgeschlossen bzw. informelle Vereinbarungen getroffen wurden. Nominallöhne können sich jedoch ändern, wenn so viel Zeit verstrichen ist, dass Verträge und informelle Vereinbarungen neu verhandelt werden.

Nehmen wir beispielsweise an, in einem Land wäre es zu einem Anstieg der Beiträge für die Gesundheitsfürsorge gekommen, die von den Arbeitgebern (als Teil des Lohns) zu entrichten sind. Aus Arbeitgebersicht ist dieser Kostenanstieg äquivalent zu einer Erhöhung des Nominallohns, weil der Betrag steigt, den der Arbeitgeber für den Faktor Arbeit bezahlen muss. Damit steigen die Produktionskosten und die kurzfristige gesamtwirtschaftliche Angebotskurve verschiebt sich nach links.

Nimmt man umgekehrt an, dass es zu einem Rückgang dieser Beiträge kommt, dann wäre dies aus Arbeitgebersicht äquivalent zu einer Verringerung der Nominallöhne. Damit sinken die Produktionskosten und die kurzfristige gesamtwirtschaftliche Angebotskurve verschiebt sich nach rechts.

Der scharfe Anstieg des Ölpreises in den 1970er-Jahren führte indirekt auch zu steigenden Nominallöhnen. Zum Teil trat dieser »Dominoeffekt« auf, weil in den Lohnvereinbarungen eine »Lebenshaltungskosten-Klausel« enthalten war, die bei einem Anstieg der Verbraucherpreise automatisch einen Anstieg der Nominallöhne bewirkte. (Aber auch dort, wo es derartige Klauseln nicht gab, begründeten die Gewerkschaften ihre Forderungen nach Lohnerhöhungen mit dem gestiegenen Preisniveau.) Auf diesem Weg verursachte der Ölpreisanstieg, der zu einem Anstieg der Verbraucherpreise führte, letztlich einen Anstieg der Nominallöhne. Damit machte die Wirtschaft im Endergebnis zwei Linksverschiebungen der kurzfristigen gesamtwirtschaftlichen Angebotskurve durch: Die erste wurde durch die ursprüngliche Erhöhung des Ölpreises hervorgerufen, die zweite durch den Anstieg der Nominallöhne. Dort, wo es in den Arbeitsverträgen entsprechende Anpassungsklauseln gab, wurde der negative Effekt des steigenden Ölpreises auf die Volkswirtschaft noch massiv verstärkt. Heute sind Arbeitsverträge oder Tarifvereinbarungen, die Anpassungsklauseln an Änderungen der Lebenshaltungskosten enthalten, außerordentlich selten.

Produktivitätsänderungen. Eine Zunahme der Produktivität bedeutet, dass ein Arbeitnehmer mit der gleichen Menge an Inputs mehr Outputeinheiten produzieren kann. So konnte beispielsweise nach der Einführung von Barcode-Scannern in Einzelhandelsgeschäften ein einzelner Arbeitnehmer deutlich schneller Ware entgegennehmen, verzeichnen und verkaufen. Dies führte dazu, dass die Kosten eines Einzelhandelsgeschäftes, einen Euro Erlös »zu produzieren«, sanken und der Gewinn stieg. Entsprechend erhöhte sich auch die angebotene Menge. (Man stelle sich ReWe und die Erhöhung der Zahl der Filialen des Unternehmens als Erhöhung des gesamtwirtschaftlichen Angebotes vor.) Eine Erhöhung der Produktivität, worauf sie auch immer beruhen mag, steigert den Gewinn des Produzenten und verschiebt die kurzfristige gesamtwirtschaftliche Angebotskurve nach rechts. Umgekehrt verringert ein Produktivitätsrückgang, beispielsweise aufgrund neuer Vorschriften, die zur Folge haben, dass mehr Zeit mit dem Ausfüllen irgendwelcher Formulare verbracht werden muss, die Anzahl der Mengeneinheiten, die ein Arbeitnehmer bei gegebener Inputmenge produzieren kann. Folglich steigen die Stückkosten der Produktion, der Gewinn geht zurück und das gesamtwirtschaftliche Angebot sinkt. Damit verschiebt sich die kurzfristige gesamtwirtschaftliche Angebotskurve nach links.

Tabelle 27-2 gibt einen Überblick über die Faktoren, die zu einer Verschiebung der kurzfristigen gesamtwirtschaftlichen Angebotskurve führen.

Die langfristige gesamtwirtschaftliche Angebotskurve

In den vorigen Abschnitten haben wir gelernt, dass bei kurzfristiger Betrachtung ein Rückgang des Preisniveaus zu einer Verringerung des gesamtwirtschaftlichen Angebotes führt, weil die Nominallöhne kurzfristig unflexibel sind. Aber wie wir auch gelernt haben, werden Verträge und informelle Vereinbarungen langfristig neu verhandelt. Daher sind bei langfristiger Betrachtung Nominallöhne – genau wie das Preisniveau – flexibel und nicht unbeweglich. Das hat zur Folge, dass die langfristige Beziehung zwischen Preisniveau und gesamtwirtschaftlichem Angebot anders aussieht als die kurzfristige. Genauer gesagt ist es so, dass bei langfristiger Betrachtung das Preisniveau

Tab. 27-2

Faktoren, die zu einer Verschiebung des kurzfristigen gesamtwirtschaftlichen Angebotes führen

Wenn das passiert, …	**… steigt das gesamtwirtschaftliche Angebot**	**Aber wenn das passiert, …**	**… sinkt das gesamtwirtschaftliche Angebot**
Änderungen der Rohstoffpreise			
Wenn die Rohstoffpreise fallen, …	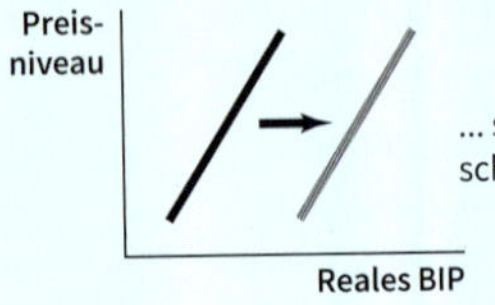 … steigt das gesamtwirtschaftliche Angebot.	Wenn die Rohstoffpreise steigen, …	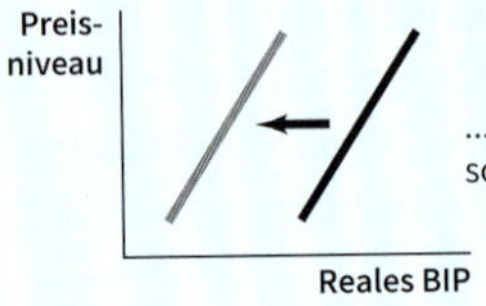 … sinkt das gesamtwirtschaftliche Angebot.
Änderungen der Nominallöhne			
Wenn die Nominallöhne sinken, …	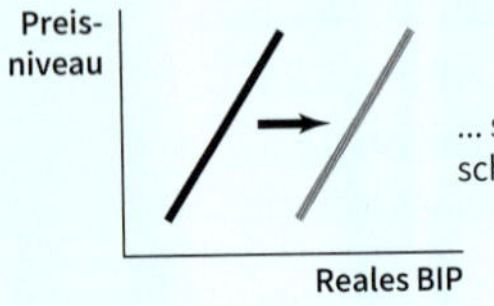 … steigt das gesamtwirtschaftliche Angebot.	Wenn die Nominallöhne steigen, …	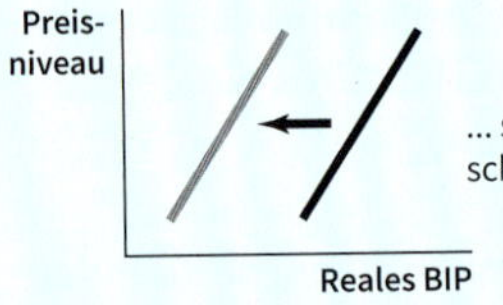 … sinkt das gesamtwirtschaftliche Angebot.
Änderungen der Produktivität			
Wenn die Arbeitskräfte produktiver werden, …	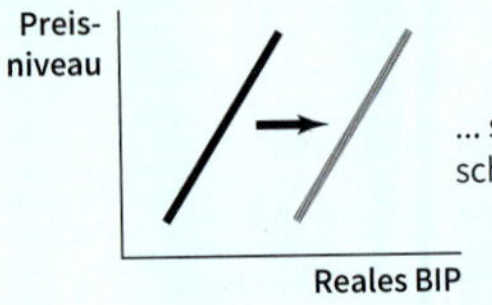 … steigt das gesamtwirtschaftliche Angebot.	Wenn die Arbeitskräfte weniger produktiv werden, …	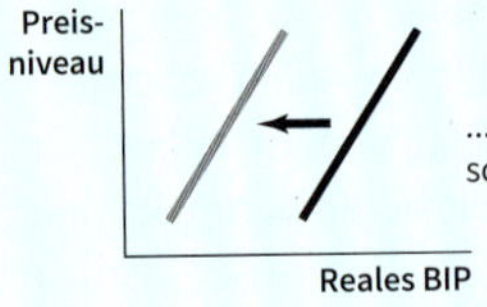 … sinkt das gesamtwirtschaftliche Angebot.

keine Auswirkungen auf die Höhe des gesamtwirtschaftlichen Angebotes der Wirtschaft hat.

Um diese Aussage zu verstehen, wollen wir ein Gedankenexperiment durchführen. Stellen Sie sich vor, Sie hätten einen Zauberstab und könnten *alle Preise* in der Volkswirtschaft zur gleichen Zeit halbieren. Mit »alle Preise« meinen wir die Preise aller Inputs einschließlich der Nominallöhne und auch die Preise für Endprodukte. Wie würde die gesamtwirtschaftliche Produktion reagieren, wenn sich das Preisniveau halbiert hätte, aber auch alle Inputpreise einschließlich der Nominallöhne nur noch halb so hoch wären?

Die Antwort lautet: gar nicht. Betrachten wir in diesem Zusammenhang noch einmal Gleichung (27-2): Ein Anbieter würde für sein Produkt einen geringeren Preis bekommen, aber alle Kosten würden im selben Verhältnis sinken. Folglich wäre jede Outputeinheit, die man vor der Änderung der Preise hätte profitabel herstellen können, nach der Senkung der Preise immer noch profitabel. Also hat die Halbierung aller Preise in der Volkswirtschaft keine Auswirkungen auf die Höhe der gesamtwirtschaftlichen Produktion. Anders gesagt: Änderungen des Preisniveaus haben nunmehr keine Auswirkungen auf die Höhe des gesamtwirtschaftlichen Angebotes.

In der Realität kann natürlich niemand alle Preise im gleichen Verhältnis zur gleichen Zeit ändern. Aber bei *langfristiger Betrachtung, wenn alle Preise völlig flexibel sind*, haben Inflation oder Deflation die gleiche Wirkung wie ein Zauberstab, der alle Preise im gleichen Verhältnis ändern könnte. Damit haben *Änderungen des Preisniveaus langfristig keine Auswirkungen auf die Höhe des gesamtwirtschaftlichen Angebotes*. Das liegt daran, dass langfristig Änderungen des Preisniveaus mit einer proportionalen Änderung der Preise *aller* Inputs einhergehen, einschließlich der Nominallöhne.

Die **langfristige gesamtwirtschaftliche Angebotskurve**, in **Abbildung 27-7** durch die mit *LRAS* bezeichnete Senkrechte illustriert, zeigt die Beziehung zwischen dem Preisniveau und der angebotenen gesamtwirtschaftlichen Produktion, die bestehen würde, wenn alle Preise einschließlich der Nominallöhne völlig flexibel wären. Die langfristige gesamtwirtschaftliche Angebotskurve verläuft senkrecht, weil Änderungen des Preisniveaus bei langfristiger Betrachtung keine Auswirkungen auf das gesamtwirtschaftliche Angebot haben. In der Abbildung hat das gesamtwirtschaftliche Angebot bei einem Preisniveau von 15,0 eine Höhe von 1.500 Milliarden Dollar (in Preisen von 2012). Sinkt das Preisniveau um 50 Prozent auf 7,5, bleibt das gesamtwirtschaftliche Angebot langfristig unverändert bei einer Höhe von 1.500 Milliarden Dollar (in Preisen von 2012).

Es ist wichtig, sich klarzumachen, dass nicht nur die *LRAS*-Kurve senkrecht verläuft, sondern dass auch ihre Position auf der waagerechten Achse eine ganz bestimmte Bedeutung hat. Der Punkt auf der waagerechten Achse in Abbildung 27-7, wo die *LRAS*-Kurve die Waagerechte berührt (bei 1.500 Milliarden Dollar), spiegelt das **Produktionspotenzial** wider (auch: **Potenzialoutput**), das wir mit Y_P abkürzen. Das Produktionspotenzial bezeichnet das Niveau des realen BIP, das die Volkswirtschaft nach der hier entwickelten Vorstellung produzieren würde, wenn alle Preise einschließlich der Nominallöhne völlig flexibel wären.

Als **Produktionspotenzial** oder **Potenzialoutput** bezeichnet man das Niveau des realen BIP, das die Volkswirtschaft produzieren würde, wären alle Preise einschließlich der Nominallöhne völlig flexibel.

Abb. 27-7

Die langfristige gesamtwirtschaftliche Angebotskurve

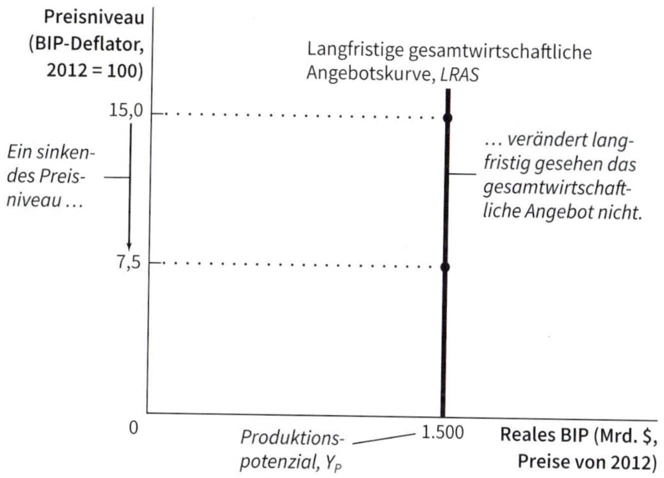

Die langfristige gesamtwirtschaftliche Angebotskurve zeigt das gesamtwirtschaftliche Angebot, das sich ergibt, wenn alle Preise einschließlich der Nominallöhne flexibel sind. Sie verläuft senkrecht über dem Produktionspotenzial Y_P, weil bei langfristiger Betrachtung eine Änderung des Preisniveaus keine Auswirkungen auf die Höhe des gesamtwirtschaftlichen Angebotes hat.

In der Realität liegt das tatsächliche Niveau des realen BIP so gut wie immer oberhalb oder unterhalb des Produktionspotenzials. Warum das so ist, werden wir weiter unten in diesem Kapitel bei unserer Diskussion des *AS-AD*-Modells lernen. Trotzdem handelt es sich bei dem Produktionspotenzial einer Volkswirtschaft um eine wichtige Größe, weil sie den Trend definiert, um den die tatsächliche gesamtwirtschaftliche Produktion von Jahr zu Jahr schwankt.

Fast alle Industrieländer lassen das Produktionspotenzial ihrer Volkswirtschaft schätzen. Dabei werden Schätzverfahren verwendet, auf die wir hier nicht eingehen können, weil sie den Rahmen dieses Buches sprengen würden. **Abbildung 27-8** zeigt das tatsächliche reale BIP und das geschätzte Produktionspotenzial für die Bundesrepublik Deutschland für den Zeitraum von 1980 bis 2021. Es gibt immer wieder Perioden, in denen das tatsächliche reale Bruttoinlandsprodukt über oder unter dem Produktionspotenzial lag.

Wie man aus der Abbildung 27-8 erkennen kann, hat sich das Produktionspotenzial in der Bundesrepublik Deutschland im Zeitverlauf stetig erhöht, was in unserer theoretischen Darstellung einer Reihe von Rechtsverschiebungen der *LRAS*-Kurve entspricht. Wodurch wurden diese Rechtsverschiebungen hervorgerufen? Die Antwort ist bei den Faktoren zu suchen, die mit dem langfristigen Wirtschaftswachstum zusammenhängen und die wir im Kapitel 24 diskutiert haben, also

Abb. 27-8

Gesamtwirtschaftliche Produktion und Produktionspotenzial

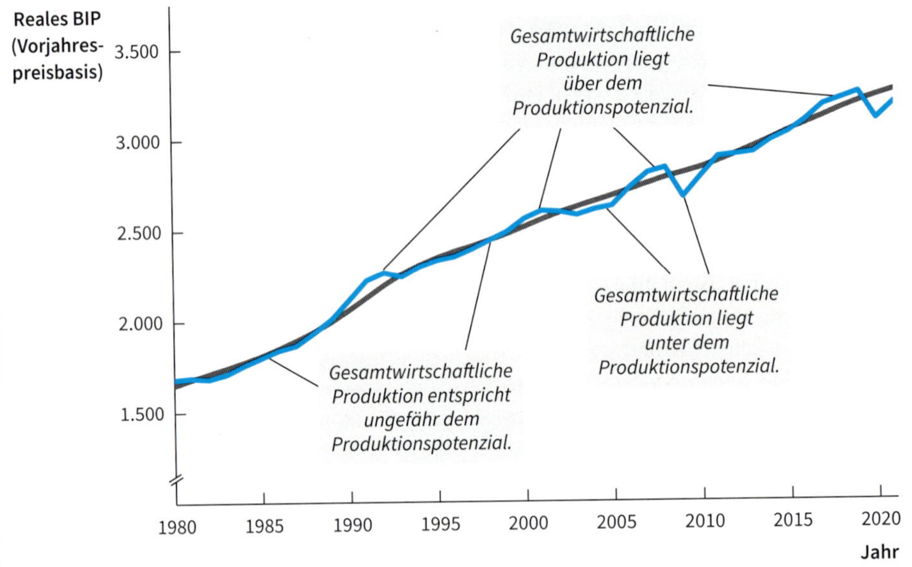

Quelle: Bundesfinanzministerium, Monatsbericht Juni 2022

Die Abbildung zeigt die Entwicklung der gesamtwirtschaftlichen Produktion (reales BIP) und des Produktionspotenzials in der Bundesrepublik Deutschland für den Zeitraum von 1980 bis 2021. Die schwarze Linie spiegelt die Schätzung des Produktionspotenzials durch das Bundesfinanzministerium wider, und die blaue Linie zeigt die Entwicklung der gesamtwirtschaftlichen Produktion. Es wird deutlich, dass in den Rezessionsphasen zu Beginn der 1980er-Jahre oder in Folge der Finanz- und Wirtschaftskrise 2007–2009 die gesamtwirtschaftliche Produktion deutlich unterhalb des Produktionspotenzials lag. In Aufschwungphasen wie z.B. nach der deutschen Wiedervereinigung lag die gesamtwirtschaftliche Produktion dagegen deutlich oberhalb des Produktionspotenzials.

Größen wie die Zunahme des physischen Kapitals, die Zunahme des Humankapitals und der technische Fortschritt. Über einen langen Zeitraum betrachtet, in dem sowohl die Zahl der Erwerbspersonen als auch die Arbeitsproduktivität steigen, nimmt auch das Niveau des realen BIP zu, das die Volkswirtschaft in der Lage ist zu produzieren. Tatsächlich ist die Betrachtung des Wachstums des Produktionspotenzials eine Möglichkeit, über das langfristige Wirtschaftswachstum nachzudenken. Im Rahmen unseres bisher entwickelten theoretischen Ansatzes stellen wir uns vor, dass sich die langfristige gesamtwirtschaftliche Angebotskurve mit der langfristig wachsenden Volkswirtschaft im Zeitverlauf immer weiter nach rechts verschiebt.

Von der kurzfristigen zur langfristigen Betrachtung

Wie aus Abbildung 27-8 ersichtlich wird, stimmt die Höhe der tatsächlichen gesamtwirtschaftlichen Produktion nur selten mit dem Produktionspotenzial überein. Würden wir uns die entsprechenden Daten anderer Industrieländer ansehen, kämen wir zu dem gleichen Ergebnis. Das bedeutet, dass sich in der Realität die Volkswirtschaft zwar immer irgendwo auf ihrer kurzfristigen gesamtwirtschaftlichen Angebotskurve befindet, aber so gut wie nie auf der langfristigen, weil das tatsächliche Niveau der gesamtwirtschaftlichen Produktion entweder über oder unter dem Produktionspotenzial liegt. Welche Relevanz soll dann aber die langfristige gesamtwirtschaftliche Angebotskurve haben? Bewegt sich die Volkswirtschaft überhaupt jemals von der kurzfristigen Situation zur langfristigen? Und wenn das so wäre, wie hätten wir uns das vorzustellen?

Um diese Fragen zu klären, ist es als Erstes wichtig zu verstehen, dass sich die Volkswirtschaft im Zusammenhang mit unserer Betrachtung von kurzfristiger und langfristiger gesamtwirtschaftlicher Angebotskurve notwendigerweise immer nur in einem von zwei Zuständen befinden kann. Entweder liegt eine Situation vor, in der sich die Wirtschaft gleichzeitig sowohl auf der einen als auch auf der anderen Kurve befindet, was ein Punkt sein muss, bei dem sich kurzfristige und langfristige Kurve schneiden. (Bei unserer empirischen Betrachtung wären das in Abbildung 27-8 die kurzen Zeiträume, in denen tatsächliche gesamtwirtschaftliche Produktion und Produktionspotenzial etwa übereinstimmen.) Oder die Wirtschaft befindet sich nur auf der kurzfristigen gesamtwirtschaftlichen Angebotskurve, nicht aber auf der langfristigen. (Was in Abbildung 27-8 die Zeiträume wären, in denen tatsächliche gesamtwirtschaftliche Produktion und Produktionspotenzial nicht übereinstimmen.) Damit sind wir aber noch nicht am Ende der Geschichte. Befindet sich die Volkswirtschaft auf der kurzfristigen, nicht aber auf der langfristigen gesamtwirtschaftlichen Angebotskurve, dann wird sich die kurzfristige gesamtwirtschaftliche Angebotskurve im Zeitverlauf verschieben, bis die Volkswirtschaft an einem Punkt angelangt ist, bei dem sich beide Kurven schneiden – ein Punkt, bei dem tatsächliche gesamtwirtschaftliche Produktion und Produktionspotenzial übereinstimmen.

Abbildung 27-9 illustriert, wie dieser Prozess funktioniert. In beiden Diagrammen bezeichnet *LRAS* die langfristige gesamtwirtschaftliche Angebotskurve. $SRAS_1$ bezeichnet die ursprüngliche kurzfristige gesamtwirtschaftliche Angebotskurve. Das Preisniveau soll in der Ausgangssituation bei P_1 liegen. Dementsprechend startet die Wirtschaft in Diagramm (a) bei dem Ausgangspunkt A_1, der mit einem gesamtwirtschaftlichen Angebot Y_1 korrespondiert, das oberhalb des Produktionspotenzials Y_P liegt. Produktionsniveaus oberhalb des Produktionspotenzials Y_P (wie Y_1) sind nur möglich, weil sich die Nominallöhne noch nicht vollständig nach oben angepasst haben. Bis es zu dieser Aufwärtsanpassung der Nominallöhne kommt, erzielen die Anbieter höhere Gewinne und produzieren eine höhere Menge. Eine gesamtwirtschaftliche Produktion oberhalb des Produktionspotenzials bedeutet jedoch ein sehr geringes Niveau der Arbeitslosigkeit. Weil es einerseits Arbeitsplätze in Hülle und Fülle gibt, aber andererseits die Arbeitskräfte knapp sind, werden sich die Nominallöhne im Zeitverlauf erhöhen, wodurch sich die kurzfristige gesamtwirtschaftliche Angebotskurve immer weiter nach links verschiebt. Schließlich wird die kurzfristige gesamtwirtschaftliche Angebotskurve bei einer neuen Position, wie $SRAS_2$, angelangt sein. (Weiter unten in diesem Kapitel werden wir zeigen, wo die Bewegung der kurzfristigen gesamtwirtschaftlichen Angebotskurve endet. Wie wir sehen werden,

Abb. 27-9

Von der kurzfristigen zur langfristigen Betrachtung

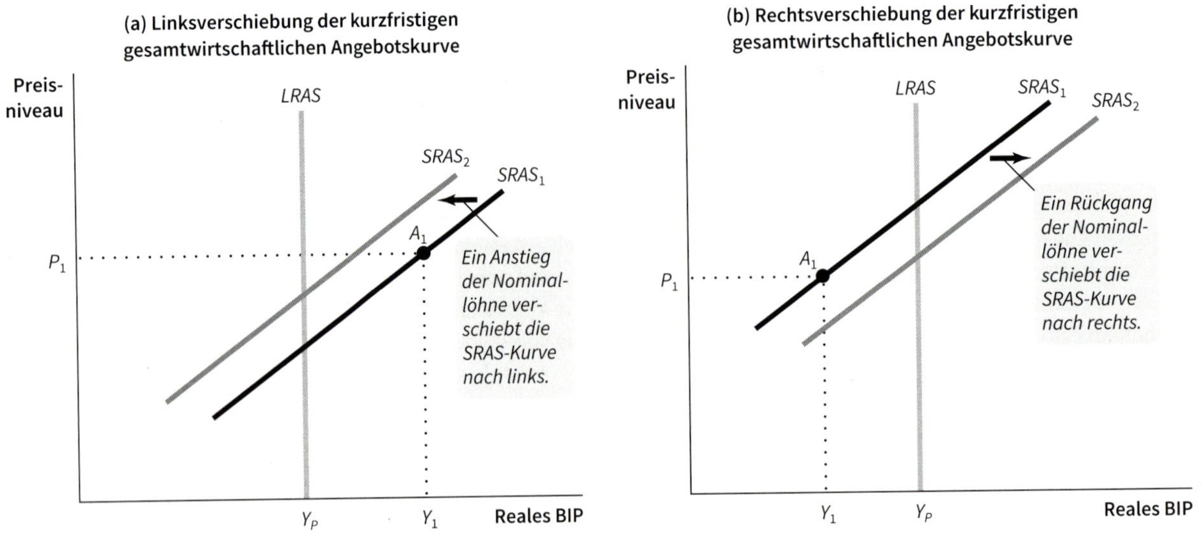

In Diagramm (a) ist die in der Ausgangssituation geltende kurzfristige gesamtwirtschaftliche Angebotskurve mit $SRAS_1$ bezeichnet. Beim Preisniveau P_1 übersteigt das gesamtwirtschaftliche Angebot Y_1 das Produktionspotenzial Y_P. Im Zeitverlauf wird die niedrige Arbeitslosigkeit zu einem Anstieg der Nominallöhne führen, was eine Linksverschiebung der kurzfristigen gesamtwirtschaftlichen Angebotskurve von $SRAS_1$ nach $SRAS_2$ impliziert. In Diagramm (b) geschieht genau das Umgekehrte: Beim Preisniveau P_1 liegt das gesamtwirtschaftliche Angebot unterhalb des Produktionspotenzials. Im Zeitverlauf führt die hohe Arbeitslosigkeit irgendwann zu einem Rückgang der Nominallöhne, was eine Rechtsverschiebung der kurzfristigen gesamtwirtschaftlichen Angebotskurve impliziert.

hängt das auch von der gesamtwirtschaftlichen Nachfragekurve ab.)

In Diagramm (b) von Abbildung 27-9 korrespondiert der ursprüngliche Produktionspunkt A_1 mit der gesamtwirtschaftlichen Produktion Y_1, die unterhalb des Produktionspotenzials Y_P liegt. Produktionsniveaus unterhalb des Produktionspotenzials Y_P (wie Y_1) sind nur möglich, weil sich die Nominallöhne noch nicht vollständig nach unten angepasst haben. Bis diese Abwärtsanpas-

DENKFALLEN!

Was bedeutet »langfristig«?

Wir haben den Begriff *langfristig* in zwei verschiedenen Kontexten verwendet. In Kapitel 24 haben wir uns auf das *langfristige Wirtschaftswachstum* konzentriert – Wachstum, das über Jahrzehnte erfolgt. In diesem Kapitel haben wir die *langfristige gesamtwirtschaftliche Angebotskurve* eingeführt, die das Produktionspotenzial einer Volkswirtschaft beschreibt – das Niveau der gesamtwirtschaftlichen Produktion, das die Volkswirtschaft hervorbringen würde, wären alle Preise, einschließlich der Nominallöhne, völlig flexibel. Es könnte so scheinen, als würden wir denselben Begriff, *langfristig*, für zwei verschiedene Konzepte verwenden. Das tun wir aber nicht: Diese beiden Konzepte sind in Wirklichkeit ein und dasselbe.

Weil die Wirtschaft immer dazu tendiert, langfristig zum Produktionspotenzial zurückzukehren, *schwankt* die tatsächliche gesamtwirtschaftliche Produktion um das Produktionspotenzial und entfernt sich nur sehr selten weit von ihm. Im Ergebnis ist deswegen die tatsächliche Wachstumsrate der Volkswirtschaft über sehr lange Zeiträume, über Jahrzehnte, fast identisch mit der Rate des Wachstums des Produktionspotenzials. Und das Wachstum des Produktionspotenzials wird durch die Faktoren determiniert, die wir in Kapitel 24 analysiert haben. Das »langfristig« vom langfristigen Wirtschaftswachstum und das »langfristig« der langfristigen gesamtwirtschaftlichen Angebotskurve stimmen also überein.

WISSENSCHAFT UND PRAXIS

Rigide Löhne während der Finanz- und Wirtschaftskrise

Wir haben gelernt, dass die gesamtwirtschaftliche Angebotskurve in erster Linie aufgrund von rigiden Löhnen kurzfristig einen steigenden Verlauf aufweist, da die Unternehmen nur sehr zögerlich die Nominallöhne senken (und die Beschäftigten nicht bereit sind, Lohnsenkungen zu akzeptieren), selbst wenn es einen Überschuss an Arbeitskräften gibt. Aber gibt es dafür empirische Belege?

Man könnte sich die Lohnentwicklung in den Zeiten anschauen, für die man eigentlich Lohnkürzungen erwarten würde, weil es auf dem Arbeitsmarkt genügend Arbeitsuchende gibt, die bereit wären, für einen niedrigeren Lohn zu arbeiten. Wenn Löhne wirklich rigide wären, müssten sich die Löhne für die meisten Arbeitskräfte in diesen Zeiten kaum verändert haben.

Und genau das lässt sich während und nach der Finanz- und Wirtschaftskrise 2007–2009 beobachten. Ein anschauliches Beispiel dafür liefert die Situation in Portugal, wie **Abbildung 27-10** zeigt. Das Land durchlebte eine lange und schwere Wirtschaftskrise, die im Jahr 2008 begann, und die Arbeitslosenquote auf über 17 Prozent zu Beginn des Jahres 2013 ansteigen ließ.

Diagramm (a) zeigt, welcher Anteil der Erwerbspersonen welches Ausmaß an Lohnänderungen in wirtschaftlich guten Zeiten in Portugal realisieren konnte, wie beispielsweise 1984, als das Land einen Aufschwung und merkliche Preissteigerungen erlebte. Damals erhielten die meisten Arbeitskräfte Lohnsteigerungen zwischen 15 und 20 Prozent. Diagramm (b) zeigt die Situation für das Jahr 2012, als sich das Land in einer tiefen Wirtschaftskrise befand und die Inflation nahe null lag. In einer derartigen Situation würde man für den größten Teil der Erwerbspersonen spürbare Lohnkürzungen erwarten. Tatsächlich aber scheuten sich die Unternehmen, die Löhne zu senken. Stattdessen blieben die Löhne für die meisten Arbeitskräfte (fast 80 Prozent) unverändert. Die Löhne waren also rigide und bewegten sich weder nach oben noch nach unten.

Abb. 27-10: Lohnänderungen in Portugal

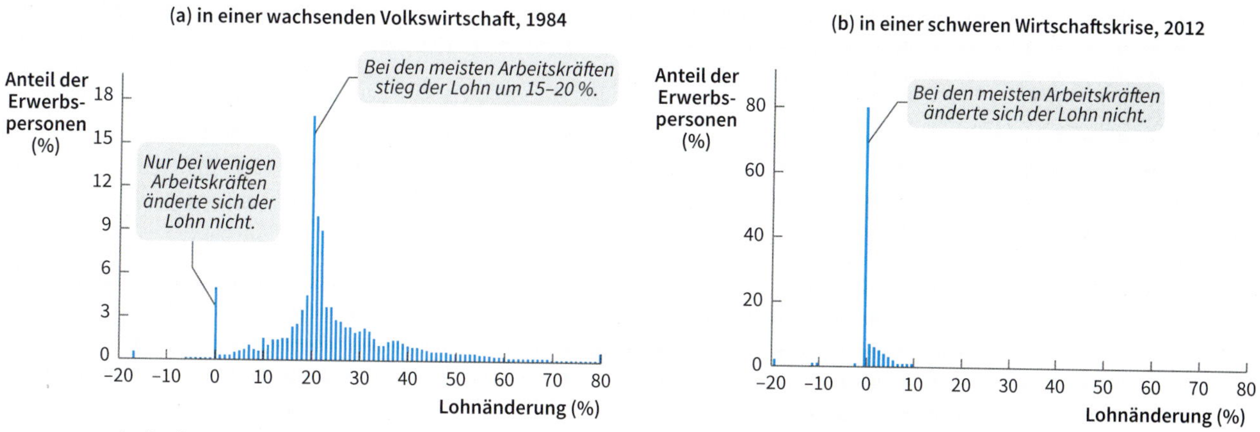

Quelle: Olivier Blanchard; Pedro Portugal (2015), The Portuguese Economic Crisis: Policies and Outcomes. Bertelsmann Policy Brief, 19.02.2015

sung erfolgt, erzielen die Produzenten niedrige (oder negative) Gewinne und produzieren eine geringere Menge. Eine gesamtwirtschaftliche Produktion, die unterhalb des Produktionspotenzials liegt, impliziert jedoch eine hohe Arbeitslosigkeit. Weil es viele Arbeitsuchende gibt, aber nur wenige Arbeitsplätze, werden die Nominallöhne im Zeitverlauf sinken, wodurch sich die kurzfristige gesamtwirtschaftliche Angebotskurve immer weiter nach rechts verschiebt. Schließlich wird sie bei einer neuen Position, wie $SRAS_2$ angelangt sein.

Wir werden gleich sehen, dass diese Verschiebungen der kurzfristigen gesamtwirtschaftlichen Angebotskurve die Volkswirtschaft langfristig wieder zum Produktionspotenzial zurückbringen.

Kurzzusammenfassung

- Die **gesamtwirtschaftliche Angebotskurve (*AS*-Kurve)** spiegelt den positiven Zusammenhang zwischen dem Preisniveau und der gesamtwirtschaftlichen Produktion wider.
- Die **kurzfristige gesamtwirtschaftliche Angebotskurve (*SRAS*-Kurve)** verläuft steigend: Ein höheres Preisniveau führt unter der Annahme **rigider Nominallöhne** zu einer höheren gesamtwirtschaftlichen Produktion. Denn der **Nominallohn** ist oft durch Verträge fixiert und gehört daher typischerweise zu den nicht veränderlichen Produktionskosten.
- Änderungen der Rohstoffpreise, der Nominallöhne und der Produktivität verschieben die kurzfristige gesamtwirtschaftliche Angebotskurve.
- Langfristig sind alle Preise völlig flexibel und Änderungen des Preisniveaus haben keine Auswirkungen auf die gesamtwirtschaftliche Produktion. Die **langfristige gesamtwirtschaftliche Angebotskurve (*LRAS*-Kurve)** verläuft senkrecht im Punkt des **Produktionspotenzials (Potenzialoutput)**.
- Übersteigt die tatsächliche gesamtwirtschaftliche Produktion das Produktionspotenzial, erhöhen sich die Nominallöhne und die kurzfristige gesamtwirtschaftliche Angebotskurve verschiebt sich nach links. Übersteigt das Produktionspotenzial die tatsächliche gesamtwirtschaftliche Produktion, sinken die Nominallöhne und die kurzfristige gesamtwirtschaftliche Angebotskurve verschiebt sich nach rechts.

ÜBERPRÜFEN SIE IHR WISSEN

1. Bestimmen Sie für jedes der folgenden Ereignisse die Auswirkungen auf das kurzfristige gesamtwirtschaftliche Angebot. Erläutern Sie, ob das jeweilige Ereignis als Bewegung entlang der *SRAS*-Kurve oder als Verschiebung der *SRAS*-Kurve dargestellt werden muss.
   a. Ein Anstieg des Verbraucherpreisindexes veranlasst die Unternehmen, die Produktion zu erhöhen.
   b. Ein Rückgang der Ölpreise veranlasst die Unternehmen, die Produktion zu erhöhen.
   c. Eine Erhöhung der von den Arbeitgebern zu zahlenden Rentenbeiträge führt dazu, dass die Unternehmen die Produktion verringern.
2. Nehmen Sie an, dass die Volkswirtschaft in der Ausgangssituation eine gesamtwirtschaftliche Produktion hat, die genau dem Produktionspotenzial entspricht. Jetzt erhöht sich das gesamtwirtschaftliche Angebot. Welche Informationen benötigen Sie, um bestimmen zu können, ob diese Erhöhung auf eine Bewegung entlang der gegebenen *SRAS*-Kurve zurückzuführen ist oder auf eine Verschiebung der *LRAS*-Kurve?

27.3 Das AS-AD-Modell

Von 1929 bis 1933 bewegte sich die US-amerikanische Volkswirtschaft bei einem sinkenden Preisniveau auf der kurzfristigen gesamtwirtschaftlichen Angebotskurve nach unten. Dagegen bewegte sie sich zwischen 1979 und 1980 bei einem steigenden Preisniveau entlang der gesamtwirtschaftlichen Nachfragekurve nach oben. In beiden Fällen war die Ursache für die Bewegung entlang der Kurve eine Verschiebung der jeweils anderen Kurve. In der Zeitspanne 1929 bis 1933 war es eine Linksverschiebung der gesamtwirtschaftlichen Nachfragekurve – ein drastischer Rückgang der Konsumausgaben. In der Zeitspanne 1979 bis 1980 war es eine Linksverschiebung der kurzfristigen gesamtwirtschaftlichen Angebotskurve – eine dramatische Verringerung des kurzfristigen gesamtwirtschaftlichen Angebotes aufgrund des Ölpreisschocks. Für die Finanz- und Wirtschaftskrise 2007–2009 konstatieren die Ökonomen analog zur Weltwirtschaftskrise eine Linksverschiebung der gesamtwirtschaftlichen Nachfragekurve, auch wenn das Preisniveau in diesem Zeitraum nicht gesunken ist.

Um das Verhalten der Volkswirtschaft verstehen zu können, müssen wir daher gesamtwirtschaftliche Angebotskurve und gesamtwirtschaftliche Nachfragekurve simultan betrachten. Dies führt uns zum ***AS-AD*-Modell**, dem grundlegenden Modell, das wir verwenden, um konjunkturelle Schwankungen zu verstehen.

Das kurzfristige makroökonomische Gleichgewicht

Wir beginnen unsere Analyse mit einer Betrachtung der kurzfristigen Zusammenhänge. **Abbildung 27-11** zeigt gesamtwirtschaftliche Nachfragekurve und kurzfristige gesamtwirtschaftliche Angebotskurve in einem Diagramm. Der Punkt, an dem sich *AD*-Kurve und *SRAS*-Kurve schneiden (E_{SR}), charakterisiert das **kurzfristige makroökonomische Gleichgewicht**: Der Punkt, bei dem die angebotene gesamtwirtschaftliche Produktion gleich der von inländischen Haushalten, Unternehmen, Staat und der übrigen Welt nachgefragten gesamtwirtschaftlichen Produktion ist. Das zugehörige Preisniveau P_E bezeichnen wir als **kurzfristiges gleichgewichtiges Preisniveau**. Die zugehörige gesamtwirtschaftliche Produktion Y_E ist die **kurzfristige gleichgewichtige gesamtwirtschaftliche Produktion**.

Aus unserem einfachen Angebots-Nachfrage-Modell haben wir gelernt, dass die Knappheit irgendeines einzelnen Gutes dazu führt, dass sein Marktpreis steigt, während ein Überschuss dieses Gutes dazu führt, dass sein Marktpreis sinkt. Durch diese Bewegungen des Preises wird sichergestellt, dass der Markt sein Gleichgewicht erreicht. Eine ähnliche Logik gilt auch für das kurzfristige makroökonomische Gleichgewicht. Liegt das Preisniveau oberhalb seines Gleichgewichtsniveaus, dann übersteigt das gesamtwirtschaftliche Angebot die gesamtwirtschaftliche Nachfrage. Dies führt zu einem Rückgang des Preisniveaus und lenkt den Markt zu seinem Gleichgewichtsniveau. Liegt das Preisniveau unterhalb seines Gleichgewichtsniveaus, dann ist das gesamtwirtschaftliche Angebot kleiner als die gesamtwirtschaftliche Nachfrage. Dies führt zu einem Anstieg des Preisniveaus und wieder zu einer Entwicklung des Marktes hin zu seinem Gleichgewichtswert. Bei den nachfolgenden Überlegungen wollen wir davon ausgehen, dass

Das **kurzfristige gleichgewichtige Preisniveau** ist das Preisniveau, bei dem ein kurzfristiges makroökonomisches Gleichgewicht herrscht.

Die **kurzfristige gleichgewichtige gesamtwirtschaftliche Produktion** ist die gesamtwirtschaftliche Produktion, bei der ein kurzfristiges makroökonomisches Gleichgewicht herrscht.

Im ***AS-AD*-Modell** werden gesamtwirtschaftliche Angebotskurve und gesamtwirtschaftliche Nachfragekurve simultan betrachtet, um konjunkturelle Schwankungen zu analysieren.

Die Volkswirtschaft befindet sich in ihrem **kurzfristigen makroökonomischen Gleichgewicht**, wenn das gesamtwirtschaftliche Angebot der gesamtwirtschaftlichen Nachfrage entspricht.

Abb. 27-11

Das AS-AD-Modell

Das *AS-AD*-Modell kombiniert die kurzfristige gesamtwirtschaftliche Angebotskurve und die gesamtwirtschaftliche Nachfragekurve. Ihr Schnittpunkt (E_{SR}) definiert das kurzfristige makroökonomische Gleichgewicht, bei dem gesamtwirtschaftliche Nachfrage und gesamtwirtschaftliches Angebot übereinstimmen. Das kurzfristige gleichgewichtige Preisniveau bezeichnen wir mit P_E und die kurzfristige gleichgewichtige gesamtwirtschaftliche Produktion mit Y_E.

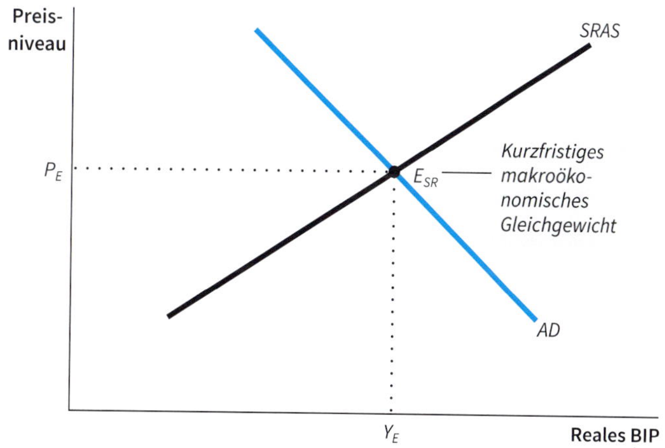

sich die Wirtschaft stets in ihrem kurzfristigen makroökonomischen Gleichgewicht befindet.

Wir wollen an dieser Stelle eine weitere wichtige Vereinfachung vornehmen, die Sie sich gut merken sollten, um spätere Verwirrungen zu vermeiden. In der Realität beobachten wir einen langfristigen Aufwärtstrend sowohl bei der gesamtwirtschaftlichen Produktion als auch beim Preisniveau. Wenn wir im Zusammenhang mit dem *AS-AD*-Modell von einem Rückgang bei diesen beiden Variablen sprechen, meinen wir in Wirklichkeit einen Rückgang in Relation zu ihrem langfristigen Trendniveau. Steigt beispielsweise das Preisniveau normalerweise um vier Prozent pro Jahr, würde ein Jahr, in dem das Preisniveau lediglich um drei Prozent steigt, für unsere Zwecke als Jahr gelten, in dem das Preisniveau um ein Prozent gesunken ist. In den meisten größeren Industrieländern gab es nach der Weltwirtschaftskrise nur sehr wenige Jahre, in denen das Preisniveau tatsächlich gesunken ist – die Deflation in Japan nach 1995 ist eine dieser wenigen Ausnahmen. Es gab allerdings viele Zeiträume, in denen der Anstieg des Preisniveaus unter dem langfristigen Trend lag.

Die kurzfristige gleichgewichtige gesamtwirtschaftliche Produktion und das kurzfristige gleichgewichtige Preisniveau können sich entweder aufgrund von Verschiebungen der *SRAS*-Kurve oder aufgrund von Verschiebungen der *AD*-Kurve ändern. Sehen wir uns beide Fälle der Reihe nach an.

Verschiebungen der gesamtwirtschaftlichen Nachfragekurve: Kurzfristige Effekte

Ein Ereignis, das die kurzfristige gesamtwirtschaftliche Angebotskurve verschiebt, wird als **Angebotsschock** bezeichnet.

Ein Ereignis, das die gesamtwirtschaftliche Nachfragekurve verschiebt, wird als **Nachfrageschock** bezeichnet.

Ein Ereignis, das die gesamtwirtschaftliche Nachfragekurve verschiebt, wie zum Beispiel eine Änderung der Erwartungen, eine Änderung des Vermögens, eine Änderung des Bestandes an physischem Kapital oder der Einsatz von Fiskal- und Geldpolitik, wird als **Nachfrageschock** bezeichnet. Die Weltwirtschaftskrise wurde durch einen negativen Nachfrageschock ausgelöst: durch einen Einbruch bei den Vermögenswerten sowie einen Zusammenbruch beim Geschäfts- und Verbrauchervertrauen, die dem Börsencrash von 1929 und der Bankenkrise von 1930 bis 1931 folgten.

Beendet wurde die Weltwirtschaftskrise in den meisten Ländern durch einen positiven Nachfrageschock – die starke Erhöhung der Staatsausgaben im Zweiten Weltkrieg. Im Jahr 2008 erlebte die Weltwirtschaft ebenfalls einen negativen Nachfrageschock, als der Immobilienboom zur Immobilienkrise wurde und Haushalte und Unternehmen ihre Ausgaben drosselten.

Abbildung 27-12 zeigt die kurzfristigen Auswirkungen eines negativen und eines positiven Nachfrageschocks. Ein negativer Nachfrageschock verschiebt die gesamtwirtschaftliche Nachfragekurve (*AD*) von AD_1 nach AD_2, wie in Diagramm (a) gezeigt. Die Wirtschaft bewegt sich entlang der *SRAS*-Kurve von E_1 nach E_2 nach unten, was zu einem niedrigeren gleichgewichtigen Niveau der gesamtwirtschaftlichen Produktion und einem niedrigeren gleichgewichtigen Preisniveau führt. Ein positiver Nachfrageschock verschiebt die gesamtwirtschaftliche Nachfragekurve (*AD*) nach rechts, wie in Diagramm (b) gezeigt. Hier bewegt sich die Wirtschaft entlang der *SRAS*-Kurve von E_1 nach E_2. Dies zu führt zu einer höheren gleichgewichtigen gesamtwirtschaftlichen Produktion und einem höheren gleichgewichtigen Preisniveau. Bei Nachfrageschocks bewegen sich demnach gesamtwirtschaftliche Produktion und Preisniveau in die gleiche Richtung.

Verschiebungen der kurzfristigen gesamtwirtschaftlichen Angebotskurve

Ein Ereignis, das die kurzfristige gesamtwirtschaftliche Angebotskurve verschiebt, wie beispielsweise eine Änderung der Rohstoffpreise, der Nominallöhne oder der Produktivität, wird als **Angebotsschock** bezeichnet. Ein negativer Angebotsschock erhöht die Produktionskosten und verringert die gesamtwirtschaftliche Produktion, die die Unternehmen bei jedem gegebenen Preisniveau bereit sind anzubieten. Somit kommt es zu einer Linksverschiebung der kurzfristigen gesamtwirtschaftlichen Angebotskurve. Die drastischen Erhöhungen des Ölpreises in den Jahren 1973 und 1979 bedeuteten für alle größeren Industrieländer schwere negative Angebotsschocks.

Bei einem positiven Angebotsschock verringern sich dagegen die Produktionskosten und die bei jedem gegebenen Preisniveau angebotene Menge erhöht sich. Somit führt ein positiver Angebotsschock zu einer Rechtsverschiebung der kurzfristigen gesamtwirtschaftlichen Angebotskurve. Als positiven Angebotsschock kann man bei-

Abb. 27-12

Nachfrageschocks

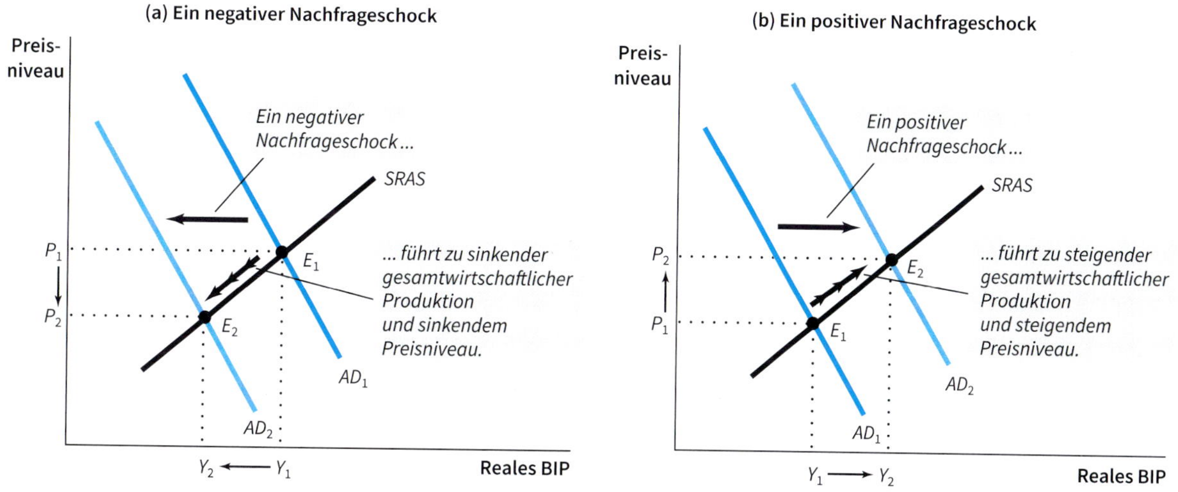

Ein Nachfrageschock verschiebt die gesamtwirtschaftliche Nachfragekurve, wobei sich Preisniveau und gesamtwirtschaftliche Produktion in die gleiche Richtung bewegen. In Diagramm (a) verschiebt ein negativer Nachfrageschock die gesamtwirtschaftliche Nachfragekurve nach links von AD_1 nach AD_2, wobei das Preisniveau von P_1 auf P_2 sinkt und die gesamtwirtschaftliche Produktion von Y_1 auf Y_2 sinkt. In Diagramm (b) verschiebt ein positiver Nachfrageschock die gesamtwirtschaftliche Nachfragekurve nach rechts, wobei das Preisniveau von P_1 auf P_2 steigt und die gesamtwirtschaftliche Produktion von Y_1 auf Y_2 steigt.

spielsweise die relative Lohnzurückhaltung der deutschen Arbeitnehmer nach der Jahrtausendwende interpretieren, die zu einer relativen Verringerung der Produktionskosten führte. (Man kann an diesem Beispiel schön erkennen, dass ein Angebotsschock – ebenso wie ein Nachfrageschock – zwar »schockartig« auftreten kann, aber auch als eher gradueller Prozess.)

Die Wirkungen eines negativen Angebotsschocks werden in Diagramm (a) von **Abbildung 27-13** dargestellt. Ursprünglich liegt das gesamtwirtschaftliche Gleichgewicht bei E_1 mit einem Preisniveau P_1 und einer gesamtwirtschaftlichen Produktion in Höhe von Y_1. Es kommt zu einer Störung, beispielsweise durch den Anstieg des Ölpreises, welche die kurzfristige gesamtwirtschaftliche Angebotskurve von $SRAS_1$ nach $SRAS_2$ verschiebt. Aufgrund dieser Verschiebung sinkt die gesamtwirtschaftliche Produktion, während das Preisniveau steigt, eine Bewegung entlang der *AD*-Kurve. Im neuen Gleichgewicht E_2 ist das gleichgewichtige Preisniveau (P_2) höher und die gleichgewichtige gesamtwirtschaftliche Produktion (Y_2) geringer als zuvor.

Die Kombination aus Inflation und sinkender gesamtwirtschaftlicher Produktion, die in Diagramm (a) gezeigt wird, hat einen besonderen Namen: **Stagflation** – für »Stagnation plus Inflation«. Macht eine Volkswirtschaft eine Stagflationsphase durch, dann ist das ziemlich ungemütlich: Der Rückgang der gesamtwirtschaftlichen Produktion führt zu einem Anstieg der Arbeitslosigkeit, und gleichzeitig müssen die Leute registrieren, dass ihre Kaufkraft durch steigende Preise verringert wird. Die in den 1970er-Jahren in vielen Industrieländern zu beobachtende Stagflation führte zu einer pessimistischen Grundstimmung. Wie wir gleich sehen werden, stellt eine Stagflationsphase die Wirtschaftspolitik vor ein erhebliches Dilemma.

Ein positiver Angebotsschock, wie er in Diagramm (b) dargestellt wird, hat genau den gegen-

Als **Stagflation** bezeichnet man die Kombination von Inflation und sinkender gesamtwirtschaftlicher Produktion.

Abb. 27-13

Angebotsschocks

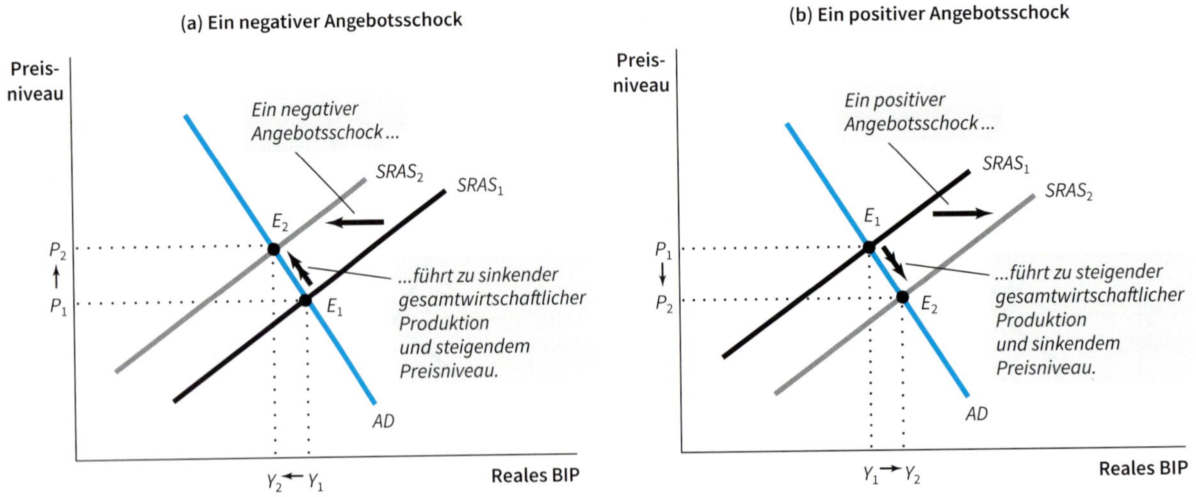

Ein Angebotsschock verschiebt die kurzfristige gesamtwirtschaftliche Angebotskurve, was zu einer Bewegung des Preisniveaus und der gesamtwirtschaftlichen Produktion in unterschiedliche Richtungen führt. Diagramm (a) zeigt einen negativen Angebotsschock, der die kurzfristige gesamtwirtschaftliche Angebotskurve nach links verschiebt und Stagflation hervorruft – eine geringere gesamtwirtschaftliche Produktion und ein höheres Preisniveau. In diesem Fall verschiebt sich die kurzfristige gesamtwirtschaftliche Angebotskurve von $SRAS_1$ nach $SRAS_2$ und die Volkswirtschaft bewegt sich von E_1 nach E_2. Das Preisniveau steigt von P_1 auf P_2 und die gesamtwirtschaftliche Produktion sinkt von Y_1 auf Y_2. Diagramm (b) zeigt einen positiven Angebotsschock, durch den sich die kurzfristige gesamtwirtschaftliche Angebotskurve nach rechts verschiebt, was zu einer höheren gesamtwirtschaftlichen Produktion und einem niedrigeren Preisniveau führt. Die kurzfristige gesamtwirtschaftliche Angebotskurve verschiebt sich von $SRAS_1$ nach $SRAS_2$ und die Volkswirtschaft bewegt sich von E_1 nach E_2. Das Preisniveau sinkt von P_1 auf P_2 und die gesamtwirtschaftliche Produktion steigt von Y_1 auf Y_2.

teiligen Effekt. Eine Rechtsverschiebung der *SRAS*-Kurve von $SRAS_1$ nach $SRAS_2$ führt zu steigender gesamtwirtschaftlicher Produktion und einem sinkenden Preisniveau, das bedeutet eine Abwärtsbewegung entlang der *AD*-Kurve. Viele Ökonomen gehen davon aus, dass es in der zweiten Hälfte der 1990er-Jahre in vielen Industrieländern aufgrund von Innovationen zu positiven Angebotsschocks kam, die zu einer Kombination von hohem Beschäftigungsstand und rückläufiger Inflation führten. Für uns bedeutet rückläufige Inflation, dass das Preisniveau in Relation zu seinem langfristigen Trend sank. Diese Kombination führte in diesen Ländern zu einer optimistischeren Grundhaltung.

Das charakteristische Merkmal von Angebotsschocks, sowohl von negativen als auch von positiven, besteht darin, dass sie im Unterschied zu Nachfrageschocks eine Bewegung von Preisniveau und gesamtwirtschaftlicher Produktion in *unterschiedliche* Richtungen hervorrufen.

Es gibt noch einen anderen wichtigen Unterschied zwischen Angebotsschocks und Nachfrageschocks. Wie wir gesehen haben, versetzen Geldpolitik und Fiskalpolitik den Staat in die Lage, die *AD*-Kurve zu verschieben. Das bedeutet, dass die Regierung in einer Position ist, die es ihr erlaubt, Schocks derart hervorzurufen, wie wir sie in Abbildung 27-12 gezeigt haben. Es ist allerdings deutlich schwieriger für die Wirtschaftspolitik, die *AS*-Kurve zu verschieben. Gibt es gute wirtschaftspolitische Gründe für eine Verschiebung der *AD*-Kurve? Wir werden uns dieser Frage in Kürze zuwenden. Zunächst wollen wir jedoch einen Blick auf den Unterschied zwischen dem kurzfristigen und dem langfristigen makroökonomischen Gleichgewicht werfen.

Das langfristige makroökonomische Gleichgewicht

Abbildung 27-14 stellt die gesamtwirtschaftliche Nachfragekurve sowohl mit der kurzfristigen als auch mit der langfristigen gesamtwirtschaftlichen Angebotskurve dar. Die gesamtwirtschaftliche Nachfragekurve (*AD*) schneidet die kurzfristige gesamtwirtschaftliche Angebotskurve (*SRAS*) bei E_{LR}. Wir nehmen an, es sei genug Zeit verstrichen, sodass sich die Volkswirtschaft gleichzeitig auch auf der langfristigen gesamtwirtschaftlichen Angebotskurve (*LRAS*) befindet. Daher repräsentiert der Punkt E_{LR} den gemeinsamen Schnittpunkt aller drei Kurven, nämlich von *AD*, *SRAS* und *LRAS*. Die kurzfristige gleichgewichtige gesamtwirtschaftliche Produktion entspricht daher dem Produktionspotenzial Y_P. Eine derartige Situation, in der der Punkt, der das kurzfristige makroökonomische Gleichgewicht definiert, gleichzeitig auf der langfristigen gesamtwirtschaftlichen Angebotskurve liegt, wird als **langfristiges makroökonomisches Gleichgewicht** bezeichnet.

Um die Bedeutung des langfristigen makroökonomischen Gleichgewichts verstehen zu können, wollen wir uns überlegen, welche Folgen ein Nachfrageschock hätte, der die Volkswirtschaft aus dem langfristigen makroökonomischen Gleichgewicht bringt. In **Abbildung 27-15** gehen wir davon aus, dass die ursprüngliche gesamtwirtschaftliche Nachfragekurve durch AD_1 und die ursprüngliche kurzfristige gesamtwirtschaftliche Angebotskurve durch $SRAS_1$ charakterisiert werden. In der Ausgangssituation ist daher das makroökonomische Gleichgewicht durch den Punkt E_1 definiert, der auf der langfristigen gesamtwirtschaftlichen Angebotskurve *LRAS* liegt. Die Volkswirtschaft befindet sich also ursprünglich in einer Situation, in der kurzfristiges und langfristiges makroökonomisches Gleichgewicht übereinstimmen und in der die kurzfristige gleichgewichtige gesamtwirtschaftliche Produktion mit dem Produktionspotenzial bei Y_1 übereinstimmt.

Nun sei angenommen, dass es aus irgendeinem Grund, wie etwa einer plötzlichen Verschlechterung der Geschäfts- und Verbrauchererwartungen, zu einem Rückgang der gesamtwirtschaftlichen Nachfrage kommt und sich die gesamtwirtschaftliche Nachfragekurve nach links zu AD_2 verschiebt. Kurzfristig führt dies es zu einer

Die Wirtschaft befindet sich im **langfristigen makroökonomischen Gleichgewicht**, wenn der Punkt, der das kurzfristige makroökonomische Gleichgewicht definiert, gleichzeitig auch auf der langfristigen gesamtwirtschaftlichen Angebotskurve liegt.

Abb. 27-14

Das langfristige makroökonomische Gleichgewicht

In dieser Abbildung liegt der Punkt, der das kurzfristige makroökonomische Gleichgewicht definiert, gleichzeitig auf der langfristigen gesamtwirtschaftlichen Angebotskurve *LRAS*. Daher stimmen gleichgewichtiges kurzfristiges gesamtwirtschaftliches Angebot und Produktionspotenzial Y_P überein. Im Punkt E_{LR} befindet sich die Wirtschaft in ihrem langfristigen makroökonomischen Gleichgewicht.

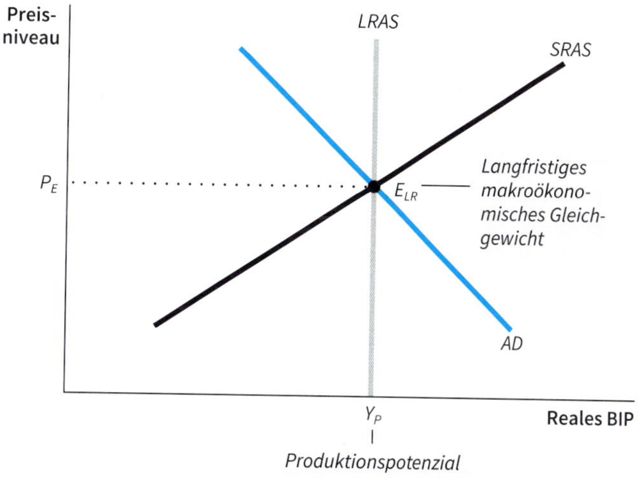

Abb. 27-15

Kurzfristige und langfristige Auswirkungen eines negativen Nachfrageschocks

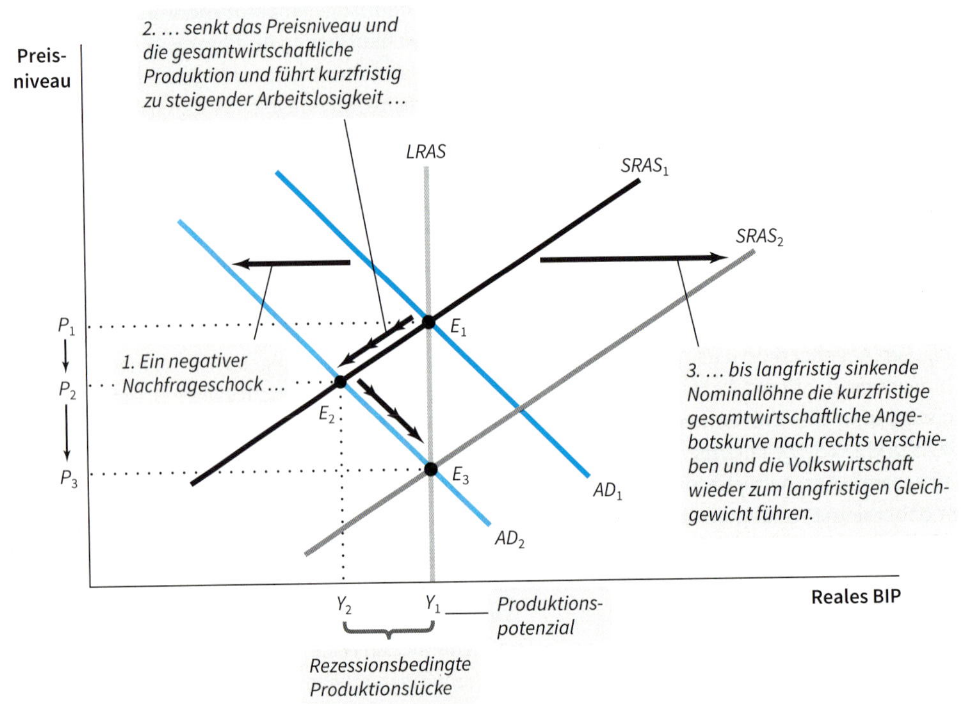

Langfristig gibt es in der Volkswirtschaft Selbstheilungskräfte: Nachfrageschocks haben lediglich kurzfristige Wirkungen auf die gesamtwirtschaftliche Produktion. Ausgehend vom Punkt E_1 verschiebt ein negativer Nachfrageschock die Kurve AD_1 nach links zu AD_2. Kurzfristig bewegt sich die Volkswirtschaft von E_1 nach E_2 und es kommt zu einer rezessionsbedingten Produktionslücke: Das Preisniveau sinkt von P_1 auf P_2 und die gesamtwirtschaftliche Produktion sinkt von Y_1 auf Y_2. Diese Entwicklung wird von steigender Arbeitslosigkeit begleitet. Langfristig sinken die Nominallöhne als Reaktion auf die hohe Arbeitslosigkeit bei Y_2, was zu einer Rechtsverschiebung der gesamtwirtschaftlichen Angebotskurve von $SRAS_1$ nach $SRAS_2$ führt. Die gesamtwirtschaftliche Produktion steigt von Y_2 auf Y_1, während das Preisniveau weiter von P_2 nach P_3 sinkt. Das langfristige Gleichgewicht wird schließlich im Punkt E_3 wieder erreicht.

Verringerung des Preisniveaus und zu einer Verringerung der gesamtwirtschaftlichen Produktion. Im neuen kurzfristigen Gleichgewicht E_2 ist das Preisniveau auf P_2 gesunken und die gleichgewichtige gesamtwirtschaftliche Produktion hat sich auf Y_2 vermindert. (Als reales Beispiel für eine derartige Konstellation lässt sich auf die Entwicklung der US-amerikanischen Wirtschaft, aber auch der deutschen Volkswirtschaft in den Jahren 1929 bis 1933 verweisen, die durch einen Rückgang des Preisniveaus und ein Absacken der gesamtwirtschaftlichen Produktion charakterisiert war.)

Eine Situation, in der das Produktionspotenzial unterausgelastet ist, bezeichnet man als **rezessionsbedingte Produktionslücke** oder **Rezessionslücke**.

Die gesamtwirtschaftliche Produktion im neuen kurzfristigen Gleichgewicht E_2 liegt unterhalb des Produktionspotenzials. Bei einer derartigen Konstellation spricht man von einer **rezessionsbedingten Produktionslücke** oder **Rezessionslücke**. In der realen Welt ist eine rezessionsbedingte Produktionslücke unter Umständen sehr schmerzhaft, weil sie mit hoher Arbeitslosigkeit verbunden ist. (In vielen Industriländern führte die rezessionsbedingte Produktionslücke Anfang der 1930er-Jahre zu massiven sozialen und politischen Unruhen. In Deutschland spielte die massive Unterauslastung des Produktionspotenzials und die damit verbundene extrem hohe Arbeitslosigkeit eine wichtige Rolle beim Aufstieg des Nationalsozialismus.)

Das ist aber noch nicht das Ende der Geschichte. Angesichts der hohen Arbeitslosigkeit werden die Nominallöhne schließlich wie alle anderen rigiden Preise sinken, was die Unternehmen letztlich veranlasst, die Produktion zu erhöhen. In unserem Modell hat das zur Folge, dass die rezessionsbedingte Produktionslücke eine allmähliche Verschiebung der kurzfristigen gesamtwirtschaftlichen Angebotskurve nach rechts hervorruft. Dieser Prozess setzt sich so lange fort, bis die kurzfristige gesamtwirtschaftliche Angebotskurve die neue Position $SRAS_2$ erreicht hat. Nach Abschluss der Anpassungsprozesse befindet sich die Volkswirtschaft in einem neuen Gleichgewicht beim Punkt E_3, wo sich AD_2, $SRAS_2$ und *LRAS*-Kurve schneiden. In E_3 ist die Wirtschaft wieder in einem langfristigen makroökonomischen Gleichgewicht. Die tatsächliche gesamtwirtschaftliche Produktion stimmt wieder mit dem Produktionspotenzial Y_1 überein, allerdings haben wir es nun mit einem niedrigeren Preisniveau (P_3) zu tun, was den langfristigen Rückgang des Preisniveaus reflektiert. Am Ende hat sich die Volkswirtschaft langfristig also selbst geheilt.

Was würde passieren, wenn es stattdessen zu einem Anstieg der gesamtwirtschaftlichen Nachfrage gekommen wäre? Diese Frage können wir mithilfe von **Abbildung 27-16** beantworten, wo wir wieder davon ausgehen, dass die ursprüngliche gesamtwirtschaftliche Nachfragekurve AD_1 ist und die ursprüngliche kurzfristige gesamtwirtschaftliche Angebotskurve durch $SRAS_1$ repräsentiert wird. Das ursprüngliche makroökonomische Gleichgewicht wird dann durch den Punkt E_1 definiert, der auf der langfristigen gesamtwirtschaftlichen Angebotskurve *LRAS* liegt. Also befindet sich die Wirtschaft auch jetzt in einem langfristigen makroökonomischen Gleichgewicht.

Nun wollen wir annehmen, dass sich die gesamtwirtschaftliche Nachfrage erhöht, was mit einer Rechtsverschiebung der *AD*-Kurve nach AD_2 verbunden ist (siehe Abbildung 27-16). Diese Verschiebung führt zu einem höheren Preisniveau (P_2) und einem höheren Niveau der gesamtwirtschaftlichen Produktion (Y_2). Das kurzfristige makroökonomische Gleichgewicht der Wirtschaft wird durch den Punkt E_2 definiert. In diesem neuen kurzfristigen Gleichgewicht liegt die gesamtwirtschaftliche Produktion oberhalb des Produktionspotenzials und die Arbeitslosigkeit ist niedrig, weil sich ein derartig hohes Niveau der Produktion nur mit einer entsprechend hohen Beschäftigung realisieren lässt. Eine solche Konstellation bezeichnet man als **inflationäre Produktionslücke** oder **inflatorische Lücke**.

Eine Situation, in der die gesamtwirtschaftliche Produktion oberhalb des Produktionspotenzials liegt, bezeichnet man als **inflationäre Produktionslücke** oder **inflatorische Lücke**.

Wie im zuvor besprochenen Fall einer rezessionsbedingten Produktionslücke ist das noch nicht das Ende der Geschichte. Angesichts der sehr niedrigen Arbeitslosigkeit werden die Nominallöhne steigen – wie auch alle anderen rigiden Preise. Eine inflationäre Produktionslücke ruft eine allmähliche Linksverschiebung der kurzfristigen gesamtwirtschaftlichen Angebotskurve hervor, weil die Unternehmen die Produktion vor dem Hintergrund steigender Nominallöhne verringern. Dieser Prozess setzt sich so lange fort, bis die kurzfristige gesamtwirtschaftliche Angebotskurve ihre neue Position $SRAS_2$ erreicht hat. Die Wirtschaft befindet sich nun im durch den Punkt E_3 definierten Gleichgewicht, wo sich AD_2-Kurve, $SRAS_2$-Kurve und *LRAS*-Kurve schneiden. In E_3 hat die Wirtschaft also wieder ein langfristiges makroökonomisches Gleichgewicht erreicht. Die tatsächliche Produktion stimmt wieder mit dem Produktionspotenzial (Y_1) überein, allerdings haben wir es mit einem höheren Preisniveau (P_3) zu tun, was den langfristigen Anstieg reflektiert, den die Preise im Durchschnitt erfahren haben. Auch hier stellen wir fest, dass sich die Volkswirtschaft langfristig selbst heilt.

Die Anpassungsreaktionen der Volkswirtschaft auf eine rezessionsbedingte und eine inflationäre Produktionslücke lassen sich anhand der **Produktionslücke** zusammenfassen, die die prozentuale Abweichung der tatsächlichen gesamtwirtschaftlichen Produktion vom Produktionspotenzial wiedergibt:

Die **Produktionslücke** spiegelt die prozentuale Abweichung der tatsächlichen gesamtwirtschaftlichen Produktion vom Produktionspotenzial wider.

$$(27\text{-}3)\quad \text{Produktionslücke} = \frac{\text{Tatsächliche gesamtwirtschaftliche Produktion} - \text{Produktionspotenzial}}{\text{Produktionspotenzial}} \times 100$$

Abb. 27-16

Kurzfristige und langfristige Auswirkungen eines positiven Nachfrageschocks

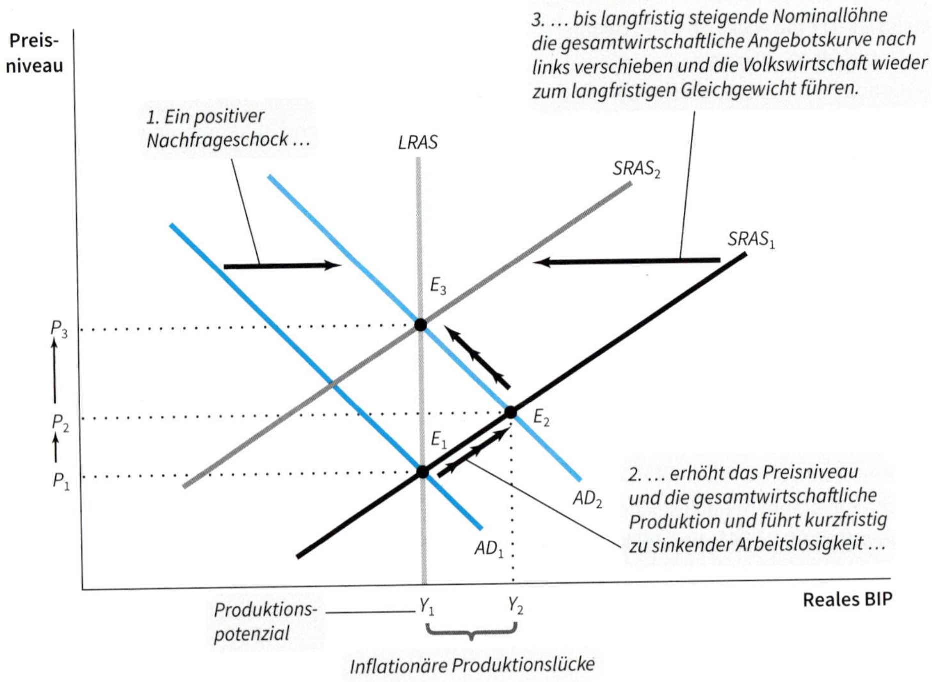

Wir gehen von Punkt E_1 aus. Ein positiver Nachfrageschock verschiebt die gesamtwirtschaftliche Nachfragekurve nach rechts von AD_1 nach AD_2. Die Volkswirtschaft bewegt sich kurzfristig von E_1 nach E_2. Mit dem Anstieg der gesamtwirtschaftlichen Produktion von Y_1 auf Y_2 ist eine inflationäre Produktionslücke verbunden, die sich in einem Anstieg des Preisniveaus von P_1 auf P_2 und einer niedrigen Arbeitslosigkeit niederschlägt. Langfristig kommt es in Reaktion auf die niedrige Arbeitslosigkeit zu einem Anstieg der Nominallöhne, sodass sich die kurzfristige gesamtwirtschaftliche Angebotskurve nach links zu $SRAS_2$ verschiebt. Die gesamtwirtschaftliche Produktion geht auf Y_1 zurück, das Preisniveau erhöht sich weiter auf P_3. Im Punkt E_3 haben die *Selbstheilungskräfte* dazu geführt, dass sich die Volkswirtschaft wieder im langfristigen makroökonomischen Gleichgewicht befindet.

Langfristig gibt es in der Wirtschaft **Selbstheilungskräfte**: Schocks wirken sich kurzfristig auf die gesamtwirtschaftliche Produktion aus, nicht aber langfristig.

Auf der Grundlage unserer Analyse können wir feststellen, dass die Produktionslücke stets gegen null tendiert.

Tritt eine rezessionsbedingte Produktionslücke auf, werden die Nominallöhne irgendwann sinken, wodurch sich die Volkswirtschaft wieder zum Produktionspotenzial hinbewegt. Haben wir es dagegen mit einer inflationären Produktionslücke zu tun, werden irgendwann die Nominallöhne steigen, was die Volkswirtschaft ebenfalls wieder zum Produktionspotenzial zurückbringt. Langfristig gibt es in der Volkswirtschaft daher **Selbstheilungskräfte**: Schocks verändern die gesamtwirtschaftliche Produktion zwar kurzfristig, aber nicht langfristig.

VERTIEFUNG

Und wo ist die Deflation?

Nach dem *AS-AD*-Modell führt entweder ein negativer Nachfrageschock oder ein positiver Angebotsschock zu einem Rückgang des Preisniveaus, und damit zu Deflation. In der Geschichte der Bundesrepublik Deutschland war aber bislang nur sehr selten ein Rückgang des Preisniveaus zu beobachten. Gleiches gilt für die meisten anderen großen Volkswirtschaften. Die einzige Ausnahme bildet Japan, das seit Mitte der 1990er-Jahre mehrfach mit Deflation zu kämpfen hatte. Wo bleibt also die Deflation?

Die fehlende Deflation lässt sich grundsätzlich dadurch erklären, dass die wirtschaftlichen Schwankungen seit dem Ende des Zweiten Weltkrieges um einen langfristigen inflationären Trend herum stattgefunden haben. Vor dem Zweiten Weltkrieg war es normal, dass die Preise während einer Rezession sanken. Aber seitdem spiegeln sich negative Nachfrageschocks größtenteils in einer sinkenden Inflationsrate und nicht einem sinkenden Preisniveau wider. So ist z. B. die Inflationsrate in den Vereinigten Staaten von mehr als 3 Prozent zu Beginn der Rezession im Jahr 2001 auf 1,1 Prozent ein Jahr später gesunken. Allerdings wurde die Inflationsrate nie negativ.

Dies änderte sich erst in der Krise 2007–2009. Der negative Nachfrageschock, der durch die Finanzkrise ausgelöst wurde, war so stark, dass die Verbraucherpreise in den Vereinigten Staaten fast im gesamten Jahr 2009 zurückgingen (in Deutschland kam es nur im Sommer 2009 in zwei Monaten zu einem Preisrückgang). Allerdings dauerte diese Phase der Deflation nur kurz. Zu Beginn des Jahres 2010 stiegen die Preise bereits wieder, mit einer Rate zwischen 1 und 4 Prozent pro Jahr.

WISSENSCHAFT UND PRAXIS

Angebotsschocks und Nachfrageschocks in der Praxis

Wie oft sind Rezessionen auf Angebotsschocks zurückzuführen und wie oft auf Nachfrageschocks? Nach dem Urteil der meisten, wenn auch nicht aller Makroökonomen werden Rezessionen hauptsächlich durch Nachfrageschocks verursacht. Tritt aber ein negativer Angebotsschock auf, dann ist die daraus resultierende Rezession in der Regel besonders unangenehm.

Schauen wir uns das in der Praxis an. In den Vereinigten Staaten gab es in der Zeit nach dem Zweiten Weltkrieg offiziell zwölf Rezessionsphasen. Zwei von diesen, nämlich die Rezession von 1979 bis 1980 und die Rezession von 1981 bis 1982, werden oft als eine einzelne »Doppelrezession« gesehen, was die Gesamtzahl der Rezessionen im betrachteten Zeitraum auf elf senkt. Von diesen elf Rezessionen weisen nur zwei, nämlich die Rezession von 1973 bis 1975 und die Doppelrezession von 1979 bis 1982, die besondere Kombination einer sinkenden gesamtwirtschaftlichen Produktion bei gleichzeitigem Anstieg des Preisniveaus auf, die wir als Stagflation bezeichnen. In beiden Fällen wird die Ursache für die Angebotsschocks in politischen Unruhen im Nahen Osten gesehen (der Arabisch-Israelische Krieg 1973 und die Islamische Revolution im Iran 1979), durch die das Weltölangebot gestört wurde und die Ölpreise drastisch anstiegen. Bei Ökonomen ist für beide Rezessionsphasen auch die Bezeichnung »OPEC I« und »OPEC II« gebräuchlich – nach der »Organization of Petroleum Exporting Countries«, der Organisation Erdöl exportierender Länder. Und auch eine dritte Rezession, die im Jahr 2007 begann und bis 2009 dauerte, wurde durch einen starken Ölpreisanstieg zumindest verstärkt, wenn nicht sogar mit ausgelöst.

Es wurden also acht von elf Nachkriegsrezessionen in den Vereinigten Staaten durch Nachfrageschocks ausgelöst und nicht durch Angebotsschocks. Die beiden durch einen Angebotsschock verursachten Rezessionen zählen mit Blick auf den Anstieg der Arbeitslosigkeit zu den schweren Wirtschaftskrisen. **Abbildung 27-17** zeigt die Entwicklung der Arbeitslosenquote in den Vereinigten Staaten seit 1950. Der Ausbruch des Jom-Kippur-Krieges (1973) und die Islamische Revolution (1979) sind in der Abbildung entsprechend markiert. Nach diesen beiden großen

▶

Abb. 27-17: Negative Angebotsschocks sind selten, aber sehr unangenehm

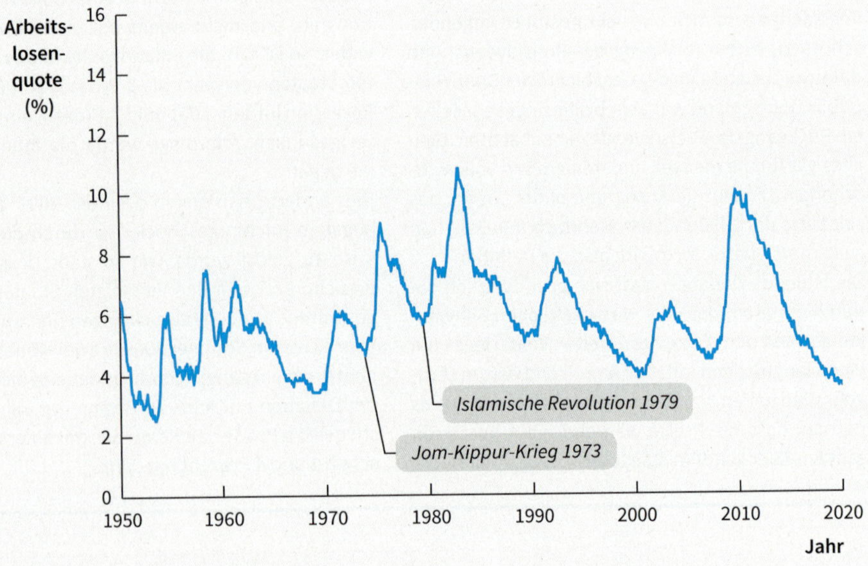

Quelle: Bureau of Labor Statistics

Angebotsschocks waren sehr hohe Arbeitslosenquoten zu beobachten.
Es gibt einen Grund, warum das Nachbeben nach einem Angebotsschock besonders unangenehm ist: Es ist für die makroökonomische Wirtschaftspolitik sehr viel schwieriger, mit Angebotsschocks umzugehen als mit Nachfrageschocks. Warum Angebotsschocks so ein großes Problem sind, werden wir gleich erfahren.

Kurzzusammenfassung

- Mithilfe des ***AS-AD*-Modells** können die Auswirkungen von wirtschaftlichen Schwankungen auf die Volkswirtschaft analysiert werden.
- Das **kurzfristige makroökonomische Gleichgewicht** wird durch den Schnittpunkt von kurzfristiger gesamtwirtschaftlicher Angebotskurve und gesamtwirtschaftlicher Nachfragekurve definiert und bestimmt das **kurzfristige gleichgewichtige Preisniveau** und die **kurzfristige gleichgewichtige gesamtwirtschaftliche Produktion**.
- Ein **Nachfrageschock**, der sich in einer Verschiebung der *AD*-Kurve niederschlägt, führt dazu, dass sich Preisniveau und gesamtwirtschaftliche Produktion in die gleiche Richtung verändern. Ein **Angebotsschock**, der eine Verschiebung der *SRAS*-Kurve verursacht, führt dazu, dass sich Preisniveau und gesamtwirtschaftliche Produktion in unterschiedliche Richtungen entwickeln. **Stagflation** ist das Ergebnis eines negativen Angebotsschocks.
- In Reaktion auf eine **rezessionsbedingte Produktionslücke (Rezessionslücke)** kommt es zu einem Rückgang der Nominallöhne. Eine **inflationäre Produktionslücke (inflatorische Lücke)** führt zu einem Anstieg der Nominallöhne. Beide rufen eine Bewegung der Volkswirtschaft hin zum **langfristigen makroökonomischen Gleichgewicht** hervor, das durch den gemeinsamen Schnittpunkt von *AD*-Kurve, *SRAS*-Kurve und *LRAS*-Kurve definiert ist.
- Durch die **Selbstheilungskräfte** der Wirtschaft wird die **Produktionslücke** langfristig immer wieder abgebaut.

ÜBERPRÜFEN SIE IHR WISSEN

1. Beschreiben Sie für jeden der folgenden Schocks die kurzfristigen Auswirkungen auf das Preisniveau und die gesamtwirtschaftliche Produktion.
   a. Das Parlament beschließt eine drastische Erhöhung der Mindestlöhne, wodurch die Löhne vieler Arbeitnehmer steigen.
   b. Die Solarindustrie beschließt, ihre Investitionsausgaben deutlich zu erhöhen.
   c. Das Parlament erhöht die Steuern und senkt die Ausgaben.
   d. Eine ungünstige Wetterlage führt weltweit zu einem deutlichen Rückgang der Getreideernte.
2. Eine Produktivitätssteigerung erhöht das Produktionspotenzial. Einige befürchten, dass die Nachfrage selbst langfristig nicht für die zusätzlichen Produktionsmöglichkeiten ausreicht. Wie würden Sie reagieren?

27.4 Makroökonomische Wirtschaftspolitik

Wir haben gerade gelernt, dass es in der Volkswirtschaft langfristig Selbstheilungskräfte gibt: Das Gleichgewicht wird sich irgendwann wieder beim Produktionspotenzial einstellen. Die meisten Makroökonomen glauben jedoch, dass dieser Prozess der Selbstheilung mehrere Jahre in Anspruch nimmt – typischerweise vielleicht ein Jahrzehnt oder noch mehr. Insbesondere dann, wenn das Produktionspotenzial unterausgelastet ist, kann es sein, dass die Volkswirtschaft eine längere Phase geringen Wachstums und hoher Arbeitslosigkeit durchmachen muss, bevor sich die Verhältnisse normalisieren.

Diese Sichtweise ist der Hintergrund für eines der wichtigsten Zitate in den Wirtschaftswissenschaften – John Maynard Keynes apodiktische Feststellung: »Langfristig sind wir alle tot.« Den Kontext, in dem er seine Bemerkung machte, erläutern wir in der Rubrik »Vertiefung«.

Ökonomen interpretieren Keynes gewöhnlich so, dass er die Empfehlung gegeben hat, der Staat sollte nicht darauf warten, bis sich die Volkswirtschaft selbst geheilt hat. Stattdessen, so das Argument vieler, aber nicht aller Ökonomen, sollte der Staat Geld- und Fiskalpolitik einsetzen, um die Wirtschaft nach einer Verschiebung der gesamtwirtschaftlichen Nachfragekurve wieder zum durch das Produktionspotenzial vorgegebenen Niveau zurückzuführen. Dies ist die Begründung für eine **aktive Stabilisierungspolitik**, der Einsatz der Wirtschaftspolitik zur Verringerung des Ausmaßes von Rezessionen und der Dämpfung übermäßiger Aufschwungphasen.

Kann Stabilisierungspolitik die Wirtschaftsentwicklung tatsächlich verbessern? Wenn wir uns nochmals Abbildung 27-8 anschauen, dann scheint die Antwort ein Ja zu sein. So gelang es der deutschen Volkswirtschaft durch den aktiven Einsatz stabilitätspolitischer Maßnahmen (Konjunkturpakete I und II), bereits zwei Jahre nach der schweren Wirtschaftskrise des Jahres 2009 wieder auf das Niveau des Produktionspotenzials zurückzukehren. Dieser Zeitraum ist viel kürzer als das Jahrzehnt oder mehr, das es nach Ansicht vieler Ökonomen dauern würde, bevor die Selbstheilungskräfte die Volkswirtschaft auch ohne aktive Stabilisierungspolitik zum Produktionspotenzial zurückführen. Wie wir jedoch gleich sehen werden, gibt es keine Garantie dafür, dass sich die gesamtwirtschaftliche Entwicklung verbessern lässt. Das hängt von der Art des Schocks ab, der die Volkswirtschaft trifft.

Wirtschaftspolitik bei Nachfrageschocks

Nehmen wir an, die Volkswirtschaft wird von einem negativen Nachfrageschock getroffen, so wie wir es in Abbildung 27-15 dargestellt haben. Wie wir bereits wissen, können geld- und fiskalpolitische Maßnahmen die gesamtwirtschaftliche Nachfragekurve verschieben. Reagieren die Wirtschaftspolitiker schnell genug auf den Rückgang der gesamtwirtschaftlichen Nachfrage, können sie

Unter einer **aktiven Stabilisierungspolitik** versteht man den Einsatz der Wirtschaftspolitik zur Verringerung des Ausmaßes von Rezessionen und der Dämpfung übermäßiger Aufschwungphasen.

VERTIEFUNG

Keynes und Langfristigkeit
Der britische Ökonom Sir John Maynard Keynes (1883–1946) hat vermutlich mehr als jeder andere Ökonom zum Entstehen der modernen Makroökonomik beigetragen. Wir werden uns mit seiner Rolle und den Kontroversen, die einige Aspekte seiner Überlegungen immer noch auslösen, im Kapitel 32 genauer beschäftigen. Hier wollen wir lediglich einen Blick auf sein berühmtestes Zitat werfen. Im Jahr 1923 veröffentlichte Keynes »A Tract on Monetary Reform«, ein kleines Buch über die wirtschaftlichen Probleme Europas nach dem Ersten Weltkrieg. Er prangerte in diesem Buch die Tendenz vieler seiner Kollegen an, sich auf die langfristige Entwicklung der Volkswirtschaft zu beschränken (wie bei der Betrachtung des langfristigen makroökonomischen Gleichgewichts, die wir gerade vorgenommen haben), während sie gleichzeitig die schmerzlichen und möglicherweise sogar desaströsen Dinge ignorieren, die auf dem Weg zurück zum Gleichgewicht passieren können. Hier ist eine vollständigere Version seines Zitats: »Diese Langfristigkeit ist für die gegenwärtigen Zeiten eine irreführende Handlungsanleitung. Langfristig sind wir alle tot. Ökonomen stellen sich eine zu einfache, zu nutzlose Aufgabe, wenn das Einzige, was sie uns in stürmischen Zeiten sagen können, ist, dass lange nach dem Sturm die See wieder ruhig ist.«

Geld- oder Fiskalpolitik einsetzen, um die gesamtwirtschaftliche Nachfragekurve wieder nach rechts zu verschieben. Und wäre die Wirtschaftspolitik in der Lage, Verschiebungen der gesamtwirtschaftlichen Nachfragekurve präzise zu antizipieren, dann könnte sie den ganzen in Abbildung 27-15 gezeigten Ablauf stark verkürzen. Unter Umständen könnte es die Regierung schaffen, die Volkswirtschaft im Gleichgewicht E_1 zu halten, ohne dass es zu einer Periode geringer gesamtwirtschaftlicher Produktion und sinkender Preise kommt.

Warum könnte eine Politik wünschenswert sein, die den in Abbildung 27-15 gezeigten Anpassungsprozess abkürzt und die Volkswirtschaft vielleicht sogar in ihrem ursprünglichen Gleichgewicht hält? Aus zwei Gründen.

1. Der vorübergehende Rückgang der gesamtwirtschaftlichen Produktion, zu dem es ohne wirtschaftspolitische Intervention kommen würde, geht auch mit einer hohen Arbeitslosigkeit einher.
2. Die Wirtschaftspolitik strebt grundsätzlich nach Preisstabilität. Und dazu gehört auch die Verhinderung einer Deflation.

Bedeutet dies, dass Wirtschaftspolitiker immer versuchen sollten, Rückgänge der gesamtwirtschaftlichen Nachfrage zu verhindern? Nicht notwendigerweise. Einige wirtschaftspolitische Maßnahmen zur Stimulierung der gesamtwirtschaftlichen Nachfrage, insbesondere diejenigen, die zu einer Erhöhung des Budgetdefizits führen, können langfristige Kosten in Form von niedrigerem Wirtschaftswachstum aufweisen, etwa durch die Verdrängung privater Investitionsausgaben. Darüber hinaus muss festgehalten werden, dass die Wirtschaftspolitiker in der Realität nicht vollkommen informiert sind und dass die Auswirkungen ihrer wirtschaftspolitischen Maßnahmen nicht präzise vorhersagbar sind. Das birgt die Gefahr in sich, dass Stabilisierungspolitik mehr Schaden anrichtet, als sie nützt. Anders ausgedrückt: Versuche, die Volkswirtschaft zu stabilisieren, könnten darin enden, dass sie zur Destabilisierung beitragen. Wir werden auf die lang andauernde Debatte über die makroökonomische Wirtschaftspolitik in Kapitel 32 detaillierter eingehen. Trotz dieser Einschränkungen vertreten die meisten Ökonomen die Auffassung, dass es für den Einsatz makroökonomischer Wirtschaftspolitik bei negativen Nachfrageschocks gute Gründe gibt.

Sollte die Wirtschaftspolitik auch versuchen, gegen positive Nachfrageschocks anzugehen? Die Antwort liegt vielleicht nicht ohne Weiteres auf der Hand. Sind nicht eine höhere gesamtwirtschaftliche Produktion und eine niedrigere Arbeitslosigkeit positiv zu bewerten, selbst wenn man Inflation als Übel betrachtet? Nicht in jedem Fall.

Die meisten Ökonomen gehen mittlerweile davon aus, dass jeder kurzfristige Vorteil einer inflationären Produktionslücke später zurückgezahlt werden muss. Daher versucht die Wirtschaftspolitik heute normalerweise, sowohl positiven als auch negativen Nachfrageschocks entgegenzuwirken. Aus Gründen, auf die wir im Kapitel 30 näher eingehen werden, basieren Versuche, rezessionsbedingte und inflationäre Produktionslücken zu bekämpfen, normalerweise eher auf der Geldpolitik als auf der Fiskalpolitik. So haben die Zentral-

WISSENSCHAFT UND PRAXIS

Wirkt die Stabilisierungspolitik tatsächlich stabilisierend?

Die theoretische Begründung für eine aktive Stabilisierungspolitik im Fall eines Nachfrageschocks ist uns bekannt. Aber führt eine aktive Stabilisierungspolitik tatsächlich zu einer Stabilisierung der gesamtwirtschaftlichen Entwicklung? Um diese Frage zu beantworten, können wir auf Beispiele aus der Vergangenheit zurückschauen. Vor dem Zweiten Weltkrieg gab es weder in den Vereinigten Staaten noch in den anderen großen Volkswirtschaften eine aktive Stabilisierungspolitik. Das theoretische Fundament für ein Eingreifen des Staates existierte noch nicht, da die makroökonomische Theorie, so wie wir sie heute kennen, noch nicht formuliert war, und schlichtweg niemand wusste, was man in einer Krise tun sollte. Erst nach dem Zweiten Weltkrieg und vor allem seit den 1960er-Jahren hat sich eine aktive Stabilisierungspolitik als gängige Praxis durchgesetzt.

Daraus ergibt sich die Frage, ob sich Belege dafür finden lassen, dass die gesamtwirtschaftliche Entwicklung durch den Einsatz einer aktiven Stabilisierungspolitik ausgeglichener geworden ist. Die Frage kann nur zum Teil mit Ja beantwortet werden. Zum einen sind die statistischen Daten aus der Zeit vor dem Zweiten Weltkrieg nicht so verlässlich wie die statistischen Daten aus der jüngeren Vergangenheit. Und zum anderen hat die schwere Finanz- und Wirtschaftskrise 2007–2009 den Glauben an die Wirksamkeit der Wirtschaftspolitik erschüttert. Dennoch lässt sich beobachten, dass das Ausmaß der gesamtwirtschaftlichen Schwankungen gesunken ist.

In **Abbildung 27-18** ist der Anteil der Arbeitslosen an allen Erwerbspersonen (ohne Landwirtschaft) in den Vereinigten Staaten seit 1890 abgetragen. (Wir konzentrieren uns hier auf die Erwerbspersonen außerhalb der Landwirtschaft, da sich Beschäftigte in der Landwirtschaft in der Regel nur selten arbeitslos melden.) Selbst wenn man die Weltwirtschaftskrise außen vor lässt, ist eindeutig zu erkennen, dass die Schwankungen bei der Arbeitslosigkeit vor dem Zweiten Weltkrieg deutlich größer ausgefallen sind als in der Zeit danach. Dabei waren die Höchststände bei der Arbeitslosigkeit nach dem Zweiten Weltkrieg, also in den Jahren 1975, 1982 und zum Teil auch in 2010 auf Angebotsschocks zurückzuführen, gegen die es für die Wirtschaftspolitik eigentlich kein geeignetes Instrument gibt.

Es ist durchaus möglich, dass die stabilere gesamtwirtschaftliche Entwicklung eher auf Zufall oder Glück und nicht auf den Einfluss der Wirtschaftspolitik zurückzuführen ist. Aber es hat zumindest den Anschein, als ob die Stabilisierungspolitik tatsächlich stabilisierend gewirkt hat.

Abb. 27-18: Wirkte die Stabilisierungspolitik tatsächlich stabilisierend?

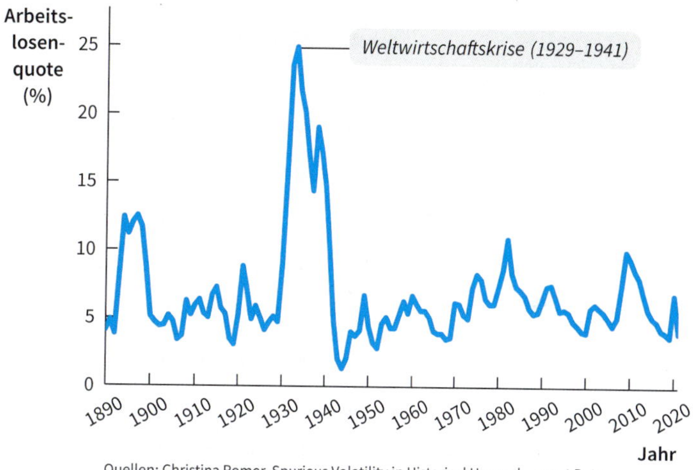

Quellen: Christina Romer, Spurious Volatility in Historical Unemployment Data, Journal of Political Economy 94, Nr. 1 (1986): 1–37 (Jahre 1890–1928); Bureau of Labor Statistics (Jahre 1929–2021).

banken der großen Volkswirtschaften in den Jahren 2007 und 2008 mehrfach die Zinsen gesenkt, um einer sich abzeichnenden rezessionsbedingten Produktionslücke entgegenzusteuern. Als Reaktion auf die inflationäre Produktionslücke nach der deutschen Wiedervereinigung in den frühen 1990er-Jahren hat die Deutsche Bundesbank dagegen die Zinssätze erhöht, um den gegenteiligen Effekt hervorzurufen.

Wie aber sollte die makroökonomische Wirtschaftspolitik auf Angebotsschocks reagieren?

Die Reaktion auf Angebotsschocks

In Diagramm (a) der Abbildung 27-13 haben wir die Auswirkungen eines negativen Angebotsschocks gezeigt: Kurzfristig führt ein derartiger Schock zu einer geringeren gesamtwirtschaftlichen Produktion, wobei gleichzeitig das Preisniveau steigt. Wie wir festgestellt haben, können Wirtschaftspolitiker auf einen negativen *Nachfrageschock* durch den Einsatz geld- und fiskalpolitischer Maßnahmen reagieren, um die gesamtwirtschaftliche Nachfragekurve wieder in ihre ursprüngliche Lage zu verschieben. Was aber kann oder soll bei einem negativen *Angebotsschock* getan werden?

Im Gegensatz zum Fall der gesamtwirtschaftlichen Nachfragekurve gibt es keine einfachen Maßnahmen, die die kurzfristige gesamtwirtschaftliche Angebotskurve verschieben. Anders formuliert: Es gibt keine wirtschaftspolitischen Maßnahmen, mit denen sich auf einfache Weise die Profitabilität der Unternehmen beeinflussen lässt, um so Verschiebungen der kurzfristigen gesamtwirtschaftlichen Angebotskurve zu kompensieren. Die wirtschaftspolitische Antwort auf einen negativen Angebotsschock kann folglich nicht einfach darin bestehen zu versuchen, die Kurve auf ihre ursprüngliche Position zurück zu verschieben.

Und wenn man darüber nachdenkt, ob man nicht mit geld- oder fiskalpolitischen Maßnahmen die gesamtwirtschaftliche Nachfragekurve in Reaktion auf einen Angebotsschock verschieben sollte, dann ist die Einschätzung schwierig. Es passieren zwei unangenehme Dinge gleichzeitig: Die gesamtwirtschaftliche Produktion sinkt *und* das Preisniveau steigt. Eine Politik, die zu einer Verschiebung der gesamtwirtschaftlichen Nachfragekurve führt, hilft zwar bei der Lösung des einen Problems, verschlimmert aber gleichzeitig das andere. Unternimmt die Wirtschaftspolitik Maßnahmen zur Erhöhung der gesamtwirtschaftlichen Nachfrage, verringert sie den Rückgang der Produktion, verursacht aber eine höhere Inflation. Ergreift die Wirtschaftspolitik Maßnahmen zur Verringerung der gesamtwirtschaftlichen Nachfrage, dämpft sie zwar die Inflation, verursacht aber einen weiteren Rückgang der gesamtwirtschaftlichen Produktion.

Das ist ein unangenehmes Dilemma, auf das es keine richtige Antwort gibt. Nach den Angebotsschocks der 1970er-Jahre haben sich die meisten Industrieländer für eine Stabilisierung der Preise auf Kosten einer höheren Arbeitslosigkeit entschieden. Und dieser Regel ist auch die EZB bei ihrer Zinsanhebung im Jahr 2011 gefolgt.

Kurzzusammenfassung

- Unter **aktiver Stabilisierungspolitik** versteht man die Verwendung von fiskal- und geldpolitischen Maßnahmen zur Bekämpfung von Nachfrageschocks. Dabei treten auch immer Nachteile auf. Stabilisierungspolitik kann zu einem langfristigen Anstieg des Budgetdefizits und wegen des damit möglicherweise verbundenen Verdrängungseffektes zu einem niedrigeren langfristigen Wirtschaftswachstum führen. Aufgrund der begrenzten Genauigkeit von Prognosen kann eine gut gemeinte Stabilisierungspolitik im schlimmsten Fall zu einer Verstärkung der Instabilitäten führen.
- Negative Angebotsschocks stellen die Wirtschaftspolitik vor ein Dilemma, weil die Bekämpfung eines Einbruchs in der gesamtwirtschaftlichen Produktion die Inflation verschlimmern kann und die Bekämpfung der Inflation die Wirtschaftskrise verstärken kann.

ÜBERPRÜFEN SIE IHR WISSEN

1. Nehmen Sie an, jemand würde zu Ihnen sagen: »Expansive Geld- oder Fiskalpolitik führt zu nichts anderem als zu einer temporären Überhitzung der Wirtschaft – kurzfristig geht es zwar aufwärts, aber danach hat man mit der Inflation zu kämpfen.«
   a. Erläutern Sie diese Aussage mithilfe des *AS-AD*-Modells.
   b. Handelt es sich bei dieser Aussage um ein stichhaltiges Argument gegen Stabilisierungspolitik? Warum bzw. warum nicht?
2. Im Jahr 2008 gab es nach dem Zusammenbruch des US-Immobilienmarktes und dem starken Anstieg der Rohstoffpreise (insbesondere bei Rohöl) Dissens unter den geldpolitischen Entscheidungsträgern der US-amerikanischen Zentralbank, wie man auf die Situation reagieren sollte. Einige befürworteten eine Zinssenkung, andere kritisierten, dass ein solcher Schritt die Inflation anheizen würde. Erklären Sie beide Ansichten mithilfe des *AS-AD*-Modells.

Unternehmen in Aktion: Toyota auf der Überholspur

Wenn sich jemand heutzutage in den Vereinigten Staaten ein neues Auto kauft, dann kann es sein, dass dieses Auto von einem der beiden großen japanischen Automobilproduzenten, Honda oder Toyota, hergestellt wurde. Beide Unternehmen haben zusammen einen Anteil von rund 25 Prozent an allen Pkw-Verkäufen. Aber das war nicht immer so. Im Jahr 1973 lag der Marktanteil der beiden Unternehmen am US-amerikanischen Automobilmarkt bei gerade mal 2,6 Prozent. In den frühen 1980er-Jahren hatte sich der Anteil dann vervierfacht. Wie kam es dazu?

Toyota hatte einfach vieles richtig gemacht. In den 1960er-Jahren hat das Unternehmen die sogenannte Just-in-time-Produktion, auch als *Lean Production* (schlanke Produktion) bekannt, perfektioniert. Dadurch konnte Toyota im Vergleich zu US-amerikanischen Automobilproduzenten zu geringeren Kosten, mit einer höheren Produktivität und in einer besseren Qualität produzieren. (Sie erinnern sich vielleicht noch an unsere Analyse der *Lean Production* im Rahmen der Fallstudie in Kapitel 2.)

Aber Toyota hatte auch Glück. Im Verlauf der 1970er-Jahre änderten sich die Vorlieben der US-Amerikaner in Sachen Automobile von großen Limousinen hin zu kleineren Pkws. Und dieses Marktsegment hatten die US-amerikanischen Automobilproduzenten bis dahin wenig beachtet. Die wenigen Angebote von einheimischen Produzenten, die es gab, wie der AMC Gremlin oder der Ford Pinto, waren von schlechter Qualität. Toyota hatte dagegen für den japanischen Markt schon jahrelang kleine, zuverlässige und benzinsparende Pkws produziert und war bereit, die Marktlücke in den Vereinigten Staaten zu schließen.

Aber warum hatten sich die Vorlieben der US-Amerikaner hin zu kleineren, benzinsparenden Pkws verschoben? Zunächst einmal gab es mehrere Wirtschaftskrisen, die die Konsumenten dazu veranlasst haben könnten, sich nach preiswerteren Alternativen zu den herkömmlichen großen Limousinen umzuschauen. Allerdings lässt sich nicht für alle Wirtschaftskrisen ein Trend zu kleineren Pkws beobachten. Schaut man auf die Kraftstoffeffizienz (Benzinverbrauch pro 100 Kilometer) für Neuwagen in den Vereinigten Staaten, kann man feststellen, dass Pkws seit Mitte der 1975er-Jahre immer weniger Benzin verbrauchen. Vor allem in den späten 1970er-Jahren und zu Beginn der 1980er-Jahre ist es zu einem starken Anstieg bei der Kraftstoffeffizienz gekommen. Dieser Trend stagnierte mit Beginn der 1990er-Jahre, bevor es Anfang der 2000er-Jahre erneut zu einem deutlichen Anstieg kam. Im Zuge der Finanz- und Wirtschaftskrise 2007–2009 ist dagegen nur ein leichter Anstieg zu beobachten, obwohl diese Wirtschaftskrise deutlich stärker war und länger dauerte als jede andere Wirtschaftskrise seit dem Zweiten Weltkrieg.

Was war nun in den 1970er-Jahren anders? In dieser Zeit gab es zwei prägende Entwicklungen. Die Arbeitslosenquote kletterte nach oben, genauso wie der Benzinpreis. Während der Finanz- und Wirtschaftskrise 2007–2009 schnellten die Arbeitslosenzahlen ebenfalls in die Höhe, aber der Benzinpreis fiel nach einigen Schwankungen sogar unter das Niveau vor der Krise. Die Leute kauften zwar weniger Pkws, aber im Großen und Ganzen nicht unbedingt kleinere, benzinsparende Pkws.

Toyota hat seinen großen Durchbruch also nicht nur geschafft, weil das Unternehmen gute Autos produziert, sondern auch, weil das Unternehmen gerade in dem Segment gute Autos produziert, das in den wirtschaftlich turbulenten 1970er-Jahren zu den Vorlieben der Konsumenten passte.

FRAGEN

1. Warum sind die Benzinpreise während der Wirtschaftskrisen der 1970er-Jahre gestiegen, aber während der Finanz- und Wirtschaftskrise 2007–2009 gesunken?
2. Welche Schlussfolgerungen lassen sich daraus mit Blick auf die Ursachen der Wirtschaftskrisen ziehen?
3. Toyota konnte in den 1970er-Jahren seinen Absatz in den Vereinigten Staaten erhöhen, obwohl die Zinsen auf Autokredite bis auf 17,5 Prozent angestiegen waren. Im Unterschied dazu sanken die Zinsen auf Autokredite während der Finanz- und Wirtschaftskrise 2007–2009 auf historische Tiefstände. Dennoch ging der Absatz von Toyota im US-Automobilmarkt zurück. Können Sie diesen scheinbaren Widerspruch erklären? (Hinweis: Denken Sie an die Verbindung zwischen Inflation und Kreditzinsen.)

Zusammenfassung

1. Die **gesamtwirtschaftliche Nachfragekurve (*AD*-Kurve)** zeigt die Beziehung zwischen Preisniveau und der nachgefragten gesamtwirtschaftlichen Produktion (gesamtwirtschaftliche Nachfrage).
2. Die gesamtwirtschaftliche Nachfragekurve verläuft aus zwei Gründen abwärts geneigt. Erstens ist von einem **Vermögenseffekt** einer Änderung des Preisniveaus auszugehen. Dieser Effekt besagt, dass ein höheres Preisniveau die Kaufkraft des Vermögens der Haushalte verringert, weswegen die Haushalte ihre Konsumausgaben vermindern. Zweitens ist von einem **Zinseffekt** einer Änderung des Preisniveaus auszugehen. Dieser Effekt besagt, dass ein höheres Preisniveau die Kaufkraft der Geldbestände von Haushalten und Unternehmen verringert, weswegen es zu einem Anstieg der Zinssätze und einem Rückgang der Investitions- und Konsumausgaben kommt.
3. Die gesamtwirtschaftliche Nachfragekurve verschiebt sich, wenn Änderungen der Erwartungen, Änderungen des Vermögens, die nicht auf Änderungen des Preisniveaus beruhen, und Änderungen des physischen Kapitalbestandes auftreten. Die Wirtschaftspolitik kann durch Einsatz von Fiskal- und Geldpolitik die gesamtwirtschaftliche Nachfragekurve verschieben.
4. Die **gesamtwirtschaftliche Angebotskurve (*AS*-Kurve)** zeigt die Beziehung zwischen dem Preisniveau und der angebotenen gesamtwirtschaftlichen Produktion (gesamtwirtschaftliches Angebot).
5. Die **kurzfristige gesamtwirtschaftliche Angebotskurve (*SRAS*-Kurve)** verläuft steigend von links unten nach rechts oben, weil die **Nominallöhne** kurzfristig **rigide** sind: Kurzfristig führt ein höheres Preisniveau zu einem höheren Stückgewinn und damit zu einer Ausdehnung der Produktion. Der **Nominallohn** ist oft durch Verträge fixiert und gehört daher typischerweise zu den nicht veränderlichen Produktionskosten.
6. Änderungen der Rohstoffpreise, der Nominallöhne und der Produktivität führen zu einer Änderung der Unternehmensgewinne und verschieben die kurzfristige gesamtwirtschaftliche Angebotskurve.
7. Langfristig sind alle Preise einschließlich der Nominallöhne flexibel und die gesamtwirtschaftliche Produktion liegt auf dem Niveau des **Produktionspotenzials** bzw. des **Potenzialoutputs**. Liegt das tatsächliche Niveau der Produktion oberhalb des Produktionspotenzials, dann werden die Nominallöhne als Reaktion auf die geringe Arbeitslosigkeit steigen und die gesamtwirtschaftliche Produktion wird sinken. Übersteigt das Produktionspotenzial das tatsächliche Niveau der Produktion, werden die Nominallöhne schließlich als Reaktion auf die hohe Arbeitslosigkeit sinken und die gesamtwirtschaftliche Produktion wird zunehmen. Daher verläuft die **langfristige gesamtwirtschaftliche Angebots-**

kurve (*LRAS*-Kurve) senkrecht über dem Produktionspotenzial.

8. Im ***AS-AD*-Modell** definiert der Schnittpunkt von kurzfristiger gesamtwirtschaftlicher Angebotskurve und gesamtwirtschaftlicher Nachfragekurve das **kurzfristige makroökonomische Gleichgewicht.** Das kurzfristige makroökonomische Gleichgewicht bestimmt die Höhe des **kurzfristigen gleichgewichtigen Preisniveaus** und des Niveaus der **kurzfristigen gleichgewichtigen gesamtwirtschaftlichen Produktion.**
9. Zu wirtschaftlichen Schwankungen kommt es aufgrund von Verschiebungen der gesamtwirtschaftlichen Angebotskurve (*Angebotsschocks*) oder der gesamtwirtschaftlichen Nachfragekurve (*Nachfrageschocks*). Ein **Nachfrageschock** führt dazu, dass sich Preisniveau und gesamtwirtschaftliche Produktion in die gleiche Richtung verändern, wenn sich die Volkswirtschaft entlang der kurzfristigen gesamtwirtschaftlichen Angebotskurve bewegt. Ein **Angebotsschock** bewirkt, dass sich das Preisniveau und die gesamtwirtschaftliche Produktion in unterschiedliche Richtungen entwickeln, wenn sich die Volkswirtschaft entlang der gesamtwirtschaftlichen Nachfragekurve bewegt. Eine besonders unangenehme ökonomische Lage ist die **Stagflation,** die Kombination von Inflation und sinkender gesamtwirtschaftlicher Produktion, die durch einen negativen Angebotsschock hervorgerufen wird.
10. Nachfrageschocks weisen lediglich kurzfristige Wirkungen auf die gesamtwirtschaftliche Produktion auf, weil in der Wirtschaft langfristig Selbstheilungskräfte wirken. Bei einer **rezessionsbedingten Produktionslücke (Rezessionslücke)** kommt es schließlich zu einem Rückgang der Nominallöhne, der die Wirtschaft zu ihrem **langfristigen makroökonomischen Gleichgewicht** bewegt, wo gesamtwirtschaftliche Produktion und Produktionspotenzial bzw. Potenzialoutput übereinstimmen. Bei einer **inflationären Produktionslücke (inflatorische Lücke)** kommt es schließlich zu einem Anstieg der Nominallöhne, der die Wirtschaft zu ihrem langfristigen makroökonomischen Gleichgewicht bewegt. Die Anpassungsreaktionen der Volkswirtschaft (die **Selbstheilungskräfte**) führen sowohl in einer Situation, in der die gesamtwirtschaftliche Produktion unterhalb des Produktionspotenzials liegt, als auch in einer Situation, in der die gesamtwirtschaftliche Produktion oberhalb des Produktionspotenzials liegt, dazu, dass die entstandene **Produktionslücke** – die prozentuale Differenz zwischen der tatsächlichen gesamtwirtschaftlichen Produktion und dem Produktionspotenzial – langfristig wieder abgebaut wird.
11. Die hohen Kosten einer rezessionsbedingten Produktionslücke, die vor allem durch die Arbeitslosigkeit verursacht werden, und die für die Zukunft zu erwartenden negativen Konsequenzen einer inflationären Produktionslücke veranlassen viele Ökonomen, sich für eine **aktive Stabilisierungspolitik** auszusprechen. Aktive Stabilisierungspolitik bedeutet den Einsatz von Fiskal- oder Geldpolitik zur Bekämpfung von Nachfrageschocks. Maßnahmen der makroökonomischen Wirtschaftspolitik können jedoch auch Nachteile aufweisen, weil sie zu einem langfristigen Anstieg des Budgetdefizits und zur Verdrängung privater Investitionen führen können, was mit einem geringeren langfristigen Wirtschaftswachstum verbunden ist. Außerdem können fehlerhafte Prognosen zu einer Erhöhung der Instabilität in der Wirtschaft beitragen.
12. Negative Angebotsschocks stellen die Wirtschaftspolitik vor ein Dilemma: Eine Politik, die versucht, den Rückgang der gesamtwirtschaftlichen Produktion über eine Stimulierung der gesamtwirtschaftlichen Nachfrage zu bekämpfen, führt tendenziell zu einer höheren Inflationsrate. Und eine Politik, die versucht, die Inflation über eine Verringerung der gesamtwirtschaftlichen Nachfrage zu bekämpfen, vertieft den Wirtschaftseinbruch.

SCHLÜSSELBEGRIFFE

- gesamtwirtschaftliche Nachfragekurve
- Vermögenseffekt
- Zinseffekt
- gesamtwirtschaftliche Angebotskurve
- Nominallohn
- rigide Nominallöhne
- kurzfristige gesamtwirtschaftliche Angebotskurve
- langfristige gesamtwirtschaftliche Angebotskurve
- Produktionspotenzial (Potenzialoutput)
- *AS-AD*-Modell
- kurzfristiges makroökonomisches Gleichgewicht
- kurzfristiges gleichgewichtiges Preisniveau
- kurzfristige gleichgewichtige gesamtwirtschaftliche Produktion
- Nachfrageschock
- Angebotsschock
- Stagflation
- langfristiges makroökonomisches Gleichgewicht
- rezessionsbedingte Produktionslücke (Rezessionslücke)
- Produktionslücke
- inflationäre Produktionslücke (inflatorische Lücke)
- Selbstheilungskräfte
- aktive Stabilisierungspolitik

28 Fiskalpolitik

LERNZIELE

- Was man unter dem Begriff Fiskalpolitik versteht und warum die Fiskalpolitik ein wichtiges Instrument zur Steuerung von gesamtwirtschaftlichen Schwankungen ist.
- Welche Maßnahmen der **expansiven Fiskalpolitik** zuzurechnen sind und welche Maßnahmen zur **restriktiven Fiskalpolitik** zählen.
- Warum die Fiskalpolitik einen Multiplikatoreffekt hat und wie dieser Effekt durch **automatische Stabilisatoren** beeinflusst wird.
- Warum der Staat einen **strukturellen Haushaltssaldo** ermittelt.
- Warum **hohe Staatsschulden** und **indirekte Zahlungsverpflichtungen** des Staates Anlass zur Sorge sein können.

Staatsausgaben zur Krisenbekämpfung

Das Jahr 2020 wurde durch das Coronavirus beherrscht, das sich auf der ganzen Welt ausbreitete. Mehr als 600 Millionen Menschen infizierten sich mit dem Virus und fast 7 Millionen Menschen starben. Die Covid-19-Pandemie hatte verheerende Auswirkungen auf die Weltwirtschaft und führte in vielen Volkswirtschaften zum stärksten Konjunktureinbruch überhaupt.

Als Reaktion auf die Wirtschaftskrise verabschiedete der US-Kongress Ende März 2020 ein Maßnahmenpaket in einem Umfang von 2 Billionen Dollar, das unter anderem Hilfszahlungen und Kredite an Personen, Unternehmen und Krankenhäuser beinhaltete. Ein Hauptziel des Hilfspaketes war die finanzielle Unterstützung von Menschen, die in der Pandemie ihren Arbeitsplatz verloren hatten, weil die Unternehmen aufgrund der eingeführten Abstandsregeln schließen mussten. Im ganzen Land wurden zur Eindämmung des Coronavirus unzählige Restaurants geschlossen und Millionen von Beschäftigten verloren ihren Job.

Das Maßnahmenpaket verfolgte außerdem das Ziel, die Bereiche der Volkswirtschaft zu unterstützen, die weiterhin funktionierten. Es gab guten Grund zu der Annahme, dass die Menschen nach Verlust ihres Arbeitsplatzes ihre Ausgaben für viele Waren und Dienstleistungen stark einschränken würden und damit weitere Entlassungen in der gesamten Volkswirtschaft auslösen könnten. Durch das Hilfspaket erhielten Menschen mit einem (früheren) Jahresgehalt von bis 75.000 Dollar eine Zahlung in Höhe von 1.200 Dollar sowie eine weitere Zahlung für jedes Kind in Höhe von 500 Dollar. Außerdem wurden die Zahlungen an Arbeitslose deutlich erhöht. Beide Maßnahmen zielten darauf ab, die durch die Corona-Maßnahmen (Lockdown) besonders betroffenen Haushalte finanziell zu unterstützen.

Teile des Maßnahmenpaketes können sicherlich auch als Katastrophenhilfe angesehen werden. Dennoch ist dieses Hilfspaket ein klassisches Beispiel für *Fiskalpolitik*, der Versuch einer Steuerung der gesamtwirtschaftlichen Nachfrage durch Änderungen der Staatsausgaben oder der Steuern. In diesem Fall handelte es sich um *expansive Fiskalpolitik*, den Versuch einer Stimulierung der gesamtwirtschaftlichen Nachfrage. Fiskalpolitische Maßnahmen, die auf eine Verringerung der gesamtwirtschaftlichen Nachfrage hinwirken, bezeichnet man als *restriktiv*.

Fiskalpolitische Maßnahmen sind oft umstritten. Als die US-Regierung unter dem damaligen

Präsidenten Obama im Jahr 2009 den *American Recovery and Reinvestment Act* verabschiedete, um mit expansiven fiskalpolitischen Maßnahmen die Folgen der Finanz- und Wirtschaftskrise 2007–2009 zu bekämpfen, gab es Stimmen, die höhere Staatsausgaben in Zeiten einer wirtschaftlichen Notlage für falsch hielten. Diese Kritiker vertraten die Auffassung, dass der Staat in Krisenzeiten seine Ausgaben senken sollte, denn schließlich müssen auch die Haushalte sparen und können weniger ausgeben. Außerdem gab es Bedenken, dass die höheren Staatsausgaben zu größeren Budgetdefiziten führen. Die meisten Makroökonomen halten jedoch expansive fiskalpolitische Maßnahmen in einer Wirtschaftskrise für angemessen.

Dabei ist der Zusatz »in einer Wirtschaftskrise« von entscheidender Bedeutung. Im Jahr 2017, neun Jahre nach dem Konjunkturpaket während der Finanz- und Wirtschaftskrise 2007–2009, verabschiedete die damalige Regierung unter US-Präsident Trump ein Paket von Steuersenkungen. In mancherlei Hinsicht ähnelten diese Maßnahmen dem Konjunkturpaket während der Finanz- und Wirtschaftskrise 2007–2009. Allerdings stießen die Steuersenkungen nur bei wenigen Ökonomen auf Zustimmung, während die Mehrheit der Ökonomen – darunter auch viele, die das Konjunkturprogramm der Obama-Regierung befürwortet hatten – die Maßnahmen ablehnte.

Diese unterschiedliche Bewertung von expansiven fiskalpolitischen Maßnahmen erscheint auf den ersten Blick widersprüchlich. Bei genauerem Hinsehen aber zeigt sich, dass das Konjunkturprogramm der Obama-Regierung in einer Zeit auf den Weg gebracht wurde, als sich die US-amerikanische Volkswirtschaft in einer tiefen Krise befand. Zu Beginn des Jahres 2017 dagegen, als die Trump-Regierung die Steuersenkungen beschloss, befand sich die US-amerikanische Volkswirtschaft auf Wachstumskurs und war kurz davor, Vollbeschäftigung zu erreichen. Diejenigen Ökonomen, die die Steuersenkungen der Trump-Regierung ablehnten, waren der Überzeugung, dass expansive fiskalpolitische Maßnahmen zum falschen Zeitpunkt kontraproduktiv wirken. Sie wussten, dass es bei fiskalpolitischen Maßnahmen auf den richtigen Zeitpunkt ankommt.

In diesem Kapitel werden wir lernen, wie sich die Fiskalpolitik in den gesamtwirtschaftlichen Modellen der Kapitel 26 und 27 abbilden lässt. Dabei werden wir erfahren, warum Haushaltsdefizite und Staatsverschuldung problematisch sein können und warum die Fiskalpolitik aus kurzfristiger und langfristiger Sicht unterschiedlich beurteilt wird.

28.1 Die Grundlagen der Fiskalpolitik

Jeder weiß, dass der Staat viel Geld ausgibt und viele Steuern einnimmt. In **Abbildung 28-1** sind die Staatsausgaben und die Steuereinnahmen als Anteil am BIP für einige Länder mit einem hohen Einkommensniveau für das Jahr 2019 dargestellt. Wie man erkennen kann, ist der staatliche Sektor in Frankreich vergleichsweise groß und nimmt mehr als 50 Prozent der gesamten Volkswirtschaft ein. In den Vereinigten Staaten spielt der Staat eine geringere Rolle als in Japan oder den meisten europäischen Ländern. In vielen modernen Volkswirtschaften ist die Größe des staatlichen Sektors beträchtlich, sodass der Staat eine wichtige Rolle in einer Volkswirtschaft spielt. Änderungen im Staatshaushalt – hervorgerufen durch Änderungen der Staatsausgaben oder der Besteuerung – haben damit eine große Wirkung auf die Volkswirtschaft.

Um diese Auswirkungen genauer zu analysieren, werden wir zunächst klären, wie Steuern und Staatsausgaben die Einkommensströme in der Volkswirtschaft beeinflussen. Danach wollen wir untersuchen, wie Ausgabenänderungen oder Änderungen im Steuersystem auf die gesamtwirtschaftliche Nachfrage wirken.

Steuern, staatliche Güterkäufe, staatliche Transferzahlungen und Kreditaufnahme

In Abbildung 22-1 haben wir das Kreislaufmodell von Einnahmen und Ausgaben in einer Volkswirtschaft dargestellt. Einer der Sektoren in unserem Kreislaufmodell war der Staat. Dem Staat fließen Geldströme in Form von Steuern und Kreditmitteln zu. Kauft der Staat Waren und Dienstleistungen (Güter) und leistet er

Abb. 28-1

Staatsausgaben und Einnahmen aus Steuern und Sozialabgaben für ausgewählte Länder mit hohem Einkommen im Jahr 2019

Die Staatsausgaben und die Einnahmen aus Steuern und Sozialabgaben sind als Prozentsatz des BIP dargestellt. Frankreich hat einen besonders großen staatlichen Sektor, was sich in einem Anteil der Staatsausgaben am BIP von weit über 50 Prozent widerspiegelt. Der staatliche Sektor in den USA ist dagegen kleiner als in den meisten europäischen Ländern.

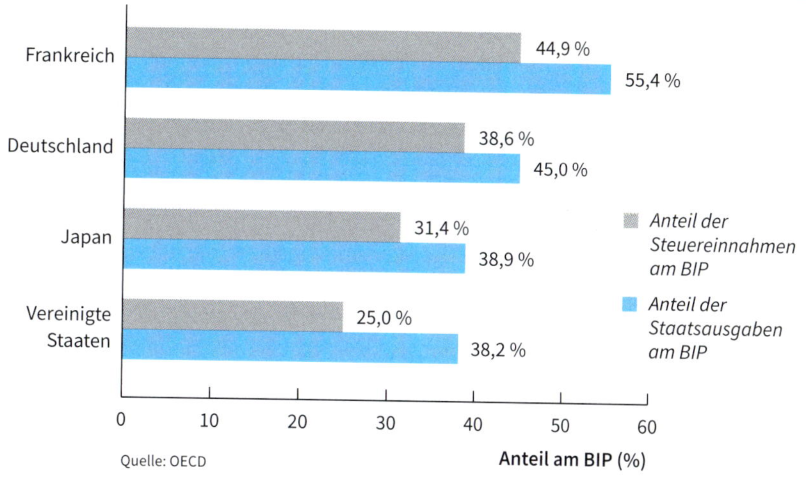

Transferzahlungen an die Haushalte, fließen Geldströme ab.

Welche Steuern haben die Bundesbürger zu zahlen und wohin fließen die Steuerzahlungen? **Abbildung 28-2** zeigt die Zusammensetzung der Steuereinnahmen für die Bundesrepublik Deutschland im Jahr 2021. Steuern sind verpflichtende Zahlungen an den Staat. In der Bundesrepublik Deutschland gibt es Gemeinschaftsteuern, Bundessteuern, Landessteuern und Gemeindesteuern. Zu den wichtigsten Gemeinschaftsteuern gehören die Lohn- und Einkommensteuer und

Abb. 28-2

Die Zusammensetzung der Steuereinnahmen in der Bundesrepublik Deutschland 2021

Die Lohn- und Einkommensteuer, die Umsatzsteuer (inklusive der Einfuhrumsatzsteuer), die Energiesteuer und die Gewerbesteuer machen den Großteil der Steuereinnahmen aus. Bei den restlichen Steuereinnahmen sind vor allem die Körperschaftsteuer, die Tabaksteuer und die Grunderwerbsteuer von Bedeutung.

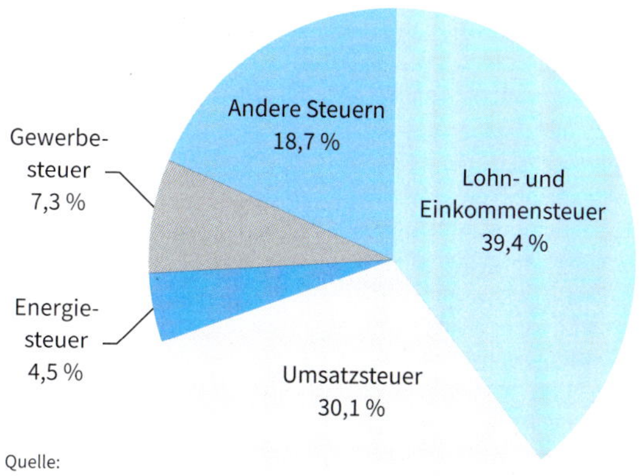

Quelle: Statistisches Bundesamt, Fachserie 14, Reihe 4

die Umsatzsteuer (Mehrwertsteuer), die zu bestimmten Anteilen sowohl dem Bund als auch den Ländern und den Gemeinden zufließen. Einnahmen aus Bundessteuern wie der Energiesteuer, der Tabaksteuer und der Versicherungsteuer gehen allein an den Bund, Einnahmen aus Landessteuern wie der Kraftfahrzeugsteuer oder der Grunderwerbsteuer stehen den Ländern zu. Als Gemeindesteuern stellen die Grundsteuer und die Gewerbesteuer die wichtigste Einnahmequelle für die Gemeinden dar. Insgesamt betrachtet machen die Lohn- und Einkommensteuer, die Umsatzsteuer, die Energiesteuer und die Gewerbesteuer den Großteil der Steuereinnahmen des Staates aus. Bei den restlichen Steuereinnahmen sind vor allem die Körperschaftsteuer, die Tabaksteuer und die Grunderwerbsteuer von Bedeutung.

Das **System der Sozialen Sicherung** umfasst alle Maßnahmen des Staates, die darauf zielen, die Mitglieder der Gesellschaft gegen wirtschaftliche Notlagen abzusichern.

Abbildung 28-3 zeigt die Zusammensetzung der Staatsausgaben in der Bundesrepublik Deutschland im Jahr 2013 (weil die Statistik umgestellt wird, sind keine aktuelleren Daten verfügbar). Die Staatsausgaben setzen sich aus den Ausgaben für den Kauf von Gütern, der Leistung von Transferzahlungen und Aufwendungen für Zinszahlungen durch den Staat zusammen. Beim Kauf von Waren und Dienstleistungen sind zunächst die Ausgaben des Staates für Bildung, Wissenschaft und Forschung sowie für allgemeine Dienste wie Verteidigung und öffentliche Sicherheit zu nennen. Unter den weiteren Ausgaben sind vor allem die Ausgaben für Verkehrs- und Nachrichtenwesen sowie für Energie- und Wasserwirtschaft von Bedeutung. In modernen Volkswirtschaften machen jedoch Transferzahlungen den Großteil der Staatsausgaben aus. In der Bundesrepublik Deutschland entstehen Transferzahlungen hauptsächlich durch Ausgaben des Staates für die Soziale Sicherung, also Ausgaben für die Sozial- einschließlich Arbeitslosenversicherung. Das **System der Sozialen Sicherung** umfasst allgemein alle Maßnahmen des Staates, die darauf zielen, die Mitglieder der Gesellschaft gegen wirtschaftliche Notlagen abzusichern.

Mit weit über 50 Prozent haben die Ausgaben für Soziale Sicherung den größten Anteil an den Ausgaben des Staates in der Bundesrepublik Deutschland. Der größte Teil der Ausgaben für die Soziale Sicherung entsteht durch Transferzahlungen im Rahmen der gesetzlichen Rentenversicherung. Die Zinszahlungen auf die bestehenden Staatsschulden finden sich in den Ausgaben der allgemeinen Finanzwirtschaft wieder.

Auf welche Weise aber beeinflussen nun Staatsausgaben und Steuerpolitik die Volkswirt-

Abb. 28-3

Die Zusammensetzung der Staatsausgaben in der Bundesrepublik Deutschland 2013

Die Ausgaben des Staates teilen sich auf in Ausgaben für den Kauf von Waren und Dienstleistungen (Güter), in Transferzahlungen sowie in Aufwendungen für Zinszahlungen. Beim Kauf von Waren und Dienstleistungen sind zunächst die Ausgaben des Staates für Bildung, Wissenschaft und Forschung sowie für allgemeine Dienste wie Verteidigung und öffentliche Sicherheit zu nennen. Bei den weiteren Ausgaben sind vor allem die Ausgaben für Verkehrs- und Nachrichtenwesen und für Energie- und Wasserwirtschaft von Bedeutung. Transferzahlungen entstehen durch Ausgaben des Staates für die Soziale Sicherung. Die Aufwendungen für Zinszahlungen finden sich in der Ausgabenkategorie Allgemeine Finanzwirtschaft wieder.

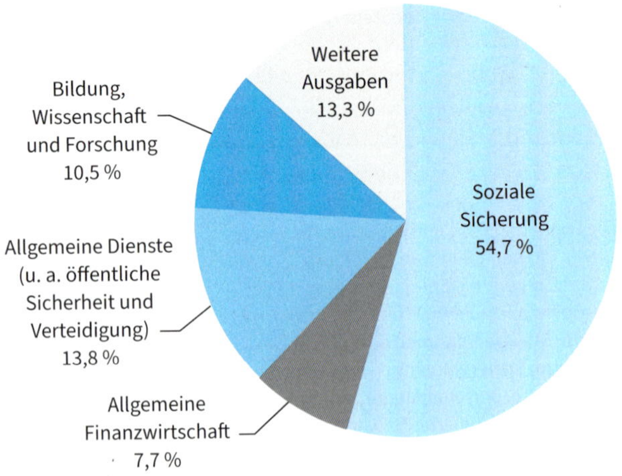

Quelle: Statistisches Bundesamt, Fachserie 14, Reihe 3.

schaft? Die Antwort ist einfach: Steuern und Staatsausgaben haben einen großen Einfluss auf die gesamtwirtschaftliche Nachfrage.

Der Staatshaushalt und die gesamtwirtschaftliche Ausgaben

Rufen wir uns zunächst die grundlegende Gleichung der Volkswirtschaftlichen Gesamtrechnung in Erinnerung:

(28-1) $BIP = C + I + G + X - IM$

Auf der linken Seite der Gleichung steht das BIP, der Wert aller für den Endverbrauch bestimmten Waren und Dienstleistungen, die in der Volkswirtschaft hergestellt werden. Auf der rechten Seite der Gleichung befinden sich die gesamtwirtschaftlichen Ausgaben, also die Gesamtausgaben für alle für den Endverbrauch bestimmten Waren und Dienstleistungen in der Volkswirtschaft. Die gesamtwirtschaftlichen Ausgaben setzten sich aus den Konsumausgaben (C), den Investitionsausgaben (I), den Ausgaben des Staates für Waren und Dienstleistungen (G) sowie dem Wert der Exporte (X) abzüglich des Wertes der Importe (IM) zusammen. Damit sind alle Komponenten der gesamtwirtschaftlichen Nachfrage erfasst.

Eine der Größen auf der rechten Seite der Gleichung (28-1) wird direkt vom Staat gesteuert: die Ausgaben des Staates für Waren und Dienstleistungen (G). Aber das ist nicht die einzige Wirkung, die die Fiskalpolitik auf die gesamtwirtschaftlichen Ausgaben in einer Volkswirtschaft ausübt. Durch Änderungen der Steuern und der Transferzahlungen beeinflusst der Staat auch die Konsumausgaben (C) und in einigen Fällen auch die Investitionsausgaben (I).

Der Einfluss des Staates auf die Konsumausgaben ist leicht zu erkennen, wenn man sich vergegenwärtigt, dass das *verfügbare Einkommen*, das die Haushalte zum Ausgeben zur Verfügung haben, dem Gesamteinkommen aus Löhnen, Dividenden, Sparzinsen und Vermietung *abzüglich* der Steuern und *zuzüglich* der Transferzahlungen entspricht. Damit führen jede Steuererhöhung und jeder Rückgang der Transferzahlungen zu einem *Rückgang* des verfügbaren Einkommens. Und ein Rückgang des verfügbaren Einkommens führt wiederum, wenn alle anderen Einflussgrößen unverändert bleiben, zu einem Rückgang der Konsumausgaben. Umgekehrt verursacht jeder Steuerrückgang und jede Erhöhung der Transferzahlungen einen *Anstieg* des verfügbaren Einkommens und damit auch einen Anstieg der Konsumausgaben.

Die Möglichkeiten des Staates, die Investitionsausgaben zu beeinflussen, sind wesentlich komplexer, sodass wir darauf hier nicht näher eingehen wollen. Wichtig ist es zu wissen, dass der Staat Gewinne besteuert und eine Veränderung der steuerlichen Regelungen den Anreiz zum Investieren erhöhen oder vermindern kann.

Da der Staat selbst eine Komponente der gesamtwirtschaftlichen Nachfrage in der Volkswirtschaft stellt und außerdem über Steuern und Transferzahlungen die Konsumausgaben und die Investitionsausgaben beeinflussen kann, besitzt der Staat die Möglichkeit, durch Änderungen der Steuern oder der Staatsausgaben die *gesamtwirtschaftliche Nachfragekurve zu verschieben*. Wie wir bereits im Kapitel 27 erfahren haben, kann es gute Gründe dafür geben, die gesamtwirtschaftliche Nachfragekurve zu verschieben.

Expansive und restriktive Fiskalpolitik

Welche Motive hat der Staat, die gesamtwirtschaftliche Nachfragekurve zu verschieben? Der Staat könnte versuchen, eine rezessionsbedingte Produktionslücke zu schließen, die dadurch entstanden ist, dass die gesamtwirtschaftliche Produktion unter das Produktionspotenzial gefallen ist. Oder der Staat könnte versuchen, eine inflationäre Produktionslücke zu beseitigen, die dadurch entstanden ist, dass die gesamtwirtschaftliche Produktion über das Produktionspotenzial angestiegen ist.

Abbildung 28-4 stellt eine Situation dar, in der die Volkswirtschaft von einer rezessionsbedingten Produktionslücke betroffen ist. Dabei spiegeln *SRAS* die kurzfristige gesamtwirtschaftliche Angebotskurve, *LRAS* die langfristige gesamtwirtschaftliche Angebotskurve und AD_1 die gesamtwirtschaftliche Nachfragekurve wider. Im Ausgangspunkt der Analyse, dem kurzfristigen makroökonomischen Gleichgewicht E_1, liegt die gesamtwirtschaftliche Produktion Y_1 unterhalb des Produktionspotenzials Y_P. In einem derartigen Fall würde der Staat bestrebt sein, die gesamtwirtschaftliche Nachfrage zu erhöhen und dadurch die gesamtwirtschaftliche Nachfragekurve nach rechts zu AD_2 zu verschieben. Auf diese

Abb. 28-4

Expansive Fiskalpolitik kann eine rezessionsbedingte Produktionslücke schließen

Im Schnittpunkt E_1 der gesamtwirtschaftlichen Nachfragekurve AD_1 und der kurzfristigen gesamtwirtschaftlichen Angebotskurve *SRAS* befindet sich die Volkswirtschaft im kurzfristigen makroökonomischen Gleichgewicht. In diesem Punkt herrscht eine rezessionsbedingte Produktionslücke in Höhe von $Y_P - Y_1$. Expansive Fiskalpolitik – ein Anstieg der Staatsausgaben für Waren und Dienstleistungen, eine Steuerreduktion oder ein Anstieg der staatlichen Transferzahlungen – verschiebt die Kurve der gesamtwirtschaftlichen Nachfrage nach rechts. Durch die Verschiebung von AD_1 zu AD_2 wird die rezessionsbedingte Produktionslücke geschlossen und die Volkswirtschaft bewegt sich zu einem neuen Gleichgewichtspunkt E_2, der das langfristige makroökonomische Gleichgewicht der Volkswirtschaft widerspiegelt.

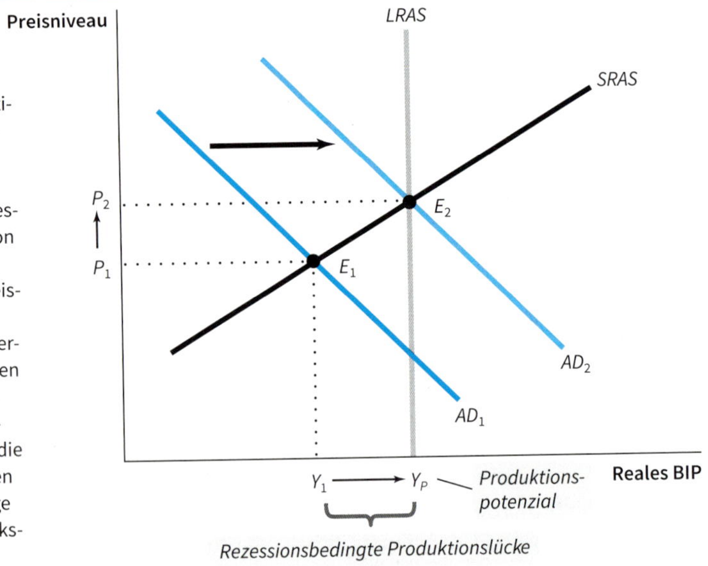

Weise würde die gesamtwirtschaftliche Produktion auf das Niveau des Produktionspotenzials ansteigen. Eine Fiskalpolitik, die zu einer Erhöhung der gesamtwirtschaftlichen Nachfrage führt, wird als **expansive Fiskalpolitik** bezeichnet. Dabei unterscheidet man drei Formen:

Eine **expansive Fiskalpolitik** erhöht die gesamtwirtschaftliche Nachfrage.

1. ein Anstieg der Ausgaben des Staates für den Kauf von Waren und Dienstleistungen,
2. eine Steuersenkung,
3. eine Erhöhung der staatlichen Transferzahlungen.

Der *American Recovery and Reinvestment Act* vom Februar 2009 war eine Kombination dieser drei Formen. Gleiches gilt für die Konjunkturpakete I und II, die die Bundesregierung Ende 2008 und Anfang 2009 zur Stabilisierung der gesamtwirtschaftlichen Entwicklung in Deutschland auf den Weg gebracht hat.

Abbildung 28-5 zeigt den entgegengesetzten Fall einer inflationären Produktionslücke. Wiederum spiegelt *SRAS* die kurzfristige gesamtwirtschaftliche Angebotskurve, *LRAS* die langfristige gesamtwirtschaftliche Angebotskurve und AD_1 die gesamtwirtschaftliche Nachfragekurve wider. Im Ausgangspunkt der Analyse, dem kurzfristigen makroökonomischen Gleichgewicht E_1, liegt die gesamtwirtschaftliche Produktion Y_1 oberhalb des Produktionspotenzials Y_P. Wie wir in den nachfolgenden Kapiteln noch erfahren werden, sind Politiker oft bestrebt, Inflation durch eine Beseitigung der inflationären Produktionslücke abzuwenden. Zur Beseitigung der inflationären Produktionslücke in Abbildung 28-5 muss die Fiskalpolitik die gesamtwirtschaftliche Nachfrage senken und auf diese Weise die gesamtwirtschaftliche Nachfragekurve nach links zu AD_2 verschieben. Dies würde die gesamtwirtschaftliche Produktion senken und an das Niveau des Produktionspotenzials anpassen. Eine Fiskalpolitik, die zu einer Senkung der gesamtwirtschaftlichen Nachfrage führt, wird als **restriktive Fiskalpolitik** bezeichnet. Die Umsetzung einer restriktiven Fiskalpolitik erfolgt in der Regel durch

Eine **restriktive Fiskalpolitik** senkt die gesamtwirtschaftliche Nachfrage.

1. einen Rückgang der Staatsausgaben für Waren und Dienstleistungen,
2. durch eine Steuererhöhung oder
3. eine Kürzung der staatlichen Transferzahlungen.

Abb. 28-5

Restriktive Fiskalpolitik kann eine inflationäre Produktionslücke schließen

Im Schnittpunkt E_1 der gesamtwirtschaftlichen Nachfragekurve AD_1 und der kurzfristigen gesamtwirtschaftlichen Angebotskurve *SRAS* befindet sich die Volkswirtschaft im kurzfristigen makroökonomischen Gleichgewicht. In diesem Punkt herrscht eine inflationäre Produktionslücke in Höhe von $Y_1 - Y_P$. Restriktive Fiskalpolitik – reduzierte Staatsausgaben für Waren und Dienstleistungen, eine Steuererhöhung oder eine Senkung der staatlichen Transferzahlungen – verschiebt die Kurve der gesamtwirtschaftlichen Nachfrage nach links. Durch die Verschiebung von AD_1 zu AD_2 wird die inflationäre Produktionslücke geschlossen und die Volkswirtschaft bewegt sich zu einem neuen Gleichgewichtspunkt E_2, der das langfristige makroökonomische Gleichgewicht der Volkswirtschaft widerspiegelt.

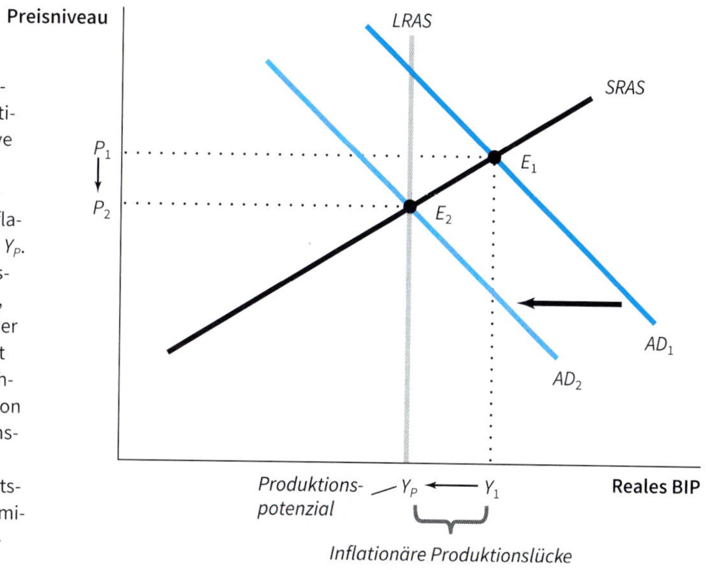

Ein klassisches Beispiel für eine restriktive Fiskalpolitik vollzog sich in den USA im Jahr 1968, als der damalige US-Präsident Lyndon Johnson eine vorübergehende Erhöhung der Einkommensteuer durchsetzte, sodass die Einkommensteuersumme für jeden Bürger um 10 Prozent anstieg. Er versuchte außerdem die staatlichen Ausgaben für Waren und Dienstleistungen zurückzufahren, die infolge des Vietnamkrieges stark angestiegen waren.

Kann expansive Fiskalpolitik tatsächlich funktionieren?

In der Praxis ist die Anwendung fiskalpolitischer Maßnahmen – insbesondere von expansiven fiskalpolitischen Maßnahmen zur Beseitigung einer rezessionsbedingten Produktionslücke – oft heftig umstritten. Die Ursachen für diese Kontroversen werden wir im Kapitel 33 näher beleuchten. Jetzt wollen wir uns darauf konzentrieren, die zentralen Streitpunkte zum Thema expansive Fiskalpolitik zusammenzutragen, damit wir verstehen können, in welchen Situationen die Kritik gerechtfertigt ist und wann nicht.

Ganz allgemein gibt es drei Argumente gegen den Einsatz einer expansiven Fiskalpolitik:

1. Staatsausgaben führen immer zur Verdrängung von privaten Ausgaben.
2. Die staatliche Kreditaufnahme verdrängt immer private Investitionsausgaben.
3. Haushaltsdefizite führen zu einer geringeren privaten Ersparnis.

Auch wenn der erste Kritikpunkt grundsätzlich falsch ist, spielt er in öffentlichen Debatten eine große Rolle. Der zweite Kritikpunkt ist dagegen unter bestimmten Umständen gerechtfertigt. Und der dritte Kritikpunkt weist zwar auf einen wichtigen Zusammenhang hin, liefert aber keine gute Begründung dafür, warum expansive Fiskalpolitik nicht funktionieren soll.

Behauptung 1: »Staatsausgaben führen immer zur Verdrängung von privaten Ausgaben«.

Es gibt Stimmen, die behaupten, dass eine expansive Fiskalpolitik unter keinen Umständen zu einer Erhöhung der gesamtwirtschaftlichen Ausgaben führen und damit auch nicht für eine Erhöhung des gesamtwirtschaftlichen Einkommens sorgen kann. Dabei wird argumentiert: »Jeder Euro, den der Staat ausgibt, ist ein Euro, der dem privaten Sektor entzogen wurde. Damit muss jede Erhöhung der Staatsausgaben durch einen Rückgang der privaten Ausgaben ausgeglichen werden.« Mit anderen Worten: Jeder Euro, den Staat ausgibt, *verdrängt* einen Euro an privaten Ausgaben.

Was stimmt nicht an dieser Ansicht? Nun, diese Behauptung unterstellt, dass die Ressourcen in der Volkswirtschaft stets voll ausgelastet sind und dass das gesamtwirtschaftliche Einkommen immer ein fester Betrag ist. Und das stimmt nicht. Insbesondere dann, wenn sich die Volkswirtschaft in einer rezessionsbedingten Produktionslücke befindet, gibt es freie Ressourcen in der Volkswirtschaft, sodass das gesamtwirtschaftliche Einkommen unter seinem potenziellen Niveau liegt. In einer derartigen Situation führt expansive Fiskalpolitik dazu, dass die freien Ressourcen im Produktionsprozess eingesetzt und auf diese Weise höhere Ausgaben ausgelöst und ein höheres Einkommen erzeugt werden. Staatsausgaben führen nur dann zu einer Verdrängung der privaten Ausgaben, wenn die Volkswirtschaft bei Vollbeschäftigung agiert. Damit ist die Behauptung, dass Staatsausgaben immer zur Verdrängung von privaten Ausgaben führen, grundsätzlich falsch.

Behauptung 2: »Die staatliche Kreditaufnahme verdrängt immer private Investitionsausgaben«. In einer Situation, in der der Staat finanzielle Mittel, die ansonsten zur Finanzierung von privaten Investitionsausgaben genutzt worden wären, für sich beansprucht, kommt es zu einer Verdrängung von privaten Investitionsausgaben. Das haben wir im Kapitel 25 gelernt. Aber führt eine staatliche Kreditaufnahme wirklich immer zu einer Verdrängung der privaten Investitionsausgaben?

Auch hier kommt es, ganz ähnlich wie bei Behauptung 1, darauf an, ob sich die Volkswirtschaft in einer schweren Wirtschaftskrise befindet oder nicht. Gibt es keine Wirtschaftskrise, dann führt eine höhere staatliche Kreditaufnahme über eine höhere Kreditnachfrage zu steigenden Zinsen, die die privaten Investitionsausgaben zurückdrängen. Befindet sich die Volkswirtschaft dagegen in einer tiefen Wirtschaftskrise, dann ist eine Verdrängung von privaten Investitionsausgaben weniger wahrscheinlich. Agiert die Volkswirtschaft deutlich unter dem Vollbeschäftigungsniveau, führt eine expansive Fiskalpolitik zu höheren Einkommen, sodass die Ersparnisse bei jedem Zinsniveau steigen. Durch die höheren Ersparnisse kann der Staat zusätzlich Kredite aufnehmen, ohne das Zinsniveau nach oben zu bewegen. Genau das war beim US-amerikanischen Konjunkturpaket der Fall. Obwohl die staatliche Kreditaufnahme in den Vereinigten Staaten stark angestiegen war, blieben die Zinssätze auf einem historisch niedrigen Niveau. Damit führt eine staatliche Kreditaufnahme nur dann zu einer Verdrängung von privaten Investitionsausgaben, wenn sich die Volkswirtschaft auf Vollbeschäftigungsniveau befindet. Das ist auch der Grund, warum viele Ökonomen die Steuersenkungen im Jahr 2017 nicht befürwortet haben.

Behauptung 3: »Haushaltsdefizite führen zu einer geringeren privaten Ersparnis«. Bleiben alle anderen Umstände unverändert, dann ist eine expansive Fiskalpolitik unweigerlich mit einem größeren Haushaltsdefizit und höheren Staatsschulden verbunden. Steigt die Staatsverschuldung, dann wird der Staat irgendwann gezwungen sein, die Steuern zu erhöhen, um durch höhere Einnahmen die Schulden zurückzuzahlen. Folgt man dem dritten Argument gegen eine expansive Fiskalpolitik, dann werden die Verbraucher wissen, dass sie in der Zukunft höhere Steuern zahlen müssen, um die höhere Verschuldung zurückzuzahlen. Sie werden aus diesem Grund bereits heute ihre Ausgaben reduzieren, um zu sparen. Dieser Zusammenhang wurde erstmals von David Ricardo, einem bedeutenden Ökonomen aus dem 19. Jahrhundert thematisiert, und ist als Ricardianische Äquivalenz (oder auch Ricardianisches Äquivalenztheorem) bekannt. Auf dieses Argument wird oft zurückgegriffen, um zu beweisen, dass expansive Fiskalpolitik keine Auswirkungen auf die Volkswirtschaft hat, da die vorausblickenden Konsumenten jegliche expansiven Eingriffe des Staates konterkarieren (das Gleiche gilt natürlich auch im Fall einer restriktiven Fiskalpolitik).

Tatsächlich ist es jedoch mehr als zweifelhaft, dass die Verbraucher wirklich diesen Weitblick haben und ihre Ausgaben entsprechend diszipliniert anpassen. Erhalten die Menschen mehr Geld (durch expansive Fiskalpolitik), dann werden die meisten von ihnen zumindest einen Teil davon ausgeben. Selbst wenn die expansive Fiskalpolitik auf vorübergehende Steuererleichterungen oder Transferzahlungen an die Konsumenten setzt, kommt es mit großer Wahrscheinlichkeit zu einem expansiven Effekt.

Außerdem lässt sich auch bei Annahme der Ricardianischen Äquivalenz zeigen, dass ein vorübergehender Anstieg der Staatsausgaben durch den Kauf von Waren und Dienstleistungen (wie z. B. ein Infrastrukturprogramm zur Verbesserung der Straßen) kurzfristig zu einem Anstieg der gesamtwirtschaftlichen Ausgaben führt. Wenn die Verbraucher mit dem Wissen um höhere Steuern in der Zukunft ihre laufenden Ausgaben einschränken, so wird sich dieser Ausgabenverzicht über einen längeren Zeitraum erstrecken, da die Verbraucher über einen gewissen Zeitraum für ihre zukünftigen Steuerzahlungen sparen. Die Ausgabenerhöhung durch den Staat zielt dagegen darauf ab, die Volkswirtschaft so schnell wie möglich zu stützten.

Auch wenn die Effekte, die durch die Ricardianische Äquivalenz beschrieben werden, die Wirkung einer expansiven Fiskalpolitik begrenzen, passt die Behauptung, dass Fiskalpolitik dadurch komplett wirkungslos bleibt, nicht zum tatsächlichen Verhalten der Konsumenten. Es gibt auch keinen Grund zu glauben, dass ein Anstieg der Staatsausgaben ohne jede Wirkung bleiben soll. Letzten Endes liefert die Ricardianische Äquivalenz kein stichhaltiges Argument gegen eine expansive Fiskalpolitik.

Fazit. Wie erfolgreich eine expansive Fiskalpolitik ist, hängt maßgeblich von den äußeren Umständen ab. Befindet sich die Volkswirtschaft in einer schweren Wirtschaftskrise – wie z. B. während der Wirtschaftskrise 2009 –, dann liegt eine Situation vor, in der expansive fiskalpolitische Maßnahmen die gesamtwirtschaftliche Entwicklung stützen können. Herrscht dagegen Vollbeschäftigung, so wie es im Jahr 2017 den Anschein hatte, dann ist eine expansive Fiskalpolitik der falsche Politikansatz. Es kommt zur Verdrängung von privaten Ausgaben, die konjunkturelle Entwicklung überhitzt und die Inflation steigt. Im Nachhinein zeigte sich allerdings, dass die US-amerikanische Volkswirtschaft im Jahr 2017 noch ein Stück von der Vollbeschäftigung entfernt gewesen war, sodass die negativen Effekte der expansiven Maßnahme kaum sichtbar wurden.

Eine Warnung: Wirkungsverzögerungen in der Fiskalpolitik

Mit Blick auf die Abbildungen 28-4 und 28-5 scheint es klar, dass der Staat eine aktive Fiskalpolitik betreiben sollte – eine expansive Fiskalpolitik im Fall einer rezessionsbedingten Produktionslücke und eine restriktive Fiskalpolitik im Fall einer inflationären Produktionslücke. Viele Ökonomen warnen jedoch vor einer allzu aktiven Fiskalpolitik. Wenn der Staat zur Stabilisierung zu stark in die Volkswirtschaft eingreift, entweder durch Geld- oder durch Fiskalpolitik, so argumentieren sie, ist die Volkswirtschaft am Ende weniger stabil als vorher.

Die Warnungen der Ökonomen vor einem zu starken Einsatz der Geldpolitik werden wir im Kapitel 30 beleuchten. Im Hinblick auf die Fiskalpolitik verweisen die Ökonomen darauf, dass die Fiskalpolitik erhebliche *Wirkungsverzögerungen* aufweist. Um die Ursachen von Wirkungsverzögerungen besser zu verstehen, wollen wir uns anschauen, was alles passieren muss, bevor der Staat zur Bekämpfung einer rezessionsbedingten Produktionslücke seine Ausgaben erhöht.

1. Zunächst einmal muss der Staat feststellen, dass es eine rezessionsbedingte Produktionslücke gibt. Die Sammlung und Auswertung der entsprechenden Wirtschaftsdaten nimmt einige Zeit in Anspruch, sodass eine Rezession in der Regel erst Monate, nachdem sie begonnen hat, erkannt wird.
2. Dann muss der Staat einen Ausgabenplan erstellen, was wiederum einige Monate in Anspruch nimmt, da die Politiker Zeit brauchen, um darüber zu diskutieren, wie das Geld ausgegeben werden soll, und dann die entsprechenden gesetzlichen Regelungen beschließen müssen.
3. Und dann vergeht natürlich auch noch Zeit, bis das Geld tatsächlich ausgegeben ist. Der Bau einer neuen Straße beginnt beispielsweise mit Planungsarbeiten, für die keine großen Geldsummen fließen. Es dauert also einige Zeit, bis die großen Ausgaben auch wirklich getätigt werden.

Aufgrund dieser Verzögerungen kann der Versuch, eine rezessionsbedingte Produktionslücke durch höhere Staatsausgaben zu bekämpfen, so viel Zeit in Anspruch nehmen, dass aus der rezessionsbedingten Produktionslücke eine inflationäre Produktionslücke geworden ist, bis die Fiskalpolitik wirkt. In diesem Fall würde die Fiskalpolitik die Lage verschlechtern und nicht verbessern.

Das bedeutet nun aber nicht, dass Fiskalpolitik überhaupt nicht aktiv genutzt werden sollte. Zu Beginn des Jahres 2009 gab es gute Gründe für die Annahme, dass sich die US-amerikanische Volkswirtschaft in einer tiefen und lang andauernden Krise befand, und dass die Maßnahmen des Konjunkturpaketes zu den erwünschten Effekten auf die gesamtwirtschaftliche Nachfrage führen wür-

WISSENSCHAFT UND PRAXIS

Zwei Konjunkturpakete im Vergleich

Es gab große Ähnlichkeiten zwischen dem Konjunkturprogramm der Obama-Regierung während der Finanz- und Wirtschaftskrise 2007–2009 und den fiskalpolitischen Maßnahmen (wie z. B. Steuersenkungen und zusätzliche Staatsausgaben zum Ausbau der Infrastruktur), die die Trump-Regierung im Jahr 2017 auf den Weg gebracht hat. Dennoch beurteilten viele Ökonomen, die das Konjunkturprogramm unter US-Präsident Obama befürwortet hatten, die Maßnahmen der Trump-Regierung skeptisch, da sich die Lage der US-amerikanischen Volkswirtschaft zwischen 2009 und 2017 grundlegend geändert hatte.

Abbildung 28-6 zeigt zwei Wirtschaftsindikatoren, die in der Diskussion um die fiskalpolitischen Maßnahmen in beiden Fällen eine große Rolle gespielt haben. Der eine Indikator ist die Arbeitslosenquote, der andere Indikator die Kündigungsquote, die den Anteil der Beschäftigten an allen Erwerbspersonen zeigt, die jeden Monat von sich aus kündigen. Die Kündigungsquote wird allgemein als ein zuverlässiger Indikator für die Lage am Arbeitsmarkt angesehen. Je schlechter die Lage am Arbeitsmarkt ist (je geringer die Chancen eingeschätzt werden, eine neue Stelle zu finden), desto weniger Beschäftigte werden von sich aus kündigen. Die Kündigungsquote kann damit Schlussfolgerungen, die man aus der Höhe der Arbeitslosenquote für die Lage am Arbeitsmarkt zieht, zusätzlich fundieren.

In Abbildung 28-6 ist zu erkennen, dass die US-amerikanische Volkswirtschaft zu Beginn des Jahres 2009 alle Anzeichen einer tiefen Krise zeigte, mit einer hohen und weiter steigenden Arbeitslosenquote und einer niedrigen und weiter sinkenden Kündigungsquote. Ende 2017 dagegen, als die Steuersenkungen zu wirken begannen, sah die Lage grundsätzlich anders aus. Die Arbeitslosenquote war niedrig, und die hohe Kündigungsquote zeigte, dass es viele freie Jobs gab.

Dieser Unterschied verdeutlicht, dass es für expansive fiskalpolitische Maßnahmen im Jahr 2017 deutlich weniger gute Gründe gab als im Jahr 2009. Im Gegenteil, es ist sogar wahrscheinlich, dass im Jahr 2017 die höheren Staatsausgaben durch die höhere Staatsverschuldung private Investitionsausgaben verdrängt haben. Für die Maßnahmen der Trump-Regierungen lassen sich sicherlich gute Gründe finden. Aber angesichts der gesamtwirtschaftlichen Begleitumstände war die Gefahr von unerwünschten Nebenwirkungen deutlich größer als in 2009.

Abb. 28-6: Die Lage der US-amerikanischen Volkswirtschaft im Jahr 2009 und im Jahr 2017

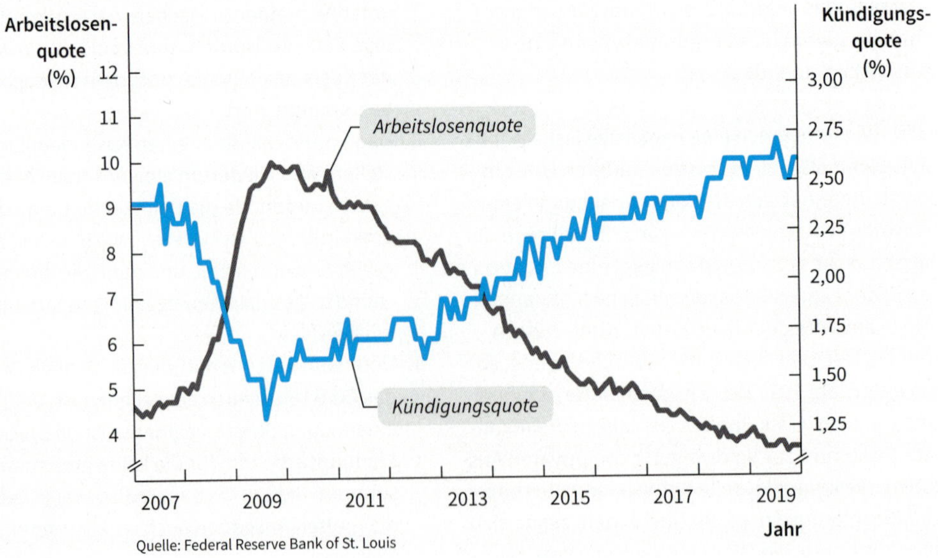

Quelle: Federal Reserve Bank of St. Louis

den. Es zeigte sich letztlich sogar, dass die Wirkung der verabschiedeten Maßnahmen nicht einmal so lange anhielt, bis die US-amerikanische Volkswirtschaft die Krise wirklich überwunden hatte. Aber das Problem der Wirkungsverzögerung macht den Einsatz von Geld- und Fiskalpolitik wesentlich komplizierter, als es unsere einfache Analyse vermuten lässt.

Kurzzusammenfassung

- Die Fiskalpolitik beeinflusst die gesamtwirtschaftliche Nachfrage durch Staatsausgaben und durch Steuern. Staatsausgaben können entweder in Form von staatlichen Ausgaben für den Kauf von Waren und Dienstleistungen oder in Form von Transferzahlungen erfolgen. Ausgaben für das **System der Sozialen Sicherung** stellen in Deutschland den größten Teil der staatlichen Transferzahlungen dar.
- Der Staat kann die Staatsausgaben G direkt sowie die Konsumausgaben C und die Investitionsausgaben I indirekt über Steuern und Transferzahlungen beeinflussen.
- Der Anstieg der Staatsausgaben für Waren und Dienstleistungen, Steuersenkungen und erhöhte Transferzahlungen sind die drei grundlegenden Maßnahmen einer **expansiven Fiskalpolitik**. Sinkende Staatsausgaben für Waren und Dienstleistungen, Steuererhöhungen und reduzierte Transferzahlungen sind die drei grundlegenden Maßnahmen einer **restriktiven Fiskalpolitik**.
- Die Kritik an der Wirksamkeit einer expansiven Fiskalpolitik, die an der ausgelösten Verdrängung von privaten Ausgaben ansetzt, ist nur dann gerechtfertigt, wenn sich die Volkswirtschaft auf Vollbeschäftigungsniveau befindet. Die Behauptung, dass eine Fiskalpolitik aufgrund der Ricardianischen Äquivalenz ohne Wirkung bleibt, da die Konsumenten ihre laufenden Ausgaben kürzen, um für höhere Steuerzahlungen in der Zukunft zu sparen, scheint sich in der Praxis nicht zu bewahrheiten. Unbestritten ist, dass aufgrund von unvermeidbaren Verzögerungen in der Formulierung und Durchsetzung fiskalpolitischer Maßnahmen aktive Fiskalpolitik die Volkswirtschaft destabilisieren kann.

ÜBERPRÜFEN SIE IHR WISSEN

1. Entscheiden Sie für jeden der folgenden Fälle, ob es sich um eine expansive oder um eine restriktive Fiskalpolitik handelt.

a. Eine Reihe von Standorten der Bundeswehr, an denen mehrere Tausend Menschen beschäftigt sind, wird geschlossen.

b. Der Bezugszeitraum für Arbeitslosengeld wird verlängert.

c. Die Energiesteuer wird erhöht.

2. Erklären Sie, warum im Fall von Naturkatastrophen wie Überschwemmungen eine Soforthilfe des Staates die Volkswirtschaft besser stabilisiert als eine entsprechende gesetzliche Regelung.

3. Ist die folgende Aussage wahr oder falsch? Begründen Sie Ihre Antwort. »Wenn sich der Staat ausdehnt, geht der private Sektor zurück. Und wenn der Staat zurückgeht, wächst der private Sektor.«

28.2 Fiskalpolitik und der Multiplikator

Expansive Fiskalpolitik, wie die Konjunkturpakete 2009 in den Vereinigten Staaten und in der Bundesrepublik Deutschland Ende 2008 und Anfang 2009, verschiebt die gesamtwirtschaftliche Nachfragekurve nach rechts. Dagegen führt eine restriktive Fiskalpolitik zu einer Linksverschiebung der gesamtwirtschaftlichen Nachfragekurve. Für die politischen Entscheidungsträger reicht es jedoch nicht aus nur zu wissen, in welche Richtung sich die gesamtwirtschaftliche Nachfragekurve verschiebt. Sie müssen eine Vorstellung davon haben, um welchen Betrag sich die Kurve infolge einer bestimmten wirtschaftspolitischen Maßnahme verschiebt. Um dieses Ausmaß zu ermitteln, greift man auf das Multiplikatorprinzip zurück, das wir im Kapitel 26 eingeführt haben.

Multiplikatoreffekte durch eine Erhöhung der staatlichen Güterkäufe

Nehmen wir an, der Staat entschließt sich dazu, 50 Milliarden Euro für den Bau neuer Straßen und Brücken auszugeben. Der zusätzliche Kauf von Waren und Dienstleistungen durch den Staat wird die gesamtwirtschaftlichen Ausgaben in der Volkswirtschaft zunächst um genau 50 Milliarden Euro erhöhen. Wie wir jedoch im Kapitel 26 gelernt haben, gibt es noch einen indirekten Effekt, da die zusätzlichen Staatsausgaben eine Kette von Folgereaktionen auslösen. Die Unternehmen, die die Waren und Dienstleistungen herstellen, die der Staat kauft, realisieren dadurch Einnahmen, die den Haushalten in Form von Löhnen, Gewinnen, Zinsen und Mieteinnahmen zufließen. Dieser Anstieg des verfügbaren Einkommens wird zu einem Anstieg der Konsumausgaben führen. Die erhöhten Konsumausgaben veranlassen wiederum die Unternehmen, mehr Waren und Dienstleistungen zu produzieren, was zu einem weiteren Anstieg des verfügbaren Einkommens beiträgt. Mit dem Anstieg des verfügbaren Einkommens erhöhen sich wieder die Konsumausgaben und der Prozess beginnt von neuem.

Das Multiplikatorprinzip ist uns bekannt, und der *Multiplikator* ergibt sich durch das Verhältnis zwischen der Änderung des realen BIP, ausgelöst durch eine autonome Änderung der gesamtwirtschaftlichen Ausgaben, und der Größe dieser autonomen Änderung. Ein Beispiel für einen autonomen Anstieg der gesamtwirtschaftlichen Ausgaben ist ein Anstieg der Staatsausgaben für Güterkäufe.

Im Kapitel 26 haben wir den einfachen Fall einer Welt ohne Steuern und Außenhandel betrachtet, in der jede Änderung im realen BIP unmittelbar den Haushalten zufließt. Wir haben weiterhin unterstellt, dass das Preisniveau konstant ist, sodass jeder Anstieg des nominalen BIP auch gleichzeitig einen Anstieg des realen BIP bedeutet, und dass das Zinsniveau konstant ist. In diesem Fall ist der Multiplikator $1/(1 - MPC)$. Dabei steht, wie wir bereits wissen, *MPC* für die *marginale Konsumquote*, die angibt, welcher Teil eines zusätzlichen Euro an verfügbarem Einkommen ausgegeben wird. Beträgt die marginale Konsumquote beispielsweise 0,5, so hat der Multiplikator den Wert $1/(1 - 0{,}5) = 1/0{,}5 = 2$. Bei einem Multiplikator von 2 erhöht der Anstieg der Staatsausgaben für Waren und Dienstleistungen in Höhe von 50 Milliarden Euro die gesamtwirtschaftliche Nachfrage um den Betrag von 100 Milliarden Euro. Vom Gesamtanstieg in Höhe von 100 Milliarden Euro sind 50 Milliarden Euro auf den direkten Effekt durch den Anstieg von *G* und die verbleibenden 50 Milliarden Euro auf den ausgelösten Anstieg der Konsumausgaben zurückzuführen.

Und was passiert, wenn die Staatsausgaben nicht erhöht, sondern stattdessen gesenkt werden? Die Mathematik zur Berechnung der Auswirkung ist die gleiche, nur diesmal mit einem Minuszeichen davor. Bei einem Rückgang der Staatsausgaben für Waren und Dienstleistungen um 50 Milliarden Euro und einer marginalen Konsumquote von 0,5 fällt das reale BIP um den Betrag von 100 Milliarden Euro.

Multiplikatoreffekte durch eine Änderung der staatlichen Transferzahlungen und der Steuern

Expansive oder restriktive Fiskalpolitik muss nicht über eine Änderung der Staatsausgaben für Waren und Dienstleistungen erfolgen. Der Staat kann auch die Höhe der Transferzahlungen oder die Höhe der Steuern ändern. Die Verschiebung der gesamtwirtschaftlichen Nachfragekurve fällt bei einer Änderung der Transferzahlungen oder Steuern jedoch *geringer* aus als bei einer Änderung der Staatsausgaben für Waren und Dienstleistungen.

Um die Ursache dafür zu verstehen, wollen wir uns zunächst vorstellen, dass der Staat die 50 Milliarden Euro nicht für den Bau von Brücken und Straßen ausgibt, sondern stattdessen den Betrag direkt an die Haushalte in Form von Transferzahlungen weitergibt. In diesem Fall gibt es zunächst keinen direkten Effekt auf die gesamtwirtschaftliche Nachfrage wie im Fall einer Änderung der Staatsausgaben für Waren und Dienstleistungen. Das reale BIP steigt nur deshalb an, weil ein Teil der 50 Milliarden Euro von den Haushalten ausgegeben wird, aber wahrscheinlich nicht alles.

In **Tabelle 28-1** werden die Effekte von zwei expansiven fiskalpolitischen Maßnahmen bei einer marginalen Konsumquote von 0,5 miteinander verglichen: der direkte Kauf von Gütern durch den Staat in Höhe von 50 Milliarden Euro und die Erhöhung der Transferzahlungen durch den Staat an die Haushalte in Höhe von 50 Milliarden Euro. In beiden Fällen gibt es eine unmittelbare Wirkung auf das reale BIP, entweder durch die Güterkäufe des Staates oder durch Ausgaben der Haushalte als Reaktion auf die höheren Transferzahlungen und Folgewirkungen, da der Anstieg des realen BIP zu einem Anstieg des verfügbaren Einkommens führt.

Die unmittelbare Wirkung auf das reale BIP ist bei einer Erhöhung der Transferzahlungen jedoch kleiner. Da wir eine marginale Konsumquote von 0,5 unterstellen, werden nur 25 Milliarden Euro von den 50 Milliarden Euro Transferzahlungen ausgegeben. Die anderen 25 Milliarden Euro werden gespart. Dadurch sind aber auch die Folgewirkungen auf das reale BIP kleiner. Letzten Endes führt die Erhöhung der Transferzahlungen in Höhe von 50 Milliarden Euro nur zu einem Anstieg des realen BIP in Höhe von 50 Milliarden Euro, was dem Multiplikator $MPC/(1 - MPC)$ entspricht. Aus einem Anstieg der staatlichen Ausgaben für Güterkäufe um 50 Milliarden resultiert dagegen bei einem Multiplikator von $1/(1 - MPC)$ ein Anstieg des realen BIP um 100 Milliarden Euro.

Wenn der Staat sich zu einer expansiven Fiskalpolitik in Form von höheren Transferzahlungen entschließt, dann kann der Anstieg des realen BIP größer, aber auch kleiner als der Anstieg der Staatsausgaben ausfallen – je nachdem, ob der Multiplikator größer oder kleiner als 1 ist. Und das hängt wiederum von der marginalen Konsumquote ab. In Tabelle 28-1 haben wir eine marginale Konsumquote von 0,5 unterstellt und der Multiplikator beträgt 1: Ein Anstieg der Transferzahlungen um 50 Milliarden Euro führt zu einem Anstieg des realen BIP um 50 Milliarden Euro. Ist die marginale Konsumquote kleiner als 0,5, dann wird ein kleinerer Teil der zusätzlichen Transferzahlungen ausgegeben, und der Multiplikator für die Transferzahlungen ist *kleiner* als 1. Wird ein größerer Teil der zusätzlichen Transferzahlungen ausgegeben, dann ist der Multiplikator *größer* als 1.

Tab. 28-1

Die Wirkungen von Fiskalpolitik bei einer marginalen Konsumquote von 0,5

Effekt auf das reale BIP	Zusätzliche staatliche Güterkäufe in Höhe von 50 Mrd. €	Zusätzliche Transferzahlungen des Staates in Höhe von 50 Mrd. €
Erste Runde	50 Mrd. €	25 Mrd. €
Zweite Runde	25 Mrd. €	12,5 Mrd. €
Dritte Runde	12,5 Mrd. €	6,25 Mrd. €
⋮	⋮	⋮
Gesamteffekt	100 Mrd. €	50 Mrd. €
Größe des Multiplikators	$\Delta Y = \Delta G/(1 - MPC)$	$\Delta Y = \Delta TR \times MPC/(1 - MPC)$

Eine Steuersenkung hat eine vergleichbare Wirkung auf das reale BIP wie eine Erhöhung der Transferzahlungen. Das verfügbare Einkommen steigt, was zu einer Reihe von Anstiegen der Konsumausgaben führt. Der Gesamteffekt ist wiederum kleiner als bei einer Erhöhung der Staatsausgaben gleichen Ausmaßes: Der autonome Anstieg der gesamtwirtschaftlichen Ausgaben fällt geringer aus, da die Haushalte einen Teil der Steuersenkung zum Sparen verwenden.

In diesem Zusammenhang müssen wir darauf hinweisen, dass die Betrachtung von Steuern die Analyse zusätzlich verkompliziert, da sich normalerweise die Größe des Multiplikators ändert. Dies ist darauf zurückzuführen, dass die Haushalte in der Regel keine **Kopfsteuern** zahlen, bei denen die Steuerzahlung unabhängig von der Höhe des Einkommens ist. Durch eine Kopfsteuer wird der

Bei **Kopfsteuern** ist die Steuerzahlung unabhängig von der Höhe des Einkommens.

Multiplikator nicht beeinflusst. Ein Großteil des Steueraufkommens resultiert allerdings aus Steuern, die positiv von der Höhe des realen BIP abhängen. Wie wir in Kürze untersuchen werden und im Anhang zu diesem Kapitel detailliert darstellen, führen Steuern, deren Höhe positiv vom realen BIP abhängt, zu einer Reduktion des Multiplikators.

Ökonomen sind zudem der Auffassung, dass es in der Praxis von Bedeutung ist, welcher Teil der Bevölkerung von einer Steuersenkung oder einer Erhöhung der Transferzahlungen betroffen ist. Vergleicht man beispielsweise die Wirkungen einer Erhöhung des Arbeitslosengelds mit denen einer Senkung der Steuern auf Dividendenzahlungen, so zeigen Untersuchungen des Verbraucherverhaltens, dass Arbeitslose bei einem Anstieg ihres verfügbaren Einkommens normalerweise einen größeren Teil ausgeben als Dividendenbezieher. Arbeitslose haben tendenziell eine höhere Konsumquote als Leute, die viele Aktien besitzen, da diese mehr Vermögen besitzen und einen größeren Teil ihres verfügbaren Einkommens sparen. Wenn dies so zutrifft, dann erhöht die Anhebung des Arbeitslosengeldes um 1 Euro die gesamtwirtschaftliche Nachfrage stärker als die Senkung der Steuerzahlungen auf Dividenden um 1 Euro.

Wie Steuern den Multiplikator beeinflussen

Als wir die Multiplikatoranalyse im Kapitel 26 kennengelernt haben, sind wir in vereinfachender Weise davon ausgegangen, dass ein Anstieg des realen BIP um 1 Euro das verfügbare Einkommen ebenfalls um 1 Euro erhöht. Tatsächlich wird jedoch in jeder Runde des Multiplikatorprozesses ein Teil des Anstiegs im realen BIP durch Steuerzahlungen an den Staat weggenommen, da die meisten Steuern positiv vom realen BIP abhängen. Damit erhöht sich das verfügbare Einkommen bei der Berücksichtigung von Steuern um deutlich weniger als 1 Euro.

Der Anstieg der Steuereinnahmen bei einer Erhöhung des realen BIP geht nicht auf eine bestimmte Maßnahme des Staates zurück. Er ist die unmittelbare Folge der Steuergesetzgebung, die dazu führt, dass sich die meisten Einnahmen des Staates *automatisch* erhöhen, wenn das reale BIP steigt. So steigen beispielsweise die Einnahmen aus der Einkommensteuer bei einem steigenden realen BIP, da die Steuerzahlung des Einzelnen von seinem Einkommen abhängt, und das verfügbare Einkommen der Haushalte steigt, wenn sich das reale BIP erhöht. Auch die Einnahmen aus der Umsatzsteuer steigen mit einem höheren realen BIP, da die Leute bei einem höheren Einkommen auch mehr Geld für Waren und Dienstleistungen ausgeben. Ebenso steigen die Einnahmen aus der Körperschaftsteuer, da sich die Gewinne der Unternehmen in einer wachsenden Volkswirtschaft erhöhen.

Die Wirkung dieses automatischen Anstiegs der Steuereinnahmen reduziert die Wirkung des Multiplikators. Wie wir bereits wissen, beruht die Wirkung des Multiplikators auf einer Kettenreaktion, bei der ein höheres BIP über ein höheres verfügbares Einkommen zu höheren Konsumausgaben führt, die wiederum zu einem weiteren Anstieg des BIP beitragen. Wenn der Staat nun immer einen Teil des Anstiegs im realen BIP abschöpft, fällt die Erhöhung der Konsumausgaben im Vergleich zu einer Welt ohne Steuern in jeder Runde des Multiplikatorprozesses kleiner aus, sodass der Multiplikator geringer ist.

Die Auswirkungen von Steuern auf den Multiplikator ähneln damit den Auswirkungen des Außenhandels. In beiden Fällen wird der Multiplikator kleiner. Beim Außenhandel wird der Multiplikator kleiner, weil ein Teil des Einkommensanstiegs über Importe ins Ausland abfließt. Bei Steuern wird der Multiplikator kleiner, weil ein Teil des Einkommensanstiegs durch Steuerzahlungen abgeschöpft wird. Der Anhang zu diesem Kapitel zeigt, wie man den Multiplikator in einer Welt mit Steuern, die positiv vom realen Bruttoinlandsprodukt abhängen, bestimmen kann.

Viele Makroökonomen schätzen die Tatsache, dass Steuern im wirklichen Leben die Wirkung des Multiplikators reduzieren, positiv ein. Im vorhergehenden Kapitel haben wir darüber gesprochen, dass die meisten Wirtschaftskrisen das Ergebnis negativer Nachfrageschocks sind. Der gleiche Mechanismus, der dazu führt, dass die Steuereinnahmen in einer wachsenden Volkswirtschaft steigen, bewirkt auch, dass die Steuereinnahmen sinken, wenn die Volkswirtschaft schrumpft. Wenn nun aber die Steuereinnahmen bei sinkendem realen BIP zurückgehen, dann sind die Auswirkungen eines negativen Nachfrage-

WISSENSCHAFT UND PRAXIS

Sparpolitik und der Multiplikator

Die Logik hinter dem Multiplikatorprinzip kennen wir. Aber wie sehen die empirischen Befunde zu Multiplikatoreffekten aus? Noch bis vor ein paar Jahren hätten wir bei dieser Frage nur spärlich vorliegende empirische Befunde eingestehen müssen.

Das hat damit zu tun, dass Fiskalpolitik in der Regel nicht sprunghaft, sondern stetig erfolgt. Kommt es doch einmal zu größeren Änderungen bei der Fiskalpolitik, dann ändern sich gleichzeitig auch oft andere Begleitumstände, sodass es schwerfällt, die Auswirkungen von Staatsausgaben und Steueränderungen von anderen Effekten zu trennen. So sind z. B. die Staatsausgaben in den Vereinigten Staaten während des Zweiten Weltkrieges stark angestiegen. Gleichzeitig kam es jedoch zur Rationierung bei vielen Konsumgütern, der Bau von neuen Eigenheimen wurde mehr oder weniger untersagt und so weiter. Damit lassen sich die Auswirkungen der Ausgabenerhöhung nur schwer vom Übergang in eine Kriegswirtschaft trennen.

Die jüngere Vergangenheit bietet jedoch eine Reihe von neuen empirischen Belegen. Wie wir im Verlauf dieses Kapitels noch erfahren werden, sind mehrere europäische Länder nach 2009 in eine Schuldenkrise gerutscht und waren auf Finanzhilfen der anderen europäischen Länder angewiesen. Eine Bedingung für die Gewährung dieser Finanzhilfen war eine strikte Sparpolitik (*Austeritätspolitik*) in den Schuldnerländern in Form von drastischen Ausgabenkürzungen und Steuererhöhungen. Durch einen Vergleich der wirtschaftlichen Entwicklung der Länder mit einer strikten Sparpolitik mit der wirtschaftlichen Entwicklung in den anderen europäischen Ländern lassen sich die Auswirkungen von Ausgabenkürzungen und Steuererhöhungen quantifizieren.

In **Abbildung 28-7** sind das Ausmaß der Sparpolitik (gemessen über die Änderung des konjunkturbereinigten Haushaltssaldos – dazu an späterer Stelle mehr) und das BIP-Wachstum im Zeitraum 2009–2013 für eine Reihe von europäischen Ländern abgetragen. (Die Analyse endet 2013, da sich die europäische Schuldenkrise Ende 2012 deutlich entspannt hat und damit auch die Notwendigkeit für harte Sparmaßnahmen sank.) Ins Auge fällt Griechenland, das eine Vielzahl von harten Sparauflagen umsetzen musste und einen drastischen Rückgang der gesamtwirtschaftlichen Produktion zu verzeichnen hatte. Aber auch ohne Griechenland lässt sich eindeutig ein negativer Zusammenhang zwischen beiden Größen feststellen. Die Gerade, die an die Punktwolke der einzelnen Datenpaare angepasst ist, hat eine Steigung von –1,6. Das bedeutet, dass sich aus den empirischen Beobachtungen in der Abbildung ein durchschnittlicher Multiplikator für die Ausgabenkürzungen und die Steuererhöhungen (eine Unterscheidung ist hier nicht möglich) von 1,6 ergibt. Der Entzug von 1 Euro durch eine restriktive Fiskalpolitik führte damit zu einem Rückgang des BIP von 1,60 Euro.

Diese Analyse ist unter Ökonomen aus verschiedenen Gründen nicht ohne Widerspruch geblieben, nicht zuletzt deswegen, weil es sich nicht um ein kontrolliertes Experiment ohne weitere mögliche Einflussfaktoren gehandelt hat. Neuere Untersuchungen stützen jedoch den empirischen Befund, dass die Fiskalpolitik das BIP in die erwartete Richtung bewegt hat, und das mit einem Multiplikator, der größer als 1 ist.

Abb. 28-7: Der Multiplikator 2009–2013

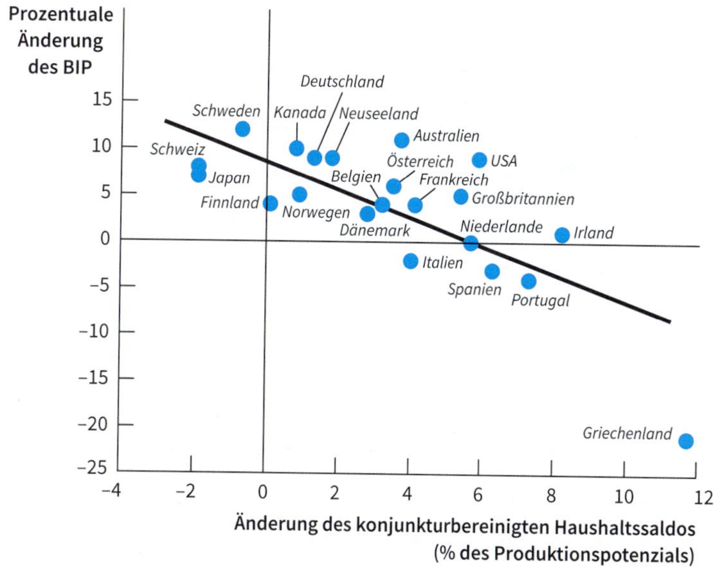

Quellen: OECD; World Development Indicators

schocks in einer Welt mit Steuern geringer als in einer Welt ohne Steuern. Der Rückgang der Steuereinnahmen reduziert die negativen Auswirkungen einer gesunkenen gesamtwirtschaftlichen Nachfrage. Indem die Steuerzahlungen der Haushalte sinken, wirkt der automatische Rückgang der Steuereinnahmen infolge eines sinkenden realen BIP wie eine automatische expansive Fiskalpolitik, die mit Blick auf die Wirtschaftskrise durchgeführt worden wäre. Gleichermaßen wirkt der automatische Anstieg der Steuereinnahmen bei einem steigenden realen BIP wie eine automatische restriktive Fiskalpolitik. Staatsausgaben und Steuerregelungen, die in einer schrumpfenden Volkswirtschaft gleichbedeutend mit einer expansiven Fiskalpolitik sind und in einer wachsenden Volkswirtschaft gleichbedeutend mit einer restriktiven Fiskalpolitik sind, ohne dass dafür überhaupt eine bestimmte Handlung der politischen Entscheidungsträger notwendig ist, bezeichnet man als **automatische Stabilisatoren**.

Automatische Stabilisatoren sind Staatsausgaben und Steuerregelungen, die in einer schrumpfenden Volkswirtschaft gleichbedeutend mit einer expansiven Fiskalpolitik und in einer wachsenden Volkswirtschaft gleichbedeutend mit einer restriktiven Fiskalpolitik sind.

Auch wenn sie die größte Bedeutung besitzen, so sind die Regelungen zur Steuergesetzgebung nicht die einzigen automatischen Stabilisatoren, die es gibt. Auch einige Formen der staatlichen Transferzahlungen wirken als automatische Stabilisatoren. So erhalten beispielsweise in Zeiten einer Wirtschaftskrise mehr Menschen Arbeitslosengeld als in Zeiten eines Konjunkturaufschwungs. Tendenziell steigen also Transferzahlungen in Krisenzeiten und sinken in Zeiten des Aufschwungs. Wie Änderungen der Steuereinnahmen reduzieren diese Änderungen der Transferzahlungen die Wirkung des Multiplikators, da die Änderung des verfügbaren Einkommens infolge einer Änderung des realen BIP kleiner ausfällt.

Wie im Fall von Steuereinnahmen sind viele Makroökonomen der Meinung, dass der Rückgang des Multiplikatoreffektes durch staatliche Transferzahlungen positiv einzuschätzen ist. Allgemein herrscht die Überzeugung, dass sich expansive und restriktive fiskalpolitische Maßnahmen, die das Ergebnis von automatischen Stabilisatoren sind, positiv auf die gesamtwirtschaftliche Stabilisierung auswirken.

Aber was ist mit fiskalpolitischen Maßnahmen, die *nicht* das Ergebnis von automatischen Stabilisatoren sind? Fiskalpolitische Maßnahmen, die nicht auf das Wirken von automatischen Stabilisatoren zurückzuführen sind, sondern das Ergebnis bewusster Entscheidungen und Handlungen der Wirtschaftspolitik sind, bezeichnet man als **diskretionäre Fiskalpolitik**.

Fiskalpolitische Maßnahmen, die das Ergebnis bewusster Entscheidungen und Handlungen der Wirtschaftspolitik sind, bezeichnet man als **diskretionäre Fiskalpolitik**.

So könnte der Staat während einer Wirtschaftskrise beispielsweise ein Gesetz über Steuersenkungen und Ausgabenerhöhungen beschließen, um die Volkswirtschaft anzukurbeln. Der Einsatz der diskretionären Fiskalpolitik ist unter Ökonomen allerdings umstritten und wird eigentlich nur in einer schweren Wirtschaftskrise befürwortet.

Kurzzusammenfassung

- Der Betrag, um den sich das reale BIP infolge einer Änderung der Staatsausgaben verändert, wird durch den Multiplikator bestimmt.
- Änderungen der Besteuerung und der staatlichen Transferzahlungen führen auch zu einer Veränderung des realen BIP, die jedoch geringer als bei einer Änderung der Staatsausgaben gleichen Ausmaßes ausfällt.
- Steuern lassen den Multiplikator kleiner werden, es sei denn, es handelt sich um **Kopfsteuern**.
- Der positive Zusammenhang zwischen den Steuereinnahmen und dem realen BIP und der negative Zusammenhang zwischen den staatlichen Transferzahlungen und dem realen BIP führt dazu, dass Steuern und einige Transferzahlungen als **automatische Stabilisatoren** wirken. Viele Ökonomen beurteilen die Wirkung der automatischen Stabilisatoren positiv. Weitaus kontroverser wird die Rolle der **diskretionären Fiskalpolitik** gesehen, deren Einsatz nur in Zeiten einer schweren Wirtschaftskrise befürwortet wird.

ÜBERPRÜFEN SIE IHR WISSEN

1. Erklären Sie, warum ein Anstieg der Ausgaben des Staates für Waren und Dienstleistungen in Höhe von 500 Milliarden Euro das reale BIP stärker ansteigen lässt als ein Anstieg der staatlichen Transferzahlungen um 500 Milliarden Euro.
2. Erklären Sie, warum ein Rückgang der Ausgaben des Staates für Waren und Dienstleistungen um 500 Milliarden Euro das reale BIP stärker sinken lässt als ein Rückgang der staatlichen Transferzahlungen um 500 Milliarden Euro.
3. Im Land Boldovia gibt es kein System zur Arbeitslosenunterstützung. Steuern werden nur als Kopfsteuern erhoben. Das Nachbarland Moldovia verfügt dagegen über ein großzügiges System der Arbeitslosenunterstützung und ein einkommensabhängiges Steuersystem. In welchem Land wird es infolge von positiven und negativen Nachfrageschocks zu größeren Änderungen des realen BIP kommen? Erläutern Sie Ihre Antwort.

28.3 Der Saldo des Staatshaushalts

Die Schlagzeilen zum Thema Staatshaushalt beschäftigen sich in der Regel immer damit, ob der Staatshaushalt einen Überschuss oder ein Defizit aufweist und wie hoch Überschuss oder Defizit sind. Normalerweise gehen die Leute davon aus, dass ein Haushaltsüberschuss eine gute Sache ist, während ein Defizit Anlass zur Sorge bereitet. Als die Bundesregierung im Herbst 2008 und im Frühjahr 2009 die Maßnahmenbündel für die Konjunkturpakete I und II verabschiedete, mit denen die deutsche Volkswirtschaft in den Zeiten der Krise der globalen Finanzmärkte und einer weltweiten Konjunkturabschwächung stabilisiert werden sollte, war die Höhe des erwarteten Haushaltsdefizits ein wichtiger Punkt in der Diskussion.

Wie lassen sich nun Haushaltsüberschüsse und Haushaltsdefizite in die Analyse fiskalpolitischer Maßnahmen integrieren? Können Haushaltsdefizite auch gut sein und Haushaltsüberschüsse schlecht? Zur Beantwortung dieser Fragen wollen wir im Folgenden Ursachen und Auswirkungen von Haushaltsüberschüssen und Haushaltsdefiziten näher beleuchten.

Der Saldo des Staatshaushalts als ein Maß für die Fiskalpolitik

Was meinen wir eigentlich mit den Begriffen Haushaltsüberschuss und Haushaltsdefizit? Der Haushaltssaldo (Saldo des Staatshaushalts), den wir im Kapitel 25 definiert haben, misst die Differenz zwischen den Einnahmen des Staates in Form von Steuereinnahmen und den Ausgaben des Staates in Form von Ausgaben für Waren und Dienstleistungen und Ausgaben für Transferzahlungen in einem bestimmten Jahr. Damit entspricht der Haushaltssaldo der staatlichen Ersparnis und lässt sich durch Gleichung (28-2) beschreiben:

$$(28\text{-}2) \quad S_{Staat} = T - G - TR$$

wobei T für die Höhe der Steuereinnahmen, G für die Staatsausgaben für Waren und Dienstleistungen und TR für die Höhe der Transferzahlungen steht. Wie wir bereits im Kapitel 25 gelernt haben, ist ein Haushaltsüberschuss gleichbedeutend mit einem positiven Haushaltssaldo und ein Haushaltsdefizit ist gleichbedeutend mit einem negativen Haushaltssaldo.

Expansive fiskalpolitische Maßnahmen – höhere Staatsausgaben für Waren und Dienstleistungen, höhere Transferzahlungen oder Steuersenkungen – führen, wenn alle anderen Einflussgrößen unverändert bleiben, zu einem geringeren Haushaltssaldo in dem jeweiligen Jahr. Das bedeutet, dass expansive fiskalpolitische Maßnahmen den Haushaltsüberschuss verringern oder das Haushaltsdefizit vergrößern. Umgekehrt führen restriktive fiskalpolitische Maßnahmen – geringere Staatsausgaben für Waren und Dienstleistungen, gesunkene Transferzahlungen oder Steuererhöhungen –, wenn alle anderen Einflussgrößen unverändert bleiben, zu einem größeren Haushaltssaldo in einem bestimmten Jahr, sodass der Haushaltsüberschuss größer oder das Haushaltsdefizit kleiner wird.

Man könnte nun denken, dass Änderungen im Haushaltssaldo als Maßstab für die Fiskalpolitik herangezogen werden können. Tatsächlich greifen Ökonomen häufig auf Veränderungen im Haushaltssaldo zurück, um mit einem kurzen Blick abschätzen zu können, ob die gegenwärtige Fiskalpolitik eher als expansiv oder eher als restriktiv einzuschätzen ist. Dabei darf man allerdings nicht vergessen, dass dieser kurze Blick manchmal nicht weit genug reicht:

1. Zwei unterschiedliche fiskalpolitische Maßnahmen, die sich in ihrer Wirkung auf den Staatshaushalt kompensieren, können hinsichtlich ihrer Wirkung auf die gesamtwirtschaftliche Nachfrage differieren. Wie wir bereits gelernt haben, üben Änderungen der Staatsausgaben eine stärkere Wirkung auf die gesamtwirtschaftliche Nachfrage aus als eine Steueränderung oder eine Änderung der Transferzahlungen gleichen Ausmaßes.
2. Veränderung im Haushaltssaldo sind oft das Ergebnis und nicht die Ursache für Schwankungen in der Volkswirtschaft.

Um den zweiten Punkt besser zu verstehen, müssen wir die Auswirkungen von konjunkturellen Schwankungen auf den Staatshaushalt genauer untersuchen.

Der Konjunkturverlauf und der strukturelle Haushaltssaldo

Betrachtet man die Wirtschaftsgeschichte, so erkennt man einen signifikanten Zusammenhang zwischen den Salden der öffentlichen Haushalte in der Bundesrepublik Deutschland und dem Konjunkturverlauf. Die öffentlichen Haushalte haben sich immer dann deutlich ins Defizit bewegt, wenn die wirtschaftliche Entwicklung ins Stocken geriet, aber die Defizite wurden geringer oder es gab sogar leichte Haushaltsüberschüsse, wenn die Wirtschaft expandierte. **Abbildung 28-8** zeigt das Defizit der öffentlichen Haushalte (Haushaltsdefizit) in der Bundesrepublik Deutschland als Anteil am (nominalen) BIP seit 1970. Die grauen Säulen kennzeichnen Jahre eines konjunkturellen Abschwungs, die blauen Säulen Jahre des wirtschaftlichen Wachstums. Wie man sieht, hat das Defizit der öffentlichen Haushalte in Krisenzeiten in der Regel hohe Werte erreicht. Aber auch in Zei-

Abb. 28-8

Das Defizit der öffentlichen Haushalte in der Bundesrepublik Deutschland und der Konjunkturverlauf

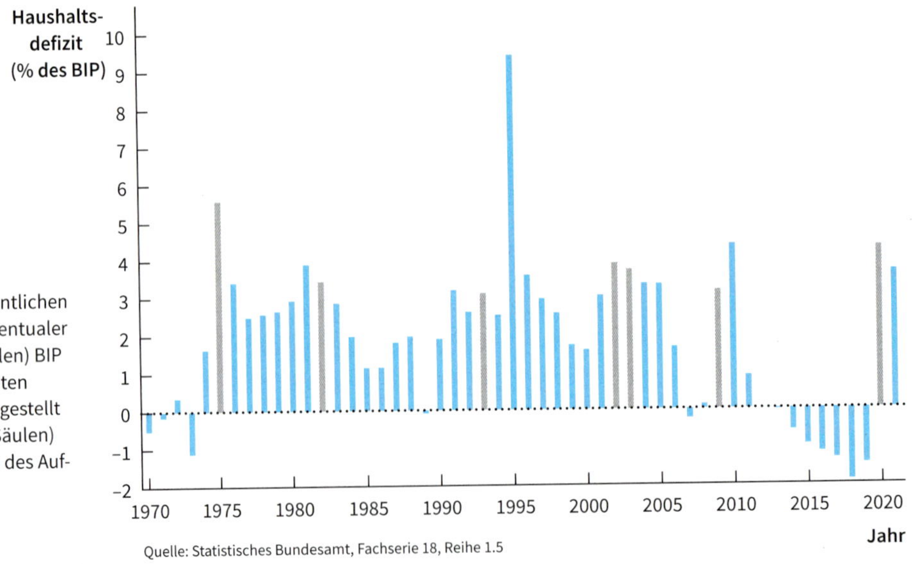

Das Defizit der öffentlichen Haushalte als prozentualer Anteil am (nominalen) BIP nimmt in Krisenzeiten tendenziell zu (dargestellt durch die grauen Säulen) und sinkt in Zeiten des Aufschwungs.

Quelle: Statistisches Bundesamt, Fachserie 18, Reihe 1.5

Abb. 28-9

Das Defizit der öffentlichen Haushalte in der Bundesrepublik Deutschland und die Entwicklung der Erwerbslosenquote

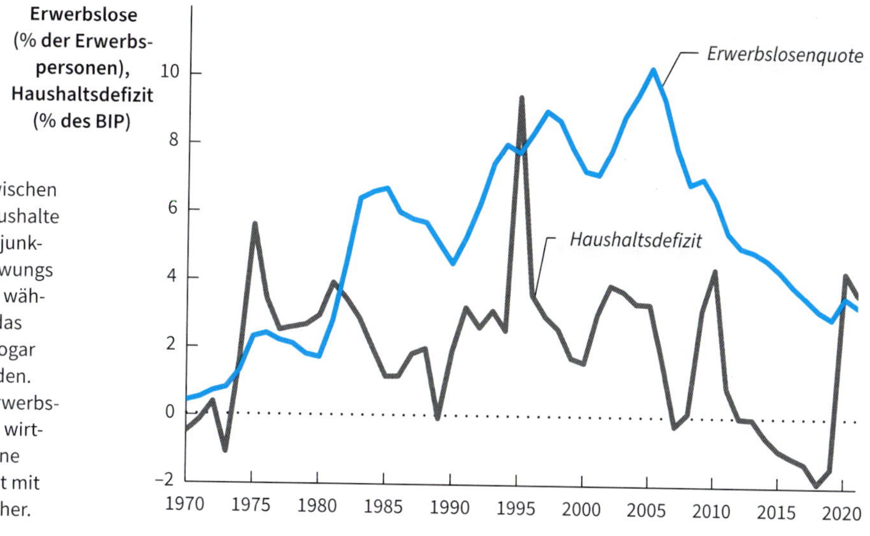

Es gibt eine enge Beziehung zwischen dem Saldo der öffentlichen Haushalte (Haushaltssaldo) und dem Konjunkturverlauf: Während des Abschwungs nimmt das Haushaltsdefizit zu, während des Aufschwungs nimmt das Haushaltsdefizit ab und kann sogar zum Haushaltsüberschuss werden. In der Abbildung fungiert die Erwerbslosenquote als Indikator für die wirtschaftliche Entwicklung, und eine höhere Erwerbslosenquote geht mit höheren Haushaltsdefiziten einher.

Quelle: Statistisches Bundesamt, Fachserie 18, Reihe 1.5

ten des Wirtschaftsaufschwungs sind die öffentlichen Haushalte seit Beginn der 1970er-Jahre nur selten aus dem Defizit herausgekommen.

Der Zusammenhang zwischen dem Konjunkturverlauf und dem Saldo der öffentlichen Haushalte (Haushaltssaldo) wird auch deutlich, wenn wir das Haushaltsdefizit als Anteil am BIP mit der Entwicklung der Arbeitslosenquote in der Bundesrepublik Deutschland (als Erwerbslosenquote) vergleichen, wie in **Abbildung 28-9** zu sehen. Das Defizit der öffentlichen Haushalte ist oft genau dann angestiegen, wenn sich auch die Erwerbslosenquote erhöht hat, und war dann rückläufig, wenn die Erwerbslosenquote zurückgegangen ist.

Kann der Zusammenhang zwischen dem Konjunkturverlauf und dem Haushaltssaldo nun als Beweis für den Einsatz von expansiver diskretionärer Fiskalpolitik in Krisenzeiten und für den Einsatz von restriktiver diskretionärer Fiskalpolitik in Zeiten des wirtschaftlichen Aufschwungs herangezogen werden? Nicht unbedingt. Der Zusammenhang in Abbildung 28-9 ist zu einem großen Teil das Ergebnis der Wirkung der automatischen Stabilisatoren. Wie wir im Rahmen der Analyse der automatischen Stabilisatoren erfahren haben, nehmen die Steuereinnahmen in Zeiten des Wirtschaftswachstums tendenziell zu, während staatliche Transferzahlungen wie beispielsweise das Arbeitslosengeld zurückgehen. Umgekehrt sinken die Steuereinnahmen und die staatlichen Transferzahlungen steigen während einer Wirtschaftskrise. Damit bewegen sich die öffentlichen Haushalte in einer Rezession ohne bewusstes Eingreifen der Wirtschaftspolitik quasi automatisch ins Defizit.

Bei der Bewertung der Haushaltspolitik ist es oft sinnvoll, Änderungen in den öffentlichen Haushalten, die auf konjunkturelle Einflüsse zurückzuführen sind, von den Änderungen zu unterscheiden, die das Ergebnis von bewussten wirtschaftspolitischen Entscheidungen sind. Während die Änderungen in den öffentlichen Haushalten infolge konjunktureller Einflüsse die Wirkung der automatischen Stabilisatoren widerspiegeln, werden die anderen Änderungen durch eine bewusste Änderung der Staatsausgaben für Waren und Dienstleistungen, der staatlichen Transferzahlungen oder der Besteuerung hervorgerufen.

Der **strukturelle Haushaltssaldo** gibt an, wie hoch der Haushaltssaldo wäre, wenn das reale BIP genau dem Produktionspotenzial entspricht.

Die konjunkturellen Einflüsse auf die öffentlichen Haushalte sind zudem nur vorübergehend. Die Auswirkungen von rezessionsbedingten Produktionslücken (bei denen das reale BIP unter dem Produktionspotenzial liegt) und inflationären Produktionslücken (bei denen das BIP über dem Produktionspotenzial liegt) auf die öffentlichen Haushalte verschwinden langfristig.

Wenn man die Auswirkungen von rezessionsbedingten Produktionslücken und inflationären Produktionslücken aus den öffentlichen Haushalten herausrechnet, dann erhält man einen Einblick darüber, inwieweit die Einnahmen- und Ausgabenpolitik der öffentlichen Haushalte langfristig tragbar ist, ob also die Steuereinnahmen der öffentlichen Haushalte langfristig ausreichen, um die Ausgaben zu decken. Diese Frage ist von weitaus größerer Bedeutung als der bloße Blick auf den Haushaltssaldo an sich in einem bestimmten Jahr.

Um die Auswirkungen der konjunkturellen Entwicklung von den Einflüssen anderer Faktoren zu trennen, wird häufig die Höhe des Haushaltssaldos berechnet, der sich ergeben würde, wenn weder eine rezessionsbedingte Produktionslücke noch eine inflationäre Produktionslücke vorliegt. Dieser **strukturelle Haushaltssaldo** ist eine Schätzung der Höhe des Haushaltssaldos unter der Annahme, dass das reale BIP genau dem Produktionspotenzial entspricht. Dabei werden zusätzliche Steuereinnahmen und Einsparungen bei den Transferzahlungen, die aus der Korrektur einer rezessionsbedingten Produktionslücke folgen, ebenso berücksichtigt wie geringere Steuereinnahmen und höhere Transferzahlungen, die bei der Korrektur einer inflationären Produktionslücke entstehen.

Abbildung 28-10 zeigt das tatsächliche Defizit der öffentlichen Haushalte in der Bundesrepublik Deutschland sowie das strukturelle Defizit für den Zeitraum seit der deutschen Wiedervereinigung. Normalerweise schwankt das strukturelle Defizit wesentlich weniger als das tatsächliche Defizit. In der Abbildung wird jedoch sichtbar, dass die Defizite der öffentlichen Haushalte in der Bundesrepublik Deutschland zum großen Teil auf strukturelle Probleme und nicht auf konjunkturelle Einflüsse zurückzuführen sind.

Abb. 28-10

Das tatsächliche Defizit und das strukturelle Defizit der öffentlichen Haushalte in der Bundesrepublik Deutschland

Das strukturelle Defizit der öffentlichen Haushalte gibt an, wie hoch das Haushaltsdefizit wäre, wenn die Volkswirtschaft das Produktionspotenzial produziert. Normalerweise schwankt das strukturelle Defizit wesentlich weniger als das tatsächliche Defizit. In der Abbildung wird jedoch sichtbar, dass die Defizite der öffentlichen Haushalte in der Bundesrepublik Deutschland zum großen Teil auf strukturelle Probleme und nicht auf konjunkturelle Einflüsse zurückzuführen sind. Rezessionsphasen sind durch graue Säulen gekennzeichnet.

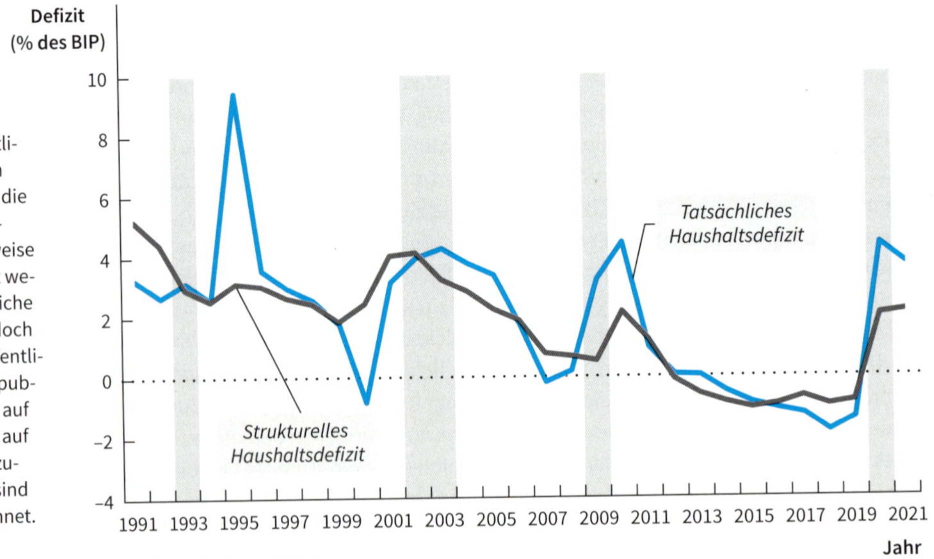

Quelle: Bundesfinanzministerium

WISSENSCHAFT UND PRAXIS

Ein ausgeglichenes Budget in der Krise?

Während der Finanz- und Wirtschaftskrise 2007–2009 wuchs das Budgetdefizit in den Vereinigten Staaten von 160 Milliarden Dollar auf über 1.400 Milliarden Dollar an. Ein Teil diesen Anstiegs war auf die zusätzlichen Staatsausgaben durch das Konjunkturprogramm der Obama-Regierung zurückzuführen. Der größere Teil des Anstiegs wurde jedoch durch die automatischen Stabilisatoren verursacht: Die Staatseinnahmen brachen ein, während die Staatsausgaben, insbesondere die Zahlungen für die Arbeitslosenunterstützung, stark anstiegen. Aber während sich die Öffentlichkeit besorgt über das Ausmaß des Defizits zeigte, vertraten viele Ökonomen die Auffassung, dass in einer schweren Wirtschaftskrise ein ausgeglichenes Budget die Krise nur noch weiter verstärkt hätte.

Zu den Staatsausgaben zählen nicht nur die Ausgaben der Bundesregierung, sondern auch die Ausgaben der einzelnen Bundesstaaten, Landkreise und Kommunen. Die Ausgaben der Bundesstaaten, Landkreise und Kommunen machen in den Vereinigten Staaten rund 40 Prozent der gesamten Staatsausgaben aus. Gleichzeitig ist die Mehrheit der staatlichen Beschäftigten für die Bundesstaaten, Landkreise oder Kommunen tätig. (Die meisten staatlichen Beschäftigten üben Tätigkeiten in wichtigen Bereichen aus, wie z. B. im Bildungswesen, bei der Polizei oder bei der Feuerwehr.) Und in fast allen Bundesstaaten, Landkreisen und Kommunen gibt es Vorschriften für ein ausgeglichenes Budget.

Für diese Vorschriften gibt es eine Reihe von Gründen, die für jeden einzelnen Bundesstaat und jede Stadt sinnvoll sind. In ihrer Gesamtheit führen diese Vorschriften aber dazu, dass die automatischen Stabilisatoren für einen großen Teil des Staates nicht wirken können. So haben die Bundesstaaten, Landkreise und Kommunen ihre Ausgaben während der Krise stark gesenkt, insbesondere in den Jahren nach 2010, als die Unterstützungen aus dem Konjunkturpaket von 2009 ausgelaufen waren.

Abbildung 28-11 zeigt die Entwicklung der Beschäftigtenzahl bei Bundesstaaten, Landkreisen und Kommunen von Anfang 2000 bis Ende 2021. Von 2009 bis 2013 ist es hier zu einem starken Rückgang gekommen (graue Fläche). Durch die sinkenden Einnahmen gab es viele Entlassungen, insbesondere beim Lehrpersonal.

Die restriktiven Maßnahmen auf Bundestaatenebene und auf lokaler Ebene haben die Effekte der automatischen Stabilisatoren auf Bundesebene nicht vollständig konterkariert. Aber sie waren wahrscheinlich mit dafür verantwortlich, dass die Krise deutlich stärker ausfiel und die Erholung wesentlich länger gedauert hat als ohne einen Zwang zum Budgetausgleich.

Abb. 28-11: Beschäftigte der Bundesstaaten, Landkreise und Kommunen

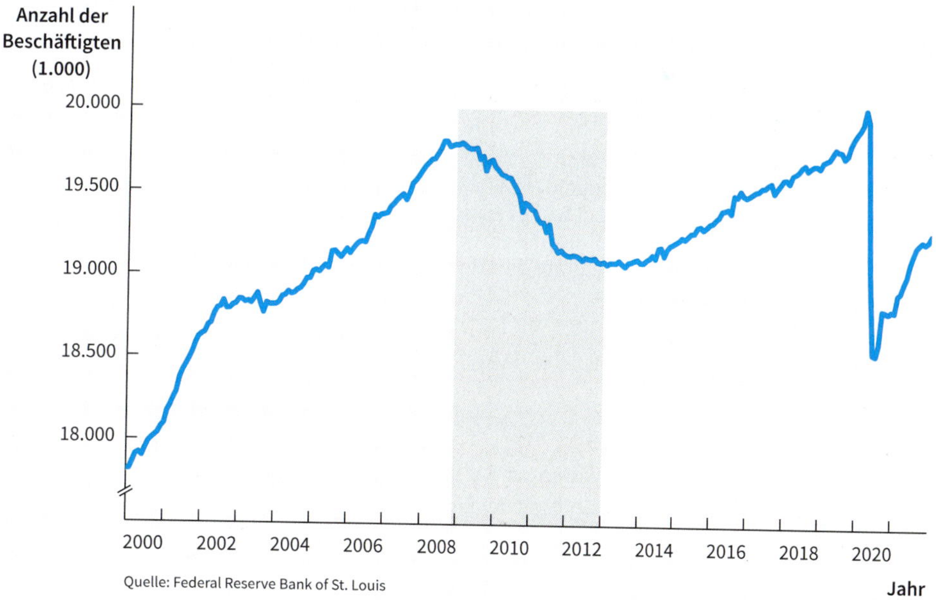

Quelle: Federal Reserve Bank of St. Louis

Sollte der Staatshaushalt ausgeglichen sein?

Wie wir im nächsten Abschnitt erfahren werden, können dauerhafte Haushaltsdefizite zu ernsthaften Problemen sowohl für den Staat als auch für die Volkswirtschaft führen. Trotzdem sind Politiker stets in der Versuchung, Haushaltsdefizite zu fahren, um ihren Wählern Steuergeschenke zu machen, ohne gleichzeitig die Ausgaben kürzen zu müssen. Aus diesem Grund gibt es von Zeit zu Zeit Versuche, eine Haushaltsdisziplin durch entsprechende gesetzliche Regelungen vorzuschreiben. Damit würde verbindlich festgelegt, dass die Einnahmen eines Jahres mindestens den Ausgaben entsprechen müssen. Dabei stellt sich die Frage, ob es wirklich eine gute Idee ist, in jedem Jahr für einen ausgeglichenen Haushalt zu sorgen.

Die meisten Ökonomen halten die Pflicht, für einen ausgeglichenen Haushalt zu sorgen, nicht für eine gute Idee. Sie sind der Auffassung, dass der Staat seinen Haushalt nur über einen längeren Zeitraum ausgleichen sollte, damit Haushaltsdefizite in schlechten Jahren mit Haushaltsüberschüssen in guten Jahren kompensiert werden können. Wäre der Staat dazu verpflichtet, *jedes Jahr* für einen ausgeglichenen Haushalt zu sorgen, würde damit die Wirkung von Steuern und Transferzahlungen als automatische Stabilisatoren untergraben werden.

Wie wir im Verlauf dieses Kapitels bereits erfahren haben, führen sinkende Steuereinnahmen und steigende Transferzahlungen in Krisenzeiten dazu, dass der wirtschaftliche Abschwung abgemildert wird. Sinkende Steuereinnahmen und steigende Transferzahlungen bringen aber den Staatshaushalt in Richtung eines Defizits. Würde der Staat nun der Pflicht zu einem ausgeglichenen Haushalt unterliegen, müsste er auf das entstehende Defizit mit restriktiven fiskalpolitischen Maßnahmen reagieren und würde damit die Krise weiter verstärken.

Dennoch sind politische Entscheidungsträger, die große Haushaltsdefizite mit Sorge betrachten, manchmal der Auffassung, dass strenge Regelungen zu Haushaltsdefiziten notwendig sind. Wie die Rubrik »Wissenschaft und Praxis« zeigt, gibt es in den Vereinigten Staaten auf der Ebene der Bundesstaaten und Kommunen Vorschriften für ein ausgeglichenes Budget, die während und nach der Finanz- und Wirtschaftskrise 2007–2009 spürbare Auswirkungen auf die Fiskalpolitik hatten.

Kurzzusammenfassung

- Das Haushaltsdefizit steigt in Krisenzeiten und sinkt in Zeiten eines wirtschaftlichen Aufschwungs. Darin zeigt sich der Einfluss des Konjunkturverlaufs auf den Haushaltssaldo.
- Der **strukturelle Haushaltssaldo** gibt an, wie hoch der Haushaltssaldo wäre, wenn das reale BIP genau dem Produktionspotenzial entspricht. Das strukturelle Haushaltsdefizit schwankt nicht so stark wie das tatsächliche Haushaltsdefizit.
- Viele Ökonomen sind der Auffassung, dass der Staat in Krisenzeiten ein Budgetdefizit fahren und in Zeiten des wirtschaftlichen Aufschwungs Haushaltsüberschüsse erzielen sollte. Eine Regelung, die einen ausgeglichenen Haushalt vorschreibt, untergräbt die Wirkung der automatischen Stabilisatoren.

ÜBERPRÜFEN SIE IHR WISSEN

1. Warum ist das strukturelle Haushaltsdefizit ein verlässlicherer Indikator für die langfristige Tragfähigkeit der Einnahmen- und Ausgabenpolitik der öffentlichen Haushalte als das tatsächliche Haushaltsdefizit?
2. Erklären Sie, warum Volkswirtschaften, die durch Ihre Verfassung dazu gezwungen sind, einen ausgeglichenen Haushalt zu haben, von stärkeren wirtschaftlichen Schwankungen betroffen sind als Volkswirtschaften, in denen es eine solche Regelung nicht gibt.

28.4 Die langfristigen Auswirkungen der Fiskalpolitik

Im Jahr 2009 stand die griechische Regierung vor einem Problem. Wie in vielen anderen europäischen Ländern auch war das Haushaltsdefizit riesig, sodass man Kredite aufnehmen musste, um die laufenden Ausgaben und die fälligen Tilgungen der bestehenden Schulden decken zu können. Aber der Staat kann, wie Unternehmen oder Privatpersonen, nur dann Kredite aufnehmen, wenn die Kreditgeber davon überzeugt sind, dass die Kredite mit einer hohen Wahrscheinlichkeit auch wieder zurückgezahlt werden. Im Jahr 2009 aber hatten viele Finanzinvestoren den Glauben an die Zahlungsfähigkeit des Landes verloren und waren nicht mehr bereit, dem griechischen Staat Kredite zu gewähren. Und die wenigen Investoren, die dazu noch bereit waren, verlangten für das hohe Risiko entsprechend hohe Zinsen.

In **Abbildung 28-12** ist die Entwicklung der Verzinsung von zehnjährigen griechischen und deutschen Staatsanleihen seit 2007 abgetragen. Zu Beginn des Jahres 2007 konnte Griechenland fast zu den gleichen Zinskonditionen Kredite aufnehmen wie Deutschland, das als sehr sicherer Kreditnehmer gilt. Ende 2011 waren die Zinsen für griechische Staatsanleihen ungefähr zehnmal so hoch wie für deutsche Staatsanleihen.

Die Kreditgeber waren sehr besorgt über die Höhe der griechischen Staatsschulden, zumal das wahre Ausmaß der Schuldenlast durch eine kreative Buchführung der griechischen Regierung lange Zeit verborgen geblieben war. Mit der Kreditaufnahme geht letzten Endes das Versprechen einher, dass die Schulden wieder zurückgezahlt werden. Und im Jahr 2010 schien es ziemlich wahrscheinlich, dass Griechenland seinen Rückzahlungsverpflichtungen nicht mehr würde nachkommen können.

Das führte dazu, dass sich das Land bei privaten Kreditgebern kein Geld mehr leihen konnte und auf Notkredite der Europäischen Union und des Internationalen Währungsfonds angewiesen war. Diese Nothilfen waren allerdings an die Be-

Abb. 28-12

Langfristige Zinsen für Griechenland und Deutschland

Noch bis Anfang 2008 konnte sich Griechenland fast zum gleichen Zinssatz verschulden wie Deutschland, das als sehr sicherer Kreditnehmer gilt. Als das Ausmaß der Schuldenkrise in Griechenland im Verlauf des Jahres 2009 immer deutlicher wurde, verloren die Kreditgeber ihr Vertrauen in die Zahlungsfähigkeit des Landes, sodass die Zinsen für griechische Staatsanleihen in die Höhe schnellten.

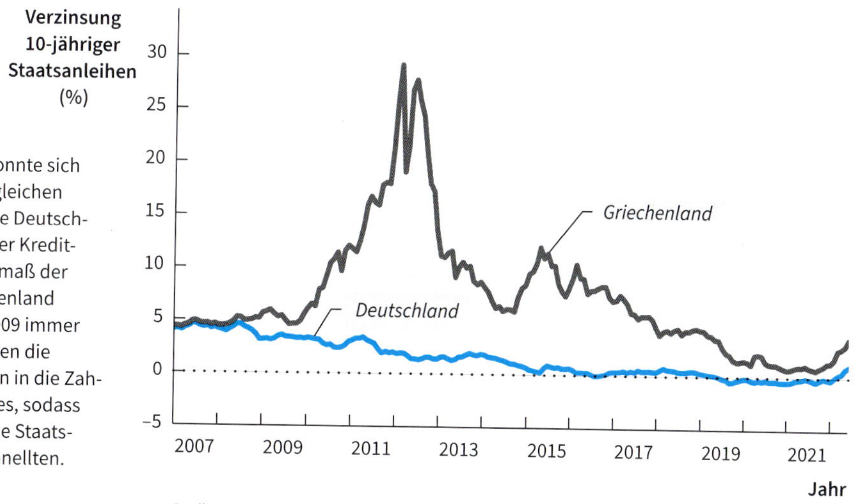

Quelle: OECD

DENKFALLEN!

Defizit und Verschuldung

Ein weitverbreiteter Fehler – den man auch oft in Zeitungen findet – ist die Verwechslung von *Defizit* und *Verschuldung*. Deshalb wollen wir uns die Unterschiede zwischen beiden Größen anschauen.

Ein Defizit ist die Differenz zwischen dem Betrag, den ein Staat in einem bestimmten Zeitraum ausgibt und dem Betrag, den ein Staat in dem gleichen Zeitraum (in der Regel ein Jahr) durch Steuern einnimmt. Angaben zum Haushaltsdefizit enthalten deshalb auch immer einen Bezug zu dem Zeitraum, in dem das Defizit angefallen ist, wie beispielsweise »Im Jahr 2009 belief sich das Defizit der öffentlichen Haushalte in Deutschland auf weit über 100 Milliarden Euro.«

Die Verschuldung stellt dagegen den Betrag dar, den der Staat zu einem bestimmten Zeitpunkt schuldet. Angaben zur Verschuldung beziehen sich daher immer auf einen bestimmten Stichtag, wie beispielsweise »Am Jahresende 2021 belief sich die Verschuldung der öffentlichen Haushalte in der Bundesrepublik Deutschland auf die Summe von 2,321 Billionen Euro.«

Defizit und Verschuldung sind natürlich miteinander verknüpft, da die Verschuldung wächst, wenn die öffentlichen Haushalte ein Defizit aufweisen. Aber sie sind nicht das Gleiche und können mitunter auch unterschiedliche Entwicklungen aufzeigen. So ist das Defizit der öffentlichen Haushalte in Deutschland im Jahr 2021 mit 148 Milliarden Euro deutlich niedriger ausgefallen als im Vorjahr, obwohl die Verschuldung der öffentlichen Haushalte zum Jahresende 2021 mit 2,321 Billionen Euro auf Rekordniveau lag.

Die **Staatsverschuldung** sind die Schulden der öffentlichen Haushalte, die von Personen und Institutionen außerhalb des öffentlichen Sektors gehalten werden.

dingung geknüpft, dass die griechische Regierung die Staatsausgaben drastisch kürzt. Die Ausgabenkürzungen hatten eine verheerende Wirkung auf die ohnehin schon schrumpfende Volkswirtschaft, stürzten große Teile der griechischen Bevölkerung in wirtschaftliche Not und führten zu sozialen Unruhen.

Die Schuldenkrise in Griechenland zeigt, dass die Analyse der Fiskalpolitik ohne eine Betrachtung der langfristigen Auswirkungen von Haushaltsüberschüssen und Haushaltsdefiziten und der daraus resultierenden Staatsverschuldung nicht vollständig ist. Mit diesen langfristigen Auswirkungen wollen wir uns nun beschäftigen.

Defizite, Überschüsse und Schulden

Wenn eine Familie mehr Geld ausgibt, als sie im Verlauf eines Jahres verdient, muss sie die fehlenden finanziellen Mittel entweder durch einen Verkauf von Vermögenswerten oder durch Kreditaufnahme decken. Und wenn eine Familie Jahr für Jahr Kredite aufnimmt, wird der Schuldenberg immer größer.

Das Gleiche trifft auf Staaten zu. Von wenigen Ausnahmen abgesehen, besorgt sich der Staat die finanziellen Mittel nicht durch einen Verkauf von Vermögenswerten wie Nationalparks. Wenn der Staat mehr Geld ausgibt als an Steuereinnahmen vorhanden ist – wenn es also zu einem Haushaltsdefizit kommt –, dann nimmt der Staat in der Regel Kredite auf. Und Staaten, die dauerhaft Haushaltsdefizite realisieren, bauen beträchtliche Schulden auf.

Unter der **Staatsverschuldung** versteht man die Schulden der öffentlichen Haushalte, die von Personen und Institutionen außerhalb des öffentlichen Sektors gehalten werden. Die Verschuldung der öffentlichen Haushalte in der Bundesrepublik Deutschland belief sich zum Jahresende 2021 auf die Summe von 2,321 Billionen Euro. Damit entfiel auf jeden Bundesbürger rein rechnerisch ein Betrag von 27.922 Euro. Auch wenn diese Zahlen unglaublich hoch erscheinen, so liegt die Staatsverschuldung in der Bundesrepublik Deutschland im Vergleich zu anderen wirtschaftlich starken Volkswirtschaften im unteren Mittelfeld, wie die Fallstudie in »Länder im Vergleich« zeigt.

Probleme einer steigenden Staatsverschuldung

Dauerhafte Haushaltsdefizite geben aus zwei Gründen Anlass zur Besorgnis.

1. Verdrängung von privaten Investitionen. Wenn der Staat an den Finanzmärkten Kredite aufnimmt, dann konkurriert er dabei mit Unternehmen, die Kredite zur Finanzierung ihrer Investitionsprojekte benötigen. Das kann dazu führen, dass die Kreditaufnahme des Staates die privaten Investitionsausgaben verdrängt und auf diese Weise den langfristigen Wachstumspfad der Volkswirtschaft abschwächt.

LÄNDER IM VERGLEICH

Staatsverschuldung im internationalen Vergleich

Welches Bild ergibt sich, wenn man die Staatsverschuldung im internationalen Vergleich betrachtet? In absoluten Zahlen, also in Geldbeträgen, ist die öffentliche Verschuldung in den Vereinigten Staaten am höchsten. Das ist allerdings wenig verwunderlich, da die Vereinigten Staaten auch die größte Volkswirtschaft der Welt sind. Ein aussagekräftigeres Bild erhält man, wenn man die öffentliche Verschuldung eines Landes in Relation zu seiner Wirtschaftsleistung, also zum BIP setzt.

Die Abbildung zeigt die öffentliche Nettoverschuldung einer Reihe von Volkswirtschaften zum Jahresende 2020 im Verhältnis zum BIP. Die öffentliche Nettoverschuldung ergibt sich aus den Staatsschulden abzüglich der Vermögenswerte des Staates. Das kann einen großen Unterschied ausmachen. In dieser Auflistung liegen die Vereinigten Staaten z. B. im Mittelfeld.

Es ist kaum überraschend, dass Griechenland die Liste der Volkswirtschaften mit dem höchsten Anteil der Nettoverschuldung am BIP anführt. Und auch andere europäische Schuldnerländer wie Portugal und Italien finden sich weit oben. Aber auch Japan hat einen sehr hohen Anteil der Nettoverschuldung am BIP von ca. 160 Prozent aufzuweisen. In den 1990er-Jahren hat das Land versucht, mit hohen Staatsausgaben die gesamtwirtschaftliche Entwicklung anzukurbeln. Trotz der hohen Verschuldung gilt Japan aber weiterhin als zuverlässiger Schuldner, sodass die Kreditkosten weiterhin niedrig sind.

Im Unterschied zu den meisten Ländern weist Norwegen eine *negative* öffentliche Nettoverschuldung auf. Aber warum hat das Land keine Schulden, sondern ein Guthaben? Die Antwort lautet: durch Erdöl und Erdgas. Aufgrund von riesigen Vorkommen in der Nordsee gehört Norwegen zu den größten Öl- und Gasproduzenten der Welt. Die Einnahmen aus dem Export von Öl und Gas werden in Norwegen nicht sofort durch den Staat ausgegeben, sondern für zukünftige Ausgaben in einem Fonds gespart. Dadurch verfügt der norwegische Staat über erhebliche Vermögenswerte und nicht über Schuldenberge.

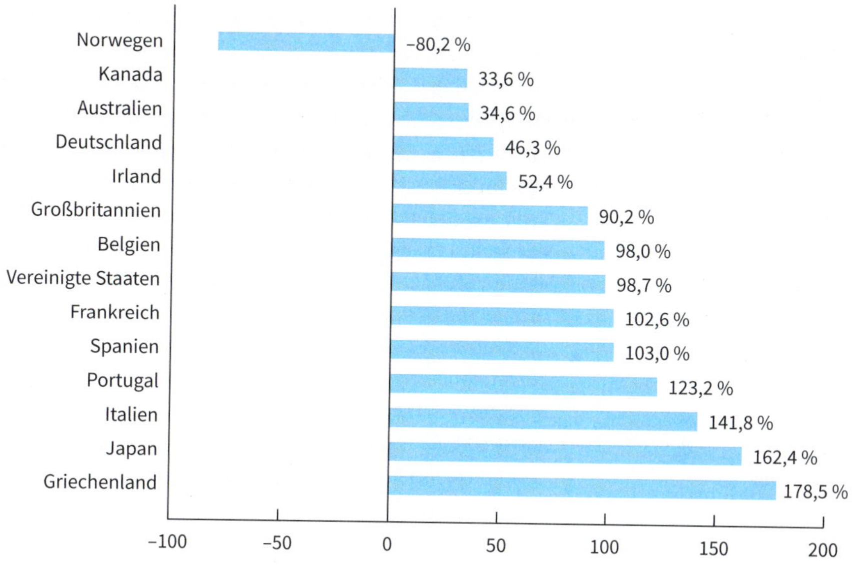

Quelle: International Monetary Fund, World Economic Outlook Database, April 2022 sowie IMF Cross Country Macroeconomic Statistics

2. Finanzielle Belastung und Zahlungsunfähigkeit. Die Haushaltsdefizite in der Gegenwart üben über eine steigende Verschuldung Druck auf die Haushalte in der Zukunft aus. Der Einfluss der derzeitigen Defizite auf die zukünftigen Haushalte ist offensichtlich. Wie jeder einzelne Bürger, so muss auch der Staat seine Rechnungen bezahlen – einschließlich der Zinsen auf die angehäuften Schulden. Wenn ein Staat hoch verschuldet ist, dann können die daraus resultierenden Zinszahlungen beträchtlich sein. So beliefen sich die Zinsausgaben der öffentlichen Haushalte in Deutschland im Jahr 2021 auf rund 21 Milliarden Euro, das waren rund 0,6 Prozent des BIP. Andere Länder wie Griechenland oder Italien müssen einen noch viel größeren Anteil des BIP für Zinszahlungen aufwenden.

Um die hohen Zinszahlungen leisten zu können, muss der Staat entweder die Steuereinnahmen erhöhen oder in Zukunft weniger ausgeben – oder noch mehr Kredite aufnehmen, um die Lücke im Haushalt zu schließen. Aber ein Staat, der zur Finanzierung der Zinszahlungen auf seine ausstehenden Schulden neue Kredite aufnehmen

Wenn der Staat zur Finanzierung der Zinszahlungen auf bestehende Schulden neue Kredite aufnehmen muss, durch die die Schulden weiter ansteigen, kommt es zu einer **Schuldenspirale**.

muss, gerät immer tiefer in die Schuldenfalle. Diese **Schuldenspirale** kann den Staat letzten Endes zu einem Punkt bringen, an dem die Kreditgeber die Fähigkeit des Staates zur Schuldentilgung grundsätzlich infrage stellen. Wie im Fall eines Konsumenten, der das Limit seiner Kreditkarte ausgeschöpft hat, wird der Staat dann vor dem Problem stehen, dass potenzielle Kreditgeber nicht mehr bereit sind, weitere finanzielle Mittel zur Verfügung zu stellen. Das kann dazu führen, dass der Staat nicht mehr in der Lage ist, seine Schulden zu bezahlen. In einer derartigen Situation kommt es oft zu einer schweren Finanz- und Wirtschaftskrise.

Die Möglichkeit, dass ein Staat zahlungsunfähig werden kann, erscheint weit hergeholt. Aber es ist nicht unmöglich. So war Argentinien in den 1990er-Jahren ein Land mit einem vergleichsweise hohen Durchschnittseinkommen, das für seine Wirtschaftspolitik weithin gelobt wurde und dadurch in der Lage war, sich große Summen von ausländischen Kreditgebern zu leihen. Im Jahr 2001 gerieten die Zinszahlungen jedoch außer Kontrolle und das Land konnte seinen Zahlungsverpflichtungen nicht mehr nachkommen. Letztlich gelang es der argentinischen Regierung, mit der Mehrzahl der Gläubiger einen Schuldenschnitt zu vereinbaren, sodass das Land nur noch knapp ein Drittel der ursprünglichen Schuldensumme zurückzahlen musste.

Auch in der europäischen Schuldenkrise gab und gibt es die Gefahr, dass die betroffenen Länder – in erster Linie ist hier Griechenland zu nennen – zahlungsunfähig werden. Je größer die Gefahr einer Zahlungsunfähigkeit, desto mehr Zinsen müssen die Schuldnerländer an ihre Kreditgeber entrichten. Dies wiederum verstärkt aber die Zahlungsprobleme der Schuldnerländer nur noch weiter.

Die Zahlungsunfähigkeit eines Staates führt zu einer Finanzkrise und erschüttert das Vertrauen der Öffentlichkeit in den Staat und in die Volkswirtschaft. Nach der Einstellung des Schuldendienstes durch den Staat kam es in Argentinien zu einem Zusammenbruch des Bankensystems und zu einer tiefen Wirtschaftskrise. Aber selbst wenn ein hoch verschuldeter Staat die Zahlungsunfähigkeit vermeiden kann, zwingt der hohe Schuldenberg den Staat in der Regel dazu, entweder die Ausgaben zu kürzen oder die Steuern zu erhöhen, was sich gleichfalls negativ auf die Volkswirtschaft auswirkt.

In diesem Zusammenhang könnte man natürlich die Frage stellen, warum der Staat zur Zahlung seiner Schulden nicht einfach neues Geld drucken kann. Natürlich kann das der Staat (das gilt allerdings nicht für die europäischen Schuldnerländer), aber das führt sofort zu einem neuen Problem: Inflation. Und tatsächlich sind Haushaltsprobleme sogar der Hauptgrund für eine massive Inflation. Der Staat hat daher kein Interesse daran, sich in einer Situation wiederzufinden, in der er sich entscheiden muss, entweder seine Schulden nicht mehr zu bezahlen oder aber den Schuldenberg durch Gelddrucken (Inflation) abzuschmelzen.

Die Sorgen über die langfristigen Auswirkungen von Haushaltsdefiziten müssen den Einsatz der Fiskalpolitik zur Ankurbelung einer kriselnden Volkswirtschaft jedoch nicht von vorneherein ausschließen. Es kommt vielmehr darauf an, dass der Staat Haushaltsdefizite in schlechten Jahren mit Haushaltsüberschüssen in guten Jahren ausgleicht. Mit anderen Worten: Der Staat sollte eine Haushaltspolitik verfolgen, die langfristig zu einem ausgeglichenen Haushalt führt. Aber wie sieht es damit in der Praxis aus?

Haushaltsdefizite und Verschuldung in der Praxis

Die **Abbildung 28-13** zeigt die Entwicklung des Defizits des US-amerikanischen Bundeshaushalts und der Verschuldung seit 1940. Im Diagramm (a) ist das Defizit des US-amerikanischen Bundeshaushalts als prozentualer Anteil am BIP dargestellt. Wie man erkennen kann, kam es während des Zweiten Weltkrieges zu riesigen Haushaltsdefiziten. In einem kurzen Zeitraum nach 1945 konnten Haushaltsüberschüsse realisiert werden. Doch seit 1950 zeigt der Bundeshaushalt in der Regel ein Defizit, insbesondere in der Zeit nach 1980. Diese Tatsache steht im Widerspruch zu der Empfehlung, dass der Staat Haushaltsdefizite in schlechten Jahren mit Haushaltsüberschüssen in guten Jahren ausgleichen soll.

Diagramm (b) zeigt jedoch, dass die andauernden Haushaltsdefizite nicht zu einer unkontrollierbaren Verschuldung geführt haben. Zur Messung der Fähigkeit des Staates, seine Schulden zu bezahlen, zieht man oft die **Schuldenquote**

Die **Schuldenquote** misst die Staatsverschuldung als Prozentsatz des Bruttoinlandsproduktes.

Abb. 28-13

Das Defizit des US-amerikanischen Bundeshaushalts und die Schuldenquote seit 1940

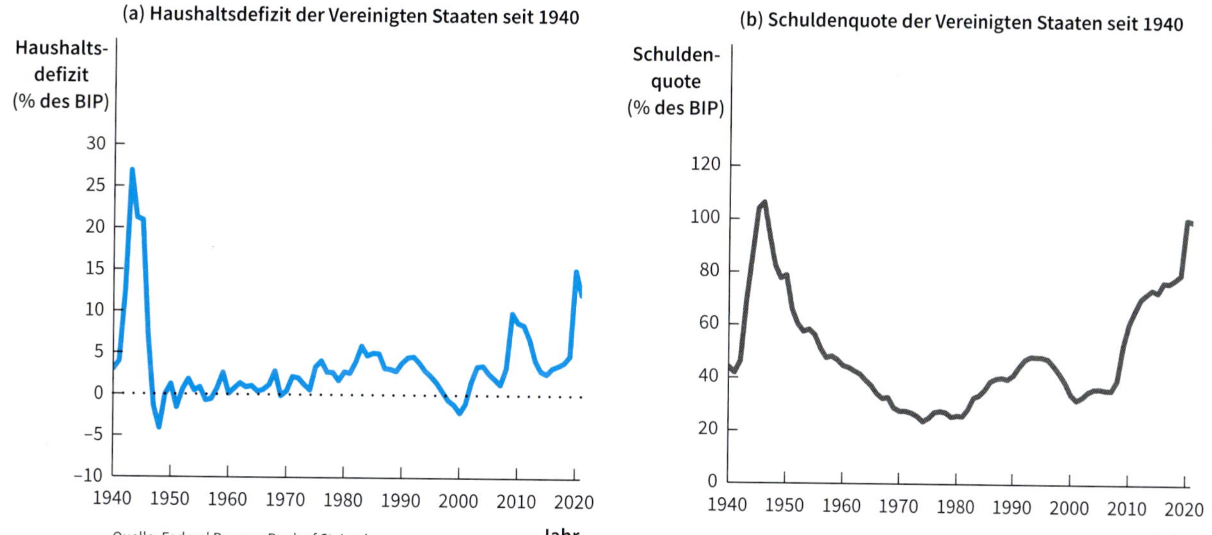

Quelle: Federal Reserve Bank of St. Louis, Office of Management and Budget, Historical Tables

Diagramm (a) zeigt das Defizit des US-amerikanischen Bundeshaushalts seit 1940. Während des Zweiten Weltkrieges kam es zu hohen Haushaltsdefiziten. In der Folgezeit fielen die Defizite geringer aus. Diagramm (b) zeigt die Schuldenquote. Vergleicht man Diagramm (a) und Diagramm (b), so kann man erkennen, dass die Schuldenquote in vielen Jahren zurückgegangen ist, obwohl es zu Haushaltsdefiziten gekommen ist. Dieser vermeintliche Widerspruch spiegelt die Tatsache wider, dass die Schuldenquote auch bei einer steigenden Verschuldung sinken kann, solange das BIP schneller als die Verschuldung wächst.

heran, also die Höhe der Staatsverschuldung in Relation zum Bruttoinlandsprodukt. Auch wir verwenden diese Größe, anstatt nur auf die absolute Höhe der Verschuldung zu schauen, da das BIP, das die Größe der gesamten Volkswirtschaft widerspiegelt, ein guter Indikator für die potenziellen Steuereinnahmen des Staates ist. Wenn die Staatsverschuldung langsamer wächst als das BIP, dann sinkt die Last der Schuldentilgung, verglichen mit den potenziellen Steuereinnahmen des Staates.

Wie wir dem Diagramm (b) entnehmen können, ist die Schuldenquote in den USA seit 1945 über einen Zeitraum von 30 Jahren gesunken, obwohl die Schulden des Bundeshaushalts fast jedes Jahr gewachsen sind. Dies zeigt, dass die Schuldenquote sinken kann, auch wenn die Verschuldung steigt, solange das BIP schneller als die Verschuldung wächst. In der Rubrik »Vertiefung« wird mit Blick auf die hohe Verschuldung der USA während des Zweiten Weltkrieges gezeigt, wie Wachstum und Inflation es dem Staat manchmal sogar ermöglichen, trotz dauerhafter Haushaltsdefizite eine sinkende Schuldenquote zu erreichen.

In **Abbildung 28-14** sind das Defizit der öffentlichen Haushalte sowie die Schuldenquote für die Bundesrepublik Deutschland seit 1970 dargestellt. Auch für Deutschland sind nahezu permanente Haushaltsdefizite zu konstatieren. Und da die Schulden in der Regel stärker gewachsen sind als das BIP, ist es fast durchgehend zu einem Anstieg der Schuldenquote gekommen. Zur Begrenzung der stetig steigenden Staatsverschuldung haben sich Bund und Länder im Jahr 2009 auf eine sogenannte Schuldenbremse verständigt. Die Schuldenbremse trat im Jahr 2016 in Kraft und hat dazu beigetragen, dass bis zur Wirt-

Abb. 28-14

Das Defizit der öffentlichen Haushalte und die Schuldenquote in der Bundesrepublik Deutschland seit 1970

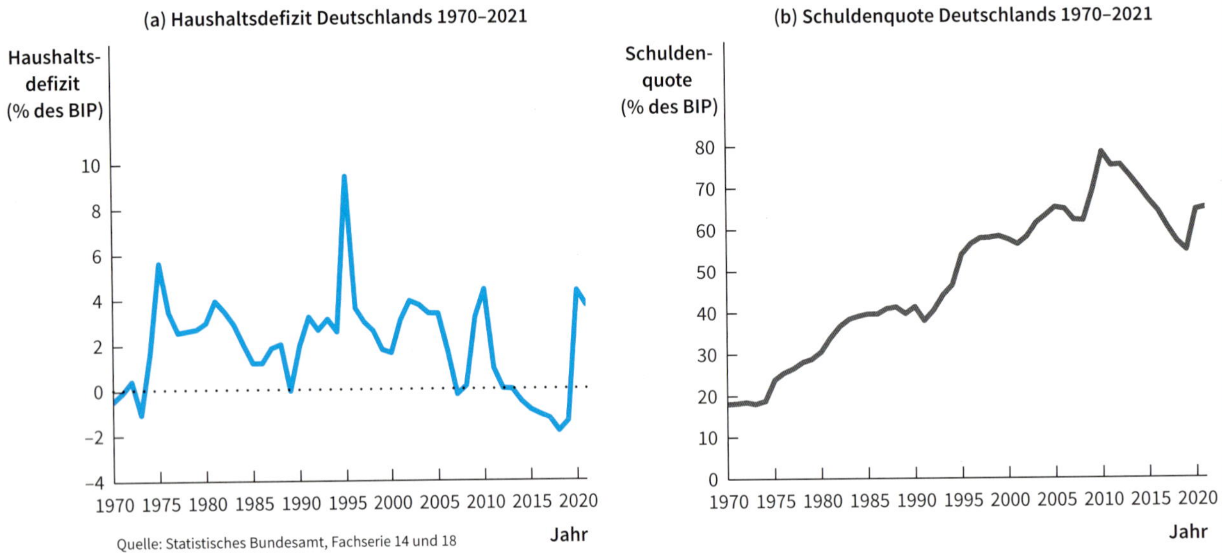

Diagramm (a) zeigt das Defizit der öffentlichen Haushalte in der Bundesrepublik Deutschland seit 1970. Insbesondere in den 1990er-Jahren kam es im Zuge der deutschen Wiedervereinigung zu hohen Haushaltsdefiziten. Von 2014 bis 2019 wiesen die öffentlichen Haushalte einen Überschuss auf. Diagramm (b) zeigt die Schuldenquote. Da die Schulden in der Regel stärker gewachsen sind als das BIP, ist es fast durchgehend zu einem Anstieg der Schuldenquote gekommen.

schaftskrise 2020 Überschüsse erzielt werden konnten.

Kommt es *dauerhaft* zu hohen Haushaltsdefiziten, wächst die Verschuldung schneller als das BIP und die Schuldenquote steigt. Infolge der Finanz- und Wirtschaftskrise kam es in vielen Ländern zu einem sprunghaften Anstieg der öffentlichen Defizite, sodass auch die Schuldenquoten deutlich angestiegen sind. Ökonomen und Politiker waren sich darüber einig, dass es sich hierbei nur eine vorübergehende Entwicklung handeln darf und die Regierungen ihre Ausgaben wieder den Einnahmen anpassen sollten.

Implizite Zahlungsverpflichtungen resultieren aus Zusagen des Staates für zukünftige Zahlungen, die faktisch eine Staatsschuld darstellen, auch wenn sie in der laufenden Schuldenstatistik nicht enthalten sind.

Implizite Zahlungsverpflichtungen des Staates

Betrachtet man den Anteil der öffentlichen Nettoverschuldung am BIP für die Bundesrepublik Deutschland aus der Fallstudie zur Staatsverschuldung im internationalen Vergleich, so könnte man zu der Schlussfolgerung gelangen, dass sich die Staatsverschuldung trotz wiederkehrender Haushaltsdefizite im Vergleich zu anderen wirtschaftlich starken Volkswirtschaften auf einem moderaten Niveau befindet. Dennoch warnen Ökonomen davor, sich bei der Einschätzung der Verschuldungsproblematik von diesen Zahlen fehlleiten zu lassen und verweisen in diesem Zusammenhang auf *implizite Zahlungsverpflichtungen* des Staates. **Implizite Zahlungsverpflichtungen** resultieren aus Zusagen des Staates für zukünftige Zahlungen, die faktisch eine Staatsschuld darstellen, auch wenn sie in der laufenden Schuldenstatistik nicht enthalten sind.

Der größte Teil der impliziten Zahlungsverpflichtungen des Staates ergibt sich aus Transferzahlungen, von denen in erster Linie ältere Bürger profitieren: Zahlungen der Sozialversicherungen und Versorgungslasten für Beamte. In beiden Fällen steht der Staat in der Verpflichtung, sowohl in

VERTIEFUNG

Was passierte mit den Schulden aus dem Zweiten Weltkrieg?
Wie man in Abbildung 28-13 erkennen kann, sind die US-amerikanischen Staatsausgaben während des Zweiten Weltkrieges in hohem Maße durch Kreditaufnahme finanziert worden. Am Kriegsende betrug die Schuldenquote mehr als 100 Prozent und viele Menschen machten sich Gedanken darüber, ob die Schulden jemals abbezahlt werden konnten.
Die Wahrheit ist, dass die Schulden niemals abbezahlt wurden. Im Jahr 1946 belief sich die öffentliche Verschuldung auf 242 Milliarden Dollar. Die Schuldenhöhe sank in den Folgejahren ein wenig, da die Nachkriegshaushalte mit einem leichten Überschuss abschlossen. Mit dem Beginn des Koreakrieges im Jahr 1950 geriet der Haushalt jedoch wieder ins Defizit und im Jahr 1962 belief sich der Schuldenstand wieder auf 248 Milliarden Dollar.
Dennoch machte sich niemand Sorgen über die finanzpolitische Situation, da die Schuldenquote um mehr als die Hälfte gesunken war. Der Grund dafür lag in einer Mischung aus kräftigem Wirtschaftswachstum und leichter Inflation, die zu einem starken Anstieg des BIP geführt hatten. Aus dieser Erfahrung konnte eine besondere Lehre gezogen werden. Solange das Defizit nicht allzu groß ist, kann der Staat praktisch für immer Haushaltsdefizite fahren.

der Gegenwart als auch in der Zukunft entsprechende Transferzahlungen zu leisten. Die noch zu leistenden Zahlungen stellen eine Schuld des Staates in der Zukunft dar, auch wenn sie in den laufenden Statistiken noch nicht enthalten sind.

Mit Blick auf **Abbildung 28-15** wird deutlich, warum das Ausmaß dieser impliziten Zahlungsverpflichtungen vielen Ökonomen Sorgen bereitet. Während die explizite Schuldenquote – der prozentuale Anteil der Schulden der öffentlichen

Abb. 28-15

Die explizite und die implizite Schuldenquote für die öffentlichen Haushalte in der Bundesrepublik Deutschland im Jahr 2022

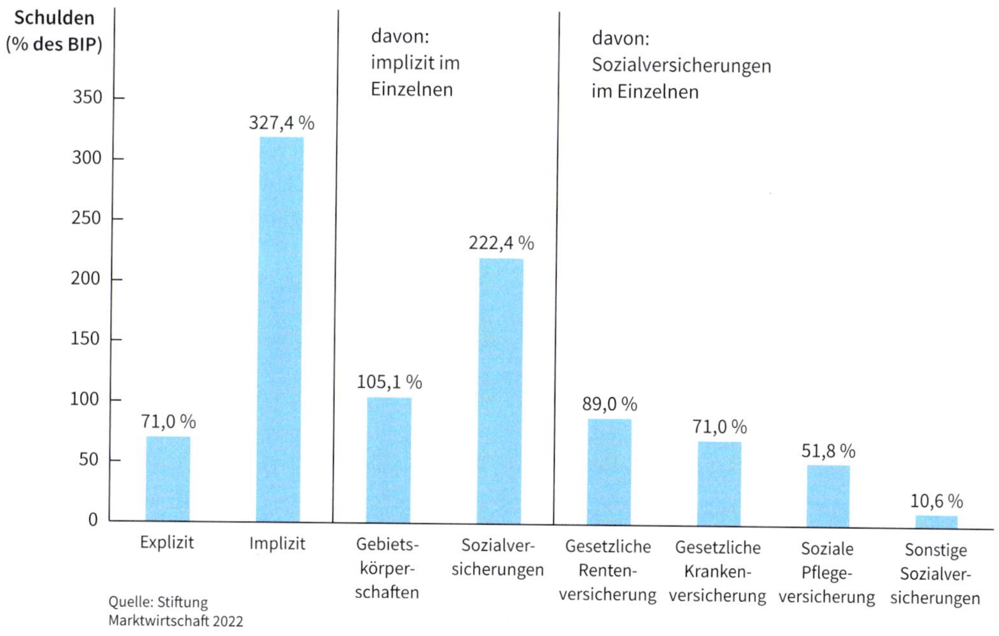

Die Abbildung zeigt die explizite Schuldenquote und die implizite Schuldenquote, die den prozentualen Anteil der Schulden der öffentlichen Haushalte einschließlich der impliziten Zahlungsverpflichtungen am BIP wiedergibt. Der Großteil der impliziten Zahlungsverpflichtungen resultiert aus zukünftigen Zahlungsverpflichtungen für die Sozialversicherungen.

Haushalte am BIP, der sich aus der Statistik ergibt – für die Bundesrepublik Deutschland Mitte 2022 bei 71,0 Prozent lag, belief sich die implizite Schuldenquote – also der prozentuale Anteil der Schulden der öffentlichen Haushalte einschließlich der impliziten Zahlungsverpflichtungen am BIP – auf 327,4 Prozent. Die Höhe der impliziten Schuldenquote wird dabei in entscheidendem Maße von der demografischen Entwicklung beeinflusst, also von der Geburtenrate und der Lebenserwartung der Bevölkerung.

Der große Einfluss der demografischen Entwicklung resultiert aus der Umlagefinanzierung des deutschen Sozialversicherungssystems. Umlagefinanzierung bedeutet, dass die laufenden Einnahmen aus den Beiträgen zur Sozialversicherung der Finanzierung der laufenden Ausgaben dienen. Vereinfacht ausgedrückt bezahlen also die Arbeitnehmer und Arbeitgeber von heute die Renten der heutigen Rentenbezieher. Mit sinkenden Geburtenraten und höherer Lebenserwartung nimmt aber die Zahl derer, die in die Rentenversicherung einzahlen, stetig ab, während die Zahl der Rentenbezieher stetig zunimmt. Und je älter eine Gesellschaft ist, desto höher sind die Ausgaben für Kranken- und Pflegeversicherung. Die demografische Entwicklung führt also in der Zukunft zu einer wachsenden Finanzierungslücke im Sozialversicherungssystem und damit zu steigenden impliziten Zahlungsverpflichtungen.

Die Politik hatte mit der Rentenreform 2007 und der schrittweisen Anhebung des Renteneintrittsalters auf 67 Jahre bereits erste Schritte in die richtige Richtung zum Abbau der impliziten Staatsverschuldung unternommen. Durch Politikmaßnahmen der jüngeren Vergangenheit, wie z. B. der Einführung der »solidarischen Lebensleistungsrente« (Rente ab 63), ist allerdings zu befürchten, dass die implizite Staatsverschuldung weiter ansteigt.

WISSENSCHAFT UND PRAXIS

Wer hat Angst vor der Schuldenspirale?

Die Sorgen über die langfristigen Auswirkungen von Budgetdefiziten haben viel mit der Angst vor einer Schuldenspirale zu tun. Budgetdefizite erhöhen die Staatsverschuldung. Durch höhere Schulden müssen höhere Zinszahlungen geleistet werden. Die höheren Zinsausgaben vergrößern das Budgetdefizit, wodurch wiederum die Verschuldung weiter ansteigt, und so weiter. Es kommt zu einem Schneeballeffekt.

Aber wie viele Sorgen sollte man sich über die Schuldenspirale tatsächlich machen? Olivier Blanchard, ehemaliger Chefökonom des Internationalen Währungsfonds (IWF) und einer der angesehensten Makroökonomen weltweit, gab dazu auf der Jahresversammlung der *American Economic Association* im Januar 2019 eine überraschende Antwort. Blanchard vertrat die Auffassung, dass die Sorgen über eine Schuldenspirale und auch die Sorgen über die Staatsverschuldung generell deutlich überzogen sind.

Blanchard verwies in diesem Zusammenhang auf die Auswirkungen von Wachstum und Inflation auf die Schuldenquote, die den Zustand der Staatsfinanzen aus seiner Sicht deutlich besser widerspiegelt als der absolute Schuldenstand. Wie wir bereits wissen, führt ein steigendes nominales BIP, das das Ergebnis steigender Preise und eines realen Wachstums ist, zu einem stetigen Absinken der Schuldenquote, solange die Budgetdefizite nicht aus dem Rahmen fallen.

Natürlich führt ein Anstieg der Staatsverschuldung zu höheren Zinszahlungen. Aber entscheidend für die Entwicklung der Schuldenquote ist die Frage, so Blanchard, wie hoch der Zinssatz, den der Staat auf seine Schulden zahlen muss, in Relation zur Wachstumsrate des nominalen BIP ausfällt. Solange der Zinssatz kleiner als die Wachstumsrate des nominalen BIP ist, wird die Schuldenquote sukzessive sinken.

Für die letzten 30 Jahre (und insbesondere für die letzten zehn Jahre) lässt sich für die Vereinigten Staaten und andere führende Industrieländer konstatieren, dass das Zinsniveau im Großen und Ganzen kleiner war als die nominalen Wachstumsraten, wie die Daten in **Tabelle 28-2** zeigen. Die Tabelle vergleicht den durchschnittlichen 10-Jahres-Zinssatz auf US-amerikanische Staatsanleihen mit der Wachstumsrate des nominalen BIP im jeweiligen Zeitraum. Der Unterschied zwischen Wachstumsrate und Zinssätzen fällt für andere hoch entwickelte Volkswirtschaften sogar noch größer aus.

Aber selbst durch diesen Vergleich wird das Risiko einer Schuldenspirale überschätzt, so Blanchard, da der ▸

Staat einen Teil der Zinsausgaben in Form von Steuerzahlungen durch die Anleihebesitzer wieder zurückerhält. Neben Blanchard haben noch viele weitere Ökonomen auf die Bedeutung dieser Aspekte bei der Diskussion der Staatsverschuldung hingewiesen. Niemand sagt, dass die Höhe der Staatsverschuldung komplett ignoriert werden kann. Aber es gibt anscheinend wenig Gründe, sich Sorgen über eine unkontrollierbare Schuldenspirale machen zu müssen.

Tab. 28-2: Zinssätze und Wachstumsraten

	Durchschnittlicher 10-Jahres-Zinssatz	Wachstumsrate des nominalen BIP
1990–2019	4,41 %	4,51 %
2010–2019	2,40 %	3,97 %

Kurzzusammenfassung

- Dauerhafte Haushaltsdefizite führen zu einem Anstieg der **Staatsverschuldung**.
- Steigende Staatsschulden können im Extremfall zur Zahlungsunfähigkeit des Landes führen. In weniger extremen Fällen führen steigende Staatsschulden zu einer Verdrängung von Investitionsausgaben und reduzieren damit das langfristige Wachstum. Daraus folgt, dass Haushaltsdefizite in schlechten Haushaltsjahren durch Haushaltsüberschüsse in guten Haushaltsjahren ausgeglichen werden sollten.
- Wenn der Staat Zinszahlungen auf bestehende Staatsschulden nur durch die Aufnahme neuer Schulden finanzieren kann, besteht die Gefahr einer **Schuldenspirale**.
- Die **Schuldenquote** als Verhältnis von Staatsverschuldung und BIP ist ein weitverbreiteter Indikator zur Beurteilung der Verschuldungssituation. Ein Land mit einem steigenden BIP kann auch bei Haushaltsdefiziten eine stabile oder fallende Schuldenquote haben, wenn das BIP schneller als die Verschuldung wächst.
- Zusätzlich zur Verschuldung der öffentlichen Haushalte sieht sich der Staat mit **impliziten Zahlungsverpflichtungen** konfrontiert. Der Großteil der impliziten Zahlungsverpflichtungen der öffentlichen Haushalte in der Bundesrepublik Deutschland resultiert aus zukünftigen Zahlungen für die gesetzliche Kranken- und Rentenversicherung.

ÜBERPRÜFEN SIE IHR WISSEN

1. Erklären Sie, wie jedes der folgenden Ereignisse die Verschuldung oder die impliziten Zahlungsverpflichtungen der öffentlichen Haushalte in der Bundesrepublik Deutschland beeinflusst, wenn alle anderen Einflussfaktoren unverändert bleiben. Wird die Verschuldung oder werden die impliziten Zahlungsverpflichtungen größer oder kleiner?

a. Eine höhere Wachstumsrate des realen BIP.

b. Die Lebenserwartung der Rentenbezieher steigt.

c. Eine Steuersenkung.

d. Staatliche Kreditaufnahme zur Finanzierung von Zinszahlungen auf die laufenden Staatsschulden.

2. Nehmen Sie an, die Volkswirtschaft befindet sich in einer Krise und die laufenden Staatsschulden sind ziemlich hoch. Erläutern Sie den Konflikt zwischen kurzfristigen und langfristigen Zielen, denen sich die politischen Entscheidungsträger bei der Entscheidung gegenübersehen, ob sie Staatsausgaben durch Kreditaufnahme finanzieren sollen.

3. Erklären Sie, wie bei hohen Staatsschulden durch eine strikte Sparpolitik die Gefahr einer Zahlungsunfähigkeit des Landes wächst.

Unternehmen in Aktion: Hier scheint die Sonne

Das Solana Kraftwerk, das im Jahr 2013 eröffnet wurde, liegt in der Wüste des US-Bundesstaates Arizona, rund 100 km von Phoenix entfernt und umfasst eine Fläche von knapp 8 km^2. Während die meisten Solaranlagen aus Sonnenkollektoren bestehen, die das Sonnenlicht direkt in Elektrizität umwandeln, greift das Solana Kraftwerk auf Sonnenspiegel zurück, die das Sonnenlicht bündeln und an Flüssigsalztanks weiterleiten. Diese Wärmespeicher nehmen die Sonnenwärme auf und treiben Dampfturbinen zur Stromerzeugung an. Die Nutzung von Wärmespeichern hat den Vorteil, dass auch nach dem Sonnenuntergang noch Sonnenenergie zur Stromerzeugung zur Verfügung steht.

Solana ist eines der wenigen Solarkraftwerke, das derzeit diese Anlagentechnik nutzt, obwohl die Nutzung der Solarenergie zur Stromerzeugung insgesamt in den Vereinigten Staaten (und auch weltweit) in den letzten Jahren deutlich zugenommen hat. So ist die Stromerzeugung aus Sonnenenergie in den Vereinigten Staaten zwischen 2008 und 2018 um fast 1.200 Prozent angestiegen. Für diese rasante Entwicklung gibt es eine Reihe von Gründen. Entscheidend war jedoch die Entscheidung der Obama-Regierung, den Bau von Solarkraftwerken durch die Gewährung von Finanzhilfen zu unterstützen. Das Solana Kraftwerk wurde durch das spanische Unternehmen Abengoa gebaut, das dafür Kreditbürgschaften im Wert von 1,45 Milliarden Dollar erhalten hat. Für ein weiteres Werk in der Mojave-Wüste wurden dem Unternehmen Bürgschaften in Höhe von 1,2 Milliarden Dollar gewährt.

Das Solana Kraftwerk liefert aber nicht nur ein anschauliches Beispiel für die Wirkung von Staatsausgaben, sondern auch für die politischen Schwierigkeiten, die mit diesen Ausgabenentscheidungen einhergehen. Es gab zahlreiche Proteste gegen die Gewährung von Kredithilfen durch den Staat an ein ausländisches Unternehmen, obwohl Abengoa die erforderliche Technologie mitbrachte und die Arbeitsplätze durch den Bau des Kraftwerks in den Vereinigten Staaten entstanden sind. Gleichzeitig hängt die finanzielle Tragfähigkeit von Solarkraftwerken zu großen Teilen davon ab, ob die staatlichen Hilfen für die gesamte Dauer des Projektes garantiert sind. Und das ist nicht immer sichergestellt.

Mit Blick auf die Wirkung der zusätzlichen Staatsausgaben hat Solana die Erwartungen erfüllt. In einer Zeit, in der die Zinsen niedrig waren und viele Beschäftigte in der Baubranche arbeitslos waren, wurden neue Arbeitsplätze geschaffen.

FRAGEN

1. Inwiefern unterscheidet sich die politische Reaktion auf die finanzielle Unterstützung des Solana Kraftwerks durch den Staat von der politischen Reaktion auf übliche staatliche Investitionsprojekte wie z. B. den Bau von Straßen oder von Schulen? Welche Rückschlüsse kann man daraus für die Bewertung von fiskalpolitischen Impulsen ziehen?
2. In diesem Kapitel haben wir uns auch mit dem Problem von Wirkungsverzögerungen bei fiskalpolitischen Maßnahmen beschäftigt. Was lernen wir aus dem Fall von Solana zu diesem Problem?
3. Ist der Tiefpunkt einer Rezession ein guter oder ein schlechter Zeitpunkt, um in Energieprojekte zu investieren? Erläutern Sie Ihre Antwort.

Zusammenfassung

1. Der Staat spielt eine wichtige Rolle in der Volkswirtschaft, indem er einen Großteil des BIP über Steuern einnimmt und einen Großteil des BIP für den Kauf von Waren und Dienstleistungen und für Transferzahlungen ausgibt, hauptsächlich für das **System der Sozialen Sicherung**. Unter *Fiskalpolitik* versteht man den Einsatz von Steuern, Transferzahlungen oder Ausgaben für Waren und Dienstleistungen zur Verschiebung der gesamtwirtschaftlichen Nachfragekurve.
2. Während die Ausgaben des Staates für Waren und Dienstleistungen die gesamtwirtschaftliche Nachfrage unmittelbar beeinflussen, führen Änderung der Besteuerung und der Transferzahlungen über eine Veränderung des verfügbaren Einkommens der Haushalte auf indirektem Weg zu einer Beeinflussung der gesamtwirtschaftlichen Nachfrage. **Expansive Fiskalpolitik** verschiebt die Kurve der gesamtwirtschaftlichen Nachfrage nach rechts. **Restriktive Fiskalpolitik** verschiebt die Kurve der gesamtwirtschaftlichen Nachfrage nach links.
3. Es kommt nur dann zu einer Verdrängung von privaten Konsum- und Investitionsausgaben durch den Einsatz einer expansiven Fiskalpolitik, wenn sich die Volkswirtschaft bereits auf dem Vollbeschäftigungsniveau befindet. Die Behauptung, dass eine Fiskalpolitik aufgrund der Ricardianischen Äquivalenz ohne Wirkung bleibt, da die Konsumenten ihre laufenden Ausgaben kürzen, um für höhere Steuerzahlungen in der Zukunft zu sparen, scheint sich in der Praxis nicht zu bewahrheiten. Unbestritten ist, dass aufgrund von unvermeidbaren Verzögerungen in der Formulierung und Durchsetzung fiskalpolitischer Maßnahmen aktive Fiskalpolitik die Volkswirtschaft destabilisieren kann.
4. Durch Fiskalpolitik wird ein Multiplikatoreffekt auf die Volkswirtschaft ausgelöst. Expansive Fiskalpolitik führt zu einem Anstieg des realen BIP, der größer als der ursprüngliche Anstieg der gesamtwirtschaftlichen Ausgaben durch die fiskalpolitische Maßnahme ausfällt. Umgekehrt führt restriktive Fiskalpolitik zu einem Rückgang des realen BIP, der größer als der ursprüngliche Rückgang der gesamtwirtschaftlichen Ausgaben durch die fiskalpolitische Maßnahme ausfällt. Die Größe des Multiplikatoreffektes hängt von der Art der fiskalpolitischen Maßnahme ab. Der Multiplikator bei Änderungen der Staatsausgaben für Waren und Dienstleistungen ist größer als der Multiplikator bei Änderungen der Steuern oder der Transferzahlungen, da die Wirkung der Änderung der Steuern oder Transferzahlungen auf die Konsumausgaben in der ersten Runde des Multiplikatorprozesses zu einem Teil durch eine höhere Ersparnis absorbiert wird. Dadurch haben Änderungen der Staatsausgaben für Waren und Dienstleistungen einen stärkeren Effekt auf die Volkswirtschaft als Steueränderungen oder Änderungen der Transferzahlungen gleichen Ausmaßes.
5. Die Steuergesetze – mit Ausnahme von **Kopfsteuern** – und einige gesetzliche Regelungen zu Transferzahlungen wirken als **automatische Stabilisatoren**, indem sie die Wirkung des Multiplikators reduzieren und automatisch das Ausmaß der wirtschaftlichen Schwankungen verringern. Im Unterschied dazu ist die **diskretionäre Fiskalpolitik** auf bewusste Entscheidungen der Wirtschaftspolitik und nicht auf den Konjunkturverlauf zurückzuführen.
6. Ein Teil der Schwankungen im Haushaltssaldo wird durch konjunkturelle Effekte hervorgerufen. Um den Einfluss der konjunkturellen Entwicklung von den Auswirkungen der diskretionären Fiskalpolitik zu trennen, ermittelt man den **strukturellen Haushaltssaldo**, der angibt, wie hoch der Haushaltssaldo wäre, wenn das reale BIP genau dem Produktionspotenzial entspräche.
7. Dauerhafte Haushaltsdefizite haben langfristige Auswirkungen, da sie zu einem Anstieg der **Staatsverschuldung** führen. Ein Anstieg der Staatsverschuldung kann aus zwei Gründen ein Problem darstellen. Zum einen kommt es durch steigende Staatsschulden zu einer Verdrängung von Investitionsausgaben. Zum anderen erhöhen steigende Staatsschulden den finanziellen Druck auf den Staat und können im Extremfall zur Zahlungsunfähigkeit eines

SCHLÜSSELBEGRIFFE

- System der Sozialen Sicherung
- expansive Fiskalpolitik
- restriktive Fiskalpolitik
- Kopfsteuern
- automatische Stabilisatoren
- diskretionäre Fiskalpolitik
- struktureller Haushaltssaldo
- Staatsverschuldung
- Schuldenspirale
- Schuldenquote
- implizite Zahlungsverpflichtungen

Landes führen, wodurch eine schwere Finanz- und Wirtschaftskrise ausgelöst wird. Kann der Staat Zinszahlungen auf bestehende Staatsschulden nur durch die Aufnahme neuer Schulden finanzieren, besteht die Gefahr einer **Schuldenspirale**.

8. Die **Schuldenquote** als Verhältnis von Staatsverschuldung und BIP ist ein weitverbreiteter Indikator zur Beurteilung der Verschuldungssituation eines Landes. Die Schuldenquote kann auch bei moderaten Haushaltsdefiziten stabil bleiben oder sogar sinken, wenn das BIP im Lauf der Zeit steigt. Dennoch kann eine stabile Schuldenquote ein falsches Bild über die tatsächliche Verschuldungssituation wiedergeben, da viele Staaten mit großen **impliziten Zahlungsverpflichtungen** konfrontiert sind. Der Großteil der impliziten Zahlungsverpflichtungen der öffentlichen Haushalte in der Bundesrepublik Deutschland resultiert aus zukünftigen Zahlungen für die gesetzliche Renten- und Krankenversicherung, die aufgrund der demografischen Entwicklung in der Zukunft stark ansteigen werden.

Anhang zu 28

Steuern und der Multiplikator

In diesem Kapitel haben wir dargestellt, dass Steuern, deren Höhe positiv vom realen BIP abhängt, die Größe des Multiplikatoreffektes reduzieren und als automatischer Stabilisator für die Volkswirtschaft wirken. Wir wollen uns im Folgenden ein wenig mit der dahinterstehenden Mathematik beschäftigen.

Zunächst gehen wir davon aus, dass der Staat einen Anteil t von jeder Erhöhung des realen BIP über Steuern für sich behält, wobei der Steuersatz t zwischen 0 und 1 liegt. Wie im Kapitel 26 schauen wir uns nun an, welche Wirkung eine Erhöhung der Investitionsausgaben von 100 Milliarden Euro hat.

Der Anstieg der Investitionsausgaben um 100 Milliarden Euro erhöht zunächst in einem ersten Schritt das reale BIP um 100 Milliarden Euro. In einer Welt ohne Steuern würde das verfügbare Einkommen auch um 100 Milliarden Euro steigen. Da jedoch nun ein Teil des Anstiegs des realen BIP dem Staat über Steuern zufließt, erhöht sich das verfügbare Einkommen nur noch um $(1 - t) \times$ 100 Milliarden Euro. Der im zweiten Schritt ausgelöste Anstieg der Konsumausgaben wird durch die marginale Konsumquote *MPC* und den Anstieg des verfügbaren Einkommens mit $MPC \times (1 - t) \times$ 100 Milliarden Euro bestimmt. Dies führt über eine entsprechende Erhöhung des realen BIP und des verfügbaren Einkommens in einem dritten Schritt zu einem Anstieg der Konsumausgaben von $(MPC \times (1 - t)) \times (MPC \times (1 - t)) \times$ 100 Milliarden Euro und so weiter.

Der Gesamteffekt auf das reale BIP ergibt sich damit über

	Anstieg der Investitionsausgaben	=		100 Mrd. €
+	im zweiten Schritt Anstieg der Konsumausgaben	=	$MPC \times (1 - t)$	× 100 Mrd. €
+	im dritten Schritt Anstieg der Konsumausgaben	=	$(MPC \times (1 - t))^2$	× 100 Mrd. €
+	im vierten Schritt Anstieg der Konsumausgaben	=	$(MPC \times (1 - t))^3$	× 100 Mrd. €
			…	…
			…	…

Gesamteffekt auf das reale BIP =

$$[1 + MPC \times (1 - t) + (MPC \times (1 - t)^2) + (MPC \times (1 - t)^3) + \ldots] \times 100 \text{ Mrd. €}$$

Wie wir bereits im Kapitel 26 gezeigt haben, ist eine unendliche geometrische Reihe der Form $1 + x + x^2 + x^3 + \ldots$ mit Werten für x von $0 < x < 1$ gleich dem Ausdruck $1/(1 - x)$. In unserem Beispiel entspricht $x = (MPC \times (1 - t))$. Damit ergibt sich der Gesamteffekt eines Anstiegs der Investitionsausgaben in Höhe von 100 Milliarden Euro unter Berücksichtigung aller anschließenden Erhöhungen der Konsumausgaben auf das reale BIP von

$$\frac{1}{1-(MPC-(1-t))} \times 100 \text{ Mrd. €}$$

In einer Welt ohne Steuern ergab sich der Multiplikator mit $1/(1 - MPC)$. Fließt jedoch ein Anteil t von jeder Änderung im realen BIP dem Staat durch Steuern zu, so verändert sich der Multiplikator zu

$$\text{Multiplikator} = \frac{1}{1-(MPC-(1-t))}$$

Dieser Multiplikator ist immer kleiner als $1/(1 - MPC)$. Und je größer t ist, desto kleiner wird der Multiplikator. Nehmen wir beispielsweise an, $MPC = 0{,}6$. In einer Welt ohne Steuern ergibt sich der Multiplikator mit $1/(1 - 0{,}6) = 1/0{,}4 = 2{,}5$. Gehen wir nun davon aus, dass $t = 1/3$, dann fließt ein Drittel jeder Erhöhung des realen BIP dem Staat über Steuern zu. In diesem Fall ist der Multiplikator

$$\frac{1}{1-(0{,}6 \times (1-1/3))} = \frac{1}{1-(0{,}6 \times 2/3)} = \frac{1}{1-0{,}4} = \frac{1}{0{,}6} = 1{,}667.$$

29 Geld, Banken und Zentralbanken

LERNZIELE

- Welche Funktionen übt **Geld** in einer Volkswirtschaft aus und welche verschiedenen Formen von Geld gibt es.
- Welche Bedeutung die **Geldmenge** für die konjunkturelle Lage der Volkswirtschaft hat.
- Wie die Geschäftsbanken und die Zentralbank beim Zustandekommen der Geldmenge zusammenwirken.
- Wie die Zentralbank **Offenmarktgeschäfte** nutzt, um die **Geldbasis** zu verändern.

Falschgeld

»Das Produkt wird sorgfältig in vielen kleinen ländlichen Betrieben Perus hergestellt, bevor es dann in der Hauptstadt des Landes in geheimen Depots gesammelt wird, die von bewaffneten Banden bewacht werden. Dort angekommen, werden die Produkte zu Päckchen gestapelt, in Flugzeuge verladen oder im Gepäck versteckt, in Keramik, in ausgehöhlten Bibeln, in Kinderspielzeug oder in großen Containern, die zu den großen US-amerikanischen Häfen wie Miami verschifft werden.«

Mit dieser Beschreibung begann ein Bericht der US-amerikanischen Tageszeitung *Washington Post* über die Operation Sunset, eine großangelegte Razzia der peruanischen Behörden in Zusammenarbeit mit dem US-amerikanischen Geheimdienst im Jahr 2016. Ziel der Razzia aber waren nicht Drogen, sondern Falschgeld.

In den letzten Jahren hat sich Peru zu einem wichtigen Produktionsstandort für gefälschte Dollarnoten entwickelt. Das kommt nicht von ungefähr. Die sogenannte »Peruanische Blüte« wird als eine der besten Fälschungen von Dollarnoten angesehen. Die Geldfälscher arbeiten sehr sorgfältig und sind bemüht, jedes noch so kleine Detail zu berücksichtigen, sodass die Fälschungen nur schwer zu erkennen sind.

Die Kuriose an der Sache ist, dass diese aufwendig und sorgsam gestalteten Papierscheine an sich eigentlich gar keinen Wert haben. Eine 100-Milliarden-Dollar-Banknote, in Blau oder Orange gedruckt, wäre nicht einmal das Papier wert, auf dem sie gedruckt wurde.

Hätte die Farbe auf der Banknote allerdings den richtigen Grünton, dann würden die Menschen denken, dass es sich um *Geld* handelt und dieses Stück Papier als Bezahlung für Waren und Dienstleistungen akzeptieren. Die Menschen tun das, weil sie davon ausgehen, dass auch sie dieses Stück grüne Papier gegen Waren und Dienstleistungen eintauschen können.

Kommen wir zu einem kleinen Rätsel. Was würde passieren, wenn eine gefälschte 100-Milliarden-Dollarnote aus Peru in die Vereinigten Staaten gelangt und dort gegen Waren oder Dienstleistungen eingetauscht wird, ohne dass jemand merkt, dass die Banknote gefälscht ist? Wenn man eine gefälschte 100-Milliarden-Dollarnote annimmt, dann ist das etwas anderes, als wenn man einen Gebrauchtwagen kauft, der sich als Schrottkarre herausstellt, oder ein Essen bestellt, das ungenießbar ist. Solange niemand merkt, dass die Banknote gefälscht ist, wird sie viele Male weitergereicht wie eine echte Banknote.

Die Geschädigten sind letzten Endes die US-amerikanischen Steuerzahler, da die gefälschten Banknoten die Einnahmen reduzieren, mit denen die Ausgaben des Staates bezahlt werden sollen. Das US-amerikanische Finanzministerium schätzt, dass lediglich 0,01 Prozent der im Umlauf befindlichen Banknoten gefälscht sind, rund 200 Millionen Dollar. Aber selbst dieses Ausmaß an Falschgeld bedeutet, dass die US-amerikanischen Steuerzahler um mehrere Hundert Millionen Dollar betrogen worden sind. Aus diesem Grund wird die Echtheit der Geldscheine streng überwacht und Berichten über Falschgeld wird sofort nachgegangen. Die strenge Überwachung der Geldscheine zeigt, dass Geld kein normales Gut ist und auf keinen Fall nur ein buntes Stück Papier.

Im diesem Kapitel wollen wir klären, was Geld eigentlich ist, wie eine moderne Geldwirtschaft funktioniert und welche Institutionen, unter ihnen die *Zentralbank*, die Geldwirtschaft steuern.

29.1 Die Bedeutung von Geld

In Alltagsgesprächen verwenden Menschen das Wort *Geld* oft in der Bedeutung von »Wohlstand«. Wenn Sie fragen »Wie viel Geld besitzt Jeff Bezos, der Gründer von Amazon?«, wird die Antwort ungefähr so lauten: »Oh, 150 Milliarden Dollar oder so, aber wer zählt schon?« Die Zahl schließt den Wert der Geldbestände, Anleihen, Immobilien und überhaupt aller Vermögensgegenstände im Eigentum von Jeff Bezos ein.

Geld im Umlauf sind die Kassenbestände des Publikums (oder der Nichtbanken).

Sichteinlagen sind Guthaben auf Bankkonten, über die man jederzeit durch Schecks oder Überweisungen verfügen kann.

Die wirtschaftswissenschaftliche Definition von Geld umschließt nicht alle Vermögensgegenstände. Die Euronoten in Ihrer Hosentasche sind Geld, nicht aber die anderen Vermögensgegenstände (z. B. Autos, Häuser oder langfristige Schuldverschreibungen und Aktien). Was macht – aus der Sicht der Ökonomen – den Unterschied zwischen Geld und anderen Vermögensgegenständen aus?

Die **Geldmenge** in einer Volkswirtschaft umfasst alles, was man als Geld betrachtet.

Was ist Geld?

Geld ist jeder Vermögensgegenstand, der ganz leicht zum Kauf von Waren und Dienstleistungen eingesetzt werden kann.

Geld ist durch das definiert, was es in einer Volkswirtschaft leistet: **Geld** ist jeder Vermögensgegenstand, der ganz leicht zum Kauf von Waren und Dienstleistungen eingesetzt werden kann. Im Kapitel 25 haben wir einen Aktivposten als liquide eingestuft, wenn er leicht zu Geld gemacht werden kann. Geld besteht entweder aus »Kasse«, die per definitionem liquide ist, oder aus anderen Aktiva, die hochgradig liquide sind.

Der Unterschied zwischen Geld und anderen Vermögensgegenständen wird Ihnen ganz klar, wenn Sie sich fragen, womit Sie im Supermarkt bezahlen. Die Angestellte an der Kasse wird Euronoten zur Bezahlung von Cola und Tiefkühlpizza annehmen, nicht jedoch Hypothekenpfandbriefe oder eine Fußball-Sammelkarte von Cristiano Ronaldo. Ehe man beliebige andere Vermögensgegenstände zum Kauf von Lebensmitteln verwenden kann, muss man sie gegen Geld verkaufen.

Natürlich akzeptieren viele Geschäfte zur Begleichung von Rechnungen auch eine Bezahlung mit Geldkarten. Macht das Ihr Bankkonto zu Geld, selbst wenn sie es genau genommen nicht in Bargeld verwandelt haben? Ja. **Geld im Umlauf** – Kassenbestände in der Hand des Publikums (der Nichtbanken) – wird als Geld betrachtet. So ist es auch mit **Sichteinlagen**, über die man durch Benutzung der Geldkarte bei einem Kreditinstitut verfügen kann.

Sind Bargeld und Sichteinlagen die einzigen Vermögensgegenstände, die man als Geld betrachtet? Das kommt darauf an. Wie wir später sehen werden, gibt es einige weiter gefasste Definitionen der **Geldmenge** (siehe M1, M2, M3 nach der Konvention von Zentralbanken), bestehend jeweils aus allen finanziellen Aktiva, die in einer Volkswirtschaft als Geld betrachtet werden. Die engste Definition stellt Vermögensgegenstände höchsten Liquiditätsgrades heraus: Sie enthält nur Bargeld im Umlauf und Sichteinlagen. Weiter gefasste Definitionen umfassen auch Posten wie Spareinlagen, die »fast« den Sichteinlagen entsprechen, weil sie oft nur eines Telefonanrufs oder einer Umbuchung per Internetbanking bedürfen, um »zu Geld« zu werden. Alle Definitionen der Geldmenge machen jedoch gewisse Unterschiede zwischen den Aktiva, die ganz leicht zum Kauf von Waren und Dienstleistungen eingesetzt werden können, und anderen, bei denen das nicht so leicht ist.

Geld spielt eine entscheidende Rolle bei der Erzielung von *Handelsvorteilen*, weil es indirekten Austausch erst möglich macht. Stellen Sie sich vor, was geschieht, wenn ein Herzchirurg einen neuen Kühlschrank kauft. Der Chirurg hat wertvolle Dienste anzubieten, nämlich Herzoperationen. Der Inhaber eines Geschäftes für Elektrogeräte hat wertvolle Waren anzubieten, nämlich Kühlschränke und andere Geräte. Es wäre extrem schwierig für beide Parteien, ohne Geld zu einem Realtausch zu kommen.

In einer reinen Tauschwirtschaft käme das Geschäft nur dann zustande, wenn der Geschäftsinhaber eine Herzoperation bräuchte und der Herzchirurg einen Kühlschrank wollte. Eine »*doppelte Koinzidenz der Bedürfnisse*« müsste also in einer reinen Tauschwirtschaft jeweils gefunden werden. Zwei Parteien kommen nur dann ins Geschäft, wenn jeder will, was der andere anzubieten hat. Geld löst das Problem: Die Wirtschaftseinheiten können das gegen Geld verkaufen, was sie anzubieten haben, und Geld für das bieten, was sie benötigen. Weil Geld den Handel und die Erzielung

LÄNDER IM VERGLEICH

Bargeld

Wann haben Sie das letzte Mal mit Bargeld bezahlt und einen dieser farbigen Papierscheine mit dem Porträt einer historischen Persönlichkeit ausgegeben? Für einige wird das erst kürzlich der Fall gewesen sein, für andere dagegen vor Wochen oder sogar Monaten. In der heutigen Zeit bezahlen wir unsere täglichen Einkäufe immer häufiger digital, entweder mit einer Geldkarte oder einem Smartphone.

Verschwindet das Bargeld also Stück für Stück aus dem Alltag? Die Antwort auf diese Frage hängt überraschenderweise davon ab, in welchem Land man wohnt. Ein einfaches Maß für die Verbreitung von Bargeld ist das Verhältnis des Bargeldes im Umlauf zum Bruttoinlandsprodukt. Die Abbildung zeigt diese Größe für die vier Volkswirtschaften Schweden, Japan, die Vereinigten Staaten und den Euroraum.

Auf der einen Seite gibt es mit Schweden ein nahezu bargeldloses Land, in dem die meisten Geschäfte kein Bargeld mehr annehmen und selbst die Hälfte aller Bankfilialen gar keine Bargeldgeschäfte mehr abwickeln. Auf der anderen Seite sind in Japan immer noch beträchtliche Bargeldmengen im Umlauf. Die Vereinigten Staaten und der Euroraum liegen irgendwo dazwischen.

Das Merkwürdige daran ist, dass alle vier Volkswirtschaften gleichermaßen technologisch aufgeschlossen und entwickelt sind. Aber warum sind diese Volkswirtschaften dann in Sachen Bargeld so verschieden?

In Japan bevorzugen die Menschen aus kulturellen Gründen immer noch Bargeld und tun sich schwer damit, digital zu bezahlen, auch wenn Smartphones in Japan im Alltag eine genauso große Rolle spielen wie bei uns. Für die Vereinigten Staaten und den Euroraum sieht die Sache anders aus. Hier spielt eine Rolle, dass beträchtliche Teile des Bargeldes im Ausland gehalten werden. Schweden zeigt, wie die Zukunft aussehen kann. Hier überlegt man sogar, das Bargeld komplett abzuschaffen.

Selbst in den Vereinigten Staaten gibt es eine wachsende Zahl an Geschäften, die kein Bargeld mehr annehmen. Aber nicht alle sehen diese Entwicklung positiv. Erst kürzlich hat die Stadt New York ein Gesetz verabschiedet, das Geschäfte verpflichtet, Bargeld zur Bezahlung anzunehmen. Die Stadt verweist darauf, dass bargeldloses Bezahlen diejenigen Menschen diskriminiert, die zu arm sind, um von einer Bank eine Geldkarte zu bekommen.

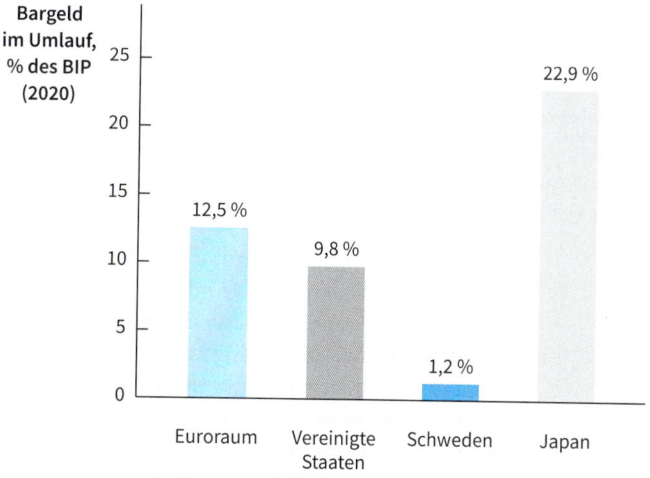

Quellen: Federal Reserve Bank of St. Louis; Europäische Zentralbank; Bank of Japan; Schwedische Nationalbank; World Bank, World Development Indicators; Eurostat

der Handelsvorteile erleichtert, erhöht Geld die Wohlfahrt, obwohl es selbst eigentlich nichts produziert.

Betrachten wir genauer, welche Rolle das Geld in einer Volkswirtschaft spielt.

Eine **Recheneinheit** ist ein Mittel, um Preise auszudrücken und Berechnungen für wirtschaftliche Entscheidungen durchzuführen.

Die Funktionen des Geldes

In einer modernen Volkswirtschaft hat Geld drei Funktionen: Es ist Tauschmittel, Wertaufbewahrungsmittel und Recheneinheit.

Ein **Tauschmittel** ist ein Vermögensgegenstand, den Wirtschaftseinheiten zum Zweck des leichteren Handels und nicht zum eigenen Konsum erwerben.

1. Tauschmittel. Unser Beispiel vom Herzchirurgen und dem Kühlschrank illustriert die Rolle des Geldes als **Tauschmittel**, d. h. ein Gut, das die Wirtschaftseinheiten für den Handelsverkehr und nicht zum Konsum verwenden. Banknoten können die Leute nicht essen; sie verwenden sie zum Erwerb essbarer Waren und hilfreicher Dienstleistungen.

In normalen Zeiten fungieren die gesetzlichen Zahlungsmittel – der Dollar in den Vereinigten Staaten, der Peso in Mexiko und der Euro in Europa – tatsächlich als Tauschmittel bei allen volkswirtschaftlichen Transaktionen. In Krisenzeiten jedoch übernehmen bisweilen andere Vermögensgegenstände oder Güter die Tauschmittelrolle (nach dem Zweiten Weltkrieg und in der deutschen Hyperinflation 1923 etwa Zigaretten, Hühnereier oder Briketts). Auch Währungen anderer Länder kommen während Krisenzeiten in Gebrauch, so z. B. der Dollar in lateinamerikanischen Ländern, die frühere D-Mark auf dem Balkan oder der Euro in Osteuropa.

Ein **Wertaufbewahrungsmittel** bewahrt die Kaufkraft über die Zeit hinweg.

2. Wertaufbewahrungsmittel. Um als Tauschmittel gut zu funktionieren, muss sich Geld zugleich auch zur **Wertaufbewahrung** über die Zeit hinweg eignen. Zur Erläuterung denke man an eine Volkswirtschaft, in der man Speiseeis-Packungen als Tauschmittel verwenden wollte. Solch eine Volkswirtschaft käme rasch durch ein »Zusammenschmelzen« des Geldes zu Schaden. Die Speiseeis-Packungen würden leicht durch Verderben wertlos. (Im Kapitel 31 wird klar, dass dieses »Zusammenschmelzen« des Geldwertes auch eine Begleiterscheinung von Inflation ist.) Selbstverständlich sind Banknoten nicht das einzige Mittel der Wertaufbewahrung. Zur Wertaufbewahrung eignet sich jedweder Vermögensgegenstand, der seine Kaufkraft über die Zeit hinweg behält. Somit ist die Rolle als Wertaufbewahrungsmittel notwendig, aber für Geld nicht allein charakteristisch.

3. Recheneinheit. Schließlich wird Geld in normalen Zeiten durch die Wirtschaftseinheiten auch als **Recheneinheit** verwendet, mit der man Preise ausdrückt oder wirtschaftliche Kalkulationen durchführt. Um die Bedeutung von Geld als Recheneinheit zu verstehen, hilft ein Blick in die Vergangenheit. Im Mittelalter waren die Pächter von Grund und Boden verpflichtet, den Landbesitzern dafür Waren und Arbeitskraft zur Verfügung zu stellen. So musste ein Bauer z. B. einen Tag pro Woche für den Landbesitzer arbeiten und ihm ein Fünftel seiner Ernte überlassen.

Heute werden diese Zahlungen über Geldbeträge abgewickelt. Das macht die Dinge wesentlich einfacher. Es wäre für einen Wohnungssuchenden wahrscheinlich ziemlich schwer, sich für eine Wohnung zu entscheiden, wenn die Vermieter immer noch wie im Mittelalter agieren würden. Stellen wir uns vor, Herr Schmidt bietet uns an, dass wir eine Wohnung mieten können, wenn wir zweimal pro Woche sein Haus sauber machen und ihm jeden Tag ein Kilogramm Rindersteak liefern. Frau Müller macht uns dagegen ein Angebot für eine Mietwohnung, bei dem wir nur einmal pro Woche das Haus sauber machen, dafür aber jeden Tag vier Kilogramm Kartoffeln liefern müssen. Welches Angebot ist nun das Bessere? Schwer zu sagen. Leichter wäre die Entscheidung, wenn Herr Schmidt 600 Euro pro Monat an Miete haben möchte, Frau Müller dagegen 700 Euro.

Ohne eine allgemein akzeptierte Recheneinheit sind die Bedingungen für Transaktionen schwer zu bestimmen, was die Durchführung der Transaktionen erschwert und damit Gewinne durch den Handel verhindert.

Warengeld bezeichnet ein Gut, das neben der Funktion als Tauschmittel noch andere Verwendungen hat.

Verschiedene Arten von Geld

Seit Tausenden von Jahren kommt Geld in der einen oder anderen Form vor. Lange Zeit benutzten die Menschen **Warengeld**. Tauschmittel war ein Gut, oft Gold oder Silber, das auch noch andere wirtschaftliche Verwendungen hat (etwa in der Schmuckherstellung). Die übrigen wirtschaftlichen Verwendungen verschafften dem Warengeld unabhängig von der Tauschmittelfunktion seinen Wert. So waren z. B. die Zigaretten, die man in den

DENKFALLEN!

Was nicht zur Geldmenge zählt

Finanzvermögen wie Aktien oder Anleihen zählen nicht zur Geldmenge, da sie nicht schnell genug liquidierbar sind. Zum Geldmengenaggregat M1 gehören – vereinfacht ausgedrückt – alle Vermögenspositionen, mit denen man Lebensmittel einkaufen kann, also Bargeld und Geldkarten (solange das Geschäft Geldkarten akzeptiert). Das Geldmengenaggregat M2 ist weiter gefasst. Dazu gehören auch Sparguthaben, die man schnell und problemlos in Bargeld oder täglich fällige Sichteinlagen umwandeln kann. Oft braucht man nur einen Mausklick im Internet, um Geld von seinem Sparkonto auf sein Girokonto zu überweisen.

Will man dagegen Aktien oder Anleihen in Bargeld umwandeln, dann muss man die Wertpapiere erst verkaufen. Das benötigt eine gewisse Zeit und ist außerdem mit Gebühren verbunden. Damit sind diese Aktiva deutlich weniger liquide als Sichteinlagen bei Banken und zählen daher – im Unterschied zu Sichteinlagen – auch nicht zur Geldmenge.

Gefangenenlagern als Tauschmittel verwendete, auch deshalb wertvoll, weil viele Gefangene Raucher waren. Gold war wegen seiner Verwendung für Schmuck und Verzierungen wertvoll – unabhängig von der Ausprägung in Münzen.

Um die Zeit, als Adam Smith sein großes Werk *The Wealth of Nations* verfasste, bestand Geld in seiner Heimat Schottland weitgehend aus Papier-Banknoten und weniger aus Gold- oder Silbermünzen. Anders als die modernen Banknoten wurden damals die Banknoten von privaten Banken ausgegeben (mit dem Versprechen, die Banknoten auf Verlangen des Inhabers in Gold- oder Silbermünzen umzutauschen). Deshalb kann man sagen, dass die Papiergeldwährung von 1776 in Schottland ein **warengestütztes Geld** war. Das Papiergeld hatte keinen intrinsischen Wert; sein Wert war durch das Umtauschversprechen in wertvolle Güter garantiert.

Der große Vorteil eines warengestützten Geldes verglichen mit Gold- oder Silbermünzen besteht darin, dass kaum wertvolle Rohstoffe gebunden sind. Ein Land, in dem Gold- oder Silbermünzen durch Papiergeld ersetzt werden, kann gewöhnlich darauf vertrauen, dass zu bestimmten Tagen nur ein kleiner Bruchteil der Inhaber von Banknoten die Geldscheine zum Umtausch in Gold oder Silber vorlegt. Die Bank muss nach aller Erfahrung nur einen Teil des Wertes der ausgegebenen Noten in Form von Gold oder Silber in ihrem Tresor bereithalten. Es drängt sich eine Parallele auf: Die relativ kleine Barreserve an gesetzlichen Zahlungsmitteln, die eine Bank heutzutage zur Liquiditätssicherung bereithält. Die notenausgebende Bank kann die »überschüssigen« Gold- oder Silberbestände anderweitig ausleihen. Die Volkswirtschaft kann Gold und Silber anderweitig verwenden – ohne Abstriche bei der Nutzung der Handelsvorteile.

Das war es wohl, was Adam Smith mit seiner Formulierung von einem »Wirtschaftsweg durch die Lüfte« meinte. Man stelle sich eine Analogie zwischen dem Geldverkehr und einer imaginären Autobahn vor, die kein wertvolles Land benötigt. Eine tatsächliche Autobahn bietet nützliche Dienste, jedoch zu nicht geringen Kosten: Bodenfläche, die man eigentlich für die landwirtschaftliche Produktion einsetzen könnte, wird zubetoniert und geteert. Könnte man die Autobahn »durch die Lüfte« bauen, würde kein wertvoller Boden zerstört. Nach dem Verständnis von Smith gelang den schottischen Banken etwas Ähnliches, als sie Gold- und Silbergeld durch Papiergeld ersetzten. Sie verringerten den Rohstoffeinsatz, den die Gesellschaft benötigte, um ein funktionierendes Geldwesen zu schaffen.

An dieser Stelle mag man fragen, weshalb überhaupt Gold und Silber als Tauschmittel im Geldwesen Verwendung fanden. Heutzutage geht man schließlich noch weiter als die schottischen Banken zur Zeit von Adam Smith. Ein Euro ist weder Warengeld noch warengestütztes Geld. Sein Wert ergibt sich allein daraus, dass der Euro allgemein als Zahlungsmittel akzeptiert wird und dass diese Rolle vom Gesetzgeber verfügt wurde. Geld, dessen Wert gänzlich vom amtlichen Status als Zahlungsmittel abhängt, wird als **»Befehlsgeld«** oder **Rechengeld** bezeichnet, denn es beruht historisch auf einem »Befehl« der Regierung oder eines Regenten.

Im Vergleich zu Warengeld hat Rechengeld zwei Vorteile. Außer dem Papier, auf dem es gedruckt ist, bindet Rechengeld keinerlei Ressourcen. Zudem kann die Menge an Rechengeld, die im Umlauf ist, einfach an die Bedürfnisse der Volkswirtschaft angepasst werden. Man muss nicht darauf warten, dass irgendwo neue Gold- oder Silbervorkommen entdeckt werden.

Ein **warengestütztes Geld** als Tauschmittel hat keinen intrinsischen Wert; sein Wert wird durch das Umtauschversprechen in andere wertvolle Güter garantiert.

»Befehlsgeld« oder **Rechengeld** ist ungedecktes Papiergeld, dessen Wert und Rolle als Tauschmittel sich gänzlich von seinem Status als gesetzliches Zahlungsmittel herleitet.

Quasigeld besteht aus finanziellen Aktiva, die zwar nicht unmittelbar für Zahlungszwecke eingesetzt, jedoch rasch und kostengünstig in Bargeld und Sichteinlagen umgewandelt werden können.

Gleichzeitig gehen mit Rechengeld auch einige Gefahren einher. Eine dieser Gefahren ist die Geldfälschung, wie wir zu Beginn des Kapitels erfahren haben. Das Recht zum Gelddrucken liegt einzig und allein beim Staat. Wenn Geldfälscher Geld drucken, in Umlauf bringen und dafür Waren und Dienstleistungen kaufen, dann geschieht das auf Kosten des Staates, der einen kleinen Teil seiner Ausgaben dadurch bestreitet, dass er neues Geld druckt, um der steigenden Nachfrage nach Geld nachzukommen.

Die größere Gefahr beim Rechengeld liegt aber darin, dass der Staat immer dann Geld drucken kann, wenn er es gerade benötigt. Und das könnte ihn dazu verleiten, dieses Privileg zu missbrauchen. Wir werden im Kapitel 31 erfahren, dass Regierungen manchmal dazu neigen, ihre steigenden Ausgaben einfach durch Gelddrucken zu decken. Für den Moment aber wollen wir uns auf die Frage konzentrieren, was man unter Geld versteht und wie die Geldmenge gesteuert wird.

Die Messung der Geldmenge

Ein **monetäres Aggregat** ist ein umfassendes Maß für die Geldmenge.

Die Zentralbank berechnet drei unterschiedliche **monetäre Aggregate** für die Geldmenge, die mit ihren unterschiedlichen Gelddefinitionen voneinander abweichen. Die globalen Maße sind mit ihren kryptischen Bezeichnungen M1, M2 und M3 bekannt. Die engste Definition M1 enthält nur das Bargeld im Umlauf und Sichteinlagen bei Banken. Bei M2 kommen einige andere Posten hinzu, die oftmals als **Quasigeld** bezeichnet werden. Diese finanziellen Aktiva können zwar nicht unmittelbar als Zahlungsmittel verwendet werden; sie sind jedoch rasch und mit geringen Kosten in Bargeld oder Sichteinlagen umzuwandeln (ein Beispiel sind Spareinlagen, über die man gegen Zahlung von Vorschusszinsen sofort verfügen kann). Die meisten monetären Analysen konzentrieren sich auf die Aggregate M1 oder M2. Es gibt jedoch noch ein drittes Aggregat M3. Hier wird zu M2 noch anderes, vom Bargeld weiter entferntes Quasigeld gezählt, also finanzielle Aktiva, die nicht so rasch und kostengünstig in Bargeld und Sichteinlagen umzuwandeln sind (also z. B. Einlagen mit längeren Kündigungsfristen und höheren Strafzinsen). M1 ist deshalb das globale *Geldmaß mit dem höchsten Liquiditätsgrad*, weil Bargeld und Sichteinlagen unmittelbar als Zahlungsmittel eingesetzt werden können.

Die **Abbildung 29-1** zeigt die drei Maße für die Geldmenge in der Europäischen Währungsunion im Mai 2022 (in Milliarden Euro). Die Geldmenge M1 betrug 11.526 Milliarden Euro und setzte sich aus 1.529 Milliarden Euro an Bargeldumlauf und 9.997 Milliarden Euro an täglich fälligen Sichteinlagen zusammen. Addiert man zur Geldmenge M1 2.522 Milliarden Euro an Einlagen mit einer vereinbarten Kündigungsfrist von bis zu drei Monaten sowie 938 Milliarden Euro an Einlagen mit einer vereinbarten Laufzeit bis zu zwei Jahren, er-

VERTIEFUNG

Was geschieht mit all dem Geld?

Aufmerksame Leser mögen bei einer der Zahlen der Geldmenge in der Europäischen Währungsunion ein wenig überrascht gewesen sein: mehr als 1.500 Milliarden Euro im Umlauf. Das würde bedeuten, dass jeder Einwohner im Euroraum im Mai 2022 mehr als 4.500 Euro im Portemonnaie gehabt hätte. Doch wie viele Leute kennt man schon, die 4.500 Euro mit sich herumtragen? Nicht sehr viele. Wo befindet sich also das viele Bargeld?

Ein Teil der Antwort besteht darin, dass nicht nur die Leute Bargeld mit sich führen; Bargeld befindet sich auch in den Geldautomaten der Banken und in den Kassen von Betrieben und Geschäften.

Ökonomen vermuten, dass Bargeld ebenfalls bei Geschäften eine große Rolle spielt, die man gerne geheim halten möchte. Kleinunternehmer und Selbstständige ziehen es oft vor, Zahlungen bar entgegenzunehmen, um diese Einnahmen vor dem Finanzamt zu verheimlichen. Auch Drogenhändler und andere Kriminelle möchten ihre Transaktionen nicht gerne auf Kontoauszügen sehen. Einige Ökonomen gehen so weit, aus der Höhe der Kassenbestände Indizien für das Ausmaß der Schattenwirtschaft abzuleiten.

Ein weiterer Grund für den hohen Bargeldumlauf könnte auch in der Verwendung des Euro im Ausland liegen. Die Europäische Zentralbank schätzt, dass mehr als 30 Prozent der Euro-Banknoten außerhalb des Euroraums gehalten und verwendet werden.

Abb. 29-1

Geldbestände in der Europäischen Währungsunion Ende Mai 2022

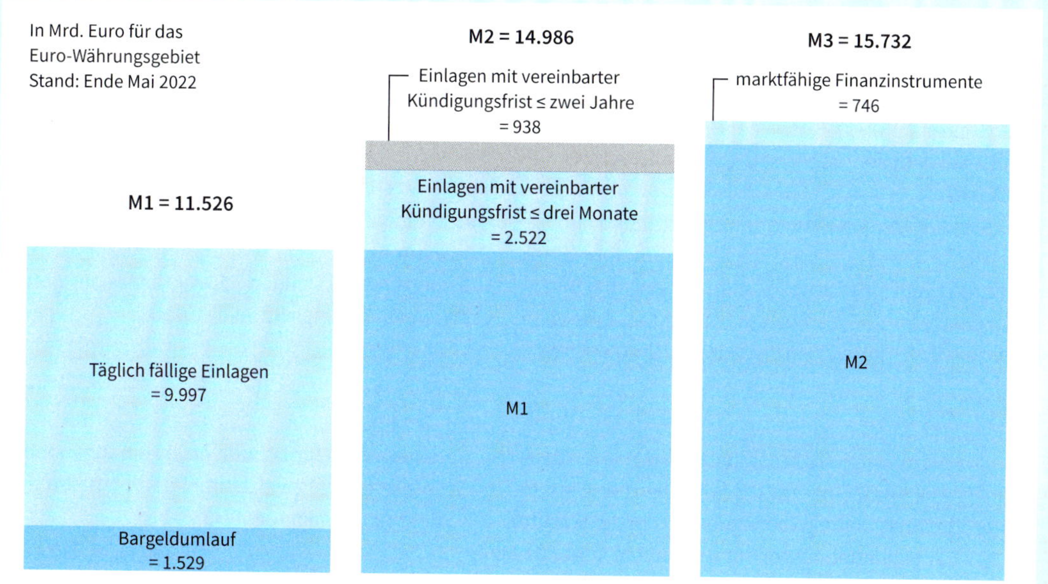

Quelle: Europäische Zentralbank, Monetary developments in the euro area, Mai 2022

Die Zentralbank verwendet drei Definitionen der Geldmenge: M1, M2 und M3. Wie die Abbildung zeigt, setzt sich M1 aus Bargeld im Umlauf und Sichteinlagen zusammen. M2 ist umfassender definiert und enthält neben M1 noch Einlagen mit einer vereinbarten Kündigungsfrist von bis zu drei Monaten sowie Einlagen mit einer vereinbarten Laufzeit bis zu zwei Jahren. Am weitesten definiert ist das Geldmengenaggregat M3, zu dem neben M2 auch Repogeschäfte (Wertpapierpensionsgeschäfte), Geldmarktpapiere und Schuldverschreibungen mit einer Laufzeit bis zu zwei Jahren gehören.

WISSENSCHAFT UND PRAXIS

Die Geschichte des Dollar

Die Dollarnoten sind reines Befehlsgeld (oder Rechengeld) ohne intrinsischen Wert oder mit irgendwelcher Deckung. Doch das Geld in den Vereinigten Staaten war nicht immer so. In der frühen Phase der europäischen Siedler verwendete man in den Kolonien, die später die Vereinigten Staaten von Amerika werden sollten, Gold- und Silbermünzen. Doch derlei Münzen waren knapp diesseits des Atlantiks. Daher verlegten sich die Kolonisten auf vielfältige andere Formen von Warengeld. Siedler in Virginia verwendeten z. B. Tabak als Zahlungsmittel, und Siedler im Nordosten verwendeten »Wampum« (eine Art Muschel) oder Wampum-Gürtel.

Später in der US-amerikanischen Geschichte war das warengestützte Papiergeld weithin im Gebrauch. Aber das war, nach unserem heutigen Verständnis, nichtstaatliches Papiergeld. Vor dem US-amerikanischen Bürgerkrieg wurde vom Staat überhaupt kein Papiergeld ausgegeben. Die Dollarnoten kamen von privaten Banken, die den Noteninhabern versprachen, die Noten auf Verlangen in Silbermünzen einzulösen. Diese Versprechen waren nicht immer glaubhaft; denn bisweilen wurden Banken zahlungsunfähig. Die Leute zögerten, das Geld von Banken anzunehmen, die man in finanziellen Schwierigkeiten wähnte. Damit waren manche Dollar wertvoller als andere.

Eine Kuriosität jener Zeit waren Banknoten der Citizens' Bank von Louisiana mit Sitz in New Orleans, ▸

die in den Südstaaten weitverbreitet waren. Die Banknoten waren beidseitig bedruckt: eine Seite in Englisch, eine Seite in Französisch (damals gab es eine französische Kolonie in New Orleans und viele Leute sprachen noch französisch). So stand auf der Note über 10 Dollar auf der einen Seite Ten und auf der anderen Seite Dix. Diese Noten wurden als »Dixies« bekannt; vielleicht der Ursprung des Spitznamens für die Südstaatler.

Zur Finanzierung ihrer Ausgaben im Bürgerkrieg begann die US-amerikanische Regierung im Jahr 1862 damit, offizielles Papiergeld auszugeben. Die Banknoten wurden als »Greenbacks« bezeichnet. Zunächst hatten die Dollarnoten kein festgelegtes Umtauschverhältnis in bestimmte Waren. Erst nach 1873 garantierte die US-amerikanische Regierung den Umtausch der Banknoten in Gold und machte damit den Dollar zu einem warengestützten Geld.

Als Präsident Franklin D. Roosevelt im Jahre 1933 die feste Parität zwischen dem Dollar und dem Gold aufhob, verkündete sein eigener Finanzminister drohend, dies wäre das Ende der westlichen Zivilisation. Dazu kam es nicht. Die Parität zwischen Dollar und Gold wurde einige Jahre später wiederhergestellt, danach jedoch im August 1971 erneut aufgehoben. Trotz aller Unkenrufe ist der Dollar noch immer das am weitesten verbreitete Zahlungsmittel der Welt.

hält man das Geldmengenaggregat M2. Addiert man zur Geldmenge M2 124 Milliarden Euro für Repogeschäfte (Wertpapierpensionsgeschäfte), 601 Milliarden für Geldmarktpapiere sowie 21 Milliarden Euro für Schuldverschreibungen mit einer Laufzeit bis zu zwei Jahren, dann erhält man das Geldmengenaggregat M3.

Kurzzusammenfassung

- **Geld** ist jeder Vermögensgegenstand, der leicht für den Kauf von Waren und Dienstleistungen verwendet werden kann. **Geld im Umlauf** und **Sichteinlagen** werden zusammen als **Geldmenge** verstanden.
- Geld hat drei Funktionen: **Tauschmittel**, **Wertaufbewahrungsmittel** und **Recheneinheit**.
- In der Vergangenheit gab es Geld zuerst als **Warengeld**, dann als **warengestütztes Geld**. Heutzutage sind Dollar und Euro reines **Rechengeld** oder staatliches **»Befehlsgeld«**.
- Die Geldmenge wird durch verschiedene **monetäre Aggregate** gemessen: M1, M2 und M3. M1 ist die liquideste Geldform und besteht aus dem Bargeld im Umlauf und den Sichteinlagen. M2 setzt sich aus M1 und verschiedenen Arten von **Quasigeld** zusammen.

ÜBERPRÜFEN SIE IHR WISSEN

1. Angenommen, Sie besitzen einen Geschenkgutschein, mit dem man verschiedene Waren in angeschlossenen Geschäften kaufen kann. Stellt dieser Geschenkgutschein Geld dar? Warum oder warum nicht?
2. Obwohl für einige Bankguthaben ein geringer Zinssatz bezahlt wird, können Einleger mit Festgeld einen höheren Zinssatz erzielen. Der Unterschied zwischen dem Festgeld und der Sichteinlage besteht u. a. darin, dass man bei vorzeitiger Verfügung über das Festgeld Straf- oder Vorschusszinsen zu tragen hat. Kleine Festgelder werden in das Geldmengenaggregat M2 einbezogen, nicht jedoch in das Geldmengenaggregat M1. Weshalb wohl sind sie nicht Teil von M1?
3. Erläutern Sie, warum ein Geldsystem mit einem warengestützten Geld die Ressourcen effizienter nutzt als ein System mit reinem Warengeld.

29.2 Die geldpolitische Rolle der Banken

Knapp 15 Prozent des Geldmengenaggregats M1, der engsten Definition der Geldmenge, bestehen im Euroraum aus Geld im Umlauf (Münzen und Banknoten). Es ist ganz offenkundig, woher diese Art von Geld kommt: Es wird im Auftrag der Europäischen Zentralbank geprägt und gedruckt. Der andere Teil der Geldmenge besteht aus Einlagen bei Banken, die den größten Teil von M1 und M2 ausmachen, sowie aus Geldmarktpapieren und Schuldverschreibungen. Einlagen bei Banken bilden also eine wichtige Komponente der Geldmenge. Dieser Tatbestand führt zu unserem neuen Thema: der geldpolitischen Rolle von Banken.

Die Aufgaben der Banken

Wie im Kapitel 25 besprochen, sind Banken *Finanzintermediäre*, die mit liquiden Mitteln wie Einlagen die Investitionen von Kreditnehmern finanzieren. Banken können Geld schöpfen, weil sie nicht ständig mit dem vollständigen Abzug ihrer Einlagen rechnen müssen. Außer im Fall eines *Bank Runs*, über den wir gleich noch sprechen werden, werden die Kunden einer Bank nicht alle Einlagen gleichzeitig abheben. Dadurch kann die Bank einen Teil der Einlagen in Form von Hypotheken- und Geschäftsdarlehen ausleihen.

Selbstverständlich leihen Banken ihre Einlagen nicht zu hundert Prozent aus, weil sie erfahrungsgemäß damit rechnen müssen, dass sie einen gewissen Prozentsatz durch Barabhebungen zu befriedigen haben. Um diesen Anforderungen gewachsen zu sein, halten die Banken erhebliche Bestände liquider Mittel. In einem modernen Bankensystem liegen diese Bestände entweder als Bargeld in den Tresoren oder als Einlage auf einem Konto der Bank bei der Zentralbank. Diese Einlagen können mehr oder weniger sofort in Geld umgewandelt werden. Die Kassenbestände der Banken und die Einlagen bei der Zentralbank werden als **Bankreserven** bezeichnet. Weil diese Bankreserven nicht vom Publikum gehalten werden, zählen sie nicht zum Geld im Umlauf.

Um die Rolle der Banken bei der Bestimmung der Geldmenge besser zu verstehen, greifen wir auf ein einfaches Instrument zur Analyse der finanziellen Situation einer Bank zurück: das **T-Konto**. Das T-Konto einer Bank oder eines Unternehmens fasst die finanziellen Positionen – die Aktiva (Forderungen) und die Passiva (Verbindlichkeiten) – in einer Tabelle zusammen. Dabei stehen die Aktiva auf der linken Seite und die Passiva auf der rechten Seite.

Das **T-Konto** fasst die finanziellen Positionen in einer Tabelle zusammen. Dabei stehen die Aktiva (Forderungen) auf der linken Seite und die Passiva (Verbindlichkeiten) auf der rechten Seite.

Die **Abbildung 29-2** zeigt als Beispiel das T-Konto für ein Unternehmen, Bernds Bratwurstbude. Das Unternehmen besitzt ein Gebäude im Wert von 20.000 Euro und Anlagen zur Herstellung der Bratwürste im Wert von 10.000 Euro. Da es sich dabei um Vermögenspositionen handelt, stehen sie auf der linken Seite des T-Kontos. Zur Finanzierung des Geschäftsbetriebes hat das Unternehmen einen Kredit in Höhe von 30.000 Euro bei seiner Hausbank aufgenommen. Diese Verbindlichkeit steht auf der rechten Seite des T-Kontos. Durch den Blick auf das T-Konto von Bernds Bratwurstbude kann man sofort den Besitz und die Verbindlichkeiten des Unternehmens erkennen. Die Bezeichnung T-Konto erklärt sich durch die Linien der Tabelle, die eine T-Form zeichnen.

Nun betrachten wir in **Abbildung 29-3** als weiteres Beispiel das T-Konto für eine Bank, die Bank A, die Einlagen in Höhe von 1 Million Euro hält. Die Kredite, die die Bank gewährt hat, stehen auf der linken Seite, da sie eine Vermögensposition darstellen. Die weiteren Aktiva der Bank bestehen in diesem einfachen Beispiel nur aus Reserven, entweder in Form von Barreserven oder als Einlage bei der Zentralbank. Die Passiva der Banken auf

Bankreserven bestehen in den Bargeldbeständen der Banken und in ihren Einlagen bei der Zentralbank.

Abb. 29-2

Das T-Konto für Bernds Bratwurstbude

Aktiva		Passiva	
Gebäude	20.000 €	Kredit der Hausbank	30.000 €
Anlagen	10.000 €		

Ein T-Konto fasst die finanziellen Positionen eines Unternehmens zusammen. Die Vermögenspositionen – in diesem Fall ein Gebäude und Anlagen zur Herstellung der Bratwürste – stehen auf der linken Seite. Die Verbindlichkeiten – hier die Schulden gegenüber der Hausbank – finden sich auf der rechten Seite.

Abb. 29-3

Das T-Konto für die Bank A

Aktiva		Passiva	
Kredite	900.000 €	Einlagen	1.000.000 €
Reserven	100.000 €		

Die Aktiva der Bank bestehen aus 900.000 Euro an Krediten und 100.000 Euro an Reserven. Die Passiva umfassen 1.000.000 Euro an Einlagen, Geld, das den Menschen gehört, die es bei Bank A angelegt haben.

der rechten Seite umfassen die Einlagen der Kunden bei der Bank A. Die Einlagen zählen als Passiva, da die Bank verpflichtet ist, diese Einlagen irgendwann einmal wieder an die Kunden zurückzuzahlen.

In diesem Beispiel hält die Bank A Reserven in Höhe von 10 Prozent der Bankeinlagen. Der Anteil der Einlagen, den eine Bank als Reserven hält, nennt man **Reservesatz**. In einem modernen Zentralbanksystem, dem u. a. die Bankenaufsicht obliegt, wird ein bestimmter Mindestsatz an Reserven festgelegt. Um zu verstehen, weshalb es eine Bankaufsicht geben muss, betrachten wir das Problem eines Bank Runs, dem Banken immer wieder einmal ausgesetzt sein können.

Der **Reservesatz** ist der Anteil der Einlagen, den eine Bank an liquiden Mitteln oder Reserven hält.

Das Problem von Bank Runs

Da in der Regel niemals alle Einleger gleichzeitig ihr Geld abziehen werden, können Banken einen hohen Prozentsatz der eingelegten Gelder wieder ausleihen. Doch wie wäre es um eine Bank bestellt, wenn aus irgendwelchen Gründen alle oder fast alle Einleger ihre Gelder innerhalb weniger Tage abziehen oder abheben wollen?

Die Antwort ist schlicht: Das könnte die Bank nicht überstehen. Da die Banken stets einen Großteil ihrer Einlagen als Kredite vergeben haben, um Zinsen zu erwirtschaften, können sie nicht von heute auf morgen genügend Geld beschaffen, um die Auszahlungen an die Einleger sicherzustellen.

Ein **Bank Run** ist ein Phänomen, bei dem viele Kunden aus Sorge um die Zahlungsfähigkeit einer Bank ihre Einlagen abziehen.

Der Bank A stünde bei einem Bank Run eine harte Zeit bevor. Kredite und andere Aktiva kann man nicht ohne Abschläge rasch zu Bargeld machen. Stellen wir uns vor, die Bank A hätte 100.000 Euro an einen lokalen Gebrauchtwagenhändler ausgeliehen. Die Bank A könnte versuchen – das ist neuerdings banküblich – ihr Darlehen an irgendeine andere Bank oder einen beliebigen sonstigen Investor zu verkaufen, um das Bargeld für Abhebungen zu bekommen. Doch wenn der Verkauf schnell vonstattengehen muss, werden potenzielle Käufer misstrauisch. Wahrscheinlich müsste die Bank A für einen Verkauf einen hohen Abschlag auf die Kreditsumme gewähren, vielleicht 40 Prozent, und könnte die Kreditforderung nur für 60.000 Euro verkaufen.

Wenn viele Kunden der Bank A ihre Einlagen gleichzeitig abheben wollten, käme die Bank unter Druck, schnell große Menge Bargeld beschaffen zu müssen und wäre gezwungen, ihre Aktiva unter Wert zu veräußern. Und das würde dann unweigerlich zum *Zusammenbruch der Bank* führen. Die Bank wäre nicht mehr in der Lage, die Gläubiger und Einleger in voller Höhe zu befriedigen.

Wodurch könnte so ein Bank Run ausgelöst werden? Was könnte die Einleger der Bank A veranlassen, eines schönen Tages an die Bankschalter zu laufen? Eine plausible Antwort könnte sein, dass sich ein Gerücht verbreitet, die Bank stehe vor der Zahlungsunfähigkeit. Oftmals ergeben sich solche Gerüchte dadurch, dass ein Großkredit der Bank notleidend wird und sich dies herumspricht. Selbst bei unbestätigten Gerüchten versuchen Einleger, »sicherheitshalber« ihr Geld zu retten. Und es kann noch schlimmer kommen: Wenn einzelne Einleger denken, andere Einleger könnten in Panik geraten und ihr Geld abheben und dadurch die Bank überfordern, kommt es zum Bank Run. Jeder und jede schließen sich dem Bank Run an. Mit anderen Worten kann die Sorge um die Zahlungsfähigkeit einer Bank zu einer selbsterfüllenden Prophezeiung werden. Einleger, die glauben, andere Einleger würden loslaufen, um ihr Geld zu retten, laufen selbst los.

Ein **Bank Run** ist ein Phänomen, bei dem viele Kunden aus Sorge um die Zahlungsfähigkeit der Bank versuchen ihre Einlagen abzuziehen. Im Übrigen ist ein Bank Run nicht nur für die betroffene Bank und ihre Einleger schlecht. In der Vergangenheit erwies sich ein Bank Run oftmals als ansteckend: Ein Run auf eine Bank führte zu einem Vertrauensverlust für andere Banken, sodass es zu weiteren Bank Runs kam.

In der Rubrik »Wissenschaft und Praxis« wird eine Welle von Bank Runs beschrieben, die in den Vereinigten Staaten während der frühen 1930er-

Jahre einsetzte. Als Reaktionen auf diese Erfahrungen haben die Vereinigten Staaten und zahlreiche andere Staaten Systeme der Bankenaufsicht eingeführt, die Einleger schützen und vor Bank Runs bewahren sollen.

Bankenaufsicht

Muss man sich um einen Bank Run und den Verlust der Einlagen in der Bundesrepublik Deutschland sorgen? Nein. Nach der Bankenkrise der 1930er-Jahre wurde in vielen Ländern eine Bankenaufsicht eingeführt. In Deutschland ist die Bankenaufsicht gemeinsame Aufgabe der Deutschen Bundesbank und der Bundesanstalt für Finanzdienstleistungsaufsicht (BaFin). Dabei greift die Bankenaufsicht nicht unmittelbar in einzelne Geschäfte der Banken ein, sondern setzt stattdessen den Handlungsrahmen für die Banken fest. Die rechtliche Grundlage dafür bildet das Gesetz über das Kreditwesen (KWG).

Die Bankenaufsicht setzt auf vier grundlegende Elemente: ein *System der Einlagensicherung*, *Eigenkapitalanforderungen*, *Reservevorschriften* und die Bereitstellung von *Refinanzierungsfazilitäten*. Darauf ist kurz einzugehen.

1. Einlagensicherung. Eines der wichtigsten Ziele der Bankenaufsicht besteht in der Sicherung der Einlagen der Bankkunden im Fall einer Zahlungsunfähigkeit der Bank durch ein **System der Einlagensicherung**. In den Vereinigten Staaten geschieht dies durch eine Einlagenversicherung, bei der die Banken ihre Einlagen bis zu einer bestimmten Höhe bei einer Versicherung für den Fall der eigenen Zahlungsunfähigkeit versichern. In Deutschland gibt es dagegen ein gesetzliches Einlagensicherungssystem, das durch das Einlagensicherungs- und Anlegerentschädigungsgesetz (EAEG) geregelt wird und einen Schutz von 100.000 Euro je Kunde und Kreditinstitut sichert. Ergänzt wird diese gesetzliche Regelung durch den freiwilligen Einlagensicherungsfonds des Bundesverbands deutscher Banken.

Ein System der Einlagensicherung zielt nicht nur auf die Sicherung der Einlagen bei Zahlungsausfällen von einzelnen Banken, sondern beseitigt auch den Hauptgrund für Bank Runs. Da die Einleger um die Sicherheit ihrer Einlagen selbst im Fall des Konkurses einer Bank wissen, haben sie keinen vernünftigen Grund, bei Gerüchten um die Zahlungsunfähigkeit einer Bank loszulaufen und die Einlagen abzuheben.

2. Eigenkapitalanforderungen. Obwohl das System der Einlagensicherung das Bankensystem vor Bank Runs schützt, entsteht ein bekanntes Anreizproblem. Weil Einleger gegen den Verlust versichert sind, haben sie keinen besonderen Anreiz, die finanzielle Solidität ihrer Bank zu überwachen. Zugleich besteht für die Eigentümer einer Bank ein gewisser Anreiz zu übermäßig riskanten Anlagen, damit sie hohe Renditen erzielen. Wenn alles gut geht, erzielen die Eigentümer hohe Renditen, und wenn es schlimm kommt, springt ja die gesetzliche Einlagensicherung ein.

Um die Neigung zu übertriebenem Risiko zu mindern, schreibt die Bankenregulierung vor, dass die Aktiva der Bank deutlich größer sein müssen als die Einlagen. Dadurch wird eine Bank selbst dann noch höhere Vermögenswerte als ihre Einlagen aufweisen, wenn einige Kredite notleidend werden. Die Verluste treffen dann zunächst das Eigenkapital der Bankeigner und erfordern nicht sofort den Rückgriff auf das System der Einlagensicherung. Der Überschuss der Vermögenswerte (Aktiva) einer Bank über die Einlagen und andere Verpflichtungen (Passiva) macht das Eigenkapital einer Bank aus. In unserem Beispiel hat die Bank A ein Eigenkapital in Höhe von 300.000 Euro. Das entspricht einer Eigenkapitalquote von 300.000 Euro / (1.200.000 Euro + 100.000 Euro) = 23 Prozent.

Die Regeln zur Höhe der Eigenkapitalanforderungen konnten allerdings nicht verhindern, dass während der Finanz- und Wirtschaftskrise 2007–2009 einige Banken in eine wirtschaftliche Schieflage geraten sind. Daraufhin hat man sich in der Europäischen Union auf neue Regeln zur Eigenkapitalbasis für Banken verständigt (»Basel III« und »Basel IV«). Durch die neuen Regelungen hat sich die erforderliche Eigenkapitalbasis für Banken bei der Kreditvergabe erhöht.

Die Höhe der Eigenkapitalanforderungen für europäische Banken ist der *Capital Requirements Regulation* festgeschrieben. Nach dieser EU-Verordnung müssen Banken in Europa eine Eigenkapitalquote von mindestens 8 Prozent aufweisen.

3. Reservevorschriften. Eine weitere Vorkehrung gegen Bank Runs sind Reservevorschriften, die

Ein **System der Einlagensicherung** dient der Sicherung der Einlagen der Kunden im Fall einer Zahlungsunfähigkeit der Bank.

Durch **Refinanzierungsfazilitäten** gewährt die Zentralbank notleidenden Banken auf kurzfristiger Basis Kredite.

Reservevorschriften (oft auch **Mindestreservevorschriften**) sind Regeln der Zentralbank für einen bestimmten minimalen Reservesatz.

den Kreditinstituten einen höheren Reservesatz auferlegen als den freiwillig angestrebten. **Reservevorschriften** (oft auch **Mindestreservevorschriften**) sind Regeln der Zentralbank für einen bestimmten minimalen Reservesatz. In Höhe des Reservesatzes werden die Banken verpflichtet, Einlagen bei der Zentralbank zu halten. Dadurch verfügen die Banken in Krisenzeiten über einen gewissen Liquiditätspuffer. Während der Reservesatz für Sichteinlagen in den Vereinigten Staaten z. B. bei 10 Prozent liegt, hat die Europäische Zentralbank den Mindestreservesatz seit Anfang 2012 auf 1 Prozent festgesetzt.

4. Die Bereitstellung von Refinanzierungsfazilitäten durch die Zentralbank. Außerdem stellt die Zentralbank den Banken noch **Refinanzierungsfazilitäten** bereit. Das bedeutet, dass die Zentralbank den Banken auf kurzfristiger Basis (z. B. über Nacht) Kredite gewährt. Damit sind die Banken bei einem Kundenansturm nicht gezwungen, ihre Vermögensbestände zur Beschaffung von Bargeld unter Wert zu verkaufen. Stattdessen erhalten sie die notwendigen liquiden Mittel direkt von Zentralbank. Wir werden uns mit dem Instrument der Refinanzierungsfazilitäten im Verlauf dieses Kapitels noch genauer beschäftigen.

Die Grenzen der Bankenaufsicht: Schattenbanken. Die modernen Bankensysteme in den großen Volkswirtschaften sind gegen Bank Runs eigent-

WISSENSCHAFT UND PRAXIS

Was für ein großartiges Bankensystem

Zu Weihnachten wird vermutlich mindestens ein Fernsehsender wieder den Film von 1946 *It's a Wonderful Life* zeigen (deutscher Titel: Ist das Leben nicht schön?), in dem James Stewart den Kleinstadt-Bankier George Bailey darstellt, dessen Leben von einem Engel gerettet wird. Im Zentrum des Films steht ein Run auf die Bank von Bailey, bei dem ängstliche Kunden ihre Einlagen abheben wollen.

Das Kinopublikum in den Vereinigten Staaten hatte noch sehr lebhafte Erinnerungen an solche Ereignisse, als der Film in die Kinos kam. Es gab eine erste Welle von Bank Runs im Spätherbst 1930, eine zweite Welle im Frühjahr 1931 und eine dritte Welle zu Beginn des Jahres 1933. Am Ende war damals rund ein Drittel aller US-Banken zusammengebrochen. Um die Panik zu beenden, verfügte der neue US-Präsident Franklin Delano Roosevelt am 6. März 1933 einen nationalen »Bankfeiertag« und schloss sämtliche Banken für eine Woche.

Seit damals haben Regulierungsvorschriften die Vereinigten Staaten und andere wohlhabende Volkswirtschaften recht gut gegen Bank Runs geschützt. Tatsächlich war die Filmszene bereits überholt, als der Film *It's a Wonderful Life* gedreht wurde. Doch während der vergangenen Jahrzehnte kam es in Entwicklungsländern immer wieder mal zu Bank Runs. Sowohl während der Wirtschaftskrise Ende der 1990er-Jahre in Südostasien als auch während der schweren Wirtschaftskrise in Argentinien zu Beginn der 2000er-Jahre spielten Bank Runs eine Rolle. Und die Finanz- und Wirtschaftskrise 2007–2009 führte den Menschen in den Vereinigten Staaten und in Europa schmerzlich vor Augen, dass Bank Runs und Bankenzusammenbrüche auch in hoch entwickelten Volkswirtschaften noch nicht der Vergangenheit angehören.

Selbst ein System der Einlagensicherung kann nicht komplett verhindern, dass es zu einem Bank Run kommt. In einem System der Einlagensicherung sind die Einlagen der Kunden immer nur bis zu einer bestimmten Höhe gesichert. In den Vereinigten Staaten sind das z. B. 250.000 Dollar. Das bedeutet, dass alle Einlagen über 250.000 Dollar bei einer Zahlungsunfähigkeit der Bank für den Kunden verloren sind. Bei Meldungen über eine wirtschaftliche Schieflage ihrer Bank werden diese Kunden trotz Einlagensicherung zur Bank »rennen«, um ihre Einlagen abzuziehen. Und genau das ist im Juli 2008 der IndyMac Bank in Pasadena (Kalifornien) passiert. Als im Sommer 2008 bekannt wurde, dass die Bank eine Vielzahl von fragwürdigen Hypothekendarlehen vergeben hatte, begannen die Kunden damit, ihre Einlagen abzuheben, sodass die US-amerikanische Bankenaufsicht gezwungen war, das Kreditinstitut zu schließen. In Großbritannien passierte Ähnliches mit der Northern Rock Bank. Aber im Unterschied zur Bankenkrise der 1930er-Jahre, als viele Kunden ihre gesamten Ersparnisse verloren haben, war ein Großteil der Einlagen der Kunden gesichert. Und das trug mit dazu bei, dass die Zahlungsprobleme einzelner Banken nicht das gesamte Bankensystem in Mitleidenschaft gezogen haben.

lich gut aufgestellt. Während der Finanz- und Wirtschaftskrise 2007–2009 mussten allerdings viele Anleger schmerzhaft feststellen, dass Bank Runs kein Relikt der Vergangenheit sind. Und auch wenn Bank Runs heutzutage nicht mehr viel mit den Bank Runs der Vergangenheit gemeinsam haben, zeigen die Auswirkungen auf den Finanzsektor und die gesamte Volkswirtschaft viele Parallelen zur Vergangenheit.

Die Gefahr von Bank Runs hat in der heutigen Zeit viel mit der Entwicklung von *Schattenbanken* zu tun. Schattenbanken sind Finanzinstitutionen, die keine Einlagen von Kunden annehmen, sondern sich stattdessen kurzfristig Geld leihen und diese finanziellen Mittel dann längerfristig investieren. Da Schattenbanken keine Einlagen halten, unterliegen Schattenbanken weder den regulatorischen Vorschriften noch den Schutzmechanismen für normale Banken. Gerät eine Schattenbank in Zahlungsschwierigkeiten und kann die geliehenen Mittel nicht mehr zurückzahlen, hat das oft Auswirkungen auf andere Banken. Aber damit werden wir uns im weiteren Verlauf dieses Kapitels noch genauer beschäftigen.

Kurzzusammenfassung

- Mithilfe eines **T-Kontos** lässt sich die finanzielle Position einer Bank analysieren. Banken halten **Bankreserven** in Form von Bargeld und Guthaben bei der Zentralbank. Der **Reservesatz** ist das Verhältnis der Reserven zu den Einlagen.
- Da Banken einen Großteil ihrer Einlagen in Form von Krediten wieder ausleihen, können **Bank Runs** zu einem Problem werden. Während es in der Vergangenheit häufiger zu Bank Runs kam, hat die Einführung eines Systems der Bankenaufsicht in der Folge der Bankenkrise der 1930er-Jahre dazu beigetragen, dass Bank Runs heute eher selten vorkommen. Banken und ihre Einleger sind durch ein **System der Einlagensicherung**, Eigenkapitalanforderungen, **Reservevorschriften** (oft **Mindestreservevorschriften**) und **Refinanzierungsfazilitäten** geschützt. Diese Instrumente können allerdings nicht verhindern, dass Bank Runs bei Schattenbanken auch auf das Einlagenbankensystem übergreifen.

ÜBERPRÜFEN SIE IHR WISSEN

1. Angenommen, Sie sind ein Einleger der Bank A. Sie hören ein Gerücht, wonach die Bank erhebliche Kreditverluste erlitten haben soll. Jeder Einleger weiß letztlich, dass dieses Gerücht jeder Grundlage entbehrt, doch jeder vermutet, dass die meisten Einleger vorsichtshalber ihre Einlagen abheben möchten. Ohne die Einlagenversicherung käme es wohl tatsächlich zu einem Bank Run. Inwiefern ergibt sich durch die Einlagenversicherung eine grundsätzlich andere Situation?
2. Sebastian hat eine großartige Idee: Er will ohne jegliches Eigenkapital eine Bank eröffnen und alle Einlagen zu hohen Zinssätzen an Projektentwickler der Immobilienbranche ausleihen. Sofern der Immobilienmarkt einen Aufschwung erlebt, wird es zur Rückzahlung der Kredite und zu hohen Renditen kommen. Bricht der Immobilienmarkt ein, so sind die Darlehen gefährdet und die Bank wird vielleicht sogar in Konkurs gehen müssen. Eigenes Geld würde Sebastian dabei nicht verlieren. Wie könnte die moderne Bankenregulierung seine Pläne verhindern?

29.3 Bestimmung der Geldmenge

Ohne Banken gäbe es keine Sichteinlagen und die Geldmenge würde dem im Umlauf befindlichen Bargeld entsprechen. In diesem Fall ließe sich die Geldmenge unmittelbar und ganz einfach durch Münzprägungen und die Notenpresse festlegen. Doch es gibt nun einmal Banken, und sie beeinflussen die Geldmenge auf zwei Wegen.

1. Zunächst einmal nehmen Banken einen Teil des Bargeldes aus dem Umlauf. Dieses Bargeld liegt in den Tresoren der Banken und nicht in den Brieftaschen der Menschen und zählt daher nicht zur Geldmenge.
2. Außerdem, und das ist viel wichtiger, schöpfen die Banken Geld, indem sie durch die Annahme von Einlagen und die Vergabe von Krediten dafür sorgen, dass die Geldmenge größer ist als das im Umlauf befindliche Bargeld.

Abb. 29-4

Auswirkung auf die Geldmenge, wenn bei der Bank A Bargeld in Sichteinlagen verwandelt wird

(a) Auswirkung, bevor die Bank ein neues Darlehen gibt

Aktiva		**Passiva**	
Kredite	keine Änderung	Einlagen	+ 1.000 €
Reserven	+ 1.000 €		

(b) Auswirkung, nachdem die Bank ein neues Darlehen vergeben hat

Aktiva		**Passiva**	
Kredite	+ 900 €	Einlagen	keine Änderung
Reserven	– 900 €		

Wenn Stefan seine 1.000 Euro als Sichteinlage einlegt (bisher lagen sie unter seinem Bett), entsteht zunächst keine Wirkung auf die Geldmenge (das Bargeld im Umlauf sinkt um 1.000 Euro, die Sichteinlagen steigen um 1.000 Euro). Die entsprechenden Einträge auf dem T-Konto in der stilisierten Bankbilanz (a) zeigen den Anstieg der Reserven und der Sichteinlagen um je 1.000 Euro. In der zweiten Stufe gemäß Diagramm (b) hält die Bank noch 10 Prozent von Stefans Einlage als Reserven (100 Euro) und leiht den Rest (900 Euro) als neuen Kredit an Marie aus. Als Ergebnis fallen die Reserven um 900 Euro und die Darlehen nehmen um 900 Euro zu. Die Passivseite (einschließlich der Einlage von Stefan) bleibt unverändert. Die Geldmenge, die Summe aus Sichteinlagen und Bargeld im Umlauf, ist nun um 900 Euro angestiegen (diese hält Marie als Sichteinlagen).

Wir wollen nun betrachten, wie die Geldschöpfung der Banken funktioniert und wovon es abhängt, welche Geldmenge letztlich geschöpft wird.

Wie Banken Geld schöpfen

Um die Geldschöpfung der Banken zu verstehen, beginnen wir unsere Betrachtung bei einem Bankkunden, der Geld auf ein Konto einbezahlt. Stefan, der gewöhnlich einen Schuhkarton voller Geld unter seinem Bett aufbewahrt, entschließt sich aus Gründen der Sicherheit und der zweckmäßigeren Bankgeschäfte, seine Gelder auf ein Konto einzuzahlen und beim Einkaufen von nun an mit der Geldkarte zu bezahlen. Nehmen wir an, Stefan zahle 1.000 Euro als Sichteinlage bei der Bank A ein. Welche Wirkungen hat dies auf die Geldmenge?

Diagramm (a) der **Abbildung 29-4** zeigt die erste Auswirkung der Einzahlung. Die Bank A schreibt Stefan 1.000 Euro auf seinem Konto gut, sodass die Sichteinlagen um 1.000 Euro ansteigen. Stefans eingezahltes Bargeld kommt in den Tresor der Bank, wodurch die Reserven der Bank A ebenfalls um 1.000 Euro ansteigen. Die erste Transaktion hat keine Auswirkung auf die Geldmenge. Das Bargeld im Umlauf sinkt um 1.000 Euro, die Sichteinlagen – als Teil der Geldmenge – steigen um denselben Betrag.

Doch dies ist noch nicht das Ende der Geschichte, weil ja nun die Bank A einen Teil der Einlage von Stefan als Kredit ausleihen kann. Angenommen, die Bank behält 10 Prozent (100 Euro) als Reserve und leiht den Rest in bar an Stefans Nachbarin Marie aus. Die Wirkung auf dieser zweiten Stufe zeigt sich in Diagramm (b). Die Einlagen der Bank A bleiben unverändert, ebenso wie die Aktiva. Es verändert sich jedoch die Zusammensetzung der Aktiva. Die Reserven sind um 900 Euro niedriger als ohne das neue Darlehen (und sie sind um 100 Euro höher als vor Stefans Einzahlung). Und für 900 Euro hat die Bank nun ein Darlehen als Aktivum (das Darlehen an Marie).

Durch die Ausleihung an Marie kommt Stefans Bargeld wieder in Umlauf und die Bank A hat tatsächlich die Geldmenge vergrößert. Die Summe aus Bargeld im Umlauf und Sichteinlagen ist um

900 Euro gestiegen im Vergleich zu der Situation, als Stefan das Geld noch in einem Schuhkarton versteckt hatte. Obwohl Stefan noch immer der Besitzer der 1.000 Euro ist (jetzt in Form einer Sichteinlage), kann Marie 900 Euro in bar aus ihrem Kredit nutzen.

Doch selbst dies ist noch nicht das Ende der Geschichte. Vielleicht kauft Marie mit dem Darlehen einen Fernsehapparat und einen Blu-Ray-Player im Elektronikgeschäft um die Ecke. Was wird Anne, die Geschäftsinhaberin des Geschäftes, mit dem Geld unternehmen? Sofern sie das Geld behält und nicht ausgibt, bleibt die Geldmenge unverändert. Doch nehmen wir an, sie legt die 900 Euro als Sichteinlage bei der Bank B an. Die Bank B wiederum wird nur einen Teil der Sichteinlagen zu den Reserven nehmen und den größeren Rest als Kredit ausleihen. Auf diese Weise steigt die Geldmenge noch mehr an.

Nehmen wir an, die Bank B behält wie die Bank A 10 Prozent aller Einlagen als Reserven und leiht den Rest aus. Sie wird dann 90 Euro als Reserven halten und 810 Euro von Annes Einlage ausleihen und damit die Geldmenge erhöhen.

Die **Tabelle 29-1** zeigt den beschriebenen Vorgang der Geldschöpfung. Zuerst besteht die Geldmenge nur aus den 1.000 Euro von Stefan. Nach der Einzahlung als Sichteinlage und der Darlehensvergabe durch die Bank steigt die Geldmenge auf 1.900 Euro. Nach der zweiten Einlage und dem zweiten Darlehen steigt die Geldmenge auf 2.710 Euro an. Und der Vorgang wird in dieser Weise noch weitergehen. (Obwohl wir zunächst nur den Fall betrachtet haben, dass Stefan sein Bargeld auf ein Sichteinlagenkonto einzahlt, kämen wir zum selben Resultat, wenn Stefan irgendeine Form von Quasigeld erworben hätte.)

Der beschriebene Vorgang der Geldschöpfung klingt sehr vertraut. Bereits im Kapitel 26 wurde der *Multiplikatorprozess* beschrieben: Ein anfänglicher Anstieg des realen Bruttoinlandsproduktes führt zu einem Anstieg der Konsumausgaben, der wiederum zu einem weiteren Anstieg des Bruttoinlandsproduktes führt, der wiederum einen weiteren Anstieg der Konsumausgaben bewirkt und so weiter. Hier haben wir eine andere Art von Multiplikator – den *Geldschöpfungsmultiplikator*. Wie wird nun dieser Multiplikator bestimmt?

Reserven, Sichteinlagen und der Geldschöpfungsmultiplikator

Bei der Analyse der Auswirkungen von Stefans erster Sichteinlage nach der Tabelle 29-1 haben wir angenommen, dass die ausgeliehenen Bankkredite wieder bei irgendeiner Bank als Einlage ankommen. Die Darlehen kommen in das Bankensystem zurück, wenn auch nicht zur ausleihenden Bank.

In der Praxis werden Teile der ausgezahlten Darlehen als »Sickerverluste« des Bankensystems als Barbeträge bei den Kreditnehmern bleiben. Derartige Sickerverluste oder Lecks vermindern den Umfang des Geldschöpfungsmultiplikators, ähnlich wie Sparen als Nachfragelücke den Einkommensmultiplikator reduziert. (Hier resultieren die Sickerverluste allerdings daraus, dass die Kreditnehmer einen Teil der liquiden Mittel als Bargeld halten, und nicht daraus, dass die Kon-

Tab. 29-1

Wie die Banken Geld schöpfen

	Geld im Umlauf	Sichteinlagen	Geldmenge
Erste Stufe: Stefan hat das Geld im Schuhkarton.	1.000 €	0 €	1.000 €
Zweite Stufe: Stefan bringt das Geld zur Bank A, die einen Kredit in Höhe von 900 € an Marie vergibt, die damit Anne bezahlt.	900 €	1.000 €	1.900 €
Dritte Stufe: Anne bringt 900 € zur Bank B, die einen Kredit in Höhe von 810 € an einen anderen Kreditnehmer vergibt.	810 €	1.900 €	2.710 €

sumenten einen Teil der Einkommenserhöhung sparen).

Doch lassen wir die Komplikationen beiseite und betrachten die Geldmenge zunächst nur in einem »Sichteinlagen-Geldsystem«, bei dem das Geld stets als Sichteinlage bei der Bank gehalten wird und nicht in der Brieftasche. Das bedeutet, dass alle Kredite, die aufgenommen werden, auch wieder bei einer Bank angelegt werden. Nehmen wir weiter an, die Banken unterlägen einer Regel, die einen minimalen Reservesatz von 10 Prozent verlangt. Ferner unterstellen wir, dass Banken Kredite nur von ihren **Überschussreserven** (die über das vorgeschriebene Ausmaß vorhanden sind) ausleihen.

Überschussreserven sind die Reserven einer Bank, die das vorgeschriebene Ausmaß übersteigen.

Weiter nehmen wir nun an, dass eine Bank bei sich plötzlich eine Überschussreserve in Höhe von 1.000 Euro feststellt. Was wird geschehen? Die Antwort ist, dass die Bank diese 1.000 Euro als Kredit vergeben wird, die dann wiederum als Sichteinlage auf einem Konto ankommen werden. Es wird sich ein Multiplikatorprozess ganz ähnlich dem in der Tabelle 29-1 beschriebenen ergeben.

Auf der ersten Stufe des gesamten Prozesses leiht die Bank aufgrund ihrer Überschussreserven 1.000 Euro aus, die sich irgendwo im Bankensystem als Sichteinlage niederschlagen. Die Bank, bei der die Sichteinlage ankommt, hält 10 Prozent davon oder 100 Euro als Reserve und leiht die übrigen 90 Prozent im Rahmen ihres Kreditgeschäftes an einen Darlehensnehmer aus. Die folgende Einlage von 900 Euro führt wiederum zu 90 Euro an Reserven sowie zu 810 Euro Darlehen. Die Bank mit 810 Euro Einlagen hält 10 Prozent oder 81 Euro davon als Reserven und gibt 729 Euro als Kredit weiter. Und so weiter und so fort. Insgesamt ergibt sich im Bankensystem ein Anstieg der Sichteinlagen als eine Summe folgender Art:

1.000 € + 900 € + 810 € + 729 € + …

Wir verwenden das Symbol *rr* für den Reservesatz (»reserve ratio«). Der Gesamtanstieg der Sichteinlagen im Bankensystem, ausgelöst durch die erste Ausleihung von 1.000 Euro aufgrund der Überschussreserven, errechnet sich damit als:

(29-1) Anstieg der Sichteinlagen aus dem Darlehen von 1.000 € =
$1.000\ € + (1.000\ € \times (1 - rr)) + (1.000\ € \times (1 - rr)^2) + (1.000\ € \times (1 - rr)^3) + \ldots$

Die **Geldbasis**, auch als Zentralbankgeldmenge bezeichnet, ist die Summe aus dem Bargeld im Umlauf und den Bankreserven.

Wie wir im Anhang zum Kapitel 26 gesehen haben, kann die Formel 29-1 vereinfacht werden zu:

(29-2) Anstieg der Sichteinlagen aus dem Darlehen von 1.000 € = $1.000\ €/rr$

Bei einem Reservesatz von 10 Prozent oder $rr = 0{,}1$ wird also aus dem ersten Impuls von 1.000 Euro insgesamt ein Anstieg von Sichteinlagen gemäß (29-2) von 1.000 Euro/0,1 = 10.000 Euro resultieren. In einem Bankensystem mit nur Sichteinlagen und Krediten entspricht das Volumen der Sichteinlagen den Reserven dividiert durch den Reservesatz. Anders ausgedrückt kann man auch sagen: Bei einem Reservesatz von 10 Prozent stützt jeder einzelne Euro in den Bankreserven 1 Euro/*rr* = 1 Euro/0,1 = 10 Euro an Sichteinlagen.

Der Geldschöpfungsmultiplikator in der Praxis

In der Praxis ist die Bestimmung der Geldmenge ein wenig komplizierter als nach unserem einfachen Modell, weil neben dem Reservesatz der Banken auch noch ein bestimmter Prozentsatz ins Spiel kommt, mit dem die Nichtbanken gewohnheitsmäßig Bargeld halten (Bargeldquote der Nichtbanken). Wir haben diesen Gedanken bereits in dem obigen Beispiel von Stefan erwähnt, der Bargeld in einem Schuhkarton unter seinem Bett aufbewahrte. Durch seine Entscheidung, statt Bargeld eine Sichteinlage zu halten, setzte er einen Prozess der Steigerung der Geldmenge in Gang.

Um den Geldschöpfungsmultiplikator in der Praxis zu bestimmen, ist es wichtig zu wissen, dass die Zentralbank zwar die *Summe* der Bankreserven und des Bargeldes im Umlauf (auch als *Geldbasis* bezeichnet) kontrolliert, aber nicht die Aufteilung dieser Summe auf Bankreserven und Geld im Umlauf bei den Nichtbanken. Betrachten wir noch einmal das Beispiel mit Stefan: Als er das Geld aus seinem Schuhkarton hervorholte und zur Bank brachte, hat er zuerst das Bargeld im Umlauf verringert, jedoch anschließend gleich die Reserven um den gleichen Betrag erhöht, sodass die *Geldbasis* insgesamt unverändert blieb. Die **Geldbasis**, auch als Zentralbankgeldmenge bezeichnet, wird von der Zentralbank kontrolliert und gesteuert, und ergibt sich aus der Summe vom Bargeld im Umlauf (beim Publikum) und den Reserven der Banken.

Aus zwei Gründen entspricht die Geldbasis nicht der Geldmenge. Zuerst einmal werden die Bankreserven, die Teil der Geldbasis sind, nicht als Teil der Geldmenge angesehen. Eine Euromünze in jemandes Hosentasche gehört zur Geldmenge, weil sie für private Ausgaben verfügbar ist. Eine Euromünze jedoch, die sich im Banktresor befindet oder bei der Zentralbank einbezahlt wird, gehört nicht zur Geldmenge, da sie ja nicht mehr für Ausgaben bereitliegt. Zum zweiten sind Sichteinlagen nicht Teil der Geldbasis, jedoch eine Komponente der Geldmenge und für Ausgabezwecke verfügbar.

Die **Abbildung 29-5** zeigt die beiden Konzeptionen schematisch. Der linke Kreis stellt die Geldbasis dar, die aus den Bankreserven und dem Bargeld im Umlauf besteht. Der rechte Kreis steht für die Geldmenge, die hauptsächlich aus dem Bargeld im Umlauf und den Sichteinlagen sowie je nach Abgrenzung weiterem Quasigeld besteht. Wie man aus der Abbildung ersieht, ist das Bargeld im Umlauf sowohl Teil der Geldbasis als auch Teil der Geldmenge. Nicht zur Geldmenge gehören die Bankreserven; nicht zur Geldbasis gehören die Sichteinlagen oder die Quasi-Einlagen. In der Praxis besteht die Geldbasis im Wesentlichen aus dem Bargeld im Umlauf, das auch den überwiegenden Teil der Geldmenge ausmacht.

Nun können wir formal einen **Geldschöpfungsmultiplikator** definieren: Es ist der Quotient aus der Geldmenge und der Geldbasis. Vor der Finanzkrise 2008 lag der Geldschöpfungsmultiplikator im Euroraum (mit M1 als Größe für die Geldmenge) zwischen 4 und 5. Das ist viel weniger als in unserem Beispiel mit den Sichteinlagen. Dort hatten wir nur ein Sichteinlagen-Bankensystem und einen Mindestreservesatz von 10 Prozent. Der Grund für den viel kleineren Multiplikator besteht darin, dass die Menschen beträchtliche Mengen an Bargeld halten, und ein Euro im Bargeldumlauf kann nicht wie ein Euro in den Reserven viele Euro mehr in der Geldmenge stützen.

Mit der anhaltend expansiven Geldpolitik der EZB ist der Geldschöpfungsmultiplikator im Euroraum in den Jahren nach der Finanz- und Wirtschaftskrise 2007–2009 weiter gesunken. Die zusätzliche Liquidität wurde von den Banken in erster Linie für eine höhere Reservehaltung (höhere Einlagen bei der Zentralbank) genutzt. Damit hat die starke Ausweitung der Geldbasis nicht zu einer entsprechenden Ausweitung der Geldmenge geführt, sodass der Geldschöpfungsmultiplikator mittlerweile unter 2 liegt.

Aufgrund des höheren Reservesatzes (von 10 Prozent) ist der Geldschöpfungsmultiplikator in den Vereinigten Staaten in der Regel kleiner als im Euroraum. In den Jahren vor der Finanzkrise lag der Geldschöpfungsmultiplikator in den Vereinigten Staaten bei 1,6. Und auch in den Vereinigten Staaten ist mit der expansiven Geldpolitik der Zentralbank der Geldschöpfungsmultiplikator nach der Finanz- und Wirtschaftskrise 2007–2009 weiter gesunken und liegt mittlerweile bei Werten um 1.

Der **Geldschöpfungsmultiplikator** gibt das Verhältnis von Geldmenge zur Geldbasis an.

Abb. 29-5

Die Geldbasis und die Geldmenge

Die Geldbasis ist gleich den Bankreserven plus dem im Umlauf befindlichen Bargeld. Sie unterscheidet sich von der Geldmenge, die aus den Sichteinlagen oder Quasigeld sowie dem Bargeld im Umlauf besteht. In normalen Zeiten stützt jeder einzelne Euro der Bankreserven mehrere Euro an Sichteinlagen. Die Geldmenge ist demnach größer als die Geldbasis.

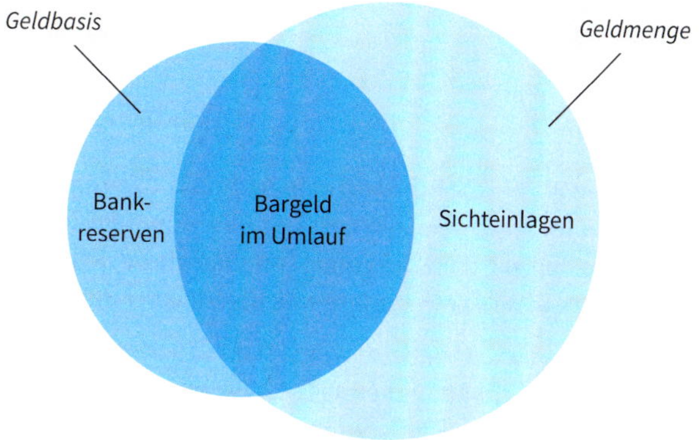

WISSENSCHAFT UND PRAXIS

Die Geldmenge multiplikativ verringern

Unser hypothetisches Beispiel zur Geldschöpfung der Banken mit Stefan, der Geld aus einem Schuhkarton hervorholt, bei der Bank einzahlt und damit die Geldmenge erhöht, lässt sich auch mit umgekehrten Vorzeichen nutzen. Stefan könnte ja zu seinen alten Gepflogenheiten zurückkehren, das Geld vom Konto abheben und wieder in den Schuhkarton unter seinem Bett legen. Das Ergebnis bestünde in gesunkenen Kreditvergabe und einer Verringerung der Geldmenge. Genau das passierte während der Bank Runs in den 1930er-Jahren.

Die **Tabelle 29-2** illustriert, was zwischen 1929 und 1933 geschah, als Bankpleiten das Vertrauen des Bankenpublikums erschütterten. Die zweite Spalte zeigt die vom Publikum gehaltenen Bargeldbestände. Diese stiegen in einer Zeit steil an, als viele US-Amerikaner Geld unter dem Bett für sicherer hielten als Geld auf einem Bankkonto. Die dritte Spalte zeigt das Volumen der Sichteinlagen, das durch den Multiplikatorprozess mit den Kundenabhebungen steil abfiel. (Auch die Darlehensbestände gingen zurück, weil Banken nach den Bank Runs vorsorglich ihre Überschussreserven erhöhten.) Die vierte Spalte zeigt die Geldmenge M1, das früher schon beschriebene Geldmengenaggregat. Die Geldmenge M1 sank ebenfalls stark ab, weil der Rückgang der Einlagen stärker ausfiel als der Anstieg der Bargeldmenge im Umlauf.

Tab. 29-2: Die Auswirkungen der Bank Runs in den Jahren 1929 bis 1933 (in Milliarden Dollar)

	Bargeld im Umlauf	Sichteinlagen	M1
1929	3,90	22,74	26,64
1933	5,09	14,82	19,91
prozentuale Änderung	+ 31 %	– 35 %	– 25 %

Quelle: U.S. Census Bureau, Historical Statistics of the United States, 1975

Kurzzusammenfassung

- Banken schöpfen Geld: Falls Bargeld auf Einlagenkonten eingezahlt wird, kann die Bank **Überschussreserven** ausleihen, wodurch neue Sichteinlagen im Bankensystem entstehen und eine Multiplikatorwirkung auf die Geldmenge entsteht.
- In einem einfachen Bankensystem nur mit Sichteinlagen stützt 1 Euro an Bankreserven 1 Euro/*rr* an Sichteinlagen. In diesem Fall wäre die Geldmenge gleich den Bankreserven dividiert durch den Reservesatz. Tatsächlich halten die Menschen aber einen Teil ihrer finanziellen Mittel in bar und nicht als Sichteinlage, wodurch die Multiplikatorwirkung einer Ausleihung von Überschussreserven sinkt.
- Die Zentralbank steuert die **Geldbasis**, die Summe aus den Bankreserven und dem im Umlauf befindlichen Bargeld. Die Geldbasis unterscheidet sich von der Geldmenge, die aus den Sichteinlagen sowie dem Bargeld im Umlauf besteht. Der **Geldschöpfungsmultiplikator** ergibt sich durch den Quotienten aus Geldmenge und Geldbasis.

ÜBERPRÜFEN SIE IHR WISSEN

1. Nehmen Sie an, die Bankreserven betragen insgesamt 200 Euro und die Sichteinlagen betragen 1.000 Euro. Außerdem gilt, dass das Bankenpublikum keinerlei Kassenbestände hält. Weiterhin unterstellen wir, dass der vorgeschriebene Reservesatz von 20 auf 10 Prozent fällt. Zeigen Sie, wie all dies zu einer Ausweitung der Sichteinlagen führt.
2. Greifen Sie auf das Beispiel von Stefan zurück, der 1.000 Euro in bar bei der Bank A auf ein Sichteinlagenkonto einzahlt. Es herrscht ein Reservesatz von 10 Prozent. Doch auf einmal beschließen alle Kreditnehmer, die Hälfte des Kreditbetrages in bar zu behalten. Wie wirkt sich das auf die Geldmenge aus?

29.4 Zentralbanken

Wer achtet darauf, dass die Banken genügend Reserven halten? Wer entscheidet über die Größe der Geldbasis? Für den Euroraum ist die Europäische Zentralbank (EZB) zuständig, für die Vereinigten Staaten eine Institution namens Federal Reserve (abgekürzt »Fed«). Eine **Zentralbank** ist eine Institution, die das Bankensystem beaufsichtigt und reguliert sowie die Geldbasis steuert. Für die Bundesrepublik Deutschland übernahm bis Ende 1998 die Deutsche Bundesbank diese Aufgabe. Im Zuge der Europäischen Währungsunion und der damit verbundenen Einführung des Euro wurde die Deutsche Bundesbank in das Europäische System der Zentralbanken (ESZB) unter Führung der Europäischen Zentralbank integriert. Andere bekannte Zentralbanken sind die Bank of England, die Bank of Japan und die People's Bank of China. Die älteste Zentralbank der Welt ist übrigens die Sveriges Riksbank (Schwedische Reichsbank), die auch den Nobelpreis für Wirtschaftswissenschaften verleiht.

Die Europäische Zentralbank

Die Europäische Zentralbank (EZB) ist Bestandteil des Europäischen Systems der Zentralbanken (ESZB). Mit der Bildung der Europäischen Währungsunion und der Schaffung einer gemeinsamen Währung, dem Euro, entstand gleichsam die Notwendigkeit einer gemeinsamen Geldpolitik für alle Mitgliedstaaten der Europäischen Währungsunion. Aus diesem Grund wurde zum 1. Juni 1998 die Europäische Zentralbank geschaffen. Mittlerweile ist die EZB für die Währungspolitik von 19 Mitgliedstaaten verantwortlich. Zu den 11 Gründungsmitgliedern der Währungsunion Belgien, der Bundesrepublik Deutschland, Finnland, Frankreich, Irland, Italien, Luxemburg, den Niederlanden, Österreich, Portugal und Spanien sind bis zum Jahr 2015 noch Griechenland, Zypern, die Slowakei, Slowenien, Malta, Estland, Lettland und Litauen hinzugekommen.

Der funktionale Verbund zwischen der EZB und den nationalen Zentralbanken der 19 Mitgliedstaaten im Euroraum, der die gemeinsame Geldpolitik umsetzt, wird auch als Eurosystem bezeichnet. Die EZB hat ihren Sitz in Frankfurt am Main. Das wichtigste Ziel der EZB besteht darin, die Preisstabilität im Euroraum zu gewährleisten. Damit sollen das Wirtschaftswachstum und die Schaffung von Arbeitsplätzen unterstützt werden.

Die zentralen Aufgaben der EZB sind in Art. 127 AEUV (Vertrag über die Arbeitsweise der Europäischen Union) festgeschrieben. Dazu zählen – wie schon angesprochen – die Festlegung und Ausführung der Geldpolitik des Euroraums, aber auch die Durchführung von Devisengeschäften, die Aufrechterhaltung und Verwaltung der offiziellen Währungsreserven der Mitgliedstaaten sowie die Förderung des reibungslosen Funktionierens der Zahlungssysteme. Zudem hat die EZB das ausschließliche Recht, die Ausgabe von Banknoten innerhalb des Euroraums zu genehmigen.

Eine **Zentralbank** ist eine Institution, die das Bankensystem beaufsichtigt und reguliert sowie die Geldbasis steuert.

Der Präsident der EZB leitet die EZB und repräsentiert die Bank innerhalb der Europäischen Union sowie auf internationaler Ebene. Der Präsident wird vom Europäischen Rat gewählt. Die reguläre Amtszeit beträgt 8 Jahre. In der Vergangenheit hatte die EZB drei Präsidenten: den Niederländer Wim Duisenberg (1998–2003), den Franzosen Jean-Claude Trichet (2003–2011) sowie den Italiener Mario Draghi (2011–2019). Seit 1. November 2019 steht mit Christine Lagarde die erste Frau an der Spitze der EZB.

Die EZB verfügt über drei Entscheidungsgremien: den EZB-Rat, das Direktorium und den Erweiterten Rat. Das Direktorium setzt sich aus dem Präsidenten der EZB, dem Vizepräsidenten sowie vier weiteren Mitgliedern zusammen, die von den Staats- und Regierungschefs der Länder des Euroraums ernannt werden. Das Direktorium ist für die Durchführung der Währungspolitik und die Erteilung der damit verbundenen Weisungen an die nationalen Zentralbanken des Euroraums zuständig und führt die Tagesschäfte der Bank.

Dem Erweiterten Rat gehören neben dem Präsidenten und dem Vizepräsidenten der EZB die Präsidenten der nationalen Zentralbanken der 27 EU-Mitgliedstaaten an. Damit fungiert der Erweiterte Rat als Bindeglied zu den Zentralbanken der EU-Staaten, die (noch) nicht an der Europäischen Währungsunion teilnehmen. Der Erweiterte Rat hat keine geldpolitischen Entscheidungskompetenzen, leistet aber wichtige Vorarbeiten in Fragen der Erweiterung der Europäischen Währungsunion sowie bei der Standardisierung der Rechnungslegung und des Berichtwesens der nationalen Zentralbanken.

Der EZB-Rat besteht wiederum aus den Mitgliedern des Direktoriums sowie den Präsidenten der nationalen Zentralbanken des Euroraums. Der EZB-Rat trifft sich in der Regel alle 14 Tage in Frankfurt am Main und bewertet die wirtschaftliche und finanzielle Entwicklung im Euroraum. Auf dieser Grundlage werden die geldpolitische Leitlinie bestimmt und die Zinssätze festgelegt, zu denen sich die Geschäftsbanken Geld von der EZB leihen können.

Damit ist der EZB-Rat auch dafür verantwortlich, das Ziel der Preisstabilität genau zu definieren. Die ursprüngliche Definition der Preisstabilität aus dem Herbst 1998 als ein Anstieg des Preisniveaus (im Jahresvergleich), der weniger als 2 Prozent beträgt (gemessen an der jährlichen Änderung des Harmonisierten Verbraucherpreisindex HVPI im Euroraum), ließ jedoch die notwendige Klarheit vermissen. Aus diesem Grund stellte der EZB-Rat im Frühjahr 2003 klar, dass die EZB mittelfristig Inflationsraten nahe 2 Prozent anstrebt.

Im Sommer 2021 hat die EZB ihre geldpolitische Strategie überarbeitet und das Ziel der Preisstabilität neu definiert. Danach strebt die EZB mit ihrer Geldpolitik Inflationsraten an, die auf mittlere Sicht bei 2 Prozent liegen. Dabei ist das neue Inflationsziel symmetrisch zu verstehen. Das bedeutet, dass Zielabweichungen weder nach oben noch nach unten erwünscht sind. Um bei sich verfestigenden negativen Abweichungen (Inflationsraten deutlich unter 2 Prozent) starke geldpolitische Maßnahmen einsetzen zu können, die kurzfristig einen Anstieg der Inflationsrate über die Zielgröße hinaus auslösen können, wird die EZB auch vorübergehende Phasen mit Inflationsraten tolerieren, die moderat über dem 2-Prozent-Ziel liegen.

Damit die EZB ihre zentrale Aufgabe, die Sicherung der Preisstabilität im Euroraum wahrnehmen kann, muss sie unabhängig von politischen Weisungen sein, um eine Einflussnahme vonseiten der Mitgliedstaaten im Euroraum zu vermeiden. Die notwendige Autonomie der EZB ist institutionell, funktionell, personell und finanziell zu sichern. Die institutionelle Unabhängigkeit wird dadurch gewährleistet, dass nur unabhängige nationale Zentralbanken am Europäischen System der Zentralbanken beteiligt sein dürfen. Funktionell unabhängig ist die EZB dadurch, dass sie über die notwendigen Instrumente und Kompetenzen verfügt, um die beschlossenen geldpolitischen Maßnahmen umzusetzen und selbstständig über deren Einsatz entscheiden kann. Die personelle Unabhängigkeit der Entscheidungsträger soll durch lange Amtszeiten (5–8 Jahre) der Führungsspitze gesichert werden, teilweise ohne die Möglichkeit einer Wiederwahl. Finanzielle Autonomie hat die EZB durch einen eigenen Haushalt, der von nationalen Zentralbanken finanziert wird.

Aufgrund der wirtschaftlichen Stärke der Volkswirtschaften des Euroraums insgesamt nimmt die EZB – gemeinsam mit der Zentralbank der Vereinigten Staaten, der Federal Reserve, über die wir im nächsten Abschnitt etwas erfahren werden – eine dominierende Rolle unter den Zentralbanken weltweit ein.

Die Zentralbank der Vereinigten Staaten

Die Federal Reserve (abgekürzt Fed) ist die Zentralbank der Vereinigten Staaten. Die rechtliche Stellung der Fed, die im Jahr 1913 geschaffen wurde, ist ungewöhnlich: Sie ist nicht wirklich ein Teil der US-Regierung und auch nicht wirklich eine private Institution. Genau genommen besteht das Federal Reserve System aus zwei Teilen: dem Board of Governors und den zwölf regionalen Zentralbanken.

Der Rat der Gouverneure (Board of Governors) überwacht das Bankensystem von seinem Sitz in Washington, D. C., aus. Er ist wie eine Regierungsstelle organisiert: Seine sieben Mitglieder werden vom Präsidenten der Vereinigten Staaten ernannt und vom Senat bestätigt. Sie werden für 14 Jahre bestellt, damit sie keinem politischen Druck unterliegen. Der Vorsitzende wird für eine kürzere Periode ernannt, nämlich für vier Jahre, doch sind Wiederberufungen und eine insgesamt längere Amtszeit üblich. William McChesney Martin war von 1951 bis 1970 Vorsitzender. Alan Greenspan, im Jahre 1987 ernannt, war bis 2006 Vorsitzender der Fed, und sein Nachfolger Ben Bernanke war bis 2014 im Amt. Mit Janet Yellen übernahm im Jahr 2014 zum ersten Mal eine Frau den Vorsitz. Seit 2018 leitet Jerome Powell die Fed.

Die zwölf regionalen Zentralbanken dienen jeweils (mit vielerlei Bank- und Überwachungsdienstleistungen) einer Region der Vereinigten Staaten. Sie prüfen z. B. die Bücher der Privatbanken darauf, ob die Banken finanziell gesund sind. Jede regionale Zentralbank wird von einem Vorstand geleitet. Eine Sonderrolle nimmt die Federal Reserve Bank von New York ein: Sie führt die *Offenmarktgeschäfte* aus, das wichtigste Instrument der Geldpolitik.

Geldpolitische Entscheidungen werden vom Offenmarktkomitee gefällt (Federal Open Market Committee, FOMC), das aus dem Rat der Gouverneure und fünf regionalen Bankpräsidenten besteht. Der Präsident der Zentralbank von New York gehört dem Komitee immer an. Die übrigen vier Sitze rotieren unter den anderen elf Präsidenten der regionalen Zentralbanken. Gewöhnlich fungiert der Vorsitzende des Rats der Gouverneure auch als Vorsitzender des Offenmarktkomitees.

Der Zweck der komplexen Struktur besteht darin, eine Institution zu bilden, die den Bürgern und Wählern gegenüber verantwortlich ist. Der Rat der Gouverneure wird vom Präsidenten ernannt und vom Senat bestätigt, die selbst wiederum gewählt sind. Die lange Amtszeit der Ratsmitglieder und der Vorgang der Bestellung sollen kurzfristigem politischem Druck vorbeugen.

Die geldpolitischen Instrumente der EZB

Die EZB verfügt über verschiedene Instrumente zur Umsetzung ihrer geldpolitischen Strategie: den Refinanzierungssatz, den Einlagezinssatz, die Mindestreservevorschriften und – besonders wichtig – Offenmarktgeschäfte. Wie wir bereits wissen, benötigen Banken Reserven, um ihre Kreditvergabe abzusichern. Aus diesem Grund verwenden Banken nicht alle verfügbaren Einlagen zur Kreditvergabe, sondern halten einen bestimmten Anteil ihrer Einlagen als Reserve. Dabei schreibt die EZB den Banken einen bestimmten Mindestreservesatz vor. (Wenn das nicht der Fall wäre, würden die Banken für sich selbst einen Reservesatz festlegen.) Da jedoch die Einzahlungen und Auszahlungen bei Banken ständig schwanken, werden einige Banken an bestimmten Tagen einen Überschuss an Reserven haben, während andere Banken feststellen müssen, dass ihnen Reserven fehlen, sodass ihr Reservesatz zu gering ist. Was macht eine Bank, wenn sie vermuten muss, dass sie nicht genügend Reserven hat, um die Mindestreservevorschriften zu erfüllen? Für gewöhnlich leiht sie sich zusätzliche liquide Mittel von anderen Banken. Und was macht eine Bank, die davon ausgeht, dass sie über einen (kurzfristigen) Überschuss an Reserven verfügt? Die Bank wird diese überschüssigen liquiden Mittel an die anderen Banken verleihen. Die Banken stellen sich also auf kurzfristiger Basis gegenseitig Liquidität zur Verfügung, indem Banken mit Überschussreserven den Banken Geld leihen, denen Liquidität zur Einhaltung ihrer Reserven fehlt. Dieser Markt für kurzfristige Reserven wird als **Geldmarkt** bezeichnet. Der **Geldmarktzinssatz** bestimmt sich durch Angebot und Nachfrage nach (kurzfristiger) Liquidität durch die Banken, die wiederum in hohem Maße durch das Handeln der Zentralbank bestimmt sind.

Auf dem **Geldmarkt** leihen sich Geschäftsbanken untereinander auf kurzfristiger Basis Geld.

Der **Geldmarktzinssatz** bildet sich auf dem Geldmarkt.

Gleichzeitig haben die Banken die Möglichkeit, sich liquide Mittel von der Zentralbank zu beschaffen. Die Zentralbank wird dafür einen Zinssatz festlegen, zu dem sie bereit ist, den Banken auf kurzfristiger Basis Liquidität zur Verfügung zu stellen. Im Euroraum wird dieser Zinssatz als *Refinanzierungssatz* bezeichnet. Dabei wird zwischen dem **Spitzenrefinanzierungssatz** und dem **Hauptrefinanzierungssatz** unterschieden. Der Spitzenrefinanzierungssatz (Februar 2023: 3,25 Prozent) ist der Zinssatz für die Bereitstellung von Liquidität durch die EZB über Nacht (Spitzenrefinanzierungsfazilität). Der Hauptrefinanzierungssatz ist dagegen der Zinssatz (Februar 2023: 3,00 Prozent), zu dem die Banken für einen Zeitraum von einer Woche Liquidität von der EZB zur Verfügung gestellt bekommen. In den USA wird der Zinssatz, zu dem das Federal Reserve System Liquidität für den Bankensektor zur Verfügung stellt, als **Diskontsatz** bezeichnet.

Zum **Spitzenrefinanzierungssatz** stellt die Europäische Zentralbank über Nacht Liquidität für Banken im Euroraum zur Verfügung.

Zum **Hauptrefinanzierungssatz** stellt die Europäische Zentralbank für einen Zeitraum von einer Woche Liquidität für Banken im Euroraum zur Verfügung.

Überschüssige liquide Mittel können die Banken im Euroraum über Nacht im Rahmen der Einlagefazilität bei der EZB zu einem bestimmten Zinssatz anlegen. Der **Zinssatz für die Einlagefazilität** (Februar 2023: 2,50 Prozent) wird auch als Einlagenzinssatz bezeichnet. Da die Banken gleichzeitig die Möglichkeit haben, ihre überschüssigen Einlagen auch am Geldmarkt zur kurzfristigen Bereitstellung von Liquidität anzubieten, bildet der Einlagenzinssatz eine Art untere Grenze für den Zinssatz am Geldmarkt. Von Sommer 2014 bis Sommer 2022 war der Zinssatz für die Einlagefazilität negativ. Damit mussten die Geschäftsban-

Der **Diskontsatz** ist der Zinssatz, den die US-amerikanische Zentralbank für Darlehen an Banken berechnet.

Der **Zinssatz für die Einlagefazilität** ist der Zins, zu dem Banken im Euroraum bei der Europäischen Zentralbank über Nacht überschüssige Einlagen anlegen können.

ken Zinsen an die EZB zahlen, wenn sie über Nacht Geld bei der Zentralbank angelegt hatten. Die EZB wollte mit dieser Maßnahme die Kreditvergabe der Geschäftsbanken im Euroraum ankurbeln.

Spitzenrefinanzierungssatz, Hauptrefinanzierungssatz und Einlagenzinssatz gelten allgemein als Leitzinsen im Euroraum.

Wenn die EZB die Geldmenge beeinflussen will, kann sie entweder die Leitzinssätze ändern oder die Mindestreserveanforderungen oder auch beides. Senkt die EZB den Mindestreservesatz, dann können (und werden) die Banken einen größeren Teil ihrer Einlagen als Kredite vergeben und durch die Wirkung des Geldschöpfungsmultiplikators kommt es zu einem Anstieg der Geldmenge. Wenn die EZB dagegen den Mindestreservesatz anhebt, dann sind die Banken gezwungen, ihre Kreditvergabe einzuschränken, und über den Geldschöpfungsmultiplikator kommt es zu einem Rückgang der Geldmenge.

Senkt die EZB den Refinanzierungssatz, dann können sich die Banken die fehlende Liquidität zur Einhaltung der Reserveanforderung billiger beschaffen, sodass die Banken ihre Kreditvergabe ausweiten werden, und durch die Wirkung des Geldschöpfungsmultiplikators steigt die Geldmenge an. Wenn die EZB den Refinanzierungssatz anhebt, dann geht die Kreditvergabe zurück und über die Wirkung des Geldschöpfungsmultiplikators auch die Geldmenge.

Die EZB kann eine Ausweitung der Kreditvergabe – und damit einen Anstieg der Geldmenge – auch durch einen geringeren Einlagenzinssatz erreichen. Sinkt der Einlagenzinssatz, dann werden die Banken ihre überschüssigen Einlagen verstärkt am Geldmarkt anderen Banken zur Bereitstellung von kurzfristiger Liquidität anbieten. Der Geldmarktzinssatz sinkt, und es wird für die Banken lukrativer, ihre Kreditvergabe auszuweiten. Eine Anhebung des Einlagenzinssatzes führt dagegen zu einer Einschränkung der Kreditvergabe durch die Banken.

Ein **Offenmarktgeschäft** besteht im Ankauf oder Verkauf von Wertpapieren durch die Zentralbank.

Die Mindestreservesätze werden durch die EZB allerdings nur selten angepasst, letztmalig im Jahr 2012. Vor allem kurzfristige Anpassungen der Mindestreservesätze können das Bankgeschäft erheblich beeinträchtigen. Wenn die Zentralbank beispielsweise die Mindestreserveanforderungen erhöht, werden einige Banken nicht genügend freie (überschüssige) Reserven haben, obwohl sich die Höhe ihrer Einlagen nicht verändert hat. Um kurzfristig die Reserveanforderungen erfüllen zu können, werden sie die Kreditvergabe beträchtlich einschränken müssen. Die EZB verwendet daher die Mindestreserveanforderungen eher als Instrument zur Stabilisierung des Geldmarktes und nicht als Instrument zur Geldmengensteuerung.

Das wichtigste geldpolitische Steuerungsinstrument für die EZB ist der Refinanzierungssatz, der in einem engen Zusammenhang mit den *Offenmarktgeschäften* steht.

Offenmarktgeschäfte

Die EZB verfügt ebenso wie die Banken über Forderungen und Verbindlichkeiten. Die Aktiva der EZB bestehen zum großen Teil aus Wertpapieren (Schuldverschreibungen). Die Passiva der EZB bestehen im Wesentlichen aus den Banknoten im Umlauf und den Bankreserven. Die Aktiva und Passiva der EZB sind vereinfacht in der **Abbildung 29-6** in Form eines T-Kontos dargestellt.

Bei einem **Offenmarktgeschäft** geht es um den Kauf oder Verkauf von Wertpapieren durch die EZB mit Geschäftsbanken als Partnern. Geschäftsbanken sind Banken, die in erster Linie Geschäftskredite vergeben, im Unterschied zu Konsumenten- und Wohnungsbaukrediten. Die EZB kauft dabei auch Wertpapiere des Staates (Staatsanleihen), allerdings nicht unmittelbar vom Staat. Dafür gibt es Gründe: Würde die EZB unmittelbar Kredite an Mitgliedstaaten geben, würden sie vereinfacht die Notenpresse in Gang setzen, um nationale Defizite zu finanzieren. Später in diesem Buch erfahren wir, dass dies ein verhängnisvoller Weg zu (galoppierender) Inflation sein könnte.

Abb. 29-6

Die Aktiva und Passiva der EZB

Aktiva	Passiva
Wertpapiere (Schuldverschreibungen)	Geldbasis (Bargeld im Umlauf + Bankreserven)

Die EZB hält ihre Aktiva zumeist in Wertpapieren (Schuldverschreibungen). Die Passiva entsprechen der Geldbasis (Bargeld im Umlauf plus Bankreserven).

Die beiden Diagramme der **Abbildung 29-7** beschreiben die Veränderungen in den Bilanzen der EZB und der Geschäftsbanken, die sich aus den Offenmarktgeschäften ergeben. Sofern die EZB Wertpapiere kauft, zahlt sie durch Gutschriften auf den Konten der verkaufenden Geschäftsbanken. So steigen deren Reserven. In Diagramm (a) wird dies dargestellt: Die EZB kauft für 100 Millionen Euro Wertpapiere von Geschäftsbanken und erhöht damit die Geldbasis um 100 Millionen Euro, da ja die Reserven um 100 Millionen Euro ansteigen. Sofern die Zentralbank Wertpapiere an die Geschäftsbanken verkauft, belastet sie die Konten der Banken und reduziert damit deren Reserven. Das erkennt man aus Diagramm (b) mit einem Verkauf von Wertpapieren von 100 Millionen Euro. In diesem Fall sinken die Reserven und die Geldbasis.

Einige mögen sich fragen, woher die EZB die Mittel für den Ankauf von Wertpapieren von den Geschäftsbanken nimmt. Die Antwort ist, dass die Mittel gleichsam durch einen Federstrich entstehen (oder neuerdings durch einen Mausklick). Man muss sich vor Augen halten, dass der Euro reines Rechen- oder Befehlsgeld ist, das keinerlei Deckung im Hintergrund hat. Somit kann die EZB nach eigenem Gutdünken Geld schaffen.

Wenn die EZB Wertpapiere kauft oder verkauft, dann handelt es sich bei diesen Offenmarktgeschäften um sogenannte *endgültige Offenmarktgeschäfte (Outright Monetary Transactions – OMT)*, da der Kauf von Wertpapieren vom Bankensektor sowie der Verkauf von Wertpapieren an den Bankensektor durch die EZB ohne die Vereinbarung für eine entsprechende Gegentransaktion zu einem späteren Zeitpunkt erfolgt.

Daneben greifen Zentralbanken, so auch die EZB, heutzutage zusätzlich auf eine verfeinerte Form von Offenmarktgeschäften zurück, bei der mit dem Kauf von Wertpapieren von den Geschäftsbanken durch die Zentralbank gleichzeitig eine Vereinbarung über einen entsprechenden Verkauf zu einem späteren Zeitpunkt verknüpft ist. Dadurch gewährt die Zentralbank den Geschäftsbanken praktisch einen Kredit und nutzt die Wertpapiere als Sicherheiten. Der Zinssatz, den die Zentralbank auf die faktische Kreditvergabe erhebt, ist der Refinanzierungssatz. Diese Form von Offenmarktgeschäften, bei der der Kauf von Wertpapieren durch die Zentralbank mit einer Vereinbarung zum Rückkauf zu einem vereinbarten Preis verknüpft ist, wird auch als *(Wertpapier-) Pensionsgeschäft* bezeichnet.

Abb. 29-7

Offenmarktgeschäfte durch die EZB

(a) Ein Offenmarktgeschäft: Kauf von Wertpapieren durch die EZB in Höhe von 100 Millionen Euro

	Aktiva		**Passiva**	
EZB	Wertpapiere	+ 100 Mio. €	Geldbasis	+ 100 Mio. €

	Aktiva		**Passiva**
Geschäftsbanken	Wertpapiere	– 100 Mio. €	keine Änderungen
	Reserven	+ 100 Mio. €	keine Änderungen

(b) Ein Offenmarktgeschäft: Verkauf von Wertpapieren durch die EZB in Höhe von 100 Millionen Euro

	Aktiva		**Passiva**	
EZB	Wertpapiere	– 100 Mio. €	Geldbasis	– 100 Mio. €

	Aktiva		**Passiva**
Geschäftsbanken	Wertpapiere	+ 100 Mio. €	keine Änderungen
	Reserven	– 100 Mio. €	keine Änderungen

Im Diagramm (a) erhöht die EZB die Geldbasis dadurch, dass sie in einem Offenmarktgeschäft Wertpapiere von Geschäftsbanken kauft. Für den Kauf von Wertpapieren in Höhe von 100 Millionen Euro schreibt die EZB den Banken 100 Millionen Euro an zusätzlichen Bankreserven gut, wodurch die Geldbasis um 100 Millionen Euro ansteigt. Dies führt zu einem Anstieg der Geldmenge durch den Geldschöpfungsmultiplikator, da die Banken nun einen Teil der Mittel auf Basis der neuen Reserven ausleihen.
Im Diagramm (b) reduziert die Zentralbank die Geldbasis durch die Verkäufe von Wertpapiere an die Geschäftsbanken. Ein Verkauf von Wertpapieren im Umfang von 100 Millionen Euro reduziert die Bankreserven und die Geldbasis. Die Geldmenge wird (über den Multiplikatorprozess) sinken, da die Banken ihre Kreditvergabe einschränken.

Ein Anstieg oder ein Rückgang der Reserven durch Offenmarktgeschäfte beeinflusst die Geldmenge allerdings nicht direkt. Durch ein Offenmarktgeschäft entsteht jedoch einen Multiplikatorprozess. Nach dem Anstieg der Reserven um 100 Millionen Euro in Diagramm (a) würden die Geschäftsbanken mit den zusätzlichen Reserven höhere Ausleihungen vornehmen und damit die Geldmenge sofort um 100 Millionen Euro vergrößern. Einige der Kredite kämen als Sichteinlagen zurück, würden die Reserven nochmals ansteigen lassen und damit weitere Kredite ermöglichen.

Auf diese Weise setzt ein Offenmarktankauf von Wertpapieren einen Multiplikatorprozess zur Steigerung der Geldmenge in Gang. Ein Verkauf »auf dem offenen Markt« hat den gegenteiligen Effekt. Bankreserven fallen, es entsteht ein Druck auf die Kreditvergabe und die Geldmenge sinkt.

Ökonomen sagen oft leichthin, die Zentralbank kontrolliert die Geldmenge. Genau genommen kontrolliert sie nur die Geldbasis. Durch Erhöhung oder Senkung der Geldbasis kann die Zentralbank jedoch einen starken Einfluss ausüben – sowohl auf die Geldmenge als auch auf den Geldmarktzinssatz. Diese Einflussnahme ist die Grundlage der Geldpolitik, dem zentralen Gegenstand des nächsten Kapitels.

WISSENSCHAFT UND PRAXIS

Die Bilanz der Fed

Die vereinfachte Darstellung der Bilanz der EZB in Abbildung 29-7 lässt sich auch auf andere Zentralbanken übertragen. So bestehen die Forderungen für die US-amerikanische Zentralbank Fed aus Schatzwechseln und die Verbindlichkeiten aus der Geldbasis. Tatsächlich sieht die Bilanz der Fed natürlich etwas komplizierter aus. Dennoch stellt die **Abbildung 29-8** eigentlich eine gute Annäherung dar, denn normalerweise macht die Geldbasis rund 90 Prozent der Verbindlichkeiten der Fed aus und Schatzwechsel (Schuldverschreibungen) rund 90 Prozent der Forderungen der Fed.

Ende 2007 wurde allerdings deutlich, dass die normalen Zeiten vorbei waren. Die Spekulationsblase am US-Immobilienmarkt war geplatzt, und es kam bei vielen Banken zu massiven Ausfällen im Hypothekengeschäft. Das Vertrauen in das Finanzsystem geriet ins Wanken.

Im Jahr 2008 gab der Zustand der US-amerikanischen Investmentbank Bear Stearns Anlass zu großer Sorge. Die Bank war in komplexe Finanzgeschäfte verwickelt, hatte verschiedenste Finanzprodukte mit geliehenen Geldern gekauft und verkauft. Da das Vertrauen in die Bank immer mehr schwand, war die Bank nicht mehr in der Lage, sich ausreichend finanzielle Mittel zu besorgen, um die Finanzgeschäfte ▸

Abb. 29-8: Die Vermögenspositionen der Fed

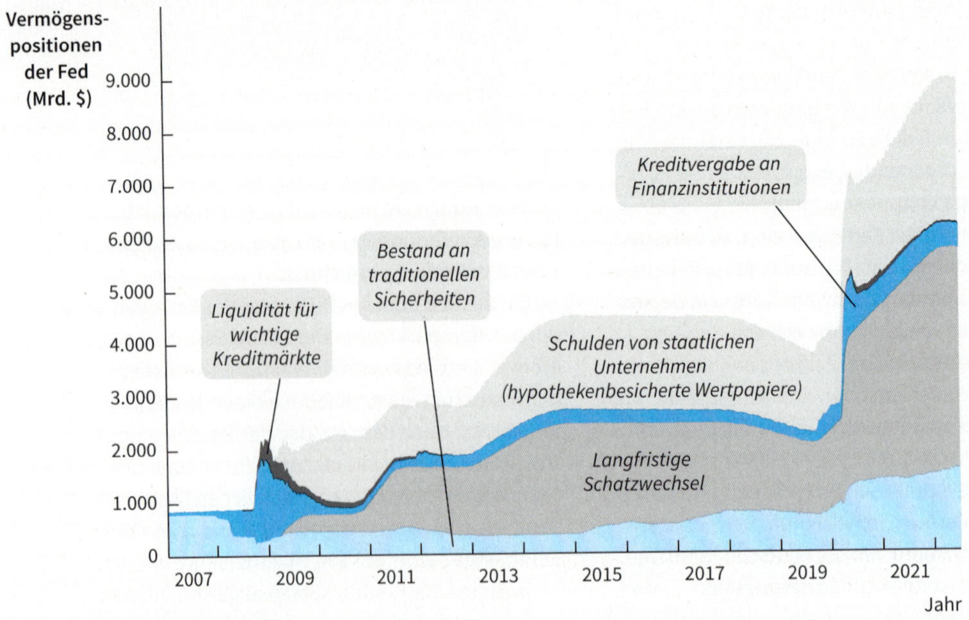

Quelle: Federal Reserve Bank of Cleveland

glattzustellen und stand vor dem Zusammenbruch. Nur wenige Monate später geriet mit Lehman Brothers eine weitere große US-amerikanische Investmentbank in eine finanzielle Schieflage. Als die Bank schließlich im September 2008 Insolvenz beantragen musste, kam es zu Panikreaktionen auf den globalen Finanzmärkten.

In dieser Situation sprang die Fed ein, um einen Zusammenbruch des gesamten US-amerikanischen Finanzsektors zu verhindern. Die Fed stellte Geschäfts- und Investmentbanken kurzfristig Liquidität zur Verfügung, die diese Banken auf dem Finanzmarkt nicht mehr bekommen konnten. Für diese liquiden Mittel hinterlegten die Banken eine bunte Mischung an Vermögenspositionen (Immobilienkredite, Geschäftskredite usw.).

Die Darstellung in Abbildung 29-8 zeigt, wie sich der Bestand an Schatzwechseln mit dem starken Anstieg der Kreditvergabe an Finanzinstitutionen deutlich reduziert hat. Die Position »Kreditvergabe an Finanzinstitutionen« beinhaltet sowohl allgemeine Offenmarktgeschäfte der Fed als auch direkte Kredite an Investmentbanken wie Bear Stearns. Die Kategorie »Liquidität für wichtige Kreditmärkte« umfasst die Käufe von Vermögenspositionen wie Unternehmensanleihen durch die Fed, die notwendig waren, um einen Zinsanstieg bei Unternehmenskrediten zu verhindern. In der Position »Schulden von staatlichen Unternehmen« finden sich die Schulden von Fannie Mae und Freddie Mac, staatlich geförderte Hypothekenbanken, die die Fed gezwungen war zu kaufen, um einen Zusammenbruch des Hypothekenmarktes zu verhindern.

Auch nach dem Abklingen der Finanzkrise Ende 2009 ist die Vermögensstruktur der Fed nicht in die gewohnten Bahnen zurückgekehrt. Stattdessen hat die Fed verstärkt langfristige Schatzwechsel gekauft und gleichzeitig noch mehr Schulden von staatlichen oder staatsnahen Unternehmen aufgekauft. Während der Covid-19-Pandemie hat die Fed zur Stützung der Finanzmärkte diesen Kurs sogar noch verstärkt.

Kurzzusammenfassung

- Die EZB ist die **Zentralbank** im Euroraum; sie überwacht das Bankensystem und bestimmt die Geldpolitik. Die Federal Reserve (Fed) ist die US-amerikanische Zentralbank.
- Die EZB setzt einen Mindestreservesatz für die Banken fest. Zur Einhaltung der Mindestreservevorschriften leihen und verleihen Banken über den **Geldmarkt** liquide Mittel zum **Geldmarktzinssatz**. Die Banken können jedoch auch direkt bei der EZB entweder zum **Hauptrefinanzierungssatz** oder zum **Spitzenrefinanzierungssatz** Geld aufnehmen. Gleichzeitig können die Banken überschüssige Einlagen bei der EZB über Nacht zum **Zinssatz für die Einlagenfazilität** anlegen. Der **Diskontsatz** ist der Zinssatz, den die US-amerikanische Zentralbank für Darlehen an Banken berechnet.
- Obwohl die EZB die Reservevorschriften verändern kann, wird die Geldpolitik in der Praxis über den Refinanzierungssatz im Zusammenspiel mit **Offenmarktgeschäften** gesteuert.
- Der Kauf von Schuldverschreibungen durch Offenmarktgeschäfte erhöht die Geldbasis und damit die Geldmenge. Der Verkauf von Wertpapieren durch Offenmarktgeschäfte senkt die Geldbasis und verringert damit die Geldmenge.

ÜBERPRÜFEN SIE IHR WISSEN

Angenommen, jedes von einer Bank ausgeliehene Darlehen kommt als Sichteinlage in das Bankensystem zurück und der Reservesatz beträgt 10 Prozent. Skizzieren Sie die Auswirkungen eines Ankaufs von Wertpapieren über 100 Millionen Euro durch ein Offenmarktgeschäft auf die Höhe der Sichteinlagen. Wie groß ist der Geldschöpfungsmultiplikator?

29.5 Die Finanzkrise und das Bankensystem

Wir wissen bereits, dass die Finanzkrise der Jahre 2007–2009, die die Märkte weltweit erschüttert hat, ihren Ausgangspunkt im Zusammenbruch des US-amerikanischen Immobilienmarktes hatte. Aus der Immobilienkrise in den Vereinigten Staaten wurde schnell eine weltweite Banken- und Finanzkrise. Die eigentlichen Ursachen für die Banken- und Finanzkrise sind aber weniger am US-amerikanischen Immobilienmarkt, sondern vielmehr im Bankensystem selbst zu finden. Darauf wollen wir im Folgenden ein wenig näher eingehen.

Die Anfälligkeit der Schattenbanken

Zu Beginn der 2000er-Jahre zeigte sich, dass die Bankenregulierung einen wichtigen Teil der Bankenwelt übersehen hatte: die **Schattenbanken**. Die Funktionsweise von Schattenbanken ist komplex. Ein Großteil des Schattenbankensystems besteht aus Finanzintermediären wie Investmentbanken, Verssicherungsunternehmen, Hedgefonds und Geldmarktfonds, die keine Kundeneinlagen annehmen. Diese Unternehmen leihen sich kurzfristig finanzielle Mittel (oft über Kredite, die bereits am nächsten Geschäftstag zurückgezahlt werden müssen) und nutzen diese Mittel, um vergleichsweise illiquide Vermögenswerte zu kaufen, die als Sicherheit für die Kredite dienen. Es hat den Anschein eines normalen Bankgeschäfts, denn diese Kredite sehen fast wie Bankeinlagen aus. Beispielsweise könnte ein Unternehmen seine überschüssigen finanziellen Mittel über Nacht an eine Investmentbank verleihen. Dadurch kann sich das Unternehmen eine höhere Verzinsung als bei einer normalen Bankeinlage sichern und kann in der Regel mit einem Tag Vorlauf auch wieder über die Mittel verfügen.

Finanzintermediäre wie z. B. Investmentfonds oder Hedgefonds, die keine Kundeneinlagen annehmen, aber dennoch bankenähnliche Aktivitäten verfolgen und dabei weder regulatorisch kontrolliert noch geschützt sind, bezeichnet man als **Schattenbanken**.

Die Finanzintermediäre müssen dabei nicht einmal über genügend Barmittel verfügen, um die ausstehenden Kredite jeden Tag zurückzahlen zu können. Die meisten Finanzintermediäre leihen sich das Geld einfach jeden Tag aufs Neue. Und wenn ein Kreditgeber die Rückzahlung verlangt, dann leihen sich die Finanzintermediäre einfach Geld von anderen Kreditgebern. Die Beziehung einer Schattenbank zu ihren Kreditgebern ähnelt in vielem der Beziehung einer normalen Bank zu ihren Kunden. Es gibt allerdings zwei grundlegende Unterschiede: (1) Es gibt keine Einlagensicherung und (2) die Finanzintermediäre sind in ihrem Agieren wesentlich weniger reguliert.

Das Schattenbankensystem kann reibungslos funktionieren. Es kann aber auch komplett schieflaufen. Das zeigte sich, als die Immobilienblase im Jahr 2007 platzte und die Finanz- und Wirtschaftskrise 2007–2009 auslöste.

Subprime-Kredite und die Blase am Immobilienmarkt

Die Finanzkrise begann mit niedrigen Zinsen. Nach einem Kurssturz am Aktienmarkt für Technologieunternehmen (Platzen der Dotcom-Blase) im Jahr 2000 und den Anschlägen des 11. September 2001 kam es in den Vereinigten Staaten Ende 2001 zu einem Einbruch in der gesamtwirtschaftlichen Entwicklung. Die Fed reagierte auf die Wirtschaftskrise, indem sie die Zinsen senkte. Gleichzeitig kam es zu hohen Kapitalzuflüssen aus dem Ausland, insbesondere aus China. Im Jahr 2003 erreichte das Zinsniveau historische Tiefstände. Die niedrigen Zinsen wiederum führten zu einem Boom am Immobilienmarkt, der die US-Volkswirtschaft aus der Krise führte. Mit dem Immobilienboom begannen die Finanzinstitutionen verstärkt Risiken einzugehen – Risiken, die sie nicht wirklich einschätzen konnten.

Früher erhielten Personen in der Regel nur dann einen Kredit zum Kauf eines Hauses, wenn sie nachweisen konnten, dass sie über ein ausreichend hohes Einkommen verfügten, um sich die Hypothekenzahlungen leisten zu können. Kredite an Personen, die als nicht kreditwürdig eingestuft wurden, stellten eine Ausnahme dar. Aber in der Euphorie am Immobilienmarkt in den Jahren 2003–2006 erschienen diese **Subprime-Kredite** auf einmal als eine sichere Sache. Solange die Immobilienpreise stiegen, konnten Hypothekennehmer, die die Hypothekenraten nicht mehr bezahlen konnten, ihre Hypothek dadurch tilgen, dass sie einfach ihr Haus verkauften. Dadurch stieg das Geschäft mit Subprime-Krediten rasant an.

Subprime-Kredite sind Kredite an Kreditnehmer, die eigentlich nicht als kreditwürdig eingestuft sind.

Die Subprime-Kredite stammten in der Regel nicht aus den Sichteinlagen der Banken. Die

Mehrzahl der Subprime-Kredite wurde durch Kreditgeber zur Verfügung gestellt, die die Hypotheken dann zügig an andere Investoren weiterverkauften. Diese Vorgehensweise wurde durch einen Prozess ermöglicht, den man als **Verbriefung** bezeichnet. Dabei fassen Finanzinstitutionen verschiedene Kreditforderungen zu einem Bündel zusammen und verkaufen Anteile an den Einnahmen aus diesen Bündeln. Die Anteile waren nichts anderes als hypothekenbesicherte Wertpapiere und galten als eine vergleichsweise sichere Anlage. Es schien wenig wahrscheinlich, dass viele Immobilienkäufer zur gleichen Zeit zahlungsunfähig werden würden.

Aber genau das passierte. Der Aufschwung am Immobilienmarkt fand ein abruptes Ende. Als die Immobilienpreise Ende 2006 zu sinken begannen, konnten viele Kreditnehmer von Subprime-Krediten weder ihren Hypothekenzahlungen nachkommen noch genügend Geld durch den Verkauf der Immobilie erlösen, um ihre Hypotheken abzubezahlen. Die Kreditnehmer wurden zahlungsunfähig und die Käufer der hypothekenbesicherten Wertpapiere erlitten massive Verluste.

Ein großer Teil der hypothekenbesicherten Wertpapiere war im Besitz von Schattenbanken. Aber auch normale Banken gehörten zu den Käufern. Die unregulierten Schattenbanken boten Investoren zwar höhere Renditen, dafür aber keinerlei Schutz in Krisenzeiten. Ohne die Sicherheit einer Einlagensicherung führten die riesigen Verluste aus den Hypothekendarlehen dazu, dass das Vertrauen in das gesamte Finanzsystem komplett zusammenbrach.

Abbildung 29-9 veranschaulicht das Ausmaß dieses Vertrauensverlustes durch einen Blick auf das Volumen an vermögensbesicherten Wertpapieren, für Schattenbanken eine wichtige Vermögensposition. Mitte der 2000er-Jahre stieg das Volumen dieser Wertpapiere, finanziert über kurzfristige Kredite, die wiederum durch Vermögenspositionen besichert waren, und die zum großen

Bei einer **Verbriefung** von Kreditforderungen werden einzelne Kredite gebündelt. Anschließend werden Anteile an diesen Kreditbündeln an Investoren verkauft.

Abb. 29-9

Ein Maß für den Vertrauensverlust

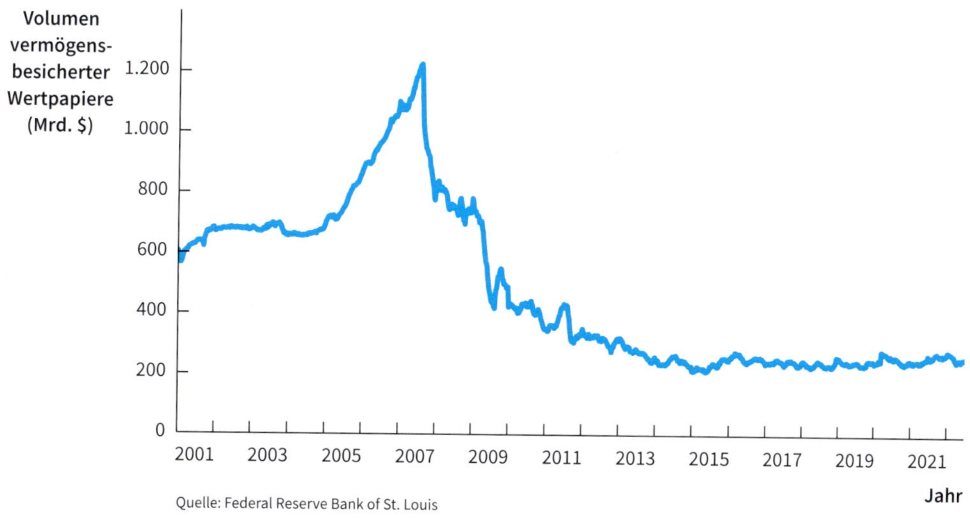

Quelle: Federal Reserve Bank of St. Louis

Mitte der 2000er-Jahre stieg das Volumen an vermögensbesicherten Wertpapiere stark an. Diese Wertpapiere, ein wichtiger Bestandteil des Schattenbankensystems, wurden über kurzfristige Kredite finanziert, die wiederum durch Vermögenspositionen besichert waren, und die durch die Verbriefung von Hypothekendarlehen oder anderen Verbindlichkeiten geschaffen wurden. Nach dem Zusammenbruch am Immobilienmarkt ging das Volumen stark zurück, ein Zeichen für die extremen finanziellen Spannungen infolge der schrumpfenden Liquidität im Finanzsystem.

Teil durch die Verbriefung von Hypothekendarlehen oder anderen Verbindlichkeiten geschaffen wurden, stark an. Nach dem Boom kam der Zusammenbruch am Immobilienmarkt. Das Volumen an vermögensbesicherten Wertpapieren ging stark zurück, ein Zeichen für die extremen Spannungen im Finanzsystem. Da vermögensbesicherte Wertpapiere ein wichtiges Instrument zur Beschaffung von Liquidität waren, kam es zu gravierenden Liquiditätsengpässen im Finanzsystem.

Die Krise und die Reaktion

Die hohen Verluste vieler Finanzinstitutionen aufgrund der massenhaften Ausfälle bei Hypothekendarlehen erschütterten nicht nur das Vertrauen in das Finanzsystem, sondern veranlassten die Banken zu einer grundlegenden Umkehr bei der Kreditvergabe. Da die Banken weder ihre eigenen Ausfälle bei Hypothekendarlehen und hypothekenbesicherten Wertpapieren genau kannten, noch einschätzen konnten, wie hoch die Verluste bei anderen Banken waren, begannen die Banken damit, ihr Kreditvolumen (im Verhältnis zu ihrem Eigenkapital) stark zu verringern. Die Banken waren nicht mehr gewillt, anderen Banken auf kurzfristiger Basis Liquidität am Geldmarkt zur Verfügung zu stellen. Im Zweifelsfall benötigten sie die liquiden Mittel, um ihre eigenen Bilanzen zu bereinigen. Dadurch kam es zu einer regelrechten Kreditklemme in der gesamten Volkswirtschaft. Auch Unternehmen und Haushalte waren davon betroffen.

Die negativen gesamtwirtschaftlichen Auswirkungen der Finanzkrise zeigten eindeutig Parallelen zur Bankenkrise während der Weltwirtschaftskrise in den 1930er-Jahren. Die Politik war sich der besorgniserregenden Entwicklungen bewusst und versuchte, mit geeigneten Maßnahmen gegenzusteuern. Bereits im August 2007 begannen die großen Zentralbanken, den Finanzsektor mit zusätzlicher Liquidität zu versorgen, indem sie einer wachsenden Zahl an Finanzinstitutionen liquide Mittel zur Verfügung stellten und gleichzeitig private Schuldtitel aufkauften. In einigen Fällen griffen die Zentralbanken notleidenden Finanzinstitutionen auch direkt unter die Arme, da bei einem Zusammenbruch der Institutionen ein Zusammenbruch des gesamten Finanzsystems befürchtet wurde (für diese Finanzinstitutionen etablierte sich der Begriff »too big to fail«). So rettete die Fed gemeinsam mit dem US-Finanzministerium die Investmentbank Bear Stearns, die staatlichen Hypothekenbanken Fannie Mae und Freddie Mac sowie das Versicherungsunternehmen AIG vor der Zahlungsunfähigkeit. In Deutschland wurden die IKB Deutsche Kreditbank, die Sachsen LB (Landesbank) und auch die Commerzbank durch staatliche Hilfen vor dem Zusammenbruch bewahrt.

Im September 2008 gab es aber eine andere Entscheidung. Lehman Brothers, eine der größten Investmentbanken weltweit, wurden Finanzhilfen versagt und die Bank musste Insolvenz anmelden. Diese Entscheidung wurde allerdings bald bereut. Nur wenige Tage nach dem Zusammenbruch von Lehman Brothers herrschte regelrechte Panik auf den Finanzmärkten. Als Reaktion auf die sich verschärfende Krise ging das US-Finanzministerium verstärkt dazu über, notleidenden Banken direkt liquide Mittel zur Verfügung zu stellen. Im Gegenzug übernahm der Staat dafür Anteile an den Banken (Aktien). Damit kam es letztendlich zu einer (Teil-)Verstaatlichung des Finanzsystems. Auch in Deutschland beteiligte sich der Staat direkt an wichtigen Finanzinstitutionen. So erhielt z. B. die Commerzbank Finanzhilfen von insgesamt 18,2 Milliarden Euro und musste dafür 25 Prozent der Aktien an den Staat übertragen.

Im Jahresverlauf 2009 begann sich die Lage des Finanzsystems zu stabilisieren. Ein großer Teil der Staatshilfen konnte von den Finanzinstitutionen zurückgezahlt werden. Es wurde allgemein davon ausgegangen, dass die Belastungen der Steuerzahler durch die Gewährung von Staatshilfen an notleidende Finanzinstitutionen letzten Endes eher gering waren. Die gesamtwirtschaftliche Erholung allerdings blieb hinter der Stabilisierung des Finanzsystems zurück. Auch wenn die Wachstumsraten des BIP ab Mitte 2009 in den großen Volkswirtschaften wieder im positiven Bereich lagen, blieb die Arbeitslosigkeit noch für eine ganze Weile auf einem hohen Niveau.

Während der Finanzkrise haben die Zentralbanken auf neue Formen von Offenmarktgeschäften zurückgegriffen. Normale Offenmarktgeschäfte sind auf Staatsanleihen mit einer kurzen Laufzeit beschränkt. Diese Form von Liquiditätshilfen aber erwies sich in der Finanzkrise als nicht ausreichend. Eine Innovation in der Geldpolitik bestand in der sogenannten quantitativen Lockerung der Geldpolitik durch den Aufkauf von Aktiva durch die Zentralbanken, auch unter dem Namen *Quantitative Easing* bekannt. Beim Quantitative Easing kauft die Zentralbank Vermögenswerte von privaten Finanzinstitutionen, wie z. B. Banken, Pensionsfonds oder Versicherungsunternehmen. Dabei kann es sich um private Anleihen, Staatsanleihen, Geldmarktpapiere oder andere Wertpapiere handeln. Die speziellen Ankaufprogramme haben den Banken und anderen Finanzinstitutionen zusätzliche Liquidität verschafft. Der Einsatz dieser neuen geldpolitischen Instrumente zeigt sich auch in den Änderungen der Bilanzstruktur der Fed in Abbildung 29-8.

Eine der Lehren aus der Finanzkrise war die Notwendigkeit von Änderungen in der staatlichen Bankenaufsicht. Aus diesem Grund haben die EU-Mitgliedstaaten im Sommer 2012 die Einrichtung einer zentralen Bankenaufsicht für die Länder im Euroraum beschlossen. Unter die neue EU-Bankenaufsicht fallen systemrelevante Großbanken, deren Bilanzsumme über 30 Milliarden Euro oder 20 Prozent der Wirtschaftsleistung eines Landes ausmacht. Die Aufsicht über die Kreditinstitute wurde der EZB übertragen, die diese Aufgabe im November 2014 übernommen hat. Als Vorbereitung auf die Übernahme der einheitlichen Bankenaufsicht unterzog die EZB im Verlauf des Jahres 2014 die Großbanken einem sogenannten »Stresstest«. Dabei ging es darum, Risiken in Bilanzen der Großbanken zu identifizieren, zu quantifizieren und anschließend zu beseitigen.

WISSENSCHAFT UND PRAXIS

Das Modell, das die Volkswirtschaft ruinierte

Wir haben uns in Kapitel 2 mit der zentralen Rolle von Modellen in der Wirtschaftstheorie beschäftigt und dabei gelernt, dass ein Modell eine vereinfachte Darstellung der Realität ist, das uns dabei hilft, Beobachtetes besser verstehen zu können.

Aber jedes Modell hat seine Grenzen. Und manche Modelle sind auch einfach falsch. Aber am Ende ist ein Modell nur ein Modell, oder? Welchen Schaden sollte also ein falsches Modell anrichten können? Vor der Finanz- und Wirtschaftskrise 2007–2009 hätten Ökonomen diese Frage sicherlich anders beantwortet als danach. Schließlich war es ein ökonomisches Modell und noch dazu ein schlechtes, wie sich herausstellte, das eine zentrale Rolle bei der Entstehung dieser schweren Krise einnahm.

Das Modell, um das es geht, stammt aus der Finanztheorie, einem Zweig der Volkswirtschaftslehre, der zu verstehen versucht, wie viel bestimmte Vermögenswerte, wie etwa Aktien oder Schuldverschreibungen, wert sind. Finanztheoretiker werden oft (wohlgemerkt zu sehr hohen Gehältern) angestellt, um komplexe mathematische Modelle zu entwickeln, die Investmentgesellschaften bei der Entscheidung helfen, welche Vermögenswerte ge- und verkauft werden sollen und zu welchem Preis.

Die Probleme begannen mit hypothekenbesicherten Wertpapieren, die im Englischen als *Mortgage Backed Securities* (MBS) bezeichnet werden. Dem Besitzer eines solchen Wertpapiers stehen Ertragsströme zu, die auf den Zahlungen für Zins und Tilgung basieren, die Tausende Menschen geleistet haben, um ihre Hypothekendarlehen zu bedienen. Ein hypothekenbesichertes Wertpapier kann jedoch Probleme mit sich bringen: Wenn die Hauseigentümer ihre Hypothekenzahlungen einstellen, erleiden auch die Besitzer der hypothekenbesicherten Wertpapiere einen Schaden. Aus diesem Grund wollen Investoren wissen, wie risikobehaftet ein hypothekenbesichertes Wertpapieren ist, wie wahrscheinlich es also ist, Geld zu verlieren.

Im Jahr 2000 verkündete ein an der Wall Street tätiger Finanztheoretiker, dass er durch eine starke mathematische Vereinfachung eine Lösung für das Problem gefunden hatte. Er hatte ein einfaches Modell entwickelt, mit dem man das Risiko eines hypothekenbesicherten Wertpapiers abschätzen konnte. Finanzunternehmen waren von diesem Modell begeistert, da es ihnen den Zugang zu einem großen und außerordentlich gewinnträchtigen Markt öffnete: dem Verkauf von hypothekenbesicherten Wertpapieren an Investo- ▸

ren. Mithilfe des Modells konnten Finanzunternehmen Milliarden von Dollar in hypothekenbesicherten Wertpapieren bündeln und verkaufen und so auch selbst Milliardengewinne einstreichen.
Jedenfalls dachten die Investoren, dass sie das Risiko eines Verlustes bei einem hypothekenbesicherten Wertpapier berechnet hatten. Einige Finanzexperten warnten, dass die auf Basis dieses simplen Modells berechneten Risikoabschätzungen schlichtweg falsch seien. Die Kritiker waren der Ansicht, dass das Bestreben nach Einfachheit dazu geführt hätte, dass das Modell das Verlustrisiko beim Handel mit hypothekenbesicherten Wertpapieren beträchtlich unterschätzte.
Diese Warnungen stießen jedoch auf taube Ohren, wahrscheinlich auch deswegen, weil Finanzunternehmen mit diesen Produkten viel Geld verdienten. Es wurden hypothekenbesicherte Wertpapiere im Wert von zig Milliarden Dollar an Investoren in den Vereinigten Staaten und anderen Ländern verkauft. Aber die Probleme, vor denen die Kritiker gewarnt hatten, wurden traurige Realität.
Zu Beginn der 2000er-Jahre waren die Preise auf dem US-amerikanischen Immobilienmarkt stark angestiegen. Gleichzeitig erhielten immer mehr Personen Hypothekendarlehen, die sich die Zins- und Tilgungszahlungen eigentlich nicht leisten konnten. Als die Spekulationsblase am Immobilienmarkt platzte und die Preise rapide in den Keller gingen, konnten Millionen von Hauseigentümern ihre Hypothek nicht mehr bedienen. Mit den immer größer werdenden Verlusten für die Investoren wurde allzu deutlich, dass das Modell die Risiken tatsächlich massiv unterschätzt hatte.
Als Investoren und Finanzinstitute in der ganzen Welt das Ausmaß ihrer Verluste begriffen, stand die Weltwirtschaft vor der größten Wirtschaftskrise seit den 1930er-Jahren.

Kurzzusammenfassung

- Mitte der 2000er-Jahre breiteten sich **Subprime-Kredite** am Immobilienmarkt immer weiter aus. Bei stetig steigenden Immobilienpreisen schien die Kreditvergabe an Personen, die eigentlich nicht kreditwürdig waren, eine sichere Sache zu sein.
- Nach der **Verbriefung** von Subprime-Krediten wurden Anteile an den Einnahmen aus diesen Hypothekenforderungen an Investoren verkauft. Diese Anteile waren nichts anderes als hypothekenbesicherte Wertpapiere.
- Als viele Kreditnehmer von Subprime-Krediten ihren Hypothekenzahlungen nicht mehr nachkommen konnten, führten die Zahlungsausfälle zu massiven Verlusten bei vielen Finanzinstitutionen. Betroffen waren neben normalen Banken vor allem auch **Schattenbanken**, die weder ausreichend regulatorisch kontrolliert wurden noch gegen Zahlungsausfälle geschützt waren. Es kam zu einer weltweiten Finanzkrise.
- Die Zentralbanken reagierten auf die Finanzkrise, indem sie Liquidität bereitstellten und Vermögenswerte von privaten Finanzinstitutionen aufkauften.

ÜBERPRÜFEN SIE IHR WISSEN

Warum führte der Vertrauensverlust innerhalb des Finanzsystems zu einer regelrechten Kreditklemme in der gesamten Volkswirtschaft?

Unternehmen in Aktion: Geschenkkarten

Es ist immer schön, wenn jemand seine Wertschätzung für jemand anderen durch ein Geschenk zum Ausdruck bringt. In den letzten Jahren ist immer mehr in Mode gekommen, seine Wertschätzung durch Geschenkgutscheine zu zeigen. Oft handelt es sich dabei um Plastik-Chipkarten, die über ein bestimmtes Guthaben verfügen, mit dem man dann in ausgewählten Geschäften einkaufen und bezahlen kann. Nach Auskunft von GiftCardUSA.com kann man mit der Geschenkkarte dieses Unternehmens in mehr als 80 Prozent der beliebtesten Einzelhandelsgeschäfte in den Vereinigten Staaten einkaufen.

Gibt es etwas Einfacheres und Praktischeres als Geschenkkarten, die dem Beschenkten die Wahl lassen, wann er was kaufen möchte? Und dabei sind Geschenkkarten immer noch deutlich persönlicher als ein Geldschein in einem Briefumschlag.

Es existieren mittlerweile jedoch einige Webseiten im Internet, die davon profitieren, dass manche Empfänger von Geschenkkarten bestrebt sind, ihre Geschenkkarte gegen einen gewissen Abschlag in Bargeld umzutauschen. Eine dieser Internetseiten ist CardCash. Auf der Seite gab es z. B. das Angebot, Geschenkkarten von Walmart für 88 Prozent des Geschenkkartenguthabens aufzukaufen. Für eine Geschenkkarte von Walmart im Wert von 100 Dollar hätte man also 88 Dollar in bar bekommen. Bei Geschenkkarten des Bekleidungseinzelhändlers GAP war das Angebot nicht ganz so gut. Da hätte man für eine Geschenkkarte im Wert von 100 Dollar nur 75 Dollar in bar bekommen. CardCash.com macht dadurch Gewinn, dass man die Geschenkkarten dann mit einem Aufpreis wiederverkauft. Man kauft also eine Geschenkkarte von Walmart im Wert von 100 Dollar für 88 Dollar und verkauft die Geschenkkarte dann wiederum für 97 Dollar.

Viele Verbraucher sind bereit, die Geschenkkarten mit einem beträchtlichen Abschlag in Bargeld umzutauschen. Die Einzelhändler wiederum setzen auf Geschenkkarten, da sie wissen, dass ein Teil des Geldbetrages der Geschenkkarten niemals genutzt wird (dieses Phänomen bezeichnet man als *Breakage*).

Manche Leute verlieren ihre Geschenkkarte. Manche geben von den 100 Dollar auf der Geschenkkarte nur 95 Dollar aus, dann verschwindet die Geschenkkarte für immer in irgendeiner Schublade. Manche Einzelhändler erheben auch Gebühren für die Nutzung von Geschenkkarten und schränken die Gültigkeit der Karten zeitlich ein. Und wenn ein Einzelhändler sein Geschäft aufgibt, dann ist der Wert auf den Geschenkkarten für immer verloren. Zusätzlich profitieren die Einzelhändler davon, dass die Kunden in ihrem Bemühen, den Wert der Geschenkkarten voll auszuschöpfen, mehr ausgeben, als auf der Geschenkkarte vorhanden ist.

Die Vorteile von Geschenkkarten für den Einzelhandel sind so groß, dass viele Einzelhändler zur Belohnung der Kundentreue mittlerweile Rabattcoupons durch Geschenkkarten ersetzt haben.

Während der Covid-19-Pandemie verkauften viele Einzelhändler vermehrt Geschenkkarten, um trotz des Lockdowns Einnahmen zu erzielen und um gleichzeitig Kunden für die Zeit nach dem Lockdown zu binden.

FRAGEN

1. Warum sind die Besitzer von Geschenkkarten bereit, ihre Karten für einen Betrag zu verkaufen, der unter dem Kartenwert liegt?
2. Warum lassen sich Geschenkkarten von Supermärkten wie Walmart zu einem höheren Preis weiterverkaufen als Geschenkkarten von Bekleidungsgeschäften wie GAP?
3. Warum ist niemand bereit, Bargeld mit einem Abschlag zu verkaufen?

4. Warum belohnen Einzelhändler die Treue ihrer Kunden inzwischen lieber mit Geschenkkarten als mit Rabattcoupons?
5. Neue gesetzliche Regelungen erschweren die Erhebung von Gebühren sowie die zeitliche Beschränkung der Gültigkeit bei der Nutzung von Geschenkkarten. Warum wurden diese Regelungen Ihrer Meinung nach verabschiedet?

Zusammenfassung

1. **Geld** ist jeder Vermögensgegenstand, der leicht zum Kauf von Waren und Dienstleistungen verwendet werden kann. **Geld im Umlauf** und **Sichteinlagen** sind Teil der **Geldmenge**. Geld hat drei Funktionen: Es ist **Tauschmittel** für Transaktionen aller Art, **Wertaufbewahrungsmittel** zum Halten von Kaufkraft über die Zeit hinweg und **Recheneinheit,** u. a. zum Ausdruck von Preisen.
2. Im Laufe der Zeit wurde das **Warengeld,** das aus wertvollen Waren (z. B. Gold- oder Silbermünzen) bestand, die man auch für andere Dinge als für Geld verwenden kann, durch **warengestütztes Geld** ersetzt, wie etwa goldgedecktes Papiergeld. Heutzutage ist pures **Befehls-** oder **Rechengeld** vorherrschend, dessen Geltung ganz auf seiner vorgeschriebenen Rolle als gesetzliches Zahlungsmittel beruht.
3. Die Vereinigten Staaten und andere Länder verwenden unterschiedliche Definitionen der Geldmenge. Unter den **monetären Aggregaten** ist M1 die engste Definition der Geldmenge; sie enthält im Wesentlichen nur das Bargeld im Umlauf und die Sichteinlagen. M2 und M3 enthalten eine weitläufigere Auflistung von Einlagen, die man **Quasigeld** nennt (hauptsächlich andere Formen von Bankeinlagen, die man vergleichsweise leicht »zu Geld machen« kann).
4. Die Banken gewähren zwar den Einlegern einen raschen Zugriff auf ihre Einlagen, aber leihen dennoch den größten Teil der ihnen anvertrauten Sichteinlagen als Kredite aus. Um die üblichen Abhebungen bedienen zu können, halten sie **Bankreserven**, die aus Bargeld im Tresor und Einlagen bei der Zentralbank bestehen. Der **Reservesatz** ist der Quotient aus Reserven zu Sichteinlagen. Mithilfe eines **T-Kontos** lässt sich die finanzielle Position einer Bank zusammenfassen. Dabei zählen Kredite und Reserven als Aktiva (Forderungen) und die Sichteinlagen der Kunden als Passiva (Verbindlichkeiten).
5. In der Vergangenheit ist es oftmals zu **Bank Runs** gekommen, vor allem in den frühen 1930er-Jahren. Um diese Gefahr abzuwenden, sind die Einleger heute durch ein System der Einlagensicherung geschützt und die Eigentümer von Banken müssen bestimmte Eigenkapitalanforderungen erfüllen, die das Risiko des Kreditgeschäftes mildern. Außerdem gibt es für Banken **Reservevorschriften (Mindestreservevorschriften)**. Über **Refinanzierungsfazilitäten** kann die Zentralbank notleidenden Banken auf kurzfristiger Basis Kredite gewähren.
6. Wenn Bargeld bei einer Bank eingelegt wird, beginnt ein Multiplikatorprozess, bei dem Banken ihre **Überschussreserven** ausleihen, wodurch es zur Geldschöpfung durch Banken und folglich einem Anstieg der Geldmenge kommt. Besteht die gesamte Geldmenge nur aus Sichteinlagen, dann würde die Geldmenge dem Quotienten aus Reserven und Reservesatz entsprechen. In der Praxis besteht ein großer Teil der **Geldbasis** aus dem Bargeld im Umlauf. Der **Geldschöpfungsmultiplikator** ist das Verhältnis der Geldmenge zur Geldbasis.
7. Die Geldbasis wird durch die jeweilige **Zentralbank** kontrolliert und gestaltet. Die Europäische Zentralbank ist die Zentralbank für die Länder des Euroraums. Die Federal Reserve ist die Zentralbank der Vereinigten Staaten. Die EZB setzt Reserveanforderungen fest. Um diesen Vorschriften zu entsprechen, können Banken am **Geldmarkt** zum **Geldmarktzinssatz** Gelder aufnehmen oder ausleihen. Die Banken können jedoch auch direkt bei der EZB entweder zum **Hauptrefinanzierungssatz** oder zum

Spitzenrefinanzierungssatz Kredite aufnehmen oder zum **Zinssatz für die Einlagenfazilität** überschüssige Einlagen über Nacht anlegen. Der **Diskontsatz** ist der Zinssatz, den die US-amerikanische Zentralbank für Darlehen an Banken berechnet.

8. **Offenmarktgeschäfte** stellen das wichtigste Instrument der Geldpolitik der Zentralbanken dar. Die Zentralbanken können durch An- oder Verkauf von Staatsanleihen an Geschäftsbanken die Geldbasis vergrößern oder vermindern.
9. Während des Booms auf dem US-amerikanischen Immobilienmarkt (ab Mitte der 2000er-Jahre) sickerten zweitklassige Immobilienfinanzierungen in Form von **Subprime-Krediten** durch die **Verbriefung** von Hypothekenforderungen in das gesamte Finanzwesen. Ein großer Teil der hypothekenbesicherten Wertpapiere war im Besitz von **Schattenbanken**, die bankenähnliche Aktivitäten verfolgen, aber dabei weder ausreichend regulatorisch kontrolliert noch geschützt sind. Als die Immobilienblase platzte, erlitten Banken und andere Finanzinstitutionen riesige Verluste, die beinahe zum Kollaps des gesamten Finanzsystems führten. Um einer zweiten Weltwirtschaftskrise vorzubeugen, stellten die Zentralbanken dem Finanzsystem zusätzliche Liquidität zur Verfügung. Gleichzeitig kauften die Zentralbanken Vermögenswerte von privaten Finanzinstitutionen auf. Einige Banken waren auf staatliche Hilfen angewiesen. Das Ausmaß der weltweiten Finanzkrise hat die Notwendigkeit einer besseren Bankenaufsicht gezeigt.

SCHLÜSSELBEGRIFFE

- Geld
- Geld im Umlauf
- Sichteinlagen
- Geldmenge
- Tauschmittel
- Wertaufbewahrungsmittel
- Recheneinheit
- Warengeld
- warengestütztes Geld
- Befehlsgeld oder Rechengeld
- monetäres Aggregat
- Quasigeld
- Bankreserven
- T-Konto
- Reservesatz
- Bank Run
- System der Einlagensicherung
- Reservevorschriften (Mindestreservevorschriften)
- Refinanzierungsfazilitäten
- Überschussreserven
- Geldbasis
- Geldschöpfungsmultiplikator
- Zentralbank
- Geldmarkt
- Geldmarktzinssatz
- Spitzenrefinanzierungssatz
- Hauptrefinanzierungssatz
- Diskontsatz
- Zinssatz für die Einlagenfazilität
- Offenmarktgeschäft
- Schattenbanken
- Subprime-Kredite
- Verbriefung

30 Geldpolitik

LERNZIELE

- Was es mit der **Geldnachfragekurve** auf sich hat.
- Wie man mithilfe des **Modells der Liquiditätspräferenz** den kurzfristigen Zinssatz bestimmen kann.
- Warum die Geldpolitik das wichtigste Instrument zur Steuerung der Volkswirtschaft ist.
- Warum Ökonomen an die **Neutralität des Geldes** glauben.

Die mächtigste Person in der Volkswirtschaft

»Die US-amerikanische Volkswirtschaft steht weiterhin auf einem soliden Fundament. Das Corona-Virus führt jedoch vermehrt zu Risiken für die gesamtwirtschaftliche Entwicklung. In Anbetracht dieser Risiken hat das Federal Open Market Committee heute zur Verfolgung der Ziele von maximaler Beschäftigung und Preisstabilität beschlossen, den Zielkorridor für die Federal Funds Rate um einen halben Prozentpunkt auf 1 Prozent bis 1,25 Prozent zu senken. Das Committee wird die weiteren Entwicklungen und ihre Auswirkungen auf die Konjunkturaussichten aufmerksam beobachten, und ihre Instrumente zur Stützung der Konjunktur angemessen einsetzen.«

So liest sich ein Statement der Verantwortlichen für die US-amerikanische Geldpolitik vom 3. März 2020. Nur 12 Tage später folgte ein weiteres Statement, in dem die Herabsetzung des Zinsniveaus auf null angekündigt wurde und Pläne zur Ankurbelung der gesamtwirtschaftlichen Entwicklung durch den Kauf von Anleihen in Höhe von mindestens 700 Milliarden Dollar vorgestellt wurden.

Diese beiden Ankündigungen markierten eine grundlegende Veränderung in der US-amerikanischen Wirtschaftspolitik. Aber wer vollzog diese Veränderung? Weder der US-Kongress noch der US-Präsident haben bei der Festsetzung des Zinsniveaus ein Wort mitzureden. Diese Aufgabe kommt dem Direktorium (Board of Governors) der US-amerikanischen Zentralbank Federal Reserve (oft kurz als Fed bezeichnet) zu, das zur damaligen Zeit von Jerome Powell geleitet wurde. Und aus diesem Grund meinen einige Leute, dass nicht der US-Präsident, sondern der Vorsitzende der US-amerikanischen Zentralbank die mächtigste Person im Land ist.

Im Unterschied zum nahe gelegenen Weißen Haus hat die Federal Reserve kein Glanz und Gloria zu bieten. Es gibt keine Bediensteten, keine prunkvoll gekleidete Militärwache, keine kunstvollen Gemälde an den Wänden. Die Beschäftigten bei der Federal Reserve sind ganz normal gekleidet und wirken oft wie junge Hochschulabsolventen. Bei der Federal Reserve Bank von New York, wo die Finanzmarkttransaktionen der Fed durchgeführt werden, kümmern sich gerade einmal fünf Mitarbeiter in einem kleinen Büro um den Kauf und Verkauf von langlaufenden US-Staatsanleihen im Wert von Milliarden Dollar. In Anbetracht dieser Umstände meinte ein Journalist einmal: »Kann in einer solchen Umgebung, die keinerlei Anhaltspunkte für ihre Bedeutung liefert, in der es keinen Glamour, keine Gefühle gibt, in der noch nicht einmal gesprochen wird, wirklich das Herz des Kapitalismus schlagen?«

Aber so ist es. Die Macht des Vorsitzenden der Federal Reserve und des Direktoriums beruht darauf, dass sie in der Lage sind, die *Geldpolitik* zu bestimmen. Die Bedeutung der Geldpolitik der

Federal Reserve für die US-amerikanische Volkswirtschaft ist enorm: für die Preisstabilität, für die Schaffung von neuen Arbeitsplätzen und für das reibungslose Funktionieren des Finanzsystems. Fast die Hälfte aller Wirtschaftskrisen seit dem Ende des Zweiten Weltkrieges ist zumindest teilweise auf Entscheidungen der Fed zur Geldverknappung zurückzuführen, um auf diese Weise die Inflation zu zügeln. Gleichzeitig spielte die Fed auch eine entscheidende Rolle bei der Bekämpfung von Konjunktureinbrüchen und bei der Unterstützung des gesamtwirtschaftlichen Aufschwungs. Während der Finanz- und Wirtschaftskrise 2007–2009 stand die Fed im Mittelpunkt aller Bemühungen, die US-amerikanische Volkswirtschaft vor dem Abgrund zu bewahren.

Aber wie schafft die Fed das alles? In erster Linie durch Anpassungen der Geldmenge und Änderungen des Zinsniveaus, realisiert durch die unauffällig aussehenden Mitarbeiter, die jeden Tag US-Staatsanleihen im Wert von Milliarden Dollar handeln.

In diesem Kapitel werden wir lernen, wie Geldpolitik funktioniert und welche große Wirkung die Maßnahmen einer Zentralbank auf die gesamte Volkswirtschaft haben. Dabei schauen wir zuerst auf die *Geldnachfrage* von Unternehmen und privaten Haushalten. Wir werden sehen, wie die Fähigkeit der Zentralbank, das *Geldangebot* zu verändern, die Zinssätze kurzfristig steigen oder sinken lässt, wodurch es wiederum zu Veränderungen der gesamtwirtschaftlichen Nachfrage kommt. Abschließend werden wir die langfristigen Auswirkungen der Geldpolitik untersuchen.

30.1 Die Geldnachfrage

Im Kapitel 29 haben wir gelernt, dass das Geldmengenaggregat M1, die am häufigsten gebrauchte Definition der Geldmenge, aus dem Bargeld im Umlauf (Kassenhaltung) und den Sichteinlagen besteht. Die weiter gefasste Definition M2 enthielt neben M1 Einlagen, die rasch und leicht in Sichteinlagen umgewandelt werden können. Wir haben auch gelernt, warum die Menschen Bargeld halten – um leichter Waren und Dienstleistungen einkaufen zu können. Nun wollen wir tiefer in die Problematik eindringen und die Gründe dafür erfahren, wie viel Bargeld Unternehmen und Haushalte zu einem bestimmten Zeitpunkt halten möchten.

Die Opportunitätskosten der Bargeldhaltung

Die meisten ökonomischen Entscheidungen erfordern eine Kosten-Nutzen-Analyse in Grenzbegriffen. Die Entscheidung darüber, wie viel man von einem bestimmten Gut konsumiert, hängt davon ab, ob der Nutzen von einem bisschen Mehr eines bestimmten Gutes die Kosten dafür aufwiegt. Auch die Entscheidung, wie viel Bargeld man halten will, wird auf dieser Grundlage getroffen.

Haushalte und Unternehmen halten einen Teil ihrer Aktiva in Bargeld, weil man nur damit unmittelbar Käufe von Waren und Dienstleistungen tätigen kann. Doch die Bargeldhaltung verursacht Kosten: Man hat davon in der Regel weniger Erträge als von nichtmonetären Aktiva.

Dennoch haben die Menschen selbst heute, im Zeitalter von Kreditkarten, Geldkarten und Geldautomaten an jeder Ecke, immer noch Bargeld in ihrer Brieftasche anstatt das Geld auf einem Konto bei der Bank verzinsen zu lassen. Die Menschen machen das, weil sie nicht jedes Mal, wenn sie an der Imbissbude um die Ecke Mittag essen, vorher beim Geldautomaten vorbeigehen wollen. Und weil man an der Imbissbude weder (aufgrund der damit verbundenen Gebühren) mit Kreditkarte noch mit Geldkarte bezahlen kann. Das bedeutet, dass der Vorteil der Bargeldhaltung höher eingeschätzt wird als der Zinsgewinn, den man mit dem Geld auf einem Konto bei der Bank erwirtschaften könnte.

Und auch die Geldhaltung bei der Bank geht mit einer Entscheidung zwischen Bequemlichkeit und Zinsgewinnen einher. Schließlich erhält man auf eine Termineinlage (z. B. einen Sparbrief oder ein Geldmarktpapier) einen höheren Zinssatz als auf ein normales Girokonto. Gleichzeitig kann man aber das Geldmarktpapier nicht so ohne Weiteres wieder zu Geld machen, da das Geld für einen bestimmten Zeitraum fest angelegt ist, sodass man den Anlagebetrag nur gegen eine Strafgebühr vor Ablauf der Frist wieder zurückerhält. Entscheidet man sich dafür, sein Geld lieber auf dem Girokonto zu belassen, dann verzichtet man auf die höheren Zinsen eines Geldmarktpapiers, kann aber dafür jederzeit sein Geld vom Konto abheben, wenn man es möchte.

Die Geldnachfrage wird durch Entscheidungen von Unternehmen und Haushalten zwischen dem Nutzen aus der Bargeldhaltung, die gewisse Vorteile im Alltag, aber keine Zinserträge mit sich bringt, und dem Nutzen aus der Anlage des Geldes in zinsträchtige Vermögenswerte bestimmt, die keine Vorteile im Alltag, aber dafür Zinserträge garantiert. Und diese Entscheidung wird natürlich durch das Zinsniveau beeinflusst (damit meinen wir auch hier das nominale Zinsniveau). Deutliche Zinsänderungen, wie z. B. der starke Zinsrückgang zwischen März 2019 und März 2020, können diese Entscheidung auf entscheidende Weise beeinflussen.

Die **Tabelle 30-1** zeigt die Opportunitätskosten der Bargeldhaltung in den Vereinigten Staaten für einen bestimmten Monat, den März 2019. In der ersten Zeile steht der Zinssatz für Geldmarktpapiere mit einer Laufzeit von einem Monat. Das ist der Zinssatz, den man bekommen hätte, wenn man sein Geld für einen Monat fest angelegt hätte. Im März 2019 lag der Zinssatz für Geldmarktpapiere bei 2,45 Prozent. In der zweiten Zeile findet man den Zinssatz auf verzinste Sichteinlagen (die zur Geldmenge M2 gehören). An diese Einlagen wäre man deutlich besser und schneller herangekommen als an Einlagen bei Geldmarktpapieren, aber der Preis dafür war ein geringerer Zinssatz von nur 0,06 Prozent. In der letzten Zeile steht der Zinssatz für Bargeld, also das Geld in der Brieftasche, der natürlich null ist.

Tabelle 30-1 zeigt damit die Opportunitätskosten der Bargeldhaltung zu einem bestimmten Zeitpunkt. Wenn sich das allgemeine Zinsniveau ändert, dann verändern sich auch die Opportunitätskosten der Bargeldhaltung. Sinkt das allgemeine Zinsniveau, dann sinken auch die Opportunitätskosten der Bargeldhaltung.

Dieser Sachverhalt wird in **Tabelle 30-2** dargestellt, die die Veränderung von ausgewählten Zinssätzen zwischen März 2019 und März 2020 zeigt. In diesem Zeitraum versuchte die Fed, die gesamtwirtschaftliche Entwicklung durch eine drastische Zinssenkung zu stützen. Der Vergleich zwischen den Zinssätzen im März 2019 und im März 2020 veranschaulicht, was passiert, wenn die Opportunitätskosten der Bargeldhaltung deutlich sinken. Zwischen März 2019 und März 2020 ist der Geldmarktzins (Federal Funds Rate) um 2,33 Prozentpunkte gesunken. Der Zinssatz auf Geldmarktpapiere fiel genauso stark. Diese Zinssätze sind **kurzfristige Zinssätze** – das sind Zinssätze auf Finanzanlagen, die innerhalb eines Jahres oder weniger fällig werden oder zur Auszahlung kommen.

Während die kurzfristigen Zinssätze zwischen März 2019 und März 2020 deutlich gesunken sind, ist der Zinssatz auf verzinste Sichteinlagen nicht gefallen. Und der Zinssatz auf Bargeld ist natürlich bei null geblieben. Damit sind die Opportunitätskosten der Bargeldhaltung deutlich gesunken. Die beiden letzten Zeilen in Tabelle 30-2 fassen diese Entwicklung zusammen. Sie zeigen den Abstand zwischen dem Zinssatz auf Geldmarktpapiere und dem Zinssatz auf verzinste Sichteinlagen sowie den Abstand zwischen dem Zinssatz

Kurzfristige Zinssätze sind die Zinssätze auf Finanzanlagen, die innerhalb von einem Jahr oder weniger fällig werden.

Tab. 30-1

Ausgewählte Zinssätze in den Vereinigten Staaten im März 2019

Geldmarktpapiere mit einer Laufzeit von 1 Monat	2,45 %
verzinste Sichteinlagen	0,06 %
Bargeld	0 %

Quelle: Federal Reserve Bank of St. Louis

Tab. 30-2

Zinssätze und Opportunitätskosten der Bargeldhaltung

	März 2019	März 2020
Geldmarktzins	2,41 %	0,08 %
Geldmarktpapiere mit einer Laufzeit von 1 Monat	2,45 %	0,12 %
verzinste Sichteinlagen	0,06 %	0,06 %
Bargeld	0 %	0 %
Abstand zwischen Geldmarktpapieren und verzinsten Sichteinlagen (in Prozentpunkten)	**2,39**	**0,06**
Abstand zwischen Geldmarktpapieren und Bargeldhaltung (in Prozentpunkten)	**2,45**	**0,12**

Quelle: Federal Reserve Bank of St. Louis

auf Geldmarktpapiere und dem Zinssatz auf Bargeldhaltung.

Diese beiden Größen sind zwischen März 2019 und März 2020 stark gefallen. Daran zeigt sich ein allgemeines Ergebnis: *Je größer die kurzfristigen Zinssätze sind, desto größer sind die Opportunitätskosten der Geldhaltung. Je niedriger die kurzfristigen Zinssätze sind, desto kleiner sind die Opportunitätskosten der Geldhaltung*.

Langfristige Zinssätze sind Zinssätze auf Finanzanlagen, die erst in einigen Jahren fällig werden.

Die Tatsache, dass der Geldmarktzins und der Zinssatz auf Geldmarktpapiere mit einer Laufzeit von einem Monat fast gleich stark gesunken sind, ist kein Zufall. In der Regel bewegen sich alle kurzfristigen Zinssätze im Großen und Ganzen im Gleichlauf. Das hat damit zu tun, dass Geldmarktpapiere und andere kurzfristige Vermögenswerte (wie z. B. einmonatige oder dreimonatige Staatsanleihen) im gleichen Markt agieren. Jedes kurzfristiges Aktiva, das weniger als die durchschnittliche Verzinsung bietet, wird von den Investoren verkauft, die ihr Geld stattdessen in höher verzinste kurzfristige Anlagen investieren. Der Verkauf von Aktiva wiederum führt dazu, dass deren Verzinsung steigt, da der neue Investor einen Anreiz benötigt, um diese Aktiva zu kaufen.

Auf der anderen Seite werden Investoren versuchen, ihr Geld in die kurzfristigen Aktiva zu investieren, die eine überdurchschnittliche Verzinsung bieten. Der Kauf dieser Aktiva senkt die Verzinsung dieser Anlagen, da die Verkäufer feststellen, dass sie die Aktiva auch mit einer niedrigeren Verzinsung noch verkaufen können. Damit gleichen sich die Zinssätze von kurzfristigen Aktiva im Großen und Ganzen an, da keine Anlage auf Dauer eine überdurchschnittliche Verzinsung bieten wird.

Die Tabelle 30-2 enthält nur kurzfristige Zinssätze. Zu jedem Zeitpunkt unterscheiden sich die **langfristigen Zinssätze** – das sind Zinssätze auf Finanzanlagen, die erst in einigen Jahren fällig werden – von den kurzfristigen Zinssätzen. Der Unterschied zwischen kurzfristigen und langfristigen Zinssätzen ist in der Praxis manchmal von Bedeutung.

Die Geldnachfrage wird jedoch eher von den kurzfristigen als von den langfristigen Zinssätzen bestimmt, da bei der Entscheidung über die Geldhaltung die Vorteile der Bargeldhaltung gegen die Vorteile einer kurzfristigen Geldanlage (in der Regel für ein Jahr oder weniger) abgewogen werden. Bei unserem weiteren Vorgehen wollen wir den Unterschied zwischen kurzfristigen und langfristigen Zinssätzen übergehen und einfach annehmen, es gebe nur einen einzigen Zinssatz.

Die Geldnachfragekurve

Da das allgemeine Zinsniveau die Opportunitätskosten der Geldhaltung beeinflusst, steht die Menge an Geld, die Unternehmen und Haushalte halten wollen, in einer negativen Abhängigkeit zum Zinssatz (solange alle anderen Einflussgrößen unverändert bleiben). In **Abbildung 30-1** ist

Abb. 30-1

Die Geldnachfragekurve

Die Geldnachfragekurve zeigt den Zusammenhang zwischen dem Zinssatz und der nachgefragten Geldmenge. Sie weist eine negative Steigung auf: Höhere Zinssätze führen zu höheren Opportunitätskosten für die Kassenhaltung und senken deshalb die nachgefragte Geldmenge. Dagegen senken niedrige Zinssätze die Opportunitätskosten für die Kassenhaltung, sodass sich die nachgefragte Geldmenge erhöht.

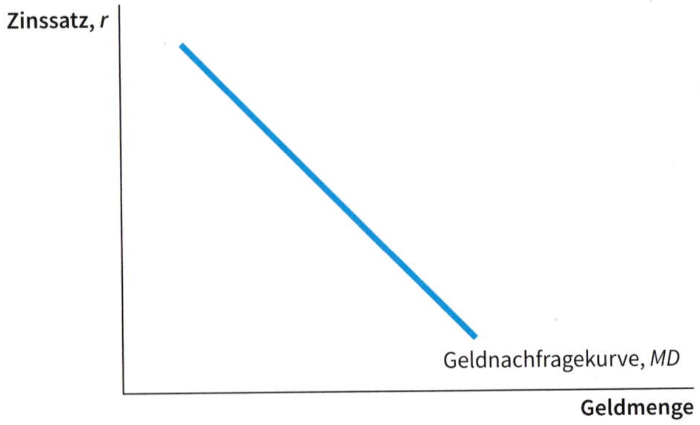

an der waagerechten Achse die nachgefragte Geldmenge und an der senkrechten Achse der Zinssatz *r* abgetragen, der das Niveau der kurzfristigen Zinsen widerspiegelt. (Wie wir aus Kapitel 25 bereits wissen, bestimmt der nominale Zinssatz und nicht der reale Zinssatz die Entscheidung zur Aufteilung der Geldbestände. Damit ist *r* in Abbildung 30-1 und in allen weiteren Abbildungen stets ein nominaler Zinssatz.)

Der Zusammenhang zwischen dem Zinsniveau und der nachgefragten Geldmenge wird durch die **Geldnachfragekurve** *MD* wiedergegeben. Die Kurve ist in der Abbildung 30-1 dargestellt und verläuft fallend, da ein höherer Zinssatz (bei sonst gleichen Umständen) die Opportunitätskosten der Geldhaltung vergrößert, wodurch die nachgefragte Geldmenge kleiner wird. Wenn z. B. der Zinssatz sehr niedrig ist, sagen wir ein Prozent, dann fällt der entgangene Zinsertrag der Kassenhaltung kaum ins Gewicht. Als Folge werden die Leute zu hohen Kassenbeständen tendieren, um anfallende Kosten und Mühen zu vermeiden, die mit der notwendigen Umwandlung von Vermögenswerten in Geld einhergehen, wenn man Einkäufe tätigen möchte.

Bei hohen Zinssätzen, z. B. bei 15 Prozent (ein Zinsniveau, bei dem die USA in den frühen 1980er-Jahren standen), sind die Opportunitätskosten für die Geld- oder Kassenhaltung vergleichsweise hoch. Die Leute werden deshalb eher kleine Beträge in Bargeld und Sichteinlagen halten und ihre verzinslichen Geldanlagen nur bei Bedarf in Geld umwandeln.

Vielleicht fragen Sie sich, weshalb wir die Geldnachfragekurve mit dem Zinssatz (und nicht mit den Ertragssätzen anderer Vermögenswerte wie z. B. Aktien oder Immobilien) auf der Ordinate zeichnen. Die meisten Menschen ziehen bei der Entscheidung über die Kassenhaltung diejenigen Aktiva als Alternative in Betracht, die sich vergleichsweise schnell und einfach in Bargeld umwandeln lassen. Aktien gehören eher nicht dazu, da die Umwandlung von Aktien in Bargeld (durch einen Verkauf) eine gewisse Zeit in Anspruch nimmt und mit Gebühren verbunden ist. Außerdem schwankt der Wert von Aktien. Immobilien zählen ebenfalls nicht zu den liquiden Aktiva, da auch der Verkauf von Immobilien eine gewisse Zeit in Anspruch nimmt und mit noch höheren Gebühren einhergeht. Relevant sind dagegen geldnahe Vermögenswerte wie z. B. Geldmarktpapiere. Und wie wir bereits wissen, bewegen sich die Zinssätze auf geldnahe Anlagen ziemlich eng am Niveau der kurzfristigen Zinssätze.

Verschiebungen der Geldnachfragekurve

Neben dem Zinssatz gibt es noch weitere Faktoren, die die Geldnachfrage beeinflussen. Ändert sich einer dieser Einflussfaktoren, dann verschiebt sich die Geldnachfragekurve. **Abbildung 30-2** zeigt Verschiebungen der Geldnachfragekurve: Ein Nachfrageanstieg verschiebt die Geldnachfragekurve *MD* bei jedem beliebigen Zinssatz nach rechts, ein Nachfragerückgang verschiebt die Geldnachfragekurve bei jedem beliebigen Zinssatz nach links.

Die wichtigsten Parameter, die zu einer Verschiebung der Geldnachfragekurve führen, sind Veränderungen des Preisniveaus, Veränderungen des realen BIP, Veränderungen auf den Kredit-

Die **Geldnachfragekurve** zeigt den Zusammenhang zwischen der nachgefragten Geldmenge und dem Zinssatz.

Abb. 30-2

Ein Anstieg und ein Rückgang der Geldnachfrage

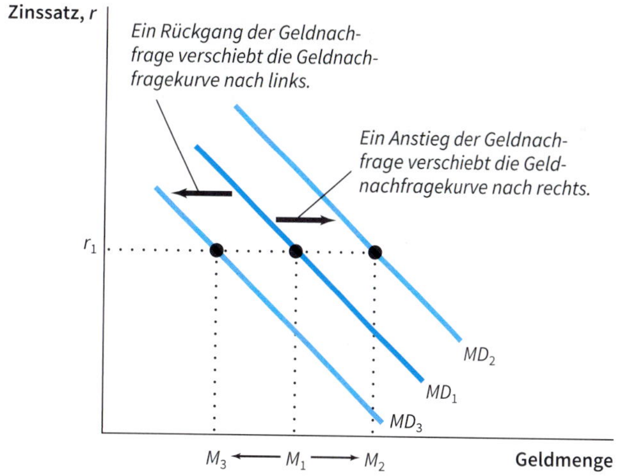

Wenn sich andere Einflussfaktoren als der Zinssatz ändern, dann verschiebt sich die Geldnachfragekurve. Ein Anstieg der Geldnachfrage verschiebt die Geldnachfragekurve nach rechts von MD_1 zu MD_2, und die bei jedem beliebigen Zinssatz nachgefragte Geldmenge steigt. Dagegen verschiebt ein Rückgang der Geldnachfrage die Geldnachfragekurve nach links von MD_1 zu MD_3, und die bei jedem beliebigen Zinssatz nachgefragte Geldmenge sinkt.

märkten und im Bankgeschäft sowie institutionelle Veränderungen im Bankenwesen.

Veränderungen des Preisniveaus. Viele Menschen haben heute mehr Bargeld in ihrer Brieftasche und auf ihrem Girokonto als in den 1950er-Jahren. Das müssen sie auch, wenn sie alles, was sie kaufen wollen, auch kaufen. Heute ist alles teurer als früher. In den 1950er-Jahren kostete ein Liter Normalbenzin rund 0,30 Euro und ein Brot rund 0,35 Euro. Höhere Preise führen, wenn alle anderen Einflussfaktoren unverändert bleiben, zu einer höheren Geldnachfrage (und zu einer Rechtsverschiebung der *MD*-Kurve), niedrigere Preise zu einer geringeren Geldnachfrage (und zu einer Linksverschiebung der *MD*-Kurve).

Wir können diesen Zusammenhang sogar ein wenig genauer spezifizieren. Bleiben alle anderen Einflussfaktoren unverändert, dann verhält sich die Geldnachfrage *proportional* zum Preisniveau. Steigt also das Preisniveau um 20 Prozent, dann steigt auch bei jedem beliebigen Zinssatz, so wie r_1 in Abbildung 30-2, die nachgefragte Geldmenge um 20 Prozent von M_1 auf M_2. Wenn alle Preise um 20 Prozent steigen, dann braucht man auch 20 Prozent mehr Geld, um die gleiche Menge an Waren und Dienstleistungen zu kaufen. Sinkt dagegen das Preisniveau um 20 Prozent, dann geht, wenn alle anderen Einflussfaktoren unverändert bleiben, auch die nachgefragte Geldmenge um 20 Prozent zurück, vom M_1 zu M_3 beim Zinssatz r_1. Wie wir später noch erfahren werden, ergeben sich aus der Tatsache, dass sich die Geldnachfrage proportional zum Preisniveau verhält, wichtige Schlussfolgerungen für die langfristigen Wirkungen der Geldpolitik.

Veränderungen des realen BIP. Private Haushalte und Unternehmen halten Geld- oder Kassenbestände, um sich die Einkäufe von Waren und Dienstleistungen zu erleichtern. Je größer die Einkaufsmengen sind, umso mehr Geld werden sie bei jedem beliebigen Zinsniveau halten wollen. Deshalb wird ein Anstieg des realen BIP – der gesamten Menge der produzierten und verkauften Waren und Dienstleistungen in einer Volkswirtschaft – die Geldnachfragekurve nach rechts verschieben. Ein Rückgang des realen BIP verschiebt die Kurve nach links.

Veränderungen auf den Kreditmärkten und im Bankgeschäft. Unsere Großeltern haben ihre Alltagseinkäufe in der Regel noch mit Bargeld bezahlt. In den letzten Jahrzehnten gab es dann eine Vielzahl von Innovationen im Bankgeschäft, die die Nachfrage nach Bargeld deutlich reduziert haben. Den Anfang machte die Einführung von Geldautomaten und die Ausgabe von Kredit- und Geldkarten. Mittlerweile kann man in manchen Supermärkten sogar schon mit seinem Smart-

WISSENSCHAFT UND PRAXIS

Ein Yen in bar

Japan, so sagen einige Finanzexperten, ist immer noch eine »Bargeld-Gesellschaft«. Besucher aus den Vereinigten Staaten oder aus Europa sind stets aufs Neue überrascht, wie wenig in Japan von Kreditkarten oder ähnlichem »Plastikgeld« Gebrauch gemacht wird und wie viel Bargeld die Leute mit sich herumtragen. Doch Japan ist eine wirtschaftlich und technologisch hoch entwickelte Volkswirtschaft, die in der Verwendung von Telekommunikations- und Informationstechnologien an der Spitze liegt. Warum also stehen die Japaner in der Zahlungstechnologie da, wo US-Amerikaner und Europäer eine Generation zuvor standen? Die Antwort beleuchtet die Faktoren, von denen die Geldnachfrage abhängt.

Ein Grund für den umfangreichen Bargeldgebrauch der Japaner liegt darin, dass ihre Institutionen nie den großen und vertrauensvollen Schritt hin zum »Plastikgeld« gemacht haben. Aus vielerlei Gründen wird Japans Einzelhandelssektor immer noch von Tante-Emma-Läden geprägt, die nur zögerlich in die Kreditkartentechnologie investieren. Auch die japanischen Banken haben die Transaktionstechnologie nicht nach vorne gebracht. Besucher sind überrascht, dass die Geldautomaten früh am Abend abgeschaltet werden, statt die ganze Nacht über betriebsbereit zu sein. Doch gibt es noch weitere Gründe für die große Bargeldhaltung der Japaner: Es fallen kaum Opportunitätskosten an. Seit Mitte der 1990er-Jahre liegen die kurzfristigen Zinssätze in Japan unter 1 Prozent. Im Übrigen trägt eine niedrige Kriminalitätsrate auch dazu bei, dass man kaum je befürchten muss, dass einem die volle Brieftasche gestohlen wird. Warum sollte man also nicht reichlich Bargeld mit sich führen?

phone bezahlen. Und im Internet lassen sich alle möglichen Dinge durch Überweisungen mittels Online-Banking oder durch die Nutzung von Zahlungsdienstleistern wie PayPal in Sekundenschnelle kaufen und bezahlen. All diese Neuerungen haben dazu geführt, dass die Geldnachfrage gesunken ist und sich die Geldnachfragekurve nach links verschoben hat.

Institutionelle Veränderungen im Bankwesen. Institutionelle Veränderungen können die Geldnachfrage erhöhen oder vermindern. So war es etwa den US-Geschäftsbanken bis Anfang der 1980er-Jahre nicht erlaubt, Guthabenzinsen auf Sichteinlagenkonten zu gewähren. Damit waren die Opportunitätskosten für die Geldanlage auf Giro- oder Sichteinlagenkonten sehr hoch. Als das Verzinsungsverbot aufgehoben wurde und die Geschäftsbanken Zinsen auf Sichteinlagen zahlen durften, kam es zu einem Anstieg der Geldnachfrage und die Geldnachfragekurve hat sich nach rechts verschoben.

Kurzzusammenfassung

- Bargeld bringt weniger Erträge ein als andere Geldanlagen. Um die Erträge von Geldanlagen zu vergleichen, greift man in der Regel auf die **kurzfristigen Zinssätze** und nicht auf die **langfristigen Zinssätze** zurück.
- Die Bargeld- oder Kassenhaltung sichert Liquidität, verursacht jedoch auch Opportunitätskosten, die mit höheren Zinssätzen steigen, sodass die **Geldnachfragekurve** fallend verläuft.
- Veränderungen des Preisniveaus, Veränderungen des realen BIP, Veränderungen auf den Kreditmärkten und im Bankgeschäft sowie institutionelle Veränderungen im Bank- und Kreditwesen verschieben die Geldnachfragekurve. Ein Anstieg der Geldnachfrage verschiebt die Geldnachfragekurve nach rechts, ein Rückgang der Geldnachfrage verschiebt die Geldnachfragekurve nach links.

ÜBERPRÜFEN SIE IHR WISSEN

1. Erklären Sie, wie jeder der nachfolgenden Tatbestände die Geldnachfrage beeinflussen würde. Kommt es dabei zu einer Bewegung entlang der Geldnachfragekurve oder zu einer Verschiebung der Geldnachfragekurve?
   a. Die kurzfristigen Zinssätze steigen von 5 auf 30 Prozent an.
   b. Sämtliche Preise fallen um 10 Prozent.
   c. Eine neue Funktechnologie bucht alle Einkäufe im Supermarkt automatisch auf Kreditkarten. Warteschlangen und Verzögerungen an den Kassen entfallen.
   d. Um einer Steuererhöhung auszuweichen, verlagern die Bewohner von Laguria ihre Einlagen ins Ausland. Die Auslandskonten sind für die Steuerbehörden nur schwer zu kontrollieren. Allerdings haben auch die Kontoinhaber einen höheren Aufwand, um an ihr Geld zu kommen.
2. Welches der folgenden Ereignisse erhöht die Opportunitätskosten der Bargeldhaltung? Welches der folgenden Ereignisse reduziert die Opportunitätskosten der Bargeldhaltung? Gibt es unter Umständen gar keine Auswirkungen? Erläutern Sie Ihre Antworten.
   a. Der Einzelhandel erhebt eine Gebühr von 1 Prozent auf Geld- und Kreditkarten für alle Käufe im Wert von unter 50 Euro.
   b. Um ihre Einlagen zu erhöhen, setzt eine Bank den Zinssatz auf Geldmarktpapiere mit einer Laufzeit von 6 Monaten hinauf.
   c. Es ist Urlaubszeit und der Einzelhandel lockt die Kunden mit unglaublich günstigen Schnäppchenangeboten.
   d. Die Kosten für Lebensmittel steigen deutlich an.

30.2 Geld und Zinssätze

Nach dem **Liquiditätspräferenzmodell des Zinssatzes** wird der Zinssatz durch Angebot an und Nachfrage nach Geld bestimmt.

Zu Beginn dieses Kapitels haben wir erfahren, dass die Fed im März 2020 den Geldmarktzinssatz in zwei Schritten bis auf null gesenkt hat. Mit dem Geldmarktzinssatz haben wir uns bereits im Kapitel 29 befasst: Es ist der Zinssatz, zu dem sich die Banken untereinander auf kurzfristiger Basis Gelder leihen, damit sie die Reservevorschriften erfüllen können. Das Federal Open Market Committee (FOMC) veröffentlicht nach jeder der acht Sitzungen im Jahr eine Zielgröße für den Geldmarktzinssatz. Danach liegt es an der Zentralbank, diese Zielvorstellung zu verwirklichen. Das geschieht mit dem Kauf und Verkauf von kurzfristigen Staatsanleihen (Schatzwechseln) durch die Federal Reserve Bank von New York.

Andere kurzfristige Zinssätze, wie etwa die Sätze für Geldmarktpapiere, folgen dem Geldmarktzinssatz. So sind nach der Senkung des Geldmarktzinssatzes im März 2020 auch viele andere kurzfristige Zinssätze im gleichen Ausmaß gefallen.

Wie geht die Zentralbank vor, um ein Ziel für den Geldmarktzinssatz zu erreichen? Und überdies: Wie kommt es, dass die Zentralbank überhaupt Zinssätze beeinflussen kann?

Abb. 30-3

Gleichgewicht auf dem Geldmarkt

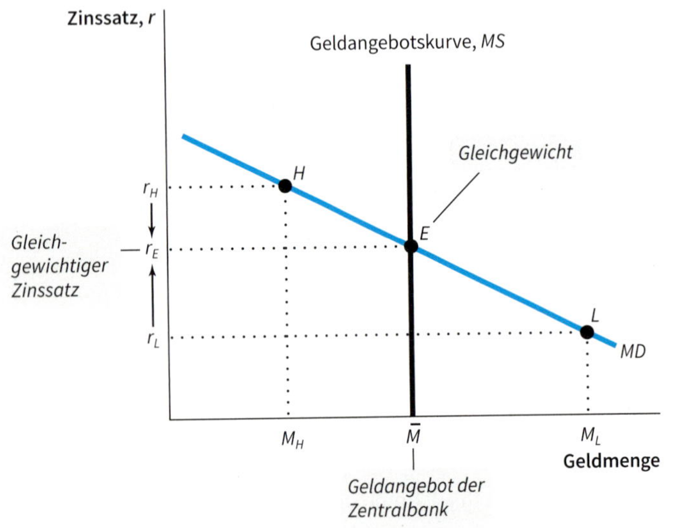

Die Geldangebotskurve MS verläuft senkrecht bei dem Geldangebot $\overline{M}$, das die Zentralbank festlegt. Beim Zinssatz im Schnittpunkt der Kurven r_E befindet sich der Geldmarkt im Gleichgewicht. Nachgefragte und angebotene Geldmenge sind gleich groß. Im Punkt L müsste der Zinssatz r_L unter r_E liegen und die nachgefragte Geldmenge M_L wäre hier höher als das Geldangebot $\overline{M}$. Bei ihrem Versuch, ihr Vermögen weg von den verzinslichen nichtmonetären Aktiva zu den monetären Aktiva zu verschieben, treiben die Investoren den Zinssatz in Richtung r_E nach oben. Dagegen wäre im Punkt H der Zinssatz r_H über r_E und die entsprechende nachgefragte Geldmenge M_H wäre niedriger als $\overline{M}$. Die Investoren würden durch ihr Streben nach nichtmonetären verzinslichen Vermögensanlagen den Zinssatz in Richtung r_E nach unten bringen.

Der Gleichgewichtszinssatz

Wir haben im vorherigen Abschnitt zur Vereinfachung das gesamte Spektrum an kurz- und langfristigen Zinssätzen zu einem einzigen Zinssatz zusammengefasst. Mit Blick auf die **Abbildung 30-3** können wir nun sehen, wie der Zinssatz zustande kommt, der für das gesamte Zinsniveau steht. In der Abbildung haben wir das **Liquiditätspräferenzmodell des Zinssatzes** vor uns: Die Geldangebotskurve spiegelt eine bestimmte Geldmenge wider (senkrechte, schwarze Linie *MS* der Zentralbank) und bildet im Schnittpunkt mit der Geldnachfragekurve (blaue Kurve *MD*) den Gleichgewichtszinssatz auf dem Geldmarkt.

Die Zentralbank kann die Geldmenge vergrößern oder verkleinern. Dazu kann sie über *Offenmarktgeschäfte* Wertpapiere kaufen oder verkaufen, den Banken zum *Refinanzierungssatz* kurzfristige Kredite zur Verfügung stellen, den Zinssatz für die Einlagenfazilität anpassen oder die *Mindestreservevorschriften* ändern. Der Einfachheit halber nehmen wir an, dass die Zentralbank jene Geldmenge anbietet, mit der sie ihr Geldmarktzinssatz-Ziel zu erreichen glaubt. Die **Geldangebotskurve** *MS* ist in der Abbildung 30-3 eine senkrechte Linie entsprechend dem Geldangebot der Zentralbank $\overline{M}$. Das Geldmarktgleichgewicht ist mit E bezeichnet, wo sich MS und MD schneiden. Bei diesem Gewichtspunkt ($\overline{M}$, r_E) ist die angebotene Geldmenge gleich der nachge-

DENKFALLEN!

Zwei Modelle zur Erklärung des Zinssatzes?
An dieser Stelle könnte der Leser ein wenig irritiert sein. Es ist nämlich das zweite Mal, dass wir über die Bestimmung des Zinssatzes gesprochen haben. Im Kapitel 25 ist uns zuvor schon das *Modell des Kreditmarktes* (loanable funds model) zur Bestimmung des Zinssatzes begegnet. Danach wird der Zinssatz durch die Angleichung von angebotenen und nachgefragten Mitteln auf dem Kreditmarkt bestimmt. Doch gerade eben haben wir einen anderen Denkansatz besprochen: Der Zinssatz resultiert hier aus der Angleichung von nachgefragter und angebotener Geldmenge. Welches der beiden Modelle trifft nun zu?
Beide, lautet die Antwort. Die Erklärung ist nicht ganz leicht, und einiges davon wird im weiteren Verlauf des Kapitels behandelt. Zunächst legen wir das Kreditmarktmodell beiseite und befassen uns mit dem Liquiditätspräferenzmodell. Die wichtigste Erkenntnis aus diesem Denkansatz besteht für uns darin, dass man damit zeigen kann, wie die Geldpolitik – das Agieren der Zentralbank – funktioniert.

fragten Geldmenge mit dem Gleichgewichtszinssatz r_E.

Um den Gleichgewichtszinssatz r_E besser zu verstehen, betrachten wir zunächst eine Situation, bei der sich der Geldmarkt im Punkt *L* befindet. In diesem Punkt liegt der Zinssatz r_L unter dem Gleichgewichtszinssatz r_E. Beim Zinssatz r_L wird eine Geldmenge von M_L nachgefragt, die größer als das tatsächliche Geldangebot $\overline{M}$ ist. Das bedeutet, dass das Publikum beim Punkt *L* einen Teil des Geldvermögens aus den verzinslichen Geldanlagen in Geld umlenken möchte.

Dabei ist zweierlei zu beachten. Zum einen ist die nachgefragte Geldmenge *größer* als die angebotene Geldmenge. Zum anderen ist die Menge der nachgefragten verzinslichen Aktiva niedriger als die angebotene Menge. Damit müssen diejenigen, die sich von ihren verzinslichen Geldanlagen trennen wollen, einen höheren Zinssatz anbieten, um Käufer anzulocken. Im Ergebnis wird der Zinssatz von r_L steigen und sich in Richtung r_E bewegen, bis die nachgefragte Geldmenge beim Zinssatz r_E schließlich mit der angebotenen Geldmenge $\overline{M}$ übereinstimmt.

Nun stellen wir die Betrachtung für den Punkt *H* in der Abbildung 30-3 an. Dort liegt r_H über dem Gleichgewichtszinssatz r_E und die nachgefragte Geldmenge M_H ist niedriger als die angebotene Geldmenge $\overline{M}$. Entsprechend ist die Menge der verzinslichen Aktiva, die nachgefragt wird, größer als die angebotene Menge. Wer verzinsliche Aktiva verkaufen möchte, wird zu niedrigeren Zinssätzen immer noch Käufer finden. Daraus folgt ein Rückgang des Zinssatzes von r_H in Richtung r_E, bis zum gleichgewichtigen Zinssatz r_E schließlich nachgefragte und angebotene Geldmenge übereinstimmen.

Die **Geldangebotskurve** zeigt, wie sich die angebotene Geldmenge mit dem Zinssatz verändert.

Geldpolitik und Zinssatz

Überlegen wir zuerst, wie die Zentralbank mit der Geldmengenpolitik das Zinsniveau verändern kann. Die **Abbildung 30-4** zeigt, was geschieht, wenn die Zentralbank die Geldmenge von $\overline{M}_1$ auf $\overline{M}_2$ steigert. Anfangs befindet sich die Volkswirtschaft im Gleichgewicht E_1 mit dem Gleichgewichtszinssatz r_1 und der Geldmenge $\overline{M}_1$. Eine

Abb. 30-4

Die Wirkung der Geldmengensteigerung auf den Zinssatz

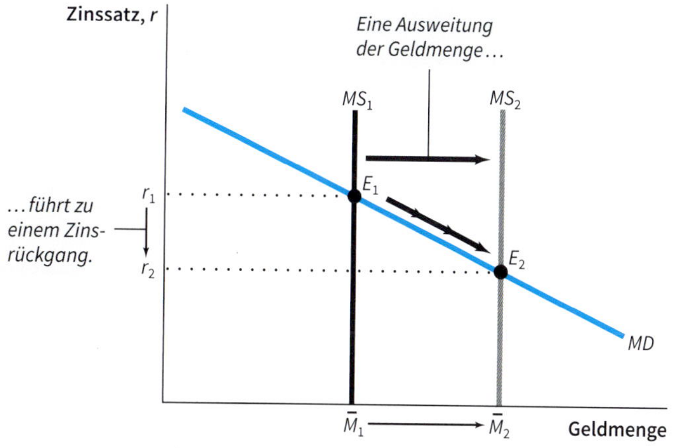

Die Zentralbank kann den Zinssatz durch eine Erhöhung der Geldmenge senken. In der Abbildung fällt der Gleichgewichtszinssatz von r_1 auf r_2 durch den Anstieg der Geldmenge von $\overline{M}_1$ auf $\overline{M}_2$. Der Rückgang des Zinssatzes ist erforderlich, um die Menschen zum Halten einer größeren Geldmenge zu bewegen.

Geldmengensteigerung der Zentralbank auf $\overline{M}_2$ verschiebt die Geldangebotskurve von MS_1 nach rechts zu MS_2. Daraus ergibt sich ein Rückgang des Gleichgewichtszinssatzes auf r_2. Warum dies? Nun, weil r_2 der einzige Zinssatz ist, bei dem das Publikum genau die angebotene Geldmenge halten möchte. Ein Anstieg der Geldmenge treibt also den Zinssatz nach unten. Umgekehrt führt eine Verminderung der Geldmenge zu einem Anstieg des Zinssatzes. Durch Variationen der Geldmenge vermag die Zentralbank also das Zinsniveau zu bestimmen.

In der Praxis entscheidet in den Vereinigten Staaten das FOMC über den Geldmarktzinssatz für die nächsten sechs Wochen (bis zur nächsten Sitzung). Die Zentralbank fixiert also eine Zielgröße für den Geldmarktzinssatz, den sie für die nahe Zukunft verwirklichen möchte. Diese Zielgröße wird dann in den beiden kleinen Büros der Federal Reserve Bank von New York, über die wir zu Beginn des Kapitels gesprochen haben, durch den An- oder Verkauf von Schatzwechseln in geeigneter Höhe realisiert. Die Europäische Zentralbank greift in ihrer Geldpolitik in erster Linie auf den Refinanzierungssatz zurück, also den Zinssatz, den die Banken für die kurzfristige Bereitstellung von Liquidität durch die EZB zu entrichten haben.

Die **Abbildung 30-5** zeigt die Umsetzung der Zentralbankziele durch Offenmarktgeschäfte. In beiden Diagrammen geht es um den Ziel-Zinssatz r_T. Im Diagramm (a) ist die anfängliche Geldangebotskurve MS_1 mit dem Geldangebot $\overline{M}_1$ und dem Gleichgewichtszinssatz r_1 gegeben. Der Gleichgewichtszinssatz liegt damit über dem Ziel-Zinssatz r_T. Um ihn zu senken, nimmt die Zentralbank einen Offenmarktkauf von Wertpapieren vor. Wie wir bereits aus dem Kapitel 29 wissen, führt ein Offenmarktkauf von Wertpapieren zu einem Anstieg der Geldmenge. Im Diagramm (a) ist dies durch eine Rechtsverschiebung der Geldangebotskurve von MS_1 zu MS_2 dargestellt. Dies bringt den Gleichgewichtszinssatz auf den Ziel-Zinssatz r_T.

Diagramm (b) illustriert den gegensätzlichen Fall. Wiederum gilt die anfängliche Geldangebotskurve MS_1 mit dem Geldangebot $\overline{M}_1$. Doch in diesem Fall liegt der Gleichgewichtszinssatz r_1 unter dem Ziel-Zinssatz r_T. Die Zentralbank wird deshalb einen Offenmarktverkauf von Wertpapieren durchführen, sodass die Geldmenge auf $\overline{M}_2$ schrumpft. Die Geldangebotskurve verschiebt

Abb. 30-5

Bestimmung des Geldmarktzinssatzes

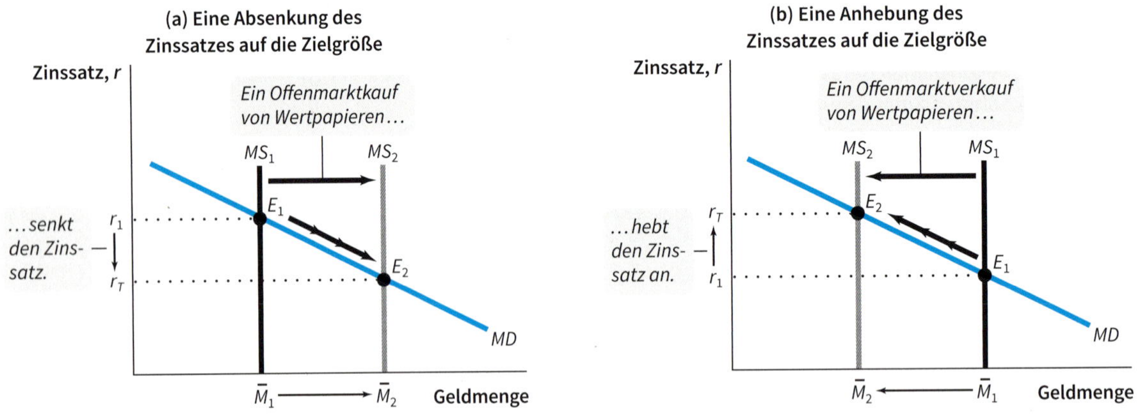

Die Zentralbank legt ein Ziel für den Geldmarktzinssatz fest und setzt dafür Offenmarktgeschäfte ein. In beiden Diagrammen beträgt der Ziel-Geldmarktzinssatz r_T. Im Diagramm (a) liegt der anfängliche Gleichgewichtszinssatz r_1 über dem Ziel. Um eine Rechtsverschiebung der Geldangebotskurve von MS_1 nach MS_2 zu erreichen und den Zinssatz auf r_T zu senken, kauft die Zentralbank Wertpapiere auf. Im Diagramm (b) liegt der Gleichgewichtszinssatz r_1 zunächst unter der Zielmarke. Die Zentralbank vermindert die Geldmenge durch einen Offenmarktverkauf von Wertpapieren. Es kommt zu einer Linksverschiebung der Geldangebotskurve von MS_1 zu MS_2 und einer Steigerung des Zinssatzes auf r_T.

DENKFALLEN!

Zinssatz oder Geldmenge?
Im Laufe der Jahre verändert eine Zentralbank die Instrumente der Geldpolitik. In den späten 1970er- und frühen 1980er-Jahren definierte die Zentralbank der Vereinigten Staaten eine Zielgröße für die Geldmenge und passte die Geldbasis an, um dieses Ziel zu erreichen. Unter dieser Politik fluktuierte der Geldmarktzinssatz frei. Heute geht die Zentralbank umgekehrt vor. Sie setzt eine Zielgröße für das Zinsniveau und lässt die Geldmenge zur Zielerreichung schwanken.
Es ist aber ein Fehler zu glauben, dass der neue Politikansatz der Zentralbank dazu geführt hat, dass der Geldmarkt nun anders funktioniert. Man hört immer mal wieder Leute sagen, dass der Zinssatz nun nicht mehr Geldangebot und Geldnachfrage widerspiegelt, weil die Zentralbank ja den Zinssatz festsetzt.
Tatsächlich jedoch funktioniert der Geldmarkt wie immer: Der Zinssatz wird durch Nachfrage nach und Angebot an Geld bestimmt. Der Unterschied ist nur, dass die Zentralbank die Geldmenge so steuert, dass der beabsichtigte Zinssatz erreicht wird. Es ist wichtig, dass man einerseits das Vorgehen der Zentralbank und andererseits das Funktionieren der Volkswirtschaft auseinanderhält.

sich nach links von MS_1 zu MS_2. Der Zinssatz bewegt sich damit hin zum Ziel-Zinssatz r_T.

Die langfristigen Zinssätze

Zu Beginn des Jahres 2015 waren die kurzfristigen Zinsen in den großen Volkswirtschaften auf einem annähernd gleichen Niveau, sie lagen alle nahe null. Die langfristigen Zinsen – die Zinsen auf mehrjährige Staatsanleihen oder Kredite – zeigten dagegen deutliche Unterschiede. So lag der Zinssatz für zehnjährige deutsche Staatsanleihen bei 0,35 Prozent, der Zinssatz für zehnjährige US-Staatsanleihen bei 1,97 Prozent.

Wie lassen sich diese Unterschiede erklären? Die langfristigen Zinsen spiegeln die Erwartungen über die zukünftige Ausrichtung der Geldpolitik wider, die wiederum von der erwarteten wirtschaftlichen Entwicklung bestimmt wird.

Betrachten wir das Beispiel von Maja, die 10.000 Euro für die nächsten beiden Jahre in Staatsanleihen anlegen möchte. Sie schwankt zwischen einer einjährigen Staatsanleihe mit einem Zinssatz von 4 Prozent und einer zweijährigen Staatsanleihe mit einem Zinssatz von 5 Prozent. Kauft Maja die einjährige Staatsanleihe, dann erhält sie nach einem Jahr ihre 10.000 Euro zurück sowie zusätzlich die Zinsen. Entscheidet sich Maja dagegen für die zweijährige Staatsanleihe, dann muss sie zwei Jahre warten, bis sie ihr Geld samt Zinsen ausgezahlt bekommt.

Man könnte meinen, die zweijährige Staatsanleihe sei die bessere Entscheidung. Aber vielleicht doch nicht. Nehmen wir an, dass Maja davon ausgeht, dass die Zinsen für einjährige Staatsanleihen im nächsten Jahr deutlich höher sind. Investiert sie ihr Geld in einjährige Staatsanleihen, dann kann sie nach einem Jahr von den gestiegenen Zinsen profitieren und ihr Geld noch einmal in nun höher verzinsten einjährigen Staatsanleihen anlegen. Nach den zwei Jahren könnte sie dadurch mehr Zinsen verdient haben, als wenn sie die zweijährige Staatsanleihe gekauft hätte. Wenn z. B. der Zinssatz für einjährige Staatsanleihen im nächsten Jahr von 4 Prozent auf 8 Prozent ansteigt, dann kann Maja durch den Kauf von einjährigen Staatsanleihen im Durchschnitt über die beiden Jahre rund 6 Prozent Zinsen erzielen, mehr als die 5 Prozent Zinsen der zweijährigen Staatsanleihe.

Ähnliche Überlegungen gelten für Investoren, die zwischen kurzfristigen und langfristigen Anleihen wählen. Vermutet man einen Anstieg des kurzfristigen Zinsniveaus, so werden Anleger kurzfristige Anleihen wählen, sogar wenn die Zinsen auf langfristige Anleihen viel höher sind. Umgekehrt wird man bei einem erwarteten Rückgang der Zinsen Geld langfristig anlegen, selbst wenn kurzfristige Anleihen (zunächst) höhere Zinsen bieten.

In der Praxis spiegeln die langfristigen Zinssätze die durchschnittlichen Erwartungen darüber wider, was in nächster Zukunft mit den kurzfristigen Zinssätzen geschehen wird. Sind die langfristigen Zinssätze sehr viel höher als die kurzfristigen Zinssätze, wie z. B. im Jahr 2015, so signalisiert der Markt damit seine Erwartungen für einen Anstieg der kurzfristigen Zinssätze in der nahen Zukunft.

Das ist aber nicht alles. Das Risiko spielt auch noch eine Rolle. Schauen wir dazu noch einmal auf das Beispiel von Maja, die sich zwischen einjährigen und zweijährigen Staatsanleihen ent-

WISSENSCHAFT UND PRAXIS

Die Zinspolitik der Europäischen Zentralbank

Wie wir bereits wissen, hat die US-amerikanische Zentralbank im März 2020 als Reaktion auf die sich abzeichnende Wirtschaftskrise im Zuge der Covid-19-Pandemie den Geldmarktzinssatz in zwei Schritten auf null abgesenkt. Die Europäische Zentralbank ließ den Leitzins für den Euroraum (Hauptrefinanzierungssatz) dagegen unverändert, obwohl sich auch in Europa die wirtschaftlichen Aussichten deutlich verschlechtert hatten. Stattdessen entschied sich die EZB dazu, durch ein Pandemie-Notfallankaufprogramm (Pandemic Emergency Purchase Programme – PEPP) mit einem Umfang von 1.850 Milliarden Euro die Kreditkosten zu senken und so die Kreditvergabe im Euroraum zu unterstützen.
Aber warum ist die EZB nicht der Zinspolitik der Fed gefolgt und hat den Leitzins für den Euroraum ebenfalls auf null abgesenkt? Weil der Hauptrefinanzierungssatz bereits (oder immer noch) bei 0,0 Prozent lag. Im Unterschied zur US-amerikanischen Zentralbank hatte sich die EZB nicht dazu durchringen können, Ende der 2010er-Jahre ihre Nullzinspolitik aufzugeben.
Bereits während der Finanz- und Wirtschaftskrise 2007–2009 hatten die beiden Zentralbanken nicht wirklich im Gleichschritt agiert. Schließlich hatte die US-amerikanische Zentralbank als Reaktion auf die sich abzeichnende Finanzkrise bereits im September 2007 eine Zinswende vollzogen und den Geldmarktzinssatz in mehreren Schritten immer weiter abgesenkt.
Auch die Europäische Zentralbank vollzog als Reaktion auf die Finanzkrise in ihrer Zinspolitik eine Zinswende. In **Abbildung 30-6** ist die Entwicklung des Hauptrefinanzierungssatzes für den Zeitraum von Anfang 2005 bis Ende 2021 dargestellt. Dabei wird sichtbar, dass die Zinswende der EZB nicht schon im Herbst 2007, sondern erst ein Jahr später begann. Im Jahr 2006 und zu Beginn des Jahres 2007 reagierte die EZB auf ein kräftiges Wirtschafts-, Geldmengen- und Kreditwachstum im Euroraum noch mit mehreren Zinsanhebungen, um den Inflationsrisiken des wirtschaftlichen Aufschwungs entgegenzuwirken. Nach den ersten Turbulenzen an den US-Finanzmärkten im August 2007 entschied sich die EZB dazu, aufgrund der großen Unsicherheit über die weitere Entwicklung das Zinsniveau trotz der weiter bestehenden Inflationsrisiken zunächst einmal unverändert zu belassen. Zu Beginn des Jahres 2008 führte jedoch der starke Anstieg der weltweiten Rohstoffpreise zu einer deutlich steigenden Inflationsrate im Euroraum. Die Inflationsrate erreichte im Sommer 2008 die Marke von 4,0 Prozent und die EZB reagierte auf diese Entwicklungen mit einer weiteren Zinsanhebung.
Als im Herbst 2008 die Turbulenzen an den weltweiten Finanzmärkten immer größer wurden und die Finanzkrise immer stärker auf die Realwirtschaft übergriff, leitete auch die EZB die Zinswende ein. In mehreren Schritten wurde der Hauptrefinanzierungssatz bis Mai 2009 auf 1,0 Prozent abgesenkt. Bis zum Frühjahr 2011 verblieben die Zinsen auf diesem niedrigen Niveau, bevor die EZB mit einer Zinsanhebung auf zunehmende Inflationsrisiken durch steigende Rohstoffpreise reagierte.
Die Zuspitzung der Staatsschuldenkrise im Euroraum (mehr dazu im Kapitel 32) führte zu Spannungen an den Finanzmärkten und zwang die EZB zu einer abermaligen Kehrtwende. Um die negativen Auswirkungen auf die gesamtwirtschaftliche Entwicklung im Euroraum abzuschwächen, entschloss sich die EZB Ende 2011, die Zinsen abermals zu senken. Mit einem weiteren Zinsschritt im Jahr 2012 versuchte die EZB, positive Signale für die Ausweitung der Kreditvergabe und die Ankurbelung der Investitions- und Konsumausgaben zu senden. Nachdem die Wirtschaft im Euroraum ▸

Abb. 30-6: Die Zinspolitik der Europäischen Zentralbank

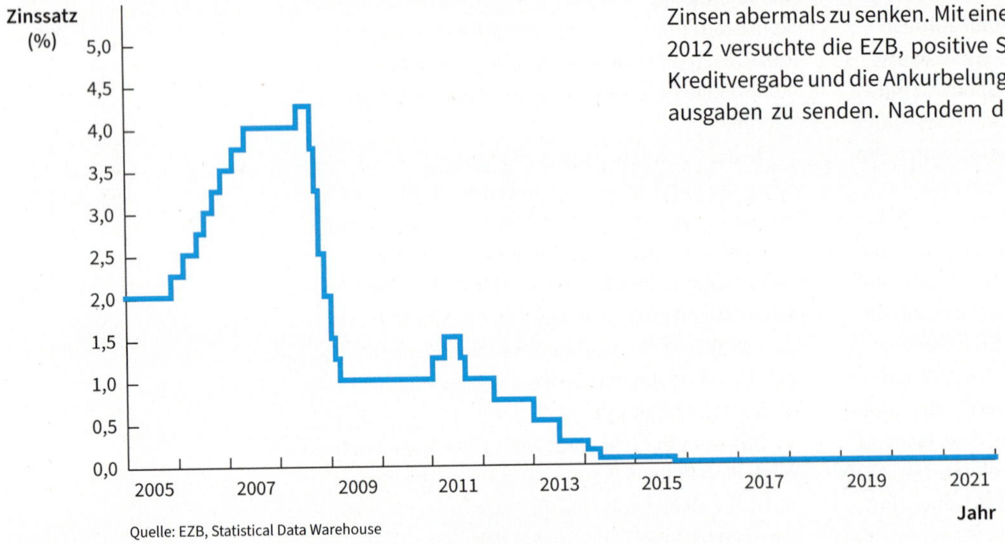

Quelle: EZB, Statistical Data Warehouse

Mitte 2013 den Weg aus der Krise gefunden hatte, rückte die Preisentwicklung immer stärker in den Fokus der EZB. Rückläufige Inflationsraten, eine sich möglicherweise abzeichnende Deflation und die damit verbundenen Gefahren für die weitere wirtschaftliche Entwicklung veranlassten die EZB, das Zinsniveau immer weiter zu senken. Und im März 2016 lag der Hauptrefinanzierungssatz schließlich bei 0,0 Prozent und blieb ungeachtet einer sich stabilisierenden Preisentwicklung auch in den nächsten Jahren auf diesem Niveau. Dagegen begann die US-amerikanische Zentralbank Ende 2015 damit, den Leitzins in mehreren kleinen Schritten anzuheben und damit einen wichtigen Schritt in Richtung geldpolitische Normalität zu unternehmen.

scheiden muss. Nehmen wir an, dass es durchaus sein kann, dass Maja das Geld bereits nach einem Jahr wieder braucht (z. B. für eine größere Anschaffung wie ein neues Auto). Wenn sie die zweijährige Staatsanleihe gekauft hat, dann muss sie die Anleihen verkaufen, um an ihr Geld zu kommen. Aber welchen Preis wird sie dafür bekommen? Das hängt davon ab, wie sich das Zinsniveau in der Volkswirtschaft entwickelt hat. Anleihepreise und Zinssätze bewegen sich genau in die entgegengesetzte Richtung: Steigen die Zinsen, sinken die Anleihepreise, sinken die Zinsen, steigen die Anleihepreise.

Wenn sich Maja für die zweijährige Staatsanleihe entscheidet, hat sie also ein zusätzliches Risiko, da die Anleihepreise in einem Jahr fallen können. Muss Maja dann die Staatsanleihen verkaufen, weil sie das Geld braucht, dann macht sie einen Verlust. In Anbetracht dieses Risikos weisen langfristige Anleihen in der Regel eine höhere Verzinsung auf als kurzfristige Anleihen, um den Anleihekäufer für das höhere Risiko der langfristigen Anleihen zu entschädigen.

Wie wir im Verlauf dieses Kapitels noch erfahren werden, spielt die Tatsache, dass die langfristigen Zinsen nicht notwendigerweise den kurzfristigen Zinsen folgen, bei der Geldpolitik manchmal eine wichtige Rolle.

Kurzzusammenfassung

- Nach dem **Liquiditätspräferenzmodell des Zinssatzes** wird der Gleichgewichtszinssatz durch Geldnachfragekurve und **Geldangebotskurve** bestimmt.
- Die Zentralbank kann durch Offenmarktgeschäfte, mit denen die Geldangebotskurve verlagert wird, den Zinssatz verändern. In der Praxis bestimmt z. B. die Zentralbank der Vereinigten Staaten eine Zielgröße für den Geldmarktzinssatz, die mit Offenmarktkäufen oder -verkäufen verwirklicht wird.
- Die langfristigen Zinsen spiegeln die Erwartungen darüber wider, was in nächster Zukunft mit den kurzfristigen Zinssätzen geschehen wird. Aufgrund des Risikos sind die langfristigen Zinsen in der Regel höher als die kurzfristigen Zinsen.

ÜBERPRÜFEN SIE IHR WISSEN

1. Nehmen Sie an, dass die Geldnachfrage bei jedem Zinssatz steigt. Zeigen Sie anhand eines Diagramms, welche Auswirkungen sich daraus bei einem bestimmten Geldangebot auf den Gleichgewichtszinssatz ergeben.
2. Nehmen wir nun an, die Zentralbank würde eine bestimmte Zielgröße für den Geldmarktzinssatz verfolgen. Was müsste die Zentralbank im Fall von Frage 1 unternehmen, um den Geldmarktzinssatz unverändert zu halten? Verwenden Sie ein geeignetes Diagramm.
3. Frank muss sich entscheiden, ob er heute eine einjährige Schuldverschreibung kauft und dann in einem Jahr noch einmal eine einjährige Schuldverschreibung oder ob er stattdessen heute eine zweijährige Schuldverschreibung kauft. Erläutern Sie mit Blick auf die nachfolgenden Situationen, wann die erste Anlagestrategie und wann die zweite Anlagestrategie die bessere Entscheidung ist.
   a. Im ersten Jahr beläuft sich die Verzinsung für einjährige Schuldverschreibungen auf 4 Prozent, im nächsten Jahr auf 10 Prozent. Zweijährige Schuldverschreibungen werden zu 5 Prozent verzinst.
   b. Im ersten Jahr beläuft sich die Verzinsung für einjährige Schuldverschreibungen auf 4 Prozent, im nächsten Jahr auf 1 Prozent. Zweijährige Schuldverschreibungen werden zu 3 Prozent verzinst.

30.3 Geldpolitik und gesamtwirtschaftliche Nachfrage

Im Kapitel 28 haben wir gelernt, wie die Fiskalpolitik eine Volkswirtschaft stabilisieren kann. Nun geht es um die Frage, ob die Geldpolitik, sei es durch Veränderungen der Geldmenge oder durch Veränderungen der Zinssätze, Gleiches bewirken kann.

Expansive und kontraktive Geldpolitik

Wie wir gesehen haben, kann eine Zentralbank durch Veränderungen der Geldmenge das Zinsniveau erhöhen oder senken. Veränderungen des Zinssatzes wiederum beeinflussen die gesamtwirtschaftliche Nachfrage. Unter sonst gleichen Umständen führt ein Rückgang des Zinsniveaus zu einem Anstieg von Investitions- und Konsumausgaben, also einem Anstieg der gesamtwirtschaftlichen Nachfrage. Ein Anstieg des Zinssatzes bewirkt – wiederum bei sonst unveränderten Umständen – einen Rückgang der Investitions- und Konsumausgaben sowie der gesamtwirtschaftlichen Nachfrage. Damit kann auch die Geldpolitik wie die Fiskalpolitik eingesetzt werden, um eine rezessionsbedingte oder eine inflationäre Produktionslücke zu schließen.

Den Fall einer rezessionsbedingten Produktionslücke zeigt die **Abbildung 30-7**. Die gesamtwirtschaftliche Produktion liegt unter dem Produktionspotenzial. Wir betrachten die kurzfristige gesamtwirtschaftliche Angebotskurve (*SRAS*), die langfristige gesamtwirtschaftliche Angebotskurve (*LRAS*) sowie die zunächst geltende gesamtwirtschaftliche Nachfragekurve (AD_1). Im Ausgangsgleichgewicht E_1 ist die gesamtwirtschaftliche Produktion Y_1 kleiner als das Produktionspotenzial Y_P, was die angesprochene rezessionsbedingte Produktionslücke widerspiegelt. Nehmen wir nun an, die Zentralbank möchte die rezessionsbedingte Produktionslücke schließen und

Abb. 30-7

Expansive Geldpolitik zur Überwindung einer rezessionsbedingten Produktionslücke

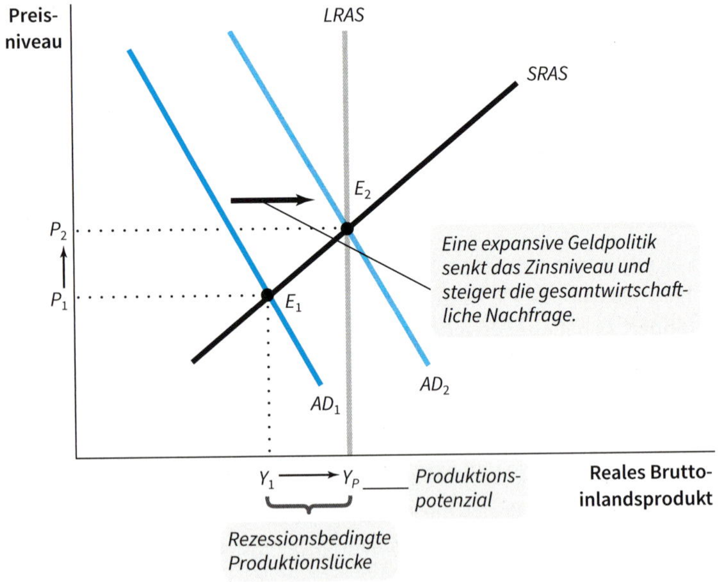

Die gesamtwirtschaftliche Produktion (Y_1) liegt zunächst unter dem Produktionspotenzial (Y_P). Eine expansive Geldpolitik senkt das Zinsniveau und führt dadurch zu einer Rechtsverschiebung der gesamtwirtschaftlichen Nachfragekurve von AD_1 nach AD_2.

dazu die Nachfragekurve nach AD_2 verschieben. Die Zentralbank kann dazu die Geldmenge erhöhen, sodass die Zinssätze sinken und Impulse für Investitions- und Konsumausgaben entstehen. Geldpolitik, die zu einer Steigerung der gesamtwirtschaftlichen Nachfrage führt, bezeichnet man als **expansive Geldpolitik**. Wirtschaftsjournalisten sprechen oftmals von einer »lockereren« Geldpolitik.

Die **Abbildung 30-8** behandelt den umgekehrten Fall einer inflationären Produktionslücke. Wiederum betrachten wir die kurzfristige Angebotskurve (*SRAS*), die langfristige Angebotskurve (*LRAS*) und die anfängliche gesamtwirtschaftliche Nachfragekurve AD_1. Im Ausgangsgleichgewicht (E_1) liegt nun die tatsächliche gesamtwirtschaftliche Produktion (Y_1) über dem Produktionspotenzial (Y_P), sodass eine inflationäre Produktionslücke besteht. Wie bereits erwähnt, versuchen die Zentralbanken oftmals gegen die Inflation vorzugehen, indem sie inflationäre Produktionslücken beseitigen. Gegen die inflationäre Produktionslücke in der Abbildung 30-8 kann die Zentralbank mit einer Zinserhöhung vorgehen, die zu einer Linksverschiebung der gesamtwirtschaftlichen Nachfragekurve führt. Eine Geldpolitik, die zur Senkung der gesamtwirtschaftlichen Nachfrage führt, nennt man eine **kontraktive Geldpolitik**. Wirtschaftsjournalisten sprechen bisweilen von einer »strafferen« Geldpolitik.

Kontraktive Geldpolitik ist eine Geldpolitik, die zur Senkung der gesamtwirtschaftlichen Nachfrage führt.

Expansive Geldpolitik ist eine Geldpolitik, die auf eine Steigerung der gesamtwirtschaftlichen Nachfrage hinwirkt.

Das Problem der Nullzins-Untergrenze

Wir haben gelernt, dass die Zentralbank in Krisenzeiten die gesamtwirtschaftliche Nachfrage durch Zinssenkungen steigern kann. Sinkende Zinsen führen zu höheren Konsum- und Investitionsausgaben. Allerdings ist der Handlungsspielraum der Zentralbank bei Zinssenkungen begrenzt, da ein deutlich negativer Zinssatz zu Problemen führt.

Negative Zinssätze wurden als problematisch angesehen, da die Menschen immer die Alternative haben, ihre Geldbestände als Bargeld zu halten, und damit einen Zinssatz von null zu realisieren. Warum sollte jemand mit seinem Geld eine Anleihe kaufen, die einen negativen Zins abwirft, wenn man sein Geld stattdessen in Form von Bargeld halten kann? Dann wird es wenigstens nicht weniger.

Abb. 30-8

Kontraktive Geldpolitik zur Bekämpfung einer inflationären Produktionslücke

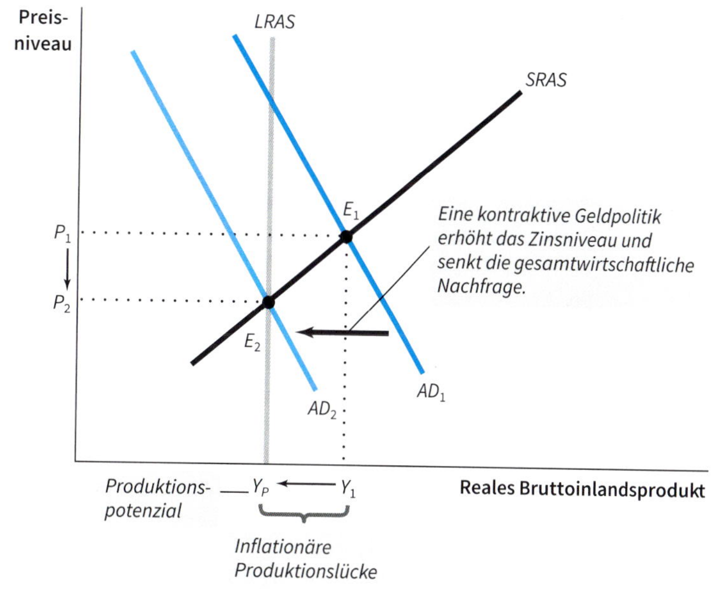

Die gesamtwirtschaftliche Produktion (Y_1) liegt zunächst über dem Produktionspotenzial (Y_P). Eine kontraktive Geldpolitik erhöht das Zinsniveau und führt dadurch zu einer Linksverschiebung der gesamtwirtschaftlichen Nachfragekurve von AD_1 nach AD_2.

Die **Nullzins-Untergrenze** besagt, dass die Zinssätze nicht weit unter die Null-Prozent-Marke fallen können, da deutlich negative Zinsen zu ernsthaften Problemen in der Volkswirtschaft führen.

Bis zum Jahr 2014 gingen Ökonomen daher davon aus, dass die Zinsen eigentlich nicht negativ werden können. Aber in dem Jahr tat die Zentralbank der Schweiz (Schweizerische Nationalbank) das Undenkbare und senkte das Zinsniveau knapp unter null. Es stellte sich heraus, dass selbst bei leicht negativen Zinssätzen die Bereitschaft der Menschen zur Bargeldhaltung begrenzt war. Bargeldhaltung ist nicht umsonst. Man braucht Tresore, um das Bargeld sicher zu verwahren und vor Diebstahl und Verfall zu schützen. Im Jahr 2016 lag der Leitzins in der Schweiz bei −0,75 Prozent. Die EZB folgte der Schweizerischen Nationalbank senkte den Zinssatz für die Einlagefazilität im Sommer 2014 ebenfalls unter null und anschließend in weiteren Schritten bis zum Herbst bis auf −0,5 Prozent ab.

Die Null-Prozent-Marke stellt demnach keine absolute Untergrenze für das Zinsniveau dar. Dennoch hat keine Zentralbank das Zinsniveau deutlich unterhalb der Null-Prozent-Marke festgesetzt. Bei Zinssätzen von −3 Prozent oder −6 Prozent würden die Menschen riesige Mengen Bargeld halten, was das Bankensystem und damit die Volkswirtschaft als Ganze vor gravierende Probleme stellen würde. Damit gibt es faktisch eine **Nullzins-Untergrenze**. Die Zinssätze können nicht weit unter die Null-Prozent-Marke fallen, da deutlich negative Zinsen zu ernsthaften Problemen in der Volkswirtschaft führen.

Die Nullzins-Untergrenze beschränkt somit den Einfluss der Geldpolitik. Mit diesem Problem waren die Zentralbanken erstmals während der Finanz- und Wirtschaftskrise konfrontiert. Auf den starken Einbruch in der gesamtwirtschaftlichen Produktion hätten die Zentralbanken normalerweise mit Zinssenkungen reagiert. Aber nach wiederholten Zinssenkungen Ende 2008 und Anfang 2009 waren weitere Zinssenkungen kaum mehr möglich, da das Zinsniveau schon fast bei null lag.

Die US-amerikanische Zentralbank versuchte dieses Problem durch eine neue geldpolitische Maßnahme zu umgehen, die man als »Quantitative Easing« (auf Deutsch: quantitative Lockerung) bezeichnet. Dabei kauft die Zentralbank statt kurzfristiger Anleihen (mit einer Laufzeit von 3 Monaten) längerfristige Anleihen (mit einer Laufzeit von fünf oder sechs Jahren) auf. Wie wir bereits wissen, bewegen sich die langfristigen Zinsen nicht immer im Gleichschritt mit den kurzfristigen Zinsen. Als die Fed mit dem Quantitative Easing begann, waren die kurzfristigen Zinsen nahe 0 Prozent, während die Zinsen für längerfristige Anleihen zwischen 2 Prozent und 3 Prozent lagen. Die Fed hoffte, durch den direkten Ankauf von längerfristigen Anleihen die langfristigen Zinsen senken zu können, und damit einen stimulierenden Effekt für die Volkswirtschaft zu schaffen.

Später erweiterte die Fed ihr Ankaufprogramm und kaufte auch andere Wertpapiere wie z. B. hypothekenbesicherte Anleihen auf, die eine noch höhere Verzinsung als längerfristige Staatsanleihen aufweisen. Auch hier stand das Ziel dahinter, das Zinsniveau zu senken, um damit die gesamtwirtschaftliche Entwicklung zu stimulieren. Ob die US-amerikanische Zentralbank mit ihrem neuen geldpolitischen Instrument erfolgreich war, lässt sich nicht so einfach sagen. Fest steht, dass die Erholung der US-amerikanischen Volkswirtschaft nach der schweren Krise nur sehr langsam vonstattenging.

Im März 2015 führte auch die EZB ein (zeitlich befristetes) Quantitative Easing Programm ein und kaufte jeden Monat Staatsanleihen und andere Wertpapiere auf. Hintergrund dieser Maßnahme war die unbefriedigende wirtschaftliche Entwicklung im Euroraum und die Gefahr einer sich abzeichnenden Deflation. Das Ziel des Ankaufprogrammes bestand darin, die Inflationsrate im Euroraum wieder in Richtung des Zielwertes von 2 Prozent zu bewegen. Aber im Unterschied zur Fed entschied sich die EZB auch, wie wir bereits wissen, mit dem Zinssatz für die Einlagefazilität einen wichtigen Leitzinssatz unter die Null-Prozent-Marke zu senken.

Inflationssteuerung

Wie entscheidet die Zentralbank darüber, ob sie eine expansive oder eine kontraktive Geldpolitik verfolgen soll? Und wie entscheidet eine Zentralbank darüber, wie viel expansive oder kontraktive Geldpolitik genug ist? Im Kapitel 29 haben wir gelernt, dass die wichtigste Aufgabe der Zentralbank darin besteht, Preisstabilität – eine niedrige Inflationsrate, aber keine Inflationsrate von null – sicherzustellen. Und die Geldpolitik spiegelt dieses Ziel wider.

Die EZB verfolgt bereits seit ihrer Gründung im Jahr 1998 ein Inflationsziel zur Sicherung der Preisstabilität. Unter Preisstabilität verstand die

VERTIEFUNG

Die Taylor-Regel zur Festsetzung der Geldpolitik
Im Jahr 1993 hat der US-Ökonom John Taylor von der Stanford University eine einfache Regel vorgeschlagen, nach der sich eine Zentralbank bei der Festlegung des Zinssatzes richten sollte. Diese Regel berücksichtigt sowohl die konjunkturelle Entwicklung einer Volkswirtschaft als auch die Inflationsrate. Für die Ableitung seiner Regel hat Taylor das Verhalten der Fed (genauer: des Federal Open Market Committees) über einen Zeitraum von mehr als zehn Jahren analysiert. Auf der Grundlage seiner Untersuchung formulierte Taylor eine Gleichung, die als sogenannte »Taylor-Regel« bekannt wurde.
Nach der Taylor-Regel richtet sich die Höhe des Zinssatzes nach der Inflationsrate und der Produktionslücke. Bei der Festlegung des Zinsniveaus soll die Zentralbank auf Abweichungen der tatsächlichen Inflationsrate vom Inflationsziel und auf Abweichungen der gesamtwirtschaftlichen Produktion vom Produktionspotenzial (Produktionslücke) reagieren. Je größer die Differenz zwischen tatsächlicher Inflationsrate und Inflationsziel sowie zwischen realem BIP und Produktionspotenzial ausfällt, desto stärker sollte die Zentralbank das Zinsniveau anheben. Damit unterstellt die Taylor-Regel, dass Abweichungen vom Inflationsziel oder vom Produktionspotenzial durch eine entgegengesetzte Reaktion der Geldpolitik begegnet werden soll. Der grundlegende Unterschied zwischen einer Geldpolitik nach der Taylor-Regel und einer Inflationssteuerung besteht darin, dass eine Geldpolitik der Inflationssteuerung an einer Zielgröße für die Inflationsrate für die Zukunft ausgerichtet ist. Bei der Taylor-Regel reagiert die Geldpolitik dagegen auf Inflationsraten in der Vergangenheit.

EZB mehr als 20 Jahre lang einen jährlichen Anstieg des Preisniveaus von weniger als 2 Prozent (gemessen über die jährliche Änderung des Harmonisierten Verbraucherpreisindex (HVPI) im Euroraum). Mittlerweile hat die EZB ihre geldpolitische Strategie angepasst und strebt mittelfristig ein Inflationsziel von 2 Prozent an. Dieses Inflationsziel ist symmetrisch. Das bedeutet, dass die EZB zumindest zeitweise auch moderat über dem Inflationsziel liegende Inflationsraten akzeptiert.

Die US-amerikanische Zentralbank sah sich lange Zeit auf kein bestimmtes Inflationsziel verpflichtet. Dies änderte sich im Januar 2012, als die Fed bekanntgab, mit ihrer Geldpolitik ebenfalls eine jährliche Preissteigerungsrate von 2 Prozent sicherstellen zu wollen. Mit diesem Schritt folgte die Fed dem Vorbild der EZB und anderer Zentralbanken.

Die Zentralbank formuliert also eine Zielgröße für die Inflationsrate – ein *Inflationsziel*, das sie durch die Geldpolitik sicherstellen möchte. Diese

LÄNDER IM VERGLEICH

Inflationsziele

Die Abbildung zeigt die Inflationsziele von sechs Zentralbanken, die neben der EZB das Konzept der Inflationssteuerung verfolgen. Die Zentralbank von Neuseeland hat die Inflationssteuerung bereits im Jahr 1990 eingeführt. Derzeit liegt das Inflationsziel in einem Intervall zwischen 1 Prozent und 3 Prozent. Die Zentralbanken in Schweden und Kanada haben das gleiche Zielintervall, geben aber zusätzlich noch ein genaues Ziel von 2 Prozent an. Die Zentralbank in Großbritannien (Bank of England) hat ein genaues Inflationsziel von 2 Prozent formuliert. Seit 2012 liegt das Inflationsziel der Fed ebenfalls bei 2 Prozent.
Die geringen Unterschiede in den formulierten Inflationszielen haben letzten Endes keine großen Auswirkungen. Die Zentralbank in Neuseeland ist bestrebt, die Inflationsrate in der Mitte des Zielintervalls zu halten, während die Zentralbanken in Großbritannien, in Norwegen und in den Vereinigten Staaten sich genügend Spielraum um das Inflationsziel herum geben.

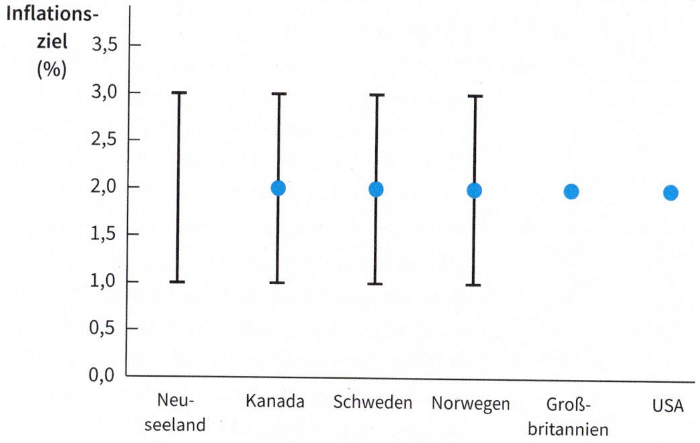

Quellen: Internationaler Währungsfonds, Reserve Bank of New Zeeland, Bank of Canada, Riksbank, Bank of England, Norges Bank, Federal Reserve System

Eine Zentralbank praktiziert eine **Inflationssteuerung**, wenn sie eine Zielgröße für die Inflationsrate formuliert und die geldpolitischen Instrumente einsetzt, um diese Zielgröße zu erreichen.

Form der Geldpolitik bezeichnet man als **Inflationssteuerung**, bei der die Zentralbank eine Zielgröße für die Inflationsrate bekanntgibt und die geldpolitischen Instrumente einsetzt, um diese Zielgröße erreichen. Wegbereiter für die Einführung eines Inflationsziels war die Zentralbank von Neuseeland, die 1990 erstmals eine entsprechende Zielgröße festgelegt hat.

Die Befürworter einer Inflationssteuerung sehen in diesem geldpolitischen Konzept zwei grundlegende Vorteile: *Transparenz* und *Messbarkeit*. Bei einer Inflationssteuerung ist die Geldpolitik der Zentralbank transparent, da die Öffentlichkeit die Zielgröße der Zentralbank für die Inflationsrate kennt. Das reduziert die Unsicherheit über die geldpolitischen Entscheidungen der Zentralbank. Gleichzeitig lässt sich der Erfolg der Geldpolitik ganz einfach daran ablesen, ob die Zentralbank ihr Inflationsziel erreicht oder nicht. Bei einer Inflationssteuerung kann man die Zentralbank an ihren eigenen Zielen messen.

Die Kritiker einer Inflationssteuerung monieren, dass dieses geldpolitische Konzept zu restriktiv ist. Es gibt immer wieder Zeiten, in denen die Geldpolitik andere Prioritäten als das Inflationsziel – wie z. B. die Stabilität des Finanzsystems – verfolgen muss. So fielen die Zinssenkungen der Zentralbanken Ende 2007 und Anfang 2008 deutlich größer aus, als es nach der Inflationssteuerung notwendig gewesen wäre, da die Zentralbanken versuchten, ein Übergreifen der Finanzkrise auf die Realwirtschaft zu verhindern.

Die Wirkung der Geldpolitik auf lange Sicht

Durch den Einsatz expansiver und kontraktiver Geldpolitik kann man eine Volkswirtschaft rascher zu einem langfristigen makroökonomischen Gleichgewicht hinführen. Aber nicht alle geldpolitischen Entscheidungen von Zentralbanken sind angemessen. Manchmal dehnen Zentralbanken die Geldmenge aus, um Staatsausgaben zu finanzieren und nicht um eine rezessionsbedingte Produktionslücke zu beseitigen, was in der Regel zu einer Destabilisierung der Volkswirtschaft führt.

Was geschieht, wenn eine Veränderung der Geldmenge die Volkswirtschaft von ihrem langfristigen Gleichgewicht wegführt und nicht näher an das Gleichgewicht heran? Wir haben bereits gelernt, dass langfristige Gleichgewichte stabil sind, d. h. bei Störungen per Selbststeuerung wieder erreicht werden. Ein Nachfrageschock hat vielleicht nur einen temporären, vorübergehenden Effekt. Sofern der Nachfrageschock nur ein Ergebnis von Geldpolitik ist, kann man vielleicht eine deutlichere Vermutung wagen: Langfristig wirken Geldmengenänderungen lediglich auf das Preisniveau und nicht auf die gesamtwirtschaftliche Produktion oder den Zinssatz. Um dies zu überprüfen, untersuchen wir nun den Fall eines Anstiegs der Geldmenge.

Kurzfristige und langfristige Wirkungen einer Steigerung der Geldmenge. Um die langfristigen Wirkungen einer Erhöhung der Geldmenge zu analysieren, ist es hilfreich zu unterstellen, dass die Zentralbank eine Zielgröße für die Geldmenge und nicht für den Zinssatz verfolgt. Bei der Untersuchung der Auswirkungen einer Erhöhung der Geldmenge greifen wir auf die langfristigen Auswirkungen einer Erhöhung der gesamtwirtschaftlichen Nachfrage zurück, die wir im Kapitel 27 kennengelernt haben.

Abbildung 30-9 zeigt die kurz- und langfristigen Wirkungen einer Erhöhung der Geldmenge, wenn die Volkswirtschaft bei ihrem Produktionspotenzial Y_1 agiert. Die anfängliche kurzfristige gesamtwirtschaftliche Angebotskurve ist $SRAS_1$, die langfristige gesamtwirtschaftliche Angebotskurve *LRAS* und die gesamtwirtschaftliche Nachfragekurve ist AD_1. Das erste gesamtwirtschaftliche Gleichgewicht E_1 wird sowohl als kurzfristiges als auch als langfristiges Gleichgewicht angesehen, weil es sich um einen Punkt auf beiden Angebotskurven handelt. Das reale Bruttoinlandsprodukt ist gleich dem Produktionspotenzial Y_1.

Nun unterstellen wir einen Anstieg der Geldmenge. Durch den ausgelösten Zinsrückgang kommt es zu einem Anstieg der Investitionsausgaben, der zu einem Anstieg der Konsumausgaben führt, und so weiter. Die *AD*-Kurve verschiebt sich nach rechts zu AD_2. Kurzfristig gelangt die Volkswirtschaft in das neue Gleichgewicht E_2. Das Preisniveau steigt von P_1 auf P_2 und das reale Bruttoinlandsprodukt erhöht sich von Y_1 auf Y_2. Kurzfristig steigen also das Preisniveau und die gesamtwirtschaftliche Produktion an.

Doch die gesamtwirtschaftliche Produktion Y_2 liegt über dem Produktionspotenzial. Dadurch

Abb. 30-9

Kurz- und langfristige Wirkungen einer Erhöhung der Geldmenge

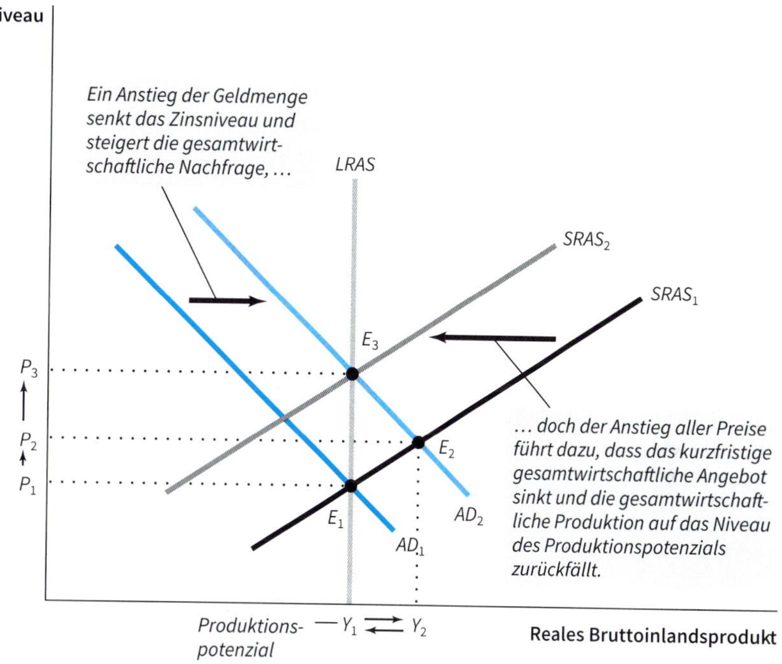

Agiert die Volkswirtschaft bereits bei ihrem Produktionspotenzial, dann führt ein Anstieg der Geldmenge nur kurzfristig zu einer positiven Wirkung, jedoch zu keinem langfristigen Effekt auf das reale Bruttoinlandsprodukt. Wir gehen von E_1 aus, einem Punkt des kurzfristigen und langfristigen Gleichgewichts. Ein Anstieg der Geldmenge führt zu einer Rechtsverschiebung der Kurve AD_1. Die Volkswirtschaft kommt zu einem neuen kurzfristigen Gleichgewicht E_2 und einem neuen realen Bruttoinlandsprodukt Y_2. Doch E_2 ist kein langfristiges Gleichgewicht. Y_2 übersteigt das Produktionspotenzial Y_1, und es kommt im Laufe der Zeit zu einem Anstieg des Preisniveaus. Langfristig verschiebt ein Anstieg der Nominallöhne die kurzfristige gesamtwirtschaftliche Angebotskurve nach links zur neuen Position $SRAS_2$. Die Volkswirtschaft erreicht in E_3 ein neues kurz- und zugleich langfristiges Gleichgewicht auf der *LRAS*-Kurve in Höhe des Produktionspotenzials Y_1. Die einzige langfristige Wirkung einer Erhöhung der Geldmenge besteht in einer Erhöhung des Preisniveaus von P_1 auf P_3.

werden die Nominallöhne ansteigen und die kurzfristige gesamtwirtschaftliche Angebotskurve nach links verschoben. Die Anpassungsvorgänge hören erst auf, wenn die *SRAS*-Kurve bei $SRAS_2$ liegt und das neue Gleichgewicht E_3 (kurz- und zugleich langfristig) erreicht ist. Langfristig steigt das Preisniveau von P_1 auf P_3 an, und die gesamtwirtschaftliche Produktion geht auf das Produktionspotenzial Y_1 zurück. Langfristig bewirkt eine Steigerung der Geldmenge also nur eine Erhöhung des Preisniveaus, nicht jedoch des realen Bruttoinlandsproduktes.

Den Mechanismus einer monetären Kontraktion brauchen wir im Einzelnen nicht zu beschreiben. Aber auch hier kommt man für die lange Frist zu sinngemäß gleichen Aussagen. Ein Rückgang der Geldmenge führt kurzfristig zu einem Rückgang der gesamtwirtschaftlichen Produktion, wobei die Volkswirtschaft entlang der kurzfristigen gesamtwirtschaftlichen Angebotskurve schrumpft. Langfristig jedoch wird lediglich das Preisniveau verringert, das reale Bruttoinlandsprodukt kehrt zum Produktionspotenzial zurück und verharrt dort.

Neutralität des Geldes. Wie stark beeinflusst eine Geldmengenänderung langfristig das Preisniveau? Langfristig führt eine Änderung der Geldmenge zu einer proportionalen Änderung des Preisniveaus. Wenn zum Beispiel die Geldmenge um 25 Prozent zurückgeht, wird langfristig auch das Preisniveau um 25 Prozent fallen. Bei einem Anstieg der Geldmenge um 50 Prozent würde sich langfristig eine Zunahme des Preisniveaus um 50 Prozent einstellen.

Woher können wir das wissen? Dazu stellen wir ein Gedankenexperiment an: Man stelle sich vor, dass sich sämtliche Preise (Preise der Waren und Dienstleistungen des Endverbrauchs und der Produktionsfaktoren) in einer Volkswirtschaft verdoppeln. Gleichzeitig soll sich die Geldmenge verdoppeln. Was geschieht damit bei realer Betrachtung in der Volkswirtschaft? Nichts. Sämtliche realen Variablen – einschließlich des realen BIP und des Realwertes der Geldmenge (also die Menge an Waren und Dienstleistungen, die man damit kaufen kann) – bleiben unverändert. Niemand wird somit sein Verhalten ändern.

Die Feststellung können wir umkehren: Wenn die Volkswirtschaft vom langfristigen makroökonomischen Gleichgewicht ausgeht und sich die Geldmenge verändert, so erfordert die Wiederherstellung des Gleichgewichts, dass sich alle realen Variablen auf ihre ursprünglichen Werte einpegeln. Man muss also den realen Wert der Geldmenge auf das ursprüngliche Niveau bringen. Sofern die Geldmenge um 25 Prozent fällt, muss das Preisniveau um 25 Prozent zurückgehen. Falls die Geldmenge um 50 Prozent steigt, muss das Preisniveau um 50 Prozent steigen usw.

Von **Neutralität des Geldes** spricht man, wenn Veränderungen der Geldmenge keine realen Wirkungen auf die Volkswirtschaft haben.

Die Betrachtung veranschaulicht eine Konzeption, die als **Neutralität des Geldes** bekannt ist. Die Veränderungen der Geldmenge haben keine realen Wirkungen auf die Volkswirtschaft (keine Effekte auf das reale Bruttoinlandsprodukt und seine Komponenten). Die einzige Auswirkung der Erhöhung der Geldmenge besteht in einer prozentual gleich großen Steigerung des Preisniveaus. Ökonomen sagen dazu, dass Geld *langfristig neutral* ist.

Bei dieser Gelegenheit darf man den bekannten Spruch von John Maynard Keynes noch einmal zitieren: »Langfristig sind wir alle tot.« Auf lange Sicht haben Änderungen der Geldmenge keinerlei Wirkung auf das reale Bruttoinlandsprodukt, die Zinssätze oder sonstige Variablen – ausgenommen das Preisniveau. Doch daraus darf man nicht schließen, dass die Zentralbank überflüssig ist. Im Gegenteil, auf kurze Sicht hat die Geldpolitik einen großen Einfluss auf die Volkswirtschaft – und macht oft den Unterschied zwischen einer Rezession und Expansion aus. Und das wiederum ist entscheidend für die gesellschaftliche Wohlfahrt.

Veränderungen der Geldmenge und der Zinssatz auf lange Sicht. Kurzfristig führt ein Anstieg der Geldmenge zu einer Senkung des Zinsniveaus und ein Rückgang der Geldmenge bewirkt einen Anstieg des Zinsniveaus. Langfristig jedoch verändern Geldmengenänderungen den Zinssatz nicht.

Die **Abbildung 30-10** verdeutlicht, warum das so ist. Die Abbildung zeigt die Geldangebotskurve und die Geldnachfragekurve vor und nach einer Erhöhung der Geldmenge durch die Zentralbank. Wir gehen davon aus, dass sich die Volkswirt-

Abb. 30-10

Die langfristige Bestimmung des Zinssatzes

Kurzfristig führt eine Erhöhung der Geldmenge von $\bar{M}_1$ auf $\bar{M}_2$ zu einer Senkung des Gleichgewichtszinssatzes von r_1 auf r_2, und die Volkswirtschaft bewegt sich zum Punkt E_2, dem neuen kurzfristigen Gleichgewicht. Langfristig jedoch steigt das Preisniveau proportional zur Erhöhung der Geldmenge an, sodass die Geldnachfrage bei jedem beliebigen Zinssatz proportional zum Anstieg des Preisniveaus zunimmt und sich die Geldnachfragekurve von MD_1 zu MD_2 verschiebt. Im Ergebnis nimmt die nachgefragte Geldmenge bei jedem Zinssatz im gleichen Ausmaß zu, wie die angebotene Geldmenge gestiegen ist. Die Volkswirtschaft bewegt sich zum langfristigen Gleichgewicht im Punkt E_3 und der Zinssatz kehrt zu seinem Ausgangsniveau r_1 zurück.

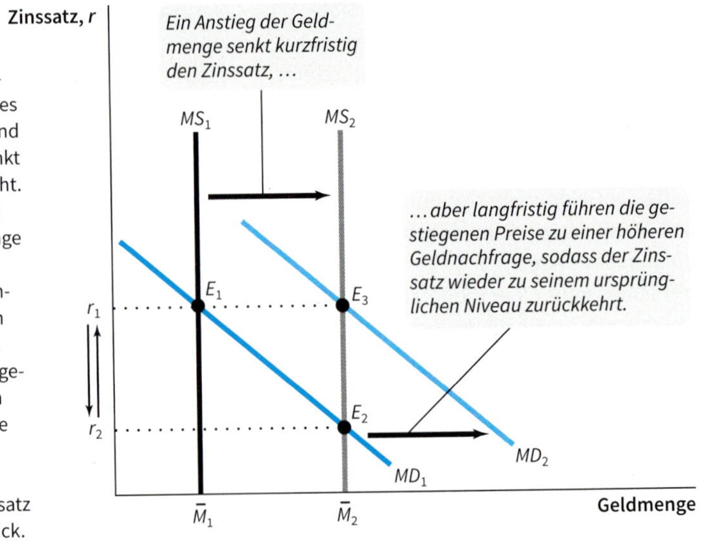

schaft zu Beginn im Punkt E_1 befindet, dem langfristigen makroökonomischen Gleichgewicht beim Produktionspotenzial und der Geldmenge $\overline{M}_1$. Der gleichgewichtige Zinssatz r_1 wird durch den Schnittpunkt der Geldnachfragekurve MD_1 mit der Geldangebotskurve MS_1 bestimmt.

Nun betrachten wir einen Anstieg der Geldmenge von $\overline{M}_1$ auf $\overline{M}_2$. Dadurch bewegt sich die Volkswirtschaft kurzfristig von E_1 nach E_2 und der Zinssatz von r_1 auf r_2. Im Verlauf der Zeit aber steigt das Preisniveau, was die Geldnachfrage erhöht, sodass sich die Geldnachfragekurve von MD_1 zu MD_2 verschiebt. Die Volkswirtschaft bewegt sich zu einem neuen langfristigen Gleichgewicht im Punkt E_3 und der Zinssatz kehrt zu seinem Ausgangsniveau r_1 zurück.

Es zeigt sich, dass der langfristige Gleichgewichtszinssatz dem ursprünglichen Zinsniveau r_1 entspricht. Dafür gibt es zwei Gründe. Zunächst einmal wissen wir, dass aufgrund der Neutralität des Geldes das Preisniveau langfristig proportional zur Geldmenge wächst. Steigt also die Geldmenge z. B. um 50 Prozent an, dann wird das Preisniveau auch um 50 Prozent wachsen. Außerdem verhält sich auch die Geldnachfrage proportional zum Preisniveau.

Damit führt ein Anstieg der Geldmenge um 50 Prozent zum einem Anstieg des Preisniveaus um 50 Prozent, wodurch wiederum die bei jedem Zinssatz nachgefragte Geldmenge um 50 Prozent zunimmt. Damit steigt die zum ursprünglichen Zinssatz r_1 nachgefragte Geldmenge im gleichen Ausmaß wie das Geldangebot, sodass der Zinssatz r_1 weiterhin den Gleichgewichtszinssatz darstellt. Auf lange Sicht haben Änderungen der Geldmenge keinen Einfluss auf den Zinssatz.

WISSENSCHAFT UND PRAXIS

Internationale Belege für die Neutralität des Geldes

Gegenwärtig betreiben die wohlhabenden Volkswirtschaften eine ziemlich ähnliche Geldpolitik. Jedes größere Land hat eine unabhängige Zentralbank, die keinen tagespolitischen Zwängen unterliegt. Bei Gruppen von Ländern – wie im Fall des Euroraums – ist dies ähnlich. Alle Zentralbanken versuchen das Preisniveau stabil zu halten, was sich in der Praxis mit Inflationsraten von 2 bis 3 Prozent pro Jahr zeigt.

Wenn wir jedoch über längere Zeiträume zurückschauen und eine größere Gruppe von Ländern betrachten, sehen wir bemerkenswerte Unterschiede im Wachstum der Geldmengen. Von 1983 bis 2018 stieg die Geldmenge in einigen Ländern nur um wenige Prozent an (wie etwa in der Schweiz oder in den USA). In ärmeren Ländern (etwa Südafrika und Mexiko) kam es zu einem erheblich stärkeren Anstieg. Daraus können wir Schlussfolgerungen für die langfristigen Wirkungen auf das Preisniveau ableiten.

Die **Abbildung 30-11** zeigt für den Zeitraum von 1983 bis 2018 für eine Stichprobe von Ländern einen Vergleich. Jeder einzelne Punkt repräsentiert ein Land. Verliefen Anstieg der Geldmenge und Veränderungen des Preisniveaus genau gleichschrittig oder parallel, so lägen alle Punkte auf einer Winkelhalbierenden von 45 Grad. Zu dieser exakten Ausrichtung kommt es nach den statistischen Daten aus der Praxis nicht, weil außer der Geldmenge noch andere Faktoren auf das volkswirtschaftliche Geschehen einwirken. Doch das Streudiagramm ist von dem Bild der 45-Grad-Linie nicht allzu weit entfernt. Die Vermutung einer parallelen Entwicklung von Geldmenge und Preisniveau aufgrund der Neutralität des Geldes wird in etwa von den statistischen Daten gestützt.

Abb. 30-11: Der langfristige Zusammenhang von Geldmenge und Inflation

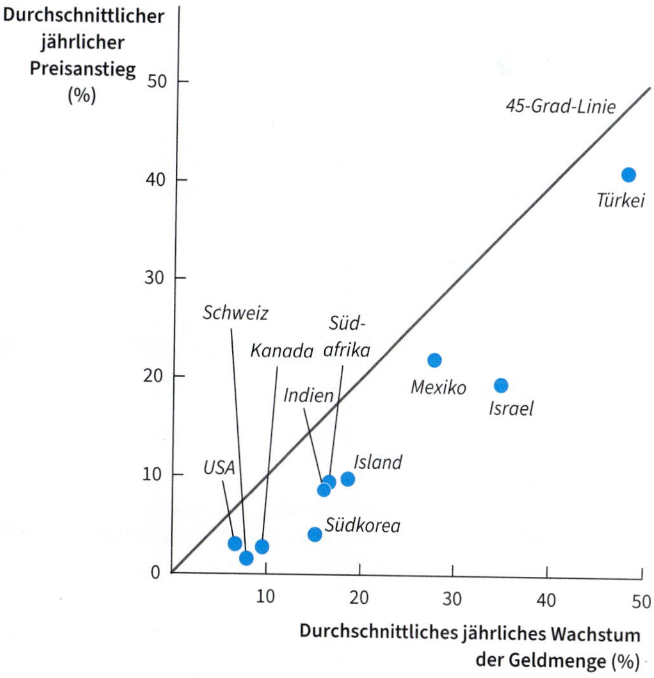

Quelle: Federal Reserve Bank of St. Louis

Kurzzusammenfassung

- Eine Zentralbank kann **expansive Geldpolitik** einsetzen, um die gesamtwirtschaftliche Nachfrage zu stützen und **kontraktive Geldpolitik** anwenden, um die gesamtwirtschaftliche Nachfrage zu senken.
- Es gibt eine **Nullzins-Untergrenze**, die die Wirksamkeit der Geldpolitik begrenzt.
- Die meisten Zentralbanken verfolgen in ihrer Geldpolitik das Konzept der **Inflationssteuerung**. Dabei wird eine Zielgröße für die Inflationsrate für die Zukunft festgelegt. Sowohl die EZB als auch die Fed haben ein Inflationsziel von 2 Prozent pro Jahr festgelegt.
- Aufgrund der **Neutralität des Geldes** führen Veränderungen der Geldmenge weder zu Änderungen des realen Bruttoinlandsproduktes noch des Zinsniveaus. Nur das Preisniveau ändert sich. Ökonomen glauben, dass Geld langfristig neutral ist.
- Langfristig wird der gleichgewichtige Zinssatz der Volkswirtschaft durch Änderungen der Geldmenge nicht beeinflusst.

ÜBERPRÜFEN SIE IHR WISSEN

1. Die Volkswirtschaft weist eine rezessionsbedingte Produktionslücke auf und die Zentralbank setzt dagegen expansive Geldpolitik ein. Beschreiben Sie die kurzfristigen Wirkungen der Politik auf die nachfolgenden Größen:
   a. Geldangebotskurve
   b. Gleichgewichtszinssatz
   c. Investitionsausgaben
   d. Konsumausgaben
   e. gesamtwirtschaftliche Produktion
2. Die Zentralbank erhöht die Geldmenge um 25 Prozent, obwohl sich die Volkswirtschaft in einem kurz- und langfristigen makroökonomischen Gleichgewicht befindet. Beschreiben Sie die kurzfristigen und die langfristigen Wirkungen auf nachfolgende Größen:
   a. gesamtwirtschaftliches Produktionsniveau
   b. Preisniveau
   c. Zinssatz
3. Warum kann die Geldpolitik die Volkswirtschaft nur auf kurze Sicht beeinflussen, aber nicht langfristig?

Unternehmen in Aktion: Geld bei PayPal parken

Fast jeder, der im Internet einkauft, kennt und nutzt PayPal zum Bezahlen seiner Einkäufe. Dennoch ist PayPal keine Bank. Die Finanzaufsichtsbehörden stufen PayPal als Geldübermittler (*Money Transmitter*) ein: ein Unternehmen, das für Kunden Zahlungen durchführt, aber keine Einlagen hält und sichert.

Viele Kunden sammeln jedoch beträchtliche Geldbeträge auf ihrem PayPal-Konto an. Sie belassen die Geldeingänge, die sie erhalten, einfach auf ihrem PayPal-Konto, bis sie das Geld für Zahlungen benötigen. Damit wird PayPal für viele Menschen zu einem digitalen Portemonnaie. Allein im Jahr 2019 befanden sich mehr als 22,5 Milliarden Dollar auf den Konten der PayPal-Nutzer. Zählten diese Geldbeträge als Bankeinlagen, würde PayPal zu den 70 größten Banken in den Vereinigten Staaten gehören.

Auf den ersten Blick ist es schwer verständlich, warum die PayPal-Nutzer so hohe Geldbeträge auf ihren PayPal-Konten halten. Schließlich sind diese Geldsummen nicht durch die staatliche Einlagensicherung abgesichert. Und dann gibt es für die Geldbeträge auch keine Zinsen. Bei näherer Betrachtung zeigt sich allerdings, dass der Verhalten der PayPal-Nutzer aus ökonomischer Sicht doch sinnvoll ist. In der Regel halten die PayPal-Nutzer nur einen sehr geringen Teil ihres Vermögens auf ihrem PayPal-Konto, sodass die nicht vorhandene Einlagensicherung ein vertretbares Risiko darstellt. Und die Zinsen auf Sichteinlagen bei Banken sind heutzutage so niedrig, dass man den Verlust von Zinszahlungen locker verschmerzen kann, wenn man dadurch nicht ständig Geld zwischen seinem PayPal-Konto und seinem Bankkonto hin und her schieben muss.

Ob sich PayPal in der Zukunft als ernstzunehmende Alternative zu einem klassischen Bankkonto entwickelt, bleibt abzuwarten. Einige Analysten sehen diese Möglichkeit durchaus als realistisch an. Andere Experten verweisen darauf, dass neue, einfachere Zahlungssysteme der Banken und die auf lange Sicht steigenden Zinsen dazu führen werden, dass die Kunden ihr Geld wieder stärker als Sichteinlagen halten.

FRAGEN

1. Die Geldbeträge auf den PayPal-Konten zählen nicht zur Geldmenge. Wie denken Sie darüber?
2. Im Jahr 2010 waren 10 Prozent aller Mobiltelefone in den Vereinigten Staaten Smartphones. Nur zehn Jahre später hatte fast jeder ein Smartphone. Wie passt dieser Trend zur Erfolgsgeschichte von PayPal und welche Auswirkungen auf die Entwicklung des Geldwesens im Allgemeinen sehen Sie dadurch?
3. Inwieweit könnten Entscheidungen des Federal Open Market Committee (FOMC) die Zukunft von PayPal und anderen Zahlungsdienstleistern beeinflussen?

Zusammenfassung

1. Die **Geldnachfragekurve** entsteht aus einem Zielkonflikt zwischen den Opportunitätskosten und dem Nutzen der Bargeldhaltung. Die Opportunitätskosten der Kassenhaltung bestehen in **kurzfristigen Zinssätzen**, aber nicht in **langfristigen Zinssätzen**. Veränderungen des Preisniveaus, Veränderungen des realen BIP, Veränderungen auf den Kreditmärkten und im Bankgeschäft sowie institutionelle Veränderungen im Bank- und Kreditwesen verschieben die Geldnachfragekurve.
2. Das **Liquiditätspräferenzmodell des Zinssatzes** unterstellt, dass sich der Zinssatz auf dem Geldmarkt bildet und mit der Geldnachfragekurve sowie der **Geldangebotskurve** erklärt werden kann. Durch die Verschiebung der Geldangebotskurve kann die Zentralbank den kurzfristigen Zinssatz ändern. Obwohl die langfristigen Zinsen nicht zwangsläufig den kurzfristigen Zinsen folgen, spiegeln die langfristigen Zinsen die Erwartungen über die zukünftige Entwicklung der kurzfristigen Zinsen wider.
3. **Expansive Geldpolitik** senkt das Zinsniveau durch eine Ausweitung der Geldmenge. Dadurch steigen die Investitionsausgaben und die Konsumausgaben, was kurzfristig zu einem Anstieg der gesamtwirtschaftlichen Nachfrage und des realen BIP führt. **Kontraktive Geldpolitik** erhöht das Zinsniveau durch eine Verknappung der Geldmenge. Dadurch sinken die Investitionsausgaben und die Konsumausgaben, was kurzfristig zu einem Rückgang der gesamtwirtschaftlichen Nachfrage und des realen BIP führt.

SCHLÜSSELBEGRIFFE

- kurzfristige Zinssätze
- langfristige Zinssätze
- Geldnachfragekurve
- Liquiditätspräferenzmodell des Zinssatzes
- Geldangebotskurve
- expansive Geldpolitik
- kontraktive Geldpolitik
- Nullzins-Untergrenze
- Inflationssteuerung
- Neutralität des Geldes

4. Die Europäische Zentralbank, die Fed und andere Zentralbanken sind bestrebt, die Preisentwicklung zu steuern und die gesamtwirtschaftliche Entwicklung zu stabilisieren. Dazu versuchen sie, Schwankungen der gesamtwirtschaftlichen Produktion um das Produktionspotenzial zu begrenzen und gleichzeitig die Inflationsrate gering zu halten. Es gibt eine **Nullzins-Untergrenze**, die die Wirksamkeit der Geldpolitik begrenzt. Die meisten Zentralbanken verfolgen in ihrer Geldpolitik das Konzept der **Inflationssteuerung**. Dabei wird eine Zielgröße für die Inflationsrate für die Zukunft festgelegt.
5. Langfristig beeinflussen Änderungen der Geldmenge nur das Preisniveau, nicht aber das reale BIP oder den Zinssatz. Empirische Daten zeigten, dass das Konzept der **Neutralität des Geldes** zutrifft: Änderungen der Geldmenge haben langfristig keine realen Wirkungen auf die Volkswirtschaft.

Anhang zu 30

Die zwei Modelle zur Erklärung des Zinssatzes zusammenführen

Im Liquiditätspräferenzmodell des Zinssatzes im Kapitel 30 ergab sich der Gleichgewichtszinssatz bei nachgefragter und angebotener Geldmenge. Inwiefern verträgt sich dieser Ansatz mit dem Kreditmarktmodell zur Zinssatzerklärung aus dem Kapitel 25? In diesem zweiten Modell folgt der gleichgewichtige Zinssatz aus der Übereinstimmung von angebotenen Krediten der Sparer und nachgefragten Krediten der Investoren. Können diese beiden Modelle zur Erklärung des Zinssatzes zusammengeführt werden? Ja, das geht. Wir werden dies in zwei Schritten tun und uns dabei erst mit der kurzfristigen Sicht und anschließend mit der langfristigen Sicht beschäftigen.

30A.1 Die kurzfristige Bestimmung des Zinssatzes

Wie bereits in Kapitel 30 besprochen, führt ein Rückgang des Zinsniveaus zu einem Anstieg der Investitionsausgaben *I*, welcher dann wiederum einen Anstieg des realen BIP und einen Anstieg der Konsumausgaben *C* bewirkt. Der Anstieg des realen BIP führt jedoch nicht nur zu einem Anstieg der Konsumausgaben. Es ergibt sich auch ein Zuwachs der Ersparnisse. Auf jeder Stufe des Multiplikatorprozesses wird ein gewisser Teil des Einkommenszuwachses gespart. Um wie viel steigen die Ersparnisse an?

Wir schauen auf die im Kapitel 25 eingeführte *Identität von Ersparnissen und Investitionsausgaben*. Danach sollen – und dies wird oftmals als verwirklicht angenommen – Ersparnis- und Investitionsvolumen übereinstimmen. *Wenn also ein Rückgang des Zinssatzes zu höheren Investitionsausgaben führt, so ergibt der Anstieg des realen BIP hinreichend viele zusätzliche Ersparnisse für die zusätzlichen Investitionsausgaben.* Anders ausgedrückt, kann man auch sagen, dass nach einem Rückgang des Zinssatzes das Volumen der angebotenen Ersparnisse im Gleichschritt mit dem Volumen der nachgefragten Ersparnisse ansteigt. Dieser Zusammenhang ist entscheidend, um die Zusammenführung der beiden Modelle zur Erklärung des Zinssatzes verstehen zu können.

Wie unsere beiden Modelle der Zinssatzerklärung auf kurze Sicht miteinander vereinbar sind, wird aus der **Abbildung 30A-1** ersichtlich. Diagramm (a) entspricht dem Liquiditätspräferenzmodell der Zinsbestimmung. MS_1 und MD sind die anfänglichen Kurven von Geldangebot und Geldnachfrage. Entsprechend dem Liquiditätspräferenzmodell stellt sich ein Gleichgewichtszinssatz ein, bei dem Geldangebot und Geldnachfrage übereinstimmen. Diagramm (b) bildet das Modell des Kreditmarktes zur Zinssatzbestimmung ab. S_1 ist die anfängliche Kreditangebotskurve und D die anfängliche Kreditnachfragekurve. Der Gleichgewichtszinssatz r_1 nach diesem Modell stellt sich bei Übereinstimmung von angebotenen und nachgefragten Kreditmitteln ein.

In der Abbildung 30A-1 befinden sich beide Märkte – der Geldmarkt und der Kreditmarkt – anfangs beim gleichen Zinssatz r_1 im Gleichgewicht. Man denkt, das ist vielleicht zufällig so, doch man erkennt schnell, dass dies stets zutrifft. Um dies einzusehen, stellen wir uns vor, dass die Zentralbank das Geldangebot von $\overline{M}_1$ auf $\overline{M}_2$ erhöht. Im Diagramm (a) wird die Geldangebotskurve rechts

30A.1 Die zwei Modelle zur Erklärung des Zinssatzes zusammenführen
Die kurzfristige Bestimmung des Zinssatzes

Abb. 30A-1

Die kurzfristige Bestimmung des Zinssatzes

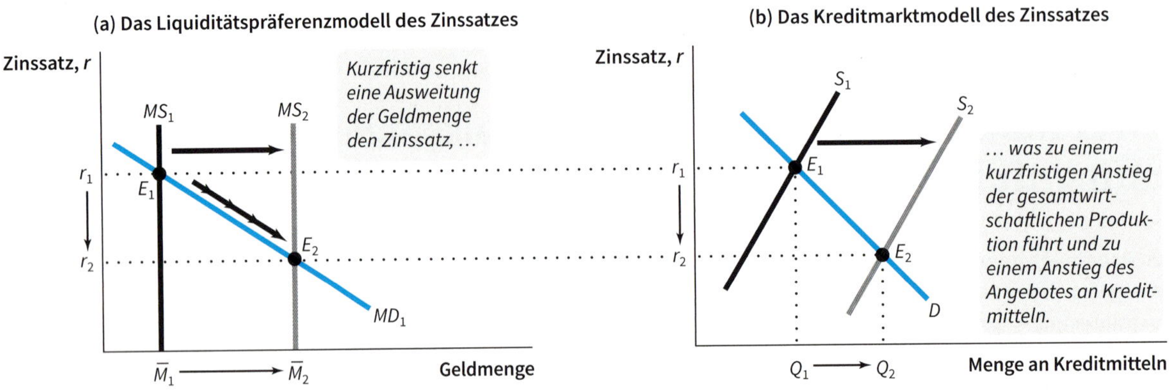

Diagramm (a) zeigt das Liquiditätspräferenzmodell der Zinssatzbestimmung: Der Gleichgewichtszinssatz bringt Geldangebot und Geldnachfrage zur Übereinstimmung. Kurzfristig wird der Zinssatz auf dem Geldmarkt bestimmt, wobei eine Erhöhung des Geldangebotes von $\overline{M}_1$ auf $\overline{M}_2$ den Gleichgewichtszinssatz von r_1 auf r_2 absenkt. Diagramm (b) zeigt das Kreditmarktmodell der Zinssatzbestimmung: Der Rückgang des Zinssatzes auf dem Geldmarkt führt durch den Multiplikatoreffekt zu einem Anstieg der gesamtwirtschaftlichen Produktion und der Ersparnisse. Die Rechtsverschiebung der Kreditangebotskurve von S_1 auf S_2 und die Absenkung des Zinssatzes von r_1 auf r_2 stellen sich ein. Endergebnis: Im neuen Gleichgewicht stimmen die Zinssätze r_2 sowohl nach dem Modell des Diagramms (a) als auch nach dem Modell des Diagramms (b) überein.

nach MS_2 verschoben, und der Gleichgewichtszinssatz auf dem Geldmarkt fällt auf r_2. Was geschieht nun im Diagramm (b), auf dem Markt für Kreditmittel? Kurzfristig führt der Rückgang des Zinssatzes zu einem Anstieg des realen Bruttoinlandsproduktes, der über den Multiplikatorprozess zusätzliche Ersparnisse schafft. Der Anstieg der Ersparnisse verschiebt das Kreditangebot von S_1 zu S_2 nach rechts, wodurch auch auf diesem Markt der Zinssatz sinkt. Wie wir wissen, decken sich Anstieg der Ersparnisse und Anstieg der Investitionsausgaben. Wir sehen, dass der Gleichgewichtszinssatz auch hier auf r_2 heruntergeht wie im Diagramm (a).

Kurzfristig bestimmen Angebot und Nachfrage auf dem Geldmarkt den Zinssatz, und der Kreditmarkt folgt der Vorgabe des Geldmarktes. Führt eine Änderung der Geldmenge zu einer Veränderung des Zinssatzes, so ergibt sich mit der folgenden Änderung des realen BIP auch eine Veränderung des Angebotes von Kreditmitteln. Endergebnis: Der Gleichgewichtszinssatz auf dem Geldmarkt und der Gleichgewichtszinssatz auf dem Kreditmarkt stimmen überein.

Festzuhalten und zu überdenken ist die Formulierung »kurzfristig«. Veränderungen der gesamtwirtschaftlichen Nachfrage vermögen das gesamtwirtschaftliche Angebot nur auf kurze Sicht zu beeinflussen. Deshalb gilt unsere Darstellung, wie ein Zinssatzrückgang zu einem Anstieg der gesamtwirtschaftlichen Produktion führt, der wiederum eine Steigerung der Ersparnisse bewirkt, nur für die kurzfristige Betrachtung.

Wie wir gleich sehen werden, stellen sich bei langfristiger Betrachtung andere Ergebnisse ein, weil sich der Zusammenhang der beiden Märkte umkehrt. Langfristig ist der Kreditmarkt für die Zinssatzbestimmung ausschlaggebend, während der Geldmarkt diesem Markt mit einer gewissen Verzögerung folgt.

30A.2 Die langfristige Bestimmung des Zinssatzes

Kurzfristig führt ein Anstieg der Geldmenge zu einer Senkung des Zinsniveaus und ein Rückgang der Geldmenge bewirkt einen Anstieg des Zinsniveaus. Langfristig jedoch verändern Geldmengenänderungen den Zinssatz nicht.

Die **Abbildung 30A-2** zeigt den Grund dafür. Wie Abbildung 30A-1 zeigt Diagramm (a) der Abbildung 30A-2 das Liquiditätspräferenzmodell der Zinssatzbestimmung. In Diagramm (b) sind Angebot und Nachfrage für Kreditmittel dargestellt. Beide Diagramme gehen von einem Ausgangsgleichgewicht in E_1 aus (das langfristige Gleichgewicht beim Produktionspotenzial und der gegebenen Geldmenge $\overline{M}_1$). Die Nachfragekurve für Kredite ist D, die anfängliche Angebotskurve für diese Kredite S_1. Der Zinssatz liegt im Ausgangsgleichgewicht bei r_1.

Nun betrachten wir den Anstieg des Geldangebotes von $\overline{M}_1$ auf $\overline{M}_2$. Wie in Abbildung 30A-1 kommt es zunächst zu einer Senkung des Zinssatzes auf r_2. Auf der Grundlage der Neutralität des Geldes wissen wir, dass langfristig das Preisniveau so stark ansteigt wie die Geldmenge. Gleichzeitig nimmt auch die Geldnachfrage im gleichen Ausmaß wie das Preisniveau zu. Langfristig verschiebt sich damit die Geldnachfragekurve durch die Reaktion der Geldnachfrage auf die gestiegenen Preise zu MD_2 und bringt damit den Gleichge-

Abb. 30A-2

Die langfristige Bestimmung des Zinssatzes

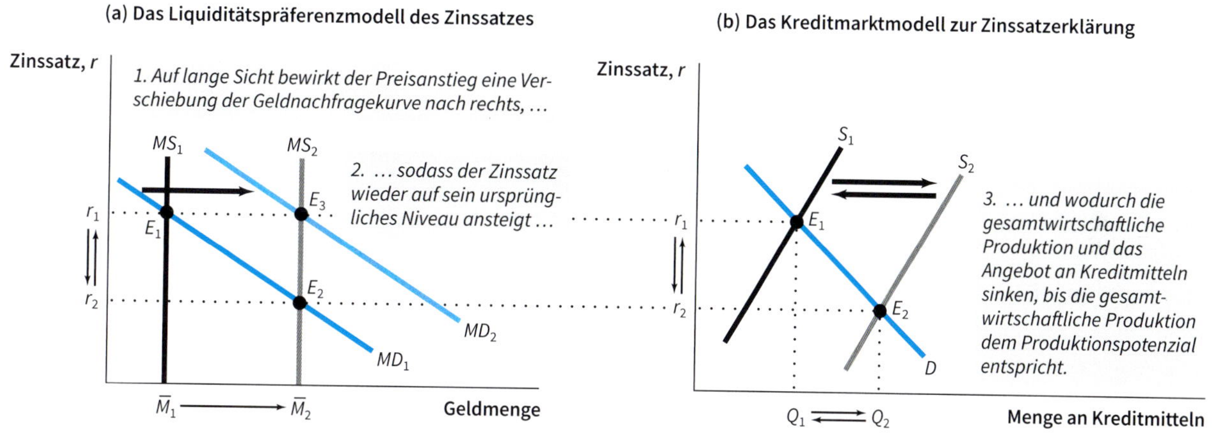

Diagramm (a) zeigt die langfristigen Anpassungen im Liquiditätspräferenzmodell bei einer Erhöhung der Geldmenge von $\overline{M}_1$ auf $\overline{M}_2$; Diagramm (b) illustriert die entsprechenden langfristigen Anpassungen im Kreditmarkt. Jeder der beiden Märkte beginnt im Gleichgewicht E_1, dem langfristigen makroökonomischen Gleichgewicht im Produktionspotenzial und dem Zinssatz r_1. Wie wir aus Abbildung 30A-1 wissen, kommt es durch den Anstieg der Geldmenge kurzfristig zu einer Senkung des Gleichgewichtszinssatzes von r_1 auf r_2, zu einem Anstieg der gesamtwirtschaftlichen Produktion sowie zu höheren Ersparnissen. Dies zeigt sich in der Abbildung durch die Bewegung vom Punkt E_1 zum Punkt E_2.

Langfristig jedoch erhöht die Geldmengenausweitung die Nominallohnsätze und andere nominale Preise. Dadurch verschiebt sich die Geldnachfragekurve in Diagramm (a) von MD_1 zu MD_2 und verursacht einen Zinsanstieg von r_2 auf r_1. Die Volkswirtschaft bewegt sich vom Punkt E_2 zum Punkt E_3. Durch den Zinsanstieg sinken die gesamtwirtschaftliche Produktion und die Ersparnisse, sodass sich die Angebotskurve für Kreditmittel von S_2 zurück nach S_1 verschiebt und der Kreditmarkt vom Punkt E_2 zurück zu E_1 wandert. Der langfristige Zinssatz ergibt sich durch das Angebot und die Nachfrage auf dem Kreditmarkt, die sich einstellen, wenn die gesamtwirtschaftliche Produktion dem Produktionspotenzial entspricht.

wichtszinssatz auf sein ursprüngliches Niveau r_1 zurück.

Im Diagramm (b) der Abbildung 30A-2 sind die Reaktionen auf dem Kreditmarkt dargestellt. Kurzfristig bewirkt der Anstieg der Geldmenge einen Anstieg des realen BIP und verschiebt die Angebotskurve für Kreditmittel nach rechts von S_1 zu S_2. Auf lange Sicht jedoch geht das reale BIP mit steigenden Löhnen und Preisen wieder auf sein Ausgangsniveau zurück. Dadurch verschiebt sich auch die Angebotskurve für Kreditmittel von S_2 zurück zu S_1.

Langfristig verändern geldpolitische Maßnahmen nicht das Zinsniveau. Wodurch wird also der langfristige Zinssatz r_1 in der Abbildung 30A-2 bestimmt? Die Antwort lautet: durch Angebot und Nachfrage auf dem Kreditmarkt. Langfristig handelt es sich um den Zinssatz, der Kreditangebot und Kreditnachfrage zum Ausgleich bringt, die sich beim Produktionspotenzial einstellen.

31 Inflation, Desinflation und Deflation

LERNZIELE

- Warum eine Ausweitung der Geldmenge durch den Druck von Banknoten zu hohen Inflationsraten und Hyperinflation führen kann.
- Wie die **Phillips-Kurve** den kurzfristigen Zusammenhang zwischen Inflationsrate und Arbeitslosenquote beschreibt.
- Warum es keinen langfristigen Zusammenhang zwischen Inflationsrate und Arbeitslosenquote gibt.
- Weshalb es schwierig ist, selbst moderate Inflationsraten zu senken.
- Warum Deflation ein Problem für die Wirtschaftspolitik ist.

Fast eine Million Bolivar für eine Tasse Kaffee

Im Jahr 2015 begann die Regierung Venezuelas damit, immer seltener Wirtschaftsdaten zu veröffentlichen. Es hatte den Anschein, als wollte die Regierung den schlechten Zustand der venezolanischen Volkswirtschaft vor der Welt verbergen, vor allem das Ausmaß der galoppierenden Inflation. Aber die Weltöffentlichkeit ließ sich dadurch nicht täuschen.

Unabhängige Beobachter entwickelten eigene Indizes zur Abschätzung der Inflation. Die Nachrichtenagentur Bloomberg News begann beispielsweise damit, einen »Café con leche«-Preisindex zu veröffentlichen, der die Preisentwicklung des Lieblingsgetränks in Venezuela abbildete. Und die Menschen vor Ort merkten sehr wohl, dass der Wert der Landeswährung (Bolivar) ins Bodenlose fiel, und versuchten, das Geld so schnell wie möglich wieder loszuwerden. Ladenbesitzer legten ihren Einnahmen nicht in die Kasse, sondern gingen mit dem Geld los, um neue Waren zu kaufen. Clevere Geschäftsleute kauften Waren auf, die der staatlichen Preiskontrolle unterlagen, und schmuggelten die Waren ins Ausland, um sie dort gewinnbringend zu verkaufen. Und jeder versuchte auf dem Schwarzmarkt, Bolivar gegen Dollar zu tauschen.

Im Jahr 2019 veröffentlichte die Zentralbank Venezuelas dann wieder Inflationsdaten. Und diese Daten bestätigten, was alle längst wussten. Im Jahr 2016 hatte die Inflationsrate bei »lediglich« 274 Prozent gelegen, im Jahr 2018 dann schon bei 130.000 Prozent. In den Folgejahren ist die Inflationsrate dann wieder gesunken. Dennoch lag die jährliche Preissteigerung im Jahr 2021 immer noch bei rund 700 Prozent.

Auch wenn die Inflationsrate in Venezuela unglaublich hoch erscheint, sind Preissteigerungsraten in diesem Ausmaß kein Novum. Im Jahr 2008 lag die Inflationsrate in Zimbabwe für kurze Zeit bei 500.000.000.000 Prozent, bevor die Landeswährung faktisch abgeschafft wurde. In Armenien erreichte die Inflationsrate im Jahr 1994 den Wert von 27.000 Prozent, in Nicaragua im Jahr 1991 sogar über 60.000 Prozent. Eine extrem hohe Inflation wie in Zimbabwe war auch während der Hyperinflation in Deutschland im Verlauf des Jahres 1923 zu beobachten. Damals stiegen Preise *täglich* um 16 Prozent, was hochgerechnet über einen Zeitraum von 5 Monaten einer Inflationsrate von rund 500.000.000.000 Prozent entspricht.

Die Leute waren damals nicht mehr bereit, Papiergeld anzunehmen, sodass Eier und Kohlebriketts als Geld zirkulierten. Während der Hyperinflation 1922/1923 mussten deutsche Unternehmen ihre Beschäftigten mehrmals am Tag bezahlen, damit diese rasch einkaufen gehen konnten. Auf diese Weise erhielt die Bezeichnung »Stundenlohn« eine ganz neue, wörtliche Bedeutung. Man erzählt sich, dass Männer in der Gastwirtschaft gleich zwei Gläser Bier bestellten, um einem Preisanstieg vor der zweiten Runde vorzubeugen.

In den Vereinigten Staaten hat es derart hohe Inflationsraten nie gegeben. Die höchsten Inflationsraten gab es Ende der 1970er-Jahre. Von 1978 bis 1980 hatte sich die US-Inflationsrate von 6,4 Prozent auf 14,5 Prozent mehr als verdoppelt. Aber selbst diese Inflationsraten sorgten für Unruhe in der US-amerikanischen Öffentlichkeit und die kontraktiven geldpolitischen Maßnahmen der Fed zur Bekämpfung der Inflation führten zu einer Wirtschaftskrise.

Was ist verantwortlich dafür, dass die Inflationsrate steigt oder fällt? In diesem Kapitel werden wir uns mit den Ursachen der Inflation näher beschäftigen. Wir werden sehen, dass eine Hyperinflation wie z. B. in Simbabwe andere Ursachen hat als moderate Inflationsraten. Außerdem werden wir erfahren, warum die *Desinflation*, eine Senkung der Inflationsrate, oft schwierig ist. Schließlich werden wir die besonderen Probleme analysieren, die mit einem sinkenden Preisniveau, auch als Deflation bezeichnet, einhergehen.

31.1 Geld und Inflation

Wie wir bald erfahren werden, können selbst moderate Inflationsraten wie z. B. in den Vereinigten Staaten Ende der 1970er-Jahre komplexe Ursachen haben. Doch sehr hohe Inflationsraten sind stets mit einem rapiden Anstieg der Geldmenge verbunden.

Um diesen Zusammenhang besser zu verstehen, müssen wir uns mit den Auswirkungen von Geldmengenänderungen auf das Preisniveau beschäftigen. Anschließend wollen wir klären, warum von staatlicher Seite bisweilen die Geldmenge sehr rasch ausgedehnt wird.

Das klassische Modell von Geld und Preisen

Im Kapitel 30 haben wir gelernt, dass ein Anstieg der Geldmenge kurzfristig das reale Bruttoinlandsprodukt (BIP) dadurch erhöht, dass eine Senkung des Zinsniveaus die Investitionsausgaben und den privaten Konsum anregt. Auf lange Sicht jedoch werden die Nominallöhne und andere rigide Preise steigen, wodurch das reale BIP auf das alte Niveau zurückfällt. Damit gilt langfristig, dass eine Erhöhung der Geldmenge das reale BIP nicht verändert. Stattdessen führt der Geldmengenanstieg – ceteris paribus (bei unveränderten sonstigen Bedingungen) – zu einem Preisniveauanstieg in gleichem Umfang. Das bedeutet, dass sich sämtliche Preise von Waren und Dienstleistungen sowie Nominallöhne und die Preise der Zwischenprodukte um den gleichen Prozentsatz erhöhen. Und wenn alle Preise steigen, wird auch das Preisniveau ansteigen.

Am Ende führt eine Erhöhung der *nominalen* Geldmenge, M, langfristig zu einem Anstieg des Preisniveaus, weshalb die reale Geldmenge, M/P, auf ihrem alten Niveau bleibt, sodass es keine langfristigen Auswirkungen auf die gesamtwirtschaftliche Nachfrage oder das reale BIP gibt. Als z. B. die Türkei im Januar 2005 sechs Nullen ihrer Lira-Geldmenge strich, blieb das reale BIP unverändert. Die einzige Veränderung zeigte sich bei den Nullen der Preise: Statt 2.000.000 Lira für ein bestimmtes Gut betrug der Preis jetzt 2 Lira.

Bei der Betrachtung großer Veränderungen des Preisniveaus unterlassen es Makroökonomen bisweilen, zwischen der kurzen und der langen Frist zu unterscheiden. Sie verwenden ein vereinfachtes Modell, in dem sich die Auswirkung der Geldmengenänderung auf das Preisniveau augenblicklich vollzieht (und nicht nach und nach über mehrere Perioden). Vielleicht ist der Leser über dieses Vorgehen erstaunt, nachdem in vorangegangenen Kapiteln akribisch zwischen kurzer und langer Frist unterschieden worden war. Bei hohen Inflationsraten ist die vereinfachende Annahme jedoch vertretbar.

Ein vereinfachtes Makromodell, bei dem die reale Geldmenge M/P stets bei ihrem langfristigen Gleichgewichtsniveau verharrt, kann man als **klassisches Modell des Preisniveaus** verstehen. Diese Modellierung wurde gemeinhin von »klassi-

Nach dem **klassischen Modell des Preisniveaus** befindet sich die reale Geldmenge stets bei ihrem langfristigen Gleichgewichtsniveau.

schen« Ökonomen verwendet, die schrieben und publizierten, ehe John Maynard Keynes sein Werk veröffentlichte. Gehen wir zum *AS-AD*-Modell und seinen Aussagen über Wirkungen des Geldmengenwachstums zurück, um das klassische Modell und seine Nutzanwendung besser zu verstehen. (Soweit nicht anders vermerkt, beziehen sich Veränderungen der Geldmenge stets auf die *nominale* Geldmenge.)

Die **Abbildung 31-1** veranschaulicht die Auswirkungen einer Geldmengensteigerung anhand des *AS-AD*-Modells. Die Volkswirtschaft befinde sich zunächst in E_1, einem Punkt kurzfristigen und langfristigen makroökonomischen Gleichgewichts. Es handelt sich um den Schnittpunkt der gesamtwirtschaftlichen Nachfragekurve AD_1 mit der kurzfristigen gesamtwirtschaftlichen Angebotskurve $SRAS_1$. Zugleich liegt der Punkt auf der langfristigen gesamtwirtschaftlichen Angebotskurve *LRAS*. In E_1 beläuft sich das gleichgewichtige Preisniveau auf P_1.

Nun erfolge ein Anstieg der Geldmenge. Diese Maßnahme einer expansiven Geldpolitik verschiebt die gesamtwirtschaftliche Nachfragekurve nach rechts zu AD_2 und die Volkswirtschaft zum neuen kurzfristigen Gleichgewicht E_2. Im Laufe der Zeit jedoch passen sich die Nominallöhne nach oben an (als Reaktion auf das gestiegene Preisniveau) und die *SRAS*-Kurve verschiebt sich nach links zu $SRAS_2$. Das neue langfristige Gleichgewicht befindet sich bei E_3 und das Bruttoinlandsprodukt kehrt zum Ausgangsniveau zurück. Wie im Kapitel 30 ausgeführt, ist der langfristige Preisanstieg von P_1 auf P_3 proportional zur Geldmengenerhöhung. Deshalb haben Geldmengensteigerungen langfristig keine Auswirkungen auf die reale Geldmenge M/P oder das reale Bruttoinlandsprodukt. Langfristig ist Geld also *neutral*.

Das klassische Modell des Preisniveaus lässt die kurzfristige Bewegung von E_1 nach E_2 außer Acht. Man nimmt an, dass die Volkswirtschaft unmittelbar von einem langfristigen Gleichgewicht in ein anderes langfristiges Gleichgewicht übergeht. Mit anderen Worten, es wird unterstellt, dass die Volkswirtschaft gleich von E_1 auf E_3 wechselt und sich das reale Bruttoinlandsprodukt nie auf eine Änderung der Geldmenge hin verändert. Letztlich werden die Wirkungen von Änderungen der Geldmenge im klassischen Modell so betrachtet, als verliefen langfristige und kurzfristige gesamtwirtschaftliche Angebotskurve senkrecht.

Abb. 31-1

Das klassische Modell des Preisniveaus

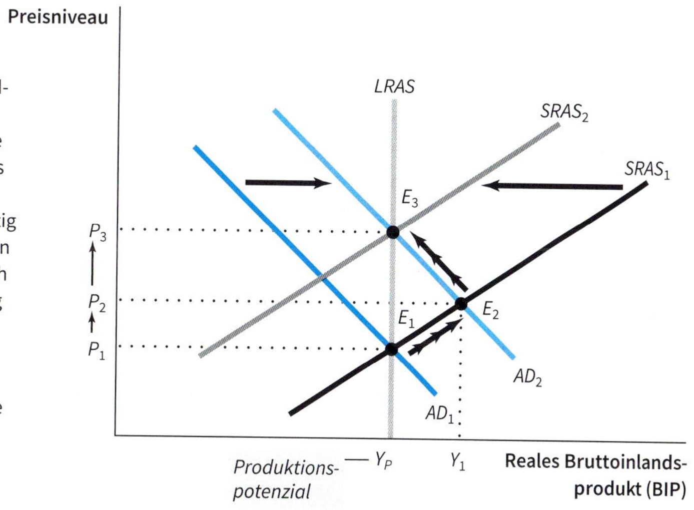

Von E_1 aus führt eine Erhöhung der Geldmenge zur Rechtsverschiebung der gesamtwirtschaftlichen Nachfragekurve (von AD_1 zu AD_2). Es ergibt sich ein neues kurzfristiges Gleichgewicht in E_2 mit einem höheren Preisniveau P_2. Langfristig passen sich die Nominallöhne nach oben an und verschieben die *SRAS*-Kurve nach links zu $SRAS_2$. Der gesamte Preisanstieg von P_1 bis P_3 in Prozent gemessen ist gleich der prozentualen Geldmengensteigerung. Im klassischen Modell des Preisniveaus wird die Übergangsperiode übersprungen und ein sofortiger Schritt zu P_3 unterstellt. Bei hohen Inflationsraten ist dies eine gute Näherung.

Abb. 31-2

Geldmengenwachstum und Inflation in Venezuela

Die Abbildung zeigt die monatlichen Veränderungsraten der Geldbasis und der Verbraucherpreise in Venezuela auf dem Weg in die Hyperinflation. Ein Wachstum der Geldbasis führte rasch zu einem Anstieg der Verbraucherpreise.

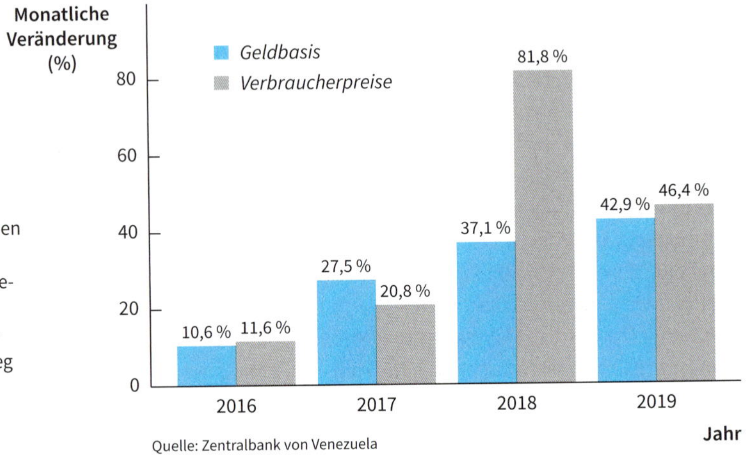

Quelle: Zentralbank von Venezuela

Für Zeiten niedriger Inflationsraten (sogenannte »schleichende Inflation«) ist das eine schlechte Annahme. Bei niedrigen Inflationsraten wird es eine Zeitlang dauern, bis Arbeitskräfte und Unternehmen durch Lohnerhöhungen und Preissteigerungen auf eine Geldmengenerhöhung reagieren. Damit stellen sich kurzfristig eine steigende *SRAS*-Kurve und Änderungen des realen Bruttoinlandsproduktes ein.

Doch wie sieht das Bild in Zeiten hoher Inflationsraten aus? Ökonomen haben beobachtet, dass die kurzfristige Starrheit von Löhnen und Preisen verschwindet. Arbeitskräfte und Unternehmen – sensibilisiert für die Inflation – reagieren rasch mit Lohn- und Preissteigerungen auf eine Erhöhung der Geldmenge. Kurzum: Bei hohen Inflationsraten ist eine schnellere Anpassung von Lohnsätzen und Preisen von Zwischenprodukten zu erwarten als bei niedrigen Inflationsraten. Somit verschiebt sich die kurzfristige gesamtwirtschaftliche Angebotskurve rascher nach links und es gibt eine schnellere Rückkehr zum langfristigen Gleichgewicht bei hoher Inflationsrate. Insgesamt empfiehlt sich das klassische Modell des Preisniveaus als gute Annäherung für Volkswirtschaften mit beständig hohen Inflationsraten.

Die rasche Anpassung aller Preise einer Volkswirtschaft bewirkt, dass sich in Ländern mit beständig hohen Inflationsraten Veränderungen der Geldmenge rasch in Veränderungen der Inflationsraten widerspiegeln. Dazu schauen wir auf Venezuela und die **Abbildung 31-2**, die einerseits die monatliche Wachstumsrate der Geldmenge (gemessen über die Geldbasis) und andererseits die monatliche Veränderungsrate bei den Verbraucherpreisen (Inflationsrate) von 2016 bis 2019 zeigt. Wir betrachten in unserem Beispiel monatliche Veränderungsraten, da diese Größe für die Menschen in Volkswirtschaften mit hoher Inflation die größte Relevanz hat. Jährliche Inflationsraten von mehreren Hundert Prozent oder noch mehr sind für die Menschen nicht greifbar. Wie man sieht, fallen höhere Wachstumsraten der Geldmenge mit höheren Inflationsraten zusammen.

Was könnte ein Land dazu veranlassen, die Geldmenge so stark zu erhöhen, dass dabei schließlich Inflationsraten von Millionen oder Milliarden Prozent herauskommen?

Die Inflationssteuer

Moderne Volkswirtschaften verwenden staatlich geschaffenes Geld (»gesetzliche Zahlungsmittel«) – Banknoten aus Papier, die allgemein als Tauschmittel akzeptiert werden, ohne einen inneren Wert zu besitzen. Im Euroraum, in den Vereinigten Staaten und in anderen hoch entwickelten Ländern liegt die Entscheidung über die Menge der ausgegebenen Banknoten in der Verantwortung von formal unabhängigen Zentralbanken und nicht beim Staat. Dennoch geht in manchen Ländern die allerletzte Entscheidung, eine größere oder kleinere Menge an Banknoten zu drucken und in Umlauf zu setzen, auf die politische Führung zurück.

Was kann eine Regierung davon abhalten, ihre höheren Ausgaben nicht durch höhere Steuern oder Kreditaufnahme, sondern einfach durch die Notenpresse zu finanzieren? Nichts (mit Blick auf die Vereinigten Staaten). Tatsächlich sind viele Länder (einschließlich der Vereinigten Staaten) oft so verfahren. In Deutschland jedoch bestehen anhaltende kollektive historische Erfahrungen negativer Art mit einer Finanzierung des Staatshaushalts durch die Notenpresse aus den 1920er-Jahren. Vor allem deshalb wurde auf eine regierungsunabhängige Zentralbank Wert gelegt, die dem Ziel der Geldwertstabilität vorrangig verpflichtet ist.

So war z. B. im August 2008 in den Vereinigten Staaten die Geldbasis (Bankreserven plus Geld im Umlauf beim Publikum) um 18 Milliarden Dollar größer als ein Jahr zuvor. Dies geschah, weil die Zentralbank im Laufe jenes Jahres insgesamt 20 Milliarden Dollar in Geld oder elektronischen Äquivalenten ausgegeben und über Offenmarktgeschäfte in Umlauf gebracht hatte. Anders ausgedrückt, hatte die Fed aus dem Nichts heraus Geldschöpfung betrieben und damit vom privaten Sektor werthaltige Staatsanleihen aufgekauft. Die Fed erhält auf die Staatsanleihen zwar Zinszahlungen, führt diese aber (nach Abzug ihrer Kosten) an das Finanzministerium ab. Obwohl die Zentralbank von der Regierung rechtlich unabhängig ist, versetzten die Maßnahmen der Zentralbank die Regierung also in die Lage, ohne jegliche Steuererhöhungen – gleichsam nur durch »Notendruck« – 18 Milliarden Dollar an fälligen Staatsschulden zu tilgen.

In diesem Zusammenhang ist außerdem darauf hinzuweisen, dass das Recht zum Notendruck und zur Geldschöpfung selbst eine Einkommensquelle darstellt. Das exklusive Recht staatlicher Geldschöpfung dient oftmals der Finanzierung von Staatsausgaben. Dieses Recht, das nach Kriegsfinanzierungen und Hyperinflationen in der Geschichte Europas und Deutschlands kein uneingeschränkt hohes Ansehen genießt, wird oft mit einem Begriff mittelalterlichen Ursprungs belegt: *Seigniorage* oder *Seignorage* (Prägerecht). Der Begriff bezieht sich auf die Berechtigung, Gold und Silber in Münzen zu prägen und dafür eine Gebühr zu erheben. Diese Gebühren gingen an mittelalterliche Edelleute – in Frankreich hießen sie Seigneurs.

Weniger als 1 Prozent des Budgets der Vereinigten Staaten wird durch die Einnahmen aus der Seignorage abgedeckt. Somit kann sich die Regierung nicht auf die Geldvermehrung verlassen, wenn es um die Deckung der Ausgaben geht. Doch in der Geschichte gab es manche Gelegenheit für den bedenklichen Einsatz der Notenpresse. Üblicherweise steht die Regierung vor einem großen Budgetdefizit und ihr fehlt entweder die Kompetenz oder der politische Wille, das Defizit durch Steuererhöhungen oder Ausgabenkürzungen auszugleichen. Und auch die Kreditaufnahme stößt auf Schwierigkeiten, weil potenzielle Gläubiger befürchten, dass die Schwäche der Regierung anhält und die Kredite nicht getilgt werden.

In solch einer Lage suchen Regierungen gelegentlich bei der Notenpresse Zuflucht, um Defizite zu finanzieren. Mit einer Geldausgabe zur Finanzierung der Ausgaben steigt die im Umlauf befindliche Geldmenge. Daraus ergeben sich entsprechende Zuwächse beim Preisniveau. Auf diese Weise führt eine Erhöhung der Geldmenge zum Zweck der Ausgabendeckung zur Inflation.

Wer bezahlt am Ende die Waren und Dienstleistungen, die sich der Staat für neues Geld gekauft hat? Es sind die Leute, die Geldvermögen halten. Die Inflation greift die Kaufkraft ihres Geldvermögens an. Man kann sagen, der Staat erhebt eine **Inflationssteuer**, indem er ein Budgetdefizit durch Geldmengensteigerung deckt, Inflation auslöst und damit den Wert der Geldvermögen mindert.

Die **Inflationssteuer** besteht in einer Minderung des Wertes des privaten Geldvermögens, die durch Inflation ausgelöst wird.

Über diese Steuer muss man ein wenig nachdenken. Sofern die Inflationsrate 5 Prozent beträgt, wird ein Euro nach einem Jahr nur noch eine Kaufkraft von 95 Cent für Waren und Dienstleistungen haben. Dies ist gleichbedeutend mit einer Steuer von 5 Prozent auf das private Geldvermögen.

Aber welches Interesse könnte eine Regierung haben, die Inflationssteuer auf Hunderte oder

Tausende Prozent hochzutreiben? Mit den Hintergründen einer Hyperinflation wollen wir uns jetzt beschäftigen.

Die Logik der Hyperinflation

Eine Inflation erlegt allen Leuten eine Steuer auf, die Geldvermögen halten. Und wie jede Steuer wird auch die Inflationssteuer zu Verhaltensänderungen der Menschen führen. Speziell bei hoher Inflation werden die Leute in Sachwerte und rentierliche Vermögenswerte flüchten. In der Einleitung des Kapitels kam zur Sprache, wie die Menschen während der Hyperinflation in Deutschland im Jahr 1923 Eier oder Kohlebriketts als Tauschmittel verwendeten. Das geschah, weil ein Brikett im Laufe der Zeit – im Gegensatz zum damaligen Geld – seinen realen Wert behielt. Auf dem Gipfel der deutschen Hyperinflation heizten die Leute bisweilen mit Papiergeld, weil Brennholz zu teuer war.

Überdies verringern die Leute nicht bloß ihre nominale Geldhaltung, sondern sie senken ihre *reale* Geldhaltung ab. Sie reduzieren ihre Geldhaltung so stark, dass die Kaufkraft ihrer Bargeldbestände geringer ist als die Kaufkraft ihrer Bargeldbestände bei einer niedrigen Inflation. Sie tun dies, indem sie wertbeständige Güter oder Vermögensbestände wie z. B. Gold kaufen. Weshalb? Je höher die reale Geldhaltung ist, desto größer ist die reale Menge an Ressourcen, die sich der Staat durch die Inflationssteuer aneignet.

Nun verstehen wir besser, wie Staaten sich selbst in eine extreme Inflation hineinmanövrieren können. Hohe Inflationsraten ergeben sich, wenn eine Regierung eine hohe Inflationssteuer erheben muss, um ein großes Budgetdefizit abzudecken. Die Inflationssteuer, die der Staat dabei über einen kurzen Zeitraum – sagen wir z. B. einen Monat – einnimmt, ergibt sich aus der Änderung der Geldmenge in diesem Zeitraum. Bezeichnet M die Geldmenge und das Symbol Δ die monatliche Änderung, dann gilt

(31-1) Inflationssteuer $= \Delta M$

Der Geldwert der Inflationssteuer an sich ist aber wenig aussagekräftig. Schließlich führt Inflation dazu, dass man für einen bestimmten Geldbetrag im Laufe der Zeit immer weniger kaufen kann. Es ist daher sinnvoller, sich den Realwert der Inflationssteuer anzuschauen, also die Erträge, die durch das Gelddrucken entstehen, geteilt durch das Preisniveau P:

(31-2) Reale Inflationssteuer $= \Delta M/P$

Gleichung (31-2) lässt sich wiederum folgendermaßen umschreiben:

(31-3) Reale Inflationssteuer $= (\Delta M/M) \times (M/P)$
bzw.
Reale Inflationssteuer = Wachstumsrate der Geldmenge × Reale Geldmenge

Doch, wie schon gesagt, vermindert das Publikum bei hoher Inflation seine realen Geldvermögensbestände, sodass M/P in Gleichung (31-3) immer kleiner wird. Die Regierung muss wiederum genügend Geld drucken, um eine bestimmte Menge an Waren und Dienstleistungen bezahlen zu können, und ist daher darauf angewiesen, einen bestimmten realen Ertrag aus der Inflationssteuer zu erzielen. Auf die sinkende reale Geldmenge (durch die geringere reale Kassenhaltung) reagiert die Regierung mit einem noch höheren Wachstum der Geldmenge ($\Delta M/M$). Das führt zu noch höherer Inflation. Und wiederum reagieren die Leute durch nochmalige Absenkung des realen Geldvermögens. Dieser sich selbst verstärkende Prozess kann leicht außer Kontrolle geraten. Obwohl der Gesamtbetrag der realen Inflationssteuer, den die Regierung letztlich zum Ausgleich eines Budgetdefizits benötigt, unverändert bleibt, muss die Inflationsrate zur Erhebung dieses Betrages ständig ansteigen. So muss die Regierung die Geldmenge immer stärker erhöhen, und damit steigt die Inflationsrate immer schneller.

Hierzu gibt es eine Analogie: Man stelle sich vor, eine Stadtverwaltung will mit einer speziellen Gebühr auf Taxifahrten Einnahmen erzielen. Die Gebühr würde Taxifahrten verteuern und die Leute dazu veranlassen, auf andere Arten der Fortbewegung auszuweichen (z. B. zu Fuß gehen). Mit dem Rückgang der Taxifahrten und der Gebühreneinnahmen müssen die Gebührensätze immer weiter steigen. Sie können sich den entstehenden Teufelskreis leicht vorstellen: Erhebung von Taxigebühren, Rückgang der Taxifahrten, Erhöhung der Taxigebühren, noch weniger Taxifahrten usw.

Ersetzen Sie die Taxifahrten durch die reale Geldmenge und die Taxigebühr durch die Inflationsrate, so erkennen Sie die Entstehungsgeschichte von Hyperinflationen. Es entwickelt sich ein Wettlauf zwischen dem staatlichen Einsatz der Notenpresse und der Öffentlichkeit: Mit immer höherer Geschwindigkeit druckt die Notenpresse Geld, um die laufende Absenkung der realen Geldvermögensbestände zu kompensieren. Bei einem bestimmten Punkt explodiert das Geschehen in einer Hyperinflation, und die Leute geben die Geldvermögenshaltung gänzlich auf (und suchen Zuflucht bei Eiern und Briketts). Danach sieht sich der Staat gezwungen, die Inflationssteuer aufzugeben und die Notenpresse anzuhalten.

WISSENSCHAFT UND PRAXIS

Was steckt hinter der Inflation in Venezuela?

Venezuela ist das jüngste Beispiel für eine Volkswirtschaft mit extrem hohen Inflationsraten. In der Abbildung 31-2 konnten wir sehen, dass Geldmengenwachstum und Inflation in Venezuela nahezu Hand in Hand gingen. Aber aus welchem Grund schlug die venezolanische Regierung einen wirtschaftspolitischen Kurs in Richtung Hyperinflation ein?

Im Vergleich zu anderen Ländern Lateinamerikas war Venezuela in der Vergangenheit eine eher wohlhabende Volkswirtschaft. Die Basis dieses Wohlstands beruhte fast ausschließlich auf dem Export von Rohöl. Viele Menschen in Venezuela waren der Meinung, dass die Einkünfte aus dem Ölgeschäft nicht gerecht verteilt wurden und nur einer kleinen, wohlhabenden Minderheit zugutekamen.

Im Jahr 1999 wurde mit Hugo Chavez ein Kandidat der Linken zum Präsidenten Venezuelas gewählt. Er hatte vor der Wahl versprochen, dass er Venezuelas Ölreichtum dazu nutzen wollte, um den Armen und der Arbeiterklasse im Land zu helfen. Nach seiner Wahl erfüllte er zumindest eine Zeitlang einen Teil seiner Versprechen, indem er die Ausgaben für Sozialprogramme erhöhte und eine scheinbar deutliche Verringerung der Armut erreichte. Er tat allerdings nichts, um die einseitige Abhängigkeit Venezuelas vom Öl zu verringern.

Chavez starb im Jahr 2013, und sein Nachfolger im Amt, Nicholas Maduro, fand sich und das Land schnell in einer schwierigen Lage wieder, als der Ölpreis rapide sank. **Abbildung 31-3** zeigt die Entwicklung des Rohölpreises auf dem Weltmarkt seit 2010. Im Jahr 2014 begann der Ölpreis durch einen starke Angebotsausweitung (US-amerikanisches Schieferöl) deutlich zu sinken. Durch den Ölpreisverfall fehlten der Regierung von Venezuela die Einnahmen, um die Sozialprogramme aus der Ära Chavez weiter zu finanzieren.

Anstatt die Sozialausgaben zu senken oder neue Einnahmequellen zu erschließen, versuchte die Regierung von Maduro, das Haushaltsdefizit durch Gelddrucken zu beseitigen. Und als das, wie zu erwarten, zu Inflation führte, versuchte die venezolanische Regierung den Preisanstieg durch Preiskontrollen in den Griff zu bekommen. Es kam überall im Land zu Versorgungsengpässen, die die Inflation am Ende nur noch weiter verstärkten.

Sicherlich gab es im Fall Venezuela noch weitere Besonderheiten, aber letztlich zeigte sich das klassische Muster: Wenn der Staat versucht, seine Ausgaben durch das Drucken von zusätzlichem Geld zu decken, endet das in einer Hyperinflation.

Abb. 31-3: Rohölpreise 2010–2022

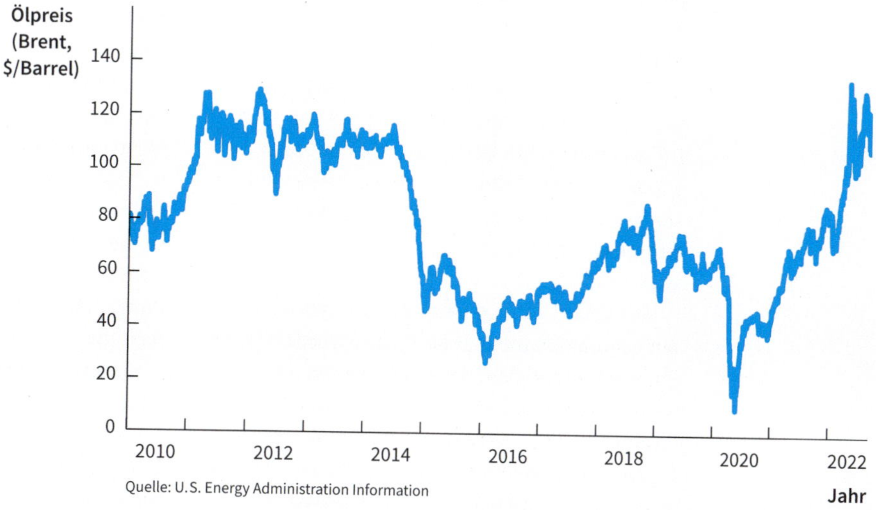

Quelle: U.S. Energy Administration Information

Kurzzusammenfassung

- Das **klassische Modell für das Preisniveau** unterscheidet nicht zwischen kurzer und langer Frist. Es erklärt, wie Steigerungen der Geldmenge unmittelbar zu Inflation führen. Das ist eine treffende Beschreibung für Länder, die ständig hohe Inflationsraten aufweisen oder sich in einer Hyperinflation befinden.
- Regierungen greifen manchmal auf die Notenpresse zurück, um Budgetdefizite abzudecken. Der entstehende Wertverlust des Geldvermögens wird als **Inflationssteuer** bezeichnet.
- Eine hohe Inflationsrate veranlasst die Menschen dazu, ihre reale Geldhaltung zu verringern. Dies wiederum führt zu noch höherer Geldmengensteigerung und Inflation, um das Aufkommen der Inflationssteuer zu sichern. Damit kann ein sich selbst verstärkender Kreislauf entstehen, der in eine Hyperinflation hineinführt.

ÜBERPRÜFEN SIE IHR WISSEN

1. Angenommen, die Geldmenge steigt in einem Land kräftig an, das zuvor eine niedrige Inflationsrate hatte. Als Folge davon erhöht sich kurzfristig die gesamtwirtschaftliche Produktion. Was sagt dies über Situationen aus, in denen das klassische Modell des Preisniveaus anwendbar ist?
2. Angenommen, alle Lohnsätze und Preise einer Volkswirtschaft wären an die Inflation indexiert – das bedeutet, dass Lohnsätze und Preise bei Änderungen der Inflationsrate automatisch angepasst werden. Kann es dann überhaupt eine Inflationssteuer geben?

31.2 Moderate Inflation und Desinflation

Die Regierungen wohlhabender und politisch stabiler Länder wie etwa der Vereinigten Staaten oder Großbritannien sind nicht gezwungen, auf die Notenpresse zurückzugreifen, um die Staatsausgaben zu finanzieren. Dennoch gab es in diesen beiden Ländern und auch in anderen wohlhabenden Volkswirtschaften in den vergangenen 50 Jahren immer wieder Zeiten mit hoher Inflation. In den Vereinigten Staaten erreichten die Inflationsraten um 1980 herum in der Spitze 14 Prozent. In Großbritannien belief sich die Inflationsrate im Jahre 1975 auf 26 Prozent. Wie konnten die wirtschaftspolitisch Verantwortlichen dies zulassen?

Der Grund dafür, dass es zu diesen Inflationsraten gekommen ist, liegt darin, dass wirtschaftspolitische Maßnahmen, die kurzfristig die gesamtwirtschaftliche Entwicklung unterstützen, oft zu höherer Inflation führen, während Maßnahmen zur Inflationssenkung negativ auf die gesamtwirtschaftliche Entwicklung wirken. Diese Konstellation ist für die Regierung Problem und Versuchung zugleich.

Stellen Sie sich vor, Sie wären ein Politiker, dessen Wiederwahl in ein oder zwei Jahren ansteht. Gleichzeitig läge die Inflationsrate auf einem moderaten Niveau. Dann könnten Sie dazu geneigt sein, durch expansive wirtschaftspolitische Maßnahmen, die die Arbeitslosenquote senken, die Wähler auf ihre Seite zu ziehen, selbst wenn ihre Berater Sie vor der Gefahr einer höheren Inflation warnen. Im Zweifelsfall würden Sie sich vielleicht neue Berater suchen, die ihnen versichern, dass kein Grund zur Besorgnis besteht. In der Politik gewinnt, wie im normalen Leben, das Wunschdenken oft die Oberhand gegenüber der Realität.

Stellen Sie sich nun vor, Sie stünden als Politiker einer Situation gegenüber, bei der eine hohe Inflationsrate in der Volkswirtschaft herrscht. Ihre Berater werden ihnen sagen, dass alle Maßnahmen zur Bekämpfung der hohen Inflation die

Volkswirtschaft in eine Krise stürzen werden, sodass es für einen gewissen Zeitraum zu hoher Arbeitslosigkeit kommt. Wären Sie bereit, diesen Preis für die Senkung der Inflation zu bezahlen? Wahrscheinlich nicht.

Dass inflationsfördernde Maßnahmen kurzfristige politische Erfolge versprechen, währenddessen inflationssenkende Maßnahmen kurzfristig zu politischen Misserfolgen führen, erklärt, warum es in Volkswirtschaften zu inflationären Problemen kommen kann, auch wenn die Regierung gar nicht die Absicht hat, eine Inflationssteuer zu erheben. Die Inflationsrate von 26 Prozent in Großbritannien ist zu großen Teilen darauf zurückzuführen, dass die britische Regierung 1971 beschlossen hatte, umfangreiche expansive geld- und fiskalpolitische Maßnahmen durchzuführen. Warnungen, dass diese Maßnahmen zu inflationären Tendenzen führen werden, wurden ignoriert. Und selbst als sich zeigte, dass diese Warnungen berechtigt waren, sträubte sich die Regierung dagegen, den wirtschaftspolitischen Kurs zu ändern.

Aber warum führen expansive wirtschaftspolitische Maßnahmen zu Inflation? Um diese Frage beantworten zu können, müssen wir uns zunächst die Beziehung zwischen gesamtwirtschaftlicher Produktion und Arbeitslosigkeit anschauen.

Die Produktionslücke und die Arbeitslosenquote

Im Kapitel 27 haben wir die Größe *Produktionspotenzial* kennengelernt, das dem realen BIP entspricht, das die Volkswirtschaft erzeugen würde, sobald sich alle Preise vollständig angepasst haben. Durch das langfristige Wirtschaftswachstum nimmt das Produktionspotenzial stetig zu. Dagegen pendelt – wie wir durch das *AS-AD*-Modell wissen – die gesamtwirtschaftliche Produktion kurzfristig um das Niveau des Produktionspotenzials: Eine rezessionsbedingte Produktionslücke entsteht, wenn die gesamtwirtschaftliche Produktion das Produktionspotenzial unterschreitet. Eine inflationäre Produktionslücke tritt auf, sofern die gesamtwirtschaftliche Produktion das Produktionspotenzial überschreitet.

In beiden Fällen spricht man, wie wir aus Kapitel 27 wissen, von einer *Produktionslücke*, dem prozentualen Unterschied zwischen dem tatsächlichen realen BIP und dem Produktionspotenzial (dem potenziellen BIP). Eine positive oder negative Produktionslücke stellt sich ein, wenn die Volkswirtschaft mehr oder weniger als das produziert, was man bei Anpassung aller Preise »erwarten« würde. Dazu gehören auch die Preise auf dem Arbeitsmarkt, also die Lohnsätze.

Aus Kapitel 23 wissen wir, dass sich die Arbeitslosenquote aus der natürlichen Arbeitslosenquote und der zyklischen Arbeitslosigkeit – der Anteil der Arbeitslosigkeit, der durch konjunkturelle Entwicklungen verursacht ist – zusammensetzt. Damit ist ein unmittelbarer Zusammenhang zwischen Produktionslücke und Arbeitslosenquote hergestellt. Die Verbindung besteht aus zwei Regeln:

1. Wenn die tatsächliche gesamtwirtschaftliche Produktion dem Produktionspotenzial gleicht, entspricht die tatsächliche Arbeitslosenquote der natürlichen Arbeitslosenquote.
2. Wenn die Produktionslücke positiv ist (eine inflationäre Produktionslücke), liegt die tatsächliche Arbeitslosenquote unter der natürlichen Arbeitslosenquote. Wenn die Produktionslücke jedoch negativ ist (der häufigere Fall einer rezessionsbedingten Produktionslücke), liegt die tatsächliche Arbeitslosenquote über der natürlichen Arbeitslosenquote.

Mit anderen Worten kann man sagen, dass die Schwankungen der tatsächlichen gesamtwirtschaftlichen Produktion um den langfristigen Trend des Produktionspotenzials mit den Schwankungen der tatsächlichen Arbeitslosenquote um die natürliche Arbeitslosenquote korrespondieren.

Dieser Zusammenhang ist einleuchtend. Wenn die Volkswirtschaft weniger produziert, als sie eigentlich könnte (bei einer negativen Produktionslücke), sind die Produktionsfaktoren nicht voll ausgelastet. Zu den unterausgelasteten Ressourcen gehört auch der Faktor Arbeit, die wichtigste Ressource einer Volkswirtschaft. Damit sollte eine negative Produktionslücke mit ungewöhnlich hoher Arbeitslosigkeit einhergehen. Umgekehrt nutzt die Volkswirtschaft bei einer positiven Produktionslücke die Produktionsfaktoren stärker als sonst üblich, sodass die Arbeitslosenquote unter der natürlichen Arbeitslosenquote liegt.

Die **Abbildung 31-4** bestätigt diesen Zusammenhang beispielhaft für die Vereinigten Staaten. Diagramm (a) zeigt aktuelle und natürliche Arbeitslosenquoten. Diagramm (b) präsentiert zwei

Kurven, und zwar einmal die zyklische Arbeitslosenquote (Differenz zwischen tatsächlicher Arbeitslosenquote und natürlicher Arbeitslosenquote, auf der Skala links abgetragen), zum anderen die Höhe der Produktionslücke (auf der Skala rechts abgetragen). Zur besseren Anschauung ist die Produktionslücke »invers« (von unten nach oben) gezeichnet, sodass die Kurve nach unten geht, wenn die gesamtwirtschaftliche Produktion über das Produktionspotenzial ansteigt, jedoch nach oben verläuft, wenn die gesamtwirtschaftliche Produktion unter das Produktionspotenzial absinkt. Wie man sieht, bewegen sich beide Werte in etwa gemeinsam und veranschaulichen den engen Zusammenhang zwischen Produktionslücke und zyklischer Arbeitslosigkeit. Jahre mit

Abb. 31-4

Zyklische Arbeitslosigkeit und die Produktionslücke

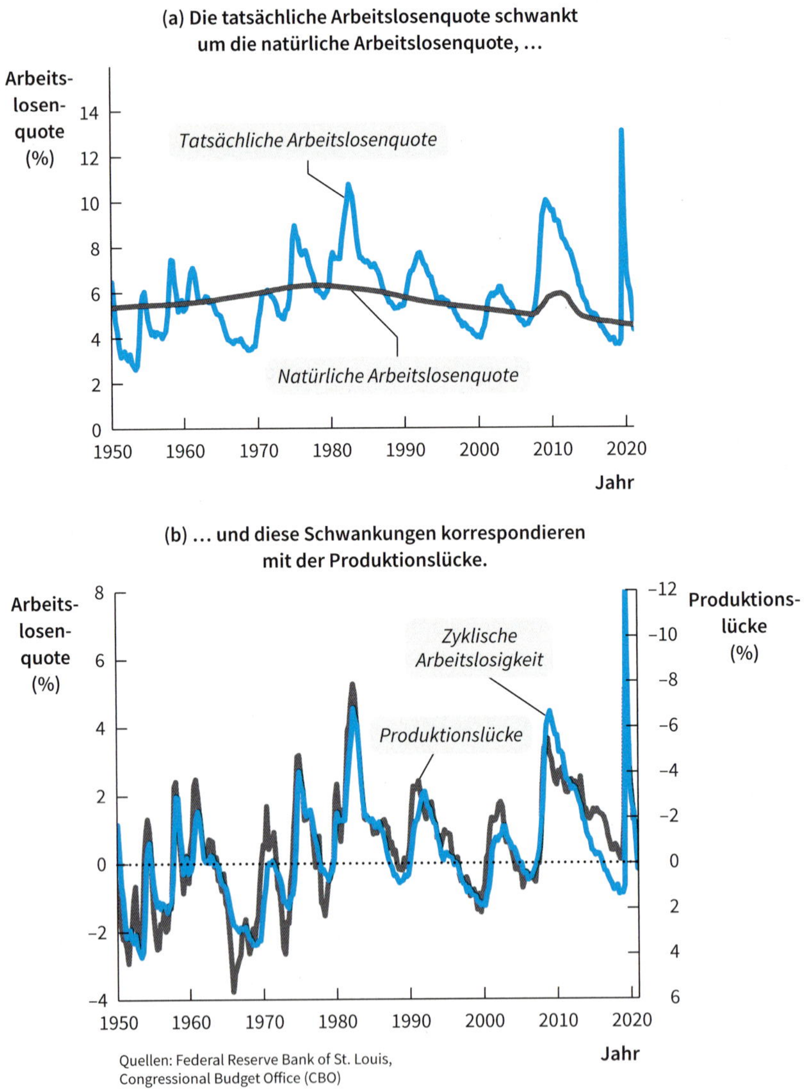

Diagramm (a) zeigt die tatsächliche Arbeitslosenquote der Vereinigten Staaten von 1950 bis 2021 sowie die Schätzwerte der natürlichen Arbeitslosenquote vom Congressional Budget Office (CBO). Die tatsächliche Arbeitslosenquote pendelt um die natürliche Arbeitslosenquote. Diagramm (b) illustriert die zyklische Arbeitslosigkeit – die Differenz zwischen aktueller und natürlicher Arbeitslosenquote – sowie die Produktionslücke (ebenfalls ein Schätzwert des CBO). Die Produktionslücke ist auf einer inversen Achse abgetragen, sodass sie sich gleichgerichtet zur Arbeitslosenquote bewegt. Bei positiver Produktionslücke liegt die tatsächliche Arbeitslosenquote unter der natürlichen Arbeitslosenquote, bei negativer Produktionslücke liegt die tatsächliche Arbeitslosenquote über der natürlichen Arbeitslosenquote.

VERTIEFUNG

Das Okunsche Gesetz

Obwohl das Auf und Ab der Arbeitslosenquote eng mit den Fluktuationen des gesamtwirtschaftlichen Produktionsniveaus korrespondiert, fallen die Schwankungen der Arbeitslosenquote gewöhnlich *kleiner* als die Schwankungen der Produktionslücke aus. So lag die Produktionslücke z. B. im Jahr 1982 für die Vereinigten Staaten bei –8 Prozent, während sich die zyklische Arbeitslosigkeit auf 4 Prozent belief. Dieser empirische Befund bildet die Grundlage für einen wichtigen Zusammenhang, der vom US-Ökonomen Arthur Okun, damals Berater von US-Präsident John F. Kennedy, in den frühen 1960er-Jahren entdeckt wurde.

Heute ergeben Schätzungen des **Okunsches Gesetzes** – des negativen Zusammenhangs zwischen Produktionslücke und Arbeitslosenquote – zumeist, dass ein Anstieg der Produktionslücke um einen Prozentpunkt die Arbeitslosenquote um einen halben Prozentpunkt reduziert.

Man nehme z. B. an, die natürliche Arbeitslosenquote betrage 5,2 Prozent und die Volkswirtschaft produziere 98 Prozent des Produktionspotenzials. In diesem Fall beträgt die Produktionslücke minus 2 Prozent und das Okunsche Gesetz sagt eine Arbeitslosenquote von 5,2 Prozent minus [0,5 × (–2 Prozent)] voraus, also 6,2 Prozent.

Dabei sollte man wissen, dass der Koeffizient von 0,5 im Okunschen Gesetz (besser: Okunsche Regel) nur ein Schätzwert ist, keine naturwissenschaftliche Konstante, und dass sich der geschätzte Koeffizient für eine bestimmte Volkswirtschaft im Zeitverlauf ändern kann. Tatsächlich gibt es verschiedene Schätzergebnisse für unterschiedliche Volkswirtschaften und Zeiträume.

Alles in allem hat man einen Koeffizienten der Okunschen Regel mit der Größe »kleiner als eins«. Manch ein Ökonom hätte einen Koeffizienten von »gleich eins« erwartet, d. h. ein Eins-zu-eins-Verhältnis von Produktionslücke und Arbeitslosenquote. Wird nicht ein Anstieg der gesamtwirtschaftlichen Produktion um einen Prozentpunkt einen Beschäftigungsanstieg um einen Prozentpunkt erfordern? Und würde dadurch nicht die Arbeitslosenquote um einen Prozentpunkt sinken? Nein. Es gibt zwei Begründungen dafür, dass das Größenverhältnis von Veränderungen der Arbeitslosenquote und Veränderungen der Produktionslücke kleiner als eins sein muss. Erstens begegnen Unternehmen einem Nachfrage- und Produktionsanstieg teilweise mit Überstunden der vorhandenen Beschäftigten. So wird z. B. ein Unternehmen bei einem plötzlichen Nachfrageanstieg nach seinen Produkten die eigenen Beschäftigten um längere Arbeitszeiten bitten oder sie verlangen, bevor neue Arbeitskräfte eingestellt werden. Umgekehrt wird ein Unternehmen bei rückläufigen Absatzzahlen die Arbeitsstunden reduzieren oder offiziell Kurzarbeit einführen, ehe es zu Entlassungen kommt. Dieses Verhalten schwächt die Auswirkungen der Produktionsschwankungen auf die Beschäftigtenzahl ab.

Zweitens muss man den Zusammenhang von Arbeitsuchenden und Zahl der Arbeitsplätze berücksichtigen. Man stelle sich einen Rückgang der Zahl der Arbeitsplätze um eine Million vor. Oftmals wird die statistische Arbeitslosigkeit um weniger als eine Million ansteigen, weil »entmutigte« Arbeitslose die Arbeitsuche aufgeben. Umgekehrt werden bei einer Million zusätzlichen Stellen in der Volkswirtschaft zusätzliche Kräfte, die bisher nicht unter den Arbeitsuchenden waren, zur Arbeitsuche angeregt werden. Die Arbeitslosigkeit wird somit um weniger als eine Million zurückgehen. Auch diese Verhaltensweisen dämpfen den Effekt von Produktionsschwankungen auf die statistische Arbeitslosenquote.

Zusätzlich zu diesen beiden plausiblen Wirkungen muss ein Anstieg der Arbeitsproduktivität während der konjunkturellen Aufschwünge bedacht werden. Die tatsächliche gesamtwirtschaftliche Produktion steigt dann rascher an als das Produktionspotenzial. In Abschwungphasen sinkt die Arbeitsproduktivität entsprechend. Die Gründe dafür werden unter Ökonomen oft diskutiert. Das Endergebnis ist jedoch, dass die Wirkungen von Auf- oder Abschwüngen auf die Arbeitslosenquote gedämpft werden.

Das **Okunsche Gesetz** beschreibt den negativen Zusammenhang zwischen Produktionslücke und zyklischer Arbeitslosigkeit.

hoher zyklischer Arbeitslosigkeit wie 1982, 1992 oder 2009 waren auch Jahre mit stark negativer Produktionslücke. Jahre mit niedriger zyklischer Arbeitslosigkeit, etwa die späten 1960er-Jahre oder Ende der 1990er- bis Anfang der 2000er-Jahre, waren auch Jahre mit stark positiver Produktionslücke.

Die kurzfristige Phillips-Kurve

Wir haben gerade gelernt, dass expansive Wirtschaftspolitik zu einer geringeren Arbeitslosenquote führt. Die Versuchungen und die Probleme, die daraus für eine Regierung erwachsen, resultieren aus einem kurzfristigen Zielkonflikt zwischen Arbeitslosenquote und Inflationsrate: Niedrige Arbeitslosenquoten gehen mit höheren Inflationsraten einher und umgekehrt. In der Wirtschaftstheorie wird dieser Sachverhalt durch die *Phillips-Kurve* wiedergegeben.

Die Phillips-Kurve geht auf einen mittlerweile berühmten Aufsatz des in Neuseeland geborenen Ökonomen A. W. H. Phillips aus dem Jahr 1958 zurück. Anhand historischer Daten für Großbritannien konnte er zeigen: Bei hoher Arbeitslosenquote sinkt der Lohnsatz tendenziell, bei niedriger Arbeitslosenquote jedoch steigt der Lohnsatz tendenziell. Andere Ökonomen fanden mit Daten für Großbritannien, die Vereinigten Staaten und andere Länder ähnliche Zusammenhänge zwischen der Arbeitslosenquote und der Inflationsrate (d. h. der Veränderungsrate des Preisniveaus). In **Abbildung 31-5** ist dieser Zusammenhang beispielhaft für die Vereinigten Staaten für den Zeitraum 1955 bis 1968 dargestellt.

Die **kurzfristige Phillips-Kurve** ist der negative Zusammenhang zwischen der Arbeitslosenquote und der Inflationsrate.

In Anbetracht von empirischen Befunden wie in Abbildung 31-5 schlussfolgerten viele Ökonomen, dass es eine negative (gegenläufige) kurzfristige Verknüpfung von Arbeitslosenquote und Inflationsrate gibt, die man als **kurzfristige Phillips-Kurve** bezeichnet. (Den Unterschied zwischen kurzfristiger und langfristiger Phillips-Kurve erläutern wir gleich.) Die **Abbildung 31-6** zeigt eine kurzfristige Phillips-Kurve.

Abb. 31-5

Arbeitslosigkeit und Inflation in den Vereinigten Staaten 1955–1968

Jeder Punkt zeigt die durchschnittliche Arbeitslosenquote in einem bestimmten Jahr und den prozentualen Anstieg der Verbraucherpreise im Folgejahr an. Derartige empirische Befunde stehen hinter dem ursprünglichen Konzept der Phillips-Kurve.

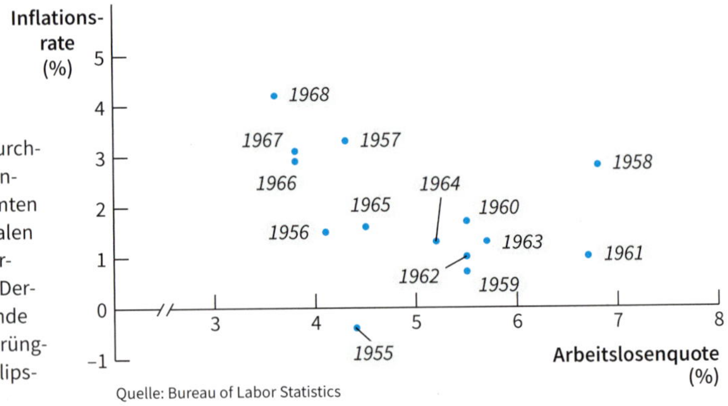

Quelle: Bureau of Labor Statistics

Abb. 31-6

Die kurzfristige Phillips-Kurve

Die kurzfristige Phillips-Kurve *(SRPC)* hat eine negative Steigung, weil der Zusammenhang von Arbeitslosenquote und Inflationsrate negativ ist.

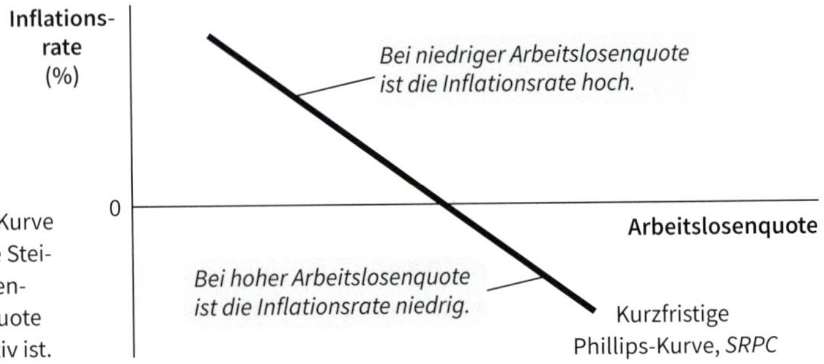

VERTIEFUNG

Die gesamtwirtschaftliche Angebotskurve und die kurzfristige Phillips-Kurve

In früheren Kapiteln haben wir oft das *AS-AD*-Modell benutzt, in dem die kurzfristige gesamtwirtschaftliche Angebotskurve (ein Zusammenhang zwischen realem Bruttoinlandsprodukt und Preisniveau) die zentrale Rolle spielt. Nun haben wir zusätzlich die Konzeption der kurzfristigen Phillips-Kurve (ein Zusammenhang zwischen Arbeitslosenquote und Inflationsrate). Wie passen die beiden Konzeptionen zusammen?

Ein Teil der Antwort ergibt sich bei einem Blick auf das Diagramm (a) in der **Abbildung 31-7**. Die Darstellung zeigt, wie Änderungen des Preisniveaus und die Produktionslücke von Nachfrageänderungen abhängen. Angenommen, im Jahr 1 ist die Nachfragekurve AD_1, die langfristige Angebotskurve *LRAS* und die kurzfristige Angebotskurve *SRAS*. Das erste Gleichgewicht stellt sich bei E_1 ein (mit einem Preisniveau von 100 und einem realen Bruttoinlandsprodukt von 10 Billionen Euro). Hierbei ist das reale Bruttoinlandsprodukt gleich dem Produktionspotenzial und die Produktionslücke gleich null.

Nun betrachte man zwei mögliche Pfade der Volkswirtschaft im folgenden Jahr. Einer entsteht dadurch, dass die Nachfrage unverändert bleibt und die Wirtschaft in E_1 verharrt. Im zweiten denkbaren Fall verschiebt sich die Nachfragekurve zu AD_2 und die Volkswirtschaft bewegt sich zum Gleichgewicht E_2.

In E_2 beträgt das reale Bruttoinlandsprodukt 10,4 Billionen Euro (0,4 Billionen Euro mehr als das Produktionspotenzial) mit einer Produktionslücke von 4 Prozent. Dabei nimmt das Preisniveau beim Anstieg von E_1 zu E_2 um 2 Prozent zu (von 100 auf 102). Das Diagramm (a) zeigt, dass eine Produktionslücke von null mit einer Inflationsrate von null einhergeht, eine Produktionslücke von 4 Prozent jedoch zu einer Inflationsrate von 2 Prozent führt.

Diagramm (b) zeigt, was das für den Zusammenhang von Arbeitslosenquote und Inflationsrate bedeutet. Bei einer unterstellten natürlichen Arbeitslosenquote von 6 Prozent führt ein Anstieg der Produktionslücke um einen Prozentpunkt – gemäß dem Okunschen Gesetz – zu einem Rückgang der Arbeitslosenquote um einen halben Prozentpunkt. Die beiden Fälle des Diagrammes (a) – mit entweder konstanter oder steigender Nachfrage – entsprechen sodann den beiden Punkten des Diagrammes (b). Bei E_1 beträgt die Arbeitslosenquote 6 Prozent und die Inflationsrate null Prozent, bei E_2 beläuft sich die Arbeitslosenquote auf 4 Prozent und die Inflationsrate auf 2 Prozent. Der Rückgang der Arbeitslosenquote berechnet sich bei einer Produktionslücke von 4 Prozent wie folgt: 4 Prozent × 0,5 = 2 Prozent. Auf diese Weise zeigt sich der negative Zusammenhang von Arbeitslosenquote und Inflationsrate.

Sagt also die kurzfristige gesamtwirtschaftliche Angebotskurve genau das aus, was man aus der kurzfristigen Phillips-Kurve abliest? Nicht ganz. Die kurzfristige gesamtwirtschaftliche Angebotskurve impliziert einen Zusammenhang von *Veränderungen* der Arbeitslosenquote und der Inflationsrate. Die kurzfristige Phillips-Kurve jedoch drückt eine Verknüpfung zwischen dem *Niveau* der Arbeitslosenquote und der Inflationsrate aus. Beide Aspekte völlig in Übereinstimmung zu bringen, würde die Zielsetzung des vorliegenden Buches überschreiten. Als wichtige Erkenntnis bleibt, dass die kurzfristige Phillips-Kurve mit der kurzfristigen gesamtwirtschaftlichen Angebotskurve eng verbunden, aber nicht identisch ist.

Abb. 31-7: Das AS-AD-Modell und die kurzfristige Phillips-Kurve

(a) Ein Anstieg der gesamtwirtschaftlichen Nachfrage . . .

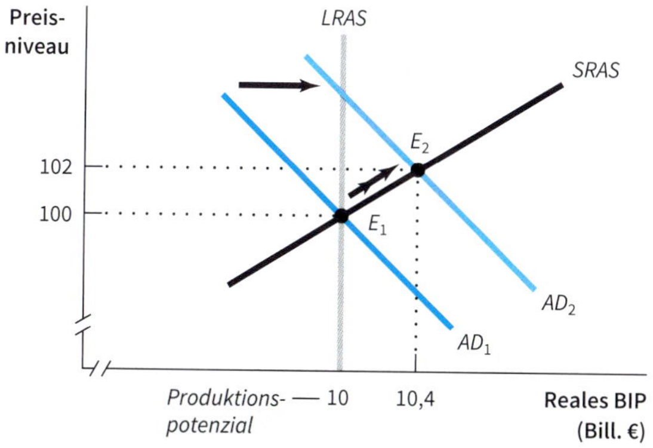

(b) . . . führt sowohl zu Inflation als auch zum Rückgang der Arbeitslosenquote.

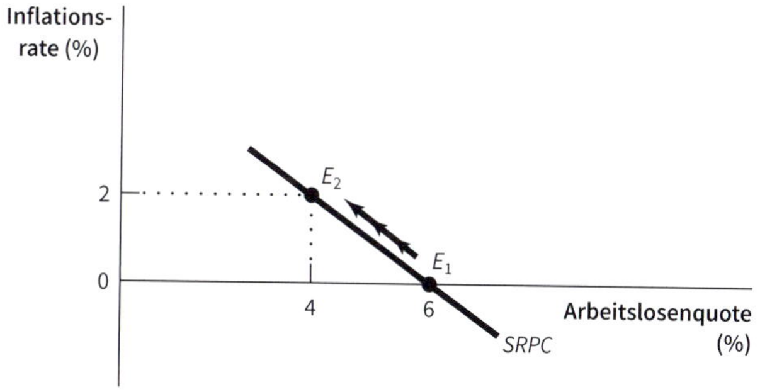

Die kurzfristige Phillips-Kurve hängt eng mit der kurzfristigen gesamtwirtschaftlichen Angebotskurve zusammen. Nach Diagramm (a) befindet sich die Volkswirtschaft anfänglich im Gleichgewicht E_1 mit einem Preisniveau von 100 und einem gesamtwirtschaftlichen Produktionsniveau von 10 Billionen Euro (gleich dem Produktionspotenzial). Nun betrachte man zwei Möglichkeiten. Sofern die Nachfragekurve bei AD_1 verharrt, beträgt die Produktionslücke null und die Inflationsrate null Prozent. Sofern sich die Nachfragekurve jedoch zu AD_2 verlagert, beträgt die Produktionslücke nach Diagramm (a) 4 Prozent und die Inflationsrate 2 Prozent. Mit der Annahme einer natürlichen Arbeitslosenquote von 6 Prozent ergibt sich: Falls die gesamtwirtschaftliche Nachfrage nicht steigt, bleibt es bei 6 Prozent Arbeitslosenquote und 0 Prozent Inflationsrate; falls die gesamtwirtschaftliche Nachfrage jedoch steigt, kommt es zu 4 Prozent Arbeitslosigkeit und 2 Prozent Inflation.

Abb. 31-8

Die kurzfristige Phillips-Kurve und Angebotsschocks

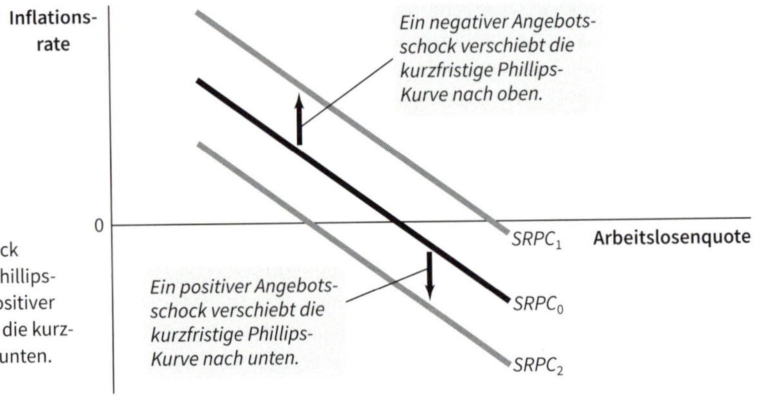

Ein negativer Angebotsschock verschiebt die kurzfristige Phillips-Kurve nach oben und ein positiver Angebotsschock verschiebt die kurzfristige Phillips-Kurve nach unten.

Ältere Schätzungen der kurzfristigen Phillips-Kurve für die Vereinigten Staaten waren recht simpel: Sie zeigten – ohne vermittelnde andere Variablen – einen negativen Zusammenhang von Arbeitslosenquote und Inflationsrate. Während der 1950er- und 1960er-Jahre des vorigen Jahrhunderts hielt man dies eine Zeitlang für angemessen. Die Daten in Abbildung 31-5 zeigen diesen einfachen Zusammenhang.

Schon damals jedoch argumentierten einige Ökonomen, dass die kurzfristige Phillips-Kurve noch andere Faktoren einbeziehen müsse. Dazu gehören die im Kapitel 27 angesprochenen *Angebotsschocks* wie etwa plötzliche Ölpreissteigerungen mit Verschiebungen der gesamtwirtschaftlichen Angebotskurve. Derartige Schocks verschieben selbstverständlich auch die kurzfristige Phillips-Kurve: Ölpreissteigerungen trugen wesentlich zur Inflation in den Vereinigten Staaten in den 1970er-Jahren sowie zur Beschleunigung der Inflation in den Jahren 2007–2008 bei. Grundsätzlich verschiebt ein negativer Angebotsschock die kurzfristige Phillips-Kurve (*SRPC*) nach oben, ein positiver Angebotsschock jedoch nach unten. Beide Effekte sind in **Abbildung 31-8** dargestellt.

Die **erwartete Inflationsrate** ist die Inflationsrate, die Unternehmen und Arbeitnehmer für die nächste Zukunft erwarten.

Doch Angebotsschocks sind es nicht allein, die Veränderungen der Inflationsrate herbeiführen. In den frühen 1960er-Jahren hatte man in den Vereinigten Staaten nur wenige Erfahrungen mit der Inflation, denn die Inflationsraten waren jahrzehntelang niedrig gewesen. Doch während der späten 1960er-Jahre hatte die Inflation einige Zeit beständig zugenommen und die Bevölkerung begann, eine weitere Inflation zu erwarten. Im Jahr 1968 stellten zwei bekannte Ökonomen – Milton Friedman von der Universität von Chicago und Edmund Phelps von der Columbia-Universität – unabhängig voneinander die wichtige Hypothese auf, dass die Erwartung einer steigenden künftigen Inflationsrate die aktuelle Inflationsrate beeinflusst. Heute glauben die meisten Ökonomen, dass die erwartete Inflationsrate (die von Arbeitgebern und Arbeitnehmern für die nächste Zukunft erwartete Inflationsrate) neben der Arbeitslosenquote die wichtigste Einflussgröße für die aktuelle Inflationsrate ist.

Inflationserwartungen und die kurzfristige Phillips-Kurve

Die **erwartete Inflationsrate** ist die Inflationsrate, die Unternehmen und Arbeitnehmer für die nächste Zukunft erwarten. Eine der entscheidenden Entdeckungen in der modernen Makroökonomik besteht darin, dass die erwartete Inflationsrate den kurzfristigen Zusammenhang von Arbeitslosenquote und Inflationsrate mitbestimmt und dadurch die kurzfristige Phillips-Kurve verschiebt.

Warum beeinflusst die erwartete Inflationsrate die kurzfristige Phillips-Kurve? Versetzen Sie sich einmal in die Lage eines Arbeitgebers und eines Arbeitnehmers, die die Lohnhöhe für ein weiteres Jahr festschreiben wollen. Aus verschiedenen Gründen wird der Lohnsatz, auf den sich beide Parteien einigen, bei allgemeinen Inflationserwartungen (also auch steigenden Löhnen) höher sein als bei der Erwartung von Preisniveaustabilität. Die Beschäftigten werden Löhne wollen, die ein künftiges Absinken der Kaufkraft des Geldes berücksichtigen. Die Beschäftigten wollen auch Löhne, die nicht unter denjenigen anderer Beschäftigter liegen. Der Arbeitgeber wird höheren Lohnsätzen dann zustimmen, wenn die Einstellung anderer Arbeitskräfte später zu höheren Kosten führt. Überdies werden steigende Absatzpreise es dem Arbeitgeber leichter machen, seinen Beschäftigten höhere Lohnsätze zu zahlen.

Aus all diesen Gründen wird eine Zunahme der erwarteten Inflationsrate die kurzfristige Phillips-Kurve nach oben verschieben: Die tatsächliche Arbeitslosenquote wird bei jeder beliebigen Inflationsrate höher sein, wenn die erwartete Inflationsrate höher ist. Makroökonomen vermuten bisweilen, dass sich erwartete und tatsächliche Inflationsrate eins zu eins verhalten. Man meint, durch einen Anstieg der erwarteten Inflationsrate werde die tatsächliche Inflationsrate um denselben Betrag (in Prozentpunkten) ansteigen. Auch für den umgekehrten Fall einer rückläufigen erwarteten Inflationsrate hält man diesen Zusammenhang für gültig.

Die **Abbildung 31-9** zeigt, wie die erwartete Inflationsrate die kurzfristige Phillips-Kurve beeinflusst. Angenommen, zunächst sei die erwartete Inflationsrate null: Die Menschen erwarten in der nahen Zukunft eine Inflationsrate von null. $SRPC_0$ in Abbildung 31-9 ist die kurzfristige Phillips-Kurve, falls eine Inflationserwartung von 0 Prozent herrscht. Nach dieser kurzfristigen Phillips-Kurve wird sich die tatsächliche Inflationsrate auf 0 Prozent einstellen, wenn die Arbeitslosenquote 6 Prozent beträgt. Wenn die Arbeitslosenquote 4 Prozent beträgt, kann man 2 Prozent Inflationsrate erwarten.

Nun unterstelle man eine erwartete Inflationsrate von 2 Prozent. Arbeitgeber und Arbeitnehmer werden danach ihre Lohn- und Preiserwartungen bilden. Zu jeder beliebigen Arbeitslosenquote wird die aktuelle Inflationsrate nun 2 Prozentpunkte höher ausfallen als bei einer erwarteten Inflationsrate von 0 Prozent. Dem entspricht die kurzfristige Phillips-Kurve $SRPC_2$ ($SRPC_0$ ist bei jeder Arbeitslosenquote um 2 Prozentpunkte nach oben verschoben). Nach $SRPC_2$ beträgt die Inflationsrate 2 Prozent bei einer Arbeitslosenquote von 6 Prozent, jedoch 4 Prozent bei einer Arbeitslosenquote von 4 Prozent.

Abb. 31-9

Inflationserwartungen und die kurzfristige Phillips-Kurve

Erwartete Inflation verschiebt die kurzfristige Phillips-Kurve (*SRPC*) nach oben. Die kurzfristige Phillips-Kurve bei einer erwarteten Inflationsrate von 0 Prozent ist mit $SRPC_0$ eingezeichnet. $SRPC_2$ ist die kurzfristige Phillips-Kurve für eine erwartete Inflationsrate von 2 Prozent. Jeder zusätzliche Prozentpunkt an Inflationserwartung steigert die tatsächliche Inflationsrate – bei jeder gegebenen Arbeitslosenquote – um einen Prozentpunkt.

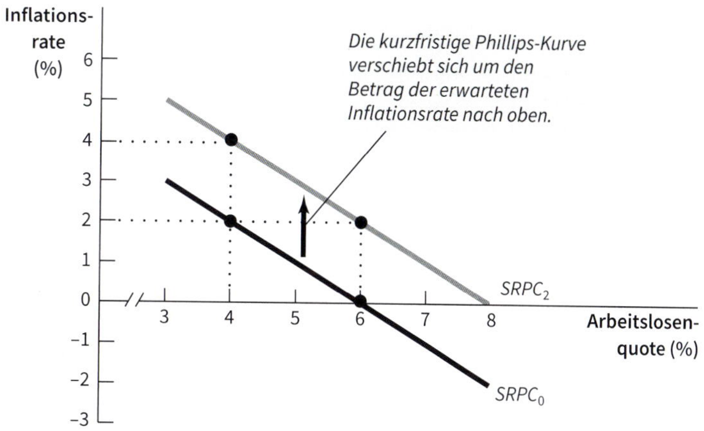

Abb. 31-10

Arbeitslosigkeit und Inflation in den Vereinigten Staaten von 1961–1990

Während der 1970er-Jahre brach die kurzfristige Phillips-Kurve zusammen, die allem Anschein nach in den 1960er-Jahren galt. Die Volkswirtschaft erlebte beides: hohe Arbeitslosenquoten und hohe Inflationsraten. Man vermutet die Ursachen in negativen Angebotsschocks und im Aufbau von Inflationserwartungen. Die Inflation verlangsamte sich in den 1980er-Jahren, und die 1990er-Jahre waren eine Zeit niedriger Arbeitslosenquoten und niedriger Inflationsraten.

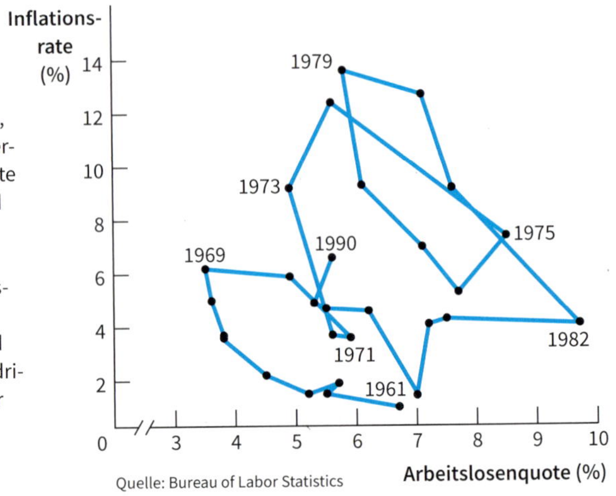

Wovon hängt die Höhe der erwarteten Inflationsrate ab? Die Leute stützen ihre Inflationserwartungen auf die Erfahrung. Sofern die Inflationsrate in den vergangenen Jahren um 0 Prozent herum geschwankt ist, werden dies die Menschen auch für die nahe Zukunft erwarten. Wenn die Inflationsrate jedoch rund 5 Prozent betrug, werden die Menschen auch für die nahe Zukunft eine Inflationsrate von 5 Prozent erwarten.

Da die Inflationserwartungen ein zentrales Element in der Analyse der kurzfristigen Phillips-Kurve darstellen, kann man sich fragen, weshalb dieser Punkt nicht bereits im ursprünglichen Ansatz vorkam. Die Antwort hat etwas mit den niedrigen Inflationsraten in der damaligen Zeit zu tun. In den frühen 1960er-Jahren waren die Menschen an niedrige Inflationsraten gewöhnt und erwarteten deshalb auch zukünftig moderate Inflationsraten. Erst nach 1965 wurden permanente Inflationsraten zu einer Tatsache, der man Aufmerksamkeit schenkte. Dann erst wurde klar, dass Inflationserwartungen für alle Preisentscheidungen wichtig werden.

Nach 1969 brach der eindeutige Zusammenhang zwischen Inflationsrate und Arbeitslosenquote zusammen. Die **Abbildung 31-10** zeigt Kombinationen aus Inflationsrate und Arbeitslosenquote für die Vereinigten Staaten für die Jahre von 1961 bis 1990. Die Darstellung vermittelt eher das Bild eines Wollknäuels als einer glatten Kurve.

Während der 1970er- und der frühen 1980er-Jahre litt die Volkswirtschaft der Vereinigten Staaten unter einer Kombination aus überdurchschnittlich hohen Arbeitslosenquoten und beispiellos hohen Inflationsraten, die bis dahin in der jüngeren Wirtschaftsgeschichte nicht vorkam. Diese Situation wurde unter dem Namen *Stagflation* bekannt – Stagnation mit Inflation. Im Gegensatz dazu erfuhr die Volkswirtschaft in den späten 1990er-Jahren eine glückliche Kombination von niedrigen Arbeitslosenquoten und niedrigen Inflationsraten. Wie sind diese Entwicklungen zu erklären?

Ein Teil der Erklärung liegt wohl in der Rolle der Angebotsschocks. Während der 1970er-Jahre erfuhr die US-Volkswirtschaft eine Reihe negativer Angebotsschocks. Der Höhenflug des Ölpreises, speziell von Kriegen und Revolutionen im Nahen Osten angetrieben, führte zu Angebotsrückgängen beim Öl, aber auch zu Preisanstiegen, die von den Exportbeschränkungen der Erdöl exportierenden Länder ausgingen. Außerdem verlangsamte sich das Wachstum der Arbeitsproduktivi-

WISSENSCHAFT UND PRAXIS

Die Phillips-Kurve in Spanien

Der Zusammenhang zwischen Arbeitslosigkeit und Inflation ist, wie bei den meisten ökonomischen Beziehungen, natürlich nicht immer exakt gegeben. Im Februar 2020 war die Arbeitslosenquote in den Vereinigten Staaten auf 3,5 Prozent gesunken (und lag damit unter dem Niveau vor der Finanz- und Wirtschaftskrise 2007–2009). Und dennoch verharrte die Inflationsrate auf einem niedrigen Niveau. Die Ökonomen suchten nach Erklärungen für diese Situation. Einige verwiesen darauf, dass die Arbeitslosenquote mittlerweile kein geeigneter Indikator für die Lage am Arbeitsmarkt mehr sei.

Dennoch würde man erwarten, dass sich wirklich starke Veränderungen in der Arbeitslosenquote in der Inflationsrate widerspiegeln. Und genau das lässt sich für Volkswirtschaften beobachten, die nach der Finanz- und Wirtschaftskrise 2007–2009 mit einer hohen Arbeitslosigkeit zu kämpfen hatten.

Ein Land, das seit Beginn der 2000er-Jahre ein dramatisches Auf und Ab bei der Arbeitslosenquote gesehen hat, ist Spanien. Von 2000 bis 2007 erlebte das Land einen gewaltigen Wirtschaftsaufschwung, der durch einen riesigen Immobilienboom getrieben wurde, der noch größer als in den Vereinigten Staaten war. Als die Blase am Immobilienmarkt platzte, geriet die Volkswirtschaft in eine tiefe Krise. Zusätzlich verschlimmert wurde die Lage durch eine starke Kürzung der Staatsausgaben. Mit dieser Maßnahme versuchte die spanische Regierung, die Sorgen der ausländischen Kreditgeber über die Höhe der spanischen Staatsverschuldung zu vertreiben. Im Verlauf der schweren Krise schnellte die Arbeitslosenquote regelrecht in die Höhe und erreichte im Jahr 2013 unglaubliche 26 Prozent. Danach konnte sich das Land Stück für Stück von der Krise erholen.

Die starken Schwankungen bei der Arbeitslosenquote blieben nicht ohne Auswirkungen auf die Inflationsrate. In **Abbildung 31-11** sind Wertepaare aus Arbeitslosenquote und Inflationsrate (gemessen durch den BIP-Deflator) für den Zeitraum 2000–2021 abgetragen. Für Jahre mit einer niedrigen Arbeitslosenquote sind tendenziell hohe Inflationsraten zu beobachten, für Jahre mit einer hohen Arbeitslosenquote eher geringe Inflationsraten.

In diesem Zusammenhang ist darauf hinzuweisen, dass für Spanien Arbeitslosenquoten zwischen 8 und 10 Prozent als »niedrig« einzustufen« sind. Für die Vereinigten Staaten und die Bundesrepublik Deutschland sind derartige Arbeitslosenquoten dagegen eher hoch. Selbst in Zeiten eines wirtschaftlichen Aufschwunges ist die Arbeitslosenquote in Spanien vergleichsweise hoch. Ein Grund für die hohe Arbeitslosigkeit in Spanien ist die Tatsache, dass ein Teil der arbeitslos gemeldeten Personen in Spanien »schwarz« arbeitet, um Steuern zu vermeiden und gesetzliche Vorschriften zu umgehen. Dabei haben diese Personen eigentlich einen Arbeitsplatz.

Abb. 31-11: Die Phillips-Kurve in Spanien 2000–2021

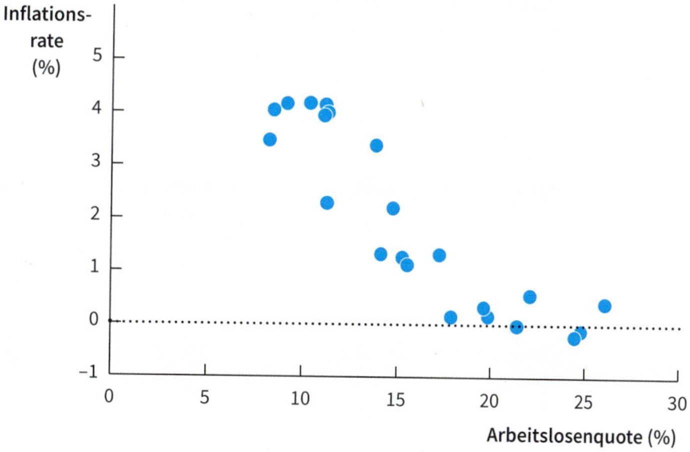

Quelle: Weltbank, World Development Indicators

tät, die auch zu dem mäßigen gesamtwirtschaftlichen Ergebnis beigetragen haben mag. Ganz anders wirkten die positiven Angebotsschocks während der 1990er-Jahre. Die Erzeugerpreise von Öl und anderen Rohstoffen fielen generell und das Produktivitätswachstum beschleunigte sich wieder.

Ähnlich bedeutend war jedoch auch die Rolle der Inflationserwartungen. Wie bereits im Verlauf dieses Kapitel ausgeführt, beschleunigte sich die Inflation während der 1960er-Jahre. In den 1970er-Jahren erwartete man daher allgemein hohe Inflationsraten und diese Erwartungen gingen in die kurzfristige Phillips-Kurve ein. Nachhaltige und kostspielige Anstrengungen während der 1980er-Jahre waren notwendig, um das Inflationstempo wieder zu senken. Schließlich war die Inflationserwartung gegen Ende der 1990er-Jahre wieder niedrig, sodass eine Kombination von niedrigen Inflationsraten und niedrigen Arbeitslosenquoten möglich wurde.

Viele Ökonomen glauben, dass sich in den 1990er-Jahren wieder ein Umfeld mit stabilen und niedrigen Inflationserwartungen einstellte, vergleichbar mit der Situation in den 1950er- und 1960er-Jahren. Die Inflationserwartungen richteten sich an den quantitativen Inflationszielen der Zentralbanken als Anker aus und lagen bei einer jährlichen Inflationsrate von rund 2 Prozent. Dadurch ähnelte die Beziehung zwischen Arbeitslosenquote und Inflationsrate in den letzten Jahrzehnten in vielem der ursprünglichen Phillips-Kurve. In Anbetracht der seit Sommer 2021 deutlich über die Inflationsziele der Zentralbanken steigenden Inflationsraten bleibt abzuwarten, inwieweit die Ankerwirkung der Inflationsziele für die Inflationserwartungen weiterhin Bestand haben wird.

Kurzzusammenfassung

- Das **Okunsche Gesetz** beschreibt den Zusammenhang zwischen der Produktionslücke und der zyklischen Arbeitslosigkeit.
- Die **kurzfristige Phillips-Kurve** illustriert den negativen, gegenläufigen Zusammenhang von Arbeitslosigkeit und Inflation.
- Ein negativer Angebotsschock verschiebt die kurzfristige Phillips-Kurve nach oben, ein positiver Angebotsschock verschiebt die kurzfristige Phillips-Kurve nach unten.
- Ein Anstieg der **erwarteten Inflationsrate** verschiebt die kurzfristige Phillips-Kurve nach oben: Jeder Prozentpunkt an zusätzlich erwarteter Inflationsrate lässt auch die tatsächliche Inflationsrate bei einer bestimmten Arbeitslosenquote um einen Prozentpunkt ansteigen.
- In den 1970er-Jahren führte eine Reihe von negativen Angebotsschocks sowie ein Rückgang im Wachstum der Arbeitsproduktivität zu Stagflation und einer Verschiebung der kurzfristigen Phillips-Kurve nach oben.

ÜBERPRÜFEN SIE IHR WISSEN

1. Erklären Sie, wie die kurzfristige Phillips-Kurve den negativen Zusammenhang zwischen zyklischer Arbeitslosigkeit und tatsächlicher Inflationsrate bei einer bestimmten Inflationserwartung beschreibt.
2. Erläutern Sie, wie die kurzfristige Phillips-Kurve auf einen Rückgang und einen Anstieg der Rohstoffpreise reagiert.

31.3 Inflation und Arbeitslosigkeit auf lange Sicht

Die kurzfristige Phillips-Kurve sagt aus, dass es zu jedem beliebigen Zeitpunkt eine Verknüpfung zwischen Arbeitslosigkeit und Inflationsrate gibt. Auf dieser Grundlage hat die Wirtschaftspolitik die Möglichkeit, auf Kosten einer hohen Inflationsrate eine Senkung der Arbeitslosigkeit zu erreichen. In den 1960er-Jahren vertraten viele Ökonomen die Auffassung, dass diese Wahlmöglichkeit tatsächlich existiert.

Diese Sichtweise änderte sich allerdings grundlegend, als man erkannte, dass die erwartete Inflationsrate die Lage der kurzfristigen Phillips-Kurve mitbestimmt. Auf kurze Sicht weichen die Erwartungen oft von den tatsächlichen Gegebenheiten ab. Langfristig jedoch wird sich eine beständige Inflation in den Erwartungen für die Inflationsrate widerspiegeln. Ist die Inflation dauerhaft hoch, wie z. B. in den 1970er-Jahren, dann werden die Menschen dies auch für die Zukunft erwarten. Steigen die Preise dagegen nur langsam, wie z. B. in den letzten Jahren, dann wird sich das in den Inflationserwartungen der Menschen niederschlagen.

Wie sieht die langfristige Verknüpfung von Inflation und Arbeitslosigkeit aus, wenn die gegenwärtige Inflationsrate in den Inflationserwartungen berücksichtigt wird? Die meisten Ökonomen glauben, dass es langfristig keine Verknüpfung von Inflation und Arbeitslosigkeit gibt. Es ist demnach nicht möglich, dauerhaft eine niedrige Arbeitslosenquote durch hohe Inflationsraten zu erkaufen. Um diese Sichtweise zu verstehen, müssen wir uns näher mit der *langfristigen Phillips-Kurve* beschäftigen.

Die langfristige Phillips-Kurve

Die **Abbildung 31-12** nimmt die beiden kurzfristigen Phillips-Kurven $SRPC_0$ und $SRPC_2$ der Abbildung 31-9 auf und fügt eine weitere kurzfristige Phillips-Kurve ($SRPC_4$) hinzu. Die neue, zusätzliche kurzfristige Phillips-Kurve gilt bei einer Inflationserwartung von 4 Prozent. Auf die senkrechte Gerade, die die langfristige Phillips-Kurve (*LRPC*) darstellt, werden wir gleich näher eingehen.

Unterstellt man, die Volkswirtschaft hätte in der Vergangenheit eine Inflationsrate von 0 Prozent erlebt, so spiegelt sich dies in der kurzfristigen Phillips-Kurve $SRPC_0$. Ist die Arbeitslosenquote 6 Prozent, so ist die Inflationsrate 0 Prozent.

Nehmen wir an, die Wirtschaftspolitik versucht, die Arbeitslosenquote auf Kosten einer höheren Inflationsrate zu senken und setzt Geld-

Abb. 31-12

Die inflationsstabilisierende Arbeitslosenquote (NAIRU) und die langfristige Phillips-Kurve

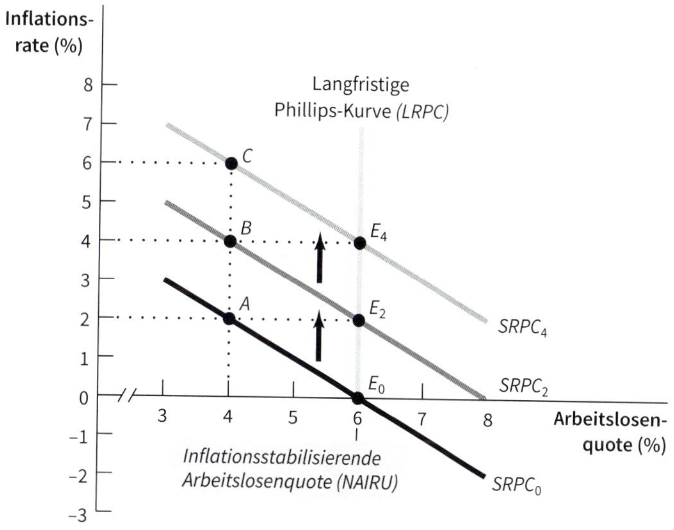

$SRPC_0$ ist die kurzfristige Phillips-Kurve bei einer Inflationserwartung von 0 Prozent. Bei 4 Prozent Arbeitslosigkeit befindet sich die Volkswirtschaft im Punkt *A* mit einer Inflationsrate von 2 Prozent. Eine höhere erwartete Inflationsrate wird die kurzfristige Phillips-Kurve weiter nach oben zu $SRPC_2$ verschieben. Bleibt die Arbeitslosenquote bei 4 Prozent, so wird sich die Volkswirtschaft im Punkt *B* mit einer Inflationsrate von 4 Prozent wiederfinden. Werden die Inflationserwartungen erneut angepasst, kommt es zu einer neuen kurzfristigen Phillips-Kurve $SRPC_4$. Bei 4 Prozent Arbeitslosenquote gelangt die Volkswirtschaft zum Punkt *C* mit einer Inflationsrate von 6 Prozent. Die Arbeitslosenquote von 6 Prozent ist in der Abbildung die sogenannte NAIRU (»nonaccelerating inflation rate of unemployment«). Solange die Arbeitslosenquote dieser NAIRU entspricht, passt die tatsächliche Inflationsrate zu den Erwartungen und bleibt unverändert. Eine Arbeitslosenquote unter 6 Prozent würde eine sich stets beschleunigende Inflation notwendig machen. Die langfristige Phillips-Kurve (*LRPC*) verläuft senkrecht durch E_0, E_2 und E_4: Langfristig besteht kein Zusammenhang zwischen Arbeitslosenquote und Inflationsrate.

Die **inflationsstabilisierende Arbeitslosenquote** (kurz **NAIRU** oder »nonaccelerating inflation rate of unemployment«) ist jene Arbeitslosenquote einer Volkswirtschaft, bei der sich die Inflationsrate über die Zeit hinweg nicht ändert.

Die **langfristige Phillips-Kurve** zeigt den Zusammenhang von Arbeitslosenquote und Inflationsrate, nachdem sich die Inflationserwartung an die tatsächliche Inflationsrate angepasst hat.

politik, Fiskalpolitik oder beides ein, um die Arbeitslosenquote auf 4 Prozent herunterzudrücken. Dadurch gelangt die Volkswirtschaft zum Punkt *A* (mit 4 Prozent Arbeitslosenquote und 2 Prozent Inflationsrate).

Im Laufe der Zeit würden die Leute jedoch eine Inflationsrate von 2 Prozent erwarten. *Dieser Anstieg in der erwarteten Inflationsrate verschiebt die kurzfristige Phillips-Kurve nach oben* zu $SRPC_2$. Wenn nun die Arbeitslosigkeit 6 Prozent ist, beträgt die tatsächliche Inflationsrate 2 Prozent. Bei dieser neuen kurzfristigen Phillips-Kurve käme man bei Verfolgung des Beschäftigungsziels von 4 Prozent Arbeitslosenquote zu einer tatsächlichen Inflationsrate von 4 Prozent (Punkt *B* auf $SRPC_2$) und nicht zum Punkt *A* mit einer Inflationsrate von 2 Prozent.

Aber auch diese Inflationsrate von 4 Prozent setzt sich als Inflationserwartung fest, sodass sich die kurzfristige Phillips-Kurve wiederum nach oben verschieben wird, hin zu $SRPC_4$. Wollte man nun die Arbeitslosenquote weiter bei 4 Prozent halten, müsste man dafür eine tatsächliche Inflationsrate von 6 Prozent in Kauf nehmen (Punkt *C* auf $SRPC_4$), und so weiter und so fort. Es kommt also im Laufe der Zeit zu einer sich beschleunigenden Inflationsrate, wenn man versucht, die Arbeitslosenquote im Tausch gegen eine höhere Inflationsrate niedrig zu halten.

Um eine sich im Laufe der Zeit beschleunigende Inflation zu vermeiden, muss die Arbeitslosenquote hoch genug sein, damit die tatsächliche Inflationsrate der erwarteten Inflationsrate entspricht. Dies ist die Situation E_0 auf der kurzfristigen Phillips-Kurve $SRPC_0$: Die Arbeitslosenquote ist 6 Prozent, erwartete und aktuelle Inflationsrate betragen 0 Prozent. Es ist auch die Situation E_2 auf $SRPC_2$: Die Arbeitslosenquote ist 6 Prozent, erwartete und aktuelle Inflationsrate betragen 2 Prozent. Auch in E_4 auf $SRPC_4$ stellt sich diese Situation ein: Die Arbeitslosenquote beträgt 6 Prozent, erwartete und aktuelle Inflationsrate betragen 4 Prozent. Wie wir im Kapitel 33 noch erfahren werden, ist die Tatsache, dass die Arbeitslosenquote ungeachtet einer wachsenden Inflation auf einem bestimmten Niveau verbleibt, auch als *Hypothese der natürlichen Arbeitslosenquote* (»natural rate hypothesis«) bekannt.

Die Arbeitslosenquote, bei der sich die Inflationsrate im Laufe der Zeit nicht ändert (6 Prozent in der Abbildung 31-12), bezeichnet man als **inflationsstabilisierende Arbeitslosenquote** (oder kurz **NAIRU** oder »nonaccelerating inflation rate of unemployment«). Arbeitslosenquoten unterhalb der NAIRU führen zu sich beschleunigender Inflation und diese Arbeitslosenquoten können nicht aufrechterhalten werden. Viele Ökonomen sind überzeugt, dass eine NAIRU existiert und langfristig keine Austauschbeziehung zwischen Arbeitslosenquote und Inflationsrate besteht.

Damit ist die Bedeutung der senkrechten Linie *LRPC* in der Abbildung 31-12 geklärt. Es handelt sich um die **langfristige Phillips-Kurve** (die langfristige Beziehung zwischen Arbeitslosenquote und Inflationsrate, sofern hinreichend Zeit für die Anpassung der Inflationserwartungen an die Inflationserfahrungen bestand). Die langfristige Phillips-Kurve verläuft senkrecht, weil jede beliebige Arbeitslosenquote unterhalb der NAIRU zu sich beschleunigender Inflation führt. Mit anderen Worten zeigt sich für die Wirtschaftspolitik, dass man langfristig keine Arbeitslosenquote unterhalb der NAIRU erreichen kann. Gleichzeitig gilt auch: Jede Arbeitslosenquote oberhalb der NAIRU führt zu einer Verlangsamung der Inflation.

Nochmals betrachtet: Die natürliche Arbeitslosenquote

Wir kennen bereits den Begriff der natürlichen Arbeitslosenquote, eine Art konjunkturunabhängige Arbeitslosenquote, um die herum die aktuellen Arbeitslosenquoten schwanken. Gerade eben wurde zusätzlich der Begriff der *NAIRU* eingeführt. Wie passen beide Begriffe zusammen?

Die Antwort ist einfach: NAIRU ist eine andere Bezeichnung für die natürliche Arbeitslosenquote. Die für eine Volkswirtschaft zur Inflationsvermeidung »notwendige« Höhe der Arbeitslosenquote ist gleich der natürlichen Arbeitslosenquote (friktionelle plus strukturelle Arbeitslosigkeit).

In der Tat schätzen Ökonomen die natürliche Arbeitslosenquote dadurch, dass sie versuchen, die NAIRU aus dem Verhalten von Inflationsrate und Arbeitslosenquote im Konjunkturzyklus abzuleiten. So mussten die europäischen Länder zu ihrer Bestürzung in den späten 1980er-Jahren und wieder in den späten 1990er-Jahren zur Kenntnis nehmen, dass ihre natürlichen Arbeitslosenquoten 9 Prozent oder mehr betrugen, weil sich bei Arbeitslosenquoten von weniger als 9 Prozent das Inflationstempo steigerte.

In Abbildung 31-4 hatten wir Schätzwerte des Congressional Budget Office (CBO) für die natürliche Arbeitslosenquote der Vereinigten Staaten dargestellt. Zur Ermittlung der Werte verwendet das CBO ein ökonometrisches Modell, mit dem Veränderungen der Inflationsraten auf der Basis von Abweichungen der Arbeitslosenquoten von der natürlichen Arbeitslosenquote geschätzt werden. Bei gegebenen statistischen Daten für die tatsächlichen Arbeitslosenquoten und Inflationsraten vermag das Modell Schätzwerte der natürlichen Arbeitslosenquote zu erzeugen – und so kommen die Zahlen des CBO zustande. Für Anfang 2022 lag der Schätzwert bei 4,4 Prozent.

Die Kosten der Desinflation

Die Wirtschaftspolitik musste die Erfahrung machen, dass es viel schwerer ist, die Inflationsrate zu senken, als die Inflationsrate zu erhöhen. Der Grund dafür liegt darin, dass eine Senkung der Inflationsrate sehr schwierig und nur mit hohen Kosten zu erreichen ist, sobald sich eine hohe Inflationsrate in der Volkswirtschaft verfestigt hat.

Hartnäckige Bemühungen zur Absenkung der Arbeitslosenquote unter die natürliche Arbeitslosenquote führen zu einer sich ständig beschleunigenden Inflationsentwicklung, die sich in die Inflationserwartungen niederschlägt. Um die Inflationserwartungen zu senken, müssen die Politiker das Gegenteil tun; sie müssten kontraktive Maßnahmen durchführen, die zunächst einmal über eine längere Zeit hinweg die Arbeitslosenquote über die natürliche Arbeitslosenquote hinaus ansteigen lassen. Dieser Prozess, der eine in den Erwartungen der Öffentlichkeit verfestigte Inflation beenden soll, heißt *Desinflation*. Wir haben uns damit bereits im Kapitel 23 beschäftigt.

Desinflation kann volkswirtschaftlich sehr teuer werden. Wie die nachfolgenden Ausführungen in der Rubrik »Wissenschaft und Praxis« belegen, scheint das Abrücken der Vereinigten Staaten von hoher Inflation zu Beginn der 1980er-Jahre geschätzte 18 Prozent des realen Bruttoinlandsproduktes eines Jahres (das entspricht heute fast 4 Billionen Dollar) gekostet zu haben. Die Rechtfertigung für diese Kosten liegt darin, dass sie zu einem dauerhaften Vorteil für die Volkswirtschaft führen. Obwohl die Wirtschaft die kurzfristigen Produktionsverluste der Inflation nicht ausgleichen kann, erleidet sie doch nicht länger die übrigen Kosten einer beständig hohen Inflation. Tatsächlich hat es sich für die Vereinigten Staaten, Großbritannien und andere entwickelte Volkswirtschaften mit hohen Inflationsraten während der 1970er-Jahre wohl gelohnt, sich um den Preis kurzfristiger Einbußen an realem Bruttoinlandsprodukt von der Inflation zu befreien.

LÄNDER IM VERGLEICH

Weltweite Desinflation

Nicht nur in den Vereinigten Staaten kam es in den 1980er-Jahren zu einer großen Desinflation. Auch andere hoch entwickelte Volkswirtschaften, die in den 1970er-Jahren hohe Inflationsraten zu verzeichnen hatten, schafften es, die Inflation in den 1980er-Jahren deutlich zu senken, allerdings auf Kosten einer Wirtschaftskrise. In der Abbildung sind die jährlichen Inflationsraten für Großbritannien, Italien und die Vereinigten Staaten für den Zeitraum 1970–2021 zu sehen. In allen drei Ländern kam es infolge der beiden Ölpreisschocks 1973 und 1978 zu hohen Inflationsraten. Und alle drei Länder durchliefen eine Wirtschaftskrise, um die Inflationsrate zu senken. Seit Mitte der 1980er-Jahre war die Inflation in allen reichen Volkswirtschaften auf einem stabilen und niedrigen Niveau, bis es ab Mitte 2021 zu einem deutlichen Anstieg der Inflationsrate kam.

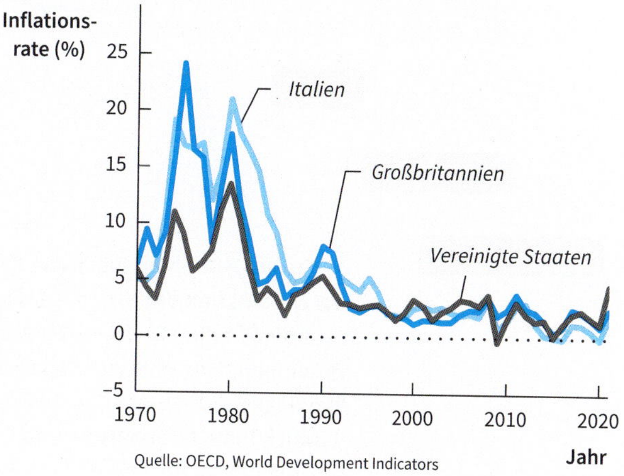

Quelle: OECD, World Development Indicators

WISSENSCHAFT UND PRAXIS

Die große Desinflation der 1980er-Jahre

Wie bereits mehrfach in diesem Kapital erwähnt, endeten die 1970er-Jahre in den Vereinigten Staaten mit einer für Friedenszeiten sehr hohen Inflationsrate – 14 Prozent im Jahr 1980. Ein Teil dieser Inflation war auf Einmaleffekte zurückzuführen, speziell eine Weltölkrise. Dennoch schien eine Inflationsrate von 10 Prozent oder mehr pro Jahr fest in der Volkswirtschaft verankert zu sein.

Mitte der 1980er-Jahre herum jedoch bewegte sich das Inflationstempo bei etwa 4 Prozent pro Jahr. Diagramm (a) der **Abbildung 31-13** zeigt die *Kerninflationsrate*, die jährliche Veränderungsrate des Verbraucherpreisindex ohne die Preise für Energie und Nahrungsmittel. Diese Preissteigerungsrate wird weithin als ein besserer Indikator für Inflationstendenzen angesehen als der umfassende Verbraucherpreisindex. Nach diesem Maß ging das Inflationstempo von etwa 12 Prozent Ende der 1970er-Jahre auf rund 4 Prozent zurück.

Wie konnte diese Desinflation gelingen? Um den Preis hoher Kosten. Ab 1979 verfolgte die US-amerikanische Zentralbank eine streng kontraktive Geldpolitik, die eine der schlimmsten Rezessionen seit der Weltwirtschaftskrise auslöste. Diagramm (b) der Abbildung 31-13 zeigt, wie das Congressional Budget Office die Produktionslücken von 1979 bis 1989 einschätzte: Im Jahre 1982 lag die gesamtwirtschaftliche Produktion um 7 Prozent unter dem Produktionspotenzial und die Arbeitslosenquote bei 9 Prozent. Erst 1987 erreichte die gesamtwirtschaftliche Produktion wieder das Niveau des Produktionspotenzials.

Unsere Analyse der Phillips-Kurve hat gezeigt, dass ein vorübergehender Anstieg der Arbeitslosenquote wie in den 1980er-Jahren notwendig ist, um die Spirale der Inflationserwartungen zu durchbrechen. Sind die Inflationserwartungen erst einmal niedriger, so kann die Volkswirtschaft zur natürlichen Arbeitslosenquote und einer niedrigeren Inflationsrate zurückkehren. Und dies genau geschah damals.

Doch waren die volkswirtschaftlichen Kosten, wie schon gesagt, recht hoch. Zählt man die Produktionslücken von 1980 bis 1987 zusammen, so stellt man fest, dass die Volkswirtschaft damals rund 18 Prozent einer Jahresproduktion opfern musste. Wäre dies heutzutage noch einmal zu bewerkstelligen, so würden die Vereinigten Staaten Waren und Dienstleistungen im Umfang von fast 4 Billionen Dollar einbüßen.

Abb. 31-13: Die große Desinflation

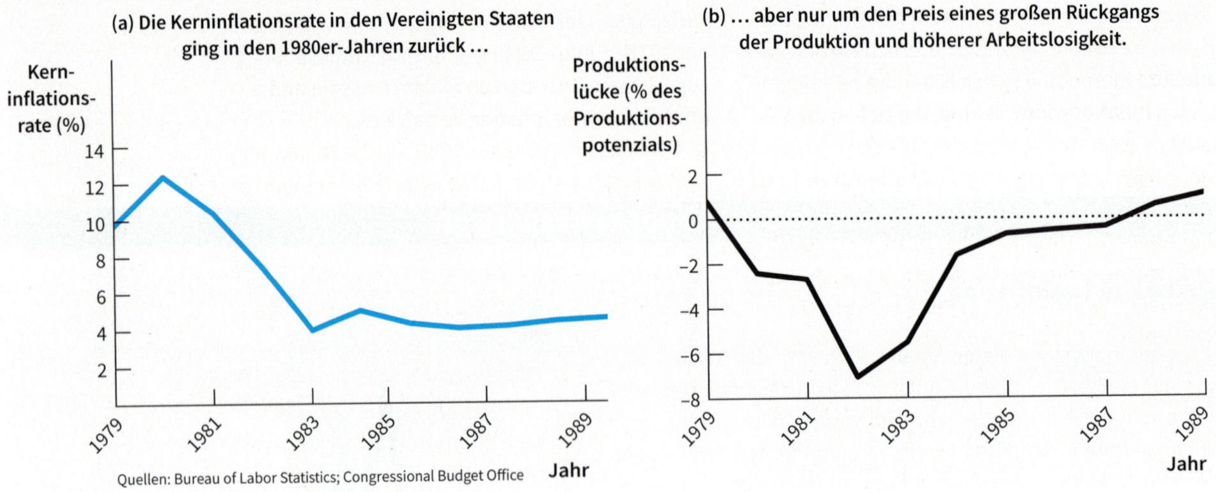

Quellen: Bureau of Labor Statistics; Congressional Budget Office

Einige Ökonomen behaupten, dass die Kosten der Desinflation dadurch gesenkt werden können, dass die Politiker ihre feste Entschlossenheit zur Beseitigung der Inflation öffentlich erklären. Eine klar angekündigte, glaubhafte Politik der Desinflation könne die erwartete Inflationsrate reduzieren und die kurzfristige Phillips-Kurve wieder nach unten verschieben. Man vermutet, dass die Entschlossenheit der US-amerikanischen Zentralbank zur Inflationsbekämpfung Ende der 1970er-Jahre glaubhaft genug war, um die Kosten der Desinflation zu reduzieren – wie hoch diese auch immer waren.

Kurzzusammenfassung

- Versucht die Wirtschaftspolitik die Arbeitslosenquote unterhalb der **NAIRU** zu halten, der **inflationsstabilisierenden Arbeitslosenquote**, kommt es zu einer beschleunigten Inflation, da sich die Inflationserwartungen an die steigende Inflation anpassen. Die NAIRU entspricht der natürlichen Arbeitslosenquote.
- Die **langfristige Phillips-Kurve** verläuft senkrecht und veranschaulicht, dass die Arbeitslosenquote langfristig nicht unterhalb der NAIRU gehalten werden kann. Damit bleiben expansive wirtschaftspolitische Maßnahmen auf lange Sicht wirkungslos.
- *Desinflation* bringt hohe volkswirtschaftliche Kosten an Arbeitslosigkeit und Produktionsverlusten mit sich. Die Rechtfertigung für diese Kosten liegt darin, dass durch Desinflation die Kosten einer dauerhaft hohen Inflation für die Volkswirtschaft vermieden werden.

ÜBERPRÜFEN SIE IHR WISSEN

1. Warum besteht auf lange Sicht keine Verknüpfung zwischen Arbeitslosenquote und Inflationsrate?
2. Britische Ökonomen vermuten, dass die natürliche Arbeitslosenquote in ihrem Land während der 1970er-Jahre scharf anstieg (von etwa 3 Prozent auf 10 Prozent). In dieser Zeit erlebte Großbritannien eine kräftige Beschleunigung der Inflation, und zwar vorübergehend auf über 20 Prozent. Wie hängen diese Befunde zusammen?
3. Warum verläuft Desinflation für eine Volkswirtschaft dermaßen kostspielig? Gibt es Möglichkeiten, diese Kosten zu senken?

31.4 Deflation

Vor dem Zweiten Weltkrieg war *Deflation* – ein Rückgang des Preisniveaus – fast ebenso verbreitet wie Inflation. (Wir haben uns bereits im Kapitel 21 mit Deflation beschäftigt.) So war der US-Verbraucherpreisindex am Vorabend des Zweiten Weltkrieges um 30 Prozent niedriger als im Jahr 1920. Und in Deutschland sanken die Preise in der Weltwirtschaftskrise von 1929 bis 1933 um fast 25 Prozent. Nach dem Zweiten Weltkrieg wurde Inflation zur Regel in allen Volkswirtschaften. Doch in den 1990er-Jahren tauchte Deflation erneut auf, dieses Mal in Japan, und es war schwierig, dagegen anzugehen. Andere Volkswirtschaften, auch die Vereinigten Staaten, haben sich danach ernstlich mit diesem möglichen Zukunftsproblem auseinandergesetzt. Im Euroraum war die Bekämpfung von deflationären Tendenzen ein Grund für die Einführung eines Programmes zum Ankauf von Anleihen (Quantitative Easing) durch die EZB im Frühjahr 2015.

Weshalb ist Deflation überhaupt ein Problem? Und weshalb ist eine Deflation schwer zu beenden?

Schuldendeflation

Wie Inflation bringt auch Deflation Gewinner und Verlierer hervor, allerdings mit umgekehrten Vorzeichen. Bei sinkenden Preisen hat ein Euro in der Zukunft einen höheren realen Wert als ein Euro heute. Die Kreditgeber profitieren von ihrem verliehenen Geld, weil die Kaufkraft des von den Schuldnern zurückbezahlten Geldes wächst. Kreditnehmer verlieren, weil ihre Schuldenlast real ansteigt.

In einer Analyse zu Beginn der Weltwirtschaftskrise befasste sich der Ökonom Irving Fisher (bereits vom *Fisher-Effekt* der erwarteten Inflation auf den Zinssatz aus Kapitel 25 bekannt) mit der Problematik und kam zu dem Ergebnis, dass die Wirkungen einer Deflation auf Gläubiger und Schuldner eine Wirtschaftskrise verschlimmern können. Deflation führt dazu, dass den Kreditnehmern Ressourcen entzogen und den Kreditgebern gegeben werden.

Fisher führte aus, dass Kreditnehmer typischerweise knapp bei Kasse sind und mit dem Anstieg ihrer Schuldenlast gezwungen sind, ihre Ausgaben kräftig einzuschränken. Kreditgeber werden dagegen ihre Ausgaben kaum deutlich erhöhen, wenn der Wert ihrer Forderungen zunimmt. Insgesamt vermindere eine Deflation, so Fisher, die gesamtwirtschaftliche Nachfrage, verstärke auf diese Weise die Wirtschaftskrise und führe so zu einem Teufelskreis mit weiterer Deflation. Die Wirkung der Deflation auf die Senkung der gesamtwirtschaftlichen Nachfrage – als **Schuldendeflation** bekannt – spielte in der Weltwirtschaftskrise mutmaßlich eine bedeutende Rolle.

Als **Schuldendeflation** bezeichnet man die Verminderung der gesamtwirtschaftlichen Nachfrage, die sich aus dem realen Anwachsen der Schuldenlast ergibt, die eine Deflation mit sich bringt.

Die Auswirkungen einer erwarteten Deflation

Wie die erwartete Inflation, so hat auch eine erwartete Deflation Auswirkungen auf den Nominalzinssatz. In Abbildung 25-9 hatten wir dargestellt, wie sich eine erwartete Inflation auf den Gleichgewichtszinssatz auswirkt. In Abbildung 25-9 beträgt der nominale Gleichgewichtszinssatz 4 Prozent, wenn die erwartete Inflationsrate 0 Prozent ist. Offensichtlich wird der gleichgewichtige Nominalzinssatz 1 Prozent betragen, sofern die Inflationsrate sich auf minus 3 Prozent beläuft (die Öffentlichkeit also eine Deflation von 3 Prozent pro Jahr erwartet).

Doch was geschieht, wenn die erwartete Inflationsrate bei –6 Prozent liegt? Würde dann der Nominalzinssatz auf –2 Prozent fallen, sodass die Kreditnehmer für die Kreditaufnahme von den Kreditgebern einen Zinssatz in Höhe von 2 Prozent erhalten? Nein, wahrscheinlich nicht. Niemand würde Geld zu einem negativen Nominalzinssatz verleihen, weil man Geld auch als Bargeld halten kann. Wir haben aber bereits im Kapitel 30 gelernt, dass es keine strikte Nullzins-Untergrenze gibt, da eine hohe Bargeldhaltung mit Kosten verbunden ist. Allerdings werden die Zinssätze nicht deutlich unter die Null-Prozent-Marke fallen.

Die Nullzins-Untergrenze begrenzt die Wirksamkeit der Geldpolitik. Man stelle sich eine Volkswirtschaft in einer Depression vor: Die gesamtwirtschaftliche Produktion liegt unter dem Produktionspotenzial und die Arbeitslosenquote über der natürlichen Arbeitslosenquote. Normalerweise würde die Zentralbank in einer solchen Situation versuchen, die Zinssätze zur Belebung der gesamtwirtschaftlichen Nachfrage zu senken. Ist der Nominalzinssatz jedoch bereits null, kann ihn die Zentralbank nicht mehr deutlich senken. Die Banken würden sich weigern, Kredite an Konsumenten und Unternehmen zu vergeben, und Konsumenten und Unternehmen würden keine Ausgaben tätigen, da bei einer negativen Inflationsrate und einem Zinssatz von 0 Prozent die Kassenhaltung zu einem positiven Realzinssatz führt: Bei fallenden Preisen kann man mit einem bestimmten Geldbetrag im Laufe der Zeit immer mehr kaufen. Jede weitere Vergrößerung der Geldbasis durch die Zentralbank würde in den Banktresoren oder in den Kassenbeständen der Privaten hängen bleiben – ohne jeden Ausgabeneffekt.

Eine Situation, in der die Geldpolitik nicht eingesetzt werden kann oder versagt, weil der Nominalzinssatz nicht unter null fallen kann, ist als **Liquiditätsfalle** bekannt. Eine Liquiditätsfalle kann stets dann eintreten, wenn die Kreditnachfrage kräftig zurückgeht. Während der Weltwirtschaftskrise in den 1930er-Jahren befand sich die Volkswirtschaft der Vereinigten Staaten meistens nahe an der Nullzins-Untergrenze. **Abbildung 31-14** zeigt den Zinssatz auf kurzfristige US-Staatsanleihen zwischen 1920 und 2021. Wie man sehen kann, schwankte das Zinsniveau in den 1930er-Jahren bis zum Beginn des Zweiten Weltkrieges um die Nullzins-Untergrenze. Als die Inflation nach dem Zweiten Weltkrieg weltweit zum Regelfall wurde, rückte das Problem der Nullzins-Untergrenze in den Hintergrund, da die Menschen eher Inflation als Deflation erwarteten.

Die Volkswirtschaft befindet sich in einer **Liquiditätsfalle**, wenn die Geldpolitik wirkungslos bleibt, weil der Nominalzinssatz nicht unter null fallen kann.

Das änderte sich in den letzten zwei Jahrzehnten. Im Zuge der Finanz- und Wirtschaftskrise 2007–2009 und während der Covid-19-Pandemie sanken die Zinsen praktisch auf null. Im Unterschied zur Weltwirtschaftskrise gab es in den Vereinigten Staaten (und auch in Europa) aber keine Deflation. Ökonomen vermuten, dass rigide Löhne trotz steigender Arbeitslosigkeit ein Absinken der Inflationsrate unter null verhindert haben.

In der jüngeren Vergangenheit durchlebte die japanische Volkswirtschaft eine Phase der Deflation und eine Liquiditätsfalle, wie in **Abbildung**

Abb. 31-14

Die Zinsentwicklung in den Vereinigten Staaten, 1920–2021

Die Abbildung zeigt die Entwicklung der Zinsen auf kurzfristige US-Staatsanleihen (dreimonatige Schatzwechsel) von 1920 bis 2021. Phasen mit Zinsen nahe null sind durch graue Säulen kennzeichnet. Wie man erkennen kann, waren die Zinsen in den 1930er-Jahren in der Regel nahe null, sodass für eine expansive Geldpolitik nur wenig Spielraum vorhanden war. Nach dem Zweiten Weltkrieg lagen die Zinsen durch die anhaltende Inflation deutlich über null. Im Zuge der Finanz- und Wirtschaftskrise fielen die Zinsen Ende 2008 jedoch wieder fast auf null.

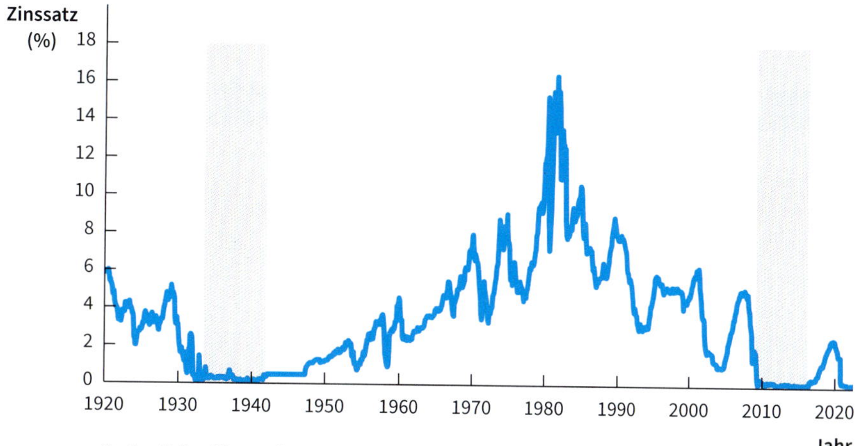

Quellen: National Bureau of Economic Research, Federal Reserve Bank of St. Louis

31-15 zu sehen ist. Nach einem Boom an den Immobilien- und Aktienmärkten in den späten 1980er-Jahren erlebte Japan in den frühen 1990er-Jahren eine Rezession, gefolgt von einer langen Phase der Stagnation. Diese Periode wird auch als »Zwei verlorene Dekaden« (*Ushinawareta Nijūnen*) bezeichnet. Die Inflationsrate sank ständig weiter ab und es kam schließlich zu lang anhaltender Deflation.

In dem Bemühen, die Deflation zu bekämpfen, reduzierte die japanische Zentralbank (Bank of Japan) die Zinssätze stetig. Letztendlich kam es

Abb. 31-15

Japans verlorene Jahrzehnte

Eine lange Wirtschaftskrise führte in Japan ab Ende der 1990er-Jahre zu Deflation. Die japanische Zentralbank reagierte auf die Krise mit einer Reihe von Zinssenkungen und erreichte letztlich die Nullzins-Untergrenze. Auch zu Beginn der 2020er-Jahre lag der Zinssatz in Japan immer noch nahe null.

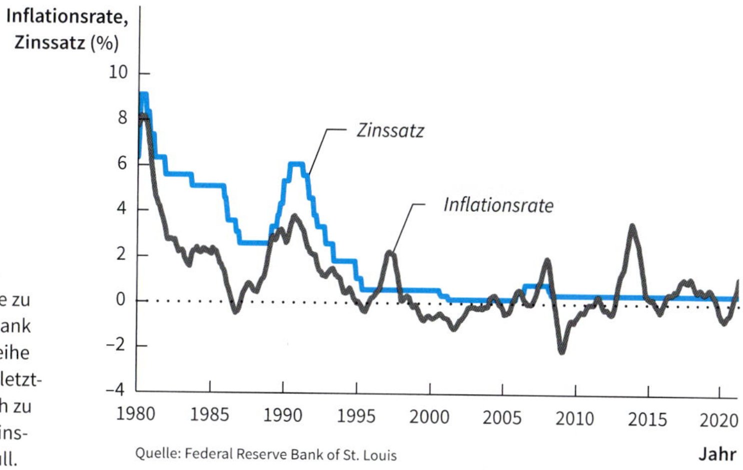

Quelle: Federal Reserve Bank of St. Louis

zur *Nullzins-Politik* (ZIRP – zero interest rate policy). Der Geldmarktzinssatz wurde faktisch auf null herabgesetzt. Die japanische Volkswirtschaft befand sich allerdings weiter in der Krise, sodass es eigentlich wünschenswert gewesen wäre, die Zinsen noch weiter zu senken. Aber das war nicht möglich, denn die Nullzins-Untergrenze war schon erreicht. Und auch zu Beginn der 2020er-Jahre lagen die Zinsen in Japan noch immer auf diesem Niveau.

WISSENSCHAFT UND PRAXIS

Als der Euroraum kurz der Deflation stand

Während der Finanz- und Wirtschaftskrise 2007–2009 waren die geldpolitischen Verantwortlichen bei der Fed besorgt, dass den Vereinigten Staaten das gleiche Schicksal droht wie der japanischen Volkswirtschaft Ende der 1990er-Jahre: ein Abgleiten in die Deflation. Um dies zu verhindern, setzte die Fed eine Reihe von neuen geldpolitischen Maßnahmen um, die man als Quantitative Easing bezeichnet. Darüber wurde bereits im Kapitel 30 berichtet. Dadurch konnte die Gefahr einer Deflation in den Vereinigten Staaten früh genug gebannt werden.

In Europa kam es zu einer anderen Entwicklung. Während sich die US-Volkswirtschaft nach der Krise 2007–2009 wenn auch langsam, aber stetig erholte, rutschten einige Länder im Euroraum durch die Schuldenkrise im Jahr 2011 erneut in eine Wirtschaftskrise. Im Jahr 2013 kehrte das Wachstum zwar in den meisten Ländern wieder zurück, allerdings hatte dies, wie Diagramm (a) in **Abbildung 31-16** zeigt, kaum Auswirkungen auf die hohe Arbeitslosigkeit. Die Inflationsraten gingen dagegen stetig zurück, wie in Diagramm (b) von Abbildung 31-16 zu sehen, und lagen teilweise unter 1 Prozent. Diese Entwicklung führte zu Befürchtungen, dass dem Euroraum ein ähnliches Schicksal wie Japan drohen könnte. Auch wenn es im Jahr 2014 nicht tatsächlich zur Deflation kam, litt der Euroraum, wie es der Internationale Währungsfonds bezeichnete, an »Lowflation«, also an (zu) niedriger Inflation. Die Inflationsraten lagen in vielen Volkswirtschaften im Euroraum deutlich unter dem Inflationsziel und das verschärfte insbesondere die Probleme der Schuldnerländer wie Portugal, Spanien und Griechenland.

Wie die japanische Zentralbank tat sich auch die EZB schwer, eine passende Antwort zu finden. Im Juni 2014 entschloss sich die EZB dann in einem außergewöhnlichen Schritt dazu, den Einlagenzins für die Geschäftsbanken (also den Zinssatz, den die Geschäftsbanken für Einlagen bei der EZB erhalten) unter die Null-Prozent-Marke auf −0,1 Prozent zu senken. Die Geschäftsbanken mussten also für Einlagen bei EZB bezahlen. Aber selbst dieser Schritt blieb ohne nachhaltige Auswirkungen auf die gesamtwirtschaftliche Entwicklung.

Im Frühjahr 2015 entschloss sich die EZB daher dazu, ein Quantitative Easing in Form eines Anleihekaufprogrammes einzuführen. Dabei kaufte die EZB jeden Monat sichere Anleihen auf und stellt den Banken auf diese Weise zusätzliche Liquidität zur Verfügung, verbunden mit der Hoffnung, damit die Kreditvergabe im Euroraum anzukurbeln. Außerdem senkte die EZB den Zinssatz für die Einlagefazilität bis auf −0,5 Prozent ab. Aber selbst diese außergewöhnlichen geldpolitischen Maßnahmen der EZB konnten die Preisentwicklung im Euroraum, wenn überhaupt, nicht nachhaltig stabilisieren. Erst weltweit steigende Energie- und Nahrungsmittelpreise führten ab Mitte 2021 zu einer Umkehr in der Preisentwicklung im Euroraum.

Abb. 31-16: Probleme in Europa, 2008–2021

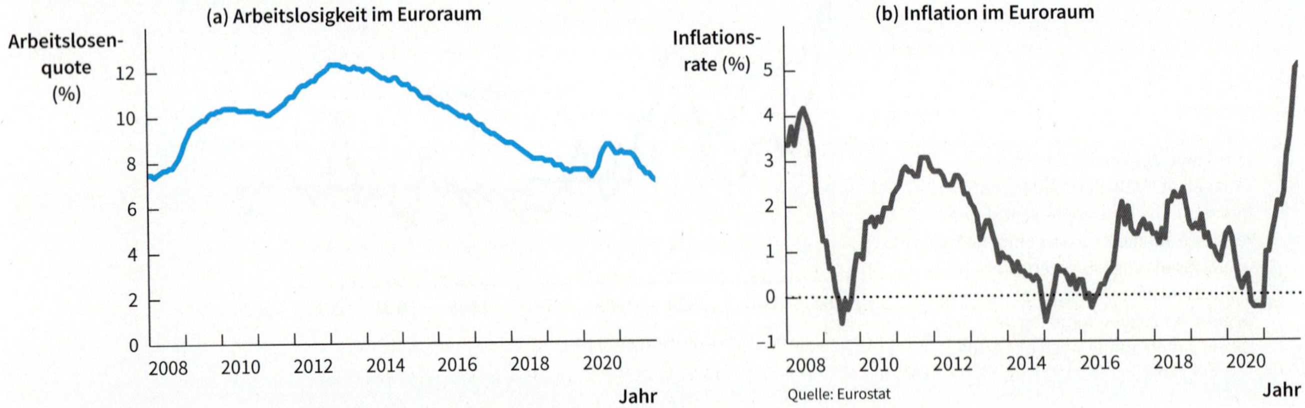

Im Zuge der Finanzkrise 2008 waren die beiden wichtigsten Zentralbanken der Welt – die Fed und die EZB – mit dem gleichen Problem konfrontiert wie die japanische Zentralbank seit den 1990er-Jahren. Obwohl das Zinsniveau durch eine Reihe von geldpolitischen Schritten nahe null lag, verharrten die Volkswirtschaften in der Krise und die Inflationsraten lagen deutlich unter dem festgelegten Inflationsziel. Es kam zwar weder in den Vereinigten Staaten noch im Euroraum zu Deflation, doch wie die nachfolgende Rubrik »Wissenschaft und Praxis« zeigt, stand der Euroraum kurz davor.

Kurzzusammenfassung

- Unerwartete Deflation hilft Kreditgebern und schadet Kreditnehmern. Dies kann zur **Schuldendeflation** führen, die sich kontraktiv auf die gesamtwirtschaftliche Nachfrage auswirkt.
- Eine Deflation macht es wahrscheinlicher, dass Zinssätze an die Nullzins-Untergrenze stoßen. Sofern dies geschieht, befindet sich die Volkswirtschaft in einer **Liquiditätsfalle** mit unwirksamer Geldpolitik.

ÜBERPRÜFEN SIE IHR WISSEN

Warum sollte irgendjemand zu einem negativen Nominalzinssatz Geld verleihen? Inwiefern können sich daraus Probleme für die Geldpolitik ergeben?

Unternehmen in Aktion: Hyperinflation als Geschäftsmodell

In diesem Kapitel ist oft davon die Rede gewesen, dass der Staat Geld druckt. Dabei kann der Staat das Geld tatsächlich selbst drucken oder er betraut private Unternehmen mit dieser Aufgabe. Genau das hat die venezolanische Regierung im November 2019 gemacht, als sie einen Vertrag mit dem russischen Unternehmen Gosnak über den Druck von 300 Millionen Banknoten, in Scheinen von 10.000 bis 50.000 Bolivar, schloss.

Die Beauftragung von privaten Unternehmen zum Gelddrucken ist nicht unüblich. Das Drucken von Geldscheinen, die nur schwer zu fälschen sind, ist keine einfache Sache und erfordert gleichermaßen Expertise und spezielle Geräte. Aus diesem Grund haben viele Staaten diese Aufgabe an private Unternehmen ausgelagert. Großbritannien lässt seine Pfund-Banknoten durch das Unternehmen De La Rue drucken, ein mittlerweile über 200 Jahre altes Unternehmen, das sogar das vorkommunistische China mit Banknoten belieferte.

Auch Venezuela hatte in der Vergangenheit mit De La Rue zusammengearbeitet. Aber bis zum Jahr 2019 hatte Venezuela noch nicht alle Leistungen von De La Rue bezahlt, und keines der anderen etablierten Unternehmen war bereit, den neuen Auftrag anzunehmen. Daher fiel die Wahl der venezolanischen Regierung auf das Unternehmen Gosnak, das dem russischen Staat gehört.

Der Vertrag mit Gosnak war aus zwei Gründen bemerkenswert. Zum einen war das Auftragsvolumen für den Druck von Banknoten im Wert von 143 Millionen Dollar selbst für ein Land wie Venezuela eher klein. Dennoch belief sich das Auftragsvolumen auf rund 20 Prozent des Wertes der venezolanischen Währung, die zum damaligen Zeitpunkt im Umlauf war. Zum anderen musste die venezolanische Regierung ein ungewöhnlich hohes Honorar in Höhe von rund 5 Prozent des Wertes der Banknoten für die Übernahme des Auftrages an Gosnak zahlen. Das hohe Honorar spiegelte auch die geringe Kaufkraft der Banknoten wider. Die Kosten für den Druck einer 10.000-Bolivar-Banknote entsprechen ungefähr den Druckkosten für eine 20-Dollar-Banknote. Allerdings war eine 10.000-Bolivar-Banknote bereits damals nur noch 0,14 Dollar wert.

Aber Geschäft ist immer noch Geschäft. Und der Vertrag von Gosnak zeigte, dass man auch in schlechten Zeiten immer noch Geschäfte machen kann.

FRAGEN

1. Warum suchte Venezuela so verzweifelt nach einem Unternehmen zum Gelddrucken?
2. Warum entsprach der vergleichsweise kleine Auftrag für den Druck neuer Banknoten einem großen Teil des im Umlauf befindlichen Geldes?
3. Wie würden Sie die Höhe des Honorars für Gosnak mit Blick auf die Inflationskosten einschätzen?

Zusammenfassung

1. Bei der Untersuchung hoher Inflationsraten stützen sich Ökonomen auf das **klassische Modell des Preisniveaus**, nach dem Veränderungen der Geldmenge sogar kurzfristig zu proportionalen Änderungen des Preisniveaus führen.
2. Regierungen drucken bisweilen Geld, um Budgetdefizite zu finanzieren. Wenn sie das tun, erheben sie eine **Inflationssteuer** (gleich Inflationsrate mal Geldmenge) von jenen, die Geld halten. Die von der Regierung beanspruchten Ressourcen spiegeln sich im realen Wert der Inflationssteuer (gleich Inflationsrate mal realer Geldmenge). Um die Inflationssteuer zu vermeiden, senken die Leute ihre Kassenhaltung oder die Geldbestände und zwingen die Regierung auf diese Weise, die Inflationssteuer um des Aufkommens willen immer weiter zu erhöhen. In einigen Fällen führt dies zu einem Teufelskreis von schrumpfendem realen Geldangebot und steigender Inflationsrate sowie schließlich zu Hyperinflation und fiskalischer Krise.
3. Die Produktionslücke ist die prozentuale Abweichung des tatsächlichen realen BIP vom Produktionspotenzial. Wenn die Produktionslücke positiv ist, ist die Arbeitslosigkeit niedriger als normal. Eine negative Produktionslücke geht dagegen mit einer Arbeitslosigkeit einher, die größer als normal ist. Der Zusammenhang zwischen der Produktionslücke und der zyklischen Arbeitslosigkeit wird durch das **Okunsche Gesetz** beschrieben.
4. Auch Länder, die sich nicht der Notenpresse zur Finanzierung ihrer Defizite bedienen müssen, können gleichwohl in eine moderate Inflation hineingeraten – entweder wegen eines politischen Opportunismus oder durch Wunschdenken.
5. Die **kurzfristige Phillips-Kurve** zeigt einen negativen, gegenläufigen Zusammenhang von Arbeitslosenquote und Inflationsrate. Veränderungen bei der **erwarteten Inflationsrate** verschieben die kurzfristige Phillips-Kurve. Die **langfristige Phillips-Kurve** verläuft senkrecht und spiegelt den Zusammenhang zwischen Arbeitslosenquote und Inflationsrate wider, nachdem die Inflationserwartungen Zeit hatten, sich anzupassen. Die langfristige Phillips-Kurve definiert die **inflationsstabilisierende Arbeitslosenquote (NAIRU)**, die der natürlichen Arbeitslosenquote entspricht. *Stagflation*, eine Kombination aus hoher Arbeitslosigkeit und hoher Inflation, spiegelt sich in einer Verschiebung der kurzfristigen Phillips-Kurve nach oben wider.
6. Wenn sich die Inflationsrate in den Inflationserwartungen festgesetzt hat, kann es schwierig und teuer werden, durch *Desinflation* von der Inflation loszukommen. Der Preis der Desinflation besteht in hohen Einbußen an gesamtwirtschaftlicher Produktion und hoher Arbeitslosigkeit. Gleichwohl haben wohlhabende Länder wie die Vereinigten Staaten den hohen

Preis bezahlt, um von den hohen Inflationsraten der 1970er-Jahre loszukommen.

7. Deflation wirft mehrere Probleme auf. Man kann in eine **Schuldendeflation** geraten, in der steigende reale Lasten offener Schulden den wirtschaftlichen Abschwung verstärken. Ferner kommt es leicht dazu, dass sich die Zinssätze bei Deflation auf die Nullzins-Untergrenze hin bewegen. Wenn dies geschieht, gerät die Volkswirtschaft in eine **Liquiditätsfalle**, in der die Geldpolitik gänzlich unwirksam wird.

SCHLÜSSELBEGRIFFE

- klassisches Modell des Preisniveaus
- Inflationssteuer
- Okunsches Gesetz
- kurzfristige Phillips-Kurve
- erwartete Inflationsrate
- inflationsstabilisierende Arbeitslosenquote (NAIRU)
- langfristige Phillips-Kurve
- Schuldendeflation
- Liquiditätsfalle

32 Makroökonomik: Ereignisse und Ideen

LERNZIELE

- Warum die klassische Makroökonomik den Problemen der Weltwirtschaftskrise nicht gewachsen war.
- Wie Keynes und die Erfahrung der Weltwirtschaftskrise den Weg für eine **aktive makroökonomische Wirtschaftspolitik des Staates** bereiteten.
- Warum die Fiskalpolitik der **Keynesianischen Lehre** durch die Geldpolitik abgelöst wurde.
- Warum Ökonomen eine Zeitlang großes Vertrauen in die Fähigkeiten von unabhängigen Zentralbanken hatten, gesamtwirtschaftliche Schwankungen zu beherrschen.
- Wie die Finanz- und Wirtschaftskrise 2007–2009 und ihre Folgen dieses Vertrauen erschüttert und zudem die Sichtweise auf Defizite und Schulden grundlegend verändert haben.

Kein Problem mit dem Defizit

Im Haushaltsjahr 2019 (1. Oktober 2018 bis 30. September 2019) wies der Haushalt der US-amerikanischen Regierung ein Defizit von fast 1 Billion Dollar auf. Das entsprach 4,7 Prozent des Bruttoinlandsproduktes. Dennoch war dieses Defizit nicht das größte Haushaltsdefizit in der US-amerikanischen Geschichte. In der Vergangenheit kam es allerdings nur in Kriegszeiten und bei gesamtwirtschaftlichen Ausnahmesituationen wie der Finanz- und Wirtschaftskrise 2007–2009 zu derart großen Haushaltsdefiziten. In Zeiten einer niedrigen Arbeitslosenquote und eines gesunden gesamtwirtschaftlichen Wachstums waren Defizite dieser Größenordnung unvorstellbar.

Man hätte nun erwarten können, dass Ökonomen der US-Regierung fiskalpolitische Verantwortungslosigkeit vorwerfen würden. Aber stattdessen veröffentlichten mehrere prominente Ökonomen wissenschaftlichen Aufsätze, in denen sie die Auffassung vertraten, dass Haushaltsdefizite ein kleineres Problem seien, als die meisten Leute denken.

So beschäftigte sich Olivier Blanchard, ehemaliger Chefvolkswirt des Internationalen Währungsfonds (IWF) und als moderner Makroökonom des Mainstreams hoch angesehen, im Januar 2019 in einem Vortrag vor der *American Economic Association* mit dem Thema Staatsverschuldung und konstatierte, dass ein möglicher Schaden durch eine hohe Staatsverschuldung, wenn es denn überhaupt einen Schaden gäbe, dann doch eher klein sei.

Einige Wochen später veröffentlichten Jason Furman und Lawrence Summers, beide führende Ökonomen in der Obama-Regierung, einen Artikel unter der Überschrift »Wer hat Angst vor Haushaltsdefiziten?« und vertraten die Auffassung, dass es an der Zeit sei, dass die Politiker in Washington ihre Angst vor Haushaltsdefiziten ablegen und sich auf wichtigere Dinge konzentrieren sollten.

Als das Haushaltsdefizit im Folgejahr 2020 aufgrund von sinkenden Staatseinnahmen und höheren Staatsausgaben im Zuge der Covid-19-Pandemie nahezu explodierte, sprachen sich Ökonomen im Rahmen einer Umfrage der Universität von Chicago für ein staatliches Notfallhilfe-Programm mit Einkommensersatzleistungen für Arbeitslose aus, auch wenn dieses Programm zusätzliche Ausgaben von mehreren Hundert Milliarden Dollar bedeutete.

Aber warum sind einflussreiche Ökonomen so nachsichtig beim Thema Haushaltsdefizite geworden? Wie so oft in der Geschichte der Volkswirtschaftslehre waren die Ansichten der Ökonomen von Ereignissen geleitet. In diesem Fall waren es die Finanz- und Wirtschaftskrise 2007–2009 und die damit verbundene Niedrigzinsphase, die auch im Jahr 2020 immer noch andauerte.

Makroökonomische Konzepte passen sich gesamtwirtschaftlichen Veränderungen an. Politikansätze aus Zeiten, in denen mit Gold- und Silbermünzen bezahlt wurde, passen nicht in die Zeit von Kreditkarten und digitalen Währungen. Natürlich verändern sich makroökonomische Konzepte auch durch die stetige Ansammlung neuer Forschungserkenntnisse, die bei wiederkehrenden gesamtwirtschaftlichen Ereignissen Anwendung finden. Die Lehren aus der Vergangenheit dienen zukünftigen Generationen.

Um das moderne makroökonomische Denken zu verstehen, ist es wichtig, in die Vergangenheit zu schauen und zu erfahren, wie sich die Volkswirtschaftslehre im Angesicht von gesamtwirtschaftlichen Ereignissen gewandelt hat.

In diesem Kapitel werden wir die Entwicklung makroökonomischer Ideen in den letzten Jahrzehnten nachzeichnen: vom Aufstieg keynesianischer Ideen als Reaktion auf die Weltwirtschaftskrise über die Grenzen einer aktiven wirtschaftspolitischen Steuerung in der Stagflation der 1970er-Jahre bis hin zur Überprüfung und Anpassung von wirtschaftstheoretischen Konzepten, die durch die Finanz- und Wirtschaftskrise 2007–2009 und ihre Folgen ausgelöst wurden.

32.1 Die Klassische Makroökonomik, die Weltwirtschaftskrise und die Keynesianische Revolution

Der Begriff Makroökonomik wurde um das Jahr 1933 durch den norwegischen Ökonomen Ragnar Frisch geprägt – im schlimmsten Jahr der Weltwirtschaftskrise. Das ist kein Zufall. Bereits damals haben sich Ökonomen mit Themen beschäftigt, die wir heute in die Makroökonomik einordnen: die Entwicklung des Preisniveaus und des gesamtwirtschaftlichen Produktionsniveaus.

Geld und Preisniveau

Im Kapitel 31 haben wir das *klassische Modell des Preisniveaus* beschrieben. Dem klassischen Modell zufolge sind die Preise flexibel, sodass die gesamtwirtschaftliche Angebotskurve selbst kurzfristig senkrecht verläuft. In diesem Modell bewirkt ein Anstieg der Geldmenge – ceteris paribus – einen proportionalen Anstieg des Preisniveaus ohne jeden Effekt auf das gesamtwirtschaftliche Produktionsniveau. Deshalb führt ein Anstieg der Geldmenge zu Inflation. Vor 1930 beherrschte das klassische Modell des Preisniveaus das volkswirtschaftliche Denken über die Auswirkungen der Geldpolitik.

Glaubten die klassischen Ökonomen tatsächlich, dass Veränderungen der Geldmenge nur das Preisniveau beeinflussten, ohne jede Wirkung auf das gesamtwirtschaftliche Produktionsniveau? Wahrscheinlich nicht. Vertreter der lehrgeschichtlichen Forschung führen aus, dass sich die meisten Ökonomen vor 1930 bewusst waren, dass Veränderungen der Geldmenge – kurzfristig – sowohl das Preisniveau als auch das gesamtwirtschaftliche Produktionsniveau beeinflussen – oder anders gesagt, dass die kurzfristige gesamtwirtschaftliche Angebotskurve steigend verläuft. Doch man betrachtete solche kurzfristigen Wirkungen als unwichtig und betonte stattdessen die langfristige Sicht. Diese Haltung war es, die John Maynard Keynes dazu brachte, über die lange Frist zu spotten, in der »wir alle tot sind«.

Der Konjunkturzyklus

Natürlich bemerkten klassische Ökonomen auch, dass sich die Volkswirtschaft nicht stetig entwickelte. Ein Pionier der Konjunkturforschung war der US-amerikanische Ökonom Wesley Mitchell. Er gründete im Jahre 1920 das National Bureau of Economic Research, ein Forschungsinstitut, das bis heute den Beginn von konjunkturellen Auf- und Abschwüngen in den USA diagnostiziert.

Dank des wissenschaftlichen Werks von Wesley Mitchell wurde die *Messung* der Konjunkturschwankungen bis 1930 kräftig ausgebaut. Gleichwohl gab es keine allgemein akzeptierte Theorie der Konjunkturschwankungen.

Ohne eine klare allgemeine Theorie der Konjunkturschwankungen gerieten die Vorstellungen der Wirtschaftspolitiker über Reaktionen auf Abschwünge in Widersprüche. Einige Ökonomen favorisierten expansive geld- und fiskalpolitische Maßnahmen zur Bekämpfung von Abschwüngen. Andere glaubten, dass derlei politische Maßnahmen den Abschwung verschlimmern oder die unvermeidlichen Einschnitte nur verschieben würden. So hat z. B. Joseph A. Schumpeter von der Harvard-Universität, der heute für seine Erkenntnisse zur Bedeutung von technologischen Veränderungen berühmt ist, im Jahr 1934 behauptet, dass jeder Versuch, die Weltwirtschaftskrise durch expansive geldpolitische Maßnahmen abzumildern, »am Ende zu einem schlimmeren Zusammenbruch führen würde, gegen den es keine Mittel geben würde«. Als es zur Weltwirtschaftskrise kam, war die Wirtschaftspolitik mangels einheitlicher Ansichten gelähmt. Heute glauben Ökonomen oft, die Politik sei damals in die falsche Richtung gegangen.

Die Not war jedoch die Mutter der Erneuerung. Wie wir gleich erläutern werden, war die Weltwirtschaftskrise für Ökonomen ein starker Anreiz, besser geeignete Theorien zu entwickeln. Und die Ökonomen reagierten.

Die Theorie von Keynes

Die Weltwirtschaftskrise hatte endgültig gezeigt, dass Ökonomen die kurze Frist nicht einfach ausblenden dürfen. Die schwere Krise verursachte nicht nur immense volkswirtschaftliche Kosten, sondern entwickelte sich auch zu einer Bedrohung für die Gesellschaft an sich und das politische System. So hatte der wirtschaftliche Niedergang maßgeblichen Anteil am Erstarken des Nationalsozialismus in Deutschland.

Alle Welt wollte wissen, wie es zu dieser wirtschaftlichen Katastrophe kommen konnte und was dagegen getan werden sollte. Doch wegen des Fehlens einer weithin akzeptierten Konjunkturtheorie erteilten Ökonomen widersprüchliche Ratschläge und – aus heutiger Sicht – falsche Empfehlungen. Manche glaubten, nur eine tief greifende Systemveränderung mit Verstaatlichungen und Zuteilungen anstelle von Märkten könne den Absturz beenden. Andere meinten, Abschwünge wären ganz natürlich und nützlich; man müsse nichts dagegen unternehmen.

Einige Ökonomen jedoch argumentierten, der wirtschaftliche Absturz könne und solle auch bekämpft werden, ohne die Grundprinzipien der Marktwirtschaft aufzugeben. Der britische Ökonom John Maynard Keynes verglich im Jahr 1930 die Problemlage der US-Volkswirtschaft und der britischen Wirtschaft mit defekten Autos, bei denen die Lichtmaschine kaputt war. Eine kleine Reparatur nur, keine komplette Überholung der Maschinerie, würde die Wirtschaft wieder in Gang bringen. Eine schöne Metapher. Doch was meinte er wirklich?

Im Jahr 1936 legte Keynes seine Analyse der Weltwirtschaftskrise – und seine Vorschläge für die Reparatur des Wirtschaftsmotors – in einem Buch mit dem Titel *The General Theory of Employment, Interest, and Money* vor. Darüber schrieb der bedeutende US-Ökonom Paul Samuelson im Jahr 1946, es sei ein schlecht geschriebenes und unübersichtlich gegliedertes Buch, in dem sich Gedankenblitze der Intuition mit ermüdender Algebra mischen, die Analyse sei eingängig und zugleich neu: »Kurzum: Ein geniales Werk.« *The General Theory* ist nicht leicht zu lesen, doch dies hat das Buch mit einem anderen einflussreichen volkswirtschaftlichen Buch gemeinsam: *The Wealth of Nations* von Adam Smith.

Samuelsons Buchbesprechung klingt so, als wäre das Buch von Keynes ein großer Eintopf von vielerlei Ideen. Die Denkrichtung, die danach als *Keynesianische Lehre* bekannt wurde, brachte vor allem zwei Neuerungen mit sich. Erstens betonte Keynes die kurzfristigen Auswirkungen von Veränderungen der gesamtwirtschaftlichen Nachfrage auf das gesamtwirtschaftliche Produktionsniveau (statt den Blick nur auf die langfristige Bestimmung des Preisniveaus zu richten). Bis zur Veröffentlichung von Keynes' Werk haben die meisten Ökonomen die kurze Frist eher als nachrangig angesehen und vernachlässigt, was Keynes zu seiner spöttischen Anmerkung veranlasste, dass wir langfristig alle tot wären. Keynes richtete die Aufmerksamkeit der Ökonomen auf Situationen, in denen die kurzfristige gesamtwirtschaftliche Angebotskurve eine positive Steigung aufweist und Verschiebungen der gesamtwirtschaftlichen Nachfragekurve sowohl das gesamtwirtschaftliche Produktionsniveau als auch Beschäftigung und Preisniveau beeinflussen.

Die **Abbildung 32-1** verdeutlicht den Unterschied zwischen keynesianischer und klassischer Makroökonomik. Beide Diagramme der Abbildung zeigen die kurzfristige gesamtwirtschaftliche Angebotskurve (*SRAS*). In beiden Diagrammen wird unterstellt, dass sich die gesamtwirtschaftliche Nachfragekurve aus irgendeinem Grund nach links verschiebt (von AD_1 zu AD_2), vielleicht als Reaktion auf einen Rückgang der Aktienkurse und einer daraus folgenden Verminderung der Konsumausgaben.

Diagramm (a) zeigt die klassische Sichtweise: Die kurzfristige Angebotskurve verläuft senkrecht. Ein Rückgang der gesamtwirtschaftlichen Nachfrage führt zu einem Fall des Preisniveaus von P_1 auf P_2, jedoch zu keiner Veränderung des gesamtwirtschaftlichen Produktionsniveaus. Diagramm (b) steht für die keynesianische Sichtweise: Die kurzfristige Angebotskurve weist eine positive Steigung auf, weshalb ein Nachfragerückgang sowohl einen Rückgang des Preisniveaus von P_1 auf P_2 als auch ein Absinken des gesamtwirtschaftlichen Produktionsniveaus von Y_1 auf Y_2 bewirkt. Wie bereits erwähnt, würden zahlreiche klassische Makroökonomen dem Diagramm (b) als einer genauen Schilderung des kurzfristigen Geschehens zugestimmt haben; sie hätten jedoch zugleich die kurzfristige Sicht als unerheblich abgelehnt. Keynes stimmte damit nicht überein. (Man muss allerdings anmerken, dass es in Keynes' *General Theory* keine Abbildung wie Diagramm (b) der Abbildung 32-1 gibt. Doch Keynes' Ausführungen zum gesamtwirtschaftlichen Angebot implizieren – übersetzt in moderne Terminologie – ganz klar eine ansteigende *SRAS*-Kurve.)

Zweitens beschäftigte sich Keynes explizit mit der Frage, welche Faktoren für eine Verschiebung der gesamtwirtschaftlichen Nachfragekurve und damit für den Konjunkturzyklus verantwortlich sind. Klassische Ökonomen reduzierten Verschiebungen der gesamtwirtschaftlichen Nachfragekurve auf Änderungen der Geldmenge und ließen andere Faktoren außen vor. Keynes jedoch argumentierte gerade mit diesen vernachlässigten

Abb. 32-1

Klassische versus keynesianische Makroökonomik

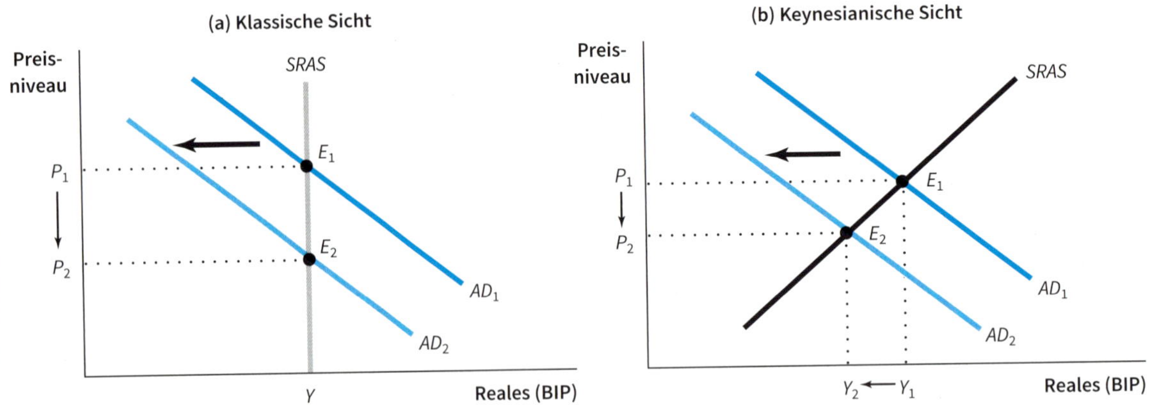

Ein wichtiger Unterschied zwischen klassischer und keynesianischer Makroökonomik betrifft die kurzfristige gesamtwirtschaftliche Angebotskurve. Diagramm (a) zeigt die klassische Sicht: Die *SRAS*-Kurve verläuft senkrecht, sodass Verschiebungen der gesamtwirtschaftlichen Nachfragekurve das Preisniveau verändern, nicht aber das gesamtwirtschaftliche Produktionsniveau. Diagramm (b) zeigt dagegen die keynesianische Sichtweise: Bei kurzfristiger Betrachtung hat die *SRAS*-Kurve eine positive Steigung, sodass Verschiebungen der *AD*-Kurve das gesamtwirtschaftliche Produktionsniveau ebenso wie das Preisniveau beeinflussen.

Einflussgrößen, speziell den Veränderungen der »animal spirits« (heutzutage oft mit dem bedeutungsvollen Begriff *Geschäftsvertrauen* übersetzt), die für die Konjunkturzyklen verantwortlich seien. Vor Keynes gingen die Ökonomen davon aus, dass ein Rückgang des Geschäftsvertrauens keine Auswirkungen hat (weder auf das Preisniveau noch auf das gesamtwirtschaftliche Produktionsniveau), solange nur die Geldmenge konstant bleibt. Keynes entwarf ein ganz anderes Bild und legte dar, dass pessimistische Zukunftserwartungen zu einem Rückgang der Investitionsausgaben bei den Unternehmen führen und damit eine Rezession auslösen können.

Die wirtschaftstheoretischen Ansätze der **Keynesianischen Lehre** sind tief in das öffentliche Bewusstsein eingedrungen. Viele Leute, die nichts von Keynes gehört hatten oder von ihm hörten und dachten, sie stimmten mit Keynes nicht überein, vertraten oftmals die ganze Zeit über keynesianische Ideen. Beispielsweise hört man von einem Wirtschaftsreporter Sätze wie diesen: »Wegen eines Rückgangs des Geschäftsvertrauens brachen die Investitionsausgaben ein und verursachten einen Abschwung.« Ob es der Kommentator weiß oder nicht, seine Aussage entspricht der Keynesianischen Lehre.

Keynes selbst sah voraus, dass seine Vorstellungen Teil des Wirtschaftswissens »von jedermann« werden würden. In einer anderen bekannten Passage gegen Ende seines Buches *The General Theory* schrieb Keynes: »Praktiker, die sich gegenüber intellektuellen Einflüssen für gefeit halten, sind in Wahrheit oft die Sklaven irgendeines veralteten Nationalökonomen.«

Die **Keynesianische Lehre** beruht auf zwei Grundsätzen: (1) Änderungen der gesamtwirtschaftlichen Nachfrage führen zu Änderungen des gesamtwirtschaftlichen Produktionsniveaus, des Beschäftigungsniveaus und des Preisniveaus und (2) Änderungen des Geschäftsvertrauens verursachen konjunkturelle Schwankungen.

Wirtschaftspolitische Maßnahmen zur Bekämpfung konjunktureller Abschwünge

Die wichtigste Konsequenz aus dem Werk von Keynes war die Tatsache, dass eine **aktive makroökonomische Wirtschaftspolitik des Staates**, also der Einsatz von Geldpolitik und Fiskalpolitik zur Stabilisierung der gesamtwirtschaftlichen Entwicklung, nun eine Legitimation hatte.

Eine **aktive makroökonomische Wirtschaftspolitik des Staates** besteht im Einsatz von Geld- und Fiskalpolitik zur Stabilisierung der gesamtwirtschaftlichen Entwicklung.

Eine aktive makroökonomische Wirtschaftspolitik war nichts völlig Neues. Bereits vor Keynes waren einige Ökonomen dafür eingetreten, die Geldpolitik zur Überwindung konjunktureller Abschwünge einzusetzen. Einige hatten sogar vorübergehende Budgetdefizite in Krisenzeiten befürwortet. Aber eine aktive makroökonomische Wirtschaftspolitik des Staates war in der damali-

VERTIEFUNG

Die Politik von Keynes

Der Begriff *Keynesianische Lehre* wird manchmal als Synonym für linke Ökonomik verwendet. Manche Autoren scheinen zu glauben, dass Keynes ein Linker, vielleicht sogar ein Sozialist war, weil er Begründungen für einige staatliche Maßnahmen lieferte. Doch tatsächlich ist es ein wenig komplizierter.

Wie aus dem Text hervorgeht, fanden die Ideen von Keynes quer über ein breites politisches Spektrum hinweg Akzeptanz. Im Jahr 2004 war der Präsident der Vereinigten Staaten ein Konservativer, ebenso wie sein Spitzenökonom N. Gregory Mankiw. Doch Mankiw ist gleichwohl Herausgeber einer Aufsatzsammlung mit dem Titel »Neue keynesianische Ökonomik«.

Und Keynes selbst war kein Sozialist und nicht sehr links. Als *The General Theory* erschien, waren zahlreiche Intellektuelle in Großbritannien der Meinung, die Weltwirtschaftskrise hätte sich als die finale Krise des kapitalistischen Systems erwiesen, nach der nunmehr nur noch die Verstaatlichung der Industrie die Volkswirtschaft retten könne. Im Gegensatz dazu trat Keynes für eine klare technokratische Verbesserung ein, weshalb seine Ideen als prokapitalistisch und politisch konservativ gelten dürfen.

Wahr ist aber, dass der Aufstieg der Keynesianischen Lehre in den 1940er-, 1950er- und 1960er-Jahren mit zunehmenden Eingriffen des Staates in die Wirtschaft einherging und dass Keynes viel Beifall von jenen bekam, die sich eine stärkere Rolle des Staates in der Wirtschaft wünschten.

Umgekehrt schwang das Pendel während der 1970er- und 1980er-Jahre zurück zu marktliberalen Konzeptionen – verbunden mit viel Kritik an keynesianischen Entwürfen, die später zu behandeln ist. Dennoch ist es sehr wohl möglich, einerseits konservative politische Neigungen zu pflegen und andererseits Keynes' Beiträge zur Wirtschaftstheorie zu respektieren, ebenso kann man liberal eingestellt sein und manches aus dem Keynesianismus hinterfragen.

WISSENSCHAFT UND PRAXIS

Das Ende der Weltwirtschaftskrise

Es wäre eine schöne Geschichte, wenn man sagen könnte, dass die Ideen von Keynes zu einem Wandel in der Wirtschaftspolitik und dadurch schließlich zu einem Ende der Weltwirtschaftskrise geführt hätten. Doch dies geschah unglücklicherweise nicht. Gleichwohl konnte die Art und Weise, in der die Weltwirtschaftskrise endete, viele Ökonomen davon überzeugen, dass Keynes Recht hatte.

Die grundlegende Botschaft für viele junge Ökonomen, die sich in den 1930er-Jahren zu Keynes bekannten, war die, dass eine wirtschaftliche Erholung den Einsatz aggressiver fiskalpolitischer Maßnahmen erfordert – hohe Staatsausgaben, um die gesamtwirtschaftliche Nachfrage anzukurbeln und Arbeitsplätze zu schaffen. Und das geschah schließlich, doch nicht aus Überzeugung der Politiker, sondern durch die immensen Staatsausgaben in den Vereinigten Staaten während des Zweiten Weltkrieges. Diese hohen Staatsausgaben führten die US-amerikanische Volkswirtschaft aus der Weltwirtschaftskrise und lieferten damit den Beweis für die Gültigkeit der Keynes'schen Ansichten.

Die **Abbildung 32-2** zeigt die Arbeitslosenquote der Vereinigten Staaten und das Haushaltsdefizit des Bundes in Prozent des Bruttoinlandsproduktes für die Jahre von 1930 bis 1947. Wie man sieht, gab es in den 1930er-Jahren zunächst ein sehr bescheidenes Haushaltsdefizit. Als die Kriegsgefahr zunahm, wurde das Haushaltsdefizit größer, denn die Vereinigten Staaten begannen eine militärische Aufrüstung großen Stils. Durch hohe Ausgaben für Waffen, Panzer, Flugzeuge und Kriegsschiffe geriet der US-Haushalt tief in die roten Zahlen. Nach dem Angriff der Japaner auf Pearl Harbor am 7. Dezember 1941 begannen die Vereinigten Staaten mit riesigen Staatsausgaben durch Defizitfinanzierung: Im Haushaltsjahr 1943, das im Juli 1942 anfing, betrug das Defizit 30 Prozent des Bruttoinlandsproduktes. In die heutige Zeit umgesetzt entspräche dies einem Volumen von 5,1 Billionen Dollar.

Die US-amerikanische Volkswirtschaft erholte sich. Der Zweite Weltkrieg war zwar nicht als eine Fiskalpolitik keynesianischer Art beabsichtigt; er zeigt aber, dass eine expansive Fiskalpolitik großen Ausmaßes tatsächlich auf kurze Sicht Arbeitsplätze zu schaffen vermag.

Abb. 32-2: Fiskalpolitik und das Ende der Weltwirtschaftskrise

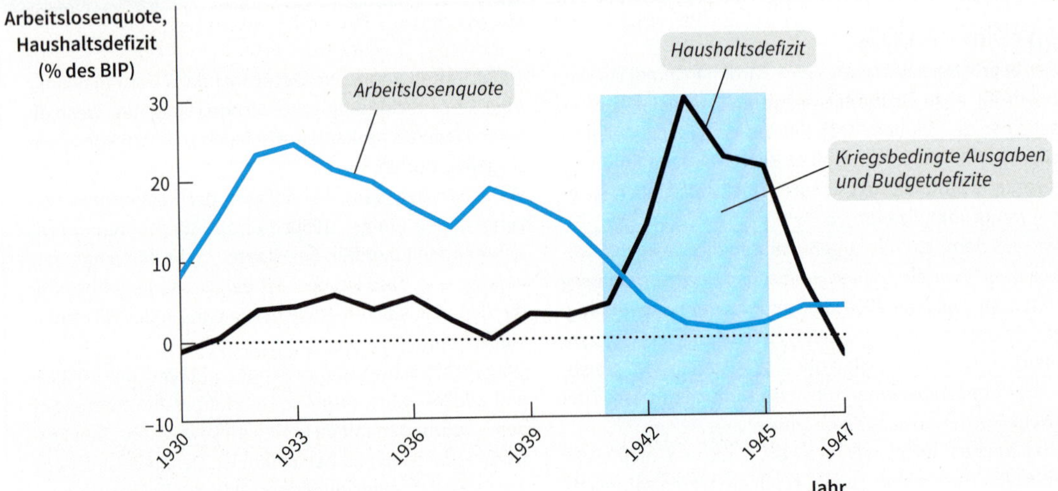

Quelle: U.S. Census Bureau

gen Zeit heftig umstritten und deren Befürworter wurden heftig attackiert.

Während der 1930er-Jahre ergriffen einige Regierungen wirtschaftspolitische Maßnahmen, die wir heutzutage als keynesianisch bezeichnen würden. Doch die Versuche waren halbherzig und reichten bei Weitem nicht aus, um die Weltwirtschaftskrise abzuwenden. In den Vereinigten Staaten versuchte man in der Regierungszeit von Franklin Roosevelt nicht ohne Erfolg, mit moderaten zusätzlichen Ausgaben Arbeitsplätze zu schaffen. Doch im Jahr 1937 beugte sich Roosevelt dem Rat von Nicht-Keynesianern, die ihn drängten, das Haushaltsdefizit auszugleichen und die Zinssätze zu erhöhen, obwohl die Volkswirtschaft immer noch am Boden lag. Das Ergebnis war ein neuerlicher Absturz.

Im Laufe der Zeit aber fanden die Keynes'schen Ideen immer mehr Zustimmung und in den Jahren nach dem Zweiten Weltkrieg gab es ein breites Einvernehmen darüber, dass geldpolitische und fiskalpolitische Maßnahmen bei der Bekämpfung konjunktureller Abschwünge eine nützliche Rolle spielen können. In den 1960er-Jahren aber geriet die Keynesianische Lehre zunehmend in die Kritik. Selbst unter den Ökonomen, die prinzipiell an die Keynes'sche Analyse zu den Ursachen von Wirtschaftskrisen glaubten, kam es zu einem Umdenken. Neue Denkschulen bildeten sich heraus, wie die *Neue Klassische Makroökonomik* und die *Neue Keynesianische Makroökonomik*, auf die wir im nächsten Abschnitt näher eingehen wollen.

Kurzzusammenfassung

- Klassische Makroökonomen untersuchten vor allem die langfristigen Wirkungen geldpolitischer Maßnahmen auf das Preisniveau. Sie ignorierten dabei jegliche kurzfristigen Auswirkungen auf das gesamtwirtschaftliche Produktionsniveau.
- Zur Zeit der Weltwirtschaftskrise war zwar die Messung der Konjunkturzyklen bereits weit entwickelt, doch es gab keine allgemein akzeptierte Theorie über die Entstehung der Konjunkturzyklen.
- Die Grundideen der **Keynesianischen Lehre** bestehen in einer Betonung der kurzen Frist, in der die gesamtwirtschaftliche Angebotskurve ansteigt statt senkrecht zu verlaufen, sowie in der Betonung, dass neben der Geldmenge auch weitere Einflussgrößen auf die gesamtwirtschaftliche Nachfragekurve einwirken.
- Die Keynesianische Lehre lieferte eine Begründung für eine **aktive makroökonomische Wirtschaftspolitik**.
- Keynesianische Ansichten sind weitverbreitet – selbst bei Leuten, die nie von Keynes gehört haben oder meinen, mit ihm nicht übereinzustimmen.

ÜBERPRÜFEN SIE IHR WISSEN

1. In seiner Rede zu Ehren von Milton Friedman stimmte Ben Bernanke der Behauptung zu, dass die Fed während der Weltwirtschaftskrise in 1930er-Jahren zu wenig getan hat, um die gesamtwirtschaftliche Entwicklung zu stabilisieren. Warum hätte ein Vertreter der Klassischen Makroökonomik die Ansicht vertreten, dass es ohne Bedeutung gewesen wäre, ob die Fed expansive geldpolitische Maßnahmen durchgeführt hätte oder nicht?
2. In einer Pressemitteilung des Unternehmerverbandes ist zu lesen, dass der Index des Geschäftsvertrauens für kleine Unternehmen im letzten Monat nur um 0,1 Punkte gestiegen ist. Obwohl kleine Unternehmen weniger pessimistisch in die Zukunft schauen, würde sich das nicht in einem Anstieg der Neueinstellungen oder in zusätzlichen Investitionen widerspiegeln. Inwiefern passen diese Aussagen zur Keynesianischen Lehre? Welche Schlussfolgerungen würde ein Vertreter der Keynesianischen Lehre in Bezug auf wirtschaftspolitische Maßnahmen ziehen?

32.2 Herausforderungen für die Keynesianische Lehre

Die Keynesianische Lehre veränderte grundlegend den Blick der Ökonomen auf Konjunkturzyklen. Dies geschah jedoch nicht ohne kritische Einwände. Nachdem die Weltwirtschaftskrise durch die hohen Staatsausgaben ein Ende gefunden hatte, musste sich die Keynesianische Lehre neuer Angriffe erwehren. Dadurch wurde der Grundkonsens der Makroökonomen, der in den 1950er-Jahren bestand, verschoben. Insbesondere die Grenzen der Wirksamkeit makroökonomischer Politik standen zunehmend in der Diskussion.

Die Wiederbelebung der Geldpolitik

Viele Ökonomen teilten die Ansicht von Keynes, dass geldpolitische Maßnahmen in einer Wirtschaftskrise eher weniger wirksam sind. Wir haben uns mit dem Problem der *Liquiditätsfalle*, bei der der Nominalzinssatz gegen null geht und Geldpolitik deshalb wirkungslos wird, bereits im Kapitel 31 beschäftigt. Als Keynes sein Buch in den 1930er-Jahren schrieb, waren die Zinssätze tatsächlich sehr nahe an der Nullgrenze. (Den Begriff der Liquiditätsfalle hat der britische Ökonom John Hicks 1937 in einem Überblicksartikel zu den Keynes'schen Ideen mit dem Titel »Mr. Keynes and the Classics: A Suggested Interpretation« eingeführt.)

Doch selbst dann, als die Zeit der niedrigen Zinssätze nahe null nach dem Ende des Zweiten Weltkrieges zu Ende ging, blieben viele Makroökonomen dabei, die Rolle der Fiskalpolitik zu betonen und die der Geldpolitik herunterzuspielen. Schließlich jedoch erkannten Makroökonomen wieder die Bedeutung der Geldpolitik. Ein Meilenstein war ein im Jahre 1963 veröffentlichtes Werk von Milton Friedman von der Universität Chicago und Anna Schwartz vom National Bureau of Economic Research mit dem Titel *A Monetary History of the United States, 1867–1960*. Friedman und Schwartz zeigten, wie die historischen Konjunkturzyklen von Schwankungen der Geldmenge begleitet wurden. Insbesondere beim Ausbruch der Weltwirtschaftskrise sank die Geldmenge kräftig. Friedman und Schwartz vertraten die Auffassung, dass die Weltwirtschaftskrise vermeidbar gewesen wäre, wenn die Zentralbank die monetäre Kontraktion verhindert hätte. Dieser Auffassung schlossen sich viele, wenn auch nicht alle Ökonomen an. Und damit konnten Friedman und Schwartz auch die meisten Ökonomen davon überzeugen, dass die Geldpolitik eine Schlüsselrolle in der Wirtschaftspolitik spielen sollte.

Die Wiederbelebung des Interesses an der Geldpolitik war recht bedeutsam, weil man dabei sah, wie die Bürde der Wirtschaftspolitik (wenigstens teilweise) von der Fiskalpolitik zur Geldpolitik verlagert werden und den Politikern abgenommen werden konnte. Die Fiskalpolitik, die Veränderungen der Steuern und Staatsausgaben betrifft, umfasst notwendigerweise Werturteile und politische Wahlhandlungen. Entscheidet sich eine Regierung für die Belebung einer Volkswirtschaft durch Steuersenkungen, so muss sie sich entscheiden, welche Steuern gesenkt werden sollen. Entscheidet sich eine Regierung für eine Stimulierung der Volkswirtschaft durch Ausgabenänderungen, so muss sie festlegen, für was sie Geld ausgeben will. Kann der Staat nur auf Fiskalpolitik zurückgreifen, dann besteht die Gefahr, dass die Steuerung der Volkswirtschaft durch den politischen Prozess behindert und unter Umständen sogar verhindert wird.

Im Gegensatz dazu bringt die Geldpolitik keine derartigen Entscheidungsprobleme mit sich: Sofern die Zentralbank zur Konjunkturbelebung die Zinssätze senkt, senkt sie damit die Zinssätze für alle. Auf diese Weise wird Konjunkturpolitik technokratischer und weniger politisch, wenn man sich weniger auf Fiskalpolitik und mehr auf Geldpolitik stützt. Und wie wir wissen, liegt die Geldpolitik in den meisten Volkswirtschaften in den Händen unabhängiger Zentralbanken und ist damit von politischer Willensbildung unabhängig.

Der Monetarismus

Nach Veröffentlichung des Werks *A Monetary History* führte Milton Friedman eine Bewegung an, die jegliche aktive Eingriffe durch makroökonomische Politik in die Volkswirtschaft ablehnte und die Bedeutung einer regelgebundenen (*nichtdiskretionären*) Geldpolitik betonte. Der **Monetarismus** geht davon aus, dass das Bruttoinlandsprodukt stetig ansteigt, solange die Geldmenge stetig wächst. Nach dem Monetarismus sollte die Zentralbank eine konstante Wachstumsrate für die Geldmenge anstreben, z. B. 3 Prozent pro Jahr, und dieses Ziel ungeachtet irgendwelcher Konjunkturschwankungen verfolgen.

Überraschenderweise griff der Monetarismus auf viele keynesianische Ideen zurück. Wie Keynes vertrat Friedman die Auffassung, dass die kurze Frist wichtig ist und dass kurzfristige Nachfrageänderungen sowohl das gesamtwirtschaftliche Produktionsniveau als auch das Preisniveau tangieren. Wie Keynes meinte auch Friedman, dass die Wirtschaftspolitik während der Weltwirtschaftskrise generell stärker auf einen expansiven Kurs hätte setzen sollen. Allerdings hätte es seiner Auffassung nach nur der Geldpolitik bedurft.

Allerdings vertraten die Monetaristen die Ansicht, dass die meisten wirtschaftspolitischen Maßnahmen zur Glättung der Konjunkturschwankungen die Lage nur noch verschlimmern. Im Kapitel 28 haben wir gelernt, weshalb Ökonomen diskretionären fiskalpolitischen Maßnahmen – ob nun Steuer- oder Staatsausgabenänderungen oder beiden zusammen – zur Stabilisierung der gesamtwirtschaftlichen Entwicklung mit Skepsis begegnen: Die Wahrnehmung der wirtschaftlichen Lage durch die Regierung bleibt in der Regel hinter der tatsächlichen Entwicklung zurück. Neben dieser Wahrnehmungsverzögerung gibt es weitere Verzögerungen oder Lags: Verzögerungen bei der Durchführung von Maßnahmen und bei der Wirkung der Maßnahmen in der Volkswirtschaft. Auf diese Weise würden diskretionäre fiskalpolitische Maßnahmen zur Überwindung des Abschwungs oft bereits den nächsten Aufschwung verstärken – und umgekehrt. Nach Ansicht der Monetaristen ist eine **diskretionäre Geldpolitik**, Änderungen von Zinsen oder Geldmenge durch die Zentralbank zur Stabilisierung der gesamtwirtschaftlichen Entwicklung, mit den gleichen Problemen behaftet und hat letzten Endes die gleiche destabilisierende Wirkung auf die Volkswirtschaft.

Friedman führte weiter aus, dass bei der von ihm vorgeschlagenen stetigen Ausdehnung der Geldmenge die fiskalpolitischen Maßnahmen zur Konjunkturglättung viel weniger wirksam wären, als dies die Keynesianer glaubten. Der Grund dafür liegt im sogenannten Verdrängungseffekt (*crowding out*), eine Verdrängung von Investitionsausgaben durch Staatsausgaben, die wir im Kapitel 25 kennengelernt haben. Zusätzliche Staatsausgaben führen zu Haushaltsdefiziten, die kreditfinanziert werden müssen. Dadurch kommt es zu Zinserhöhungen, die wiederum einen Rückgang der Investitionsausgaben auslösen. Friedman und andere verwiesen darauf, dass Fiskalpolitik nach Keynes'schem Vorbild bei einer konstanten Geldmenge zu einem Verdrängungseffekt führt, der die expansiven Wirkungen der Staatsausgaben auf die gesamtwirtschaftliche Nachfrage einschränkt.

Doch Friedman ging es auch nicht darum, eine aktive Geldpolitik zu empfehlen. Er führte aus, dass ähnliche Probleme wie bei fiskalpolitischen Maßnahmen auch bei einer fallweisen, diskretionären Geldpolitik auftreten. Die Zentralbank solle deshalb nicht je nach konjunktureller Lage Zinssätze oder Geldmengen verändern. Friedmans Lösung bestand darin, die Geldpolitik gleichsam auf »Autopilot« einzustellen. Die Zentralbank sollte nach seiner Meinung einer **geldpolitischen Regel** folgen, die ihre Aktivitäten nach einer festen Formel umschreibt. Während der 1960er- und 1970er-Jahre glaubten die meisten Monetaristen, die beste geldpolitische Regel sei ein langsames und stetiges Wachstum der Geldmenge.

Der Monetarismus wirkte in den späten 1970er- und frühen 1980er-Jahren sehr stark auf die Geldpolitik, denn die Fed war bestrebt, die Wachstumsrate der Geldmenge konstant zu halten. Rasch wurde jedoch klar, dass dieser Politikansatz ein stetiges Wachstum der Volkswirtschaft nicht sichern konnte.

Unter den heutigen Makroökonomen findet man kaum noch Monetaristen alter Schule. Der Grundgedanke von Friedman, dass die Geldpolitik einen wichtigen Beitrag zur Stabilisierung der gesamtwirtschaftlichen Entwicklung leisten kann, während die Fiskalpolitik keine große Rolle spielt, war unter den Ökonomen allerdings weitverbreitet, bis die Finanz- und Wirtschaftskrise 2007–2009 und ihre Folgen diese Überzeugung erschütterte.

Der **Monetarismus** geht davon aus, dass das Bruttoinlandsprodukt stetig ansteigt, solange die Geldmenge stetig wächst.

Eine **geldpolitische Regel** ist eine feste Formel, die das Handeln der Zentralbank bestimmt.

Unter **diskretionärer Geldpolitik** versteht man Zinsänderungen oder Geldmengenänderungen zur Stabilisierung der gesamtwirtschaftlichen Entwicklung.

Grenzen der makroökonomischen Politik: Inflation und die natürliche Arbeitslosenquote

Die zeitlichen Verzögerungen bei der Implementierung einer makroökonomischen Stabilisierungspolitik waren nicht der einzige Kritikpunkt, der den keynesianischen Ideen entgegengebracht wurde. Ein weiterer grundlegender Einwand gegen eine aktive Stabilisierungspolitik betraf deren Auswirkungen auf die Inflationsrate. In den 1940er- und 1950er-Jahren glaubten viele keynesianische Makroökonomen, dass eine expansive Fiskalpolitik für permanente Vollbeschäftigung eingesetzt werden könne. Während der 1960er-Jahre jedoch wurden sie auf mögliche Inflationsprobleme bei der expansiven Fiskalpolitik aufmerksam. Gleichwohl glaubten Wirtschaftspolitiker damals noch, selbst langfristig niedrige Arbeitslosenquoten gegen höhere Inflationsraten eintauschen zu können.

Nach der **Hypothese der natürlichen Arbeitslosenquote** führt jeder Versuch, die Arbeitslosenquote unterhalb der natürlichen Arbeitslosenquote zu halten, zu einer sich immer weiter beschleunigenden Inflation.

Im Jahr 1968 jedoch kamen Milton Friedman und Edmund Phelps von der Columbia-Universität, die unabhängig voneinander forschten, zu dem Schluss, dass es keinen langfristigen Zusammenhang zwischen der Arbeitslosenquote und der Inflationsrate gibt. Nach ihrer **Hypothese der natürlichen Arbeitslosenquote** führt jeder Versuch, die Arbeitslosenquote unterhalb der natürlichen Arbeitslosenquote zu halten, zu einer sich immer weiter beschleunigenden Inflation. Trifft diese Behauptung zu, dann folgt aus dem Konzept der natürlichen Arbeitslosenquote, dass eine aktive makroökonomische Politik nach keynesianischem Vorbild weitaus weniger wirksam ist, als es die meisten Makroökonomen bis zu diesem Zeitpunkt glaubten. Ist die Regierung nicht in der Lage, die Arbeitslosenquote unter die natürliche Arbeitslosenquote abzusenken, dann kann die Aufgabe der Wirtschaftspolitik nur darin bestehen, die Arbeitslosenquote auf einem bestimmten Niveau *nahe der natürlichen Arbeitslosenquote stabil zu halten* und größere Schwankungen nach oben oder unten zu verhindern.

Ein **politischer Konjunkturzyklus** ergibt sich, wenn Politiker die makroökonomische Wirtschaftspolitik für ihre politischen Ziele einsetzen.

In den 1970er-Jahren wurde die Hypothese der natürlichen Arbeitslosenquote von den meisten Ökonomen anerkannt. Der Kern der Friedman-Phelps-Hypothese bestand in einer klaren Vorhersage: Der scheinbare Zusammenhang zwischen Arbeitslosigkeit und Inflation würde in einer längeren Periode hoher Inflationsraten zusammenbrechen. Sobald die Inflation erst einmal in den Erwartungen der Menschen verankert ist, würden Inflationsraten selbst bei hohen Arbeitslosenquoten andauern. Und genau das ist in den 1970er-Jahren passiert. Diese erfolgreiche Vorhersage war ein Triumph der Makroökonomik und überzeugte eine große Mehrheit der Makroökonomen von der empirischen Gültigkeit der Hypothese einer natürlichen Arbeitslosenquote, auch wenn einige Ökonomen die Auffassung vertreten, dass die Hypothese bei sehr niedrigen oder negativen Inflationsraten nicht gilt.

Der politische Konjunkturzyklus

Eine weitere Herausforderung für die Keynesianische Lehre ging nicht von der Gültigkeit der ökonomischen Analyse aus, sondern von den politischen Konsequenzen. Eine Vielzahl von Ökonomen und Politikwissenschaftlern wies darauf hin, dass eine aktive makroökonomische Politik sich der politischen Manipulation ausliefert.

Statistische Befunde legen nahe, dass Wahlergebnisse stark vom Zustand der Volkswirtschaft in den Monaten davor geprägt werden. Wenn in den Vereinigten Staaten ein halbes Jahr vor dem Wahltag die Wirtschaft floriert und die Arbeitslosenquote sinkt, gewinnt die regierende Partei selbst dann, wenn die Volkswirtschaft in den drei Jahren zuvor mehr schlecht als recht lief.

Dies bringt eine ganz offensichtliche Versuchung mit sich, aktivistische makroökonomische Politik missbräuchlich anzuwenden – in einem Wahljahr die Wirtschaft »aufzupumpen« und den Preis höherer Inflationsraten und/oder höherer Arbeitslosenquoten später zu bezahlen. Das Ergebnis kann eine völlig unnötige Instabilität der Volkswirtschaft sein, ein **politischer Konjunkturzyklus** – verursacht durch eine makroökonomische Politik mit politischen Zielsetzungen.

Ein oft erwähntes Beispiel besteht in expansiver Fiskal- und Geldpolitik, die gerade vor der Wahl im Jahr 1972 zu stark beschleunigtem Wachstum sowie nach der Wahl zu beschleunigter Inflation führte. Kenneth Rogoff, ein geachteter Makroökonom, der z. B. als Chefvolkswirt des Internationalen Währungsfonds arbeitete, hat den damaligen Präsidenten Richard Nixon als den größten Helden aller Zeiten im politischen Konjunkturzyklus bezeichnet.

Wie wir bereits wissen, besteht ein Weg zur Vermeidung politischer Konjunkturzyklen darin, die Geldpolitik in die Hände einer unabhängigen Zentralbank zu legen, die keinem politischen Druck ausgesetzt ist. Der politische Konjunkturzyklus liefert auch eine Begründung dafür, die Anwendung diskretionärer Fiskalpolitik auf extreme Situationen wie z. B. eine Liquiditätsfalle zu begrenzen.

Rationale Erwartungen und Neue Klassische Makroökonomik

Wie wir gesehen haben, besteht ein Hauptunterschied zwischen klassischer und keynesianischer Makroökonomik darin, dass klassische Ökonomen an den senkrechten Verlauf der kurzfristigen Angebotskurve glaubten, Keynesianer dagegen der Vorstellung einer ansteigenden kurzfristigen Angebotskurve folgen. Daraus ergibt sich, dass Keynes Veränderungen des gesamtwirtschaftlichen Produktionsniveaus als Folge von Nachfrageschocks – Verschiebungen der gesamtwirtschaftlichen Nachfragekurve – für möglich hielt.

In den 1970er- und 1980er-Jahren erlebte das Postulat der Klassischen Makroökonomik, dass Veränderungen der gesamtwirtschaftlichen Nachfrage Änderungen des gesamtwirtschaftlichen Preisniveaus, aber keine Änderungen der gesamtwirtschaftlichen Produktion nach sich ziehen, in der **Neuen Klassischen Makroökonomik** eine Wiederauferstehung.

Der neue Ansatz entwickelte sich in zwei Schritten: Erstens lehnten einige Ökonomen – gestützt auf die Annahme *rationaler Erwartungen* – die These der kurzfristig steigenden Angebotskurve ab. Zweitens vertraten einige Ökonomen die – als *reale Konjunkturzyklen* bekannte – Ansicht, dass Produktivitätsänderungen Konjunkturschwankungen verursachen können.

In den 1970er-Jahren hatte die Theorie der **rationalen Erwartungen** große Auswirkungen auf die Entwicklung der Makroökonomik. Diese Theorie – zuerst 1961 von John Muth eingeführt – geht davon aus, dass alle Wirtschaftseinheiten ihre Entscheidungen optimal treffen und deshalb sämtliche verfügbare Informationen verwerten.

Wenn z. B. Arbeitnehmer und Arbeitgeber langfristige Tarifverträge aushandeln, so müssen sie für die Vertragslaufzeit die zu erwartende Inflationsrate abschätzen. Rationale Erwartungen besagen, dass beide Seiten bei der Vorhersage der zukünftigen Inflationsrate sich nicht damit begnügen, einfach nur die Inflationsraten der Vergangenheit heranzuziehen. Sie werden insbesondere auch Informationen über die künftige Geld- und die künftige Fiskalpolitik berücksichtigen. Sind z. B. die Preise im vergangenen Jahr nicht gestiegen, aber lassen die angekündigten geld- und fiskalpolitischen Maßnahmen für die kommenden Jahre wachsende Inflationsraten erwarten, dann spiegeln die langfristigen Tarifverträge und Lohnvereinbarungen der Theorie der rationalen Erwartungen zufolge diese zukünftigen Inflationsraten wider, auch wenn die Preise bislang noch nicht gestiegen sind.

Rationale Erwartungen können sich ganz erheblich auf die Wirksamkeit wirtschaftspolitischer Maßnahmen auswirken. Dem ursprünglichen Konzept der natürlichen Arbeitslosenquote zufolge hätte man mit staatlichen Maßnahmen vielleicht kurzfristig Erfolg und könnte geringere Arbeitslosigkeit gegen höhere Inflation eintauschen. Langfristig würde das aber wegen der höheren Inflationserwartungen nicht gelingen. Nach der Theorie der rationalen Erwartungen ist eine Unterscheidung zwischen kurzfristigen und langfristigen Auswirkungen staatlicher Maßnahmen überflüssig: Sofern die Absichten der Regierung deutlich sind, wird die Öffentlichkeit die Zusammenhänge durchschauen; die Inflationserwartungen werden *sofort* ansteigen. Damit sind wirtschaftspolitische Eingriffe des Staates zur Senkung der Arbeitslosigkeit selbst kurzfristig zum Scheitern verurteilt.

In den 1970er-Jahren hat Robert Lucas von der Universität Chicago mehrere sehr einflussreiche Aufsätze geschrieben, die darauf hinauslaufen, dass geldpolitische Maßnahmen die Höhe der Arbeitslosenquote nur dann beeinflussen können, wenn sie für die Öffentlichkeit überraschend kommen. Im Jahr 1995 erhielt Lucas für seine weithin bewunderten Arbeiten den Nobelpreis. Dennoch glauben viele Makroökonomen, vor allem jene, die in der Politikberatung tätig sind, dass Lucas' Schlussfolgerungen überzogen waren. Und auch die Zentralbanken sind davon überzeugt, mithilfe der Geldpolitik sinnvoll die Volkswirtschaft stabilisieren zu können.

Aber warum sind viele Makroökonomen der Meinung, dass das **Modell der rationalen Erwar-**

Die **Neue Klassische Makroökonomik** liefert eine Erklärung für Konjunkturzyklen, die zur klassischen Ansicht zurückgeht, wonach Verschiebungen der gesamtwirtschaftlichen Nachfragekurve lediglich das Preisniveau, nicht aber das gesamtwirtschaftliche Produktionsniveau beeinflussen.

Rationale Erwartungen beschreiben die Annahme, dass alle Wirtschaftseinheiten optimale Entscheidungen treffen und dabei alle verfügbaren Informationen verwenden.

Nach dem ökonomischen **Modell der rationalen Erwartungen** haben erwartete Änderungen der Geldpolitik keine Auswirkungen auf Arbeitslosigkeit und gesamtwirtschaftliches Produktionsniveau und beeinflussen lediglich das Preisniveau.

VERTIEFUNG

Angebotsökonomik (»Supply-side economics«)

Während der 1970er-Jahre propagierte eine Gruppe von Ökonomen eine Wirtschaftspolitik, die als »Supply-side economics« bekannt wurde. Kerngedanke dieser Denkrichtung war, dass man mit Steuersenkungen Impulse für mehr Arbeit und höhere Investitionen auslöst und dadurch einen kraftvollen Wachstumsschub für das Produktionspotenzial (also das gesamtwirtschaftliche Angebot) setzt. Die »Supply-sider« drängten die Regierung zu Steuersenkungen, ohne entsprechende Ausgabenkürzungen vorzunehmen. Das zu erwartende Wachstum würde alle negativen Effekte der Haushaltsdefizite kompensieren.

Einige Vertreter dieser Richtung gingen noch weiter: Die *Steuersenkungen* würden solch eine wundersame Wirkung auf das Wirtschaftswachstum ausüben, dass sogar das *Steueraufkommen* (Summe der Steuerzahlungen insgesamt) ansteigen müsste. Die Angebotsökonomen unterstellten, dass sich die US-amerikanische Volkswirtschaft auf der »falschen« Seite der Laffer-Kurve befand (die einen Zusammenhang zwischen dem Steuersatz und dem Steueraufkommen postuliert, nach dem das Steueraufkommen mit steigenden Steuersätzen zunächst anwächst, aber später bei hohen Steuersätzen zurückgeht). Die Denkrichtung wurde unter Politikern populär, und Ronald Reagan machte die Angebotsökonomik 1980 zur Grundlage seines Präsidentenwahlkampfs.

Da die »Supply-Sider« das Angebot stärker als die Nachfrage betonen und dem Keynesianismus sehr kritisch gegenüberstehen, könnte man fast meinen, man wäre damit bereits bei der Neuen Klassischen Makroökonomik angekommen. Unter Ökonomen trifft die Angebotspolitik jedoch auf breite Ablehnung.

Der Hauptgrund für die Ablehnung besteht im Fehlen jeglicher empirischer Evidenz. Fast alle Ökonomen stimmen zwar zu, dass Steuersenkungen Arbeits- und Investitionsanreize entfalten, doch so stark die Anreize auch sein mögen: Sie sind nicht stark genug für empirisch gültige Forschungsergebnisse im Sinne der »Supply-sider«. Insbesondere starke Steuersenkungen, wie unter US-Präsident Ronald Reagan in den frühen 1980er-Jahren verwirklicht, sollten zu einer kräftigen Steigerung des Bruttoinlandsproduktes sowie des Produktionspotenzials führen, während Steuererhöhungen wie z. B. im Jahr 1993 unter US-Präsident Clinton das mögliche Wachstum bremsen sollten. Offizielle Schätzungen des *Congressional Budget Office* konnten aber weder den einen noch den anderen Effekt bestätigen.

Viele Jahre später lieferte der US-Bundesstaat Kansas den vielleicht besten empirischen Beleg gegen die Wirksamkeit einer Angebotspolitik. Im Jahr 2012 setzte Kansas eine deutliche Senkung der Steuern auf Bundesstaatsebene um. Aber mit der Volkswirtschaft ging es daraufhin bergab. Das Wirtschaftswachstum lag deutlich unter dem landesweiten Durchschnitt, ebenso die Schaffung von neuen Arbeitsplätzen. Und das Haushaltsdefizit des Bundesstaates schnellte in die Höhe. Angesichts einer drohenden Haushaltskrise und Protesten gegen die Kürzung von bundesstaatlichen Leistungen beendete Kansas im Jahr 2017 das Experiment einer Angebotspolitik und beschloss eine Steuererhöhung.

Nach der **Neuen Keynesianischen Makroökonomik** können Unvollkommenheiten auf Märkten dazu führen, dass die Preise in der gesamten Volkswirtschaft für eine bestimmte Zeit starr sind.

Nach der **Theorie realer Konjunkturzyklen** verursachen schwankende Wachstumsraten der totalen Faktorproduktivität Konjunkturschwankungen.

tungen nicht korrekt beschreibt, was in der Volkswirtschaft tatsächlich passiert? Eine Erklärung dafür liefert die **Neue Keynesianische Makroökonomik**, die seit den 1990er-Jahren zunehmend an Einfluss gewinnt. Diese Denkschule geht davon aus, dass Unvollkommenheiten auf Märkten dazu führen, dass viele Preise in der Volkswirtschaft für eine bestimmte Zeit starr sind. Und bei starren Preisen können die Inflationserwartungen nicht schnell genug steigen, um die Wirkungen von wirtschaftspolitischen Stabilisierungsmaßnahmen zu konterkarieren.

Im Laufe der Zeit haben die Ansichten der Neuen Keynesianischen Makroökonomik, gestützt auf empirische Befunde, das Modell der rationalen Erwartungen in den Hintergrund gedrängt. Einige Makroökonomen gingen jedoch noch weiter als Lucas und behaupteten, dass Nachfrageschocks keine Wirtschaftskrisen auslösen. In den 1980er-Jahren gab es eine Reihe von Ökonomen, die Verlangsamungen im Produktivitätswachstum, hervorgerufen durch Phasen des Stillstandes beim technischen Fortschritt, als Hauptursache von konjunkturellen Abschwüngen vermuteten. Die **Theorie realer Konjunkturzyklen** behauptet, dass Schwankungen im Wachstum der totalen Faktorproduktivität Konjunkturzyklen verursachen.

WISSENSCHAFT UND PRAXIS

Hat die Fed die Weltwirtschafskrise ausgelöst?

Die Weltwirtschaftskrise markierte eine Zeitenwende für die Volkswirtschaftslehre. Mit der Keynesianischen Lehre entstand eine neue Denkrichtung, die viele Ökonomen geprägt und von der Notwendigkeit einer makroökonomischen Wirtschaftspolitik überzeugt hat. Die US-Ökonomen Milton Friedman und Anna Schwartz haben in ihrem Werk »A Monetary History of the United States, 1867–1960« jedoch die Auffassung vertreten, dass die Weltwirtschaftskrise zu verhindern gewesen wäre, wenn die Fed ihren Job (richtig) gemacht hätte. Friedman griff diese These in einigen weiteren Veröffentlichungen auf und behauptete letztlich sogar, dass die Fed die Weltwirtschaftskrise ausgelöst hätte. Aber ist das tatsächlich der Fall gewesen?

Friedman und Schwartz stützten ihre These zum großen Teil auf die Tatsache, dass die Geldmenge (M2) von 1929 bis 1933 in den Vereinigten Staaten stark gesunken ist. Der Rückgang der Geldmenge M2 belief sich in diesem Zeitraum auf fast 30 Prozent. Hätte die Fed diesen starken Rückgang der Geldmenge verhindert, so Friedmann und Schwartz, wäre es nicht zu einer so schweren Wirtschaftskrise gekommen.

Allerdings hat die Fed (und auch keine andere Zentralbank) keine direkte Kontrolle über Geldmengenaggregate wie M2, die zu einem großen Teil aus Bankeinlagen bestehen. Die Fed kontrolliert lediglich die Geldbasis, das im Umlauf befindliche Bargeld und die Bankreserven. Und die Geldbasis ist in den ersten Jahren der Weltwirtschaftskrise sogar stark angestiegen.

Aber aus welchem Grund ist die Geldmenge M2 so stark gesunken, wenn die Geldbasis gleichzeitig so stark gestiegen ist? Der entscheidende Grund war das verlorene Vertrauen in die Sicherheit des Bankensystems. Nach einer Welle von Bank Runs und Bankenzusammenbrüchen zogen die Menschen es vor, lieber Bargeld anstelle von Bankeinlagen zu halten. Und die Banken, die noch überlebt hatten, drosselten ihre Kreditvergabe und sammelten stattdessen Reserven an, um bei einem möglichen Bank Run über ausreichend Bargeld zu verfügen.

Unter diesen Umständen ist es völlig unklar, wie die Fed den Rückgang der Geldmenge M2 hätte verhindern können. Die Zinssätze waren extrem niedrig, sodass die Banken keinen Anreiz für eine Kreditvergabe hatten. Selbst wenn die Fed im großen Stil Offenmarktgeschäfte durchgeführt und den Banken Wertpapiere abgekauft hätte, wären die Gutschriften bei den Banken in die Reserven geflossen und dort geblieben und hätten nicht zu einer Ausweitung der Kreditvergabe geführt. Genau das ist auch während der Finanz- und Wirtschaftskrise 2007–2009 passiert, als die Fed die Geldbasis deutlich ausgeweitet hat, die Geldmenge M2 aber nur marginal angestiegen ist.

Es ist also fraglich, ob die Fed die Weltwirtschaftskrise hätte verhindern können. Sicher ist jedoch, dass die Fed die Weltwirtschaftskrise auf keinen Fall ausgelöst hat.

Die Theorie realer Konjunkturzyklen hatte einen großen Einfluss, was man auch daran sieht, dass zwei ihrer Vertreter im Jahr 2004 den Nobelpreis für Wirtschaftswissenschaften erhielten: Finn Kydland (Carnegie-Mellon-Universität) und Edward Prescott (Federal Reserve Bank of Minneapolis). Der gegenwärtige Status der Theorie realer Konjunkturzyklen ist mit dem Modell der rationalen Erwartungen vergleichbar. Die Theorie hat gute Einsichten in das Funktionieren von Volkswirtschaften vermittelt und dient als eine nützliche Warnung vor allzu viel Vertrauen auf Nachfragewirkungen.

Doch inzwischen räumen viele Vertreter der Theorie realer Konjunkturzyklen ein, dass ihre Modelle eine steigende gesamtwirtschaftliche Angebotskurve bräuchten, damit die statistischen Daten zur Theorie passen. Damit erhält auch die Nachfrage wieder eine gewisse Bedeutung für die Erklärung der Höhe des gesamtwirtschaftlichen Produktionsniveaus.

Kurzzusammenfassung

- Der frühe Keynesianismus betonte die Wirksamkeit der Fiskalpolitik. Im Laufe der Zeit erkannten Makroökonomen aber auch die Wirksamkeit der Geldpolitik, abgesehen von bestimmten Ausnahmesituationen wie z. B. in einer Liquiditätsfalle.
- Anhänger des **Monetarismus** vertreten die Auffassung, dass **diskretionäre Geldpolitik** und auch diskretionäre Fiskalpolitik aufgrund von zeitlichen Verzögerungen mehr schaden als sie nutzen, sodass eine einfache **geldpolitische Regel** den besten Ansatz für die Stabilisierung der Volkswirtschaft darstellt. Die Monetaristen glaubten, dass die Umlaufgeschwindigkeit des Geldes stabil ist und daher ein stetiges Wachstum der Geldmenge zu einem stetigen Wachstum des BIP führen würde. Diese Lehre war eine Zeitlang populär, hat jedoch an Einfluss verloren.
- Die **Hypothese der natürlichen Arbeitslosenquote**, die mittlerweile weithin akzeptiert ist, setzt enge Grenzen für das wirtschaftspolitisch Erreichbare. Die Aufgabe der Wirtschaftspolitik kann nur darin bestehen, die Arbeitslosenquote auf einem bestimmten Niveau nahe der natürlichen Arbeitslosenquote stabil zu halten.
- Die Sorge vor einem **politischen Konjunkturzyklus** stützt eine unabhängige Zentralbank und eine weitgehende Vermeidung von diskretionärer Fiskalpolitik (außer unter besonderen Umständen wie z. B. bei einer Liquiditätsfalle).
- Die **Neue Klassische Makroökonomik** hat einige geldpolitische Ideen aus der Zeit vor Keynes aufgegriffen. Bei **rationalen Erwartungen** wird unterstellt, dass Arbeitskräfte und Unternehmen in ihren Entscheidungen alle verfügbaren Informationen verwerten. Das **Modell der rationalen Erwartungen** geht deshalb davon aus, dass die Geldpolitik selbst auf kurze Sicht keine Veränderung von gesamtwirtschaftlicher Produktion und Beschäftigung bewirken kann. Nach der **Theorie realer Konjunkturzyklen** sind Schwankungen im Wachstum der Produktivität die Ursache für Konjunkturschwankungen. Diese Ansichten stehen im Widerspruch zur **Neuen Keynesianische Makroökonomik** und hatten nur wenig Einfluss auf die Wirtschaftspolitik.

ÜBERPRÜFEN SIE IHR WISSEN

1. Welchen Grenzen unterliegt eine aktive makroökonomische Stabilisierungspolitik?
2. Während der Finanz- und Wirtschaftskrise 2007–2009 ist die Arbeitslosigkeit deutlich angestiegen, während die Zinsen und die Investitionsausgaben stark gesunken sind. Als Reaktion auf diese Entwicklungen hat die Fed das Wachstum der Geldbasis beschleunigt.
   a. Wie hätte Milton Friedman Ihrer Meinung nach auf diesen Schritt der Fed reagiert?
   b. Monetaristen wie Milton Friedman vertreten die Auffassung, dass sich weder Geldpolitik noch Fiskalpolitik zur Stabilisierung der gesamtwirtschaftlichen Entwicklung eignen. Sind die prinzipiellen Einwände der Monetaristen gegen Geld- und Fiskalpolitik auch während der Finanz- und Wirtschaftskrise 2007–2009 berechtigt gewesen? Bedenken Sie in diesem Zusammenhang, dass die Arbeitslosenquote erst im Jahr 2016 wieder das Vorkrisenniveau erreicht hat.
3. Ende 2008 wurde deutlich, dass die US-amerikanische Volkswirtschaft in eine Rezession gerät. Im Rahmen einer aggressiven expansiven Geldpolitik senkte die Fed daraufhin den Geldmarktzinssatz fast auf null. Die meisten Beobachter vertraten die Auffassung, dass die aggressive expansive Geldpolitik der Fed mit dafür gesorgt hat, die Dauer und das Ausmaß der Krise zu senken.
   a. Was würden Vertreter rationaler Erwartungen zu dieser Schlussfolgerung sagen?
   b. Wie würden Anhänger der Theorie realer Konjunkturzyklen die Aussage bewerten?

32.3 Von der Zeit der großen Mäßigung in die säkulare Stagnation

Es gab in den 1960er-, den 1970er- und den 1980er-Jahren heftige Kontroversen über makroökonomische Theorien und Modellierungen. In den 1990er-Jahren jedoch begannen die Debatten sich zu beruhigen. Im Laufe der Zeit bildete sich ein breites Einvernehmen über kritische Einzelfragen heraus.

Dieser Prozess wurde begleitet (und vielleicht sogar ausgelöst) durch eine Phase gesamtwirtschaftlicher Stabilität seit Mitte der 1980er-Jahre. Nach den turbulenten 1970er-Jahren mit Ölpreisschocks und Stagflation bewegten sich die großen Volkswirtschaften zunehmend in einem ruhigen Fahrwasser. Hier und da auftretende Rezessionen waren von kurzer Dauer und geringer Intensität, die Inflationsrate blieb niedrig, das Beschäftigungsniveau hoch. Diese Phase einer ruhigen und stetigen wirtschaftlichen Entwicklung wurde von Ökonomen mit dem Begriff der **Zeit der großen Mäßigung** (»**Great Moderation**«) versehen. Die beobachtete Stabilisierung der gesamtwirtschaftlichen Entwicklung führte zu der weitverbreiteten Annahme einer zunehmenden Beherrschbarkeit des Konjunkturzyklus. Es herrschte ein gemeinsamer Konsens unter Ökonomen, der in Anlehnung an die parallel verlaufende Phase der gesamtwirtschaftlichen Stabilität auch als *Konsens der Great Moderation* oder *moderner Konsens* bezeichnet wurde.

Die Finanz- und Wirtschaftskrise 2007–2009 und ihre Folgen haben jedoch den Glauben, die Wirtschaftspolitik habe alles unter Kontrolle, nachhaltig erschüttert. Auch unter Ökonomen kam es zu einem Umdenken. In mancher Hinsicht hat dieses Umdenken dazu beigetragen, dass sich Ökonomen wieder traditionell keynesianischen Politikansätzen zuwandten.

Die Grenzen der Geldpolitik

Milton Friedman konnte die Politik letztlich nicht davon überzeugen, dass der Monetarismus mit seinem alleinigen Fokus auf die Steuerung des Geldmengenwachstums für eine Stabilisierung der Volkswirtschaft sorgen würde. Während der Zeit der großen Mäßigung allerdings waren Ökonomen und Politiker gleichermaßen davon überzeugt, dass die Geldpolitik prinzipiell hoch wirksam war und damit die unpolitischen Entscheidungsträger der Zentralbank die Aufgabe der Stabilisierung der Volkswirtschaft übernehmen konnten.

Seit der Finanz- und Wirtschaftskrise 2007–2009 ist das Vertrauen in die Fähigkeit der Zentralbank zur gesamtwirtschaftlichen Steuerung allerdings durch eine Reihe von Ereignissen Stück für Stück verloren gegangen. Das Problem, vor dem die Geldpolitik stand, zeigt die Entwicklung der Zielgröße für den Geldmarktzinssatz (Federal Funds Rate) seit 1985 in **Abbildung 32-3**. In der Regel agiert die Geldpolitik über Zinsanhebungen oder Zinssenkungen durch Offenmarktgeschäfte. Und tatsächlich hat die Fed in der Vergangenheit in jeder Wirtschaftskrise das Zinsniveau um rund 5 Prozentpunkte gesenkt.

Die **Zeit der großen Mäßigung** (»**Great Moderation**«) beschreibt eine Phase mit geringen gesamtwirtschaftlichen Schwankungen und niedriger Inflation in den Vereinigten Staaten und anderen großen Volkswirtschaften von Mitte der 1980er-Jahre bis zum Beginn der Finanz- und Wirtschaftskrise 2007–2009.

Während der Finanz- und Wirtschaftskrise 2007–2009 reichte die Absenkung des Zinsniveaus bis auf nahe null aber nicht aus, um die schwere Rezession abzuwenden. Und die anschließende Erholung kam nur sehr langsam in Fahrt. Mit anderen Worten: Die herkömmliche Geldpolitik war anscheinend nicht mehr in der Lage, die ihr zugedachte stabilisierungspolitische Funktion zu erfüllen.

Aber selbst neue geldpolitische Ansätze zeigten keinen Erfolg. Im Jahr 2010 ging die Fed dazu über, zur Ankurbelung der gesamtwirtschaftlichen Entwicklung neben kurzfristigen Staatsanleihen auch andere Vermögenspapiere wie langfristige Staatsanleihen und Anleihen von staatlichen Einrichtungen, die Kredite an Immobilienkäufer vergeben hatten, aufzukaufen. Dieses Ankaufprogramm, allgemein auch als *Quantitative Easing* bezeichnet, hat zu einer riesigen Ausweitung der Geldbasis geführt, wie in **Abbildung 32-4** zu sehen ist.

Kritische Stimmen warnten, dass die Ausweitung der Geldbasis zu einer hohen Inflation führen würde. Abbildung 32-4 zeigt, dass das nicht der Fall war. Es kam allerdings auch nicht zu dem erhofften konjunkturellen Aufschwung.

Abb. 32-3

US-Geldpolitik während der letzten Wirtschaftskrisen

Die US-amerikanische Zentralbank hat aktiv auf konjunkturelle Abschwünge reagiert und in jeder Wirtschaftskrise (durch graue Säulen gekennzeichnet) das Zinsniveau gesenkt.

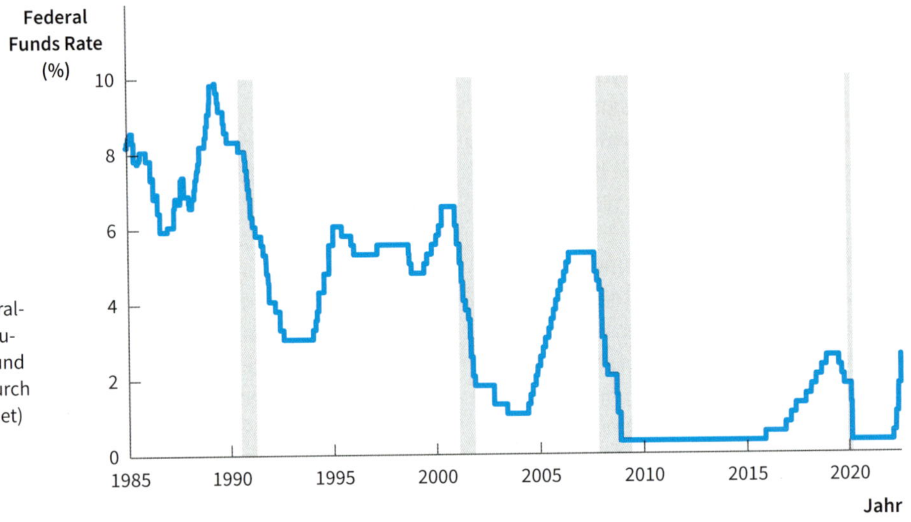

Quelle: Federal Reserve Bank of St. Louis

Abb. 32-4

Viel Geld, aber kaum Inflation in den Vereinigten Staaten, 2007–2020

Das Quantitative Easing nach der Finanz- und Wirtschaftskrise 2007–2009 hat zu einem riesigen Anstieg in der US-amerikanischen Geldbasis geführt. Einige Ökonomen befürchteten daher inflationäre Tendenzen. Die Fed vertrat jedoch die Auffassung, dass die Inflationsrisiken gering waren, und wurde durch den Gang der Ereignisse bestätigt. Der Verbraucherpreisindex blieb nahezu unverändert, sodass die Inflationsrate in den Jahren nach Finanz- und Wirtschaftskrise 2007–2009 auf einem sehr niedrigen Niveau verharrte.

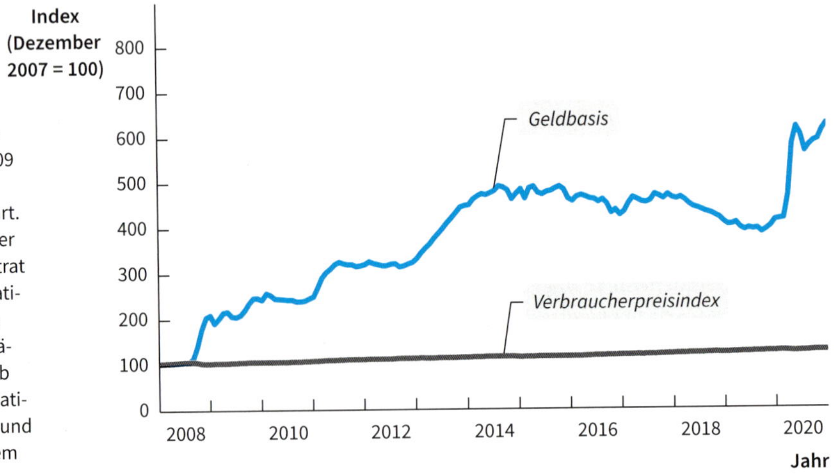

Quelle: Federal Reserve Bank of St. Louis

Während die Fed davon überzeugt war, dass das Ankaufprogramm zu positiven Effekten geführt hat, blieben die tatsächlichen Auswirkungen überschaubar.

Die Rückkehr der Fiskalpolitik

Die Finanz- und Wirtschaftskrise 2007–2009 hatte gezeigt, dass die Geldpolitik in Sachen Krisenbekämpfung nicht so zuverlässig war, wie viele Ökonomen glaubten. Das Versagen der Geldpolitik führte dazu, dass die Fiskalpolitik wieder stärker in den Mittelpunkt des Geschehens rückte. In den Jahren 2009–2010 verfolgten die Vereinigten Staaten (und auch andere große Industrieländer) eine expansive Fiskalpolitik und versuchten, durch riesige **Konjunkturprogramme** die gesamtwirtschaftliche Erholung anzukurbeln, da der geldpolitische Spielraum bei einem Zinsniveau von (fast) null stark begrenzt war.

War die Fiskalpolitik tatsächlich erfolgreich? Kritische Beobachter verweisen darauf, dass die Arbeitslosenquote in den Vereinigten Staaten und anderen Industrieländern auch nach den Konjunkturmaßnahmen noch hoch war. Diese Sichtweise ignoriert allerdings die Tatsache, dass die Fiskalpolitik erst verfolgt wurde, als die Volkswirtschaft schon mitten in der Krise war. Die Situation lässt sich ganz gut mit einem Arztbesuch vergleichen. Die Menschen gehen zum Arzt, wenn sie krank sind, und viele sind auch Tage nach dem Arztbesuch noch nicht gesund. Aber daraus würde man nicht schlussfolgern, dass der Besuch beim Arzt überflüssig war.

Eine bessere Möglichkeit zur Bewertung der Wirksamkeit der Fiskalpolitik bietet sich anhand des Zeitraums 2010–2013, als sich einige Volkswirtschaften dazu entschlossen, die expansive Fiskalpolitik zu beenden und stattdessen zur Senkung der Haushaltsdefizite den Weg in eine strikte **Sparpolitik** durch Ausgabenkürzungen und Steuererhöhungen einschlugen. Ausgelöst wurde dieser Politikwechsel durch die Angst vor einer Schuldenkrise wie in Griechenland, das ab dem Jahr 2009 mit stark steigenden Zinsen zu kämpfen hatte, nachdem die Kreditgeber das Vertrauen in die Rückzahlung der Kredite durch den griechischen Staat verloren hatten.

Dabei war der Umfang der Sparmaßnahmen höchst unterschiedlich. So beliefen sich die Ausgabenkürzungen in Spanien auf rund 8 Prozent des BIP. In Belgien dagegen gab es nur geringe Ausgabenkürzungen, obwohl der Anteil der Staatsverschuldung am Bruttoinlandsprodukt in Belgien höher als in Spanien war.

Eine einflussreiche Studie des Internationalen Währungsfonds zeigt einen deutlichen Zusammenhang zwischen den Sparmaßnahmen und den beobachteten Veränderungen im Wirtschaftswachstum. Je stärker die Sparmaßnahmen ausfielen, umso schlechter entwickelte sich das gesamtwirtschaftliche Wachstum. Tatsächlich führte eine Ausgabenkürzung in Höhe von 1 Dollar zu einem Rückgang im BIP um 1,60 Dollar. Gemeinsam mit weiteren Studien lieferte diese Untersuchung für viele Ökonomen den Beweis, dass die Fiskalpolitik in einer Welt mit niedrigen Zinsen tatsächlich eine starke Wirkung entfaltet, ohne dass es in einem nennenswerten Umfang zu Verdrängungseffekten kommt. Aus diesem Grund tendieren Ökonomen mittlerweile wesentlich stärker zur Fiskalpolitik als Instrument zur Stabilisierung der gesamtwirtschaftlichen Entwicklung als noch während der Zeit der großen Mäßigung.

Eine expansive Fiskalpolitik geht allerdings mit höheren Haushaltsdefiziten und einer stärker steigenden Staatsverschuldung einher. Sollte das nicht Anlass zur Sorge sein? Wir haben bereits erfahren, dass sich viele (wenn auch nicht alle) Ökonomen mittlerweile deutlich weniger Sorgen über die Staatsverschuldung machen als früher. Dieser Umstand hat auch viel mit dem lang anhaltenden Niedrigzinsniveau zu tun, das das Vertrauen in die Wirksamkeit der Geldpolitik nachhaltig untergraben hat.

Stabilisierungspolitik in einer Niedrigzinswelt

Wir haben in Abbildung 32-3 gesehen, dass die Fed als Reaktion auf die Finanz- und Wirtschaftskrise 2007–2009 die Zinsen fast bis auf null gesenkt hat. Aber dieser Schritt reichte nicht aus, um die US-amerikanische Volkswirtschaft vor einer schweren Wirtschaftskrise zu bewahren, und leitete allenfalls eine schleppende Erholung ein. Zunächst gingen die meisten Ökonomen, wie auch die Verantwortlichen der Fed selbst, davon aus, dass die Fed die Zinsen im Zuge einer wirtschaftlichen Erholung wieder auf ein (historisch gesehen) normales Niveau anheben würde. In Abbildung 32-3 ist jedoch zu erkennen, dass die Fed

Konjunkturprogramme stellen eine expansive Fiskalpolitik in Form von zeitlich begrenzten Staatsausgaben und/oder zeitlich begrenzten Steuersenkungen dar.

Bei einer **Sparpolitik** versucht der Staat, die Aufnahme von Schulden durch Ausgabensenkungen und Steuererhöhungen zu senken.

Es kommt zu einer **säkularen Stagnation** der Volkswirtschaft, wenn nur ein Zinsniveau nahe null für Vollbeschäftigung sorgen kann.

das Niedrigzinsniveau für mehrere Jahre aufrechterhielt. Und nach einer leichten Anhebung wurden die Zinsen im Jahr 2019 aus Sorge vor einer Verschlechterung der gesamtwirtschaftlichen Entwicklung erneut gesenkt. Die Covid-19-Pandemie veranlasste dann die Fed dazu, die Zinsen wieder fast auf null zu senken.

Diese anhaltende Niedrigzinsphase war nicht nur in den Vereinigten Staaten zu beobachten. In **Abbildung 32-5** ist die Entwicklung des Zinssatzes für 10-jährige Staatsanleihen, der häufig als Indikator für die langfristigen Kreditzinsen herangezogen wird, im Zeitraum 2000–2020 für drei Volkswirtschaften abgetragen: die Vereinigten Staaten, die Bundesrepublik Deutschland und Spanien. Wie man erkennen kann, ist das Zinsniveau in den Vereinigten Staaten und in der Bundesrepublik Deutschland stetig gesunken, in der Bundesrepublik Deutschland sogar in den negativen Bereich. In Spanien gab es in den Jahren 2011 und 2012 eine Phase eines starken Zinsanstiegs, der durch Sorgen über die Höhe der spanischen Staatsverschuldung im Zuge der Griechenlandkrise ausgelöst wurde. Aber diese Phase war schnell vorüber und schon im Verlauf des Jahres 2014 lagen die Zinsen in Spanien wieder unter dem Niveau in den Vereinigten Staaten.

Aber warum sind die Zinsen so stark und über einen so langen Zeitraum gesunken? Mit Verweis auf ein sinkendes Bevölkerungswachstum und eine Verlangsamung des technischen Fortschritts sieht eine Reihe von Ökonomen die großen Volkswirtschaften weltweit am Rande oder in einer **säkularen Stagnation**. Der Beriff der säkularen Stagnation wurde vom US-Ökonomen Alvin Hansen in den 1930er-Jahren geprägt und beschreibt einen Zustand der Volkswirtschaft, in dem nur ein Zinsniveau nahe null für Vollbeschäftigung sorgen kann.

Wenn Niedrigzinsen tatsächlich die neue Normalität widerspiegeln, dann ergeben sich daraus zwei wichtige Konsequenzen für die Wirtschaftspolitik. Zum einen verliert die Höhe der Staatsverschuldung an Bedeutung. Und zum anderen sollte in Krisenzeiten die Fiskalpolitik das Mittel der Wahl sein.

Als Oliver Blanchard in seiner Rede vor der *American Economic Association* Anfang 2019 Sor-

Abb. 32-5

Sehr niedrige Zinsen

Weltweit waren die Zinsen zwischen 2008 und 2020 auf einem sehr niedrigen Niveau.

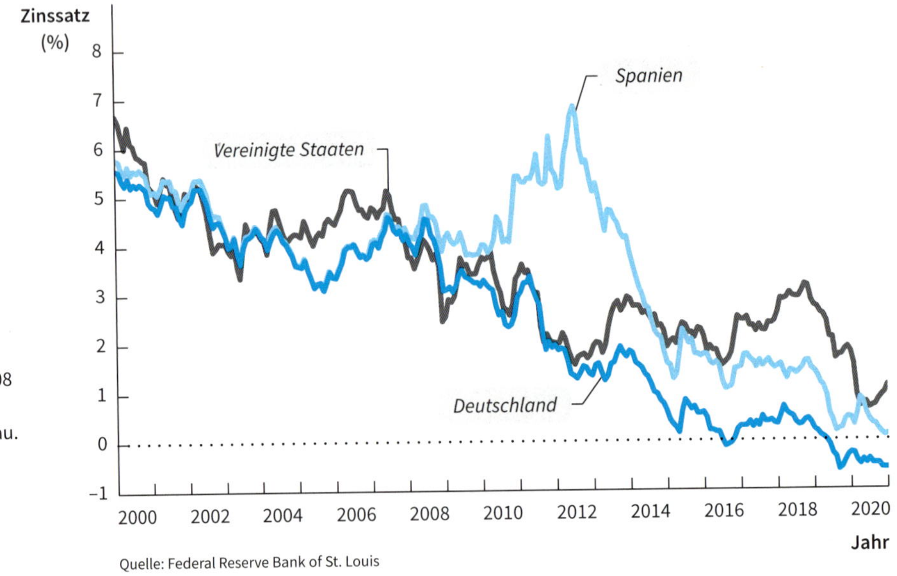

Quelle: Federal Reserve Bank of St. Louis

gen über eine hohe Staatsverschuldung als unbegründet bezeichnete, gründete seine Aussage im Wesentlichen auf der anhaltenden Niedrigzinsphase. In der Vergangenheit beruhten die Sorgen über die Staatsverschuldung vor allem auf dem Schneeballeffekt einer hohen Verschuldung, so Blanchard. Hohe Zinszahlungen führen zu hohen Haushaltsdefiziten, die wiederum die Staatsverschuldung schneller ansteigen lassen, damit zu noch höheren Zinszahlungen führen und so weiter. Blanchard verwies in diesem Zusammenhang darauf, dass für eine Volkswirtschaft nicht die absolute Größe der Staatsverschuldung von Bedeutung ist, sondern das Verhältnis von Staatsverschuldung und BIP. Und in den letzten Jahrzehnten lagen die Zinsen deutlich unter dem Wirtschaftswachstum. In diesem Fall sinkt das Verhältnis von Staatsverschuldung zu BIP im Zeitablauf trotz eines hohen Schuldenstandes, vorausgesetzt die Staatsausgaben ohne Zinszahlungen führen nicht schon allein zu einem Defizit. Man könnte also sagen: Wenn der Schnee schmilzt, braucht man sich keine Sorgen über den Schneeballeffekt machen.

In einer anhaltenden Niedrigzinsphase könnte man sogar eine höhere Staatsverschuldung durch eine zusätzliche Kreditaufnahme in Erwägung ziehen, wenn die Kreditmittel zur langfristigen Stärkung der Volkswirtschaft eingesetzt werden, wie z. B. für den Ausbau von Infrastruktur.

Gleichzeitig sind in einer Niedrigzinswelt selbst konjunkturelle Schocks mittleren Ausmaßes zu groß, um durch die Geldpolitik aufgefangen zu werden, da der Zinssenkungsspielraum für die Zentralbanken einfach viel zu klein ist. Es spricht vieles für eine Stärkung der *automatischen Stabilisatoren* der Volkswirtschaft, die auch ohne spezifische Maßnahmenpakete dem konjunkturellen Abschwung entgegenwirken. Einige Ökonomen sprechen sich sogar für dauerhafte, moderate Haushaltsdefizite aus, die über höhere staatliche Investitionen einen anhaltenden expansiven fiskalpolitischen Effekt ausüben.

WISSENSCHAFT UND PRAXIS

Die Angst vor Schulden, eine strikte Sparpolitik und die langsame Erholung der US-Volkswirtschaft nach der Finanz- und Wirtschaftskrise 2007–2009

Nach dem Ende des Zweiten Weltkrieges gab es in den Vereinigten Staaten mehrere schwere Wirtschaftskrisen. Aber während die US-amerikanische Volkswirtschaft nach den Rezessionen der Jahre 1974/75 und 1979–1982 eine rasche Erholung erlebte, verlief der Aufschwung nach der Finanz- und Wirtschaftskrise 2007–2009 deutlich langsamer. So fiel die Arbeitslosenquote erst nach sechs Jahren wieder auf ihr Vorkrisenniveau. Aber warum ging die Erholung deutlich langsamer vonstatten?

Ein Grund für das unterschiedliche Tempo der konjunkturellen Erholung liegt in den unterschiedlichen Ursachen der drei Rezessionen. Die Krisen von 1974/1975 und 1979–1982 waren durch hohe Zinsen verursacht worden, die die Fed zur Eindämmung von inflationären Tendenzen festgesetzt hatte. Die Finanz- und Wirtschaftskrise 2007–2009 wurde dagegen durch eine Krise im Banken- und Finanzsektor ausgelöst, deren negative Auswirkungen auf die Realwirtschaft deutlich schwerer zu bewältigen waren. Aber wahrscheinlich hat auch die Fiskalpolitik eine entscheidende Rolle gespielt.

Tatsächlich hat die US-Regierung im Jahr 2009 ein umfangreiches Maßnahmenpaket zur Stabilisierung der gesamtwirtschaftlichen Entwicklung auf den Weg gebracht. Aber die Wirkung dieser Maßnahmen ebbte bis Ende 2010 Stück für Stück ab. Und zu diesem Zeitpunkt war man in den politischen Kreisen in Washington vor dem Hintergrund der Schuldenkrise in Griechenland zu der Überzeugung gelangt, dass die öffentliche Verschuldung eine große Gefahr für US-amerikanische Volkswirtschaft darstellt, und leitete mit Ausgabenkürzungen einen fiskalpolitischen Sparkurs ein.

Natürlich war der Sparkurs der US-Regierung bei weitem nicht so rigide wie beispielsweise in Spanien oder in Griechenland. Aber er war spürbar. Das Hutchins Center an der Brookings Institution in Washington veröffentlich regelmäßig Berechnungen zu den Auswirkungen von fiskalpolitischen Maßnahmen, die zeigen, wie stark die jeweilige Steuer- und Ausgabenpolitik das gesamtwirtschaftliche Wachstum beeinflusst hat. In **Abbildung 32-6** sind die Ergebnisse dieser Berechnun- ▸

gen für die letzten zwanzig Jahre zu sehen. Und die Daten zeigen, dass es von Anfang 2011 bis Anfang 2015 durch die Sparpolitik einen anhaltenden Bremseffekt für das Wachstum des Bruttoinlandsproduktes gegeben hat.

Welchen Einfluss hatte dieser Bremseffekt auf das Tempo der konjunkturellen Erholung? Berechnungen des Hutchins Center zeigen, dass es ohne die Sparpolitik bereits im Verlauf des Jahres 2012 zu einer vollständigen Erholung von der Krise mit einer Arbeitslosenquote unter 5 Prozent gekommen wäre.

Die Vereinigten Staaten haben anscheinend einen hohen Preis für die Sparpolitik zur Senkung der Staatsschulden gezahlt. Und wenn die Ökonomen damit Recht haben, wenn sie jetzt sagen, dass die Angst vor einer zu hohen Verschuldung übertrieben war, dann war die Sparpolitik ein großer wirtschaftspolitischer Fehler.

Abb. 32-6: Fiskalpolitischer Sparkurs in den USA

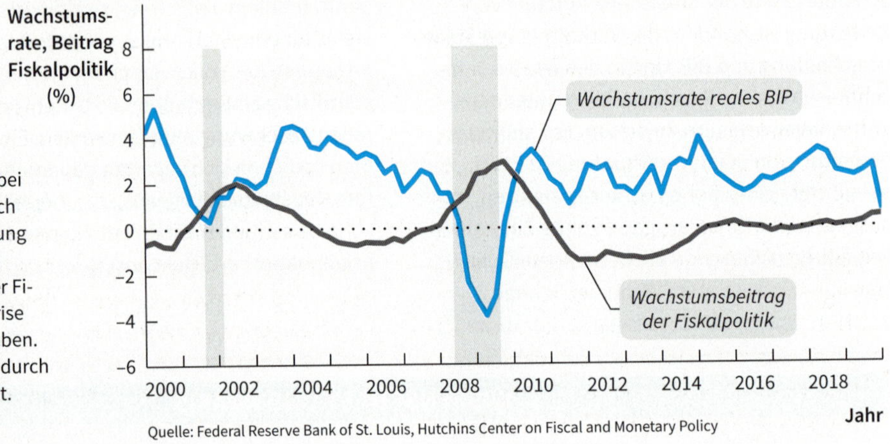

Anhaltende Kürzungen bei den Staatsausgaben nach 2011 könnten die Erholung der US-amerikanischen Volkswirtschaft nach der Finanz- und Wirtschaftskrise 2007–2009 verzögert haben. Rezessionsphasen sind durch graue Säulen dargestellt.

Quelle: Federal Reserve Bank of St. Louis, Hutchins Center on Fiscal and Monetary Policy

Kurzzusammenfassung

- Die **Zeit der großen Mäßigung** (»**Great Moderation**«), eine Phase einer ruhigen und stetigen gesamtwirtschaftlichen Entwicklung von Mitte der 1980er-Jahre bis zum Beginn der Finanz- und Wirtschaftskrise 2007–2009, führte bei vielen Ökonomen zu der Überzeugung, dass Geldpolitik eine Stabilisierung der gesamtwirtschaftlichen Entwicklung sicherstellt. Die Finanz- und Wirtschaftskrise 2007–2009, in deren Verlauf die Zentralbanken in vielen Ländern das Zinsniveau fast bis auf null absenkten, ohne damit eine schwere Rezession verhindern zu können, hat diese Überzeugung jedoch ins Wanken gebracht.
- Aufgrund der mangelnden Wirksamkeit der Geldpolitik wurde der Fiskalpolitik wieder mehr Aufmerksamkeit geschenkt. Für einen begrenzten Zeitraum wurden **Konjunkturprogramme** zur Krisenbekämpfung auf den Weg gebracht. Als die Sorgen vor einer hohen Staatsverschuldung immer größer wurden, vollzogen viele Volkswirtschaften einen Kurswechsel und gingen seit 2010 zunehmend zu einer **Sparpolitik** über. Paradoxerweise waren es gerade die negativen Auswirkungen der Sparpolitik auf das gesamtwirtschaftliche Wachstum, die die Wirksamkeit der Fiskalpolitik offenbarten.
- Nach der Finanz- und Wirtschaftskrise 2007–2009 befanden sich die Zinsen lange auf einem sehr niedrigen Niveau. Einige Ökonomen glauben, dass sich die großen Volkswirtschaften in einer **säkularen Stagnation** befinden: Ein sinkendes Bevölkerungswachstum und eine Verlangsamung des technischen Fortschritts führen zu einer anhaltenden konjunkturellen Schwäche.
- In einer Niedrigzinswelt geraten die Sorgen über eine (zu) hohe Staatsverschuldung zunehmend in den Hintergrund. Gleichzeitig gewinnen Konjunkturprogramme immer mehr an Bedeutung, und das nicht nur in Krisenzeiten.

ÜBERPRÜFEN SIE IHR WISSEN

1. Warum hat die Finanz- und Wirtschaftskrise 2007–2009 den modernen Konsens unter Makroökonomen in wichtigen Fragen der makroökonomischen Wirtschaftspolitik beendet? Welcher gemeinsame Konsens hat sich mittlerweile herausgebildet?
2. Warum gab es eine derart heftige Debatte über die neuen geldpolitischen Instrumente der Fed und das angemessene Inflationsziel?

Zusammenfassung

1. Die Klassische Makroökonomik bestand darauf, dass geldpolitische Maßnahmen nur das Preisniveau, nicht aber das gesamtwirtschaftliche Produktionsniveau verändern, und dass die kurze Frist bedeutungslos ist. Zu Beginn der 1930er-Jahre gab es zwar empirische Beobachtungen der Konjunkturschwankungen, jedoch keine allgemein akzeptierten Erklärungen.
2. Die **Keynesianische Lehre** sah die Ursache für den Konjunkturzyklus in einer Veränderung der gesamtwirtschaftlichen Nachfrage (oftmals als Ergebnis eines geänderten Geschäftsklimas). Die Keynesianische Lehre lieferte auch eine Begründung für eine **aktive makroökonomische Wirtschaftspolitik**.
3. In den Jahrzehnten nach Keynes' Arbeiten kamen Ökonomen zur übereinstimmenden Ansicht, dass bei bestimmten Voraussetzungen sowohl geldpolitische als auch fiskalische Maßnahmen wirksam sind. Die Denkschule des **Monetarismus** propagiert eine **geldpolitische Regel** und lehnt eine **diskretionäre Geldpolitik** ab. Monetaristen gehen davon aus, dass das BIP stetig wächst, wenn die Geldmenge entsprechend ausgeweitet wird. Die Lehre war eine Zeitlang einflussreich, wurde dann aber von vielen Makroökonomen abgelehnt.
4. Die **Hypothese der natürlichen Arbeitslosenquote** ist mittlerweile weithin akzeptiert und setzt enge Grenzen für das wirtschaftspolitisch Erreichbare. Sie beschränkt die Rolle makroökonomischer Politik auf Stabilisierung statt dauerhafter Absenkung der Arbeitslosenquote. Die Furcht vor **politischen Konjunkturzyklen** führte zu der Überzeugung, dass die Geldpolitik in den Händen einer unabhängigen Zentralbank liegen sollte.
5. Bei **rationalen Erwartungen** wird unterstellt, dass Personen und Unternehmen bei Entscheidungen alle verfügbaren Informationen verwerten. Das **Modell der rationalen Erwartungen** geht daher davon aus, dass nur unerwartete Veränderungen der Geldmenge gesamtwirtschaftliche Produktion und Beschäftigung beeinflussen können. Erwartete Geldmengenänderungen führen lediglich zu Preisniveauänderungen. Die Vertreter einer **Theorie realer Konjunkturzyklen** sahen in Veränderungen der totalen Faktorproduktivität die Hauptursachen für Konjunkturschwankungen. Diese beiden Versionen der **Neuen Klassischen Makroökonomik** erfuhren zwar weithin Beachtung, doch Politiker und viele Ökonomen haben sich nicht mit der Schlussfolgerung abgefunden, dass Geldpolitik und Fiskalpolitik keinen Einfluss auf das gesamtwirtschaftliche Produktionsniveau haben.
6. Die **Neue Keynesianische Makroökonomik** geht davon aus, dass Unvollkommenheiten auf Märkten zu starren Preisen führen, sodass Änderungen der gesamtwirtschaftlichen Nachfrage einen Einfluss auf das gesamtwirtschaftliche Produktionsniveau und die Beschäftigung ausüben.
7. Die **Zeit der großen Mäßigung** (»**Great Moderation**«), eine Phase einer ruhigen und stetigen gesamtwirtschaftlichen Entwicklung von Mitte der 1980er-Jahre bis zur Finanz- und Wirtschaftskrise 2007–2009, führte bei vielen Ökonomen zu der Überzeugung, dass Geldpolitik allein eine Stabilisierung der gesamtwirtschaftlichen Entwicklung sicherstellen kann.

SCHLÜSSELBEGRIFFE

- Keynesianische Lehre
- aktive makroökonomische Wirtschaftspolitik
- Monetarismus
- diskretionäre Geldpolitik
- geldpolitische Regel
- Hypothese der natürlichen Arbeitslosenquote
- politischer Konjunkturzyklus
- Neue Klassische Makroökonomik
- rationale Erwartungen
- Modell der rationalen Erwartungen
- Neue Keynesianische Makroökonomik
- Theorie realer Konjunkturzyklen
- Zeit der großen Mäßigung (»Great Moderation«)
- Konjunkturprogramme
- Sparpolitik
- säkulare Stagnation

Die Finanz- und Wirtschaftskrise 2007–2009 hat die Grenzen der Geldpolitik aufgezeigt und die Wirksamkeit von **Konjunkturprogrammen** offenbart. Nach der Schuldenkrise in Griechenland haben jedoch viele Länder aus Sorge um die Höhe der Staatsverschuldung eine strikte **Sparpolitik** verfolgt, die das Wachstum und die wirtschaftliche Erholung wahrscheinlich gebremst hat.

8. Mit Blick auf die lang anhaltende Niedrigzinsphase warnen einige Ökonomen, dass sich die großen Volkswirtschaften in einer **säkularen Stagnation** befinden: ein sinkendes Bevölkerungswachstum und eine Verlangsamung des technischen Fortschritts führen zu einer anhaltenden konjunkturellen Schwäche. Auf jeden Fall sollten die Staaten bei niedrigen Zinsen der Höhe der Staatsverschuldung weniger Aufmerksamkeit schenken und vielleicht sogar zusätzliche Staatsausgaben in Erwägung ziehen.

33 Die Makroökonomik der offenen Volkswirtschaft

LERNZIELE

- Was eine **Zahlungsbilanz** ist.
- Wovon die internationalen Kapitalströme abhängen.
- Welche Funktion der **Devisenmarkt** und der **Wechselkurs** haben.
- Wie der **reale Wechselkurs** die **Leistungsbilanz** beeinflusst.
- Warum sich Volkswirtschaften für unterschiedliche **Wechselkurssysteme**, wie etwa **feste Wechselkurse** oder **flexible Wechselkurse**, entscheiden.
- Welche Rolle außenwirtschaftliche Aspekte bei der Wirtschaftspolitik spielen.

Die Schweiz will das Geld nicht

Wenn man sein Geld in der Schweiz parkt, wird man in Anbetracht der niedrigen Zinsen, die Schweizer Banken anbieten, auf keinen Fall reich. Einige Banken erhoben sogar eine Zeitlang negative Zinsen auf Kundeneinlagen und verlangten damit quasi eine Gebühr dafür, dass sie die Gelder der Kunden behalten.

Dabei boten Schweizer Bankkonten Vermögenden lange Zeit eine sichere Zuflucht für ihr Vermögen. Insbesondere in den turbulenten Jahren nach der Finanzkrise spielte der Ruf der Schweizer Banken als sicherer Hafen eine immer größere Rolle. Vor allem europäische Anleger schafften ihr Geld zu Schweizer Banken.

Die Schweiz war von dieser Entwicklung alles andere als begeistert. Durch den Zustrom von ausländischem Kapital stieg der Wert der Landeswährung sukzessive an, mit verheerenden Auswirkungen auf die Exporte des Landes.

Zu Beginn des Jahres 2008 lag der Wechselkurs des Schweizer Franken zum Euro bei rund 0,60 Euro. Bis Mitte des Jahres 2011 stieg der Wechselkurs auf 0,90 Euro, eine Aufwertung um 50 Prozent. Für die Exporteure des Landes bedeutete das – ceteris paribus – einen Anstieg der Lohnkosten um 50 Prozent im Vergleich zu ihren Wettbewerbern im Rest von Europa. Aufgrund ihres guten Rufes für qualitativ hochwertige Produkte konnte die Schweiz trotz hoher Lohnkosten über lange Jahre erfolgreich ihre Waren auf dem Weltmarkt absetzen. Niemand erwartet Schnäppchenangebote bei Schweizer Uhren oder Schweizer Schokolade. Aber die Aufwertung des Schweizer Franken um 50 Prozent führte die Schweizer Exporte an die Grenze der Belastbarkeit.

Aus diesem Grund begann die Zentralbank der Schweiz, die Schweizerische Nationalbank, Anfang 2009 mit dem Verkauf von Schweizer Franken auf dem Devisenmarkt, um den Wert der Landeswährung zu drücken. Bei diesen Währungsgeschäften erhielt die Schweizerische Nationalbank im Gegenzug Euro und Dollar, die ihre Devisenreserven erhöhten. Der Umfang der Währungsgeschäfte war enorm. In einem Zeitraum von zweieinhalb Jahren stiegen die Devisenreserven um 180 Milliarden Dollar an. Das entspricht einem Drittel des BIP der Schweiz.

Die Devisengeschäfte reichten jedoch nicht aus, um die Aufwertung des Schweizer Franken zu stoppen. Als sich der Schweizer Franken im September 2011 in Richtung der Marke von 1,00 Euro bewegte, kündigte die Schweizerische Nationalbank an, alles zu tun, um die Landeswährung unter dem Niveau von 0,833 Euro zu halten. Diese Ankündigung schien zunächst Erfolg zu haben, da der Wechselkurs des Schweizer Franken nicht weiter stieg.

Die großen Anstrengungen der Schweizerischen Nationalbank zur Stabilisierung des Wechselkurses verdeutlichen die Bedeutung eines Sachverhaltes, auf den wir im Rahmen der Makroökonomik bislang noch nicht eingegangen sind. Die modernen Volkswirtschaften sind offene Volkswirtschaften, die Waren, Dienstleistungen, Kapital und Vermögensgüter mit dem Ausland handeln. Die *Makroökonomik offener Volkswirtschaften* ist ein Gebiet der Makroökonomik, das sich mit den Verflechtungen zwischen einzelnen Volkswirtschaften beschäftigt. Wie das Beispiel der Schweiz zeigt, können die wirtschaftlichen Interaktionen mit dem Rest der Welt einen großen Einfluss auf die heimische Volkswirtschaft haben.

In diesem Kapitel wollen wir uns mit einigen wichtigen Elementen der Makroökonomik offener Volkswirtschaften beschäftigen: den Determinanten der *Zahlungsbilanz* eines Landes, den Einflussfaktoren für die *Wechselkurse*, den verschiedenen Formen der *Wechselkurspolitik* in einzelnen Ländern sowie der Beziehung zwischen den Wechselkursen und der Wirtschaftspolitik.

33.1 Kapitalströme und die Zahlungsbilanz

Im Jahr 2021 verkauften die Menschen in der Bundesrepublik Deutschland Dinge im Wert von fast 1,7 Billionen Euro an die Menschen in der übrigen Welt. Im Gegenzug kauften sie von dort Dinge für fast 1,5 Billionen Euro ein. Worum ging es dabei? Um alles Mögliche. Einwohner der Bundesrepublik Deutschland (einschließlich der dort ansässigen Unternehmen) verkauften Autos, Maschinen, Anleihen und vieles mehr an Bewohner anderer Länder. Sie kauften dort im Gegenzug Flugzeuge, Bekleidung, Rohöl und viele andere Dinge ein.

Wie kann man all diese Transaktionen im Blick behalten? Im Kapitel 22 wurde ausgeführt, dass Ökonomen die Volkswirtschaft mit den Instrumenten der Volkswirtschaftlichen Gesamtrechnung (VGR) statistisch beschreiben. Auch die Transaktionen mit dem Ausland werden in der VGR erfasst, als »Transaktionen mit der übrigen Welt«. Diese Transaktionen werden in speziellen statistischen Aufzeichnungen ausführlich gegliedert, abgebildet und als *Zahlungsbilanzstatistik* bezeichnet.

Die Zahlungsbilanzstatistik

Die **Zahlungsbilanzstatistik** eines Landes ist eine Zusammenfassung aller Transaktionen des Landes mit anderen Volkswirtschaften.

Die **Zahlungsbilanzstatistik** eines Landes liefert eine summarische Darstellung aller Transaktionen einer Volkswirtschaft mit anderen Ländern. Die wichtigsten Teilbilanzen dieser Darstellung bilden die Leistungsbilanz und die Kapitalbilanz.

Um die grundlegende Idee hinter der Zahlungsbilanz besser zu verstehen, wollen wir ein kleines Beispiel betrachten: kein Land, sondern einen kleinen landwirtschaftlichen Familienbetrieb. Landwirt Müller und seine Familie betreiben einen Erdbeerhof in Brandenburg. Im abgelaufenen Geschäftsjahr gab es folgende Zahlungen:

- Familie Müller hat durch den Verkauf von Erdbeeren 100.000 Euro eingenommen.
- Für den Betrieb des Erdbeerhofes wurden insgesamt 70.000 Euro ausgegeben, einschließlich der Ausgaben für neue Maschinen. Weitere 40.000 Euro hat die Familie für Lebensmittel, Strom- und Gasrechnungen und private Anschaffungen ausgegeben.
- Durch ein Sparkonto bei der Bank erhielt die Familie 500 Euro an Zinserträgen, musste jedoch 10.000 Euro an Zinsen für ihr Hypothekendarlehen bezahlen.
- Die Familie hat einen neuen Kredit in Höhe von 25.000 Euro aufgenommen, um Verbesserungen auf dem Erdbeerhof vornehmen zu können. Es wurde jedoch nicht die gesamte Summe ausgegeben. Den restlichen Betrag (5.500 Euro) haben die Müllers zur Bank gebracht.

Wie könnten wir jetzt die Transaktionen von Familie Müller im abgelaufenen Jahr zusammenfassen? Eine Möglichkeit zeigt **Tabelle 33-1**, in der zufließende Geldbeträge und abfließende Geldbeträge kategorisiert sind. In der ersten Zeile der Tabelle 33-1 sind die Käufe und Verkäufe von Waren und Dienstleistungen eingetragen: der Verkauf der Erdbeeren, der Kauf von Lebensmitteln,

Strom, Gas und andere Anschaffungen. Die Zinszahlungen finden sich in der zweiten Zeile wieder: die Zinserträge, die Familie Müller für ihr Sparkonto bekommen hat sowie die Zinszahlungen auf ihr Hypothekendarlehen. Die dritte Zeile zeigt die Einlagen und Verbindlichkeiten der Familie: die Gelder aus dem Kredit sowie das Geld, das die Familie bei der Bank angelegt hat.

In jeder Zeile ist am Ende der Saldo aus den Zahlungszuflüssen und -abflüssen eingetragen. In der ersten Zeile sind das –10.000 Euro, da die Müllers 10.000 Euro mehr ausgegeben haben als sie eingenommen haben. In der zweiten Zeile beträgt der Saldo –9.500 Euro, da die Familie mehr Zinszahlungen leisten musste als sie an Zinserträgen bekommen hat. In der dritten Zeile beläuft sich der Saldo auf +19.500 Euro. Familie Müller hat 25.000 Euro an (neuen) Barmitteln bekommen und nur 5.500 Euro bei der Bank angelegt.

Die letzte Zeile der Tabelle 33-1 zeigt die Summe der Zahlungszuflüsse und -abflüsse. Diese Summen sind – per definitionem – gleich groß: Jeder Euro hat eine bestimmte Quelle und jeder Euro, der Familie Müller zugeflossen ist, wurde auf eine bestimmte Art und Weise verwendet. (Was wäre, wenn Familie Müller einen Teil des Geldes unter der Matratze versteckt hätte? Dann würde das als Zahlungsabfluss in der Tabelle auftauchen).

Tab. 33-1

Das Geschäftsjahr von Familie Müller

	Zahlungszufluss	**Zahlungsabfluss**	**Saldo**
Käufe und Verkäufe von Waren und Dienstleistungen	Verkauf der Erdbeeren: 100.000 €	Betriebsausgaben und Lebensmittel: 110.000 €	–10.000 €
Zinszahlungen	Zinserträge: 500 €	Zinszahlungen: 10.000 €	–9.500 €
Kredite und Einlagen	Mittel durch den neuen Kredit: 25.000 €	Einlage der Restsumme bei der Bank: 5.500 €	+19.500 €
Gesamt	**125.500 €**	**125.500 €**	**0 €**

Die Zahlungsbilanz eines Landes ist nichts anderes als eine etwas größere und komplexere Version der Tabelle 33-1. In der Zahlungsbilanz sind die Transaktionen eines Landes mit dem Rest der Welt für ein bestimmtes Jahr auf eine vergleichbare Weise zusammengefasst wie beim Geschäftsjahr von Familie Müller.

In **Tabelle 33-2** ist eine vereinfachte Darstellung der Zahlungsbilanz der Bundesrepublik Deutschland für das Jahr 2021 zu sehen. Die Zahlungszuflüsse von Familie Müller entsprechen hier Zahlungen aus dem Ausland an die Bundesrepublik Deutschland insgesamt und die Zahlungsabflüsse von Familie Müller entsprechen Zahlungen

Tab. 33-2

Die Zahlungsbilanz für die Bundesrepublik Deutschland für das Jahr 2021

		Zahlungen aus dem Ausland	**Zahlungen an das Ausland**	**Saldo**
(1)	Käufe und Verkäufe von Waren und Dienstleistungen	1.695 Mrd. €	1.503 Mrd. €	192 Mrd. €
(2)	Faktoreinkommen	235 Mrd. €	108 Mrd. €	127 Mrd. €
(3)	Übertragungen	91 Mrd. €	145 Mrd. €	–54 Mrd. €
	Leistungsbilanz (1) + (2) + (3)			**+265 Mrd. €**
(4)	Käufe und Verkäufe von Vermögensgegenständen	530 Mrd. €	845 Mrd. €	–315 Mrd. €
	Kapitalbilanz (4)			**–315 Mrd. €**
	statistische Differenz			**+50 Mrd. €**

Quelle: Deutsche Bundesbank, Zahlungsbilanzstatistik, Juli 2022 der Bundesrepublik Deutschland insgesamt an den Rest der Welt.

Die erste Zeile zeigt die Zahlungen, die aus den Verkäufen von Waren und Dienstleistungen an das Ausland und den Käufen von Waren und Dienstleistungen aus dem Ausland resultieren. In dem Betrag von 1.695 Milliarden Euro stecken z. B. die Einnahmen aus den Exporten deutscher Pkws ins Ausland und die Einnahmen aus Hotelübernachtungen von ausländischen Touristen in Deutschland im Jahr 2021. In den Zahlungen an das Ausland in Höhe von 1.503 Milliarden Euro sind z. B. die Zahlungen für die Erdöl- und Erdgasimporte nach Deutschland sowie die Ausgaben der Deutschen für Auslandsreisen enthalten.

In der zweiten Zeile stehen die *Faktoreinkommen* (auch als Primäreinkommen bezeichnet). Die Faktoreinkommen umfassen die grenzüberschreitenden Zahlungen aus Erwerbstätigkeit und Vermögensanlagen. Der größte Teil der Faktoreinkommen resultiert aus Kapital- und Beteiligungserträgen. So sind in den Zahlungen von Faktoreinkommen aus dem Ausland in Höhe von 235 Milliarden Euro z. B. die Einkommen enthalten, die deutsche Ingenieure bei einem Einsatz im Ausland verdienen, sowie die Gewinne, die BMW mit seinen Produktionsstätten im Ausland macht. Die Gewinne, die die Center-Parcs-Ferienparks in Deutschland im Jahr 2021 erwirtschaftet haben, sind wiederum in dem Betrag von 108 Milliarden Euro enthalten, der für die Zahlung von Faktoreinkommen ins Ausland fließt.

Die *internationalen Übertragungen* für das Jahr 2021 finden sich in der dritten Zeile der Tabelle wieder. Bei den Übertragungen werden alle Leistungen verbucht, die ohne eine erkennbare Gegenleistung erfolgen. Dazu zählen z. B. Überweisungen von in Deutschland beschäftigten Arbeitnehmern an ihre Heimatländer, aber auch die Zahlungen Deutschlands an internationale Organisationen wie die Vereinten Nationen sowie die Gelder für Entwicklungshilfe. Demzufolge haben die Deutschen im Jahr 2021 91 Milliarden Euro an Übertragungen aus dem Ausland empfangen und 145 Milliarden Euro an Übertragungen an das Ausland geleistet.

In der vierten Zeile werden die finanziellen Transaktionen zwischen der Bundesrepublik Deutschland und dem Ausland erfasst, die mit dem Kauf oder Verkauf von Vermögenspositionen einhergehen. Damit sind in dem Betrag von 530 Milliarden Euro z. B. die Käufe von deutschen Staatsanleihen durch US-amerikanische Hedgefonds im Jahr 2021 enthalten. Und der Erwerb des US-amerikanischen Online-Marktplatzes Supplyframe durch Siemens ist in den Betrag von 845 Milliarden Euro eingeflossen.

In der Tabelle 33-2 sind die Zeilen (1), (2) und (3) in der Zeile Leistungsbilanz zusammengefasst, um sie von der Zeile (4) abzugrenzen. Das erklärt sich durch den fundamentalen Unterschied, wie diese beiden Gruppen von Transaktionen die Zukunft beeinflussen. Wenn ein Einwohner der Bundesrepublik Deutschland ein Gut wie z. B. Milch an einen Ausländer verkauft, dann ist die Transaktion damit abgeschlossen. Bei einer Vermögensposition, wie z. B. einer Anleihe, sehen die Dinge anders aus. Eine Anleihe oder Schuldverschreibung besteht in dem Versprechen, irgendwann in der Zukunft Zinsen und Tilgung zu zahlen. Mit dem Verkauf einer Anleihe durch einen Deutschen entsteht also eine Verpflichtung auf die Zahlung von Zins und Tilgung in der Zukunft. Die Zahlungsbilanzstatistik unterscheidet zwischen Transaktionen, die Verbindlichkeiten schaffen, und anderen, die keine Verbindlichkeiten entstehen lassen.

Transaktionen, die nicht mit Verbindlichkeiten einhergehen, sind Teil der **Leistungsbilanz**: die Bilanz aus den Käufen und Verkäufen von Waren (Handelsbilanz) und Dienstleistungen (Dienstleistungsbilanz), zuzüglich der Bilanz der Faktoreinkommen und der Bilanz der laufenden internationalen Übertragungen. Die Leistungsbilanz entspricht der Summe der Zeilen (1), (2) und (3) in der Tabelle 33-2. Der wichtigste Teil der Leistungsbilanz mit einem Betrag von 192 Milliarden Euro für 2021 steckt in der Zeile (1): der **Außenbeitrag** eines Landes, die Differenz zwischen dem Wert der Exporte und dem Wert der Importe in einer bestimmten Periode.

In den Medien findet man bei den Wirtschaftsnachrichten oft Meldungen, die sich auf die Handelsbilanz beziehen. Die **Handelsbilanz** spiegelt nur die Differenz zwischen den Exporten und den Importen an Waren eines Landes in einer Periode wider. Dienstleistungen bleiben unberücksichtigt. Obwohl die Handelsbilanz ein unvollkommener Maßstab ist, konzentrieren sich Ökonomen manchmal darauf, weil die Qualität statistischer

Die **Leistungsbilanz** umfasst die Summe aus Handelsbilanz, Dienstleistungsbilanz, Bilanz der Faktoreinkommen und Bilanz der laufenden internationalen Übertragungen für ein Land.

Der **Außenbeitrag** ergibt sich aus Handelsbilanz plus Dienstleistungsbilanz und damit aus der Differenz zwischen dem Wert der Exporte und dem Wert der Importe eines Landes in einer bestimmten Periode.

Die **Handelsbilanz** (als eine Komponente der Zahlungsbilanz) zeigt die Differenz zwischen den Exporten und den Importen an Waren eines Landes in einer Periode.

Daten über den Handel mit Waren besser ist als die über den Handel mit Dienstleistungen.

Transaktionen, die den Kauf oder Verkauf von Vermögenspositionen für eine bestimmte Periode beinhalten und damit Verpflichtungen in der Zukunft generieren, sind Teil der **Bilanz des Kapitalverkehrs** oder auch kurz **Kapitalbilanz**. Die Kapitalbilanz, die neuerdings oft als *Finanzbilanz* (»Financial Account«) bezeichnet wird, ist in der Zeile (4) der Tabelle 33-2 zu finden und belief sich im Jahr 2021 für die Bundesrepublik Deutschland auf –315 Milliarden Euro.

Für die Bundesrepublik Deutschland lag im Jahr 2021 ein Leistungsbilanzüberschuss vor. Damit haben die Deutschen mehr Zahlungen aus dem Ausland für Waren, Dienstleistungen, Faktoreinkommen und Übertragungen erhalten, als sie an das Ausland geleistet haben. Gleichzeitig lag ein Kapitalbilanzdefizit vor. Es wurden größere Vermögenswerte aus dem Ausland erworben als an das Ausland verkauft.

In den Daten der Deutschen Bundesbank für 2021 gleichen sich der Leistungsbilanzüberschuss und das Kapitalbilanzdefizit nicht vollständig aus. Der Leistungsbilanzüberschuss war um 50 Milliarden Euro kleiner als das Kapitalbilanzdefizit. Diese Abweichungen sind jedoch auf statistische Ungenauigkeiten zurückzuführen. Denn es gibt eine buchhalterische Regel, die besagt, dass die Summe aus Leistungsbilanzsaldo und Kapitalbilanzsaldo immer null ergibt.

(33-1) Leistungsbilanzsaldo (CA) + Kapitalbilanzsaldo (FA) = 0

oder $CA = -FA$

Wir haben bereits für die Zahlungsbilanz der Familie Müller gesehen, dass die Summe der Zahlungszuflüsse der Summe der Zahlungsabflüsse (Verwendungen) entspricht. Das Gleiche gilt für die Zahlungsbilanz eines Landes. In **Abbildung 33-1** wird dies anhand der bereits bekannten Kreislaufdarstellung veranschaulicht. Aber anstatt der Geldströme innerhalb der Volkswirtschaft zeigt die Abbildung 33-1 nun die Geldströme zwischen Volkswirtschaften. Geld strömt in die deutsche Volkswirtschaft für Exporte von Waren und Dienstleistungen, für die Nutzung von Produktionsfaktoren im Eigentum der Bundesrepublik Deutschland sowie als Übertragungszahlungen. Diese Ströme (durch einen grauen Pfeil angezeigt) sind die positiven Komponenten der Leistungsbilanz. Geld strömt ferner in die Bundes-

Die **Bilanz des Kapitalverkehrs** oder einfach **Kapitalbilanz** ist die Differenz zwischen den Verkäufen von Vermögenspositionen an Ausländer und den Käufen von Vermögenspositionen von Ausländern.

Abb. 33-1

Die Zahlungsbilanz

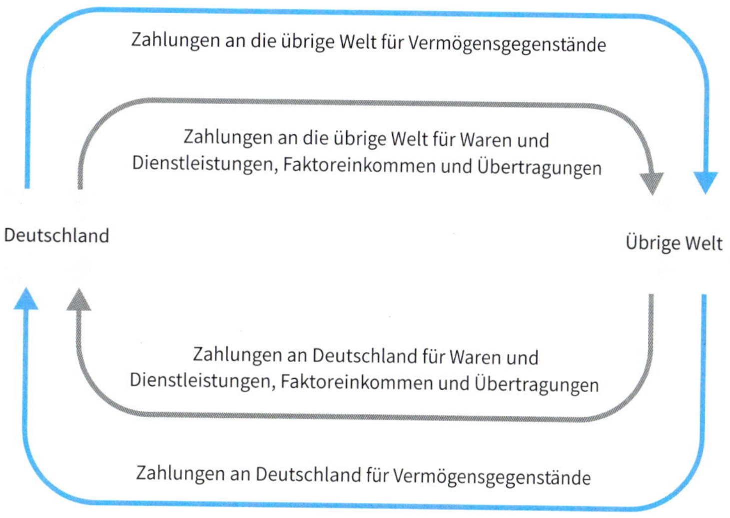

Die grauen Pfeile stellen die Zahlungen dar, die in der Leistungsbilanz vorkommen. Die blauen Pfeile betreffen Zahlungen in der Kapitalbilanz. Da gesamter Zufluss und gesamter Abfluss für die Bundesrepublik Deutschland übereinstimmen müssen, ergeben der Saldo der Leistungsbilanz (CA) und der Saldo der Kapitalbilanz ($-FA$) zusammen null.

VERTIEFUNG

Bruttoinlandsprodukt, Bruttonationaleinkommen und die Leistungsbilanz

Bei der Erörterung der Volkswirtschaftlichen Gesamtrechnung im Kapitel 22 sind wir zu einer grundlegenden Gleichung gekommen, die das Bruttoinlandsprodukt mit makroökonomischen Nachfrage- oder Ausgabenkomponenten verbindet:

$$Y = C + I + G + X - IM$$

Dabei bezeichnen *X* die Exporte, *IM* die Importe, die aber nur einen Teil der Leistungsbilanz ausmachen. Weshalb steht in der Gleichung nicht die gesamte Leistungsbilanz? Das hängt damit zusammen, dass das Bruttoinlandsprodukt (BIP) zwei Einkommensquellen nicht enthält, die in der Leistungsbilanzbilanz vorkommen: den internationalen Faktoreinkommenssaldo und die internationalen Übertragungszahlungen. Die Gewinne von BMW of North America sind nicht im deutschen BIP enthalten und die Überweisungen von ausländischen Arbeitskräften in Deutschland an die Verwandten zu Hause werden nicht vom BIP abgezogen.

Sollte man nicht andere Größen verwenden, die all dies umfassen? Das frühere Bruttosozialprodukt (BSP), eine auf die Bevölkerung bezogene Inländer-Konzeption, hat die internationalen Faktoreinkommen mit enthalten, ebenso das neuere Bruttonationaleinkommen (BNE) (anders als das auf die territoriale Entstehung bezogene Bruttoinlandsprodukt). Betragsmäßig ist der Unterschied nicht sehr groß, im Übrigen wurde die statistische Erfassung der grenzüberschreitenden Faktoreinkommenssalden seit Ausweitung der »Globalisierung« unsicherer. Schätzwerte von BSP und BIP der Vereinigten Staaten weichen z. B. lediglich um Einkommen von Unternehmen im Ausland oder um Zinszahlungen an Besitzer US-amerikanischer Anleihen in China und Japan ab. Eine Konzeption des Sozialproduktes, die auf systematische Weise Übertragungen oder Transferzahlungen enthält, gab und gibt es noch nicht.

Aus zwei Gründen verwendet man vorzugsweise das Bruttoinlandsprodukt (BIP): Erstens ist man mehr an der Entwicklung der gesamtwirtschaftlichen Produktion als an der des Einkommens und seiner Verteilung interessiert. Zweitens hält man die Schätzung der statistischen Daten für internationale Faktoreinkommen oder internationale Übertragungen für besonders schwierig und fehlerbehaftet. Mit dem BIP will man sich also auf die Produktionsentwicklung einer Volkswirtschaft anhand verlässlicherer Daten konzentrieren.

republik Deutschland für Käufe von Vermögensgegenständen durch Ausländer (durch einen blauen Pfeil angezeigt) – die positiven Posten der Kapitalbilanz.

Zugleich fließt Geld aus der Bundesrepublik Deutschland ab in die übrige Welt: als Zahlungen für Importe von Waren und Dienstleistungen, als Zahlungen für die Nutzung von Produktionsfaktoren im Eigentum von Ausländern und als Übertragungszahlungen. Diese Ströme (durch einen weiteren grauen Pfeil gezeichnet) sind die negativen Posten der Leistungsbilanz. Geld fließt auch ab für den Kauf ausländischer Vermögensgegenstände (vgl. den blauen Pfeil) – negative Posten der Kapitalbilanz. Wie in jedem Kreislaufdiagramm (mit unterstelltem Kreislaufgleichgewicht) sind zufließende und abfließende Ströme gleich groß. Die Beträge der blauen und der grauen Pfeile mit den Pfeilspitzen auf dem Sektor Bundesrepublik Deutschland sind gleich den Beträgen der blauen und der grauen Pfeile mit Pfeilspitzen auf dem Sektor Übrige Welt. Das bedeutet ferner,

(33-2) Positive Eingänge in der Leistungsbilanz
+ Positive Eingänge in der Kapitalbilanz
= Negative Eingänge der Leistungsbilanz
+ Negative Eingänge der Kapitalbilanz

Man kann die Gleichung (33-2) wie folgt umformen:

(33-3) Positive Eingänge in der Leistungsbilanz
– Negative Eingänge der Leistungsbilanz
+ Positive Eingänge in der Kapitalbilanz
– Negative Eingänge der Kapitalbilanz
= 0

Die Gleichung (33-3) entspricht der Gleichung (33-1): Leistungsbilanzsaldo plus Kapitalbilanzsaldo (beide mit positiven und negativen Posten) gleich null.

Aber was bestimmt die Leistungsbilanz und die Kapitalbilanz?

Zur Modellierung der Kapitalbilanz

Die Kapitalbilanz eines Landes misst die Nettoverkäufe von Vermögenspositionen an das Ausland. Es gibt jedoch noch eine andere Sichtweise auf die Kapitalbilanz. Sie spiegelt gleichzeitig die

LÄNDER IM VERGLEICH

Große Überschüsse

Wir wissen bereits, dass die Bundesrepublik Deutschland im Jahr 2021 einen großen Leistungsbilanzüberschuss zu verzeichnen hatte. Gleichzeitig gibt es Länder wie z. B. die Vereinigten Staaten, die ein Leistungsbilanzdefizit aufwiesen. Die Vereinigten Staaten weisen sogar das größte Leistungsbilanzdefizit (in absoluten Zahlen) weltweit auf.

Insgesamt müssen sich Leistungsbilanzdefizite und -überschüsse auf der Welt ausgleichen. Demzufolge muss es – neben der Bundesrepublik Deutschland – auch Länder geben, die über entsprechend große Leistungsbilanzüberschüsse verfügen. Welche Länder sind das und haben diese Länder etwas gemeinsam? In der Abbildung ist die durchschnittliche Größe des Leistungsbilanzüberschusses in den Jahren 2012 bis 2021 für die sechs Länder dargestellt, die in diesem Zeitraum große Leistungsbilanzüberschüsse zu verzeichnen hatten. Zu diesen Ländern gehört natürlich China. Das ist keine große Überraschung. Eine Zeitlang hat China durch gezieltes Eingreifen den Wechselkurs seiner Währung im Verhältnis zu anderen Währungen niedrig gehalten.

Die Bundesrepublik Deutschland, Japan, die Niederlande, die Schweiz und Südkorea weisen aus mehr oder weniger den gleichen Gründen einen Leistungsbilanzüberschuss auf. Es handelt sich bei allen Ländern um reiche Volkswirtschaften mit einer hohen Sparquote, sodass ausreichend Mittel für Investitionszwecke zur Verfügung stehen. Zudem ist durch das moderate langfristige Wirtschaftswachstum in diesen Volkswirtschaften der Bedarf an Mitteln für inländische Investitionen begrenzt. Damit kann ein großer Teil der inländischen Ersparnisse im Ausland angelegt werden. Und aus dem entsprechenden Kapitalbilanzdefizit ergibt sich ein Leistungsbilanzüberschuss.

Die Leistungsbilanzüberschüsse in der Bundesrepublik Deutschland und in den Niederlanden sind auch Ergebnis eines schwächer werdenden Euro. Ein schwacher Euro senkt den Preis für im Euroraum produzierte Güter auf dem Weltmarkt, sodass die beiden Länder mehr exportieren können.

Insgesamt betrachtet haben Leistungsbilanzüberschüsse unterschiedliche Gründe. Fest steht, dass der Leistungsbilanzüberschuss eines Landes nicht einfach als Ursache für das Leistungsbilanzdefizit eines anderen Landes herhalten kann.

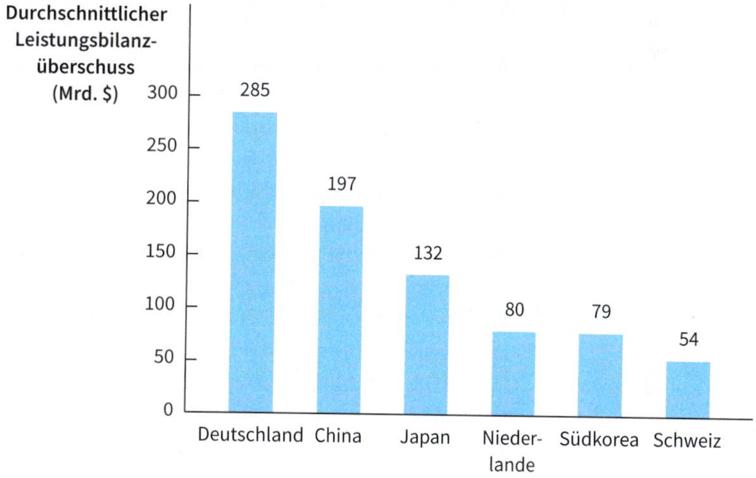

Quelle: Weltbank, World Development Indicators

Höhe des *Kapitalzuflusses* wider und misst damit die Ersparnisse aus dem Ausland, die zur Finanzierung von inländischen Investitionen zur Verfügung stehen.

Aber wovon hängen diese Kapitalströme (Kapitalzuflüsse und Kapitalabflüsse) ab?

Einen Teil der Erklärung werden wir eine Weile zurückstellen, weil wesentliche Teile der internationalen Kapitalbewegungen durch Zentralbanken oder Staaten ausgelöst werden. Staaten und Zentralbanken haben meist andere Beweggründe als private Investoren. Erkenntnisse über Motive und Entscheidungen von privaten Investoren können wir mithilfe des *Modells des Kreditmarktes* gewinnen, das wir im Kapitel 25 kennengelernt haben. Bei der Verwendung dieses Modells nehmen wir zunächst zwei wichtige Vereinfachungen vor:

1. Wir rücken von der Realität ein Stück ab und unterstellen zunächst, sämtliche Kapitalströme vollziehen sich in Form von Darlehen oder Krediten. In der Praxis nehmen die Kapitalströme vielerlei Formen an, so auch Beteiligungen an ausländischen Unternehmen oder den Erwerb von ausländischem Grundbesitz und nicht zuletzt *ausländische Direktinvestitionen* mit der Errichtung von Betriebsstätten jenseits der Grenzen.

2. Wir ignorieren vorläufig die Wirkungen erwarteter Wechselkursänderungen. Um die relativen Werte nationaler Währungen und die Gründe für Wechselkursänderungen geht es später in diesem Kapitel.

Führen wir uns noch einmal die Funktionsweise des globalen Kreditmarktes aus Abbildung 25-7 vor Augen. Abbildung 25-7 stellte eine einfache Welt mit nur zwei Volkswirtschaften dar, den Vereinigten Staaten und dem Euroraum. Ohne internationale Kapitalströme betrug der Gleichgewichtszinssatz in den Vereinigten Staaten 6 Prozent, im Euroraum 2 Prozent. Können aber Kreditgeber aus dem Euroraum Kredite an Kreditnehmer in den Vereinigten Staaten vergeben, dann bleibt diese Zinsdifferenz nicht bestehen. Wenn es für die Kreditgeber aus dem Euroraum keinen Unterschied macht, ob sie Kreditmittel im Euroraum oder in den Vereinigten Staaten verleihen, und wenn es für Kreditnehmer in den Vereinigten Staaten keinen Unterschied macht, ob sie Kreditmittel von einem US-amerikanischen Kreditgeber oder einem Kreditgeber aus dem Euroraum aufnehmen, dann wird es so lange zu einem Kapitalabfluss aus dem Euroraum in die Vereinigten Staaten kommen, bis die Zinslücke zwischen beiden Volkswirtschaften verschwunden ist. Die Vereinigten Staaten importieren also Kapital aus dem Euroraum. Die sich daraus ergebende Angleichung des Zinsniveaus in beiden Volkswirtschaften auf 4 Prozent wurde in Abbildung 25-8 dargestellt.

In unserer einfachen Welt spiegeln die Kreditmittel, die die Vereinigten Staaten aus dem Euroraum importieren, die Kapitalbilanz der Volkswirtschaft wider. Die Kapitalbilanz wird demnach durch Angebot und Nachfrage nach Kreditmitteln bestimmt. Die Kapitalströme fließen von Volkswirtschaften mit einem niedrigen Zinsniveau zu Volkswirtschaften mit einem hohen Zinsniveau.

Bestimmungsgründe der internationalen Kapitalströme

Das Kreditmarktmodell erklärt uns, dass Kapitalströme von Volkswirtschaften mit einem niedrigen Zinsniveau zu Volkswirtschaften mit einem hohen Zinsniveau fließen. Aber warum gibt es in manchen Volkswirtschaften ein niedriges Zinsniveau, in anderen dagegen ein hohes Zinsniveau, bevor dann die internationalen Kapitalströme zu einer Angleichung führen?

Unterschiede in den Investitionsmöglichkeiten führen zu einer unterschiedlich hohen Nachfrage nach Kreditmitteln in den einzelnen Volkswirtschaften. So ergeben sich in Ländern mit einem starken Wirtschaftswachstum – ceteris paribus – mehr Möglichkeiten für Investitionen als in Ländern mit einem schwachen Wachstum. Gleichzeitig bieten schnell wachsende Volkswirtschaften den Investoren oft auch höhere Erträge als langsam wachsende oder stagnierende Volkswirtschaften. Deshalb fließen die Kapitalströme in der Regel von langsam wachsenden zu schnell wachsenden Volkswirtschaften.

Unterschiedlich hohe Ersparnisse führen wiederum zu einem unterschiedlich hohen Angebot an Kreditmitteln in den einzelnen Volkswirtschaften. Die Unterschiede in den Ersparnissen sind entweder durch das Sparverhalten der Haushalte oder durch das Sparverhalten des Staates begründet. Haushaltsdefizite des Staates reduzieren die gesamtwirtschaftliche Ersparnis und können Kapitalzuflüsse (Kapitalimporte) auslösen.

Mithilfe der Bestimmungsgründe für die Nachfrage nach Kreditmitteln (Investitionsmöglichkeiten in einer Volkswirtschaft) und für das Angebot an Kreditmitteln (gesamtwirtschaftliche Ersparnis) können wir nun Zinsunterschiede zwischen einzelnen Volkswirtschaften erklären. In Volkswirtschaften mit einer hohen Nachfrage nach Kreditmitteln und/oder einem geringen Angebot an Kreditmitteln gibt es – ceteris paribus – ein höheres Zinsniveau. Und in diesen Volkswirtschaften kommt es zu Kapitalzuflüssen (Kapitalimporten).

Dagegen herrscht in Volkswirtschaften mit einer geringen Nachfrage nach Kreditmitteln und/oder einem hohen Angebot an Kreditmitteln – ceteris paribus – ein niedrigeres Zinsniveau. Und in diesen Volkswirtschaften kommt es zu Kapitalabflüssen (Kapitalexporten). Das klassische Beispiel für internationale Kapitalströme ist der Kapitalfluss von Großbritannien in die Vereinigten Staaten zwischen 1870 und 1914. Während dieser Zeit der Industrialisierung wuchs die US-amerikanische Volkswirtschaft rapide; auch die Bevölkerung nahm rasch zu und breitete sich nach Westen hin aus. Es gab eine gewaltige Nachfrage nach Krediten für Eisenbahnen, Fabriken und vieles mehr. In Großbritannien war die Industrialisierung in dieser Zeit bereits fortgeschritten, das Wirtschaftswachstum war moderat und das Land hatte große überschüssige Ersparnisse.

Kapitalströme in beide Richtungen

Mithilfe des Kreditmarktmodells können wir die Richtung der *Nettokapitalzuflüsse* erklären, also den Überschuss der Kapitalzuflüsse eines Landes über die Kapitalabflüsse oder umgekehrt. Die Richtung der Nettokapitalzuflüsse wird – unter sonst gleichen Bedingungen – durch die Unterschiede im Zinsniveau zwischen zwei Ländern bestimmt. Wie wir jedoch in Tabelle 33-2 für die Bundesrepublik Deutschland gesehen haben, kommt es in einer Volkswirtschaft gleichzeitig zu Kapitalzuflüssen und zu Kapitalabflüssen. Aber warum bewegen sich die Kapitalströme in beide Richtungen?

Die Antwort auf diese Frage ist einfach. In der Realität richten sich die Kapitalströme nicht nur, so wie in unserem einfachen Modell unterstellt, am Zinsniveau aus. Es gibt noch eine Reihe weiterer Einflussfaktoren.

So sind Finanzinvestoren oft bestrebt, ihr Portfolio zu diversifizieren, sodass sie es bevorzugen, Aktien von Unternehmen in verschiedenen Ländern zu kaufen. Ist es z. B. der Fall, dass Aktien von europäischen Unternehmen genau dann Kursgewinne aufweisen, wenn die Aktienkurse von US-Unternehmen sinken, dann werden europäische Finanzinvestoren versuchen, ihr Anlagerisiko dadurch zu senken, dass sie auch US-amerikanische Aktien kaufen. Gleichzeitig werden US-amerikani-

WISSENSCHAFT UND PRAXIS

Kobold-Ökonomie

Einen Faktor, den wir in unserer Analyse der internationalen Kapitalströme bislang noch nicht betrachtet haben, sind die Steuern, insbesondere die Steuern auf Unternehmensgewinne. Dabei gibt es zwischen einzelnen Ländern beträchtliche Unterschiede in der Höhe der Unternehmensbesteuerung. In Frankreich liegt die Körperschaftsteuer beispielsweise bei 28 Prozent, in Irland dagegen nur bei 12,5 Prozent. Diese Unterschiede in der Besteuerung veranlassen multinationale Konzerne, große Investitionen für Länder mit niedrigen Steuersätzen auszuweisen.

Wir haben dabei ganz bewusst geschrieben, dass Konzerne dadurch einen Anreiz haben, große Investitionen in Ländern wie Irland »auszuweisen«. Schauen wir in diesem Zusammenhang einmal auf die Geschäftstätigkeit des irischen Tochterunternehmens des Apple-Konzerns. Dieses Tochterunternehmen kauft Bauteile von Apple-Niederlassungen in anderen Ländern und verkauft den größten Teil seiner Produktion wiederum an andere Apple-Niederlassungen. Außerdem zahlt das irische Tochterunternehmen Lizenzgebühren für die Nutzung der Apple-Patente. Und wie profitabel arbeitet das irische Tochterunternehmen? Diese Frage ist schwer zu beantworten, da die Einkaufs- und Verkaufspreise nicht durch den Markt, sondern durch interne Unternehmensentscheidungen in der Apple-Konzernzentrale festgelegt werden.

Dadurch ist es für den Apple-Konzern ein Leichtes, für das irische Tochterunternehmen hohe Gewinne auszuweisen. Und solange diese Gewinne nicht an den Mutterkonzern überwiesen werden, erhöhen sie (rechnerisch) die Wertschöpfung von Apple in Irland und damit auch die Wirtschaftsleistung des Landes, obwohl eigentlich keine höhere Wertschöpfung stattgefunden hat.

Diese Form der Steuervermeidung verzerrt nicht nur die Zahlungsbilanzstatistik, sie verzerrt auch die Volkswirtschaftliche Gesamtrechnung, insbesondere für kleine Länder. Für das Jahr 2015 zeigt die Volkswirtschaftliche Gesamtrechnung für Irland eine Wachstumsrate des realen BIP von 26 Prozent, was offensichtlich nicht der tatsächlichen Wachstumsrate des Landes entspricht. In dem Jahr hatten mehrere große Konzerne ihr Rechnungswesen angepasst und sich entschieden, einen größeren Teil ihrer Wertschöpfung Irland zuzuschreiben.

In Anlehnung an den »Leprechaun« (zu Deutsch: Kobold), ein Wesen aus der irischen Mythologie, das der Sage nach einen Goldschatz versteckt hat, wurde für diese verzerrte Wachstumsrate der Begriff »Leprechaun Economics« (Kobold-Ökonomie) geprägt. Mittlerweile wird der Begriff für eine Reihe von Sachverhalten verwendet, in denen es (aus unterschiedlichen Gründen) zu einer Verzerrung von makroökonomischen Daten gekommen ist.

Die Verschiebung von Gewinnen in Länder mit geringen Steuersätzen ist mittlerweile zu einem großen Problem geworden. Nach Schätzungen des Internationalen Währungsfonds sind rund 40 Prozent aller ausländischen Unternehmensinvestitionen auf Kapitalverschiebungen zur Steuervermeidung zurückzuführen. Für viele Länder kommt es dadurch zu erheblichen Einnahmeverlusten. Aus diesem Grund haben sich die führenden Industrieländer im Sommer 2021 auf die Einführung eines Mindeststeuersatzes für die Unternehmensbesteuerung geeinigt. Der globale Mindeststeuersatz von 15 Prozent soll bereits ab dem Jahr 2023 gelten.

sche Finanzinvestoren auch Aktien europäischer Unternehmen erwerben. Damit kommt es zu Kapitalströmen in beide Richtungen.

Auslandsinvestitionen von Unternehmen als Teil ihrer Geschäftsstrategie können ebenfalls ein Grund für Kapitalströme in beide Richtungen sein. So kann es für den Absatzerfolg eines Unternehmens in einem Land von Vorteil sein, wenn das Unternehmen seine Produkte vor Ort produziert. Deutsche Automobilbauer wie VW oder BMW haben Produktionsstätten in den Vereinigten Staaten, Ford und General Motors produzieren Pkws in Deutschland. In beiden Fällen kommt es zum Kapitalabfluss, einmal von Deutschland in die Vereinigten Staaten und einmal von den Vereinigten Staaten nach Deutschland.

Und schließlich spielen auch internationale Bankgeschäfte für einige Länder wie z. B. die Vereinigten Staaten eine große Rolle. Viele Menschen legen ihr Geld bei US-amerikanischen Finanzinstitutionen an, die wiederum einen Teil dieser Gelder im Ausland investieren.

Im Endeffekt sind moderne Volkswirtschaften durch Kapitalströme in beide Richtungen sowohl ein Schuldnerland (ein Land, das dem Ausland Geld schuldet) als auch ein Gläubigerland (ein Land, dem das Ausland Geld schuldet). So hatten z. B. die Vereinigten Staaten am Jahresende 2021 ein Auslandsvermögen in Höhe von 35,1 Billionen Dollar, während Ausländer auf US-amerikanische Vermögenswerte in Höhe von 53,2 Billionen Dollar verweisen konnten. Gleiches gilt auch für die Bundesrepublik Deutschland. Zum Jahresende 2021 hatten die Deutschen Verbindlichkeiten gegenüber dem Ausland in Höhe von 8,9 Billionen Euro und Forderungen gegenüber dem Ausland in Höhe von 11,3 Billionen Euro.

Kurzzusammenfassung

- Die **Zahlungsbilanzstatistik** spiegelt die internationalen Transaktionen einer Volkswirtschaft wider und setzt sich aus der **Leistungsbilanz** und der **Kapitalbilanz (Bilanz des Kapitalverkehrs)** zusammen. Die wichtigste Komponente der Leistungsbilanz ist der **Außenbeitrag**, der wiederum die **Handelsbilanz** enthält.
- Da die Summe der Zahlungszuflüsse der Summe der Zahlungsabflüsse (Verwendungen) entsprechen muss, ergibt die Summe aus Leistungsbilanz und Kapitalbilanz stets null.
- Die Richtung des *Nettokapitalzuflusses*, also des Überschusses der Kapitalzuflüsse eines Landes über seine Kapitalabflüsse oder umgekehrt, wird durch Zinsunterschiede bestimmt. Die Zinsunterschiede entstehen durch unterschiedliche Investitionsmöglichkeiten und Unterschiede beim Sparverhalten in den einzelnen Ländern.
- Da es für Investitionsentscheidungen neben dem Zinssatz noch weitere Einflussfaktoren gibt, kommt es in einer Volkswirtschaft gleichzeitig zu Kapitalzuflüssen und zu Kapitalabflüssen.

ÜBERPRÜFEN SIE IHR WISSEN

1. Welcher Teil der Zahlungsbilanzstatistik wird durch folgende Vorgänge beeinflusst?
   a. Boeing, ein bekannter US-Flugzeughersteller, verkauft ein neues Flugzeug an China.
   b. Chinesische Investoren kaufen Anteile an Boeing von US-Amerikanern.
   c. Ein chinesisches Unternehmen kauft ein gebrauchtes Flugzeug von American Airlines und verschifft es nach China.
   d. Ein chinesischer Investor, der in den Vereinigten Staaten einiges an Vermögen hat, kauft einen Jet, den er in den Vereinigten Staaten als Geschäftsflugzeug benutzen will.
2. Welche Auswirkungen hatte Ihrer Meinung nach die Finanz -und Wirtschaftskrise auf die internationalen Kapitalströme in die Vereinigten Staaten?

33.2 Die Rolle der Wechselkurse

Wir haben gesehen, wie Unterschiede zwischen dem Angebot an Kreditmitteln aus Ersparnissen und der Nachfrage nach Kreditmitteln für Investitionen zu internationalen Kapitalströmen führen. Wir haben auch gelernt, dass sich die Salden der Leistungsbilanz und der Kapitalbilanz eines Landes unter bestimmten Voraussetzungen (Kreislaufgleichgewicht zwischen einer nationalen Volkswirtschaft und dem Rest der Welt) zu null addieren: Ein Land mit Nettokapitalzuflüssen wird zu einem Leistungsbilanzdefizit gleicher Größe kommen, und ein Land mit negativen Nettokapitalzuflüssen wird zu einem Leistungsbilanzüberschuss gleicher Größe gelangen.

Das Bild der Kapitalbilanz – mit Zuflüssen und Abflüssen – kann gut durch das Kreditmarktgleichgewicht beschrieben werden. Zugleich ist die Handelsbilanz für Waren und Dienstleistungen als hauptsächliche Komponente der Leistungsbilanz durch Entscheidungen auf den internationalen Gütermärkten bestimmt. Wenn nun die Kapitalbilanz die Kapitalströme spiegelt und die Leistungsbilanz die Güterbewegungen – was sichert den erwähnten Ausgleich der Zahlungsbilanz?

Es ist natürlich ein Preis, der den Ausgleich der Zahlungsbilanz sicherstellt. Dieser Preis ist der *Wechselkurs*, der am *Devisenmarkt* bestimmt wird.

Wechselkurse verstehen

Im Allgemeinen kommen Waren, Dienstleistungen und Vermögensgegenstände aus einem bestimmten Land, und sie müssen in der Währung dieses Landes bezahlt werden. US-amerikanische Produkte sind in Dollar zu bezahlen, europäische Produkte in Euro, japanische Erzeugnisse in Yen. Manchmal akzeptieren die Verkäufer fremde Währungen, doch werden sie die fremde Währung in Inlandswährung eintauschen.

Internationale Transaktionen erfordern also einen besonderen Markt – den **Devisenmarkt** – für den Austausch von Währungen. Dieser Markt bestimmt **Wechselkurse** als Preise, zu denen Währungen gehandelt werden. (Der Devisenmarkt ist streng genommen nicht geografisch umgrenzt. Er ist in der Praxis viel eher ein globaler elektronischer Markt, auf dem Marktteilnehmer rund um den Erdball Währungen kaufen und verkaufen.)

Die **Tabelle 33-3** zeigt die Wechselkurse zwischen den drei wichtigsten Währungen der Welt um 23:00 Uhr (Ostküstenzeit der USA) am 6. Mai 2020. Aus jeder Zeile kann man den Preis der Währung in der jeweiligen Währung einer Spalte ablesen. So wurde z. B. zum angegebenen Zeitpunkt 1 Euro gegen 1,0800 Dollar getauscht; man musste also 1,0800 Dollar für den Kauf eines Euro bezahlen. Entsprechend waren 0,9259 Euro erforderlich, um 1 Dollar zu erwerben. Diese beiden Angaben in der Tabelle spiegeln ein und denselben Wechselkurs zwischen Euro und Dollar: 1/1,0800 = 0,9259.

Es bestehen zwei Möglichkeiten, einen bestimmten Wechselkurs zu schreiben. Im vorliegenden Fall hat man (a) 1,0800 Dollar für 1 Euro oder (b) 0,9259 Euro für 1 Dollar. Welche Möglichkeit ist die richtige? Darauf gibt es keine Antwort. International kommen beide Möglichkeiten vor. Man spricht dabei von der »Preisnotierung« und von der »Mengennotierung«. Preisnotierung (a): Wie viel kostet ein Dollar in Euro? Mengennotierung (b): Wie viele Dollar bekommt man für einen Euro? In den meisten Ländern verwendet man die Preisnotierung (a). Doch diese Regel gilt nicht überall. Oft wird die Dollar-Euro-Relation auf beide Weisen ausgedrückt. Wichtig ist nur, dass man bei Geschäften weiß, um welchen Wechselkurs es geht (wie in der Rubrik »Denkfallen!« thematisiert).

Wenn Ökonomen Bewegungen von Wechselkursen diskutieren, verwenden sie zur Vermeidung von Verwirrungen besondere Begriffe: **Aufwertung** und **Abwertung**. Wird eine Währung wert-

Auf dem **Devisenmarkt** werden Währungen gehandelt.

Die Preise, zu denen Währungen gehandelt werden, sind die **Wechselkurse**.

Von **Aufwertung** spricht man, wenn eine Währungseinheit ausgedrückt in Einheiten anderer Währungen wertvoller oder teurer wird.

Wird eine Währungseinheit ausgedrückt in Einheiten anderer Währungen weniger wertvoll oder billiger, so spricht man von **Abwertung**.

Tab. 33-3

Wechselkurse am 06.05.2020, 23:00 Uhr

	Euro	Dollar	Yen
1 Euro wird getauscht gegen	1	1,0800	114,74
1 Dollar wird getauscht gegen	0,9259	1	106,27
1 Yen wird getauscht gegen	0,0087	0,0094	1

DENKFALLEN!

Was bedeutet »steigender« Wechselkurs?
Jemand sagt: »Der US-Wechselkurs ist gestiegen.« Was meint er damit?
Das ist unklar. Manchmal wird der Wechselkurs als Preis eines Dollar in Einheiten einer anderen Währung ausgedrückt, manchmal jedoch als der Preis der anderen Währung in Dollar. Der Satz kann also bedeuten: Der Dollar wird abgewertet oder der Dollar wird aufgewertet.
Auch mit den veröffentlichten statistischen Daten muss man sorgfältig umgehen. Die meisten Länder – außer den Vereinigten Staaten – drücken den Wechselkurs als den Preis eines Dollar in ihrer Heimatwährung aus. Mexikanische Beamte werden z. B. sagen, der Wechselkurs beträgt 10; sie meinen damit 10 Pesos für 1 Dollar. Doch Großbritannien drückt den Wechselkurs aus historischen Gründen anders herum aus. Am 6. Mai 2020 war ein Dollar 0,8088 Britische Pfund wert oder 1 Britisches Pfund entsprach 1,2364 Dollar. Üblicherweise wird der Wechselkurs mit 1,2364 Dollar angegeben.
Nebenbei bemerkt folgen US-Amerikaner oftmals den Vorgaben anderer Länder. Üblicherweise sagt man, der Wechselkurs gegenüber Mexiko ist 10 Peso pro Dollar, doch der Wechselkurs gegenüber Großbritannien beträgt 1,24 Dollar pro Britisches Pfund. Die Regel ist nicht verlässlich. Wechselkurse zum Euro werden häufig auf beide Weisen ausgedrückt.
So ist es stets wichtig, die Art der Notierung zu prüfen, ehe man Wechselkurse verwendet. Auf welche Weise (Preis- oder Mengennotierung) wird der Wechselkurs ausgedrückt?

voller in Einheiten anderer Währungen, so sagen Ökonomen, die Währung wird *aufgewertet*. Die Währung wird dagegen *abgewertet*, wenn sie in Einheiten anderer Währungen weniger wert ist. Nehmen wir z. B. an, der Wert von 1 Euro steigt von 1 Dollar auf 1,25 Dollar, wobei der Wert des Dollar von 1 Euro auf 0,8 Euro sinkt (weil 1/1,25 = 0,8). In diesem Fall würde man sagen, der Euro wird aufgewertet und der Dollar wird abgewertet.

Bewegungen der Wechselkurse wirken sich unter sonst gleichen Umständen auf die relativen Preise von Waren und Dienstleistungen sowie Vermögensgegenständen in unterschiedlichen Ländern aus. Stellen wir uns den Preis eines Hotelzimmers in den Vereinigten Staaten mit 100 Dollar und den Preis eines Hotelzimmers in Frankreich mit 100 Euro vor. Bei einem Wechselkurs von 1 Euro = 1 Dollar kosten die Zimmer gleich viel. Beträgt der Wechselkurs jedoch 1,25 Euro = 1 Dollar, so ist das französische Hotelzimmer um 20 Prozent billiger als das US-amerikanische Hotelzimmer. Bei einem Wechselkurs von 0,80 Euro = 1 Dollar wäre dagegen das Hotelzimmer in Frankreich um 25 Prozent teurer.

Doch wovon hängen die Wechselkurse ab? Natürlich von Angebot und Nachfrage auf dem Devisenmarkt.

Der gleichgewichtige Wechselkurs

Stellen wir uns der Einfachheit halber vor, es gebe in der Welt nur zwei Währungen: Dollar und Euro. Europäer, die beabsichtigen, US-amerikanische Waren, Dienstleistungen und Vermögensgegenstände zu kaufen, wollen auf dem Devisenmarkt Euro gegen Dollar tauschen. Die Europäer fragen also Dollar auf dem Devisenmarkt nach und bieten umgekehrt Euro an. US-Amerikaner, die sich für europäische Waren, Dienstleistungen und Vermögensgegenstände interessieren, wollen auf dem Devisenmarkt Dollar gegen Euro tauschen. Sie bieten demnach Dollar auf dem Devisenmarkt an und fragen Euro nach. (Internationale Übertragungen und Faktoreinkommenszahlungen gelangen zwar auch auf den Devisenmarkt, doch das soll zur Vereinfachung vernachlässigt werden.)

Die **Abbildung 33-2** zeigt, wie der Devisenmarkt funktioniert. Die Mengen der nachgefragten und angebotenen Dollarbeträge zu jedem beliebigen Euro/Dollar-Wechselkurs sind an der waagerechten Achse abgetragen, der Wechselkurs steht an der senkrechten Achse. Der Wechselkurs spielt die gleiche Rolle wie der Güterpreis in einem gewöhnlichen Angebots-Nachfrage-Diagramm.

Die Abbildung zeigt zwei Kurven: eine Nachfragekurve für Dollar und eine Angebotskurve für Dollar. Die Nachfragekurve hat eine negative Steigung; denn je mehr Euro man zum Kauf eines Dollar aufwenden muss, umso weniger Dollar werden die Europäer nachfragen. Der Schlüssel zum Verständnis der Steigungen der Kurven liegt darin, dass sich die Höhe des Wechselkurses auf Exporte und Importe auswirkt. Wird die Währung eines Landes wertvoller, d. h. aufgewertet, so nehmen die Exporte ab und die Importe zu. Wird die Währung eines Landes weniger wertvoll, d. h. ab-

Abb. 33-2

Der Devisenmarkt

Der Devisenmarkt bringt die Nachfrage nach einer Währung von Ausländern, die inländische Waren, Dienstleistungen und Vermögensgegenstände kaufen wollen, in Übereinstimmung mit dem Angebot einer Währung von Inländern, die ausländische Waren, Dienstleistungen und Vermögensgegenstände kaufen möchten. Abgebildet ist der Markt für Dollar mit einem Gleichgewichtspunkt *E*, der einem Wechselkurs von 0,80 Euro je Dollar entspricht.

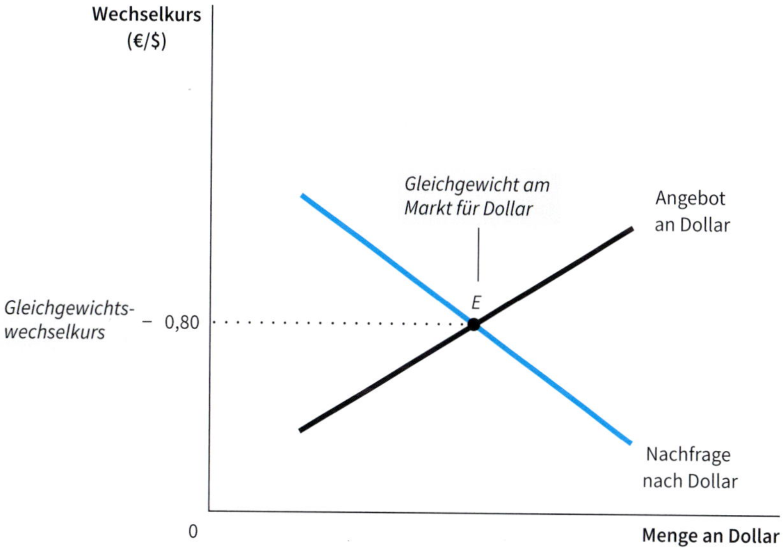

gewertet, so steigen die Exporte und die Importe sinken.

Die negative Steigung der Nachfragekurve für Dollar erklärt sich dadurch, dass der Wechselkurs – unter sonst gleichen Umständen – die Preise von Waren, Dienstleistungen und Vermögensgegenständen aus den Vereinigten Staaten relativ zu den Preisen von europäischen Waren, Dienstleistungen und Vermögensgegenständen bestimmt.

Wenn der Wert des Dollar im Vergleich zum Euro zunimmt (der Dollar also aufgewertet wird), werden die US-Güter im Vergleich zu den europäischen Gütern teurer. Dadurch werden die Europäer weniger aus den Vereinigten Staaten kaufen und weniger Dollar auf dem Devisenmarkt nachfragen. Die Menge der nachgefragten Dollars geht zurück, so wie die Anzahl der Euros ansteigt, die man für den Kauf eines Dollar aufwenden muss.

Wenn der Wert des Dollar im Vergleich zum Euro sinkt (der Dollar also abgewertet wird), werden die Güter aus den Vereinigten Staaten für die Europäer billiger. Darauf werden die Europäer reagieren: Sie werden mehr in den Vereinigten Staaten einkaufen und dafür mehr Dollar auf dem Devisenmarkt nachfragen. Die Menge nachgefragter Dollar auf dem Devisenmarkt steigt in dem Maße, wie die Anzahl von Euro sinkt, die man zum Erwerb eines Dollar aufwenden muss.

Eine ähnliche Begründung gibt es für den Anstieg der Angebotskurve für Dollar in der Abbildung 33-2. Je mehr Euro man für den Kauf eines Dollar aufwenden muss, umso mehr Dollar werden die US-Amerikaner anbieten. Wiederum ist die Begründung in der Wirkung des Wechselkurses auf die relativen Preise zu suchen. Falls der Dollar gegenüber dem Euro aufwertet, erscheinen europäische Güter den US-Amerikanern billiger, und sie werden mehr davon nachfragen. US-Amerikaner müssen dann größere Dollarbeträge in Euro tauschen.

Der **gleichgewichtige Wechselkurs** ist der Wechselkurs, zu dem die Gesamtbeträge angebotener und nachgefragter Dollar übereinstimmen. In der Abbildung 33-2 liegt das Gleichgewicht im Punkt *E* und der Gleichgewichtswechselkurs bei 0,80 Euro pro 1 Dollar. Das bedeutet, dass bei einem Wechselkurs von 0,80 Euro pro 1 Dollar die auf dem Devisenmarkt angebotene Menge an Dollar genau der nachgefragten Menge an Dollar entspricht.

Der **gleichgewichtige Wechselkurs** ist der Wechselkurs, zu dem die Mengen nachgefragter und angebotener Währung übereinstimmen.

Tab. 33-4

Gleichgewicht auf dem Devisenmarkt: Ein hypothetisches Beispiel

Europäische Käufe von Dollar	um US-amerikanische Waren und Dienstleistungen zu kaufen: 1,0 Bio. $	um US-amerikanische Vermögenspositionen zu kaufen: 1,0 Bio. $	**Käufe von Dollar insgesamt: 2,0 Bio. $**
US-Verkäufe von Dollar	um europäische Waren und Dienstleistungen zu kaufen: 1,5 Bio. $	um europäische Vermögenspositionen zu kaufen: 0,5 Bio. $	**Verkäufe von Dollar insgesamt: 2,0 Bio. $**
	US-Leistungsbilanzsaldo: –0,5 Bio. $	**US-Kapitalbilanzsaldo: +0,5 Bio. $**	

Mit einem Zahlenbeispiel gemäß der **Tabelle 33-4** kann man den gleichgewichtigen Wechselkurs näher erläutern. (Das hypothetische Beispiel soll keine Schlüsse auf wirkliche Gegebenheiten vermitteln.) Die erste Tabellenzeile zeigt europäische Käufe von Dollar – entweder zum Kauf von Waren und Dienstleistungen oder Vermögensgegenständen aus den Vereinigten Staaten. Die zweite Tabellenzeile steht für die Verkäufe von Dollar – entweder zum Kauf von Waren und Dienstleistungen oder Vermögensgegenständen aus Europa. Beim gleichgewichtigen Wechselkurs stimmen die Gesamtbeträge der Nachfrage und des Angebotes überein.

Wir wissen, dass es in der Zahlungsbilanz zwei Arten von internationalen Transaktionen gibt. Käufe und Verkäufe von Waren und Dienstleistungen werden in der Leistungsbilanz verzeichnet. (Wiederum lassen wir Übertragungen und Faktoreinkommen zur Vereinfachung beiseite.) Käufe und Verkäufe von Vermögenspositionen werden in der Kapitalbilanz festgehalten. Beim gleichge-

Abb. 33-3

Ein Anstieg der Nachfrage nach Dollar

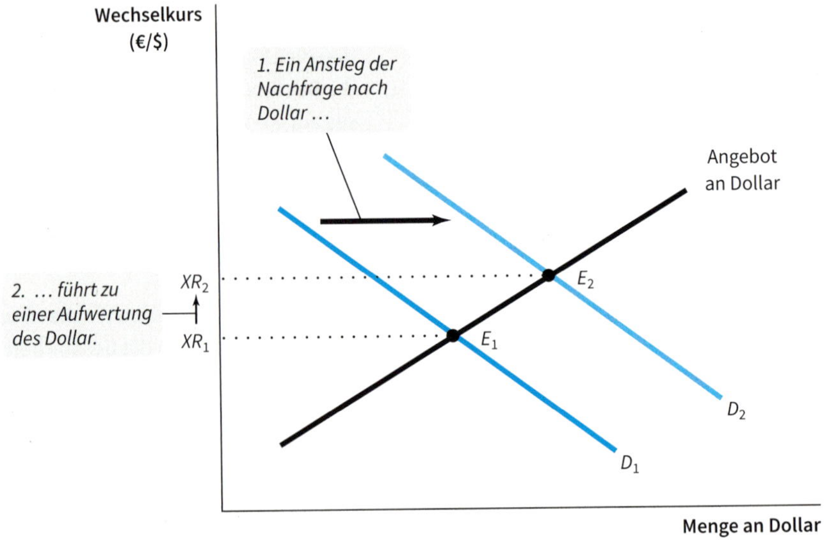

Ein Anstieg der Nachfrage nach Dollar könnte aus den Vorlieben europäischer Investoren für die Vereinigten Staaten resultieren. Die Nachfragekurve für Dollar verschiebt sich von D_1 nach D_2. Die gleichgewichtige Anzahl von Euro pro Dollar steigt, der Dollar wird aufgewertet. Dies führt zu einem Rückgang des Leistungsbilanzsaldos und zu einem Anstieg des Kapitalbilanzsaldos.

wichtigen Wechselkurs stellt sich das ein, was sich im Beispiel der Tabelle 33-4 ergibt: Die Summe von Leistungsbilanzsaldo und Kapitalbilanzsaldo ergibt null.

Nun wollen wir uns kurz damit beschäftigen, welche Auswirkungen eine Verschiebung der Nachfragekurve für Dollar auf das Gleichgewicht im Devisenmarkt hat. Eine Verschiebung der Nachfragekurve für Dollar verändert natürlich das Gleichgewicht auf dem Devisenmarkt. Nehmen wir an, es gibt aufgrund der Vorlieben europäischer Investoren für den US-amerikanischen Markt einen Kapitalzufluss in die Vereinigten Staaten. Man erkennt die Auswirkungen in der **Abbildung 33-3**. Die Nachfrage nach Dollar auf dem Devisenmarkt nimmt in dem Maße zu, wie die europäischen Investoren Euro in Dollar umtauschen, um ihre neuen Investitionen in den Vereinigten Staaten durchzuführen. In der Abbildung 33-3 steht dafür eine Verschiebung der Nachfragekurve von D_1 nach D_2. Der Dollar wertet auf, und der gleichgewichtige Wechselkurs steigt damit von XR_1 auf XR_2.

Was folgt zahlungsbilanzstatistisch aus dem Anstieg des Kapitalzuflusses? Das Angebot an Dollar auf dem Devisenmarkt muss mit der Nachfrage übereinstimmen. Deshalb muss der größere Kapitalzufluss in die USA – ein Anstieg des Kapitalbilanzsaldos – seinen Ausgleich durch einen Rückgang des Leistungsbilanzsaldos finden. Was führt nun zu diesem Rückgang? Es ist die Aufwertung des Dollar. Wenn für einen Dollar mehr Euro zu haben sind, bewegt das US-Amerikaner zu vermehrten Einkäufen europäischer Güter und Europäer zu geringeren Einkäufen US-amerikanischer Güter.

Die **Tabelle 33-5** macht klar, wie sich dies auswirken könnte. Die Europäer kaufen mehr an US-Vermögensgütern und bewirken damit einen Anstieg des Kapitalbilanzsaldos von 0,5 auf 1,0 Billionen Dollar. Dies wird ausgeglichen durch einen Rückgang europäischer Käufe von Waren und Dienstleistungen aus den Vereinigten Staaten sowie eine Zunahme US-amerikanischer Käufe von Waren und Dienstleistungen aus Europa. Beide Tendenzen folgen aus der Aufwertung des Dollar.

Auf diese Weise schreibt man jeder zahlungsbilanzstatistischen Veränderung des Kapitalbilanzsaldos entgegengesetzte und gleich große Rückwirkungen auf den Leistungsbilanzsaldo zu. Bewegungen des Wechselkurses gewährleisten, dass sich Veränderungen der Kapitalbilanz und der Leistungsbilanz ausgleichen.

Schauen wir uns die Vorgänge nun in umgekehrter Folge an. Angenommen, es gäbe einen Rückgang des Kapitalflusses von Europa in die USA – abermals durch veränderte Investitionsneigungen der Europäer. Die Nachfrage nach Dollar auf dem Devisenmarkt geht zurück und der Dollar erfährt eine Abwertung (die Anzahl der Euros für einen Dollar im gleichgewichtigen Wechselkurs wird niedriger). Dies bewegt die US-Amerikaner dazu, weniger europäische Güter zu kaufen, und die Europäer dazu, mehr US-amerikanische Produkte einzukaufen. Insgesamt folgt daraus letzten Endes ein Anstieg des Leistungsbilanzsaldos; ein Rückgang der Kapitalzuflüsse in die Vereinigten Staaten führt zu einem schwächeren Dollar und

Tab. 33-5

Ein Beispiel für die Auswirkungen zunehmender Kapitalzuflüsse

Europäische Käufe von Dollar	um US-amerikanische Waren und Dienstleistungen zu kaufen: 0,75 Bio. $ (−0,25 Bio. $)	um US-amerikanische Vermögenspositionen zu kaufen: 1,5 Bio. $ (+0,5 Bio. $)	**Käufe von Dollar insgesamt:** **2,25 Bio. $**
US-Verkäufe von Dollar	um europäische Waren und Dienstleistungen zu kaufen: 1,75 Bio. $ (+0,25 Bio. $)	um europäische Vermögenspositionen zu kaufen: 0,5 Bio. $ (keine Änderung)	**Verkäufe von Dollar insgesamt:** **2,25 Bio. $**
	US-Leistungsbilanzsaldo: **−1,0 Bio. $** **(−0,5 Bio. $)**	**US-Kapitalbilanzsaldo:** **+1,0 Bio. $** **(+0,5 Bio. $)**	

dadurch wiederum einem Anstieg der US-amerikanischen Nettoexporte (des Leistungsbilanzsaldos).

Inflation und reale Wechselkurse

Im Jahre 1993 erhielt man für einen Dollar im Durchschnitt 3,0 mexikanische Peso. Bis zum Jahr 2021 jedoch war der Wert des Peso im Vergleich zum Dollar um rund 85 Prozent gefallen; der Wechselkurs betrug im Durchschnitt 20,28 Peso pro Dollar. Sind damit auch die mexikanischen Güter im Vergleich zu den US-amerikanischen über einen Zeitraum von 28 Jahren viel billiger geworden? Ist also der Preis der mexikanischen Produkte, in Dollar gerechnet, ebenfalls um rund 85 Prozent gesunken? Nein, lautet die Antwort. Mexiko hatte in der betrachteten Zeitspanne eine viel höhere Inflationsrate als die Vereinigten Staaten. Der relative Preis von US-amerikanischen und mexikanischen Produkten veränderte sich zwischen 1993 und 2021 wenig, obwohl sich der Wechselkurs erheblich änderte.

Reale Wechselkurse sind Wechselkurse, die internationale Unterschiede in den Preisniveaus berücksichtigen.

Die Ökonomen berechnen **reale Wechselkurse**, um die Unterschiede der Preisniveaus zu berücksichtigen. Nehmen wir an, wir haben den Wechselkurs als Anzahl der Peso pro Dollar vor uns, ebenso den Preisindex Mexikos (P_{Mex}) und den Preisindex der Vereinigten Staaten (P_{US}). Damit wird der reale Wechselkurs zwischen mexikanischem Peso und Dollar so definiert:

(33-4) Realer Wechselkurs = Mexikanische Peso pro Dollar $\times P_{US}/P_{Mex}$

Im Gegensatz dazu spricht man bisweilen vom *nominalen Wechselkurs*, wenn man den nicht um die Preisniveaus angepassten Wechselkurs meint.

Der Unterschied zwischen realem und nominalem Wechselkurs ist sehr wichtig. An folgendem Beispiel lässt sich das erläutern. Nehmen wir an, der mexikanische Peso wird gegenüber dem Dollar abgewertet, wobei der Wechselkurs von 10 Peso pro Dollar auf 15 Peso pro Dollar steigt, also eine Veränderung um 50 Prozent erfährt. Gleichzeitig sollen – annahmegemäß – alle Güterpreise in Mexiko um 50 Prozent ansteigen, sodass der mexikanische Preisindex von 100 auf 150 steigt. Der US-amerikanische Preisindex verharre im betrachteten Zeitraum bei 100. Damit beträgt der ursprüngliche reale Wechselkurs

Peso pro Dollar $\times P_{US}/P_{Mex} = 10 \times 100/100 = 10$

Nach der Peso-Abwertung und dem Preisanstieg in Mexiko beläuft sich der reale Wechselkurs auf

Peso pro Dollar $\times P_{US}/P_{Mex} = 15 \times 100/150 = 10$.

In diesem Beispiel wurde zwar der Peso in Einheiten des Dollar beträchtlich abgewertet, aber der reale Wechselkurs zwischen Peso und Dollar blieb unverändert. Da sich der reale Wechselkurs Peso/Dollar nicht geändert hat, blieb die nominale Abwertung des Peso zum Dollar ohne Wirkung auf das Volumen der gehandelten Waren und Dienstleistungen zwischen den beiden Ländern.

Zur näheren Begründung betrachte man wiederum die Preise bei Hotelzimmern. Das Hotelzimmer koste 1.000 Peso pro Nacht oder – zum Wechselkurs von 10 – 100 Dollar. Nach dem Preisanstieg in Mexiko und dem Anstieg des nominalen Wechselkurses um 50 Prozent kostet das Hotelzimmer pro Nacht 1.500 Peso, doch 1.500 Peso dividiert durch 15 Peso pro Dollar ergeben wiederum 100 Dollar; das Hotelzimmer in Mexiko kostet nach wie vor 100 Dollar pro Nacht. Danach hat ein Tourist, der eine Reise von den Vereinigten Staaten nach Mexiko in Erwägung zieht, keinen Anlass zur Änderung seiner Reisepläne.

Das gilt für alle Waren und Dienstleistungen, die dem Handel unterliegen: *Die Leistungsbilanz reagiert nur auf Änderungen des realen Wechselkurses, nicht des nominalen Wechselkurses.* Die Waren und Dienstleistungen eines Landes werden für Ausländer nur dann billiger, wenn die Währung eines Landes real abgewertet wird, und – umgekehrt – werden die Waren und Dienstleistungen eines Landes für Ausländer nur dann teurer, wenn die Landeswährung real aufgewertet wird. Deshalb richten Ökonomen, die Exporte und Importe von Gütern analysieren, ihren Blick auf den realen Wechselkurs, nicht auf den nominalen Wechselkurs.

Die **Abbildung 33-4** zeigt sehr deutlich, wie wichtig die Unterscheidung zwischen nominalen und realen Wechselkursen ist. Die mit »nominaler Wechselkurs« bezeichnete Kurve bildet die Anzahl der Pesos ab, die man von 1993 bis 2021 zum Kauf eines Dollar aufwenden musste. Der Peso erfuhr in dieser Zeit eine massive Abwertung. Doch die Kurve »realer Wechselkurs« vermittelt ein anderes Bild. Die Kurve wurde mit der Formel (33-4) er-

Abb. 33-4

Reale versus nominale Wechselkurse 1993–2021

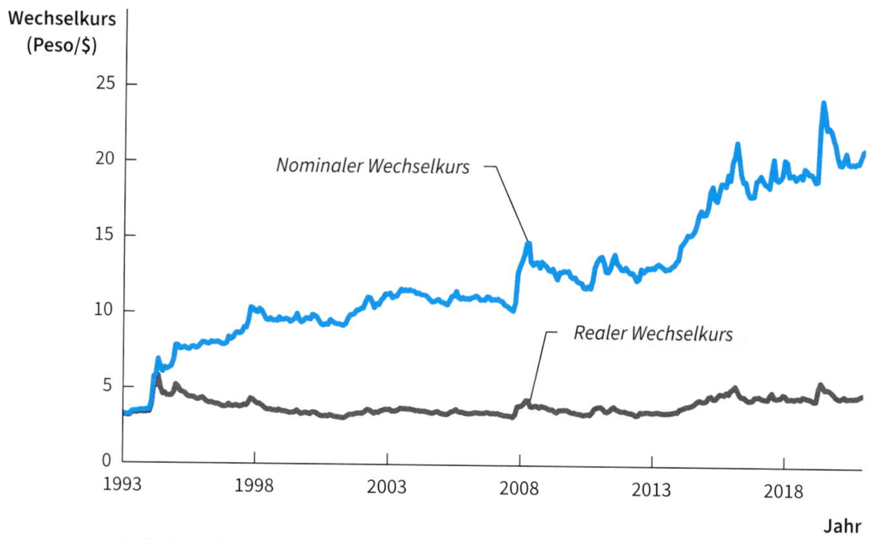

Quelle: Federal Reserve Bank of St. Louis

Zwischen November 1993 und Dezember 2021 stieg der Preis des Dollar in mexikanischen Pesos gerechnet stark an. Weil jedoch Mexiko eine höhere Inflation als die Vereinigten Staaten erlebte, blieb der Anstieg des realen Wechselkurses (der den relativen Preis der mexikanischen Waren und Dienstleistungen angibt) deutlich unter dem Anstieg des nominalen Wechselkurses.

rechnet, wobei die Preisniveaus beider Länder anfangs bei 1993 = 100 lagen. Real betrachtet wurde der Peso deutlich weniger stark abgewertet, als es der nominale Wechselkurse anzeigt.

Kaufkraftparität

Ein nützliches Werkzeug für die Analyse von Wechselkursen, eng verbunden mit der Konzeption realer Wechselkurse, ist als Kaufkraftparität bekannt. Die **Kaufkraftparität** zwischen den Währungen zweier Länder entspricht dem nominalen Wechselkurs, bei dem ein bestimmter Warenkorb an Gütern in beiden Ländern gleich viel kosten würde. Nehmen wir an, der Warenkorb an Gütern (Waren und Dienstleistungen), der in den Vereinigten Staaten 100 Dollar kostet, koste in Mexiko 1.000 Peso. Dann ist die Kaufkraftparität 10 Peso pro Dollar; bei diesem Wechselkurs sind 1.000 Peso gleich 100 Dollar, sodass der Warenkorb in beiden Ländern gleich teuer ist.

Berechnungen zur Kaufkraftparität basieren in der Regel auf den Kosten für den Kauf einer breiten Palette an Waren und Dienstleistungen (angefangen bei Automobilen und Lebensmitteln bis hin zu Wohnungsmieten und Internettarifen). Allerdings weichen nominale Wechselkurse oft von den berechneten Kaufkraftparitäten ab (ein Beispiel dazu findet sich in der Rubrik »Vertiefung«). Ein Teil der Abweichungen ist systematischer Natur: Generell sind die Preise in armen Ländern niedriger als in reichen Ländern, weil vor allem die Dienstleistungen in armen Ländern billiger sind. Doch selbst für Länder auf einer ähnlichen wirtschaftlichen Entwicklungsstufe weichen nominale Wechselkurse und Kaufkraftparitäten erheblich voneinander ab.

Die **Kaufkraftparität** zwischen den Währungen zweier Länder entspricht dem nominalen Wechselkurs, bei dem ein bestimmter Warenkorb an Gütern in beiden Ländern gleich viel kostet.

Die **Abbildung 33-5** zeigt nominale Wechselkurse zwischen kanadischem Dollar und Dollar (ausgedrückt in kanadischen Dollar, die zum Erwerb eines Dollar aufgewendet werden müssen) für die Jahre von 1990 bis 2021 sowie geschätzte Kaufkraftparitäten zwischen Kanada und den Vereinigten Staaten. Die Kaufkraftparität veränderte sich wenig in den Jahren von 1990 bis 2021, weil beide Länder ungefähr die gleichen Inflationsraten hatten. Doch anfangs lag der nominale Wechselkurs unter der Kaufkraftparität, weil der statistische Warenkorb in Kanada mehr kostete als in den Vereinigten Staaten. Bis Mitte der 2000er-Jahre lag der nominale Wechselkurs dann deutlich über der Kaufkraftparität. Der statistische Warenkorb war also in Kanada erheblich billiger als in den Vereinigten Staaten. In den Folgejahren führte die Abwertung des kanadischen Dollar dazu, dass der nominale Wechselkurs unter die Kaufkraftparität fiel. Der statistische Warenkorb in Kanada war also teurer geworden. Mittlerweile haben sich der nominale Wechselkurs und die Kaufkraftparität wieder deutlich angenähert.

Auf lange Sicht eigenen sich Kaufkraftparitäten jedoch gut dazu, die tatsächlichen Veränderungen der nominalen Wechselkurse vorauszusagen. Besonders nominale Wechselkurse von Ländern ähnlicher Entwicklungsstufen neigen zu Schwankungen um einen Wert, der zu gleichen Kosten für ähnliche Warenkörbe führt.

Abb. 33-5

Kaufkraftparität versus nominaler Wechselkurs von 1990 bis 2021

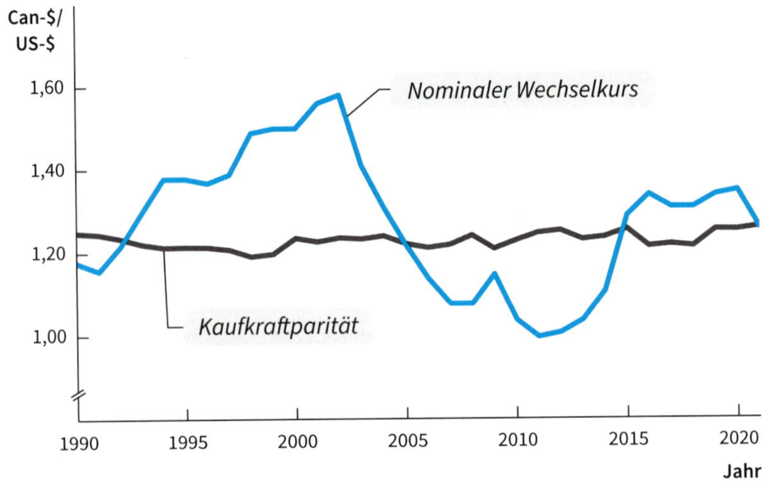

Quelle: OECD

Die Kaufkraftparität zwischen den Vereinigten Staaten und Kanada – bei der ein bestimmter Warenkorb in beiden Ländern gleich teuer wäre – veränderte sich im Laufe der Zeit sehr wenig (um das Niveau von 1,20 kanadischen Dollar pro Dollar herum). Doch der nominale Wechselkurs zeigte größere Ausschläge.

VERTIEFUNG

Burgernomics

Seit vielen Jahren legt das britische Wirtschaftsmagazin *The Economist* Kaufkraftparitäten für verschiedene Länder der Welt mit nur einem einzigen Konsumgut vor: einen Big Mac von McDonald's. Die Zeitung stellt den Preis des Big Mac in Landeswährung fest und berechnet dann zwei Größen: Den Preis eines Big Mac in Dollar mit dem herrschenden Wechselkurs und jenen Wechselkurs, bei dem die Preise eines Big Mac in Landeswährung und in Dollar gleich hoch wären. Wenn sich die Kaufkraftparität für den Big Mac bestätigt, dann kostet der Big Mac überall auf der Welt gleich viel in Dollar. Sofern die Kaufkraftparität ein gutes statistisches Maß der langfristigen Wechselkursentwicklung ist, kann man an der Big-Mac-Parität Anhaltspunkte für die weitere Entwicklung des Wechselkurses finden.

Im Juli 2022 gab es große Spannbreiten für die Dollar-Preise des Big Mac, wie man in **Tabelle 33-6** erkennen kann. Zu den Ländern, in denen der Big Mac am billigsten war (und deren Landeswährung damit am stärksten unterbewertet war) gehörten mit Mexiko, China und Indien auch drei Entwicklungsländer.

Am teuersten war der Big Mac in der Schweiz. Dort lag der Preis um rund 30 Prozent über dem Preis in den Vereinigten Staaten. Bereits zu Beginn des Kapitels haben wir ja erfahren, dass die Schweiz seit einigen Jahren mit der Aufwertung ihrer Landeswährung zu kämpfen hat.

Tab. 33-6: Kaufkraftparität und der Preis eines Big Mac

Land	Preis eines Big Mac		Landeswährung pro Dollar	
	in Landeswährung	in Dollar	Wechselkurs nach Kaufkraftparität	tatsächlicher Wechselkurs
Indien	191 Rupien	2,39	37,09	79,95
Japan	390 Yen	2,83	75,73	137,87
Mexiko	70 Peso	3,43	13,59	20,41
China	24 Yuan	3,56	4,66	6,75
Brasilien	22,9 Real	4,25	4,45	5,39
Großbritannien	3,69 Pfund	4,44	0,72	0,83
Euroraum	4,65 Euro	4,77	0,90	0,98
Vereinigte Staaten	5,15 Dollar	5,15	1,00	1,00
Schweiz	6,50 Schweizer Franken	6,71	1,26	0,97

Quelle: The Economist.

WISSENSCHAFT UND PRAXIS

Sorgen durch einen starken Dollar

Spielen Wechselkurse tatsächlich eine Rolle für die Unternehmen? Um diese Frage zu klären, wollen wir uns anschauen, was den US-amerikanischen Unternehmen in den Jahren 2014–2015 passiert ist.

In den beiden Jahren hatte der Dollar gegenüber vielen Währungen deutlich an Stärke gewonnen, vor allem gegenüber dem Euro und dem Yen. Die gewachsene Stärke des Dollar spiegelte zu einem großen Teil die schwache wirtschaftliche Entwicklung in den anderen Volkswirtschaften wider. Konjunkturprobleme in Europa und Japan hielten Zinsen und Investitionen auf einem niedrigen Niveau. Überschüssiges Kapital floss in die Vereinigten Staaten, in denen ein kontinuierliches Beschäftigungswachstum zu verzeichnen war und die sich alles in allem deutlich besser von der Finanz- und Wirtschaftskrise 2007–2009 erholt hatten.

Während der starke Dollar ein gutes Zeichen für den Zustand der US-amerikanischen Volkswirtschaft war, sorgte er gleichzeitig für Kopfzerbrechen bei den US-amerikanischen Unternehmen, die einen Großteil ihrer Produktion im Ausland verkaufen. Das waren Unternehmen wie Proctor & Gamble, die weltweit Zahnpasta und andere Hygieneartikel verkaufen, oder Kimberly-Clark, deren Windeln Babypopos auf der ganzen Welt schützen. Diese Unternehmen mussten starke Gewinneinbußen hinnehmen und verloren im Wettbewerb mit ausländischen Konkurren- ▸

ten entweder an Boden oder verlagerten Teile ihrer Produktion ins Ausland.

Abbildung 33-6 veranschaulicht diese Entwicklung und vergleicht den realen effektiven Wechselkurs der Vereinigten Staaten, der den durchschnittlichen Wert des Dollar gegenüber anderen Währungen misst, mit den realen Nettoexporten (Exporte minus Importe), gemessen in Dollar von 2012. Von Anfang 2014 bis Anfang 2016 stieg der reale Wert des Dollar um rund 15 Prozent und blieb bis Ende 2021 auf diesem Niveau, während die realen Nettoexporte stetig weiter gesunken sind.

Der Wechselkurs spielt also für Unternehmen, die im Wettbewerb mit ausländischen Konkurrenten stehen, eine große Rolle. Und auch wenn es üblich ist, eine Währung, die aufwertet, als starke Währung zu bezeichnen, muss das nicht immer etwas Gutes bedeuten. Der starke Dollar der Jahre 2014–2015 hat für einige US-amerikanische Unternehmen definitiv nichts Gutes gebracht.

Abb. 33-6: Die negativen Auswirkungen eines starken Dollar

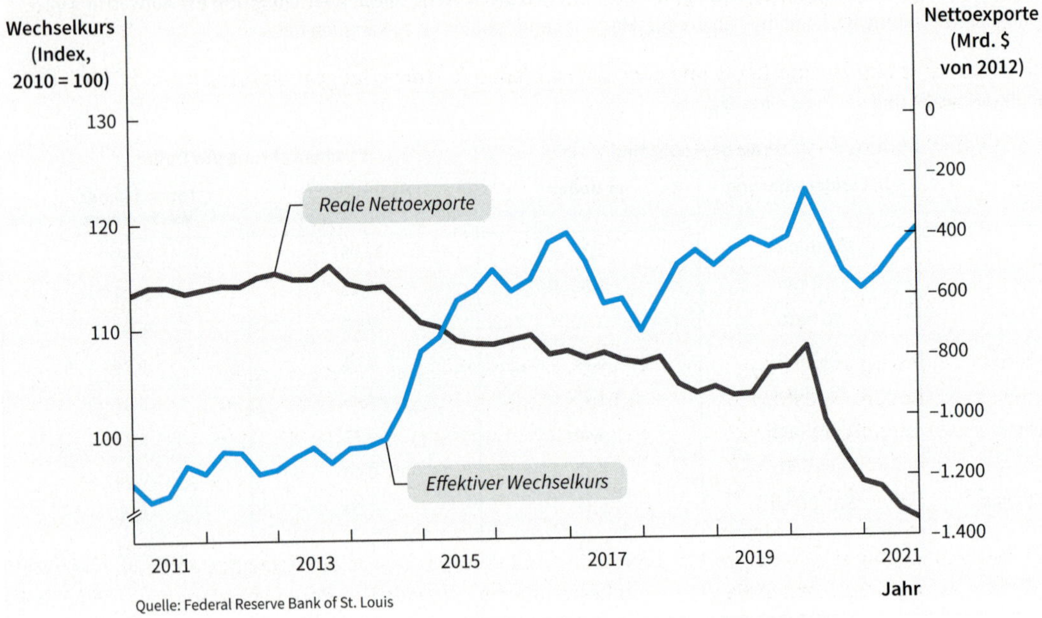

Quelle: Federal Reserve Bank of St. Louis

Kurzzusammenfassung

- Währungen werden auf dem **Devisenmarkt** gehandelt, der die **Wechselkurse** bestimmt.
- Wechselkurse können auf zweierlei Weisen ausgedrückt werden. Um Verwirrung zu vermeiden, sprechen Ökonomen von einer **Aufwertung** oder einer **Abwertung** einer Währung. Der **gleichgewichtige Wechselkurs** ergibt sich aus Angebot und Nachfrage der Währung auf dem Devisenmarkt.
- Um Unterschiede in den Preisniveaus der einzelnen Länder einzubeziehen, ermitteln Ökonomen **reale Wechselkurse**. Die Leistungsbilanz einer Volkswirtschaft verändert sich nur durch Änderungen des **realen Wechselkurses**, nicht jedoch bei Änderungen des nominalen Wechselkurses.
- Die **Kaufkraftparität** zeigt den nominalen Wechselkurs, der dazu führt, dass der Preis eines Warenkorbs in zwei Volkswirtschaften gleich groß ist. Auch wenn der tatsächliche nominale Wechselkurs fast immer von der Kaufkraftparität abweicht, ist die Kaufkraftparität auf lange Sicht ein guter Indikator für die Entwicklung des nominalen Wechselkurses.

ÜBERPRÜFEN SIE IHR WISSEN

1. Mexiko hat riesige Reserven an Rohöl entdeckt und mit dem Export in die Vereinigten Staaten begonnen. Beschreiben Sie, wie sich dies auf die folgenden Größen auswirken würde:
   a. den nominalen Peso/Dollar-Wechselkurs,
   b. die mexikanischen Exporte von Waren und Dienstleistungen,
   c. die mexikanischen Importe von Waren und Dienstleistungen.
2. Ein Warenkorb an Gütern kostet in den Vereinigten Staaten 100 Dollar und in Mexiko 800 Peso und der nominale Wechselkurs beträgt 10 Peso pro Dollar. Im Laufe der folgenden fünf Jahre steigen die Kosten des Warenkorbs in den Vereinigten Staaten auf 120 Dollar und die Kosten in Mexiko auf 1.200 Peso an, obwohl der nominale Wechselkurs bei 10 Peso pro Dollar verharrt. Stellen Sie folgende Berechnungen an:
   a. Wie groß ist der reale Wechselkurs heute und nach fünf Jahren, sofern der heutige Preisindex in beiden Ländern 100 ist?
   b. Wie groß ist die Kaufkraftparität heute und in fünf Jahren?

33.3 Wechselkurspolitik

Der nominale Wechselkurs wird – wie andere Preise auch – durch Angebot und Nachfrage bestimmt. Anders als die Preise von Weizen oder Rohöl jedoch ist der Wechselkurs der Preis für die Geldeinheit eines Landes (in Einheiten der Währung eines anderen Landes). Geld ist kein Gut wie eine Ware oder eine Dienstleistung aus dem privaten Sektor; es ist ein Gut, dessen Menge durch staatliche Politik bestimmt wird. Deshalb haben Regierungen eine viel größere Macht, den nominalen Wechselkurs zu beeinflussen, als dies bei gewöhnlichen Preisen der Fall ist.

Der nominale Wechselkurs ist für viele Länder ein ziemlich wichtiger Preis: Der Wechselkurs bestimmt den Preis der Importe sowie der Exporte, und in (relativ kleinen) Volkswirtschaften, in denen Exporte und Importe einen relativ hohen Anteil am Bruttoinlandsprodukt ausmachen, können Wechselkursänderungen große Auswirkungen auf das gesamtwirtschaftliche Produktionsniveau und auf das Preisniveau haben. Wie gehen Regierungen mit der Möglichkeit um, den nominalen Wechselkurs zu beeinflussen?

Auf diese Frage gibt keine eindeutige Antwort. Zu verschiedenen Zeiten und an verschiedenen Orten haben Regierungen ganz verschiedene *Wechselkurssysteme* eingeführt. Man muss erst klären, welches dieser Systeme aus welchen Gründen eingeführt wurde. (Von nun an meinen wir bei Verwendung des Wortes Wechselkurs immer den nominalen Wechselkurs.)

Wechselkurssysteme

Ein **Wechselkurssystem** spiegelt den Umgang der Regierung mit dem Wechselkurs eines Landes wider. Eine grobe Einteilung ergibt zwei verschiedene Wechselkurssysteme. Entweder hat ein Land einen **festen Wechselkurs**, bei dem die Regierung den Wechselkurs gegenüber anderen Währungen genau bei einer bestimmten Zielgröße oder in einem Korridor um diese Zielgröße herum hält. Hongkong z. B. verfolgt eine Politik, bei der ein Wechselkurs von 7,80 Hongkong-Dollar pro Dollar eingehalten wird. Zum anderen haben Länder bisweilen einen **flexiblen Wechselkurs**, sofern sie die Wechselkursbestimmung nur dem Devisenmarkt überlassen. Oft spricht man von »Floating«. Diese Politik wird in Großbritannien, Kanada, im Euroraum und in den Vereinigten Staaten verfolgt.

Ein **Wechselkurssystem** spiegelt wider, wie die Regierung mit dem Wechselkurs umgeht.

Ein Land hat einen **festen Wechselkurs**, wenn die Regierung den Wechselkurs gegenüber anderen Währungen genau oder nahe bei einer bestimmten Zielgröße hält.

Ein Land hat einen **flexiblen Wechselkurs**, wenn die Regierung die Wechselkursbestimmung ungehindert dem Devisenmarkt überlässt.

Fixe und flexible Wechselkurse sind jedoch nicht die einzigen Möglichkeiten. Zu verschiedenen Zeiten haben Länder Zwischenlösungen verfolgt. Dazu gehören feste Wechselkurse, die häufig verändert werden, ebenso nicht fixierte Wechselkurse, die von den Regierungen zur Vermeidung großer Ausschläge fortlaufend »gesteuert« werden, sowie schließlich Wechselkurse, die innerhalb eines *Zielbandes* frei schwanken, jedoch durch Interventionen am Verlassen des Zielbandes gehindert werden. Im vorliegenden Buch konzentrieren wir uns auf die beiden Grundformen von Wechselkurssystemen, feste und flexible Wechselkurse.

Fraglich ist jedoch, wie es einer Regierung möglich sein soll, den Wechselkurs festzulegen, wenn doch Angebot und Nachfrage wirken.

Wie kann ein Wechselkurs konstant gehalten werden?

Um zu verstehen, wie es möglich ist, den Wechselkurs eines Landes konstant zu halten, stellen wir uns ein Land mit Namen Genovia vor, das sich aus bestimmten Gründen entscheidet, für seine Währung, den Geno, einen Wechselkurs von 1,50 Dollar festzusetzen.

Ganz offensichtlich werden 1,50 Dollar pro Geno nicht immer dem gleichgewichtigen Wechselkurs auf dem Devisenmarkt entsprechen. Der gleichgewichtige Wechselkurs kann höher oder niedriger liegen. Die **Abbildung 33-7** zeigt den Devisenmarkt für Geno mit nachgefragten und angebotenen Mengen an der waagerechten Achse sowie dem Wechselkurs in Dollar pro Geno an der senkrechten Achse. Diagramm (a) zeigt den Fall, dass der gleichgewichtige Wechselkurs des Geno unterhalb der Zielgröße liegt. Diagramm (b) illustriert dagegen den Fall, dass der gleichgewichtige Wechselkurs des Geno oberhalb der Zielgröße der Regierung für den Wechselkurs liegt.

Betrachten wir zuerst den Fall, in dem der gleichgewichtige Wechselkurs auf dem Devisenmarkt unterhalb der Zielgröße für den Wechselkurs liegt. Wie Diagramm (a) in der Abbildung 33-7 zeigt, entsteht beim Ziel-Wechselkurs ein Überschuss an Geno auf dem Devisenmarkt, der den Wechselkurs des Geno normalerweise nach unten drücken würde. Wie kann die Regierung

Abb. 33-7

Interventionen auf dem Devisenmarkt

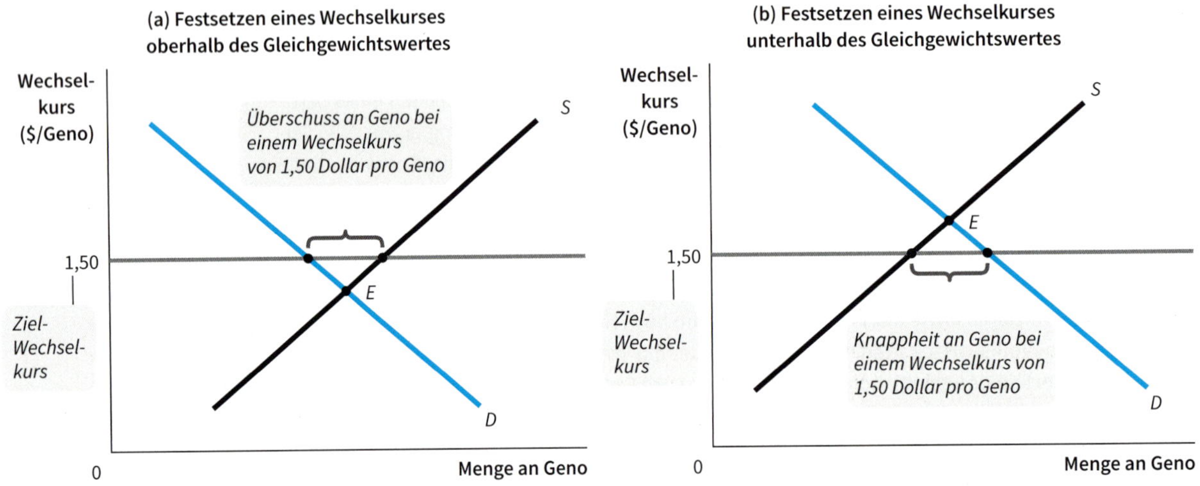

In beiden Diagrammen versucht das imaginäre Land Genovia den Wechselkurs seiner Währung, des Geno, bei 1,50 Dollar zu halten. Im Diagramm (a) zeigt sich ein Überschuss an Geno auf dem Devisenmarkt. Um ein Sinken des Geno-Wechselkurses zu verhindern, kann die Regierung Geno aufkaufen und Dollar anbieten. Im Diagramm (b) kommt es zu einer Knappheit an Geno. Um einen Anstieg des Geno-Wechselkurses zu verhindern, kann die Regierung von Genovia Geno verkaufen und Dollar aufkaufen.

VERTIEFUNG

Von Bretton Woods zum Euro

Im Jahr 1944, während des Zweiten Weltkrieges, trafen sich Vertreter der Alliierten in Bretton Woods, New Hampshire, um die Nachkriegsordnung des internationalen Geldwesens mit festen Wechselkursen zwischen den wichtigsten Währungen auszuhandeln. Anfangs war das System höchst erfolgreich, doch es brach im Jahr 1971 zusammen. Nach einer Zeit des Durcheinanders, in der Politiker vergeblich ein neues Festkurssystem einrichten wollten, gingen die meisten entwickelten Volkswirtschaften 1973 zu flexiblen Wechselkursen (dem Floating) über.

In Europa jedoch waren zahlreiche Politiker über die flexiblen Wechselkurse nicht gerade glücklich. Sie meinten, die Schwankungen brächten zu viel Unsicherheit in das Geschäftsleben. Seit Ende der 1970er-Jahre versuchte man daher mehrmals ein System quasi-fester Wechselkurse zu schaffen. Diese Bemühungen führten zum sogenannten Europäischen Währungssystem. (Das Europäische Währungssystem bestand genau genommen in einem System von »Zielzonen« – Wechselkurse sollten sich in einem engen Band frei bewegen, jedoch nicht darüber hinausgehen.) Im Jahr 1999 kam es dann zu einer endgültigen Lösung in Sachen fester Wechselkurse: eine gemeinsame europäische Währung, der Euro. Zur Überraschung vieler Beobachter wurde das Projekt Realität, und heute haben fast alle europäischen Länder die nationalen Währungen im Austausch für den Euro aufgegeben.

Die **Abbildung 33-8** zeichnet die historische Entwicklung der europäischen Wechselkursregelungen nach. Beispielhaft wird der Wechselkurs zwischen dem französischen Franc (FF) und der D-Mark (DM) – gemessen in Franc pro D-Mark – von 1971 bis zur Einführung des Euro dargestellt. Anfangs schwankte der Wechselkurs deutlich. Die »Plateaus« in der Darstellung sind Zeiten, in denen man eine Rückkehr zum Festkurssystem versuchte. Nach einer Reihe von Fehlversuchen wurde das sogenannte Europäische Währungssystem ab 1987 wirksam. Der Wechselkurs pendelte sich bei etwa 3,40 Franc pro D-Mark ein. (Die Wellen von 1992 bis 1993 spiegeln zwei Währungskrisen – Phasen mit weitverbreiteten Spekulationen auf Abwertungen sowie mit großen kurzfristigen Kapitalströmen.)

Als sich die Länder darauf vorbereiteten, von Franc und D-Mark sowie anderen nationalen Währungen zum Euro überzugehen, wurde der Wechselkurs ab 1999 fixiert. Ab Ende 2001 gab es keinen Franc und keine D-Mark mehr.

Der Übergang zum Euro verlief selbstverständlich nicht ohne Kosten. Mit der Einführung einer gemeinsamen Währung im größten Teil Europas mussten sich die beteiligten Volkswirtschaften auf eine gemeinsame Geldpolitik verständigen. Damit bestand für die beteiligten Länder auch keine Möglichkeit mehr, gesamtwirtschaftliche Anpassungen über Wechselkursveränderungen durchzuführen.

Abb. 33-8: Der Weg zum Euro

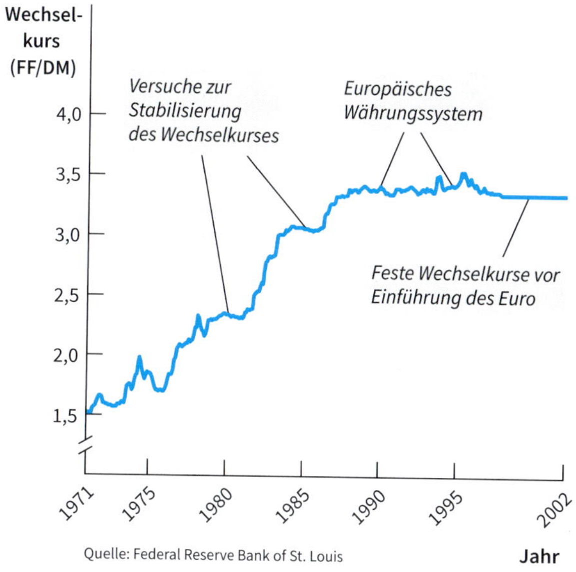

Quelle: Federal Reserve Bank of St. Louis

von Genovia den Wechselkurs auf dem Niveau halten, wo sie ihn haben möchte? Dafür gibt es drei Möglichkeiten, die alle zu bestimmten Zeiten Anwendung gefunden haben.

Eine Möglichkeit für die Regierung von Genovia besteht darin, den Überschuss vom Devisenmarkt »aufzusaugen«, indem sie die eigene Währung auf dem Devisenmarkt aufkauft. Käufe und Verkäufe der Regierungen auf dem Devisenmarkt nennt man **Devisenmarktinterventionen**. Um Geno aufkaufen zu können, benötigt die Regierung von Genovia selbstverständlich Dollar. Tatsächlich halten die meisten Staaten **Devisenreserven**, d. h. Bestände an Fremdwährungen (zumeist Dollar oder Euro), um bei bestimmten Marktlagen intervenieren zu können.

Wir haben bereits erwähnt, dass erhebliche Volumina der internationalen Kapitalströme von Käufen und Verkäufen ausländischer Vermögensgegenstände durch Regierungen und Zentralbanken ausgelöst werden. Nun wird klar, weshalb Regierungen ausländische Vermögensgegenstände verkaufen: Sie stützen den Wechselkurs ihrer Währung durch Interventionen auf dem Devisenmarkt. Wie wir gleich noch sehen werden, müssen Regierungen, die den Wechselkurs ihrer

Devisenreserven sind Bestände fremder Währungen, die Regierungen zur Stützung der eigenen Währung auf dem Devisenmarkt einsetzen.

Devisenmarktinterventionen bestehen in Käufen und Verkäufen einer Währung durch eine Regierung auf dem Devisenmarkt.

Währung durch Interventionen *niedrig* halten wollen, ausländische Vermögensgegenstände *kaufen*. Doch zuerst wollen wir über andere Möglichkeiten sprechen, den Wechselkurs zu fixieren.

Als eine Alternative zu Interventionen im Devisenmarkt kann die Regierung von Genovia versuchen, für Verschiebungen der Angebots- und Nachfragekurve auf dem Devisenmarkt zu sorgen. Das kann durch Geldpolitik erreicht werden. So kann die Zentralbank von Genovia z. B. das Zinsniveau erhöhen, um den Geno zu stützen. Das wird den Kapitalzufluss nach Genovia erhöhen und so die Nachfrage nach Geno steigern. Gleichzeitig werden der Kapitalabfluss aus Genovia und das Angebot an Geno durch das höhere Zinsniveau verringert. Auf diese Weise wird – ceteris paribus – durch eine Erhöhung des Zinsniveaus der Wert der Währung gestärkt.

Schließlich kann die Regierung von Genovia den Geno durch eine Verringerung des Geno-Angebotes auf dem Devisenmarkt unterstützen. Zu diesem Zweck kann die Regierung den Kauf von fremder Währung durch Inländer nur gegen eine Genehmigung erlauben und derlei Genehmigungen nur selektiv für bevorzugte Transaktionen vergeben (etwa für bestimmte Arten von Importen). Genehmigungssysteme für individuelle Transaktionen auf dem Devisenmarkt bezeichnet man als **Devisenkontrollen**, die historisch aus Kriegs- und Nachkriegszeiten einer *Devisenbewirtschaftung* bekannt sind. Unter sonst gleichen Bedingungen kann eine Regierung auch mit Maßnahmen der Devisenkontrolle den Wert ihrer Währung stützen.

Maßnahmen zur **Devisenkontrolle** bestehen in individuellen Systemen von Genehmigungen, die persönliche Rechte zum Devisenerwerb einschränken.

Bisher haben wir uns Gedanken darüber gemacht, auf welche Weise eine Regierung eine Abwertung des Geno verhindern kann. Gehen wir nun zur Situation des Diagramms (b) in der Abbildung 33-7 über, in der der gleichgewichtige Wechselkurs des Geno über dem Ziel-Wechselkurs von 1,50 Dollar liegt und eine Knappheit an Geno besteht. Um den Ziel-Wechselkurs aufrechtzuerhalten, kann die Regierung von Genovia die drei bisher erörterten Maßnahmen in umgekehrter Richtung einsetzen. Sie kann mit dem *Verkauf* von Geno auf dem Devisenmarkt intervenieren und Dollar erwerben, die den Devisenreserven zugeführt werden. Die Regierung kann ferner das Zinsniveau *senken*, wodurch das Geno-Angebot erhöht und die Nachfrage vermindert wird. Schließlich kann die Regierung Maßnahmen der Devisenkontrolle einführen, sodass die Möglichkeiten der Ausländer eingeschränkt werden, Geno zu kaufen. Unter sonst gleichen Bedingungen wird durch all diese Maßnahmen der Wert des Geno gesenkt.

Wie bereits erwähnt, sind alle drei Maßnahmen eingesetzt worden, um einen festen Wechselkurs zu halten. Doch es wurde noch kein Wort darüber verloren, ob ein fester Wechselkurs überhaupt vernünftig ist. Und tatsächlich gerät die Politik mit der Wahl zwischen Wechselkurssystemen in ein Dilemma hinein. Feste und flexible Wechselkurse haben sowohl Vorteile als auch Nachteile.

Das Dilemma bei der Wahl von Wechselkurssystemen

Nur wenige makroökonomische Fragen beinhalten so viele unterschiedliche Aspekte wie die Frage, ob ein Land sich für feste oder flexible Wechselkurse entscheiden soll. Der Grund für die Vielzahl der Argumente besteht darin, dass beide Lösungen ihre Vorteile aufweisen.

Um den Vorzug fester Wechselkurse einzusehen, denke man nur kurz daran, wie einfach es ist, quer durch die Vereinigten Staaten über die Grenzen der Bundesstaaten hinweg Geschäfte abzuwickeln. Eine Reihe von Dingen macht den Handel unter Bundesstaaten einfach, hauptsächlich aber besteht keine Unsicherheit über den Geldwert: Ein Dollar ist ein Dollar – sowohl in New York als auch in Los Angeles.

Dagegen ist ein Dollar eben nicht ein Dollar, wenn es um Transaktionen zwischen New York und Toronto geht. Der Wechselkurs zwischen dem kanadischen Dollar und dem Dollar schwankt, und zwar bisweilen ganz erheblich. Verspricht ein US-amerikanisches Unternehmen einem kanadischen Unternehmen, ihm in einem Jahr einen bestimmten Betrag an Dollar zu zahlen, so kann der Wert dieses Versprechens in kanadischen Dollar um 10 Prozent oder mehr schwanken. Diese Unsicherheit bewirkt eine gewisse Zurückhaltung beim Handel zwischen den beiden Ländern. Ein Vorteil fester Wechselkurse ist also die Sicherheit über den künftigen Wert einer Währung.

In einigen Fällen kommt ein zusätzlicher Vorteil fester Wechselkurse hinzu: Das Bekenntnis zu einem festen Wechselkurs bedeutet oft auch ein Bekenntnis, keine inflatorische Politik zu betrei-

WISSENSCHAFT UND PRAXIS

China versucht, den Yuan zu fixieren

In den frühen Jahren des 21. Jahrhunderts lieferte China ein schlagendes Beispiel dafür, wie lange Volkswirtschaften manchmal feste Wechselkurse aufrechterhalten.

In einem ersten Schritt versuchte China, den Wert der eigenen Währung zu drücken. Chinas überwältigender Erfolg als Exporteur führte zu immer größeren Überschüssen in der Leistungsbilanz. Gleichzeitig waren ausländische private Investoren immer mehr daran interessiert, am Wachstum der chinesischen Volkswirtschaft teilzuhaben und sich mit Auslandsinvestitionen in China zu engagieren.

Die Kapitalströme wurden zwar durch Devisenkontrollen begrenzt, doch kam das Kapital irgendwie auf anderen Wegen in das Land. China gelangte in eine Situation, die mit dem Diagramm (b) der Abbildung 33-7 zu beschreiben ist: Beim Ziel-Wechselkurs überstieg die Nachfrage nach Yuan das Angebot. Dennoch gab sich die chinesische Regierung entschlossen, den Wechselkurs unterhalb des Gleichgewichtsniveaus zu halten.

Um den festen Wechselkurs zu verteidigen, musste sich die chinesische Regierung auf Devisenmarktinterventionen großen Ausmaßes einlassen. Sie war gezwungen, Yuan zu verkaufen und die Währungen anderer Länder (vor allem Dollar) aufzukaufen und damit die Devisenreserven aufzustocken. Zwischen Anfang 2009 und Anfang 2014 hatten sich die Devisenreserven auf 2 Billionen Dollar erhöht. Mitte 2014 lagen die Devisenreserven dann sogar bei 4 Billionen Dollar. Das entsprach 40 Prozent des Bruttoinlandsproduktes der chinesischen Volkswirtschaft. Es verwundert nicht, dass die Wechselkurspolitik der chinesischen Regierung zu Spannungen mit den Handelspartnern geführt hat, da die Wechselkurspolitik die Wirkung einer Exportsubvention für chinesische Güter hatte.

Aber dann änderte sich die Lage. Bereits ab 2012 begann der Leistungsbilanzüberschuss der chinesischen Volkswirtschaft durch steigende Löhne im Inland und neue Konkurrenz aus Billiglohnländern wie z. B. Vietnam und Bangladesch zu sinken. Das Wachstum der chinesischen Volkswirtschaft verlangsamte sich (auf hohem Niveau) und unter ausländischen Investoren wuchsen die Sorgen vor einer Krise. Ausländisches Kapital floss in großen Mengen aus China ab. Allein im Jahr 2015 wurde rund 1 Billion Dollar abgezogen und landete größtenteils in den Vereinigten Staaten.

Ohne staatliche Eingriffe hätte der Kapitalabfluss zu einer starken Abwertung des Yuan geführt. Aber die chinesische Regierung war nicht gewillt, eine Abwertung der eigenen Währung hinzunehmen und begann, die vorhandenen Devisenreserven dazu zu nutzen, große Mengen an Yuan am Devisenmarkt zu kaufen. Dadurch sanken die Devisenreserven bis Anfang 2017 auf rund 3 Billionen Dollar. In den Folgejahren hielt sich die chinesische Regierung mit weiteren Eingriffen am Devisenmarkt zurück, sodass die Devisenreserven des Landes seitdem nahezu unverändert geblieben sind.

ben. So hat z. B. Argentinien mit seiner langen Geschichte unverantwortlicher politischer Maßnahmen mit der Folge ernster Inflationen im Jahr 1991 für seinen Peso einen festen Wechselkurs zum Dollar eingeführt. Damit ist Argentinien faktisch eine Verpflichtung eingegangen, künftig keine Inflationspolitik mehr zu betreiben. (Das System des festen Wechselkurses scheiterte in Argentinien im Jahr 2001 auf katastrophale Weise. Doch das ist eine andere Geschichte.)

Es besteht also ein gewisser ökonomischer Vorteil in einem festen Wechselkurs. Wie in der Rubrik »Vertiefung« dargelegt wird, stützte sich darauf das System fester internationaler Wechselkurse, das nach dem Zweiten Weltkrieg eingeführt worden war. Auch die Schaffung des Euro hat mit der Idee fester Wechselkurse zu tun.

Es gibt jedoch auch Nachteile und Kosten durch feste Wechselkurse. Um den Wechselkurs durch Interventionen stabil zu halten, muss ein Land hohe Devisenreserven verfügbar halten, die in der Regel wenig Ertrag bringen. Gibt es große Kapitalabflüsse, so können selbst hohe Devisenreserven rasch erschöpft sein. Setzt eine

Volkswirtschaft ihre Geldpolitik dazu ein, den Wechselkurs zu stabilisieren, so muss sie die übrigen volkswirtschaftlichen Ziele aufgeben, vor allem die Stabilisierung von Schwankungen des BIP sowie der Inflationsrate. Außerdem stören Devisenkontrollen ebenso wie Zölle und Quoten den freien Außenhandel und verursachen durch Bürokratie und Anreize für Korruption enorme Kosten.

Es besteht also ein Dilemma. Soll eine Volkswirtschaft den Wechselkurs frei schwanken lassen, wobei die Geldpolitik für die makroökonomische Stabilisierung im Inland eingesetzt werden kann, jedoch viel Unsicherheit für die Geschäftswelt entsteht? Oder soll eine Volkswirtschaft den Wechselkurs fixieren und verteidigen, wodurch zwar die Unsicherheit für die Geschäftswelt beseitigt wird, aber die Geldpolitik ausgehebelt wird und Devisenkontrollen notwendig werden?

Die meisten europäischen Länder (mit Ausnahme von Großbritannien) haben lange Zeit vermutet, dass Wechselkurse mit den wichtigsten Handelspartnern fest sein sollten. Dagegen scheint Kanada mit dem flexiblen Wechselkurs zum Dollar recht zufrieden zu sein, obwohl die Vereinigten Staaten größter Handelspartner Kanadas sind.

Zum Glück müssen wir das Dilemma nicht lösen. Für den weiteren Fortgang des Kapitels unterstellen wir, dass die Entscheidung für ein bestimmtes Wechselkurssystem gefallen ist. Uns bleibt zu untersuchen, wie sich bestimmte Wechselkurssysteme auf die gesamtwirtschaftliche Politik auswirken.

Kurzzusammenfassung

- Die Länder wählen zwischen unterschiedlichen **Wechselkurssystemen**. Die beiden grundlegenden Alternativen sind **feste Wechselkurse** und **flexible Wechselkurse**.
- Feste Wechselkurse können durch **Devisenmarktinterventionen** des Staates herbeigeführt werden, wobei vorhandene **Devisenreserven** eingesetzt werden. Der Staat kann aber auch durch politische Maßnahmen (in der Regel Geldpolitik) Angebot und Nachfrage auf dem Devisenmarkt beeinflussen oder **Devisenkontrollen** einführen.
- Die Wahl eines Wechselkurssystems stellt den Staat vor ein Dilemma: Feste Wechselkurse sind zwar gut für die Geschäftswelt. Doch das Halten hoher Devisenreserven ist kostspielig, wirtschaftspolitische Maßnahmen zur Stabilisierung des Wechselkurses können mit anderen Zielen der gesamtwirtschaftlichen Politik in Konflikt geraten, und die Einführung von Devisenkontrollen verzerrt die Anreize zum Außenhandel.

ÜBERPRÜFEN SIE IHR WISSEN

Zeichnen Sie ein Diagramm nach dem Muster der Abbildung 33-7, das dem Devisenmarkt in China bei festen Wechselkursen entspricht. (Hinweis: Geben Sie den Wechselkurs in Dollar pro Yuan an.) Zeigen Sie sodann anhand des Diagramms, wie sich jede der folgenden politischen Maßnahmen zur Beseitigung des Marktungleichgewichts auswirkt:

a. Der Übergang von einem festen Wechselkurs zu einem flexiblen Wechselkurs.

b. Die Einführung von Beschränkungen für ausländische Investoren in China.

c. Die Aufhebung von Beschränkungen für Chinesen, im Ausland zu investieren.

d. Die Einführung einer Exportsteuer auf chinesische Ausfuhren wie Bekleidungsartikel, die in den Importländern zu politischen Gegenreaktionen führt.

33.4 Wechselkurse und makroökonomische Politik

Nach der Einführung des Euro im Jahr 1999 wurde in vielen europäischen Ländern gefeiert, aber nicht in allen. Einige Länder zogen es vor, die neue Gemeinschaftswährung nicht zu übernehmen und ihre alte Landeswährung zu behalten. Zu diesen Ländern gehörten z. B. Großbritannien und Schweden.

Aber warum hat sich Großbritannien gegen die Einführung des Euro entschieden? Ein Grund war sicherlich der Nationalstolz der Briten. Aber es gab auch wichtige ökonomische Bedenken, die gegen eine Aufgabe des Britischen Pfund und die Einführung des Euro sprachen. Britische Ökonomen, die sich für die Übernahme der neuen Gemeinschaftswährung aussprachen, verwiesen darauf, dass der Außenhandel des Landes von der europäischen Gemeinschaftswährung profitieren und die Wettbewerbsfähigkeit der britischen Volkswirtschaft steigen würde. Die Gegner der Euro-Einführung warnten davor, dass Großbritannien durch den Euro seine eigenständige Geldpolitik verlieren würde, was zu gesamtwirtschaftlichen Problemen führen könnte.

Die Diskussion über das Für und Wider lässt vermuten, dass moderne offene Volkswirtschaften mit Außenhandel und Kapitalbewegungen die Analyse makroökonomischer Politik komplizierter machen. Drei wirtschaftspolitische Themen der Ökonomik offener Volkswirtschaften wollen wir nun näher betrachten.

Abwertung und Aufwertung bei festen Wechselkursen

In der Vergangenheit hatten feste Wechselkurse nirgendwo dauerhaft Bestand. Manchmal gehen Länder mit festem Wechselkurs zu frei beweglichen Wechselkursen über. In anderen Fällen bleibt man beim festen Wechselkurs, ändert aber hin und wieder die Höhe des Wechselkurses. Diese Vorgehensweise, unter bestimmten Umständen den Ziel-Wechselkurs zu ändern, war zu Zeiten des Bretton-Woods-Systems üblich. So änderte z. B. Großbritannien im Jahr 1967 den Wechselkurs für das Britische Pfund von 2,80 auf 2,40 Dollar für ein Britisches Pfund. Ein jüngeres Beispiel ist Argentinien. Das Land hielt von 1991 bis 2001 einen festen Wechselkurs gegenüber dem Dollar aufrecht, wechselte aber Ende 2001 zu einem System flexibler Wechselkurse.

Im System fester Wechselkurse erreicht man eine Abwertung durch eine **Absenkung des Wechselkurses**. Wie wir bereits wissen, ist eine Abwertung nichts anderes als die Verminderung des Wertes einer Währung. Hier, im System fester Wechselkurse, geschieht die Verminderung durch eine politische Entscheidung und nicht durch Marktbewegungen. Analog kann man in einem System fester Wechselkurse die Aufwertung einer Währung über die **Anhebung des Wechselkurses** durch eine politische Entscheidung realisieren.

In einem System fester Wechselkurse führt eine **Absenkung des Wechselkurses** einer Währung durch eine politische Entscheidung zu einer Abwertung der Währung.

In einem System fester Wechselkurse führt eine **Anhebung des Wechselkurses** einer Währung durch eine politische Entscheidung zu einer Aufwertung der Währung.

Eine Absenkung des Wechselkurses macht, wie eine Abwertung, inländische Waren und Dienstleistungen billiger, gemessen in ausländischen Währungen. Dies führt zu einem Anstieg der Exporte. Zugleich werden ausländische Güter in heimischer Währung teurer, sodass der Import gedämpft wird. Die Leistungsbilanz in heimischer Währung wird dadurch verbessert. In gleicher Weise wirkt eine Anhebung des Wechselkurses wie eine Aufwertung auf Exporte, Importe und Leistungsbilanz. Die inländischen Güter werden in ausländischer Währung teurer, wodurch die Exporte sinken; und die ausländischen Güter werden in heimischer Währung billiger, wodurch die Importe steigen. Eine Anhebung des Wechselkurses verschlechtert also die Leistungsbilanz.

Im System fester Wechselkurse dienen Absenkung und Anhebung des Wechselkurses zwei Zielen. Zuerst einmal können die Maßnahmen dazu dienen, Überschüsse und Defizite auf dem Devisenmarkt zu beseitigen. So haben z. B. Ökonomen und Politiker im Jahr 2010 die chinesische Regierung zur Wechselkursanpassung beim Yuan aufgefordert, da der Wechselkurs ihrer Auffassung nach zu einer unfairen Bevorteilung der chinesischen Exporte führte.

Zum zweiten können Absenkung und Anhebung des Wechselkurses als Werkzeuge makroökonomischer Politik eingesetzt werden. Eine Absenkung des Wechselkurses, die Exporte steigert und Importe senkt, erhöht die gesamtwirtschaftliche Nachfrage. Auf diese Weise kann eine Absenkung des Wechselkurses eine rezessionsbedingte Produktionslücke während eines Konjunkturabschwungs beseitigen oder mildern. Eine Anhebung des Wechselkurses entfaltet mit der Verminderung der gesamtwirtschaftlichen Nachfrage gegensätzliche Wirkungen. Eine Anhebung des Wechselkurses vermag deshalb eine inflationäre Produktionslücke zu beseitigen oder zu verkleinern.

Geldpolitik bei flexiblen Wechselkursen

Bei frei beweglichen Wechselkursen kann die Zentralbank eines Landes weiter eine autonome Geldpolitik verfolgen. Die Zentralbank kann mit einer Senkung des Zinsniveaus die gesamtwirtschaftliche Nachfrage stützen oder mit einer Steigerung des Zinsniveaus dämpfen. Der Wechselkurs eröffnet jedoch noch eine weitere Dimension für die Wirkung der Geldpolitik. Um dies besser verstehen zu können, wenden wir uns wieder unserem Land Genovia zu und fragen, was bei einer Senkung des Zinsniveaus durch die Zentralbank geschieht.

Genau wie in einer geschlossenen Volkswirtschaft führt ein niedrigeres Zinsniveau zu höheren Investitionsausgaben und höheren Konsumausgaben. Doch das niedrigere Zinsniveau wirkt auch auf den Devisenmarkt. Ausländer haben weniger Anreize, Kapital in Genovia anzulegen, weil der Zinssatz gesunken ist. Damit gibt es weniger Grund, Dollar in Geno einzutauschen, die Nachfrage nach Geno geht zurück. Zugleich haben die Genovianer wegen der relativen Zinsunterschiede mehr Anreize, Kapital für Investitionszwecke ins Ausland zu verlagern. Die Genovianer im Inland tauschen mehr Geno für Dollar ein, wodurch das Angebot an Geno steigt.

Die **Abbildung 33-9** zeigt die Wirkung einer Zinssenkung auf den Devisenmarkt. Die Nachfragekurve für Geno verschiebt sich nach links (von D_1 zu D_2), und die Kurve des Angebotes an Geno verlagert sich nach rechts (von S_1 zu S_2). Der gleichgewichtige Wechselkurs (in Dollar pro

Abb. 33-9

Geldpolitik und Wechselkurs

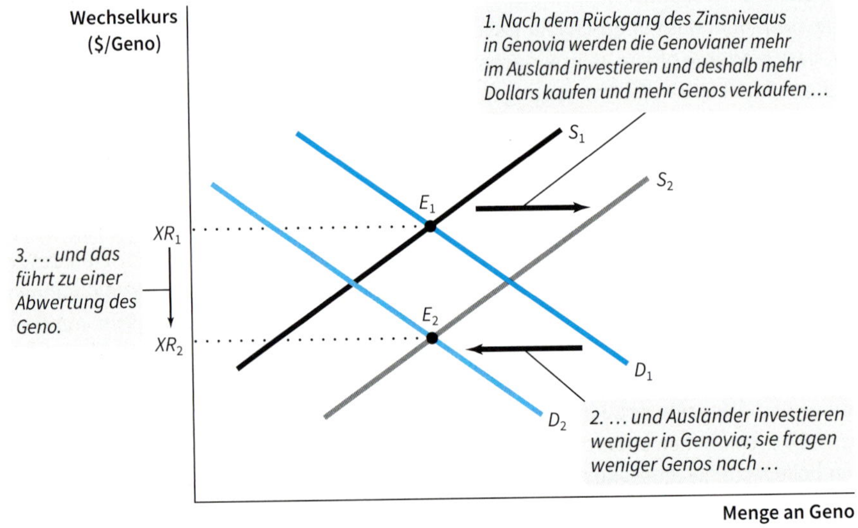

Hier wird gezeigt, was bei einer Senkung des Zinsniveaus in Genovia auf dem Devisenmarkt passiert. Einwohner von Genovia haben weniger Anreize, ihr Erspartes im eigenen Land anzulegen und verlagern ihr Kapital ins Ausland. Damit verschiebt sich die Angebotskurve für Geno von S_1 zu S_2 nach rechts. Gleichzeitig haben auch Ausländer geringere Anreize, Kapital nach Genovia zu leiten. So verschiebt sich die Nachfragekurve für Geno von D_1 zu D_2 nach links. Der Geno wird abgewertet: Der gleichgewichtige Wechselkurs sinkt von XR_1 auf XR_2.

Geno) fällt von $XR1$ auf XR_2. Eine Senkung des Zinsniveaus in Genovia bewirkt also eine Abwertung des Geno.

Eine Abwertung des Geno wirkt wiederum auf die gesamtwirtschaftliche Nachfrage. Wir haben bereits gelernt, wie eine Absenkung des festen Wechselkurses die Exporte erhöht, die Importe senkt und damit die gesamtwirtschaftliche Nachfrage erhöht. Eine Abwertung, resultierend aus einer Senkung des Zinsniveaus, hat die gleiche Wirkung: Exportsteigerung, Importdämpfung und Anstieg der gesamtwirtschaftlichen Nachfrage.

Die Geldpolitik hat unter den Bedingungen flexibler Wechselkurse Effekte, die über die Wirkungen in einer geschlossenen Volkswirtschaft hinausgehen. In einer geschlossenen Volkswirtschaft kommt es durch eine Zinssatzsenkung zur Erhöhung der gesamtwirtschaftlichen Nachfrage, weil Investitions- und Konsumausgaben angeregt werden. In einer offenen Volkswirtschaft mit flexiblem Wechselkurs führt die Zinssatzsenkung zwar auch zu erhöhten Investitions- und Konsumausgaben, doch die Nachfrage wird auch noch anders angeregt: Es kommt zu einer Abwertung, die zu Exportsteigerungen und Importsenkungen mit daraus folgender Nachfragesteigerung führt.

Internationale Konjunkturzyklen

Bis hierher haben wir die Makroökonomik selbst in einer offenen Volkswirtschaft so diskutiert, als würden alle Nachfrageschocks vom Inland ausgelöst. Im wirklichen Leben jedoch erfahren Volkswirtschaften Schocks, die vom Ausland kommen. So haben etwa Konjunkturabschwünge in den Vereinigten Staaten traditionell zu Konjunkturabschwüngen in Mexiko geführt.

Der entscheidende Punkt besteht darin, dass Veränderungen der Nachfrage sowohl die Nachfrage nach im Inland produzierten Gütern als auch die nach im Ausland erzeugten Waren und Dienstleistungen betreffen. Ein Abschwung führt – unter sonst gleichen Bedingungen – zu einem Rückgang der Importe, und ein Aufschwung bewirkt eine Belebung der Importe. Die Importe eines Landes sind die Exporte eines anderen Landes. Dieses Verbindungsglied zwischen den gesamtwirtschaftlichen Nachfragen verschiedener Länder begründet zu einem Teil den internationalen Konjunkturzusammenhang zwischen Volkswirtschaften. Oft scheinen die Schwankungen synchron zu verlaufen. Anschauliche Beispiele dafür lieferten die Weltwirtschaftskrise, die Finanz- und Wirtschaftskrise 2007–2009 sowie die Wirtschaftskrise 2020 durch die Covid-19-Pandemie. Letzten Endes sind nahezu alle Volkswirtschaften rund um Globus von diesen Krisen erfasst worden.

Wie stark die Verbindung zwischen der konjunkturellen Entwicklung in bestimmten Ländern ist, hängt auch von der Art des Wechselkurssystems ab. Man kann darüber nachdenken, wie ein ausländischer Konjunkturabschwung die Nachfrage nach Exportgütern in Genovia vermindert. Eine Verminderung der Auslandsnachfrage nach Waren und Dienstleistungen aus Genovia entspricht auch einer Verminderung der Nachfrage nach Geno auf dem Devisenmarkt. Sofern Genovia einen festen Wechselkurs hat, wird die Regierung von Genovia darauf mit einer Intervention auf dem Devisenmarkt reagieren. Doch wenn Genovia einen flexiblen Wechselkurs zulässt, geschieht einfach eine Abwertung des Geno. Da die Waren und Dienstleistungen aus Genovia billiger werden, sinken die Exporte nicht so stark wie unter einem System fester Wechselkurse. Durch die Abwertung des Geno werden Importgüter für Genovianer teurer, was zu sinkenden Importen führt. Beide Effekte begrenzen den Rückgang der gesamtwirtschaftlichen Nachfrage in Genovia.

Einer der Vorteile eines flexiblen Wechselkurses besteht den Verfechtern dieses Wechselkurssystems zufolge darin, dass sie dazu beitragen, die Inlandskonjunktur gegen Störungen ausländischer Konjunkturen abzufedern. Diese Hypothese hat sich in den frühen 2000er-Jahren ziemlich gut bewährt. Großbritannien mit seinem flexiblen Wechselkurs konnte sich den Abschwungtendenzen im restlichen Europa entziehen. Kanada, das ebenfalls einen frei beweglichen Wechselkurs hatte, erlitt einen weniger starken Abschwung als die Vereinigten Staaten.

Der Finanz- und Wirtschaftskrise 2007–2009, die ihren Ausgangspunkt in den Vereinigten Staaten hatte, konnte sich allerdings keine Volkswirtschaft entziehen. In diesem Fall hatte es den Anschein, als ob die internationale Verknüpfung der Finanzmärkte eine deutlich stärkere Wirkung auf die Volkswirtschaften entfaltet hat als der »Schutz« durch flexible Wechselkurse.

WISSENSCHAFT UND PRAXIS

Kleine Währung mit großer Wirkung

Island ist ein kleines Land mit rund 370.000 Einwohnern, das im Jahr 2008 ein großes Problem hatte. Zwischen 2003 und 2007 hatten die großen Banken des Landes mithilfe von Krediten ausländischer Banken aggressiv expandiert. Der Boom im isländischen Bankensektor führte zu einem Aufschwung in der gesamten isländischen Volkswirtschaft. Nach dem Zusammenbruch des Bankensektors im Zuge der Finanzkrise musste sich das Land wieder auf einfache Dinge wie Fischfang und Tourismus zurückbesinnen. Dafür waren deutliche Kostensenkungen vor allem in Form von Lohnsenkungen notwendig. Island stand mit seinen Problemen nicht alleine dar. Auch andere Länder wie z. B. Griechenland waren hoch verschuldet und mussten umfangreiche Reformen angehen.

Zwischen Island und Griechenland bestand jedoch – neben dem Wetter – ein wichtiger Unterschied. Griechenland verfügte über keine eigene Währung, da das Land den Euro eingeführt hatte, während das kleine Island eine eigene Währung besaß. Die Löhne in Island wurde in Isländischen Kronen ausgezahlt und nicht in Euro oder Dollar.

Dadurch gingen die Lohnsenkungen in Island vollkommen anders vonstatten als in den Ländern des Euroraums. In Griechenland mussten die Unternehmen den Beschäftigten mitteilen, dass sie zukünftig weniger verdienen würden. Davor schrecken Unternehmen in der Regel zurück, da sich Lohnkürzungen negativ auf die Motivation und die Leistungsbereitschaft der Beschäftigten auswirken und im schlimmsten Fall zu Arbeitsniederlegungen und Streiks führen. In Island konnte die Wettbewerbsfähigkeit dagegen ohne direkte Lohnkürzungen der Beschäftigten gesteigert werden, in dem man einfach die Landeswährung abwerten ließ.

In **Abbildung 33-10** sind die unterschiedlichen Ansätze grafisch dargestellt. Die blaue Line zeigt die Entwicklung der Löhne im Euroraum (der Wert für 2007 ist gleich 100 gesetzt worden). Die schwarze Linie spiegelt die Lohnentwicklung in Griechenland im gleichen Zeitraum wider. Dabei ist zu erkennen, dass die Löhne in Griechenland stetig gesunken sind, während das Lohnniveau im Euroraum insgesamt gestiegen ist. Dadurch wurde die griechische Volkswirtschaft Stück für Stück wettbewerbsfähiger. Das war und ist allerdings ein langsamer und steiniger Weg.

Die anderen beiden Linien zeigen die Lohnentwicklung in Island, einmal in der Landeswährung und einmal in Euro gerechnet. In Isländischen Kronen sind die Löhne in Island im betrachteten Zeitraum sogar gestiegen. Es gab also keine Lohnkürzungen. In Euro gerechnet sind die Löhne in Island dagegen durch die Abwertung der Landeswährung drastisch gesunken.

Diese Entwicklung hatte für die Isländer allerdings nicht nur Vorteile. Durch die starke Abwertung der Isländischen Krone verteuerten sich Importgüter, sodass die Kaufkraft der Löhne in Island deutlich sank. Dennoch war die wirtschaftliche Lage in Island deutlich entspannter als in Griechenland. Während die Krise in Island bereits nach zwei Jahren überwunden war und die Arbeitslosenquote Ende 2014 unter 5 Prozent lag, hatte die griechische Volkswirtschaft die Krise auch im Jahr 2014 noch immer nicht überwunden und die Arbeitslosenquote verharrte bei rund 25 Prozent.

Die Entwicklungen in Island haben anschaulich verdeutlicht, dass es vorteilhaft sein kann, wenn ein Land über eine eigene Währung verfügt, selbst wenn das Land nicht mehr Einwohner hat als eine mittlere deutsche Großstadt.

Abb. 33-10: Lohnsenkungen in Island und Griechenland im Zeitraum 2007–2013

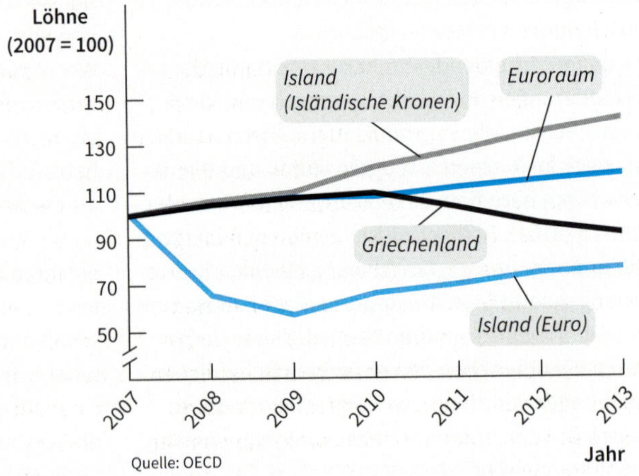

Quelle: OECD

Und auch die Wirtschaftskrise 2020 infolge der Covid-19-Pandemie war auf der ganzen Welt zu spüren. Um die Ausbreitung des Virus zu verhindern, erließen viele Staaten für große Teile der Wirtschaft und des öffentlichen Lebens in einen (zeitlich begrenzten) Lockdown.

Kurzzusammenfassung

- Länder können feste Wechselkurse verändern. Eine **Absenkung des Wechselkurses** (Abwertung) beseitigt Überschüsse, eine **Anhebung des Wechselkurses** (Aufwertung) beseitigt Knappheiten auf dem Devisenmarkt. Durch Abwertung oder Aufwertung ergeben sich gleichzeitig Rückwirkungen auf die gesamtwirtschaftliche Nachfrage.
- In einer offenen Volkswirtschaft mit einem flexiblen Wechselkurs wirken die Zinssätze auch auf den Wechselkurs. Somit kann die Geldpolitik die gesamtwirtschaftliche Nachfrage auch über die Wirkungen des Wechselkurses auf Importe und Exporte beeinflussen.
- Da die Importe eines Landes die Exporte eines anderen Landes sind, gleichen sich Konjunkturschwankungen bisweilen an. Der internationale Konjunkturzusammenhang fällt bei flexiblen Wechselkursen jedoch schwächer aus.

ÜBERPRÜFEN SIE IHR WISSEN

1. Betrachten Sie die statistischen Daten in der Abbildung 33-8. Wo können Sie Abwertungen und Aufwertungen des Franc gegenüber der D-Mark erkennen?
2. In den späten 1980er-Jahren vertraten kanadische Ökonomen die Ansicht, dass die Hochzinspolitik der Zentralbank von Kanada nicht nur zu einer hohen Arbeitslosigkeit geführt hat, sondern auch die Wettbewerbsfähigkeit der kanadischen Unternehmen gegenüber ihren US-amerikanischen Konkurrenten gesenkt hat. Nehmen Sie dazu Stellung und greifen Sie dabei auf die Analyse zur Wirkung der Geldpolitik bei flexiblen Wechselkursen zurück.

Unternehmen in Aktion: Deutsche Autos aus Spanien

Die spanische Stadt Pamplona ist berühmt für das Stierrennen, bei dem Wagemutige mit einer Gruppe von Stieren in einem abgesperrten Bereich der Altstadt um die Wette laufen. Das Event findet alljährlich im Sommer statt (in den Jahren 2020 und 2021 wurde es allerdings wegen der Covid-19-Pandemie abgesagt) und zieht viele Touristen aus aller Welt an. Doch von den Einnahmen können die Bewohner der Stadt nicht ein ganzes Jahr lang leben. Ihren Lebensunterhalt verdienen die meisten, direkt oder indirekt, in der Automobilindustrie, die man nicht unbedingt mit Spanien in Verbindung bringt.

In Pamplona befindet sich eines großen Automobilwerke von Volkwagen (VW), einer von vielen Automobilproduzenten in Spanien. Wie viele andere, vor allem deutsche Automobilproduzenten hat Volkswagen zu Beginn der 2010er-Jahre kräftig in die Erweiterung seiner Produktionskapazitäten in Spanien investiert. Da es keine spanischen Automobilproduzenten gibt, würde man Spanien wahrscheinlich nicht als ein Zentrum der Automobilindustrie ansehen. Es sind die multinationalen Automobilkonzerne, die sich in Spanien niedergelassen haben und das Land damit zum zweitgrößten Automobilproduzenten

Europas machen, hinter der Bundesrepublik Deutschland.

In Spanien werden größtenteils Pkws für das Ausland produziert. Mehr als 80 Prozent der Produktion werden exportiert. Aber warum haben Unternehmen wie Volkswagen ihre Produktion nach Spanien verlagert? Darauf gibt es eine einfache Antwort: aufgrund der Produktionskosten.

Spanien gehört wie die Bundesrepublik Deutschland zum Euroraum. Als die Arbeitslosenquote infolge der schweren Wirtschaftskrise auf bis zu 26 Prozent anstieg, konnte das Land nicht einfach wie Island seine Währung abwerten. Dennoch ist die Inflation in Spanien, wie wir aus Kapitel 31 wissen, im Zuge der hohen Arbeitslosigkeit deutlich zurückgegangen, während die Preise in anderen Ländern, wie auch in der Bundesrepublik Deutschland, weiter angestiegen sind. Und auch die Löhne sind in Spanien im Vergleich zu anderen Volkswirtschaften im Euroraum zurückgeblieben. Während die Lohnstückkosten in Spanien im Zeitraum von 2010 bis 2018 nur um durchschnittlich 0,9 Prozent pro Jahr angestiegen sind, lag die Zunahme in der Bundesrepublik Deutschland im gleichen Zeitraum bei durchschnittlich 2,4 Prozent pro Jahr.

Für die Automobilindustrie war die Lohnzurückhaltung in Spanien anscheinend ein wichtiger Standortfaktor. Und die boomende Automobilindustrie ist zu einem wichtigen Faktor für die wirtschaftliche Erholung des Landes geworden.

FRAGEN

1. Wie passt der Bericht über die Automobilindustrie in Spanien zu unserer Analyse der Einflussfaktoren der Leistungsbilanz?
2. Der Anpassungsprozess, der sich in Spanien seit den frühen 2010er-Jahren vollzogen hat, wird manchmal auch als »interne Abwertung« bezeichnet. Was steckt Ihrer Meinung nach hinter diesem Begriff?
3. Der Anstieg der spanischen Autoexporte ist allein das Ergebnis von Investitionen aus dem Ausland. Zu welchen Änderungen in der Leistungsbilanz des Landes könnte dies führen?

Zusammenfassung

1. Die **Zahlungsbilanzstatistik** fasst die Transaktionen einer Volkswirtschaft mit der übrigen Welt zusammen. Die **Leistungsbilanz** umfasst die **Handelsbilanz** für Waren und die Dienstleistungsbilanz für Dienstleistungen sowie internationale Übertragungszahlungen und Faktoreinkommenszahlungen (netto). Handelsbilanz und Dienstleistungsbilanz zusammen ergeben den sogenannten **Außenbeitrag** einer Volkswirtschaft. Die **Kapitalbilanz (Bilanz des Kapitalverkehrs)** einer Volkswirtschaft zeichnet die zu- und abfließenden Kapitalströme auf. Leistungsbilanz und Kapitalbilanz haben definitionsgemäß zusammen einen Saldo von null.
2. Kapitalströme entstehen durch internationale Unterschiede in den Zinssätzen und anderen Ertragsraten. Sie können mithilfe des Kreditmarktmodells untersucht werden. Man kann zeigen, dass ein Land mit niedrigem Zinssatz (im Zustand ohne Kapitalströme) Kreditmittel an Länder mit höherem Zins (im Zustand ohne Kapitalströme) schickt. Die Ursachen für die Kapitalströme sind internationale Unterschiede im Sparverhalten und in den Investitionsmöglichkeiten.
3. Währungen werden auf dem **Devisenmarkt** gehandelt, die Preise der Währungen sind die **Wechselkurse**. Steigt der Wert einer Währung gegenüber dem einer anderen Währung, so spricht man von **Aufwertung**. Umgekehrt spricht man beim Rückgang des Wertes einer Währung von **Abwertung**. Der **gleichgewichtige Wechselkurs** bringt die Menge von ange-

botener und nachgefragter Währung auf dem Devisenmarkt zur Übereinstimmung.

4. Um die Unterschiede in den Inflationsraten zwischen einzelnen Ländern zu berücksichtigen, ermitteln Ökonomen **reale Wechselkurse**. Dazu multiplizieren sie den (nominalen) Wechselkurs zwischen den Währungen zweier Länder mit dem Quotienten der Preisniveaus der beiden Länder. Die Leistungsbilanz reagiert nur auf Änderungen des realen Wechselkurses, nicht jedoch auf Änderungen des nominalen Wechselkurses. Die **Kaufkraftparität** gibt den (nominalen) Wechselkurs an, bei dem ein Korb von Waren und Dienstleistungen in zwei Ländern den gleichen Preis hat (oder die gleichen Kosten). Auch wenn der tatsächliche nominale Wechselkurs fast immer von der Kaufkraftparität abweicht, ist die Kaufkraftparität auf lange Sicht ein guter Indikator für die Entwicklung des nominalen Wechselkurses.
5. In den Volkswirtschaften gibt es verschiedene **Wechselkurssysteme**. Bei einem System **fester Wechselkurse** stellt der Staat mithilfe der Zentralbank die Aufrechterhaltung des angestrebten Wechselkurses sicher. Bei einem System **flexibler Wechselkurse** verändert sich der Wechselkurs in Abhängigkeit von Angebot und Nachfrage auf dem Devisenmarkt. Die Länder können feste Wechselkurse durch **Devisenmarktinterventionen** unter Einsatz vorhandener **Devisenreserven** beeinflussen. Angebot und Nachfrage auf dem Devisenmarkt lassen sich auch durch geldpolitische Maßnahmen beeinflussen. Außerdem kann der Staat **Devisenkontrollen** einführen.
6. Die Wechselkurspolitik stellt den Staat vor ein Dilemma. Feste Wechselkurse generieren Vorteile für die Volkswirtschaft, doch die Maßnahmen zur Erhaltung eines festen Wechselkurses sind mit Kosten verbunden. Interventionen auf dem Devisenmarkt erfordern große Devisenreserven und Devisenkontrollen verzerren die Anreize für den Außenhandel. Sofern die Geldpolitik für die Erhaltung fester Wechselkurse eingesetzt wird, ist sie in vielen Fällen nicht mehr für die Wirtschaftspolitik im Inland verfügbar.
7. Feste Wechselkurse sind nicht immer auf Dauer angelegt. Länder mit festem Wechselkurs entscheiden sich oftmals für **Absenkungen des Wechselkurses** oder **Anhebungen des Wechselkurses**, also für Abwertungen oder Aufwertungen. Zusätzlich zur Beseitigung eines Überschusses an heimischer Währung auf dem Devisenmarkt führt eine Absenkung des Wechselkurses zu einer größeren gesamtwirtschaftlichen Nachfrage im Inland. Umgekehrt beseitigt eine Anhebung des Wechselkurses Knappheiten an inländischer Währung auf dem Devisenmarkt und mindert die gesamtwirtschaftliche Nachfrage.
8. Bei flexiblen Wechselkursen wirkt eine expansive Geldpolitik auch über den Wechselkurs. Eine Verringerung der inländischen Zinssätze führt zu einer Abwertung und dadurch wiederum zu höheren Exporten und niedrigeren Importen, sodass die gesamtwirtschaftliche Nachfrage ansteigt. Kontraktive Geldpolitik entfaltet umgekehrte Wirkungen.
9. Da die Importe eines Landes die Exporte eines anderen Landes sind, gibt es Verknüpfungen zwischen den Konjunkturschwankungen in verschiedenen Ländern. Die Stärke des internationalen Konjunkturverbunds wird durch flexible Wechselkurse gedämpft.

SCHLÜSSELBEGRIFFE

- Zahlungsbilanzstatistik
- Leistungsbilanz
- Außenbeitrag
- Handelsbilanz
- Bilanz des Kapitalverkehrs, Kapitalbilanz
- Devisenmarkt
- Wechselkurse
- Aufwertung
- Abwertung
- gleichgewichtiger Wechselkurs
- realer Wechselkurs
- Kaufkraftparität
- Wechselkurssystem
- fester Wechselkurs
- flexibler Wechselkurs
- Devisenmarktintervention
- Devisenreserven
- Devisenkontrolle
- Absenkung des Wechselkurses
- Anhebung des Wechselkurses

Sachregister

H

Z